Leopold von Ranke, geboren am 21. Dezember 1795 in Wiehe (Unstrut), ist am 23. Mai 1886 in Berlin gestorben.
Der Insel Verlag legt mit dieser Ausgabe „Die römischen Päpste in den letzten vier Jahrhunderten" ein Meisterwerk vor, das Rankes Weltruhm als Geschichtswissenschaftler begründet hat.

Leopold von Ranke gilt mit seiner Forderung nach Objektivität als Begründer der modernen Geschichtswissenschaften.
Ranke wirkte nach seinem Studium in Leipzig als Lehrer am Gymnasium in Frankfurt an der Oder und von 1825 an als Professor an der Universität Berlin. Zu seinen Hauptwerken zählen: „Die Geschichte der romanischen und germanischen Völker", „Die römischen Päpste", „Deutsche Geschichte im Zeitalter der Reformation", „Preußische Geschichte", „Französische Geschichte", „Englische Geschichte" und schließlich die unvollendete „Weltgeschichte".

Leopold von Ranke, geboren am 21. Dezember 1795 in Wiehe/ Unstruttal, ist am 23. Mai 1886 in Berlin gestorben.
Der Insel Verlag legt mit der Ausgabe „Die römischen Päpste in den letzten vier Jahrhunderten" ein Meisterwerk vor, das Rankes Weltruhm als Geschichtswissenschaftler begründet hat.
Leopold von Ranke gilt mit seiner Forderung nach Objektivität als Begründer der modernen Geschichtswissenschaften.
Ranke wirkte nach seinem Studium in Leipzig als Lehrer in Frankfurt an der Oder und von 1825 an als Professor an der Universität Berlin. Zu seinen Hauptwerken zählen: „Die Geschichte der romanischen und germanischen Völker", „Die römischen Päpste", „Deutsche Geschichte im Zeitalter der Reformation", „Preußische Geschichte", „Französische Geschichte", „Englische Geschichte" und schließlich die unvollendete „Weltgeschichte".

insel taschenbuch 960

Leopold von Ranke

Die römischen Päpste

LEOPOLD VON RANKE

DIE RÖMISCHEN PÄPSTE

IN DEN LETZTEN VIER JAHRHUNDERTEN

Zweiter Band

Vollständige Ausgabe
in zwei Bänden
Mit einem Vorwort von
Walther Peter Fuchs

INSEL VERLAG

insel taschenbuch 960
Erste Auflage 1986
Insel Verlag Frankfurt am Main
Mit freundlicher Genehmigung
des K. F. Koehler Verlages, Stuttgart

Vertrieb durch den Suhrkamp Taschenbuch Verlag
Umschlag nach Entwürfen von Willy Fleckhaus
Druck: Nomos Verlagsgesellschaft, Baden-Baden
Printed in Germany

1 2 3 4 5 6 – 91 90 89 88 87 86

LEOPOLD VON RANKE
DIE RÖMISCHEN PÄPSTE

II

SIEBENTES BUCH

GEGENREFORMATIONEN
ZWEITER ZEITRAUM
1590-1630

—

Ich denke mich nicht zu täuschen oder die Schranken der Historie zu überschreiten, wenn ich an dieser Stelle ein allgemeines Gesetz des Lebens wahrzunehmen glaube.
Unzweifelhaft ist: es sind immer Kräfte des lebendigen Geistes, welche die Welt so von Grund aus bewegen. Vorbereitet durch die vorangegangenen Jahrhunderte, erheben sie sich zu ihrer Zeit, hervorgerufen durch starke und innerlich mächtige Naturen, aus den unerforschten Tiefen des menschlichen Geistes. Es ist ihr Wesen, daß sie die Welt an sich reißen, zu überwältigen suchen. Je mehr es ihnen aber damit gelingt, je größer der Kreis wird, den sie umfassen, desto mehr treffen sie mit eigentümlichem unabhängigem Leben zusammen, das sie nicht so ganz und gar zu besiegen, in sich aufzulösen vermögen. Daher geschieht es – denn in unaufhörlichem Werden sind sie begriffen –, daß sie in sich selbst eine Umwandlung erfahren. Indem sie das Fremdartige umfassen, nehmen sie schon einen Teil seines Wesens in sich auf: es entwickeln sich Richtungen in ihnen, Momente des Daseins, die mit ihrer Idee nicht selten im Widerspruch stehen. Es kann aber nicht anders sein, als daß in dem allgemeinen Fortschritt auch diese wachsen und gedeihen. Es kommt nur darauf an, daß sie nicht das Übergewicht bekommen: sie würden sonst die Einheit und ihr Prinzip geradezu zerstören.
Nun sahen wir, wie gewaltig sich in dem restaurierenden Papsttum innere Widersprüche, tiefere Gegensätze regten: jedoch die Idee behielt den Sieg: die höhere Einheit, wenngleich nicht mit ihrer ganzen alten zusammenfassenden Gewalt, behauptete das Übergewicht, und schritt unablässig, noch in den Momenten des

innern Kampfes, für den sie vielmehr daraus frische Kraft sog, zu neuen Eroberungen fort.
Diese Unternehmungen ziehen jetzt unsere Aufmerksamkeit auf sich. Es ist von hoher Wichtigkeit für die Welt, wie weit sie gelingen, welche Umwandlungen sie zur Folge haben, welchen Widerstand in sich oder von außen her sie finden.

Erstes Kapitel

FORTSCHRITTE DER KATHOLISCHEN RESTAURATION

1590–1617

Unternehmungen des Katholizismus in Polen und den angrenzenden Ländern

Es ist die Meinung ausgesprochen worden, die Protestanten, die ja, wie wir sahen, in Polen eine Zeitlang entschieden die Oberhand besaßen, wären auch wohl imstande gewesen, einen König ihres Glaubens auf den Thron zu erheben: aber ihnen selbst sei am Ende ein Katholik vorteilhafter vorgekommen, weil er in dem Papste doch noch eine höhere Gewalt, einen Richter über sich habe.
Wäre dem so, so würden sie sich für eine so unprotestantische Gesinnung selber eine harte Züchtigung zugezogen haben.
Denn eben durch einen katholischen König vermochte der Papst ihnen den Krieg zu machen.
Hatten doch sogar die päpstlichen Nuntien von allen fremden Gesandten in Polen allein das Recht, sich mit dem König ohne Anwesenheit eines Senators zu unterreden. Man kennt sie wohl: sie waren klug und gewandt genug, um das vertraulichere Verhältnis, das ihnen hiedurch möglich wurde, zu pflegen und zu benutzen.
Im Anfang der achtziger Jahre des 16. Jahrhunderts war Kardinal Bolognetto Nuntius in Polen. Er klagt über die Beschwerden des Klimas, die für einen Italiener doppelt empfindliche Kälte, den Dampf der engen geheizten Stuben, die ganze ungewohnte Lebensweise; dessenungeachtet begleitet er König Stephan von Warschau nach Krakau, von Wilna nach Lublin – durch das

Reich: zuweilen in etwas melancholischer Stimmung, aber nichtsdestominder unermüdlich: während der Feldzüge bleibt er mit demselben wenigstens in Briefwechsel: in ununterbrochener Verbindung erhält er die römischen Interessen mit der königlichen Person.

Wir haben eine ausführliche Relation über seine Amtsführung, aus der wir ersehen, was er unternahm, wie weit er es brachte[1]. Vor allem forderte er den König auf, die Ämter nur mit Katholischen zu besetzen, in den königlichen Städten nur katholischen Gottesdienst zu gestatten, die Zehnten herzustellen: – Maßregeln, wie sie um dieselbe Zeit in andern Ländern ergriffen wurden und die Erneuerung des Katholizismus herbeiführten oder bezeichneten.

Damit drang er nun nicht durch. König Stephan glaubte nicht so weit gehen zu können: er erklärte, er sei nicht mächtig genug dazu.

Allein dabei hatte doch dieser Fürst nicht allein katholische Überzeugungen, sondern einen angeborenen Eifer für das Kirchenwesen: in vielem andern gab er den Vorstellungen des Nuntius nach.

Durch unmittelbare königliche Unterstützung kamen die Jesuiten-Kollegien in Krakau, Grodno, Pultusk zustande: der neue Kalender ward ohne Schwierigkeit eingeführt, der größte Teil der Anordnungen des tridentinischen Konziliums zur Vollziehung gebracht. Das Wichtigste aber war der Beschluß des Königs, die Bistümer in Zukunft nur noch an Katholiken zu geben[2]. Auch in diese höchsten geistlichen Würden waren Protestanten eingedrungen: dem Nuntius ward jetzt verstattet, sie vor seinen Richterstuhl zu ziehen, sie abzusetzen: was um so mehr sagen wollte, da mit dem bischöflichen Amt zugleich Sitz und Stimme in dem Senat verbunden war. Eben diese politische Bedeutung des geistlichen Institutes suchte der Nuntius überhaupt zu benutzen. Vor allem forderte er die Bischöfe zu einhelligen Maßregeln an den Reichstagen auf: er gab ihnen dieselben an: mit den mächtigsten, dem Erzbischof von Gnesen, dem Bischofe von Krakau hatte er persönlich ein engeres Verhältnis angeknüpft, das ihm ausnehmend förderlich wurde. Und so gelang es ihm, nicht allein die

[1] Spannocchi: Relatione all' Illmo Rev^{mo} Cardinal Rusticucci, segretario di N.S. Papa Sisto V. delle cose di Polonia intorno alla religione e delle azioni del cardinal Bolognetto in quattro anni ch' egli è stato nunzio in quella provincia.

[2] Sendosi (il re) determinato che nessuno possa tenere chiese che non sia della vera fede romana. (Spannocchi.)

Geistlichkeit selbst mit verjüngtem Eifer zu durchdringen: er bekam bereits auf weltliche Angelegenheiten einen großen Einfluß. Die Engländer brachten einen Handelsvertrag mit Polen in Anregung, der namentlich für Danzig sehr nützlich zu werden versprach: der Nuntius war es allein, der ihn rückgängig machte, hauptsächlich weil die Engländer das ausdrückliche Versprechen verlangten, Handel und Wandel in Ruhe treiben zu dürfen, ohne um ihrer Religion willen belästigt zu werden[1].

Genug, so gemäßigt auch König Stephan sein mochte, so nahm sich doch zuerst unter ihm der Katholizismus wieder wesentlich auf. Es hatte dies aber desto mehr zu bedeuten, da die mächtigste Partei im Lande, die Faktion Zamoisky, der durch die Gunst des Königs überhaupt die wichtigsten Stellen zufielen[2], auch eine katholische Farbe annahm, und da diese es war, die nach dem Tode Stephans in den Wahlstreitigkeiten den Ausschlag gab. Jenen schwedischen Prinzen, welchen Katharina Jagellonica im Gefängnis geboren, und der von erster Jugend an sei es durch ursprüngliche Neigung, oder durch den Einfluß der Mutter, oder gleich durch die Hoffnung auf die polnische Krone, oder durch alles zusammen, in der Mitte eines protestantischen Landes unerschütterlich bei dem katholischen Glauben festgehalten worden war, brachten die Zamoiskys auf den Thron. Es ist Siegmund III., ein Fürst, dessen Gesinnung sich durchaus nach den katholischen Antrieben bildete, die damals Europa in Bewegung setzten.

Papst Clemens VIII. sagt in einer seiner Instruktionen, er habe – noch als Kardinal und Legat in Polen – diesem Fürsten den Rat gegeben, alle Stellen des öffentlichen Dienstes in Zukunft nur an

[1] Spannocchi: Il che non prima venne agli orecchj del Bolognetto che andò a trovare S. M[tà], e con efficacissime ragioni mostrò quanto esorbitante cosa sarebbe stata che avesse concesso per publico decreto una tanto obbrobriosa setta, e come non senza nascosto inganno e speranza d'importantissime conseguenze quella scellerata donna voleva che si dichiarasse così per decreto potersi esercitar la setta Anglicana in quel regno, dove tutto il monde pur troppo sa che si permetta il credere in materia di religione quel chi piace a chi si sia: con queste ed altre efficacissime ragioni il re Stefano rimase talmente persuaso che promesse non voler mai far menzione alcuna di religione in qualunque accordo avesse fatto con quella regina o suoi mercanti.

[2] Spannocchi: Alle dignità senatorie et all' entrate del regno dicono *hoggi non* ammettersi se non i dependenti da esso cancelliero, acciò che da nissuno venga impedito di far quello che ad esso ed al re più tornerà di piacere di fare.

Katholiken zu verteilen. Schon öfter war dieser Rat gegeben worden: von Paul IV. bereits, vom Kardinal Hosius[1], auch von Bolognetto. Jetzt aber erst fand sich ein geeigneter Boden, um ihn aufzunehmen. Was weder von Siegmund August, noch von Stephan zu erhalten gewesen war, dazu zeigte sich Siegmund III. sehr bald entschlossen. Er machte es in der Tat zu seinem Grundsatze, nur noch die Katholischen zu befördern, und Papst Clemens hat ganz recht, wenn er den Fortgang des Katholizismus in Polen vor allem dieser Maßregel zuschreibt.

Das vornehmste Attribut der königlichen Gewalt in Polen bestand in der Verleihung der Würden. Alle geistlichen und weltlichen Stellen, größere und geringere – man wollte ihrer bei 20000 rechnen – vergab der König. Welch einen Einfluß mußte es nun haben, daß Siegmund III. begann, nicht allein die geistlichen, sondern alle Ämter überhaupt bloß mit Katholiken zu besetzen: die Wohltat des Staates, wie einst die Italiener sagten, das volle Bürgerrecht in höherm Sinne, bloß seinen Glaubensgenossen angedeihen zu lassen. Man kam um so besser fort, je mehr man sich die Gunst der Bischöfe, der Jesuiten erwarb. Der Starost Ludwig von Mortangen erlangte die pomerellische Woiwodschaft hauptsächlich dadurch, daß er sein Haus in Thorn der Gesellschaft Jesu schenkte. Wenigstens in den polnisch-preußischen Landschaften bildete sich hierauf eine Opposition zwischen den Städten und dem Adel, welche eine religiöse Farbe annahm. Ursprünglich hatten beide den Protestantismus ergriffen: jetzt trat der Adel zurück. Das Beispiel der Kostka, Dzialinsky, Konopat, welche mächtig wurden, weil sie übertraten, übte einen großen Einfluß auf die übrigen aus. Die Schulen der Jesuiten wurden hauptsächlich von dem jungen Adel besucht: bald finden wir, daß sich die Jesuitenschüler in den protestantisch verbliebenen Städten an der bürgerlichen Jugend reiben. Aber überhaupt ergriff die neue Einwirkung besonders die Edelleute. Das Kollegium zu Pultusk zählte 400 Zöglinge, alle von Adel[2]. Der Impuls, der im allgemeinen im Geiste der Zeit lag, der Unterricht der Jesuiten, der

[1] In einem Schreiben vom 14. März 1568 bittet er den König zu erklären, „nullis se deinceps vel honores vel praefecturas vel quaecunque tandem alia munera publice mandaturum nisi qui Christum aperte confessus fuerit et omni perfidiae, sive Lutheristicae sive Calvinisticae sive anabaptistarum, nuntium remiserit".
[2] Maffei II, 140.

neu erwachte Eifer in der gesamten Geistlichkeit, und die Begünstigung des Hofes, alles kam zusammen, um den polnischen Adel für den Rücktritt zum Katholizismus zu stimmen.

Es versteht sich aber, daß man auch sogleich weiter ging, und diejenigen, die nun nicht übertraten, die Ungunst der Staatsgewalt empfinden ließ.

In Polen kehrte die katholische Geistlichkeit besonders den Anspruch hervor, daß die kirchlichen Gebäude, die ja von Katholischgläubigen, unter der Mitwirkung der Bischöfe, häufig der Päpste, gegründet worden, ein unveräußerliches Eigentum ihrer Kirche seien. Allenthalben, wo der katholische Dienst von den Pfarrkirchen ausgeschlossen worden, erhoben die Bischöfe, gestützt auf jenen Grundsatz, gerichtliche Klagen. Die Gerichte waren jetzt mit eifrigen Katholiken besetzt: gegen eine Stadt nach der andern begannen die nämlichen Prozesse, erfolgten die nämlichen Urteile: es half nichts, daß man an den König appellierte und ihn an jene Konföderation erinnerte, durch welche beiden Bekenntnissen gleicher Schutz verheißen worden: die Antwort war: der gleiche Schutz bestehe eben darin, daß man jedem Teile zu seinem Rechte verhelfe! die Konföderation schließe keine Versicherung der kirchlichen Gebäude ein[1]. In wenigen Jahren setzten sich die Katholischen in den Besitz aller Pfarrkirchen in den Städten: „in den Pfarrkirchen“, rief der Pole aus, „wird der alte Gott verehrt“: in den kleineren preußischen Städten durfte der evangelische Gottesdienst nur noch in einem Zimmer auf dem Rathause ausgeübt werden: von den größeren behauptete allein Danzig seine Pfarrkirche[2].

In diesem Augenblick eines glücklichen Fortgangs aber blieb man nicht allein bei der Bekämpfung der Protestanten stehen, man faßte auch schon die Griechen ins Auge.

König und Papst vereinigten auch hier ihren Einfluß: besonders wirksam war, soviel ich finde, die Drohung, die griechischen Bischöfe von Sitz und Stimme in dem Senat auszuschließen: genug, der Wladika von Wladimir und einige andere griechische Bischöfe entschlossen sich im Jahre 1595, sich nach Maßgabe des florentinischen Konzilium mit der römischen Kirche zu vereinigen. Ihre

[1] Das ausführliche Schreiben des Woiwoden von Culm, übersetzt bei Lengnich: Polnisch-preußische Geschichte Teil IV, S. 291, setzt besonders diese Motive auseinander.

[2] Lengnich: Nachricht von der Religionsänderung in Preußen § 27.

Gesandten gingen nach Rom: römische und königliche Abgeordnete erschienen in der Provinz: die Zeremonie der Versöhnung ward vollzogen: ein Jesuit, Beichtvater des Königs, belebte sie durch eine begeisterte Predigt; den Katholischen wurden auch hier einige Kirchen eingeräumt.

Ein ungemeiner Aufschwung binnen wenigen Jahren. „Vor kurzem", sagt ein päpstlicher Nuntius schon im Jahre 1598, „konnte es scheinen, als würde die Ketzerei den Katholizismus in Polen vollends beseitigen: jetzt trägt der Katholizismus die Ketzerei zu Grabe."

Fragte man, wodurch dies hauptsächlich geschehen war, so war es doch vor allem die persönliche Gesinnung des Königs.

Eine Gesinnung, die bei der eigentümlichen Stellung dieses Fürsten sogleich noch weitere Aussichten eröffnete.

Versuch auf Schweden

Durch den Tod seines Vaters Johann im Jahre 1592 wurde Siegmund König von Schweden.

Zwar war er hier weder an und für sich unbeschränkt, noch auch ohne persönliche Verpflichtung. Schon 1587 hatte er eine Versicherung unterzeichnet, daß er in den Zeremonien der Kirche nichts ändern, daß er selbst niemand befördern wolle, der nicht Protestant sei: und auch jetzt verpflichtete er sich aufs neue, die Privilegien der Geistlichen wie der Laien erhalten, um der Religion willen niemand hassen noch lieben, die Landeskirche auf keine Weise beeinträchtigen zu wollen. Nichtsdestominder erwachten auf der Stelle alle Hoffnungen der Katholischen, alle Besorgnisse der Protestanten.

Was die Katholischen zu erreichen immer so eifrig gewünscht, einen König ihres Glaubens in Schweden zu haben, war ihnen jetzt gewährt. Von katholischer Begleitung umgeben, bei der selbst ein päpstlicher Nuntius, Malaspina, nicht fehlte, brach Siegmund im Juli 1593 nach seinem Erbreich auf. Schon seine Reise durch die preußischen Provinzen war mit Beförderungen des Katholizismus bezeichnet. In Danzig ereilte ihn ein päpstlicher Abgeordneter, Bartholomäus Powsinsky, mit einem Geschenk von 20000 Skudi, „einem kleinen Beitrag", wie es in der Instruktion heißt, „zu den Kosten, welche die Herstellung des Katholizismus veranlassen könnte".

Sehr merkwürdig ist diese Instruktion. Sie zeigt uns, wie unbedingt man in Rom diese Herstellung hoffte und empfahl[1]. „Powsinsky", heißt es in derselben, „ein vertrauter Diener Sr. Heiligkeit und Vasall Sr. Majestät, werde gesendet, um dem Könige die Teilnahme des Papstes an den erwünschten Ereignissen, die ihm seit kurzem begegnet, zu bezeigen: an der Niederkunft seiner Gemahlin, dem guten Ausgange des letzten Reichstages, vor allem aber an dem größten Glück, das ihm hätte widerfahren können, nämlich, daß er jetzt Gelegenheit habe, den Katholizismus in seinem Vaterlande wieder herzustellen." Der Papst versäumt nicht, einige Gesichtspunkte für dieses Werk anzugeben.

„Ohne Zweifel durch Gottes besondere Vorsehung", sagt er, „seien gerade mehrere Bistümer, unter andern selbst der erzbischöfliche Stuhl in Upsala erledigt[2]. Sollte der König ja einen Augenblick anstehen, die protestantischen Bischöfe, die es noch im Lande gäbe, zu entfernen, so werde er doch unfehlbar die erledigten Sitze mit Katholischgläubigen besetzen." Der Abgeordnete hat ein Verzeichnis von schwedischen Katholiken bei sich, die dazu geeignet scheinen. Der Papst ist überzeugt, daß diese Bischöfe dann schon darauf denken werden, katholische Pfarrer und Schulmeister zu bekommen. Nur muß man ihnen dazu die Möglichkeit verschaffen.

„Vielleicht", meint er, „lasse sich sogleich ein Jesuitenkollegium in Stockholm einrichten. Wäre dies aber nicht der Fall, so werde der König doch gewiß soviel fähige junge Schweden als er nur finden könne, nach Polen mitnehmen, und sie an seinem Hofe, bei einigen der eifrigsten Bischöfe oder in den polnischen Jesuitenkollegien im katholischen Glauben aufziehen lassen."

Die erste Absicht war hier, wie allenthalben, sich des Klerus wieder zu bemeistern. Noch eine andere hatte indes der Nuntius gefaßt. Er dachte, die Katholiken, die in Schweden noch übrig waren, zu veranlassen, gegen die Protestanten Beschwerde zu führen. Dann werde der König eine Stellung über beiden Parteien nehmen, jede Neuerung werde das Ansehen einer rechtlichen Entscheidung

[1] Instruttione al Sr Bartolommeo Powsinsky alla Mà del re di Polonia e Suetia. (MS. Rom.)

[2] Intendendosi restar vacante l'arcivescovato di Upsalia, che la divina providenza, per più facilitare le cose del suo servitio, non ha permesso che in due anni sia stato proveduto dal re morto, haverà S. Mtà particulare pensiere a pigliare un arcivescovo cattolico.

bekommen können[1]. Es war ihm nur leid, daß Siegmund nicht eine stärkere bewaffnete Macht mit sich führte, um seinen Entschlüssen Nachdruck zu verschaffen.

Nun läßt sich wohl nicht beweisen, daß der König die Absichten des römischen Hofes auch sogleich zu den seinigen gemacht habe. Soviel aus seinen eigenen Erklärungen abzunehmen ist, mochte zunächst sein Sinn dahin gehen, den Katholischen nur erst einige Freiheiten zu verschaffen ohne die protestantische Verfassung umzustürzen. Aber sollte er fähig sein, dem starken religiösen Antriebe Einhalt zu tun, der seine Umgebung beherrschte, dessen Repräsentanten er mit sich führte? Durfte man glauben, daß er an jenem Punkte, wenn er ihn erreicht hätte, stehenbleiben werde?

Die Protestanten wollten es nicht erwarten. Die Absichten, die man diesseits hegte, riefen jenseits unmittelbar, faßt unbewußt, ihr Gegenteil hervor.

Gleich nach dem Tode Johanns vereinigten sich die schwedischen Reichsräte – früher und später berühmte Namen: Gyllenstern, Bielke, Baner, Sparre, Oxenstern – mit dem Bruder des verstorbenen, dem Oheim des jungen Königs, noch einem von den Söhnen Gustav Wasa's, dem eifrig protestantischen Herzog Carl, „ihn in Abwesenheit seines Neffen als Reichsgubernator anzuerkennen, und ihm in alle dem Gehorsam zu versprechen, was er zur Erhaltung der Augsburgischen Konfession in Schweden tun werde". In diesem Sinne ward im März 1593 ein Konzilium zu Upsala gehalten. Das Augsburgische Bekenntnis ward hier aufs neue proklamiert, die Liturgie des Königs Johann verdammt, selbst in dem früheren Ritus alles das ermäßigt, was noch an katholische Gebräuche zu erinnern schien, – den Exorzismus behielt man nur in milderen Ausdrücken und um seiner moralischen Bedeutung willen bei[2]; es ward eine Erklärung abgefaßt, daß man

[1] Ragguaglio dell' andata del re di Polonia in Suetia. (MS. Rom.) Erano tuttavia nel regno alcune reliquie de' cattolici: et il nuntio seguendo la forma già tenuta da Cl Madruzzo, per fortificar l'autorità dell' imperatore, cercava di costituire il re giudice tra li cattolici e gli heretici pi Suetia, inducendo quelli a querelarsi appresso il re dell'insolenza e dell ingiurie di questi.

[2] Denn man muß es Messenius nicht glauben, daß er abgeschafft worden. Es wurden nur die Worte Faar här uth in die Worte Wick här ifra verändert, und dem Herzog Carl, der die völlige Abschaffung forderte, entgegnete man: retinendum esse exorcismum tanquam liberam cerimoniam propter utilem commonefactionem ad auditorium et

keinerlei Ketzerei, weder papistische noch calvinistische, im Lande dulden werde[1]. In demselben Sinne wurden nun auch die Stellen besetzt. Viele alte Verteidiger der Liturgie sagten ihr jetzt ab, doch nicht allen half das: einige wurden doch entfernt. Die Bistümer, auf deren Erledigung zu Rom man so große Entwürfe gegründet, wurden Lutheranern gegeben: das Erzbistum Upsala dem heftigsten Gegner der Liturgie, M. Abraham Angermannus: durch eine unverhältnismäßige Majorität – er hatte 243 und sein nächster Mitbewerber nur 38 Stimmen – stellte die Geistlichkeit den eifrigsten Lutheraner, den sie finden konnte, an ihre Spitze. Unter König Johann hatte sich bis zuletzt ein mittlerer, dem Papsttum nicht so scharf wie anderwärts entgegengesetzter Zustand erhalten: leicht hätte Siegmund eine Veränderung, wie die Katholiken sie wünschten, daran knüpfen können: aber jetzt war man ihm von der andern Seite zuvorgekommen: der Protestantismus hatte sich fester in Besitz gesetzt, als er es jemals gewesen war. Auch die königlichen Gerechtsame Siegmunds waren hiebei nicht geschont worden. Er ward schon nicht eigentlich mehr ganz als der König – vielmehr als ein Fremder mit dem Anspruch an die Krone, als ein Abtrünniger, vor dem man sich in acht nehmen müsse, der die Religion bedrohe, ward er betrachtet. Die große Mehrheit der Nation, einmütig in ihren protestantischen Überzeugungen, hielt sich an Herzog Carl.

Wohl fühlte der König seine vereinsamte Stellung, als er angekommen. Er konnte nichts tun: er suchte nur die Forderungen, die man an ihn machte, von sich abzulehnen.

Aber indessen er schwieg und wartete, gerieten die Gegensätze in Kampf, die einander hier noch nie so unmittelbar gegenüber gestanden. Die evangelischen Prediger schalten wider die Papisten: die jesuitischen, die in der Hofkapelle predigten, blieben die Antwort nicht schuldig. Die Katholiken des königlichen Gefolges bemächtigten sich bei einer Beerdigung einer evangelischen Kirche: die Protestanten hielten hierauf für nötig, sich der Benutzung ihres entweihten Heiligtums eine Zeitlang zu enthalten. Schon kam es zu Tätlichkeiten. Die Heiducken brauchten Gewalt, um

baptismi spectatores permanantem; eine Ansicht, der sich Herzog Carl fügte. Baaz, Inventarium IV, X, 525. Bei Baaz finden sich die Akten überhaupt in ziemlicher Vollständigkeit.

[1] Concilium definit, heißt es weiter, ne haereticis advenientibus detur locus publice conveniendi.

sich einer verschlossenen Kanzel zu bemächtigen: dem Nuntius warf man vor, daß er aus seinem Hause mit Steinen nach singenden Chorknaben habe werfen lassen: die Erbitterung stieg von Moment zu Moment.

Endlich ging man nach Upsala, um die Krönung zu vollziehen. Die Schweden forderten vor allen Dingen die Bestätigung der Schlüsse ihres Konziliums. Der König sträubte sich. Er wünschte nur Duldung für den Katholizismus: er wäre zufrieden gewesen, hätte man ihm nur die Aussicht gelassen, sie in Zukunft einmal zu gestatten. Aber diese schwedischen Protestanten waren unerschütterlich. Man behauptet, die eigene Schwester des Königs[1] habe ihnen gesagt, die Natur desselben sei, nach langem und standhaftem Widerstande endlich doch nachzugeben, und in sie gedrungen, ihn nur immer aufs neue zu bestürmen. Sie forderten schlechthin, daß allenthalben in Kirchen und Schulen einzig und allein die Lehre der Augsburger Konfession verkündigt werden solle[2]. An ihrer Spitze stand Herzog Carl. Die Stellung, die er einnahm, gab ihm eine Unabhängigkeit und Macht, wie er sie sonst niemals hätte hoffen dürfen. Sein persönliches Verhältnis zu dem Könige ward immer unangenehmer, bitterer. Der König, wie gesagt, war fast ganz ohne Waffen: der Herzog sammelte ein paar tausend Mann auf seinen Gütern um die Stadt her. Endlich erklärten die Stände dem König geradezu, man werde ihm die Huldigung nicht leisten, wenn er sich nicht füge[3].

Der arme Fürst sah sich in schmerzlicher Verlegenheit. Zuzugestehn, was man von ihm verlangte, beschwerte ihn in seinem Gewissen, es zu verweigern, brachte ihn um eine Krone.

In dieser Not fragte er zuerst bei dem Nuntius an, ob er nicht nachgeben dürfe. Malaspina war nicht dahin zu bringen, das gutzuheißen.

Hierauf wandte sich der König an die Jesuiten in seinem Gefolge. Was der Nuntius nicht gewagt, nahmen sie auf sich. Sie erklärten,

[1] Das Ragguaglio nennt sie ostinatissima eretica.

[2] Messenius VII, 19. Absolute urgebant, ut confessio Augustana, qualis sub ultimo Gustavi regimine et primi Johannis in patria viguisset, talis in posterum unica sola et ubique tam in ecclesiis quam in scholis perpetuo floreret.

[3] Supplicatio ordinum: Quodsi cl. rex denegaverit subditis regiam approbationem horum postulatorum, inhibent nostri fratres domi remanentes publicum homagium esse S.R.M. praestandum.

in Betracht der Notwendigkeit und der unverkennbaren Gefahr, in der sich der König befinde, könne er den Ketzern ihre Forderung zugestehn, ohne Gott zu beleidigen. Nicht eher gab sich der König zufrieden, als bis er diesen Bescheid schriftlich in Händen hatte.

Alsdann erst fügte er sich den Forderungen seiner Untertanen. Er bestätigte die Schlüsse von Upsala, die ausschließende Übung der unveränderten Augsburger Konfession: ohne daß in Kirche oder Schule eine fremde Lehre beigemischt, ohne daß irgend jemand angestellt werden dürfe, der nicht zu ihrer Verteidigung bereit sei[1]. Er erkannte die Prälaten an, die wider seinen Willen in jene Ämter gekommen.

Sollte sich aber hiebei sein katholisches Herz beruhigen? Sollte seine römisch gesinnte Umgebung sich mit einem Resultat begnügen, das sie so ganz verdammen mußte? Es wäre an sich nicht zu erwarten. In der Tat schritt man endlich zu einer Protestation, wie sie wohl in ähnlichen Fällen auch sonst vorgekommen ist.

„Der Nuntius", heißt es in dem Berichte, der über diese Sache nach Rom erstattet wurde, mit dessen Worten ich wohl am besten diese Tatsache erläutere, „der Nuntius war eifrig bemüht, der geschehenen Unregelmäßigkeit abzuhelfen. Er bewirkte, daß der König zur Sicherheit seines Gewissens schriftlich eine Protestation abfaßte, in welcher er erklärte, daß er nicht mit seinem Willen, sondern ganz allein durch Gewalt genötigt zugestanden, was er zugestanden. Ferner bewog der Nuntius S. Majestät, auch den Katholiken entsprechende Zugeständnisse zu machen: um wie in Polen, so auch in Schweden beiden Teilen verpflichtet zu sein: wie dies auch bei dem deutschen Kaiser stattfindet. Der König war zufrieden dies zu tun"[2].

[1] Diese Worte lauten doch so, daß sie die Möglichkeit einer Ausflucht übrig lassen. „Ad officia publica nulli promovebuntur in patria qui religionem evangelicam nolunt salvam, quin potius qui eam serio defendere volunt, publicis officiis praeficiantur." Generalis confirmatio postulatorum regis Sigismundi bei Baaz p. 537.

[2] Relatione dello stato spirituale e politico del regno di Suezia 1598. Mandò alcuni senatori Polacchi a darle parte dello stato delle cose in le sue circostanze e conseguenze, e detti patri dichiararono che presupposto la necessità e pericolo nel quale era costituita la Mtà S. la petesse senza offender dio concedere alli heretici ciò che ricercavano, e la Mtà S. per sua giustificatione ne volle uno scritto da detti patri. – Hora fatta la coronatione e concessione pose ogni studio il nunzio per applicare

Seltsame Auskunft. An einer Protestation ist es noch nicht genug. Um einer Verpflichtung, die man durch einen Eid übernommen, einigermaßen entledigt zu sein, leistet man der andern Partei einen entgegengesetzten Eid: so ist man beiden verpflichtet, und in der Notwendigkeit, beiden die gleiche Gerechtigkeit angedeihen zu lassen.

Die Schweden waren erstaunt, daß der König nach so feierlichen Versprechungen doch sogleich hierauf den Katholischen einen wenig verhehlten Schutz angedeihen ließ. Es rührte ohne Zweifel von dieser geheimen Verpflichtung her. „Noch vor seiner Abreise", fährt unser Berichterstatter mit Zufriedenheit fort, „gab der König Ämter und Würden an Katholischgläubige. Vier Statthalter, obwohl sie Ketzer waren, ließ er schwören, die Katholiken und ihre Religion zu beschützen. An vier Orten richtete er die Übung des katholischen Gottesdienstes wieder ein."

Maßregeln, welche vielleicht das unruhige Gewissen eines devoten Fürsten beschwichtigen, allein auf den Gang der Dinge keinen andern als einen nachteiligen Einfluß ausüben konnten.

Denn eben dadurch geschah es, daß die schwedischen Stände, in unaufhörlicher Aufregung gehalten, sich um so entschiedener in den Widerstand warfen.

Die Geistlichkeit reformierte ihre Schulen in streng lutherischem Sinne, sie ordnete ein besonderes Dankfest für die Behauptung der wahren Religion „gegen die Absichten und Ränke der Jesuiten" an; 1595 ward auf dem Reichstag von Süderköping ein Beschluß gefaßt, daß alle Übung des katholischen Ritus, wo ihn der König etwa eingerichtet hatte, wieder abgeschafft werden sollte. „Einmütig heißen wir gut", sagen die Stände, „daß alle Sektierer, die der evangelischen Religion zuwider sind und ihren

qualche remedio al disordine seguito, onde operò per sicurezza della coscienza di S. M^{tà} ch' ella fecesse una protesta in scritto, come ella non con la volontà sua ma per pura forza si era indotto a concedere ciò che haveva concesso: e persuase al s^{mo} re che concedesse da parte agli cattolici altrettanto quanto haveva conceduto alli heretici, di modo che a guisa dell' imperatore e del re di Polonia restasse la M^{tà} S. giurata utrique parti. S. M^{tà} si contentò di farlo, et immediatamente mise in esecutione le dette concessioni: perchè avanti la sua partenza diedeufficj e dignità a cattolici, e lasciò in quattro luoghi l'esercitio della religione, e fece giurare a quattro governatori, se ben erano heretici, quali lasciò nel regno, che haverebbero protetto la religione e li cattolici.

Sitz im Lande aufgeschlagen haben, binnen sechs Wochen aus dem ganzen Reiche entfernt werden"[1]: und auf das strengste wurden diese Beschlüsse ausgeführt. Das Kloster Wadstena, das seit 211 Jahren bestanden und sich in der Mitte so vieler Bewegungen noch immer erhalten, ward nunmehr aufgelöst und zerstört. Angermannus hielt eine Kirchenvisitation, die ihresgleichen nicht gehabt. Wer die evangelische Kirche versäumte, ward mit Ruten gepeitscht: der Erzbischof führte einige starke Schüler mit sich, welche die Züchtigung unter seiner Aufsicht vollzogen: die Altäre der Heiligen wurden zerstört, ihre Reliquien zerstreut, die Zeremonien, welche man noch 1593 für gleichgültig erklärte, im Jahre 1597 an vielen Orten abgeschafft.

Das Verhältnis zwischen Siegmund und Carl gab nun dieser Bewegung eine persönliche Gestalt.

Alles, was man tat, lief dem wohlbekannten Willen, den Anordnungen des Königs entgegen: in allem hatte Herzog Carl einen überwiegenden Einfluß. Wider den ausdrücklichen Befehl Siegmunds hielt der Herzog die Reichstage: jeden Eingriff desselben in die Landesangelegenheiten suchte er zu entfernen: er ließ einen Beschluß fassen, kraft dessen die Reskripte des Königs erst dann gültig sein sollten, wenn sie von der schwedischen Regierung bestätigt worden[2].

Carl war bereits durch die Tat Fürst und Herr. Schon regte sich in ihm der Gedanke, es auch dem Namen nach zu werden. Unter anderm deutet es ein Traum an, den er 1595 hatte. Es kam ihm vor, als werde ihm auf einem Gastmahle in Finnland eine verdeckte doppelte Schüssel aufgetragen: er hebt den Deckel auf: in der einen erblickt er die Insignien der Krone, in der andern einen Totenkopf. Ähnliche Gedanken regen sich in der Nation. Es geht eine Sage durchs Land, man habe in Linköping einen gekrönten Adler mit einem ungekrönten streiten sehen: der ungekrönte habe den Platz behalten.

Als es aber soweit war, als die protestantischen Grundsätze mit so vieler Härte geltend gemacht wurden, ihr Vorfechter einen Anspruch auf die königliche Gewalt zu erheben schien, regte sich

[1] Acta ecclesiae in conventu Sudercop bei Baaz 567.

[2] Ausa illustrissimi principis domini Caroli Sudermanniae ducis adversus serenissimum et potentissimum dominum Sigismundum III regem Sueciae et Poloniae suscepta, scripta et publicata ex mandato S.R. Majestatis proprio. Dant. 1598.

doch auch eine Partei für den König. Einige Große, die an seiner Autorität einen Rückhalt gegen den Herzog gesucht, wurden verjagt: ihre Anhänger blieben im Lande: das gemeine Volk war mißvergnügt über die Abschaffung aller Zeremonien, und leitete ländliche Unfälle von dieser Vernachlässigung her: in Finnland hielt der Statthalter Flemming das Banner des Königs aufrecht. Eine Lage der Dinge, die es für König Siegmund auf der einen Seite notwendig, auf der andern ratsam machte, sein Glück noch einmal zu versuchen. Es war vielleicht der letzte Moment, in welchem es ihm möglich war, seine Gewalt herzustellen. Im Sommer 1598 brach er zum zweiten Male auf, um sein Erbreich einzunehmen.

Er war diesmal womöglich noch strenger katholisch als früher. Der gute Herr glaubte, das mancherlei Unglück, das ihn seit der ersten Reise betroffen, unter anderm der Tod seiner Gemahlin, sei deshalb über ihn geschickt worden, weil er damals den Ketzern Zugeständnisse gemacht habe: mit tiefem Herzeleid eröffnete er dem Nuntius diesen seinen peinlichen Gedanken. Er erklärte, er wolle eher sterben, als aufs neue etwas gestatten, was die Reinheit seines Gewissens beflecken könne.

Es verknüpfte sich aber hiemit zugleich ein europäisches Interesse. In so großem Fortgange war der Katholizismus, daß er auch ein Unternehmen in einem so entfernten Teile von Europa hauptsächlich im Lichte einer allgemeinen Kombination betrachtete. Schon früher hatten die Spanier in ihrem Kampfe mit England ihre Augen zuweilen auf die schwedischen Küsten geworfen: sie hatten gefunden, der Besitz eines schwedischen Hafens werde ihnen von dem größten Nutzen sein, und Unterhandlungen darüber eröffnet. Jetzt zweifelte man nicht, daß Siegmund, wenn er nur erst Herr in seinem Lande sei, ihnen Elfsborg in Westgotland einräumen werde. Leicht lasse sich hier eine Flotte erbauen, instand halten, mit Polen und Schweden bemannen: wieviel anders könne man von hier, als von Spanien aus, England den Krieg machen; gar bald werde es vergessen, Indien anzugreifen. Auch für die Autorität des Königs in Schweden könne ein Bund mit dem katholischen König nicht anders als vorteilhaft sein[1].

Aber noch mehr. Die Katholischen zogen in Betracht, daß sie sich

[1] Relatione dello stato spirituale e politico. Der Vorschlag ist: che a spese del cattolico si mantenga un presidio nella fortezza che guardi il porto, sopra lo quale niuna superiorità habbia il cattolico, ma consegni lo stipendio per esso presidio al re di Polonia.

zur Herrschaft in Finnland und auf der Ostsee erheben würden. Von Finnland aus hofften sie einen glücklichen Angriff auf das russische Reich machen, durch den Besitz des baltischen Meeres das Herzogtum Preußen in ihre Gewalt bringen zu können. Noch hatte das Kurhaus Brandenburg die Belehnung durch keine Unterhandlung zu erwerben vermocht; der Nuntius versichert, der König sei entschlossen, sie demselben nicht zu gewähren, sondern das Herzogtum an die Krone zu bringen: er sucht ihn darin nach Kräften zu bestärken, hauptsächlich, wie sich versteht, aus religiösen Erwägungen: denn niemals werde Brandenburg die Wiederherstellung des Katholizismus in Preußen zugestehn[1].
Betrachtet man den Umfang der Aussichten, welche sich an einen Erfolg des Königs knüpften, der doch so unwahrscheinlich nicht war, auf der einen, und auf der andern Seite die allgemeine Bedeutung, welche dem schwedischen Reiche bevorstand, wenn der Protestantismus den Sieg davontrug, so erkennt man hier den Moment einer weltgeschichtlichen Entscheidung.
Zamoisky hatte dem König geraten, an der Spitze eines starken Heeres aufzubrechen, um Schweden mit den Waffen zu erobern. König Siegmund hielt dafür, daß das nicht nötig sei: er wollte nicht glauben, daß man ihm in seinem Erbreiche Gewalt entgegensetzen werde. Er hatte indes ungefähr 5000 Mann bei sich: ohne Widerspruch landete er mit ihnen in Calmar, und setzte sich von da gegen Stockholm in Bewegung; hier war eine andere Abteilung seiner Truppen bereits angelangt und aufgenommen worden; eine finnische Schar rückte gegen Upland vor.
Indessen hatte sich auch Herzog Carl gerüstet. Es war offenbar mit seiner Macht so wie mit der Alleinherrschaft des Protestantismus aus, wenn der König den Sieg behielt. Während seine Uplandsbauern die Finnen abwehrten, stellte er sich selbst mit einer regelmäßigen Kriegsmannschaft dem Könige auf seinem Zuge bei Stegeborg in den Weg. Er forderte die Entfernung der königlichen Heere, die Übertragung der Entscheidung an einen Reichstag. Alsdann wolle er auch seine Leute entlassen. Der König ging nicht darauf ein.

[1] Relatione di Polonia 1598. Atteso che se rimarrà il ducato nelli Brandeburgesi non si può aspettare d'introdurre la religione cattolica, si mostra S. M^{tà} risoluto di voler ricuperare il detto ducato. Schon *König Stephan* hätte dies tun sollen. Ma ritrovandosi con penuria di danari mentre era occupato nelle guerre, ne fu sovvenuto delli Brandeburgesi.

Die feindlichen Scharen rückten gegeneinander, gering an Zahl, unbedeutende Massen, jede von ein paar tausend Mann. Aber die Entscheidung erfolgte nicht minder nachhaltig, als wäre sie durch große Heere herbeigeführt worden.

An der Person des Fürsten lag doch alles. Carl, sein eigener Ratgeber, trotzig, entschlossen, ein Mann und, was die Hauptsache war, wesentlich im Besitz; Siegmund, von anderen abhängig, weich, gutmütig, kein Kriegsmann, jetzt in der unglücklichen Notwendigkeit, das Reich, das ihm gehörte, erobern zu müssen, zwar legitim, aber im Kampfe gegen das Bestehende.

Zweimal stießen die Truppen bei Stangebro aufeinander, zuerst mehr durch Zufall als mit Absicht; der König war im Vorteil, und er selbst soll der Ermordung der Schweden Einhalt getan haben. Das zweitemal aber, als die Dalkarlier sich für den Herzog erhoben, seine Flotte angekommen war, hatte dieser die Oberhand: den Mord der Polen hielt niemand ein; Siegmund erlitt eine vollständige Niederlage; er mußte alles eingehen, was man von ihm forderte[1].

Ließ er sich doch sogar dahin bringen, die einzigen Getreuen auszuliefern, die er gefunden, damit sie vor ein schwedisches Gericht gestellt würden. Er selbst versprach, sich der Entscheidung des Reichstages zu unterwerfen.

Doch war dies nur eine Auskunft für die Verlegenheiten des Augenblicks. Statt den Reichstag zu besuchen, wo ihm nur die traurige Rolle des Besiegten hätte zuteil werden können, schiffte er mit dem ersten günstigen Winde nach Danzig zurück.

Er schmeichelte sich wohl mit der Hoffnung, ein andermal, in einem glücklicheren Augenblick, doch noch Herr in seinem Erbreiche zu werden; in der Tat aber überließ er es durch diese Entfernung sich selber und dem überwiegenden Einflusse seines Oheims, der kein Bedenken trug, nach einiger Zeit auch den Königstitel anzunehmen, und alsdann den Krieg nicht erst lange in Schweden erwartete, sondern ihn nach dem polnischen Gebiete spielte, wo er unter abwechselnden Schicksalen geführt ward.

[1] Piasecii Chronicon gestorum in Europa singularium p. 159. Auszüge aus den Briefen der Fürsten bei Geijer, Schwedische Geschichte II, S. 305.

Aussicht auf Rußland

In kurzem aber schien es, als wolle sich dieses fehlgeschlagene Unternehmen durch einen anderen, glücklichen Erfolg vergüten. Man weiß, wie so manchmal sich die Päpste Hoffnung gemacht hatten, Rußland zu gewinnen – schon Adrian VI., Clemens VII. –; dann hatte der Jesuit Possevin bei Iwan Wasiljowitsch sein Glück versucht; noch 1594 sandte Clemens VIII. einen gewissen Comuleo nach Moskau mit mehr als gewöhnlichem Vertrauen, da er die Sprache kannte; allein es waren alles vergebliche Bemühungen: erklärte doch Boris Godunow geradezu, „Moskwa sei jetzt das wahre rechtgläubige Rom": er ließ für sich beten „als für den einzigen christlichen Herrscher auf Erden".

Um so willkommener war unter diesen Umständen die Aussicht, welche das Auftreten des falschen Demetrius auf das unerwartetste darbot.

Fast noch mehr an die geistlichen als an die politischen Interessen von Polen schloß sich Demetrius an.

Es war ein katholischer Beichtvater, dem er sich zuerst entdeckte; Väter Jesuiten wurden geschickt, ihn zu prüfen; dann nahm sich der päpstliche Nuntius Rangone seiner an. Gleich bei der ersten Zusammenkunft erklärte ihm dieser, er werde nichts zu hoffen haben, wenn er nicht die schismatische Religion abschwöre und die katholische annehme. Ohne viel Umstände zeigte sich Demetrius hierzu bereit; er hatte es schon vorher versprochen: den nächsten Sonntag geschah der Übertritt[1]. Er war entzückt, daß ihn hierauf König Siegmund anerkannte; er schrieb es mit Recht der Verwendung des Nuntius zu und versprach diesem, zur Ausbreitung und Verteidigung des römischen Glaubens alles zu tun, was in seinen Kräften stehe[2].

Ein Versprechen, das sofort eine hohe Bedeutung bekam. In Polen mochte man doch nicht recht an ihn glauben. Wie sehr erstaunte

[1] Alessandro Cilli, Historia di Moscovia p. 11. Cilli war bei dem Akt zugegen. Bei Karamsin X, 109 der Übers. findet sich eine Stelle, die doch nicht so genau aus Cilli ist, als es der Fall zu sein scheint. Karamsin sah den Cilli selbst nicht ein. Von den Worten, die bei Karamsin dem Demetrius in den Mund gelegt werden, findet sich bei Cilli nichts.

[2] *Cilli: Con rinnovare* insieme la promessa dell' augumento e difesa per quanto havessero potuto le sue forze e nel suo imperio e fuori di quello della santa fede cattolica.

man, als der armselige Flüchtling in der Tat bald darauf in den Palast der Zaren einzog! Der plötzliche Tod seines Vorgängers, in welchem das Volk ein Gottesurteil sah, mag wohl am meisten dazu beigetragen haben.
Und hier erneuerte nun Demetrius seine Zusage: den Neffen jenes Nuntius nahm er mit großer Ehrerbietung bei sich auf; da seine polnische Gemahlin in kurzem bei ihm anlangte, mit einem zahlreichen Hofe, nicht allein von Rittern und Damen, sondern vorzüglich von Mönchen – Dominikanern, Franziskanern und Jesuiten[1] –, so schien er sein Wort unverzüglich halten zu wollen.
Aber eben dies gereichte ihm am meisten zum Verderben. Was ihm die Unterstützung der Polen verschafft hatte, entzog ihm die Neigung der Russen. Sie sagten, er esse und bade nicht wie sie; er ehre die Heiligen nicht; er sei ein Heide und habe eine ungetaufte heidnische Gemahlin auf den Thron von Moskwa geführt: unmöglich, das sei kein Zarensohn[2].
Durch eine unerklärliche Überzeugung hatten sie ihn anerkannt; durch eine andere, die sich ihrer mit noch größerer Stärke bemeisterte, fühlten sie sich bewogen, ihn wieder zu stürzen.
Das wesentliche Moment war doch auch hier die Religion. In Rußland erhob sich wie in Schweden eine Gewalt, die ihrem Ursprunge nach den Tendenzen des Katholizismus entgegengesetzt war.

Innere Bewegungen in Polen

Mißlungene Unternehmungen gegen einen äußeren Feind werden in der Regel die Wirkung haben, daß sie innere Streitigkeiten erwecken. Jetzt trat in Polen eine Bewegung ein, die es zweifelhaft machte, ob der König auf die angefangene Weise werde weiter regieren können. Sie hatte folgende Ursachen.
Nicht immer hielt sich König Siegmund mit denen im Einverständnis, durch deren Bemühung er zur Krone gelangt war. Im Widerspruch gegen Österreich hatten ihn diese berufen; er dagegen schloß sich eng an Österreich an. Zweimal nahm er seine Gemahlin aus der Linie von Grätz; er kam einst in Verdacht, daß er die Krone an dies Haus bringen wolle.

[1] Cilli p. 66.
[2] Müller, Sammlung Russischer Gesch. V, 373, bemerkt, daß man Schreiben des Papstes an ihn gefunden.

Schon darüber war der Großkanzler Zamoisky mißvergnügt. Noch mehr aber erbitterte ihn, daß der König, um von seinem Beförderer selbst unabhängig zu werden, nicht selten Gegner desselben zu den wichtigeren Stellen erhob und in den Senat nahm[1]. Denn hauptsächlich mit dem Senat suchte Siegmund III. zu regieren. Er erfüllte ihn mit persönlich ergebenen Männern; zugleich machte er ihn ganz katholisch: die Bischöfe, unter dem Einfluß des Nuntius von dem König ernannt, bildeten darin eine starke und wohl allmählich die vorherrschende Partei.

Eben hieraus aber ergab sich eine für die polnische Verfassung und die religiösen Interessen überaus wichtige doppelte Opposition.

Dem Senat als politischem Körper setzten sich die Landboten entgegen. Wie jener an den König, schlossen diese sich an Zamoisky[2], dem sie eine unbedingte Verehrung widmeten und der ihrer Ergebenheit ein dem königlichen beinahe gleiches Ansehen verdankte. Eine Stellung, die für einen unternehmenden Magnaten einen mächtigen Reiz haben mußte. Nach dem Tode des Großkanzlers bemächtigte sich ihrer der Palatin von Krakau, Zebrzydowsky.

An diese Partei schlossen sich nun die Protestanten an. Es waren doch am Ende die Bischöfe, gegen welche beide klagten, die einen wegen ihres weltlichen, die anderen wegen ihres geistlichen Einflusses. Die Protestanten beschwerten sich, daß man in einem Gemeinwesen wie das polnische, welches auf freier Übereinstimmung beruhe, wohlerworbene Rechte unaufhörlich kränke, daß man gemeine Leute zu hohen Würden erhebe und Männer von gutem Adel nötigen wolle, diesen zu gehorchen. Viele Katholischen stimmten ihnen hierin bei[3].

Es ist wohl keine Frage, daß dieses religiöse Element der politischen Bewegung noch einen besonderen Antrieb verlieh.

[1] Cilli, Historia delle sollevationi di Polonia 1606–1608, Pistoia 1617 – ein Autor, der um so glaubwürdiger ist, da er lange Zeit im Dienste des Königs gestanden –, führt gleich im Anfange aus, wie mächtig Zamoisky gewesen: Zamoschi si voleva alquanto della regia autorità usurpare; – wie ihm aber der König widerstanden, „essendo patrone S. M^tà^ non solo di conferire le dignità del regno, ma anco le stesse entrate“.

[2] Piasecius: Zamoyscius, cujus autoritate potissimum nitebatur ordo nunciorum. Von dieser Zeit an werden die Landboten mächtig. Ein Teil unterstützt den anderen.

[3] Cilli: Gli eretici, spalleggiati da cattivi cattolici, facevano gran forza per ottenere la confederatione.

Nachdem die Beschwerden öfter vorgetragen, die Subsidien verweigert, die Reichstage gesprengt worden – alles ohne Frucht –, griffen die Mißvergnügten endlich zu dem äußersten Mittel und riefen den gesamten Adel zum Rokoß. Rokoß war eine gesetzliche Form der Insurrektion; der versammelte Adel machte alsdann den Anspruch, König und Senat vor sein Gericht zu ziehen. In dieser Versammlung waren die Evangelischen von um so größerer Bedeutung, da sie sich mit den Griechischgläubigen vereinigten.
Indessen auch der König hatte seine Anhänger. Der Nuntius hielt die Bischöfe zusammen[1]; die Bischöfe gaben dem Senat seine Richtung; es ward ein Bund zur Verteidigung des Königs und der Religion geschlossen; klüglich ergriff man den günstigen Zeitpunkt, die alten Irrungen zwischen Weltlichen und Geistlichen zu heben. Der König zeigte sich auch in dem Augenblicke der Gefahr unerschütterlich: er habe eine gerechte Sache, er traue auf Gott.
In der Tat behielt er die Oberhand. Im Oktober 1606 sprengte er den Rokoß auseinander, als sich eben eine große Anzahl seiner Mitglieder entfernt hatte; im Juli 1607 kam es zu einem förmlichen Treffen. Unter dem Geschrei „Jesu Maria" griffen die königlichen Truppen den Feind an und brachten ihm eine Niederlage bei. Noch eine Zeitlang hielt sich Zebrzydowsky im Felde, aber im Jahre 1608 mußte er sich doch zur Unterwerfung bequemen; es ward eine allgemeine Amnestie verkündigt.
Und hierdurch geschah es nun, daß die Staatsverwaltung die katholische Richtung, welche sie einmal eingeschlagen, weiter verfolgen konnte.
Die Unkatholischen blieben von den Ämtern ausgeschlossen, und in Rom fuhr man fort, die Wirkung zu preisen, die dies hervorgebracht habe[2]: „ein protestantischer Fürst – ein Fürst, der die Würden nur beiden Parteien zu gleichen Teilen verleihe, würde das ganze Land mit Ketzereien anfüllen; das Privatinteresse be-

[1] Cilli: Il nuntio Rangone con sua destrezza e diligenza tenne e conservò in fede molti di principali.

[2] Instruttione a V. S^ria^ M^re^ di Torres: Il re, benchè nato di patre e fra popoli eretici, è tanto pio e tanto divoto e di santi costumi guernito, che dentro a Roma non avrebbe potuto nascere o allevarsene un migliore; imperocchè havendo esso con la longhezza del regnare mutati i senatori eretici, che, se tre ne togli, erano tutti, gli ha fatto divenire, levatine due o tre, tutti quanti cattolici. Ihr Grundsatz war: „le cose spirituali seguono il corso delle temporali."

herrsche nun einmal die Menschen. Da der König so standhaft sei, so folge der Adel dem Willen desselben."

Auch in den königlichen Städten beschränkte man den protestantischen Gottesdienst: „ohne offenbare Gewalt", sagt eine päpstliche Instruktion, „nötigt man doch die Einwohner, sich zu bekehren"[1].

Der Nuntius sah darauf, daß die höchsten Gerichte im Sinne der katholischen Kirche besetzt würden und „nach den Worten der heiligen kanonischen Satzungen" verführen. Besonders wichtig waren dann die gemischten Ehen. Das höchste Tribunal wollte keine für gültig erkennen, die nicht vor dem Pfarrer und einigen Zeugen geschlossen worden; die Pfarrer aber weigerten sich, gemischte Ehen einzusegnen; kein Wunder, wenn gar mancher schon deshalb sich dem katholischen Ritus unterwarf, um seine Kinder nicht in Nachteil zu setzen. Andere wurden dadurch bewogen, daß man den Protestanten das Kirchenpatronat streitig machte. Tausend Mittel besitzt ein Staat, um eine Meinung zu befördern, die er begünstigt: sie wurden hier, soweit es außer direktem Zwange möglich war, alle angewendet; wenig bemerkt, aber unaufhörlich ging der Übertritt fort.

Ohne Zweifel hatte hieran auch der Ernst und Nachdruck Anteil, mit welchem die Nuntien die geistlichen Geschäfte verwalteten. Sie hielten darauf, daß die Bistümer nur mit wohlgeeigneten Männern besetzt würden, visitierten die Klöster und litten nicht, daß, wie man wohl zu tun angefangen, ungehorsame und störrige Mitglieder, die man anderwärts los sein wollte, nach Polen geschickt würden; auch den Pfarren wendeten sie ihre Aufmerksamkeit zu: geistliche Gesänge, die Kinderlehre suchten sie einzuführen. Sie drangen auf die Einrichtung der bischöflichen Seminare.

Unter ihnen arbeiteten nun besonders die Jesuiten. In allen Provinzen finden wir sie tätig: unter dem gelehrigen Volke der Liven, in Litauen, wo sie noch Spuren des alten Schlangendienstes zu bekämpfen haben, unter den Griechen, wo oft Jesuiten die einzigen katholischen Priester sind – zuweilen muß die Taufe achtzehn-

[1] Instruttione a Mr Lancelotti: La conforti (den König) grandemente a vietare che nelle città regie che da lei dipendono altro esercitio di religione che il cattolico si comporti, nè permetta che v'abbiano tempj nè sinagoge loro; poichè si vengono per tal dolce modo senza violenza espressa a far convertire o a mutar paese.

jährigen Jünglingen erteilt werden, sie stoßen auf hochbetagte Männer, welche niemals das Abendmahl empfangen –, vorzüglich aber in dem eigentlichen Polen, wo, wie ein Mitglied rühmt, „Hunderte von gelehrten, rechtgläubigen, gottgeweihten Männern aus dem Orden beschäftigt sind, durch Schulen und Sodalitäten, Wort und Schrift Irrtümer auszurotten, die katholische Frömmigkeit zu pflanzen"[1].

Auch hier erweckten sie in ihren Anhängern den gewohnten Enthusiasmus; auf das unglücklichste aber vereinigte er sich mit der Insolenz eines übermütigen jungen Adels. Der König vermied eigentliche Gewalttaten; die Jesuitenschüler hielten sich für befugt dazu.

Nicht selten feierten sie den Himmelfahrtstag damit, daß sie einen Sturm auf die Evangelischen machten, in ihre Häuser eindrangen, sie plünderten, verwüsteten; wehe dem, der sich ergreifen, der sich nur auf der Straße betreffen ließ!

Schon 1606 ward die Kirche, 1607 der Kirchhof der Evangelischen in Krakau gestürmt, die Leichen wurden aus den Gräbern geworfen; 1611 zerstörte man die Kirche der Protestanten in Wilna, mißhandelte oder tötete ihre Priester; 1615 erschien in Posen ein Buch, welches nachzuweisen suchte, daß die Evangelischen kein Recht hätten, in dieser Stadt zu wohnen; im nächsten Jahre zerstörten die Jesuitenschüler die böhmische Kirche, so daß kein Stein auf dem anderen blieb; die lutherische Kirche ward verbrannt. So ging es an vielen anderen Orten; hier und da wurden die Protestanten durch die steten Angriffe genötigt, ihre Kirchen zu veräußern. Bald begnügte man sich nicht mehr mit den Städten: die Krakauer Studenten verbrannten die benachbarten Kirchen auf dem Lande. In Podlachien ging ein alter evangelischer Pfarrer, des Namens Barkow, auf seinen Stab gestützt, vor seinem Wagen daher; ein polnischer Edelmann, der von der anderen Seite denselben Weg kam, befahl seinem Kutscher, die Pferde gerade auf ihn loszutreiben: ehe der alte Mann noch ausweichen konnte, war er schon überfahren; er starb an seinen Wunden[2].

Mit alledem konnte aber doch der Protestantismus nicht unterdrückt werden. Der König war durch ein Versprechen gebunden, das er nicht die Macht hatte zurückzunehmen. Für sich selbst

[1] Argentus, de rebus societatis Jesu in regno Poloniae 1615. Diese Schrift könnte jedoch noch viel belehrender sein.
[2] Wengerscii Slavonia reformata p. 224, 232, 236, 244, 247.

blieben die Herren doch ungezwungen, und nicht alle traten sofort über. Zuweilen wurde nach vielen ungünstigen auch ein günstiges Urteil ausgebracht und eine oder die andere Kirche wiederhergestellt. In den polnisch-preußischen Städten bildeten die Protestanten immer die Majorität. Noch viel weniger waren die Griechen beiseite zu bringen; jene Union von 1595 erweckte vielmehr Abscheu als Nachfolge. Die Partei der Dissidenten, aus Protestanten und Griechen zusammengesetzt, war immer von großer Bedeutung; die gewerbreichsten Städte, die streitbarsten Völkerschaften, wie die Kosaken, gaben ihren Forderungen einen besonderen Nachdruck. Dieser Widerstand war um so mächtiger, da er an den Nachbarn, die nicht hatten überwältigt werden können, Rußland und Schweden, von Tag zu Tag einen stärkeren Rückhalt fand.

2.

Fortsetzung der Gegenreformation in Deutschland

Ganz andere Grundsätze hegte man in Deutschland; jeder Fürst hielt es für sein gutes Recht, in seinen Landschaften die Religion nach seinen persönlichen Grundsätzen einzurichten.
Ohne viel Zutun der Reichsgewalt, ohne besonderes Aufsehen wogte dann die angefangene Bewegung weiter.
Besonders hielten es die geistlichen Fürsten für Pflicht, ihre Territorien zum Katholizismus zurückzuführen.
Schon erschienen die Schüler der Jesuiten unter ihnen. Johann Adam von Bicken, Kurfürst von Mainz von 1601 bis 1604, war ein Zögling des Collegium Germanicum in Rom. In dem Schloß von Königstein hörte er einst die Gesänge, mit denen die dortige lutherische Gemeinde ihren verstorbenen Pfarrer bestattete. „Mag sie denn", rief er aus, „ihre Synagoge ehrlich zu Grabe bringen!" Den nächsten Sonntag bestieg ein Jesuit die Kanzel: einen lutherischen Prediger hat es daselbst niemals wieder gegeben. So ging es auch anderwärts[1]. Was Bicken unvollendet gelassen, setzte sein Nachfolger, Johann Schweikhard, eifrig fort. Es war ein Mann, der die Freuden der Tafel liebte, der aber dabei selbst regierte und ein ungemeines Talent zeigte. Es gelang ihm, die Gegen-

[1] Serarius, Res Moguntinae p. 973.

reformation in seinem ganzen Stifte, selbst auf dem Eichsfelde, zu vollenden. Er sendete eine Kommission nach Heiligenstadt, welche binnen zwei Jahren 200 Bürger, unter ihnen viele, die im protestantischen Glauben ergraut waren, zum Katholizismus zurückbrachte. Es waren noch einige wenige übrig; er ermahnte sie persönlich „als ihr Vater und Hirt", wie er sagte, „aus tiefem getreuem Herzen", und brachte sie zum Übertritt. Mit außerordentlichem Vergnügen sah er eine Stadt wieder katholisch, die vor vierzig Jahren völlig protestantisch gewesen war[1].

So verfuhren nun auch Ernst und Ferdinand von Köln, beides bayerische Prinzen; der Kurfürst Lothar (aus dem Hause Metternich) von Trier, ein ausgezeichneter Fürst von scharfem Verstand, mit dem Talente, die Schwierigkeiten, die sich ihm darboten, zu überwinden, prompt in seiner Justiz, wachsam, um den Vorteil sowohl seines Landes als seiner Familie zu befördern, auch übrigens leutselig und nicht allzu streng, nur mußte es nicht die Religion anbetreffen: Protestanten duldete er nicht an seinem Hofe[2]. So großen Namen gesellte sich Neithard von Thüngen, Bischof von Bamberg, zu. Als er von seiner Hauptstadt Besitz nahm, fand er den ganzen Rat bis auf zwei Mitglieder protestantisch. Er hatte schon in Würzburg dem Bischof Julius beigestanden; er entschloß sich, die Maßregeln desselben nunmehr auf Bamberg anzuwenden. Bereits für Weihnachten 1595 erließ er sein Reformationsedikt; es lautet auf Abendmahl nach katholischem Ritus oder Auswanderung; und obwohl Domkapitel, Adel und Landschaft ihm widersprachen, von den Nachbarn die dringendsten Vorstellungen ergingen, so finden wir doch alle die folgenden Jahre hindurch die Reformationsbefehle erneuert und im ganzen ausgeführt[3]. Mit dem Bamberger wetteiferte in Niederdeutschland Theodor von Fürstenberg zu Paderborn. Im Jahre 1596 setzte er alle Priester seiner Diözese gefangen, die das Abendmahl unter beiderlei Gestalt austeilten. Natürlich geriet er hierüber mit seinem Adel in Entzweiung, und wir finden Bischof und Adel sich wechselseitig ihre Herden, ihre Stutereien wegtreiben. Auch mit

[1] Wolf, Geschichte von Heiligenstadt S. 63. Zwischen 1581 und 1601 zählte man 497 Konvertiten, die meisten im Jahre 1598, wo es 73 waren.

[2] Masenius, Continuatio Broweri p. 474.

[3] Jäck, Geschichte von Bamberg, z. B. III, 212, 199; allein im Grunde war das allenthalben der Fall; denn diese Geschichte beschäftigt sich besonders mit der Antireformation.

der Stadt geriet er endlich in offene Fehde. Unglücklicherweise erhob sich hier ein ungestümer Volksführer, der doch der großen Stellung nicht gewachsen war, deren er sich bemächtigt hatte. Im Jahre 1604 ward Paderborn zu neuer Huldigung gezwungen. Hierauf ward das Jesuitenkollegium auf das prächtigste ausgestattet; in kurzem erging auch hier ein Edikt, das nur zwischen Messe und Auswanderung die Wahl ließ. Wie so ganz katholisch wurden allmählich Bamberg und Paderborn[1]!

Höchst merkwürdig bleibt allemal die rasche und dabei doch so nachhaltige Verwandlung, welche in allen diesen Ländern hervorgebracht ward. Soll man annehmen, daß der Protestantismus in der Menge noch nicht recht Wurzel gefaßt hatte, oder soll man es der Methode der Jesuiten zuschreiben? Wenigstens ließen sie es an Eifer und Klugheit nicht fehlen. Von allen Punkten, so sie sich festgesetzt, ziehen sie in weiten Kreisen umher. Sie wissen die Menge zu fesseln; ihre Kirchen sind die besuchtesten; sie gehen immer auf die vornehmste Schwierigkeit los; ist irgendwo ein bibelfester Lutheraner, auf dessen Urteil die Nachbarn etwas geben, so wenden sie alles an, um ihn zu gewinnen, was ihnen auch bei ihrer Übung in der Kontroverse selten fehlschlägt. Sie zeigen sich hilfreich; sie heilen Kranke; sie suchen Feindschaften zu versöhnen. Durch heilige Eide verpflichten sie alsdann die Überwundenen, die Bekehrten. Nach allen Wallfahrtsorten sieht man die Gläubigen unter ihren Fahnen heranziehen; Menschen, die eben noch eifrige Protestanten gewesen, schließen sich jetzt den Prozessionen an.

Und die Jesuiten hatten nicht allein geistliche, sondern auch weltliche Fürsten erzogen. Noch am Ende des 16. Jahrhunderts traten ihre beiden großen Zöglinge auf, Ferdinand II. und Maximilian I. Man sagt, als der junge Erzherzog Ferdinand im Jahre 1596 Ostern in seiner Hauptstadt Grätz feierte, sei er der einzige gewesen, der das Abendmahl nach katholischem Ritus nahm; in der ganzen Stadt habe es nur noch drei Katholiken gegeben[2].

In der Tat waren nach dem Tode des Erzherzogs Carl unter einer nicht sehr kräftigen vormundschaftlichen Regierung die Unter-

[1] Strunck, Annales Paderborn. lib. XXII, p. 720.

[2] Hansitz, Germania sacra II, p. 712. Numerus Lutheri sectatorum tantus, ut ex inquilinis Graecensibus paene cunctis invenirentur avitae fidei cultores tres non amplius. Das paene cunctis macht freilich die Sache wieder zweifelhaft.

nehmungen zugunsten des Katholizismus rückgängig geworden. Die Protestanten hatten die ihnen entrissenen Kirchen wieder eingenommen, ihre Schule zu Grätz durch neue glückliche Berufungen verstärkt; der Adel hatte einen Ausschuß aufgestellt, um sich allem zu widersetzen, was zum Nachteil des Protestantismus versucht werden möchte.

Dessenungeachtet entschloß sich Ferdinand augenblicklich, zur Ausführung und Vollendung der Gegenreformation zu schreiten. Geistliche und politische Antriebe kamen zusammen. Er sagte, auch er wolle Herr in seinem Lande sein, so gut wie der Kurfürst von Sachsen, der Kurfürst von der Pfalz. Gab man ihm die Gefahr zu bedenken, die ein Anfall der Türken während innerer Zwistigkeiten herbeiführen könne, so entgegnete er, erst nach vollzogener Bekehrung dürfe man auf die göttliche Hilfe zählen. Im Jahre 1597 begab sich Ferdinand über Loreto nach Rom zu den Füßen Papst Clemens' VIII. Er tat das Gelübde, die katholische Religion in seinen Erblanden auch mit Gefahr seines Lebens herstellen zu wollen; der Papst bestärkte ihn darin. So kam er zurück und schritt ans Werk. Im September 1598 erging sein Dekret, durch welches er die Entfernung aller lutherischen Prädikanten in Grätz binnen vierzehn Tagen gebot[1].

Grätz war der Mittelpunkt der protestantischen Lehre und Gewalt. Man ließ nichts unversucht, um den Erzherzog wankend zu machen, weder Bitte noch Warnung, noch auch Drohung; aber der junge Fürst war nach dem Ausdruck des krainerischen Geschichtschreibers fest „wie ein Marmor"[2]. Im Oktober erging ein ähnlicher Erlaß in Krain, im Dezember in Kärnten.

Und nun zeigten sich zwar die Stände äußerst schwierig, selbst auf ihren besonderen Landesversammlungen, denn eine allgemeine gestattete Ferdinand nicht mehr: sie weigerten sich, ihre Subsidien zu zahlen; schon wurden die Soldaten an den Grenzen unruhig. Aber der Erzherzog erklärte, er wolle eher alles verlieren, was er von Gottes Gnaden besitze, als daß er einen Schritt breit weiche. Die Gefahr vor den Türken, die unter diesen Umständen bereits Canischa erobert hatten und täglich drohender vorrück-

[1] Khevenhiller, Annales Ferdinandei IV, 1718.
[2] Valvassor, Ehre des Herzogtums Krain Teil II, Buch 7, S. 464, ohne Zweifel die wichtigste Darstellung dieser Begebenheit: „Solche mit Warnung gemischte Bittschrift traf einen festen Marmel an, welchen ihre Feder nicht kunnte durchdringen, noch erweichen."

ten, nötigte die Stände doch zuletzt, ihre Steuern zu bewilligen, ohne irgendeine Konzession erhalten zu haben.

Hierauf hielt den Erzherzog nichts weiter zurück. Im Oktober 1599 ward die protestantische Kirche in Grätz verschlossen und der evangelische Gottesdienst bei Leib- und Lebensstrafe verboten. Es ward eine Kommission gebildet, die sich mit bewaffnetem Gefolge in das Land begab. Zuerst wurde Steiermark, dann Kärnten, endlich auch Krain reformiert. Von Ort zu Ort erscholl der Ruf: „Es kommt die Reformation." Die Kirchen wurden niedergerissen, die Prediger verjagt oder gefangengesetzt, die Einwohner genötigt, entweder des katholischen Glaubens zu leben oder das Land zu räumen. Es fanden sich doch viele, z. B. in dem kleinen St. Veit fünfzig Bürger, welche die Auswanderung dem Abfall vorzogen[1]. Die Auswanderer mußten den zehnten Pfennig bezahlen, was für sie immer kein kleiner Verlust war.

Mit so großer Härte verfuhr man. Dafür erlebte man die Genugtuung, daß man im Jahre 1603 über 40000 Kommunikanten mehr zählte als früher.

Und sogleich entwickelte das nun eine weitere Wirkung auf alle österreichischen Gebiete.

Anfangs hatte Kaiser Rudolf seinem jungen Vetter sein Vorhaben widerraten; da es gelang, ahmte er es selber nach. Von 1599 bis 1601 finden wir eine Reformationskommission in Oberösterreich, 1602 und 1603 in Unterösterreich[2] tätig. Von Linz und Steier mußten die im Dienst des Evangeliums ergrauten Prediger und Schullehrer weichen; schmerzlich empfanden sie es: „Nunmehr, vom Alter gebeugt", ruft der Rektor zu Steier aus, „werde ich ins Elend verstoßen![3]" „Täglich", schreibt einer von denen, die noch zurückgeblieben, „bedroht uns das Verderben; unsere Gegner beobachten uns, spotten unser, dürsten nach unserem Blute[4]."

In Böhmen glaubte man sich durch die uralten utraquistischen Privilegien, in Ungarn durch die Selbständigkeit und Macht der Stände besser geschützt. Jetzt aber schien sich Rudolf weder um die einen, noch um die anderen kümmern zu wollen. Er war überredet worden, daß die alten Utraquisten untergegangen und die

[1] Hermann, St. Veit, in der Kärntnerischen Zeitschrift V, 3, S. 163

[2] Raupach, Evangel. Österreich I, 215.

[3] „Jam senio squalens trudor in exilium." Valentin Pruenhueber's Annales Styrenses p. 326.

[4] Hofmarius ad Lyserum: Raupach IV, 151.

Evangelischen zum Genusse jener Privilegien nicht berechtigt seien. Im Jahre 1602 erließ er ein Edikt, das zunächst die Kirchen der mährischen Brüder zu schließen befahl und ihre Zusammenkünfte verbot[1]. Auch alle anderen fühlten, daß sie in demselben Falle waren; und man ließ sie nicht in Zweifel über das, was sie zu erwarten hatten. Schon begann in Ungarn die offenbare Gewalt. Basta und Belgiojoso, welche die kaiserlichen Truppen in diesem Lande befehligten, nahmen die Kirchen von Kaschau und Klausenburg weg; mit ihrer Hilfe suchte der Erzbischof von Colocsa die dreizehn Städte in Zips zum Katholizismus zurückzuführen. Auf die Beschwerden der Ungarn gab der Kaiser die Resolution: „Seine Majestät, welche den heiligen römischen Glauben von Herzen bekenne, wünsche ihn auch in allen ihren Reichen und besonders den ungarischen auszubreiten; sie bestätige hiermit und ratifiziere alle Beschlüsse, die seit den Zeiten des heiligen Stephan, Apostels der Ungarn, zugunsten dieses Glaubens erlassen worden[2]."

Trotz seiner hohen Jahre hatte denn auch der behutsame Kaiser seine Mäßigung abgelegt; die katholischen Fürsten insgesamt befolgten dieselbe Politik; soweit nur irgend ihre Macht reichte, breitete sich der Strom der katholischen Meinung weiter aus: Doktrin und Gewalt trieben ihn vorwärts; in der Reichsverfassung gab es kein Mittel hiergegen. Vielmehr fühlten sich die katholischen Bestrebungen so stark, daß sie in diesem Momente auch die Reichsangelegenheiten zu ergreifen, die bisher behaupteten Rechte des protestantischen Teiles zu gefährden anfingen[3]. Schon waren, nicht ohne Einfluß der päpstlichen Nuntien, besonders des Kardinals Madruzzi, der zuerst die Aufmerksamkeit dahin lenkte, im Zustande der Reichsgerichte Veränderungen eingetreten, die Anlaß und Mittel dazu an die Hand gaben.

1 Schmidt, Neuere Geschichte der Deutschen III, 260, ein Auszug aus den Beilagen zu der Apologie der Böhmen vom Jahre 1618, die bei den späteren Drucken häufig fehlen.

2 Art. XXII anno 1604. Bei Ribiny, Memorabilia Augustanae confessionis I, p. 321.

3 Relatione del nuntio Ferrero 1606 faßt diese Erfolge zusammen: Da alcuni anni in qua si è convertito alla nostra santa religione una grandissima quantità d'anime, restorate le chiese, rivocate molte religioni di regolari alli loro antichi monasteri, restituite in bona parte le cerimonie ecclesiastiche, moderata alquanto la licenza degli ecclesiastici, e domesticato il nome del pontefice Romano riconosciuto per capo della chiesa universale.

Auch das Kammergericht hatte endlich gegen den Anfang des 17. Jahrhunderts eine mehr katholische Färbung bekommen: es waren Urtel ergangen, die der katholischen Auslegung des Religionsfriedens entsprachen. Die Benachteiligten hatten dagegen das Rechtsmittel der Revision ergriffen; allein mit den Visitationen waren auch die Revisionen ins Stocken gekommen: die Sachen häuften sich an und blieben alle liegen[1].

Unter diesen Umständen geschah es, daß der Reichshofrat in Aufnahme kam. Wenigstens ließ sich hier ein Ende absehen: die unterliegende Partei konnte nicht zu einem niemals auszuführenden Rechtsmittel ihre Zuflucht nehmen. Aber der Reichshofrat war nicht allein noch entschiedener katholisch als das Kammergericht, er hing auch durchaus vom Hofe ab. „Der Reichshofrat", sagt der florentinische Geschäftsträger Alidosi, „erläßt keinen definitiven Urteilsspruch, ohne ihn vorher dem Kaiser und dem geheimen Rate mitzuteilen, die ihn selten ohne Abänderungen zurückschicken[2]."

Welche allgemein wirksamen Institute gab es aber im Reiche außer den richterlichen? Die Einheit der Nation knüpfte sich an dieselben. Aber auch sie waren jetzt unter den Einfluß der katholischen Meinung, der Konvenienz des Hofes geraten. Schon fing man auf allen Seiten an, über die parteiischen Urtel, die gewaltsamen Exekutionen zu klagen, als bei der Sache von Donauwörth die allgemeine Gefahr hervortrat, die von diesem Punkte aus drohte.

Daß ein katholischer Abt in einer protestantischen Stadt, der seine Prozessionen öffentlicher und feierlicher halten wollte als herkömm-

[1] Missiv und Erinnerung des Reichskammergerichts am Reichstag von 1608 – in den Reichstagsakten zu Frankfurt am Main, von denen eine vorläufige Einsicht zu nehmen freundlich gestattet worden. Das Kammergericht erklärt es für „land- und reichskündig in waß großer und merklicher Anzall seit Ao. 86 die Revisionen deren von gedachtem Kammergericht ergangenen und ausgesprochenen Urtell sich gehäuft, dergestalt, daß derselben nunmehr in die Einhundert allbereit beim kaiserlichen Collegio denunciirt und deren vielleicht täglich mehr zu gewarten".

[2] Relatione del Sr. Rod. Alidosi 1607–1609: E vero che il consiglio aulico a questo di meno che tutte le definitioni che hanno virtù di definitiva non le pronuntia se prima non dia parte a S. M^{tà} o in suo luogo al consiglio di stato, il quale alle volte o augumenta o toglie o modera l'opinione di questo consiglio, e così fatto si rimanda a detto consiglio tal deliberatione e così si publica.

lich[1], hierbei von dem Pöbel gestört und beschimpft worden, genügte dem Reichshofrat, um die Stadt selbst mit einem weitaussehenden Prozeß, Mandaten, Zitationen, Kommissariaten, heimzusuchen und endlich die Acht über sie auszusprechen. Ein benachbarter streng-katholischer Fürst, Maximilian von Bayern, bekam den Auftrag, sie zu vollstrecken. Er begnügte sich nicht, Donauwörth zu besetzen; auf der Stelle berief er Jesuiten, erlaubte nur noch den katholischen Gottesdienst und schritt in gewohnter Weise zur Gegenreformation. Maximilian selbst sah diese Sache in dem Lichte ihrer allgemeinen Bedeutung. Er schrieb dem Papste, wie an einem Prüfstein könne man daran die Abnahme des Ansehens der Protestanten erkennen. Allein er täuschte sich, wenn er glaubte, sie würden es sich gefallen lassen. Sie sahen sehr wohl, was sie zu erwarten hatten, wenn es so fortging.

Schon erkühnten sich die Jesuiten, die Verbindlichkeit des Religionsfriedens zu leugnen: er habe im Grunde gar nicht geschlossen werden können ohne die Beistimmung des Papstes; auf keinen Fall sei er länger als bis zum Tridentinischen Konzilium gültig gewesen; als eine Art Interim sei er anzusehen.

Und auch die, welche die Gültigkeit dieses Vertrages anerkannten, meinten doch, daß wenigstens alle seit dem Abschluß desselben von den Protestanten eingezogenen Güter wieder herausgegeben werden müßten. Auf die protestantischen Erklärungen seiner Worte nahmen sie keine Rücksicht.

Wie nun, wenn diese Ansichten, wie es ja schon zu geschehen anfing, von den höchsten Reichsgerichten anerkannt, Urtel danach ausgesprochen und zur Vollstreckung gebracht wurden?

Als der Reichstag im Jahre 1608 zu Regensburg zusammenkam, wollten die Protestanten zu keiner Beratung schreiten, ehe ihnen nicht der Religionsfriede schlechthin bestätigt worden sei[2]. Selbst

[1] Der Bericht „wegen der Donawerdischen Execution" in den Reichstagsakten vom 4. Februar 1608 bemerkt (womit auch die übrigen Relationen und Informationen übereinstimmen), der Abt habe „allein so vil herbracht, daß er mit nidergelegten und zusammengewickelten Fahnen ohne Gesang und Klang und zwar allein durch ein sonderes Gäßlein beim Kloster hinab bis ausser der Stadt und ihrem Bezirk gangen, und die Fahnen nit eher aufrichten und fliegen oder singen und klingen lassen, er sei denn außer deren von Donawert Grund". Diese Beschränkungen übertrat er nun eben.

[2] Protocollum im Correspondenzrath 5. April 1608 in den Reichstagsacten: „die Hauptconsultation jetziger Reichsversammlung sei bisher

Sachsen, das sich sonst immer auf die kaiserliche Seite neigte, forderte jetzt die Abschaffung der Hofprozesse, insofern sie dem alten Herkommen zuwider seien, die Verbesserung des Justizwesens und nicht allein die Erneuerung des Religionsfriedens, wie er 1555 geschlossen worden, sondern auch eine Pragmatische Sanktion, durch welche den Jesuiten verboten würde, wider denselben zu schreiben. Auf der anderen Seite hielten aber auch die Katholiken eifrig zusammen: der Bischof von Regensburg hatte schon vorher ein Rundschreiben erlassen, in dem er seine Glaubensgenossen ermahnte, die Gesandten vor allem zu einhelliger Verteidigung der katholischen Religion anzuweisen, „steif und fest wie eine Mauer zusammenzustehen, nur nicht zu temporisieren; jetzt habe man nichts zu fürchten; an stattlichen hochlöblichen Fürstenhäusern besitze man grundfeste eifrige Defensoren". Zeigten sich dann die Katholiken ja noch geneigt, den Religionsfrieden zu bestätigen, so trugen sie doch auf die Klausel an, „daß das, so demselben zuwidergehandelt, abgeschafft und restituirt werde": eine Klausel, die eben alles enthielt, was die Protestanten fürchteten und vermieden wissen wollten.

Bei diesem Zwiespalt in der Hauptsache war nicht daran zu denken, daß in irgendeinem Punkte ein einmütiger Beschluß gefaßt oder dem Kaiser die Türkenhilfe, die er wünschte und bedurfte, bewilligt worden wäre.

Es scheint doch, als habe dies auf den Kaiser einen Eindruck gemacht, als sei man am Hofe einmal entschlossen gewesen, dem Begehren der Protestanten unumwunden zu willfahren.

Wenigstens ist das der Inhalt eines sehr merkwürdigen Berichtes, welchen der päpstliche Geschäftsträger über diesen Reichstag abgestattet hat.

Der Kaiser war nicht selbst dahin gegangen; Erzherzog Ferdinand versah seine Stelle. So war auch nicht der Nuntius selbst in Regensburg; er hatte aber einen Augustiner, Fra Felice Milensio, Generalvikar seines Ordens, in seinem Namen dahin geschickt, der dann auch mit ungemeinem Eifer die Interessen des Katholizismus aufrechtzuerhalten suchte.

darumben eingestellt verbliben, daß die Stend evangelischer Religion den Religionsfriden zu confirmiren begehrt und der papistische Theil die Clausulam dem Abschied zu inseriren haben wollen: daß alle Güter, die sinthero a. 55 von den Evangelischen Stenden eingezogen worden, restituirt werden sollen".

Dieser Fra Milensio nun, von dem unser Bericht stammt, versichert, der Kaiser habe sich wirklich zu einem Erlaß entschlossen, den Wünschen der Protestanten gemäß. Er leitet ihn von den unmittelbaren Einwirkungen des Satans her: ohne Zweifel sei er von den geheimen Kämmerern des Kaisers, von denen der eine ein Jude, der andere ein Ketzer, ausgegangen[1].

Hören wir von ihm selbst, was er nun weiter berichtet. „Auf die Nachricht von dem eingelaufenen Erlaß“, sagt er, „die mir und einigen anderen mitgeteilt worden, begab ich mich zu dem Erzherzog und fragte, ob ein solches Dekret gekommen sei. Der Erzherzog bejahte dies. – Und denkt nun auch Ew. Erzherzogliche Durchlaucht es bekanntzumachen? – Der Erzherzog antwortete: So befiehlt der kaiserliche geheime Rat; der ehrwürdige Vater sieht selbst, in welcher Lage wir sind. Hierauf entgegnete ich[2]: Ew. Erzherzogliche Durchlaucht wird ihre Frömmigkeit nicht verleugnen wollen, die Frömmigkeit, in der sie aufgezogen ist, mit der sie vor kurzem gewagt hat, so vielen drohenden Gefahren zum Trotz die Ketzer ohne Ausnahme aus ihren Landschaften zu verbannen. Ich kann nicht glauben, daß Ew. Durchlaucht den Verlust der Kirchengüter, die Bestätigung der teuflischen Sekte Luthers und der noch schlimmeren Kalvins, die doch nie im Reiche öffentlich Duldung genossen, durch dies neue Zugeständnis genehmigen werde. – Der fromme Fürst hörte mich an. Was ist aber zu machen? sprach er. – Ich bitte Ew. Durchlaucht, sagte ich, diese Sache Seiner Heiligkeit dem Papste vorzulegen und keinen Schritt zu tun, ehe wir dessen Antwort haben. So tat der Erzherzog; er achtete mehr auf die Gebote Gottes als auf die Beschlüsse der Menschen.“

Ist alledem wirklich so, so sieht man wohl, welch eine wichtige Stelle dieser namenlose Augustinerbruder in unserer Reichs-

[1] Ragguaglio della dieta imperiale fatta in Ratisbona 1608, nella quale in luogo dell' ecc^mo^ e rev^mo^ Monsr Antonio Gaetano arcivescovo di Capua nuntio apostolico, rimasto in Praga appresso la M^tà^ Cesarea, fu residente il padre Felice Milensio maestro Agostiniano vicario generale sopra le provincie aquilonari. „E certo fu machinato dal demonio e promosso da suoi ministri, de quali erano i due camerieri intimi di Ridolfo, heretico l'uno, Hebreo l'altro, e quei del consiglio ch'eran Hussiti o peggiori.“

[2] Sovengale, Ser^ma^ Altezza, di quella cattolica pietà con la quale ella da che nacque fu allevata e per la quale pochi anni a dietro non temendo pericolo alcuno, anzi a rischio di perdere i suoi stati, ne bandì tutti gli heretici con ordine che fra pochi mesi o si dichiarassero cattolici o

geschichte einnimmt. In dem entscheidenden Momente hintertrieb er die Bekanntmachung einer Konzession, welche die Protestanten wahrscheinlich befriedigt haben würde. An deren Stelle trat Ferdinand mit einer Interpositionsschrift hervor, welche die Möglichkeit jener Klausel nach wie vor einschloß. In einer Versammlung vom 5. April 1608 vereinigten sich die Protestanten, sich nicht zu fügen, sie nicht anzunehmen[1]. Da jedoch auch der andere Teil nicht nachgab, von dem Kaiser oder seinem Stellvertreter nichts zu erlangen war, was ihre Furcht hätte beschwichtigen können, so griffen sie zu dem äußersten Mittel: sie verließen den Reichstag. Zum ersten Male kam es zu keinem Abschied, geschweige denn zu Bewilligungen; es war der Augenblick, in welchem die Einheit des Reiches sich faktisch auflöste.

Und unmöglich konnten sie hierbei stehenbleiben. Die eingenommene Stellung zu behaupten, wäre jeder allein zu schwach gewesen: eine Vereinigung, wie sie schon lange beabsichtigt, beraten und entworfen hatten, führten sie jetzt im Drange des Momentes aus. Unmittelbar nach dem Reichstage kamen zwei pfälzische Fürsten, Kurfürst Friedrich und der Pfalzgraf von Neuburg, zwei brandenburgische, die Markgrafen Joachim und Christian Ernst, der Herzog von Württemberg und der Markgraf von Baden zu Ahausen zusammen und schlossen ein Bündnis, das unter dem Namen der Union bekannt ist. Sie verpflichteten sich, einander auf jede andere Weise und auch mit den Waffen beizustehen, be-

venduti gli stabili sgombrassero via dal paese; sovengale che nella tavola dipinta della chiesa dei padri Capuccini in Gratz ella sta effigiata con la lancia impugnata come un altro Michele e con Luthero sotto i piedi in atto di passarli la gola; et hora essendo ella qui in persona di Cesare, non devo credere che sia per soffrire se perdano i beni dotali della chiesa, il patrimonio di Christo, e molto meno che la diabolica setta di Luthero sia con questa moderna concessione confirmata e per peggio quella ancor di Calvino già incorporata, la quale non ricevè mai tolleranza alcuna imperiale. Questo e più dissi io et ascoltò il piissimo principe. – Priegola, dissi, a sospender questa materia fino alla risposta del sommo pontefice; e così fece differendo i decreti degli huomini per non offendere i decreti di dio.

[1] Votum der Pfalz im Korrespondenzrat: „daß die Confirmation des Religionsfriedens keineswegs einzugehn wie die Interpositionsschrift mit sich bringe: dann selbige den evangelischen Stenden undienlich, weilen der Abschied anno 66 eben die Clausulam habe, so jetzt disputirt werde". In den Abschieden von 1557 und 1559 war sie nicht. Die Interpositionsschrift bezog sich bloß auf 1566. Auch verwarf man sie deshalb, weil sie den Kaiser als Richter in Religionssachen betrachte.

sonders in Hinsicht der auf dem letzten Reichstage vorgetragenen Beschwerden. Sie setzten sich sogleich in eine Kriegsverfassung; jedes Mitglied nahm es über sich, einen oder den anderen seiner Nachbarn in den Bund zu ziehen. Ihr Sinn war, da die Lage der Dinge, wie sie im Reiche bestand, ihnen keine Sicherheit gewährte, sich diese selbst zu verschaffen, sich selbst zu helfen.

Eine Neuerung von der umfassendsten Bedeutung, um so mehr, da in den kaiserlichen Erblanden ein Ereignis eintrat, das ihr sehr wohl entsprach.

Aus mancherlei Gründen nämlich war der Kaiser mit seinem Bruder Matthias zerfallen; die in ihrer Freiheit und ihrer Religion bedrängten österreichischen Stände sahen in diesem Zwiespalt eine Gelegenheit, beides zu behaupten, und traten auf die Seite des Erzherzogs.

Schon im Jahre 1606 schloß der Erzherzog im Einverständnisse mit ihnen einen Frieden mit den Ungarn, ohne den Kaiser darum gefragt zu haben. Sie entschuldigten sich damit, daß der Kaiser die Geschäfte vernachlässige, daß die Lage der Dinge sie gezwungen habe. Da nun aber Rudolf sich weigerte, diesen Frieden anzuerkennen, so erhoben sie sich, und zwar sogleich in Kraft ihres Vertrages zur Empörung[1]. Zuerst schlossen die ungarischen und die österreichischen Stände einen Bund zu Schutz und Trutz miteinander; dann zogen sie auch die Mähren, besonders durch den Einfluß eines Lichtenstein, an sich: sie vereinten sich alle, Gut und Blut für den Erzherzog zu wagen. So rückten sie, in denselben Tagen, in welchen der Regensburger Reichstag sich auflöste, im Mai 1608, mit ihrem selbstgewählten Oberhaupt ins Feld wider den Kaiser. Rudolf mußte sich bequemen, seinem Bruder Ungarn, Österreich und Mähren abzutreten.

Natürlich mußte aber Matthias den Ständen die Dienste, die sie ihm geleistet, mit Konzessionen erwidern. Seit achtundvierzig Jahren hatten die Kaiser vermieden, einen Palatinus in Ungarn zu ernennen; jetzt ward ein Protestant zu dieser Würde befördert.

[1] Der Vertrag hatte die Klausel: quodsi propter vel contra tractationem Viennensem et Turcicam – hostis aut turbator aliquis ingrueret, tunc serenissimum archiducem et omnes status et ordines regni Hungariae, archiducatus superioris et inferioris Austriae, mutuis auxiliis sibi et suppetiis non defuturos. P. de Reva ap. Schwandtner, Scriptor. rerum Ung. II, 789. Kurz, Beiträge zur Geschichte des Landes Österreich ob der Enns, Bd. IV, p. XXI.

Die Freiheit der Religion ward nicht allein den Magnaten, sondern auch den Städten, allen Ständen, ja selbst den Soldaten an den Grenzen auf das feierlichste zugesichert[1]. Nicht eher leisteten die Österreicher die Huldigung, als bis auch ihnen das Exercitium Religionis in Schlössern und Dörfern sowie in den Privathäusern der Städte freigegeben worden.

Was den Österreichern und Ungarn der Angriff, das verschaffte den Böhmen die Verteidigung. Gleich anfangs hatte sich Rudolf zu großen Zugeständnissen bequemen müssen, nur um seinem Bruder noch einigermaßen zu widerstehen; nachdem Ungarn und Österreicher durch diesen zu so großen Freiheiten gelangt waren, konnte auch er, was auch immer der päpstliche Nuntius, der spanische Gesandte dazu sagen mochten, den Böhmen ihre Forderungen nicht verweigern. Er gewährte ihnen den Majestätsbrief, der nicht allein die alten Konzessionen wiederholte, die Maximilian II. gegeben, sondern ihnen auch eine eigene Behörde zu deren Verteidigung zu gründen gestattete.

Wie so ganz anders standen nun plötzlich die deutschen, die erbländischen Angelegenheiten! Die Union breitete sich in Deutschland aus und wachte über jeden Angriff des Katholizismus, den sie gewaltig zurücktrieb. Ihre alten Ansprüche hatten die Stände der österreichischen Provinzen zu einer wohlgegründeten verfassungsmäßigen Gewalt ausgebildet. Es war dabei ein nicht unbedeutender Unterschied. Im Reiche hatte der Katholizismus die Territorien der katholischen Fürsten wieder erfüllt; erst als er weiter ging, in die Reichssachen gewaltiger eingriff, die Existenz freier Stände gefährdete, da fand er Widerspruch. In den Erblanden stellte sich ihm dagegen noch innerhalb der Territorialbefugnisse die Macht protestantischer Landsassen unüberwindlich entgegen. Im ganzen war es aber der nämliche Sinn. In Österreich sagte man sehr bezeichnend: man müsse ein Schwert mit dem anderen in der Scheide halten.

Denn auch die andere Partei setzte sich sogleich in kriegerische Verfassung. Am 11. Juli 1609 ward ein Bund zwischen Maximilian von Bayern und sieben geistlichen Herren, den Bischöfen von Würzburg, Konstanz, Augsburg, Passau, Regensburg, dem Propst von Ellwangen, dem Abt von Kempten, geschlossen, zu gemeinschaftlicher Verteidigung, in dem nach dem Muster jenes alten

[1] Der Artikel steht bei Ribiny I, 358.

Bundes zu Landsberg[1] der Herzog von Bayern eine außerordentliche Gewalt bekam. Bald gesellten sich, doch mit einer gewissen Unabhängigkeit, die drei geistlichen Kurfürsten hinzu. Erzherzog Ferdinand wünschte aufgenommen zu werden; Spanien erklärte seinen Beifall; der Papst versprach, nichts zu unterlassen, was er für den Bund leisten könne. Man darf nicht zweifeln, daß sich der Papst besonders durch spanischen Einfluß nach und nach immer stärker in die Interessen dieser Liga verwickeln ließ[2].

Und so stellten sich zwei feindselige Parteien einander gegenüber, beide gerüstet, jede immer voll Furcht, überrascht, angegriffen zu werden, keine vermögend, die Sache zu einer großen Entscheidung zu bringen.

Es folgt, daß man in Deutschland keine Schwierigkeit mehr beseitigen, keine gemeinschaftliche Sache abtun kann.

Im Jahre 1611 soll zur Wahl eines römischen Königs geschritten werden; vergebens versammeln sich die Kurfürsten: sie können sie nicht zustande bringen.

Im Jahre 1612 kann es doch selbst nach dem Tode Rudolfs lange zu keiner Wahl kommen. Die drei weltlichen Kurfürsten fordern die Einführung eines paritätischen Reichshofrates durch die Wahlkapitulation; die drei geistlichen setzen sich dieser Forderung entgegen. Nur dadurch, daß Sachsen, welches in allen diesen Dingen eine große Ergebenheit gegen das Haus Österreich zeigt, auf die katholische Seite tritt, kann die Wahl vollzogen werden.

Was aber im Kurfürstenrate nicht durchgegangen, fordert die Union der Fürsten an dem Reichstage von 1613 desto ungestümer; ebenso entschieden stellen sich ihr die Katholiken entgegen; es kommt zu keiner Beratung mehr: die Protestanten wollen sich dem Joche der Stimmenmehrheit nicht mehr unterwerfen.

In Jülich und Kleve, wo trotz der wechselnden Stimmungen der schwachen Regierung des letzten eingeborenen Fürsten zuletzt doch durch den Einfluß der lothringischen Gemahlin desselben starke Maßregeln für die Restauration des Katholizismus ergriffen worden, schien es jetzt eine Zeitlang, als müsse der Protestantismus die Oberhand bekommen: die nächsten Erben waren beide

[1] An diesen Landsperger Bund erinnert Maximilian in einer Instruktion an seinen Gesandten nach Mainz, bei Wolf II, S. 470.

[2] Die Dokumente hierüber sind nicht bekannt geworden; bis auf weiteres mag die Versicherung des venezianischen Botschafters Mocenigo genügen.

protestantisch. Allein auch hier war das Prinzip der religiösen Spaltung das stärkere. Von den protestantischen Prätendenten tritt der eine zum Katholizismus über; auch hier setzen sich die Parteien auseinander. Da sie keinen höchsten Richter anerkennen, so schreiten sie 1614 zu Tätlichkeiten. Der eine greift mit spanischer, der andere mit niederländischer Hilfe so weit um sich, als er vermag und reformiert ohne weiteres den ihm zugefallenen Anteil auf seine Weise.

Wohl macht man Versuche der Aussöhnung. Es wird auf einen Kurfürstentag angetragen; aber Kurpfalz will davon nichts hören, da es seinem Kollegen von Sachsen nicht traut, – oder auf einen allgemeinen Kompositionstag; die katholischen Stände haben unzählige Gründe, ihm zu widersprechen. Andere blicken auf den Kaiser; sie raten ihm, durch die Aufstellung einer ansehnlichen Truppenmasse sein Ansehen herzustellen. Doch was wäre von Matthias zu erwarten gewesen, der schon durch den Ursprung seiner Gewalt beiden Parteien angehörte, aber, von den Fesseln erdrückt, die er sich angelegt hatte, sich zu keiner freien Tätigkeit erheben konnte? Laut beschwerte sich der Papst über ihn; er erklärte ihn für untauglich, eine so große Würde in diesen Zeiten zu bekleiden; er ließ ihm in den stärksten Ausdrücken Vorstellungen machen und wunderte sich nur, daß der Kaiser das so hinnahm. Später waren die Katholiken nicht so unzufrieden mit ihm. Selbst die Eiferer gestanden zu, er sei ihrer Kirche nützlicher geworden, als man hätte glauben können. Aber in Sachen des Reiches vermochte er nichts. Im Jahre 1617 machte er einen Versuch, die beiden Bündnisse aufzulösen. Allein unmittelbar hierauf verjüngte sich die Union, und die Liga ward so gut wie neu gegründet.

Nuntiatur in der Schweiz

Ein Zustand des Gleichgewichtes, wie er sich schon seit geraumer Zeit, nur friedlicher, in der Schweiz entwickelt hatte.

Die Autonomie der Territorien war in der Schweiz schon längst ausgesprochen; auf den Tagsatzungen durfte nicht einmal von Religionssachen gehandelt werden. Im Anfange des 17. Jahrhunderts hegte man auf der katholischen Seite gar nicht einmal mehr die Hoffnung, die Protestanten zu überwältigen; sie waren nicht allein mächtiger und reicher, sie hatten auch geschicktere, in den Geschäften geübtere Männer[1].

Die Nuntien, die in Luzern ihren Sitz aufgeschlagen, täuschten sich hierüber nicht: sie selbst sind es, die diesen Zustand der Dinge bezeichnen. Jedoch auch bei dieser Beschränkung ihres Wirkungskreises in der Mitte der Katholiken nahmen sie noch immer eine recht bedeutende Stellung ein.

Ihre vornehmste Absicht war, die Bischöfe zu ihrer Pflicht anzuhalten[2]. Die Bischöfe deutscher Nation betrachteten sich gern als Fürsten; unaufhörlich stellten ihnen die Nuntien vor, daß sie das doch bloß um ihres geistlichen Berufes willen seien, und schärften ihnen diesen ein. In der Tat finden wir viel Leben in der schweizerischen Kirche. Visitationen werden ausgeführt, Synoden veranstaltet, Klöster reformiert, Seminare gestiftet. Die Nuntien suchen das gute Vernehmen zwischen der geistlichen und der weltlichen Gewalt zu erhalten: durch Milde und Überredung kommen sie darin ziemlich zum Ziele. Es gelingt ihnen, das Eindringen protestantischer Schriften zu verhindern, wenn sie sich auch bescheiden müssen, den Leuten ihre Bibeln und ihre deutschen Gebetbücher zu lassen. Mit großem Erfolge arbeiten Jesuiten und Kapuziner. Marianische Sodalitäten werden gestiftet, sie umfassen alt und jung; Predigt und Beichte werden eifrig besucht; die Wallfahrten zu den wundertätigen Bildern nehmen wieder über-

[1] Informatione mandata dal Sr Cardl d' Aquino a Monsr Feliciano Vescovo di Foligno per il paese de' Suizzeri e Grisoni (Informationi polit. IX) fügt noch hinzu: Li cantoni cattolici sino a questi tempi sono tenuti più bellicosi che i cantoni heretici, ancora che quelli siano più potenti di genti al doppio e di denari; ma hoggi li cattolici si mostrano tanto affettionati e mutati da quelli antichi Suizzeri, che se non fosse particolare gratia del Signore, humanamente parlando, poco o veruno avvantaggio haverebbero questi sopra gli avversarii heretici, e non sarebbe sicuro senza ajuto straniero il venir a rottura con essi, oltre che li medesimi protestanti hanno persone più dotte, prattiche, giudiciose e potenti in ogni affare.

[2] Relatione della nuntiatura de' Suizzeri: L'esperienza mi ha mostrato che per far frutto nella nuntiatura non è bene che i nuntii si ingerischino nelle cose che possono fare i vescovi e che spettano a gli ordinarii, se non in sussidio e con vera necessità; perchè mettendosi mano ad ogni cosa indifferentemente, non solo essi vescovi si sdegnano, ma si oppongono spesse volte e rendono vana ogni fatica del ministro apostolico; oltre che è contro la mente di monsignore e delli canonici che si metta mano nella messe aliena, mandandolì i nuntii per ajutare e non per distruggere l'autorità degli ordinarii.

hand; und man muß zuweilen die Strenge mildern, die sich der eine oder der andere auflegt[1]. Die Nuntien wissen die Dienste, die ihnen besonders die italienischen Kapuziner leisten, nicht genug zu rühmen.

Und so kommen denn auch Bekehrungen vor. Die Nuntien nehmen die Konvertiten bei sich auf, unterstützen, empfehlen sie; sie suchen aus den Beiträgen der Gläubigen unter der Aufsicht von Prälaten Kassen zugunsten der Neubekehrten zu gründen. Zuweilen gelingt es, verlorengegebene Jurisdiktionen wiederzugewinnen; dann eilt man, die Messe daselbst wiederherzustellen. Der Bischof von Basel, der Abt zu St. Gallen zeigen sich hierin besonders eifrig.

In alledem kommt es nun den Nuntien sehr zustatten, daß der König von Spanien sich eine Partei in der katholischen Schweiz gemacht hat. Die Anhänger von Spanien, z. B. die Lusi in Unterwalden, die Amli in Luzern, die Bühler in Schwyz und wie sie alle heißen, sind in der Regel auch dem Römischen Stuhl am ergebensten. Die Nuntien verfehlen nicht, diese Neigungen nach Kräften zu pflegen: sie beobachten jede denkbare Rücksicht; die längsten und langweiligsten Reden hören sie geduldig an; sie sparen nicht mit Titeln; sie zeigen sich als große Bewunderer der alten Taten der Nation und der Weisheit ihrer republikanischen Einrichtungen. Besonders finden sie es notwendig, ihre Freunde durch regelmäßig wiederkehrende Gastgebote zusammenzuhalten; sie selbst erwidern jede Einladung, jede Ehre, die man ihnen erweist, mit einem Geschenk; Geschenke vor allem sind hier wirksam: wer zum Ritter vom Goldenen Sporn ernannt worden und dazu eine goldene Kette, eine Medaille erhalten, fühlt sich ihnen auf ewig verpflichtet. Nur müssen sie sich hüten, etwas zu versprechen, das sie nicht gewiß wären zu halten; können sie mehr leisten, als sie zugesagt, so wird ihnen das desto höher angerechnet. Ihr Haushalt muß immer wohlgeordnet sein und keinem Tadel Raum geben.

So geschah es nun, daß die katholischen Interessen auch in der Schweiz im allgemeinen in gute Aufnahme und ruhigen Fortschritt gelangten.

Es gab nur einen Punkt, wo der Gegensatz zwischen Protestanten

[1] Ein Beispiel geben Literae annuae societatis Jesu 1596 p. 187: Modus tamen rigido illi jejunio est a confessario adhibitus.

und Katholiken innerhalb eines Gebietes, zusammentreffend mit schwankenden politischen Verhältnissen, Gefahr und Kampf veranlassen konnte.

In Graubünden war die Regierung wesentlich protestantisch; unter ihren Landschaften waren dagegen die italienischen, vor allen Valtellina, unerschütterlich katholisch.

Daher kam es hier zu unaufhörlichen Reibungen. Die Regierung litt keine fremden Priester im Tal; sie hatte selbst verboten, eine auswärtige Jesuitenschule zu besuchen; sie gestattete nicht einmal dem Bischof von Como, zu dessen Diözese Valtellina gehörte, sein bischöfliches Amt daselbst auszuüben. Dagegen sahen auch die Eingeborenen mit großem Mißvergnügen Protestanten in ihrem Lande, und zwar als die Herren und Meister desselben; sie hielten sich innerlich doch zu den Italienern, zu dem rechtgläubigen Mailand; aus dem Collegium Helveticum daselbst, wo allein sechs Stellen für das Tal bestimmt waren, gingen immer aufs neue junge Theologen hervor, welche ihren Eifer entzündeten[1].

Es war das aber darum so gefährlich, weil Frankreich, Spanien und Venedig jedes nach Kräften wetteiferte, sich in Graubünden eine Partei zu machen: Parteien, die sich nicht selten mit offener Gewalt bekämpften und eine die andere aus der Stelle trieben. Im Jahre 1607 nahm zuerst die spanische, gleich darauf die venezianische Faktion Chur ein. Jene zerriß die Bündnisse; diese stellte dieselben wieder her. Die spanische hatte katholische, die venezianische protestantische Sympathien, wonach sich dann die ganze Politik des Landes bestimmte. Hauptsächlich kam es darauf an, für welche Seite Frankreich war. Die Franzosen hatten in der ganzen Schweiz, nicht allein in der katholischen, sondern auch in der protestantischen, ihre Pensionäre; in Graubünden genossen sie alten Einfluß. Um das Jahr 1612 waren sie für das katholische Interesse; dem Nuntius gelang es, ihre Freunde für Rom zu gewinnen; das venezianische Bündnis ward sogar förmlich aufgekündigt.

Parteikämpfe, die an sich wenig Aufmerksamkeit verdienen würden, die aber dadurch eine höhere Bedeutung bekamen, daß die Öffnung oder Schließung der bündnerischen Pässe für die eine oder

[1] Relatione della nuntiatura: Il collegio Elvetico di Milano è di gran giovamento, et è la salute in particolare della Val Telina, che quanti preti ha, sono soggetti di detto collegio, e quasi tutti dottorati in theologia.

die andere Macht davon abhing. Wir werden sehen, daß sie ein Gewicht in die Waagschale der allgemeinen Verhältnisse der Politik und der Religion warfen.

Regeneration des Katholizismus in Frankreich

Da ist nun die vornehmste Frage, welche Stellung Frankreich überhaupt in religiöser Hinsicht annahm.

Der erste Blick zeigt, daß sich die Protestanten noch immer überaus mächtig daselbst hielten.

Heinrich IV. hatte ihnen das Edikt von Nantes gewährt, durch das ihnen nicht allein der Besitz der Kirchen, die sie innehatten, bestätigt, sondern Anteil an den öffentlichen Lehranstalten, paritätische Kammern in den Parlamenten, Sicherheitsplätze in großer Anzahl überlassen wurden und überhaupt eine Unabhängigkeit eingeräumt ward, von der man fragen konnte, ob sie sich mit der Idee des Staates vertrage. Um das Jahr 1600 zählte man 760 Kirchsprengel der französischen Protestanten, alle wohlgeordnet; 4000 Edelleute hielten sich zu diesem Bekenntnis; man rechnete, daß es ohne Mühe 25000 Streiter ins Feld stellen könne; es besaß bei 200 befestigte Plätze. Eine ehrfurchtgebietende Macht, die man nicht ungestraft beleidigen durfte[1].

Neben ihnen aber und im Gegensatz mit ihnen erhob sich zugleich eine zweite Macht, die Korporation des katholischen Klerus in Frankreich.

Die großen Besitztümer der französischen Geistlichkeit gaben ihr an und für sich eine gewisse Unabhängigkeit; dadurch aber, daß sie zur Teilnahme an den Staatsschulden herbeigezogen worden, kam dies auch zur Darstellung und zum Bewußtsein[2].

[1] Badoer, Relatione di Francia 1605.

[2] In den Mémoires du clergé de France, tom. IX – Recueil des contrats passés par le clergé avec les rois –, findet man die Aktenstücke hierüber vom Jahre 1561 an. Auf der Versammlung von Poissy in diesem Jahre nämlich übernahm der Klerus, einen bedeutenden Teil der Staatsschulden nicht allein zu verzinsen, sondern auch abzulösen. Die Ablösung kam nicht zustande; dagegen blieb es bei der Verpflichtung, die Zinsen zu zahlen. Es waren hauptsächlich die Schulden, die beim Hôtel de Ville zu Paris gemacht worden, und dieser Stadt kamen die Zinsen zugute; eine bestimmte Rente ward ihr jährlich von der Geistlichkeit. Man sieht, weshalb Paris, auch wenn es nicht so gut katholisch gewe-

Denn nicht so ganz erzwungen war diese Teilnahme, daß die Verpflichtung zu derselben nicht von Zeit zu Zeit mit den Formen einer freiwilligen Entschließung hätte wiederholt werden müssen. Unter Heinrich IV. bekamen die Zusammenkünfte, die zu dem Ende gehalten wurden, eine regelmäßigere Gestalt. Sie sollten von zehn zu zehn Jahren wiederholt werden, allemal im Mai, wo die Tage lang sind und sich viel tun läßt, niemals zu Paris, um keine Zerstreuung zu veranlassen; alle zwei Jahre sollten kleinere Versammlungen stattfinden, um die Rechnungen abzunehmen.

Es läßt sich an sich nicht erwarten, daß diese Versammlungen, namentlich die größeren, bei ihren finanziellen Verbindlichkeiten hätten stehenbleiben sollen. Schon die Erfüllung derselben gab ihnen Mut zu umfassenderen Beschlüssen. In den Jahren 1595 und 1596 beschlossen sie, die Provinzialkonzilien zu erneuern, sich den Eingriffen der weltlichen Gerichtsbarkeit in die geistliche Amtsführung zu widersetzen, keine Simonie zu dulden, und was dem mehr ist; der König gab nach einigem Schwanken seine Zustimmung hierzu[1]. Es war die Regel, daß der Klerus allgemeine Vorstellungen in bezug auf Kirchen und Kirchenzucht machte. Der König konnte sich denselben unmöglich entziehen; es ging nie ohne neue Bewilligungen ab. Bei der nächsten Zusammenkunft begann dann der Klerus mit der Untersuchung, ob sie auch ausgeführt worden seien.

Sehr eigentümlich ward hierdurch die Stellung Heinrichs IV. zwischen zwei Korporationen, die beide eine gewisse Selbständigkeit hatten, beide ihre Versammlungen in der bestimmten Zeit hielten und ihn dann mit entgegengesetzten Vorstellungen bestürmten, denen er sich in der Tat weder auf der einen noch auf der anderen Seite so leicht entgegensetzen konnte.

Die Protestanten hatten sich, nachdem sie durch den Übertritt des Königs zugleich ihres Oberhauptes beraubt worden waren, eine Organisation gegeben, die zuweilen in Gegensatz mit ihm trat. Der König sah ihre starke Aufstellung nicht ungern, insofern seine eifrig katholischen Räte und die Parlamente dadurch bewo-

sen wäre, wie es war, doch den Ruin der Geistlichkeit niemals hätte gestatten, das Verderben der geistlichen Güter, seiner Hypothek, niemals hätte zugeben dürfen.

[1] Relation des principales choses qui ont esté résolues dans l'assemblée générale du clergé tenue à Paris ès années 1595 et 1596, envoyée à toutes les diocèses. Mémoires du clergé, tom. VIII, p. 6.

gen werden konnten, die Konzessionen, die für die Sicherheit seiner alten Glaubensgenossen notwendig waren, zu genehmigen. Er hat es sich ungemeine Mühe kosten lassen, ihnen das Edikt von Nantes zu verschaffen; noch war der Friede mit Spanien nicht geschlossen und von den mächtigen Liguisten einer noch in den Waffen, als es ihnen bewilligt wurde; es war ganz sein eigenes Werk[1]. Papst Clemens VIII. zeigte sich darüber ungehalten und ließ sogar eine Drohung verlauten; der König wußte, daß er sie nicht zu fürchten habe.

Wenn man fragt, welchem von beiden Teilen Heinrich IV. durch die Tat den größten Vorschub leistete, so ist das doch offenbar der katholische, obwohl sein eigenes Emporkommen sich von dem protestantischen herschrieb[2].

Schon im Jahre 1598 erklärte der König dem Klerus, seine Absicht sei, die katholische Kirche wieder so blühend zu machen, wie sie vor hundert Jahren gewesen; er bat ihn nur um Geduld und Vertrauen: Paris sei nicht an einem Tage gebaut worden[3].

Ganz auf eine andere Weise wurden nun die Rechte des Konkordats ausgeübt als früher; die Pfründen gelangten nicht mehr an Kinder und Frauen; der König sah bei der Besetzung geistlicher Stellen sehr ernstlich auf Gelehrsamkeit, Gesinnung und erbauliches Leben.

„In allen äußerlichen Dingen", sagt ein Venezianer, „zeigt er sich persönlich der römisch-katholischen Religion zugetan und der entgegengesetzten abgeneigt."

In diesem Sinne war es, daß er die Jesuiten zurückberief. Er glaubte, daß ihr Eifer zur Herstellung des Katholizismus und dadurch auch zur Erweiterung der königlichen Gewalt, wie er sie jetzt verstand, beitragen müßte[4].

[1] Die Darstellung von Benoit, Historie de l'édit de Nantes I, 185, wird durch die Briefe und Memoiren von Duplessis-Mornay vielfach berichtigt.

[2] Niccolo Contarini: Il re, se ben andava temporeggiando con le parti, e li suoi ministri e consiglieri fussero dell' una e l'altra religione, pur sempre più si mostrava alienarsi dagli Ugonotti e desiderarli minori; la ragione principal era perchè tenendo essi per li editti di pace molte piazze nelle loro mani, delle quali ben trenta erano di molto momento, senza di queste li pareva non essere assolutamente re del suo regno.

[3] Mémoires du clergé, tom. XIV, p. 259.

[4] Contarini: Per abbassamento del quale (del partito degli Ugonotti) s'imaginò di poter dar gran colpo col richiamar li Gesuiti, pensando

Doch würde dies alles wenig geholfen haben, wäre nicht die bereits begonnene innere Regeneration der katholischen Kirche in Frankreich in dieser Zeit mächtig fortgeschritten. In den beiden ersten Dezennien dieses Jahrhunderts nahm sie in der Tat eine neue Gestalt an. Werfen wir noch einen Blick auf diese Umwandlung, besonders auf die Verjüngung der Klosterzucht, in der sie sich darstellt.

Mit großem Eifer wurden die alten Orden reformiert, Dominikaner, Franziskaner, Benediktiner. Die Frauenkongregationen wetteiferten mit ihnen. Die Feuillantines nahmen so übertriebene Büßungen vor, daß einst in einer Woche vierzehn dadurch umgekommen sein sollen; der Papst selbst mußte sie zur Milderung ihrer Strenge ermahnen[1]. Im Portroyal ward Gemeinschaft der Güter, Stillschweigen, Nachtwachen wieder eingeführt; Tag und Nacht ohne Aufhören ward hier das Mysterium der Eucharistie angebetet[2]. Ungemildert beobachteten die Nonnen von der Schädelstätte die Regel des heiligen Benedikt; durch unausgesetztes Gebet am Fuße des Kreuzes suchten sie eine Art Buße für die Beleidigungen zu üben, die dem Baume des Lebens von den Protestanten zugefügt würden[3].

In einem etwas anderen Sinne hatte damals die heilige Teresa den Orden der Karmeliterinnen in Spanien reformiert. Auch sie verordnete die strengste Klausur; selbst die Besuche der Verwandten an dem Sprachgitter suchte sie zu beschränken; nicht ohne Aufsicht blieb der Beichtvater. Jedoch sah sie in der Strenge nicht schon den Zweck. Sie suchte eine Stimmung der Seele hervorzurufen, welche sie dem Göttlichen nähere. Da fand sie nun, daß keine Entfernung von der Welt, kein Entsagen, keine Kasteiung das Gemüt in den Schranken halte, deren es bedürfe, wenn nicht etwas anderes hinzukomme: Arbeit, geradezu häusliche Beschäftigung, weibliche Handarbeit, das Salz, das die weibliche Seele vor Verderben bewahre, durch welche den unnützen umher-

anco in questa maniera di toglier la radice a molte congiure. Den Parlamenten habe er geantwortet, man möge ihn seines Lebens versichern, und das Exil der Jesuiten solle nie aufhören.

[1] Helyot, Histoire des ordres monastiques V, p. 412.

[2] Felibien, Histoire de Paris II, 1339, ein Werk, das für die Geschichte dieser Restauration überhaupt von Wert ist und oft auf eigentümlichen Relationen beruht.

[3] La vie du véritable père Josef 1705 p. 53. 73.

schweifenden Gedanken die Tür geschlossen werde. Doch sollte diese Arbeit, wie sie ferner anordnete, nicht kostbar, kunstreich, oder auf eine gewisse Zeit bestellt sein; sie sollte doch das Gemüt nicht selbst beschäftigen. Ihre Absicht war, die Ruhe einer in Gott sich selbst bewußten Seele zu befördern, einer Seele, wie sie sagt, „die immer lebt, als stünde sie vor Gottes Angesicht, die keinen Schmerz hat, als seiner Gegenwart nicht zu genießen"; sie wollte hervorbringen, was sie das Gebet der Liebe nennt, „wo die Seele sich selbst vergißt und die Stimme des himmlischen Meisters vernimmt"[1]. Ein Enthusiasmus, der wenigstens von ihr auf eine reine, großartige und naive Weise gefaßt ward und in der ganzen katholischen Welt den größten Eindruck machte. Gar bald wurde man auch in Frankreich inne, daß man noch etwas anderes bedürfe als die bloße Bußübung. Es ward ein eigener Abgeordneter nach Spanien geschickt, Pierre Berulle, der auch endlich, obwohl nicht ohne Schwierigkeiten, den Orden nach Frankreich überpflanzte, wo er dann sehr bald Wurzel faßte und die schönsten Früchte trug.

Auch die Stiftungen des Franz von Sales waren in diesem milderen Sinne. Franz von Sales pflegte in allen seinen Beschäftigungen mit heiterer Gemütsruhe, ohne Anstrengung noch Eile zu Werke zu gehen. Mit seiner Gehilfin, Mère Chantal, stiftete er den Orden von der Heimsuchung ausdrücklich für solche, deren zartere Leibesbeschaffenheit sie abhalte, in die strengeren Vereinigungen einzutreten. Er vermied in seiner Regel nicht allein die eigentliche Büßung und dispensierte von den schwereren Pflichten; er warnte auch vor allen innerlichen Zumutungen: ohne viel Nachgrübeln müsse man sich vor Gottes Angesicht stellen und nicht verlangen, ihn mehr zu genießen, als er sich selbst gewähre; unter der Gestalt von Entzückungen verführe uns der Hochmut; nur den gewöhnlichen Weg der Tugenden müsse man wandeln. Deshalb machte er vor allem seinen Nonnen die Krankenpflege zur Pflicht. Immer zwei und zwei, eine die Oberin, die andere die Beigesellte, sollten die Schwestern ausgehen und die bedürftigen Kranken in ihren Häusern aufsuchen. Mit den Werken, durch die Arbeit müsse

[1] Diego de Yepes, Vita della gloriosa vergine S. Teresa di Giesu, fondatrice de' Carmelitani scalzi, Roma 1623, p. 303. Constituzioni principali § 3 p. 208. Die Exclamaciones o meditaciones de S. Teresa con algunos otros tratadillos, Brusselas 1682, zeigen ihre Begeisterung für unser Gefühl fast in zu hohem Schwung.

man beten, meinte Franz von Sales[1]. Über ganz Frankreich breitete sein Orden eine wohltätige Wirksamkeit aus.

Es ist in diesem Gange der Dinge, wie man leicht sieht, ein Fortschritt, von der Strenge zur Mäßigung, von der Entzückung zur Ruhe, von abgeschiedener Bußübung zur Erfüllung einer sozialen Pflicht.

Schon waren auch die Ursulinerinnen in Frankreich aufgenommen, deren viertes Gelübde es ist, sich dem Unterrichte junger Mädchen zu widmen, und die dies mit bewundernswürdigem Eifer erfüllten.

Wie es sich von selbst versteht, waren nun ähnliche Tendenzen auch in den Kongregationen für Männer lebendig.

Jean Baptiste Romillon, der bis zu seinem 26. Jahre die Waffen wider den Katholizismus getragen, aber sich dann zu demselben bekehrt hatte, stiftete mit einem gleichgesinnten Freunde die „Väter der christlichen Lehre", welche den Elementarunterricht in Frankreich neu begründet haben.

Wir gedachten schon Berulles, eines der ausgezeichnetsten Geistlichen des damaligen Frankreichs. Von erster Jugend an hatte er einen recht ernsten Eifer bewiesen, sich zum Dienste der Kirche auszubilden: er hatte sich dazu täglich, wie er sagt, „den wahrsten und innerlichsten Sinn seines Herzens" vorgehalten, welcher sei, „nach der größten Vollkommenheit zu trachten". Vielleicht hängt es mit den Schwierigkeiten, die er hierbei fand, zusammen, daß ihm nichts so notwendig schien, wie ein Institut zur Bildung von Geistlichen unmittelbar zum Kirchendienst zu errichten. Er nahm sich hierbei Philipp Neri zum Muster; auch er stiftete Priester des Oratoriums. Er duldete keine Gelübde, er ließ nur einfache Verpflichtungen zu; er war großgesinnt genug, um zu wünschen, daß sich ein jeder wieder entferne, der den Geist dazu nicht in sich spüre. In der Tat hatte nun auch sein Institut ungemeinen Fortgang; durch seine Milde zog es auch vornehmere Zöglinge an: bald sah sich Berulle an der Spitze einer glänzenden, kräftigen, gelehrigen Jugend; bischöfliche Seminare, gelehrte Schulen wurden ihm übertragen; in der Geistlichkeit, die aus dem Institut hervorging, regte sich ein neuer, frischer Geist. Eine ganze Anzahl bedeutender Prediger hat es gebildet;

[1] Z. B. bei Gallitia, Leben des h. Franz von Sales II, 285. Seine Gesinnung tritt aber in seinen eigenen Werken, besonders der Anleitung zum andächtigen Leben, am deutlichsten und anziehendsten hervor.

von dieser Zeit an setzte sich der Charakter der französischen Predigt fest[1].

Und könnten wir an dieser Stelle der Kongregation von S. Maur vergessen? Indem die französischen Benediktiner sich der in Lothringen vollzogenen Reformation dieses Ordens anschlossen, fügten sie den übrigen Obliegenheiten die Verpflichtung hinzu, sich der Erziehung des jungen Adels und der Gelehrsamkeit zu widmen. Bald im Anfang erschien dann der ruhmwürdige Mann unter ihnen, Nikolaus Hugo Menard, der ihren Studien die Richtung auf die kirchlichen Altertümer gab, der wir so viele großartigen Werke verdanken[2].

Schon waren auch die barmherzigen Brüder, eine Stiftung jenes unermüdlichen Krankenpflegers Johannes a Deo[3], eines Portugiesen, dem ein spanischer Bischof in einem Augenblick der Bewunderung diesen Beinamen gegeben, durch Maria Medici in Frankreich eingeführt worden; sie nahmen hier eine noch strengere Regel an, aber nur um so mehr Nachfolge fanden sie: in kurzem sehen wir dreißig Spitäler von ihnen gegründet.

Welch ein Vorhaben ist es aber, ein ganzes Reich religiös umzugestalten, in eine Richtung des Glaubens und der Lehre hinzureißen! In den tieferen Regionen, in dem Landvolke, bei den Landpfarrern selbst, gingen an vielen Orten noch immer die alten Mißbräuche im Schwange. Mitten in der allgemeinen Regung erschien endlich auch der große Missionar der gemeinen Leute, Vinzenz von Paula, der die Kongregation der Mission stiftete, deren Mitglieder, von Ort zu Ort ziehend, die religiösen Anregungen bis in die entferntesten Winkel des Landes ausbreiten sollten. Vinzentius war selbst ein Bauernsohn, demütig, voll von Eifer und praktischem Sinne[4]. Auch der Orden der barmherzigen Schwestern, in welchem sich das zartere Geschlecht noch in dem Alter, worin es alle Ansprüche auf häusliches Glück oder weltlichen Glanz zu machen hätte, dem Dienste der Kranken, oft der verworfenen weihet, ohne auch nur die religiöse Gesinnung, von der diese ganze

[1] Tabaraud, Histoire de Pierre de Berulle, Paris 1817.

[2] Filipe le Cerf, Bibliothèque historique et critique des auteurs de la congrégation de S. Maur p. 355.

[3] Approbatio congregationis fratrum Johannis Dei, 1572 Kal. Jan. (Bullar. Cocquel. IV, III, 190.)

[4] Stolberg, Leben des *heiligen Vinzentius* von Paula. Münster 1818. *Nur hätte* der gute Stolberg seinen Helden nicht als den „Einen Mann, durch den Frankreich erneuert ward“ (S. 6, S. 399) betrachten sollen.

Tätigkeit ausgeht, anders als flüchtig äußern zu dürfen, verdankt ihm seine Entstehung.

Bestrebungen, wie sie in christlichen Ländern glücklicherweise immer aufs neue hervorgetreten sind, der Erziehung, des Unterrichts, der Predigt, gelehrter Studien, der Wohltätigkeit. Nirgends werden sie ohne Vereinigung mannigfaltiger Kräfte und religiöser Begeisterung gedeihen. Anderwärts überläßt man sie dem sich immer verjüngenden Geschlechte, dem jedesmaligen Bedürfnis. Hier sucht man den Vereinigungen eine unerschütterliche Grundlage, dem religiösen Antrieb eine feste Form zu geben, um alles dem unmittelbaren Dienste der Kirche zu weihen und die künftigen Geschlechter unvermerkt zu demselben Sinne heranzuziehen.

In Frankreich zeigten sich nun in kurzem die größten Erfolge. Schon unter Heinrich IV. sahen sich die Protestanten durch eine so tiefgreifende wie ausgebreitete Tätigkeit einer entgegengesetzten Gesinnung beschränkt und gefährdet; eine Zeitlang hatten sie keinen Fortgang mehr; aber gar bald erlitten sie Verluste: bereits unter Heinrich IV. klagen sie, daß der Abfall in ihren Reihen beginne.

Und doch war Heinrich schon durch seine Politik genötigt, ihnen Begünstigungen widerfahren zu lassen und sich den Zumutungen des Papstes, der sie z. B. von allen öffentlichen Stellen ausgeschlossen wissen wollte, zu widersetzen.

Unter Maria Medici aber verließ man die bisherige Politik: man schloß sich um vieles enger an Spanien an; eine entschieden katholische Gesinnung bekam in allen inneren und äußeren Geschäften die Oberhand. Wie am Hofe, so hatte sie selbst in der Ständeversammlung das Übergewicht. Von den beiden ersten Ständen ward im Jahre 1614 nicht allein die Publikation des Tridentinums, sondern sogar die Herstellung der Kirchengüter in Béarn ausdrücklich gefordert.

Da war es nun für die Protestanten, in denen doch auch ein lebendiges kirchliches Leben waltete, um dies nicht unterdrückt zu sehen, ein großes Glück, daß sie politisch noch immer so stark, daß sie so gut gerüstet waren. Wie sich die Regierung mit ihren Gegnern vereinigt hatte, so fanden sie an mächtigen Mißvergnügten, an denen es dort niemals gefehlt hat noch fehlen wird, Rückhalt und Hilfe. Es dauerte noch eine Weile, ehe man sie geradezu angreifen konnte.

Zweites Kapitel

ALLGEMEINER KRIEG · SIEGE DES KATHOLIZISMUS 1617–1623

Ausbruch des Krieges

So verschieden auch die Zustände sein mögen, welche sich hierdurch entwickelt haben, so treffen sie doch in einem großen Resultat zusammen. Allenthalben ist der Katholizismus gewaltig vorgedrungen; allenthalben ist er auch auf einen mächtigen Widerstand gestoßen. In Polen vermag er seine Widersacher schon darum nicht zu erdrücken, weil sie an den benachbarten Reichen einen unüberwindlichen Rückhalt finden. In Deutschland hat sich eine eng geschlossene Opposition dem vordringenden Dogma, der zurückkehrenden Priesterschaft entgegengeworfen. Der König von Spanien hat sich entschließen müssen, den vereinigten Niederlanden einen Stillstand zu gewähren, der nicht viel weniger als eine förmliche Anerkennung enthält. Die französischen Hugenotten sind durch feste Plätze, kriegsbereite Mannschaften und zweckdienliche finanzielle Einrichtungen gegen jeden Angriff gerüstet. In der Schweiz ist das Gleichgewicht der Parteien schon lange ausgebildet, und auch der regenerierte Katholizismus vermag es nicht zu erschüttern.

Europa ist in zwei Welten geschieden, die sich auf jedem Punkt umfassen, beschränken, ausstoßen, bekämpfen.

Vergleichen wir sie im allgemeinen, so stellt die katholische Seite zunächst eine bei weitem größere Einheit dar. Zwar wissen wir wohl, daß es ihr nicht an inneren Feindseligkeiten fehlt; aber diese sind doch fürs erste beschwichtigt. Vor allem, zwischen Frankreich und Spanien besteht ein gutes und sogar vertrauliches Vernehmen; dann will es nicht viel sagen, daß sich der alte Widerwille von Venedig oder Savoyen zuweilen regt; selbst so gefährliche Attentate wie jene Verschwörung gegen Venedig gehen ohne Erschütterung vorüber. Papst Paul V. zeigte sich, nachdem ihm seine ersten Erfahrungen eine so nachdrückliche Lehre erteilt, ruhig und gemäßigt; er verstand es, den Frieden zwischen den katholischen Mächten aufrechtzuerhalten, und dann und wann gab er ein Moment der gemeinschaftlichen Politik an. Die Protestanten dagegen hatten nicht allein überhaupt keinen Mittelpunkt, sondern seit dem Tode der englischen Elisabeth und der Thronbesteigung Jakobs I., der von Anfang an eine etwas zweideutige Politik beobachtete, nicht einmal eine vorwaltende Macht. Lutheraner und Reformierte standen einander mit einem Widerwillen gegenüber, der notwendig zu entgegengesetzten politischen Maßregeln führte. Aber auch die Reformierten selbst waren untereinander entzweit: Episkopalen und Puritaner, Arminianer und Gomaristen bekämpften sich mit wildem Haß; in der Assemblée der Hugenotten zu Saumur 1611 brach ein Zwiespalt aus, der niemals wieder gründlich beigelegt werden konnte.

Gewiß, man dürfte diesen Unterschied nicht von einer geringeren Lebendigkeit der religiösen Bewegung innerhalb des Katholizismus herleiten: wir nahmen eben das Gegenteil wahr. Eher ließe sich folgender Grund angeben. In dem Katholizismus war nicht jene Energie der ausschließenden Dogmatik, die den Protestantismus beherrschte; es gab wichtige Streitfragen, welche man unausgemacht ließ: Enthusiasmus, Mystik und die tiefere, nicht bis zur Klarheit des Gedankens durchzubildende Sinnesweise, die sich aus religiösen Tendenzen von Zeit zu Zeit immer wieder erheben muß, ward von dem Katholizismus in sich aufgenommen, geregelt, in den Formen klösterlicher Aszetik dienstbar gemacht, von dem Protestantismus dagegen zurückgewiesen, verdammt und ausgestoßen. Eben darum brach dann unter den Protestanten eine solche Gesinnung, sich selbst überlassen, in mancherlei Sekten hervor und suchte sich einseitig, aber frei ihre eigenen Bahnen.

Dem entspricht es, daß die Literatur überhaupt auf der katholischen Seite um vieles mehr Gestalt und Regel gewonnen hatte. Wir können sagen, unter den Auspizien der Kirche setzten sich in Italien zuerst die modern-klassischen Formen durch; in Spanien näherte man sich ihnen, soweit es der Geist der Nation immer zuließ; schon begann eine ähnliche Entwicklung in Frankreich, wo sie sich später so vollkommen ins Werk gesetzt, so glänzende Resultate hervorgebracht hat. Malherbe trat auf, der sich zuerst der Regel willig unterwarf und alle Lizenz selbstbewußt fahren ließ[1]

[1] Über die Sinnesweise Malherbes und seine Art zu arbeiten, finden sich neue bemerkenswerte Zusätze zu der Lebensbeschreibung des Dichters von Racan in den Mémoires oder vielmehr Historiettes de Tallemant des Réaux, herausgegeben von Monmerqué 1834 I, S. 195

und der nun der monarchisch-katholischen Gesinnung, die er hegte, durch die epigrammatische Präzision, die etwas prosaische, aber dem Sinne der Franzosen entsprechende Popularität und Eleganz, mit welcher er sie aussprach, einen neuen Nachdruck verlieh. In den germanischen Nationen konnte diese Richtung damals selbst auf der katholischen Seite noch nicht zur Herrschaft gelangen; sie ergriff nur erst die lateinische Poesie, wo sie aber doch wirklich zuweilen, selbst bei unserem Balde, der sonst ein ausgezeichnetes Talent hat, wie eine Parodie herauskommt; in der Muttersprache blieb noch alles der Ausdruck der Natur. Noch viel weniger aber konnte sich die Nachahmung der Antike in diesen Völkern auf der protestantischen Seite durchsetzen. Shakespeare stellte den Inhalt und Geist der Romantik in unvergänglichen, frei hervorgebrachten Formen vor Augen; Altertum und Historie mußten seinem Sinne dienen. Aus einer deutschen Schuhmacherwerkstatt gingen, dunkel, formlos und unergründlich, aber mit unwiderstehlicher Kraft der Anziehung, Werke deutschen Tiefsinnes und religiöser Weltanschauung hervor, die ihresgleichen nicht haben, freie Geburten der Natur.

Jedoch ich will nicht versuchen, den Gegensatz dieser beiden einander gegenüberstehenden geistigen Welten darzustellen; um ihn ganz zu fassen, müßten wir der protestantischen Seite eine größere Aufmerksamkeit gewidmet haben. Nur noch ein für die Begebenheit selbst unmittelbar wirksames Moment sei mir verstattet hervorzuheben.

In dem Katholizismus herrschten jetzt die monarchischen Tendenzen vor. Ideen von popularen Berechtigungen, von gesetzlichem Widerstande gegen die Fürsten, von Volkssouveränität und Königsmord, wie sie dreißig Jahre früher selbst von den eifrigsten Katholiken verfochten worden, waren nicht mehr an der Zeit. Es gab jetzt keinen bedeutenden Gegensatz einer katholischen Bevölkerung gegen einen protestantischen Fürsten: selbst mit Jakob I. von England vertrug man sich; jene Theorien fanden keine Anwendung mehr. Schon daraus folgte, daß das religiöse Prinzip sich dem dynastischen immer enger anschloß; es kam, wenn ich nicht irre, hinzu, daß die fürstlichen Persönlichkeiten auf der katholischen Seite ein gewisses Übergewicht entwickelten. Wenigstens darf man das von Deutschland sagen. Da lebte noch der alte *Bischof Julius* von Würzburg, der bei uns den ersten durchgreifenden Versuch einer Gegenreformation gemacht hatte; Kurfürst

Schweikhard von Mainz verwaltete sein Erzkanzleramt mit einem durch warmen innerlichen Anteil erhöhten Talente und verschaffte demselben wieder einmal großen Einfluß[1]; die beiden anderen rheinischen Kurfürsten waren entschlossene, tätige Männer; an ihrer Seite erhoben sich der männliche, scharfsinnige, unermüdliche Maximilian von Bayern, ein geschickter Administrator, von großartigen politischen Entwürfen erfüllt, und Erzherzog Ferdinand, unerschütterlich durch seinen Glauben, den er mit der Inbrunst einer starken Seele umfaßte: – fast alles Schüler der Jesuiten, welche es noch verstanden, in den Gemütern ihrer Zöglinge große Antriebe hervorzurufen, auch ihrerseits Reformatoren, die den Zustand der Dinge, in welchem man sich befand, mit Anstrengung und geistigem Schwunge zustande gebracht hatten.

Die protestantischen Fürsten dagegen waren mehr Erben als Stifter; sie waren bereits die zweite oder die dritte Generation. Nur in einem und dem anderen zeigten sich, ich weiß nicht ob Kraft und innerliche Stärke, aber doch Ehrgeiz und Liebe zur Bewegung.

Andrerseits traten jetzt unter den Protestanten offenbar Hinneigungen zur Republik, wenigstens zu einer aristokratischen Freiheit hervor. An vielen Orten, in Frankreich, in Polen, in allen österreichischen Gebieten war ein mächtiger Adel von protestantischer Überzeugung mit der katholischen Regierungsgewalt in offenem Kampfe. Was sich durch einen solchen erreichen lasse, davon gab die Republik der Niederlande, die sich täglich zu höherer Blüte erhob, ein glänzendes Beispiel. Es ist allerdings in dieser Zeit in Österreich die Rede davon gewesen, daß man sich von dem herrschenden Geschlechte lossagen und eine Verfassung wie die Schweiz oder wie die Niederlande annehmen müsse. In dem Gelingen dieser Bestrebungen lag für die deutschen Reichsstädte die einzige Möglichkeit, wieder zu größerer Bedeutung zu gelangen, und lebhaft nahmen sie daran teil. Die innere Verfassung der Hugenotten war schon republikanisch, und zwar selbst nicht ohne demokratische Elemente. In den englischen Puritanern traten diese bereits einem protestantischen König entgegen. Es existiert eine kleine Schrift von einem kaiserlichen Botschafter in Paris

[1] Montorio, Relatione di Germania 1624: di costumi gravi, molto intento alle cose del governo così spirituale come temporale, molto bene affetto verso il servigio di cotesta santa sede, desideroso del progresso della religione, uno de' primi prelati della Germania

aus dieser Zeit, in welcher die europäischen Fürsten mit vieler Lebhaftigkeit auf die gemeinschaftliche Gefahr aufmerksam gemacht werden, die ihnen aus dem Emporkommen eines solchen Geistes entspringe[1].

Die katholische Welt war in diesem Augenblick einmütig, klassisch, monarchisch; die protestantische entzweit, romantisch, republikanisch.

In dem Jahre 1617 ließ sich bereits alles zu einem entscheidenden Kampfe zwischen ihnen an: auf der katholischen Seite fühlte man sich, wie es scheint, überlegen; es ist nicht zu leugnen, daß sie sich zuerst erhob.

In Frankreich erging am 15. Juni 1617 ein Edikt, das der katholische Klerus schon längst gefordert, aber der Hof aus Rücksicht auf die Macht und die Oberhäupter der Hugenotten noch immer verweigert hatte, kraft dessen die Kirchengüter in Béarn wieder herausgegeben werden sollten. Dahin ließ sich Luynes bringen, der sich, obwohl die Protestanten anfangs auf ihn rechneten[2], doch allmählich der jesuitisch-päpstlichen Partei angeschlossen hatte; schon erhoben sich, im Vertrauen auf diese Gesinnung der höchsten Gewalt, hier und da, zuweilen unter dem Läuten der Sturmglocke, Angriffe des Pöbels auf die Protestanten; die Parlamente nahmen gegen sie Partei.

Noch einmal machte der polnische Prinz Wladislaw sich auf, der sicheren Erwartung, daß er jetzt den Thron von Moskau einnehmen werde. Man hielt dafür, daß hiermit Absichten gegen Schweden verbunden seien, und unverzüglich ging der Krieg zwischen Polen und Schweden wieder an[3].

[1] Advis sur les causes des mouvements de l'Europe, envoyé aux roys et princes pour la conservation de leurs royaumes et principautés, fait par Messir Al. Cunr. baron de Fridembourg et presenté au roy trèschrestien par le comte de Furstemberg, ambassadeur de l'empereur. Aufgenommen in den Mercure françois, tom. IX, p. 342.

[2] Man ersieht das unter anderem aus einem Schreiben von Duplessis-Mornay, Saumur 26. April 1617, „sur ce coup de majorité", wie er die Ermordung des Marschalls von Ancre nennt. La vie de du Plessis p. 465.

[3] Hiärn, Esth-, Lyf- und Lettländische Geschichte S. 419. „Die Schweden wußten, daß der König in Polen – seinen Sohn mit einer gewaltigen Kriegsmacht zu dem Ende nach Reußland gesandt, daß er die Befestigungen so die Moscowiter den Schweden abgetreten hatten überraschen sollte, damit, wenn ihm dieser Anschlag gelingen würde, er selber das Reich Schweden desto besser angreiffen könndte; denn es war ihm sowol auf dem in Pohlen gehaltenen Reichstage von den Ständen

Allein bei weitem das Wichtigste bereitete sich in den Erblanden des Hauses Österreich vor. Die Erzherzoge hatten sich versöhnt und verstanden: mit dem großen Sinne, den dies Haus in gefährlichen Augenblicken öfter bewiesen, gaben die übrigen die Ansprüche, die ihnen nach dem Tode des Kaisers Matthias, dem es an Nachkommenschaft gebrach, zuwachsen mußten, an Erzherzog Ferdinand auf; und in kurzem ward derselbe in der Tat als Thronfolger in Ungarn und Böhmen anerkannt. Es war dies am Ende nur eine Ausgleichung persönlicher Ansprüche, die aber eine allgemeine Bedeutung in sich schloß.

Von einem so entschlossenen Eiferer wie Ferdinand ließ sich nichts anderes erwarten, als daß er unverzüglich auch hier seinem Glauben die Alleinherrschaft zu verschaffen und danach die gesamte Kraft dieser Länder zur Fortpflanzung des Katholizismus zu verwenden suchen werde.

Eine gemeinschaftliche Gefahr für alle Protestanten in den Erblanden, in Deutschland und in Europa.

Eben deshalb erhob sich zunächst an diesem Punkte der Gegensatz. Die Protestanten, die sich dem Vordringen des Katholizismus entgegengeworfen, waren nicht allein zur Gegenwehr gerüstet, sie hatten Mut genug, die Verteidigung sogleich in einen Angriff zu verwandeln.

In Kurfürst Friedrich von der Pfalz konzentrierten sich die Elemente des europäischen Protestantismus. Seine Gemahlin war die Tochter des Königs von England, die Nichte des Königs von Dänemark; sein Oheim Prinz Moritz von Oranien; nahe mit ihm verwandt das Oberhaupt der französischen Hugenotten von der minder friedlichen Partei, der Herzog von Bouillon. Er selbst stand an der Spitze der deutschen Union. Ein ernster Fürst, der Selbstbeherrschung genug besaß, um sich von den schlechten Gewohnheiten freizuhalten, die damals an den deutschen Höfen herrschten, und sich vielmehr angelegen sein ließ, seine landesherrlichen Pflichten zu erfüllen, den Sitzungen seines geheimen Rates fleißig beizuwohnen, – etwas melancholisch, stolz, voll hoher

als auch von dem Hause Österreich zur Wiedereroberung des Reiches Schweden Hülfe zugesagt; dahero er auch alle seine Gedanken mehr darauf als anderswohin gestellet hatte."

Gedanken[1]. Zu seines Vaters Zeit standen im Speisesaale auch Tische für Räte und Edelleute; er ließ sie alle wegschaffen: er speiste nur mit Fürsten und höchsten Personen. Man nährte an diesem Hofe ein lebhaftes Gefühl einer großen politischen Bestimmung; geflissentlich warf man sich in tausend weitaussehende Verbindungen; da so lange nicht ernstlich geschlagen worden, hatte man keinen deutlichen Begriff, was sich erreichen lasse, was die Zukunft bringen könne: den verwegensten Entwürfen gab man Raum.

In dieser Stimmung war der Hof zu Heidelberg, als die Böhmen, die, besonders im Gefühle jener religiösen Gefahr, mit dem Hause Österreich in eine immer heftiger aufbrausende Entzweiung geraten waren, sich entschlossen, Ferdinand zu verwerfen, obwohl er ihr Wort bereits besaß, und dem Kurfürsten von der Pfalz ihre Krone anzutragen.

Einen Augenblick bedachte sich Kurfürst Friedrich. Es war doch unerhört, daß ein deutscher Fürst einem anderen eine demselben rechtmäßig zufallende Krone entreißen wollte! Aber alle seine Freunde, Moritz, der den Stillstand mit den Spaniern nie gemocht, der Herzog von Bouillon, Christian von Anhalt, welcher das ganze Getriebe der europäischen Politik übersah und sich überzeugt hielt, es werde niemand den Mut und die Macht haben, sich dem vollzogenen Ereignisse zu widersetzen, seine vertrautesten Räte feuerten ihn an; die unermeßliche Aussicht, Ehrgeiz und Religionseifer zugleich rissen ihn hin: er nahm die Krone an (August 1619). Welch einen Erfolg mußte es haben, wenn er sich behauptete! Die Macht des Hauses Österreich im östlichen Europa wäre gebrochen, der Fortgang des Katholizismus auf immer gehemmt gewesen[2].

Und schon regten sich ihm allenthalben mächtige Sympathien.

[1] Relatione di Germania 1617: Federico V d'età di anni 20, di mezzana statura, d'aspetto grave, di natura malinconico, di carnaggione buona, uomo di alti pensieri, e rare volte si rallegra, e coll' appoggio dell' accasamento fatto con la figliuola del re d'Inghilterra e di altri parenti e confederati aspirarebbe a cose maggiori se segli appresentasse occasione a proposito; onde essendo ben conosciuto suo naturale per il colonnello di Scomburg già suo ajo, seppe così ben valersene, accomodandosi al suo umore, che mentre visse fu più d'ogni altro suo confidente.

[2] Den Zusammenhang dieser Ereignisse, auf den man später nicht mehr achtete, fühlten die Zeitgenossen. Fürstl. Anhaltische Geh. Kanzlei, Fortsetzung S. 67.

In Frankreich erhob sich eine allgemeine Bewegung unter den Hugenotten; die Béarner widersetzten sich jenem königlichen Befehle; die Assemblée zu Loudun nahm sich ihrer an; nichts wäre der Königinmutter erwünschter gewesen, als diese kriegsbereite Opposition für sich zu gewinnen; schon war Rohan auf ihrer Seite und hatte ihr den Beitritt der übrigen versprochen.

Da war auch in dem unaufhörlich wogenden Graubünden die katholisch-spanische Partei wieder einmal unterdrückt, die protestantische zur Herrschaft emporgestiegen; mit Vergnügen empfing das Gericht zu Davos die Botschafter des neuen Königs von Böhmen und versprach ihm, die Pässe des Landes den Spaniern auf ewig verschlossen zu halten.

Bemerken wir wohl, daß sich hiermit auch zugleich die republikanischen Tendenzen erhoben. Nicht allein behaupteten die böhmischen Stände ihrem gewählten Könige gegenüber eine natürliche Unabhängigkeit; in allen österreichischen Erblanden suchte man sie nachzuahmen; die deutschen Reichsstädte faßten neue Hoffnungen, und in der Tat ist die beste Geldhilfe, die Friedrich bei seinem Unternehmen empfing, von dieser Seite gekommen.

Allein eben darum, aus dem doppelten Gesichtspunkte der Religion und der Politik, nahmen sich nun auch die katholischen Fürsten mehr als je zusammen.

Maximilian von Bayern und Ferdinand, der das Glück gehabt hatte, in diesem Augenblicke zum Kaiser ernannt zu werden, schlossen den engsten Bund; der König von Spanien rüstete sich zu nachdrücklicher Hilfeleistung; Papst Paul V. ließ sich zu sehr ansehnlichen und willkommenen Subsidienzahlungen bewegen.

Wie die Winde in der stürmischen Jahreszeit zuweilen plötzlich umschlagen, so trat der Strom des Glückes, des Vollbringens mit einemmal auf die andere Seite.

Den Katholischen gelang es, einen der mächtigsten protestantischen Fürsten, aber einen Lutheraner, dem jene von dem Kalvinismus ausgegangene Bewegung von Herzen verhaßt war, den Kurfürsten von Sachsen, für sich zu gewinnen.

Schon hierauf erhoben sie sich mit der gewissen Hoffnung des Sieges. Eine einzige Schlacht, am Weißen Berge, 8. November

1620, machte der Gewalt des pfälzischen Friedrich und allen seinen Entwürfen ein Ende.

Denn auch die Union verteidigte ihr Oberhaupt nicht mit dem nötigen Nachdruck. Es mag wohl sein, daß jenes republikanische Element den vereinten Fürsten selbst gefährlich vorkam: sie wollten den Holländern den Rhein nicht einräumen; sie fürchteten die Analogien, welche ihre Verfassung in Deutschland erwecken möchte. Auf der Stelle erfochten die Katholiken auch in Oberdeutschland das Übergewicht. Die Oberpfalz wurde von den Bayern, die Unterpfalz von den Spaniern besetzt; schon im April 1621 löste die Union sich auf. Alles, was sich zugunsten Friedrichs regte und erhob, ward verjagt oder zerschmettert. In einem Moment, unmittelbar nach der größten Gefahr, war das katholische Prinzip in dem oberen Deutschland und in den österreichischen Provinzen allmächtig.

Indem erkämpfte es sich auch in Frankreich eine große Entscheidung. Nach einem glücklichen Schlage, den die königliche Gewalt gegen die ihr entgegengesetzten Faktionen des Hofes, die Partei der Königinmutter, geführt, mit denen allerdings die Hugenotten in naher Berührung gestanden[1], drang der päpstliche Nuntius darauf, daß man den günstigen Augenblick zu einer Unternehmung gegen den Protestantismus überhaupt benutzen müsse: er wollte von keinem Aufschub hören; er meinte, was in Frankreich erst einmal verschoben werde, geschehe dann niemals[2]; er riß Luynes und den König mit sich fort. In Béarn bestanden noch die alten Faktionen, Beaumont und Gramont, die sich seit Jahrhunderten bekämpft; ihr Zwist verursachte, daß der König unaufgehalten in das Land einzog, die bewaffnete Macht, die Verfassung desselben auflöste und die Herrschaft der katholischen Kirche wiederherstellte. Zwar trafen die Protestanten im eigentlichen Frankreich nunmehr Anstalt, sich ihrer Glaubensbrüder anzunehmen; aber sie wurden im Jahre 1621 allenthalben geschlagen.

Da hatte sich auch ein veltlinisches Oberhaupt, Jakob Robustelli, mit katholischen Verbannten aus dem Lande, einigen Banditen aus dem Mailändischen und Venezianischen umgeben und den Entschluß gefaßt, der Herrschaft der Graubündner, deren prote-

[1] Selbst Benoit sagt II, 291: Les réformés n'auroient attendu que les premiers succès pour se ranger au même parti (de la reine).
[2] Siri, Memorie recondite, tom. V, p. 148.

stantische Tendenz auf diesen Landesteil so besonders drückte, ein Ende zu machen. Ein Kapuzinerpater entflammte die an sich blutdürstige Schar zu religiös-fanatischem Eifer: in der Nacht zum 19. Juli 1620 drang sie in Tirano ein; in der Morgendämmerung läutete sie die Glocken; indem die Protestanten hierüber aus ihren Häusern stürzten, wurden sie angefallen, überwältigt und sämtlich ermordet. Wie in Tirano, sogleich darauf im ganzen Tale. Vergebens kamen die Graubündner aus dem hohen Gebirge mehr als einmal herab, um die verlorene Herrschaft wiederzuerobern: so oft sie kamen, wurden sie auch geschlagen. Im Jahre 1621 drangen die Österreicher aus Tirol, die Spanier aus Mailand sogar in das eigentliche Graubünden ein. „Das rauhe Gebirg erfüllte sich mit Mordgeheul; von den Feuersbrünsten der einsamen Häuser ward es furchtbar beleuchtet." Die Pässe und das ganze Land wurden in Besitz genommen.

In diesem gewaltigen Fortgange wachten alle Hoffnungen der Katholischen auf.

Der päpstliche Hof stellte dem spanischen vor, die Niederländer seien entzweit und jetzt ohne Verbündete; eine gelegenere Zeit könne es nicht geben, um den Krieg gegen die alten Rebellen zu erneuern; es gelang ihm, die Spanier zu überreden[1]. Der Kanzler von Brabant, Peter Peckius, erschien am 25. März 1621 im Haag; aber statt auf die Erneuerung des Stillstandes, welcher eben ablief, trug er auf die Anerkennung der rechtmäßigen Fürsten an[2]. Die Generalstaaten erklärten diese Zumutung für ungerecht, unerwartet, ja unmenschlich; – die Feindseligkeiten brachen wieder aus. Auch hier waren die Spanier anfangs im Vorteil. Sie entrissen den Niederländern Jülich, was ihren Unternehmungen am Rhein einen großen Abschluß gab. Von Emmerich bis Straßburg hatten sie das linke Rheinufer inne.

So viele zusammentreffende Siege auf einmal, auf so verschiedenen Seiten, von so mannigfaltiger Vorbereitung, die aber, im Lichte der Weltentwicklung überschaut, doch in der Tat einen einzigen bilden! Betrachten wir nun, was für uns das Wichtigste ist, wie man sie benutzte.

[1] Instruttione a Mre Sangro. Là onde S. Mtà non può voltare le sue forze in miglior tempo ovvero opportunità.

[2] Wörtlich auf eine Vereinigung sub agnitione dominorum principumque legitimorum. Antrag und Antwort in Leonis ab Aizema historia tractatuum pacis Belgicae p. 2 u. 4.

Gregor XV.

Bei der Prozession, die man zur Feier der Schlacht am Weißen Berge veranstaltete, erlitt Paul V. den Anfall eines Schlages; kurz darauf folgte ein zweiter, an dessen Folgen er starb – 28. Januar 1621.

Die neue Wahl vollzog sich im allgemeinen wie die früheren. Paul V. hatte so lange regiert, daß unter ihm das gesamte Kollegium erneuert worden war; bei weitem der größte Teil der Kardinäle hing deshalb von seinem Nepoten, dem Kardinal Borghese, ab. Nach einigem Schwanken fand derselbe den Mann, über den sich alle seine Anhänger vereinigten, Alexander Ludovisio von Bologna, der dann auch sofort gewählt ward, 9. Februar 1621, und den Namen Gregor XV. annahm.

Ein kleiner, phlegmatischer Mann, der sich in früheren Zeiten den Ruf erworben, geschickt zu unterhandeln, es zu verstehen, ohne Aufsehen im stillen zu seinem Ziele zu gelangen[1], jetzt aber schon vom Alter gebeugt, schwach und krank.

Was sollte man für den Moment des welthistorischen Kampfes, in welchem man sich befand, von einem Papste erwarten, dem man sich oft nicht getraute, schwierige Geschäfte mitzuteilen, aus Furcht, seiner Gebrechlichkeit den letzten Stoß zu geben?[2]

Allein zur Seite dieses hinsterbenden Greises trat ein junger Mann von 25 Jahren auf, sein Nepote Ludovico Ludovisio, der sich sogleich in Besitz der päpstlichen Allgewalt setzte und so viel Geist und Kühnheit zeigte, wie die Lage der Dinge nur immer erforderte.

Ludovico Ludovisio war prächtig, glänzend, versäumte nicht, Reichtümer an sich zu bringen, vorteilhafte Familienverbindungen zu schließen, seine Freunde zu begünstigen, zu befördern; er lebte und ließ leben; aber dabei hatte er doch auch die großen Interessen der Kirche im Auge; selbst seine Feinde gestehen ihm wahrhaftes Talent für die Leitung der Geschäfte zu, einen richtig

[1] Relatione di IV ambasciatori 1621: – di pelo che avvicinasi al biondo. La natura sua è sempre conosciuta placida e flemmatica, lontana dall' imbarraciarsi in rotture, amicissimo d'andare in negotio destreggiando et avanzando li proprj fini.

[2] Rainier Zeno, Relatione di Roma 1623: aggiungendosi all' età cadente una fiacchissima complessione in un corpiccivolo stenuato e mal affetto.

fühlenden Geist, der in den schwierigsten Verwicklungen eine befriedigende Auskunft entdeckte, und alle den unbesorgten Mut, der dazu gehört, ein mögliches Ergebnis in dem Dunkel der Zukunft wahrzunehmen und darauf hinzusteuern[1]. Hätte ihn nicht die Schwächlichkeit des Oheims, die ihm keine lange Dauer seiner Gewalt verhieß, in Schranken gehalten, so würde keine Rücksicht auf der Welt Einfluß auf ihn gehabt haben.

Da ist nun sehr wichtig, daß der Nepote wie der Papst von der Idee, in der Ausbreitung des Katholizismus das Heil der Welt zu erblicken, erfüllt war. Kardinal Ludovisio war von den Jesuiten erzogen und ihr großer Gönner; die Kirche S. Ignatius zu Rom ist großenteils auf seine Kosten erbaut worden; er gab etwas darauf, daß er Protektor der Kapuziner wurde, und meinte, das sei die wichtigste Protektion, die er habe; mit Vorliebe und Hingebung widmete er sich der devotesten Abstufung römischer Meinungen[2].

Will man sich den Geist der neuen Verwaltung im allgemeinen vergegenwärtigen, so braucht man sich nur zu erinnern, daß Gregor XV. es ist, unter dem die Propaganda gestiftet und die Begründer der Jesuiten, Ignatius und Xaver, heiliggesprochen worden sind.

Der Ursprung der Propaganda liegt eigentlich schon in einer Anordnung Gregors XIII., durch welche eine Anzahl Kardinäle mit der Leitung der Missionen im Orient beauftragt und der Druck von Katechismen in den minder bekannten Sprachen angeordnet wurde[3]. Jedoch war das Institut weder fest begründet, noch mit den nötigen Mitteln versehen, noch auch umfassend. Nun blühte damals ein großer Prediger zu Rom, Girolamo da Narni, der sich durch ein Leben, das ihm den Ruf eines Heiligen verschaffte, die allgemeine Verehrung erwarb und auf der Kanzel eine Gedankenfülle, Gediegenheit des Ausdrucks, Majestät des Vortrags ent-

[1] Rainier Zeno: E d'ingegno vivacissimo; l'ha dimostrato nel suo governo per l'abondanza dei partiti che in ogni grave trattatione gli suggerivano suoi spiriti nati per comandare, i quali se bene in molti parti aberravano dell' uopo della bona politica, nondimeno l'intrepidezza, con la quale si mostrava pronto ad abbracciare ogni ripiego appreso da lui per buono, poco curandosi di consigli di chi gli haveria potuto esser maestro, davano a credere che la sua natura sdegnava una privata conditione.

[2] Giunti, Vita e fatti di Ludovico Ludovisio. MS.

[3] Cocquelines, Praefatio ad Maffei, Annales Gregorii XIII p. V.

wickelte, welche jedermann hinrissen. Als Bellarmin einst aus einer Predigt desselben kam, sagte er, er glaube, daß ihm soeben von den drei Wünschen des hl. Augustin einer gewährt worden sei, nämlich der Wunsch, S. Paulum zu hören. Auch Kardinal Ludovisio stand ihm nahe; er hatte die Kosten zum Druck seiner Predigten hergegeben. Dieser Kapuziner nun zunächst faßte den Gedanken einer Erweiterung jenes Institutes[1]. Auf seinen Rat ward eine Kongregation in aller Form gegründet, um in regelmäßigen Sitzungen die Leitung der Missionen in allen Teilen der Welt zu besorgen; wenigstens jeden Monat einmal sollte sie sich vor dem Papste versammeln. Gregor XV. wies die ersten Gelder an; der Nepot steuerte aus seinem Privatvermögen bei, und da dies Institut einem in der Tat vorhandenen Bedürfnisse entgegenkam, das sich eben fühlbar machte, so nahm es sich von Tag zu Tag glänzender auf. Wer weiß nicht, was die Propaganda schon für allgemeine Sprachkunde getan hat? Sie hat aber überhaupt, und vielleicht in den ersten Zeiten am erfolgreichsten, ihren Beruf auf eine großartige Weise zu erfüllen gesucht.

An diese Gesichtspunkte schloß sich die Kanonisation jener beiden Jesuiten an. „Zu der Zeit", sagt die Bulle, „als man neue Welten gefunden und als in der alten sich Luther zur Bekämpfung der katholischen Kirche erhoben habe, sei der Geist Ignatio Loyolas zur Stiftung einer Gesellschaft erweckt worden, die sich vorzugsweise der Bekehrung der Heiden und der Herbeibringung der Ketzer widme. Vor allen anderen Mitgliedern derselben habe sich aber Franz Xaver würdig gemacht, der Apostel der neugefundenen Nationen zu heißen. Deshalb seien sie jetzt beide in das Verzeichnis der Heiligen aufgenommen: Kirchen und Altäre, wo man Gott sein Opfer darbringe, sollen ihnen geweihet werden[2]."

Und in dem Geiste, der sich in diesen Akten darstellt, traf die neue Regierung auch unverweilt Anstalt, den Siegen, welche die Katholiken erfochten, Bekehrungen folgen zu lassen, die Eroberungen, die sie gemacht, durch Wiederherstellung der Religion zu rechtfertigen und zu befestigen. „Alle unsere Gedanken", sagt

[1] Fr. Hierothei, Epitome historica rerum Franciscanarum etc. p. 362: „publicis suasionibus et consiliis privatis" habe Fra Girolamo den Papst veranlaßt. Vgl. Cerri, Etat présent de l'église Romaine p. 289. Man findet da auch eine ausführlichere Schilderung des Institutes und der Zunahme seines Vermögens.

[2] Cocquelines, Bullarium V, 131, 137.

eine der ersten Instruktionen Gregors XV., „müssen wir dahin richten, von dem glücklichen Umschwung, von der sieghaften Lage der Dinge soviel Vorteil zu ziehen wie möglich." Ein Vorhaben, das auf das glänzendste gelang.

ALLGEMEINE AUSBREITUNG DES KATHOLIZISMUS

1.

Böhmen, die österreichischen Erblande

Zuerst fiel das Augenmerk der päpstlichen Gewalt auf das aufgehende Glück der katholischen Meinung in den österreichischen Provinzen.

Indem Gregor XV. dem Kaiser die Subsidien verdoppelte[1], die ihm bisher gezahlt worden, und ihm zugleich ein nicht unbeträchtliches außerordentliches Geschenk versprach – obwohl er, wie er sagt, kaum selbst zu leben übrigbehalte –, schärft er ihm ein, daß er keinen Augenblick zögern, seinen Sieg auf das rascheste verfolgen und zugleich die Herstellung der katholischen Religion ins Werk setzen möge[2]. Nur durch diese Herstellung könne er dem Gott des Sieges danken. Er geht von dem Grundsatze aus, durch die Rebellion seien die Lande der Notwendigkeit eines strengeren Zwanges verfallen: man müsse sie mit Gewalt nötigen, ihre Gottlosigkeiten fahren zu lassen.

Der Nuntius, welchen Gregor XV. an den Kaiser schickte, war der in deutschen Geschichten wohlbekannte Karl Caraffa. Aus den beiden Relationen, die von ihm übrig sind, die eine gedruckt, die andere handschriftlich, können wir mit Sicherheit entnehmen, welche Maßregeln er zur Erreichung jener Absichten ergriffen hat.

In Böhmen, wo seine Tätigkeit begann, war seine erste Sorge, die protestantischen Prediger und Schullehrer zu entfernen, „welche der Beleidigung göttlicher und menschlicher Majestät schuldig seien".

[1] Von 20000 Gulden auf 20000 Skudi. Das Geschenk 200000 Skudi. Er hätte gewünscht, davon selbst Regimenter unter päpstlicher Autorität zu halten.

[2] Instruttione al vescovo d'Aversa 12 Apr. 1621: Non è tempo di indugi nè di coperti andamenti. – Besonders hielt man zu Rom Bucquoi für allzu langsam. La prestezza apportarebbe il rimedio di tanti mali, se dal conte di Bucquoi per altro valoroso capitano ella si potesse sperare.

Nicht so ganz leicht ward ihm dies; die Mitglieder der kaiserlichen Regierung zu Prag fanden es noch zu gefährlich. Erst als Mansfeld aus der Oberpfalz vertrieben, alle auswärtige Gefahr entfernt und ein paar auf das Verlangen des Nuntius angeworbene Regimenter in Prag eingerückt waren, am 13. Dezember 1621, wagte man, dazu zu schreiten. Aber auch dann schonte man noch die beiden lutherischen Prediger aus Rücksicht auf den Kurfürsten von Sachsen. Der Nuntius, Repräsentant eines Prinzips, das keine Rücksicht kennt, wollte davon nichts hören; er klagte, das ganze Volk hänge sich an die Leute: ein katholischer Priester bekomme nichts zu tun, er finde sein Auskommen nicht[1]. Im Oktober 1622 drang er endlich durch, und auch die lutherischen Prediger wurden verwiesen. Einen Augenblick schien es, als würden sich die Befürchtungen der Regierungsräte bewähren: der Kurfürst von Sachsen erließ ein drohendes Schreiben und nahm in den wichtigsten Fragen eine feindliche Stellung an; selbst der Kaiser sagte dem Nuntius einmal, man habe wohl allzuviel Eile gehabt, und es wäre besser gewesen, eine gelegenere Zeit zu erwarten[2]. Jedoch man kannte die Mittel, Ferdinand festzuhalten. Der alte Bischof von Würzburg stellte ihm vor: „vor Gefahren werde ein glorreicher Kaiser nicht erschrecken; es stehe ihm auch allemal besser an, in die Gewalt der Menschen zu fallen als in die Hände des lebendigen Gottes". Der Kaiser gab nach. Der Nuntius erlebte den Triumph, daß Sachsen sich die Entfernung der Prediger zuletzt doch gefallen ließ und von seiner Opposition zurücktrat.

Hierdurch war der Weg geebnet. An die Stelle der protestantischen Prediger traten – denn an Weltgeistlichen hatte man noch einen empfindlichen Mangel – Dominikaner, Augustiner, Karme-

[1] Caraffa, Ragguaglio, MS.: Conducevano in disperatione i parochi cattolici per vedersi da essi (Luterani) levarsi ogni emolumento. Die gedruckten Commentarii haben jedoch einen ostensibleren Grund: „quamdiu illi haerebant, tamdiu adhuc sperabant sectarii S. Majestatem concessuram aliquando liberam facultatem." (p. 130.)

[2] Caraffa, Ragguaglio: Sua Maestà mi si dimostrò con questo di qualche pensiere, ed uscì a dirmi che si haveva havuta troppa prescia e che saria stato meglio cacciare quei predicanti in altro tempo, dopo che si fosse tenuto il convento in Ratisbona. Al che io replicai che Sua Maestà poteva havere più tosto errato nella tardanza che nella fretta circa questo fatto, poichè se il Sassone fosse venuto al convento, di che non ammettono che egli havesse avuta mai la volontà, si sapeva per ognuno che haverebbe domandato a S. M^{tà}, che a sua contemplazione permettesse in Praga l'esercizio Luterano che già vi era.

liter; aus Gnesen langte eine ganze Kolonie Franziskaner an; die Jesuiten ließen es nicht an sich fehlen; als ein Schreiben der Propaganda einlief, worin sie ersucht wurden, die Stellen von Pfarrern zu übernehmen, hatten sie das schon getan[1].

Und nun hätte nur noch die Frage sein können, ob man nicht wenigstens zum Teil den nationalen utraquistischen Ritus nach den Bestimmungen des Baseler Konziliums bestehen lassen dürfe. Die Regierungsräte, der Gouverneur selbst, Fürst Lichtenstein, waren dafür[2]; sie gestatteten, daß der Grüne Donnerstag 1622 noch einmal mit dem Genuß beider Gestalten gefeiert wurde; und schon erhob sich eine Stimme in dem Volke, daß man sich diesen altherkömmlichen vaterländischen Gebrauch nicht entreißen lassen dürfe. Aber durch keine Vorstellung war der Nuntius dafür zu stimmen: unerschütterlich hielt er die Gesichtspunkte der Kurie fest; er wußte wohl, daß der Kaiser sie zuletzt billigen werde; und in der Tat gelang es ihm, eine Erklärung desselben auszubringen, daß sich seine weltliche Regierung in die religiösen Geschäfte nicht zu mischen habe. Hierauf ward die Messe allenthalben nur noch nach römischem Ritus gehalten: lateinisch, mit Aussprengung von Weihwasser und Anrufung der Heiligen; an den Genuß beider Gestalten war nicht mehr zu denken; der keckste Verteidiger dieses Gebrauches wurde gefangengesetzt; endlich ward auch das Symbol des Utraquismus, der große Kelch mit dem Schwert an der Theinkirche, dessen Anblick die alten Erinnerungen wach erhalten hätte, heruntergenommen. Den 6. Juli, wo man sonst das Andenken an Johann Huß gefeiert, wurden die Kirchen sorgfältig verschlossen gehalten.

Dieser strengsten Einwirkung römischer Dogmen und Gebräuche kam nun die Regierung mit politischen Mitteln zu Hilfe. Die Konfiskationen brachten einen beträchtlichen Teil des Landeigentums in katholische Hände; die Erwerbung liegender Gründe ward den Protestanten so gut wie unmöglich gemacht[3]; in allen königlichen Städten ward der Rat geändert; man hätte kein Mit-

[1] Cordara, Historia societatis Jesu, tom. VI, lib. VII, p. 38.

[2] Nach den bisherigen Annahmen, z. B. bei Senckenberg, Fortsetzung der Häberlinschen Reichshistorie Bd. 25, S. 156, Note k, sollte man von Lichtenstein das Gegenteil glauben. Doch wäre das ganz falsch, wie sich aus Caraffa ergibt. Der Nuntius fand dagegen bei Plateis Unterstützung.

[3] Caraffa: con ordine che non si potessero inserire nelle tavole del regno, il che apportò indicibile giovamento alla riforma per tutto quel tempo.

glied darin geduldet, dessen Katholizismus verdächtig gewesen wäre. Die Rebellen wurden begnadigt, sobald sie sich bekehrten; den Widerspenstigen dagegen, den Unüberzeugbaren, die sich den geistlichen Ermahnungen nicht fügen wollten, wurde Einquartierung in die Häuser gelegt, „damit", wie der Nuntius wörtlich sagt, „ihre Drangsale ihnen Einsicht verschaffen möchten"[1].
Die Wirkung, die aus dieser vereinigten Anwendung von Gewalt und Lehre entsprang, war selbst dem Nuntius unerwartet. Er war erstaunt, wie zahlreich die Kirchen in Prag besucht wurden, manchen Sonntagmorgen von zwei- bis dreitausend Menschen, und wie bescheiden, andächtig und äußerlich katholisch sich diese betrugen. Er leitet das daher, daß die katholischen Erinnerungen hier doch niemals ganz verloschen gewesen – wie man z. B. das große Kruzifix auf der Brücke selbst von der Gemahlin König Friedrichs nicht habe wegnehmen lassen –; der Grund wird sein, daß die protestantischen Überzeugungen die Massen hier in der Tat noch nicht durchdrungen hatten. Unaufhaltsam schritt die Bekehrung vorwärts; im Jahre 1624 wollen die Jesuiten allein 16000 Seelen zur katholischen Kirche zurückgebracht haben[2]. In Tabor, wo der Protestantismus ausschließend zu herrschen geschienen, traten bereits Ostern 1622 fünfzig, Ostern 1624 alle anderen Familien über. Wie so vollkommen ist Böhmen mit der Zeit katholisch geworden!
Wie in Böhmen, ging es auch in Mähren, und hier kam man sogar noch rascher zum Ziele, da der Kardinal Dietrichstein, zugleich Gouverneur des Landes und Bischof von Olmütz, geistliche und weltliche Gewalt in diesem Sinne vereinigte. Nur fand sich hier eine besondere Schwierigkeit. Der Adel wollte sich die mährischen Brüder nicht entreißen lassen, deren Dienste in Haus und Feld unschätzbar, deren Ortschaften die blühendsten im Lande waren[3]; in dem geheimen Rate des Kaisers selbst fanden sie Für-

[1] „acciò il travaglio desse loro senso ed intelletto", was denn auch im gedruckten Werke wiederholt ist: cognitumque fuit solam vexationem posse Bohemis intellectum praebere.
[2] Caraffa: messovi un sacerdote cattolico di molta dottrina e poi facendosi missioni di alcuni padri Gesuiti.
[3] Caraffa, Ragguaglio: Essendo essi tenuti huomini d'industria e d'integrità venivano impiegati nella custodia de' terreni, delle case, delle cantine e de' molini, oltre che lavorando eccellentemente in alcuni mestieri erano divenuti ricchi e contribuivano gran parte del loro guadagno a' signori de' luoghi ne' quali habitavano, sebbene da qualche

sprache. Jedoch der Nuntius und das Prinzip siegten auch hier. Bei 15000 wurden entfernt.

Im Glatzischen hatte der junge Graf Thurn die protestantischen Fahnen noch einmal zum Siege geführt; aber den Kaiserlichen kamen die Polen zu Hilfe; hierauf ward das Land überwältigt, auch die Stadt erobert und der katholische Dienst mit gewohnter Strenge hergestellt. Einige sechzig Prediger wurden des Landes verwiesen; eine nicht geringe Anzahl von Gläubigen folgte ihnen; ihre Güter wurden dafür eingezogen; die Menge kehrte zum Katholizismus zurück[1].

Unter diesen Umständen wurden die so oft wiederholten, so oft mißlungenen Versuche, den Katholizismus in dem eigentlichen Österreich herzustellen, endlich mit entscheidendem Erfolge erneuert[2]. Erst wurden die der Rebellion angeklagten, dann alle anderen Prediger verjagt; mit einem Zehrpfennig versehen, fuhren die armen Leute langsam die Donau hinauf; man rief ihnen nach: wo ist nun euere feste Burg? Der Kaiser erklärte den Landständen geradeheraus: „er habe sich und seinen Nachkommen die Disposition über die Religion gänzlich und allerdings vorbehalten". Im Oktober 1624 erschien eine Kommission, die den Einwohnern eine Frist setzte, binnen welcher sie sich zum katholischen Ritus bekennen oder das Land geräumt haben müßten. Nur dem Adel ward noch für den Augenblick und persönlich einige Nachsicht gewährt.

Nun konnte man in Ungarn, obschon es auch besiegt war, wohl

tempo indietro havevano cominciato a corrompersi, essendo entrata tra di loro l'ambizione e l'avarizia con qualche parte di lusso per comodità della vita. Costoro si erano sempre andati augumentando in Moravia, perciocchè oltre a quelli che seducevano nella provincia e ne' luoghi convicini, havevano corrispondenza per tutti li luoghi della Germania, di dove ricorrevano alla loro fratellanza tutti quelli che per debito o povertà disperavano potersi sostentare, e specialmente veniva ad essi gran numero di poveri Grisoni e di Svevia, lasciandosi rapire da quel nome di fratellanza e sicurtà di havere sempre del pane, che in casa loro diffidavano potersi col proprio sudore guadagnare; onde si sono avvanzati alle volte sino al numero di centomila.

[1] Köglers Chronik von Glatz I, III, 92. Über die gewaltsamen Bekehrungen in dem übrigen Schlesien: Wuttke, Friedrichs II. Besitzergreifung II, 23 ff.

[2] Es war der erste Gedanke des Kaisers gewesen, noch vor der Prager Schlacht, sowie Maximilian das oberösterreichische Gebiet betrat; er drang in denselben, unverzüglich die Prädikanten abzustellen, „damit die Pfeifer abgeschafft und der Tanz eingestellt werde". Sein Schreiben in Breiers Forts. von Wolfs Maximilian IV, 414. Im Jahre 1624 be-

nicht so gewaltsam verfahren; doch brachten der Zug der Dinge, die Gunst der Regierung und vor allem die Bemühungen des Erzbischofs Pazmany auch hier eine Veränderung hervor. Pazmany besaß ein großes Talent, seine Muttersprache gut zu schreiben. Sein Buch: Kalauz[1], geistreich und gelehrt, war für seine Landsleute unwiderstehlich. Auch die Gabe der Rede war ihm verliehen: er soll bei fünfzig Familien persönlich zum Übertritt bewogen haben. Namen wie Zrinyi, Forgacz, Erdödy, Balassa, Jakusith, Homonay, Adam Thurzo finden wir darunter. Der Graf Adam Zrinyi hat allein zwanzig protestantische Pfarrer verjagt und katholische an ihre Stelle gesetzt. Unter diesen Einflüssen nahmen auch die ungarischen Reichsangelegenheiten eine andere Wendung. Auf dem Reichstage von 1625 hatte die katholisch-österreichische Partei die Majorität. Ein Konvertit, den der Hof wünschte, ein Esterhazy, ward zum Palatin ernannt.

Bemerken wir aber hier gleich den Unterschied. In Ungarn war der Übertritt bei weitem freiwilliger als in den übrigen Provinzen; die Magnaten gaben mit demselben kein einziges ihrer Rechte auf; es könnte eher sein, daß sie neue erworben hätten. In den österreichisch-böhmischen Landschaften dagegen hatte sich die ganze Selbständigkeit der Stände, ihre Kraft und Macht in die Formen des Protestantismus geworfen; ihr Übertritt war, wenn nicht in jedem einzelnen Falle, doch im ganzen erzwungen; mit der Wiederherstellung des Katholizismus trat hier zugleich die vollkommene Gewalt der Regierung ein.

2.

Das Reich. Übertragung der Kur

Wir wissen, wie soviel weiter man in dem deutschen Reiche schon war als in den Erblanden; dessenungeachtet hatten die neuen Ereignisse auch hier eine unbeschreibliche Wirkung.

kamen die Jesuiten die Universität Wien vollends in ihre Hand. Imperator societatem academiae intexuit et in unum quasi corpus conflavit, data illi amplissima potestate docendi literas humaniores, linguam latinam, graecam, hebraicam, philosophiam denique omnem ac *theologiam.* Monitum ad statuta academiae Vindob. recentiora. Kollar, Anal. II, p. 282.

[1] Hodoegus Igazságra vezérlö Kalauz. Preßb. 1613, 1623.

Einmal bekam die Gegenreformation wieder frischen Antrieb und ein neues Feld.

Nachdem Maximilian die Oberpfalz in Besitz genommen, zögerte er nicht lange, die Religion daselbst zu ändern: – er teilte die Landschaft in zwanzig Stationen, in denen fünfzig Jesuiten arbeiteten; die Kirchen wurden ihnen mit Gewalt übergeben, die Übung des protestantischen Gottesdienstes überhaupt verboten; je mehr die Wahrscheinlichkeit zunahm, daß das Land bayerisch bleiben würde, um so mehr fügten sich die Einwohner[1].

Auch die Unterpfalz betrachteten die Eroberer gleich als ihr Eigentum. Schenkte doch Maximilian sogar die Heidelberger Bibliothek dem Papste!

Schon vor der Eroberung nämlich – um hiervon ein Wort hinzuzufügen – hatte der Papst durch den Nuntius Montorio in Köln den Herzog um diese Gunst ersuchen lassen; der Herzog hatte sie mit gewohnter Bereitwilligkeit versprochen; bei der ersten Nachricht von der Einnahme Heidelbergs machte dann Montorio sein Recht geltend. Man hatte ihm gesagt, daß vornehmlich die Handschriften von unschätzbarem Werte seien, und er ließ Tilly nur bitten, sie zunächst vor der Plünderung zu schützen[2]. Dann schickte der Papst den Doktor Leone Allacci, Skriptor der Vaticana, nach Deutschland, die Bücher in Empfang zu nehmen. Gregor XV. nahm die Sache sehr hoch auf. Er erklärte es für eines der glücklichsten Ereignisse seines Pontifikates, welches dem Heiligen Stuhle, der Kirche, den Wissenschaften zu Ehre und Nutzen gereichen werde; auch dem bayerischen Namen sei es rühmlich, daß eine so kostbare Beute zu ewigem Gedächtnis in der Weltschaubühne Rom aufbewahrt werde[3].

Übrigens zeigte der Herzog auch hier einen unermüdlichen reformatorischen Eifer; er übertraf darin die Spanier, die doch auch gut katholisch waren[4]. Mit Entzücken sah der Nuntius in Heidelberg,

[1] Kropff, Historia societatis Jesu in Germania superiori, tom. IV, p. 271.

[2] Relatione di Mr Montorio ritornato nunzio di Colonia 1624. Die Stelle im Anhang.

[3] „Che così pretioso spoglio e così nobil trofeo si conservi a perpetua memoria in questo teatro del mondo". Instruttione al dottore Leon Allatio per andare in Germania per la libreria del Palatino Im Anhang wollen wir ihre Echtheit prüfen.

[4] Montorio: Benchè nelle terre che occupano i Spagnuoli non si camini con quel fervore con quale si camina in quelle che occupa il Sr Duca di Baviera alla conversione de' popoli.

„von wo die Norm der Kalvinisten, der berufene Katechismus, ausgegangen sei", die Messe zelebrieren und Bekehrungen geschehen. Indessen reformierte Kurfürst Schweikhard die Bergstraße, die er in Besitz genommen, Markgraf Wilhelm Oberbaden, das ihm nach langem Prozeß zuerkannt worden, obwohl sein Herkommen kaum ehelich, geschweige denn ebenbürtig war; er hatte es dem Nuntius Caraffa schon vorher ausdrücklich versprochen[1]. Auch in Landschaften, welche von den politischen Ereignissen nicht unmittelbar berührt worden, setzte man die alten Bestrebungen mit verjüngtem Eifer fort: in Bamberg[2], Fulda, auf dem Eichsfelde, in Paderborn, wo zweimal nacheinander katholische Bischöfe in Besitz gelangten; vorzüglich im Münsterischen, wo Meppen, Vechta, Halteren und viele anderen Bezirke im Jahre 1624 katholisch gemacht wurden. Erzbischof Ferdinand errichtete beinahe in allen Städten Missionen, in Coesfeld „zur Wiederbringung der uralten, bei vielen erkalteten katholischen Religion" ein Kollegium der Jesuiten[3]; bis nach Halberstadt und Magdeburg finden wir jesuitische Missionare; in Altona siedeln sie sich an, um die Sprache zu erlernen und alsdann nach Dänemark und Norwegen vorzudringen.

Mit Gewalt, sehen wir, ergießen sich die katholischen Bestrebungen von dem oberen Deutschland nach dem niederen, von dem Süden nach dem Norden. Indes wird auch der Versuch gemacht, in den allgemeinen Reichsangelegenheiten einen neuen Standpunkt zu erobern.

Unmittelbar bei dem Bundesabschluß hatte Ferdinand II. dem Herzog Maximilian das Versprechen gegeben, im Falle eines glücklichen Erfolges die pfälzische Kurwürde auf ihn zu übertragen[4].

[1] Caraffa, Germania restaurata p. 129.

[2] Besonders durch Joh. Georg Fuchs von Dornheim, der auch 23 ritterschaftliche Pfarreien wieder zum Katholizismus brachte. Jäck, Geschichte von Bamberg II, 120.

[3] Höchst sonderbar lautet ein Schreiben eines von seinen Gehilfen, Joh. Drachter, Dekan zu Dülmen: „Ungern hab ich J. Ch. D. ein große Anzhall der hirnlosen Schaifen überschreiben willen, und mich uf die heutige Stunde noch lieber bearbeitet noch alle mit einander mit swebender Furcht in den rechten Schaifstall hineinzujagen, wie dann och Balthasar Bilderbeck und Caspar Karl mit zwen Füßen schon hineingestiegen." Vgl. überhaupt die Aktenstücke bei Niesert, Münstersche *Urkundensammlung* I, S. 402.

[4] Schreiben des Kaisers an Balthasar de Zuñiga 15. Okt. 1621, abgedruckt bei Sattler, Württemberg. Geschichte VI. S. 162.

Es kann keine Frage sein, welchen Gesichtspunkt man katholischerseits hierbei vorzüglich faßte. Der Stimmenmehrheit, welche diese Partei im Fürstenrate besaß, hatte sich bisher die gleiche Stimmenanzahl entgegengesetzt, welche die protestantische im kurfürstlichen Kollegium behauptete; geschah die Übertragung, so war man einer solchen Fessel auf immer entledigt[1].

Von jeher stand der päpstliche Hof mit Bayern in engem Vernehmen: auch Gregor XV. machte diese Sache recht eigentlich zu der seinigen.

Gleich durch den ersten Nuntius, den er nach Spanien schickte, ließ er den König ermahnen, zur Vernichtung des Pfalzgrafen, zur Übertragung der Kur beizutragen, was die kaiserliche Krone auf ewig den Katholiken sichern werde[2]. Nicht so ganz leicht waren die Spanier dazu zu stimmen. Sie standen mit dem Könige von England in den wichtigsten Unterhandlungen und trugen Bedenken, ihn in seinem Schwiegersohne, jenem Pfalzgrafen Friedrich, dem ja die Kur gehörte, zu beleidigen. Um so eifriger ward Papst Gregor. An dem Nuntius war es ihm nicht genug; im Jahre 1622 finden wir auch den geschickten Kapuziner Bruder Hyazinth, der das besondere Vertrauen Maximilians genoß, im päpstlichen Auftrag an dem spanischen Hofe[3]. Höchst ungern ging man dort näher heraus. Nur soviel erklärte endlich der König, er wolle die Kur lieber in dem bayerischen Hause sehen als in seinem eigenen. Dem Bruder Hyazinth genügte dies. Mit dieser Erklärung eilte er nach Wien, um dem Kaiser die Zweifel zu benehmen, die er aus Rücksicht auf Spanien hegen möchte. Hier kam ihm dann der gewohnte Einfluß des Nuntius Caraffa, der Papst selbst kam ihm mit einem neuen Schreiben zu Hilfe. „Siehe da", ruft der Papst darin dem Kaiser zu, „die Pforten des Himmels sind geöffnet; die himmlischen Heerscharen treiben dich an, eine so große Ehre zu erwerben; sie werden in deinem Lager für dich streiten." Eine be-

[1] Instruttione a Mr Sacchetti nuntio in Spagna bezeichnet die Rückgabe der Pfalz als eine „irreparabile perdita della reputazione di questo fatto e della chiesa cattolica, se il papa ci avesse condisceso, con indicibil danno della religione cattolica e dell' imperio, che tanti e tanti anni hanno bramato, senza poterlo sapere, non che ottenere, il quarto elettor cattolico in servitio ancora del sangue Austriaco".

[2] Instruttione a Monsr Sangro. Er wird ermahnt, „di infervorare S. Mtà, acciò non si lasci risorgere il Palatino, e si metta l'elettorato in persona cattolica, e si assicuri l'impero eternamente fra cattolici".

[3] Khevenhiller IX, p. 1766.

sondere Betrachtung wirkte hierbei auf den Kaiser, die ihn recht eigen bezeichnet. Schon lange dachte er auf die Übertragung und hatte diese Absicht in einem Briefe ausgesprochen, der den Protestanten in die Hände fiel und von denselben bekanntgemacht ward. Der Kaiser fand sich hierdurch gleichsam gebunden. Er glaubte, es gehöre zur Behauptung seines kaiserlichen Ansehens, einen einmal gehegten Willen um so strenger festzuhalten, je mehr man davon erfahren habe. Genug, er faßte die Resolution, bei dem nächsten Kurfürstentage zur Übertragung zu schreiten[1].

Es fragte sich nur, ob das auch die Reichsfürsten billigen würden. Das meiste kam hierbei auf Schweikhard von Mainz an, und der Nuntius Montorio wenigstens versichert, anfangs sei dieser bedächtige Fürst dagegen gewesen; er habe erklärt, der Krieg werde sich nur noch furchtbarer erneuern, als er schon gewütet; übrigens stehe, wenn man ja zu einer Veränderung schreiten wolle, dem Pfalzgrafen von Neuburg das nähere Recht zu: man könne ihn unmöglich vorbeigehen. Der Nuntius sagt nicht, wodurch er den Fürsten endlich überredete. „In den vier oder fünf Tagen", sind seine Worte, „die ich mit ihm in Aschaffenburg zubrachte, erlangte ich den erwünschten Beschluß." Nur soviel sehen wir: auf den Fall, daß es aufs neue zum Kriege komme, ward die ernstliche Hilfe des Papstes zugesagt.

Der Entschluß des Kurfürsten von Mainz war aber für die Sache entscheidend. Seine beiden rheinischen Kollegen folgten seiner Meinung. Obwohl Brandenburg und Sachsen noch immer widersprachen – erst später ward der sächsische Widerspruch ebenfalls durch den Erzbischof von Mainz beseitigt[2] –, obwohl auch der spanische Gesandte sich jetzt geradezu dagegen erklärte[3], so schritt doch der Kaiser standhaft vorwärts. Am 25. Februar 1623 übertrug er die Kur auf seinen siegreichen Verbündeten: doch sollte sie anfangs bloß ein persönlicher Besitz sein; den pfälzischen Erben und Agnaten sollten ihre Rechte für die Zukunft vorbehalten bleiben.

Indessen war auch unter dieser Bedingung unendlich viel gewon-

[1] Caraffa, Germania restaurata p. 120.

[2] Montorio nennt Schweikhard „unico instigatore a far voltare Sassonia a favore dell' imperatore nella translatione dell' elettorato".

[3] *Oñates Erklärung* und das heftige Schreiben Ludovisios wider die Zurückgabe einer Kur an einen gotteslästerlichen Kalvinisten, bei Khevenhiller X, 67. 68.

nen, vor allem das Übergewicht in dem höchsten Rate des Reiches, dessen Beifall nunmehr jedem neuen Beschlusse zum Vorteil des Katholizismus eine rechtliche Sanktion gab.

Maximilian sah wohl, wieviel er hierbei Papst Gregor XV. zu verdanken hatte. „Euere Heiligkeit", schreibt er ihm, „hat diese Sache nicht allein befördert, sondern durch Ihre Erinnerungen, Ihr Ansehen, Ihre eifrigen Bemühungen geradezu bewirkt. Ganz und gar muß sie der Gunst und Wachsamkeit Euerer Heiligkeit zugeschrieben werden."

„Dein Schreiben, o Sohn", antwortete Gregor XV., „hat unsere Brust mit einem Strome von Wonne wie mit himmlischem Manna erfüllt; endlich darf die Tochter Sion die Asche der Trauer von ihrem Haupte schütteln und sich in festliche Gewande kleiden[1]."

3.

Frankreich

In dem nämlichen Momente trat nun auch die große Wendung der Dinge in Frankreich ein.

Fragen wir, woher im Jahre 1621 die Verluste des Protestantismus hauptsächlich kamen, so war es die Entzweiung innerhalb desselben, der Abfall des Adels. Es möchte wohl sein, daß dies mit jenen republikanischen Bestrebungen zusammenhing, die eine munizipale, eine theologische Grundlage hatten und dem Einfluß des Adels ungünstig waren. Die Edelleute mochten es nützlicher finden, sich an König und Hof anzuschließen, als sich von Predigern und Bürgermeistern regieren zu lassen. Genug, schon im Jahre 1621 wurden die Sicherheitsplätze von ihren Gouverneuren wetteifernd überliefert; ein jeder suchte nur sich selbst eine günstige Stellung auszubedingen; im Jahre 1622 wiederholte sich dies: la Force und Chatillon erhielten Marschallstäbe, als sie von ihren Glaubensgenossen abfielen; der alte Lesdiguières ward katho-

[1] Giunti, Vita di Ludovisio Ludovisi, schreibt das Verdienst hauptsächlich dem Nepoten zu. Da S. Stà e dal Cle furono scritte molte lettere anche di proprio pugno piene d'ardore et efficacia per disporre Cesare, et in oltre fu mandato Mor Verospi auditore di rota e doppo il P. Fra Giacinto di Casale cappuccino. Durch diese sei dem Kaiser gesagt worden: che il vicario di Christo per parte del Signore fin con le lacrime lo pregava e scongiurava e le ne prometteva felicità e sicurezza della sua salute.

lisch[1] und führte selbst eine Heeresabteilung gegen die Protestanten an: ihr Beispiel riß viele anderen zum Übertritt fort[2]. Unter diesen Umständen konnte 1622 nur ein höchst ungünstiger Friede geschlossen werden; ja, man durfte sich nicht einmal schmeicheln, daß er gehalten werden würde. Früher, als die Protestanten mächtig waren, hatte der König die Verträge so oft übertreten und gebrochen: sollte er sie beobachten, nachdem diese ihre Macht verloren hatten? Es geschah alles, was der Friede untersagte: das protestantische Exerzitium ward an vielen Orten geradezu verhindert; man verbot den Reformierten, auf der Straße, in den Läden ihre Psalmen zu singen; ihre Rechte auf den Universitäten wurden beschränkt[3]; Fort Louis, das man zu schleifen versprochen, ward beibehalten; es folgte ein Versuch, die Wahl der Magistrate in den protestantischen Städten in königliche Hände zu bringen[4]: gleich durch ein Edikt vom 17. April 1622 ward ein Kommissar für die Versammlungen der Reformierten aufgestellt. Nachdem diese sich einmal einen so großen Eingriff in ihre althergebrachten Freiheiten hatten gefallen lassen, mischte sich die Regierung in die eigentlich kirchlichen Angelegenheiten: die Hugenotten wurden durch die Kommissare verhindert, die Beschlüsse der Dordrechter Synode anzunehmen.

Es war keine Selbständigkeit mehr in ihnen; sie konnten keinen nachhaltigen Widerstand mehr leisten. In ihrem ganzen Gebiete griffen die Bekehrungen um sich.

Die Kapuziner erfüllten Poitou und Languedoc mit Missionen[5]; die Jesuiten, welche in Aix, Lyon, Pau und vielen anderen Orten neue Institute erhielten, machten in den Städten und auf dem Lande die größten Fortschritte; ihre marianischen Sodalitäten wußten durch die Bemühung, die sie den im letzten Kriege Verwundeten widmeten, die allgemeine Aufmerksamkeit und Billigung zu erwerben[6].

[1] Mémoires de Deageant p. 190 und an vielen anderen Stellen, recht merkwürdig über diesen Übertritt.

[2] Liste des gentilhommes de la religion réduits au roi bei Malingré, Histoire des derniers troubles arrivés en France p. 789. Auch Rohan schloß seinen Vertrag; unglücklicherweise sind aber die Artikel desselben, wie sie im Mercure françois VII, p. 845 stehen, nicht authentisch.

[3] Benoit II, 419.

[4] Rohan, Mém. I–III.

[5] Instruttione all' arcivescovo di Damiata. MS.

[6] Cordara, Historia societatis Jesu VII, 95. 118.

Auch Franziskaner zeichneten sich aus, wie jener Pater Villèle von Bordeaux, von dem man fast mythisch erzählt: nachdem er die ganze Stadt Foix auf seine Seite gebracht, habe sich auch ein mehr als hundertjähriger Alter bequemt, eben derselbe, der einst aus der Hand Kalvins den ersten protestantischen Prediger empfangen und nach Foix geführt hatte. Die protestantische Kirche ward niedergerissen; den verjagten Prediger ließen die triumphierenden Patres durch einen Trompeter von Stadt zu Stadt begleiten[1].

Genug, die Bekehrung schritt mächtig fort: Vornehme, Geringe, selbst Gelehrte traten über; auf diese letzteren wirkte besonders der Beweis, daß schon die alte Kirche vor dem Konzilium von Nicäa die Heiligen angerufen, für die Verstorbenen gebetet, eine Hierarchie und viele katholische Gebräuche gehabt habe.

Wir haben Relationen einiger Bischöfe übrig, aus denen sich das numerische Verhältnis der Bekenntnisse ergibt, wie es sich unter diesen Umständen festsetzte. In dem Sprengel von Poitiers war in einigen Städten die Hälfte der Einwohner protestantisch, z. B. in Lusignan, St.-Maixant; in anderen, wie Chauvigny, Niort, ein Drittel; ein Viertel in Loudun; in Poitiers selbst nur der zwanzigste Teil, bei weitem noch ein geringerer auf dem Lande[2]. Auch zum Behuf der Bekehrung standen die Bischöfe in unmittelbarem Verkehr mit dem Römischen Stuhle; sie machten ihm ihre Berichte und trugen ihm ihre Wünsche vor; der Nuntius war angewiesen, was sie ihm angeben würden, an den König zu bringen und zu bevorworten. Sie gehen hierbei oft sehr ins einzelne. Der Bischof von Vienne z. B. findet die Missionare besonders von einem Prediger in St.-Marcellin gehemmt, der sich unüberwindlich zeigt; der Nuntius wird beauftragt, die Entfernung desselben bei Hofe zu betreiben. Er soll den Bischof von St. Malo unterstützen, der sich beklagt hat, daß man in einem Schlosse seiner Diözese keinen katholischen Gottesdienst dulde. Dem Bischof von Xaintes soll er einen geschickten Bekehrer, der ihm namhaft gemacht wird, zufertigen. Zuweilen werden die Bischöfe aufgefordert, wenn sie auf Hindernisse stoßen, näher anzugeben, was sich tun lasse, damit es der Nuntius dem Könige vortragen könne[3].

[1] Relation catholique, eingeschaltet in den Mercure françois VIII, 489.

[2] Relatione del vescovo di Poitiers 1623. MS.

[3] Instruttione all' arcivescovo di Damiata. – Es sei ein Beispiel genug: Dalla relatione del vescovo di Candon si cava, che ha il detto vescovo

Es ist eine enge Vereinigung aller geistlichen Gewalten mit der Propaganda, die sich, wie gesagt, in den ersten Jahren vielleicht am wirksamsten zeigtė, und dem Papste; Eifer, lebendige Tätigkeit im Gefolge einer glücklichen Entscheidung der Waffen; Teilnahme des Hofes, der hierin ein großes politisches Interesse sieht, – ein Zeitraum deshalb, in welchem sich die Verluste des Protestantismus in Frankreich auf immer entscheiden.

4.

Vereinigte Niederlande

Es beschränkten sich aber diese Fortschritte nicht auf Länder, wo die Regierung katholisch war; in dem nämlichen Moment zeigten sie sich auch unter protestantischen Herrschaften.

Man erstaunt schon, wenn man bei Bentivoglio liest, daß in jenen niederländischen Städten, die dem Könige von Spanien doch hauptsächlich um der Religion willen so heldenmütig und so lange Widerstand geleistet hatten, vielleicht der größere Teil der angesehenen Häuser sich zum Katholizismus bekannt habe[1]; allein noch bei weitem auffallender ist es, wenn eine sehr ins einzelne gehende Relation vom Jahre 1622 sogar von Zunahme und Fortschritten des Katholizismus unter so ungünstigen Umständen berichtet. Die Priester wurden verfolgt, verjagt; dessenungeachtet nahm ihre Anzahl zu. Im Jahre 1592 war der erste Jesuit nach den Niederlanden gekommen; im Jahre 1622 zählte man 22 Mitglieder dieses Ordens daselbst. Aus den Kollegien von Köln und

la terra di Neaco, ove sono molti eretici, con una missione di Gesuiti, li quali indarno s'affaticano se con l'autorità temporale il re non da qualche buon ordine; ed ella potrà scrivere al detto vescovo che avvisi ciò che può fare sua Mtà, perchè nella relatione non lo specifica. Da quella del vescovo di S. Malo s'intende che in un castello e villa del marchese di Moussaye è solo lecito di predicare a Calvinisti; però sarebbe bene di ricordare alla Mtà del re che levasse i predicatori, acciocchè i missionarj del vescovo potessero far frutto: il castello e villa non è nominato nella relatione, e però si potrà scrivere al vescovo per saperlo. Il vescovo di Monpellier avvisa di haver carestia d'operarj, e che da gli eretici sono sentiti volontieri i padri Cappuccini, onde se gli potrebbe procurare una missione di questi padri.

[1] Relatione delle provincie ubbidienti, parte II, c. II, wo von der Religion in Holland die Rede ist.

Löwen gingen immer neue Arbeiter hervor: im Jahre 1622 waren 220 Weltpriester in den Provinzen beschäftigt, – aber sie reichten für das Bedürfnis bei weitem nicht hin. Jener Relation zufolge stieg die Anzahl der Katholiken in der Erzdiözese Utrecht auf 150000, in der Diözese Harlem, zu welcher Amsterdam gehörte, auf 100000 Seelen; Leuwarden hatte 15000, Gröningen 20000, Deventer 60000 Katholiken; – der apostolische Vikar, welcher damals vom Römischen Stuhle nach Deventer geschickt ward, hat dort in drei Städten und einigen Dörfern 12000 Personen die Firmelung erteilt. Die Zahlen dieser Relation werden sehr übertrieben sein; aber man sieht doch, daß auch dies so vorzugsweise protestantische Land noch ungemein starke katholische Elemente hatte. Wurden doch selbst jene Bistümer, die Philipp II. hier einzuführen gesucht, von den Katholischen fortwährend anerkannt[1]. Eine Lage der Dinge, die es eben sein mochte, was in den Spaniern den Mut erweckte, ihren Krieg zu erneuern.

5.

Verhältnis zu England

Friedlichere Aussichten hatten sich indes in England eröffnet. Der Sohn der Maria Stuart vereinigte die großbritannischen Kronen; und entschlossener als je näherte er sich jetzt den katholischen Mächten.

Schon ehe Jakob I. den englischen Thron bestieg, ließ ihn Clemens VIII. wissen, „er bete für ihn als den Sohn einer so tugendreichen Mutter; er wünsche ihm alles weltliche und geistliche Heil; er hoffe, ihn selbst noch katholisch zu sehen“. In Rom beging man diese Thronbesteigung mit feierlichen Gebeten und Prozessionen.

Eine Annäherung, die Jakob auf eine entsprechende Weise zu erwidern nicht hätte wagen dürfen, wenn er auch dazu geneigt gewesen wäre; aber er gestattete doch, daß sein Gesandter Parry in Paris mit dem dortigen Nuntius Bubalis in vertrauliches Ver-

[1] Compendium status, in quo nunc est religio catholica in Holandia et confoederatis Belgii provinciis, 2. Dez. 1622: „his non obstantibus – laus deo – quotidie crescit catholicorum numerus, praesertim accedente dissensione haereticorum inter se“.

nehmen trat. Der Nuntius kam mit einem Schreiben des Kardinal-Nepoten Aldobrandino hervor, worin dieser die englischen Katholiken ermahnte, dem König Jakob als ihrem König und natürlichen Herrn zu gehorchen, ja für ihn zu beten; Parry antwortete mit einer Instruktion Jakobs I., worin dieser versprach, die friedfertigen Katholiken ohne alle Beschwerde leben zu lassen[1].

In der Tat fing man in dem nördlichen England wieder an, die Messe öffentlich zu halten: die Puritaner beklagten sich, es seien seit kurzem 50000 Engländer zum Katholizismus übergetreten; Jakob soll ihnen die Antwort gegeben haben: „sie möchten ihrerseits ebensoviel Spanier und Italiener bekehren".

Diese Erfolge mögen die Katholiken veranlaßt haben, ihre Hoffnungen zu hoch zu spannen. Als sich der König dabei doch immer auf der anderen Seite hielt, die alten Parlamentsakten doch wieder ausgeführt wurden, neue Verfolgungen eintraten, gerieten sie in eine desto erbittertere Aufregung: in der Pulververschwörung brach sie auf eine furchtbare Weise hervor.

Hierauf konnte nun auch der König keinerlei Toleranz weiter stattfinden lassen. Die strengsten Gesetze wurden gegeben und gehandhabt, Haussuchungen, Gefängnis, Geldstrafen verhängt, die Priester, vor allen die Jesuiten, verbannt und verfolgt; mit äußerster Strenge glaubte man so unternehmende Feinde in Zaum halten zu müssen.

Fragte man aber den König privatim, so waren seine Äußerungen sehr gemäßigt. Einem lothringischen Prinzen, der ihn einst nicht ohne Wissen Pauls V. besuchte, sagte er geradezu, zwischen den verschiedenen Bekenntnissen sei doch am Ende nur ein kleiner Unterschied. Zwar halte er das seine für das beste; er nehme es an aus Überzeugung, nicht aus Staatsgründen; aber gern höre er auch andere; da es allzuschwer halte, ein Konzilium zu berufen, so würde er es gern sehen, wenn man eine Zusammenkunft gelehrter Männer veranstalten wollte, um eine Aussöhnung zu versuchen. Komme ihm der Papst nur einen Schritt entgegen, so werde er von seiner Seite deren vier tun. Auch er erkenne die Autorität der Väter an: Augustin gelte ihm mehr als Luther, St. Bernhard mehr als Kalvin; ja, er sehe in der Römischen Kirche, selbst der gegenwärtigen, die wahre Kirche, die Mutter al-

[1] Breve relatione di quanto si è trattato tra S. Stà ed il re d'Inghilterra. (MS. Rom.)

ler anderen; nur habe sie eine Reinigung nötig; – er gestehe ein, was er freilich einem Nuntius nicht sagen würde, aber wohl einem Freunde und Vetter anvertrauen könne, der Papst sei das Haupt der Kirche, der oberste Bischof[1]. Ihm tue man deshalb großes Unrecht, wenn man ihn als Ketzer oder Schismatiker bezeichne: ein Ketzer sei er nicht, denn er glaube eben das, was der Papst glaube, nur daß dieser einiges mehr annehme; auch kein Schismatiker, denn er halte den Papst für das Oberhaupt der Kirche.

Bei solchen Gesinnungen und einer damit zusammenhängenden Abneigung gegen die puritanische Seite des Protestantismus wäre es dem König allerdings lieber gewesen, sich mit den Katholiken friedlich zu verständigen, als sie mit Gewalt und unaufhörlicher Gefahr in Zaum zu halten.

Noch immer waren sie in England mächtig und zahlreich. Trotz großer Niederlagen und Verluste oder vielmehr gerade infolge derselben war Irland in unaufhörlicher Gärung; es hatte ein großes Interesse für den König, sich dieses Widerstandes zu entledigen[2].

Nun muß man wissen, daß sich englische und irische Katholiken an Spanien anschlossen. Die spanischen Botschafter in London, gewandt, klug, prächtig, hatten sich einen ungemeinen Anhang verschafft; ihre Kapelle war immer voll; die Heilige Woche ward daselbst mit großer Zelebrität gefeiert; auch nahmen sich die Gesandten ihrer Glaubensgenossen häufig an; sie wurden, wie ein Venezianer sagt, gleichsam als die Legaten des Apostolischen Stuhles betrachtet.

Ich fürchte nicht zu irren, wenn ich annehme, daß es vor allem dies Verhältnis war, was König Jakob auf den Gedanken brachte, seinen Erben mit einer spanischen Prinzessin zu vermählen. Er hoffte, daß er sich hierdurch der Katholiken versichern, daß er die Gunst, welche diese dem spanischen Hause widmeten, für das

[1] „che riconosce la chiesa Romana, etiandio quella d'adesso, per la vera chiesa e madre di tutte, ma ch' ella aveva bisogno d'esser purgata, e di più ch' egli sapeva che V. Stà è capo di essa chiesa e primo vescovo" Äußerungen, die sich doch auf keine Weise mit dem Prinzip der englischen Kirche vereinigen lassen, wie sie aber diesem Fürsten auch anderwärts zugeschrieben werden. (Relatione del Sr di Breval al papa.)

[2] D. Lazzari (Relatione 1621) gründet seine Vorschläge auf die Furchtsamkeit des Königs: „havendo io esperimentato per manifesti segni, che prevale in lui più il timore che l'ira". Übrigens „per la pratica che ho di lui (del re) lo stimo indifferente in qualsivoglia religione".

seine gewinnen werde. Die auswärtigen Verhältnisse fügten einen neuen Beweggrund hinzu. Es ließ sich erwarten, daß das Haus Österreich, so nahe mit ihm verwandt, sich seinem Schwiegersohne von der Pfalz günstiger zeigen würde.
Es fragte sich nur, ob die Sache ausgeführt werden könne. In der Verschiedenheit der Religion lag ein Hindernis, das für jene Zeit wahrhaft schwer zu beseitigen war.
Immer wird die Welt, die Ordnung der Dinge, von einem phantastischen Element umgeben sein, das sich in Poesie und romantischen Erzählungen ausspricht und dann in der Jugend leicht auf das Leben zurückwirkt. Indem die Unterhandlungen, die man angeknüpft, sich von Tag zu Tag, von Monat zu Monat verzogen, faßte der Prinz von Wales mit seinem vertrauten Freunde und Altersgenossen Buckingham den romanhaften Gedanken, sich selbst aufzumachen und sich seine Braut zu holen[1]. Nicht ganz ohne Anteil an diesem Unternehmen scheint der spanische Botschafter Gondomar gewesen zu sein. Er hatte dem Prinzen gesagt, seine Gegenwart werde allen Schwierigkeiten ein Ende machen. Wie erstaunte der englische Gesandte in Madrid, Lord Digby, der bis jetzt diese Unterhandlungen geführt hatte, als er eines Tages aus seinem Zimmer gerufen ward, weil ein paar Kavaliere ihn zu sprechen verlangten, und als er dann in diesen Kavalieren den Sohn und den Günstling seines Königs erkannte!
Und allerdings schritt man nun auf das ernstlichste an die Beseitigung jener religiösen Schwierigkeit.
Man bedurfte dabei der päpstlichen Beistimmung, und König Jakob hatte sich nicht gescheut, mit Paul V. unmittelbare Unterhandlungen darüber anzuknüpfen. Doch hatte dieser Papst nur unter der Bedingung einwilligen wollen, daß der König den Katholiken seines Landes vollkommene Religionsfreiheit gewähre. Auf Gregor XV. machte dagegen die Demonstration, die in der Reise des Prinzen lag, einen solchen Eindruck, daß er auch schon geringere Zugeständnisse für annehmlich hielt. In einem Schrei-

[1] Papers relative to the Spanish match, in Hardwicke Papers I, p. 399. Sie enthalten eine Korrespondenz zwischen Jakob I. und den beiden Reisenden, welche das größte Interesse an den Personen erweckt. Die Fehler Jakobs erscheinen wenigstens sehr menschlich. Sein erster Brief *fängt an:* My sweat boys und dear ventrous knights worthy to be put in a new romanso. — My sweat boys ist die gewöhnliche Anrede; dear dad and gossip schreiben sie.

ben an den Prinzen drückte er demselben seine Hoffnung aus, „daß sich der alte Same christlicher Frömmigkeit, wie er ehedem in englischen Königen Blüten getragen, jetzt in ihm wieder beleben werde: auf keinen Fall könne er, da er sich mit einem katholischen Fräulein zu vermählen denke, die katholische Kirche unterdrücken wollen". Der Prinz antwortete: niemals werde er eine Feindseligkeit gegen die Römische Kirche ausüben; er werde es dahin zu bringen suchen, „so wie wir alle", sagte er, „einen dreieinigen Gott und einen gekreuzigten Christus bekennen, daß wir uns auch alle zu einem Glauben und einer Kirche vereinigen"[1]. Man sieht, wie sehr man sich von beiden Seiten einander näherte. Olivarez behauptete, den Papst auf das dringendste um die Dispensation ersucht, ihm erklärt zu haben, der König könne dem Prinzen nichts versagen, was in seinem Königreiche sei[2]. Auch die englischen Katholiken drangen in den Papst; sie stellten vor, daß die Verweigerung der Dispensation eine neue Verfolgung über sie herbeiziehen werde.

Hierauf kam man über die Punkte überein, welche der König zu versprechen habe.

Nicht allein sollte die Infantin mit ihrem Gefolge ihre Religion in einer Kapelle am Hoflager ausüben dürfen, auch die erste Erziehung der Prinzen aus dieser Ehe sollte von ihr abhängen; kein Pönalgesetz sollte auf dieselben Anwendung finden oder ihr Thronfolgerecht zweifelhaft machen können, wenn sie auch katholisch blieben[3]. Überhaupt gelobte der König, „die Privatübung der katholischen Religion nicht zu stören, die Katholischen zu keinem Eide zu nötigen, der ihrem Glauben widerspreche, und dafür zu sorgen, daß die Gesetze gegen die Katholiken von dem Parlament abgeschafft würden".

Im August 1623 beschwur König Jakob diese Artikel, und es schien kein Zweifel an der Vollziehung der Vermählung übrigzubleiben.

[1] Öfter gedruckt; ich folge dem Abdruck in Clarendon und Hardwicke Papers, der nach dem Original gemacht sein will.

[2] In der ersten Freude sagte er sogar, nach Buckinghams Erzählung (20. März): that if the pope would not give a dispensation for a wife, they would give the infanta to thy sons baby as his wench.

[3] Das Wichtigste und die Quelle vielen Unheils. Der Artikel lautet: quod leges contra catholicos Romanos latae vel ferendae in Anglia et aliis regnis regi magnae Britanniae subjectis non attingent liberos ex hoc matrimonio oriundos, et libero jure successionis in regnis et dominiis magnae Britanniae fruantur. (Mercure franç. IX, Appendice II, 18.)

In Spanien stellte man Festlichkeiten an; der Hof empfing die Glückwünsche; die Gesandten wurden förmlich benachrichtigt; die Hofdamen der Infantin und ihr Beichtvater wurden angewiesen, sich kein Wort entfallen zu lassen, das dieser Heirat zuwiderlaufe.

König Jakob erinnerte seinen Sohn, in der Freude dieser glücklichen Verhältnisse auch seiner Neffen nicht zu vergessen, die ihres Erbteils beraubt seien, seiner Schwester, die in Tränen schwimme. Eifrig nahm man die pfälzische Sache auf. Es ward der Entwurf gemacht, auch die kaiserliche Linie und das pfälzische Haus in die neue Verwandtschaft zu ziehen: der Sohn des geächteten Kurfürsten sollte mit einer Tochter des Kaisers vermählt werden; um Bayern nicht zu beleidigen, ward die Errichtung einer achten Kur in Vorschlag gebracht. Der Kaiser eröffnete hierüber sogleich die Unterhandlung mit Maximilian von Bayern, der denn auch nicht dawider war und nur die Forderung machte, daß die übertragene pfälzische Kur ihm verbleibe und die neu zu errichtende achte an die Pfalz komme. Für die katholischen Interessen trug das nicht viel aus. In der wiederhergestellten Pfalz sollten die Katholiken Religionsfreiheit genießen; in dem Kurfürstenkollegium würden sie doch immer die Stimmenmehrheit behauptet haben[1].

So trat die Macht, die unter der vorigen Regierung das Hauptbollwerk des Protestantismus gebildet, in die freundschaftlichste Beziehung zu jenen alten Feinden, denen sie einen unversöhnlichen Haß geschworen zu haben schien, dem Papste und Spanien. Schon fing man in England an, die Katholiken ganz anders zu behandeln. Die Haussuchungen und Verfolgungen hörten auf; gewisse Eidesleistungen wurden nicht mehr gefordert; die katholische Kapelle erhob sich, den Protestanten zum Verdruß; die puritanischen Eiferer, welche die Vermählung verdammten, wurden bestraft. König Jakob zweifelte nicht, daß er noch vor Winter seinen Sohn und dessen junge Gemahlin sowie seinen Günstling umarmen werde; alle seine Briefe drücken ein herzliches Verlangen danach aus.

Es leuchtet ein, welche Vorteile sich schon aus der Ausführung jener Artikel ergeben mußten; die Verbindung selbst aber ließ noch ganz andere, unabsehbare Folgen erwarten. – Was der Ge-

[1] Bei Khevenhiller X, 114.

walt nicht gelungen, einen Einfluß des Katholizismus auf die Staatsverwaltung zu erwerben, schien jetzt auf dem friedlichsten, natürlichsten Wege erreicht zu sein.

6.

Missionen

An dieser Stelle, in der Betrachtung dieses glänzenden Fortganges in Europa, mögen wir wohl auch unsere Augen nach den entfernteren Weltgegenden richten, in welchen der Katholizismus vermöge verwandter Antriebe gewaltig vorgedrungen war.

Gleich in der ersten Idee, welche die Entdeckungen und Eroberungen der Spanier und Portugiesen hervorrief, lag ein religiöses Moment; es hatte sie immer begleitet, belebt, und in den entwickelten Reichen sowohl im Osten als im Westen trat es mächtig hervor.

Im Anfange des 17. Jahrhunderts finden wir das stolze Gebäude der katholischen Kirche in Südamerika völlig aufgerichtet. Es sind 5 Erzbistümer, 27 Bistümer, 400 Klöster, unzählige Pfarren und Doktrinas daselbst[1]. Prächtige Kathedralen erheben sich, die glänzendste vielleicht in Los Angeles. Die Jesuiten lehren Grammatik und freie Künste; mit ihrem Kollegium San Ildefonso zu Mexiko ist ein theologisches Seminar verbunden. Auf den Universitäten zu Mexiko und Lima werden alle theologischen Disziplinen gelehrt. Man findet, daß die Amerikaner von europäischer Abstammung sich durch besonderen Scharfsinn auszeichnen; sie selbst bedauern nur, von dem Anblick der königlichen Gnade zu weit entfernt zu sein, um auch nach Verdienst belohnt werden zu können. In regelmäßigem Fortschritt haben indes vorzüglich die Bettelorden das Christentum über den südamerikanischen Kontinent auszubreiten angefangen. Die Eroberung hat sich in Mission verwandelt, die Mission ist Zivilisation geworden; die Ordensbrüder lehren zugleich säen und ernten, Bäume pflanzen und Häuser bauen, lesen und singen. Dafür werden sie dann auch mit tiefer Ergebenheit verehrt. Wenn der Pfarrer in seine Gemeinde kommt, wird er mit Glockengeläute und Musik empfangen; Blumen sind auf den Weg gestreut; die Frauen halten ihm ihre Kinder entgegen und bitten um seinen Segen. Die Indianer zeigen ein

[1] Herrera, Descripcion de las Indias p. 80.

großes Wohlgefallen an den Äußerlichkeiten des Gottesdienstes. Sie werden nicht müde, bei der Messe zu dienen, die Vesper zu singen, das Offizium im Chor abzuwarten. Sie haben musikalisches Talent; eine Kirche auszuschmücken macht ihnen eine harmlose Freude. Denn das Einfache, Unschuldig-phantastische scheint auf sie den größten Eindruck gemacht zu haben[1]. In ihren Träumen sehen sie die Freuden des Paradieses. Den Kranken erscheint die Königin des Himmels in aller ihrer Pracht: junge Gefährtinnen umgeben sie und bringen den Darbenden Erquickung: oder sie zeigt sich auch allein und lehrt ihren Verehrer ein Lied von ihrem gekreuzigten Sohne, „dessen Haupt gesenkt ist, wie der gelbe Halm sich neigt".

Diese Momente des Katholizismus sind es, welche hier wirken. Die Mönche beklagen nur, daß das schlechte Beispiel der Spanier und ihre Gewaltsamkeit die Eingeborenen verderbe, dem Fortgange der Bekehrung in den Weg trete.

In Ostindien ging es, soweit die Herrschaft der Portugiesen reichte, ungefähr ebenso. Der Katholizismus bekam in Goa einen großartigen Mittelpunkt; Jahr bei Jahr wurden Tausende bekehrt: schon 1565 zählte man bei 300000 neue Christen um Goa, in den Bergen von Cochin und am Kap Comorin[2]. Aber das allgemeine Verhältnis war doch durchaus anders. Den Waffen wie der Lehre stellte sich hier eine große, eigentümliche, unbezwungene Welt entgegen, uralte Religionen, deren Dienst Sinn und Gemüt fesselte, mit der Sitte und der Denkweise der Völker innig vereinigt. Es war die natürliche Tendenz des Katholizismus, auch diese Welt zu überwinden.

Dem ganzen Tun und Treiben Franz Xavers, der bereits 1542 in Ostindien anlangte, liegt diese Idee zugrunde. Weit und breit durchzog er Indien. Er betete am Grabe des Apostels Thomas zu Meliapur; er predigte von einem Baume herab dem Volke von

[1] Compendio y descripcion de las Indias occidentales, MS: Tienen mucha caridad con los necessitados y en particular con los sacerdotes que los respetan y reverencian como ministros de Christo, abraçan los mas de tal suerte las cosas de nuestra santa fe, que solo el mal exemplo que los demos es causa de que no aya entre ellos grandes santos, como lo experimente el tiempo que estuve en aquellos reynos. – Besonders merkwürdig sind die literae annuae provinciae Paraquariae missae a Nicolao Duran, Antverp. 1636, weil hier die Jesuiten die Spanier entfernt hielten.

[2] Maffei, Commentarius de rebus Indicis p. 21.

Travancor; auf den Molukken lehrte er geistliche Gesänge, die dann von den Knaben auf dem Markte, von den Fischern auf der See wiederholt wurden. Doch war er nicht geboren, um zu vollenden; sein Wahlspruch war: Amplius! amplius! – sein Bekehrungseifer war zugleich eine Art Reiselust: schon er gelangte nach Japan; er war im Begriff, den Herd und Ursprung der Sinnesweise, die ihm dort entgegengetreten war, in Sina aufzusuchen, als er starb[1].

Es liegt in der Natur der Menschen, daß sein Beispiel, die Schwierigkeit der Unternehmung zur Nachahmung mehr aufforderten, als davon abschreckten. Auf die mannigfaltigste Weise war man in den ersten Dezennien des 17. Jahrhunderts im Orient beschäftigt.

In Madaura finden wir seit 1606 den Pater Nobili. Er ist erstaunt, wie wenig Fortschritte das Christentum in der langen Zeit gemacht, und glaubt sich dies nur dadurch erklären zu können, daß die Portugiesen sich an die Parias gewandt hatten. Christus ward als ein Gott der Parias betrachtet. Ganz anders griff er es an: er hielt dafür, eine wirksame Bekehrung müsse von den Vornehmen anfangen. Er erklärte bei seiner Ankunft, daß er vom besten Adel sei – er hatte Zeugnisse dafür bei sich –, und schloß sich an die Braminen. Er kleidete sich und wohnte wie sie, unterzog sich ihren Büßungen, lernte Sanskrit und ging auf ihre Ideen ein[2]. Sie hegten die Meinung, es habe früher in Indien vier Wege der Wahrheit gegeben, von denen einer verlorengegangen. Er behauptete, er sei gekommen, ihnen diesen verlorenen, aber geradesten, geistigen Weg zur Unsterblichkeit zu weisen. Im Jahr 1609 hatte er schon 70 Braminen gewonnen. Er hütete sich wohl, ihre Vorurteile zu verletzen; selbst ihre Unterscheidungszeichen duldete er und gab denselben nur eine andere Bedeutung; in den Kirchen sonderte er die Stände voneinander ab; die Ausdrücke, mit denen man früher die christlichen Lehren bezeichnet hatte, vertauschte er mit eleganteren, literarisch vornehmeren. Er verfuhr in allen Dingen so geschickt, daß er bald Scharen von Bekehrten um sich her sah.

[1] Maffei, Historiarum Indicarum lib. XIII et XIV.

[2] Juvencius, Historiae societatis Jesu pars V, tom. II, lib. XVIII § IX, n. 49: Brachmanum instituta omnia caerimoniasque cognoscit; linguam vernaculam, dictam vulgo Tamulicam, quae latissime pertinet, addiscit; addit Baddagicam, qui principum et aulae sermo, denique Grandonicam sive Samutcradam, quae lingua eruditorum est, ceterum tot obsita difficultatibus, nulli ut Europaeo bene cognita fuisset ad eam diem atque inter ipsosmet Indos plurimum scire videantur, qui hanc utcunque norint, etsi aliud nihil norint.

Obwohl seine Methode viel Anstoß erregte, schien sie doch auch allein geeignet, vorwärtszubringen. Gregor XV. sprach im Jahre 1621 seine Billigung derselben aus.

Nicht minder merkwürdig sind die Versuche, die man um dieselbe Zeit am Hofe des Kaisers Akbar machte.

Man erinnerte sich, daß die alten mongolischen Khane, die Eroberer von Asien, lange eine eigentümliche, unentschiedene Stellung zwischen den verschiedenen Religionen, welche die Welt teilten, einnahmen. Es scheint fast, als habe Kaiser Akbar eine ähnliche Gesinnung gehegt. Indem er die Jesuiten zu sich rief, erklärte er ihnen, „er habe alle Religionen der Erde kennenzulernen gesucht; jetzt wünsche er auch die christliche kennenzulernen, mit Hilfe der Väter, die er ehre und schätze". Den ersten festen Sitz nahm Hieronymus Xaver, Neffe des Franz, im Jahre 1595 an seinem Hofe; die Empörungen der Mohammedaner trugen dazu bei, den Kaiser günstig für die Christen zu stimmen. Im Jahre 1599 ward zu Lahore Weihnachten auf das feierlichste begangen; die Krippe war zwanzig Tage lang ausgestellt; mit Palmen in der Hand zogen zahlreiche Katechumenen in die Kirche und empfingen die Taufe. Der Kaiser las ein Leben Christi, das man persisch verfaßt hatte, mit vielem Vergnügen; ein Muttergottesbild, nach dem Muster der Madonna del Popolo in Rom entworfen, ließ er sich in den Palast bringen, um es auch seinen Frauen zu zeigen. Die Christen schlossen nun wohl hieraus mehr, als zu schließen war; aber sie brachten es doch immer sehr weit: nach dem Tode Akbars im Jahre 1610 empfingen drei Prinzen aus königlichem Geblüte feierlich die Taufe. Auf weißen Elefanten ritten sie nach der Kirche; mit Trompeten- und Paukenschall empfing sie Pater Hieronymus[1]. Allmählich – obwohl auch hier wechselnde Stimmungen eintraten, je nachdem man politisch mit den Portugiesen mehr oder minder gut stand – schien es mit dem Christentume zu einer gewissen Festigkeit kommen zu wollen. Im Jahre 1621 ward ein Kollegium in Agra gegründet, eine Station in Patna. Noch 1624 machte der Kaiser Dschehangir Hoffnung, selbst überzutreten.

Zu derselben Zeit waren die Jesuiten auch schon in Sina vorgedrungen. Der kunstfertigen, wissenschaftlichen, lesenden Bevölkerung dieses Reiches suchten sie durch die Erfindungen des Okzi-

[1] Juvencius l. l. n. 1–23.

dents, durch Wissenschaften beizukommen. Den ersten Eingang fand Ricci dadurch, daß er Mathematik lehrte, daß er sich geistig-bedeutendere Stellen aus den Schriften des Konfuzius aneignete und sie rezitierte; Zutritt in Peking verschaffte ihm das Geschenk einer Schlaguhr, welches er dem Kaiser machte; in dessen Gunst und Gnade hob ihn dann nichts so sehr, als daß er ihm eine Landkarte entwarf, durch welche alle Versuche der Sinesen in diesem Fache bei weitem übertroffen wurden. Es bezeichnet Ricci, daß er, als der Kaiser zehn solcher Tafeln auf Seide zu malen und in seinen Zimmern aufzuhängen befahl, die Gelegenheit ergriff, dabei auch etwas für das Christentum zu tun, und in den Zwischenräumen der Karte christliche Symbole und Sprüche anbrachte. So war sein Unterricht überhaupt: er fing gewöhnlich mit Mathematik an und hörte mit Religion auf; seine wissenschaftlichen Talente verschafften seinen Religionslehren Ansehen. Nicht allein wurden seine unmittelbaren Schüler gewonnen, auch viele Mandarinen, deren Tracht er angenommen, gingen zu ihm über; schon im Jahre 1605 ward eine marianische Sozietät in Peking gegründet. Ricci starb schon 1610, nicht allein von überhäufter Arbeit, sondern hauptsächlich von den vielen Besuchen, den langen Mittagsessen und alle den übrigen gesellschaftlichen Pflichten Sinas aufgerieben; aber auch nach seinem Tode folgte man dem Rate, den er gegeben, „ohne Aufsehen und Lärm zu Werke zu gehen, sich bei diesem stürmischen Meere nahe an die Küsten zu halten", und seinem wissenschaftlichen Beispiele. Im Jahre 1610 trat eine Mondfinsternis ein: die Vorangaben der einheimischen Astronomen und der Jesuiten waren um eine volle Stunde verschieden; daß die Jesuiten aufs neue recht hatten, brachte ihnen großes Ansehen zuwege[1]. Sie wurden nicht allein nebst einigen Mandarinen, ihren Schülern, mit der Verbesserung der astronomischen Tafeln beauftragt; auch das Christentum kam vorwärts: 1611 ward die erste Kirche in Nanking eingeweiht; 1616 gibt es in fünf Provinzen des Reiches christliche Kirchen. Bei dem Widerstande, den sie nicht selten erfahren, ist es ihnen dann vor allem nützlich, daß ihre Schüler Werke geschrieben, welche die Billigung der Gelehrten genießen; den drohenden Stürmen wissen sie auszuweichen; auch sie schließen sich so eng wie möglich an die Gebräuche des

[1] Juvencius hat sein ganzes 19. Buch dem Unternehmen in Sina gewidmet und demselben p. 561 eine Abhandlung hinzugefügt: Imperii Sinici recens et uberior notitia, die noch immer lesenswürdig bleibt.

Landes an; in dem Jahre 1619 werden sie in einem oder dem anderen Stücke dazu von dem Papst ermächtigt. Und so vergeht kein Jahr, wo sie nicht Tausende bekehren; allmählich sterben ihre Gegner ab; 1624 erscheint bereits Adam Schall; die genaue Beschreibung von zwei Mondfinsternissen, die in diesem Jahre eintraten, eine Schrift Lombardos über das Erdbeben verjüngen ihr Ansehen[1].

Einen anderen Weg hatten die Jesuiten in dem kriegerischen, durch unaufhörliche Parteiung entzweiten Japan eingeschlagen. Von allem Anfang ergriffen auch sie Partei. Im Jahre 1554 hatten sie das Glück, sich für den erklärt zu haben, der den Sieg behielt: seine Gunst war ihnen gewiß, und sie machten durch dieselbe ungemeine Fortschritte. Schon 1579 hat man dort 300000 Christen gezählt; der Pater Valignano, welcher 1606 starb, ein Mann, dessen Rat Philipp II. in ostindischen Angelegenheiten gern einholte, hat 300 Kirchen, 30 Häuser der Jesuiten in Japan gegründet.

Jedoch eben diese Verbindung der Jesuiten mit Mexiko und Spanien erregte zuletzt die Eifersucht der einheimischen Gewalten; in neuen Bürgerkriegen hatten sie nicht mehr das frühere Glück; die Partei, der sie sich angeschlossen, unterlag; seit dem Jahre 1612 waren furchtbare Verfolgungen über sie verhängt.

Aber sie hielten sehr gut stand. Ihre Bekehrten forderten den Märtyrertod heraus; sie hatten eine Märtyrersodalität gestiftet, in welcher man sich gegenseitig zur Erduldung aller Leiden ermutigte; sie bezeichnen diese Jahre als die Ära Martyrum: – wie sehr auch die Verfolgung zunahm, sagen ihre Geschichtschreiber, so gab es doch in jedem Jahre Neubekehrte[2]. Sie wollen von 1603

[1] Relatione della Cina dell' anno 1621. Lo stato presente di questa chiesa mi pare in universale molto simile ad una nave a cui e li venti e le nuvole minaccino di corto grave borrasca, e per ciò li marinari ammainando le vele e calando le antenne fermino il corso, e stiano aspettando che si chiarisca il cielo e cessino li contrasti de' venti; ma bene spesso avviene che tutto il male si risolve in paura e che sgombrate le furie de' venti svanisce la tempesta contenta delle sole minaccie. Così appunto pare che sia accaduto alla nave di questa chiesa. Quattro anni fa se le levò contro una gagliarda borrasca, la quale pareva che la dovesse sommergere ad un tratto; li piloti accomodandosi al tempo raccolsero le vele delle opere loro e si ritirarono alquanto, ma in modo che potevano essere trovati da chiunque voleva l'ajuto loro per aspettare „donec aspiret dies et inclinentur umbrae". Sin' hora il male non è stato di altro che di timore.

[2] Lettere annue del Giappone dell' anno 1622 geben ein Beispiel: I glo-

bis 1622 genau 239339 Japanesen zählen, welche zum Christentume übergegangen.

In allen diesen Ländern bewähren die Jesuiten ein ebenso gefügiges als beharrliches und hartnäckiges Naturell; sie machen Fortschritte in einer Ausdehnung, wie man sie nie hätte erwarten sollen: es ist ihnen gelungen, den Widerstand jener gebildeten nationalen Religionen, die den Orient beherrschen, wenigstens zum Teil zu besiegen.

Dabei haben sie auch nicht versäumt, auf die Vereinigung der orientalischen Christen mit der römischen Kirche zu denken.

In Indien selbst hatte man jene uralte nestorianische Gemeinde gefunden, die unter dem Namen der Thomaschristen bekannt ist, und da sie nicht den Papst zu Rom, von dem sie nichts wußte, sondern den Patriarchen von Babylon (zu Mosul) für ihr Oberhaupt und den Hirten der allgemeinen Kirche hielt, hatte man gar bald Anstalt gemacht, sie in die Gemeinschaft der römischen Kirche zu ziehen. Es ward weder Gewalt noch Überredung gespart. Im Jahre 1601 schienen die Vornehmsten gewonnen zu sein; ein Jesuit wurde zum Bischof eingesetzt. Man druckte das römische Ritual chaldäisch; auf einem Diözesankonzilium wurden die Irrtümer des Nestorius verflucht; in Cranganor erhob sich ein Jesuitenkollegium; die neue Besetzung des bischöflichen Stuhles im Jahre 1624 geschah mit Einwilligung der hartnäckigsten unter den bisherigen Gegnern[1].

Es versteht sich, daß hierbei das politische Übergewicht der spanisch-portugiesischen Macht das Beste tat. Auch in Habesch war es zur nämlichen Zeit von größtem Einfluß.

Die früheren Versuche waren alle vergeblich gewesen. Erst als im Jahre 1603 die Portugiesen von Fremona den Abessiniern in einer Schlacht mit den Kaffern wesentliche Dienste geleistet, gelangten sie und ihre Religion in größeres Ansehen. Eben traf der Pater Paez ein, ein geschickter Jesuit, der in der Landessprache predigte und sich an dem Hofe Eingang verschaffte. Der siegreiche Fürst wünschte mit dem Könige von Spanien in ein näheres Verhält-

riosi campioni che morirono quest' anno furono 121; gli adulti che per opera de' padri della compagnia a vista di così crudele persecutione hanno ricevuto il santo battesimo arrivano al numero di 2236, senza numerar quelli che per mezzo d'altri religiosi e sacerdoti Giapponesi si battezorno.

[1] Cordara, Historia societatis Jesu VI, IX, p. 535

nis zu treten, hauptsächlich um einen Anhalt gegen seine Feinde im Innern zu haben; Paez stellte ihm als das einzige Mittel hierzu vor, daß er von seiner schismatischen Doktrin ablasse und zur römischen Kirche übertrete. Er machte um so mehr Eindruck, da die Portugiesen in der Tat in den inneren Bewegungen des Landes Treue und Tapferkeit bewiesen. Disputationen wurden angestellt: leicht waren die unwissenden Mönche zu besiegen; der tapferste Mann des Reiches, Sela-Christos, ein Bruder des Kaisers Seltan-Segued (Sozinius), ward bekehrt; unzählige andere folgten seinem Beispiele, und man trat bereits mit Paul V. und Philipp III. in Verbindung. Natürlich regten sich hierwider die Repräsentanten der eingeführten Religion; auch in Habesch nahmen, wie in Europa, die bürgerlichen Kriege eine religiöse Farbe an; der Abuna und seine Mönche standen immer auf Seite der Rebellen, Sela-Christos, die Portugiesen und die Bekehrten auf Seite des Kaisers. Jahr für Jahr wird geschlagen; Glück und Gefahr wechseln; zuletzt behält der Kaiser und seine Partei den Sieg. Es ist ein Sieg zugleich des Katholizismus und der Jesuiten. Im Jahre 1621 entscheidet Seltan-Segued jene alten Streitigkeiten über die beiden Naturen in Christo nach dem Sinne der römischen Kirche; er verbietet, für den alexandrinischen Patriarchen zu beten; in seinen Städten, seinen Gärten werden katholische Kirchen und Kapellen erbaut[1]. Im Jahre 1622 empfängt er, nachdem er bei Paez gebeichtet, das Abendmahl nach katholischem Ritus. Lange schon war der römische Hof ersucht worden, einen lateinischen Patriarchen herüberzusenden; doch trug man dort Bedenken, solange die Gesinnung oder die Macht des Kaisers zweifelhaft waren; jetzt hatte dieser alle seine Gegner besiegt, ergebener konnte er sich nie bezeigen: am 19. Dezember 1622 ernannte Gregor XV. einen Portugiesen, welchen König Philipp vorgeschlagen, Doktor Alfonso Mendez, von der Gesellschaft Jesu, zum Patriarchen von Äthiopien[2]. Nachdem Mendez endlich angelangt, leistete der Kaiser dem römischen Papste seine feierliche Obedienz.

Indessen faßte man auch alle griechischen Christen im Türkischen Reiche ins Auge: die Päpste schickten Mission auf Mission aus. Unter den Maroniten war durch einige Jesuiten die römische Pro-

[1] Juvencius p. 705. Cordara VI, 6, p. 320. Ludolf nennt den Kaiser *Susneus*.

[2] Sagripanti, Discorso della religione dell' Etiopia, MS., aus den atti consistoriali.

fessio fidei eingeführt worden; einen nestorianischen Archimandriten finden wir 1614 zu Rom, der den Lehren des Nestorius im Namen einer großen Menge von Anhängern entsagt; in Konstantinopel ist eine jesuitische Mission eingerichtet, die daselbst durch den Einfluß des französischen Gesandten eine gewisse Festigkeit und Haltung bekommt, der es unter anderem gelingt, den Patriarchen Cyrillus Lucaris, der sich zu protestantischen Meinungen neigte, im Jahre 1621 wenigstens auf einige Zeit zu entfernen.

Eine unermeßliche, weltumfassende Tätigkeit, welche zugleich in den Andes und in den Alpen vordringt, nach Tibet und nach Skandinavien ihre Späher, ihre Vorkämpfer aussendet, in England und in Sina sich der Staatsgewalt nähert, – auf diesem unbegrenzten Schauplatz jedoch allenthalben frisch und ganz und unermüdlich: der Antrieb, der in dem Mittelpunkte tätig ist, begeistert, und zwar vielleicht noch lebhafter und inniger, jeden Arbeiter an den äußersten Grenzen.

Drittes Kapitel

GEGENSATZ POLITISCHER VERHÄLTNISSE NEUE SIEGE DES KATHOLIZISMUS 1623–1628

Was einer vordringenden Macht Grenzen setzt, ist nicht immer und wohl niemals allein Widerstand von außen; in der Regel wird dieser durch innere Entzweiungen, wo nicht geradezu hervorgerufen, doch sehr begünstigt.

Wäre der Katholizismus einmütig geblieben, mit vereinigten Kräften auf sein Ziel losgegangen, so sieht man nicht recht, wie das germanische nördliche Europa, welches schon großenteils in seine Interessen verflochten, von seiner Politik umsponnen war, ihm auf die Länge hätte widerstehen wollen.

Sollten aber nicht auch auf dieser Stufe der Gewalt die früheren Gegensätze in dem Katholizismus, die doch nur auf der Oberfläche beseitigt und im Innern unaufhörlich wirksam geblieben, wieder zum Vorschein kommen?

Das Eigentümliche in dem Fortschritt der Religion war in diesem Zeitraume, daß er allenthalben auf politisch-militärischem Übergewicht beruhte. Infolge der Kriege drang die Mission vorwärts. Daraus folgte, daß mit demselben die größten politischen Veränderungen verbunden waren, die doch auch als solche etwas bedeuten und Rückwirkungen, die man nicht berechnen konnte, hervorrufen mußten.

Von allen diesen Veränderungen nun war ohne Zweifel die wichtigste, daß die deutsche Linie des Hauses Österreich, die bisher, durch die erbländischen Unruhen gefesselt, in die allgemeinen Angelegenheiten weniger eingegriffen, auf einmal zu der Selbständigkeit, Bedeutung und Kraft einer großen europäischen Macht gedieh. Durch die Erhebung des deutschen Österreich geschah, daß auch Spanien, welches sich seit Philipp II. friedlich gehalten, mit neuer Kriegslust zu seinen früheren Hoffnungen und Ansprüchen wiedererwachte. Schon waren beide infolge der Graubündner Händel unmittelbar in Verbindung getreten: die Alpenpässe waren auf der italienischen Seite von Spanien, auf der deutschen von

Österreich in Besitz genommen; hier in dem hohen Gebirge schienen sie sich zu gemeinschaftlichen Unternehmungen nach allen Seiten der Welt hin die Hand zu bieten.

Gewiß lag in dieser Stellung auf der einen Seite eine große Aussicht für den Katholizismus selbst, dem sich beide Linien mit unverbrüchlicher Ergebenheit gewidmet hatten, aber auf der anderen doch auch eine große Gefahr innerer Entzweiung. Wieviel Eifersucht hatte die spanische Monarchie unter Philipp II. erweckt! Aber bei weitem gewaltiger und kernhafter erhob sich jetzt die Gesamtheit des Hauses durch den Anwachs ihrer deutschen Kräfte. Notwendig mußte sie die alten Antipathien in noch höherem Grade erregen.

Zuerst zeigte sich das in Italien.

Die kleinen italienischen Staaten, an und für sich nicht selbständig, hatten das Bedürfnis und auch das Gefühl des Gleichgewichtes in jener Zeit am lebhaftesten. Daß sie jetzt von zwei Seiten in die Mitte genommen, durch die Besetzung der Alpenpässe von aller fremden Hilfe abgeschnitten werden sollten, empfanden sie als eine unmittelbare Bedrohung. Ohne viel Rücksicht, welcher Vorteil ihrem Glaubensbekenntnis aus jener Kombination erwachsen könne, wandten sie sich an Frankreich, das ihnen ja allein helfen konnte, um dieselbe zu zerstören. Auch Louis XIII. fürchtete, seinen Einfluß auf Italien zu verlieren. Unmittelbar nach dem Frieden von 1622, noch ehe er in seine Hauptstadt zurückgekommen, schloß er mit Savoyen und Venedig einen Vertrag ab, kraft dessen das Haus Österreich mit gemeinschaftlichen Kräften genötigt werden sollte, jene bündnerischen Pässe und Plätze herauszugeben[1].

Eine Absicht, die freilich nur einen einzelnen Punkt ins Auge faßte, aber leicht die allgemeine Entwicklung gefährden konnte.

Sehr wohl erkannte das Gregor XV., die Gefahr, die dem Frieden der katholischen Welt, dem Fortgange der religiösen Interessen und hierdurch auch der Erneuerung des päpstlichen Ansehens von diesem Punkte aus drohe; mit demselben Eifer, mit welchem er Mission und Bekehrung beförderte, suchte er nun auch – denn ihm vor allen stellte sich der Zusammenhang dar – den Ausbruch der Feindseligkeiten zu verhindern.

Noch war das Ansehen des Päpstlichen Stuhles oder vielmehr das Gefühl der Einheit der katholischen Welt so lebendig, daß sowohl

[1] Nani, Storia Veneta p. 255.

Spanien als Frankreich erklärten, die Entscheidung dieser Sache dem Papste überlassen zu wollen. Ja, ihn selbst ging man an, bis zu völliger Ausgleichung die festen Plätze, die so viel eifersüchtige Besorgnis rege machten, als ein Depositum in seine Hand zu nehmen und mit seinen Truppen zu besetzen[1].

Einen Augenblick bedachte sich Papst Gregor, ob er auf die tätige und ohne Zweifel auch kostspielige Teilnahme an entfernten Händeln eingehen solle; da es aber am Tage lag, wieviel davon für den Frieden der katholischen Welt abhing, so ließ er endlich ein paar Kompanien werben und schickte sie unter seinem Bruder, Herzog von Fiano, nach Graubünden. Die Spanier hatten wenigstens Riva und Chiavenna zu behalten gewünscht; auch diese überlieferten sie jetzt den päpstlichen Truppen[2]. Erzherzog Leopold von Tirol ließ sich endlich auch bereit finden, ihnen die Landschaften und Plätze zu übergeben, auf welche er nicht etwa Ansprüche eigenen Besitzes erhob.

Und hierdurch schien nun in der Tat die Gefahr beseitigt, welche die italienischen Staaten zunächst in Bewegung gesetzt hatte. Hauptsächlich kam es noch darauf an, bei den weiteren Anordnungen die katholischen Interessen wahrzunehmen. Man faßte den Plan, Valtellin, wie es den Spaniern nicht in die Hände fallen dürfe, so auch nicht wieder unter Graubünden geraten zu lassen; denn wie leicht hätte dann die katholische Restauration daselbst unterbrochen werden können; selbständig sollte es den drei alten rätischen Bünden als ein vierter gleichberechtigter hinzugefügt werden. Aus derselben Rücksicht wollte man selbst die Verbindung der beiden österreichischen Linien, die zum Fortgange des Katholizismus in Deutschland notwendig schien, nicht völlig unterbrechen. Die Pässe durch Worms und Valtellin sollten den Spaniern offenbleiben, wohlverstanden, um Truppen nach Deutschland gehen, nicht um deren nach Italien kommen zu lassen[3].

Soweit war es: zwar noch nichts abgeschlossen, aber alles zum Abschluß reif, als Gregor XV. starb – 8. Juli 1623. Er hatte noch die Genugtuung, diese Zwistigkeiten beseitigt, den Fortschritt seiner Kirche unaufgehalten zu sehen. War doch bei den Unter-

[1] Dispaccio Sillery 28 Nov. 1622. Corsini 13, 21 Genn. 1623, bei Siri Memorie recondite, tom. V, p. 435, 442. Scrittura del deposito della Valtellina, ib. 459.

[2] Siri, Memorie recondite, tom. V, p. 519.

[3] Artikel IX des Entwurfes der Konvention.

handlungen sogar von einer neuen Verbindung der Spanier und Franzosen zu einem Angriff auf Rochelle und Holland die Rede gewesen.

Es fehlte jedoch viel, daß es nach dem Tode Gregors nun auch dahin gekommen wäre.

Einmal genoß der neue Papst, Urban VIII., noch nicht jenes Vertrauen, das auf der erprobten Voraussetzung einer vollkommenen Unparteilichkeit beruht; sodann waren die Italiener durch den Vertrag lange nicht zufriedengestellt; aber, was das Wichtigste ist, in Frankreich kamen Männer an das Ruder, welche die Opposition gegen Spanien nicht mehr auf fremde Bitten als Hilfsmacht, sondern aus eigenem freiem Antrieb als den Hauptgesichtspunkt der französischen Politik wieder aufnahmen, Vieuville und Richelieu.

Vielleicht liegt hierin weniger Willkür, als man anzunehmen geneigt ist. Auch Frankreich war wie Österreich-Spanien in einer Zunahme aller seiner Kräfte begriffen: durch die Siege über die Hugenotten war die königliche Macht, die Einheit und das Selbstgefühl der Nation unendlich gestiegen; und wie nun mit der Kraft auch die Ansprüche wachsen, so trieb alles dahin, eine kühnere Politik zu ergreifen als die bisher befolgte; diese natürliche Tendenz rief sich ihre Organe hervor, Männer, welche sie durchzusetzen geneigt und befähigt waren. Von Anfang an war Richelieu entschlossen, der Autorität, welche das Haus Österreich noch immer behauptet und damals verjüngt und erhöht hatte, entgegenzutreten und den Kampf um das oberste Ansehen in Europa mit demselben einzugehen. Ein Entschluß, der nun eine noch viel gefährlichere Spaltung in die katholische Welt brachte, als die frühere gewesen war. Die beiden Hauptmächte mußten in offenen Krieg geraten. An die Ausführung jenes römischen Traktates war nicht mehr zu denken, und vergeblich bemühte sich Urban VIII., die Franzosen bei ihren Zugeständnissen festzuhalten. Aber eine Verbindung mit der katholischen Opposition genügte den Franzosen noch nicht. Obwohl Kardinal der römischen Kirche, trug Richelieu kein Bedenken, mit den Protestanten selbst unverhohlen in Bund zu treten.

Zuerst näherte er sich den Engländern, um jene spanische Vermählung zu hintertreiben, die dem Hause Österreich soviel neuen

Einfluß hätte verschaffen müssen. Es kamen ihm hierbei persönliche Verhältnisse zu Hilfe: die Ungeduld Jakobs I., der mit der Zärtlichkeit eines alten Mannes, der sich dem Tode nahe glaubt, nach der Rückkehr seines Sohnes und seines Lieblings verlangte; ein Mißverständnis zwischen den beiden leitenden Ministern Olivarez und Buckingham; aber das meiste tat doch auch hier die Sache selbst. Die pfälzische Angelegenheit entwickelte in der Unterhandlung mit Österreich, Spanien, Bayern und Pfalz unüberwindliche Schwierigkeiten[1]; – eine Verbindung mit Frankreich dagegen ließ, bei der neuen Richtung, welche diese Macht nahm, eine baldige Entscheidung derselben durch die Waffen erwarten. Da nun diese Verbindung dem König von England nicht allein eine ebenso bedeutende Mitgift verschaffte, sondern auch die Aussicht, die englischen Katholiken mit dem Throne zu versöhnen, so zog er es vor, seinen Sohn mit einer französischen Prinzessin zu vermählen; er gewährte ihr dieselben religiösen Zugeständnisse, die er den Spaniern gemacht.

Und sogleich rüstete man zu dem Angriff. Richelieu entwarf einen jener weltumfassenden Pläne, wie sie vor ihm noch nicht in der europäischen Politik erschienen, ihm aber so besonders eigen sind. Durch einen allgemeinen Anfall auf allen Seiten dachte er die spanisch-österreichische Macht mit einem Male zu verderben.

Er selbst wollte im Bunde mit Savoyen und Venedig in Italien angreifen; ohne alle Rücksicht auf den Papst ließ er unerwartet französische Truppen in Graubünden einrücken und die päpstlichen Garnisonen aus den festen Plätzen verjagen[2]. – Mit der englischen hatte er zugleich die holländische Allianz erneuert. Die Holländer sollten Südamerika, die Engländer die Küsten von Spanien angreifen. Durch König Jakobs Vermittlung bewegten sich die Türken und drohten einen Einfall in Ungarn. – Der Hauptschlag aber sollte in Deutschland geschehen. Der König von Dänemark, der schon lange gerüstet, war endlich entschlossen, die Kräfte von Dänemark und Niederdeutschland für seine pfälzi-

[1] Aus einem Schreiben des Pfalzgrafen vom 30. Oktober ergibt sich, daß er nur mit Gewalt zur Annahme der Vorschläge, die man ihm machte, hätte bewogen werden können.

[2] Relatione di IV ambasciatori 1625. Il papa si doleva che mai Bettune gli aveva parlato chiaro, e che dalle sue parole non aveva compreso mai che si devessero portare le armi della lega contra li suoi presidii. – Die gewohnte Politik in Frankreich.

schen Verwandten in Kampf zu führen. Nicht allein England versprach ihm Hilfe, Richelieu sagte einen Beitrag von einer Million Livres zu den Kriegskosten zu[1]. Von beiden unterstützt, sollte Mansfeld neben dem König auftreten und den Weg in die österreichischen Erblande suchen.

Zu einem so universalen Angriff rüstet sich demnach von den beiden vorwaltenden katholischen Mächten die eine wider die andere.

Es ist keine Frage, unmittelbar muß dies den Fortschritt der katholischen Interessen einhalten. Obwohl das französische Bündnis politischer Natur ist, so muß doch, eben wegen jener engen Verbindung der kirchlichen und politischen Verhältnisse, der Protestantismus darin eine große Förderung sehen. Aufs neue schöpft er Atem. Ein neuer Vorkämpfer, der König von Dänemark, erscheint für ihn in Deutschland mit unverbrauchten frischen Kräften, von der großen Kombination der europäischen Politik unterstützt. Ein Sieg desselben würde alle Erfolge des Erzhauses und der katholischen Restauration rückgängig gemacht haben.

Jedoch erst der Versuch pflegt die Schwierigkeiten zu entwickeln, die ein Unternehmen enthält. So glänzend die Talente Richelieus sein mochten, so war er doch zu rasch an das Werk gegangen, dem seine Neigungen galten, das er als ein Ziel des Lebens, sei es in vollem Bewußtsein oder in dunklerem Vorgefühl, vor sich sah: aus seinem Unternehmen erhoben sich Gefahren für ihn selbst.

Nicht allein die deutschen Protestanten, die Gegner des Hauses Österreich, ermannten sich, sondern auch die französischen, die Gegner Richelieus selbst, faßten unter der neuen politischen Kombination wieder Mut. Sie selbst sagen, sie hätten gehofft, im schlimmsten Falle durch die jetzigen Verbündeten des Königs wieder mit ihm aus-

[1] Auszug aus der Instruktion Blainvilles bei Siri VI, 62. Nel fondo di Alemagna sollte Mansfeld mit ihm operieren (Siri 641). Relatione di Caraffa: (I Francesi) hanno tuttavia continuato sino al giorno d'hoggi a tener corrispondenza con li nemici di S. Mtà Cesa e dar loro ajuto in gente e danari se ben con coperta, quale però non è stata tale che per molte lettere intercette e per molti altri rincontri non si siano scoperti tutti l'andamenti e corrispondenze; onde prima e doppo la rotta data dal Tilly al re di Danimarca sempre l'imperatore nel palatinato inferiore e nelli contorni d'Alsatia v'ha tenuto nervo di gente, dubitando che da quelle parti potesse venire qualche ruina.

gesöhnt zu werden[1]. Rohan erhob sich zu Lande, Soubise zur See. Im Mai 1625 waren die Hugenotten weit und breit in den Waffen.
Und in demselben Momente traten dem Kardinal auf der anderen Seite vielleicht noch gefährlichere Feinde hervor. Bei aller seiner Neigung zu Frankreich besaß Urban VIII. doch zu viel Selbstgefühl, als daß er die Verjagung seiner Garnisonen aus Graubünden so leicht hätte verschmerzen sollen[2]. Er ließ Truppen werben und nach dem Mailändischen vorrücken, in der ausgesprochenen Absicht, mit den Spaniern im Bunde die verlorenen Plätze wieder einzunehmen. Wohl mag es sein, daß auf diese Kriegsbedrohungen wenig zu geben war. Allein um so mehr hatte die kirchliche Einwirkung zu bedeuten, die sich damit verknüpfte. Die Klagen des päpstlichen Nuntius, daß der allerchristlichste König der Gehilfe ketzerischer Fürsten sein wolle, fanden Anklang in Frankreich; die Jesuiten traten mit ihren ultramontanen Doktrinen hervor; von den strenger kirchlich Gesinnten erfuhr Richelieu lebhafte Angriffe[3]. Zwar fand er dagegen eine Stütze in den gallikanischen Grundsätzen, Verteidigung bei den Parlamenten; – jedoch er durfte es nicht wagen, den Papst lange zum Feinde zu haben. Das katholische Prinzip war zu genau mit dem wiederhergestellten Königtum verbunden; wer konnte dem Kardinal für den Eindruck stehen, welchen die geistlichen Ermahnungen auf seinen Fürsten hervorbringen mochten?
In Frankreich selbst demnach sah sich Richelieu angegriffen, und zwar durch die beiden entgegengesetzten Parteien zugleich. Was er auch immer gegen Spanien ausrichten mochte, so war dies doch eine Stellung, die sich nicht halten ließ: er mußte eilen, aus ihr herauszukommen.
Und wie bei dem Angriffe das Genie der Weltumfassung, des kühn vordringenden Entwurfes, so zeigte er in diesem Augenblick die an Treulosigkeit grenzende diplomatische Gewandtheit, Verbündete zu seinem Werkzeuge zu machen, aber dieselben zu verlassen, wenn es aus anderen Rücksichten notwendig schien.

[1] Mémoires de Rohan P. I, p. 146: „espérant que s'il venoit à bout, les alliés et ligués avec le roi le porteroient plus facilement à un accommodement".

[2] Relatione di P. Contarini: S. Stà (er spricht von der ersten Zeit, nachdem die Nachricht eingelaufen war) sommamente disgustata, stimando poco rispetto s'havesse portato alle sue insegne, del continuo e grandemente se ne querelava.

[3] Mémoires du cardinal Richelieu: Petitot 23, p. 220.

Er brachte zunächst seine neuen Bundesgenossen dahin, ihm wider Soubise beizustehen. Er selbst gebot über keine Seemacht; mit protestantischen Streitkräften aus fremden Ländern, mit holländischen und englischen Schiffen überwältigte er im September 1625 seine protestantischen Gegner in der Heimat. Er benutzte sodann ihre Vermittlung dazu, die Hugenotten zu einer unvorteilhaften Abkunft zu nötigen. Sie zweifelten nicht, daß er, sobald er sich dieser Feinde entledigt habe, den allgemeinen Angriff gegen Spanien erneuern werde.

Allein wie erstaunten sie, als statt dessen plötzlich die Kunde von dem Frieden von Monzon erscholl, der im März 1626 zwischen Spanien und Frankreich abgeschlossen worden! Ein päpstlicher Legat war deshalb an beide Höfe gereist. Einen wesentlichen Einfluß auf die Abkunft scheint er nicht ausgeübt zu haben; immer brachte jedoch seine Anwesenheit das kirchliche Prinzip in lebendige Erinnerung. Während Richelieu die Protestanten unter dem Anschein des engsten Vertrauens zu seinen Zwecken benutzte, wurden mit noch größerem Eifer Unterhandlungen zu ihrem Verderben mit Spanien gepflogen. Über Valtellin einigten sich die Franzosen mit den Spaniern dahin, daß es zwar unter die Herrschaft von Graubünden zurückkehren solle, aber mit selbsttätigem Anteile an der Besetzung der Ämter und der ungeschmälerten Freiheit katholischer Gottesverehrung[1]. Richelieu hatte an diesen Unterhandlungen keinen unmittelbaren Anteil genommen, sie gingen vielmehr von einer extremen kirchlichen Partei aus, der er nicht angehörte. Aber er war doch nicht gemeint, sich offen ihnen zu widersetzen; er ließ sie sich gefallen. Die katholischen Mächte, welche soeben einen Kampf auf Leben und Tod beginnen zu wollen geschienen, standen in einem Moment wieder vereinigt da.

[1] du Mont V, 2, p. 487, § 2: qu'ils ne puissent avoir par ci-après autre religion que la catholique. – § 30: qu'ils puissent élire par élection entre eux leurs juges, gouverneurs et autres magistrats tous catholiques; dann folgen einige Beschränkungen. Da in dem Vertrage die Entfernung der päpstlichen Garnisonen aus Graubünden festgesetzt wurde, so begreift man, daß Papst Urban mit demselben nicht zufriedengestellt war. Aus einer Denkschrift des päpstlichen Nuntius Panciroli (abgedruckt S. W. Bd. 35/36, 571) ergibt sich, daß der Papst den beiden Ministern grollte, weil sie den Frieden hinter seinem Rücken abgeschlossen hatten. Auch der Nuntius bezweifelte nicht, daß der Friede von Richelieu herrühre. Über das wahre Verhältnis vgl. Französische Geschichte Bd. 2, S. W. IX, S. 227 ff.

Es kam hinzu, daß sich über die Ausführung der in dem Vermählungsvertrag eingegangenen Verpflichtungen Mißhelligkeiten zwischen Franzosen und Engländern erhoben.
Mit Notwendigkeit erfolgte dann ein Stillstand aller jener antispanischen Unternehmungen.
Die italienischen Fürsten mußten sich, so ungern sie es auch taten, in das Unabänderliche fügen: – Savoyen schloß einen Stillstand mit Genua; Venedig pries sich glücklich, daß es nicht bereits in Mailand eingefallen war, und entließ seine Milizen. Wenigstens hat man behauptet, das schwankende Benehmen der Franzosen habe noch im Jahre 1625 den Entsatz von Breda gehindert, so daß ihnen der Verlust dieser wichtigen Festung an die Spanier zuzuschreiben sei. Jedoch das große und entscheidende Mißgeschick trat in Deutschland ein.
Die Kräfte von Niederdeutschland hatten sich um den König von Dänemark gesammelt, unter dem Schirm, wie man glaubte, jener allgemeinen Verbindung wider Spanien; Mansfeld rückte gegen die Elbe. Ihnen gegenüber hatte sich auch der Kaiser mit doppelter Anstrengung gerüstet: er wußte wohl, wieviel davon abhing. Als es zum Schlagen kam, bestand schon die Verbindung nicht mehr: die französischen Subsidien wurden nicht gezahlt; allzu langsam lief die englische Unterstützung ein; die kaiserlichen Truppen waren krieggeübter; es erfolgte, daß der König von Dänemark die Schlacht bei Lutter verlor und auf sein Land zurückgeworfen, daß auch Mansfeld als ein Flüchtling in die österreichischen Provinzen getrieben ward, die er als Sieger und Wiederhersteller zu beschreiten gehofft hatte.

Ein Erfolg, der notwendig ebenso universale Wirkungen haben mußte, wie seine Ursachen es waren.
Zunächst für die kaiserlichen Länder. Wir können sie mit einem Worte bezeichnen. Die letzte Bewegung, welche hier für den Protestantismus unternommen worden – in Hoffnung auf jene allgemeine Kombination –, ward gedämpft; nunmehr ward auch der Adel, der bisher persönlich noch unbelästigt geblieben, zum Übertritt genötigt. Der Kaiser erklärte am Ignatiustage 1627, daß er nach Ablauf von sechs Monaten niemanden mehr, auch nicht vom Herren- und Ritterstande in seinem Erbreiche Böhmen dulden werde, der nicht ihm und der apostolischen Kirche in dem allein

seligmachenden katholischen Glauben beistimme[1]; ähnliche Edikte ergingen in Oberösterreich, im Jahre 1628 in Kärnten, Krain und Steiermark, nach einiger Zeit auch in Niederösterreich. Vergebens war es, auch nur um Aufschub zu bitten: der Nuntius Caraffa stellte vor, nur von der Hoffnung auf einen allgemeinen Glückswechsel schreibe sich diese Bitte her. Seitdem erst wurden diese Landschaften wieder vollkommen katholisch. Welche Opposition hatte achtzig Jahre daher der Adel von Österreich dem Erzhause gemacht! Jetzt erhob sich die landesfürstliche Macht, rechtgläubig, siegreich und unumschränkt, über jeden Widerstand.

Und noch weitaussehender waren die Wirkungen des neuen Sieges in dem übrigen Deutschland. Niedersachsen war eingenommen; bis an den Kattegat standen die kaiserlichen Völker; Brandenburg und Pommern hielten sie besetzt; Mecklenburg war in den Händen des kaiserlichen Feldherrn. So viele Hauptsitze des Protestantismus waren von einem katholischen Kriegsheere überwältigt.

Es zeigte sich sogleich, wie man diese Lage der Dinge zu benutzen denke. Ein kaiserlicher Prinz ward zum Bischof von Halberstadt postuliert; aus apostolischer Macht ernannte dann der Papst ebendenselben zum Erzbischof von Magdeburg. Es ist keine Frage, daß, wenn eine katholische, erzherzogliche Regierung sich hier festsetzte, sie mit der Strenge der übrigen geistlichen Fürsten auf die Herstellung des Katholizismus in dem gesamten Sprengel dringen mußte.

Indessen setzten sich die Antireformationen in Oberdeutschland mit neuem Eifer fort. Man muß einmal das Verzeichnis der Erlasse der Reichskanzlei aus diesen Jahren bei Caraffa ansehen: wie viele Anmahnungen, Beschlüsse, Entscheidungen, Empfehlungen, alle zugunsten des Katholizismus[2]! Der junge Graf von Nassau-Siegen, die jüngeren Pfalzgrafen von Neuburg, der Deutschmeister unternahmen neue Reformationen; in der Oberpfalz ward nun auch der Adel zum Katholizismus genötigt.

Jetzt nahmen jene alten Prozesse geistlicher Herren gegen welt-

[1] Caraffa, Relatione, MS. Havendo il Sr Cardinale ed io messo in consideratione a S. M^tà che come non si riformassero i baroni e nobili eretici, si poteva poco o nulla sperare della conversione delli loro sudditi, e per conseguenza havriano potuto ancora infettare pian piano gli altri, piacque a S. M^tà di aggiungere al S^r C^le ed agli altri commissarj autorità di riformare anche li nobili.

[2] Brevis enumeratio aliquorum negotiorum, quae – in puncto reformationis in cancellaria imperii tractata sunt ab anno 1620 ad annum 1629, im Anhang zur Germania sacra restaurata p. 34.

liche Stände über eingezogene Kirchengüter einen anderen Gang als früher. Wie ward allein Württemberg geängstigt! Es drangen alle die alten Kläger, die Bischöfe von Konstanz und Augsburg, die Äbte von Mönchsreit und Kaisersheim, mit ihren Ansprüchen gegen das herzogliche Haus durch; die Existenz desselben ward gefährdet[1]. Allenthalben bekamen die Bischöfe Recht wider die Städte: der Bischof von Eichstädt wider Nürnberg, das Kapitel von Straßburg wider die Stadt Straßburg; Schwäbisch-Hall, Memmingen, Ulm, Lindau, viele andere Städte wurden genötigt, den Katholischen die ihnen entrissenen Kirchen zurückzugeben. Begann man nun hier allenthalben auf den Buchstaben des Religionsfriedens zu dringen, wie nahe lag dann eine allgemeinere Anwendung der Grundsätze desselben, wie man sie jetzt verstand[2]!

„Nach der Schlacht bei Lutter", sagt Caraffa, „schien der Kaiser wie von einem langen Schlafe zu erwachen: von einer großen Furcht befreit, die seine Vorfahren und ihn selbst bisher gefesselt, faßte er den Gedanken, ganz Deutschland zu der Norm des Religionsfriedens zurückzuführen."

Außer Magdeburg und Halberstadt wären dann auch Bremen, Verden, Minden, Camin, Havelberg, Schwerin, fast alle norddeutschen Stifter dem Katholizismus zurückgegeben worden. Es war immer das entfernte Ziel gewesen, welches der Papst und die Jesuiten in den glänzendsten Augenblicken ihres Glückes ins Auge gefaßt hatten. Eben darum war doch selbst der Kaiser bedenklich. Er zweifelte, sagt Caraffa, nicht an dem Rechte, sondern an der Möglichkeit der Ausführung. Allein der Eifer der Jesuiten, vor allen des Beichtvaters Lamormain, das günstige Gutachten der vier katholischen Kurfürsten, das unermüdliche Anhalten jenes päpstlichen Nuntius, der ja selbst berichtet, es habe ihm monatelange Arbeit gekostet, um durchzudringen, beseitigten am Ende alle Bedenklichkeiten. Bereits im August 1628 ward das Restitutionsedikt ebenso abgefaßt, wie es nachher erschienen ist[3]. Ehe es erlassen würde, sollte es nur noch einmal den katholischen Kurfürsten in Erwägung gegeben werden.

Es war aber hiermit noch ein weiterer Plan verknüpft: man gab der Hoffnung Raum, die lutherischen Fürsten in gutem zu gewin-

[1] Sattler, Geschichte von Württemberg unter den Herzogen, T. VI, S. 226.
[2] Senckenberg, Forts. der Häberlinschen Reichsgeschichte, Bd. 25, S. 633.
[3] Dieser Zeitpunkt der Abfassung ergibt sich aus Caraffa, Commentar de Germania sacra restaurata p. 350. Er bemerkt, daß das Edikt 1628

nen. Nicht die Theologen, sondern der Kaiser und einige katholische Reichsfürsten selbst sollten es versuchen. Man beabsichtigte, davon auszugehen, daß die Vorstellung, die man im nördlichen Deutschland vom Katholizismus hege, irrig, daß die Abweichung des ungeänderten Augsburgischen Bekenntnisses von der echtkatholischen Lehre nur sehr gering sei; den Kurfürsten von Sachsen hoffte man dadurch zu gewinnen, daß man ihm den Patronat der drei Hochstifter seines Gebietes überlasse[1]. Man verzweifelte nicht, den Haß der Lutheraner gegen den Kalvinismus erwecken und dann zu einer vollkommenen Herstellung des Katholizismus benutzen zu können.

Ein Gedanke, den man in Rom mit Lebhaftigkeit ergriff und zu einem ausführlichen Projekt ausarbeitete. Keineswegs meinte Urban VIII. sich mit den Bestimmungen des Religionsfriedens zu begnügen, den ja niemals ein Papst gutgeheißen hatte[2]. Nur eine völlige Restitution aller Kirchengüter, eine vollkommene Zurückführung aller Protestanten konnte ihn befriedigen.

Hatte sich doch dieser Papst in dem glücklichen Augenblicke zu einem womöglich noch kühneren Gedanken erhoben, in dem Entwurfe, England anzugreifen. Gleichsam mit einer Art von Naturnotwendigkeit tritt dieser Plan von Zeit zu Zeit in den großen katholischen Kombinationen wieder hervor. Jetzt hoffte sich der Papst des wiederhergestellten Einverständnisses der beiden Kronen dazu zu bedienen[3].

abgefaßt, 1629 publiziert worden; dann fährt er fort: Annuit ipse deus, dum post paucos ab ipsa deliberatione dies Caesarem insigni victoria remuneratus est. Er meint den Sieg von Wolgast, der am 22. August erfochten ward.

[1] Schon 1624 hegte man zu Rom Hoffnung auf die Bekehrung dieses Fürsten. Instruttione a mons[r] Caraffa: Venne ancora qualche novella della sperata riunione con la chiesa cattolica del signor duca di Sassonia; ma ella svanì ben presto: con tutto ciò il vederlo non infenso a' cattolici e nemicissimo de' Calvinisti ed amicissimo del Magontino e convenuto nell' elettorato di Baviera ci fa sperare bene; laonde non sarà inutile che S. S[tà] tenga proposito col detto Magontino di questo desiderato acquisto.

[2] „A cui", sagt der Papst vom Passauer Vertrag in einem Breve an den Kaiser, „non haveva giammai assentito la sede apostolica."

[3] In Siris Memorie recond. VI, 257 findet sich hiervon Notiz, obwohl nur eine sehr unvollständige. Auch die Nachricht in Richelieus Me-

Zuerst dem französischen Gesandten stellte er vor, welche Beleidigung für Frankreich darin liege, daß man sich in England an die bei der Vermählung gemachten Zusagen so ganz und gar nicht binde. Entweder müsse Ludwig XIII. die Engländer nötigen, ihre Verpflichtungen zu erfüllen, oder einem Fürsten die Krone entreißen, der als ein Ketzer vor Gott und als ein Wortbrüchiger vor den Menschen sie unwürdig trage[1].

Hierauf wandte er sich auch an den spanischen Botschafter Oñate. Der Papst meinte, schon als ein guter Ritter sei Philipp IV. verpflichtet, der Königin von England, einer so nahen Verwandten – sie war seine Schwägerin –, die jetzt um ihres Glaubens willen bedrängt werde, zu Hilfe zu kommen.

Als der Papst sah, daß er Hoffnung hegen dürfe, übertrug er dem Nuntius Spada zu Paris die Unterhandlung.

Unter den einflußreichen Männern in Frankreich ergriff Kardinal Berulle, der die Unterhandlung über die Vermählung geleitet, diesen Gedanken am lebhaftesten. Er berechnete, wie man sich der englischen Fahrzeuge an den französischen Küsten bemächtigen, wie man sogar die Flotte der Engländer in ihren Häfen verbrennen könne. In Spanien ging Olivarez ohne viel Zögern auf diesen Plan ein. Zwar hätten ihn frühere Treulosigkeiten bedenklich machen können, und ein anderer hoher Staatsbeamter, Kardinal Bedmar, stimmte deshalb dagegen; aber der Gedanke war zu großartig, zu umfassend, als daß Olivarez, der in allen Dingen das Glänzende liebte, ihn hätte zurückweisen mögen.

Auf das geheimste ward die Unterhandlung betrieben; selbst jener französische Gesandte in Rom, dem die ersten Eröffnungen geschehen waren, erfuhr nichts von ihrem Fortgange.

moiren XXIII, 283 ist nur einseitig. Um vieles ausführlicher und authentischer ist die Darstellung bei Nicoletti, die wir hier benutzen.

[1] Der Papst sagt bei Nicoletti: Essere il re di Francia offeso nello stato, del fomento che l'Inghilterra dava agli Ugonotti ribelli; nella vita, rispetto agli incitamenti e fellonia di Sciales, il quale haveva indotto il duca di Orleans a macchinare contro S. M^{tà}, per lo cui delitto fu poscia fatto morire; nella riputazione, rispetto a tanti mancamenti di promesse; e finalmente nel proprio sangue, rispetto agli strapazzi fatti alla regina sua sorella; ma quello che voleva dir tutto, nell' anima, insidiando l'Inglese alla salute di quella della regina ed insieme a quelle del christianissimo stesso e di tutti coloro che pur troppo hebbero voglia di fare quello infelice matrimonio.

Richelieu entwarf die Artikel des Vertrages, Olivarez verbesserte sie; auch so ließ sie sich Richelieu gefallen. Am 20. April 1627 wurden sie ratifiziert. Die Franzosen verpflichteten sich, sogleich die Rüstungen zu beginnen und ihre Häfen instand zu setzen. Die Spanier waren bereit, noch im Jahre 1627 zum Angriff zu schreiten; im nächsten Frühling sollten ihnen dann die Franzosen mit ganzer Macht zu Hilfe kommen[1].

Es tritt aus unseren Nachrichten nicht deutlich hervor, wie Spanien und Frankreich die Beute zu teilen gedachten; soviel ergibt sich, daß man dabei auch auf den Papst Rücksicht nahm. In tiefstem Vertrauen eröffnete Berulle dem Nuntius: wenn es gelinge, so solle Irland an den Päpstlichen Stuhl fallen; der Papst möge es dann durch einen Vizekönig regieren lassen. Mit außerordentlicher Genugtuung empfing der Nuntius diesen Antrag; nur empfahl er Seiner Heiligkeit, nichts davon verlauten zu lassen, damit es nicht scheine, als habe sie bei ihren Anschlägen weltliche Absichten.

Auch an Deutschland und Italien dachte man aber bei diesem Plane.

Noch schien es möglich, das Übergewicht der englischen und der holländischen Seemacht durch eine allgemeine Vereinigung zu bezwingen. Man faßte den Gedanken, eine bewaffnete Kompanie zu errichten, unter deren Schutze ein unmittelbarer Verkehr zwischen der Ostsee, Flandern, den französischen Küsten, Spanien und Italien ohne allen Anteil der beiden Seemächte eingerichtet werden könne. Schon machte der Kaiser den Hansestädten Anträge in diesem Sinne; die Infantin zu Brüssel wünschte, daß den Spaniern ein Hafen an der Ostsee eingeräumt werden möchte[2]; es ward mit dem Großherzog von Toskana darüber unterhandelt,

[1] Lettere del nuncio 9 Aprile 1627. Tornò a Parigi il prefato corriere di Spagna con avvisi che il re cattolico contentavasi di muoversi il primo, come veniva desiderato da Francesi, purchè da questi si concedessero unitamente le due offerte altre volte alternativamente proposte, cioè *che il christianissimo si obliga*sse di muoversi nel mese di maggio o di giugno dell' anno seguente e che presentemente accomodasse l'armata cattolica di alcune galere ed altri legni. Portò anche nuova il medesimo corriere che il conte duca haveva in Ispagna staccata la pratica e dato ordine che se ne staccasse una simile in Fiandra col re d'Inghilterra, il quale offriva al cattolico sospensione d'armi per tre anni o altro più lungo tempo tanto a nome del re di Danimarca quanto degli Olandesi.

[2] Papst Urban sagt dies in einer Instruktion an Ginetti, bei Siri, Mercurio II, 984.

der den spanisch-portugiesischen Handel hierdurch nach Livorno ziehen könne[1].

So weit brachte man es nun freilich nicht. Einen sehr abweichenden Gang nahm durch die Verflechtung der Verhältnisse das Ereignis, aber doch einen solchen, der zuletzt zu einem den katholischen Tendenzen überaus günstigen Resultate führte.

Indem man so umfassende Pläne zu einem Angriff auf England entwarf, begegnete, daß man selbst einen Angriff von England erfuhr.

Im Juli 1627 erschien Buckingham mit einer stattlichen Flotte an der Küste von Frankreich; er landete auf der Insel Rhé und nahm sie ein, bis auf die Zitadelle von St-Martin, die er sofort belagerte; er rief die Hugenotten zu erneuter Verteidigung ihrer Freiheiten und ihrer religiösen Unabhängigkeit auf, die allerdings von Tag zu Tag immer mehr gefährdet war.

Die englischen Geschichtschreiber pflegen dies Unternehmen von einer seltsamen Leidenschaft Buckinghams für die Königin Anna von Frankreich herzuleiten. Stehe es mit dieser Neigung, wie es wolle, so liegt doch in dem großen Gange der Angelegenheiten ein ganz anderer und gewiß der wesentlichste Grund desselben. Sollte Buckingham den Angriff, den man beabsichtigte, in England erwarten? Es war doch ohne Zweifel besser, ihm zuvorzukommen und den Krieg nach Frankreich zu tragen[2]. Einen günstigeren Zeitpunkt konnte es nicht geben; Louis XIII. war gefährlich

[1] Scrittura sopra la compagnia militante, MS. im Archivio Mediceo, enthält eine Deliberation über die Ausführbarkeit dieses Planes: Si propone che i popoli delle città anseatiche entreranno nella compagnia militante per farne piacere all' imperatore e che i Toscani non abbino a ricusare come chiamati da sì gran monarchi.

[2] Man dürfte fragen, ob Buckingham von jenem geheimnisvollen Anschlag etwas erfahren habe. Es ist doch höchst wahrscheinlich. Denn wie selten ist ein Geheimnis so ganz geheim, daß nicht etwas davon verlauten sollte! Wenigstens der venezianische Gesandte Zorzo Zorzi, der um die Zeit, daß jene Verabredungen im Gange waren, nach Frankreich kam, hörte sogleich davon. Si aggiungeva che le due corone tenevano insieme machinationi e trattati di assalire con pari forze e dispositioni l'isola d'Inghilterra. Da ist nun sehr unwahrscheinlich, daß man es in England nicht erfahren habe: die Venezianer standen in engstem Vernehmen mit England; sie kamen selbst in Verdacht, die Expedition gegen Rhé geraten zu haben. (Relatione di Francia 1628.)

krank und Richelieu im Kampfe mit starken Faktionen. Nach einigem Zögern erhoben die Hugenotten in der Tat die Waffen aufs neue: ihre kühnen und kriegskundigen Anführer erschienen noch einmal im Felde.

Nur hätte Buckingham nun auch den Krieg nachdrücklicher führen und besser unterstützt werden müssen. König Karl I. bekennt in allen seinen Briefen, daß dies nicht hinreichend geschehe. Wie man es trieb, war man dem Kardinal Richelieu, dessen Genius in schwierigen Augenblicken seine Mittel mit doppelter Kraft entwickelte und der sich nie entschlossener, standhafter, unermüdlicher bewiesen, in kurzem nicht mehr gewachsen. Buckingham rettete sich durch einen Rückzug. Sein Unternehmen, das die französische Regierung in außerordentliche Gefahr hätte bringen können, hatte dann keinen anderen Erfolg, als daß sich die gesamte Kraft des Landes mit erneuter Gewalt unter der Leitung des Kardinals auf die Hugenotten stürzte.

Der Mittelpunkt der hugenottischen Macht war ohne Zweifel in Rochelle. Schon in früheren Jahren hatte Richelieu, wenn er sich in seinem Bistume Luçon dort in der Nähe aufhielt, über die Möglichkeit, diesen Platz zu erobern, nachgedacht; jetzt sah er sich selbst berufen, ein solches Unternehmen zu leiten; er beschloß, es auszuführen, es koste, was es wolle.

Sonderbarerweise kam ihm hierbei nichts so sehr zustatten wie der Fanatismus eines englischen Puritaners.

Endlich hatte Buckingham sich noch einmal gerüstet, um Rochelle zu entsetzen; seine Ehre war dafür verpflichtet, seine Stellung in England und der Welt hing davon ab, und ohne Zweifel hätte er alle seine Kräfte dazu angestrengt: diesen Augenblick wählte jener Fanatiker, von Rachsucht und mißverstandenem Religionseifer angetrieben, um Buckingham zu ermorden.

In großen Entscheidungen ist es notwendig, daß mächtige Männer eine Unternehmung zu ihrer persönlichen Angelegenheit machen. Die Belagerung von Rochelle war wie ein Zweikampf zwischen den beiden Ministern. Jetzt blieb Richelieu allein übrig. In England fand sich niemand, der Buckinghams Stelle vertreten, seine Ehre sich zu Herzen genommen hätte; die englische Flotte erschien an der Rhede, aber ohne etwas Rechtes zu unternehmen. Man sagt, Richelieu habe gewußt, daß sie dies nicht tun würde. Unerschütterlich hielt er aus. Im Oktober 1628 ergab sich ihm Rochelle.

Nachdem die Hauptfeste gefallen, verzweifelten auch die benachbarten Plätze, sich zu halten; ihre Sorge war nur, eine erträgliche Abkunft zu treffen[1].

Und so entsprangen aus allen diesen politischen Verwicklungen, die den Protestanten anfangs günstig geschienen, am Ende doch wieder dem Katholizismus entscheidende Siege, gewaltige Fortschritte. Das nordöstliche Deutschland, das südwestliche Frankreich, die solange widerstanden, waren beide besiegt. Es schien nur noch darauf anzukommen, die überwundenen Feinde durch Gesetze und fortwirkende Einrichtungen auf immer zu unterwerfen.

Die Hilfe, welche Dänemark den Deutschen, England den Franzosen angedeihen ließ, war denselben eher verderblich geworden: sie hatte den überlegenen Feind erst herbeigezogen; diese Mächte waren bereits selbst gefährdet oder angegriffen. Die kaiserlichen Truppen drangen nach Jütland vor. Zwischen Spanien und Frankreich ward im Jahre 1628 noch auf das lebhafteste über jenen gemeinschaftlichen Angriff auf England unterhandelt.

[1] Zorzo Zorzi, Relatione di Francia 1629: L'acquisto di Rocella ultimato sugli occhi dell' armata Inglese, che professava di sciogliere l'assedio et introdurvi il soccorso, l'impresa contro Roano, capo et anima di questa fattione, i progressi contra gli Ugonotti nella Linguadocca colla ricuperatione di ben 50 piazze hanno sgomentato i cuori e spozzato la fortuna di quel partito, che perdute le forze interne e mancategli le intelligenze straniere si è intieramente rimesso alla volontà e clemenza del re. Er bemerkt, daß die Spanier freilich spät und nur mit 14 Schiffen, aber daß sie doch wirklich gekommen seien, um an der Belagerung von Rochelle teilzunehmen. Den Übertritt schreibt er der „certezza del fine" und dem „partecipar agli onori" zu.

Viertes Kapitel

MANTUANISCH-SCHWEDISCHER KRIEG
UMSCHWUNG DER DINGE

Auf den ersten Blick bietet der Gang der Weltereignisse, der Fortschritt einer angefangenen Entwicklung den Anschein des Unabänderlichen dar.
Tritt man aber näher, so zeigt sich nicht selten, daß das Grundverhältnis, auf welchem alles beruht, leicht und zart ist, fast persönlich, Hinneigung oder Abneigung, nicht so schwer zu erschüttern.
Fragen wir, was diese neuen großen Vorteile der katholischen Restauration hauptsächlich hervorbrachte, so war es nicht so sehr die Kriegsmacht des Tilly und des Wallenstein oder das militärische Übergewicht Richelieus über die Hugenotten, als das erneute Einverständnis zwischen Frankreich und Spanien, ohne welches weder jene noch auch dieser viel ausgerichtet haben würden.
Der Protestantismus leistete schon 1626 keinen selbständigen Widerstand mehr; nur durch eine Entzweiung der katholischen Mächte ermannte er sich dazu; die Versöhnung derselben führte sein Verderben herbei.
Wer hätte sich aber verbergen können, wie leicht sich jenes Einverständnis erschüttern ließ?
Innerhalb der Grenzen des Katholizismus waren zwei entgegengesetzte Antriebe mit gleicher Notwendigkeit ausgebildet, der eine der Religion, der andere der Politik. Jener forderte Zusammenhalten, Ausbreitung des Glaubens, Hintansetzung aller anderen Rücksichten; dieser rief den Wettstreit der großen Mächte um ein vorwaltendes Ansehen unablässig hervor.
Man dürfte wohl nicht sagen, durch den Gang der Ereignisse sei das Gleichgewicht von Europa bereits umgestürzt gewesen. Das Gleichgewicht beruhte in jenen Zeiten auf dem Gegensatze zwischen Frankreich und Österreich-Spanien, und auch Frankreich war im Laufe dieser Begebenheiten unendlich viel stärker geworden.
Aber nicht minder von der Voraussicht der Zukunft als von einer gegenwärtigen Bedrängnis hängt die Tätigkeit der Politik ab.

Der natürliche Lauf der Dinge schien eine allgemeine Gefahr herbeiführen zu müssen.

Daß die altprotestantischen norddeutschen Länder von den wallensteinischen Kriegsvölkern überschwemmt worden, eröffnete die Möglichkeit, die kaiserliche Hoheit im Reiche, welche seit Jahrhunderten, einen Moment im Leben Karls V. etwa ausgenommen, nur noch ein Schatten gewesen, zu wahrhafter Macht und wesentlicher Bedeutung herzustellen. Ging es mit der katholischen Restauration auf dem eingeschlagenen Wege fort, so war das unvermeidlich.

Einmal hatte Frankreich dagegen ein Äquivalent nicht zu erwarten; sobald es der Hugenotten Herr geworden war, blieb ihm nichts weiter zu gewinnen übrig. Aber hauptsächlich erhoben sich die Besorgnisse der Italiener. Sie fanden die Erneuerung eines mächtigen Kaisertums, das so viele Ansprüche in Italien hatte und mit der verhaßten Gewalt der Spanier so unmittelbar zusammenstand, gefahrvoll, ja unerträglich.

Aufs neue war die Frage, ob die katholischen Bestrebungen ohne Rücksicht hierauf fortgesetzt werden, noch einmal die Oberhand erkämpfen oder ob die politischen Gesichtspunkte überwiegen und einen Einhalt derselben veranlassen würden.

Indem der Strom der katholischen Restauration sich noch mit voller Gewalt über Frankreich und Deutschland ergoß, trat in Italien eine Bewegung ein, bei der sich das entscheiden mußte.

Mantuanische Erbfolge

In den letzten Tagen des Jahres 1627 starb Vincenzo II. Gonzaga, Herzog von Mantua, ohne Leibeserben. Sein nächster Agnat war Karl Gonzaga, Herzog von Nevers.

An und für sich bot nun diese Erbfolge keine Schwierigkeiten dar: an den Rechten des Agnaten konnte kein Zweifel obwalten; allein sie schloß eine politische Veränderung von großer Bedeutung ein.

Karl Nevers war in Frankreich geboren und mußte als ein Franzose angesehen werden; man glaubte, die Spanier würden es nicht dulden, daß ein Franzose in Oberitalien, welches sie von jeher mit besonderer Eifersucht vor allem französischen Einfluß sicherzustellen gesucht, mächtig würde.

Gehen wir nach so langer Zeit der Sache auf den Grund, so findet sich doch, daß man anfangs weder an dem spanischen noch an dem österreichischen Hofe ihn auszuschließen gedachte. Er war doch auch mit dem Erzhause verwandt: die Kaiserin war eine mantuanische Prinzessin und immer sehr für ihn. „Man mutete ihm", sagt Khevenhiller, der in den mantuanischen Geschäften gebraucht wurde, „anfangs nichts Widriges zu; man beratschlagte vielmehr, ihn zu des Erzhauses Devotion zu bringen[1]."

Auch Olivarez hat dies ausdrücklich versichert; er hat erzählt, als man von der schweren Krankheit Don Vincenzos gehört, sei beschlossen worden, einen Kurier an den Herzog von Nevers abzusenden, um ihm den Schutz von Spanien zu einer friedlichen Besitznahme von Mantua und Montferrat anzutragen[2]. Es ist wohl möglich, daß man ihm Bedingungen gesetzt, Sicherheiten von ihm verlangt haben würde; sein Recht dachte man ihm nicht zu entreißen.

Merkwürdig, wie diese natürliche Entwicklung verhindert ward. In Italien traute man den Spaniern ein so rechtliches Verfahren nicht zu. Man hatte ihnen nie glauben wollen, sooft sie auch früher versicherten, daß sie es beobachten, daß sie sich der Erbfolge des Nevers nicht widersetzen würden[3]. Die spanischen Machthaber in Italien hatten nun einmal den Verdacht auf sich geladen, auch auf eine ungesetzliche Weise nach dem Besitz einer unumschränkten Macht zu streben. Man ließ sich jetzt nicht ausreden, daß sie ein ihnen ergebeneres Mitglied des Hauses Gonzaga zu dem Herzogtume zu befördern suchen würden.

Gestehen wir aber, daß der Wunsch der Italiener, einen mit

[1] Annales Ferdinandei, XI, p. 30.

[2] Francesco degli Albizi, negotiator di mons[r] Cesare Monte: S. M[tà], sagt Olivarez, in sentire la grave indispositione del duca Vincenzo ordinò che si dispacciasse corriero in Francia al medesimo Nivers, promettendogli la protettione sua acciò egli potesse pacificamente ottenere il possesso di Mantova e del Monferrato; ma appena consegnati gli ordini, si era con altro corriere venuto d'Italia intesa la morte di Vincenzo, il matrimonio di Retel senza participatione del re etc.

[3] Nè si deve dar credenza, sagt unter anderen der venezianische Gesandte in Mantua, Mulla, 1615, a quello che si è lasciato intender più volte il marchese di Inoiosa, già governator di Milano, che Spagnuoli non porterebbono, quando venisse il caso, mai altri allo stato di Mantoa che il duca di Nivers; – aber warum nicht? Es ergibt sich nur das Faktum: der Governator sagt es, die Italiener glauben es nicht; dennoch ist es ohne Zweifel so.

Frankreich natürlich verbündeten und von Spanien unabhängigen Fürsten in Mantua zu sehen, an dieser Meinung viel Anteil hatte. Sie wollten nicht glauben, daß Spanien etwas zugeben würde, was ihnen im antispanischen Interesse so erwünscht kam. Sie überredeten die berechtigte Linie selbst hiervon, und diese hielt für das beste, sich nur zuerst, auf welche Weise auch immer, in Besitz zu setzen.

Man möchte sagen, es war wie in einem animalischen Organismus. Die innere Krankheit suchte nur einen Anlaß, einen angegriffenen Punkt, um zum Ausbruch zu kommen.

In tiefstem Geheimnis, noch vor dem Ableben Vinçenzos, langte der junge Gonzaga Nevers, Herzog von Rethel, in Mantua an. Ein mantuanischer Minister, der sich zur antispanischen Partei hielt, des Namens Striggio, hatte hier alles vorbereitet. Der alte Herzog machte keine Schwierigkeit, die Rechte seines Vetters anzuerkennen. Es war noch ein Fräulein aus der einheimischen Linie vorhanden – Urenkelin Philipps II. von Spanien, von seiner jüngeren Tochter, die sich nach Savoyen verheiratet hatte –, und es schien viel darauf anzukommen, daß der junge Herzog sich mit ihr vermähle. Zufällige Umstände verzögerten die Sache, und Vincenzo war schon tot[1], als man das Fräulein einst in der Nacht aus dem Kloster holte, wo sie erzogen ward, in den Palast brachte und hier ohne viel Zögern die Vermählung schloß und vollzog. Dann erst ward der Tod des Herzogs bekanntgemacht; Rethel ward als Prinz von Mantua begrüßt und empfing die Huldigung. Ein mailändischer Abgeordneter wurde solange entfernt gehalten, bis alles vollbracht war, und dann nicht ohne eine Art von Hohn in Kenntnis gesetzt.

Zugleich mit der Anzeige von dem Tode des Herzogs trafen diese Nachrichten in Wien und Madrid ein.

Man wird bekennen, daß sie recht geeignet waren, so mächtige Fürsten, die sich in der Haltung einer religiösen Majestät gefielen, zu entrüsten, zu erbittern. Eine so nahe Verwandte ohne ihre Zustimmung, ja ohne ihr Wissen, mit einer Art von Gewaltsamkeit verheiratet, ein bedeutendes Lehen in Besitz genommen ohne die mindeste Rücksicht auf den Lehnsherrn! Jedoch ergriffen nun die beiden Höfe abweichende Maßregeln.

[1] *Nani, Storia Veneta* I, 7, p. 350, Siri, Memorie recondite VI, p. 309 geben dies Faktum an, der letzte nach einem Schreiben Sabrans an den französischen Hof.

Olivarez, stolz als ein Spanier, doppelt stolz als Minister eines so mächtigen Königs, immer erfüllt von hochfliegendem Selbstgefühl, war jetzt weit entfernt, sich dem Herzog zu nähern; er beschloß, wenn nichts weiter, doch wenigstens, wie er sich ausdrückt, ihn zu mortifizieren[1]. Und war nicht sein Bezeigen offenbar feindselig? Durfte man ihm nach dieser Probe seiner Gesinnung die wichtigen Städte von Montferrat anvertrauen, die als eine Vormauer von Mailand betrachtet wurden? Der Herzog von Guastalla machte Ansprüche auf Mantua, der Herzog von Savoyen auf Montferrat; jetzt traten die Spanier mit beiden in Verbindung: man griff zu den Waffen; der Herzog von Savoyen rückte von der einen, Don Gonzalez de Cordova, Governator in Mailand, von der anderen Seite in Montferrat ein. Schon hatten Franzosen in Casale Zutritt gefunden. Don Gonzalez eilte, es zu belagern. Er zweifelte um so weniger, daß er es in kurzem erobern werde, da er auf innere Einverständnisse rechnete.

Nicht so rasch ging der Kaiser zu Werke. Er war überzeugt, daß Gott ihn beschütze, weil er den Weg der Gerechtigkeit wandele. Er mißbilligte das Verfahren der Spanier und ließ Don Gonzalez förmlich abmahnen. Dagegen wollte er seine oberrichterliche Funktion mit voller Freiheit ausüben. Er sprach das Sequester über Mantua aus, bis er entschieden haben werde, welchem von den verschiedenen Prätendenten die Erbschaft zugehöre. Da der neue Herzog von Mantua – er war nun selbst angekommen – sich nicht unterwerfen wollte, so ergingen die schärfsten Mandate wider ihn[2].

[1] Nicoletti, Vita di papa Urbano, aus einer Depesche des Nuntius Pamfilio: Dichiaravasi il conte duca che per lo meno voleva mortificare il duca di Nivers per lo poco rispetto portato al re nella conclusione del matrimonio senza parteciparlo; ma a qual segno potesse giungere la mortificatione, non poteva il nuntio farne congettura, e tanto più che le ragioni che avevano mosso il papa a concedere la dispensa, erano acerbamente impugnate dal medesimo conte duca.

[2] Die Absichten des kaiserlichen Hofes ergaben sich aus den Berichten Pallottas 10. Juni 1628, nach dem Auszuge bei Nicoletti: Il nunzio ogni dì più accorgevasi che era malissima l'impressione contro il duca di Nivers, che havesse disprezzato il re di Spagna e molto più l'imperatore, conchiudendo matrimonio senza sua participazione col possesso dello stato senza investitura, anzi senza indulto imperiale, che fosse nemico della casa d'Austria, che avesse intelligenza e disegno co' Francesi di dare loro mano nell' invasione dello stato di Milano, e che non di meno S. M[tà] Ces[a] havesse grandissima inclinatione alla pace, e con questo fine

Waren nun aber auch Ursprung und Sinn dieser Maßregeln verschieden, so trafen sie doch in ihrer Wirkung zusammen. Nevers sah sich durch die Rechtsansprüche der deutschen Linie des Hauses Österreich nicht minder bedroht als durch die Gewaltsamkeit der spanischen. Indem er der Gefahr zu entgehen dachte, zog er sie sich eben über das Haupt.

Und anfangs hatte er in der Tat nur schlechte Aussichten. Es ist wahr, einige italienische Staaten sahen seine Sache für so gut als die ihrige an: sie unterließen nichts, ihn bei dem Entschlusse des Widerstandes festzuhalten; aber um an sich selbst für ihn etwas auszurichten, fehlte es ihnen doch an hinreichenden Kräften.

Wohl hatte ihm auch Richelieu zugesagt, ihn nicht fallen zu lassen, wenn er sich nur halte, bis ihm Frankreich zu Hilfe kommen könne. Aber die Frage war, wann dies sein dürfte.

Die Verhältnisse von Mantua entwickelten sich noch während der Belagerung von Rochelle auf einen sehr gefährlichen Punkt. Ehe es gefallen, konnte Richelieu keinen Schritt tun. Er durfte nicht wagen, sich aufs neue in Feindseligkeiten gegen Spanien einzulassen, solange dadurch noch eine gefährliche Erhebung der Hugenotten veranlaßt werden konnte.

Aber auch noch eine andere Rücksicht zu nehmen, nötigten ihn seine früheren Erfahrungen. Um keinen Preis durfte er sich mit der devoten, ernstlich-katholischen Partei in seinem Vaterlande entzweien. Er durfte nicht wagen, mit dem Papste zu brechen oder nur eine Politik einzuschlagen, die demselben mißfällig gewesen wäre.

Unendlich viel kam noch einmal auf den Papst an. Seine Stellung, die Natur seines Amtes forderten ihn auf, alles für die Erhaltung des Friedens in der katholischen Welt zu tun. Als ein italienischer Fürst hatte er auf seine Nachbarn einen unzweifelhaften Einfluß. Auch für Frankreich mußte sein Verfahren, wie wir sahen, maßgebend werden. Es lag alles daran, ob er den Ausbruch der Entzweiung verhüten oder ob er selbst Partei ergreifen würde.

In den früheren Verwicklungen hatte Urban VIII. seine Politik eingeleitet, ihre Bahn vorgezeichnet gefunden. Hier tritt seine

havesse fatto il decreto del sequestro per levare l'armi dalle mani di Spagnuoli e di Savojardi, stanti le ragioni che pretendevano Guastalla, Savoja, Lorena e Spagna negli stati di Mantova e Monferrato, che dappoi il duca havesse di nuovo offeso l'imperatore col disprezzo de' commissarj, *non dando loro la* mano dritta e non gli ammettendo in Mantova, e sopra tutto col appellazione e protesta che l'imperatore fosse caduto dalla ragione e superiorità di detti feudi.

Sinnesweise zum erstenmal vollständiger und zugleich für die Weltangelegenheiten bestimmend hervor.

Urban VIII.

Unter anderen Fremden, die durch den Handel von Ankona, der sich im 16. Jahrhundert in ziemlicher Aufnahme befand, zu ansehnlichen Reichtümern gelangten, zeichnete sich das florentinische Haus Barberini durch geschickte Berechnung der Geschäfte und glücklichen Erfolg aus. Ein Sprößling dieses Hauses, Maffeo, im Jahre 1568 zu Florenz geboren, ward nach dem frühen Tode seines Vaters nach Rom gebracht, wo ihm ein Oheim lebte, der sich an der Kurie eine gewisse Stellung gemacht hatte. Auch Maffeo schlug die Laufbahn an der Kurie ein; er ward durch die Wohlhabenheit seines Hauses befördert, doch entwickelte er auch ein ausnehmendes Talent dazu: auf jeder Stufe, die er betrat, erkannten seine Amtsgenossen eine gewisse Überlegenheit in ihm an. Hauptsächlich durch eine Nuntiatur in Frankreich, bei welcher er die volle Gewogenheit des französischen Hofes erwarb, eröffnete er sich dann ferner hohe Aussichten. Nach dem Tode Gregors XV. dachte ihm die französische Partei von allem Anfang den Pontifikat zu. Die Gestalt des Konklaves war damals von den früheren dadurch unterschieden, daß der letzte Papst nur eine kurze Zeit gesessen. Obwohl er eine bedeutende Anzahl Kardinäle ernannt hatte, so waren doch die Kreaturen seines Vorgängers noch immer ebenso zahlreich; in dem Konklave standen einander der vorletzte und der letzte Nepot mit ziemlich gleichen Kräften gegenüber. Maffeo Barberino soll jedem von ihnen zu verstehen gegeben haben, er sei ein Gegner des anderen; man behauptet, daß er hierauf von beiden, und zwar von jedem aus Haß wider den anderen, unterstützt worden sei. Noch wirksamer jedoch war es ohne Zweifel, daß er sich immer als einen Verfechter der jurisdiktionellen Ansprüche der römischen Kurie gezeigt und sich dadurch der Mehrzahl der Kardinäle wert gemacht hatte. Genug, von eigenem Verdienst und fremder Unterstützung gleich gefördert, drang Maffeo Barberino durch und stieg in dem frischen Alter von 55 Jahren zur Würde des Papsttums auf.

Gar bald nahm der Hof einen starken Unterschied zwischen ihm und seinen nächsten Vorfahren wahr. Clemens VIII. fand man in der Regel mit den Werken des hl. Bernhard, Paul V. mit den Schriften des sel. Justinian von Venedig beschäftigt; bei dem neuen Papst, Urban VIII., lagen dagegen die neuesten Gedichte oder auch Fortifikationszeichnungen auf dem Arbeitstische.

Es wird sich in der Regel finden, daß die Zeit, in der ein Mensch seine entschiedene Richtung ergreift, in die erste Blüte der männlichen Jahre fällt, in denen er an Staat oder Literatur einen selbsttätigen Anteil zu nehmen anfängt. Die Jugend Pauls V., geboren 1552, Gregors XV., geboren 1554, gehörte in eine Epoche, in welcher die Prinzipien der katholischen Restauration in vollem ungebrochenem Schwunge vorwärts schritten; auch sie wurden von denselben erfüllt. Die ersten Tätigkeiten Urbans VIII. – geboren 1568 – fielen dagegen in die Zeiten der Opposition des päpstlichen Fürstentums gegen Spanien, der Herstellung eines katholischen Frankreichs. Wir finden, daß nun auch seine Neigung sich vorzugsweise diesen Richtungen hingab.

Urban VIII. betrachtete sich vornehmlich als einen weltlichen Fürsten. Er hegte den Gedanken, der Kirchenstaat müsse durch Befestigungen gesichert, durch eigene Waffen furchtbar sein. Man zeigte ihm die marmornen Denkmale seiner Vorfahren; er sagte, er wolle sich eiserne setzen. An den Grenzen des Bolognesischen baute er Castelfranco, welches man das Fort Urbano genannt hat, obgleich der militärische Zweck desselben so wenig in die Augen sprang, daß die Bolognesen argwöhnten, es sei mehr gegen als für sie angelegt. In Rom fing er schon 1625 an, Kastell San-Angelo mit neuen Brustwehren zu befestigen; unverzüglich versah er es, gleich als sei ein Krieg vor der Tür, mit Munition und Mundvorrat; auf Monte Cavallo zog er die hohe Mauer, die den päpstlichen Garten einschließt, ohne es zu achten, daß dabei einige großartige Reste des Altertums in den Gärten der Colonnesen zugrunde gingen. In Tivoli richtete er eine Gewehrfabrik ein[1]; die Räume der vatikanischen Bibliothek wurden zum Zeughause bestimmt; Soldaten gab es überflüssig, und die Stätte der obersten

[1] Al. Contarini, Relatione di 1635. Quanto alle armi, i papi n'erano per l'addietro totalmente sproveduti, perchè confidavano più nell' obligarsi i principi con le gratie che nelle difese temporali. Hora si è mutato registro, et il papa presente in particolare vi sta applicatissimo. A Tivoli egli ha condotto un tal Ripa Bresciano, suddito di V. Ser^{tà}, il quale poi di tempo in tempo è andato sviando molti operai della terra di Gardon. Quivi costui fa lavorare gran quantità d'arme, prima facendo condurre il ferro grezzo dal Bresciano et hora lavorandone qualche portione an-

geistlichen Macht der Christenheit, der friedliche Bezirk der Ewigen Stadt, erfüllte sich mit militärischem Lärmen. Auch einen Freihafen mußte ein wohleingerichteter Staat haben; Civitavecchia ward mit vielen Kosten dazu eingerichtet. Nur entsprach der Erfolg mehr der Lage der Sachen als der Absicht des Papstes. Die Barbaresken verkauften daselbst die den christlichen Seefahrern abgenommene Beute. Dazu mußten die Anstrengungen des Oberhirten der Christenheit dienen.

In allen diesen Dingen verfuhr Papst Urban mit unbedingter Selbstherrschaft; wenigstens in seinen ersten Jahren erweiterte er noch die unumschränkte Regierungsweise seiner Vorfahren. Schlug man ihm vor, das Kollegium zu Rate zu ziehen, so entgegnete er wohl, er allein verstehe mehr als alle Kardinäle zusammengenommen. Nur selten ward Konsistorium gehalten, und auch dann hatten nur wenige den Mut, sich freimütig zu äußern. Die Kongregationen versammelten sich in der gewohnten Weise; jedoch wurden ihnen keine wichtigen Fragen vorgelegt, die Beschlüsse, welche sie ja etwa faßten, wenig berücksichtigt[1]. Auch für die Verwaltung des Staates bildete Urban keine eigentliche Konsulta, wie seine Vorfahren. Sein Nepot Franz Barberino hatte in den ersten zehn Jahren des Pontifikates ganz recht, wenn er für keine Maßregel, die man ergriffen hatte, welcher Art sie auch sein mochte, die Verantwortlichkeit übernehmen wollte.

Die fremden Gesandten waren unglücklich, daß sie so wenig mit dem Papste anfangen konnten. In den Audienzen sprach er selbst das meiste[2], dozierte, setzte mit dem Nachfolgenden das Gespräch fort, welches er mit dem Vorhergehenden begonnen. Man mußte ihn hören, ihn bewundern, ihm mit der größten Ehrerbietung be-

cora di certe miniere ritrovate nell' Umbria, di che tutto diedi avviso con mie lettere a suo tempo, che m'imagino passassero senza riflessione. Di queste armi ha il papa sotto la libreria del Vaticano accomodato un' arsenale, dove con buon ordine stanno riposti moschetti, picche, carabine e pistole per armare trentamila fanti e cinquemila cavalli oltre buon numero che dalla medesima fucina di Tivoli si è mandato a Ferrara e Castelfranco in queste ultime occorrenze.

[1] Le congregationi servono, sagt Aluise Contarini, per coprire talvolta qualche errore.

[2] Pietro Contarini, Relatione di 1627. Abbonda con grande facondia nelli discorsi, è copioso nelli suoi ragionamenti di cose varie argomenta e tratta nelli negozj con tutte le ragioni che intende e sa, a segno che le audienze si rendono altrettanto e più lunghe di quelle de' precessori suoi; e nelle congregationi dove interviene segue pur il medesimo con

gegnen, selbst wenn er abschlug. Auch bei anderen Päpsten erfolgten viele abschlägigen Bescheide, aber aus einem Prinzip, sei es der Religion oder der Politik: bei Urban bemerkte man Laune. Man konnte nie sagen, ob man ein Ja oder ein Nein zu erwarten haben würde. Die gewandten Venezianer lauschten ihm ab, daß er den Widerspruch liebe, daß er durch eine fast unwillkürliche Hinneigung immer auf das Gegenteil von dem Vorgetragenen verfalle; um zu ihrem Zwecke zu gelangen, brauchten sie das Mittel, sich selbst Einwürfe zu machen. Indem der Papst das Entgegengesetzte aufsuchte, geriet er dann von selbst auf Vorschläge, zu denen ihn sonst keine Überredung der Welt zu bringen vermocht hätte.

Eine Gesinnung, die sich auch in untergeordneten Kreisen auf ihre Weise zeigen kann und damals in Italienern und Spaniern nicht selten vorkam. Sie betrachtet eine öffentliche Stellung gleichsam als einen Tribut, welcher dem Verdienste, der Persönlichkeit gebühre. In der Verwaltung eines Amtes folgt sie dann auch bei weitem mehr diesen persönlichen Antrieben als den Forderungen der Sache, nicht viel anders als ein Autor, der, von dem Gefühle seines Talentes erfüllt, nicht sowohl den Gegenstand ins Auge faßt, der ihm vorliegt, als dem Spiele seiner Willkür freien Lauf läßt.

Gehörte doch Urban selbst zu dieser Art von Autoren! Die Gedichte, die von ihm übrig sind, zeigen Witz und Gewandtheit. Aber wie seltsam sind darin doch die heiligen Gegenstände behandelt! Die Gesänge und Sprüche des Alten wie des Neuen Testaments müssen sich in horazische Metra fügen, der Lobgesang des alten Simeon in zwei sapphische Strophen! Von der Eigentümlichkeit des Textes kann hierbei natürlich nichts übrigbleiben: der Inhalt muß sich einer Form fügen, die ihm an sich widerspricht, nur weil der Verfasser sie eben beliebt.

Aber diese Talente, der Glanz, mit dem sie die Person des Papstes umgaben, die athletische Gesundheit selbst, deren er genoß, vermehrten nur in ihm das Selbstgefühl, welches ihm seine hohe

grande disavantaggio di chi tratta seco, mentre togliendo egli la maggior parte del tempo poco ne lascia agli altri; et ho udito io dire ad un card[le] che andava non per ricever l'audienza ma per darla al papa, poichè era certo che la S[tà] S. più avrebbe voluto discorrere che ascoltarlo; e molte volte è accaduto che alcuni entrati per esporre le proprie loro istanze, postosi egli nei discorsi, se ne sono usciti senza poter de'loro interessi dirle cosa alcuna.

Stellung ohnehin einflößte[1]. Ich wüßte keinen Papst, der es in dem Grade gehabt hätte.

Man machte ihm einst einen Vorwurf aus den alten päpstlichen Konstitutionen; er antwortete: „der Ausspruch eines lebenden Papstes sei mehr wert als die Satzungen von hundert verstorbenen".

Jenen Beschluß des römischen Volkes, niemals wieder einem Papste bei seinen Lebzeiten eine Bildsäule zu errichten, hob er mit den Worten auf: „ein solcher Beschluß könne einem Papste nicht gelten, wie er einer sei".

Man lobte ihm das Betragen eines seiner Nuntien in einer schwierigen Angelegenheit; er versetzte: „der Nuntius habe nach seiner Instruktion gehandelt".

Ein solcher Mann war es – so erfüllt von der Idee, ein großer Fürst zu sein, so französisch gestimmt durch seine frühere Tätigkeit wie durch die Förderung, die er von Frankreich erfahren, endlich so eigenwillig, kräftig und voll Selbstgefühls —, an den in diesem Augenblicke die Leitung der höchsten geistlichen Macht der katholischen Christenheit gekommen war.

An seinem Entschlusse, an der Haltung, die er in der Mitte der katholischen Mächte annahm, hing unendlich viel für den Fortschritt oder Einhalt der universalen Restauration, mit der man beschäftigt war.

Schon öfter aber hatte man in diesem Papste eine Abneigung gegen Spanien-Österreich bemerken wollen[2].

Schon im Jahre 1625 beklagte sich Kardinal Borgia über die Härte desselben: „der König von Spanien könne nicht die mindeste Bewilligung erlangen; alles werde ihm abgeschlagen". Kardinal Borgia behauptete, die Sache von Valtellin habe Urban VIII. mit Willen nicht beigelegt; der König habe sich erboten, die streitigen Pässe fahren zu lassen; der Papst habe niemals darauf geachtet.

[1] Von Anfang an *bemerkte man dies*. Relatione de' quattro ambasciatori 1624: Ama le proprie opinioni, e si lascia lusingare dal suo genio, a che conseguita una salda tenacità dei proprj pensieri; – – è sempre intento a quelle cose che possono ringrandire il concetto della sua persona.

[2] Marquemont, Lettres (bei Aubéry, Mémoires de Richelieu I, p. 65) bemerkt das von allem Anfange. Den Papst zu behandeln, sagt er, wird nicht schwer sein: seine Neigung ist für den König und für Frankreich; aus Klugheit will er aber auch die anderen Fürsten zufriedenstellen. Der Papst ward sofort auch die Abneigung der Spanier inne.

So läßt sich auch nicht leugnen, daß Urban mit daran Schuld hatte, wenn jene Verbindung zwischen den Häusern Österreich und Stuart nicht zustande kam. Als er die Dispensation ausfertigte, welche sein Vorgänger entworfen, setzte er zu den alten Bedingungen noch hinzu, daß in jeder Provinz öffentliche Kirchen für die Katholiken errichtet werden sollten: eine Forderung, die bei der Überzahl einer gereizten protestantischen Bevölkerung niemals zugestanden werden konnte, die der Papst hernach bei der französischen Vermählung selbst fallen ließ. Er schien in der Tat den Zuwachs an Macht ungern zu sehen, den Spanien durch die Verbindung mit England erlangt haben würde. Ganz insgeheim unterhandelte in jenen Tagen der Nuntius, der in Brüssel residierte, über eine Vermählung des Kurprinzen von der Pfalz, nicht mit einer österreichischen, sondern mit einer bayerischen Prinzessin[1].

Und an der mantuanischen Verwicklung, die sich jetzt erhob, hatte der Papst nicht minder einen wesentlichen Anteil. Die geheime Vermählung der jungen Prinzessin mit Rethel, von der alles abhing, hätte ohne päpstliche Dispensation nicht vollzogen werden können. Papst Urban gab sie, ohne die nächsten Verwandten, den Kaiser oder den König, auch nur gefragt zu haben, und noch im rechten Augenblicke traf sie ein.

Dergestalt lag die Gesinnung des Papstes bereits offen am Tage. Wie die übrigen italienischen Mächte, wünschte er vor allem einen von Spanien unabhängigen Fürsten in Mantua zu sehen.

Auch wartete er nicht, bis er etwa von Richelieu angegangen würde. Da seine Verwendungen am kaiserlichen Hofe unwirksam blieben, dessen Schritte vielmehr immer feindseliger wurden, die Belagerung von Casale fortdauerte, wandte sich der Papst selbst an Frankreich.

Er ließ die dringendsten Bitten vernehmen: „der König möge ein Heer ins Feld rücken lassen, selbst ehe Rochelle noch genommen sei; eine Unternehmung in der mantuanischen Sache sei ebenso gottgefällig wie die Belagerung jenes Hauptbollwerkes der Hugenotten; erscheine der König nur erst in Lyon und erkläre sich für die Freiheit von Italien, so werde auch er, der Papst, nicht

[1] Der Emissär des Nuntius war ein Kapuziner, Francesco della Rota. Rusdorf, Négociations I, p. 205, ist über seine Unterhandlungen besonders ausführlich.

säumen, ein Heer ins Feld zu stellen und sich mit dem Könige zu vereinigen"[1].

Von dieser Seite hatte demnach Richelieu diesmal nichts zu fürchten, wenn er die vor drei Jahren fehlgeschlagene Opposition gegen Spanien wieder aufnahm. Aber er wollte ganz sicher gehen: er hatte nicht die Eile des Papstes; in jener Belagerung, die seinen Ehrgeiz fesselte, ließ er sich nicht stören.

Desto entschlossener zeigte er sich, sowie Rochelle gefallen war. „Monsignore", redete er den päpstlichen Nuntius an, den er sogleich hatte rufen lassen, „nun wollen wir auch keinen Augenblick weiter verlieren; aus allen Kräften wird sich der König der italienischen Sache annehmen[2]."

Dergestalt erhob sich jene Feindseligkeit gegen Spanien und Österreich, die sich schon so oft geregt, kräftiger als jemals. Die Eifersucht von Italien rief noch einmal den Ehrgeiz der Franzosen hervor. Die Lage der Dinge schien so dringend, daß Ludwig XIII. das Frühjahr nicht abwarten wollte. Noch in der Mitte des Januar 1629 brach er von Paris auf und nahm den Weg gegen die Alpen. Vergebens widersetzte sich der Herzog von Savoyen, der sich, wie gesagt, zu Spanien hielt: seine Pässe, die er barrikadieren lassen, wurden im ersten Anlauf gestürmt, Susa genommen; schon im März mußte er einen Vertrag eingehen; die Spanier sahen sich in der Tat genötigt, die Belagerung von Casale aufzuheben[3].

Und so standen die beiden vorwaltenden Mächte der katholischen Christenheit aufs neue in den Waffen gegeneinander. Richelieu nahm seine kühnsten Pläne gegen die spanisch-österreichische Macht wieder auf.

Vergleichen wir aber die Zeiten, so fußte er jetzt hierbei auf eine bei weitem gediegenere, haltbarere Grundlage als früher bei seiner graubündnerisch-pfälzischen Unternehmung. Damals hatten die Hugenotten den Augenblick ergreifen können, um ihm den inneren Krieg zu erneuern. Auch jetzt waren sie zwar nicht vollkommen unterdrückt, aber seit sie Rochelle verloren, flößten sie keine Besorgnis mehr ein; ihre Niederlagen und Verluste gingen unun-

[1] Auszüge aus den Depeschen Bethunes vom 23. Sept. und 8. Okt. 1628 bei Siri, Memorie recond. VI, 478.

[2] Dispaccio Bagni, 2. Nov. 1628.

[3] Recueil de diverses relations des guerres d'Italie 1629–1631. Bourg en Bresse 1632.

terbrochen fort; auch nur eine Diversion zu machen, waren sie nicht mehr fähig. Und vielleicht noch wichtiger ist es, daß Richelieu jetzt den Papst für sich hatte. Bei der früheren Unternehmung entsprang ihm aus dem Gegensatze, in den er dabei mit der römischen Politik geriet, eine Gefahr selbst für seine Stellung im Innern von Frankreich; die jetzige war dagegen von Rom selbst hervorgerufen, in dem Interesse des päpstlichen Fürstentums. Richelieu fand es überhaupt geraten, sich so eng wie möglich an das Papsttum anzuschließen; in dem Streite zwischen römischen und gallikanischen Doktrinen hielt er sich nunmehr zu den römischen und verleugnete die gallikanischen.

Welche Bedeutung entwickelte hiermit der Gegensatz Urbans VIII. gegen das Haus Österreich!

Mit der religiösen Entwicklung, mit dem Fortschritte der katholischen Restauration waren politische Veränderungen verknüpft, die immer unaufhaltsamer ihr eigenes Prinzip geltend machten und sich jetzt dem kirchlichen selbst entgegensetzten.

Der Papst trat gegen diejenige Macht in die Schranken, welche sich die Wiederherstellung des Katholizismus am eifrigsten angelegen sein ließ.

Es fragt sich nun, welche Haltung diese Macht, besonders Kaiser Ferdinand, in dessen Händen die Unternehmung der Wiederherstellung hauptsächlich ruhte, einer so mächtigen und drohenden Opposition gegenüber einnehmen würde.

Die Macht Kaiser Ferdinands II. im Jahre 1629

Es war dem Kaiser eben, als wäre nichts geschehen.

Zwar konnte er sich unter den obwaltenden Umständen keinerlei Gunst von dem Papste versprechen; in den kleinsten Dingen, z.B. einer Sache der Abtei St. Maximian, ja in den devotesten Anträgen – wenn er unter anderem wünscht, St. Stephan und St. Wenzeslaus, weil man dem einen in Ungarn, dem andern in Böhmen eine so große Verehrung widme, in den römischen Kalender aufgenommen zu sehen – fand er Widerstand, und er bekam nichts als abschlägige Antworten. Nichtsdestominder ließ er am 6. März 1629 das Restitutionsedikt ins Reich ergehen. Es ist als das Endurtel in einem nunmehr über ein Jahrhundert geführten großen

Prozeß zu betrachten. Die Evangelischen werden durchaus kondemniert; den Katholischen wird vollkommen recht gegeben: „Es bleibt uns nichts übrig", sagt der Kaiser, „als dem beleidigten Teile beizustehen und unsere Kommissare abzuordnen, um alle seit dem Passauer Vertrage eingezogenen Erzbistümer, Bistümer, Prälaturen, Klöster und andere geistlichen Güter von ihren unbefugten Inhabern zurückzufordern." Auf der Stelle erschienen die Kommissionen; für jeden Kreis des Reiches trat eine besondere in Wirksamkeit; die rücksichtslosesten Exekutionen begannen. Und sollte nicht damit wenigstens der Papst begütigt, zu einiger Gunst und Hinneigung bewogen werden? Papst Urban nahm es auf als eine Pflichterfüllung. Der Kaiser bat um das Recht, die durch das Restitutionsedikt gewonnenen geistlichen Stellen wenigstens das erstemal selbst zu besetzen; der Papst schlug es ihm ab: „denn er dürfe die Konkordate nicht verletzen; auch in Frankreich halte man sie"[1]. Es liegt fast ein Hohn in dieser Verweisung; denn das französische Konkordat gewährte ja eben dem Könige das Recht, welches der Kaiser verlangte. Der Kaiser wünschte die zurückerworbenen Klöster in Kollegien, besonders für die Jesuiten, verwandeln zu können; der Papst antwortete: die Klöster müßten zunächst den Bischöfen überantwortet werden.

Indessen fuhr der Kaiser auf seinem Wege fort, ohne auf die Ungunst des Papstes Rücksicht zu nehmen; er betrachtete sich als den großen Vorfechter der katholischen Kirche.

Drei Heere ließ er auf einmal ins Feld rücken.

Das erste kam den Polen wider die Schweden zu Hilfe und stellte in der Tat das Kriegsglück der Polen einigermaßen wieder her. Doch war das nicht die einzige Absicht: bei diesem Feldzuge dachte man zugleich daran, Preußen an das Reich und den Orden, dem es entrissen worden, zurückzubringen[2].

Ein anderes Heer rückte gegen die Niederlande, um hier den Spa-

[1] Lettera di segreteria di stato al nuntio Pallotta li 28 Aprile 1629. Der Papst bestimmte seinen Nuntius in Köln, Pier Luigi Caraffa, nach Niedersachsen „con titolo per la restitutione de' beni ecclesiastici, e deliberò di dargli anche le facoltà a parte se fosse stato bisogno di usarle nelle controversie fra ecclesiastici ed ecclesiastici".

[2] Mémoires et négociations de Rusdorf II, 724. Comiti Negromontano (Schwarzenberg) Viennae nuper claris verbis a consiliariis et ministris Caesaris dictum fuit, imperatorem scilicet sibi et imperio subiecturum, quidquid milite suo in Borussia occuparit et ceperit.

niern zu Hilfe zu kommen. Es ergoß sich über die Heide von Utrecht gegen Amsterdam hin, und nur ein Zufall, die Überrumpelung von Wesel, hinderte es an den größten Erfolgen.

Indessen sammelte sich ein drittes Heer bei Memmingen und Lindau, um nach Italien zu gehen und die mantuanische Sache mit dem Schwerte auszumachen. Die Schweizer waren nicht zu bewegen, den Durchzug in gutem zuzugestehen: sie wurden mit Gewalt gezwungen; in einem Augenblicke waren Luziensteig, Chur, mit allen graubündnerischen Pässen bis an den Comersee, eingenommen; 35000 Mann stark, stieg alsdann dieses Heer längs der Adda und dem Oglio hinab. Noch einmal ward der Herzog von Mantua aufgefordert, sich zu unterwerfen. Er erklärte, er stehe im Schutze des Königs von Frankreich: mit diesem müsse man unterhandeln. Indem nun die Deutschen sich gegen Mantua, die Spanier sich gegen Montferrat bewegten, erschienen auch die Franzosen zum zweiten Male. Sie machten auch diesmal Fortschritte: sie nahmen Saluzzo, Pinerolo; aber in der Hauptsache richteten sie nichts aus; nicht einmal den Herzog von Savoyen vermochten sie aufs neue zu ihrem Willen zu nötigen. Die Spanier begannen Casale, die Deutschen nach kurzem Stillstand Mantua zu belagern[1]; sie hatten bei weitem das Übergewicht.

Kein Wunder, wenn in dieser Lage der Dinge jetzt in Wien selbst Erinnerungen an die alte kaiserliche Hoheit laut wurden: „man werde den Italienern zeigen, daß es noch einen Kaiser gebe; man werde Rechnung mit ihnen halten".

Besonders hatte sich Venedig den Haß des Hauses Österreich zugezogen. Man urteilte in Wien, daß, wenn Mantua einmal gefallen, auch die Terra ferma von Venedig nicht mehr widerstehen könne: in ein paar Monaten müsse man sie haben; dann könne man die kaiserlichen Lehen zurückfordern. Der spanische Gesandte ging noch weiter. Er verglich die spanisch-österreichische Macht mit der römischen, die venezianische mit der karthaginiensischen. „Aut Roma", rief er aus, „aut Carthago delenda est."

Und hier gedachte man auch der weltlichen Rechte des Kaisertums gegen das Papsttum.

Ferdinand II. beabsichtigte, sich krönen zu lassen; er forderte, daß ihm der Papst nach Bologna oder Ferrara entgegenkomme;

[1] Das elfte Buch dell' istoria di Pietro Giov. Capriata erörtert die einzelnen Momente dieser Ereignisse.

der Papst wagte weder, es zu versprechen noch abzuschlagen, und suchte sich mit einer Reservatio mentalis zu helfen[1]. Es kam die Rede auf die Lehnsrechte des Reiches über Urbino und Montefeltro; man sagte dem päpstlichen Nuntius ohne weiteres, Wallenstein werde sich darüber näher informieren, wenn er nach Italien komme. In der Tat war das Wallensteins Absicht. Er war früher gegen den italienischen Krieg gewesen; jetzt aber erklärte er: da er sehe, daß der Papst mit seinen Verbündeten das Haus Österreich unterdrücken wolle, sei er dafür[2]. Er ließ vernehmen: es sei bereits hundert Jahre her, daß Rom nicht geplündert worden; jetzt müsse es noch um vieles reicher sein als damals.

Indessen sollte auch Frankreich nicht verschont werden. Der Kaiser dachte die drei abgekommenen Bistümer mit Gewalt der Waffen zurückzuerwerben; sein Plan war, Kosaken von Polen zu übernehmen und nach Frankreich zu schicken. Die Zwistigkeiten Ludwigs XIII. mit seinem Bruder und seiner Mutter schienen dazu eine erwünschte Gelegenheit darzubieten.

Und so nahm das Haus Österreich eine Stellung ein, in welcher es seine Bestrebungen gegen die Protestanten auf das kühnste verfolgte, aber zugleich die katholische Opposition, ja den Papst selbst mächtig beugte und im Zaume hielt.

Unterhandlungen mit Schweden. Kurfürstentag zu Regensburg

So oft in früheren Zeiten ein Fall dieser Art nur von fern gesehen, nur gefürchtet wurde, hatte sich alles vereinigt, was in Europa noch unabhängig geblieben; jetzt war er wirklich eingetreten. Die katholische Opposition sah sich, nicht mehr aus Eifersucht, sondern zu ihrer Rettung, zur Notwehr, nach Hilfe außerhalb der

[1] Se bene Urbano una volta uscì coll' ambasciatore Savelli che bisognando si saria trasferito a Bologna o Ferrara, non intese però dire in correspettività di quello che espresse il principe di Eckenberg.

[2] Welche Meinung man von dem Papste zu Wien überhaupt hatte, zeigt das Schreiben Pallottas vom 10. Aug. 1628: E stato qui rappresentato da' maligni, che son quelli che vogliono la guerra, che lo stato di Milano sta in grandissimo pericolo, essendo cosa sicura che papa Urbano havendo vastissimi pensieri sia di cattivo animo verso la casa d'Austria, che perciò si habbia da temere di S. Stà non meno che di Veneziani e di

Grenzen des Katholizismus um. An wen aber konnte sie sich wenden? England war durch die Entzweiung zwischen König und Parlament in sich selbst beschäftigt und unterhandelte überdies bereits aufs neue mit Spanien; die Niederlande waren selbst von dem Feinde überzogen, die deutschen Protestanten entweder geschlagen oder von den kaiserlichen Heeren in Furcht gehalten, der König von Dänemark zu einem nachteiligen Frieden gezwungen. Es blieb niemand übrig als der König von Schweden.

Während die Protestanten allenthalben geschlagen wurden, hatte allein Gustav Adolf Siege erfochten. Er hatte Riga, ganz Livland bis auf Dünamünde, von Litauen, wie die Polen sich ausdrücken, soviel als er selbst gewollt, erobert; dann war er 1626 in Preußen erschienen, hauptsächlich, wie er sagte, um die Geistlichkeit im Bistum Ermeland heimzusuchen; die Hauptsitze des wiederhergestellten Katholizismus in jenen Gegenden, Frauenburg und Braunsberg, hatte er eingenommen und den bedrängten Protestanten daselbst einen neuen starken Rückhalt gegeben. Aller Augen richteten sich auf ihn. „Über alle anderen Menschen", schreibt Rusdorf schon im Jahre 1624, „schätze ich diesen siegreichen Helden; ich verehre ihn als den einzigen Schutz unserer Sache, als den Schrecken unserer gemeinschaftlichen Feinde; seinen Ruhm, der über den Neid erhaben ist, begleite ich mit meinem Gebet[1]." Zwar hatte Gustav Adolf jetzt in dem Gefecht auf der Stummschen Heide einen Verlust gehabt und wäre beinahe selbst gefangen genommen worden; aber die ritterliche Tapferkeit, mit der er sich durchschlug, warf sogar einen neuen Glanz auf ihn, und allemal behauptete er sich im Felde.

An diesen Fürsten wandten sich jetzt die Franzosen. Zuerst vermittelten sie einen Stillstand zwischen ihm und den Polen, und

Francesi, havendo gli stati così vicini al ducato di Milano e potendo in un tratto mettere potente esercito in campagna; e di più gli stessi maligni hanno rappresentato per cosa già stabilità, che S. Stà vuole in ogni modo far fare re de' Romani il re di Francia, ed in confermazione di ciò hanno allegato che essendo la Stà S. nunzio in Francia dicesse alla regina che s'egli arrivava ad esser papa, voleva procurare di fare re de' Romani il suo figliuolo, il quale ancora era fanciullo.

[1] Rusdorf, Mémoires II, 3: Eius gloriam invidiae metas eluctatam, excelsam infracti animi magnitudinem et virtutis magis ac magis per merita enitescentis et assurgentis invictum robur cum stupore adoro et supplici voto prosequor.

es ist sehr möglich, daß jene preußische Absicht des Kaisers dazu beitrug, wenn nicht den König, doch die Magnaten von Polen friedlich zu stimmen[1]. Hierauf traten sie ihrem vornehmsten Zweck, den König von Schweden nach Deutschland zu ziehen, näher. Dabei hatten sie nur die Rücksicht, einige Bestimmungen zugunsten des Katholizismus in den Vertrag zu bringen. Unter diesem Vorbehalt erklärten sie sich bereit, den König, der eine ansehnliche Armee ins Feld zu stellen habe, mit einer entsprechenden Geldsumme zu unterstützen. Nach einigem Zögern ging König Gustav hierauf ein. In seinen Instruktionen vermeidet er, der Religion zu gedenken; als den Zweck des Bündnisses stellt er nur die Herstellung der deutschen Stände zu ihren alten Gerechtsamen, die Entfernung der kaiserlichen Truppen, die Sicherheit der Meere und des Handels dar[2]. Man entwarf einen Vertrag, in welchem der König den katholischen Gottesdienst, wo er ihn finde, zu dulden und sich in Sachen der Religion, so drückte man es aus, nach den Reichsgesetzen zu halten zusagte. Es war dies nötig auch um des Papstes willen, dem auf der Stelle davon Kunde gegeben ward. Die Vollziehung des Vertrages stieß sich zwar noch an einige Formalitäten; doch ward er schon im Sommer 1630 als definitiv betrachtet[3]. Der päpstliche Nuntius in Frankreich behauptet, Venedig habe sich verpflichtet, den dritten Teil der Subsidien zu zahlen[4]. Ich habe nicht ermitteln können, wieviel Grund diese Angabe hat; wenigstens der Lage der Verhältnisse wäre sie entsprechend.

[1] Rusdorf, Mém. I, 724: Poloniae proceres, si unquam, vel nunc maxime pacem desiderabunt.

[2] Tenor mandatorum, quae S. R. Maj. Sueciae clementer vult ut consiliarius eius – Dn. Camerarius observare debeat, Upsaliae 18. Dec. 1629. Mosers patriotisches Archiv, Bd. VI, S. 133.

[3] Bagni, 18 Giugno 1630. Er führt den Artikel, der sich auch in dem Bunde vom 6. Januar 1631 findet, mit geringer Abweichung folgendergestalt an: Si rex aliquos progressus faciet, in captis aut deditis locis. quantum ad ea, quae religionem spectant, observabit leges imperii. Er zeigt auch, wie man das verstanden. Le quali leggi, fügt er hinzu, dicevano dovere intendersi della religione cattolica e della confessione Augustana, – so daß der Kalvinismus ausgeschlossen geblieben sein würde.

[4] Bagni, 16 Luglio 1630. Sopraggiunsero, heißt es im Auszug, nuove lettere del Bagni coll' aviso che alle prefata confederatione fra il re di Francia e lo Sueco erasi aggiunta la republica di Venetia, la quale obbligavasi a contribuire per la terza parte.

Durfte man aber wohl hoffen, daß Gustav Adolf allein imstande sein werde, die Übermacht der kaiserlich-ligistischen Armee zu brechen, sie im Felde zu besiegen? Niemand traute es ihm zu. Vor allem erschien es wünschenswert, in Deutschland selbst eine seinem Unternehmen entgegenkommende Bewegung hervorzubringen. Und hier durfte man nun ohne Zweifel auf die Protestanten rechnen. Welches auch die Politik sein mochte, die den einzelnen Fürsten aus persönlicher Rücksicht oder Befürchtung entsprang, so hatte sich doch der Gemüter jene Gärung bemächtigt, die bis in die Tiefe des allgemeinen Lebens dringt, die den großen Stürmen vorausgeht. Ich will nur einen Gedanken anführen, der damals um sich griff. Als es hier und da zur Ausführung des Restitutionsediktes kam und die Jesuiten schon die Absicht andeuteten, auch nicht einmal den Religionsfrieden anzuerkennen, ließen die Protestanten vernehmen, ehe es soweit komme, werde die völlige Zerrüttung des Reiches deutscher Nation erfolgen: ,,sie würden eher Gesetz und Sitte von sich werfen und Germanien wieder in seine alte Waldeswildnis verwandeln".

Aber auch auf der katholischen Seite zeigten sich Unzufriedenheit und Entzweiung.

Es ist nicht zu sagen, welche Bewegung in der Geistlichkeit die Absicht der Jesuiten, sich der zurückgegebenen Klostergüter zu bemächtigen, veranlaßte. Die Jesuiten sollen erklärt haben, es gebe keine Benediktiner mehr; sie seien alle abgefallen und gar nicht einmal fähig, in den verlorenen Besitz wieder einzutreten. Dagegen machte man ihnen auf der anderen Seite ihre Verdienste streitig; man wollte nicht Wort haben, daß Bekehrungen durch sie vollbracht worden: was so scheine, sei nichts weiter als das Werk der Gewalt[1]. Ehe die Kirchengüter nur noch zurückgegeben

[1] Aus den heftigen Streitschriften, Anklagen und Verteidigungen, die hierüber erschienen, ersieht man zwar nicht die Wahrheit der Tatsachen, aber doch die Punkte des Streites. E verissimo, sagt der päpstliche Nuntius in einem chiffrierten Schreiben, che i padri Gesuiti hanno procurato e procurano col favore dell' imperatore, che non può esser maggiore, di non solo soprastare agli altri religiosi, ma di escluderli dove essi v'hanno alcun interesse o politico o spirituale. Ich finde doch, daß der Kaiser, so ergeben er damals auch den Jesuiten war, im Jahre 1629 sich zu einer reinen Restitution an die alten Orden neigte. Pier Luigi Caraffa, Nuntius in Köln, erzählt dies. Aber schon waren in diesem Augenblicke die Jesuiten in Rom durchgedrungen. Im Juli 1629 erfolgte ein Beschluß daselbst, che alcuna parte (dei beni ricuperati) po-

waren, brachten sie schon Entzweiung und Hader hervor: über den Anspruch, sie zu besitzen, zwischen den Orden, über das Recht der Kollation zwischen Kaiser und Papst.

Zu diesen geistlichen Mißverständnissen gesellten sich aber weltliche von noch weiter aussehender Natur. Die kaiserlichen Kriegsvölker waren eine unerträgliche Last; ihre Durchzüge erschöpften Land und Leute; wie der Soldat den Bürger und Bauer, mißhandelte der General die Fürsten; Wallenstein ließ die verwegensten Reden verlauten. Auch die alten Verbündeten des Kaisers, die Häupter der Liga, vor allen Maximilian von Bayern, waren mißvergnügt über die Gegenwart und besorgt wegen der Zukunft.

In dieser Lage der Dinge geschah es, daß Ferdinand, um seinen Sohn zum römischen Könige erwählen zu lassen, die katholischen Kurfürsten im Sommer 1630 zu Regensburg versammelte. Es konnte nicht anders sein, als daß hierbei auch alle anderen öffentlichen Angelegenheiten zur Sprache kamen.

Wohl sah der Kaiser, daß er etwas nachgeben müsse. Sein Sinn war, dies in den deutschen Sachen zu tun: er zeigte sich geneigt, das Restitutionsedikt in Hinsicht auf die brandenburgischen und kursächsischen Lande noch zu suspendieren, über Pfalz und Mecklenburg eine Abkunft zu treffen, auch Schweden wieder zu versöhnen – schon waren Unterhandlungen dazu eröffnet – und indes seine Kraft nach Italien zu wenden, den mantuanischen Krieg zu Ende zu bringen und den Papst zur Anerkennung seiner kirchlichen Ansprüche zu nötigen[1].

Er mochte glauben, weil er es mit deutschen Fürsten zu tun habe, durch Nachgiebigkeit in deutschen Angelegenheiten das meiste auszurichten. Jedoch nicht so einfach lagen die Dinge.

tesse convertirsi in erezioni di seminarj, di alunnati, di scuole e di collegj tanto de' padri Gesuiti quali in gran parte furono motori dell' editto di Cesare, come di altri religiosi. Die Jesuitenschulen würden sich auch über ganz Norddeutschland ergossen haben.

[1] Dispaccio Pallotta, 2 Ag. 1630, gibt unter den Punkten, die zur Beratung kommen sollten, an: 1° se si doveva sospendere o tirare avanti l'editto della ricuperatione de' beni eccl^ci^; 2° se havendosi da procedere avanti, si avesse da sospendere quanto a quelli che erano negli stati dell' elettori di Sassonia e di Brandenburgo, ed inclinavasi a sospenderlo; 3° quanto ai beneficii e beni eccl^ci^ che si erano ricuperati, pretendevasi che alli imperatori spettasse la nominazione; – 6° trattavasi di restituire il ducato di Mechelburgh agli antichi padroni, siccome il palatinato almeno inferiore al palatino, con perpetuo pregiuditio della religione cattolica, come era seguito con Danimarca.

Die italienisch-französische Opposition hatte bei den katholischen Kurfürsten bereits Eingang gefunden und suchte das Mißvergnügen derselben zu ihren Zwecken zu benutzen.

Zuerst erschien der päpstliche Nuntius Rocci in Regensburg. Wie hätte er nicht alles anwenden sollen, um die Ausführung der italienischen und antipäpstlichen Absichten des Kaisers zu hintertreiben?

Der Papst hatte ihm aufgetragen, sich vor allem mit dem Kurfürsten von Bayern in gutes Einverständnis zu setzen; in kurzem meldet er, daß dies Verständnis in tiefstem Geheimnis erhalten werde[1]; er brachte eine Erklärung der katholischen Kurfürsten aus, daß sie in allen kirchlichen Angelegenheiten mit ihm vereinigt bleiben und besonders die Jurisdiktion und Verehrung des Päpstlichen Stuhles aufrecht erhalten würden.

Um aber der Sache die entscheidende Wendung zu geben, kam ihm der Vertraute Richelieus, Pater Joseph, zu Hilfe. Niemals ist wohl die durchtriebene Schlauheit dieses Kapuziners tätiger, wirksamer und den Mitwissenden offenbarer gewesen als hier; sein Begleiter in Regensburg, Herr von Leon, welcher zu dieser Gesandtschaft seinen Namen hergab, hat gesagt, der Pater habe gar keine Seele, sondern an ihrer Stelle Untiefen und Lachen, in die ein jeder geraten müsse, der mit ihm unterhandle.

Durch diese Vermittler nun machte sich jene italienisch-französische Opposition des Kaisers die deutschen Verbündeten desselben in kurzem völlig zu eigen. Zur Versöhnung des Reiches mit Schweden, zur Beruhigung der Protestanten ward nichts getan: niemals hätte der Papst in die Suspension des Restitutionsediktes gewilligt. Dagegen drangen die Kurfürsten auf Herstellung des Friedens in Italien; sie forderten die Absetzung des kaiserlichen Feldhauptmanns, der sich als unumschränkter Diktator gebärde.

Und so mächtig war dieser Einfluß, so geschickt ward er geltend gemacht, daß der gewaltige Kaiser, in dem Zenit seiner Macht, ohne Widerstand, ohne Bedingung nachgab.

Während man in Regensburg unterhandelte, hatten seine Truppen Mantua erobert; er konnte sich als Herrn von Italien betrachten. In diesem Augenblicke verstand er sich dazu, Mantua dem Nevers gegen die nichtige Formalität einer Abbitte einzuräumen. Aber

[1] Dispaccio Rocci, 9 Sett. 1630. E questa corrispondenza riuscì molto fruttuosa, perchè Baviera di buon cuore operò che in quel convento non si trattò delle operationi sopra mentovate.

vielleicht noch mehr wollte die andere Forderung sagen. Zugleich die deutschen Fürsten, Frankreich und der Papst waren von dem Feldherrn bedroht, an dessen Persönlichkeit das Glück der kaiserlichen Waffen geknüpft war! Man darf sich nicht wundern, wenn sie ihn haßten und sich seiner zu entledigen wünschten. Der Kaiser, um des Friedens willen, gab ihn auf.
In dem Moment, daß er Italien beherrschen könnte, läßt er es fahren; in dem Moment, daß ihn der gefährlichste, kriegskundigste Feind in Deutschland angreift, dankt er den Feldherrn ab, der allein imstande wäre, ihn zu verteidigen. Nie haben Politik und Unterhandlung größere Erfolge hervorgebracht.

Schwedischer Krieg. Verhältnis des Papstes

Und nun erst begann der Krieg. Unter den günstigsten Auspizien, man kann es nicht leugnen, eröffnete ihn Gustav Adolf. Denn war nicht das kaiserliche Heer auf Wallensteins Namen zusammengebracht, ihm persönlich ergeben und verpflichtet? Der Kaiser entließ sogar einen Teil davon; die Kontributionsforderungen der Generale, die bisher in deren Belieben gestanden, unterwarf er einer Ermäßigung der Reichskreise[1]. Man muß sagen, daß der Kaiser, indem er den General entließ, zugleich sein Heer zerstörte, die moralische Kraft ihm nahm. Ein Italiener, der früher in päpstlichen Diensten gestanden, Torquato Conti, sollte dem beherzten und eifrigen Feinde damit Widerstand leisten. Es liegt in der Sache, daß dieser schlecht ausfiel: das kaiserliche Heer zeigte sich nicht mehr als das alte; man sah nichts als Unentschlossenheit, Schwanken, Schrecken, Verlust. Gustav Adolf schlug es vollkommen aus dem Felde und setzte sich an der unteren Oder fest.
Anfangs glaubte man in Oberdeutschland, daß dies für das übrige Reich wenig zu bedeuten habe; – mit großer Ruhe fuhr indes Tilly in seinen Unternehmungen an der Elbe fort. Daß er endlich Magdeburg eroberte, erschien dem Papste als ein großer Sieg; man knüpfte die glänzendsten Hoffnungen daran. Schon wurde auf Tillys Antrieb ein Kommissar ernannt, „um die Angelegenheiten

[1] Adlzreitter III, XV, 48. Caesar statuit, ne in posterum stipendia pro tribunorum arbitrio, sed ex circulorum praescripta moderatione penderentur.

des Erzbistums nach den Gesetzen der katholischen Kirche einzurichten".

Allein eben dies bewirkte nun, daß alle noch unentschiedenen protestantischen Fürsten sich an Gustav Adolf anschlossen und, indem Tilly sie daran zu hindern suchte, mit der Liga in eine Feindschaft gerieten, welche es nicht länger gestattete, einen Unterschied zwischen ligistischen und kaiserlichen Völkern zu machen. Die Schlacht von Leipzig erfolgte; Tilly ward aufs Haupt geschlagen, und über die ligistischen so gut wie über die kaiserlichen Länder ergossen sich die protestantischen Heerscharen; Würzburg und Bamberg fielen dem König in die Hände. An dem Rhein trafen die Protestanten des Nordens mit den alten Vorfechtern des romanischen Katholizismus, den spanischen Truppen, zusammen; dort bei Oppenheim sieht man ihre vermischten Schädel. Mainz ward erobert; alle unterdrückten Fürsten schlossen sich an den König an; der verjagte Pfalzgraf erschien in dem Feldlager desselben.

Notwendigerweise mußte nun eine Unternehmung, welche von der katholischen Opposition in politischen Absichten hervorgerufen, gebilligt worden, zum Vorteil des Protestantismus ausschlagen. Die überwältigte, unterdrückte Partei sah sich mit einem Male wieder im Siege. Zwar ließ der König auch den Katholiken seinen Schutz im allgemeinen angedeihen, wie ihn denn sein Bündnis dazu verpflichtete; aber dabei erklärte er doch, er sei gekommen, um seine Glaubensgenossen von ihren Gewissensdrangsalen zu erretten[1]: er nahm die evangelischen Kirchendiener, die unter katholischen Regierungen gestanden, z. B. in Erfurt, in seinen besonderen Schutz; auch das Bekenntnis der Augsburgischen Konfession ließ er allenthalben wieder zu; die verjagten Pfarrer kehrten in die Pfalz zurück; mit dem siegreichen Heere durchzog die lutherische Predigt das Reich aufs neue.

So sonderbar verwickelte sich die Politik Urbans VIII. Insofern der König die österreichische Macht angriff und überwand, war er der natürliche Verbündete des Papstes; gleich in den italienischen Angelegenheiten zeigte es sich: unter dem Einfluß der deutschen Verluste ließ sich der Kaiser im Jahre 1631 in der mantuanischen Sache noch ungünstigere Bedingungen gefallen als das Jahr zuvor in Regensburg. Ja, es bestanden selbst, wenn nicht unmittelbar,

[1] Schreiben des Königs an die Stadt Schweinfurt, bei Chemnitz, Schwedischer Krieg, Teil I, S. 231.

doch mittelbare Verbindungen zwischen dem Päpstlichen Stuhle und den im siegreichen Kampfe wieder vordringenden protestantischen Mächten. „Ich rede davon mit gutem Grunde", sagte Aluise Contarini, der erst an dem französischen, dann am römischen Hofe gestanden: „ich bin bei allen Verhandlungen zugegen gewesen; die Nuntien des Papstes haben immer die Unternehmungen Richelieus begünstigt, sowohl wo es auf dessen eigene Erhaltung ankam, als insofern er Bayern und die Ligue mit Frankreich zu vereinigen suchte; zu seiner Verbindung mit Holland und den protestantischen Mächten überhaupt haben sie stillgeschwiegen, um nicht zu sagen, daß sie dieselbe gebilligt. Andere Päpste hätten sich vielleicht ein Gewissen daraus gemacht; die Nuntien Urbans VIII. gelangten dadurch zu größerem Ansehen und persönlichen Vorteilen[1]."

Laut und bitter beklagte sich der Kaiser: „erst habe ihn der römische Hof zum Restitutionsedikt vermocht und verlasse ihn nun in dem Kriege, der daher entspringe; die Wahl seines Sohnes zum römischen König habe der Papst hintertrieben; er ermuntere den Kurfürsten von Bayern mit Rat und Tat, eine abgesonderte Politik zu befolgen, sich mit Frankreich zu verbinden; es sei vergebens, Urban um Hilfe zu ersuchen, wie sie frühere Päpste mit Geld oder Mannschaften so oft geleistet; er weigere sich selbst, die Verbindung der Franzosen mit den Ketzern zu verdammen oder diesen Krieg für einen Religionskrieg zu erklären"[2]. Im Jahre 1632 finden wir die kaiserlichen Gesandten in Rom vor allem das letzte Gesuch wiederholen: noch immer, sagten sie, könne die Erklärung Seiner Heiligkeit die größte Wirkung nach sich ziehen; noch immer sei es so gar unmöglich nicht, den König von Schweden zu verjagen: er habe nicht mehr als 30000 Mann.

[1] Al. Contarini, Relatione di Roma 1635.

[2] Aluise Contarini: Gli Alemanni si pretendono delusi dal papa, perchè dopo aver egli reiteratamente persuaso l'imperatore di ripetere dagli eretici i beni ecclesiastici d'Alemagna ch' erano in loro mani, origine di tante guerre, resistesse S. Stà poi alle reiterate spedizioni di cardli e d'ambri nelle assistenze di danaro, nel mandar gente e bandiere con l'esempio de' precessori, nel publicar la guerra di religione, nell' impedire colle scomuniche gli appoggi ai medesimi heretici della Francia; anzi nel medesimo tempo ritardata l'elettione del re de' Romani, confortato il duca di Baviera con la lega cattolica all' unione di Francia, assistendo lo medesimo di danari e di consiglio per sostenersi in corpo separato. Il papa si lagna d'esser tenuto eretico et amatore di buoni progressi de' protestanti, come tal volta in effetto non li ebbe discari.

Der Papst entgegnete mit kühler Gelehrsamkeit: „Mit dreißigtausend hat Alexander die Welt erobert."

Er blieb dabei, es sei kein Religionskrieg; er betreffe nur Staatsangelegenheiten; übrigens sei auch die Päpstliche Kammer erschöpft: er könne nichts tun.

Die Mitglieder der Kurie, die Einwohner von Rom waren erstaunt. „Mitten in der Feuersbrunst katholischer Kirchen und Klöster" – so drückten sie sich aus – „stehe der Papst kalt und starr wie Eis. Der König von Schweden habe mehr Eifer für sein Luthertum als der Heilige Vater für den allein seligmachenden katholischen Glauben."

Noch einmal schritten die Spanier zu einer Protestation. Wie einst Olivarez vor Sixtus V., so erschien jetzt Kardinal Borgia vor Urban VIII., um feierlich wider das Betragen Seiner Heiligkeit zu protestieren. Es erfolgte eine vielleicht noch heftigere Szene als damals. Indem der Papst in zornige Aufwallung geriet und den Botschafter unterbrach, nahmen die anwesenden Kardinäle für oder wider Partei. Der Botschafter mußte sich bequemen, seine Protestation schriftlich einzugeben[1]. Aber die eifrig-religiöse Gesinnung war damit nicht zufrieden; schon erhob sich, besonders auf Anregung des vorigen Kardinalnepoten Ludovisio, der Gedanke, ein Konzilium in Opposition gegen den Papst zu berufen[2].

Welches Feuer wäre aber damit angezündet worden! Schon nahmen die Ereignisse eine Wendung, welche über ihre Natur keinen Zweifel übrigließ und die päpstliche Politik anders bestimmen mußte.

Urban VIII. schmeichelte sich eine Zeitlang, der König werde eine Neutralität mit Bayern abschließen und die geflüchteten geistlichen Fürsten in ihre Länder wiederherstellen. Nur allzubald aber scheiterte jeder Versuch der Aussöhnung von Interessen, die einander so geradezu entgegenstanden. Die schwedischen Waffen ergossen sich auch nach Bayern: Tilly fiel, München wurde erobert; Herzog Bernhard drang nach Tirol vor.

Hierauf ließ sich nicht mehr zweifeln, was Papst und Katholizis-

[1] nella quale, sagt Kardinal Cecchini in seiner Autobiographie, concludeva che tutti li danni che per le presenti turbolenze erano per venire alla christianità, sariano stati attribuiti alla negligenza del papa.

[2] Al. Contarini spricht von „orecchio, che si prestava in Spagna alle pratiche di Ludovisio per un concilio".

mus von den Schweden zu erwarten hatten. Wie so durchaus war die Lage der Dinge in einem Moment verändert! Hatte man soeben die Hoffnung gehegt, die protestantischen Stifter in Norddeutschland wieder katholisch zu machen, so erwachte jetzt in dem Könige der Plan, die süddeutschen Stifter, die in seiner Hand waren, in weltliche Fürstentümer zu verwandeln. Er redete bereits von seinem Herzogtum Franken; – in Augsburg schien er seinen königlichen Hof aufschlagen zu wollen.

Vor zwei Jahren hatte der Papst die Ankunft der Österreicher in Italien zu fürchten gehabt; mit einem Angriff auf Rom war er bedroht worden. Jetzt erschienen die Schweden an den Grenzen von Italien: mit dem Namen eines Königs der Schweden und Goten, wie ihn Gustav Adolf führte, verknüpften sich Erinnerungen, die in beiden Teilen erwachten[1].

Herstellung eines Gleichgewichtes der beiden Bekenntnisse

Und nun will ich den Kampf nicht ausführen, der Deutschland noch sechzehn Jahre lang erfüllte. Genug, wenn wir wahrgenommen haben, wie jener mächtige Fortschritt des Katholizismus, der im Begriffe war, unser Vaterland auf immer in Besitz zu nehmen, eben als er Anstalt machte, die protestantische Meinung an ihren Quellen zu vertilgen, in seinem Laufe aufgehalten ward und einen siegreichen Widerstand erfuhr. Im allgemeinen ist zu sagen, daß der Katholizismus, als eine Einheit betrachtet, seine eigenen Siege nicht ertragen konnte. Das Oberhaupt der Kirche selbst glaubte sich genötigt, sich um politischer Gründe willen den Mächten entgegenzusetzen, die seine geistliche Autorität am meisten verfochten und ausbreiteten. Katholiken, in Übereinstimmung mit dem Papste, riefen die noch unbezwungenen protestantischen Kräfte auf und machten ihnen Bahn.

So große Pläne, wie Gustav Adolf im Hochpunkte seiner Macht sie hegte, konnten nun nach dem frühen Tode dieses Fürsten freilich nicht ausgeführt werden, schon darum nicht, weil ja auch die

[1] Dennoch versichert Al. Contarini: L'opinione vive tuttavia che a S. Stà sia dispiaciuta la morte del re di Suezia e che più goda o per dir meglio manco tema i progressi de' protestanti che degli Austriaci.

Erfolge des Protestantismus sich keineswegs allein von eigener Macht herschrieben. Aber auch der Katholizismus vermochte, selbst als er sich besser zusammennahm, als Bayern sich wieder an den Kaiser schloß und auch Urban VIII. aufs neue Subsidien zahlte, den Protestantismus nicht mehr zu überwältigen.

Gar bald gelangte man wenigstens in Deutschland zu dieser Überzeugung. Schon der Friede von Prag beruhte darauf. Der Kaiser ließ sein Restitutionsedikt fallen; der Kurfürst von Sachsen und die Staaten, welche ihm beitraten, gaben die Herstellung des Protestantismus in den Erblanden auf.

Zwar widersetzte sich Papst Urban allem, was dem Restitutionsedikte zuwider beschlossen werden könnte, und in dem geistlichen Rate des Kaisers hatte er die Jesuiten, besonders den Pater Lamormain, auf seiner Seite – der denn auch oft genug darüber belobt ward „als ein würdiger Beichtvater, als ein Mann, der keine weltliche Rücksicht nehme"[1] –; allein die Mehrheit war gegen ihn: die Kapuziner Quiroga und Valerian, die Kardinäle Dietrichstein und Pazmany, sie behaupteten, wenn man die katholische Religion in den Erblanden rein erhalte, so könne man wohl Gewissensfreiheit im Reiche geben. Der Prager Friede ward in Wien von allen Kanzeln verkündet; die Kapuziner rühmten sich ihres Anteils an diesem „ehrenvollen und heiligen" Werke und stellten besondere Feierlichkeiten dafür an; kaum konnte der Nuntius verhindern, daß man nicht ein Tedeum sang[2].

Indem Urban VIII., obwohl er tatsächlich soviel dazu beigetragen, daß die Pläne des Katholizismus scheiterten, dennoch in der Theorie keinen Anspruch fallen lassen wollte, bewirkte er nur, daß

[1] Lettera del card[l] Barberino al nuntio Baglioni, 17 Marzo 1635: essendo azione da generoso Christiano e degno confessore di un pio imperatore ciò che egli ha fatto rimirando più il cielo che il mondo.

[2] Aus der Korrespondenz Baglionis, die im 6. Bande des Nicoletti excerpiert ist, z. B. 14. April 1635: Disse un giorno il conte di Ognate che assolutamente il re di Spagna non havrebbe dato ajuto alcuno all' imperatore se non in caso che seguisse la pace con Sassonia; di che maravigliandosi il nunzio disse che la pietà del re cattolico richiedeva che si cumulassero gli ajuti non seguendo detta pace, la quale doveva piuttosto disturbarsi trattandosi con eretici, ed applicare l'animo alla pace universale coi principi cattolici. Fulli risposto che ciò seguirebbe quando la guerra si fosse fatta per la salute delle anime e non per la ricuperazione de' beni ecclesiastici, et il padre Quiroga soggiunse al nunzio che l'imperatore era stato gabbato da quelli che l'havevano persuaso a fare l'editto della ricuperazione de' beni ecclesiastici, volendo

das Papsttum eine Stellung außerhalb der lebendigen und wirksamen Interessen der Welt annahm. Nichts ist dafür bezeichnender als die Instruktion, welche er seinem Legaten Ginetti bei dem ersten Versuche eines allgemeinen Friedens im Jahre 1636 nach Köln mitgab. Gerade in allen wichtigen Punkten, auf die es schlechthin und durchaus ankam, werden da dem Gesandten die Hände gebunden. Eine der dringendsten Notwendigkeiten z. B. war die Herstellung der Pfalz. Nichtsdestominder wird der Legat angewiesen, sich der Rückgabe der Pfalz an einen unkatholischen Fürsten zu widersetzen[1]. Was schon in Prag sich unvermeidlich gezeigt, den Protestanten in Hinsicht der geistlichen Güter einige Zugeständnisse zu machen, war es später noch mehr; dessenungeachtet wird der Legat „zu besonderem Eifer“ ermahnt, um nichts zuzugeben, „was in Hinsicht der geistlichen Güter den Protestanten zum Vorteil gereichen könnte“. Sogar die Friedensschlüsse mit protestantischen Mächten will der Papst nicht billigen. Der Abgesandte soll es nicht unterstützen, wenn man die Holländer in den Frieden einschließen wolle; jeder Abtretung an die Schweden – es war damals nur von einem Hafen die Rede – soll er sich entgegensetzen: „die göttliche Barmherzigkeit werde schon Mittel finden, diese Nation aus Deutschland zu entfernen“. Der Römische Stuhl durfte vernünftigerweise keine Hoffnung mehr hegen, die Protestanten zu überwältigen; es ist doch von großer Bedeutung, daß er, wiewohl ohne seinen Willen, aber durch die hartnäckige Behauptung unausführbarer Ansprüche es sich selbst unmöglich machte, auf das Verhältnis seiner Gläubigen zu denselben einen wesentlichen Einfluß auszuüben.

Wohl schickte der Römische Stuhl auch ferner seine Gesandten zu dem Friedenskongresse. Auf Ginetti folgten Machiavelli, Rosetti, Chigi. Ginetti, sagt man, war sehr sparsam und schadete da-

intendere de' Gesuiti, e che tutto erasi fatto per interesse proprio; ma avendo il nunzio risposto che la persuasione era stata interposta con buona intenzione, il padre Quiroga si accese in maniera che proruppe in termini esorbitanti, sicchè al nunzio fu difficile il ripigliarlo perchè maggiormente non eccedesse. Ma Ognate passò più oltre, dicendo che l'imperatore non poteva in conto alcuno ritirarsi dalla pace con Sassonia per la necessità in cui trovavasi, non potendo resistere a tanti nemici, e che non era obbligato a rimettervi l'havere de' suoi stati hereditarj, ma solamente quelli dell' imperio, che erano tenuissimi, e che non compliva di tirare avanti con pericolo di perdere gli uni e gli altri.

[1] Siri, Mercurio II, p. 987.

mit seiner Wirksamkeit; Machiavelli sollte eigentlich hier nur Rang erwerben, Befähigung zu einer höheren Stelle; Rosetti war den Franzosen unbequem: – so erklärt man die Geringfügigkeit ihres Einflusses[1]. Die Wahrheit ist, daß die Sache selbst, die Stellung, welche der Papst eingenommen, eine bedeutende Einwirkung der Nuntien unmöglich machte. Chigi war geschickt und beliebt; er richtete doch nichts aus. Unter seinen Augen ward ein Friede geschlossen, wie ihn der Römische Stuhl ausdrücklich verdammt hatte. Der Kurfürst von der Pfalz, alle verjagten Fürsten wurden hergestellt. Weit gefehlt, daß man an die Bestimmungen des Restitutionsedikts denken konnte: viele Stifter wurden geradezu säkularisiert und den Protestanten überlassen. Spanien entschloß sich, die Unabhängigkeit jener Rebellen gegen Papst und König, der Holländer, endlich anzuerkennen. Die Schweden behielten einen bedeutenden Teil des Reiches. Selbst den Frieden des Kaisers gegen Frankreich konnte die Kurie nicht billigen, weil er Stipulationen über Metz, Toul und Verdun enthielt, durch die sie ihre Rechte gekränkt fand. Das Papsttum fand sich in der traurigen Notwehr, zu protestieren: die Grundsätze, die es nicht hatte geltend machen können, wollte es wenigstens aussprechen. Aber schon hatte man dies vorausgesehen. Die geistlichen Bestimmungen des Westfälischen Friedens wurden gleich mit der Erklärung eröffnet, daß man sich dabei an niemandes Widerspruch kehren wolle, er sei, wer er wolle, von weltlichem oder geistlichem Stande[2].

Durch den Frieden ward jener große Prozeß zwischen Protestanten und Katholiken, aber nun ganz anders, als man in dem Restitutionsedikte versucht hatte, endlich zu einer Entscheidung gebracht. Der Katholizismus behauptete immer große Erwerbungen, indem das Jahr 1624 als das Normaljahr, auf welches die Dinge zurückzuführen seien, angenommen wurde; dagegen bekam der protestantische Teil die ihm so unentbehrliche, so lange vorenthaltene Parität. Nach diesem Prinzip wurden alle Reichsverhältnisse geregelt.

Wie durfte man da so gar nicht mehr an Unternehmungen denken, wie sie früher gewagt worden und gelungen waren! Vielmehr wirkten die Resultate der deutschen Kämpfe unmittelbar auf die benachbarten Länder zurück.

[1] Pallavicini, Vita di papa Alexandro VII. MS.
[2] Osnabrückischer Friedensschluß, V. Articul, § 1.

Obwohl der Kaiser in seinen Erblanden den Katholizismus aufrechtzuerhalten vermocht hatte, mußte er doch in Ungarn den Protestanten Zugeständnisse machen: im Jahre 1645 sah er sich genötigt, ihnen eine nicht geringe Anzahl Kirchen zurückzugeben.

Und hätte nun wohl nach jenem Aufschwunge der Schweden zu einer universalen Bedeutung Polen jemals daran denken können, die alten Ansprüche an dieses Land zu erneuern? Wladislaw IV. ließ sogar von dem Bekehrungseifer seines Vaters ab und war den Dissidenten ein gnädiger König.

Selbst in Frankreich begünstigte Richelieu die Hugenotten, nachdem sie ihrer politischen Selbständigkeit beraubt waren. Noch bei weitem mehr aber unterstützte er das protestantische Prinzip dadurch, daß er jener vorwaltenden katholischen Macht, der spanischen Monarchie, einen Krieg auf Leben und Tod zu machen fortfuhr, welcher sie in ihren Grundfesten erschütterte. Diese Entzweiung war die einzige, die der Papst so ganz ohne Skrupel hätte beilegen können. Während aber alle anderen wirklich beseitigt wurden, blieb diese unausgetragen und zerrüttete unaufhörlich das Innere der katholischen Welt.

An dem Kriege gegen Spanien nahmen bis zum Westfälischen Frieden die Holländer den glücklichsten Anteil. Es war das goldene Zeitalter ihrer Macht, ihres Reichtums. Indem sie aber das Übergewicht in dem Orient erlangten, traten sie zugleich dem Fortgange der katholischen Missionen daselbst gewaltig entgegen.

Nur in England schien zuweilen der Katholizismus oder wenigstens eine Analogie seiner äußeren Formen Eingang finden zu wollen. Wir finden Abgeordnete des englischen Hofes in Rom, päpstliche Agenten in England; die Königin, der man zu Rom eine Art von amtlicher Anerkennung widmete[1], übte einen Einfluß auf ihren Gemahl aus, welcher sich auch auf die Religion erstrecken zu müssen schien; schon näherte man sich in mancherlei Zeremonien katholischen Gebräuchen. Jedoch aus alledem er-

[1] Nani, Relatione di Roma 1640: Con la regina d'Inghilterra passa communicatione de' ministri con officii e donativi di cortesia, e si concede a quella M^{tà} nominatione di cardinali a pare degli altri re. – Spada, Relatione della nunziatura di Francia 1641: Il S^{r} conte Rossetti, residente in quel regno, bene corrisponde nell' ossequio gli ordini del S^{r} card^{l} Barberini protettore tutti pieni dell' ardore e zelo di S. Em^{za}.

folgte auch hier das Gegenteil. Schwerlich ist Karl I. in seinem Herzen jemals von dem protestantischen Dogma abgewichen; aber schon die geringen Annäherungen zu dem katholischen Ritus, die er sich erlaubte, schlugen ihm zum Verderben aus. Es war, als ob die heftige Aufregung, welche so langjährige, allgemeine, unablässige Angriffe in der protestantischen Welt überhaupt hervorgebracht, sich in den englischen Puritanern konzentriere. Vergebens suchte sich Irland ihrer Herrschaft zu entziehen und sich im katholischen Sinne zu organisieren: es wurde um so schwerer unterworfen. In der Aristokratie und den Gemeinen von England bildete sich eine Weltmacht aus, deren Erhebung die Wiederaufnahme des Protestantismus in Europa überhaupt bezeichnet. Hierdurch sind nun aber dem Katholizismus auf ewig Schranken gesetzt. Er ist in bestimmte Grenzen gewiesen; an eine Welteroberung, wie er sie vorhatte, kann er niemals wieder im Ernst denken.

Ja, die geistige Entwicklung selbst hat eine Wendung genommen, die dies unmöglich macht.

Jene die höhere Einheit gefährdenden Triebe haben das Übergewicht bekommen: das religiöse Element ist zurückgetreten; die politischen Rücksichten beherrschen die Welt.

Denn nicht durch sich selbst retteten sich die Protestanten. Vor allem war es eine Spaltung im Schoße des Katholizismus, durch die es ihnen gelang, sich wiederherzustellen. Im Jahre 1631 finden wir die beiden großen katholischen Mächte im Bunde mit den Protestanten, Frankreich unverhohlen, Spanien wenigstens insgeheim. Es ist gewiß, daß die Spanier in dieser Zeit ein Verständnis mit den französischen Hugenotten angeknüpft hatten.

Aber ebensowenig hielten die Protestanten zusammen. Nicht, daß sich nur Lutheraner und Reformierte bekämpft hätten – dies war vielmehr von jeher geschehen –, sondern die entschiedenen Reformierten, obwohl sie ohne allen Zweifel eine gemeinschaftliche Sache verfochten, sind in diesem Kriege widereinander gezogen. Die Seemacht der französischen Hugenotten ward nur durch die Unterstützung gebrochen, die ihre Religionsverwandten und alten Verbündeten der Krone Frankreich zu leisten sich bestimmen ließen.

Das Oberhaupt des Katholizismus selbst, welches den Angriff der

Protestanten bisher geleitet, der Papst zu Rom, setzte am Ende diese höchsten Interessen der geistlichen Gewalt beiseite; er nahm gegen diejenigen Partei, welche die Wiederherstellung des Katholizismus am eifrigsten betrieben; er verfuhr nur noch nach den Gesichtspunkten des weltlichen Fürstentums. Er kehrte zu der Politik zurück, welche seit Paul III. aufgegeben worden war. Wir erinnern uns, daß der Protestantismus in der ersten Hälfte des 16. Jahrhunderts durch nichts so sehr befördert worden ist wie durch die politischen Bestrebungen der Päpste. Eben diesen hatte, nach menschlicher Ansicht, der Protestantismus jetzt seine Rettung, seine Erhaltung zu danken.

Es mußte aber dieses Beispiel auch auf die übrigen Mächte wirken. Endlich ergriff das deutsche Österreich, welches sich solange ohne Wanken rechtgläubig gehalten, dieselbe Politik: die Stellung, welche es seit dem Westfälischen Frieden einnahm, beruhte auf seiner innigen Verbindung mit Norddeutschland, England und Holland.

Fragen wir nach der tieferen Ursache dieser Erscheinung, so würden wir Unrecht haben, sie allein in einer Verflachung und Verkümmerung der geistlichen Antriebe zu suchen; ich denke, wir werden den Inhalt und die Bedeutung des Ereignisses anders fassen müssen.

Einmal hatte der große geistliche Kampf seine Wirkung in den Gemütern vollbracht.

In den früheren Zeiten war das Christentum mehr eine Sache der Überlieferung, der naiven Annahme, des von Zweifeln unberührten Glaubens gewesen; jetzt war es eine Sache der Überzeugung, der bewußten Hingebung geworden. Von hoher Bedeutung ist es, daß man zwischen den verschiedenen Bekenntnissen zu wählen hatte, daß man verwerfen, abfallen, übertreten konnte. Die Person ward in Anspruch genommen, ihre freie Selbstbestimmung herausgefordert. Hierdurch geschah, daß die christlichen Ideen alles Leben und Denken noch tiefer und vollständiger durchdrangen.

Dazu kommt dann ein anderes Moment.

Wohl ist es wahr, daß das Überhandnehmen der inneren Gegensätze die Einheit der Gesamtheit zerstört; aber es ist, wenn wir uns nicht täuschen, ein anderes Gesetz des Lebens, daß sich damit doch auch zugleich eine höhere und größere Entwicklung vorbereitet.

In dem Gedränge des allgemeinen Kampfes war die Religion nach den verschiedenen Abwandlungen ihrer dogmatischen Ausbildung von den Nationen ergriffen worden; mit dem Gefühl der Nationalität hatte sich das Dogma verschmolzen, wie ein Besitz der Gemeinsamkeit, des Staates oder des Volkes. Mit den Waffen war es erkämpft, unter tausend Gefahren behauptet; in Fleisch und Blut war es übergegangen.

Hierdurch ist es geschehen, daß sich die Staaten auf beiden Seiten zu großen kirchlich-politischen Individualitäten ausgebildet haben, – schon auf der katholischen nach dem Maße der Ergebenheit gegen den Römischen Stuhl, der Duldung oder Ausschließung der Nichtkatholiken, noch mehr aber bei den Protestanten, wo die Abweichung der symbolischen Bücher, die man beschwört, die Mischung des lutherischen und des reformierten Bekenntnisses, die größere oder geringere Annäherung an die bischöfliche Verfassung ebenso viele in die Augen fallende Verschiedenheiten begründen. Es wird die erste Frage bei jedem Lande, welche Religion die herrschende daselbst ist. In mannigfaltigen Gestalten erscheint das Christentum. So groß auch die Gegensätze sind, so kann kein Teil dem anderen abstreiten, daß auch er den Grund des Glaubens besitze. Vielmehr sind die verschiedenen Formen durch Verträge und Friedensschlüsse, an denen alle teilhaben, Grundgesetze gleichsam einer allgemeinen Republik, gewährleistet. Es kann nicht mehr daran gedacht werden, das eine oder das andere Bekenntnis zu einer universalen Herrschaft zu erheben. Nur darauf kommt es an, wie jeder Staat, jedes Volk von seiner politisch-religiösen Grundlage aus seine Kräfte zu entwickeln vermögen wird. Darauf beruht nunmehr die Zukunft der Welt.

ACHTES BUCH

DIE PÄPSTE UM DIE MITTE DES SIEBZEHNTEN JAHRHUNDERTS

Nachdem der Versuch der Päpste, ihre Weltherrschaft zu erneuern, soweit er auch bereits gediehen war, doch zuletzt mißlungen ist, hat sich ihre Stellung und das Interesse, das wir an ihnen nehmen, überhaupt verändert. Die Verhältnisse des Fürstentums, die Verwaltung und innere Entwicklung desselben ziehen unsere Aufmerksamkeit wieder am meisten auf sich.

Wie man aus dem hohen Gebirge, welches große und weite Aussichten eröffnet, in ein Tal tritt, das den Blick beschränkt und in engen Grenzen festhält, so gehen wir von der Anschauung der allgemeinen Weltereignisse, in denen das Papsttum noch einmal eine so große Rolle spielte, zur Betrachtung der besonderen Angelegenheiten des Kirchenstaates über.

Erst in den Zeiten Urbans VIII. gelangte der Kirchenstaat zu seiner Vollendung. Beginnen wir mit diesem Ereignisse.

Heimfall von Urbino

Das Herzogtum Urbino umfaßte sieben Städte, gegen 300 Schlösser; es hatte eine fruchtbare, zum Handel wohlgelegene Seeküste, – die Apenninen hinauf gesundes, anmutiges Bergland.

Wie die ferraresischen, machten sich auch die urbinatischen Herzöge bald durch Waffentaten, bald durch literarische Bestrebungen, bald durch einen freigebigen glänzenden Hofhalt bemerklich. Guidubaldo II. hatte im Jahre 1570 vier Hofhaltungen eingerichtet: außer seiner eigenen, besondere für seine Gemahlin, den Prinzen und die Prinzessin[1]; sie waren alle glänzend, gern besucht von

[1] Bernardo Tasso hat ihnen im 47. Buche des Amadigi einen prächtigen Lobspruch gewidmet:

Vedete i quattro a cui il vecchio Apennino
ornerà il petto suo di fiori e d'erba – –.

einheimischen Edelleuten, offen für die Fremden[1]. Nach alter Sitte ward jeder Fremde in dem Palast bewirtet. Die Einkünfte des Landes hätten zu so vielem Aufwande wohl nicht hingereicht: sie beliefen sich, auch wenn der Kornhandel in Sinigaglia gut ging, auf nicht mehr als etwa 100000 Skudi. Aber die Fürsten standen, wenigstens dem Namen und Titel nach, immer in fremden Kriegsdiensten; die glückliche Lage des Landes in der Mitte von Italien bewirkte, daß die benachbarten Staaten wetteiferten, sie durch Begünstigungen, Besoldungen, Subsidien in Ergebenheit zu erhalten.

Man bemerkte in dem Lande, daß der Fürst mehr einbringe, als er koste.

Zwar wurden wohl auch hier wie allenthalben Versuche gemacht, die Abgaben zu erhöhen; aber es zeigten sich hierbei so große Schwierigkeiten, vor allem in Urbino selbst, daß man es doch am Ende, halb aus gutem Willen, halb weil man nicht anders konnte, bei dem Herkömmlichen bewenden ließ. Auch die Privilegien, die Statuten blieben unangetastet. Unter dem Schutze dieses Hauses bewahrte San Marino seine unschuldige Freiheit[2]. Während in dem übrigen Italien allenthalben das Fürstentum freier, ungebundener, mächtiger wurde, blieb es hier in seinen alten Schranken.

Daher kam es, daß die Einwohner sich auf das engste an ihre Dynastie anschlossen; sie waren ihr um so ergebener, weil eine Vereinigung mit dem Kirchenstaate ohne Zweifel die Aufhebung aller hergebrachten Verhältnisse, den Verlust der alten Freiheiten herbeiführen mußte.

Eine Landesangelegenheit von der größten Wichtigkeit war demnach die Fortpflanzung des herzoglichen Geschlechtes.

Der Prinz von Urbino, Franz Maria, hielt sich eine Zeitlang an dem Hofe Philipps II. auf[3]. Er geriet hier, wie man erzählt, in ein

[1] Relatione di Lazzaro Mocenigo ritornato da Guidubaldo duca d'Urbino 1570. Vuole alloggiar tutti li personaggi che passano per il suo stato, il numero de' quali alla fine dell' anno si trova esser grandissimo.

[2] „Ha humore d'esser republica", sagt ein Discorso a N. S. Urbano VIII sopra lo stato d'Urbino von San Marino. Bei dem Übergang an den Kirchenstaat erweiterte es noch seine Privilegien.

[3] Im Amadigi erscheint er noch sehr jugendlich, recht artig porträtiert:

Quel piccolo fanciul, che gli occhi alzando
par che si specchi nell' avo e nel padre
e l'alta gloria lor quasi pensando.

Mocenigo schildert ihn zur Zeit seiner Vermählung: Giostra leggiadra-

sehr ernsthaftes Verhältnis zu einer spanischen Dame und dachte sich mit ihr zu vermählen. Aber der Vater Guidubaldo war schlechterdings dagegen; er wollte vor allem eine ebenbürtige Schwiegertochter in seinem Hause sehen. Er nötigte seinen Sohn, zurückzukommen und der ferraresischen Prinzessin Luçrezia von Este seine Hand zu geben.

Es hätte ein zusammenpassendes Paar scheinen sollen: der Prinz gewandt und stark, geübt im Waffenspiel und nicht ohne Wissenschaften, besonders militärische; die Prinzessin geistreich, voll Majestät und Anmut. Man überließ sich der Hoffnung, daß das Haus hiermit wohlbegründet sein werde; die Städte wetteiferten, die Vermählten mit Triumphbogen und schönen Geschenken zu empfangen.

Aber das Unglück war, daß der Prinz erst fünfundzwanzig, die Prinzessin dagegen schon vierzig Jahre zählte. Der Vater hatte darüber weggesehen, um die Verweigerung der spanischen Verbindung, die doch am Hofe Philipps keinen guten Eindruck machte, durch eine so hohe, glänzende und auch reiche Partie zu beschönigen. Jedoch es ging schlechter, als er wohl geglaubt haben mochte. Nach Guidubaldos Tode mußte Luçrezia nach Ferrara zurückkehren; an Nachkommenschaft war nicht zu denken[1].

Wir bemerkten früher, welch einen entscheidenden Einfluß Luçrezia von Este auf das Schicksal, die Auflösung des Herzogtums Ferrara hatte. Auch in die urbinatischen Angelegenheiten finden wir sie jetzt auf das unglücklichste verflochten. Schon damals, als Ferrara genommen wurde, schien auch der Heimfall von Urbino gewiß, um so mehr, da es hier keine Agnaten gab, welche Anspruch auf die Sukzession hätten machen können.

Jedoch noch einmal änderten sich die Sachen. Im Februar 1598 starb Luçrezia; Franz Maria konnte zu einer neuen Vermählung schreiten.

Das Land war voll Entzücken, als man bald darauf vernahm, der gute Herr, der alle die Jahre daher ein mildes und ruhiges Re-

mente, studia et è intelligente delle matematiche e delle fortificationi: tanto gagliardi sono i suoi esercitii, come giuocare alla balla, andare alla caccia a piedi per habituarsi all' incomodo della guerra, e così continui che molti dubitano che gli abbino col tempo a nuocere.

[1] Mathio Zane, Relatione del duca d'Urbino 1574, findet Lucrezia bereits eine „Signora di bellezza manco che mediocre, ma si tien ben acconcia: – – si dispera quasi di poter veder da questo matrimonio figliuoli."

giment geführt, den alles liebte, habe wirklich Hoffnung, daß sein Stamm nicht mit ihm untergehen werde. Alles tat Gelübde für die glückliche Niederkunft der neuen Herzogin. Als die Zeit herankam, versammelten sich die Edelleute des Landes, die Magistrate der Städte in Pesaro, wo sich die Fürstin aufhielt; in der Stunde der Geburt war der Platz vor dem Palaste samt den nahen Straßen mit Menschen überfüllt. Endlich zeigte sich der Herzog am Fenster. „Gott", rief er mit lauter Stimme, „Gott hat uns einen Knaben beschert." Mit unbeschreiblichem Jubel ward diese Nachricht empfangen. Die Städte erbauten Kirchen und errichteten fromme Stiftungen, wie sie gelobt[1].

Wie betrügerisch aber sind Hoffnungen, die sich auf Menschen gründen!

Der Prinz ward sehr wohl erzogen; er entwickelte Talent, wenigstens literarisches; der alte Herzog hatte die Freude, ihn noch mit einer Prinzessin von Toskana vermählen zu können. Dann zog er sich selbst in die Ruhe von Casteldurante zurück und überließ ihm die Regierung.

Aber kaum war der Prinz sein eigener Herr, der Herr des Landes, so ergriff ihn der Rausch der Gewalt. Erst in dieser Zeit nahm in Italien der Geschmack am Theater überhand: der junge Prinz ward um so mehr davon hingerissen, da er sich in eine Schauspielerin verliebte. Am Tage machte er sich das neronische Vergnügen, den Wagen zu lenken; am Abend erschien er selbst auf den Brettern; tausend andere Ausschweifungen folgten. Traurig sahen die ehrlichen Bürgersleute einander an. Sie wußten nicht, ob sie es beklagen oder sich darüber freuen sollten, als der Prinz im Jahre 1623 nach einer wild durchtobten Nacht eines Morgens in seinem Bette tot gefunden ward.

Hierauf mußte der alte Franz Maria die Regierung nochmals übernehmen, voll tiefen Grames, daß er nun doch der letzte Rovere war, daß es mit seinem Hause ganz zu Ende ging, doppelt und dreifach unmutig, da er die Geschäfte wider Willen führen und in den bitteren Begegnungen mit dem Römischen Stuhle aushalten mußte[2].

[1] La devoluzione a S. Chiesa degli stati di Francesco Maria II della Rovere, ultimo duca d'Urbino, descritta dall' ill^{mo} Sr Antino Donati nobile Venetiano. (Informationi polit., auch bereits gedruckt.)

[2] P Contarini: trovandosi il duca per gli anni e per l'indispositione già cadente prosternato et avvilito d'animo.

Anfangs glaubte er fürchten zu müssen, daß sich die Barberini der Tochter, die von seinem Sohne übrig war, eines Kindes von einem Jahre, bemächtigen würden. Um sie ihren Werbungen auf immer zu entziehen, ließ er sie mit einem Prinzen von Toskana versprechen und auf der Stelle in das benachbarte Land hinüberbringen. Aber es entspann sich sogleich ein anderes Mißverhältnis.

Da auch der Kaiser Ansprüche auf einige urbinatische Landesteile machte, so forderte Urban VIII., um sich sicherzustellen, eine Erklärung von dem Herzoge, daß er alles, was er besitze, von dem Päpstlichen Stuhle zu Lehen trage. Lange weigerte sich Franz Maria: er fand diese Erklärung wider sein Gewissen; endlich gab er sie doch; „aber seitdem", sagt unser Berichterstatter, „ist er nie wieder heiter geworden: er fühlte sich dadurch in seiner Seele gedrückt."

Bald darauf mußte er zulassen, daß die Befehlshaber seiner festen Plätze dem Papste den Eid leisteten. Endlich – es war in der Tat das beste – gab er die Regierung ganz und gar an die Bevollmächtigten des Papstes auf.

Lebensmüde, altersschwach, von Herzeleid gebeugt, nachdem er alle seine vertrauten Freunde hatte sterben sehen, fand der Herzog seinen einzigen Trost in den Übungen der Frömmigkeit. Er starb im Jahre 1631.

Auf der Stelle eilte Taddeo Barberini herbei, um das Land in Besitz zu nehmen. Die Allodialerbschaft kam an Florenz. Auch das Gebiet von Urbino wurde nach dem Muster der übrigen Landschaften eingerichtet, und gar bald hören wir hier alle die Klagen, welche die Regierung der Priester zu erwecken pflegte[1].

Kommen wir nun auf diese Verwaltung überhaupt, und zwar zunächst auf das wichtigste Moment, von dem alles andere abhängt, die Finanzen.

Anwachs der Schulden des Kirchenstaates

Wenn Sixtus V. die Ausgaben beschränkte, einen Schatz sammelte, so hatte er doch auch zugleich Einkünfte und Auflagen vermehrt und eine große Masse Schulden darauf gegründet.

[1] Aluise Contarini findet 1635 die Einwohner sehr unzufrieden: Quei sudditi s'aggravano molto della mutatione, chiamando tirannico il governo de' preti, i quali altro interesse che d'arrichirsi e d'avanzarsi non vi tengono.

Sich einzuschränken, Geld zu sammeln, ist nicht jedermanns Sache. Auch wurden die Bedürfnisse sowohl der Kirche als des Staates von Jahr zu Jahr dringender. Zuweilen griff man den Schatz an; jedoch war seine Verwendung an so strenge Bedingungen gebunden, daß dies doch nur in seltenen Fällen geschehen konnte. Sonderbarerweise war es um vieles leichter, Anleihen zu machen, als das Geld, welches man liegen hatte, zu brauchen. Auf das rascheste und rücksichtsloseste gingen die Päpste auf diesem Wege vorwärts.

Es ist sehr merkwürdig, wie sich das Verhältnis der Einkünfte und der Summe der Schuld und ihrer Zinsen in den verschiedenen Jahren stellte, von denen wir glaubwürdige Berechnungen darüber haben.

Im Jahre 1587 betrugen die Einkünfte 1358456 Skudi, die Schulden siebenthalb Millionen Skudi. Ungefähr die Hälfte der Einkünfte, 715913 Skudi, war auf die Zinsen der Schuld assigniert.

Im Jahre 1592 sind die Einkünfte auf 1585520 Skudi, die Schulden auf 12242620 gestiegen. Der Anwachs der Schuld ist bereits um vieles größer als die Zunahme der Einkünfte: es sind 1088600 Skudi, d. i. ungefähr Zweidrittel der Einnahme, zum Zins der Schuld in Ämtern und Luoghi di Monte angewiesen[1].

Schon dies Verhältnis war so mißlich, daß es große Bedenklichkeiten erregen mußte. Man wäre gern sogleich zu einer Verringerung des Zinsfußes geschritten; es ward der Vorschlag gemacht, eine Million aus dem Kastell zu nehmen, um denen, die sich einer Reduktion der Zinsen widersetzen würden, das Kapital herauszuzahlen. Das reine Einkommen würde dadurch beträchtlich gestiegen sein. Jedoch die Bulle Sixtus' V., die Besorgnis vor einer Verschleuderung des Schatzes, verhinderte Maßregeln dieser Art, und man mußte auf dem einmal betretenen Pfade bleiben.

Vielleicht könnte man glauben, daß die Erwerbung eines so einträglichen Landes, wie das Herzogtum Ferrara, eine besondere Erleichterung gewährt haben würde; jedoch ist das nicht der Fall.

Schon im Jahre 1599 verschlangen die Zinsen nahezu Dreiviertel des Gesamteinkommens.

Im Jahre 1605 aber, bei dem Regierungsantritt Pauls V., waren

[1] Ausführliches Verzeichnis der päpstlichen Finanzen vom ersten Jahre Clemens' VIII., ohne besondere Überschrift. Bibliot. Barb. nº 1699, auf 80 Blättern.

von den Gefällen der Kammer nur noch 70000 Skudi nicht für Zinsen angewiesen[1]. Kardinal du Perron versichert, daß der Papst von seinem regelmäßigen Einkommen, obwohl die Ausgaben des Palastes sehr mäßig seien, doch nicht ein halbes Jahr leben könne.

Um so weniger konnte es vermieden werden, daß er Schulden auf Schulden häufte. Aus authentischen Verzeichnissen sehen wir, wie regelmäßig Paul V. zu diesem Mittel griff: im November 1607, Januar 1608 zweimal, März, Juni, Juli 1608, September desselben Jahres zweimal; so fort durch alle Jahre seiner Regierung. Es sind nicht große Anleihen in unserem Sinne; die kleinen Bedürfnisse, wie sie vorkommen, werden durch die Errichtung und den Verkauf neuer Luoghi di Monte, in größerer oder in geringerer Zahl, gedeckt. Bald werden sie auf den Zoll von Ankona, bald auf die Dogana von Rom oder einer Provinz, bald auf die Erhöhung des Salzpreises, bald auch auf den Ertrag der Post gegründet. Allmählich wachsen sie doch gewaltig an. Paul V. allein hat über zwei Millionen Schulden in Luoghi di Monte gemacht[2].

Es würde dies aber unmöglich gewesen sein, wäre nicht ein Umstand besonderer Art diesem Papste zustatten gekommen.

Immer zieht die Macht auch das Geld an. Solange die spanische Monarchie in ihrem großen Fortschritt war und die Welt mit ihrem Einfluß beherrschte, hatten die Genuesen, damals die reichsten Geldbesitzer, ihre Kapitalien in den königlichen Anleihen untergebracht und sich durch einige gewaltsame Reduktionen und Eingriffe Philipps II. darin nicht stören lassen. Allmählich aber, da die große Bewegung abnahm, die Kriege und die Bedürfnisse derselben aufhörten, zogen sie ihr Geld zurück. Sie wandten sich nach Rom, das indes wieder eine so gewaltige Weltstellung eingenommen: die Schätze von Europa strömten aufs neue dahin zusammen. Unter Paul V. war Rom vielleicht der vornehmste Geldmarkt in Europa. Die römischen Luoghi di Monte wurden außerordentlich gesucht. Da sie bedeutende Zinsen abwarfen und

[1] Per sollevare la camera apostolica discorso di mons^{r} Malvasia 1606. Gli interessi che hoggi paga la sede apostolica assorbono quasi tutte l'entrate, di maniera che si vive in continua angustia e difficoltà di provedere alle spese ordinarie e necessarie, e venendo occasione di qualche spesa straordinaria non ci è dove voltarsi.

[2] Nota de luoghi di monte eretti in tempo del pontificato della felice memoria di Paolo V 1606–1618.

eine genügende Sicherheit darboten, so stieg ihr Kaufpreis zuweilen bis auf 150 Prozent. So viele ihrer der Papst auch gründen mochte, so fand er Käufer in Menge.

So geschah es denn, daß die Schulden unaufhörlich stiegen. Im Anfange des Pontifikates Urbans VIII. beliefen sie sich auf 18 Millionen. Auch die Einnahmen mußten bei dem System des römischen Hofes hiermit in Verhältnis bleiben: sie werden im Beginn dieser Regierung auf 1818104 Skudi 96 Bajocchi berechnet[1]. Ich finde nicht genau, wieviel davon zu den Zinsen verbraucht ward; doch muß es bei weitem der größte Teil gewesen sein. Sehen wir die Rechnungen im einzelnen an, so überstieg die Forderung gar oft die Einnahme. Im Jahre 1592 hatte die Dogana di Roma 162450 Skudi getragen: im Jahre 1625 trug sie 209000 Skudi; damals aber waren doch 16956 Skudi in die Kassen der Kammer geflossen: jetzt übertraf die Anweisung die Einnahme um 13260 Skudi. Die Salara di Roma war in dieser Zeit von 27654 auf 40000 Skudi gestiegen; 1592 aber war ein Überschuß von 7482 Skudi geblieben; 1625 hatte man ein Minus von 2321 Skudi 98 Bajocchi.

Man sieht, wie wenig es, auch wenn man sparsam haushielt, hierbei sein Bewenden haben konnte; wieviel weniger unter einer Regierung wie Urbans VIII., den seine politische Eifersucht so oft zu Rüstungen und Fortifikationen antrieb!

Zwar ward Urbino erworben; allein besonders im Anfange trug es nur wenig ein. Nach dem Verluste der Allodien beliefen sich die Einkünfte nur auf 40000 Skudi. Dagegen hatte die Besitzergreifung, bei der man den Erben nicht unbedeutende Zugeständnisse machte, viele Unkosten verursacht[2].

Schon im Jahre 1635 hatte Urban VIII. die Schulden bis auf 30 Millionen Skudi erhöht[3]. Um die nötigen Fonds dazu zu bekommen, hatte er bereits zehn verschiedene Auflagen entweder

[1] Entrata et uscita della sede apostolica del tempo di Urbano VIII.

[2] Bemerkung Franz Barberinos an den Nuntius in Wien, da der Kaiser auf jene Erwerbung Ansprüche gründete.

[3] Angelo Contarini berechnet 1629 die Einkünfte, inbegriffen die Dataria und die Spoglien, auf 2200000 Skudi, die Ausgaben auf 2284000 Skudi, so daß ein jährliches Defizit von 84000 Skudi sich herausstellt. Relazione di Angelo Contarini ambasciatore ordinario alla corte di Roma 1627–1629 *in: Relazioni degli stati Europei* lette al senato dagli *ambasciatori* Veneti nel secolo decimosettimo, raccolte ed annotate di Niccolò Barozzi e Guglielmo Berchet. Serie III, Vol. I, p. 258.

neu eingeführt oder doch erhöht. Aber er war damit noch lange nicht an seinem Ziele. Es traten Kombinationen ein, die ihn veranlaßten, noch viel weiter zu gehen, die wir jedoch erst übersehen können, wenn wir eine andere Entwicklung ins Auge gefaßt haben.

Gründung neuer Familien

Fragen wir nämlich, wohin nun alle jene Einkünfte gerieten, wozu sie angewandt wurden, so ist allerdings unleugbar, daß sie großenteils den allgemeinen Bestrebungen des Katholizismus dienten. Heere, wie sie Gregor XIV. nach Frankreich schickte, die dann auch seine Nachfolger eine Zeitlang unterhalten mußten, die tätige Teilnahme Clemens' VIII. am Türkenkriege, Subsidien, wie sie der Liga, dem Hause Österreich unter Paul V. so oft gewährt wurden, die Gregor XV. hernach verdoppelte und Urban VIII. wenigstens zum Teil auf Maximilian von Bayern übertrug, mußten dem Römischen Stuhle ungemeine Summen kosten.

Auch die Bedürfnisse des Kirchenstaates nötigten oft zu außerordentlichem Aufwande: die Eroberung von Ferrara unter Clemens VIII., Pauls V. Anstalten gegen Venedig, alle die Kriegsrüstungen Urbans VIII.

Dazu kamen die großartigen Bauwerke, bald zur Verschönerung der Stadt, bald zur Befestigung des Staates, in denen jeder neue Papst mit dem Andenken seiner Vorfahren wetteiferte.

Allein es bildete sich auch noch ein Institut aus, das zur Aufhäufung jener Schuldenmasse nicht wenig beitrug und das freilich weder der Christenheit, noch dem Staate, auch nicht der Stadt, sondern allein den Familien der Päpste zugute kam.

Es hatte sich überhaupt eingeführt und hängt mit der Stellung des Priesterstandes zu einer sehr entwickelten Familienverfassung zusammen, daß der Überschuß der geistlichen Einkünfte in der Regel den Verwandten eines jeden zuteil wurde.

Die damaligen Päpste waren durch Bullen ihrer Vorgänger verhindert, ihren Angehörigen, wie früher so oft versucht worden, Fürstentümer zu verleihen; die allgemeine Sitte des geistlichen Standes gaben sie aber darum nicht auf; jetzt ließen sie es sich nur um so angelegener sein, denselben durch Reichtümer und festen Besitz ein erbliches Ansehen zu verschaffen.

Sie versäumten nicht, hierbei einige Gründe zu ihrer Rechtfertigung geltend zu machen. Sie gingen davon aus, daß sie durch kein Gelübde zur Armut verpflichtet seien: indem sie nun schlossen, daß sie den Überschuß der Früchte des geistlichen Amtes als ihr Eigentum ansehen dürften, glaubten sie zugleich das Recht zu haben, ihren Verwandten mit diesem Überschuß ein Geschenk zu machen.

Bei weitem mehr aber als Ansichten dieser Art wirkten hierbei Herkommen und Blut und die natürliche Neigung des Menschen, eine Stiftung nach seinem Tode zurückzulassen.

Der erste, der die Form fand, an welche danach die anderen sich hielten, war Sixtus V.

Den einen seiner Pronepoten erhob er zum Kardinal, ließ ihn Anteil an den Geschäften nehmen und gab ihm ein kirchliches Einkommen von 100000 Skudi; den anderen vermählte er mit einer Sommaglia und erhob ihn zum Marchese von Mentana, wozu späterhin das Fürstentum Venafro und die Grafschaft Celano im Neapolitanischen kamen. Das Haus Peretti hat sich hierauf geraume Zeit in großem Ansehen erhalten: zu wiederholten Malen erscheint es im Kardinalkollegium.

Bei weitem mächtiger aber wurden die Aldobrandini[1]. Wir sahen, welchen Einfluß Pietro Aldobrandino während der Regierung seines Oheims ausübte. Er hatte schon 1599 bei 60000 Skudi kirchlicher Einkünfte; wie sehr müssen sie seitdem noch angewachsen sein! Die Erbschaft der Lucrezia d'Este kam ihm trefflich zustatten: er kaufte sich an; auch finden wir, daß er Geld in der Bank von Venedig niederlegte. Wieviel er aber auch zusammenbringen mochte, so mußte doch zuletzt alles der Familie seiner Schwester und ihres Gemahls, Johann Franz Aldobrandino, zufallen. Johann Franz wurde Kastellan von San Angelo, Governatore des Borgo, Kapitän der Garde, General der Kirche. Auch er hatte 1599 bereits 60000 Skudi Einkünfte; oft bekam er bares Geld von dem Papste: ich finde eine Rechnung, nach welcher Clemens VIII. seinen Nepoten überhaupt in den dreizehn Jahren seiner Herrschaft über eine Million bar geschenkt hat. Sie wurden um so wohlhabender, da Johann Franz ein guter Wirt war; die Güter Ridolfo Pios, die diesem nicht mehr als 3000 Skudi einge-

[1] Niccolò Contarini, Storia Veneta: Clemente VIII nel conferir li beneficii ecclesiastici alli nepoti non hebbe alcun termine, et andò etiandio di gran lunga superiore a Sisto V suo precessore, che spalancò questa porta.

tragen, kaufte er an sich und brachte sie zu einem Ertrage von 12000 Skudi. Nicht ohne große Unkosten ward die Vermählung seiner Tochter Margareta mit Rainuccio Farnese durchgesetzt; sie brachte demselben außer einigen vorteilhaften Vergünstigungen 400000 Skudi Mitgift zu[1]; doch erwies sich diese Verbindung, wie wir sahen, später nicht so innig, wie man gehofft hatte.
Auf dem Wege der Aldobrandini fuhren nun die Borghesen fast noch rascher und rücksichtsloser fort.
Kardinal Scipione Cafarelli Borghese hatte über Paul V. soviel Autorität wie Pietro Aldobrandino nur irgend über Clemens VIII. Auch brachte er wohl noch größere Reichtümer zusammen. Im Jahre 1612 werden die Pfründen, die ihm übertragen worden, bereits auf ein Einkommen von 150000 Skudi des Jahres berechnet. Den Neid, welchen soviel Macht und Reichtum notwendig hervorriefen, suchte er durch Wohlwollen und ein höfliches, zuvorkommendes Wesen zu vermindern; doch wird man sich nicht wundern, wenn ihm das nicht vollkommen gelang.
Die weltlichen Ämter kamen an Marc Antonio Borghese, den der Papst überdies mit dem Fürstentum Sulmona in Neapel, mit Palästen in Rom und den schönsten Villen in der Umgegend ausstattete. Er überhäufte seine Nepoten mit Geschenken. Wir haben ein Verzeichnis derselben seine ganze Regierungszeit hindurch bis ins Jahr 1620. Zuweilen sind es Edelsteine, Silbergerätschaften; prächtige Zimmerbekleidungen werden unmittelbar aus den Vorräten des Palastes genommen und den Nepoten überbracht; bald werden ihnen Karossen, bald sogar Musketen und Falkonetten gegeben; aber die Hauptsache ist immer das bare Geld. Es findet sich, daß sie bis zum Jahre 1620 im ganzen 689727 Skudi 31 Bajocchi bar, in Luoghi di Monte 24600 Skudi nach ihrem Nennwert, in Ämtern nach der Summe, die es gekostet haben würde, sie zu kaufen, 268176 Skudi erhielten, was sich denn auch wie bei Aldobrandini ziemlich auf eine Million beläuft[2].
Auch die Borghesen aber versäumten nicht, ihr Geld sogleich in liegenden Gründen anzulegen. In der Campagna von Rom haben sie gegen 80 Güter an sich gebracht; die römischen Edelleute lie-

[1] Contarini: Il papa mostrando dolore di esser condotto da nepoti da far così contro la propria conscienza, non poteva tanto nasconder nel cupo del cuore che non dirompesse la soprabondanza dell' allegrezza.
[2] Nota di danari, officii e mobili donati da papa Paolo V a suoi parenti e concessioni fattegli. MS.

ßen sich durch den guten Preis, der ihnen gezahlt ward, und durch die hohen Zinsen, welche die Luoghi di Monte trugen, die sie dafür ankauften, verleiten, ihr altes Eigentum und Erbe zu veräußern. Auch in vielen anderen Gegenden des Kirchenstaates siedelten sie sich an; der Papst begünstigte sie dabei durch besondere Privilegien. Zuweilen empfingen sie das Recht, Verbannte herzustellen, einen Markt zu halten, oder ihre Untertanen wurden mit Exemptionen begnadigt; es wurden ihnen Gabellen erlassen; sie brachten eine Bulle aus, kraft deren ihre Güter niemals konfisziert werden sollten.

Die Borghesen wurden das reichste und mächtigste Geschlecht, das noch in Rom emporgekommen.

Hierdurch war nun aber dies Nepotenwesen dergestalt in Schwung gebracht, daß auch eine kurze Regierung zu einer glänzenden Ausstattung die Mittel fand[1].

Ohne Zweifel noch unbedingter als die früheren Nepoten herrschte der Neffe Gregors XV., Kardinal Ludovico Ludovisio. Er hatte das Glück, daß während seiner Verwaltung die beiden wichtigsten Ämter der Kurie, das Vizekanzellariat und das Kamerlengat, vakant wurden und ihm zufielen. Er erwarb über 200000 Skudi kirchlicher Einkünfte. Die weltliche Macht, das Generalat der Kirche und mehrere andere einträgliche Ämter gelangten zunächst an den Bruder des Papstes, Don Orazio, Senator zu Bologna. Da der Papst kein langes Leben versprach, hatte man es um so eiliger, die Familie auszustatten. Es flossen ihr in der kurzen Zeit 800000 Skudi Luoghi di Monte zu. Von den Sforzen ward das Herzogtum Fiano, von den Farnesen das Fürstentum Zagarolo für sie angekauft. Schon durfte der junge Niccolo Ludovisio auf die glänzendste, reichste Vermählung Anspruch machen. Durch eine erste Heirat brachte er Venosa, durch eine zweite Piombino an sein Haus. Die Gunst des Königs von Spanien trug dazu noch besonders bei.

Wetteifernd mit so glänzenden Beispielen warfen sich nun auch die Barberini in diese Bahn. Zur Seite Urbans VIII. erhob sich dessen älterer Bruder Don Carlo als General der Kirche: ein ern-

[1] Pietro Contarini, Relatione di 1627: Quelle che possiede la casa Peretta, Aldobrandina, Borghese e Ludovisia, li loro principati, le grossissime rendite, tante eminentissime fabriche, superbissime supellettili con estraordinarii ornamenti e delizie non solo superano le conditioni di signori e principi privati, ma s'uguagliano e s'avanzano a quelle dei medesimi re.

ster, geübter Geschäftsmann, der wenig Worte machte, sich durch den Aufgang seines Glückes nicht blenden, noch zu nichtigem Hochmut verleiten ließ und jetzt vor allem die Gründung eines großen Familienbesitzes ins Auge faßte[1]. „Er weiß", heißt es in der Relation von 1625, „daß der Besitz des Geldes von dem großen Haufen unterscheidet, und hält es nicht für geziemend, daß, wer einmal mit einem Papst in Verwandtschaft gestanden, nach dessen Tode in beschränkter Lage erscheine." Drei Söhne hatte Don Carlo, die nun unmittelbar zu einer großen Bedeutung gelangen mußten, Francesco, Antonio und Taddeo. Die beiden ersten widmeten sich geistlichen Ämtern. Francesco, der durch Bescheidenheit und Wohlwollen sich das allgemeine Zutrauen erwarb und es zugleich verstand, sich in die Launen seines Oheims zu fügen, bekam die leitende Gewalt, die ihm, obwohl er sich im ganzen gemäßigt hielt, doch in so langen Jahren ganz von selbst bedeutende Reichtümer zuführen mußte. Im Jahre 1625 hat er 40000 Skudi, schon im Jahre 1627 gegen 100000 Skudi Einkünfte[2]. Es war nicht vollkommen mit seinem Willen, daß auch Antonio zum Kardinal ernannt ward, und nur unter der ausdrücklichen Bedingung geschah dies, daß er keinen Anteil an der Regierung nehmen sollte. Antonio war hochstrebend, hartnäckig, stolz, wiewohl körperlich schwach. Um wenigstens nicht in allem von seinem Bruder verdunkelt zu werden, beeiferte er sich, eine Menge Stellen zusammenzubringen, große Einkünfte, die im Jahre 1635 auch schon auf 100000 Skudi anliefen; er bekam allein sechs Malteserkommenden, was nun wohl den Rittern dieses Ordens nicht sehr gefallen haben wird; auch nahm er Geschenke; doch gab er auch wieder viel aus; er war mit Absicht freigebig, um sich in dem römischen Adel einen Anhang zu bilden. Zur Gründung einer Familie durch Erwerbung erblicher Besitztümer war der mittlere unter diesen Brüdern, Don Taddeo, ausersehen

[1] Relatione de' quattro ambasciatori 1625. Nella sua casa è buon economo et ha mira di far danari, assai sapendo egli molto bene che l'oro accresce la riputatione agli uomini, anzi l'oro gli inalza e gli distingue vantaggiosamente nel cospetto del mondo.

[2] Pietro Contarini 1627: E di ottimi, virtuosi e lodevoli costumi, di soave natura, e con esempio unico non vuole ricever donativi o presente alcuno. Sarà nondimeno vivendo il pontefice al pari d'ogni altro cardinale grande e ricco. Hor deve aver intorno 80000 sc. d'entrata di beneficii ecclesiastici, e con li governi e legationi che tiene deve avvicinarsi a 100^{m} sc.

worden. Er bekam die Würden des weltlichen Nepoten und ward nach seines Vaters Tode General der Kirche, Kastellan von San Angelo, Governatore des Borgo; schon im Jahre 1635 war er mit so vielen Besitztümern ausgestattet, daß auch er ein jährliches Einkommen von 100000 Skudi genoß[1], und unaufhörlich wurden neue erworben. Don Taddeo lebte sehr zurückgezogen und führte eine musterhafte Haushaltung. In kurzem rechnete man die regelmäßige Einnahme der drei Brüder zusammen jährlich auf eine halbe Million Skudi. Die wichtigsten Ämter gehörten ihnen. Wie das Kamerlengat an Antonio, so war das Vizekanzellariat an Francesco, die Präfektur, die durch den Tod des Herzogs von Urbino erledigt worden, an Don Taddeo gelangt. Man wollte berechnen, daß im Laufe dieses Pontifikats den Barberini die unglaubliche Summe von 105 Millionen Skudi zugefallen sei[2]. „Die Paläste", fährt der Autor dieser Nachricht fort, „zum Beispiel der Palast an den Quattro Fontane, ein königliches Werk, die Vignen, die Gemälde, Bildsäulen, das verarbeitete Silber und Gold, die Edelsteine, die ihnen zuteil geworden, sind mehr wert, als man glauben und aussprechen kann." Dem Papste selbst scheint eine so reiche Ausstattung seines Geschlechtes doch zuweilen bedenklich geworden zu sein; im Jahre 1640 setzte er förmlich eine Kommission nieder, um die Rechtmäßigkeit derselben zu prüfen[3]. Zunächst sprach diese Kommission den Grundsatz aus, mit dem Papsttume sei ein Fürstentum verknüpft, aus dessen Überschuß oder Ersparnissen der Papst seine Angehörigen beschenken könne. Hierauf erwog sie die Verhältnisse dieses Fürstentums, um zu bestimmen, wieweit der Papst gehen dürfe. Nachdem alles berechnet worden, urteilte sie, der Papst könne mit gutem Gewissen ein Majorat von 80000 Skudi reinen Einkommens und überdies

[1] D. i. so hoch beliefen sich die Einkünfte von den Grundstücken: per li novi acquisti, sagt Al. Contarini, di Palestrina, Monterotondo e Valmontone, fatto vendere a forza dai Colonnesi e Sforzeschi per pagare i debiti loro. Das Amt eines Generals der Kirche trug 20000 Skudi ein.

[2] Conclave di Innocenzo X. Si contano caduti nella Barberina, come risulta da sincera notitia di partite distinte, 105 milioni di contanti. Diese Summe ist so unglaublich, daß sie wohl für einen Schreibfehler gehalten werden könnte. Doch findet sie sich in mehreren Manuskripten gleichförmig, unter anderen in dem foscarinischen zu Wien und in meinem eigenen.

[3] Niccolini handelt hiervon. Auch sah ich noch ein besonderes Schriftchen: Motivi a far decidere quid possit papa donare, al 7 di Luglio 1640, von einem Mitgliede dieser Kommission

eine Sekundogenitur in seinem Hause stiften; die Aussteuer der Töchter werde sich auf 180000 Skudi belaufen dürfen. Auch der Jesuitengeneral Vitelleschi – denn in allen Dingen müssen die Jesuiten ihre Hand haben – ward um seine Meinung befragt; er fand diese Bestimmungen mäßig und gab ihnen Beifall.
Dergestalt erhoben sich von Pontifikat zu Pontifikat immer neue Geschlechter zu erblicher Macht; sie stiegen unmittelbar in den Rang der hohen Aristokratie des Landes auf, den man ihnen willig zuerkannte.
Natürlich konnte es unter ihnen nicht an Reibungen fehlen. Der Gegensatz zwischen Vorgängern und Nachfolgern, der früher von den Faktionen des Konklaves abgehangen, stellte sich jetzt in den Nepoten dar. Das zur Herrschaft gelangte neue Geschlecht hielt eifersüchtig über seine höchste Würde und verhängte in der Regel Feindseligkeiten, ja Verfolgungen über das zunächst vorhergegangene. So vielen Anteil auch die Aldobrandini an der Erhebung Pauls V. gehabt, so wurden sie doch von den Angehörigen desselben beiseite gesetzt, angefeindet, mit kostspieligen und gefährlichen Prozessen heimgesucht[1]; sie nannten ihn den großen Undankbaren. Ebensowenig Gunst fanden die Nepoten Pauls V. bei den Ludovisi; Kardinal Ludovisio selbst mußte unmittelbar nach dem Eintritt der barberinischen Herrschaft Rom verlassen. Denn mit vielem Ehrgeiz machten nun auch die Barberini die Gewalt geltend, welche ihnen der Besitz der päpstlichen Macht über den einheimischen Adel und die italienischen Fürsten verschaffte. Darum verlieh Urban VIII. seinem weltlichen Nepoten die Würde eines Prefetto di Roma, weil mit derselben Ehrenrechte verbunden waren, welche diesem Hause auf ewig seinen Vorrang vor den übrigen sichern zu müssen schienen.
Hieran knüpfte sich jedoch zuletzt eine Bewegung, welche zwar nicht weltbedeutend ist, aber für die Stellung des Papsttums sowohl innerhalb des Staates als in ganz Italien eine wichtige Epoche ausmacht.

Krieg von Castro

Den höchsten Rang unter den nichtherrschenden papalen Familien behaupteten allemal die Farnesen, da sie es nicht allein zu Reichtümern im Lande, wie die übrigen, sondern überdies zum

[1] Ein Beispiel in der Vita del Cl Cecchini. S. den Anhang.

Besitz eines nicht unbedeutenden Fürstentumes gebracht hatten, und es war den regierenden Nepoten niemals leicht geworden, dies Haus in Ergebenheit und gebührender Unterordnung zu halten. Als Herzog Odoardo Farnese 1639 nach Rom kam, ward ihm alle mögliche Ehre angetan[1]. Der Papst ließ ihm Wohnung anweisen, Edelleute, ihn zu bedienen, und leistete ihm auch in seinen Geldgeschäften Vorschub; die Barberini gaben ihm Feste, beschenkten ihn mit Gemälden, mit Pferden: mit alledem konnten sie ihn nicht vollkommen gewinnen. Odoardo Farnese, ein Fürst von Talent, Geist und Selbstgefühl, hegte den Ehrgeiz jener Zeiten, der sich in eifersüchtiger Wahrnehmung kleiner Auszeichnungen gefiel, in hohem Grade. Er war nicht dahin zu bringen, daß er die Würde eines Prefetto in Taddeo gebührend anerkannt und ihm den Rang, der mit derselben verbunden war, zugestanden hätte. Selbst wenn er den Papst besuchte, zeigte er sich von der Vornehmheit seines Hauses und sogar von seinen persönlichen Vorzügen auf eine lästige Weise durchdrungen. Es kam zu Mißverständnissen, die sich um so weniger heben ließen, da sie auf einem unverwindbaren persönlichen Eindruck beruhten.

Da war es nun eine wichtige Frage, wie man den Herzog bei seiner Abreise begleiten würde. Odoardo forderte die nämliche Behandlung, welche dem Großherzoge von Toskana zuteil geworden war: der herrschende Nepot, Kardinal Franz Barberino, sollte ihm persönlich das Geleit geben. Dieser wollte das nur tun, wenn ihm der Herzog zuvor einen förmlichen Abschiedsbesuch im Vatikan machen werde, und hierzu hielt sich Odoardo nicht für verpflichtet. Es kamen einige Schwierigkeiten, die man ihm in seinen Geldsachen machte, hinzu, so daß seine doppelt gekränkte Eigenliebe heftig aufflammte. Nachdem er mit kurzen Worten, in denen er sich noch über den Nepoten beklagte, von dem Papst Abschied genommen, verließ er Palast und Stadt, ohne Kardinal Franz

[1] Deone, Diario di Roma, tom. I: E fatale a sig^{ri} Barberini di non trovare corrispondenza ne' beneficati da loro. Il duca di Parma fu da loro alloggiato, accarezzato, servito di gentil'huomini e carrozze, beneficato con la reduttione del monte Farnese con utile di grossa somma del duca e danno grandissimo di molti poveri particulari, corteggiato e pasteggiato da ambi li fratelli card^{li} per spatio di più settimane, e regalato di cavalli, quadri et altri galanterie, e si partì da Roma senza pur salutarli.

auch nur begrüßt zu haben. Er hoffte ihn damit bis ins Herz zu kränken[1].

Aber die Barberini, im Besitz einer absoluten Gewalt in diesem Lande, besaßen die Mittel, sich noch empfindlicher zu rächen.

Die Geldwirtschaft, die sich in dem Staate entwickelte, fand auch bei allen jenen fürstlichen Häusern, welche die Aristokratie desselben ausmachten, Eingang und Nachahmung: sie hatten sämtlich Monti errichtet und ihre Gläubiger ebenso auf den Ertrag ihrer Güter angewiesen, wie die päpstlichen auf die Gefälle der Kammer angewiesen waren; die Luoghi di Monte gingen auf die nämliche Art von Hand in Hand. Diese Monti würden jedoch schwerlich Kredit gefunden haben, hätten sie nicht unter der Aufsicht der höchsten Gewalt gestanden: nur mit besonderer Genehmigung des Papstes durften sie errichtet oder modifiziert werden. Es gehörte mit zu den Vorrechten des herrschenden Hauses, daß es durch eine solche Oberaufsicht einen bedeutenden Einfluß auf die häuslichen Angelegenheiten aller anderen erwarb: die Reduktionen der Monti auf einen niedrigeren Zinsfuß waren an der Tagesordnung; sie hingen von seinem guten Willen, seiner Geneigtheit ab.

Nun waren auch die Farnesen mit sehr ansehnlichen Schulden beladen. Der Monte Farnese vecchio schrieb sich noch von den Bedürfnissen und dem Aufwande Alexander Farneses in den flandrischen Feldzügen her; ein neuer war errichtet worden; Indulte der Päpste hatten die Masse vermehrt, und indem neue Luoghi mit geringeren Zinsen gegründet, die alten nicht getilgt, die verschiedenen Operationen aber von verschiedenen aufeinander eifersüchtigen Handelshäusern geleitet wurden, war alles in Verwirrung geraten[2].

[1] Unter den mancherlei Streitschriften in dieser Sache, welche handschriftlich übrig sind, finde ich besonders folgende ruhig und glaubwürdig: Risposta in forma di lettera al libro di duca di Parma, in dem 45 Bande der Informationi: Il duca Odoardo fu dal papa e ringraziollo, soggiunse di non si poter lodare del Sr C^{le} Barberino. Dal papa gli fu brevemente risposto che conosceva l'affetto di S. Em^{za} verso di lui. Licentiatosi da S. Beat^{ne} senza far motto al S^{r} cardinale se n'andò al suo palazzo, dovendo, se voleva esser accompagnato da S. Em^{za}, rimanere nelle stanze del Vaticano e licentiarsi parimente da S. Em^{za}, come è usanza de' principi. La mattina finalmente partì senza far altro.

[2] Deone, tom. I: Fu ultimamente l'uno et l'altro stato, cioè Castro e Ronciglione, affittato per 94^{m} scudi l'anno a gli Siri. Sopra questa en-

Dazu kam aber jetzt, daß die Barberini einige Maßregeln ergriffen, welche dem Herzog großen Schaden zufügten.
Die beiden farnesischen Monti waren auf den Ertrag von Castro und Ronciglione angewiesen. Die Siri, Pächter der Gefälle von Castro, zahlten dem Herzoge 94000 Skudi, mit welchen die Zinsen der Monti eben noch bezahlt werden konnten. Aber es war nur infolge einiger von Paul III. seinem Hause erteilter Bewilligungen, daß der Ertrag sich so hoch belief. Papst Paul hatte zu dem Ende die große Landstraße von Sutri nach Ronciglione verlegt und jenem Landstrich eine größere Freiheit der Kornausfuhr zugestanden, als andere Provinzen besaßen. Jetzt beschlossen die Barberini, diese Begünstigungen zu widerrufen. Sie verlegten die Straße zurück nach Sutri; in Montalto di Maremma, wo das Getreide von Castro geladen zu werden pflegte, ließen sie ein Verbot der Ausfuhr bekanntmachen[1].
Augenblicklich zeigte sich der beabsichtigte Erfolg. Die Siri, die ohnehin wegen jener Operationen mit dem Herzoge gespannt waren und jetzt einen Rückhalt in dem Papst hatten – man behauptet, noch besonders auf Antrieb einiger Prälaten, die insgeheim an ihrem Geschäfte teilnahmen –, weigerten sich, ihren Kontrakt zu halten: sie hörten auf, die Zinsen des Monte Farnese zu zahlen. Die Montisten, denen ihr Einkommen plötzlich fehlte, drangen auf ihr Recht und wandten sich an die päpstliche Regierung. Der Herzog verschmähte es, da er sich so absichtlich beeinträchtigt sah, Anstalten zu ihrer Befriedigung zu treffen. Aber die Klagen der Montisten wurden so lebhaft, dringend und allgemein, daß der Papst das Recht zu haben glaubte, um so vielen römischen Bürgern zu ihrer Rente zu verhelfen, sich in Besitz der Hypothek zu setzen. In dieser Absicht schickte er eine kleine Heeresmacht nach Castro.

trata è fondata la dote dell' uno e dell' altro monte Farnese, vecchio cioè e nuovo. Il vecchio fu fatto dal duca Alessandro di 54^{m} scudi l'anno, denari tutti spesi in Fiandra, al quale il presente duca Odoardo aggiunse somma per 300^{m} scudi in sorte principale a ragione di $4^1/_2$ per cento, e di più impose alcuni censi, di modo che poco o nulla rimane per lui, sì che se li leva la tratta del grano, non ci sarà il pago per li creditori del monte, non che de' censuarii.

[1] Sie stützten sich hierbei auf die Worte der Bulle Pauls III., in der ihnen nur die „facultas frumenta ad quaecunque etiam praefatae Romanae ecclesiae et nobis immediate vel mediate subjecta conducendi" gegeben war; jedoch hatte sich indes die freie Ausfuhr überhaupt gebildet.

Nicht ohne allen Widerstand ging es dabei ab: „Wir sind genötigt gewesen“, ruft er unter anderem in sonderbarem Zorneseifer in seinem Monitorium aus, „vier große Schüsse tun zu lassen, durch welche auch einer der Feinde geblieben ist[1].“ Am 13. Oktober 1641 nahm er Castro ein. Und selbst hierbei stehenzubleiben, war er nicht gemeint. Im Januar 1642 ward über den Herzog, der sich jene Einnahme nicht rühren ließ, die Exkommunikation ausgesprochen: aller seiner Lehen ward er verlustig erklärt; es rückten Truppen ins Feld, um ihm auch Parma und Piacenza zu entreißen. Von einer Pazifikation wollte der Papst nichts hören; er erklärte: „zwischen dem Herrn und seinem Vasallen finde eine solche nicht statt; er wolle den Herzog demütigen; er habe Geld, Mut und Kriegsvolk; Gott und Welt seien für ihn“.

Hierdurch aber bekam diese Sache eine allgemeinere Bedeutung. Die italienischen Staaten waren schon längst auf die wiederholten Erweiterungen des Kirchenstaates eifersüchtig. Sie wollten nicht dulden, daß er etwa auch Parma an sich ziehen solle, wie Urbino und Ferrara; noch hatten die Este ihre ferraresischen, die Medici gewisse urbinatische Ansprüche nicht aufgegeben; durch die Anmaßungen Don Taddeos waren sie sämtlich beleidigt – die Venezianer doppelt, da Urban VIII. vor kurzem eine Inschrift in der Sala Regia, in der sie wegen jener ihrer fabelhaften Verteidigung Alexanders III. gepriesen wurden, hatte vernichten lassen, was sie für einen großen Schimpf hielten[2]; – auch allgemeinere politische Rücksichten gesellten sich hinzu. Wie früher die spanische, so erregte jetzt die französische Übermacht die Bedenklichkeiten der Italiener. Allenthalben erlitt die spanische Monarchie die größten Verluste; die Italiener fürchteten, es möchte auch bei ihnen eine allgemeine Umwälzung erfolgen, wenn Urban VIII., den sie für einen entschiedenen Verbündeten der Franzosen hielten, noch mächtiger werde. Aus allen diesen Gründen beschlossen sie, sich ihm zu widersetzen. Ihre Truppen vereinigten sich im Modenesischen. Die Barberini mußten den Durchzug durch dies

[1] Es war bei einer Brücke. „Dictus dominus marchio, ex quo milites numero 40 circiter, qui in eisdem ponte et vallo ad pugnandum appor siti fuerunt, amicabiliter ex eis recedere recusabant, immo hostilitepontificio exercitui se opponebant, fuit coactus pro illorum expugnatione quatuor magnorum tormentorum ictus explodere, quorum formidine hostes perterriti fugam tandem arripuerunt, in qua unus ipsorum interfectus remansit.“

[2] Ich werde diesen Gegenstand im Anhang berühren.

Gebiet aufgeben; den Verbündeten gegenüber bezog die päpstliche Heeresmacht ihre Quartiere um Ferrara.

Gewissermaßen wiederholte sich demnach hier der Gegensatz des französischen und des spanischen Interesses, der Europa überhaupt in Bewegung hielt. Allein wieviel schwächer waren doch die Beweggründe, die Kräfte, die Anstrengungen, die es hier zu einer Art von Kampf brachten!

Ein Zug, den der Herzog von Parma, der sich nunmehr ohne viel Zutun von seiner Seite beschützt und doch nicht gebunden sah, auf eigene Hand unternahm, offenbart uns recht die Sonderbarkeit des Zustandes, in welchem man sich befand.

Ohne Geschütz noch Fußvolk, nur mit 3000 Reitern brach Odoardo in den Kirchenstaat ein. Das Fort Urbano, das mit so vielen Kosten errichtet worden, die versammelte Miliz, die sich nie auf einen bewaffneten Feind gefaßt gemacht, hielten ihn nicht auf. Die Bolognesen schlossen sich in ihre Mauern ein; ohne die päpstlichen Truppen auch nur zu Gesicht zu bekommen, zog der Herzog vorüber. Imola eröffnete ihm die Tore; er machte dem päpstlichen Befehlshaber einen Besuch; er ermahnte die Stadt, dem Römischen Stuhle getreu zu sein: denn nicht gegen Rom, nicht einmal gegen Urban VIII., nur gegen die Nepoten desselben behauptete er die Waffen ergriffen zu haben; er zog unter der Fahne des Gonfaloniere der Kirche einher, auf welcher man St. Peter und St. Paul erblickte: im Namen der Kirche forderte er den Durchzug. In Faenza hatte man die Tore verschanzt; als aber der Governatore des Feindes ansichtig wurde, ließ er sich an einem Seile die Mauer hinunter, um persönlich mit dem Herzoge zu unterhandeln; das Ende der Unterhandlung war, daß die Tore geöffnet wurden. So ging es auch in Forli. Ruhig sahen sich die Einwohner aller dieser Städte von den Fenstern den Durchzug ihres Feindes an. Der Herzog begab sich über das Gebirge nach Toskana; von Arezzo her drang er dann aufs neue in den Kirchenstaat ein. Castiglione da Lago, Città del Pieve öffneten ihm die Tore; unaufhaltsam eilte er vorwärts: mit dem Schrecken seines Namens erfüllte er das Land[1]. Vornehmlich in Rom geriet man hierüber in Bestürzung: der Papst fürchtete das Schicksal Clemens' VII. Er suchte seine Römer zu bewaffnen. Allein erst mußte eine Auflage widerrufen, Haus bei Haus mußten Beiträge einge-

[1] Ausführliche Erzählung dieser Unternehmung in Siris Mercurio tom. II, p. 1289.

sammelt werden, wobei es denn nicht ohne anzügliche Reden abging, ehe man eine kleine Schar zu Pferde ausrüsten konnte. Wäre der Herzog von Parma in diesem Augenblicke erschienen, so hätte man ihm ohne Zweifel ein paar Kardinäle am Ponte Molle entgegengeschickt und ihm alle seine Forderungen zugestanden.

Aber ein Kriegsmann war auch er nicht. Gott weiß, welche Betrachtungen, welche Rücksichten ihn zurückhielten. Er ließ sich bewegen, auf Unterhandlungen einzugehen, von denen er niemals etwas erwarten konnte. Der Papst schöpfte wieder Atem. Mit einem durch die Gefahr verjüngten Eifer befestigte er Rom[1]. Er stellte ein neues Heer ins Feld, das den Herzog, dessen Mannschaften auch nicht zusammenhielten, gar bald aus dem Kirchenstaate hinausdrängte. Als nichts mehr zu fürchten war, machte Urban aufs neue die härtesten Bedingungen; die Gesandten der Fürsten verließen Rom; auch in dem friedlichen Italien rüstete man sich noch einmal, einheimische Waffen zu versuchen.

Zuerst im Mai 1643 griffen die Verbündeten im Ferraresischen an. Der Herzog von Parma nahm ein paar feste Plätze, Bondeno, Stellata; die Venezianer und Modenesen vereinigten sich und rückten tiefer ins Land. Aber auch der Papst, wie gesagt, hatte sich indes aus aller Kraft gerüstet: er hatte 30000 Mann zu Fuß, 6000 zu Pferde beisammen; die Venezianer trugen Bedenken, eine so stattliche Macht anzugreifen: sie zogen sich zurück, und in kurzem finden wir nun die kirchlichen Truppen in das Modenesische und in Polesine di Rovigo vordringen[2].

Der Großherzog von Toskana warf sich dann vergebens auf Perugia; die Truppen des Papstes streiften hier und da sogar ins großherzogliche Gebiet.

Wie sonderbar nehmen sich diese Bewegungen aus, von beiden Seiten so ganz und gar ohne Nachdruck und Nerv, verglichen mit den gleichzeitigen Kämpfen in Deutschland, mit jenen schwedi-

[1] Deone: Si seguitano le fortificationi non solo di Borgo, ma del rimanente della mura di Roma, alle quali sono deputati tre cardinali, Pallotta, Gabrieli et Orsino, che giornalmente cavalcano da una porta all' altra; e si tagliano tutte le vigne che sono appresso la mura per la parte di dentro di Roma, cioè fanno strada tra la mura e le vigne e giardini con danno grandissimo de' padroni di esse; e così verrà anche tocco il bellissimo giardino de' Medici, e perderà la particella che haveva nella mura di Roma.

[2] Frizzi, Memorie per la storia di Ferrara V, p. 100

schen Zügen von der Ostsee bis in die Nähe von Wien, von Mähren bis nach Jütland! Und doch waren sie nicht einmal rein italienisch: zu beiden Seiten dienten Fremde; in dem verbündeten Heere machten die Deutschen, in dem kirchlichen die Franzosen die größere Anzahl aus.

Die Folge hatte indessen auch der italienische Krieg, daß das Land erschöpft wurde und besonders die päpstlichen Kassen in die größte Verlegenheit gerieten[1].

Gar mancherlei Mittel versuchte Urban VIII., um sich das Geld zu verschaffen, welches er brauchte. Schon im September 1642 ward die Bulle Sixtus' V. einer neuen Erwägung unterworfen und hierauf in dem Konsistorium der Beschluß gefaßt, 500000 Skudi aus dem Kastell zu entnehmen[2]. Natürlich konnte dies nicht sehr weit reichen; man fing an, Anleihen bei dem Reste jenes Schatzes zu machen, d. i. man setzte fest, das Geld, welches man entnahm, in Zukunft in denselben zurückzahlen zu wollen. Wir sahen schon, daß man zu persönlichen Taxen schritt; öfter wurden sie wiederholt; der Papst zeigte den Konservatoren an, welche Summe er bedürfe; den Einwohnern, auch die Fremden nicht ausgeschlossen, ward alsdann ihre Quote zugeteilt. Die Hauptsache aber blieben doch immer die Auflagen. Anfangs waren sie noch weniger fühlbar, z. B. eine Auflage auf das Schrotkorn für die Vogelbeize; bald aber folgten schwerere auf die unentbehrlichsten Lebensbedürfnisse, Brennholz, Salz, Brot und Wein[3]; – sie nahmen jetzt ihren zweiten großen Schwung: sie erhoben sich 1644 bis auf 2200000 Skudi. Es versteht sich schon, daß man jede Erhöhung,

[1] Riccius, Rerum Italicarum sui temporis narrationes. Narr. XIX, p. 590: Ingens opinioneque maius bellum exarsit; sed primo impetu validum, mox senescens, postremo neutrius partis fructu, imo militum rapinis indigenis exitiale, irritis conatibus prorsus inane in mutua studia officiaque abiit.

[2] Deone, 20 Sett. 1642: Havendo il papa fatto studiare da legisti e theologi di potere conforme la bolla di Sisto V cessare denari dal tesoro del castel Sant' Angelo, il lunedì 22 del mese il papa tenne consistoro per il medesimo affare. – Fu risoluto di cessare 500^{m} scudi d'oro, a 100^{m} per volta, e non prima che sia spesi quelli che al presente sono ancora in essere della camera.

[3] Deone, 29 Nov. 1642: Si sono imposte 3 nuove gabelle, una sopra il sale oltre l'alte, la 2^{a} sopra le legna, la 3^{a} sopra la dogana, la quale in tutte le mercantie che vengono per terra riscuote 7 per cento, per acqua 10 per cento. Si è cresciuto uno per cento d'avvantaggio, e si aspettano altre 3 gabelle per le necessità correnti, una sopra le case, l'altra sopra li censi, la terza sopra li casali, cioè poderi nella campagna.

jede neue Auflage sofort kapitalisierte, einen Monte darauf gründete und ihn verkaufte. Kardinal Cesi, früher Schatzmeister, berechnete, daß auf diese Weise 7200000 Skudi neue Schulden gemacht wurden, obwohl noch 60000 im Schatze gewesen seien. Den ganzen Aufwand des Krieges gab man den venezianischen Gesandten im Jahre 1645 auf mehr als 12 Millionen an[1].

In jedem Moment fühlte man mehr, wieviel das zu bedeuten hatte: der Kredit ward am Ende doch erschöpft; allmählich mußten alle Hilfsquellen versiegen. Auch der Krieg ging nicht immer nach Wunsch. In einem Scharmützel bei Lagoscuro – 17. März 1644 – entkam Kardinal Antonio nur durch die Schnelligkeit seines Pferdes der Gefangenschaft[2]. Da der Papst sich täglich hinfälliger fühlte, mußte er auf den Frieden denken.

Die Franzosen übernahmen die Vermittlung. Die Spanier vermochten so wenig an dem päpstlichen Hofe und hatten auch anderwärts an ihrer Autorität so viel verloren, daß sie diesmal ganz ausgeschlossen blieben.

Früher hatte der Papst oft gesagt, er wisse wohl, die Absicht der Venezianer sei, ihn durch Mißvergnügen zu töten; aber es solle ihnen nicht gelingen; er werde ihnen standzuhalten wissen; – jetzt sah er sich doch genötigt, alles zu bewilligen, was sie forderten: den Herzog von Parma von dem Banne loszusprechen und in Castro wiederherzustellen. Niemals hätte er geglaubt, daß es soweit kommen werde; er empfand es auf das tiefste.

Noch etwas anderes bedrängte ihn dann. Es schien ihm aufs neue, als habe er seine Nepoten doch wohl ungebührlich begünstigt, als werde dies sein Gewissen vor dem Angesichte Gottes beschweren. Noch einmal rief er einige Theologen, auf die er ein besonderes Vertrauen setzte, unter denen Kardinal Lugo und Pater Lupis, ein Jesuit, genannt werden, zu einer Konsultation in seiner Gegenwart. Die Antwort war: da sich die Nepoten Seiner Heiligkeit so viele Feinde gemacht, so sei es billig und für die Ehre des Apostolischen Stuhles sogar notwendig, ihnen die Mittel zu lassen, um sich diesen Feinden zum Trotz auch nach dem Abgange des Papstes in ungeschmälertem Ansehen zu erhalten[3].

1 Relatione de' IV ambasciatori: L'erario si trova notabilmente esausto, essendoci stato affermato da più cardinali, aver spesi i Barberini nella guerra passata sopra 12 milioni d'oro.

2 Nani, Storia Veneta, lib. XII, p. 740.

3 Nicoletti, Vita di papa Urbano, tom. VIII

In so schmerzlichen Zweifeln und dem bitteren Gefühle einer mißlungenen Unternehmung ging der Papst dem Tode entgegen. Sein Arzt hat versichert, er sei in dem Augenblicke, in welchem er den Frieden von Castro unterzeichnen mußte, von Schmerz übermannt, in Ohnmacht gefallen; damit habe die Krankheit angefangen. Er flehte den Himmel an, ihn an den gottlosen Fürsten zu rächen, die ihn zum Kriege genötigt. Er starb am 29. Juli 1644.

Kaum war der Päpstliche Stuhl von dem Mittelpunkte der europäischen Geschäfte zurückgetreten, so erlitt er in den italienischen, in den Angelegenheiten des Staates, eine Niederlage, wie er sie lange nicht erfahren.

Auch Papst Clemens VIII. war wohl mit den Farnesen zerfallen und hatte ihnen zuletzt Verzeihung angedeihen lassen. Jedoch tat er das nur, weil er sich mit Hilfe der übrigen italienischen Fürsten an den Spaniern rächen wollte. Jetzt war die Lage der Dinge um vieles anders. Mit aller seiner Macht hatte Urban VIII. den Herzog von Parma angegriffen; die vereinten Kräfte von Italien hatten die seinen erschöpft und ihn zu einem ungünstigen Frieden genötigt. Es ließ sich nicht leugnen, das Papsttum war endlich einmal entschieden im Nachteil geblieben.

Innozenz X.

Gleich in dem nächsten Konklave zeigte sich die Rückwirkung hiervon[1]. Die Nepoten Urbans VIII. führten achtundvierzig Kardinäle, Kreaturen ihres Oheims, ein; nie hatte es eine so starke Faktion gegeben. Nichtsdestominder sahen sie gar bald, daß sie den Mann ihrer Wahl, Sacchetti, nicht durchsetzen würden: die Skrutinien fielen von Tag zu Tag ungünstiger aus. Um nicht einen erklärten Gegner zur Tiara kommen zu lassen, entschied sich Franz Barberino endlich für Kardinal Pamfili, der wenigstens eine

[1] Noch immer der alte gewaltsame Zustand der Sedisvakanzen. J. Nicii Erythraei epist. LXVIII ad Tyrrhenum III non. Aug. 1644: Civitas sine iure est, sine dignitate respublica. Tantus in urbe armatorum numerus cernitur, quantum me alias vidisse non memini. Nulla domus est paulo locupletior, quae non militum multorum praesidio muniatur; ac si in unum omnes cogerentur, magnus ex eis exercitus confici posset. Summa in urbe armorum impunitas, summa licentia; passim caedes hominum fiunt; nil ita frequenter auditur quam: hic vel ille notus homo est interfectus.

Kreatur Urbans VIII. war, obwohl er sich stark auf die spanische Seite neigte, obwohl der französische Hof ihn ausdrücklich verbeten hatte. Am 16. September 1644 ward Kardinal Pamfili gewählt. Er nannte sich Innozenz X., zum Andenken, wie man glaubt, an Innozenz VIII., unter dem sein Haus nach Rom gekommen war.

Hiermit änderte sich nun aber auf einmal die Politik des römischen Hofes.

Die verbündeten Fürsten, namentlich die Medici, denen der neue Papst seine Erhebung vorzugsweise zuschrieb, gewannen jetzt Einfluß auf die Gewalt, die sie eben bekämpft hatten; jene venezianische Inschrift ward wiederhergestellt[1]; in der ersten Promotion wurden fast lauter Freunde der Spanier erhoben. Die gesamte spanische Partei erwachte wieder und hielt der französischen wenigstens zu Rom aufs neue das Gleichgewicht.

Zunächst bekamen die Barberini diesen Umschwung der Dinge zu fühlen. Es läßt sich jetzt wohl nicht mehr ausmachen, wieviel von alledem gegründet ist, was man ihnen Schuld gab. Sie sollten sich Eingriffe in die Justiz erlaubt, fremde Pfründen an sich gerissen, hauptsächlich sollten sie die öffentlichen Gelder unterschlagen haben. Der Papst beschloß, die Nepoten seines Vorgängers wegen ihrer Geldverwaltung während des Krieges von Castro zur Rechenschaft zu ziehen[2].

Anfangs glaubten sich die Barberini durch die Protektion von Frankreich sicherstellen zu können: da Mazarin in ihrem Hause durch ihre Beförderung emporgekommen, ließ er es ihnen jetzt an Unterstützung nicht fehlen; sie stellten die französischen Wappen an ihren Palästen auf und begaben sich förmlich in den Schutz von Frankreich. Allein Papst Innozenz erklärte: er sei dazu da, um die Gerechtigkeit zu handhaben, und wenn Bourbon vor den Toren stünde, könnte er nicht davon ablassen.

Hierauf entfloh zuerst Antonio, der am meisten gefährdet war, im

[1] Relatione de' IV ambasciatori 1645. Il presente pontefice nel bel principio del suo governo ha con publiche dimostrationi registrate in marmi detestato le opinioni del precessore, rendendo il lustro alle glorie degli antenati di VV EE. Man sieht, wie hoch sie das aufnahmen.

[2] Relatione delle cose correnti 25 Maggio 1646, MS. Chigi: I Barberini, come affatto esclusi dal matrimonio del novello pontefice, cominciarono a machinar vastità di pensieri stimati da loro nobili. Il papa continuò ad invigilare con ogni accuratezza che la discamerata camera fusse da loro sodisfatta

Oktober 1645; einige Monate später entfernten sich auch Franz und Taddeo mit seinen Kindern.

Der Papst ließ ihre Paläste besetzen, ihre Ämter verteilen, ihre Luoghi di Monte sequestrieren. Das römische Volk stimmte ihm in seinem Verfahren bei. Am 20. Februar 1646 hielt es eine Versammlung auf dem Kapitol. Es war die glänzendste, deren man sich erinnerte: so viele vornehmen, durch Rang und Titel ausgezeichneten Personen nahmen daran teil. Es ward der Vorschlag gemacht, den Papst zu ersuchen, von den Auflagen Urbans VIII. wenigstens die drückendste, die Mahlsteuer, aufzuheben. Die Angehörigen der Barberini, in der Besorgnis, man werde, sobald die Steuer aufgehoben sei, die darauf gegründete Schuld von ihrem Vermögen bezahlen wollen, setzten sich dawider; Donna Anna Colonna, Gemahlin Taddeo Barberinos, ließ eine Schrift verlesen, in welcher sie an die Verdienste Urbans VIII. um die Stadt, seinen Eifer für die Handhabung der Gerechtigkeit erinnerte und es für unziemlich erklärte, wider die gesetzmäßigen Auflagen eines so wohlverdienten Papstes einzukommen. Nichtsdestoweniger ward der Beschluß gefaßt; ohne Bedenken ging Innozenz X. darauf ein; der Ausfall, der dadurch entstand, sollte, wie man richtig vorausgesehen, von dem Vermögen Don Taddeos gedeckt werden[1].

Indem nun das Geschlecht des vorigen Papstes so lebhaft angegriffen und verfolgt wurde, fragte sich - es war jetzt das wichtigste Interesse in jedem Pontifikat –, wie das neue sich einrichten würde. Für die Geschichte des Papsttums überhaupt ist es ein wichtiges Ereignis, daß dies nicht ganz so geschah wie früher, obwohl der Anstoß, den der Hof gab, sich eigentlich noch vermehrte.

Papst Innozenz hatte gegen seine Schwägerin, Donna Olimpia Maidalchina von Viterbo, besonders deshalb Verpflichtungen, weil sie ein bedeutendes Vermögen in das Haus Pamfili gebracht hatte. Er rechnete es ihr hoch an, daß sie sich nach dem Tode seines Bruders, ihres Gemahls, nicht wieder hatte vermählen wollen[2]. Er selbst war dadurch gefördert worden. Von jeher hatte er ihr die ökonomischen Angelegenheiten der Familie überlassen;

[1] Die Stelle aus dem Diario Deones im Anhange.

[2] Bussi, Storia di Viterbo p. 331. Anfangs hatte sie auch guten Ruf. Donna Olimpia, sagen die venezianischen Gesandten von 1645, è dama *di gran prudenza* e valore, conosce il posto in cui si trova di cognata del pontefice, gode la stima e l'affettione della S^{tà} S., ha seco molta autorità.

kein Wunder, wenn sie jetzt auch auf die Verwaltung des Papsttums Einfluß bekam.

Sehr bald gelangte sie zu großem Ansehen. Ihr zuerst machen die anlangenden Botschafter einen Besuch; Kardinäle stellen ihr Bild in ihren Gemächern auf, wie man das Bild seines Fürsten aufstellt; fremde Höfe suchen sich ihre Gunst durch Geschenke zu erwerben. Da auch alle anderen, die an der Kurie etwas wünschen, diesen Weg einschlagen – man behauptet sogar, daß sie sich von geringeren Ämtern, die sie verschaffte, eine monatliche Abgabe habe zahlen lassen –, so strömen ihr Reichtümer zu. In kurzem machte sie ein großes Haus, gab Feste, Komödien, reiste und kaufte Güter an. Ihre Töchter wurden in die vornehmsten, begütertsten Familien verheiratet, die eine mit einem der Ludovisi, die andere mit einem der Giustiniani. Für ihren Sohn Don Camillo, der von geringen Fähigkeiten war, hatte sie es anfangs angemessener gefunden, daß er geistlich würde und wenigstens äußerlich die Stellung eines Kardinalnepoten einnähme[1]; als sich aber auch für ihn Gelegenheit zu einer glänzenden Vermählung zeigte – indem die reichste Erbin in Rom, Donna Olimpia Aldobrandina, durch den Tod ihres Gemahls ledig wurde –, kehrte er in den weltlichen Stand zurück und ging diese Verbindung ein.

Don Camillo wurde hierdurch so glücklich, als er nur werden konnte. Seine Gemahlin war nicht allein reich, sondern auch noch in blühenden Jahren, voll Anmut und Geist; sie ergänzte seine Mängel durch ausgezeichnete Eigenschaften. Aber auch sie wollte herrschen. Zwischen der Schwiegermutter und der Schwiegertochter blieb nicht ein Augenblick Friede. Das Haus des Papstes erfüllte sich mit dem Hader zweier Frauen. Anfangs mußten sich die Neuvermählten entfernen; aber nicht lange hielten sie es aus: wider den Willen des Papstes kamen sie zurück; hierauf fiel die Entzweiung aller Welt in die Augen. Donna Olimpia Maidalchina erscheint z. B. einmal während des Karnevals in prächtigem Aufzuge im Korso; ihr Sohn und seine Gemahlin stehen am Fenster; sowie sie des Wagens der Mutter ansichtig werden, begeben sie sich weg. Jedermann bemerkt es; ganz Rom spricht davon[2]. Die

[1] Gleich anfangs wunderte sich jedermann darüber: lo stimo, sagt unser Deone, 19. Nov. 1644, che sia opera della S^{ra} donna Olimpia che ha voluto vedere il figlio cardinale e desidera più tosto genero che nora.

[2] Diario Deone. Ein andermal erzählt er: Mercordì la tarda (Ag. 1648) la S^{ra} Olimpia con ambedue le figliuole con molta comitiva passo per

verschiedenen Parteien suchen sich der Entzweiung zu bemächtigen.

Unglücklicherweise hatte Papst Innozenz eine Sinnesweise, die sich eher eignete, Zwistigkeiten dieser Art zu befördern, als sie zu heben.

An sich war er ein Mann von keineswegs gemeinen Eigenschaften. In seiner früheren Laufbahn, in der Rota, als Nuntius, als Kardinal, hatte er sich tätig, unbescholten und redlich gezeigt; auch jetzt bewährte er diesen Ruf. Man fand seine Anstrengungen um so außerordentlicher, da er schon 72 Jahre zählte, als er gewählt wurde: „dabei mache ihn", rühmte man, „die Arbeit nicht müde; er sei nach derselben so frisch wie vorher; er finde Vergnügen daran, Leute zu sprechen, und jedermann lasse er ausreden". Der stolzen Zurückgezogenheit Urbans VIII. setzte er Zugänglichkeit und muntere Laune entgegen. Besonders ließ er sich die Ordnung und Ruhe von Rom angelegen sein. Er suchte einen Ehrgeiz darin, die Sicherheit des Eigentums, die Sicherheit der Person bei Tag und Nacht aufrechtzuerhalten, keine Mißhandlungen der Unteren von den Oberen, der Schwachen von den Mächtigen zuzulassen[1]. Er nötigte die Barone, ihre Schulden zu bezahlen. Da der Herzog von Parma seine Gläubiger noch immer nicht befriedigte und der Papst sich in Rom nicht zeigen durfte, ohne daß man ihm zugerufen hätte, er möge den Montisten Gerechtigkeit verschaffen[2], da überdies auch der Bischof von Castro, wie man glaubte, auf Veranstaltung der herzoglichen Regierung getötet worden, so wurden endlich auch in dieser Sache durchgreifende Schritte getan. Die Güter der Farnesen wurden aufs neue zum Verkauf ausgeboten; es gingen Soldaten und Sbirren nach Castro, um es im Namen der Montisten in Besitz zu nehmen. Auch jetzt wider-

longo il corso; ogn' uno credeva che ella andasse a visitare la nuora, ma passò avanti la casa senza guardarla.

[1] Relatione di Contarini 1648: Rimira solamente con applicatione alla quiete dello stato ecclesiastico e particolarmente di Roma, acciò goda ciascheduno delle proprie facoltà e della libertà del praticare la notte e non rimanga l'inferiore tiranneggiato dal superiore.

[2] Diario Deone, 16 Giugno 1649: Il papa in questo negotio sta posto totalmente e mi disse: „non possiamo andare per le strade di Roma, che non si venga gridato dietro, che facciamo pagare il duca di Parma. *Sono sette anni che* non paga, e di questa entrata devon viver molti luoghi pii e vedove e pupilli." Man sieht, daß seine Motive nicht verwerflich sind.

setzte sich der Herzog; er machte Versuche, in den Kirchenstaat vorzudringen. Diesmal aber fand er keine Hilfe. Innozenz X. ward von den italienischen Fürsten nicht mehr gefürchtet; er war, wie wir sahen, eher ihr Verbündeter. Castro wurde genommen und geschleift; der Herzog mußte sich bequemen, jenes Land der Verwaltung der päpstlichen Kammer zu überlassen, die sich dafür verpflichtete, seine Gläubiger zu befriedigen; er ergab sich sogar in die Bestimmung, daß er das Land ganz verlieren solle, wofern er die farnesischen Monti binnen acht Jahren nicht getilgt habe. Das Kapital betrug gegen 1700000, die aufgelaufenen Zinsen gegen 400000 Skudi. Der Herzog schien nicht imstande zu sein, eine so große Summe aufzubringen. In der Abkunft, die übrigens wieder unter spanischer Vermittlung zustande kam, lag gleich damals eine erzwungene und nur nicht eingestandene Verzichtleistung.

In allen diesen Verhältnissen erscheint Innozenz kräftig, klug und entschlossen; er litt aber an einem Fehler, der es schwer machte, mit ihm auszukommen, und ihm selbst sein Leben verbitterte: er hatte zu niemandem ein unerschütterliches Vertrauen; Gunst und Ungunst wechselten nach den Eindrücken des Augenblicks in ihm ab.

Unter anderen der Datar Cecchini erfuhr das. Nachdem er lange die päpstliche Gnade genossen, sah er sich mit einem Male beargwöhnt, angefahren, getadelt und seinem Unterbeamten nachgesetzt, jenem Mascambruno, dem später die außerordentlichsten Verfälschungen nachgewiesen worden sind[1].

Aber noch viel empfindlichere Verwicklungen entstanden in der päpstlichen Familie selbst, die ohnehin schon entzweit war.

Innozenz X. hatte nach der Vermählung Don Camillo Pamfilis keinen geistlichen Nepoten mehr, was doch seit langer Zeit nun einmal zu einer päpstlichen Hofhaltung gehörte. Einst fühlte er sein Herz zu besonderem Wohlwollen bewegt, als ihm Don Camillo Astalli, ein entfernter Verwandter seines Hauses, vorgestellt wurde. Er faßte den Entschluß, diesem jungen Menschen die Würde eines Kardinalnepoten zu übertragen. Er nahm ihn auf in sein Haus, gab ihm Zimmer in dem Palaste und Anteil an den Ge-

[1] Vita del Cl Cecchini scritta da lui medesimo. Scrittura contro monsr Mascambruno, con la quale s'intende che s'instruisca il processo che contro il medesimo si va fabricando, und die noch ausführlichere Schrift Pro R. P. D. Mascambruno. MS.

schäften. Mit öffentlichen Feierlichkeiten, mit Freudenschüssen vom Kastell ließ er diese Erhebung ankündigen.

Doch folgten daraus nur neue Mißgeschicke.

Die übrigen Verwandten des Papstes glaubten sich zurückgesetzt; selbst die bisher von Innozenz ernannten Kardinäle waren verstimmt darüber, daß ihnen ein Spätergekommener vorgezogen werde[1]; vornehmlich aber war Donna Olimpia Maidalchina unzufrieden. Sie hatte den jungen Astalli gelobt, sie hatte ihn zum Kardinal vorgeschlagen; doch hatte sie niemals geglaubt, daß es so weit kommen würde.

Zuerst wurde sie selbst entfernt. Der weltliche Nepot und dessen Gemahlin, die, wie sich ein Augenzeuge ausdrückt, „ebensoweit über gewöhnliche Frauen erhaben war, wie er unter gewöhnlichen Männern stand“, traten in den Palast ein.

Aber nicht lange vertrugen sich der natürliche weltliche und der angenommene geistliche Nepot. Die alte Olimpia ward wieder herbeigerufen, um das Haus in Ordnung zu halten.

In kurzem gelangte sie aufs neue zu ihrem gewohnten Einflusse[2].

In einem Zimmer der Villa Pamfili stehen die Büsten des Papstes und seiner Schwägerin. Wenn man sie miteinander vergleicht, die Züge der Frau, welche Entschlossenheit und Geist atmen, mit dem milden und ausdruckslosen Antlitz des Papstes, so wird man inne, wie es nicht allein möglich, sondern sogar unvermeidlich war, daß er von ihr beherrscht wurde.

Nachdem sie aber wieder aufgenommen worden, wollte sie auch nicht dulden, daß die Vorteile, welche die Stellung eines Nepoten mit sich brachte, einem anderen Hause als dem ihren zuteil würden. Da Astalli nicht, wie sie wünschte, mit ihr teilte, so ruhte sie nicht, bis er die Gunst des Papstes verlor, gestürzt und aus dem Palast entfernt wurde, bis sie wieder ohne Nebenbuhler Herr im Hause war. Dagegen trat sie, durch Geschenke begütigt, mit den

[1] Diario Deone, 10 Sett. 1650: Discorre la corte che'l papa ha perduto il beneficio conferito a tutte le sue creature, che si tengono offese che papa habbia preferito un giovane senza esperienza a tutti loro, tra' quali sono huomini di molto valore, segno che tutti l'ha per diffidenti overo inetti alla carica. In einer Schrift Osservationi sopra la futura elettione 1652 wird auch viel darüber diskutiert: „Io credo che sia solamente un capriccio che all' improviso gli venne – conoscendo appena mons^{r} Camillo Astalli.“

[2] Pallavicini, Vita di papa Alessandro VII. La scaltra vecchia passò con breve mezzo dall' estremo della disgratia all' estremo della gratia.

Barberini, die indes zurückgekommen, jetzt sogar in engere Verbindung.

Wie sehr mußte alle dieser Wechsel von Gnade und Ungnade, ein so unaufhörlicher Hader der nächsten vertrautesten Umgebung den armen alten Papst bedrängen! Auch der erklärte Bruch kann doch die innere Hinneigung des Gemütes nicht vertilgen; sie wird dadurch nur unbequem und peinlich, statt, wie sie bestimmt wäre, zu Heiterkeit und Wohlbehagen zu führen. Überdies fühlte der alte Herr am Ende doch, daß er das Werkzeug weiblicher Herrschsucht und Habgier war; er mißbilligte es und hätte es gern abgestellt; doch fühlte er nicht Kraft und Entschluß dazu; auch wußte er nicht ohne sie fertig zu werden. Sein Pontifikat, der ohne bemerkenswerte Widerwärtigkeiten dahinging, gehört sonst zu den glücklicheren; durch diese Übelstände in Familie und Palast ist er jedoch in schlechten Ruf geraten. Innozenz X. ward dadurch persönlich noch mehr, als er es von Natur war, launisch, wankelmütig, eigensinnig, sich selber beschwerlich[1]; noch in seinen letzten Tagen finden wir ihn mit Beraubung und neuer Entfernung seiner übrigen Verwandten beschäftigt. In diesem Unmut starb er, 5. Januar 1655.

Drei Tage lag die Leiche, ohne daß einer seiner Angehörigen, denen es nach dem Gebrauch des Hofes zugekommen wäre, Sorge für die Beerdigung derselben getragen hätte. Donna Olimpia sagte, sie sei eine arme Witwe, das gehe über ihre Kräfte; kein anderer glaubte dem Verstorbenen verpflichtet zu sein. Ein Kanonikus, der früher in päpstlichen Diensten gestanden, aber schon lange entfernt worden war, wendete endlich einen halben Skudo daran und ließ ihm die letzte Ehre erweisen.

Glauben wir aber nicht, daß diese häuslichen Mißverhältnisse bloß persönliche Folgen gehabt hätten.

Es liegt am Tage, daß die Nepotenregierung, die in den vorhergegangenen Pontifikaten eine so vollkommene Gewalt in dem Staate, einen so mächtigen Einfluß auf die Kirche ausgeübt hatte, nachdem sie schon in den letzten Jahren Urbans VIII. einen starken Stoß erlitten und jetzt nicht einmal mehr zur Ausführung gekommen war, sich ihrem Sturze näherte.

[1] Pallavicini: Fra pretiosi arredi oggetto fetente e stomachevole – proruppe a varie dimostrationi quasi di smanie. – Assai temuto, niente amato, non senza qualche gloria e felicità ne' successi esterni, ma inglorioso e miserabile per le continue o tragedie o comedie domestiche.

Alexander VII. und Clemens IX.

Sogleich das nächste Konklave bot einen ungewohnten Anblick dar.

Mit zahlreichen Scharen ergebener Kreaturen waren bisher die Nepoten erschienen, um die neue Wahl zu beherrschen; Innozenz X. hinterließ keinen Nepoten, der die Kardinäle seiner Wahl zusammengehalten, zu einer Faktion vereinigt hätte. Jenem Astalli, der das Ruder nur eine kurze Zeit geführt und keinen herrschenden Einfluß ausgeübt hatte, waren sie ihre Beförderung nicht schuldig, konnten sie sich auch nicht verpflichtet fühlen. Seit mehreren Jahrhunderten zum ersten Male traten die neuen Kardinäle mit unbeschränkter Freiheit in das Konklave ein. Man schlug ihnen vor, sich von freien Stücken unter ein Haupt zu vereinigen: sie sollen geantwortet haben, ein jeder habe Haupt und Füße für sich selbst. Es waren größtenteils ausgezeichnete Männer von unabhängiger Gemütsart, die sich wohl auch zusammenhielten – man bezeichnete sie mit dem Titel „Squadrone volante"[1] –, aber die nun nicht mehr den Winken eines Nepoten, sondern ihrer Überzeugung und Einsicht folgen wollten.

Noch an dem Sterbelager Innozenz' X. rief einer von ihnen, Kardinal Ottobuono aus: „Wir müssen einen rechtschaffenen Mann suchen." „Sucht ihr einen rechtschaffenen Mann", entgegnete ein anderer von ihnen, Azzolino, „dort steht ein solcher": er zeigte auf Chigi[2]. Nicht allein hatte Chigi übrigens den Ruf eines geschickten und wohlgesinnten Mannes erworben, sondern sich auch besonders als einen Gegner der Mißbräuche der bisherigen Regierungsform gezeigt, die freilich niemals schreiender gewesen waren. Diesen Freunden gegenüber fand er jedoch auch, besonders in den Franzosen, mächtige Widersacher. Als sich Mazarin, durch die Unruhen der Fronde aus Frankreich vertrieben, an den deutschen Grenzen rüstete, um sich mit den Waffen in den Besitz der verlorenen Gewalt zu setzen, hatte er bei Chigi, der damals Nuntius

[1] Pallavicini nennt folgende als Verbundene: Imperiale, Omodei, Borromei, Odescalco, Pio, Aquaviva, Ottobuono, Albizi, Gualtieri, Azzolini. Den Namen „Squadrone" brachte der spanische Gesandte auf.

[2] Se vogliano un uomo da bene, quegli è desso, et additò Cl Chigi, che era indi lontano alquanto nella medesima camera. (Pallavicini.)

in Köln war, nicht die Förderung gefunden, auf die er rechnen zu dürfen glaubte; er hegte seitdem persönlichen Widerwillen gegen denselben. Daher kam es, daß es doch viel Mühe kostete: die Wahlkämpfe dauerten wieder einmal sehr lange; endlich aber drangen die neuen Mitglieder des Kollegiums, die Squadronisten, durch: am 7. April 1655 ward Fabio Chigi erwählt; er nannte sich Alexander VII.

Dem neuen Papst war schon durch den Grundgedanken, der zu seiner Erhebung Anlaß gegeben hatte, die Verpflichtung aufgelegt, ein anderes Regiment zu führen als seine letzten Vorfahren; auch schien er dazu entschlossen zu sein.

Eine geraume Zeit ließ er seine Nepoten nicht nach Rom kommen; er rühmte sich, daß er ihnen keinen Pfennig zufließen lasse: schon flocht sein Beichtvater Pallavicini, der damals die Geschichte des Tridentinischen Konziliums schrieb, eine Stelle in sein Werk ein, in welcher er Alexander VII. besonders wegen dieser Enthaltsamkeit gegen sein Blut einen unsterblichen Ruhm verkündigte[1].

Es wird jedoch niemals leicht sein, eine Gewohnheit, die einmal eingerissen ist, zu verlassen: sie würde ja nicht haben herrschend werden können, wenn sie nicht auch einiges Empfehlenswerte, Natürliche hätte; an jedem Hofe werden sich Leute finden, die dies hervorheben und bei dem Herkömmlichen, wäre der Mißbrauch gleich in die Augen fallend, festzuhalten suchen.

Allmählich stellte einer und der andere Alexander VII. vor, es sei nicht anständig für päpstliche Verwandte, einfache Bürger einer Stadt zu bleiben; auch sei es im Grunde nicht einmal möglich; in Siena lasse man sich doch nicht abhalten, seinem Hause fürstliche Ehre zu erweisen, und leicht könne er dadurch den Heiligen Stuhl in Mißverhältnisse mit Toskana verwickeln. Andere be-

[1] Populus, sagt er in der lateinischen Lebensbeschreibung Alexanders VII., qui prae multis vectigalibus humeris sibi ferre videbatur recentiores pontificias domos tot opibus onustas, huic Alexandri S^{mi} magnanimitati mirifice plaudebat; – inexplicabili detrimento erat et sacro imperio distributione minus aequa beneficiorum et perpetuis populi oneribus. – Relatione de' IV ambasciatori 1655: E continenza sin ora eroica quella di che S. S^{tà} si mostra armata, escludendo dall' adito di Roma il fratello, i nepoti e qualunque si pregia di congiontione di sangue seco; et è tanto più da ammirarsi questa parsimonia d'affetti verso i suoi congiunti quanto che non è distillata nella mente dalle persuasioni, ma è volontaria e natavi per propria elettione.

stätigten dies nicht allein, sie fügten hinzu, der Papst werde ein noch besseres Beispiel geben, wenn er seine Verwandten zwar annehme, aber in Schranken zu halten wisse, als wenn er sie ganz entferne. Den meisten Eindruck aber machte ohne Zweifel der Rektor des Jesuitenkollegiums, Oliva, der geradezu erklärte, der Papst begehe eine Sünde, wenn er seine Nepoten nicht herbeirufe; zu einem bloßen Minister würden die fremden Gesandten niemals soviel Vertrauen haben wie zu einem Blutsverwandten des Papstes: der Heilige Vater werde um so viel schlechter unterrichtet werden und sein Amt nicht so gut verwalten können[1].

Kaum bedurfte es so vieler Gründe, um den Papst zu bewegen, der ohnehin dahin neigte: am 24. April 1656 stellte er in dem Konsistorium die Frage auf, ob es den Kardinälen, seinen Brüdern, gut scheine, daß er sich seiner Verwandten zum Dienste des Apostolischen Stuhles bediene. Man wagte nicht, zu widersprechen; kurz darauf langten sie an[2]. Der Bruder des Papstes, Don Mario, bekam die einträglichsten Ämter, die Aufsicht über die Annona, die Gerechtigkeitspflege im Borgo; dessen Sohn Flavio ward Kardinal Padrone und hatte in kurzem 100000 Skudi geistlicher Einkünfte. Ein anderer Bruder des Papstes, den derselbe besonders geliebt, war bereits gestorben; dessen Sohn Agostino ward zur Gründung der Familie ausersehen: mit den schönsten Besitztümern, dem unvergleichlichen Ariccia, dem Prinzipat Farnese, dem Palast an Piazza Colonna, vielen Luoghi di Monte ward er nach und nach ausgestattet und mit einer Borghese vermählt[3]. Ja, diese Gunst ward auch auf entferntere Verwandte, z. B. den Commendatore Bichi, der zuweilen in dem Kriege von Candia erscheint, auf die Sanesen überhaupt ward sie ausgedehnt.

[1] Scritture politiche etc. Un giorno Oliva prese occasione di dire al padre Luti – P. Luti war mit dem Papst aufgewachsen, besuchte ihn häufig und wünschte die Berufung der Nepoten – che il papa era in obligo sotto peccato mortale di chiamare a Roma i suoi nepoti. Dann führt er jene Gründe an.

[2] Pallavicini: In quei primi giorni i partiali d'Alessandro non potean comparir in publico senza soggiacere a mordaci scherni.

[3] Vita di Alessandro VII 1666. Il principato Farnese, che vale 100m scudi, la Riccia, che costa altrettanto, il palazzo in piazza Colonna, che finito arriverà ad altri 100m sc., formano bellissimi stabili per Don Augustino, et aggiuntovi i luoghi di monte et altri officii comprati faranno gli stabili di una sola testa più di mezzo milione, senza le annue rendite di

Und so schien wohl alles geworden zu sein, wie es früher war. Indessen war dies doch nicht der Fall.

Flavio Chigi besaß bei weitem nicht die Autorität Pietro Aldobrandinos oder Scipione Cafarellis oder Franz Barberinos; auch strebte er nicht danach: es hatte für ihn keinen Reiz, zu regieren; er beneidete eher seinen weltlichen Vetter Agostino, dem ohne viel Mühe und Arbeit der wesentliche Genuß zuzufallen schien.

Ja, Alexander VII. selbst regierte lange nicht mehr mit der alleinherrschenden Eigenmacht seiner Vorfahren.

Noch unter Urban VIII. ward eine Congregatione di Stato eingerichtet, in der die wichtigsten allgemeinen Staatsangelegenheiten durch Beratung zum Beschluß gebracht werden sollten; doch wollte sie da noch wenig bedeuten. Unter Innozenz X. ward sie schon um vieles wichtiger. Pancirolo, Sekretär dieser Kongregation, der erste ausgezeichnete Mann in dieser Würde, der ihr späteres Ansehen begründete, hatte bis zu seinem Tode den größten Anteil an der Regierung Innozenz' X. und ihm vor allem wird es zugeschrieben, daß sich damals kein Nepot in der Gewalt festsetzen konnte. Chigi selbst bekleidete eine Zeitlang diese Stelle. Jetzt erlangte sie Rospigliosi. Er hatte die auswärtigen Geschäfte bereits vollkommen in seinen Händen. Neben ihm war Kardinal Corrado von Ferrara in Sachen der kirchlichen Immunität mächtig; die Leitung der geistlichen Orden hatte Monsignore Fugnano; theologische Fragen entschied Pallavicini. Die Kongregationen, welche unter den früheren Päpsten wenig bedeutet, gelangten wieder zu Ansehen und eigentümlicher Wirksamkeit. Schon hörte man behaupten, dem Papste stehe eigentlich nur in geistlichen Sachen die absolute Selbstentscheidung zu; in allen weltlichen Geschäften dagegen, wenn er Krieg anfangen, Frieden schließen, ein Land veräußern, eine Auflage einfordern wolle, müsse er die Kardinäle um Rat fragen[1]. In der Tat nahm Papst Alexander VII. an der Staatsverwaltung nur wenig tätigen Anteil. Zwei Monate ging er aufs Land nach Castelgandolfo, wo dann die Geschäfte ge-

25m sc., che gode il commendator Bichi, e senza ben 100m e più sc. d'entrata che ogni anno entrano nella borsa del Cl Chigi. Das sind natürlich Berechnungen, wie man sie damals im Gespräch des Tages anstellen mochte und denen kein höherer Wert zuzuschreiben ist.

[1] Giac. Quirini: I cardinali, particolarmente Cl Albicci, pretendevano che il papa potesse disporre d'indulgenze –; ma per pace e guerra, alienatione di stati, impositione di gabelle dovrebbe ricorrere ai cardinali.

flissentlich vermieden wurden. Wenn er in Rom war, wurden die Nachmittage der Literatur gewidmet; Schriftsteller erschienen, lasen ihre Werke vor; der Papst liebte es, seine Verbesserungen anzubringen. Auch in den Frühstunden war es schwer, für eigentliche Geschäfte bei ihm Audienz zu bekommen. „Ich diente", sagt Giacomo Quirini, „42 Monate bei Papst Alexander; ich erkannte, daß er nur den Namen eines Papstes hatte, nicht den Gebrauch des Papsttums. Von jenen Eigenschaften, die er als Kardinal entwickelt, Lebhaftigkeit des Geistes, Talent zur Unterscheidung, Entschlossenheit in schwierigen Fällen, Leichtigkeit sich auszudrücken, fand man keine Spur mehr: die Geschäfte wurden von der Hand gewiesen; er dachte nur darauf, in ungestörter Seelenruhe zu leben[1]."

Zuweilen empfand und mißbilligte auch Alexander diesen Zustand. Wenn seine Unterhandlungen mißglückten, gab er es den Interessen der Kardinäle Schuld. Noch in seinem Irrereden kurz vor seinem Tode hörte man ihn davon sprechen.

Da es aber die Natur, der Gang der Dinge so mit sich brachten, blieb es nun auch ferner dabei.

Jene Kardinäle des Squadrone, die zur Wahl Alexanders VII. das meiste beigetragen und unter seiner ganzen Regierung ein großes Ansehen behauptet hatten, gaben auch nach dem Tode desselben in dem neuen Konklave den Ausschlag; nur daß sie diesmal mehr im Einverständnisse mit Frankreich waren. Am 20. Juni 1667 ward der bisherige Staatssekretär Rospigliosi unter dem Namen Clemens IX. auf den päpstlichen Thron erhoben[2].

Alle Stimmen vereinigten sich, daß es der beste, gütigste Mensch sei, der sich nur finden lasse. Wohl war er nicht so tätig wie wohlgesinnt: man verglich ihn mit einem Baume von vollkommenem Geäste, welcher Laub die Fülle und vielleicht auch Blüten, aber keine Früchte hervorbringe; aber alle jene moralischen Tugenden, die auf einer Abwesenheit von Fehlern beruhen, Reinheit der Sitten, Bescheidenheit, Mäßigung, besaß er in hohem Grade. Er

[1] Datosi quel capo alla quiete dell' animo, al solo pensiere di vivere, e con severo divieto ripudiato il negotio.

[2] Quirini: Dalle pratiche di volanti, ch'in vero ebbero il merito della presente elettione, successe che Chigi con mal regolato consiglio e fuori di tempo et ordine si dichiarò in sala regia nell' entrare in capella allo scrutinio, che *acconsentiva alla nomina* di Rospigliosi. – Ottoboni *inanzi dell'* adoratione fu dichiarato prodatario, Azzolini segretario di stato.

war der erste Papst, der in der Begünstigung seiner Nepoten wirklich Maß hielt. Sie wurden nicht geradezu entfernt gehalten, sie bekamen die gewöhnlichen Stellen und stifteten selbst eine neue Familie; aber dies geschah nur dadurch, daß sich eine Gelegenheit fand, einen jungen Rospigliosi mit einer reichen Erbin, einer Pallavicina von Genua, zu vermählen. Die Begünstigungen, die sie von ihrem Oheim genossen, waren sehr gemäßigt; das öffentliche Vermögen eigneten sie sich nicht an, es wäre denn, daß ihnen Luoghi di Monte gegeben worden wären; die Geschäfte, die Gewalt teilten sie nicht unter sich.

Hierin liegt nun die größte Umwandlung.

Bisher waren bei jeder Thronbesteigung die Beamten entweder sämtlich oder doch größtenteils verändert worden; der Charakter, die Bewegung des Hofes beruhten darauf. Zuerst Clemens IX. stellte dies ab: er wollte niemanden mißvergnügt machen; außer in einigen wenigen hohen Stellen bestätigte er alle Beamten, die er fand[1]. In jenen setzte er Kardinäle wie Ottobuono und Azzolino ein, Mitglieder des Squadrone, welche die letzten Wahlen geleitet, und ohnehin mächtig. Die bisherigen Nepoten zu verfolgen, wie es bei so vielen Pontifikaten üblich gewesen, war er weit entfernt; die Empfehlungen Flavio Chigis galten bei ihm nicht viel weniger als unter Alexander; die Begünstigungen gingen ferner durch die Hand desselben: es blieb alles, wie es war.

Wie sehr sahen sich die Landsleute des Papstes, die Pistojesen, getäuscht. Sie hatten auf Begünstigungen gerechnet, wie sie so vielen Sanesen soeben zuteil geworden; sie hatten, sagt man, so viele ihrer in Rom waren, schon vornehme Sitten angenommen und angefangen, auf Edelmannsparole zu schwören; wie schmerzlich erstaunten sie, daß die Stellen, auf welche sie hofften, nicht einmal erledigt, geschweige denn ihnen zugeteilt wurden!

Wohl ließ auch Clemens IX. die Freigebigkeit nicht vermissen, mit der die Päpste ihre Thronbesteigung zu bezeichnen pflegten; er ging darin sogar ungewöhnlich weit: in seinem ersten Monat hat

[1] Grimani, Relatione. I suoi corteggiani sono mal sodisfatti, per non haver volsuto rimuovere alcuno de' ministri et officiali di quelli dell' antecedente pontefice, come sempre costumarono di far gli altri pontefici. Schon tadelt man das, weil er seine Nepoten ohne die gehörige Stütze lassen werde. Quelli che havevano ricevute le cariche di Alessandro VII, benchè non rimossi da Clemente, conserveranno l'obligatione agli eredi di Alessandro.

er über 600000 Skudi verschenkt. Aber dies kam weder seinen Landsleuten zugute, noch selbst seinen Nepoten, denen man sogar Vorstellungen über diese Vernachlässigung ihrer Interessen machte[1]; sondern es ward unter die Kardinäle, unter die vorwaltenden Mitglieder der Kurie überhaupt verteilt. Schon wollte man glauben, es seien Stipulationen des Konklaves dabei im Spiele; doch findet sich davon keine deutliche Spur.

Es entspricht auch dies vielmehr der allgemeinen Entwicklung, wie sie sich während dieser Epoche fast in dem gesamten übrigen Europa vollzog.

Es hat keine Zeit gegeben, welche der Aristokratie günstiger gewesen wäre als die Mitte des 17. Jahrhunderts, wo über den ganzen Umfang der spanischen Monarchie hin die Gewalt wieder in die Hände des höchsten Adels geriet, dem sie frühere Könige entzogen hatten, – wo die englische Verfassung unter den gefährlichsten Kämpfen den aristokratischen Charakter ausbildete, den sie bis in unsere Zeiten behalten, – die französischen Parlamente sich überredeten, eine ähnliche Rolle spielen zu können wie das englische, – in allen deutschen Territorien der Adel ein entschiedenes Übergewicht bekam, eines und das andere ausgenommen, in denen ein tapfrer Fürst unabhängige Bestrebungen durchfocht, – wo die Stände in Schweden nach einer unzulässigen Beschränkung der höchsten Gewalt trachteten und der polnische Adel zu vollkommener Autonomie gelangte. So geschah es nun auch in Rom: eine zahlreiche, mächtige und reiche Aristokratie umgibt den päpstlichen Thron; die schon gebildeten Geschlechter beschränken das aufkommende; aus der Selbstbestimmung und durchgreifenden Kühnheit der Monarchie geht die geistliche Gewalt in die Beratung, Ruhe und Gemächlichkeit einer aristokratischen Verfassung über.

Unter diesen Umständen nahm der Hof eine veränderte Gestalt an. In jenem unaufhörlichen Zuströmen der Fremden, die daselbst ihr Glück suchten, in dem ewigen Wechsel der Emporkömmlinge trat ein sehr bemerklicher Stillstand ein; es hatte sich eine stehende Population gebildet, deren Erneuerung in einem bei weitem geringeren Maße stattfand. Werfen wir einen Blick auf dieselbe.

[1] Considerandogli che con tanta profusione d'oro e d'argento una lunga catena per la povertà della loro casa lavoravano. (Quirini.)

Elemente der römischen Bevölkerung

Fangen wir von den höchsten Kreisen an, die wir eben berührten. Da blühten noch jene altberühmten römischen Geschlechter: Savelli, Conti, Orsini, Colonna, Gaetani. Die Savelli besaßen noch ihre alte Gerichtsbarkeit der Corte Savella, mit dem Rechte, alle Jahre einen Verbrecher von der Todesstrafe zu befreien[1]; die Damen des Hauses verließen nach unvordenklichem Herkommen ihren Palast entweder niemals oder doch nur in dicht verschlossener Karosse. Die Conti bewahrten in ihren Vorsälen die Bilder der Päpste, die aus ihrem Hause entsprossen waren. Nicht ohne Selbstgefühl erinnerten sich die Gaetani an Bonifazius VIII.: sie meinten – und man war geneigt, es ihnen zuzugestehen –, der Geist dieses Papstes ruhe auf ihnen. Colonna und Orsini rühmten sich, daß jahrhundertelang kein Friede zwischen den christlichen Fürsten zustande gekommen, in welchen man sie nicht namentlich eingeschlossen hätte[2]. Wie mächtig sie aber auch früher gewesen sein mochten, so verdankten sie doch ihre damalige Bedeutung vor allem ihrer Verbindung mit der Kurie und den Päpsten. Obwohl die Orsini die schönsten Besitzungen hatten, die ihnen bei 80000 Skudi hätten einbringen sollen, waren sie doch durch eine nicht wohlberechnete Freigebigkeit sehr heruntergekommen und bedurften der Unterstützung aus geistlichen Ämtern. Der Kontestabile Don Philippo Colonna hatte seine Vermögensumstände eben erst durch die Erlaubnis Urbans VIII., die Zinsen seiner Schuld herabzusetzen, und durch die geistlichen Pfründen, zu denen vier Söhne von ihm befördert wurden, wiederherzustellen vermocht[3].

Denn schon lange war es herkömmlich, daß die neu aufkommenden Geschlechter mit diesen altfürstlichen Familien in genaue Beziehung traten.

[1] Discorso del dominio temporale e spirituale del sommo pontefice 1664.

[2] Descrittione delle famiglie nobili Romane, MS. auf der Markusbibliothek VI, 237 und 234.

[3] Almaden, Relatione di Roma. Il primogenito è Don Federico principe di Botero; il secondo Don Girolomo cardinale, cuore del padre e meritamente per esser signore di tutta bontà; il terzo Don Carlo, il quale dopo diversi soldi di Fiandra e di Germania si fece monaco ed abate Casinense; il quarto Don Marc Antonio, accasato in Sicilia; il quinto Don Prospero commendatore di S. Giovanni; il sesto Don Pietro abbate secolare, stroppio della persona, ma altrettanto fatica d'ingegno.

Unter Innozenz X. bestanden eine Zeitlang gleichsam zwei Faktionen, zwei große Verwandtschaften. Mit den Pamfili waren Orsini, Cesarini, Borghesi, Aldobrandini, Ludovisi, Giustiniani vereinigt; ihnen gegenüber Colonnesen und Barberini. Durch die Versöhnung der Donna Olimpia mit den Barberini ward die Vereinigung allgemein: sie umschloß alle namhaften Geschlechter.

Eben in diesem Kreise bemerken wir jetzt eine Veränderung. Früher hatte die regierende Familie allemal die große Rolle gespielt, die Vorgänger verdrängt, durch die Erwerbung größerer Reichtümer in Schatten gestellt. Jetzt war dies nicht mehr möglich, einmal, weil die älteren Häuser durch wechselseitige Verheiratungen oder durch gute Wirtschaft schon allzureich geworden waren, sodann auch, weil die Schätze des Papsttums sich allmählich erschöpften. Die Chigi konnten nicht mehr daran denken, ihre Vorgänger zu überbieten; die Rospigliosi waren weit entfernt, danach zu trachten: schon genug, wenn sie dahin gelangten, unter sie aufgenommen zu werden.

In irgendeinem geistigen Produkt, einer Sitte, einem Gebrauch wird sich jede Gesellschaft darstellen, sozusagen abspiegeln. Das merkwürdigste Produkt dieser römischen Gesellschaft und ihres Lebens untereinander war das Zeremoniell des Hofes. Nie hat es überhaupt eine Epoche gegeben, in welcher man strenger auf das Zeremoniell gehalten hätte als damals: es entspricht den aristokratischen Tendenzen derselben überhaupt; daß es in Rom so vorzugsweise ausgebildet ward, mag daher rühren, weil dieser Hof den Vorrang vor allen anderen in Anspruch nahm und dies in gewissen Äußerlichkeiten auszudrücken suchte[1], weil auch hier die Gesandten von Frankreich und Spanien von jeher um den Vortritt gestritten hatten. Da gab es denn unzählige Rangstreitigkeiten: zwischen den Gesandten und den höheren Beamten, z. B. dem Governatore; zwischen den Kardinälen, die zugleich in der Rota saßen, und den übrigen; zwischen so vielen anderen Korporationen von Beamten; zwischen den verschiedenen Geschlechtern, z. B. Orsini und Colonna. Papst Sixtus V. hatte vergebens bestimmt, daß immer der älteste aus beiden Häusern den Vortritt haben sollte: war dies ein Colonna, so erschienen die Orsini nicht; war es ein Orsino, so blieben die Colonna weg; aber ihnen selbst räumten Conti und Savelli nur ungern und unter unaufhörlichen

[1] Über diese Versuche klagt unter anderen (1627, 23. Febr.) der französische Gesandte Bethune, bei Siri, Memorie recondite VI, p. 262.

Protestationen den höheren Rang ein. Die Unterscheidungen waren auf das genaueste bestimmt: den Verwandten des Papstes z. B. wurden bei ihrem Eintritt in die päpstlichen Gemächer beide Flügel der Türe eröffnet; andere Barone oder Kardinäle mußten sich mit einem begnügen. Eine sonderbare Art von Ehrenbezeigung hatte sich eingeführt: man hielt mit seiner Karosse an, wenn man dem Wagen eines Höheren, eines Gönners begegnete. Es war, wie man behauptet, zuerst Marchese Mattei, der dem Kardinal Alexander Farnese diese Ehre erwies; auch dieser Kardinal hielt alsdann an, und sie sprachen einige Worte[1]. Bald folgten andere dem Beispiel; die Botschafter empfingen diesen Beweis von Hochachtung von ihren Landsleuten; es ward ein allgemeiner Gebrauch, so höchst unbequem er auch war, eine allgemeine Pflicht. Eben an das Nichtbedeutende hängt sich die Eigenliebe am stärksten; man ist damit entschuldigt, daß man seinen Angehörigen oder den Gleichgestellten nichts vergeben dürfe.

Gehen wir eine Stufe weiter herab.

In der Mitte des 17. Jahrhunderts rechnete man in Rom ungefähr fünfzig adlige Familien, die 300, fünfunddreißig, die 200, sechzehn, die 100 Jahre alt seien. Für älter wollte man keine gelten lassen, überhaupt schrieb man ihnen nur ein geringfügiges und niedriges Herkommen zu[2]. Ursprünglich war ein großer Teil von ihnen in der Campagna angesessen. Unglücklicherweise aber ließen sie sich, wie wir schon berührten, in der Zeit, in welcher die Luoghi di Monte hohe Zinsen trugen, verleiten, ihre Güter großenteils an die Nepotenfamilien zu verkaufen und den Ertrag in den päpstlichen Monti anzulegen. Anfangs schien dies kein unbedeutender Vorteil. Die Nepoten bezahlten sehr gut, oftmals über den Wert; die Zinsen aus den Luoghi di Monte, die man ohne Mühe einzog, beliefen sich höher, als der Überschuß der sorgfältigsten Bearbeitung des Landes gestiegen sein würde. Jedoch wie bald bekamen sie zu fühlen, daß sie liegende Gründe in flüchtige Kapitalien umgewandelt hatten! Alexander VII. sah sich zu Reduktionen der Monti veranlaßt, durch welche der Kredit erschüt-

[1] In der Barberina sah ich einen besonderen Aufsatz hierüber: Circa il fermar le carrozze per complimento e come s'introdusse in uso.

[2] Almaden: La maggior parte delle famiglie oggi stimate a Roma nobili vengono da basso principio, come da notaro, speziale che sarebbe da sopportare, ma dell' arte puzzolente della concia di corame. Io benchè sappia particolarmente l'origine, non però lo scrivo per non offendere alcuno.

tert wurde und der Wert der Luoghi gewaltig sank. Es war keine Familie, die nicht dabei verloren hätte.

Neben ihnen erhoben sich aber zahlreiche andere neue Geschlechter. Eben wie die Päpste, verfuhren auch die Kardinäle und Prälaten der Kurie, ein jeder natürlich nach dem Maße seines Vermögens. Auch sie versäumten nicht, aus dem Überschusse der kirchlichen Einkünfte ihre Nepoten zu bereichern, Familien zu gründen. Andere erhoben sich durch Anstellungen in der Justiz. Nicht wenige kamen als Wechsler durch die Geschäfte der Dataria empor. Man zählte in unserer Zeit 15 florentinische, 11 genuesische, 9 portugiesische, 4 französische Familien, die hierdurch in Aufnahme gekommen – mehr oder weniger, je nachdem sie Glück und Talent gehabt –, einige unter ihnen, deren Ruf nicht mehr von den Geschäften des Tages abhing, Könige des Geldes: unter Urban VIII. die Guicciardini, Doni, denen sich Giustiniani, Primi, Pallavicini zugesellten[1]. Auch ohne Geschäfte dieser Art wanderten noch immer angesehene Familien ein, nicht allein von Urbino, Rieti, Bologna, sondern auch von Parma und Florenz. Die Einrichtung der Monti und die käuflichen Ämter luden dazu ein. Lange Zeit waren die Luoghi di Monte ein sehr gesuchter Besitz, besonders die vacabili, die eine Art Leibrente bilden sollten und deshalb $10^1/_2$ Prozent Zinsen trugen, aber nicht allein in der Regel von den Älteren auf die Jüngeren übertragen, sondern auch, wenn man dies versäumt hatte, geradezu vererbt wurden; ohne Schwierigkeit bot die Kurie ihre Hand dazu. Nicht anders ging es mit den käuflichen Ämtern. Sie hätten mit dem Tode des Inhabers an die Kammer zurückfallen sollen, deshalb war der Ertrag, den sie abwarfen, im Verhältnis zu dem ursprünglich eingezahlten Kapital so bedeutend und doch in der Tat reine und wahre Rente, da dem Inhaber keine Pflicht der Verwaltung oblag; aber ohne viel Schwierigkeit konnte auch hier die Übertragung bewirkt werden. Manches Amt ist ein Jahrhundert lang nicht wieder vakant geworden.

Die Vereinigung der Beamten, der Montisten in Kollegien gab ihnen eine gewisse Repräsentation, und obwohl man ihnen ihre Rechte nach und nach verkümmerte, hatten sie doch immer eine selbständige Stellung. Das aristokratische Prinzip, mit Kredit-

[1] Almaden: Non passano ancora la seconda generatione di cittadinanza Romana, – son venute da Fiorenza e Genova coll' occasione del danaro – molte volte mojono nelle fascie.

und Staatsschuldenwesen merkwürdig verschmolzen, das diesen ganzen Staat durchdrang, war auch ihnen förderlich. Fremde fanden sie doch zuweilen allzu anmaßend.

Um so viele besitzenden, emporstrebenden, nach und nach immer mehr fixierten Geschlechter her, denen die Einkünfte der Kirche überhaupt zugute kamen, bildete sich nun auch die geringere Volksklasse immer zahlreicher und fester an.

Wir haben Listen der römischen Bevölkerung übrig, aus deren Vergleichung in den verschiedenen Jahren sich für die Bildung derselben ein recht merkwürdiges Resultat ergibt. Nicht daß sie im ganzen sehr rasch gestiegen wäre, dies könnte man nicht sagen: im Jahre 1600 finden wir gegen 110000, sechsundfünfzig Jahre danach etwas über 120000 Einwohner, und dieser Fortschritt hat nichts Außerordentliches; aber es bildete sich hier ein anderes, der Bemerkung wertes Verhältnis. Früher war die römische Einwohnerschaft sehr flüchtig gewesen: von 80000 sank die Seelenzahl unter Paul IV. auf 50000; wenige Jahrzehnte darauf erhob sie sich über 100000. Das rührte daher, weil es meist ledige Männer waren, die den Hof bildeten, welche keine bleibende Stätte daselbst hatten. Jetzt fixierte sich die Bevölkerung in ansässigen Familien. Schon gegen Ende des 16. Jahrhunderts fing dies an; hauptsächlich aber geschah es in der ersten Hälfte des siebzehnten. Rom hatte

im Jahre	1600	109 729 Einwohner und	20 019 Familien,
	1614	115 643	21 422
	1619	106 050	24 380
	1628	115 374	24 429
	1644	110 608	27 279
	1653	118 882	29 081
	1656	120 596	30 103[1].

Wir sehen, die allgemeine Anzahl der Einwohner nimmt in einem und dem anderen Jahre sogar wieder ab; in regelmäßigem Fortschritte dagegen vermehrt sich die Zahl der Familien. In jenen sechsundfünfzig Jahren stieg sie um mehr als zehntausend, was nun allerdings um so mehr sagen will, da der Anwachs der Einwohner überhaupt eben auch nur dieselbe Zahl darbietet. Die

[1] Die Verzeichnisse, aus denen diese Zahlen gezogen sind, finden sich handschriftlich in der Barberina. Ein späteres, von 1702 bis 1816, hat Cancellieri del tarantismo di Roma p. 73.

Schar der ledigen Männer, welche ab- und zuströmten, ward geringer; die Masse der Bevölkerung setzte sich dagegen auf immer fest. In jenem Verhältnis ist sie mit unbedeutenden, auf Krankheiten und der natürlichen Ergänzung beruhenden Abwandlungen seitdem verblieben.

Nach der Rückkehr der Päpste von Avignon und der Beilegung des Schismas hat sich die Stadt, die damals zu einem Dorfe zu werden drohte, um die Kurie her gebildet. Erst mit der Macht und dem Reichtum der papalen Geschlechter jedoch, seit weder innere Unruhen noch auch auswärtige Feinde zu befürchten waren, seit die Rente, die man aus den Einkünften des Staates oder der Kirche zog, einen mühelosen Genuß gewährte, kam eine zahlreiche ansässige Bevölkerung zustande. Ihr Glück und Besitz schrieben sich, sei es durch unmittelbare Begabung oder durch mittelbaren Vorteil, allemal von der Bedeutung der Kirche und des Hofes her; es waren eigentlich alles Emporkömmlinge, wie die Nepoten selbst.

Bisher waren die bereits Einheimischgewordenen durch frische Ansiedler, die besonders aus der Vaterstadt jedes neuen Papstes zahlreich herbeiströmten, unaufhörlich vermehrt und verjüngt worden; bei der Gestalt, die der Hof jetzt annahm, hörte dies auf. Unter dem Einflusse jener großen Welteinwirkung, die der Römische Stuhl durch die Restauration des Katholizismus überhaupt gewonnen, war auch die Hauptstadt gegründet worden; da hatten sich die römischen Geschlechter gebildet, die noch heute blühen; seit die Ausbreitung des geistlichen Reiches innehielt, hörte mit der Zeit auch die Bevölkerung auf zu wachsen. Wir können sagen, sie ist ein Produkt jener Epoche.

Ja, die moderne Stadt überhaupt, wie sie noch heute die Aufmerksamkeit des Reisenden fesselt, gehört großenteils demselben Zeitraum der katholischen Restauration an. Werfen wir auch darauf einen Blick.

Bauwerke der Päpste

Wir haben erörtert, wie großartige Bauunternehmungen Sixtus V. ausführte, aus welchen Gesichtspunkten der Kirche und Religion er dies tat.

Clemens VIII. folgte ihm darin nach. In S. Giovanni und S. Peter gehören ihm einige der schönsten Kapellen; er hat die neue Residenz im Vatikan gegründet; der Papst und der Staatssekretär wohnen noch heutzutage in den Gemächern, die er erbaut hat. Vornehmlich aber ließ es Paul V. seinen Ehrgeiz sein, mit dem Franziskaner zu wetteifern. „In der ganzen Stadt", sagt eine gleichzeitige Lebensbeschreibung von ihm, „hat er Hügel geebnet, – wo es Winkel und Krümmungen gab, weite Aussichten eröffnet, große Plätze aufgetan und sie durch Anlage neuer Gebäude noch herrlicher gemacht; das Wasser, welches er herbeigeführt, ist nicht mehr das Spiel einer Röhre, es bricht hervor wie ein Strom. Mit der Pracht seiner Paläste wetteifert die Abwechslung der Gärten, die er angelegt. In dem Innern seiner Privatkapellen glänzt alles von Gold und Silber; mit Edelsteinen sind sie nicht sowohl geschmückt als erfüllt. Die öffentlichen Kapellen erheben sich wie Basiliken, die Basiliken wie Tempel, dic Tempel wie marmorne Berge[1]."

Wir sehen wohl: nicht das Schöne und Angemessene, sondern das Prächtige und Kolossale lobt man an seinen Werken, wie es diese auch aussprechen.

In S. Maria Maggiore errichtete er der Kapelle Sixtus' V. gegenüber eine noch bei weitem glänzendere, durchaus vom kostbarsten Marmor.

Noch weiter als Sixtus V., 35 Miglien her, führte er das Wasser, welches seinen Namen trägt, die Aqua Paolina, nach dem Janikulus; der Fontana und dem Moses Sixtus' V. aus der Ferne gegenüber bricht sie, beinahe fünfmal so stark wie diese, in vier gewaltigen Armen hervor. Wer war nicht hier, diese altberühmten Hügel zu besuchen, die Porsena angriff, jetzt lauter Weingärten, Obstgärten und Ruinen, man übersieht Stadt und Land bis zu den entfernten Bergen, die der Abend mit wundervoll farbigem Dufte wie mit einem durchsichtigen Schleier bedeckt. Von dem Getöse des hervorbrechenden Wassers wird die Einsamkeit herrlich belebt. Was Rom von allen anderen Städten unterscheidet, ist der Überfluß des Wassers, die Menge der Springbrunnen. Zu diesem Reize trägt die Aqua Paolina wohl das meiste bei. Sie erfüllt die unvergleichlichen Fontänen des Petersplatzes. Unter dem Ponte Sisto wird sie nach der eigentlichen Stadt geleitet; die Brunnen an dem Farnesischen Palaste und weiter viele anderen werden von ihr gespeist.

[1] Vita Pauli V compendiose scripta. MS. Barb.

Hatte nun Sixtus V. die Kuppel von St. Peter aufgeführt, so unternahm Paul V., die Kirche überhaupt zu vollenden[1]. Er führte das im Sinne seiner Zeit im größten Maßstabe aus. Heutzutage sähe man wohl lieber den ursprünglichen Plan Bramantes und Michel Angelos befolgt; dagegen hat das Unternehmen Pauls V. den Sinn des 17. und des 18. Jahrhunderts vollkommen befriedigt. Es ist wahr, es sind ungeheuere Dimensionen; wer wollte diese Fassade schön finden? Aber es ist alles heiter, bequem, großartig. Das Kolossale des Gebäudes, der Platz, der Obelisk und die gesamte Umgebung bringen den Eindruck des Gigantischen hervor, den man beabsichtigte und der sich unwiderstehlich, unauslöschlich aufdrängt.

So kurz die Regierungszeit der Ludovisi auch war, so haben sie sich doch in S. Ignazio und ihrer Villa in der Stadt ein unvergängliches Denkmal gestiftet. Niccolò Ludovisio besaß einst sechs Paläste, die er alle erhielt oder verschönerte.

Das Gedächtnis Urbans VIII. finden wir nicht allein in mancherlei Kirchen – S. Bibiana, S. Quirico, S. Sebastian auf dem Palatin –, sondern seinen Neigungen gemäß noch mehr in Palästen und Befestigungen. Nachdem er S. Angelo mit Gräben und Brustwehren umgeben, dies Kastell, wie er auf einer seiner Münzen rühmt, gerüstet, befestigt, vollendet hatte, führte er die Mauer nach dem Entwurf des bauverständigen Kardinals Maculano um den Vatikan und den Garten Belvedere bis nach der Porta Cavallegieri; hier fingen dann andere Befestigungen an, welche Lungara, Trastevere und den Janikulus umfassen und bis an den Priorat auf dem Aventin reichen sollten; wenigstens schreibt sich Porta Portuense hauptsächlich von Urban VIII. her. Erst in dieser Umgebung fühlte er sich sicher. Jene Brücke, die von den päpstlichen Wohnungen nach dem Kastell führt, hat er sorgfältig wiederhergestellt[2].

Auch Papst Innozenz X. hat fleißig gebaut: auf dem Kapitol, dessen beide Seiten er in Übereinstimmung zu bringen suchte; in der Laterankirche, wo er sich das Verdienst erwarb, schonender mit

[1] Magnificentia Pauli V, seu publicae utilitatis et splendoris opera a Paulo vel in urbe vel alibi instituta. MS. „Unius Pauli iussu impensisque instructa eius templi pars cum reliquis ab omnibus retro pontificibus exstructis partibus merito conferri potest."

[2] Aus dem Diario Giacinto Giglis, welches mir unglücklicherweise noch in Rom veruntreut worden – der vornehmste Verlust, den meine Sammlung erlitten –, hat Cancellieri, Del tarantismo di Roma p. 55, die hierher gehörigen Stellen abdrucken lassen.

den alten Formen umzugehen, als man damals gewohnt war; hauptsächlich an der Piazza Navona. Man bemerkte, wenn er über den Petersplatz kam, daß er seine Augen nicht von der Fontana verwandte, die Paul V. dort errichtet[1]. Gern hätte er mit diesem Papst gewetteifert und seinen Lieblingsplatz mit einer noch schöneren geschmückt. Bernini wandte alle seine Kunst daran. Ein Obelisk ward aus dem Zirkus des Caracalla herbeigeführt, an dem man das Wappen des Hauses anbrachte. Häuser wurden niedergerissen, um dem Platz eine neue Gestalt zu geben, S. Agnete von Grund aus erneut: unfern erhob sich dann, mit Bildsäulen, Gemälden und kostbarer innerer Einrichtung reich ausgestattet, der Palast Pamfili. Die Vigna, die seine Familie jenseit des Vatikans besaß, schuf er zu einer der schönsten Villen um, welche alles in sich schließt, was das Landleben angenehm machen kann.

In Alexander VII. bemerken wir schon den modernen Sinn für das Regelmäßige. Wie viele Häuser hat er umreißen lassen, um gerade Straßen zu gewinnen: der Palast Salviati mußte fallen, um den Platz des Collegio Romano zu bilden; auch der Platz Colonna, an dem sich sein Familienpalast erhob, ward von ihm umgeschaffen. Er hat die Sapienza und die Propaganda erneuert. Sein vornehmstes Denkmal sind aber ohne Zweifel die Kolonnaden, mit denen er den oberen Teil des Petersplatzes umfaßte, ein kolossales Werk von 284 Säulen und 88 Pfeilern. Was man auch gleich von Anfang und später dagegen gesagt haben mag[2], so ist doch nicht zu leugnen, daß sie in der Idee des Ganzen gedacht sind und zu dem Eindruck des zugleich Unermeßlichen und Heiterbehaglichen, den der Platz hervorbringt, das Ihre beitragen.

So bildete sich allmählich die Stadt, nach der seitdem so unzählige Fremde gewallfahrtet. Sie erfüllte sich zugleich mit Schätzen aller Art. Zahlreiche Bibliotheken wurden gesammelt: nicht allein

[1] Diario Deones, 4 Luglio 1648. Er bemerkt aber gleich: la quale (la fontana di papa Paolo – es war damals nur eine) difficilmente potrà superare nè in bellezza nè in quantità d'acque.

[2] Sagredo: I colonnati che si vanno intorno alla piazza erigendo, di quadro ordini di questi restar cinta dovendo, tutti in forma ovata, i quali formeranno tre portici coperti con tre magnifici ingressi, e sopra da un corridore che sarà d'altro ordine di picciole colonne e di statue adornato, il papa pretende che servir debbano per ricevere della pioggia e del sole alle carrozze. Damals beliefen sich die Kosten bereits auf 900000 Skudi, die aus der Kasse della fabrica di S. Pietro genommen wurden

der Vatikan oder die Klöster der Augustiner, der Dominikaner, die Häuser der Jesuiten und der Väter des Oratoriums, sondern auch die Paläste wurden damit ausgestattet; man wetteiferte, gedruckte Werke anzuhäufen, seltene Handschriften zusammenzubringen. Nicht daß man nun auch den Wissenschaften sehr eifrig obgelegen hätte; man studierte, aber mit Muße, weniger um etwas Neues zu entdecken, als um das Bekannte an sich zu bringen und zu verarbeiten. Von alle den Akademien, die sich Jahr für Jahr erhoben, widmete sich eine und die andere der Naturforschung, etwa der Botanik, obwohl auch ohne recht eigentümliche Erfolge[1]; aber alle die anderen, die Gutgelaunten[2], die Geordneten, die Jungfräulichen, die Phantastischen, die Einförmigen, und welche sonderbaren Namen sie sich sonst gaben, beschäftigten sich nur mit Poesie und Beredtsamkeit, Übungen geistiger Gewandtheit, die in einem engen Kreise von Gedanken stehenblieben und doch viele schöne Kräfte verbrauchten. Und nicht allein mit Büchern, sondern auch mit Kunstwerken alter und neuer Zeit, mit Antiquitäten mancherlei Art, Bildsäulen, Reliefs und Inskriptionen mußten die Paläste geschmückt sein. In unserer Epoche waren die Häuser Cesi, Giustiniani, Strozzi, Massimi, die Gärten der Mattei am berühmtesten, an die sich Sammlungen wie die Kirchersche bei den Jesuiten zu nicht geringerer Bewunderung der Mitwelt anreihten. Noch war es mehr Kuriosität, antiquarische Gelehrsamkeit, was zu den Sammlungen veranlaßte, als Sinn für die Formen oder tieferes Verständnis. Es ist merkwürdig, daß man im Grunde noch immer darüber dachte wie Sixtus V. Den Resten des Altertums war man noch weit entfernt, die Aufmerksamkeit und schonende Sorgfalt zu widmen, welche sie späterhin gefunden haben. Was darf man erwarten, wenn sich unter anderen Privilegien der Borghesen eins findet, welches besagt, daß sie durch keinerlei Art von Zerstörung in Strafe verfallen sein sollen? Man sollte kaum glauben, was man sich im 17. Jahrhundert noch erlaubt hat. Die Thermen des Konstantin

[1] Ich meine die Lincei, 1603 von Federigo Cesi gestiftet, welche doch eigentlich nicht viel mehr zustande gebracht als die italienische Bearbeitung der Naturgeschichte Mexikos von Hernandez. Tiraboschi, Storia della letteratura Italiana VIII, p. 195.

[2] Denn so werden wir Umoristi zu übersetzen haben, den Nachrichten des Erythräus zufolge, die bei Fischer, Vita Erythraei p. L. LI, recht gut zusammengestellt sind.

unter anderem hatten sich durch soviel wechselnde Zeiträume noch immer ziemlich imstand erhalten, und gewiß hätte schon das Verdienst ihres Erbauers um die Herrschaft der christlichen Kirche sie beschützen sollen; jedoch unter Paul V. wurden sie von Grund aus zerstört und in dem Geschmack jener Zeit zu Palast und Garten umgeschaffen, welche danach für die Villa Mondragone in Frascati vertauscht wurden. Selbst der Friedenstempel, damals ebenfalls noch ziemlich gut erhalten, fand vor Paul V. keine Gnade. Er faßte den sonderbaren Gedanken, der Jungfrau Maria mit dem Kinde eine kolossale eherne Bildsäule gießen und dieselbe so hoch aufstellen zu lassen, daß die Stadt von dieser ihrer Beschützerin ganz übersehen werden könne. Nur gehörte dazu eine Säule von ungewöhnlicher Länge. Er fand eine solche endlich im Friedenstempel; ohne sich zu kümmern, daß sie dort zu dem Ganzen gehörte, daß sie sich einzeln mehr seltsam und auffallend als schön und zweckmäßig ausnehmen würde, führte er sie weg und brachte jenen Koloß auf derselben an, wie wir ihn noch heute sehen.

Sollte auch nicht alles wahr sein, was man den Barberini nachgesagt hat, so ist doch unleugbar, daß sie im allgemeinen in eben diesem Sinne verfuhren. Unter Urban VIII. hatte man in der Tat noch einmal die Absicht, jenes einzig echte und erhaltene, unvergleichliche Monument der republikanischen Zeiten, das Denkmal der Cäcilia Metella, zu zerstören, um den Travertin bei der Fontana di Trevi anzuwenden. Der berühmteste Bildhauer und Baumeister jener Zeit, Bernini, dem die Fontana übertragen worden, machte diesen Entwurf, und der Papst gab ihm in einem Breve die Erlaubnis zur Ausführung. Schon legte man Hand an, als das römische Volk, welches seine Altertümer liebte, die Sache inne wurde und sich mit Gewalt dawidersetzte. Zum zweiten Male rettete es diesen seinen ältesten Besitz. Man mußte abstehen, um keinen Auflauf zu erregen[1].

Es hängt aber alles zusammen. Die Epoche der Restauration hat ihre besonderen Ideen, Antriebe entwickelt, die auch in Kunst und Literatur nach der Alleinherrschaft streben, das Fremdartige weder verstehen noch auch anerkennen und es zu zerstören entschlossen sind, wenn sie es nicht unterjochen können.

Nichtsdestominder war Rom noch immer eine Hauptstadt der

[1] Deone erzählt das ausführlich

Kultur, die in sammelnder Gelehrsamkeit und einer Kunstübung, wie sie der Geschmack jenes Zeitalters nun einmal beliebte, ihresgleichen nicht hatte, produktiv noch immer in der Musik – der konzertierende Stil der Kantate trat damals dem Stil der Kapelle zur Seite –: es entzückte die Reisenden. „Man müßte von der Natur verwahrlost sein"[1], ruft Spon aus, der 1674 nach Rom kam, „wenn man nicht in irgendeinem Zweige seine Befriedigung fände." Er geht diese Zweige durch: die Bibliotheken, wo man die seltensten Werke studieren, die Konzerte in Kirchen und Palästen, wo man täglich die schönsten Stimmen hören könne, so viele Sammlungen für alte und neue Skulptur und Malerei, so viele herrliche Bauwerke aller Zeiten, ganze Villen, mit Basreliefs und Inskriptionen, deren er allein tausend neue kopiert hat, überkleidet, die Gegenwart so vieler Fremden von allen Ländern und Zungen: die Natur genieße man in den paradiesischen Gärten; und wer die Übungen der Frömmigkeit liebt, fügt er hinzu, für den ist durch Kirchen, Reliquien, Prozessionen sein Lebelang gesorgt.

Ohne Zweifel gab es anderwärts noch großartigere geistige Regungen; aber die Vollendung der römischen Welt, ihre Geschlossenheit in sich selbst, die Fülle des Reichtums, der ruhige Genuß, vereinigt mit der Sicherheit und Befriedigung, welche dem Gläubigen der unaufhörliche Anblick der Gegenstände seiner Verehrung gewährte, übten noch immer eine mächtige Anziehung aus, bald mehr durch das eine, bald mehr durch das andere Motiv, zuweilen unentschieden, durch welches am meisten.

Vergegenwärtigen wir uns diese Anziehung an dem auffallendsten Beispiele, das zugleich auf den römischen Hof lebendig zurückwirkte.

Digression über Königin Christine von Schweden

Schon oft sind wir in dem Falle gewesen, unsere Blicke nach Schweden hinzuwenden.

Das Land, wo das Luthertum zuerst die gesamte Verfassung politisch umgestaltete, die Antireformation auf eine so ungewöhnliche Weise in den höchsten Personen Repräsentanten und Wider-

[1] Spon et Wheler, Voyage d'Italie et de Grèce I, p. 39.

sacher fand, von wo dann die große Entscheidung in dem welthistorischen Kampfe hauptsächlich ausgegangen war, eben da machte jetzt der Katholizismus auch in der neuen Gestalt, die er angenommen, die unerwartetste Eroberung. Die Tochter jenes Vorkämpfers der Protestanten, Königin Christine von Schweden, zog er an sich. Wie dies geschah, ist schon an sich und dann insbesondere für uns der Betrachtung wert.

Gehen wir von der Stellung aus, welche die junge Königin in ihrem Lande einnahm.

Nach dem Tode Gustav Adolfs war auch in Schweden, wie 1619 in Österreich, 1640 in Portugal und in dieser Epoche an so vielen anderen Orten, einen Augenblick die Rede davon, ob man sich nicht von der königlichen Gewalt freimachen und als Republik konstituieren solle[1].

Nun ward dieser Antrag zwar verworfen: man huldigte der Tochter des verstorbenen Königs; aber daß diese ein Kind von sechs Jahren war, daß es niemanden von königlichem Geschlechte gab, der die Zügel hätte ergreifen können, bewirkte doch, daß die Gewalt in die Hände einiger wenigen kam. Die antimonarchischen Tendenzen jener Zeit fanden in Schweden Anklang und Billigung, schon das Verfahren des Langen Parlamentes in England, noch viel mehr aber die Bewegungen der Fronde, da sie um so viel entschiedener aristokratisch waren. „Ich bemerke wohl", sagte Christine einstmals selbst in dem Senate, „man wünscht hier, daß Schweden ein Wahlreich oder eine Aristokratie werde[2]."

Diese junge Fürstin aber war nicht gemeint, die königliche Ge-

[1] La vie de la reine Christine faite par elle-même bei Arckenholtz, Mémoires pour servir à l'histoire de Christine Tom. III, p. 41: On m'a voulu persuader qu'on mit en délibération en certaines assemblées particulières, s'il falloit se mettre en liberté n'ayant qu'un enfant en tête, dont il étoit aisé de se défaire, et de s'ériger en république. Vgl. die Note von Arckenholtz.

[2] Ein merkwürdiger Beweis dieser aristokratischen Tendenzen ist das Gutachten über die Verfassung vom größten Teile der Stände und „guten Patrioten" vom Jahre 1644, welches vor kurzem zum Vorschein gekommen ist. S. Geijer, Schwedische Geschichte III, 357. Von den fünf hohen Reichsämtern soll keins anders besetzt werden, als indem die Stände drei Kandidaten in Vorschlag bringen, aus denen einer zu wählen ist. Nur einer von dreien, welche das Ritterhaus selbst vorschlägt, soll zum Landmarschall gewählt werden. Man fordert ein Consistorium politico-ecclesiasticum mit Präsidenten und Assessoren nach freier Wahl der Stände usw.

walt verfallen zu lassen; sie strengte sich an, in vollem Sinne des Worts Königin zu sein. Von dem Augenblicke an, daß sie die Regierung selbst antrat, im Jahre 1644, widmete sie sich den Geschäften mit einem bewundernswürdigen Eifer. Niemals hätte sie eine Senatssitzung versäumt; wir finden, daß sie mit dem Fieber geplagt ist, daß sie zur Ader gelassen hat; sie besucht die Sitzung dessenungeachtet. Sie versäumt nicht, sich auf das beste vorzubereiten. Deduktionen, viele Bogen lang, liest sie durch und macht sich ihren Inhalt zu eigen; abends vor dem Einschlafen, früh beim Erwachen überlegt sie die streitigen Punkte[1]. Mit großer Geschicklichkeit versteht sie dann die Frage vorzulegen; sie läßt nicht merken, auf welche Seite sie sich neigt; nachdem sie alle Mitglieder gehört hat, sagt auch sie ihre Meinung, die sich immer wohlbegründet findet, die man in der Regel beliebt. Die fremden Gesandten sind verwundert, welche Gewalt sie sich in dem Senat zu verschaffen weiß[2], obwohl sie selbst damit niemals zufrieden war. An einem Ereignis von so universalhistorischer Bedeutung, wie der Abschluß des Westfälischen Friedens war, hatte sie persönlich vielen Anteil. Die Offiziere der Armee, selbst der eine von ihren Gesandten am Kongreß, waren nicht dafür; auch in Schweden gab es Leute, welche die Zugeständnisse, die man den Katholiken besonders für die österreichischen Erblande machte, nicht billigten. Aber Christine wollte das Glück nicht immer aufs neue herausfordern; niemals war Schweden so glorreich, so mächtig gewesen; sie sah eine Befriedigung ihres Selbstgefühls darin, daß sie diesen Zustand befestige, daß sie der Christenheit die Ruhe wiedergebe.

[1] Paolo Casati al papa Alessandro VII sopra la regina di Suecia, MS.: Ella m'ha più d'una volta assicurato di non aver mai portato avanti alcun negotio grave a cui non avesse quasi due anni prima pensato, e che molte hore della mattina, dopo che s'era svegliata da quel poco sonno che era solita di prendere, impiegava nel considerare i negotii e conseguenze loro benchè lontane.

[2] Mémoires de ce qui est passé en Suède tirez des dépesches de Mr Chanut I, p. 245 (1648 Févr.): Il est incroyable comment elle est puissante dans son conseil; car elle ajoute à la qualité de reine la grâce, le crédit, les bienfaits et la force de persuader. In einem Exemplar dieser Memoiren, die schon 1675 erschienen, haben sich Randglossen von der Hand der Königin gefunden, worin sich zwar wohl auch mehr ein späterer Unmut als genaue Erinnerung an die ersten Jahre ihrer Regierung ausspricht, durch welche aber auf jeden Fall Chanuts Behauptung modifiziert wird.

Hielt sie nun selbst die Eigenmacht der Aristokratie nach Kräften nieder, so sollte sich diese ebensowenig schmeicheln dürfen, etwa in Zukunft zu ihrem Ziele zu gelangen: so jung sie auch noch war, so brachte sie doch sehr bald die Sukzession ihres Vetters, des Pfalzgrafen Karl Gustav, in Vorschlag. Sie meint, der Prinz habe das nicht zu hoffen gewagt, sie allein habe es durchgesetzt wider den Willen des Senates, der es nicht einmal habe in Überlegung nehmen wollen, wider den Willen der Stände, die nur aus Rücksicht auf sie darein gewilligt; in der Tat, es war ganz ihr Gedanke, und allen Schwierigkeiten zum Trotz führte sie ihn aus. Die Sukzession ward unwiderruflich festgesetzt[1].

Doppelt merkwürdig ist es nun, daß sie bei diesem Eifer für die Geschäfte zugleich den Studien mit einer Art von Leidenschaft oblag. Noch in den Jahren der Kindheit war ihr nichts angenehmer gewesen als die Lehrstunde. Es mochte daher kommen, daß sie bei ihrer Mutter wohnte, die sich ganz dem Schmerze über ihren Gemahl hingab; mit Ungeduld erwartete sie täglich den Augenblick, wo sie aus diesen dunklen Gemächern der Trauer erlöst wurde. Aber sie besaß auch, besonders für die Sprachen, ein außerordentliches Talent; sie erzählt, daß sie die meisten eigentlich ohne Lehrer gelernt habe[2], was um so mehr sagen will, da sie es wirklich in einigen bis zur Fertigkeit eines Eingeborenen gebracht hat. Wie sie aufwuchs, ward sie immer mehr von dem Reize ergriffen, der in der Literatur liegt. Es war die Epoche, in welcher sich die Gelehrsamkeit allmählich von den Fesseln der theologischen Streitigkeiten ablöste, in welcher sich über beide Parteien hin allgemein anerkannte Reputationen erhoben. Sie hatte den Ehrgeiz, berühmte Leute an sich zu ziehen, ihres Unterrichts zu genießen. Zuerst kamen einige deutsche Philologen und Historiker, z. B. Freinsheim, auf dessen Bitten sie seiner Vaterstadt Ulm den größten Teil der ihr auferlegten Kriegskontribution erließ[3]; dann folgten Niederländer: Isaak Vossius brachte

[1] Règne de Christine jusqu'à sa résignation bei Arckenholtz III, 162 Noten.
[2] La vie de Christine écr. par elle-même p. 53: „Je savois à l'âge de quatorze ans toutes les langues, toutes les sciences et tous les exercices dont on vouloit m'instruire. Mais depuis j'en ai appris bien d'autres sans le secours d'aucun maître: et il est certain que je n'en eus jamais ni pour apprendre la langue Allemande, la Françoise, l'Italienne, ni l'Espagnole."
[3] Harangue panégyrique de Freinshemius à Christine 1647, bei Arckenholtz II, zweiter Anhang, S. 104.

das Studium des Griechischen in Schwung; sie bemächtigte sich in kurzem der wichtigsten alten Autoren, und selbst die Kirchenväter blieben ihr nicht fremd. Nikolaus Heinsius rühmt es einmal als sein erstes Glück, daß er zur Zeit der Königin geboren, als das zweite, daß er ihr bekannt geworden sei; als das dritte und vornehmste wünscht er sich, daß die Nachwelt erfahre, er habe ihr nicht ganz mißfallen. Sie brauchte ihn vornehmlich, um ihr kostbare Handschriften, seltene Bücher aus Italien zu verschaffen, was er mit Gewissenhaftigkeit und Glück vollzog. Schon beklagten sich die Italiener, man belade Schiffe mit den Spolien ihrer Bibliotheken, man entführe ihnen die Hilfsmittel der Gelehrsamkeit nach dem äußersten Norden[1]. Im Jahre 1650 erschien Salmasius; die Königin hatte ihm sagen lassen, komme er nicht zu ihr, so werde sie genötigt sein, zu ihm zu kommen; ein Jahr lang wohnte er in ihrem Palaste. Endlich ward auch Cartesius bewogen, sich zu ihr zu begeben; alle Morgen um fünf Uhr hatte er die Ehre, sie in ihrer Bibliothek zu sehen; man behauptet, sie habe seine Ideen, ihm selbst zur Verwunderung, aus dem Plato abzuleiten gewußt. Es ist gewiß, daß sie in ihren Konferenzen mit den Gelehrten wie in ihren Besprechungen mit dem Senate die Überlegenheit des glücklichsten Gedächtnisses und einer raschen Auffassung und Penetration zeigte. „Ihr Geist ist höchst außerordentlich", ruft Naudäus mit Erstaunen aus: „sie hat alles gesehen, alles gelesen, sie weiß alles[2]."

Wunderbare Hervorbringung der Natur und des Glücks. Ein junges Fräulein, frei von aller Eitelkeit: sie sucht es nicht zu verbergen, daß sie die eine Schulter höher hat als die andere; man hat ihr gesagt, ihre Schönheit bestehe besonders in ihrem reichen Haupthaar: sie wendet auch nicht die gewöhnlichste Sorgfalt darauf. Jede kleine Sorge des Lebens ist ihr fremd: sie hat sich niemals um ihre Tafel bekümmert, sie hat nie über eine Speise geklagt, sie trinkt nichts als Wasser; auch eine weibliche Arbeit hat sie nie begriffen; – dagegen macht es ihr Vergnügen zu hören, daß

[1] Vgl. Grauert, Königin Christina und ihr Hof I, S. 379, 407.

[2] Naudé à Gassendi 19 oct. 1652: La reine de la quelle je puis dire sans flatterie qu'elle tient mieux sa partic ès conférences qu'elle tient assez souvent avec messieurs Bochart, Bourdelot, du Fresne et moi, qu'aucun de la compagnie, et si je vous dis que son esprit est tout à fait extraordinaire, je ne mentirai point; car elle a tout vu, elle a tout lu, elle sait tout.

man sie bei ihrer Geburt für einen Knaben genommen, daß sie in der frühesten Kindheit beim Abfeuern des Geschützes, statt zu erschrecken, in die Hände geklatscht und sich als ein rechtes Soldatenkind ausgewiesen habe; auf das kühnste sitzt sie zu Pferde, einen Fuß im Bügel, so fliegt sie dahin; auf der Jagd weiß sie das Wild mit dem ersten Schuß zu erlegen. Sie studiert Tacitus und Plato und faßt diese Autoren zuweilen selbst besser als Philologen von Profession. So jung sie ist, so versteht sie sich auch in Staatsgeschäften selbständig eine treffende Meinung zu bilden und sie unter den in Welterfahrung ergrauten Senatoren durchzufechten; sie wirft den frischen Mut eines angeborenen Scharfsinns in die Arbeit; vor allem ist sie von der hohen Bedeutung durchdrungen, die ihr ihre Herkunft gebe, von der Notwendigkeit der Selbstregierung: keinen Gesandten hätte sie an ihre Minister gewiesen; sie will nicht dulden, daß einer ihrer Untertanen einen auswärtigen Orden trage, wie sie sagt, daß ein Mitglied ihrer Herde von einer fremden Hand sich bezeichnen lasse; sie weiß eine Haltung anzunehmen, vor welcher die Generale verstummen, welche Deutschland erbeben gemacht: wäre ein neuer Krieg ausgebrochen, so würde sie sich unfehlbar an die Spitze ihrer Truppen gestellt haben.

Bei dieser Gesinnung und vorwaltenden Stimmung war ihr schon der Gedanke unerträglich, sich zu verheiraten, einem Manne Rechte an ihre Person zu geben; der Verpflichtung hierzu, die sie gegen ihr Land haben könnte, glaubt sie durch die Festsetzung der Sukzession überhoben zu sein; nachdem sie gekrönt ist, erklärt sie, sie würde eher sterben als sich vermählen[1].

Sollte aber wohl ein Zustand dieser Art überhaupt behauptet werden können? Er hat etwas Gespanntes, Angestrengtes, es fehlt ihm das Gleichgewicht der Gesundheit, die Ruhe eines natürlichen und in sich befriedigten Daseins. Es ist nicht Neigung zu den Geschäften, daß sie sich so eifrig hineinwirft: Ehrgeiz und fürstliches Selbstgefühl treiben sie dazu an. Vergnügen findet sie daran nicht. Auch liebt sie ihr Vaterland nicht, weder seine Vergnügungen noch seine Gewohnheiten; weder seine geistliche noch seine weltliche Verfassung; auch nicht seine Vergangenheit, von der sie

[1] „Je me serois", sagt sie übrigens in ihrer Lebensbeschreibung S. 57, „sans doute mariée, si je n'eusse reconnu en moi la force de me passer des plaisirs de l'amour"; und man darf ihr hierin um so mehr glauben, da dieses Werk zugleich eine Art von Beichte ist.

keine Ahnung hat. Die Staatszeremonien, die langen Reden, die sie anzuhören verpflichtet ist, jede Funktion, bei der sie persönlich in Anspruch genommen wird, sind ihr geradezu verhaßt; der Kreis von Bildung und Gelehrsamkeit, in dem sich ihre Landsleute halten, scheint ihr verächtlich. Hätte sie diesen Thron nicht von Kindheit an besessen, so würde er ihr vielleicht als ein Ziel ihrer Wünsche erschienen sein; aber da sie Königin war, soweit sie zurückdenken kann, so haben die begehrenden Kräfte des Gemütes, welche die Zukunft eines Menschen ihm vorbereiten, eine von ihrem Lande abgewendete Richtung genommen. Phantasie und Liebe zu dem Ungewöhnlichen fangen an, ihr Leben zu beherrschen; sie kennt keine Rücksicht; sie denkt nicht daran, den Eindrücken des Zufalls und des Momentes die Überlegenheit des moralischen Ebenmaßes, welche ihrer Stellung entspräche, entgegenzusetzen; ja, sie ist hochgesinnt, mutig, voll Spannkraft und Energie, großartig, aber auch ausgelassen, heftig, recht mit Absicht unweiblich, keineswegs liebenswürdig, unkindlich selbst, und zwar nicht allein gegen ihre Mutter; auch das heilige Andenken ihres Vaters schont sie nicht, um eine beißende Antwort zu geben: es ist zuweilen, als wüßte sie nicht, was sie sagt[1]. So hoch sie auch gestellt ist, so können doch die Rückwirkungen eines solchen Betragens nicht ausbleiben; um so weniger fühlt sie sich dann zufrieden, heimisch oder glücklich.

Da geschieht nun, daß dieser Geist der Nichtbefriedigung sich vor allem auf die religiösen Dinge wirft; womit es folgendergestalt zuging.

In ihren Erinnerungen verweilt die Königin mit besonderer Vorliebe bei ihrem Lehrer Dr. Johann Matthiä, dessen einfache, reine, milde Seele sie vom ersten Augenblick an fesselte, der ihr erster Vertrauter wurde, auch in allen kleinen Angelegenheiten[2]. Unmittelbar nachdem sich gezeigt, daß von den bestehenden Kirchengesellschaften keine die andere überwältigen werde, regte sich hier und da in wohlgesinnten Gemütern die Tendenz, sie zu vereinigen. Auch Matthiä hegte diesen Wunsch; er gab ein Buch heraus, in welchem er eine Vereinigung der beiden protestanti-

[1] Von ihrem Gespräch mit ihrer Mutter bei Chanut III, 365, Mai 1654, läßt sich nicht anders urteilen.

[2] Très-capable, sagt sie in ihrer Autobiographie S. 51, de bien instruire un enfant tel que j'étois, ayant une honnêteté, une discrétion et une douceur qui le faisoient aimer et estimer.

schen Kirchen in Anregung brachte. Die Königin nun war sehr seiner Meinung: sie faßte den Gedanken, eine theologische Akademie zu stiften, die an der Vereinigung der Bekenntnisse arbeiten sollte. Allein auf der Stelle erhob sich hierwider der unbezähmte Eifer unerschütterlicher Lutheraner. Ein Superintendent von Calmar griff jenes Buch mit Ingrimm an; die Stände nahmen dawider Partei. Die Bischöfe erinnerten den Reichsrat, über die Landesreligion zu wachen; der Großkanzler begab sich zur Königin und machte ihr so nachdrückliche Vorstellungen, daß ihr Tränen des Unmutes in die Augen traten[1].

Da mag sie recht deutlich zu bemerken geglaubt haben, daß es nicht reiner Eifer sei, was ihre Lutheraner in Bewegung setze. Sie meinte, man wolle sie mit der Idee von Gott täuschen, die man ihr gab, nur um sie nach einem vorbedachten Ziele zu leiten. Es schien ihr Gottes nicht würdig, wie man ihn ihr vorstellte[2].

Die weitläufigen Predigten, die ihr schon immer Langeweile gemacht, und die sie um der Reichsordnungen willen anhören mußte, wurden ihr nun unerträglich. Oft zeigte sie ihre Ungeduld: sie rückte mit dem Stuhle, spielte mit ihrem Hündchen; desto länger, unbarmherziger suchte man sie festzuhalten.

In der Stimmung, in welche sie hierdurch geriet, in der sie sich von der angenommenen Landesreligion innerlich entfernte, ward sie nun durch die Ankunft der fremden Gelehrten bestärkt. Einige waren katholisch; andere, z. B. Isaak Vossius, gaben Anlaß, sie für ungläubig zu halten; Bourdelot, der das meiste bei ihr vermochte, da er sie von einer gefährlichen Krankheit leicht und glücklich geheilt hatte – recht ein Mann für den Hof, voll von Kenntnissen und Unterhaltungsgabe, ohne Pedanterie –, verspottete alles, Polyhistoren und Landesreligionen, und galt geradezu für einen Naturalisten.

Allmählich geriet die junge Fürstin in unauflösliche Zweifel. Es schien ihr, als sei alle positive Religion eine Erfindung der Menschen, als gelte jedes Argument gegen die eine so gut wie gegen die andere, als sei es zuletzt gleichgültig, welcher man angehöre.

[1] Schreiben von Axel Oxenstierna 2. Mai 1647, bei Arckenholtz IV, App. n. 21, und besonders von Graf Brahe, Arckenholtz IV, S. 229. – Das Werk Matthiäs ist: Idea boni ordinis in ecclesia Christi.

[2] „Je crus", sagt sie in einer von Galdenblad mitgeteilten Note, „que les hommes vous faisoient parler à leur mode et qu'ils me vouloient tromper et me faire peur pour me gouverner à la leur": bei Arckenholtz tom. III. p. 209.

Indessen ging sie hierbei doch nie bis zu eigentlicher Irreligiosität fort: es gab auch in ihr einige unerschütterliche Überzeugungen in ihrer fürstlichen Einsamkeit auf dem Throne hätte sie doch den Gedanken an Gott nicht entbehren können; ja, sie glaubte fast, ihm einen Schritt näher zu stehen: „Du weißt", ruft sie aus, „wie oft ich in einer gemeinen Geistern unbekannten Sprache dich um die Gnade bat, mich zu erleuchten, und dir gelobte, dir zu gehorchen, sollte ich auch Leben und Glück darüber aufopfern." Schon verknüpfte sie dies mit ihren übrigen Ideen: „Ich verzichtete", sagt sie, „auf alle andere Liebe und widmete mich dieser." Großen Eindruck hatte ein Ausspruch Ciceros auf sie gemacht, daß alle religiösen Meinungen der Menschen irrig sein könnten, unmöglich aber mehr als eine wahr. Sollte aber Gott die Menschen ohne die rechte Religion gelassen haben? Es schien ihr, als beschuldige man ihn der Tyrannei, wenn man annehme, er habe das Bedürfnis der Religion in das Gemüt und Gewissen der Menschen gelegt und sich dann nicht darum bekümmert, es zu befriedigen[1]. Die Frage war nur eben, welches die wahre Religion sei.

Suchen wir hier nicht nach Gründen, Beweisen. Königin Christine hat selbst gestanden, sie wisse den Protestantismus keines Irrtums in Dingen des Glaubens zu zeihen[2]. Aber wie ihre Abneigung gegen denselben aus einem ursprünglichen, nicht weiter abzuleitenden, nur durch die Umstände erhöhten Gefühle herrührt, so wirft sie sich mit einer ebenso unerklärlichen Neigung, mit unbedingter Sympathie auf die Seite des Katholizismus.

Sie war neun Jahre alt, als man ihr zuerst eine nähere Notiz von der katholischen Kirche gab und ihr unter anderem sagte, daß in derselben der ehelose Stand ein Verdienst sei: „Ah", rief sie aus, „wie schön ist dies, diese Religion will ich annehmen!"

[1] Pallavicini, Vita Alexandri VII. Stelle im Anhang.

[2] Bei einer späteren Anwesenheit in Schweden ist ihr ernstlich zugeredet worden, die Religion nicht länger zu verschmähen, für welche ihr Vater gestorben sei. Sie hat darauf auf eine solche Weise geantwortet, daß sie den Protestantismus nicht des geringsten Irrtums, geschweige denn einer Ketzerei beschuldigte, sondern ihre Weigerung mit dem Schimpf motivierte, der einen solchen Wiederabfall begleite. Wagenseil, bei Arckenholtz II, 300: ita respondisse reginam, non ut cuiusquam haeresios vel minimi erroris ecclesiam protestantium insimularet. Die Worte scheinen mir weder philologisch noch vollends historisch eine ausreichende Erklärung zuzulassen. Wozu hätte es der Autor gesagt, wenn er nicht jenen Sinn damit verband?

Man verwies ihr das ernstlich; desto hartnäckiger blieb sie dabei. Daran knüpften sich weitere verwandte Eindrücke. „Wenn man katholisch ist", sagt sie, „hat man den Trost, zu glauben, was so viele edlen Geister sechzehn Jahrhunderte lang geglaubt: einer Religion anzugehören, die durch Millionen Wunder, Millionen Märtyrer bestätigt ist", „die endlich", fügt sie hinzu, „so viele wunderbaren Jungfrauen hervorgebracht hat, welche die Schwachheiten ihres Geschlechts überwunden und sich Gott geopfert haben."

Die Verfassung von Schweden beruht auf dem Protestantismus; der Ruhm, die Macht, die Weltstellung dieses Landes sind darauf gegründet; ihr aber wird er wie eine Notwendigkeit aufgelegt: abgestoßen von tausend Zufälligkeiten, unberührt von seinem Geiste, eigenwillig reißt sie sich von ihm los; das Entgegengesetzte, von dem sie nur eine dunkle Kunde hat, zieht sie an: daß es in dem Papst eine untrügliche Autorität gebe, scheint ihr eine der Güte Gottes angemessene Einrichtung; darauf wirft sie sich von Tag zu Tag mit vollerer Entschiedenheit: es ist, als fühlte sich das Bedürfnis weiblicher Hingebung hierdurch befriedigt, als entspränge in ihrem Herzen der Glaube wie in einem anderen die Liebe, eine Liebe des unbewußten Affektes, die von der Welt verdammt wird und verheimlicht werden muß, aber darum nur desto tiefer wurzelt, in der ein weibliches Herz sich gefällt, der es alles zu opfern entschlossen ist.

Wenigstens wandte Christine nun, um sich dem römischen Hofe zu nähern, eine geheimnisvolle Verschlagenheit an, wie sie sonst nur in Angelegenheiten der Leidenschaft oder des Ehrgeizes vorkommt: sie spann gleichsam eine Intrigue an, um katholisch zu werden. Darin zeigte sie sich vollkommen als eine Frau.

Der erste, dem sie ihre Neigung zu erkennen gab, war ein Jesuit Antonio Macedo, Beichtvater des portugiesischen Gesandten Pinto Pereira[1]. Pereira sprach nur portugiesisch; er brauchte seinen Beichtvater zugleich als Dolmetscher. Ein sonderbares Vergnügen, das sich die Königin machte, in den Audienzen, die sie dem Gesandten gab, indem er von Staatsgeschäften zu handeln

[1] Man hat zuweilen einen gewissen Gottfr. Franken für den Urheber ihrer Bekehrung erklärt. Nach der Relation hierüber bei Arckenholtz I, 465 würde der erste Gedanke, Franken nach Stockholm zu schicken, bei der Rückkehr des Salmasius von da, welche 1651 erfolgte, entstanden sein. Macedo war jedoch schon 1650 daselbst; sein Anspruch ist unleugbar.

gedachte, mit seinem Dolmetscher auf religiöse Kontroversen zu kommen und diesem in Gegenwart eines Dritten, der davon nichts verstand, ihre geheimsten und weitaussehendsten Gedanken anzuvertrauen[1].

Plötzlich verschwand Macedo von Stockholm. Die Königin tat, als lasse sie ihn suchen, verfolgen; aber sie selbst hatte ihn nach Rom geschickt, um ihre Absicht zunächst dem Jesuitengeneral vorzutragen und ihn zu bitten, ihr ein paar vertraute Mitglieder seines Ordens zuzusenden.

Im Februar 1652 langten diese in der Tat in Stockholm an. Es waren zwei jüngere Männer, die sich als reisende italienische Edelleute vorstellen ließen und hierauf von ihr zur Tafel gezogen wurden. Sie vermutete auf der Stelle, wer sie wären; indem sie unmittelbar vor ihr her in das Speisezimmer gingen, sagte sie leise zu dem einen, vielleicht habe er Briefe an sie; dieser bejahte das, ohne sich umzuwenden; sie schärfte ihm nur noch mit einem raschen Wort Stillschweigen ein und schickte dann ihren vertrautesten Diener, Johann Holm, gleich nach Tische, um die Briefe, den andern Morgen, um sie selbst im tiefsten Geheimnis nach dem Palaste abzuholen[2].

In dem Königspalast Gustav Adolfs traten Abgeordnete von Rom mit seiner Tochter zusammen, um mit ihr über ihren Übertritt zur Römischen Kirche zu unterhandeln. Der Reiz für Christine lag auch darin, daß niemand etwas davon ahnte.

Die beiden Jesuiten beabsichtigten anfangs die Ordnung des Katechismus zu beobachten; doch sahen sie bald, daß das hier nicht angebracht sei. Die Königin warf ihnen ganz andere Fragen auf, als die dort vorkamen: ob es einen Unterschied zwischen Gut und Böse gebe oder ob alles nur auf den Nutzen und die Schädlichkeit einer Handlung ankomme; wie die Zweifel zu erledigen, die man gegen die Annahme einer Vorsehung erheben könne; ob die Seele des Menschen wirklich unsterblich; ob es nicht am ratsamsten sei, seiner Landesreligion äußerlich zu folgen und nach den Gesetzen der Vernunft zu leben. Die Jesuiten melden nicht, was sie auf diese Fragen geantwortet haben; sie meinen, während des

[1] Pallavicini: Arctius idcirco sermones et colloquia miscuit, non tunc solum quum ad eam Macedus ab legato mittebatur, sed etiam ipso praesente, qui nihil intelligens animadvertebat tamen, longiores inter eos esse sermones, quam res ferrent ab se interpreti propositae et sibi ab interprete relatae.

[2] Relatione di Paolo Casati al papa Alessandro VII. Auszug im Anhang.

Gesprächs seien ihnen Gedanken gekommen, an die sie früher nie gedacht und die sie dann wieder vergessen; in der Königin habe der Heilige Geist gewirkt. In der Tat war in ihr schon eine entschiedene Hinneigung, welche alle Gründe und die Überzeugung selbst ergänzte. Am häufigsten kam man auf jenen obersten Grundsatz zurück, daß die Welt nicht ohne die wahre Religion sein könne; daran ward die Behauptung geknüpft, daß unter den vorhandenen die katholische die vernünftigste sei. „Unser Hauptbestreben war", sagen die Jesuiten, „zu beweisen, daß die Punkte unseres heiligen Glaubens über die Vernunft erhaben, aber keineswegs ihr entgegen seien." Die vornehmste Schwierigkeit betraf die Anrufung der Heiligen, die Verehrung der Bilder und Reliquien. „Ihre Majestät aber faßte", fahren sie fort, „mit eindringendem Geiste die ganze Kraft der Gründe, die wir ihr vorhielten; sonst hätten wir lange Zeit gebraucht." Auch über die Schwierigkeiten sprach sie mit ihnen, die es haben werde, wenn sie sich zu dem Übertritte entschließe, ihn ins Werk zu setzen. Zuweilen schienen sie unübersteiglich, und eines Tages, als sie die Jesuiten wiedersah, erklärte sie ihnen, sie möchten lieber wieder nach Hause gehen: unausführbar sei das Unternehmen; auch könne sie schwerlich jemals ganz von Herzen katholisch werden. Die guten Patres erstaunten; sie boten alles auf, um sie festzuhalten, stellten ihr Gott und Ewigkeit vor und erklärten ihre Zweifel für eine Anfechtung des Satans. Es bezeichnet sie recht, daß sie gerade in diesem Augenblicke entschlossener war als bei irgendeiner früheren Zusammenkunft. „Was würdet ihr sprechen", fing sie plötzlich an, „wenn ich näher daran wäre, katholisch zu werden, als ihr glaubt?" – „Ich kann das Gefühl nicht beschreiben", sagt der jesuitische Berichterstatter, „welches wir empfanden: wir glaubten von den Toten zu erstehen." Die Königin fragte, ob ihr der Papst nicht die Erlaubnis geben könne, das Abendmahl alle Jahr einmal nach lutherischem Gebrauche zu nehmen. „Wir antworteten: nein"; – „dann", sagte sie, „ist keine Hilfe, ich muß die Krone aufgeben."

*Denn dahin rich*teten sich ohnedies ihre Gedanken von Tag zu Tag mehr.

Nicht immer gingen die Geschäfte des Landes nach Wunsch. Der mächtigen Aristokratie gegenüber, die sich eng zusammenhielt, bildete die Königin mit ihrer aus so vielen Ländern herbeigezogenen Umgebung, mit dem Thronfolger, den sie dem Lande aufgenötigt, und dem Grafen Magnus de la Gardie, dem sie ihr Vertrauen schenkte, den aber der alte schwedische Adel noch immer nicht als ebenbürtig anerkennen wollte, eine Partei, die gleichsam als eine fremde betrachtet ward. Ihre unbeschränkte Freigebigkeit hatte die Finanzen erschöpft, und man sah den Augenblick kommen, wo man mit allen Mitteln zu Ende sein werde. Schon im Oktober 1651 hatte sie den Ständen die Absicht zu resignieren angekündigt. Es war in dem Momente, als sie Antonio Macedo nach Rom geschickt hatte. Noch einmal jedoch ließ sie sich davon zurückbringen. Der Reichskanzler stellte ihr vor, sie möge sich nicht etwa durch die finanzielle Bedrängnis bestimmen lassen: man werde schon dafür sorgen, daß der Glanz der Krone nicht leide[1]. Auch sah sie wohl, daß diese Handlung der Welt nicht so heroisch vorkommen würde, wie sie anfangs geglaubt. Als kurz darauf Prinz Friedrich von Hessen mit einem ähnlichen Schritte umging, mahnte sie ihn ausdrücklich ab, nicht gerade aus religiösen Gründen; sie erinnerte ihn nur, wer seinen Glauben verändere, werde von denen gehaßt, die er verlasse, und von denen verachtet, zu denen er übergehe[2]. Aber allmählich wirkten diese Betrachtungen auf sie selbst nicht mehr. Es war vergebens, daß sie sich durch wiederholte Ernennungen in dem Reichsrate, den sie von 28 Mitgliedern auf 39 brachte, eine Partei zu machen suchte; das Ansehen der Oxenstierna, welches eine Zeitlang verdunkelt war, erhob sich durch Verwandtschaften, Gewohnheit und ein in dieser Familie gleichsam erbliches Talent aufs neue; in mehreren wichtigen Fragen, z. B. der Auseinandersetzung mit Brandenburg, blieb die Königin in der Minorität. Auch Graf Magnus de la Gardie verlor ihre Gnade. Das Geld fing wirklich an zu mangeln und reichte oft nicht zu den täglichen Bedürfnissen des Haushaltes[3]. War es nicht in der Tat besser, wenn sie sich eine jährliche Rente ausbedang und damit ohne soviel Widerrede zelotischer Prediger, die in ihrem Tun und Treiben nur eine abenteuerliche Kuriosität, einen Abfall von der Religion und den Sitten des Landes sahen, nach ihres Herzens Gelüsten in dem

[1] Pufendorf, Rerum Suecicarum lib. 23, p. 477.

[2] Lettre de Christine au prince Frédéric landgrave de Hesse, bei Arckenholtz I, p. 218: „Pouvez-vous ignorer combien ceux qui changent sont haïs de ceux des sentiments desquels ils s'éloignent, et ne saurez-vous pas par tant d'illustres exemples qu'ils sont méprisés de ceux auprès desquels ils se rangent?“

[3] Motivi onde si crede la regina di Suezia aver presa la risolutione di rinonciare la corona, bei Arckenholtz II, App. nº 47.

Auslande lebte? Schon waren ihr die Geschäfte zuwider, und sie fühlte sich unglücklich, wenn sich ihr die Sekretäre näherten. Schon ging sie nur noch gern mit dem spanischen Gesandten Don Antonio Pimentel um, der an allen ihren Gesellschaften und Vergnügungen teilnahm und besonders in den Versammlungen jenes ihres Amaranthenordens eine Rolle spielte, dessen Mitglieder sich zu einer Art von Zölibat verpflichten mußten[1]. Don Antonio wußte um ihre katholische Absicht; er setzte seinen Herrn davon in Kenntnis, der die Fürstin in seinen Staaten aufzunehmen, ihren Übertritt bei dem Papste zu befürworten versprach[2]. In Italien hatten schon jene Jesuiten, die indes zurückgegangen, einige Vorbereitungen getroffen.

Diesmal war sie durch keine Vorstellungen abzubringen. Ihr Brief an den französischen Gesandten Chanut beweist, wie wenig sie auf Beifall rechnete. Aber sie versichert, daß sie das nicht kümmere: sie werde glücklich sein, stark in sich, ohne Furcht vor Gott und Menschen, und von dem Hafen aus die Pein derjenigen ansehen, die von den Stürmen des Lebens umhergeschleudert würden. Ihre einzige Sorge war nur, sich ihre Rente auf eine Weise sicherzustellen, daß sie ihr nicht wieder entrissen werden könne.

Am 24. Juni 1654 ward die Zeremonie der Abdankung vollzogen. So manchen Anstoß die Regierung der Königin gegeben hatte, so waren doch Vornehme und Geringe von dieser Lossagung des letzten Sprossen der Wasa von ihrem Lande ergriffen. Der alte Graf Brahe weigerte sich, ihr die Krone wieder abzunehmen, die er ihr vor drei Jahren aufgesetzt hatte: er hielt das Band zwischen Fürst und Untertan für unauflöslich, diese Handlung für unrechtmäßig[3].

[1] Chanut, Négociations de Suède III, 316. Ensuite prêta (es ist von Montecuculi die Rede) le serment entre les mains de sa Majesté, sçavoir que les Chevaliers d'Amaranthe qui ne sont point mariés quand ils reçoivent l'ordre, demeureroient toujours garçons, et que ceux qui ont des femmes, venant à être veufs, n'en prendront point d'autres.

[2] Pallavicini, Vita Alexandri VII. Aulae Hispanicae administri, cum primum rem proposuit Malines (der dahin geschickt wurde), omnino voluissent ab regina regnum retineri, ob emolumenta quae tum in religionem tum in regem catholicum redundassent; sed cognito id fieri non posse nisi laesa religione, placuit regi patronum esse facti tam generosi.

[3] „Es stritte wider Gott, das gemeine Völkerrecht und den Eid, mit dem sie dem Reiche Schweden und ihren Untertanen verbunden wäre; – es sei kein ehrlicher Mann, der Ihrer Maj. einen solchen Rat gebe." Leben des Grafen Peter Brahe in Schlözers Schwed. Biogr. II, S. 409.

Die Königin mußte sich die Krone selbst vom Haupte nehmen; erst aus ihrer Hand nahm er sie an. Der Reichsinsignien entkleidet, in einfachem weißem Kleid, empfing hierauf die Königin die Abschiedshuldigung ihrer Stände. Nach den übrigen erschien auch der Sprecher des Bauernstandes. Er kniete vor der Königin nieder, schüttelte ihr die Hand, küßte sie wiederholt; die Tränen brachen ihm hervor; er wischte sie sich mit seinem Tuche ab; ohne ein Wort gesagt zu haben, kehrte er ihr den Rücken und ging an seinen Platz[1].

Ihr stand indes all ihr Sinnen und Trachten nach der Fremde: keinen Augenblick wollte sie länger in einem Lande verweilen, wo sie die oberste Gewalt an einen anderen abgetreten hatte. Schon hatte sie ihre Kostbarkeiten vorausgeschickt; indem man die Flotte ausrüstete, die sie nach Wismar bringen sollte, ergriff sie den ersten günstigen Augenblick, sich verkleidet mit wenigen Vertrauten von der lästigen Aufsicht zu befreien, die ihre bisherigen Untertanen über sie ausübten, und sich nach Hamburg zu begeben.

Und nun begann sie ihren Zug durch Europa.

Bereits in Brüssel trat sie insgeheim, hierauf in Innsbruck öffentlich zum Katholizismus über; von dem Segen des Papstes eingeladen, eilte sie nach Italien; Krone und Zepter brachte sie der Jungfrau Maria in Loreto dar. Die venezianischen Gesandten erstaunten, welche Vorbereitungen man in allen Städten des Kirchenstaates traf, um sie prächtig zu empfangen. Papst Alexander, dessen Ehrgeiz es befriedigte, daß eine so glänzende Bekehrung in seinen Pontifikat gefallen, erschöpfte die apostolische Kasse, um dies Ereignis feierlich zu begehen; nicht wie eine Büßende, sondern triumphierend zog sie in Rom ein[2]. In den ersten Jahren finden wir sie noch oft auf Reisen: wir begegnen ihr in Deutschland, ein paarmal in Frankreich, selbst in Schweden; politischen Bestrebungen blieb sie nicht immer so fern, wie sie wohl anfangs

[1] Erzählung von Whitelocke.

[2] Relatione de' IV ambasciatori: Il sospetto che prese papa Innocentio che il ricevimento dovesse costarli caro ritardò il suo arrivo in Roma; e contento quel buon pontefice, del risparmio del danaro lasciò la gloria intiera al suo successore d' accomplire questa memoranda funzione. Intorno a ciò ritrovammo al nostro giongere in Roma occupate le maggiori applicationi della corte, et al ritorno ci si fece vedere tutto lo stato della chiesa involto in facende et a gara l'una città dell' altra chi sapeva fare maggiore ostentatione di pomposi accoglimenti.

beabsichtigt hatte: sie unterhandelte einmal alles Ernstes, und nicht ohne eine gewisse Aussicht, die Krone von Polen an sich zu bringen, wobei sie wenigstens hätte katholisch bleiben können; ein andermal zog sie sich den Verdacht zu, Neapel in französischem Interesse angreifen zu wollen. Die Notwendigkeit, für ihre Pension zu sorgen, mit deren Bezahlung es gar oft mißlich stand, ließ ihr selten vollkommene Ruhe. Daß sie keine Krone trug und doch die volle Autonomie eines gekrönten Hauptes in Anspruch nahm, zumal in dem Sinne, wie sie das verstand, hatte ein paarmal sehr bedenkliche Folgen. Wer könnte die grausame Sentenz entschuldigen, die sie in Fontainebleau in ihrer eigenen Sache über ein Mitglied ihres Haushaltes, Monaldeschi, aussprach und von dessen Ankläger und persönlichem Feinde vollstrecken ließ? Sie gab ihm nur eine Stunde Zeit, um sich zum Tode vorzubereiten[1]. Die Treulosigkeit, die der Unglückliche gegen sie begangen haben sollte, sah sie an als Hochverrat; ihn vor ein Gericht zu stellen, welches es auch immer sein mochte, fand sie unter ihrer Würde. „Niemanden über sich zu erkennen", ruft sie aus, „ist mehr wert, als die ganze Erde zu beherrschen." – Sie verachtete selbst die öffentliche Meinung. Jene Hinrichtung hatte vor allem in Rom, wo der Hader ihrer Hausgenossenschaft dem Publikum besser bekannt war als ihr selbst, allgemeinen Abscheu erregt; nichtsdestominder eilte sie dahin zurück. Wo hätte sie auch sonst leben können als in Rom? Mit jeder weltlichen Gewalt, die einen ihren Ansprüchen gleichartigen Charakter gehabt hätte, würde sie in unaufhörliche Konflikte geraten sein. Sogar mit den Päpsten, mit eben dem Alexander VII., dessen Namen sie bei dem Übertritte dem ihrigen hinzugefügt, geriet sie oft in bittere Zwistigkeiten. Allmählich aber ward ihr Wesen milder, ihr Zustand ruhiger; sie gewann es über sich, einige Rücksicht zu nehmen, und fand sich in die Notwendigkeiten ihres Aufenthaltes, wo ja ohnehin die geistliche Herrschaft aristokratischen Berechtigungen und persönlicher Unabhängigkeit einen weiten Spielraum gestattete. Sie nahm immer mehr Teil an dem Glanze, den Beschäftigungen, dem Leben der Kurie, wohnte sich ein und gehörte allmählich recht eigentlich mit zu der Gesamtheit jener Gesellschaft. Die Sammlungen, die sie aus Schweden mitgebracht, vermehrte sie nun mit so viel Aufwand, Sinn und Glück, daß sie die einheimi-

[1] Pallavicini, im Anhang.

schen Familien übertraf und dies Wesen aus dem Gebiete der Kuriosität zu einer höheren Bedeutung für Gelehrsamkeit und Kunst erhob. Männer wie Spanheim und Havercamp haben es der Mühe wert gefunden, ihre Münzen und Medaillen zu erläutern; ihren geschnittenen Steinen widmete Santo Bartolo seine kunstgeübte Hand. Die Correggios ihrer Gemäldesammlung sind immer der beste Schmuck der Bildergalerien gewesen, in welche der Wechsel der Zeiten sie geführt hat. Die Handschriften ihrer Bibliothek haben nicht wenig dazu beigetragen, den Ruhm der Vatikana, der sie später einverleibt worden sind, zu erhalten. Erwerbungen und Besitztümer dieser Art erfüllen das tägliche Leben mit harmlosem Genuß. Auch an wissenschaftlichen Bestrebungen nahm sie lebendigen Anteil. Es gereicht ihr sehr zur Ehre, daß sie sich des armen verjagten Borelli, der in hohen Jahren wieder genötigt war, Unterricht zu geben, nach Kräften annahm und sein ruhmwürdiges, noch immer unübertroffenes Werk über die Mechanik der Tierbewegungen, das auch für die Entwicklung der Physiologie so große Bedeutung gehabt hat, auf ihre Kosten drucken ließ, Ja, wir dürfen, denke ich, behaupten, daß auch sie selbst, wie sie sich weiter ausbildete, ihr gereifter Geist einen nachwirkenden und unvergänglichen Einfluß ausgeübt hat, namentlich auf die italienische Literatur. Es ist bekannt, welchen Verirrungen in das Überladene, Gesuchte, Bedeutungslose sich italienische Dichtkunst und Beredtsamkeit damals hingaben. Königin Christine war zu gut gebildet, zu geistreich, als daß sie von dieser Mode hätte bestrickt werden sollen: ihr war dieselbe ein Greuel. Im Jahre 1680 stiftete sie eine Akademie für politische und literarische Übungen in ihrem Hause, unter deren Statuten das vornehmste ist, daß man sich der schwülstigen, mit Metaphern überhäuften modernen Manier enthalten und nur der gesunden Vernunft und den Mustern des augusteischen und mediceischen Zeitalters folgen wolle[1]. Es macht einen sonderbaren Eindruck, wenn man in der Bibliothek Albani zu Rom auf die Arbeiten dieser Akademie stößt, Übungen italienischer Abbaten, verbessert von der Hand einer nordischen Köni-

[1] Costituzioni dell' accademia reale, bei Arckenholtz IV, p. 28, § 28. In quest' accademia si studj la purità, la gravità e la maestà della lingua Toscana; s' imitino per quanto si può i maestri della vera eloquenza *de' secoli* d'Augusto e di Leone X, – e però si dia bando allo stile moderno turgido ed ampolloso, ai traslati metafore, figure etc. Ein anderer Paragraph (11) verbietet alle Lobeserhebungen der Königin, was

gin; jedoch ist das nicht ohne Bedeutung. Aus ihrer Akademie gingen Männer hervor wie Alessandro Guidi, der früher auch dem gewohnten Stile gefolgt war, seit er aber in die Nähe der Königin gekommen, sich entschlossen von ihm lossagte und mit einigen Freunden in Bund trat, um ihn womöglich ganz zu vertilgen. Die Arkadia, eine Akademie, der man das Verdienst zuschreibt, dies vollbracht zu haben, hat sich aus der Gesellschaft der Königin Christine entwickelt. Überhaupt, das ist nicht zu leugnen, daß die Königin in der Mitte so vieler auf sie eindringenden Eindrücke eine edle Selbständigkeit des Geistes bewahrte. Der Anforderung, die man sonst an Konvertiten macht oder die sie sich von freien Stücken auflegen, einer in die Augen fallenden Frömmigkeit, war sie nicht gemeint, sich zu bequemen. So katholisch sie ist, sooft sie auch ihre Überzeugung von der Infallibilität des Papstes wiederholt, von der Notwendigkeit, alles zu glauben, was er und die Kirche gebiete, so hat sie doch einen wahren Haß gegen die Bigotten und verabscheut die Direktion der Beichtväter, die damals das gesamte Leben beherrschte. Sie ließ sich nicht nehmen, Karneval, Konzert, Komödie und was das römische Leben ihr sonst darbieten mochte, vor allem die innere Bewegung einer geistreichen und lebendigen Gesellschaft zu genießen. Sie liebt, wie sie bekennt, die Satire: Pasquino macht ihr Vergnügen. In die Intriguen des Hofes, die Entzweiungen der papalen Häuser, die Faktionen der Kardinäle untereinander ist sie immer auch mit verwickelt. Sie hält sich an die squadronistische Faktion, deren Haupt ihr Freund Azzolini ist, ein Mann, den auch andere für das geistreichste Mitglied der Kurie halten, den sie aber geradezu für einen göttlichen, unvergleichlichen, dämonischen Menschen erklärt, den einzigen, den sie dem alten Reichskanzler Axel Oxenstierna überlegen glaubt. Sie wollte ihm in ihren Memoiren ein Denkmal setzen. Unglücklicherweise ist nur ein kleiner Teil derselben bekanntgeworden, der aber einen Ernst, eine Wahrhaftigkeit in dem Umgange mit sich selbst, einen freien und festen Sinn enthüllt, vor welchem die Afterrede verstummt. Eine nicht minder merk-

denn auch sehr notwendig war. In dem vierten Bande von Nicolettis Leben Urbans VIII. findet sich eine Schilderung dieser Akademie, in der hauptsächlich dargetan wird, daß die vornehmsten Mitglieder, Angelo della Noce, Giuseppe Suarez, Joh. Franz Albani (späterhin Papst), Stephan Gradi, Ottavio Falconieri, Stephan Pignatelli, Hausgenossen des Kardinals Franz Barberino gewesen seien.

würdige Produktion sind die Sinnsprüche und zerstreuten Gedanken, die wir als eine Arbeit ihrer Nebenstunden besitzen[1]. Bei vielem Sinn für die Welt, einer Einsicht in das Getriebe der Leidenschaften, die nur durch Erfahrung erworben sein kann, den feinsten Bemerkungen darüber, zeigt sie doch zugleich eine entschiedene Richtung auf das Wesentliche, lebendige Überzeugung von der Selbstbestimmung und dem Adel des Geistes, gerechte Würdigung der irdischen Dinge, welche weder zu gering noch auch zu hoch angeschlagen werden, eine Gesinnung, die nur Gott und sich selbst genugzutun sucht. Die große Bewegung des Geistes, die sich gegen das Ende des 17. Jahrhunderts in allen Zweigen der menschlichen Tätigkeit entwickelte und eine neue Ära eröffnete, vollzog sich auch in dieser Fürstin. Dazu war ihr der Aufenthalt in einem Mittelpunkte der europäischen Bildung und die Muße des Privatlebens, wenn nicht unbedingt notwendig, doch gewiß sehr förderlich. Leidenschaftlich liebte sie diese Umgebung: sie glaubte nicht leben zu können, wenn sie die Luft von Rom nicht atme.

Verwaltung des Staates und der Kirche

Es gab schwerlich noch einen anderen Ort in der damaligen Welt, wo sich soviel Kultur der Gesellschaft, so mannigfaltiges Bestreben in Literatur und Kunst, soviel heiteres geistvolles Vergnügen, überhaupt ein Leben so erfüllt mit Teilnahme abgewinnenden, den Geist beschäftigenden Interessen gefunden hätte wie am Hofe zu Rom. Die Gewalt fühlte man wenig; die herrschenden Geschlechter teilten im Grunde Glanz und Macht. Auch die geistlichen Anforderungen konnten nicht mehr in aller ihrer Strenge durchgesetzt werden: sie fanden schon in der Gesinnung der Welt einen merklichen Widerstand. Es war mehr eine Epoche des Genusses: die im Laufe der Zeit emporgekommenen Persönlichkeiten und geistigen Antriebe bewegten sich in schwelgerischem Gleichgewicht.

Eine andere Frage war aber, wie man von hier aus Kirche und Staat regieren werde.

[1] Wir haben sie in zwei voneinander etwas abweichenden Redaktionen: Ouvrage de loisir de Christine reine de Suède im Anhange des zweiten, und Sentiments et dits mémorables de Christine im Anhange des vierten Bandes von Arckenholtz.

Denn ohne Zweifel hatte der Hof, oder vielmehr die Prälatur, welche eigentlich erst die vollgültigen Mitglieder der Kurie umfaßte, diese Verwaltung in ihren Händen.

Schon unter Alexander VII. hatte sich das Institut der Prälatur in seinen modernen Formen ausgebildet. Um Referendario di Segnatura zu werden, wovon alles ausgeht, mußte man Doktor Juris sein, drei Jahre bei einem Advokaten gearbeitet, ein bestimmtes Alter erreicht haben, ein bestimmtes Vermögen besitzen und übrigens keinen Tadel darbieten. Das Alter war früher auf 25 Jahre, das Vermögen auf ein Einkommen von 1000 Skudi festgesetzt. Alexander traf die ziemlich aristokratische Abänderung, daß nur einundzwanzig Jahre erforderlich sein, aber dagegen 1500 Skudi feste Einkünfte nachgewiesen werden sollten. Wer diesen Anforderungen genügte, ward von dem Prefetto di Segnatura eingekleidet und mit dem Vortrag über zwei Streitfragen vor versammelter Segnatura beauftragt[1]. So ergriff er Besitz, so ward er zu allen anderen Ämtern befähigt. Von dem Governo einer Stadt, einer Landschaft stieg man zu einer Nuntiatur, einer Vizelegation auf, oder man gelangte zu einer Stelle in der Rota, in den Kongregationen; dann folgten Kardinalrat, Legation. Geistliche und weltliche Gewalt waren selbst in der Verwaltung in den höchsten Stellen vereinigt. Wenn der Legat in einer Stadt erscheint, hören einige geistliche Ehrenvorrechte des Bischofs auf; der Legat gibt dem Volke den Segen wie der Papst. Unaufhörlich wechseln die Mitglieder der Kurie zwischen geistlichen und weltlichen Ämtern.

Bleiben wir nun zuerst bei der weltlichen Seite, der Staatsverwaltung, stehen.

Alles hing von den Bedürfnissen ab, den Anforderungen, die man an die Untertanen machte, von der Lage der Finanzen.

Wir sahen, welch einen verderblichen Schwung das Schuldenwesen unter Urban VIII. besonders durch den Krieg von Castro bekam; aber noch einmal waren doch die Anleihen durchgesetzt worden, die Luoghi di Monte standen hoch im Preise; ohne Rücksicht noch Einhalt fuhren die Päpste auf dem betretenen Wege fort.

Innozenz X. fand 1644 182103 $^3/_4$ und hinterließ 1655 die Zahl von 264129 $^1/_2$ Luoghi di Monte, so daß das Kapital, welches hierdurch

[1] Discorso del dominio temporale e spirituale del S. Pontefice Romano 1664. MS.

bezeichnet wird, von 18 auf mehr als 26 Millionen gestiegen war. Obwohl er mit dieser Summe auch anderweite Schulden bezahlt, Kapitalien abgelöst hatte, so lag doch immer ein starker Anwachs der Gesamtmasse darin, die man bei seinem Ableben auf 48 Millionen Skudi berechnete. Er hatte das Glück gehabt, von den Auflagen Urbans VIII. einen Mehrertrag zu ziehen, auf den er die neuen Monti fundierte.

Indem nun Alexander VII. die Regierung antrat, zeigte sich wohl, daß eine Vermehrung der Auflagen untunlich sei; Anleihen waren nun schon so zur Gewohnheit geworden, daß man ihrer gar nicht mehr entbehren konnte. Alexander entschloß sich, eine neue Hilfsquelle in einer Reduktion der Zinsen zu suchen.

Die Vacabili, welche 10½ Prozent Zinsen trugen, standen auf 150: er beschloß, sie alle einzuziehen. Obwohl er sie nach dem Kurs bezahlte, so hatte er doch dabei einen großen Vorteil, da die Kammer im allgemeinen für 4 Prozent aufnahm und daher, wenn sie auch mit geliehenem Gelde zurückzahlte, doch in Zukunft statt 10½ nur 6 Prozent Zinsen zu zahlen brauchte.

Hierauf faßte Alexander die Absicht, auch alle Nonvacabili, die über 4 Prozent trugen, auf diesen Zinsfuß zurückzubringen[1]. Da er sich aber hierbei um den Kurs nicht kümmerte, der 116 Prozent stand, sondern schlechtweg nach dem Wortlaut seiner Verpflichtung 100 für den Luogo zurückzahlte und nicht mehr, so machte er einen neuen sehr bedeutenden Vorteil. Alle diese Zinsen beruhten, wie wir sahen, auf Auflagen, und es mag vielleicht anfangs die Absicht gewesen sein, die drückendsten zu erlassen; aber da man bei der alten Wirtschaft beharrte, so war das nicht durchzusetzen: auf einen Nachlaß an dem Salzpreise erfolgte sehr bald eine Erhöhung der Mahlsteuer; jener ganze Gewinn ward von der Staatsverwaltung oder dem Nepotismus verschlungen. Rechnet man die Ersparnisse der Reduktionen zusammen, so müssen sie ungefähr

[1] Pallavicini, Vita di Alessandro VII: Perciocchè in nessun altro paese d'Italia la rendita del danaro aveasi tanto pingue e tanto sicura, pian piano era succeduto che quei luoghi del primitivo lor prezzo di 100 fussero cresciuti nella piazza al valor di 116. Hor la camera valendosi del suo diritto, come avrebbe potuto qualsivoglia privato, rendeva il prezzo originario di 100, non permettendo la vastità della somma – er rechnet 26 Mill. – nè persuadendo la qualità de' padroni in gran parte ricchi e *forestieri*, che ad aggravio de' poveri, alle cui spalle stanno tutti i publici pesi, il pontefice usasse più la liberalità usata da lui nell' estintione de' monti vacabili.

140000 Skudi betragen haben, deren neue Verwendung als Zins eine Vermehrung der Schuld ungefähr um drei Millionen enthalten würde.

Auch Clemens IX. wußte die Staatsverwaltung nur mit neuen Anleihen zu führen. Aber schon sah er sich so weit gebracht, daß er den Ertrag der Dataria, der bisher immer geschont worden, auf den der tägliche Unterhalt des päpstlichen Hofes angewiesen war, doch endlich auch angriff. Er hat 13200 neue Luoghi di Monte darauf gegründet. Im Jahre 1670 konnten sich die päpstlichen Schulden auf ungefähr 52 Millionen Skudi belaufen.

Daraus folgte nun einmal, daß man die Lasten, die sich in einem unproduktiven, an dem Welthandel keinen Anteil nehmenden Lande schon sehr drückend erwiesen, auch bei dem besten Willen nicht anders als unmerklich und vorübergehend vermindern konnte.

Eine andere Klage war, daß die Monti auch an Fremde gelangten, denen dann die Zinsen zugute kamen, ohne daß sie zu den Abgaben beigetragen hätten. Man berechnete, daß jährlich 600000 Skudi nach Genua geschickt würden; das Land wurde hierdurch zum Schuldner einer fremden Landsmannschaft, was seiner freien Entwicklung unmöglich förderlich sein konnte.

Und eine noch tiefer eingreifende Wirkung knüpfte sich hieran. Wie hätte es anders sein können, als daß die Inhaber der Renten, die Geldbesitzer, auch einen großen Einfluß auf den Staat und seine Verwaltung erlangen mußten?

Die großen Handelshäuser bekamen einen unmittelbaren Anteil an den Staatsgeschäften. Dem Tesoriere war immer ein Handelshaus beigegeben, von dem die Gelder in Empfang genommen und ausgezahlt wurden: die Kassen des Staates waren eigentlich immer in den Händen der Kaufleute. Aber diese waren auch die Pächter der Einkünfte, Schatzmeister in den Provinzen. So viele Ämter waren käuflich; sie besaßen die Mittel, sie an sich zu bringen. Schon ohnehin gehörte ein nicht unbedeutendes Vermögen dazu, um an der Kurie fortzukommen. In den wichtigsten Stellen der Verwaltung finden wir um das Jahr 1665 Florentiner und Genuesen. Der Geist des Hofes nahm eine so merkantile Richtung, daß allmählich die Beförderungen bei weitem weniger von Verdienst als von Geld abhingen. „Ein Kaufmann mit seiner Börse in der Hand", sagt Grimani, „hat am Ende allemal den Vorzug. Der Hof erfüllt sich mit Mietlingen, die nur nach Gewinn trachten, die sich nur als Handelsleute fühlen, nicht als Staatsmänner, und lauter niedrige Gedanken hegen[1]."

Das war nun um so wichtiger, da es in dem Lande keine Selbständigkeit mehr gab. Nur Bologna entwickelte zuweilen einen nachhaltigen Widerstand, so daß man in Rom sogar einmal daran dachte, dort eine Zitadelle zu errichten. Wohl widersetzten sich dann und wann auch andere Kommunitäten: die Einwohner von Fermo wollten einst nicht dulden, daß Getreide, dessen sie selbst zu bedürfen glaubten, aus ihrem Gebiet weggeführt würde[2]; in Perugia weigerte man sich, rückständige Auflagen nachzuzahlen; aber die Generalkommissare des Hofes unterdrückten diese Bewegungen leicht und führten dann eine um so strengere Unterordnung ein: allmählich wurde auch die Verwaltung der Kommunalgüter dem Ermessen des Hofes unterworfen.

Ein merkwürdiges Beispiel von dem Gange dieser Verwaltung gibt uns das Institut der Annona.

Wie es im 16. Jahrhundert überhaupt ein allgemeiner Grundsatz war, die Ausfuhr der unentbehrlichen Lebensbedürfnisse zu erschweren, so trafen auch die Päpste dahin zielende Einrichtungen, vorzüglich um der Teuerung des Brotes vorzubeugen. Doch hatte der Prefetto dell' Annona, dem dieser Zweig der aufsehenden Gewalt übertragen ward, anfangs nur sehr beschränkte Befugnisse. Zuerst erweiterte sie Gregor XIII. Ohne die Erlaubnis des Prefetto sollte das gewonnene Getreide weder überhaupt aus dem Lande, noch auch nur aus einem Bezirke in den anderen ausgeführt werden. Nur in dem Falle aber ward die Erlaubnis erteilt, daß das Getreide am 1. März unter einem gewissen Preise zu haben war. Clemens VIII. bestimmte diesen Preis auf 6, Paul V. auf $5^1/_2$ Skudi für den Rubbio. Es ward ein besonderer Tarif für das Brot nach den verschiedenen Kornpreisen festgesetzt[3].

[1] Antonio Grimani: Per la vendita della maggior parte degli officii più considerabili si viene a riempire la corte d'uomini mercenarj e mercanti, restanti indietro quelli che potrebbero posseder tali officii per merito e per virtù, male veramente notabile che smacca il credito concepito della grandezza della corte Romana, non avendo detti mercenarj d'officii involto l'animo che in cose mecaniche e basse e più tosto mercantili che politiche.

[2] Memoriale presentato alla S[tà] di N. S[re] papa Innocentio dalli deputati della città di Fermo per il tumulto ivi seguito alli 6 di Luglio 1648. MS. S. Bisaccioni, *Historia delle guerre civili* p. 271, wo neben England, Frankreich, Polen, Neapel auch Fermo auftritt.

[3] In dem Werke Niccolò Maria Nicolaj's, Memorie, leggi et osservationi

Nun fand sich aber, daß das Bedürfnis Roms von Jahr zu Jahr anwuchs. Die Einwohnerzahl nahm zu; der Anbau der Campagna geriet in Verfall. Der Verfall der Campagna wird besonders in die erste Hälfte des 17. Jahrhunderts zu setzen sein. Irre ich nicht, so wird man ihn aus zwei Ursachen herzuleiten haben: einmal aus jener Veräußerung der kleineren Besitztümer an die großen Familien – denn dieses Land fordert die sorgfältigste Bearbeitung, die ihm nur der kleinere Eigentümer zuzuwenden pflegt, der mit seinem ganzen Einkommen darauf verwiesen ist –, und sodann aus der zunehmenden Verschlechterung der Luft. Gregor XIII. hatte den Getreidebau auszudehnen, Sixtus V. die Schlupfwinkel der Banditen zu vernichten gesucht, und so hatte jener die tieferen Gegenden nach dem Meere hin ihrer Bäume und Gebüsche, dieser die Anhöhen ihrer Waldungen beraubt[1]. Weder das eine noch das andere kann von Nutzen gewesen sein; die Aria cattiva dehnte sich aus und trug dazu bei, die Campagna zu veröden. Von Jahr zu Jahr nahm ihr Ertrag ab.

Dieses Mißverhältnis nun zwischen Ertrag und Bedürfnis veranlaßte Papst Urban VIII., die Aufsicht zu schärfen, die Rechte des Prefetto auszudehnen. Durch eine seiner ersten Konstitutionen hob er alle Ausfuhr von Getreide oder Vieh oder Öl, sowohl aus dem Staate überhaupt als aus einem Gebiete in das andere, schlechthin auf und bevollmächtigte den Prefetto, dem Ertrage einer jeden Ernte gemäß den Preis des Getreides auf Campofiore zu bestimmen und den Bäckern das Gewicht des Brotes nach Maßgabe desselben vorzuschreiben.

Hierdurch ward der Prefetto allmächtig, und er versäumte nicht, die ihm zugestandene Befugnis zu seinem und seiner Freunde Vorteil anzuwenden. Er bekam geradezu das Monopol mit Korn, Öl, Fleisch, mit allen ersten Lebensbedürfnissen in die Hände. Daß die Wohlfeilheit derselben sehr befördert worden wäre, läßt sich nicht sagen: den Begünstigten ward selbst die Ausfuhr zugestanden, und man fühlte hauptsächlich nur den Druck, der bei Aufkauf und Verkauf stattfand. Auf der Stelle wollte man bemerken, daß der Ackerbau noch mehr abnehme[2].

sulle campagne e sull' annone di Roma 1803 findet sich B. II. die lange Reihe päpstlicher Verordnungen über diese Gegenstände.

[1] Relatione dello stato di Roma presente, oder Almaden. S. den Anhang.

[2] Pietro Contarini 1627: Il pontefice avendo levato le tratte concesse a diversi da suoi precessori – hora vendendole ne cava bona somma di

Überhaupt beginnen nun die Klagen über den allgemeinen Verfall des Kirchenstaates, die seitdem nie wieder aufgehört. „Auf unserer Reise hin und her", sagen die venezianischen Gesandten von 1621, bei denen ich sie zuerst finde, „haben wir große Armut unter den Bauern und in dem gemeinen Volke, geringen Wohlstand, um nicht zu sagen große Beschränkung bei allen anderen wahrgenommen, eine Frucht der Regierungsart und besonders des geringfügigen Verkehrs. Bologna und Ferrara haben in Palästen und Adel einen gewissen Glanz; Ankona ist nicht ohne Handel mit Ragusa und der Türkei; alle übrigen Städte aber sind tief gesunken." Um das Jahr 1650 bildete sich die Meinung ganz allgemein aus, daß eine geistliche Regierung verderblich sei[1]. Schon fangen auch die Einwohner an, sich bitter zu beklagen. „Die Auflagen der Barberini", heißt es in einer gleichzeitigen Lebensbeschreibung, „haben das Land, die Habsucht der Donna Olimpia hat den Hof erschöpft. Von der Tugend Alexanders VII. erwartete man eine Verbesserung; aber ganz Siena hat sich nach dem Kirchenstaate ergossen, um ihn vollends auszusaugen[2]." Und doch ließen die Forderungen noch immer nicht nach.

Ein Kardinal verglich diese Verwaltung einst mit einem Pferde, das, im Lauf ermüdet, aufs neue angetrieben werde und sich aufs neue in Lauf setze, bis es erschöpft sei und hinstürze. Dieser Moment einer völligen Erschöpfung schien jetzt gekommen.

Es hatte sich der schlechteste Geist, der eine Beamtenschaft ergreifen kann, gebildet: ein jeder sah das Gemeinwesen hauptsächlich als einen Gegenstand seines persönlichen Vorteils, oft nur seiner Habsucht an.

Wie riß die Bestechlichkeit auf eine so furchtbare Weise ein!

An dem Hofe Innozenz' X. verschaffte Donna Olimpia Ämter unter der Bedingung einer monatlichen Erkenntlichkeit. Und wäre

danaro: non vole i prezzi troppo vili nè grano forestiero; l'arte del campo viene ad abbandonarsi per il poco o niun guadagno che ne traggono.

[1] Diario Deones tom. IV. 1649, 21 Ag.: E dovere di favorir la chiesa, però veggiamo che tutto quello che passa a lei, è in pregiudicio del publico, come che le terre sue subito sono dishabitate e le possessioni mal coltivate, si vede in Ferrara, in Urbino, in Nepe, in Nettuno et in tutte le piazze che sono passate nel dominio della chiesa.

[2] Vita di Alessandro VII: Spolpato e quasi in teschio ridotto dalle gabelle Barberine lo stato ecclesiastico e smunta la corte dall' ingordigia di Olimpia confidavano generoso ristoro della bontà d'Alessandro.

sie nur die einzige gewesen! Aber die Schwägerin des Datarius Cecchino, Donna Clementia, verfuhr auf ähnliche Weise. Besonders das Weihnachtsfest war die große Ernte der Geschenke. Daß Don Camillo Astalli einstmals, obwohl er es hatte hoffen lassen, dann doch mit Donna Olimpia nicht teilen wollte, regte deren heftigen Ingrimm auf und legte den Grund zu seinem Sturze. Zu welchen Verfälschungen ließ sich Mascambruno durch Bestechung hinreißen! Den Dekreten, die er dem Papst vorlegte, fügte er falsche Summarien bei; da der Papst nur die Summarien las, so unterzeichnete er Dinge, von denen er keine Ahnung hatte und die den römischen Hof mit Schmach bedeckten[1]. Es gibt nichts Schmerzlicheres, als wenn man liest, der Bruder Alexanders VII., Don Mario, sei unter anderem dadurch reich geworden, daß er die Gerechtigkeit im Borgo verwaltete.

Denn leider war auch die Rechtspflege von dieser Seuche ergriffen.

Wir haben ein Verzeichnis der Mißbräuche, die an dem Gerichtshofe der Rota eingerissen, das dem Papst Alexander von einem Manne übergeben wurde, der 28 Jahre an demselben gearbeitet hatte[2]. Er rechnet, daß es keinen Auditore di Rota gebe, der zu Weihnachten nicht an 500 Skudi Geschenke erhalte. Wer an die Person des Auditore selbst nicht zu kommen vermochte, wußte doch an seine Verwandten, Gehilfen, Diener zu gelangen.

Nicht minder verderblich aber wirkten die Empfehlungen des Hofes oder der Großen. Die Richter haben sich zuweilen bei den Parteien selbst über das ungerechte Urteil entschuldigt, welches sie ausgesprochen: sie erklärten, die Gerechtigkeit erleide Gewalt.

Was konnte dies nun für eine Rechtspflege geben? Vier Monate hatte man Ferien; auch in den übrigen war das Leben zerstreuend, aufreibend; die Urtel verzogen sich ungebührlich und trugen zuletzt doch alle Spuren der Übereilung. Es wäre vergeblich gewesen, sich auf Appellationen einzulassen. Zwar wurde dann die Sache anderen Mitgliedern übergeben; aber wie hätten diese nicht

[1] Pallavicini sucht es damit zu entschuldigen, weil die Verfügungen der Dataria geschrieben worden „di carattere francese, come è restato in uso della dataria dapoi che la sedia fu in Avignone", was denn der Papst nicht gern las.

[2] Disordini che occorrone nel supremo tribunale della rota nella corte Romana, e gli ordini con i quali si potrebbe riformare, scrittura fatta da un avvocato da presentarsi alla S^{tà} di N. S^{re} Alessandro VII. MS. Rang. zu Wien n^{0} 23.

ebensogut wie die früheren jenen Einflüssen unterliegen sollen? Sie nahmen sogar überdies auf das vorhergegangene Votum Rücksicht.

Übelstände, die sich von dem höchsten Gerichtshofe in alle anderen, in die Justiz und Regierung der Provinzen ausbreiteten[1].

Auf das dringendste stellt sie Kardinal Sacchetti in einer uns aufbehaltenen Schrift dem Papst Alexander vor: die Unterdrückung des Armen, dem niemand helfe, durch die Mächtigeren; die Beeinträchtigung der Gerechtigkeit durch die Verwendung von Kardinälen, Fürsten und Angehörigen des Palastes; das Verzögern von Sachen, die in ein paar Tagen abgetan werden könnten, auf Jahre und Jahrzehnte; die Gewaltsamkeiten, die derjenige erfahre, der sich von einer unteren Behörde an eine höhere wende; die Verpfändungen und Exekutionen, mit denen man die Abgaben eintreibe; grausame Mittel, nur dazu geeignet, den Fürsten verhaßt und seine Diener reich zu machen: „Leiden, heiligster Vater", ruft er aus, „welche schlimmer sind als die Leiden der Hebräer in Ägypten! Völker, die nicht mit dem Schwert erobert, sondern entweder durch fürstliche Schenkungen oder durch freiwillige Unterwerfung an den Römischen Stuhl gekommen sind, werden unmenschlicher behandelt als die Sklaven in Syrien oder in Afrika. Wer kann es ohne Tränen vernehmen"[2]!

So stand es mit dem Kirchenstaate bereits in der Mitte des 17. Jahrhunderts.

Und wäre es nun wohl zu denken, daß sich die Verwaltung der Kirche von Mißbräuchen dieser Art hätte freihalten können? Sie hing ebensogut wie die Verwaltung des Staates von dem Hofe ab; von dem Geiste desselben empfing sie ihren Antrieb.

[1] Disordini: Con le male decisioni di questo tribunale supremo (della rota) si corrompe la giustitia a tutti gli altri minori, almeno del stato ecclesiastico, vedendosi da giudici dare sentenze con decisioni sì fatte.

[2] Lettre du cardinal Sacchetti écrite peu avant sa mort au pape Alexandre VII, 1663, copie tirée des Manuscritti della regina di Suezia, bei Arckenholtz, Mémoires tom. IV, App. n⁰ XXXII., eine sehr unterrichtende Schrift, die durch gar viele anderen bestätigt wird, z. B. eine Scrittura sopra il governo di Roma aus derselben Zeit (Bibl. Alt.): I popoli, non avendo più argento nè rame nè biancherie nè matarazze per sodisfare alla indiscretione de' commissarj, converrà che si venderanno schiavi per pagare i pesi camerali.

Allerdings waren der Kurie auf diesem Gebiete Schranken gezogen. In Frankreich genoß die Krone die bedeutendsten Vorrechte; in Deutschland behaupteten die Kapitel ihre Selbständigkeit. In Italien und Spanien dagegen hatte sie freiere Hand; und in der Tat machte sie hier ihre lukrativen Rechte rücksichtslos geltend.

In Spanien stand dem römischen Hofe die Ernennung zu allen geringeren, in Italien selbst zu allen höheren Ämtern und Pfründen zu. Es ist kaum zu glauben, welche Summen der Dataria durch die Ausfertigung von Bestallungen, die Spolien, die Einkünfte während der Vakanzen aus Spanien zuflossen. Aus dem italienischen Verhältnis aber zog die Kurie, als Gesamtheit betrachtet, vielleicht noch größeren Vorteil: die reichsten Bistümer und Abteien, so viele Priorate, Kommenden und andere Pfründen kamen den Mitgliedern derselben unmittelbar zugute.

Und wäre es nur hierbei geblieben!

Aber an die Rechte, die schon etwas Bedenkliches hatten, knüpften sich die verderblichsten Mißbräuche. Ich will nur einen berühren, der freilich wohl auch der schlimmste sein wird. Es führte sich ein und kam in der Mitte des 17. Jahrhunderts so recht in Schwang, daß man die Pfründen, die man vergabte, zugunsten irgendeines Mitgliedes der Kurie mit einer Pension belastete.

In Spanien war dies ausdrücklich verboten: wie die Pfründen selbst nur an Eingeborene gelangen durften, so sollten auch nur zu deren Gunsten Pensionen stattfinden. Allein man wußte zu Rom diese Bestimmungen zu umgehen. Die Pension wurde auf den Namen eines eingeborenen oder eines naturalisierten Spaniers ausgefertigt; dieser aber verpflichtete sich durch einen bürgerlichen Kontrakt, jährlich eine bestimmte Summe für den eigentlich Begünstigten in einem römischen Handelshause zahlen zu lassen. In Italien nun brauchte man nicht einmal diese Rücksicht zu nehmen; oft waren die Bistümer auf eine unerträgliche Weise belastet. Monsignor de Angelis, Bischof von Urbino, klagte im Jahre 1663, daß er aus diesem reichen Bistume nicht mehr übrigbehalte als 60 Skudi des Jahres; er habe schon Verzicht geleistet, und der Hof wolle seine Entsagung nur nicht annehmen. Es fand sich jahrelang niemand, der die Sitze von Ankona und Pesaro unter den schweren Bedingungen, die man auflegte, hätte übernehmen mögen. Im Jahre 1667 zählte man in Neapel 28 Bischöfe und Erzbischöfe, welche von ihrem Amte entbunden worden, weil sie ihre

Pensionen nicht bezahlten. Von den Bistümern ging dies Unwesen auch auf die Pfarren über. Auf der reichsten Pfarrei fand der Inhaber oftmals nur noch ein dürftiges Auskommen. Die armen Landpfarrer sahen zuweilen auch ihre Akzidenzien belastet[1] Manche wurden unmutig und verließen ihre Stellen; aber mit der Zeit fanden sich immer wieder Kompetenten; ja, sie wetteiferten miteinander, der Kurie größere Pensionen anzubieten.

Was mußten das aber für Leute sein! Es konnte nichts anderes als das Verderben der Landpfarren, die Verwahrlosung des gemeinen Volkes erfolgen.

Weit besser war es doch in der Tat, daß man in der protestantischen Kirche das Überflüssige von allem Anfange beseitigt hatte und nun wenigstens Ordnung und Recht walten ließ.

Allerdings bewirkten die Reichtümer der katholischen Kirche und der weltliche Rang, zu welchem eine Stellung in derselben erhob, daß sich die hohe Aristokratie ihr widmete; Papst Alexander hatte sogar die Maxime, vorzugsweise Leute von guter Geburt zu befördern; er hegte die sonderbare Meinung, da es schon den Fürsten der Erde angenehm sei, Diener von vornehmer Herkunft um sich zu sehen, so müsse es auch Gott gefallen, wenn sein Dienst von Personen vollzogen werde, welche über die andern erhaben seien. Aber gewiß, das war nicht der Weg, auf welchem die Kirche sich in früheren Jahrhunderten erhoben, es war selbst der nicht, auf welchem sie sich in den letzten Zeiten restauriert hatte. Die Klöster und Kongregationen, die soviel zur Wiederaufnahme des Katholizismus beigetragen, ließ man dagegen in Verachtung geraten. Die Nepoten mochten niemanden, der durch Klosterverpflichtungen gebunden war, schon darum, weil ein solcher ihnen

[1] Der boshafte Basadona sagt: Bisogna conchiudere che ogni beneficio capace di pensione rimanga caricato come l'asino di Apulejo, che non potendo più sostenere il peso meditava di gettarsi in terra, quando il veder caduto il compagno e tosto de' vetturini scorticato hebbe per bene di sopportare l'insopportabile soma. In der Schilderung des Übels selbst stimmen alle Zeitgenossen überein. Es führte sich auch wieder ein, daß man die Kirchen mit Vorbehalt eines Teiles der Einkünfte anderen abtrat. Deone, Diario 7 Genn. 1645, nachdem er über das bolognesische Erzbistum, welches der Kardinal Colonna an Albergati überließ, berichtet hat, fährt fort: Con questo esempio si è aperta la porta d'ammettere le risegne; e così stamane si è publicata la risegna della chiesa di Ravenna fatta dal card[l] Capponi nella persona di mons[r] Tungianni suo nipote con riserva di pensione a suo favore e dopo la morte sua d'una buona parte al card[l] Pamfilio

nicht so unaufhörlich den Hof machen konnte. Bei den Konkurrenzen behielten jetzt in der Regel die Weltgeistlichen den Platz, auch wenn sie in Verdiensten oder Gelehrsamkeit nachstanden. „Man scheint dafür zu halten", sagt Grimani, „das Bistum oder gar der Purpur werde beschimpft, wenn man sie einem Klosterbruder erteile." Er will bemerken, daß die Mönche nicht mehr recht wagen, sich am Hofe blicken zu lassen, weil ihrer da nur Spott und Beleidigung warte. Schon zeige sich, daß nur Leute von der geringsten Herkunft in die Klöster zu treten geneigt seien. „Selbst ein fallierter Krämer", ruft er aus, „hält sich für zu gut, um die Kapuze zu nehmen[1]."

Verloren dergestalt die Klöster wirklich an innerer Bedeutung, so ist es kein Wunder, wenn man auch bereits anfing, sie für überflüssig zu halten. Es ist sehr bemerkenswert, daß sich diese Meinung zuerst in Rom entwickelte, daß man es zuerst hier notwendig fand, das Mönchswesen zu beschränken. Schon im Jahre 1649 verbot Innozenz X. durch eine Bulle alle neuen Aufnahmen in irgendeinen regulären Orden, bis das Einkommen der verschiedenen Konvente berechnet und die Zahl der Personen bestimmt sei, welche darin leben könnten[2]. Noch wichtiger ist eine Bulle vom 15. Oktober 1652. Der Papst beklagt darin, daß es so viele kleinen Konvente gebe, in denen man weder die Offizien bei Tage oder bei Nacht versehen, noch geistliche Übungen halten, noch die Klausur beobachten könne, Freistätten für Liederlichkeit und Verbrechen; ihre Anzahl habe jetzt über alles Maß zugenommen; – er hebt sie mit einem Schlage alle auf: denn das Unkraut müsse man sondern von dem Weizen[3]. Schon begann man, und zwar zu-

[1] Grimani fügt hinzu: Si toglie ad ognuno affatto la voglia di studiare e la cura di difendere la religione. Deteriorandosi il numero de' religiosi dotti et esemplari, potrebbe in breve soffrirne non poco detrimento la corte: onde al mio credere farebbonno bene i pontefici di procurare di rimettere i regolari nel primo posto di stima, partecipandoli di quando in quando cariche, – e così nelle religioni vi entrerebbero huomini eminenti.

[2] Unser Tagebuch schildert beim 1. Januar 1650 den Eindruck, welchen die Konstitution machte. Non entrando quella ragione ne' cappuccini et altri riformati che non possedono entrata, temono che la prohibitione sia perpetua, e così cred'io, fin a tanto che il numero de' regolari hoggi eccessivo sia ridotto a numero competente e la republica da loro non venga oppressa

[3] Constitutio super exstinctione et suppressione parvorum conventuum, eorumque reductione ad statum secularem, et bonorum applicatione, et prohibitione erigendi nova loca regularia in Italia et insulis adjacentibus. Idibus Oct. 1652.

nächst ebenfalls in Rom, darauf zu denken, finanziellen Bedürfnissen selbst fremder Staaten durch Einziehungen nicht von Klöstern, sondern von ganzen Instituten zu Hilfe zu kommen. Als Alexander VII. kurz nach seiner Thronbesteigung von den Venezianern ersucht ward, sie in dem Kriege von Kandia gegen die Osmanen zu unterstützen, schlug er selbst ihnen die Aufhebung einiger Orden in ihrem Lande vor. Sie waren eher dagegen, weil diese Orden doch eine Versorgung für die armen Nobili darboten. Aber der Papst setzte seine Absicht durch. Das Dasein dieser Konvente, sagte er, gereiche den Gläubigen eher zum Anstoß als zur Erbauung: er verfahre wie ein Gärtner, der die unnützen Zweige vom Weinstocke abschneide, um ihn desto fruchtbarer zu machen[1].

Doch hätte man nicht sagen können, daß es nun unter denen, die man beförderte, besonders glänzende Talente gegeben hätte. In dem 17. Jahrhundert ist eine allgemeine Klage über den Mangel an ausgezeichneten Leuten[2]. Einmal blieben talentvolle Männer häufig schon darum von der Prälatur ausgeschlossen, weil sie zu arm waren, um jene Bedingungen der Aufnahme zu erfüllen[3]. Das Fortkommen hing doch allzusehr von der Gunst der Nepoten ab, die sich nur durch eine Geschmeidigkeit und Unterwürfigkeit erreichen ließ, welche der freien Entwicklung edler Geistesgaben nicht günstig sein konnte. Auf die gesamte Geistlichkeit wirkte dies zurück.

Gewiß ist es auffallend, daß in den wichtigsten theologischen Disziplinen so gut wie gar keine originalen italienischen Autoren auftreten, weder in der Schrifterklärung, wo man nur die Hervorbringungen des 16. Jahrhunderts wiederholte, noch auch in der Moral, obwohl diese anderwärts sehr kultiviert wurde, noch auch in dem Dogma. Schon in den Kongregationen über die Gnadenmittel erscheinen lauter Fremde auf dem Kampfplatze; an den späteren Streitigkeiten über Freiheit und Glauben nehmen die Italiener nur wenig Anteil. Nach Girolamo da Narni tat sich selbst

[1] Relatione de' IV ambasciatori 1656. S. den Anhang.

[2] Grimani: Tolta l'economia esteriore ogni altra cosa si deteriora; – – d'huomini di valore effettivamente scarseggia al presente la corte al maggior segno.

[3] Relatione di Roma sotto Clemente IX. Portando lo stile che le cariche si trasferiscono *solamente a prelati e che la prelatura si concede solo a quelli che hanno* entrata sufficiente per mantenere il decoro, ne siegue però che la maggior parte di soggetti capaci ne resta esclusa.

in Rom kein ausgezeichneter Prediger mehr hervor. In jenem Tagebuche von 1640 bis 1650, das ein so strenger Katholik verfaßt hat, wird es mit Erstaunen bemerkt. „Mit den Fasten", heißt es darin, „höre die Komödie auf in den Sälen und Häusern und fange an in den Kirchen auf den Kanzeln. Das heilige Geschäft der Predigt diene der Ruhmsucht oder der Schmeichelei. Man trage Metaphysik vor, von welcher der Sprechende wenig, seine Zuhörer aber gar nichts verstehen. Statt zu lehren, zu tadeln, lasse man Lobreden erschallen, nur um sich emporzubringen. Schon komme es auch bei der Wahl der Prediger nicht mehr auf Verdienst, sondern nur auf Verbindung und Gunst an."

Die Summe ist: jener große innere Antrieb, der früher Hof und Staat und Kirche beherrscht und ihnen ihre streng religiöse Haltung gegeben hat, ist verloschen; mit den Tendenzen der Restauration und Eroberung ist es vorbei; jetzt machen sich andere Triebe in den Dingen geltend, die doch zuletzt nur auf Macht und Genuß hinauslaufen und das Geistliche aufs neue verweltlichen.

Die Frage entsteht, welche Richtung unter diesen Umständen die Gesellschaft angenommen hatte, die auf die Prinzipien der Restauration so besonders gegründet war, der Orden der Jesuiten.

Die Jesuiten in der Mitte des 17. Jahrhunderts

Die vornehmste Veränderung in dem Innern der Gesellschaft Jesu bestand darin, daß die Professen in den Besitz der Macht gelangten.

Professen, welche die vier Gelübde ablegten, gab es anfangs nur wenige. Von den Kollegien entfernt, auf Almosen angewiesen, hatten sie sich darauf beschränkt, eine geistliche Autorität auszuüben; die Stellen, welche weltliche Tätigkeit erforderten, von Rektoren, Provinzialen, die Kollegien überhaupt waren in den Händen der Koadjutoren gewesen. Jetzt aber änderte sich dies. Die Professen selbst gelangten zu den Stellen der Verwaltung; sie nahmen teil an den Einkünften der Kollegien; sie wurden Rektoren, Provinzialen[1].

[1] In einer Sammlung Scritture politiche, morali e satiriche sopra le massime, istituti e governo della compagnia di Gesu (MS. Rom.) findet sich ein ausführlicher Aufsatz von beinahe 400 Blättern: Discorso sopra

Daher folgte nun zunächst, daß die strengeren Tendenzen persönlicher Devotion, die bisher in der Absonderung der Profeßhäuser vorzüglich festgehalten worden, allmählich erkalteten; schon bei der Aufnahme konnte man nicht mehr so genau auf die aszetische Befähigung sehen; namentlich Vitelleschi ließ viele Unberufene zu: man drängte sich nach dem höchsten Grade, weil er zugleich geistliches Ansehen und weltliche Macht gewährte. Außerdem aber zeigte sich diese Verbindung auch ganz im allgemeinen nachteilig. Koadjutoren und Professen hatten sich früher wechselseitig beaufsichtigt; jetzt vereinten sich praktische Bedeutung und geistlicher Anspruch in denselben Personen. Auch die Beschränktesten hielten sich für große Köpfe, da ihnen niemand mehr zu widersprechen wagte. Im Besitze der ausschließenden Herrschaft fingen sie an, die Reichtümer, welche die Kollegien im Laufe der Zeit erworben, in Ruhe zu genießen und hauptsächlich nur auf eine Vermehrung derselben zu denken; die eigentliche Amtsführung in Schule und Kirche überließen sie den jüngeren Leuten[1]. Auch dem General gegenüber nahmen sie eine sehr selbständige Haltung an.

Wie groß die Umwandlung war, sieht man unter anderem an der Natur und den Schicksalen der Generale, an der Wahl der Oberhäupter, der Art, wie man mit diesen verfuhr.

Wie verschieden war Mutio Vitelleschi von seinem selbstherrschenden, verschmitzten, unerschütterlichen Vorgänger Aquaviva! Vitelleschi war von Natur mild, nachgiebig, versöhnend; seine Bekannten nannten ihn den Engel des Friedens; auf seinem Totenbette fand er in der Überzeugung einen Trost, daß er niemanden beleidigt habe. Treffliche Eigenschaften eines liebenswürdigen Gemütes, die aber nicht hinreichten, einen so weit verbreiteten, tätigen und mächtigen Orden zu regieren. Auch vermochte er die Strenge der Disziplin nicht einmal in Hinsicht der Kleidung festzuhalten, geschweige den Forderungen eines entschlossenen Ehrgeizes Widerstand zu leisten. Unter seiner Ver-

la religione de' padri Gesuiti e loro modo di governare, – geschrieben zwischen 1681 und 1686 von einem augenscheinlich tief eingeweihten Manne –, aus dem die folgenden Notizen größtenteils genommen sind.

[1] Discorso: Molti compariscono, pochi operano; i poveri non si visitano, i terreni non si coltivano. – Escludendo quei pochi, d'ordinario giovani, che *attendono* ad insegnare nelle scuole, tutti gli altri, o che sono confessori o procuratori o rettori e ministri, appena hanno occupatione di rilievo.

waltung, 1615–1645, setzte sich die obenbezeichnete Umwandlung durch.

In seinem Sinne verfuhren auch seine nächsten Nachfolger: Vincenzo Caraffa (bis 1649), ein Mann, der selbst eine persönliche Bedienung verschmähte, lauter Demut und Frömmigkeit war, aber weder mit seinem Beispiel noch mit Ermahnungen durchzudringen vermochte[1]; Piccolomini (bis 1651), der einer Neigung zu durchgreifenden Maßregeln, die ihm von Natur eigen war, jetzt entsagte und nur noch auf die Genugtuung seiner Ordensbrüder Bedacht nahm.

Denn schon war es nicht mehr ratsam, hierin eine Änderung treffen zu wollen. Alessandro Gottofredi (Januar bis März 1651) hätte das gern getan: er suchte wenigstens den sich vordrängenden Ehrgeiz in Schranken zu halten; aber die zwei Monate seiner Verwaltung reichten hin, ihn allgemein verhaßt zu machen: man begrüßte seinen Tod als die Befreiung von einem Tyrannen. Und noch weit entschiedenere Abneigung zog sich der nächste General, Goswin Nickel, zu. Man könnte nicht sagen, daß er tief eingreifende Reformen beabsichtigt hätte; er ließ es im ganzen gehen, wie es ging. Er war nur gewohnt, mit Hartnäckigkeit auf einmal ergriffenen Meinungen zu bestehen, und zeigte sich rauh, abstoßend, rücksichtslos; aber schon hierdurch verletzte er die Eigenliebe mächtiger Mitglieder des Ordens so tief und lebhaft, daß die Generalkongregation von 1661 zu Maßregeln gegen ihn schritt, die man bei der monarchischen Natur des Institutes nicht hätte für möglich halten sollen.

Sie ersuchte zuerst Papst Alexander VII. um die Erlaubnis, ihrem General einen Vikar mit dem Rechte der Nachfolge beizuordnen. Leicht war die Erlaubnis erlangt; der Hof bezeichnete sogar einen Kandidaten dafür, jenen Oliva, der zuerst die Einberufung der Nepoten angeraten, und man war fügsam genug, diesen Günstling des Palastes zu wählen. Es fragte sich nur, unter welcher Form man die Gewalt von dem General auf den Vikar übertragen könne.

[1] Diario Deone, 12 Giugno 1649: Martedi mattina mori il generale de' Gesuiti: fu di poche lettere, ma di santità di vita non ordinaria; quanto alla sua persona, egli non ha mai voluto carrozza al suo servigio, nè esser differentiato da qualsivoglia minimo tra di loro nel trattar del vitto o vestito; quanto agli altri, voleva che i padri Gesuiti fossero e vivessero da religiosi lasciando i trattati politici e'l frequentare le corti, nel che havendo trovato difficoltà impossibile gli hanno cagionato il' sedio della morte.

Das Wort Absetzung auszusprechen, konnte man nicht über sich gewinnen. Um die Sache zu erlangen und das Wort zu umgehen, stellte man die Frage auf, ob der Vikar eine kumulative Macht haben solle, d. i. zugleich mit dem General, oder eine privative, d. i. ohne ihn. Die Kongregation entschied natürlich für die privative; sie erklärte infolge dieser Entscheidung ausdrücklich, daß der bisherige General aller seiner Gewalt verlustig und diese vollständig auf den Vikar übertragen sein sollte[1].

So geschah, daß die Gesellschaft, deren Prinzip der unbedingte Gehorsam war, ihr Oberhaupt selbst entfernte, und zwar ohne daß dieses sich eines eigentlichen Vergehens schuldig gemacht hätte. Es liegt am Tage, wie sehr dadurch auch in diesem Orden die aristokratischen Tendenzen zur Herrschaft gelangten.

Oliva war ein Mann, der äußere Ruhe, Wohlleben, politische Intrigue liebte; unfern Albano hatte er eine Villa, bei der er die seltensten ausländischen Gewächse anpflanzte; auch wenn er in der Stadt war, zog er sich doch von Zeit zu Zeit nach dem Novizenhause von San Andrea zurück, wo er niemandem Audienz gab; auf seinen Tisch brachte man nur die ausgesuchtesten Speisen: nie ging er zu Fuß aus; in seinen Wohnzimmern war die Bequemlichkeit bereits raffiniert; er genoß seine Stellung, seine Macht. Gewiß, ein solcher Mann war nicht geeignet, den alten Geist des Ordens wiederzubeleben.

In der Tat entfernte sich dieser täglich mehr von den Grundsätzen, auf die er gegründet worden.

War er nicht vor allem verpflichtet, die Interessen des Römischen Stuhles zu verfechten, und hierzu eigentlich gestiftet? Aber jenes sein näheres Verhältnis zu Frankreich und dem Hause Bourbon hatte er jetzt dahin ausgebildet, daß er bei dem allmählich hervortretenden Gegensatz römischer und französischer Interessen fast ohne Ausnahme auf die Seite der letzteren trat[2]. Zuweilen wurden jesuitische Werke von der Inquisition zu Rom verdammt, weil sie

[1] Ausführliche Erzählung in dem gleichzeitigen Discorso. Venendo noi, schließt der Autor, in tal tempo a Roma ed andando a fargli riverenza (a Nickel) – – conchiuse con dire queste parole: „io mi trovo qui abandonato e non posso più niente". Bei Cretineau-Joly, Histoire de la compagnie de Jésus IV, 96 heißt es nur: il se sentait vieillir – il demandait aux Jésuites de le décharger d'une responsabilité trop grande. Denn Dinge dieser Art auch nur zu berühren ist unangenehm.

[2] Relatione della nuntiatura di mons[r] Scotti, nunzio alla M[tà] del re X[mo] 1639–1641. I Gesuiti, che dovrebbero essere come altre volte de-

die Rechte der Krone zu lebhaft verfochten. Die Oberhäupter der französischen Jesuiten vermieden den Umgang mit dem päpstlichen Nuntius, um nicht den Verdacht ultramontaner Gesinnung auf sich zu laden. Auch sonst konnte der Römische Stuhl den Gehorsam des Ordens in dieser Zeit nicht rühmen; namentlich in den Missionen wurden die päpstlichen Anordnungen fast immer in den Wind geschlagen.

Ferner war ein Hauptgrundsatz des Ordens, allen weltlichen Verbindungen zu entsagen und sich nur den geistlichen Pflichten zu widmen. Wie hatte man sonst so streng darüber gehalten, daß jeder Eintretende auf alle seine Besitztümer Verzicht leistete! Zuerst ward dies eine Weile verschoben; dann geschah es wohl, aber nur bedingungsweise, weil man ja am Ende wieder ausgestoßen werden könne; endlich führte sich ein, daß man seine Güter der Gesellschaft selbst überließ, jedoch wohlverstanden, dem bestimmten Kollegium, in welches man trat, dergestalt, daß man sogar die Verwaltung derselben, nur unter anderem Titel, oft noch selbst in Händen behielt[1]. Die Mitglieder der Kollegien hatten hier und da mehr freie Zeit als ihre Verwandten, die mitten im Leben standen: sie verwalteten deren Geschäfte, zogen ihr Geld ein, führten ihre Prozesse[2].

Aber auch in den Kollegien als Gesamtheiten nahm dieser merkantile Geist überhand. Man wollte ihren Wohlstand sichern; da die großen Schenkungen aufhörten, suchte man dies durch Industrie zu bewerkstelligen. Die Jesuiten hielten es für keinen besonderen Unterschied, den Acker zu bauen, wie die ältesten Mönche getan, oder Geschäfte zu treiben, wie sie es versuchten. Das Collegio Romano ließ zu Macerata Tuch fabrizieren, anfangs bloß zu eigenem Gebrauch, dann für alle Kollegien in der Provinz, endlich für jedermann; man bezog damit die Messen. Bei dem

fensori della santa sede, più degli altri la pongono in compromesso. – Professano totale ritiratezza (dalla nuntiatura), dubbiosi sempre nell'accostarsi al nuntio di non perdere per appresso ministri regi.

[1] Vincentii Caraffae epistola de mediis conservandi primaevum spiritum societatis: Definitis pro arbitrio dantis domibus sive collegiis, in quibus aut sedem sibi fixurus est aut jam animo fixerit, – – anxie agunt, ut, quae societati reliquerunt, ipsimet per se administrent.

[2] Epistola Goswini Nickel de amore et studio perfectae paupertatis: Illud intolerabile, si et lites inferant et ad tribunalia confligant et violentas pecuniarum repetitiones faciant, aut palam negotientur ad quaestum, – specie quidem primo aspectu honesta, caritate in consanguineos, decepti.

engen Verhältnis der verschiedenen Kollegien bildeten sich Wechselgeschäfte aus. Der portugiesische Gesandte in Rom war für seine Kasse an die Jesuiten aus Portugal angewiesen. Besonders in den Kolonien machten sie glückliche Geschäfte; über beide Festen hin breitete sich ein Netz von Verbindungen dieses Ordens aus, das in Lissabon seinen Mittelpunkt hatte.

Ein Geist, der, sowie er einmal hervorgerufen war, notwendig auch auf alle inneren Verhältnisse zurückwirkte.

Noch immer blieb es bei dem Grundsatze, den Unterricht umsonst zu geben. Allein man nahm Geschenke bei der Aufnahme, Geschenke bei feierlichen Gelegenheiten, ein paarmal des Jahres[1]; man suchte vorzugsweise begüterte Schüler. Daraus folgte jedoch, daß diese nun auch eine gewisse Unabhängigkeit fühlten und sich der Strenge der alten Disziplin nicht mehr fügen wollten. Ein Jesuit, der den Stock gegen einen Schüler erhob, empfing von diesem einen Dolchstoß; ein junger Mensch in Gubbio, der sich von dem Pater Prefetto zu hart behandelt glaubte, brachte denselben dafür um. Auch in Rom gaben die Bewegungen im Kollegium der Stadt und dem Palast unaufhörlich zu reden. Die Lehrer wurden von ihren Schülern einmal geradezu einen Tag lang eingesperrt gehalten; der Rektor mußte, wie diese forderten, zuletzt wirklich entlassen werden. Es sind das Symptome eines allgemeinen Kampfes zwischen den alten Ordnungen und den neuen Tendenzen. Am Ende behielten diese letzten doch den Platz. Die Jesuiten vermochten den Einfluß nicht mehr zu behaupten, mit welchem sie früherhin die Gemüter beherrscht hatten.

Überhaupt, das war nicht mehr ihr Sinn, sich die Welt zu unterwerfen, sie mit religiösem Geiste zu durchdringen; ihr eigener Geist war vielmehr selbst der Welt verfallen: sie strebten nur, den Menschen unentbehrlich zu werden, auf welche Weise das auch immer geschehen mochte.

Nicht allein die Vorschriften des Institutes, die Lehren der Religion und Moral selbst bildeten sie nach diesem Zwecke um. Dem Geschäfte der Beichte, durch das sie einen so unmittelbaren Ein-

[1] Discorso: Per lo meno l'anno due volte, cioè al natale e nel giorno della propria festa, si fanno le loro offerte ovvero mancie, le quali ascendono a somma considerabile. – Il danaro poi di queste offerte o che venga impiegato in argenti, quadri o tapezzerie, calici o altri addobbi somiglianti, tutto ridonda in utilità de' collegi medesimi, avegna che i rettori locali se ne servono indifferentemente, dal che ne derivano infinite offensioni, poco o nulla stimano i lamenti de' proprj scolari.

fluß auf das Innerste der Persönlichkeiten ausübten, gaben sie eine Wendung, die auf alle Zeiten merkwürdig ist.

Wir haben hierüber unzweifelhafte Dokumente. In zahlreichen ausführlichen Werken haben sie die Grundsätze vorgelegt, die sie bei Beichte und Absolution selbst beobachteten und anderen an die Hand gaben. Es sind im allgemeinen wirklich die nämlichen, welche ihnen so oft zum Vorwurfe gemacht werden. Suchen wir wenigstens die Hauptprinzipien zu fassen, von denen aus sie sich das gesamte Gebiet zu eigen machen.

Bei der Beichte wird aber unfehlbar alles davon abhängen, welchen Begriff man von der Vergehung, von der Sünde aufstellt. Sie erklären die Sünde für die freiwillige Abweichung von Gottes Gebot[1].

Und worin, fragen wir weiter, besteht nun diese Freiwilligkeit? Ihre Antwort ist: in Einsicht von dem Fehler und vollkommener Beistimmung des Willens[2].

Diesen Grundsatz ergreifen sie mit dem Ehrgeiz, etwas Neues vorzutragen, und dem Bestreben, sich mit den Gewohnheiten des Lebens abzufinden. Mit scholastischer Spitzfindigkeit und umfassender Berücksichtigung der vorkommenden Fälle bilden sie ihn bis zu den anstößigsten Folgerungen aus.

Ihrer Lehre zufolge ist es schon genug, die Sünde nur nicht als solche zu wollen; man hat um so mehr auf Verzeihung zu hoffen, je weniger man bei der Übeltat an Gott denkt, je heftiger die Leidenschaft war, von der man sich getrieben fühlte; Gewohnheit, ja das böse Beispiel, welche den freien Willen beschränken, gereichen zur Entschuldigung. Wie eng wird schon hierdurch der Kreis der Vergehungen! Niemand wird ja die Sünde um ihrer selbst willen lieben. Außerdem erkennen sie aber auch noch Entschuldigungsgründe anderer Art an. Allerdings ist z. B. das Duell von der Kirche verboten; jedoch die Jesuiten finden: sollte jemand deshalb, weil er ein Duell ausschlüge, Gefahr laufen, für feig gehalten zu werden, eine Stelle oder die Gnade eines Fürsten zu verlieren, so sei er nicht zu verdammen, wenn er

[1] Definition von Fr. Toledo: „voluntarius recessus a regula divina".

[2] Busembaum, Medulla theologiae moralis, lib. V, cap. II, dub. III, drückt sich so aus: Tria requiruntur ad peccatum mortale (quod gratiam et amicitiam cum deo solvit); quorum si unum desit, fit veniale (quod ob suam levitatem gratiam et amicitiam non tollit): 1. ex parte intellectus, plena advertentia et deliberatio, 2. ex parte voluntatis, perfectus consensus, 3. gravitas materiae.

es annehme[1]. Einen falschen Eid zu leisten, wäre an sich eine schwere Sünde, wer aber, sagen die Jesuiten, nur äußerlich schwört, ohne dies innerlich zu beabsichtigen, der wird dadurch nicht gebunden: er spielt ja und schwört nicht[2].
Diese Lehren finden sich in Büchern, die sich ausdrücklich für gemäßigt ausgeben. Wer wollte jetzt noch, da die Zeiten vorüber sind, die weiteren Verirrungen eines alle Moral vernichtenden Scharfsinnes, in welchem ein Autor den anderen mit literarischem Wetteifer zu überbieten strebte, hervorsuchen? Aber man darf nicht verkennen, daß auch die das moralische Bewußtsein am meisten abstoßenden Meinungen einzelner Doktoren infolge eines anderen Grundsatzes der Jesuiten Eingang fanden und gefährlich werden konnten, infolge ihrer Lehre von der Probabilität. Sie behaupteten, man dürfe in zweifelhaften Fällen einer Meinung folgen, von der man nicht selber überzeugt sei, vorausgesetzt, daß sie von einem angesehenen Autor verteidigt werde[3]; sie hielten es nicht allein für erlaubt, den nachsichtigsten Lehrern zu folgen, sondern sie rieten das sogar an. Gewissensskrupel müsse man verachten; ja, der wahre Weg, sich ihrer zu entledigen, sei, daß man die mildesten Meinungen befolge, selbst wenn sie weniger sicher sein sollten[4]. Wie wird das innerste Geheimnis der Selbstbestimmung hierdurch ein so ganz äußerliches Tun! In den jesuitischen Handbüchern sind alle Möglichkeiten der Fälle des Lebens behandelt, ungefähr in dem Sinne, wie es in Systemen des bürgerlichen Rechts zu geschehen pflegt, und nach dem Grade ihrer Entschuldbarkeit geprüft; man braucht nur darin nachzuschlagen und sich ohne eigene Überzeugung danach zu richten, so ist man der Absolution vor Gott und Kirche sicher. Eine leichte Abwandlung des Gedankens entlastet von aller Verschuldung. – Mit einer gewissen Ehrlichkeit erstaunen zuweilen die Jesuiten selbst, wie so leicht durch ihre Lehren das Joch Christi werde.

[1] Privandus alioqui, ob suspicionem ignaviae, dignitate, officio vel favore principis. Busembaum, lib. III, tract. IV, cap. I, dub. V, art. I, n. 6.
[2] Qui exterius tantum iuravit, sine animo iurandi, non obligatur, nisi forte ratione scandali, cum non iuraverit, sed luserit (lib. III, tract. II, cap. II, dub. IV, n. 8).
[3] Em. Sa: Aphorismi Confessariorum s. v. dubium. Potest quis facere, quod probabili ratione vel autoritate putat licere, etiamsi oppositum tutius sit; sufficit autem opinio alicuius gravis autoris.
[4] Busembaum, lib. I, cap. III: Remedia conscientiae scrupulosae sunt 1. scrupulos contemnere, 4. assuefacere se ad sequendas sententias mitiores et minus etiam certas.

Jansenisten

Es müßte in der katholischen Kirche bereits alles Leben erstorben gewesen sein, wenn sich gegen so verderbliche Doktrinen und die gesamte Entwicklung, die damit zusammenhing, nicht doch auch in demselben Moment eine Opposition hätte hervortun sollen.
Schon waren die meisten Orden mit den Jesuiten gespannt, die Dominikaner wegen ihrer Abweichungen von Thomas von Aquino, die Franziskaner und Kapuziner wegen der ausschließenden Gewalt, die sie sich in den Missionen in Hinterasien anmaßten; zuweilen wurden sie von den Bischöfen bekämpft, deren Autorität sie schmälerten, zuweilen von den Pfarrern, in deren Amtsgeschäfte sie eingriffen; auch an den Universitäten erhoben sich wenigstens in Frankreich und den Niederlanden noch oftmals Gegner. Aber alles dies bildete doch noch keinen nachhaltigen Widerstand, der von einer tieferen und mit frischem Geiste ergriffenen Überzeugung herrühren mußte.
Denn zuletzt hingen doch auch die moralischen Lehren der Jesuiten mit ihren dogmatischen Vorstellungen genau zusammen. In jenen wie in diesen gewährten sie dem freien Willen einen großen Spielraum.
Eben dies war nun aber auch der Punkt, an welchen sich der größte Widerspruch anschloß, den die Jesuiten überhaupt gefunden haben. Er entwickelte sich folgendergestalt.
In den Jahren, in welchen die Streitigkeiten über die Gnadenmittel die theologische Welt in der katholischen Kirche in großer Spannung erhielten, studierten zu Löwen zwei junge Männer, Kornelius Jansen aus Holland und Jean du Verger, ein Gascogner, die mit einmütiger Überzeugung für die strengeren Lehren, die ja in Löwen niemals untergegangen waren, Partei ergriffen und einen heftigen Widerwillen gegen die Jesuiten faßten. Verger war vornehmer, wohlhabender; er nahm seinen Freund mit sich nach Bayonne. Hier vertieften sie sich durch unablässig wiederholtes Studium in die Werke des Augustinus; sie faßten für die Lehren dieses Kirchenvaters von Gnade und freiem Willen eine Begeisterung, die ihr ganzes folgendes Leben bestimmte[1].

[1] Synopsis vitae Jansenii vor dem Augustinus: In Cantabriam deinde migravit, ubi eruditissimorum virorum consuetudine et familiari studiorum communione in SS. Patrum et praesertim Augustini intelligentia magnos progressus fecisse, saepe testatus est.

Jansenius, welcher Professor zu Löwen, Bischof zu Ypern wurde, schlug mehr den theoretischen, Verger, der die Abtei St. Cyran bekam, mehr den praktischen, aszetischen Weg ein, um sie wieder geltend zu machen.

Das Buch, in welchem Jansenius seine Überzeugungen ausführlich und systematisch entwickelte – betitelt: Augustinus –, ist doch sehr bedeutend, nicht allein weil es sich den Jesuiten in ihren dogmatischen und moralischen Tendenzen ernst und rücksichtslos entgegenstellt, sondern weil darin und eben in diesem Gegensatz die herkömmlichen Formeln von Gnade, Sünde und Vergebung aufs neue zu lebendigen Gedanken durchgebildet werden.

Jansenius geht von der Unfreiheit des menschlichen Willens aus: durch die Begierde nach irdischen Dingen sei er gefesselt, in Knechtschaft gehalten; aus eigner Kraft vermöge er sich aus diesem Zustande nicht zu erheben; die Gnade müsse ihm zu Hilfe kommen, die Gnade, die nicht sowohl Vergebung der Sünden als die Befreiung der Seele von den Banden der Begierde sei[1].

Hier tritt sogleich seine unterscheidende Ansicht hervor.

Die Gnade läßt er durch das höhere und reinere Vergnügen eintreten, welches die Seele an den göttlichen Dingen empfinde. Die wirksame Gnade des Heilandes, sagt er, ist nichts anderes als ein geistliches Ergötzen, durch welches der Wille bewogen wird, zu wollen und zu vollbringen, was Gott beschlossen hat. Sie ist die unwillkürliche, von Gott dem Willen eingeflößte Bewegung, durch welche das Gute dem Menschen wohlgefällt und er bewogen wird, danach zu streben[2]. Wiederholt schärft er ein, daß das Gute nicht aus Furcht vor der Strafe, sondern aus Liebe zur Gerechtigkeit getan werden müsse.

Und von diesem Punkte aus erhebt er sich nun zu der höheren Frage, was die Gerechtigkeit sei.

Er antwortet: Gott selbst.

Denn Gott muß man sich nicht denken wie einen Körper oder unter irgendeinem Bilde, selbst nicht unter dem des Lichtes; man muß ihn betrachten und lieben als die ewige Wahrheit, aus der

[1] Corn. Jansenii Augustinus, tom. III, lib. I, c. II: Liberatio voluntatis non est peccati remissio, sed relaxatio quaedam delectabilis vinculi concupiscentialis, cui innexus servit animus, quoad per gratiam infusa coelesti dulcedine ad suprema diligenda transferatur. So versteht auch Pascal diese Lehre: Dieu change le coeur de l'homme par une douceur céleste qu'il y répand. Lettres Provinciales l. XVIII, tom. III, p. 413.

[2] Tom. III, lib. IV, c. I.

alle Wahrheit und Weisheit quillt, als die Gerechtigkeit, nicht inwiefern sie die Eigenschaft eines Gemütes ist, sondern inwiefern sie als eine Idee, als eine höchste unverletzliche Regel ihm vorschwebt. Die Regeln unserer Handlungen fließen aus dem ewigen Gesetze; sie sind ein Abglanz seines Lichtes: wer die Gerechtigkeit liebt, liebt Gott selbst[1].

Der Mensch wird nicht dadurch gut, daß er sein Gemüt auf dies oder jenes Gute richtet, sondern dadurch, daß er das unveränderliche einfache höchste Gut ins Auge faßt, welches die Wahrheit, welches Gott selbst ist. Die Tugend ist die Liebe Gottes.

Und eben in dieser Liebe besteht die Befreiung des Willens: ihre unaussprechliche Süßigkeit vertilgt das Wohlgefallen der Begierde; es entsteht eine freiwillige und beglückende Notwendigkeit, nicht zu sündigen, sondern gut zu leben[2], der wahre freie Wille, d. i. ein Wille, befreit von dem Bösen, erfüllt mit dem Guten.

Es ist an diesem Werke bewundernswürdig, in wie hohem Grade philosophisch durchsichtig die dogmatischen Entwicklungen gehalten sind, selbst in dem gelehrten Eifer einer feindseligen Diskussion; die Grundbegriffe sind zugleich moralisch und religiös, spekulativ und praktisch; jenem äußerlichen Sichabfinden der jesuitischen Lehre setzt es strenge Innerlichkeit, das Ideal einer in der Liebe zu Gott aufgehenden Tätigkeit entgegen.

Während aber Jansenius noch mit der Abfassung dieses Werkes beschäftigt war, versuchte sein Freund schon, die Ideen, welche demselben zugrunde lagen, zunächst in seinem eigenen Leben darzustellen und in seiner Umgebung praktisch auszubreiten.

St. Cyran – denn so ward Verger jetzt genannt – hatte sich mitten in Paris eine gelehrte aszetische Einsiedelei geschaffen. In unermüdlichem Studium der Heiligen Schrift und der Kirchenväter suchte er sich mit ihrem Geiste zu durchdringen. Die Eigentümlichkeit der Lehre, in welcher er mit Jansenius übereinstimmte, mußte ihn notwendig zunächst auf das Sakrament der Buße füh-

[1] Tom. III, lib. V, c. III: Regulae vivendi et quasi lumina virtutum immutabilia et sempiterna non sunt aliud quam lex aeterna, quae in ipsa dei aeterni veritate splendet, quam proinde diligendo non aliud diligit nisi ipsum deum seu veritatem et iustitiam eius incommutabilem, a qua promanat et ex cuius refulgentia lucis fulget quidquid velut iustum et rectum approbamus.

[2] Tom. III, lib. VII, c. IX: voluntas felix, immutabilis et necessaria, non peccandi recteque vivendi.

ren. Die Pönitenzordnung der Kirche genügte ihm nicht; man hörte ihn wohl sagen, die Kirche sei in ihrem Anfang reiner gewesen als Bäche näher an der Quelle; gar manche Wahrheit des Evangeliums sei jetzt verdunkelt[1]. Seine Forderungen dagegen lauteten sehr streng: sich erniedrigen, dulden, von Gott abhängen, der Welt völlig entsagen[2], sich mit alle seinem Tun und Trachten der Liebe zu Gott widmen. Er hat einen so tiefen Begriff von der Notwendigkeit innerlicher Umwandlung, daß nach seiner Lehre die Gnade der Buße vorhergehen muß: „Wenn Gott eine Seele retten will, so fängt er inwendig an; – ist das Herz nur einmal verändert, wird nur erst wahre Reue empfunden, so folgt das andere alles nach. Die Absolution kann nur den ersten Strahl der Gnade bezeichnen; wie ein Arzt nur den Bewegungen und inneren Wirkungen der Natur nachzugehen hat, so müssen auch die Ärzte der Seele den Wirkungen der Gnade nachfolgen." Oft wiederholt er, daß er selbst den ganzen Weg von Versuchung und Sünde zu Zerknirschung, Gebet und Erhebung durchgemacht habe. Nur wenigen teilte er sich mit; er tat das jedesmal ohne viel Worte, mit dem Ausdrucke der Ruhe; aber da seine ganze Seele von dem erfüllt war, was er sprach, da er immer Gelegenheit und innere Stimmung abwartete, sowohl in sich, als in den anderen, so machte er einen unwiderstehlichen Eindruck: unwillkürlich fühlten sich seine Zuhörer umgewandelt; die Tränen brechen ihnen hervor, ehe sie es ahnen[3]. Gar bald schlossen sich ihm einige ausgezeichnete Männer als entschiedene Proselyten an: Arnauld d'Andilly, der zu Kardinal Richelieu und Königin Anna von Österreich in engem Verhältnis stand und in den wichtigsten Geschäften gebraucht ward; dessen Neffe, le Maitre, der damals als der erste Redner vor dem Parlamente bewundert wurde und die glänzendste Laufbahn vor sich hatte, sich aber jetzt geradezu in eine Einsiedelei bei Paris zurückzog. Angélique Arnauld, deren wir bereits gedachten, und ihre Nonnen von Portroyal hingen mit der unbedingten Hingebung, welche fromme Frauen für ihre Propheten zu fühlen pflegen, an St. Cyran.

Jansenius starb, ehe er sein Buch gedruckt sah; St. Cyran ward

[1] Auszüge aus seinem Verhör bei Reuchlin, Geschichte von Portroyal I S. 451.

[2] S'humilier, souffrir et dépendre de Dieu est toute la vie chrétienne.

[3] Mémoires pour servir à l'histoire de Portroyal par Mr Fontaine I, p. 225 Racine, Hist. de Portroyal p. 134.

unter dem Einfluß des Pater Joseph, welcher hier aufkommende Ketzereien wahrzunehmen meinte, gleich nach seinen ersten Bekehrungen von der französischen Regierung ins Gefängnis geworfen; allein diese Unfälle verhinderten den Fortgang ihrer Lehren nicht.

Das Buch des Jansenius brachte durch sein inneres Verdienst sowie durch die Kühnheit seiner Polemik nach und nach einen allgemeinen tiefen Eindruck hervor[1]. St. Cyran setzte seine bekehrende Tätigkeit von dem Gefängnis aus fort. Das unverschuldete Leiden, welches ihn betroffen und das er mit großer Ergebung trug, vermehrte sein Ansehen; als er nach dem Tode des Pater Joseph und Richelieus frei wurde, ward er wie ein Heiliger, wie ein Johannes der Täufer betrachtet. Zwar starb er wenige Monate darauf (11. Okt. 1643); aber er hatte eine Schule gegründet, welche in seinen und seines Freundes Lehren ihr Evangelium sah. „Seine Schüler“, sagt einer von ihnen, „gingen wie junge Adler unter seinen Flügeln hervor, Erben seiner Tugend und Frömmigkeit, die das, was sie von ihm empfangen, wiederum anderen überlieferten. Elias ließ Elisas nach, die sein Werk fortsetzten.“

Versuchen wir, das Verhältnis, in welchem nun die Jansenisten zu den herrschenden kirchlichen Parteien überhaupt standen, zu bezeichnen, so ist offenbar, daß sie an den Protestantismus erinnern. Sie dringen ebenso eifrig auf die Heiligung des Lebens; sie suchen nicht minder die Lehre durch Entfernung der Zusätze der Scholastik umzugestalten. Allein darum dürfen wir sie, meines Erachtens, doch lange nicht für eine Art von unbewußten Protestanten erklären. Der Hauptunterschied, historisch gefaßt, besteht darin, daß sie einen Grundsatz freiwillig zugeben, zu dem der Protestantismus von Anfang an nicht zurückzubringen gewesen war: sie bleiben bei jenen namhaftesten Vätern der lateinischen Kirche stehen, die man in Deutschland schon 1523 verließ, Ambrosius, Augustin, Gregor, und fügen ihnen nur noch einige griechische hinzu, vor allem Chrysostomus; in denen glauben sie eine reine und unverfälschte Tradition zu besitzen, von der noch St. Bernhard niemals abgewichen, die aber nach diesem „letzten der Väter“ durch das Eindringen der aristotelischen Lehren ver-

[1] Gerberon, Histoire du Jansénisme I, 63: Les théologiens de Paris s'appliquèrent tellement à l'étude de l'Augustin d'Ipres, où ils reconnoissoient celui d'Hippone, – qu'on commençoit à n'entendre plus parmi ces théologiens que les noms de Jansénius et de St-Augustin.

dunkelt worden sei. Weit entfernt finden wir sie daher von jenem energischen Eifer, mit welchem die Protestanten auf die Lehre der Heiligen Schrift unmittelbar zurückgingen: ihrem Bewußtsein tun die ersten Formationen Genüge, welche die Grundlage des späteren Systems geworden sind.

Sie nehmen an, daß Augustin von Gott inspiriert worden sei, um die Lehre von der Gnade, die das Wesen des neuen Bundes ausmache, in ihrem Zusammenhange der Welt mitzuteilen; in ihm ist ihnen die christliche Theologie vollendet; sie wollen diese nur in ihrer Wurzel fassen, in ihrem Kern verstehen: habe man doch bisher oft pelagianische Meinungen für augustinianisch gehalten. – Luther war durch Augustin erweckt worden, aber dann unbedingt auf die erste Quelle der Belehrung, die Schrift, das Gotteswort, zurückgegangen; ihm gegenüber hatte der Katholizismus das ganze im Lauf der Jahrhunderte zustande gekommene System festgehalten: die Jansenisten suchen den Begriff Augustins als solchen, der das Frühere erst zusammenfasse, das Spätere begründe, geltend zu machen. Der Protestantismus verwirft die Tradition; der Katholizismus hält sie fest; der Jansenismus sucht sie zu reinigen, in ihrer Ursprünglichkeit wiederherzustellen.

Und wie nun die Jansenisten des Glaubens leben, daß die erscheinende Kirche trotz momentaner Verdunkelung und Verunstaltung doch eines Geistes, ja eines Leibes mit Christo sei, unfehlbar und unsterblich, so halten sie sehr ernstlich an der bischöflichen Hierarchie fest. St. Cyran gehört zu den vornehmsten Verteidigern des göttlichen Rechtes der Bischöfe. Durch die wahre Buße und die wahre Ordnung der Kirche gedenken sie Lehre und Leben der Christenheit zu regenerieren.

Schon sammelte sich in der Einsiedelei von Portroyal des Champs, in die sich zuerst le Maitre zurückgezogen, um ihn her eine nicht unansehnliche Gesellschaft, die sich zu jenen Grundsätzen bekannte. Es ist nicht zu leugnen, daß sie ursprünglich etwas Beschränktes hatte: sie bestand hauptsächlich aus Mitgliedern und Freunden der Familie Arnauld. Le Maitre zog allein seine vier Brüder nach sich; ihre Mutter, die ihnen ihre geistliche Richtung eingeflößt, war eine Arnauld; der älteste Freund St. Cyrans, dem dieser sein Herz vermachte, war Arnauld d'Andilly: endlich trat auch er in diese Gesellschaft; sein jüngster Bruder, Antoine Arnauld, verfaßte die erste bedeutende Schrift zugunsten derselben. Gar manche anderen Verwandten und Freunde folgten ihnen nach Auch das Kloster Portroyal in Paris war fast ausschließend in den Händen dieser Familie. Andilly erzählt, daß seine Mutter, die endlich auch hineintrat, von zwölf Töchtern und Enkelinnen umgeben gewesen[1]. Wir erinnern uns hierbei, daß der ältere Antoine Arnauld, von welchem diese alle abstammten, es hauptsächlich war, durch dessen glänzendes Plädoyer im Jahre 1594 die Entfernung der Jesuiten in Paris entschieden worden. Die Abneigung gegen den Orden war gleichsam erblich in dieser Familie. Allein wie so bald und so großartig ward dieser enge Kreis erweitert!

Einmal schlossen sich ihm viele andere an, durch keine andere Verwandtschaft als die der Gesinnung angezogen. Besonders war ein einflußreicher Prediger zu Paris, Singlin, Anhänger St. Cyrans, für sie tätig. Singlin hatte die besondere Eigenschaft, daß er sich im gewöhnlichen Leben nur mit Schwierigkeit ausdrückte, aber, sowie er die Kanzel bestieg, eine hinreißende Beredsamkeit entwickelte[2]. Diejenigen, die sich am eifrigsten zu ihm hielten, schickte er nach Portroyal, wo man sie gern aufnahm. Es waren junge Geistliche und Gelehrte, wohlhabende Kaufleute, Männer aus den angesehensten Familien, Ärzte, die schon eine bedeutende Stellung hatten, Mitglieder anderer Orden, jedoch alles Leute, die nur innerer Trieb und entschiedenes Einverständnis zu diesem Schritte vermochten.

Und in dieser Einsamkeit nun, gleichsam einem freiwilligen und durch keine Verpflichtung zusammengehaltenen Kloster, gab es allerdings viele religiösen Übungen: man besuchte die Kirche fleißig; man betete viel, gemeinschaftlich oder allein; auch wurden ländliche Arbeiten, von einem oder dem anderen ward ein Handwerk getrieben; allein hauptsächlich widmete man sich literarischen Beschäftigungen: die Gesellschaft von Portroyal war zugleich eine Art von Akademie.

Während die Jesuiten in unübersehbaren Folianten Gelehrsamkeit aufspeicherten, oder sich in die widerwärtige Scholastik künstlicher Systeme der Moral und der Dogmatik verloren, wandten sich die Jansenisten an die Nation.

Sie fingen an, zu übersetzen: die Heilige Schrift, Kirchenväter, lateinische Gebetbücher; glücklich wußten sie hierbei die altfrän-

[1] Mémoires d'Arnauld d'Andilly I, p. 341.
[2] Mémoires de Fontaine II, p. 283.

kischen Formen zu vermeiden, die bisher den Arbeiten dieser Art geschadet hatten, und sich mit anziehender Verständlichkeit auszudrücken. Eine Unterrichtsanstalt, die sie bei Portroyal errichteten, gab ihnen Anlaß, Schulbücher zu verfassen über alte und neue Sprachen, Logik, Geometrie, welche, aus frischer Auffassung hervorgegangen, neue Methoden an die Hand gaben, deren Verdienst von jedermann anerkannt ward[1]. Dazwischen traten dann andere Arbeiten hervor: Streitschriften von einer Schärfe und Präzision, welche die Feinde geistig vernichteten; Werke tieferer Frömmigkeit, wie die Heures de Portroyal, die mit lebhafter Begierde empfangen wurden und nach Verlauf eines Jahrhunderts noch so neu und gesucht waren wie den ersten Tag. Geister von so eminenter Wissenschaftlichkeit wie Pascal, Koryphäen der französischen Poesie wie Racine, Gelehrte von den umfassendsten Studien wie Tillemont gingen aus ihrer Mitte hervor. Ihre Bestrebungen reichten, wie wir sehen, weit über den theologisch-aszetischen Kreis hinaus, den Jansen und Verger gezogen. Wir werden wohl nicht zuviel wagen, wenn wir behaupten, daß diese Vereinigung geistreicher, von einer großen Intention erfüllter Männer, die im Umgang miteinander ganz von selbst einen neuen Ton des Ausdrucks, der Mitteilung entwickelten, überhaupt einen sehr bemerkenswerten, innerlich bildenden Einfluß auf die Literatur von Frankreich und dadurch von Europa ausgeübt hat, – daß der literarische Glanz des Zeitalters Ludwigs XIV. sich zum Teil auf sie zurückführt.

Wie hätte nun aber der Geist, der allen diesen Hervorbringungen zugrunde lag, sich nicht in der Nation Bahn machen sollen? Allerorten fanden die Jansenisten Anhang. Besonders schlossen sich ihnen die Pfarrer an, denen die jesuitische Beichte schon lange verhaßt gewesen war. Zuweilen, z. B. unter dem Kardinal Retz, schien es wohl, als würden sie auch in die höhere Geistlichkeit eindringen: es wurden ihnen wichtige Stellen zuteil. Schon finden wir sie nicht allein in den Niederlanden und in Frankreich, auch in Spanien haben sie Gönner; noch unter Innozenz X. hört man einen jansenistischen Lehrer öffentlich in Rom predigen[2].

[1] Notice de Petitot vor den Memoiren von Andilly I, übrigens eine zur Verwunderung parteiische Arbeit.

[2] Deone, tom. IV: Fu citato per il sant' officio monsieur Honorato Herzan (Hersent) dottor della Sorbona di Pariggi, per la predica che

Da fragte sich nun vor allem, wie der Römische Stuhl diese Meinungen ansehen würde.

Stellung des römischen Hofes zu den beiden Parteien

Es hatte sich, nur unter etwas veränderten Formen, derselbe Streit erneuert, welchen vierzig Jahre früher weder Clemens VIII. noch Paul V. zu entscheiden gewagt hatten.

Ich weiß nicht, ob Urban VIII., Innozenz X. entschlossener gewesen sein würden, wäre nicht unglücklicherweise in dem Werke des Jansenius eine Stelle vorgekommen, an welcher der Römische Stuhl aus anderen Gründen großen Anstoß nahm.

In seinem dritten Buche, über den Stand der Unschuld, kommt Jansenius auf einen Satz des Augustin, von dem er nicht leugnen kann, daß er vom römischen Hofe verdammt worden sei. Er nimmt einen Augenblick Anstand, wem er folgen solle, dem Kirchenvater oder dem Papste. Nach einigem Bedenken aber bemerkt er[1], der Römische Stuhl verdamme zuweilen eine Lehre bloß um des Friedens willen, ohne sie darum gleich für falsch erklären zu wollen; er entscheidet sich schlechthin für den Augustinischen Lehrsatz.

Natürlich machten sich seine Gegner diese Stelle zunutze: sie bezeichneten sie als einen Angriff auf die päpstliche Infallibilität; noch Urban VIII. ward vermocht, sein Mißfallen über ein Werk auszusprechen, welches zur Verringerung des apostolischen Ansehens Sätze enthalte, die schon von früheren Päpsten verdammt worden seien.

Mit dieser Erklärung richtete er jedoch wenig aus. Die jansenisti-

fece in San Luigi nel giorno della festa, nella quale sostenne e difese l'opinione di Jansenio con esaltarlo per unico interprete di S. Agostino, non specificandolo, ma però delineandolo che da ciascheduno era inteso. Egli si retirò in casa dell'ambasciator di Francia e di là a Pariggi. Il suo libro è prohibito, et il maestro del sacro palazzo ne ha havuto qualche travaglio per haverne permessa la stampa; egli si scusa con dire che veniva dedicato al papa et era in lingua francese, la quale egli non intende, però contenendo il libro l'opinione favorevole all' opinione loro contro l'opinione de' Gesuiti.

[1] De statu naturae purae III, c. XXII, p. 403. Quodsi, fügt er hinzu, vel tunc ostendi potuisset hanc aliasque nonnullas propositiones ab Augustino doctorum omnium coryphaeo traditas, nunquam, arbitror, huiusmodi decretum ab apostolica sede permanasset.

schen Lehren griffen nichtsdestominder gewaltig um sich; in Frankreich trat eine allgemeine Entzweiung ein. Die Gegner von Port-royal hielten es für notwendig, eine andere, bestimmtere Verdammung von dem Römischen Stuhle auszubringen. Zu dem Ende faßten sie die Grundlehren des Jansenius, wie sie dieselben verstanden, in fünf Sätze zusammen und forderten den Papst Innozenz X. auf, sein apostolisches Urteil darüber auszusprechen[1]. Und hierauf schritt man an dem römischen Hofe zu einer förmlichen Untersuchung. Es ward eine Kongregation von vier Kardinälen gebildet, unter deren Aufsicht dreizehn theologische Konsultoren die Prüfung vornahmen.

Nun waren jene Sätze so beschaffen, daß sie auf den ersten Blick lauter Heterodoxien enthielten, aber, näher betrachtet, sich doch wenigstens zum Teil auch in rechtgläubigem Sinne erklären ließen[2]. Unter den Konsultoren zeigten sich sogleich verschiedene Meinungen. Vier derselben, zwei Dominikaner, ein Minorit, Luca Wadding, und der Augustinergeneral, fanden die Verdammung unratsam. Die übrigen neun aber waren dafür[3]. Es kam nun darauf an, ob der Papst der Majorität beistimmen würde.

Innozenz X. war die ganze Frage zuwider. Schon an sich haßte er schwierigere theologische Untersuchungen; aber überdies sah er von dieser, wie er sich auch immer erklären mochte, nur widerwärtige Folgen voraus. Dem Ausspruch einer so großen Mehrheit zum Trotz konnte er sich nicht entschließen. „Wenn er an den Rand des Grabens kam", sagt Pallavicini, „und mit den Augen die Größe des Sprunges maß, hielt er inne und war nicht weiter vorwärts zu bringen."

Aber nicht der gesamte Hof teilte diese Bedenklichkeiten. Unmittelbar zur Seite des Papstes stand ein Staatssekretär, der Kardinal Chigi, der ihn unaufhörlich anfeuerte. Noch in Köln hatte Chigi das Buch zu Händen bekommen und gelesen; schon damals hatte ihn jene Stelle mit devoter Entrüstung erfüllt, so daß er es von sich warf; von einigen deutschen Ordensgeistlichen war er in seinem Widerwillen bestärkt worden; an der Prüfungskongrega-

[1] Pallavicini, Vita di Alessandro VII: „acciochè ben informato dichiarasse ciò che dovea permettersi o proibirsi intorno cinque principali propositioni di quell' autore".

[2] Racine, Abrégé de l'histoire ecclésiastique, tom. XI, p. 15.

[3] Pallavicini, der selbst unter den Konsultoren war, teilt diese Details mit. Von dem Papst sagt er: Il suo intelletto alienissimo delle sottigliezze scolastiche.

tion hatte er tätigen Anteil genommen und zum Resultate derselben das seine beigetragen. Jetzt drang er in den Papst, nicht zu schweigen: schweigen würde diesmal heißen erlauben; er dürfe die Lehre der päpstlichen Unfehlbarkeit nicht in Mißkredit geraten lassen; eben das sei eine Hauptbestimmung des Apostolischen Sitzes, in den Zweifeln der Gläubigen eine Entscheidung zu geben[1].

Innozenz war, wie wir wissen, ein Mann, der sich von plötzlichen Eindrücken leiten ließ. In einer unglücklichen Stunde überwältigte ihn die Vorstellung von der Gefahr der päpstlichen Infallibilität. Er nahm das um so mehr für höhere Eingebung, da es am Tage des heiligen Athanasius war. Am 1. Juni 1653 erließ er seine Bulle, in welcher er jene fünf Sätze verdammte als ketzerisch, blasphemisch, fluchbeladen. Er erklärt, hiermit hoffe er den Frieden der Kirche herzustellen: nichts liege ihm mehr am Herzen, als daß das Schiff der Kirche wie im ruhigen Meere dahinfahren und in den Port der Seligkeit gelangen möge[2].

Allein wie so völlig anders mußte doch der Erfolg ausfallen!

Die Jansenisten leugneten, daß die Sätze in dem Buche Jansens zu finden, und noch viel mehr, daß sie von demselben in dem Sinne verstanden seien, in welchem man sie verdammt habe.

Nun erst zeigte sich, in welch eine falsche Stellung der römische Hof geraten war. Die französischen Bischöfe drangen in Rom auf die Erklärung, daß jene Sätze wirklich im Sinne Jansens verdammt worden. Chigi, der indeß unter dem Namen Alexander VII. den Thron bestiegen, konnte dieselbe um so weniger verweigern, da er selbst so großen Anteil an der Verdammung genommen hatte; er sprach unumwunden und förmlich aus: „die fünf Sätze seien allerdings aus dem Buche von Jansen gezogen und in dem Sinne desselben verurteilt worden"[3].

Aber auch hierwider waren die Jansenisten gerüstet. Sie entgegneten: eine Erklärung dieser Art überschreite die Grenzen der päpstlichen Macht; die päpstliche Unfehlbarkeit erstrecke sich *nicht* auf ein Urteil über Tatsachen.

[1] Mitteilungen Pallavicinis.

[2] Bei Cocquel. VI, III, 248. Aus Pallavicini sehen wir, daß sie von Chigi und hauptsächlich von Albizi, Beisitzer der Inquisition, verfaßt ist.

[3] Bei Cocquel. VI, IV, 151: Quinque illas propositiones ex libro praememorati Cornelii Jansenii episcopi Iprensis, cui titulus Augustinus, excerptas ac in sensu ab eodem Jansenio intento damnatas fuisse declaramus et definimus.

Dergestalt gesellte sich der dogmatischen Streitigkeit eine Frage über die Grenzen der päpstlichen Gewalt hinzu; in ihrer unleugbaren Opposition gegen den Römischen Stuhl wußten sich die Jansenisten doch noch immer als gute Katholiken zu behaupten. Ihre Sache bildete ein Moment aller inneren Bewegungen und Konflikte in Frankreich.

Zuweilen machte man von seiten der Krone Anstalt, diese Partei zu beseitigen: es wurden Formulare im Sinne der Verdammungsbulle erlassen, die von allen geistlichen Personen unterschrieben werden sollten, selbst den Schulmeistern, selbst den Nonnen. Die Jansenisten sträubten sich nicht, die fünf Sätze zu verdammen, die, wie gesagt, auch eine heterodoxe Auslegung zuließen: sie weigerten sich nur, durch eine unbedingte Unterschrift anzuerkennen, daß sie in Jansenius enthalten, daß dies die Lehren ihres Meisters seien; keine Verfolgung konnte sie dazu bewegen. Ihre Standhaftigkeit bewirkte, daß ihre Anzahl, ihr Kredit von Tag zu Tag zunahmen; sie hatten mehrere der vornehmsten Mitglieder des Hofes, Männer und Frauen, eine starke Partei in dem Parlament, viele Doktoren der Sorbonne, einige der durch ihre Amtsführung angesehensten Bischöfe auf ihrer Seite; selbst Unbeteiligte mißbilligten die Art und Weise, wie der römische Hof mit ihnen zu verfahren versuchte[1].

Um die Ruhe wenigstens äußerlich herzustellen, mußte sich Clemens IX. im Jahre 1668 mit einer Unterschrift zufrieden erklären, wie auch ein Jansenist sie leisten konnte. Er begnügte sich mit einer Verdammung der fünf Sätze im allgemeinen, ohne darauf zu bestehen, daß sie von Jansenius wirklich gelehrt worden seien[2].

[1] Schreiben von neunzehn Bischöfen an den Papst 1667, 1. Dezember: Novum et inauditum apud nos nonnulli dogma procuderunt, ecclesiae nempe decretis, quibus quotidiana nec revelata divinitus facta deciduntur, certam et infallibilem constare veritatem. Dies ist doch eigentlich die anerkannte Auslegung der Frage von droit und fait.

[2] Das letzte Formular Alexanders VII. (15. Februar 1665) lautet: „Je rejette et condamne sincèrement les cinq propositions extraites du livre de Cornelius Jansenius intitulé Augustinus, et dans le sens du même auteur, comme le saint siège apostolique les a condamnées par les susdites constitutions.“ Dagegen die ausführlichere Friedenserklärung: „Vous devez vous obliger à condamner sincèrement, pleinement, sans aucune réserve ni exception tous les sens que l'église et le pape ont condamnés et condamnent dans les cinq propositions.“ Es folgt ein zweiter Artikel: Déclarons que ce seroit faire injure à l'église de comprendre entre les sens condamnés dans ces propositions la doctrine de St-Augu-

In der Tat enthält das doch eine wesentliche Nachgiebigkeit des römischen Hofes: nicht allein ließ er den Anspruch fallen, über die Tatsachen zu entscheiden, sondern er sah auch zu, daß sein Verdammungsurteil über Jansenius ohne alle Folgen blieb[1].
Die Partei St-Cyrans und Jansens erhob sich – der bekannte Minister Pomponne war ein Sohn Andillys – zu immer größerer Stärke und Bedeutung. Ihre literarische Tätigkeit wirkte ungestört auf die Nation. Mit ihrem Emporkommen verbreitete sich zugleich eine lebhafte Opposition gegen den Römischen Stuhl; sie wußten recht wohl, daß sie gar nicht bestehen würden, wenn es nach dessen Absichten gegangen wäre. Unter dem Schutze dieser Abkunft aber schlugen die Meinungen der Jansenisten, am Hofe, wenn nicht gern gesehen, doch eine Zeitlang geduldet, immer tiefere Wurzeln.

Verhältnis zur weltlichen Macht

Da hatte sich auch schon von einer anderen Seite her ein wenigstens nicht minder gefährlicher Gegensatz in steigender Heftigkeit und immer weitergreifender Ausbreitung erhoben.
Im 17. Jahrhundert fing der Römische Stuhl an, seine jurisdiktionellen Gerechtsamen, ich weiß nicht, ob lebhafter und nachdrücklicher, aber gewiß systematischer und unnachgiebiger wahrzunehmen als bisher. Urban VIII., der seine Erhebung unter anderem auch dem Ansehen verdankte, in das er sich als ein eifriger Verfechter dieser Ansprüche gesetzt hatte[2], stiftete eine eigene Kongregation der Immunität. Weniger Kardinälen, die schon in der Regel ein Verhältnis zu den Mächten hatten, als jüngeren Prälaten, die nach dem Eifer, den sie hierbei bewiesen, befördert zu werden hofften, vertraute er das Geschäft an, auf alle Ein-

stin et de St-Thomas touchant la grâce efficace par elle-même nécessaire à toutes les actions de la piété chrétienne et la prédestination gratuite des élus.

[1] Französische Geschichte III (S. W. X), S. 257.

[2] Relatione de' IV ambasciatori 1625: Professa sopra tutte le cose haver l'animo inflessibile e che la sua independenza non ammetta alcuna ragione degl' interessi de' principi. Ma quello in che preme con insistenza et a che tende l'impiego di tutto il suo spirito è di conservare e di accrescer la giurisdittione ecclesiastica. Questo medesimo concetto fu sempre sostenuto dal pontefice nella sua minor fortuna, e ciò è stato anche grandissima causa della sua esaltatione.

griffe der Fürsten in die geistliche Jurisdiktion ein wachsames Auge zu haben. Seitdem wurde nun die Beobachtung um vieles schärfer und regelmäßiger, die Anmahnung dringender; Amtseifer und Interesse vereinigten sich; der öffentliche Geist des Hofes hielt es für einen Beweis von Frömmigkeit, über jeden Punkt dieser althergebrachten Rechte eifersüchtig zu wachen[1].

Sollten sich aber die Staaten dieser geschärften Aufsicht gutwillig bequemen? Das Gefühl religiöser Vereinigung, welches im Kampfe mit dem Protestantismus erweckt worden, war wieder erkaltet; alles strebte nach innerer Stärke, politischer Geschlossenheit: es geschah, daß der römische Hof mit allen katholischen Staaten in bittere Streitigkeiten geriet.

Machten doch selbst die Spanier zuweilen Versuche, die Einwirkungen Roms, z. B. auf Neapel, zu beschränken, der Inquisition daselbst einige Beisitzer von Staats wegen beizugeben! Man hätte in Rom Bedenken getragen, dem Kaiser das Patriarchat von Aquileja, auf welches er Ansprüche hatte, zuzugestehen; man besorgte, er würde dann den Besitz desselben zur Erwerbung einer größeren kirchlichen Unabhängigkeit benutzen. Die deutschen Reichsstände suchten in den Wahlkapitulationen von 1654 und 1658 die Gerichtsbarkeit der Nuntien und der Kurie durch strengere Bestimmungen einzuschränken; in unaufhörlicher Bewegung war Venedig über den Einfluß des Hofes auf die Besetzung der geistlichen Stellen im Lande, die Pensionen, die Anmaßungen der Nepoten; bald fand Genua, bald Savoyen Anlaß, seinen Gesandten von Rom abzuberufen; aber den lebhaftesten Widerstand leistete, wie das auch schon im Prinzip ihrer Restauration lag, die französische Kirche[2]. Die Nuntien finden kein Ende der Beschwerden, die sie machen zu müssen glauben, vorzüglich

[1] Joh. Bapt. de Luca S. R. E. Cardinalis, Relatio curiae Romanae 1683. Disc. XVII, p. 109: Etiam apud bonos et zelantes ecclesiasticos remanet quaestio, an huius congregationis erectio ecclesiasticae immunitati et iurisdictioni proficua vel praeiudicialis fuerit, potissime quia bonus quidem, sed forte indiscretus vel asper zelus aliquorum, qui circa initia eam regebant, aliqua produxit inconvenientia praeiudicialia, atque asperitatis vel nimium exactae et exorbitantis defensionis opinionem impressit apud seculares. Ein doch sehr bedeutendes Geständnis von einem Kardinal.

[2] Relatione della nuntiatura di Francia di mons^r Scotti 1641, 5 Aprile. Er hat einen besonderen Abschnitt dell'impedimenti della nuntiatura ordinaria: Li giudici regj si può dire che levino tutta la giurisdittione ecclesiastica in Francia alli prelati.

über die Beschränkungen, welche die geistliche Jurisdiktion erfahre: ehe sie noch einen Schritt getan, lege man schon Appellation ein; man entziehe ihr die Ehesachen unter dem Vorwande, es sei eine Entführung im Spiele; man schließe sie von den peinlichen Prozessen aus; zuweilen werde ein Geistlicher hingerichtet, ohne erst degradiert zu sein; ohne Rücksicht erlasse der König Edikte über Ketzerei und Simonie; die Zehnten seien allmählich zu einer immerwährenden Auflage geworden. Bedenklichere Anhänger der Kurie sahen in diesen Anmaßungen schon die Vorboten zu einem Schisma.

Das Verhältnis, in welches man durch diese Irrungen geriet, hing notwendig auch mit anderen Umständen, hauptsächlich mit der politischen Haltung, die der römische Hof annahm, zusammen. Aus Rücksicht auf Spanien wagten weder Innozenz noch Alexander, Portugal, das sich von dieser Monarchie losgerissen, anzuerkennen und den daselbst ernannten Bischöfen die kanonische Institution zu geben. Fast der ganze rechtmäßige Episkopat von Portugal starb aus; die kirchlichen Güter wurden zum großen Teil den Offizieren der Armee überlassen; König, Klerus und Laien entwöhnten sich der früheren Ergebenheit.

Aber auch übrigens neigten sich die Päpste nach Urban VIII. wieder auf die spanisch-österreichische Seite.

Man darf sich darüber nicht wundern, da die Übermacht von Frankreich sobald einen die allgemeine Freiheit gefährdenden Charakter entwickelte. Es kam hinzu, daß jene Päpste ihre Erhebung dem spanischen Einflusse verdankten und beide persönliche Gegner Mazarins waren[1]. In Alexander sprach sich die Feindseligkeit immer stärker aus: er konnte dem Kardinal nicht vergeben, daß er sich mit Cromwell alliierte und lange Zeit den Frieden mit Spanien aus persönlichen Beweggründen verhinderte.

Daraus folgte nun aber auch, daß sich in Frankreich die Opposition gegen den Römischen Stuhl immer tiefer festsetzte und von Zeit zu Zeit in heftigen Schlägen hervorbrach. Wie sehr bekam das noch Alexander zu empfinden!

Ein Streit, der sich zu Rom zwischen dem Gefolge des französi-

[1] Deone, Ottobre 1644: Si sa veramente che l'esclusione di Panfilio fatta da cardinali Francesi nel conclave non era volontà regia nè instanza del Cl Antonio, ma opera del Cl Mazzarini, emulo e poco ben affetto al Cl Panziroli, il quale prevedea che doveva aver gran parte in questo ponteficato, – wie das auch wirklich der Fall war

schen Botschafters Crequy und den korsischen Stadtsoldaten erhob, in welchem Crequy zuletzt selbst beleidigt wurde, gab dem Könige Anlaß, sich in die Zwistigkeiten des Römischen Stuhles mit den Häusern Este und Farnese zu mischen und zuletzt geradezu Truppen nach Italien marschieren zu lassen. Der arme Papst suchte sich durch eine geheime Protestation zu helfen; vor den Augen der Welt aber mußte er dem Könige in dem Vertrage zu Pisa alle seine Forderungen zugestehen. Man kennt die Neigung der Päpste zu ehrenvollen Inskriptionen: keinen Stein, sagte man, lassen sie in eine Mauer setzen ohne ihren Namenszug; Alexander mußte in seiner Hauptstadt auf einem der besuchtesten Plätze eine Pyramide errichten lassen, deren Inschrift seine Demütigung verewigen sollte.

Dieser Akt allein mußte die Autorität des Papsttums tief herabwürdigen.

Aber auch übrigens war dies Ansehen um das Jahr 1660 bereits wieder in Verfall. Den Frieden von Vervins hatte der Päpstliche Stuhl noch herbeigeführt, durch seine Unterhandlungen gefördert und zum Abschluß gebracht; bei dem Westfälischen hatte er seine Abgeordneten gehabt, aber sich schon genötigt gesehen, gegen die Bedingungen, über welche man übereinkam, zu protestieren; an dem Pyrenäischen Frieden nahm er auch nicht einmal mehr einen scheinbaren Anteil; man vermied es, seine Abgeordneten zuzulassen; kaum wurde seiner noch darin gedacht[1]. Wie bald sind Friedensschlüsse gefolgt, in denen man über päpstliche Lehen disponiert hat, ohne den Papst auch nur zu fragen!

[1] Galeazzo Gualdo Priorato, della pace conclusa fra le due corone 1664, hat p. 120 Osservationi sopra le cause per le quali si conclude la pace senza intervento del papa. Wir sehen, daß das schlechte Verhältnis zwischen dem Papst und Mazarin in jenen Zeiten eine bekannte Sache war.

NEUNTES BUCH

SPÄTERE EPOCHEN

Überaus merkwürdig bleibt es allemal und eröffnet uns einen Blick in den Gang der menschlichen Entwicklung überhaupt, daß das Papsttum in dem Momente, in welchem es in der Durchführung seiner auf eine erneuerte allgemeine Herrschaft abzielenden Pläne scheiterte, auch in sich selbst zu verfallen anfing.

In jenem Zeitraum des Fortschritts, der Restauration war alles gegründet worden. Da hatte man die Lehre erneuert, die kirchlichen Berechtigungen stärker zentralisiert, mit den Fürsten Bund geschlossen, die alten Orden verjüngt und neue gegründet, die Kraft des Kirchenstaates zusammengenommen, zu einem Organe kirchlicher Bestrebungen gemacht, Sinn und Geist der Kurie reformiert, alles nach dem einen Ziele der Wiederherstellung der Gewalt und des katholischen Glaubens geleitet.

Eine neue Schöpfung war das nicht, wie wir sahen; es war eine Wiederbelebung durch die Macht neuer Ideen, welche einige Mißbräuche abschaffte und nur die vorhandenen Lebenselemente in frischem Impuls mit sich fortriß.

Ohne Zweifel ist aber eine Wiederherstellung dieser Art noch eher dem Verfall der belebenden Motive ausgesetzt als eine von Grund aus neugeschaffene Geburt.

Der erste Einhalt, den die kirchliche Restauration erfuhr, geschah in Frankreich. Die päpstliche Gewalt konnte auf dem betretenen Wege nicht durchdringen; sie mußte eine Kirche, obwohl eine katholische, doch nicht unter dem Einfluß, den sie beabsichtigte, sich bilden, sich erheben sehen und sich zu einer Abkunft mit derselben entschließen.

Damit hing dann zusammen, daß sogleich auch in dem Innern starke Gegensätze sich erhoben, Streitigkeiten über die wichtigsten Glaubenspunkte, über das Verhältnis der geistlichen zu der weltlichen Macht; – an der Kurie bildete sich der Nepotismus auf eine gefahrdrohende Weise aus: die finanziellen Kräfte, statt vollständig zu ihrem Zwecke verwendet zu werden, kamen zum großen Teil einzelnen Familien zugute.

Noch immer aber hatte man ein großes und allgemeines Ziel, nach welchem man mit außerordentlichem Glück vorwärtsschritt. In diesem höheren Streben wurden alle Gegensätze vermittelt, die Streitigkeiten der Lehre und des kirchlich-weltlichen Anspruches beschwichtigt, die Entzweiungen der Mächte versöhnt, der Fortgang der allgemeinen Unternehmungen im Zuge erhalten. Die Kurie war der den Weg anweisende Mittelpunkt der katholischen Welt: im größten Stil setzten sich die Bekehrungen fort.

Aber wir sahen, wie es geschah, daß man doch nicht zum Ziel gelangte, sondern durch inneren Zwist und äußeren Widerstand auf sich selbst zurückgeworfen wurde.

Seitdem nahmen nun auch alle Verhältnisse des Staates, der inneren Entwicklung eine andere Gestalt an.

In dem Geiste der Eroberung und Erwerbung, der sich einem großen Zweck widmet, liegt zugleich Hingebung: mit einem beschränkten Egoismus verträgt er sich nicht; jetzt trat an der Kurie der Geist des Genusses, des Besitzes ein. Es bildete sich eine Genossenschaft von Renteninhabern aus, die ein gutes Recht auf den Ertrag des Staates und der kirchlichen Verwaltung zu besitzen glaubte. Indem sie dies Recht auf eine verderbliche Weise mißbrauchte, hielt sie doch mit demselben Eifer daran fest, als sei das Wesen des Glaubens daran geknüpft.

Eben dadurch geschah aber, daß der Widerspruch sich von entgegengesetzten Seiten unversöhnlich erhob.

Es trat eine Lehre auf, die, aus einer neuen Anschauung der Tiefen der Religion hervorgegangen, von dem römischen Hofe verdammt und verfolgt wurde, aber nicht beseitigt zu werden vermochte. Die Staaten nahmen eine unabhängige Haltung an: von der Rücksicht auf die päpstliche Politik machten sie sich los; in ihren inneren Angelegenheiten nahmen sie eine Autonomie in Anspruch, die der Kurie auch in kirchlicher Hinsicht immer weniger Einfluß übrigließ.

Auf diesen beiden Momenten beruht nun die fernere Geschichte des Papsttums.

Es folgen Epochen, in denen es bei weitem weniger eine freie Tätigkeit entwickelt, als daß es, bald von der einen, bald von der anderen Seite angegriffen, nur bedacht ist, sich in jedem Augenblicke so gut wie möglich zu verteidigen.

Die Aufmerksamkeit wird in der Regel von der Kraft angezogen, und nur von der Seite der Tätigkeit kann ein Ereignis verstanden werden; auch gehört es nicht zu der Absicht dieses Buches, die letzten Epochen ausführlich zu schildern. Allein ein überaus merkwürdiges Schauspiel bieten sie doch immer dar, und wie wir mit einer Ansicht der früheren Zeiten begonnen, so dürfen wir wohl nicht schließen, ohne den Versuch zu machen, auch die späteren, wiewohl nur in kurzen Zügen, vor den Augen vorübergehen zu lassen.
Zunächst erhebt sich aber der Angriff von der Seite der Staaten. Auf das genaueste hängt er mit der Spaltung der katholischen Welt in zwei feindliche Teile, in die österreichische und in die französische Partei, die der Papst nicht mehr zu überwältigen oder zu beruhigen vermag, zusammen. Die politische Stellung, die Rom annimmt, bestimmt auch das Maß der geistlichen Ergebenheit, die es findet. Wir sahen schon, wie das begann. Nehmen wir wahr, wie es sich weiterentwickelte.

Ludwig XIV. und Innozenz XI.

So gut katholisch Ludwig XIV. auch war, so kam es ihm doch unerträglich vor, daß der Römische Stuhl eine unabhängige, ja der seinen nur allzuoft entgegengesetzte Politik befolgen sollte. Wie Innozenz und Alexander und, wenn Clemens IX. nicht selbst, doch seine Umgebung, neigten sich auch Clemens X. (1670 bis 1676) und dessen Nepot Pauluzzi Altieri auf die Seite der Spanier[1]. Ludwig XIV. rächte sich dafür durch unaufhörliche Eingriffe in die geistliche Gewalt.
Eigenmächtig zog er geistliche Güter ein, unterdrückte einen oder den anderen Orden; er nahm die Befugnis in Anspruch, die Pfründen der Kirche mit militärischen Pensionen zu belasten; das Recht, während der Vakanz eines Bistums die Einkünfte desselben zu genießen und die davon abhängigen Pfründen zu besetzen, welches unter dem Namen der Regale so berühmt geworden, suchte er auf Provinzen auszudehnen, in denen es nie gegolten; die schmerzlichste Wunde schlug er den römischen Renten-

[1] Morosini, Relatione di Francia 1671: Conosciuta naturale partialità del card[l] Altieri per la corona cattolica rende alla christianissima sospetta ogni sua attione. Il pontefice presente è considerato come un imagine del dominio, che risiede veramente nell' arbitrio del nipote.

besitzern, indem er die Geldsendungen an den Hof in beschränkende Aufsicht nahm[1].

So fuhr er nun auch unter Innozenz XI. fort, der im ganzen die nämliche Politik beobachtete; an dem aber fand er Widerstand.

Innozenz XI., aus dem Hause Odescalchi von Como, war in seinem fünfundzwanzigsten Jahre mit Degen und Pistole nach Rom gekommen, um sich irgendeiner weltlichen Beschäftigung, vielleicht in Neapel dem Kriegsdienste zu widmen. Der Rat eines Kardinals, der ihn besser durchschaute, als er sich selbst kannte, vermochte ihn, sich der Laufbahn an der Kurie zu widmen. Er tat das mit soviel Hingebung wie Ernst und verschaffte sich nach und nach einen solchen Ruf von Tüchtigkeit und guter Gesinnung, daß das Volk während des Konklaves seinen Namen unter den Portici von St. Peter rief und die öffentliche Meinung sich befriedigt fühlte, als er, mit der Tiara geschmückt, aus demselben hervorging (21. September 1676).

Ein Mann, der seine Diener wohl unter der Bedingung rufen ließ: wenn sie keine Abhaltung hätten, – von dem sein Beichtvater beteuerte, er habe nie etwas an ihm wahrgenommen, das die Seele von Gott entfernen könnte, – mild und sanftmütig, den aber dieselbe Gewissenhaftigkeit, die sein Privatleben bestimmte, nun auch antrieb, die Verpflichtungen seines Amtes rücksichtslos zu erfüllen.

Wie gewaltig griff er die Übelstände besonders der finanziellen Verwaltung an! Die Ausgaben waren auf 2578106 Skudi, 91 Bajocchi gestiegen; die Einnahmen, Dataria und Spolien eingeschlossen, betrugen nur 2408500 Skudi, 71 Bajocchi; ein so großes Defizit, jährlich von 170000 Skudi, drohte den offenbaren Bankerott herbeizuführen[2]. Daß es zu diesem Äußersten nicht kam, ist ohne Zweifel das Verdienst Innozenz' XI. Er enthielt sich endlich des Nepotismus durchaus. Er erklärte, er liebe seinen Neffen Don Livio, der das durch seine Bescheidenheit verdiene; eben darum aber wolle er ihn nicht in dem Palaste. Alle Ämter und Einkünfte, die bisher den Nepoten zugute gekommen, zog er geradezu ein. So verfuhr er auch mit vielen anderen Stellen, deren Dasein mehr

[1] Istruzione per mons[r] arcivescovo di Patrasso 1674: Questo fatto arrivato alla corte, siccome eccitò lo stupore e lo scandalo universale, così pervenuto alla notitia di N. S[re] mosse un estremo cordoglio nell' animo di S. Beat[ne].

[2] Stato della camera nel presente pontificato di Innocenzo XI. MS. (Bibl. Alb.)

eine Last war. Unzählige Mißbräuche und Exemtionen schaffte er ab. Da es ihm endlich der Zustand des Geldmarktes erlaubte, trug er kein Bedenken, die Monti von 4 Prozent auf 3 Prozent herabzusetzen[1]. Nach einigen Jahren war es ihm in der Tat gelungen, die Einnahme wieder auf einen nicht unbedeutenden Überschuß über die Ausgabe zu erhöhen.

Und mit derselben Entschlossenheit begegnete der Papst nun auch den Angriffen Ludwigs XIV.

Ein paar Bischöfe jansenistischer Gesinnung, welche sich jener Ausdehnung des Regalrechtes, die ihrem Begriffe von der Autonomie der geistlichen Gewalten widerspricht, entgegensetzten, wurden dafür von dem Hofe bedrückt und geängstigt; der Bischof von Pamiers mußte eine Zeitlang von Almosen leben. Sie wandten sich an den Papst. Innozenz säumte nicht, sich ihrer anzunehmen[2]. Einmal, zweimal ermahnte er den König, den Schmeichlern kein Gehör zu geben, noch die Freiheiten der Kirche anzutasten: er möchte sonst verursachen, daß die Quelle der göttlichen Gnade über sein Reich vertrockne. Da er keine Antwort bekam, wiederholte er seine Ermahnungen zum dritten Male: „nun aber", fügte er hinzu, „werde er nicht wieder schreiben, sich jedoch auch nicht länger mit Ermahnungen begnügen, sondern sich aller Mittel der Macht bedienen, die Gott in seine Hand gelegt habe. Keine Gefahr, keinen Sturm werde er dabei fürchten; in dem Kreuze Christi sehe er seinen Ruhm"[3].

Es ist immer eine Maxime des französischen Hofes gewesen, durch die päpstliche Macht seinen Klerus, durch den Klerus die Einwirkungen der päpstlichen Macht zu beschränken. Niemals aber beherrschte ein Fürst seine Geistlichkeit vollkommener als Ludwig XIV. Eine Ergebenheit ohnegleichen atmen die Reden, mit denen man ihn bei feierlichen Gelegenheiten begrüßte. „Wir wagen kaum", heißt es in einer derselben[4], „Forderungen zu machen,

[1] In einer Handschrift von 763 Seiten vom Jahre 1743, Erettione et aggionte de' monti camerali, finden sich die hierher gehörigen Dekrete und Breven. In einem Breve an den Tesoriere Negroni von 1684 erklärt Innozenz zuerst seine Absicht, d'andar liberando la camera del frutto di 4 p. c. – che in questi tempi è troppo rigoroso.

[2] Racine, Histoire ecclésiastique X, p. 328.

[3] Breve vom 27. Dez. 1679.

[4] Remontrance du clergé de France (assemblé à St-Germain en Laye en l'année 1680) faite au roi le 10 juillet par l'illme et révme J. Bapt. Adheimar de Monteil de Grignan. Mém. du clergé, tom. XIV, p. 787.

aus Furcht, dem kirchlichen Eifer Euerer Majestät ein Ziel zu setzen. Die traurige Freiheit, Beschwerde zu führen, verwandelt sich jetzt in eine süße Notwendigkeit, unseren Wohltäter zu loben". Prinz Condé meinte, sollte es dem König einfallen, zur protestantischen Kirche überzugehen, so würde ihm der Klerus zuerst nachfolgen.

Und wenigstens gegen den Papst stand die Geistlichkeit ohne Skrupel ihrem Könige bei: von Jahr zu Jahr erließ sie entschiedenere Erklärungen zugunsten der königlichen Gewalt. Endlich folgte die Versammlung von 1682. „Sie ward", sagt ein venezianischer Gesandter, „nach der Konvenienz des Staatsministeriums berufen und aufgelöst, nach dessen Eingebungen geleitet[1]." Die vier Artikel, welche sie abfaßte, haben seitdem immer als das Manifest der gallikanischen Freiheiten gegolten. Die drei ersten wiederholen ältere Behauptungen: Unabhängigkeit der weltlichen Gewalt von der geistlichen, Superiorität eines Konziliums über den Papst, Unantastbarkeit der gallikanischen Gewohnheiten. Vorzüglich merkwürdig aber ist der vierte, weil er auch die geistliche Autorität beschränkt: „selbst in Fragen des Glaubens sei die Entscheidung des Papstes nicht unverbesserlich, solange er die Beistimmung der Kirche nicht habe". Wir sehen, die beiden Gewalten unterstützen einander. Der König ward von den Einwirkungen der weltlichen, der Klerus von der unbedingten Autorität der geistlichen Gewalt des Papsttums freigesprochen. Die Zeitgenossen fanden, wenn man in Frankreich ja noch innerhalb der katholischen Kirche sei, so stehe man doch schon auf der Schwelle um herauszutreten. Der König erhob jene Sätze zu einer Art von Glaubensartikeln, von symbolischem Buch. In allen Schulen sollte danach gelehrt werden, niemand einen Grad in der juristischen oder theologischen Fakultät erlangen können, der dieselben nicht beschwöre[2].

Aber auch der Papst hatte noch eine Waffe. Der König beförderte vor allen anderen die Urheber der Deklaration, die Mitglieder die-

[1] Foscarini, Relatione di Francia 1684. Con non dissimile dipendenza segue l'ordine eccl^co le massime e l'interesse della corte, come l'ha fatto conoscere l'assemblea sopra le vertenze della regalia, unita, diretta e disciolta secondo le convenienze ed ispirationi del ministero politico. Provenendo dalla mano del re l'esaltatione e fortuna de' soggetti che lo compongono, dominati sempre da nuove pretensioni e speranze, si scorgono più attaccati alle compiacenze del monarca che gli stessi secolari.

[2] Französische Geschichte III (S. W. X), S. 368.

ser Versammlung, in die bischöflichen Ämter; Innozenz weigerte sich, ihnen die geistliche Institution zu geben. Die Einkünfte mochten sie genießen; aber die Ordination empfingen sie nicht, einen geistlichen Akt des Episkopates durften sie nicht ausüben.

Diese Verwicklung vermehrte sich noch dadurch, daß Ludwig XIV. in diesem Augenblicke, und zwar vorzüglich deshalb, um sich als vollkommen rechtgläubig auszuweisen, zu jener grausamen Ausrottung der Hugenotten schritt. Er glaubte, damit der katholischen Kirche einen großen Dienst zu leisten. Auch hat man wohl gesagt, Papst Innozenz sei einverstanden gewesen[1]. Aber in der Tat ist das nicht so. Der römische Hof wollte jetzt mit einer Bekehrung durch bewaffnete Apostel nichts zu schaffen haben: „dieser Methode habe sich Christus nicht bedient; man müsse die Menschen in die Tempel führen, aber nicht hineinschleifen"[2].

Und immer neue Irrungen erhoben sich. Der französische Botschafter zog im Jahre 1687 mit einem so starken Gefolge, sogar ein paar Schwadronen Kavallerie, in Rom ein, daß ihm das Asylrecht, welches die Gesandten damals nicht allein für ihren Palast, sondern auch für die benachbarten Straßen in Anspruch nahmen, obwohl es der Papst feierlich aufgehoben, nicht wohl hätte streitig gemacht werden können. Mit bewaffneter Mannschaft trotzte er dem Papst in seiner Hauptstadt. „Sie kommen mit Roß und Wagen", sagte Innozenz; „wir aber wollen wandeln im Namen des Herrn." Er sprach die kirchlichen Zensuren über den Botschafter aus; die Kirche San Luigi, in welcher derselbe einem feierlichen Hochamte beigewohnt hatte, ward mit dem Interdikt belegt[3].

[1] Bonamici, Vita Innocentii bei Lebret, Magazin VIII, S. 98, und die Note Lebrets: „Also ist es nicht zu widersprechen" usw.

[2] Girolamo Venier, Relatione di Francia 1689. Nell' opera tentata nella conversion degli Ugonotti dispiacque al re, non riportar dal pontefice lode che sperava, e ricevè il papa in mala parte che fosse intrapresa senza sua partecipatione et eseguita con i noti rigori, – publicando che non fosse proprio fare missioni d'apostoli armati, e che questo metodo nuovo non fosse il migliore, giachè Christo non se n'era servito per convertire il mondo; in oltre parve importuno il tempo di guadagnar gli eretici all' ora che erano più bollenti le controversie col papa.

[3] Legatio marchionis Lavardini Romam eiusque cum Romano pontifice dissidium 1697. Eine Widerlegung von Lavardin, welche diese Ereignisse mit vieler Ruhe und Einsicht erörtert; sie gehört mit zu der Reihe trefflicher publizistischer Schriften, die durch die Anmaßungen Ludwigs XIV. in Deutschland, den Niederlanden, Spanien und Italien hervorgerufen wurden. Vgl. Englische Geschichte VI (S. W. XIX) S. 154.

Da ging auch der König zu den äußersten Schritten fort. Er appellierte an ein allgemeines Konzilium, ließ Avignon besetzen, den Nuntius in St-Olon einschließen; man glaubte, er habe die Absicht, den Erzbischof Harlai von Paris, der alle diese Schritte, wo nicht veranlaßt, doch gebilligt hatte, zum Patriarchen von Frankreich zu kreieren.

Soweit kam es: der französische Gesandte in Rom exkommuniziert, der päpstliche in Frankreich festgehalten, 35 französische Bischöfe ohne die kanonische Institution, eine päpstliche Landschaft vom Könige eingenommen: das Schisma war hiermit in der Tat schon ausgebrochen. Nichtsdestominder wich Innozenz XI. keinen Schritt breit.

Fragen wir, worauf er sich dabei stützte, so war es nicht eine Rückwirkung seiner Zensuren in Frankreich, nicht die Macht seines apostolischen Ansehens, sondern es war vor allem jener allgemeine Widerstand, welchen die Europa in dem Wesen seiner Freiheit bedrohenden Unternehmungen Ludwigs XIV. erweckt hatten; an diese schloß auch der Papst sich an.

Er unterstützte Österreich in seinem türkischen Kriege nach besten Kräften[1]; der glückliche Erfolg dieser Feldzüge gab der ganzen Partei und auch dem Papst eine neue Haltung.

Das wird sich zwar schwerlich beweisen lassen, daß Innozenz, wie man gesagt hat, mit Wilhelm III. in unmittelbarer Verbindung gestanden und um den Plan desselben gegen England persönlich gewußt habe[2]. Aber mit desto größerer Zuversicht dürfen wir es aussprechen: seine Minister wußten darum. Dem Papste sagte man nur, der Prinz von Oranien werde den Oberbefehl am Rhein übernehmen und die Rechte des Reiches wie der Kirche gegen Ludwig XIV. verteidigen; dazu versprach er bedeutende Sub-

[1] Relatione di Roma di Giov. Lando 1689. Die Subsidien werden hier auf zwei Millionen Skudi angeschlagen.

[2] Auch in den Mémoires sur le règne de Frédéric I, roi de Prusse, par le comte de Dohna p. 78 findet sich diese Behauptung: durch Königin Christine seien die Briefe an seinen Vater gekommen, „qui les fesoit passer par le comté de Lippe, d'où un certain Paget les portoit à la Haye“. Trotz des Details dieser Angabe muß man sie bezweifeln, wenn man bemerkt, daß die Königin Christine in dieser ganzen Zeit mit dem Papst gespannt war. Bei dem Verhältnis, das sich aus ihrer Korrespondenz ergibt, halte ich es für unmöglich, daß ihr der Papst, der einst die Achsel zuckend gesagt hatte „è una donna“, ein solches Geheimnis anvertraut haben sollte. Geheime römische Depeschen können es bei alledem gewesen sein.

sidien. Sein Staatssekretär aber, Graf Cassoni, hatte schon Ende 1687 die bestimmte Anzeige, der Plan der unzufriedenen Engländer sei, den König Jakob zu entthronen und die Krone auf die Prinzessin von Oranien zu übertragen. Der Graf war schlecht bedient: unter seinen Hausgenossen hatten die Franzosen einen Verräter gefunden. Aus den Papieren, welche dieser in dem geheimsten Kabinett seines Herrn einzusehen Gelegenheit fand, haben die Höfe von Frankreich und von England die erste Nachricht von diesen Plänen empfangen. Wunderbare Verwicklung! An dem römischen Hofe mußten die Fäden einer Verbindung zusammentreffen, die das Ziel und den Erfolg hatte, den Protestantismus in dem westlichen Europa von der letzten großen Gefahr, die ihm drohte, zu befreien, den englischen Thron auf immer für dies Bekenntnis zu gewinnen[1]. Wußte Innozenz XI., wie gesagt, auch nicht um diesen ganzen Entwurf, so ist es doch unleugbar, daß er sich einer Opposition anschloß, die großenteils auf protestantischen Kräften und Antrieben beruhte[2]. Der Widerstand, welchen er dem von Ludwig XIV. begünstigten Kandidaten für das Erzbistum Köln leistete, war im Interesse jener Opposition und trug zum Ausbruch des Krieges vorzüglich bei, eines Krieges, der in bezug auf Frankreich der Wiederherstellung der päpstlichen Autorität zustatten kam. Beförderte der Papst durch seine Politik den Protestantismus, so mußten hinwieder die Protestanten, indem sie das europäische Gleichgewicht gegen die „exorbitante Macht" aufrecht erhielten, dazu mitwirken, daß diese sich auch den geistlichen Ansprüchen des Papsttums fügte.

Zwar Innozenz XI. erlebte das nicht mehr. Aber gleich der erste französische Gesandte, der nach dem Tode desselben (10. Aug. 1689) in Rom erschien, verzichtete auf das Asylrecht; die Haltung

[1] Wenig bemerkt, aber entscheidend ist für diese Verhältnisse die Lettre écrite par le C[l] d'Etrées, ambassadeur extraord. de Louis XIV, à M. de Louvois 18 Déc. 1687. Oeuvres de Louis XIV, tom. VI, p. 497. Man sieht, wie früh Jakob II: unterrichtet wurde. Der junge Mylord Norfolk, der inkognito zu Rom war, schickte ihm auf der Stelle einen Kurier. Makintosh (History of the revolution II, 157) nimmt an, daß Jakob Mitte Mai 1688 von den Absichten des Prinzen gegen England überzeugt gewesen sei. Aber schon am 10. oder 11. März sagte er dem päpstlichen Nuntius, „il principe avere in principal mira l'Inghilterra". (Lettera di Monsr d'Adda ibid. p. 346.) Sein Unglück war, daß er sich selber nicht glaubte.

[2] Über das Verhältnis Innozenz' XI. zu König Jakob II. von England vgl. Englische Geschichte VI (S. W. XIX), S. 151.

des Königs änderte sich; er gab Avignon zurück und fing an zu unterhandeln.

Es war dies um so notwendiger, da der neue Papst, Alexander VIII., wieweit er auch übrigens von dem strengen Beispiel seines Vorgängers abwich, doch in diesem Punkte bei den Grundsätzen desselben aushielt. Alexander erklärte aufs neue die Beschlüsse von 1682 [1] für ungültig und leer, null und nichtig, für unverbindlich, selbst wenn sie mit einem Eide bekräftigt worden seien: Tag und Nacht denke er mit einem Herzen voll Bitterkeit daran; mit Tränen und Seufzen erhebe er seine Augen.

Nach dem frühen Tode Alexanders VIII. wandten die Franzosen alles an, um einen friedfertigen, zur Versöhnung geneigten Mann zum Papst zu bekommen[2], wie ihnen das auch mit Antonio Pignatelli – Innozenz XII. – wirklich gelang (12. Juli 1691).

Der Würde des Päpstlichen Stuhles etwas zu vergeben, hatte jedoch auch dieser Papst ebensowenig Neigung wie irgend dringende Veranlassung, da die verbündeten Waffen Ludwig XIV. so ernstlich und drohend beschäftigten.

Zwei Jahre lang ward unterhandelt. Innozenz verwarf mehr als einmal die von den französischen Geistlichen ihm vorgeschlagenen Formeln. Endlich mußten sie doch in der Tat erklären, daß alles, was in jener Assemblée beraten und beschlossen worden, als nicht beraten und nicht beschlossen angesehen sein solle: „niedergeworfen zu den Füßen Euerer Heiligkeit bekennen wir unseren unaussprechlichen Schmerz darüber[3]." Erst nach einem so unbeschränkten Widerrufe gab ihnen Innozenz die kanonische Institution.

[1] In dictis comitiis anni 1682 tam circa extensionem iuris regaliae quam circa declarationem de potestate ecclesiastica actorum ac etiam omnium et singulorum mandatorum, arrestorum, confirmationum, declarationum, epistolarum, edictorum, decretorum quavis autoritate sive ecclesiastica sive etiam laicali editorum, nec non aliorum quomodolibet praeiudicialium praefatorum in regno supradicto quandocunque et a quibusvis et ex quacunque causa et quovis modo factorum et gestorum ac inde secutorum quorumcunque tenores. 4. Aug. 1690. Cocquel. IX. p. 38.

[2] Domenico Contarini, Relatione di Roma 1696: Tenendosi questa volta da Francesi bisogno d'un papa facile e d'animo assai rimesso e che potesse facilmente esser indotto a modificare la bolla fatta nell' agonia di Alessandro VIII sopra le propositioni dell' assemblea del clero dell' anno 1682, diedero mano alla elettione di esso.

[3] Man hat zwar behauptet, und unter anderen Petitot (Notices sur Portroyal p. 240) ist der Meinung, daß dieses Schreiben von den Janse-

Nur unter diesen Bedingungen ward der Friede hergestellt. Ludwig XIV. schrieb dem Papste, daß er seine Verordnung über die Beobachtung der vier Artikel zurücknehme. Wir sehen wohl, noch einmal behauptete sich der Römische Stuhl auch dem mächtigsten Könige gegenüber in der Fülle seiner Ansprüche.

War es aber nicht schon ein großer Nachteil, daß Behauptungen von so entschiedener Feindseligkeit eine Zeitlang legale, von der Regierung autorisierte Geltung genossen hatten? Mit lärmendem Aufsehen, als Reichsbeschlüsse waren sie verkündigt worden; privatim, ganz in der Stille, in Briefform, doch nur von einzelnen, die eben der Gnade des römischen Hofes bedurften, wurden sie widerrufen. Ludwig XIV. ließ das geschehen; aber man dürfte nicht glauben, er habe die vier Artikel selbst zurückzunehmen gedacht, obwohl man das zuweilen auch in Rom so ansah. Er wollte noch viel später nicht dulden, daß der römische Hof Anhängern derselben die Institution versage. Er erklärte, er habe nur die Verpflichtung aufgehoben, sie zu lehren; allein ebensowenig dürfe jemand gehindert werden, sich dazu zu bekennen[1]. Und noch eine andere Bemerkung müssen wir machen. Keineswegs durch eigene Kraft hatte der römische Hof sich behauptet, sondern doch nur infolge einer großen politischen Kombination, nur dadurch, daß Frankreich überhaupt in engere Schranken zurückgewiesen ward. Wie dann, wenn diese Verhältnisse sich änderten, wenn es einmal niemanden mehr gab, der den Römischen Stuhl gegen den angreifenden Teil in Schutz nehmen wollte?

nisten erfunden sei, pour répandre du ridicule et de l'odieux sur les nouveaux évêques; — aber einmal hat man doch von der anderen Seite niemals eine andere Formel vorgebracht; sodann ist die obige von den römischen Schriftstellern wenigstens indirekt immer anerkannt worden, z. B. bei Novaes, Storia de' pontefici tom. XI, p. 117; endlich ward sie gleich damals allgemein für echt gehalten, auch an dem Hofe, ohne Widerspruch. Domenico Contarini sagt: poco dopo fu preso per mano da Francesi il negotio delle chiese di Francia proponendo diverse formule di dichiarazione, – materia ventilata per il corso di due anni e conclusa ed aggiustata con quella lettera scritta da vescovi al papa che si è difusa in ogni parte. Es ist das aber eben jene Formel; eine andere ist nicht bekanntgeworden. – Auch Daunou, Essai historique sur la puissance temporelle des papes II, p. 196, teilt das Schreiben als authentisch mit.

[1] Die Worte des Königs in seinem Schreiben an Innozenz XII., Versailles 14. Sept. 1693, sind: „j'ai donné les ordres nécessaires afin que les choses contenues dans mon édit du 22 Mars 1682 touchant la déclaration faite par le clergé de France (à quoi les conjonctures passées

Spanische Erbfolge

Daß die spanische Linie des Hauses Österreich ausstarb, war auch für das Papsttum ein Ereignis von der höchsten Bedeutung. Auf dem Gegensatze, in welchem die spanische Monarchie mit Frankreich stand, der den Charakter der europäischen Politik überhaupt bestimmte, beruhte zuletzt auch die Freiheit und Selbstbestimmung des Päpstlichen Stuhles; durch die Maximen der Spanier war der Kirchenstaat anderthalb Jahrhunderte lang mit Frieden umgeben worden. Was auch geschehen mochte, so war es allemal gefährlich, daß ein Zustand, auf welchen sich alle Gewohnheiten des Daseins bezogen, zweifelhaft wurde; aber noch viel gefährlicher war, daß über die Erbfolge ein Streit obwaltete, der in einen allgemeinen Krieg auszuschlagen drohte, einen Krieg, der dann größtenteils in Italien ausgefochten werden mußte. Der Papst selbst konnte sich der Notwendigkeit, Partei zu ergreifen, schwerlich entziehen, ohne daß er doch zum Siege dieser Partei etwas Wesentliches beizutragen sich hätte schmeicheln können. Bei einem Venezianer findet sich die gleichwohl mit einigem Zweifel ausgesprochene Nachricht[1], Papst Innozenz XII. habe Karl II. von Spanien den Rat erteilt, den französischen Prinzen zum Erben

m'avoyent obligé) ne soyent pas observées." In einem Schreiben vom 7. Juli 1713, das wir aus Artaud (Histoire du pape Pie VII 1836 tom. II, p.17) kennen, heißt es dann: on lui (au pape Clément XI) a supposé contre la vérité, que j'ai contrevenu à l'engagement pris par la lettre que j'écrivis à son prédécesseur; car je n'ai obligé personne à soutenir contre sa propre opinion les propositions du clergé de France; mais il n'est pas juste que j'empêche mes sujets de dire et de soutenir leurs sentiments sur une matière qu'il est libre de soutenir de part et d'autre. – Man sieht, Ludwig XIV. war auch in seinen letzten Jahren nicht so ganz römisch-devot, wie man wohl annimmt. Er sagt entschlossen: „je ne puis admettre aucun expédient."

[1] Morosini, Relatione di Roma 1707. Se il papa abbia avuto mano o partecipatione nel testamento di Carlo II, io non ardirò d'asserirlo, nè è facile di penetrare il vero con sicurezza. Bensi addurrò solo due fatti. L'uno che questo arcano, non si sa se con verità, fu esposto in un manifesto uscito alle stampe in Roma ne' primi mesi del mio ingresso all'ambasciata, all' ora che dall 'uno e l'altro partito si trattava la guerra non meno con l'armi che con le carte. L'altro che il papa non s'astenne di far publici elogj al christ^{mo} d'essersi ritirato dal partaggio ricevendo la monarchia intiera per il nepote.

einzusetzen, und dieser Rat des Heiligen Vaters habe bei der Abfassung jenes Testamentes, auf das so viel ankam, vorzüglich mitgewirkt.

Diese Nachricht ist insofern sehr begründet, als Karl II., über die Absichten der europäischen Mächte, die Monarchie zu teilen, entrüstet und schon durch seinen Staatsrat in der Idee bestärkt, die französischen Ansprüche anzuerkennen, sich zur vollen Beruhigung seines Gewissens bei diesem Schritte an den Römischen Stuhl wendete, der denselben dann vollkommen billigte und den vorgetragenen Gründen noch einige neue hinzufügte[1].

Der Römische Stuhl stand damals gut mit Ludwig XIV.; er war von der antifranzösischen Politik zurückgetreten, die er seit Urban VIII. fast ohne Unterbrechung befolgt hatte. Da sich auf der anderen Seite ein starker protestantischer Einfluß erwarten ließ, so erschien es ihm als ein Vorteil der Religion, wenn die ganze Monarchie ohne Teilung an einen Prinzen aus einem Hause überging, das sich damals so vorzugsweise katholisch hielt. An der über die Sache niedergesetzten Kommission hatte Kardinal Giovan Francesco Albani Anteil genommen; eben dieser war darauf (16. November 1700) zum Papst gewählt. Er verhehlte auch nun seine Gesinnungen keinen Augenblick. Clemens XI. – denn so nannte er sich – lobte den Entschluß Ludwigs XIV., die Erbschaft anzunehmen, öffentlich; er erließ ein Glückwünschungsschreiben an Philipp V. und gewährte ihm Subsidien aus geistlichen Gütern, gleich als walte kein Zweifel an seinem Rechte ob[2].

Clemens XI. konnte als ein Zögling, recht als ein Repräsentant des römischen Hofes angesehen werden, den er niemals verlassen hatte: leutseliges Wesen, literarisches Talent, untadelhaftes Leben hatten ihm den allgemeinen Beifall verschafft[3]; den drei letzten Päpsten, so verschieden sie auch waren, hatte er sich gleichsehr anzuschmiegen, notwendig zu machen gewußt; durch ein geübtes, brauchbares und doch niemals unbequemes Talent kam er empor. Wenn er einmal gesagt hat, als Kardinal habe er guten Rat zu geben verstanden, als Papst wisse er sich nicht zu

[1] Französische Geschichte IV (S. W. XI), 108.

[2] Buder, Leben und Taten Clemens' XI., tom. I, p. 148.

[3] Erizzo, Relatione di Roma 1702: Infatti pareva egli la delizia di Roma, e non eravi ministro regio nè natione che non credesse tutto suo il cardinale Albani. Tanto bene, fügt er hinzu, sapeva fingere affetti e variare linguaggio con tutti.

helfen, so mag das bezeichnen, daß er sich geeigneter fühlte, einen gegebenen Impuls zu ergreifen und weiterzuleiten, als einen freien Entschluß zu fassen und ins Werk zu setzen. Indem er unter anderem gleich bei seinem Eintritte die jurisdiktionellen Fragen mit erneuter Strenge aufnahm, folgte er nur der öffentlichen Meinung, dem Interesse der Kurie. So glaubte er nun auch an das Glück und die Macht des großen Königs. Er zweifelte nicht, daß Ludwig XIV. den Sieg behaupten werde. Bei jener Unternehmung von Deutschland und Italien her gegen Wien im Jahre 1703, welche alles endigen zu müssen schien, konnte er, wie der venezianische Gesandte versichert, die Freude und Genugtuung nicht verbergen, welche ihm der Fortgang der französischen Waffen machte.

Aber eben in diesem Augenblicke schlug das Glück um; jene deutschen und englischen Gegner des Königs, denen Innozenz XI. sich angeschlossen, Clemens XI. aber allmählich sich entfremdet hatte, erfochten Siege wie noch nie; die kaiserlichen Scharen, vereinigt mit preußischen, ergossen sich nach Italien: einen Papst, der sich so zweideutig betrage, waren sie nicht gemeint zu schonen; die alten Prätensionen des Kaisertums, deren seit Karl V. nicht mehr gedacht worden, erwachten wieder.

Wir wollen nicht alle die bitteren Irrungen erörtern, in welche Clemens XI. verwickelt ward[1]; endlich setzten ihm die Kaiserlichen einen Termin zur Annahme ihrer Friedensvorschläge, unter denen die Anerkennung des österreichischen Prätendenten der wichtigste war. Vergebens sah sich der Papst nach Hilfe um. Er wartete bis auf den festgesetzten Tag, nach dessen unbenutztem Verlaufe die Kaiserlichen Stadt und Staat feindselig zu überziehen gedroht hatten, 15. Januar 1709; erst in der letzten Stunde desselben, elf Uhr abends, gab er seine Unterschrift. Er hatte früher Philipp V. beglückwünscht; jetzt sah er sich genötigt, dessen Gegner, Karl III., als katholischen König anzuerkennen[2].

[1] Z. B. über die Einquartierung von Parma und Piacenza, wo auch die Geistlichen zu den Kriegskontributionen herbeigezogen wurden. Accord avec les députés du duc et de la ville de Plaisance 14 déc. 1706, art. IX: que pour soulager l'état tous les particuliers, quoique très-privilégiés, contribueroient à la susditte somme. Eben dies wollte der Papst nicht leiden. Die kaiserlichen Ansprüche wurden hierauf mit doppelter Lebhaftigkeit erneuert. Contredéclaration de l'empereur bei Lamberty V, 85.

[2] Die Bedingung, anfangs geheimgehalten, ward durch ein Schreiben des österreichischen Gesandten an den Herzog von Marlborough bekannt, bei Lamberty V, 242.

Damit bekam nun nicht allein die schiedsrichterliche Autorität des Papsttums einen harten Stoß, sondern seine politische Freiheit und Selbstbestimmung ward ihm entrissen. Der französische Gesandte verließ Rom mit der Erklärung, es sei gar nicht mehr der Sitz der Kirche[1].

Schon nahm auch die Lage der Welt überhaupt eine andere Gestalt an. Unleugbar war es doch das protestantische England, welches die Entscheidung über die letzte Bestimmung der spanischen und katholischen Monarchie herbeiführte; welchen Einfluß konnte aber bei diesem Übergewicht einer protestantischen Macht der Papst auf die großen Angelegenheiten noch ausüben?

Im Frieden von Utrecht wurden Länder, die er als seine Lehen betrachtete, Sizilien, Sardinien, an neue Fürsten gewiesen, ohne daß man ihn dabei auch nur zu Rate gezogen hätte[2]. An die Stelle der unfehlbaren Entscheidung des geistlichen Oberhirten trat die Konvenienz der großen Mächte.

Ja, es widerfuhr dem Päpstlichen Stuhle hierbei besonderes Unglück.

Es war allezeit einer der vornehmsten Gesichtspunkte seiner Politik gewesen, auf die italienischen Staaten Einfluß zu besitzen, womöglich eine indirekte Hoheit über dieselben geltend zu machen. Jetzt aber hatte sich nicht allein das deutsche Österreich fast in offenem Kampfe mit dem Papste in Italien festgesetzt, auch der Herzog von Savoyen gelangte im Widerspruch mit ihm zu königlicher Macht und großen neuen Besitztümern.

Und so ging das nun weiter.

Um den Streit zwischen Bourbon und Österreich zu versöhnen, gaben die Mächte dem Wunsche der Königin von Spanien Gehör, einem ihrer Söhne Parma und Piacenza zu überlassen. Seit zwei Jahrhunderten war die päpstliche Oberherrlichkeit über dies Herzogtum nicht in Zweifel gezogen worden: die Fürsten hatten die Lehen empfangen, den Tribut gezahlt; jetzt aber, da dieses Recht eine neue Bedeutung bekam, da sich voraussehen ließ, daß der Mannsstamm des Hauses Farnese in kurzem erlöschen werde, nahm man nicht mehr Rücksicht darauf. Der Kaiser gab das Land einem Infanten von Spanien zu Lehen. Dem Papst blieb nichts

[1] Lettre du maréchal Thessé au pape 12 juillet 1709.

[2] Wie bedenklich das Betragen von Savoyen war, ersieht man aus Lafitau, Vie de Clément XI, tom. II, p. 78.

übrig, als Protestationen zu erlassen, auf welche niemand achtete[1].

Aber nur einen Augenblick bestand der Friede zwischen den beiden Häusern. Im Jahre 1733 erneuerten die Bourbons ihre Ansprüche auf Neapel, das in den Händen von Österreich war; auch der spanische Botschafter bot dem Papste Zelter und Tribut an. Jetzt hätte Papst Clemens XII. die Dinge gern gelassen, wie sie standen: er ernannte eine Kommission von Kardinälen, welche für die kaiserlichen Ansprüche entschied. Aber auch diesmal lief das Kriegsglück dem päpstlichen Urteile entgegen: die spanischen Waffen behaupteten den Sieg. In kurzem mußte Clemens die Investitur von Neapel und Sizilien demselben Infanten zuerkennen, den er mit so großem Verdruß von Parma hatte Besitz nehmen sehen.

Wohl war nun der endliche Erfolg aller dieser Kämpfe dem nicht so ganz unähnlich, was der römische Hof ursprünglich beabsichtigt hatte: das Haus Bourbon breitete sich über Spanien und einen großen Teil von Italien aus; aber unter wie ganz anderen Umständen war das doch geschehen, als welche man ursprünglich im Sinne hatte!

Das Wort der Entscheidung in dem wichtigsten Moment war von England ausgegangen; in offenbarem Widerspruche mit dem Päpstlichen Stuhle waren die Bourbons in Italien eingedrungen; die Trennung der Provinzen, die man vermeiden wollte, war eben eingetreten und erfüllte Italien und den Kirchenstaat unaufhörlich mit feindseligen Waffen. Die weltliche Autorität des Päpstlichen Stuhles war damit bis in seine nächste Umgebung erschüttert.

Auf die kirchenrechtlichen Streitfragen, die mit den politischen Verhältnissen so genau zusammenhangen, mußte das dann auch eine große Rückwirkung ausüben.

Wie sehr hatte es schon Clemens XI. zu empfinden!

Mehr als einmal ward sein Nuntius aus Neapel entfernt; in Sizilien wurden einst die römisch gesinnten Geistlichen in Masse aufgehoben und nach dem Kirchenstaat gebracht[2]; schon erhob sich in allen italienischen Gebieten die Absicht, nur noch Eingeborene zu

[1] Protestatio nomine sedis apostolicae emissa in conventu Cameracensi bei Rousset, *Supplément* au corps diplomat. de Dumont III, II, p. 173.

[2] Buder, Leben und Taten Clemens' XI., tom. III, p. 581.

kirchlichen Würden gelangen zu lassen[1]; auch in Spanien ward die Nuntiatur geschlossen[2], und Clemens XI. glaubte einmal genötigt zu werden, den leitenden spanischen Minister Alberoni vor die Inquisition zu ziehen.

Von Jahr zu Jahr wurden diese Irrungen weitaussehender. Der römische Hof besaß nicht mehr die Kraft und innere Energie, seine Gläubigen zusammenzuhalten.

„Ich kann nicht leugnen", sagt der venezianische Gesandte Mocenigo 1737, „es hat etwas Widernatürliches, wenn man die katholischen Regierungen sämtlich in so großen Zwistigkeiten mit dem römischen Hofe erblickt, daß sich keine Versöhnung denken läßt, die nicht diesen Hof an seiner Lebenskraft verletzen müßte. Sei es größere Aufklärung, wie so viele annehmen, oder ein Geist der Gewalttätigkeit gegen den Schwächeren, gewiß ist es, daß die Fürsten mit raschen Schritten darauf losgehen, den römischen Stuhl aller seiner weltlichen Gerechtsamen zu berauben[3]."

Erhob man in Rom einmal die Augen, sah man um sich her, so mußte man innewerden, daß alles auf dem Spiele stehe, wenn man nicht die Hand zum Frieden biete.

Das Andenken Benedikts XIV. – Prospero Lambertini, 1740 bis 1758 – ist in Segen, weil er sich entschloß, die unerläßlichen Zugeständnisse zu machen.

Man weiß, wie wenig sich Benedikt XIV. durch die hohe Bedeutung seiner Würde blenden, mit Selbstgefühl erfüllen ließ. Seiner scherzhaften Munterkeit, seinen bolognesischen Bonmots wurde er nicht ungetreu, obgleich er Papst war. Er stand von seiner Arbeit auf, trat zu seiner Umgebung, brachte einen Einfall vor, den er indes gehabt, und ging wieder an seinen Tisch[4]. Er blieb immer über den Dingen. Mit freiem Blick überschaute er das Verhältnis

[1] Aus Lorenzo Tiepolo, Relatione di Roma 1712, sehen wir, daß die Kaiserlichen in Neapel wie in Mailand schon damals die Absicht hatten, „che li beneficii ecclesiastici siano solamente dati a nationali, colpo di non picciolo danno alla corte di Roma se si effettuasse".

[2] San Felipe, Beiträge zur Geschichte von Spanien, III, 214.

[3] Aluise Mocenigo, Relatione di Roma, 16 Apr. 1737. S. d. Anhang.

[4] Franc. Venier, Relatione di Roma 1744: Asceso il papa al trono di S. Pietro, non seppe cambiare l'indole sua. Egli era di temperamento affabile insieme e vivace e vi restò; spargeva fin da prelato li suoi discorsi con giocosi sali, ed ancor li conserva; – dotato di cuore aperto e sincero trascurò sempre ogn'una di quelle arti che si chiamano romanesche.

des Päpstlichen Stuhles zu den europäischen Mächten und nahm wahr, was sich halten lasse, was man aufgeben müsse. Er war ein zu guter Kanonist und doch auch zu sehr Papst, um sich hierin zu weit fortreißen zu lassen.

Wohl der außerordentlichste Akt seines Pontifikates ist das Konkordat, welches er 1753 mit Spanien abschloß. Er gewann es über sich, auf jene Vergabung der kleineren Pfründen, welche die Kurie dort noch immer besaß, obwohl jetzt nur unter heftigem Widerspruch, Verzicht zu leisten. Sollte aber der Hof den bedeutenden Geldgewinn, den er bis jetzt gezogen, so ohne alle Entschädigung verlieren? Sollte die päpstliche Gewalt auch ihren Einfluß auf die Personen mit einem Male fahren lassen? Benedikt fand folgenden Ausweg. Von jenen Pfründen wurden 52 namentlich der Besetzung des Papstes vorbehalten, „damit er diejenigen spanischen Geistlichen belohnen könne, welche sich durch Tugend, Sittenreinheit, Gelehrsamkeit oder durch Dienste, dem Römischen Stuhle geleistet, einen Anspruch darauf erwerben würden"[1]. Der Verlust der Kurie ward auf Geld angeschlagen. Man fand, er belaufe sich nachweislich auf 34300 Skudi. Der König verpflichtete sich, ein Kapital zu zahlen, dessen Zinsen, zu 3 Prozent gerechnet, ebensoviel betragen möchten: 1143330 Skudi. Das alles ausgleichende Geld zeigte auch endlich einmal in kirchlichen Angelegenheiten seine vermittelnde Kraft.

Auch mit den meisten anderen Höfen traf Benedikt XIV. nachgebende Verträge. Dem Könige von Portugal ward das Patronatsrecht, welches er schon besaß, noch erweitert und zu den anderen geistlichen Ehrenvorrechten, die er erworben, auch noch der Titel des „Allergetreuesten" gewährt. Der sardinische Hof, doppelt mißvergnügt, weil die Zugeständnisse, die er in günstigen Augenblicken erlangt, unter dem letzten Pontifikat zurückgenommen

[1] Acciò non meno S. S^{tà} che i suoi successori abbiano il modo di provedere e premiare quegli ecclesiastici che per probità e per illibatezza de' costumi o per insigne letteratura o per servizi prestati alla s. sede se ne renderanno meritevoli. (Worte des Konkordates, unter anderem in dem englischen Komiteereport 1816, S. 317.) Aus einer Instruktion Caravajals (gedruckt in Cantillo, Tratados de paz, p. 425) ergibt sich, daß die Absichten der spanischen Regierung ursprünglich noch viel weiter gingen. Der offiziellen Unterhandlung zur Seite ward aber noch eine geheime durch den vertrauten Minister Enseñada gepflogen. Der Papst redigierte das Konkordat selbst; Ensenada überschickte die Geldsumme, ehe es noch unterzeichnet war.

worden, wurde durch die konkordierenden Instruktionen von 1741 und 1750 befriedigt[1]. In Neapel, wo sich unter der Begünstigung auch der kaiserlichen Regierung besonders durch Gaetano Argento eine juridische Schule gebildet, welche die Kontestationen des geistlichen Rechts zu ihrem vornehmsten Studium machte und den päpstlichen Ansprüchen lebhaften Widerstand leistete[2], ließ Benedikt XIV. geschehen, daß die Rechte der Nuntiatur nicht wenig eingeschränkt und die Geistlichen zur Teilnahme an den Auflagen herbeigezogen wurden. Dem kaiserlichen Hofe wurde die Verminderung der gebotenen Festtage gewährt, die zu ihrer Zeit so großes Aufsehen machte; hatte der Papst nur erlaubt, an diesen Tagen zu arbeiten, so trug der kaiserliche Hof keine Bedenken, mit Gewalt dazu zu nötigen.

Dergestalt versöhnten sich die katholischen Höfe noch einmal mit ihrem kirchlichen Oberhaupte: noch einmal ward der Friede hergestellt.

Durfte man sich aber wohl überreden, daß es hiermit abgetan sei? Sollte der Streit zwischen Staat und Kirche, der fast auf einer inneren Notwendigkeit des Katholizismus beruht, durch solche leichten Transaktionen geschlichtet sein? Unmöglich konnten diese doch für mehr als für den Augenblick genügen, aus dem sie hervorgegangen waren. Schon kündigten sich aus der aufgeregten Tiefe neue und bei weitem gewaltigere Stürme an.

Veränderte Weltstellung. Innere Gärungen. Aufhebung der Jesuiten

Nicht allein in Italien, in dem südlichen Europa, sondern in der allgemeinen politischen Lage der Dinge hatte sich die größte Veränderung vollzogen.

Wo waren die Zeiten hin, in welchen sich das Papsttum, und zwar nicht ohne Grund, Hoffnung machen durfte, Europa und die Welt aufs neue zu erobern?

Unter den fünf großen Mächten, welche bereits in der Mitte des

[1] Risposta alle notizie dimandate intorno alla giurisdittione ecclesiastica nello stato di S. Mtà, Turino 5 Marzo 1816, im Komiteereport S. 250.
[2] Giannone, Storia di Napoli VI, 387.

18. Jahrhunderts die Weltgeschicke bestimmten, hatten sich drei unkatholische erhoben. Wir berührten, welche Versuche die Päpste in früheren Epochen machten, von Polen aus Rußland und Preußen, von Frankreich und Spanien her England zu überwältigen. Eben diese Mächte nahmen jetzt Anteil an der Weltherrschaft; ja, man darf wohl ohne Täuschung sagen, daß sie in jener Zeit das Übergewicht über die katholische Hälfte von Europa besaßen.

Nicht etwa, daß ein Dogma über das andere, die protestantische Theologie über die katholische obgesiegt hätte – auf diesem Gebiete bewegte sich der Streit nicht mehr –, sondern die Veränderung war durch die nationalen Entwicklungen eingetreten, deren Grundlage wir oben wahrnahmen: die Staaten der unkatholischen Seite zeigten sich den katholischen im allgemeinen überlegen. Die zusammenhaltende monarchische Gesinnung der Russen hatte über die auseinanderfallende Aristokratie von Polen, – die Industrie, der praktische Sinn, das seemännische Talent der Engländer über die Nachlässigkeiten der Spanier und über die schwankende, von zufälligen Abwandlungen innerer Zustände abhängige Politik der Franzosen, – die energische Organisation und militärische Disziplin von Preußen über die Prinzipien einer Föderativmonarchie, wie sie sich damals in Österreich darstellte, den Sieg davongetragen.

War nun gleich dies Übergewicht keineswegs von kirchlicher Natur, so mußte es doch auf die kirchlichen Dinge eine notwendige Rückwirkung äußern.

Einmal schon, indem mit den Staaten die Religionsparteien emporkamen. Rußland z. B. setzte jetzt in den unteren Provinzen von Polen ohne weiteres griechische Bischöfe ein[1]; die Erhebung von Preußen gab allmählich den deutschen Protestanten wieder ein Gefühl von Selbständigkeit und Kraft, wie sie es lange nicht gehabt; je entschiedener sich die protestantische Macht von England zur Seeherrschaft erhob, desto mehr mußten die katholischen Missionen in Schatten treten und an ihrer Wirksamkeit verlieren, die ja einstmals auch auf politischem Einfluß beruhte.

Aber auch in weiterem Sinne. Noch in der zweiten Hälfte des 17. Jahrhunderts, als England an die französische Politik geknüpft, Rußland von dem übrigen Europa so gut wie getrennt

[1] Rulhière, Histoire de l'anarchie de Pologne I, 181.

war, die brandenburgisch-preußische Macht sich eben erst erhob, hatten die katholischen Mächte, Frankreich, Spanien, Österreich, Polen, selbst in ihrer Entzweiung die europäische Welt beherrscht. Es mußte, deucht mich, allmählich in das Bewußtsein eindringen, daß dies so sehr verändert war: das Selbstgefühl eines von keiner Überlegenheit beschränkten politisch-religiösen Daseins mußte verschwinden. Der Papst ward jetzt erst inne, daß er nicht mehr an der Spitze der vorwaltenden Weltmacht stand.

Endlich aber, sollte man nicht daran denken, woher die Veränderung kam? Jede Niederlage, jeder Verlust wird bei dem Besiegten, der noch nicht an sich verzweifelt, eine innere Umwandlung hervorrufen, Nachahmung des überlegenen Gegners, Wetteifer mit ihm. Die strenger monarchischen, militärisch-kommerziellen Tendenzen des unkatholischen Teiles drangen jetzt in die katholischen Staaten ein. Da es sich doch nicht leugnen ließ, daß der Nachteil, in den sie geraten waren, mit ihrer geistlichen Verfassung zusammenhing, so warf sich die Bewegung zunächst auf diese Seite.

Hier aber traf sie mit anderen mächtigen Gärungen zusammen, die indes auf dem Gebiete des Glaubens und der Meinung innerhalb des Katholizismus ausgebrochen waren.

Die jansenistischen Streitigkeiten, deren Ursprung wir beobachteten, erneuerten sich seit dem Anfange des 18. Jahrhunderts mit verdoppelter Heftigkeit. Von höchster Stelle gingen sie aus. In dem obersten geistlichen Rate in Frankreich pflegten der Beichtvater des Königs, in der Regel ein Jesuit, und der Erzbischof von Paris den vornehmsten Einfluß auszuüben. La Chaise und Harlai hatten von hier aus in enger Vereinigung die Unternehmungen der Krone gegen das Papsttum geleitet. Nicht so gut verstanden sich ihre Nachfolger, le Tellier und Noailles. Es mögen leichte Meinungsverschiedenheiten gewesen sein, welche den ersten Anlaß gaben: strengeres Festhalten des einen bei den jesuitischen, molinistischen, tolerierende Hinneigung des anderen zu den jansenistischen Begriffen; allmählich aber brach eine vollkommene Entzweiung aus: von dem Kabinett des Königs her spaltete sich die Nation. Dem Beichtvater gelang es nicht allein, sich in der Gewalt zu behaupten, den König zu gewinnen, sondern auch, den Papst zu der Bulle Unigenitus zu bewegen, in welcher die jansenistischen Lehren von Sünde, Gnade, Rechtfertigung und Kirche auch in ihrem minder herben Ausdruck, zuweilen wörtlich, wie man sie in Augustinus zu finden meinte, und bei weitem größerer

Ausdehnung als in jenen fünf Sätzen, verurteilt wurden[1]. Es war die letzte Entscheidung in den alten, durch Molina angeregten Glaubensfragen: der Römische Stuhl trat nach so langem Zaudern endlich unzweifelhaft auf die jesuitische Seite. Dadurch gelang es ihm nun allerdings, den mächtigen Orden für sich zu gewinnen, der seitdem, was er früher, wie wir sahen, keineswegs immer tat, die ultramontanen Doktrinen, die Ansprüche der päpstlichen Gewalt auf das lebhafteste verfocht; es gelang ihm auch, mit der französischen Regierung in gutem Verhältnis zu bleiben, von der ja jene Entscheidung hervorgerufen worden: bald wurden nur noch die angestellt, die sich der Bulle unterwarfen. Aber auf der anderen Seite erhob sich auch die gewaltigste Opposition in den Gelehrten, die sich an Augustin, in den Orden, die sich an Thomas von Aquino hielten, in den Parlamenten, welche in jedem neuen Akte des römischen Hofes eine Verletzung der gallikanischen Rechte sahen; – jetzt endlich ergriffen die Jansenisten für diese Freiheit ernstlich Partei: mit immer weiterschreitender Kühnheit bildeten sie eine der römischen entgegenlaufende Doktrin über die Kirche aus; ja, unter dem Schutze einer protestantischen Regierung setzten sie ihre Idee sogleich ins Werk: in Utrecht entstand eine erzbischöfliche Kirche, die sich im allgemeinen katholisch, aber dabei in voller Unabhängigkeit von Rom hielt und der jesuitisch-ultramontanen Richtung unaufhörlich den Krieg machte. Es wäre wohl der Mühe wert, der Entwicklung, Verbreitung und Wirksamkeit dieser Meinungen über ganz Europa hin nachzuforschen. In Frankreich wurden die Jansenisten bedrängt, verfolgt, von den Stellen ausgeschlossen; aber, wie es zu geschehen pflegt, in der Hauptsache schadete ihnen das nicht: während der Verfolgungen erklärte sich ein großer Teil des Publikums für sie. Hätten sie nur nicht durch ihre wundergläubigen Übertreibungen auch ihre begründeten Lehren in Mißkredit gesetzt! Aber auf jeden Fall behielten sie ein enges Verhältnis zu reinerer Sittlichkeit und tieferem Glauben, das ihnen allenthalben Bahn machte. Wir finden ihre Spuren in Wien und in Brüssel, in Spanien und Por-

[1] Die Mémoires secrets sur la bulle Unigenitus I, p. 123 schildern den ersten Eindruck, den sie hervorbrachte. Les uns publioient qu'on y attaquoit de front les premiers principes de la foi et de la morale; les autres qu'on y condamnoit les sentiments et les expressions des saints pères; d'autres qu'on y enlevoit à la charité sa prééminence et sa force; d'autres qu'on leur arrachoit des mains le pain céleste des écritures; – les nouveaux réunis à l'église se disoient trompés etc.

tugal[1], in ganz Italien[2]. Durch die gesamte katholische Christenheit breiteten sich ihre Lehren aus, zuweilen öffentlich, häufiger insgeheim.

Ohne Zweifel war es unter anderem auch diese Entzweiung der Geistlichkeit, welche der Erhebung einer noch weit gefährlicheren Gesinnung den Weg bahnte.

Es ist ein auf ewig merkwürdiges Phänomen, welchen Einfluß die religiösen Bestrebungen Ludwigs XIV. auf den französischen, ja auf den europäischen Geist überhaupt hervorgebracht haben. Er hatte die äußerste Gewalt angewandt, göttliche und menschliche Gesetze verletzt, um den Protestantismus auszurotten und selbst alle abweichenden Meinungen innerhalb des Katholizismus zu vernichten; sein ganzes Bestreben war gewesen, seinem Reiche eine vollkommen und orthodox katholische Haltung zu geben. Kaum hatte er aber die Augen geschlossen, als alles umschlug. Der reprimierte Geist warf sich in eine zügellose Bewegung.

Gerade der Abscheu gegen das Verfahren Ludwigs XIV. bewirkte, daß sich eine Meinung erhob, die dem Katholizismus, ja aller positiven Religion den Krieg erklärte. Von Jahr zu Jahr nahm sie an innerer Kraft und Verbreitung nach außen zu. Die südeuropäischen Reiche waren auf die innigste Verbindung der Kirche und des Staates gegründet. Hier bildete sich eine Gesinnung aus, welche den Widerwillen gegen Kirche und Religion zu einem System entwickelte, in welchem sie alle Vorstellungen von Gott und Welt, alle Prinzipien des Staates und der Gesellschaft, alle Wissenschaften begriff, – eine Literatur der Opposition, welche die Geister unwillkürlich an sich riß und mit unauflöslichen Banden fesselte.

Es liegt am Tage, wie wenig diese Tendenzen miteinander übereinstimmten: die reformierende war ihrer Natur nach monarchisch, was man von der philosophischen nicht sagen kann, die sich gar bald auch dem Staate entgegensetzte; die jansenistische hielt an Überzeugungen fest, welche der einen wie der anderen gleichgültig, wo nicht verhaßt waren; aber zunächst wirkten sie

[1] Man findet bei Llorente, Histoire de l'inquisition III, 93–97, wieviel die Inquisition unter Karl III. und Karl IV. mit wahren oder angeblichen Jansenisten zu schaffen hatte.

[2] Z. B. sehr früh in Neapel; schon 1715 glaubte man, in Neapel sei die Hälfte von den einigermaßen nachdenkenden Leuten Jansenisten. Keyßler, Reisen S. 780.

zusammen. Sie brachten jenen Geist der Neuerung hervor, der um so weiter um sich greift, je weniger er ein bestimmtes Ziel hat, je mehr er die gesamte Zukunft in Anspruch nimmt, und der aus den Mißbräuchen des Bestehenden täglich neue Kräfte saugt. Dieser Geist griff jetzt in den katholischen Völkern um sich. Zugrunde lag ihm wohl in der Regel, bewußt oder unbewußt, was man die Philosophie des 18. Jahrhunderts genannt hat; die jansenistischen Theorien gaben ihm kirchliche Form und Haltung; zur Tätigkeit trieb ihn das Bedürfnis der Staaten, die Gelegenheit des Momentes an. In allen Ländern, an allen Höfen bildeten sich zwei Parteien aus, von denen die eine der Kurie, der geltenden Verfassung und Lehre den Krieg machte, die andere die Dinge, wie sie waren, die Prärogativen der allgemeinen Kirche festzuhalten suchte.
Die letzte stellte sich vor allem in den Jesuiten dar: der Orden erschien als das Hauptbollwerk der ultramontanen Grundsätze; zunächst gegen ihn richtete sich der Sturm.

Noch in dem 18. Jahrhundert waren die Jesuiten sehr mächtig, hauptsächlich, wie früher, dadurch, daß sie die Beichtstühle der Großen und der Fürsten innehatten und den Unterricht der Jugend leiteten; ihre Unternehmungen, sei es der Religion, wiewohl diese nicht mit der alten Energie getrieben wurden, oder des Handels, umfaßten noch immer die Welt. Jetzt hielten sie sich ohne Wanken zu den Doktrinen kirchlicher Orthodoxie und Unterordnung; was denselben irgend zuwiderlief, eigentlicher Unglaube, jansenistische Begriffe, Tendenzen der Reform, alles fiel bei ihnen in dieselbe Verdammnis.
Zuerst wurden sie auf dem Gebiete der Meinung, der Literatur angegriffen. Es ist wohl nicht zu leugnen, daß sie der Menge und Kraft der auf sie eindringenden Feinde mehr ein starres Festhalten an den einmal ergriffenen Lehren, indirekten Einfluß auf die Großen, Verdammungssucht entgegensetzten als die echten Waffen des Geistes. Man kann es kaum begreifen, daß weder sie selber noch auch andere mit ihnen verbündete Gläubige ein einziges originales und wirksames Buch zur Verteidigung hervorbrachten, während die Arbeiten ihrer Gegner die Welt überschwemmten und die öffentliche Überzeugung feststellten.
Nachdem sie aber einmal auf diesem Felde der Lehre, der Wissen-

schaft, des Geistes, überwunden waren, konnten sie sich auch nicht mehr lange im Besitz der Gewalt halten.

In der Mitte des 18. Jahrhunderts kamen im Widerstreit jener beiden Tendenzen fast in allen katholischen Staaten reformierende Minister ans Ruder: in Frankreich Choiseul[1], in Spanien Wall, Squillace, in Neapel Tanucci, in Portugal Carvalho: alles Männer, welche es zum Gedanken ihres Lebens gemacht hatten, das Übergewicht des geistlichen Elementes zu unterdrücken. Die kirchliche Opposition bekam in ihnen Darstellung und Macht; ihre persönliche Stellung beruhte darauf; der offene Kampf war um so unvermeidlicher, da ihnen die Jesuiten durch persönliche Gegenwirkung, durch Einfluß auf die höchsten Kreise in den Weg traten.

Der erste Gedanke ging noch nicht auf eine Vertilgung des Ordens; man wollte ihn nur zunächst von den Höfen entfernen, ihn seines Kredites, womöglich auch seiner Reichtümer berauben. Hierzu glaubte man sich sogar des römischen Hofes bedienen zu können. Die Spaltung, welche die katholische Welt teilte, war am Ende auch hier in gewissem Sinne eingetreten; es gab eine strengere und eine mildere Partei. Benedikt XIV., der die letzte repräsentierte, war längst mit den Jesuiten unzufrieden; ihr Verfahren in den Missionen hatte er oftmals laut verdammt[2].

Nachdem Carvalho in der Bewegung der Faktionen des portugiesischen Hofes, den Jesuiten, die ihn zu stürzen suchten, zum Trotz, Herr und Meister der Staatsgewalt, ja des königlichen Willens geblieben, forderte er den Papst zu einer Reform des Ordens auf[3]. Er hob, wie natürlich, die Seite hervor, die den meisten Tadel darbot, die merkantile Richtung der Gesellschaft, die ihm überdies bei seinen kommerziellen Bestrebungen sehr beschwerlich fiel. Der Papst trug kein Bedenken, darauf einzugehen. Die

[1] Im Anhang zu den Memoiren der Mad. du Hausset findet sich ein Aufsatz: de la destruction des Jésuites en France, worin der Widerwille Choiseuls gegen die Jesuiten daher geleitet wird, daß ihr General ihm einst in Rom zu erkennen gegeben, er wisse, was in Paris bei einem Souper gesprochen worden war. Das ist aber eine Geschichte, die sich auf mancherlei Art wiederholt und schwerlich viel auf sich hat. Die Sachen liegen etwas tiefer.

[2] Schon als Prälat Lambertini. Mémoires du père Norbert II, 20.

[3] Von jesuitischer Seite wird dieser Streit der Faktionen in der von Murr aus einer italienischen Handschrift übersetzten Geschichte der Jesuiten in Portugal doch recht anschaulich geschildert.

weltliche Geschäftigkeit des Ordens war ihm selbst ein Greuel. Auf den Antrag Carvalhos beauftragte er einen Freund desselben, einen Portugiesen, Kardinal Saldanha, mit der Visitation des Ordens. In kurzem erging ein Dekret dieses Visitators, worin den Jesuiten ihre Handelsgeschäfte ernstlich verwiesen und die königlichen Behörden ermächtigt wurden, alle diesen Geistlichen zugehörigen Waren einzuziehen.

Und schon hatte man indes in Frankreich die Gesellschaft von derselben Seite angegriffen. Der Bankerott eines mit dem Pater Lavalette auf Martinique in Verbindung stehenden Handelshauses, der eine Menge anderer Fallissements nach sich zog, veranlaßte die bei dem Verluste Beteiligten, sich mit ihren Beschwerden an die Gerichte zu wenden, welche die Sache eifrig in die Hand nahmen[1].

Wäre Benedikt XIV. länger am Leben geblieben, so läßt sich wohl annehmen, daß er den Orden zwar nicht etwa vernichtet, aber allmählich einer durchgreifenden und gründlichen Reform unterworfen haben würde. Jedoch in diesem Augenblicke starb er. Aus dem Konklave ging – 6. Juli 1758 – ein Mann von entgegengesetzter Gesinnung, Clemens XIII., als Papst hervor.

Clemens war von reiner Seele, reinen Absichten; er betete viel und inbrünstig; sein höchster Ehrgeiz war, einmal seliggesprochen zu werden. Dabei hegte er aber die Meinung, daß alle Ansprüche des Papsttums heilig und unverletzlich seien; er beklagte tief, daß man einige derselben fallen lassen; er war entschieden, keinerlei Zugeständnisse zu machen; ja, er lebte der Überzeugung, daß man durch standhaftes Festhalten noch alles gewinnen, den verdunkelten Glanz von Rom wiederherstellen könne[2]. In den Jesuiten sah er die getreuesten Verfechter des Päpstlichen Stuhles und der Religion: er billigte sie, wie sie waren; einer Reform fand er sie nicht bedürftig. In alledem bestärkte ihn seine Umgebung, die mit ihm betete.

Man könnte nicht sagen, daß Kardinal Torregiani, in dessen Händen die Verwaltung der päpstlichen Macht hauptsächlich lag, auf gleiche Weise von geistlichen Gesinnungen durchdrungen gewesen sei. Er stand vielmehr in dem Rufe, daß er z. B. in den Pach-

[1] Vie privée de Louis XV. IV, p. 88.

[2] Sammlung der merkwürdigsten *Schriften, die Aufhebung der Jesuiten betreffend, 1773,* I, S. 211. Wie sehr die allgemeine Meinung dawider war, sieht man unter anderem aus Winckelmanns Briefen.

tungen der päpstlichen Einkünfte persönliches Interesse habe, daß er überhaupt die Gewalt um ihrer selbst willen liebe. Aber war es nicht auch für diese von großem Wert, den Orden aufrechtzuerhalten? Alle den Einfluß, den Reichtum und das Ansehen, um deren willen die Jesuiten von eifersüchtigen Vizekönigen in Amerika und von emporstrebenden Ministern in Europa gehaßt wurden, legten sie zuletzt zu den Füßen des Römischen Stuhles nieder. Torregiani machte ihre Sache zu seiner eigenen. Daß er dies tat, befestigte ihn hinwieder in seiner Stellung am Hofe. Der einzige Mann, der ihn hätte stürzen können, der päpstliche Nepote Rezzonico, fürchtete, wenn er dies täte, der Kirche Gottes zu schaden[1].

Wie nun aber die Sachen in der Welt einmal standen, konnte dieser aus verschiedenartigen Beweggründen entspringende Eifer nichts anderes bewirken, als daß die Angriffe heftiger wurden und sich gegen den Römischen Stuhl selber wandten.

In Portugal wurden die Jesuiten – man kann noch nicht deutlich sehen, ob schuldig oder nicht – in die Untersuchung wegen eines Attentats gegen das Leben des Königs verwickelt[2]; es erfolgte Schlag auf Schlag; endlich wurden sie mit unbarmherziger Gewaltsamkeit vertrieben und geradezu an den Küsten des Kirchenstaates ausgesetzt.

Indessen waren sie in Frankreich durch jenen Prozeß in die Gewalt der Parlamente geraten, von denen sie von Anbeginn gehaßt worden. Ihre Sache ward mit großem Geräusch verhandelt; zuletzt verurteilte man die gesamte Gesellschaft, die Verpflichtungen Lavalettes zu erfüllen. Aber hierbei blieb man nicht stehen. Man unterwarf die Verfassung der Jesuiten einer neuen Untersuchung und zog die Gesetzlichkeit ihres Bestehens im Königreiche überhaupt in Zweifel.

[1] Carattere di Clemente XIII e di varj altri personaggi di Roma, Handschrift des Britischen Museums 8430: La diffidenza che (il papa) ha di se medesimo e la soverchia umiliazione che lo deprime lo fa differire ai sentimenti altrui che sono per lo più o sciocchi o interessati o maligni. – Chi lo dovrebbe scuotere non si move – – –

[2] In dem Urteil vom 12. Jenner 1759 werden gegen „die verkehrten Ordensgeistlichen der Gesellschaft Jesu" hauptsächlich einige „gesetzliche Vermutungen" geltend gemacht. Die vornehmsten sind: ihr Ehrgeiz, sich der Zügel des Reiches zu bemächtigen (§ 25), ihr Übermut vor dem Attentat, ihre Niedergeschlagenheit nach dem Mißlingen desselben (§ 26), endlich, und zwar noch weit mehr gravierend, ihre enge Ver-

Es ist sehr merkwürdig und bezeichnend, auf welche Punkte es hierbei ankam.

Vorzüglich zwei Dinge wurden dem Orden zum Vorwurf gemacht: sein fortdauernder Widerspruch gegen die vier gallikanischen Sätze und die unumschränkte Gewalt des Generals.

Das erste bildete jedoch jetzt keine unübersteigliche Schwierigkeit. Der General der Jesuiten war nicht dagegen, daß den Mitgliedern des Ordens wenigstens stillschweigend die Erlaubnis gegeben würde, von dem Widerspruch gegen die vier Sätze abzustehen, und in den Verhandlungen der französischen Geistlichkeit von 1761 findet sich in der Tat, daß sie sich erboten, sich in ihren Lehrvorträgen nach denselben zu richten.

Ganz anders aber ging es bei dem zweiten Vorwurf.

Die Parlamente, eine vom Könige niedergesetzte Kommission und selbst die Mehrheit einer bei dem Kardinal Luynes vereinigten Versammlung der französischen Bischöfe[1] hatten einmütig geurteilt, daß der Gehorsam, welchen nach den Statuten der in Rom residierende General zu fordern habe, mit den Gesetzen des Reiches und den Untertanenpflichten überhaupt nicht zu vereinigen sei.

Es geschah nicht in der Absicht, den Orden zu vernichten, sondern vielmehr, ihn noch womöglich zu retten, daß der König dem General vorschlagen ließ, einen Vikar für Frankreich zu ernennen, der dort seinen Sitz haben und auf die Landesgesetze verpflichtet werden sollte[2].

Wenn ein Mann wie Aquaviva an der Spitze gestanden hätte, so

bindung mit dem vornehmsten Angeklagten Mascarenhas, mit dem sie früher entzweit gewesen waren. Pater Casta soll gesagt haben, durch den Königsmord werde man „auch nicht einmal eine leichte Sünde begehen" (§ 4). Dagegen ist nun aber bemerkt worden, daß die Geständnisse, auf welche sich diese Angaben gründen, durch die Folter erpreßt, daß die Akten des Prozesses überhaupt voll von Übereilungen und Informitäten seien. Juridisch kann das Urteil wohl niemals gerechtfertigt werden. Vgl. v. Olfers über den Mordversuch gegen den König von Portugal 3. Sept. 1758. Berlin 1839. Nach einem Schreiben bei Smith, Memoires of the Marquis of Pombal I, 287 soll doch Kard. Acciajuoli, als er aus Portugal zurückkam, unumwunden erklärt haben, „that the Jesuits were undoubtedly the authors of the attempted assassination of H. M. Dom Joseph".

[1] St-Priest, Chute des Jésuites, p. 54.

[2] *Schreiben* von Praslin, 16. Jan. 1762, bei Flassan, Hist. de la diplomatie française VI, 498. Die ganze Darstellung ist sehr lehrreich.

würde man vielleicht auch in diesem Augenblicke noch auf eine Auskunft, eine Vereinbarung gedacht haben. Aber die Gesellschaft hatte jetzt das unbeugsamste Oberhaupt, Lorenzo Ricci, der nichts als das Unrecht fühlte, welches ihr geschah. Der Punkt, den man angriff, erschien ihm geistlich und politisch eben als der wichtigste. Die enzyklischen Briefe, welche noch von ihm übrig sind, zeigen, welch unermeßlichen Wert er für die persönliche Zucht auf die Pflicht des Gehorsams legt, in der ganzen Strenge, wie sie Ignatius gepredigt. Überdies aber regte sich in Rom der Verdacht, als gehe die Absicht in den verschiedenen Reichen nur dahin, sich von dem allgemeinen Kirchenregiment unabhängig zu machen, und damit schien auch jenes Ansinnen an den Jesuitengeneral einen inneren Zusammenhang zu haben. Ricci entgegnete, eine so wesentliche Änderung der Verfassung wie die vorgeschlagene stehe nicht in seiner Macht. Man wandte sich an den Papst; Clemens XIII. erwiderte, durch das Tridentinische Konzilium, durch so viele Konstitutionen seiner Vorfahren sei diese Verfassung allzu deutlich gutgeheißen, als daß er sie abändern könne[1]. Jedwede Modifikation wiesen sie von sich. Es ist ganz der Sinn Riccis: sint, ut sunt, aut non sint.

Es erfolgte, daß sie nicht mehr sein sollten. Das Parlament, dem nun kein Hindernis weiter in den Weg gelegt wurde, erklärte (6. August 1762): das Institut der Jesuiten laufe aller geistlichen und weltlichen Autorität entgegen, sei darauf berechnet, sich durch geheime und offene, direkte und indirekte Mittel zuerst unabhängig zu machen und am Ende selbst die Gewalt zu usurpieren; es sprach aus, daß der Orden unwiderruflich und auf immer von dem Königreiche ausgeschlossen sein solle. Zwar bezeichnete der Papst in einem Konsistorium diesen Beschluß als null und nichtig[2]; aber schon war es so weit gekommen, daß er die Allokution, in der er das getan, nicht bekanntzumachen wagte.

Und unaufhaltsam verbreitete sich diese Bewegung über alle bourbonischen Länder. Karl III. von Spanien war durch den Widerstand gereizt, den die Jesuiten durch Schrift und Wort seinen Reformen entgegensetzten; er gab ihnen eine Volksbewegung

[1] Erzählung der Jesuiten bei Wolf, Geschichte der Jesuiten III, 365. Dieses Buch ist nur über die Aufhebung des Ordens brauchbar.

[2] Potestatem ipsam Jesu Christi in terris vicario eius unice tributam sibi temere arrogantes totius societatis compagem in Gallico regno dissolvunt etc. Daunou hat dies Aktenstück II, 207.

Schuld, die in Madrid zum Ausbruch kam; endlich ward er, wie man behauptet, überredet, es sei der Plan der Jesuiten, seinen Bruder Don Luis an seiner Statt zum Throne zu befördern[1]; hierauf ließ er mit der entschlossenen Verschwiegenheit, die ihn überhaupt auszeichnete, alles vorbereiten und die Häuser der Jesuiten an einem und demselben Tage in ganz Spanien schließen. In Neapel und Parma folgte man diesem Beispiele, ohne zu zögern.

Vergebens war alles Ermahnen, Bitten, Beschwören des Papstes. Endlich machte er auch einen anderen Versuch. Als der Herzog von Parma so weit ging, den Rekurs an römische Tribunale sowie alle Verleihung der Pfründen des Landes an Nichteingeborene zu verbieten, ermannte sich der Papst zu einem Monitorium, worin er diesem seinem Lehensmanne die geistlichen Zensuren ankündigte[2]. Noch einmal erhob er die geistlichen Waffen und suchte sich zu verteidigen, indem er angriff. Aber dieser Versuch hatte die schlimmsten Folgen: der Herzog antwortete auf eine Weise, wie es in früheren Jahrhunderten der mächtigste König nicht gewagt haben würde; die gesamten Bourbonen nahmen sich seiner an. Avignon, Benevent, Pontecorvo wurden von ihnen besetzt.

Dahin entwickelte sich die Feindseligkeit der bourbonischen Höfe. Von der Verfolgung der Jesuiten gingen sie unmittelbar zum Angriff auf den Römischen Stuhl über. Man hat den Vorschlag gemacht, Rom mit einer Kriegsmacht zu überziehen und auszuhungern.

An wen sollte der Papst sich wenden? Alle italienischen Staaten nahmen wider ihn Partei, Genua, Modena, Venedig. Er richtete seine Augen noch einmal auf Österreich; er schrieb der Kaiserin Maria Theresia, sie sei auf Erden sein einziger Trost, sie möge

[1] Schreiben des französischen Gesandten, das aus dem italienischen Werke: Delle cagioni dell'espulsione de' Gesuiti, in Lebrets Geschichte der Bulle In coena domini IV, 205 übergegangen ist. Die Auszüge aus der diplomatischen Korrespondenz bei St-Priest sind leider zu unvollständig, um darüber aufzuklären. Eine Relazione al conte di Firmian 1767, 7 Apr. (MS. der Brera) versichert, die Jesuiten hätten doch eine Ahnung gehabt: Non fu senza forte motivo che poco prima di detta espulsione dimandarono al re la confirma de' loro privilegi e del loro istituto, il che solamente in oggi si è saputo. Sie hatten ihr Geld und ihre Papiere beiseite gebracht. Aber der Vorteil der Krone schien Karl III. so groß, daß er, nachdem die Sache gelungen war, ausrief, er habe eine Welt erobert.

[2] Botta, Storia d'Italia, tom. XIV, p. 147.

nicht zugeben, daß man sein Alter mit Gewalttätigkeiten erdrücke.

Die Kaiserin entgegnete, wie einst Urban VIII. dem Kaiser Ferdinand: es sei eine Sache des Staates und nicht der Religion; sie würde unrecht tun, sich dareinzumischen.

Der Mut Clemens' XIII. war gebrochen. Im Anfange des Jahres 1769 erschienen die Gesandten der bourbonischen Höfe, einer nach dem anderen, erst der neapolitanische, dann der spanische, endlich der französische, um die unwiderrufliche Aufhebung des gesamten Ordens zu fordern[1]. Der Papst berief auf den 3. Februar ein Konsistorium, in welchem er die Sache wenigstens in Überlegung nehmen zu wollen schien. Aber es war nicht bestimmt, daß er eine so tiefe Demütigung erleben sollte. Den Abend zuvor ergriff ihn eine Konvulsion, an der er verschied.

Die Stellung der Höfe war zu drohend, ihre Einwirkung zu mächtig, als daß sie in dem Konklave, welches nunmehr folgte, nicht hätten durchdringen und einen Mann, wie sie ihn bedurften, zur dreifachen Krone befördern sollen.

Von allen Kardinälen war Lorenzo Ganganelli ohne Zweifel der mildeste, gemäßigste. In seiner Jugend hat einer seiner Lehrer von ihm gesagt, es sei kein Wunder, wenn er die Musik liebe: in ihm selber sei alles Harmonie[2]. So entwickelte er sich weiter, in

[1] Continuazione degli annali d'Italia di Muratori, tom. XIV, I, p. 197.

[2] Aneddoti riguardanti la famiglia e l'opere di Clemente XIV, bei den Lettere ed altre opere di Ganganelli, Firenze 1829. Was diese Werkchen und Briefe selbst anbetrifft, so mögen sie wohl interpoliert sein; aber der Hauptsache nach halte ich sie doch für echt: 1. weil die Verteidigung derselben in dem Ringratiamento dell' editore all' autore dell'anno literario im ganzen natürlich und befriedigend ist, obwohl vor der Herausgabe ein unverantwortlicher Gebrauch von ihnen gemacht war; 2. weil glaubwürdige Männer, z. B. Kardinal Vernis, die Originale gesehen zu haben versicherten; der eigentliche Sammler war der florentinische Literator Lami; nach einem Briefe des Abbé Bellegarde bei Potter, Vie de Ricci I, p. 328, bestätigten diejenigen, welche die Originale besaßen und die Kopien geliefert hatten, ihre Echtheit; 3. weil sie das Gepräge einer Originalität, einer eigentümlichen und in allen Lagen des Lebens sich gleichbleibenden Gesinnung tragen, die kein Erfinder erdichtet haben kann: es ist ein lebendiger Mensch darin. Am wenigsten können diese Briefe von Caracciolo stammen. Man braucht nur seine Vie de Clément XIV zu lesen, um sich zu überzeugen, wie tief alle seine Bemerkungen unter dem stehen, was von Clemens XIV. herrührt. Das Gute, welches diese Schrift hat, ist auch nur eine Rückwirkung des Ganganellischen Geistes.

unschuldiger Geselligkeit, Zurückgezogenheit von der Welt, einsamen Studien, die ihn immer tiefer und tiefer in das Geheimnis wahrer Theologie führten. Wie er von Aristoteles sich bald zu Plato wandte, der seine Seele mehr befriedigte, so ging er von den Scholastikern zu den Kirchenvätern, von diesen zu der Heiligen Schrift fort, die er mit der Inbrunst eines von der Offenbarung des Wortes überzeugten Gemütes faßte, an deren Hand er sich dann mit jener stillen und reinen Mystik durchdrang, die in allen Dingen Gott sieht und sich dem Dienste des Nächsten widmet. Seine Religion war nicht Eifer, Verfolgung, Herrschsucht, Polemik, sondern Friede, Demut und inneres Verständnis. Der unaufhörliche Hader des Päpstlichen Stuhles mit den katholischen Staatsgewalten, der die Kirche zerrüttete, war ihm von ganzem Herzen verhaßt. Seine Mäßigung war nicht Schwäche oder auferlegte Notwendigkeit, sondern freies Wollen und innere Genialität.

Aus dem Schoße der Religion entwickelte sich eine Gesinnung, welche, so verschieden sie auch in ihrem Ursprunge von den weltlichen Tendenzen der Höfe war, ihnen doch von einer anderen Seite her entgegenkam.

Die römische Kurie war, wie berührt, so gut wie andere Höfe in zwei Parteien zerfallen: die Zelanti, welche die alten Gerechtsamen aufrechtzuerhalten suchten, und die Partei der Kronen, der Regalisten, welche das Heil der Kirche in weiser Nachgiebigkeit gegen die weltliche Gewalt zu finden glaubte. Lange kämpften sie in dem Konklave. Endlich wurden die ersten inne, daß sie mit keinem der Ihren durchdringen würden. Es ist erklärlich, daß sie alsdann anderen Gegnern denjenigen vorzogen, der als der religiöseste und unschuldigste von ihnen galt. Durch eine Vereinigung der beiden Parteien ward Ganganelli – 9. Mai 1769 – zum Papste gewählt. Er nannte sich, auch zur Ehre seines Vorgängers, Clemens XIV.; doch ließ er keinen Augenblick zweifelhaft, daß in ihm ein entgegengesetztes Prinzip zur Geltung gekommen war. Ganganelli begann damit, die Bulle in coena domini nicht verlesen zu lassen; die Zugeständnisse, welche Benedikt XIV. dem Könige von Sardinien gemacht und die man seitdem nicht hatte anerkennen wollen, erweiterte er noch; gleich am Tage seiner Besitzergreifung erklärte er, daß er einen Nuntius nach Portugal senden werde; er suspendierte die Wirksamkeit jenes Monitoriums gegen Parma. Die verschiedenen katholischen Staaten forderten

Begünstigungen; nach und nach mit einigen Modifikationen gewährte er sie ihnen. Die vornehmste von allen Angelegenheiten aber, die er zu entscheiden hatte, war die jesuitische. Die Anhänger der Jesuiten haben behauptet, Ganganelli habe in dem Konklave das bestimmte Versprechen gegeben, den Orden aufzuheben; seine Wahl sei der Preis dieser Zusagen, seine Erhebung mit dem Verbrechen der Simonie befleckt gewesen. Den Beweis einer so schweren Anklage haben sie jedoch nicht führen können. Nur dürfte auch das nicht abzuleugnen sein, daß sich Ganganelli auf eine Weise ausgedrückt hatte, welche die Minister der Bourbons erwarten ließ, er werde in ihrem Sinne handeln[1]. Er gehörte dem Orden der Franziskaner an, der schon immer besonders in den Missionen die Jesuiten bekämpft hatte; er hielt sich an den augustinianisch-thomistischen Lehrbegriff, so ganz im Gegensatz mit der Gesellschaft Jesu; von jansenistischen Meinungen war er wohl nicht durchaus frei. Und bei den Untersuchungen, die er als Papst anstellte oder anstellen ließ, fanden sich die meisten Anklagepunkte, die man so oft gegen den Orden vorgebracht hatte, begründet: Einmischung in die weltlichen Angelegenheiten, kirchlicher Zwist und Hader sowohl mit dem regularen als mit dem sekularen Klerus, Duldung heidnischer Gebräuche in den Missionen, überhaupt anstößige Maximen, Erwerbung ansehnlicher Reichtümer auch durch Handelsgeschäfte. Eine Zeitlang trug sich Clemens XIV. mit dem Gedanken, der Sache durch eine Reform beizukommen, die eben in einem Verbot des Verwerflichen und einer Unterordnung des Ordens unter die lokalen Kirchengewalten bestanden haben würde. Den bourbonischen Mächten schien es genügen zu müssen, wenn ihr Verfahren zugleich von dem Römischen Stuhle gutgeheißen wurde. Der Papst fürchtete, durch eine Aufhebung des Ordens mit den übrigen katholischen Mächten in Irrungen zu geraten. Es machte ihn bedenklich, als bei der ersten Teilung von Polen ein Mißverständnis zwischen Frankreich und Österreich unvermeidlich schien, was auf diese Sache zurückwirken könne. In der Tat aber hat sich doch damals kein einziger

[1] Vernis erwähnt in einer seiner Depeschen „les espérances qu'il me donna dans les derniers jours du conclave de satisfaire les souverains sur l'affaire des Jésuites". – – „J'ai reconnu que le pape s'étoit encore moins enragé du côté d'Espagne, que du notre, et que nous n'avions d'autres ressources avec lui, que les espérances générales, qu'il m'avoit données dans le conclave". Bei Theiner, Histoire du pontificat de Clément XIV, I, 261.

von den übrigen katholischen Fürsten und Staaten der Jesuiten ernstlich angenommen. Dagegen legte der König von Spanien Erklärungen seines Klerus vor, welcher ihm und seinen Forderungen vollkommen beistimmte. Gegen eine Verfügung über das ganze Institut hatte man oft eingewandt, daß es vom Tridentinischen Konzilium gutgeheißen worden sei; die päpstliche Kommission sah den Kanon nach und fand darin nur eine Erwähnung, keine ausdrückliche Bestätigung. Dann aber zweifelte Clemens nicht, daß, was einer seiner Vorfahren in anderen Zeiten gestiftet habe, von ihm in den seinen zurückgenommen werden dürfe. Wohl kostete es ihm noch manchen Kampf; hatte man doch sogar Besorgnis für sein Leben in ihm erweckt. Allein auf eine andere Weise war nun einmal der Friede der katholischen Kirche nicht herzustellen. Besonders bestand der spanische Hof mit Ungestüm auf seinen Forderungen; ohne sie zu erfüllen, hätte der Papst keine Rückgabe der entzogenen Gebiete erwarten dürfen. Am 21. Juli 1773 erfolgte der päpstliche Spruch: „Angehaucht von dem göttlichen Geiste, wie wir vertrauen, durch die Pflicht getrieben, die Eintracht der Kirche zurückzuführen, überzeugt, daß die Gesellschaft Jesu den Nutzen nicht mehr leisten kann, zu dem sie gestiftet worden, und von anderen Gründen der Klugheit und Regierungsweisheit bewogen, die wir in unserem Gemüte verschlossen behalten, heben wir auf und vertilgen wir die Gesellschaft Jesu, ihre Ämter, Häuser, Institute[1]."

Ein Schritt von unermeßlicher Bedeutung.

Einmal schon für das Verhältnis zu den Protestanten. Zu dem Kampfe mit denselben war das Institut ursprünglich berechnet, von Grund aus eingerichtet – beruhte doch selbst die Form seiner Dogmatik hauptsächlich auf dem Gegensatz gegen Kalvin –; es war der Charakter, den die Jesuiten noch am Ende des 17. Jahrhunderts in den Hugenottenverfolgungen erneuert und befestigt hatten. Mit diesem Kampfe war es aber jetzt am Ende; auch einer geflissentlichen Selbsttäuschung hätte er keine wesentliche Aussicht mehr dargeboten. In dem großen Weltverhältnis besaßen die Unkatholischen ein unleugbares Übergewicht, und die katholischen Staaten suchten sich ihnen vielmehr anzunähern, als sie an sich zu ziehen. Darin, sollte ich glauben, liegt der vornehmste, tiefste Grund der Aufhebung des Ordens. Er war ein Kriegs-

[1] Breve „Dominus ac redemptor". Continuazione degli annali d'Italia di Muratori, tom. XIV, II, p. 107.

institut, das für den Frieden nicht mehr paßte. Da er nun um kein Haar breit weichen wollte und alle Reform, deren er doch auch in anderer Hinsicht sehr bedurfte, hartnäckig von sich wies, sprach er sich selbst sein Urteil. Es ist von hoher Wichtigkeit, daß der Päpstliche Stuhl einen Orden nicht zu behaupten vermag, der zur Bekämpfung der Protestanten gegründet ist, daß ein Papst, und zwar zugleich aus innerlicher Bewegung, ihn aufgibt.

Die nächste Wirkung hatte das aber auf die katholischen Länder. Die Jesuiten waren angefeindet, gestürzt worden, hauptsächlich weil sie den strengsten Begriff der Oberhoheit des Römischen Stuhles verfochten; indem dieser sie fallen ließ, gab er zugleich die Strenge jenes Begriffes und seine Konsequenzen selber auf. Die Bestrebungen der Opposition erfochten einen unzweifelhaften Sieg. Daß die Gesellschaft, welche den Unterricht der Jugend zu ihrem Geschäft gemacht und noch immer in so großem Umfange trieb, ohne Vorbereitung, mit einem Schlage vernichtet ward, mußte eine Erschütterung der katholischen Welt bis in die Tiefe, bis dahin, wo die neuen Generationen sich bilden, hervorrufen[1]. Da das Außenwerk genommen worden, mußte der Angriff einer siegreichen Gesinnung auf die innere Festung noch viel lebhafter beginnen. Die Bewegung wuchs von Tag zu Tag, der Abfall der Gemüter griff immer weiter um sich; was ließ sich erwarten, da die Gärung jetzt sogar in dem Reiche hervortrat, dessen Dasein und Macht mit den Resultaten der katholischen Bestrebungen in der Epoche ihrer Herstellung am genauesten zusammenhing, in Österreich?

Joseph II.

Es war der Sinn Josephs II., alle Kräfte seiner Monarchie unumschränkt in seiner Hand zu vereinigen. Wie hätte er die Einwirkungen von Rom, den Zusammenhang seiner Untertanen mit dem Papste billigen sollen? Sei es, daß er mehr von Jansenisten oder mehr von Ungläubigen umgeben war[2] – sie boten einander ohne

[1] Montbarey, Mémoires p. 225.

[2] Was van Swieten geglaubt hat, mag dahingestellt bleiben. Daß es aber auch eine sehr ausgebildete jansenistische Richtung in Wien gab, zeigt unter anderem das Leben von Feßler. Feßlers Rückblicke auf seine siebzigjährige Pilgerschaft S. 74, 78 und an anderen Stellen. Vgl. Schlözers Staatsanzeigen IX, 33, S. 113.

Zweifel auch hier die Hand, wie in dem Angriff auf die Jesuiten –, allen zusammenhaltenden, auf eine äußerliche Einheit der Kirche abzielenden Instituten machte er einen unablässigen zerstörenden Krieg. Von mehr als 2000 Klöstern hat er nur ungefähr 700 übriggelassen; von den Nonnenkongregationen fanden nur die unmittelbar nützlichen bei ihm Gnade, und auch die, welche er noch verschonte, riß er von ihrer Verbindung mit Rom los. Die päpstlichen Dispensationen sah er an wie ausländische Ware und wollte kein Geld dafür aus dem Lande gehen lassen; er erklärte sich öffentlich für den Administrator der Weltlichkeit der Kirche[1]. Schon sah der Nachfolger Ganganellis, Pius VI., das einzige Mittel, den Kaiser von den äußersten Schritten, vielleicht auch in dogmatischer Hinsicht, zurückzuhalten, in dem Eindruck, den er in persönlicher Begegnung auf ihn zu machen hoffte; er selbst begab sich nach Wien, und man wird nicht sagen dürfen, daß die Milde, der Adel und die Anmut seiner Erscheinung ohne Einfluß geblieben[2]. Jedoch in der Hauptsache fuhr Joseph ohne Wanken noch Rücksicht fort. Dem Kloster, bei welchem er feierlich von dem Papst Abschied genommen, ward unmittelbar danach dessen Aufhebung angekündigt. Pius VI. mußte sich zuletzt entschließen, die Besetzung der bischöflichen Stellen dem Kaiser auch in Italien zu überlassen.

So drangen die antipäpstlichen Bestrebungen jetzt auch von der österreichischen Seite in Italien vor. Leopold, soviel wir urteilen können, selbst von jansenistischer Gesinnung, reformierte die Kirche von Toskana ohne Rücksicht auf den Stuhl von Rom. Unfern der Kapitale der Christenheit erließ die Synode von Pistoja in ihren Beschlüssen ein rechtes Manifest der Vereinigung gallikanischer und jansenistischer Grundsätze. Neapel, das durch die Königin Karoline auch mit dieser Seite in enger Verbindung stand, hob die letzten Zeichen des Lehnsverbandes mit dem Römischen Stuhle auf.

Auch auf die deutsche Kirche hatten die Unternehmungen des Kaisers mittelbare Rückwirkung. Die geistlichen Kurfürsten begannen, nach so langem Einverständnis, sich endlich auch dem Römischen Stuhle entgegenzusetzen. Es vereinigten sich in ihnen die Interessen von Landesfürsten, welche den Geldverschleppungen ein Ende machen, und von geistlichen Würdenträgern, welche

[1] Vgl.: Die deutschen Mächte und der Fürstenbund. I, S. 67.
[2] Ebenda I, S. 76.

ihre Autorität wiederherstellen wollten[1]. Nach ihrer Erklärung von Ems[2], „geschrieben mit einer Feder“, sagt ein römischer Prälat, „die in die Galle Paul Sarpis getaucht war“, sollte sich der römische Primat in Zukunft mit den Rechten begnügen, die ihm in den ersten Jahrhunderten zustanden[3]. Die deutschen Kanonisten hatten ihnen trefflich vorgearbeitet. Neben diesen gab es auch andere Rechtslehrer, welche das ganze Wesen der katholischen Kirche in Deutschland, die politische Macht dieser Hierarchie, ihre Staatsverwaltung bekämpften[4]. Der Gelehrten wie der Laien hatte sich eine lebhafte Neuerungssucht bemächtigt. Der geringere Klerus und die Bischöfe, die Bischöfe und Erzbischöfe, diese selbst und der Papst waren gegeneinander. Es ließ sich auch hier alles zu einer Veränderung an.

Revolution

Ehe man aber noch dazu schritt, ehe noch Joseph mit seinen Reformen zum Ziele gekommen, brach die gewaltigste Explosion der in der Tiefe gärenden Elemente in Frankreich aus.

Es liegt am Tage, daß die Irrungen des Klerus in sich selbst, der Gegensatz zweier feindseligen Parteien in allen religiösen Angelegenheiten, die Unfähigkeit der herrschenden, sich auf dem Gebiete der Meinung und der Literatur zu behaupten, der allgemeine Widerwille, den sie nicht ganz ohne ihre Schuld auf sich geladen, zu der Entwicklung des Ereignisses, welches die neuere Zeit beherrscht, der französischen Revolution, unbeschreiblich beigetragen haben. Der Geist der Opposition, der sich aus dem Innern des in sich selbst irregewordenen Katholizismus erhoben, hatte sich immer mehr konsolidiert. Schritt für Schritt drang er vorwärts: in den Stürmen des Jahres 1789 gelangte er in den Besitz der Gewalt, einer Gewalt, die sich berufen glaubte, das Alte durchaus zu zerstören, eine neue Welt zu machen; in dem allgemeinen

[1] Vgl. Koblenzer Artikel vom Jahre 1769 in der Zeitschrift: Deutsche Blätter für Protestanten und Katholiken. Heidelberg 1839, Heft I, S. 39.

[2] Vgl.: Die deutschen Mächte und der Fürstenbund. I, S. 357.

[3] Bartolomeo Pacca, Memorie storiche sul di lui soggiorno in Germania p. 33.

[4] Z. B. Friedrich Karl v. Moser, Über die Regierung der geistlichen Staaten in Deutschland, 1787. Sein Hauptvorschlag ist, S. 161, daß „Fürst und Bischof wieder voneinander getrennt werden“.

Umsturz, der über das „allerchristlichste" Reich verhängt ward, traf dann notwendig einer der stärksten Schläge auch die geistliche Verfassung.

Es kam alles zusammen: finanzielles Bedürfnis, Interesse der einzelnen wie der Munizipalitäten, Gleichgültigkeit oder Haß gegen die bestehende Religion; endlich machte ein Mitglied des hohen Klerus selbst den Antrag, der Nation, d. i. der weltlichen Gewalt, zunächst der Nationalversammlung, das Recht zuzuerkennen, über die geistlichen Güter zu verfügen. Bisher waren diese Güter als ein Eigentum nicht nur der französischen, sondern zugleich der allgemeinen Kirche betrachtet worden: zu jeder Veräußerung war die Beistimmung des Papstes erforderlich gewesen. Wie entfernt aber lagen die Zeiten, die Ideen, aus denen Begriffe dieser Art hervorgegangen waren! Jetzt sprach die Versammlung nach kurzer Debatte sich selbst das Recht zu, über die Güter zu verfügen, d. i. sie zu veräußern, und zwar noch mit unbedingterer Befugnis, als bei dem ersten Antrag beabsichtigt war. Unmöglich aber konnte sie hierbei stehenbleiben. Da durch die Einziehung der Güter, mit der man keinen Augenblick zögerte, das fernere Bestehen der bisherigen Verhältnisse unmöglich ward, so mußte man unverzüglich zu einer neuen Einrichtung schreiten, wie sie in der bürgerlichen Konstitution des Klerus zustande gekommen ist. Das Prinzip des revolutionären Staates ward auch auf die geistlichen Dinge übertragen[1]: an die Stelle der durch die Konkordate bestimmten Einsetzung sollte die Volkswahl, an die Stelle der Unabhängigkeit, welche der Besitz liegender Gründe gewährte, die Besoldung treten. Alle Diözesen wurden geändert, die Orden abgeschafft, die Gelübde aufgehoben, der Zusammenhang mit Rom unterbrochen: als eines der schwersten Verbrechen würde die Annahme eines Breve betrachtet worden sein. Der Versuch eines Karthäusers, die Alleinherrschaft der katholischen Religion zu retten, hatte nur den Erfolg, diese Beschlüsse zu beschleunigen. Der gesamte Klerus sollte sich durch feierliche Eidesleistung auf dieselben verpflichten.

Es läßt sich nicht leugnen, daß dieser Gang der Dinge sich unter der Mitwirkung der französischen, der Beistimmung aller übrigen Jansenisten vollzog. Sie sahen mit Vergnügen, daß die Macht von Babel, wie sie in ihrem Hasse die römische Kurie nannten, einen

[1] Recht systematisch, nach der Lehre alter Kirchenhistoriker: Tota ecclesiarum distributio ad formam imperii facta est. Camus, Opinion sur le projet de constitution du clergé, 31 mai 1790.

so starken Schlag erlitt, daß der Klerus gestürzt wurde, von dem sie so viele Verfolgungen erfahren hatten. Selbst ihre theoretische Überzeugung ging dahin: denn „indem man die Geistlichkeit ihrer Reichtümer beraube, zwinge man sie, sich wirkliche Verdienste zu erwerben"[1].

Der römische Hof schmeichelte sich noch einen Augenblick, dieser Bewegung durch eine innere Reaktion Einhalt getan zu sehen; der Papst unterließ nichts, um dazu mitzuwirken. Er verwarf die neue Konstitution, verdammte die Bischöfe, welche den Eid darauf geleistet, suchte durch Zuspruch und Lob die noch immer zahlreiche Partei, die sich in den Widerstand geworfen, darin zu bestärken; endlich sprach er sogar über die einflußreichsten und namhaftesten Mitglieder des konstitutionellen Klerus den Bann aus.

Es war aber alles umsonst: die revolutionäre Tendenz behielt den Platz; der innere Bürgerkrieg, den hauptsächlich die religiösen Antriebe entzündeten, schlug zum Vorteil der Neuerung aus. Glücklich wäre der Papst gewesen, wenn es dabei sein Bewenden gehabt, wenn Frankreich nichts weiter beabsichtigt hätte, als sich von ihm loszureißen. Aber indes war der allgemeine Krieg ausgebrochen, der die Lage von Europa so von Grund aus umwandeln sollte.

Mit jener unwiderstehlichen Wut, einer Mischung von Enthusiasmus, Begierde und Schrecken, die in dem inneren Kampf entwickelt worden, ergoß sich die revolutionäre Gewalt auch über die französischen Grenzen.

Was sie berührte, Belgien, Holland, das überrheinische Deutschland, wo gerade die geistliche Verfassung ihren vornehmsten Sitz hatte, wandelte sie auf eine ihr analoge Weise um; durch den Feldzug von 1796 ward sie Meisterin auch in Italien; allenthalben erhoben sich die revolutionären Staaten; schon bedrohte sie den Papst in seinem Staate, in seiner Hauptstadt.

Ohne eigentlich tätige Teilnahme hatte er sich nur mit dem Gewicht seiner geistlichen Waffen auf der Seite der Koalition gehalten. Aber vergeblich machte er diese seine Neutralität geltend[2].

[1] Briefe von Gianni und einigen anderen Abbaten bei Potter, Vie de Ricci II, p. 315. Wolf, Geschichte der katholischen Kirche unter Pius VI., hat B. VII, S. 32 ein Kapitel über den Anteil der Jansenisten an der neuen Verfassung, das aber sehr schwach ausgefallen ist.

[2] Authentische Geschichte des französischen Revolutionskrieges in Italien 1797. Der Papst hatte erklärt, die Religion verbiete einen Widerstand, der Blutvergießen veranlassen könne

Seine Landschaften wurden überzogen, zur Empörung gereizt; unerschwingliche Lieferungen und Abtretungen wurden ihm auferlegt, wie noch nie einem seiner Vorgänger[1]. Und damit war es noch nicht einmal getan. Der Papst war nicht ein Feind wie die anderen. Inmitten des Krieges hatte er sogar den Mut gehabt, die jansenistisch-gallikanischen Doktrinen von Pistoja durch die Bulle Autorem fidei zu verwerfen; die unnachgiebige Haltung, welche er angenommen, jene verurteilenden Breven hatten noch immer auf das innere Frankreich eine große Wirkung; die Franzosen forderten jetzt als Preis des Friedens den Widerruf derselben, die Anerkennung der bürgerlichen Konstitution.

Dazu aber war Pius VI. nicht zu bewegen. Es hätte ihm eine Abweichung von dem Grunde des Glaubens, ein Verrat an seinem Amte geschienen, hierin nachzugeben[2]. Er erwiderte auf die Vorschläge: „nachdem er Gott um seinen Beistand angerufen, inspiriert, wie er glaube, von dem göttlichen Geiste, weigere er sich, auf diese Bedingungen einzugehen".

Einen Augenblick schienen die revolutionären Gewalten sich zu bescheiden – es ward ein Abkommen getroffen auch ohne jene Zugeständnisse –, aber nur einen Augenblick. Von der Absicht, sich von dem Papste loszureißen, waren sie schon zu dem Gedanken fortgeschritten, ihn geradehin zu vernichten. Das Direktorium fand das Regiment der Priester in Italien unverträglich mit dem seinigen. Bei dem ersten Anlaß, den eine zufällige Bewegung in der Bevölkerung gab, wurde Rom überzogen, der Vatikan besetzt. Pius VI. bat seine Feinde, ihn hier, wo er gelebt, nun auch sterben zu lassen; er sei schon über 80 Jahre alt. Man antwortete ihm, sterben könne er überall; man beraubte sein Wohnzimmer vor seinen Augen; auch seine kleinsten Bedürfnisse nahm man ihm weg; den Ring, den er trug, zog man von seinem Finger; endlich führte man ihn nach Frankreich ab, wo er im August 1799 starb.

In der Tat, es konnte scheinen, als sei es mit der päpstlichen Gewalt für immer aus. Jene Tendenzen kirchlicher Opposition, die wir entstehen, sich erheben sahen, waren jetzt dahin gediehen, eine solche Absicht fassen zu dürfen.

[1] In den Mémoires historiques et philosophiques sur Pie VI et son pontificat, tome II, wird der Verlust des römischen Staates auf 220 Mill. Livres berechnet.

[2] Memoria diretta al principe della pace bei Tavanti, Fasti di Pio VI, tom. III, p. 335: S. Santità rimase stordita, veggendo che si cercava di traviare la sua conscienzia per dare un colpo il più funesto alla religione.

Napoleonische Zeiten

Es traten Ereignisse ein, die das doch verhinderten.

Vor allem hatte die Feindseligkeit, welche das Papsttum von den revolutionären Gewalten erfuhr, die Folge, daß das übrige Europa, wie es auch sonst gesinnt sein mochte, es in seinen Schutz nahm. Der Tod Pius' VI. fiel gerade in eine Zeit, in welcher die Koalition wieder einmal Siege erfocht. Hierdurch ward es möglich, daß die Kardinäle in San Georgio bei Venedig sich versammeln und zur Wahl eines Papstes, Pius' VII., schreiten konnten (13. März 1800). Bald darauf siegte zwar die revolutionäre Macht aufs neue und erfocht auch in Italien das entschiedene Übergewicht. Aber in diesem Momente war in ihr selbst eine große Veränderung vorgegangen. Sie nahm nach so vielen im Sturme des dringenden Momentes vollzogenen Metamorphosen eine Wendung zur Monarchie. Ein Gewalthaber trat auf, der die Idee eines neuen Weltreiches in sich trug und der, was hier für uns die Hauptsache ist, sich im Anblick der allgemeinen Zerrüttung und durch die Erfahrungen, die ihm der Orient dargeboten, überzeugt hatte, daß er zu seinem Vorhaben, wie so vieler anderen Formen der alten Staaten, vor allem der Einheit der Religion, hierarchischer Unterordnung bedürfe.

Noch auf dem Schlachtfelde von Marengo ordnete Napoleon den Bischof von Vercelli ab, um Verhandlungen über die Herstellung der katholischen Kirche mit dem Papste anzuknüpfen.

Ein Anerbieten, das zwar etwas überaus Reizendes, aber doch auch viel Gefährliches hatte. Die Herstellung der katholischen Kirche in Frankreich und ihrer Verbindung mit dem Papste konnte nur durch außerordentliche Nachgiebigkeiten erkauft werden.

Pius VII. entschloß sich zu denselben. Er erkannte die Veräußerung der geistlichen Güter – einen Verlust von 400 Millionen Franken in liegenden Gründen – auf einmal an; sein Beweggrund war, wie er sich ausdrückt: es würden neue Unruhen ausbrechen, wenn er sich weigern wollte; er sei aber vielmehr gesonnen, so weit zu gehen, als die Religion nur irgend erlaube. Eine neue Organisation der französischen Geistlichkeit, die nun besoldet und von der Regierung ernannt wurde, gab er zu; er war zufrieden, daß ihm das Recht der kanonischen Institution in demselben Umfange und ohne Beschränkung des Rechtes der Verweigerung zurückgegeben wurde, wie es die früheren Päpste besessen[1].

Was kurz vorher niemand erwartet hätte, es erfolgte nun wirklich die Herstellung des Katholizismus in Frankreich, eine neue Unterwerfung dieses Landes unter die geistliche Autorität. Der Papst war entzückt, „daß die Kirchen von Profanationen gereinigt, die Altäre wieder aufgerichtet, die Fahne des Kreuzes aufs neue ausgebreitet, gesetzmäßige Hirten dem Volke vorgesetzt, so viele vom rechten Wege verirrte Seelen zur Einheit zurückgeführt, mit sich selbst und mit Gott versöhnt seien". „Wie viele Motive", ruft er aus, „zur Freudigkeit und zum Danke!"

Durfte man sich aber wohl überreden, daß mit dem Konkordat von 1801 auch zugleich eine innige Vereinigung der alten geistlichen Gewalt und des revolutionären Staates vollzogen worden sei?

Es waren Konzessionen beider Teile; ihnen zum Trotz blieb ein jeder auf seinem Prinzipe beharren.

Der Restaurator der katholischen Kirche in Frankreich trug unmittelbar danach das meiste dazu bei, daß das stolze Gebäude der deutschen Kirche endlich völlig umgestürzt wurde, ihre Besitztümer und Herrschaften an die weltlichen Fürsten, gleichviel ob an die protestantischen oder die katholischen, gelangten. Am römischen Hofe war man doppelt und dreifach betroffen. „Nach den alten Dekretalen habe die Ketzerei den Verlust der Güter nach sich gezogen; jetzt müsse die Kirche zusehen, daß ihre eigenen Güter an die Ketzer verteilt würden"[2].

Und indes war auch für Italien ein Konkordat im Sinne des französischen entworfen: der Papst mußte auch hier den Verkauf der geistlichen Güter genehmigen, die Besetzung der Stellen der weltlichen Gewalt überlassen; ja, diesem Übereinkommen wurden sogleich so viele neue beschränkende Bestimmungen einseitig hinzugefügt, daß Pius VII. unter diesen Umständen sich weigerte, es zu publizieren[3].

Vor allem aber machte Napoleon in Frankreich selbst die Rechte der Staatsgewalt gegen die Kirche auf das eifrigste geltend. Die

[1] Lettera apostolica in forma di breve bei Pistolesi, Vita di Pio VII, tom. I, p. 143, mit einer durchgängigen Vergleichung der Abweichungen der Publikation, wie sie in Frankreich geschah.

[2] Instruktion an einen Nuntius zu Wien – leider ohne Datum, wahrscheinlich von 1803 – bei Daunou, Essai II, p. 318.

[3] Coppi, Annali d'Italia, tom. III, p. 120.

Deklaration von 1682 betrachtete er als ein Grundgesetz des Reiches und ließ sie in den Schulen erläutern; auch er wollte keine Gelübde, keine Mönche; die Verordnungen über die Ehe, welche für sein bürgerliches Gesetzbuch angenommen wurden, widerstritten den katholischenPrinzipien über ihre sakramentaleBedeutung; die organischen Artikel, die er dem Konkordat von allem Anfang hinzufügte, waren durchaus in antirömischem Sinne.

Als der Papst trotz alledem sich auf die Bitten des Kaisers entschloß, über die Alpen zu gehen und seiner Krönung mit dem heiligen Öl die kirchliche Weihe zu geben, war sein Beweggrund, daß er, wieviel oder wiewenig man auch von der französischen Seite dazu beigetragen haben mag, sich mit der Hoffnung schmeichelte, „etwas zum Vorteil der katholischen Kirche auszurichten, das angefangene Werk zu vollenden"[1]. Er rechnete dabei auf den Einfluß persönlicher Unterredungen. Er nahm den Brief Ludwigs XIV. an Innozenz XII. mit, um Napoleon zu überzeugen, daß schon dieser König die Deklaration von 1682 wieder habe fallen lassen. In der ersten italienisch abgefaßten Vorstellung, die er dann in Paris übergab, machte er eben dieser Erklärung förmlich den Krieg; er suchte das neue Konkordat von den Beschränkungen der organischen Artikel zu befreien[2]. Ja, noch weiter gingen seine Absichten, seine Erwartungen. In einem ausführlichen Memoire stellte er die Bedürfnisse des Pontifikats mit den Verlusten zusammen, die derselbe seit fünfzig Jahren erlitten, und drang in den Kaiser, nach dem Beispiele Karls des Großen ihm die okkupierten Landschaften zurückzugeben[3]. So hoch schlug er den Dienst an, den er der revolutionären Monarchie leistete.

Aber wie sehr sah er sich getäuscht! Gleich bei dem Akte der Krönung nahm man an ihm einen Anflug von Melancholie wahr. Von alledem, was er wünschte und beabsichtigte, erreichte er auch später nicht das mindeste. Vielmehr war eben dies der Moment, in welchem sich die Absichten des Kaisers erst in ihrem vollen Umfange enthüllten.

[1] Allocutio habita in consistorio secreto 29 oct. 1804. Italienisch bei Pistolesi, Vita di Pio VII, tom. I, p. 193.

[2] Extrait du rapport de Mr. Portalis bei Artaud, Pie VII, tom. II, p. 11.

[3] Abgedruckt bei Artaud a. a. O. p. 31. Vgl. das Schreiben Napoleons vom 22. Juli 1807: Le pape s'est donné la peine de venir à mon couronnement. J'ai reconnu dans cette démarche un saint prélat; mais il voulait que je lui cédasse les légations. Bei Bignon, Histoire de France sous Napoléon: Deuxième époque I, p. 158.

Die konstituierende Versammlung hatte sich von dem Papste loszureißen gesucht; das Direktorium hätte ihn zu vernichten gewünscht; Bonapartes Sinn war, ihn zu behalten, aber zugleich zu unterjochen, ihn zu einem Werkzeuge seiner Allgewalt zu machen. Er ließ dem Papste, wenn wir recht unterrichtet sind, schon damals den Vorschlag machen, in Frankreich zu bleiben, in Avignon oder Paris zu residieren.

Der Papst soll geantwortet haben: für den Fall, daß man ihn gefangensetze, habe er eine Abdikation in aller Form abgefaßt und in Palermo niedergelegt, außerhalb des Bereiches französischer Dekrete.

Unter der Herrschaft der englischen Marine allein hätte in diesem Augenblicke der Papst Schutz gefunden.

Wohl ließ man ihn nun nach Rom zurückgehen, ließ ihn im Besitz seiner bisherigen Unabhängigkeit; aber von Stund an entwickelten sich die widerwärtigsten Mißverhältnisse.

Sehr bald erklärte Napoleon ohne weiteren Umschweif, er sei, wie seine Vorfahren von der zweiten und dritten Dynastie, der älteste Sohn der Kirche, der das Schwert führe, um sie zu beschützen, und nicht dulden könne, daß sie mit Ketzern oder Schismatikern, wie die Russen und Engländer, in Gemeinschaft stehe. Besonders liebte er es, sich als den Nachfolger Karls des Großen zu betrachten, woraus er jedoch eine andere Lehre zog als der römische Hof. Er nahm an, der Kirchenstaat sei eine Schenkung Karls an den Papst; aber eben darum liege diesem die Verpflichtung ob, sich nicht von der Politik des Kaisertums zu trennen: auch er werde das nicht dulden[1].

Der Papst war erstaunt über die Zumutung, die Feinde eines anderen als seine Feinde betrachten zu sollen. Er erwiderte, er sei

[1] Schölls Archives historiques et politiques (Paris 1819) enthalten im zweiten und dritten Bande einen Précis des contestations qui ont eu lieu entre le saint siège et Napoléon Buonaparte accompagné d'un grand nombre de pièces officielles. Der Briefwechsel, der hier in aller seiner Ausdehnung mitgeteilt wird, geht vom 13. November 1805 bis 17. Mai 1808. Dessenungeachtet stoßen wir in Bignons Histoire de France depuis la paix de Tilsit 1838 I, chap. 3, p. 125 auf folgende Stelle: Les publications faites depuis 1815 ne se composent guère que de pièces dont la date commence en 1808. Und ferner: Jusqu'à présent son caractère (de Pie VII) n'est pas suffisamment connu. On ne le connoîtra bien qu'en l'appréciant d'après ses actes. In der Tat aber kannten wir diese Akten bereits. Den Aktenstücken bei Schöll hat Bignon nur wenig hinzugefügt.

der allgemeine Hirt, der Vater aller, der Diener des Friedens; schon eine solche Forderung erfülle ihn mit Entsetzen: „er müsse Aaron sein, der Prophet Gottes, nicht Ismael, dessen Hand wider jedermann und jedermanns Hand wider ihn".

Napoleon aber ging geradesweges auf sein Ziel los. Er ließ Ankona, Urbino besetzen, nachdem sein Ultimatum, worin er unter anderem die Ernennung eines Drittels der Kardinäle in Anspruch nahm, verworfen war, seine Truppen nach Rom vorrücken. Die Kardinäle, die ihm nicht gewogen waren, wurden verwiesen, zweimal der Staatssekretär des Papstes; da aber alles dies keine Wirkung auf Pius VII. machte, ward auch seine Person nicht geschont: auch er ward aus seinem Palast und seiner Hauptstadt abgeführt. Ein Senatuskonsult sprach dann die Vereinigung des Kirchenstaates mit dem Französischen Reiche aus. Die weltliche Souveränität ward für unvereinbar mit der Ausübung geistlicher Gerechtsamen erklärt: der Papst sollte in Zukunft auf die vier gallikanischen Sätze förmlich verpflichtet werden; er sollte Einkünfte aus liegenden Gründen beziehen, ungefähr wie ein Lehnsträger des Reiches; der Staat wollte die Kosten des Kardinalkollegiums übernehmen[1].

Ein Plan, wie man sieht, der die gesamte kirchliche Gewalt dem Reiche unterworfen und sie wenigstens mittelbar in die Hände des Kaisers niedergelegt haben würde.

Wie sollte es aber gelingen, was doch unerläßlich war, auch den Papst zur Einwilligung in diese Herabwürdigung zu vermögen? Pius VII. hatte den letzten Moment seiner Freiheit benutzt, um die Exkommunikation auszusprechen. Er versagte den Bischöfen, die der Kaiser ernannte, die kanonische Institution. Napoleon war nicht so vollkommen Herr seines Klerus, daß er nicht bald von der einen, bald von der anderen, auch wohl von der deutschen Seite her Rückwirkungen hiervon empfunden hätte.

Aber eben dieser Widerstand diente zuletzt dazu, den Papst zu überwältigen. Die Folgen davon fielen dem kirchlichen Oberhaupte, welches ein Mitgefühl mit dem inneren Zustande der Kirche hatte, um vieles schmerzlicher als dem weltlichen, welchem ja die geistlichen Dinge nur ein Mittel der Macht waren, in sich selbst gleichgültig.

In Savona, wohin man den Papst gebracht, war er einsam, auf

[1] Thibaudeau, Histoire de la France et de Napoléon. Empire, tom. V, p. 221.

sich selbst beschränkt, ohne Ratgeber. Durch lebhafte und fast übertriebene Vorstellungen von der Verwirrung der Kirche, welche eine Verweigerung der Institution nach sich ziehe, ward der gute Mensch wirklich vermocht, obwohl unter bitteren Schmerzen und heftigem Sträuben, dieses Recht doch eigentlich aufzugeben. Denn was heißt es anders, wenn er es den Metropoliten überträgt, so oft er selbst aus einem anderen Grunde als wegen persönlicher Unwürdigkeit länger als sechs Monate zögere, es auszuüben? Er verzichtete auf das Recht, in welchem doch in Wahrheit seine letzte Waffe bestand.

Und das war noch nicht alles, was man von ihm wollte. In ungeduldiger Eile, die seine körperliche Schwachheit noch vermehrte, führte man ihn nach Fontainebleau; es folgten neue Bestürmungen, die dringendsten Aufforderungen, den Frieden der Kirche vollkommen herzustellen. Endlich ward es in der Tat dahin gebracht, daß der Papst auch in den übrigen, den entscheidenden Punkten nachgab. Er willigte ein, in Frankreich zu residieren; die wesentlichsten Bestimmungen jenes Senatuskonsults nahm er nunmehr an. Das Konkordat von Fontainebleau – 25. Januar 1813 – ist in der Voraussetzung abgefaßt, daß er nicht wieder nach Rom zurückkehren werde[1].

Was niemals ein früherer katholischer Fürst auch nur ernstlich in Absicht zu fassen gewagt hatte, war hiermit dem Autokraten der Revolution wirklich gelungen. Der Papst willigte ein, sich dem Französischen Reiche zu unterwerfen. Seine Autorität wäre hierdurch auf alle Zeiten ein Werkzeug in der Hand dieser neuen Dynastie geworden; sie hätte den inneren Gehorsam und die Verhältnisse der Abhängigkeit der noch nicht unterworfenen katholischen Staaten zu befestigen gedient. Insofern würde das Papsttum in die Stellung zurückgekommen sein, in die es unter den deutschen Kaisern in der Fülle ihrer Macht, vornehmlich unter dem Salier Heinrich III., geraten war. Aber noch bei weitem schwerere Fesseln hätte es getragen. In der Macht, die den Papst jetzt beherrscht hätte, lag etwas, das dem Prinzipe der Kirche widersprach: sie war doch im Grunde nur eine andere Metamorphose jenes Geistes der kirchlichen Opposition, der sich im 18. Jahrhundert entwickelt hatte und eine so starke Hinneigung zu eigentlichem Unglauben in sich trug. Dieser feindseligen Gewalt wäre

[1] Bartolomeo Pacca, Memorie storiche del ministero de' due viaggi in Francia etc. p. 323. Historisch-politische Zeitschrift I, p. IV, 642.

das Papsttum unterworfen gewesen und bei ihr zu Lehen gegangen.
Jedoch es war auch diesmal nicht bestimmt, daß es soweit kommen sollte.

Restauration

Noch immer war das Reich, dessen hierarchischen Mittelpunkt der Papst nunmehr ausmachen sollte, in zweifelhaften Kriegen mit unbezwinglichen Gegnern begriffen. Dem Papste kam in der Einsamkeit seiner Gefangenschaft keine genaue Kunde der Wechselfälle dieses Kampfes zu. In dem Augenblicke, wo er nach so langem Widerstande sich endlich beugte, war Napoleon in seiner letzten größten Unternehmung, gegen Rußland, gescheitert, seine Macht durch alle die Folgen, die daraus entspringen mußten, in ihrer Tiefe erschüttert. Europa faßte bereits die beinahe aufgegebene Hoffnung, sich zu befreien. Als der Papst, zu dem infolge seiner Unterwerfung einige Kardinäle zurückkehren durften, von dieser Lage der Dinge unterrichtet ward, kehrte das Vertrauen auch in ihm zurück; er atmete wieder auf; jeden Fortschritt der verbündeten Mächte fühlte er als einen Akt der Befreiung.
Als sich Preußen erhob, kurz nach dem Aufruf des Königs, ermannte sich Pius VII. zu einem Widerrufe jenes Konkordates; – als der Kongreß von Prag versammelt war, wagte er schon, seinen Blick über die Grenzen des Reiches, das ihn umfaßt hielt, zu erheben und seine Rechte dem Kaiser von Österreich in Erinnerung zu bringen. Nach der Schlacht bei Leipzig hatte er wieder soviel Zuversicht, daß er den Antrag, den man ihm jetzt machte, ihm sein Land zum Teil zurückzugeben, von der Hand wies; – nachdem die Verbündeten über den Rhein gegangen, erklärte er, nicht mehr unterhandeln zu können, ehe seine vollkommene Herstellung erfolgt sei. Auf das rascheste entwickelten sich die Ereignisse: als die Verbündeten Paris eroberten, war er bereits an den Grenzen des Kirchenstaates angelangt; am 24. Mai 1814 zog er wieder in Rom ein. Es begann ein neuer Zeitraum für die Welt, eine neue Ära auch für den Römischen Stuhl.
Was den letzten Jahrzehnten ihren Charakter und Inhalt gegeben hat, ist der Kampf zwischen den Tendenzen der Revolution, welche in den Geistern noch immer so mächtig waren, und den

Ideen, auf welche die alten Staaten als auf ihre ursprüngliche Grundlage nun nach dem Siege mit doppeltem Ernst zurückgingen; – in diesem Gegensatze mußte, wie sich versteht, auch die oberste geistliche Macht der katholischen Kirche eine bedeutende Stelle einnehmen.

Zunächst kam ihr der Begriff der weltlichen Legitimität, und zwar fast noch mehr von der Seite ihrer kirchlichen Gegner als von der ihrer Anhänger und Gläubigen, zu Hilfe.

Der Sieg der verbündeten vier großen Mächte, unter welchen drei unkatholische waren, über denjenigen, der seine Hauptstadt zum Mittelpunkt des Katholizismus zu machen gedachte, setzte den Papst in den Stand, nach Rom zurückzukehren. Zuerst den drei unkatholischen Fürsten allein, die eben in London beisammen waren, ward dann der Wunsch des Papstes, den gesamten Kirchenstaat zurückzuerhalten, vorgelegt. Wie oft sind in früherer Zeit die Kräfte dieses Landes angestrengt worden, um den Protestantismus, sei es in England oder in Deutschland, zu vernichten, die römisch-katholischen Lehren nach Rußland oder Skandinavien auszubreiten! Es mußte jetzt hauptsächlich die Verwendung dieser unkatholischen Mächte sein, durch welche der Papst wieder in den Besitz seines Landes gelangte. In der Allokution, in welcher Pius VII. den Kardinälen die glücklichen Resultate seiner Unterhandlungen mitteilt, rühmt er ausdrücklich die Dienste der Fürsten, „die der römischen Kirche nicht angehören, des Kaisers von Rußland, der seine Rechte mit besonderer Aufmerksamkeit in Erwägung gezogen, des Königs von Schweden und des Prinzregenten von England, ebenso des Königs von Preußen, der sich in dem ganzen Laufe der Unterhandlungen zu seinen Gunsten erklärt habe“[1]. Die konfessionellen Differenzen waren für den Augenblick in Vergessenheit gestellt; – es kamen nur noch politische Rücksichten in Betracht.

Schon öfter haben wir ähnliche Kombinationen in den letzten anderthalb Jahrhunderten bemerkt. Wir sahen, bei welchen Staaten Innozenz XI. in seinen Streitigkeiten mit Ludwig XIV. Rückhalt und Hilfe fand. Als die Jesuiten von den bourbonischen Höfen dem Untergange geweiht waren, fanden sie im Norden, in

[1] Nè possiamo non fare un gran conto dei meriti verso di noi di Federigo (Gugl.) re di Prussia, il cui impegno fu constantemente in nostro favore nel decorso tutto delle trattative de' nostri affari. Allokution vom 4. September 1815 bei Pistolesi, Vita di Pio VII, tom. II, p 144.

Rußland und Preußen, Gnade und Schutz; daß sich diese Höfe im Jahre 1758 Avignons und Benevents bemächtigten, brachte eine politische Aufregung in England hervor. Niemals jedoch ist dies Verhältnis großartiger hervorgetreten als in den letzten Ereignissen. Nachdem nun aber der Papst wieder eine freie, unabhängige Stellung unter den Fürsten von Europa erlangt hatte, konnte er ungestört auf die Erneuerung des geistlichen Gehorsams denken. Einer der ersten Akte, mit denen er seine neue Amtsführung bezeichnete, war die feierliche Herstellung der Jesuiten. Sonntag, den 7. August 1814, las er selbst in der Kirche del Gesù vor dem Altar des Ignatius Loyola die Messe, hörte eine andere und ließ dann eine Bulle verkündigen, in welcher er die noch übrigen Mitglieder der Gesellschaft Jesu ermächtigte, wieder nach der Regel des Loyola zu leben, Novizen aufzunehmen, Häuser und Kollegien zu gründen und sich dem Dienste der Kirche in Predigt, Beichte und Unterricht zu widmen: auf dem stürmischen Meere, jeden Augenblick von Tod und Schiffbruch bedroht, würde er seine Pflicht verletzen, wenn er die Hilfe kräftiger und erfahrener Ruderer, die sich selbst darbieten, von sich weisen wollte[1]. Er gab ihnen zurück, soviel von ihrem alten Vermögen noch übrig war, und versprach ihnen Entschädigung für das Veräußerte. Alle weltlichen und geistlichen Gewalten beschwor er, dem Orden günstig und förderlich zu sein. Man sah, daß er seine geistliche Autorität nicht in der Beschränkung der letzten Zeiten des 18. Jahrhunderts, sondern im Sinne seiner früheren Vorfahren ausüben zu können hoffte. Und in der Tat, wie hätte er je einen günstigeren, dazu mehr auffordernden Moment finden können? Die restaurierten Staatsgewalten des südlichen Europas bereuten gleichsam ihre frühere Widersetzlichkeit; sie meinten damit den Geist entbunden zu haben, durch welchen sie selber gestürzt worden waren; jetzt sahen sie in dem Papst ihren natürlichen Verbündeten; durch den geistlichen Einfluß hofften sie die inneren Feinde, von denen sie sich umgeben sahen, um so leichter besiegen zu können. Der König von Spanien erinnerte sich, daß er den Titel eines katholischen Königs führe, und erklärte, er wolle desselben sich würdig machen; er rief die Jesuiten zurück, die sein Großvater so eifersüchtig verbannt hatte; er erneuerte den Gerichtshof des Nuntius; man las wieder Edikte des Großinquisitors. In Sardinien wurden

[1] Bulle Sollicitudo omnium ecclesiarum.

neue Bistümer gegründet, in Toskana Klöster hergestellt; Neapel bequemte sich nach einigem Sträuben zu einem Konkordat, in welchem der römischen Kurie ein sehr tiefgreifender unmittelbarer Einfluß auf die Geistlichkeit des Königreiches eingeräumt wurde. Indessen sah in Frankreich die Kammer von 1815 das Heil der Nation darin, daß man die altfranzösische Kirche, „dieses Werk", wie ein Redner sich ausdrückt, „des Himmels, der Zeit, der Könige und der Vorfahren", wiederherstellte; dabei war aber hauptsächlich nur von der Notwendigkeit die Rede, der Geistlichkeit ihre Einwirkung auf den Staat, die Gemeinde, die Familie, das öffentliche Leben und die öffentliche Erziehung zurückzugeben, nicht mehr von den Freiheiten, welche die gallikanische Kirche ehedem entweder faktisch besessen oder sich ausdrücklich vorbehalten hatte; durch das neue Konkordat, welches man entwarf, wäre sie in eine Abhängigkeit von Rom geraten, wie sie in keiner früheren Zeit erfahren.

Es lag wohl in der Natur der Dinge, daß man mit einem so entschiedenen Verfahren über den in ganz anderen Aussichten entwickelten Geist der romanischen Nationen nicht sofort den Sieg davontragen konnte. In Frankreich erhoben sich die alten Antipathien gegen die Hierarchie mit lautem Kriegsruf wider das Konkordat: die legislative Gewalt wurde hier auf eine Weise konstituiert, daß an die Ausführung der Pläne von 1815 nimmermehr zu denken war. Die Gewaltsamkeiten der ferdinandeischen Regierung in Spanien erweckten eine ebenso heftige Gegenwirkung: eine Revolution brach aus, welche, indem sie den absoluten König bekämpfte, der ihr keinen Widerstand entgegenzusetzen vermochte, zugleich eine entschlossene antiklerikale Tendenz entwickelte. Eine der ersten Maßregeln der neuen Cortes war die Wiederabschaffung der Jesuiten; bald folgte der Beschluß, sämtliche Orden aufzuheben, ihre Güter zu veräußern und die Nationalschuld damit zu tilgen. Und auf der Stelle machten sich gleichartige Bewegungen in Italien Platz; sie drangen in den Kirchenstaat vor, der von demselben Element erfüllt war: einst hatten die Karbonari bereits den Tag zu einer allgemeinen Empörung in dem kirchlichen Gebiet festgesetzt.

Noch einmal fanden jedoch die restaurierten Fürsten Rückhalt und Hilfe bei den großen Mächten, welche die letzten Siege erfochten hatten: die Revolutionen wurden erstickt. Einen unmittelbaren Anteil nahmen zwar die unkatholischen Staaten an diesen Repressionen diesmal nicht; aber die einen waren wenigstens nicht dagegen, von den anderen wurden sie gebilligt.

Und indeß war auch in den nichtkatholischen Reichen selbst der Katholizismus zu neuen Organisationen gelangt. Man hielt die positive Religion, von welchem Bekenntnis auch immer, für die beste Stütze des bürgerlichen Gehorsams. Allenthalben trug man Sorge, die Diözesen neu anzuordnen, Bistümer und Erzbistümer zu begründen, katholische Seminare und Schulen einzurichten. Welch eine ganz andere Gestalt nahm das katholische Kirchenwesen in den dem französischen Reiche einverleibt gewesenen Provinzen von Preußen nunmehr unter der deutschen Regierung an, als es unter der fremden gehabt hatte! Die hier und da sich regende kirchliche Opposition gegen die alten Ordnungen der römischen Kirche fand in den protestantischen Staaten keine Unterstützung. Dagegen schloß auch der römische Hof mit den protestantischen so gut wie mit den katholischen Regierungen Verträge und fand sich in die Notwendigkeit, ihnen Einfluß auf die Bischofswahlen zu gestatten. Zuweilen ward derselbe auch in der Tat dazu verwendet, eben die kirchlich eifrigsten Männer in die wichtigsten Stellen zu befördern. Es konnte scheinen, als sei der konfessionelle Streit in den höheren Regionen auf immer beigelegt. In dem bürgerlichen Leben sah man ihn täglich mehr verschwinden. Die protestantische Literatur widmete den älteren katholischen Institutionen eine Anerkennung, die ihr in früheren Zeiten unmöglich gewesen wäre.

Wo aber dennoch das strenger katholische Prinzip, welches sich an Rom anschließt und in Rom repräsentiert, mit den protestantischen Staatsgewalten in Widerstreit geriet, behielt es zunächst die Oberhand.

Einen großen Sieg hat es im Jahre 1829 in England davongetragen.

Während der Revolutionskriege hatte sich die seit einem Jahrhundert ausschließlich protestantische Gewalt in England dem Römischen Stuhle genähert. Unter den Auspizien der Siege der Koalition von 1799, in welcher England eine so große Rolle spielte, war Pius VII. gewählt worden. Wir berührten, wie dieser Papst auch ferner sich auf die englische Macht stützte, sich zu keinen Feindseligkeiten gegen dieselbe entschließen mochte. Auch in England konnte man es dann nicht mehr so notwendig finden wie früher, daß das religiöse Verhältnis zu dem Papst von allen eigentlich politischen Rechten, der Befähigung zu den Staatsämtern ausschließen solle. Schon Pitt hatte dies gefühlt und ausgesprochen[1]; jedoch fand, wie sich versteht, jede Veränderung in der Gewohnheit, an den einmal erprobten Grundsätzen der Verfassung festzuhalten, lange Zeit einen unüberwindlichen Widerstand. Aber einmal machte der Geist des Jahrhunderts, der allen exklusiven Privilegien abhold ist, sich auch in diesen Fragen geltend. Sodann nahmen in dem vorzugsweise katholischen Irland religiös-politische Verbindungen, Widersetzlichkeiten, Unruhen in einem Grade überhand, daß endlich der große General, welcher so manchen Feind siegreich bestanden, der damals die Regierung in seiner Hand hatte, erklären mußte, er könne es nicht mehr regieren ohne diese Konzession. So wurden denn die Eidesleistungen ermäßigt oder abgeschafft, durch welche man in den Zeiten der Restauration oder Revolution von England das protestantische Interesse allein sichern zu können geglaubt. Wie oft hatte früher Lord Liverpool erklärt: gehe diese Maßregel durch, so werde England kein protestantischer Staat mehr sein; würde sie gleich zunächst keine großen Folgen nach sich ziehen, so lasse sich doch nicht absehen, was in Zukunft daraus entspringen könne[2]. Dennoch – man nahm sie an, man wagte es darauf.

Und ein noch glänzenderer unerwarteter Triumph ward gleich danach in Belgien erfochten.

In dem Königreiche der Niederlande zeigte sich seit dem Moment seiner Stiftung ein Hader zwischen Nord und Süd, der es wieder zu zersetzen drohte und der sich von Anfang an vorzüglich auf die geistlichen Angelegenheiten warf. Der protestantische König

[1] Mr Pitt is convinced, heißt es in seinem Schreiben an Georg III. – 31. Januar 1800 –, that the grounds on which the laws of exclusion now remaining were founded, have long been narrowed, – that those principles, formerly held by the catholics which made them be considered as politically dangerous, have been for a course of time gradually declining, – that the political circumstances under which the exclusive laws originated, arising from the conflicting power of hostile and nearly balanced sects – and a division in Europe between catholic and protestant powers are no longer applicable to the present state of things.

[2] Speech of L. Liverpool 17 May 1825: Where was the danger in having a popish King or a popish Chancellor, if all the other executive officers might acknowledge the pope. – It was said, – that a catholic be prime *minister and* have the whole patronage of the churches and state at his disposal. – If the Bill were to pass, Great-Britain would be no longer a protestant state.

nahm die Ideen Josephs II. auf; in diesem Sinne errichtete er höhere und niedere Schulen, verwaltete er überhaupt seinen Anteil an der geistlichen Macht. Die Opposition setzte ihm Erziehungsanstalten in einem anderen Sinne entgegen und gab sich recht mit Absicht den schroffsten hierarchischen Bestrebungen hin. Es bildete sich eine katholisch-liberale Gesinnung und Partei aus, welche, hier wie in England auf die allgemeinen Menschenrechte fußend, sich von Tag zu Tag zu größeren Ansprüchen erhob, sich erst Konzessionen, Befreiung, z. B. von jenen Schulen, erzwang, endlich, als ein günstiger Augenblick eintrat, die verhaßte Herrschaft völlig von sich abwarf. Es gelang ihr, ein Königreich zu stiften, in dem es die Priester wieder zu einer ausnehmenden politischen Bedeutung gebracht haben. Eben die demokratischen Momente der Verfassung kommen ihnen vorzugsweise zustatten. Der niedrige Zensus, der auch die geringeren Klassen in den Städten und auf dem Lande, auf welche sie leicht Einfluß gewinnen, zur Teilnahme an den öffentlichen Angelegenheiten beruft, macht es ihnen möglich, die Wahlen zu leiten: durch die Wahlen beherrschten sie seither die Kammern, durch die Kammern das Königreich. Man sieht sie in Brüssel wie in Rom auf den öffentlichen Spaziergängen, wohlgenährt und anspruchsvoll: sie genießen ihren Sieg.

Weder an dem einen noch an dem anderen dieser Ereignisse hat der römische Hof, soviel wir wissen, einen unmittelbar eingreifenden Anteil genommen, so vorteilhaft sie auch für seine Autorität geworden sind. In einem dritten dagegen, den Irrungen mit Preußen, ist er handelnd aufgetreten. Da haben die Tendenzen des protestantischen Staates und der katholischen Hierarchie, die seit der Restauration verbündet scheinen konnten, schon eine Zeit daher aber auseinander gegangen waren, sich am selbstbewußtesten voneinander losgerissen und sind in einen Kampf geraten, der die allgemeine Aufmerksamkeit mit Recht auf sich zog. Einer Unterhandlung, von der man voraussetzen durfte, daß sie zu einer gütlichen Ausgleichung führen werde, zum Trotz erhob sich das Papsttum, an der Idee der exklusiven Rechtgläubigkeit festhaltend, gegen eine Verordnung des Königs, welche die Familienverhältnisse der gemischten Bevölkerung in religiöser Hinsicht zu regeln bestimmt war. Mitten in Deutschland fand es bereitwillige Organe und mächtige Unterstützung.

Unter der Fürsorge eines Fürsten, welcher der religiösen Überzeugung, auch in einer Form, die er nicht für die rechte hielt, volle

Anerkennung zuteil werden ließ, kam ein Austrag zustande, welcher der kirchlichen Autorität eine freie Bewegung gestattete und beide Parteien zu befriedigen schien.

Wohl ward um diese Zeit durch das Vordringen der auf alles Alte zurückkommenden Priesterschaft ein merkwürdiger Rückschlag in dem katholischen Deutschland hervorgerufen. Nachdem Hunderttausende zur Verehrung eines überaus zweifelhaften Heiligtums eingeladen und herbeigezogen waren, brachte eine leichte Demonstration dagegen, ohne eigentlich positiven Inhalt, in dem deutschen Mittelstande eine Neigung zum Abfall von Rom zutage, welche niemand so stark erwartet hätte. Weit entfernt, diese Bewegung zu begünstigen, suchte der Staat vielmehr die eingeführten Kirchenformen zu befestigen.

Unter den heftigen Stürmen, welche Frankreich erschütterten, trug der Katholizismus doch zuletzt einen entschiedenen Vorteil davon. Die Revolution des Jahres 1830 konnte an sich als eine Niederlage der strenger kirchlichen Gesinnung betrachtet werden; man weiß, daß der religiöse Eifer Karls X. seinen Sturz vornehmlich vorbereitet hat. Seitdem gaben zwar die erweiterten konstitutionellen Rechte, deren sich ein jeder bedienen kann, auch den hierarchischen Bestrebungen Raum und Gelegenheit, sich auszubreiten; allein das Wachstum derselben und besonders der Anspruch, den die Geistlichkeit auf die Leitung der Erziehung macht, erinnerten den Staat, daß er nicht allein auf Freiheit und individuelle Rechte gegründet ist, daß ihm vielmehr eine Ausübung derselben in einem seinem Grundbegriffe entgegenlaufenden Sinne sehr gefährlich werden könnte; selten sah man die Deputiertenkammer jener Zeit so einmütig wie bei den Beschlüssen gegen die versuchte Organisation der Jesuiten, so daß Rom in der Tat einen Schritt zurückwich. Nun aber folgte der Umsturz des Jahres 1848. Sobald die dadurch in ihren Grundfesten erschütterte Gesellschaft noch inmitten der Unruhen den Boden wiederzugewinnen suchte, auf welchem die öffentliche Ordnung überhaupt beruht, hat man vor allen Dingen die Frage über den Unterricht in Erwägung gezogen. Auch die feurigsten Verfechter der umgestürzten Verfassung gaben doch zu, daß man mit der Philosophie, die bisher geherrscht hatte, die Religion vereinigen müsse; zwischen den entgegengesetzten Doktrinen ward eine Abkunft getroffen[1]; diese hat aber dann die Wirkung gehabt, daß der Klerus, wie in der ober-

[1] Loi de l'enseignement, 15 Mars 1850.

sten Leitung, so in allen Graden des Unterrichts mit dem System des Staates in Konkurrenz trat. Wie viele Kongregationen von Männern und Frauen, mit lokalen oder allgemeinen Befugnissen, haben sich seitdem über den ganzen Boden von Frankreich hin gebildet, um den niederen Unterricht in kirchlichem Sinne in die Hand zu nehmen! Für den höheren haben sich die Jesuiten wieder in Besitz einer Stellung gesetzt, ähnlich wie ihre frühere war. Auch in jeder anderen Hinsicht hat der Klerus, durch eine entgegenkommende Stimmung, vor allem von der weit verbreiteten Besorgnis, durch die philosophischen Lehren in einen verderblichen Abgrund zu geraten, begünstigt, eine eifrige Tätigkeit entfaltet; er hielt es zugleich für ein Lob, die besonderen römischen Kirchengebräuche den gallikanischen vorzuziehen. Die Februarrevolution erwies sich in ihren Folgen den klerikalen Bestrebungen im allgemeinen förderlich.

Große und noch Größeres versprechende Erfolge, welche dem wiederauflebenden Katholizismus dergestalt in aller Welt zuteil wurden. Wenn es aber in die Augen springt, daß darauf die Tendenzen, sich von den herrschenden Staatsgewalten zu emanzipieren, einwirkten, so ließ sich auch nicht anders erwarten, als daß diese auch auf dem eigentümlichen Boden des Pontifikates, dem Kirchenstaate, hervortreten würden. Wir nähern uns den Ereignissen, die noch fast mehr der Politik angehören als der Geschichte. Zur Auffassung der Stellung des Papsttums in der modernen Welt ist es dennoch unerläßlich, sie wenigstens in leichtem Umriß vor dem Blick vorübergehen zu lassen.

Kirche und Kirchenstaat unter Pius IX.

Bei der Restauration der gestürzten Regierungen des südlichen Europas war doch die römische entfernt davon geblieben, auf die früheren Zustände zurückzukommen. Der leitende Staatsmann, Kardinal Consalvi, betrachtete vielmehr die französische Okkupation als einen glücklichen Vorgang, um der Verwaltung des Kirchenstaates Einheit und Gleichförmigkeit zu geben, ohne Rücksicht auf die altherkömmlichen Vorrechte der Kommunen, des Adels und der Provinzen; man hat von ihm gesagt, er pflanze den Liberalismus auf den Boden des Aberglaubens; nur in einem Punkt blieb er der alten Tradition des Römischen Stuhles getreu:

die Verwaltung des einheitlich geordneten Staates vertraute er der geistlichen Korporation an, die davon in der Zwischenzeit ausgeschlossen gewesen war.

Unter den beiden folgenden Regierungen wäre man lieber auf das der revolutionären Epoche vorangegangene System zurückgegangen; aber der Versuch, den man dazu machte, sonst ohne Resultat, trug nur dazu bei, den Widerwillen der Bevölkerung gegen die Herrschaft des Klerus, die dabei noch maßgebend blieb, stärker anzufachen. Sobald dann im Jahre 1830 die europäische Ordnung der Dinge erschüttert wurde, erhob sich der Aufruhr auch im Kirchenstaat. Gregor XVI., der eben damals zur Tiara gelangte, war nur zufrieden, daß derselbe nicht gegen ihn, sondern gegen das eingeführte System gerichtet sei[1]. Dies zu erhalten, war er entschlossen. Nachdem der Aufruhr unterdrückt war, sprachen die großen europäischen Mächte in Folge davon den Wunsch aus, daß den Laien ein größerer Anteil an der Verwaltung der weltlichen Angelegenheiten des Kirchenstaates zugestanden werden möge; auch ist dann einiges dafür geschehen, aber mit so großer Zurückhaltung, daß darin beinahe mehr eine Verweigerung lag als eine Gewährung. Die Anforderungen wurden immer allgemeiner, dringender, umfassender, aber die Repression nur um so gewaltsamer; man zählte beim Tode Gregors gegen 2000 Exilierte oder politische Gefangene.

In diesem Konflikt sind aus der Mitte der Kardinäle sehr abweichende Stimmen verlautet. Der eine, ein tätiger Staatsbeamter, hat gesagt: er sehe wohl, eine Säkularisation der Verwaltung sei notwendig; aber dürfe man sie von dem geistlichen Oberhaupt erwarten? Der andere, ein Ordensmann, dem das Volk in Hoffnung auf Erleichterungen die Tiara zudachte, hat den Leuten zugerufen: zu leben würde er ihnen verschaffen, aber zugleich Hochgerichte zu ihrer Züchtigung aufrichten lassen. Eine dritte Meinung behielt im Konklave die Oberhand; ein Papst wurde gewählt, Pius IX., der, durchdrungen von dem göttlichen Recht des Pontifikats über den Staat, doch zugleich die Meinung hegte, daß er, ohne diesem Rechte etwas zu vergeben, alle billigen Forderungen erfüllen könne[2].

[1] Wiseman, Recollections of the last four popes, p. 429.

[2] Farini, Lo stato Romano dall' anno 1815 al 1850, ein Buch, das für unser Gefühl den rhetorischen Geist der italienischen Historiographie fast zu stark atmet und keineswegs unparteiisch ist, aber auf genauer Kunde beruht und die wichtigsten Aktenstücke mitteilt.

Er öffnete die Gefängnisse und schritt dann zu einigen Abweichungen von dem bisherigen System, die, obgleich nicht durchgreifend, doch mit allgemeinem Jubel begrüßt wurden; denn nicht sowohl die Handlungen an sich selbst, als die Richtungen, die sie kundgeben, erwecken den Beifall der Menschen. Er entfernte allmählich die Männer der gregorianischen Reaktion; für die Kommissionen, welche die beabsichtigten Verbesserungen einführen sollten, ernannte er Mitglieder, die keine Geistlichen waren und bei dem Publikum im Rufe besonderer Einsicht und Brauchbarkeit standen; endlich wurde eine Staatskonsulta errichtet, die er selbst als eine konsultative Repräsentation bezeichnete, um seine Regierung bei der Gesetzgebung und Verwaltung zu unterstützen: unter der Leitung des Staatssekretärs ward sie nach und nach zum großen Teil aus Laien zusammengesetzt. Auf diesem Wege dachte Pius IX. die Ratschläge der Mächte auszuführen[1].

Aber schon waren Zeiten und Meinungen verändert; von der beginnenden Bewegung des Jahres 1848 wurde der Papst um vieles weitergetrieben. Auch er gab dem Rufe nach konstitutionellen Formen Gehör. Mit Rücksicht, wie er sagt, auf die ehemaligen Freiheiten, die, einmal abgeschafft, sich nicht wiederherstellen ließen, fand er sich bewogen, eine Verfassung aus zwei Kammern oder, wie es hieß, Räten einzurichten, von denen der erste unmittelbar ernannt, der zweite aber nach Zensus und Volkszahl gewählt wurde. Eine Konstitution wie andere war das jedoch nicht und konnte es nicht sein; denn an sich waren die Befugnisse, die der Papst zugestand, beschränkt; überdies aber sollte jedes in den beiden Ratsversammlungen durchgegangene Gesetz erst in einer geheimen Sitzung der Kardinäle geprüft und gebilligt sein, ehe der Fürst demselben seine Sanktion gebe[2]. Die höchste Autorität blieb in den Händen des Klerus.

Dagegen ging die in mannigfaltigen Manifestationen ausgesprochene Forderung der Laien eben dahin, die weltlichen Angelegenheiten ausschließend in ihren Händen zu haben. Durfte man erwarten, nachdem ihnen eine starke Repräsentation im Parlament zugestanden war, daß sie sich Beschränkungen, welche dem Prin-

[1] Allokution vom 29. April 1848: Le cose, che facevamo nei primi principii del nostro pontificato, bene si convengon con quello, che avevan desiderate i principi dell' Europa.

[2] Statuto fondamentale § 52. Vgl. Döllinger, Kirche und Kirchen, Papsttum und Kirchenstaat, S. 603.

zip des angenommenen Systems nicht entsprachen, gefallen lassen würden?

Ein unvermeidlicher Zwiespalt, in den sofort eine noch umfassendere und fast noch dringendere Frage eingriff.

Die bisherigen Neuerungen hingen mit der Februarrevolution in Paris zusammen; für Italien und die italienischen Zustände war es aber noch unmittelbarer maßgebend, daß auch in Wien die Regierung gestürzt wurde, gegen welche das Nationalgefühl seit vier Dezennien vergebens angekämpft hatte. In Rom feierte man dies Ereignis mit Glockengeläute und dem Jubelruf „Italien". Auf die Proklamation Carlo Albertos von Piemont, welche sein nahes Vorrücken in die Lombardei zur Verjagung der Fremden vom italienischen Boden ankündigte, wurde in Rom eine Schar von Freiwilligen in den Stand gesetzt, um bei dem Unternehmen Hilfe zu leisten. Der Papst selbst schien diese Gefühle zu teilen. So wenigstens legte man seine Proklamation aus, in der er Wehe rief über die, „welche in dem Sturm, der Zedern und Eichen zerschlägt, die Stimme Gottes nicht erkennen wollen", und die Völker von Italien zur Eintracht aufforderte.

Schwerlich aber ist das in der Tat sein Sinn gewesen.

Beim Abzug der Freiwilligen weigerte er sich, auf den Balkon zu ihrer Entlassung herauszutreten; denen, die er zu sich beschied, gab er die Weisung, sein Haus zu verteidigen, nichts weiter[1]. Er hatte vor kurzem schon einmal mit Österreich einen Strauß zur Wahrung seiner Rechte in Ferrara bestanden; weiter als auf Erhaltung der Integrität des Kirchenstaates scheint sein Ehrgeiz auch jetzt nicht gegangen zu sein. Als sein konstitutionelles Ministerium für die regelmäßig organisierten Truppen, die indes ebenfalls an die Grenze gerückt waren, die Erlaubnis forderte, den Po zu überschreiten, gab er nach, aber nur mit dem Vorbehalt, sie zurückzuziehen, wenn es ihm gut scheine. Er billigte den Vorschlag nicht; aber er widersetzte sich ihm auch nicht mit Entschiedenheit.

Hierauf hielt sich der päpstliche General durch die Weisungen, die er empfing, für ermächtigt, an dem Kriege gegen Österreich offen teilzunehmen; er verkündigte aller Welt, der Mann Gottes, der große und gerechte Papst, sei dafür; der habe die Schwerter der

[1] *Guardate la casa mia*, no altro. Aus einer Depesche des Grafen Ludolf bei Petrucelli, Pio IX. Eine authentische Erklärung Sr. Heiligkeit über diese Vorfälle würde für die Historie sehr erwünscht sein.

Soldaten zur Vereinigung mit Karl Albert und zum Kriege gegen die Feinde Gottes und Italiens eingesegnet. Wie man in ziemlich verworrener Auffassung die österreichische Übermacht in Italien mit dem staufischen Kaisertum identifizierte, so meinte man in Pius IX. einen neuen Alexander III. zu sehen, der sich an die Spitze einer republikanischen Bewegung zu stellen den Entschluß fassen werde. Das Ministerium des Papstes war selbst in dieser Richtung; es forderte ihn auf, dem Drange der Zeit zu folgen, den Krieg mutig zu unternehmen: er werde alsdann die Gegenwart beherrschen und die Zukunft sichern.

Der Papst fühlte sich auf das widerwärtigste betroffen. Von allen republikanischen Sympathien war er himmelweit entfernt; er forderte die Italiener auf, ihren wohlwollenden Fürsten gehorsam zu sein; die Einheit von Italien sah er in einem Bunde derselben untereinander und mit Österreich als italienischer Macht; und noch bei weitem höher als die Rücksicht auf Italien stand ihm sein pontifikaler Beruf. Dem Andringen seiner Minister antwortete er mit einer Allokution im Konsistorium der Kardinäle (29. April), in welcher er aussprach, daß er gegen Österreich keinen Krieg führen wolle, daß er nach der Pflicht seines obersten Apostolates alle Nationen mit gleicher Liebe umfasse[1].

Damit aber sagte er sich nicht allein von dem italienischen Gemeingefühl los, er geriet auch mit dem Parlament, das sich nun erst unter dem Aufwogen des nationalen Geistes versammelte, in verdoppelten Zwiespalt.

Der bedeutendste der damaligen Minister, Mamiani, verfolgte den Gedanken, den Staat von dem Einfluß der Kardinäle vollends loszureißen und die weltliche Gewalt in den Händen des Parlaments und der verantwortlichen Minister zu konzentrieren, denen dann der Papst wie ein anderer konstitutioneller Fürst folgen müsse; – allein dem standen die Festsetzungen des Statutes und zugleich das hierarchische Bewußtsein Pius' IX. entgegen. Pius konnte sich mit diesen Ministern kaum jemals bis zu einer offiziellen Kundgebung verständigen.

Endlich fand sich ein Mann, der es unternahm, eine konstitutionelle Staatsführung mit dem Wortlaut des Statutes und der Sinnesweise des Papstes zu vereinen, Pellegrino Rossi, einer von den

[1] Wie es Rossi in einem nachgelassenen Aufsatz (bei Farini) ausdrückt: Spiaceva la guerra: non fu nè dichiarata nè impedita. Il paese fe un po' la guerra; il papa servò la pace.

Staatsmännern der Epoche, welche in den konstitutionellen Formen das einzige Mittel sahen, den modernen Staat zugleich gegen die Reaktion des Absolutismus und gegen die destruktiven Tendenzen der Republikaner zu schützen, ehrlich in seiner Meinung, in vollem Besitz der Bildung des Jahrhunderts, energisch, furchtlos. Das Statut erklärte er für den Eckstein, auf welchem das Gebäude der Freiheit aufgerichtet werden müsse. In den Unterhandlungen über den Bund der konstitutionellen italienischen Staaten, die den Augenblick beschäftigten, lehnte er die weitausgreifenden piemontesischen Zumutungen ab und hielt den Vorrang des Papsttums, „der einzigen lebendigen Größe, welche Italien besitze", aufrecht. Auf dieser Grundlage meinte er die erschütterte öffentliche Ordnung wiederherzustellen. Aber von einer Föderation alter Art, von einer Verbindung der geistlichen Gewalt mit dem konstitutionellen System wollten die Menschen schon nichts mehr hören. Daß Rossi fähig schien, sie durchzuführen, die herbe Strenge und der Erfolg, mit denen er die Staatsgewalt handhabte, erweckten alle Leidenschaften gegen ihn. Das System, welches durch die Februarrevolution in Frankreich gestürzt worden war, sollte auch in Rom nicht zur Geltung kommen. Indem Rossi die Treppe der Cancellaria hinanstieg, um die neue Sitzung des Parlaments zu eröffnen, 15. November 1848, traf ihn ein Dolchstoß und machte seinem Leben auf der Stelle ein Ende. In der Versammlung regte sich nicht ein Laut der Sympathie für ihn.

In die Katastrophe des Ministers sah sich der Papst selbst hineingezogen. Bei dem ersten Widerstand, welchen er den Forderungen der aufgeregten Volksmasse in bezug auf die Zusammensetzung eines neuen Ministeriums und die italienische Frage entgegensetzte, sah er sich in seinem Palast belagert; Kugeln fielen in sein Vorzimmer; einer der Prälaten seines Hofes ist erschossen worden. In diesem Getümmel bewilligte er, was man verlangte, jedoch ohne damit das Volk zu beruhigen. Als bei den Deputierten der Vorschlag geschah, den beleidigten Heiligen Vater ihrer Anhänglichkeit zu versichern, erlebte man, daß derselbe nach einigem Hin- und Herreden verworfen wurde. Hierauf beschloß der Papst, sich vor weiterem Zwang durch die Flucht zu retten; und mit Hilfe der anwesenden fremden Gesandten gelang es ihm, am 24. November in das neapolitanische Gebiet nach Gaëta zu ent kommen, wohin schon mehr als ein früherer Papst ihre Zuflucht genommen hatten, und wo sich bald ein Hof von Emigranten und Diplomaten, der ihn als das Haupt der katholischen Welt erkennen ließ, um ihn versammelte.

In Rom dagegen ließ sich nach der Flucht des Papstes die konstitutionelle Regierung nicht weiter fortsetzen.

Wenn aus den Wahlen der Deputierten eine Junta hervorging, welche die Regierung übernehmen sollte und übernahm, so beschied sich doch diese selbst, daß sie keine gesetzliche Basis habe, daß sie ihr Amt nur auf solange annehme, bis eine konstituierende Versammlung über die Ordnung der Dinge Beratung gepflogen habe[1]. Da es keine fürstliche Gewalt im Lande gab, provozierte man auf den Begriff der Nationalsouveränität. Nach wenigen Tagen wurde eine Nationalversammlung angekündigt, „um dem Staat eine regelmäßige, feste und umfassende Einrichtung zu geben nach den Wünschen der Nation oder ihrer Mehrheit"; sie sollte aus allgemeinem Stimmrecht und direkten Wahlen hervorgehen. Den kirchlichen Zensuren, mit welchen der Papst die Teilnahme an diesen Wahlen verpönte, zum Trotz wurden sie vollzogen, und zwar, wie man damals gerühmt hat, mit einer Ordnung, wie sie anderwärts selten vorgekommen sei. Am 5. Februar 1849 fand die erste Sitzung der Nationalversammlung statt. Ein Antrag war, die Bestimmung über die künftige Verfassung einer konstituierenden Versammlung des gesamten Italiens zu überlassen. Aber die römische Versammlung hatte einen viel zu starken Begriff von dem eigenen Recht und wollte sich nicht in das Weite verweisen lassen; sie faßte aus eigener Machtvollkommenheit den Beschluß, daß das Papsttum rechtlich und faktisch der Regierung des Römischen Staates verfallen sei, daß dieser den glorreichen Namen der Römischen Republik erneuern solle; mit dem übrigen Italien werde dieselbe in den der gemeinschaftlichen Nationalität entsprechenden Beziehungen stehen. Wie traten da die in den Ideen liegenden Gegensätze einander so schroff entgegen! Von dem Papste, der den Besitz seines Staates von einer besonderen Verfügung Gottes für die Freiheit der Kirche herleitet, abfallend, stellte man die Satzung auf, daß die Souveränität ein ewiges Recht des Volkes sei: auf den Trümmern der geistlichen Herrschaft erhob sich der republikanische Gedanke. Man wollte jedoch den Papst darum nicht geradezu von Rom ausschließen.

[1] Dichiariamo di assumere un tanto uffizio provvisoriamente e temporaneamente. 20. Dezember 1848.

Man setzte gleich damals die Formel fest, welche später öfter wiederholt worden ist, er solle alle zur Ausübung seiner geistlichen Gewalt erforderlichen Garantien erhalten.
Noch war aber Pius IX. nicht so weit gebracht, der Erhebung der bisherigen Untertanen der Kirche zu Schutzherren derselben nachzugeben; er fühlte noch die Kraft und Unterstützung genug um sich her, um den Kampf von neuem aufzunehmen. Wie er die italienische Idee hatte fallen lassen, um nicht mit seiner Stellung an der Spitze der allgemeinen Kirche in Widerspruch zu kommen, so rief er nun in dem Unglück, in welches er dadurch geraten war, die katholischen Mächte zu Hilfe. Eben erhob sich Österreich zu einem neuen Waffengang gegen Carlo Alberto, der für diesen verderblich endigen sollte. Um aber Österreich nicht allmächtig in Italien werden zu lassen, ergriff Frankreich die Waffen gegen die Römische Republik, die mit dem Könige verbunden war. Die Österreicher nahmen Bologna und Ankona; die französischen Truppen wendeten sich gegen Rom. An dem Tage, an welchem die Römische Republik auf dem Kapitol ihre neue Verfassung verkündigte, die den Grundsatz der Souveränität des Volkes an der Stirn trug, rückten die Franzosen über den Ponte Sisto, ,,um die Hauptstadt der katholischen Welt der Souveränität des Oberhauptes der Kirche zurückzugeben, gemäß dem heißesten Wunsche aller Katholiken"[1].
Die Republik war damit aufgelöst; die Handhabung der bürgerlichen Ordnung ging an eine vom Papst ernannte kardinalizische Kommission über. Im Frühjahr 1850 kehrte Pius IX. nach Rom zurück und erneuerte dann die Institutionen seiner früheren Jahre, Staatsrat, Konsulta, Munizipal- und Provinzialkollegien, so daß den Laien immer ein nicht geringer Anteil an der Verwaltung zufallen sollte; aber die Summe der Staatsgewalt in jedem Zweige, für innere und äußere Geschäfte, Rechtspflege, Unterricht und Aufsicht über die Presse, wurde aufs neue der hohen Geistlichkeit übertragen, die wieder in den Besitz ihrer Vorrechte gelangte.
Es war ein Sieg des Klerus über die Laien, der monarchischen Tendenzen über die republikanischen, vor allem der Sympathien der eifrigen Katholiken mit ihrem Oberhaupt über die nationalitalienischen Bestrebungen.
Und auf der Stelle erhob sich nach dieser Unterbrechung die

[1] Worte der Proklamation Oudinots.

kirchliche Autorität zu neuem Wachstum; der Konflikt selbst verschaffte ihr unerwarteten Erfolg.

Wie einst in den früheren Zeiten, so hat auch in den damaligen die spanische Regierung die Initiative zu dem Einverständnis der Katholiken ergriffen und bei der Entscheidung nach Kräften mitgewirkt. Im Jahre 1851 folgte ein Konkordat, welches die Verständigung zwischen dem Papsttum und dem spanischen Staate, die schon seit ein paar Jahren angebahnt war, vollendete. Auch auf der Pyrenäischen Halbinsel waren die geistlichen Güter zum Verkauf gestellt worden, jene Güter, welche, wie eine frühere Allokution bemerkt, der Kirche unter der Herrschaft der Ungläubigen verblieben waren; man hatte dieser Veräußerung bereits durch vorläufige, aber immer wieder in Zweifel gezogene Verabredungen ein Ziel gesetzt; das Konkordat enthält eine definitive Abkunft darüber. Vielleicht zwei Drittel dieser Güter blieben der Kirche vorbehalten; in den Verlust der übrigen willigte der Römische Stuhl. Dagegen ward ihm der Triumph zuteil, daß die katholische Religion noch einmal zur ausschließenden Herrschaft in Spanien und seinen Kolonien erhoben und der Unterricht der geistlichen Aufsicht und Leitung unbedingt unterworfen worden ist.

Berühren wir im Vorübergehen, daß in den abgefallenen Kolonien, den Freistaaten von Südamerika, mit denen Verträge zustande kamen, die katholische Religion als die Religion des Staates, wenn auch nicht als die ausschließende, anerkannt, den Bischöfen die Aufsicht über Presse und Unterricht, inwiefern sie die Religion betreffen, und ein freier Verkehr mit dem Papste gesichert worden ist.

Von der neu aufkommenden kaiserlichen Gewalt in Frankreich hätte man in Erinnerung an den Stifter derselben eine Wiederaufnahme der imperialistischen Absichten erwarten mögen; auch verlauteten wohl einige Worte in diesem Sinne, aber man überhörte sie; zunächst nahmen die Dinge eine entgegengesetzte Richtung. Der Klerus ergriff die starke Hand, durch welche seine eben gewonnene Stellung gegen die bei der Fortdauer einer republikanischen Verfassung zu befürchtende umstürzende Bewegung gesichert wurde. Er schlug es dem Fürsten, der noch Präsident war, hoch an, daß er durch seinen Einfluß und seine Waffen zur Wiederherstellung des Papstes in Rom hauptsächlich beitrug; die kirchlich-katholische Haltung, die der neue Machthaber bei seinen Reisen an den Tag legte, erweckte eine allgemeine Befriedigung[1]. Er redete, sagen sie, wie ein Konstantin; in diesem Sinne ward er von der Geistlichkeit empfangen. Die kirchliche Partei glaubte selbst den Akt des 2. Dezembers vorbereitet zu haben; sie half denselben durch das einstimmige Votum ihrer Anhänger legalisieren. Die Bischöfe schlossen sich dem neuen Kaisertum an, welches in ihrem populären Ansehen und Einfluß eine seiner Stützen sah und dem kirchlichen Interesse wiederum verpflichtet war. Man sah Kardinäle im Senat des Reiches; die kirchlichen Bedürfnisse wurden bis auf die der Dorfkirchen herab im Budget berücksichtigt; die Ernennungen zu den bischöflichen Sitzen erfolgten nicht ohne Rücksprache mit dem römischen Hofe[2].

Einen ähnlichen, noch auffallenderen Umschwung zugunsten des Papsttums erlebte das Jahrhundert in dem dritten großen katholischen Reiche von Europa, dem Kaisertum Österreich.

Jene Märzrevolution in Wien, welche die alte gefürchtete Gewalt stürzte, erschien nach und nach auch dem hohen Klerus daheim im Lichte einer Befreiung. Denn noch walteten die Anordnungen Kaiser Josephs II. vor, welche der Geistlichkeit in bezug auf ihre innere Disziplin, ihre Einwirkung auf die Erziehung, ihre Dotation und ihre Verbindung mit Rom die strenge Bevormundung des Staates auferlegten. Auch in Österreich fragte man, was die angekündigte Freiheit bedeute, wenn nicht auch der Kirche ihre Freiheit werde. Auf dem Reichstage zu Kremsier erschienen die österreichischen Bischöfe mit sehr umfassenden Forderungen: sie trugen selbst auf ein Konkordat an, um der einseitigen Gesetzgebung der weltlichen Regierung ein Ziel zu setzen. Bei den Abgeordneten aber, welchen die kirchliche Macht eher zu stark als zu schwach erschienen war, fanden sie kein Gehör: der Reichstag, der für den konfessionellen Frieden und die Freiheit der einzelnen fürchtete, lehnte die Anträge ab (1. März 1849) und hielt an dem Prinzip der josephinischen Einrichtungen fest[3]. Was nun aber der Reichstag verweigerte, dazu bot die Regierung, welche diesem wenige Tage darauf ein Ende machte, leicht die Hand. Bei den Verhandlungen von Gaëta ist zugleich von der Abstellung der dem Papsttum widerwärtigen josephinischen Anordnungen die Rede

[1] Vgl. Veuillot, Le pape et la diplomatie, 1861, p. 14.
[2] So versichert la Guerronnière, der es wissen kann: La France, Rome et l'Italie, p. 18.
[3] Springer, Geschichte von Österreich, II, 613.

gewesen[1]. Die Zurückführung des Papstes in seinen Staat und die engere Verbindung mit dem einheimischen Episkopat gingen Hand in Hand. Denn die Quelle der populären Stürme, welche das Reich, das vor solchen besonders sicher geschienen, plötzlich heimgesucht hatten, glaubte man in dem Mangel religiöser Gesinnung zu finden, welcher aus jenen Hemmungen der kirchlichen Einwirkungen herrühre; in einem ungehemmten Zusammenwirken der einheimischen kirchlichen Gewalten mit der universalen meinte das Kaisertum eine Stütze für die eigene Autorität zu erblicken. Auf diesen Ansichten beruhte das Konkordat, das man nach einiger Zeit (im Jahr 1855) vereinbarte. Darin gab der Staat der Geistlichkeit die Prärogativen zurück, welche sie „nach der göttlichen Ordnung und den katholischen Satzungen haben solle", vollkommen freie Kommunikation mit Rom und vor allem durchgreifende Leitung der Erziehung und des religiösen Unterrichts. Niemandem konnte verborgen sein, welchen Widerspruch das im Lande hervorrufen mußte; aber dahin führten nun einmal der innere politische Antagonismus und die vorwaltende Meinung; auch für das Ansehen des Kaisertums in Italien wie in Deutschland schien es eine große Aussicht darzubieten. Auf das engste schlossen sich die römische Kurie und der österreichische Episkopat aneinander; sie vereinigten sich in dem Wunsch und der Hoffnung, die Satzungen des Tridentinischen Konziliums nach dem Verlaufe dreier Jahrhunderte vollständig durchzuführen[2].

Was man in Österreich tat, trug noch einen anderen Charakter, als was in Frankreich und in Spanien geschah; hier war die Förderung der katholischen Ideen populärer und in dem Sinne der legislativen Versammlungen; in Frankreich hat sich sogar die Opposition, soweit von einer solchen die Rede sein kann, dieser Richtung bemächtigt; im allgemeinen wirkte jedoch alles zusammen: die Hierarchie gewann durch das erneuerte Einverständnis mit den drei Mächten einen festen Rückhalt, der ihr ein verstärktes Selbstgefühl gab.

Die Idee der kirchlichen Einheit, gegründet auf den Primat des römischen Bischofes, ist denn auch kaum jemals nachdrücklicher

[1] Die Allokution vom 20. April 1849 spricht die sichere Hoffnung aus, che vengono eliminate da quel impero alcune massime riprovate sempre della sede apostolica.

[2] Breve vom 1. Juni 1863 bei Schrader, Pius IX. als Papst und als König, S. 122.

ausgesprochen worden, als es von Pius IX. geschah: „durch ihn rede der Apostel, auf den die Kirche gegründet sei; er sei die lebendige Autorität, welche in allen Streitigkeiten eine unfehlbare Entscheidung gebe; von dem Stuhle Petri gehe die priesterliche Einheit aus; um ihn her müsse die gläubige Welt sich sammeln."

Und wie sehr die Bischöfe geneigt sind, sich diesen Ansprüchen zu fügen, kam im Jahre 1856 bei der Promulgierung eines neuen Dogmas zutage. Die Lehre von der unbefleckten Empfängnis der Jungfrau Maria und ihrer Freiheit von der Erbsünde, in den Zeiten der hierarchischen Allgewalt entstanden, war doch auch damals von den angesehensten Lehrern, denen die Kirche folgte, verworfen worden; mächtige Päpste späterer Zeiten hatten sie gebilligt, aber damit zurückgehalten; Papst Pius IX. unternahm, sie kraft seiner eigenen Autorität zur Kirchenlehre zu stempeln. Aus allen Teilen der bewohnten Erde kamen die Bischöfe zusammen; doch bildeten sie kein Konzilium; was der Papst als die geoffenbarte Wahrheit verkündigte, erkannten sie gläubig als solche an: nie war die päpstliche Unfehlbarkeit, obgleich noch nicht dogmatisch bestimmt, unbedingter erschienen. Die Lehre von der unbefleckten Empfängnis ist der Schlußstein des Marienkultus; das Herz Pius' IX. hing daran. Er hat dafür ein neues Offizium eingeführt und eine neue Messe gestiftet.

Unstreitig besitzt das Papsttum die am meisten monarchische, am besten zusammengreifende Organisation in der heutigen Welt; und alle Tage breitet sie sich über den Erdkreis hin weiter aus. Zur Seite der südamerikanischen Kirchen, in denen die religiösen Ideen Philipps II. fortleben, erhebt sich ein neues hierarchisches Gebäude in dem demokratischen Nordamerika; in wenigen Jahren sind da zwei neue Erzbistümer und zwanzig Bistümer gegründet worden. Dem Fortgang des Verkehrs und der Ansiedelungen folgen die kirchlichen Gründungen nach Kalifornien, nach den australischen Eilanden. Dabei versäumt man nicht, die Stiftungen einer früheren Epoche an den afrikanischen Küsten und in Ostindien in der alten Unterordnung unter Rom zu halten. Im mittleren Asien sind sechs neue Bistümer von armenisch-katholischem Ritus gegründet, in aller Welt, bis zum arktischen Pol, apostolische Präfekturen und Vikariate in großer Zahl errichtet worden.

Wenn aber der Papst zugleich den Anspruch macht, als der Vater und Lehrer aller Christen, das Oberhaupt der gesamten Kirche angesehen zu werden, so hat es zwar an Bekehrungen im einzelnen nicht gefehlt – denn die Idee der Gemeinschaft und Unfehlbarkeit entspricht einem religiösen Bedürfnis des menschlichen Herzens, und voll von propagandistischem Eifer sind die überzeugten Bekenner –; aber den abweichenden Formen der anderen großen Religionsgenossenschaften gegenüber sind seine Versuche doch gescheitert.

„Hört meine Rede", ruft er aus, „Ihr alle im Orient, die ihr euch des christlichen Namens rühmt, aber keine Gemeinschaft mit der römischen Kirche habt!" Bei ihrem Seelenheil beschwört er sie, sich zu konformieren. Aber aus den Antworten, die er von den orientalischen Patriarchen erhalten hat, nimmt man ab, daß diese bei weitem mehr die alten Feindseligkeiten in Erinnerung haben als die alte Gemeinschaft; sie machen der römischen Kirche zugleich die willkürlichen Festsetzungen der Doktoren des Mittelalters und den Ungestüm ihrer heutigen Propaganda zum Vorwurf.

Nach dem Westen gewendet, hat der Papst Anstalt getroffen, in altprotestantischen Ländern, wie in Holland, so in England, die Katholischgläubigen zu besonderen Kirchenprovinzen zu vereinigen. Für England errichtete Pius IX., „in der Hoffnung, in dem blühenden Reiche die katholische Sache wieder emporzubringen", ohne Rücksprache mit der Regierung gepflogen zu haben, ein Erzbistum und zwölf Suffraganbistümer, die alle ihre Titel von englischen Ortschaften nahmen – das Erzbistum den von Westminster –; der neue Erzbischof war zugleich Kardinal der römischen Kirche; er rühmt es, daß sich fortan die Aktion des katholischen Englands regelmäßig um das Zentrum der kirchlichen Einheit bewegen werde.

Eben dafür aber hatte man in England jahrhundertelang gekämpft, die päpstliche Autorität von dem Lande auszuschließen; nachdem dies geschehen war, hielt man doch standhaft den Anspruch fest, sich von der allgemeinen Kirche in der Idee nicht getrennt zu haben und selbst wahrhaft katholisch zu sein. Die Verfassung des Landes beruht auf dem Anteil an der geistlichen Gewalt, welcher der Krone vorbehalten worden ist. Welchen Eindruck mußte da diese Neuerung machen! Die höchsten Reichsbeamten und die niederen Volksklassen, Geistliche und Laien, Anglikaner und Dissenters, erhoben ihre Stimmen wetteifernd dagegen. Sie sahen darin einen Angriff des Papstes auf das Land, wie solcher in früheren Zeiten oft versucht worden war, aber längst aufgegeben zu sein schien. Sollte die Feindseligkeit oder doch Mißachtung, die in dem Verfahren liegt, wirklich, wie man gesagt hat, daher rühren, daß sich England bei der Herstellung des Papstes in Rom wenigstens gleichgültig verhalten hatte? Zunächst erwuchs der englischen Regierung daraus eine nicht geringe Verlegenheit. Dulden konnte sie es nicht; aber sie mußte sich doch hüten, bei der Abwehr das der Konstitution inwohnende Prinzip der religiösen Freiheit zu verletzen. Diese Rücksicht bewirkte, daß die Maßregel, die man ergriff, sich lediglich auf weltlichem Gebiete hielt; sie beschränkt sich auf ein Verbot der eigenmächtig erteilten Titel, wie auch kein katholischer Staat sich einen solchen Eingriff würde gefallen lassen dürfen. Doch war damit die Wirkung desselben nicht erschöpft. Bei aller Mäßigung stellte sich doch heraus, daß an eine Bekehrung in dem Umfange, wie man in Rom erwartete, nicht zu denken war; die protestantischen Überzeugungen erschienen als die der Nation: sie ließ sich durch einzelne Abtrünnigkeiten darin nicht irremachen. Ferner aber, ist nicht die englische Politik bald darauf davon mitbestimmt worden? Hat sie nicht den Unmut an den Tag gelegt, der durch die papale Aggression in den Massen und ihren Führern erweckt worden war?

Die größten Hoffnungen gründete die Propaganda auf die unter den deutschen Protestanten herrschenden Entzweiungen. Wie oft hat man ihnen gesagt, daß ihr Kirchenwesen in seiner Auflösung begriffen, seinem Ruine nahe sei, gleich als hätte der Protestantismus jemals ohne innere Kämpfe bestanden, die sogar, insofern sie auf lebendiger Aneignung der religiösen Ideen beruhen, zu seinem Wesen gehören. Ein tiefes Gefühl der Gemeinsamkeit und Bemühen, sie darzustellen, setzt sich den auseinandergehenden Bestrebungen wieder entgegen und hat auch seine Erfolge. Die geringschätzigen Äußerungen der Gegner haben dazu beigetragen, dem Protestantismus seine historische Berechtigung zum Bewußtsein zu bringen. Der geistreiche Fürst, der damals auf dem preußischen Throne saß, faßte den Protestantismus als eine eigentümliche Form des Christentums, ebenbürtig allen anderen. Wie man auch über momentane Zustände und Meinungen urteilen möge: der Wert der protestantisch-deutschen Wissenschaft ist nicht hoch genug anzuschlagen; sie ist nicht allein in sich selbst so fest begründet, daß jeder Angriff von ihr abprallt; über alle kleinlichen Feindseligkeiten sich erhebend, übt sie einen täglich wachsenden Einfluß auf die Gelehrsamkeit der Katholiken, welche sich ihr in ihrer Methode und ihren Ergebnissen näher verwandt fühlen als den römischen Satzungen. Theologische Forschung aber ohne die Überwachung der kirchlichen Gewalt[1] widerspricht dem einmal aufgestellten Begriff von dem Berufe der Cathedra des Apostelfürsten.

So greifen geistliche und weltliche, nationale und universale, wissenschaftliche und bürgerliche Gegensätze ineinander und erfüllen die Geister in bezug auf das Papsttum, welches noch immer einen großen Mittelpunkt bildet, mit unaufhörlicher Agitation. Man begegnet einander nicht mehr mit dem gewaltigen Glauben von ehedem, welcher schuf und vernichtete; eine solche Kraft ist weder in dem Angriff noch in der Verteidigung; es ist ein unaufhörliches Zusammentreffen, Vordringen und Zurückweichen, Angriff und Abwehr, Aktion und Reaktion. Kein Augenblick ist dem anderen gleich: verschiedene Elemente vereinigen sich und trennen sich wieder; auf jede Übertreibung folgt ihr Gegenteil; das Entfernteste wirkt zusammen. Für den Kampf ist es charakteristisch, daß er unter unaufhörlicher Einwirkung der in das lebendige Andenken getretenen Vergangenheit geführt wird. Alle Streitigkeiten, welche die Welt auf diesem Gebiete jemals bewegt haben, sind wieder auf den Kampfplatz gefordert: der Streit der Konzilien und der alten Häretiker, der mittelalterlichen Macht der Kaiser und der Päpste, der reformatorischen Ideen und der Inquisition, des Jansenismus und der Jesuiten, der Religion und der Philosophie. Darüber webt und waltet dann das empfängliche und weitausgreifende, in heftiger Entzweiung nach unbekannten Zielen vorwärtstreibende, selbstvertrauende, aber ewig unbefriedigte gärungsvolle Wesen unserer Tage.

Jener Ausbreitung der kirchlichen Organisation sind andere, für den römischen Hof sehr nachteilige Ereignisse entgegengetreten.

Im Norden, in den Grenzlanden gegen die Griechischgläubigen, ist die katholische Kirche von einem unersetzlichen Verluste, wie kein anderer seit den Zeiten der Reformation, betroffen worden: zwei Millionen unierter Griechen sind unter dem Vortritt ihrer Bischöfe zu der griechischen Kirche, der ihre Vorväter angehörten, zurückgebracht worden. Und wie dann die Erhebungen der

[1] Ecclesiasticae potestatis, ad quam proprio ac nativo jure unice pertinet advigilare et dirigere theologicarum praesertim rerum doctrinam. Pius IX. an den Erzbischof von München, 21. März 1863.

Polen eine religiöse Farbe annahmen, die Kleriker wohl selbst die Waffen ergriffen, so trat ihnen in den Russen zugleich der religiöse Impuls gegenüber, der ihr Nationalgefühl durchdringt; die Unterdrückung des Aufstandes war nicht allein mit der Niederhaltung, sondern selbst mit Verfolgung des Katholizismus verbunden, so daß zuletzt ein offener Bruch mit Rom erfolgte.

Noch wichtiger als dies alles ist der prinzipielle, zugleich geistliche und weltliche Streit, in welchen das Papsttum in seiner unmittelbaren Nähe, in Italien, geraten ist.

Während Pius IX. die Herrschaft des Klerus in weltlichen Dingen, soweit es anging, wiederherstellte, unternahm es Piemont, wo sich die konstitutionellen Formen behauptet hatten, den hergebrachten Einfluß der Geistlichkeit zu vernichten oder in die engsten Grenzen einzuschließen. Man begann damit, den höheren Unterricht der Aufsicht der Bischöfe zu entziehen. Kurz darauf ist auf der Universität zu Turin eine den päpstlichen Ansprüchen von Grund aus entgegengesetzte Lehre zur Geltung gekommen: man sprach der geistlichen Autorität jede andere Berechtigung ab als die, welche sie durch Konzessionen der Staatsgewalt, die auch zurücknehmbar seien, besitze[1]. Dieser Doktrin beitretend, erklärte die legislative Gewalt in Piemont im Jahre 1850 die bischöflichen Tribunale, die geistlichen Standesvorrechte, das kirchliche Asyl, die Erwerbung der toten Hand für unstatthaft. Vergebens suchte der oberste Geistliche des Landes religiöse Antipathien dawider anzuregen; er büßte seinen Widerstand mit Verbannung. Der Tribut des goldenen Bechers wurde nicht mehr dargebracht; allen Proklamationen des Römischen Stuhles zum Trotz führte man im Jahre 1852 die Zivilehe ein. Nach einiger Zeit tat man den entscheidenden Schritt, die Klöster und geistlichen Genossenschaften aufzuheben.

Die bewußte Absicht war, einen kirchlichen Zustand in dem sardinisch-piemontesischen Gebiete durch Legislation einzuführen, wie er aus den Stürmen der Revolution in Frankreich hervorgegangen war. Indem Österreich die Josephinische Gesetzgebung aufgab, ahmte Piemont sie nach.

Die römische Kurie wandte hiergegen noch einmal ihre kirchlichen Waffen an: sie sprach ihren Bann über alle und jede aus, die an dem Eingriff in das geistliche Eigentum als Mitglieder der Kammern oder als Beamte teilgenommen hätten und teilnehmen

[1] J. N. Nuytz, Juris ecclesiastici institutiones.

würden. Aber diese Verdammung griff fast zu weit, um Wirkung zu haben; und indes veränderte sich die Lage der Welt.

Die sardinisch-piemontesische Regierung gewann dadurch einen starken Rückhalt, daß sie in den Verwicklungen des Krimkrieges dem Bunde der Mächte gegen Rußland beitrat. Auf dem Kongreß zu Paris, der im Frühjahr 1856 stattfand, brauchte sie nicht lange ihre Neuerungen zu rechtfertigen; sie konnte vielmehr die Initiative einer Anklage gegen die päpstliche Verwaltung vor dem Forum der Mächte ergreifen. Sie brachte zur Sprache, daß von den bei der Herstellung des Papstes gegebenen Verheißungen eigentlich keine in vollem Umfange zur Ausführung komme; darüber aber sei die Stimmung der Population so aufgeregt, daß es niemals möglich sein werde, die österreichischen Truppen, die noch in den Legationen standen, zu entfernen. Und doch sei bei deren Anwesenheit in dem Kirchenstaate und dem zentralen Italien überhaupt kein italienisches Gleichgewicht möglich; sie laufe dem Sinn der Verträge von 1815 entgegen[1]. Piemont schlug vor, den Legationen administrative Unabhängigkeit zu geben und ihre Regierung nach dem Muster des ersten Napoleon zu säkularisieren.

Im Frühjahr 1857 unternahm Pius IX. eine Reise in das mittlere Italien. Man bemerkte, daß er in fremden Gebieten, wo er nur als Papst erschien, mit Enthusiasmus aufgenommen wurde, in den eigenen dagegen mit auffallender Kälte. Die Adressen, mit denen man ihn da begrüßte, enthielten zugleich bittere Beschwerden. Niemand täuschte sich darüber, daß hier bei der ersten Gelegenheit ein Umsturz bevorstehe.

Noch beruhte der gesamte Zustand im Kirchenstaate auf dem Verständnis zwischen Österreich und Frankreich; wie wurde er so von Grund aus erschüttert, als es zwischen diesen Mächten eben wegen der piemontesisch-italienischen Angelegenheiten zu Irrungen, zu Entzweiungen und endlich im Jahre 1859 zum Kriege kam! Sowie dann die Österreicher nach den ersten Verlusten, die sie erlitten, um die Lombardei zu retten, den Kirchenstaat verließen, brach hier die Empörung unverzüglich aus, zuerst in Bologna, wo man eine Junta an die Stelle der päpstlichen Regierung setzte, und nach diesem Beispiel in den benachbarten Provinzen. Eine Nationalversammlung auf Grund des allgemeinen Stimmrechts trat zusammen; ihr erstes Dekret, 1. September 1859, entsprach dem Beschluß, mit welchem vor zehn Jahren die konstitu-

[1] Notes des plénipotentiaires sardes, 27. März, 16. April 1856.

ierende Versammlung in Rom ihre Arbeiten begonnen hatte: auf das Recht des Volkes sich stützend, erklärte man die weltliche Macht des Römischen Papstes für erloschen. Zu republikanischen Formen schritt man jedoch diesmal nicht fort; die Provinzen gaben vielmehr den Wunsch zu erkennen, mit Piemont vereinigt zu werden, das als der Träger einer großen Idee, die sich der Gemüter bemächtigte, der Idee der Einheit von Italien, auftrat. In den früheren Jahrhunderten waren die Päpste selbst dazu bestimmt erschienen, sie zu realisieren; in dem neunzehnten, eben unter Pius IX., war der Päpstliche Stuhl versucht gewesen, das Banner der Einheit zu erheben; jetzt kehrte der mächtige Gedanke seine Spitze gegen Rom. Indem auch Modena, Parma und Toskana von ihren Dynastien österreichischen und bourbonischen Ursprungs zu Piemonts Gunsten sich losrissen, dem auch die Franzosen die eroberte Lombardei überließen, gewann die italienische Idee in dieser Macht Körper und Zukunft. Die französische Staatsgewalt richtete, hiermit einverstanden, die Anforderung an den Papst, die Autonomie der abgefallenen Provinzen anzuerkennen, wenn auch nur in der Form eines piemontesischen Vikariates, zugleich aber in den übrigen Provinzen die schon beschlossenen Reformen einzuführen, wogegen die katholischen Mächte diese ihm sichern und ihn zur Behauptung derselben mit Geld und Truppen unterstützen würden[1].

Pius IX. wies alles von der Hand: denn die Garantie eines Teiles seiner Gebiete annehmen, würde ein Aufgeben der losgerissenen in sich schließen, wozu er nimmermehr seine Einwilligung geben werde; er meinte sogar, durch eigene Bewaffnung sich noch selbst helfen zu können.

Welch ein Unternehmen jedoch, inmitten einer zum Abfall geneigten Population, ohne Verbündete, einem entschlossenen Feind gegenüber, der das nationale Prinzip verfocht und die moralische Unterstützung der europäischen Hauptmächte für sich hatte! Auf das rascheste entwickelten sich die Geschicke. Sowie einmal Raum dazu gegeben wurde, sprachen sich die abgefallenen Provinzen durch ein fast ungeteiltes Plebiszit für die Vereinigung mit Pie-

[1] Die Vorschläge über die verlorenen und die noch behaupteten Provinzen, welche sukzessiv geschahen, gehören doch zusammen. Bei den letzten waren die ersten vorbehalten, vielleicht mehr jedoch das Vikariat als die Losreißung, wie es eine Note des Kardinals Antonelli vom 14. April 1860 ausspricht.

mont aus, und hier nahm man sie an; bereits im April 1860 konnte das Parlament unter der Teilnahme von Zentralitalien eröffnet werden; dann aber ergriff der Abfall auch die Marken und Umbrien; hier und da erwachten die Gefühle der munizipalen Unabhängigkeit, um sich der italienischen Einheit zu unterwerfen. Die zur Erhaltung der kirchlichen Ideen zusammengebrachte Truppenschar des Papstes vermochte nichts dagegen auszurichten. Die einheimischen Regimenter versagten ihren militärischen Dienst, sobald sie der Piemontesen ansichtig wurden. Überall, wo man freie Hand hatte, pflanzte man die Trikolore auf und forderte ebenfalls Annexion; nur durch die französischen Okkupationstruppen wurde die Hauptstadt gesichert. Für diese entsprang aber aus dem Gange der Ereignisse eine andere große Gefahr: der König von Sardinien nahm den Titel eines Königs von Italien an, und sein leitender Minister sprach die Ansicht aus, das neue Königreich könne nur dann als begründet erachtet werden, wenn es Rom zur Hauptstadt habe. Die Erörterung dieser Forderung bildete seitdem eines der wichtigsten Momente der italienisch-französischen Politik, nicht ohne daß zugleich die Abwandlungen der europäischen Verhältnisse unaufhörlich darauf eingewirkt hätten; denn schon bildete Italien eine Macht, auf welche man bei allen politischen Berechnungen Rücksicht nehmen mußte. Unzufrieden mit dem, was im Norden geschah, fand der französische Kaiser im Jahre 1864 ratsam, sein Einverständnis mit Italien zu befestigen. Es lag eine neue Anerkennung der italienischen Einheit darin, wenn er selbst vorschlug, Florenz zur Hauptstadt des italienischen Reiches zu machen; doch war damit die vornehmste Frage nicht erledigt, sondern nur vertagt. Der französische Kaiser versprach in dem Septembervertrage des Jahres 1864, seine Truppen binnen zwei Jahren von Rom abzuberufen, in welcher Zeit der Papst aufs neue hinreichende Streitkräfte um sich sammeln könne, um die innere Ordnung aufrechtzuerhalten. Die Italiener dagegen verpflichteten sich, den Kirchenstaat in seinen nunmehrigen Grenzen weder anzugreifen noch angreifen zu lassen[1]. Die Politik des fran-

[1] Bei den Verhandlungen darüber machte ein Wort eine große Schwierigkeit, dessen Auslegung die Frage der Existenz des Römischen Stuhles selbst berühren konnte. Die Italiener machten sich nicht anheischig, wie ihnen ursprünglich zugemutet worden, den Kirchenstaat, wie er nunmehr war, zu respektieren: denn dann würden sie die inneren Bewegungen zugunsten der Einheit, die sich in demselben gewaltig regten, verletzt haben; sie willigten nur ein, ihn nicht selbst anzugreifen.

zösischen Kaisers beruhte darauf, daß er ein gutes Verhältnis mit Italien aufrechterhalten und doch zugleich mit dem Papst nicht brechen wollte. Das eine forderten seine europäischen Verhältnisse, das andere der Einfluß der päpstlichen Autorität auf das innere Frankreich. Seine Meinung war, daß noch eine Aussöhnung zwischen Rom und dem neuen Italienischen Königreich möglich sei, welche dadurch begründet werden müsse, daß der Papst die Grundsätze, die er bisher bekannt hatte, mäßige; für die ganze katholische Welt werde dies die ersprießlichsten Folgen haben; der Papst würde die liberalen Ideen anerkennen, welche die Grundlage der meisten Staaten seien, und den Gläubigen den Beweis geben, daß die katholische Religion den Fortschritt des menschlichen Geschlechts anerkenne und unterstütze. Von dem Papst war das eigentlich zuviel gefordert, in dem Momente, wo die Ideen, welche er gutheißen sollte, seine Existenz gefährdeten. Wie hätte er die Volkssouveränität annehmen sollen, die ihn für abgesetzt erklärte, oder die Einheit von Italien, welche ihm seinen weltlichen Besitz zu entreißen drohte?

Allen Zumutungen in bezug auf den Kirchenstaat setzte der Papst fortwährend die Idee der kirchlichen Einheit und seiner pontifikalen Pflicht entgegen: „denn das Recht des Römischen Stuhles lasse sich nicht abtreten wie das Recht einer weltlichen Dynastie; es gehöre allen Katholiken an; er würde, wenn er es aufgäbe, die Gesamtheit verletzen, den Eidschwur brechen, der ihn binde, und zugleich Grundsätzen Raum geben, welche allen Fürsten verderblich werden müßten“. So hat er einst dem Kaiser der Franzosen geschrieben[1]. Er zögerte nicht, über die Rebellen und Usurpatoren der abgefallenen Provinzen des Kirchenstaates in den volltönenden Worten der althergebrachten Formeln die große Exkommunikation auszusprechen, mit besonderer Bezugnahme auf die Satzungen des Tridentinischen Konziliums; in dem Breve, in welchem das geschieht, führt er aus, daß es bei den verschiedenen Interessen der Fürsten eine der weisesten Veranstaltungen der Vorsehung gewesen sei, dem Römischen Papst eine weltliche Herrschaft und dadurch politische Freiheit zu gewähren: denn die katholische Kirche dürfe nicht zu besorgen haben, daß die Verwaltung ihrer allgemeinen Angelegenheiten von fremdem und weltlichem Einfluß abhänge; dieser seiner Bestimmung wegen müsse

[1] Die Enzyklika vom 19. Januar 1860 enthält eine Mitteilung darüber.

auch die Regierung des Römischen Kirchenstaates bei aller Fürsorge für die Wohlfahrt der Untertanen doch einen geistlichen Charakter tragen[1].

Von Zeit zu Zeit fanden Feierlichkeiten in Rom statt, in denen sich noch einmal die den Himmel und die Erde ineinander verschlingende Mystik des alten Papsttums kundgab. An dem Pfingstfest 1862 wurde eine Anzahl von Ordensbrüdern, die vor mehr als dritthalb Jahrhunderten in Japan ihren Bekehrungseifer mit dem Tode besiegelt hatten, heiliggesprochen, ausdrücklich auch deshalb, „weil die Kirche in den bedrängten Zeiten neuer Fürsprecher bei Gott bedürfe". In der großen Versammlung von Bischöfen, welche sich dazu einfand – man zählte ihrer 240 – kam nun vor allem die zunächst vorliegende Bedrängnis zur Sprache. Die Bischöfe drückten ihre freudige Genugtuung aus, daß sie noch einmal selbst frei zu dem freien Papst und König hatten kommen können, und ihre Überzeugung, daß der Papst weder der Untertan noch etwa der Gast eines anderen Fürsten sein dürfe: er müsse in seiner eigenen Herrschaft, seinem eigenen Königreiche seinen Wohnsitz haben. Wenn Pius gesagt hatte, er werde eher sein Leben lassen, als von dieser Sache, welche die Sache Gottes, der Gerechtigkeit und der Kirche sei, abstehen, so sprachen sie die Bereitwilligkeit aus, Gefangenschaft und Tod darüber mit ihm zu teilen.

Man hat erfahren, daß die Bischöfe nicht ohne Ausnahme dieser Meinung gewesen sind; aber bei weitem die Mehrzahl schloß sich doch der Ablehnung jeder Transaktion über den Kirchenstaat an: der katholische Episkopat billigte die kirchliche Politik des Heiligen Vaters.

In dem niedern Klerus gaben sich freilich auch andere Meinungen kund; namhafte Kirchenschriftsteller von orthodoxer Reputation sprachen sich gegen die weltliche Herrschaft des Papsttums aus, wie denn die Literatur des Tages überhaupt Partei dagegen genommen hatte. Und die Konvention vom September 1864 war doch weit entfernt, dem Papste die Sicherheit zurückzugeben, auf welcher das Ansehen seiner Vorfahren so viele Jahrhunderte daher beruht hatte. Sie war abgeschlossen worden, ohne daß man ihn zu den Beratungen zugezogen hätte; er zögerte, nachdem er

[1] Literae apostolicae, quibus majoris excommunicationis poena infligatur invasoribus et usurpatoribus aliquot provinciarum pontificiae ditionis.

die Kardinäle konsultiert hatte, eine Erklärung darüber zu geben; in seiner Seele war er mit Entwürfen beschäftigt, durch welche er die altkirchlichen Grundsätze nochmals zu allgemeiner Anerkennung zu bringen hoffte; seine Ratgeber, besonders die Väter Jesuiten, bestärkten ihn darin. Den der kirchlichen Doktrin feindseligen Meinungen der Zeit beschloß man mit einer umfassenden und authentischen Erklärung entgegenzutreten, wie das in einer am 8. Dezember 1864 erlassenen Enzyklika geschehen ist, welcher ein Verzeichnis der schon früher von dem Papste selbst verurteilten Irrtümer beigegeben war. Vornehmlich behält man dabei die piemontesischen Neuerungen im Auge; aber daran wird die Proklamation der weitausgreifendsten Grundsätze gegen die Allgewalt des Staates überhaupt geknüpft[1]: wie man annehme, daß der Staat ohne Rücksicht auf die Religion verwaltet werden müsse, so schließe man, daß die katholische Kirche nur in soweit Schutz verdiene, als ihre Verletzung den öffentlichen Frieden stören würde; man unterwerfe die Akte des Oberhauptes der Kirche der Promulgation der weltlichen Gewalt und gestehe ihnen ohne solche keine Wirksamkeit zu; man hebe die geistlichen Genossenschaften und die gebotenen Feiertage auf, weil die neuere Staatswirtschaft das so fordere; man entreiße die Erziehung der Jugend der Aufsicht der Geistlichkeit, gleich als stehe diese dem Fortschritt der Wissenschaft und Zivilisation im Wege, während man dadurch nur verderblichen Meinungen freie Bahn mache. Die Bischöfe werden aufgefordert, dagegen nach den Lehren der ältesten Päpste einzuschärfen, daß die Reiche auf der Grundlage des katholischen Glaubens beruhen.

Hatte man doch schon behauptet, der Kirche komme es gar nicht zu, die Verächter ihrer Anordnungen mit Strafen heimzusuchen; die Verbindlichkeit des auf den Kirchenstaat bezüglichen Dekrets des Tridentinischen Konziliums wurde in Abrede gestellt, weil es auf einer Vermischung der geistlichen und der weltlichen Ordnung der Dinge beruhe; das göttliche Recht einer unabhängigen Kirchengewalt wurde überhaupt geleugnet. Indem Pius IX. diese Meinungen verwirft, hält er zugleich die Tradition seiner Vorgänger aufrecht, welche der Kirche von jeher eine heilsame Autorität über Nationen und Fürsten vindiziert hatten, und verteidigt seine eigene politische Stellung. In der theologisch-lehrhaften Weise,

[1] Eine lange Reihe von Sätzen des Syllabus ist aus dem päpstlichen Breve vom 26. August 1851, das gegen Nuytz gerichtet war, genommen.

die ihm eigen ist, forscht er dann weiter den Ursachen der allgemeinen Verirrung nach und findet sie in der Erhebung der Vernunft über die Offenbarung sowie in der Meinung, daß das oberste Gesetz in dem kundgegebenen Willen des Volkes liege; Freiheit des Gewissens und des Kultus halte man für das angeborene Recht eines jeden, unbeschränkte Preßfreiheit für das Erfordernis eines wohlgeordneten Staates; den Protestantismus erkläre man für eine Kirchenform, bei der man Gott wohlgefällig leben könne. Pius IX. dagegen gibt nicht zu, daß man auf das ewige Heil derer, die außerhalb der katholischen Kirche sind, auch nur hoffen dürfe; festhaltend an dem Vorrechte des Stuhles Petri über allgemeine Konzilien, verdammt er noch mehr den Gedanken, streitige Fragen durch ein Nationalkonzilium zur Entscheidung zu bringen; er spricht sich aufs neue gegen die Bibelgesellschaften aus, das echteste Produkt des religiösen Geistes von Altengland, sowie gegen die Zivilehe, welche von der modernen Gesetzgebung gefordert wird: er verteidigt den Zölibat.

Man begreift das Aufsehen, welches diese Kundgebung machte. Wie oft hatte man selbst von klerikaler Seite den Wunsch geäußert, daß sich der Papst mit den liberalen Ideen versöhnen möge! Diese Voraussetzung beförderte die erneute Sympathie, welche er in Frankreich fand[1], wie sie denn auch von dem Kaiser ausgesprochen worden ist. Allein die neue Enzyklika zeigte, daß es ein Irrtum war. Der Papst verwarf, wenn auch nicht gerade in jedem Punkte, doch im allgemeinen das System der modernen Anschauungen und Lehren, die in die Überzeugung des lebenden Menschengeschlechts übergegangen sind.

Den anflutenden Wogen der Politik und der Meinung stellte sich das Papsttum mit seinem altherkömmlichen Selbstgefühl entgegen; ob es vor ihnen zurückweichen oder ihnen Widerstand leisten werde, wurde eine der großen Fragen des Jahrhunderts.

Das Vatikanische Konzilium

Pius IX. war selbst nicht gemeint, den Kampf, welchen er aufnahm, allein zu bestehen. Er dachte seine Kundgebungen durch eine allgemeine Autorität zu unterstützen, eine solche, die in frü-

[1] Dupanloup, la convention de 15 Sept. et l'encyclique de 8 Décbr. weist doch nur die falschen und übertreibenden Erklärungen der Enzyklika

heren Zeiten meist im Gegensatz gegen das Papsttum erschienen war, demselben aber schon einmal die größten Dienste geleistet hatte. Am 6. Dezember 1864, in einer Sitzung der Kongregation de' riti, ließ der Papst die laufenden Geschäfte unterbrechen und die anwesenden Beamten abtreten, um den Kardinälen, die dabei fungierten, eine besondere Mitteilung zu machen. Seit langer Zeit, sagte er ihnen, gehe er mit einem Gedanken um, der sich auf das Wohl der gesamten Kirche beziehe, dem Gedanken, ein allgemeines Konzilium zu berufen, um durch dies außerordentliche Mittel für die außerordentlichen Bedürfnisse des christlichen Volkes zu sorgen. Er forderte die Kardinäle auf, ihm ihre gutachtlichen Äußerungen darüber zugehen zu lassen. Nach dieser Eröffnung wurden die Verwaltungsbeamten wieder hereingerufen und die laufenden Geschäfte fortgesetzt. Nicht allein aber den in der Kongregation versammelten Kardinälen, sondern allen Mitgliedern des Kollegiums ging diese Aufforderung zu. Es liefen darüber nach und nach 21 Gutachten ein, die sich denn bei weitem in der Mehrzahl – nur zwei äußerten sich abweichend – dem Gedanken des Papstes anschlossen.

Die dabei vorwaltende Überzeugung war, daß der Widerstreit der herrschenden Meinungen gegen die Doktrinen des Päpstlichen Stuhles und die bedrängte Lage der Kirche überhaupt die Anwendung des äußersten Heilmittels notwendig mache, wofür der Gesichtspunkt ist, daß die Verurteilung der obwaltenden Irrtümer durch den Papst allein noch nicht zum Ziele führen werde. Wie einst die lutherische Lehre durch die Päpste verurteilt, diese Verurteilung aber erst dann wirksam geworden sei, als das Tridentinische Konzilium sie adoptiert und bestätigt habe, so werde es auch jetzt notwendig, den indessen emporgekommenen falschen Lehren ein gleiches Bollwerk entgegenzusetzen. Die Kardinäle erwähnen nochmals des Jansenismus; doch konnte dieser in seiner damaligen Unbedeutendheit den Gegenstand ihrer Sorge nicht ausmachen. Ihr Hauptaugenmerk bilden die philosophischen Doktrinen, die, seit einem Jahrhundert emporgekommen und durch die weltliche Gewalt unterstützt, in vollem Widerspruch mit der Kirchenlehre stehen: denn diese begründe sich auf die geoffenbarte Wahrheit, jene seien Ausgeburten des sich selbst überlassenen und sich überhebenden menschlichen Denkens. Wenn

zurück. In seinem beredten Discours sur la question Romaine (April 1865) spricht M. Thiers aus, daß er die Enzyklika bedauere.

Pius IX. seinen Begriff von dem göttlichen Rechte und der göttlichen Einwirkung so weit ausdehnte, daß er den Besitz des Kirchenstaates durch den Päpstlichen Stuhl für geheiligt und unantastbar erklärte, war soeben auf den Grund der entgegengesetzten Doktrinen die Absicht gefaßt worden, diesen Besitz dem Papste zu entreißen. Allenthalben wurden die religiösen, besonders die katholischen Meinungen von entgegengesetzten angegriffen; der gesamte Lehrkörper der Kirche, der Episkopat war von diesen Bestrebungen mitbetroffen.

Die beifälligen Gutachten der Kardinäle nahm Pius IX. mit Wohlgefallen auf und setzte eine Kommission nieder, um die zur Einberufung des Konziliums notwendigen Vorarbeiten zu leiten. Ihre erste Sitzung hielt dieselbe im März 1865. Im November wurde die Absicht, ein Konzil zu berufen, den Nuntien zu Paris, München Wien, Madrid, Brüssel mitgeteilt; sie wurden ersucht, die Gelehrten anzugeben, die zur Vorbereitung der konziliaren Arbeiten nach Rom gezogen werden könnten. Die Absicht des Papstes war, daß die zur Deliberation bestimmten Materien noch vor der Publikation der Berufung des Konziliums in der dirigierenden Kongregation beraten werden sollten. In der Sitzung derselben im Mai 1866 stellte sich jedoch heraus, daß sie noch weit von ihrem Ziele entfernt sei. Wir finden dann ein langes Intervall der Beratung, währenddessen die Lage der Welt durch große Ereignisse umgewandelt wurde, die auch den Papst nahe betrafen. Der Krieg zwischen Österreich und Preußen war ausgefochten; die Schlacht von Sadowa hatte nicht allein über Deutschland, sondern auch über Italien entschieden; Venetien war an den König von Italien gekommen. Der aber erklärte, noch sei sein Programm nicht erfüllt; er wiederholte, was seine Minister schon seit lange ausgesprochen hatten, daß die Einheit von Italien die Einverleibung Roms notwendig fordere.

Wenn man nun fragt, worauf sich dieser Intention zum Trotz das Bestehen des Kirchenstaates gründete, so war es allein der Septembervertrag, den die Franzosen zunächst mit Nachdruck aufrechterhielten. Im Dezember 1866 verließen sie die Hauptstadt. Aber noch ehe ein Jahr verging, sahen sie sich genötigt, dahin zurückzukehren; denn der italienischen Regierung wurde es beinahe unmöglich, den nationalen Bewegungen zur Eroberung Roms zu widerstehen. Sie hatte die populäre Aggression der Garibaldianer nicht hervorgerufen; aber sie schien gewillt zu sein, sie für sich selbst zu benutzen und die Grenzen des Kirchenstaates zu überschreiten. Um dem zuvorzukommen, ließ der Kaiser der Franzosen Civita-Vecchia besetzen; durch die französischen Waffen wurden die Garibaldianer zurückgewiesen, und der Papst ward noch einmal in dem Besitz des Kirchenstaates erhalten. Eine Stütze jedoch, auf die man sich schwerlich verlassen konnte, wenn man die Rücksicht, die der Kaiser auf Italien nehmen mußte, und die Wechselfälle, die seine Politik bestimmen konnten, erwog.

Noch einmal war in dieser Zeit die Bedeutung, welche der Besitz des Staates für die Kirche habe, zum lebendigen Ausdruck gekommen. Pius IX. hatte die Bischöfe aus aller Welt aufs neue zahlreich eingeladen, um den 1800jährigen Jahrestag der Apostel Petrus und Paulus zu feiern. Für die Kirche erschien es notwendig, daß dies in einem keiner anderen Botmäßigkeit als der des obersten Pontifex unterworfenen Gebiete geschehe oder, wie es die Bischöfe aussprachen, daß die legitime Gewalt des Papstes aufrechterhalten werde; dem Papst, sagen sie, müsse die Freiheit seiner Macht und die Macht seiner Freiheit bewahrt werden; er müsse die Mittel behalten, sein hohes, für alle notwendiges Amt auszuüben; ihre Zusammenkunft selbst ziele dahin, seine von allen Seiten angegriffene territoriale Autorität zu unterstützen und die Unentbehrlichkeit derselben für die Regierung der Kirche zu beweisen. Von allen Seiten gefährdet, nur gestärkt durch das Gemeingefühl der Bischöfe, hielt der Papst die Zeit für gekommen, in welcher er die Berufung eines allgemeinen Konziliums definitiv ankündigen müsse. Man würde ihn nicht verstehen, wenn man eben nur in der Rettung des weltlichen Fürstentums den Zweck desselben sehen wollte. Allerdings war der Streit in seinem Kern eigentlich ein italienischer zwischen den Einheitsbestrebungen des neuen Königreiches und der unabhängigen Existenz eines kirchlichen Staates; aber er gewann dadurch einen universalen Charakter, daß das italienische Königtum die modernen Ideen in ihrer ganzen Schärfe faßte und annahm, das Papsttum dagegen die kirchlichen Lehren, die diesen entgegenstanden, in ihrem vollen Umfange zu erneuern und zu sanktionieren dachte. Wenn nun die Bischöfe schon in der besonderen Frage Partei für den Papst-König nahmen, so durfte man das noch mehr in der allgemeinen erwarten, die sie selbst auf das nächste anging. Es liegt etwas Großartiges darin, daß Pius IX. in dem Augenblick, in welchem die weltliche Gewalt und der Andrang der feindseligen und unkirchlichen Meinungen ihm den

Überrest seines Staates zu entreißen drohten, den Entschluß faßte, durch eine allgemeine Kirchenversammlung die Doktrinen aufs neue sanktionieren zu lassen, auf denen das Papsttum überhaupt und auch sein weltlicher Besitz von jeher beruhten, zumal da sie zugleich dem Zustande der weltlichen Gewalten, wie er jetzt geworden war, geradezu widerstrebten. Nicht dem Königreich Italien allein, noch auch der europäischen Politik, welche die Sache des Kirchenstaates so gut wie aufgibt, sondern dem System der modernen Ideen, welche die Staaten selbst umgestaltet haben, sollte von kirchlicher Seite eine starke Opposition entgegengesetzt werden. Die Souveränität des Volkes, mit welcher die vornehmsten Wortführer des Papsttums einst sympathisiert hatten, erweckte jetzt den Gegensatz der Kirche, da der Fürst, dem sie sich entgegensetzte, die höchste geistliche Würde bekleidete. Wenn nun ein allgemeines Konzilium berufen wurde, so war der Zweck desselben, von kirchlicher Seite die Doktrinen und Interessen des Papsttums in Schutz zu nehmen und die entgegengesetzten, so verbreitet sie sein mochten, zu verurteilen. Es war ein Akt zugleich der Isolierung und der Feindseligkeit; die Lehre, auf welcher der moderne, von der Revolution mehr oder minder ergriffene Staat beruht, sollte erschüttert, diesem damit seine doktrinäre Grundlage, wenigstens in den Gemütern der Gläubigen, entzogen werden. Niemand sollte von der Machtlosigkeit des Römischen Stuhles sprechen. Seine Macht ist unermeßlich, inwiefern sie den Lehrkörper der Kirche, welche Hunderte von Millionen lebender und denkender Menschen umfaßt, für sich hat.

Charakteristisch sind die Erwägungen der vorbereitenden Kongregation, die ihre Sitzungen am 28. Juli 1867 wieder aufnahm, in demselben Augenblick, als das italienische Parlament sich aufs neue für das Prinzip der Nonintervention erklärte, d. h. der Nichtunterstützung des Papstes von seiten Frankreichs. Eine der ersten vorläufigen Fragen war, inwiefern nach dem alten Brauch die Fürsten zur Teilnahme an dem Konzilium eingeladen werden sollten. So war es noch in dem Tridentinischen Konzilium geschehen; und man weiß, daß diese Kirchenversammlung ihren glücklichen Ausgang nur der Übereinkunft eines früheren Pius, des vierten in der Reihe, mit den angesehensten unter den weltlichen Fürsten, vor allen dem damaligen Deutschen Kaiser und dem Könige von Spanien, zu verdanken hat. Auch jetzt war in der ersten Sitzung der dirigierenden Kommission der Vorschlag dahin gegangen, daß

die Fürsten zur Teilnahme am Konzilium durch ihre Legaten einberufen werden sollten[1]. Auf der Hand liegt jedoch, wieviel sich dagegen einwenden ließ; denn auch der König von Italien, mit welchem der Papst in direktem und unversöhnlichem Gegensatz stand, hätte berufen werden müssen. Die Kommission sprach sich darüber nicht aus; sie überließ die Sache dem Papste. Der mußte das nicht allein aus dem angegebenen Grunde verwerfen; sein Sinn ging überhaupt auf eine ausschließend kirchliche Versammlung; er wollte auf keine Weise die Meinung bekräftigen, als stehe der Staat über der Kirche. Bei der definitiven Redaktion der Einberufungsbulle wurde zwar die Gunst der Fürsten für die Zusammenkunft des Konziliums in Anspruch genommen, ihrer eigenen Teilnahme aber in Person oder durch Gesandte nicht gedacht[2].
Noch eine andere Abweichung von dem früheren Gebrauch stellte sich gleich bei der Abfassung der Konvokationsbulle heraus. Paul III. hatte die seine in dem Konsistorium der Kardinäle vorlesen lassen: sie war von denselben gebilligt und unterschrieben worden. Pius IX. schien es genug, daß die Bulle in jener aus den vertrautesten Kardinälen zusammengesetzten Kommission geprüft wurde. Dem gesamten Kollegium wurde sie überhaupt nicht vorgelegt; die Kardinäle wurden nur über die Opportunität der anberaumten Zeit befragt und antworteten mit ihrem Plazet.
Welches sollte nun aber das gegenseitige Verhältnis der zu berufenden Würdenträger der Kirche und des Papstes sein?
Nichts hatte bei der Wiedereröffnung des Konziliums in Trient unter Pius IV. größeren Widerspruch veranlaßt als der Anspruch, daß die Propositionen von den päpstlichen Legaten ausgehen sollten. Besonders die Bischöfe von Spanien hatten sich dagegen gesetzt, und zwar anfänglich unter der Beistimmung des katholischen Königs, der eben durch die ihm ergebenen Bischöfe auf das Konzilium Einfluß ausübte. Ein ähnlicher Erfolg wie damals hätte sich auch jetzt erwarten lassen, wenngleich lange nicht in derselben Ausdehnung. Unter allen Umständen sollte das vermieden werden.

[1] Giannellis Vorschlag bei Cecconi (Storia del Concilio Ecumenico Vaticano 23): per persuaderli a favorire il Concilio ed invitarli ad intervenir vi mediante i loro Legati.

[2] Studiosissime uti decet catholicos principes, iis cooperentur, quae in maiorem Dei gloriam eiusdemque Concilii bonum cedere queant. Dieser Passus wird von Cecconi S. 124 dahin ausgelegt, daß damit die Anwesenheit der Fürsten indirekt offengelassen werde.

Indem der Papst das Konzilium berief, blieb er doch bei seinem Begriff von dem Primat, der jede freie Beratung ausschloß, stehen. In der vorläufigen Erörterung der dirigierenden Kommission war dieser Gesichtspunkt auf das stärkste hervorgehoben. Aus dem Begriff des durch göttliche Institution dem Römischen Stuhle verliehenen Primates folgerte man, daß das Recht der Proposition nur dem Papste zustehen könne. Als das sichtbare Haupt des mystischen Körpers der Kirche sei der Nachfolger des heiligen Petrus mit der oberhirtlichen Sorge für die gesamte christliche Herde betraut. Wenn er nun in den Zeiten der Gefahr, besonders der Verbreitung gefährlicher Irrtümer, die Bischöfe um seinen Stuhl versammele, so kündige er ihnen den Zweck an, welchen er im Auge habe, und zwar durch Proposition der zu verhandelnden Gegenstände.

Ganz und gar wird den Bischöfen das Recht der Proposition nicht verweigert; aber sie sollen ihre Vorschläge zuerst dem Papst oder vielmehr der zu diesem Zwecke eingerichteten Kongregation mitteilen. Die Einwendung, daß dann vielleicht auch gute Vorschläge unberücksichtigt bleiben dürften, wird durch die Betrachtung zurückgewiesen, daß ein jeder sich damit, seine Pflicht getan zu haben, begnügen und übrigens der göttlichen Vorsehung vertrauen müsse.

Kongregationen zur Prüfung der eingehenden Vorschläge hatte es früher auch bei den lateranensischen Konzilien gegeben; aber man hatte dieselben durch Wahl aus der Versammlung hervorgehen lassen: diesmal nahm der Papst die Ernennung der Mitglieder in seine eigene Hand, kraft der schweren ihm obliegenden Pflicht, die Beratungen des Konziliums zu leiten.

Man sieht, wie der Papst die Idee des Konziliums verstand. Er wollte dabei keine weltliche Einwirkung, weder durch die Fürsten selbst, noch durch ihre Gesandten. Er abstrahierte sogar von dem Einfluß der römischen Kurie, wie sie in den Kardinälen konstituiert war. Denn irgendeine selbständige Meinung hervorzurufen lag ihm fern. Und wenn er die Bischöfe berief, so wollte er doch auch denen keinerlei Selbständigkeit gestatten. Er hielt ihnen gegenüber an seinem Begriff von dem Primat, dem obersten Hirtenamt, fest. Er forderte nicht sowohl ihren Rat, als ihre Beistimmung. Es war das Kirchenregiment der Päpste, welches er in dieser beratenden Form gleichwohl festzuhalten und zur Geltung zu bringen gedachte.

Der Peter- und Paulstag des Jahres 1868 wurde dadurch gefeiert, daß die Einberufung eines allgemeinen Konziliums auf einen anderen festlichen Tag, den Pius IX. besonders hochhielt, das Fest der Unbefleckten Empfängnis, 8. Dezember 1869, definitiv angekündigt wurde. Der Wortlaut atmet eben den Geist, der sich in den vorhergegangenen Beratungen manifestiert hatte. Der Gedanke des Papsttums trat darin, anknüpfend an die obersten Mysterien des Glaubens, mit absoluter Autonomie hervor, isoliert, aber nach allen Seiten hin vorbereitet und wohlerwogen.

Sollte ihm nun aber zur Entwicklung desselben freier Raum gelassen, sollte ihm gestattet werden, indem er in seiner weltlichen Herrschaft zugrunde zu gehen Gefahr lief, die umfassendsten Ansprüche auf dem kirchlichen Gebiete zu voller Geltung zu bringen?

Gleich bei dem Publikationserlaß ist es aufgefallen, daß die weltlichen Gewalten gegen den früheren Gebrauch von dem Konzilium ausgeschlossen waren. In Frankreich hat man sofort überlegt, ob nicht auch sie Teilnahme an den konziliaren Verhandlungen fordern sollten. Darin aber lag der aus der Revolution hervorgegangene Vorteil des Papsttums, daß dies nicht wohl geschehen konnte; denn die Staatsgewalten hatten verfassungsmäßig ihren konfessionellen Charakter aufgegeben: das Prinzip, zu dem sie sich bekannten, war das der religiösen Indifferenz. Die Revolutionen waren großenteils aus dem Gegensatz gegen die intime Verbindung zwischen Kirche und Staat hervorgegangen und hatten diese aufgelöst. Es hat eine Epoche gegeben, in welcher Päpste und Kaiser über das Recht, ein Konzilium zu berufen, stritten. Aber in jenen Zeiten waren Kirche und Staat gewissermaßen identisch, die Kaiser zuweilen noch kirchlicher als der Papst; jetzt war die weltliche Gewalt, indem sie säkularisierte, gewissermaßen selbst säkularisiert worden; sie erschien in mehreren großen Mächten, die einander meist feindselig gegenüberstanden. Welche Form ließ sich finden, um den Staat als solchen an dem Konzilium zu repräsentieren? Die Absicht ist einen Augenblick gehegt, aber gleich darauf wieder aufgegeben worden; doch meinte man darum noch nicht, die angekündigte Kirchenversammlung dem Einwirken und dem Gutdünken des Papstes zu überlasen.

Im Schoße des klerikalen Gemeinwesens regte sich Opposition. Von den alten Konzilien waren besonders die in lebendigem Gedächtnis geblieben, welche im Gefühl ihrer Selbständigkeit, zuweilen selbst im schärfsten Gegensatze, dem Papsttum zur Seite getreten waren. Nicht einen ähnlichen Gegensatz, aber eine Deliberation über alle obschwebenden Fragen in freiester Erörterung erwartete man von der neuen konziliaren Versammlung. In Deutschland glaubte man die Herstellung einer harmonischen Bewegung der beiden Gewalten, unter denen sich das Leben des Menschen vollzieht, des Staates und der Kirche, erwarten zu dürfen. Man verlangte Bestimmungen über das Verhältnis des Klerus und der Gläubigen überhaupt zur allgemeinen Bildung und zur Wissenschaft, Teilnahme der Laien an der kirchlichen Institution. Man brachte eine durch das allgemeine Konzilium einzuleitende Wiederbelebung der durch Jahrhunderte erprobten National-, Provinzial- und Diözesansynoden in Erinnerung. Die hohe Geistlichkeit war selbst großenteils dieser Meinung. In Frankreich forderte man eine genauere Feststellung des Verhältnisses zwischen dem Papste und dem Bischof, dem Bischof und dem Pfarrer, eine bessere Zusammensetzung des Kardinalkollegiums und der römischen Kongregationen, die aus Delegierten der verschiedenen Nationen gebildet werden sollten.

Wie so ganz einander entgegengesetzt waren die Absichten des Papstes, der nur auf eine neue Begründung und Befestigung der höchsten Gewalt in dem althergebrachten Sinne dachte, und die einer Anzahl von Bischöfen sowie der geistlich angeregten Laienwelt, welche eine Umbildung der geistlichen Gewalt in einem dem Jahrhundert entsprechenden Sinne in Aussicht nahm! Der Papst dachte die Gewalt seiner Vorfahren zu verstärken und zu zentralisieren: eine nicht geringe Zahl von Bischöfen war mehr auf Dezentralisation bedacht; sie wünschten eine Erneuerung des eigentümlichen kirchlichen Lebens in den verschiedenen Provinzen und Staaten. Von einer Differenz in Sachen des Glaubens war nicht die Rede. Die Absicht des Papstes war, die zu allgemeiner Geltung gelangten populären Grundsätze nicht allein auszuschließen, sondern zu bekämpfen. Unter den Bischöfen neigten sich viele zu einer Abkunft mit den modernen Doktrinen; in dem Konzilium sahen sie eine erwünschte Gelegenheit, ihren Tendenzen Eingang zu verschaffen.

Am 8. Dezember 1869 wurde das Konzilium in der Basilika des heiligen Petrus eröffnet. Die Versammlung zählte 764 Mitglieder aus allen Teilen der Welt, mehr als ein Drittel jedoch

Italiener[1]. In dem Verzeichnis erschienen sie als eine einzige große Genossenschaft, geordnet nach dem kirchlichen Range, den sie einnahmen, und in jeder Klasse nach der Zeit ihrer Ernennung. Eine Versammlung, die wohl den Titel einer ökumenischen verdient. Sie erinnert an das Konzil, welches sich einst (im Jahre 1215) aus Orient und Okzident um Papst Innozenz III. versammelt hatte; aber sie war unendlich umfassender als diese, da das ferne Asien und Afrika sowie eine neue Welt jenseit des Ozeans ihre Prälaten herbeigeschickt hatten. Ein ganz anderer Unterschied freilich stellte sich heraus, wenn man das damalige Rom mit dem jetzigen verglich. Unter Innozenz III. war das Papsttum in der Entwicklung seiner Weltherrschaft begriffen; in großer Zahl waren die weltlichen Herrscher erschienen, eifersüchtig darauf, als lebendige Mitglieder der katholischen Kirche betrachtet zu werden; jetzt fehlten diese, oder vielmehr sie waren absichtlich entfernt gehalten worden. Die versammelten Bischöfe konnten Zeugnis davon geben, wie sehr der antikirchliche Geist in ihren Diözesen um sich gegriffen habe[2]. Wenn unter ihnen, wie gesagt, viele der Meinung waren, daß das kirchliche Prinzip nur dann zu retten sei, wenn man mit dem Geiste der Zeit gleichsam einen Pakt schließe, der, ohne mit demselben zu brechen, ihm doch auch nicht die Herrschaft einräume, so zeigte sich bei den Wahlen zu den konziliaren Deputationen, zu denen man unverzüglich schritt, wie schwer es ihnen werden würde, ihre Intentionen auch nur zum Ausdruck zu bringen. Um den Papst und dessen Kongregationen gruppierte sich eine überlegene Majorität von 550 Stimmen, und diese hielt so gut zusammen, daß die Vorgeschlagenen der Minderheit, die um mehr als die Hälfte schwächer war, so gut wie keine Berücksichtigung fanden.

[1] Es waren 276 Italiener, denen sich in bei weitem geringerer Anzahl die Bischöfe von Frankreich und Spanien, jene 84, diese 41, aus Großbritannien und Irland 35, aus Deutschland 19 anreihten. Belgien hatte 6, Portugal 2 herbeigesandt, Österreich-Ungarn 48. Die Gebiete der Ungläubigen waren doch zahlreich vertreten: aus der europäischen Türkei waren 12, aus der asiatischen 49 eingetroffen, aus Ägypten und Tunis 3, aus der französischen Kolonie in Algier, den Kanarischen und Azorischen Inseln ebenfalls je 3; aus Mittel- und Südafrika waren 5 erschienen. Die Vereinigten Staaten waren durch 48, das übrige Amerika durch 65 repräsentiert, Australien durch 13.

[2] l'Episcopato cattolico, guerreggiato a morte in ogni contrada dallo „spirito del secolo". Civiltà catt. Ser. VII, vol. IX, p. 17.

Dennoch regte sich bei der ersten Vorlage, welche auf eine Dogmatisierung des Syllabus hinzielte, eine starke und lebhafte Opposition. Die Äußerungen waren so energisch und machten so vielen Eindruck, daß es nicht ratsam erschien, in dieser Form weiter vorzugehen. Wir gedachten der Einschränkungen, welche die Geschäftsordnung der Versammlung in bezug auf die Propositionen auferlegte. Aber eine Freiheit der Debatte, wie sie jetzt versucht wurde, stand mit der Vorstellung des Papstes von der Prärogative des Primates ebenfalls in Widerspruch. Pius IX. hielt es für geboten, derselben Einhalt zu tun.

Durch einen Zusatz zur Geschäftsordnung wurde festgestellt, daß alle Einwendungen gegen ein vorgelegtes Schema schriftlich vorgebracht werden sollten, begleitet von einem Entwurf zur Verbesserung; die Kommissionen sollten die Bemerkungen prüfen und alsdann dem Konzilium darüber Bericht erstatten. Erst nachdem diese Art von Vorentscheidung erfolgt sei, werde eine Debatte stattfinden, die von dem Präsidenten unterbrochen und auf den Antrag von zehn Mitgliedern durch die Mehrheit geschlossen werden dürfe.

Was man auch sagen mag[1], unleugbar ist es doch, daß hierdurch jede gründliche und wirksame Erörterung verhindert werden mußte. Dem Konzilium wird die Rolle, zu der es ursprünglich bestimmt war, noch genauer vorgeschrieben. Es erscheint mehr wie ein Kirchenrat von größtem Umfang als wie eine Versammlung in dem Stil der alten Konzilien. Für freie Rede und Widerrede war ihm kein Raum gelassen.

In diesem Stadium war es, daß die große Frage, welche bereits alle Geister beschäftigte, über die Unfehlbarkeit des Papstes, ernstlich zur Sprache kam. Ursprünglich ist man dabei von der Beziehung dieser Doktrin zu den gallikanischen Sätzen ausgegangen. Denn wie hätten nicht bei der Berufung eines Konziliums die alten Fragen von der Superiorität der Konzilien über den Papst und von dem Verhältnis der konziliaren zur päpstlichen Gewalt überhaupt in Erinnerung kommen sollen? Alle legale Opposition innerhalb der katholischen Kirche beruhte eigentlich auf diesem Gegensatz. Der Unterschied der katholischen und der protestantischen Auffassung liegt vor allem darin, daß diese nicht allein die päpstliche, sondern auch die konziliare Autorität verwarf, jene

[1] Döllinger hat sich mit Ruhe und Gründlichkeit dagegen, Veuillot (Rome pendant le concile I, 290 fg.) mit gewohntem Eifer dafür erklärt.

die eine und die andere festhielt; doch war der Widerstreit zwischen beiden in der katholischen Welt niemals geschlichtet worden. Der Fürst, der in den neueren Jahrhunderten der alten Kirche vielleicht die größten Dienste leistete, Ludwig XIV., hat auf der Höhe seiner Macht die alten Ansprüche der Konzilien aufs neue proklamiert. Ein Konzilium mit diesen Ansprüchen aber hätte Pius IX. nimmermehr um sich versammelt: er hielt an der Superiorität der päpstlichen Gewalt fest, die, alsdann alles Widerspruchs entledigt, notwendig zur Infallibilität wurde. Das Vatikanische Konzilium, welches er berief, weit entfernt von den Machtansprüchen der alten Konzilien, sollte vielmehr dazu dienen, denselben auf immer ein Ende zu machen; ein konziliarer Ausspruch sollte die Infallibilität des Römischen Stuhles definieren, so daß dagegen keine Opposition der Landeskirchen besorgt zu werden brauchte. In den vorläufigen Kommissionen war dieses Punktes erwähnt worden, jedoch ohne ein überwiegendes Gewicht darauf zu legen.Aus authentischen Mitteilungen ergibt sich nicht, daß der Papst, wie man behauptet hat, das Konzil eben um dieser Deklaration willen berufen habe; aber daß sie ihm vorschwebte, ist bei der Haltung, die er überhaupt nahm, unzweifelhaft. Der Anspruch auf Unfehlbarkeit machte nun aber um so größeren Eindruck, da man ihn ohne unmittelbare Beziehung auf jene gallikanischen Satzungen nur unter dem Gesichtspunkt der Inerrabilität des Römischen Papstes in bezug auf Moral und Dogmatik betrachtete.

Einen Augenblick war der Gedanke gewesen, die Anerkennung der päpstlichen Unfehlbarkeit durch Akklamation zu bewirken; die Stimmung der Versammlung machte es unmöglich. Aber aus der Majorität ging eine Adresse an das Konzil selbst hervor, in der es zu der Erklärung aufgefordert wurde, daß die päpstliche Autorität von allem Irrtum frei sei[1].

Die Adresse ging von italienischen und spanischen Bischöfen aus, deren geistliche Schulen noch an den Überlieferungen der mittleren Jahrhunderte festhielten. Dem aber setzten sich vor allen die deutschen Bischöfe, deren Bildung eine ganz andere Grundlage hatte, entgegen. Sie behaupteten einerseits, daß das Konzil ohne den Papst nicht als eine Repräsentation der Kirche betrachtet

[1] Ab *errore immunem* esse *Romani* pontificis auctoritatem. Diese Adresse, wie die übrigen, findet sich bei Friedberg, Sammlung von Aktenstücken zum ersten Vatikanischen Konzil, 465.

werden könne, andererseits aber, daß die Entscheidung in Glaubenssachen von der apostolischen Tradition und der Übereinstimmung der Kirche abhänge. Sie warnen davor, die Infallibilität des Papstes als Dogma aufzustellen: denn das würde in ihren Diözesen den Regierungen zum Anlaß oder Vorwand dienen, die Rechte der Kirche noch mehr einzuschränken.

Dieser Adresse schlossen sich auch die französischen Bischöfe an. Sie wiederholten dieselbe größtenteils wörtlich; nur einige wenige Zeilen ließen sie weg, in welchen die deutschen eine unabhängige Autorität des Römischen Stuhles in den ältesten vorkonziliaren Zeiten anerkannt hatten; sie vermieden alles, was den gallikanischen Satzungen direkt entgegengelaufen wäre. Unabhängig hiervon machten die orientalischen Bischöfe den Papst auf die Schwierigkeiten und Gefahren aufmerksam, in welche sie durch Annahme des vorgeschlagenen Dekrets geraten würden. In England war den Katholiken bei ihrer Emanzipation Verzichtleistung auf diese Doktrin ausdrücklich zur Bedingung gemacht worden. Jetzt lief von den dem Katholizismus nahestehenden Puseyiten die warnende Erinnerung ein, daß durch eine solche Satzung die Vereinigung der Anglikaner mit der römischen Kirche auf immer verhindert werde.

Rief aber der Entwurf der Infallibilitätserklärung in dem Schoße des Klerus selbst so gewichtige Erinnerungen hervor, wie vielmehr mußte sie den Widerspruch derer erwecken, welche die konziliaren Vorgänge von außen her beobachteten! Schon war das Schema über die kirchliche Autorität, welches dem Konzilium vorgelegt werden sollte, durch Zufall oder Absicht in die Öffentlichkeit gedrungen; es war sehr geeignet, den Gegensatz der weltlichen Regierungen gegen die Ansprüche der Hierarchie in den allgemeinen Landesangelegenheiten in Anregung zu bringen. Die französische Regierung, welche den gallikanischen Traditionen noch nicht abgesagt hatte, nahm in der zweiten Hälfte des Februars davon Veranlassung, Einspruch gegen die hierarchischen Tendenzen des Konziliums überhaupt zu erheben. Zunächst war in dem gedachten Schema nur von der Infallibilität der Kirche die Rede, welche sich nicht nur auf die Glaubenslehren selbst erstrecke, sondern auch auf die Mittel, um den Besitz derselben zu behaupten: nicht allein auf die Offenbarung, sondern auch auf alles, was zur Erklärung und Verteidigung derselben nötig erachtet würde. Der Minister der auswärtigen Angelegenheiten in

Frankreich bemerkte: damit werde die Superiorität der geistlichen Gewalt über die weltliche überall, wo sie einander berühren, ausgesprochen; die Macht der Kirche erscheine darin absolut, in bezug auf Legislative und Gericht unabhängig von der weltlichen Gewalt. Die Autorität der Kirche würde sich also über die konstitutiven Prinzipien der Gesellschaft, die Rechte und Pflichten der Regierungen wie der Regierten, das Wahlrecht, die Familien selbst erstrecken. Würde nun die Unfehlbarkeit der Kirche, wie man es beabsichtige, auf den Papst übertragen, so würde alle und jede Autorität von ihm abhängig werden. Wie könne man erwarten, daß die Fürsten ihre Souveränität vor den Attributen des Römischen Stuhles, die man ohne ihre Teilnahme festgestellt habe, beugen würden? Der Minister forderte eine vorläufige Mitteilung der zu erörternden Fragen und sogar die Admission eines französischen Bevollmächtigten bei dem Konzilium[1].

Die Intention hierbei war sehr umfassend; sie ging auf eine Ausgleichung zwischen den streng kirchlichen Doktrinen und dem aus den Bewegungen des Jahrhunderts hervorgegangenen konstitutionellen System, eine Ausgleichung zwischen der obersten Autorität der Kirche und den Bedürfnissen der verschiedenen Länder. In der französischen Presse, besonders den Zeitschriften, welche mit der Regierung im Zusammenhang standen, nahm man analoge Demonstrationen wahr, die selbst noch um vieles weiter gingen. Man behauptete, das Konzilium sei nicht mehr frei: eine Minorität, die aber eigentlich Majorität sei, wenn man den Umfang der bischöflichen Diözesen in Anschlag bringe, werde von einer Majorität tyrannisiert, welche unter diesem Gesichtspunkt doch nur als Minorität betrachtet werden könne und sich den ultramontanen Führern blindlings hingebe. Aber der Begriff einer konziliaren Versammlung bringe es mit sich, daß sie in ihren Verhandlungen unabhängig sei; die Konvokation durch den Papst sei ihr notwendig, aber die Gegenstände der Beratungen müsse sie selbst wählen, sowie die Form der Diskussion. Das Konzilium sollte nur eine Vermittlung zwischen den kirchlichen Doktrinen und den Erfordernissen des Staatslebens suchen und beide in Einklang bringen; es sollte den Syllabus, zu dessen Bekräftigung der Papst es berufen hatte, vielmehr zurückweisen und für ungültig erklären. Man sprach davon, daß man von einem unfreien Kon-

[1] Depesche Darus vom 20. Februar bei J. Favre, Rome et la république française, 18.

zilium an ein freies, wahrhaftes, vom Heiligen Geiste geleitetes appellieren und das gegenwärtige prorogieren müsse. Aber es bestand einmal. Niemand hatte Einspruch gegen seine Berufung erhoben; es bewegte sich auf der vorgezeichneten Linie zu dem vorbestimmten Zweck. In den Einwendungen, welche sich jetzt erhoben, sahen die eifrigen Anhänger des Papstes nur einen Anlauf der Ideen von 1789, von denen alle Zerstörung ausgegangen sei und denen man eben entgegentreten müsse. Setze man den Fall, daß Gesandte bei dem Konzilium beglaubigt würden, um die Ideen der einen und der anderen Regierung zur Geltung zu bringen, so würden diese schon an sich bei der Mehrheit der Versammlung keinen Eindruck machen; das Konzilium sei nicht allein ein europäisches, sondern ein ökumenisches. Wie könne man den aus allen Teilen der Welt zusammengekommenen Prälaten zumuten, Vorschläge anzunehmen, welche etwa den momentanen Intentionen eines französischen oder eines österreichischen Ministeriums entsprächen?[1] Eben dahin ging die Absicht, den kirchlichen Ideen an und für sich wieder Raum zu machen. Alle die Einwendungen und Demonstrationen, welche man machte, alle die Beschwerden, welche man erhob, hatten doch nur den entgegengesetzten Erfolg.

In den ersten Tagen des März 1870 verordnete der Papst, daß dem Schema über die Kirche ein Abschnitt über die Infallibilität des römischen Pontifex eingefügt werde. In diesem Schema[2] wird der Primat der Römischen Kirche nochmals auf das nachdrücklichste ausgesprochen, in dem Sinne, daß der Papst der wahre Stellvertreter Christi, Oberhaupt der gesamten Kirche, aller Christen Vater, Lehrer und oberster Richter sei. Ausdrücklich wird die Ansicht verpönt, daß von dem Papste an ein Konzilium appelliert werde und daß diesem eine Superiorität über den Papst zukomme! In dem folgenden Paragraphen[3] wird die Notwendigkeit eines besonderen weltlichen Fürstentums für den Römischen Papst damit begründet, daß er, um sein göttliches Amt mit voller Freiheit ausüben zu können, keinem Fürsten unterworfen sein dürfe. Es ist jene Schlußfolgerung, welche die ausgedehnteste kirchliche Gewalt mit dem Besitz eines weltlichen Dominiums verbindet, in der Pius IX. überhaupt lebte. Zur Erhärtung derselben hätte es nun an sich einer besonderen Erklärung der Infallibilität, die ja

[1] Auszüge aus Journalartikeln bei Veuillot I.
[2] Kap. XI bei Friedberg, 450.
[3] Kap. XII bei Friedberg.

in dem Begriffe des Primates lag, wie er ihn faßte, nicht bedurft; allein die mannigfaltigen abweichenden Äußerungen, welche im Schoße des Konziliums selbst lautgeworden waren und welche außerhalb desselben, wie wir eben sahen, in den Regierungen lebendigen Anklang fanden, ließen eine solche doch sehr erwünscht erscheinen. Die neue Einschaltung setzte nun fest, daß der römische Bischof, der, wie die Wahrheit des Glaubens zu behaupten, so auch die Streitigkeiten über denselben zu entscheiden habe, nicht irren könne, wenn er bestimme, was in Sachen des Glaubens und der Moral von der gesamten Kirche anzunehmen sei; dies soll fortan als Glaubenssatz angesehen werden[1]. Indes machte die römische Regierung den Versuch, die Einwendungen des französischen Ministers zu widerlegen und seine Besorgnisse zu beseitigen; sie versichert, daß in den Vorlagen nichts enthalten sei, wodurch die Unabhängigkeit der weltlichen Gewalt angefochten werde; die kirchliche Autorität mache nur eben Anspruch auf die Behauptung der kirchlichen Gesichtspunkte, die sich nicht allein auf das Diesseits, sondern auch auf das Jenseits beziehen; sie fordere keine unmittelbare Einwirkung. Kein Staat könne bestehen ohne ein moralisches Prinzip seiner Institutionen; hierauf allein richte die Kirche ihre Aufmerksamkeit. Der Zweck der neuen Vorlagen sei nur, der modernen Welt dasjenige in Erinnerung zu bringen, was gerecht sei, um dadurch Frieden und Wohlfahrt herbeizuführen. Die Infallibilität des Papstes sei so alt wie die Kirche selbst. Weit entfernt, die Bischöfe zu beeinträchtigen, könne sie dazu beitragen, ihr Ansehen zu befestigen, nicht allein aber das der Bischöfe, sondern auch das der Regierungen; denn von dem Einverständnis der beiden Gewalten hänge auch die Ruhe der Staaten ab. Der Staatssekretär hütet sich wohl, auf den radikalen Gegensatz der Doktrinen der Kirche und der Prinzipien, auf denen der moderne Staat beruht, einzugehen; er besteht nur auf einer Art moralischer Aufsicht der Kirche, welche ein katholischer Regent nicht wohl leugnen konnte.

Der französische Minister beruhigte sich jedoch nicht hierbei; er stellte vielmehr seine Ansichten in einem Memorandum zusammen, welches der Papst dem Konzilium mitzuteilen gebeten werden sollte. Der Papst nahm das Schriftstück an;

[1] *Ut Romanus pontifex*, cum supremi omnium Christianorum doctoris munere fungens pro auctoritate definit, quid in rebus fidei et morum ab universa Ecclesia tenendum sit, errare non possit

die Mitteilung desselben an das Konzilium lehnte er mit aller Bestimmtheit ab.

Eine politisch-kirchliche Frage von größter Wichtigkeit war es nun, ob die französische Regierung auf ihrem Widerspruch beharren werde oder nicht. Denn auch bei den anderen Regierungen waren die Gefahren zur Sprache gekommen, welche die theokratischen Entscheidungen des Konziliums für sie herbeiführen würden. Man hat von einer Gesandtenkonferenz dem Konzilium zur Seite geredet, um sich den Übergriffen der kirchlichen Autorität zu widersetzen. Und auf eine Wirkung hiervon ließ sich rechnen, solange sich im Schoße der Versammlung die Opposition noch mit einigem Nachdruck regte. Diese hob die Notwendigkeit der freien Beratung hervor, die zu dem Begriff eines Konziliums gehöre: das eingeschlagene Verfahren überhaupt und vor allem die neu eingeführte Geschäftsordnung laufe der kirchlichen Freiheit zuwider. Die in allen Konzilien von dem Nizänischen bis zu dem Tridentinischen festgestellte Regel sei, daß die Entscheidung über Glaubenslehren nicht von der Mehrheit, sondern von einer moralischen Unanimität der Versammlung abhänge. In der Spezialdebatte über das Proömium des Schemas de fide, welches zunächst erörtert wurde, erregte der Bischof von Syrmien und Bosnien schon dadurch nicht geringen Anstoß, daß er Angriffe auf den Protestantismus, die in demselben vorkamen, zurückwies, noch größeren aber, als er die Geschäftsordnung in jenem entscheidenden Punkte angriff: denn nicht durch numerische Majorität, sondern durch moralische Einhelligkeit könne ein Konzilium entscheiden und Satzungen abfassen, welche für Diesseits und Jenseits verbindlich sein sollen. Durch das jetzige Verfahren werde man veranlassen, daß diesem Konzilium Freiheit und Wahrheit abgesprochen werde. Diese Äußerungen riefen in der Versammlung eine tumultuarische Bewegung hervor, welche den Bischof an der Fortsetzung seiner Rede hinderte; das Präsidium schritt nicht ein. Den Tag darauf beklagte sich der Bischof über die Behandlung, die er erfahren habe, und forderte um so stärker eine definitive Erklärung über die aufgeworfene Frage: er werde sonst nicht wissen, ob er in dem Konzilium bleiben dürfe, in welchem die Freiheit der Bischöfe so ganz hintangesetzt werde. Diese Protestation wurde von einer erheblichen Anzahl anderer Bischöfe gutgeheißen, so daß zwischen einem Teil der Bischöfe und den opponierenden Regierungen eine gewisse Gemeinschaft der Interessen und Ideen hervortrat, welche weiterführen zu sollen schien. Denn wie vor alters, so mußte auch jetzt den Regierungen daran liegen, den Bischöfen, mit welchen sie in täglicher Verbindung standen, eine gewisse Unabhängigkeit von der römischen Kurie zu vindizieren. Die unbedingte Autorität des Papstes war beiden widerwärtig. Wollte man die Frage vom historischen Standpunkte aus würdigen, so mußte man sich erinnern, daß ein Zustand, wie er seit viertehalbhundert Jahren in Deutschland bestanden hat und auf dem die ganze Entwicklung der deutschen Nation beruht, bei einer so vollkommenen Abhängigkeit des Bistums von dem Papsttum, wie sie jetzt angestrebt wurde, unmöglich gewesen wäre. Denn die Päpste haben den religiösen Frieden niemals anerkannt und konnten ihn nicht wohl anerkennen. Aber die Bischöfe des Reiches, die deutsche Hierarchie hatten ihn anerkannt, selbst im Gegensatz mit dem Papsttum. Der Religionsfriede hat immer als zu Recht bestehend gegolten, und ernstlich haben auch die Päpste gegen denselben nicht vorzuschreiten gewagt. Der hohen Geistlichkeit in Deutschland ist dabei eine historisch unschätzbare, für die Nation überaus heilsame Stellung zugefallen. Wenn dies Verhältnis durch die Auflösung der hierarchischen Korporation geendet worden war, so lag doch keine Satzung vor, welche die geistliche Autorität im Reiche der päpstlichen unterworfen hätte. Dem alten Herkommen hätte es entsprochen, wenn dem Wechsel der Zeiten gemäß ein Verhältnis hergestellt worden wäre, das den Regierungen und den Landesbischöfen in dringenden Fällen zu einer autonomen Vereinigung Raum ließe. Zu jedem Erfolge auf dieser Bahn aber hätte gehört, daß die Regierungen entschlossen zusammengehalten und die Bischöfe ihre Stellung standhaft behauptet hätten. Die französische Regierung hatte selbst ein Zwangsmittel in den Händen: ihre Truppen hielten Civita-Vecchia besetzt; man hat gesagt, nur unter dem Schutze derselben könne das Konzilium tagen[1]. Durch dies Verhältnis wurden die politischen Bewegungen der Zeit in die konziliare Frage verflochten. Daß es zwischen den Gesandten der Mächte, auf die das meiste ankam, Preußen, Österreich und Frankreich, zu einem Verständnis und zu einer gemeinsamen Aktion kommen würde, war im Frühjahr 1870 nicht wahrscheinlich. Die populare und militärische Agitation der französischen Nation,

[1] So äußerte sich gleich im Anfang die Civiltà catt. Ser. VII, vol. 11, p. 9: conservando allo stato pontificio un presidio militare, che è di guarentigia validissima alla pace del concilio

welche das in dem letzten Kriege erfochtene Übergewicht von Preußen über Österreich unerträglich fand, ließ den Ausbruch eines neuen europäischen Kampfes, in welchen möglicherweise auch Österreich verwickelt werden könnte, befürchten. Die Lage der französischen Regierung war nicht dazu angetan, sich die eine oder die andere der in Italien miteinander streitenden Parteien zu entfremden.

Man hat versichert[1], in dem französischen Ministerium sei in diesem Moment der Antrag gemacht worden, den Papst durch Hinwegziehen der Truppen aus Civita-Vecchia zu einem ernstlicheren Eingehen auf die ihm gemachten Vorschläge zu nötigen: denn man dürfe eine Deliberation nicht fortgehen lassen, durch welche die bürgerliche und politische Verfassung von Frankreich verurteilt werden würde; auch aus allgemein kirchlichem Gesichtspunkte müsse man alles tun, die Kirche von dem Wege zurückzuhalten, der sie mit den modernen Ideen auf immer entzweie. Aber in den Tuilerien walteten die eben erwähnten Erwägungen vor. Für Ludwig XIV. war der Gallikanismus ein Mittel seiner damaligen Politik gewesen; Napoleon III. bedurfte der Hingebung der dem Papst ergebenen Geistlichkeit und des Papstes selbst. Und überdies, nicht zum Schutze des Konziliums waren die französischen Truppen nach Civita-Vecchia geschickt, sondern zum Schutz des Kirchenstaates gegen italienische Invasionen. Man konnte nicht gemeint sein, den Kirchenstaat um einer konziliaren Frage willen preiszugeben. Da nun auch die anderen Regierungen keinen ernstlichen Einspruch taten – denn sie meinten immer stark genug zu sein, um sich der Ausführung unannehmbarer Beschlüsse nachträglich zu widersetzen –, so behielt Pius IX. nach dieser Seite hin vollkommen freie Hand. Sein Gedanke, die weltlichen Gewalten von der Teilnahme an den geistlichen Beratungen auszuschließen, ward von diesen selbst faktisch angenommen: die europäischen Verhältnisse konnten nicht günstiger für den Papst liegen. Und auch die Opposition innerhalb des Konziliums zeigte sich von Tag zu Tag schwächer.

[1] Jules Favre, S. 26: le ministre des affaires étrangères n'avait plus qu'à rompre et à exiger le retrait de nos troupes. S'il faut en croire une lettre publiée par une de ces indiscrétions trop familières aux affaires de ce genre, il en avait exprimé l'intention. Le cabinet recula devant une résolution si grave et ne consultant qu'une délicatesse assez rare pour qu'on la puisse louer, M. le comte Daru donna sa démission.

Nachdem bei dem erwähnten Proömium und den darauffolgenden Artikeln de fide auf die von der Minorität gemachten Ausstellungen Rücksicht genommen war, gingen sie ohne vielen Widerstand durch. Die neue Geschäftsordnung wurde dadurch wesentlich anerkannt.

Nach dieser Erfahrung über die Stimmung des Konziliums wurde der Papst aufgefordert, zur Vorlage über die Unfehlbarkeit zu schreiten. Ursprünglich war dieselbe, wie berührt, zur Insertion in das Schema über die Kirche bestimmt gewesen. Die Beratungen über dieses Schema würden aber länger, als man wünschte, aufgehalten haben. Man zog es vor, die Frage über die Infallibilität abgesondert vorzulegen. Am 10. Mai ließ Pius IX. den Entwurf einer Konstitutio verteilen, die unter allgemeinem Titel doch hauptsächlich den Lehrsatz über die päpstliche Infallibilität enthielt. Man wiederholt darin die Verdammung der Lehre von der Superiorität des Konziliums über den Papst sowie der Appellation von der päpstlichen Gewalt an eine konziliare. Mit besonderem Nachdruck spricht man aus, daß die Beschlüsse des Römischen Stuhles der Bestätigung der weltlichen Gewalt nicht bedürfen, um gültig zu sein. Den größten Wert legt man auf die Grundsätze, welche einst in den Kontroversen der lateinischen und der griechischen Kirche zur Geltung gebracht worden waren. Es erregt doch ein gewisses Erstaunen, daß in diesem Akt aus der zweiten Hälfte des 19. Jahrhunderts Worte wiederholt werden, die mehr als dreizehn Jahrhunderte zuvor ein Patriarch von Konstantinopel dem Römischen Papste nach dessen Forderung geschrieben hat. Es sind Worte, welche die solenneste Anerkennung der Vorzüge des Römischen Stuhles und seiner Infallibilität enthalten, die es geben kann[1].

Die von anderer Seite her in Abrede gestellte Bedeutung der Beschlüsse des zweiten Lugdunensischen Konziliums und des Florentinischen wird hier als eine unbezweifelte behauptet; den Umfang der päpstlichen Infallibilität dehnt man eher aus und erschöpft ihn, als daß man zurückgewichen wäre.

Alles bildet eine einzige Kette von Anforderungen und Ansprü-

[1] Was als die dort ausgesprochene Anerkennung der Infallibilität des Römischen Papstes angezogen wird, ist wörtlich eben dasselbe, was der Patriarch Johannes im Jahre 519 dem Papst Hormisdas erklärt hat: Prima salus est, quia in sede apostolica inviolabilis semper catholica custoditur religio (Labbe VIII, 451, 52)

chen, die man nun zu einer allgemeinen Anerkennung zu bringen hoffte, wie sie ihnen noch nie zuteil geworden war.

Die Generaldebatte begann am 14. Mai.

Noch einmal traten die Einwendungen auf, die von der Stimmung der verschiedenen Nationen und der Rückwirkung, welche das Dekret machen werde, hergenommen sind. Man sagte, in der Schweiz würde es zugunsten der Radikalen wirken; von den Protestanten in England werde es selbst gewünscht; die Katholiken in Irland seien keineswegs dafür. Man verbarg sich nicht, daß die deutsche Wissenschaft damit im Widerspruch stehe. Die Amerikaner gaben zu bedenken, daß nur die freieste Kirche in den Vereinigten Staaten auf Fortschritte zählen dürfe; man halte dort dafür, wie die Könige um der Völker willen, sei der Papst um der Kirche willen da, um ihr zu nützen, nicht um sie zu beherrschen. Der Bischof von Syrmien bemerkte, daß den acht Millionen katholischer Kroaten dadurch das Zusammenleben mit ihren andersgläubigen Landsleuten sehr erschwert und jene selbst vielmehr in ihrem Glauben erschüttert werden würden. Der Erzbischof von Prag ließ verlauten, bei den Böhmen werde das Dekret die Folge haben, daß sie zuerst Schismatiker und dann Protestanten würden. Die umfassendste Ansicht stellte Darboy, Erzbischof von Paris, auf. Er führte aus, daß die Erklärung der Infallibilität weder das orientalische Christentum wieder beleben, noch die Bekehrung der Heiden befördern, noch auch die Protestanten in den Schoß der katholischen Kirche zurückzuführen beitragen werde; und die Hauptsache: in dem Inneren der katholischen Staaten werde es nachteilig wirken. Überall trage Legislation und Staatsverwaltung einen durchaus weltlichen Charakter; selbst die Familie sei durch das Ehegesetz von demselben ergriffen; denen, welche die Last alter Satzungen von sich abzuschütteln wünschen, denke man nun ein neues Dogma aufzulegen, und zwar durch eine Versammlung, deren Freiheit von vielen in Abrede gestellt werde. Aber die Welt wolle nun einmal die Wahrheit sich nicht als Gebot aufdringen lassen; der Syllabus sei in ganz Europa bekannt geworden: was habe er selbst da genützt, wo er als ein infallibles Orakel aufgenommen sei? In zwei vorzugsweise katholischen Reichen, Spanien und Österreich, habe er eine für die Religion schädliche Aufregung hervorgebracht. Der Erzbischof deutete an, daß das Dekret in Frankreich die Trennung der Kirche vom Staate herbeiführen und dies Beispiel in Europa Nachfolge finden werde[1]. Bei der Stärke dieser Einwendungen und dem Eindruck, den sie machten, erhob sich das Selbstgefühl der Minderheit aufs neue. Als die Generaldebatte plötzlich abgebrochen wurde, war bei der Minorität davon die Rede, daß man sich fortan aller tätigen Teilnahme an dem Konzilium enthalten oder sich durch feierliche Verwahrungen helfen solle. Aber es gab gleichsam eine innere Fessel, welche alle ernstlichen Gegenwirkungen unmöglich machte: die Ehrfurcht vor dem Papste, der die Versammlung berufen hatte, und die allgemeine kirchliche Intention, die ein jeder teilte.

Bei der Spezialdebatte, die am 6. Juni begann und am 15. Juni bereits das vierte entscheidende Kapitel über die Unfehlbarkeit erreichte, trat noch ein anderer doktrineller Gesichtspunkt hervor. Aus dem Orden der Dominikaner, der niemals mit den Jesuiten sehr befreundet gewesen war, erscholl eine verwerfende Stimme. Ein Kardinal aus diesem Orden, in Verbindung mit 15 anderen dominikanischen Bischöfen, stellte die Behauptung auf, daß die Infallibilität des Papstes nicht auf einer Art von persönlicher Inspiration beruhe, sondern daß sie nur dann statthabe, wenn der Papst die Meinung der Bischöfe und der allgemeinen Kirche überhaupt ausspreche. Er schlug einen Kanon vor, demzufolge der Papst nicht nach seiner Willkür, sondern nach dem Rat der Bischöfe, welche die Tradition der Kirche darstellen, seine Definitionen erlasse[2]. Er bezog sich dabei auf Thomas von Aquino, dessen Worte er in diesem Sinne auslegte. Eine Einwendung, welche niemand mehr erwartet hatte und welche nun die besondere Indignation des Papstes erregte: „die Tradition der Kirche, das bin ich“, soll er gesagt haben. Er machte dem Kardinal zum Vorwurf, daß er die liberalen Katholiken, die Revolution und den Hof von Florenz unterstütze. In der nächsten Kongregation wurde derselbe[3] belehrt, daß es nicht so sehr auf die Bischöfe hierbei ankomme, deren Autorität sich ja selbst von der päpstlichen herleite, als auf den Beistand des Heiligen Geistes. Aber die Frage

[1] Rede Darboys vom 20. Mai bei Friedrich, Documenta ad illustrandum concilium Vaticanum II, p 415.

[2] Facta, ut mos est, inquisitione de traditione quoad veritatem definiendam in aliis Ecclesiis collatoque aliquando consilio cum pluribus vel paucioribus episcopis juxta rei gravitatem et difficultatem, Papam vi assistentiae divinae Ipsi repromissae errare non posse. Friedrich, Documenta I, p. 424.

[3] Quirinus, Römische Briefe vom Konzil, S. 556.

war damit noch nicht erledigt. Zu dem Wesen des Katholizismus gehört es, an die Untrüglichkeit der Kirche zu glauben. Dabei wurde von jeher der größte Wert auf die Aussprüche der Bischöfe und Doktoren, namentlich wenn sie in einem Konzilium vereinigt seien, gelegt. Man schrieb ihnen ein Recht zu, das auf ihrer eigenen, ihnen selbst inhärierenden Autorität beruhe[1]. Bei den namhaftesten Lehrern der neueren Zeit ist die Infallibilität der Kirche davon hergeleitet worden, daß der Erlöser in der Kirche fortlebe, das Göttliche in dem Menschlichen. Die Frage war nur, durch wen es zum Ausdruck komme. Dem damaligen Konzilium machten viele den Vorwurf, daß es sich nicht eigne, das Gesamtbewußtsein der Kirche zur Unterscheidung zu bringen. Für den Papst hatte diese Einwendung geringe Bedeutung: wiewohl er an der Rechtsbeständigkeit der Beschlüsse der von ihm berufenen Kirchenversammlung und dem Werte der bischöflichen Beistimmung festhielt, so glaubte er doch an dieselbe nicht gebunden zu sein.

In dem revidierten Schema, das am 13. Juli zur Vorlage kam, wird der Anteil der bischöflichen Autorität an der Unfehlbarkeit gänzlich geleugnet. Darin wird wiederholt: oft sei es geschehen, daß die Bischöfe entweder einzeln oder auch vereinigt in schwierigen Fragen, die über den Glauben entstanden, sich an den Römischen Stuhl gewendet haben, um eine Heilung der Schäden dort zu suchen, wo der Glaube niemals mangele[2]. Nicht selten habe auch der Apostolische Stuhl es ratsam gefunden, in allgemeinen Konzilien oder auch in besonderen Synoden eine Definition dessen auszusprechen, wovon er unter dem Beistande Gottes erkannt hatte, daß es mit den Offenbarungen und den apostolischen Traditionen übereinstimme. Denn dazu sei den Römischen Päpsten die Assistenz des Heiligen Geistes verheißen, damit sie den von den Aposteln überlieferten Glauben bewahren und erklären können. Die Begnadigung mit einem niemals fehlen könnenden Glauben sei den Nachfolgern Petri zuteil geworden, damit

[1] Per quos tandem nos docet Spiritus in Ecclesia veritatem? Per eos plane, quos Apostolus testatur a Spiritu sancto, ut Ecclesiam regant, esse constitutos, quales vocat Episcopos, Praepositos, Pastores itidem atque Doctores. Horum vero auctoritas cum in aliis, tum in sacris Synodis quam maxime cernitur, ubi de fide ac religione illi non modo definire quaedam, sed suo etiam iure ac pro auctoritate Apostolica contestari possunt ac dicere: „Visum est Spiritui Sancto et nobis", sicut ex actis constat primi Concilii Hierosolymis celebrati.

[2] Ubi fides non potest sentire defectum.

die Kirche ohne Gefahr eines Schismas in ihrer Einheit aufrechterhalten würde. Wenn schon in den früheren Entwürfen gesagt worden war, daß die Infallibilität zu einem Glaubenssatz erklärt werden solle, so wurde es jetzt mit noch größerem Nachdruck für ein von Gott geoffenbartes Dogma erklärt, daß der Römische Papst, wenn er ex Cathedra spricht, d. h. in seiner apostolischen Autorität Lehren über Glauben und Moral für die gesamte Christenheit definiert, die Untrüglichkeit besitze, welche Christus seiner Kirche verheißen habe. Für Pius IX. war es gleichgültig, ob die anwesenden Bischöfe fähig seien, das Bewußtsein der Kirche zu vertreten und auszusprechen: er bedurfte ihrer nicht einmal; denn die der Kirche verheißene Untrüglichkeit nahm er für den Stuhl Petri in Anspruch. Man hatte bereits gesagt, daß der Papst durch sich selbst unabänderliche Glaubensdefinitionen erlasse; um keinem Zweifel Raum zu geben, wurde den Worten „durch sich selbst" der Zusatz beigefügt: nicht infolge der Zustimmung der Kirche[1].

In dieser Gestalt kam die Vorlage 18. Juli 1870 zur definitiven Abstimmung, bei welcher Pius IX. im päpstlichen Ornate erschien und seinen Thron einnahm. Die Zugänge zu der Aula waren weit geöffnet. Obgleich die Vorlage den Voraussetzungen der Selbständigkeit der bischöflichen Autorität entgegentrat, so fand sie doch so gut wie keinen Widerspruch. Es ist wahr, daß eine nicht geringe Anzahl von Bischöfen aus einem oder dem anderen Grunde entfernt blieb. Von den Anwesenden – es waren ihrer 535 – wurde das Dogma nahezu einstimmig angenommen: nur zwei haben mit non placet geantwortet. Unter allgemeinem Jubel wurde dies Ergebnis der Stimmenzählung bekannt. In lautloser Stille vernahm man dann die definitive Entscheidung des Papstes, der sich jetzt von seinem Sitze erhob und die verlesenen Artikel, denen das heilige Konzilium beistimme, mit apostolischer Autorität bestätigte. Es geschah unter dem Donner und Blitz eines Gewitters, das über den Vatikan heraufgezogen war[2]. Die eifrigen Anhänger des Papsttums trugen kein Bedenken, das Ge-

[1] Romani pontificis definitiones ex sese, non autem ex consensu Ecclesiae, irreformabiles esse. Acta et decreta Oecum. concilii Vaticani (Romae 1872 p. 172; Frib. Brisg. 1871 p. 187). In des Bischofs Martin Omnium concilii Vaticani documentorum collectio p. 20 fehlen die Worte: non autem ex consensu ecclesiae.

[2] Stimmen aus Maria-Laach. Neue Folge X, S. 100.

dächtnis der Verkündigung des Mosaischen Gesetzes auf dem Sinai heraufzubeschwören[1].

Das Konzil war damit nicht geschlossen, es wurde nur vertagt; aber das ergangene, auf das feierlichste sanktionierte Dekret ist doch an sich von inhaltschwerster Bedeutung.

Die Frage über das Verhältnis der bischöflichen und der oberhirtlichen, der päpstlichen und der konziliaren Autorität, welche die lange Reihe der verflossenen Jahrhunderte mit Streit erfüllt hatte, wurde dadurch zugunsten der absoluten Gewalt des Römischen Stuhles entschieden. Den Nationalitätsbestrebungen der Kirche, repräsentiert durch die Bischöfe, welche einst den Sieg davontragen zu müssen geschienen, wurde ein Ende gemacht. Und was man fast am höchsten anschlug, war die Anerkennung einer lebendigen Autorität, auf göttlicher Einwirkung beruhend, inmitten der Streitigkeiten der Welt, deren Ursprung eben darin liege, daß man keine Autorität anerkennen wolle. Es war der kirchliche Gedanke in persönlichster Form. So hatte Pius IX. immer sein Ziel aufgefaßt; er hatte es jetzt erreicht. Wie aber der infallible Papst sich gegen alle Neuerungen des modernen Lebens ausgesprochen, so lag darin eine Bekräftigung dieser Haltung in höchster Instanz, die der um ihn versammelte Lehrkörper der Kirche guthieß.

Dem nunmehr verkündigten Lehrsatz konnte kein Bischof zu widersprechen wagen, ohne sein Dasein zu gefährden und mit der Autorität zu zerfallen, auf der seine eigene großenteils beruhte. Unleugbar mußte die Infallibilitätserklärung auf die katholischen Staaten nach und nach den größten Einfluß ausüben. Auch die Rückwirkungen freilich, vor denen man den Papst gewarnt und die er keiner Beachtung gewürdigt hatte, mußten mehr oder minder eintreten. Aber schon war das nicht die wichtigste Eventualität, welche bevorstand.

In denselben Tagen, in welchen der Papst seine Infallibilität verkünden ließ und bestätigte, brach der Krieg zwischen Frankreich und Preußen aus. Mit Bestimmtheit finde ich nicht, daß bei der französischen Aggression religiöse Motive mitgewirkt haben. Aber wer wollte sagen, wohin es geführt hätte, wenn das Glück der Waffen zugunsten der katholischen Nation ausgefallen wäre, welches neue Übergewicht dem Papsttum, auch in der Haltung, die es annahm, dadurch hätte zuteil werden können?

[1] Veuillot, Rome pendant le concile II, p. 431.

Der Erfolg war der entgegengesetzte. Eine Staatsgewalt behielt den Sieg, die im Antagonismus gegen die exklusive Herrschaft des Papsttums emporgekommen war und jetzt zugleich die deutsche Sache verfocht; sie gelangte zu einer Stellung, welche ihr einen maßgebenden Anteil an der universalen politisch-religiösen Bewegung der Welt sicherte. Ein überzeugter Protestant möchte sagen: es war die göttliche Entscheidung gegen die Anmaßung des Papstes, der einzige Interpret des Glaubens und der göttlichen Geheimnisse auf Erden zu sein.

Für das Bestehen des Kirchenstaates erwies sich gleich der Ausbruch des Krieges verderblich, nicht allein deshalb, weil Frankreich militärisch Veranlassung fand, seine Truppen zurückzuziehen, sondern weil es darauf denken mußte, die Neutralität von Italien zu erhalten. Es ist wohl gesagt worden, um diese Macht zu beruhigen, müsse man ihr den Dorn aus dem Fuße ziehen, der in dem Schutze der weltlichen Macht des Papstes bestehe. Die Italiener sahen in dem Kirchenstaate, auch wie er damals war, einen Herd der Reaktion, den sie nicht dulden, oder auch die Gefahr einer republikanischen Revolution, die sie nicht zulassen dürften. Da indes das französische Kaisertum durch die preußischen Waffen niedergeworfen war, so behielten sie vollkommen freie Hand. An eine Verteidigung Roms durch die Freiwilligen, die den Papst umgaben, gegen eine große italienische Armee war nicht zu denken. Nicht ohne Würde wich der Papst. Er schloß keine Abkunft; aber er ließ die Besitzergreifung ohne eigentlichen Widerstand geschehen. Er selbst gab den Befehl, da es nun einmal nicht anders war, die weiße Fahne auf der Engelsburg aufzuziehen. Den Truppen, welche gekommen waren, ihn zu verteidigen, gab er bei ihrem Abzuge von der Höhe der Stufen von St. Peter seinen Segen. Er zog sich auf seine geistliche Autorität zurück, deren ungehinderte Ausübung ihm die Italiener allen anderen Mächten gegenüber garantiert hatten.

Inwiefern dieselbe unter den veränderten Umständen möglich sein werde, darauf beruhen nunmehr die Gegenwart und die Zukunft.

KARDINAL CONSALVI UND SEINE STAATSVERWALTUNG UNTER DEM PONTIFIKAT PIUS' VII.

VORREDE

Der Geschichte der Päpste lasse ich eine Abhandlung folgen, die ursprünglich früher geschrieben worden ist, die aber, insofern sie einen ihrer letzten Abschnitte näher erläutert, als eine Art von Ergänzung derselben betrachtet werden kann. Ich habe den Hauptbestandteil dieser Abhandlung verfaßt, kurz nachdem ich von einem längeren Aufenthalt in Italien zurückgekommen war, in der Frische unmittelbarer Erinnerung und auf Grund authentischer Informationen, die mir mitgeteilt wurden. Ich hatte ihr damals[1] den Titel gegeben: Rom 1815–1823. Und ich darf hier wohl die Worte wiederholen, mit denen ich sie einleitete; sie bezeichnen den Standpunkt, auf welchem wir uns damals befanden:

Mit dem Namen Rom verbindet man fast unwillkürlich die großartigen und heiteren Erinnerungen des Altertums.

Wir sind in dem Nachteil, den Blick auf die nächste römische Vergangenheit richten zu müssen, die einen solchen Reiz freilich nicht hat und ein so rein menschliches Interesse bei weitem nicht darbietet.

Für uns und das Verständnis unserer Gegenwart indessen ist dieselbe von großer Wichtigkeit. Nicht etwa nur deshalb, weil eine noch unentschiedene europäische Frage den römischen Staat betrifft. Diese Frage selbst führt uns auf ein weiteres Feld, auf dem auch sie ihre Lösung erwartet.

Sie berührt die Vereinigung geistlicher und weltlicher Gewalt, welche den Charakter des römischen Staates, ich weiß nicht, ob ursprünglich und mit Notwendigkeit, aber doch schon mehrere Jahrhunderte hindurch ausmacht und ihm eben seine Bedeutung gibt.

Noch immer bildet Rom einen Mittelpunkt hauptsächlich der romanischen Völker, zu denen es selber gehört. Durch seine geist-

[1] In dem ersten Bande der Historisch-politischen Zeitschrift.

liche Stellung, durch die Wirkung, die es ausübt, durch die Rückwirkung, die es erfährt, erhält es diese Nationen in einer steten inneren Bewegung, um so mehr, da es vermöge seiner weltlichen Lage ihre Entwicklung mit Notwendigkeit teilt.

Aus einer lange fortgesetzten religiös-politischen Gärung, an der alle romanischen Nationen, wie in der Sache der Jesuiten offenbar ist, mehr oder minder teilnahmen, erzeugte sich in der mächtigsten und lebendigsten unter ihnen der Sturm der Revolution. Kein Wunder, wenn diese, wie sie aus einer entschiedenen Feindseligkeit gegen den Katholizismus hervorgegangen war, sich auch unmittelbar wider den Römischen Stuhl wendete. „Wir müssen", schrieb das französische Direktorium bereits 1797, als man den Tod des Papstes erwartete, „die Gelegenheit benutzen, um die Errichtung einer repräsentativen Regierung in Rom zu begünstigen und die Welt endlich von der päpstlichen Herrschaft zu befreien." Wiewohl es dahin nicht gekommen ist – die Franzosen waren gerade in dem Augenblick nicht die Meister, als Pius VI. starb, und das Konklave konnte unter dem Schutze der verbündeten Mächte gehalten werden –, so ist doch die Hierarchie niemals zugleich in ihren beiden Beziehungen so tief erschüttert worden, als es zwischen 1789 und 1814 geschehen ist.

Endlich folgte die Restauration. Wollte man sie mit einem Worte und im ganzen bezeichnen, so müßte man sie als eine Reaktion der germanischen Welt und des Nordens gegen die revolutionierten romanischen Völker betrachten, die in ihrem neuen Zustand durch den Gang der Begebenheiten zu einer Weltmacht geworden waren, welche alles mit sich fortriß und verschlang, neben der keine andere bestehen konnte. Die Restauration ist, daß diese Macht gebrochen wurde. Man sagt wohl, sie stellte die alten Gewalten wieder her. Besser würde gesagt, sie gab ihnen Raum, sich herzustellen. Ihnen selber blieb die Hauptsache überlassen. Wie den übrigen, so der Hierarchie.

Zu erörtern, wie diese nun nach dem Umschwung der Weltbegebenheiten und mit welchem Glücke sie eine eigentlichere innere Herstellung versuchte, ist die Absicht des folgenden Aufsatzes. Ich wünschte sowohl das Getriebe des römischen Staates in sich selber als seine Stellung zu der Welt, soviel mir möglich, zur Anschauung zu bringen.

Um dabei nicht fehlzugehen, wird es notwendig sein, den Blick noch einmal zurückzuwenden und den Kampf zu betrachten, in welchem das Papsttum mit dem Beherrscher jener revolutionären Weltmacht einige Jahre lang verwickelt war.

So schrieb ich im Jahre 1832.

Seitdem hat sich nun der historisch-politische Standpunkt selbst verändert. Der Kirchenstaat besteht in seiner alten Form nicht mehr: Rom ist die Hauptstadt eines italienischen Königreiches geworden. Das politische Interesse, welches damals den Blick auf den Kirchenstaat richtete, ist dadurch verringert worden; das historische aber um so mehr hervorgetreten.

EINLEITUNG

Ursprüngliches Verhältnis zwischen Napoleon und Pius VII.

Als Napoleon Ägypten erobert hatte und St-Jean d'Acre belagerte, dachte er an die Errichtung eines orientalischen Reiches. Die Bewohner der benachbarten Gebirge erwarteten nur seinen Sieg, um sich ihm anzuschließen; schon hatte er die Schlüssel von Damaskus; die ganze arabische Bevölkerung bedurfte nichts als einen Anführer; Konstantinopel hätte ihm nicht widerstanden, Indien wäre ihm nicht zu fern gewesen. Es wäre wohl zuviel gesagt, wenn man ihm einen in bestimmten Umrissen hierzu entworfenen Plan zuschreiben wollte; er dachte daran nur als an eine große Möglichkeit; auf Spaziergängen, in unbeschäftigten einsamen Augenblicken schmeichelte er sich mit dieser gigantischen Aussicht. Zum Teil in so großen Hoffnungen, zum Teil in dem Gefühle der augenblicklichen Notwendigkeit, das Erworbene in Ruhe zu behaupten, beschäftigte er sich dann mit dem Glauben jener Völkerschaften. Er sah den Einfluß der Ulemas und suchte sich desselben zu versichern. Er wohnte ihren Festen bei; seine Berichte an die Scheiks und Imams beginnen mit der Glaubensformel der Moslemin; seine Tagesbefehle an die französischen Generale unterscheiden seine Sache von der Sache der Christen: man führt ein Schreiben an Menou an, in welchem sogar „von unserm Propheten" die Rede ist.

Wieviel kam da auf St-Jean d'Acre an! Napoleon sagte: „Das Schicksal des Orients hängt an diesem Neste." Aber man weiß: er vermochte es nicht zu bezwingen.

Napoleon kehrte nach Frankreich zurück. Gar bald sah er Europa, und zwar zunächst die katholische Hälfte, zu seinen Füßen; nicht ein orientalisches, sondern ein okzidentalisches Reich zu errichten war ihm bestimmt.

Statt der Ulemas des Ostens fand er im Abendland die Priester, zwar heruntergebracht, halb vernichtet, aber selbst in diesem

Verfall noch mächtig und von großem Einfluß. Wie dort jene, so zogen nunmehr diese seine ganze Aufmerksamkeit auf sich. Es ist doch sehr bezeichnend, daß er in den Bemerkungen zu einem neueren Werke von den Beobachtungen, die er über die mohammedanischen Sekten und ihr Verhältnis zu Konstantinopel gemacht habe, ausgeht, um auf die Notwendigkeit eines Konkordates mit Rom zu kommen.

Gewiß selten hat ein Fürst alle positive Religion mit einer so selbstbewußten Gleichgültigkeit, so entschieden als etwas ihm Äußerliches, als Material und Hilfsmittel angesehen. Er erklärte sich für das Christentum, nicht weil es von göttlichem Inhalt sei, sondern weil es diene, die Menschen im Zaume zu halten, sie gute Sitten lehre und ihren Hang zum Wunderbaren befriedige. Er hätte sich für Konfuzius und Mohammed sogut erklärt wie für Christus. In Ägypten, sagte er, war ich ein Mohammedaner, in Frankreich bin ich ein Katholik. In dem Moment, daß ihm die Zügel der Regierung zufielen, hätte er vielleicht ebensogut den Protestantismus ergreifen können. Er wählte den Katholizismus, nicht weil er ihm die Wahrheit zu enthalten geschienen hätte, sondern weil die Mehrzahl der Franzosen diesem Bekenntnisse entweder noch anhing oder leicht wieder zu demselben zu bringen war; er tat es auch noch aus einem anderen Grunde, auf den es uns hier ankommt. Er zog den Katholizismus vor, weil derselbe den Papst hatte. Und warum dies? Hatte Napoleon nicht gerade von dem Papst einen Widerstand zu erwarten, wie ihn in der Regel alle weltlichen Gewalten gefunden haben? Unverhohlen spricht er seinen Gedanken aus. „Ich verzweifelte nicht", sagte er, „durch ein Mittel oder das andere die Leitung dieses Papstes an mich zu bringen; und alsdann welch ein Einfluß!"

Bei dem Abschluß des Konkordates von 1801, dessen wir sogleich gedenken werden, hat er gesagt: Hätte es keinen Papst gegeben, so hätte man ihn für diesen Fall besonders machen müssen.

Freilich gehörte gerade ein solcher Papst dazu, wie Pius VII. war.

Man hat uns so viel davon gesagt, wir haben so oft davon gelesen, daß wir am Ende fast unwillkürlich mit dem Gedanken eines katholischen Priesters die Idee von Verschlagenheit und Herrschsucht, von Heuchelei und Aberglauben zu verbinden gelernt haben.

Es gibt gewiß viele Beispiele von dieser Mißbildung.

Sollte aber wohl die christliche Religion, so ganz unweltlich in ihrem Wesen, von einer so inneren Lauterkeit, daß sie von selbst zur Nachfolge in derselben erzieht, nicht auch da, wo sie in minder reinen Formen erscheint, ihre ursprüngliche Wirkung entwikkeln können? Sollte nur die Ausartung wirken und niemals die innere Kraft, um welche sich jene nur angelegt hat?

Ich bekenne, daß ich in diesem Stande so gut als in irgendeinem anderen Männer von dem reinsten und kindlichsten Sinn, ohne Anspruch an die Welt, bescheiden und duldsam, glückselig in ungestörtem Herzensfrieden, voll wahrer Frömmigkeit gefunden habe. Welch ein Abstand zwischen jener Verdorbenheit, von der man uns erzählte, und dem Ideal von Güte und innerem Adel, das in ihnen lebt.

Vielleicht war diese Gesinnung lange Zeit nicht zu einer so vollkommenen Ausbildung gekommen wie in dem Oberhaupt, das der katholischen Kirche vierundzwanzig schwere Jahre während der Stürme der Revolution vorgestanden hat.

Pius VII. hatte einen Ausdruck, der selbst die weltlichsten Menschen hinriß. „Er ist ein Lamm", sagte Napoleon, „wahrhaft ein guter Mensch, ein Engel von Güte." „Wenn die Augen der Spiegel der Seele sind", sagt de Pradt, „so muß die Seele Pius' VII. himmlisch sein, mehr als die Seele irgendeines anderen Sterblichen."

Nicht, daß diese Sanftmut und unerschütterliche Güte ihm so ganz von Natur beigewohnt hätten. Als er Consalvi zuerst in sein Vertrauen aufnahm, sagte er ihm: „Sie haben meinen Vorgänger gekannt; Sie wissen, wie leicht er aufzubringen war. Nun wohl! Ich bin einer gleichen Leidenschaftlichkeit unterworfen. Gott gibt mir aber die Gnade, daß ich sie besiege." Der Kardinal fand, daß dem so war. In dem ersten Augenblick eines Ereignisses, einer Eröffnung, war dem Papst eine innere Erregbarkeit anzusehen. Diese milden Augen verrieten noch ein anderes Feuer, das indessen bald der gewohnten Erhebung der Seele Platz machte. Solche Gewöhnung wurde ihm Natur. Wenn irgendein anderer, so bedurfte er sie.

Schon damals, als die Franzosen zuerst den Kirchenstaat demokratisierten. Er war noch Bischof von Imola. Er zeigte sich erhaben über die Leidenschaften des Tages. Diesen wilden Republikanern hielt er weislich vor, daß die Tugend das Prinzip der Republik sei, daß die christliche Religion selber Verbrüderung fordere; sie würden gute Demokraten sein, wären sie nur erst tugendhaft und gute Christen.

Wieviel mehr in seinem Verhältnis als das geistliche Oberhaupt zu dem aus der Revolution hervorgegangenen neuen Staate und zu dem Kaisertum.

Zufrieden, die Religion wieder anerkannt, das Christentum wiederhergestellt zu sehen, mußte er in den größten Verlust einwilligen, den die Kirche seit der Reformation erlitten hatte; so viele Diözesen auf einmal, so unermeßliche Güter entschloß er sich um des höheren Zweckes willen aufzugeben.

Welch ein Irrtum war es aber, dabei ein vollkommenes Einverständnis zwischen Pius und Napoleon selbst vorauszusetzen. Eben an dieses Moment knüpfen sich Mißverständnisse an, die vor den Augen der Welt verborgen, nach und nach den ganzen Horizont beherrschten. Um sie kennenzulernen, müssen wir die Stellung und die Tätigkeit des vornehmsten der Ratgeber Pius' VII., des Kardinals Consalvi, ins Auge fassen.

Erstes Kapitel

KARDINAL CONSALVI, SEIN ANTEIL AN DEM KONKLAVE UND AN DEM KONKORDAT

Man hat eine Sammlung von Gedichten hervorgezogen, welche die Zöglinge des Seminars von Frascati im Jahre 1772 vor dem Gründer und Beschützer desselben, dem Kardinal von York, rezitierten. Vor allen zeichnet sich eins durch edle und jugendlich emporstrebende Begeisterung aus. Der junge Verfasser glaubt die Mühseligkeit personifiziert zu erblicken, mit mürrischen Brauen, wie er sagt, und fleischloser Wange; sie droht ihm lange Nachtwachen und kummervolle Arbeit an. Allein er fürchtet sie nicht. Freudig will er sich den Schweiß von der Stirn wischen, er hofft dafür ein günstiges Lächeln seiner Göttin, die er anruft, der friedlichen Pallas. In ihrem Geleite denkt er zum Ziele seiner Wünsche zu gelangen. „Mich erwarten", ruft er aus, „ich weiß es, Ehre, Reichtümer und Ruhm, aber eben dies ist mir ein Sporn, eine erwünschte Ermunterung zu edler Arbeit."

Ercole Marchese Consalvi war 15 Jahre alt, als er dies Gedicht verfaßte. Man sagt wohl, was man in der Jugend begehrt, hat man im Alter die Fülle, und gewiß, in dem zusammengenommenen Wunsche einer gesunden Jugend liegt gleichsam ein großes Vorgefühl der Zukunft, eine Art von Forderung der noch verborgenen Kräfte an das Schicksal, der dieses oftmals Folge leistet.

Consalvi, am 8. Juni 1757 in Rom geboren, stammte aus einer Familie alter städtischer Notabilität, die von Pisa ausgewandert war; erst sein Großvater hatte kraft testamentarischer Bestimmung, in deren Folge ihm die Erbschaft eines Consalvi zuteil wurde, Titel und Wappen dieser Familie angenommen, die an sich nicht zu dem einheimischen Adel in Rom gehörte. Von Jugend auf widmete er sich der Kirche, die in Rom zugleich die Regierung war. Der Methode des Professors, der ihn in Mathematik und Philosophie unterrichtete, schreibt er es zu, wenn man später an ihm selbst gesundes Urteil und kritische Unterscheidungsgabe gerühmt habe. In der Academia ecclesiastica erscheint der Pater Zaccaria, ein früherer Jesuit, der sich eines großen Rufes erfreute, als sein vornehmster Lehrer. Im Jahre 1783 trat der junge Consalvi als Cameriere segreto Papst Pius' VI. in die Prälatur; einer raschen Beförderung hatte er sich nicht gerade zu rühmen, doch gelangte er durch die Protektion seines Oheims, des Kardinals Negroni, zu dem Sekretariat des Hospitio San Michele, welches eine große Mannigfaltigkeit von Geschäften umfaßte. Doch wollte ihn der Papst nicht in der Administration, sondern in der Magistratur befördern. Im Jahre 1792 wurde er Auditor di Rota. In diesem Amt, das ihm Zeit zu kleinen Reisen übrigließ, glaubte er ruhig das Kardinalat, das mit der obersten Stelle in der Rota verknüpft war, erwarten zu können. Jene glänzende Periode des Lebens und Daseins, welche auch zu Rom der Revolution unmittelbar vorherging, genoß er in der Kraft und Blüte seines Mannesalters. In allen guten Gesellschaften sah man ihn; er hatte das Talent, mit vielen verschiedenen Persönlichkeiten zu verkehren und aus dem Umgang mit ihnen Nutzen zu ziehen. Mit den ersten unter den Geistlichen und Staatsmännern, den Gelehrten und Künstlern, die sich in Rom befanden, war er vertraut; die ausgezeichnetsten Fremden suchten ihn auf. Cimarosa trug nächtelang seine Kompositionen ihm zuerst vor. Was er selbst über diese Zeiten erzählt, atmet den Geist eines friedlichen Behagens und ruhigen Emporstrebens, welcher der Kurie dieser Zeit eigen war. Unter anderem lernt man daraus die Rücksicht kennen, welche Pius VI. den hohen Würdenträgern der Kirche zuteil werden ließ, ohne doch dabei seinen souveränen Willen aufzugeben. Consalvi stand mit dem Nepoten des Papstes, Braschi, den Häusern Giustiniani und Ruspoli in freundschaftlicher Beziehung und sah nach allen Seiten hin einer sicheren, ehrenvollen Zukunft entgegen. Da trat nun aber die große Begebenheit ein, welche allen bisherigen Zuständen der Welt den Untergang drohte: die Französische Revolution. Durch die siegreichen Fortschritte derselben in Italien wurde Consalvi unmittelbar berührt und die Richtung seines Lebens geändert.

Um vor den aus der zisalpinischen Republik drohenden Invasionen sicher zu sein, reichte das bisherige Kriegswesen des Kirchenstaates, das unter dem Presidente delle Armi stand, nicht hin; der Papst sah sich veranlaßt, den General Caprara aus dem österreichischen Dienst in den seinen zu nehmen; da man es aber nicht für passend hielt, denselben dem Presidente unterzuordnen, so ernannte der Papst eine neue Kongregation, durch die er unmittelbar mit dem General zu verhandeln gedachte; er wählte Consalvi zum Sekretär derselben; eine Stellung, in der dieser nicht allein eine große Aufgabe zu erfüllen hatte, sondern auch bei allen denen, welche an der bisherigen Ordnung der Dinge teilgenommen, Mißvergnügen und Widerstreben erregte. Die bitterste Feindseligkeit erwachte, als die Kongregation, da die Kosten verringert werden mußten, bereits promovierte Offiziere in ihren früheren Grad zurückversetzte. Dennoch gelang es, die Ordnung aufrechtzuerhalten, was um so wichtiger war, da das Direktorium der Französischen Republik zu der Meinung Anlaß gab, als denke es innere Unordnungen zur gewaltsamen Besitznahme Roms zu benutzen. Infolge der Ermordung des Generals Duphot erhielt diese Besorgnis ihre Bestätigung. Consalvi versichert, das römische Volk sei bereit gewesen, sich den vordringenden Franzosen entgegenzusetzen; aber dazu wollte die Regierung nicht die Hand bieten, denn es würde die größten Verwirrungen veranlaßt haben. Ohne Widerstand rückten die Franzosen ein; Consalvi selbst kam in den Fall, die Überlieferung der Engelsburg an dieselben einleiten und überwachen zu müssen. Bald darauf folgte die gewaltsame Wegführung des Papstes, die Proklamierung der Republik. Auch Consalvi geriet in die größte Gefahr, da man ihn für den Urheber der früher ergriffenen kriegerischen Maßregeln hielt. Er wurde in die Engelsburg eingeschlossen und dann zwar nicht, wie er fürchtete, zur Deportation, aber zu ewiger Verbannung aus dem Kirchenstaate verurteilt. In Gesellschaft von gemeinen Verbrechern wurde er nach Terracina gebracht. Er verdankte es dem Kardinal York, der nach Neapel geflüchtet war, daß er Aufnahme daselbst fand; aber seines Bleibens war dort nicht; er dachte seine Dienste dem unglücklichen Papste zu weihen, der damals nach der Karthause bei Florenz gebracht war. Wirklich ist es ihm gelungen, von Livorno aus dahin zu gelangen. Er sah Pius VI., allein die Erlaubnis, bei ihm zu bleiben, konnte er nicht erhalten. Der Papst gab ihm seinen Segen; Consalvi sagt, wie einer der Patriarchen alter Zeit. Im August 1799 erlag der Papst den Gewaltsamkeiten, die er erfuhr. Vor seinem Ende hatte er selbst verfügt, daß das Konklave da gehalten werden solle, wo sich die meisten Kardinäle befinden würden. Dies war nun damals im Venezianischen der Fall. In guter Anzahl kamen die Kardinäle selbst zu diesem Behufe in Venedig zusammen, wohin sich Consalvi schon früher begeben hatte.

Es waren die Zeiten, in welchen die zweite Koalition[1] große und glänzende Fortschritte machte. Kaiser Franz trug die Kosten des neuen Konklave. Es schien nicht anders bevorzustehen, als daß ein Papst in dem Sinne der Koalition gewählt würde.

In diesem Moment hat nun Consalvi eine eigentümliche Stellung genommen, von der sein folgendes Leben bestimmt worden ist. Die Kongregation der Kardinäle hatte ihn zum Sekretär des künftigen Konklave ernannt. Er faßte die ersten Briefe ab, welche zu schreiben waren, und besorgte die Herbeirufung anderer Kardinäle, die äußeren Einrichtungen, namentlich auch die für die Versammlung des Konklave geeignete Lokalität im Benediktinerkloster San Giorgio; dann aber gewann er auch Einfluß auf die Wahl. Wäre dies Konklave sich selbst überlassen geblieben, so würde Kardinal Bellisomi die erforderlichen zwei Drittel der Stimmen wahrscheinlich bald erlangt haben. Dem setzte sich jedoch Kardinal Hertzan, der zugleich als österreichischer Gesandter fungierte, entgegen. Er hielt die Wahl auf, um erst bei Kaiser Franz deshalb anzufragen. Allein darüber erwachte in den Kardinälen das kirchliche Selbstgefühl: sie meinten fast, der vorgregorianische Brauch, über eine künftige Wahl bei den Kaisern erst anzufragen, solle wieder erneuert werden. In der Verstimmung hierüber geschah dann, daß auch der von Österreich vorgeschlagene Kardinal Mattei nachhaltigen Widerstand fand. Der Hauptgrund lag ohne Zweifel darin, daß man keinen Papst wählen wollte, der nicht entschlossen wäre, sein ganzes Gebiet wieder in Besitz zu nehmen. Die Skrutinien schwankten hin und her. Das Konklave selbst wurde ungeduldig darüber. Da hat nun Consalvi, obwohl nur Sekretär, zur Entscheidung wesentlich beigetragen. Er ist es nicht gewesen, der den Kardinal Chiaramonti zuerst genannt hat; das ist von Maury geschehen, wahrscheinlich im geheimen Einverständnis mit Kardinal Russo; aber Consalvi gab die Mittel an, durch welche der Führer der Minorität, Antonelli, bewogen werden konnte, ein Mitglied der Majorität, zu welcher Chiaramonti gehörte, anzunehmen; er bediente sich dabei der Vermittlung eines geschickten Konklavisten. Bei Kardinal Braschi, von dem die Mehrheit abhing, setzte Consalvi selbst seinen Einfluß ein, so

[1] Österreich, Rußland, Neapel, Portugal und die Türkei unter Englands Führung gegen Frankreich, 1799 bis 1802

daß, als der entscheidende Tag anbrach, Chiaramonti einmütig zum Papste gewählt wurde. Dieser nahm seinem Vorgänger, dem er seine Erhebung zum Purpur verdankte, zu Ehren den Namen Pius VII. an. Man wird zugestehen müssen, daß bei der Wahl das Prinzip der kirchlichen Unabhängigkeit auch unter den schwierigsten Umständen gewahrt wurde. Sie kann zu den Ereignissen gerechnet werden, durch welche die zweite Koalition in sich selbst gebrochen worden ist.

In Wien hätte man nichts mehr gewünscht, als daß der neue Papst sich selbst dahin begeben hätte. Pius VII. lehnte das ab, denn sein geistlicher Beruf fordere vor allem seine Rückkehr nach Rom. Daß diese aber bereits geschehen konnte, beruhte auf den Differenzen zwischen den Höfen von Neapel und Wien. Das Königreich Neapel fühlte sich in seiner Unabhängigkeit von Österreich bedroht und hatte ein Interesse, den Papst wieder in Rom zu sehen, der ihm als Bollwerk dienen werde. Die Versuche, den neuen Papst noch vor seiner Abreise zur Verzichtleistung auf die drei Legationen, die von den Franzosen dem Kirchenstaat entrissen, jetzt aber von den Österreichern in Besitz genommen waren, zu vermögen, scheiterten an der Festigkeit desselben, in der ihn Consalvi bestärkte. War nun Widerstreit gegen Österreich die Signatur dieses Pontifikates in seinem Ursprung, so wurde es in demselben durch die Wendung,welche die Weltereignisse nahmen, bestätigt. Auf der Reise nach Rom erhielt Pius VII. die Nachricht von der Schlacht bei Marengo (14. Juni 1800). In offenbarem Gegensatz gegen die Herrschaft von Österreich in Italien kehrte der Papst nach seiner Hauptstadt zurück. Im gewissen Sinne war er jetzt der Verbündete der Franzosen, die seinen Vorgänger entthront hatten.

Bald nach der Rückkehr wurde Consalvi zum Kardinal erhoben, wobei man nicht vergessen darf, daß doch das Staatssekretariat, das er jetzt ohne Einschränkung annahm, sein eigentliches Fundament war und blieb. Er gab sich unendliche Mühe, den Kirchenstaat wieder zu organisieren. Bei den Neuerungen, die er zu diesem Zwecke für notwendig hielt, fand er jedoch den größten Widerstand in der Hierarchie der alten Behörden. Das Wichtigste aber, was den römischen Hof beschäftigen konnte und beschäftigte, waren die religiösen Angelegenheiten.

Konkordat von 1801

Napoleon Bonaparte nahm die Legationen[1] wieder in Besitz, aber zugleich ließ er den Papst durch einen befreundeten Bischof wissen, daß er mit ihm über die religiösen Angelegenheiten in Negotiationen einzutreten wünsche. Unermeßlich war die Aussicht, die sich hierdurch dem Römischen Stuhle eröffnete, denn noch war der Katholizismus eigentlich abgeschafft in Frankreich. Ihn auf die eine oder die andere Weise hergestellt zu sehen, schwellte die Herzen der Gläubigen, vor allen des Papstes, mit Hoffnung und Freude. Aber indem Bonaparte sich entschloß, den Katholizismus in Frankreich wiederherzustellen, wollte er doch die revolutionäre Grundlage nicht erschüttern, auf welcher seine Gewalt beruhte; er wollte die einander in der Tiefe widerstrebenden Prinzipien des römischen Katholizismus und der Revolution vereinigen. Durch ihre Verbindung meinte er sein Ziel, die Aufrichtung einer unerschütterlichen Gewalt in Frankreich und in Europa, zu erreichen. Nachdem gegenseitige Eröffnungen gewechselt waren, trat er mit dem Entwurf eines Konkordates hervor, bei dem er seine Gesichtspunkte festhielt, vor welchem aber das Kollegium der römischen Kardinäle zurückschrak. Die Kardinäle fügten dem Entwurf Verbesserungsvorschläge bei, die Napoleon seinerseits verwarf. Er sah die Sache aus dem militärischen Gesichtspunkte an; und ungeheuer war seine Übermacht in jenem Momente. Er forderte endlich die Annahme seines Entwurfes, widrigenfalls werde er seine Truppen in den Kirchenstaat einrücken lassen. Sie standen bereits in Florenz unter Murat und schienen dazu bereit zu sein. Nur einen kurzen Zeitraum von wenigen Tagen wollte er noch zur Deliberation gestatten.

In dieser Krisis forderte der anwesende französische Gesandte Cacault den Kardinal-Staatssekretär auf, sich selbst nach Paris zu begeben, denn es werde dem Ehrgeiz Napoleons schmeicheln, den obersten Stellvertreter des Papsttums in seiner Hauptstadt zu empfangen. Cacault gehörte zu denen, die ein Konkordat für schlechthin notwendig hielten; einer seiner Gründe war, daß man die Feinde der Kirche, von denen Bonaparte umgeben sei, auf geschickte Weise unschädlich machen müsse. Durch die Gefälligkeit

[1] Die Provinzen des Kirchenstaates.

des Gesandten kam es dahin, daß Consalvi die Reise antreten konnte, ohne daß der Verzug eine unmittelbare Invasion der Franzosen veranlaßt hätte. Cacault mußte Rom verlassen. Um aber zu vermeiden, daß seine Abreise nicht als ein Bruch erscheine, was auch deshalb notwendig war, damit die römischen Revolutionäre nicht durch einen solchen ermutigt würden, sich gegen das Papsttum zu erheben, wurde veranstaltet, daß Consalvi vor aller Augen in Gemeinschaft mit ihm die Reise antrat. Die beiden Minister waren einverstanden, eine Abkunft zustande zu bringen, über welche ihre Regierungen noch sehr verschiedener Meinung waren. Als Consalvi nach Paris kam, kehrte Napoleon zunächst einen politischen Gesichtspunkt hervor. Er empfing ihn mit einer Klage über die guten Verhältnisse, in denen der Heilige Stuhl zu Rußland stehe, wie das die Anerkennung der dortigen Jesuiten beweise, denn eine seiner vornehmsten Absichten ging dahin, den Papst von jeder Verbindung mit den Andersgläubigen loszureißen. Eine andere Betrachtung in bezug auf die allgemeine Angelegenheit brachte der österreichische Gesandte Cobenzl zur Sprache; Rom, meinte er, müsse schon aus dem Grunde nachgeben, weil eine Irrung mit dem ersten Konsul eine für die katholische Kirche verderbliche Wirkung in Deutschland und Italien ausüben würde. In diesem Augenblicke glaubte man noch ein Schisma in aller Form fürchten zu müssen, denn soeben versammelte sich eine Synode der konstitutionellen Bischöfe in Paris, deren Würde sich von der 1790 dekretierten Zivilkonstitution des Klerus herschrieb. Man gab ihnen dadurch eine offizielle Gelegenheit, sich auszusprechen. Und noch war der Geist der revolutionären Zeiten, der sie hervorgerufen hatte, keineswegs vertilgt. Consalvi beklagt sich, daß das Konkordat sehr zahlreiche und sehr mächtige Feinde habe: die vornehmsten Körperschaften des Staates, einen großen Teil des Militärs; die Wut der Jakobiner und die Anmaßung der Philosophen, die Sache ins Lächerliche zu ziehen. Oft verzweifelte er, mit dem Konkordat zustande zu kommen; aber, wenn es mißlinge, so würden daraus die schwersten Nachteile für den Staat des Papstes und die Kirche entstehen.

Wenn man fragt, was nun Napoleon doch zu dem Wunsch einer Wiedervereinbarung mit Rom vermochte, so war es die Überzeugung, daß nur durch eine solche die öffentliche Ruhe aufrechterhalten werden könne. Und sollte ihn nicht auch ein monarchischer Gedanke dabei geleitet haben? Man hat ihm gesagt, wenn er die

Absicht hätte, die Republik abzuschaffen und die Monarchie herzustellen, so werde ein Konkordat mit Rom ihn dahin führen können; man hat es ihm selbst gesagt in der Hoffnung, ihn dadurch abzuschrecken; aber eher das Gegenteil mußte daraus folgen. Nur vermied er um so mehr, daß die Sache nicht bloß als seine eigene erscheine; er ließ sich Gutachten von allen Seiten geben, deren Inhalt Consalvi erschreckte, aber dann doch auch wieder bei der großen Gefahr eines Zerwürfnisses gefügiger machte. Noch niemals hatte Rom Konzessionen gemacht wie damals. Die größte war die Anerkennung des Verkaufs der geistlichen Güter, auf deren Besitz die Hierarchie der früheren Jahrhunderte beruht hatte. Das Eigentumsrecht des Erwerbers wurde in aller Form bestätigt und eine neue Zirkumskription der Diözesen vorgenommen, welche die Möglichkeit, den alten Zustand herzustellen, auf immer abschnitt.

Eine der vornehmsten Forderungen Napoleons ging dahin, daß die Bischöfe des Ancien régime von dem Papst zu ihrer Demission veranlaßt werden sollten, denn unmöglich könne die französische Regierung sie wieder aufnehmen, da sie alle Emigranten und Gegner seien. So sehr dies den zusammenhaltenden Ideen der Hierarchie widersprach, trug doch die päpstliche Kurie in dieser Beziehung den inneren Bedürfnissen des revolutionären Staates Rechnung. Ein Breve erging an die alten Bischöfe, in welchem ihnen vorgestellt wurde, das Heil der Religion fordere diese Entsagung: ihre Pflicht sei es, das allgemeine Beste ihrem eigenen vorzuziehen.

Die Nomination zu den bischöflichen Sitzen wurde in dem Konkordat dem ersten Konsul überlassen, der völlig an die Stelle der bourbonischen Könige trat. Man ging darüber hinweg, daß er seine eigene Katholizität nicht öffentlich proklamieren wollte, und selbst darüber, daß er einen großen Teil des Kirchenstaates noch in Besitz hatte. Die Prärogativen der alten Könige in Rom sollten ihm dennoch zustehen. Und wenn er in den Diskussionen ja einmal nachgab, so war es bloß in dem Artikel über die Eidesleistung des Bischofs, bei welcher er revolutionäre Anklänge vermied und auf die Form des alten Königtums zurückkam.

Der revolutionäre Staat wurde dergestalt vollkommen als berechtigt anerkannt, ein unermeßlicher Vorteil Napoleons für seine Stellung im Innern. Denn die Anerkennung des Verkaufs der Nationalgüter bildete eine Grundlage für den sozialen Zustand in

Frankreich; schon insofern war das Konkordat einer Abkunft mit den konstitutionellen Bischöfen bei weitem vorzuziehen. Für den Römischen Stuhl lag das entscheidende Moment darin, daß die Institution der Bischöfe, also die kirchliche Oberhoheit, wieder in seine Hände zurückgegeben wurde. Allein in Frankreich war man sehr eifersüchtig, dieselbe nicht in bezug auf den Staat anzuerkennen. In keinem Satz, in keinem Worte sollte sie geduldet werden; es war eigentlich die vornehmste Schwierigkeit, auf welche Consalvi stieß, die ihm die größte Pein verursachte, die er selbst mit der Agonie des Todes vergleicht.

Consalvi, dem man keinen Rekurs nach Rom gestattete, hatte nun hauptsächlich mit dem Abbé Bernier zu verhandeln, demselben, der bei der Pazifikation der Vendee erfolgreiche Dienste geleistet hatte; im Vertrauen des ersten Konsuls erschien Bernier sehr geeignet, das Konkordat zustande zu bringen.

Nach langer Arbeit kam man endlich dahin, daß man mit den Bestimmungen des Konkordats zu Ende gekommen zu sein glaubte: Tag und Stunde wurden festgesetzt, wo das vereinbarte Konkordat unterzeichnet werden sollte. Zu seinem großen Erstaunen nahm Consalvi doch in dem ihm von Bernier kurz vor der Sitzung mitgeteilten Exemplare mannigfaltige Abweichungen von dem wahr, was er im römischen Sinne durchgeführt zu haben meinte. Die Sitzung fand in der Behausung des Bruders des ersten Konsuls, Joseph, statt, der sich selbst daran beteiligte; und es kam abermals zu einer Diskussion, die lang und lebhaft war, aber zuletzt zu einer Verständigung bis auf einen einzigen Punkt führte. Der streitige Punkt war der folgende: Consalvi hatte den Auftrag, nicht allein die Freiheit, sondern auch die Öffentlichkeit des katholischen Kultus durchzusetzen. Leicht gestanden die Franzosen die Freiheit zu; gegen die Öffentlichkeit aber wandten sie ein, daß dadurch Unordnungen hervorgebracht werden würden, denn in der Konstitution sei allen Kulten Toleranz gewährleistet; wenn man den römisch-katholischen Gläubigen die Öffentlichkeit der Religionsübung ohne alle Einschränkung gestatte, so werde es ohne Zweifel zwischen ihnen und den konstitutionellen Katholiken und Protestanten zu Konflikten kommen. Man fügte der allgemeinen Erlaubnis der Öffentlichkeit die Klausel hinzu: insofern sie sich mit den Anordnungen der Polizei vertrage. Wenn es an sich unendlich schwer ist, Staat und Kirche zu vereinigen, so ist es fast unmöglich, wenn der Staat zugleich revolutionärer Natur ist. In dieser Bestimmung aber sah Consalvi eine Unterordnung der Kirche unter den Staat, worin er nicht nachgeben könne. Aus der Sitzung ging man zu einem großen Konsulardiner, bei welchem Napoleon die Absicht gehabt hatte, die vollzogene Vereinbarung mit dem Römischen Stuhl zu verkündigen. Es war zum Gedächtnis des 14. Juli. Der Widerspruch, der in der damaligen Erhebung und in der beabsichtigten Verkündigung lag, scheint nicht gerade aufgefallen zu sein. Napoleon geriet in heftige Erregung, als er, von Consalvis Weigerung unterrichtet, ihn eintreten sah; er gab ihm die Absicht schuld, einen Bruch herbeiführen zu wollen; er fordere ja oder nein auf sein Projekt. Aber, fuhr er auf, Rom und den Papst brauche er nicht; wenn Heinrich VIII. in seinem Königreich eine Änderung der Religion habe herbeiführen können, so werde es auch ihm möglich sein, denn er sei zwanzigmal mächtiger als jener König; er werde imstande sein, Italien und Deutschland in ein Schisma mit fortzuziehen. Jedoch auch ihm war, wie wir wissen, an einer glücklichen Beendigung der Verhandlungen sehr viel gelegen; noch einmal gestattete er die Fortsetzung derselben. Wenn die Franzosen dann dem Kardinal vorstellten, daß er Regierung und Polizei verwechsele, so bestand er darauf, daß das Motiv der Regierung deutlicher ausgedrückt werden müsse. Man vereinigte sich dann zu der Formel, die in das Konkordat aufgenommen worden ist, nach welcher die Öffentlichkeit des katholischen Kultus insoweit angenommen wird, als die Regierung nicht in der Erhaltung der öffentlichen Ordnung ein Motiv dagegen erblicke. Man verabredete diese Formel, ohne bei Napoleon anzufragen, denn er würde sie, wenn er gefragt werde, unfehlbar verwerfen; aber wenn man sie einmal festgesetzt habe, werde er sie sich gefallen lassen, wie das dann auch geschah. So wurde der große Akt vollzogen (15. Juli 1801), auf welchem die Wiederherstellung der katholischen Kirche in Frankreich beruhte.

Wieviel Konzessionen man auch immer der neuen Ordnung der Dinge gemacht hatte, so war doch an und für sich die Herstellung des Kultus in Frankreich nach all den Feindseligkeiten, die derselbe erfahren hatte, ein großes, überaus glückliches Ereignis für die römisch-katholische Kirche. Pius VII. ist immer davon durchdrungen gewesen, daß Napoleon sich durch diesen Akt das größte Verdienst um die Kirche erworben habe. Er und das Kardinalkollegium nahmen das von Consalvi vereinbarte Konkordat ohne Widerspruch an. Die Eintracht zwischen Staat und Kirche war aber damit bei weitem noch nicht hergestellt. Gleich bei dem Abschied Consalvis von Napoleon brachte dieser eine der wichtigsten Streitfragen zur Sprache. Er erklärte sich entschlossen, eine Anzahl konstitutioneller Bischöfe für die neuen bischöflichen Sitze zu ernennen, denn diese hatten noch immer eine große Partei hinter sich. Zuweilen war die Frage sehr persönlicher Natur; die französischen Minister sahen in denselben Gesinnungsgenossen, die sich bei dem Abschluß des Konkordates aufgeopfert und die man dafür nicht zugrunde richten dürfe. Wohl antwortete Consalvi hierauf, die Konstitutionellen seien Schismatiker; nur nach förmlichem Widerruf ihrer bisherigen Grundsätze könne der Papst ihnen die Institution gewähren. Napoleon wollte davon nichts hören, denn wer widerrufe, entehre sich selbst; eine Retraktion, wie die angesonnene, sei in Frankreich unmöglich. Er hielt es für seine Pflicht, zwischen den beiden Parteien zu vermitteln, und faßte den Entschluß, von den neu zu ernennenden Bischöfen ein Fünftel aus den Konstitutionellen zu ernennen.

Nachdem Napoleon ein Jahr lang gezögert, publizierte er zwar das Konkordat, aber mit Hinzufügung der organischen Artikel, die dem Sinne der römischen Kurie wieder entgegenliefen. Die Einwirkung des Papstes und die geistliche Amtsführung werden darin der bürgerlichen Gewalt untergeordnet, denn man ging von dem Grundsatz aus, daß der Staat eben nur für das religiöse Bedürfnis der Mehrzahl der Franzosen zu sorgen habe; die dazu nötigen Einrichtungen erschienen als die Sache des Staates. Der Papst war dabei nur insofern erwähnt, als ihm die Institution zukam. Ihm gegenüber hielt man an den Grundsätzen fest, die vor der Revolution in der Literatur verfochten worden waren. Die vier gallikanischen Propositionen von 1682 sollten in den Schulen behauptet und gelehrt werden. Dies machte nun alles den unangenehmsten Eindruck in Rom, nichts mehr als die Nomination der konstitutionellen Bischöfe. Zu einer eigentlichen Feindseligkeit gegen Napoleon wurde der römische Hof jedoch nicht fortgerissen.

Höchst auffallend ist es doch, daß die Ermordung des Herzogs von Enghien in Rom nicht eben viel Eindruck machte; Consalvi erzählt selbst, daß er sie entschuldigt habe. Und als nun hierauf Napoleon den Papst einlud, seiner Krönung zum Kaiser durch *persönliche Teilnahme* daran die pontifikale Sanktion zu geben, was für ihn, da ja die Mehrzahl der Franzosen eben katholisch war, eine hohe Bedeutung hatte, so war man in Rom nicht der

Meinung, dies abzulehnen. Gerade die Schwierigkeiten, auf welche die Durchführung des Konkordates im römischen Sinne stieß, machten den römischen Hof gefügiger, da er meinte, durch neue Annäherungen um so mehr instand zu kommen, sie zu heben. Auch Consalvi war ganz einverstanden damit, daß der Papst die Einladung Napoleons annahm und sich zu diesem Zwecke, nicht ohne körperliche Beschwerden – denn die Reise fiel in die rauhen Monate –, nach Frankreich begab. Napoleon behauptete später, der Römische Stuhl habe sich damit geschmeichelt, zum Dank für seine Willfährigkeit die Legationen zurückzubekommen. In Rom hat man das immer geleugnet, denn man habe das Geistliche und Weltliche nicht vermischen wollen; gewiß war es aber die Absicht, die Einsetzung konstitutioneller Bischöfe abzustellen und die Zurücknahme der organischen Artikel zu bewirken. Die Unterwerfung der konstitutionellen Bischöfe unter den Papst ward nun wirklich erreicht, indem sie eine dem Papste genügende Erklärung abgaben, denn der französischen Regierung war selbst an der Eintracht und Unterordnung des Episkopates gelegen. In bezug auf die organischen Artikel aber erhielt man nichts als leere Worte.

Der Widerstreit der revolutionären Monarchie und der Suprematie des Pontifikates trat noch in einem anderen Akte vor jedermanns Augen bei der Krönung selbst hervor. Bei der Feststellung der Zeremonie war der Vorschlag gewesen, daß der Papst nach unvordenklichem Herkommen die Krone dem Kaiser auf das Haupt setzen sollte. Napoleon hatte bemerkt, daß die Nation das ungern sehen, daß sie gleichsam eine Verletzung ihrer vollen Unabhängigkeit darin erblicken würde; er wollte die Krone sich selbst auf das Haupt setzen. Das war wohl schon einmal von Kaiser Friedrich II. in Jerusalem geschehen; dann war es bei der Krönung König Friedrichs I. von Preußen wiederholt worden. Das eine und das andere unter ganz abweichenden Umständen, ohne daß man dieser Fälle in Paris zum mindesten gedacht hätte. Es scheint wohl, als sei der Kardinal-Legat Caprara auf die Anschauung Napoleons eingegangen. Der Papst selbst erfuhr nichts davon. Er kam in dem guten Glauben nach Notre-Dame, daß er die Zeremonie in ihrem vollen hergebrachten Umfange vollziehen würde. Er segnete die Insignien des neuen Kaisertums; er segnete auch die Krone; aber als er sie ergreifen wollte, kam ihm der zuvor, dem er sie aufsetzen wollte: Napoleon ergriff die Krone und setzte sie sich mit eigener Hand aufs Haupt. Die höchste Gewalt, die auf dem neuen Boden aufgewachsen, wollte auch das oberste Abzeichen ihrer Macht nur sich selbst verdanken; während in den früheren Jahrhunderten der Gehorsam, den die Geistlichkeit der weltlichen Gewalt leistete, gleichsam auf die Krönung durch die Hand des obersten Geistlichen begründet wurde, so fühlte sich Napoleon stark genug, dessen nicht zu bedürfen. Der Papst sollte nur herübergekommen sein, um ihm seinen geistlichen Segen zu geben: das genüge dem neuen Episkopat und der Nation. Pius VII. schien dadurch befriedigt, daß ihm das revolutionäre Frankreich allenthalben ein Volk auf den Knien zeigte. In Paris erinnert man sich wohl, wie er in dem kaiserlichen Museum erschien; wie er in seinem langen, gegürteten, weißen Priestergewand segnend durch die Reihen der knienden Männer und Frauen schritt, wie er dann seine Hand auf das Haupt eines Kindes legte und ihm seinen Ring zu küssen darbot. Die kirchliche Bedeutung dieser Handlungen führte er, daß ich so sage, auf ihren Ursprung zurück. Inbrunst und Güte, Erhebung der Seele, Alter und äußerliche Würde erneuten, vermenschlichten sie wieder. Wie stark mußten sie wirken, da sie die Hauptstadt des Unglaubens hinrissen.

Auf eine Aussöhnung der großen Interessen hatte dies jedoch keinen Einfluß.

Wenn man nicht so sehr dem Papst als dem Kardinal-Staatssekretär aus seiner Nachgiebigkeit einen Vorwurf machen könnte, so würde dieser darin bestehen, ungefähr wie bei dem Grafen Haugwitz, daß er sich die Unvereinbarkeit der Entwicklung einer großen revolutionären Gewalt mit den bisherigen Ansichten und Ideen des Pontifikates nicht vollkommen deutlich machte und andere Dinge erwartete als solche, welche folgen mußten.

Der in den Hintergrund gedrängten, aber keineswegs aufgehobenen geistlichen Differenz gesellte sich nun eine andere hinzu, welche die weltlichen, besonders die italienischen Interessen betraf.

Zweites Kapitel

OKKUPATION DES KIRCHENSTAATES

Wenn man in den Unternehmungen Napoleons nichts als Akte der Gewalt sieht, bestimmt, ein Weltreich zu gründen, so umfaßt man noch nicht das ganze Interesse derselben. Besonders in dem, was er in Italien dem Papste gegenüber vornahm, treten Ideen hervor, die über die momentanen Velleitäten hinausreichen: die erste ist die der Einheit von Italien; nicht gerade in dem Sinne einer das ganze Gebiet umfassenden Staatsregierung, aber einer Autorität, vor welcher jedes besondere Bestreben verschwinden sollte. Italien gehörte bisher dem allgemeinen europäischen System an. Napoleon faßte den Gedanken, die Halbinsel jeder fremden Einwirkung, ausgenommen eben der französischen, die sich in ihm repräsentierte, zu entreißen. Unmittelbar an die Kaiserkrönung knüpfte er die Stiftung des Königreiches Italien. Er legte Wert darauf, daß er wieder der erste italienische König sei: der Gedanke der Wiederherstellung Italiens habe ihn begleitet seit dem Tage, wo er zum erstenmal Italien betreten habe; doch sei die engste Vereinigung mit Frankreich notwendig für Italien. Auch die Eiserne Krone setzte er bei der Zeremonie sich selbst aufs Haupt. Ursprünglich hätte er die Teilnahme des Papstes auch an der italienischen Krönung gewünscht; dieser aber lehnte sie ab, weil er damit die drei Legationen aufgegeben hätte, die bei der Stiftung des Königreichs Italien in demselben für immer einbegriffen wurden.

Napoleon betrachtete bereits damals Italien als ein Ganzes; er sah eine Bedrohung desselben in der Anwesenheit der Russen in Korfu, der Engländer in Malta und der Einwirkung beider auf das Königreich Neapel. Um sie nicht weiter eingreifen zu lassen, bemächtigte er sich höchst unerwartet bei dem Durchzug seiner Truppen durch den Kirchenstaat der Festung Ankona, die ja der Papst gegen die Schismatiker und Feinde des Glaubens selbst nicht verteidigen könne. Aber die Stellung, die er in Italien nahm, trug dann besonders zur Bildung der dritten Koalition und dem österreichischen Kriege von 1805 bei. Die Schlacht bei Austerlitz war auch für Italien entscheidend. Hierauf wurden die Bourbonen auch aus Neapel verwiesen, die französischen Truppen bemächtigten sich des Landes. Der Kirchenstaat, der an dem Kriege keinen Anteil genommen, geriet doch durch den Erfolg desselben in eine sehr veränderte Lage. Da die Franzosen auch Venedig in Besitz nahmen und nun Neapel beherrschten, so sah sich der Papst im Norden und Süden von Franzosen umringt und in ihrer Gewalt.

Damit trat nun aber eine andere Idee in Konflikt, welche die Welt früher und später agitiert hat: die der Notwendigkeit eines unabhängigen Kirchenstaates, um die Beziehungen des Papstes zur gesamten katholischen Kirche in ihrer Freiheit zu sichern. Der Papst protestierte gegen die Besetzung von Ankona, hauptsächlich weil er als Vater der Gläubigen zur Neutralität verpflichtet sei und nur eine vermittelnde Stellung einnehmen könne; er drohte sogar mit dem Abbrechen der diplomatischen Verbindungen. Es kann wohl nur die Erwartung von einem großen Erfolg der Koalition gewesen sein, was die päpstliche Regierung zu dieser Erklärung veranlaßte, in welcher Napoleon eine Feindseligkeit sah. Solange nun der große Kampf noch dauerte, schwieg Napoleon still. Erst als alles entschieden war, im Januar 1806, von München aus gab er dem Papst eine Antwort. Sie war eben gegen die Forderung des römischen Hofes, neutral zu bleiben, gerichtet. Denn, so sagte Napoleon, würden wohl Engländer oder Türken dieselbe respektiert haben? Er trat mit dem Anspruch hervor, daß Rom politisch von dem Kaiser abhängig sein müsse, weil er die geistliche Autorität des Papstes anerkenne; er erinnerte an die Oberhoheit, welche die griechischen Kaiser einst in Rom ausgeübt hatten, hauptsächlich aber an Karl den Großen, dessen Gewalt sich jetzt in ihm repräsentiere, da er Frankreich, den größten Teil von Deutschland und Italien beherrsche.

Auf diesen Angriff gegen die Souveränität des Papsttums war man in Rom doch nicht gefaßt. Es schien, als ob Napoleon den Kirchenstaat nur als eine Enklave seines italienischen Reiches, dem er keine politische Unabhängigkeit zugestehen könne, betrachte. Die alten Rechte des Römischen Stuhles auf die Lehensherrlichkeit über Neapel oder auch nur auf den Besitz von Benevent und Ponte Corvo war er weit entfernt anzuerkennen. Noch einmal kehrte nun der Römische Stuhl seine althergebrachten Gerechtsamen hervor. Napoleon, sagte man, sei Kaiser von Frankreich, aber nicht Kaiser von Rom; der Papst, dessen Souveränität für die Kirche unentbehrlich sei, könne unmöglich dieselben Freunde und Feinde haben wollen wie Napoleon; denn eine so enge Verbindung mit dem Kaiser der Franzosen würde bewirken, daß man dem Römischen Stuhl in anderen Gebieten den Gehorsam versage. Die Kurie hielt noch für ratsam, die Ansprüche Napoleons auf die Souveränität von Rom möglichst geheimzuhalten, weil er sie gewiß nicht fallen lassen werde, wenn sie einmal bekanntgeworden wären; man hoffte noch immer, er werde von seinen Forderungen abstehen. Wenn es gleich nicht tunlich ist, bei jedem dieser Schritte den Anteil nachzuweisen, den Consalvi daran gehabt hat, so ist der Einfluß des Staatssekretärs doch ohne Zweifel immer der entscheidende gewesen; ihm schrieb Napoleon alles und jedes zu, was von dem Römischen Stuhle ausging und hielt mit seiner Unzufriedenheit nicht zurück. Wie wenig an eine Aussöhnung zu denken war, trat bei einer Audienz hervor, welche der Kardinal Fesch, ein naher Verwandter Napoleons, der von Rom abberufen wurde, bei seinem Abschied bei dem Papst hatte. Der Papst sprach ihm von seiner Ergebenheit gegen Napoleon; er erklärte aber, daß er sich von demselben mißhandelt sehe. Der Kardinal erinnerte ihn, daß er das Recht nicht habe, der weltlichen Irrungen wegen seine geistlichen Waffen gegen den französischen Kaiser zu gebrauchen. Der Papst fragte ihn mit gehobener Stimme, woher er diese Ansicht schöpfe, und da nun Fesch sich auf die Konzilien und ihre Superiorität über den Römischen Stuhl bezog, so kam es zu einer sehr lebhaften Diskussion, die fast einen Bruch ankündigte.

Auch in Paris erhob Napoleon laut Beschwerden über die Vermischung des weltlichen und geistlichen Interesses, der man sich in Rom schuldig mache; er schrieb sie den Ratgebern des Papstes zu, die vor Gott und Menschen für den Schaden verantwortlich seien, der dem Römischen Stuhl daraus entspringen werde. Der vornehmste unter denselben war Consalvi, der die Überzeugung hatte, daß die politische Unabhängigkeit des Römischen Stuhles die Bedingung seiner kirchlichen Wirksamkeit bildete. Schon früher hatte sich Napoleon gegen ihn erklärt, der Papst aber nie einwilligen wollen, ihn zu entbehren. Jetzt sprach der Kaiser sich mit Heftigkeit gegen die eine oder die andere der ihm zugegangenen Noten des Römischen Stuhles aus: der Staatssekretär wolle, sei es aus Unverstand oder aus bösem Willen, den römischen

Staat zugrunde richten; er, der Kaiser, könne sich noch entschließen, den Kardinal Consalvi mitten in Rom aufheben zu lassen. Consalvi war davon tief betroffen. „Wenn mir, als ich über das Konkordat unterhandelte, gesagt worden wäre, ich würde einst als ein Feind von Frankreich betrachtet werden, so würde ich zu träumen geglaubt haben; mein Charakter, meine Prinzipien, meine ganze Führung entbinden mich der Pflicht, mich zu rechtfertigen.“ So drückt er sich in einem Schreiben an den Nuntius Caprara aus. Und doch, wir bemerkten es schon, hängt die unglückliche Erfahrung, die er machte, mit seinem früheren Verhalten genau zusammen. Jetzt trat das Wesen und die Politik Napoleons auf eine Weise hervor, daß zwischen ihm und dem Kardinal-Staatssekretär, der die Rechte des Kirchenstaates zu behaupten gedachte, kein Verständnis möglich war. Da hat sich nun Consalvi entschlossen, seine Abdikation einzugeben, um, wie er sagte, nicht die Lösung der obschwebenden großen Fragen durch persönliche Antipathien zu erschweren. Mit demselben Kurier, welcher die ablehnende Antwort des Papstes überbrachte, sollte dem französischen Kaiser auch die Nachricht zukommen, daß Consalvi aus dem Sekretariate geschieden sei, denn er müsse überzeugt werden, daß die Antwort, die er empfange, nicht von Consalvi herrühre, sondern von dem Papste selbst. Im Juni 1806 ging das Staatssekretariat an Casoni über, einen von den Kardinälen, gegen welche sich der in Rom anwesende Kardinal Fesch am wenigsten eingenommen gezeigt hatte. Consalvi zog sich in den Palast Gaëtani zurück; er sah den Papst nur noch bei großen offiziellen Gelegenheiten.

Aber der Nachfolger Consalvis und die übrigen Räte des Papstes hatten noch weniger Napoleons Beifall als Consalvi selbst: er hielt sie für Ignoranten und Fanatiker; und wenn nun im Laufe des preußischen Krieges der römische Hof sich der Einsetzung der Bischöfe in Italien durch die Regierung dieses Königreiches widersetzte und selbst die Gültigkeit des italienischen Konkordates, das infolge des französischen geschlossen und ebenfalls mit Erläuterungen, die den Geist der organischen Artikel atmeten, versehen worden war, in Zweifel zog, so geriet Napoleon dadurch in eine größere Zornesaufwallung als jemals. Nach seiner Rückkehr von Tilsit, in Dresden, 22. Juli 1807, beauftragte er seinen Stiefsohn Eugen, Vizekönig von Italien, die Ansprüche des Papsttums in höchst energischen Ausdrücken zurückzuweisen.

Auch in territorialer Beziehung hatte der Friede von Tilsit auf die Verhältnisse des Kirchenstaates Einfluß. Die Pläne auf Portugal, zu denen sich Napoleon mit Spanien vereinigte, hatten die Folge, daß er Toskana dem Infanten von Spanien entzog und mit französischen Truppen besetzen ließ. Schon wurde auch das Dekret von Berlin über das Kontinentalsystem[1] in dem Kirchenstaat zur Ausführung gebracht.

Bereits täuschte man sich nicht darüber, daß der Kirchenstaat selbst der französischen Okkupation nicht entgehen würde: sie erfolgte im Jahre 1808. Sie war zuerst nur militärischer Natur. Napoleon erklärte öffentlich, er wolle dem Römischen Stuhle nichts entreißen; aber er verlange von Rom denselben Gehorsam, den er in Neapel und bei dem Rheinbunde finde. Es war ihm unerträglich, daß der römische Hof in Verbindung mit dem bourbonischen Könige von Sizilien und mit Sardinien stehe; daß es noch einen englischen Konsul in Rom gebe. Alledem wollte er ein Ende machen, denn in Rom sollte man dieselbe Politik beobachten wie in Mailand und Neapel. Sollte aber dennoch der römische Hof in seiner Haltung verharren, dann müsse derselbe seine weltliche Herrschaft überhaupt verlieren. Es waren die Zeiten, in denen sich Napoleon Spaniens zu bemächtigen Anstalten traf, die ihren Zweck nicht verfehlen zu können schienen. Bei der militärischen Besitznahme von Rom war seine Absicht, wie er in einer geheimen Depesche seinem Gesandten ausdrücklich sagt, sich des Kirchenstaates zu bemächtigen, ohne viel Aufsehen zu machen, um die Einwohner von Rom an die Anwesenheit der Franzosen zu gewöhnen. Der Papst antwortete auf die Anmutung Napoleons: er könne in keine Feindseligkeiten gegen Ferdinand IV. willigen, der ein katholischer Fürst und mit dem er nicht im Kriege sei; seine Häfen wolle er den Engländern verschließen, mit Vorbehalt jedoch der Rechte der Souveränität für die Zukunft.

Hierauf rückten die Franzosen am 2. Februar 1808 in Rom ein. Napoleon stellte als sein Ultimatum auf, daß der Römische Stuhl eine Offensiv- und Defensiv-Allianz mit den Königreichen Italien und Neapel schließen müsse, um Unordnung und Krieg von der Halbinsel fernzuhalten, denn welche Sicherheit habe er für Italien, wenn sich in der Mitte desselben ein Land befinde, das seinen Feinden offen stehe?

Wenn wir in dem Getümmel der Ereignisse die Ideen zu unter-

[1] D. h. die Handelssperre gegen England.

scheiden suchen, die bei denselben wirksam waren, so tritt hier noch eine andere Seite des Gedankens, daß Rom von dem französischen Kaisertum abhängig sein müsse, hervor. Sie betraf nicht die Beziehungen des Papsttums zu den europäischen Mächten, sondern das Verhältnis zu dem französischen Kaisertum an sich. Veranlaßt durch die erwähnte Weigerung der Institution der Bischöfe in dem italienischen Königreiche stellte der Kaiser in jenem Schreiben aus Dresden den Gegensatz zwischen Kirche und Staat in den Vordergrund: durch diese Streitigkeiten verletze der Papst einen Souverän, der als die Säule der Religion betrachtet werde infolge der Dienste, die er derselben in Frankreich, Italien, Deutschland, nunmehr auch in Polen geleistet habe; glaube denn der Papst, daß die Rechte der Krone weniger heilig seien als die Rechte der Kirche? Es habe Könige gegeben, ehe es einen Papst gab. „Der Papst will mich bei der Christenheit anklagen. Ein unsinniger Gedanke, der bloß von Menschen kommen kann, die das gegenwärtige Jahrhundert nicht kennen: es ist ein Anachronismus um tausend Jahre. Jesus Christus hat gesagt, sein Reich sei nicht von dieser Welt; will der Papst dem Kaiser nicht geben, was des Kaisers ist? Vielleicht ist die Zeit nicht mehr fern, wo ich den Papst nur als Bischof von Rom anerkenne, von demselben Range wie die übrigen Bischöfe meines Reiches. Ich würde mich nicht scheuen, die verschiedenen Kirchen, die italienische, gallikanische, deutsche, polnische in einem Konzil zu vereinigen.“[1] So hatte auch bereits Kardinal Fesch dem römischen Hofe mit einem Konzile gedroht; der Kaiser, sagte er, werde dann seine Angelegenheiten ohne Rom vollführen.

Wenn aber Napoleon bei seinen Entwürfen gegen Spanien in dem König und der regierenden Familie keinen Widerstand gefunden hatte, so hatte dagegen der Römische Stuhl den Mut, sich nicht zu fügen. Der Papst war im Quirinal eingeschlossen, er übte nur seine geistliche Gewalt aus; aber auch diese genügte, um der neuen Invasion zu widerstreben. Der Papst verbot den Bischöfen, dem französischen Gewalthaber den Eid der Treue zu leisten; sie würden sich sonst zu Mitschuldigen des Sakrilegiums machen, das dieser begehe. Als man auch den Kardinal Pacca aus dem Quirinal

[1] Napoleon griff hier auf dieselben Ideen zurück, deren sich schon im 13. und 14. Jahrhundert die Kaiser in ihrem Kampfe gegen die politische Papstkirche bedient hatten, besonders Friedrich II. und Ludwig der Bayer.

wegführen wollte, widersetzte er sich den französischen Offizieren persönlich und mit Erfolg. Und schon war eine Exkommunikationsbulle abgefaßt, durch welche der kirchliche Bann über diejenigen ausgesprochen wurde, welche sich der Besitztümer der Kirche bemächtigten.

Es war der direkteste Gegensatz gegen die Ideen Napoleons, denn darin lag eine Vermischung der weltlichen und geistlichen Angelegenheiten, auf deren Trennung das System des Kaisers hinzielte. Er meinte, so weit würde Consalvi nicht gegangen sein: der würde nicht um eines weltlichen Vorteils willen das geistliche Interesse des Papstes, das in der engsten Verbindung mit dem Kaiser bestehe, aus den Augen geben. Napoleon sprach unumwunden aus, daß die geistlichen Interessen, die unveränderlich, von den weltlichen, die der Veränderung unterworfen seien, getrennt werden müßten. Auf diesen Grund dekretierte er am 17. Mai 1809 die Vereinigung der Staaten des Papstes mit dem französischen Reiche. Darauf antwortete der Papst durch die Publikation jener Exkommunikationsbulle.

Das geschah eben damals, als die glücklichen Erfolge der österreichischen Waffen einen allgemeinen Umschwung in Aussicht stellten. Aber Napoleon gestattete in der Durchführung seines Planes keine Verzögerung; aus seinem Feldlager ordnete er die Einzelheiten desselben an. In einem seiner Schreiben heißt es: wenn der Papst, die Lehren des Evangeliums vergessend, seine Wohnung für ein Asyl halte, um den Ungehorsam zu predigen, so müsse man ihn verhaften. Diese Verhaftung wurde nun in der Tat im Quirinal selbst vollzogen, gerade in dem Augenblick, als die Schlacht von Wagram das Glück Napoleons nochmals besiegelte. Der Papst wurde in das französische Gebiet abgeführt.

Bei der Betrachtung des Verlaufes dieser Ereignisse im allgemeinen drängt sich eine Bemerkung auf, welche unerwartet und nach verschiedenen Seiten anstößig erscheinen wird, aber doch nicht verhehlt werden darf. Darin werden alle übereinstimmen, daß das Konkordat, indem es den Verkauf der Nationalgüter, d. h. doch vornehmlich der geistlichen, anerkannte, die Grundlagen der Revolution recht eigentlich befestigte; innerhalb Frankreichs hätte ihr Bestand sonst immer angefochten werden können. Da erhebt sich nun die Frage, wieweit der Römische Stuhl ein Recht hatte, diesen Verkauf durch seine Beistimmung zu sanktionieren, denn der Besitz war doch vor allem der der französischen Kirche, in weiterem Sinne der Kirche überhaupt; daß aber deren Recht von der Autorität des Päpstlichen Stuhles abhinge, könne niemand sagen. Gewiß waren schon mancherlei Säkularisationen erfolgt, namentlich in Deutschland, aber sie waren von dem Deutschen Reiche nachgegeben, welches eine geistliche und politische Gewalt zugleich in sich schloß. Das Französische Reich aber war selbst umgestürzt und seine Verfassung eine auf durchaus anderen Prinzipien beruhende geworden. Indem der Papst, dem doch keine eigentlich rechtliche Befugnis zustand, den Verkauf der Nationalgüter sanktionierte, so unterwarf er sich gleichsam den revolutionären Prinzipien. Wir tasten dabei die Beweggründe des Papstes, auf die französischen Forderungen einzugehen, nicht an; sie waren noch mehr religiöser als rein kirchlicher Natur. Der Papst wünschte den katholischen Glauben in Frankreich wiederherzustellen, seine ganze Seele trachtete danach; kein Preis dafür war ihm zu hoch; uns liegt es fern, ihm einen Vorwurf daraus zu machen. Aber wahr ist es doch: er bot die Hand dazu, den Umsturz der alten Kirche zu vollenden; die neue Zirkumskription der Diözesen bildete in kirchlicher Hinsicht ein neues Frankreich. Consalvi war in dieser Beziehung der Ratgeber des Papstes; der Papst und der Kardinal, die römische Kirche überhaupt glaubten ein großes Werk zu vollziehen, wenn sie die Autorität der römischen Kurie in der neu konstituierten französischen feststellten. Darauf war bei dem Abschluß des Konkordates ihr Sinn hauptsächlich gerichtet gewesen; aber das Zusammenwirken der höchsten Gewalten stieß auf die größten Schwierigkeiten. Es ist wahr, Napoleon trat nun an die Stelle der alten Könige. Aber welch ein Unterschied: die alten Könige waren durch und durch katholisch und wollten es sein; die neue Gewalt hatte einen konstitutionellen Grund, es weder zu sein noch zu scheinen. Die Staatsverfassung, die man beschworen hatte, erkannte eine Staatsreligion nicht an; gerade der neue Herrscher hatte in seiner Lage einen dringenden Anlaß, auch diejenigen zu befriedigen, die nicht streng katholisch in dem römischen Sinne waren; er erhob sie selbst zu den bischöflichen Sitzen. Darüber entstand ein Zerwürfnis, welches nicht zu vermeiden noch zu beseitigen war, denn trotz aller seiner Annäherung hielt doch der Römische Stuhl an seiner kirchlichen Prärogative fest. Und ohnehin verstand es sich, daß die revolutionäre Gewalt ihrerseits alle Rechte, die ihr vom Standpunkt des Staates aus zustehen konnten, mit dem größten Eifer in Anspruch nahm.

Das Konkordat war in der Natur der Dinge begründet, aber ebenso auch der Streit über die Besetzung der Bistümer und die organischen Artikel. Dazu kam nun die politische Tendenz des revolutionären Staates, Italien seiner Herrschaft zu unterwerfen; die Unabhängigkeit des Papsttums als eines kirchlichen Staates wurde insofern, als sie auf den Besitz eines weltlichen Staates gegründet war, von der revolutionären Gewalt in Frage gestellt. Der Gegensatz ist auch hier unvermeidlich. Denn in dem Papsttum repräsentiert sich die Allgemeinheit der katholischen Kirche; es konnte mit Napoleon, insofern er mit katholischen Potenzen in den Krieg geriet, unmöglich gemeinschaftliche Sache machen. Aber auch Napoleon konnte wohl nicht anders, als dem Kirchenstaate die Verbündung mit seinen Feinden abschneiden zu wollen. Ein innerer Konflikt führte alle Tage zu schärferen Gegensätzen, bis dann endlich der Kaiser sich des Kirchenstaates bemächtigte und der Papst die Exkommunikation gegen ihn aussprach.

Drittes Kapitel

ZEITWEILIGE UNTERORDNUNG DES PAPSTTUMS UNTER DAS FRANZÖSISCHE KAISERTUM

Napoleon ließ keinen Zweifel darüber, wohin sein System ziele; alle Institute, die zur Ausübung des Pontifikates gehörten, mit Inbegriff der Archive, wurden nach Paris geschafft; die Kardinäle erhielten Befehl, sich ebendahin zu verfügen. Für den Papst selbst wurde der erzbischöfliche Palast zu Paris eingerichtet. Ein Senatskonsult vom 17. Februar 1810 sprach den Grundsatz aus, daß eine auswärtige Souveränität mit der Ausübung der kirchlichen Gewalt im Innern unvereinbar sei; fortan wird der Kaiser an dem Tiber herrschen wie an der Seine. Der Römische Staat wurde mit dem Französischen Reiche vereinigt; die künftigen Kaiser sollten in St. Peter gekrönt werden, die künftigen Päpste sollten zeitweise in Rom oder Paris residieren. Jeder künftige Papst sollte die Artikel von 1682, in denen die Superiorität der Konzilien über die Päpste enthalten ist, beschwören. Diese Artikel sollten allen Kirchen des neuen Reiches gemeinsam sein.

Großartige Ideen von einem die politische und geistige Welt umfassenden Inhalt, zu deren Durchführung aber das Bestehen und das Wachsen des Kaiserreiches notwendig gewesen wäre, welches doch wieder seinerseits Europa mit Verderben und Unterdrükkung bedrohte.

Von der Exkommunikationsbulle wurde Napoleon wenig berührt, da er darin nicht namentlich genannt wurde und eine Bulle Papst Martins V. für einen solchen Fall den Verkehr mit dem Betroffenen für erlaubt erklärt; die Kardinäle assistierten den geistlichen Zeremonien, denen der Kaiser beiwohnte, ohne Skrupel. Auch Consalvi war damals in Paris; dem Befehle, sich dahin zu verfügen, hatte er anfangs Folge zu leisten verweigert, weil nur eine Autorisation des Papstes ihn ermächtigen könne, Rom zu verlassen; als er, durch militärische Gewalt gezwungen abzureisen, in Paris ankam, lehnte er doch ab, die nicht unansehnliche Pension anzunehmen, die für die Kardinäle bestimmt worden war. In der Audienz, die er dann bei Napoleon hatte, gedachte dieser des mit Consalvi eben in demselben Saale abgeschlossenen Konkordates. Aber wozu, sagte er, habe das geholfen; er deutete an, die Sachen würden besser gegangen sein, wenn Consalvi im Amt geblieben wäre, denn der sei zwar kein großer Theolog, aber ein guter Politiker. Wenn er einen Plan von den Kardinälen forderte, wie die kirchlichen Angelegenheiten überhaupt zu regeln seien, so rechnete er dabei auf eine eingehende Mitwirkung Consalvis. Aber gerade unter dessen Leitung geschah es, daß die Kardinäle erklärten, den geforderten Plan aufzustellen seien sie, getrennt vom Papst, nicht imstande. Von ihrem Widerstande auch in diesem Augenblicke wurde Napoleon noch einmal sehr empfindlich berührt.

Er wünschte seine Vermählung mit der Erzherzogin von Österreich mit allem möglichen kirchlichen Pompe zu verherrlichen. Da aber fand sich nun doch eine erhebliche Schwierigkeit: sie bestand darin, daß die Scheidung Napoleons von dem erzbischöflichen Offizialat ausgesprochen, von dem Papst aber nicht bestätigt worden war. Unter den in Paris anwesenden Kardinälen bildete sich eine Partei, die daran festhielt, daß bei den Eheschließungen von Souveränen die Einwilligung des Papstes unentbehrlich sei. Von Consalvi erwartete Napoleon mehr politische Rücksicht als von den übrigen. Aber Consalvi trat jener dissentierenden Partei unter den Kardinälen nicht nur bei, er leitete selbst die Schritte derselben. Bei der großen kirchlichen Vermählungsfeier versagten dreizehn Kardinäle ihre Teilnahme; ihre Abwesenheit wurde allgemein bemerkt und erregte eine heftige Indignation Napoleons, denn dieser Akt habe, so war besonders durch Fouché den Kardinälen vorgestellt worden, eine große politische Tragweite; er könne einen Zweifel an der Legitimität der aus der neuen Ehe zu erwartenden Nachkommenschaft veranlassen. Napoleon selbst hat gesagt, solange er lebe, werde alles schweigen; nach seinem Tode werde der Widerspruch erwachen. Die dissentierenden Kardinäle wurden an verschiedene Orte Frankreichs verbannt, Consalvi nach Reims, wo er seine Memoiren geschrieben hat. Und bei der kirchlichen Regierung selbst konnte doch der Kaiser der persönlichen Mitwirkung Papst Pius' VII. nicht entbehren; er ernannte wohl zu den Bistümern, allein der Papst verweigerte den

Ernannten die kanonische Institution. In seiner Gefangenschaft fand er doch Mittel, durch ein eigenes Breve die Maßregeln, die man für diesen Fall ergriffen hatte, zu mißbilligen.

Es bedurfte, daß ich so sage, eines neuen Ganges mit ihm. Sonderbarer Kampf zwischen dem, der die Welt bemeisterte wie nie ein anderer, und einem armen Gefangenen. Der eine in dem Genuß allen Glanzes und aller Gewalt, die die Erde zu geben vermag; voll Verschlagenheit und Kühnheit, Scharfsinn und Entschlossenheit; verbündet mit allen Kräften, welche den Menschen gebieten; immer, ohne Wanken, sein Ziel vor Augen. Der andere, nachdem man ihn eine Zeitlang mit auffallender Sorgsamkeit behandelt hatte, bald darauf der Gemeinschaft mit der Welt, selbst der Möglichkeit schriftlicher Mitteilung beraubt, von der wachsamsten Polizei umgeben, abgeschnitten von jedermann, völlig vereinsamt. Und doch war allein sein Dasein eine Macht. Nicht mit den offenbaren, aber mit den geheimen inneren Kräften, welche ihm die alte Gewohnheit des Glaubens und der Verehrung so lange Jahrhunderte daher in der ganzen katholischen Christenheit von selber zuwandte, war er verbündet. Aller Augen sahen nach ihm hin; sein Widerstand gegen die Gewalt, sein Leiden, das man um so mehr mitfühlte, da es ein allgemeines war, hatten sein Ansehen unendlich vermehrt und es mit dem Glanze des Märtyrertums umgeben. Von Mitleiden für eine solche Lage wurde aber Napoleon nicht berührt; er sah in Pius VII. nur eben einen Gegner, der ihm in der Regierung seines Reiches, zu der auch die päpstlichen Angelegenheiten gehörten, die größten Schwierigkeiten entgegensetzte. Er hatte zu einer großen Anzahl von vakanten Bistümern sein Recht der Nomination ausgeübt, aber der Papst versagte ihnen die Institution; man zählte 25 vakante Bischofssitze. Wenn nun die Diözesen dennoch administriert werden sollten, so ordnete Napoleon an, daß das durch Vikare der Kapitel geschehen solle. Aber dabei fand er überall geheime Verhinderungen, die er dem Papst zuschrieb; einige Briefe fielen in seine Hand, durch welche dieser Verdacht bestätigt wurde. Napoleon meinte: das sei ein Verfahren der gregorianischen Zeiten, bei welchen die öffentliche Ordnung seines Reiches nicht bestehen könne, er gab dem Papst die Absicht kund, das Bistum überhaupt nicht wieder zu Kräften kommen zu lassen, wie dies schon in Deutschland geschehen sei, sondern die Kirche durch apostolische Vikare zu regieren; deren Amtsführung aber könne von seiten des Staates, dem sie fremd seien, nimmermehr geduldet werden. Seine Behauptung ist immer, daß man ihn zu politischen Konzessionen nötigen wolle, deren Gebiet aber ein ganz anderes sei; er wollte nichts davon hören, daß man seinen territorialen Vergewaltigungen durch Widerstreben in den geistlichen Dingen antworten dürfe.

Der Papst wurde nun in Savona auf eine Weise behandelt, die ihn wohl hätte in seinem Verhalten irremachen können, wenn ihn nicht andere Betrachtungen zurückgehalten hätten. Er hätte nichts mehr gewünscht, als nach Rom zurückzukehren, nicht jedoch um den Preis der Verzichtleistung auf seine Souveränität, die er ja gern, sagt er, dem französischen Kaiser zu Füßen legen wolle, wenn er nicht selbst bei seiner Krönung beschworen hätte, sie zu behaupten.

Wenn es wahr ist, daß die Exkommunikation, die er ausgesprochen, den Kaiser nicht nannte, so bezeichnete sie ihn doch unverkennbar; und der Papst zeigte sich, als ein österreichischer Diplomat diese Saite mit großer Vorsicht berührte, nicht geneigt, sie zurückzunehmen. Die Sendung geschah im Einverständnis des Grafen Metternich, der damals österreichischer Gesandter in Paris war, mit der Regierung Napoleons; aber sie ließ wenig Hoffnung übrig, den Papst zu irgendeiner Nachgiebigkeit zu vermögen; dennoch ging die Ansicht der geistlichen Kommissionen, die Napoleon zu Rate zog, ebendahin, daß dies notwendig sei. Von den Gründen, die der Papst für seine Verweigerung der Institution anführte, erkannte sie besonders den an, der in seinem damaligen Zustande lag, und forderte auf das dringendste eine gütliche Abkunft mit ihm, denn schon rege sich allenthalben der Widerstand; es gebe einen geheimen Dienst sogenannter reiner Katholiken; eine alte Partei erwache wieder, und nicht so leicht sei das Volk über den wahren Standpunkt der Frage aufzuklären. In den Kommissionen selbst ist dem Kaiser der Rat gegeben worden, die französischen Bischöfe zu einem Konzil zu versammeln; Napoleon entschloß sich dazu, um für den Fall, daß der Papst die Vorschläge, die er ihm mache, nochmals zurückweise, einen Rückhalt an der französischen Geistlichkeit zu haben: das Konzil sollte die Repräsentation der höchsten kirchlichen Gewalt übernehmen können. Denn die Idee, daß ein Konzil über dem Papst sei, war gewissermaßen erblich bei der französischen Regierung; sie hatte die Stürme der Revolution überdauert; Bossuet und die Propositionen von 1682 standen in größtem Ansehen. Napoleon hat dem Papst angedeutet, ein Konzil könne über ihn richten und ihn selbst absetzen; daß niemand über den Papst richten könne, war die ursprüngliche Prätension des Römischen Stuhles, in deren Anerkennung eine der Grundfesten der päpstlichen Allgewalt lag. Und gewiß ist, daß die Berufung eines Konzils auf den Papst einen nicht geringen Eindruck machte. In dem ersten Gespräch darüber sagte er den französischen Bischöfen, die von Napoleon nach Savona geschickt waren, um mit ihm hauptsächlich über die versagte Institution zu verhandeln: ein Konzil könne nicht ohne den römischen Papst versammelt werden. Man antwortete ihm: das gelte von allgemeinen Konzilien, nicht aber von nationalen. Aber den nationalen, versetzte der Papst, stehe kein Recht zu, über allgemeine Fragen, wie die der Institution, Dekrete abzufassen. Auf die Anmutung, die Artikel von 1682 zu unterschreiben, die ihm allerdings gemacht wurde, ist der Papst keinen Augenblick eingegangen, da einer seiner Vorgänger dieselben kurz vor seinem Tode ausdrücklich verworfen habe; in bezug auf die Institution aber zeigte er sich den Bischöfen gegenüber nicht absolut unerschütterlich. Sie schilderten ihm den unglücklichen Zustand so vieler Bistümer aller Welt, die ihrer Hirten beraubt seien; die Gefahr der Religion bei diesem Zustande; ihm selber schrieben sie das Unglück, welches geschehen sei, das Unglück, das geschehen könne, zu. Kein Wunder, wenn sie Eindruck machten. Gebeugt, wie der Papst durch das eigene Leiden war, allen Beistandes beraubt, überließ er sich um so mehr dem Eindruck ihrer Vorstellungen, da die Übelstände, die sie beschrieben, in der Tat unleugbar waren. Noch gab er nicht völlig nach; aber in seiner Seele trat er einen Schritt zurück. Die Bischöfe kamen so weit, daß sie, und zwar in seinem eigenen Zimmer, einen Entwurf niederschrieben, in welchem seine Einwilligung ausgesprochen war, daß die Institution, falls er sie länger als sechs Monate hindurch aus einem anderen Grunde als wegen persönlicher Unwürdigkeit verzögere, von den Metropoliten gegeben werden könne. Bei jedem Wort, das er nachgab, war er aber bange, daß es zu weit gehe. Als die Bischöfe sich mit dem Entwurf entfernt hatten und abgereist waren, erklärte er, daß einige Artikel darin seien, die er in seinem Gewissen mißbilligen müsse, worauf der französische Präfekt, der seinen Aufenthalt in Savona überwachte, ihm die Bemerkung machte, daß auf solche Weise keine Unterhandlung möglich sei. In diesem Augenblick hatte sich nun aber das Nationalkonzil in Paris bereits versammelt. Es war nicht ein Nationalkonzil im strengen Sinne, – denn auch die Italiener nahmen vielen Anteil daran, und auch einige Deutsche und Flamländer finden wir genannt; es war eine Versammlung der Bischöfe des französischen Reiches, wie es eben bestand. Eine so vollkommene Hingebung, wie der Kaiser erwartete, zeigte es nun keineswegs. Gleich bei der Diskussion der Adresse regte sich zuerst in der Kommission, dann in der Generalversammlung der Gedanke, daß man den Kaiser vor allem um die Befreiung des Papstes bitten müsse, wie einer von den Rednern sagte: von dem Papste getrennt, würde die französische Kirche wie ein vertrockneter Ast am Stamme eines Baumes sein. Wie hätte sich auch anders erwarten lassen, als daß das katholische Gefühl, das durch die Behandlung des Papstes beleidigt worden war, zu Wort gekommen wäre. Aber auf der anderen Seite wollte man doch sich auch nicht gegen den Kaiser erklären, dessen Ungnade man fürchtete: diese Forderung wurde in die Adresse nicht aufgenommen. Eine analoge Frage erhob sich, als man nun auf die für die Institution zu gebenden Regeln zu reden kam: ob nämlich das Konzil die Kompetenz habe, über diesen Gegenstand zu verhandeln. Bei weitem der größte Teil der Versammlung war doch dafür, daß dem Konzil die Kompetenz zustehe. Insgeheim war von einigen Opponenten eine Protestation hiergegen vorbereitet. Um es dazu nicht kommen zu lassen, ergriff die Regierung das Mittel, die drei vornehmsten Stimmführer einziehen und nach Vincennes bringen zu lassen; auch einige andere reisten ab. Das hinderte aber nicht, das Konzil dennoch für vollkommen beschlußfähig zu halten. Es kam noch zu neuen Verhandlungen mit der Regierung und endlich zu der Sitzung, die als die bedeutendste zu betrachten ist, am 5. August 1811. Die Kompetenz des Konzils ward darin aufs neue bestätigt, – nicht viel anders, als es Napoleon ursprünglich beabsichtigt hatte. Man entwarf ein Dekret über das bei der Versagung der Institution einzuhaltende Verfahren: wenn sie nach sechs Monaten noch nicht erfolgt sei, so solle der Metropolitan oder der demselben nächste Obere in der Kirchenprovinz die Institution erteilen. Dieses Dekret nun, welches auf den Grund der konziliaren Autorität abgefaßt worden, sollte auf den Antrag des Konzils dem Papst zur Annahme vorgelegt werden; der Kaiser sollte eine neue Deputation nach Savona schikken, um die Bestätigung dieses Dekrets auszuwirken. So geschah das nun auch ohne Verzug. Dieselben Bischöfe, die schon einmal mit dem Papste unterhandelt und sich von seiner Geneigtheit zu einem Übereinkommen überzeugt hatten, begaben sich zu ihm. Auch eine Anzahl von Kardinälen fand sich bei Papst Pius VII. ein, unter ihnen Roverella, ein Landsmann des Papstes, der immer großen Einfluß auf die Entschließungen desselben gehabt hatte, und als diese die alten Vorstellungen und Bitten dringend wiederholten, so ging der Papst noch einen Schritt weiter als bei seiner ersten Entschließung; er leistete auf jene Klausel von der persönlichen Unwürdigkeit Verzicht: falls er die Bestätigung länger als sechs Monate verzögere, solle jedesmal, ohne Ausnahme, der Metropolitan dieselbe zu gewähren die volle Macht haben. In einem Breve, in dem er gleichsam seine Freude über diesen Ausgang bezeugte, sprach er diese Konzessionen aus. Von der Exkommunikation war nicht mehr die Rede; der Papst schrieb eigenhändig an den Kaiser.

Pius VII. hatte sich in jenen schweren Augenblicken, als er offene Angriffe erfuhr, unerschrocken und standhaft erwiesen; mit wahrer Erhebung begegnete er jenen Franzosen, die den Quirinal erstiegen hatten, um ihn fortzuführen; das Gefühl seines Berufes, an den ihn so viele Eide fesselten, der Kirche, deren Haupt er war, gab ihm dann einen höheren Schwung; er erfüllte Pflichten, über die ihm kein Zweifel obwaltete.

Jetzt aber war es anders; er geriet in einen Kampf zwischen dem, was die Lage des Augenblicks, die Not und das Bedürfnis der Kirche erforderten, und demjenigen, was die alte Ordnung des Heiligen Stuhles war. Einen so tiefen Eindruck machte ihm die Vorstellung des ersten, daß er nicht mit unbedingter Strenge an der letzten festhielt. Auch das gewann er nur unter großen inneren Stürmen über sich. „Er kam", sagt de Pradt, „den anderen Tag immer auf das zurück, was er am Abend zugestanden. Er gab mit Leichtigkeit und selbst mit Anmut dem Gewicht der Gründe nach, die man ihm anführte: man glaubte am Ziel zu sein; allein den anderen Tag hatten unruhige Skrupel, die seinen Schlaf gestört, auch seinen Entschluß erschüttert und geändert."

Als er in Savona die ersten entscheidenden Zugeständnisse gemacht, hörte ihn sein Ajutante di Camera, Ippolito Palmieri, der in der Nebenstube schlief, die Nacht hindurch seufzen; er schloß kein Auge; er fühlte eine tiefe Reue und klagte sich selber an; den anderen Morgen fragte er, ob die Franzosen abgereist; als er hörte, sie seien das, fiel er in eine Art von dumpfer Besinnungslosigkeit. Und dennoch war er weit entfernt, mit alledem den Streit zu beendigen. Napoleon war noch nicht, wohin er wollte. Wenn die Deputation den Papst Befreiung und Rückkehr nach Rom hatte hoffen lassen, so war doch Napoleon nicht der Meinung, dies zu bestätigen; den Plan, den er vorläufig gefaßt, wollte er vollkommen ausgeführt haben.

Wir nehmen in Napoleon Größe der Gesichtspunkte, Folgerichtigkeit der Ausführung wahr, den Blick und den Flug des Adlers nach seiner Beute; so scharf übersieht er den ganzen Horizont; so geradezu stürzt er auf den entscheidenden Punkt. Allein die Erhabenheit persönlicher Gesinnung, die einer Stellung wie der seinen entsprochen hätte, läßt er vermissen; jenen Stolz eines großen Herzens, das sich mit dem Gemeinen nicht befleckt. Ihm ist der Zweck alles. Doch nicht ein jeder läßt sich mit Gewalt erreichen; dann ist ihm kein Mittel zu schlecht, keine Maßregel zu kleinlich; er scheut keine langwierige und gehässige Tyrannei, um seinen Gegner herabzuwürdigen und, wie man sagt, mürbe zu machen; endlich in geschmeidigen Windungen fährt er heran, ihn zu erdrücken.

Diese Art und Weise seines Charakters trat besonders bei seiner Behandlung des Papstes zutage. In einem seiner Briefe heißt es: der Papst müsse in seiner Person empfinden, daß er dem Kaiser Mißvergnügen verursache. Alle seine Retizenzen sind berechnet. Man hat dies hervorgehoben und in den stärksten Farben ausgemalt; wer wollte sich so weit vergessen, ein Wort der Entschuldigung zu sagen. Allein die Verwerflichkeit der kleinlichen Mittel, die Napoleon anwendete, darf doch den Historiker nicht hindern, die Größe der Gesichtspunkte, von denen er ausging, anzuerkennen.

Napoleon war mit den Erklärungen des Papstes keineswegs zufriedengestellt; auf den Brief desselben gab er keine Antwort. Und was war es, was er in dem päpstlichen Zugeständnis vermißte? Vor allem hatte der Papst vermieden, das Nationalkonzil anzuerkennen; die Ausdrücke seines Breve verrieten, daß er sich als den allgemeinen Bischof betrachtete, während Napoleon ihn nur als den ersten in seinem Reiche anerkennen wollte. Ferner aber hatte er den Metropoliten die Institution der Bischöfe nur in seinem Namen zu erteilen erlaubt, während doch Napoleon die Autorität des Papstes in bezug auf die Institution durch seine Versagung als

erloschen betrachtet wissen wollte. Endlich fürchtete Napoleon einen geheimen Einfluß auf die Metropolitane. Um dem zuvorzukommen, wollte er verfügen, daß die Metropolitane in einem solchen Falle als Staatsverbrecher betrachtet werden sollen, weil ihr Verfahren dahin ziele, die Staatsbürger in ihrem Gewissen zu beunruhigen und dadurch die öffentliche Ordnung zu stören.
Von dem Papst forderte Napoleon die einfache Annahme der konziliaren Dekrete. Wenn eine solche nicht zu erreichen sei, so wies er die Bischöfe an, Savona zu verlassen, was sie dann, da es unmöglich wurde, den Papst weiter zu bringen, bald darauf taten. Man dürfte nun wohl im allgemeinen nicht sagen, daß der absolute Gedanke der Kirche und der absolute Gedanke des Staates hier aufeinandergestoßen seien. Es hat den Anschein; aber in Wahrheit waren es die Repräsentanten der beiden Ideen, deren Vereinbarung auf unüberwindliche Schwierigkeiten stieß. Napoleon hütete sich, das religiöse Moment an sich zu berühren; aber er wollte das absolute Kaisertum unbedingt aufrechterhalten und jede Einwirkung der päpstlichen Gewalt, die er von anderen Rücksichten als den eigentlich kirchlichen herleitete, unmöglich machen. Noch weniger war Pius VII. gewillt, den Staat als solchen anzugreifen; er suchte nur die alten Prärogativen der pontifikalen Gewalt in bezug auf die Bistümer des Okzidents sich nicht entreißen zu lassen. Nicht sowohl die Idee von Staat und Kirche, als die Idee des Kaisertums und die Idee der päpstlichen Gewalt stießen aneinander. Der Kaiser stützte sich auf die Notwendigkeit, auf seine Untertanen keine religiösen Skrupel einwirken zu lassen, was die Ordnung des Staates gefährde; der Papst aber meinte, daß er seine oberste Autorität ohne alle Rücksicht darauf behaupten müsse. In diesem Augenblick fühlte sich der Kaiser, da er ein konziliares Dekret für sich hatte, als der stärkere. Da der Papst zu der Annahme desselben nicht zu bewegen war, ließ er im Juni 1812 seinen Gefangenen nach Fontainebleau in der Nähe seiner Hofhaltung führen, in einer Eile, welche die Schwachheit des alten Mannes noch vermehrte; er umgab ihn mit Männern seines Wohlgefallens. Es waren Kardinäle wie Giuseppe Doria, der gut und fromm sein mochte, aber nur die Größe des Kaisers und ihr gegenüber die Gefahr der Kirche wahrnahm. Diese Leute wurden nicht müde, dem Papste vorzustellen, wie die Kirche gleichsam ohne Haupt sei, da weder die Gemeinde der Gläubigen mit ihm, noch er mit den Gläubigen in Verbindung stehen dürfe, da Rom seines Klerus

fast durchaus beraubt worden, da man die Häupter aller Geistlichkeit, die Kardinäle, von Ort zu Ort in der Verbannung herumführe; wie sehr nehme in dieser Anarchie der Kirche die Macht ihrer Feinde überhand, so mächtiger Feinde, daß Napoleon selbst ihnen Zugeständnisse machen müsse! Es war ihre eigene Überzeugung; sie machten tiefen und tieferen Eindruck; endlich begannen die Unterhandlungen wieder. Jean Baptiste du Voisin war beauftragt, sie zu führen, noch ein Zögling und jetzt Professor der Sorbonne, lange schon das Orakel der französischen Geistlichkeit. Voisin verstand es, voll ruhiger Überlegung, Schritt für Schritt, mit überzeugender Beweisführung den Gegner zu überwinden. Endlich war es so weit.

Napoleon selbst – nicht ohne seine Gemahlin, die durch den Glanz ihrer hohen Herkunft das Ansehen noch erhöhte, welches ihm Tapferkeit und Glück verliehen – ging zu ihm hinaus; er selber durch persönlichen Einfluß wollte die Sache zu Ende führen.

Wenn er hier anfangs sehr übertriebene Forderungen aufstellte, wie er z. B. unmittelbaren Anteil an der Ernennung der Kardinäle und ausdrückliche Anerkennung der vier Artikel der gallikanischen Kirche in Anspruch nahm, so stand er allmählich davon ab; aber indem er auf der einen Seite nachgab, ward er auf der anderen um so dringender. Er drohte zugleich und versprach: er war liebenswürdig und heftig; gewaltsam, wie behauptet worden, hat er den Papst nicht angetastet; aber er nahm den Ton der Überlegenheit an und sagte ihm wohl ins Gesicht: er, der Papst, sei in kirchlichen Sachen nicht bewandert genug. Endlich wurden die Artikel entworfen. Pius folgte dem Geschwindschreiber mit Aufmerksamkeit; er gestand Punkt für Punkt zu; als es zur Unterschrift kam, sah er sich noch einmal nach den Kardinälen und Bischöfen um, die zugegen waren; wer wäre aber da gewesen, um zu reden, und wer hätte es zu tun gewagt? Einige neigten das Haupt, andere zuckten die Achseln: er ging hin und unterschrieb. Es ist das Konkordat von Fontainebleau, 25. Januar 1813.

Dies Konkordat spricht nun die Verzichtleistung auf die weltliche Herrschaft nicht eigentlich aus, allein es ist durchweg in Voraussetzung derselben abgefaßt. Der Kaiser hielt eine förmliche Verzichtleistung nicht für nötig. Es war genug, daß der Papst aufhörte, die Zurückgabe des Römischen Staates zu fordern. Er hatte versprochen, in Avignon zu residieren. Dahin sollten Propaganda, Pönitentiaria und das Archiv gebracht werden; da sollte er Hof halten. Für die verkauften Güter des Römischen Stuhles nahm er ein Einkommen bis auf zwei Millionen Franken an. In Hinsicht der Institution wird das Dekret des Nationalkonzils, das der Papst zu bestätigen sich geweigert hatte, wörtlich in das Konkordat aufgenommen.

Napoleon durfte glauben, nahe am Ziele zu sein. Seine Absicht war, im Jahre 1813 wieder eine Kirchenversammlung zu berufen, an deren Spitze der Papst in aller Form auf die weltliche Herrschaft verzichten sollte. Der erzbischöfliche Palast ward auf das prächtigste eingerichtet, um ihn aufzunehmen. „Auf jeden Fall", sagt er, „hatte ich jene lange gewünschte Trennung des Geistlichen von dem Weltlichen endlich vollbracht. Von diesem Augenblick an hätte ich den Papst wieder erhoben, ihn mit Pomp und Huldigungen umgeben; ich hätte ein Idol aus ihm gemacht; nie hätte er seine weltlichen Besitztümer vermissen sollen. Ich hätte dann meine kirchlichen Sessionen gehalten wie meine legislativen; meine Konzilien wären die Repräsentation der Christenheit, die Päpste die Präsidenten derselben gewesen; ich hätte sie eröffnet und geschlossen, ihre Dekrete gebilligt und bekanntgemacht, wie Konstantin und Karl der Große getan. Wie fruchtbar in großen Resultaten wäre dies geworden! Dieser Einfluß auf Spanien, Italien, den Rheinbund, Polen hätte die Bundesverhältnisse des großen Reiches enger geschlossen. Der Einfluß, den das Haupt der Christenheit auf die Gläubigen in England und Irland, Rußland und Preußen, Österreich, Böhmen und Ungarn ausübt, wäre das Erbteil von Frankreich geworden."

So ganz gehörten diese Unternehmungen zu der Idee von dem großen Reiche des Okzidents, welches Napoleon zu errichten eine Zeitlang bestimmt schien; der erste Schritt schließt mit dem letzten zusammen.

Viertes Kapitel

BLICK AUF DIE RESTAURATION

Überhaupt liegt eines der wichtigsten Motive für die Abwandlungen der Verhältnisse des Papsttums in den großen politischen Ereignissen der Zeit. Die erste Überwältigung des Kirchenstaates war das Werk der fortschreitenden Revolution; das Konklave, aus dem Pius VII. hervorging, wäre ohne die zweite Koalition nicht möglich gewesen. Dann erhob sich der erste Konsul; dessen Bestreben, der französischen Macht Einheit und Zusammenhang zu geben, führte das Konkordat herbei. Die engste Verbindung zwischen der neuen Gewalt und dem Papsttum, die in der Kaiserkrönung erschien, war doch auch zugleich das Moment ihrer Entzweiung. Der Versuch Napoleons, die Einheit Italiens zu begründen, führte notwendig zur Erdrückung des Kirchenstaates; die stärksten Manifestationen der auf die kirchliche und weltliche Alleinherrschaft gerichteten Ideen Napoleons erfolgten nach seinen großen Siegen im Jahre 1805 über Österreich, im Jahre 1807 über Preußen. Er hat behauptet, die Schwierigkeiten, die ihm der Papst in bezug auf die Institution in Italien machte, seien nicht etwa durch Unterhandlungen und gegenseitige Konzessionen, sondern – wer solle daran denken? – durch die Schlacht von Friedland beseitigt worden; dann erst habe der Papst seine Absicht auf die Romagna fahren lassen. Die Allianz mit Rußland verschaffte ihm freie Hand in Italien sowie in Spanien; mit einer neuen Niederwerfung von Österreich war die Besitznahme des Kirchenstaates verbunden. Nur ein Widerspruch in bezug auf die kirchliche Verwaltung blieb dann übrig, den Napoleon durch persönliche Einwirkungen auf den Papst zu brechen suchte. So verhält es sich nicht, daß er bei seiner Unternehmung gegen Rußland den Papst aus den Augen verloren hätte. Noch von jener großen Zusammenkunft in Dresden aus ordnete er die Translokation des Papstes Pius VII. nach Fontainebleau an. Es geschah auch deshalb, weil die Engländer bereits in dem Hafen von Savona erschienen; gegen England aber war auch sein russisches Unternehmen gerichtet. Der Papst wurde eben damals über den Mont Cenis geführt, als die französischen Heerscharen den Njemen überschritten. Das eine berührte sich mit dem anderen darin, daß die Russen genötigt werden sollten, die Oberhoheit Napoleons in allen äußeren Angelegenheiten anzuerkennen und die Unterwerfung des Papstes dazu gehörte, dieselbe im Innern zu bestätigen. Das russische Unternehmen mißlang; allein Napoleon wurde dadurch nur um so eifriger, die Gewalt im Innern festzusetzen, auf deren ungehinderter Ausübung die militärische Kraft seines Reiches beruhte.

Noch hoffte er den großen Kampf zu erneuern. Allein in kurzem mußte man innewerden, daß das universale Ansehen des Reiches, von welchem ein unterwürfiges Papsttum einen Bestandteil ausmachen sollte, bereits in seinen Grundfesten erschüttert sei. In den ersten Monaten des Jahres 1813 stellte sich heraus, daß der Kaiser seine beiden deutschen Bundesgenossen zu einem neuen Feldzuge nicht wieder fortreißen werde. Einen äußeren Zusammenhang hat es nun wohl nicht, aber doch einen inneren, daß in der Zeit, in welcher Preußen und Rußland die Allianz von Kalisch vereinbarten (28. Februar), auch Papst Pius VII. sich entschloß, das kaum verabredete Konkordat zu widerrufen.

Gleich am Tage nach der Unterzeichnung ließ der Papst erkennen, daß ihm das Konkordat keine Befriedigung gewährte: er lehnte das Geschenk ab, das ihm der Kaiser sandte. Als die Kardinäle, die jetzt wieder Zutritt zu ihm hatten, ankamen, ließ er eine tiefe Reue blicken.

Pacca fand ihn gekrümmt, bleich und mager: die Augen unbeweglich und tief in ihren Gruben. Pius sprach von den Leiden, die er erduldet habe. „Aber am Ende", fügte er hinzu, „haben wir uns befleckt. Ich habe keine Ruhe, weder bei Tage noch bei Nacht; ich kann kaum so viel Speise zu mir nehmen, als nötig ist, um zu leben; ich werde in der Raserei sterben, wie Clemens XIV." – „Heiliger Vater", erwiderte Pacca, „das Übel wird sich heben lassen." – „Wie", antwortete er, erstaunt und freudig, „sollte das noch möglich sein?"

Der gute Mensch wußte wenig von der Lage der Dinge; man hatte ihn absichtlich derselben unkundig erhalten; er meinte noch, sein Gegner stehe auf dem Gipfel seiner Macht.

Allein die Dinge nahmen immer entschiedener eine andere Wendung; den Koloß, von dem der Papst noch immer erdrückt zu werden fürchtete, sahen die Kardinäle bereits wanken.

Dieser Umschwung der Begebenheiten allein machte erneuerten Widerstand möglich.

Der Papst faßte – es ist nicht zu beschreiben, unter wie viel Pein, mit welchem Geheimnis – den Brief an Napoleon ab, in welchem er, wie er sagt, von seiner Pflicht genötigt und mit freimütiger Aufrichtigkeit dem Kaiser anzeigte, daß seit jenem 25. Januar seine Seele von bitteren Gewissensbissen, von der tiefsten Reue zerfleischt sei und weder Ruhe noch Frieden finde. Die Zugeständnisse des Konkordates von Fontainebleau widerrief er. Den nämlichen Tag, am 24. März 1813, tat er dies den Kardinälen kund. Er hat gesagt, und wir können es ihm glauben, daß er in diesem Augenblicke des vollzogenen Entschlusses sich wie von einer schweren Last befreit fühlte. Mit einemmal war der Schmerz verschwunden, den man bisher in seinem Gesichte las; er klagte nicht mehr, daß er keinen Appetit habe oder keinen Schlaf; er lebte wieder auf.

Von Moment zu Moment erweiterten sich seine Hoffnungen. Bei dem Kongreß von Prag wagte er schon seine Rechte dem Kaiser von Österreich in Erinnerung zu bringen; er forderte ihn auf, als Friedensvermittler die Rechte des Kirchenstaates in Betracht zu ziehen. Auf neue Eröffnungen der französischen Regierung durfte er entgegnen, daß er Freiheit und Rückkehr in sein Land zur ersten Bedingung der Unterhandlung mache; er sprach bereits die Überzeugung aus, wenn ja ihm, so werde es doch seinem Nachfolger nicht fehlen, dahin zurückzukehren.

Wie weit aber übertrafen die Erfolge alles, was man jemals hätte erwarten können!

Die Schlacht von Leipzig entschied auch über das Papsttum. Bald nach seiner Rückkunft auf französischen Boden suchte Napoleon Unterhandlungen mit dem Papst anzuknüpfen, aber sie wurden abgelehnt, denn nicht in Paris könnten solche gepflogen werden, sondern nur in Rom. Als die Verbündeten in Frankreich vordrangen, ließ Napoleon, unzufrieden mit den Kardinälen, welche nach Fontainebleau gekommen waren, den Papst nach Savona zurückführen. Aber schon auf dem Wege nach Savona selbst wurde derselbe als Souverän und Papst empfangen. Für Napoleon dagegen trat nun der Augenblick ein, wo er es für ein Glück halten mußte, wenn ihm die natürlichen Grenzen von

Frankreich wieder zugestanden wurden. Nur unter dieser Bedingung konnte er auf Frieden hoffen: dann aber mußte auch Rom aufgegeben werden. Unmittelbar vor dem Kongreß von Chatillon, auf welchem die Umgrenzung von Frankreich festgesetzt werden sollte, entschloß er sich, die Freiheit des Papstes, die Zurückgabe des Kirchenstaates an denselben auszusprechen. „Ew. Heiligkeit sind frei", sagte ihm der französische Präfekt, „und können morgen abreisen." Der Papst zog es vor, bei einem religiösen Feste, das auf den nachfolgenden Tag fiel, die Messe in der Kathedrale zu zelebrieren.

Wie so ganz und gar wurde die Lage Pius' VII. in einem Augenblick verändert. Indem ihm die Franzosen seine Freiheit zurückgaben, erklärte der österreichische Oberbefehlshaber, daß in Italien die alten Fürstentümer wiederhergestellt und Rom nochmals nicht mehr die zweite Stadt des französischen Reiches, sondern die Hauptstadt der christlichen Welt sein würde. Und schon wäre der Papst mit Gewalt nicht in Savona zurückzuhalten gewesen. Die Truppen von Neapel, welches noch unter Murat den Krieg gegen Napoleon erklärt und sich des Kirchenstaates bemächtigt hatte, rückten an dem rechten Ufer des Po, die Österreicher an dem linken Ufer desselben vor. In Livorno erschien ein englisches Geschwader, in der Absicht, nach Genua vorzugehen. In der Mitte der Armeen, die noch keineswegs miteinander einverstanden waren, nahm Pius VII. seinen Weg. Am 25. März 1814 traf der Papst bei den österreichischen Vorposten ein, wo ihn der französische Oberst, der ihn von Fontainebleau begleitet hatte, einem österreichischen Oberst vom Regiment Radetzky übergab. Auch von den Neapolitanern wurde der Papst mit religiöser Anhänglichkeit aufgenommen. Nachdem die Katastrophe des französischen Kaisers erfolgt war, kündigte der König von Neapel die Rückkehr des Papstes in aller Form an. Am 24. Mai zog Pius VII. wieder in seine Hauptstadt ein. Ihm selber war das Glück beschieden, das er nur für einen anderen zu hoffen gewagt hatte. Von dem Volke seiner Hauptstadt, das ihn liebte, sah er sich noch einmal mit Freudengeschrei und Tränen bewillkommt.

Keine Politik, sondern der große Umschwung der Begebenheiten hatte ihn dahin geführt. Jedermann meinte darin den Willen der Vorsehung zu erkennen. Unter der wieder veränderten Welt trat nun aber, ohne daß die alten Fragen gelöst worden wären, eine Reihe der wichtigsten neuen Probleme hervor. Die ersten Dekrete des wiederhergestellten Papstes atmeten vollkommen den Geist der Restauration. Die bürgerliche und kriminale Rechtsverfassung, welche die Franzosen eingeführt hatten, wurde abgeschafft; die alte Ordnung der Dinge, wie sie unter der geistlichen Regierung bestanden, für wiederhergestellt erklärt; Zivilstandsregister und Stempelpapier aufgehoben; ebenso das auf die Einziehung der geistlichen Güter begründete Domänenwesen. Nach einiger Zögerung wurden die Feudalrechte restauriert; den Gedanken, der sich regte, die religiösen Orden zu reformieren, ließ man fallen. Vielmehr wurde auf den Rat des Kardinals Pacca der Orden der Gesellschaft Jesu, dessen Abschaffung doch keineswegs ein Werk der Revolution gewesen war, wieder ins Leben gerufen (7. August 1814). An alledem nahm nun Consalvi keinen eingreifenden Anteil. Er war bei dem Papst nicht etwa in Vergessenheit geraten. Bei dem ersten Wiedereintritt in sein altes Gebiet von Foligno, 19. Mai 1814, berief Pius VII. den Staatssekretär, den er durch eine feindselige Gewalt genötigt worden sei zu entfernen, wieder in seine Nähe, denn er wünsche von seinen guten Eigenschaften und seinen Einsichten aufs neue Gebrauch zu machen. Es war gleichsam selbst ein Akt der Restauration. Aber Consalvi ging zunächst nicht mit ihm nach Rom. Er wurde dazu bestimmt, den restaurierten Hof zu Paris, den Prinzregenten von England und dann den Kongreß in Wien zu besuchen. Wir begleiten ihn zunächst auf dieser Mission. In Paris fühlte er sich durch die Haltung Ludwigs XVIII. keineswegs befriedigt. Denn die konstitutionelle Charte, die er gegeben, sanktionierte doch einige Festsetzungen der revolutionären Epoche: die Freiheit der Kulte und die Preßfreiheit. Besonders von der Presse befürchtete Consalvi die widerwärtigsten Einwirkungen, da durch dieselbe eine anonyme Gewalt gegründet werde, welcher bei der Stimmung der Geister der größte Einfluß zufallen müsse. Ludwig XVIII. hegte diese Besorgnis nicht; er war sehr zufrieden mit seinem Werk. Consalvi war seit langer Zeit der erste, der wieder in der Tracht der Kardinäle in England erschien; erst in einem Augenblicke, wo der Römische Stuhl als der Verbündete Englands betrachtet wurde, konnte das geschehen: Consalvi inaugurierte die Herstellung einer politischen Verbindung zwischen England und Rom. Bei dem Prinzregenten von England fand er mit seinen Unglück verkündenden Bemerkungen über die Zukunft von Frankreich mehr Eingang, was er den Erfahrungen desselben zuschreibt. Überhaupt war der Prinz von den Restaurationsideen mehr durchdrungen als vielleicht ein anderer Fürst, wie er ja an der Wiederherstellung der Bourbons selbst entscheidenden Anteil gehabt hatte. Consalvi trat mit ihm in ein freundschaftliches Verhältnis und erhielt die Zusicherung von ihm, daß die Wiederherstellung des Römischen Stuhles in den Besitz des Kirchenstaates von seinem Gesandten unterstützt werden würde; eine Unterstützung, die ihm dann sehr zustatten kam. Noch von London aus hat dann Consalvi in einer ausführlichen Note die Ansprüche des Römischen Stuhles den Ministern der Mächte vorgelegt (23. Juni). In derselben bringt er vor allem in Erinnerung, daß die Entzweiung des Papstes mit Napoleon aus der Weigerung des Papstes, mit dem Kaiser in eine Allianz zu treten, die ihn verpflichten sollte, die Freunde und Feinde desselben als seine eigenen zu behandeln, hervorgegangen sei; standhaft habe er verweigert, die freundschaftlichen Verbindungen, die er mit den anderen Mächten unterhalten, abzubrechen; daher also, daß er das ihm zugefallene Ministerium des Friedens nicht habe aufgeben wollen, sei die Verfolgung entsprungen, die er erfahren habe; in dem Augenblick nun. da die verbündeten Mächte die Legitimität der Rechte wiederherstellen, habe auch der Papst erwarten dürfen, in den vollen Besitz der ihm durch die Revolution entrissenen Landschaft wiedereingesetzt zu werden. Mit den im Frieden von Paris getroffenen Dispositionen könne er sich überhaupt nicht einverstanden erklären, da durch dieselben ein altes Eigentum des Römischen Stuhles, Avignon und Venaissin, der Krone Frankreichs überlassen wären. Mit größtem Erstaunen nehme er aber wahr, daß man über die Legationen Bologna und Ferrara noch nicht zu seinen Gunsten entschieden habe, obgleich sie ein unbezweifeltes Besitztum des Römischen Stuhles seien; der Vertrag von Tolentino, durch welchen demselben diese Landschaft entrissen worden, an sich ein Werk der Gewalt, sei von den Franzosen selbst durch ihr weiteres Vorgehen vernichtet worden. Außerdem forderte der Papst nicht allein Benevent und Ponte Corvo, sondern selbst Parma und Piacenza für den Heiligen Stuhl zurück, denn niemals habe er diese Fürstentümer gesetzlich aufgegeben. Er hebt hervor, daß die Herstellung der weltlichen Macht für den Papst auch deshalb notwendig werde, weil sie ihm allein die Mittel gewähre, die Kirche zu regieren.

Mit diesen Ansprüchen erschien Consalvi auf dem Kongreß in Wien. In ihrem ganzen Umfange nun konnte er dieselben nimmermehr erreichen. Parma und Piacenza waren schon vorlängst in die Hände der Bourbonen übergegangen: die Restauration konnte nicht über die Zeiten der Revolution hinausgreifen. Avignon und Venaissin waren durch einen feierlichen Vertrag, den man nicht brechen konnte, an Frankreich überlassen worden. Für die Herstellung der päpstlichen Autorität kam es nur auf die Rückgabe der drei Legationen an, die damals von den Österreichern besetzt waren. An sich hatte Österreich abermals sehr ernstlich sein Augenmerk auf den Besitz derselben gerichtet. Aber die herrschenden Gesinnungen waren dem entgegen. Die nichtkatholischen Mächte waren für den Papst, da das Prinzip der Wiederherstellung im allgemeinen wieder angenommen wurde. Und jetzt bedurfte es keines Gleichgewichtes zwischen Österreich und Frankreich in Italien. Bei der Rückkehr Napoleons von Elba zeigte sich vielmehr dringend, jede Annäherung des Papstes an denselben zu verhindern. Zu dem guten Erfolg trug Consalvi wesentlich durch seine entschlossene und geschickte Haltung bei. Der sardinische Gesandte weiß den Eifer, mit welchem der Kardinal namentlich das Anrecht des Papstes auf Bologna verteidigt habe, nicht genug zu rühmen. Talleyrand hat eine seiner Vorstellungen als die glücklichste bezeichnet, die überhaupt im Kongreß vorgekommen sei. Gentz erklärte ihn geradezu für den Mann, durch den die Besitzungen des Päpstlichen Stuhles in Italien behauptet worden seien. So günstig dies Resultat auch war, so sah sich doch Consalvi, da nicht alle Anforderungen des Papstes genehmigt wurden, veranlaßt, gegen die Beschlüsse des Kongresses zu protestieren, namentlich auch insofern sie die deutsche Kirchenverfassung betrafen. Er erregte damit kein besonderes Mißvergnügen; man sah darin nur eine Rechtsverwahrung, wie sie schon bei dem Westfälischen Frieden vorgekommen war, ohne unmittelbare Wirkung. In dem erwähnten Briefe sagt Gentz, wenn man Consalvi sehe und höre, so müsse man gestehen, daß die römische Kirche noch starke und geistesmächtige Köpfe besitze.

Napoleon hatte dem Papste zugleich die weltliche Unabhängigkeit und die Selbständigkeit des geistlichen Einflusses entreißen wollen. Durch den Kongreß sah sich Pius beides zurückgegeben. Die Beschlüsse von Wien stellten den Römischen Stuhl in den Besitz des ganzen Kirchenstaates wieder her, wie Pius VII. selbst ihn nie besessen. Die europäischen Reiche suchten die zerrissenen Fäden der geistlichen Verhältnisse wieder anzuknüpfen.

Welch eine Aufgabe aber war es nun, in beiderlei Hinsicht den Forderungen der Sache und zugleich des Jahrhunderts gerecht zu werden? Wie dies versucht, wie die Restauration in Rom begriffen wurde, ist der vornehmste Gegenstand unserer Darstellung. Vergegenwärtigen wir uns noch einmal die Natur der beiden Männer, welche, nachdem sie bisher nur mit einer übermächtigen Gewalt gerungen, jetzt zu einer selbständigen Aktion gelangten.

Ein starker und durchgreifender Geist, wir sahen es wohl, war dieser Papst nicht.

Lieber hätte er in der Zurückgezogenheit gelebt. Gern wird man es glauben, daß er in seiner Gefangenschaft die Zeit, die ihm von seinen geistlichen Übungen übrigblieb, mit den kleinen Beschäftigungen eines Klosterbruders ausfüllte; von Bequemlichkeit und Genuß wußte er nichts. Auch in Rom litt er keine persönlichen Dienstleistungen; ganz angekleidet trat er des Morgens aus seinem Zimmer; seine Dienerschaft, welche wohl wußte, daß er ihrer nicht bedürfe, verließ ihn, sobald er sich zurückzog.

Im gewöhnlichen Leben sprach er ungern von Geschäften. Er liebte unter seinen Vertrauten Anekdoten des Tages zu hören; er erzählte selbst, nicht ohne sich zu wiederholen, aber auf das angenehmste. Er umgab die Dinge mit der Heiterkeit seiner Stimmung. Er würzte sein Gespräch mit einer gutmütigen Ironie, mit dem Lächeln stiller Behaglichkeit.

Für die Geschäfte besaß er nicht gerade namhaftes Talent, noch auch eindringende Kenntnis. Er hatte aber gesunden Menschenverstand, und man will bemerkt haben, daß seine ersten Ansichten in der Regel die richtigen waren. Doch traute er sich selbst deshalb nicht, weil ihm die positiven Kenntnisse mangelten. Gern hörte er andere, und den Gründen, die man ihm entgegenhielt, gab er häufiger nach, als manche gewünscht hätten.

So hatte denn sein Staatssekretär, es hatten die Vorsteher der geistlichen Kongregationen, welche bei ihm vortrugen, entscheidenden Einfluß auf ihn.

Vor allen war der Staatssekretär Kardinal Consalvi in seinem Vertrauen. Dante sagt von Peter de Vineis[1], er habe beide Schlüssel zu dem Herzen seines Herrn in Händen gehabt, den erschließenden sowohl, wie den verschließenden. Man hat in Rom diese Worte auf Consalvi angewendet, der das Herz des Papstes zu er-

[1] Kanzler Kaiser Friedrichs II

öffnen wisse, aber auch es zu verschließen. Wir kennen den Anteil, den Consalvi im Konklave zu S. Giorgio bei Venedig an der Wahl Chiaramontis nahm; er soll diesen selbst zur Annahme der Tiara bewogen haben. „Seine Rechtschaffenheit", sagte der Papst bei einer feierlichen Allokution an die Kardinäle von ihm, „und seine Einsicht haben ihm billig unser Wohlwollen erworben, und vom Anfang unserer Regierung haben wir ihn zum Genossen unserer Ratschläge, zum Gehilfen unserer Verwaltung ausersehen. Nur mit bitterem Schmerz und gezwungen haben wir ihn einst vom Amt eines Sekretärs entfernen müssen; kaum war es uns möglich, so haben wir ihn mit ebenso großer Freude unserer Seele wieder zurückberufen." Schon früher pflegte Pius, auch wenn alle anderen Kardinäle zugegen waren, auf die Ankunft Consalvis zu warten; er beschloß nichts, ohne ihn gehört zu haben. Es kam Consalvi vielleicht zustatten, daß er in den Momenten der größten Bedrängnisse, namentlich auch in Savona und Fontainebleau von dem Papste fern gewesen war. An den Verlegenheiten, in die der Papst geraten war, an seinen Nachgiebigkeiten hatte Consalvi keinen Anteil genommen. Seine Verwaltung knüpfte wieder an die Zeiten an, wo man selbständig zu sein geglaubt hatte. Und jetzt fühlte sich Pius VII. ihm gleichsam zur Dankbarkeit verpflichtet, da die Rückgabe des Staates seinen Talenten zugeschrieben wurde. Man hat ihn abgebildet, wie er die verlorenen Provinzen und Marken dem Papste wieder zuführte.

Nicht, daß Pius VII. ihm allemal unbedingt gefolgt wäre. Zuweilen neigte er den Kopf auf die Schulter, zum Zeichen, daß ihm die Sache mißfalle. Doch war es in ihm nicht gerade Vorliebe für seine eigene Meinung, weshalb er annahm oder verwarf. Man hat wohl bemerkt, daß er sich freute, wenn Einwendungen, die ihm auf dem Herzen lagen, von anderen widerlegt oder gehoben wurden; er fühlte sich dann gleichsam von einer Last, die ihn drückte, befreit. Die vornehmste Aufgabe war für ihn, jeden Schritt, den er unternahm, mit den innerlichsten und höchsten Überzeugungen, die in ihm persönlich geworden, in Übereinstimmung zu bringen. Sein Gemüt war wie die Goldwaage, die das kleinste Übergewicht auf der einen oder auf der anderen Seite mit Sicherheit andeutet. Aber wir wissen, in welche Bedrängnisse er bei den Zugeständnissen, die er sich abgewinnen ließ, geraten war.

Da ihm nun niemand weiter gewaltsam zusetzte, da er mit seinem Gewissen in Frieden lebte, so blieb er in jener unerschütterlichen Heiterkeit und Gemütsruhe, die seiner Nähe, seinen Gesprächen einen unvergleichlichen Reiz gaben.

Man glaube nicht, daß er sich dabei von der Konfession, die er repräsentierte, eingeengt gefühlt hätte. Wir wissen von Niebuhr, daß er einst nach einer geschlossenen Unterhandlung dessen Hände zwischen die seinen gefaßt und ihm gedankt hat, daß er sich als ein ehrlicher, guter Mann verhalten habe.

Kommen wir nun auf Consalvi.

Consalvi war voll von Geist, und alles, was diplomatische Geschicklichkeit heißen kann, besaß er in hohem Grade. Er hatte Feinheit und Welt. Aber er war mehr geschmeidig und vielseitig als kraftvoll und von schöpferischem Genius. Das Talent, die Dinge nach durchgreifenden Ideen einzurichten, wird man wenigstens in seiner Verwaltung der auswärtigen Angelegenheiten nicht einmal suchen können: es geltend zu machen, wenn er es auch besaß, war er bei weitem zu schwach. Eben aber in der Stelle des Schwächeren bewegte er sich mit Selbstgefühl und Nachdruck. Er ging so weit vorwärts, als er es mit Sicherheit konnte; auch wich er so weit zurück, als es ihm notwendig und tunlich erschien; zwischen diesen beiden Linien wußte er sich zu halten; niemals brach er ab; niemals gab er auf. Er versprach sehr leicht, ohne sich darum gerade für gebunden zu erachten; auch mit fremden Zusagen nahm er es nicht so genau. „Unterzeichnen Sie nur", rief er dem Zögernden zu, „im Notfall wird man Sie nicht drängen!" Jede abschlägige Antwort milderte er durch die Hoffnung einer Gewährung, eines Ausweges. Doch durften die Forderungen nicht die Summe der päpstlichen Gewalt berühren. Sobald sie dies Gebiet betrafen, wurde Consalvi ernst und unbeugsam; er erklärte dann wohl: er sei eher zum Märtyrertode bereit, als das, was er für die Grundpfeiler der Kirche hielt, erschüttern zu lassen. Man behauptet, Napoleon habe einmal gesagt, Consalvi wolle zwar nicht als ein Priester erscheinen; er sei aber mehr ein Priester als ein anderer. In dieser Sinnesweise berührte er sich mit dem Papste. Nie fehlte er bei einer geistlichen Handlung; in den Kirchen sah man ihn wohl einsam beten. Auf dieser Übereinstimmung der religiösen Anschauungen beruhte seine Wirksamkeit. Er wußte alles zu vermeiden, was das Einverständnis hätte stören können. Was er dem Papste vorlegte, war auf das sorgfältigste abgewogen; dasselbe bemerkte man von seinen Depeschen und Noten; er pflegte sie oft zu überarbeiten. Jedes Wort machte ihm Skrupel. Damit hängt es nun wohl zusammen, daß sie an Wiederholungen litten und schwerfällig gefunden wurden. Im persönlichen Verkehr zeigte er sich bei zunehmenden Jahren wortkarg und selbst schüchtern, er war immer ernsthaft; kaum gab er jemals einem gemütlichen Behagen Raum. Und niemals verlor er die Würde seiner Stellung aus den Augen. Er war sparsam von Natur und lebte für sich selbst fast allzu einfach. Allein bei großen Gelegenheiten wurde er freigebig durch Reflexion. Seine Feste waren fürstlich. Trotz Erschöpfung der päpstlichen Kassen war ihm kein Aufwand zu groß, um den fremden Fürsten die Hauptstadt in vollem Glanze zu zeigen. Sein Ehrgeiz war, den Kirchenstaat dem übrigen Europa ebenbürtig erscheinen zu lassen. Die Hauptstadt sollte zugleich die Metropole für Kunst und Altertum sein. Für die römischen Sammlungen, ihre würdige Aufstellung, die Ausgrabungen trug er eben aus dieser Rücksicht Sorge.

Diese beiden Männer, die doch mehr eine tiefe und umfassende Empfänglichkeit als eine energische Initiative charakterisierte, was konnten sie in den großen Angelegenheiten, die ihnen vorlagen, ausrichten? Das vornehmste Moment ihrer Wirksamkeit liegt darin, daß sie bei allem Festhalten an dem Prinzip des Pontifikates doch einen weiteren Kreis als irgendein Papst vorher um sich zogen, in dem sie nachgeben konnten. Gemeinschaftlich haben sie jenen großen Akt vollzogen, durch welchen zwar die Kirche gerettet, aber zugleich das Element der Revolution in Frankreich konsolidiert wurde. In dem Konkordat von 1801 liegt das Hauptmoment ihres historischen Daseins. Die revolutionäre Gewalt, der sie dadurch, ohne es zu wollen, eine feste Begründung gaben, zog ihnen dann die größten Bedrängnisse zu. Der Kardinal wurde zum Exil verdammt, der Papst in langer Gefangenschaft gehalten. Diese Gewalt aber, der sie unterliegen zu müssen schienen, ward umgestürzt; dem Papste selbst kam der Widerstand, den er geleistet, die Exkommunikation, die er ausgesprochen hatte, bei den verbündeten Mächten und in der öffentlichen Meinung zustatten. Aber durch Napoleon war die Welt überhaupt umgewandelt, – infolge seiner Siege zuerst, dann infolge seiner Niederlagen. Was konnte die päpstliche Regierung in dem durch die Elemente der Revolution und die Tendenzen des Imperiums zerrütteten Zustand, den sie vorfand und der zugleich noch alle Mängel der früheren Zeit an sich trug, unternehmen und ausrichten? Betrachten wir zuerst die geistlichen Beziehungen zu den anderen Mächten, dann die Verhältnisse des Staates.

Fünftes Kapitel

KONKORDATE

Damit, daß der Papst wieder in dem Vatikan Platz genommen hatte, daß er wieder unter den unabhängigen Häuptern von Europa gezählt wurde, war ihm doch eine eigentliche Regierung der Kirche lange nicht anheimgegeben.

Niemals ist die Herrschaft von Rom unbeschränkt gewesen, und am wenigsten war sie es am Ende des 18. Jahrhunderts. Allenthalben waren Verträge errichtet, Konkordate abgeschlossen, überall hatten sich örtliche Interessen den allgemeinen entgegengesetzt.

Es konnte wohl den Anschein haben, als wäre infolge der Restauration der Papst wenigstens in die Stellung zurückgetreten, die er 1789 einnahm, als breitete sich wieder die frühere Welt vor seinen Blicken aus. Allein dies Europa, wie es aus der Revolution hervorging, hatte doch eine ganz veränderte Gestalt angenommen. Wie viele bischöfliche Sitze waren nicht mehr! Welch einen Verlust an Gütern, weltlichem Einfluß und Selbständigkeit hatte man erlitten! Die monastischen Einrichtungen, die bisher die verschiedenen Nationen zusammengehalten, waren so gut wie vernichtet. Der katholische Glaube selbst, in seiner Wurzel angetastet, hatte an Einfluß unendlich verloren. Die alten Verträge waren fast allenthalben von selber untergegangen.

Sollte nun von einer Herstellung der Hierarchie überhaupt die Rede sein, so kam es vor allem entweder auf eine Erneuerung der alten Übereinkünfte oder auf frische Begründung gesetzlicher Verhältnisse an. Unter den vielen Aufgaben der Epoche der Restauration eine der schwierigsten.

Man setze den Fall, daß alle Beteiligten einmütig den Entschluß gehabt hätten, mit gegenseitiger Nachgiebigkeit allein das Notwendige zu tun, es würde selbst dann schwergehalten haben; wie viel mehr aber jetzt, da die Natur der Menschen und der Dinge es mit sich brachte, daß man auf der einen Seite unhaltbare Ansprüche erneuerte, auf der anderen das Erbteil, das die Revolution hinterlassen, nicht aufzugeben, sondern eher in die Fußstapfen des napoleonischen Kaisertums zu treten dachte.

Nach allen Seiten hin begannen Unterhandlungen. Man ist wohl einmal so weit gegangen, dies Jahrhundert das Jahrhundert der Konkordate zu nennen; wahr aber ist, sie machten ein Jahrzehnt hindurch einen hervorragenden Teil der europäischen Geschäfte aus.

Sollen wir uns aber daranwagen? Sollen wir diese Mannigfaltigkeit von Ansprüchen – verschieden in jedem Lande und an jedes Land –, in denen sich Staat und Kirche, Theologie und Philosophie, Fanatismus und Unglaube, die Hervorbringungen der vergangenen Jahrhunderte und die Forderungen des heutigen Tages begegnen, darzulegen und den Streit, welchen die feinste Diplomatie der Welt, langsam und geschickt, eine Reihe von Jahren hindurch darüber geführt hat, zu schildern unternehmen?

So weit geht weder unsere Absicht, noch würden unsere Informationen so weit reichen.

Es kann uns nur um eine allgemeine Ansicht dieser Verhandlungen, ihres Ganges und des Verhältnisses in welches Rom dadurch zu den verschiedenen Staaten gesetzt ward, zu tun sein.

Wir beginnen mit der Bemerkung, daß die Kurie nie einen glücklicheren Zeitpunkt hatte als unmittelbar nach der Restauration. Ihre Entwürfe wurden fast allenthalben durch entgegenkommende Willfährigkeit begünstigt.

In einigen südlichen Staaten nahm man auf die Neuerungen der Revolution so gut wie gar keine Rücksicht. In Spanien wurden das Konkordat von 1753 und die Pragmatische Sanktion Karls III. von 1762 neuerdings die geltenden Normen. Die Dataria zog von neuem ihre besten Einkünfte aus Spanien. Ferdinand VII. stellte die Inquisition, welche nicht allein gleich anfangs von Napoleon, sondern auch darnach allen Widersprüchen des Nuntius zum Trotz, von den Cortes aufgehoben worden, wieder her, und 1815 las man wieder Edikte des Großinquisitors. Sie verurteilten die neuen und gefährlichen Lehren, von denen der größte Teil von Europa auf beklagenswürdige Weise ins Verderben gestürzt worden und jetzt auch Spanien gefährdet werde. Die Wiederherstellung der Jesuiten begrüßte dieser König mit Freuden. Er erklärte die Beschuldigungen, die man gegen sie erhebe, für erdichtet: erfunden von den Feinden nicht sowohl dieses Ordens, als vielmehr der Religion Christi überhaupt, „welche doch", sagt er, „das erste Grundgesetz einer Monarchie ist, in deren Verteidigung meine Vorfahren ihren Beinamen der katholischen Könige gerechtfertigt haben; ihrem Eifer und Vorgang wünsche und denke ich mit Gottes Hilfe beizukommen".

Auch Sardinien verschmähte die Erwerbungen der Revolution. Dem englischen Gesandten ist im März 1816 eine sehr unterrichtende offizielle Darstellung der geistlichen Verhältnisse des Königreiches eingehändigt worden, welche alle Rechte und Ansprüche lediglich von den früheren Verträgen herleitet. Im Juli 1817 wurden die neuen Diözesen, in fast allzu großer Zahl, nicht ohne eine gewisse Freigebigkeit eingerichtet. In Turin zeigte man damals in allen Dingen dem römischen Hofe Ergebenheit und Gehorsam.

Bei dieser Art von Herstellung traten freilich viele Schwierigkeiten hervor. In Toskana erklärte man zwar, man befolge die alten Maximen und das frühere System der österreichischen Dynastie wieder; allein nur so weit, als die veränderte Zeit und die Verwirrung der Dinge es erlaube. Wenigstens stellte der Großherzog die regulären Mönchsorden von beiden Geschlechtern wieder her; in Betracht, wie er sagte, von welchem Nutzen für Kirche und Staat sie seien.

Diese Staaten waren wenigstens äußerlich im ganzen in ihr altes Verhältnis zurückgetreten.

Schwerer ward es in denen, die sich entweder neu gebildet hatten oder in ganz veränderten Formen erschienen.

Indessen ging es auch hier für den römischen Hof über Erwarten glücklich.

Polen war sogar an einen Fürsten von griechischer Konfession gekommen; doch ließ dies Kaiser Alexander nicht empfinden. Es war alles, was man wünschen konnte, wenn er die polnische Geistlichkeit, sowohl katholische als unierte, aus liegenden Gründen zu dotieren versprach und diese im voraus für ihr unveräußerliches Eigentum erklärte. Er gab den Bischöfen aufs neue politische Bedeutung: er nahm sie in die Kammer der Senatoren des Königreiches auf.

Auch das bayrische Konkordat, welches zunächst zustande kam, war den Ansprüchen der Geistlichkeit günstiger, als man irgend erwartet hatte.

Die Diözesen, die man bestimmte, waren zahlreich und sie wurden gut ausgestattet. In den Seminarien, deren Einrichtung man beschloß, ward die Aufnahme der Schüler und die Ernennung der Lehrer, Unterricht und Verwaltung den Bischöfen anvertraut. Der König sagte sogar die Herstellung und Dotation einiger Klöster für beide Geschlechter zu.

Dafür – es heißt ausdrücklich „in Rücksicht auf die daher entspringende Förderung geistlicher Dinge" – ward ihm die Ernennung der Bischöfe überlassen, obwohl sich der Römische Stuhl die Annaten und einen unmittelbaren Einfluß auf die Kapitel vorbehielt. Ich weiß nicht, ob ich recht unterrichtet bin, doch höre ich von glaubwürdigen Männern, daß die meisten Vorschläge von seiten des Münchener Hofes gemacht worden sind. Den guten alten Weihbischof Häffelin – der die Unterhandlung zu Rom führte – hat man mit Unrecht darüber so bitter angetastet. Man versichert, nur in einem einzigen Punkt, in der Art und Weise, die Kapitel einzurichten, habe er den Anträgen der Kurie nachgegeben. Auch ward das Konkordat nach einigen Zögerungen wirklich ratifiziert. Gewiß ein bedeutender Schritt, zumal wenn diese Abkunft als ein Vorbild für die übrigen deutschen Provinzen betrachtet wurde.

Schon hatte man aber noch weiterreichende Entwürfe unter den Händen, von denen ohne Zweifel der wichtigste war, die kirchlichen Verhältnisse mit Frankreich zu ordnen.

Wir sahen, wie nahe es Napoleon bis zu einer Unterwerfung der Kirche gebracht hatte; eben darin lag der Grund, weshalb die nach seinem Sturz emporgekommene Gewalt die Kirche, so viel ihr möglich, begünstigte.

Gerade auf die Institute der Kirche meinten die Wortführer von 1815 das restaurierte Staatsgebäude zu gründen, welches sie aufzuführen gedachten. Unmöglich konnten sie so revolutionäre Einrichtungen dulden, wie das Konkordat Napoleons gewesen war; sie drangen auf eine ausdrückliche Aufhebung desselben.

In Rom war man damit nicht so ganz einverstanden. Consalvi sah, wie er offen bekannte, in jenem Konkordate das große Denkmal seines Lebens. Ihm wäre es genug gewesen, wenn die organischen Artikel, welche Napoleon demselben hinzugefügt hatte, abgeschafft worden wären, wenn man dann vielleicht die Diözesen vermehrt hätte; auf diesen Grundlagen, schien es ihm, lasse sich das festeste Gebäude errichten.

Und gewiß, man konnte Bedenken tragen, einen so feierlichen

Vertrag wieder aufzuheben. Ehrenvoll war dies nicht; es konnte als eine Rechtfertigung der Protestationen des ausgewanderten Klerus erscheinen, die man in Rom immer verworfen hatte.

Wenn sich die Kurie dennoch dazu entschloß, so ward ihr das durch neue Zugeständnisse anderer Art reichlich vergütet. Nicht allein wurden mit dem Konkordat zugleich jene organischen Artikel, die immer als eine Feindseligkeit gegen die Kirche betrachtet worden waren, abgeschafft, sondern man beschloß auch, eine bedeutende Vermehrung der Diözesen – von 60 auf 92 – mit einer angemessenen Ausstattung in liegenden Gründen oder Renten auf den Staat unverzüglich ins Werk zu setzen. In einigen unbestimmt gefaßten Artikeln erhielt die Kurie große Aussichten für die Zukunft. Jetzt war von keiner Beschränkung der Institution, von keiner Übertragung der päpstlichen Gewalt an die Metropolitane die Rede. Was nicht ausdrücklich bewilligt worden, nahm man ohne diese Bewilligung an sich. Wenigstens versichert der französische Ambassadeur Blacas, daß die Klausel der Bullen, in welcher der Papst sagte, daß er die Bistümer errichte und dotiere, ohne sein Wissen eingeschaltet worden sei.

Es war dies fast mehr als eine Herstellung der dort so oft bestrittenen und in enge Grenzen eingeschlossenen päpstlichen Gewalt. War doch von der Freiheit der gallikanischen Kirche fast nicht mehr die Rede.

Blacas schloß am 25. August 1816 eine Konvention und, da diese einigen Widerspruch fand, nach einem neuen Aufenthalt in Paris eine zweite, welche als das Konkordat vom 11. Juni 1817 bekannt ist.

Oft ist es bei den Revolutionen so gegangen. Indem man eine chimärische Freiheit zu gründen suchte, hat man die wirkliche vernichtet, die man besaß.

Jetzt war es so weit gekommen, daß selbst ausgezeichnete und die tadellosesten Geistlichen in der Behauptung der vier Propositionen nur eine Veranlassung zu Mißbräuchen sahen. Und doch waren die alten gallikanischen Freiheiten selbst noch größer, als sie in den Propositionen erschienen. Die Geistlichkeit war weise genug gewesen, nicht alle ihre Vorrechte in Deklarationen zu fassen; sie hatte gefürchtet, sie gerade auf diesem Wege zu verlieren. Unter anderem besaßen die französischen Bischöfe ein sehr ausgedehntes Dispensationsrecht. Die einen hatten es immer ausgeübt und die anderen hatten es wenigstens nicht völlig fallen lassen. Schon im Jahre 1801 ward das nicht wieder zurückgefordert. Consalvi als Legat fertigte alles auf der Stelle aus und machte einige Zugeständnisse für die nächsten Jahre. Nach der Restauration aber gedachte niemand mehr der alten Vorrechte. Man schickte die Sachen ohne weiteres nach Rom.

Wäre das neue Konkordat zur Ausführung und der Klerus in Frankreich jemals wieder zu einiger Selbständigkeit gekommen, so würde die Zerstörung, welche die Revolution gebracht, der Kurie nicht zum Schaden, sondern zum Vorteil gereicht haben. Der alten Widersetzlichkeit, der örtlichen Freiheiten, jenes Pochens auf die gallikanischen Vorrechte wäre sie auf lange überhoben gewesen.

Während die Kurie mit dem bourbonischen Stammhaus so glückliche Unterhandlungen pflog, geriet sie dagegen mit der Nebenlinie zu Neapel in lebhafte Zwistigkeiten.

Der König säumte, den Zelter nach St. Peter zu senden, der die alte Abhängigkeit seines Reiches von dem Heiligen Stuhle bezeugte. Die Frage, ob dies eine rein weltliche Verpflichtung sei oder nicht, diskutierte man in lebhaftem Eifer, und der Papst drohte dem König mit dereinstigen Strafen Gottes. Ferdinand IV. dagegen weigerte sich, die Jesuiten in sein Land aufzunehmen; er beschränkte die Korrespondenz seiner Geistlichen mit Rom auffallend; er schien zugleich die alten Irrungen, die er mit Pius VI. gehabt, fortsetzen und die Erwerbungen der französischen Verwaltung behaupten zu wollen. Der Papst seinerseits versagte den neapolitanischen Bischöfen die Institution. Es kam so weit, daß von 130 Bistümern in beiden Sizilien 86, in dem eigentlichen Neapel drei Viertel der bischöflichen Sitze vakant waren. Wenn irgendwo, so war hier ein neues Konkordat unumgänglich notwendig. Lange unterhandelte man vergeblich darüber zu Neapel. Um die Sachen zu Ende zu bringen, mußten im Februar 1818 die vornehmsten Minister der beiden Höfe, Consalvi und Medici, zu Terrazina an den Grenzen der Staaten zusammenkommen.

Medici hielt sich für einen außerordentlichen Kopf; er meinte – und gutmütigerweise glaubten es ihm einige Landsleute – alle europäischen Diplomaten zu übersehen. Jetzt erwarb er in der Tat die Ernennung auch zu denjenigen Stellen, welche bisher von Rom aus besetzt worden waren, und die Abschaffung einiger kleiner politischer Rechte, die sich Rom noch immer vorbehalten hatte.

Dafür aber erlangte Consalvi andere Zugeständnisse, wie es scheint, von wesentlicherem Vorteil.

Der Papst behauptete einen bedeutenden Einfluß auf die Besetzung der unteren Stellen; seine Korrespondenz mit der Geistlichkeit ward von aller Beaufsichtigung und jenem Liceat scribere, das man bis jetzt von Staats wegen gefordert, losgesprochen; die bisherige geistliche Jurisdiktion des Königs ward beschränkt oder unterdrückt; Klöster wurden wieder eingerichtet; die Geistlichkeit ward wieder befähigt, Güter zu besitzen; man ließ Klagen über die Besteuerung des Klerus einfließen, obgleich dieser im römischen Staate selbst nicht eximiert war. Die Regierung versprach nicht allein, der Geistlichkeit ihre eingezogenen Güter zurückzugeben, sondern auch bei der einstweiligen Verwaltung derselben neben zwei neapolitanischen auch zwei römische Kommissarien zuzulassen.

Was konnte die Ernennung zu den Stellen dem Könige so Großes fruchten, wenn seine Bischöfe nachher unabhängig von ihm und abhängig von Rom waren.

Man hatte allgemein erwartet, Consalvi werde das meiste zuzugestehen haben; als man dies Resultat kennenlernte, schrieb ihm jedermann einen vollkommenen Sieg zu; nie war seine Geschicklichkeit glänzender erschienen.

Und doch würde man unrecht haben, den guten Fortgang der römischen Interessen der alten Klugheit dieses Hofes oder den Talenten Consalvis allein beizumessen. Wie wäre sonst in diesem Fortgang ein so plötzlicher Stillstand eingetreten?

Eben damals, als das neapolitanische Konkordat geschlossen ward, im Anfang des Jahres 1818, regte sich bereits allenthalben eine lebhafte Opposition gegen die römische Kurie.

Frankreich ging auch hierin voran. Die Ordonnanz vom 5. September und die Sitzung des Jahres 1816 bis 1817 hatten jener Richtung der öffentlichen Gewalt, unter deren Schutze das neue Konkordat entworfen worden war, bereits ein Ende gemacht, als man mit demselben hervortrat. Die günstige Stunde war vorüber. Der römische Hof hatte in Frankreich viele Vorurteile und gegründete Überzeugungen, viele eingewurzelte Abneigungen, selbst Leidenschaften wider sich; alle waren aufgewacht. Jenes Konkordat gab ihnen Anlaß genug, hervorzutreten. Da waren unbestimmte Versicherungen, welche eine Gefahr für wesentliche Zugeständnisse der Verfassung, für die Toleranz selbst zu enthalten schienen; da war jenes Stillschweigen über die Freiheiten der gallikanischen Kirche; da war der sechste Artikel, „die zugesagte Beibehaltung der bisherigen Bischöfe könne wohl aus guten Gründen Ausnahmen leiden", durch welchen einige von ihnen mit willkürlicher Absetzung bedroht schienen; man nahm die Formeln der Bullen für ernstliche Anmaßung; man ereiferte sich über die Ansprüche, die der Römische Stuhl auf Avignon zu machen fortfuhr. Auf das lebhafteste regten sich die prinzipiellen Gegner. Neue Ausgaben von Voltaire und Rousseau erschienen ausdrücklich zu dem Zwecke, dem Konkordate einen schlechten Empfang zu bereiten. So erhob sich denn ein allgemeines Geschrei und eine Unzahl von Broschüren malte die Gefahren der Zukunft aus. „Es war", sagt Guizot, „als ob Gregor VII. noch einmal die Tiara nehme; als strecke das Mönchtum bereits seine Hand nach seinen verlorengegangenen Gütern aus; als fasse die Inquisition Fuß auf dem französischen Boden." Vor diesen Aufwallungen der öffentlichen Meinung allein, ohne anderen Angriff, fiel das Konkordat. Schon bei dem darauf bezüglichen Gesetzentwurf suchten die Minister seine Bestimmungen zu ermäßigen. Dies Zurückweichen aber machte der Opposition nur noch mehr Mut. In der Mitte der Kommission, die zur Beratung des Entwurfes niedergesetzt wurde, tat sich der Widerspruch so lebhaft hervor, daß man gar nicht wagte, zu den Beratungen in der Kammer zu schreiten. Pius VII. hatte das Konkordat von 1801 sehr ungern aufgegeben; nach langer und zweifelhafter Unterhandlung hatte er ein zweites geschlossen, das er für angenommen und gültig hielt. Aber es führte die peinlichsten Verlegenheiten für ihn herbei: im Jahre 1819 mußte er sich zu Maßregeln verstehen, die seiner ursprünglichen Absicht entgegenliefen. Wieviel besser wäre es gewesen, das Konkordat von 1801 einstweilen bestehen zu lassen und den wesentlichen Mängeln durch wesentliche Verbesserungen abzuhelfen!

Dann wären vielleicht auch andere Wirkungen dieser Niederlage vermieden geblieben.

In ganz Europa machte sie – es konnte nicht fehlen – den größten Eindruck. Sie gab den Unterhandlungen, die nunmehr folgten, eine neue Farbe.

Vornehmlich machten einige kleinere Staaten Ansprüche, wie sie bisher nicht so leicht vorgetragen worden; unter anderen die Schweiz.

Aber darf man überhaupt sagen, daß zwischen Rom und der Schweiz unterhandelt worden sei? Allerdings erschienen 1818 schweizerische Abgeordnete in Rom; aber es fehlte viel, daß sie einen Auftrag von der Tagsatzung gehabt hätten: es waren nur die Gesandten von Bern und Luzern. Diese Kantone wünschten die Baseler und einen Teil der Konstanzer Diözesanstände zu einem Bistum zu vereinigen, das seinen Sitz in Luzern haben sollte; sie dachten wohl demselben eine allgemeine Bedeutung zu geben. Allein niemals hätte die gegenseitige Eifersucht der Eidgenossen dies zugelassen. Dem Plane von Bern und Luzern widersetzte sich Solothurn; es hatte Aargau und Thurgau und selbst Zürich auf seiner Seite. Wohlverstanden, es hatte dieselben auf seiner Seite, solange man sich den anderen widersetzte, jedoch nicht mehr, sobald es darauf ankam, selbst etwas Gemeinschaftliches auszuführen. Bern hatte wenigstens auf die Beistimmung der Urkantone gerechnet; aber jene Abgeordneten mußten erleben, daß ihnen zur Seite, ohne ihr Wissen, Schwyz über die Erhebung der Abtei Einsiedeln zu einem Bistum unterhandelte. Wer sollte es glauben? Auch dies Vorhaben in seinem engeren Kreise erweckte lebhaften Zwist; es fand Widerspruch bei den Beteiligten in der Abtei selbst. Genug, es war Zwiespalt über Zwiespalt; aus jeder Trennung entwickelte sich eine andere; die abgesonderten Glieder entzweiten sich ihrerseits von neuem.

Obwohl es demnach nur zwei Kantone waren, welche unterhandelten, so machten sie doch Ansprüche, über die man sich nimmermehr vereinigen konnte.

In Luzern wollte man sich nicht allein über die Verwaltung der geistlichen Güter und Kassen, sondern vornehmlich über das Seminar, das zu gründen war, und den Unterricht in demselben die Aufsicht von Staats wegen vorbehalten. Kein Zweifel, daß man gewisse Lehren katholischer Geistlicher für gefährlich hielt und ihrer Ausbreitung vorzubeugen wünschte; die Korrespondenz der Geistlichkeit mit Rom sollte besonderer Aufsicht unterliegen.

Und wer möchte leugnen, daß die unmittelbare Einwirkung von Rom in kleinen Gemeinheiten etwas Bedenkliches hat und eine Gefahr für die Selbständigkeit derselben in sich enthält; allein durch jene Ansprüche stieß man mit allen Grundsätzen der Kurie zusammen. Rom wollte eine freie Korrespondenz mit dem Klerus. Allen Einfluß der weltlichen Gewalt auf den geistlichen Unterricht erklärte es für grobe Usurpation. Es forderte ausdrückliche Verzichtleistung auf dieses Verlangen. Aber es waren die Ansprüche der weltlichen Gewalt überhaupt, an denen die Schweizer jetzt festhielten.

So konnte man sich denn freilich nicht vereinigen.

Indem die Gesandten erklärten, sie seien in der Unmöglichkeit nachzugeben, stellten sie nur noch vor, daß sie nicht wüßten, was aus der schweizerischen Kirche werden solle. „Sie wird bleiben, wie sie ist", entgegnete man ihnen. „Mit nichten", versetzten sie, „sie ist in allzu großer Unordnung; aus dieser kann nichts hervorgehen als eine von Grund auf neue Ordnung, oder wenn man es nicht dazu bringt, eine vollständige Auflösung. Gott weiß, ob diese nicht den Umsturz aller Dinge herbeiführt."

Gewiß hängen kirchliche und weltliche Ordnungen so enge zusammen, daß die einen ohne die anderen nicht bestehen können. Die allgemeine Verwirrung, welche nachher eingetreten, mag nicht viel weniger von diesem Zwiespalt wie von anderen Ursachen herrühren.

Unverrichteter Dinge mußten die Gesandten über die Alpen zurückkehren; zu Hause fanden sie die Ansichten schon wieder verändert. In Luzern hätte man damals bereits Bedenken getragen, den Bischof, den man gefordert hatte, aufzunehmen; wenigstens einige Machthaber fürchteten von einem solchen einen antiliberalen Einfluß.

Während dieser Zeit hatte auch Genf in Rom für sich unterhandelt. Die Stadt wünschte die Absonderung der katholischen Pfarren seines Gebietes von Chambéry; es wollte dieselben unter das Bistum Freiburg geben. Dies Vorhaben aber fand mehr Schwierigkeit, als man hätte glauben sollen. In Rom war man, wie sich versteht, den Genfern nicht eben günstig, und der Hof von Sardinien widersetzte sich einer so geringen Schmälerung eines ihm unterworfenen Bistums mit außerordentlicher Hartnäckigkeit. Die Genfer übertrugen die Führung ihrer Sache der preußischen Gesandtschaft; doch hatte auch diese anderthalb Jahre zu tun, ehe sie die Pfarren losriß.

Und hier kommen wir auf unsere deutschen Angelegenheiten.

Man erachtet leicht, daß der Zustand der deutschen Kirche dem Papst vor allem betrübend erschien. „So viel Kirchen", ruft er aus, „mit Würden und Reichtümern gesegnet, haben ihren Glanz und ihren Besitz zugleich verloren. Fast alle entbehren ihrer gesetzmäßigen Hüter, ihrer Diener. Die geistliche Regierung liegt in Fesseln; die Kirchenzucht ist vernichtet, die blühendsten Klöster sind zu Einöden geworden.“ Die Worte erinnern an die Ausdrücke, in denen eine kirchlich gesinnte deutsche Partei auch mit Rücksicht darauf, daß durch die Wiedereroberung des linken Rheinufers die mit dem Verluste desselben in Zusammenhang stehenden Säkularisationen ungültig geworden seien, die Herstellung der früheren deutschen Kirche begehrte. Allein man darf doch bezweifeln, ob Consalvi, der sie anfangs billigte, standhaft dabei verblieben ist. Denn eine deutsche Kirche konnte zu einer Verfassung derselben führen, welche die Einwirkung Roms auf Deutschland eingeschränkt und unsicher gemacht hätte. Von der Aufstellung eines Primas, der die deutsche katholische Welt auch Rom gegenüber repräsentiert hätte, wollte man in Rom nichts hören. Man knüpfte vielmehr an die schon früher vorgekommenen Versuche, besondere Konkordate mit den deutschen Staaten zu schließen, an; damals ist allgemein behauptet worden, Bayern und Württemberg seien in ihrem Widerspruch gegen eine der katholischen Kirche zu gebende Gesamtverfassung von Consalvi bestärkt worden: er habe ihnen die Genehmigung der Einziehung der kirchlichen Güter dagegen in Aussicht gestellt. Es waren Gedanken, wie sie bei dem Konkordat mit Frankreich und mit Italien vorgeschwebt hatten; sie entsprachen den territorialen Einrichtungen, die zuletzt in Deutschland die Oberhand behielten. Von einem Reichskonkordate konnte nicht die Rede sein, da es kein Reich mehr gab. Und bald sollte sich zeigen, wie schwer sich selbst Verträge mit den einzelnen Staaten, auf den bestehenden Zustand berechnet, durchsetzen ließen.

Schon hatte das bayrische Konkordat lebhaften Widerspruch gefunden. Die organischen Gesetze, die man in Bayern erließ, waren mit demselben nicht allemal in deutlicher Übereinstimmung. Selbst nach der Ratifikation traten neue Schwankungen ein. Es waren ausweichende Erklärungen von bayrischer Seite, es war die ganze Geneigtheit, welche die damalige Kurie hatte, wenigstens den Schein zu retten, erforderlich, um die Sache nicht zu neuem Bruche kommen zu lassen.

Weit größere Schwierigkeiten aber boten die Unterhandlungen mit den minder mächtigen Staaten dar. Gleich sowie der Entwurf erschien, zu welchem sich eine in Frankfurt zusammengetretene Kommission vereinigte – im April 1818 –, fürchtete man in Rom eher ein Schisma als ein Konkordat daraus hervorgehen zu sehen.

Wenn man in dem schweizerischen Entwurfe, der die Aufsicht über die Kirchen oligarchischen Magistraten eingeräumt hätte, eine aristokratische Tendenz wahrnahm, so kamen die Schwierigkeiten, die man in dem deutschen sah, von einer anderen Seite. Nicht ohne innere Bedeutung ist der Versuch der Kommission, die Besetzung der bischöflichen Stellen möglichst unabhängig vom römischen Einfluß zu konstituieren. Man verband darin die selbständige Aktion des Landesklerus mit der Autorität des Fürstentums. Der Entwurf war, die Landpfarrer zu den Wahlen heranzuziehen. Im Falle einer Vakanz sollten sämtliche Landpfarrer der Diözesen einen Ausschuß wählen, an Zahl den Domkapitularen wenigstens gleich; aus beiden zusammen sollte das Wahlkollegium bestehen. Niemand dürfe gewählt werden, der nicht theologische Studien mit ausgezeichnetem Erfolge gemacht und dann acht Jahre lang das Amt eines Seelsorgers oder Lehrers verwaltet habe. Nicht jedoch so geradezu sollten die Wahlkollegien einen Bischof ernennen; sie sollten nur drei Personen zu diesem Amt vorzuschlagen haben. Schon im voraus würde dem Landesherrn das Recht beiwohnen, von diesem Vorschlag auszuschließen; nach demselben würde er einen aus den dreien definitiv ernennen. Noch vor der Konsekration soll dann der Bischof dem Landesherrn und den Gesetzen des Landes Gehorsam und Treue schwören. Diese Konsekration selbst aber sollte nicht an die Einwilligung des römischen Hofes gebunden sein. Der Informativprozeß über die Wahl würde durch den Erzbischof an den Papst geschickt werden, dessen Einwilligung man binnen vier Monaten erwarte; erfolge sie in dieser Zeit nicht, so trete der Erzbischof in seine ursprünglichen, zum Teil in Deutschland noch üblichen Konfirmationsrechte und -pflichten ein. Anstände, die der Papst etwa gegen die Person erheben möchte, sollen in dem Lande geprüft werden, und, wenn man sie unbegründet finde, soll nach einer neuen zweimonatlichen Frist die erzbischöfliche Bestätigung eintreten.

Es leuchtet von vornherein ein, daß der Römische Stuhl von diesen Vorschlägen sehr unangenehm berührt werden mußte. Gegen den Wahlmodus wendete man ein, daß dadurch ein Geist der Demokratie eingeführt werde. Man gab die Besorgnis zu erkennen, daß dies nur der erste Schritt sei, um nach und nach dem ganzen Klerus und vielleicht auch dem Volke Anteil an den Bischofswahlen zu verschaffen. Alte Mißbräuche, daher entspringend, die man in früheren Zeiten mit Mühe gehoben, werde man auf diese Weise erneuern. Auch die Beschränkung der Wahlen auf gewesene Pfarrer oder Lehrer könne der Papst nicht billigen. Es würden alle ausgeschlossen sein, die durch Geburt und Glücksgüter abgehalten würden, sich solchen Ämtern zu widmen. Man erinnert sich, daß Rom die vornehmste Stütze der deutschen Kirche immer in dem Adel gesehen hat. Dieser wäre hierdurch von den bischöflichen Sitzen vollends entfernt worden. Der Papst sprach aus: dies zugeben würde heißen, einen Verrat an der Kirche begehen. Und wie hätte er nicht durch die Entwürfe der Beschränkung seiner pontifikalen Gerechtsame auf das tiefste aufgeregt werden sollen? Protestantischen Fürsten von geringer Macht wäre eine Art von Patronatrecht über katholische Kirchen eingeräumt worden. Der Papst hätte ihnen sogar zugestanden, was er Napoleon verweigert hatte. Gerade die Forderungen Napoleons, mit den Gründen, die derselbe gebraucht hatte, wiederholte man in Frankfurt. Bitter beklagte sich Consalvi, daß es nach alledem, was geschehen, wieder dahin gekommen sei.

Jener Mischung von ministerieller Gewalt und demokratischen Formen, welche damals im oberen Deutschland vorwaltete, ließ sich nichts abgewinnen.

Kein Unterhandeln konnte helfen. Da kein Teil weichen wollte, so gelangte Consalvi wenigstens nicht bis zum Abschluß eines Konkordates. Er begnügte sich, eine neue Einteilung der Diözesen durchgesetzt zu haben.

Auch die hannoverschen Unterhandlungen schlichen langsam hin. Es tat sich dabei ein Widerstreit zwischen doktrinären und politischen Ansichten unter den Bevollmächtigten selbst hervor. Wie lange stritt man darüber, ob die Regierung, der das Recht der Elimination zugestanden wurde, auf der Liste der Wählbaren drei oder nur zwei Namen zurückzulassen habe. Consalvi brachte es nicht bis zum Ziel.

Später begann und auf das rascheste schritt die preußische Unterhandlung vorwärts. Für Preußen lag der vornehmste Beweggrund, ein Verständnis mit Rom zu suchen, in den Territorialverhältnissen des neu gestalteten Staates, welche die Einwirkung bischöflicher Gewalten herbeiführten, die in benachbarten Gebieten ihren Sitz hatten, ein Übelstand, dem sich nur durch Übereinkunft mit Rom abhelfen ließ. Dazu aber kamen noch andere Motive: wie einst Napoleon, so fand auch die preußische Regierung eine Regelung der Verhältnisse der katholischen Kirche für die Ruhe des

Staates unumgänglich notwendig, um so mehr, da die eben erworbenen Rheinlande zum größten Teil katholischgläubig waren, die, unter einen protestantischen Fürsten gestellt, um so leichter feindseligen Einwirkungen Raum geben konnten. Eine fernere Rücksicht bildete auch in Preußen die Gefahr, welche durch apostolische Vikare und Missionare veranlaßt werde. Man urteilte, daß sich derselben nur durch ein echtes und wohltätiges Episkopalsystem vorbeugen lasse. Man betrachtete die Bistümer als unentbehrlich für Religion und Sittlichkeit, welche die Grundlagen des Staates seien. Man hat damals sogar die Meinung gehegt, widerspenstige Bischöfe würden von der Kurie in Zaum gehalten werden. Entschloß man sich nun aber, mit Rom zu unterhandeln, so wurde man durch die Vorgänge, die der Versuch, ein Konkordat zu schließen, in Frankreich und selbst in Bayern hervorgerufen hatte, gewarnt, sich so tief einzulassen. Altenstein, damals Minister der geistlichen Angelegenheiten, der die überschwengliche Idee hatte, man werde durch ein Verständnis mit dem Papste eine Vereinigung aller christlichen Konfessionen überhaupt anbahnen, gab doch eben deshalb den Rat, nicht an ein Konkordat, in welchem über alles und jedes Bestimmung getroffen werden müsse, Hand anzulegen – denn dann werde man sich niemals verstehen –, sondern sich auf eine Konvention über die zunächst in Frage kommenden Punkte, die Anordnung der Diözesen und besonders die Wahlen der Bischöfe zu beschränken; dahin ging auch die Meinung Niebuhrs, der die römische Gesandtschaft verwaltete und der in seiner Seele dagegen gewesen wäre, daß man durch eine kirchliche Neuerung die Kirche und das Christentum gefährde. Der römische Hof konnte nicht anders, als die Herstellung der Bischofssitze alten Ruhmes mit angemessener Ausstattung, die man ihm anbot, freudig zu begrüßen; doch gab es noch mancherlei Schwierigkeiten zu überwinden, von denen die wichtigste die Mitwirkung der Regierung bei der Besetzung der Bistümer betraf. Man kam überein, die Wahl der Bischöfe den Kapiteln zu übergeben. Wenn aber die preußische Regierung meinte, eine mißliebige Wahl nach der Hand für ungültig erklären zu können, so widersetzte sich dem der Römische Stuhl, weil der einmal kanonisch Gewählte nicht zurückgewiesen werden könne. Zögernd, aber zuletzt entschieden, nahm Preußen diesen Grundsatz an, so daß der Einfluß der Regierung nur vor der förmlichen Wahl ausgeübt werden konnte. Aber ob dabei nicht etwa der Regierung das Recht zu verstatten sei, von einer ihr einzureichenden Liste die Stimmen, die ihr mißfällig waren, zu streichen, wie das anderwärts vorkam, darüber traten bei den Verhandlungen sehr verschiedene Ansichten einander gegenüber. Endlich hat dann Consalvi vorgeschlagen, daß die Kapitel durch ein Breve des Papstes angewiesen werden sollten, nur würdige und dem König angenehme Personen in Vorschlag zu bringen. Ein Versprechen, das bei der Wandelbarkeit der politischen Verhältnisse nicht eben zuverlässig erschien, das aber der König, wie es in einer Note ausdrücklich heißt, vertrauensvoll annahm. Niebuhr bemerkt, daß das Kapitel sich über die dem König angenehmen Persönlichkeiten unterrichten müsse, was nicht anders als durch die Dazwischenkunft eines königlichen Kommissarius geschehen könne. Von der Verzögerung der Institution, die anderwärts eine so große Rolle spielt, war hier nicht die Rede; denn da den Kapiteln die Wahl übertragen wurde, nicht ohne Rücksicht auf die Regierung und Teilnahme derselben, so ließ sich nicht wohl denken, daß der Papst zögern werde, sie zu bestätigen. Doch war noch kein vollkommenes Einvernehmen erreicht, als der Staatskanzler Hardenberg, von dem Kongreß zu Laibach kommend, in Rom eintraf. Hardenberg kannte Consalvi von früher her und stand mit ihm in den freundschaftlichsten Verhältnissen. Nicht selten hat er ihn von der Fürsorge, die der König für seine katholischen Untertanen trage, unterhalten. In vielen Beziehungen hegten die beiden Staatsmänner verwandte Gesinnungen; sie haben eine homogene Ader. Eine Anwesenheit des Staatskanzlers von wenigen Tagen reichte hin, die letzten Schwierigkeiten, nicht jedoch ohne die Teilnahme Niebuhrs, zu heben und die Verhandlungen zu einem Ziele zu führen, das sowohl die Ansprüche des Staates befriedigte, als die gerechten Wünsche der Katholiken erfüllte. So wenigstens urteilte man damals; die Zerwürfnisse, wie sie später eingetreten sind, eben über solche Punkte, die man unentschieden gelassen hatte, hätte man bei der obwaltenden Stimmung niemals voraussehen können.

Vielleicht mochte man sich in Rom schmeicheln, daß dies Beispiel Nachfolge bei den Nachbarn finden werde.

Wenigstens lag es in der Natur der Sache, wenn es in den Niederlanden nicht geschah.

Allzusehr hatte die Parteiung in der Mitte des Landes selber um sich gegriffen. Gleich bei der Zusammensetzung des Königreiches hatte die Geistlichkeit die Wiederherstellung aller Verträge und Konstitutionen gefordert, welche die alten Fürsten in bezug auf die freie Ausübung, die Rechte, Privilegien, Exemtionen und Prärogativen der katholischen Kirche jemals beschworen. Die vornehmsten Bischöfe hatten sich aus religiösen Gründen wider nicht weniger als acht Artikel der Verfassung erklärt. Um so mehr glaubte sich die Regierung verpflichtet, den Widerstand derselben zu brechen; sie begünstigte das liberale Element in dem Lande und in der Geistlichkeit.

Wie hätte die Aufregung, in die man hierdurch mit Notwendigkeit geraten war, sich nicht auch in den Unterhandlungen mit Rom zeigen sollen? Die niederländische Gesandtschaft konnte selbst in persönlichen Berührungen eine gewisse Heftigkeit nicht verbergen. Es gehörte Consalvi dazu, um es sich gefallen zu lassen. An eine Übereinkunft war damals lange nicht zu denken. Als sie später erfolgte, trug sie den Keim neuer Zwistigkeiten in sich.

So gingen diese Dinge.

Ganz andere Hoffnungen hatte man 1815 gehegt. Die Kurie hatte sich schmeicheln dürfen, das Verlorene wiederzuerwerben, die alte Weltstellung noch einmal einzunehmen. Wie weit aber blieb sie davon entfernt! Statt besser war es mit wenigen Ausnahmen immer schlimmer gegangen; einen Anspruch nach dem anderen hatte man aufgeben müssen; aus dem Fortschritt war man in die Verteidigung geraten. Und noch hatte Pius VII. nicht alle Erfahrungen gemacht, zu denen er bestimmt war. Er mußte noch erleben, daß selbst die rechtgläubigen Länder Spanien und Portugal, und zwar nicht durch eine fremde Gewalt veranlaßt, sondern infolge einer eigenen inneren Bewegung sich dem Einflusse des Römischen Stuhles zu entziehen suchten.

Fragen wir, woher dies kam, so führt es uns zu einer allgemeineren Bemerkung.

Bei neueren apologetischen Werken der katholischen Kirche fällt es oft auf, wie doch ihr Grundgedanke soviel mehr politischer als religiöser Natur ist; sei es, daß man einer höchsten Instanz in irdischen Dingen zu bedürfen glaubt oder daß man das Recht der weltlichen Autorität auf das göttliche Recht der Kirche gründet. Zwar kommen religiöse Momente hinzu, aber die Lebensader, der große Gesichtspunkt, ist in der Regel politisch.

Nun ist dies wohl nicht zufällig; es hat seinen Grund in der heutigen Stellung der beiden Gewalten zueinander, die in der Tat von der früheren weit abweicht.

Schon bei Betrachtung der Konkordate muß es uns auffallen. Sonst war ein Streit zwischen Staat und Kirche zu schlichten; es kam darauf an, die öffentliche Gewalt allenthalben mit dem Klerus und seinem gemeinschaftlichen Oberhaupte auseinanderzusetzen; der Staat hatte seine politischen, die Kurie ihre kirchlichen Gesichtspunkte. Jeder Teil stand auf seinem eigenen Grund und Boden dem anderen gegenüber.

Jetzt war dies Verhältnis wesentlich verändert. Da die Revolution ein so entschieden antireligiöses Element entwickelt hatte, da es die nämlichen Anfälle derselben gewesen waren, durch welche die Staaten umgestürzt und die Kirche in ihrer Grundlage erschüttert worden, so hatte sich zwischen Staat und Kirche eine viel engere Gemeinschaft ausgebildet. Die restaurierten Regierungen des südlichen Europa glaubten in der Kirche ihren sichersten Halt zu finden, und sie suchten sich der religiösen Motive zu bemächtigen. Die Kirche, die sich durch die entgegengesetzten Bestrebungen dem Verderben geweiht sah, schlug in diesen Bund ein: sie glaubte mit diesen Staaten zu stehen und zu fallen. So bekam die Restauration der Staaten eine kirchliche, die Herstellung der Kirche eine politische Farbe.

Man darf zweifeln, ob diese enge Vereinigung dem einen oder dem anderen Teile von Nutzen gewesen ist.

Da Staat und Kirche zwar auf verwandten, aber doch auf abweichenden geistigen Grundlagen ruhen, so könnte es scheinen, als ob es fürs erste ratsam gewesen wäre, daß die restaurierten Staaten, ohne sich so viel auf die geistlichen Dinge einzulassen, ihr politisches Prinzip neu gegründet und innerlich belebt hätten, wogegen sich auch die Kirche zunächst auf ihr eigentümliches, das religiöse, Gebiet konzentriert hätte. Ohne viele Mühe kann sie ihre Feinde unterscheiden. Sie hätte vielleicht ihre Kräfte anstrengen müssen, um den Naturalismus, der so oft zu systematischer Irreligion wird und in der einen oder der anderen Gestalt die Welt weit und breit beherrscht, wieder zu überwinden. Von innen heraus hätte man ihm überlegen zu werden suchen müssen. Denn dem Starken gehört die Welt, und nur wahrhafte Überlegenheit in voller Entwicklung ihrer Kräfte wird den Sieg erfechten.

Aber der Lauf der Dinge brachte es so mit sich, daß Staat und Kirche ihre Aktion vereinigten. Der Erfolg war, daß sie den nämlichen Fanatismus für und wider sich erweckten, daß sie die nämlichen Interessen, den vereinigten Strom der alten Feindseligkeiten zu bekämpfen bekamen.

Schadeten in Frankreich die Missionen mehr dem Staat oder der Staat mehr den Missionen?

Auf jeden Fall ergab sich, daß Fortgang und Mißlingen in den Dingen der katholischen Kirche nicht mehr von ihr selber abhing. Nicht sie etwa gab ihnen den allgemeinen und beherrschenden Antrieb. Sie gingen, wie es der Lauf der politischen Ereignisse mit sich brachte, je nachdem die Prinzipien der Revolution in Aufnahme oder unterdrückt waren, je nachdem sie sich eines Staates mehr oder minder bemächtigten.

In den kirchlichen Ereignissen tritt, wie vordem, so auch jetzt, nur der große Gang der europäischen Begebenheiten wieder vor die Augen.

Darum hatte man im Anfang Erfolge, weil die Prinzipien der Restauration durch den Sieg geltend geworden waren. So wie dieser weiter zurücktrat, so wie die Grundsätze der Revolution allmählich wieder emporkamen, um so mehr sah sich auch die katholische Kirche in Nachteil und Bedrängnis.

Sechstes Kapitel

EINRICHTUNG DER WELTLICHEN REGIERUNG

Man hat sich gewöhnt, in der Verwaltung der römischen Päpste ein Muster von Untätigkeit und Willkür, sowie in der Bevölkerung des Kirchenstaates ein nachlässiges und verwahrlostes Geschlecht zu sehen. Als im vollkommenen Gegensatz dazu denkt man sich die Ideen des 18. Jahrhunderts und vor allem die Bestrebungen der Französischen Revolution, die napoleonische Administration.

Im Jahre 1831 hat Graf Tournon, der von 1810 bis 1814 Präfekt von Rom war, ein Buch über diese Stadt, die Provinz umher und seine Verwaltung derselben herausgegeben.

In diesem Buche ist zwar vielleicht nicht alles das enthalten, was man darin sucht, genaue Darstellung der Lage der Dinge, welche die Franzosen fanden, der Veränderungen, zu denen sie sich entschlossen; es ist mehr allgemeine Beschreibung des Landes, des Ackerbaues, der Industrie, des Handels, der öffentlichen Arbeiten; wobei Bestand und Veränderungen mehr angedeutet als ausführlich nachgewiesen. Es gibt aber Veranlassung zu einer anderen Bemerkung.

Wie sehr widerstrebt es der hergebrachten Ansicht, daß der napoleonische Präfekt weit entfernt ist, die Verwaltung der Päpste, die niemand besser überschauen konnte als er, zu verwerfen. Er findet sie in den meisten Stücken löblich und nachahmungswert.

Es scheint zwar, sagt er, als müsse die Vereinigung der Gewalten eines Papstes, eines Bischofs und eines Fürsten, wie sie hier stattfindet, die absolute Herrschaft hervorbringen. Aber die Ausübung derselben ist gemäßigt durch das Herkommen und an Formen gebunden; seit langer Zeit hat man nur tugendhafte Männer auf den Päpstlichen Stuhl erhoben, so daß die absoluteste Regierung von der Welt mit der größten Milde ausgeübt wurde.

Wie oft und wie laut ist über die schlechte Wirtschaft des päpstlichen Hofes Klage geführt worden. Wenn man, sagt Tournon, die Verwaltung des päpstlichen Schatzes untersucht, so wird man ohne Zweifel ein Gefühl von Ehrfurcht für den Fürsten empfinden, der sich für seine persönlichen Ausgaben und zu seinem Hofhalte mit der bescheidenen Summe von 679000 Franken begnügte, einer Summe, die in mehreren Staaten von Europa einfachen Privatleuten nicht genügt.

Wenige Reisebeschreibungen mag es geben, in denen die Verödung der Campagna von Rom nicht der Nachlässigkeit der geistlichen Regierung zugeschrieben würde. Tournon untersucht die Maßregeln derselben. Dieser Blick, sagt er, den wir auf die Akten einer Regierung werfen, welche so oft angeklagt wird, die Interessen des Ackerbaues zu versäumen, beweist wenigstens, daß dieser Tadel unbegründet ist und daß, wenn man den Zweck nicht erreicht hat, das nicht an dem Mangel von Gesetzen und Anordnungen liegt.

Vor allem bewunderte er die Unternehmungen Pius' VI. in den Pontinischen Sümpfen. Er nimmt in ihm nicht allein, wie er sagt, Leidenschaft für große Dinge, sondern auch eigene Einsicht wahr. Die Hauptmaßregel, die Gewässer in einen einzigen Kanal zu leiten, habe der Papst selbst angegeben. Im Verhältnis zu dem Erfolg und dem daraus entspringenden Nutzen findet Tournon die Kosten, die auf diese Arbeit verwendet wurden, nicht sehr bedeutend. Unter allen Rücksichten, ruft er aus, unter denen man diese schöne Unternehmung betrachten mag, wird man von Ehrfurcht und Dankbarkeit für einen Fürsten durchdrungen, der den Gedanken eines so großen Entwurfes faßte und die Standhaftigkeit hatte, ihn auszuführen.

Selbst die kommerzielle Lage des Landes weiß er nicht so geradezu zu verdammen. Die Tatsachen, sagt er, welche wir gesammelt, beweisen, daß dies Land, wenn es auch nicht auf den Glanz seiner Manufakturen stolz sein darf, dennoch darin lange nicht so weit zurück ist, als man so oft wiederholt hat, daß es in der Tat nur in den Gegenständen des Luxus von dem Auslande abhängt. Dafür hat es aber gewisse Industriezweige, welche halb Kunst und halb Handwerk, ihm ganz eigen sind und in zahlreichen Abteilungen sehr wohl gedeihen.

Nicht einmal, daß der Unterricht vernachlässigt sei, gibt dieser Präfekt zu. Die erste Unterweisung, sagt er, wird dem Volke mit einer Freigebigkeit dargeboten, in der sich wenige Regierungen mit ihr messen können. Er rechnet über hundert Schulen, die in Rom allein entweder umsonst oder um einen höchst mäßigen Preis eröffnet seien.

Gewiß, in dem ganzen Laufe des 18. Jahrhunderts hatten sich auch die Päpste bemüht, ihr Land emporzubringen. Und noch durchgreifendere, starke Maßregeln hatte man seit 1801 genommen. Die französische Verwaltung, welche eine Ehre darin suchte, Rom zu begünstigen und die Interessen dieser zweiten Stadt des Reiches vielleicht mehr als die Bedürfnisse irgendeiner altfranzösischen ins Auge faßte, fand ihren Weg schon geebnet. Selbst wenn sie geistliche Güter verkaufte, so war dies nicht ohne Beispiel. In den meisten Stücken brauchte sie nur fortzufahren und umfassender, kühner zu Werke zu gehen, das Begonnene zu vollführen.

Und so ist ihr wieder geschehen, wie sie getan hat. Wie merkwürdig, daß auch die hergestellte Regierung des Papstes die französische Verwaltung im ganzen keineswegs zu tadeln findet.

Wohl waren bei der neuen Besitznahme der Legationen Absichten angekündigt worden, die der Regierung derselben, wie sie unter dem Königreich Italien bestanden, entgegenliefen; sie wurden jedoch nicht durchgeführt. Es wurde eine neue Administration versprochen unter der Leitung einer ökonomischen Kongregation, an deren Spitze der Staatssekretär stehen sollte. Wie die geistlichen, so gelangten nun auch die weltlichen Geschäfte in die Hand Consalvis, der sich schon in seinem Exil – denn die Hoffnung auf Restauration gab er auch dann nicht auf – eine Art von Plan dafür gebildet hatte. Er verbarg sich nicht, daß mit der Herstellung des Papstes auch die mannigfaltigsten Schwierigkeiten für die Administration des Staates hervortreten würden, wovon er schon bei seiner ersten Verwaltung Erfahrung genug gemacht hatte. Er ist der Meinung, man müsse diese Hindernisse überwältigen und die Reformen durchführen, welche die Lehren der Erfahrung und die veränderten Ideen erheischen.

Auch in Wien hatte sich Consalvi überzeugt, daß die Verbündeten jede gewaltsame Reaktion verabscheuten, besonders das rechtlich erworbene Eigentum nicht verletzen lassen wollten. Was das Papsttum in Frankreich getan, konnte es in dem eigenen Gebiete nicht verweigern. Die Gesichtspunkte, die Consalvi nach erfolgter Restauration und seiner Rückkehr nach Rom faßte, sind in der Vorrede zu dem Motu proprio vom 6. Juli 1816, durch welches die Verwaltung des Kirchenstaates festgestellt wurde, ausgesprochen. „Die göttliche Vorsehung", sagt er, „welche die menschlichen Dinge dergestalt leitet, daß aus dem größten Unglück zahlreiche Vorteile entspringen, scheint gewollt zu haben, daß die Unterbrechung der päpstlichen Regierung zu einer vollkommeneren Form derselben den Weg bahnen sollte."

Wer hätte geglaubt, daß man am römischen Hofe die Herrschaft der Fremden als eine Begünstigung des Himmels ansehen würde, um desto leichter zu den eigenen Zwecken zu gelangen?

Wenn wir nun fragen, worin denn die Förderung bestand, welche Consalvi durch den Vorgang der Franzosen gewonnen zu haben glaubte, so spricht er es sofort aus.

„Die göttliche Vorsehung", sagt er, „scheint uns diese kostbaren Augenblicke vorbereitet zu haben, um zu einer allgemeineren und gleichförmigen Einrichtung des ganzen Staates zu schreiten." Diese Gleichförmigkeit ist das Ziel, das Consalvi zu erreichen strebt.

„Einheit und Gleichförmigkeit", so läßt er den Papst in jenem Vorwort sagen, „müssen die Grundlagen einer jeden politischen Institution sein. Schwerlich können ohne dieselben die Regierungen fest, die Völker glücklich werden. Eine Regierung kann um so mehr für vollkommen gelten, je mehr sie sich dem Systeme der Einheit nähert, das von Gott sowohl in der Natur als in dem Gebäude der Religion befolgt ward. Unser Staat, nach und nach durch die Vereinigung verschiedener Herrschaften gebildet, enthielt ein Aggregat von Gebräuchen, Gesetzen, Privilegien von großer Mannigfaltigkeit, so daß eine Provinz häufig der anderen fremd, zuweilen sogar in der nämlichen Provinz ein Stadtgebiet dem anderen entgegengesetzt war. Die Päpste, unsere Vorgänger, und wir selbst im Anfang unseres Pontifikates haben jede Gelegenheit benutzt, die verschiedenen Zweige der Verwaltung auf das Prinzip der Einheit zurückzuführen. Allein das Zusammentreffen mit mancherlei Interessen, der Widerstreit gegen die alten Gewohnheiten und alle die Hindernisse, die man zu finden pflegt, sobald man das Bestehende zu verändern sucht, haben die Ausführung dieses Werkes bis jetzt verhindert."

Erst jetzt konnte dazu geschritten werden, den Staat nach jenen Prinzipien der Gleichförmigkeit einzurichten, von denen, wie Consalvi sagt, Ehre und Erfolg eines Systems abhängen.

Hatte sich demnach die französische Verwaltung an die päpstliche angelehnt, so stützte sich die päpstliche hinwiederum auf die französische.

Nur ist dabei ein Unterschied.
Die Franzosen fanden an der päpstlichen Verwaltung Sorgfalt, Sparsamkeit, Milde zu rühmen; sie billigten die positiven Einrichtungen derselben. Mit alten Mißbräuchen im Kampfe, hatten die Päpste nicht selten fördernde und weise Maßregeln ergriffen. Diese erkannte man an. Consalvi dagegen, der in früherer Zeit mit mannigfaltigem Widerstand zu kämpfen gehabt hatte, freute sich jetzt, daß er desselben entledigt war. Er billigte nicht sowohl die Schöpfung der Franzosen als ihre Zerstörungen; er fühlte sich endlich frei.
Daher waren die Bestimmungen des Edikts vom 6. Juli zunächst negativer Art.
Von den alten munizipalen und provinzialen Einrichtungen stellte Consalvi keine einzige wieder her.
Man hatte früher Religionsbehörden von verschiedenen Berechtigungen und Eigenschaften gehabt, von größerem und kleinerem Umfange, für Prälaten oder für Doktoren, einige abhängig, andere unabhängig von der obersten Konsulta. Sie blieben vernichtet, wie sie waren.
Es hatte mannigfaltige Tribunale gegeben, die nicht selten untereinander über ihre Kompetenz in Streit geraten waren: man hütete sich wohl, sie herzustellen.
Noch bedeutender vielleicht war der Unterschied der Munizipalgesetze und der Statuten gewesen. Fast alle Städte und alle Baronalbesitzungen des Staates unterschieden sich voneinander; man hörte klagen, von drei Meilen zu drei Meilen gebe es verschiedene Gerechtsamen. Sie wurden sämtlich aufgehoben.
Alle Munizipalgesetze, heißt es in diesem Edikt, alle Statuten, Verordnungen und ihre Verbesserungen, unter welchem Titel, von welcher Autorität, in welchem Ort dieses Staates auch immer sie ausgegangen sein mögen, mit Inbegriff derjenigen, die für eine ganze Provinz oder für einen bestimmten Distrikt erlassen worden, sind aufgehoben, die allein ausgenommen, welche sich auf den Anbau des Landes, den Lauf der Gewässer, Weideland und ähnliche Dinge beziehen.
Hiermit fielen denn auf einmal alle Privilegien der Kommunen, die sich so häufig in jenen Statuten ausgesprochen, alle Exemtionen und privaten Vorrechte weg. Feudalgerechtsame, Vorbehalt der Jagd und des Fischfangs wurden unterdrückt.
Gerade in diesem Lande hatte dies etwas zu bedeuten.

Immer war ein Teil der Souveränitätsrechte in den Händen der ehedem völlig unabhängigen Kommunen verblieben. Der alte Vertrag zwischen Bologna und dem Papst war gewesen, daß zwar der Senat der Beistimmung des Legaten zu seinen Beschlüssen bedurfte, aber auch der Legat nichts tat ohne die Beistimmung des Senates. Bis zur Revolution wohnte der Senat noch immer mit den Zeichen, die früher die Unabhängigkeit bedeuteten, in dem Palaste; er verwaltete den größten Teil der Ausgabe und Einnahme, so daß die päpstliche Kasse nur zwei Auflagen, auf Wein und Salz, erhob; er besetzte einen höchsten Gerichtshof mit vier auswärtigen Doktoren. Nicht so ausgedehnte, aber ähnliche Freiheiten hatten auch die anderen Städte.

Wie ganz anders war das nun geworden! Schon das 18. Jahrhundert sah in dem allerdings unvermeidlichen Widerstreite nach und nach entstandener Institutionen nur die Dissonanzen des öffentlichen Willens. Dann trat geradezu im Gefolge der hieraus entspringenden Wirkungen und Rückwirkungen, nicht ohne Anlaß der Kommunen selbst, welche sich der höchsten Gewalt zu entziehen suchten, die Revolution in dies Land ein. Es ist der oberste Grundsatz derselben, das Ungleichartige auszugleichen, die lokalen Gerechtsamen zu vernichten, wie sie das auch in dem Kirchenstaat unternahm. In dies ihr Erbteil trat Consalvi ein.

Allerdings wurden wieder in jeder Kommune Ratsverordnete und aus ihnen hervorgehende Magistrate eingerichtet; man hörte wieder die alten Worte, die uns an die Freiheiten des Mittelalters erinnern, Gonfaloniere, Anzianen, Consiglio; jedoch die Ratsverordneten, auf denen die ganze Verwaltung beruhte, sollten von dem Delegaten unmittelbar ernannt werden, und es schien genug, diesen zu erinnern, daß die Wahl auf die rechtschaffensten und am meisten unterrichteten Leute fallen müsse. Die Bestätigung der Gewählten war überdies der Konsulta in Rom vorbehalten. Erst in Zukunft, bei eintretenden Vakanzen, sollten die Mitglieder eine Art Selbstergänzung ausüben, doch immer unter Vorbehalt höherer Genehmigung. Bis in die untersten Kreise der Gesellschaft, in das gesamte Gemeindewesen griff demnach die Regierung unmittelbar ein; und wie der Ursprung, so waren auch die Rechte dieser Räte beschränkt genug. Die Zeit der Quaranta, die Bologna so lange regiert haben, war mit allen ihren Analogien vorüber, und ihre Paläste blieben Altertümer, deren Bedeutung der Cicerone Mühe hat, dem Fremden zu erläutern.

Unter diesen Umständen konnte unmöglich der Provinzialverwaltung eine größere Unabhängigkeit gestattet werden. Der Staat ward in 17 Delegationen eingeteilt; obwohl diejenigen Legationen heißen, die einen Kardinal zum Vorsteher haben, so macht das doch keinen Unterschied. Die Delegaten haben die Gewalt der Präfekten. Zwar wurde ihnen eine Regierungsversammlung aus Insassen der Provinzen zur Seite gegeben; allein die Mitglieder derselben wurden von Rom aus ernannt, und, wie natürlich, bloß mit einer beratenden Stimme versehen. Die Entscheidung und die ganze Verantwortlichkeit haftet nach dieser Verfassung auf den Delegaten allein.
Unter ihnen stehen Governatoren, nach Maßgabe der Seelenzahl ihres Bezirkes von höherem oder geringerem Range; sie haben zugleich, da alle Sachen unter hundert Skudi vor ihr Forum gehören, eine nicht unbedeutende Gerichtsbarkeit, die dann wieder zu den Tribunalen erster Instanz, Appellationsgerichten und der Rota Romana hinaufsteigt.
So war alles in eine gleichmäßige Form gebracht, auf eine anderen Staaten entsprechende Weise; es war jener durchgreifenden obersten Gewalt, welche man immer auszuüben gewünscht hatte, Raum verschafft.
Es ist leicht zu erachten, daß dies nicht ohne lebhaften Widerspruch geschah. Allein man nahm darauf nicht nur aus allgemeinen, sondern auch aus einem besonderen Grunde wenig Rücksicht. In einer Flugschrift, welche im Jahre 1823 zur Verteidigung dieser Gesetzgebung erschien, wird derselbe unumwunden ausgesprochen. Es wird darin geradezu gesagt, Pius VII. habe das Recht des Krieges, der Eroberung geltend machen dürfen. „Er eroberte sein Land wieder mit fremden Waffen."
Wenn man sieht, wie alles nach der Hand gegangen ist, so wird man freilich geneigt, die Maßregeln Consalvis von vornherein für fehlerhaft zu erklären.
Aber hätte er wohl die Privilegien und einseitigen Berechtigungen der früheren Zeiten wiederherstellen sollen?
Ich zweifle, ob dies möglich war. Was ist ein Privilegium? Ist es nicht der Ausdruck eines von dem Staate und der höchsten Gewalt noch nicht unterworfenen, selbständigen, mit ihr unter Vertrag lebenden Daseins? Kann man die Selbständigkeit, wenn sie verloren worden, zurückgeben? Sie ist unwiederbringlich, wofern sie nicht aus eigener Kraft wieder errungen wird. Überdies waren seitdem andere Rechte erworben, die jenen zuwiderliefen.

Allein auch jene Gleichförmigkeit, die Consalvi für sein Ziel erklärte, kann an und für sich doch nur wenig bedeuten. Es kommt erst darauf an, ob man mit derselben den Mißbräuchen steuerte, die mit der alten Verfassung zusammengehangen, ob man die Kraft, welche vermöge der neuen Einrichtungen dem Staate zufiel, zu großen Erfolgen anstrengte, ob man einen Zustand herbeiführte, der nicht allein von außen her einen guten Anschein darbot, sondern sich auch in sich selber fest, wohlgeordnet und gedeihlich erwies.

Daß es dahin käme, erforderte vielleicht in dem Kirchenstaate größere Anstrengungen als in irgendeinem anderen Land.

Wenn Consalvi eine so durchgreifende Gewalt in die Hände seiner Beamten legte, so fragte sich, wer diese Beamten waren.

Waren es Männer, für ihren Beruf gebildet, im Dienst der Gesetze allmählich emporgekommen, in strenger Aufsicht und Unterordnung gehalten, Organe der allgemeinen Einsicht, der öffentlichen Bedürfnisse?

Es waren Geistliche.

Die gesamte höhere Verwaltung, die zuletzt in dem Staatssekretariat zusammenlief, war doch zunächst in den Händen der Kongregation di Consulta, del buon Governo, economica, und einiger Kardinäle, des Tesoriere, des Camerlengo. Monsignoren leiteten alles, ordneten alles an. Die Delegaten, sagt ein Artikel des Motu proprio, müssen Prälaten sein. Ein anderer gibt nicht allein den Deputationen des Klerus eine Stelle in den Stadträten; er gestattet auch, daß überdies jeder Geistliche, wenn er die Bedingungen erfülle und ernannt werde, in denselben sitzen könne. „Die Geistlichen", heißt es, „sitzen in den Räten über den Laien." Genug, Consalvi gab dem Klerus in diesem Staate ein entschiedenes Übergewicht zurück.

Seit mehreren Jahrhunderten ist es die Natur des Kirchenstaates gewesen, nicht allein, daß das Oberhaupt der Kirche durch seinen weltlichen Besitz eine größere Unabhängigkeit erlangte, sondern auch, daß der Staat die Kirche, die Kirche den Staat durchdrang; geistliche und weltliche Verwaltung sind miteinander vermischt, gehen ineinander auf. Die doppelseitige Stellung des Oberhauptes wiederholt sich mit Notwendigkeit in den unteren Kreisen.

Dies zu verändern würde als die größte Neuerung angesehen worden sein. Consalvi konnte sich nicht dazu entschließen. Und wenn man den Beweggründen nachforscht, warum nicht, so liegt ein solcher schon an sich in dem Unternehmen, die Rechte des Souveräns allenthalben zu gleichartiger Geltung zu bringen. Denn es gab hier keine Spur des weltlichen, von der Idee des Staates durchdrungenen Beamtentums, wie etwa in Preußen. Die Einheit herzustellen wäre mit Männern, die den verschiedenen Provinzen und Städten angehört hatten, wahrscheinlich unmöglich geworden. Nur die des unbedingten Gehorsams gewohnten und von der Idee des geistlich-weltlichen Fürstentums durchdrungenen Geistlichen waren dazu geeignet. Das Institut der Prälatur, aus der Consalvi selbst hervorgegangen war, gewann eine größere Bedeutung als jemals. Aber dabei verwickelte sich Consalvi doch auch in ungemeine Schwierigkeiten.

Gehen wir von den allgemeineren aus.

Nicht immer stellt man wirklich her, wenn man dies zu tun glaubt. Zuweilen hat sich die Lage der Dinge in der Zwischenzeit so verändert, daß die Herstellung einer neuen Einrichtung gleichkommt. Ganz eine andere Physiognomie als früher hatte doch jetzt dieser geistlich-weltliche Staat.

Früher beruhten die kirchlichen Institute auf eigenem Grundbesitz in dem Lande und einem großen europäischen Einkommen. Durch die Beiträge der gesamten katholischen Christenheit war auch der Staat reich geworden, und eigentlich um die Kurie her hat sich die moderne Stadt gebildet. Jetzt waren dagegen die geistlichen Güter eingezogen und verkauft, die Einkünfte aus fremden Ländern außerordentlich geschmolzen. Wollte man die bestimmte Anzahl von Kardinälen haben, so mußte man, so wenig auch ihre Dienste dem Staate austrugen, dennoch ihre Besoldung von Staats wegen aufbringen. Wollte man Klöster und geistliche Institute, so mußte man sie aus Staatseinkünften dotieren, wie man dies nur allzuoft tat. Der Staat wurde der Träger der Kirche; zu seinen übrigen Lasten kam auch noch diese.

Und war etwa die Prälatur, der die Regierung zufiel, was sie früher gewesen?

In den verflossenen Jahrhunderten hatte die Kurie eine allgemein italienische Färbung. Solange die Majorate und Fideikommisse bestanden, kamen viele jüngere Söhne aus den besten Häusern nach Rom, um ihr Glück daselbst zu machen; Leute, für die geistlich-weltlichen Geschäfte der Kurie vorgebildet; frei von dem Bedürfnis, auf augenblicklichen Erwerb denken zu müssen. Sie wurden eine Zeitlang in der Staatsverwaltung beschäftigt, bis sie sich

hier einen guten Namen verschafft, so daß sie in den großen Stellen der Kirche zu einer europäischen Wirksamkeit fortgehen konnten. In Mailand gab es Familien, welche eigene Einkünfte dazu bestimmt hatten, die jüngeren Söhne in das Kardinalat zu befördern.
Durch die Revolution waren nun aber die Majorate und Fideikommisse in den Provinzen des Königreichs Italien aufgehoben worden; der Glanz der alten Familien war verdunkelt. Viele mochten nicht mehr die Mittel haben, ihre Söhne eine langwierige Laufbahn in Rom einschlagen zu lassen; anderen fehlte es an dem Ehrgeiz dazu. Wer ein Einkommen von ein paar tausend Skudi besaß, wollte nicht nach Rom gehen, um den Diener des Papstes zu machen.
In dem Kirchenstaate war es selbst nicht viel anders ergangen. Die großen Häuser trugen Bedenken, ihr Glück aufs neue mit der Kurie zu verbinden; auch der begüterte geringere Adel hatte dazu nicht immer Lust. Ich weiß nicht, ob dies gerade darum geschah, weil man an dem Bestehen und der Festigkeit der Regierung zweifelte. Sonst hatte man freilich geglaubt, sie sei ewig wie die Religion, und jetzt hatte man sie schwanken, fallen gesehen wie andere Regierungen auch. Auf jeden Fall waren die Dinge nicht mehr in dem alten Zuge.
Man erachtet leicht, welch eine Wirkung diese Veränderung durch den ganzen Körper dieses Staates hervorbringen mußte: ich will doch noch ein Moment anführen.
Früher hatten die Kardinäle nicht ohne einen gewissen Glanz Hof gehalten; sie hatten Leute von Talent bei sich aufgenommen, die so allmählich in die Geschäfte kamen. Eine natürliche Schule, welche die ausgezeichnetsten Männer der früheren Jahrhunderte hervorgebracht hat. Jetzt waren sie weit entfernt, Hof zu halten; ihre Einkünfte reichten kaum hin, um den Aufwand zu bestreiten, den ihr Rang notwendig machte; sie gaben ihren Familiaren neun bis zehn Skudi des Monats, wonach kein Mensch trachten mag, der auf irgendeine andere Art fortzukommen weiß.
Genug, früher hatte die Kurie bei aller inneren republikanischen Einrichtung der Prälatur doch einen aristokratischen Charakter, der eine freiere und unabhängigere Stellung der einzelnen vermittelte und dabei talentvolle Leute von geringerer Herkunft nicht ausschloß.
Diesem Zustande entsprach ein Land, so voll von aristokratischen und lokalen Berechtigungen. Wenn die Geistlichen die Regierung verwalteten, so waren deshalb die Weltlichen noch nicht zu voller

Untertänigkeit verdammt. Es war eine nicht unbehagliche, wohlhäbige Existenz, nicht ohne ihre eigene Art von Freiheit, in die man sich eingelebt hatte, in der man sich zufrieden fühlte.

Jetzt aber waren die Zügel des Staates auf das straffeste angezogen. Die Geistlichkeit, zum Teil veraltet, zum Teil eben erst aus unteren Ständen emporgekommen, oft mehr durch ein Glück, wie es die Lotterie gibt, als durch Talent und Verdienst, stand mit der Aristokratie des Landes eher in Gegensatz. Alle Rechte des Staates machte sie auf unnachsichtige Weise geltend.

Die alten Freiheiten hatten gedient, den Unternehmungen des Ehrgeizes oder der Habgier zu begegnen. In diesem Lande, wo ein jeder sein Amt im eigentlichen Sinne als eine Versorgung ansieht, als einen Besitz, der ihm nicht sowohl Pflichten auflegt, als Rechte gewährt, Rechte, die ein kluger Mann auf das beste zu seinem Vorteil anzuwenden hat, war dies notwendiger als irgendwo sonst. Jetzt waren dieselben von Grund aus weggeräumt.

Wie wollte Consalvi nun zuerst seine Geistlichkeit regieren? Sie in Unterordnung halten, ihr jenen Sinn der Mäßigung und des Wohlwollens einflößen, der für jede Verwaltung so unentbehrlich ist? Obwohl die römische Prälatur immer ein weltliches Element eingeschlossen hat – sie erfordert nur die unteren Weihen –, so waren doch die Kenntnisse, welche die Administration erheischt, ihr nicht eben geläufig.

Und wie wollte man auf der anderen Seite dem Haß ausweichen, der in diesem Jahrhundert jedes Vorrecht einer Korporation verfolgt?

Man konnte zwar sagen, dies sei kein Adel: aus dem Land selbst steige die Geistlichkeit auf, die es regiere; jedermann ward zugelassen und konnte sich so weit erheben, als Glück und Talent ihm reichen. Allein die Berechtigung war doch immer mit einem Charakter verknüpft, der mit ihr selber, mit den Erfordernissen des Geschäftes nichts gemein hat.

Man sieht, es waren hier lauter Gegensätze; des Landes gegen die Kirche, die es ernähren mußte; der Provinzen gegen den Hof, der ihre Unabhängigkeit aufhob und die Geschäfte sämtlich nach Rom zog; der Aristokratie gegen eine zum Teil soeben von unten aufgestiegene Verwaltung; alle aber fielen zusammen in dem Gegensatz *zwischen Klerus und Laien*, welcher zugleich den Widerstreit der Revolution und der Restauration in sich enthält.

Siebentes Kapitel

SCHWIERIGKEITEN DER INNEREN VERWALTUNG

—

Mit einem gewissen Selbstgefühl haben die Franzosen bemerkt, Consalvi sei bei seinen Zivileinrichtungen über das Muster von Frankreich nicht hinausgekommen; die Einrichtung der Delegationen, Distrikte und Munizipalitäten sei der französischen Departementaleinrichtung entlehnt; das System der Abgaben im allgemeinen dasselbe geblieben; das Stempelgesetz z. B., das dann doch wieder eingeführt wurde, sei nur in wenigen Äußerlichkeiten von dem französischen verschieden. So habe man auch das Hypothekensystem, in dessen Einführung man in Frankreich eines der vornehmsten Verdienste der napoleonischen Gesetzgebung sah, herübergenommen; nur habe man sich gehütet, es zu sagen und die verhaßt gewordenen Bezeichnungen vermieden. Schon früher sei eine dem französischen Enregistrement analoge Einrichtung in Rom unter dem Titel archiviazione versucht worden, aber vergeblich. Die Einführung verdanke man einem Beamten des Direktoriums, der schon im Jahre 1798 mit Geist und Energie darin vorgeschritten sei. Besonders die Einführung eines Hypothekensystems hatte Pius VII. mit Freuden begrüßt, denn dadurch werde der bisherige Mißbrauch gehoben, daß mancher auf seinen Besitz eine fünfmal höhere Schuld aufgenommen habe, als der Wert desselben betrage; das werde allen anderen und ihm selbst eine größere Sicherheit geben. Bei aller Nachahmung der französischen Institutionen mußte nun aber doch die Gesamtadministration des Kirchenstaates wieder einen eigentümlichen Charakter entwickeln. Wie es damit ging, will ich auf Grund eingehender Beobachtungen, die an Ort und Stelle gemacht sind und von der genauesten Kunde zeugen, darlegen.

1. Finanzen

Von jeher war der Zustand der Finanzen im römischen Staate sehr verwickelt. Durch ein altes, jahrhundertelang unter mancherlei Wechsel in Übung gebliebenes Staatsschuldensystem waren das öffentliche und private Vermögen miteinander vermischt worden. Da der Staat die wohlfeilsten Anleihen von der Welt machte – selbst Holland schloß keine vorteilhafteren –, so ist es zu begreifen, daß man sich gehen, daß sich namentlich Pius VI., der große Dinge ausführen wollte, etwas zu weit fortreißen ließ. In zwanzig Jahren hat er für acht Millionen Skudi neue Zettel geschaffen. Wenn sich dennoch der Kredit erhielt – wie denn die Zettel im Jahre 1783 fünf, im Jahre 1795 noch immer nicht mehr als sieben Prozent verloren –, so muß man bemerken, daß dies auf dem bestehenden Zustand, der anscheinenden oder wirklichen Wohlhabenheit und dem Frieden von Italien beruhte. Ein ungünstiger Zufall konnte alles vernichten.

Langsam kam das Unglück, aber um so vollständiger war der Ruin. Erneuen wir einen Augenblick diese unglückliche Erinnerung.

Zuerst, wie die Gefahr von Frankreich her dringender ward, entschloß man sich zu kostspieligen Rüstungen. Es war noch nicht genug an einer Anleihe von zwei Millionen; man verkaufte einige Staatsgüter; man lud die Privatpersonen ein, ihr überflüssiges Silber in die Münze zu schicken und es gegen $4^1/_2$ Prozent darzuleihen. In der Tat hatten die Anleihen den besten Erfolg.

Was konnten aber jene Rüstungen helfen? Kaum waren die Franzosen diesseits der Alpen erschienen, so war man schon zu dem Waffenstillstand von 1796 genötigt, und Pius VI. mußte ihnen eine Kontribution von 21 Millionen Livres versprechen. Hierauf lud man nicht mehr ein; man wendete ernstliche Maßregeln an; Privatleute und Korporationen mußten das Gold und Silber, das sie besaßen, authentisch angeben; selbst wenn es Fideikommisse oder spezielle Hypotheken waren. Noch war man so wohlhabend, daß solche Maßregeln guten Erfolg haben konnten. Seltsam! Der Wetteifer der römischen Fürsten warf sich darauf. Es war eine Befriedigung ihres Ehrgeizes, ihre Reichtümer auf unbedeckten Wagen, in allem Pomp, am hellen Tag nach der Münze fahren zu lassen. Prinz Doria schickte allein eine halbe Million Skudi. 600000

Pfund Silber wären genug gewesen; es kamen 2900000 Pfund zusammen; mit dem Golde brachte man es auf 40 Millionen Skudi; und man kann sagen, daß alle Großen, alle Grundbesitzer ihr Vermögen in Schuldverschreibungen und Staatsanweisungen verwandelten.

Eben dieser Erfolg, der das Bedürfnis so weit überstieg, machte auf der einen Seite Mut zu neuen Rüstungen und erregte auf der anderen Verdacht und Begier. Neue Angriffe folgten; der Friede von Tolentino entriß dem Papst die Hälfte des Landes und legte ihm noch größere Kontributionen auf. Nun erst sah man sich zu Zwangsmaßregeln genötigt. Man forderte das Gold und Silber der Kirchen; man schonte weder Juweliere noch Goldschmiede; von den Privatpersonen verlangte man ihre Edelsteine, mochten sie nun gefaßt sein oder ungefaßt. Jetzt aber war nicht mehr an freiwilliges Entgegenkommen zu denken; jedermann suchte sich dieser allgemeinen Beraubung zu entziehen.

Man sieht, wie weit es gekommen war. Von der freiwilligen Anleihe ging man zu einer ernstlich befohlenen, von dieser zu den strengsten Maßregeln, zu einer Art von Beraubung fort. Als endlich die Franzosen Rom einnahmen, folgte Bankerott des Staates, Plünderung der Privaten. Es war jener allgemeine Ruin, der sich unter der Form der Republikanisierung von einem Ort auf den anderen warf. In Rom blieben nur drei bis vier Häuser im Besitz eines bedeutenden Vermögens; einige Bankiers, unter ihnen Torlonia, kamen empor; sie zogen Vorteil von dem allgemeinen Verluste.

Gleich als sei es aber an dieser Vernichtung aller Besitztümer des Staates und der Privaten nicht genug, nach der ersten Herstellung des Papstes ward eine Maßregel beschlossen, welche auch die Kommunen in dieselbe verwickelte. Der Staat übernahm ihre Schulden, aber er zog zugleich ihre Güter an sich. Sowohl jene als diese wurden in eine einzige Masse zusammengeworfen. Nicht alle Kommunen waren verschuldet; gerade die, welche es am wenigsten waren, hatten die bedeutendsten Gemeindegüter; doch machte man zwischen ihnen keinen Unterschied. Die Güter konnten der Natur der Sache nach unter der Verwaltung des Staates nicht so viel eintragen, als sie den Kommunen selbst wert gewesen waren; dennoch nahm die Regierung sie an sich. Der Erfolg entsprach dem Verfahren. Gar bald sah man sich doch genötigt, die Kommunalkasse wieder von der Staatskasse zu trennen; dann schritt man zum Verkaufe. Während man verkaufte, setzte man die Zinsen der Schuld herab. Die Gläubiger wurden nicht bezahlt; die Städte, welche früher bedeutende Einkünfte genossen, brachten jetzt mit Mühe und nur durch Auflagen auf die ersten Lebensbedürfnisse das unumgänglich Erforderliche kümmerlich auf; die Güter kamen in die Hände der großen Geldbesitzer.

Wie sehr nimmt in neueren Zeiten alles diesen Zug! Wie sehr gerät alles Vermögen, der Staaten, der Kommunen, der Privatleute, äußerst beweglich geworden, in die Hände der großen Geldinhaber, in das Spiel der Wechselgeschäfte.

Auch die Franzosen schlugen bei ihrer Besitznahme einen Weg ein, der dahin führte. Sie schritten nunmehr ernstlich zum Verkaufe der geistlichen Güter, was ihnen einen doppelten Vorteil gewährte. Sie hoben einmal die Korporationen auf, welche größtenteils noch im Besitz der Zettel des Staates, also Gläubiger desselben waren; hierdurch entledigten sie sich einer großen Last; sodann benutzten sie den Verkauf der Güter zur Tilgung der übrigen Schulden. Die Zettel, welche übrigblieben, behaupteten einen Kurs von 28 Prozent; aber die Güter fielen ebenfalls den großen Besitzern in die Hände.

Als nun Consalvi nach der zweiten Restauration die Regierung des Kirchenstaates wieder übernahm, war derselbe ohne eigene Hilfsquellen, ohne die alten geistlichen Güter, in einem Teil des Landes ohne Kommunalbesitzungen, ohne einigermaßen verbreiteten Privatwohlstand.

Zu dem Rest der alten Schulden in ihrem damaligen Kurs kamen erhebliche neue Belastungen hinzu.

Es verstand sich, daß der Kirchenstaat einen Teil der Schulden des Königreiches Italien zu übernehmen hatte. Es war kein kleines Geschäft, sie auseinanderzusetzen. Allesamt, sowohl die früheren der einzelnen Provinzen als die späteren, die unter dem Titel des Königreiches gemacht worden, waren in das große Buch des Monte Napoleone zu Mailand eingetragen. Welchen Maßstab sollte man aber wählen, sie wiederum zu verteilen? Als Napoleon die Schuld konsolidierte, bestimmte er ihr verschiedene Domänen zur Hypothek. Diese Hypothek legte man jetzt bei der Auseinandersetzung zugrunde. Da aber ein großer Teil derselben in den dem Kirchenstaat zurückgegebenen Provinzen lag, so fiel diesem ein bedeutender und, wie behauptet wurde, unverhältnismäßiger Teil der Schulden zur Last. Auch die Dotation, welche Eugen behielt, war zum guten Teil in diesen Provinzen belegen.

Wie hätte man unter diesen Umständen auf eine wesentliche Herabsetzung der Staatslasten denken können. Man behielt die Auflagen, wie sie die Franzosen hinterlassen, ohne große Abweichungen bei. Glück genug, wenn man mit ihnen durchkam.

Das Defizit von 1816 betrug 1200000 Skudi, und nur durch Torlonia war es möglich, die dringendsten Forderungen zu erledigen.

Jedes neue Bedürfnis setzte in Verlegenheit. Als 1819 der Kaiser von Österreich nach Rom kam, dachte man ihn prächtig zu empfangen und die Stadt in ihrem alten Glanze zu zeigen. Was aber war nötig, um dies zu vermögen! Man trieb nicht allein die rückständigen Abgaben mit Gewalt ein; man zahlte selbst die Witwenkassen nicht vollständig aus; man machte mit den Unternehmern solche Kontrakte, daß sie erst in zehn Jahren bezahlt zu werden brauchten. Dennoch mußte man überdies zu Anleihen schreiten, und es ist eine besondere Wendung der Dinge, daß man von Madame Lätitia Bonaparte und der Prinzessin Pauline Geld borgte, um Kaiser Franz I. und den Fürsten Metternich zu empfangen.

In diesem Zustand fand dann der Geist des Wuchers, der in dieser Nation schon an sich heimisch ist, neue Nahrung.

Man verpachtete den größten Teil der Einkünfte; der Vorteil der Pächter war ungeheuer, und dennoch wagte man nicht Regien einzuführen, aus Furcht, nur noch weniger einzunehmen.

Man gab die Pflichten des Staates sowie seine Rechte in Unternehmung; von der Art, wie dies geschah, werden uns kaum glaubliche Dinge erzählt.

Unter anderem bildete die Verwaltung der Gefängnisse einen wichtigen Teil der öffentlichen Administration. Sie waren immer gefüllt; im Jahre 1820 zählte man elftausend eingezogene Verbrecher. Den Unternehmern wurden 15 Soldi des Tags für den Kopf gutgetan. Es gab aber Pächter zweiter und dritter Hand, welche die Verpflegung um zehn, um acht Soldi übernahmen und doch noch Gewinn machten. So hatte der Staat eine übertriebene Ausgabe; das Geschäft ward auf das schlechteste verwaltet. Ein paar Unternehmer machten ungeheuren Gewinn; die Verhafteten litten Hunger.

Nicht viel besser war die Verpflegung der kleinen Armee, die einen unverhältnismäßigen Aufwand verursachte und niemals komplett war. Konnte man dem abhelfen? Wem sollte man die Aufsicht anvertrauen? Man machte die Erfahrung, daß Fabrikanten, denen die Prüfung der Tuchbereitung übertragen wurde, dies Vertrauen zu ihrem Vorteil mißbrauchten.

Auch in anderen Staaten kommen Verfälschungen vor; aber unerhört ist, wie man sie in Rom trieb.

Im August 1817 entdeckte man ein regelmäßig eingerichtetes Bureau von Verfälschungen mit einem Vorsteher an seiner Spitze. Hier wurden Anweisungen auf die öffentlichen Kassen ausgefertigt, förmliche Gratifikationen und Pensionen erteilt. Die Dokumente waren mit den täuschendsten Unterschriften versehen. Welch ein Zustand, daß sie honoriert wurden! Man trieb dies lange, ohne entdeckt zu werden. Endlich ging man so weit, mit der Unterschrift des Papstes ein Monopol herzustellen, welches ausdrücklich aufgehoben worden war. Eine solche Akte mußte den höchsten Autoritäten vorgelegt werden, und nur weil es diese mit Besorgnis erfüllte, daß ein Unbekannter sich dem Papste so weit nähern könne, um eine so außerordentliche Gnadenbezeugung zu erlangen, forschte man nach und kam den Verbrechern auf die Spur. Aber die Entdeckung selbst brachte in neue Verlegenheit. Die Unterschriften waren so gut nachgemacht, daß der Papst Bedenken trug, dieselben für falsch zu erklären. Er sagte nur so viel, die Breven, unter denen er sie finde, seien ihm niemals vorgelegt worden.

Was ließ sich in einem Staate hoffen, in welchem es in einem so hohen Grade an der Moralität fehlte, welche allein die öffentlichen Dinge zusammenzuhalten vermag. Welche Verfassung ließ sich ersinnen, um so großen und so tiefen Übelständen zu begegnen?

2. *Justiz*

Noch ehe der Papst im Jahre 1814 in Rom eintraf, hatte sein Delegat Rivarola das gesamte französische Recht, bürgerliche und peinliche Gesetzgebung, Prozeßordnung und Handelsrecht in den Herrschaften des Heiligen Stuhles für „auf ewig abgeschafft" erklärt und die alte Gesetzgebung wiederhergestellt, wie sie in dem Augenblick bestanden, als die päpstliche Regierung aufhörte. Nur über die Erbfolge hatte er neue Bestimmungen hoffen lassen.

In dem Edikt vom Juli 1816 gab Consalvi allerdings diese Be-

stimmungen. Übrigens aber hob er seinerseits, wie gesagt, alle provinziellen Statuten und das Herkommen der Städte auf.
Es mag sein, daß das französische Recht den Sitten widersprach, daß das statutarische Recht Unbequemlichkeiten in Menge verursachte; allein ein Recht mußte man haben; und es fragte sich nur, was man an die Stelle setzen wollte.
Zunächst, antwortet das Edikt, die Bestimmungen des gemeinen Rechtes, ermäßigt nach dem kanonischen Rechte und den apostolischen Konstitutionen.
Sollte aber dies genügen? Wer kannte die Unzahl apostolischer Konstitutionen, die einander so häufig widersprechen? Wollte man die alten Entscheidungen der Rota Romana wieder ins Leben rufen? Mußten sie nicht, da sie immer neben den örtlichen Statuten bestanden hatten, eine ungemeine Lücke übriglassen?
Es entstand eine Verwirrung ohnegleichen. Selbst die Regierung klagt über dieses Meer von Rechtsgelehrsamkeit, die man aus so mannigfaltigen, schwer zu erreichenden Quellen schöpfen müsse, die mit den Sitten und gesellschaftlichen Verhältnissen in Widerspruch stehe, deren Anwendung durch tausend Streitfragen, den Konflikt der Lehren und selbst die Subtilitäten der Autoren unsicher und schwankend werde.
Sie erkannte sehr wohl, daß die neue Organisation ihrer Tribunale nichts helfe, solange das Verfahren derselben mehr auf dunklen widersprechenden Überlieferungen als auf sicheren Regeln beruhe, solange ihr nicht ein analoges, genau bestimmtes System der Gesetze zur Seite stehe.
Wir brauchen nicht zu wiederholen, wie viel sich gegen die Einführung neuer Gesetzbücher sagen läßt. Hier aber, wo man ein bereits ziemlich in Gang gekommenes neues Recht abgeschafft und das alte nicht wiederhergestellt hatte – wie es denn auch, da die Statuten so lange schon außer Gebrauch gesetzt, die Juristen ihrer unkundig und zu den schwierigen Studien, die sie erforderten, nicht mehr fähig waren, schwerlich wiederhergestellt werden konnte –, hier waren sie unumgänglich notwendig.
Consalvi sagte sie zu. Er versprach, an die Stelle jener abgeschafften Zweige der napoleonischen Gesetzgebung päpstliche Gesetzbücher zu setzen, und es traten in kurzem einige Kommissarien zu ihrer Ausarbeitung zusammen.
In der Tat kam man im Jahre 1817 mit der Prozeßordnung zustande. Man suchte in derselben, wie sich Consalvi ausdrückte,

möglichste Gleichförmigkeit, Einfachheit und Kürze; man schaffte z. B. das Recht ab, nach welchem die eine der Parteien Richter und Tribunal wählen durfte; man suchte die Willkür der Richter zu beschränken. Eine andere Frage ist, wie weit man damit reichte. Gar bald sah man sich genötigt zu erklären, daß in allen Prozessen, welche in Hinsicht auf Personen oder Gegenstand vor die geistlichen Gerichte gehörig, die herkömmlichen Formen zu beobachten seien. Selbst ihre lateinischen Vorladungen wollen sich diese Leute nicht nehmen lassen. Die Administration behielt, wie in Frankreich, ihre eigene abgesonderte Justiz und entschied ihre Prozesse selber. Von der neuen Einrichtung fanden die Kundigen, daß sie die Sachen nur noch mehr in die Hände der Advokaten überliefere.

Wie konnte dies auch anders sein, solange es in der bürgerlichen Gesetzgebung so sehr fehlte.

Vielleicht der ausgezeichnetste der damaligen römischen Juristen, Bartolucci, hatte es übernommen, das bürgerliche Gesetzbuch zu entwerfen. Es galt als ein großer Triumph Consalvis, daß er diesem seinem Freunde, obwohl derselbe unter Napoleon gedient hatte und als ein Gegner der Priesterregierung angesehen ward, eine so wichtige Arbeit in die Hände brachte. Im Jahre 1820 kam er so weit, daß er von den 18 Büchern, die das neue Gesetzbuch umfassen sollte, die fünf ersten der Congregazione economica zur Begutachtung übergab. Leider verstanden die Mitglieder derselben wenig von der Rechtsgelehrsamkeit. Während sie dennoch eine Menge Einwürfe machten und Bartolucci dieselben beantwortete, verging die Zeit, und der Autor starb darüber hin. Wer hätte glauben sollen, daß sein Werk mit ihm untergehen würde! Die Bekanntmachung desselben, die so oft versprochen worden, die so dringend nötig war, ist niemals erfolgt.

Unter diesen Umständen geriet die Rechtspflege in den unseligsten Zustand von der Welt und wurde ein Spott der Gerechtigkeit. Bis in die geringste Sache hing alles von Gunst und Persönlichkeiten ab. Leute, die es nicht leugneten, einen Diebstahl begangen zu haben, bei denen man das Gestohlene gefunden, wurden dennoch von den Gerichten freigelassen, weil sie mächtige Freunde hatten. Mit dem Rekurs an die Gnade des Papstes wurde großer Mißbrauch getrieben. Es gab Fälle, daß man acht gleichlautende Urteile für sich hatte und doch niemals zu seinem Rechte gelangte.

3. *Landbau*

So wenig setzte Consalvi die Idee des Staates, die ihm vorschwebte, durch. Jene durchgreifende Macht seiner Beamten, die den alten Übelständen hatte abhelfen sollen, vermehrte sie eher. Selbst wenn es zu entscheidenden Veränderungen kam, wirkten dieselben nicht immer vorteilhaft.
Es ist wahr, die alte Verfassung litt an schweren Mängeln. Allein in manchem Institute, das nicht an jeder anderen Stelle empfehlenswert sein mochte, lag doch ein Heilmittel für die in diesem Lande herkömmlichen, ihm natürlichen Verirrungen. Als man anfing zu reformieren, sah man nur noch, inwiefern solche Einrichtungen den allgemeinen Begriffen zuwiderliefen, aber man bemerkte nicht mehr, welchen Übeln sie hier am Orte abzuhelfen bestimmt waren.
Niemand wird unter anderen das Institut der Asyle, wie es früherhin in dem Kirchenstaate bestand, im allgemeinen billigen. Dennoch ward es ein Mittel, dem Überhandnehmen des Banditenwesens zu steuern. Es ließ einen Weg offen, auch nach begangenem Verbrechen sich mit der Gesellschaft auszusöhnen.
Man hat die Klagen über die Verödung der Campagna und die Sorglosigkeit der heutigen Römer wohl sehr übertrieben. Wenn man überschlägt, welche Mannigfaltigkeit von Arbeit und Arbeitern, welche berechnende Umsicht und bedeutende Auslagen der Ackerbau in diesem Lande erfordert (wo man ihn treibt, widmet man ihm die größte Sorgfalt), und wenn man dann dagegen wahrnimmt, wie bei dem ersten Regen des Oktobers diese unermeßlichen Gefilde sich mit jungem Grün bekleiden und unzähligen Herden die vollkommenste Weide darbieten, im Herbst und Winter so voll und so frisch wie im Frühling, so hört man auf, sich zu verwundern. Auf das mühevollste bearbeitet, bringt das Land nur in guten Fällen einen Gewinn hervor, wie ihn diese verführerische Freigebigkeit der Natur ohne alles Zutun gewährt.
Man muß sich eher wundern, daß bei dieser Lage der Dinge der Ackerbau nicht gänzlich verdrängt wird.
Eben darum hatte sich die alte Regierung zu einigen Zwangsmaßregeln entschlossen, die man unter dem Namen der Annona begriff. Es ist wahr, diese Maßregeln widersprachen allem, was man in anderen Ländern über den Landbau dachte und lehrte. Wenn man dann berechnete, wie ein geringer Teil der Campagna besät

werde, so maß man wohl der Annona selbst die Schuld davon bei. Ganz Europa sprach sich dagegen aus, und sie wurde aufgehoben. Allein welches war der Erfolg! Unter Pius VI. im Jahre 1783 hatte man 16340 Rubbi besät; damals bestand die Annona; 1809, nachdem sie acht Jahre abgeschafft gewesen, bebaute man wenig über 8000; 1816 nur 7000, und noch immer dauerte die Abnahme fort. Wie viel hat man von jeher über den Umfang und die Menge der geistlichen Güter geklagt, gleich als wären diese vornehmlich an der Verödung einiger Provinzen schuld. Die Franzosen hoben sie auf. Die Folgen aber waren ganz andere, als man hätte erwarten sollen. Die Güter wurden nicht in kleine zerschlagen, wie in Frankreich, sondern sie wurden von den großen Besitzern und Geldinhabern angekauft, welche ihre Latifundien damit nur noch erweiterten. Die geistlichen Güter hatten wenigstens reichlich Almosen gespendet; sie hatten die Kommunalabgaben mitgetragen. Den großen Besitzern fiel es nicht ein, für die Armen zu sorgen, und durch ihre einflußreichen Verbindungen gelang es ihnen leicht, sich den Kommunalverpflichtungen zu entziehen.

Als Pius VII. im Anfang seines Pontifikates die Annona abschaffte, dachte er allerdings zugleich auf eine Verteilung der großen Besitzungen; man hatte vor, Kolonien auf dem Agro Romano zu gründen und Dörfer daselbst anzulegen. Allein es blieb alles bei den ausführlichen und mit großer Beredsamkeit verfaßten Werken, die man darüber schrieb. Vielmehr trat das Gegenteil ein. Es bildete sich das Institut der Mercanti di Campagna nunmehr erst recht aus. Ein solcher Mercante, der eines bedeutenden Fonds zu seiner Spekulation bedarf – unter anderem muß er die Arbeiter besolden, die so weit aus den Abruzzen bis hierher kommen –, pachtet mehrere von den großen Herrschaften zusammen; es gibt Pachtungen von anderthalb Quadratmeilen; die Eigentümer bedürfen in der Regel ihres Pächters und dessen Vorschüsse, sie müssen alles zugeben, was er vornimmt. Nun waren aber deren nur wenige, und es gab keine Konkurrenz. Wenn die Mercanti di Campagna sich untereinander und mit den Bankiers verstanden, so konnten sie den Markt nach Gutdünken beherrschen. Das ganze Geschäft kam in äußerst wenige Hände. Glücklicherweise setzte die Zufuhr aus den Häfen des Schwarzen Meeres ihrer Betriebsamkeit Grenzen. Sie waren über dieselbe nicht wenig mißvergnügt. Ja, man könnte überzeugt sein, wie sie denn das selbst sagten, daß sie auch noch den kleinen Teil der Campagna, den sie bebauten, ungefähr ein Zehntel, brachliegen lassen würden, wofern nicht die Natur ihnen in den Weg träte, wenn es nicht notwendig wäre, das Land wieder zu brechen und zu besäen, um feines und frisches Gras zu bekommen. So erhielt sich der Ackerbau nur mühselig. Er war gleichsam ambulant geworden; man kam damit nur dem Wiesewachs zu Hilfe! Für die Verluste, welche der Ackerbau häufig verursacht, entschädigt man sich durch den Vorteil, den derselbe für die Viehzucht darbietet.

4. Räuberwesen

In dem nördlichen Italien habe ich über nichts so oft klagen hören wie über die Einführung eines deutschen Gesetzbuches. Nicht weil es zu hart, auch nicht gerade, weil es ausländisch sei, sondern weil es mit seinen breiten und milden Formen der hinterlistigen Gewandtheit allzu viele Ausflüchte darbiete.

Wir sehen auch an den Beispielen des Kirchenstaates, wie so überaus schwer es ist, in diesem Lande Gesetz und Ordnung zu handhaben. Die Neigungen, denen man sich zum allgemeinen Besten entgegenstellen, die Richtungen, die man in leidliche Grenzen einschließen möchte, entschlüpfen der Hand, die sie fassen will, und lachen der vermeinten Schranken.

Wieviel hat man nicht von jeher versucht, die Räuberei zu dämpfen. Aber selbst die Franzosen haben es nicht vermocht. Bald nach dem Anfang ihrer Herrschaft konnten sie berechnen, daß sich ungefähr hundert Menschen dem Wirkungskreis der Gesetze entzogen hatten, und jener tapfere und gutmütige, lustige Räuberhauptmann Pietro machte sich unter ihren Augen einen Namen. Er nannte sich Peter I., Kaiser der Gebirge, König der Wälder, Protektor der Konskribierten. Man sieht, wen er damit verspottete, und wirklich hatte die Räuberei damals zugleich eine politische Farbe. Um so schärfer, wie sich versteht, verfolgte sie die französische Gerechtigkeit. Aber 1811 nahm sie eher zu als ab; 1814 wußte man noch 55 zu zählen, deren man niemals hatte habhaft werden können.

Wie sollte nun die so viel schwächere päpstliche Verwaltung sich ihrer sofort zu entledigen vermögen?

Zwar fiel der politische Grund weg, allein es gab tausend andere, durch welche sie begünstigt wurde. Es kam so weit, daß ein Bürger von Tivoli mitten in der Stadt von Räubern angefallen und ermordet wurde. Eine Dame von Sermoneta klagt, daß sie sich seit Jahren nicht mehr nach ihrem Schlosse auf dem Lande wage; ihr Haushofmeister kenne die Raubgesellen, aber er werde nie den Mut haben, sie anzugeben; er beköstigte sie, wenn er von ihnen besucht werde. In Ferentino zahlte man eine Brandschatzung, um ohne Gefahr auf das Feld, an die Arbeit gehen zu dürfen. An vielen anderen Orten hielten sich die Einwohner eingeschüchtert hinter ihren Mauern. Wer eine Villa gemietet, traute sich nach Sonnenuntergang nicht mehr in den Garten.

Zuweilen schien es, als wolle der Staat ernstliche Maßregeln gegen dieses Unwesen ergreifen. Er errichtete 1817 Kommunalmilizen unter der Anführung der vornehmsten Grundbesitzer zur Verfolgung der Banditen und versprach Belohnungen für jeden, den man einbringen würde. Mit vielem Pomp wurde diese Einrichtung angekündigt; alle vierzehn Tage sollte über ihren Erfolg Bericht erstattet werden. Niemals ist Bericht erstattet worden: es kam zu keinem Erfolg; niemals hat man einen Räuber eingebracht. Als die Banden drohten, sich ernstlich zu wehren, sich auf Leben und Tod zu schlagen, hatte kein Mensch Lust, die Belohnung zu verdienen.

Gewiß, um irgendeine Unternehmung durchzusetzen, wird etwas mehr gefordert als Einsicht, daß sie nützlich sei. Das Übel, dem man steuern wollte, hing so tief mit der Sinnesweise dieses Volkes zusammen, daß es auf solche Weise nicht auszurotten war.

Die Leidenschaft, die zu einem Verbrechen führt, wird in diesen Gegenden nicht als ein moralischer Fehler, sie wird als ein Unglück betrachtet; sie erweckt nicht sowohl Abscheu als eine Art von Mitleiden. Der Staat verfolgt das Verbrechen: das ist seine Pflicht; der Verbrecher rettet sich, so gut er es vermag. Niemand hindert ihn daran.

Wer irgendeine schwere Ahndung verwirkt hatte, der er sich entziehen wollte, begab sich in die Gebirge; von den Gesetzen war er geächtet, aber nicht von der öffentlichen Moral. Er ist in dem Gebirge, hieß es von ihm, er hält sich in den Wäldern auf.

Auch er selbst glaubt, indem er sich dergestalt in Kriegszustand mit der Gesellschaft setzt, keine wesentliche Pflicht, am wenigsten der Religion, zu verletzen. Das Kruzifix kommt nicht von seiner Seite; er küßt es jeden Augenblick. Er nötigt vielleicht einen seiner Gefangenen, ihm aus einem Gebetbuche vorzulesen. Seht da, sagt er, indem er ihm sein Asyl im Gebirge zeigt, welch ein rauhes Leben wir führen, und doch behandelt man uns so hart, uns arme Leute.

Von diesem Schlupfwinkel aus aber beherrscht er seine Welt. Er züchtigt seine Feinde und beschützt seine Anhänger. Die Nachbarn dienen ihm, verkaufen ihm den Raub, bebauen sein Stück Land, verbergen ihn im Notfall und tragen ihm Lebensmittel hinaus. So umgibt er sich mit Furcht und Glanz. In den Gegenden, wo dies Leben besonders Wurzel gefaßt hat, hörte man wohl ein Weib dem anderen vorwerfen, sie habe keinen Mann, der sich im Gebirge zu halten vermöchte; die jungen Mädchen heiraten am liebsten die ausgezeichneten Räuber.

Bei den Kämpfen, in die sich die Staatsgewalt mit den Ausgetretenen einließ, fand sich dann leicht, daß die größere Energie auf seiten der letzteren war; eben darum behaupteten sie den Platz.

Sixtus V. hat sich einst durch Vertilgung der Räuber hervorgetan. Er vermochte es nur, indem er sie untereinander selber entzweite. Auch Consalvi, dem andere Maßregeln fehlschlugen, sah sich genötigt, sein Heil bei ihnen selber zu suchen.

Wer hätte glauben sollen, daß diplomatische Talente erforderlich seien, um Banditen zu dämpfen?

Als Consalvi 1818 zum Abschluß des neapolitanischen Konkordates mit Medici in Terracina war, richtete er sein Augenmerk auf die Umgegend, wo die Neigungen, die jenes Gewerbe erfordert, besonders blühten, namentlich Sonnino; bald hatte er einen, bald hatte er sie alle gewonnen. Er schloß eine Art Vertrag mit ihnen.

Die Räuber versprachen, sich auf ein Jahr lang ins Gefängnis zu stellen. Der Staat versprach, ihnen alsdann die erforderlichen Mittel zu geben, um ein friedliches Leben zu führen.

Und so kamen die Assassini von Sonnino, drei Wagen voll, nach Rom, um ihr Jahr abzusitzen; Leute, welche viele Jahre dies Gewerbe getrieben, einer, der sich rühmte, sechzig Menschen umgebracht zu haben; der berufenste von allen, Masocco, fehlte nicht; seine Frau begleitete ihn ins Gefängnis. Alles lief, sie zu sehen, Fremde und Einheimische; man wiederholte sich ihre Taten. Die Herzogin von Devonshire trat heran, nahm ihr Halsband ab und schmückte das Weib Masoccos damit.

Es kam nur darauf an, ob man sich nun auch der anderen erwehren würde. In der Tat war in kurzem nur noch Cesari mit einer

Bande von vierzehn Mann übrig, und auch dieser fing an zu unterhandeln. Endlich versprach er, wenn man ihm vollkommene Verzeihung zusichere, mit Hilfe eines Vertrauten seine übrigen Kameraden sämtlich auszuliefern. Er sandte ein paar Uhren zum Unterpfand.

Masocco, der die Unterhandlung geführt hatte, sollte auch die Leute in Empfang nehmen. Mit einer kleinen Anzahl von Bewaffneten erschien er an dem festgesetzten Tage an dem bestimmten Orte. Auch Cesari ließ nicht lange auf sich warten. Allein er hatte es anders vor, als man glaubte. Er rief den beiden zu, sie möchten allein herankommen, das sei die Abrede; sonst werde man auf seiner Seite Verdacht schöpfen. Sie trauten ihm und näherten sich allein. In dem nämlichen Moment wurden sie aus dem Dickicht erschossen. Hierdurch bekam die Sache eine entsetzliche Verwicklung. Man hat wohl gesagt, daß mit den Albanesen die Blutrache im Neapolitanischen eingewandert sei und sich von da aus durch die umliegenden Landschaften verbreitet habe. Vielleicht hängt sie mit einem Zustande, wie dieser ist, ohnehin und in natürlicher Weise zusammen. Wenigstens ist wohl selten ein Mensch grausamer gerächt worden als Masocco.

Einer seiner alten Gefährten, Amarini, ging noch im ersten Ingrimm der Rachsucht geradezu auf San Prassede los, wo die Familie Cesaris wohnte. Schon hatte die Regierung die Abführung derselben veranstaltet, vielleicht um sie sicherzustellen, vielleicht um selbst ein Pfand in den Händen zu haben. Amarini begegnete dem Zug unterwegs. Es waren sechs Weiber und Mädchen. Er forderte von dem Offizier, der sie geleitete, ihre Auslieferung. „Wo hast du den Befehl dazu?" – „Diese Flinte enthält ihn." Ein römischer Soldat wird sich nicht für Kinder eines Räubers schlagen. Er überließ sie dem Menschen, der sie eine Miglie seitab führte. Hier befahl er seinen Gefährten, auf sie zu schießen. Sie warfen sich in ihrem Instinkt zur Erde. Amarini sprang wie ein Raubtier auf sie los und ermordete sie zum Totenopfer für seinen Hauptmann. Dann lieferte er sich selber der Gerechtigkeit aus.

Cesari fing hierauf einen offenen Krieg an. Er drang in Prassede ein, erschoß einige Menschen und steckte ein paar Wohnungen in Brand. Hierauf faßte er an den römisch-neapolitanischen Grenzen Fuß. Er nahm Neapolitaner und päpstliche Untertanen gefangen; jedoch machte er den Unterschied, daß er jenen gestattete, sich loszukaufen, diese aber ohne Erbarmen tötete. Er war bald hier, bald da; mit außerordentlicher Geschwindigkeit entging er seinen Verfolgern.

So führte ihn sein Weg auch einmal wieder nach der Gegend von Prassede zurück. Als er auf die Stelle gelangte, wo Amarini seine Familie getötet hatte, ergriff ihn eine wilde Wut. Er sah eine Bäuerin, und ohne daran zu denken, wer sie sei oder wo er selber war, jagte er der Fliehenden nach. Ein römischer Karabiniere, glücklicherweise von etwas härterem Stoffe als gewöhnlich und den anderen deshalb unleidlich, befand sich in der Nähe. Es gelang ihm, den Räuber zu erschießen, ehe er noch seine Beute erreicht hatte. An der Silberplatte auf der Brust erkannte man, daß es der Hauptmann, daß es Cesari war. Im Triumph empfingen die Einwohner von Prassede ihren Befreier.

So bewegten sich die wildesten Leidenschaften, welche zu zähmen eben der Staat bestimmt ist, auf freier Bahn; in entsetzenvollen Ausbrüchen machen sie sich Luft und nur durch sich selber reiben sie sich auf.

Und noch war es hiermit nicht geendigt. Noch öfter empörte sich das räuberische Gebiet von Sonnino, man mußte noch öfter unterhandeln; einmal ist man sogar im Begriff gewesen, Sonnino ganz zu zerstören. Allein nach und nach ward das Übel mäßiger. Als die Karbonari in diesen Gegenden emporkamen, schien es, als seien die Räuber verschwunden.

Achtes Kapitel

OPPOSITION DER GEISTLICHKEIT

Wenn man die Tätigkeit dieses Pontifikates in den beiden Beziehungen, die sie verfolgte, der geistlichen und der weltlichen, vergleicht, so hat sie insofern einen inneren Zusammenhang, als sie sich zur Aufgabe setzte, die Autorität nach beiden Seiten herzustellen. Man nahm an, daß die weltliche Macht dazu gehöre, um die geistliche aufrechtzuerhalten. Aber zwischen ihnen waltete doch eine tiefe Verschiedenheit ob. Die geistliche Autorität konnte nur dadurch behauptet werden, daß man sich an die altherkömmlichen Berechtigungen so viel wie möglich anschloß. Sie war ihrer Natur nach konservativ und repräsentierte recht eigentlich die Ideen der Restauration; wenn dann auch Abweichungen davon vorgekommen sind, so erschienen solche doch immer als erzwungene; an dem Prinzip hielt das Papsttum unerschütterlich fest. In dem Staate dagegen verfolgte die Verwaltung eine unzweifelhaft liberale Richtung; sie schloß sich dem Muster von Frankreich absichtlich an. Hier fuhr sie in dem Werke der Zerstörung des Alten ohne vielen Rückhalt fort. Mit dem strengen Festhalten, welches z. B. in dem Verfahren der Kurie der oberdeutschen Kirchenprovinz gegenüber zutage tritt, stand die durchgreifende Neuerung in dem Kirchenstaat selbst in unleugbarem Widerspruch. Und wenn man dann auf der einen Seite bei dem Werke der Konkordate auf mannigfaltige Schwierigkeiten stieß, so zeigten sich noch viel größere bei dem Versuche, den Staat nach den modernen Ideen zu konstruieren. Soviel ist offenbar, daß Consalvi die Elemente, aus denen der Staat zusammengesetzt war, nicht einmal zu überwältigen und zusammenzuhalten, geschweige in Harmonie zu vereinigen vermochte.

Und selbst, wenn es ihm besser gelungen wäre, so würde er doch ohne Zweifel Widerstand genug zu bekämpfen gehabt haben. Wieviel stärker mußte sich dieser erheben, da es ihm nicht gelang.

Unter den Kardinälen hatte er nur wenig gleichgesinnte Freunde oder Anhänger. Vornehmlich war ihm Lante befreundet, ein Mann, der vielleicht von allen die meiste Kenntnis des Landes und des Details der Verwaltung besaß. Der schwierigen Aufgabe, Bologna zu regieren, welches die alten Ansprüche mit der neuen Unzufriedenheit vereinigte, wußte er glücklich zu genügen. Einen Zustand der Dinge, welcher große Lasten auflegte und von den meisten gemißbilligt wurde, hielt er dennoch aufrecht und gewann die allgemeine Zuneigung. Allein schon im Jahre 1818 starb er. S. Petronio war den ganzen Tag mit Leuten erfüllt gewesen, die für ihn beteten. Die gesamten Bevölkerungen der benachbarten Ortschaften wallfahrteten dazu barfuß herein.

Auch der Nachfolger Lantes, Kardinal Spina, zeigte sich geschickt und brauchbar. Man trug lange Zeit Bedenken, ihn an den Kongreß von Laibach zu senden; seine Gegenwart in Bologna schien notwendig, um die Parteien in Zaum zu halten.

Wie hätten indessen alle Kardinäle von Consalvis Meinung sein sollen?

Er trieb die Geschäfte nach seinem Sinne; er schloß seine Kollegen von Beratung und Teilnahme aus; er huldigte so sehr den modernen Ideen. Sie, bejahrte Männer, von Natur dem Alten zugetan, durch die Neuerungen des Jahrhunderts so oft bedroht, so lebhaft bedrängt, und auch nun zurückgesetzt, in der Überzeugung, der Ursprung aller Übel, so der übrigen Welt wie dieses Staates, liege in dem Abfall von den alten Maximen – wie hätten sie sich nicht dem entgegensetzen sollen, der den Kirchenstaat nach den Ideen des Jahrhunderts einzurichten und zu regieren unternommen hatte?

In Rom selbst waren die einflußreichsten und bedeutendsten Kardinäle von einer ihm widerstrebenden Gesinnung. Kardinal Mattei, schon im Konklave ein Gegner Chiaramontis und Consalvis, der einzige von altem römischem Adel in dem Kollegium, behauptete in seinem Bistum Velletri eine abgesonderte Regierung und Gerichtsbarkeit mit großer Hartnäckigkeit; er war ein abgesagter Feind aller Maßregeln, durch die man sich der Administration anderer Länder zu nähern suchte.

Kardinal Litta war wohl ein exemplarischer Bischof der suburbikanischen[1] Diözesen. Er ritt, trotz seines hohen Alters, zu den

[1] Die unmittelbar dem Papste als römischem Bischof unterstehenden Diözesen

kleinen Burgflecken in den Gebirgen, die den größten Teil seines Sprengels ausmachten; alle Einkünfte, die er anderswoher zog, verwandte er auf sein Bistum, dessen Wohltäter und Vater er war, wo er auch den Unterricht zu verbessern suchte. Allein in den öffentlichen Geschäften zeigte er beinahe Starrsinn. Jede Abweichung von der Strenge des römischen Katholizismus sah er als Rebellion an. Er haßte nicht allein Preußen – er war nämlich Nuntius in Polen gewesen –, auch Österreich war ihm bei weitem nicht katholisch genug; er war ein geschworener Feind der Politik dieses Staates.

Einen bedeutenden Einfluß hatte Kardinal Pacca, zumal da er sich bei dem gemeinen Volk von Rom in Ansehen zu erhalten die Mittel kannte und sie gebrauchte. Wenn er in seinen Memoiren über die Zeit der Gefangenschaft des Papstes an dem Dogma streng mit Nachdruck festhält, so zeigt er sich darin, obwohl er die früheren Maßregeln Consalvis mißbilligt, doch nicht völlig unbeugsam; er erzählt mit Vergnügen, wie sehr der altgesinnte, puristische Teil des französischen Klerus durch die gemäßigten Gesinnungen in Erstaunen gesetzt worden sei, die er geäußert habe. In Rom aber, insofern er auf die Verwaltung Einfluß hatte, erschien er vor anderen streng und hartnäckig. So wie ihn Napoleon für seinen entschiedensten Feind gehalten, so schrieb man die Absetzungen, Exkommunikationen und Verfolgungen, mit denen man diejenigen belästigte, welche unter Napoleon Stellen angenommen und ihm den Eid geleistet hatten, vor allem dem Kardinal Pacca zu.

Kardinal Somagli war gelehrt und voller Einsicht. Allein mit dem Fiskus als Bischof von Porto in Prozesse verwickelt, war er der Gegner Consalvis. Unter anderem gelang es ihm, die Akademie der schönen Künste, der Consalvi den Palast San Apollinare eingeräumt hatte, wieder aus demselben zu vertreiben und ihn der geistlichen Bestimmung zurückzugeben. Ein Sieg, der ihm in der Meinung der Menschen ein gewisses Übergewicht verschaffte.

Schon erschienen auch Castiglione und della Genga, später die Nachfolger Pius' VII., jener ein gemäßigtes, aber entschiedenes, dieser ein heftiges Mitglied der Partei der Eifrigen, der Zelanti. Kardinal della Genga war Generalvikar von Rom. In dieser Eigenschaft verbot er den Geistlichen, einen Überrock zu tragen wie die Weltlichen. Er stellte die Verpflichtung der Juden her, alle Sonnabende sich, mindestens 300 an der Zahl, in einer Kirche einzufinden, um eine Bekehrungspredigt anzuhören. Er hatte die Absicht, alle Abende ihr Quartier zu schließen. Consalvis Feind war er auch deshalb, weil dieser ihm einen Vizeregenten zur Seite zu stellen gewußt hatte, der andere Gesinnungen hegte.

Besonders in geistlichen Angelegenheiten war die Opposition gegen Consalvi wirksam. Die Wiederherstellung der Jesuiten ist wenigstens nicht von ihm ausgegangen, obwohl er sich auch nicht dagegen erklärt hat; sie war das Werk vornehmlich des Kardinals Pacca. Dieser selbst erzählt es. Noch in Fontainebleau, nachdem das Konkordat widerrufen war, benutzte er seine täglichen Unterhaltungen mit dem Papst, um ihn auf die Wichtigkeit und Unentbehrlichkeit dieser Gesellschaft aufmerksam zu machen. Er merkt es als etwas Besonderes an, daß ein Mann wie er, dem man noch in der Kindheit die Provinzialbriefe des Pascal zu lesen gegeben, und ein anderer, ein Benediktiner, der antijesuitische Lehrmeister gehabt, wie der Papst, daß sie beide bestimmt gewesen seien, die Jesuiten wiederherzustellen. Es mag wohl sein, daß der Unterricht noch mehr verfallen war, seit ihn die Jesuiten nicht mehr gaben; und in ihren Schriften bewiesen sie gar bald eine gewisse Überlegenheit. Es kam dies unter anderem daher, weil der Orden die Zensur der Schriften seiner Mitglieder selbst ausübte, während die Dominikaner, in deren Händen die Zensur war, in allen übrigen Büchern jeden Schein eines neuen Gedankens zu ersticken wußten. Im ganzen aber läßt sich nicht bezweifeln, daß ihre Herstellung zu den Hauptmaßregeln der Reaktion gehörte, die man beabsichtigte. Allmählich machten sie wieder, obwohl nur langsam, Fortschritte. Ende 1818 hatten sie in dem Kirchenstaat zwar viele Novizen, aber nur das Kollegium von Ferrara in ihren Händen. Weder in Neapel noch in dem österreichischen Italien waren sie zugelassen; nur in Piemont hatten sie drei Häuser. In Portugal und Brasilien duldete man sie nicht, doch erschienen sie wieder in Mexiko. Das Kollegium, das sie in Lancastershire errichteten, ward von protestantischen Lords begünstigt, aber es gewann nur mittelmäßigen Fortgang. In Frankreich hatten sie dagegen bereits damals sieben Seminare, welche eine so große Hoffnung der Partei der reinen Restauration bildeten.

In diesem Sinne der Wiederherstellung des alten Kirchenglaubens griff die Kurie auch zu einigen anderen Maßregeln. Die Kongregation des Index der verbotenen Bücher gab dann und wann wieder ein Lebenszeichen von sich. Welche Bücher aber waren es, die sie verbot! Bücher, die niemand las und die bereits ganz vergessen waren, z. B. im Jahre 1820 die politischen Gedanken von Vinzentius Ruffo, an die niemand mehr dachte, 1823 die Memoiren von Gorani, die ihre Wirkung vollständig gehabt und schwerlich eine weitere hervorzubringen vermögen. Werke von Alsieri, die in jedermanns Händen sind, die sich die Nation nicht wieder wird entreißen lassen, verdammte man nun erst. Man verbot selbst Bücher wie das österreichische Kirchenrecht von Rechberger und die Kirchengeschichte von Dannenmaier. Die englische Geschichte von Goldsmith verurteilte man zu einer Korrektur. So einseitige Maßregeln dienen freilich mehr, eine Meinung auszusprechen, als eine Wirkung zu erzielen. Schwerlich hat jemals eine Behörde stärkere Beweise von Unfähigkeit gegeben als diese Kongregation.

Eins rief gleichsam das andere hervor. Gerade das Triviale und Falsche von den neuen Theorien hatte den meisten Einfluß auf diese Staatsverwaltung. Gegenüber erhoben sich entgegengesetzte Maßregeln, aber sie waren auch flach und einseitig. Wie weit war man von dem lebendigen Bewußtsein des Notwendigen, dem vollen Gefühle des Daseins in seiner Gemeinschaftlichkeit entfernt. Von verschiedenen Seiten folgte man seichten Meinungen. War die geistige Gesundheit dieses Volkes angegriffen, so konnte sie auf solche Weise nicht hergestellt werden.

In den weltlichen Geschäften trat die Opposition angesehener Würdenträger der Kirche von Zeit zu Zeit offen hervor. Unter anderem machte die Bestimmung des Gesetzes, durch welches die Jurisdiktion über Mündel, Frauen und Arme den gewöhnlichen Tribunalen und den Delegaten überwiesen wurde, viel böses Blut bei den geistlichen Behörden. Früher hatten Bischöfe und Vikare diese Jurisdiktion ausgeübt. Sie fühlten sich nicht wenig beeinträchtigt, als sie ein so bedeutendes Attribut verlieren sollten. Der Kardinal Severoli, dem der Delegat von Viterbo nach langer Zögerung (es hatte anderthalb Jahre gedauert) diese Geschäfte abnehmen wollte, erließ einen Brief an den Sekretär der Kongregation der Immunitäten, dem er die möglichste Öffentlichkeit gab, worin er sich nicht allein über diese Maßregel, sondern über den Geist der Regierung überhaupt auf das bitterste ausließ. Er tadelte den Minister, daß er in den Fußtapfen der weltlichen Regierungen wandele, jener Regierungen, die durch die geschworenen Widersacher der Religion verleitet, der bischöflichen Würde ihre edelsten Prärogativen eine nach der anderen entrissen. Einem weltlichen Hofe, der ein solches Gebot wie das obige ergehen lasse, würde er sich widersetzen. Dem Papst gehorche er, denn freilich habe dieser die Macht, die heiligen Canones zu verändern; aber sei nicht die Veränderung von dem Geiste eingegeben, der alles zerstöre, um die Religion zu vernichten? Die ganze neue Gesetzgebung atme keine andere als diese Gesinnung. Er trug darauf an, eine Kongregation von Kardinälen niederzusetzen, aber wohlverstanden, unabhängig vom Staatssekretär, mit dem Auftrag, die Beschwerden der Prälaten zu hören.

Wer hätte glauben sollen, daß die Delegaten, die hier als Feinde der Geistlichkeit betrachtet werden, eben auch Geistliche waren. Heftiger noch als Severoli griff bei Gelegenheit seines Prozesses Kardinal Somaglia die Verwaltung an. In Rom werden die Verteidigungsschriften der Advokaten gedruckt an die Mitglieder der Tribunale verteilt. In jenem Prozeß ließ der Advokat Somaglias, ohne Zweifel mit dessen Vorwissen, eine sehr heftige Invektive auf die bestehende Verwaltung einrücken. Er sagte, er würde kein Wort verlieren, wenn er wüßte, daß auch diese Sache nach den Maximen des Jahrhunderts entschieden werden sollte. „Was sind aber", fuhr er fort, „diesen Maximen zufolge die Bedürfnisse eines Staates? Elegant gekleidete Truppen, welche dem Volke imponieren; Entwürfe einer neuen Gesetzgebung, die uns der angeblichen Barbarei der alten Gesetze zu überheben verspricht; eine strenge Polizei, welche sich erlaubt, die Geheimnisse jeder Familie auszuforschen; lärmende und kostbare Schauspiele; neue Finanzsysteme, welche die Reichtümer der Bevölkerung in die Kassen des Fiskus ableiten; Vermehrung der Ämter und der Beamten ohne Ende; Straßen, Brücken und Kanäle. Nach den liberalen Ideen muß der Dienst des lebendigen Gottes, müssen die Kirchen und die Diener des Altars sich begnügen, wenn ihnen einige erbärmliche Brosamen von den öffentlichen Reichtümern zugute kommen. Glück genug, wenn die Priester des neuen Gesetzes toleriert werden, wie es die Heiden wurden unter der Regierung Theodosius' des Großen. Allein glücklicherweise", fährt die Schrift boshaft fort, „sind das nicht die Maximen von Rom." Sonst bleiben diese Drucke unbekannt; diese Stelle aber, welche nicht ohne Wahrheit ist, wurde mit reißender Geschwindigkeit in unzähligen Abschriften verbreitet.

Sonderbare Manier der Opposition; in den Akten der Prozesse, in

Privatbriefen, denen man eine gewisse Verbreitung zu geben weiß. Zuweilen erschienen auch Pamphlete, aber man bemerke wohl: bloß in der Handschrift.

Es gab viel zu reden, als der Governatore Pacca, Neffe des Kardinals, auf den Consalvi ein unbedingtes Vertrauen gesetzt, der Rom eine Zeitlang beherrscht hatte, im April des Jahres 1820 plötzlich verschwand. Consalvi selbst, obwohl er zuletzt an seinem Günstling irre geworden und gewünscht hätte, ihn zu entfernen, wäre es ihm nur um des Oheims willen möglich gewesen, zeigte sich darüber mißvergnügt und erschüttert.

Welche Gründe legte man in Rom nicht dieser Flucht unter! Bald behauptete man, der Papst habe insgeheim einen Prozeß gegen den Governatore instruieren lassen und Consalvi habe darin einen Versuch gesehen, ihn, den Staatssekretär, selbst anzugreifen. Andere sagten, der Governatore sei mit den geheimen Gesellschaften einverstanden gewesen, und man habe es entdeckt. Andere schrieben seine Flucht seinen Schulden zu, und wahr ist, daß er sich durch Quittungen im voraus von einem Pächter der Einkünfte bedeutende Summen verschafft hatte, die er späterhin zu decken außerstande war. Wir wollen nur bemerken, daß dieser Vorfall zu einem neuen Angriff auf Consalvi dienen mußte.

Ein Hausgenosse des Kardinals Pacca, des Namens Mariotti, von dem man ein nichtpolitisches Journal, das er angefangen, mehr aus literarischer Eifersucht als aus anderen Gründen unterdrückt hatte, ergriff diese Gelegenheit, in einem Pamphlet, das man – immer handschriftlich – in den Kaffeehäusern verbreitete, einen Anfall auf den Staatssekretär zu wagen. „Es gibt zwei Hypothesen", hieß es darin; „entweder der Tyrann unseres unglücklichen Vaterlandes hatte sich mit den fremden Mächten verschworen, um freiheitsmörderische Entwürfe auszuführen, und der unglückliche Pacca war in dieselben eingeweiht. Jetzt verzweifelt man, dieselben auszuführen, und er muß verschwinden. Dies ist die erste Vermutung. Ich will auch noch eine zweite aufstellen. Man weiß, daß der Diktator, unser Despot, dem seine unermeßliche Macht noch nicht genügt, unseren ausgezeichneten Kardinal Pacca dahin bringen wollte, das Amt eines Camerlengo – in der Tat das zweite unter den römischen Staatsämtern – aufzugeben. Der würdige Kardinal fühlte, was er dem Lande schuldig ist: er hat diese unverschämte Forderung abgeschlagen. Der treulose Tyrann, der sein väterliches Herz kennt, hat ihm einen Dolch in dasselbe stoßen wollen und seinen Neffen geopfert. Allein er täuschte sich. Der Kardinal wird, statt seine Stelle aufzugeben, alle Prärogativen wiedererobern, die man ihm entrissen hat."

Gerade die Abhängigkeit der Tribunale von den oberen Gewalten verhinderte den Staatssekretär, Mariotti vor denselben zu verfolgen. Wäre derselbe bestraft worden, so hätte es ausgesehen wie persönliche Rache. Er ließ Mariotti unberücksichtigt; in einem Gegenpamphlet ließ er dafür die wahren Gegner angreifen. Es war ein Gespräch zwischen Marforio und der Dame Lukrezia, die mit Pasquin und Abbate Luigi die vier Personen bilden, welche in den Pasquinaden auftreten. Jene beiden besprechen sich darin, wer wohl tauglich sein könne, dem Staatssekretär einmal nachzufolgen. Sie gehen alle Prälaten nach der Reihe durch, und man kann denken, wie sie ihnen mitspielen. Endlich kommen sie überein, der einzige taugliche Nachfolger sei Pasquin: „denn", heißt es, „erstens ist er kein Priester, zweitens hat er keine Arme."

Ich fürchte, man wird es tadeln, daß ich so ausführlich auf diese Dinge eingegangen bin, aber das gehört dazu, um die Lage dieses Staates und die Stellung seiner Verwaltung, wie sie damals waren, im allgemeinen beurteilen zu können.

Früher waren die geistlich-weltlichen Elemente desselben durch eine lange, natürliche, historische Entwicklung miteinander verschmolzen, ineinander aufgegangen. Schon in sich selbst nach und nach erstarrt, war diese Entwicklung durch die Revolution völlig unterbrochen worden.

Beide Elemente bestanden jetzt wieder nebeneinander. Einmal hatte man die Revolution adoptiert; sodann hatte man der Geistlichkeit die Gewalt gegeben. Das erste schien notwendig, weil man nicht hoffen konnte, nach so langjährigen Bewegungen deren Wirkungen wieder zu vertilgen; das zweite schien der Begriff des Kirchenstaates so mit sich zu bringen. Und es mag sein, daß es anders nicht wohl anging. Allein offenbar hatte man dadurch einige schneidende Gegensätze geschaffen, die einander bekämpfen mußten. Die weltlichen Zustände beruhten auf einer Opposition gegen alle geistliche Macht. Diese dagegen bekam eine Gewalt, wie sie früher niemals gehabt und wie sie ihr schwerlich gut war.

Wie sollten nicht beide Teile den Geist entwickeln, auf dem sie ursprünglich beruhten?

Auf irgendeine Weise mußte man beflissen sein, diesen Widerstreit aufzuheben.

Consalvi sollte es tun, ein Mann, wie wir wissen, den Ideen des 18. Jahrhunderts von Anfang an zugetan und in denselben durch die Notwendigkeit aller Verhältnisse bestärkt und festgehalten.
Unmittelbar neben ihm die Großwürdenträger der Kirche, Männer größtenteils von anderer Richtung; schon darum seine Gegner, weil er im Besitze der Gewalt war; die ihm geradezu sagten, seine Einrichtungen würden nicht länger dauern als das Leben eines alten Mannes; die indessen jetzt schon das Ohr eben dieses alten Mannes immer mehr gewannen. Consalvi mußte ihnen ausbiegen; er mußte sich hüten, ihnen einen Vorwand darzubieten; um nur das eine oder das andere durchzusetzen, hatte er seinerseits in vielen Punkten nachzugeben.
Auch gab es noch eine zahlreiche Aristokratie, welche durch die Revolution beiseite geschoben, aber nicht vernichtet und durch die Restauration begünstigt worden war. Consalvi hatte sich mit derselben nicht einzuverstehen gewußt. In großer Entrüstung über einige Beschränkungen hatten die römischen Fürsten auf ihre Patrimonialgerichtsbarkeit Verzicht geleistet; aber sie hielten sich noch immer in der Opposition, und zuweilen waren sie stark genug, sich den Pflichten des Staates zu entziehen. Consalvi hätte wohl eine und die andere angemessenere Auflage einzuführen gewünscht; man sagte ihm geradezu, man werde sie ihm nicht zahlen.
Unmittelbar an diese schlossen sich die großen Kapitalisten an, zwar dem Staate, mit dem sie unaufhörlich in Rechnung standen, so weit ergeben, aber um so mächtiger, je weniger sie an Zahl waren. Man lebte von Tag zu Tag, brauchte sie immer und durfte sie nie verletzen.
Es folgten die höheren Beamten. Consalvi hatte auf sie den größten Einfluß, doch nicht einen ausschließlichen, und eigentlich keiner war in seinem Vertrauen. Hat er doch die Zensur der römischen Zeitung, des Diario, dann und wann selbst übernehmen zu müssen geglaubt. Einsicht, Talent, Integrität waren seltene Eigenschaften. Überdies behaupteten diese Beamten schon vermöge ihres geistlichen Charakters eine gewisse Unabhängigkeit; in ihren Händen war das Land.
Ein Land ohne Institutionen, in welchem der Privatvorteil unaufhörlich mit dem öffentlichen Krieg führte; ohne rechte Gesetze, denn beide Legislationen waren aufgehoben, sowohl die altpäpstliche durch die Franzosen, als die französische durch den Papst;

ohne Ordnung in den Finanzen; in wandelbarem, immerfort provisorischem Zustande.

Will man Consalvi verdammen, daß es nicht besser ging? Er bewährte auch hier sein diplomatisches Talent. Er suchte eine Abkunft zwischen den Prinzipien und Interessen; und so viel gelang ihm, einen Ausbruch ihrer Feindseligkeit zu vermeiden; mit ungemeiner Tätigkeit wußte er die Forderungen der jedesmaligen Gegenwart zu erledigen. Allein ein Gründer, wie die großen Staatsmänner des Altertums gewesen, ein Gründer auf immer war er nicht. Wenn es ein Tadel ist, in der allgemeinen Bewegung von Europa eben auch nicht mehr als andere getan und nicht den entgegenstrebenden Elementen zum Trotz etwas Haltbares hergestellt zu haben, so trifft ihn dieser Tadel. Die Gegensätze durch ein Höheres zu vereinigen, in diesen Gliedern des Staates einen zusammenhaltenden, wirksamen, unsterblichen Genius aufzuwekken, dies Geheimnis hat er freilich nicht gefunden.

Alles betrachtet, stand es in dem Staate schlimmer als in der Kirche. In der Kirche waren doch die alten Grundlagen unerschüttert geblieben; man hatte den Feinden des Glaubens nie einen Schritt breit nachgegeben; wenn man es nicht dahin brachte, durch Erneuung und Verjüngung der religiösen Ideen die Widersacher heranzuziehen und zu unterwerfen, so hatte man doch noch das uralte Herkommen für sich, Kräfte, die so viele Jahrhunderte wirksam gewesen und in so vielen Nationen tiefe Wurzeln geschlagen.

Der Staat dagegen hatte beide Elemente und beide Prinzipien in sich aufgenommen; es war nicht gelungen, sie zu verbinden und zu verschmelzen. In den höheren Organen des Staates machte sich das eine geltend; es war stark durch die Erinnerung an einen ungenierten Beistand in früheren Zeiten, gestützt von einer Theorie, die sich mindestens ebensogut hören läßt wie die liberale, und ward durch den schlechten Erfolg der neuen Maximen bestätigt. In den tieferen Kreisen herrschte das andere vor. Man strebte nach den Formen der Selbstregierung, wie sie in einigen anderen Ländern üblich waren; durch diese wollte man sich für die verlorengegangenen Vorrechte entschädigen; man ergab sich dem Einfluß französischer Theorien. Die eigentliche Stärke auch dieser Partei lag in dem mangelhaften Gange der inneren Angelegenheiten.

Durch keine höhere Kraft zusammengehalten, unvermittelt und losgebunden, suchten beide ihre Stütze in der allgemeinen Gärung von Südeuropa.

Neuntes Kapitel

REVOLUTIONÄRE BEWEGUNGEN

1. Karbonaria

Wenn es schon schwer ist, sich über Zustände und Ereignisse der neuesten Zeit, welche offen am Tage liegen, zu unterrichten, wieviel schwieriger wird es, den geheimen Verzweigungen verborgener Bildungen, die lange gleichsam ein unterirdisches, der Sonne entzogenes Dasein fortsetzen, auf die Spur zu kommen. Begnügen wir uns, wenn wir zu dem Unbezweifelten nicht gelangen können, mit dem Wahrscheinlichen.

Das aber wird man nicht erwarten, daß auch wir die Karbonaria von Isis und Mithras, oder nur von jenem mythischen König von Frankreich, heiße er Heinrich oder Franz, herleiten, wie diese Gesellschaft es selbst zu tun versucht und man es ihr wohl geglaubt hat. In der Art, wie sie in Italien erschien, war sie ohne Zweifel ein sehr modernes Institut.

In ihren Abzeichen, Sinnbildern, dem Charakter ihrer Unterordnung zeigt sie eine genaue Verwandtschaft mit der Freimaurerei, wie sich dieselbe im südlichen Europa, namentlich in Frankreich, ausgebildet hatte.

Die französische Maurerei war während der Revolution in den Klubs untergegangen. Nicht sobald aber waren diese wieder geschlossen und erhob sich das Kaisertum aus den Elementen der Revolution, als sich auch die Freimaurer wieder zeigten. Sie waren mit der Gestalt, welche ihre Ideen in dem neuen Staate angenommen hatten, wohl schwerlich zufrieden. Napoleon aber wußte sie zu beherrschen; er setzte ihnen seine Vertrauten an die Spitze; er ließ ihnen einen Teil ihrer alten Beschäftigungen; er nährte sie mit Priesterhaß, so daß sich die mittelmäßigen Geister, die mehr ein bedeutendes Spiel und einen glänzenden Anschein lieben als Ernst und Wahrheit, befriedigt fühlten.

Nicht alle aber waren es. In Erinnerung an die alten Grundsätze, die sie immer vorgetragen, gedrückt und beherrscht von oben her, suchten sie für ihren Trieb, die Welt umzugestalten, neuen Raum, indem sie sich in die unteren Klassen ausdehnten. Einige Gesellschaften, die schon früher bestanden hatten, aber minder hervorgetreten waren, vor allen die Gesellschaft der Köhler, charbonniers, die in dem östlichen Frankreich nicht unbedeutend war und sich von dem Jura bis nach der Pikardie ausdehnte, zogen sie an sich oder ließen sich von ihnen aufsuchen und bildeten sie in ihrem Geiste um. Die Vettern Köhler, les bons cousins charbonniers, und ihre Märkte, ventes, traten an die Stelle der Brüder Maurer und ihrer Logen. Hier fand man eine minder glänzende Wohltätigkeit, aber eine größere und wahrhaftere Teilnahme des einen an dem anderen; wie es scheint, wenigstens in den unteren Graden positivere religiöse Meinungen; eine Verfassung, welche auf eine nachdrückliche Weise das Verbrechen zu unterdrücken wußte; eine Gewalt, welche jeden Ehrgeiz befriedigte, da sie infolge freiwilliger Abdankungen immer von Hand zu Hand ging. Das Institut hatte auch noch eine andere Bedeutung. Es nahm eine Richtung gegen den, von dessen Aufsicht die Oberhäupter sich eben befreien wollten. Charles Nodier, der eine Zeit seiner Jugend in diesen Gesellschaften zubrachte, gesteht es selbst. „In dieser unschuldigen und friedlichen Vereinigung", sagt er, „machte doch eine zügellose Liebe zur Freiheit, daß wir unter der Herrschaft von Napoleon den Samen von Unruhen auszustreuen suchten, der so fruchtbar im Unglück wurde."

In Italien war die Maurerei erst durch den Einfluß der Franzosen recht verbreitet worden. Sie erhielt sich bei dem öfteren Wechsel der Regierungen. Die Personen, welche dem General Miollis bei der nächtlichen Ersteigung des Quirinals behilflich waren, sind später immer als Freimaurer bezeichnet worden. In der Tat ward die Freimaurerei seitdem von den Franzosen befördert. Man wollte die Logen benutzen, um den öffentlichen Geist zu regieren und das Priestertum vollends zu zerstören.

Allein, indem man ein Institut begünstigte, welches die Absichten der Regierung befördern sollte, gründete man zugleich die Abart desselben, welche der Regierung so ganz entgegen war. Die Charbonniers traten als Karbonari auf.

Daß sie einen nationalen Grund in Italien gehabt, ist wohl sehr unwahrscheinlich. Der Heilige, den sie als ihren Beschützer anerkennen, die mythische Geschichte, die sie zu glauben vorgeben, ihre Abzeichen und Ausdrücke, alles weist nach Frankreich zurück. Schon im Jahre 1810 fand ein englischer Agent Oberitalien voll geheimer antinapoleonischer Gesellschaften. Bald erschienen sie auch in Unteritalien. Königin Karoline von Sizilien hat sie nicht gegründet, sie selbst haben mit ihr angeknüpft. Der Fürst von Canosa versichert, und zwar, wie er sagt, nach den genauesten Untersuchungen – die er auch gewiß vor allen anderen anzustellen imstande war –, daß zuerst im Jahre 1810 ein Franzose von der Sekte der Charbonniers, ein Verbannter, den Karbonarismus in Kapua gepredigt habe. Anfangs war sein Erfolg nicht besonders. Es dauerte lange, ehe er es bis zu einer mäßigen Anzahl von Anhängern gebracht hatte. Allmählich aber, und um so mehr, je drückender die französische Verwaltung ward, vermehrten sich dieselben. In den unteren Graden wenigstens zeigte sich die Gesellschaft noch religiöser, als sie in Frankreich gewesen war. Ihre Versammlungen waren auf Erbauung berechnet; Zeremonien umfingen die Sinne; die sonore Wiederholung christlicher Formeln fesselte die Gedanken. Man gab vor, hauptsächlich die theologischen Tugenden üben zu wollen. Allein hiermit verknüpften sich unmittelbar die Ideen von Freiheit und Gleichheit. Der Staatsverwaltung gegenüber, die allerdings auf der Revolution beruhte, das Prinzip derselben aber verleugnete, erhielt sich dieses nackt und schroff in den Gesellschaften und bedrohte seine eigene Schöpfung. Die Karbonari bildeten die Opposition von Murat. Erst als dieser die Waffen ergriff, um, wie er sagte, die Einheit von Italien herzustellen, zog er sie an sich. Wenn die Karbonari späterhin unter dem Namen Unionisten erscheinen und vor allem Italien in *einen* Staat zu verwandeln beabsichtigen, so hat das dieser Einfluß, wo nicht hervorgerufen, so doch begünstigt.

Bei einer solchen Richtung leuchtet ein, wie wenig die neue Ordnung der Dinge, die nach dem Falle Napoleons eingeführt wurde, den Wünschen dieser und ähnlicher Gesellschaften entsprechen konnte. Hatten sie sich früher in der Opposition gegen die napoleonische Gewalt zu den Feinden derselben, den legitimen Regierungen gehalten, so erschienen sie nun auf der Stelle im Gegensatz gegen diese. Sie schlossen sich wohl eher an die Napoleoniden und deren geheimes Treiben an. Statt sich aufzulösen, wie man hätte erwarten können, wurden sie nun erst tätig; nach allen Seiten breiteten sie sich aus.

Karbonari im Kirchenstaat

In Oberitalien bestand die Gesellschaft der Guelfen. Der vornehmste Sitz derselben und ihrer obersten Würdenträger war Mailand. Sie hatte durch die große lombardische Ebene hin diesseits und jenseits des Po ihre Mitglieder. In Bologna bestand ein hoher guelfischer Rat, der den Mittelpunkt für die Legationen bildete.

In Unteritalien erhielten sich die Karbonari; ihre oberste Vereinigung war „das hohe Licht“ zu Neapel. Die Truppen Murats hatten die Gesellschaft zuerst außer den Grenzen des Königreiches ausgebreitet; in den Marken hatte sie Fuß gefaßt. Der ersten größeren Vereinigung der Karbonari begegnen wir im November 1816 an Bord eines türkischen Fahrzeuges vor Ankona.

In diesen Gegenden selbst, wie es scheint, war indes eine Gesellschaft entsprungen, die unter dem sonderbaren Titel: Fratelli seguaci (dei?) protettori republicani, Brüder, Nachfolger der Beschützer, Republikaner – denn so möchten diese Worte zu deuten sein – Proselyten machte und in jener Zeit auf ein amerikanisches Geschwader rechnete, das, mit zahlreichen italienischen Flüchtlingen an Bord, in den Gewässern des Adriatischen Meeres erscheinen sollte.

Die ursprünglichen Absichten dieser Vereinigungen waren, soviel wir sehen, nicht ganz identisch. Sie wünschten wohl alle die Unabhängigkeit von Italien, doch waren die Guelfen mehr in der Richtung des übrigen Europa: sie hätten Italien einem fremden Fürsten unter der Bedingung der Annahme einer Konstitution gegönnt. Die Karbonari hatten das christlich-philanthropische Element am meisten ausgebildet; nach ihren oft wiederholten Versicherungen wünschten sie die eingeborenen Fürsten zu behalten. Die Brüder waren entschieden republikanisch; sie rechneten auf die Einführung von lauter Republiken durch ganz Europa.

Indessen würde man irren, wenn man in diesen Gesellschaften sogleich eine eigentliche Organisation und strenge Ordnung voraussetzen wollte. In den Jahren 1816 und 1817 finden wir alles in der lebhaftesten Bewegung und eben im Werden.

Die Guelfen stifteten in den meisten bedeutenden Städten Räte mit Präsidenten; sie bedienten sich eines Katechismus ihres politischen Glaubensbekenntnisses und eines eigenen Wörterbuches für ihre geheime Korrespondenz: sie hatten eine Art von Beamten, welche sie die Sichtbaren, Visibili, nannten, und diese erschienen dann am häufigsten. Die Brüder-Nachfolger sandten ihre Ausbreiter, Propagatori, mit Empfehlungsbriefen von Ort zu Ort; sie nahmen bedeutende Männer auf und ließen sie jenen rasenden Eid auf Giftflasche und glühendes Eisen schwören, Tag und Nacht auf die Ausrottung der Tyrannen zu denken und das Geheimnis der Gesellschaft zu bewahren: „Wo nicht, so sei die Giftflasche mein Trank und das glühende Eisen brenne mein Fleisch." Am tätigsten aber waren die Karbonari; sie vereinigten sich mit den anderen und nahmen sie in sich auf. Ihre Bewegungen liegen am deutlichsten vor uns.

Unter allen Mitgliedern derselben war Giacomo Papis zu Ankona, ein Handelsmann, nicht ohne Vermögen und ausgebreitete Verbindungen, der früher an der Verwaltung der Domänen des Königreiches Italien Anteil gehabt, wohl das wirksamste. Er veranstaltete jene Versammlung an Bord des türkischen Fahrzeuges und stiftete darauf eine obere Vereinigung – die alte Vendita – zu Ankona. Von ihm gingen die Instruktionen für die untergeordneten Verbindungen aus; wie mit den Guelfen zu Bologna, so unterhielt er mit allen Karbonari des Kirchenstaates eine lebhafte Korrespondenz; er erteilte Pässe und unterstützte die Bedürftigen.

Zunächst stand ihm Conte Cesare Gallo zu Macerata, aus guter und noch nicht heruntergekommener Familie, nicht ohne persönliches Ansehen. Mit der Regierung des Königreiches Italien hatte er in genauer Verbindung gestanden; doch rühmte er sich, daß er diese Stellung nur gebraucht habe, um die Interessen der legitimen Regierung zu verfechten, Kirchen und Klöster vor der Zerstörung zu schützen, Priestern fortzuhelfen. Zwar aß er gern zu Mittag bei dem Delegaten, seinem Verwandten, aber dies hinderte ihn nicht, den Karbonari Feste in seinem Hause zu geben; ja als sie Macerata zu einer Vendita Madre konstituierten, nahm er den Rang eines Großmeisters an. Er scheint es für eine Art Ehre gehalten zu haben, geheimen Gesellschaften anzugehören; einen solchen Antrag wies er niemals von sich. Es gefiel ihm, sich selbst mit außerordentlichen Hoffnungen schmeicheln zu dürfen.

Die Teuerung von 1816, die man in diesem Lande der Regierung schuld gab, und die Unzufriedenheit, welche sie verursachte, mochten nicht wenig dazu beitragen, die Karbonaria auszubreiten.

Gar bald gab es Vendite in Tolentino, Camerino, Loreto. Die Karbonari von Loreto stifteten eine Vendita zu Monte-lupone. Jenseits der Apenninen machte man geringere Fortschritte; wenigstens klagten die Oberhäupter zu Foligno, daß sie wenig zuverlässige Anhänger fänden. Diesseits war man nicht immer ganz einig. Papis mußte erleben, daß sich die Vendita zu Fermo der ankonitanischen und mithin seinem Großmeistertume niemals unterwerfen wollte. Überhaupt zeigte sich schon in der Hinsicht eine gewisse Eifersucht unter den Städten, und Cesena führte mit vieler Sorgfalt aus, weshalb es die Ehre verdiene, eine Vendita Madre zu haben. Allein im ganzen nahm der Bund außerordentlich zu; die Vendite fielen mit den guelfischen Räten zusammen; man machte keinen Unterschied mehr; trotz einzelner Zwistigkeiten hielt man die beste Freundschaft. Vendite madri und Vendite figlie mehrten sich täglich.

Was man nun aber in denselben getrieben hat?

Die seltsamen Zeremonien mit so mannigfaltiger Bedeutung, ihre Würden und Grade, ihre Korrespondenz und Einrichtung gaben ihnen schon an und für sich Beschäftigung. Bei Gelagen und Zusammenkünften aber erwärmte man sich mit heftigen Liedern und Reden. „Bald werde der große Schlag ergehen; man möge sich mit Waffen versehen, selbst mit vergifteten; man müsse wie Brutus die Tyrannen entthronen, den Purpur des päpstlichen Mantels in Blut verwandeln. Endlich", sang man, „werde das erwachende Italien den Stahl zücken, den es vorbereitet; schon gehe das blutrote Gestirn auf." Ihr Toast war: „Tod oder Unabhängigkeit."

Und ob nun mit dieser gewaltsamen Aufregung eigentliche und festgesetzte Pläne verbunden waren? – Dann und wann hören wir davon. Aber auch Vorschläge, die ein so wenig entschlossener Großmeister wie Gallo in Macerata machte, wurden von den Mitgliedern verworfen; und wenn man ja dort etwas für tunlich gehalten, so erklärte man es in Bologna für unausführbar.

Papis drückte sich nur sehr gemäßigt aus. Bei einerZusammenkunft auf einem Landhause unfern Monte Granaro ermunterte er nur im allgemeinen zur Tätigkeit, zu weiterer Ausbreitung der Gesellschaft. Er erlaubte sich wohl, an Gallo eine gewisse Nachlässigkeit zu tadeln, doch fügte er hinzu: nur in seiner Eigenschaft als Oberer gestatte er sich dies. Seine Briefe haben den Meisterton eines wirklichen Vorgesetzten, so etwas von herablassender Er-

mahnung, was gar seltsam berührt. Dieser geheime Staat ist zugleich eine Nachahmung und unbewußte Parodie des öffentlichen, sein Gegensatz und sein Produkt.
Größere Kraft und Energie darf man ihm wohl auch nicht zuschreiben. Die Karbonari erwarteten einen Anlaß aus der Fremde. Bald war es eine allgemeine Erhebung der Revolutionäre von Lissabon bis Petersburg, von Petersburg bis Neapel; – sie hatten so wenig Kenntnis von den wahren Verhältnissen der Welt, daß Papis selbst im Jahre 1817 „als eine sichere Nachricht" meldete, in London sei volle Revolution ausgebrochen, königliche Familie und Parlament seien massakriert worden –, bald hoffte man auf eine Entzweiung der großen Mächte, selbst einen Krieg zwischen Österreich und der Türkei, vor allem aber auf eine Herstellung der Revolution in Frankreich: „Wenn der Hahn kräht, wenn die Adler steigen, dann wird Italien auferstehen." Für das Innere erwartete man die Gelegenheit einer Sedisvakanz.

Unternehmung von Macerata

Eine so weit verbreitete Verbindung kann indes der Natur der Sache nach nicht lange bestehen, ohne Zeichen ihres Daseins von sich zu geben. Das vulkanische Feuer kann unmöglich unter dem ganzen Boden hin tätig sein, ohne hier oder da zum Ausbruch zu kommen.
Es wird wohl gesagt, daß solche Gesellschaften der Leitung unbekannter Oberen hingegeben, von ihnen nach Belieben regiert werden. Hier kam die Bewegung von einer anderen Seite.
Wie sollte eine geheime, im Gegensatz wider die Regierung begriffene, zu gewaltsamen Unternehmungen aufgelegte Verbindung bestehen können, ohne die verderbten Stoffe der bürgerlichen Gesellschaft an sich zu ziehen, Elemente, die sie selber verdammt, aber nicht von sich abhalten kann.
Unter den Karbonari unterschied man gar bald die Guten und die Bösen. Die Bösen waren die, welche auf Kosten der übrigen lebten und selbst Mordanfälle unter dem Schein, als geschehe es im Namen der Gesellschaft, ausübten. Oft war die Rede davon, sie auszuschließen, doch geschah es niemals; vielmehr machten gerade sie sich geltend.
Da war der Maestro Terribile der Vendita zu Macerata, Carletti,

der schon um der schnödesten Verbrechen willen vor Gericht gestanden. Dennoch erwarb er sich das Vertrauen Gallos und erschien als dessen erklärtes Organ. Während er sich auf der einen Seite dieses Namens, der in jenen Gegenden nicht wenig gegolten zu haben scheint, zu seinen Zwecken bediente, mißhandelte er auf der anderen den Grafen und zwang ihm durch Drohungen Geld ab. Gallo hatte sich nämlich so weit herausgelassen, daß er sich plötzlich in der Gewalt dieses Menschen befand.

In Ankona war ein Fechtmeister Riva, ein Mensch, der, als man ihm irgendwo die Erlaubnis zu seinen Fechtstunden zu versagen Miene gemacht, geradezu gedroht hatte, ins Gebirge zu gehen und als Räuber zu leben.

Bald hatten sich diese beiden gefunden und vereinigt. Immer in Tätigkeit, immer unterwegs, machten sie an jedem Ort die Verbindungen geltend, die sie an den anderen hätten. Prahlerisch übertrieben sie die Kräfte, die ihnen zu Gebote ständen. Riva meinte, mit zwölf Mann wolle er sich der Festung Ankona bemächtigen; Carletti lachte der päpstlichen Truppen.

Ihr nächster Plan war, sich an dem Johannisabend, 24. Juni 1817, der Stadt Macerata zu bemächtigen; Feuersignale, von dem Glokkenturme gegeben, sollten die Nachricht nach den benachbarten Orten tragen; den nächsten Tag wollte man über Ankona herfallen; für hohen Sold würde man gar bald Truppen finden; das ganze Land sollte in Aufstand gebracht und von diesem Punkte aus die große Weltveränderung ins Werk gesetzt werden.

Zwar drangen sie mit ihrem Entwurfe bei ihren Oberen nicht durch. Papis zerriß das Papier, auf welchem Riva seinen Plan niedergeschrieben hatte; selbst Gallo erklärte, es sei jetzt keine Zeit dazu; der guelfische Rat zu Bologna versagte seine Mitwirkung. Sie fürchteten die Ausschweifungen, die diese so rohen Anführer veranlassen würden.

Allein Carletti, der nichts zu verlieren und alles zu gewinnen hatte, ließ sich nicht zähmen. Der Widerspruch setzte ihn nur in größere *Wut. Er hatte eine Anzahl* Bauern, obwohl sie nicht Karbonari waren, durch die Aussicht auf gute Beute gewonnen; ein Sergente Maggiore war mit fünfzehn Skudi bestochen, ihnen ein Tor zu öffnen, dann sollten sie sich mit den Verbündeten im Innern der Stadt vereinigen.

Eine Kombination, die nur im glücklichsten Falle gelingen konnte. Aber wie sich denken ließ, keineswegs erschienen alle, die es versprochen, weder draußen noch innerhalb; Graf Gallo, den man zum Konsul machen wollte, hielt sich zu Bette. Gleich der erste Schuß, der das Zeichen geben sollte, ein Vetturin gab ihn auf eine Schildwacht, fehlte. Die Karabinieri rückten heraus und zersprengten die Versammelten.

Eine erbärmliche Unternehmung, die aber natürlich großes Aufsehen machte. Freilich wäre es auch möglich gewesen, daß sie besser entworfen und vorbereitet, mit größerer Übereinstimmung und Klugheit ausgeführt worden wäre. Dann hätte sie bei dem Zustand dieses Landes eine große Verwirrung hervorbringen können. Jetzt war ihr einziger Erfolg, daß der Staat auf seine Gefahr aufmerksam wurde. Die Häupter, denen man damals auf die Spur kam, wurden eingezogen; sie sind hernach zu immerwährendem Gefängnis verurteilt worden.

Indes zerstörte man damit die Gesellschaften lange nicht. Im Jahre 1819 trat ein Ereignis ein, das ihr fortwährendes Bestehen und nicht minder ausgebreitete Anschläge verriet.

Illuminati

Ein geringfügiges Ereignis, doch gehört es in diesen Kreis und zeigt eine so eigene Mischung des Charakters, daß ich es wohl erzählen kann.

Ein Offizier der alten italienischen Armee, Illuminati, ward zu Rom eingezogen. Wie er dort an der Piazza Colonna ein paar Briefe auf die Post gab, hatte man ihm eine gewisse Unruhe anzumerken geglaubt, die Briefe gesucht und sie verdächtig gefunden. So rätselhaft sie lauteten, so erkannte man doch, daß es Berichte eines Emissärs an die Brüder einer Loge waren, in denen er ihnen seine Beobachtungen mitteilte.

Der Eingezogene leugnete nicht lange, daß er diese Briefe geschrieben; allein er weigerte sich, sie zu erklären. Indem er sich selber anklagte, daß er sich nicht sogleich erschossen habe, als er sich beobachtet gesehen, fügte er hinzu, doch solle man darum nichts von ihm erfahren; sein Entschluß sei bereits gefaßt; er werde zu sterben wissen.

In der Tat aß er von Stund an nicht wieder. Auch nahm er nicht zu trinken, zumal da er fürchtete, man gebe ihm etwas, das ihm den Kopf verwirre und ihn doch reden mache; er kleidete sich nicht mehr aus, er legte sich nicht mehr zu Bett.

Man begreift, daß gerade ein solches Betragen um so begieriger machte, seine Geheimnisse zu erfahren. Mußten sie nicht höchst wichtig sein, da ein Mensch sich selbst einem grausamen Tode weihte, um sie mit sich sterben zu lassen? Auch enthielten die Briefe, soweit man sie verstand, merkwürdige Andeutungen. „In Rom gebe es wenig Anhänger der Revolution, aber sie seien dafür desto entschiedener." „Der Herbst sei lachend, noch schöner werde es im Frühjahr werden." Welche Drohungen und Gefahren schloß dies ein!

Was man aber auch an Illuminati versuchen mochte, es war alles vergeblich. Er kehrte die Zunge um, wenn man ihm mit Gewalt nährende Stoffe einflößen wollte. Schon ward er so schwach, daß man seinen Tod in kurzem erwartete.

In diesem Moment lief eine Zuschrift an ihn ein. Illuminati, der, nachdem er seine Anstellung verloren, Weib und Kind in Ferrara verlassen, hatte darauf in Venedig mit einer anderen Frau gelebt. Von dieser Venezianerin war der Brief.

Der Governatore hielt es doch für der Mühe wert, ihn persönlich zu überbringen, um einen so rätselhaften Gefangenen selber noch einmal zu beobachten.

Illuminati, halb ohne Leben, saß auf seinem Stuhl am Bett; er nährte seine Seele mit dem Bewußtsein seiner Unbeugsamkeit; es dauerte eine Weile, ehe er den Governatore bemerkte; indem er dann seine Kräfte zusammennahm, um ihm die gewöhnliche Höflichkeit zu bezeugen, empfing er jenen Brief.

Wie sonderbar ist der Mensch zusammengesetzt! Dieser hartnäckige Italiener, ein Kriegsmann, in Verschwörungen verflochten, entschlossen zu sterben, ward von ein paar Zeilen besiegt. In dem Zustande der äußersten Schwäche, in den ihn seine Enthaltung versetzt, hatte er kein Mittel übrigbehalten, um dem Eindruck derselben zu widerstehen. Ein Gefühl, das in ihm schlummern mochte, als er auf das Leben verzichtete, erwachte plötzlich wieder und nahm ihn völlig ein; von seiner Leidenschaft in der Liebe ward seine politische Leidenschaft überwunden. Er brach in einen Strom von Tränen aus. Um wenigstens antworten zu können, überließ er sich einem Arzt. Endlich brachte er es soweit; dann war auch die natürliche Liebe zum Leben wieder aufgewacht, und er fing sogar an, einige Erklärungen zu geben.

Nicht alles wird uns bekannt geworden sein, was er gesagt hat. Man glaubte anzunehmen, zwischen den Revolutionären von

Mailand und Neapel walte das engste Verhältnis ob; Guelfen und Karbonari seien völlig vereinigt; in Mailand befinde sich das leitende Komitee, es bestehe aus fünf Personen; es habe Verbindungen bis nach Rom. Man glaubte zu finden, daß die engsten Verhältnisse zwischen den Italienern und einigen Engländern unterhalten würden. Die Hoffnungen, die man hegte, gingen auf die nächste Zukunft. Italien, sagte Illuminati, bedürfe der Winde des Nordens; nicht allein das Frühjahr werde schön, auch der Winter werde heiter sein.

Nur allzuwohl trafen seine Prophezeiungen ein.

In dem Winter von 1820 ward der Herzog von Berry ermordet und brach die spanische Revolution aus; in dem Sommer kam es zur neapolitanischen: Ereignisse, die ganz Europa in eine neue Gärung versetzten und den Weltverhältnissen eine andere Gestalt gaben.

2. *Gefahren während der neapolitanischen Revolution*

Vor allem bedrohten sie den Kirchenstaat.

Dieser schwache Staat, von feindlichen Elementen durchzogen, ohne wahrhafte innere Festigkeit, wie sollte er einer europäischen Bewegung widerstehen, die sich mit fortreißender Gewalt heranwälzte.

Benevent und Pontecorvo wurden gleich im Juli 1820 von ihr ergriffen. Eine Erklärung erschien, in der es hieß, „es sei der Wille des beneventinischen Volkes, frei und vereinigt mit Neapel zu leben und zu sterben." In Pontecorvo pflanzte man einen Freiheitsbaum.

Von dieser neapolitanischen Enklave drang dann die Bewegung bald in die eigentlich römischen Provinzen vor. Im Gebiet von Frosinone trat gleichsam die ganze Bevölkerung zu den Karbonari.

Wie sehr aber mußten die Revolutionen die noch übrigen Anhänger jener Gesellschaft in Bewegung setzen, welche schon so lange auf einen Antrieb von außen gewartet hatten. Noch immer erfüllten sie die Legationen, vornehmlich Romagna. Noch immer ward von Halbjahr zu Halbjahr das Erkennungswort ausgeteilt, Versammlungen wurden gehalten und tausend Entwürfe gemacht. Es bestand eine entschieden republikanisch gesinnte Gesellschaft, die sich Mericani, Americani nannte. Vielleicht hatten sie sich aus jenen Brüder-Nachfolgern entwickelt. Sie hatten ihre Versammlung in den Gehölzen; da sangen sie ihr romagnuolisches Lied: „Wir sind alle Soldaten für die Freiheit." Mit welchem Jubel begrüßten sie Lord Byron, wenn er einmal bei ihnen vorüberritt. Der Dichter war von jenen magischen Worten, Italien und Rom und Freiheit, die noch eine große Zukunft hatten, hingerissen; Poesie und Politik durchdrang sich in ihm; nicht zufrieden mit politischer Poesie, warf er sich in eine poetische Politik, deren Opfer er später geworden ist. Damals gab er den Karbonari Geld und verschaffte ihnen Waffen. Oft fand man Anschläge an den Palästen: Tod den Priestern, nieder mit dem Adel, es lebe die Republik; auch in den Theatern gelangte diese Gesinnung zum Ausdruck. Den Karbonari stellten sich Verteidiger der Kirche und des Staates, wie sie einmal waren, die Sanfedisten gegenüber, und zuweilen rüsteten sich beide Parteien gegeneinander.

Diesmal drang die Bewegung selbst nach Rom vor. Auch in Rom verkaufte man Ringe mit Totenköpfen und anderen Sinnbildern der Karbonari; die abgedankten Soldaten des napoleonischen Heeres erschienen in Scharen. Man fand die trotzigsten Anschläge voll aufrührerischen Inhaltes. „Wie lange", lautete einer, der mit den rätselhaften Buchstaben der Karbonari anfing und an der Stelle der Unterschrift ihr Zeichen hatte, „wie lange wollt ihr Römer eure feigherzige Geduld fortsetzen? Das Beispiel eurer Nachbarn, der braven Neapolitaner, wird es euch nicht aufwekken? Wollt ihr noch länger zögern, den Kardinal-Tyrann zur Rechenschaft zu ziehen über den Mißbrauch seiner Gewalt, seine Verruchtheit und seine heuchlerischen Ausreden? Erhebt euch! Erobert eure Rechte wieder! Christus wird euch beistehen!"

Da ist nur merkwürdig, welch eigene Gestalt die Sache in dem römischen Gebiet annahm.

Wenn irgendwo, so ist in diesen Gegenden die spanische Konstitution gefährlich. Gerade das, was sie unausführbar macht, gibt ihr ihren Reiz. So rein ist sie auf das Prinzip der Nationalsouveränität gegründet; so ganz legt sie alle Gewalt in die Hände der Repräsentanten des Volkes. Recht verführerisch aber für katholisch-gläubige Bevölkerungen wird sie erst dadurch, daß sie die Ausübung jeder anderen Religion, außer „der einzig wahren römisch-katholisch-apostolischen" verbietet, daß sie nicht allein die Wahlen mit geistlichen Zeremonien umgibt und unter den Augen des Pfarrers vornehmen läßt, sondern auch die Wahl der Weltgeistlichen zu Deputierten ausdrücklich billigt. Für den niederen Klerus, der wiederum auf das Volk wirkt, hat dies viel Anziehendes. Mit ungemeinem Enthusiasmus ward die spanische Konstitution darum bewillkommnet; es fanden sich in Rom alte Exemplare auf dem Lager, welche reißend verbreitet wurden. Die Erläuterungen, mit denen die Konstitution begleitet ist, erlangten einen ungeteilten Beifall.

Wie sehr auch immer die Natur des Kirchenstaates und der päpstlichen Gewalt eine solche Konstitution auszuschließen schien, so dachte man doch auch hier geradezu auf eine Einführung derselben.

„In Erwägung", heißt es in einer erdichteten Proklamation, welche die Freunde der Neuerung auf einen Tag sämtlichen Delegaten in die Hände zu bringen wußten, „in Erwägung, daß das Recht, eine freie Konstitution zu fordern, von dem Wiener Kongreß anerkannt worden, daß das Volk von Rom die Konstitution von Spanien fordert, daß es die Tyrannei eines Consalvi nicht länger ertragen kann – hier folgt eine lange Aufzählung aller Beschwerden, die man gegen den Kardinal vorbrachte, nicht ohne die Bemerkung, daß er die kirchlichen Interessen des Heiligen Stuhles als ein Verräter aufopfere –, endlich in Erwägung, daß, wenn man den gerechten Forderungen des Volkes Widerstand leisten sollte, den 9. August um die 22. Stunde das Geschrei Amazza, Amazza erschallen und ein allgemeines Gemetzel erfolgen würde, aus allen diesen Gründen hat sich der Heilige Vater entschlossen, den Feind des Volkes der Rache desselben zu überlassen und die göttliche spanische Konstitution anzunehmen, worin ihn der ehrwürdige Körper der Kardinäle unterstützen wird. Er wird die Abgaben vermindern, er wird künftig nach dieser Konstitution, dem Evangelium und dem Konzil von Trient regieren; in San Lorenzo in Damaso wird er sich hierzu verpflichten und vor allem die braven Bolognesen belohnen, die ihn hierzu besonders veranlaßt haben."

So seltsam werden hier geistliche und weltliche Interessen, die spanische Konstitution und die kirchlichen Gesetze, ineinander gemischt! Aber eben dies ist das Unterscheidende dieser Entwürfe.

In der Tat glaubte man, daß die konstitutionelle Richtung sogar in die Kardinäle eingedrungen sei. In jenem Pamphlet gegen Consalvi, das nach der Entweichung des Governatore erschien, hieß es wörtlich: „Der weise und patriotische Kardinal Pacca hat die tiefe

Überzeugung, daß in unserm Jahrhundert nur eine liberale Konstitution zu retten vermag. Andere würdige Mitglieder des Heiligen Stuhles denken wie er. Schließt euch an sie an! Von ihren Händen werdet ihr eine Kardinalkonstitution (constituzione cardinalizia) empfangen."

Und wäre es ein Wunder, wenn einige ehrgeizige Kardinäle, eingedenk der alten Bedeutung ihres Standes, durch die Vernachlässigung, die ihnen der Staatssekretär widerfahren ließ, aufgebracht und fortgerissen von dem Strome der Meinung, hierauf wenigstens im stillen eingegangen wären? Sie dachten wohl, sich zu einem italienischen Senat auszubilden; sie schmeichelten sich, das Unterhaus, das man ihnen zur Seite setzen würde, durch ihr Ansehen im Zaum zu halten. Gewiß, nichts hätte wirksamer werden können, als wenn sich die römische Kurie an die Spitze der italienischen Bewegung gestellt hätte.

Hier trat dann die seltsamste Annäherung ein.

Consalvi hatte, wie wir sahen, beiden Parteien nachgegeben Wäre es ihm besser gelungen, hätte er einen Staat hergestellt, der an innerem Bestand dem alten zu vergleichen gewesen wäre, so würde er auch ohne Begünstigung der einen oder der anderen keine zu fürchten gehabt haben. Allein da es nicht ging, da es mit dieser Art von Staat, wie jedermann einsah, nicht fortwollte, so erhoben sich beide wider ihn. Unzufrieden mit dem, was ihr gewährt worden, sah eine jede die Ursache des öffentlichen Unglücks nur in dem, was ihr versagt geblieben. Von beiden Seiten erhoben sie sich wider Consalvi.

Wer hätte es glauben sollen? In dem Moment, den wir betrachten, war es nahe daran, daß sich beide vereinigten. In einem Senat aus Geistlichen hätte man das eine, in einem demokratischen Unterhause das andere Element repräsentiert. Es ist wahr, eine Bewegung in rein liberalem Sinne mochte in Rom nicht zu erwarten sein. Eine zugleich liberale und klerikale dagegen wäre so unmöglich nicht gewesen; der Einfluß der Kurie und die Neigungen der Mittelklasse hätten sich dann vereinigt. Zwar würde es auf keinen Fall lange gedauert haben; zum ersten Anstoß hätte es füglich dienen können.

Es bedurfte nur eines Zunders für diese brennbaren Stoffe.

Und hätte man sich so sehr verwundern dürfen, wenn sich die Neapolitaner bemüht hätten, eine Bewegung im Kirchenstaate hervorzubringen? Man konnte nicht in Zweifel sein, wozu die österreichische Macht in der Lombardei sich rüstete, und kein Mensch konnte sich einbilden, daß der Papst den Durchmarsch derselben verhindern werde. Auch hatte der neapolitanische General Pepe eine förmliche Petition, unterzeichnet von einundsiebzig ausgewanderten Römern, in Empfang genommen, in der er geradezu um eine Invasion ersucht ward.

Es kam alles darauf an, die Berührung zwischen Rom und Neapel zu verhindern, von welcher Seite sie auch gesucht werden mochte. Sehr wohl faßte das Consalvi.

Der Forderung der Neapolitaner, Rom solle sich einem Durchmarsch der Österreicher widersetzen, wo nicht, so werde man auch von neapolitanischer Seite die Grenzen überschreiten, setzte Consalvi eine sehr geschickte Antwort entgegen. Er sagte, noch sei kein Antrag in jener Beziehung an ihn gelangt. Damit leugnete er nicht, daß ein solcher geschehen könne; er versprach auch nicht, denselben zurückzuweisen; er band sich die Hände für die Zukunft nicht. „Übrigens aber", fügte er hinzu, „sei die Unverletzlichkeit der päpstlichen Staaten von allen großen Mächten anerkannt; ohne Zweifel werde jede Regierung sie respektieren." Auch damit sagte er nichts wider Österreich – es war weit entfernt, den Durchmarsch erzwingen zu wollen –, aber gegen diejenigen hatte die Unverletzlichkeit Bedeutung, welche ohne die Bewilligung des Papstes einzurücken drohten. Auf das klügste abgewogen, wie wir sehen, war diese Antwort, und in der Tat hatte sie ihre Wirkung. Die Neapolitaner, an sich nicht kriegerisch gesinnt, dachten fürs erste an keinen Angriff.

Nur war es nötig, auch jeden Ausbruch einer inneren Bewegung zu vermeiden.

Es lag eine gewisse Gefahr darin, daß eines Tages die Tuchfabriken, weil man ihnen ein Recht, auf das sie angetragen, versagt hatte, ihre sämtlichen Arbeiter auf einmal zu entlassen Miene machten. Dieser Arbeiter waren mehrere tausend an der Zahl. Mit ihrem Anhang, ihren Frauen und Kindern hätten sie wohl einen Kern für eine Bewegung bilden können, und es gab Leute, welche Feuerzeichen, die man jede Nacht von der neapolitanischen Grenze her bis zu den albanischen Höhen von Berg zu Berg bemerkte, damit in Verbindung setzten. Consalvi versäumte nichts, bis er Herren und Arbeiter beruhigt hatte. Er wandte, wie man sagt, selbst eine bedeutende Summe daran. Alle seine Maßregeln waren wohl berechnet. Er hatte die Waffen der Bürgergarden anfangs nach dem Kastell S. Angelo abführen lassen. Auf ihre Bitten stellte er sie nunmehr unter die Obhut der sichersten Einwohner. Sie schwuren ihm dafür, die Stadt gegen jeden Angriff zu verteidigen.

Noch einmal zeigte Consalvi hierbei sein Talent in glänzendem Lichte. Ihn vor allen, den beide Parteien haßten, bedrohte ein gräßliches Schicksal. Doch er verlor darüber niemals Ruhe und Geistesgegenwart. Er ließ sich die Dinge nicht persönlich anfechten; besonnen ermaß er sie. Er zeigte eine überlegene, feste Klugheit und gerade die rechte Vereinigung von Güte und Strenge.

Hierbei kam ihm die Fassung des Papstes, der schon ganz andere Gefahren erlebt hatte, sehr zu Hilfe. Als eines Abends im Februar 1821 über die Nachricht, die Neapolitaner seien in vollem Marsch auf Velletri, ganz Rom in Verwirrung geriet – Fiakerpferde wurden requiriert, Kanonen aufgefahren; die Bürgergarde zog auf, die Truppen machten sich fertig, nach Civitavecchia abzugehen –, blieb der Papst fast allein gelassen. Man redete ihm zu, mit den Truppen aufzubrechen. „Höre, Frosini", sagte er zu seinem Magiordomo, „wenn du Furcht hast, so kannst du abreisen; ich lege mich zu Bette." Den anderen Tag wies sich auch alles als ein falscher Schrecken aus.

Indessen wissen wir doch, daß gerade damals eine gewisse Gefahr drohte. Mitten in dem Karneval, während man nur Tanz, Theater und Maske zu kennen schien, hatten die Karbonari von Bologna und Romagna eine Bewegung vor. Sie hatten den Ausbruch einer Revolution auf den 10. oder 11. Februar festgesetzt. In der Tat zeigte sich, wahrscheinlich ausdrücklich bestimmt, dieselbe zu begünstigen, ein revolutionärer Haufe über dem Tronto. Er rückte in Ankarano ein und machte bekannt, man werde in dem römischen Staate vier patriotische Lager aufschlagen, zu Pesaro, Macerata, Spoleto und Frosinone; man werde eine provisorische Junta ernennen, die ihren Sitz anfangs zu Spoleto nehmen, aber sich alsdann nach Rom verfügen solle, um daselbst bis zur Zusammenberufung eines Nationalparlamentes zu regieren. Vielleicht war dies in der Tat der Plan der Karbonari beider Länder. Aber einmal war dieser Haufe doch sehr schwach; da er sich dabei vermaß, Kontributionen einzufordern, brachte er die Bevölkerung wider sich auf; die Besatzung von Askoli trieb ihn zurück.

Sodann, und dies ist die Hauptsache, schon am 5. überschritten die Österreicher den Po. Der Anblick ihrer Armee allein war hinreichend, jede Bewegung zu erdrücken. Eine Zeitlang hofften die Karbonari des Kirchenstaates noch auf den Widerstand der Neapolitaner. Aber diese täuschten alle Erwartungen. Auch Pontecorvo und Benevent kehrten ohne weiteres unter die päpstliche Herrschaft zurück.

Noch einmal hatte der Kardinal das Land in seiner Gewalt.

Nur täuschte er sich, wenn er sich überredete, es sei durch seine eigene Kraft dahingekommen. Wohl war ein eigentlicher Ausbruch der Bewegungen vermieden und ein Anfall der Neapolitaner, wenngleich ein schwacher, zurückgewiesen worden; aber die Hauptsache war durch Ereignisse geschehen, denen Consalvis Klugheit nur zu Hilfe gekommen. Von anderen Gewalten wurden die Weltschicksale bestimmt.

Zehntes Kapitel

LETZTE ZEITEN PIUS' VII. UND CONSALVIS

Wenn der Kirchenstaat wiederhergestellt worden war, so hatte man die Hoffnung gehegt, daß er in sich selbst stark genug sein werde, um sich zu behaupten und der kirchlichen Gewalt, welche durch den Widerstand gegen Napoleon eine allgemeine Teilnahme gewonnen hatte, eine unabhängige Repräsentation zu geben. Man hat sich wirklich damals mit dem Gedanken getragen, daß der Papst in den Zerwürfnissen der weltlichen Gewalt ohne Rücksicht auf die Konfession der allgemeine Mediator sei. Wir finden einen Brief von Niebuhr, einem der überzeugtesten Protestanten, die es je gegeben hat, in welchem diese Idee ausgesprochen wird. Der konfessionelle Gegensatz war noch nicht wieder ausgebrochen; Rom erschien selbst wieder als ein Mittelpunkt der Kultur, namentlich der künstlerischen. Aber um dieser Idee gerecht zu werden, mußte es von inneren Bewegungen frei, imstande sein, auch den Stürmen der wieder ausbrechenden Revolution zu widerstehen. Ganz das Gegenteil war aber erfolgt, von den restaurierten italienischen Staaten war der größte einer revolutionären Bewegung erlegen; nur durch österreichische Dazwischenkunft konnte er behauptet werden. Auch den anderen aber, namentlich dem Kirchenstaate selbst, schien ein ähnliches Schicksal bevorzustehen. Die großen kontinentalen Mächte, auf deren Zusammenwirken die neue Ordnung der Dinge beruhte, erblickten in der mangelhaften Verwaltung desselben die Ursachen des Verderbens und hielten für ratsam, dem weiteren Umsturz durch gute Ratschläge zuvorzukommen. Im Mai 1821 ließen sie den italienischen Höfen gemeinschaftliche Vorstellungen machen.

„Die Autorität", heißt es in einer derselben, „ist in den italienischen Staaten nur allzu häufig zugleich unterdrückend und schwach; unterdrückend im einzelnen, schwach im allgemeinen.

Die Justiz ist langsam, zuweilen ungleich, willkürlich und selbst feil. Die Verwaltung hat oft weder Ordnung noch Prinzip; sie ist sowohl habsüchtig als verschwenderisch; sie versteht nicht, das Privateigentum heranzuziehen, wo es möglich und nötig wäre. Es fehlt an der notwendigen Sicherheit; die Erziehung wird vernachlässigt; die scheinbare Güte der Regierung ist Schwäche oder Apathie."

Schon in diesem Tadel liegt das Gegenteil, das man empfiehlt. Noch deutlicher wird dies ausgedrückt, wo von den Mitteln die Rede ist, durch welche man die Revolution zu vermeiden habe. „Diese Mittel", heißt es, „sind die Unterdrückung und Vernichtung der geheimen Gesellschaften; eine feste und väterliche Verwaltung, welche offenbar das Wohl der Untertanen bezweckt; allmähliche und wohlüberlegte Verbesserung, welche unmerklich und ohne Erschütterung heilsame und unentbehrliche Reformen herbeiführt; Strenge und Unparteilichkeit in der Anstellung der Beamten; endlich Institutionen, die, indem sie den Völkern Bürgschaften für ihre realen Interessen und ihre wahren Bedürfnisse geben, dabei die Prinzipien des monarchischen Systems nicht gefährden, welches heutzutage das letzte Bollwerk gegen die Anhänger der Revolutionen und der Anarchie bildet."

Und gewiß durften die Mächte, nachdem durch ihre Vermittlung die Ruhe wiederhergestellt und eine feindselige Faktion unterdrückt war, auch hoffen, daß ihr Rat Nachdruck haben und nicht ohne Wirkung bleiben werde.

Besonders hätte man von Consalvi vermuten sollen, nachdem er die Fehler der Verwaltung im Kirchenstaate so oft eingestanden und über die unübersteiglichen Hindernisse jeder Verbesserung so oft geklagt hatte, er werde die Vorstellungen, die man ihm machte, gut aufnehmen und sie vielleicht als eine Stütze ergreifen; allein wir erfahren, daß er sich sogar beleidigt glaubte. Er meinte die Unabhängigkeit seiner Regierung bedroht zu sehen. Dies Gefühl war stärker als jedes andere. Jeder gemeinschaftlichen Maßregel, die etwa für Italien in Vorschlag kam, entzog er sich. Es war ihm unerträglich zu denken, daß der Heilige Vater auf irgendeine Weise auf gleicher Stufe mit Toskana oder Modena erscheinen sollte; auf nichts ging er ein.

Die einzige Wirkung so wohlgemeinter Vorstellungen war eine stärkere Irritation.

Schon bemerkten einige, was daraus erfolgen müsse. „Ihr habt",

sagte Niebuhr zu einem römischen Staatsmann, „die Einmischung zurückgewiesen, die euch mit Zartheit und großer Rücksicht angeboten ward. Denkt an mich! Es wird eine Zeit kommen, wo ihr euch derselben unter ganz anderen Formen zu unterwerfen habt."
Offenbar war der Kirchenstaat aus der Gefahr errettet, die ihn zu vernichten drohte; und Consalvi konnte es sich nicht verbergen. Aber kaum gerettet, lehnte er sich – wer hätte es glauben sollen – wider seine Retter auf. In ihm lebte der Ehrgeiz der Unabhängigkeit und der Autorität des Papsttums; auch von einem unfehlbar wohltätigen Einfluß der Mächte, der ihm selbst erwünscht sein mußte, wollte er nichts wissen.
Ja, im Gegenteil. So wie Consalvi nicht zu den Beschlüssen von Laibach hatte beistimmen, so wie er nie seine Hilfsbedürftigkeit hatte gestehen wollen, so trug er Bedenken, mit dem Prinzip, das ihm eben den Untergang gedroht hatte, zu brechen.
Selbst wider die Anhänger der Revolution in dem eigenen Staate griff er nur ungern zu kräftigen Maßregeln. Die Strafen, die er verhängte, fand man nicht eben schwer. In Benevent unterzeichneten die Oberhäupter der Rebellen selber die Unterwerfungsakte; man begnügte sich, die Verbannung der Schuldigsten auszusprechen. Da diese während der Revolution Geld genug erworben hatten, mit dem sie sich nun entfernten, so war das so gut wie eine Begnadigung. In der Romagna strafte man anfangs fast niemand. Es waren eine Menge Ermordungen vorgefallen; man kannte die Namen der Schuldigen; doch beunruhigte man sie nicht. Priester, welche gegen den Aufruhr predigten, bekamen noch immer anonyme Warnungen, die ihnen den Tod drohten. Die Anhänger der Regierung wagten noch immer nicht, nach Sonnenuntergang auszugehen. In Faenza hielten die Vendite ihre Sitzungen nach wie vor, und kein Mitglied bemühte sich sehr, seine Teilnahme zu verbergen.
Gewiß ein unglücklicher Zustand; aber durfte man in der Milde Consalvis wirklich einen Fehler sehen?
Es scheint doch, als habe er Ursache gehabt zu verfahren, wie er verfuhr.
Er entschloß sich endlich, jene Rebellen der Romagna, die soviele Mordtaten verübt hatten, einziehen zu lassen. Aber der Kardinal, der diese Maßregel ausführen sollte, geriet unter den Einfluß der entgegengesetzten Faktion, welche die Strenge übertrieb. Auf das empörendste wurden die Verhaftungen vorgenommen. Sie begrif-

fen über 150 Individuen, von denen einige keine andere Schuld hatten als ihren Reichtum.

Hieraus erfolgte, wie natürlich, daß man innehielt, daß man kein Gericht niedersetzte, daß man keine Strafe vollzog.

Das Übel lag darin, daß Consalvi der Regierung nicht völlig mächtig war, daß ihm die Faktionen zu stark geworden, daß er sie nicht mehr beherrschen konnte. Wie wären da durchgreifende Verbesserungen möglich gewesen. Im September 1821 war ein neuer Finanzplan im Werke, der die droits réunis in dem ganzen Lande einführen sollte und freilich wohl die Auflagen erhöht haben würde. Pacca, Somaglia und die ganze Kongregation erklärten sich dawider. Als Consalvi dennoch den Entwurf dem Papste vorlegte, nahm dieser die Papiere, legte sie auf den Tisch und sagte: „Das ist eine Sache, von der wir weiter nicht reden wollen." Man hatte ihn zuvor dawider eingenommen.

Auf die Vorschläge der Höfe konnte er auch eben dieser Opposition halber nicht eingehen. „Ich bedaure den Kardinal", sagte einer seiner vertrauten Freunde, „wenn er den Wunsch der Höfe erfüllen will, so wird die ganze Welt gegen ihn sein, und er wird doch nichts ausrichten. Der Widerstand der Ignoranten gegen jede Reform ist unüberwindlich. Tut er es aber nicht, so verliert er die einzige Stütze, die ihn aufrechterhält."

Und so paralysierte der Gegensatz der Parteien in dem Lande selbst jede nachhaltige politische Tätigkeit.

Wie auffallend, daß es in geistlichen Dingen ziemlich ebenso ging. Nicht so nahe als die neapolitanische, aber nicht minder empfindlich berührte die Bewegung von Spanien und Portugal den römischen Hof.

Wiewohl die spanische Konstitution eine geistliche und katholische Farbe hatte, so nahmen doch die Beratungen der Cortes gar bald eine Richtung wider die bisherige Verfassung der Kirche. Der erste Beschluß, bei welchem König Ferdinand VII. Zwang erfuhr, betraf die Ordensgeistlichkeit, welche man ihrer Güter beraubte. Ein Bischof, Castrillo, hat denselben empfohlen. Die Klöster mit ihren Anhäufungen von Eigentum, sagte er, seien an dem Verfall Spaniens hauptsächlich schuld, und die Nation habe das Recht, solche nach Belieben bestehen zu lassen oder zu unterdrücken. In größtem Umfang wurden die Beschlüsse durchgesetzt. Alle Reklamationen waren vergebens. Als der König seine Sanktion verweigerte, organisierten, wie Martignac versichert, die Minister selbst einen Aufstand, in welchem sie ihm dieselbe entrissen.

Wie hätte man bei der leidenschaftlichen Heftigkeit, mit der man diese Dinge trieb, das Verhältnis schonen sollen, in welchem man zu Rom stand? Die Cortes berechneten, wie große Geldsendungen Spanien jährlich an die Kurie abgehen lasse. Sie befahlen, dieselben einzustellen. Von der Summe, die sie angenommen, boten sie nur ungefähr den dreißigsten Teil dem Römischen Stuhl an. Ein ungemeiner Verlust für diesen, da die Dataria ihre besten Einkünfte aus Spanien zog und einige geistliche Tribunale auf diese gegründet waren. Der Prodatar war gar bald genötigt, sich an die Staatskasse zu halten.

Es ist doch merkwürdig, daß hierbei der Jansenismus, der schon unter Ferdinand VI. unterdrückt geschienen, dessen Name indes noch unter Karl IV. zu Anklagen gedient hatte, wieder erschien und sich tätig hervortat. Vornehmlich Jansenisten saßen in den Cortes. Der Präsident der Cortes erklärte einmal dem Nuntius geradezu, man werde den reinen Jansenismus einführen, ohne sich vor einem Schisma zu fürchten. Sonst pflegt man Gesandte zu schicken, die dem fremden Hofe angenehm sind. Die damaligen Minister von Spanien wählten den Kanonikus Villanueva, der den römischen Hof in eigenen Schriften angegriffen hatte und einen völligen Bruch hervorzubringen sehr geeignet war, zu ihrem Bevollmächtigten.

Wie in Spanien, so ging es in Portugal. Es wäre wohl der Untersuchung wert, inwiefern der Jansenismus, der in diesem Lande einheimisch geworden, als Alexander VII. so lange zögerte, das Haus Braganza anzuerkennen, an den neueren Bewegungen dieses Landes einen wesentlichen Anteil hat. In den damaligen Cortes wenigstens erschienen Jansenisten. Man behauptete in jener Zeit, daß Don Pedro eine jansenistische Partei unter den Weltgeistlichen für sich habe, während die entgegengesetzte seinen Bruder begünstige. In den konstitutionellen Streit mischte sich dort der Hader der geistlichen Meinungen. Damals schritt man zu vielen Neuerungen in Sachen des Klerus. Man hob die königliche Kapelle auf und brachte das Patriarchat auf den Rang eines Erzbistums zurück. Man erteilte dem Geschäftsträger Pereira Instruktionen, die der Erklärung eines Schismas ziemlich gleichkamen.

Und so waren diese altrechtgläubigen Länder so gut wie andere mit der revolutionären zugleich in eine antirömische Richtung

verwickelt worden. Sie blieben katholisch; ihre Gesetze behaupteten diese Farbe. Allein sie schlossen sich an die Oppositionspartei an, die in der katholischen Kirche selber besteht. Wie weit dies führen kann, hat man in der Französischen Revolution gesehen, an deren ersten Bewegungen wider die Geistlichkeit die Jansenisten so großen Anteil hatten. Sie mit zu veranlassen, waren sie stark genug; unfähig aber, ihr wieder Einhalt zu tun.
Wenn nun in diesen Vorgängen eine offenbare Gefährdung der römischen Interessen lag, so wird man begierig, zu erfahren, was der römische Hof tat, um ihr vorzubeugen.
Er legte eine große Mäßigung an den Tag. Daß man seinen Tribunalen die gewohnten Einkünfte entzog, hätte ihm wohl zu einem Anlaß dienen können, die Dispensationen zu verweigern. Doch hütete man sich in Rom, diesen Schritt zu tun. Den eifrigen Katholiken war der Nuntius in Spanien bei weitem zu gemäßigt. Trotz seiner Mäßigung wollten die Revolutionäre ihn doch nicht dulden und drangen ihm seine Pässe auf. Aber in Rom hielt man sich ruhig, nach wie vor. Als die Franzosen zu ihrer spanischen Unternehmung schritten, hätten sie gern ihre entschiedenen Gegner zugleich durch geistliche Zensuren angegriffen gesehen; der römische Hof ließ sich dazu nicht überreden. Vielmehr versicherte er der Regierung von Spanien, von seiten Roms werde man die freundschaftlichen Verbindungen niemals abbrechen. Nichts fürchtete er so sehr, als die Erklärung eines Schismas. Selbst als Madrid eingenommen und eine Regentschaft daselbst eingerichtet war, hielt er nicht für gut, einen Nuntius an dieselbe abzusenden; er hätte noch immer ein Schisma in den von den Cortes beherrschten Provinzen zu befürchten geglaubt.
Mit einer so unglaublichen Behutsamkeit ging der römische Hof auch in geistlichen Sachen zu Werke. Der Grund ist, daß dem Wortführer der obersten geistlichen Gewalt die Gegner zu stark schienen, um sich mit ihnen zu messen. Mehr als einmal hat es Consalvi eingestanden. Er wagt nicht mehr zu reden, wie man früherhin sprach, er müßte fürchten, lächerlich zu werden; er wagt nicht mehr zu strafen, wie man früherhin strafte, er ist überzeugt und sagt es laut, es werde nicht mehr wirken.
Wohl war es noch Rom, es war noch das Papsttum; aber verschieden von jenem, welches eine selbständige Macht über die Welt ausübte; Gesetze gab, statt sie zu empfangen; den Mittelpunkt

des Geistes, der wirklichen und geglaubten Religion unserer Völker ausmachte. Alle Nationen hatten sich damals vor ihm gebeugt, alle weltlichen Gewalten ihm freiwillig gehuldigt.

Wie sehr gebrach es dagegen jetzt an eigentümlicher Kraft und Haltung! Mehr als irgend etwas anderes zeugen hiervon die Ereignisse dieser Revolutionen. Die Rettung des Staates verdankte der Papst den auswärtigen Mächten; die Herstellung des Glaubens ward durch die Dazwischenkunft derselben Mächte vollzogen. Allein in Rom trug man Bedenken, sich diesen völlig und geradezu anzuschließen. Sei es, daß man selbst an ihrer Seite die feindseligen Elemente fürchtete oder daß man eine entschiedene, der Rache und gewaltsamen Leidenschaften zugängliche Partei durch Begünstigung aufzuwecken besorgt war, man enthielt sich so viel als möglich aller tätigen Teilnahme, zufrieden, sich von Augenblick zu Augenblick durchzubringen.

Noch einmal erlebte Pius VII. die Herstellung des allgemeinen Friedens, die Befestigung seines obersten kirchlichen Ansehens, aber diese Unruhen hatten seine Seele tief erschüttert. Wenn er sich jemals der Hoffnung hingegeben, daß die Revolutionen beendigt seien, daß die Religion, die er glaubte und lebte, durch die ihr innewohnende Kraft schon an sich den Sieg davontragen werde, wie sehr sah er sich getäuscht! Er erkannte die ganze Bedeutung der Ermordung des Herzogs von Berry. Er sah wohl, welch ein tiefer, unversöhnlicher, plötzlich in gewaltsamen Ausbrüchen sich entladender Haß die alte Ordnung der Dinge in Spanien verfolge. Wie weit sich derselbe verbreite, zeigten ihm gar bald die Revolutionen um ihn her, die ihn selber so nahe berührten, so hart bedrohten. Er beweinte die Zeiten, in die er zu fallen das Unglück gehabt. Er seufzte nach dem Tode.

Schon war er auch körperlich sehr schwach geworden; den Gram über alle diese Ereignisse sah man ihm an, und das gemeine Volk von Rom, das eine Veränderung an ihm wahrnahm, rief ihm oft zu, wenn er durch die Straßen fuhr, er möge doch seine Gesundheit *schonen*. Wenn man kam, um ihm die Hand zu küssen, so machte er nur noch eine Bewegung, als wolle er sich in seinem Lehnstuhle erheben, doch vermochte er es nicht mehr. Indes empfing er auch Männer von protestantischer Konfession, obwohl seine Regierung damals mit den Protestanten wegen eines Kirchhofs einige Streitigkeiten hatte, immer mit der gleichen Güte. Nur noch wie ein leiser Hauch, aber in ihrer ursprünglichen Reinheit

und Tiefe, wohnte die Seele in diesem der Auflösung nahen Körper. Der geringste Zufall – ein Fehltritt beim Aufstehen vom Lehnstuhl – reichte hin, denselben zu zerstören.
Consalvi war zugegen, als Pius am 21. August 1823 verschied. Obwohl er eben selbst an einer alten Krankheit litt und das Fieber nur mit Mühe durch Chinchina dämpfte, sogar in den Schauern desselben, hat er die Dienste eines Krankenwärters verrichtet. Der Penitentiere sprach das gewohnte Gebet an dem Lager des Verstorbenen. Kaum war es geendigt, so warf sich Consalvi vor dem Bette nieder; unter lautem Schluchzen, mit heftiger Zärtlichkeit, umfaßte er die Füße seines Gebieters.
Freilich heißt leben: dasein, atmen, Sonne und Luft genießen. Wenn es aber allein Leben ist, seine Kräfte entwickeln, ihrer im Verhältnis zu der Welt in großen Tätigkeiten sich bewußt werden, Bedeutung haben, so verdankte Consalvi dies sein eigentliches Leben dem Papste, der ihm in unwandelbarer, freier Gewogenheit den Raum und die Möglichkeit dazu verliehen hatte. Mit dem Tode desselben war dies aus. Consalvi trat sofort von den Geschäften zurück; bereits im Januar 1824 starb auch er. In seinem Testamente hat er die ihm in diplomatischen Geschäften zugekommenen wertvollen Geschenke dazu bestimmt, zur Vollendung eines Monumentes für den Papst verkauft zu werden.
Überschaut man das Leben dieses Kardinals und dieses Papstes, das gleichsam ein einziges Ganzes bildet, so ist es von einer eminenten Bedeutung. Sie hatten mit den größten Gewalten zu ringen, welche in langen Jahrhunderten vorgekommen sind, einem alles überwältigenden Imperium und auf dem dann wieder geebneten Boden einer Revolution der Geister, welche eine neue Gestaltung der Welt in Aussicht stellte. In diesem Kampfe hatten sie sich mehr nachgebend und zugleich abwehrend verhalten, als eine volle und unbeugsame Tatkraft ihnen entgegengestellt. Sie haben nur einen Moment der Genugtuung erlebt, unmittelbar nach dem Falle Napoleons, als die geistlichen Ideen wieder zur Herrschaft gelangten und der Staat in seiner alten Integrität wiederhergestellt wurde. Sie haben die ihnen entgegenstehenden Weltkräfte nicht überwältigt noch bezwungen. Aber wie wenige sind deren in allen Epochen, denen dies gelungen ist. Glücklich, wer aus dem Kampfe, in den ihn die Dinge versetzten, aus dem Reize, mit dem sie ihn ansprechen, dem Widerspruch, den sie in ihm aufrufen, ohne Flecken, in ursprünglicher Reinheit hervorgeht.

Vielleicht erinnert sich auch noch mancher andere eines Basreliefs aus dem späteren Altertume, das in dem Kapitolinischen Museum zu Rom aufbewahrt wird. Man sieht die Elemente und die Liebe: Prometheus bildet den Menschen. Um den eben Geschaffenen stehen die Götter des Geschicks; in den Sternen wird es ihm verzeichnet; die Parze spinnt ihm seine Tage; verhüllt steht die Nemesis bei ihm. Auf der anderen Seite sieht man ihn wieder sterben; die Seele geht an ihren Ort; von den Göttern erscheint nur Nemesis; sie sitzt neben dem Leichnam; nunmehr enthüllt, mit aufgeschlagenem Buche. So ist der Wandel des Menschen: in einer Umgebung, die ihn mit Notwendigkeit ergreift, auf einem Wege, den er nicht zu bestimmen vermag, in seiner gesetzten Zeit. Wie er war, wie er sich hielt, dies allein ist sein Verdienst. In den ewigen Büchern ist es verzeichnet; es bestimmt ihm das richtende Gedächtnis, das nach ihm bleibt.

BEILAGE

Erinnerungen an römische Zustände im Jahre 1829

Man sollte glauben, unter den Agonien, welche das Pontifikat Pius' VII. auch nach seiner Herstellung erfüllten, hätte sich der Gemüter eine allgemeine Unbehaglichkeit bemeistern und der Aufenthalt in Rom Fremden wie Einheimischen unbequem werden müssen.

Man möchte es voraussetzen, doch wird niemand sagen können, daß es der Fall gewesen sei. Die Stadt nahm an Einwohnern unaufhörlich zu, die Fremden wallfahrten in Scharen dahin.

Einrichtungen werden geändert; der Besitz wird gewechselt; hartnäckiger sind die Sitten und Lebensformen, in denen der Charakter sich ursprünglich ausgesprochen und die ihn nun wieder bestimmen und festhalten.

Eine Wohltat des Schicksals ist es, wenn jemand eine Vaterstadt hat, die ihn durch edle Sitten aufzieht, mit großen Erinnerungen nährt und zugleich seinem Leben einen angemessenen Schauplatz darbietet. Von verwandten Elementen umgeben wächst er auf. Ohne viel Suchen, Entbehren und Schwanken umfangen ihn die natürlichsten Verhältnisse; er hat festen Boden unter seinen Füßen.

Nur in den großen städtischen Gemeinwesen des früheren Altertums und des Mittelalters konnte dies statthaben. Vorzüglich den niederen Volksklassen wäre ein ähnlicher Einfluß noch heutzutage zu gönnen. Sie bedürfen einer geistigen Atmosphäre, die sie unbewußt einatmen und aufnehmen; und es ließe sich denken, daß ihnen ihre Umgebung zu einer höheren Erziehung würde, die ihr Leben, das dem Gemeinen so nahe steht, mit geistigen Stoffen zu durchdringen, mit dem Anflug freier Humanität zu erheben vermöchte.

In einem so großen Sinne ist dies wohl nirgends der Fall, auch nicht in dem modernen Rom; jedoch die vielleicht beschränkende,

aber erfüllende Genüge der Heimat kann nicht leicht ein anderer Ort in vollerem Maße gewähren als Rom, die Hauptstadt der Altertümer, der Kunst, der katholischen Religion.
Durch tausend Anschauungen von der ersten Jugend auf wird eine Sinnesweise genährt, die durch keine Neuerung zu erschüttern ist.
Der Römer lebt sein religiöses Jahr. Die Religion hat äußerlich eine sehr heitere Seite; gern verknüpft sie sich mit Zusammenkunft und Belustigung des Volkes, und das religiöse Fest ist zugleich an und für sich ein weltliches. Ich habe sagen hören, es könne ein neuer Ovid neue Fasten über das katholische Rom schreiben. Für den Fremden, der sich einlebt, bietet es besonderes Interesse dar, den Wechsel der reichlichen Festlichkeiten zu beobachten.
Die neuen Fasten könnten mit den unscheinbarsten naivsten Anfängen des Gottesdienstes beginnen, wie wenn im November die Hirten der Abruzzen, die Pifferari in der Stadt erscheinen, in den Häusern, auf den Straßen die Novena blasen und mit einfacher Melodie und ungeschmücktem Text die Geburt des Herrn verkündigen.
Dann folgt Weihnachten, die bedeutungsvolle Andacht der Christmesse mit den prächtigen Präsepien.
Das Fest der Kinder und der Geschenke ist ein wenig weiter auf Epiphanias hinaus verlegt. Ich weiß nicht, ob es noch ein anderes so schlagendes Beispiel gibt, wie aus dem Wort die Mythe wird, gleichsam eine philologische Fabel. Die Fee Befana, heißt es, und man mag sie wohl hie und da für die Tochter des Herodes ausgeben, schwarz und unschön, bringt die Geschenke auf den Herd in den Kamin.
Bald sind dann die Fasten gekommen. Für die Stationen eröffnen sich die entfernten Kirchen außerhalb der Mauern, zwischen den Weingärten; während der Kunstfreund geht, sich an dem Anblick der schönen Mosaiken in S. Lorenzo oder der alten Grabmäler in S. Balbina zu erbauen, wallfahrtet das Volk zu den Reliquien seiner Heiligen. Jedoch bleibt es diesmal nicht dabei stehen. Fasten ist die Zeit der Prediger; Städte und Kirchen wetteifern, die besten Prediger an sich zu ziehen. Nicht sowohl zu belehren sucht man sich dann, als zu rühren, zu erschüttern, hinzureißen. Diese Prediger gehen auf ihrer großen Kanzel umher, sie beugen sich über, sie treten weit nach hinten zurück; sie neh-

men ihr Barett ab und setzen es wieder auf; sie küssen das Kreuz auf ihrer Brust und wenden sich an das große Kruzifix zu ihrer Seite; sie äußern eine heftige Bewegung und befleißigen sich eindringlicher Popularität. So suchen sie die Seele von irdischen Gedanken zu himmlischen gleichsam mit Gewalt fortzureißen und auf den Genuß des Abendmahles vorzubereiten, mit dem ein jeder sein Osterfest feiert.

Die Karwoche zu Rom genießt einen alten Ruhm. Zwar finden sich viele unserer Glaubensgenossen von diesen Zeremonien geärgert und sie mögen recht haben, insofern sie dieselben gleichsam wörtlich verstehen und darin einen gegenwärtigen Aberglauben erblicken. Es sind aber fast mehr Reliquien vergangener Zeit: christliche Altertümer in lebendiger Wiederholung.

Wie fremdartig erschallt am Palmsonntag, wenn die Tür für die Prozession eröffnet worden, jenes altjubelnde „Gloria, laus et honor" des Raimund von Angers zwischen den modernen Musiken! Es ist aus dem Jahrhundert, in welchem man die Zeremonie noch verstand, in welchem sie noch nicht ein äußerliches Abmachen war und zum Aberglauben wurde. Die sichtbare Kirche, welche zugleich die unsichtbare zu sein behauptet, feiert hier, als wäre sie schon die Versammlung der Seligen, den durch den Tod des Erlösers erworbenen Eintritt in den Himmel. Freilich tritt ein so kindlich einfacher Sinn vor den Umgebungen zurück; kaum kann er neben einem Jüngsten Gerichte bestehen, wie es eben hier in aller Fülle der Formen bis an die Grenze des Ausdrucks hin Michelangelo abgebildet hat.

Ich weiß nicht, ist der Vortrag der Passion die Tage darauf mehr ein Verlesen oder ist es mehr Gesang. Es ist erst ein Anfang, die vortragende Stimme mit dem Sinne der Worte zu durchdringen; nur dann und wann tritt ein vollständiger Ausdruck hervor; doch fehlte er noch in den größeren Partien. Ungefähr wie es lange dauerte, ehe die altchristliche Malerei den Typus bis zu individuellem Ausdruck durcharbeitete; wie sie dies anfangs nur dann und wann, nur hie und da versuchte. Damit stimmt denn sehr wohl jene Darstellung, Nachahmung und Verehrung des Symbols, das Fußwaschen der Priester-Apostel (am Donnerstag) und ihr Mahl, das Grab der Hostie, vor dem die tausend Lampen brennen, und die dogmatischen Gesänge, unter denen sie hinaus- und hereingetragen wird. Schade, wer sich daran ärgert. Es ist alles ein halbverständliches Altertum. Jedoch berühren uns dann und wann jene Momente der Kunst, in denen sie, ewig dieselbige, in allen Jahrhunderten neu und faßlich ist. Die Lamentationen Palestrinas, mannigfaltig und streng, einfach und zusammengesetzt, atmen einen hohen Ernst, eine reine Würde. Nichts ist rührender als die Improperi dieses Meisters. Wie weht in diesem Sanktus-Immortalis die unnahbare Heiligkeit der Gottheit! Ebendiese Gottheit macht dem Menschengeschlechte Vorwürfe über seinen Abfall. Sie haben den Ausdruck großherzigen Erbarmens, innige Wärme, hinreißende Wahrheit.

Auf die Tage der Trauer folgt dann das freudige Ostern.

Wie könnte man wohl die stabilen Schöpfungen der Architektur zu einem rasch vorübergehenden Genuß, zum Dienste einer Feierlichkeit des Augenblicks heranziehen? Es geschieht durch die Art von Erleuchtung, wie sie in Rom üblich ist. Unzählige Lampen erhellen die Linien der Peterskirche; gleichsam brennend sieht man den Riß der Fassade, wie ihn der Baumeister mit der Bleifeder entwarf, vor seinen Augen; die steinerne Pracht löst sich in ihre leichtesten Elemente auf, bis mit dem vollen Eintritt der Nacht mit einem Schlag an den bedeutendsten Punkten tausend Fackeln erscheinen und die Kuppel der Peterskirche in eine ungeheure Feuersäule verwandeln. In diesem ernsten Glanze feiert die Metropole der katholischen Christenheit die höchsten Feste.

Feuerwerke und Musik gehören zu allen Festlichkeiten. Die Tage so vieler Heiligen, jedes in seiner Kirche, werden mit denselben begangen.

Könnte man die, welche sich um die Menschheit wohlverdient gemacht hatten, besser verehren als durch diese Hallen, zu ihrem Gedächtnis aufgerichtet, in denen von Chören, die einander gegenüber, feiernde Hymnen gesungen werden. Diese Bevölkerung betet; aber sie hat ihr Vergnügen dabei. Des Abends bei dem Feuerwerk gibt es Musik; selbst weltlich, beinahe militärisch, und man applaudiert; die Leuchtkugeln, die zu Ehren des Heiligen fliegen, erglänzen sonderbar in den runden Scheiben der altväterischen Fassade. So sah schon in Ägypten dieser Obelisk bei der Minerva Feuerwerke und munteres Volk um sich her.

Noch ein Hauptelement der Feste ist die Prozession. Corpus Domini wird acht Tage lang durch Prozessionen begangen. Bei Sankt Peter erscheint das ganze Heer der Geistlichen; – alle Basiliken der Stadt mit ihren Abzeichen und Angehörigen, die Priesterschaften mit ihren Fahnen und Kreuzen. Wir bemerken die ausgebildeten, von scharfen Zügen durchfurchten Gesichter der Weltpriester; neben ihnen Mönche, als gehörten sie der Stiftungszeit ihres Ordens an, eine so gläubige Einfalt ist auf ihre Stirn geschrieben, so deutlich tragen sie das Glück eines beschränkten Daseins vor sich her; andere, voll verstellter Devotion, mit gemessenem Schritte; viele nichtssagend; nicht wenige nur wohlgenährt. Auch der Papst fehlt nicht. In seltsamer Haltung wird er hoch einhergetragen. Mitren und Kronen gehen vor ihm her. Aber das geistliche Heer schließt das weltliche nicht aus, und der Gesang der Kapelle wird von militärischer Musik unterbrochen. Man mag sich anstellen, wie man will, so wird man immer zu erkennen geben, wie man steht, was man ist.

Übrigens ist dies eine Religion der Nacht. Alle ihre Feste werden mit Fackeln, Lampen, Laternen und Leuchten begangen. Auch der Papst trägt wohl zu Fuß seine Fackel hinter dem Hochwürdigen her. Man sieht diese Fackelzüge nicht allein über den Platz Sankt Peter eine helle gekrümmte Straße durch die Menschenmenge bilden, hie und da von großen Schatten unterbrochen; man sieht sie auch nach dem Kapitol hinaufziehen, man sieht sie in das heitere Pantheon am hellen Tage hineingetragen, gleich als wären es noch jene Katakomben, in denen ein geheimer, nächtlicher, unterirdischer Dienst vollbracht wird.

In unseren Gegenden wird man zweifeln, ob hierbei überhaupt von Religion die Rede sei; man wird fragen, was tiefere und wahre Religion mit diesen Aufzügen und Festlichkeiten, all diesem Pomp, selbst dieser Musik gemein habe.

In der Tat, wenn man die Erscheinungen des täglichen Lebens betrachtet, auf der einen Seite den strengen Gottesdienst, auf der anderen eine durchgehende raffinierte Weltlichkeit, ohne daß jener auf diese einen besonderen Einfluß auszuüben vermöchte, so könnte man überhaupt zweifeln, ob hier Religion in ihrer innerlichen Wirksamkeit und Bedeutung vorhanden sei.

Irre ich nicht, so gibt es doch einen Punkt, auf dem ein wahrhafteres und tieferes Gefühl des Zusammenhanges mit Gott erscheint. Gehen wir davon aus, daß nach einer unverbrüchlichen Sitte die Mitglieder jeder Familie dem Hausvater zu Ostern ein Zeugnis einreichen, daß sie die Kommunion empfangen haben. Dies ist eine unerläßliche Bedingung des Zusammenwohnens. Es beweist, daß die Pflichten, welche die Kirche auflegt, erfüllt worden sind; es beweist auch, daß man in keiner größeren Sünde lebt.

Könnte man aber nicht die Kommunion genießen, auch ohne solcher Sünde abzusagen?

Eben hier ist ein Lebenspunkt der nationalen Religiosität. Niemals wird man das tun. Nie wird man die Eucharistie nehmen, ohne Absolution empfangen zu haben. Man würde das schwerste, das größte Verbrechen zu begehen glauben, ein Sakrilegium, das niemals vergeben werden könnte, durch welches man sich mit Gott in Widerspruch setzen und seine Seligkeit ohne Rettung zu verscherzen fürchten müßte.

Daher kommt es, daß bei diesem Glauben die Ohrenbeichte ein so notwendiges Stück ist. Man will seine Sünden bekennen, alle und jede ausführlich; täte man es nicht, so würde die Absolution selber zweifelhaft werden. Der Priester weiß, wieweit er absolvieren darf; er ist nachsichtig, doch nur bis auf einen gewissen Punkt. Mildernde Umstände erkennt er an; doch wird er die Verletzung der Fasten der Osterzeit niemals dulden; er wird die Absolution auch versagen.

Nun ist wohl wahr, daß manche dennoch in ihren Sünden verharren. Da es Leute gibt, welche ein Gewerbe daraus machen, die Kommunionzettel zu verfälschen, so weiß man sich deren zu verschaffen; man bedient sich ihrer, um im Hause Frieden zu haben; allein es muß bemerkt werden, entschlossen, wie man ist, sich nicht zu bessern, begeht man diesen Betrug; niemals würde man durch Verschweigen seiner Vergehungen sich die Absolution zu verschaffen, niemals würde man ohne diese die Eucharistie zu genießen wagen.

Man glaubt demnach an das höchste Mysterium der Menschwerdung Gottes und die Vereinigung im Abendmahl: die Hostie ist der Mittelpunkt der Religion.

Aber diese Religion ist nicht Lehre: sie ist Mysterium. Der Priester ist nicht Lehrer: er ist Inhaber und Vollzieher des Geheimnisses, durch mystische Vollmacht; man küßt die Hand, die zu so erhabenem Dienst bestimmt ist.

Man kniet nieder, wo die Messe gelesen, wo das Wunder der Verwandlung vollzogen wird; die Messe ist der Mittelpunkt des Gottesdienstes.

Daher begleitet man die Hostie in allgemeinen Prozessionen; man feiert die Tage, an die sich die Erinnerung an diese höchste Gnade der Gottheit knüpft; man bewahrt sie in kostbaren Tabernakeln auf; über ihr errichtet man das Heiligtum erhabener und prächtiger Tempel.

Diese Religion ist eine ideale Verehrung des Geheimnisses.
Mit den praktischen Bedürfnissen hängt sie vorzüglich an einem Punkte zusammen; nicht immer durchdringt oder regeneriert sie das Leben von diesem aus; aber sie beschäftigt es mit mannigfaltiger Begängnis; sie prägt sich der Sitte ein; sie bemächtigt sich der Kunst, welche sie doch zuerst erzeugt hat; in tausend Formen gestaltet, bringt sie sich wieder hervor.
Mit Vorbehalt jenes einen Punktes breitet sich indes das tägliche Leben in ungebundener Weltlichkeit aus. Auch dies hat in allen seinen Erscheinungen eine durchgehende Einheit, und es ließe sich wohl darüber eine große Aussicht gewinnen, doch fürchte ich, mich allzuweit zu verlieren und will nur einer einzigen seiner Eigenschaften Erwähnung tun.
So wie sich die Verehrung des höchsten Mysteriums in Gebräuchen, Übungen, Kunstwerken ausspricht, von selbst, ungesucht, so ist es ein bildendes Vermögen, das sich in den Vergnügungen dieses Volkes kundtut; sie erscheinen in großen Gestalten, abgegrenzt, in die Augen fallend.
Will man sich die Schwüle der heißen Tage des August mildern, so wird es ein Schauspiel. Der Platz Navona wird in einen See verwandelt, in dem man nachmittags zu Wagen, unter Musik die seltsamsten Spazierfahrten macht. Erst dann haben die Flußgötter der Fontana Innozenz' X., die sonst nicht sehr gelungen sind, ihre Bedeutung und eine gewisse Angemessenheit mitten in ihrem Element.
Selbst das Bedürfnis des Spazierganges wird zu einer Festlichkeit angewendet; die Oktobertage sind ihm gewidmet; dann füllen sich die prächtigen Baumgänge der Villa Borghese mit mannigfaltigen Gruppen und Trachten.
Wie könnten wir aber hierbei des Karnevals vergessen, der mit Erwartung oder Genuß den Winter ausfüllt.
Auf dem Karneval beruht die Entwicklung der italienischen Oper. Das Herkommen läßt nur ein Stück, das schon gehört worden, zu und fordert zwei neue. Wetteifernd suchen sich die Städte, die Theater der besten Sänger, der berühmten Komponisten zu bemächtigen. Die Eröffnung des großen Theaters ist ein wichtiger Gegenstand für diese Welt; da jede Familie ihre Loge für den ganzen Zeitraum nimmt und sie auf eigene Kosten einrichtet und ausschmückt, so hat die erste Erscheinung einen doppelten Reiz; nicht leicht sieht man eine glänzendere Versammlung; zu Rom be-

wirtet der Governatore den ersten Rang. Die Akte der Oper werden vom Tanz unterbrochen. Es sind nicht allein die leichten Bewegungen, die mannigfaltigen Gruppierungen; was uns Ausländer anzieht, ist noch mehr die Pantomime. Leidenschaft, besonders in den gewaltsamen Zuständen, kann man nicht lebhafter, wahrer, hinreißender dargestellt sehen als in diesem lautlosen Ausdruck der Gebärde. Man sagt mir, daß zuweilen eine antike Tragödie auf solche Weise wieder die Bühne betrete, und ich glaube gern, daß sie die größte Wirkung macht.

Endlich läutet der Kampanone des Kapitols, und es beginnen die Tage der eigentlichen Masken. Ich will nicht sagen, daß sie nicht ein wenig langweilig ausfielen mit dem täglichen Fahren durch den Korso, den Biskuitschlachten, den etwas einförmigen und handwerksmäßigen Verkleidungen. Aber wie sie mit einer Art von Triumphzug beginnen, so hat alles Gestalt und Maß. Die Einheimischen finden sogar, daß man doch allzuwenig Freiheit habe. In der Tat wird jeder Moment des Vergnügens durch Kanonenschüsse angezeigt, und diese friedliche Regierung erscheint mit allen den Mannschaften auf allen Seiten fast militärisch.

In ähnlichem Stil sind die Vergnügungen des späteren Abends. In den Familien improvisiert man Ritornelle, in denen man, wie billig, die Fremden lobt, den Befreundeten ihre Fehler vorrückt. In der Osterie wird die Tarantella vorgetragen. Erzählung eines Ereignisses aus dem täglichen Leben; nicht erhaben, keinesweges; ruhiges Gespräch, aber voller Lebenszüge, wie es sich begibt, ohne Zutat; in dem Spiegel einfacher Auffassung. Man möchte sagen, es ist das nämliche Talent, das sich in den Kriegsgesängen kriegerischer Völker ausspricht; nur besingt man eben, was man erlebte.

Genug, alles hat Gestalt und eine gewisse Tendenz, selbst jener wilde Abend der Moccoli, wo alles die lange Straße des Korso entlang Lichter trägt und den anderen auslöscht; ein so toller Spaß, daß man die Gutmütigkeit des Volkes, das ihn nicht schlimmer benutzt, oft bewundert hat. Wir wissen es Consalvi Dank, daß er ihn herstellte. Um mich dem Getümmel zu entziehen, stieg ich auf den Balkon des Palastes Chigi, der die Aussicht über den Korso hat. Welche Erleuchtung! Die lange Straße von oben bis unten ein einziger Strom von Feuer. Je ferner, je dichter. Über diesem Strom des Feuers toste verschmolzen und unvernehmlich die Menschenstimme. Wie ward uns so wohl bei dem Gesamtanblick da oben, einsam, in der frischen Luft.

Und so wird das Jahr von Festlichkeiten umfaßt. Die Religion, welche die Seele in ihrem tiefsten Geheimnis ergreift, das Vergnügen, das die flüchtigen Stunden mit leichtem Reize erheitern soll, treten in breiter Äußerlichkeit, in festen und großen Formen vor uns auf. Sie schließen die Erinnerungen einer ganzen Vergangenheit in sich; von dem bildenden Vermögen werden sie immer neu durchdrungen; sie gewähren ein Lebenselement, das unabhängig von den Wandlungen des Staates den Geist der Eingeborenen nährt und erfüllt, dem Fremden aber anmutend entgegentritt.

Was man auch übrigens von den Untugenden dieser Bevölkerung sagen mag, so wird es den Fremden wohl unter ihr.

Obschon sich die Römer so wenig an diese wie an ihre Landsleute eng anschließen, so haben sie doch den Ausdruck der Sanftmut, eine gewisse Milde und freie Höflichkeit im Umgang. Die halbe Welt bringt ihnen, wie einst gezwungen, so jetzt freiwillig ihren Tribut.

Auch verdient es kein Ort der Erde so sehr. Alle Jahrhunderte haben ihm ihre Spuren zurückgelassen; das Schicksal des Okzidents knüpft sich an diesen Boden. In den Resten des Altertums, die wir voll Bewunderung aufsuchen, hat sich auf eine reizende Weise die Natur selber wieder eine Wohnung gemacht. Natur und Altertum, wie sie zusammengehören, so bieten sie sich in diesem Anblick die Hand. Ihnen vornehmlich ist die allgemeine Aufmerksamkeit gewidmet. Immerfort gräbt man nach, und noch immer bietet die so oft umgewühlte Erde neue Entdeckungen dar. Die Franzosen hatten jenes Tal der Ruinen – vom Kapitol bis zum Kolosseum –, so voll der merkwürdigsten Denkmäler des Altertums, bis auf das Niveau des alten Bodens auszugraben unternommen. Diese großartigen Arbeiten setzte Consalvi fort. Man entdeckte den kapitolinischen Weg zwischen dem Tempel der Concordia und des Jupiter tonans; man fand, wie ein Deutscher bereits vermutet hatte, daß die Basis der Säule des Phokas früher ein anderes Denkmal getragen; zwischen dem Titusbogen und Santa Francesca Romana stieß man auf die Trümmer der Stufen und Säulen, die nach dem Venus- und Romatempel geführt hatten; man sah, bis wie weit der Palatin gereicht; zu der nämlichen Zeit, als eine glückliche Entdeckung die Republik des Cicero wiederherstellte, glaubte man bestimmen zu können, wo das Haus dieses Redners gelegen hatte; man fand die wichtigen Fragmente der Fasten, mit denen man die bereits bekannten völlig ergänzt haben würde, wären nicht kleinliche persönliche Rücksichten der Fortsetzung der Arbeit an der günstigen Stelle hinderlich gewesen. Freilich gewann hierbei die Wissenschaft des Antiquars mehr als etwa die Kunst. Indessen schlug auch zuweilen für diese eine glückliche Stunde.

Wäre es auch nur gewesen, daß man den Kunstdenkmälern des Altertums neue Stätten gründete. Im Februar 1822 ließ Consalvi den Braccio Nuovo des Vatikanischen Museums eröffnen. Vielleicht erinnerte die Verschiedenartigkeit des Marmors, den man in Anwendung gebracht, und die ganze Architektur mehr an die späteren als an die eigentlich klassischen Zeiten der Baukunst; doch hatte das neue Rom nichts Glänzenderes aufzuweisen. Der sinnreiche, in großer Naivität ausgeführte Nil, die bis zu menschlich charakteristischem Ausdruck durchgebildete Minerva und einige unnachahmliche Reste griechischer Bildnerei fanden hier die würdigste Aufstellung.

Man sagt, Consalvi habe den Gedanken gehegt, daß Rom, wie es einst durch die Waffen und hernach durch die Religion geherrscht, so jetzt durch die Kunst einen weltbeherrschenden Einfluß ausüben könne. Es ist wahr, jene Kunst, die nicht gerade aus einer ursprünglichen Quelle der Hervorbringung strömt, sondern sich in der Nachahmung der alten Muster aufbildet, hat in Rom ihre Hauptstadt. Die Meisterwerke der alten und neuen Zeit sind hier beisammen. Das etwas freiere Leben ladet zu neuer Beobachtung der Menschengestalt und der Natur ein. Himmel und Luft und die schönste Wüstenei der Welt, die Campagna, die reinen Umrisse der Berge rufen den Bildungstrieb des Landschafters auf, so daß die Meister hier Platz nehmen und gar bald eine Universität von Jüngern um sich versammeln. Auch finden sich Liebhaber ein, begüterte Fremde. An diesem Orte bildet sich der Ruf und sammelt sich der Gewinn. Die Künstler ziehen die Fremden an, die Fremden fesseln die Künstler.

Man könnte nicht sagen, daß Rom undankbar gegen sie sei. Nirgends werden die Fremden besser aufgenommen. Man wetteifert, den ausgezeichneten Personen, besonders den Fürsten, welche sich einfinden, die größte Ehre zu erweisen; dann wird die Kuppel erleuchtet, man veranstaltet Wettrennen auf der Piazza Navona, vielleicht die einzigen, die es auf der Welt gibt, welche das Bild eines antiken Zirkus einigermaßen gewähren. Herrlich ist alsdann die Erleuchtung des Kapitols und seiner Bildwerke. Der Marc Aurel mitten auf diesem Platz macht einen magischen Eindruck; aber in dem mannigfaltigen Fall der Lichter schien es dem in der lebendigsten Erinnerung an das Altertum lebenden Deutschen beinahe, als bewegte er sich, als wäre der Schatten des Alten über das Schauspiel entrüstet, zu dem er dienen mußte.

ANALEKTEN

*

VERZEICHNIS DER BENUTZTEN HANDSCHRIFTEN, NACHTRÄGLICHE AUSZÜGE UND KRITISCHE BEMERKUNGEN

Erster Abschnitt

BIS ZUM TRIDENTINISCHEN KONZILIUM

1.

Ad S. D^{m} Nostrum Pontificem Maximum Nicolaum V. conformatio curie romane loquentis edita per E. S. oratorem Joseph B. doctorem cum humili semper recommendatione (1453). Bibl. Vatic. nr. 3618.

Eine Klage über die bekannte Verschwörung Stephan Porcaris, die nicht gerade nähere Nachrichten über dieselbe mitteilt, aber doch einige Momente der Lage der Dinge zu besserer Anschauung bringt. Einmal, worauf die Bauunternehmungen Nikolaus' V. vorzüglich abzweckten:

Arces fortificat muris turrimque superbam
Extruit – – – ne quisque tyrannus ab alma
Quemque armis valeat papam depellere Roma.

Wie oft hatten frühere Päpste ihre Stadt verlassen müssen! Nikolaus baute, um sich gegen innere und äußere Feinde verteidigen zu können. Ferner das Verhältnis von Rom zu anderen italienischen Städten;

– – Si tu perquiris in omnibus illam (libertatem)
urbibus Italiae, nullam mihi crede profecto
invenies urbem quae sic majore per omnem
libertate modum quam nunc tua Roma fruatur.
Omnis enim urbs dominis et bello et pace coacta
praestita magna suis durasque gravata gabellas
solvit, et interdum propriam desperat habere
justitiam, atque ferox violentia civibus ipsis
saepe fit, ut populus varie vexatus ab illis
fasce sub hoc onerum pauper de divite fiat;
at tua Roma sacro nec praestita nec similem vim
nec grave vectigal nec pondera cogitur ulla
solvere pontifici ni humiles minimasque gabellas:
praeterea hic dominus tribuit justissimus almam
justitiam cuicunque suam, violentaque nulli
infert: hic populum prisco de paupere ditem
efficit, et placida Romam cum pace gubernat.

Er verdenkt es den Römern, daß sie nach der altrömischen Freiheit trachten. Auch ist es ohne Zweifel gegründet und hat zu den Erwerbungen des Kirchenstaates viel beigetragen, daß die päpstliche Gewalt milder war als die Herrschaft städtischer Oberhäupter. Unser Autor findet den Widerstand der Bürger gegen die Kirche unverzeihlich, die ihnen so viel geistliche und weltliche Güter gewähre: Gold, Silber und das ewige Heil:

quibus auri copia grandis
argentique ferax aeternaque vita salusque
provenit, ut nulli data gratia tam ardua genti.

Dem Papst wird der Rat gegeben, sich noch mehr zu befestigen, nie ohne 300 Bewaffnete nach St. Peter zu gehen: dabei aber auch nach der Liebe der Einwohner zu trachten, die Armen zu unterstützen, besonders Arme von guter Herkunft, „vitam qui mendicare rubescunt";

– succure volentibus artes
exercere bonas, quibus inclyta Roma nitescat;

was nun Nikolaus V. schwerlich gesagt zu werden brauchte. – Übrigens ist schon in der Vita Nicolai V. a Dominico Georgio conscripta, Romae 1742, p. 130 unseres Werkchens gedacht.

2.

Instructiones datae a Sixto IV. RR. PP. D[nis] J. de Agnellis protonotario apostolico et Ant[o] de Frassis S. palatii causarum auditori ad M. Imperatoris. 1. Dec[is] 1478. Bibl. Altieri VII. G. 1. 99.

Die älteste Instruktion, welche mir unter den Handschriften, die ich sah, vorgekommen ist. Sie fängt an: „Primo salutabunt Serenissimum Imperatorem."

Am 26. April 1478 war der Anfall der Pazzi auf die Medici geschehen. Ganz Italien war darüber in Bewegung. „Ecclesia justa causa contra Laurentium mota, clamant Veneti, clamat tota ista liga."

Die Gesandten sollen den Kaiser verhindern, einem gewissen Jakob de Medio, den die Venezianer an den kaiserlichen Hof abgeordnet, Glauben beizumessen. „Est magnus fabricator et Cretensis: multa enim referebat suis, quae nunquam cogitaveramus neque dixeramus." Sie sollen den Kaiser um seine Vermittlung bitten. Der König von Frankreich habe sie angeboten, aber der Papst möchte diese Ehre lieber dem Kaiser zuwenden. „Velit scribere regi Franciae et ligae isti, ostendendo quod non recte faciunt et parum existimant deum et honorem pontificis, et quod debent magis favere ecclesiae justitiam habenti quam uni mercatori, qui semper magna causa fuit quod non potuerunt omnia confici contra Turcum, quae intendebamus parare, et fuit semper petra scandali in ecclesia dei et tota Italia."

Die Sache war für den Papst um so gefährlicher, da man beabsichtigte, seinen weltlichen Anmaßungen mit einem Konzilium zu begegnen. „Petunt cum rege Franciae, concilium in Galliis celebrari in dedecus nostrum.“

Hierbei erinnern wir uns an den Versuch, den man einige Jahre später allerdings machte, ein Konzilium zustande zu bringen. Der Erzbischof von Kraina hat sich dadurch einen gewissen Namen erworben. Johann v. Müller hat demselben in dem fünften Bande der Schweizergeschichte ein paar Seiten gewidmet (p. 286). Nur tritt in dieser Darstellung die weltliche Veranlassung nicht genugsam hervor. Der Kardinal Andreas war nicht so ganz geistlich, wie es bei Müller scheinen sollte. Die Gesandten von Florenz und Mailand suchen ihn in Basel auf; sie kommen im Namen der gesamten Liga, die wider Sixtus im Felde stand. Sie finden in ihm – wir haben ihren Bericht – große Welterfahrung (gran pratica et experientia del mundo) und einen heftigen Haß wider den Papst und dessen Neffen. ,,E huomo per fare ogni cosa purche e'tuffi el papa e'l conte.“ S. Baccius Ugolinus Laurentio Medici in Basilea a dì 20. Sept. 1482 bei Fabroni, Vita Laurentii, II, 229. Wir sehen, es ist schon dies eine geistliche Opposition der Fürsten aus weltlichen Rücksichten. Auch sie hatten geistliche Waffen und setzten sie denen des Papstes entgegen.

3.

Relatione fatta in pregadi per Polo Capello el cavalier venuto orator di Roma 1500, 28. Sett. Archiv zu Wien.

Die erste Relation eines venezianischen Gesandten über den päpstlichen Hof, die ich gefunden. In dem venezianischen Archiv ist sie nicht vorhanden: es scheint, als seien die Relationen damals noch nicht schriftlich eingegeben worden. Sie findet sich in der Chronik des Sanuto, bei dem dasjenige überhaupt verzeichnet ist, was in dem Senate, den Pregadi, vorgetragen wurde.

Polo Capello verspricht von vier Stücken zu handeln: den Kardinälen – dem Verhältnis (disposition) des Papstes zu dem König von Frankreich und zu Venedig – den Absichten (el desiderio) Sr. Heiligkeit – von dem, was Venedig von ihm erwarten dürfe; aber wie diese Einteilung nicht eben auf sehr genauer Unterscheidung beruht, so hält er sich auch nicht daran.

Er bemerkt vornehmlich, daß weder Venedig noch Frankreich gut mit dem Papste stehe: jenes, weil es einen Teil des Mailändischen an sich gebracht, weil man fürchte, es nehme noch ganz Italien ein; dieses aber, weil der König dem Papst seine Zusagen nicht halte. Wir finden hier die Bedingungen des Bundes zwischen König und Papst vom Jahre 1498. Der Papst gewährte dem König die Dispensation zur Scheidung von seiner Gemahlin. Dafür versprach der König dem Sohne des Papstes Cesar Borgia einen Staat von 28000 Franken Einkünften, eine

Gemahlin aus königlichem Geblüt (Foix-Candale) und Verzichtleistung auf eine eigene neapolitanische Unternehmung außer zugunsten der Borgia, „– del regno di Napoli non se impazzar se non in ajutar il papa“, – so daß wir sehen, der Papst hatte schon damals selbst eine Absicht auf Neapel. Allein diese Versprechungen wurden nicht gehalten. Die Vermählung, die Cesarn gewährt wurde, war nicht ganz nach Wunsch; der Papst bequemte sich, zur Sicherheit der Mitgift selbst eine Besitzung von 12000 Franken zu erkaufen, aber die junge Gemahlin blieb in Frankreich. Nur die Übermacht des Königs hielt den Papst in Pflicht. „Quando il Sr Lodovico intrò in Milan“, sagt Capello sehr bezeichnend, „publice diceva (il papa) mal del roy.“ Er war entrüstet, daß ihm die Franzosen nicht zur Verjagung der Bentivogli von Bologna die Hand hatten bieten wollen.

Diese Relation ist, wie alle aus der Chronik Sanutos gezogenen, in der florentinischen Sammlung der venezianischen Relationen Vol. VII im Jahre 1846 gedruckt erschienen, und ich meinte anfangs meine Auszüge entweder abkürzen oder ganz weglassen zu können. Das ist aber hauptsächlich deshalb untunlich, weil der Druck aus der in Venedig befindlichen Kopie des Sanuto gezogen ist, die das Original, das ich in Wien benutzte, nicht ohne Veränderungen wiedergibt. In dem letztangeführten Satz ist z. B. gedruckt: il re Ludovico, und di lui statt del roy. Die erste Abweichung läuft dem Sinne entgegen und macht alles unverständlich.

Wie die Relation in das innere Getriebe der damaligen päpstlichen Politik einführt, so gibt sie auch eine Schilderung der Persönlichkeiten, die von vielem Wert ist.

Der Autor kommt zuerst auf den Tod des Schwiegersohnes Alexanders VI. Cesar hatte ihn bereits verwundet. Per dubio mandò a tuor medici di Napoli: stè 33 dì ammalato, et il c^l Capua lo confessò, e la moglie e sorella, ch'è moglie del principe di Squillaci altro fiol di papa, stava con lui et cusinava in una pignatella per dubio di veneno, per l'odio li haveva il ducha di Valentinos, et il papa li faceva custodir per dubio esso ducha non l'amazzasse, e quando andava il papa a visitarlo, il ducha non vi andava se non una volta e disse: quello non è fatto a disnar si farà a cena. Or un zorno, fo a dì 17 avosto, intrò in camera, che era za sublevato, e fe ussir la moglie e sorella: intrò Michiele cussi chiamato, e strangolò ditto zovene. –

Il papa ama et ha gran paura del fiol ducha, qual è di anni 27, bellissimo di corpo e grande, ben fatto e meglio che re Ferandin (der letzte König von Neapel, Ferdinand d. j., der für besonders schön galt): amazzò 6 tori salvadegi combatendo a cavallo a la zaneta, et a uno li taiò la testa a la prima bota, cosa che paresse a tutta Roma grande. E realissimo, imo prodego, e il papa li dispiace di questo. Et alias amazzò sotto il manto del papa M. Peroto, adeo il sangue li saltò in la faza del papa, qual M. Peroto era favorito del papa. Etiam amazzò il fratello ducha di Gandia e lo fe butar nel Tevere. – Tutta Roma trema di esso ducha non *li* faza amazzar.

In dem Leben Leos X. hat Roscoe versucht, das Andenken der Lucrezia Borgia von den schändlichen Beschuldigungen zu befreien, die man auf sie gehäuft hat. Den Anklagen über ihre frühere Zeit hat er eine Menge günstiger Zeugnisse aus der späteren entgegengesetzt. Gleich der deutsche Herausgeber seines Buches ist dadurch aber doch nicht überzeugt worden. Dessen Meinung ist, sie habe sich erst nachher gebessert. Unsere Relation ist auch dadurch merkwürdig, daß sie ein günstiges Zeugnis für Lucrezia aus der früheren Zeit mitteilt. Sie sagt: Lucrezia la qual è savia e liberal. Cesar Borgia war eher ihr Feind als ihr Liebhaber. Er nahm ihr Sermoneta, das sie von dem Papst erhalten; er sagte, sie sei ein Weib, sie wisse es doch nicht zu behaupten: „è donna, non lo potrà mantenir."

4.

Unter den mancherlei Dokumenten, die sich im fünften Bande des Sanuto finden, schien mir folgendes das wichtigste:

Questo è il successo de la morte di papa Alexandro VI.

Hessendo el c^{l} datario $d_{\widetilde{no}}$ Arian da Corneto stato richiesto dal pontefice chel voleva venir a cena con lui insieme con el duca Valentinos a la sua vigna et portar la cena cum S. Sta, si imagino esso cardinal questo invito esser sta ordinado per darli la morte per via di veneno per aver il duca li soi danari e beneficii, per esser sta concluso per il papa ad ogni modo di privarlo di vita per aver il suo peculio, come ho ditto, qual era grande, e procurando a la sua salute penso una sola cosa poter esser la via di la sua salute. E mando captato $t_{\widetilde{pio}}$ (tempo?) a far a saper al schalcho del pontefice chel ge venisse a parlar, con el qual havea domestichezza. El qual venuto da esso cd^{l}, se tirono tutti do in uno loco secreto, dove era preparato duc. Xm. d'oro, e per esso c^{l} fo persuaso ditto schalcho ad acetarli in dono e galderli per suo amor. El qual post multa li accepto: e li oferse etiam il resto di la sua faculta, perche era richissimo $card^{l}$, a ogni suo comando, perche li disse chel non poteva galder detta faculta se non per suo mezo, dicendo: vui conoscete certo la condition del papa, et io so chel ha deliberato col ducha Valentinos ch'io mora e questo per via di esso scalcho per morte venenosa, pregandolo di gratia che voia haver pieta di lui e donarli la vita. Et dicto questo, esso scalcho li dichiari il modo ordinato de darli il veneno a la cena, e si mosse a compassione promettendoli di preservarlo. Il modo era chel dovea apresentar dapoi la cena tre schatole di confecion in taola, una al papa, una al d^{to} $card^{l}$ et una al ducha, et in quella del $card^{l}$ si era il veneno. E cussi messe ditto $card^{l}$ ordine al prefato scalcho del modo che dovea servir, e far che la scatola venenata dovea aver esso $card^{l}$, di quella il papa manzasse e lui si atosegaria e moriria. E cussi venuto il pontefice a la cena al zorno dato l'hordine col ducha preditto, el prefato c^{l} se li butto a li piedi brazzandoli et strettissimamente baxandoli, con affectuosissime parole supplicando a S. Sta, dicendo, mai di quelli piedi si leveria si S. Beat. non li concedesse una gratia. Interrogato del pontefice, qual era facendo instanza, se levasse suso, esso c^l respondeva chel voleva aver la gratia el dimanderia et haver la promessa di fargela da S. Sta. Hor dapoi molta persuasion, il papa stete assai admirativo vedendo la perseverantia del d^{to} c^{le} e non si voler levar, e li promisse di exaudirlo: al qual $card^l$ sublevato disse: patre santo, non è conveniente che venendo il signor a caxa del servo suo, dovesse el servo parimente confrezer (?) con el suo signor, e perho la gratia el dimandava era questa zusta e honesta che lui servo dovesse servir a la mensa di S. Sta, e il papa li fece la gratia. Et andato a cena, al hora debita di meter la confecion in tavola fo per il scalcho posta la confezion aveneneta ne la scatola secondo el primo ordine li havea dato il papa, et il c^l hessendo chairo in quella non vi esser venen li fece la credenza di dicta scatola e messe la venenata avante il papa, e S. S. fidandosi del suo scalcho e per la credenza li fece esso c^l, judico in quella non esser veneno e ne manzo allegramente, e del altra, chel papa fusse avenenata si credeva e non era, manzo ditto c^l. Hor al hora solita a la qualita del veneno sua Sta comenzo a sentirlo e cussi sen'è morto: el $card^l$, che pur haveva paura, se medicino e vomito, e non have mal alcuno ma non senza difficulta. Valete.

Eine wo nicht authentische, doch sehr bemerkenswerte Nachricht über den Tod Alexanders: von allen, die wir haben, vielleicht die beste.

5.

Sommario de la Relatione di S. Polo Capello, venuto orator di Roma, fatta in collegio 1510.

Nach dem großen Mißgeschick, das die Venezianer durch die Ligue von Cambray betroffen, gelang es ihnen zunächst, Papst Julius II. wieder zu gewinnen.

Polo Capello führt einige noch unbekannte Momente an, wie dies geschehen. Der Papst war vor dem Resultat bange, das eine projektierte Zusammenkunft Maximilians mit dem König von Frankreich haben dürfte. „Dubitando perche fo ditto il re di Romani et il re di Francia si voleano abboccar insieme et era certo in suo danno.“ Eine Zeitlang forderte er zwar die Venezianer auf, die Städte fahren zu lassen, die kraft der Ligue dem deutschen König zufallen sollten; als er aber sah, daß die Unternehmung Maximilians so schlecht ablief, drang er nicht ferner darauf. Er hatte von demselben eine sehr geringe Meinung. „E una bestia“, sagte er, „merita piu presto esser rezudo ch' a rezer altri.“ Dagegen gereichte es den Venezianern, deren Namen man in Rom schon für ausgelöscht gehalten hatte, zu großer Ehre, daß sie sich behaupteten. Allmählich entschloß sich der Papst zur Absolution.

Vor dessen Eigenschaften hat Capello viel Respekt. „E papa sapientissimo, e niun pol intrinsechamente con lui, e si conseja con pochi, imo con niuno.“ Nur sehr indirekt hatte der Kardinal Castel de Rio Einfluß: „parlando al papa dirà una cosa, qual dita il papa poi considererà aquella.“ Gleich damals war der Kardinal wider die Venezianer, und der Papst schloß doch seine Abkunft mit ihnen. Capello findet ihn sehr gut bei Geld: er möge 700000 Dukaten, wo nicht eine Million, im Schatze haben.

6

Sommario de la relatione di Domenego Trivixan, venuto orator di Roma, in pregadi 1510.

Was Capello im Kollegium vorgetragen, führt Trivisan im Senate weiter aus. Doch ist der Unterschied, daß jener die geheimen Motive entwickelt, dieser sich mehr eine allgemeine Schilderung angelegen sein läßt. Auch dies ist doch merkwürdig.

Er stimmt seinem Kollegen in der Berechnung des päpstlichen Schatzes bei, er fügt nur hinzu: der Papst habe das Geld zu einem Kriege wider die Ungläubigen bestimmt. Il papa è sagaze praticho: ha mal vecchio galico e gota, tamen è prosperoso, fa gran fadicha: niun pol con lui: alde tutti, ma fa quello li par. E tenuto e di la bocha e di altro per voler viver piu moderatamente. – Ich verstehe, daß man glaubte, er werde sich sowohl im Essen und Trinken als in jeder andern Rücksicht mäßiger halten. Aus der venezianischen Abschrift ist gedruckt worden: è ritenuto della bocca e di altro. – A modo di haver quanti danari il vole: perche come vacha un beneficio, non li da si non a chi (ha) officio e quel officio da a un altro, si che tocca per esso (hierdurch) assai danari: ed è divenudo li officii sensari piu del solito in Roma. D. i. die Ämter, die man hat, werden zu Mäklern von Pfründen, verschaffen sie. Denn die Lesart der anderen Abschrift sul vender gli uffici ci sono sensali ist wohl nichts als eine auf Mißverständnis beruhende willkürliche Änderung.

Il papa a entrada duc. 200000 di ordinario, et extraordinario si dice 150 m. (d. h. die Päpste haben gewöhnlich so viel); ma questo a di do terzi piu di extraordinario e di ordinario ancora l'entrade: so daß er gegen eine Million gehabt haben würde. Er erläutert sogleich: Soleano pagare il censo carlini X al ducato e la chiesa era ingannata: era carlini XIII$^1/_2$ el duc., vole paghino quello convien, et a fatto una stampa nova che val X el duc, e son boni di arzento, del che amiora da X a XIII$^1/_2$ la intrada del papa, et diti carlini novi si chiamano juli. Man sieht, welches der Ursprung der noch heute gewöhnlichen Münze ist. Denn die heutigen Paoli haben erst den Namen und Gebrauch der Giuli verdrängt. Die Carlini, welche die Rechnungsmünze bildeten, hatten sich so verschlechtert, daß man in der Kasse stark zu Schaden kam. Im Interesse der Kasse machte Julius II. gute Münze.

Item è misero: a pocha spesa. Si accorda col suo maestro di caxa: li da el mexe per le spexe duc. 1500 e non piu. Item fa la chiexia di S. Piero di novo, cosa bellissima, per la qual a posto certa cruciata, et un solo frate di S. Francesco di quello habia racolto diti frati per il mondo li portò in una bota duc. 27 m., si che per questo tocca quanti danari el vuol. A data a questa fabrica una parte de l'intrada di S. M. di Loreto e tolto parte del vescovado di Recanati.

7.

Summario de la relatione di S. Marin Zorzi, dotor, venuto orator di corte, fata in pregadi a dì 17 Marzo 1517.

Marin Zorzi wurde am 4. Januar 1514 und, nachdem er die Wahl abgelehnt hatte, am 25. Januar nochmals zum Botschafter am Hofe Leos X. gewählt. Wenn es wahr ist, daß ihm Kommissionen in bezug auf die Expedition Franz' I. gegeben worden, wie Paruta sagt (lib. III, p. 109), so müßte er erst im Anfang des Jahres 1515 nach Rom gegangen sein.

Seine Relation bezieht sich auf diese Zeit. Sie ist um so wichtiger, da er sich vornahm, das zu berichten, was er nicht zu schreiben gewagt hatte. Referirà, sagt das wie es scheint nachgeschriebene Sommario, di quelle cose che non a scritto per sue lettere, perche multa occurrunt quae non sunt scribenda.

Hauptsächlich betreffen diese die Unterhandlungen des Papstes mit Franz I., die selbst Paruta nicht kannte, von denen man hier, so viel ich weiß, die beste Nachricht findet.

Man hat bisher zuweilen davon geredet, daß Papst Leo seinem Bruder Julian eine Krone habe verschaffen wollen: wie das geschehen sollen, ist jedoch nie recht an den Tag gekommen. Zorzi versichert, damals habe Leo dem König von Frankreich vorgeschlagen: „che del reame di Napoli saria bon tuorlo di man di Spagnoli e darlo al magnifico Juliano suo fradello"; – er fügt hinzu: „e sopra questo si fatichoe assai, perche el non si contentava di esser ducha so fradello, ma lo volea far re di Napoli: il christianissimo re li aria dato il principato di Taranto e tal terre: ma il papa non volse, e sopra questo venneno diversi oratori al papa, mons[r] di Soglie e di Borsi, et il papa diceva: quando il re vol far questo acordo, saremo con S. M. Hor si stette sopra queste pratiche: il ch[mo] re havendo il voler che'l papa non li saria contra, deliberò di venir potente, et cussi venne: et il papa subito si ligò con l'imperator, re catholico, re de Inghilterra e Sguizzari." Ein paar Briefe Canossas, die im Archivio storico Italiano im Jahre 1844 gedruckt worden, bestätigen, daß hiervon ernstlich die Rede gewesen ist; doch ist, wie man sieht, die Nachricht nicht so unerhört „bei einheimischen und fremden Historikern", wie der Herausgeber glaubte.

Die Notizen, welche sich auf die Zeit des Feldzuges beziehen, habe ich schon in Text oder Noten mitgeteilt.

Wie sehr der Papst aber insgeheim antifranzösisch gesinnt war, geht daraus hervor, daß er sogleich bei der Unternehmung Maximilians im nächsten Jahre es nicht allein den Venezianern verdachte, daß sie sich so entschieden französisch zeigten – o che materia, sagt er, a fatto questo senato a lassar le vostre gente andar a Milano, andar con Francesi, aver passa 8 fiumi, o che pericolo è questo –, sondern auch Maximilian insgeheim unterstützte. Il papa a questo subito mandò zente in favor del imperador e sotto man dicendo: M. Ant. Colonna è libero capitano a soldo del imperador. Indes verzögerte sich die Ratifikation der Beschlüsse von Bologna. Der König schickte Gesandte auf Gesandte, um sie zu fordern. Endlich sandte der Papst dagegen seine eigenen nach Frankreich, und die Kapitel wurden gesiegelt.

Bald hatte Franz I. eine Gelegenheit, sich hierfür zu rächen. Der Herzog von Urbino leistete dem Papst einen unerwarteten Widerstand. Dieser Gesandte versichert: Il re non si tien satisfacto del papa: è contento Francesco Maria prosperi.

Er schildert alsdann den Papst näher: A qualche egritudine interior de repletion (man hat aus der ven. Abschrift gedruckt anteriore di risoluzione, wie denn auch die folgende Stelle in derselben verunstaltet sein muß) e catarro ed altra cosa, non licet dir, videl. in fistula. E hom da ben e liberal molto, non vorria faticha s'il potesse far di mancho, ma per questi soi si tuo faticha. E ben suo nepote è astuto e apto a far cosse non come Valentino ma pocho mancho. Er meint Lorenzo Medici. Er behauptet nun schlechterdings, was andere leugnen, z. E. Vettori, daß Lor. Medici selbst lebhaft nach Urbino getrachtet habe. Julian habe zwei Tage vor seinem Tode den Papst gebeten, Urbino zu schonen, wo er nach seiner Verjagung aus Florenz so viel Gutes genossen. Der Papst gab nichts darauf. Er sagte: „non è da parlar deste cose." Questo feva perche de altra parte Lorenzin li era attorno in volerli tuor il stato.

Unter den Ratgebern des Papstes findet er zunächst Julius Medici, nachmals Clemens VII., von dessen Talenten er doch keine so große Vorstellung hat wie andere: è hom da ben, hom di non molte facende, benche adesso il manegio di la corte è in le sue mani, che prima era in S. Maria in Portego; dann Bibbiena, den er für spanisch gesinnt hält, wie er denn durch spanische Benefizien bereichert sei; endlich jenen Lorenzo – qual a animo gaiardo.

Lorenzo bringt ihn auf Florenz zu reden. Er sagt ein Wort von der Verfassung, doch fügt er hinzu: hora non si serva piu ordine: quel ch'el vol (Lorenzin) è fatto. Tamen Firenze è piu francese che altrimente, e la parte contraria di Medici non pol far altro, ma non li piace questa cosa. Die Landmiliz – Ordinanzen – war vermindert worden. Die Einkünfte betrugen: 1. von den Abgaben am Tor und in der Stadt 74000 Duk., 2. von den unterworfenen Städten 120000 Duk., 3. von dem balzello – direkte Auflage, eine Art Zehnten – 160000 Duk.

Dies bringt ihn auf die Einkünfte des Papstes, die er im allgemeinen auf 420000 Duk. angibt: und so kommt er auf die Ausgaben und die Persönlichkeit des Papstes zurück. E docto in humanità e jure canonicho, et sopra tutto musico excellentissimo, e quando el canta con qualche uno. li fa donar 100 e piu ducati: e per dir una cosa che si dimenticò (von ihm, dem Redner), il papa trahe all' anno di vacantie da duc. 60000 e piu, ch'è zercha duc. 8000 al mese (so hat auch die Abschrift, obwohl es unmöglich richtig sein kann), e questi li spende in doni, in zuogar a primier di che molto si diletta.

Nachrichten, wie man sieht, recht bezeichnend, mit vieler Naivität und gesprächsweise mitgeteilt. Man hört und lebt mit.

8.

Sommario di la relatione di Marco Minio, ritornato da corte, 1520 Zugno. Sanuto Tom. XXVIII.

Marco Minio war der Nachfolger Zorzis; seine Relation ist leider sehr kurz.

Er beginnt mit den Einkünften, die er geringfügig findet. Il papa a intrada per il papato pocha: son tre sorte de intrade: d'annate traze all'anno 100 m. duc., ma le annate consistoriali, ch'è episcopati e abbatie, la mita è de cardinali; di offici traze all' anno 60 m.; di composition 60 m. Non a contadi (contanti), perche è liberal, non sa tenir danari, poi li Fiorentini e soi parenti non li lassa mai aver un soldo, e diti Fiorentini è in gran odio in corte, perche in ogni cosa è Fiorentini. Il papa sta neutral fra Spagna e Franza: ma lui orator tien pende da Spagna, perche è sta pur messo in caxa da Spagnoli, etiam asumpto al papato. Il cardinal di Medici suo nepote, qual non è legitimo, a gran poter col papa: è hom di gran manegio – man sieht, seit Zorzis Zeiten war seine Reputation gewachsen –, a grandissima autorità, tamen non fa nulla se prima non dimanda al papa di cose di conto: hora si ritrova a Firenze a governar quella città: il cardinal Bibbiena è appresso assa del papa, ma questo Medici fa il tutto.

Seine Landsleute versichert der Gesandte ziemlich günstiger Gesinnungen des Papstes. Zwar wollte dieser Venedig nicht größer sehen, aber es auch um kein Gut der Welt untergehen lassen.

9.

Diario de Sebastiano de Branca de Telini. Bibl. Barber. n. 1103.

Es geht auf 63 Blättern vom 22. April 1494 bis 1513 in die Zeit Leos X. Mit Burcardus ist es freilich nicht zu vergleichen, und da dem Verfasser das wenigste bekannt wurde, nicht einmal zu einer Rektifikation desselben zu brauchen. Er sah nur, was jeder andere auch sah.

So schildert er den Einzug Karls VIII., dessen Heer er auf 30 000 bis 40 000 Mann schätzt. Den König findet er den häßlichsten Menschen, den er je gesehen, sein Volk dagegen das schönste von der Welt: la piu bella gente non fu vista mai. Man muß ihm das nicht auf das Wort glauben; er liebte diese Art, sich auszudrücken. (Er erzählt, man habe ein Pferd bis auf 300 Duk. bezahlt.)

Cesar ist der grausamste Mensch, der je gelebt; die Zeiten Alexanders durch Grausamkeit, Teuerung und Auflagen ausgezeichnet. Papa Alessandro gittao la data a tutti li preti e a tutti officiali per tre anni e tutte le chiese di Roma e fora di Roma – per fare la cruciata contro il Turco, e poi la dava allo figliuolo per fare meglio la guerra. Ihm zufolge gab Cesar niemandem Audienz als seinem Henker Michilotto. Alle seine Diener gingen herrlich gekleidet: vestiti di broccado d'ore e di velluto fino alle calze: se ne facevano le pianelle e le scarpe.

Von Julius II. ist er ein großer Bewunderer. Non lo fece mai papa quello che have fatto papa Julio. — Er zählt die Städte auf, die er erobert; doch meint er, durch seine Kriege sei er schuld an dem Tode von 10000 Menschen.

Es folgte Leo. Er begann mit dem Versprechen, „che i Romani fossero franchi di gabella, ed officii e beneficii che stanno nella cittade di Roma fossero dati alli Romani: ne fecero grand' allegrezze per Roma".

Zuweilen erscheinen auch Privatleute, wie wir denn hier den kühnsten und berühmtesten Prokurator kennenlernen: Ben^{to} Moccaro, il piu terribile uomo (mächtigste, gewaltigste) che mai fusse stato in Roma per un huomo privato in Roma. Er verlor durch die Orsini sein Leben.

Auch in diesem sonst unbedeutenden Werke spiegelt sich der Geist der Zeiten, der Geist der verschiedenen Verwaltungen: – die Zeiten des Schreckens, der Eroberung und der Milde unter Alexander, Julius und Leo. Andere Diarien, z. B. des Cola Colleine, von 1521–1561, enthalten dagegen nichts von Bedeutung.

10.

Vita Leonis X. Pontificis Maximi per Franciscum Novellum Romanum J. V. Professorem. Bibl. Barberina.

Alii, sagt der Autor, longe melius et haec et alia mihi incognita referre et describere poterunt. Jawohl. Sein Werkchen ist höchst unbedeutend.

11.

Quaedam historica quae ad notitiam temporum pertinent pontificatuum Leonis X., Adriani VI., Clementis VII. Ex libris notariorum sub iisdem pontificibus. Exzerpiert von Felix Contellorius. Bibl. Barberina. 48 Blätter.

Kurze Anzeigen des Inhaltes der Instrumente: z. B. Leo X. assignat contessinae de Medicis de Rudolfis ejus sorori duc. 285 auri de camera ex introitibus dohanarum pecudum persolvendos.

Ich habe diese Angaben hier und da benutzt. Leicht das menschlich merkwürdigste und unerwähnt geblieben ist folgender Auszug aus einem Breve vom 11. Juni 1529. „Bei Bernardo Bracchi waren einige Pretiosen des Päpstlichen Stuhles versetzt worden. Zur Zeit der Eroberung hielt es Bracchi für geraten, sie in einem Garten zu vergraben. Er gab davon nur einem Menschen Nachricht, einem gewissen Hieronymus Bacato von Florenz, damit es doch jemand wüßte, wenn ihn ein Unglück beträfe. In kurzem ward nun Bracchi von den Deutschen ergriffen und sehr gemißhandelt. Hieronymus glaubte schon, sein Freund sei unter den Martern gestorben, und teilte nun aus gleicher Besorgnis sein Geheimnis einem andern mit. Dieser aber war nicht so verschwiegen: die Deutschen hörten von dem verborgenen Schatze; durch neue verstärkte Martern nötigten sie Bracchi endlich, den Ort anzugeben. Um die Pretiosen zu retten, machte sich dieser nun zur Zahlung von 10000 Duc. anheischig. Hieronymus hielt sich für einen Verräter und tötete sich selbst aus Scham und Wut."

12.

Sommario di la relation fatta in pregadi per S. Aluixe Gradenigo, venuto orator di Roma, 1523 Marzo. Bei Sanuto Tom. 34.

Zuerst von der Stadt, die auch er in kurzer Zeit um 10000 Häuser vergrößert findet; von ihrer Verfassung: die Konservatoren nehmen den Rang vor den Botschaftern in Anspruch, den ihnen diese verweigern; von den Kardinälen. Julius Medici war in seiner Reputation noch höher gestiegen. Hom di summa autorità e richo cardinale, era il primo appresso Leon, hom di gran ingegno e cuor: il papa (Leone) feva quello lui voleva. Er beschreibt Leo X.: Di statura grandissima, testa molto grossa, havea bellissima man; bellissimo parlador; prometea assa, ma non atendea. – Il papa si serviva molto con dimandar danari al imprestido, vendeva poi li officii, impegnava zoie, raze del papato e fino li apostoli per aver danaro. Er berechnet die weltlichen Einkünfte auf 300000, die geistlichen auf 100000 Duk.

Die Politik Leos findet er durchaus antifranzösisch. Habe es jemals anders geschienen, so habe er sich verstellt. „Fenzeva esser amico del re di Francia." Damals war er aber ganz offen gegen Frankreich, wovon Gradenigo folgenden Grund anführt. Disse che m^r di Lutrech et m^r de l'Escu havia ditto che'l voleva che le recchia del papa fusse la major parte restasse di la so persona. Heißt es, es solle von dem Papst nicht viel mehr übrigbleiben als seine Ohren? Freilich ein grober Spaß und abgeschmackt dazu, den Leo sehr übelnahm. Nach der Nachricht von der Eroberung Mailands soll Leo gesagt haben, es sei erst die Hälfte des Krieges.

Leo hinterließ die päpstliche Kammer so erschöpft, daß man zu seinen Exequien die Wachskerzen nehmen mußte, welche für den kurz vorher gestorbenen Kardinal S. Giorgio bestimmt gewesen waren.

Der Gesandte erwartete noch die Ankunft Hadrians VI. Er beschreibt das mäßige, verständige Leben desselben und bemerkt, daß er sich im Anfange neutral gehalten habe. Disse il papa per opinion soa, ancora che'l sia dipendente del imperador, è neutral, ed a molto a cuor di far la trieva per atender a le cose del Turco, et questo si judica per le sue operationi cotidiane come *etiam per la mala* contentezza del vicere di Napoli, che venne a Roma per far dichiarar il papa imperial, e S. Sta non volse, onde si partì senza conclusion. Il papa è molto intento a le cose di

Hungaria e desidera si fazi la impresa contra infideli, dubita che'l Turco non vegni a Roma, pero cerca di unir li principi christiani e far la paxe universal, saltem trieve per tre anni.

13.

Summario del viazo di oratori nostri andorno a Roma a dar la obedientia a papa Hadriano VI.

Die einzige Relation, die das Interesse einer Reisebeschreibung gewährt und die auch auf Gegenstände der Kunst Rücksicht nimmt.

Die Gesandten schildern die Blüte von Ankona, die Fruchtbarkeit der Mark; in Spello werden sie von Oratio Baglione wohl aufgenommen; so kommen sie nach Rom.

Sie beschreiben ein Gastmahl, das ihnen ein Landsmann, Kardinal Cornelio, gab. Merkwürdig ihre Schilderung der Tafelmusik: A la tavola vennero ogni sorte de musici, che in Roma si atrovava, li pifari excellenti di continuo sonorono, ma eravi clavicembani con voce dentro mirabilissima, liuti e quatro violoni; – auch Grimani gab ihnen ein Gastmahl: poi disnar, venneno alcuni musici, tra li quali una donna brutissima che cantò in liuto mirabilmente.

Sie besuchen alsdann die Kirchen. In Santa Croce arbeitete man einige Verzierungen an den Türen – alcuni arnesi e volte di alcune porte di una preda raccolta delle anticaglie; jeder kleine Stein, den man hier verarbeitete, verdiente nach ihrer Meinung, in Gold gefaßt und am Finger getragen zu werden. – Das Pantheon. Man errichtet eben einen Altar, zu dessen Füßen das Grab Raphaels. Man zeigt ihnen Verzierungen, angeblich von Gold, so gut wie zu den rheinischen Gulden; sie meinen jedoch, wäre es wahr, so würde es Papst Leo nicht daran gelassen haben. Sie bewundern die Säulen, größer als ihre von S. Marco. Sostengono un coperto in colmo, el qual è di alcune travi di metallo.

Mit großer Naivität widmen sie den Altertümern ihre Bewunderung. Ich weiß nicht, ob dieses Buch den Altertumskundigen in die Hände kommen wird. Folgende Beschreibung der Kolossen ist wenigstens sehr auffallend. Monte Cavallo è ditto perche alla summità del colle benissimo habitato vi è una certa machina de un pezo di grossissimo muro (eine rohe Basis), sopra uno di cantoni vi è uno cavallo di pietra par de Istria molto antiguo e della vetustà corroso e sopra l'altro uno altro, tutti doi dal mezo inanzi zoe testa, collo, zampe, spalle e mezo il dorso: appresso di quelli stanno due gran giganti, huomini due fiate maggiori del naturale, ignudi, che con un brazzo li tengono: le figure sono bellissime, proportionate e di la medesima pietra di cavalli, bellissimi sì i cavalli come gli huomini, sotto una di quali vi sono bellissime lettere majuscule che dicono opus Fidie e sotto l'altra opus Praxitelis. Sie begeben sich nach dem Kapitol, wo sie denn unter vielen anderen schönen Figuren auch finden: uno villano di bronzo che si cava un spin da un pe, fatto al natural rustico modo: par a cui lo mira voglia lamentarsi di quel spin, cosa troppo excellente. Im Belvedere besuchen sie vor allem den Laokoon. Man gab bisher oft den deutschen Landsknechten Schuld, daß sie zur Restauration eines Armes an diesem Kunstwerk Anlaß gegeben. Hier finden wir aber, daß er schon vor der Eroberung der Stadt fehlte. Ogni cosa è integra, salvoche al Laocoonte gli manca il brazzo destro. (So hat auch die Kopie p. 116.) Sie sind von Bewunderung hingerissen. Sie sagen von dem allen: non gli manca che lo spirito. Die Knaben schildern sie sehr gut: L'uno volendosi tirare dal rabido serpente con il suo brazello da una gamba nè potendosi per modo alcuno ajutar, sta con la faccia lacrimosa cridando verso il padre e tenendolo con l'altra mano nel sinistro brazzo. Si vede in sti puttini doppio dolore, l'uno per vedersi la morte a lui propinqua, l'altro perche il padre non lo puol ajutare e si languisce. Sie fügen hinzu, König Franz habe bei der Zusammenkunft von Bologna den Papst um dieses Werk ersucht, er habe aber sein Belvedere nicht berauben wollen und dem König eine Kopie machen lassen. Schon seien die Knaben fertig. Lebte aber der Meister 500 Jahre und arbeitete hundert daran, so würden sie so nicht ausfallen. Im Belvedere fanden sie auch einen jungen flamländischen Künstler, der zwei Bildnisse des Papstes verfertigt hatte.

Auf diesen und den Hof kommen sie nun. Die wichtigste Notiz, die sie mitteilen, ist, daß der Kardinal von Volterra, der bisher die Medici verdrängt hatte, deshalb gefangen gehalten worden sei, weil man Briefschaften von ihm aufgefangen, in denen er König Franz ermuntert habe, jetzt einen Angriff auf Italien zu wagen: niemals könne er eine günstigere Gelegenheit finden. Eben hierdurch kam Medici wieder empor. Der kaiserliche Botschafter Sessa stand ihm bei. Leicht dürfte dies Ereignis zu der Wendung der Politik Hadrians den entscheidenden Anlaß gegeben haben.

14.

Clementis VII. P. M. conclave et creatio. Bibl. Barb. 4. 70 Bl.

Auf dem Titel findet sich folgende Bemerkung: „Hoc conclave sapit stylum Joh. Bapt. Sangae civis Romani qui fuit Clementi VII. ab epistolis.“ Allein man kann wohl unbedenklich diese Vermutung verwerfen. Ein anderes MS der Barberina, das den Titel führt: Vianesii Albergati Bononiensis commentarii rerum sui temporis, enthält nichts als dieses Konklave. Es bildet den ersten Teil der Kommentarien, von denen indes keine Fortsetzung zu finden ist. Wir dürfen annehmen, daß das obgedachte Konklave den Vianesio Albergati zum Verfasser hat. Wer war aber dieser Autor? Mazzuchelli hat mehrere Albergati, diesen aber nicht.

In einem Briefe Girolamo Negros findet sich folgendes Histörchen. Ein Bolognese ließ Papst Hadrian wissen, er habe ihm ein wichtiges Geheimnis mitzuteilen, doch fehle es ihm an dem Geld, um die Reise zu machen. Messer Vianesio, ein Freund und Begünstigter der Medici, verwendete sich für ihn. Diesem sagte endlich der Papst, er möge die 24 Dukaten auslegen, welche der Bolognese forderte, er solle sie zurückbekommen. Vianesio tat es: sein Mann kam an. Auf das geheimste ward er eingeführt. „Heiliger Vater", fing er an, „wenn Ihr die Türken besiegen wollt, so müßt Ihr eine große Armata zu Land und See rüsten." Weiter brachte er nichts vor. „Per deum!" sagte der Papst, den dies ungemein verdroß, als er Messer Vianesio wiedersah, „dieser Euer Bolognese ist ein großer Gauner; aber er soll mich auf Eure Kosten betrogen haben." Er gab ihm die 24 Duk. nicht wieder. Wahrscheinlich ist dies unser Autor. Auch in unserem Werkchen sagt er, er habe zwischen den Medici und dem Papst den Unterhändler gemacht: me etiam internuntio. Er hatte gute Bekanntschaft mit Hadrian, den er bereits in Spanien kennengelernt hatte.

Doch hat er ihm das unrühmlichste Denkmal von der Welt gestiftet. Man lernt daraus den ganzen Haß kennen, den Hadrian bei diesen Italienern erweckte: „Si ipsius avaritiam, crudelitatem et principatus administrandi inscitiam considerabimus, barbarorumque quos secum adduxerat asperam feramque naturam, merito inter pessimos pontifices referendus est." Er schämt sich nicht, die elendesten Pasquille auf den Gestorbenen mitzuteilen, z. B. eins, wo er erst mit einem Esel, dann mit einem Wolf – post paulo faciem induit lupi acrem –, ja endlich mit Caracalla und Nero verglichen wird. Fragt man aber nach Beweisen, so wird der arme Papst durch das, was Vianesio erzählt, sogar gerechtfertigt.

Hadrian hatte eine Stube in der Torre Borgia, zu der er den Schlüssel immer bei sich trug, die man das Allerheiligste zu nennen pflegte; mit Begier eröffnete man sie, als er tot war. Da er viel eingenommen und nichts ausgegeben, so meinte man hier seine Schätze zu finden. Man fand nichts als Bücher und Papiere, ein paar Ringe von Leo X., fast gar kein Geld. Man gestand sich am Ende: „male partis optime usum fuisse."

Begründeter mögen die Klagen sein, die der Autor über die Verzögerungen der Geschäfte erhebt. Der Papst sagte: „cogitabimus, videbimus." Er verwies wohl an seinen Sekretär; allein nach langem Verzug verwies dieser an den Auditore di Camera. Das war ein wohlgesinnter Mann, der aber niemals fertig wurde und sich in seine eigene Tätigkeit verwickelte. „Nimia ei nocebat diligentia." Man ging aufs neue an Hadrian. Der sagte wieder: „cogitabimus, videbimus."

Um so mehr rühmt er die Medici und Leo X., seine Güte, die Sicherheit, die man unter ihm genossen, auch seine Bauwerke.

Ich entnehme daraus, daß die Arazzi Raphaels ursprünglich für die Sixtinische Kapelle bestimmt waren. Quod quidem sacellum Julius II. opera Michaelis Angeli pingendi sculpendique scientia clarissimi admirabili exornavit pictura, quo opere nullum absolutius extare aetate nostra plerique judicant, moxque Leo X. ingenio Raphaelis Urbinatis architecti et pictoris celeberrimi auleis auro purpuraque intextis insignivit, quae absolutissimi operis pulchritudine omnium oculos tenent.

15.

Instruttione al Card[l] Rev[mo] di Farnese, che fu poi Paul III., quando andò legato all' Imp[re] Carlo V. doppo il sacco di Roma.

Ich fand diese Instruktion zuerst in der Bibliothek Corsini Nr. 467 und akquirierte hierauf eine Abschrift mit den Schriftzügen der Mitte des 16. Jahrhunderts.

Pallavicini kannte sie: – Istoria del concilio di Trento lib. II., c. 13 gedenkt er derselben. Doch hat er sie, wie sich in den folgenden Kapiteln zeigt, noch weniger benutzt, als seine Worte andeuten: er hat seine Erzählung aus anderen Quellen.

Da diese Instruktion nicht allein für die päpstlichen Sachen, sondern für die gesamte europäische Politik in einem so bedeutenden Zeitpunkte von großer Wichtigkeit ist und viele Momente enthält, welche sonst nicht bekanntgeworden, so hielt ich bei den früheren Ausgaben dieses Buches für ratsam, sie vollständig abdrucken zu lassen. Seitdem ist das aber auch in den Papiers d'état du Cardinal Granvelle Bd. I, S. 280–310 geschehen, einer Sammlung, die doch niemand entbehren kann, der sich mit der Geschichte dieser Zeit ernstlicher beschäftigt. Ich denke, der Leser wird damit zufrieden sein, wenn ich ein Aktenstück weglasse, das er anderswo finden kann – vielleicht ein wenig modernisiert: wer will aber hier darüber rechten? – und den gewonnenen Raum benutze, um die Lektüre der übrigen durch bequemeren Druck zu erleichtern.

Nur seien die einleitenden Worte über den Anlaß und die Einteilung der Instruktion auch hier wiederholt.

Im Juni 1526 hatte der Papst ein Breve erlassen, in welchem er alle seine Beschwerden gegen den Kaiser kürzlich ausführte. Der Kaiser hatte darauf im September 1526 sehr lebhaft geantwortet Die Staatsschrift, die damals unter dem Titel: „Pro divo Carolo V. – – apologetici libri – –" (bei Goldast Politica Imperialia p. 984) erschien, enthält eine ausführliche Widerlegung der Behauptung des Papstes. An diese Schriften nun schließt sich die Instruktion an. Sie besteht aus zwei verschiedenen Teilen: dem einen, in welchem von der Person des Papstes in der dritten Person geredet wird, der vielleicht von Giberto oder einem anderen vertrauten Minister des Papstes verfaßt und über die früheren Ereignisse sowohl unter Leo als Clemens höchst wichtig ist; und einem zweiten, kleineren, welcher mit den Worten anfängt: per non entrare in le cause per le quali fummo costretti (Pap. d'ét. p. 303), in welchem der Papst in der ersten Person redet und den er vielleicht selbst aufgesetzt hat. Beide sind darauf berechnet, die Schritte des römischen Hofes zu rechtfertigen und dagegen besonders das Verfahren des Vizekönigs von Neapel in dem schlechtesten Lichte erscheinen zu lassen. Man wird *ihnen nicht in jedem einzelnen Punkte* aufs Wort glauben: hier und da finden sich Unrichtigkeiten in den Tatsachen: aber im allgemeinen ist die päpstliche nicht allein, sondern auch gar manches von der spanischen

Politik da enthüllt. Findet sich doch z. B., daß man schon 1525 auf den Anfall Portugals an Spanien dachte.

16.

Sommario dell' istoria d'Italia dall' anno 1512 insino a 1527 scritto da Francesco Vettori.

Ein überaus merkwürdiges Werkchen, von einem in die Geschäfte des Hauses Medici und alle italienischen tief eingeweihten gescheiten Manne, Freunde Machiavells und Guicciardinis. Ich fand es in der Bibliothek Corsini zu Rom; doch konnte ich es nur exzerpieren. Ich würde es sonst zum Druck befördern, dessen es höchst würdig ist.

Die Pest des Jahres 1527 vertrieb Franz Vettori von Florenz: auf seiner Villa schrieb er diese Übersicht der jüngsten Ereignisse.

Hauptsächlich beschäftigt er sich mit florentinischen Angelegenheiten. Er nähert sich einer Gesinnung, wie jene seine Freunde sie ausgebildet. Wo er der Einrichtung gedenkt, welche die Medici seiner Vaterstadt im Jahre 1512 gegeben, so daß Cl. Medici, nachmals Leo X., alles vermocht habe (si ridusse la città, che non si facea se non quanto volea il card[l] de Medici), fügt er hinzu, man nenne das freilich Tyrannei, aber er für seine Person kenne keinen Staat, weder Fürstentum noch Republik, der nicht etwas Tyrannisches habe. „Tutte quelle republiche e principati de' quali io ho cognitione per historia o che io ho veduto mi pare che sentino della tirannide.“ Man werde ihm das Beispiel von Frankreich oder von Venedig einwerfen. Aber in Frankreich habe der Adel das Übergewicht im Staate und genieße die Pfründen; in Venedig sehe man 3000 Menschen über 100000 herrschen, nicht immer gerecht; zwischen König und Tyrann sei kein Unterschied, als daß ein guter Herrscher König, ein böser Tyrann genannt zu werden verdiene.

Trotz dem nahen Verhältnisse, in dem er zu den beiden mediceischen Päpsten stand, ist er von der Christlichkeit der päpstlichen Gewalt wenig überzeugt. Chi considera bene la legge evangelica, vedrà i pontefici, ancora che tenghino il nome di vicario di Christo, haver indutto una nova religione, che non ve n'è altro di Christo che il nome: il qual comanda la povertà e loro vogliono la richezza, comanda la humiltà e loro vogliono la superbia, comanda la obedientia e loro vogliono comandar a ciascuno. Man sieht, wie sehr dies weltliche Wesen und sein Gegensatz gegen das geistliche Prinzip dem Protestantismus vorarbeitete.

Die Wahl Leos schreibt Vettori vor allem der Meinung zu, die man von dessen Gutmütigkeit hatte. Es waren zwei furchtbare Päpste vorausgegangen, und man war ihrer satt. Man wählte Medici. „Havea saputo in modo simulare che era tenuto di ottimi costumi.“ Das meiste trug hierzu Bibbiena bei, der die Neigungen aller Kardinäle kannte und sie gegen ihr eigenes Interesse zu gewinnen wußte. Condusse fuori del conclave alcuni di loro a promettere, e nel conclave a consentire a detta elettione contra tutte le ragioni.

Die Expedition Franz' I. im Jahre 1515 und die Haltung Leos X. während derselben führt er sehr gut aus. Daß sie keinen schlimmern Erfolg für den Papst gehabt, mißt er besonders der Geschicklichkeit des Tricarico bei, der in dem Momente in das französische Lager kam, als der König bei Marignano zu Pferde stieg, um den Schweizern Widerstand zu leisten, und der dann später die Unterhandlungen auf das klügste leitete.

Es folgt die Bewegung von Urbino. Ich habe schon angegeben, welche Gründe Vettori für Leo anführt. Leone disse, che se non privava il duca dello stato, el quale si era condotto con lui e preso danari et in su l'ardore della guerra era convenuto con li nemici nè pensato che era suo subdito nè ad altro, che non sarebbe sì piccolo barone che non ardisse di fare il medesimo o peggio: e che havendo trovato il ponteficato in riputatione lo voleva mantenere. Et in verità volendo vivere i pontefici come sono vivuti da molte diecine d'anni in qua, il papa non poteva lasciare il delitto del duca impunito.

Vettori hat noch besonders ein Leben von Lorenzo Medici dem J. verfaßt. Er lobt ihn mehr als irgendein anderer Autor. Seine Staatsverwaltung von Florenz stellt er in einem eigentümlichen und neuen Lichte dar. Es ergänzt sich wechselweise, was er in jener Lebensbeschreibung und in unserem Sommario sagt.

Auch die Kaiserwahl, die in diese Periode fiel, behandelt er. Er findet, daß Leo den König von Frankreich nur darum in seinen Bestrebungen bestärkt habe, weil er schon gewußt, daß ihn die Deutschen doch nicht wählen würden. Seine Berechnung sei gewesen, Franz I. solle, um nur Karl nicht wählen zu lassen, seine Gunst einem deutschen Fürsten zuwenden. Ich finde die unerwartete Notiz – die ich freilich nicht sofort angenommen haben will –, daß der König wirklich zuletzt die Wahl Joachims von Brandenburg zu befördern gesucht habe. Il re – – haveva volto il favore suo al marchese di Brandenburg, uno delli electori, et era contento che li danari prometteva a quelli electori che eleggevano lui, dargli a quelli che eleggevano dicto marchese. Wenigstens ist das Verfahren Joachims bei dieser Wahl sehr außerordentlich. Diese ganze Geschichte, mit und ohne Absicht wunderlich verunstaltet, verdiente endlich wohl einmal ihre Aufklärung[1].

Vettori findet den Bund Leos mit Karl über alle Begriffe unklug. La mala fortuna di Italia lo indusse a fare quello che nessuno uomo prudente avrebbe facto. Er gibt es besonders dem Zureden Hieronymo Adornos Schuld. Auf die natürlichen Rücksichten des mediceischen Hauses kommt er nicht zu sprechen.

Von dem Tode des Papstes erzählt er einige Partikularitäten, die ich aufgenommen. An eine Vergiftung glaubt er nicht. Fu detto che morì di veneno, e questo quasi sempre si dice delli uomini grandi e maxime quando muojono di malattie acute. Er meint, eher müsse man sich wundern, daß Leo noch so lange gelebt habe.

Er bestätigt, daß Hadrian sich anfangs weigerte, etwas wider die Franzosen zu tun; erst auf ein dringendes Schreiben des Kaisers habe er sich dazu verstanden, einiges wenige zu leisten.

Es würde zu weit führen, die Bemerkungen hier niederlegen zu wollen,

[1] Ich habe mich seitdem in meiner Deutschen Geschichte bemüht, der Wahrheit näher zu kommen. (Anm. der 2. Ausg.)

welche in dieser Schrift über den weiteren Verlauf der Begebenheiten gemacht werden; merkwürdig bleibt sie selbst da, wo der Autor nur seine Gesinnung ausspricht. Er stand hierin, wie gesagt, Machiavelli sehr nahe. Von den Menschen hat er eine ebenso schlechte Meinung. Quasi tutti gli uomini sono adulatori e dicono volontieri quello che piaccia agli uomini grandi, benche sentino altrimenti nel cuore. Daß Franz I. den Frieden von Madrid nicht hielt, erklärt er für die herrlichste und edelste Tat, die seit vielen hundert Jahren geschehen. Francesco, sagt er, fece una cosa molto conveniente, a promettere assai con animo di non observare, per potersi trovare a difendere la patria sua. Eine Ansicht, die des Buches vom Fürsten würdig ist.

Aber auch in anderer Hinsicht erweist sich Vettori als ein Geistesverwandter der großen Autoren dieser Epoche. Unsere Schrift ist voll Originalität und Geist und um so anziehender, da sie nur kurz ist. Der Verfasser sagt nur ebensoviel, als er weiß. Aber dies ist doch recht bedeutend. Es würde eine ausführlichere Arbeit dazu gehören, um ihm sein Recht widerfahren zu lassen.

17.

Sommario di la relatione di S. Marco Foscari venuto orator del sommo pontefice a dì 2. Marzo 1526. Bei Sanuto Bd. 41.

Marco Foscari gehörte mit zu jener Gesandtschaft, welche Hadrian die Obedienz leistete. Er ist dann als ordentlicher Gesandter bis 1526 in Rom geblieben.

Auch von Hadrians Zeit sagt er einiges; wichtiger jedoch ist er für Clemens VII., und zwar um so mehr, weil er in dem damaligen engen Verhältnis zwischen Venedig und dem Papst mit diesem unausgesetzten lebhaften Verkehr hatte.

Er schildert Clemens folgendergestalt. Hom prudente e savio, ma longo a risolversi, e di qua vien le sue operation varie. Discorre ben, vede tutto, ma è molto timido: niun in materia di stato pol con lui, alde tutti e poi fa quello li par: homo justo et homo di dio: et in signatura, dove intravien tre cardinali e tre referendarii, non farà cosa in pregiuditio di altri, e come el segna qualche supplication, non revocha piu, come feva papa Leon. Questo non vende beneficii, nè li da per symonia, non tuol officii con dar beneficii per venderli, come feva papa Leon e li altri, ma vol tutto passi rectamente. Non spende, non dona, nè tuol quel di altri: *onde è reputa* mixero. E qualche murmuration in Roma, etiam per causa del cardinal Armelin, qual truova molte invention per trovar danari in Roma e fa metter nove angarie e fino a chi porta tordi a Roma et altre cose di manzar. – – E continentissimo: non si sa di alcuna sorte di luxuria che usi. – – Non vol buffoni, non musici. non va a cazare. Tutto il suo piacere è di rasonar con inzegneri e parlar di aque.

Er kommt dann auf seine Ratgeber. Seinem Neffen gestatte der Papst keinen Einfluß; selbst Giberto vermöge in Staatssachen nicht viel: il papa lo alde, ma poi fa al suo modo. Auch er findet, daß Giberto – devoto et savio – französisch, Schomberg – libero nel suo parlar – kaiserlich sei. Ein großer Anhänger des Kaisers war auch Zuan Foietta: er war weniger häufig mit dem Papst, seit dieser in Bund mit Frankreich getreten. Foscari gedenkt auch der beiden Sekretäre des Papstes, Jac. Salviati und Fr. Vizardini (Guicciardini): den letzten findet er geschickter, aber ganz französisch.

Es ist merkwürdig, daß der Papst mit den Franzosen nicht viel besser stand als mit den Kaiserlichen: er wußte wohl, was er von ihnen, wenn sie siegten, zu erwarten habe. Nur mit Venedig fühlte er sich wahrhaft verbündet: conosce, se non era la Signoria nostra, saria ruinado e caza di Roma.

Beide bestärkten sich wechselseitig in ihren italienischen Intentionen und sahen ihre Ehre darin. Der Papst war stolz, daß er Venedig abgehalten habe, sich mit dem Kaiser zu verständigen; dagegen behauptet nun unser Gesandter geradezu, er sei es, durch den Italien frei geworden: schon sei der Papst entschlossen gewesen, Bourbon als Herzog von Mailand anzuerkennen; er habe demselben so ernsthaft zugeredet, daß er von seinem Entschlusse zurückgekommen.

Er bestätigt, daß der Papst dem Kaiser die Dispensation, die zu der Ehe desselben nötig war, nur unter gewissen Bedingungen gewähren wollen – was obige Instruktion nicht andeutet –, der Kaiser habe sie aber ohne dies zu bekommen gewußt.

Bei dieser Relation tritt noch eine besondere Merkwürdigkeit ein. Als später die Gesandten angewiesen wurden, ihre Relationen schriftlich abzufassen und einzureichen, tat das auch Marco Foscari. Es ist auffallend, wieviel schwächer die zweite Relation ist als die erste. Diese ward unmittelbar nach den Ereignissen vorgetragen aus voller Frische der Erinnerung: später waren so viele andere große Ereignisse eingetreten, daß jene Erinnerungen sich bereits verwischten. Es zeigt das, wieviel Dank wir auch in dieser Hinsicht dem Fleiße des unermüdlichen Sanuto schuldig sind. Dies ist die letzte Relation, die ich aus seiner Chronik kennengelernt. Es folgen andere, welche in eigenen Abschriften, von den Autoren revidiert, aufbehalten worden.

18.

Relatione riferita nel consiglio de pregadi per il clarissimo Gaspar Contarini, ritornato ambasciatore dal papa Clemente VII. e dal imp[re] Carlo V., Marzo 1530. Informationi politiche XXV. Bibl. zu Berlin.

Der nämliche Gaspar Contarini, von dem in unserer Geschichte so viel Löbliches zu melden war.

Nachdem er schon einmal eine Gesandtschaft bei Karl V. verwaltet – die Relation, die er über diese abstattete, gehört zu den seltensten: ich habe ein einziges Exemplar davon gesehen, zu Rom bei den Albani –, ward er 1528, noch ehe der Papst nach so vielem Unglück und langer

Abwesenheit nach Rom zurückgegangen, an diesen abgeordnet. Er begleitete ihn von Viterbo nach Rom, von Rom zur Kaiserkrönung nach Bologna. Hier nahm er teil an den Unterhandlungen.
Von alledem, was er in Viterbo, Rom und Bologna erfahren, gibt er hier Bericht: es ist daran nur das eine auszusetzen, daß er sich so kurz faßt.
Contarinis Gesandtschaft traf in den wichtigen Moment, in welchem der Papst sich allmählich wieder zu dem Bunde mit dem Kaiser neigte, wie ihn die Medici früher gehalten. Gar bald bemerkte der Gesandte mit Verwunderung, daß der Papst, obwohl er von den Kaiserlichen so stark beleidigt war, zu ihnen doch fast mehr Vertrauen hatte als zu den Verbündeten: darin bestärkte ihn vornehmlich Musettola – huomo, wie Contarini sagt, ingegnoso e di valore assai, ma di lingua e di audacia maggiore; – solange das Kriegsglück schwankte, entschied der Papst sich noch nicht; als aber die Franzosen geschlagen waren und die Kaiserlichen sich allmählich bereit finden ließen, die Plätze zu räumen, die sie innehatten, war es nicht mehr zweifelhaft. Schon im Frühjahr 1529 stand der Papst wieder gut mit dem Kaiser: im Juni schlossen sie ihren Bund, dessen Bedingungen Contarini nur mit Mühe zu sehen bekam.
Auch die Personen schildert Contarini.
Der Papst war ziemlich groß und wohlgebaut: damals hatte er sich von den Wirkungen so vieler Unglücksfälle und von einer schweren Krankheit noch nicht wieder recht erholt. „Er hat weder große Liebe", sagt Contarini, „noch heftigen Haß: er ist cholerisch, aber er beherrscht sich so, daß ihn niemand dafür halten sollte. Er wünschte wohl den Übelständen abzuhelfen, welche die Kirche drücken; doch ergreift er hierzu kein geeignetes Mittel. Über seine Neigungen läßt sich nicht mit Sicherheit urteilen. Es schien eine Zeitlang, als liege ihm Florenz wenig am Herzen, und doch läßt er nun ein kaiserliches Heer vor diese Stadt ziehen."
In dem Ministerium Clemens' VII. waren mehrere Veränderungen eingetreten.
Der Datario Giberto hatte noch immer das eigentliche Vertrauen seines Herrn am meisten; allein nachdem die Maßregeln, die unter seiner Verwaltung ergriffen worden waren, einen so schlechten Ausgang genommen, zog er sich von selbst zurück. Er widmete sich seinem Bistume Verona. Niccolo Schomberg dagegen war durch eine Sendung nach Neapel wieder in die wichtigsten Geschäfte gekommen. Contarini findet ihn sehr kaiserlich, von gutem Verstande, mildtätig, aber heftig. Auch Jakob Salviati vermochte viel; er galt damals noch für französisch.
So kurz dieses Schriftchen ist, so gewährt es doch viele Belehrung.

19.

Instructio data Caesari a rev^{mo} Campeggio in dieta Augustana 1530. (MS. Rom.)

Bis hierher waren die politischen Geschäfte das wichtigste: allmählich reißen die kirchlichen die Aufmerksamkeit an sich. Gleich im Eingange stoßen wir auf jenen blutschnaubenden Entwurf zu einer Reduktion der Protestanten, dessen ich gedacht habe: hier sogar eine Instruktion genannt.

Der Stelle, die er einnehme, und der Kommission des Apostolischen Stuhles gemäß, sagt der Kardinal, wolle er die Maßregeln angeben, die man nach seinem Urteile ergreifen müsse.

Die Lage der Dinge schildert er folgendergestalt: In alcuni luoghi della Germania per le suggestioni di questi ribaldi sono abrogati tutti li christiani riti a noi dagli antichi santi padri dati; non piu si ministrano li sacramenti, non si osservano li voti, li matrimonii si confundono etiam nelli gradi prohibiti della legge – usw., denn es wäre überflüssig, diese Kapuzinaden abzuschreiben.

Den Kaiser erinnert er, daß diese Sekte ihm keinen Zuwachs an Macht verschaffen werde, wie man ihm versprochen habe. Bei den Schritten, die er demselben anrät, verspricht er ihm seine geistliche Unterstützung. Et io, se sarà bisogno, con le censure e pene ecclesiastiche li proseguirò, non pretermettendo cosa a far che sia necessaria, privando li heretici beneficiati delli beneficii loro e separandoli con le excommunicationi dal cattolico gregge, e V. Cels. col suo bando imperiale justo e formidabile li riddurà a tale e si horrendo esterminio che ovvero saranno costretti a ritornare alla santa e cattolica fede ovvero con la loro total ruina mancar delli beni e della vita. – –Se alcuni ve ne fossero, che dio nol voglia, li quali obstinatamente perseverassero in questa diabolica via, – – quella (V. M.) potrà mettere la mano al fero et al foco et radicitus extirpare queste male e venenose piante.

Auch für die Könige von England und von Frankreich schlägt er die Konfiskation der Güter der Ketzer vor.

Jedoch hauptsächlich bleibt er bei Deutschland stehen: er zeigt, wie man die Artikel von Barcelona, auf die er sich häufig bezieht, deuten zu dürfen glaubte: Sarà al proposito, poiche sarà ridotta questa magnifica e cattolica impresa a buono e dritto camino, che alcuni giorni dipoi si eleggeranno inquisitori buoni e santi, li quali con summa diligentia et assiduità vadino cercando et inquirendo, s'alcuni, quod absit, perseverassero in queste diaboliche et heretiche opinioni nè volessero in alcun modo lasciarle, – et in quel caso siano gastigati e puniti secundo le regole e norma che si osserva in Spagna con li Marrani.

Von Wilh. Maurenbrecher: Karl V. und die deutschen Protestanten, im Anhang Nr. I. ist das Gutachten Campeggios aus dem Archiv von Simancas vollständig mitgeteilt worden. Ich bemerke einige kleine Differenzen; z. B. wird in der spanischen Abschrift, der Inquisition nicht assiduità, wie in der italienischen, sondern desterità anempfohlen; solche Abweichungen kommen immer vor.

Ein Glück, daß nicht alle dachten wie hiernach Campeggio. Bestrebungen dieser Farbe herrschen in unseren Dokumenten noch nicht vor.

20.

Diariorum cerimonialium Masii Baronii de Martinellis V. j. D. et caerimoniarum apost. magistri (liber) 1518–1540.

Diarium Joannis Francisci Firmani Capellae SS^{mi} D^{mi} nn. Papae cerimoniarum clerici sub Clem. VII., Paulo III., Marcello II., Paulo IV. et Pio IV., Pontificibus. Britisches Museum 8447.

Aufzeichnungen für die innere Geschichte des päpstlichen Hofhaltes, mitnichten so ausgiebig wie einige frühere, aber doch immer von merkwürdigem Inhalt.

Martinelli befindet sich häufig in einer gewissen Opposition mit dem, was man wirklich tut. Hätte man seinen Rat bei der Krönung des Kaisers befolgt, so würde alles ehrenvoller gegangen sein: aber er habe sich nur den Haß der Kaiserlichen zugezogen. Daß Papst Clemens sich von der jungen Tochter des Kaisers nicht die Füße küssen läßt, sondern sie selber küßt, mißfällt ihm höchlich: non placuit mihi, licet puella X annorum.

Das Merkwürdigste in beiden ist der authentische Bericht, den sie über die Anwesenheit Karls V. in Rom, April 1536, und über dessen Rede am 7. April, 2. Osterfeiertag, geben.

Bei Martinelli heißt es: Nota, quia imperator voluit venire in cameram paramentorum, ubi Papa induitur paramentis, in qua jam omnes Cardinales venerant, et in circulo inter eos colloquendo expectavit Pontificem, quem venientem veneratus est a sinistra illius vocari fecit Cardinales omnes ad circulum et oratores principum et alios principes qui reperiebantur, et in conspectu Pontifices et praesentia praefatorum Dominorum longum habuit sermonem in modum querelae et protestationis, contra Christ$^{m.}$ Regem Franciae lingua vulgari itala, narrando multa gesta et contenta inter ipsum et praefatum Regem et qualiter et in quibus defecerat sibi et modo magnum exercitum paraverat contra eum et ducem Sabaudiae, ejus affinem et feudatarium, perturbando et impediendo expeditionem, quam ipse Caesar jam ceperat contra infideles, et continuabat: quod si inter eos et exercitus illorum dimicandum foret, ex quibus vel uterque exercitus vel alter tantum rueret, et strages Christianorum tot sequerentur, timendum erat de pernicie totius Christianitatis, in qua de facili irrueret rabies Turcharum; quod adeo ne talia succederent existimabat expedire reipublicae christianae, ut Altissimus tam ipsum quam regem Franciae tolleret de medio, vel quod ipsimet inter se lites et contentiones dirimerent, ne tota Christianitas pateretur.

Ungefähr eben dasselbe enthält der Bericht des J. Frz. Firmanus, der dann fortfährt: Papa vero condoluit et promisit se semper laboraturum pro pace et quiete ipsorum et illud a deo supplicationibus petiturum; cum vero Papa iret ad capellam, orator regis Franciae rogavit Imperatorem, ut dignaretur dare in scriptis quae dixerat ut posset ipsi regi insinuare, cui respondit, quod nihil secum agere debebat, sed Pontifici et aliis dixisse quae sibi visa fuerant opportuna. – Die Martis (post feriam 2. Resurrectionis). – Fuit illo mane intimatus cardinalibus recessus imperialis pro hora 18. qui omnes convenerunt dicta hora in locum in quo fieri solent consistoria et Imperatorem exspectarunt, qui dicta hora ivit ad Papam qui occurrit Sti Marci (?) usque ad aulam Pontificiam et insimul cameram secretariae intrarunt et steterunt per mediam horam colloquentes, cumque exivissent ad anticameram Imperator vocatis Cardinalibus Praelatis proceribus et oratoribus dixit Papa praesente, quod ea, quae praecedente die in camera paramentorum contra regem Franciae protulerat, non animo et intentione ipsum injuriandi dixerat, sed ut manifestaret intentionem suam bonam circa salutem et quietem christianae religionis, nec fuerat ejus animus vel intentio provocare praedictum regem ad duellum, sed voluit inferre quod melius fuisset si ambo morerentur quam tota respublica Christiana damna perniciem et continuas ruinas pateretur, et multa his similia et super his dixit, quae ego audire minime potui propter frequentiam Cardinalium et aliorum nobilium, quibus dictis hora 20. discessit associatus a Pontifice usque ad primam scalam per quam itur ad cortile, ubi habuit benedictionem a Papa, et in cortile ascendit equum album et abiit.

21.

Relatio viri nobilis Antonii Suriani doctoris et equitis, qui reversus est orator ex curia Romana, presentata in collegio 18. Julii 1533. (Archivio di Venetia.)

„Zu den wichtigsten Dingen", hebt er an, „welche die bei den Fürsten beglaubigten Gesandten zu beobachten haben, gehören ihre Eigenschaften."

Er beschreibt zuerst den Charakter Clemens' VII.

Er meint: wenn man die gesetzte Lebensweise dieses Papstes, die Unverdrossenheit, mit der er seine Audienzen abwarte, seine Aufmerksamkeit bei den kirchlichen Zeremonien beobachte, so sollte man ihn für melancholisch halten; doch urteilen die Kundigen, daß er sanguinisch sei, nur von einem kalten Herzen, so daß er sich langsam entschließe und sich leicht bewegen lasse, seinen Entschluß zu verändern.

„Io per me non trovo che in cose pertinenti a stato la sia proceduta cum grande dissimulatione. Ben cauta: et quelle cose che S. Stà non vole che si intendano, piu presto le tace che dirle sotto falso colore."

Unter den Ministern Clemens' VII. waren diejenigen, deren die früheren Relationen hauptsächlich Erwähnung tun, nicht mehr von Bedeutung: sie werden gar nicht einmal genannt; dagegen tritt Jakob Salviati hervor, der vornehmlich die Verwaltung der Romagna und des Kirchenstaates überhaupt zu leiten hatte. Der Papst verließ sich darin völlig auf ihn. Zwar sah der Papst, daß er wohl seinen Vorteil etwas zu sehr im Auge hatte: er beklagte sich selbst schon in Bologna darüber; aber er ließ ihn in den Geschäften.

Eben deshalb aber war Salviati den übrigen Verwandten des Papstes verhaßt. Sie glaubten, er stehe ihnen im Wege; sie schrieben es ihm zu, wenn sich Clemens weniger freigebig gegen sie zeigte: – – pare che suadi al papa a tener strette le mani nè li subministri danari secundo è lo appetito loro, che è grande di spender e spander.

Aber auch die übrigen waren untereinander nur allzu uneinig. Kardinal Hippolyt Medici wäre lieber weltlich gewesen. Der Papst sagte einmal dem Gesandten: „er ist ein närrischer Teufel, er will nicht Priester sein": L'è matto diavolo, el matto non vole esser prete; aber es war ihm doch höchst verdrießlich, als Hippolyt wirklich Versuche machte, den Herzog Alexander von Florenz zu verdrängen.

Kardinal Hippolyt lebte in enger Freundschaft mit der jungen Katharina Medici, die hier als die duchessina vorkommt. Sie ist seine cusina in terzo grado, con la quale vive in amor grande, essendo anco reciprocamente da lei amato, nè piu in altri lei si confida nè ad altri ricorre in li sui bisogni e desiderj salvo al dicto cardinal.

Suriano beschreibt das Kind, das zu einer so bedeutenden Weltstellung bestimmt war, folgendergestalt: Di natura assai vivace, monstra gentil spirito, ben accostumata: è stata educata e gubernata cum le monache nel monasterio delle murate in Fiorenza, donne di molto bon nome e sancta vita: è piccola de persona, scarna, non de viso delicato, ha li occhi grossi proprj alla casa de' Medici.

Von allen Seiten bewarb man sich um sie. Der Herzog von Mailand, der Herzog von Mantua, der König von Schottland wünschten sie zur Gemahlin: bei einem stand das eine, bei einem andern das andere entgegen; die französische Vermählung war damals noch nicht entschieden: „nach seiner irresoluten Natur", sagt Suriano, „sprach der Papst bald mit größerem, bald mit geringerem Eifer von derselben."

Er findet, daß der Papst wohl auch darum auf die Verbindung mit Frankreich eingehe, um die französische Partei in Florenz für sich zu gewinnen. Übrigens behandelt er die auswärtigen Verhältnisse nur kurz und zurückhaltend.

21 a.

Relatione di Roma d'Antonio Suriano 1536. MS. Foscar. zu Wien. St.-Marc. Bibl. zu Venedig.

Die Abschriften dieser Relation schwanken zwischen den Jahreszahlen 1535 und 1539. Ich halte 1536 für richtig: einmal weil darin die Rückkehr des Kaisers nach Rom erwähnt wird, die in den April 1536 fällt, sodann weil sich ein Brief Sadolets an Suriano findet, aus Rom Nov. 1536, welcher beweist, daß der Gesandte Rom damals schon wieder verlassen hatte.

Es ist das ein Brief – Sadoleti Epp. p. 383 –, der für Suriano sehr ehrenvoll lautet: mihi ea officia praestitisti, quae vel frater fratri vel filio praestare indulgens pater solet, nullis meis provocatus officiis.

Drei Tage nach der Mitteilung der vorigen Relation – 21. Juli 1533 – war Suriano wieder zum Gesandten in Rom ernannt worden.

Die neue Relation entwickelt den weiteren Gang der damals eingeleiteten Verhältnisse, besonders den Abschluß der französischen Vermählung, die doch nicht allen Verwandten des Papstes genehm war, – non voglio tacere che questo matrimonio fu fatto contra il volere di Giac. Salviati e molto piu della S^ra^ Lucretia sua moglie, la quale etiam con parole ingiuriose si sforzò di dissuadere S. S^tà^, – ohne Zweifel weil die Salviati jetzt kaiserlich gesinnt waren: ferner jene merkwürdige Zusammenkunft des Königs Franz mit Clemens, deren wir gedachten. Der Papst betrug sich dabei mit äußerster Vorsicht: er hätte keine schriftliche Versicherung ausgestellt. Di tutti li desiderii s'accommodò Clemente con parole tali che gli facevano credere S. S^tà^ esser disposta in tutte alle sue voglie senza pero far provisione alcuna in scritture. Der Papst wünschte keinen Krieg, wenigstens nicht in Italien, er wünschte nur den Kaiser in Zaum zu halten: „con questi spaventi assicurarsi del spavento del concilio".

Allmählich ward das Konzilium der Hauptgegenstand der päpstlichen Politik. Suriano erörtert die Gesichtspunkte, welche der römische Hof im Anfange Pauls III. darüber hegte. Schon sagte Schomberg, man werde es nur unter der Bedingung zugeben, daß alles, was daselbst vorkomme, zuvörderst in Rom von Papst und Kardinälen überlegt, beraten und zum Beschluß gebracht werden müsse.

Zweiter Abschnitt

ZUR KRITIK SARPIS UND PALLAVICINIS

Das Tridentinische Konzilium, seine Vorbereitung, Berufung, zweimalige Trennung und Wiederberufung mit alle den Motiven, die dazu beigetragen haben, erfüllt einen großen Teil der Geschichte des 16. Jahrhunderts. Für die definitive Feststellung des katholischen Glaubensbegriffes und sein Verhältnis zu dem protestantischen hat es, ich brauche hier nicht zu erörtern, welch eine unermeßliche Bedeutung. Es ist so recht der Mittelpunkt der theologisch-politischen Entzweiung, die jenes Jahrhundert ergriffen hatte.

Auch hat es zwei ausführliche, in sich selbst bedeutende, originale historische Darstellungen gefunden.

Aber nicht allein sind sich diese geradezu entgegengesetzt, sondern wie über das Faktum, so hat sich die Welt auch aber die Historiker entzweit: noch heutzutage wird von der einen Partei Sarpi für wahrhaft und glaubwürdig, Pallavicini für falsch und lügnerisch, von der anderen Pallavicini für unbedingt glaubwürdig, Sarpi fast sprichwörtlich für einen Lügner erklärt.

Indem wir an diese voluminösen Werke kommen, faßt uns eine Art von Furcht. Es wäre schon schwer, ihres Stoffes Herr zu werden, wenn sie auch nur glaubwürdige Dinge überlieferten: wie unendlich viel mehr aber will es sagen, daß wir auch bei jedem Schritte besorgen müssen, von dem einem oder dem andern mit Unwahrheit berichtet und in ein Labyrinth von absichtlichen Täuschungen gezogen zu werden!

Demohnerachtet ist es auch untunlich, ihre Glaubwürdigkeit Schritt für Schritt an der anderswoher besser erkannten Tatsache zu prüfen: wo fände man über diese Tatsachen unparteiische Nachweisungen? Selbst wenn sie zu finden wären, so würden neue Foliobände nötig sein, um auf diese Weise zu Ende zu kommen.

Es bleibt nichts übrig, als daß wir den Versuch machen, zu einer Anschauung der Methode unsrer Autoren zu gelangen.

Denn nicht alles pflegt den Historikern anzugehören, was in ihren Werken vorkommt, zumal in so weitschweifigen, stoffhaltigen: die Masse der Notizen haben sie überkommen; erst in der Art und Weise sich des Stoffes zu bemeistern, ihn zu verarbeiten, zeigt sich der Mensch, der doch zuletzt selber die Einheit seines Werkes ist. Auch in diesen den Fleiß in Schrecken setzenden Folianten steckt ein Poet.

Storia del concilio Tridentino di Pietro Soave Polano. Erste, von fremden Zusätzen freie Ausgabe, Genf 1629.

Zuerst in England, durch einen zum Protestantismus übergetretenen Erzbischof, Dominis von Spalatro, ward dieses Werk publiziert. Obwohl Fra Paolo Sarpi sich niemals zu demselben bekannt hat, so läßt sich doch nicht zweifeln, daß er der Autor desselben sei. Aus seinen Briefen sieht man, daß er sich mit einer solchen Geschichte beschäftigte; in Venedig findet sich eine Abschrift, die er sich machen lassen, mit Korrekturen von seiner Hand: – man kann sagen, er war geradezu der einzige Mensch, zu allen Zeiten, der eine Geschichte, wie sie hier vor uns liegt, verfassen konnte.

Fra Paolo stand an der Spitze einer katholischen Opposition gegen den Papst. Ihr Widerspruch ging vom Gesichtspunkte des Staates aus, näherte sich aber besonders durch augustinianische Grundsätze den protestantischen Ansichten in vielen Stücken: zuweilen ist sie sogar in den Ruf des Protestantismus geraten.

Dieser Richtung halber ist jedoch Sarpis Arbeit nicht sogleich zu verdächtigen. Es gab in der Welt – konfessionell – nur entschiedene Anhänger und entschiedene Gegner des Trienter Konziliums: von jenen war nichts als Lobeserhebung, von diesen nichts als Verwerfung zu erwarten: Sarpi gehörte keiner der entgegengesetzten Parteien ganz an. Er war nicht in der Notwendigkeit, das Konzil durchaus zu verteidigen; er hatte auch keinen Anlaß, es allenthalben zu verwerfen. Seine Stellung verschaffte ihm die Möglichkeit einer freieren Ansicht: in der Mitte einer italienischen katholischen Republik konnte er auch allein den Stoff sammeln, der dazu erforderlich war.

Wollen wir uns nun vergegenwärtigen, wie er arbeitete, so müssen wir uns erst erinnern, wie man bis zu seiner Zeit größere historische Werke verfaßte.

Man hatte sich noch nicht die Aufgabe gemacht, weder die Materialien in einer gleichartigen Vollständigkeit zu sammeln, was ohnehin so schwer zu erreichen ist, noch auch sie erst kritisch zu sichten, auf unmittelbare Kunde zu dringen, noch endlich den ganzen Stoff geistig durchzuarbeiten.

Wie wenige machen es sich noch heutzutage so schwer!

Man begnügte sich damals, die im allgemeinen als glaubwürdig betrachteten Schriftsteller nicht sowohl zugrunde zu legen als geradezu herüberzunehmen: ihre Erzählungen ergänzte man, wo es tunlich war, durch die neuen Materialien, die man zusammengebracht hatte und an den gehörigen Stellen einschaltete. Dann war die Hauptbemühung, diesem Stoff einen gleichmäßigen Stil zu geben.

So besteht Sleidan aus den Dokumenten der Reformationshistorie, wie er sie haben konnte, die er dann ohne viel Kritik aneinander reihte und durch die Farbe seiner Latinität in ein gleichartiges Ganze verwandelte.

Thuanus hat ohne Bedenken lange Stellen aus anderen Geschichtschreibern herübergenommen. Er hat z. B. des Buchanan schottische Geschichte auseinandergenommen und an den verschiedenen Stellen seines Werkes eingeschaltet. Die englische Geschichte hat er aus den Materialien, die ihm Camden sendete, die deutsche aus Sleidanus und Chyträus, die italienische aus Adriani, die türkische aus Busbequius und Leunclavius entlehnt.

Eine Methode, bei der freilich die Originalität wenig geschont wird, bei der man oft das Werk eines andern liest als des Autors, der auf dem Titel genannt ist, die sich heutzutage besonders die Verfasser französischer Memoiren aufs neue zu eigen gemacht haben. Diese letzten freilich ohne alle Entschuldigung. Ihre eigentliche Tendenz sollte es ja sein, das Originale mitzuteilen.

Auf Sarpi zurückzukommen, so stellt er uns in den ersten Sätzen seines Werkes seine Lage unverhohlen dar.

„Meine Absicht ist, die Geschichte des Tridentinischen Konziliums zu schreiben. Denn obwohl mehrere berühmte Historiker unseres Jahrhunderts in ihren Werken einzelne Punkte derselben berührt, und Johann Sleidan, ein sehr genauer Schriftsteller, mit großem Fleiß die früheren Ereignisse, durch die es veranlaßt wurde –, le cause antecedenti – erzählt hat, so würden doch alle diese Sachen, wenn man sie zusammenstellte, noch nicht eine vollständige Erzählung gewähren. Sobald ich anfing, mich um die Angelegenheiten der Menschen zu bekümmern, bekam ich große Lust, diese Geschichte vollständig zu erfahren; nachdem ich alles das gesammelt, was ich davon geschrieben fand – auch die Dokumente, die davon gedruckt oder handschriftlich verbreitet worden –, so begann ich in dem Nachlasse der Prälaten und anderer, die an dem Konzil teilgenommen, die Nachrichten aufzusuchen, die sie darüber hinterlassen, sowie die Stimmen, welche sie abgegeben, von ihnen selbst oder von anderen aufgesetzt, und die brieflichen Nachrichten, die von jener Stadt ausgegangen: ich habe dabei keine Mühe und Arbeit gespart; auch habe ich das Glück gehabt, ganze Sammlungen von Noten und Briefen von Personen, die an jenen Verhandlungen großen Anteil nahmen, zu Gesicht zu bekommen. Da ich nun so viele Sachen zusammengebracht, welche einen überflüssigen Stoff zu einer Erzählung geben, so faßte ich den Entschluß, sie zusammenzustellen."

Mit anschaulicher Naivität hat Sarpi hier seine Lage geschildert. Man sieht ihn auf der einen Seite zwischen den Historikern, deren Erzählungen er aneinanderreiht, die ihm indes doch nicht genugtun, auf der anderen Seite mit handschriftlichen Materialien versehen, mit denen er jene ergänzt.

Leider hat Sarpi weder die einen noch die anderen ausführlich genannt: auch die Methode seiner Vorgänger war das nicht: er ließ, wie sie, sein ganzes Bemühen sein, aus den Nachrichten, die er gefunden, eine wohlgeordnete, angenehme, in sich abgeschlossene Geschichte zusammenzuweben.

Indessen auch ohne Angabe im einzelnen können wir leicht erkennen, welches die gedruckten Geschichten sind, die er benutzte: von vornherein Jovius, Guicciardini, dann Thuanus, Adriani, hauptsächlich aber, den er ja auch nennt, Sleidan.

Z. B. in der gesamten Darstellung der Verhältnisse zur Zeit des Interims und nach der Translation des Konziliums nach Bologna hat er den Sleidan und nur ein paarmal die Urkunden, die dieser Schriftsteller anführt, übrigens aber nichts als ihn vor Augen gehabt.

Es ist wohl der Mühe wert und muß uns einen Schritt weiterführen, zu beobachten, wie er hierbei verfährt.

Nicht selten übersetzt er den Sleidan geradezu, – zwar etwas frei, aber er übersetzt: z. B. bei den Verhandlungen des Kaisers mit den Fürsten über ihre vorläufige Unterwerfung unter das Tridentinische Konzilium: Sleidan, lib. XIX, p. 50.

Et Palatinus quidem territatus fuit etiam, nisi morem gereret, ob recentem anni superioris offensionem, uti diximus, cum vix ea cicatrix coaluisset: Mauricius, qui et socerum landgravium cuperet liberari et nuper admodum esset auctus a Caesare, faciundum aliquid sibi videbat. Itaque cum Caesar eis prolixe de sua voluntate per internuncios promitteret, et ut ipsius fidei rem permitterent flagitaret, illi demum Octobris die vigesimo quarto assentiuntur. Reliquae solum erant civitates: quae magni rem esse periculi videbant submittere se concilii decretis indifferenter. Cum iis Granvellanus et Hasius diu multumque agebant: atque interim fama per urbem divulgata fuit, illos esse praefractos, qui recusarent id quod principes omnes comprobassent: auditae quoque fuerunt comminationes, futurum ut acrius multo quam nuper plectantur. Tandem fuit inventa ratio ut et Caesari satisfieret et ipsis etiam esset cautum. Etenim vocati ad Caesarem, ut ipsi responsa principum corrigant non suum esse dicunt, et simul scriptum ei tradunt, quo testificantur quibus ipsi conditionibus concilium probent. Caesar, eorum audito sermone, per Seldium respondet, sibi pergratum esse quod reliquorum exemplo rem sibi permittant et caeteris consentiant. – Sarpi, lib. III., p. 283: Con l'elettor Palatino le preghiere havevano specie di minacce rispetto alle precedenti offese perdonate di recente: verso Mauricio duca di Sassonia erano necessità, per tanti beneficii nuovamente havuti da Cesare, e perche desiderava liberare il lantgravio suo suocero. Perilche promettendo loro Cesare d'adoperarsi che in concilio havessero la dovuta sodisfattione e ricercandogli che si fidassero in lui, finalmente consentirono, et furono seguiti dagli ambasciatori dell' elettore di Brandeburg e da tutti i prencipi. Le città ricusarono, come cosa di gran pericolo, il sottomettersi indifferentemente a tutti i decreti del concilio. Il Granvela negotiò con gli ambasciatori loro assai e longamente, trattandogli anco da ostinati a ricusar quello che i prencipi havevano comprobato, aggiongendo qualche sorte di minacce di condannargli in somma maggiore che la già pagata. Perilche finalmente furono costrette di condescendere al voler di Cesare, riservata però cautione per l'osservanza delle promesse. Onde chiamate alla presenza dell' imperatore, et interrogate se si conformavano alla deliberatione de' prencipi, risposero che sarebbe stato troppo ardire il loro a voler correggere la risposta de' prencipi, e tutti insieme diedero una scrittura contenente le conditioni con che avrebbono ricevuto il concilio. La scrittura fu ricevuta ma non letta, e per nome di Cesare dal suo cancellario furono lodati che ad essempio degli altri havessero rimesso il tutto all' imperatore e fidatisi di lui: e l'istesso imperatore fece dimostratione d'haverlo molto grato. Così l'una e l'altra parte voleva esser ingannata.

Gleich bei dieser Übersetzung läßt sich die Bemerkung machen, daß sich Sarpi doch nicht ganz getreu an die ihm überlieferte Tatsache hält. Es wird von Sleidan nicht gesagt, daß Granvella die Städte bedroht habe: was der Deutsche als ein allgemeines Gespräch bezeichnet, legt der Italiener dem Minister in den Mund; die Auskunft, die man mit den Städten trifft, wird in dem Original deutlicher ausgedrückt als in der Übersetzung. – Wie hier, ist es auch in unzähligen anderen Stellen.

Dabei würde jedoch nichts weiter zu bemerken sein: man würde sich nur allezeit zu entsinnen haben, daß man eine etwas willkürliche Überarbeitung des Sleidan vor sich hat: wenn nicht dann und wann einige wesentlichere Veränderungen einträten.

Einmal hat Sarpi keinen rechten Begriff von der Reichsverfassung. Er hat eigentlich immer eine Verfassung im Sinne, welche aus den drei Ständen: Geistlichkeit, weltlichen Großen und Städten, besteht. Nicht selten verändert er die Ausdrücke seines Autors nach dieser eigentümlich irrigen Vorstellung. Z. B. lib. XX, p. 108 erörtert Sleidan die Stimmen über das Interim in den drei Kollegien: 1. dem kurfürstlichen: die drei geistlichen Kurfürsten sind dafür, doch nicht die weltlichen: reliqui tres electores non quidem ejus erant sententiae, Palatinus imprimis et Mauricius, verum uterque causas habebant cur Caesari non admodum reclamarent; 2. dem Fürstenkollegium: caeteri principes, qui maxima parte sunt episcopi eodem modo sicut Moguntinus atque collegae respondent; 3. civitatum non ita magna fuit habita ratio. Daraus macht nun Sarpi (lib. III, p. 300): Die geistlichen Kurfürsten sagen ihre Meinung eben wie bei Sleidan. Al parer de' quali s'accostarono tutti i vescovi: i prencipi secolari per non offendere Cesare tacquero: et a loro essempio gli ambasciatori delle città parlarono poco, nè di quel poco fu tenuto conto. Was bei Sleidan von zwei Kurfürsten gesagt ist, wird hier auf alle weltlichen Fürsten übertragen. Es scheint, als hätten die Bischöfe ihre Stimmen besonders abgegeben: das ganze Odium wird auf sie geworfen. Die hohe Bedeutung, die der Reichsfürstenrat in diesen Zeiten erlangte, wird völlig verkannt. – Gleich in der oben angeführten Stelle behauptet Sarpi, die Fürsten seien dem Gutachten der Kurfürsten beigetreten. In der Tat aber hatten sie schon ein eigenes abgegeben, welches von dem kurfürstlichen auf das mannigfaltigste abwich.

Aber noch wichtiger ist es, daß Sarpi, indem er die Notizen, die er findet, herübernimmt oder auch anderswoher geschöpfte damit verbindet, exzerpiert, übersetzt, daß er dabei seine Erzählung zugleich mit eigenen Bemerkungen durchwebt. Beobachten wir, welcher Art diese sind. Es ist ganz merkwürdig.

Zum Beispiel wiederholt der gute Sleidan – lib. XX, p. 58 – ohne alles Arg einen Vortrag des Bischofs von Trient, worin dreierlei gefordert wird: die Wiederherstellung des Konziliums nach Trient, die Sendung eines Legaten nach Deutschland und eine Bestimmung, wie es im Falle einer Sedisvakanz gehalten werden solle. Wörtlich übersetzt dies Sarpi; dann aber schaltet er eine Bemerkung ein: „Der dritte Punkt", sagt er,

„wurde hinzugefügt, um den Papst an sein hohes Alter, seinen nahen Tod zu erinnern, um ihn dadurch zu größerer Nachgiebigkeit zu bewegen; denn er werde ja seinen Nachkommen das Mißvergnügen des Kaisers nicht zum Erbteile zurücklassen wollen."

In diesem Stile sind seine Bemerkungen überhaupt: sie sind sämtlich von Bitterkeit und Galle durchdrungen. „Der Legat berief die Versammlung und sagte zuerst seine Meinung; denn der Heilige Geist, welcher die Legaten nach dem Sinne des Papstes und die Bischöfe nach dem Sinne der Legaten zu bewegen pflegt, tat auch diesmal, wie er gewohnt ist." Nach Sleidan schickt man das Interim nach Rom, „denn es war doch auch den Protestanten darin einiges bewilligt". Nach Sarpi drangen darauf die deutschen Prälaten: „denn", sagt er, „von jeher suchen sie die päpstliche Autorität in Ansehen zu erhalten, da diese allein das Gegengewicht der kaiserlichen ausmacht, der sie ohne den Papst nicht würden widerstehen können, besonders wenn einmal die Kaiser nach dem Gebrauch der alten christlichen Kirche sie zu ihrer Pflicht nötigen und die Mißbräuche der sogenannten kirchlichen Freiheit in Schranken halten wollen."

Im allgemeinen sehen wir wohl, wie sehr sich Sarpi von den bisherigen Kompilatoren unterscheidet. Der Auszug, den er macht, ist voll von Geist und Leben. Dem fremden Material zum Trotz hat sein Ausdruck einen leichten, angenehmen und gleichmäßigen Fluß. Man bemerkt es nicht, wo er von einem Autor zu einem andern übergeht. Aber damit ist freilich auch verbunden, daß seine Darstellung die Farbe seiner Stimmung trägt, der systematischen Opposition, des Widerwillens oder des Hasses gegen den römischen Hof. Um so größeren Eindruck bringt sie hervor.

Aber, wie gesagt, Paul Sarpi hatte noch ganz andere Materialien als gedruckte Autoren. Bei weitem der wichtigere Teil seines Buches ist, was er aus diesen schöpfte.

Er selbst unterscheidet die interkonziliaren und vorbereitenden Ereignisse von der eigentlichen Geschichte des Konziliums. Er sagt, er wolle jene mehr in Form eines Jahrbuchs, diese mehr in Form eines Tagebuchs behandeln. Ein anderer Unterschied ist, daß er für jene sich großenteils an die geläufigen und wohlbekannten Schriftsteller gehalten, für diese dagegen aus neuen und eigenen Dokumenten geschöpft hat.

Es fragt sich zunächst, welcher Art diese sind.

Da möchte ich nun nicht glauben, daß es im einzelnen viel wäre, was er von Männern wie jener Sekretär des ersten Legaten an dem Konzilium, Oliva, oder von dem französischen Gesandten Ferrier in Venedig, der auch am Konzilium gewesen war, erhalten konnte – eben in Hinsicht Olivas begeht Sarpi einen starken Fehler: er läßt ihn das Konzilium eher verlassen, als dies geschehen ist; – die französischen Akten wurden gar bald gedruckt; die Einwirkung dieser Männer, die zu den Mißvergnügten gehörten, wird darin bestehen, daß sie den Widerwillen, den P. Sarpi gegen das Konzilium empfand, verstärkten. Die eigentlichen Aktenstücke boten ihm dagegen die venezianischen Sammlungen in großer Fülle dar: Briefe der Legaten, wie Montes, geheimer Geschäftsträger, wie Viscontis; Nachrichten von Nuntien, wie Chieregato; ausführliche Tagebücher, die am Konzilium gehalten worden; Lettere d'Avisi und unzählige andere mehr oder minder authentische Denkmale. Er war hierin so glücklich, daß er Schriften benutzt hat, die seitdem nie wieder zum Vorschein gekommen sind, die Pallavicini, trotz der großartigen Unterstützung, die er fand, sich doch nicht zu verschaffen wußte: für welche die forschende Historie allezeit auf sein Werk angewiesen sein wird.

Nur entsteht nun die neue Frage, wie er sie benutzt hat.

Zum Teil hat er sie ohne Zweifel mit leichter Überarbeitung geradezu herübergenommen. Courayer versichert, er habe eine handschriftliche Relation über die Kongregationen des Jahres 1563 in Händen gehabt, die von Sarpi benutzt und beinahe kopiert worden: „que notre historien a consultée et presque copiée mot pour mot".

In meinen Händen ist eine handschriftliche Historia del s. concilio di Trento scritta per M. Antonio Milledonne, secr. Veneziano – welche auch Foscarini (Lett. Venez. I., p. 351) und Mendham kennen – von einem gleichzeitigen sehr wohl unterrichteten Autor, trotz aller Kürze für die späteren Sitzungen des Konziliums keineswegs unerheblich:

Ich finde nun, daß Sarpi sie zuweilen wörtlich aufgenommen hat. Z. B. Milledonne: Il senato di Norimbergo rispose al nontio Delfino, che non era per partirsi dalla confessione Augustana, e che non accettava il concilio, come quello che non aveva le conditioni ricercate da protestanti. Simil risposta fecero li senati di Argentina e Francfort al medesimo nontio Delfino. Il senato di Augusta e quello di Olma risposero, che non potevano separarsi dalli altri che tenevano la confessione Augustana.

Sarpi p. 450: Il noncio Delfino nel ritorno espose il suo carico in diverse città. Dal senato de Norimberg hebbe risposta, che non era per partirsi dalla confessione Augustana, e che non accetterà il concilio, come quello che non haveva conditioni ricercati da' protestanti. Simili risposte gli fecero li senati d'Argentina e di Francfort. Il senato d'Augusta e quello d'Olma risposero, che non potevano separarsi dagli altri che tengono la lor confessione.

Nur da folgt Sarpi nicht nach, wo Milledonne ins Loben gerät, wenn es auch ganz unverfänglich wäre.

Milledonne: Il card[l] Gonzaga prattico di negotii di stato, per aver governato il ducato di Mantova molti anni doppo la morte del duca suo fratello fino che li nepoti erano sotto tutela, gentiluomo di bell' aspetto, di buona creanza, libero e schietto nel parlare, di buona mente, inclinato al bene. Seripando era Napolitano, arcivescovo di Salerno, frate eremitano, grandissimo teologo, persona di ottima coscienza e di singolar bontà, desideroso del bene universale della christianità.

Sarpi ist über diese Männer viel karger. Destinò al concilio, sagt er z. B. p. 456, fra Girolamo, card[l] Seripando, teologo di molta fama; das ist ihm genug.

Die Briefe Viscontis, welche Sarpi vor sich hatte, sind späterhin gedruckt worden, und bei der ersten Vergleichung sehen wir, daß er sich ihnen hier und da sehr genau anschloß. Ein Beispiel sei Visconti lettres et négotiations tom. II., p. 174: Ci sono poi stati alcuni Spagnuoli, li quali parlando dell' istituzione de' vescovi e della residenza havevano havuto

ordine di affirmare queste opinioni per vere come li precetti del decalogo. Segovia segui in queste due materie l'opinione di Granata, dicendo ch'era verità espressa la residenza ed istituzione delli vescovi essere de jure divino e che niuno la poteva negare, soggiungendo che tanto più si dovea fare tal dichiarazione per dannare l'opinione de gli heretici che tenevano il contrario. Guadice, Aliffi e Montemarano con molti altri prelati Spagnuoli hanno aderito all' opinione di Granata e di Segovia; ma piacque al signore dio che si fecero all' ultimo di buona risoluzione.
Sarpi VIII, 753: Granata disse, esser cosa indegna haver tanto tempo deriso li padri trattando del fondamento dell' instituzione de' vescovi e poi adesso tralasciandola, e ne ricercò la dichiarazione de jure divino, dicendo maravegliarsi perche non si dichiarasse un tal punto verissimo et infallibile. Aggionse che si dovevano prohibire come heretici tutti quei libri che dicevano il contrario. Al qual parer adheri Segovia, affermando che era espressa verità che nissuno poteva negarla, e si doveva dichiarare per dannare l'openione degli heretici che tenevano il contrario. Seguivano anco Guadice, Aliffe et Monte Marano con gli altri prelati Spagnuoli, de' quali alcuni dissero, la loro openione esser così vera come li precetti del decalogo.

Man sieht, Sarpi ist nicht ein gewöhnlicher Abschreiber: je weiter man ihn mit seiner Quelle vergleicht, desto mehr wird man inne, wie gut er es versteht, den Zusammenhang zu ergänzen, den Ausdruck durch eine leichte Wendung zu heben; – aber zugleich ist auch sein Bemühen augenscheinlich, den Eindruck zuungunsten des Konziliums zu verstärken.

Wie das sich auch nicht anders denken läßt, er behandelt das Ungedruckte eben wie das Gedruckte.

Es versteht sich aber, daß das zuweilen von vielem Einfluß auf die Auffassung der Tatsachen ist, wie sich unter anderem bei der Darstellung des wichtigsten unserer deutschen Religionsgespräche, von Regensburg 1541, ergibt.

Er hielt sich da zunächst wieder an Sleidan: auch hatte er ohne Zweifel den Bericht vor Augen, welchen Bucer über dieses Gespräch erstattet hat.

In der Benutzung dieser deutschen Quellen begeht er den schon berührten Fehler aufs neue. Die Stände gaben an diesem Reichstage dem Kaiser zweimal eine Antwort auf seine Anträge ein. Beide Male waren sie selbst uneinig. Das kurfürstliche Kollegium war für die Intentionen des Kaisers, das fürstliche dagegen. Doch war der Unterschied, daß die Fürsten das erstemal nachgaben, das zweitemal jedoch nicht; dann reichten sie eine abweichende Antwort ein.

Sleidan sucht den Widerspruch des fürstlichen Kollegiums dadurch zu erklären, daß er bemerkt, es seien so viele Bischöfe darin gewesen: ein für die Reichsverfassung allerdings sehr wichtiger Punkt. Sarpi verwischt aber das Wesentliche ganz, indem er dabei bleibt, das Fürstenkollegium geradezu Bischöfe zu nennen. Er sagt bei der ersten Antwort: i vescovi rifiutarono; bei der zweiten: i vescovi con alcuni pochi prencipi cattolici; was denn, wie gesagt, die Ansicht der Reichsverfassung durchaus verunstaltet.

Wir wollen indes hierbei nicht stehenbleiben. Die Hauptsache ist, wie er die ihm eigentümlichen geheimeren Quellen benutzt, von denen er glauben durfte, daß sie noch eine geraume Zeit unbekannt bleiben würden. Für die Geschichte dieses Reichstages hatte er die Instruktion Contarinis, die der Kardinal Quirini späterhin eben auch aus einem venezianischen MS hat drucken lassen.

Da bemerken wir nun zuerst, daß er das, was er in der Instruktion fand, bald hier, bald da in die Unterredungen verflicht, welche der Legat mit dem Kaiser gehalten habe.

Z. E. heißt es in der Instruktion: Eos articulos, in quibus inter se convenire non possunt, ad nos remittant, qui in fide boni pastoris et universalis pontificis dabimus operam, ut per universale concilium vel per aliquam viam aequivalentem non praecipitanter, sed mature et quemadmodum res tanti momenti exigit, finis his controversiis imponatur, et remedium, quod his malis adhibendum est, quam diutissime perdurare possit.

Sarpi läßt Contarini fordern: ogni cosa si mandasse al papa, il qual prometteva in fede di buon pastore et universal pontefice di fare che il tutto fosse determinato per un concilio generale o per altra via equivalente con sincerità e con nissun affetto humano, non con precipitio, ma maturamente.

Die Instruktion fährt an einer andern Stelle fort: Si quidem ab initio pontificatus nostri, ut facilius hoc religionis dissidium in pristinam concordiam reduceretur, primum christianos principes ad veram pacem et concordiam per literas et nuncios nostros saepissime hortati sumus, – mox ob hanc eandem causam concilium generale – – christianis regibus et principibus etiam per proprios nuntios significavimus, – – multaque in Germania religionis causa non ea qua decuit autoritatem nostram, ad quam religionis judicium cognitio et examen spactat, reverentia tractari et fieri non absque gravi dolore animi intelleximus, tum temporum conditione moti, tum Caesareae et regiae majestatum vel earum oratorum pollicitationibus persuasi, quod ea quae hic fiebant boni alicujus inde secuturi causa fierent, partim patientes tulimus etc.

Sarpi fügt hinzu: Sicome la S^tà S. nel principio del pontificato per questo medesimo fine haveva mandato lettere e nuntii a' prencipi per celebrar il concilio, e poi intimatolo, e mandato al luogo i suoi legati, e che se haveva sopportato che in Germania tante volte s'havesse parlato delle cose della religione con poca riverentia dell' autorità sua, alla quale sola spetta trattarle, l'haveva fatto per essergli dalle M^tà S. data intentione e promesso che cio si faceva per bene.

Genug, es ist offenbar, daß die Erklärungen, welche Sarpi dem Contarini in den Mund legt, geradezu aus der Instruktion desselben entnommen sind; und wenn man nun einmal weiß, woran man ist, so wird man das leicht entschuldigen. Jedoch zu leugnen ist auch nicht, daß die Wahrheit bei diesem Verfahren zuweilen ins Gedränge kommt. Der Legat bekam bei dem täglichen Wechsel der Ereignisse veränderte Instruktionen: Gründe, welche darauf berechnet waren, daß nur die unvertragenen Punkte nach Rom geschickt würden, läßt ihn der Autor in einer Zeit vortragen, wo man in Rom bereits forderte, daß er alles, auch die

Punkte, über die man schon übereingekommen, der Begutachtung des römischen Hofes anheimstellen solle.

Dieser ersten Abweichung, daß der Autor Worte der Instruktion auf einen Fall anwendet, auf den sie nicht berechnet waren, fügt er aber auch noch wichtigere hinzu.

Der Papst erklärt sich in der Instruktion besonders gegen ein Nationalkonzilium: – – Majestati Caesareae in memoriam redigas, quantopere concilium illud sit semper detestata, cum alibi tum Bononiae palam diceret, nihil aeque perniciosum fore et apostolicae et imperiali dignitatibus quam Germanorum nationale concilium, illi nulla meliore via quam per generale concilium obviam iri posse confiteretur: quin imo etiam S. M. post Ratisbonensem dietam anno domini 1532 habitam pro sua singulari prudentia omni studio semper egit, ne qua imperialis dieta hactenus sit celebrata ac ex ea occasione ad concilium nationale deveniretur.

Wörtlich führt dies auch Sarpi, und zwar als aus der Instruktion genommen an, jedoch mit einem merkwürdigen Zusatz: Che raccordasse all' imperatore quanto egli medesimo havesse detestato il concilio nationale, essendo in Bologna, conoscendolo pernicioso all' autorità imperiale: poiche i sudditi preso animo dal vedersi concessa potestà di mutare le cose della religione pensarebbono ancora a mutare lo stato: e che S. M. dopo il 1532 non volse mai più celebrare in sua presenza dieta imperiale per non dar occasione di domandar concilio nationale.

Wer sollte nicht glauben, daß der Kaiser den Gedanken, eine Nation verändere leicht ihre Regierungsform, wenn sie ihre Religion einmal ändere, selbst geäußert habe? Ich kann das aber dem Autor nicht auf sein Wort glauben. In der Instruktion findet sich nichts davon. Es ist ein Gedanke, der erst nach den Begebenheiten der späteren Zeit der Welt geläufig wurde.

Ich denke nicht, daß mein Verfahren zu kleinlich erscheine. Was will man machen, um herauszubekommen, ob jemand die Wahrheit sagt, als daß man ihn mit den Quellen vergleicht, die er vor sich gehabt hat?

Ich finde noch eine Abweichung, stärker als die übrigen.

Gleich in der ersten Unterredung, die er zwischen Contarini und dem Kaiser ansetzt, flicht er die Worte der Instruktion ein: jene wichtigen Worte, auf die auch wir uns bezogen haben.

Der Papst entschuldigt sich, daß er dem Kardinal nicht eine so ausgedehnte Vollmacht gegeben habe, wie Kaiser und König dieselbe gewünscht: primum quia videndum imprimis est, an protestantes – – in principiis nobiscum conveniant, cujusmodi est hujus sanctae sedis primatus tanquam a deo et salvatore nostro institutus, sacrosanctae ecclesiae sacramenta, et alia quaedam quae tum sacrarum literarum autoritate tum universalis ecclesiae perpetua observatione hactenus observata et comprobata fuere et tibi nota esse bene scimus: quibus statim initio admissis omnis super aliis controversiis concordia tentaretur.

Sarpi läßt Contarini sagen: che S. S^{tà} gli aveva data ogni potestà di concordare co' protestanti, purche essi ammettino i principii, che sono il primato della sede apostolica instituito da Christo, et i sacramenti sicome sono insegnati nella chiesa Romana, e le altre cose determinate nella bolla di Leone, offerendosi nelle altre cose di dar ogni sodisfattione alla Germania.

Man sieht, welch ein Unterschied dies ist. In der Unbestimmtheit der päpstlichen Worte lag die ganze Möglichkeit eines guten Erfolges: die Zusammenkunft würde gar keinen denkbaren Zweck gehabt haben, hätte man diese Aussicht nicht gelassen; bei Sarpi fällt dieselbe eigentlich doch durchaus weg. Der Papst will nicht „quaedam quae tibi nota esse bene scimus", er fordert die Anerkenntnis der Bestimmung der Bulle Leos X., d. i. die Verdammung lutherischer Lehren. Eine völlig unausführbare Sache.

Überhaupt will Sarpi nicht anerkennen, daß der Päpstliche Stuhl irgendeine Nachgiebigkeit bewiesen habe. Contarini muß bei ihm die päpstliche Autorität in den härtesten Formen verfechten. Bei Sarpi beginnt er gleich damit: „der Papst könne die Befugnis, zweifelhafte Glaubensmeinungen zu entscheiden, schlechthin niemandem mitteilen: ihm allein sei das Privilegium gegeben, nicht zu irren, in den Worten: Ego rogavi pro te Petre". Dinge, von denen sich in der Instruktion wenigstens kein Wort findet.

Denn überhaupt sah Sarpi das Papsttum in dem Lichte seiner Zeit an. Nachdem die Restauration sich vollzogen, war es bei weitem gewaltsamer, inflexibler geworden, als es in den Tagen der Gefahr und Bedrängnis gewesen. Aber in dieser Fülle von Macht und ungebrochenem Selbstgefühl stand es Sarpi vor Augen. Was er erlebte und fühlte, trug er dann auch in die früheren Zeiten über. Alle Nachrichten und Dokumente, die er fand, sei es gedruckt oder ungedruckt, legte er in diesem Sinne aus, der ihm so natürlich war und auf der Stellung seiner Vaterstadt, seiner Partei in derselben, auf seiner persönlichen Stellung beruhte.

Wir haben noch ein anderes Geschichtswerk von Paul Sarpi, über die venezianisch-römischen Irrungen von 1606: Historia particolare delle cose passate tra'l summo pontefice Paolo V. e la ser^{ma} rep^{a} di Venetia, Lion 1624; das im ganzen in verwandtem Sinne geschrieben ist: meisterhaft in der Darstellung, im ganzen wahrhaft, aber doch eine Parteischrift. Von der Spaltung der Venezianer untereinander, die bei dieser Gelegenheit ausbrach und ein so wichtiges Moment der innern Geschichte ausmacht, finden wir bei Sarpi wenig oder nichts. Bei ihm ist es, als herrsche nur eine Meinung. Er spricht immer von dem Prinzeps; so bezeichnet er die venezianische Staatsgewalt. Diese Fiktion gestattet dann nicht, daß er zu einer eingehenden Darstellung der inneren Verhältnisse gelangte. Leichten Fußes schlüpft er über die Dinge hin, welche minder ehrenvoll für Venedig sind, z. B. über jene Auslieferung der Gefangenen, gleich als wüßte er nicht, weshalb sie erst dem Gesandten und dann mit anderen Worten dem Kardinal übergeben wurden. Auch erwähnt er nicht, daß die Spanier für die Ausschließung der Jesuiten waren. Er hat ihnen beiden einen unversöhnlichen Haß gewidmet und will nicht wissen, daß ihre Interessen hier auseinandergingen.

So ist es nun auch ungefähr mit der Geschichte des Konziliums: die Quellen sind fleißig zusammengebracht, – sehr wohl überarbeitet, mit überlegenem Verstande benutzt; auch könnte man nicht sagen, daß sie

häufig und wesentlich verunstaltet wären: – aber die Bearbeitung ist im Geiste einer entschiedenen Opposition gemacht.
Hierdurch brach Sarpi aufs neue nach einer andern Seite hin Bahn. Jenem kompilatorischen Wesen gab er die Einheit der allgemeinen Tendenz; seine Arbeit ist mißbilligend, verwerfend, feindselig: das erste Beispiel einer Geschichte, welche die ganze Entwicklung ihres Gegenstandes mit unaufhörlichem Tadel begleitet: weit entschiedener als etwa Thuanus, der nur erst an diese Methode streift. Hierin hat denn Sarpi unzählige Nachfolger gefunden.

Istoria del concilio di Trento scritta dal padre Sforza Pallavicino della compagnia di Gesu. 1664.

Ein Buch, wie die Geschichte des Sarpi, so reich ausgestattet mit bisher niemals bekanntgewordenem Detail, voll von Geist und Maledizenz über ein so wichtiges Ereignis, das in seinen Folgen die damalige Zeit beherrschte, mußte notwendig den größten Eindruck machen. Die erste Ausgabe war 1619 erschienen: bis 1622 erschien eine lateinische Übersetzung viermal, überdies eine deutsche und eine französische Übersetzung.
Der römische Hof dachte um so mehr daran, sie widerlegen zu lassen, da sie doch in der Tat viele Irrtümer enthielt, die einem jeden einleuchteten, der die Angelegenheit dieser Zeit genauer kannte.
Ein Jesuit, Trentio Alciati, Präfekt der Studien im Collegio Romano, beschäftigte sich sofort damit, den Stoff zu einer Widerlegung, die zugleich ein ausführliches Werk wäre, zusammenzubringen; sein Buch führte den Titel: Historiae concilii Tridentini a veritatis hostibus evulgatae elenchus[1]; ein ungeheures Material häufte er auf: ehe er es bearbeitet, starb er, 1651.
Der Jesuitengeneral Goswin Nickel wählte zur Ausarbeitung desselben einen andern seiner Ordensbrüder, der schon ein gewisses literarisches Talent bewährt hatte, Sforza Pallavicini; er machte ihn frei von anderen Geschäften: – „wie ein Condottiere einen Soldaten", sagt Pallavicini selbst, habe ihn der General zu dieser Arbeit angestellt.
In drei dicken Quartanten förderte Pallavicini seit dem Jahre 1656 diese Arbeit ans Licht.
Ein Werk, das in der Tat einen ungemein reichen Stoff enthält und für die Geschichte des 16. Jahrhunderts – denn es fängt auch vom Ursprung der Reformation an – von der größten Wichtigkeit ist. Die Archive waren dem Autor aufgetan; was die römischen Bibliotheken von Materialien, die er brauchen konnte, enthielten, war ihm zugänglich; nicht allein die Akten des Konziliums auf das ausführlichste, sondern auch der Briefwechsel der Legaten mit Rom und eine große Menge anderer Informationen kamen ihm zugute: er ist weit entfernt, seine Quellen zu verschweigen; er macht eher mit ihren Titeln auf dem Rande seines Buches Parade: es ist ihrer eine Unzahl.
Sein vornehmstes Geschäft ist nun, Sarpi zu widerlegen. Hinter jedem Bande läßt er einen Katalog „der Irrtümer in den Tatsachen" folgen,

[1] So heißt er bei Mazzuchelli.

deren er seinen Gegner überwiesen zu haben behauptet: er zählt ihrer 361. Allein unzählige andere, fügt er hinzu, die er auch widerlegt habe, seien in diesen Katalogen gar nicht aufgeführt.

In seiner Vorrede sagt er: „in kleine Scharmützel werde er sich nicht einlassen; wer ihn angreifen wolle, möge mit ordentlicher Heeresmacht anrücken und sein ganzes Buch widerlegen, wie er Paul Sarpi ganz widerlege." Was wollte das für ein Werk gegeben haben! Wir können nicht versucht sein, auf eine ähnliche Weise zu verfahren.

Es muß uns genügen, wie gesagt, uns an einigen Beispielen einen Begriff von der Methode des Pallavicini zu bilden.

Da er nun aus so vielen geheimen Urkunden schöpfte und eigentlich das ganze Buch aus ihnen zusammenwebte, so kommt es vor allem darauf an, sich zu vergegenwärtigen, wie er diese benutzt hat.

Es wird uns besonders da möglich sein, wo etwa die Urkunden, deren er sich bediente, nachher gedruckt worden sind. Auch ist es mir geglückt, eine ganze Reihe von Dokumenten einzusehen, die niemals gedruckt worden und die er zitiert: es ist notwendig, die Originale mit seiner Bearbeitung zu vergleichen.

Ich will dies in einigen Punkten nacheinander tun.

1. Und da ist nun zuerst zu bekennen, daß die Instruktionen und Papiere, welche Pallavicini vorlagen, von ihm oft ganz genügend exzerpiert und benutzt worden sind. Ich habe z. B. eine Instruktion, welche der spanische Gesandte im November 1562 erhielt, die Antwort, welche ihm der Papst im März 1563 erteilte, die neue Instruktion, mit welcher der Papst seinen Nuntius versah, mit den Auszügen bei Pallavicini verglichen und sie im ganzen durchaus übereinstimmend gefunden: Pallav. XX, 10; XXIV, 1. Er hat sich seines Rechtes bedient, wenn er einige Umstellungen vorgenommen, die der Wahrheit keinen Eintrag tun. Es ist wohl wahr, daß er einige starke Ausdrücke mildert; z. B. wenn der Papst sagt, er habe das Konzilium nur im Vertrauen auf den Beistand des Königs wieder eröffnet in der Meinung, der König werde sein rechter Arm sein und ihm in allen seinen Gedanken und Handlungen ein Wegweiser und Anführer sein – il fondamento che facessimo nella promessa di S. M^{tà} e de' suoi ministri di doverci assistere ci fece entrare arditamente nell' impresa, pensando di avere S. M^{tà} per nostro braccio dritto e che avesse a esserci guida o conduttiero in ogni nostra azione e pensiero, – läßt er ihn nur sagen, er würde das Konzilium nicht wieder eröffnet haben, wenn er nicht das Vertrauen gehegt hätte, der König werde sein Arm und sein Anführer sein. Da indes hierbei doch die Substanz bleibt, so kann das keinen Tadel begründen. Bei der Sendung Viscontis nach Spanien und eines anderen Gesandten an den Kaiser meint Sarpi (VIII, 61), ihr Auftrag, eine Zusammenkunft vorzuschlagen, sei wohl nur scheinbar gewesen; allein dies ist eine allzufeine Vermutung: der Antrag auf einen Kongreß oder eine Konferenz, wie man damals sagte, ist einer von den Punkten, auf die in der Instruktion am meisten gedrungen wird. Pallavicini hat ohne Zweifel recht, indem er darauf besteht.

2. Nicht immer aber ist Pallavicini der besser Unterrichtete. Wenn Sarpi erzählt, Paul III. habe bei der Zusammenkunft von Busseto Kaiser Karl V. den Antrag gemacht, seinem Enkel, der mit einer natürlichen

Tochter des Kaisers verheiratet war, Mailand zu verleihen, so wendet Pallavicini ein ganzes Kapitel daran, ihn zu widerlegen. Er will den Geschichtschreibern nicht glauben, in denen dies auch sonst vorkommt. „Wie hätte denn", ruft er aus, „der Papst wagen können, dem Kaiser Briefe in einem Tone zu schreiben, wie er sie geschrieben hat?" Con qual petto avrebbe ardito di scrivere a Carlo lettere così risentite? Der Kaiser hätte ihm ja unverschämte Verstellung (simulatione sfacciatta) vorwerfen können. Da Pallavicini so heftig wird, so muß man wohl glauben, daß er hier bona fide schreibt. Nichtsdestominder hat die Sache ihre Richtigkeit, wie sie Sarpi erzählt. Aus den Depeschen des florentinischen Gesandten (Dispaccio Guicciardini 26 Giugno 1543) geht das unwidersprechlich hervor.

In einem handschriftlichen Leben des Vasto finden sich darüber noch ausführlichere Details. Wir werden einen Discorso des Kardinals Carpi erwähnen, der eben dahin zielt. Ja, noch im Jahre 1547 hatte der Papst diesen Gedanken nicht fahren lassen. Le cardinal de Bologne au roy Henry II. bei Ribier II, 9: L'un – le pape – demande Milan, qu'il jamais n'aura, l'autre – l'empereur – 400000 sc., qu'il n'aura sans rendre Milan. Dessenungeachtet schrieb Papst Paul III. jene Briefe.

3. Aber die Frage entsteht, ob Pallavicini in der Regel nur bona fide irrt. Nicht allenthalben möchte dies der Fall sein. Es findet sich zuweilen, daß seine Dokumente nicht so rechtgläubig und katholisch sind wie er selber. Während die Angelegenheiten noch im Gange waren und alle Seiten ihres Daseins, alle Möglichkeiten einer anderen Entwicklung darstellten, konnte man sie nicht so streng ansehen wie späterhin, nachdem sich alles wieder festgestellt hatte. Einen Vertrag, wie der Religionsfriede war, konnte die Rechtgläubigkeit des 17. Jahrhunderts nimmermehr billigen; Pallavicini beklagt die „detrimenti gravissimi", die er dem Römischen Stuhle zugefügt, – er vergleicht ihn mit einer Palliativkur, welche nur eine gefährlichere Krisis hervorbringe. Demohnerachtet fand er über denselben die Relation eines Nuntius, welcher seine Notwendigkeit einsah. Es war der Bischof Delfino von Liesina. Pallavicini führt die Relation an, welche dieser Bischof an den Kardinal Caraffa abgestattet hatte, und benutzt sie in der Tat. Wie aber tut er dies? Alle die Gründe, mit welchen Delfino die innere Notwendigkeit dieser Abkunft beweist, verwandelt er in Entschuldigungsgründe, die Ferdinand für sich anführe.

Der Nuntius sagt: In dieser Zeit war kein Fürst und keine Stadt, die nicht mit ihrem Nachbar Händel gehabt hätte – er nennt sie, – das Land ging zugrunde; gleichsam von einem Gegenreichstag schrieben Brandenburg, Hessen und Sachsen von Naumburg, sie wollten sich vereinigt halten, – der König hatte den Kaiser gebeten, lieber Frieden mit Frankreich zu machen und auf Deutschland sein Augenmerk zu richten, doch schlug er es ab, – in der Mitte von soviel Unheil kamen die Stände zusammen; der König bestätigte nun die Punkte, über welche beide Teile sich vereinigt hatten: so freudig haben sie das getan (sì allegramente), daß es seit Maximilian niemals in Deutschland so ruhig gewesen ist wie jetzt.

Alles dies berührt nun auch Pallavicini (l. XIII, c. 13); aber wie sehr geschwächt wird es dadurch, daß er es einem Fürsten in den Mund legt, der sich nur entschuldigen will.

Scusavasi egli di cio con addurre che haveva richiesto d'ordini specificati l'imperatore, confortandolo alla pace di Francia – – ed havergli ricordato esser questa l'unica arme per franger l'orgoglio de' protestanti etc. – Man halte gegen diese geschraubten Ausdrücke die Worte Delfinos: Il ser^{mo} re vedendo questi andamenti (die religiösen Entzweiungen) scrisse a S. M^{tà} Cesarea esortandola alla pace col christianissimo, accioche ella possa attendere alle cose di Germania e farsi ubedire etc.

Es ist ohne Zweifel eine starke und bei einem Buche, das sich der Urkundlichkeit so sehr rühmt, nicht zu duldende Abweichung, daß der Autor die Erzählung eines Nuntius zur Entschuldigung des Fürsten macht; aber das schlimmste ist, daß dadurch die reine Ansicht der Begebenheit verdunkelt wird.

Überhaupt ist die ganze Urkunde gebraucht, aus dem Stil des 16. in den Stil des 17. Jahrhunderts übersetzt, aber gemißbraucht.

4. Bleiben wir bei den Verhältnissen des Papstes zu Ferdinand I. stehen, so finden wir noch einige andere Bemerkungen zu machen. Man weiß, daß unser Kaiser auf eine Reform drang, die dem Papste nicht sehr angenehm war. In den ersten Monaten des Jahres 1563 schickte Pius zweimal seine Nuntien, erst Commendone, dann Morone, nach Innsbruck, wo der Kaiser sich damals aufhielt, um ihn von seiner Opposition abzubringen. Sehr merkwürdige Sendungen, für das Konzilium von großem Erfolge. Es ist interessant zu beobachten, wie Pallavicini (XX, 4) von denselben Bericht erstattet. Wir haben Commendones Relation 19. Februar 1563, die auch er vor Augen hatte.

Da ist nun zuerst zu bemerken, daß er die Ausdrücke, deren man sich an dem kaiserlichen Hofe bediente, die Aussichten, die man da faßte, unendlich schwächt. Von der Vereinigung, in der damals der Kaiser mit den Franzosen und dem Kardinal von Lothringen stand, läßt er Commendone sagen: rendersi credibile che scambievolmente si confirmerebbono nel parer e si prometterebbono ajuto nell' operare: es werde glaublich, daß sie sich in ihrer Meinung miteinander vergleichen und sich auch in ihren Unternehmungen Hilfe leisten würden. Ganz anders drückt sich Commendone aus. Am kaiserlichen Hofe dachte man nicht allein die Reform mit den Franzosen gemeinschaftlich nachzusuchen: pare che pensino trovar modo e forma di haver più parte et autorità nel presente concilio per stabilire in esso tutte le loro petitioni giuntamente con Francesi.

Vieles andere aber läßt Pallavicini geradezu weg. Am kaiserlichen Hofe war man der Meinung, mit etwas mehr Nachgiebigkeit und ernstlicher Reform hätte man vieles bei den Protestanten ausrichten können. La somma è che a me pare di haver veduto non pur in S. M^{tà} ma nelli principali ministri, come Trausen e Seldio, un ardentissimo desiderio della riforma e del progresso del concilio con una gran speranza quod remittendo aliquid de jure positivo et reformando mores et disciplinam ecclesiasticam non solo si possono conservare li cattolici ma guadagnare e ridurre degli heretici, con una opinione et impressione pur troppo forte che qui siano molti che non vogliano riforma. Ich will nicht untersuchen, wer die Protestanten sein mochten, von denen im Falle ordentlicher Reformen eine Rückkehr zum Katholizismus zu erwarten gewesen wäre; allein viel zu anzüglich sind diese Reden dem Hofprälaten, als daß er sie mitteilen sollte. „Man sprach von den Schwierigkeiten, die man in dem Konzilium finde. Seld antwortete kurz: Oportuisset ab initio sequi sana consilia.“ Die Klagen über die Schwierigkeiten erwähnt auch Pallavicini, die Antwort verschweigt er.

Dafür aber teilt er einen Ausspruch des Kanzlers zugunsten der Jesuiten in extenso mit.

Genug, er verweilt bei dem, was ihm angenehm ist; was ihm und der Kurie unbequem sein möchte, ignoriert er. Oder er sucht der Sache eine gute Wendung zu geben. Z. B. widersetzen sich die Legaten der Absicht der Bischöfe, Generale der Orden und Äbte von der vox decisiva auszuschließen, per non sdegnar tante migliara de' religiosi, fra' quali in verità si trova oggi veramente la theologia (Registro di Cervini, Lettera di 27. Dec. 1545. Epp. Poli IV, 229). Daraus macht nun aber Pallavicini eine sehr ehrbare Betrachtung: il che desideravano (die Admission der Generale), perche in effetto la theologia, con la quale si doveva decidere i dogmi, resedeva ne' regolari, ed era opportuno e dicevole che molti de' giudici havessero intelligenza esquisita di articoli da giudicarsi (VI, II, 1. p. 576.)

5. Es kann nicht fehlen, daß das nicht für die Ansicht des Gegenstandes nachteilig werden sollte.

Z. B. noch in dem Jahre 1547 gaben die Spanier einige Reformationsartikel ein, die unter dem Namen der Zensuren bekannt sind. Kurz darauf erfolgte die Translation des Konziliums, und es kann keine Frage sein, daß die Zensuren darauf sehr viel Einfluß hatten. Es war allerdings von der größten Bedeutung, daß die unmittelbaren Anhänger Kaiser Karls in dem Momente, als er siegreich war, so ungemeine Forderungen aufstellten. Sarpi hat sie in all ihrer Ausdehnung, lib. II, p. 262. Auch die Antworten des Papstes teilt er kurz darauf mit. Dem Pallavicini aber sind so ungestüme Forderungen rechtgläubiger Prälaten nicht gelegen. Er sagt, Sarpi erzähle da viel, wovon er nichts finden könne: nur finde er eine Antwort, die der Papst auf gewisse Reformvorschläge erteilt, die von vielen Vätern gemacht und ihm von dem Präsidenten angezeigt worden (lib. IX, c. 9), sopra varie riformazioni proposte da molti de' padri. Sie anzuführen hütet er sich wohl; es könnte ihm bei der Widerlegung der menschlichen Beweggründe, welche Sarpi der Translation unterlegt, schädlich werden.

6. In diesem Verschweigen, Beiseiteliegenlassen dessen, was ihm nicht gefällt, ist er nun sehr stark.

In dem dritten Buche z. B. zitiert er ein paarmal eine venezianische Relation von Soriano. Er sagt von ihr, der Autor versichere, eine ausgesuchte und über allen Zweifel erhabene Kenntnis der Traktaten zwischen Franz und Clemens zu besitzen; auch denkt er nicht daran, sie ihm zu bestreiten (III, c. 12, n. 1): er nimmt Züge, die derselbe mitteilt, geradezu in seine Erzählung auf, z. B. daß Clemens Tränen vergossen habe vor Schmerz und Unmut bei der Nachricht von der Gefangennehmung seines Nepoten durch den Kaiser: – genug, er glaubt an ihn.

Auch gibt er vor: dieser Venezianer stehe mit seinem Landsmanne Sarpi in geradem Widerspruche. Sarpi nämlich sagt: Il papa negotiò confederazione col re di Francia, la quale si concluse e stabilì anco col matrimonio di Henrico secondogenito regio e di Catharina. Hierüber fährt Pallavicini auf. „Der Papst", sagt er, „verbündete sich nicht mit dem Könige, was P. Soave so keck behauptet." Er beruft sich auf Guicciardini und Soriano. Was sagt nun Soriano? Weitläufig deduziert er, wie und wo die Hinneigung des Papstes zu den Franzosen begonnen habe, welch eine entschieden politische Farbe sie hatte; endlich spricht er auch von den Unterhandlungen zu Bologna. Da leugnet er nun allerdings, daß es zu einem eigentlichen Bunde gekommen sei: allein nur eine schriftliche Abfassung desselben leugnet er ab. Di tutti li desiderii (del re) s'accommodò Clemente con parole tali che gli fanno credere, S. S^{tà} esser disposta in tutto alle sue voglie, senza però far provisione alcuna in scrittura. Er erzählt später, daß der König auf die Erfüllung der Versprechungen gedrungen habe, die ihm dort gemacht worden: S. M^{tà} chr^{ma} dimandò che da S. S^{tà} li fussino osservate le promesse, – was nach demselben Autor mit eine Ursache an dem Tode des Papstes war. Hier ist der sonderbare Fall, wo die Unwahrheit gewissermaßen wahrer ist als die Wahrheit. Es ist kein Zweifel: Sarpi hat unrecht, wenn er sagt, es sei ein Bündnis geschlossen worden: was man so nennt, kam nicht zustande; Pallavicini hat recht, wenn er es leugnet; aber im ganzen trifft doch Sarpi viel näher zur Wahrheit. Es war die engste Vereinigung, nur eine mündliche, nicht eine schriftliche.

7. Ein ähnliches Verhältnis findet sich bei der Benutzung der Briefe Viscontis. Sarpi nimmt zuweilen etwas mehr daher, als wörtlich darin steht. Z. B. sagt er VII, 657 bei dem Dekret von der Residenz, der Kardinal von Lothringen habe sehr weitläufig und unklar geredet und man habe nicht wissen können, ob er ein solches Dekret überhaupt gern sehe oder nicht. Heftig fährt ihn Pallavicini darüber an. „Si scorge apertamente il contrario." (XIX, c. 8.) Er führt bei der Widerlegung sogar Visconti an. Hören wir Visconti selbst: „Perche s'allargò molto, non potero seguire se non pochi prelati." (Trento X Dec. bei Mansi: Misc. Baluzii III, p. 454.) Es bleibt also doch wahr, daß man ihm nicht folgen konnte, seine Meinung nicht eigentlich verstand. Ferner erbost sich Pallavicini, daß Sarpi zu verstehen gibt, der Kardinal sei in einer Kongregation nicht erschienen, weil er den Franzosen habe Gelegenheit lassen wollen, sich in voller Freiheit auszudrücken: er habe die Nachricht vom Tode des Königs von Navarra zum Vorwand genommen. Pallavicini erklärt mit Heftigkeit, daß dies der wahre einzige Grund gewesen sei. „Nè io trovo in tante memorie piene di sospetto che ciò capitasse in mente a persona." (ib.) Wie? Niemandem wäre bei jenem Wegbleiben ein Verdacht in Sinn gekommen? Visconti sagt in einem von Mansi publizierten Brief a. a. O.: „Lorena chiamò questi prelati Francesi, e gli commise che havessero da esprimere liberamente tutto quello che havevano in animo senza timor alcuno. E sono di quelli che pensano che il cardinal se ne restasse in cosa per questo effetto." Davon, daß der Kardinal jenen Todesfall zum Prätext genommen, sagt Visconti allerdings nichts: wenn es sich nicht etwa in andern Briefen gefunden hat, wie

denn Sarpi hier offenbar noch andere Quellen vor Augen hatte; – jedoch, worauf es ankommt, daß man vermutete, der Kardinal bleibe absichtlich zu Hause, das enthalten allerdings jene Briefschaften wörtlich. Was soll man sagen, da sie Pallavicini doch ohne Zweifel sah?

8. Überhaupt sucht Pallavicini nur seinen Gegner zu widerlegen, ohne ein Interesse zu haben, die Wahrheit selbst an den Tag zu bringen. Nirgends fällt dies mehr in die Augen als bei jenem Regensburger Colloquium, von dem wir oben so ausführlich gehandelt haben. Auch Pallavicini kannte diese Instruktion, wie man leicht erachtet: er hielt sie für geheimer, als sie wirklich ist. In der Art aber, wie er sie behandelt, lernen wir ihn vollständig kennen. Heftig fährt er auf Sarpi los: er schilt ihn, daß er den Papst erklären lasse, er wolle den Protestanten Genugtuung gewähren, wofern sie nur in den bereits festgesetzten Punkten des katholischen Glaubens mit ihm übereinstimmen würden: che ove i Luterani convenissero ne' punti già stabiliti della chiesa romana, si offeriva nel resto di porger ogni sodisfattione alla Germania. Er findet, daß das der Wahrheit geradezu entgegen sei. Questo è dirimpetto contrario al primo capo dell' instruttione. Wie? das Gegenteil davon wäre wahr? In der Instruktion des Papstes heißt es: Videndum est an in principiis nobiscum conveniant, – – quibus admissis omnis super aliis controversiis concordia tentaretur, und die übrigen Worte, die oben angeführt worden sind. Es ist wahr, Sarpi begeht hierbei einen Fehler: er restringiert den Legaten mehr, als er es war: er sagt zu wenig von der Nachgiebigkeit des Papstes; statt dies zu entdecken, wie es denn am Tage liegt, gibt Pallavicini vor, er sage zu viel: er wirft sich da in eine Distinktion von Glaubensartikeln und anderen, welche in der Bulle nicht gemacht worden: er bringt eine Menge Dinge herbei, die auch wahr sind, aber nicht allein wahr, welche jene Worte, die nun einmal in der Instruktion stehen, nicht wegfallen machen. In dem Unwesentlichen ist er genau: das Wesentliche verunstaltet er ganz und gar. Zuweilen gerät man in Versuchung, ihn absichtlicher Verfälschung zu zeihen. Z. B. I, IV, XIII: Mentisce Soave con attribuire ad arte de' pontefici l'essersi tirato il convento (zu Worms 1540, 41) in lungo senza effetto –; aber das ist doch in der Tat das Resultat des ganzen Briefwechsels Morones über die Zusammenkunft, der uns vorlag. Genug, Pallavicini beträgt sich wie ein Advokat, der seinen hart angeklagten Klienten in allen Stücken und durchaus zu verteidigen unternommen hat. Er sucht ihn in das beste Licht zu setzen, er bringt herbei, was ihm förderlich ist; was ihm nach seiner Einbildung schädlich sein könnte, läßt er nicht allein weg, sondern leugnet es geradezu.

Es würde unmöglich sein, ihn in alle den weitläufigen Diskussionen zu begleiten, welche er unternimmt: es ist schon genug, wenn wir einigermaßen seine Manier erkannt haben.

Freilich ergibt sich daraus für die Geschichte des Konziliums nicht das erfreulichste Resultat.

Man hat wohl gesagt, aus diesen beiden Werken zusammen erhelle die Wahrheit. Höchstens sehr im ganzen und allgemeinen läßt sich dies behaupten: im einzelnen ist es nicht der Fall.

Sie weichen beide von der Wahrheit ab: es ist gewiß, diese liegt in der

Mitte; aber durch Konjektur könnte sie nicht ergriffen werden, sie ist etwas Positives, Neues: durch keine Vermittlung der Parteien, sondern nur durch Anschauung des Faktums läßt sie sich fassen.

Wie wir gesehen haben – Sarpi sagt: es sei ein Bund zu Bologna geschlossen worden; Pallavicini leugnet es: keine Konjektur in der Welt kann herausbringen, daß der Bund mündlich abgeredet, nicht schriftlich verfaßt worden war, was denn freilich die Gegensätze vereinigt.

Die Instruktion Contarinis verunstalten sie beide: ihr Widerspruch ist niemals auszugleichen: nur indem man das Original vor sich nimmt, tritt die Wahrheit an den Tag.

Sie sind Geister von ganz entgegengesetzter Natur. Sarpi ist scharf, penetrierend, boshaft: seine Anordnung ist überaus geschickt, sein Stil ist rein und ungesucht, und obwohl ihn die Crusca nicht in den Katalog der Klassiker aufnehmen wollen, wahrscheinlich wegen einiger Provinzialismen, die er hat, so ist er doch nach so vielem Wortgepränge, durch das man sich anderwärts durchwinden muß, ein wahres Labsal: sein Stil fällt mit den Sachen selbst zusammen: in Hinsicht der Darstellung ist er unter den modernen Geschichtschreibern von Italien gewiß der zweite: – ich setze ihn unmittelbar nach Machiavelli.

Auch Pallavicini ist nicht ohne Geist: – er macht manchmal sinnreiche Vergleichungen; er verteidigt oft nicht ohne Gewandtheit. Aber sein Geist hat etwas Schwerfälliges, Drückendes: es ist hauptsächlich ein Talent, das Phrasen macht und auf Ausflüchte denkt: sein Stil ist überfüllt mit Worten. Sarpi ist hell und durchsichtig bis auf den Grund: Pallavicini nicht ohne Fall und Fluß, aber trübe, breit und im Grunde seicht.

Beide sind von ganzem Herzen parteiisch; – der wahre Sinn des Historikers, den Gegenstand, das Objekt in voller Wahrheit zu ergreifen und an das Licht zu schaffen, geht in der Tat beiden ab: Sarpi hatte gewiß das Talent, aber er will nun einmal anklagen; Pallavicini hat auch Talent, wenngleich in viel geringerem Grade, aber um jeden Preis will er verteidigen.

Auch kann man selbst in beiden zusammen den Stoff noch nicht vollständig übersehen. Es bleibt immer merkwürdig, daß Sarpi vieles hatte, was Pallavicini, so viele Archive ihm auch offenstanden, nicht aufzutreiben gewußt hat. Ich will nur ein Memoire des Nuntius Chieregato über die Beratschlagungen am Hofe Hadrians VI. anführen, welches sehr wichtig ist und gegen das Pallavicini Exzeptionen macht, die gar nichts bedeuten. Auch übergeht Pallavicini manches aus einer Art von Unfähigkeit: er sieht nicht ein, daß viel darauf ankommt, und so läßt er es weg. Dagegen mangelten aber dem Sarpi wieder unzählige Informationen, welche Pallavicini hatte: von der Korrespondenz des römischen Hofes mit den Legaten sah er nur einen kleinen Teil. Seine Fehler kommen meistens von dem Mangel an urkundlichen Berichten her.

Oft haben sie aber auch beide wichtige Denkmale nicht gehabt. Für die Geschichte des ganzen letzten Teils des Konziliums ist eine kleine Relation des Kardinals Morone, der die entscheidende Gesandtschaft an Ferdinand I. verwaltete, höchst wichtig. Sie blieb von beiden unbenutzt.

Auch muß man nicht glauben, daß Rainaldus oder Le Plat diesen Mangel völlig ersetze. Rainaldus exzerpiert oft nur den Pallavicini; Le Plat folgt ihm oder Sarpi oft wörtlich und nimmt aus den lateinischen Übersetzungen ihrer Werke dasjenige als Denkmal auf, was er sonst nicht authentischer fand. Er hat weniger Ungedrucktes, als sich erwarten ließe. In Mendhams Memoirs of the council of Trident findet sich manches Neue und Gute: z. B. finden wir p. 181 einen Auszug aus den Akten des Paleotto, sogar dessen Einleitungen, selbst zu einzelnen Sessionen, wie zur zwanzigsten; aber es ist nicht das gehörige Studium dahintergesetzt.

Wollte jemand, was indes, da diese Sachen ihr Interesse sehr verloren haben, nicht so leicht zu erwarten ist, eine neue Geschichte des Tridentinischen Konziliums unternehmen, so müßte er ganz von vorn anfangen. Er müßte die eigentlichen Verhandlungen desselben, die Diskussionen der Kongregationen zusammenbringen, von denen nur sehr wenig authentisch bekanntgeworden ist; er müßte sich auch die Depeschen eines oder des andern Gesandten, der daselbst zugegen war, verschaffen. Erst alsdann würde er den Stoff und die beiden entgegengesetzten Bearbeiter völlig übersehen können. Ein Unternehmen, zu dem es jedoch nicht kommen wird, da diejenigen, die es allenfalls vollführen könnten, es nicht wollen, und die, welche es wollen, es nicht vermögen.

Dritter Abschnitt

ZEITEN DER RESTAURATION BIS AUF SIXTUS V.

Wir kehren zu unseren Handschriften zurück, in denen sich, wenngleich fragmentarisch, doch auf jeden Fall eine echte und unverfälschte Belehrung findet.

22.

Instructio pro causa fidei et concilii data episcopo Mutinae, Pauli III. ad regem Romanorum nuntio destinato. 24. Oct. 1536. (MS. Barb. 3007, 15 Bl.)

Ein rechter Beweis, wie notwendig es der römische Hof fand, sich zusammenzunehmen, für einen guten Ruf zu sorgen. Dem Nuntius werden unter anderen folgende Regeln gegeben. Er soll weder zu freigebig sein, noch auch geizig: weder zu ernsthaft, noch zu munter; er soll seine geistlichen Befugnisse nicht durch Anschläge an den Kirchentüren bekanntmachen: er möchte dadurch lächerlich werden: wer ihn brauche, finde ihn auch ohne das; er soll seine Gebühr zwar nur unter besonderen Umständen ganz erlassen, aber niemals gar zu eifrig eintreiben, – keine Schulden machen, – in den Gasthöfen bezahlen. Nec hospitii pensione nimis parce vel fortasse etiam nequaquam soluta discedat, id quod ab aliquibus nuntiis aliis factum plurimum animos eorum populorum in nos irritavit. – In vultu et colloquiis omnem timorem aut causae nostrae diffidentiam dissimulet. – Hilari quidem vultu accipere se fingant invitationes, sed in respondendo modum non excedant, ne id forte mali iis accidat quod cuidam nobili Saxoni, camerario secreto q. Leonis X. (Miltitz), qui ob Lutheranam causam componendam in Saxoniam missus id tantum fructus reportavit, quod saepe, perturbatus vino, ea effutire de pontifice et Romana curia a Saxonibus inducebatur non modo quae facta erant, sed quae ipsi e malae in nos mentis affectu imaginabantur et optabant: et ea omnia scriptis excipientes postea in conventu Vormatiensi nobis publice coram tota Germania exprobrabant.

Wir sehen auch aus Pallavicini I, 18, daß das Betragen des Miltitz ihm ein sehr schlechtes Andenken am römischen Hofe gestiftet hatte.

Unsere Instruktion, die übrigens schon Rainaldus kannte und zum großen Teil in sein Werk aufnahm (XXI, 19), ist noch dadurch merkwürdig, daß sie einige weniger bekannte Verteidiger des Katholizismus in Deutschland namhaft macht: Leonh. Marstaller, Nikol. Appel, Joh. Burchard Prediger-Ordens – qui etsi nihil librorum ediderit contra Lutheranos, magno tamen vitae periculo ab initio usque hujus tumultus pro defensione ecclesiae laboravit. Unter den bekannteren wird vor allen Ludwig Berus, der von Basel nach Freiburg im Breisgau geflohen war, gerühmt und dem Nuntius empfohlen, tum propter sanam et excellentem hominis doctrinam et morum probitatem, tum quia sua gravitate et autoritate optime operam navare poterit in causa fidei. Man weiß, daß sich Ber selbst bei den Protestanten in gutes Ansehen zu setzen verstand.

23.

Instruttione mandata da Roma per l'elettione del luogo del concilio. (1537.) Informationi politt. T. XII.

Allerdings war nun die Meinung Pauls III., ein Konzilium zu berufen: in unserer Instruktion versichert er, er sei fest dazu entschlossen (tutto risoluto). Nur wünscht er es in Italien zu versammeln. Seine Neigung geht gleich auf Piacenza und Bologna, Orte der Kirche, der gemeinschaftlichen Mutter aller, – höchstens auf eine Stadt der Venezianer, da auch diese die gemeinschaftlichen Freunde aller seien. Sein Grund ist, es sei den Protestanten mit dem Konzilium kein Ernst, wie man aus den Bedingungen sehe, welche von ihnen aufgestellt worden: gleich hier tritt der Gedanke hervor, der hernach eine so hohe welthistorische Bedeutung bekommen hat, das Konzilium sei allein eine Sache der Katholiken unter sich.

Übrigens gibt er dem Kaiser von seinen Bemühungen für eine innere Reform Nachricht: – „Sarà con effetto e non con parole." –

24.

Instruttione data da Paolo III. al c[l] Montepulciano destinato all' imperatore Carlo V. sopra le cose della religione in Germania 1539. (Bibl. Corsini nr. 467.)

Bei alledem lag aber am Tage, daß das Bedürfnis einer Versöhnung zunächst in Deutschland hervortrat. Dann und wann brach es sich auf beiden Seiten im Gegensatz mit dem Papste Bahn. Auf dem Konvent in Frankfurt machte der kaiserliche Gesandte Johann Wessel, Erzbischof von Lund, den Protestanten sehr bedeutende Zugeständnisse: einen fünfzehnmonatlichen Stillstand, währenddessen alles gerichtliche Verfahren des Kammergerichts eingestellt sein sollte; er versprach ihnen ein Religionsgespräch ohne Teilnahme des Papstes. Natürlich war dies Paul III. höchlich verhaßt: der Kardinal Montepulciano, später

Marcellus II., ward deshalb nach Deutschland geschickt, um ein so unkatholisches Abkommen rückgängig zu machen.

Diese Instruktion gibt nun vor allem dem Erzbischof von Lund schlechte persönliche Beweggründe seiner Nachgiebigkeit schuld: Geschenke, Versprechungen, weitere Absichten. La communità d'Augusta gli donò 2500 fiorini d'oro, poi gli fu fatta promissione di 4000 f. singulis annis sopra il frutto del suo arcivescovato di Lunda occupato per quel re Lutterano (von Dänemark). Bei dem Herzoge von Cleve, bei der Königin Maria von Ungarn wolle er gutstehn. Denn vor allem wird diese Schwester des Kaisers, damals Statthalterin in den Niederlanden, einer starken Hinneigung zu den Protestanten angeklagt. Secretamente presta favore alla parte de' Luterani, animandogli ove può, e con mandarli huomini a posta disfavoreggia la causa de' cattolici. In Schmalkalden habe sie einen Abgeordneten gehabt und den Kurfürsten von Trier ausdrücklich abgemahnt, in den katholischen Bund zu treten.

Maria und der Erzbischof repräsentierten nämlich die antifranzösische und antirömische Richtung der Politik des kaiserlichen Hofes. Sie wünschen Deutschland unter dem Kaiser vereinigt zu sehen. Der Erzbischof erklärte, das hänge nur von einigen religiösen Zugeständnissen ab: „che se S. $M^{tà}$ volesse tolerare che i Luterani stassero nei loro errori, disponeva a modo e voler suo di tutta Germania".

Der Papst entgegnet, es gebe ganz andere Mittel, um mit Deutschland zu Ende zu kommen. Hören wir ihn an.

Annichilandosi dunque del tutto per le dette cose la dieta di Francfordia, et essendo il consiglio di S. $M^{tà}$ Cesarea et altri principi christiani che per la mala dispositione di questi tempi non si possa per hora celebrare il concilio generale, non ostante N. S. già tanto tempo lo habbia indetto et usato ogni opera e mezzo per congregarlo, pare a S. B^{ne} che sarebbe bene che S. $M^{tà}$ pensasse alla celebratione di una dieta imperiale, per prohibire quelli inconvenienti che potriano nascere massimamente di un concilio nationale, il quale facilmente si potria fare per cattolici e Luterani per la quiete di Germania quando i cattolici havendo visto infiniti disordini seguiti per causa di alcun ministro della Cesarea e Regia $M^{tà}$ vedessero anche le Maestà loro esser tardi alli rimedj: nè detto concilio nationale sarebbe meno dannoso alla Cesarea e Regia Maestà, per le occulte cause che sanno, che alla sedia apostolica: non potria non partorire scisma in tutta la christianità così nel temporale come nello spirituale. Ma S. $S^{tà}$ è di parere che si celebri tal dieta in evento che S. $M^{tà}$ si possa trovare presente in Germania o in qualche luogo vicino a la congregatione: altrimenti se S. $M^{tà}$ Cesarea distratta da altre sue occupationi non potesse trovarsi così presto, è d'opinione che la dieta non s'indichi, nè che S. $M^{tà}$ si riposi nel giudicio altrui, quantunque sufficienti e buoni che procurassero e sollecitassero fare detta dieta in assenza di S. $M^{tà}$, per non incorrere in quei disordini che sono seguiti nelle altre diete particolari ove non si è trovato S. $M^{tà}$, e tra questo mezzo con fama continuata da ogni banda di voler venire in Germania e fare la dieta e con honeste vie et esecutioni trattenere quei principi che la sollecitano e l'addimandano: mentre che S. $M^{tà}$ venendo da buon senno la indichi poi e celebri, et interea vedendo S. $M^{tà}$ quanto bene et utile sia per portare la propagatione della lega cattolica, attenda per hora a questa cosa principalmente, e scriva al suo oratore in Germania e parendoli ancora mandi alcun'altro che quanto più si può procurino con ogni diligenza e mezzo d'accrescere detta lega cattolica acquistando e guadagnando ogn'uno, ancora, che nel principio non fossero così sinceri nella vera religione, perche a poco a poco si potriano poi ridurre, e per adesso importa più il togliere a loro che acquistare a noi: alla quale cosa gioveria molto quando S. Mtà mandasse in Germania quella più quantità di denari ch'ella potesse, perche divulgandosi tal fama confirmarebbe gli altri, che più facilmente entrassero vedendo che li primi nervi delle guerra non mancariano. E per maggiore corroboratione di detta lega cattolica S. Stà si risolverà di mandare una o più persone a quei principi cattolici per animarli similmente con promissioni di ajuto, di denari et altri effetti, quando le cose s'incamineranno di sorte, per il beneficio della religione e conservatione della dignità della sede apostolica e della Cesare Mtà, che si veda da buon senno la spesa dover fare frutto: nè in questo si partirà dal ricordo di S. Mtà: nè sarebbe male tra questo mezzo sotto titolo delle cose Turchesche mandare qualche numero di gente Spagnuola et Italiana in quelle bande con trattenerli nelle terre del re de' Romani suo fratello, accioche bisognando l'ajuto fosse presto in ordine.

Pallavicini kannte diese wie die vorige Instruktion (lib. IV, c. XIV). Wir sehen bei ihm, daß die in der letzten enthaltenen Notizen über Deutschland besonders aus den Briefen Alexanders stammten, der sich in diesen Händeln einen so zweideutigen Namen gemacht hat. Auch Rainaldus hat sie exzerpiert, obgleich eben dies Beispiel zeigt, wie nützlich es ist, die Originale zu konsultieren. Obige etwas dunkle Stelle lautet bei Rainaldus: Interea omni studio catholicorum foedus augere atque ad se nonnulos ex adversariis pellicere niteretur, mitteret etiam aurum militare ut foederatis adderet animos fluctuantesque ad se pertraheret.

25.

Instructiones pro revmo domno episcopo Mutinensi apostolico nuntio interfuturo conventui Germanorum Spirae 12 Maji 1540 celebrando. (Barb. 3007.)

Dennoch kam es zu den Religionsgesprächen. Wir sehen hier, in welchem Lichte man sie in Rom betrachtete.

Neque mirum videatur alicui si neque legatis neque nuntiis plenaria facultas et autoritas decidendi aut concordandi in causa fidei detur, quia maxime absurdum esset et ab omni ratione dissentaneum, quin imo difficile et quam maxime periculosum, sacros ritus et sanctiones per tot annorum censuras ab universali ecclesia ita receptas, ut si quid in his innovandum esset id nonnisi universalis concilii decretis vel saltem summi pontificis ecclesiae moderatoris mature et bene discussa deliberatione fieri debeat, paucorum etiam non competentium judicio et tam brevi ac praecipiti tempore et in loco non satis idoneo committi. –

Debet tamen rev. dom. nuntius domi suae seorsim intelligere a catholicis doctoribus ea omnia quae inter ipsos et doctores Lutheranos tractabuntur, ut suum consilium prudentiamque interponere et ad bonum finem omnia dirigere possit, salva semper sanctissimi Domini Nostri et apostolicae sedis autoritate et dignitate, ut saepe repetitum est, quia hinc salus universalis ecclesiae pendet, ut inquit D. Hieronymus. Debet item particulariter quadam cum dexteritate et prudentia catholicos principes, tam ecclesiasticos quam saeculares, in fide parentum et majorum suorum confirmare, et ne quid in ea temere et absque apostolicae sedis autoritate, ad quam hujusmodi examen spectat, innovari aut immutari patiantur, eos commonefacere.

26.

Instructio data rev^{mo} card^{li} Contareno in Germaniam legato. 28. Jan. 1541.

Schon gedruckt und oft berührt. – Endlich läßt sich der römische Hof doch zu einiger Nachgiebigkeit herbei.

Zwischen 1541 und 1551 folgt in unserer Sammlung eine nicht unbedeutende Anzahl von Briefen, Berichten, Instruktionen, welche ganz Europa umfassen und nicht selten ein neues Licht auf die Begebenheiten werfen, die hier jedoch nicht genau erörtert werden können: wie ja auch das Buch, welches diese Auszüge weiter erläutern sollen, nicht zu einer ausführlichen Darstellung dieser Periode bestimmt war. Ohne viel Skrupel bleibe ich nur bei dem Wichtigeren stehn.

27.

1551 die 20. Junii in senatu Matthaeus Dandulus eques ex Roma orator.

Der Titel der Relation, welche Matth. Dandolo – wie wir aus den Briefen des Kardinals Polo sehen (ed. Quir. II, p. 90), der Schwager Gasp. Contarinis – nach einem Aufenthalte von 26 Monaten in Rom, abstattete. Er verspricht kurz zu sein: „alle relationi non convengono delle cose che sono state scritte se non quelle che sono necessarie di esser osservate“.

Er handelt zuerst von den letzten Tagen Pauls III. – ich habe das Wichtigste davon schon angeführt –, sodann vom Konklave: alle Kardinäle werden genannt. Dandolo versichert, daß er mit Mitgliedern des Kollegiums von der Universität von Padua herkomme. Man sieht, wie gut er unterrichtet sein mußte Und manche merkwürdige Partikularitäten teilt er mit, von denen ich einiges in die frühere Ausgabe aufgenommen habe. Ich kann diese jetzt weglassen, da Tommaso die ganze Relation in der florentinischen Sammlung VII, 333–360 hat abdrucken lassen, aus Abschriften, die zwar auch noch unvollkommen sind, z. B. bei Berechnung der Einkünfte, aber doch die unsere übertreffen.

28.

Vita di Marcello II. scritta di propria mano del signor Alex. Cervini suo fratello (Alb. nr. 157).

Es existiert ein recht brauchbares Werkchen über Papst Marcellus II. von Peter Polidoro 1744. Von den Quellen, aus denen dieser Autor schöpfte, ist gleich die erste, welche er angibt, unsere Lebensbeschreibung von Alex. Cervini. Unglücklicherweise aber war dieselbe schon 1598 bei einem Brande im Hause der Familie zu Montepulciano zum größten Teile verunglückt. Wir haben nur ein Fragment übrig. Ich hebe folgende Stelle aus, die sich auf den Versuch der Kalenderverbesserung bezieht, der unter Leo X. gemacht wurde, und die sich bei Polidoro nicht findet.

Havendolo adunque il padre assuefatto in questi costumi et essercitatolo nella grammatica, rettorica, aritmetica e geometria, accadde che anche fu essercitato nell' astrologia naturale più ancora che non haverebbe fatto ordinatamente, e la causa fu questa: la S[tà] di N. Signore in quel tempo, Leone X., per publico editto fece intendere che chi aveva regola o modo di correggere l'anno trascorso fino ad all' hora per undici giorni, lo facesse noto a S. S[tà]: onde Mr Ricardo già detto (Vater des Papstes), siccome assai essercitato in questa professione, volse obbedire al pontefice e però con longa e diligente osservatione e con suoi stromenti trovò il vero corso del sole, siccome apparisce nelli suoi opusculi mandati al papa Leone, con il quale e con quella gloriosissima casa de Medici teneva gran servitù e specialmente con il magnifico Giuliano, dal quale aveva ricevuti favori et offerte grandi. Ma perche la morte lo prevenne, quel Signore non seguì più oltre il disegno ordinato che Mr Riccardo seguitasse, servendo la persona Sua Ecc[za] in Francia e per tutto dove essa andasse, come erano convenuti. Nè la Santità di N. Signore potette eseguire la publicatione della correttione dell' anno per varii impedimenti e finalmente per la morte propria, che ne seguì non molto tempo doppo.

Man sieht doch, wie der Geist der Italiener in den Zeiten Leos X. auch in diesem Fache arbeitete; daß jener Bischof von Fossombrone, der im Laterankonzilium von 1513 zu dem Werke der Kalenderverbesserung ermahnte, nicht der einzige war, der daran dachte.

29.

Antonio Caracciolo, Vita di Papa Paolo IV. (2 Voll. fol.)

Ant. Caracciolo, Theatiner, Neapolitaner, ein Sammler sein Leben lang, konnte nicht versäumen, seinen Fleiß auch dem berühmtesten neapolitanischen Papste, dem Gründer der Theatiner, Paul IV., zu widmen.

Wir sind ihm dafür allen Dank schuldig. Eine große Menge Notizen, die uns ohne ihn verloren sein würden, hat er zusammengebracht. Sein Buch ist die Grundlage des ausführlichen Werkes von Carlo Bromato: Storia di Paolo IV. Pontefice massimo, Rom 1748, das in zwei dicken und eng gedruckten Quartbänden eine überaus reiche Sammlung von Materialien darbietet.

Wie es indes bei der Strenge der Zensur, welche in der katholischen Kirche gehandhabt ward, nicht anders sein konnte, Bromato durfte keineswegs alles aufnehmen, was seine Quelle ihm darbot.

Ich habe öfter einer ausführlichen Information J. P. Caraffas an Clemens VII. über den Zustand der Kirche gedacht, die im Jahre 1532 verfaßt ward. Bromato macht I, p. 205 einen langen Auszug daraus. Vieles aber läßt er auch weg, welches nun eben das Bezeichnendste ist: z. B. über die Verbreitung lutherischer Meinungen in Venedig.

Si supplica S. S^{tà} che per l'honore di dio e suo, non essendo questa città la più minima nè la più vil cosa della christianità et essendovi nella città e nel dominio di molte e molte migliara d'anime commesse a S. S^{tà}, sia contenta da persona fedele ascoltare qualche cosa del loro bisogno, il quale, ancorche sia grande, pure se ne dirà per hora qualche parte. E perche, come l'apostolo dice, sine fide impossibile est placere deo, comminciarete da questa, et avisarete S. S^{tà} come si sente degli errori e dell' heresie nella vita e nei costumi di alcuni, come è in non fare la quaresima e non confessarsi etc., e nella dottrina di alcuni, che publicamente ne parlano e tengono e communicano ancora con gli altri de' libri prohibiti senza rispetto. Ma sopra tutto direte che questa peste, tanto dell' heresia Luterana quanto d'ogni altro errore contra fidem et bonos mores, da due sorti di persone potissimamente si va disseminando et aumentando, cioè dagli apostati e da alcuni frati massime conventuali: e S. S^{tà} deve sapere di quella maledetta nidata di quelli frati minori conventuali, la quale per sua bontà fermando alcuni suoi servi ha incomminciato a mettere in iscompiglio: perche essendo loro stati discepoli d'un frate heretico già morto, han voluto far onore al maestro. – – E per dire quello che in cio mi occorse, pare che in tanta necessità non si debba andare appresso la stampa usata: ma siccome nell' ingruente furore della guerra si fanno ogni dì nuove provvisioni opportune, così nella maggior guerra spirituale non si deve stare a dormire. E perche S. S^{tà} sa che l'officio dell' inquisitione in questa provincia sta nelle mani de' sopradetti frati minori conventuali, li quali a caso s'abbattono a fare qualche inquisitione idonea, come è stato quel maestro Martino da Treviso, della cui diligenza e fede so che il sopradetto di buona memoria vescovo di Pola informò S. S^{tà}, et essendo hora lui mutato da quello in altro officio, è successo nell' inquisitione non so chi, per quanto intendo, molto inetto: e però bisogneria che S. S^{tà} provvedesse parte con eccitar gli ordinarj, che per tutto quasi si dorme, e parte con deputare alcune persone d'autorità, mandare in questa terra qualche legato, se possibile fosse, non ambitioso nè cupido, e che attendesse a risarcire l'honore e credito della sede apostolica e punire o almeno fugare li ribaldi heretici da mezzo de' poveri christiani: perche dovunque anderanno, porteranno seco il testimonio della propria nequitia e della bontà de' fedeli cattolici, che non li vogliono in lor compagnia. E perche la peste dell' heresia si suole introdurre e per le prediche e libri hereticali e per la lunga habitatione nella mala e dissoluta vita, della quale facilmente si viene all' heresia, par che S. $S^{tà}$ potria fare in cio una santa, honesta et utile provvisione.

So enthält nun das Werk Carraciolos noch gar manche andere mehr oder minder wichtige Nachrichten, die übrigens unbekannt geblieben sind und die sich eine ausführlichere Arbeit nicht dürfte entgehen lassen. Von einer andern seiner Schriften Collectanea historica de Paulo IV. unterscheidet sich die italienische Lebensbeschreibung durchaus: sie ist ein ganz anderes und bei weitem brauchbareres Werk. Jedoch findet sich auch in den Kollektaneen einiges, was in der Vita ebenso wiederkehrt, z. B. die Schilderung der Veränderungen, welche Paul IV. vornahm, nachdem er seine Nepoten entfernt hatte.

30.

Relatione di M. Bernardo Navagero alla S^{ma} Rep^{ca} di Venetia tornando di Roma ambasciatore appresso del pontefice Paolo IV. 1558.

Eine von den venezianischen Relationen, welche allgemeine Verbreitung fanden. Schon Pallavicini hat sich ihrer bedient, er ist sogar deshalb angegriffen worden; auch Rainaldus (Annales eccles. 1557, nr. 10) gedenkt ihrer, um der späteren zu geschweigen.

Ohne Zweifel verdient sie diese Ehre in hohem Grade. Bern. Navagero genoß in Venedig das Ansehen eines Gelehrten. Wie wir aus Foscarini (della lett. Ven. p. 255) sehen, war er im Vorschlag zum Historiographen der Republik; auf seinen früheren Gesandtschaften, bei Karl V., Heinrich VIII., Soliman, hatte er sich zugleich in Behandlung schwieriger Geschäfte und Beobachtung ausgezeichneter Naturen geübt. Unmittelbar nach dem Eintritte Pauls IV. kam er nach Rom.

Drei Geschäfte eines Gesandten unterscheidet Navagero: Verstehen, wozu Einsicht, – Unterhandeln, wozu Geschicklichkeit, – Referieren, wozu Urteil gehöre, um das Notwendige und Nützliche zu sagen.

Er geht von der Wahl und der Macht eines Papstes aus. Er meint, wenn die Päpste sich angelegen sein ließen, Christum nachzuahmen, so würden sie bei weitem mehr zu fürchten sein. Dann schildert er „le conditioni", wie er sagt, „di Papa Paolo IV. e di chi lo consiglia", d. i. vor allem seiner drei Nepoten; – ich habe mir seine Schilderung zunutze gemacht: in dem allgemeinen Urteil aber kann man doch mit dem Autor nicht übereinstimmen. Er meint, auch Paul IV. wolle nur sein Haus groß machen. Hätte er später geschrieben, nach der Vertreibung der Nepoten, so würde er ein solches Urteil nicht gefällt haben. Eben dieser Moment ist der große Wendepunkt der päpstlichen Politik von weltlichen zu geistlichen Absichten. – Von den Personen wendet sich Navagero zu einer Beschreibung des Krieges zwischen Paul IV. und Philipp II.: ebenso glücklich geworfen und voll geistreicher Beobachtung. Es folgt eine Betrachtung über die auswärtigen Verhältnisse und über das wahrscheinlichste Ergebnis einer künftigen Wahl. Nur mit großer Vorsicht geht Navagero daran, hiervon zu reden: „più", sagt er, „per sodisfare alle SS.VV. EE. che a me in quella parte". Doch hat er es nicht übel getroffen. Unter den beiden, in denen er die meiste Wahrscheinlichkeit der Nachfolge bemerkt, nennt er wirklich den, der dazu gelangt ist, Medighis, obwohl er freilich den andern, Puteo, doch noch wahrscheinlicher findet.

„Jetzt aber", sagt er, „bin ich wieder hier, ich sehe wieder das Angesicht meines Fürsten, der erlauchten Republik, zu deren Dienste nichts so groß sein wird, daß ich es nicht wagen, nichts so gering, daß ich es nicht über mich nehmen sollte." Der Ausdruck der Ergebenheit erhöht noch die Farbe der Darstellung. – Diese Relation ist die letzte in der florentinischen Sammlung.

31.

Relatione del Cl^{mo} M. Aluise Mocenigo Cav^{re} ritornato della corte di Roma 1560. (Arch. Ven.)

Siebzehn Monate stand Mocenigo noch bei Paul IV., 4 Monate 8 Tage dauerte das Konklave, sieben Monate versah er dann die Gesandtschaft bei Pius IV.

Er schildert zuerst die kirchliche und weltliche Verwaltung, die Justiz und den Hof unter Paul IV. Er macht hierbei eine Bemerkung, deren ich mich nicht zu bedienen gewagt habe, obwohl sie eine weite Aussicht darbietet: I cardinali, sagt er, dividono fra loro le città delle legationi (nel conclave); poi continuano in questo modo a beneplacito delli pontefici. Ist dies etwa der Ursprung der Verwaltung des Staates durch Geistliche, die sich allmählich einführte? – Im Jahre 1563 entschuldigt es Pius IV. mit dem Bedürfnis der päpstlichen Kammer, wenn er den Kardinälen hohe Stellen in der weltlichen Verwaltung verliehen hat und in ihren Händen läßt. Er sagt in der Rede, die er am 30. Dezember 1563 vor den Kardinälen hielt: Quod vero pontificatus initio quibusdam cardinalibus dedimus provincias, quibùs ad biennium legationis nomine praeessent, easque illi quadriennium obtinuerunt, cogimur aliquando illo subsidio multas magnasque difficultates sublevare; nam et tenuiores cardinales, quo dignitatis gradum tueri possint sunt adjuvandi, et providendum aerarii angustiis ... quare, non modo aequis, sed etiam libentibus, illis cardinalibus, speramus nos illo adjumento provinciarum tot publicis consulturos incommodis; praesertim cum ipsi etiam affines nostri cardinales sint de suis provinciis discessuri. Julii Pogiani epistolae et orationes, ed. ab H. Lagomarsinio, Vol. III, p. 385, italienisch bei Pallavicini XXIV, a.

Auch die Altertümer vergißt Mocenigo nicht, an denen Rom, wie die Beschreibungen von Boissard und Gamucci bezeugen, damals einen größeren Reichtum als jemals besaß. In cadaun loco, habitato o non habitato che si scava in Roma, si ritrovano vestigie e fabriche nobili et antiche, et in molti luoghi si cavano di bellissime statue. Di statue marmoree, poste insieme, si potria fare un grandissimo esercito.

Dann kommt er auf die Unruhen, die beim Tode Pauls IV. ausbrachen und die sich auch, nachdem sie gestillt zu sein schienen, noch in tausend Unordnungen wiederholten. Cessato c'hebbe il popolo, concorsero nella città tutti falliti e fuorusciti, che non si sentiva altro che omicidii: si ritrovavano alcuni che con 8, 7 e fin 6 scudi si pigliavano il carico d'amazzar un' uomo, a tanto che ne furono in pochi giorni commesse molte centenara, alcuni per nimicizia, altri per lite, molti per ereditar la sua roba et altri per diverse cause, di modo che Roma pareva, come si suol dire, il bosco di baccaro.

Das Konklave war sehr vergnügt, alle Tage Bankette: Vargas (dessen Berichte über das Konklave jetzt in Döllingers Beiträgen zur Gesch. der letzten sechs Jahrhunderte I, 265–324 gedruckt sind) war ganze Nächte da, wenigstens alli busi del conclave. Der aber, der den Papst machte, war der Herzog Cosimo von Florenz. Il duca di Firenze l'a fatto papa; lui l'a fatto poner nei nominati del re Filippo e poi con diversi mezzi raccommandar anco dalla regina di Franza, e finalmente guadagnatogli con grand' industria e diligenza la parte Carafesca. Wie so ganz zerfallen jene Intrigen, welche die Geschichten der Konklaven melden, in ihr Nichts zusammen. Die Verfasser dieser Geschichten, gewöhnlich selbst Konklavisten, sahen nur die wechselseitigen Berührungen der Persönlichkeiten, die sie kannten; alle Einwirkungen von außen blieben ihnen verborgen.

Die Relation schließt mit einer Schilderung Pius' IV., soweit sich dessen Eigentümlichkeit damals bereits entwickelt hatte.

32.

Relatione del Cl^{mo} M. Marchio Michiel K^{r} e Proc. ritornato da Pio IV sommo pontefice, fatta a 8 di Zugno 1560.

Relation einer Glückwünschungsgesandtschaft, die nur 39 Tage von Venedig abwesend gewesen; sie hatte 13000 Dukaten gekostet. Als Relation sehr schwach. Michiel ermahnt zur Nachgiebigkeit gegen Rom. Non si tagli la giurisdition del papa, e li signori avogadori per non turbare l'animo di S. S^{tà} abbino tutti quelli rispetti che si conviene, i quali ho visto che molte volte non si hanno.

33.

Dispacci degli ambasciatori Veneti 18 Maggio – 21 Sett. 1560. Inform. politt. Tom. VIII. 272 Bl. Lettere dell' Amulio 24. Sept. bis 28. Nov. Inform. politt. Tom. XIII. Ragguagli dell' ambasciatore Veneto in Roma 1561. Ende Jan. bis 25. Febr. Inform, politt. Tom. XXXVII. 71 Bl.

Auch die Ragguagli sind Depeschen, vom Jan. und Febr. 1561: alle von Marc Anton de Mula, der eine Zeitlang die Stelle eines Gesandten versah. (S. Andreae Mauroceni Hist. Venet. lib. VIII, tom. II, 153.) Sie sind sehr unterrichtend, – interessant für die Zeitumstände und die Natur des Papstes Pius: – besonders treten die letzten Schicksale der Carafeschen hervor, und es ergibt sich, daß Philipp II. jetzt diese seine alten Feinde zu retten wünschte. Man machte ihm am Hofe sogar ein Verbrechen daraus. Vargas entgegnete, Philipp II. habe sie nun einmal begnadigt: „quel gran re, quel santo, quel cattolico non facendo come voi altri". Der Papst dagegen machte ihnen die heftigsten Vorwürfe: „havere mosse l'arme de Christiani, de Turchi e degl' eretici, – – e che le lettere che venivano da Francia e dagli agenti in Italia, tutte erano contrafatte" etc. Der Papst meint, er wolle 100000 Sk. darum geben, daß sie unschuldig wären. Aber Greuel, wie sie begangen, dürfe man in der Christenheit nicht dulden.

Jedoch ich stehe ab, Briefe zu exzerpieren. Es ist genug, ihren Inhalt angedeutet zu haben.

Wie so manche Finalrelationen, so hat man auch die Schreiben der Gesandten zu publizieren angefangen. Unter andern sind im Jahr 1851 die Depeschen des Florentiners Averardo Serristori, von seinen Sendungen an Paul III., 1541–1545, 1547–1549, Julius III., 1550–1554, Paul IV., 1555, Pius IV., 1561–64, Pius V., 1566–1568, gedruckt worden; für die italienischen Verhältnisse der Zeit sind sie von vielem Wert.

34.

Extractus processus cardinalis Caraffae. Inff. tom. II, f. 465–516, mit dem Zusatz: Haec copia processus formati contra cardinalem Caraffam reducta in summam cum imputationibus fisci eorumque reprobationibus perfecta fuit die XX. Nov. 1560.

Aus dem neunten Punkt der Verteidigung s. v. haeresis ersehen wir, daß Albrecht von Brandenburg einen gewissen Oberst Friedrich nach Rom schickte, um mit Papst Paul IV. einen Vertrag abzuschließen: der Oberst hatte Audienz bei dem Papste selbst; aber der Kardinal von Augsburg (Otto von Truchseß) machte so viel Einwendungen gegen denselben, daß er zuletzt aus Rom entfernt ward. Vgl. den XII. Band des Archivio storico italiano, wo p. 461 ff. zwei Kapitel aus dem Prozeß der Caraffas abgedruckt sind. Hieran schließt sich: El successo de la muerte de los Garrafas con la declaracion y el modo que murieron y el di y hora 1561. Inform. II.

35.

Relatione di Girolamo Soranzo del 1563. Roma. (Arch. Ven.)

Die Jahreszahl 1561, die das Exemplar des Archivs trägt, ist ohne Zweifel unrichtig. Nach dem authentischen Verzeichnis der Gesandtschaften ward Gir. Soranzo zwar schon 1560 22. Sept. gewählt, weil Mula eine Stelle von Papst Pius IV. angenommen hatte und dadurch bei der Republik in Ungnade gefallen war; aber man verzieh ihm das doch wieder, und erst nachdem Mula gar zum Kardinal ernannt worden, im Jahre 1562, löste Soranzo ihn ab. So bezieht er sich dann auch oft auf das Konzilium, das ja 1561 noch gar nicht saß. Alberi hat ebenfalls die Jahreszahl 1563.

Gir. Soranzo bemerkte, daß die Relationen dem Senate sowohl nützlich als angenehm seien (e volontieri udite e maturamente considerate): – er hat die seine mit Fleiß und Liebe abgefaßt. Sie ist in dem zehnten Bande der florentinischen Sammlung der venezianischen Relationen abgedruckt, so daß wir uns ihrer wörtlichen Mitteilung entheben können. Auch der Übertritt des Königs von Navarra zum Katholizismus wird darin ganz gut motiviert.

36.

Instruttione del re cattolico al C^{l} M^{r} d'Alcantara suo ambasciatore di quello ha da trattar in Roma. Madr. 30 Nov. 1562. (MS. Rom.)

Zugleich mit den Antworten des Papstes. Bei Pallavicini XX, 10 genügend exzerpiert, bis auf folgende Stelle, die bei ihm eher mißverstanden ist. Circa l'articolo della communione sub utraque specie non restaremo di dire con la sicurtà che sapemo di potere usare con la M^{tà} Sua, che ci parono cose molto contrarie il dimandar tanta libertà e licenza nel concilio et il volere in un medesimo tempo che noi impediamo detto concilio e che prohibiamo all' imperatore, al re di Francia, al duca di Baviera et ad altri principi che non possano far proponere et questo et molti altri articoli che ricercano attento, che essi sono deliberati et risoluti di farli proponere da suoi ambasciatori e prelati, etiam che fosse contra la volontà dei legati. Sopra il che S. M^{tà} dovrà fare quella consideratione che le parerà conveniente. Quanto a quello che spetta a noi, havemo differita la cosa fin qui, e cercaremo di differirla più che potremo, non ostante le grandi istanze che circa cio ne sono state fatte: e tuttavia se ne fanno dalli sudetti principi, protestandoci che se non segli concede, perderanno tutti li loro sudditi, quali dicono peccar solo in questo articulo e nel resto esser buoni cattolici, e di più dicono che non essendogli concesso, li piglieranno da se, e si congiungeranno con li settarii vicini e protestanti, da quali quando ricorrono per questo uso del calice, sono astretti ad abjurare la nostra religione: sicche S. M^{tà} può considerare in quanta molestia e travaglio siamo. Piacesse a dio che S. M^{tà} cattolica fosse vicina e potessimo parlare insieme ed anche abboccarsi con l'imperatore – havendo per ogni modo S. M^{tà} Cesarea da incontrarsi da noi, – che forse potriamo acconciare le cose del mondo o nessuno le acconcierà mai se non dio solo, quando parerà a Sua Divina Maestà.

37.

Instruttione data al s[r] Carlo Visconti mandato da papa Pio IV al re cattolico per le cose del concilio di Trento. Unterzeichnet: Carolus Borromaeus ultimo Oct. 1563.

In der Sammlung der Briefe des Nuntius, die nur bis in den September 1563 gehen, nicht enthalten, und dadurch merkwürdig, daß sie die Motive, das Konzilium zu schließen, erörtert. Pallavicini hat XXIV, 1, 1 diese Instruktion großenteils aufgenommen, obwohl in anderer Ordnung, als sie geschrieben war. Das Merkwürdigste möchte noch sein, daß man die Absicht hatte, die Sache von England auf dem Konzilium vorzunehmen, und nur aus Rücksicht auf Philipp II. davon abstand. Non abbiamo voluto parlare sin ora nè lasciar parlare in concilio della regina d'Inghilterra (Maria Stuart), con tutto che lo meriti, nè meno di quest' altra (Elisabeth), e cio per rispetto di S. M[tà] Cattolica. – Ma ancora a questa bisognerebbe un dì pigliare qualche verso, e la M[tà] S. dovrebbe almeno fare opera che li vescovi et altri cattolici non fossero molestati. Man sieht, daß Philipp II. eine gewisse Verpflichtung auferlegt wird, sich der Katholiken in England anzunehmen.

38.

Relatione in scriptis fatta dal Commendone ai signori legati del concilio sopra le cose ritratte dell' imperatore. 19 Febr. 1563.

La somma è che a me pare di aver veduto non pur in S. M[tà] ma nelli principali ministri, come Trausen e Seldio, un ardentissimo desiderio della riforma e del progresso del concilio con una gran speranza quod remittendo aliquid de jure positivo et reformando mores et disciplinam ecclesiasticam non solo si possono conservare li cattolici ma guadagnare e ridurre degli heretici, con una opinione o impressione pur troppo forte che qui siano molti che non vogliano riforma. Besonders die Wirksamkeit der Jesuiten hatte Eindruck gemacht. Seldio disse, che li Gesuiti hanno hormai mostrato in Germania quello che si può sperare con effetto, perche solamente con la buona vita e con le prediche e con le scuole loro hanno ritenuto e vi sostengono tuttavia la religione cattolica. Ein gelehrter Freund, dem ich mehrere ähnliche Nachweisungen für diese Zeit verdanke, machte mich aufmerksam, daß der Bericht Commendones in J. Pogiani epistolae et orationes olim collectae ab A. M. Gratiano, nunc ab H. Lagomarsinio adnotationibus illustratae, Rom 1757, vol. III, p. 242 ff. gedruckt ist.

39.

Relatione sommaria del cardinal Morone sopra la legatione sua 1564 Januario. (Bibl. Altieri VII, F. 3.)

Würde eigentlich wörtlich mitgeteilt werden müssen. Unglücklicherweise fand ich mich nicht in dem Fall, eine Kopie zu nehmen. Und so muß der Auszug genügen, den ich im dritten Buch eingeschaltet habe.

40.

Antonio Canossa: Über den Mordversuch auf Pius IV. Vgl. Bd. I, S.228.

41.

Relatione di Roma al tempo di Pio IV e V di Paolo Tiepolo ambasciatore Veneto – zuerst in der Handschrift zu Gotha, dann in vielen andern Sammlungen gefunden – 1568.

Fast in allen Kopien ist die Relation in das Jahr 1567 gesetzt; da jedoch Paul Tiepolo ausdrücklich sagt, er habe 33 Monate bei Pius V. gestanden, und dieser im Januar 1566 gewählt worden ist, so muß sie noch nach dem September 1568 fallen. Auch die Dispacci dieses Gesandten, die ersten, welche in dem venezianischen Archive aufbewahrt werden, reichen in dieses Jahr.
Tiepolo schildert Rom, den Kirchenstaat und seine Verwaltung, auch die geistliche Gewalt, welche, wie er sagt, bestraft durch Interdikte und belohnt durch Indulgenzen. Hierauf vergleicht er Pius IV. und V., ihre Frömmigkeit, Gerechtigkeit, Freigebigkeit, Sitte und Natur überhaupt. Venedig hatte an dem ersten einen sehr milden, an dem zweiten einen sehr strengen Papst gefunden. Pius V. klagte unaufhörlich über die Beschränkungen kirchlicher Gerechtsame, die sich Venedig erlaube – daß es die Klöster besteuere, Priester vor sein Gericht ziehe –, er beschwerte sich über die Avogadoren. Trotz dieser Mißverständnisse fällt die Vergleichung, welche Tiepolo anstellt, ganz und gar zugunsten des strengeren, zum Nachteil des milderen Papstes aus. Auch an diesem Gesandten zeigt sich der Eindruck, welchen die Persönlichkeit Pius' V. überhaupt in der gesamten katholischen Welt hervorbrachte.
Diese Relation ist, wie gesagt, viel verbreitet. Auch ist sie zuweilen in gedruckte Werke übergegangen. Aber man bemerke, auf welche Weise. In dem Tesoro Politico I, 19 findet sich eine Relatione di Roma, in der alles, was Tiepolo von Pius V. sagt, auf Sixtus V. angewendet wird. Charakterzüge, ja selbst Tätigkeiten, Anordnungen usw. werden hier ohne weiteres von einem Papste auf den andern übertragen. Dieser so ganz verfälschte Bericht ist dann in die elzevirische Respublica Romana übergegangen, wo er sich p. 494 unter dem Titel de statu urbis Romae et pontificis relatio tempore Sixti V papae, anno 1585, wörtlich findet.

42.

Relatione di Roma del Cl^{mo} Sr Michiel Suriano K^{r} ritornato ambasciatore da N. S. papa Pio V. 1571.

Michiel Suriano, in welchem, wie Paruta sagt, das Studium der Literatur das Talent für die Geschäfte in glänzenderes Licht stellte (Guerra di Cipro I, p. 28), war der unmittelbare Nachfolger P. Tiepolos.

Ich will die Schilderung, die er von Pius V. entwirft, hier nicht, wie in den früheren Ausgaben, wiederholen; sie ist im zehnten Bande der Florentiner Sammlung S. 200 gedruckt.

Man wird es dem Botschafter gern glauben, daß er mit dem Papst, wie er hier geschildert wird, einen schweren Stand hatte. Als Pius z. B. innewurde, daß man in Venedig die Bulle In coena domini nicht publizieren wollte, geriet er in heftige Aufwallung: „si perturbò estremamente, et acceso in collera disse molte cose gravi et fastiodose.“ Umstände, unter denen die Geschäfte doppelt schwierig wurden. Suriano verlor in der Tat die Gnade seiner Republik. Er ward abberufen, und ein großer Teil dieser Relation hat den Zweck, sein Verfahren zu rechtfertigen, wobei wir ihn nun nicht begleiten können.

43.

Informatione di Pio V. Inform. politt. Bibl. Ambros. F. D. 181.

Zwar anonym, aber aus genauer Kenntnis hervorgegangen: die übrigen Schilderungen bestätigend. Besonders ist es, was wir hier hören, daß trotz aller Strenge dieses frommen Papstes in seinem Hause dennoch Faktionen herrschten. Die älteren Diener sind gegen die jüngeren, welche sich mehr an den Haushofmeister Mr. Cirillo halten. Überhaupt war dieser am meisten zugänglich. Con le carezze e col mostrar di conoscere il suo valore facilmente s'acquistarebbe: ha l'animo elevatissimo, grande intelligenza con Gambara e Correggio, e si stringe con Morone.

44.

Relatione della corte di Roma nel tempo di Gregorio XIII. (Bibl. Cors. nr. 714.) Unterschrieben 20. Febr. 1574.

Anonym, aber nichtsdestominder sehr unterrichtend und mit dem Gepräge der Wahrhaftigkeit.

Der Verfasser findet es schwer, über Höfe und Fürsten zu urteilen. „Dirò come si giudica nella corte e come la intendo.“ Er gibt folgende Schilderungen Gregors XIII.

Assonto che è stato al pontificato in età di 71 anni, ha parso c'habbi voluto mutare natura: et il rigore che era solito biasimare in altri, massimamente nel particulare del vivere con qualche licenza con donne, n'è stato più rigoroso dell' antecessore e fattone maggiori esecutioni: e parimente nella materia del giuoco si è mostrato rigorosissimo, perche havendo certi illustrissimi principiato a trattenersi nel principio del pontificato con giuocare qualche scudo, li riprese acremente, ancorche alcuni dubitarono che sotto il pretesto del giuoco si facessero nuove pratiche di pontificato per un poco di male c'hebbe S. S^{tà} in quel principio: e da questo cominciò a calare quella riputatione o oppinione che si voleva far credere dall' illustrissimo de' Medici, d'haver lui fatto il papa e doverlo governare, la qual cosa fece chiaro il mondo quanto S. S^{tà} abborrische che alcuno si voglia arrogare di governarlo o c'habbi bisogno d'essere governato, perche non vuole essere in questa oppinione di lasciarsi governare a persona. Perche in effetto nelle cose della giustitia n'è capacissimo e la intende e non bisogna pensare di darli parole. Ne' maneggi di stato S. S^{tà} ne potria saper più, perche non vi ha fatto molto studio, e sta sopra di se alle volte irresoluto: ma considerato che v'habbi sopra, n'è benissime capace e nell' udire le oppinioni discerne benissime il meglio. E patientissimo e laboriosissimo e non sta mai in otio e piglia ancora poca ricreatione. Da continuamente audientia e vede scritture. Dorme poco, si leva per tempo, e fa volontieri esercitio, e li piace l'aria, quale non teme, per cattiva che sia. Mangia sobriamente e beve pochissimo, ed è sano senza sorte alcuna di schinelle. E grato in dimostrationi esteriori a chi gli ha fatto piacere. Non è prodigo nè quasi si può dire liberale, secondo l'oppinione del volgo, il quale non considera o discerne la differentia che sia da un principe che si astenghi dall' estorsione e rapacità a quello che conserva quello che ha con tenacità: questo non brama la roba d'altri e gli insidia per haverla. Non è crudele nè sanguinolento, ma temendo di continuo delle guerre si del Turco come degli heretici, li piace d'haver somma di denari nell' erario e conservarli senza dispensarli fuori di proposito, e n'ha intorno a un millione e mezzo d'oro: è però magnifico e gli piacciono le grandezze, e sopra tutto è desideroso di gloria, il qual desiderio il fa forse trascorrere in quello che non piace alla corte: perche questi reverendi padri Chiettini, che l'hanno conosciuto, se li sono fatti a cavaliere sopra, con dimostrarli che il credito et autorità che haveva Pio V. non era se non per riputatione della bontà, e con questo il tengono quasiche in filo et il necessitano a far cose contra la sua natura e la sua volontà, perche S. S^{tà} è sempre stato di natura piacevole e dolce, e lo restringono a una vita non consueta: et è oppinione che per far questo si siano valsi di far venire lettere da loro padri medesimi di Spagna e d'altri luoghi, dove sempre fanno mentione quanto sia commendata la vita santa del papa passato, quale ha acquistata tanta gloria con la riputatione della bontà e delle riforme, e con questo modo perseverano loro in dominare et havere autorità con S. Beat^{me}; e dicesi che sono ajutati ancora dal vescovo di Padova, nuntio in Spagna, creatura di Pio V e di loro. Brama tanto la gloria che si ritiene e sforza la natura di fare di quelle dimostrationi ancora verso la persona del figliuolo quali sariano riputate ragionevoli et honeste da ogn'uno per li scrupoli che li propongono costoro: et in tanta felicità che ha havuto S. S^{tà} di essere asceso a questa dignità da basso stato, è contrapesato da questo oggetto e dall' havere parenti quali non li sodisfanno e che a S. S^{tà} non pare che siano atti o capaci de' negotii importanti e da commetterli le facende di stato.

So schildert er nun auch die Kardinäle. Von Granvella bemerkt er, daß *er seinen Kredit* nicht behaupte. Er hänge seinem Vergnügen nach, er gelte für geizig: in Sachen der Ligue habe er es beinahe bis zum Bruch zwischen König und Papst gebracht. Dagegen wird Commendone sehr hervorgehoben. „Ha la virtù, la bontà, l'esperienza con infinito giudicio."

45.

Seconda relatione dell' ambasciatore di Roma, clar^{mo} M. Paolo Tiepolo K^{r} 3 Maggio 1576.

Die obgedachte anonyme Relation gedenkt auch unseres Tiepolo im besten. Er gelte für einen guten Kopf und tüchtigen Mann. E modesto e contra il costume de' Veneziani è corteggiano e liberale, e riesce eccellentemente, e sodisfa molto, e mostra prudenza grande in questi travagli e frangenti a sapersi regere.

Da nämlich die Venezianer von jener Verbindung wider die Türken abtrünnig wurden, so hatte er einen schweren Stand. Man glaubte, der Papst werde in dem Konsistorium auf eine Exkommunikation der Venezianer antragen, und es machten sich einige Kardinäle fertig, einem solchen Vorhaben zu widersprechen. „Levato Cornaro (ein Venezianer) nessuno fo che in quei primi giorni mi vedesse o mi mandasse a veder, non che mi consigliasse, consolasse e sollevasse." Als den eigentlichen Grund des Separatfriedens gibt Tiepolo an, daß, nachdem die Spanier versprochen hatten, im April 1573 gerüstet zu sein, sie in diesem Monat erklärten, sie würden erst im Juni mit ihren Rüstungen fertig werden. Zur Besänftigung des Papstes trug viel bei, daß sich Venedig endlich entschloß, den Sohn des Papstes zum venezianischen Nobile zu ernennen. Tiepolo schildert diesen Sohn des Papstes, Giacomo Boncompagno, und verbreitet sich dann überhaupt über die Staatsverwaltung des Kardinals von Como. Die Relation ist ebenfalls bei Alberi, Relazioni degli Ambasc. Venet. Vol. X, S. 203 abgedruckt.

46.

Commentariorum de rebus Gregorii XIII lib. I et II. (Bibl. Alb.)

Unglücklicherweise unvollendet. Der Verfasser, Kardinal Vercelli, verspricht, nachdem er nach einigen Vorbereitungen auf das Papsttum Gregors zu reden gekommen ist, von drei Dingen zu handeln: dem Kriege gegen die Türken, dem Kriege der Protestanten gegen die Könige von Frankreich und Spanien, und den Streitigkeiten über die kirchliche Jurisdiktion.

Leider finden wir aber in dem zweiten Buche nur den Krieg gegen die Türken bis auf den venezianischen Frieden.

Wir kennen die Verbindung, in der die orientalischen Angelegenheiten mit den Religionssachen standen; – gar nicht übel setzt unser Autor die Verwicklungen des Jahres 1572 auseinander. Es war die Nachricht eingegangen, Karl IX. unterstütze die Einfälle der Protestanten in den Niederlanden. Quod cum Gregorius moleste ferret, dat ad Gallorum regem litteras quibus ab eo vehementer petit ne suos in hoc se admiscere bellum patiatur: alioquin se existimaturum omnia haec illius voluntate nutuque fieri. Rex de suis continendis magnae sibi curae fore pollicetur, id quod quantum in se est praestat: verum ejusmodi litteris, quae paulo minacius scriptae videbantur, nonnihil tactus, nonnullis etiam conjecturis eo adductus ut se irritari propeque ad bellum provocari putaret, ne imparatum adorirentur, urbes quas in finibus regni habebat diligenter communit, duces suos admonet ut operam dent ne quid detrimenti capiat, simulque Emanuelem Allobrogum ducem, utriusque regis propinquum et amicum, de his rebus omnibus certiorem facit. Emanuel, qui pro singulari prudentia sua, quam horum regum dissensio suis totique reipublicae christianae calamitosa futura esset, probe intelligebat, ad pontificem haec omnia perscribit, eumque obsecrat et obtestatur, nascenti malo occurrat, ne longius serpat atque inveteratum robustius fiat. Pontifex, quam gereret personam minimum oblitus, cum regem Gallorum adolescentem et gloria cupiditate incensum non difficillime a catholicae fidei hostibus, quorum tunc in aula maxima erat autoritas, ad hujusmodi bellum impelli posse animadverteret, reginam tamen ejus matrem longe ab eo abhorrere dignitatisque et utilitatis suae rationem habituram putaret, mittit eo Antonium Mariam Salviatum, reginae affinem eique pergratum, qui eam in officio contineat, ipsiusque opera facilius regi, ne reip. christianae accessionem imperii et gloriam quae ex orientali expeditione merito expectanda esset invideat funestumque in illius visceribus moveat bellum, persuadeat.

Insofern war der Papst allerdings bereits indirekt bei der Bartholomäusnacht beteiligt. Er mußte alles versuchen, um einen Ausbruch des Krieges zwischen Spanien und Frankreich zu verhindern. Es wäre sehr zu wünschen, daß wir dies Werk wenigstens noch über die religiösen Irrungen besäßen.

Obige Stelle habe ich auch darum angeführt, weil gleich die ersten Zeilen beweisen, daß es zu den Quellen gehört, deren sich Maffei in seinen Annali di Gregorio XIII Pontefice Massimo bedient hat. Man vergleiche I, p. 27 bei Maffei. Scrisse a Carlo risentitamente, che se egli comportava che i sudditi e ministri s'intromettessero in questa guerra per distornarla, egli tutto riconoscerebbe da lui e dalla mala sua intenzione. E per l'istesso fine operò che li signori Veneziani gli mandassero un' ambasciatore con diligenza. Rispose Carlo modestamente, ch'egli farebbe ogni possibile perchè i suoi nè a lui dovessero dar disgusto nè agli Spagnuoli sospetto di quello ch'egli non aveva in pensiero. Ma non restò però di dolersi con Emanuele duca di Savoja della risentita maniera con che gli aveva scritto il pontefice: parendogli che si fosse lasciato spingere dagli Spagnuoli che avessero voglia essi di romperla: ed ad un tempo cominciò a presidiare le città delle frontiere.

Auch übrigens finde ich, daß Maffei hier und da ein ergänzender Auszug unserer Schrift ist. Doch will ich damit dem Werke Maffeis – dem ich viele Belehrung verdanke und welches zwar eben nicht unparteiisch, aber doch ruhig, inhaltsreich und im ganzen zuverlässig ist – nicht im mindesten zu nahe treten.

47.

Relatione di mons[r] rev[mo] Gio P. Ghisilieri a papa Gregorio XIII, tornando egli dal presidentato della Romagna. S. Bd. I, S. 255.

48.

Discorso over ritratto della corte di Roma di mons[r] ill[mo] Commendone all' ill[mo] s[r] Hier. Savorgnano. (Bibl. Vindob. Codd. Rangon. nr. 18. fol. 278–395.)

Nach allem Anschein gehört dies Werk in die Zeiten Gregors. Commendones Namen möchte ich nicht verbürgen; von wem es aber auch herrührt, es ist allemal ein Mann von Geist gewesen, tief eingeweiht in die geheimeren Beziehungen des römischen Lebens.

Den Hof definiert er so: Questa republica è un principato di somma autorità in una aristocratia universa di tutti i christiani collocato in Roma. Il suo principio è la religione. Conciosia, schließt er nun weiter, che la religione sia il fine e che questa si mantenga con la virtù e con la dottrina, è impossibile che alterandosi le conditioni degli uomini non si rivolga insieme sotto sopra tutta la republica.

Er handelt nun hauptsächlich von diesem Konflikt geistlicher und weltlicher Bestrebungen. Vor allem aber schärft er große Vorsicht ein: molto riguardo di tutti i movimenti e gesti della persona: casa, servitori, cavalcature convenienti, amicitie e honorate e virtuose, non affermando cosa che non si sappia di certo. Der Hof fordert „bontà, grandezza dell' animo, prudentia, eloquentia, theologia". Doch ist alles unsicher. Deve si pensar che questo sia un viaggio di mare, nel quale, benche la prudentia possa molto e ci renda favorevole la maggior parte de' venti, nondimeno non gli si possa prescriver tempo determinato o certezza alcuna d'arrivar. Alcuni di mezza estate in gagliarda e ben fornita nave affondano o tardano assai, altri d'inverno in debole e disarmato legno vanno presto.

Vierter Abschnitt

SIXTUS V.

I. Zur Kritik der Biographen dieses Papstes, Leti und Tempesti

Vita di Sisto V. pontefice Romano scritta dal Signor Geltio Rogeri all' instanza di Gregorio Leti. Losanna 1669. 2 Bde.; später unter minder seltsamen Titeln in 3 Bdn.

Bei weitem mehr durch populäre Schriften, welche sich allgemeinen Eingang verschaffen, als durch bedeutendere historische Werke, die sich auch oft allzulange erwarten lassen, pflegt der Ruf eines Mannes, die Ansicht einer Begebenheit festgestellt zu werden. Das Publikum fragt nicht eigentlich, ob die Dinge, die man ihm vorträgt, wirklich gegründet sind: es ist zufrieden, wenn ihm die Erinnerung, wie sie sich in dem Gespräche ausdrückt, ebenso mannigfaltig, vielfarbig, aber ein wenig zusammengenommen, in einem lesbaren Buche vorgelegt wird.
Ein Buch dieser Art ist die Biographie Sixtus' V. von Leti: vielleicht die wirksamste von allen Arbeiten dieses Vielschreibers: es hat die Idee von Papst Sixtus aufgestellt, welche seitdem die allgemeine Meinung der Welt beherrscht hat.
Bei dem ersten Versuche des Studiums gerät man mit solchen Büchern in die größte Verlegenheit. Eine gewisse Wahrheit ist ihnen nicht abzusprechen; man dürfte sie nicht unberücksichtigt lassen; doch sieht man auch gleich, daß ihnen nicht weit zu trauen ist: wo aber die Grenze liegt, läßt sich im allgemeinen nicht bestimmen.
Zu einem sichern Urteil vermag man doch erst dann zu kommen, wenn man die Quellen seines Autors findet und sich die Art und Weise vergegenwärtigt, wie er sie benutzt hat.
Bei fortgehendem Studium gelangten wir nun auch zu den Quellen, aus denen unser Leti schöpfte: – wir können uns der Notwendigkeit nicht entziehen, seine Darstellung mit denselben zu vergleichen.
1. An der gesamten Geschichte Sixtus' V. ist nichts famoser als der Weg, auf dem er zum Papsttume gelangt sein soll, sein Betragen in dem Konklave. Wer weiß nicht, wie der gebückte, an seinem Stab daherschleichende Kardinal, nachdem er Papst geworden, sich plötzlich

mannhaft erhob, den Stab von sich warf und diejenigen mit dem Gebrauche seiner Macht bedrohte, denen er sie durch Täuschung abgewonnen. Diese Erzählung Letis hat in der ganzen Welt Eingang gefunden. Wir fragen, wo er sie hernahm.

Von jeder Papstwahl existieren Schriften über ihre Motive, oder vielmehr über die Intrigen, die ihr vorhergingen: auch über die Wahl Sixtus' V. findet sich ein sogenanntes Konklave, gleichzeitig, wie die meisten anderen, mit genauer Kenntnis der Persönlichkeiten verfaßt: Conclave nel quale fu creato il c[l] Montalto che fu Sisto V.

Bei der ersten Vergleichung sieht man, daß Leti vor allem diese Schrift vor Augen hatte. Man bemerke, daß er sie eigentlich nur umschreibt.

Concl. MS. Il lunedì mattina per tempo si ridussero nella capella Paulina, dove il cardinal Farnese come decano celebrò messa e di mano sua communicò li cardinali: dipoi si venne secondo il solito allo scrutinio, nel quale il cardinal Albani hebbe 13 voti, che fu il maggior numero che alcun cardinale havesse. Ritornati i cardinali alle celle, si attese alle pratiche, et Altemps cominciò a trattare alla gagliarda la pratica di Sirleto, ajutato da Medici e delle creature di Pio IV., per la confidenza che havevano di poter di qualsivoglia di loro disponere; ma subito fu trovata l'esclusione, scoprendosi contra di lui Este, Farnese e Sforza.

Leti: Lunedì mattina di buon' hora si adunarono tutti nella capella Paolina, ed il cardinal Farnese in qualità di decano celebrò messa e communicò tutti i cardinali: e poi si diede principio allo scrutinio, nel quale il cardinal Albano hebbe 13 voti, che fu il numero maggiore. Doppo questo li cardinali se ne ritornarono alle lor celle per pransare, e doppo il pranso si attese alle pratiche di molti: ma particolarmente Altemps cominciò a trattare alla gagliarda le pratiche di Guglielmo Sirleto Calabrese, ajutato dal Cardinal Medici e dalle creature di Pio IV., per la confidenza che haveva ogni uno di loro di poterne disporre: ma in breve se gli fece innanzi l'esclusione, scoprendosi contro di lui Este, Farnese e Sforza.

So die Hauptsachen: so Nebenumstände. Z. B. MS. Farnese incapricciato et acceso di incredibile voglia di essere papa, comincia a detestare publicamente la pratica et il soggetto, dicendo: Io non so come costoro lo intendono di vollere far Sirleto papa. – Leti: Il primo che se gli oppose fu Farnese, incapricciato ancor lui ed acceso d'incredibile voglia d'esser papa: onde parendo a lui d'esserne più meritevole, come in fatti era, cominiciò publicamente a detestare la pratica ed il soggetto, dicendo per tutti gli angoli del conclave: Io non so come costoro l'intendono di voler far papa Sirleto.

Nicht minder auch die Betrachtungen. Z. B. sagt das MS, wie dem Kardinal Alessandrino doch seine Verkleidung Anstoß gibt: Ma dio, che haveva eletto Montalto papa, non permesse che si avertisse a quello che principalmente avertire si dovea, nè lasciò che Farnese nè suoi si svegliassero a impedire la pratica, credendo che non fosse per venire ad effetto dell' adoratione, ma solo per honorare Montalto nello scrutinio. Obwohl eine so fromme Betrachtung Leti fremd ist, so ist es ihm doch bequem, sie abzuschreiben und in sein Buch aufzunehmen. Er schrieb mit einigen leichten Veränderungen wörtlich ab.

Ist dies nun nicht vielmehr eine Ehrenrettung für die oft angefochtene Treue des Leti als ein Tadel?

Kommen wir aber auf die eine Sache, welche hier Zweifel erregt: das Betragen des Kardinals. Merkwürdig, in diesem einen stimmt Leti mit seinem Original nicht zusammen.

Leti sagt: Montalto se ne stava in sua camera e non gia nel conclave, fingendosi tutto lasso et abandonato d'ogni ajuto humano. Non usciva che raramente, et se pure andava in qualche parte, come a celebrare messa, o nello scrutinio della capella, se ne andava con certe maniere spensierate.

Dagegen sagt das Original: Sebene non mostrava non scoperta ambitione, non pretermetteva di far poi tutti quelli officii che il tempo et il luogo richiedevano, humiliandosi a cardinali, visitandoli et offerendosi, ricevendo all' incontro i favori e l'offerte degli altri.

Das Original sagt: noch vor dem Konklave habe er dies mit Farnese getan, darauf mit Medici und Este; es erzählt, wie er den Abend vor seiner Wahl den Kardinal Madruzzi und den Morgen vorher den Kardinal Altemps besucht und von ihnen die Versicherung empfangen, daß er gewählt werden solle. Mit einem Wort, in dem Original erscheint Montalto tätig, lebhaft, gesund; ja, daß er so frisch an Jahren und munter ist, wird als ein Motiv seiner Wahl betrachtet. Die ganze Erzählung von seiner verstellten Schwachheit und Zurückgezogenheit, die so berühmt geworden ist, ist ein Zusatz Letis. Woher er ihn aber nahm, ob er bloß dem Gerüchte folgte, einer Erzählung, die sich von selbst gebildet, oder einem andern Schriftwerk? – wir kommen noch darauf.

2. Ein zweites Moment in dem allgemeinen Rufe Sixtus' bildet der Eindruck, den seine finanziellen Einrichtungen hervorgebracht haben. Auch dieser gründet sich zum Teil auf Leti. In dem zweiten Teile des Buches (p. 289) findet sich ein Verzeichnis der päpstlichen Einnahme und Ausgabe, das selbst bei den gescheitesten und gelehrtesten Leuten einen gewissen Glauben gefunden hat. Rendite ordinarie c'havea la sede apostolica nel tempo che Sisto entrava nel pontificato. Wenigstens seinen Zahlen sollte man doch im allgemeinen glauben dürfen.

Indessen auch hier zeigt sich augenblicklich, daß die Sachen nicht so stehen, wie Leti vorgibt. Als Sixtus V. im April 1585 eintrat, waren noch die Kontrakte gültig, die von Gregor XIII. im August 1576 auf neun Jahre mit den Pächtern der Einkünfte abgeschlossen worden waren. Von diesen haben wir ein authentisches Verzeichnis unter dem Titel: Entrata della reverenda camera apostolica sotto il pontificato di N. Sig^{re} Gregorio XIII. fatto nell' anno 1576: sehr genau, in welchem erst die Pachtsumme, dann der Teil derselben, welcher alieniert war, endlich der Rest einzeln angegeben wird. Mit diesem Verzeichnis nun stimmen Letis Angaben sehr schlecht. Er gibt den Ertrag der Dogana di Roma auf 182450 Skudi an, während er nur 133000 betrug: von allen Summen, die er nennt, ist keine einzige richtig. Woher aber schreibt sich sein Verzeichnis? er kann es unmöglich völlig aus der Luft gegriffen haben. Es ist ein anderes in unsern Händen, vom Jahre 1592, zwei Jahre nach dem Tode Sixtus' V. Mit diesem stimmt das Verzeichnis von Leti fast in allen Posten, auch in ihrer Ordnung überein; in beiden heißt es z. B. nacheinander: Dogana di Civita vecchia 1977 sc., di Narni 400, di Rieti 100, gabella del studio di Roma 26560, gabella del quadrino a libra di carne di Roma 20335 usw. Welch eine Verwechslung ist dies aber! Bei diesen Posten sind schon alle Veränderungen einbegriffen, welche Sixtus machte und die ja nun eben detailliert werden sollen. Ja, nicht einmal hierbei ist die Verwirrung stehengeblieben. Wahrscheinlich geriet Leti an eine schlechte Handschrift, wenn er nicht gar selbst einige willkürliche Änderungen anbrachte: wenigstens hat er die seltsamsten Abweichungen. Die Salara di Roma brachte 27654 Sk. ein, er setzt 17654; tesoreria e salara di Romagna ertrug 71395 Sk., er setzt tesoreria e salario di Romagna 11395. Genug, sein Verzeichnis ist nicht einmal von einem andern Jahre richtig, sondern durchaus in allen seinen Teilen falsch und unbrauchbar.

3. Wir sehen schon, er kompilierte ohne Urteil und Kritik; – er schrieb ab, aber flüchtig; wie wäre es auch möglich, daß er bei seinem unaufhörlichen Flüchtlingsleben so viel Bücher durch wirklich eigene Arbeit zustande gebracht hätte. Woher schöpfte er nun diesmal seine Sachen?

Über das Leben Sixtus' V. gibt uns ein Manuskript in der Bibliothek Corsini zu Rom hinreichende Auskunft: Detti e fatti di papa Sisto V.

Auf den ersten Blick ergibt sich, daß dieses Werk im wesentlichen durchaus die Arbeit von Leti ist. Vergleichen wir nur die erste beste Stelle.

Z. B. sagt das Ms. bei Corsini: Il genitore di Sisto V si chiamava Francesco Peretti, nato nel castello di Farnese di dove fu costretto non so per qual accidente partire, onde s'incaminò per trovare la sua fortuna altrove: et essendo povero e miserabile, non aveva da poter vivere, essendo solito sostentarsi di quello alla giornata guadagnava grandemente faticando, e con la propria industria viveva. Partitosi dunque da Farnese, se ne andò a trovare un suo zio.

Leti hat gleich in der ersten Ausgabe: Il padre di Sisto si chiamava Francesco Peretti, nato nel castello di Farnese, di dove fu constretto non so per qual' accidente occorsoli di partirsi, ciò che fece volentieri per cercar fortuna altrove, mentre per la povertà della sua casa non haveva di che vivere se non di quello che lavorava con le proprie mani alla giornata. Partito di Farnese la matina, giunse la sera nelle grotte per consigliarsi con un suo zio.

Es leuchtet ein, daß dies ganz das nämliche ist, mit einer leichten Überarbeitung.

Ja, zuweilen finden sich bei Leti kleine Einschiebsel: – sogleich kommen Ms. und Druck wieder völlig zusammen.

Und fragen wir nun, woher jene Zusätze stammen, mit welchen Leti die Erzählung von dem Konklave ausstattete, so zeigt sich, daß auch diese aus unserm Ms. sind. Die oben angeführte Stelle Letis lautet in der Handschrift folgendergestalt: Montalto se ne stava tutto lasso con la corona in mano et in una piccolissima cella abandonato da ogn'uno, e se pure andava in qualche parte, come a celebrar messa, o nello scrutinio della capella, se ne andava etc. Man sieht, daß Leti diesen Text nur mit kleinen Veränderungen umschrieb.

Ich will wegen der Wichtigkeit des Gegenstandes noch eine Stelle hinzufügen. Das Ms. hat: Prima di cominciarsi il Montalto, che stava appresso al card[l] di San Sisto per non perderlo della vista o perche non fosse subornato da altri porporati, gli disse alle orecchie queste parole: Faccia instanza V. S[ria] ill[ma] che lo scrutinio segua senza pregiudicio dell' adoratione: e questo fu il primo atto d'ambitione che mostrò esteriormente Montalto. Non mancò il card[l] di San Sisto di far ciò; perche con il Bonelli unitamente principiò ad alzare la voce due o tre volte così: Senza pregiudicio della seguita adoratione. Queste voci atterrirono i cardinali: perche fu supposto da tutti loro che dovesse esser eletto per adoratione. Il card[l] Montalto già cominciava a levar quelle nebbie di fintioni che avevano tenuto nascosto per lo spatio di anni 14 l'ambitione grande che li regnava in seno: onde impatiente di vedersi nel trono papale, quando udì leggere la metà e più delli voti in suo favore, tosto allungò il collo e si alzò in piedi, senza attendere il fine del scrutinio, e uscito in mezzo di quella capella gittò verso la porta di quella il bastoncello che portava per appoggiarsi, ergendosi tutto dritto in tal modo che pareva due palmi più longo de solito. E quello che fu più maraviglioso, etc.

Vergleichen wir hiermit die entsprechende Stelle bei Leti I, p. 412 (Ausg. von 1669): Prima di cominciarsi Montalto si calò nell' orecchia di San Sisto, e gli disse: Fate instanza che lo scrutinio si faccia senza pregiudicio dell' adoratione: che fu appunto il primo atto d'ambitione che mostrò esteriormente Montalto. Nè San Sisto mancò di farlo, perche insieme con Alessandrino cominciò a gridare due o tre volte: Senza pregiudicio dell' adoratione. Già cominciava Montalto a levar quelle nebbie di fintioni che havevano tenuto nascosto per più di quindeci anni l'ambitione grande che li regnava nel cuore: onde impatiente di vedersi nel trono ponteficale, non si tosto intese legger più della metà de' voti in suo favore che assicuratosi del ponteficato si levò in piedi e senza aspettare il fino dello scrutinio gettò nel mezo di quella sala un certo bastoncino che portava per appoggiarsi, ergendosi tutto dritto in tal modo che pareva quasi un piede più longo di quel ch'era prima: ma quello che fu più maraviglioso etc., – so zeigt sich, daß bis auf wenige Worte alles ebenso lautet.

Leti führt einmal ein Zeugnis für seine Erzählung an: Io ho parlato con un Marchiano, ch'è morto venti (in späteren Ausgaben trenta) anni sono, et assai caduco, il quale non aveva altro piacere che di parlare di Sisto V, e ne raccontava tutte le particolarità. Schon an sich ist es unwahrscheinlich, daß Leti, der 1644 14 Jahre alt nach Rom kam, mit Leuten, die Sixtus V. genau kannten, Verkehr gehabt und aus ihren Gesprächen viel für sein Buch geschöpft haben soll: – es ist aber auch dies eine aus jener Handschrift herübergenommene Stelle. Et un giorno parlando con un certo uomo dalla Marcha, che è morto, che non aveva altro piacere che di parlare di Sisto V. Die zwanzig oder dreißig Jahre fügte der Autor mehrerer Glaubwürdigkeit halber hinzu.

Auch hier scheint mir Leti wohl an eine schlechte Kopie geraten zu sein. Die Handschrift hat gleich von Anfang, der Knabe habe oft die Nacht auf freiem Felde das Vieh hüten müssen: in campagna aperta; Leti hat dafür: in compagnia d'un' altro, was ganz wie ein schlecht zurechtgelegter Schreibfehler aussieht. Der M. A. Selleri bei Leti wird wohl auch der Handschrift nach M. A. Siliaci geheißen haben.

Mit einem Worte, Letis Vita di Sisto V. ist gar kein selbständiges Werk. Es ist eine stilisierte, mit einigen Zusätzen vermehrte Überarbeitung eines italienischen Manuskripts, das ihm zu Händen gekommen war.

Die ganze Frage würde nun sein, welche Glaubwürdigkeit diese Handschrift verdient. Sie ist eine Anekdotensammlung, nach einem ziemlichen Verlauf von Jahren gemacht, durchaus apokryphischer Natur. Namentlich verdient jene Erzählung von dem Konklave gar keinen Glauben. Sixtus V. ist nicht der, von dem sie zuerst vorgekommen ist: dasselbe sagte man schon von Papst Paul III. In der Vorrede der Schrift Acta Concilii Tridentini 1546, wovon sich in Strobels Neuen Beiträgen V, 233 ein Auszug findet, heißt es von Paul III.: Mortuo Clemente valde callide primum simulabat – – vix prae senio posse suis pedibus consistere: arridebat omnibus, laedebat neminem, suamque prorsus voluntatem ad nutum reliquorum accommodabat: – – ubi se jam pontificem declaratum sensit, qui antea tarditatem, morbum, senium et quasi formidolosum leporem simulabat, extemplo tunc est factus agilis, validus, imperiosus, suamque inauditam ferociam – – coepit ostendere. Man sieht, das ist die Grundlage der Erzählung, wie sie in jener Handschrift und bei Leti vorkommt.

Leti dachte nicht daran, sein Manuskript erst zu prüfen oder es von seinen Fehlern zu reinigen: er hat vielmehr, was er fand, nach Kräften weiter verunstaltet.

Nichtsdestominder fand er damit den größten Beifall: sein Buch erlebte Auflage auf Auflage, eine Menge Übersetzungen.

Es ist auffallend, daß die Historie, sowie sie in das Gedächtnis der Menschen übergeht, allemal das Gebiet der Mythologie berührt. Die Persönlichkeiten werden schroffer, stärker: sie nähern sich auf irgendeine Weise dem faßlichen Ideal; die Begebenheiten werden bezeichnender ausgebildet, die Nebenumstände und mitwirkenden Ursachen vergessen und beseitigt. Auf diese Art scheint auch allein der Forderung der Phantasie genug geschehen zu können.

Spät kommt dann der Gelehrte, der sich wundert, wie man auf so falsche Meinungen geraten ist, das Seine tut, um die Irrtümer zu zerstreuen, aber zuletzt innewird, daß das doch nicht so leicht zu erreichen ist. Der Verstand läßt sich überzeugen, die Phantasie ist nicht zu überwinden.

Storia della vita e geste di papa Sisto V sommo pontefice, scritta dal P^re^ M^ro^ Casimiro Tempesti. Roma 1755.

Wir haben des gemäßigten, heitern und wohlgesinnten Papstes Lambertini, Benedikts XIV., gedacht: sein Pontifikat ist auch dadurch ausgezeichnet, daß fast alle einigermaßen brauchbaren Werke über die innere Papstgeschichte in diese Epoche fallen. Da sind die Annalen von Maffei gedruckt worden: da hat Bromato seine Sammlung über Paul IV. veranstaltet: die Lebensbeschreibungen Marcells II., Benedikts XIII. fallen in dieselbe Regierung: da hat auch Casimiro Tempesti, ein Franziskaner wie Sixtus V., es unternommen, Gregorio Leti zu widerlegen.

Es ward ihm dazu alle wünschenswerte Freiheit gegeben. Er durchsuchte die römischen Bibliotheken und fand da die schönste Ausbeute, Lebensbeschreibungen, Briefschaften, Denkschriften mannigfaltiger Art, die er nun alle in sein Buch zusammenwebte. Vielleicht von allem das Wichtigste ist die Korrespondenz des Nuntius in Frankreich, Morosini, die einen großen Teil seines Werkes erfüllt. Denn in der Regel nimmt er seine Urkunden nur mit einiger Überarbeitung in seinen Text auf.

Nur ist dabei zweierlei zu bemerken.

Einmal stellt er sich zu seinen Quellen in ein besonderes Verhältnis. Er glaubt ihnen, schreibt sie aus; aber er findet, der Papst müsse wohl mit den Autoren zerfallen sein, er müsse sie beleidigt haben: sowie sie zu tadeln beginnen, sagt er sich von ihnen los: er bemüht sich, die in Anspruch genommenen Handlungen des Helden anders auszulegen.

Zuweilen aber weicht er auch von seinen Urkunden ab, entweder weil sie ihm nicht kirchlich genug sind, oder weil er von den Sachen doch keinen rechten Begriff hat. Ein Beispiel sei die Mühlhäuser Angelegenheit vom Jahre 1587. Das Manuskript, das Tempesti durch „Anonimo Capitolino" bezeichnet, das er in sehr vielen Stellen abgeschrieben hat, erzählt die Sache mit vieler Einsicht: betrachten wir, wie er es benutzt. Der Anonimo bezeichnet die in Mühlhausen, wie Laufer, Helv. Geschichte XI, 10, sich ausdrückt, „wegen eines Hölzlins, das kaum 12 Kronen geschätzt war", ausgebrochene Streitigkeit mit den Worten „in non so che causa" ganz passend. Tempesti macht daraus „in urgente lor emergenza". Die Mühlhäuser setzten einige ihrer Ratsherren gefangen, „carcerarono parecchi del suo senato": – Tempesti sagt nur carcerati alcuni, ohne zu bemerken, daß sie vom Rate gewesen. Man fürchtete, die Mühlhäuser möchten sich in die Protektion der katholischen Orte ergeben und sich von den protestantischen absondern: „che volesse mutar religione e protettori, passando dall' eretica fede con raccomandarsi alli cantoni cattolici, siccome allora era raccomandata alli eretici": was sich darauf bezieht, daß Mühlhausen gleich bei seinem ersten Eintritt in das schweizerische Verhältnis i. J. 1515 von Uri, Schwyz, Luzern und Unterwalden nicht angenommen worden war, wie ihm diese Orte eben auch nachher ihren Schutz abschlugen, als es sich zur reformierten Kirche bekannte (Glutz Blotzheim, Fortsetzung von Müllers Schweizergeschichte S. 373). Tempesti hat keine Ahnung von diesem eigentümlichen Verhältnis. Ganz trocken sagt er: Riputarono che i Milausini volessero dichiararsi cattolici. So geht das weiter, auch da, wo der Verfasser durch Druckzeichen andeutet, daß er fremde Worte anführe. – Der Anonimo Capitolino sagt, der Papst Sixtus sei im Begriff gewesen, 100000 Sk. zur Beförderung dieses Übertrittes nach der Schweiz zu schicken, als er Nachricht bekommen habe, daß alles beigelegt sei. Tempesti versichert dennoch, daß der Papst das Geld geschickt habe. Denn vor allem soll sein Held glänzend und auch freigebig erscheinen, obgleich nun wohl das letzte seine glänzendste Eigenschaft nicht war.

Ich will nicht weitere Beispiele häufen. Dies ist sein Verfahren überall, wo ich ihn mit seinen Quellen verglichen. Er ist fleißig, sorgfältig, mit guten Nachrichten ausgerüstet, aber beschränkt, trocken, eintönig, ohne wirkliche Einsicht in die Sachen: seine Sammlungen machen doch seine Urkunden nicht entbehrlich.

Dem Eindruck, den das Buch Letis gemacht, einen ähnlichen entgegenzusetzen, war sein Werk nicht geeignet.

II. Handschriften

Kehren wir nun zu unseren Handschriften zurück; für eine eigentliche Kenntnis sind wir doch immer auf sie verwiesen.

Es begegnet uns zunächst ein Ms. von Papst Sixtus selbst: Aufzeichnungen von seiner Hand, die er noch in dem Kloster gemacht.

49.

Memorie autografe di papa Sisto V. Bibl. Chigi n. III, 70. 158 Bl.

Ein gewisser Salvetti hat sie einst in einer Bodenkammer gefunden und Alexander VII. zum Geschenk gemacht. Es läßt sich in der Tat an ihrer Authentie nicht zweifeln.

Questo libro sarà per memoria di mie poche facenducce, scritto di mia propria mano, dove cio che sarà scritto a laude di dio sarà la ignuda verità, e così priego creda ogn'uno che legge.

Es enthält nun zuerst Rechnungen, an denen jedoch wenigstens ein Blatt fehlt, wenn nicht mehrere.

E qui sarà scritti, fährt er fort, tutti crediti, debiti et ogn' altra mia attione di momento. E così sarà la verità come qui si troverà scritto.

Ich will zu dem, was ich schon in der Erzählung bemerkt habe, doch ein Beispiel hinzufügen.

Andrea del Apiro, frate di San Francesco conventuale, venne a Venetia, e nel partirse per pagar robe comprate per suo fratello, qual mi disse far botega in Apiro, me domandò in prestito denari, e li prestai, presente fra Girolamo da Lunano e fra Cornelio da Bologna, fiorini 30, e mi promise renderli a Montalto in mano di fra Salvatore per tutti il mese presente d'Augusto, come appar in un scritto da sua propria mano il dì 9 Agosto 1557, quale è nella mia casetta. H. 30.

Man sieht diese frateschen Geschäfte, wie einer dem andern Geld leiht, der Borgende seines Bruders kleinen Handel unterstützt, andere Zeugen sind. Auch Fra Salvatore erscheint.

Dann folgt ein Verzeichnis von Büchern. Inventarium omnium librorum tam seorsum quam simul ligatorum quos ego Fr. Felix Perettus de

Monte alto emi et de licentia superiorum possideo. Qui seorsum fuerit ligatus, faciat numerum: qui non cum aliis, minime. Es tut mir jetzt leid, daß ich mir nichts aus diesem Verzeichnis angemerkt habe: es schien mir sehr unbedeutend zu sein.

Endlich findet man p. 144:

Memoria degli anni che andai a studio, di officii, prediche e commissioni avute.

Ich will dies hier vollständig mitteilen, obwohl Tempesti hier und da einiges daraus hat: es ist das einzige Tagebuch eines Papstes, das wir besitzen.

Col nome di dio 1540 il dì 1 settembre di mercoldì intrai a studio in Ferrara, e vi finii il triennio sotto il r^{do} m^{ro} Bart^{o} dalla Pergola. Nel 43 fatto il capitolo in Ancona andai a studio in Bologna sotto il r^{do} maestro Giovanni da Correggio: intrai in Bologna il di S. Jacobo maggior di Luglio, e vi stetti fino al settembre del 44, quando il costacciaro mi mandò baccellier di convento in Rimini col rev^{mo} regente m^{r} Antonio da città di Penna, e vi finii il tempo sino al capitolo di Venezia del 46. Fatto il capitolo andai baccellier di convento in Siena con m^{ro} Alexandro da Montefalco, e qui finii il triennio fino al capitolo d'Assisi del 49. Ma il costacciaro mi die' la licentia del magisterio nel 48 a 22 Luglio, e quattro dì dopo me addottorai a Fermo. Nel capitolo generale di Assisi fui fatto regente di Siena 1549 e vi finii il triennio, fu generale mons^{re} Gia Jacobo da Montefalco. A Napoli: nel capitolo generale di Genova fui fatto regente di Napoli 1553 dal rev^{mo} generale m^{r} Giulio da Piacenza e vi finii il triennio. A Venezia: nel capitolo generale di Brescia 1556 fui fatto regente di Venezia, e vi finii il triennio, e l'anno primo della mia regeria fui eletto inquisitor in tutto l'ill^{mo} dominio 1557 di 17 di Gennaro. Nel capitolo generale di Assisi 1559 eletto generale m^{re} Giovan Antonio da Cervia, fui confirmato regente et inquisitore in Venezia come di sopra. Per la morte di papa Paolo IIII l'anno detto d'Agosto partii da Venezia per visitare li miei a Montalto, inquisitore apostolico: mosso da gran tumulti; il 22 di Febbraro 1560 tornai in ufficio col brieve di Pio IIII papa, et vi stetti tutto l'Giugno, e me chiamò a Roma: il dì 18 Luglio 1560 fui fatto teologo assistente alla inquisitione di Roma e giurai l'officio in mano del card^{l} Alessandrino.

(Prediche.) L'anno 1540 predicai, nè havevo anchor cantato messa, in Montepagano, terra di Abruzzo. L'anno 1541 predicai a Voghiera, villa Ferrarese, mentre ero studente in Ferrara. L'anno 1542 predicai in Grignano, villa del Polesine di Rovigo, e studiavo in Ferrara. L'anno 1543 predicai alla fratta di Badenara (viveva il Diedo e'l Manfrone) e studiavo in Ferrara. L'anno 1544 predicai alla Canda, villa della Badia, e studiavo in Bologna. L'anno 1545 predicai le feste in Rimini in convento nostro, perche il m^{ro} di studio di Bologna ne preoccupò la predica di Monte Scutulo, et ero bacc^{o} di convento di Rimini. L'anno 1546 predicai a Macerata di Montefeltro et ero bacc^{o} di convento di Rimini. L'anno 1547 predicai a S. Geminiano in Toscana et ero bacc^{o} di convento a Siena. L'anno 1548 predicai a S. Miniato al Tedesco in Toscana, et ero bacc^{o} di Siena. L'anno 1549 predicai in Ascoli della Marca, partito da Siena per l'ingresso de Spagnoli introdutti da Don

Diego Mendozza. L'anno 1550 predicai a Fano et ero regente a Siena. L'anno 1551 predicai nel domo di Camerino condotto dal r^{mo} vescovo et ero regente a Siena. L'anno 1552 predicai a Roma in S. Apostoli, e tre ill^{mi} cardinali me intrattennero in Roma, e lessi tutto l'anno tre dì della settimana la pistola a Romani di S. Paolo. L'anno 1553 predicai a Genova, e vi se fece il capitolo generale, et andai regente a Napoli. L'anno 1554 predicai a Napoli in S. Lorenzo, e vi ero regente, e lessi tutto l'anno in chiesa l'evangelio di Giovanni. L'anno 1555 predicai nel duomo di Perugia ad instanza dell' ill^{mo} cardinale della Corgna. L'anno 1556 fu chiamato a Roma a concilio generale, che già principiò la santità di papa Paulo IIII, però non predicai. L'anno 1557 fu eletto inquisitor di Venezia e del dominio, e bisognandome tre dì della settimana seder a tribunale non predicai ordinariamente, ma 3 (?) dì della settimana a S. Caterina in Venezia. L'anno 1558 predicai a S. Apostoli di Venezia e 4 giorni della settimana a S. Caterina, ancorche exequissi l'officio della s^{ta} inquis^{ne}. L'anno 1559 non predicai salvo tre dì della settimana a S. Caterina per le molte occupationi del s. officio. L'anno 1560 tornando col brieve di S. Santità a Venezia inquisitore tardi predicai solo a S. Caterina come di sopra.

(Commissioni.) L'anno 1548 ebbi da rev^{mo} m^{re} Bartolommeo da Macerata, ministro della Marca, una commissione a Fermo per liberar di prigione del S^{r} vicelegato fra Leonardo della Ripa: lo liberai e lo condussi in Macerata. L'anno 1549 ebbi dal sud^{o} R. P^{re} commissione in tutta la custodia di Ascoli da Febbraro fino a pasqua. L'anno istesso dall' istesso ebbi una commissione nel convento di Fabriano e vi rimisi frate Evangelista dell' istesso luogo. L'anno 1550 ebbi dall' istesso padre commissione in Senegaglia: rimisi fra Nicolò in cassa e veddi i suoi conti. L'anno 1551 ebbi commissione dal rev^{mo} p^{re} generale m^{re} Gia Jacobo da Montefalco a visitar tutta la parte de Montefeltro, Cagli et Urbino. L'anno 1552 ebbi dall' ill^{mo} cardinale protettor commissione sopra una lite esistente tra il guardiano fra Tommaso da Piacenza et un fra Francesco da Osimo, che aveva fatto la cocchina in Santo Apostolo. L'istesso anno ebbi commission dal rev^{mo} padre generale m^{ro} Giulio da Piacenza nel convento di Fermo, e privai di guardianato m^{ro} Domenico da Montesanto, e viddi i conti del procuratore fra Lodovico da Pontano, e bandii della provincia fra Ciccone da Monte dell' Olmo per aver dato delle ferite a fra Tommaso dell' istesso luogo. L'anno 1555 ebbi del sudetto r^{mo} generale commissione di andar in Calabria a far il ministro, perche aveva inteso quello esser morto, ma chiarito quello esser vivo non andai. L'anno 1557 ebbi commissione sopra il Gattolino di Capodistria, sopra il Garzoneo da Veglia et altre assai commissioni di fra Giulio di Capodistria. L'anno 1559 fui fatto commissario nella provincia di S. Antonio, tenni il capitolo a Bassano, e fu eletto ministro m^{ro} Cornelio Veneto. L'anno 1560 fui fatto inquisitore apostolico in tutto il dominio Veneto, e dell' istesso anno fui fatto teologo assistente alla inquisitione di Roma il dì 16 Luglio 1560.

Nel capitolo generale di Brescia 1556 fui eletto promotor a magisterii con l'Andria e con m^{ro} Giovanni da Bergamo, et otto baccalaurei da noi promossi furon dottorati dal rev^{mo} generale m^{ro} Giulio da Piacenza, cioè Antonio da Montalcino, Ottaviano da Ravenna, Bonaventura da Gabiano, Marc Antonio da Lugo, Ottaviano da Napoli, Antonio Panzetta da Padova, Ottaviano da Padova, Martiale Calabrese. Otto altri promossi ma non adottorati da s. p. r^ma^: Francesco da Sonnino, Antonio da Urbino, Nicolò da Montefalco, Jacobo Appugliese, Antonio Bolletta da Firenze, Constantino da Crema, il Piemontese et il Sicolino. Io però con l'autorità di un cavalier di S. Pietro da Brescia adottorai Antonio da Urbino, il Piemontese e Constantino da Crema. Di Maggio 1558 con l'autorità del cavalier Centani adottorai in Venezia fra Paolo da S. Leo, frate Andrea d'Arimino, Giammatteo da Sassocorbaro e fra Tironino da Lunano, tutti miei discepoli.

50.

De vita Sixti V ipsius manu emendata. Bibl. Altieri. 57 Bl.

Zwar nur eine Abschrift, aber in welcher die Fehler des ersten Schreibers und die Verbesserungen des Papstes treulich aufgenommen worden sind. Über durchstrichenen Worten liest man die Korrektur.
Er fängt von der Armut der Eltern dieses Papstes an, welche „alieni parvique agri cultura" ihr Leben fristeten; er rühmt von der Familie vor allen Signora Camilla, die wenigstens damals, als er schrieb, sich in ihren Ansprüchen noch sehr mäßigte: „quae ita se intra modestiae atque humilitatis suae fines continuit semper, ut ex summa et celsissima fortuna fratris, praeter innocentiae atque frugalitatis famam et in relictis sibi a familia nepotibus pie ac liberaliter educandis diligentiae laudem, nihil magnopere cepisse dici possit". Er führt Erziehung, Emporkommen und die erste Zeit der Staatsverwaltung aus. Besonders merkwürdig ist er dadurch, weil er das bei den Bauten von Rom vorherrschende christliche Prinzip hervorhebt.
Ungefähr 1587 wird dies Werkchen verfaßt sein. Der Verfasser hegte die Absicht, auch die folgenden Zeiten zu schildern. Tum dicentur nobis plenius, cum acta ejus (Sixti) majori parata ordine prodere memoriae experiemur. Quod et facturi pro viribus nostris, si vita suppetet, omni conatu sumus: et ipse ingentia animo complexus, nec ulla mediocri contentus gloria, uberem ingeniis materiam praebiturus egregie de se condendi volumina videtur.
Bei dem nun, was wir vor Augen haben, ist die wichtigste Frage, ob es wirklich vom Papst revidiert worden ist.
Tempesti, der die Abschrift der Bibliothek Altieri nicht kannte, besaß ein Werkchen, das man ihm als von Graziani verfaßt, von Papst Sixtus verbessert empfohlen hatte. Auch anderwärts findet sich die Annahme, daß Graziani ein Leben Sixtus' V. zu schreiben begonnen habe, das von dem Papst revidiert worden sei, und es werden Stellen daraus angeführt, die, einige zufällige Fehler abgerechnet, mit dem unsern übereinstimmen: Lagomarsini hatte vor, es drucken zu lassen. Wie es Tempesti vor sich hatte, ist es mit dem unsern nahe verwandt, aber nicht identisch. Tempesti macht unter anderem darauf aufmerksam

(p. XXVIII), daß Graziani den Papst seine erste Prozession bei S. Apostoli vollziehen lasse, während sie doch von Araceli nach S. Maria Maggiore gegangen sei. Ein Fehler, der freilich wohl eher einem Manne entgehen konnte, der Papst geworden und die Geschäfte der Welt trieb, als dem Padre Maestro Tempesti. Aber unsere Vita stimmt damit nicht überein. Die ersten Worte: Verum ut acceptum divinitus honorem ab ipso deo exordiretur, ante omnia – sind in beiden gleichlautend. Dann heißt es bei Graziani: supplicationes Romae ad templum Franciscanorum, quod ab Apostolis nominatur olim; in dem Manuskript folgt: supplicationes decrevit, quas ipse cum patribus et frequente populo pedibus eximia cum religione obivit a templo Franciscanorum ad S. Mariam Majorem. Die Stelle reicht hin, um das Verhältnis der beiden Texte nachzuweisen. Graziani scheint den ersten Entwurf gemacht, dieser aber schon verbessert dem Papst vorgelegt und von ihm durchgesehen worden zu sein.

Daß die dem letzten beigefügten Zusätze von dem Papst stammen, dafür haben wir auch noch ein positives Zeugnis.

Eine andere Lebensbeschreibung – die nächste, deren wir gedenken – erzählt, Sixtus habe zu gewissen Kommentarien an dem Rande bemerkt: „sororem alteram tenera aetate decessisse". Wir finden, daß eben dies in unserer Schrift geschehen ist. Der erste Verfasser hatte geschrieben: „Quarum altera nupsit, ex cujus filia Silvestrii profluxisse dicuntur, quos adnumerat suis pontifex" etc. Sixtus strich dies und einiges andere aus und schrieb hinzu: „Quarum altera aetate adhuc tenera decessit".

Jene zweite Lebensbeschreibung sagt ferner: In illis commentariis ab ipso Sixto, qui ea recognovit, adscriptum reperi, Sixti matrem Marianam non quidem ante conceptum sed paulo ante editum filium de futura ejus magnitudine divinitus fuisse monitam. Auch dies finden wir in unserer Schrift. Der Autor hatte gesagt, Peretto habe im Traum die Vorhersagung empfangen: „nasciturum sibi filium qui aliquando ad summas esset dignitates perventurus". „Vater" ist weggestrichen, und gesetzt: Ejus uxor partui vicina.

Hierdurch bekommt nun unser Werkchen eine große Authentie: es schließt sich unmittelbar an jenes Autographum des Papstes an. Es verdiente wohl einen besonderen Abdruck. Man müßte dabei das MS. Altieri zugrunde legen und die Abweichungen von Graziani bemerken.

51.

Sixtus V Pontifex Maximus. Bibl. Altieri. 80 Blätter.

Eben die Schrift, durch welche wir die Authentie der vorigen zu beweisen vermochten. Ich finde nicht, daß sie Tempesti oder ein anderer gekannt habe.

Der Autor schrieb nach dem Tode des Sixtus. Schon er beklagt, daß das Gedächtnis desselben durch viele Erdichtungen verunstaltet werde. Sixtus V., hebt er an, memoriae quibusdam gratae, aliquibus invisae,

omnibus magnae, cum cura nobis et sine ambitu dicetur: curam expectatio multorum acuit (obwohl die Schrift niemals gedruckt worden), ambitum senectus nobis imminens praecidit.
Seinen Gegenstand findet er sehr wichtig. Vix aut rerum moles major aut majoris animi pontifex ullo unquam tempore concurrerunt.
In einem ersten Teile seines Werkchens geht er das Leben Sixtus' V. bis zu dessen Erhebung auf den Päpstlichen Stuhl durch. Er schöpfte dabei aus obiger Lebensbeschreibung, Briefschaften des Sixtus, die er öfter zitiert, und mündlichen Nachrichten von Kardinal Paleotto oder einem vertrauten Hausgenossen des Papstes, namens Capelletto. Dabei kommen auch gar mancherlei Denkwürdigkeiten zur Sprache.

Cap. I. Sixti genus, parentes, patria. Die sonderbare Notiz, daß Sixtus sich in seiner Jugend habe Crinitus nennen wollen, ja sogar in dem Kloster eine Zeitlang so genannt worden sei. Er verstand darunter einen Kometen und wählte diesen Namen um seiner Glückshoffnungen willen (propter speratam semper ab se ob ea quae mox exsequar portenta nominis et loci claritatem). Darauf soll sich der Stern in seinem Wappen beziehen. Wenigstens ist dies kein Komet. Übrigens hat er selbst Paleotto gesagt, daß durch die Birnen auf diesem Wappen sein Vater (Peretti), durch die Berge sein Vaterland angezeigt werde: der Löwe, der die Birnen trägt, zeige zugleich Großmut und Wohltätigkeit an.

II. Ortus Sixti divinitus ejusque futura magnitudo praenunciatur. Sixtus selbst erzählt, sein Vater habe einst in der Nacht den Zuruf vernommen: „Vade, age, Perette, uxori jungere: paritura enim tibi filium est, cui Felicis nomen impones: is enim mortalium olim maximus est futurus." Ein seltsamer Kauz war dieser Peretti doch. Seine Frau war damals in Diensten jener Diana in der Stadt. Auf Veranlassung der weissagenden Ermunterung schlich er sich nun bei Nacht und Nebel hinein. Am Tage durfte er sich aus Furcht vor seinen Gläubigern nicht blicken lassen. – Seltsamer Ursprung! Später hat Peretti seine Gläubiger auf das Glück seines Sohnes förmlich vertröstet. Wenn er das Kind auf den Armen hatte, sagte er wohl: er trage einen Papst, und zog das Füßchen hervor, um es von seinen Nachbarn küssen zu lassen.

III. Nomen. Peretto sagte, als man ihm gegen den Namen Felix Einwendungen machte: „Baptismo potius quam Felicis nomine carebit." Die Betten fingen einmal von einem stehengebliebenen Lichte Feuer: die Mutter lief herbei und fand das Kind unbeschädigt und lachend. Ungefähr wie dem Kinde der Sklavin, Servius Tullius, die ihm bevorstehende Hoheit durch die Flamme angekündigt ward, die im Schlafe sein Haupt umgab. Nach so vielen Jahrhunderten wiederholt sich das Wunder oder der Glaube.

IV. Studia. Daß er Schweine gehütet, habe er doch nicht gern gehört: weil es in obigen Kommentarien gestanden, habe er deren Fortsetzung verboten. Erzählung von seinen ersten raschen Fortschritten: so daß er den Lehrmeister für seine fünf Bajocchi allzusehr beschäftigte. Vix mensem alterum operam magistro dederat, cum ille Perettum adit, stare se conventis posse negans: tam enim multa Felicem supra reliquorum captum et morem discere, ut sibi, multo plus in uno illo quam in ceteris instituendis omnibus laboranti, non expediat maximam operam minima omnium mercede consumere. Bei Fra Salvatore ward er ziemlich hart gehalten. Er bekam manchen Schlag, weil er ihm die Speisen nicht recht vorsetzte. Das arme Kind hob sich hoch auf die Zehen, war aber so klein, daß es kaum die Tischplatte mit seiner Höhe erreichte.

V. Mönchsleben. Was wir über die Art seines Studierens und die Disputation zu Assisi berichtet haben. Der erste Ruf seiner Predigten. Auf den Reisen hielt man ihn zu Belforte auf und ließ nicht ab, bis er unter ungeheurem Zulauf der Nachbarn dreimal gepredigt.

VI. Montalti cum Ghislerio Alexandrino jungendae familiaritatis occasio.

VII. Per magnam multorum invidiam ad magnos multosque honores evadit. Namentlich in Venedig, wo er den Druck des Index durchsetzte, hatte er viel zu dulden. Er hatte sich einmal entfernen müssen und trug Bedenken, dahin zurückzukehren. Der Kardinal Carpi, seit jener Disputation sein Beschützer, kündigte den dortigen Franziskanern an: entweder sollte Montalto oder keiner von ihnen in Venedig bleiben. Indessen konnte er sich doch nicht in Venedig halten. Seine Ordensbrüder klagten ihn vor dem Rate der Zehn an, daß er Unordnung in der Republik stifte, indem er namentlich diejenigen nicht absolvieren wolle, welche im Besitze verbotener Bücher seien (qui damnatos libros domi retineant). Er mußte nach Rom zurückgehen, wo er Konsultor der Inquisition wurde.

VIII. Romanae inquisitionis consultor, sui ordinis procurator, inter theologos congregationis Tridentini concilii adscribitur. Auch bei den Franziskanern in Rom fand Montalto nur auf ausdrückliche Empfehlung des Carpi Aufnahme, und dieser schickte ihm seine Mahlzeit zu. Er beförderte ihn in jene Stelle, er empfahl ihn sterbend dem Kardinal Ghislieri.

IX. Iter in Hispaniam. Er begleitete Buoncompagno, nachmals Gregor XIII. Schon damals verstanden sie sich nur schlecht untereinander. Montalto mußte zuweilen auf dem Packwagen reisen. Accidit nonnunquam ut quasi per injuriam aut necessitatem jumento destitutus vehiculis quibus impedimenta comportabantur deferri necesse fuerit. Es folgten viele andere Vernachlässigungen.

X. Post honorifice delatum episcopatum per iniquorum hominum calumnias cardinalatus Montalto maturatur. Auch der Nepote Pius' V. war ihm entgegen, „alium veterem contubernalem evehendi cupidus". Unter anderem sagte man dem Papst, man habe vier wohlverschlossene Kisten in das Zimmer des Montalto getragen, der sich ganz verweichliche und prächtig wohne. Pius ging unvermutet selbst in das Kloster. Er fand nackte Wände und fragte endlich, was in den Kisten sei, welche noch dastanden. „Bücher, Heiliger Vater", sagte Montalto, „die ich mit nach S. Agatha nehmen will" – das war sein Bistum –, und öffnete eine. Pius war höchlich zufrieden und ernannte ihn in kurzem zum Kardinal.

XI. Montalti dum cardinalis fuit vita et mores. Gregor entzog ihm seine Pension, was viele auf das künftige Pontifikat des Montalto deuteten. Levis enim aulicorum quorundam superstitio diu credidit, pontificum animis occultam quandam in futuros successores abtrectationem insidere.

XII. Francisci Peretti caedes incredibili animi aequitate tolerata.

XIII. Pontifex M. magna patrum consensione declaratur.

Hierauf folgt der zweite Teil

„Hactenus Sixti vitam per tempora digessimus: jam hinc per species rerum et capita, ut justa hominis aestimatio cuique in promptu sit, exequar.“

Es finden sich jedoch von diesem Teile nur drei Kapitel: Gratia in bene meritos – pietas in Franciscanorum ordinem – publica securitas.

Das letzte ist durch seine Schilderung gregorianischer Zeiten bei weitem das wichtigste, und ich will, da ich nicht eine völlige Abschrift genommen, wenigstens einen Auszug mitteilen.

Initio quidem nonnisi qui ob caedes et latrocinia proscripti erant, ut vim magistratuum effugerent, genus hoc vitae instituerant, ut aqua et igne prohibiti latebris silvarum conditi aviisque montium ferarum ritu vagantes miseram anxiamque vitam furtis propemodum necessariis sustentarent. Verum ubi rapinae dulcedo et impunitae nequitiae spes alios atque alios extremae improbitatis homines eodem expulit, coepit quasi legitimum aliquod vel mercimonii vel artificii genus latrocinium frequentari. Itaque certis sub ducibus, quos facinora et saevitia nobilitassent, societates proscriptorum et sicariorum ad vim, caedes, latrocinia coibant. Eorum duces ex audacia vel scelere singulos aestimabant: facinorosissimi et saevissima ausi maxime extollebantur ac decurionum centurionumque nominibus militari prope more donabantur. Hi agros et itinera non jam vago maleficio sed justo pene imperio infesta habebant. – – Denique operam ad caedem inimicorum, stupra virginum et alia a quibus mens refugit, factiosis hominibus et scelere alieno ad suam exaturandam libidinem egentibus presente pretio locare: eoque res jam devenerat, ut nemo se impune peccare posse crederet nisi cui proscriptorum aliquis et exulum periculum praestaret. Iis fiebat rebus, ut non modo improbi ad scelera, verum etiam minime mali homines ad incolumitatem ejusmodi feras bestias sibi necessarias putarent. – – Id proceribus et principibus viris perpetuo palam usurpari. – – Et vero graves Jacobo Boncompagno susceptae cum primariis viris inimicitiae ob violatam suarum aedium immunitatem diu fortunam concussere. Procerum plerique, sive quos aes alienum exhauserat, sive quorum ambitio et luxus supra opes erat, sive quos odia et ulciscendi libido ad cruenta consilia rejecerant, non modo patrocinium latronum suscipere, sed foedus cum illis certis conditionibus sancire, ut operam *illi* ad caedem locarent mercede impunitatis et perfugii. Quum quo quisque sicariorum patrono uteretur notum esset, si cui quid surreptum aut per vim ablatum foret, ad patronum deprecatorem confugiebatur, qui sequestrum simulans, utrinque raptor, tum praedae partem a sicariis tum operae mercedem a supplicibus, aliquando recusantis specie, quod saevissimum est rapinae genus, extorquebat. Nec defuere qui ultro adversus mercatores atque pecuniosos eorumque filios, agros etiam et bona ex destinato immitterent, iisque deinde redimendis ad seque confugientibus operam venderent, casum adeo miserantes ut ex animo misereri credi possent. – – Lites sicariorum arbitrio privatis intendebantur, summittebantur vi adacti testes, metu alii a testimonio dicendo deterrebantur. – – Per urbes factiones exoriri, destinctae coma et capillitio, ut hi in laevam, illi in dexteram partem vel villos alerent comarum vel comam a fronte demitterent. Multi, ut fidem partium alicui addictam firmarent, uxores necabant, ut filias, sorores, affines eorum inter quos censeri vellent ducerent: alii consanguinearum viros clam seu palam trucidabant, ut illas iis quos in suas partes adlegerant collocarent. Vulgare ea tempestate fuit ut cuique sive forma seu opes mulieris cujuscunque placuissent, eam procerum aliquo interprete vel invitis cognatis uxorem duceret, neque raro accidit ut praedivites nobilesque homines exulum abjectissimis et rapto viventibus grandi cum dote filias collocare vel eorum indotatas filias ipsi sibi justo matrimonio jungere cogerentur. – – Sceleratissimi homines tribunalia constituere, forum indicere, judicia exercere, sontes apud se accusare, testibus urgere, tormentis veritatem extorquere, denique solemni formula damnare: alios vero a legitimis magistratibus in vincula conjectos, causa per prorem (procuratorem) apud se dicta, absolvere, eorum accusatores ac judices poena talionis condemnare. Coram damnatos praesens poena sequebatur: si quid statutum in absentes foret, tantisper mora erat dum sceleris ministri interdum cum mandatis perscriptis riteque obsignatis circummitterentur, qui per veram vim agerent quod legum ludibrio agebatur. – – Dominos et reges se cujus collibuisset provinciae, ne solennibus quidem inaugurationum parcentes, dixere multi et scripsere. – – Non semel sacra supellectile e templis direpta, augustissimam et sacratissimam eucharistiam in silvas ac latibula asportarunt, qua ad magica flagitia et execramenta abuterentur. – – Mollitudo Gregoriani imperii malum in pejus convertit. Sicariorum multitudo infinita, quae facile ex rapto cupiditatibus conniventium vel in speciem tantum irascentium ministrorum largitiones sufficeret. Publica fide securitas vel petentibus concessa vel sponte oblata: arcibus, oppidis, militibus praeficiebantur. Eos, velut ab egregio facinore reduces, multitudo, quocunque irent, spectando effusa mirabatur, laudabat. – –

52.

Memorie del pontificato di Sisto V. Altieri XIV a. IV fol.
480 Blätter.

Nicht ganz neu und unbekannt ist dieses ausführliche Werk. Tempesti hatte eine Abschrift aus dem Archiv des Kapitols und bezeichnet den Urheber desselben als den Anonimo Capitolino.

Tempesti ist aber gegen dies Werk höchst ungerecht. Er kopiert es in unzähligen Stellen, und in dem allgemeinen Urteil am Anfang seiner Geschichte spricht er ihm doch die Glaubwürdigkeit ab.

Es ist aber ohne Zweifel das beste, was es über Sixtus' V. Geschichte gibt.

Der Autor hatte die wichtigsten Dokumente in Händen. Man sieht es seiner Erzählung an: auch sagt er es selbst, z. B. in deutschen Sachen: „mi risolvo di narrar minutamente quanto ne trovo in lettere e relationi autentiche."

Über die Finanzeinrichtungen Sixtus' V. hat er die genauesten Nachrichten: Schritt für Schritt begleitet er sie. Doch geht er dabei mit vieler Diskretion zu Werke. Gli venivano, sagt er, proposte inventioni stravagantissime ed horrende, ma tutte sotto faccia molto humana di raccor danari, le quali per esser tali non ardisco di metter in carta tutte, ma sole alcune poche vedute da me nelle lettere originali degl' inventori.

Er hatte ein Leben Gregors XIII. geschrieben, und deshalb mag man ihn für Maffei gehalten haben: obwohl ich sonst keinen Grund finde, ihn mit diesem Jesuiten zu identifizieren.

Schade nur, daß auch dies Werk nur ein Fragment ist. Gleich von vorn fehlen die früheren Ereignisse. Sie waren geschrieben, doch bricht wenigstens unser Ms. mitten in einem Satze ab. Hierauf werden die Einrichtungen der ersten Jahre des Papstes durchgegangen, aber der Verfasser kommt nur bis zu dem Jahre 1587.

Den ersten Mangel können wir verschmerzen, da wir darüber so viel andere und gute Belehrung besitzen; aber der Mangel der spätern Arbeit ist höchst empfindlich. Es ist eine Art europäischer Geschichte, die der Verfasser aus wirklich glaubwürdigen Nachrichten mitteilt. Über das Jahr 1588, den annus climactericus der Welt, würden wir gewiß bei ihm viele gute Nachrichten finden.

Man höre, wie vernünftig er sich im Anfange seiner Arbeit ausdrückt:

Non ho lasciata via per cui potessi trar lume di vero che non abbia con molta diligenza et arte apertami et indefessamente camminata, come si vedrà nel racconto che faccio delle scritture e relationi delle quali mi son servito nella tessitura di questa istoria. Prego dio, autore e padre d'ogni verità, sicome mi ha data ferma volontà di non dir mai bugia per ingannare, così mi conceda lume di non dir mai il falso con essere ingannato.

Ein Gebet, eines Historikers ganz würdig.

Er schließt bei den Kardinalwahlen von 1587 mit den Worten: E le speranze spesso contrarie alle proprie apparenze.

Ich habe einen großen Teil seiner Notizen nach Vergleichung mit den anderweiten aufgenommen; was etwa noch übrig wäre, hier nachzutragen, würde bei dem Umfange des Werkes zu weit führen.

53.

Sixti V Pontificis Maximi vita a Guido Gualterio Sangenesino descripta. MS der Bibl. Altieri. VIII. F. I. 54 Bl.

Tempesti gedenkt eines Tagebuches über die Zeiten Sixtus' V. von einem Autor dieses Namens[1]. Er ist der nämliche, der unsre Lebensbeschreibung verfaßt hat; in unserm Werk erwähnt er das frühere. Er war von Sixtus für seine Bemühungen besonders belohnt worden.

Das Exemplar in dem Palast Altieri ist sehr authentisch und vielleicht einzig. Es hat Anmerkungen von der Hand des Autors „Me puero cum in patria mea Sangeno" etc sagt er darin, so daß kein Zweifel sein kann.

Er schrieb es kurz nach Sixtus' Tode, in den ersten Zeiten Clemens' VIII., dessen er öfter gedenkt. Er erwähnt, daß gerade die Nachricht von dem Übertritt Heinrichs IV. zum Katholizismus eintreffe, so daß wir das Jahr 1593 mit Sicherheit als das Jahr der Abfassung annehmen können.

Auch ist der Autor besonders glaubwürdig Er stand mit der Familie Peretti in näherer Verbindung: Maria Felice, Tochter der Signora Camilla, war in Sangeno erzogen: die Frau des Autors war ihre genaue Freundin; er selbst war mit Anton Bosio, dem Sekretär des ersten Beförderers von Montalto, des Kardinals Carpi, sehr genau bekannt: „summa mihi cum eo necessitudo intercedebat."

Und so ist er denn vornehmlich über die frühern Lebensumstände des Papstes gut unterrichtet.

Er widmet ihnen den ersten Teil seiner Schrift.

Er berichtet, wie Fra Felice zuerst mit Papst Paul IV bekanntgeworden sei. Bei dem Brande einer Minoritenkirche in der Mark war die Hostie verschont geblieben. Es muß das mit einigen besondern Umständen verknüpft gewesen sein: genug, man hielt hierüber große Konsultation. Die Kardinäle der Inquisition, Ordensgenerale, viele andere Prälaten waren zugegen. Kardinal Carpi brachte den Montalto mit und drang darauf, daß auch dieser sein Günstling seine Meinung zu sagen habe. Montalto sagte seine Meinung, die allen die beste schien: höchlich zufrieden ging Carpi weg. – In ejus sententiam ab omnibus itum est. Surgens cardinalis Carpensis dixit: Probe noram quem virum huc adduxissem.

Merkwürdig ist die Schilderung seiner aristotelischen Bemühungen.

Die Ausgabe des Posius, in der Tat eines Schülers von Montalto, wird von Gualterius diesem letzten geradehin zugeschrieben. Aristotelis Averroisque opera ex pluribus antiquis bibliothecis exemplaria nactus emendavit, expurgavit, aptoque ordine in tomos, ut vocant, undecim digessit. Mediam et magnam Averrois in libros posteriorem expositionem apta distributione Aristotelis textui accommodavit: mediam Averrois expositionem in septem metaphysicorum libros invenit, exposuit,

[1] Davon ist im Archivio storico Italiano, Appendice nr. 8, p. 345 im Jahre 1844 der Anfang gedruckt worden.

ejusdem Averrois epitomata quaesita et epistolas suis restituit locis, solutionibus contradictionum a doctissimo Zunara editis (in denen die Widersprüche zwischen Aristoteles und Averroes ausgeglichen werden) centum addidit.

Dann schildert er den Charakter seines Helden. Magnanimus dignoscebatur, ad iram tamen pronus. Somni potens: cibi parcissimus: in otio nunquam visus nisi aut de studiis aut de negotiis meditans.

So gelangt er zum Konklave. Hierauf fängt auch er an, die Taten Sixtus' V. nach seinen verschiedenen Tugenden zu schildern: Religio. Pietas, Justitia, Fortitudo, Magnificentia, Providentia

So seltsam diese Einteilung ist, so kommen doch dabei eine Menge hübscher Dinge zum Vorschein.

Lebhaft bemüht sich Gualterius, den Papst gegen die Anklagen zu verteidigen, die ihm wegen seiner Auflagen gemacht worden. Man höre aber, wie „Imprimis ignorare videntur, pontificem Romanum non in nostras solum facultates sed in nos etiam ipsos imperium habere " Was würde die heutige Zeit zu diesem Staatsrecht sagen?

Vornehmlich den Bauwerken Sixtus' V. widmet er Aufmerksamkeit und ist darüber recht interessant.

Er schildert den Zustand des alten Lateran. Erat aula permagna quam concilii aulam vocabant – ohne Zweifel wegen der Laterankonzilien bis zu Leo X. – erant porticus tractusque cum sacellis nonnullis et cubiculis ab aula usque ad S. Sabae quam S. Salvatoris capellam vocant. Erant s. scalarum gradus et porticus vetustissima, e qua veteres pontifices, qui Lateranum incolebant, populo benedicebant. Aedes illae veteres maxima populi veneratione celebrari solebant, cum in illis non pauca monumenta esse crederentur Hierosolymis usque deportata. Sed fortasse res in superstitionem abierat: itaque Sixtus, justis de causis ut credere par est, servatis quibusdam probatioribus monumentis, sanctis scalis alio translatis, omnia demolitus est.

Wir sehen, der Autor unterwirft sich, aber er fühlt das Unrecht.

Nicht minder merkwürdig ist die Beschreibung von St. Peter, wie es zu dieser Zeit war (1593).

In Vaticano tholum maximum tholosque minores atque adeo sacellum majus quod majorem capellam vocant aliaque minora sacella et aedificationem totam novi templi Petro Apostolo dicati penitus absolvit. At plumbeis tegere laminis, ornamentaque quae animo destinarat adhibere, templique pavimenta sternere non potuit, morte sublatus. At quae supersunt Clemens VIII persecuturus perfecturusque creditur, qui tholum ipsum plumbeis jam contexit laminis, sanctissimae crucis vexillum aeneum inauratum imposuit, templi illius pavimentum jam implevit, aequavit, stravit pulcherrime, totique templo aptando et exornando diligentissimam dat operam: cum vero ex Michaelis Angeli forma erit absolutum, antiquitatem omnem cito superabit.

Wir sehen, daß man noch immer nichts beabsichtigte, als den Plan des Michelangelo auszuführen, und es scheint, als sei alles schon wirklich vollendet gewesen (penitus absolvit).

Wir hatten über die Kolossen schon oben eine merkwürdige Notiz. Ich will hier noch eine hinzufügen.

Der Autor redet von dem Platz auf dem Quirinal. Er sagt von den Verschönerungen desselben durch Sixtus V.: Ornavit perenni fonte et marmoreis Praxitelis et Phidiae equis, quos vetustate cum eorum rectoribus deformatos una cum basi marmorea in pristinam formam concinnavit et e vetere sede ante Constantini thermas in alteram areae partem prope S. Paulli monacorum aedes transtulit. Auch in älteren Abbildungen, von denen eine bei Meier wiederholt ist (s. Gesch. der Kunst II, 229 und Abbildungen dazu Tafel XV), erscheinen die Kolossen in einer sehr verstümmelten Gestalt: ungefähr wie sie unsere Venezianer schilderten (s. S. 13*). Offenbar wurde ihnen erst unter Sixtus V. ihre heutige Form gegeben.

54.

Galesini Vita Sixti V Vatic. 5438. (122 Blätter.)

Handschrift ohne eigentlichen Titel, auf dem ersten Blatt mit folgender Widmung:

Sanctissimo patri Sixto V pontifici maximo, vigilantissimo ecclesiae dei pastori, providissimo principi, sapientissimo universae reipublicae christianae moderatori et rectori, commentarium hoc de vita rebusque ab eo in singulos annos diesque publice et pontificie actis gestisque distributum ac luculenter scriptum Petrus Galesinus magno et summo benignissimoque patrono singularis in illum pietatis atque observantiae ergo in perpetuum dicavit.

Schon diese Worte zeigen, daß wir mehr eine Lobschrift vor uns haben als eine Lebensbeschreibung.

Der Autor findet es bemerkenswert, daß Sixtus V. als das vierte Kind seiner Eltern geboren – „sol enim quarto die creatus est" –, daß er an dem Tage der Gründung Roms zum Papst gewählt worden.

Die Erzählung der früheren Jahre ist sehr fragmentarisch. Auch hier wird bezeugt, daß ein begabter junger Mensch in Armut und Strenge am besten zu gedeihen pflege. In dem Hause der Peretti war die Mutter strenge: Matris metu, cum aliquid mali se commeruisse videret, in omnes partes corporis se excitavit.

Die Arbeiten in der Villa: Opus manu faciebat, ita ut vel hortos coleret, vel arbores sereret aut aliqua ratione, instar diligentissimi agricolae, egregiae insitionis opera consereret, interlocaret.

Bei den Handlungen des Papsttums tritt besonders die strengere religiöse Richtung hervor, der sich Sixtus ergab, – z. B. bei den Bauten: „ut urbis opera et idolatriae simulacra, inanis et falsae gloriolae insanarumque superstitionum monumenta, adhuc in urbe jam diu nimis inveterata quadam rerum olim Romanarum a christiano cultu abhorrentium curiositate, – – ad christianae pietatis ornamentum pertraheret."

Ursprung des Lateranpalastes: Pontifex, cum vix cubiculum inveniret quo se reciperet, continuo jussit aedes pontificia majestate dignas in Laterano extrui: valde enim absurdum absonumque duxit basilicam Lateranensem, omnium ecclesiarum matrem, proprium pontificis Romani episcopatum, aedes non habere quae cum tanta episcopatus dignitate convenirent.

Überhaupt findet er Rom sehr fromm. Dat magna pietatis et integritatis indicia. Clericorum disciplina fere est ad pristinos sanctissimos mores restituta, ratio divini cultus administratioque sacrarum aedium ad probatum veterem morem plane perducta. – – Ubique in ipsis ecclesiis genuflexiones: ubique in omni fere urbis regione fideles qui sacra illa sexta feria (Karfreitag) infinitis verberibus miserandum in modum propria terga ita lacerabant ut sanguis in terram usque defluxerit.

55.

Vita Sixti V anonyma. Vatic. n. 5563.

Nur wenige Blätter über die Jugendjahre Sixtus' V. Sein Name Felix wird von einem Traume seines Vaters hergeleitet.

56.

Relatione al papa Sisto V. 41 Bl.

Von einem Mitgliede der Kurie, das den Palast nicht besuchte und nur ebensoviel erfuhr, wie jedermann wußte: ursprünglich an einen Freund gerichtet, der über die Handlungen Sixtus' V. unterrichtet sein wollte, dann an den Papst selbst.

In Schriften wie die unsere, von mittelmäßigen Leuten geschrieben, welche nur zufällig aus der Menge heraustreten, ist es merkwürdig zu beobachten, welche Rückwirkung eine Regierung überhaupt auf das größere Publikum ausübt.

In unserem Werkchen, welches durchaus in dem strengern religiösen Sinne geschrieben ist, der am Ende des 16. Jahrhunderts zu herrschen anfing, sieht man nun zunächst, welchen gewaltigen Eindruck die Umgestaltung der heidnischen Monumente in christliche hervorbrachte.

Le croci santissime in cima delle guglie e le statue delli prencipi apostolici sopra le colonne scancellano la memoria delle antiche idolatrie, – – come anco che la croce posta in mano della statua sopra la torre di Campidoglio significante Roma ci mostra che hoggi Roma cioè il papa non opra la spada per soggiogare il mondo a guisa d'infideli imperatori Romani, ma la croce per salutifero giorno dell' universo. – Es ist auffallend, wie populär diese Ideen der geistlichen Weltherrschaft auch unter den Leuten von minderer Bedeutung waren. Der Autor leugnet ferner, daß der Papst, wie einige sagen, um sehr weise zu scheinen – per esser savioni, – durch seinen Schatz sich bei den Fürsten in Ansehen zu setzen gedenke: dessen bedürfe er nicht; sein Sinn sei vielmehr, daß er die gehorsamen Fürsten belohnen, die ungehorsamen züchtigen wolle: „Col tesoro castigherà i prencipi ribelli di santa chiesa, et ajuterà i prencipi obbedienti nelle imprese cattoliche." Er rühmt Sixtus, daß er Heinrich IV. exkommuniziert habe: Subito fatto papa ricorse a dio per ajute, e poi privò del regno di Navarra quello scellerato re eretico, – – e con queste armi spirituali principalmente i papi hanno disfatti e fatti imperatori e re. Daß Priester und Mönche als eine Miliz des Papstes zu betrachten seien, wird hier einmal auch von der römischen Seite ausgesprochen: Il papa tiene grossi presidii in tutti regni, che sono frati monaci e preti, in tanto numero e così bene stipendiati e provisti in tempo di pace e di guerra. – – Nelle cose della religione vuole esser patrone solo et assoluto, sicome dio vuole: – – e beati quei populi che avranno prencipi obbedientissimi. – – Se i prencipi manterranno il pensiero di trattar le cose delli stati prima con li sacerdoti che con i lor consiglieri secolari, credami che manterranno i sudditi obbedienti e fedeli. Alle Behauptungen der politisch-kirchlichen Doktrin treten hier in populärer Fassung hervor. Was sei aber diese weltliche Macht des Papstes, verglichen mit der Autorität, welche er habe, einen armen Knecht Gottes zum Heiligen zu erheben? Diese Heiligsprechungen, welche Sixtus V. erneuert hatte, kann unser Autor nicht genug preisen. A maggior gloria di dio, ha dedicato alcuni giorni festivi a santi che non erano nel calendario, sì per dare occasioni a' christiani di spendere tanto più tempo in honor di dio per salute delle anime loro con l'intercessione de' santi astenendosi dell'opere servili, sì perche siano onorati gli amici di dio. Unter andern Gründen führt er auch noch an: „per far vedere gli infedeli e falsi christiani che solo i veri servi di Christo salvatore fanno camminare i zoppi, parlare i muti, vedere i ciechi, e resuscitare i morti.“

57.

Relatione presentata nell' ecc^me^ collegio dal cl^mo^ Signor Lorenzo Priuli, ritornato di Roma, 1586 2 Luglio.

Von den römischen Monumenten gehn wir über auf die venezianischen. Lorenzo Priuli hatte die letzten Jahre Gregors XIII und die ersten Sixtus' V. erlebt: er ist voll von ihrem Gegensatz.

Wir müssen uns davon nicht sogleich mit fortreißen lassen: die ersten Zeiten eines Papstes machten in der Regel einen bessern Eindruck als die letzten. Sei es, weil mit den zunehmenden Jahren das Talent der Staatsverwaltung notwendig abnimmt oder weil sich allmählich bei einem jeden manches findet, was man lieber wegwünscht.

Aber Priuli ist nicht ungerecht. Er findet, daß auch die Verwaltung Gregors der Kirche sehr nützlich geworden sei. Nella bontà della vita, nel procurare il culto ecclesiastico, l'osservanza del concilio, la residenza dei vescovi, nell' eccellenza della dottrina, l'uno legale l'altro teologicale, si possono dire assai simili. Er preist Gott, daß er seiner Kirche so treffliche Vorsteher gegeben habe.

Wir bemerken, daß auch die fremden Gesandten von der Gesinnung ergriffen waren, welche den Hof beherrschte.

Priuli findet die Erwählung Sixtus' V. durchaus wunderbar, unmittelbare Wirkung des Heiligen Geistes. Seine Vaterstadt erinnert er daran, daß sie durch ihr gutes Einverständnis mit den Päpsten emporgekommen sei: er rät vor allen Dingen die Erhaltung desselben an.

58.

Relatione del cl^{mo} sig^{r} Giov. Gritti ritornato ambasciatore da Roma anno 1589.

In dem venezianischen Archive findet sich nur ein defektes Exemplar. Mit großem Verlangen griff ich nach einem andern, das ich auf der ambrosianischen Bibliothek zu Mailand sah; aber auch dies enthielt geradesoviel wie jenes und nicht ein Wort mehr.
Es ist das um so mehr zu bedauern, da der Autor recht systematisch zu Werke geht. Er will erstens von dem Kirchenstaate, dann von der Person des Papstes, als dessen großen Bewunderer er sich ankündigt, drittens von seinen Absichten, endlich von den ersten Kardinälen und dem Hofe handeln.
Nur von dem ersten Hauptstück ist ein kleiner Teil vorhanden. Eben wo der Autor zeigen will, wie die Einkünfte unter Sixtus gewachsen, bricht die Handschrift ab. Demohnerachtet kann ich nicht zweifeln, daß die Arbeit fertig war. Was wir haben, ist wenigstens kein Entwurf, sondern ein Teil der Ausarbeitung.
Aber seltsam ist es doch, daß sich auch sogar in dem Archive nur ein mangelhaftes Exemplar findet.

59.

Relatione di Roma dell' ambasciatore Badoer K^{r} relata in senato anno 1589.

In dem venezianischen Archive fehlt diese Relation. In der Sammlung der Familie Quirini findet sie sich, aber auch nur fragmentarisch.
Es sind acht Blätter, die nichts als ein paar Notizen in bezug auf die Landschaft enthalten.
Badoer bemerkt, daß sich Venedig seine Anhänger in der Mark dadurch entfremde, daß es ihrer zu viele entweder dem Papst ausliefere oder auf dessen Ansuchen umbringen lasse.
Man hatte von der Aufnahme des Handels von Ankona geredet; doch fürchtete der Gesandte nicht, daß er den Venezianern Eintrag tun werde.
Essendo state imposte allora (bei seiner Hinreise) da Sisto V. doi per cento sopra tutte le mercantie, le quali a querelle d'Anconitani furono poi levate, non era gionta in 14 mesi alcuna nave in quel porto.
Wir sehen, daß die beiden Auflagen Gregors und Sixtus' V., obwohl sie wieder abgeschafft wurden, doch durch die Unsicherheit des Gewinnes, in die sich die Kaufleute plötzlich versetzt sahen, zur Abnahme des ankonitanischen Handels gewaltig beitrugen. Damals machte man die meisten Geschäfte in Kamelot und Pelzwerk, doch fanden die Juden

keine rechte Gelegenheit zu einem Tausch in Tuch oder anderen Waren. Die Zölle waren nur zu 14000 Skudi verpachtet, und auch diese kamen niemals ein.

Badoer wünscht übrigens, daß man das Beispiel von Spanien nachahme und die Freunde, die man in der Mark etwa habe, besolde. Er bricht ab, indem er sich anschickt, diese Freunde zu nennen.

60.

Dispacci Veneti 1573–1590

Niemand sollte glauben, daß man bei einem so großen Reichtum an Monumenten dennoch Mangel empfinden könnte. Demohnerachtet wäre dies hier beinahe der Fall gewesen. Wir sehen, welch ein Unstern über den venezianischen Relationen waltete: die römischen Denkschriften erläutern nur die ersten Zeiten dieses Pontifikates mit einiger Ausführlichkeit: ich würde mich für dessen letzte Jahre – eine der wichtigsten Epochen – doch am Ende auf Tempesti reduziert gesehen haben, wären mir nicht die Depeschen der venezianischen Gesandten zu Hilfe gekommen.

Schon in Wien exzerpierte ich die ganze Reihe der venezianischen Dispacci von 1573 bis 1590, die in dem dortigen Archiv zum Teil in authentischen Kopien, zum Teil in Rubrikarien, zum Behuf des Staates gemacht, aufbewahrt werden.

Die ersten zu übermeistern, hat in der Tat eine gewisse Schwierigkeit: zuweilen faßt ein Monatsheft 100 Blätter; sie sind beim Transport vom Meerwasser angegriffen worden: sie brechen, sowie man sie öffnet, und der Atem fühlt sich von einem widerlichen Staube berührt. Leichter sind die Rubrikarien zu handhaben: sie sind durch Einbände geschützt; und die Abkürzung erleichtert die Aussonderung des Wesentlichen von den tausend unbedeutenden Geschäften, die zwei italienische Staaten miteinander haben mochten und die keiner geschichtlichen Reproduktion würdig sind.

Wir finden nun hier die Berichte von Paul Tiepolo bis 1576, Antonio Tiepolo bis 1577, Zuanne Correr bis 1581, Lunardo Donato bis 1583, Lorenzo Priuli bis 1586, Zuanne Gritti bis 1589, Alberto Badoer bis 1591.

Neben diesen regelmäßigen Botschaftern erscheinen dann und wann auch noch außerordentliche: Zuanne Soranzo vom Oktober 1581 bis Februar 1582, der wegen der Streitigkeiten über das Patriarchat von Aquileja abgeordnet worden; die Glückwünschungsgesandtschaft vom Jahre 1585 an Sixtus V., die aus M. Ant. Barbaro, Giacomo Foscarini, Marino Grimani und Lunardo Donato bestand und ihre gemeinschaftlichen Schreiben durch den Sekretär Padavino abfassen ließ; endlich wegen der politischen Verwicklungen des Jahres 1589 aufs neue Lunardo Donato. Die Depeschen des letzten sind bei weitem die wichtigsten: hier ward einmal das Verhältnis zwischen der Republik und dem Papst welthistorisch bedeutend; sie finden sich glücklicherweise auch in aller ihrer

Ausführlichkeit unter dem Titel: Registro delle lettere dell' ill^{mo} signor Lunardo Donato K^{r} ambasciatore straordinario al sommo pontefice: comincia a 13 ottobre 1589 e finisce a 19 decembre 1589.

Und auch hiermit kennen wir noch nicht den gesamten gesandtschaftlichen Verkehr. Es gab noch eine besondere geheime Korrespondenz der Gesandten mit dem Rate der Zehn, die sich sehr zierlich auf Pergament geschrieben findet: der erste Band unter dem Titel Libro primo da Roma, secreto del consiglio di X sotto il serenissimo D. Aluise Mocenigo inclito duca di Venetia: unter entsprechenden Titeln die folgenden Bände.

Ich weiß recht wohl, was sich gegen die Benutzung gesandtschaftlicher Schreiben einwenden läßt. Es ist wahr, sie sind unter den Eindrücken des Augenblicks abgefaßt: selten ganz unparteiisch: häufig nur auf gewisse Gegenstände gerichtet, und keineswegs immer geradehin zu adoptieren. Aber man nenne die Denkmäler, die Schriften, denen so ganz ohne weiteres Glauben beizumessen wäre. Allenthalben ist das Körnchen Salz unentbehrlich. Auf jeden Fall sind die Gesandten gleichzeitig, an Ort und Stelle anwesend, zur Beobachtung verpflichtet; und sie müßten in der Tat ganz ohne Geist sein, wenn ihre Berichte, in einigem Umfange gelesen, nicht das Gefühl der Gegenwart, gleichsam der unmittelbaren Wahrnehmung mitteilen sollten.
Unsere Venezianer waren nun sehr geübt, sehr gewandt: ich finde diese Schreiben höchst unterrichtend.
Wohin wollte es aber führen, wenn ich aus dieser langen Reihe von Bänden auch hier Auszüge mitteilen wollte?
Man wird mir wohl gestatten, daß ich meiner Regel treu bleibe, in diesem Anhang Auszüge aus Depeschen zu vermeiden. Nur eine längere Reihenfolge könnte einigermaßen einen Begriff ihres Inhaltes geben.
Dagegen will ich noch zwei wichtige Missionen berühren, die in die Zeit Sixtus' V. fallen.

61.

Relatione all' ill^{mo} e rev^{mo} cardinale Rusticucci seg^{rio} di N. Sig^{re} papa Sisto V. delle cose di Polonia intorno alla religione e delle azioni del cardinale Bolognetto in quattro anni ch'egli è stato nuntio in quella provincia, divisa in due parti: nella prima si tratta de' danni che fanno le eresie in tutto quel regno, del termine in che si trova il misero stato ecclesiastico, e delle difficoltà e speranze che si possono avere intorno a rimedii: nella seconda si narrano li modi tenuti dal card^{le} Bolognetto per superare quelle difficoltà, et il profitto che fece, et il suo negoziare in tutto il tempo della sua nuntiatura: di Horatio Spannocchj, già seg^{rio} del detto sig^{re} card^{le} Bolognetto.

Der Sekretär Bolognettos, Spannocchi, der mit ihm in Polen gewesen war, benutzte die Ruhe eines Winteraufenthaltes zu Bologna, um diese Relation zusammenzustellen, die nicht allein ausführlich, sondern auch belehrend geraten ist.

Er schildert zuerst die ausnehmende Verbreitung des Protestantismus in Polen: „non lasciando pure una minima città o castello libere". Er leitet diese Erscheinung, wie man denken kann, hauptsächlich aus weltlichen Rücksichten ab: er behauptet, daß der Adel seine Untertanen mit Geldstrafen belegt habe, wenn sie die protestantischen Kirchen nicht besuchten.

Übrigens war auch hier wie im übrigen Europa einmal ein Zustand der Indifferenz eingetreten. „La differenza d'esser cattolico o di altra setta si piglia in burla e in riso, come cosa di pochissima importanza."

Die Deutschen, welche sich selbst in den kleinsten Orten ansiedelten und sich hier verheirateten, hatten großen Anteil an der Ausbreitung der protestantischen Lehren: jedoch noch gefährlicher kommen dem Autor die Italiener vor, welche die Meinung ausbringen, in Italien zweifle man, unter dem Deckmantel des Katholizismus, sogar an der Unsterblichkeit der Seele: man erwarte nur eine Gelegenheit, um sich ganz gegen den Papst zu erklären.

Er schildert nun den Zustand, in den die Geistlichkeit unter diesen Umständen geraten sei.

Infiniti de' poveri ecclesiastici si trovano privi degli alimenti, sì perche i padroni delle ville, eretici per il più, se non tutti, hanno occupato le possessioni ed altri beni delle chiese o per ampliarne il proprio patrimonio o per gratificarne ministri delle lor sette ovvero per alienarne in varj modi a persone profane, sì ancora perche negano di pagar le decime, quantunque siano loro dovute oltre alle leggi divine e canoniche anco per constituzione particolare di quel regno. Onde i miseri preti in molti luoghi non avendo con che sostentarsi lasciavano le chiese in abbandono. La terza è rispetto alla giurisdizione ecclesiastica, la quale insieme con i privilegj del clero è andata mancando, che oggidì altro non si fa di differenza tra' beni sottoposti alle chiese o monasterj e gli altri di persone profane, le citazioni e sentenze per niente. – – Io medesimo, ho udito da principalissimi senatori che vogliono lasciarsi tagliare più presto a pezzi che acconsentire a legge alcuna per la quale si debbano pagar le decime a qualsivoglia cattolico come cosa debita. Fu costituto ne' comizj già sei anni sono per pubblico decreto che nessuno potesse esser gravato a pagar le medesime decime da qualsivoglia tribunale nè ecclesiastico nè secolare. Tuttavia perche ne' prossimi comizj per varj impedimenti non si fece detta composizione, negano sempre di pagare, nè vogliono i capitani de' luoghi eseguire alcuna sentenza sopra dette decime.

Er findet es nun für einen Nuntius sehr schwer, etwas auszurichten. Es werde unmöglich sein, die Inquisition einzuführen oder auch nur strengere Ehegesetze: schon der Name des Papstes sei verhaßt; die Geistlichkeit halte sich für verpflichtet, das Interesse des Landes gegen Rom wahrzunehmen: nur auf den König lasse sich zählen

Der Palatin Radziwill von Wilna hatte dem Könige einen von einem Zwinglianer verfaßten Aufruf gegen die Türken mitgeteilt. Er hatte der Nation darin empfohlen, vor allem erst sich zu bessern und die Bilder abzuschaffen, deren Verehrung er als Götzendienst betrachtete. Der König wollte die Rede so nicht passieren lassen. Er schrieb eigenhändig folgende Worte an den Rand: „Praestat hoc omittere quam falso imputare et orationem monitoriam religionis antiquissimae sugillatione infamem reddere. O utinam faciant novae sectae nos tam diuturna pace florentes atque fecit sancta religio catholica veros secutores suos." Eine Erklärung, auf welche unser Berichterstatter große Hoffnungen baut. Er geht nun zu einer Erörterung der Unternehmungen Bolognettos über, die er auf sieben Hauptstücke zurückbringt:

1. Herstellung der päpstlichen Autorität;
2. Verfolgung der Ketzer;
3. Reform der Geistlichen (modi per moderare la licentiosa vita di sacerdoti scandalosi);
4. Herstellung des Gottesdienstes;
5. Vereinigung des Klerus;
6. Verteidigung der Rechte desselben;
7. Rücksichten auf das christliche Gemeinwesen überhaupt.

Ich habe die Wirksamkeit Bolognettos nach diesen Angaben schon im allgemeinen geschildert. Beispielshalber folge hier genauer seine Einwirkung auf die englische Unterhandlung.

La reina d'Inghilterra domandava al re di Polonia un' indulto per i suoi mercanti Inglesi di poter portar le loro mercanzie e vendere per tutto il regno liberamente, dove ora non possono venderle se non i mercanti del regno in Danzica, domandando insieme che fosse loro concesso aprire un fondaco pubblico in Torogno, ch'è il più celebre porto della Prussia dopo quello di Danzica, e di là poi portar le loro mercanzie eglino stessi a tutte le fiere che si fanno per la Polonia, dove non possono portare ordinariamente se non mercanti del paese, che per il più sono o Tedeschi o Pruteni o Italiani. Domandava dunque con quest' occasione quella pretesa reina che nel decreto di tal concessione si esprimesse, che a questi suoi mercanti non potesse mai esser fatta molestia per conto di religione, ma che potessero esercitarla liberamente a modo loro ovunque andassero per il regno. Piaceva questo partito universalmente a tutta la nobiltà Polacca: solo i Danzicani ostavano gagliardamente, mostrando che da questo indulto saria seguito l' ultimo danno al porto loro, tanto celebre e tanto famoso per tutto il mondo, e che la speranza del minor prezzo era fallace, massimamente perche i mercanti forastieri quando fossero stati in possesso di poter vendere ad arbitrio loro e poter servar la mercanzia loro lungo tempo nelle mani, l'avrebbon venduta molto più cara di quello che la vendono oggi i mercanti del paese. Tuttavia il contraccambio che offeriva la regina a' mercanti di Polonia, di poter fare lo stesso loro in Inghilterra, pareva che già havesse persuaso il re a concedere tutto quello che domandava. Il che non prima venne agli orecchj del Bolognetto, che andò a trovare S. M^{tà}, e con efficacissime ragioni le mostrò quanto esorbitante cosa sarebbe stata che avesse concesso per publico decreto una tanto obbrobriosa setta, e come non senza nascosto inganno e speranza d'importantissime conseguenze quella scellerata donna voleva che si dichiarasse così per decreto potersi essercitar la setta Anglicana in quel regno, dove tutto il mondo pur troppo sa che si permetta il credere in materia di religione quel che piace a chi si sia: con questa ed altre afficacissime ragioni il re Stefano rimase talmente persuaso che promesse non voler mai far menzione alcuna di

religione in qualunque accordo avesse fatto con quella regina o suoi mercanti.
Man sieht, daß diese Relation auch rein politische Notizen enthält. Zum Schluß geht der Autor noch eigentlicher darauf ein.
Er findet Polen von mannigfaltigen Faktionen geteilt: – Entzweiungen einmal zwischen den verschiedenen Provinzen und sodann in denselben zwischen Geistlichen und Weltlichen: zwischen den Senatoren und den Landboten: zwischen dem alten hohen Adel und dem geringern.
Überaus mächtig erscheint der Großkanzler Zamoisky, von dem alle Anstellungen abhingen, besonders seitdem ein Vizekanzler und ein Sekretär des Königs ganz in seinem Interesse waren (da che è stato fatto il Baranosky vicecancelliere et il Tolisky segretario del re, persone poco fa incognite).
Überhaupt hatten die Anstellungen Stephan Bathorys keineswegs den allgemeinen Beifall. Schon richtete sich die Aufmerksamkeit auf seinen Nachfolger Sigismund, „amatissimo di tutti i Polacchi".
Jetzt besitzen wir auch sehr ausführliche Berichte von Bolognetto selbst in Theiners Ann. eccles. Tom. III, 716–721, 727–736, 560–787.

62.

Discorso del molto illustre e rev^mo^ mons^r^ Minuccio Minucci sopra il modo id restituire la religione cattolica in Alemagna. 1588.

Eine sehr wichtige Schrift, deren ich mich besonders Bd II, S. 89 fg. ausführlich bedient habe.
Minucci diente lange unter Gregor in Deutschland: bei Maffei erscheint er oft genug: hier sucht er die Lage der Dinge auseinanderzusetzen, wie er sagt, damit man von Rom aus dem Patienten gefährliche Medizin verweigern lerne.
Er beklagt von vornherein, daß man sich katholischerseits so wenig Mühe gebe, die protestantischen Fürsten zu gewinnen; hierauf erörtert er – denn seine Mission war in die Zeiten des lebhaften und noch unentschiedenen Kampfes gefallen – die Angriffe der Protestanten auf den Katholizismus: ho pensato di raccontare le pratiche che muovono gli heretici ogni dì per far seccare o svellere tutta la radice del cattolicismo: endlich die Mittel, wie ihnen dabei zu begegnen sei.

Er zeigt sich der deutschen Dinge ungewöhnlich kundig: doch kann er noch immer eine gewisse Verwunderung nicht unterdrücken, wenn er den Zustand, wie er nun einmal ist, mit der Ruhe und Gesetzlichkeit von Italien oder von Spanien vergleicht. Auch wir haben der unruhigen Bewegungen Casimirs von der Pfalz gedacht. Man höre, wie sie einen Ausländer in Erstaunen setzten.

Il Casimiro dopo aver sprezzata l'autorità dell' imperatore in mille cose, ma principalmente in abbruciare le munitioni presso Spira che si conducevano in Fiandra con salvocondotto imperiale, dopo aver offeso il re di Spagna non solo con quell' atto, ma anco tanti ajuti dati a ribelli suoi di Fiandra e con l'haver concesso spatio alli medesimi ribelli Fiamenghi per edificare una città (Franchendal) nelli stati suoi, con l'haver portate tante ruine in Francia, tante desolationi in Lorena hor in propria persona, hora mandando genti sue, con l'haver fatto affronto notabile all' arciduca Ferdinando impedendo il card[l] suo figliuolo con minaccie e con viva forza nel camino di Colonia, con l'istesso dichiarato nemico alla casa di Baviera, e passato in propria persona contra l'elettore di Colonia, pur se ne sta sicuro in un stato aperto nel mezzo di quelli c'hanno ricevute da lui tante ingiurie: nè ha fortezze e militia che li dia confidenza nè amici o parenti che siano per soccorrerlo e difenderlo, ma gode frutto della troppa pazienza de' cattolici, che li potriano d'improviso et a mano salva portare altre tante ruine quante egli ha tante volte causate nelli stati d'altri, purche si risolvessero et havessero cuor di farlo.

Fünfter Abschnitt

ZWEITE EPOCHE DER KIRCHLICHEN RESTAURATION

63.

Konklaven

Ich fürchte, nicht darüber in Anspruch genommen zu werden, daß ich nicht jedes fliegende Blatt, jeden minder bedeutenden Aufsatz, der mir im Laufe der mancherlei hierher gehörigen Studien handschriftlich vorgekommen, an dieser Stelle registriere: eher möchte ich schon zu viel getan haben. Gar mancher Leser, der mir noch seine Aufmerksamkeit schenkt, wird ohnehin über eine formlose aus verschiedenen Sprachen gemischte Arbeit Mißbehagen empfinden; und doch würde es nicht ratsam sein, die urkundlichen Mitteilungen deutsch zu geben; sie würden dadurch an ihrer Brauchbarkeit und Authentizität verlieren. Eben darum aber darf ich doch auch meine Kollektaneen nicht ohne weiteres in diese Sammlung ergießen.

Von den Konklaven z. B., von denen eine große Anzahl Handschriften existiert, will ich doch nur summarisch Meldung tun.

Nach jeder Papstwahl, vornehmlich von der zweiten Hälfte des 16. Jahrhunderts bis in den Anfang des 18., erschien ein Bericht über dieselbe: zwar nicht anders als handschriftlich, aber doch auf eine Weise, daß er sich verbreitete und sogar oft Gegenschriften hervorrief. Dann und wann sind sie von Kardinälen verfaßt: in der Regel aber von ihren Sekretären, die unter dem Titel von Konklavisten in den Konklaven blieben und sich im Interesse ihrer Herren besonders angelegen sein ließen, den Gang der Intrigen zu beobachten, was für diese selbst, schon der Haltung wegen, die ihnen ihre Würde auflegte, nicht so leicht gewesen wäre. Zuweilen haben aber auch andere die Feder ergriffen. „Con quella maggior diligenza che ho potuto“, sagt der Autor des Konklaves Gregors XIII., „ho raccolto così dalli signori conclavisti come da cardinali che sono stati partecipi del negotio, tutto l'ordine e la verità di questo conclave.“ Wir sehen, er selbst war nicht dabei. Bald sind es Tagebücher, die wir in die Hände bekommen, bald Briefe, bald auch ausgearbeitete Erzählungen. Jedes ist ein selbständiges Werkchen: die allgemein bekannten Formalitäten werden doch noch dann und wann wiederholt. Ihr Wert ist, wie sich versteht, sehr verschieden. Zuweilen zerfließt alles in ein unauffaßbares Detail, – zuweilen, jedoch selten, erhebt man sich bis zu einer wirklichen Erkenntnis der beherrschenden Momente; jedoch im Grunde allenthalben wird man unterrichtet, wenn man nur Mut behält und nicht ermüdet.

Wie viele Schriften dieser Art existieren, kann man unter anderem aus dem Marsandschen Katalog der Pariser Bibliothek sehen. Auch nach Deutschland haben sie den Weg gefunden. Der 33., 35. und mehrere andere Bände unserer Informationen enthalten Kopien in reicher Fülle. In Joh. Gottfried Geißlers Programm de bibliotheca Milichiana IV, Görlitz 1767, werden die Konklaven verzeichnet, die sich in dem 32., 33. und 34. Kodex der dortigen Sammlung befinden. Das ausführlichste Verzeichnis, das ich kenne, ist in Novaes Introduzione alle vite de' sommi pontefici, 1822, I, p. 272, anzutreffen. Er hatte Zutritt zu der Bibliothek der Jesuiten, in der eine ziemlich vollständige Sammlung dieser Arbeiten vorrätig war.

Es liegt in der Natur der Sache, daß sie wenigstens zum Teil sehr bald auch auf eine andere Weise ins Publikum gelangten. Zunächst wurden sie in die päpstlichen Historien aufgenommen. Das Konklave Papst Pius' V. ist, wenn nicht seinem vollständigen Inhalte nach, doch in seinem Anfang und seinem Ende in die Geschichte des Panvinius übergegangen. Cicarella hat die Konklaven Gregors XIII. und Sixtus' V. großenteils übersetzt: das letzte mit allen den Nebenbetrachtungen, die in dem Italienischen vorkommen. Die Stelle, welche Schröckh N. Kirchengeschichte III, 288 als aus Cicarella anführt, ist wörtlich aus dem Konklave. Auch Thuanus hat diesen Nachrichten eine Stelle eingeräumt; jedoch, wie sich aus näherer Vergleichung bald ergibt, aus Cicarella, nicht aus dem Original (lib. 82, p. 27). In den Tesoro politico ist dies Konklave nicht minder aufgenommen, aber sehr unvollständig und in einem flüchtig gemachten Exzerpte. Wie mit diesem, ist es denn auch mit anderen gegangen.

Allmählich aber, und zwar zunächst im 17. Jahrhundert, dachte man daran, auch Sammlungen dieser Konklaven anzulegen. Die erste gedruckte Sammlung führt den Titel: Conclavi de' pontefici Romani quali si sono potuto trovare fin a questo giorno. 1667. Sie fängt an mit Clemens V., hat aber eine Lücke bis auf Urban VI., eine neue Lücke bis auf Nikolaus V.; von hier erst geht sie regelmäßig bis auf Alexander VII. Man faßte bei der Publikation wenigstens ostensibel den Gesichtspunkt, daß sich an diesem Beispiel zeige, wie wenig menschliche Weisheit gegen die Leitung des Himmels vermöge: Si tocca con mano che le negotiationi più secrete, dissimulate et accorte – – per opra arcana del cielo svaniti sortiscono fini tanto difformi. Doch war das nicht der Gesichtspunkt der übrigen Welt, die sich vielmehr des kuriosen und zuweilen anstößigen Materials eifrig bemächtigte. Es erschien eine französische Ausgabe in Lyon, und da diese bald vergriffen war, ein nach dem Original revidierter Abdruck in Holland, bezeichnet Cologne 1694, nicht etwa, wie Novaes angibt, 1594. Sie ist, mit ferneren Zusätzen bereichert, oftmals wiederholt worden.

Auf diese Weise haben die ursprünglichen Aufsätze mancherlei Veränderungen bestanden. Vergleicht man die französische Sammlung mit den Originalen, so ist es im ganzen dasselbe; im einzelnen stößt man auf beträchtliche Abweichungen. Soviel ich jedoch finde, stammen sie öfter von Mißverständnis als von bösem Willen her.

Aber auch andere Sammlungen, die nicht gedruckt worden, gibt es. In meinen Händen befindet sich eine solche, die zugleich die Lücken ausfüllt, welche die gedruckte gelassen hat, und der wenigstens eine nicht mindere Authentizität zukommt als den anderen. Für detaillierte Benutzung wird freilich allemal eine Einsicht der Originale zu wünschen sein.

64

Vita e successi del card[l] di Santaseverina

Eine Autobiographie dieses wichtigen Kardinals, dessen oftmals hat gedacht werden müssen.

Sie ist etwas weitschweifig, verliert sich oft in Kleinlichkeiten: die Urteile über Personen und Sachen, die darin gefällt werden, hängen ganz von der Persönlichkeit des Mannes ab: allein es werden sehr eigentümliche charakteristische Notizen mitgeteilt.

Es ist nur übrig, einige von diesen, auf die wir uns zuweilen beziehen, auch hier wörtlich wiederzugeben.

1. Protestanten in Neapel

Crescendo tuttavia la setta de' Lutherani nel regno di Napoli, mi armai contro di quella spina del zelo della religione cattolica: e con ogni mio potere e con l'autorità del officio, con le prediche publiche, scritte da me in un libro detto Quadragesimale, e con le dispute publiche e private in ogni occasione e con l'oratione cercai d'abbattere et esterminare peste si crudele da i nostri paesi: onde patii acerbissima persecutione dagl' eretici, che per tutte le strade cercavano d'offendermi e d'ammazarmi, come ne ho fatto un libretto, distintamente intitolato Persecutione eccitata contro di me Giulio Antonio Santorio servo di Gesù Christi per la verità della cattolica fede. Era nel nostro giardino in un cantone una cappelletta con l'immagine di Maria s[ma] con il bambino in braccio, et ivi avanti era nata una pianta d'olivo, che assai presto con maraviglia d'ogn'uno crebbe in arbore grande, essendo in luogo chiuso et ombreggiato da alberi: mi ritiravo ivi a far oratione con disciplinarmi ogni volta che dovevo predicare e disputare contro Lutherani, e mi sentivo mirabilmente infiammare ed avvalorare senze tema di male alcuno e di pericolo, ancorche di sicuro mi fosse minacciato da quelli inimici della croce, e sentivo in me tanta gioja et allegrezza che bramavo d'essere ucciso per la fede cattolica. – – Intanto vedendo crescere contro di me maggiormente la rabbia di quelli eretici quali io avevo processati, fui costretto nel 1563 al fine di agosto o principio di settembre passarmene in Napoli alli servitii d'Alfonso Caraffa card[le] del titolo di S. Giovanni e Paolo arcivescovo di Napoli, ove servii per luogotenente sotto Luigi Campagna di Rossano vescovo di Montepeloso, che esercitava il vicariato in Napoli: e poiche egli partì per evitare il tumulto popolare concitato contro di noi per l'abrugiamento di Gio. Bernardo Gargano e di Gio. Francesco d'Aloys detto il Caserta seguito alli quattro di Marzo di sabbato circa le 20 hore, rimasi solo nel governo di detta chiesa: ove doppo molti pericoli scorsi e doppo molte minacce, sassi et archibugiate tirate, mi si ordisce una congiura molto crudele et arrabiata da Hortensio da Batticchio con fra Fiano (?) di Terra d'Otranto, heretico sacramentario e relapso che io insieme col card^{l} di Napoli e mons^{r} Campagna l'haveva[ssi] richiesto, di distillare un veleno di tanta forza che poteva infettare l'aria per estinguere papa Pio IV come nemico de' Carafeschi: e non dubitava l'heretico di far intendere tutto cio al pontefice per mezzo del signor Pompeo Colonna.

II. Gregor XIII. und Sixtus V.

Appena egli credeva di morire non ostante la longa età, essendo sempre vissuto con molta moderatione e caminato per tutti i gradi della corte. Dopoche lasciò la lettura di Bologna, venne in Roma, fu fatto collaterale di Campidoglio, esercitò l'ufficio di luogotenente di mons^{re} auditore della camera, fu fatto referendario, e la prima volta che propose in segnatura, venne meno: onde tutto pieno di vergogna e di confusione voleva abbandonare la corte, ma fu ritenuto dal card^{l} Crescentio a non partire. Da Giulio III nell' auditorato di rota li fu anteposto Palleotto: onde di nuovo confuso di doppio scorno determinò partirsi di Roma, ma dall' istesso card^{l} Crescentio fu rincorato e trattenuto. Fu da Paolo IV fatto vescovo di Vieste, fu fatto consultore del sant' officio, fu al concilio di Trento e da Pio IV fu fatto card^{le} e mandato in Spagna per la causa Toletana: e doppo la morte della santa memoria di Pio V con ammirabil consenso fu assunto al pontificato. Il quale visse con molta carità, liberalità e modestia, e saria stato ammirabile e senza pari, se in lui fossero concorsi valore e grandezza d'animo senza l'affetto del figlio, che oscurò in gran parte tutte le attioni dignissime di carità che egli usò verso li stranieri e verso tutte le nationi che veramente padre di tutti. Dalli signori cardinali nepoti S. Sisto e Guastavillano fu fatto subito intendere la sua morte al sacro collegio, e doppo celebrate l'esequie e tutte quelle funtioni che porta seco la sede vacante, s'entrò in conclave: ove fu eletto papa il sig^{r} card^{le} Montalto, già nostro collega e nella causa Toletano e nell' assuntione al cardinalato, per opera speciale del sig^{r} card^{l} Alessandrino e sig^{r} card^{l} Rusticucci, che tirarono in favore di lui il sig^{r} card^{l} d'Este e sig^{r} card^{l} de Medici, con non poco disgusto del sig^{r} card^{l} Farnese, essendoli mancato di parola il sig^{r} card^{l} San Sisto, sul quale egli haveva fatto molto fondamento per ostare alli suoi emoli e nemici, essendosi adoprato contro di lui valorosamente il sig^{r} card^{l} Riario, ma con pentimento poi grande, non havendo trovato quella gratitudine che egli si haveva presupposta, sicome anco intervenne al sig^{r} card^{le} Alessandrino, che tutto festante si credeva di maneggiare il pontificato a modo suo: escendendo in San Pietro lo pregai che dovesse far officio con S. B^{ne} in favore di mons^{r} Carlo Broglia, rettore del collegio Greco, per un beneficio che egli dimandava: mi rispose tutto gratioso: „Non diamo fastidio a questo povero vecchio, perche noi saremo infallibilmente li padroni": al quale sorridendo io all'hora risposi segretamente all'orecchie: „Faccia dio che subito che sarà passata questa sera, ella non se ne penta": come appunto in effetto fu, poiche non stette mai di cuore allegro in tutto quel pontificato, sentendo sempre rammarichi, angustie, travagli, affanni, pene et angoscii. E ben vero che esso medesimo se l'andava nella maggior parte procurando o per trascuraggine, inavertenza o altro o pure per la troppa superbia con esprobare sempre esso assiduamente li beneficii, servitii et honorevolezze che haveva fatti a S. B^ne^. Nelli primi ragionamenti che io potei havere con S. S^tà^ fu il rallegrarmi dell' assuntione sua al pontificato, con dirli che era stata volontà di dio, poiche in quel tempo e punto che fu assunto erano finite le 40 hore: quivi ella si dolse della malignità de tempi con molta humiltà e pianse: l'essortai che cominciasse il pontificato con un giubileo generale, che tenesse parimente cura del sant' officio e delle cose sue, sapendo bene che da quello haveva havuto origine la sua grandezza.

III. Sache von Ferrara

Venuto il duca di Ferrara in Roma per l'investitura, della quale pretendeva che li fosse data buona intentione, vi furono di molti garbugli: et avendomi io opposto gagliardamente nelli publici e privati ragionamenti et in concistoro, mi persi affatto la gratia del papa con procurarmi il sdegno del card^l^ Sfondrato, quale andava parlando per Roma che io sentiva malamente dell' autorità del papa; come anco haveva imputato il cardinale di Camerino, che si mostrava molto ardente in servitio della sede apostolica. Sentendomi pungere in cosa tanto lontana dalla mente mia, io che ero andato incontrando tutti li pericoli per la difensione dell'autorità del papa e della sede apostolica, non potei fare di non alterarmene gravemente, e come si conveniva. Feci una apologia pro Cardinale Sancta Severina contra cardinalem Sfondratum, ove si tratta qual sia la carica e quel sia l'officio di cardinale: benche il papa, che si era mostrato in concistoro molto turbato e cóllerico in camera, poi nel palazzo di S. Marco mi domandò perdono con lagrime e con humiltà e con havermi anco ringratiato, pentendosi del decreto che egli haveva fatto in pregiudicio della bolla di Pio V de non alienandis feudis. Partendosi il duca da Roma senza haver fatto effetto alcuno, da quel tempo in poi mi si mostrò sempre nemico, dicendo che io ero stato cagione precipua che egli non havesse ottenuto l'investitura di Ferrara pro persona nominanda, e che io come antico suo amico doveva parlare più mitamente, senza intraprendere l'impresa con tanta ardenza, come che io fossi più obligato agli huomini che a dio et alla santa chiesa.

IV. Conclave nach dem Tode Innocenz' IX.

Entrato l'anno 1592 si entrò in conclave, essendosi raddoppiata contro di me la malignità de miei nemici, mostrandosi il card^l^ Sfondrato ardentissimo contro la persona mia, non solamente per tema delle cose sue, ma anco più irato delle parole del card^{le} Acquaviva, che timoroso et invidioso per l'arcivescovo d'Otranto suo parente et altri signori regnicoli amici miei, moveva ogni pietra contro di me: e s'erano uniti insieme li card^{li} Aragona, Colonna, Altemps e Sforza, capitali nemici tra essi, ma contro di me concordissimi: Aragona per la continua osservanza et ossequio che io havevo usati, ma pigliava pretesti dell'abbadia che havevo tolta all' abbate Simone Sellarolo; Colonna per li molti servitii che gli havevo fatti in ogni tempo, ma si raccordava del Talmud impedito da me contro li Giudei, repetendo la morte di Don Pompeo de Monti, con taccia anco di sua sorella; Altemps per li favori che gli havevo fatti appresso papa Sisto e mons^{r} Pellicano senatore per conto del figlio rattore della Giulietta, onde ne venne quel galant'huomo in disgratia di Sisto, ma così voleva Galleotto Belard^{o} suo padrone; Sforza per haverlo favorito nel caso del Massaino, quando papa Sisto fulminava contro di lui, havendomi ringratiato con baciarmi la mano in presenza del buon card^{le} Farnese vecchio, a cui ancora si era mostrato ingrato havendo avuta da quel buon sig^{r} l'abbadia di S. Lorenzo extra moenia, ma egli diceva che non poteva mancare alli amici suoi, ma in effetto egli temeva sapendo bene la sua coscienza. Palleotto m'usò quell' ingratitudine che ogn' un sa. Venne la notte delli 20 di Gennaro; quivi si rappresentò una tragedia de' fatti miei, mentre Madrucci, già mio caro amico e collega nel sant' officio, consentì tacitamente cogli emoli miei in danno mio[1], oprandro per questa via di conseguire il pontificato, ma egli sentì di quelli bocconi amari che non potendo poscia digerire se ne mori miseramente. Lascio da parte gli andamenti fraudolenti del card^{l} Gesualdo, che come Napoletano non poteva patire che io gli fossi anteposto, et anche mosso da invidia contro i suoi patriotti: poiche questo e gli altri signori cardinali Napoletani Aragona et Acquaviva havevano questo senso di non voler nessun compagno de' patriotti nel cardinalato. L'atto poi che fece il cardinale Colonna, fu il più brutto che s'havesse sentito già mai, et improbato etiam da suoi più cari e malissimo inteso nella corte di Spagna. Canano solea prima havermi in tanta riverenza che nullo più, e dovunque m'incontrava, mi voleva baciar la mano: ma all' hora scordato d'ogni amicitia obbediva al suo duca di Ferrara. Borromeo, ajutato da me nella sua promotione per la memoria di quel santo cardinale di S. Prassede et havendo fatta professione di sempre mio caro amico, invischiato dall' interesse d'alcune abbadie che haveva rassegnato Altemps, furiava a guisa di forsennato quello che non professava altro che purità, devotione, spiritualità e coscienza. Alessandrino, autore di tutte le trame, non mancò di fare il suo solito in perseguitare i suoi più cari amici e creature con haversele tutte alienate, e massime doppo l'assuntione di Sisto sentì in conclave quel che non volse per bocca del sig^{r} card^{l} di Sens che esclamava publicamente contro di lui. Il fervore all' incontro de' miei amici e fautori non fu mediocre, essendosi mostrato ardente più d'ogni altro il sig^{r} card^{l} Giustiniano: quel suo spirito vivace e coraggioso fu in quella

[1] Auch der venezianische Gesandte Moro bemerkt, daß S. Severina nicht gewählt worden „per mancamento di Gesueldo decano e Madrucci".

notte et in quel giorno in gravi affanni, essendomi anche stata saccheggiata la cella. Ma la notte appresso mi fu dolorosissima sopra ogn' altra cosa funesta: onde per il grave affanno dell' animo e dell' intima angoscia sudai sangue, cosa incredibile a credere: e ricorrendo con molta humiltà e devotione al sig^re^, mi sentii affatto liberato da ogni passione di animo, da ogni senso delle cose mondane, venendo in me stesso e considerandole quanto sono fragili, quanto caduche e quanto miserabili, e che solo in dio e nella contemplatione di lui sono le vere felicità e veri contenti e gaudii.

65.

Vita et Gesta Clementis VIII. Informatt. politt. XXIX.

Ursprünglich zur Fortsetzung des Ciaconius bestimmt, wo ich es aber nicht finde.

Eine Erzählung von dem Aufkommen des Papstes, – seinen ersten Taten: „Exulum turmas coercuit, quorum insolens furor non solum in continentem sed in ipsa litora et subvecta Tiberis alveo navigia hostiliter insultabat“; so wenig hatte ihnen Sixtus V. ein Ende auf immer gemacht; – die Absolution Heinrichs IV.: vornehmlich wird der Widerstand, den Clemens dem Könige geleistet, hervorgehoben: wie schwer er daran gegangen; – endlich die Eroberung von Ferrara. „A me jam latius coepta scribi opportuniori tempore immortalitati nominis tui consecrabo.“ Aber auch davon findet sich nichts. Wie es ist, nur unbedeutend.

66.

Instruttione al Sr Bartolommeo Powsinsky alla M^tà^ del re di Polonia e Suetia. 1. Aug. 1593. Unterzeichnet Cinthio Aldobrandini.

Ragguaglio della andata del re di Polonia in Suetia 1594.

Ich wüßte dem in die Erzählung aufgenommenen Inhalt dieser Schriften nichts hinzuzufügen als etwa die Behauptung in der zweiten, daß Herzog Carl im Grunde verhaßt sei: „perche egli aveva ridotto in se stesso quasi tutte l'incette e mercantie e tutte le cave di metalli e sopra tutto dell' ore e dell' argento“.

67.

Relatione di Polonia. 1598.

Von einem Nuntius verfaßt, der die ungeordnete Freiheitsliebe der Polen bereits lebhaft beklagt.

Sie wollen einen schwachen König, keinen, der kriegerisch gesinnt wäre Sie sagen, „che coloro che hanno spirito di gloria, gli hanno vehementi e non moderati e però non diuturni, e che la madre della diuturnità degli imperii è la moderatione".

Auch wollen sie keine Verbindung mit Fremden. Sie behaupten, es könne ihnen niemals schwer werden ihr Reich zu verteidigen. Immer würden sie 50000 Pferde aufbringen und im schlimmsten Falle im Winter wiedergewinnen, was sie im Sommer verloren. Sie trotzen auf das Beispiel ihrer Vorfahren.

Der Nuntius führt ihnen zu Gemüt: „che gli antichi Poloni non sapevano che cosa fosse smaltire il grano nel mar Baltico in Danzig o in Elbing, nè erano intenti a tagliar selve per seminare, nè asciugavano paludi per il medesimo effetto".

Übrigens schildert der Nuntius den Fortgang des Katholizismus, der gerade im besten Zuge war. Ich habe die wichtigeren Momente aufgenommen.

68.

Relatione dello stato spirituale e politico del regno di Suezia 1598.

Über die Unternehmungen Siegmunds auf Schweden unmittelbar vor seiner zweiten Reise. Ebenfalls seinem wesentlichen Inhalte nach benutzt.

Doch kommen noch einige merkwürdige Notizen über die früheren Angelegenheiten vor.

Erich wird geradezu als Tyrann geschildert. Per impresa faceva un asino carco di sale a piedi d'una montagna erta e senza via per salirvi sopra, et egli era dipinto con un bastone in mano, che batteva il detto asino. Der Autor erklärt dies schon an sich sehr verständliche Symbol: das Volk soll mit Gewalt genötigt werden, auch das Unmögliche zu leisten.

Johann wird als ein entschiedener Katholik betrachtet. Perche era in secreto cattolico, siccome al nuntio ha affirmato il re suo figliuolo, usò ogni industria perche il figliulo ritornasse mentre esso viveva in Suetia a fine di dichiararsi apertamente cattolico e ridurre il regno ad abbracciar essa fede.

Diese Dinge möchte ich indes doch nicht unterschreiben. Wahrscheinlich bildete sie der gute Siegmund sich ein, um den Trost zu haben, von einem katholischen Vater entsprossen zu sein.

Dagegen ist das erste Unternehmen Siegmunds mit dem ganzen Gepräge der Wahrhaftigkeit eines Eingeweihten geschildert. Die Hoffnungen, die sich an seine zweite Reise knüpften, werden in ihrer europäischen Bedeutung dargestellt. –

Einschaltung

Bemerkung über die Denkwürdigkeiten Bentivoglios

In seinem 63. Jahre, nicht 1640, wie die Ausgabe in den Classici Italiani behauptet, sondern 1642, wie auch Mazzuchelli hat, begann Kardinal Guido Bentivoglio (geb. 1579), nachdem er manches andere Memoire über Weltgeschäfte verfaßt, auch persönliche Denkwürdigkeiten niederzuschreiben.

Er beabsichtigte ursprünglich, seinen ersten Aufenthalt an dem römischen Hofe, seine Nunziaturen in Frankreich und den Niederlanden, die Zeiten seines Kardinalates zu umfassen. Wäre er damit zustande gekommen, so würde die Geschichte der ersten Hälfte des 17. Jahrhunderts um ein schönes Werk voll von Anschauung reicher sein.

Aber er starb, ehe er nur noch mit dem ersten Teile zustande gekommen. Sein Werk – Memorie del card[l] Guido Bentivoglio – geht nur bis 1600.

Es macht den Eindruck der Ruhe und des Behagens, wie ein alter Prälat ihrer genießt, der, frei von Geschäften, bequem in seinem Palaste haushält. Es ist eine sehr angenehme, zugleich erfreuende und unterrichtende Lektüre: natürlich aber legte dem Kardinal seine Stellung Pflichten auf, und es läßt sich bemerken, daß er mit der Sprache nicht völlig herausgeht.

Die Schilderung z. B., die er ziemlich ausführlich von den Kardinälen gibt, von denen er Clemens VIII. umgeben fand, entspricht doch den Nachrichten, die uns andere über dieselben mitteilen, nur sehr im allgemeinen.

Gleich der erste, der Dekan Gesualdo, wird von Bentivoglio geschildert als „ein vornehmer Mann, von liebenswürdigen Sitten, der die Geschäfte nicht sucht, aber auch nicht vermeidet"; davon aber, was uns andere erzählen und auch Bentivoglio ohne Zweifel wußte, wie er die Wahl Sanseverinos aus persönlicher Abneigung verhinderte, – welche Prätensionen höheren Ranges er gegen die übrigen Kardinäle geltend machte, die sich nur ungern fügten, – wie alle seine Bestrebungen seitdem dahin gingen, sich Freunde zu erwerben, um das Pontifikat erlangen zu können, – wie er sich besonders an Spanien anschloß: von alledem erfahren wir nichts.

Der zweite: Aragona. Bentivoglio bemerkt von ihm, „er habe in früheren Konklaven besonders die jüngeren Kardinäle geleitet, er habe während der Abwesenheit des Papstes Rom auf das trefflichste verwaltet, er liebe guten Hausrat, er habe seine schöne Kapelle, mit den Altarbildern wechsle er ab". Allein damit ist der Mann noch nicht gezeichnet. Er war, wie wir aus Delfino sehen, ein von der Gicht gepeinigter alter Mann, dessen Tod sich bald erwarten ließ, der aber darum an den Hoffnungen auf das Pontifikat nur um so fester hielt. Bei dem spanischen Hofe war er keineswegs so angesehen, wie er wünschte. In die Kongregation über die französischen Angelegenheiten hatte er nicht gelangen können: und man wußte, daß er das sehr übelnahm: aber nichtsdestominder suchte er mit den spanischen Botschaftern jener Absicht wegen das engste Verhältnis zu erhalten.

Jener Eindruck der Ruhe und Stille, den das Buch macht, kommt auch daher, weil die Lichter zugleich absichtlich sehr gedämpft werden, weil das Leben in der Wahrheit seiner Erscheinung nicht eigentlich reproduziert wird.

69.

Relatione fatta all' ill^{mo} sig^{r} card^{l} d'Este al tempo della sua promotione che doveva andar in Roma. (Bibl. Vindob. Codd. Foscar n. 169. 46 Bl.)

Infolge des Abkommens, das Clemens VIII. bei der Einnahme von Ferrara mit den Este getroffen hatte, schloß er einen Prinzen dieses Hauses, Alexander, in die Promotion vom 3. März 1599 ein.

Dieser Prinz ist es, den man durch unsere Instruktion zu seinem Eintritt in den Hof vorbereiten wollte. Obwohl sie kein Datum führt, so ist sie doch ohne Zweifel in das Jahr 1599 zu setzen.

Von einer venezianischen Relation ist sie schon durch ihre Bestimmung sehr verschieden. Sie soll den Prinzen in Stand setzen, als ein guter Steuermann zu schiffen – per potere come prudente nocchiero prendere meglio l'aura propitia della corte –; von den politischen Verhältnissen enthält sie nichts: selbst das Unglück, welches das Haus Este soeben betroffen, wird mit Stillschweigen übergangen: die Absicht des Verfassers ist nur, die Eigenschaften der wichtigsten Personen zu bezeichnen.

Der Papst, seine Nepoten, die Kardinäle werden geschildert.

Clemens VIII. „Di vita incolpabile, di mente retta, di conditione universale. Si può dir ch'abbia in se stesso tutta la theorica e la pratica della politica e ragion di stato." Wir finden hier, Salvestro Aldobrandini habe Paul IV. zum Kriege gegen Neapel angereizt; doch habe man darauf Versuche gemacht, das Haus wenigstens mit den Medici zu versöhnen. Dicesi che Pio V volendo promovere il card^{l} Giovanni, fratello di questo pontefice, assicurò il G D Cosimo che tutta questa famiglia gli sarebbe fidelissima sempre, e che mandò l'istesso Ippolito Aldobrandino, hora papa, a render testimonio a S. Altezza, della quale fu molto ben visto. Damals war bei Papst Clemens Johann Bardi in der meisten Gunst. Fra i servitori di Clemente il più intimo e favorito è il sig^{r} Giov. Bardi dei conti di Vernio, luogotenete delle guardie, di molta bontà, virtù e nobiltà. An ihn kann sich der neue Kardinal um so mehr halten, da er es mit dem Hause Este gut meint.

Die Nepoten. Das Übergewicht Pietro Aldobrandinis über San Giorgio war entschieden. San Giorgio, accommodato l'animo alla fortuna sua, mortificate le sue pretensioni, non gareggia, con contrasta più, ma o lo

seconda o non s'impaccia seco, e si mostra sodisfatto dell' ottenuta segnatura di giustitia.
Die Kardinäle teilten sich in zwei Faktionen: die spanische, welcher auch Montalto bereits anhing, und die aldobrandinische. Jene war damals 25, diese nur 14 entschiedene sichere Mitglieder stark. Richtig bezeichnet der Autor denjenigen als den wahrscheinlichsten Kandidaten zum Papsttum, der hernach wirklich dazu gelangt ist, Alexander Medici. Man wußte nicht, wie derselbe mit dem Großherzog von Toskana stand; aber bei Clemens war er dafür desto mehr in Gunst: „per patria e conformità di humore", so gut als wäre er seine Kreatur.
Nicht übel erscheint der Historiker der Kirche, Baronius: „molto amato per la dottrina, bontà e semplicità sua: si dimostra tutto spirito, tutto risegnato in dio: si burla del mondo e della propria esaltatione di se stesso."

70.

Relatione di Roma dell' Illmo Sig^{r} Gioan Delfino K^{r} e Pr^{or} ritornato ambasciatore sotto il pontificato di Clemente VIII. (1600.)

Auch eine von den verbreiteteren Relationen: sehr ausführlich – sie hat in meinem Exemplar 94 Quartblätter, – sehr unterrichtend.

I. Delfino beginnt, den Papst (il nascimento, la natura e la vita del papa) und seine Nepoten zu schildern.
Delli due cardinali (Aldobrandino e S. Giorgio) reputo quasi necessario parlarne unitamente. Questo di età d'anni 45, di gran spirito, altiero, vivace e di buona cognizione nelli affari del mondo: ma temo assai che sia di mala natura, overo che gli accidenti del mondo occorsi, che l'hanno levato dalle gran speranze in che si è posto nel principio del pontificato, lo fanno esser tale, cioè dimostrarsi con tutti non solo severo ma quasi disperato. Questo era grandemente amato e grandemente stimato dal papa avanti che fosse salito al pontificato, e doppo per gran pezzo ebbe la cura principale de' negotii, e si credeva da ogn'uno che egli avesse da esser il primo nipote, perche l'altro era più giovane, assai di poca prosperità e di pochissima cognizione: ma o sia stato la sua poca prudenza nel non essersi saputo governare come averebbe bisognato, sendosi rotto con l'ambasciatore di Spagna quando gittò la beretta, con l'ambasciator di Toscana quando li disse che il papa doveria cacciarlo di corte, oltre i disgusti che ha dato a tutti in mille occasioni, o pur la gran prudenza e destrezza dell' altro, o la forza natural del sangue, questo ha perduto ogni giorno tanto di autorità e di credito che non ha chi lo seguiti e non ottiene cosa alcuna che dimandi. Ha però il carico di tutti le negotii d'Italia e Germania, se bene li ministri publici trattino li medesimi con Aldobrandino, e nelle cose brusche tutti ricorrono a lui. Io con esso sig^{r} card^{le} di S. Giorgio nel principio ho passato qualche borasca, anzi nella prima audienza fui astretto a dolermi apertamente per dignità della republica, e doi o tre volte mi sono lasciato intendere liberamente, in mode tale che so che è

stato frutto appresso di lui, et il papa l'ha avuto a carro, e particolarmente nell' ultima occasione di Ferrara: ma doppo sempre è passato tra noi ogni sorte di dimostratione d'amore, et io l'ho onorato sempre come si conveniva. Credo veramente che sia mal affetto alla Serenità Vostra per natura e per accidente: la sua natura l'ho descritta, ma dirò solo delli accidenti. Prima sappia che da un pezzo in qua s'è buttato affatto in braccio de' Spagnuoli, e si è dimostrato poco amico di quelli che sono uniti con Francesi: ha cresciuto ancora quel mal animo suo il vedere che il cardinal Aldobrandino habbi in tutte le occasioni protetto li affari dell' EE. VV., quasi che non sia possibile che concorrino ambidue in alcuna operatione, per giusta e raggionevole che sia. Da che si può conoscere la miseria de' poveri ambasciatori et rappresentanti publici.

II. Das zweite Kapitel, wenigstens in unsern Kopien förmlich als solches unterschieden, betrifft Regierungsform, Finanzen und bewaffnete Macht. Delfino erstaunt, wie billig, über einige Momente der Finanzverwaltung. Mentre l'entrate della chiesa sono impegnate all' ingrosso ordinariamente e straordinariamente: e quello ch'è peggio, si comprano castelli e giurisdittioni de' sudditi a $1^1/_2$ o 2 per cento (ich verstehe: die soviel abwerfen) e si pagano censi a 9 o 10 per cento, parendo strano agli uomini savj che in tante strettezze si fanno queste compre, e più è che se si vogliono far certe spese, non si facciano per via delli danari del castello, per non ci andar debitando e consumando del tutto. Auch in jener Zeit, sehen wir, gab es doch Leute, die an dem Thesaurieren geliehenen Geldes Anstoß nahmen. Übrigens war nach der ersten kurzen Zufriedenheit in Ferrara vieles Mißvergnügen eingetreten. Nobili e popolo si darebbero volentieri a qual principe si voglia, per uscir dalle mani dove si trovano.

III. Intelligenze. Wie mißlich der Papst mit dem Kaiser, mit Philipp II. stand – er erwartete den Tod des Königs mit einer Art von Angst –: wie schlecht mit Florenz; denn sehr wohl erinnerte man sich, daß das Haus Aldobrandini zu den Ausgewanderten gehörte (le cose passano peggio che con ogn' altro, ricordandosi d'esser andato il papa e la sua casa ramingo per il mondo): wieviel besser dagegen mit Frankreich und Polen, vornehmlich mit dem letzten, mit dem er gemeinschaftliche Interessen und Pläne hat (concorrendo e dall' una e dall' altra parte interessi nel presente e disegni nel tempo a venire). Für niemand aber war Clemens eingenommener als für den Fürsten von Siebenbürgen. Col prencipe di Transilvania ha trattato il papa con tanto amore, e con tener un nuntio apostolico appresso di lui e con averli dato in mio tempo 60 m. scudi in tre volte e con infiniti officii fatti fare con l'imperatore per servitio, che quasi poteva dirsi interessato et obligato alla continua sua protettione: e credo che'l povero prencipe la meritava, perche s'è risoluto alla guerra con fondamento principale del consiglio et delle promesse di S. St[à]: quanto nel principio già tre anni e già due *ancora esaltava la virtù* e valor di questo prencipe fino al cielo, avendo detto a me più volte ch'egli solo faceva la guerra al Turco, tanto più ultimamente con la cessione che gli fece de' suoi stati restava molto chiarito, et il predicava un gran da poco: onde si vede che se bene aveva promesso all' imperatore di farlo cardinale et a lui ancora, non avrebbe però osservato cosa alcuna, e perciò credo che essendo tornato al governo de' suoi stati abbia sentito S. Stà gran consolatione.

IV. Cardinali. Sie werden alle nach der Reihe durchgegangen und mehr oder minder günstig beurteilt.

V. De' soggetti che cascano in maggior consideratione per lo pontificato.

VI. Interessi con Venetia. Es waren schon tausend Streitigkeiten im Gange. Quando non si proveda alle pretensioni et ai disordini, un giorno si entrerà in qualche travaglio di gran momento, massime di questi novi acquisti (über die Schiffahrt auf dem Po), che sempre vi penso per cognitione che ho della natura de' preti e della chiesa mi fa temere.

Das ging nur allzubald in Erfüllung.

71.

Venier: Relatione di Roma. 1601.

Schon waren die Streitigkeiten zwischen Papst und Venedig ziemlich heftig geworden. Die Venezianer verweigerten, ihren Patriarchen zur Prüfung nach Rom zu schicken; über den Po-Ausfluß Gora hatten bittere Irrungen begonnen: eben um dieser Streitigkeiten willen ward Venier nach Rom geschickt.

Nur eine kurze Zeit blieb er da: die Schilderung, die er von Clemens VIII. entwirft, ist dessen ungeachtet recht brauchbar.

Della natura et pensieri del pontefice, per quello che a me tocca di considerare nella presente congiuntura per li negotii che giornalmente tratta V. Serenità con S. Beatitudine, dirò che il papa in questa età sua di 65 anni è più sano e più gagliardo di quello che sia stato negli anni adietro, non havendo indispositione alcuna fuoriche quella della chiragra o gotta, che però li serve, come vogliono li medici, a tenerlo preservato da altre indispositioni, e questa molto più di rado e molto meno che per l'inanzi le da molestia al presente, per la bona regola particolarmente del viver, nel quale da certo tempo in qua procede con grandissima riserva e con notabile astinenza nel bere: che le giova anco grandemente a non dar fomento alla grassezza, alla quale è molto inclinata la sua complessione, usando anco per questo di frequentare l'esercitio di camminar longamente sempre che senza sconcio de negotii conosce di poterlo fare, ai quali nondimeno per la sua gran capacità supplisce, intanto che le resta comoda parte di tempo che dispensa admettendo persone private et altri che secondo il solito ricorrono a. S. Stà. A negotii gravi si applica con ogni suo spirito et persiste in essi senza mostrarne mai alcuna fiachezza, et quando li succede di vederli conclusi, gode et fruisce mirabilmente il contento che ne riceve. Nè di cosa maggiormente si compiace che di esser stimato, et che sia rispettata la sua reputatione, della quale è gelosissimo. Et quanto per la complessione sua molto sanguigna e colerica è facile ad accendersi, prorompendo con grandissima vehementia in esagerationi piene di escandescenza et acerbità, tanto anco mentre vede che altri tace con la lingua seben s'attrista nel sembiante, si ravede per se stesso et procura con gran benignità di raddolcire ogni amaritudine: la qual cosa è così nota hormai a tutti li cardinali che ne danno cortese avvertimento agli amici loro, sicome lo diede anco a me nel primo congresso l'illustrissimo sig^{r} card^{le} di Verona per mia da lui stimata molto utile conformatione. Ha Sua S^{tà} volti li pensieri suoi alla gloria, nè si può imaginare quanto acquisto facciano li principi della gratia sua, mentre secondano la sua inclinatione. Onde Spagnoli in particolare, che sempre mirano a conservarsi et ad aumentar la gran parte che hanno nella corte di Roma, non trascurano punto l'occasione: et però con tanto maggior prontezza hanna applicato l'animo a far qualche impresa contra Turchi, come hora si vede, et con andar sofferendo non mediocri durezze, che provano ancoı loro nelli negotii importanti, particolarmente per causa di giurisditione che vivono alla corte di Roma, si vanno sempre più avanzando nel riportare in molte cose non piccole soddisfattioni. E tenuto generalmente il pontefice persona di gran virtù, bontà et religione: di che egli si compiace far che del continuo se ne veggano segni et importanti effetti. Et se ben li cardinali si vedono nel presente pontefice scemata molto quella autorità che ne' tempi passati sono stati soliti d'havere, restando quasiche del tutto eclusi dalla partecipatione de negotii più importanti, poiche ben spesso fino all' ultima conclusione di essi non hanno delle trattationi la già solita notitia, mostrano nondimeno di stimare il pontefice, lodano la S^{tà} S. con termini di somma riverenza, celebrando la prudenza et l'altre virtù sue con grand' esageratione, affirmando che se fosse occasione hora di elegere pontefice, non elegerebbono altro che questo medesimo, seben son molto reconditi et profondi i loro pensieri, et le parole et le apparenze sono volte ai proprj disegni forse a Roma più che altrove.

Dem Gesandten gelang es, die Streitigkeiten noch einmal beizulegen, obwohl der Papst bereits von der Exkommunikation redete: er findet ihn doch im ganzen wohlgesinnt. Venedig bequemte sich, den Patriarchen nach Rom zu schicken.

72.

Instruttione all' ill^{mo} et ecc^{mo} marchese di Viglienna ambasciatore cattolico in Roma 1603. (Informatt. politt. n. 26.)

Viglienna war der Nachfolger Sessas. Unser Autor überläßt es billig dem abgehenden Botschafter, über den Papst und dessen nächste Angehörigen zu berichten. Er selbst gibt uns von den Kardinälen Nachricht. Sein Zweck ist anzuzeigen, welcher Faktion ein jeder angehöre. Da sehen wir nun, daß sich die Lage der Dinge seit 1599 sehr verändert hatte. Es werden nur noch zehn entschieden spanische Kardinäle auf-

geführt. Von den französischen war früher noch wenig die Rede: jetzt erscheinen ihrer neun: die übrigen gehören zu keiner Partei.
Von der Wichtigkeit der Kurie ist auch dieser Autor durchdrungen. Qui le differenze, le pretensioni, le paci, le guerre si maneggiano. – – Le conditioni invitano i più vivaci e cupidi di grandezza, di maniera che non è meraviglia che qui fioriscano i più acuti ingegni.

73.

Dialogo di mons^r^ Malaspina sopra lo stato spirituale e politico dell' imperio e delle provincie infette d'heresie. (Vallic. n. 17. 142 Bl.)

Ein Gespräch zwischen Mons. Malaspina, dem Erzbischof von Prag und den Bischöfen von Lyon und von Kordova, – also von Geistlichen der vier Hauptnationen: ungefähr vom Jahre 1600. Es geschieht darin der Einnahme von Ferrara Erwähnung.
Der Zweck ist eigentlich, zu vergleichen, was die früheren Päpste und was Clemens VIII. für den Fortgang des Katholizismus getan.
Unter den früheren Päpsten: 1. La reduttione delle Indie, 2. la celebratione del concilio, 3. la lega santa e la vittoria navale, 4. l'erettione de' collegii, 5. l'offerta dagli heretici del primato di Pietro al patriarcha Constantinopolitano – (?) 6. la constantia del re cattolico in non concedere agli heretici nei paesi bassi cose in pregiudicio della religione.
Vom Papst Clemens VIII.: 1. Il governo pastorale et universale, 2. il governo particolare dei dominii del stato ecclesiastico, 3. la vita di S. Beatitudine, 4. il Turca hora per opera di S. Beatitudine fatto apparire di potersi vincere, 5. Ferrara occupata, 6. l'essersi fatto cattolico il christianissimo re di Francia.
Malaspina schließt, daß dies mehr zu bedeuten habe als alles, was die andern vollbracht. Natürlich. Das Werkchen ist den päpstlichen Nepoten gewidmet.
Nur einen einzigen bemerkenswerten Punkt habe ich in dem langen Geschreibe auffinden können.
Der Verf. war mit auf dem Kurfürstentage von Regensburg im Jahre 1575. Er sprach hier Kurfürst August von Sachsen. Noch war dieser Fürst entfernt davon, den Katholiken Hoffnung zu seinem Übertritt zu erregen. Er erklärte vielmehr, er mache sich aus dem Papste nichts, weder insofern er Papst oder Fürst von Rom sei, noch auch wegen seiner Schätze: die päpstliche Schatzkammer sei mehr eine Zisterne als ein lebendiger Quell; nur das erwecke ihm Nachdenken, daß ein Mönch wie Pius V. so mächtige Fürsten zu einem türkischen Kriege vereinigt habe: er könne das wohl auch wider die Protestanten vollbringen. – In der Tat faßte Gregor XIII. einen solchen Plan. Weil er sah, daß Frankreich aus Furcht vor den Hugenotten sich von jedem Anteil an dem türkischen Kriege lossagte, hielt er einen allgemeinen Bund der katholischen Fürsten wider Türken und Protestanten zugleich für notwendig. Darüber ward sofort auch mit dem Kaiser und mit Erzherzog Karl in Steiermark unterhandelt.

74.

Relatione delle chiese di Sassonia. Felicibus auspiciis ill^{mi} comitis Frid. Borromei. 1603. (Bibl. Ambros. H. 179.)

Auch einer von den mancherlei Entwürfen des Katholizismus, sich wieder in Besitz von Deutschland zu setzen.

Der Verfasser hält sich überzeugt, man sei in Deutschland des Protestantismus allmählich müde. Es liege den Vätern bereits wenig daran, ihre Kinder in ihrer Religion zu erziehen. Li lasciano in abandono, perche dio gl' inspiri, come essi dicono, a qual che sia per salute dell' anime loro.

In dieser Überzeugung macht er Entwürfe auf zwei vorwaltende protestantische Länder, Sachsen und Pfalz.

In Sachsen habe der Administrator bereits den Calvinismus vertilgt. Man müsse ihn durch die Hoffnung der Wiedererlangung des Kurfürstentums gewinnen (mettergli inanzi speranza di poter per la via della conversione farsi assoluto patrone dell' elettorato). Auch der Landesadel werde es gern sehen, wenn er wieder zu den Bistümern gelangen könne.

Über die Pfalz drückt er sich folgendergestalt aus: Il Casimiro aveva una sorella vedova, che fu moglie d'un landgravio d'Hassia, la quale suol vivre in Braubach, terra sopra il Rheno, e si dimostra piena di molte virtù morali e di qualche luma del cielo: suol esercitare l'opere di charità per molto zelo, facendo molte elemosine e consolando gl'infermi di quei contorni con provederli di medicine; conversa volentieri con alcuni padri di Giesù e con l'arcivescovo di Treveri. – – E opinione di molti che mediante una più diligenza o di qualche padre del Giesù amato da lei o di qualche principe cattolico o vescovo saria facil cosa di ridurla totalmente alla vera fede: – – di che se dio benedetto desse la gratia e che la cosa passasse con conveniente segretezza, sarebbe ella ottimo instrumento per convertire poi il nipote con la sorella di lui et un altra figlia che resta del Casimiro.

Der Verfasser bezeichnet hiermit Anna Elisabeth von der Pfalz, Gemahlin Philipps II von Hessen-Rheinfels, der schon im Jahre 1583 starb. Sie war früher im Verdacht des Calvinismus gewesen und darüber in einem Auflauf sogar einmal verwundet worden. Wir sehen, daß sie sich späterhin auf ihrem Witwensitz Braubach, das sie verschönerte, der entgegengesetzten Hinneigung zum Katholizismus verdächtig machte.

Diese Kombination ist es, auf welche unser Autor baut. Er meint, wenn man den jungen Pfalzgrafen demnach mit einer bayerischen Prinzessin vermähle, werde das ganze Land katholisch werden. Und welch ein Vorteil wäre es, ein Kurfürstentum zu gewinnen!

75.

Instruttione a V. S^{ria} $Mons^{r}$ Barberino arcivescovo di Nazaret destinato nuntio ordinario di N. Sig^{re} al re christianissimo in Francia 1603.
(MS. Rom.)

Ausgearbeitet von Kardinal P. Aldobrandino, der seiner frühern Gesandtschaft am französischen Hofe öfters gedenkt: darauf berechnet, den durch die Bekehrung Heinrichs IV. in Frankreich in Aufschwung gekommenen Katholizismus ferner zu befördern.
Hören wir einige Aufträge, die dem Nuntius (es ist der spätere Papst Urban VIII.) gegeben werden.
Ella farà si con il re ch' egli mostri non solamente di desiderare che gli eretici si convertino: ma che dopo che si sono convertiti, gli ajuti e favorisca. – – Il pensare a bilanciare le cose in maniera che si tenghi amiche ambidue le parti è una propositione vana, falsa et erronea, e non potrà esser suggerita a S. $M^{tà}$ che da politici e mal intentionati e da chi non ama la suprema autorità del re nel regno. – – N. Sig^{re} non vuol lasciar di porli (dem König) in consideratione una strada facile (sich der Protestanten zu entledigen) e senza che possa partorir tumulto e che si eseguisca facilmente e fa il suo effetto senza coltivatione: et è quella che altre volte ha S. $S^{tà}$ ricordato alla $M^{tà}$ S. et addotto l'esempio di Polonia, cioè di non dar gradi ad eretici: – – ricorda a S. $M^{tà}$ di dar qualche sbarbatezza alle volte a costoro (den Hugenotten), perche è turba ribelle et insolente. – – V. S^{ria} dovrà dire liberamente al re che deve fuggire gli economati et il dar vescovati e badie a soldati et a donne.
In diesen Economati liegt der Ursprung des Regalrechtes, das späterhin so große Irrungen veranlaßte. Il re nomina l'economo, il quale in virtù d'un arresto, inanzi sia fatta la speditione apostolica, amministra lo spirituale e temporale, conferisce beneficii, constituisce vicarii che giudicano, assolvono, dispensano.
Auch soll der Nuntius den König selbst im katholischen Glauben zu befestigen suchen: während der Kriege habe er nicht gehörig unterrichtet werden können; er soll auf die Ernennung guter Bischöfe dringen, auf die Reform des Klerus sehen, wo möglich die Publikation des Tridentinischen Konziliums bewirken, die der König dem Kardinal bei seinem Abschiede binnen zwei Monaten ins Werk zu setzen versprochen habe und mit der er nach mehreren Jahren noch zögere; er soll die Vernichtung von Genf anraten (di tor via il nido che hanno gli eretici in Ginevra, come quella che è asilo di quanti apostati fuggono d'Italia).
Italien liegt dem Papst vor allem am Herzen: daß ein hugenottischer Befehlshaber nach Castel Delfino jenseits der Berge gesetzt worden, erklärt er für unerträglich; sein Beispiel sei tödlich.
Clemens trug sich lebhaft mit dem Gedanken an einen Türkenkrieg. Jeder Fürst solle die Türken von einer andern Seite her angreifen: der König von Spanien sei dazu bereit, er fordere nur die Versicherung, daß ihm indes der König von Frankreich nicht anderswo Krieg erhebe.

76.

Pauli V pontificis maximi vita compendiose scripta. (Bibl. Barb.)

Eine Lobrede von nicht viel Wert.
Die Rechtspflege, die Verwaltung, die Bauunternehmungen dieses Papstes werden ausführlich gepriesen.
Tacitus plerumque et in se receptus, ubique locorum et temporum vel in mensa meditabatur, scribebat, plurima transigebat.
Nullus dabatur facinorosis receptui locus. Ex aulis primariis Romae, ex aedium nobilissimarum non dicam atriis sed penetralibus nocentes ad supplicium armato satellitio educebantur.
Cum principatus initio rerum singularum, praecipue pecuniarum difficultate premeretur, cum jugiter annis XVI tantum auri tot largitionibus, substructionibus, ex integro aedificationibus, praesidiis exterorumque subsidiis insumpserit, rem frumentariam tanta impensa expediverit, – – nihil de arcis Aeliae thesauro ad publicum tutamen congesto detraxerit, subjectas provincias sublevaverit: tot immensis tamen operibus non modo aes alienum denuo non contraxit, sed vetus imminuit, non modo ad inopiam non est redactus, sed praeter publicum undequaque locupletatum privato aerario novies centena millia nummum aureorum congessit.
Wahrscheinlich hielt dieser Panegyrist die Kreation so vieler neuen Luoghi di Monte nicht für eine Anleihe.

77.

Relatione dello stato infelice della Germania cum propositione delli rimedii opportuni, mandata dal nuntio Ferrero vescovo di Vercelli alla $S^{tà}$ di N. Sig^{re} papa Paolo V. (Bibl. Barb.)

Wahrscheinlich einer der ersten ausführlicheren Berichte, die Paul V. zu Händen kamen. Der Nuntius gedenkt der Empörung der kaiserlichen Truppen gegen ihren General Basta im Mai 1605 als eines eben eingetretenen Ereignisses.
Der unglückliche Gang, den der Krieg unter diesen Umständen nahm, die Fortschritte der Türken und der Rebellen im Kampfe mit dem Kaiser, sind es ohne Zweifel hauptsächlich, weshalb er den Zustand von Deutschland unglückselig nennt.
Denn übrigens entging es ihm nicht, wie viele Eroberungen die katholische Kirche in Deutschland machte.
Di questi frutti ne sono stati prossima causa gli alunni così di Roma come delle varie città e luoghi della Germania dove la pietà di Gregorio XIII alle spese della camera apostolica gl'instituì, giunti li collegii e scuole delli padri Giesuiti, alli quali vanno misti cattolici et heretici; perche li alunni sudetti si fanno prelati o canonici.

Er versichert wiederholt, daß die Jesuitenschulen eine große Menge junger Leute für den Katholizismus gewonnen. Nur findet er namentlich in Böhmen einen außerordentlichen Mangel an katholischen Pfarrern.
Auch auf den politischen Zustand geht er ein: die Gefahr vor den Türken findet er bei den schlechten Anstalten des Kaisers und der innerlichen Entzweiung des Hauses Österreich sehr bedeutend. In Opposition mit dem Kaiser hatten sich die Erzherzöge Matthias und Maximilian versöhnt. Hora l'arciduca Mattia e Massimiliano si sono uniti in amore, vedendo che con la loro disunione facevano il gioco che l'imperatore desidera, essendosi risoluto il secondo a cedere al primo come a quello che per ragione di primogenitura toccava il regno d'Ungaria, Boemia e stati d'Austria, et Alberto ha promesso di star a quello che se ne farà, e di comun concerto sollecitano l'imperatore con lettere a prendere risolutione al stabilimento della casa: ma egli è caduto in tanta malinconia, o sia per questa lor unione, e gelosia che non siano per valersi di queste sedizioni, o per altro, che non provede alla casa nè agli stati nè a se stesso.
Auch manche andere Merkwürdigkeiten kommen dabei zutage: z. B. Absichten des Hauses Brandenburg auf Schlesien schon in dieser Zeit. Il Brandenburgh non dispera con gli stati che ha in Slesia e le sue proprie forze in tempo di revolutione tirar a se quella provincia.

78.

Relatione dell' ill^{mo} Sr Franc. Molino cav^{r} e pro^{r} ritornato da Roma con l'ill^{mo} sig^{ri} Giovanni Mocenigo cav^{r}, Piero Duodo cav^{r} e Francesco Contarini cav^{r}, mandati a Roma a congratularsi con papa Paolo V della sua assontione al pontificato, letta in senato 25 Genn. 1605 (1606).

Schon war der Ausbruch der Unruhen vorauszusehen. Die Gesandten haben Paul V. so genau als möglich beobachtet.
Sicome pronuntiato Leone XI penarono doi hore a vestirlo pontificalmente, così il presente pontefice fu quasi creduto prima vestito ch'eletto et pur da altri cardinali: che non fu così presto dichiarato che in momento dimostrò continenza et gravità pontificia tanta nell' aspetto, nel moto, nelle parole et nelli fatti, che restarono tutti pieni di stupore et meraviglia et molti forse pentiti, ma tardi et senza giovamento: perche diversissimo dalli altri precessori, che in quel calore *hanno tutti* assentito alle richieste così de' cardinali come d' altri et fatte infinite gratie, così il presente stette continentissimo et sul serio, tanto che si dichiarì risoluto a non voler assentire et promettere pur minima cosa, dicendo ch'era conveniente aver prima sopra le richieste et gratie che le erano dimandate ogni debita et matura consideratione: onde pochissimi furono quelli che dopo qualche giorno restassero in qualche parte gratiati. Nè tuttavia si va punto allargando, anzi per la sua sempre maggior riservatezza dubitando la corte di veder anco sempre poche gratie et maggior strettezza in tutte le cose, se ne sta molto

mesta. Fra li cardinali non v'è alcuno che si possi gloriar di aver avuto tanto d'intrensichezza o familiarità seco che di certo si possi promettere di ottener prontamente alcuna cosa da lui, e tutti procedono con tanto rispetto che si smarriscono quando sono per andarli a parlar et negotiar seco: perche oltre che lo trovano star sempre sul serio et dar le risposte con poche parole, si vedono incontrar in risolutioni fondate quasi sempre sopra il rigor dei termini legali: perche non admettendo consuetudini, ch'egli chiama abusi, nè esempj de consenso de' pontefici passati, ai quali non solamente dice che non saperia accomodar la sua conscientia, ma che possono aver fatto male et potriano render conto a dio, o che saranno stati ingannati, o che la cosa sarà stata diversa da quella che a lui viene portata, li lascia per il più malcontenti. Non ha caro che si parli seco lungo per via di contesa o di disputatione, et se ascolta pur una o doi repliche, quello stimando di aver risoluto con le decisioni de' leggi o dei canoni o de' concilj che lor porta per risposta, si torce se passano inanzi, overo egli entra in altro, volendo che sappino che per le fatiche fatte da lui il spatio di trenta cinque anni continuo nel studio delle leggi et praticatele con perpetui esercitii nelli officii di corte in Roma et fuori, possi ragionevolmente pretendere, se bene questo non dice tanto espressamente, di aver così esatta cognitione di questa professione che non metti il piede a fallo nelle risolutioni che da et nelle determinationi che fa, dicendo bene che nelle cose dubbie deve l'arbitrio et interpretatione particolarmente nelle materie ecclesiastiche esser di lui solo come pontefice. Et per questo li cardinali, che per l'ordinario da certo tempo in qua non contradicono, come solevano, anzi quasi non consigliano, et se sono ricercati et comandati di parlar liberamente, lo fanno conforme a quell'intentione che vedono esser nelli pontefici, se ben non la sentono; col presente se ne astengono più di quello che habbino fatto con alcun dei suoi precessori: et avranno ogni dì tanto maggior occasione di star in silentio, quanto che manco delli altri ricerca il parere di loro o di alcuno a parte, come soleva pur far papa Clemente et altri: fa fra se stesso solo le risolutioni et quelle de improviso pubblica nel concistoro: in cui hora si duole dei tempi presenti, hora si querela de' principi con parole pungenti, come fece ultimamente in tempo nostro per la deditione di Strigonia, condolendosi et attribuendo la colpa all' imperatore et ad altri principi con parole aculeate et pungenti; hora rappresentando a' cardinali li loro obblighi, li sfodra protesti senza alcun precedente ordine o comandamente, con che li mette in grandissima confusione, come fece significandoli l'obbligo della residenza et, come ho detto, non per via di comando, come facevano li altri pontefici, li quali prefigevano loro anco stretto tempo di andar alle lor chiese, ma con solamente dirli che non escusarebbe li absenti da esse da peccato mortale et da ricevere i frutti, fondando la sudetta conclusione sopra li canoni et sopra il concilio di Trento: col qual termine solo così stretto et inaspettatamente con molta flamma pronunciato mette tanta confusione nelli cardinali vescovi che conoscendo loro non potersi fermare in Roma più lungamente senza scrupolo et rimorso grandissimo della conscientia, senza dar scandalo et senza incorrer in particolar concetto presso il papa di poco curanti li avvertimenti della

S^{tà} Sua, di poco timorati di dio et di poco honore ancor presso il mondo, hanno preso risolutione chi di andar alla residenza, et già se ne sono partiti alquanti, chi di rinunciare, et chi di aver dispensa fin che passi la furia dell' inverno per andarvi alla primavera: nè ha admesso per difesa che salvino le legationi delle provincie e delle città del stato ecclesiastico; solo doi poteano essere eccettuati, il card^{l} Tarasio arcivescovo di Siena vecchissimo et sordo, che non sarà perciò salvato da restar astretto alla renoncia, et il sig^{r} card^{l} di Verona, medesimamente per l'età grandissima et per aver già molti anni mons^{r} suo nipote ch' esercita la coadjutoria et ottimamente supplisce per il zio.
Die Gesandten kamen dieser Strenge zum Trotz mit Paul V. im Grunde recht gut weg. Er entließ sie auf das freundlichste. Auch der günstigste Papst hätte sich nicht gewogener ausdrücken können. Sie sind selbst erstaunt, wie so bald nachher die Sachen eine so ganz entgegengesetzte gefährliche Wendung nehmen.

79.

Instruttione a mons^{re} il vescovo di Rimini (C^{l} Gessi) destinato nuntio alla republica di Venetia dalla Santità di N. S. P. Paolo V. 1607 4 Giugno. (Bibl. Alb.)

Unmittelbar nach Beendigung der Irrungen, jedoch noch nicht sehr friedfertig.
Der Papst beklagt sich, daß die Venezianer den Akt der Absolution zu verheimlichen suchen: in einer Erklärung an ihren Klerus kam eine Andeutung vor, daß der Papst die Zensuren aufgehoben, weil er die Reinheit ihrer Absichten erkenne: – che S. Beat^{ne} per haver conosciuta la sincerità degli animi e delle operationi loro havesse levate le censure.
Dennoch geht Paul V. so weit, sich Hoffnung zu machen, daß man die Konsultoren, auch Fra Paolo an die Inquisition ausliefern werde. Sehr merkwürdig ist die Stelle. Delle persone di fra Paolo Servita e Gio. Marsilio e degli altri seduttori che passano sotto nome di theologi s'è discorso con V^{ra} Sig^{ria} in voce: la quale doveria non aver difficoltà in ottener che fossero consignati al sant' officio, non che abbandonati dalla republica e privati dello stipendio che s'è loro constituito con tanto scandalo. Mußten auch solche Anträge hinzukommen, um die Feindseligkeiten Fra Paolos zu steigern und unversöhnlich zu machen? Der Papst wußte nicht, was für ein Feind das war. Alle seine Monsignoren und Illustrissimi sind vergessen. Der Geist Fra Paolos lebt wenigstens in einem Teile der inneren Opposition in der katholischen Kirche noch heute fort.
Übrigens hatte der Widerstand, den der Papst in Venedig gefunden, den größten Eindruck auf ihn gemacht. Vuole N. Sig^{re} che l'autorità e giurisdittione ecclesiastica sia difesa virilmente da V. S^{ria}, la quale averte non di meno di non abbracciar causa che possa venire in contesa dove non abbia ragione, perche forse è minor male il non contendere che il perdere.

80.

Ragguaglio della dieta imperiale fatta in Ratisbona l'anno del S^r^ 1608, nella quale in luogo dell' ecc^{mo} e rev^{mo} mons^{r} Antonio Gaetano, arcivescovo di Capua, nuntio apostolico, rimasto in Praga appresso la M^{tà} Cesarea, fu residente il padre Filippo Milensio maestro Agostino vicario generale sopra le provincie aquilonarie. All' ecc^{mo} e rev^{mo} signore e principe il sig^{r} card^{l} Francesco Barberini.

Als der Kaiser Rudolf im Jahre 1607 einen Reichstag berief, war Antonio Gaetano Nuntius an seinem Hofe.

Gaetano hatte den Auftrag, das Tridentinum vollständiger einzuführen, die Annahme des gregorianischen Kalenders zu bewirken – wozu die drei weltlichen Kurfürsten schon damals willig waren, am entschiedensten Sachsen, das seinen Gesandten schon dazu instruiert hatte – und sich besonders der katholischen Interessen auf dem Kammergerichte anzunehmen. Die Stockung, die dasselbe erfahren, war in der Instruktion folgendergestalt angegeben.

Di questo tribunal essendo presidente supremo l'intruso Magdeburgese heretico, e volendo egli esercitare il suo officio, non fu ammesso, e da quel tempo in qua non essendo state reviste le cause et essendo moltiplicati gli aggravii fatti particolarmente alli catolici, protestando li heretici di volere avere luogo nella detta camera indifferentemente, come hanno li catolici, hanno atteso continuamente ad usurpare i beni ecclesiastici.

Es war vorauszusehen, daß von dieser Sache am Reichstage lebhaft würde gehandelt werden: – dennoch konnte der Nuntius denselben nicht besuchen. Der Kaiser ließ Erzherzog Ferdinand als seinen Kommissar dahin gehen und würde es als eine Beleidigung betrachtet haben, wenn der Nuntius ihn verlassen hätte.

Gaetano schickte an seiner Stelle den Augustinervikar Fra Milensio. Da sich dieser schon mehrere Jahre in Deutschland aufgehalten, mußte er die Verhältnisse einigermaßen kennen. Überdies aber wies ihn der Nuntius an Matth. Welser – per esatta cognitione delle cose dell' imperio – und eben jenen Bischof von Regensburg, von dem damals ein Schreiben eine so große Aufregung unter den Protestanten hervorbrachte. Auch an den Beichtvater des Kaisers, Pater Willer, sollte er sich halten.

Unglücklicherweise hat dieser Augustiner den Bericht über seine Wirksamkeit erst viele Jahre nachher aufgesetzt. Jedoch ist das, was er von seiner persönlichen Tätigkeit erwähnt, noch immer höchst merkwürdig: wir haben es schon in die Geschichte aufgenommen.

Übrigens leitet er die gesamte Unruhe, die damals in dem Reiche ausgebrochen war, von der zweifelhaften Erbfolge her: „essendo fama che Ridolfo volesse adottarsi per figliulo Leopoldo arciduca, minor fratello di Ferdinando, e che poi a Ferdinando stesso inchinasse". Matthias war darüber sehr mißvergnügt. Aber in Klesel und dem Fürsten Lichten-

stein, der in Mähren so viel vermochte, fand er treue und einflußreiche Anhänger.
Dietrichstein und Gaetano hatten diesem Berichte zufolge großen Anteil an dem Abschluß des Vertrages zwischen den Brüdern.

81.

Relatione di Roma dell' illustrissimo Sr Giovan Mocenigo Kav^r Amb^r a quella corte l'anno 1612. Inff. politt. Tom. XV.

Der erste Botschafter nach Beilegung der Irrungen war Franz Contarini: 1607 bis 1609. Unser Mocenigo rühmt, wie wohl ihm dessen vernünftiges Betragen zustatten gekommen. Er selbst, der bereits 18 Jahre in Gesandtschaften beschäftigt gewesen, stand von 1609 bis 1611 in Rom. Der ruhige Ton seiner Relation zeigt am besten, daß es auch ihm gelang, ein gutes Verhältnis aufrechtzuerhalten.

Bei dieser Relation ist nicht seine Absicht, das Allgemeine, das Bekannte zu wiederholen, sondern nur die Eigenschaften und die Gesinnungen des Papstes in bezug auf die Republik zu erörtern: la qualità, volontà, dispositione del papa e della republica verso questa republica. Tratterò il tutto con ogni brevità, tralasciando le cose più tosto curiose che necessarie.

1. Papst Paul V.: Maestoso, grande, di poche parole: nientedimeno corre voce che in Roma non sia alcuno che lo possa agguagliare nelli termini di creanza e buoni officii: veridico, innocente, di costumi esemplari.

2. Kardinal Borghese: di bella presenza, cortese, benigno: porta gran riverenza al papa, rende ciascuno sodisfatto almeno di buone parole: è stimatissimo e rispettato da ogn'uno. – Im Jahre 1611 hatte er schon 150000 Sk. Einkommen.

3. Geistliche Macht. Er bemerkt, daß frühere Päpste eine Ehre darin gesucht, Gnaden zu gewähren: die damaligen strebten die bereits gewährten eher wieder zu entreißen (rigorosamente studiano d'annullare et abbassare le già ottenute gratie). Dennoch sucht man mit ihnen gut zu stehen, weil man glaubt, der Gehorsam der Völker beruhe auf der Religion.

4. Weltliche Macht. Er findet noch immer die Völker des Kirchenstaates sehr kriegerisch gesinnt (prontissimi alle fattioni, alli disagi, alle battaglie, all'assalto et a qualunque attione militare), die päpstliche Kriegsmacht nichtsdestominder in vollem Verfall. Man hatte früher 650 leichte Pferde gehalten, hauptsächlich gegen die Banditen; da diese besiegt waren, hatte man die Reiterei in den ungarischen Krieg geschickt, ohne eine andere an ihre Stelle zu setzen.

5. Regierungsform: absolut. Der Kardinal-Nepot, der Datario und Lanfranco hatten einigen Einfluß: sonst wurden die Kardinäle nur gefragt, wenn der Papst ihre Meinung gewinnen wollte. Selbst wenn er sie

fragte, antworteten sie mehr nach seiner Neigung als nach ihrer Einsicht. (Se pure dimanda consiglio, non è alcuno che ardisca proferir altra parola che d'applauso e di laude, sicche tutto viene terminato dalla prudenza del papa.) Auch war das im Grunde am besten, weil die Faktionen des Hofes sie doch nur parteiisch gemacht hätten.
6. Verhältnis zu Spanien und Frankreich. Der Papst suchte sich neutral zu halten. Quando da qualcheduno dipendente da Spagnoli è stato tenuto proposito intorno alla validità del matrimonio della regina, si è stato mostrato risoluto a sostenere le ragioni della regina Li poco buon. Francesi nel medesimo regno di Francia non hanno mancato d'offerirsi pronti a prender l'armi, purche havessero avuto qualche favore del papa e del re di Spagna.
Il re di Spagna è più rispettato di qualsivoglia altro principe dalla corte Romana. Cardinali e principi sono consolatissimi, quando possono havere da lui danari et essere suoi dependenti. – Il papa fu già stipendiato da lui, e dall' autorità di S. M., come soggetto confidente, favorito all' assuntione del pontificato con singolare et incomparabile beneficio. – Procura di dar sodisfattione al duca di Lerma, acciò questo le serva per instrumento principalissimo di suoi pensieri presso S. M^{tà} cattolica.
7. Sein Rat: temporeggiare e dissimulare alcune volte con li pontefici. – Vincitori essercitano le vittorie a modo loro, vinti conseguiscono che conditioni vogliono.

82.

Relatione della nunziatura de' Suizzeri. Informationi politt. Tom. IX. fol. 1–137.

Informatione mandata dal S^{r} C^{l} d'Aquino a Monsr Feliciano Silva vescovo di Foligno per il paese di Suizzeri e Grisoni. Ibid fol. 145–212.

In Lebrets Magazin zum Gebrauch der Staaten- und Kirchengeschichte Bd. VII, S. 445 finden sich Auszüge aus den Briefen, die von dem römischen Hofe in den Jahren 1609 und 1614 an die Nuntien in der Schweiz ergangen sind; – man könnte nicht sagen, daß sie sehr interessant wären: sie sind so allein, ohne Antworten und Berichte, nicht einmal verständlich.
Der erste dieser Nuntien ist der Bischof von Venafro, eben der, von welchem Haller (Bibliothek der Schweizergeschichte Bd. V, Nr. 783) eine Relation über die Schweiz erwähnt. „Der päpstliche Nuntius", sagt er, „Lad. Gr. von Aquino Episcopus Venafranus hat in diesem Werke eine Probe seiner Einsicht und seiner Geschicklichkeit abgelegt, und es verdient sehr, gedruckt zu werden." Haller hat sie in Paris eigenhändig kopiert und auf der Züricher Bibliothek niedergelegt.
Diese Relation ist nun eben die unsere; doch besitzen wir sie vollständiger, als sie Haller kannte.
Als der Bischof von Venafro die Nuntiatur verließ, die er von 1608 bis 1612 verwaltet hatte, teilte er seinem Nachfolger, Bischof von Foligno,

nicht allein die Instruktion mit, die er von dem Kardinal Borghese empfangen, sondern er gab ihm auch in einer ausführlichen Information davon Nachricht, wie er dieselbe ausgeführt habe (di quanto si è eseguito sino al giorno d'hoggi nelli negotii in essa raccommandatimi). Es ist dies die zweite von den oben bezeichneten Handschriften. Sie beginnt mit einer Schilderung der inneren Parteiungen der Schweiz.

E seguitando l'istesso ordine dell' instruttione sopradetta, dico che da molti anni in qua si è fatta gran mutatione ne' cantoni cattolici e particolarmente nella buona amicitia e concordia che anticamente passava fra di loro: perche hoggidì non solo per causa delle fattioni Spagnuole e Francesi e delle pensioni, ma ancora per altri interessi, emolumenti e gare vi è fra alcuni tanto poca amicitia che col tempo potrebbe partorire molti danni se tosto non si prende buon rimedio con procurare una dieta particolare non ad altro effetto che a rinuovare le leghe antiche, l'amicitia, fratellanza et amorevolezza, come io molte volte ho proposto con grandissimo applauso, se bene sin' hora non ho potuto vederne l'effetto. Altorfo è antico emulo di Lucerna, e tira seco gli altri due cantoni Schwitz et Undervaldo, e vede mal volontieri preminenza e primo luogo de' signori Lucernesi, e però spesse volte contradice in attioni publiche non ad altro fine che di gara e di poca intelligenza: Lucerna tira seco Friburgo e Soloturno e ancora Zug, e fa un' altra partita. Zug è diviso fra se stesso, essendo in gravi controversie li cittadini con li contadini, volendo ancora essi essere conosciuti per patroni: e così in ogni cantone cattolico vi sono molte publiche e private dissensioni con pregiudicio delle deliberationi e con pericolo di danni assai maggiori se non vi si remedia, come io procuro con ogni diligenza.

Gleich bei der Übersendung dieser Information verspricht der Nuntius eine noch ausführlichere Relation. (Fra pochi giorni spero di mandarle copia d'una piena e più diffusa relatione di tutti li negotii della nuntiatura.)

Dies ist die zuerst genannte Handschrift: diese war Hallern bekanntgeworden.

Der Nuntius geht darin etwas methodischer zu Werke: – Cap. I. Della grandezza della nuntiatura. Er schildert zuerst den Umfang der Nuntiatur, die so groß sei wie das Königreich Neapel und sich außerdem über Völker der verschiedensten Zungen erstrecke. Auch die romanische Sprache vergißt er nicht: una favella stravagantissima, composta di otto o dieci idiomi.

II. Degli ambasciatori de' principi che resiedono appresso Suizzeri e de' loro fini.

III. Delle diete e del modo, tempo e luogo dove si congregano fra Suizzeri.

IV. Delli passi che sono nella nuntiatura de' Suizzeri. Denn eben die Pässe bildeten den wichtigsten Streitpunkt der Mächte.

V. Stato spirituale della nuntiatura de' Suizzeri. Das wichtigste und wie billig ausführlichste Kapitel, p. 28–104: in welchem über einzelne Diözesen, auch die Abteien, Bericht erstattet wird.

VI. Officio del nuntio per ajutare lo stato spirituale e de' modi più fruttuosi di farlo.
VII. Che debbia fare il nuntio per dare sodisfattione in cose temporali nella nuntiatura.

Man sieht, wie sorgfältig die wichtigsten Momente gesondert und durchgegangen werden. Die Ausführung zeugt von Kenntnis nicht minder der Vergangenheit wie der Gegenwart, von Eifer, Gewandtheit und Einsicht. Natürlich wiederholt die Relation das meiste von dem, was in der Information enthalten war.

Dennoch war unserm Nuntius auch das noch nicht genug. Der Relation fügte er ein Compendio di quanto ha fatto mons^re^ di Venafro in esecutione dell' instruttione datali nel partire di Roma hinzu: das er schon bei einer andern Gelegenheit gemacht hatte und das namentlich mit der Information fast identisch sein mußte. Er bemerkt es selbst, legt das Schriftchen aber doch bei. Bei den Kopien ist es ohne Zweifel ganz mit Recht weggelassen worden.

Statt desselben folgt ein Appendice de' Grisoni e de' Vallesani, nicht minder merkwürdig als das frühere.

„E questo", schließt endlich der Verfasser sein voluminöses Werk, „è il breve summario promesso da me del stato della nuntiatura Suizzera con le parti che a quella soggiaciono. Deo gratias. Amen."

Noch immer glaubte er nur eine kurze Übersicht des Wissenswürdigen gegeben zu haben: so wenig läßt sich die Welt in Worten wiedergeben.

Ich habe mich Bd. II, S. 276ff. der Notizen, die sich hier finden, nur zu meinem Zwecke bedient: das übrige zu benutzen, muß dem Fleiße der Schweizer überlassen bleiben[1].

83.

Instruttione data a mons^r^ Diotallevi vescovo di S. Andelo destinato dalla S^tà^ di N^ro^ Sig^re^ papa Paolo V nuntio al re di Polonia 1614.

Allgemeine Anweisung, die katholische Religion, die Einführung des Tridentinischen Konziliums, die Anstellung gut katholischer Personen zu befördern, niemals etwas zu dulden, was zum Vorteil der Protestanten sei.

Es zeigen sich jedoch Spuren eines gewissen Mißverständnisses.

Der Papst hatte dem König verweigert, den Bischof von Reggio, wie dieser vorschlug, zum Kardinal zu ernennen. Der Nuntius soll den König darüber zu beruhigen suchen.

Besonders wird ihm eingeschärft, niemals Geld zu versprechen: „perche o non intendendosi o non vedendosi le strettezze pur troppo grandi della sede apostolica, sono facili i potentati particolarmente oltramontani a cercar ajuto, e se si desse ogni picciola speranza, si offenderebbero poi grandemente dell' esclusione".

---

[1] Es sind Deutsche und Schweizer gewesen, die seitdem eine Übersetzung der Relation bekanntgemacht haben. Schreiber, Taschenbuch für Geschichte und Altertümer in Süddeutschland 1840. S. 280. 1841, S. 289. 1844. S. 29.

Über die letzten Jahre Pauls V. finden sich weniger kirchliche Denkmale. Benutzen wir diese Lücke, um einige andere zu berühren, die sich auf die Verwaltung des Staates in dieser Periode beziehen.

84.

Informatione di Bologna del 1595. (Ambros. Bibl. zu Mailand F. D. 181.)

Die Stellung und Verfassung von Bologna, die Art von Unabhängigkeit, die es behauptete, waren so merkwürdig und bedeutend, daß man auch Papiere und Denkschriften, die sich auf diese Provinzialstadt bezogen, in die Sammlungen aufnahm.

Im 22. Bande der Informationi finden wir eine Menge Schreiben vom Jahre 1580 an Monsignor Cesi, Legaten von Bologna, die auf seine Verwaltung Bezug haben.

Es sind fast alles Empfehlungen, hauptsächlich Interzessionen.

Großherzog und Großherzogin von Toskana bitten für den Grafen Ercole Bentivoglio, dem man Feldfrüchte sequestriert hatte: in kurzem dankt die Großherzogin, daß ihre Fürbitte berücksichtigt worden. Der Herzog von Ferrara empfiehlt eine Schauspielerin des Namens Vittoria; der Kardinal San Sisto einige unruhige Studenten der Universität: „auch wir", sagt er, „waren Scholaren"; Giacomo Boncompagno, Sohn des Papstes, einen Professor, dem sein Amt genommen war; der Kardinal von Como, der die Geschäfte damals hauptsächlich leitete, einige Mönche, die man in ihren Privilegien störe: er spricht dabei keineswegs in dem Tone eines Gebieters. Aber auch andere Bitten finden sich. Ein Vater, dem der Sohn ermordet worden, bittet dringend, ja flehentlich, an dem Mörder, den man bereits in Bologna gefangenhielt, die Gerechtigkeit vollstrecken zu lassen.

Hauptsächlich nämlich auf die Rechtspflege hatte der Governatore Einfluß. In allen anderen Dingen war die Stadt sehr unabhängig.

I senatori, heißt es in unserer Sammlung, conferiscono ogni cosa importante col superiore, et havendo in mano tutti li datii et entrate della città, dal datio del sale e vino in poi, che è del papa, dispensano li denari publici mediante un scrutinio, che si fa presente il superiore con le mandate sottoscritte dal detto superiore, dal gonfaloniere et assunti deputati secondo li negotii. Hanno cura delle impositioni e gravezze imposte a contadini, reali e personali, come per li buoni e teste: – attendono alle tasse che pagano li contadini, alle muraglie, porte e serragli, a conservare il numero de' soldati del contado: provedono ch'altri non usurpi il publico e si conservi la bellezza della città: – han cura della fiera della seta: – eleggono ogni mese per la ruota civile 4 dottori forastieri, che bisogna siano almeno dottori di X anni, e questi veggono e determinano ogni causa civile.

Es fragt sich nun, inwiefern die Repräsentanten der päpstlichen Regierung bei dieser Lage der Dinge noch Einfluß behalten. Wie gesagt, er zeigt sich hauptsächlich in der Rechtspflege. Un auditore generale concorre nelle cognitioni delle cause con la ruota, et un' altro particolare delle cause che avoca a se, et uno criminale chiamato auditore del torrione del luogo ove risiede, qual tiene due sottoauditori per suo servitio, e tutti quelli sono pagati dal publico.

Folgen noch einige statistische Nachrichten. Contado circa miglia 180: semina intorno a corbe 120 m., raccoglie un anno per l'altro 550 m. a 660 m. corbe. Fa da 130 m. anime (la città 70 m., che avanti le carestie passava 90 m.) 16 m. fuochi, consuma corbe 200 m. di formento (la corba 160 libre), 60 m. costolate di vino, 18 corbe di sale, 1700 m. libre d'olio, ammazza 8 m. vaccine, 10 m. vitelli, 13 m. porchi, 8 m. castrati, 6 m. agnelli, et abrugia 400 m. libre di candele. – – Si fa conto che un anno per l'altro moreno nella città 3 m. persone e ne nascono 4 m., che si faccino 500 spose e 60–70 monachi, che siano portati a' poveri bastardini 300 putti l'anno. Ha 400 fra carrozze e cocchj. Vengon nella città ogni anno da 600 m. libre de follicelli da quali si fa la seta, e se ne mette opera per uso della città 100 m. libre l'anno.

85.

Instruttione per un legato di Bologna. (Vallic.)

Von etwas späterer Zeit. Wir bemerken folgende Ratschläge.

Invigilare sopra gli avvocati cavillosi et in particolare quelli che pigliano o proteggere a torto i villani contro li cittadini e gentilhuomini, – accarezzare in apparenza tutti li magistrati, non conculcare i nobili. Das Unwesen der Bravi war so hoch gestiegen, daß es deren sogar unter den immatrikulierten Studenten gab.

Andere Papiere führen uns in die Campagna von Rom: wie der arme Bauer geplagt war, was die Barone einnahmen, wie das Land gebaut ward.

86.

Dichiaratione di tutto quello che pagano i vassalli de baroni Romani al papa e aggravj che pagano ad essi baroni.

I. Pagamenti diversi che si fanno da vassalli de baroni Romani al papa. Pagano il sale, pagano un quattrino per libra di carne, pagano l'impositione per il mantenimento delle galere posta da Sisto quinto, pagano i sussidii triennali, pagani i cavalli morti cioè per alloggiamento di cavalleria, pagano una certa impositione che si chiama de soldati, pagano una certa impositione che si chiama l'archivio, pagano un' altra impositione che si chiama S. Felice, pagano la foglietta messa da Sisto quinto, pagano una certa impositione che si chiama sale forastico.

II. Pagamenti che fanno li medesimi vassalli a baroni. Pagano poi al barone, ove sono molina, tanto grano, perche è somma molto grave, pagano risposta di vino, pagano risposta d'olio ove ne fa, pagano di mandare i porci nei castagneti e querceti fatta la raccolta che chiamano ruspare, pagano tasse d'hosterie, pagano tasse de pizigaroli, pagano tasse de fornari, pagano de bichierari, pagano quelli che vanno a spigolare come è secato il grano, pagano dei bestiami che vanno a pascere, pagano risposta di grano, pagano risposta di biada. Montano tutti questi aggravii, come si puol vedere dall' entrate de duca Altemps, computata la portione del molino della molara che si trahe da vassalli, 2803 sc.; questo si cava da vassalli del Montecapuri (?) del ducato Altemps, che sono da 180 e 190 fuochi, e ciò si mette per esempio, onde si possa vedere appresso come sono aggravati i vassalli de baroni Romani dello stato ecclesiastico. Avertasi che qui non ci è quello che si paga alla camera.

87.

Nota della entrata di molti signori e duchi Romani.

Ohne Zweifel, wie das vorige Stück, aus den Zeiten Clemens' VIII., der schlechtweg der Papst heißt.

Die Colonna zeichnen sich dadurch aus, daß sie Vasallen haben; andere besitzen mehr Allodialgüter. Der Kontestabile Colonna wird auf 25000, Martio Colonna von Zagarolo auf 23000 Sk. Einkünfte geschätzt.

Wir sahen, wie das Schuldenwesen des Staates von den Baronen nachgeahmt ward. Die Sermoneta hatten um das Jahr 1600 27000 Sk. Einkünfte, aber 300000 Sk. Schulden; der Duca von Castel Gandolfo 14600 Sk. Einkünfte, 360000 Sk. Schulden. Das Haus Montalto übertraf die andern: es hatte 600000 Sk. Schulden. Die gesamten Einkünfte der römischen Barone werden auf 271747 Sk. und ihre Besitztümer zu einem Wert von 9 Millionen Goldes angeschlagen.

Der Autor findet, daß die Güter keineswegs vernachlässigt werden. Questi terreni di campagna, contrario all' opinione commune e a quel che io pensavo, sono tenuti con grandissima cura e diligenza: perche si arano quattro, sei e sette volte, si nettano d'erbe due o tre, tra le quali una d'inverno, si levano l'erbe con la mano, si seminano, ragguagliati li quattro anni, li due a grano nei sodi luoghi: dove non si semina, vi si fidano le pecore. Le spighe si tagliano alte, onde rimane assai paglia: e quella poi si abbrugia, che fa crescere. E li aratri con che si arano questi terreni, generalmente non vanno molto profondo: e questo avviene perche la maggior parte di questi terreni non son molto fondati e tosto si trova il pancone. Questa campagna è lavorata tutta per punta di denaro (durch Tagelöhner), segata, seminata e sarchiata: in somma, tutti li suoi bisogni si fanno con forastieri: e genti che lavorano detta campagna, sono nutriti della robba che si porta loro con le cavalle. Questa campagna, computati i terreni buoni e cattivi e ragguagliato un' anno per l'altro, si può dir che faccia ogni uno sei, avvertendo che nei luoghi di questi signori dove sono i loro castelli molte fiate non fanno far lavorare, ma li danno a risposta a'vassalli secondo che convengono. E questo basti quanto alla campagna di Roma. S'affitterà ragguagliato

il rubbio di questo terreno 50 giulj, onde a farli grassa verrà il rubbio del terreno cento scudi e dieci giulj.
Übrigens rechnete man damals in der Campagna 79504 Rubbia und ihren Ertrag auf 318016 Sk., 4 Sk. den Rubbio; – davon gehören den Baronen etwas über 21000, den frommen Stiftungen gegen 23000, den Fremden über 4000, den römischen Einwohnern 31000 Rubbia Später hat sich dies Verhältnis geändert, da die römischen Bürger so vieles verkauften.
Erheben wir uns jedoch zu den allgemeinen Verhältnissen

88.

Per sollevare la camera apostolica. Discorso di mons[r] Malvasia. 1606.

Bei alle den Auflagen bemerkte man mit Schrecken, daß man doch nichts besitze. Die Interessen, ruft unser Autor aus, verzehren beinahe das gesamte Einkommen: man ist in unaufhörlicher Verlegenheit, die laufenden Ausgaben zu decken; tritt ein außerordentliches Bedürfnis ein, so weiß man nicht, wohin man sich wenden soll. Neue Auflagen anzuordnen sei unmöglich, neue Ersparnisse nicht einmal ratsam: „magnum vectigal parsimonia": es bleibe nichts übrig, als den Zinsfuß zu reduzieren und zugleich Geld aus dem Kastell zu nehmen. Statt alle der Monti mit so verschiedenen Zinsen solle es nur einen geben, einen Monte Papale mit vier, höchstens fünf Prozent: alle übrigen müsse man zurückkaufen. Zu diesem Rückkauf nach dem Nennwert des Luogo sei man vollkommen berechtigt: in der Regel habe es sich der Apostolische Stuhl bei der Errichtung vorbehalten: – seien doch frühere Päpste, z. B. Paul IV., genötigt gewesen, zuweilen sogar um 50 Prozent zu verkaufen. Clemens VIII. selbst habe nur 96½ Prozent bekommen. Er führt hierauf aus, inwiefern das tunlich sei.
Succederà che stante la larghezza ed abbondanza del denaro che al presente si trova nella piazza di Roma con l'accrescimento che farà il millione estratto, aggiunta la difficoltà e pericolo di mandar fuori la moneta e l'oro per la prohibitione sudetta – die er vorgeschlagen, – che la maggior parte di quelli che hanno monti ed offizj estinti, volontieri entreranno in questo monte papale, ed a quelli che vorranno i lor denari contanti, se gli potranno pagare del detto millione e del prezzo del monte papale che si andrà vendendo. Si può anche considerare che ne' monti non vacabili ne sono gran parte vinculati ed obbligati a reinvestimento per sicurtà di eccezione di dote, di luoghi pii ed altri obblighi, che necessariamente entreranno in questo monte papale, e si tarderà assai a ricevere il dinaro, per ritrovare altro reinvestimento o dare altra sodisfattione ed adempimento alle conditioni ed obblighi a quali sono sottoposti, il che anco apporterà molto comodo e facilità a questo negotio.
Potrà anco la camera accollarsi tutti i monti delle communità e de' particolari, e ridurli come sopra, e godere quel più sino che da esse communità e particolari saranno estinti.

A tutti quelli che in luogo di altri monti e officj vorranno del detto monte papale, se gli deve dare la spedizione e la patente per la prima volta gratis senza spesa alcuna.

In questa maniera può la S[tà] V. in breve tempo sollevare e liberare la sede e la camera apostolica da tanti debiti e tanta oppressione: perche con l'avanzo che si farà dalla detta estinzione e reduzione di frutti ed interesse, che secondo il calcolo dato alla S[tà] V. dal suo commissario della camera ascende almeno con far la reduzione a 5 per cento a sc. quattro cento trentunmila ottocento cinque l'anno, potrà estinguere ogni anno scudi trecento trentunmila ottocento cinque di debito, oltre alli sc. centomila che saranno assegnati per rimettere in castello il millione estratto a compire la metà del terzo millione che manca.

Es ist genug, daß wir hier bemerken, wie ernstlich man auf eine geordnete Staatswirtschaft dachte. Doch wird es nicht nötig sein, die Rechnungen mitzuteilen. Der römische Hof ging auf Vorschläge dieser Art nicht ein, sondern folgte dem leichteren und bequemeren Wege.

89.

Nota di danari, officii e mobili donati da papa Paolo V a suoi parenti e concessioni fatteli.

Man hatte dem Papst geraten, die zinstragenden Offizii und Monti einzuziehen: hier finden wir 1. eine Nota officiorum concessorum excell[mo] domino M. Antonio Burghesio tempore pontificatus felicis recordationis Pauli V: es sind im ganzen 120 Ämter, deren Wert nach den gewöhnlichen Kaufpreisen berechnet wird; 2 Nota di molte donationi di monti fatte alli sig[ri] Francesco Gioan Battista e M. A. Borghese da Paolo V, con le giustificationi in margine di qualsivoglia partito. D. h. es liegen die Auszüge aus den offiziellen Büchern bei, aus welchen sich diese Schenkungen ergeben. Unter ähnlichen Rubriken wird verzeichnet, was ihnen an barem Gelde oder an Kostbarkeiten zugeflossen, welche Privilegien ihnen gewährt worden seien. Die Justifikationen sind in folgender Manier: Nel libro della thesoreria secreta d'Alessandro Ruspoli fol. 17 e da doi brevi, uno sotto la data delli 26 Genn. 1608 et l'altro delli 11 Marzo, registrati nel libro primo signaturarum Pauli V negli atti di Felice de Totis fol. 116 et fol. 131. – A dì 23 Dec. 1605 sc. 36 m. d'oro delle stampe donati al sig[r] GB Borghese per pagar il palazzo et il restante impiegarli nella fabrica di quello, quali scudi 36 m. d'oro delle stampe provenivano del prezzo del chiamato di mons[r] Centurioni ridotti a 24 moneta a ragione di Giulii 13 per scudo sono 46800 sc.

Ich habe schon angegeben, zu wie ungemeinen Summen diese Schenkungen stiegen, welchen Einfluß das Emporkommen der papalen Geschlechter auf die Hauptstadt und die Provinzen ausübte.

90.

Relatione dello stato ecclesiastico dove si contengono molti particolari degni di consideratione. (1611.) Inform. politt. XI, f. 1–27.

Von vornherein heißt es, der Autor sei am Morgen um diese Relation gebeten worden, und jetzt am Abend sende er sie.

Wahrhaft bewunderungswürdig, wenn er imstande war, eine so ausführliche Relation, die doch so gar übel nicht ausgefallen ist und viel Merkwürdiges enthält, binnen wenigen Stunden zu diktieren. Namentlich kommt schon hier das Bekenntnis vor, daß die Einwohnerzahl in vielen Teilen von Italien abnehme, entweder durch Pest und Teuerung, oder durch die Mordtaten der Banditen, oder auch weil die Auflagen allzusehr angewachsen: es sei nicht mehr möglich, sich zur rechten Zeit zu verheiraten, die Kinder zu ernähren. Überdies durch die Auflagen nimmt man den Einwohnern das Blut: durch die unendlichen Handelsbeschränkungen lähmt man zugleich ihren Geist.

Der anonyme Autor verrät sich einmal. Er bemerkt, daß er ein Buch Ragione di stato geschrieben. „Ho diffusamente trattato nella regione di stato", sagt er irgendwo.

Eben hierdurch kommen wir ihm auf die Spur. In dem Jahre 1589 erschien zu Venedig: Della ragion di stato libri X con tre libri delle cause della grandezza delle città. Sie ist jenem Wolf Dietrich von Raittenau, Erzbischof von Salzburg, gewidmet, der unter den deutschen Fürsten zuerst eine strengere, der italienischen nachgebildete Staatsverwaltung einführte. Ihr Verfasser ist der wohlbekannte Johann Botero, dessen Relationi universali zu ihrer Zeit eine allgemeine Verbreitung genossen. Es versteht sich, daß nun diese Relationi untersucht werden müssen, ob sie nicht auch die unsere enthalten.

In dem eigentlichen Hauptwerke, wo des Kirchenstaates summarisch gedacht wird, findet sie sich nicht; es gibt aber noch ein kleineres Buch, das jenem häufig angehängt ist: Relationi del sig[r] Giov. Botero Benese, – di Spagna, dello stato della chiesa, del Piamonte, della contea di Nizza, dell' isola Taprobana, deren Dedikation vom Jahre 1611 ist: da findet sie sich wörtlich.

Nur ist der Eingang anders. Die Relation führt den Titel: Discorso intorno allo stato della chiesa preso dalla parte dell' ufficio del cardinale che non è stampata. Sie gehörte, wie wir sehen, zu einem Werke über die Pflichten der Kardinäle.

Ich lasse dahingestellt sein, ob mit unserm Eingange irgendein Leichtgläubiger getäuscht werden sollte.

91.

Tarqu. Pitaro sopra la negotiatione maritima. 17 Ott. 1612. (Vallic.)

Botero empfiehlt unter anderem, den Handel des Kirchenstaates in Schwung zu bringen. In der Tat war damals im Plane, für die Stadt

Fano einen neuen Hafen zu graben. Man hoffte den Handel der urbinatischen Plätze dahin zu ziehen.

Unser Verfasser setzt sich jedoch diesem Plane mit den triftigsten Gründen entgegen. Er meint, man möge sich spiegeln an dem Beispiele von Ankona, das er, wie kurz darauf auch die Venezianer, als sehr heruntergekommen schildert: Ne sono partiti li mercanti forastieri, i nativi falliti, le genti gl'uomini impoveriti, gli artigiani ruinati e la plebe quasiche dispersa. Es dürfte die Stadt Fano eher zugrunde richten, wenn sie den Hafen mit aufgenommenem Gelde baue; wie es Ascoli gegangen, das eine bedeutende Anleihe aufgenommen, um seine Maremma urbar zu machen: womit es ihm aber nicht gelungen sei.

Es war in der Tat auch aus andern Gründen nicht ratsam, darauf einzugehen, da die urbinatischen Plätze ja ohnehin in kurzem heimfallen mußten.

92.

Relatione della Romagna. (Alt.)

Ungefähr 1615: das Jahr 1612 wird ausdrücklich erwähnt: aber für die ganze Periode seit Julius III. von hoher Bedeutung. Die Parteien, welche die Provinz teilten, werden geschildert, der Wechsel des Besitzes, der besonders durch den Eintritt der papalen Familien statthatte, sehr wohl erörtert. Ich habe mich dieser Arbeit öfter bedient: hier finde noch eine Bemerkung über San Marino, das sich noch in diesen Zeiten nach und nach durch fortgehende Exemtionen zur Freiheit erhob, eine Stelle.

La republica di S. Marino si presume libera, se non in quanto è raccomandata al duca d'Urbino. Del 1612 si propose e si ottenne in quel consiglio che succedendo la mancanza della linea delle Rovere si dichiaravano sotto la protettione della sede apostolica, della quale per ciò ottennero alcuni privilegii et in particolare dell' estrattione de grani e di grascia. Fa questa terra, compresovi due altri castelli annessi, circa 700 fuochi. E situata in monti, è luogo forte et è custodita la porta da soldati proprii. Hanno la libera amministratione della giustizia e della grazia. Si elegono tra di loro ad tempus i magistrati maggiori chimati conservatori, a quali tra di loro si da il titolo dell' illustrissimo. In qualche grave eccesso sogliono condurre officiali forestieri per fare processi e cause, et in particolare li ministri dell' Altezza del duca d'Urbino, con quella autorità che loro pare. Il publico è povero, che non arriva a 500 scudi d'entrada. Ma li particolari alcuni sono comodi et alcuni ricchi rispetto alla pochità del paese. Solevano affittare banditi d'ogni sorte: ma perche alle volte ne nascevano scandali, è stato da loro decretato che non si possino affittare banditi se non con certe conditioni: ma non si ne può havere facilmente salvocondotto.

93.

Parole universali dello governo ecclesiastico, per far una greggia et un pastore. Secreto al papa solo. – Informatt. XXIV. (26 Bl.)

Dem Zustande des Landes, der sich allmählich so merklich verschlechterte, zum Trotz, gab es noch Leute, welche die kühnsten Absichten hegten.

Sonderbarer und ausschweifender sind sie aber wohl nie vorgetragen worden als von Thomas Campanella in dem vorliegenden Werkchen.

Denn ohne Zweifel ist dieser unglückliche Philosoph, der in Verdacht kam, Kalabrien von der spanischen Monarchie losreißen zu wollen und an den ausschweifenden Plänen des Herzogs von Ossuna teilgenommen zu haben, der Verfasser dieser Schrift. Questo è il compendio, sagt er, del libro intitolato il governo ecclesiastico, il quale restò in mano di Don Lelio Orsino, et io autore tengo copia in Stilo patria mia; – er fügt hinzu: Haec et longe plura explicantur in Monarchia Messiae. Campanella war aus Stilo, diese Monarchia Messiä ist sein Werk. Wir können nicht zweifeln, daß er auch das unsere entweder abfaßte oder überarbeitete.

Die Zeit kann man unbestimmt lassen. Wahrscheinlich trug er sich sein Leben lang mit Ideen dieser Art.

Er bemerkt, daß der Papst sehr kriegerische Untertanen habe. Li Romagnuoli e Marchiani sono per natura inclinati all' armi: onde servono a Venetiani, Francesi, Toscani e Spagnuoli, perche il papa non è guerriero. Er rät aber auch dem Papst, kriegerisch zu werden. Es gebe noch den Stoff zu Ciceronen, Bruten und Catonen: es fehle nicht die Natur, sondern die Kunst.

Er meint, der Papst müsse zwei Heere aufrichten, eins di S. Pietro zur See, ein anderes di S. Paolo zu Lande, ungefähr wie die Janitscharen. Nie sei eine bewaffnete Religion besiegt worden, zumal wenn sie gut gepredigt werde.

Denn dies setzt er keineswegs aus der Acht. Er rät, aus allen Orden die geschicktesten Leute auszuwählen, sie von den Klosterpflichten entbinden und sich den Wissenschaften widmen zu lassen.

In den Klöstern müsse man Recht, Medizin und freie Künste so gut treiben wie Theologie. Dem Volke müsse man von dem goldenen Zeitalter predigen, wo ein Hirt und eine Herde sei: das Glück des befreiten Jerusalems, die patriarchalische Unschuld – danach müsse man dessen Sehnsucht erwecken.

Wann aber wird ein so glücklicher Zustand eintreten? „Alsdann", antwortet er, „wenn alle weltlichen Fürstentümer erledigt sein werden und der Vikarius Christi über alle Erde herrschen wird." – Sarà nel mondo una greggia et un pastore, e si vedrà il secol d'oro cantato da poeti, l'ottima republica, descritta da philosophi, e lo stato dell' innocenza de' patriarchi, e la felicità di Gerusalemme liberata da mano degli eretici et infedeli. E questo fia quando saranno evacuati tutti li principati mondani e regnerà per tutto il mondo solo il vicario di Christo.

Man müsse predigen, rät er an, daß der Papst Herr sei auch in weltlichen Dingen, ein Priester wie Abimelech, nicht wie Aaron.
Solche Gedanken hegte man noch – denn ich will nicht entscheiden – gegen das Ende des 16. oder in den ersten Dezennien des 17. Jahrhunderts. Wir wissen schon, in welchem ungemeinen Fortgange die römische Macht damals war. Ehe ich zu den Dokumenten über denselben zurückkehre, sei es mir erlaubt, noch ein Wort über die Geschichtschreiber der Jesuiten hinzuzufügen, die eben damals am einflußreichsten waren.

Einschaltung

Über einige Geschichtschreiber des Jesuiterordens

Selbstgefühl und Muße veranlaßten allmählich die meisten Orden, ihre Geschichten aufzuzeichnen.
Keiner von allen hat das aber wohl so systematisch getan wie der jesuitische. Er sah es darauf ab, der Welt eine zusammenhängende und umfassende Historie seiner Wirksamkeit auch selber zu überliefern.
In der Tat ist die Historia Societatis Jesu, die man unter dem Namen des Orlandinus und seiner Fortsetzer kennt, ein für den Orden, ja wir dürfen sagen für die Geschichte des Jahrhunderts überhaupt, höchst bedeutendes Werk.
Nikolaus Orlandinus, aus Florenz gebürtig, hatte eine Zeitlang dem Kollegium zu Nola, den Novizen von Neapel vorgestanden, als er 1598 von Aquaviva nach Rom berufen und zum Geschichtschreiber des Ordens ernannt ward. Er war, wie in den Geschäften des Lebens, so auch in seinem Stil sorgfältig, sehr genau und bedachtsam: aber sehr kränklich. Mit Mühe brachte er sein Werk bis zum Tode des Ignatius. Er starb 1606.
Sein Nachfolger in diesem Geschäfte war Franziskus Sacchinus aus dem Gebiete von Perugia, von den jesuitischen Historikern überhaupt wohl der ausgezeichnetste. Er war der Sohn eines Bauern: zuweilen besuchte ihn sein Vater in dem Collegium Romanum, wo er Rhetorik lehrte, und es wird ihm zum Ruhme angerechnet, daß er sich seiner Herkunft nicht geschämt habe. Achtzehn Jahre lang widmete er sich hierauf der Abfassung seiner Geschichte, in dem Probationshause auf dem Quirinal zu Rom, das er fast niemals verließ. Aber er lebte nichtsdestominder in der Anschauung der großen Interessen der Welt. Die Restauration des Katholizismus war noch immer im größten Fortgang. Was kann für einen Historiker reizender sein, als die Origines eines Ereignisses zu beschreiben, dessen Entwicklung und Wirkungen er lebendig vor sich hat? Sacchinus fühlte sehr wohl die einzige Eigentümlichkeit seines Gegenstandes, – diesen Weltkampf, vollbracht im Enthusiasmus der Orthodoxie. „Kriege beschreibe ich", sagt er, „nicht der

Völker untereinander, sondern des menschlichen Geschlechtes mit den Ungeheuern und den Gewalten der Hölle, Kriege, die nicht einzelne Provinzen, sondern alle Länder und Meere umfassen, Kriege endlich, in denen nicht die irdische Gewalt, sondern das himmlische Reich der Kampfpreis ist." In diesem Sinne jesuitischer Begeisterung hat er nun die Regierung des Lainez 1556–1564, des Borgia bis 1572, des Everardus Mercurianus bis 1580, jede in einem Bande von acht Büchern, und die ersten zehn Jahre Aquavivas in ebensoviel Büchern beschrieben. Es sind das vier ziemlich starke und enggedruckte Foliobände; nichtsdestominder entschuldigt er sich, daß er so kurz sei. Auch könnte man in der Tat nicht sagen, daß er in Weitschweifigkeit verfiele oder Langeweile erregte. Natürlich ist er parteiisch, höchst parteiisch: er übergeht das, was ihm nicht gefällt: aus dem ihm vorliegenden Material nimmt er oft nur das Ehrenvolle auf usw.; aber nichtsdestominder lernt man sehr viel aus seinen Büchern. Ich habe ihn hier und da mit seinen Quellen verglichen, z. B. den Litteris annuis, wo sie gedruckt sind und zu bekommen waren, – in unsern Gegenden sind Bücher dieser Art doch sehr selten: ich habe die Bibliotheken von Breslau und Göttingen zu Hilfe rufen müssen: – allenthalben habe ich seine Auszüge mit Verstand, Eigentümlichkeit, ja mit Geist gemacht gefunden. – Mit dieser Arbeit aber hatte sich Sacchini eine so ausführliche und genaue Kenntnis der Geschäfte der Gesellschaft verschafft, daß ihn der General Mutio Vitelleschi selbst zu denselben herbeizog. Für uns wäre zu wünschen, das wäre nicht geschehen. Dann würde Sacchini die Regierung Aquavivas vollendet haben: eine der wichtigsten Epochen würde bei weitem besser erläutert worden sein, als es später der Fall gewesen ist. Sacchini starb 1625. Schon sein letzter Band ist von Petrus Possinus zu Ende gebracht und herausgegeben.

Mit den Zeiten aber ging auch die Begeisterung vorüber. Die Imago primi saeculi, im Jahre 1640, ist schon bei weitem weniger inhaltreich, dagegen wundergläubiger, barocker; – erst 1710 erschien eine Fortsetzung Sacchinis von Jouvency, die die letzten fünfzehn Jahre Aquavivas umfaßte. Auch Jouvency hat unleugbar Talent: er erzählt anschaulich und fließend, obwohl nicht ohne Anspruch; aber das Unglück ist, er nahm den Ausdruck Historia allzu buchstäblich und wollte nicht Annalen schreiben, wie Sacchini getan. Er zerlegte daher den Stoff, den er vorfand, nach verschiedenen Rubriken: Societas domesticis motibus agitata – societas externis cladibus jactata – vexata in Anglia – oppugnata – aucta – usw. Dabei geschah ihm nun, daß er dem ohne Zweifel wichtigsten Punkt, der Wiederausbreitung des Katholizismus in den protestantischen Ländern, nicht die gehörige Aufmerksamkeit widmete. Die annalistische Methode war ohnehin einem Gegenstande, wie dieser ist, bei weitem angemessener. Mit alle seinem historischen Bemühen bringt Jouvency doch nichts als Fragmente zustande.

Auch hat er damit wenig Beifall erworben. Der Orden hegte sogar einmal die Absicht, diese ganze Epoche nach dem Muster des Sacchinus umschreiben zu lassen. Julius Cordara, der die Geschichte von 1616 bis 1625 fortsetzte, hielt sich genau an dies Muster. Allein der Geist der früheren Zeiten war unwiederbringlich verloren. Der Band Cordaras ist ganz brauchbar, aber weder mit den älteren Vorgängern, noch selbst mit Juvencius an Schwung und Kraft zu vergleichen. Er erschien 1750. Seitdem mußte die Gesellschaft viel zu sehr um ihre Existenz kämpfen, als daß sie an eine Fortsetzung ihrer Geschichte hätte denken können. Auch wäre das nunmehr Folgende weit weniger glänzend ausgefallen.

Außer dieser allgemeinen Historie gibt es nun, wie man weiß, noch eine große Anzahl Provinzialgeschichten des Ordens. Meistenteils liegt bei denselben die allgemeine Geschichte zugrunde: oft wird sie geradezu kopiert. Am auffallendsten bei Socher, Historia provinciae Austriae, der Sacchinus häufig bis auf die einzelnen Wendungen kopiert, und z. B. das „pudet referre" seines Originals in einem „pudet sane referre" wiederbringt (Sacchin. IV, VI, 78. Socher VI, n. 33.)

Jedoch ich will mich nicht in eine Kritik dieser Autoren einlassen: das Feld ist allzuweit, und verführerisch sind sie ohnehin in unsern Zeiten nicht, man glaubt ihnen eher zu wenig als zu viel; nur über die Geschichte Ignatio Loyolas selbst sei mir eine Bemerkung erlaubt.

Wenn man Orlandinus mit den beiden andern wichtigern Geschichtschreibern des Loyola vergleicht, so ist auffallend, daß er mit dem einen von ihnen, Maffei, – de vita et moribus D. Ignatii Loiolae – bei weitem mehr übereinstimmt als mit dem andern, Pietro Ribadeneira. Auch die Art jener Übereinstimmung ist merkwürdig. Das Buch von Maffei erschien bereits 1585; erst 15 Jahre später arbeitete Orlandinus das seine aus, und bei der großen Ähnlichkeit zwischen beiden könnte Maffei dem andern vorgelegen zu haben scheinen. Nichtsdestominder ist Maffei allenthalben gesuchter, stilisierter: Orlandinus natürlicher, einfacher und wohl auch anschaulicher. Das Rätsel löst sich auf, wenn wir bemerken, daß beide aus derselben Quelle, den Aufzeichnungen des Polancus schöpften. Maffei nennt ihn nicht, doch belehrt uns ein besonderer Aufsatz von Sacchinus, „Cujus sit autoritatis quod in B. Cajetani vita de b. Ignatio traditur", der sich in den späteren Ausgaben des Orlandinus findet, daß Everardo Mercuriano ihm die Handschriften von Polancus vorlegte. Aus demselben Polancus schöpfte danach Orlandinus hauptsächlich. Kein Wunder, wenn sie übereinstimmen. Nur werden wir bei Orlandinus die ursprüngliche Aufzeichnung echter haben als bei Maffei: – jener ist fleißiger, ausführlicher, dokumentierter: dieser sucht seinen Ruhm in historischem Schmuck und gutem Latein.

Woher kommen nun aber die Abweichungen Ribadeneiras? – Er schöpfte hauptsächlich aus einem andern schriftlichen Denkmal, den Aufzeichnungen des Ludovicus Consalvus.

Sowohl Consalvus als Polancus verdankten ihre Nachrichten den mündlichen Mitteilungen Ignatios; soviel wir jedoch sehen, nahm Polancus mehr die zufälligen und gelegentlichen Äußerungen des Generals auf, während Consalvus denselben zu bewegen wußte, sich einmal zu einer ausführlichen Erzählung, namentlich über seine erste Erweckung, herbeizulassen.

Es ergibt sich, daß wir hier eine doppelte Tradition unterscheiden müssen: die eine des Polancus, die bei Maffei und Orlandino, die andere des Consalvus, die bei Ribadeneira wiederholt ist.

Bei weitem der merkwürdigere ist Consalvus: er teilt eigentlich eine, soviel sich das hier denken läßt, authentische Überlieferung Ignatios selbst mit.

Wie nun aber in aller Überlieferung, so läßt sich auch hier gar bald eine Erweiterung des einfachen Stoffes wahrnehmen. Schon Ribadeneira begann sie. Z. B. nahm er die Erzählung der achttägigen Ekstase, welche Ignatius zu Manresa gehabt, aus der er mit dem Wort Jesu erwacht sei, aus den Erzählungen der Frau Isabella Rosel aus Barcelona auf. Examen Ribadeneirae in comment. praev. AA SS Julii t. VII. p. 590.

Aber man war noch lange nicht mit ihm zufrieden. Viele von den Wundern, die man bereits glaubte, berührte er nicht. „Nescio", sagt Sacchinus, „quae mens incidit Ribadeneirae ut multa ejus generis miracula praeteriret." Eben darum legte Polancus seine Sammlung an und ließ Mercurian dieselbe durch Maffei bearbeiten. So gingen sie denn auch in Orlandin über.

Allein selbst dessen Erzählungen genügten dem wundersüchtigen Jesuitismus des 17. Jahrhunderts nicht. Schon im Jahre 1606 kam man darauf, eine Höhle bei Manresa für heilig zu halten, von der man annahm, daß die Exercitia spiritualia des Ignatius daselbst verfaßt worden seien, – obwohl weder die eine noch auch selbst die andere Tradition ein Wort davon meldete und die Dominikaner ohne Zweifel ganz mit Recht behaupteten, in ihrem Kloster sei die Spelunca des Ignatius. Eben waren die heftigsten Streitigkeiten zwischen Dominikanern und Jesuiten im Schwange. Antrieb genug für die Jesuiten, um für die Gründung ihres Ordens sich einen andern Schauplatz zu suchen.

Und nun kehren wir zu unsern Handschriften über Gregor XV. und Urban VIII. zurück.

94.

Relatione delli ecc^mi^ S^ri^ Hieron. Giustinian K^r^ Proc^r^, Ant. Grimani K^r^, Franc. Contarini Proc^r^, Hieron. Soranzo K^r^, amb^ri^ estraord. al sommo pontefice Gregorio XV l'anno 1621 il mese di Maggio.

Wie alle Relationen dieser Art, von minderer Bedeutung.

Die Schilderung des neuen Papstes und seiner Regierung kann nach so kurzem Aufenthalt nur flüchtig sein: einige Bemerkungen über die Reise, das Konklave, Herkommen und Präzedentien des Gewählten und den ersten Anlauf der Verwaltung bilden in der Regel den ganzen Stoff.

Diesmal hätte nun wohl etwas mehr geschehen können, da der ordentliche Botschafter, der fünf Jahre am römischen Hofe residiert hatte, Hieronymo Soranzo, in der Reihe der vier Gesandten auftrat und mit ihnen zugleich Bericht abstattet.

Das Interesse des venezianischen Senates war jedoch nicht das unsere, politisch, nicht historisch. Naturell und Hofhalt eines verstorbenen

Fürsten reizten die Neugier nicht mehr und hatten keine wesentliche Bedeutung. Soranzo begnügt sich mit wenigen Bemerkungen. „Non debbo tralasciare di narrare qualche cosa delle più gravi che mi sono occorse di maneggiare in sì lunga et importante legatione."

Das Wichtigste ist, daß er die Stellung, welche Venedig in den kurz vorausgegangenen Händeln mit Spanien dem Römischen Stuhle gegenüber annahm, erörtert.

Gli Spagnuoli facevano considerar a S. Stà quelle sì opportune congiunture di ravvivar le ragioni della chiesa in golfo. L'amb. si affaticò di mostrare il giusto, antico et indubitato possesso del golfo, aggiungendo che la repca per difenderlo ricorrerebbe ad ajuti stranieri, si valerebbe di Inglesi, Olandesi e di Turchi medesimi, e se S. Stà havesse fomentato l'ingiuste et indebite pretensioni di Spagnuoli, arebbe posta tutta la christianità in grandissimo scompiglio. Un giorno S. Stà mi disse: „Stimiamo necessario che le cose del golfo non si alterino: le novità seguite in esso ci son spiacciute grandemente: lo abbiamo detto a chi ne ha parlato."

Man sieht, es war schon wieder ein Ausbruch der alten Gegensätze zu offenbaren Feindseligkeiten zu besorgen.

Soranzo bemühte sich nur, Papst Paul V. zu überzeugen, daß sich die Republik nicht zu den Protestanten hinneige. „Lo resi al pieno capace della bontà e del puro zelo della republica."

Auch hegten die Gesandten die Zuversicht, daß der neue Papst nicht spanisch sein werde. Die Art und Weise seiner Wahl schien dies erwarten zu lassen.

Nella elettione di Gregorio XV si mostrò l'effetto del spirito santo. Borghese, che aveva per far il papa a sua voglia sei voti oltre il bisogno, era risoluto di far eleggere Campori: ma tre delle sue creature dissentendovi, nascendo più altri inconvenienti, più per motivo et istigatione d' altri che per inclination propria venne alla nominatione di Ludovisio sua creatura. Questo cardinale aveva l'amore di Aldobrandino, fu tenuto da Spagnuoli di placidi pensieri, Francesi suo confidente l'aveano.

Auch der Nepot schien sich noch frei zu halten. „Mostra sinora genio alieno da Spagnoli", sagen die Gesandten.

Jedoch nur allzubald änderte sich dies.

95.

Vita e fatti di Ludovico Ludovisi, di S. R. Ch. vicecanc. nepote di papa Gregorio XV., scritto da Luc. Antonio Giunti suo servitore da Urbino. (Cors. 122 Bl.)

„Ludovico, che'è poi stato il cardl Ludovisi, nacque in Bologna dal conte Oratio della famiglia di Ludovisi e dalla contessa Lavinia Albergati l'anno 1595 a 27 d'Ottobre." Er wurde im Jesuitenkollegium zu Rom erzogen, 1615 Doktor, begleitete seinen Oheim auf dessen Nuntiatur nach Bologna 1617; 1619 begann er die Laufbahn der Prälatur;

den Tag nach der Krönung seines Oheims, 16. Februar 1621, ward er Kardinal und bekam hierdurch jene weitbedeutende Stellung, die wir wahrnahmen.

Darò, sagt der Autor, qualche cenno delle cose parte da lui proposte, parte da lui coadjuvate o promosse nel pontificato del suo zio Gregorio

1. Charakterzüge: – Ascoltava tutto con flemma più che ordinaria: gli ambasciatori mai si rendevano satii di trattar seco, – – si dava a tutti, accioche tutti si dassero a lui. Mostrava giustitia e misericordia insieme, senza passione o doppiezza.

2. Beförderungen: – der Kardinäle, welche die Erwählung seines Oheims befördert, zu verschiedenen Legationen, Orsinos in die Romagna, Pios in die Mark, Ubaldinis nach Bologna, Capponis zum Erzbischof von Ravenna. So wurden ihnen ihre guten Dienste belohnt. Nach allen Höfen wurden Nuntien ausgesandt: Massimi nach Toskana, Pamfili nach Neapel, Corsini nach Frankreich, Sangro nach Spanien, Caraffa an den Kaiser, Montorio nach Köln. Aldobrandino diente als General, Pino als Zahlmeister in Deutschland. Wir haben den größten Teil der Instruktionen jener Nuntien übrig. Um so interessanter ist uns folgende Notiz über die Art ihrer Abfassung. Quantunque fossero distese da m^{r} Agucchia prelato Bolognese, nondimeno il card^{le} fece in esse particolar fatica nelle annotationi di capi, di motivi, del senso di S. Beat^{ne}, de' ripieghi e consigli suggeriti dal suo proprio avvedimento e sapere. Wir sehen, den Entwurf machte der Kardinal-Nepot, die Ausführung übernahm Agucchia, ein Landsmann von Ludovisi.

3. Bulle über die Papstwahl. Man änderte die bisherigen Formen: das geheime Skrutinium ward eingeführt, die Adoration abgeschafft. Giunti führt die Nachteile an, welche die Adoration verursache: Rendeva i cardinali più timidi nel dire il parer loro, partoriva e fomentava gravi disgusti tra gli escludenti e gli esclusi, cagionava che il pontefice si eleggesse senza la debita premeditatione, mentre i capi delle fattioni manifestavano le loro voluntà, faceva che la somma delle elettioni fosse per il più appoggiata a cardinali giovani. Man glaubt nun wohl, daß Ludovisi noch andere geheimere Gründe zu der Abänderung hatte: diese kommen jedoch hier nicht vor.

4. Stiftung der Propaganda. Kanonisation der Heiligen. Wir haben davon gehandelt.

5. Übertragung der Kur. Erörterung des persönlichen Anteils von Ludovisi an diesem Ereignis.

6. Erwerbung der Heidelberger Bibliothek: – per la quale (la biblioteca Palatina) si operò molto il card^{le} Ludovisio, atteso che riputava uno degli avvenimenti più felici del pontificato del zio di poterla conseguire. Fu destinato il dottor Leon Allaccio, scrittore Greco dell' istessa biblioteca Vaticana, che andasse a riceverla et accompagnarla.

7. Protektion der Kapuziner, die Ludovisi sehr hochhielt, vorzüglich der Jesuiten. Vitelleschi sagt, durch den besonderen Schutz, den Gott dieser Gesellschaft angedeihen lasse, geschehe, daß sie immer einen

großen Kardinal zu ihrem Protektor bekomme: Alexander Farnese, Odoardo Farnese, Alexander Orsini und nun Lud. Ludovisi. Er hat die Jesuitenkirchen zu Rom und Bologna aus seinem Privatvermögen reichlich unterstützt, zuletzt zur Vollendung der ersten 200000 Sk. in seinem Testament bestimmt. Schon bei seinen Lebzeiten schenkte er ihr alle Jahre 6000 Sk. Der Autor zählt das zu den Almosen, die er gezahlt und die er jährlich genau auf 32882 Sk. berechnet.

8. Die Wahl Urbans VIII. Sie wird hier dem Kardinal zugeschrieben, „superando con la sua destrezza le difficoltà che si traponevano". Seine Entfernung aus Rom nach seinem erzbischöflichen Sitze in Bologna sei ganz sein eigener Entschluß gewesen.

9. Späteres Leben. Er predigte zuweilen in Bologna: – er bewirkte, daß die Bolognesen Ignaz und Xaver zu ihren himmlischen Schutzpatronen hinzufügten: aber die Hauptsache ist, daß er den Tendenzen der von ihm geführten Verwaltung gemäß sich gegen die schwankende Politik Urbans VIII. in heftige Opposition setzte. Als im Jahre 1631 die Siege Gustav Adolfs erfolgten, bot er dem spanischen Hofe 100000 Skudi und den Ertrag von seinen spanischen Abteien, deren er zehn besaß, auf die Dauer des Krieges an. Giunti teilt den Brief mit, in welchem Ludovisi diesen Antrag auf die „presenti bisogni della Germania e dell' augustissima casa di S. M^{tà}, base e sostegno della religione cattolica", begründete. In Spanien nahm man das nun nicht an; Olivarez antwortete ihm: wiewohl der König dieses Erbieten ablehne, so werde das doch S. M. nicht hindern, dem Kardinal die Gnade zu erweisen, die er sich wünsche und die man sonst für interessiert halten könnte.

Von der Absicht, die ein Venezianer dem Kardinal zuschreibt, ein Konzilium wider Papst Urban VIII. zu berufen, findet sich hier nichts.

Denn überhaupt ist diese Lebensbeschreibung im Tone eines offiziellen Panegyrikus verfaßt. Obwohl sie viele nützliche und glaubwürdige Nachrichten enthält, teilt sie doch das Bedenklichere nicht mit.

Der Kardinal starb bald nachher. „La cui anima", schließt Giunti „riposi in cielo."

96.

Instruttione a mons^{r} vescovo d'Aversa, nuntio destinato da N. Sig^{re} alla M^{tà} Cesarea di Ferdinando II Imperatore. Roma 12 Apr. 1621.

Wir haben gesehen, wie wichtig die Tätigkeit Caraffas war: schon darum wäre die Instruktion merkwürdig, die ihm Gregor XV. bei dem Antritt seiner Nuntiatur erteilte. Sie ist es aber auch deshalb, weil sie die Gesichtspunkte enthüllt, die man zu Rom nach der Schlacht von Prag faßte.

Gregor geht davon aus, daß es die Absicht der Protestanten gewesen sei, das Haus Österreich auszurotten, das Kaisertum an sich zu reißen und dann nach Italien vorzudringen, um diesen edelsten Teil der Welt zu berauben und zu plündern. Gott habe aber den Dingen eine andere

Wendung gegeben. Man müsse nun darauf denken, aus derselben den möglichsten Nutzen zu ziehen.
Er weist den Nuntius an, auf folgende Punkte sein Augenmerk zu richten.

I. Befestigung des Reiches bei den Katholiken. Er verspricht dem Kaiser Hilfe und dringt auf rasches Verfolgen des Sieges.

II. Herstellung der katholischen Religion. Der Papst ist erfreut, wie glücklich sich diese Angelegenheit in Österreich und Mähren anläßt. Es tröstet ihn, daß man in Schlesien wenigstens die Calvinisten nicht duldet; doch würde er nicht billigen, wenn man in Ungarn auch nur das Augsburger Bekenntnis gestatten wollte, das sich doch dem Katholizismus am meisten annähert (la confessione che, quantunque rea, si dilunga assai meno dalla professione cattolica di quello che facciano le più sette cattoliche). Besonders aber liegt ihm Böhmen am Herzen. Für die Herstellung des Katholizismus daselbst gibt er folgende Mittel an:
1. Fondare in Praga un' università cattolica;
2. Rimettere nelle antiche parrocchie i parrocchi cattolici e per le città i maestri di scola parimente cattolici;
3. L'uso dei catechismi e di buoni libri per tutto, ma per li fanciulli et idioti l'antiche canzoni spirituali in lingua Bohema;
4. Librarj e stampatori cattolici, facendo visitare le librerie e stampe degli eretici;
5. L'opera de' padri Gesuiti e di altri religiosi;
6. Ritornare in piedi li collegii poveri, assegnando a quelli li beni ecclesiastici alienati.
Alles Mittel des Unterrichts und der Erziehung. Außerdem wird der Nuntius aber noch erinnert, sich der Anstellung protestantischer Beamten zu widersetzen. Lasciandosi le menti humane più consigliare dal proprio interesse che da altro, incominceranno a poco a poco massimamente i giovani a piegare l'animo alla religione cattolica, se non per altro, per partecipare di publici honori.

III. Herstellung der kirchlichen Gerichtsbarkeit. Über gar vieles hat der Papst sich in dieser Hinsicht zu beklagen. Die Bischöfe wollen sich den Satzungen von Trient noch immer nicht unterwerfen: die Domherren haben verderbliche Gewohnheiten: die Kapitel besetzen die Stellen ihres Patronates schlecht: auch der Kaiser erlaubt sich zu viel. L'imperatore istesso sotto varii pretesti di spogli, di jus patronati, di concessioni apostoliche, di avocarie, di incamerationi e di pienezza di potestà trattiene le chiese gli anni vacanti, et in quel mentre se ne prende per se l'entrate.

IV. Herstellung der päpstlichen Autorität. Die Kaiser scheinen es gern zu sehen, daß der Papst sich mit seinen Exkommunikationen und Bullen nicht mehr zeigen darf. Auch hat der päpstliche Hof an Geldeinkünften aus Deutschland, die früher 200000 Skudi betrugen, ungemein verloren. Das Verfahren mit Klesel will Gregor nicht billigen, doch drückt *er sich sehr gemäßigt* darüber aus: „non è mai piaciuto troppo quel fatto." Der Auditor di Rota Verospi ward herübergeschickt, um den Prozeß zu führen.

V. Verhältnis des Kaisers zu Italien. Besonders in der valtellinischen Sache konnte es nützlich werden. Noch gebe man in Spanien die Schleifung der eroberten Festungen nicht zu. Pare che il duca di Feria et altri ministri di S. M^{tà} Ces. in Italia si opponghino a quel consiglio, come coloro che vorrebbero ritenere i forti e con essi la gloria di quell' acquisto. Der Papst aber sieht völlig ein, wie gefährlich dies sei: die Protestanten in Deutschland würden nichts mehr wünschen, als das Schwert in Italien außer der Scheide zu sehen.

VI. Betragen des Nuntius. Vor allem wird er an Eckenberg gewiesen, wie sich das ja versteht; aber besonders merkwürdig ist, daß sich der Nepot über die Jesuiten nur sehr behutsam ausdrückt. Terrà gran conto del padre Beccano confessore di Cesare, e si valerà con destrezza dell' opera sua, non lasciando intanto di osservare i suoi discorsi e consigli per scoprirne meglio i fini et avvisarmegli. E parimente a' padri Gesuiti ricorrerà con avveduta confidenza. Mit vorsichtigem Vertrauen! – ein sehr guter Rat.

Man sieht indes, zu wie glänzenden Aussichten der Papst sich bereits erhob. Eine Herstellung der gesamten Kirchengüter faßte er schon damals ins Auge. Diese merkwürdige Stelle schließe unseren Auszug. Secondo che s'anderanno acquistando de paesi tenuti avanti dagli eretici, ella faccia grandissima istanza con S. M^{tà} di ricuperare i beni ecclesiastici occupati da loro e di renderli alle chiese et alli veri patroni. Questo officio si fece per ordine di papa Paolo V., quando il marchese Spinola s'impossessò del palatinato, e l'imperatore rispose che non era ancor tempo di trattarne.

Wir sehen, daß der Gedanke des Restitutionsediktes im Jahre 1620 von Paul V. gefaßt, aber damals vom Kaiser noch als unzeitig zurückgewiesen ward.

Der Nuntius soll jetzt neuerdings darauf dringen und dem Kaiser das Verdienst vorstellen, das er sich dadurch erwerben werde.

97.

Instruttione a mons^{r} Sangro, patriarcha d'Alessandria et arcivescovo di Benevento, par andar nunzio di S. S^{tà} al re cattolico. 1621.

Sangro wird erinnert, daß die Gewalt in Spanien jetzt hauptsächlich in den Händen Uzedas und des Großinquisitors sei. Er soll denn vornehmlich dem letzten seine geistlichen Pflichten ins Gedächtnis zurückrufen.

Um die Geheimnisse in Erfahrung zu bringen, wird er angewiesen, sich an die Gesandten von Venedig und Toskana zu halten: „de' quali si suol cavar molto".

Die Geschäfte der Immunität, kirchlichen Jurisdiktion, Kollettoria werden hierauf näher erörtert. Ich will nur gestehen, daß die fehlerhafte und unleserliche Kopie, die ich fand, mich abgehalten hat, näher auf diese Punkte einzugehen.

Die Hauptsache bleibt die Erörterung der politischen Verhältnisse. Da soll nun der Nuntius besonders die Erneuerung des holländischen Krieges fordern.

Er soll in Erinnerung bringen, daß Prinz Moritz schon alt und schwach sei und sich sein Tod alle Tage erwarten lasse: – die Parteiung der Arminianer und Gomaristen schwäche die Provinzen: mit Hilfe der ersten hoffe Graf Heinrich, mit Hilfe der letzten Graf Ernst zur höchsten Gewalt zu gelangen: – die Seeländer seien arm, die Holländer wegen ihrer Anmaßungen den übrigen verhaßt: „Laonde il re non può voltare le sue forze contra di loro in meglior tempo ovvero opportunità."

98.

Instruttione a V. Sig[ria] M[r] di Torres, arcivescovo di Antrinopoli, nuntio destinato da N. Sig[re] in Polonia. 30 Maggio 1621.

Das Mißverständnis zwischen Paul V. und Siegmund III. war doch so unbedeutend nicht. „Se la pietà del re", sagt Gregor XV. in dieser Instruktion, die er seinem ersten Nuntius mitgab, „e la riverenza che a questa sede egli porta, non havesse ammorzato del tutto o almeno coperte le scintille de' dispiaceri loro, se ne sarebbe per li soffioni altrui acceso alcun fuoco di discordia manifesta."

Gregor ist nun bemüht, alles beizulegen. Er ist durchdrungen von den Verdiensten dieses Königs, der in Rom nicht hätte katholischer ausgebildet werden können.

Der Nuntius wird erinnert, sich vor allen Dingen selbst ohne Tadel zu betragen: – perche tutti gli pongono gli occhi adosso e prendono ancora esempio da santi costumi di lui, et il re medesimo il propone a suoi prelati per norma. Den Banketten der Großen fleißig beizuwohnen wäre zwar an sich kein unebenes Mittel, sich Einfluß zu verschaffen, würde aber doch zuletzt die Achtung schwächen, die man vor einem Nuntius haben müsse.

Es würde gut sein, wenn der Nuntius wieder wie früher die Kirchen persönlich visitieren wollte.

Die Hauptsache bleibt immer die Erziehung. Das Institut der Dottrina christiana, wie es in Italien bestehe, sollte auch hier eingeführt werden. Für Katechismen und geistliche Bücher müsse man sorgen, weltliche und protestantische Gesänge durch katholische verdrängen.

99.

Instruttione a V. S[ria] Mr Lancellotti, vescovo di Nola, destinato da N. S[re] suo nuntio in Polonia.

Ich weiß nicht, ob 1622 oder 1623, aber gewiß noch unter Gregor XV. Dem Nuntius wird die Instruktion, welche Torres empfangen hatte, mitgeteilt. Seitdem hatten auf Befehl der Propaganda alle Bischöfe

Bericht über ihre Diözesen erstatten müssen: auch aus denen soll der Nuntius sich unterrichten.

Die politischen Verhältnisse treten etwas mehr hervor. Der Nuntius soll das gute Vernehmen zwischen Polen und dem Haus Österreich möglichst aufrechterhalten. Das zähme die Türken und die Rebellen des Kaisers.

Gern hätten die Polen Frieden oder wenigstens einen zwanzigjährigen Stillstand mit Gustav Adolf geschlossen: auch stellte dieser vor, daß ihm die polnische Linie sukzedieren solle, wenn er ohne Kinder sterbe; aber Siegmund wies alles von der Hand. Benche Gustavo per conditione espressa offrisse che morendo lui senza figliuoli gli avesse a succedere S. M^tà^ e la sua stirpe, s'oppose a questi consigli. Nur aus Rücksicht auf die Polen wollte er sich zu einem kurzen Stillstand verstehen.

Die Verhältnisse der unierten Griechen waren schon in der Instruktion von Torres erörtert worden, doch geschieht das hier klarer und gründlicher.

I Greci commossi a tempo di Clemente Ottavo per opera di Rupaccio Pacciorio, che fu prima vescovo overo vladica di Vladimiera e poi metropolitano di Chiovia, si contentarono i vescovi o vladici loro, eccettuati quelli di Leopoli e di Premisla, che nella loro ostinatione si rimasero, d'unirsi alla chiesa Romana, e di riconoscere, come fecero l'anno 1595, il papa per loro capo secondo la forma e professione di fede nel concilio Fiorentino contenuta. Ma tante discordie ne nacquero, e così si posero nelle diete a impugnare quella unione li nobili greci, dagli heretici favoriti, che s'è havuto a mettere sossopra il regno: imperocche pochi del clero e molto meno del popolo l'hanno voluto abbracciare, affermando tutti essere per privati disegni e per ambitione di pochi stata fatta e senza loro partecipatione. Onde si conservano bene li vescovi e pastori cattolici, ma questi soli se ne stanno, senza trovare pecorelle che seguitare li vogliano, e di più corrono gran rischio d'essere dalle sedie loro cacciati e che vengano ancor ad essi levate quelle chiese che tolte già alli scismatici furongli concedute. Onde in tutte le diete se ne fa lo strepito grande: e nell' anno passato avvenne che un vescovo o fosse il patriarca scismatico di Gerusalemme mandato in Moscovia et in Russia dal patriarca di Constantinopoli, si fermò fra Russi, e vi creò tanti scismatici quanti sono gli uniti, et eccitò li cosacchi, che sono tutti Greci scismatici, ad addimandare nella dieta con offerte grandissime, perche il regno per la guerra col Turco havesse bisogno di loro, che all' antiche loro pretensioni si sodisfacesse: ma il vescovo di Santo Angelo, all' hora nuntio, ne divertì l'impeto, sicche tra per questo e per publiche necessità, che a nuove contese non lasciavano luogo, si pose con l'autorità del re il negotio in silentio. Si vive non di meno dagli uniti nel medesimo timore: e li più prudenti prelati ne pronosticano alla fine de' mali eventi se alcun provedimento non vi si piglia: onde havrebbero alcuni havuto per lo migliore che l'unione non si fosse mai fatta, apportando essi che sarebbe stato più agevole il ridurre li nobili singolarmente et di famiglia in famiglia alla chiesa cattolica, perche si vede per prova che tutti coloro che ad uno abbandonano il rito Greco e lo scisma, stanno nella nostra chiesa perseveranti.

100.

Relatione fatta alla congregatione de propaganda fide da Dionysio Lazari sopra alcune cose che possono essere di servitio alla santa fede cattolica. 1622.

Dion. Lazari war eine Zeitlang – wie er sich ausdrückt, molti mesi – in England gewesen und gibt nun an, wie sich dort der Katholizismus herstellen lasse.
Drei Mittel gebe es, meint er: Unterhandlung mit einem, oder mit vielen, oder gewaltsame Maßregeln.
Er meint doch, daß sich bei dem König Jakob persönlich viel ausrichten lasse. Der König sei indifferent in seiner Meinung und furchtsam. ,,Per la pratica che ho di lui, lo stimo indifferente in qualsivoglia religione.“
Man würde wohl tun, auch durch untergeschobene Briefe seinen Verdacht zu nähren. ,,Far artificiosamente avisar qualche suo ministro fuori del regno di persona da loro creduta fedele, e nell' istesso regno far trovar qualche lettera a nome supposito che trattasse in forme segrete queste materie.“ Auch wäre Buckingham wohl zu gewinnen: seine Frau sei die Tochter eines Katholiken und insgeheim selbst katholisch (è segreta cattolica figlia anche di segreto cattolico). Buckingham gebe viel auf Verbindungen mit fremden Mächten: durch diese könne er am leichtesten gewonnen werden, besonders weil er von dem Parlament immer gefährdet sei. Essendo composto il parlamento quasi per la maggior parte di puritani, stimarebbe egli specie d'efficace vendetta l'indurre il re al cattolicismo.
Wirkung auf die Menge. Sehr nützlich würde es sein, wenn man nur freie Predigt erlangte: Il che si potrebbe fare per via di danaro, proponendo, per così dire, una gabella di predicatori et auditori, inducendosi il re molte volte per l'interesse a cose contrarie a sua volontà.
An gewaltsame Maßregeln, sagt er, sei nicht zu denken. Wir sehen aber wohl, daß auch die friedlichen, welche er angibt, nicht auszuführen sein werden.
Lazari gehört zu den Leuten, die durch Intrigen und fein angelegte Maßregeln auf den Fortgang des Lebens einwirken zu können glauben, was doch niemals geschehen kann.
Von dem erwachsenden Geschlecht hofft er nichts: es ist ganz in den protestantischen Meinungen erzogen: nur der Prinz, später Karl I., scheint ihm Hoffnung zu geben. Io v'ho grandissima speranza, per vederlo d'indole molto ingenua, di costumi assai generosi, molto sobrio nel detestar li cattolici.

101.

Instruttione al dottor Leone Allatio per andare in Germania per la libreria del Palatino. 1622. (Hofbibl. zu Wien. MS. Hohenb.)

Die Instruktion, durch welche Leo Allatius, damals Skriptor an der Vatikana, beauftragt ward, die Heidelberger Bibliothek in Empfang zu nehmen.

Sie findet sich nicht allein in Wien, sondern auch in gar manchen anderen Bibliotheken, z. B. der Bibliothek Chigi zu Rom, unter den Sammlungen der Instruktionen Gregors XV. Auch hat das gelehrte Interesse des Gegenstandes veranlaßt, daß sie bei uns bekanntgeworden. Quade, Baumgarten und Gerdes nacheinander haben sie lateinisch abdrucken lassen.

Nachdem sie einmal das Gebiet der protestantischen Gelehrsamkeit berührt hatte, mußte sie endlich auch Diskussionen hervorrufen. In der Geschichte der Bildung, Beraubung und Vernichtung der alten heidelbergischen Büchersammlungen (Heidelberg 1817) S. 235 hat unser gelehrter Mitbürger und Freund, Herr GR. Fr. Wilken, – so schrieb ich 1836 – erhebliche Zweifel gegen ihre Echtheit aufgestellt.

In der Tat ist die lateinische Übersetzung auf eine Art und Weise gemacht, daß sie Mißtrauen erregen mußte. Glücklicherweise hebt sich das jedoch, wenn man das handschriftliche Original vor Augen nimmt.

Im Lateinischen heißt es z. B. in bezug auf geweihte Medaillen, die dem Allatio für die Soldaten Tillys mitgegeben wurden: unum adhuc R. T. D. suppeditamus stratagema, ut scilicet sibi magnam nummorum comparet copiam, quos a sanctis canonisatos esse fingat. Gewiß! Es ist unglaublich, daß der römische Hof gegen einen seiner Diener sich auf diese Weise ausgedrückt haben soll.

Vergleicht man das Original, so lautet es auch in Wahrheit ganz anders. E qui soggiungerò a V. S. che se le darà un grosso numero di medaglie con l'indulgenza della canonizzatione de' santi fatta da N. S. Ich verstehe Medaillen auf die Kanonisation der Heiligen, welche Gregor XV. vorgenommen hatte, mit Indulgenz.

Ebensowenig ist in diesem Original davon zu finden, daß Allatio den Herzog von Bayern deutsch anreden solle, wie die lateinische Version will: „tradito", heißt es bei Baumgarten, „brevi a Sancto Patre fidei ipsius concredito, Germanico idomate eum affandi". Im Original dagegen: presentando a Sua Altezza il breve di N. S^re^, le parlerà a nome di Sua S^tà^ conforme al tenore di esso.

Eine Übersetzung, welche dem Italienischen und aller Wahrscheinlichkeit Hohn spricht.

So wie man aber das Original sieht in seiner soviel vernünftigeren Abfassung und in einer Umgebung, die keinen Zweifel zuläßt, kann man an seiner Authentizität nicht mehr zweifeln.

Das allerdings bleibt wahr, daß Allatio das Gerücht ausbreiten soll, die Bibliothek solle nach München, nicht nach Rom geschafft werden: In ogni caso sarà bene di metter voce che si abbia da condurre solamente a Monaco e *non* a Roma. Wir haben schon gesehen, wie oft den päpstlichen Abgeordneten die äußerste Vorsicht zur Pflicht gemacht wird.

Noch andere ähnliche Instruktionen erhielt Allatio. Z. B. Massimamente per i paesi sospetti sarà sempre meglio di andare in habito corto, come persona negotiante del dominio Veneto. Soviel Verstellung schien notwendig.

Daß solche Anweisungen schriftlich gegeben werden, darüber darf man sich nicht wundern. Man liebte an diesem Hofe, namentlich in der Kanzlei Ludovisios, zu schreiben. Den Instruktionen, die Agucchia ver-

faßte, fehlt es nicht an bedeutenden politischen Gesichtspunkten, aber auch mit Kleinlichkeiten dieser Art sind sie angefüllt. Der Verfasser wollte das Verdienst haben, alles zu bedenken.
Übrigens konnte man wohl fürchten, die Wut namentlich der Reformierten über diesen Verlust ihrer Metropole herauszufordern. Mit einer Abteilung Kavallerie sollte die Bibliothek eskortiert werden.

102.

Instruttione al padre Don Tobia Corona de' chierici regolari mandato da papa Gregorio XV al re di Francia e prima al duca di Savoia per l'impresa della città di Ginevra. 1622. (Bibliothek zu Frankfurt am Main MSS. Glauburg. Tom. 39, n. 1. 26 Bl. 4°.)

Anfang: L'Italia che dall' eterna providenza è stata eletta a reggere hora l'imperio temporale, hora lo spirituale del mondo.
Verhaßt ist dieser geistlichen Herrschaft vor allem Genf, „non solo come piena di huomini appestati, ma come catedra di pestilenza".
Es zu züchtigen, zu zerstören kommt vor allem dem Papst, Vikarius Christi, und dem Herzog von Savoyen zu, der sich noch Graf davon nennt. Auch haben die Päpste und Herzöge öfters Versuche dazu gemacht; allein sie sind immer an der Protektion gescheitert, die Frankreich dieser Stadt angedeihen ließ.
Jetzt aber ist die Lage der Dinge verändert. La Francia tratta il soggetto di domare i ribellati heretici, et ha da ricever piacere che per togliere loro le forze e la riputatione si faccia il medesimo senza suo costo in altre parti.
Der Papst hat von Anfang seiner Regierung den Plan gefaßt und denkt durch die Mission eines Klostergeistlichen die Ausführung vorzubereiten: Poiche habbiamo un' argumento di religione, si conviene fuggendone il rumore coprirlo più che si puote: vuole inviarvi un religioso. La P. V^ra^ porterà da per tutto questo negotio come nato nell' animo di Sua S^tà^ senza altra origine che dello spirito santo.
Er soll zuerst in dem Herzog von Savoyen die Neigungen eines kriegerischen Herzens erwecken, und wenn er Hilfe verlangt, ihm zwar vorstellen, wie sehr die dem Kaiser und der Liga gewährte Unterstützung den Apostolischen Stuhl erschöpfe, wieviel Ansprüche Polen mache, welche Kosten Avignon verursache; jedoch einige Hilfeleistung allerdings hoffen lassen: „che Sua S^tà^ non sarà stretta a S. A. di tutti quelli ajuti che dalle picciole forze uscir potranno". Auch wird er sich über die Rechte Savoyens an Genf die nötigen Informationen erbitten.
Die Hauptsache aber ist, was er dem Könige von Frankreich vorstellen soll: 1. daß er ja nicht den Verdacht auf sich laden werde, als verfolge er die Protestanten bloß aus Staatsinteresse; 2. daß auch dies wohlverstanden die Vernichtung von Genf fordere: Se Ginevra non fosse stata ricovero di Calvino, la M^tà^ S. non havrebbe di presente da portare l'armi contro l'ostinati e perversi suoi popoli Ugonotti, non si vedrebbe nascere le republiche contro la monarchia. – – Sono republiche (die hugenottischen) popolari che in ogni palmo di terreno e fino nell' istessa

corte e forse nella camera del re hanno lor cittadini e seguaci. – – Già la republica loro (Ugonotti) è piantata, già ne sono publicate le leggi, e già in ogni provincia hanno costituiti i magistrati, i consigli et i governatori dell' armi: più non hanno da fare che da andare eglino a muovere l'armi al re per cacciarlo di casa.
Man sieht, wie sehr hier in den katholischen Bestrebungen das monarchische Element hervortritt. Genf soll zerstört werden als Meisterin und Ratgeberin der hugenottischen Republiken. Jetzt kann es keine Hilfe bekommen, da alle anderen Protestanten selbst beschäftigt, die Engländer durch Verträge gebunden sind.
Und was wolle diese Vergrößerung von Savoyen in Vergleich mit der französischen Macht wohl sagen: – der Paß könne den Schweizern nicht verwehrt werden, seit der König Bresse besitze. I cantoni cattolici, con quali la corona è più congiunta, ne riceveranno e servitio e piacere: certo che il cantone di Friburgo circondato da Bernesi heretici, benche sia valoroso e di loro non tema, haverà nondimeno più caro di confinare per via del lago con quella città divenuta cattolica e posta sotto il dominio di un principe amico e cattolico, che libera et heretica remanente.
Kardinal Retz, der Konnetabel (Luines), Père Arnoux werden dem Pater als diejenigen genannt, von denen er besonders Unterstützung erwarten könne.
Wir werden bald auf den Erfolg dieser Mission kommen.

103.

Relatione di Roma fatta nel senato Veneto dall' ambasciador Rainiero Zeno alli 22 di Nov. 1623. Informatt. politt. Tom. XVI. 101 Bl.

Gewöhnlich drücken sich die zurückkehrenden Botschafter mit Bescheidenheit und Deferenz sowohl gegen den Fürsten, von dem sie kommen, als gegen ihre Zuhörer aus: Rainer Zeno ist der erste, der eine große Selbstzufriedenheit zu erkennen gibt. Er erklärt nicht allein, er lege eine Bilanz päpstlicher Einkünfte und Ausgaben vor, die er mit fleißigster Sorgfalt zusammengestellt (f. 80): er erinnert auch daran, mit wie lebendigen Farben er einen oder den andern Kardinal in seinen Depeschen geschildert habe (f. 111); von Papst Urban sagt er ohne Scheu: „mit zwei Worten machte ich seine Meinung zunichte“; er spricht geradezu aus, die göttliche Majestät habe ihm das Talent gegeben, in das Innerste geheimnisvoller Menschen zu dringen; den Kardinal Ludovisio läßt er der Republik deshalb einen Lobspruch widmen, weil sie zur Gesandtschaft von Rom immer Männer von der erprobtesten Tüchtigkeit wähle.
Rainer Zeno erscheint ein paar Jahre später in den venezianischen Unruhen des Jahres 1628. Auch da trägt alles, was von ihm ausgeht, wie unsere Relation, das Gepräge des Selbstgefühls, das sich in so vielen Italienern und Spaniern dieses Jahrhunderts darstellt.
Zwischen Männern dieser Gesinnung konnte es nun aber nicht an Reibungen fehlen: auch Rainer Zeno erlebte auf seiner Gesandtschaft die unangenehmsten Auftritte.

Größtenteils fiel sie in die Zeiten Gregors XV. Ludovisio forderte eine Verehrung und Anerkennung, die ihm Zeno nicht widmen wollte: – gar bald gerieten sie heftig aneinander.

In dem letzten Teile seiner Relation schildert Zeno diese Irrungen. Er rühmt sich, dem Nepoten oft scharfe Antworten gegeben, ihn zum Schweigen gebracht zu haben. Es macht ihm besonders Vergnügen, daß er durch geheime Mittel Dinge in Erfahrung gebracht, welche der Nepot in tiefes Geheimnis verhüllt glaubte, und dann denselben hat merken lassen, er wisse darum; er freut sich noch des Mißvergnügens, in das Ludovisio dadurch geraten sei. „Vedeva", sagt er, „che appresso di me non poteva restare in quel gran concetto di sapere che egli con tutti ascosamente ambiva." Aber man möge nicht glauben, daß das viel geschadet. Die Republik sei dadurch vielmehr in Reputation gekommen: Bei dem Gedanken, Valtellin als ein Depositum in den Händen der Spanier zu lassen, habe Ludovisio sich vor nichts so sehr gefürchtet wie vor dem Lärm der venezianischen Protestationen (il fracasso che era per fare io, il rimbombo delle mie proteste).

Diese Zeiten waren indes vorübergegangen. Urban VIII. hatte den päpstlichen Thron bestiegen, und Rainer Zeno läßt es sein vornehmstes Geschäft sein, dessen Persönlichkeit, Hof und Staatsverwaltung, soweit sie sich damals entwickelt hatten, zu schildern.

Er wiederholt, daß die Kardinäle nur darauf bedacht seien, dem Papst zu Gefallen zu reden: er findet es recht gut, daß kein Mensch daran denke, die päpstlichen Finanzen in Ordnung zu bringen. Es gebe, sagt er, kein geeigneteres Instrument, die Christenheit zu verwirren, als den Kopf eines Papstes.

Er entwirft darauf ein Bild von Urban VIII.: E prencipe d'aspetto grave e venerabile, di statura grande, di colore olivastro, di lineamenti nobili, di pel nero che comincia a tirar al canuto, d'attillatura più che ordinaria, e di gratia singolare ne' gesti e ne' moti del corpo. Parla per eccellenza bene, et in qualsivoglia discorso che s'entra seco, ha da difendersi quanto vuole, e d'ogni materia mostra d'haver peritia straordinaria. Ha mostrato sin hora diletto grande della poesia, l'uso della quale non ha mai intermesso, nè pure nelle occupationi e nelli studii più serii: perciò gl'intendenti di questa arte e delle lettere che chiamano di humanità sono stati sempre benveduti da lui, et gli ha favoriti cortesemente in quello che ha potuto: non l'ha però questo diletto astratto da quello che importava più e che era più necessario per li carichi che successivamente li sono passati per le mani, dico dallo studio delle leggi, nel quale ha faticato incessantemente dalla prima gioventù sino a questi ultimi anni con tanta maggiore applicatione, perche così richiedeva la carica del prefetto della signatura di giustitia, magistrato che richiede studio et accuratezza grandissima et esattissima per la varietà delle materie che vi concorrono. Delli affari del mondo e degl' interessi de' prencipi è intendentissimo, quanto che se nelle scuole politiche havesse fatto continua dimora.

Es ist wohl nicht nötig, das Weitere mitzuteilen: es ist doch nur im allgemeinen ähnlich. Die feineren Züge dieser geistlichen Physiognomie,

sei es, daß sie sich erst später entwickeln oder daß Zeno sie nicht aufzufassen verstand, finden wir hier nicht.
Ebensowenig ist dies bei den folgenden Schilderungen der Verwandten des Papstes der Fall oder bei den Kardinälen, die der Autor ausführlich durchgeht.
Nur das ist zu bemerken, daß er von den venezianischen Kardinälen keinerlei Dienste zu erwarten rät. „Priuli", sagt er, „languido di spirito come di corpo". So schnöde behandelt er sie. Von Venier will er gar nicht reden, um nicht Händel mit den Verwandten desselben zu bekommen.
Dann kommt er auf die politischen Verhältnisse. Er ist nur zufrieden, daß diesmal ein Papst gewählt worden, der nicht in die Spanier verliebt sei. Albuquerque habe den Boden ungewöhnlich hart gefunden, und man habe ihm seine Forderungen nicht bewilligt. Das Verhältnis Urbans VIII. zu Frankreich schildert Zeno folgendergestalt.
Non è da dubitarsi che il pontefice verso il regno di Francia habbi molta propensione d'affetto, additandocele molte congetture probabilissime: hebbero a quella corte principio le sue grandezze, alle quali se bene ascese per meriti proprii, non nega però egli medesimo, che di grande ajuto li fossero le attestationi d'Henrico quarto della sodisfattione che haveva del suo modo di negotiare et del gusto che sentirebbe di vederli partecipato l'honor solito a conferirsi alli altri residenti in quella carica: quadra benissimo a Sua S^{tà} il trattare de' Francesi ingenuo et libero, lontano dalli artificii, lontano dalle duplicità proprie delle altre nationi; ha una certa conformità di genio alle qualità de' studii alli quali s'applicano et de' quali si dilettano più li Francesi, ch' è la pulitezza delle lettere, l'eruditione più acconcia, la poesia, la cognitione delle lingue, in che per quanto le permettono le sue attioni, s'è pigliato molto piacere. Stima quel regno, quanto si possa dire, per reputarlo equilibrio dell'ambitione d'altri, li cui fini mirano senza dubbio alla monarchia universale.
Den Venezianern nahm der Papst ihre Verbindung mit Ketzern und Ungläubigen übel. Er meinte, es gebe wohl einen andern Rückhalt für sie.
Zeno schließt, indem er noch einmal Schweiß und Arbeit, die ihm sein Amt gemacht, die unaufhörlichen Nachtwachen, den bittern Ärger, wodurch seine Gesundheit geschwächt worden, ins Gedächtnis ruft. „Dennoch", sagt er, „freue ich mich mehr, mein Leben im Dienste meines Vaterlandes abgenutzt zu haben, als wenn ich ein ganzes Jahrhundert glücklich leben könnte, aber unbeschäftigt."

104.

Relatione degli ecc^{mi} sig^{ri} amb^{ri} straordinarii Corner, Erizzo, Soranzo e Zeno ritornati ultimamente da Roma, letta all' ecc^{mo} senato 25 Febr. 1624 (d. i. M. V. 1625).

Als Papst Gregor XV. erklärte, daß er mit Rainer Zeno nicht mehr unterhandeln wolle, schickten die Venezianer Hier. Soranzo, um die

Stelle desselben zu vertreten. Noch war jedoch, wie wir soeben sahen, Zeno in Rom, als Urban VIII. gewählt ward. Beide wurden zur feierlichen Beglückwünschung des neuen Papstes bestimmt; Corner und Erizzo erschienen, um die Gesandtschaft zu vervollständigen.

Die gemeinschaftliche Relation, welche sie erstatten, ist nun frei von den persönlichen Ergüssen, denen Zeno allein sich hingegeben; sie bekommt dadurch eine gewisse Wichtigkeit, weil die Verhältnisse der Republik sich durch die Sache von Valtellin aufs neue verwickelt hatten.

Papst Urban schien sehr unzufrieden zu sein, daß Venedig an dem Angriff der Franzosen auf die päpstlichen Garnisonen teilgenommen: „che i cannoni della republica si fossero voltati contra i luoghi tenuti in deposito della S. $S^{tà}$, che chiamò luoghi dell' istessa chiesa".

Nè mancano, fahren die Gesandten fort, in Roma soggetti d'ogni grado et d'ogni qualità che proponevano a S. $S^{tà}$, come ella medesima ci disse, ad usare contra quell' ecc^{mo} senato le censure ecclesiastiche.

Sie suchen sich so gut wie möglich zu entschuldigen; sie führen aus, daß es die Absicht der Spanier sei, sich der Alleinherrschaft zu bemächtigen, – rendersi patroni di quelli passi, per facilitarsi la monarchia di questa provincia –; die Religion könne ja doch gesichert werden; daß sie mit Ultramontanen in Bund getreten, dürfe man ihnen um so weniger verargen, da ihnen von den Päpsten selbst die Truppenwerbung im Kirchenstaate verwehrt sei.

Urban VIII. hatte geglaubt, sie würden ihm in Hinsicht auf jene Angelegenheit einige vermittelnde Vorschläge machen: doch hatten sie dazu keinen Auftrag. Auch seinerseits zeigte er sich deshalb für ihre Gesuche unzugänglich. Sie mußten zufrieden sein, nur seinen Unwillen zu begütigen: – non si impetrava altro che mitigamento dell' acerbità mostrata del suo animo.

Allzu schwer kann ihnen dies nicht geworden sein. Schon trat die antispanische Gesinnung Urbans doch auch hervor. Er erklärt, „che non poteva parlar alto, perche troppo era circondato da' Spagnoli, e che a Madrid lo chiamavano heretico, ma che armato si havrebbe fatto rispettare".

Seine spätere Gesinnung und Haltung liegt schon in diesen Worten.

Vorzüglich mit Interessen solcher Art beschäftigt sich unsere Relation; außerdem aber sucht sie auch die Zustände zu schildern. Hören wir, wie sie die Häupter der Verwaltung in den ersten Zeiten Urbans VIII. beschreibt.

Quelli che di presente sono in maggior autorità presso il pontefice nella essentia degli affari, si ristringono nel sig^{r} cardinale Magalotti e nel sig^{r} Don Carlo Barberino, fratello della $Beat^{ne}$ Sua. Mostrano però ambidue di non conoscere e non havere questa autorità: schifano i congressi, parono non esser informati dei negotii, non gustano di esser frequentemente visitati, e con questa maniera di procedere, differente assai dal costume dei parenti de pontefici passati, conservano in maggior riputatione la Santità Sua, volendo dar ad intendere che tutto dipende dai soli cenni di lei.

Era solita la Beatne Sua alle volte nelle occorrenze più gravi chiamare anche a se li cardinali Bandino, Melini, Scaglia, Santa Susanna et qualche altro, perche conoscendoli di natura molto severa, procurava con tale apparenza dar segno di stima verso il sacro collegio e verso le persone loro, non già perche volentieri inclini o molto si fidi delle loro opinioni: e di questo concetto della Stà Sua, ben noto a detti cardinali et ad altri, tutti se ne dogliono, dicendo che dopo fatte le deliberationi delle cose ella le communica per non admettere il loro consiglio. Et si sente anco che va ogni giorno più tralasciando queste communicationi, anzi omettendo in tutto e per tutto le consultationi con cardinali, così per conservare in se medesimo il solo despotico dominio et autorità, come anco perche conoscendoli dipendenti et interessati chi per l'uno chi per l'altro principe, giudica così convenire al suo servitio maggiormente.

Nelle occorrentie della Repca sono intervenuti nelle consulte mr Gessi e mr di Montefiascone, come stati nontii in questa città e bene informati delle cose. E talvolta si è introdotto anche Anzolo Badoer, che sotto altro nome e cognome pur si trattiene in Roma positivamente: è fatto sacerdote, et habita per sua maggior sicurezza una casa congiunta con il monasterio de frati della scalla, nella cui chiesa è solito celebrare la messa. Ma come habbiamo detto, il cardl Magalotti et il sigr Carlo Barberino sono le stelle fisse di quel firmamento: et i negotii ridotti in queste due sole teste passano con molta secretezza, sicche quello che non si può penetrare con la congettura ovvero che non viene riferito dal medesimo pontefice, difficilmente si può sapere per altra via.

Il sigr Don Carlo mostra la istessa indipendenza da principi nella quale professa conservarsi Sua Stà. E in età di 58 anni, ben complessionato e forte. E inclinato alla soddisfatione de' popoli per conservare la città abbondante di tutte le cose. Nella sua casa è buon economo, et ha mira di far denari assai, sapendo egli molto bene che l'oro accresce la riputatione agli huomini, anzi l'oro gli inalza e li distingue vantaggiosamente nel conspetto del mondo: oltre che si tiene per massima comune non esser conveniente nè ragionevole che chi una volta è stato parente del papa, resti dopo la sua morte in angusta fortuna. E huomo di poche parole, ma sensitivo. Ha mostrato somma riverenza verso la serenissima Republica, et havendo noi nel complir seco detto che auguravamo lunghi anni a Sua Betne, ci rispose egli con qualche acerbità che quando il papa havesse ad essere rispettato et honorato come papa, alludendo alle cose correnti della Valtellina, li desiderava vita lunga, ma che quando havesse dovuto seguir altrimenti, pregava il sigr dio a chiamarlo a se quanto prima.

Il cardl Magalotti professa egli ancora vivere indipendente. E huomo sagace et accorto: mostra grande vivacità di spirito e d'inquietezza, et è in concetto di poter esser guadagnato. Crescendo in età et esperienza il cardl nepote si crede che non passerranno d'accordo insieme e che il papa penserà però di valersene in qualche legatione opportunamente.

105.

Instruttione a Mre Sacchetti vescovo di Gravina, nunzio destinato di N. Sre per la Mtà cattca. 1624. (Barb. fol. 26 Bl.)

Die Aufträge Sacchettis beziehen sich I. auf die innern spanischen, II. auf die allgemeinen europäischen Angelegenheiten.

I. Es gab immer mancherlei Kompetenzen zwischen Rom und Spanien. Namentlich hatte es damals der römische Hof übel empfunden, daß ein Kardinal wie Lerma seiner Einkünfte beraubt und vor ein weltliches Gericht gestellt worden war. Indem der Papst den Fortgang dieses Verfahrens einzuhalten sucht, läßt er doch auch zugleich Lerma ermahnen, alle Hoffnung auf weltliche Größe aufzugeben: es sei ja doch nichts mehr auszurichten, da Olivarez so sehr in Gnade stehe, und er möge sich entschließen, nachdem er solange andern gelebt, jetzt sich und Gott zu leben. Dagegen wird der Nuntius an Olivarez gewiesen, mit dem der römische Hof in diesem Augenblick noch gut stand. Es kommt dabei folgende Merkwürdigkeit vor. E avvenuto che la gelosia della regina per qualche sospetto d'altri amori del re l'ha provocata a dolersene col re di Francia suo fratello, a segno tale che venne pensiero a questo di far doglianze e querele pubbliche contro il cognato. Di cio scrisse l'antecessore di V. Sria e che vi haveva posto rimedio con far confidente della regina il conte Olivares di diffidentissimo che era prima.

Auch an den Großinquisitor wird der Nuntius gewiesen. Er soll denselben noch anfeuern, gegen die Einführung ketzerischer Bücher in Spanien und Indien wachsam zu sein.

II. Man hatte in Spanien den Gedanken gefaßt, die deutsche Linie durch zwei neue Vermählungen in ruhigeren Besitz ihrer letzten Erwerbungen zu setzen. Der Erbprinz von der Pfalz und Bethlengabor sollten beide mit kaiserlichen Prinzessinnen vermählt werden: hierdurch hoffte man die ungarischen und noch mehr die deutschen Unruhen beizulegen. Anfangs wollte man zu Rom daran nicht glauben. Jedoch nach neuen Nachrichten ließ sich nicht mehr zweifeln. Der Papst eilt dem König Vorstellungen dagegen zu machen. Man ersehe aus Briefen, daß es die Absicht der Engländer keineswegs sei, wenn auch der Prinz von der Pfalz an den kaiserlichen Hof gesendet werde, ihn katholisch werden zu lassen. Und wolle man sich einem so unzuverlässigen Menschen wie Gabor anvertrauen? Er könne es nicht glauben noch billigen. Seinem Nuntius gibt er den Auftrag, sich aus allen Kräften dawiderzusetzen: „V. Sria, ma con destrezza et a tempo, facci per impedirli (questi due matrimonj) tutto quello che umanamente può."

Wir wissen, daß Papst Urban selbst an dem Scheitern dieser, wenngleich weitaussehenden, doch wohlgemeinten Pläne Anteil hatte. Die Sendung Rotas, deren wir gedachten, erklärt sich aus diesen Äußerungen.

106.

Instruttione a V. S[ria] arcivescovo di Damiata e chierico di camera per la nuntiatura ordinaria al re cristianissimo. 23 Genn. 1624.

Das Seitenstück zu der Instruktion Sacchettis.

Auf das lebhafteste verdammt der Papst auch hier jenen Plan zur Restitution der Pfalz: er ruft den Einfluß des Königs an, um Sachsen zu bewegen, sich den Fortschritten der bayrischen Macht nicht zu widersetzen. Überdies wünscht er nichts mehr, als daß Oranges zerstört werde, was nur ein Sammelplatz für die Ketzer sei.

Das Wichtigste aber sind die inneren Angelegenheiten. König Ludwig XIII. wird folgendergestalt geschildert. Il re è fuori di modo virtuoso et abborrisce tutti quei vitii che sogliono accompagnarsi alla dominatione: non è altiero, ma humanissimo: non è amatore della propria opinione, ma più volentieri crede a buoni consigli: non ama il riposo, ma è dedito alle fatiche e le tollera fortemente, senza conoscere altro piacere che quello della caccia: non nutrisce pensieri dimessi, ma è avidissimo di gloria, senza dilungarsi punto dalla pietà. Con la M[tà] S. possono i ministri di stato et i serventi nelle caccie, a quali volentieri s'accosta per godere la libertà, che non concede la stretta pratica de' grandi. Il più caro di quelli che hanno l'adito a S. M[tà] con occasione delle caccie è il signore di Toiras, huomo cauto e prudente, che non si rimescola negli affari di stato per ascondere la sua autorità, ma ne è capace.

Unter diesem Fürsten nun war der Katholizismus in glänzendem Fortgange. Der Nuntius wird angewiesen, allen jenen Missionen, namentlich im südlichen Frankreich, nach Kräften beizustehen und ihre Sache am königlichen Hofe zu verfechten.

Aber daneben regt sich auch unüberwindlich und immer aufs neue die Opposition der gallikanischen Grundsätze.

Wenigstens von einem Teile der Mitglieder der Sorbonne wird die Lehre von der Unabhängigkeit der weltlichen Gewalt und dem göttlichen Rechte der Bischöfe vorgetragen. Schon bringen einige die Meinung auf, den Pfarrern stehe in ihrer Pfarre ebensoviel Macht zu wie den Bischöfen in ihrem Bistum. Der Papst findet diese Meinungen abominabel. Es schmerzt ihn, daß Richer, der sie besonders eifrig verteidigt, obwohl exkommuniziert, sich doch daraus nichts macht, sondern fortwährend Messe liest.

Indessen suchen die Parlamente die kirchliche Jurisdiktion tätlich zu beschränken. Die Appellationen, comme d'abus, die Untersuchungen über die Ausfertigungen der Dataria, die Eingriffe in die Gerichtsbarkeit der Bischöfe kommen dem Papst als ebensoviel Usurpationen vor. Favoriscono chiunque ad essi ricorre, et in questa maniera procurano di soggiogare le provincie a loro non soggette, come la Bretagna, la Provenza e la Borgembrescia.

Auch in die Bücherverbote mischen sie sich. Gern hätten die Nuntien Werke wie von Thou und Richer verboten, aber es war ihnen nicht möglich. Der neue Nuntius wird angewiesen, der Erscheinung schädlicher Bücher lieber zuvorzukommen, als sie erst zu erwarten. Le stampe de' libri sono il fomite delle false dottrine: et è necessario che ella procuri di tenersi amorevoli i librari, accioche l'avisino di mano in mano de' libri che si stampano: imperoche stampati che sono, porta seco difficoltà di ottenere la prohibitione.

Man sieht, schon ist der ganze Kampf der Kurie und des Gallikanismus eingeleitet, der in mancherlei Phasen die Periode der alten bourbonischen Monarchie in Bewegung erhalten hat.

107.

Instruttione a V. S^{ria} mons^{r} Campeggi vescovo di Cesena, destinato da N. Sig^{re} suo nuntio al S^{mo} Sig^{r} duca di Savoia. 1624.

Eine auch deshalb merkwürdige Instruktion, weil sie den Erfolg jener Sendung des Don Tobia Corona weiter erörtert. Wir sehen, daß der Plan gegen Genf besonders an dem Widerstande von Luines und Rohan, der noch immer mächtig war, dem Ansehen der Hugenotten überhaupt scheiterte, daß man ihn aber darum keineswegs aufgab.

Da chi venisse il motive di tal impresa, dal papa o dal duca, non si sa bene: perche il pontefice lasciò brevi e lettere di esortatione al medesimo sig^{r} duca et al principe del Piemonte, donde poteva farsi congettura che il papa ne fosse autore: ma nel ricevere l'esortatione si mostrò tanto pronta l'A. S. che non parve lontano dal vero il credere che havesse indotto il papa a scrivergli. – – – Le difficultà che incontrò il padre Corona, non furono dalla parte del re e della regina, che piegarono subito alle persuasioni ponteficie, ma dalla parte del contestabile Luines, seguitato da principali ministri, o per proprio interesse o per adulatione, e da alcuni grandi del partito Ugonotto. A Luines si crede che instillasse questa avversione all' impresa il duca di Roano, e cercandosi della cagione che ha potuto spignere questo ad opporvisi, altra non se ne trova, fuori della propria inclinatione al mantenimento degli eretici, essendo egli tale, che il timore di perdere il seguito dentro alla Francia, mentre che i seguaci suoi havessero havuto a soccorrere i Genevrini. Il trattato del padre Tobbia restò a segno che non solamente il re non rimase offeso di questa missione, ma niuno, etiandio di quelli che l'intendessero bene, hebbe ardire di biasimarla: e solamente dissero alcuni che non era quello il tempo di intraprendere un tanto affare, altri, che non doveva il duca mettere in queste strette il re se non dopo il fatto, imperciocche allora S. M^{tà} non havrebbe potuto non dar lode alla pietà e generosità del duca, ma che antecedentemente non doveva la M^{tà} S. violare quella fede sotto la quale pensano di riposare sicuri i Genevrini. Dall' hora in qua si è creduto che il sig^{r} duca pensi a tentare la via d'una sorpresa, e adesso non se ne ha più dubbj, imperciocche S. A. se n'è dichiarata con la S^{tà} di N. Sig^{re}, supplicandola a volerlo assistere. La S^{tà} S. ha risposto che volentieri e con quel medesimo modo che fece papa Gregorio: ma perche il necessario segreto della sorpresa non è capace di questa via, S. A. si è rivoltata a contentarsi che N. Sig^re^ gli prometta di fare tali officii col re christianissimo dopo il fatto che la M^tà^ S. non habbi a sdegnarsene.

Übrigens kommen hier auch einige eigentlich piemontesische Sachen zur Sprache. Die spätern Streitigkeiten bahnen sich an. Der Herzog machte Anspruch auf Ernennung zu den bischöflichen Stellen: der Papst gestand ihm nur das Recht der Empfehlung zu; über einige Belastungen der Geistlichkeit zeigt er sich mißvergnügt.

108.

Ragguaglio dello stato di religione nel regno di Boemia e sue provincie incorporate. 1624.

Im Mai 1621 langte Karl Caraffa in Prag an und schritt sogleich an das Werk, das ihm Papst Gregor XV. vorzugsweise aufgetragen, die Wiederherstellung des Katholizismus in Böhmen zu leiten.

Achtzehn Monate darauf, wie er selbst sagt, also im November 1622, faßte er unter dem Titel Relatio Bohemica einen Bericht über seine Tätigkeit ab, den er an die neubegründete Propaganda einschickte. Ich sah das Original desselben, das bei den Mitgliedern der Kongregation zirkulierte: es waren die Kardinäle Sauli, Bandini, Barberini (später Urban VIII.), Borgia (später der heftige Opponent Urbans), Ubaldini, Santa Susanna, Valerio Sagrato, Zollern, und die Prälaten Vives, Agucchi, Scala. Zollern sollte eine Kopie nehmen und aus derselben referieren.

Diesen ersten Bericht erweiterte Caraffa 14 Monate später, also im Januar 1624, und schickte ihn unter obigem Titel an Urban VIII. ein: „um", wie er sagt, „dessen väterlichen Eifer noch mehr zur Liebe gegen die Böhmen zu entflammen".

Wir haben ein ausführliches gedrucktes Werk von Caraffa: Commentaria de Germania sacra restaurata: eine der wichtigsten Quellen für die Geschichte der ersten zehn Jahre des Dreißigjährigen Krieges. Aber einmal konnte er da auf seine böhmische Wirksamkeit, deren er allerdings mit Vorliebe gedenkt, doch nicht mit so großer Vollständigkeit eingehen wie in einer eigens dazu bestimmten Relation: und ein gedrucktes Werk machte auch anderweite Rücksichten nötig. Mit voller Ausführlichkeit und Freimütigkeit dagegen drückt sich die Relation aus.

Sie begreift freilich nur den Anfang der böhmischen Umwandlung, aber für diesen ist sie in der Tat sehr wichtig.

Ich habe mich ihrer schon bei der Erzählung bedient: doch, der Natur des Gegenstandes nach, mit großer Beschränkung: ich will hier einige Partikularitäten nachtragen, aus denen sich ergeben wird, unter welchen Schwierigkeiten, die ihm besonders die Landesregierung machte, der Nuntius seine Absichten ins Werk setzte.

1. Einführung des lateinischen Ritus.

Havendo io tenuto sopra cio proposito col Plateis e considerando, sicome quei pochi Boemi che erano cattolici frequentavano in ogni modo le chiese di nostro rito, dove pure ascoltavano i divini ufficj in lingua latina, giudicai non essere disperabile che l'istesso potessero fare anche quelli che di nuovo si convertissero, insinuandosi massime loro da predicatori che questa lingua sia quasi in un certo modo d'essenza ne' divini ufficj in tutti li paesi cattolici e particolarmente in quelle chiese che si comprendono sotto l'imperio occidentale, per segno della superiorità e maggioranza della chiesa Romana sopra tutte le altre: però diedi ordine ad esso Plateis, che quanto prima havesse potuto, usasse ogni suo studio per restituire l'uso del predetto idioma in quelle chiese che già si erano levate di mano agli eretici. Onde il giorno de' santi apostoli Simone e Giuda dell' anno 1621, con l'occasione di essere stata provista dall' arcivescovo di parroco cattolico la chiesa di Santo Stefano, principale parrocchia di Terra nuova, habitata dal più minuto volgo, tra il quale sono pochissimi cattolici, fu celebrata alla presenza di numero grandissimo di heretici nella predetta chiesa l'immaculatissimo sacrificio della messa in lingua latina con l'aspersione dell' acqua benedetta, con l'invocatione de' santi e con tutti i riti romani, due secoli dopo che n'era stata esclusa la lingua latina, e che per molti anni non vi si era celebrato nè nell' uno nè nell' altro idioma. Il quale esempio hanno poi seguito con le chiese della città tutti i luoghi del regno senza sentirsi romore o strepito alcuno nel popolo: et io essendo in Praga ho visto detto popolo stare con molta attentione alle funtioni divine.

2. Abschaffung des Kelches.

Inteso poi da me il senso della sacra congregatione del santo ufficio per le lettere e scritture all' hora mandatemi, risolvei di vietarlo (il calice) onninamente e non dar più orecchie alle ciance e preghiere di detti regnicoli, argomentando che se havessero voluto essere obbedienti figli di santa chiesa, camminerebbero così in questa come in ogni altra cosa di concerto col restante del corpo cattolico, ma se sfuggissero di recedere da questo abuso radicato anche negli animi de' cattolici per la pretesa concessione di Pio quarto, tenerlo per segno di superbia et ostinatione e per indicio di non veri cattolici: onde tralasciato ogni altro rispetto e timore allegato da politici, i quali da questa novità immaginavano sollevationi o ruine irremediabili, feci prohibire a tutti li parrochi che non porgessero ad alcuna persona la specie del vino, comandando loro che a chiunque le domandava ambedue, chiedessero se era cattolico, e confessandosi tale gli enunciassero la necessità di ubbedire al rito Romano il quale esclude i laici dal calice. Così molti che non erano tocchi da vero zelo, sentendo questo si rimanevano nella loro ostinatione, non communicando nè nell' una nè nell' altra forma, e noi intanto conseguivamo l'intento nostro, che non si porgeva il calice: ma non fu però niuno di quei preti tornati all' obbedienza che havevano in cura le chiese reconciliate il quale havesse l'animo di porgere la sola specie del pane in faccia degli heretici che frequentavano dette chiese: sino che il cancelliere Plateis diede intrepidamente principio a questa santa impresa nella parrocchia di San Martino, come di sopra si è notato. Il quale uso introdotto poi a laude di dio nell' altre chiese si osserva con intera quiete, ancorche mi habbiano in cio dato assai che fare i politici. Perciocche vedendosi gli heretici svanito il disegno fatto di dovere in ogni modo conseguire da veri sacerdoti cattolici il santissimo sacramento sotto l'una e l'altra specie, hebbero l'anno passato 1622 ricorso da politici: e qualunque maniera con loro si tenessero, a me per adesso non importa riferirlo: basta che estorsero una lettera del principe Liechtenstain, che all' hora si trovava qui, in virtù della quale, come se fosse per ordine di Sua M^tà^, chiamando i due parrochi della madonna del Tein e di Santo Enrico, stati già predicanti, comandorono loro che nella solennità della pasqua porgessero indifferentemente a ogn' uno, di qualunque rito fosse, la communione sotto l'una e l'altra specie. Così il giovedì in caena domini per mera perfidia di detti politici nella chiesa del Tein fu commessa grandissima abominatione, ricevendo il venerabile corpo del signore consacrato sotto le due specie del pane e del vino da legittimo sacerdote più di mille scellerati heretici, dandosi in tale guisa per colpa d'huomini cattolici il santo a cani. A questo non mancò il Plateis di fare l'oppositione che se li aspettava, ma niente potè contro la temerità loro: onde egli per sostenere la prohibitione dell' uso del calice deliberò fare animo e distribuire il sacramento, come tre giorni dipoi fece, pubblicamente sotto la sola specie del pane nella parrocchia di San Martino. Ma havendo io havuto notitia di questo empio attentato, fui subito a farne acerba lamentatione con Sua M^tà^, dolendomi con ogni più efficace maniera che i suoi ministri si volessero ingerire in quelle cose che concernono la reverenza verso il tremendo sacramento dell' altare, che meramente riguardano lo spirituale e la salute dell' anime, e che senza rispetto niuno s'intromettevano negli affari di religione, non mostrando segno alcuno di obbedienza verso dio e la santa sede Romana, della quale la Maestà Sua si era sempre mostrata tanto ossequente. Da che fuori di modo commosso l'imperatore diede subito rigidissimi ordini a detti politici, acciò lasciassero la cura delle cose ecclesiastiche e di religione agli huomini di chiesa, facendo loro grave riprensione per la temerità commessa: onde essi gagliardamente si incitarono contro di me e del Plateis, come quelle da quali si persuasero essere proceduto il rabbuffo fattoli da Sua M^tà^: et oltre al minacciare aspramente il Plateis, non si astennero dal manomettere anche l'autorità mia, insinuando a mons^r^ arcivescovo che egli s'io non li mostravo sopra cio special breve di Sua Beat^ne^, non fosse tenuto ad obbedirmi in una cosa di tanto rilievo come il sopprimere in Praga l'uso del calice: e *non tralasciando* di sollevare i predetti parrochi e farli animo, persuadendo loro che non havessero timore alcuno di me nè dell' arcivescovo, perche dal governo politico, al quale in quel regno per antiquato stile devono soggiacere gli ecclesiastici, sariano sempre protetti e sostenuti, operarono che il curato del Tein facendo nuova prevaricatione si ridusse in aperta disubbidienza, e prese ardire di predicare al popolo che non volesse tollerare che i papisti, che miravano tiranneggiare il tutto, li togliessero l'uso del calice, e pregassero dio per lui vero difensore del paterno antico rito; di modo che quel volgo fece un poco di tumulto, rappresentandosi quella sera sino al numero di mille alla casa di detto curato come in sua difesa. Il che venuto a mia notitia, cavai subito da Sua M^{tà} Cesarea indignatione e comandamento che il detto prete fosse subito arrestato e consegnato a mons^{re} arcivescovo: come fu senza dilatione alcuna eseguito: e quel popolo, che prima si era mostrato così ardente per la sua indennità, non fece motivo alcuno, perche lo vedesse condurre prigione in faccia del giorno e di tutta la gente. Et egli dopo alcune settimane di carcere se ne morì dentro di quella, supplendosi alla cura di detta chiesa, che è la principale di terra vecchia, con altro parroco cattolico e con la predica del canonico Rottua, soggetto insigne per dottrina e zelo, il quale amministra tuttavia questa carica con molto profitto e con grandissimo concorso così di cattolici come di heretici, i quali volentieri ascoltano le prediche di questo buon sacerdote per la sua efficace e grata maniera di dire.

3. Allgemeines Verfahren.

Per decreto di Sua M^{tà} in conformità delle risolutioni prese nella congregatione prefata tenuta in Vienna si sono di poi riformate tutte le città del regno, cacciando da esse e da loro contorni li ministri e predicanti heretici. In ciascuna di esse oltre il parroco si sono messi il capitano, il giudice, il primate del consiglio et un cancelliere cattolico, restandone in eterno bandito l'esercitio heretico, havendo l'imperatore per prova conosciuto, coll' esempio della fedeltà di Budueis e con la perfidia di quasi tutte le altre, quanto importi che le città siano heretiche o cattoliche. Et ancorche il principe Liechtenstain soprasedesse già dalla incominciata riforma rispetto a gran rumori che si spargevano del disgusto di Sassonia, poi la proseguì, havendogliene io fatto reiterare l'ordine: ma però se li sospese circa li circoli di Egra e Culma per essere contigui alla Sassonia e pretendersi che la proprietà loro sia dell' imperio e non della corona di Bohemia. Con tutto ciò resta per ancora nel regno qualche predicante protetto da baroni heretici o da poco buoni cattolici, e particolarmente ne sono nel circolo di Leitmeriz spalleggiati da un barone cattolico, che professando grande strettezza e fratellanza con l'elettore di Sassonia si persuade farli in questa maniera cosa gratissima: et havendolo io esortato a cacciarli e fattogliene parlare ancora da altri, ha promesso mandarli via, ma dubito che ritenuto dalla moglie, che è heretica, non vorrà farlo se non forzatamente. Ne sono anco rimasti in quelle città nelle quali si trovano acquartierate militie heretiche, non havendo voluto li commissarj regj esporsi col riformarli a pericolo di tumulto: ma hora che i sospetti di guerra vanno scemando, si darà licenza alli soldati heretici, ovvero se li assegneranno altri quartieri, acciò habbia luogho la riforma. Ne resta uno ancora nella città di Kuttembergh, scusando il principe di Liechtenstain di non poter cacciarlo, perche quegli huomini non vorrebbero poi lavorare nelle miniere che ivi sono: tuttavia col ritorno dell' imperatore a Praga spero in dio che si rimediarà da ogni cosa. Nè devo tralasciare che nel mio passaggio da Ratisbona a Praga, havendo traversato una gran parte della Bohemia, e così da Praga a Vienna ho trovato in ogni luogo la riforma effettuata, eccettoche nella città di Jaromir, dove erano in alloggio alcune fanterie del colonello duca di Sassonia: ma dipoi ho mandato stretto ordine di Sua Maestà, acciò sia riformata, et in ciascuna di esse città s'istruiscano i figliuoli nella dottrina christiana, insegnandoseli orare in lingua latina.

Sono state sotto rigide pene prohibite dentro e fuori di Praga le conventicole degli heretici, sotto qualunque pretesto le facessero, la qual commissione fu data molti mesi addietro a mia richiesta: ma non ostante che io più volte n'habbia reclamato col governo di Praga, non era stata mai eseguita.

Dal senato della città di Praga si sono levati tutti gli heretici, supplendo i loro luoghi di persone cattoliche, e se li è tolta ogni essentiale autorità, lasciandogliene solamente qualche apparenza nelle cose che non sono di molto rilievo, annullando in specie tutti li privilegj pregiudiciali alla religione cattolica concessi da re passati, potendo benissimo farlo l'imperatore havendosi per forza d'armi riguadagnato questo regno già apertamente ribellatoseli. L'accademia o collegio di Carlo IV a gloria divina e della religione cattolica si è restituita alla sua primiera istitutione sotto la cura de' padri Gesuiti, li quali hanno ancora la sopraintendenza di tutte le scuole del regno, et a' medesimi l'usare diligenza che non si stampino o vendano libri contrarj alla verità cattolica, essendosi sottoposti alla loro censura i librarj e gli stampatori. Si è havuto intorno alla predetta accademia qualche difficoltà, volendocisi deputare un presidente laico, il che da me non veniva bene inteso, ma finalmente spero che sarà lasciata questa cura a mons[r] arcivescovo, pretendendo egli per suoi antichi privilegj esser cancelliero del regno.

Alla casa de' poveri istituita in Praga da Ferdinando terzo si sono di più assegnati 4 m. talleri annui: onde si è accresciuto il numero loro da ottanta, che prima vi sene alimentavano, fino a ducento. A padri Gesuiti si sono dati per una volta 20 mila talleri da spendersi nella fabbrica del loro collegio: et in questo non è occorso che si impieghino li miei officj, non havendo bisogno di alcun mezzo appresso dell' imperatore l'evidenti utilità che dalle loro attioni si traggono. Per augumento dell' entrate capitolari della cattedrale sono stati assegnati beni che rendono 6 m. talleri annui, e per le archiepiscopali 24 mila: ma perche questi beni sono assai guasti e rovinati, monsignor arcivescovo desidera ritenersi per qualche tempo il mons[r] d'Ossegg, assegnati già alla mensa archiepiscopale sotto Ridolfo in vece della pensione camerale che veniva difficilmente pagata. Nell' arbitrio di monsignor arcivescovo si è riposta la provincia delle parrocchie di Praga e di tutto il regno, etiam che prima fossero possedute da signori particolari che erano tutti ribelli, essendosi riserbato l'imperatore questo jus, mentre si sono venduti li beni di essi ribelli, havendosi anche havuto riguardo che per molte leghe intorno a Praga siano tutti comprati da cattolici.

109.

Relatione alla Sta di N. Sre papa Urbano VIII delle cose appartenenti alla nuntiatura di Colonia per Mr Montorio vescovo di Nicastro ritornato nuntio di quelle parti l'anno di N. Sre 1624.

Mitten in jenen Kriegsunruhen langte Montorio in Deutschland an. Er stellt die Gefahr heraus, in welche die Katholiken geraten sein würden, wenn Mansfeld, der den Oberrhein von Straßburg bis Mainz, und der Bischof von Halberstadt, der Westfalen beherrschte, es dahin gebracht hätten, sich mit Baden-Durlach zu vereinigen. Aber alle diese Anführer erlitten Niederlagen. Er schildert nun, welcher Vorteil aus diesen Siegen hervorgegangen, in welchen Zustand die deutsche Kirche gelangt sei.

In Fulda hat die Gegenreformation in aller Heftigkeit wieder angefangen: in Osnabrück ist mit Hilfe der Infantin und der ligistischen Armee die katholische Partei durchgedrungen: in Minden hat man Hoffnung, einen Erzherzog zum Bischof zu machen: auch in Bremen hatte man durch eigene Sendungen die Domherren bearbeitet, einen katholischen Koadjutor zu wählen, doch war für diesmal ein dänischer Prinz durchgedrungen; aber wenigstens Duldung der katholischen Religion hofft der Nuntius in allen Hansestädten eintreten zu sehen; ihm scheint, der Kaiser könne sie geradezu anbefehlen, zumal da diese Städte von dem spanisch-portugiesischen Handel große Vorteile ziehen: schon ist in Altona eine Kirche eröffnet, von der sich vieles für den Norden hoffen läßt: per potere in qualche tempo fondarsi un seminario, onde possino pigliarsi operaj, dopo che avranno appreso la lingua Danica e Norvegica, per ridurre al lume della vera fede quei popoli più settentrionali.

Bei diesem Fortschritt findet Montorio zugleich eine Reform in dem Innern der deutschen Kirche unerläßlich. Die Prälaten kleiden sich weltlich, machen sich keinen Skrupel daraus, in den Krieg zu gehen: das Konkubinat herrscht ganz öffentlich, und der Nuntius hat wegen dieses Fehlers einen sonst sehr geeigneten Kandidaten, einen Hornberg, nicht zum Bistum Würzburg gelangen lassen. Auch denken die deutschen Bischöfe wenig an den Papst: sie besetzen die Stellen in den vorbehaltenen Monaten, und durch ihre Beamten maßen sie sich viele unerlaubte Dinge an. Dispensano ne' gradi matrimoniali prohibiti, ad sacros ordines et beneficia vacata, super defectu natalium, concedono extra tempora, dispensano super defectu aetatis, anche talvolta hanno dispensato con persone institute in sacris di prender moglie. Sie nennen sich von Gottes Gnaden, ohne des Apostolischen Stuhles zu gedenken, und behandeln ihre kirchlichen Güter fast wie Eigentum. In den Klöstern steht es nicht besser. Die Äbte betragen sich als absolute Herren. In den Städten gibt es nichts als Bankette, Gesellschaften mit Männern und Frauen: in den Klöstern auf dem Lande treiben sie die Jagd, und man sieht nichts als Jagdhunde und Jagdgefolge.

Der Nuntius hätte gern Hand an eine Reform gelegt, doch verhinderten ihn ansteckende Krankheiten, die Kriegsunruhen und politische Geschäfte.

Auch von diesen handelt er sehr gut. Ich habe doch nicht alles aufnehmen können, was er von der Übertragung der Kur sagt, und will es hier nachholen.

Possono esser note a S. Beat^{ne} le cose all'hora occorse, ed io, benche mi fossero giunti assai tardi i brevi che mi mandava papa Gregorio, accioche intervenissi alla dieta per tale effetto adunata in Ratisbona, mi mossi nondimeno nel maggior rigore dell'inverno con grandissime spese, disagi e pericoli per comparirvi: e condottomi sino ad Herbipoli da ministri di S. S^{tà} e da principi elettori ivi congregati, a quali avevo dato avviso della mia mossa, mi fu significato non esser più necessaria la mia persona, poiche la conclusione del negotio era ritardata da più alta cagione che dal mancamento del consenso de' principi ivi adunati, e che il vedersi ivi compariti tanti ministri apostolici havrebbe accresciute le difficoltà, mettendosi in gelosia li protestanti, come che quella traslatione fu trattata più tosto come materia di religione che di stato. Mi rimasi perciò d'andarvi, tanto più che il Magontino, che come degano del collegio elettorale era quasi arbitro del negotio, praticato da me alcuni mesi prima, stava costante nell' offerta fattami di voler secondare la mente del papa e dell' imperatore. Li deputati di Treveri havevano ordine dal suo principe, datoli a mia istanza, di non iscostarsi dalle deliberationi del Magontino e del Colonicense. Io non starò qui a divisare a V. Beat^{ne} le difficoltà che incontrai per disporre il Magontino a consentire a detta traslatione: perche hora diceva abborrire la città di Ratisbona come d'aria nemica alla sua sanità, hora diceva trovarsi esausto di denari e da non potere supplire alle spese che ivi gli saria convenuto di fare, hora che il negotio non era maturo, non essendoci il consenso di Spagna e di Sassonia, hora temeva le minacce del re d'Inghilterra, di Dania e di altri settarj, hora affermava che quella traslatione havrebbe accesa nuova e più cruda guerra in Germania, con danno evidente della religione cattolica, mentre i principi ecclesiastici, che havevano portato fino all' hora e dovevano portare per l'avvenire il peso, esausti per le contributioni passate alla lega, spogliati d'ogni loro havere dall' insolenze e rubamenti non meno de' nostri che de' nemici soldati, non solo non potevano nè havevano modo di apparecchiarsi a nuova guerra, ma erano ridotti ad estremità tali che erano costretti licentiare le proprie famiglie a vivere quasi privatamente: non lasciava di porre in consideratione il duca di Neoburgh, come più prossimo di sangue al palatino, la cui persona non havrebbe recata tanta gelosia a protestanti, che temeano la grandezza del Bavaro, a cui, conforme le costitutioni imperiali secondo la bolla aurea, come a più prossimo doveasi quella dignità, nella quale il medesimo duca haveva protestato non volere consentire sino all' ultimo spirito che altri fosse a se preferito: basta che in quattro o cinque giorni che mi trattenni con lui in Acciaffemburgo, dopo lunghi discorsi fatti in voce et in iscritto, ottenni la risolutione che io desiderava. La traslatione fu fatta, et ancora si mantiene. Il palatinato è in parte occupato dal Bavaro, in parte da Spagnuoli, nè altro resta al palatino che la città di Franchinthal depositata in certo tempo in mano della serenissima infanta di Fiandra con concerto del re Inglese.

Mentre per detto negotio io ero in Acciaffemburgo, giunse ivi la nuova della presa di Adilbergh: et havendo io già fatto officio per commissione di Sua S[tà] col sig[re] duca di Baviera per la libreria Palatina et havendone havuta offerta, mandai subito un' espresso al sig[r] conte di Tilly, facendoli istanza per la conservatione di essa, poiche mi veniva affermato per la qualità e quantità de' libri massime manoscritti essere di valore inestimabile: e mi rispose S. E. che il tutto era in poter suo ben conservato per eseguirne l'ordine del sig[r] duca: di che havendo dato conto a patroni, havendo essi mandata persona a pigliarlo, fu detta libreria dopo alcuni mesi condotta a Roma.

110.

Instruttione a V. S. Monsr Caraffa vescovo di Tricarico destinato da N. S. suo nuntio in Colonia. 26. Giugno 1624.

Ludwig Caraffa ist der Nachfolger Montorios: er war Nuntius in Köln zu derselben Zeit, als Karl Caraffa die Nuntiatur in Wien verwaltete.
In einer sehr ausführlichen Instruktion teilt ihm der Papst seine Ansichten über die deutschen Sachen mit.
Er erörtert darin alle jene Punkte über die innere Kirchendisziplin, welche Montorio in Anregung gebracht hatte. Schon habe der Apostolische Stuhl so viel Verluste an Einkommen und Ansehen erlitten: der Nuntius soll versuchen, das Verlorene wieder herbeizubringen. V. S. stia attentissima a tutto quello che può sostentare l'autorità apostolica e specialmente a procurare che da essa eschino le dovute provisioni beneficiali. Es ist merkwürdig, daß dem Nuntius hier Aufträge gegeben werden, die unmittelbar auf die Ratschläge Minuccio Minuccis gegründet sind. Z. B. soll er eine Liste der der Beförderung würdigen deutschen Geistlichen nach Rom senden: – de' più costumati, de' più dotti, de' più nobili, de' meglio appoggiati all' autorità d'alcun principe cattolico. – Così noi aremo notizie tali che sollecitamente la sede apostolica potrà provedere prima che scorra il suo tempo. Wörtlich eben das, was Minucci 1588 anempfohlen hatte. Doch hat die Zeit noch neue Maßregeln an die Hand gegeben. Die wichtigste ist, daß man einem alternden Bischof noch bei seinen Lebzeiten einen katholischen Koadjutor beigeselle. Schon hat man das in Paderborn wie in Münster mit dem besten Erfolge ins Werk gesetzt.
Die Hauptsache bleibt nun aber die weitere Ausbreitung des Katholizismus.
Die Liga soll aus allen Kräften aufrechterhalten werden: der Nuntius soll darüber wachen, daß jedermann seine Rata bezahle. In Köln ist eine geistliche Gesellschaft zur Bekehrung der Protestanten gestiftet, an welcher Prinzen von Österreich und Bayern teilnehmen und die eine gute Kasse besitzt: der Nuntius soll sie nicht eingehen lassen. Einige fürstliche Häuser werden ins Auge gefaßt, die man zunächst zu gewinnen hofft, namentlich Darmstadt und Sachsen. Der Nuntius soll diese Neigung befördern, „auf daß diese Fürsten der Gnade nicht widerstehen, die Gott ihnen erweisen will". Besonders soll er die Errichtung von Se-

minarien, die Einführung der Jesuiten befördern. Diese Stelle ist vielleicht die merkwürdigste der ganzen Instruktion, und sie mag wörtlich folgen.

Sarà opera degnissima di S. S^{ria} l'impiegarsi a coltivare i seminarj già fatti et a procurare che altri se ne faccino di nuovo: e per queste simili opere chi non vede che i padri della compagnia di Gesù sono maravigliosi? Laonde il predecessore di S. S^{ria} diede principio a pratticare l'introduttione di quelli in Franchfort, scrivendo sopra di cio caldissime lettere a Cesare, e voleva fare altrettanto l'elettore di Colonia. N. S^{re}, per sollecitare l'effettuatione di questo buon pensiero, fece scrivere al nuntio presso l'imperatore che non si riscaldi: col quale S. S^{ria} s'intenderà per quello che restasse da fare, avvisandone le speranze e i successi. L'elettore di Magonza ha fatto rappresentare alla S^{tà} di N. S^{re} che per propagare la religione cattolica, che col favore divino piglia piede nel palatinato inferiore, niuna cosa viene giudicata più spediente quanto l'erettione de seminarj e delle case dove possino convenire i nobili del Reno: e per cio fare, propone a S. B^{ne} che si potrebbono comodamente applicare i beni d'alcuni monasterj e specialmente di Germersheim, Spanhaim et Odernhaim, posti nella diocesi di Magonza et altre volte occupati da principi Palatini del Reno: la quale proposta è stata stimata da S. B^{ne} di molto rilievo, e prima di risolvere voleva che l'antecessore di V. S^{ria} presane diligente informatione avvisasse distintamente lo stato di detti monasterj, col suo parere: ma perche la brevità del tempo non gli havrà permesso eseguir tutto, S. B^{ne} vuole che ella supplisca al rimanente con ogni sollecitudine et accuratezza.

L'elettore di Colonia ancora vuole instituire un' università nella sua città di Munstero: e di cio è stato ragionato nella sagra congregatione de propaganda fide, inclinando la S^{tà} di N. S^{re} che si facci detta università, con conditione però che oltre alle scienze vi si insegnino le leggi canoniche e civili. Serva a S. S^{ria} per avviso, accioche ella tratti in questa forma con detto elettore, quando S. A. le parlerà d'havere ottenuto per detta erettione il beneplacito apostolico.

111.

Relatione dell' ill^{mo} et ecc^{mo} sig^{r} Pietro Contarini K^{r} ritornato dall' ambasceria ordinaria di Roma, presentata alli 22 Giugno 1627 e letta il medesimo giorno nell' ecc^{mo} senato.

Über vierthalb Jahr – 44 Monate – hatte P. Contarini an dem Hofe Urbans VIII. zugebracht, als er diesen Bericht erstattete.

In vier Abteilungen handelt er in demselben von der weltlichen, der geistlichen Verwaltung, den wichtigsten Geschäften und den einflußreichsten Mitgliedern des Hofes.

Besonders ausführlich und unterrichtend ist er über die Erweiterung der geistlichen Jurisdiktion. Er findet, noch niemals sei sie mit solcher Strenge in Italien ausgeübt worden: durch die doppelte Absicht, eine unmittelbare Herrschaft über die geistlichen Personen und eine freie Disposition über die geistlichen Güter zu behaupten, werde der römische Hof den Fürsten sehr gefährlich. Urban VIII. sage oft, wenn ein venezianischer Edelmann auf dem Römischen Stuhle säße, könnte ein solcher den Venezianern nicht gewogener sein als er, der gegenwärtige Papst; dessenungeachtet erlange man von ihm niemals die mindeste Gunst.

Überhaupt hat er eine schlechte Meinung von dem gesamten römischen Wesen. Das Prinzip der ganzen Verwaltung sei der Nepotismus.

L'inclinatione dei papi di far grandi i nepoti dà in questi tempi il primo moto all' attioni, dichiarationi e dipendenze con altri principi. Prima si pensa ad imprese contra infideli, ad acquisto di stati, ma come gli anni son brevi, le difficoltà molte, così si ferma il concetto senz' effettuatione alcuna: doppo altra strada si prende più facile, accumulando grandi richezze, comprando stati.

Er schildert die Umgebung Urbans folgendergestalt.

Per ordinario si consiglia il pontefice con il card[le] Magalotti cognato del fratello, e che tiene anco il carico di segretario di stato, per le cui mani passano tutte l'espeditioni. E cardinale d'ingegno grande, vivace: lo stima assai il papa: l'ha voluto sempre appresso di se, et in particolare nella legatione di Bologna, dove le diede la viceregenza di quel governo. E se vi è alcuno che arrivi ad havere predominio nell' animo della S[tà] Sua, quest' è l'uno, nè si sa se per proprio affetto et inclinatione di lei o se per la grande accortezza del cardinale, che bene conoscendo il genio di chi così lungamente si è servito di lui sa valersi delli mezzi proprj per condursi a questo segno: e può dirsi che negli affari di momento di esso solo si vale. Egli però s'affatica d'aggiustarsi alle inclinationi del pontefice, le contradice meno che può, e nelli suoi sensi procura d'incamminare le proprie attioni per conservare il posto, la confidenza e la riputatione che le apporta l'esser adoperato nelli maneggi più gravi. Procura con allontanarsi da tutte le apparenze, fuggendo l'audienze ordinarie de' ministri di principi, de' cardinali e quasi d'ogni altro (ma solo tratta i negotii ch'espressamente gli sono incaricati), di non acquistar l'odio che per l'ordinario suole cader sopra quelli che si veggono più vicini e partecipano dell' autorità o gratia del principe: e lo fa maggiormente per non ingelosire il card[le] Barberino, che da principio non mostrò di ricevere intiero gusto di vederlo avanzarsi tanto, e più valersi il pontefice di lui che della sua persona: e percio bene spesso per questa causa s'udirono da Barberino parole che dinotavano il suo sentimento. Hora nondimeno lascia correr le cose come vanno, e mostra confidar nel zio, o per sollevarsi del peso degli affari, o perche non sa o conosce di non poter fermare il corso alla fortuna di questo. Il tutto pure si partecipa col medesimo cardinal Barberino con S. Onofrio e Don Carlo.

Il primo, come nipote, è veramente amato. Vorrebbe la S[tà] Sua che con più applicatione attendesse alli negotii: ma egli v'apparisce alieno assai, nè il suo naturale punto si vede inclinato, et pare che quasi a forza assista solo dove per il carico che tiene non può far altrimenti, scaricando il peso degli affari più gravi sopra l'istesso card[le] Magalotti, contentandosi di spogliarsi di quello che dovrebbe esser suo particolare per vestirne il zio, contro la pratica degli passati pontefici, sia o per propria debolezza, o per non saper valersi di quella autorità che gode chi arriva a posto tanto eminente. E di ottimi, virtuosi e lodevoli costumi, di soave natura, e con esempio unico non vuole ricever donativi o presente alcuno. Sarà nondimeno vivendo il pontefice al pari d'ogni altro cardinale grande e ricco. Hor deve haver intorno 80 m. scudi d'entrata di beneficj ecclesiastici, e con li governi e legationi che tiene deve avvicinarsi a 100 m. scudi, e tutto il meglio che cava, sarà suo, principiando a farsi delle investite di momento. E poco spendendosi in breve tempo, verrassi ad accumular ricchezze immense.

Il card^{l} S. Onofrio essendo vissuto del continuo nei Cappucini, seguito tuttavia in una vita religiosissima, non s'ingerisce se non in quello le viene commesso: e degli affari del mondo poco ne sa e meno n'intende: e bene si è conosciuto la sua inabilità in questo nell' absenza di Barberino, mentre fu necessario di trattare e negotiar seco. Hora si ritrova alla residenza della sua chiesa di Sinigaglia.

Il sig^{r} Don Carlo pure, fratello del pontefice, è generale di santa chiesa, e tutto quello che appartiene alle militie, alle fortezze, alle galere, è sotto il suo comando. E signore d'intelligenza, prudente, cauto nello discorrere e trattare, e la cura dell' entrate e maneggi della camera ottimamente l'intende, essondo stato huomo di negotio e versato in queste materie. Qualche cosa ha rilasciato dalla sua prima applicatione agli affari, per non aggravar maggiormente li suoi anni, essendo il più vecchio delli fratelli, e per qualche sua dispositione ancora.

Due altri nipoti tiene la S^{tà} Sua. Il sig^{r} Don Taddeo, nel quale si pensa di stabilire la casa, giovane di anni 23 incirca, di nobilissime maniere, di grande ingenuità, et è sommamente amato da tutta la corte. Qualche disegno vi è nel pontefice di farlo prefetto della città dopo la morte del duca di Urbino, che hora gode questo titolo, carico degnissimo, che a tutti precede e dura in vita e dopo la morte anco del pontefice tiene luogo nel solio. E Don Antonio, commendatore di Malta, di anni 18. Ha intorno 14 m. scudi di commende. E di uno spirito pronto, vivace, et a suo tempo vi vorrà esser per la sua parte: desidera egli parimente il cardinalato, e si crede lo compiacerà la S^{tà} Sua. Molti che non amano il card^{le} Magalotti, lo vedrebbono volentieri quanto prima promosso a quella dignità, con opinione possa egli arrivar dove non giugne il fratello a farle contrasto et oppositione.

Die valtellinische Sache wird hier einmal in ihrem Zusammenhange erörtert.

L'altro importante negotio è quello della Valtellina, intorno al quale pure grandemente si travagliò la Santità Sua, ma con fortuna diversa, se bene nel principio vogliono che potesse applicarvi maggiori e più risoluti rimedj. L'esser entrato in affare tanto arduo li primi giorni del pontificato, uscito e non ben ancora rimesso da una grave indispositione, con il pensiero più applicato al primo che a questo negotio, causò forse che si lasciò correr molte cose, che allora il provedervi non era difficile, sicome il rimediarvi poi dopo riuscì impossibile. Fu il deposito della Valtellina fatto dai Spagnoli in mano di Gregorio XV, e Chiavenna con il suo contado la consegnarono con le medesime conditioni al presente pontefice. Le prime negotiationi passarono per mano del commendatore Silleri con tanta cautela e secretezza che il certo d'esse

non solo si comunicava alli ministri di V. Serenità, che pure ne doveano aver tanta parte, ma con fatica veniva a loro notitia il vero di quanto si trattava. In niuna altra cosa premeva il pontefice che nel ricevere soddisfattione per il pagamento delli presidj ch'egli teneva nelli forti della Valle, e dopo infinite doglianze et instanze consegui, credo fra l'uno e l'altro re intorno 200 m. scudi. Questo danaro andò diminuendo il dispiacere del deposito, che prima e dopo anche dannò sempre grandemente, stimando non esser sollevato dall' interesse, niuno pregiudicio potesse apportarle la longhezza et irresolutione di tal maneggio.
Quelli del Valtellina s'offerivano al papa per vassalli, assicurandolo che li datii che potrebbe imporre sopra li vini e formaggi basterebbono a mantener li presidj ordinarj per difesa di quella Valle. Molti consideravano al pontefice che il ritornar la Valtellina alli Grisoni e rimetter in mano degli heretici li cattolici non si poteva da esso nè si dovea se non con grandissimo scandalo e danno eseguire, che darla ai Spagnoli niuno n'havrebbe assentito, et ai Francesi o ad altri quelli non lo permetterebbono: nè meglio vi fosse che si conservasse alla chiesa la Valtellina, non contenendo alcun altra conditione di momento quel paese che dei passi, che si possono havere o pretender per venirsene et andarsene oltre ai monti: questi restando in potestà del pontefice patre comune, gli havrebbe aperti e concessi sempre secondo il bisogno e necessità d'ogn' uno. Le ragioni se bene poco fondate non lasciano di far impressione, e talvolta anche persuadono dove apparisce alcuna speranza di comodo et utile. Del concetto se ne lasciò intender la S^tà Sua, et aggiunse anco, quando vi fosse qualche difficoltà nel restar alla chiesa, ne si potrebbe investir un suo nipote. Era promosso dai Spagnoli il partito, a loro però nè ai Francesi piaceva: in fine si fermò da Silleri il trattato ben noto a V. Serenità, che non fu in Francia approvato dal re, in particolare nella parte che li Spagnoli avessero il passo per le genti che andassero in Fiandra e per le medesime solo che ritornassero: poiche il formar della Valtellina una quarta lega, che tanto pretessero Spagnoli, meno il pontefice v'assentì. Fu mutato per questa causa l'ambasciatore, o fosse per la caduta del cancelliere e di Puysieux segretario, l'uno fratello e l'altro nipote del medesimo Silleri. E giunse in Roma mons^r di Bettune, ministro di miglior consiglio di più generosi e risoluti partiti, disautorizzò il negotiato del suo precessore, insistè e parlò sempre per il trattato di Madrid, negò assolutamente il permettere per qualsivoglia maniera a'Spagnoli il passo, e sollecitò in frequenti audienze il pontefice a risolvere alcuna cosa, poiche nè a maggiori lunghezze nè a più tarde dilationi potea la lega assentire.
Il pontefice, che non stimò mai tanta risolutione nelli collegati nè da questa causa fossero per condursi all' armi, massime che'l suo nuntio in Francia e quello di Suizzeri affermarono del continuo alla S^tà Sua con lettere che'l marchese di Covre mai havrebbe presentate l'armi del re dove vi fossero le insegne della Bet^ne Sua, s'andò pure continuando nelle irresolutioni, e quanto più accrescevano et apparivano le difficoltà, tanto maggiormente veniva ella a persuadersi (nè vi mancava chi la confermava in questo) che in fine nelle contese essa ne restarebbe posseditrice. E benche Bettune per ultimo significò al papa che il re

e la lega insieme la supplicavano di rimettere ai Spagnoli li forti conforme allo obbligo del deposito, acciocbe essendovi necessità di mover l'armi non s'attribuisca a poco rispetto l'andar contro quelle della S^{tà} Sua, e se all' hora il pontefice si risolvea e prendea partito come dovea, offerendo ai Spagnoli li forti, il tutto veniva ad aggiustarsi con la riputatione sua e soddisfatione degli altri, poiche non gli havrebbono ricevuti li Spagnoli non trovandosi in termine di poterli difendere, e cessava la causa di dolersi mentre in tempo eseguiva il pontefice le conditioni del deposito, nè poteva alcuno contradire lasciandoli a Grisoni: corsero alcuni giorni, in fine surprese il marchese di Covre Plata Mala: allora il pontefice pretese et adimandò tre mesi di tempo, e dopo si ristrinse a tanto che bastasse di scriver in Spagna e farne l'eshibitione, dicendo che li ministri d'Italia non tenevano facoltà di ricever li forti. Ma essendo di già avanzate et ogni giorno procedendo di bene in meglio l'intraprese di Covre, non fu stimato a proposito, anzi sarebbe riuscito dannoso il suspender i progressi, per attender poi di Spagna risposte incerte: e così andò il pontefice a poco a poco perdendo tutto quello teneva in deposito, solo restandole Riva e Chiavenna, che sole furono soccorse dai Spagnoli. Si doleva la S^{tà} Sua che questi, se ben ricercati alle prime difese, mai vennero al soccorso, et essi di non essere stati chiamati in tempo, di modo che, mal soddisfatti Spagnoli, non contenti Francesi, ella sommamente disgustata stimando poco rispetto s'havesse portato alle sue insegne, del continuo e grandemente con ognuno se ne querelava: nè altrimenti facevano Spagnoli, mentre attribuivano tutti gl'inconvenienti a lei, e di lei più d'ogni altro si dolevano: et ancorche dopo spedisse il nipote legato in Francia et in Spagna col fine ben noto a V. Serenità, e conoscendo haver preso altra maggior mossa le armi d'Italia, più gravi si rendessero i pericoli se vi applicasse da dovero, con tutto cio non si è potuto levare il primo concetto che dagli antecedenti mal incamminati principj non siano derivati gl'inconvenienti che si sono dopo visti. Ugualmente Francesi come Spagnoli attribuivano le durezze e difficoltà che si sono incontrate in questa negotiatione, alle pretensioni del pontefice, volendo che ad esso fossero consignati li forti, senza dichiararsi quello che n'havrebbe fatto, negando però assolutamente di volerli demolire. Da che si ha reso sopra modo difficile il trovar ripiego conveniente, si è consumato tanto tempo, fatte tante speditioni, et in fine portato il negotio in Spagna, che in Roma difficilmente s'havrebbe terminato.

112.

Relatione dello stato dell' imperio e della Germania fatta da mon^{r} Caraffa nel tempo che era nuntio alla corte dell' imperatore l'anno 1628.

Die ausführlichste Relation, welche mir überhaupt vorgekommen ist: in einem römischen Exemplar zählte sie 1080 Seiten Folio. Auch in Deutschland ist sie nicht selten: ich kaufte ein Exemplar in Leipzig, und in einer Privatbibliothek zu Berlin findet sich ein anderes in einem

schönen Foliobande, welches ein gewisser Wynman im Jahre 1655 dem Bischof von Eichstädt mit einem prächtigen Titel überreichte.
Sie besteht aus vier Teilen. In dem ersten werden die deutschen Unruhen im allgemeinen geschildert, im zweiten die Lage, die Besitzungen und die Verhältnisse Ferdinands II., im dritten die deutschen Fürstentümer nach den Kreisen, im vierten die Bündnisse, die besonders in der letzten Zeit in Deutschland stattgefunden.
Der Autor erklärt, daß er nichts schreiben werde, was er nicht selbst gesehen oder sonst glaubwürdig erfahren habe. Protestandomi che tutto quello che scriverò, parte n'ho praticato e visto io stesso per lo spatio di 8 anni che sono stato in Germania, parte n'ho inteso di persone degne di fede, parte n'ho cavato della lettura de' libri communi e delle lettere e cancellarie tanto d'amici quanto d'inimici, che sono state intercette in diversi tempi, de' quali alcune sono date alle stampe, altre no.
Man sieht, es wird hier schon eine gelehrte Zusammenstellung beabsichtigt; hier und da wird auf den Leser im allgemeinen Rücksicht genommen. Sehr wahrscheinlich, daß der Autor seine Arbeit zu publizieren dachte. Diese Ehre ist ihr jedoch erst in unsern Tagen widerfahren: im Jahre 1859 ist sie von der kaiserlichen Akademie zu Wien zum Druck befördert worden. Prof. Müller in Hildesheim hat die Mühe übernommen, einen lesbaren Text herzustellen, und dem Druck manche willkommene Bemerkung vorangeschickt oder hinzugefügt.
Wenn es demnach nicht mehr nötig ist, über den Inhalt der Relation weiter Bericht zu erstatten oder auch Mitteilungen daraus vorzulegen, so fordert dagegen ihre größere Verbreitung und Zugänglichkeit um so dringender zu einer Erörterung über ihre Originalität und Zusammensetzung auf. Denn sie betrifft einen der großen Wendepunkte der deutschen Geschichte: die Epoche, in welcher Kaiser Ferdinand II. über das protestantische Deutschland und die reichsständische Opposition überhaupt Herr und Meister werden zu müssen schien.
Die Bedeutung dieses Momentes hat damals noch gar manchen andern Versuch, ihn zu schildern, hervorgerufen.
Unter anderem war ich schon vor vielen Jahren in der St. Markusbibliothek zu Venedig auf eine Relation, unter dem Titel: Relatione dello stato e delle forze della Germania et de' principi d'essa, eben aus dieser Zeit gestoßen, die mir wegen der eigentümlichen Charakterschilderungen der vorwaltenden Persönlichkeiten, die sie enthält, vielen Eindruck gemacht hatte. Als mir in Rom die ausführliche Arbeit Caraffas zu Händen kam, fiel mir auf, daß sie oft wörtlich mit jener anonymen Relation übereinstimmte, ohne daß ich doch glauben durfte, daß beide einem und demselben Autor zuzuschreiben seien. Der anonyme Autor, ohne Zweifel ebenfalls Katholik, zeigt eine gewisse Parteilosigkeit und Unbefangenheit des Urteils, während an Caraffa die Überzeugungen eines propagandistischen Eiferers in Ansichten und Erinnerungen allenthalben hervortreten.
Um ein Wort von der Übereinstimmung zu sagen, so wird z. B. in beiden der Vorliebe des Kaisers für Vokal- und Instrumentalmusik gedacht, weil sie ihm diene, um Gott zu loben, so wie der Hingebung der Kaiserin Leonore für ihren Gemahl – pare del tutto transformata nella

volontà e sodisfattione del marito sì nella pietà singolare come in secondare l'imperatore nelle caccie; nur daß bei Caraffa diese ihre Teilnahme an den Jagden als etwas Vergangenes bezeichnet wird. Von dem jungen König Ferdinand Ernst heißt es in beiden Berichten, er zeige Entschlossenheit und werde einmal strengern Gehorsam fordern als sein Vater: „vorrà esser più obedito del padre." In ähnlicher Weise entsprechen einander die Charakterisierungen des Königs von Dänemark, der Kurfürsten von Bayern, Sachsen, Brandenburg, sowie der kaiserlichen Minister, in den beiden Relationen.

Welche von beiden, das ist die Frage, schöpft nun aus der andern? – Ich trage kein Bedenken zu behaupten, daß die anonyme Relation das Original ist.

Darin heißt es bei der Schilderung des Kurfürsten Maximilian von Bayern: „Guadagna assai con le provisioni dell' esercito della lega, della quale ella è luogotenente generale appresso l'imperatore." Eine ziemlich anzügliche Behauptung, die auch Caraffa erwähnt, ohne sie jedoch Wort haben zu wollen. In dessen Relation (S. 237), in der die anonyme bis dahin beinahe wörtlich wiederholt wird, heißt es ferner: dicono anco se bene io non lo credo, che S. Altezza habbi guadagnato e guadagni assai con le provisioni dell' esercito della lega, della quale egli è luogotenente appresso l'imperatore. Wir gehen nicht auf den Grund oder Ungrund dieser Beschuldigung ein: wir bemerken nur, daß Caraffa die anonyme Relation zu widerlegen sucht; sie lag ihm also unter seinen Materialien vor. Wenn man die Worte vergleicht, so stößt man auch auf andere Abweichungen, die zuweilen den Sinn umgestalten: eben in der Schilderung Maximilians finde ich in der anonymen Relation eine an sich wichtige Notiz über das Verhältnis Spaniens zu Pfalz-Neuburg, die Caraffa weggelassen hat.

Genug: in der Relation Caraffas finden sich Elemente aus einer fremden Relation, die er nach der Weise der Zeit, ohne viel daran zu ändern, aufnahm, jedoch in seinem Sinn modifizierte.

Kommen wir nun auf seine Zusammenstellung, so ist das Gefüge derselben wenigstens in dem zweiten und dritten Teil der Relation, auf die es uns hier ankommt, in der Tat sehr locker.

Wo er Prag als eine zeitweilige kaiserliche Residenz erwähnt, flicht er eine ausführliche Nachricht über die Zurückführung Böhmens zum Katholizismus und seinen Anteil an derselben ein. Die Erwähnung der Erhebung des Thronfolgers zum König von Böhmen dient ihm zum Anlaß, eine Schilderung der vorangegangenen Wahl desselben zum König von Ungarn einzuschalten. Der Charakterschilderung Maximilians fügt er einen sehr umständlichen Bericht über die Übertragung der pfälzischen Kur auf ihn hinzu, obgleich von diesem Ereignis schon früher die Rede gewesen war. Dann erst kommt er, wie er sagt, „per ritornare all' ordine della mia relatione", auf den jüngeren Bruder des Kurfürsten, den er wieder mit den Worten obgedachter Relation schildert: riesce più dell' opinione degli huomini.

Diese Einschaltungen sind an sich von vielem Wert: sie bringen Notizen, die man sonst nicht findet und die doch den Stempel der Wahrheit tragen. Der Darstellung der Rekatholisierung von Böhmen ist eine

Überarbeitung des obenerwähnten eignen Ragguaglio Caraffas, wiewohl mit einigen Abweichungen. Wenn er z. B. in der Relation erzählt, er sei einige Monate nach der Schlacht am Weißen Berge in Deutschland angelangt, so heißt es in dem Ragguaglio präziser: Io gionsi quà l'anno 1621, verso la fine del mese del Maggio sette mesi dopo la vittoria di Praga. In der Relation sagt er einmal, er habe mit den Ministern und Staatsräten konferiert, in dem Ragguaglio genauer: col principe de Echenberg e con gli altri del consiglio secreto. Auch über den Verlauf der Bekehrung selbst sind in dem Ragguaglio noch hier und da Notizen enthalten, die bei der Überarbeitung weggefallen sind: einmal wird selbst das Gegenteil behauptet. Genug, die in der Relation eingeschaltete Mitteilung macht doch das Ragguaglio nicht entbehrlich. Es ist eine Überarbeitung, keine Abschrift. Dadurch wird aber wieder die Authentizität der Relation, an der man sonst vielleicht zweifeln könnte, bewiesen; der Autor spricht da in der ersten Person, wie das auch an vielen andern Stellen geschieht, wo er Bemerkungen aus seiner eigenen Wahrnehmung beibringt.

Nur läßt sich nun sehr schwer bestimmen, was von seinen Mitteilungen ihm angehört und was nicht. Ich will nur einen Fall anführen. In dem kleinen zu den elzevierschen Republiken gehörigen Werkchen: status particularis regiminis S. C. M. Ferdinandi II. werden Äußerungen aus einer Relation des Nuntius Pallotta von Papst Urban VIII. erwähnt, die, wie schon Prof. Müller bemerkt hat, wenigstens sehr ähnlich in der Relation Caraffas vorkommen. An sich wäre es nun sehr möglich, daß dabei eine Verwechslung der beiden Nuntien stattgefunden hätte: doch sollte es mir nicht so scheinen. Denn einige der prägnantesten Ausdrücke, welche der status regiminis aus Pallotta anführt, namentlich daß der Kaiser, ein Mann nach dem Herzen Gottes, wie David die Meinung gehegt habe, ihm als dem Gesalbten des Herrn könne kein Sterblicher schaden, seine geheiligte kaiserliche Person könne von keinem Unglück zugrunde gerichtet werden – quod nemo mortalium ipsi veluti uncto domini nocere neque sacra Sua Caesarea persona ab ullo malo opprimi queat –, finden sich nicht so deutlich bei Caraffa. Da heißt es nur: si può dire ch'a guisa d'un altro Davidde habbia ella speranza nella divina potentia che non potra mai perire nè cadere per qualunque infortunio. Gewiß hat der protestantische Verfasser des status seine bedeutende und erleuchtende Auffassung nicht aus dieser schwachen Stelle abgeleitet; in der Relation Pallottas wird es vielmehr wörtlich so gestanden haben, wie er angibt. Das si può dire Caraffas erweckt die Vermutung, daß ihm selbst jene Relation vorlag, deren Auffassung er nur nicht in ihrer ganzen Stärke wiederholte.

Pallotta war erst der Nachfolger Caraffas. Wenn dieser, der seinen Bericht nachträglich behufs einer Publikation abfaßte, Pallotta benutzte, so wird er noch viel mehr aus demselben entnommen haben als die angeführte Stelle; sie würde einen sehr wesentlichen Teil seiner Materialien bilden. – – In dem status finden sich einige Fehler, z. B. gleich von vornherein über den Vater Ferdinands II., die bei Caraffa verbessert sind; aber sollte nicht auch das beweisen, daß Caraffa dem Verfasser des status nicht vorgelegen haben kann?

Ich sehe jedoch: hier ist noch ein weites Feld für weitere Untersuchung. Man müßte vor allem die Relation Pallottas vor sich haben, um zu einem sichern Ergebnis zu kommen.

Nur soviel kann man aussprechen, daß Caraffa seine Relation aus verschiedenen Materialien, die zum Teil von ihm selber herrührten, zum Teil aber auch nicht, zusammengesetzt hat. Sie ist mehr eine Kompilation als ein von Grund aus originelles Werk. Wenn man aber auch alle Quellen, aus denen sie geflossen ist, beisammen hätte, würde sie durch die Bemerkungen, die der Autor aus persönlicher Kunde hinzufügt, immer noch Wert behalten.

113.

Relatio status ecclesiae et totius dioecesis Augustanae 1629.

Von keiner besondern Bedeutung. Es wird nur hauptsächlich auf die Stadt-Augsburger Verhältnisse Rücksicht genommen.

Die Wirksamkeit und endliche Entfernung der protestantischen „Pseudodoktoren" aus Augsburg ist der vornehmste Gegenstand des Autors. Er hofft, nachdem dies besonders durch Hieronymus Imhof und Bernh. Rehlingen bei dem Kaiser durchgesetzt war, werde alles in kurzem wieder katholisch geworden sein.

114.

Legatio apost^{ca} P. Aloys. Carafae episcopi Tricaricensis sedente Urbano VIII. Pont. M. ad tractum Rheni et ad prov. inferioris Germaniae obita ab anno 1624 usque ad annum 1634. Ad C^{em} Franc. Barberinum.

Eine sehr ausführliche Relation, auf 204 Blättern, wohl auch etwas weitschweifig; doch enthält sie gute Sachen.

Zuerst wird die Reise erzählt: wo denn auch das Unbedeutende viel Platz wegnimmt. Der Nuntius kommt unter anderem nach Fulda. Er macht sich ein Verdienst daraus, daß er die 16 Ahnen, die jemand haben mußte, welcher der Würde des Abts fähig sein wollte, auf 8 herabgesetzt habe.

Besonders ausführlich ist er über die Händel von Lüttich mit dem Bischof, in die er selbsttätig eingriff: er verlegte den Sitz der Nuntiatur von Köln nach Lüttich.

Ohne *Zweifel* das Merkwürdigste ist eine Schilderung der damaligen katholischen Universitäten in dem Sprengel der Nuntiatur.

Wir sehen daraus, wie so ganz der höhere Unterricht in dieser Zeit in den Händen der Jesuiten lag. Sie waren die Meister in Trier und Mainz; Paderborn, Münster, auch Osnabrück, wo man erst vor kurzem eine hohe Schule gegründet, waren durchaus in ihren Händen: sie lehrten aber nur Humaniora, Philosophie und Theologie. Die Rechte wurden ganz vernachlässigt. In Köln, welches noch immer die erste von diesen Universitäten blieb, wurde die Medizin nur von zwei Lehrern vorgetragen, welche wenig Zuhörer hatten. Der Hauptübelstand in Köln war früherhin, daß die Dozenten allzureich mit Präbenden ausgestattet worden. Earum opibus ad vitam clementem et suavem instructi, raro aut nunquam ipsi sacram doctrinam tradebant, sed aliorum vicaria opera passim utebantur. Hinc sine pondere et methodo instruebantur academici, et anni quindeni facile circumagi solebant priusquam universam illi theologiam audirent. Ea res vero antehac non parum incommoda fuerat archidioecesi Coloniensi et praesertim ditionibus Juliae Cliviae ac Montium, quod pro adeunda in iis animarum procuratione reparandisque religionis catholicae ruinis parochi et sacerdotes idonei hoc pacto nisi post longissimum diem non instituebantur. Die Väter Jesuiten stellten dies ab. Das Kollegium zu den drei Kronen, das ihnen übergeben ward, genoß einen großen Ruf: es hatte 1634 über 1200 Schüler. Jener Geist des Genusses ließ sich aber nicht so leicht vertilgen. Die Magisterschmäuse vermehrten die Kosten der Promotion und den Luxus. „Tota quadragesima sunt quotidie academicorum symposia." – Den Katholizismus und das Wohlleben der Kölner beschreibt unser Bischof gar nicht übel. Populus Coloniensis religionis avitae retinentissimus est, quam utique semel susceptam nunquam deseruit. Tolerantur quidem in civitate familiae aliquae sectariorum, sed vetitum eis est exercitium omne sectarum suarum, et aere gravi mulctantur si qui clam habere privatos conventus et audire Lutheri aut Calvini buccinatores deprehendantur. In senatum ipsum nulli cooptantur qui catholici non fuerint, et quotquot in eo conscripti ad curiam veniunt, sententiam dicere aut ferre suffragium non possunt nisi prius eodem die intervenerint rei sacrae in proximo palatii senatorii sacello. Noctu ipsi cives excubias habent in potioribus plateis civitatis, nec vis aut injuria metui potest, quia strepitu quovis exciti adsunt et opitulantur, grassatores vero ac sicarios in vincula conjiciunt. Sed et plateae omnes catenis ferreis noctu vinciuntur, ne pateant liberis excursionibus, ideoque populus maxime in tranquillo agit. Inter alia plebis commoda illud imprimis commemorari debet, licere cuique ineunte hieme boves et sues emere eosque fumo arefacere ac in escam anni consequentis, qua vescuntur avide, domi servare. Spatium vero eiusdem anni eis concedi solet ad pretium repraesentandum, dum interim aliqui a senatu constituti mercatoribus solvunt: nec unquam opifices ulli, quamvis inopes, patiuntur suam fidem in ea re desiderari, quia deinceps haud foret integrum eis rursus ejusmodi annonam rei cibariae illo tam insigni subsidio aeris publici coemere. Sunt et triclinia tribuum communia, in eisque possunt omnes iis diebus quibus feriantur in hebdomade, constituto pretio admodum facili, convivari.

Es werden aber nicht allein Städte und Universitäten, sondern auch Fürsten und Begebenheiten geschildert. Ferdinand von Köln: gravitate morum, professione pietatis et ingenii maturitate nulli secundus; Friedrich von Würzburg: linguarum etiam exterarum peritia, morum suavi quandam gravitate, prudentissima dexteritate omnibus carus; Kasimir von Mainz: eloquens vir in Germanico idiomate, legationibus functus.

Auch von den Begebenheiten bringt L. Caraffa manches Merkwürdige bei. Ich weiß nicht, worauf sich die Meinung gründet, Wallenstein hätte Stralsund nehmen können, „si, quod multi existimant, pecuniam quam urbem capere non maluisset". Für ein großes Unglück hält er es, daß Tilly sich nicht bei der ersten Bewegung von Sachsen auf dies Land habe werfen dürfen. Sehr merkwürdig ist auch seine Schilderung des Zustandes von Köln nach der Schlacht von Leipzig und der französischen Absichten, die in diesem Momente hervortraten.

Ex accepta clade ad Lipsiam fractae vires fuerant et fracti catholicorum animi, et tunc repente imperitia vel metus in propugnandis arcibus aditum hosti victori magnum aperuerunt, ut viscera imperii mox infestis armis invaderet, ex quo Fulda, Herbipolis, Bamberga, Moguntia, Wormatia, Spira aliaeque urbes atque oppida fuerunt exiguo tempore vel expugnata vel dedita. Colonia superfuit principum exulum perfugium, et hi thesauros qua sacros qua laicos in eam civitatem importaverant, si quibus licuerat tamen illos avehere antequam ingrueret ea belli vehemens et subita tempestas. Ibidem anxiae curae principum et dubia consilia erant, an, sicut proposuerat orator Gallus, expediret deinceps neutri parti, seu Caesaris seu Gustavi regis, tam arma principum eorumdem quam arma ipsiusmet civitatis Coloniensis favere. Id Coloniae suadebat orator christianissimi regis: sed necessarium fore affirmabat ut in eam urbem pariter atque in alias ditiones principum electorum cohortes praesidiariorum ex regis sui legionibus introducerentur: tunc enim reveritus Coloniam Gustavus rex alio arma convertisset, aut si venire hostis nihilominus deliberasset, provocasset merito christianissimum regem, ac foedere extincto inimicitiam et iram ejus experiri coepisset. Gravis nimirum videbatur ea conditio admittendi cohortes praesidiarias regis externi in civitates ac ditiones imperii: sed graviores multo erant conditiones aliae, quibus ut neutri parti faverent deinceps proponebatur, quia in bello tam ancipiti Caesarem non juvare sed quasi deserere videbatur maxime alienum a professione pervetere civitatum ac principum ipsiusmet imperii. Hoc superesse tamen consilii et eum portum securitatis unice adeundum esse judicabat pariter apostolicus nuntius Parisiensis, ad quem scripseram de ingenti clade religioni catholicae templisque et aris illata per Gustavum regem.

Es folgt noch eine ausführliche Mitteilung über die Katastrophe Wallensteins, die ich anderswo mitteilen will.

115.

Relatione della corte di Roma del Sig^{r} K^{r} Aluise Contarini dell' anno 1632 al 1635. (Arch. Ven.)

Zwischen den oben exzerpierten Relationen und der hier vorliegenden findet sich eine Lücke, welche 1877 durch den ersten Band der dritten Serie (Relazioni di Roma) der Relazioni degli stati Europei von Barozzi und Berchet ausgefüllt worden ist. Man findet darin (S. 253–348) einen Abdruck der Relation von Angelo Contarini (1627–1629) und

Giovanni Pesaro (1630–1632); die letzte hat sich in der Sammlung der Staatsinquisitoren gefunden; denn so verfänglich waren die Verhältnisse der Republik zu dem Römischen Stuhle, daß die Äußerungen der Ambassadoren sekretiert werden mußten. Sie beziehen sich fast zu sehr auf die laufenden Angelegenheiten und stellen den oben in den schwierigen Verhandlungen von dem Papst empfangenen Eindruck dar, als daß sie zu Nachträgen von Bedeutung Anlaß geben könnten. Von Contarini habe ich jedoch eine Notiz benutzt. Eine bei weitem größere Wichtigkeit hat die Relation von Aluise Contarini, die ich seinerzeit im venezianischen Archiv gefunden habe.

Es ist eine sehr ausführliche Relation in 35 Kapiteln, auf 140 Seiten: und doppelt bedeutend, da Aluise Contarini unmittelbar von Frankreich nach Rom gekommen und deshalb um so fähiger war, die so eigentümliche politische Stellung, die sich Urban VIII. in dieser Zeit gegeben, zu beurteilen.

Er schildert zuerst das geistliche und das weltliche Regiment des Papstes.

Er findet es ganz monarchisch. Von allen alten Kongregationen versammelt sich nur eine regelmäßig, die der Inquisition; die Kardinäle haben keine weiteren Vorrechte, als daß man mit dem Wagen stillhält, wenn man ihnen begegnet, den Purpur und die Stimme bei der Papstwahl: der Papst ist ihnen so wenig geneigt, daß er in wichtigen Sachen eher geringere Prälaten braucht, deren Hoffnungen mehr von ihm abhangen, als Kardinäle, die schon mehr Unabhängigkeit haben.

Je strenger man aber die Zügel anzieht, desto mehr verliert man an Autorität. „L'antica veneratione sta oggidì molto diminuita."

Vorzüglich unzufrieden waren die Einwohner von Urbino. Quei sudditi si aggravano molto della mutatione, chiamando il governo di preti tirannico, i quali altro interesse che d'arricchirsi e d'avanzarsi non vi tengono. Der Autor beklagt noch immer, daß Urbino in die Hände des Papstes geraten sei, als einen großen Verlust für Spanien und für Venedig.

In einem zweiten Teile schildert er nun die Persönlichkeiten.

Nacque il papa Urbano VIII del 1567 (andere 68) d'Aprile, onde cammina per li 69 di sua età, conservato dal vigore della complessione non soggetta a qualsivoglia malattia, e dalla vivacità dell' ingegno. La statura mediocre, il color bruno, il pelo bianco, l'occhio vivo, il parlar pronto, la temperatura sanguigna e biliosa. Vive con gran regola. Regola in gran parte le sue attioni coi moti del cielo, dei quali è molto intelligente, ancorchè con censure grandissime a tutti gli altri n'habbia prohibito lo studio. Li suoi moti sono subiti e vehementi, tali che alcuna volta confinano con la pazzia, non potendo con la patienza frenarli se ben egli dice che questa commotione della bile di quando in quando vaglia molto eccitando il calore alla preservatione di sua salute. Cavalca, villeggia, cammina, ama l'esercitio. Non s'affligge per le cose moleste: e tutte queste parti concorrono a predirli qualche anno di vita ancora, non ostante che nel tempo del mio soggiorno assai decaduto sia.

È arrivato al papato con un servitio continuo di 30 e più anni alla corte. Fu prima prelato di signatura e poi governatore di Fano. Poco appresso, per opera di Francesco Barberini suo zio paterno, prelato di poco grido ma di gran ricchezze accumulate con parsimonia fiorentina, comprò ufficii in corte e finalmente il chiericato di camera. Clemente VIII lo impiegò in diverse cariche, ma particolarmente sopra quella del novo taglio del Po, dacche sono arrivate in gran parte le differenze presenti dei confini con la republica, per la cognitione che professa di quell' affare e per il disgusto che allora non si eseguisse a modo suo. Fu poi dall' istesso Clemente mandato nuntio in Francia, prima estraordinario per tenere a battesimo il re presente, e poi ordinario di Enrico IV suo padre, dove si mostrò zelantissimo dell' immunità ecclesiastica. Paolo V successore di Clemente lo confermò nella medesima legatione di Francia: poi lo fece cardinale, legato di Bologna, e ritornato o Roma prefetto della signatura di giustitia, carico d'onore et impiego ben grande. Finalmente del 1623 fu in luogo di Gregorio XV. con pratiche molto artificiose assonto al pontificato nell' età sua di 56 anni: et oggi corre il XIII anno, con disgusto di tutta la corte, alla quale non meno che ai principi tornano conto i pontificati brevi, perche tanto più tengono conto di tutti, abbondano nelle gratie, non temporalizzano come se fossero hereditarj del papato, e finalmente la corte in generale trova impiego e fortuna nella frequenza delle mutationi.

In ogni stato hebbe il papa di se stesso grande opinione con affetti di dominio sopra gli altri e disprezzo al consiglio di tutti. Par ch'egli esercita oggidì tanto più liberamente quanto che si ritrova in posto sopra a tutti eminente. Ha ingegno grande, ma non giudicio: ingegno, perche nelle cose che da lui solo dipendono e che riguardano la sua persona e casa, si è sempre condotto ove ha desiderato, senza omettere gl'inganni e gli artificii di lui molto connaturali, come si vide particolarmente nelle pratiche del suo papato, nelle quali seppe far convenire nella sua persona le due fattioni contrarie di Borghese e Ludovisio, solo col far credere all'una d'esser inimico dell' altra: negli affari poi generali, nei quali si richiede il giudicio di saper ben congiungere gl'interessi della sede apostolica con quelli degli altri principi, si è osservato il papa esserne per sempre stato manchevole. Tale lo dichiarano il negotio di Valtellina: la guerra di Mantova, che non sarebbe seguita se il papa si fosse dichiarito contro il primo innovatore: la perdita di Mantova, attribuita ai viveri che riceverono gli Alemanni dallo stato ecclesiastico, senza quali conveniva loro o disassediarla o morirsi: la prefettura di Roma data al nipote, privando la sede apostolica dell' assistenza di tanti ministri di principi che sono il più bel fregio di lei, et aggravando lo stesso nipote d'invidia, di riguardi e d'un posto assolutamente insostentabile dopo la morte del pontefice: il mal termine usatosi contro l'ambasciatore di V. Serenità mio precessore, lasciandolo partire senza soddisfattione: l'ultima comprotettione di Francia nel cardinale Antonio nipote prima persuasa et acconsentita, poi ritrattata e prohibita, con nota appresso il mondo di grande artificio, per non dire inganno, e con divisione della propria casa. Tralascio il gran detrimento che sotto il presente pontefice ha fatto la religione cattolica in Fiandra et Alemagna: i pericoli all' Italia per la negata dispensa al duca di Mantova e molto più per aversi portato il papa in modo che ha disgustato tutti i principi grandi e piccioli, che nessuno gli è amico: onde si è reso incapace di poter esercitar con essi loro quelle parti di autorità e di paterno consiglio che potrebbe pacificarli et unirli insieme alla difesa della religione: parti che sono state così esattamente maneggiate e conosciute proprie de' pontefici che per sostenere il nome di padre comune, dal quale proviene loro ogni veneratione, e per mantenere l'unione tra i principi christiani, che cagiona in essi molta autorità, si sono esposti ad azzardi, a viaggi, a pericoli, non militando nel nome di padre quei puntigli che nell' intromissione degli altri principi possono facilmente incontrarsi.

Si è sempre professato il papa presente neutrale, attribuendo a sua gloria l'aver arricchita et ingrandita la sua casa senza comprar stati in regno di Napoli nè sottomettersi a favori dei principi grandi. Nell' interno però suo egli è affettionato a Francesi, le loro prontezze e risolutioni essendo più conformi al genio di S. S^{tà}, in ordine di che ha fatto le maggiori dimostrationi quando seguì l'acquisto della Roscella. Persuase la pace con Inglesi, affinche la Francia potesse accorrer al accorso di Casale allora assediata dai Spagnoli: consigliò ai medesimi l'acquisto e la conservatione di Pinarolo per necessario equilibrio alle cose d'Italia: trovò sempre pretesti di diferir o diminuir i soccorsi in Alemagna, con opinione, la qual vive tuttavia, che a S. S^{tà} sia dispiacciuta la morte del re di Suezia e che più goda o per dir meglio manco tema i progressi de' protestanti che degli Austriaci. Anzi è opinion comune che quando anche fosse portato il papa dal card^{l} Barberino tutto Spagnolo a qualche unione con essi, tornerebbe facilmente a maggior rottura di prima. E la causa è questa: perche governandosi il papa con artificio e credendo che Spagnoli facciano il medesimo, saranno sempre tra di loro anzi gelosie d'inganni che confidenza di ben vera unione.

Es ist nicht nötig, die Schilderung der Nepoten, die Aluise Contarini gibt, hier aufzunehmen. Selbst Franz Barberino, obwohl ihn der Papst am meisten liebte und er sich auch ganz den Geschäften widmete, hing doch durchaus von seinem Oheim ab. Nessuno nipote di papa fu giamai alle fatiche del negotio assiduo come egli è, non avendo minimo divertimento: ma egli è anche vero che nessuno manco di lui ha operato.

Die Kardinäle zu schildern, gibt er auf. Er findet eine allgemeine Heuchelei in dieser Korporation. Sarà tal card^{le} sanissimo che per facilitarsi il papato vorrà esser creduto infermo: caminando zoppica, discorrendo tosse, uscendo si sta tutto in una seggietta racchiuso. Tal altro che sarà buon politico, si mostrerà lontano da ogni negotio, nei discorsi s'ammutisce, ne' quesiti si stringe le spalle, nelle risposte generalizza. – Man kommt auf den Gedanken, daß dies die Originale seien, nach denen man jene Fabel von der Erhebung Sixtus' V. erfunden habe.

Es folgt der dritte Teil über die politischen Verhältnisse: voll eindringender und lebendiger Einsicht: wie gesagt, für uns der wichtigste.

So gut französisch gesinnt Papst Urban auch war, so wurde doch den Franzosen in ihren kirchlichen Forderungen nicht immer gewillfahrt.

Bisogna anche confessare, ch'essi hanno addimandato delle gratie difficili, come la dispositione dell' abbazie di Lorena, la nullità de' matrimonj tanto del duca Carlo di Lorena come di monsieur et altre simili. Auch war Franz Barberino nicht so sehr auf der französischen Seite wie sein Oheim. Die Fransosen hofften schon nicht mehr eine auffallende Erklärung zu ihren Gunsten, aber sie wußten auch, daß der Papst nicht gegen sie sein werde: selbst das war schon ein großer Vorteil für sie, daß er für französisch galt und die Gegenpartei ihm nicht traute.

Desto mißvergnügter waren die Spanier. Sie machten es dem Cl. Borgia zum Vorwurf, daß er Urban VIII. habe wählen lassen, und man behauptete, daß dieser Kardinal nur durch Versprechung von mancherlei Gnaden gewonnen worden sei. In den Unterhandlungen über Valtellin, der Politik der Franzosen, den Verhältnissen, welche sich Bayern gegeben, wollten sie die Einflüsse der Ungunst des Papstes wahrnehmen. Dagegen behauptete auch Barberino, daß die Zugeständnisse, die er ihnen gemacht, keine Anerkennung bei ihnen gefunden. Das Mißverständnis ist wechselseitig, sehen wir.

Am ausführlichsten ist Contarini über das Verhältnis Roms zu Venedig. Er findet, die Schwierigkeit komme besonders daher, weil, während andere Staaten von Rom als mächtiger gefürchtet oder als weniger mächtig vernachlässigt würden, Venedig als gleich betrachtet und behandelt werde.

In Rom ist man schon darüber empfindlich, daß Engländer und Holländer einige Freiheiten daselbst genießen. Wird aber einmal von seiten der weltlichen Gerichte Hand an eine geistliche Person gelegt, so erhebt sich ein allgemeiner Sturm.

Der Gesandte ist dessenungeachtet der Meinung, daß man sich nicht irren lassen dürfe. Gerade mit denen, welche die beliebtesten seien, welche die meisten Beichtkinder haben, sei der Nuntius beauftragt, sich im besten Verhältnis zu erhalten. „E VV EE tengano per constante, che col mezzo di questi tali vengono i nuntii a risapere il midollo delli arcani.“ Um so notwendiger sei es, die Autorität der Republik über sie nicht aufzugeben.

Aber überdies war man über die Grenzen fortwährend streitig. Urban VIII. wird mitnichten als ein Gönner der Venezianer betrachtet. Besonders suchte er Ankona zum Nachteil von Venedig emporzubringen.

116.

Discorso della malattia e morte del card[l] Ippolyto Aldobrandino camerlengo di S[tà] Chiesa col fine delle grandezza del papa Clemente VIII. 1638.

Es machte einen außerordentlichen Eindruck in Rom, daß die vor kurzem erst gegründete Familie der Aldobrandini so rasch unterging.

In diesem Eindruck ist unser Werkchen geschrieben. E stato superato dalla morte quel gran ingegno! beginnt es. Es war von dem ganzen

Hause nur noch die Tochter von Johann Georg Aldobrandino übrig, welcher ein unermeßlicher Reichtum zufallen mußte.
Den Zustand der römischen Gesellschaft bezeichnet folgende Stelle nicht übel: Il marchese Lodovico Lanti, il conte Gio. Francesco da Bagni, Berlingieri Gessi e Bernardino Biscia, aspettando tutti quattro a gara il pontificato de' loro zii, ambivano le nozze della principessa Aldobrandina. In der Hoffnung auf das Pontifikat ihres Oheims wetteifern die präsumtiven Nepoten um die Hand der reichsten Erbin.
Doch ward weder diese Vermählung noch auch die Macht eines Nepoten einem von ihnen zuteil.
Ippolita vermählte sich mit einem Borghese. Unser Autor ist im größten Erstaunen. Paul V. hatte die Aldobrandini verfolgt und den Vater der Ippolita selbst gefangen gesetzt. Jetzt vermählte sie sich mit seinem Pronepoten.
Jedoch später gelangte sie, wie wir wissen, wirklich an den Nepoten eines regierenden Papstes, Innozenz' X., wozu die Umstände und die Konvenienzen des römischen Hofes sie nun einmal bestimmten.

117.

Relatione di q. Zuanne Nani K[r] Proc[r] ritornato ambasciatore estraordinario di Roma 1641 10 Luglio. (Arch. Ven.)

Mancherlei Mißhelligkeiten gab es unaufhörlich zwischen Rom und Venedig: im Jahre 1635 trat noch eine neue der besondersten Art hinzu.
Eine magnifike Inschrift in prächtigen Worten, in der Sala regia des Vatikan von Pius IV. aufgestellt, bezeugte eine Tat der Venezianer, auf die sie sich immer viel eingebildet, die in ihren Annalen prangte: einen Sieg über Friedrich Barbarossa, durch den sie Papst Alexander III. von dem Verderben errettet zu haben behaupteten.
In Rom fand man aber allmählich schon die Ausdrücke dieser Inschrift unzulässig. Daß es hier hieß „Pontifici Venetae reipublicae beneficio sua dignitas restituta", erklärte die immer starrer werdende Orthodoxie für eine Art von Beleidigung. Der Geist der Rangstreitigkeiten, der die Welt beherrschte, warf sich auch auf diese so längst vorübergegangenen, verschollenen Ereignisse. Aber überdies fing man auch an, die Wahrheit der Erzählung, wie sie in den venezianischen Geschichtsbüchern enthalten ist, überhaupt zu bezweifeln. Es erschienen Schriften von beiden Seiten.
Es ist dies eine Frage, die noch bis auf den heutigen Tag immer wieder erneuert worden ist.
Ich kann nicht glauben, daß sie für jemand zweifelhaft sein könne, der von historischer Kritik auch nur den mindesten Begriff hat.
Wie dem nun aber auch sein mag, auf jeden Fall war es nicht allein historische Überzeugung, sondern auch politische Eifersucht, was Urban VIII. vermochte, jene Inschrift zuerst verändern, endlich ganz vertilgen zu lassen.

Von dieser Seite nahm es auch die Republik: da sich gerade die Irrungen über die Grenzen, über den Vortritt des neuen Prefetto bitter und bitterer entwickelten, so sendete Venedig eine Zeitlang keinen regelmäßigen Gesandten nach Rom.

Auch Nani, der im Jahre 1638 dahin ging, war nur außerordentlicher Gesandter. Er blieb indes gegen vierthalb Jahr, und seine Relation beweist, daß er sich eine gute Kenntnis von diesem Hofe verschafft hatte.

Die Hauptabsicht bei seiner Mission war, den Papst zu einer Unterstützung der Republik für den Fall, daß sie von den Türken angegriffen würde, welcher damals sehr nahe schien, zu bewegen.

Sonderbar, diese Bitte kam dem Papst sogar erwünscht. Er konnte diese Notwendigkeit den unaufhörlichen Anforderungen des Hauses Österreich, das von Protestanten und Franzosen so lebhaft bedrängt wurde, entgegensetzen.

Gern hätte der Gesandte ihn auch zur Vermittlung zwischen den kriegführenden Mächten vermocht; indessen genoß dieser Papst nicht das allgemeine Vertrauen, das hierzu notwendig gewesen wäre. Pullulando tante amarezze colle corone, restava fiacca, per non dir quasi odiosa, l'autorità del pontefice.

Im übrigen bemerkt auch dieser Gesandte die Neigung Urbans, militärisch stark zu erscheinen. Von seinen Fortifikationen mußte man ihm reden, wenn man mit ihm gutstehen wollte. Oft erwähnte er sie selbst. Er sagte wohl, daß er binnen 20 Tagen mehr als 20000 M. aufbringen wolle. Er zählte die Geldmittel auf, die er habe. Für das nächste Bedürfnis habe er 400000 Sk. beiseite gelegt: im Kastell, glaubte man, seien von den fünf Millionen des Sixtus noch immer drei übrig.

Hören wir, wie Nani die Person und die Regierungsweise dieses Papstes schildert.

Il pontefice è nel principio del settantesimo terzo della sua età e nel fine del XVII del ponteficato, dopo un spatio di 324 anni che altro papa non ha goduto così longo governo. E di forze robusto e gagliardo, e per tale li piace di esser creduto: et in effetto, levato qualche dubbio di flussioni e d'accidenti improvisi ai quali pare sottoposto, è in tale constitutione di buona salute che può mantenersi più anni. Usa governo esquisito nella sua cura. Al presente, ch'è più grave l'età, manco s'applica alle faccende, delle quali non suole però prendersi più disturbo di quello che vuole. La mattina è dispensata in audienze et in negotii, il dopo pranzo è riservato alle quiete et alla conversatione domestica, nella quale è allegro e faceto, come in ogni altro discorso erudito e facondo, e nelle audienze stesse passa volentieri dal negotiare al parlare di cose piacevoli e di studio, al quale è dedito assai. Possede gran talenti e gran qualità. Ha memoria meravigliosa, petto e vigore che lo rende alle volte troppo costante nelli suoi sensi. Ha spiriti grandi accresciuti dall' esperienza del governo e dei negotii. Deferisce assai al suo proprio parere, perciò non ama di consultare nè cura le qualità dei ministri, che possino maggiormente far risplendere le sue risolutioni. Non molto inclina al gratiare. E ardente, et alle volte con li ministri medesimi dei principi non ha potuto dissimulare il suo fervore. Ama che sia trattato seco con destrezza e soavità: e se vi è strada di poter far declinare dai suoi sensi l'animo di Sua Stà, questa è sola la quale, se pure alle volte non può profittare, avanza certo, che se non si piega, almeno non si rompe. – –

Nel governo presente è desiderata maggior e miglior consulta, perche dove manca il discorso, suole mancar la ragione: e veramente pochissimi sono li ministri e pochi quelli che habbino autorità e confidenza a palazzo. Appresso il pontefice non si sa alcuno che possi, e preponendo S. Stà il proprio parere a quello di tutti, sogliono li altri o lodarlo o secondarlo. Si usò in altri tempi che havevano i papi appresso di se tre e quattro cardinali e con la loro discussione risolvevano i più gravi negotii, e si teneva per arcano dei nepoti medesimi introdurre suoi dipendenti nella confidenza del zio, per condurlo poi e guadagnarlo dove o non potevano essi spuntare o non volevano scoprire gli affetti loro proprj.

Barberino non ha voluto circuire in tal modo la libertà del papa: ma riservando a se solo il posto più vicino alle orecchie di S. Stà, obbliga gli altri a stare ritirati et al solo parer di lui sottoponere le proprie opinioni, non mostrando gusto che da chi si sia si parli al pontefice di negotio senza sua precedente participatione. Non si serve però nè anco di questa autorità, che gode solo con quella libertà che per avventura complirebbe al ben publico et al suo proprio interesse: ma non osando respirare contro le risolutioni e li sensi del papa, prende molte volte l'habito della costanza medesima di S. Stà, essendosi in tal maniera sottoposto al disgusto delle corone e d'altri principi e di loro ministri per non divertire e non sopire molti strani accidenti.

Appresso di questo li cardinali pur si dogliono e massime le creature di non haver apertura nè confidenza. Di pochissimi ministri si serve il sigr cardle, mentre la mole dei negotii et altre circostanze di molti lo possono render bisognevole. Pancirola e Bicchi, auditori di rota, sono li più domestici e li più adoperati.

Pancirola è soggetto maturo e di molta esperienza, che fu impiegato in Piemonte per la pace sin nel principio delle guerre di Mantova. Serve per li negotii del governo dello stato ecclesiastico, e non havendo havuto che trattar meco, non mi resta che dire delle sue conditioni.

Bicchi è di gran spirito, pronto et sagace: dirige quasi tutti li negotii dei principi, e particolarmente ha in mano quelli della Republica. E dipendentissimo da Barberino, qualità che lo rende oltre modo grato al sigr cardinale. Ha incontrato disgusto di molti ministri de' principi, nemeno è amato dall' universale. Non ha altra esperienza che quella che li concede l'impiego presente che è grande. Ha egli sempre trattato meco, e nelle mie lettere e nella forma dei suoi officii l'averanno più volte veduto descritto VV EE. Tratta con destrezza e con flemma e con altrettanto ingegno e solertia. Della serenissima Republica parla con tutte le espressioni di riverenza e divotione. Tiene a cuore certo interesse di pensioni del cardinal suo fratello, del quale ho scritto altre volte.

A questi aggiungerò monsr Cecca, segretario di stato, perche assiste al presente alla trattatione della lega. Non ha egli talenti più che ordinarj: ma per la lunga esperienza della sua carica tiene buona informatione de' negotii. E vecchio assai, e si crede vicino al cardinalato, se ben dalli nepoti è poco amato, ma molto rispettato per l'affetto che li porta la S[tà] Sua. Servì il segretario del pontefice mentre fu nuntio in Francia, e con passaggio mostruoso di fortuna ma solito della corte occupò il luogo del padrone medesimo, e mentre questo vive ancora con poco buona sorte, Cecca gode carico, rendite e speranze più che ordinarie. Appresso Barberino non vi sono altri di credito e di talenti che meritino d'esser osservati.

Per il governo dello stato vi è consulta dei cardinali e dei prelati, che in due giorni della settimana discute diverse occorrenze. Altre congregationi sono dell' inquisitione, de propaganda fide, del concilio, de' regolari, de' riti e d'altri simili interessi. Tutto però serve a discorso, perche la risolutione resta al gusto di S. S[tà] e del nipote. Una congregatione di stato si tiene di quando in quando avanti il papa per le occorrenze più gravi, o non v'intervengono che le creature e i più confidenti che hanno servito nelle nuntiature: ma anco questa suole servire ad accreditare le deliberationi più che a risolverle, perche nè si discorre nè si forma il decreto che per quell' opinione nella quale si sottragge o si lascia intendere esser S. S[tà], et in effetto si querelano i pontefici di non haver di chi confidare, perche tutti li cardinali vivono con li loro interessi e rispetti verso i principi stranieri.

118.

Racconto delle cose più considerabili che sono occorse nel governo di Roma in tempo di mons[r] Gio. Batt[a] Spada.

Aus den letzten Zeiten Urbans VIII., voll von Zügen des Lebens und der Sitte, die das Gebiet der Polizei und der Justiz berühren und hier recht urkundlich sicher aufbewahrt sind.

Noch immer Streitigkeiten zwischen den alten Geschlechtern, z. B. Gaetanen und Colonnesen: es ist nicht allein schwer, einen Vergleich zwischen ihnen zu stiften, sondern man braucht selbst mehrere Tage dazu, um in dem Instrument, das über einen solchen aufgenommen wird, eine Erzählung ihrer Händel zustande zu bringen, von der sich nicht der eine oder der andere Teil beleidigt fühlt.

Streitigkeiten zwischen Franzosen und Spaniern. Sie treffen einander in Osterien; jeder Teil trinkt auf das Wohlsein seines Königs; es kommt zu Beleidigungen; doch hält sich der schwächere Teil noch ziemlich gemäßigt: sowie er sich aber verstärkt hat, sowie sie einander auf offenen Plätzen begegnen, kommt es zu Tätlichkeiten: der Bargello hat die größte Mühe, sie auseinanderzubringen.

Sind sie aber untereinander entzweit, so wetteifern sie dagegen, dem Hofe, der Polizei von Rom sich entgegenzusetzen.

Besonders die Ambassadeurs sind schwer zu behandeln. Allmählich erhoben sie die Ansprüche, welche später so große Irrungen veranlaßt haben. Nicht allein ihren Palast erklärten sie für eine Freistätte, so daß sie daselbst verbotene Spiele gestatteten, sondern sie wollten auch schon die benachbarten Häuser in ihren Schutz nehmen. Monsignor Spada war natürlich dagegen. Che se si era usata cortesia con i signori ambasciatori di non entrare nelle case loro e delle loro famiglie, era una troppo grande estensione quella che volevano introdurre hora, che nè anche nelle case vicine e comprese nella medesima isola si potesse far esecutione.

Historisch das Wichtigste sind zwei Versuche auf das Leben Urbans VIII., über die hier mit aller wünschenswerten Authentie berichtet wird.

1. Del processo di Giacinto Centini, nepote del card[l] d'Ascoli, e d'alcuni complici – – la sostanza era, ch'essendo stato pronosticato ch'al presente pontefice dovesse succedere il cardinal d'Ascoli, invaghito Giacinto del pronostico e desiderando di vederne prestamente l'effetto havesse trattato con fra Serafino Cherubini d'Ancona minor osservante, fra Pietro da Palermo eremita, che si faceva chiamare fra Bernardino, e fra Domenico da Fermo Agostiniano, di procurare con arte diabolica d'abbreviare la vita a N. S[re], et a quest' effetto fu risoluto di fare una statua di cera rappresentante il papa, come si essequì, e dopo molte invocationi di demonii e sacrificii fattigli la fluire, distruggere e consumare al fuoco, con ferma credenza che distrutta quella dovesse terminare la vita di papa Urbano e farsi loco alla successione del card[l] d'Ascoli zio di Giacinto.

2. La confessione di Tomaso Orsolini da Recanate. Che per instigatione di fra Domenico Brancaccio da Bagnarea Augustiniano era andato a Napoli per scoprire al vicerè un supposto trattato di principi d'invadere il regno di Napoli con interessarsi ancora S. S[tà], e ch'il rimedio era di far morire uno de' collegati o il papa: al che fare s'offeriva il padre Bagnarea sudetto, mentre se li dessero sc. 3000, quali voleva dare al sagrista di N. S[re], già reso inhabile, e succedendo egli in quel carico, li haverebbe posto il veleno nell' hostia ch'avesse dovuto consegrare S. S[tà] nella messa, o pure quando non fosse succeduto sagrista, haverebbe operato che lo speciale Carcurasio suo parente, mentre medicava le fontanelle a S. S[tà], vi ponesse il veleno: non passò però ad esprimere al vicerè questi particolari, poiche havendogli accennato di dover far morire il papa, vide ch'il vicerè non si applicò.

119.

Historica relatione dell' origine e progressi delle rotture nate tra la casa Barberina et Odoardo Farnese duca di Parma e Piacenza. (Bibliothek zu Wien. Historia Prof. n. 899. 224 Bl.)

Eine Parteischrift, in Briefform übersandt, in welcher der Ursprung jener Irrungen ganz dem übeln Willen der Barberini zugeschrieben wird. Die Monti der Barone knüpft auch dieser Autor an die Monti des Staates: leicht habe der Papst die erforderliche Erlaubnis gewährt: er habe dadurch die Barone sich noch unterwürfiger gemacht. (Nella eret-

tione di simili monti il principe era mallevadore, riservatosi il beneplacito di poterne dimandare l'estintione a suo piacimento.)
Ich finde nicht, daß dieses Werk trotz seines Volumens besondere Aufschlüsse erteilte oder, da wir deren in diesem Falle ja nicht einmal bedürfen, daß es großes Verdienst hätte. Das Merkwürdigste sind wohl seine Angaben über die antiösterreichischen und in gewissem Sinne antikatholischen Tendenzen Papst Urbans.
Si lasciava tal volta intendere, essergli ben grati li progressi de' cattolici contra li heretici, ma esservi insieme da temere che un giorno queste prosperità cadessero a danno e precipitio de' medesimi per le gelosie che si sarebbero svegliate in tutto il mondo, che il imperio dovesse assorbir ogni residuo di libertà che vi rimaneva. Corse fama per tutte le corti che dalli impulsi d'Urbano originassero quelle ombre del duca Massimiliano di Baviera, che apersero una gran scisma nell' unione de' principi cattolici posti su i sbalzi, che domati li heretici fosse per convertirsi lo sforzo delle armi Austriache a danni di quei medesimi che erano stati ministri delle grandezze di quella casa: e per dir tutto, vi fu chi in quei tempi si vantò di sapere che la missione di Ceva, confidente ministro della casa Barberina, in Francia con titolo di nontio straordinario, havesse ne' suoi più reconditi arcani secrete commissioni d'eccitare il re di Francia a mischiarsi nelle turbulenze di Germania, a fine che intendendosi con Baviera si pensasse al modo di alzare qualche argine alla crescente potenza della casa d'Austria.
Es zeugt wenigstens für die Verbreitung solcher Ansichten in dieser Zeit.

120.

Della vita di papa Urbano VIII e historia del suo pontificato scritta da Andrea Nicoletti. 8 Bände in folio MS.

Es ist sehr zu bedauern, daß es von den ausgezeichneten Personen der Weltgeschichte so wenig gute oder auch nur brauchbare Lebensbeschreibungen gibt.
Die Ursache dieses Übelstandes ist nicht in einer Vernachlässigung ihres Andenkens zu suchen, das vielmehr von den Angehörigen, wenn nicht überschätzt, doch sehr hoch gehalten zu werden pflegt: er hat eher folgenden Ursprung.
Im Anfang, wo das Andenken frisch ist, das Material noch zusammengebracht werden kann, nimmt man Rücksicht auf die Zeitgenossen: man wagt nicht, alles zu sagen: eine Menge Persönlichkeiten würden kompromittiert und tausend Animositäten gegen den Helden selbst hervorgerufen werden.
Später, wenn die Zeitgenossen auch dahingegangen sind, wenn man nun sich getrauen dürfte zu reden, ist auch das Andenken verloschen, die Materialien sind zerstreut, das Interesse selbst hat abgenommen und erwacht nur in denen wieder, die nun vom Standpunkt der historischen Wissenschaft her unterrichtet zu werden wünschen.

Da traf man nun in Italien öfters folgende Auskunft:
Einem vertrauten Freunde oder Diener des Hauses, der im allgemeinen mitwissend und unterrichtet sein mußte, wurden die Materialien übergeben: er stellte sie zusammen, ordnete sie an und verband sie zu einer zusammenhängenden Erzählung; jedoch für den Druck wurde dieselbe nicht bestimmt: sie ward handschriftlich in dem Archiv des Hauses aufbewahrt.
Dergestalt schonte man die Suszeptibilität der Zeitgenossen und erhielt doch auch die Möglichkeit dereinstiger Auffrischung eines rasch verschwindenden Andenkens in voller Wahrheit.
Zu den Werken dieser Art gehört die Arbeit des Andrea Nicoletti.
Sie enthält die Erinnerungen des Hauses an die Persönlichkeit und die Handlungen Urbans VIII.; das aber, was ihr Körper gibt, was die Masse ausmacht, ist die Aufnahme der gesamten gesandtschaftlichen Korrespondenz, wie sie in den 21 Jahren Urbans gepflogen worden war.
Diese Lebensbeschreibung besteht wesentlich aus einer Kompilation der Nuntiaturdepeschen.
Es sind nicht die Finalberichte, die eigentlich sogenannten Relationen, sondern die Depeschen selbst: wie sich das denn auch für eine Lebensbeschreibung ziemt; der Papst erscheint darin immer selber anordnend, beschließend, handelnd.
Ich habe gesehen, daß man in Venedig ähnliche Zusammenstellungen versucht hat: aber da die Tätigkeit der Republik verschwindet und nur die Masse der eingegangenen Nachrichten vorgelegt wird, ohne daß eine Rückwirkung sichtbar hervortrete, so zerstreut sich die Aufmerksamkeit sehr bald und ermüdet.
Hier ist es ganz anders. Der Beruf des Papsttums, die verwickelte politische Stellung Urbans VIII., die unmittelbare Bedeutung aller Nachrichten für ein großes Weltereignis bringen Einheit und Interesse hervor.
Es liegt am Tage, wie überaus wichtig nun die Nachrichten, die hier vorkommen, für die Periode des Dreißigjährigen Krieges in Deutschland sind. Sie erläutern ihn in jedem Momente.
Wo der Autor urteilt oder in seiner Person referiert, wird man ihm freilich nicht unbedingt zu folgen haben. Hier und da gebrach es ihm vielleicht an den echten Nachrichten: die offizielle Farbe ließ sich bei dem Ursprung und der ersten Konzeption eines solchen Werkes nicht verleugnen. Ich will nur ein Beispiel anführen. Im dritten Bande seines Werkes S. 673 behauptet Nicoletti, Urban VIII. habe den Abschluß eines Friedens zwischen England und Frankreich im Jahre 1629 mit bitterm Herzeleid erfahren (il rammarico fu acerbissimo); jedoch aus Aluise Contarini, der an allen Verhandlungen persönlich Anteil nahm, sehen wir, daß der Papst jene Unterhandlung, jenen Abschluß sogar angeraten hatte. Der Irrtum Nicolettis rührt daher, daß ihm in dem unabsehlichen Überschwang seiner Korrespondenzen diese Notiz entgangen war und daß er den Papst nach der Idee seiner kirchlichen Stellung beurteilt. So kommt noch manches andere vor. Jedoch das hindert nicht, dem Autor zu glauben, wo er nur exzerpiert.

Sein Verfahren ist, daß er die Papiere geradezu herübernimmt in aller Ausführlichkeit, nur mit solchen Abänderungen, wie sie eine Erzählung notwendig macht. Es könnte höchstens der Fall sein, daß er einiges weggelassen oder umgestaltet hätte. Bei der Natur seiner Aufgabe, die nur darin bestand, das Gegebene zusammenzustellen, und der Beschaffenheit des Werkes überhaupt, das ja nicht für das Publikum bestimmt war, ist dies indes von vornherein nicht vorauszusetzen, und ich habe davon keine Spur gefunden.

Obwohl ich alle diese Bände fleißig durchgegangen und die Gelegenheit nicht versäumt habe, mich eines so bedeutenden Stoffes für die Welthistorie zu bemächtigen, so wäre doch unmöglich, an dieser Stelle davon weiteren Bericht zu erstatten. Wer sich mit Korrespondenzen beschäftigt hat, weiß, wieviel man lesen muß, um über irgendein Faktum ins klare zu kommen. Ein so weitschichtiges Material kann ich nicht in dieses Buch aufnehmen.

Es folge jedoch die Schilderung der letzten Augenblicke Urbans VIII., die recht merkwürdig ist, und seiner Persönlichkeit, wie sie der Autor auffaßte: aus dem achten Bande, am Schluß.

Erano in quei giorni, heißt es dort, nel fine di Giugno caldi eccessivi in Roma e molto più del solito pericolosi: nondimeno, parendo al papa di essersi alquanto rihavuto, e sapendo che diciasette chiese erano senza i loro vescovi e non havere il cardinale Grimaldi, tornato dalla nuntiatura di Francia, ricevuto il capello cardinalizio, si dichiarò di volere tenere il concistoro nel prossimo lunedì. Il cardinale Barberino credette di poterlo indurre anche alla promotione de' cardinali: perciò non gli oppose la pericolosa sua debolezza e la febbre lenta che se gli poteva raddoppiare, anzi lodò il pensiero e confortollo, che fosse quasi in sicuro della sanità. Divulgatasi la voce del futuro concistoro, mentre si teneva il papa da alcuni moribondo e da altri indubitatamente morto ma che per alcuni giorni si fosse la morte di lui occultata, si vide la maggiore parte di Roma impaurita, benche ciascuno fingesse nel viso allegrezza e contento per la ricuperata salute. Accortosi dapoi il cardinale Barberino che il papa non voleva venire alla promotione di alcun cardinale, giacche ne mancavano otto nel sacro collegio, o perche non rimanesse sodisfatto de' soggetti che se gli proponevano, o perche lasciar voleva al successore quella cura, fece con ragioni efficacissime e con preghiere l'ultima pruova di dissuadergli in quei giorni il concistoro, e tanto più si adoperò quanto vedeva, oltre in danno del papa, che egli sarebbe rimasto in discapito della stima e del credito suo, perche non facendosi i cardinali si sarebbe confermata l'opinione che universalmente correva, che egli per cagione delle guerre fosse caduto dalla potenza che haveva appresso il papa, e che se havesse la S^{tà} Sua allungata la vita, havrebbe dominato il cardinale Antonio. Non essendosi a quelle preghiere e ragioni mosso il papa, monsignor Roscioli, conoscendo di dare gusto al cardinale Barberino e di giovare alla vita di Sua S^{tà} col rimuoverlo dalla detta deliberatione, confidato nella benevolenza di Sua B^{ne} verso di se, stabilì di adoperarsi con ogni efficacia possibile, anche a nome pubblico de' cardinali e della città di Roma, di volerlo dissuadere dal concistoro. Preso adunque il tempo opportuno,

entrò dal papa, e postosegli inginocchioni gli disse di non volerlo supplicare a nome de' suoi ministri nè per parte de' suoi nipoti nè della casa Barberina, ma della città tutta di Roma: imperciocche essendo la Stà Sua stata eletta per la salute de' popoli e per governare la chiesa, abbandonando la cura di se medesima con esporsi inferma a pericoloso accidente veniva insieme a lasciare in abbandono la città et il governo commessole della chiesa, non senza grandissimo dolore di tutti; importare più il suo bene o il suo male alla christianità che alla casa Barberina o alla Stà Sua medesima: che percio se non voleva differire quella fatica alle preghiere de' nipoti, lo facesse almeno per l'istanze della città di Roma, che la supplicava. Il papa dopo di essere stato alquanto pensoso rispose di non curarsi di prolungare più la vita, conoscendo il pontificato non esser più peso delle sue forze ed iddio havrebbe proveduto alla sua chiesa. Dopo questa risposta essendosi alquanto trattenuto, si accorse monsignor Roscioli che il papa haveva gli occhi pieni di lagrime e sospirando si rivoltò al cielo e proruppe in ferventi preghiere a dio accioche la maestà sua divina lo volesse liberare della vita presente, mostrandosene grandemente annojato.
Venuto finalmente il lunedì determinato per tenere il concistoro, concorse al palazzo gran moltitudine di popolo curioso di vedere il papa, che poco avanti haveva creduto per morto. Appena entrato, i cardinali si accorsero havere egli hormai finita la vita, imperciocche comparve languido, pallido e quasi smarrito nelle parole, e particolarmente nel fine del concistoro mostrava di essere rimasto quasi senza intendimento. Fu data la cagione all' eccessivo caldo della stagione accresciuto dalla calca della gente penetrata dentro: e non andarono senza biasimo i ministri più intimi del palazzo et anche il cardinale Barberino per non havere impedito il papa da quella sì faticosa fontione, non sapendo il popolo le manifatture che si erano fatte per distornelo: imperciocche ognuno dal vederlo in così grande squallore et abbattimento di forze si sarebbe mosso a pietà, poiche chiaramente conoscevasi che il male gli haveva ingombrata la mente et il vero sentimento del governo delle cose. Dopo la propositione delle chiese e dopo havere dato il cappello al cardinale Grimaldi partissi dal concistoro sommamente aggravato dal male, come gli fu predetto.
Nel dì seguente fece un' attione con la quale si acquistò fama di gran pietà e degna di rimanere per esempio a tutti i principi ecclesiastici. Questa fu di chiamare alla sua presenza alcuni theologi in quella scienza e nella probità riguardevolissimi e dal papa creduti lontani dall' adulatione, a quali fatta prima dare piena cognitione di tutti li beni et entrate ecclesiastiche delle quali in tempo del suo pontificato haveva arricchita la casa Barberina, ordinò che gli riferissero se in alcuna cosa egli haveva trapassato il potere e l'autorità sua: perche era preparato a ripigliare da' nepoti tutto cio che aggravare gli poteva la coscienza avanti al tribunale di dio. Li theologi furono il cardinale de Lugo, il padre Torquato de Cupis della compagnia di Gesù, et alcuni altri. E si animò il papa a fare questa attione dal sereno che vide in fronte al cardinale Barberino, quando chiamatolo prima di tutti lo fece partecipe di questo suo pensiero, che non ostanti l'ombre passate

quasi volle parere di volere da lui prenderne consiglio. Lodò il cardinale la pietà della S^{tà} Sua, e mostrò di haverne particolare contento, sperando maggiori felicità dalla mano liberalissima di dio, mentre solo per soddisfare a Sua Divina Maestà tutto cio si faceva. Dicesi che il parere uniforme de' theologi fu, che havendo Sua S^{tà} arricchiti li suoi nipoti, poteva con sicura coscienza lasciarli godere tutti li beni che haveva loro conceduti, e cio per due ragioni: l'una perche havendo promossi al cardinalato una quantità di soggetti quali non haveva proveduti di entrate secondo il loro grado, li medesimi nipoti havessero comodità di accomodarli secondo il loro bisogno: l'altro motivo per quietare la coscienza del papa fu, che havendo li sopradetti nipoti in sì lungo principato e nelle passate guerre contratto l'odio e l'inimicitie con diversi principi, era ragionevole di lasciarli ben comodi per mantenere il loro grado, anche per riputatione della sede apostolica, e non essere vilipesi, come suole accadere a quelli che dalla cima del dominare si riducono a stato inferiore: onde l'essere bene provisti di ricchezze e di bene di fortuna gli havrebbe fatti maggiormente rispettare: et oltre di cio li medesimi nepoti havevano di loro natura tali viscere di christiana pietà che havrebbero erogate l'entrate in beneficio de' poveri et in altri usi pii. E con queste et altre ragioni mostrò il papa di quietarsi.
Si andava dunque preparando alla morte, che da se stesso conosceva essergli vicina: ma fra questi pensieri e dispositioni si mostrava in tutti i ragionamenti pieno di giusto sdegno contro i principi d'Italia, sentendo immenso dolore che havesse a restare memoria che in tempo del suo pontificate si fossero collegati contro di lui et havessero assalito con eserciti lo stato della chiesa: onde talvolta prorompeva in parole acerbe, come se fossero stati senza pietà, senza religione e senza legge, et implorava dal cielo giusta vendetta per vederli da dio gastigati prima di morire o almeno pentiti. Già, come altrove si è detto, si era con loro fatta la pace, firmata dalla S^{tà} Sua e sottoscritta: ma in essa non venivano li due cardinali Barberini nè compresi nè nominati: onde le creature più fedeli giudicarono che mentre la casa Barberina era per la vita del papa ancora temuta, si dovesse impiegare ogni industria perche i principi Italiani li dichiarassero inclusi nella medesima pace. Et il cardinal Bicchi, che agli stessi principi andò plenipotentiario per parte di Francia, affermò che per non essere certi della morte del papa non sarebbero stati lontani dal trattarla e dall' accettarla. Ma il cardinal Barberino con ordini precisi vietollo, ordinando al Bicchi che di cio non ne trattasse punto, ancorche i principi spontaneamente gliel' havessero offerto: nè volle mai sopra di cio sentire consigli di alcuno, allegando per ragione che il volere loro essere inclusi ne' capitoli della pace e nominati in essa altro non era che un farsi dichiarare per autori di havere mossa la guerra, conciossiacosache ne' trattati di pace non sia mai solito nè si costumi di nominare i ministri, ma i principi e capi che a parte della guerra sono venuti.
Vacavano in quel tempo, come dianzi fu detto, otto luoghi nel sacro collegio de' cardinali: onde grande era l'agitatione in che stave la corte, potendo così gran numero cagionare non picciola mutatione nelle cose de' capi di fattioni già stabilite. Il papa, come più volte disse a noi

il cardinale Barberino, desiderando che i cardinali fossero in maggiore estimatione e meglio proveduti di entrate, pensò di ridurre con particolare constitutione tutto il sacro collegio al numero di cinquanta: onde stava fisso in non fare altra promotione. Barberino però, conoscendo che col lasciare tanti luoghi vacanti non havrebbe il papa ottenuto l'intento et havrebbe servito d'ingrandimento alla fattione del successore, più volte supplicollo che si lasciasse vincere dal consentimento comune in promuovere tanti soggetti che vi erano meritevoli della porpora. Ma il tutto gli riuscì vano, rispondendogli il papa di non volere che alcuni de' suoi successori col suo esempio potessero nel fine della vita privatamente senza decoro e stando in letto creare cardinali, e che questo esempio da Gregorio decimoquinto ricevuto haveva e voleva con uguale gloria lasciare a' posteri. Vi si adoperarono altri personaggi e particolarmente il cardinale de Lugo, il quale per render efficaci l'istanze del cardinale Barberino suggerì al papa il decreto concistoriale delli tre cardinali fatti già spedito dopo il concistoro in cui fu fatta l'ultima promotione, e che il cardinale Barberino come vicecancelliere era obbligato a ricordarlo a Sua S^{tà}, non perche promovesse, come fu il caso di Gregorio, ma solo accioche dichiarasse i cardinali già creati e riservati in petto, la quale publicatione a tutto il sacro collegio pareva ragionevole, nè vi era bisogno di altro concistoro. Ma il papa, o che fosse sdegnato perche il cardinale Barberino gli haveva proposti alcuni soggetti che non erano di sodisfattione di Sua S^{tà}, o credesse di lasciare più gloriosa la memoria di se, stette saldo a tutte le istanze, ordinando che niuno più ardisse di parlargli di promotione. – –

Era l'aspetto di papa Urbano giocondissimo, ma pieno di maestà: e sebbene nel suo temperamento vi era alquanto di malinconico, sicche quando si veniva all' emissione del sangue, che per l'ordinario era ne' tempi di primavera, gli uscivano dalle vene pezzetti come gelati di quell' humore, nè senza questo havrebbe potuto profittare tanto nelle lettere, dicendo il filosofo che la malinconia contribuisce assai per apprendere le scienze e ritenerle impresse nell' animo. La dispositione poi del corpo e delle membra era nobilmente compartita. La statura piutosto grande che mediocre: le carni di colore olivastro e piutosto piene di succo che grasse: il capo grande, che dinotava un maraviglioso ingegno et una vivacissima memoria: la fronte spatiosa e serena: gli occhi di colore fra l'azzurro et il bianco: il naso proportionato: le guancie rotonde, ma negli ultimi anni notabilmente estenuate: la bocca piena di gratia: la voce sonora, ma soave, onde con la favella Toscana, che sempre ritenne finche visse, uscivano da essa dolcissime parole piene di eloquenza e sparse di fiori di buone lettere e di eruditioni sacre o di antichi esempj: nutrì infino da prelato la barba honestamente lunga e riquadrata, la quale con la canitie rendeva il suo aspetto più venerabile. – –

Veramente era tanto amabile che da una troppa apertura in poi che dimostrava, se pure l'importanza del negotio non lo ratteneva, non vi era altro che da critici bene attenti vi fosse da tacciare. E se talvolta saliva in collera, ben presto tornava alla giocondità di prima. – – L'opinione de' saggi era che con esso lui stimavasi necessario di essere o di alto sapere o di niuno o di poco: poiche sicome non isdegnava di essere guadagnato dalla saviezza dell' uno, così compativa tanto all' altro che egli stesso lo soccorreva e sollevava, se però questo non fosse stato presuntuoso o orgoglioso, abusandosi della humanità e buona conditione del papa, il quale duro et inflessibile fu sempre con gli orgogliosi et arroganti, sicome altrettanto amorevole e benigno mostravasi verso i rispettosi e modesti. – – Verso i sopradetti servitori e verso anche i parenti proprj era discretissimo in scegliere i tempi per valersene più comodi a quelli che a se stesso, non isdegnando talvolta di udire con patienza qualche parola o atto di sentimento o di doglienze loro. E nelle sue malattie pareva che pigliasse più dispiacere de' patimenti e vigilie degli assistenti a lui che del proprio male o de' suoi dolori. Così anche non era facile a sfogamenti o lamenti delle persone: ma gli era grave il negare o vedere partire da se alcuno discontento. Coi suoi più confidenti servitori era giocondissimo, e talvolta con essi usava de' motti o come si suol dire de' sali ingegnosi. – – Non si scordò mai degli amici antichi, o fossero assenti o morti, et in questo fu ammirabile la sua benevolenza: onde ordinò al cardinale Biscia sua creatura, che era stato uno di quelli suoi più confidenti, accioche havesse la cura di dargli spesso nuova di loro, e se fossero morti, che pigliasse nota de' loro discendenti per provederli all' occasioni. – –

Fiorì in Roma nel suo tempo grandissima abbondanza di tutte le cose: e soleva dire che egli da Firenze haveva havuto il suo nascimento, ma da Roma tutta la sua grandezza, et havrebbe voluto che ogni persona godesse la felicità del suo pontificato, che gli ufficj venali della cancelleria fruttassero copiosamente, e percio egli era gratiossimo nelle speditioni della dataria, che gli artigiani nelle loro faccende facessero grossi ma leciti guadagni, e lo stesso facessero anche i mercanti di ogni sorte: e quindi era che nel suo pontificato correva tanto il danaro che ogn' uno di qualsivoglia professione rimaneva soddisfatto e contento. Diede tali ordini per l'annona che perdoni a spesa per mantenere l'abbondanza. Così il suo maggiore godimento era che gli agricoltori non restassero privi di quei guadagni che a lui pareva si richiedessero dal pericolo della vita e della facoltà che impiegavano nella vastità delle campagne di Roma e nell' aere insalubre: e quando quasi a niun' altro impiego pareva atta la maritima che alla agricoltura, quivi fissò il pensiero, e tenne più volte proposito di seccare le paludi Pontine, per guadagnare quelle immensità de' paesi che hora sono sott' acqua, e cio per beneficio publico: ma altre cure gravi non gli lasciarono godere l'effetto di sì glorioso disegno. Nè volle mai, per mantenere la detta abbondanza, che si stabilisse il prezzo del grano e dell' altre vittovaglie, ma che ogni cosa fosse libera, ovviando in questo modo ai monopolj: onde i mercanti riempiendo i granari, ciascuno faceva a gara di venderlo a buon mercato, e così la città di Roma diveniva opulenta.

Se poi nel suo pontificato fiorirono le lettere, non è meraviglia: poiche non haveva migliore divertimento che coi letterati, quali accolse sempre con benignità, e rimunerolli. Così anche dell' altre professioni nobili fu amantissimo, come della pittura, scoltura et altre buone arti, sicche non isdegnò più volte, e particolarmente un giorno, andando alla visita delle sette chiese con tutto il sacro collegio, giunto a Santa Maria Maggiore, dopo havere fatta oratione in quella basilica, di entrare con la stessa comitiva de' cardinali in casa del cavaliere Giovanni Lorenzo Bernino colà vicina, per vedere alcuni lavori di celebre scoltura del suo scalpello.

L'essere egli stato necessitato per la medesima cagione d'imporre loro le gravezze e le gabelle: onde tal volta a tali avvisi si vide piangere, dicendo che volontieri havrebbe dato il proprio sangue o de' suoi congiunti più tosto che di sentire le afflittioni de' popoli e di Roma e gl'incomodi della camera apostolica. Et a monsignore Lorenzo Raggi, tesoriere di essa, il quale in tempo della sua ultima infermità andò alla udienza, disse che desiderava di vivere ancora due soli mesi per tre cagioni: l'una per havere più lungo tempo di penitenza e chiedere a dio il perdono de' suoi peccati: l'altra per finire di rimettere in castel Sant' Angelo tutto il denaro che fu levato per la guerra di Castro: la terza per vedere finita la fabbrica delle mura di Borgo e di Trastevere et assicurata la città di Roma.

Se le azioni eroiche del papa per debolezza della mia penna saranno senza eloquenza, senza nobilità di stile et in somma improportionate per un pontefice sì grande, nondimeno sono state scritte con pura e sincera verità: il che particolarmente mi fu imposto et inculcato ta chi teneva sopra di me suprema autorità, cio che io scrivessi semplicemente da istorico, e mi tenessi totalmente lontano da ogni adulatione e vanità e da rettorici ingrandimenti, attendendo più alle cose che alle parole.

Ma tornando alla sua applicatione intorno alle cose sacre, oltre l'havere fatto emendare e ristampare il ceremoniale Romano, non mancò di dare molti ordini per la cappella pontifica: però per negligenza de' ministri o per distrattione ad altri gravi affari solo alcune cose principali sono rimaste in osservanza. Vero si fu che riformò anche l'uso delle indulgenze per chiudere la bocca agli heretici.

Finalmente se Urbano non havesse intrapresa la guerra, o, per meglio dire, se non vi fosse stato provocato e tirato a forza, il che gli accelerò anche notabilmente la morte, non si poteva desiderare nè pontefice più glorioso nè principe di più egregie qualità, per mezzo delle quali per molti anni del suo pontificato conservò verso di se l'amore universale di tutto il christianesimo, sicche fino ad hora si benedice dai popoli la sua rimembranza per quegli anni felici ne' quali godettero la tranquillità e la pace.

Sechster Abschnitt

SPÄTERE EPOCHEN

Wir haben in dem vorigen Abschnitt alles zusammengefaßt, was sich auf Urban VIII. unmittelbar bezieht; es folgen noch einige Schriften, welche seine Zeiten mit den späteren verbinden.

121.

Relatione della vita del card[l] Cecchini composta da lui medesimo. (Barb. 275 S.)

Persönliche Denkwürdigkeiten, die nicht gerade viel Licht über wichtige Staatsangelegenheiten verbreiten, aber ein ganz unterrichtendes Beispiel eines geistlichen Privatlebens doch auch immer unter bedeutenden Verhältnissen darstellen.

Der Autor deutet an, daß er sie zu seinem Vergnügen aufsetze. „Tra tutte le cose che apportano all' uomo sommo piacere, una è la memoria delle cose passate."

Fünfzehn Jahre alt, ging Cecchini im Jahre 1604 von Perugia nach Rom.

Er hatte seine Hoffnung auf die Aldobrandini gesetzt, mit denen er in entfernter Verwandtschaft stand; aber nur allzufrüh für ihn starb Clemens VIII., und nach dessen Tode vermochten die Aldobrandini nichts mehr. Cecchini durfte zwar sogleich neue Hoffnung schöpfen: in Perugia schon war er mit Scipione Caffarelli in Verbindung gewesen, demselben, der unter Paul V. die Stellung eines Nepoten so erfolgreich geltend zu machen wußte; aber Caffarelli wollte sich dieser Bekanntschaft nicht erinnern: der junge Mensch mußte durch andere Protektion fortzukommen suchen.

Da wollte nun sein Glück, daß er sich gerade an zwei Monsignoren hielt, die beide später die höchste Würde erlangten, Ludovisio und Pamfili.

Sehr früh verbreitete sich die Meinung in Rom, daß Ludovisio die Tiara erlangen werde. Sowie dessen Neffe Ludovico 1619 in die Prälatur eintrat, betrachteten ihn viele als den künftigen Kardinal Padrone. Aller Augen richteten sich auf ihn: von seinen Freunden und Dienern suchte schon einer den andern auszustechen. Auch Cecchini klagt, daß man ihn zu verdrängen gesucht habe; aber er wußte sich zu halten: vermochte er doch selbst dem Herrn wichtige Dienste zu erweisen: als ein Verwandter der Aldobrandini war er imstande, eine Verbindung beider Häuser zu vermitteln. Kardinal Aldobrandini versprach dem Ludovisio seine Stimme.

Schon wurden alle Maßregeln in dieser Aussicht genommen. Kardinal Ludovisio bedachte sich lange, eine spanische Pension von 1200 Sk., die man ihm nach dem Abschluß des Friedens mit Savoyen anbot, anzunehmen: er fürchtete, sich damit die Franzosen zu verfeinden: unser Cecchini mußte mit dem französischen Gesandten reden und ihm allen Verdacht benehmen, der daher entspringen konnte.

Unter diesen Umständen kam Kardinal Ludovisio nach dem Tode Pauls V. schon in der Erwartung, gewählt zu werden, zum Konklave nach Rom. Cecchini eilte ihm entgegen. „Ich führe den Papst nach Rom", sagte er in freudigem Eifer. „Wir müssen uns nur vor dem Kardinal von Aquino in acht nehmen", entgegnete Ludovisio, „so wird es gut gehen." – Ludovisio aveva tal sicurezza del pontificato che domandommi per burla, chi saria stato papa: rispondendogli che il papa non era in Roma e che io l'avrei condotto, con gran fiducia mi soggiunse queste parole: „Guardatemi del card[l] d'Aquino, che faremo bene."

Alles gelang: Ludovisio wurde wirklich gewählt. Der Nepot umarmte Cecchini vor Freuden und machte denselben zu seinem Auditor.

Hierdurch trat dieser nun unmittelbar in die Nähe der höchsten Gewalt. Er war nicht ohne Anteil an den Staatsgeschäften, wenigstens nicht ohne Mitwissenschaft; aber seine vornehmste Beschäftigung blieb, die Geldangelegenheiten des Kardinals zu verwalten. Der Ertrag von Avignon und Fermo kam in seine Hand: der Kardinal wollte nicht allgemein bekannt werden lassen, wieviel er ausgebe. Denn er war höchst splendid. Als Ludovisio das Camerlengat bekam, stieg auch Cecchini zum Auditore dieses Amtes auf.

Sonderbare Mißbräuche, die uns hier entgegentreten. Unter dem Namen des Kardinal-Nepoten gehen Befehle aus, die man „non gravetur" nennt. Wer sie besitzt, ist gerichtlich nicht zu belangen. Man sucht sich vor seinen Gläubigern durch ein „non gravetur" zu sichern: es gibt selbst Handwerker, die dergestalt geschützt sind. Aber noch viel schlimmere Dinge berichtet unser Autor. Unter Papst Paul V. ward dem Prior und dem Fürsten Aldobrandini der Prozeß gemacht. Cecchini behauptet, daß sich der Generalfiskal falscher Zeugnisse bedient habe, um ein verdammendes Urteil wider sie auszubringen. Aber ihren Tod habe man nicht gewünscht: der Zweck sei nur gewesen, die Aldobrandini zu nötigen, einige Schlösser an die Borghesen zu überlassen. Unter Gregor XV. ward der Generalfiskal dafür gefangengesetzt. Era vivente Gregorio stato carcerato Pier Maria Cirocchi, che vivente papa Paolo fu fiscale generale, per molte imputationi, tra le quali la principale era che nella causa criminale intentata al principe e priore Aldobrandino, nella quale furono condannati in pena della vita e della robba, egli avesse procurato di far esaminar testimonj falsi, sicome in effetto fece. La detta sentenza non fu dato per altro se non perche il card[l] Pietro Aldobrandino si disponesse a cedere al card[l] Borghese li castelli di Montefortino e di Olevano, che aveva comprati dal duca di Zagarolo, sicome se volse la gratia della detta condennatione delli nepoti, lo convenne fare, con farli anco constituir prigioni in castello, dove stettero quattro mesi. – Unwürdigkeiten, die abscheulich sind. Die historische Pflicht verbietet, davon zu schweigen, obwohl wir bemerken müssen, daß Cecchini ein natürlicher Anhänger der Aldobrandini ist.

Nach Gregor ward Urban VIII. gewählt. Schon hatte Cecchini Gelegenheit gefunden, ihm einen großen Dienst zu erweisen, wenn auch nur durch Stillschweigen. Als Kardinal hatte Urban einst in heftiger Aufwallung gesagt, man werde dem Cl. Ludovisio etwas gedenken, und nichts hätte ihm im Konklave schädlicher werden können als diese Drohung, da Ludovisio so mächtig darin war; jedoch auf Magalottos Bitten schwieg Cecchini.

Sehr charakteristisch tritt Urban noch ein andermal in dieser Lebensbeschreibung auf.

Urban VIII. fühlte sich durch die Protestation Borgias tief gekränkt; er schrieb den Kardinälen Ubaldini und Ludovisio einen Anteil daran zu und wollte sie dafür züchtigen. Ubaldini würde er ins Gefängnis haben werfen lassen, hätte sich ihm der Fiskal nicht standhaft entgegengesetzt; aber wenigstens entfernen mußte sich dieser Kardinal; auch Ludovisio wollte der Papst nicht in Rom dulden. Unsern Cecchini, der noch in ludovisischem Dienste stand, ließ er deshalb rufen und befahl ihm, dem Kardinal zu sagen, er möge sich binnen 14 Tagen in sein Erzbistum Bologna begeben. Unter heftigen Ausbrüchen seines Zornes erklärte er das. „Eine gute Stunde", sagt Cecchini, „mußte ich zuhören, wie er mit tausend Schmähungen auch Borgia zu züchtigen drohte; ich durfte ihn nicht unterbrechen: er wiederholte dann, Ludovisio möge sich entfernen, oder er werde mit den Sbirren fortgebracht werden." Auch diesmal hätte Cecchini besser geschwiegen. Aber er hielt es für notwendig, seinem Herrn Meldung zu machen. Es ist für den Zustand des Hofes sehr bezeichnend, daß er es hierdurch mit jedermann verdarb. Ludovisio fand, Cecchini hätte sich die Ausbrüche des Papstes nicht gefallen, es eher zu einem völligen Bruche sollen kommen lassen. Kardinal Barberini war aufgebracht, denn Cecchini hätte erst mit ihm, dem Kardinal-Nepoten, reden sollen. Am ungehaltensten aber war Urban selbst, zumal da die Sache ein wenig verunstaltet herumgebracht wurde. Er ließ den armen Cecchini noch einmal kommen und machte ihm hier eine Szene, in welcher der alte Ingrimm gegen seine Feinde und Reue über seine Äußerung – getan haben und nicht getan haben wollen –, Überzeugung von seiner päpstlichen Allgewalt und das Gefühl, daß der andere doch nicht unrecht gehandelt, sich auf eine sonderbare Weise vermischten. Aber Urban VIII. war ein Mann, der zuletzt wieder in sich ging. Ludovisio hatte sich entfernt und war kurz darauf gestorben. Cecchini hatte zwar seine bisherigen Stellen verloren, aber doch eine neue bekommen, die ihm sogar zuweilen Gelegenheit gab, den Papst zu sehen. „Monsignor Cecchini", fing dieser eines Tages an, „verzeiht uns; wir sind gegen Euch zu weit gegangen." Cecchini sagt, ihm seien hierüber Tränen in die Augen gestiegen, und er habe mit tiefer Hingebung geantwortet. Der Maggiordomo des Papstes besuchte ihn noch den nämlichen Tag und sagte, seit vier Jahren habe der Papst diese Stunde erwartet und sich von Herzen gefreut, daß sie endlich gekommen.

Cecchini hielt sich jetzt übrigens wieder zu den Aldobrandini: sehr tätig finden wir ihn bei der Verheiratung der reichen Erbin dieses Hauses, Olimpia. Kardinal Ippolito starb, ohne darüber definitiv bestimmt zu haben, und man fürchtete, die Barberini würden sich ein so großes Erbteil nicht entgehen lassen: Olimpia mußte sich krank stellen. Mit Hilfe des Jesuitengenerals, mit dem alles überlegt werden mußte, gelang es, die Vermählung mit dem jungen Borghese, wie sie der Kardinal zuletzt gewünscht, sechs Tage nach dem Tode desselben zustande zu bringen.

Deshalb ließen jedoch die Barberini unsern Prälaten nicht fallen: nachdem sie sich nur erkundigt, ob er auch nicht etwa mit den Farnesen in Verbindung stehe, wandten sie ihn bei der Bewaffnung von Rom an.

Da fand nun Cecchini zunächst, daß die neue Auflage auf den Landwein die Gemüter schwierig mache. Er erklärte dem Kardinal Barberini, das sei eine Auflage, welche die Römer nie gelitten, wegen deren sie gegen Eugen IV. aufgestanden, – und bewirkte in der Tat, obgleich auf den Ertrag derselben schon ein Monte gegründet worden, daß doch der Pächter auf der Stelle gerufen ward. Gern leistete dieser Verzicht, er sah die größte Schwierigkeit bei der Erhebung vorher. Cecchini eilte auf das Kapitol, wo die Römer eine Versammlung hielten, und teilte ihnen diese Nachricht mit: sie wollten ihm anfangs nicht glauben, aber er ließ den Pächter rufen, der es dann bestätigte. Alles schrie: „Viva papa Urbano, Viva Monsignore Cecchini". Man küßte ihm Hand und Kleider.

Noch hatte aber Cecchini seine höchste Stelle nicht erreicht. Er erlebte das Glück, daß noch einer seiner alten Gönner und vielleicht der eifrigste von allen, Kardinal Pamfili, auf den päpstlichen Thron stieg.

In den ersten Tagen waren die Barberini noch in Gunst bei Innozenz X.; Cecchini bekam die Einladung, mit den beiden Kardinälen beim Papst zu erscheinen. „Hat Euch Barberini etwas gesagt?" fragte ihn dann Innozenz. „Nein". Er wandte sich erst an Franz, dann an Antonio, und bat sie zu reden. Sie weigerten sich. „Wir wollen Euch nicht länger peinigen", sagt endlich der Papst: „wir haben Euch zu unserem Datar gemacht; Ihr seid den Herren Barberini dafür verpflichtet, die uns darum gebeten haben; gern haben wir es zugegeben."

Diese Stelle hatte indes viel Unangenehmes. Der Papst war unbeständig, eigensinnig, mißtrauisch. Aus andern Quellen wissen wir, daß die Verwaltung Cecchinis nicht ganz ohne Tadel war: Donna Olimpia Maidalchina konnte ihn nicht leiden, schon weil auch seine Schwägerin, Donna Clementia, Geschenke empfing. Ich habe diese Dinge bereits berührt: sie haben für die Verwaltung Innozenz' X. eine gewisse Wichtigkeit; es erfolgten die gehässigsten, ärgerlichsten Szenen. Cecchini ist glücklich, daß Donna Olimpia endlich entfernt ist: in den Zeiten ihrer Ungnade, kurz nach dem Tode Panzirolos, der im November 1651 starb, also ungefähr Anfang 1652, schrieb er dieses Werkchen.

Es fällt mir auf, daß in demselben nicht allein in der Gesinnung, sondern bis in die einzelnen Ausdrücke schon ein ganz modernes Wesen herrscht, das tägliche Leben römischer Prälaten von heute und gestern.

122.

Diario veridico e spassionato della città e corte di Roma, dove si legge tutti li successi della suddetta città incominciando dal primo d'agosto 1640 fino all' ultimo dell' anno 1644, notato e scritto fedelmente da Deone hora Temi dio, e copiato dal proprio originale. Informatt. politt. Tom. XL bis Ende 1642; Tom. XLVII bis Ende 1644; Tom. XLII Fortsetzung 1645–1647; Tom. XLIII 1648–1650. (Zusammen mehr als 2000 Blätter.)

Es hat mir nicht gelingen wollen, über den Autor dieses so ungemein ausführlichen Tagebuches andere Notizen aufzufinden, als die, welche er selber hier und da mitteilt.

Es ergibt sich, daß er in spanischen Diensten stand und daß er in den Geschäften der Niederländer mit Rom, vornehmlich mit der Dataria, beschäftigt war. Ich sollte urteilen, daß er wirklich ein Spanier und kein Niederländer gewesen. Zu dem Karneval übersetzt er Komödien aus dem Spanischen ins Italienische und läßt sie vor einer glänzenden Gesellschaft durch junge Leute aufführen. Der spanischen Monarchie, welcher er angehört, widmet er eine religiöse Verehrung: er redet oft von der „heiligen Monarchie", ohne welche das Schifflein Petri gar bald untergehen würde. Den Widersachern oder Abtrünnigen tritt er mit heftigem und unverhohlenem Haß entgegen. Die Katalanen, die sich eine Zeitlang unabhängig hielten, erklärt er für eine barbarische Nation: einer oder der andere hatte ihn um eine Empfehlung bei der Dataria gebeten: er erklärte, sie möchten erste wieder gute Diener des Königs werden. Noch bei weitem weniger aber kann er es verschmerzen, daß die Portugiesen sich sogar einen andern König gesetzt haben: sein Buch ist voll von Invektiven gegen diese Nation. Er meint, wenigstens alle die, welche in Rom angesessen, seien geneigt, zum Judentum abzufallen. So schlecht es auch geht, so verliert er doch den Mut nicht. Er hofft noch immer, daß sich Holland zu seiner Zeit einmal wieder dem König unterwerfen werde: die Ketzerei habe ihre Perioden, man müsse sie zu Ende kommen lassen. Eine der spanischen Monarchie gewidmete enthusiastische Rechtgläubigkeit!

Alle vierzehn Tage nun diktierte dieser begeisterte Diener Philipps IV. ein Schreiben, einen Bericht über die während dieser Zeit vorgefallenen Merkwürdigkeiten, die er dann irgendeinem Großen der spanischen Monarchie zusandte. Es waren ursprünglich Avvisi, wie sie damals so häufig vorkommen: zusammengeschrieben bildeten sie ein Tagebuch.

Es ist nun ganz in dem Sinne verfaßt, der dem Autor natürlich war. Papst Urban VIII. wird seine Neigung zu Frankreich und das gesamte politische Verhältnis, in das er sich gesetzt hatte, übelgenommen und schlecht ausgelegt. Papst Innozenz X. dagegen, der eine andere Politik einschlug, wird mit viel günstigeren Augen betrachtet.

Es ist nichts, was der Autor nicht berührte: geistliche und gelehrte Sachen; Geschichte der Orden und des Hofes; die innern häuslichen

Verhältnisse und die Politik; allgemeine politische Betrachtungen und Stadtgeschichten.

Gehn wir näher auf die Quelle seiner Mitteilungen ein, so ist sie, wie mir scheint, hauptsächlich folgende: in den Vorzimmern des Kardinal-Nepoten vereinigte sich an den bestimmten Tagen alles, was Geschäfte im Palast hatte; es bildete sich ein allgemeines Gespräch; jedermann brachte seine Notizen vor; es konnte nichts die Aufmerksamkeit erregen, was hier nicht besprochen ward: soweit ich aus einigen Andeutungen schließen kann, sammelte unser Verfasser hier die Hauptmasse der Nachrichten, die er mitteilt.

Er geht dabei mit großer Redlichkeit zu Werke: er sucht die Dinge genau zu erfahren: oft trägt er Berichtigungen nach.

Zugleich aber sah er doch auch jezuweilen den Papst, den Nepoten, die einflußreichsten Staatsmänner: auf das sorgfältigste verzeichnet er, was er aus ihrem Gespräch entnimmt: dann und wann ist es merkwürdig genug.

Man könnte nicht behaupten, daß die Lektüre eines so weitschichtigen Schriftwerkes gerade sehr interessant wäre; aber man lernt auch hier Personen und Dinge nach und nach fast wie aus unmittelbarer Anschauung kennen: so oft und in so mannigfaltigen Lagen werden sie uns vorgeführt.

Es würde nun unmöglich sein, einen einigermaßen genügenden Auszug davon einzuschalten: die Mitteilung der Stellen möge genügen, auf die ich mich besonders bezogen habe.

1. Una delle più belle memorie di questa già dominatrice del mondo è un monumento antico in forma rotonda di circonferenza grandissima e di bellissimo marmo (ohne Zweifel ein Irrtum, das Monument ist von Travertin) presso a San Sebastiano detto Capo di bove. Il Bernino, statuario famosissimo del papa per suo utile, ha posto in consideratione di fare una facciata sontuosa dell' Acqua Vergine detta di Trevi: ottenne un breve di poter buttare a terra quella machina sì bella, et incominciò a metterlo in esecutione: ma fu dal popolo Romano avvedutosene impedito, e l'opera cessa per non cagionare rumori.

2. Martedì mattina tenne concilio generale in Campidoglio il popolo Romano, che fu numerosissimo più che mai, atteso che vi concorsero molti titolati, che per il passato non mai intervennero. La proposta fu che sendo il popolo Romano suppresso dalle gabelle imposte da papa Urbano si dovesse supplicare Sua S^{tà} per levare almeno la gabella della macina, tanto più che fu imposta fin che durasse la guerra all' hora in piedi, la quale hoggi è terminata. Passò il partito, e furono deputati sei gentilhuomini Romani per esporre al papa la petitione incontinente. Comparve Don Cesare Colonna, zio del principe di Gallicano, il quale dimandò udienza da popolo Romano da parte della signora Donna Anna Barberina. Gli fu risposto che venisse, e postosi allo scabelletto trasse dal seno un memoriale, dicendo che era di Donna Anna Colonna, e chiedeva che si legesse. Fu letto, e diceva che non si dovesse mandare al papa per levar gabelle giuridiche e con legitima causa imposte da papa Urbano, il cui zelo verso la giustitia e meriti che ha con questa città non permettono che si ritratti il disposto di lui. Restò ogn'uno

meravigliato da simil dimandita, volente impedire il sollevamento del popolo: ma fu però subito penetrato che la buona signora haveva perinteso che si levarebbe la gabella colli beni de' Barberini. Fu risposto al Colonna che'l senato e popolo non faceva altro che esporre alla Sua Stà il bisogno della città. Questa risposta il Colonna portò vorrendo a Donna Anna, che stava aspettando per quest' effetto alla chiesa d'Araceli. – – Mercordì il cardinal Colonna havendo inteso la disorbitante proposta della sorella, mandò al senato Romano a farli sapere ch'egli non hebbe in quella sciocchezza parte alcuna, ma che era pronto di assistere alla giusta petitione del popolo. – – Venerdì mattina il popolo Romano di nuovo convocò consiglio pieno, e fu riferito che S. Stà s'era contentato di levar la gabella della macina con l'effecto di Don Taddeo Barberini, di modo che fu ben divisata la pretensione di Donna Anna Barberina.

123.

Del stato di Roma presente. (MS. Vindob. Fosc. n. 147.) Auch unter dem Titel: Relatione di Roma fatta dall' Almaden.

Ich will nicht entscheiden, ob aus der letzten Zeit Urbans VIII. oder der ersten Innozenz' X.; für die inneren Zustände in jener Epoche recht bedeutend: über Tiber und Anio, die Zunahme der Aria cattiva, die Einkünfte der Römer, die Geldgeschäfte überhaupt, den Zustand der Familien. Es wäre möglich, daß dieses Werkchen von dem Verfasser des Diario selbst herrührte: einige Spuren sollten darauf führen[1].
Doch will ich die Auszüge nicht häufen, da ich, wenn ich mich nicht irre, bei dem verstorbenen Fea einen alten Druck davon sah. Es folge nur die Stelle, auf welche ich mich oben, S. 215, bezogen habe.
Gregorio XIII considerando che quantità grande di danaro usciva da Roma e dallo stato per prezzo di grani che venivano per mare da Barberia ed altri luoghi, spesse volte riscaldati e guasti, e tal volte non giungevano a tempo o si restavano affatto, per sostrarsi da tutti questi mancamenti, fece smacchiare per molte miglia riducendo la campagna a coltura, sicche Roma da quel tempo di rado ha havuto bisogno di grano forestiero: ed il buon pontefice Gregorio ha conseguito il suo intento: ma lo smacchiare ha aperto il passo a' venti cattivi, da quali nasce ogni intemperie, che cagiona certo morbo chiamato da Alessandro da Civita medico, trattando de' morbi de' Romani, capiplenium, cosa sopra modo fastidiosa e più alli forestieri ch'alli nativi, morbo anco cresciuto dopo la condotta di tanti fonti, dalli quali Roma, sendo bassa et umida di sua positura, vien resa più umida per la moltitudine dell' acque delle fontane. Siccome Gregorio XIII. smacchiò la campagna sotto Roma verso il mare grassa ed attissima per la coltivatione del grano, così Sisto quinto smacchiò la campagna sopra Roma meno fertile, per torre il ricovero a' masnadieri che infestavano le strade, e ben riusciva il disegno, perche li sradicò affatto. Der Verfasser billigt zwar

[1] Eine Vermutung, die sich dadurch bestätigt, daß der Name des Verfassers des Diario jetzt als ermittelt betrachtet werden kann. Beide Arbeiten stammen von dem spanischen Residenten Teodoro Ameiden.

das Verfahren Sixtus' V., weil es der Tramontana zum freieren Durchzug verholfen; aber wie viele Übel hat man später von der Tramontana hergeleitet! (Cancellieri sopra il tarantismo p. 88.)

124.

Compendio delli casi più degni e memorandi occorsi nelli pontificati da Gregorio XIII fino alla creatione di Clemente IX. (50 Bl.)

Der Verfasser versichert, die Wolke gesehen zu haben, die beim Tode Sixtus' V. den Quirinal verdunkelte (Aug. 1590). Da das Werkchen bis 1667 reicht, so ist klar, daß es nicht von einem Autor herrühren kann: es wird später in ähnlichem Sinne fortgesetzt worden sein, wie es damals angefangen war, d. i. als eine Sammlung römischer Merkwürdigkeiten und Anekdoten. Z. B. liest man hier, wie die französischen Mönche in Trinità di Monte mit den kalabresischen und andern in Feindschaft gerieten und diese vertrieben, so daß sie Andrea della Fratte anbauten, welches damals noch zwischen Gärten lag, – wie die Jesuiten auch alle anderen Orden wieder erweckten, ihre Pflicht zu tun, – Wunder, die sich ereigneten, – Nachrichten von den Bauten der Päpste.

Es kommt dabei doch gar manches Merkwürdige vor. Z. B. folgende Erzählung von dem Tode der Bianca Capello: Volendo la granduchessa di Toscana Bianca Capelli avvelenare il card[l] Ferdinando suo cognato in certa confezione, il GD Francesco suo marito ne mangiò prima: il che inteso da lei, ne mangiò essa ancora, e tutti due morirono subito, et il card[l] si fece granduca. – Von der Wegführung Kardinal Clesels aus Wien, welche der jesuitische Beichtvater Ferdinands II. niemals zugeben wollte: Verospi ebbe un giorno commodità d'essere coll' imperatore senza il Giesuita, e con bella maniera fece capace l'imperatore che non poteva ritenere detto cardinale e solo il papa esser suo vero giudice, e talmente commosse Cesare che lo fece piangere e glielo fece consignare. – Oder auch Sittenzüge. Ein reicher Prälat flicht in sein Testament die Klausel ein, daß sein Nepot nur dann seine Verlassenschaft erben solle, falls er eines natürlichen Todes sterbe; wo nicht, solle sie an fremde Stiftungen kommen. Duca Cesarini bezahlt niemand, ehe man nicht Anstalt macht, das Pfand zu verauktionieren, das er sich bereits hatte nehmen lassen. Ein Orsino droht einen mahnenden Gläubiger zum Fenster hinauswerfen zu lassen; der Gläubiger ersucht ihn, er möge ihn erst beichten lassen; Orsino antwortet, zu ihm müsse man nur kommen, wenn man schon gebeichtet (che bisognava venirci confessato). — Ein Nekromant fährt auf einem Wagen, den ein paar Hunde ziehen, in Rom ein: man bringt aus, es seien ein paar Teufel, mit denen er fahre, wohin er wolle. Der Kurier von Mailand behauptet, er habe ihn bei Mailand verlassen und bei Rom wiedergefunden. Man zieht den vermeinten Hexenmeister ein und bringt ihn um.

Wären diese Aufzeichnungen nur etwas geistreicher, so wären sie unschätzbar; sie würden Sitten und Zeiten vergegenwärtigen, ohne so ermüdende Studien nötig zu machen wie obgedachtes Tagebuch.

Gehen wir jetzt zu den Schriften über, welche Innozenz X. unmittelbar betreffen.

Bemerkung

über Gualdi, Vita di Donna Olimpia Maldachina 1666.

Sowie wir erfahren, daß Gregorio Leti, den wir hinreichend kennengelernt haben, der Autor auch dieser Schrift ist, so fällt fast der Anlaß weg, von ihrer Glaubwürdigkeit zu handeln: sie hat die stärkste Voraussetzung wider sich.

Da jedoch noch 1770 eine französische, 1783 eine deutsche Übersetzung davon erschienen ist und unser Schröckh wenigstens die Haupterzählung für wahr halten zu dürfen glaubt, weil sie ja niemals bestritten worden sei, so ist wohl nicht überflüssig, ein Wort davon zu sagen. Behauptet doch der Autor kühnlich, er werde nichts erzählen, was er nicht selbst gesehen oder wovon er sich nicht die sicherste Kunde verschafft habe.

Von vornherein schürzt er seinen Knoten mit der Erzählung, die Familie Maldachini, die er für römisch hält, habe einst eine Wallfahrt nach Loreto unternommen, hier habe sich ihr in Borgheto der junge Pamfili zugesellt, sich in die Tochter des Hauses, Donna Olimpia, verliebt und nach der Rückkehr sich mit ihr verheiratet; gar bald aber sei Olimpia mit seinem Bruder, dem nachmaligen Papst, damals einem jungen Abbate, vertrauter geworden als mit ihrem Gemahl. Auf dies Verhältnis wird der Einfluß begründet, welchen Donna Olimpia über Innozenz X. hatte.

Wir können aber getrost sagen, daß daran kein Wort wahr ist.

Die Familie Maidalchina ist keine römische, sie ist aus Acquapendente. Donna Olimpia war Witwe, als sie sich mit Pamfili verheiratete. Paolo Nini zu Viterbo, der letzte von diesem Geschlechte, war ihr erster Mann: da sie ihn beerbte, so brachte sie in das Haus Pamfili eine reiche Mitgift: darauf und nicht auf eine imaginäre Vertraulichkeit mit dem Papst war die Autorität gegründet, die sie in der Familie genoß. Als diese Vermählung vor sich ging, fehlte viel daran, daß Innozenz X. ein junger Abbate gewesen wäre. In einer Inschrift, die der Senior des Hauses in der Villa Maidalchina zu Viterbo errichtet hat, heißt es: er habe diese Villa ausgeschmückt im Jahre 1625, ehe seine Schwester in das Haus Pamfili vermählt worden. Marchio Andreas Maidalchinus – – villam hanc ante nuptam sororem suam Olympiam cum Innocentii X germano fratre – – extruxit ornavitque anno Domini MDCXXV. In Bussis Istoria di Viterbo p. 332 ist die ganze Inschrift mitgeteilt. Mithin kann diese Vermählung erst ungefähr 1626 geschehen sein; da war Giambattista Pamfili, später Innozenz X., bereits 54 Jahre alt und seit 20 Jahren nicht mehr Abbate, sondern Prälat. In diesem Augenblick war er in mancherlei Nuntiaturen beschäftigt: darf man aus einigen seiner Äußerungen einen Schluß ziehen, so wird das Verdienst der Donna Olimpia gewesen sein, daß sie ihn hierbei sowie später aus ihrem Vermögen unterstützte. Er konnte den Glanz behaupten, der in diesen Zeiten dazu gehörte, um emporzukommen. Diesem Anfange gemäß entwickelte sich auch ihr gesamtes Verhältnis: hatte Donna Olimpia den Prälaten unterstützt und einen gewissen Anteil an der Erwerbung der päpstlichen Würde, so wollte sie diese sich nun auch zunutze machen. In jenem ausführlichen Diario, das der Olimpia Schritt für Schritt folgt und wo von allen Geheimnissen des päpstlichen Hauswesens geredet wird, ist keine Spur einer illegitimen Vertraulichkeit zwischen dem Papst und seiner Schwägerin zu entdecken.

Auch dieses Werkchen Letis ist ein aus apokryphen Nachrichten und chimärischen Dichtungen zusammengewebter Roman.

125.

Relatione degli ambasciatori estraordinarj a Roma al sommo pontefice Innocentio X, Pietro Foscarini K^r^, Zuanne Nani K^r^ Proc^r^, Aluise Mocenigo I fu di q. Aluise, e Bertucci Valier K^r^, 1645 3 Ott.

Eine völlige Veränderung ist nach Urbans Tode eingetreten. Innozenz X. ist von den Franzosen ungern gesehen: er möchte gern den Kaiser unterstützen, wenn er nur könnte: er ist ein Freund der Venezianer. Nur wäre möglich, daß er aus natürlicher Unentschlossenheit sich in seinen Maßregeln schwankend zeigte. Die Gesandten finden es deshalb doppelt nötig, sich nicht aus Privatrücksichten mit ihm zu entzweien, und nicht etwa wegen eines liederlichen Mönches das päpstliche Wohlwollen zu verscherzen.

Folgendermaßen werden die Präzedentien dieses Papstes dargestellt.

Nasce il presente sommo pontefice Innocentio X., chiamato prima Gio. Batt. card. Pamfilio, dalla famiglia de' Pamfilj originata già in Ugubbio città dello stato d'Urbino. Questa venne habitare in Roma sotto il pontificato d'Innocentio VIII, si apparentò con le prime case della città, visse sempre in molta riputatione et honorevolezza. La madre di S. B^ne^ fu della famiglia de' marchesi dal Buffolo, nobile e principale, della quale ne fa il papa hoggidì molto conto, ritrovandosene più d'uno al suo servitio in palazzo. Fu la S^tà^ Sua allevata dal card^le^ Gerolamo Pamfilio, suo zio paterno, che visse in gran concetto e fu vicino ad esser papa e che fu fatto card^le^ da Clemente VIII, mentre si trovava auditor decano della rota chiaro per la virtù et innocenza de' suoi costumi. Si trova la S^tà^ sua in età di 72 anni, di statura più che ordinaria, ben proportionata, maestosa nella persona, piena di grande mansuetudine e benignità: onde sempre che esce dalle sue stanze per occasione di concistorj, capelle o altre occasioni, da prontamente e volentieri audienza a tutti di ogni conditione, benche poveri e miserabili, che se gli fanno innanzi, riceve i lor memoriali, e con molta patienza e carità procura di sollevare ognuno, consolar tutti con grande acclamation dei sudditi e con gran differenza dal pontificato antecedente. Fu il papa prima avvocato concistoriale, poi auditor di rota eletto da Clemente VIII. Fu da Gregorio XV mandato nontio a Napoli, e da Urbano VIII impiegato nelle legationi di Franza e Spagna del card[l] Barberino con titolo di datario, fu dallo stesso Urbano eletto patriarca d'Antiochia, mandato nontio in Spagna, e poi promosso al cardinalato li 9 Novembre 1627. Come cardinale è stato in concetto di natura severa, inclinato al rigore, puntuale nelle cose ecclesiastiche. E stato sempre adoperato in tutte le congregationi principali, e si può dire che ha esercitate tutte le cariche più principali di Roma con universale sodisfattione, havendo nell'animo suo fatta sempre particolar sede la modestia, la patienza, l'integrità, la virtù, la mira di non disgustare alcuno, accarezzando tutti e condonando le ingiurie. Gode una buona salute, ha complessione assai robusta, va sobrio nel cibo, fa volentieri esercitio, assiste alle capelle et altre funtioni con gran maestà, e fa tutte le cose ecclesiastiche con pompa, decoro, particolar godimento suo e puntualità. Va pesato assai in tutti li negotii gravi, vuol tempo ad esaminarli e risolverli. E stato solito nella sua passata fortuna andar tardi e tardi levarsi dal letto, osserva il medesimo stile nel pontificato, onde rare volte è retirato avanti la mezza notte nè levato la mattina avanti qualche hora del giorno. Ha nei tempi andati fatta molta stima dei principi: ha desiderate le loro giuste sodisfattioni: si dichiara preservare ne' stessi concetti, non voler esser partiale d'alcuna delle due corone, ma padre universale amorevole di tutti: si risente non incontrar bene nè con l'uno nè con l'altra di esse al presente, e se n'è esalata con grande confidenza più d'una volta con noi: crede però che ognuno si dolga per avvantaggiare i proprj interessi, non perche ambedue non conoscano la necessità della sua indipendenza, e come che sia amica della pace naturalmente e la obblighi a questa il posto di pontefice in cui si trova constituito. Va nutrendosi con simili concetti ricevendo a grande alimento suo la confidenza con la Serenissima Republica, come questa con l'autorità, consigli et amor suo possa esserle del maggior presidio: anzi soggetto di grand' eminenza e della maggior confidenza nostra ha confidato ad alcuno di noi, forse d'ordine della S[tà] Sua, la intentione ch'ella havrebbe si stringersi con l'EE VV con particolare alleanza, quando credesse incontrare la publica dispositione: sopra di che con termini generali ufficiosi fu risposto, nessun nodo poter maggiormente legare i principi che la sincerità e corrispondenza de' cuori e la uniformità de' fini et interessi.

126.

Relatione dell' ambasciatore Veneto Aluise Contarini fatta al senato dopo il ritorno della sua ambasceria appresso Innocentio X. 1648.

(22 Bl.)

Auch dies Pontifikat entwickelte sich lange nicht so vorteilhaft, wie man erwartet hatte. Der ersten, ziemlich ehrenvollen Relation fügt Aluise Contarini, Sohn Niccolos – der frühere Aluise ist ein Sohn Tommasos – schon manche bei weitem minder günstige Züge hinzu.

In seiner Jugend habe Innozenz ritterliche Übungen und den Zeitvertreib der Liebe (passatempi amorevoli) den Studien vorgezogen: auf seiner Nuntiatur in Frankreich habe er sich wenig Ansehen erworben; man habe ihn wegen seines ewigen Abschlagens Monsignor „Es geht nicht“ genannt (Mr „Non si puol“): dagegen in Spanien sei er durch Wortkargheit in den Ruf eines weisen Mannes gekommen.

Was ihn zum Papst gemacht? Antwort: Drei Dinge: wenig reden, sich viel verstellen und gar nichts tun. „Da corteggiani fu detto che tre cose l'avevano fatto papa, il parlar poco, simulare assai, e non far niente.“

Si fa conoscere hora poco inclinato alle gratie, delicato e vetriolo (?) – riputato da tutti d'ingegno tardo nell' apprendere e poco capace di gran machine, ma ostinato nell' apprensioni, – procura di non farsi conoscere partiale di alcuna corona: Freund der Ruhe, der Gerechtigkeit, nicht blutgierig, guter Ökonom.

Die Umgebung des Papstes: Donna Olimpia; ihm deshalb lieb, weil sie eine große Mitgift in das Haus brachte und ihn damit unterstützte: donna d'ingegno e spirito virile, solo si fa conoscere donna per la superbia e l'avaritia; – Pancirolo: di tratti manierosi, d'ingegno vivace, cortese di viso e di parole; – Capponi: a bocca ridente ricuopre la sua malitiosa industria; – Spada: si pavoneggia delli suoi stimabili talenti. Man sieht wohl, nicht eben sehr ehrerbietig drückt sich unser Autor aus. Der Mangel eines Nepoten ward bei dieser Natur des Papstes doppelt fühlbar.

Folgen einige Züge der Regierung. Tra li corteggiani si suol dire che chi tratta col papa d'alcuno affare, nelle prime audienze lo reputa quasi perfettionato, nella seconda conosce esser totalmente da farsi, e nella terza si scuopre con stupore sconcluso. – Crede disprezzabile quel principe che non conserve appresso di se un buon numero di contanti da valersene in un' urgente bisogno. Per non spendere si contenta di soffrire dell' avversa fortuna ogni più opprobrioso strapazzo. – Trovandosi l'annata di Roma spogliata di quelli assegnamenti de' quali si valse in altri tempi, come proprii per essere stati dissipati nella guerra Barberina, Sua Stà conoscendo l'annata presente penuriosa di grano ha più volte assegnato di esser pronto di sovvenirla di grossa somma di contanti: ma ripugnando la sua natura allo sborso, ha cercato aggiustarla in altra forma, sebene non a sufficienza. – Tutte le communità si trovano talmente esauste e ruinate per cagione della guerra Barberina che gl'è impossibile giammai risorgere e rihaversi. – Particolare entrata del papa di 800 m. scudi consistente negli emolumenti delle componende della dataria e nelle vacabilità degli officii di quella e della cancelleria, come ancora di una sorte di monti vacabili dell' auditore e tesoriere di camera, chiericati di essa, et altri simili officii, di tutta questa somma, che entra nella borsa secreta e non nella publica, ne è assoluto patrone S. Stà, potendone disporre al suo arbitrio e donarla a chi più li piace senza temere che siano richieste dal successore. Seine Bauten: auf dem Kapitol, in S. Pietro, im Lateran: – in cui rinnovandosi con nuovo modello le tre navate della chiesa, rimane nel suo essere l'adornamento di quel vago e ben inteso soffitto, – in Piazza Navona: con il gettato di alcune case per la parte di S. Giacomo de' Spagnuoli restando in quadro la piazza.

Man sieht, dem schlechten Eindruck, den der Hof hervorbrachte, zum Trotz ist Contarini doch im ganzen unparteiisch und unterrichtend.

127.

Memoriale presentato alla S^tà^ di N. S^re^ papa Innocenzo X dai deputati della città di Fermo per il tumulto ivi seguito alli 6 di Luglio 1648.

In Majolmo Bisaccionis Historia delle guerre civili di questi ultimi tempi, Ven. 1664, findet sich, wie schon bemerkt, mitten unter den wichtigsten Ereignissen, neben Karl I. und Cromwell, der Empörung von Portugal und Katalonien, auch eine Historia della guerra civile di Fermo, d. i. die Geschichte eines Auflaufes, in der der päpstliche Governatore Visconti erschlagen worden.

Hier haben wir das Memoriale, mit welchem zwei Deputierte, Lorenzo Nobile und Lucio Guerrieri, vor dem Papst erschienen, um ihn wegen der Tat um Verzeihung zu bitten.

Nach ihrer Darstellung, die doch viel authentischer und anschaulicher ist als Bisaccioni und einen Blick in das Innere der Städte zu dieser Zeit eröffnet, war das Korn mißraten und das Brot ungewöhnlich teuer: dennoch wollte der Governatore Getreide aus dem Gebiet von Fermo ausführen. Keine Warnung ließ er stattfinden. Seinen Karabiner zur Seite, Pistolen auf seinem Tisch, erklärte er, er wolle eher sterben, wie es einem Governatore und Soldaten zukomme, als nachgeben. Er verbot das Konsiglio, zu welchem Deputierte auch aus den benachbarten Kastellen ankamen, und zog Truppen zusammen. Aber diese seine Soldaten „kamen von dem Acker, wo sie geerntet, von der Tenne, wo sie gedroschen": sie kannten den Mangel, dem man ausgesetzt war, und statt sich dem tumultuierenden Pöbel zu widersetzen, ergriffen sie dessen Partei. Der Governatore sah sich trotz seiner Bravaden genötigt nachzugeben und sein Getreide innerhalb des Stadtgebietes zu lassen.

Allein kaum fing man an, sich zu beruhigen, als korsische Milizen, vom Governatore berufen, am Tore erschienen. Man glaubte nicht anders, als Visconti wolle mit deren Hilfe seinen Vorsatz doch durchsetzen. Ein Auflauf entstand. Alles schrie: „wir sind verraten, zu den Waffen!" man zog die Glocken, stürmte den Palast und tötete den Governatore.

Die Abgeordneten beteuern ihre Treue, und beklagen dies Ereignis, – über das vor allem der Adel betrübt sei (di vedere, senza potervi rimediare, da persone del popolo ucciso il prelato di V^ra^ S^tà^ datogli per suo governo).

128.

Relatione della corte di Roma del Cav^re^ Giustiniani data in senato l'anno 1652. (Kopie in der Magliabechiana zu Florenz 24, 65.)

Von Bewunderung und Erwartung ging man aber auch unter Innozenz erst zu Zweifel und Mißbilligung, endlich zu Klage und Verwerfung über.

Zuan Zustinian – denn so sprechen und schreiben die Venezianer diesen Namen – kam nach mancherlei andern Gesandtschaften von Wien nach Rom und residierte hier von 1648 bis 1651. Diese Jahre erfüllen seine Depeschen, und auf sie bezieht sich seine Relation.

Seine Schilderung des Hofes lautet nun nicht sehr tröstlich.

Was in dem Papste Gutes sei, sagt er, komme der Stadt Rom und höchstens dem Kirchenstaate zustatten; seine schlechten Eigenschaften seien der ganzen Christenheit nachteilig. Jedoch auch in dem Kirchenstaate sei die Ablösung der schwersten Strafen durch Geld ein großes Übel. „Mi si afferma per massima indubitata che in sette anni di pontificato habbia estratto dalle compositioni di persone processate come ree il valore di 1200 m. scudi, che s'accosta a due milioni di ducati." Als eine Art von öffentlichem Unglück erscheint hier der Einfluß der Donna Olimpia Maidalchina: Donna di gran spirito, prepotente per solo titolo di esatta economia. Se vacavano officj nella corte, niente si deliberava senza il beneplacito di lei: se vi erano beneficj da distribuire, i ministri della dataria tenevano ordine di trattenere ogni spedizione sinche datagli notizia della qualità delle vacanze scegliesse a sua disposizione ciò che più tenesse di gusto: se vi erano chiese episcopali da provedere, ad essa ricorrevano i pretendenti; e quello che rendeva nausea a tutti gli uomini onorati, era il vedere che erano preferiti quelli che più allargavano la mano a donativi.

So fährt er fort; doch bin ich nicht sicher, ob die Relation auch wirklich echt ist.

In dem venezianischen Archiv ist sie nicht vorhanden: in der Magliabechiana zu Florenz finden sich zwei Exemplare, die aber nicht durchaus miteinander übereinstimmen. Ich habe mich an das gemäßigtere gehalten.

Glücklicherweise war es nicht notwendig, aus dieser Relation zu schöpfen, da jenes Diarium und die Nachrichten Pallavicinis in dem Leben Alexanders VII. eine bei weitem bessere Auskunft darboten

129.

Relatione dell' ambasceria estraordinaria fatta in Roma alla S^tà^ di N. S^re^ Alessandro VII dagli Ecc^mi^ SS^ri^ Pesaro, Contarini, Valiero e Sagredo per rendere a nome della Ser^ma^ Republica di Venetia la solita obedienza al sommo pontefice l'anno 1656.

Derselbe Pesaro, in dessen Gesandtschaft die Entzweiung Urbans VIII. mit der Republik fällt, der seitdem immer eher für einen Gegner der Geistlichkeit gegolten hatte, war an die Spitze der beglückwünschenden Gesandten gestellt und jetzt von den übrigen mit der Abfassung der Relation beauftragt worden. Sei es nun, daß seine Gesinnung, wie er sagt, von Anfang sehr gemäßigt gewesen war oder daß die Reihe von Jahren, die seitdem verflossen, eine Veränderung in ihm hervorgebracht hatte: seine Relation ist sehr verständig, wohlmeinend und belehrend.

Schon über die Regierung Innozenz' X. drückt er sich zwar mißbilligend, aber nicht so vollkommen wegwerfend aus wie andere. Oltre la cupidità insatiabile ch'è regnata in quella casa, vi si è aggionto che essendo mancato di ministri valevoli al sostentamento di così gran principato, non havendo luogo nell' animo suspicace di quel pontefice la fede di chi si sia, ogni cosa per lo più si regolava secondo gli appetiti immoderati di una donna, che ha aperto largo campo alle penne satiriche di fare comparire i disordini di quel governo maggiori ancora di quelli che in fatti si fossero.

Wie gesagt, so wenig das nun lautet wie ein Lobspruch, so ist es doch, mit den heftigen Exklamationen anderer verglichen, ein sehr mildes Urteil.

Aber der vornehmste Gegenstand des Berichtes ist nun der neue Papst Alexander VII.

Pesaro findet, wie ja auch die übrige Welt davon überzeugt war, daß die Meinung von den Tugenden Fabio Chigis, der Ruf seiner Nuntiatur ihn befördert habe, – obgleich die Medici im Grunde die Erhebung eines ihrer Untertanen ungern sahen. Più santa elettione non si poteva aspettare da un senato di soggetti che per quanto havessero distratta la volontà da mondani interessi, non potevano di meno di non lasciarsi in fine guidare da quel spirito santo che essi presumono assistere ad un'attione di tanta rilevanza.

Er schildert sein Emporkommen, im allgemeinen den Charakter seiner ersten Handlungen: – „von den ökonomischen Dingen zeige er wenig Verständnis, desto mehr von kirchlichen, und nicht ganz unbeugsam stelle er sich an"; – auch seine Angehörigen. Es ist nicht nötig, dies zu wiederholen: nur zu bald nahmen die Dinge eine andere Entwicklung, als man erwartet hatte.

„Troppo per tempo parmi", sagt gleich unser Pesaro, „che il mondo canonizzi questi sentimenti del papa, e che per farne più accertato giudizio faccia di mestieri osservarsi quanto con il tratto del tempo si sia per mostrarsi costante nel resistere alle mantellate dell' affetto." – Schon damals machte man dem Papste von allen Seiten so viel Vorstellungen, daß seine Standhaftigkeit erschüttert werden zu müssen schien.

Der Zweck dieser Gesandtschaft war jedoch nicht allein Glück zu wünschen, sondern noch viel mehr, den römischen Hof um Unterstützung für den Krieg von Kandia zu bitten.

Die Gesandten entwickeln, welche Anstrengungen Venedig gemacht habe, um dem Feinde widerstehen, vor allem um nur zunächst die Kriegskosten bestreiten zu können: Anleihen mit starken Zinsen, lebenslänglichen oder immerwährenden, – Verkauf allodialer und feudaler Güter, – Mitteilung der Würden des Staates, die bisher in einem engen Kreise festgehalten worden, ja der venezianischen Nobilität überhaupt, die doch um so schätzbarer sei, je weniger sie gemein gemacht werde, an eine größere Anzahl. Jetzt aber seien sie ganz erschöpft: von den übrigen Potentaten der Christenheit lasse sich nichts hoffen, da es allzuviel innere Feindseligkeiten zwischen denselben gebe: ihre einzige Zuflucht sei der Römische Stuhl.

Der Papst hörte sie nicht ohne Zeichen der Teilnahme an: er antwortete ihnen mit einer glänzenden Lobeserhebung der Republik, die sich nicht allein mit dem Eisen, sondern auch mit dem Golde der Wildheit der Barbaren entgegensetze: was aber die Hauptsache anbelangt, so erklärte er ihnen, daß er sich außerstande sehe, etwas für sie zu tun. Die päpstliche Kasse sei so erschöpft, daß er nicht einmal wisse, wie er der Stadt zu Brot verhelfen solle.

Die Gesandten ergaben sich nicht: sie stellten vor, daß die Gefahr es wohl rechtfertige, wenn man den alten Schatz Sixtus' V. diesmal angreife: – „prima che l'urgenza degli accidenti che possono sopravenire, maggiormente stringa, e per sostentamento della religione e per sicurezza del proprio dominio ecclesiastico"; besonders machte die Betrachtung auf den Papst Eindruck, daß es die Kühnheit des Feindes vermehren werde, wenn er sehe, daß auch ein neuer Papst die Hilfe versage, deren man so sehr bedürfe. Alexander sah wohl ein, daß etwas geschehen müsse: er machte den Vorschlag einer Einziehung geistlicher Güter.

Wie merkwürdig ist es, daß der römische Hof zuerst mit Maßregeln dieser Art hervortrat. Schon Innozenz X. hatte den Venezianern die Aufhebung zweier Orden, der Canonici di S. Spirito und der Cruciferi, angetragen: er hatte die Absicht, aus ihren Gütern weltliche Kanonikate zu bilden. Aber einmal fürchteten die Venezianer, der römische Hof werde sich die Verleihung derselben anmaßen, und sodann sahen sie diese Institute als Versorgungen für arme Nobili an. Jetzt nun schlug ihnen dies Alexander aufs neue vor.

Il papa postosi in atto di volerci rappresentare cosa di nostro sollievo, prese a dire che, da qualche tempo in qua essendosi dalla sede apostolica fatto riflesso non meno all' abondanza che alla superfluità degl' instituti religiosi, haveva trovato che alcuni di essi degenerando dalla primiera intentione de' loro fondatori erano trascorsi in una total rilassatione di costumi: che compliva non meno al servitio della chiesa che de' medesimi secolari il pigliare quegli espedienti che sogliono usare gli accorti agricoltori quando vedono in modo lussuriar la vite che la copia dei rampolli serve più tosto ad isterilirla che a renderla più fruttifera: che a ciò s'era dato in qualche parte principio con la soppressione di alcune religioni, ma che ciò non bastava, conoscendosi in tutto necessario restringer questo gran numero a quei solamente che ritengono o che meglio possono ridursi a ritenere la prima forma della loro institutione: che per farsi strada a ciò s'era soppresso un numero grande di conventini piccioli ove con minor riguardo si rallentava il freno alla ritiratezza regolare, e che si persisteva nel primo pensiero di procedere alla finale abolitione d'alcuni altri ordini che con il loro licentioso modo di vivere riempivano il mondo anzi di scandoli e di mormorationi che di buon esempio e di edificatione, ma che si camminava lentamente, perche in negotio di tal rilevanza s'haverebbe voluto incontrare anche nella sodisfattione de principi, i quali, non ben esaminati i veri motivi che inducevano la sede apostolica in questa risolutione, havevano dato segno di qualche repugnanza all' esecutione de brevi ponteficii: ma che sperandosi ad ogni modo che in fine havesse ogn' uno a dar mano al proseguimento di così ben ponderata risolutione, la metteva intanto in consideratione alla Serenissima Republica che abondando il dominio Veneto di questa qualità di religioni, s'apriva un modo facile che venisse dato luogo alla retta intentione di chi ha la suprema direttione degli affari ecclesiastici et insieme a poter somministrare un considerabile ajuto in soccorso della presente guerra contro gl'infideli: che nessuno meglio di noi poteva sapere a che estremità di dissolutezza e di scandoli siano gionti li canonici di San Spirito di Venezia, essendosi la Serenissima Republica veduta in necessità di metter freno alle scorretioni del quel convento che non contento d'haver postergata ogni osservanza regolare abusava anco sì sconciamente delle ricchezze che haverebbono potuto servire a comodi alimenti di un numero quintuplicatamente maggiore di religiosi, che sempre grossamente si trovava indebitato: che il simile si poteva dire de' Cruciferi, ne' quali apena si discerneva vestigio di vita claustrale: che per tanto anteponeva che procedendosi alla soppressione di queste due religioni, s'haverebbe potuto andar pensando al modo di passare alla vendita de beni da esse possessi, et il ritratto si convertisse in sostentamento di questa guerra, giacche era diretta contro il nemico fierissimo del nome christiano.

Diesmal schien es diesen Gesandten doch, als sei ein solcher Vorschlag nicht zu verwerfen. Sie berechneten, welch ein großes Kapital der Verkauf gegen geringe und bald zu tilgende Zinsen eintragen, welchen Vorteil die Säkularisation so bedeutender Güter dem Flor des Landes bringen könne. Auch ihre Betrachtungen sind bei einer Unternehmung, die damals so neu war und später so allgemein wurde, der wörtlichen Bemerkung wert.

In realtà fatti anche congrui assegnamenti a' frati esclusi per il loro vivere, che non ascenderanno mai fra l'una e l'altra religione 10 m. ducati all' anno, se de' loro beni ascendenti alla somma di 26 m. ducati se ne ritrarranno 600 mila nella vendita, come verisimilmente si può credere, non sentirà il publico maggiore interesse di due per cento vitalitii e qualche cosa meno: et ogni altro motivo altre volte portato in dissuasione de negotio simile va per bene, supposti gli alimenti che annualmente si presteranno a superstiti: e così smembrandosi dall' ordine ecclesiastico questa grossa somma di portione di fondi collocati ne' migliori siti di questo dominio, vengono li laici a rimettere in possesso, senza far torto alla pietà di quelle anime grandi che hebbero cuore di spropriare le descendenze loro di così opulenti patrimonii, per fondare e stabilire in questo stato la religione: che se hora veder potessero quanto ella sia ben radicata, altra interpretatione non darebbono a' loro sentimenti se non che se gli fu grato di esser fondatori di tanti monasteri per ricovero di persone sacre, niente meno goderebbono che l'istesse richezze, giache sovrabondano, si convertissero in propulsare l'impietà minacciante la distruttione di quella pietà che con le proprie sostanze cercarono di promovere.

Nach den venezianischen Angelegenheiten, die hier einmal wieder höhere Gesichtspunkte darbieten, treten dann auch die allgemein europäischen hervor.

Die Unternehmungen Karls X. Gustav machten den größten Eindruck in Rom, und man brachte Geld zusammen, um König Casimir zu unterstützen.

Noch viel empfindlicher aber fiel es dem römischen Hofe, daß die Franzosen sich nicht allein abgeneigt zeigten, einen Frieden mit Spanien einzugehen, sondern daß sich Mazarin sogar mit England verbündete – ein Kardinal mit Protestanten, das allerchristlichste Königreich mit einem Usurpator, der den legitimen Fürsten verjagt hatte, – und daß er dies ohne alle Not tat, ohne durch irgendeine große Gefahr dazu veranlaßt zu sein.

Wären diese Unruhen nicht, so würde der Papst sein ganzes Bestreben darauf richten, Deutschland wieder katholisch zu machen, wo seine Person in so gutem Rufe stehe. Der Übertritt der Königin von Schweden mache hierzu alle Hoffnung rege.

Die Gesandten sahen die prächtigen Anstalten, welche man zum Empfang dieser Königin traf. Mit dem herumschweifenden Leben, das sie führte (fuori forse della convenienza dell' età e dello stato virginale, drücken sie sich sehr bescheiden aus), können sie sich nicht verstehn; doch lassen sie der Kraft und Kühnheit ihres Entschlusses alle Gerechtigkeit widerfahren.

„Ecco in compendio ciò che ci è parso di poter riferire", sagt Pesaro an dieser Stelle.

Dieser Schlußform fügt er nur noch den guten Rat hinzu, mit dem Papst immer in möglichst gutem Vernehmen zu stehn.

Der Papst hatte ausführlich über die Genugtuung gesprochen, die es ihm verschaffen werde, wenn man auf seine Bitten die Jesuiten in Venedig wieder aufnehme. Der Gesandte ist doch dafür, daß man darauf eingehe. Parmi che sia gionto il tempo di decidere se s'habbia a dar luogo a questo regresso, o pure, per non haver di quando in quando ad urtare per questa causa in male sodisfattioni con i pontefici, s'habbia da imporvi perpetuo silentio. – – A sodisfare intorno a ciò al desiderio del papa par che possa esser motivo il conoscersi che essendo questi huomini grandi istromenti a sostenere le ragioni della chiesa, i papi pro tempore rinnoveranno le medesime istanze, le quali rejette daranno ne' principj de' pontificati materia a male sodisfattioni.

130.

Vita, attioni et operationi di Alessandro VII, opera del C[l] Pallavicini. 2 Foliobände. (Bibl. Cors.)

In der Bibliothek Barberini zu Rom gab man mir eines Tages ein MS. in die Hände, mit dem Titel: Alexandri VII de vita propria liber primus et tertius cum fragmentis libri secundi: einen Kodex von ungefähr 300 Blättern, so voller Korrekturen, wie nur immer ein Autograph sein kann, aber durch einen unglücklichen Zufall in große Unordnung geraten. Der Buchbinder hatte die einzeln zu lesenden Bogen in Quinternen zusammengeheftet. Es war kaum fortzukommen.

Der Anfang lautet: Res suo tempore gestas literis commendare, quamvis et nunc et olim usitatum, plerisque tamen eo nomine minus probatur quod arduum scriptori sit procul habere spem, metum, amorem, odium animi, nubes quae historiam, lucem veritatis, infuscant. Allenthalben, wo ich aufschlug, zeigten sich interessante, aus guter Kenntnis stammende Nachrichten über die Jugend Alexanders, die Berufung seiner Nepoten nach Rom, die Ankunft Christinas: – sollte wirklich der Papst, mitten in den Beschäftigungen der höchsten geistlichen Gewalt, noch Zeit gefunden haben, sein Leben zu schreiben und den Stil mit so großem Fleiße durchzukorrigieren?

Gar bald ergab sich, dem Titel zum Trotz, daß dies nicht der Fall sein konnte.

Der Autor erklärt unter anderem, daß er durch genaue Bekanntschaft mit dem Papste zu dieser Arbeit vermocht worden. Fortunae obsecundantis beneficium fuit, ut cum hoc principe inferiores gradus obtinente singularis intercesserit mihi animorum consensio et mutua tum ore tum literis consiliorum communicatio.

Die Frage entstand, wer dieser so genaue Bekannte, ja Vertraute Alexanders gewesen sei.

Muratori erzählt beim Jahre 1656, der Jesuit Pallavicini habe im Anfang der Regierung Alexanders, der so glänzende Hoffnungen erweckte, sich darangemacht, das Leben dieses Papstes zu schreiben; aber nach der Berufung der Nepoten und den damit zusammenhängenden Veränderungen sei ihm die Feder aus der Hand gefallen. Pallavicini war allerdings persönlich vertraut mit Alexander VII.: im Anfang seines Pontifikates sah er ihn alle Tage: es zeigte sich möglich, daß dies jene fragmentarische Arbeit von Pallavicini wäre.

Nach einigen neuen Nachforschungen fand sich nun auch in derselben Bibliothek eine Lebensbeschreibung Alexanders VII., welche dem Kardinal Pallavicini zugeschrieben wurde. Sie war zwar italienisch, doch war die Sache einer Vergleichung wert.

Der erste Blick lehrte, daß das italienische dasselbe Werk war wie das lateinische. Der erste Satz lautet: E opinione di molti che non si debba scrivere historie se non delle cose antiche, intorno alle quali la speranza e la paura, l'amore e l'odio verso le persone commemorate non habbian luogo nè possono infoscare la verità. Die andere Stelle, die ich angeführt, lautet italienisch: Imperoche m'è toccato a sorte d'haber con questo principe nella sua minor fortuna una singolare e corrispondenza d'affetto e confidenza di communicationi hor con la lingua hor con la penna per lo spatio già di 30 anni.

So geht das fort. Das lateinische Exemplar wies sich offenbar als eine Übersetzung des italienischen aus: nur etwas frei, mit dem Zusatz einer leichten Nuance des Gedankens.

Unglücklicherweise war aber die Ähnlichkeit größer, als ich gewünscht hätte. Wie das lateinische Exemplar sich schon in dem Titel als Fragment ankündigt, so war auch das italienische durchaus fragmentarisch. Nach einigen Erläuterungen über die frühere Jugend sprang die Erzählung auf die Wahl und die ersten Handlungen Alexanders im Pontifikate über.

Suchen und Bedürfen macht nur um so begieriger: ich fragte allenthalben nach. Auf der Bibliothek Albani fand ich ein anderes Exemplar, aber ebenfalls fragmentarisch.

Und schon glaubte ich mich zufrieden geben zu müssen, da ich in einer anonymen Lebensbeschreibung Pallavicinis nur ein Bruchstück von dieser Geschichte zitiert fand, dieselben Bücher, die ich schon kannte. Endlich bei den Corsini hatte ich das Glück, auf ein vollständigeres zu stoßen. Es ist eben dies, dessen Titel ich oben bezeichnet habe, in zwei starken Foliobänden.

Das Werk trägt hier den Namen Pallavicinis an der Stirn und geht bis auf das zweite Kapitel des sechsten Buches ununterbrochen fort. Erst in dieser Gestalt verdient es ernstlich beachtet und für die Geschichte jener Zeit benutzt zu werden.

Das erste Buch enthält die frühere Geschichte Alexanders VII. Stirpe, parentele, natali, fanciullezza di Fabio Chigi: – studj, avvenimenti della pueritia: – studj filosofici e legali: – amicitie particolari: alles Kapitel, welche auch das erste Exemplar sowohl im Latein als im Italienischen enthält, denen nun aber das corsinische Exemplar weiter hinzufügt: azioni et esercitii pii: – vicelegatione di Ferrara sotto Sacchetti: – nuntiatura di Colonia.

In dem zweiten Buche wird alsdann die Regierung Innozenz' X. und der Anteil, welchen Chigi an derselben nahm, in 14 Kapiteln bis zum Konklave geführt.

Im dritten der Anfang des Pontifikates. Allgemeine Schilderung der Lage von Europa, des Kirchenstaates, der ersten ökonomischen Maßregeln: auch in Hinsicht auf die Monti vacabili. – Bekehrung der Königin Christine von Schweden, von welcher mit Ausführlichkeit und Vorliebe gehandelt wird. Ich halte dafür, daß, wenn man behauptet hat, wie Arckenholtz Mémoires de Christine t. IV, 39 angibt, Pallavicini habe eine Historia di Christina regina de Suezia geschrieben, diese Annahme auf einer dunklen Kunde dieser Fragmente beruhte. Die Bekehrung wird in dem lateinischen Exemplar folgendergestalt motiviert: In libris Tullii de natura deorum animadvertens veram religionem nonnisi unam, omnes falsas esse posse, super hac parte diu multumque cogitando laboravit[1]. Sollicita quoque fuit dubitare de liberorum operum bonorum pravorumque discrimine, nisi quantum alia salubria mundo sunt, alia perniciosa, cujusmodi naturalia sunt, et de divinae providentiae cura vel incuria circa humanas actiones, deque voluntate divina num certum cultum et statutam fidem requirat. Nullus fuit nobilis autor qui ea de re scripsisset, quem illa non perlustraret, non vir apprime doctus harum rerum in borealibus plagis cum quo sermocinari non studeret. Et proclivis interdum fuit ad opinandum, satis esse suae regionis palam colere religionem, caeterum vivere convenienter naturae. Ad extremum in hanc venit sententiam, deum, hoc est optimum, tyranno quovis pe-

[1] Die Stelle bekommt erst Licht, wenn man Cic. de n. d. I, 2 vergleicht (worauf Grauert, Christina II, 32 aufmerksam macht). Die Worte sind: opiniones (de rebus divinis) cum tam variae sint tamque inter se dissidentes, alterum fieri profecto potest ut earum nulla, alterum certe non potest ut plus una vera sit. — Man sieht auch hier den Charakter von Pallavicinis Historiographie: er verleitet gleichsam absichtlich, jedoch versteckt, zum Irrtum.

jorem fore si conscientiae morsibus acribus sed falsis humanum genus universum cruciaret, si mortalibus ab eodem insita notione communi grata sibi esse eorum sacrificia eorumque votis annuere nihil ea cuncta curaret. – –

Im vierten Buche, welches nur zum Teil auch in dem lateinischen und den ältern Exemplaren vorhanden ist, beginnt der Autor mit der Herbeirufung der Nepoten. Raggioni che persuasero al papa di chiamare i nepoti. Discorsi di Roma. So wenig ist es wahr, daß dem Pallavicini hierüber die Feder aus der Hand gefallen ist, daß er vielmehr das Ereignis und die Meinung, die man in Rom darüber gehegt, ausführlich erörtert. – Die Verhältnisse der Königin Christine in Rom. Unterstützung die ihr der Papst gewährt. La reina, ch'era vissuta con quella prodigalità la quale impoverisce senza il piacere e l'honore di spendere e che si esercita non in dare ma in lasciarsi rubare, nel tempo della sua dimora haveva impegnato tutte le gioje con la speranza delle future rimesse, nè per cio gli restava un scudo onde provedere al destinato viaggio. Però, sicome la necessità vince la vergogna, convenne che ella si facesse violenza in dimandar soccorso al pontefice, ma nelle maniere più lontane che seppe dal limosinare: e perche la lettera non arrossisce, il pregò per mezzo di questa a fare che alcun mercante le prestasse danaro con promessa d'intera restitutione. Dem Papste schien es nicht sehr ehrenvoll, als Bürge die ganze Last der Schuld ohne weitern Vorteil auf sich zu nehmen. Er ließ ihr lieber durch einen vertrauten Religiosen, wahrscheinlich Pallavicini selbst, zugleich mit einigen Gold- und Silbermünzen, die damals auf den Einzug der Königin geschlagen worden, eine Börse mit 10000 Skudi als Geschenk zustellen, „con escusarne la pochezza per l'angustia dell' erario". La reina nel ringratiare pianse alle volte per quella mistura d'affetti che sorgono in questi casi. – Auch der Wiederherstellung der Jesuiten in Venedig widmet Pallavicini ausführliche Erläuterungen, ganz in dem Sinne, den man in seiner Geschichte des Tridentinischen Konziliums bei ihm wahrgenommen hat.

In dem fünften Buche folgt dann die Geschichte des Jahres 1657. Kardinalpromotionen. Bauten in S. Maria del Popolo, della Pace, auf dem Petersplatz. – Die Königin Christine in Frankreich. Monaldeschi, dessen Katastrophe hier folgendergestalt erzählt wird. Mentre la regina si tratteneva in Fontanablò, Ludovico, il fratello di lui (Fr. Mar. Sentinelli), emulo nella gratia della padrona di Gian Rinaldo Monaldeschi principal gentil'homo di questi paesi, per notitie, come si disse, mandategli di Roma dal prenominato fratello, scoperse a lei alcuni trattati del Monaldeschi per cui le appariva poco fedele: onde ella dopo haverlo convinto e trattane dalla sua bocca la confessione gli diede un'hora solamente di spatio per provedere alla coscienza con l'opera d'un sacerdote, e dipoi, cio che appena le sarebbe stato permesso in Stockholm quando vi dominava, il fè uccidere per mano dell'istesso suo emulo.

Im sechsten Buche kehrt der Autor zu den innern römischen Sachen zurück. Mit den Einrichtungen in Hinsicht der Prälatur, für welche Alexander eine bestimmte Summe von Einkünften forderte, bricht er ab.

Auch dies vollständigste Exemplar dieser Lebensbeschreibung umfaßt dennoch bei weitem nicht das ganze Leben des Papstes.

131.

Paolo Casati ad Alessandro VII sopra la regina di Suecia. (Bibl. Alb.)

Malines und Casati waren die beiden Jesuiten, welche von dem General des Ordens nach Stockholm geschickt wurden, um die Königin zu bekehren.

Von Malines findet sich ein Privatschreiben über diese Unternehmung in den Memoiren von Arckenholtz, Tom. IV, App. n. 27.

Einen noch bei weitem ausführlicheren und so zu sagen offiziellen Bericht erstattete Casati an Alexander VII.: ein eigentliches Schreiben „Alla Santità di N^{ro} Signore Alessandro VII", datiert dal collegio Romano li 5 Dec. 1655 und unterzeichnet Della S^{tà} V^{ra} umilissimo servitore ed obedientissimo figlio in Cristo Paolo Casati della Compagnia di Gesù, das nun die einzelnen Momente viel eingehender und genügender hervorhebt.

Per ubbidire, hebt er an, ai cenni di V. S^{tà}, che ha desiderato una breve memoria di quello è passato nella risolutione presa dalla regina Cristina di Suecia di rinonciare il regno per rendersi cattolica, sono necessitato farmi un passo a dietro per spiegarne l'occasione, *conforme alle notitie havute dalla bocca della stessa regina*, alla quale mi assicuro non sia per essere se non di gusto che la S^{tà} Vostra sia del tutto sinceramente informata.

Die ersten Notizen von der früheren Zeit sind jedoch nicht von viel Bedeutung: von den schwedischen Zuständen hatte der Autor keinen Begriff: er wird erst merkwürdig, wo er auf die religiösen Interessen kommt.

Havendo acquistato tanto di cognitione, cominciò far riflessione che molte delle cose della setta Luterana, in cui era stata allevata, non potevano sussistere, e cominciando ad esaminarle, più le teneva inconvenienti. Quindi cominciò con più diligenza a studiare nelle cose della religione e delle controversie, e trovando che quella in cui era nudrita non haveva apparenza di vera, si diede con straordinaria curiosità ad informarsi di tutte et a ponderare la difficoltà di ciascuna. Impiegò in questo lo spatio di cinque anni incirca, con grande perturbatione interna d'animo, poiche non trovava dove fermarsi: e misurando ogni cosa con discorso meramente humano, parevale che molte cose potessero essere mere inventioni politiche per trattenere la gente più semplice: e degl' argomenti che quelli d'una setta si servono contro d'un' altra, ella si serviva per ritorcerli contro quella stessa: così paragonava le cose di Mosè nel popolo Ebreo a ciò che fece Maometto negli Arabi. Dal che nasceva che non trovava alcuna religione che vera le paresse. Et io l'ho molte volte udita che s'accusava d'essere stata troppo profana in volere investigare i più alti misterj della divinità: poiche non ha lasciato a dietro alcun mistero della nostra fede che non habbia voluto esaminare, mentre cercava di quietare l'anima sua con trovare finalmente una religione, essendo che ogni sorte di libro che trattasse di cosa appartenente a ciò, ella leggeva, le capitarono anche molte cose degli antichi e de' gentili e d'athei. E se bene ella non giunse mai a tal cecità che dubitasse dell' esistenza di dio e sua unità con farne concetto come di cosa maggiore di tutte le altre, pure si lasciò empire la mente di molte difficoltà, delle quali poi varie volte discorresimo. E finalmente non trovava altra conchiusione se non che nell' esterno conveniva far cio che fanno gl'altri, stimando tutte le cose indifferenti, e non importar più seguir questa che quell' altra religione o setta, e bastar di non far cosa che fosse contro il dettame della ragione e di cui la persona potesse una volta arrossirsi d'haverla fatta. Con questo s'andò qualche tempo governando, e parevale d'haver trovato qualche riposo, massime che haveva scoperte altre persone (anche chiamate di lontano) da lei stimate per dotte e savie essere di poco differente parere, giacche erano fuori della vera religione cattolica da loro riprovata sin dalla fanciullezza. Ma il signore iddio, che voleva havere misericordia della regina nè lasciarla perire negl' errori dell' intelletto, giacche per l'altra parte haveva ottima volontà e desiderio di conoscere il vero e nell' oprare talmente si lasciava guidare dal lume della retta ragione, che più volte m'ha assicurato di non haver mai fatto cosa che giudicasse non doversi fare nè di cui possa arrossirsene (che queste sono le sue formole di parlare), cominciò a farle apprendere che dove si tratta della salute eterna dell' anima, ogn' altro interesse deve cedere e che l'errore in cosa tanto importante è d'eterno pregiuditio: onde ripigliò di nuovo il pensiere che dovea esservi qualche religione, e posto che l'huomo doveva havere pure una religione, tra tutte quelle che si sapeva fossero nel mondo, niuna le sembrava più ragionevole della cattolica: perciò facendosi più attenta riflessione, trovò che li suoi dogmi et istituti non sono così sciocchi come li ministri luterani (li chiamano pastori) vorriano far credere.

Da wir nun einmal nicht das ganze Werk aufnehmen können, so mag noch folgende ausführliche Schilderung des ersten Zusammentreffens der Jesuiten mit der Königin genügen.

Partiti d'Hamburg dopo due giornate a Rendsburg ci accompagnammo col signor senatore Rosenhan, che ritornava in Suecia, e con lui andammo sino a Roschilt, dove sono sepolti li re di Danimarca, toltone S. Canuto, il cuicapo è a Ringstede. Egli tirò dritto a Elsenor per passare lo stretto, e noi andammo a Copenhagen. Questa cognitione fatta col sig^{r} Rosenhan ci giovò poi in Stockholm per esser meno sospetti: e la regina un giorno dicendogli che non sapeva che concetto dovesse *farsi di quei due Italiani*, egli disse che non v'era di che temere, che erano buona gente, e ci usò sempre gran cortesia. Hebbimo pure fortuna nel viaggio d'unirci per alcune giornate col generale Wachtmeister gran scudiere del regno, il quale parimente ci fu di non poca utilità: perche essendo noi giunti in Stockholm alli 24 di Fèbbraro conforme lo stile antico, et havendo io il giorno seguente cercato di parlare a Gio. Holm, valletto di camera di Sua Maestà, per essere introdotto a presentare la lettera datami in Roma dal padre vicario generale, nè havendolo trovato, la sera detto generale fu occasione che Sua Maestà sapesse il mio arrivo. Mentre stava la regina cenando, due cavalieri si lamentavano che faceva freddo, e il generale Wachtmeister gli sgridò, dicendo che non havevano tanta paura del freddo due Italiani venuti in sua compagnia. Udì la regina questa contesa, et interrogatoli di che contendessero, udito ch'ebbe essere venuti due Italiani, richiese s'erano musici: ma rispondendo il generale che erano due galant' huomini che andavano vedendo il paese, Sua M^tà^ disse che per ogni modo li voleva vedere. Noi subito fummo avvisati di tutto cio ed esortati ad andare il giorno seguente alla corte: anzi dal sig^r^ Zaccaria Grimani nobile Veneto vi fummo condotti la mattina seguente e introdotti a salutare il conte Magnus de la Gardie primo ministro di Sua M^tà^ per ottenere per mezzo suo l'honore di baciar la mano di Sua M^tà^: egli con somma cortesia ci accolse e ci assicurò che Sua M^tà^ l'havria havuto molto a caro. Era l'hora del pranso, quando la regina uscì nel Vierkant, e noi fummo avvisati d'accostarci a Sua M^tà^, e baciatale la mano fecimo un piccolo complimento in Italiano (che così ella haveva comandato, se bene ci aveva fatto avvisare ch' averia risposto in Francese, giacche noi l'intendevamo) proportionato all' apparenza del personaggio che rappresentavamo: et ella con grandissima benignità rispose. Subito s'inviò il maresciallo della corte e con lui tutti li cavalieri verso la sala dove stava preparata la tavola, ed io mi trovai immediatamente d'avanti alla regina. Ella, che la notte ripensando alli due Italiani e facendo riflessione che appunto era il fine di Febbraro, circa il qual tempo da Roma se l'era scritto che saressimo giunti, era venuta in sospetto che noi fossimo quelli che aspettava, quando fossimo poco lontani della porta e che già tutti erano quasi usciti dal Vierkant, mi disse sottovoce: „forse voi havete qualche lettera per me", ed io senza voltarmi che si; soggiunse: „non ne parlate con alcuno". Mentre noi il dopo pranso stavamo sopra cio che era seguito discorrendo, ecco sopragiunge uno che in Francese ci fa varii complimenti, poi s'avvanza a dimandarci se haveriamo lettere per Sua M^tà^. Io cominciai subito a dar risposte ambigue, che non havevamo negotii, che non havevamo lettere di raccomandatione etc., sin a tanto che egli alla fine disse per ordine tutto quello che nel breve e fortuito colloquio m'haveva detto la regina. Allora m'accorsi che da lei sola poteva esser mandato: pure per maggior sicurezza lo richiesi del suo nome, ed udito che egli era Gio. Holm, gli consegnai la lettera. La mattina seguente, quasi due hore prima del tempo solito d'andar alla corte, ci avvisò Gio. Holm che Sua M^tà^ voleva parlarci. Subito andammo: e appena erano entrati nel Vierkant, dove era solo l'officiale di guardia, quando uscì la regina, e mostrò di meravigliarsi, sì perche non fosse ivi ancora alcuno de' cavaglieri, sì perche noi fossimo stati i primi nell' andare: e dopo haverci interrogati d'alcune poche cose intorno al nostro viaggio, udendo l'officiale, gli dimandò se fosse comparso alcuno de' segretarii, e rispondendo quegli che no, comandolli andasse a chiamare uno di loro, e non tornò che dopo un'hora. Partito che ei fu, cominciò Sua M^tà^ con cortesissime parole a ringratiarci della fatica presa da noi per sua cagione nel viaggio, ci assicurò che qualunque pericolo potesse occorrere d'essere scoperti, non temessimo, perche non haveria permesso havessimo male alcuno. C'incaricò il segreto nè ci fidassimo di persona, additandoci nominatamente alcuni de' quali dubitava potessimo havere confidenza in progresso di tempo: ci diede speranza che havendo ella sodisfattione il nostro viaggio non saria stato indarno: c'interrogò dell' arrivo del padre Macedo e come noi fossimo stati eletti per andare colà: ci raccontò come fosse succeduta la partenza del padre Macedo. – –

132.

Relatione della corte Romana del Caval. Corraro 1660.

In der Tat hatte man sich von Alexander VII. glänzende Hoffnungen gemacht. Hof und Staat erwarteten ihre Restauration, die Kirche die Herstellung der alten Disziplin von ihm: auch unter den Protestanten gab es viele, die sich ihm näherten: es erregte deshalb ein allgemeines Aufsehen und Erstaunen, als er so bald eben wie seine letzten Vorfahren zu regieren anfing. Die gute Meinung schlug in einen heftigen Widerwillen um.

Der erste Botschafter, den die Venezianer nach jener glückwünschenden Gesandtschaft in Rom hielten, war Hieronimo Giustiniano. Seine Depeschen fallen in das Jahr 1656. Er starb an der Pest.

An die Stelle desselben ward Anzolo Corraro, damals Podesta von Padua, ernannt. Er zögerte so lange, daß man schon einen anderen für ihn wählte: hierauf jedoch eilte er nach Rom und residierte daselbst 1657 bis 1659.

Die Relation, die er bei seiner Rückkehr von dem Hofe erstattete, fiel nun nicht sehr günstig aus. Der Papst und sein Haus werden mit Tadel überhäuft.

Es ist für uns indes eines besonderen Umstandes halber nicht notwendig, einen ausführlicheren Auszug derselben mitzuteilen.

Diese Relation brachte einen so lebhaften Eindruck hervor, daß sie sich sogleich den Weg in das Publikum bahnte.

Eine französische Übersetzung derselben erschien zu Leyden: Relation de la cour de Rome faite l'an 1661 (0) au conseil de Pregadi par l'excell^me^. Seigneur Angelo Corraro: – chez Lorenz, 1663, die das italienische Original, wo ich sie irgend verglichen habe, vollständig wiedergibt und noch heute nicht selten ist.

Sie ward in dem Momente gedruckt, als die Entzweiung der Chigi mit Crequy die allgemeine Aufmerksamkeit auf Rom richtete; die Publikation sollte mit dazu dienen, die öffentliche Meinung gegen den Papst zu entflammen. Sie ist Beuningen dediziert, der noch nicht gesagt hatte: „Sta sol".

133.

Relatione di Roma dell' eccelent^mo^ Sig^r^ Niccolò Sagredo 1661.

Eine Relation, von der ich kein authentisches Exemplar sah und die sich auch unter dem Namen Anzolo Corrers findet.

Da es aber kein Zweifel sein kann, daß die vorige wirklich von Correr stammt, dessen Tätigkeit im Kriege wider die Barberini ausdrücklich darin erwähnt wird, und in der vorliegenden dagegen der Autor den Wunsch äußert, von 27jährigen Wanderungen entbunden sich nun zu Hause der Erziehung seiner Kinder widmen zu dürfen, was wahrhaftig auf Correr nicht paßt, der zuletzt Podesta in Padua gewesen war, so trage ich kein Bedenken, den Namen Sagredo für den richtigen zu halten. Sagredo war, wie wir wissen, schon einmal nach Rom, dann nach Wien gesandt worden: jetzt ging er zum zweitenmal nach Rom. Er war überhaupt einer der am meisten beschäftigten venezianischen Staatsmänner und wurde zuletzt Doge.

Die Relation ist lange nicht so scharf wie die vorige; doch lobt sie darum nicht: sie hat eher das Gepräge leidenschaftsloser Beobachtung.

Bei der Aufnahme der Nepoten bemerkt Sagredo, daß Papst Alexander sonderbarerweise auch dann noch immer auf die Reichtümer der Borghesi, Barberini und Ludovisi schalt, als er schon selbst keine Gelegenheit versäumte, seine eigenen Nepoten zu bereichern.

Schilderung dieses Papstes: Placido e soave: nei negotii nè facile nè molto disposto: per natura è dubbioso nelle risolutioni grandi, osia per timore che non rieschino, o perche mal volontieri s'affatichi nel procurarle, da ogni spina, benche lontana, parendogli sentirsi pungere.

Durch die Unterdrückung jener Orden glaubte er den Venezianern genug getan zu haben: auf die Länge schien doch auch ihm der kandianische Krieg nicht gefährlich. Unmittelbar berührte ihn, daß Parma und Modena mit ihren Ansprüchen an den Kirchenstaat bei Frankreich Unterstützung fanden. Auch die portugiesische Sache ward nicht erledigt. Vedutosi quel regno in mancanza assoluta di vescovi e dilapidate le rendite di tutte le chiese, si sono sentiti molti clamori non solo, ma vivissime l'instanze del card[l] Orsino protettore, perche fossero provedute: ma non si è lasciato condurre il papa mai a farlo.

Überhaupt finden wir das Papsttum bereits mit den meisten katholischen Staaten in Differenzen. Es war keiner, der die jurisdiktionellen und pekuniären Ansprüche der Kurie nicht perhorresziert hätte.

Von dem, was in Rom geschah, hebt der Autor zunächst die Bauten Alexanders hervor. Wir sehen, daß das allgemeine Urteil die Cattedra di S. Pietro in der Peterskirche den Kolonnaten weit vorzog. In der Stadt selbst ging es bei den Verschönerungen oft etwas gewaltsam her. Molte strade della città con getti di case e di palazzi drizzate: levatesi le colonne et impedimenti che stavano avanti le porte di particulari: allargatasi la piazza Colonna del collegio Romano ad istanza de' Gesuiti col abbattimento del nobilissimo palazzo Salviati: ristrettisi tutti i tavolati delle botteghe: opere tutte che come riescono in fine di grand' ornamento della città, così il peso delle medesime su la borsa de' privati cadendo, non puonno che delle mormorationi partorire, il vedersi gittar a terra il proprio nido, il contribuirsi summe rilevanti per l'aggiustamento di strade ch'ai medesimi particulari nulla profittano, sotto colore che le loro habitationi habbiano a godere della vista più bella, non equivalendo all' aggravio che ne risentono et alla forza con cui sono a consentirvi costretti.

134.

Relation di Roma del K^{r} Pietro Basadona 1663.

In der Manier Corraros, die jedoch hier noch überboten ist. Ich will einige Stellen anführen.
Zuerst über die Streitigkeit mit Frankreich, ohne Zweifel das wichtigste Ereignis, das während dieser Gesandtschaft statthatte. Quanto alle brighe correnti, so di havere nelle mie successive lettere dispolpate le ossa di tal materia quanto conviene: però non devo tacere che se l'imprudente superbia fece cadere i Chigi nella fossa, l'ambitiosa mellonagine vi gli habbia miseramente inviluppati. Costoro si persuadevano che Roma fosse il mondo: ma il re di Francia a spese loro gli ha dato a divedere che non havevano bene studiata la geografia. Varie ciarle hanno divolgate le passioni degli huomini circa l'insolenza d'imperiali e di Don Mario contra l'immunità dell' ambasciatore Francese. Io non dirò che fossero innocenti, ma effettivamente affermo che congiunta alla loro mala volontà qualche colpa del caso, che accresce o sminuisce non di rado le humane operationi, li constituisca per rei et obligati a rendere puntualmente soddisfatte le pretensioni che il re di Francia può legitimamente fondare sulle ingiurie pur troppo sostenute nella persona del suo ministro: e sicome io conobbi questa verità, così contribuii indefessa applicatione per intepidire le mosse di Crequi, e prima che le cose corressero a manifesta rovina, saldare la scissura col balsamo de' negotiati. Ma erano troppi umori nelle teste Chigiarde e troppa ostinatione per condescendere ad una convenevole humilatione verso il re, di cui non si volevano temere le bravate quasiche fatte in credenza e non durabili più di una effimera Francese. Insino mi hebbe a dire Sua B^{ne} che i cuori Romani non havevano paura delle smargiassate dei giovinastri Parigini. Al che risposi, complire tal volta più pigliarsela con gli assennati vecchioni che con giovinastri cervelletti, i quali sogliono per isfogare un favorito capriccio avventurarsi anche sull' orlo dei precipitii, e che il trescare con chi ha dei grilli in capo, esserciti a fianchi e milioni sotto i piedi, non era buon giuoco per li pontefici, che hanno solamente le due dita alzate. Rappresentai più volte, quando si vide che il re diceva da senno, essersi pur troppo ruinato il dominio ecclesiastico dai quattordeci milioni che spese nella guerra Barberina, che i milioni di cui la camera è debitrice passano cinquanta, e che in somma Sua S^{tà} senza rovinarsi non poteva armarsi, senza perdersi non poteva combattere, anzi che senza combattere il nemico poteva rovinarlo. Ma vane furono queste e cento altre più massiccie ragioni, havendo troppo amore per non allontanarsi i parenti e troppo umore per il puntiglio di Castro. Ed un giorno che lo trovai di vena, mi disse queste formali parole: ,,Tutti esclamano che si scameri Castro, e nessuno dice che si restituischi Avignone: tutti espongono che il re merita esser risarcito degli affronti presenti ricevuti, e nessuno parla che si rifacciano gli strapazzi degli ecclesiastici; se fosse vero, come si sa non essere, che imperiali e nostro fratello Mario habbiano dati gli ordini a Corsi contro l'ambasciatore e potrebbe il re pretendere sodisfattione contro questi due: ma

come ci entra Castro? e poi se Mario è innocente, come si ha d'allontanare da noi?"

So geht es nun fort: selbstgefällige Invektiven, eine tiefe Verachtung dieses ganzen geistlichen Wesens, eine ganz moderne Gesinnung. Schon wird die Möglichkeit ins Auge gefaßt, daß die Franzosen sich Roms bemächtigen könnten. Zuweilen sollte man zweifeln, ob dergleichen Dinge wirklich in dem Senat vorgetragen werden durften. Betrachtet man aber, daß eben damals auf allen Seiten heftige Angriffe gegen den Römischen Stuhl erhoben wurden – es erschienen die wildesten Satiren, z. B. le putanisme de Rome, worin geradezu gesagt wird, man müsse dem Papst eine Frau geben, um andern Übeln vorzubeugen, und das Papsttum erblich machen –, daß dies die Epoche war, in der der Kredit desselben allgemein abzunehmen anfing, so findet man es doch so unwahrscheinlich nicht. Übrigens kannte der Verfasser Hof und Staat sehr gut. Er verdient es wohl, daß wir ihn auch noch über den Kirchenstaat vernehmen.

Si palpa con mano, l'ecclesiastico dominio essere totalmente aggravato, sì che molti possessori non potendo estrarre da i loro terreni quanto basti a pagare le publiche impositioni straordinariamente aggiunte, trovano di consiglio di necessità l'abbandonare i loro fondi e cercare da paese men rapace la fortuna di poter vivere. Taccio di datii e gabelle sopra tutte le robe comestibili, niuna eccettuata: perche le taglie, i donativi, i sussidii e le altre straordinarie angherie che studiosamente s'inventano, sono tali che eccitarebbono compassione e stupore, se i terribili commissarii che spedisce Roma nelle città suddite con suprema autorità d'inquirere, vendere, asportare, condannare, non eccedessero ogni credenza, non essendo mai mese che non volino su le poste grifoni ed arpie col sopramantello di commissarii o della fabrica di S. Pietro o de legati pii o de spogli o degli archivii o di venticinque altri tribunali Romani: onde restano martirizzate le borse, benche esauste, de' sudditi impotenti ad ultima prova. E però, se si pongono da parte Ferrara e Bologna, con le quali si usa qualche riguardo e le quali sono favorite dalla natura et arte di ottimi terreni e di mercatura industriosa, tutte le altre città della Romagna, della Marca, Umbria, Patrimonio, Sabina e Territorio di Roma sono miserabili per ogni rispetto: nè trovasi (oh vergogna dei Romani comandanti) in alcuna città l'arte della lana o della seta, non che dei panni d'oro, se due o tre picciole bicocche di Fossombrone, Pergola, Matelica, Camerino e Norcia n'eccettuo: e pure facilmente per l'abbondanza della lana e seta si potrebbe introdurre ogni vantagievole mercatura. Ma essendo il dominio ecclesiastico un terreno che si ha ad affitto, coloro che lo noleggiano, non pensano a bonificarlo, ma solamente a cavarne quella pinguedine che può spremersene maggiore che sia del povero campo, che smunto et arido a nuovi affittuali non havrà agio di porgere che sterilissimi suffragj. E pare arso l'erario pontificio da un abisso di voragine: si hebbe per bene armare per due volte, quasi che il primo errore, che costò due milioni, fosse stato imitabile per qualche civanzo alla difesa dello stato, quando alle prime rotture ogni prudenza insegnava a stringere l'accomodamento per (non) dare pretesto a Francia di chieder peggio. Un calcolo, che feci nella mozzatura di quattro e mezzo per cento che rendevano i luoghi de' monti, come fanno di sette per cento nella nostra zecca, ridotti a quattro solamente, trovai che a un mezzo scudo per cento in cinquanta milioni effettivi di debito, la camera venne a guadagnare 250 m. scudi di entrata, che a quattro per cento formarebbe un capitale di sei milioni e mezzo.

135.

Vita di Alessandro VII. Con la descrizione delle sue adherenze e governo. 1666.

Eine Lebensbeschreibung nicht, am wenigsten eine solche, wie sie Pallavicini schrieb; aber eine allgemeine Schilderung der Handlungen dieses Papstes, nach dem Eindruck, den sie in Rom hervorbrachten, von einem unterrichteten und im ganzen wohlgesinnten Zeitgenossen.
Egli è, heißt es vom Papst, veramente d'animo pio, religioso, divoto, e vorrebbe operare miracoli per conservatione del christianesimo: – – ma è pigro, timido, irresoluto, e molte volte mal opera per non operare. Er schmähte anfangs den Nepotismus und trieb ihn nachher doch so hoch. Alle ökonomischen Verhältnisse lagen in den Händen der Nepoten; – sie bereicherten sich sehr; die Zwistigkeiten mit Crequy waren ihnen unbedingt Schuld zu geben; – nur die auswärtigen Verhältnisse behielt sich der Papst selbst vor. Aber er wandte zu wenig Aufmerksamkeit darauf. Er hatte literarische Zusammenkünfte im Hause, die ihm viel Zeit wegnahmen, abends war Rospigliosi ein Stündchen zur Unterhaltung bei ihm. In der Tat gingen die Sachen nur sehr mittelmäßig. Der Papst antwortete in allgemeinen Ausdrücken, ohne doch einen Minister zu haben, an den man sich hätte wenden können.
Der Schluß fällt daher nicht sehr tröstlich aus. Der Autor resumiert sich in den Worten: L'ambitione, l'avaritia et il lusso dominano il palazzo: e pure la pietà, la bontà et il zelo dominano Alessandro VII.

136.

Relatione di Roma di Giacomo Quirini Kr. 1667 (68) 20 Febr.

Vierthalb Jahr war J. Quirini bei Alexander VII., hierauf eine Zeitlang bei Clemens IX. beglaubigt: diese ganze Zeit umfaßt seine Relation.
Er schildert zuerst die letzten Jahre Alexanders VII., zwar nicht mit der Animosität wie seine Vorgänger, aber wesentlich in demselben Sinne.
In 42 mesi che servii Alessandro VII, conobbi esservi il solo nome del pontefice, ma non l'uso del ponteficato, datosi quel capo alla quiete dell' animo, al solo pensiere di vivere, e con severo divieto ripudiato il negotio, scemate tutte quelle virtù che da cardinale prestantemente teneva con vivacità di spirito, ingegno nel distinguere, prontezza nei partiti, disinvoltura nel risolvere e facilità supragrande dell' esprimersi.
Er schildert die Mißbräuche des Nepotismus. Von dem Bau der Hallen bei S. Pietro, der dem Caval. Bernini zum Tadel gereicht, sagt er sogar Unglück vorher: – renderà per sempre disabitata la città Leonina,

spianate le case, moltiplicate l'acque delle fontane, scemati i fuochi: cagiona in conseguenza la mal' aria. – Die Mißbräuche der Pensionen und der Stellenvergebung erörtert er mit besonderer Rücksicht auf Venedig, von wo jährlich die Summe von 100000 Duk. nach Rom gehe. Merkwürdig ist es, daß Alexander VII. auch seinerseits namentlich mit den Kardinälen unzufrieden war: er klagte, daß sie sich an die Fürsten hielten, selbst in der Sache von Castro, daß sie ihm nicht einmal einen guten Rat zu geben wüßten: Si lagnava non esser dottrina e virtù sodisfacente in quei porporati, non arricordando mai ripieghi o partiti che prima lui non li sapesse. Es war ein allgemeiner Verfall.

Das Konklave ward durch die Nachgiebigkeit Chigis gegen den Squadrone volante beherrscht. Später zeigte sich doch, daß Chigi sehr wohl daran getan hatte. Eben dieser Nachgiebigkeit hatte er zu danken, daß Clemens IX. ihm einen Teil der Gewalt überließ.

Quirini findet Clemens IX. schwächlich, mit Krankheiten beladen, fest, ja hartnäckig in seinen Meinungen: er verbot zuweilen seinen Ministern, auf einen Gegenstand zurückzukommen, über den er seinen Beschluß gefaßt hatte. Ein Musikus aus Pistoja, des Namens Atto, wohlbekannt in Venedig, hatte bei ihm vertraulichen Zutritt. Seinen Entschluß, an den Auflagen etwas nachzulassen, findet Quirini heldenmütig. Mostrò eroica pietà, levando due giulj di gabella di macinato dei rubiatelli, privandosi di 2 milioni di scudi.

Er kommt auf die Familie Clemens' IX., besonders Kardinal Rospigliosi, den er folgendergestalt schildert.

Tuttoche il giorno innanzi della mia partenza seguisse la promotione, restando al cardinalato promosso l'abate Rospigliosi in età di 38 anni finiti, ciò non ostante, avendolo per due volte conosciuto in Spagna e trattatolo in Roma con negotii diversi come coppiere del cardinal Chigi, posso con distinta cognitione riferire all' EE VV che il papa parlando meco frequentemente nelle audienze e lasciandosi con giustizia rapire lo considerava per cauto ministro, e per consentimento comune gli attribuiva merito e lode: et in questo credo che moralmente non si possa ingannare, perche niun nipote di papa è comparso in teatro più informato di lui, mentre in corte cattolica fu sempre a parte della lunga nunciatura del zio. Nella secretaria di stato in Roma era l'unico direttore, formando lettere e risposte negli affari de' principi. Insorti poi li turbini per le pessime risolutioni con l'ambasciatore Crechi fu prima espedito a S. Quirico e poi a Livorno, con intentione più tosto di portar le lusinghe di palazzo che di soddisfare l'ambasciator duca: et aggiustato in fine il negotio fu nella legatione di Chigi spedito in Francia a consultare le formalità del trattamento: e ritornato in Roma col titolo d'internuncio passò in Fiandra: et assunto al pontificato papa Clemente credè con la speranza e con l'opinione di poter conciliare le differenze conservando nello stesso tempo gli ornamenti della pace e rimuovere i pericoli della guerra, dove gli espedì la plenipotenza per aggiustare i dispareri vertenti tra le corone. Nelli di cui viaggi et impieghi siccome nei primi giorni profuse con grande generosità molt' oro: così, caduto mortalmente infermo in Susa, convenne con prodigalità dispensare infinito contante, a segno che 140 m. scudi ne risente d'aggravio la camera apostolica. Nel resto il naturale suo è melancolico: uomo di poche parole e ritirato in se stesso: et in tanti anni di conversationi e d'anticamera si dimostrò con tutti indifferente, non palesando sviscerata amicitia o confidenza con alcuno, essendo più tosto misurato che sostenuto nei discorsi: et hora a causa del patimento sofferto resta per qualche momento predominato da certa fissatione de' pensieri, e tende nel negotio, nelle visite e nell' agitationi della corte s'applica e divertisca: con tutto cio dirige la secretaria di stato il card[l] Azzolini sottoscrivendo lo stesso cardinale gli ordini alle legationi non meno che alle nuntiature de' principi. Sin qui resta poi dalla beneficenza del papa proveduto di 3 m. scudi di pensioni e badie che teneva il pontefice, di quattro mila scudi per la morte del card[le] Palotta, e di dodici m. scudi della legatione d'Avignone come cardinal padrone.

137.

Relatione della corte di Roma al re christianissimo dal S[r] di Charme 1669.

Eine Relation, die französisch und italienisch gedruckt ist, die aber – und vielleicht ist sie eben darum gedruckt worden – nur wenig Bedeutendes enthält.

Die Unordnungen der apostolischen Kammer werden auch hier erörtert; wie wenig ihnen damit geholfen werde, daß Clemens IX. seine Nepoten eingeschränkt halte; wie auch keine Kongregation etwas ausrichte und allgemeiner Bankerott zu fürchten sei.

Die Bemerkungen Grimanis über den Mangel an tauglichen Leuten, den guten Willen und die geringe Energie der Rospigliosi, den Zustand der Prälatur und des Landes werden hier bestätigt.

Es gibt Überarbeitungen, bei denen man mehreres geradezu aus Grimani herübergenommen hat.

Ich möchte doch zweifeln, ob diese Arbeit von einem französischen Gesandten stammt: es müßte der Duc de Chaulnes sein, den wir in den Négociations relatives à la succession d'Espagne II, p. 579 als Ambassadeur in Rom finden: von einem nicht ununterrichteten Zeitgenossen ist sie aber auf jeden Fall.

138.

Relatione della corte di Roma del sig[r] Antonio Grimani ambasciatore della republica di Venetia in Roma durante il pontificato di Clemente IX. 1670.

Noch etwas zweifelhaft drückte sich Quirini über die Tugenden Clemens' IX. aus. Die Erfahrung, die man an Alexander VII. gemacht, mochte ihm Bedenken erregen. In ein unbedingtes Lob dagegen bricht, wenigstens in moralischer Hinsicht, Grimani aus. Veramente la mansuetudine, la modestia, la piacevolezza, la moderatione, la clemenza, la candidezza dell' animo, la purità della conscienza sono doti sue particolari. Er behauptet, nie einen besseren Menschen gekannt zu haben. Zuerst erörtert er nun die Mäßigung, mit der Clemens seine Nepoten ausstattete. Es zeigt sich doch, daß man in Rom vieles dagegen einzuwenden fand. Grimani meinte sogar, die Pistojesen würden sich für die unerwartete Zurücksetzung, mit der man sie behandle, später einmal an den Nepoten rächen.

Dabei bleibt freilich auch gewiß, daß Clemens keine ernstliche Anstalt machte, die übrigen Mißbräuche zu heben: schon rief man aus, wenn nicht ein neuer Sixtus V. komme, so laufe das Pontifikat Gefahr, völlig zugrunde zu gehen.

Grimani zählt die vornehmsten Übelstände auf: Verkauf der Stellen, daher entspringe der Mangel an tauglichen Leuten; schlechte Geldwirtschaft; vorzüglich Vernachlässigung der Mönche. Al presente i religiosi sono tenuti in un concetto si vile che da per loro si allontanano di comparir nella corte per non ricevere affronti da' cortigiani più infimi. Le porpore e vescovadi si tengono vilipesi su le spalle de' religiosi, e nelle concorrenze un pretuccio ignorante e vitioso otteneră il premio sopra il religioso dotto e da bene. I nipoti non curano de' religiosi: perche non possono da questi esser corteggiati come da' preti. Se si parla di aggravj, i monasterj sono i primi: se di riforma, non si parla di preti, ma di religiosi. In somma, si toglie affatto ad ogni uno la volontà di studiare e la cura di difender la chiesa dalle false opinioni che vanno seminando i nemici di Roma: de' quali moltiplicandosi giornalmente il numero, e deteriorandosi quello de' religiosi dotti et esemplari, potrebbe in breve soffrirne non poco detrimento la corte. Onde al mio credere farebbono bene i pontefici di procurar di rimettere i regolari nel pristino posto di stima, partecipandoli di quando in quando cariche e dignità, tanto più ch' essendo grande il numero possono scegliere i soggetti a loro piacere: e così nelle religioni vi entrarebbono huomini eminenti, dove che tengono a vile hoggidì di coprirsi le spalle d'un cappuccino i più falliti mercanti, nè si veggono entrar ne' monasterj che gente mecanica. Leider sei aber von Clemens IX. keine Abhilfe zu erwarten: er sei allzu lau, allzu gutmütig.

Nach dieser Schilderung des Papstes geht der Botschafter auf dessen nächste Angehörige über. Zuerst der Kardinal Rospigliosi, von dem man hoffte, „quod esset redempturus Israel". Er zeigt an, warum diese Hoffnung doch getäuscht worden. Tre cose per mio credere sono quelle che fanno camminar col piede di piombo il cardinal predetto, accusato di lentezza di genio e di mancanza d'applicatione. La prima è il gran desiderio di voler far bene ogni cosa e di dar gusto a tutto il mondo, cosa che difficilmente può riuscire ad un' huomo che non è assoluto padrone. La seconda è che la sua volontà viene imbrigliata e trattenuta dal papa, il quale, se bene ama e considera con amore estraordinario questo nipote, gode però di fare il tutto a suo modo: onde dubioso il Rospigliosi d'incontrar nelle sue risolutioni le negative del papa e dall' altra parte volendo soddisfare gl' interessati fugge le occasioni di concludere cosa alcuna. E finalmente gli noce ancora la capacità del proprio intendimento, particolarmente in quelle cose che dipendono da lui: poiche abbondando, come si è detto, di ripieghi capaci da sostenere il posto di nipote, da sì gran copia nasce la gran penuria nelle risolutioni, perdendo la maggior parte dell' hore più pretiose a meditare e crivellare le materie, et intanto che si medita e crivella il modo da eligere senza mancare le più adequate, il tempo vola e le occasioni fuggono. – Die Gerechtigkeit indes mußte man ihm widerfahren lassen, daß er sich nicht bereichere: „havendo trascurato molte occasioni d'arricchirsi, e l'havrebbe possuto fare senza scrupolo e con buona coscienza." Man meinte wohl, Rospigliosi begünstige Chigi besonders zu dem Ende, um durch seine Hilfe selbst einmal Papst zu werden. Der Gesandte widerlegt diese Meinung.

Merkwürdig ist es, wie die Gesinnung, welche wir in dem Papst und dem Kardinal-Patron bemerken, auch in den untern Gliedern dieser Gewalt sich wiederholt. Sie sind nicht ohne guten Willen und Fähigkeit, aber um einer oder der andern Ursache willen vermögen sie doch nicht einzugreifen. Di due ministri si serve particolarmente il cardinale nelle cose che corrono alla giornata. L'uno è monsignore Augustini, huomo prudente e di vita esemplare, che può dirsi di lui come di Giobbe „Vir simplex et timens deum", ma del resto lento, lungo e irresoluto e tanto inclinato a voler far bene che fa poco per lo dubbio di non far male: onde con questa natura ha saputo dare così bene nell' humore del padrone che lo decanta per un' oracolo e lo stima il principal ministro della corte, benche quelli che continuamente lo sentono nelle congregationi, ne fanno altro, concetto e lo confessano bene per un soggetto mediocre, ma non più oltre, e della stessa opinione è ancora il papa. L'altro è mons^r^ Fiani, a cui fu dato il carico di segretario della consulta, officio veramente che ricerca gran confidenza col card^l^ padrone: onde con ragione Rospigliosi scelse questo huomo che conosce il dovere dell' amicitia e che in effetto non può desiderarsi maggior capacità nel governo, tuttavia inhabile quasi di esercitare il suo officio per esser podagroso e infermo, prolongando per questo ogni cosa con gran rammarico della corte, dalla quale vien poco accettato, tanto più che si è vociferato haver le mani inclinate a ricever presenti, ma per me credo che questa sia una vera malignità di dettatori.

Es ist nicht nötig, die weiteren Partikularitäten über die päpstliche Familie, die doch zu keinem Einfluß gelangte, zu wiederholen. Der Bruder des Papstes, Don Camillo Rospigliosi, würde, wie unser Autor sagt, wenn dies Gebrauch wäre, bei seinen Lebzeiten kanonisiert zu werden verdienen. Er hatte fünf Söhne, von denen jedoch nur zwei genannt zu werden brauchen: der zweitgeborene, Don Tommaso, der bereits den Gedanken hatte, die Industrie des Kirchenstaates zu heben, und der jüngste, Giambattista – giovine di bellissimo aspetto e d'un cervello acuto e penetrante, – der mit einer Pallavicini von Genua verheiratet wurde und das Haus Rospigliosi gründete. Es ist genug, nur noch die allgemeine Schilderung des neuen Verhältnisses dieser Nepoten aufzunehmen. Fra tutti li pontefici che sono stati nel Vaticano non se ne è forse veduto mai alcuno più politico e più prudente nel mantenersi con i suoi parenti come fece Clemente IX, il quale godeva di esser con loro, ma non già di darsi in preda di loro: anzi quanto più li mostrava segni di affetto e di ottima volentà, tanto maggiormente li teneva indietro senza parteciparli in modo alcuno i segreti de' suoi pensieri. Alla buona intentione del papa di torre via dalla chiesa lo scandolo introdotto da lungo tempo mediante la comunicatione di quasi tutta l'autorità del Vaticano che i pontefici hanno costumato di partecipare ai loro nipoti, è andata congiunta la bontà del nipotismo: perche si può dire con buona ragione che mai in Roma si sono veduti parenti di papa più modesti, più humili, più caritativi e meno disinteressati de' Rospigliosi, e quel che più importa, tutti dotati d'una stessa bontà e modestia, che però sarebbe stato un disumanarsi di lascarli d'amare: anzi si può dire giustamente che il papa non li amò mai quanto sarebbe necessario al merito delle loro ottime qualità, havendoli tenuti più tosto come stranieri che come parenti per non comunicare con essi loro alcuna cosa di conseguenza: con che si rendeva infelice, mentre dall' una parte si privava volontariamente della sodisfattione necessaria a' principi di sfogarsi con i congiunti, e dall' altra si vedeva privo di potersi aprire con i domestici, che per lo più erano gente idiota e di spirito ben mediocre. Si crede che il papa non confida le cose più importanti della corte che colla persona del card[l] Chigi, il quale come astuto et accorto ha saputo benissimo guadagnarsi il suo affetto.

Es folgt eine Schilderung der Kardinäle und der Gesandten, die an dem Hof residierten. Doch sind die Persönlichkeiten nicht bedeutend genug und die Interessen zu flüchtig, zu vorübergehend, als daß wir bei ihnen verweilen sollten.

139.

Relatione dello stato delle cose di Roma del mese di Sett. 1670.

(Alt. 9 Bl.)

Den venezianischen Relationen, der angeblich französischen gesellen sich auch spanische hinzu. Denn ohne Zweifel ist diese Relation für Spanien verfaßt. Es wird darin einer andern gedacht, welche an den spanischen Hof gegangen, weshalb man die in derselben enthaltenen Notizen hier weggelassen habe.

Clemens IX: la sua natura è placida: perche non viene alcuno ai suoi piedi al quale egli non desideri di fare qualche gratia. – – Va ristrettissimo nelle spese e parchissimo nel dare a suoi. Kardinal Altieri: opera tutto da se, e poca influenza riceve da altri. Sono secoli che non si è veduto un nepote di pontefice nè di maggior autorità nè d'abilità ed integrità. Wir ersehen, daß man auch unter dieser Regierung die meisten Beamten gelassen hatte, wie man sie fand.

Das Wichtigste aber, wovon unser Autor Meldung tut, ist die Entzweiung des Hofes. Chigi, Barberini, Rospigliosi waren auf das engste mit den Altieri verbunden. Vor allem hatte hierzu der spanische Gesandte beigetragen. Diesen gegenüber stand die Faktion der Squadronisten,

d. i. der innozenzianischen Kardinäle, die so viel Einfluß auf die letzten Papstwahlen gehabt und unter den beiden vorigen Regierungen ihre Anhänger in die öffentlichen Stellen gebracht hatten. Zu denen gehörten Omodei, Ottobono, Imperiali, Borromeo, Azzolino. In die Streitigkeiten dieser beiden Faktionen mischte sich die Königin von Schweden mit größtem Eifer. Man weiß, wie hoch sie Azzolino hielt. Hier wird sie dessen getreue Dienerin genannt. Tausend Intrigen werden ihr Schuld gegeben, um die Squadronisten zu befördern

140.

Memorie per descrivere la vita di Clemente X Pontefice Massimo, raccolte da Carlo Cartari Orvietano, decano degli avvocati consistoriali e prefetto dell' archivio apostolico di castello S. Angelo di Roma. (Alt. 211 S.)

Unmittelbar nach dem Tode des Papstes verfaßt, schon im Oktober 1676 fertig, mit ausdrücklicher Selbstverpflichtung, alle Schmeichelei zu vermeiden und die reine Wahrheit zu sagen (da questi fogli sarà l'adulatione, mia nemica irreconciliabile, affatto sbandita, alla sola verità candida e pura attenendomi); jedoch nach der Absicht des Autors nur eine Sammlung, um künftig von einem andern benutzt zu werden. Anfangs sollte es nun scheinen, als sei diese Erklärung nur der Ausdruck der Bescheidenheit.

Recht artig ist der Vater des Papstes, der alte Lorenz Altieri geschildert, den Cartari noch gut gekannt hatte: als ein Mann von kräftigem Geist, majestätisch in seiner Haltung, aber dabei doch sehr bescheiden, wie schon sein Blick das aussprach. Obwohl nur Sammler, enthält sich der Autor doch nicht, sogleich ein Concetto im Geiste seines Jahrhunderts hinzuzufügen: „di altrettanto bella canitie nell' esterno ricoperto quanto di una candidezza di costumi, di una rara pietà a meraviglia dotato".

Emilio Altieri war geboren 1590, wurde 1611 Doktor, stand eine Zeitlang in dem Studio Pamfilis, nachmaligen Papstes, begleitete 1624 jenen Bischof von Nola, Lancellotti, dessen Instruktion wir übrig haben, nach Polen; bei seiner Rückkunft ward er Bischof von Camerino an der Stelle seines Bruders Joh. Baptista, der in das Kardinal-Kollegium trat; man behauptet, obwohl dies Cartari nicht hat, schon damals sei Emilio selbst zum Kardinalat bestimmt gewesen: man hätte ihn lieber genommen als seinen Bruder; er habe aber die Selbstüberwindung besessen, in diesem Augenblick von Rom wegzureisen, um seinem ältern Bruder den Vorrang zu lassen. Unsern Emilio schickte Innozenz X. als Nuntius nach Neapel, und man behauptet, er habe dort zur Beilegung der Unruhen des Masaniello das Seinige beigetragen; Alexander VII. machte ihn zum Sekretär der Kongregation de' vescovi e regolari: eine Laufbahn, die jedermann sehr langsam fand. In seinem 79. Jahre erst kam es an ihn, wesentlich befördert zu werden: am 29. November 1669 ernannte ihn Clemens zum Kardinal; doch hatte dieser Papst gar nicht einmal Zeit, ihm den Hut zu geben: ohne diesen nur noch empfangen zu haben, ging Altieri in das Konklave: 29. April 1670 endigte dies damit, daß er selbst zum Papst erwählt ward. Er weigerte sich eine Zeitlang; er erklärte, es gebe andere, verdientere Leute; er nannte sogar einen Kardinal Brancacci: jedoch nahm er die höchste Würde an.

Schon in so hohem Alter stand der neue Papst: er hatte nicht einmal einen leiblichen Nepoten: er mußte einen Nepoten wählen, um die Last der Geschäfte mit ihm zu teilen.

Ritrovavasi S. Beatitudine nell' anno ottantesimo di sua età: onde per questa cagione e per imitare i suoi antecessori, quali ben conoscendo la pesante mole del ponteficato stimarono necessario di deputare per proprio sollievo alcuno de' cardinali col titolo di sopraintendente generale dello stato ecclesiastico, si compiacque a dichiarare l'istesso giorno a questa laboriosa carica il card[l] Paluzzo Paluzzi degli Albertoni suo attinente, permutandogli quel cognome coll' altro d'Altieri.

Kommen wir nun auf die Handlungen des Pontifikates, so bleibt der Autor zunächst bei Rom stehen.

Die Ankunft der Gesandten von Ferrara und Bologna zur Obedienzleistung, – Aufdeckung des Constantino M. am Fuß der Treppe St. Peters, – Ausschmückung der Brücke St. Angelo mit zehn Engeln aus karrarischem Marmor, – Bau des Palastes Altieri, wozu ungefähr 300000 Sk. angewendet worden seien, die ja doch nicht verlorengegangen, da sie den Armen zugute gekommen, – Einrichtung einer zweiten Fontäne auf dem Petersplatze, die jedoch der Papst nicht vollendet sah: dies sind die hauptsächlichsten Gegenstände, bei denen Cartari verweilt. Bei dem Palast schildert er auch die Bibliothek. Vedesi in sito quasi il più alto elevato del medesimo palazzo un vaso per libraria, altrettanto capace quanto vago per la veduta della città e della campagna, in maestose scanzie riempite della generosità del card[l] Altieri di pretiosi libri d'ogni scienza, che giungono al numero di 12000. Ich kenne sie recht wohl: wie oft bin ich die Treppen hinaufgestiegen! – Von den Fontänen: Trasportata la fontana di Paolo V con machine meravigliose, quasi direi tutte d'un pezzo, dal sito vecchio dove si ritrovava all' altro dove hoggidì si vede stabilità in corrispondenza degl' ingressi laterali del teatro, per accompagnamento della medesima ordinò se ne fabricasse un' altra affatto simile verso il giardino de Cesi, come fu eseguito. Das Merkwürdigste aber ist, was er von jenem angeblichen Mosaik Giottos, der Navicella di S. Pietro, erzählt. Nachdem es seit der Zerstörung des Portikus der alten Basilika, wo es ursprünglich stand, oftmals seinen Platz gewechselt, von Paul V. in den Palast, von Urban VII. in die Kirche, von Innozenz X. wieder in den Palast gebracht worden, wo es Alexander VII. aufs neue unbequem wurde, verzweifelte man, es fortzubringen, wie es war, und zog vor, es in Stücken abzunehmen, indem man die Steinchen, die zu jeder Figur gehörten, immer in einen besonderen Beutel legte. Unter Clemens X. brachte der Kardinal Barberini die Herstellung desselben nach einer unter Urban VIII. gemachten Kopie in Antrag. Hierauf ward es aufs neue zusammengesetzt und in die Lunette über dem mittleren Eingang der Vorhalle gebracht.

Wie es aber hierbei zuging, lassen die Worte Cartaris schließen. Perchè il vano non era capace, fu detto che lasciandosi le figure nel proprio essere, potevano restringersi i spatii: come fu diligentemente eseguito. Man sieht wohl, daß der neue Meister von einigen nicht mit Unrecht als der Verfertiger betrachtet wird.

Endlich wendet sich der Verfasser auch zu den Staatssachen. Allein hier ist er sehr mangelhaft. Er berichtet, Clemens X. habe trotz aller finanziellen Not zu keiner neuen Reduktion der Monti schreiten wollen aus Rücksicht auf die vielen Familien und besonders die frommen Stiftungen, die dadurch leiden würden: – ben considerando il danno che a tante famiglie ed in particolare a luoghi pii ne resultarebbe: er zog Ersparnisse vor, und sogar der Kardinal-Nepot erbot sich auf seinen Gehalt als sopraintendente dello stato Verzicht zu leisten. – Dennoch schickte man einiges Geld nach Polen, das von den Türken hart bedrängt ward: einmal 30000, ein andermal 16000 und noch einmal 70000 Sk. Die Kardinäle hatten eine besondere Sammlung veranstaltet.

Das ist das einzige, was ich von auswärtigen Geschäften finde. Die Sachen des Kirchenstaates werden darin jedoch auch nicht allzugründlich vorgenommen. Si adoperò alla libera introduzione delle merci forestiere, e furono rivocate tutte le esenzioni delle gabelle; si diedero ordini circa gli officii vacabili della dataria e frutti di essi: – si estinse la gabella del quatrino degli artisti: – si dichiarò che alli Romani et altri nobili dello stato ecclesiastico sia lecito di esercitar commercj senza pregiudizj della nobilità. Das ist eigentlich alles Wesentliche, was er sagt. Handlungen des Papsttums in bezug auf das Innere der katholischen Kirche erwähnt er kaum.

141.

Clementis Decimi Pontificis Maximi vita. (Alt. 288 S.)

Cartari hatte gemeint, es würden sich viele finden, um das Leben Clemens' X. zu beschreiben: eben solchen widmete er seine Materialien. Bald fand sich auch ein Autor, der es unternahm; aber freilich ein Jesuit, auf Befehl seines Generals Oliva. Kardinal Pauluzzi Altieri gab ihm dazu die Materialien.

Obwohl dieser Autor Cartari nicht nennt, so ist doch offenbar, daß er ihn vor sich hatte. Er tut häufig nichts, als daß er ihn übersetzt, erweitert.

Hatte Cartari die Schmeichelei absichtlich vermieden, so fügt der Übersetzer sie hinzu. Er meint, im Jahre der Geburt Clemens' X. habe der Tiber gewaltige Überschwemmungen angerichtet: ,,quasi praesentiret imperantis urbis fluvius augendam ab exorto tum infante Romanam gloriam.

Doch hat er zuweilen auch nützlichere Zusätze. Er erzählt jenen Charakterzug von dem freiwilligen Zurücktreten Clemens' X. vor seinem Bruder.

In den spätern Kapiteln geht er auch auf die kirchlichen Ereignisse ein. Innumeros in callem salutis reduces illo regnante vidit Hungaria, quam catholicam, ut Francisci card[lis] Nerlii verbis utar, pene totam effecit: – wahrhaftig eine starke Hyperbel; denn nicht allein ward Ungarn damals keineswegs so weit katholisch, noch trug Clemens X. dazu viel bei: – ad veram religionem in Hibernia conservandam ac propagandam solertem industriam contulit: – plurimos in Vaticanum regressos Boemia et caetera Boemiae regna atque inter hos magnos principes, plurimos Rhaeti atque iis finitimae valles, magnam illorum vim Hollandia, majorem vidit Gallia. Alles aber doch sehr im allgemeinen.
Indem er dann die Gerechtigkeit und die Liebe des Papstes zu seinen Untertanen belobt, entschuldigt er ihn, daß er jene Unterstützung der Polen wider die Türken durch Auflagen auf die Geistlichen zusammengebracht: daß er neue Anleihen gemacht, – drückende Auflagen habe er abgeschafft und dafür Luxusartikel, überseeische Weine, den Tabak belastet: – auch in Rücksicht seiner Verwandten habe er die größte Mäßigung bewiesen. Man müsse nicht bei jenem Palast stehenbleiben, sondern erwägen, wie wenig Ländereien die Altieri erworben – „quam minimum in spatium contrahantur Alteriis principibus subjecta oppida et rura, cum latissime pateat aliorum dito".

142.

Nuovo governo di Roma sotto il pontificato di papa Clemente X.
(Barb. 17 Bl.)

Erörtert das Familienverhältnis, die sonderbare Erhebung Pauluzzis zum päpstlichen Nepoten.
Der Bruder des Papstes, Stammhalter des Hauses Altieri, hatte nur eine Tochter hinterlassen und verordnet, daß der Gemahl, der sich mit ihr vermähle, den Namen Altieri annehmen solle.
Ein Neffe des Kardinal Pauluzzi heiratete diese Erbin des Hauses Altieri. Dadurch wurden die beiden Familien vereinigt. Alle andern Verwandten, z. B. die Gabrielli, die sonst die nächsten gewesen wären, mußten zurückstehen.
Übrigens ließ sich diese Regierung gleich von Anfang weniger mild an als die frühere, was schon daher kam, daß Clemens IX. auch diejenigen Einkünfte, welche bisher immer reserviert gewesen waren, mit Schulden belastet hatte. Schon fing man an, die kleine Armee abzudanken. Der Verfasser meint, jener geringfügige Nachlaß, den Clemens IX. an der Steuer gewährt, werde machen, daß man den ganzen Staat entwaffne.
Auch er klagt über die Form des Regiments, die Rücksichtslosigkeit, welche den Regierenden im Kirchenstaate nun schon gewöhnlich war. Vedendosi odiati et abborriti tanto più s'infierano, e tiratosi il capello *sugli occhi non guardano in* faccia a nessuno, e facendo d'ogni erba fascio non pensano che al proprio interesse senza minima apprensione del publico.

143.

Relatione dello stato presente della corte di Roma, fatta all' ecc^{mo} principe di Ligni governatore di Milano dall' Illmo Sr Feder. Rozzoni inviato straord^{rio} da S. E. alla corte appresso Clemente X. (24 Bl.)

Etwas später geschrieben als die vorige Relation.

Schon hatte sich die Stellung der Parteien wieder verändert. Rospigliosi und Chigi wurden von dem herrschenden Hause vernachlässigt: dieses suchte sich den Squadronisten zu nähern.

Das Verhältnis des Papstes und des Kardinals Altieri wird folgendergestalt geschildert:

Il papa non ha applicatione alcuna, sì per la cadente sua età, come anche per esser suo connaturale attendere alla propria quiete e sottrarsi dalle cure gravi che potrebbero turbare la serenità dell' animo suo, solo inclinato a vivere tranquillamente. Egli perciò non puole sapere le amministrationi della giustitia nè altri negotii politici della corte e dello stato ecclesiastico: onde il ricorrere a lui non giova punto a quelli che da suoi ministri vengono oppressi: e per havere pretesto più colorito di non ingerirsi in simili affari, più volte si fa stimare ammalato, non tralasciando per questo le sue domestiche conversationi, che dopo desinato giornalmente si prende con giuochi di carte e godimento di suoni e canti.

Lascia il governo della chiesa totalmente al cardinale Altieri, et in csso non si ingerisce se non quanto è necessario per la sua approvatione in voce o scritto: nel resto ha rassegnato in tal maniera che più volte l'ha temuto e nascostamente ha fatto fare elemosine, regali e cose simili: ma la collatione de' beneficii, vescovati et elettione de' soggetti alla porpora resta al totale arbitrio di esso cardinale: il quale è uomo flemmatico, e difficilmente si sdegna esternamente, e quando ciò fa, cessa di vendicarsi. Ha molt' attitudine a sostenere la carica che tiene, et in fatti vuol sapere et indrizzare tutti gli affari grandi e piccoli non solo della corte ma ancora di tutto lo stato ecclesiastico, il che da alcuni si attribuisce a grande avidità di suoi interessi, nelli quali è vigilantissimo, non lasciando passare occasione alcuna di non approfittarli: ogni giorno in tal' hore determinate da audienza a tutti i ministri della corte et alli loro segretarj, et esso da le regole et istruttioni non solo generali ma anche particolari, di modo che li giudici et il medesimo governatore non hanno nelle loro cariche arbitrio alcuno.

Il principale ministro del medesimo cardinale è stato et è l'abbate Piccini, soggetto di deboli parti et inferiori natali, che prima della promotione di Clemente decimo era suo cameriere: onde per introduttione, anzi per l'arbitrio, conforme la comune stima, che haveva de' voleri di esso cardinale, ha congregato un' annua entrata di 12 m. scudi et un capitale di 200 m. havendo altrettanto empito il capo di fumo quanto la borsa d'oro. Però al presente è cessata tant' aura sua, vogliono alcuni per punti politici e non già perche si sia diminuita la sua gran fortuna dall' unione delli quattro regj ambasciatori: ancorche detto abbate Piccini unitamente col commissario della camera chiamato mons[r] Zaccaria siano li più intimi del cardinale: quanto a ciò, spetta all' interesse, mostrandosi esso cardinale da questo alieno, volendo lasciar cadere sopra di questi due ministri o torcimanni l'opinione volgare di molto interessato.

144.

Relatione della corte di Roma del N. H. Piero Mocenigo, che fu ambasciatore a papa Clemente X, fatta l'anno 1675. (44 Bl.)

P. Mocenigo war früher in England gewesen, jetzt kam er nach Rom, das ihm nun besonders in kommerzieller Hinsicht einen so ganz andern Anblick darbot: hier war er mit dem Hause Altieri in ziemlich heftige Streitigkeiten verwickelt: er trat an die Spitze der Gesandten, welche man einiger ihrer Freiheiten berauben wollte. Kein Wunder, wenn er von dem, was er sieht und erlebt, sich nicht sehr erbaut zeigt.
Er teilt seinen Bericht in drei Teile.

I. La qualità di quella corte, sua autorità così spirituale come temporale, con aggiunta dell' erario e delle forze. ,,Tutto il riflesso", beginnt er, ,,dei pensieri de' regnanti è rivolto a non lasciare la propria casa esposta alle persecutioni et al ludibrio della povertà. Di ciò deriva che la tramontana di quella corte è l'interesse privato, e colà non s'applica al publico bene che colla speciosità delle apparenze." Die Begünstigung der vornehmen Geschlechter hatte jetzt den Erfolg, daß besonders der Mittelstand, auch der geringere Adel nicht mehr fortkam. Er besaß nicht Geld genug, um sich durch eigene Kraft zu erheben, und war doch zu selbständig, um sich zu der Unterwürfigkeit der wirklich Armen zu erniedrigen.
,,Die Schmeichelei", sagt P. Mocenigo, ,,ist hier zu Hause; aber nicht minder gibt es auch viele Leute, die sich über ihre fehlgeschlagenen Hoffnungen durch Afterreden trösten, welche die Maxime hegen: man irre nie, wenn man das Schlimmste denke."
Wichtige Kongregationen: der Inquisition, der kirchlichen Immunität, des Konziliums, der Propaganda, der Bischöfe und Ordensgeistlichen, des Index. Will der Hof etwas abschlagen, so überläßt er die Sache ihnen: sie halten sich an ihre Kanones und den Gebrauch der vergangenen Jahrhunderte: da bekommt das Geringfügigste Wichtigkeit. Ist der Hof aber günstig gestimmt, so nimmt er selber die Sache an sich.
Besonders in den weltlichen Angelegenheiten zeigt sich dessen durchfahrende Gewalt. Kardinäle würden nie gebilligt haben, daß man Krieg führe. – (Seit geraumer Zeit, dürfen wir hinzusetzen, geschah das auch nicht mehr.)
Der Zustand des Landes verschlimmert sich täglich. Seit 40 Jahren, sagt man dem Autor, habe die Einwohnerzahl um ein Drittel abgenommen: wo man früher 100 Feuerstellen zählte, finde man nur noch 60, viele Häuser reißt man nieder, obwohl die Konsulta verbiete, dies zu

tun: täglich werde weniger Land angebaut: die Heiraten nehmen ab: für die Kinder suche man eine Zuflucht in den Klöstern.

Er berechnet die Zinsen der Staatsschulden, d. h. der Monti und officii vacabili, auf 2400000 Sk., das Defizit auf mehrere Hunderttausende.

II. Il presente governo di Clemente X, sua casa, sacro collegio e corrispondenze con principi.

Clemens X. Er sehe wohl Datar, Segretario de' Brevi, Staatssekretär und den Kardinal Altieri zu den gesetzten Stunden, aber er habe nur die Formalität des Unterschreibens: unangenehme Dinge verberge man ihm: dahin gehe das ganze Bestreben Cl. Altieris. Der Gesandte behauptet, der Papst habe keine Kenntnis von den Geschäften der Welt: er sei niemals Nuntius gewesen. Wie wir wissen, ist dies falsch. In Roma si dice che benedicere e sanctificare sia del pontefice, reggere e gubernare sia dell' Altieri.

Kardinal Altieri: di complessione delicata: – – la sua natura è ardente, impetuosa e di prima impressione. – – Assuefatto alla cortesia Romanesca di non negare cosa alcuna, anzi di concorrere con parole officiose ad esaudire le instanze facilmente, poi quando ha ponderato il negotio, dà indietro, anco col negare l'impegno, e dà nelle scandescenze. – – Da poca speranza vien sollevato, come per contrario da poco timore abbattuto. Wir sehen in diesen Äußerungen wohl die Nachwirkung persönlicher Mißverhältnisse.

In dem nämlichen Sinne aber werden auch die übrigen Persönlichkeiten geschildert. Laura Altieri, von welcher doch das Glück dieser Familie komme, befinde sich in derselben nicht wohl, deshalb lasse man sie niemals zu den Füßen des Papstes kommen. Ich glaube daran doch nicht recht.

Unbedenklicher ist es, wenn der Verfasser die Vereinigung des Hofes mit den Squadronisten schildert; wir sahen schon, wie sie sich vorbereitete. Barberini, Rospigliosi und Chigi waren jetzt in geringerem Ansehen: die Squadronisten drangen besonders auf Unabhängigkeit der Kurie von den fremden Höfen, sie hatten die Altieri ganz an sich gezogen. Der Verfasser behauptet, die Verwicklungen, in welche der Hof sich einlasse, seien ihnen zuzuschreiben.

Er geht näher auf diese ein, allein in seiner irritierten Weise.

Den Kaiser müsse der Hof zuweilen durch geistliche Geschenke, Agnus dei usw. zu begütigen suchen. Mit Frankreich habe man so viel Irrungen, daß man sich freue, wenn es in Krieg verwickelt werde. Wie sollte da der Papst noch den Frieden vermitteln? – Spanien beklage sich unter anderm, daß man im Kirchenstaat die Banditen aus Neapel aufnehme und zugebe, daß das gestohlene Gut daselbst verkauft werde. „Ma non segli danno orecchie: perche così comple alla quiete di quei confini, promessa e mantenuta dai medesimi banditi." Man versäume, Polen recht eifrig zum Türkenkrieg anzutreiben, nur um dann nicht genötigt zu sein, es zu unterstützen. Dem Zar wolle man diesen Titel nicht gewähren, und deshalb trete man mit ihm nicht in Verbindung: wovon sich doch sonst so viel Beihilfe gegen den Erbfeind erwarten ließe. Per timor d'ingombrarsi in obligatione di rimettere e contribuire soccorsi maggiori si sono lasciate cadere le propositioni fatte da un' inviato Polacco, che l'armi del re sarebbero passate il Danubio, entrate nella Bulgaria, e promettevano di portar la guerra nelle viscere dell' imperio Ottomano. Ich bemerke das nur, weil sich daraus ergibt, daß man diese Hoffnungen schon damals hegte. Denn was der römische Hof viel dazu tun konnte, besonders wenn es sich mit dem Zustand der päpstlichen Kassen und Länder so verhielt, wie oben geschildert worden, sieht man doch auch nicht ein. Dem König von Portugal wollte man das Patronat über seine transmarinen Kirchen, dem Herzog von Savoyen einen Indult zur Besetzung der Bistümer seines Landes nicht zugestehen. Auch in Toskana, in den kleineren Fürstentümern, regte sich dieser Anspruch auf kirchliche Selbständigkeit.

Die Inkameration von Castro erweist sich sogar schädlich. Die Schulden, die man übernommen, fordern 90000 Sk. Zinsen: der Pächter der Einkünfte zahlt nur 60000. In Rom antwortet man: so rechne ein Fürst nicht.

III. Corrispondenze colla Republica: nur sehr kurz und hauptsächlich über persönliche Streitigkeiten. „Impiego scabrosissimo." Alles in demselben Geist.

In Venedig war man auf eine Relation in diesem Sinne schon vorbereitet worden. Noch ehe P. Mocenigo wiederkam, erschien eine Lettera scritta a Venetia da soggetto ben informato sopra l'ambasceria (eine zweite Hand setzt hinzu: infame) del Sr Kav^r^ Mocenigo: wo der kleine Mann mit der großen Perücke, der immer von England sprach, stark mitgenommen wird. Jetzt sitze er Tag und Nacht mit einem Literaten, um in seiner Relation den römischen Hof anzuschwärzen: „un governo, migliore del quale per i principi secolari non è stato da S. Pietro in qua, piacevole, moderato, senza puntiglio."

Auch hat Mocenigo gewiß übertrieben: deshalb ist aber nicht alles zu verwerfen, was er sagt.

Jedermann trägt am Ende seine Meinung auf die Dinge über, von denen er Meldung tut. Wir andern haben uns nun da zwischen Objekt und Subjekt zurechtzufinden.

145.

Scrittura sopra il governo di Roma. (MS Rom.)

Unter Schriften befindlich, die sich auf 1670 bis 1680 beziehen und ungefähr eben dahin gehörig. So trostlos wie die Klagen Sacchettis nur immer. I. Sopra il cattivo stato de' popoli. Come mai in ogni pontificato, s'ha da trovar modo di metter 100 et anco 150 m. scudi in una casa, e non è *possibile di levarne 50 m.* di peso agli aggravati popoli. — — Il peggio è non voler permettere i modi honesti di riempire le borse con procacciarsi per mezzo di lecite mercantie quei guadagni ch' altri con l'autorità indebitamente s'appropria. II. Sopra la gran povertà et il gran lusso. Rhetorisch ausgeführter Gegensatz. III. Dell' annona e del vino. Vorzüglich über die Mißbräuche der Annona. I ministri del principe vogliono far da mercanti. Quindi tanti fallimenti di mercanti e di fornari, tanti sconcerti nelle case e nelli luoghi pii, il cui loro maggior avere consiste in terreni, e tanti grani lasciati marcire ne' granari a chi non ha voluto soccombere all' estorsione di sì detestabil trafico. IV. Del ritardamento della giustitia e de' frutti de' luoghi di monte. Auch die Depositarii der Monti werden der Veruntreuung und Willkürlichkeit angeklagt. V. Sopra l'irreverenza nelle chiese: – wie im Theater, meint er. VI. Sopra il fasto de' banchetti palatini. VII. Sopra l'abuso del cerimoniale. Der Autor mißbilligt das häufige Sanktissimus: es empört ihn, daß man von der Fronleichnamsprozession zu sagen wagte: „Sanctissimus Sanctissima portat." VIII. Sopra l'immunità ecclesiastica: – er beklagt, daß die Verbrecher in den Kirchen Freistätten finden. IX. Sopra le lordure delle strade. – Wohlmeinend, im ganzen bezeichnend, doch nicht durchgreifend.

146.

Vita del servo di dio papa Innocentio XI raccolta in tre libri. (MS Rom.)

Ein sehr schönes Exemplar auf 144 Blättern, wahrscheinlich einem späteren Papst zu eigenen Händen übergeben.

Das erste Buch umfaßt das frühere Leben Innozenz' XI. Der Autor hatte sich Mühe gegeben, davon authentische Nachricht einzuziehen. Er leugnet, daß der Papst in seiner Jugend einen Feldzug mitgemacht: Seine Heiligkeit selbst war darüber gefragt worden. Dagegen erzählt er, daß Kardinal Cueva es gewesen, der den jungen Mann, welcher ihm vom Governator zu Mailand empfohlen war, auf die Vorteile der Laufbahn an der Kurie aufmerksam gemacht habe.

Das zweite Buch umfaßt die früheren Regierungshandlungen dieses Papstes: Ökonomie, Einziehung unnützer Stellen, Herabsetzung der Monti auch für die Kommunitäten, Beschränkung des Wuchers, der besonders im Getto getrieben wurde, neue Taxen für die geistlichen Sporteln. Sein Grundsatz: „essere egli non padrone, ma amministratore delle cose alla santa sede spettanti con l'obbligo rigoroso di distribuirle non secondo la gratia de' parenti ma conforme la legge della giustitia". – – Egli medesimo disse che da cardinale haveva cominciato ad esser povero e da papa era divenuto mendico. Übrigens gedenkt der Autor auch der englischen Ereignisse und trägt kein Bedenken zu erklären, daß König Jakob England habe katholisch machen wollen: Volendo ricondurre al Romano cortile i suoi sudditi, cominciò a servirsi nel ministero di cattolici.

In dem dritten Buche wird die Teilnahme Innozenz' XI. an dem Türkenkriege erörtert; seine persönlichen Eigenschaften werden aufgeführt. Er erscheint, wie er war, kräftig, rücksichtslos, ehrenwert. Mit vieler

Einsicht wird sein Tun und Lassen geschildert, bei weitem besser als in dem Werkchen von Bonamicus, das wir bei Lebret finden und das eigentlich nur eine seichte Lobschrift ist.

Merkwürdig tritt auch hier der Widerspruch hervor, den die Wirksamkeit dieses Papstes erregte. Was erhob man alles für Einreden gegen den Entwurf einer Bulle zur Abschaffung des Nepotismus. Il volgo vedendo riformati molti ministri in palazzo et unite le loro cariche ad altri ministerj, che il papa non inclinava a spendere nè a beneficare con gratie, senza pensare più oltre biasimava 'l genio di Innocenzo come incapace della conditione del principe. Bald auf die eine, bald auf die andere Weise trat dies Mißfallen hervor.

147.

Memoriale del 1680 al papa Innocenzo XI concernente il governo e gli aggravj. (Bibl. Vallic.)

Man erkenne, heißt es in dieser Schrift, den heiligen Eifer des Papstes an. Aber leider sei der Erfolg seiner Handlungen eine allgemeine Unzufriedenheit. Durch die Reduktion der Monti seien viele Familien zugrunde gegangen; die Kardinäle höre man nicht; den Fürsten gewähre man keine Gnade; die Prälaten seien ihrer Hoffnungen beraubt, die Armen ohne Almosen, – ganz Rom ein Schauplatz des Elends.

Wer sollte es glauben? Kaum gibt ein Papst den unaufhörlichen Klagen über den Nepotismus Gehör und stellt ihn ab, so fordert man ihn wieder zurück. Ond' è, sagt unser Memorial nach Anführung einiger Gründe, che sia una gran fortuna per un principe l'aver parenti buoni e capaci del governo: poiche avendo questo più potenti motivi dei ministri d'interessarsi nella riputatione e gloria di lui, possono anco con maggior sincerità e franchezza dire i loro pareri.

148.

Ode satirica contro Innocenzo XI. (Bibl. zu Frankfurt a. M. MS Glauburg. n. 31.)

Noch gemäßigt ist in Schriften wie die vorige der Ausdruck des Unwillens: gab aber, sei es ein wirklich begangener Fehler oder auch nur ein Gerücht, Anlaß zum Tadel, so machte er sich in den heftigsten Ausbrüchen Luft, wie das hier geschieht.

Io non ritrovo ancor ne' vecchi annali
bestia peggior, che sotto hipocrisia
col sangue altrui tingesse e'l becco e l'ali.
P'er altri era zelante, ma concesse
al nepote però che il gran comprasse
due scudi il rubbio e nove lo vendesse.

149.

Discorso sopra la soppressione del collegio de' secretarj apostolici fatta per la S^{tà} di N. S^{re} Innocenzo XI.

Trotz so heftigen Widerspruchs fuhr Innozenz in seinen Reformen fort. Unser Discorso zeigt, wie man in einzelnen Fällen zu Werke ging.

Es wird zuerst der Ursprung dieser Segretari, die man seit dem Schisma finde, und der Übelstand geschildert, der mit ihrer Existenz verknüpft sei. Hauptsächlich komme derselbe daher, weil gar keine Verwaltung zu dem Amte gehöre. I possessori degli officii di fatto non hanno amministratione o servitio alcuno nella speditione dei negozj: mentre così il segretario di brevi come quello delle lettere o brevi a principi, come versati nel mestiere, si sogliono deputare ad arbitrio del papa fuori del collegio, nè l'officio porta seco la prelatura conferendosi a persone seculari per lo più inesperte et in età tenera, a guisa di quelli altri officii popolari i quali sono in commercio per il solo commodo et interesse borsale.

Da die Interessen ungeheuer waren, die Kammer für 200000 Sk., die sie empfangen, 40000 Sk. jährlich Zinsen zahlen mußte, beschloß Innozenz, das Kollegium aufzuheben, und setzte eine Kongregation nieder, um die Ansprüche der Teilnehmer zu erwägen.

Der Papst wollte nur das zurückzahlen, was die Kammer wirklich empfangen: die Beteiligten forderten wenigstens so viel, als der laufende Preis der Ämter betrug. Die Kongregation konnte zu keinem Entschluß kommen.

Unser Autor ist der Meinung, daß der Papst nur zur Erstattung des nominellen Preises verpflichtet sei: er findet dies in der Praxis des Päpstlichen Stuhles gegründet.

Auch andere Schriften finden sich, die hierher gehören, z. B. Stato della camera nel presente pontificato d'Innocenzo XI; aber sie bestehen aus Zahlen und sind keines Auszuges fähig.

150.

Scritture politiche, morali e satiriche sopra le massime, istituto e governo della compagnia di Gesù. (Bibl. Cors.)

Eine Sammlung von allerlei den Orden betreffenden Schriften, von denen einige, z. B. eine Konsulta des Aquaviva, satirisch und erdichtet, andere aber sehr ernsthaft gemeint und aus den besten Quellen gezogen sind.

Die wichtigste ist: In nomine Jesu. Discorso sopra la religione de' padri Jesuiti e loro modo di governare: allein gegen 400 Blätter stark: zur

Zeit des Generals Noyelle, also zwischen 1681 und 1686 abgefaßt; dem Orden allerdings ungünstig, jedoch so, daß man aus jedem Worte sieht, der Verfasser war mit dem Zustande desselben seit der Mitte des Jahrhunderts auf das genauste bekannt. Er nimmt folgenden Gang.

I. Zuerst stellt er die Mängel, die er wahrnimmt, unter einigen Rubriken zusammen. 1. Di alcune loro massime: z. B. von der Meinung, daß ihr Orden der vornehmste sei, daß alle ihre Gebete erhört, daß alle, die in der Kompagnie sterben, ohne Frage selig werden. 2. Della loro avidità et interesse. Von ihrer Erbschleicherei – eine Menge Geschichten, wie sie Geschenke herauszulocken wissen, – von ihrer Handelschaft und noch mancherlei schlimmeren Dingen. Das Merkwürdigste wäre der Handel; der Gesichtskreis ist jedoch zu enge, hauptsächlich nur Rom und der Kirchenstaat. 3. Del loro governo. Von dem Mißbrauche der monarchischen Gewalt. Über die Absetzung Nickels: s. oben S. 225. 4. Qualità proprie del governo. Z. B. Flagello sordo, d. i. denen, die gestraft werden, macht man ihre Vergehen nicht eigentlich namhaft. Angebung ohne vorhergegangene Erinnerung: der Obere bediene sich oft eines Unteren zur Aufsicht, was alle Ordnung auflöse. 5. Governo in ordine ai loro convittori e scolari. Ihre ehrenrührigen Züchtigungen. 6. La moltitudine delle regole. Sie laufen oft einander entgegen: es gebe niemand, der sie alle kenne.

II. Hierauf sucht der Autor nach einigen Wiederholungen über Ursache und Wirkung dieser Übelstände die Heilmittel dagegen zu bezeichnen. Es ist merkwürdig, daß schon er unter den letzten vor allem die Einrichtung von Generalvikarien nennt, die man so oft gefordert hat und der Orden sich nie hat gefallen lassen wollen. Er sagt: Constituire un vicario generale per le provincie della Spagna, Germania, Francia et Indie, – cacciar sangue ad un corpo troppo pingue, – leggi certe a delitti certi.

III. Er kehrt dann wieder zu seiner alten Methode zurück, die Mängel des Institutes unter mancherlei Rubriken aufzuzählen. Es kommen dabei eine Menge Einzelheiten zur Sprache, die mit mehr oder minder Authentizität vorgetragen werden. Vielleicht das Beste ist der letzte Abschnitt, Delle loro Indiche missioni, aus den Briefschaften gezogen, die sich im päpstlichen Archiv vorfanden, mit großer Sorgfalt, so daß die Quellen einzeln angegeben sind: hier werden die Akte des Ungehorsams gegen den Papst, dessen sich die Jesuiten in Indien schuldig gemacht, aufgeführt: schon so lange vor Père Norbert.

Allerdings ist nun diese Schrift den Jesuiten ungünstig: aber zugleich überaus belehrend. Die Fehler des Institutes enthüllt sie mit einer Schärfe und Penetration, daß man viel deutlicher, als es sonst möglich wäre, in das innere Getriebe desselben blickt. Man könnte nicht sagen, daß sie geradezu feindselig wäre: auch das Gute erkennt sie an. Schon nimmt man aber wahr, welche Stürme sich gegen den Orden im Innern der Geister vorbereiteten.

151.

Relatione di Roma di Gio. Lando K^{r}, inviato straordinario per la ser^{ma} rep^{ca} di Venetia ad Innocentio XI et amb^{r} straordinario ad Alessandro VIII in occasione delle canonizzazione di S. Lorenzo Giustiniani. 1691. (17 Bl.)

Schade, daß wir über die wichtige Regierung Innozenz' XI. keine Relation besitzen, die diesen Namen verdiente, durch die wir über die Erfolge der Tätigkeit dieses Papstes unparteiisch aufgeklärt würden. Die Geschäfte der Republik versah in den ersten Jahren desselben 1678 bis 1683 der Kardinal Ottobon, ein Venezianer, nachmals Alexander VIII., der niemals zurückging und daher nicht referierte; nach diesem Johann Lando, aber ohne eigentlich offiziellen Charakter. Wohl hat Lando nichtsdestominder einen Schlußbericht erstattet, aber erst dann, als man schon wieder nach dem Tode Alexanders VIII. in das Konklave gegangen war; unglücklicherweise fällt er überdies aus dem Tone venezianischer Relationen heraus.

Er beginnt damit, die göttliche Würde des Papsttums zu erörtern, und beklagt, daß es nicht allenthalben herrsche. Ja, die Zahl der Ketzer sei größer als die der Katholiken. Haben nicht selbst die verruchten Quietisten in Rom ihre Werkstatt aufgeschlagen! Am römischen Hofe wolle man nicht glauben, daß man selbst daran schuld sei, und doch verhalte sich das so. Auch jetzt noch achte man einen Mann, der mit tiefer Gelehrsamkeit oder dem Beispiel der Heiligkeit für die Kirche streite, bei weitem geringer als die Kanonisten, welche für das päpstliche Ansehen schreiben. Ihre Übertreibungen bewirken aber gerade, daß die Fürsten sich dem Hofe entgegensetzen.

Erst nachdem er selbst einen Versuch gemacht, die Grenzen der geistlichen und der weltlichen Gewalt zu bestimmen, nähert er sich langsam den weltlichen Geschäften. Von dem Zustande des Kirchenstaates macht er eine traurige Beschreibung: „desolato negli abitanti, spiantato nella coltura, ruinato coll' estorsioni, mancante d'industria". Er berechnet die Schulden auf 42 Millionen. Alexander VIII. habe die Ausgaben um 200000 Sk. vermindert und dadurch das Gleichgewicht zwischen Ausgabe und Einnahme wiederhergestellt. In der Dataria habe der Papst eine Ader von Gold. Jedoch mitnichten bleibe nun dies Geld auch in Rom: einzeln komme es, im ganzen gehe es fort: Innozenz XI. habe gewiß 2 Millionen Sk. zum Türkenkrieg in Ungarn beigesteuert. Von jenen 42 Millionen seien vielleicht 15 Millionen der Christenheit zugute gekommen.

Noch immer findet er, daß Rom ein allgemeines Vaterland, einen Sammelplatz für alle Nationen bilde. Jedoch komme jeder bloß seines Interesses halber. Deutsche und Franzosen sehe man wenig, weil ihre Beförderung nicht vom römischen Hofe abhänge, Spanier nur von der geringeren Klasse; würde jeder Fürst auch in Italien seine geistlichen Stellen selber besetzen, so würde der römische Hof zugrunde gehn. Italien habe dafür aber auch den Genuß des Papsttums. Tutta la corte, tutte le dignità, tutte le cariche, tutto lo stato ecclesiastico resta tra gli Italiani. Und wieviel trage dies Verhältnis aus. Bei der Unsicherheit der Sukzession in allen italienischen Häusern beruhe das Heil von Italien ganz allein auf der Vereinigung zwischen Venedig und Rom. Er nimmt Anlaß, sich über die Notwendigkeit des guten Vernehmens zwischen beiden zu verbreiten. Er meint doch, man könne in Venedig manches nachgeben. Den Schutz, den man unruhigen Frati angedeihen ließ – gewisse Prätensionen der Gerichtsbarkeit –, nehme man in Rom sehr übel.

Das sind nun, wie wir sehen, alles recht gute, brauchbare Bemerkungen, die von redlicher Gesinnung zeugen; aber uns, die wir positivere Nachrichten über die Staatsverwaltung suchen, können sie nicht genügen. – – Über die beiden Päpste, bei denen er diente, sagt Lando – übrigens ein sonderbarer Autor, der unter den Redeformen keine so sehr liebt wie das Anakoluth – nur folgendes: Quando io rifletto a quello che ho sentito a risuonare senza ritegno contro Innocenzio XI, il quale veniva accusato di non dare audienza, d'asprezza, di crudelità, d'inflessibile nemico di principi, di studioso di controversie, d'irresoluto e tenace, di distruttore delle diocesi e beni ecclesiastici: perche stava molti anni senza provederli, perche aveva calati li monti senza sollevare lo stato coll' avvanzo risultatone, per avere tenuta ferma l'estorsione che chiamano dell' annona, per essere stato indulgente a' quietisti, e tante altre cose con che non vi era persona che non esclamasse contro di lui; e pareva all' ora al volgo indiscreto che non fossero virtù d'alcuna importanza all' pontificato, quale memorabilissimo d'una costante alienatione del suo sangue ed un' illibata disinteressatezza per lasciare intatto tutto quello era della camera, fuorche impiegato nelle guerre contro gl' infedeli: e s'auguravano all' ora un pontefice che, se bene un poco indulgente alli suoi, lo fosse anco per gl' altri, e che fosse dotato di quelle virtù che all' ora si giudicavano più necessarie, perche pareva mancassero. Ma veduto poi che assonto Alessandro VIII, benche tutto umanità, facile all' audienze, dolce, compassionevole, pieghevole, rispettoso a principi, nemico d'impegni, sbrigativo, franco nei negotii ed in tutte le sorti di speditioni, benefico allo stato, sollevato di 200 mila scudi di gabella e dell' angaria dell' annona, che ha fulminato li quietisti, che ha finito quietamente il negotio molestissimo del quartiere, ha soccorso lui pure la guerra contro il Turco, ed ha fatto ancora altre attioni importanti nella gran brevità del suo pontificato ad ogni modo, perche all' incontro ha mostrato affetto alli suoi nipoti, perche ha voluto fidarsi di loro più che degl' altri nelle cariche, perche ha voluto provederli con qualche larghezza ma di molto inferiore a quello hanno fatto tanti altri, e perche in questa parte ha mostrato un poco d'umanità e la tolleranza del sangue, è stato anche egli bersaglio d'invettive maligne e continue fin alla morte, ma egualmente ingiuste dell' uno e dell' altro.

Zuletzt bezieht er sich noch auf seine übrigen Dienste, wie er denn im Laufe seines Amtes mehr als 700 Depeschen geschrieben habe.

Diese mögen denn wohl desto mehr Tatsachen enthalten. Zum Teil befinden sie sich in Venedig, zum Teil in Wien.

152.

Confessione di papa Alessandro VIII fatta al suo confessore il padre Giuseppe Gesuita negli ultimi estremi della sua vita. (MS. Rom. 21 Bl.).

Alles Ernstes berichtet ein Skriptor des vatikanischen Archives, G.B. Perini, unter andern Papieren der Zeit Alexanders VIII. habe er auch dieses Aktenstück gefunden. Er schreibt dies den 9. April 1736, wo niemand ein Interesse haben konnte, einen Papst zu verunglimpfen, der schon so viele Nachfolger gehabt hatte. Das Werkchen ist daher trotz seines ominösen Titels der Betrachtung wert. Was ist es, was der Papst darin bekennt?

Er beginnt damit, seit 1669 habe er niemals ordentlich gebeichtet: durch himmlische Stimmen der Absolution versichert, wolle er es jetzt. Und hierauf bekennt er nun Handlungen wie folgt: – er habe sich der Erlaubnis, die ihm Papst Clemens einstmals erteilt, für ihn zu unterschreiben, zu den unerlaubtesten Konzessionen bedient, Papst Innozenz XI. zu seinen Schritten gegen Frankreich veranlaßt und doch mit den Franzosen insgeheim gegen den Papst konspiriert; selbst zum Papsttum erhöht, habe er dann mit Wissen und Willen untaugliche, ja verruchte Leute befördert, nur auf die Bereicherung seiner Angehörigen gedacht, darüber hinweggesehen, daß man in dem Palast Gerechtigkeit und Gnade verkaufte; und was dem mehr ist.

Man wird wohl inne, daß da keine Beichte des Papstes zu finden ist: die würde ganz anders lauten, ganz andere Partikularitäten würde sie enthüllen. Ich glaube, es ist eine von jenen Schmähschriften, wie sie damals so häufig erschienen, die eine Meinung darstellen mag, welche sich über Alexander gebildet hatte, aber keineswegs die Wahrheit. Sie wird unter die Skripturen der Epoche geraten sein, wo sie dann ein diensteifriger Archivbeamter fand und für echt nahm. Auch in dem venezianischen Archiv stieß ich auf offenbar unechte Stücke.

153.

Relatione di Domenico Contarini K. Roma 1696 5 Luglio. (Arch. Ven. 18 Bl.)

Contarini hatte schon an dem französischen und an dem kaiserlichen Hofe gestanden, als er an den päpstlichen geschickt wurde: ursprünglich zu Alexander VIII., den er jedoch schon so krank fand, daß er ihm nicht vorgestellt werden konnte. Seine Relation ist Innozenz XII. gewidmet.

Antonio Pignatelli – geb. 1615 – stammte aus der Familie der Herzoge von Montelione in Neapel und trat früh in die Prälatur ein. Er ward Vizelegat von Urbino, Inquisitor von Malta, Governator von Perugia: eine Karriere, zwar an sich nicht zu verwerfen, die aber dem Ehrgeiz nur wenig Befriedigung darbot. Zuweilen hätte Pignatelli Neigung gehabt, die kirchliche Laufbahn völlig zu verlassen; doch gelang es ihm endlich, in eine Nuntiatur zu kommen, was ihm der sicherste Weg zur Beförderung schien. Er verwaltete die florentinische, acht Jahre die polnische, die deutsche, welche in der Regel den Kardinalshut verschaffte: allein – war es nun, sagt Contarini, der Einfluß ungünstiger Gestirne oder Abneigung der damaligen Regierung Clemens' IX., – statt belohnt zu werden, ward er abberufen und als Bischof nach Lezze an die äußersten Grenzen von Neapel geschickt. Er mußte unter diesen Umständen die ganze Kraft seines Geistes aufbieten, die männlichste Standhaftigkeit; und in der Tat setzte die Mäßigung und Ergebung, die er bewies, den gesamten Hof in Erstaunen. Mit übernatürlicher Heiterkeit dankte er noch für diese Bestimmung, „weil er nun doch nicht mehr die schwere Last jener Nuntiaturen zu tragen habe". Contarini nimmt an, Clemens IX. habe Pignatelli nach jenem Bistum verwiesen, und Clemens X. ihn wieder nach Rom berufen: bei den römischen Autoren findet sich jedoch, daß beides unter Clemens X. geschehen. Wie dem nun auch sei, – mag Cl. Altieri ein eigenes oder ein fremdes Unrecht haben gutmachen wollen, er stellte Pignatelli bei seinem Oheim als Maestro di Camera an: in diesem Amte fand und bestätigte ihn Innozenz XI.

Nun aber nahm sein Glück einen plötzlichen Aufschwung. Er ward im Jahre 1681 Kardinal, gleich darauf Bischof von Faenza, Legat von Bologna, Erzbischof von Neapel. Schon nach Innozenz' XI. Tode dachte man im Konklave an ihn: nach Alexanders VIII. Abgang waren, was niemand erwartet hätte, selbst die Franzosen für ihn, einen Neapolitaner. Der Grund lag darin, daß sie einen milden und ruhigen Mann bedurften. So ward er gewählt, obwohl erst nach einem schwierigen Konklave von fünf Monaten, das alle Kardinäle ermüdete.

Auch Innozenz XII. bestätigte den Sekretär der Breven und den Datar, die er im Amte fand, obwohl sie Kreaturen seines Vorgängers waren, Albano und Panciatichi. Allgemeinen Beifall fand die Ernennung Spadas zum Staatssekretär: sie geschah auf den Rat Altieris. Nur die Nepoten Alexanders VIII. bestätigte er nicht in ihren Ämtern: er hielt sich ganz an das Beispiel Innozenz' XI. Andava procurando il papa d'imitare Innocentio XI, di cui è creatura et aveva preso il nome, forzandosi servisse al modello del suo la forma di quel governo, levandoli però quella parte che nell' austerità e rigidezza non era stata laudata. Wie wir sehen, durch größere Milde suchte er sein Muster noch zu übertreffen. Leicht gab er Audienz: vornehmlich machte ihm die öffentliche, für die Armen, einen guten Namen: obwohl sie nicht, wie diese hofften, zur raschen Entscheidung ihrer Streithändel führte, so hielt sie doch die Gewaltsamkeit der Vornehmen im Zaum. Tutti confessavano che questo publico ricorso portava un gran freno a tutti li ministri e giudici, mentre era troppo facile la strada di avvicinarsi all'orecchie del principe e di scoprirli quello che in altri tempi era impedito o dalla *autorità o dall'* astutia di chi s'appressava al papa.

Ein unglücklicher Fall hinderte eine Zeitlang seine Tätigkeit, bald aber nahm er sie wieder auf.

Die französische Sache ward beigelegt; die wichtigsten Reformen begannen. Es erschien die Bulle über den Nepotismus, in welcher bestimmt wurde, daß die Pfründen und kirchlichen Einkünfte, die in Zukunft einem Nepoten übertragen würden, die Summe von 12000 Sk. nicht übersteigen dürften. Innozenz XII. hob die Käuflichkeit so wichtiger Stellen wie der Chierici di Camera auf; er zahlte den Preis 1016 070 Sk., zurück: „er nahm damit dem Gelde seine Macht und öffnete der Tugend wieder die Möglichkeit, zu den hohen Stellen zu steigen." Schon erwartete man viele anderen Reformen. „Der Papst", sagt Contarini, „hat nichts vor Augen als Gott, die Armen und die Reform der Mißbräuche. Er lebt mit der größten Enthaltsamkeit: jede Stunde widmet er ohne Rücksicht auf die Gesundheit seinem Amte. Er ist unbescholten in seinen Sitten, gewissenhaft, ohne Interesse oder Rücksicht auf Verwandte, voll Liebe zu den Armen, mit allen Vorzügen ausgestattet, die man an einem Oberhaupte der Kirche wünschen kann. Könnte er überall selbst handeln, so würde er einer der ersten Päpste sein."

Jedoch nicht jedermann war das lieb. Contarini bedauert, daß Innozenz keine Nepoten habe, die sich für den Ruhm ihres Oheims persönlich interessieren könnten, – daß seinen Ministern zu viel Spielraum bleibe (vedendosi offuscate quelle grandi e risplendenti virtù dalla solertia de' ministri troppo pratici dell' arte della corte): man gibt ihnen Schuld, daß sie, um dem Eifer Innozenz' XII. eine andere Richtung zu geben, sein Augenmerk ausschließlich auf die Unterstützung der Armen zu leiten gewußt. Es war das Hospital im Lateran vorgeschlagen. Bald fesselte es alle Gedanken des Papstes. „Questo chiodo fermò l'ardente volontà del papa di riformare."

Der Autor ist überzeugt, daß der Papst bei 2 Millionen Skudi erspart und zurückgelegt haben könne. Von der Reinheit der Gesinnung desselben ist er tief durchdrungen: er nennt ihn einen Mann von Unbescholtenheit, ja Unschuld der Sitten.

154.

Relatione di Roma di Nicolò Erizzo K^r 1702 29 Ottobre. (40 Bl.)

N. Erizzo hatte schon P. Mocenigo auf seiner Gesandtschaft unter Clemens X. begleitet; er wurde nun selbst Ambassadeur; noch unter Innozenz XII. langte er an und machte dann die ersten Jahre Clemens' XI. mit. Daß er schon länger mit Rom bekannt war, gibt seiner Relation doppelten Wert.

Er handelt zuerst von den früheren Päpsten. Nach einigen allgemeinen Bemerkungen kommt er auf Innozenz XI., „diesen heiligen Mann, dessen vornehmstes Verdienst allerdings nicht die Wissenschaften waren, der aber dafür ökonomische Kenntnisse besaß und es nicht allein dahin brachte, das Gleichgewicht zwischen Ausgabe und Einnahme herzustellen, sondern auch den Kaiser und Polen in ihrem Kampfe gegen die

Osmanen reichlich unterstützen zu können". Alexander VIII. gab seinem Nepoten wenigstens nicht das Geld der Kammer. Dagegen verlor er bei dem Fallissement des Hauses Nerli ungeheuer, und manche wollten seinen Tod diesem Verluste zuschreiben. Innozenz XII. schloß den Abgrund des Nepotismus; obgleich er so viel für die Armen tat, eine Gabelle erließ, Bauten für den Hof, Hafenbauten ausführte, so hinterließ er doch noch eine beträchtliche Summe im Schatz. Aber dem Kardinalkollegium, das er auch seinerseits nicht sehr hoch schätzte, lebte er zu lange. Er schien ihnen das Interesse des Heiligen Stuhles der Nachgiebigkeit gegen die fürstlichen Höfe aufzuopfern.

Endlich starb er, 27. September 1700, und mit großem Eifer warfen sich die Kardinäle in die Händel des Konklaves. Ihre Absicht war, einen Papst zu ernennen, der den nach ihrer Meinung erlittenen Schaden wiedergutmachen sollte. Sie ersahen dazu Kardinal Marescotti, einen Mann „von starker Brust, der Regierung würdig, hartnäckig in seinen Vorsätzen und von unbeugsamer Mannhaftigkeit": Erizzo nennt ihn einen großen Mann Der kaiserliche und der spanische Botschafter unterstützten ihn. Jedoch allzu großer Eifer ist für eine Papstwahl oft gefährlich und war für Marescotti tödlich. Es gelang den Franzosen, die von ihm offene Feindschaft befürchteten, ihn auszuschließen. Hierauf kam eine Anzahl anderer in Vorschlag: aber gegen jeden gab es Einwendungen: der eine war zu heftig, der andere zu mild, ein dritter hatte zu viele Nepoten: dem Kardinal Noris widersetzten sich die Freunde der Jesuiten, weil er ihnen in seiner Geschichte des Pelagianismus zu nahegetreten war Die Eifrigen, hier zum erstenmal so unterschieden, Zelanti, hätten gern Colloredo erhoben, doch kam dieser den übrigen viel zu strenge vor; - endlich, als die Nachricht von dem Tode Karls II. einlief, „wurden die Kardinäle", sagt Erizzo, „sichtbarlich von der Hand Gottes berührt, so daß sie in einem Augenblick von ihren Leidenschaften und den Hoffnungen, mit denen ein jeder sich selbst schmeichelte, abließen und ihre Augen auf den Kardinal Albani warfen mit der innern Bewegung, welche das größte Zeichen des göttlichen Antriebes ist". Kardinal Albani widersetzte sich: Erizzo findet, der Widerstand, den er geleistet, sei wahrhaft und ernst gemeint gewesen. Er schien endlich nachzugeben, mehr aus Skrupel und um nicht länger gebeten zu werden, als aus freiem Willen

Erizzo geht nun daran, das Herkommen und die Persönlichkeit des Gewählten zu schildern.

Albani stammte aus Urbino. Als der alte Franz Maria von Urbino sich entschloß sein Herzogtum noch vor seinem Tode an Urban VIII. aufzugeben, schickte er einen Albani, der ihm selbst diesen Rat erteilt hatte, um es dem Papst anzuzeigen. Zweimal schickte er ihn. Das erstemal ward es ihm wieder leid, und er berief den Botschafter zurück. Erizzo behauptet, auch das zweitemal habe er sich anders besonnen und *Gegenbefehl* erlassen, aber Albani habe sich diesmal nicht daran gekehrt und die Akte der Verzichtleistung ohne weiteres Urban VIII. überliefert. Dafür ward er Senator von Rom, sein Sohn Maestro di

Camera bei dem Kardinal Barberini. Dessen Sohn war dann Johann Franz Albani, der neue Papst.
Johann Franz Albani widmete sich der Literatur und der geistlichen Laufbahn: das Glück wollte ihm so wohl, daß er den damaligen Päpsten bald persönlich nähertrat. „Unter Innozenz XI.", sagt Erizzo, „lernte er seine Entschlüsse bedachtsamer fassen, als ihm von Natur eigen war, und in dem Unternommenen ausharren; unter Alexander nahm er freiere, keckere Formen der Unterhandlung an: man fand ihn zugleich vorsichtig und entschlossen, rasch und bedächtig und dem äußern Anscheine nach jedermann zugetan: diese Künste übte er dann unter Innozenz XII. aus. Weder seinen Datar noch seinen Staatssekretär konnte dieser argwöhnische Alte leiden: Albani allein hatte Zutritt und fand das Mittel, um zugleich ihm und dem Hofe unentbehrlich zu werden."

Der erste Schritt Clemens' XI. nach seiner Erwählung war, daß er den Gesandten andeutete, viele Neuerungen, die unter seinen Vorgängern eingerissen, müsse er abstellen; – er berief den Governatore zur Krönung, was diese ihrer Rangstreitigkeiten halber nicht wünschten; er kündigte alle Freistätten auf: – die Gesandten sahen, daß er es nur tue, um Eindruck auf den Hof hervorzubringen.

Die Ernennungen, die er hierauf vornahm, scheinen unserm Erizzo nicht sehr glücklich. Clemens umgab sich mit lauter schwachen Subjekten. Felicitato il coraggio di questi suoi ordini dal successo e dal rispetto de' regj rappresentanti, non credette Sua S^tà^ d'aver bisogno a palazzo de' ministri di gran valore: onde chiamovvi per segretario di stato il cardinale Paulucci di cortissima esperienza et elesse per datario il cardinale Sacripante, infaticabile e diligentissimo per quell' impiego, ma non insignito che della qualità di buon curiale Indi diede a mons^r^ Olivieri suo parente la segretaria de' brevi, che aveva digià egregiamente esercitata sotto di lui stesso: e pose nelle cariche che più lo avvicinavano, li antichi suoi amici e parenti, come mons^r^ Paracciani gran legista, mons^r^ Origo per segretario delle lettere latine e Maffei per coppiere confidente, tutta gente di pochissima estrazione, urbinati o delli vicini municipj, che non avendo veduto se non Roma hanno per conseguenza pochissima cognizione delli principi e molto meno poi degli affari del mondo Non volle presso di se cardinali di grande testa nè ministri che da essi dipendessero, preferendo la sua quiete e la sua autorità a que' consigli, che non gli potevano venire dalle suddette persone domestiche non esercitate nelli maneggi e digià tra loro gelose e discordi. Meno volle Don Orazio suo fratello, padre di tre figlioli di grande aspettazione, uomo d'una singolare modestia et integrità, lasciatolo alle sue angustie per pompa dell' osservanza della bolla contro il nipotismo, che la S^tà^ Sua giurò nel giorno della sua esaltazione, con aspetto d'evitarne interamente lo scandalo, il quale però, per sentimento di molti, „semper vetabitur et retinebitur semper".

Jedoch sogleich zeigten sich die größten Schwierigkeiten. Der Streit über die spanische Erbschaft wurde dem römischen Hofe höchst gefährlich. Clemens XI. benahm sich im Anfang außerordentlich schwankend. Der Gesandte glaubte sein ganzes Betragen aus einer übertriebenen Feinheit herleiten zu können. Wenn er den Venezianern einen italienischen Bund vorschlug, so habe das hauptsächlich zum Zweck gehabt, die Gesinnungen von Venedig auszuforschen.

Von diesen Bemerkungen politischer und allgemeiner Bedeutung geht Erizzo auf die kirchlichen Verhältnisse, besonders auf die Streitfragen über, welche zwischen Venedig und Rom unaufhörlich im Gange waren. Rom, sagt er, habe eine doppelte Gestalt: die eine heilig, insofern der Papst Wächter des Heiligtums und des göttlichen Rechtes sei: diese müsse man verehren; die andere weltlich, insofern er seine Macht zu erweitern suche, was mit dem Gebrauch der ersten Jahrhunderte nichts gemein habe: gegen diese müsse man auf der Hut sein. Er kann es jetzt doch nicht verschmerzen, daß Venedig bei einer Kardinalpromotion unter der letzten Regierung übergangen worden: – er beklagt es, daß die Republik das Recht, ihre Bistümer zu vergeben, nicht mehr besitze; wie viele armen Edelleute würde sie dann unterstützen können: jetzt suchen die venezianischen Untertanen auf ungeradem Wege, auch durch Verwendungen fremder Fürsten, zu den Ämtern zu gelangen: Kardinal Panciatichi habe die Maxime in der Dataria aufgebracht, daß man gerade diejenigen begünstigen müsse, welche von den Fürsten, in deren Gebiete die Pfründe liege, am unabhängigsten seien; – er findet es einen Mißbrauch, daß die Nepoten der Päpste soviel Anteil an den geistlichen Gütern seines Vaterlandes besitzen: warum verleihe man ihnen auch so leicht den Rang venezianischer Nobili? – Andern Staaten, selbst dem Großherzog von Toskana, werde eine Liste von Nuntien mitgeteilt, unter denen man sich einen aussuchen könne: der Republik widerfahre eine solche Ehre nicht; auch den Titel Carissimo versage man zu Rom dem Dogen von Venedig. – Wir sehen, daß sich zu den alten Streitigkeiten unaufhörlich neue ansammeln.

Der Gesandte empfiehlt deshalb seiner Republik, sich der römischen Angelegenheiten ernstlicher anzunehmen. Könne ein Papst jetzt auch nicht mehr so viel helfen wie ehedem, so vermöge er doch noch sehr viel zu schaden, besonders wenn er jung, mutig und sparsam sei.

155.

Relatione del N. U. Gio. Franc. Morosini K^{r} fu ambasciatore al sommo pontefice Clemente XI. 1707 17 Dec. (36 Bl.)

Morosini, der Nachfolger Erizzos, stand vom Januar 1702 bis zum November 1706 bei Clemens XI., dessen Verwaltung nun erst ihre volle Eigentümlichkeit entwickelte.

Morosini schildert ausführlich, wie so eifrig der Papst das Beispiel seiner berühmtesten Vorfahren nachahme. Selbst die Tränen, mit denen er die Würde ausgeschlagen, seien nicht ohne ein Muster. Er erfülle alle *Äußerlichkeiten*, mit denen man ein gutes Exempel gebe. Vita sobria e regolata: frequenti pubbliche devotioni alla scala santa, a visite di chiese, al servitio negli hospitali: somma edificatione et accuratezza nei riti sacri e nelle più solenni et humili funtioni, ai quali vuol supplire anche con pregiuditio della salute. Al paragone pure dell' interesse comparisce egualmente incolpabile: prima consultore, poi esecutore della bolla del nipotismo. Con ogni facilità dona ai vescovi poveri e le sue propine e nudrisce del proprio molti operarj ed opere pie. Nella scelta de' vescovi, sopra tutto essentiale al servitio della chiesa, con la debita pesantezza procede cercando l'informationi dai fonti più sinceri, senza dar luogo che molto parcamente al favore. Ne esamina talvolta alcuno egli stesso ad usanza dei papi antichi. Dell' altre dignità parimenti e beneficj ecclesiastici va così misurato et attento nella distributione che anche sopra gli stessi suoi congiunti vuol che si scorga giustificata la convenienza d'accomodarli dal requisitio di studj e costumi comendabili.

In diesem Sinne behandelte Clemens nun auch die jurisdiktionellen Sachen, d. h. mit allem Eifer, den sein Amt von ihm forderte. Hier und da gewann er sogar Terrain. Der neue König von Spanien fand sich bewogen, ihn um die Erlaubnis zu bitten, Geistliche vor das weltliche Gericht zu ziehen und Zehnten einzufordern. Der König von Polen stellte einige Mitglieder der hohen Geistlichkeit vor das Gericht des Papstes. Der Vizekönig von Neapel unterwarf sich nach langem Widerstand in dem kritischen Augenblick, als die Deutschen nach Unteritalien vorrückten, den päpstlichen Befehlen – un trionfo che sarà registrato nelli annali della chiesa –; desto lebhafter wurden nun Savoyen und Lothringen angegriffen. Der Papst verstand es, den günstigen Moment zu benutzen (studiosissimo d'ingrandire con i motivi di pietà la potenza). Von einem ähnlichen Geiste findet Morosini den gesamten Hof durchdrungen. Man wolle nichts wissen von dem Unterschied zwischen Kirche und Staat: alles sei Kirche: jede Kongregation nenne sich heilig, möge der Gegenstand ihrer Beratungen sein, welcher er wolle: man mache keinen Unterschied zwischen Hirten der Kirche und Prälaten des Hofes; auch jene entbinde man von ihrem Amt und brauche sie in Staatsgeschäften. Übrigens bediene man sich der Frömmigkeit gleichsam wie einer Münze, die zum Fortkommen unentbehrlich geworden. Von den Kongregationen werden vier als besonders bemerkenswert herausgehoben: der Inquisition, welche alle Unterstützung verdiene, da sie die reine Lehre bewache, nur sei es auffallend, daß man die schlimmsten Ketzereien gerade in Rom antreffe (er meint den Quietismus), – der Propaganda, leider finde man jetzt wenig Leute, die sich mit voller Hingebung dem Geschäfte der Mission widmen wollten, – der Bischöfe und Klostergeistlichen, die besonders über die letzten eine sehr notwendige Aufsicht führe, – und der Immunität: diese sei wie eine Wache aufgestellt, um die Grenzen zu beobachten: würde es nach ihrem Sinne gehen, so würde die fürstliche Macht ganz vernichtet werden.

Morosini geht nun auf den Staat über. Er wiederholt die seit einiger Zeit so häufigen Klagen über den Mangel an Einwohnern und Kultur; gern hätte der Papst Verbesserungen eingeführt, z. B. des Ausbaus der Campagna; aber es kam zu nichts als zu glänzenden Projekten. Der Gesandte bemerkt, daß das geistliche Ansehen auch die fürstliche Gewalt vermehre. Die Macht des Senates findet er einen Spott für einen solchen

Namen. Die Barone seien in Hinsicht der Bestrafungen dem geringsten Pöbel gleichgestellt; der Papst halte sie unter strenger Aufsicht, weil er sehr gut wisse, daß in ihrem Zustand etwas Gewaltsames liege – Zuletzt kommt er auf die politischen Verhältnisse. Die wichtigste Stelle über das Verhältnis des Papstes zu Frankreich und dem Kaiser, auf welches damals wieder einmal alles ankam, muß ich wörtlich mitteilen. Se il papa abbia avuta mano o partecipatione nel testamento di Carlo II, io non ardirò d'asserirlo, nè è facile penetrare il vero con sicurezza. Bensì addurrò solo due fatti. L'uno che questo arcano, non si sa se con verità, fu esposto in un manifesto uscito alle stampe in Roma ne' primi mesi del mio ingresso all' ambasciata, all' ora che dall' uno e l'altro partito si trattava la guerra non meno con l'armi che con le carte. L'altro che il papa non s'astenne di far publici elogi al christianissimo d'essersi ritirato dal partaggio, ricevendo la monarchia intiera per il nipote. Fatto riflesso a tali premesse, non pare che rendano stupore le conseguenze vedutesi di direttione fluttuante e fra se stessa contraria, non portendo mai riuscir uniformi attioni nate da diversi principj: e tali erano l'obbligo da una parte d'ostentar indifferenza propria di padre comune, e l'occulto affetto et impegno preso dall' altra nel giudicare senza maggior pesantezza li vantaggi et il merito della causa. Considerò piamente la S^tà^ Sua il decoro e beneficio della religione nell' escludere gli eretici dall' usurpato. Concepì speranza, facilitata dal genio a Francesi, che o non vi sarebbe guerra o si farebbe inutilmente contro le forze di quell'invitta natione: e dandosi a credere che la monarchia si manterebbe unita, non stimò in un tal vaticinio meritar disprezzo, errando con la finezza Spagnola, la quale in tal caso ebbe ragioni di necessità più che di politica. I 'esito instruì dell' altre ponderationi che dovevano avanzarsi. S'ammassò, scoppiò e tuttavia infuria fatale agl' inimici et agli amici quel fiero nembo che la gelosia, l'astio, l'interesse eccitarono nelle potenze collegate ad abbattere la macchina sospettata nella Francia di monarchia universale. – – Riuscì ad ogni modo per molto tempo ai Francesi lo studio di mantenersi nel credito d'invincibili appresso il papa, il quale pieno di confidenza seguendo tacitamente i loro consigli veniva dagl' incauti lodato d'una condotta che oscurasse quella d'ogni altro: perche dove la Ser^ma^ Republica in particolare osservando una sincera neutralità pareva, patisce danni nelle sostanze de' sudditi, aggravj al decoro e lo sdegno d'ambi li partiti: egli all' incontro col professare neutralità e minacciare assieme di romperla immantinente contro quel partito che l'offendesse, ma intendendosela occultamente con Francesi, era da questi coltivato et occorrendo difeso senza dispendio, da Cesarei trattato con riguardo per non fornirlo di pretesti a deponer anche l'apparenza di neutrale. Furon immuni per un pezzo li suoi stati: vide rispettate le censure in mezzo all' armi, e comparse flotte di eretici ne' suoi mari senza il minimo oltraggio. Ma il rovesciamento della fortuna Francese, particolarmente in Italia, ha fatto soorgere se meritasse allora encomii o la condotta o la sorte, e se le sane e sincere insinuationi *fatteli* da VV EE replicar spesso col mezzo dei loro ministri di soda indifferenza come padre comune per rendersi arbitro e venerato a beneficio proprio e della cristianità e d'aumentare le sue truppe sotto buoni officiali per appoggiar meglio il rispetto contro l'altrui intemperanza, dovessero sbracciarsi come consigli infelici, anche nell' esperienza di chi li porgeva. Il frutto d'aver preferite arti più obblique e studj d'economia, la peggior consigliera della politica, fu di so frir dopo e tutt' ora ciò ch'è noto, ma quel ch'è più, con apparenza di non soffrir senza colpa nel tribunale della fama, ch'è sovrano anche ai principi. Spedì, come adduce a sua difesa, nuncj estraordinarj per la pace universale senza riguardo a spesa et all' ingiuria dell' esclusione incontrata a Vienna: propose leghe, accordi, armistitj per la quiete particolare dí questa provincia, ma fuor di tempo e dopo che le dimostrationi di partialità nel principio e nel progresso notate introdussero il verme nei migliori semi: onde l'essersi reso una volta sospetto fu un spogliar il zelo di autorità e constituire per sempre impotente il principal instrumento della concordia. Difficile riuscirà in effetto alla S[tà] Sua il purgar questa imputatione, anzi quella d'aver contribuito a tirare nel suo senso tutti li principi d'Italia appresso quali voleva, notoria essendo la condotta non solo di quello di Parma, suo feudatario, ma della casa di Fiorenza: onde la sola cautela costante della Ser[ma] Republica ha data soggetione al papa e documento agli altri, mercandone però immeritata odiosità appresso Francesi che sopra di lei fu da Sua B[ne] scaricata.

156.

Lorenzo Tiepolo K[r] Proc[r], Relatione di Roma 1712. (40 Bl.)

Die Kompetenzen zwischen geistlichem und weltlichem Forum nehmen von Jahr zu Jahr die Aufmerksamkeit mehr in Anspruch. L. Tiepolo beginnt gleich mit denselben.

Er tut das aber mit einem ungewöhnlichen Ernst. Die Materie, sagt er, sei absichtlich verwirrt; um sie zu scheiden, den Fürsten das Ihre zukommen zu lassen und doch auch die Verehrung, die dem Päpstlichen Stuhl gebühre, nicht zu verletzen, brauche man doppelt die Gnade Gottes.

Zuerst schildert er aufs neue die Persönlichkeit Clemens' XI. Auch er bewundert die Gelehrsamkeit, den Eifer, die Leutseligkeit und Mäßigung desselben; jedoch es könnte sein, sagt er, daß sie nicht den einzig zulässigen Zweck hätten, die Tugend selbst, sondern menschliche Nebenrücksichten, und daß sie darum nicht von Gott gesegnet würden; es könnte sein, daß der Eifer, mit welchem er sich der Regierung widmet, von einer zu großen Meinung von seinem persönlichen Verdienst umgeben und weniger auf die Sache selbst als auf das Lob und das Ansehen, das daher entspringen kann, gerichtet wäre: – Lob vermöge alles über ihn; sein Arzt z. B., um seinen Einfluß zu behaupten, pflege diese Neigung; die Schmeichelei feuere ihn an, die Ehre des Heiligen Stuhles aufrechtzuerhalten: – daher komme es, daß er die Rechte der Fürsten und Staaten so wenig berücksichtige; seine Umgebung wage es sogar, von diesen auf eine so schmähsüchtige Weise zu reden, wie es sich weder mit der hohen Stellung des Papstes, noch vielleicht auch mit der christlichen Liebe vertrage.

Von dem Papst geht er auf dessen Minister über, welche er, so wenig wie seine Vorfahren, besonders ausgezeichnet und nur zu Dienstleistungen, nicht zur Leitung der Angelegenheiten geeignet findet. 1. Kardinal Albani. Der Papst hatte bis nach seiner Mission nach Deutschland gewartet, ehe er ihn zum Kardinal ernannte. Der Hof billigte diese Ernennung, weil er damit einen Kanal zu dem Papst finden zu können glaubte, ein Interesse; jedoch Clemens XI. gewährte ihm wenig oder gar keinen Einfluß: è certo che l'autorità del card[le] nipote non apparisce a quel segno che per l'ordinario s'haveva veduto in quella corte. 2. Der Staatssekretär Kardinal Paulucci, herzensgut, aber nicht eben sehr geschickt, mit einer Art von Furcht von dem Papst abhängig. 3. Corradini, Auditore di Papa: dotto nel dritto, ma di non uguale esperienza negli interessi dei principi; forte nell' impegno, ma pieghevole alla ragione: der einzige, auf den man sich durchaus verlassen durfte. Es war nützlich, Sachen an ihn zu bringen, wo man entschieden recht hatte: weniger bei den zweifelhaften. Mit dem Nepoten stand er nicht gut; man glaubte sogar, dieser habe ihn zum Kardinalat befördert, um ihn aus der Nähe des Papstes loszuwerden. 4. Origbi, Sekretär der Konsulta, Nebenbuhler Corradinis, der sich eben deshalb enge an den Nepoten anschloß: pare che più con l'accortezza et adulatione che con la fermezza et ingenuità abbia avanzato la sua fortuna. 5. Kardinal Sagripante, Datario: nur durch Sparsamkeit reich geworden, streng in seinen Geschäften, von aller Politik entfernt. Die Dataria verliert täglich mehr: auch in Spanien will man den Unterschleif nicht mehr dulden; daher kommt es, daß die Kardinäle, die nicht gelernt haben, ihre Güter zu bewirtschaften – si può dire essere un vero distintivo dell' abbadie de' cardinali il ritrovare le case in abandono e le chiese dirocate –, den alten Glanz nicht mehr behaupten können. – Käme es zu einer Papstwahl, so würden doch die Kreaturen Clemens' XI. sich schwerlich sehr enge an den Kardinal Albani anschließen, schon darum, weil er weniger Einfluß habe.

Und nun geht Tiepolo an eine Schilderung der politischen Verhältnisse. Wie gesagt, sein Gesichtspunkt ist politisch-kirchlich: er erörtert die Streitigkeiten zwischen dem römischen Hofe und den Fürsten; man sage, der Papst habe eine gleiche Liebe zu allen: man könne aber besser sagen, er habe gleich schwache Liebe, eine gleich geringe Achtung gegen alle.

E ben vero che se pochi pontefici si hanno preso a tal punto quest' assunto di far pompa di superiorità sopra i principi, è forza di dire che anche pochi pontefici hanno havuto la sfortuna uguale al presente di non poter uscire dagl' impegni volontariamente con gli stessi principi presi, se non con qualche diminutione del suo honore. Pure se ha qualche interna inclinatione, quest' è riposta verso la Francia, benchè quella corte replicatamente si dolga delle sue partialità verso la casa d'Austria, e in fatti in più incontri l'evento ha comprovato i suoi lamenti, ma perchè ha havuto tutta la parte il timore. In ciò la corte di

Vienna, o sia a caso o per la cognitione, rilevata del vero temperamento del pontefice ha nel trattar seco fatta la profittevole scielta delle minaccie e delle apprensioni.

Diese allgemeinen Bemerkungen führt er dann nach den einzelnen Staaten weiter durch, bis er auf Venedig kommt, bei dessen nun freilich nicht weltbedeutenden Verhältnissen er am längsten verweilt.

157.

Relatione di Andrea Corner K[r], ritornato dall' amb[ria] di Roma 1724, 25 Luglio. (42 Bl.)

So lebhafte Antipathien erweckte Clemens XI. trotz des besten Willens und einer untadelhaften Aufführung. Hier, wo er noch einmal auftritt, sehen wir jedoch, daß sich wenigstens nach seinem Tode die Stimmung gewaltig änderte. Dann bewunderte ihn jedermann: selbst diejenigen stimmten ein, die ihn kurz vorher getadelt. Man fand, was man nie geglaubt, wenn er zuweilen mehr versprochen als er habe halten können, so sei das wirklich Gutmütigkeit gewesen. Es kam an den Tag, daß er aus seinem Privatvermögen die reichsten Almosen ausgeteilt hatte, deren Betrag in 20 Jahren seiner Herrschaft sich bis auf eine Million Skudi belief: eine Summe, die er mit gutem Gewissen seinem Hause hätte zuwenden können. Corner erzählt, Clemens habe kurz vor seinem Tode Kardinal Hannibal, seinen Nepoten, um Verzeihung gebeten, daß er das Haus nicht besser bedacht hinterlasse. (Parerà che il pontificato di Clemente sia stato effimero, quando fu de' più lunghi.)

In dem Konklave trat die Veränderung ein, die man erwartete. Mit wenigen Ausnahmen war das ganze Kollegium unter Clemens XI. erneuert worden; aber da Kardinal Albani wie überhaupt an der Regierung so auch an diesen Ernennungen nur wenig Anteil genommen, so trennten sich die Kardinäle nach ihren Nationen. Zuerst ward Paulucci vorgeschlagen, wie wir wissen, Staatssekretär des vorigen Papstes; allein der kaiserliche Gesandte Graf Althan erklärte, sein Herr werde Paulucci niemals als Papst anerkennen: er gebe dies Ihren Eminenzen zu bedenken. Nun hatten schon vorher einige Freunde des Hauses Albani ihr Auge auf Michel Angelo Conti geworfen: einer von ihnen, Monsignor Riviera, wurde Sekretär des Konklaves. Zuerst sprach er darüber mit Kardinal Spinola, der, nachdem er den Boden untersucht und gefunden hatte, daß Conti nicht mißfalle, sich mit Vergnügen an die Spitze der Partei stellte und ihn vorschlug. Graf Althan fragte unverzüglich bei seinem Hofe an. Da kam es nun Conti zustatten, daß er Nuntius in Portugal gewesen und dort die Gunst der Königin Maria Anna von Österreich, Schwester Karls VI., erworben hatte. Der österreichische Hof war für Conti; auf die ganze österreichische Verwandtschaft, namentlich Portugal und Polen, konnte man rechnen. Auch der spanische Gesandte befragte seinen Hof; dessen Antwort war nicht günstig, aber sie kam zu spät an; indes war Innozenz XIII. schon gewählt (8. Mai 1721).

Innozenz besaß treffliche Eigenschaften für die geistliche sowohl wie für die weltliche Regierung. Nur war er von krankhafter Leibesbeschaffenheit, und daher kam es, daß er mit seinen Audienzen sehr sparsam war. Dafür hatte es aber auch Bedeutung, bei ihm Audienz zu haben: Eine war statt vieler. Er faßte sehr gut und gab entscheidende Antworten. Der Gesandte von Malta, sagt Corner, wird daran denken, wie ihm auf ein etwas stürmisches Gesuch um Unterstützung der Papst auf der Stelle seinen Segen gab und die Klingel zog, um ihn zu entlassen. Als der portugiesische Gesandte die Erhebung jenes Bicchi zum Kardinal forderte, wollte ihn Innozenz zuletzt gar nicht mehr anhören (non ritrovando merito nel prelato e passando sopra tutti li riguardi che potea avere per una corrona di cui era stato protettore).

Die mit Innozenz XIII. verwandten römischen Familien, die von ihm befördert zu werden gehofft hatten, fanden sich sehr betrogen; selbst seine Nepoten konnten nur mit Mühe zu dem Genuß der 12000 Dukaten kommen, welche jetzt das gewöhnliche Einkommen eines Nepoten geworden.

Das vornehmste Bemühen des Papstes war, die Streitigkeiten über die kirchliche Jurisdiktion beizulegen; doch gelang ihm das keineswegs überall. Nur mit dem kaiserlichen Hofe bildete sich ein besseres Verhältnis: wie das jener Wahl zufolge in der Natur der Sache lag.

158.

Relatione del N. H. Pietro Capello K^r^, ritornato d'ambasciator di Roma 1728 6 Marzo. (14 Bl.)

Schon am 7. März 1724, nach wenig mehr als 34monatlicher Regierung starb Innozenz XIII.

Capello, der noch zu Innozenz geschickt wurde, stimmt in der Schilderung desselben mit seinem Vorgänger überein. Er findet ihn friedfertig, von gutem Urteil, wohlbedächtig, fest in seinem Vornehmen. Er bestätigt das Gerücht, daß diesem Papst die Ernennung des Dubois zum Kardinal, zu der er sich aus Rücksicht auf die Macht und den Einfluß dieses Menschen hatte bewegen lassen, in seinen letzten Augenblicken schwere Skrupel gemacht habe. La di lui morte fu ben un' argomento delle più morali riflessioni: mentre attaccato da scrupoli di coscienza, tarlo che non lascia di rodere anco la mente dei papi, non potè mai lasciarsi persuadere a compire la nomina di quattro cardinali nella vacanza d'altrettanti cappelli; e per quello si è potuto iscoprire, fu giudicato che non sentisse di consumare una tale elettione forse per pentimento d'averne eseguita alcun' altra con maniere atte a turbare la di lui delicata coscienza. Tale non ordinario accidente partorì funeste conseguenze alla di lui casa, a favor della quale non restò alcun partito da disponere dopo la di lui morte: ma con tutto ciò vi fu universale argomento per giudicar molto bene di sua persona, che dimostrò per *tali suoi ottimi* sentimenti un spirito egualmente nobile che rassegnato.

Am 29. Mai 1724 folgte Benedikt XIII. Capello findet ihn von seinem Vorgänger sehr verschieden: besonders entschlossen und feurig in allen geistlichen Angelegenheiten. In dem Kardinalkollegium bemerkt er wenig ausgezeichnete Leute, keine starke Faktion, auch keine Aussicht, daß sich unter Benedikt eine solche bilde, da schon die Eifersucht zwischen Coscia und Fini es nicht dahin kommen lasse. Eine Faktion der Kronen gibt es, aber sie hat auch keine rechte Festigkeit. Einen großen Eindruck hatte es an dem Hofe gemacht, daß der Herzog von Savoyen doch zuletzt seine Absichten erreichte. Capello schließt daraus, daß man hier mit der Zeit alles erlangen könne. Er fordert nur Ruhe. Der Eifer, den man für seine Sache habe, müsse nie in Klagen ausbrechen.

Capello geht nun näher auf die eigentlich venezianischen Interessen ein. Zuerst stellt er aufs neue vor, daß sich Venedig eines festern Ansehens zu Rom bemächtigen müsse. Er gibt nochmals an, wie man den Papst zu behandeln habe. Man müsse ihn immer mit geistlichen Zuvorkommenheiten zu gewinnen und unvermerkt geneigt zu machen suchen. Sodann tritt er auch den weltlichen Verhältnissen, besonders des Handels, näher. Es zeigt sich, daß der römische Staat im Anfang des 18. Jahrhunderts sehr ernstlich auf kommerzielle und industrielle Verbesserungen gedacht hatte.

Die Dulzignoten und Ragusaner trieben einen Handel in Ankona, der den Venezianern nicht sehr willkommen war. Besonders führten sie viel Wachs ein, das man sonst von Venedig bezog und das man jetzt auch in dem Kirchenstaate zu bearbeiten anfing.

Innozenz XII. hatte S. Michele a Ripa zu bauen angefangen; Clemens XI. hatte es erweitert: jetzt war es durch Woll- und Seidenarbeiten bedeutend: „dalla figura d'un ospitale, dove per carità alimentavano molti giovani, fu convertita con amplificatione di sito e con grandissima giunta di fabriche in una casa di commercio, nella quale a presente si travagliano le manifatture di lana e di seta.“ Man wetteiferte bereits mit dem französischen Tuche und führte über Ankona nach der Türkei und nach Spanien aus. Ich will doch diese ganze Stelle wörtlich mitteilen. In questo sontuoso edificio vi si è introdotta la fabrica degl' arazzi con egual perfettione di quelli che si travagliano in Fiandra et in Francia: e vi è fondato un lanificio, nel quale vi entra la lana et escono i panni perfectionati di tutto punto. La fabrica di seta dipendente da questo luogo s'esercita in più contrade di Roma, e quelle della lana sono in tanti generi divise, con idea d'adattarle all' uso del paese per haverne con un spaccio facile il pronto ritratto. Si fabricano in S. Michele tutti li panni per le militie, li scoti per servitio de' monasterj, le tele di tutti i generi per il vestiario delle ciurme, e li panni sono divisi in varii generi che restano distribuiti per una data quantità, con obligo alli mercanti di farne l'esito. Di recente si è dato anco mano alla fabrica di panni colorati ad uso di Francia, che passano in Ancona e Sinigaglia per concambio alle mercantie che vengono di Turchia. In somma, la casa di S. Michele è una delle più vaste idee che possa esser compita da un principe grande, e sarebbe sicuramente l'emporio di tutta l'Italia, se non fosse costituita in una città dove ad ogn' altra cosa si pensa che al commercio et alla mercatura, essendo diretti questi gran capitali da una congregatione di tre cardinali, tra quali vi è il segretario di stato, sempre occupato e divertito ne' più gravi affari del governo. Con tutto ciò questa casa di commercio sussiste con floridezza, e colli suoi travagli s'alimentano migliaja di persone ricavandosi dalle sue manifatture pronto il ritratto. La fabrica degl' arazzi si mantiene da se stessa, perchè si lavora ad uso de' particolari, et il maggior effetto di questi lavori si è quello desiderabile a tutti li stati, che il danaro non esca ad impinguare l'estere nationi.

Wie sonderbar, daß ein Venezianer seiner Vaterstadt anrät, ein industrielles Institut der Päpste zum Muster zu nehmen. Schon hatten sie auch Einrichtungen für geistige Kultur getroffen, die er zur Nachahmung empfiehlt. Oltre le arti mecaniche vi sono pure le arti liberali, che servono ad ornamento et utilità dello stato. Il solo nome di Roma et il credito degli antichi suoi monumenti attrae a se stessa molte estere nationi et in particolare gli oltramontani. Sono in quella città instituite molte accademie, dove oltre lo studio della belle lettere non meno fiorisce quello della pittura e scoltura: oltre quella di Campidoglio, che sussiste sotto la protettione di quel rettaglio d'autorità esercitata con tanto credito ne' secoli passati da quella insigne republica. Ve ne sono pure anco dell' altre instituite e governate dall' estere nationi, tra le quali si distingue quella che sussiste col nome della corona di Francia.

Der Autor meint nun, man solle auch in Venedig eine ähnliche Akademie errichten. Man besitze auch in Venedig die schönsten Denkmale des Altertums. Habe doch sogar Bologna etwas Ähnliches mit großem Sukzeß unternehmen können!

Übrigens waren mit den Tendenzen, welche Corner bezeichnet, damals noch einige andere gleichartige verknüpft, über welche uns andere Denkmale Auskunft geben.

159.

Osservationi della presente situatione dello stato ecclesiastico con alcuni progetti utili al governo civile et economico per ristabilire l'erario della rev[da] camera apostolica dalli passati e correnti suoi discapiti. MS Rom.

Im Anfange des 18. Jahrhunderts gelangte man über das ganze südliche Europa hin zu der Überzeugung, daß man sich schlecht befinde, daß man sich unverantwortlicherweise vernachlässigt habe: es regte sich Bedürfnis und Neigung, einen besseren Zustand herbeizuführen. Wie viel ward in Spanien geschrieben und versucht, um die Finanzen, den Handel herzustellen! In dem Kirchenstaate ist das Testamento politico d'un accademico Fiorentino, Colonia 1734 – welches die Mittel angibt, durch welche man Handel, Ackerbau und die Einkünfte der Kammer verbessern könne –, noch immer in gutem Andenken. In der Tat eine wohlmeinende, geschickte, eindringende Schrift, voll von gesunden Bemerkungen. Jedoch blieb es nicht bei den Bemühungen bloßer Privatleute. In den Sammlungen jener Zeit finden sich eine Menge Entwürfe, Berechnungen, Pläne zu demselben Zwecke, mehr oder minder offiziell. Eine Schrift dieser Art, für Clemens XII. selbst bestimmt, sind unsere Osservationi, welche in die Zeit des politischen Testaments fallen. Der Verfasser sucht besonders die Unordnungen und Mißbräuche anzugeben, die man abzustellen habe.

Nachdem er einen Augenblick bei der traurigen Erscheinung verweilt hat, daß im Kirchenstaate soviele Mordtaten erfolgen, selbst außerhalb Roms und der vier Legationen jährlich wohl noch tausend – der Verfasser meint, man müsse doch sehen, was andere Fürsten dagegen tun –, kommt er auf die Finanzen. Das Defizit gibt er auf 120 000 Sk. jährlich an. Er macht folgende Vorschläge: 1. Reform der Offiziere, welche starke Besoldungen ziehen, ohne sich auch nur in ihren Garnisonen aufzuhalten. 2. Beschränkung der Ausgaben des Palastes. 3. Eigene Verwaltung der Dogana statt der Verpachtung, die er auch deshalb verdammt, weil sich der Pächter dem Verbot ausländischer Manufakturen widersetze. 4. Einschränkung des Einflusses der Subalternbeamten, die ihren Vorteil bei der Vermehrung der Auflagen sehen. – Er bemerkt, daß die Annona sich auch darum nicht halten könne, weil man jetzt von der Türkei sowie aus dem Norden soviel Zufuhr habe: der Kornhändler könne die Konkurrenz nicht aushalten. Vor allem entsetzt ihn, daß soviel Geld aus dem Lande gehe für Vieh, Öl, Wein, was man alles selbst im Überfluß besitze. Was komme darauf an, daß man diese Artikel ein wenig teurer bezahlen müsse, wenn nur dafür das Geld, „das Blut des Staates", seinen gehörigen Umlauf habe. Die Inhaber der Monti, welche die Zinsen ziehen, ohne daß sie sich im Lande aufhalten, sollte man wenigstens besteuern, wie das ja auch mit abwesenden Lehnbesitzern im benachbarten Neapel geschehe.

Namentlich den Zustand der Mark, die jährlich an Einwohnerzahl verliere, findet er beklagenswert. Er leitet ihn besonders daher, daß man die Ausfuhr des Getreides so sehr erschwere. Zwischen Juni und Oktober sei sie geradezu verboten; dann werde sie nur gegen Abgaben erlaubt, deren Ertrag für die Kammer geringfügig, deren Wirkung aber doch die sei, daß der Fremde sich lieber woanders wohlfeileres Korn suche. Die Messe von Sinigaglia erweise sich verderblich. Sie mache die Umgegend von dem Auslande abhängig: man brauche nur hinzugehen nach Urbino, der Mark und Umbrien, wo man weder Kunst noch Wohlstand mehr finde, sondern alles in tiefem Verfall.

Der Autor beschwört den Papst, eine Kongregation von wenigen, aber erwählten Mitgliedern niederzusetzen, um Heilmittel für diese Übel aufzufinden, vor allem nur geschickte und redliche Beamte anzustellen, die übrigen aber zu züchtigen. „Dies hoffen", schließt er, „die Untertanen von Eurer Heiligkeit!"

160.

Provedimento per lo stato ecclesiastico. (MS Rom., Autograph für Staatsbeamte.)

Man sieht, es war auch hier auf Einführung des Merkantilsystems abgesehen, welches damals in Europa so großen Beifall fand. Und wäre man nur mutig darangegangen. Einen gewissen Aufschwung würde doch vielleicht die Industrie genommen haben. Aber das Unglück der römischen Administration war, daß die nachfolgenden Päpste so gern das Gegenteil von dem taten, was ihren Vorfahren gut geschienen. Ein Beispiel davon gibt uns vorliegende Schrift.

Im Jahre 1719 nahm die Einfuhr fremder Tuche aus Venedig und Napoli, hauptsächlich auch aus Deutschland, dergestalt zu, daß Clemens XI. sich bewogen fühlte, sie geradezu zu verbieten. Auch bei Vergani (della importanza del nuovo sistema di finanza) geschieht der beiden Dekrete Meldung, vom 7. August 1719 und 1. August 1720, durch welche dies geschah. Wenn aber Vergani leugnet, daß es etwas geholfen, so ist er damit ohne Zweifel in Irrtum. Den Aufschwung der römischen Industrie bemerkte Pietro Capello schon 1728. In unserm Provedimento, verfaßt unter Clemens XII., wird ausdrücklich versichert, daß sich gerade infolge jener Verbote die Manufakturen bedeutend gehoben. Innozenz XIII., Benedikt XIII. bestätigen dies Verbot. „In pochi anni si eressero a proprie spese de' particolari in molte città e terre dello stato fabriche nuove di lanificii, di valche, di spurghi, di tintorie et altre, in specie a Roma, Narni, Perugia, Rieti, Tivoli, Alatri, Veroli, Segni, Subiaco, S. Severino, Giulianello."

Allein eine Kongregation, von Clemens XII. im Jahre 1735 eingesetzt, fand sich bewogen, dies Verbot aufzuheben und die Einfuhr der Tuche gegen einen Zoll von 12 Prozent in den Provinzen und 20 Prozent in Rom wieder zu gestatten. Die Folge war, wie wenigstens unsere Schrift versichert, daß die eben gegründeten Fabriken zugrunde gerichtet wurden. Sie berechnet, daß eine Summe von 100000 Sk. für das Tuch aus dem Lande gehe. Sie wünscht eine Erneuerung des Verbotes, eine Ausdehnung desselben auch auf die Seidenwaren; – doch finde ich nicht, daß sie einen Erfolg gehabt hätte.

161.

Altri provedimenti di commercio. (MS Rom.)

Bestätigung der momentanen Erhebung der Manufakturen seit jenem Verbote. Die alten Klagen über das Verbot der Ausfuhr. Es komme so vieles aus Toskana: wollte jemand aber auch nur einen Scheffel Korn hinüberschaffen, so würde er Konfiskation der Güter, Exkommunikation, ja selbst das Leben verwirkt haben. Übrigens war auch hier wie in Deutschland eine gewaltige Münzverwirrung eingerissen. Die päpstliche Münze war zu schwer, obwohl schon Innozenz XI. und Clemens XI. leichtere geprägt hatten. Eine Menge fremdes Geld, bei dem man viel verlor, drang ein. Man forderte den Papst auf, auch seinerseits leichtere Sorten zu prägen, wie er dies schon mit den Zechinen zu tun anfing.

Noch mehrere andere Schriften ähnlichen Inhaltes liegen uns vor: alle zu exzerpieren würde uns in allzuviel Details ziehen. Genug, wenn wir bemerken, daß auch der Kirchenstaat die industriellen und ökonomischen Tendenzen teilte, die das übrige Europa ergriffen hatten, obwohl

Zustand, Verfassung und unvertilgbare Mißbräuche es zu keinem rechten Gedeihen kommen ließen: – die Ruhe der Aristokratie: die Behaglichkeit eines genießenden Lebens, ohne anderes Objekt: die Süßigkeit des Nichtstuns. Unser Winckelmann war entzückt, als er bald nach dieser Zeit nach Italien kam. Das dortige Wesen deuchte ihm wie eine Erlösung aus der betriebsamen Tätigkeit und strengen Unterordnung unserer Gegenden. Der Gelehrte hatte recht für sich: er bedurfte der Muße, der Anerkennung, er mußte freier Atem schöpfen können: auch mögen sich diese Dinge für den Augenblick, für das Privatleben ins gleiche setzen. Eine Nation aber wird doch nicht anders als durch allseitige Anstrengung blühend und mächtig zu werden vermögen.

162.

Relatione 28 Novembre 1737 del N. U. Aluise Mocenigo IV, K^r e Proc^r, ritornato di Roma. (Arch. Ven.)

Wir sehen hier, was dem Emporkommen von seiten der Verwaltung entgegenstand. Mocenigo ist keineswegs ein Tadler: die kommerzielle Aufnahme von Ankona erkennt er an, und sie macht ihm sogar Gedanken: die Justiz findet er in gutem Zustand, namentlich an der Rota; aber die Verwaltung erklärt er für von Grund aus verderbt: Veruntreuung sei an der Tagesordnung, die Ausgabe größer als die Einnahme, keine Hilfe abzusehen. Papst Clemens hatte das Lotto ergriffen; aber der Gesandte bezeichnet es als höchst verderblich (l'evidente esterminio e ruina de' popoli).

Vom Papst Clemens XII. ist sein Urteil, er sei mehr durch die Gaben eines Kavaliers und eines prächtigen Prälaten ausgezeichnet als durch das Talent oder die Kraft, die schwere Last des Pontifikates zu tragen. Er schildert ihn und seine Regierung nur mit folgenden wenigen Zügen. Il pontificato presente influisce piuttosto le nobili intraprese e la magnificenza, tale essendo stata sempre l'inclinatione del papa sino dalla sua gioventù, e tuttavia nell' età sua cadente e rovinosa sostenuta dal genio e dagli esempj del cardinale Corsini nipote, che più ancora si distingue nell' inclinazione per le belle arti e per il modo affabile di trattare che per un fondo di vera sufficienza negli affari del governo. La serie dei successi nel cadente pontificato, in cui per lo più ha governato l'Eminenza Sua, rende chiara testimonianza a questa verità, e si può dire che i dissapori violenti occorsi quasi con tutte le corti avrebbono dovuto opprimere il cardinal nipote, se egli non fosse stato sostenuto da un credito fondato in un cuore disinteressato e mancante piuttosto per difetto di talento che di cattiva volontà. Vero è che Roma non scusa in lui la premura con cui vuole in ogni caso disporre di tutti gli affari politici, geloso sino all' eccesso della sua autorità, e quindi aver egli allontanato dal ministero il card^l Riviera, il più capace di tutti per gli affari di stato, et aver ivi sostituito il card^l Firau per disponerne a piacere e senza contrasto. Per altro, sia inclinazione, sia virtù, certa cosa è che durante tutto il pontificato di Clemente XII nel corso di sette anni con la disposizione assoluta delli tesori pontificj la casa Corsini non ha aumentate le rendite sue patrimoniali di 8 m. scudi annui, esempio ben raro.

Der Nepot hatte wieder große Macht, obwohl er sich nicht bereicherte. Der Staatssekretär hing ganz von ihm ab, und man mußte sich hüten, auf Äußerungen des letzten zu trauen, wenn man des ersten nicht gewiß war.

Von den innern Geschäften geht Mocenigo zu den Verhältnissen mit den Höfen über, welche, wie schon berührt, von Tag zu Tag schwieriger wurden. Ich will diese für die Geschichte der kirchenrechtlichen Streitigkeiten bedeutende Stelle ganz aufnehmen.

La corte di Napoli anela continuamente all' abolimento dalla solita investitura con argomenti legali, istorici e naturali: nè sarebbe difficile che vi riuscisse, quando il re Don Carlo acconsentisse ad una solenne rinunzia di ogni sua pretesa sopra Castro e Ronciglione. Ma questo non è il tutto: mentre i Napolitani condotti dalle scuole dei loro giurisconsulti sono talmente avversi alla corte di Roma che ogni cosa studiano per sottrarsi dalla dipendenza del papa nel temporale: e quindi ogni giorno escono nuovi regolamenti e nuove pretese così ben sostenute dai scrittori loro valenti che la corte Romana n'è più che mai imbarazzata e già si vede bella necessità di rilasciarne una gran parte per mettere in salvo il resto. Il punto si è che queste riforme tendono principalmente ad impinguare l'erario regio e quindi a scemare le rendite e l'autorità pontificia in quegli stati. Il padre Galliani, uomo di profonda dottrina et erudizione, è in Roma il grande propugnatore per la corte di Napoli, tanto più efficace quanto nelle sue lunghe consuetudini in quella metropoli ha penetrato nel più fondo dei misteri del papato, e proveduto d'una memoria felicissima tutto ha presente per prevalersene nell' opportunità.

Il grande appoggio della corte di Napoli è quella di Spagna, dove l'irritamento parve tempo fa giunto all' eccesso e dette occasioni a quelle strepitose propositioni di riforma della dataria e ristabilimento del juspatronato regio, delle quali ebbi più volte l'onore di trattenere V^ra^ Serenità nei riverenti miei dispacci, e che ora si vedono già concluse con aggiustamento più utile per la corte di Spagna che per quella di Roma.

La corte di Torino con costante direzione nel maneggio degli affari politici, protetta dalle bolle e concessioni di Benedetto XIII, non si è mai lasciata rilasciare un momento da quei fondamenti che per essa sono inconcussi e troppo facilmente attaccati dal presente pontificato. Il card^le^ Albani, uomo per sagacità e risoluzione senza pari, ha sin ora sostenuto con tutta l'efficacia le ragioni di quella corte, a segno che non lasciò mai giungere ad effettuazione le minaccie fatte dal pontefice presente, e secondo tutte le apparenze ne deve sortire fastoso col successore.

Anco la corte di Francia patì alcuni motivi di querela per le vicende della *Polonia*: ma furono cose di sì poco momento che può ella sola contarsi affezionata e stabile al presente pontificato, e ciò perchè negli affari ecclesiastici poco o nulla più resta da discutere con Roma, osservandosi pontualmente dall' una e dall' altra parte i concordati e la prammatica, ma principalmente perchè la corte di Roma va con essa più cauta che non qualsivoglia altro nell' introdurre, sostenere e resistere alle novità che intervenir potessero. Il sempre mai lodevole card[le] Fleuri, grand' esemplare nel ministero politico, ha saputo tener sempre soggetta la politica alla religione senza mai confondere l'autorità spirituale con la temporale: e questo fa che durante il suo ministero la corte di Roma sia si trattenuta nei limiti dovuti e quasi con una perpetua condescendenza, a segno che l'avrebbe costituito l'arbitro di tutte le sue differenze, se gli altri potentati non avessero temuta la grande equità e l'imparzialità di quell' eroe nel ministero politico.

Gravissimi furono i sconcerti, tuttavia non appianati ancora, con la corte di Portogallo, dove il carattere di quel re fa che acquistano giornalmente vigore et insistenza le sue pretese quanto più si contrastano: e per dirlo con chiarezza, le differenze insorte col Portogallo e con la Spagna avendo da qualche tempo sospese le rendite opulentissime di que' vasti regni, ha quasi scompaginata la corte e la città di Roma, dove migliaja di famiglie da qualche anno in quà sono ridotte dall' opulenza alla povertà e tante altre dalla sufficienza alla miseria. Questo fa che la disposizione d'infiniti beneficj in Spagna, in Portogallo e nel regno di Napoli rimanendo sospesa, anzi correndo apparenza che rimaner possa all' autorità temporale di que' regnanti, gran numero dei loro sudditi secolari e regolari altre volte consacrati a sostenere la corte di Roma presentemente l'abbandonano, e gran numero ancora dei Romani stessi vengono condotti a coltivar le potenze straniere dall' avidità e necessità loro. Particolare e curiosa è stata la condotta della corte di Roma verso le pretese di questo principe di aver il cardinale nato il patriarca di Lisbona. Fu considerato da quel re come condizione indispensabile dell' accomodamento delle vertenze che corrono tra le due corti, di godere una tale distinzione, ed il papa, usando in ciò dell' antico costume Romano, si è dimostrato alcune volte del tutto alieno, altre quasi propenso di soddisfare le premure del re. La cosa non è ancora decisa, ed in ogni maniera che venghi consumata fornirà argomenti non indifferenti di discorsi e forse di querele tra gli altri principi.

Altre volte il pretendente faceva un oggetto massimo della corte di Roma, la quale si lusingava molto sopra l'appoggio delle corti di Francia e Spagna, dacchè si riunirono ambedue nella casa di Borbon: ma in oggi scopertasi la gelosia tra la linea primogenita e la cadetta, e conosciutosi che la regina di Spagna non ha veramente altre mire che l'ingrandimento dei proprj figli, l'esule pretendente e la degna sua famiglia divengono presto a molti oggetto più grave ancora che di conforto.

L'imperatore ha fatto e fa tuttavia tremare il presente ministero di Roma, vedendosi egli stesso dar mano ad introdurre nei suoi stati d'Italia quelle riforme d'abusi che devono col tempo servire di esempio sommamente pregiudiciale ai Romani: e ciò ch'è peggio per loro, appena ha introdotto le sue truppe nella Toscana, che ivi pure si veggono incamminate le medesime direzioni, a segno che di tutti gli stati esteri al dominio Romano non se ne vede pur uno continuar ciecamente sul piede dei secoli passati. La corte di Vienna professando tempo fa acri motivi di querela per le distinzioni usate a Spagnoli, poco amati dal popolo Romano, si è totalmente attratto il favor d'esso popolo in Roma e nello stato sotto il pontificato presente col maneggio accortissimo de' suoi ministri et emissarj, ch'è cosa maravigliosa l'udire in universale il popolo Romano dichiarato in favore dell' imperatore. Tuttavia in oggi tanta è la forza dell' interesse della famiglia Corsini che non vi è sacrificio che non si faccia affine di guadagnarsi l'amicizia di Cesare: di che l'Ecc^mo^ Senato ne ha abbondanti prove nelle direzioni de' negozj vertenti.

163.

Relatione del N. H. Franc. Venier K^r^, ritornato ambasciator da Roma 1744 24 Apr.

Leider nur zwei flüchtige Blätter, Benedikt XIV. gewidmet.

Venier versichert, daß die Kardinäle eigentlich diesen Papst nicht gewollt haben: inalzato anzi dalle sue rare virtù, dalle vicende di quel conclave, dalle sue note lunghezze, che da un' efficace favore de' cardinali che lo esaltarono. Fu opera sola del divino spirito.

„Il papa", fährt er fort, „dotato di cuore aperto e sincero trascurò sempre ogn' una di qualle arti che si chiamano romanesche, e lo stesso carattere che fece conoscere senza riserva allora che era prelato, fu quello del card^l^ Lambertini e si può dire quello del papa."

164.

Relatione di Aluise Mocenigo IV, Kav^r^ ritornato ambasciator di Roma 1750 14 Apr.

Nicht etwa neuerdings der Gesandte von 1737. Der erste war ein Sohn Aluise Mocenigos des Dritten: dieser zweite ist ein Sohn Aluise Mocenigos des Ersten.

Leider hat er sich auch mit drei Blättern begnügt: ich will, bei der Spärlichkeit authentischer Notizen über den römischen Hof in dieser Zeit, die wichtigste Stelle wörtlich mitteilen.

Il regnante Benedetto XIV non solo non è mai stato nell' impiego di nunziature presso alcuna corte, ma nè pur ha sostenuto alcuna legazione: egli essendo vescovo d'Ancona è stato fatto cardinale, et essendo arcivescovo di Bologna fu assonto al supremo grado in cui regna. Possiede per pratica fatta sin dagli anni suoi più freschi l'ordine della curia, e non se ne scorda certamente, oltre di che si picca d'esser *perfetto canonista* et ottimo legale, non ammettendo egli in ciò differenza dall' esser suo di decretalista, studio che non lascia al dì d'oggi ancora. Perciò egli è parzialissimo del suo uditore mons^re^ Argivilliers, perche si dirige colle stesse dottrine. Conformandosi dunque le massime del papa con quelle del suo uditore, si rende questi nel pontificato presente uomo d'importanza, quando particolarmente per l'esercizio suo, ch'è ristretto alle sole civili ispezioni, non avrebbe altro che il vantaggio di vedere in ogni giorno il monarca et ora entra a dir parere negli affari di stato. Per dir vero, egli è uomo di probità, ma di nessuna esperienza negl' interessi dei principi, austero et inaccessibile, scarso di corrispondenza forastiere non solo ma ancora tra li stessi palatini. Per l'aura di favore ch'ei gode sembra che contrasti al card[le] Valenti segretario di stato l'accesso vantaggioso presso del papa, che la gran mente di quel porporato, quando voglia gli prema et a lui convenga, in mezzo alle più difficili determinazioni e massime sempre possiede et ottiene. Et eccomi al caso di superfluità e repetizione. Di questo soggetto, perspicace nella coltura degli affari politici e di stato, ministro d'esperienza, accorto e manieroso, avran detto quello conviene li miei eccellentissimi predecessori, e circa questo non altro posso aggiungere se non ch'egli col nuovo posto di camerlengo di S. Chiesa, conferitogli da S. S[tà] in tempo della mia ambasciata, ha fermato anche dopo la vita del pontefice quel ben onorifico e lucroso posto, che lo renderà ancora necessario e ricercato quando forse dopo di aver dimessa la segretaria di stato l'emulazione, l'invidia e li mal contenti avrebbero potuto spiegar la loro forza et il loro sdegno. Va ora esente da questi sfoghi, non perche sia da ogni parte circondato: ma sa egli far fronte e scansar ogni assalto: se a lui giova, cimenta: in caso diverso non cura. Oltre al nominato uditor del papa, poco o niente amico suo vi è ancora mons[r] Millo datario, con il quale benchè a mio tempo apparissero riconciliati in amicizia, in sostanza non lo erano, et il detto datario è piuttosto del partito dell' uditore. Questi tre soggetti si possono dir quelli che nel presente pontificato abbino ingerenza et intelligenza negli affari dello stato. Ma se li due prelati sono accetti per l'esposto di sopra et il card[le] sa rendersi necessario per le tante ragioni ben note, però arrivano dei momenti che il papa ascolta gli uni e l'altro e poscia tutto a sua volontà e talento differentemente risolve. Per questo ancora, se vi sono degli altri ben distinti soggetti tra li palatini, non contano gran cosa nel presente pontificato o almeno in rapporto ai gravi affari dello stato. Uno è il card[le] Passionei, studiosissimo et amante delle scienze, pratico ministro per le nunziature sostenute, e non ha altra ingerenza che nella secretaria dei brevi. Del giovane prelato mons[re] Marcantonio Colonna maggiorduomo il zio card[le] Girolamo promaggiorduomo è uno tra li prediletti del papa: ma egli non si da pena d'altro che di quelle cose che interessino le particolari sue brame. Il segretario alle zifre mons[re] Antonio Rota, conosciuto dal papa e dall' universale di tutto il sagro collegio et a parte dalle congregazioni coram sanctissimo per un'uomo della più scelta politica et un pensamento il più fino, che per l'aggiustatezza dell' estero, dove abbia ad esservi un tratto d'accortezza, altro non ha migliore talmente conosciuto necessario che con distinto modo si ammette anche podagroso nelle occorrenti congregazioni, non ha però maggiori ispezioni che quelle del suo carico o le avventizie.

165.

Girolamo Zulian, Relatione di Roma 15 Decembre 1783.

Gegen das Ende der Republik nahm auch der Sinn für diese Art politischer Tätigkeit ab.

Die Relationen werden kürzer: die Beobachtungen, die sie mitteilen, sind an Penetration und Umfassung mit den alten nicht zu vergleichen.

Zulian, dessen Relation die letzte ist, die mir vorgekommen, handelt gleich gar nicht mehr von der Politik, den auswärtigen Geschäften oder der Persönlichkeit Pius' VI.: er bleibt bloß bei einigen Momenten der inneren Staatsverwaltung stehen.

Die päpstliche Kammer, meldet er, habe ein starkes Defizit, das durch die außerordentlichen Ausgaben, den Bau der Sakristei in S. Pietro und die Arbeiten in den pontinischen Sümpfen – beide mochten schon damals 2 Millionen gekostet haben – noch vermehrt worden: das man mit Antizipationen und Kreation von Papiergeld zu decken suche. Auch gehe sonst viel Geld aus dem Lande. Le canapi, le sete, le lane che si estraggono dallo stato, non compensano li pesci salati, li piombi, le droghe e la immensa serie delle manifatture che si importano in esso da Genova specialmente e dalla Francia. Il gran mezzo di bilanciar la nazione dovrebbe essere il commercio de' grani: ma la necessità di regolarlo per mezzo di tratte affine di proveder sempre l'annona di Roma a prezzi bassi lo rende misero e spesso dannoso. Quindi resta oppressa l'agricoltura e spesso succedono le scarsezze del genere che obbligano a comprare il formento fuori dello stato a prezzi gravissimi. E comune opinione pertanto che questo commercio cumulativamente preso pochissimo profitto dia alla nazione. Resta essa debitrice con tutte quasi le piazze colle quali è in relazione, e da ciò deriva in gran parte quella rapida estrazion di monete che mette in discredito le cedole e forma la povertà estrema della nazione. Si considera che il maggior vantaggio di Roma sta colla piazza di Venezia per li varj generi che lo stato pontificio tramanda a quelle di Vostra Serenità.

Man weiß, welch Mittel Pius VI. ergriff, um dem Lande aufzuhelfen. Sie werden hier erörtert, jedoch ohne besondere Tiefe.

Zulian bemerkt, Pius VI. habe die Kardinäle noch unbedeutender gemacht, als sie schon waren. Bei seiner Rückkunft von Wien habe er sie mit dunkeln und kurzen Notizen abgefunden. Da läßt sich freilich entgegnen: er hatte ihnen wenig mitzuteilen. Die Sache aber ist wahr. Der Staatssekretär Pallavicini, übrigens ein trefflicher Mann, konnte doch um so weniger ausrichten, da er häufig erkrankte. Rezzonico, meint der Verfasser, habe noch den meisten Einfluß bei diesem Papste gehabt.

REGISTER
ZU
DIE RÖMISCHEN PÄPSTE
IN DEN LETZTEN
VIER JAHRHUNDERTEN
BAND I UND II

INHALT

BAND I

Drittes Buch

Die Päpste um die Mitte des 16. Jahrhunderts

Viertes Buch

Staat und Hof. Die Zeiten Gregors XIII. und Sixtus' V.

Fünftes Buch

Gegenreformation. Erster Zeitraum 1563–1589

Sechstes Buch

Innere Gegensätze der Lehre und der Macht 1589–1607

BAND II

Siebentes Buch
Gegenreformationen. Zweiter Zeitraum.
1590–1630

Achtes Buch

Die Päpste um die Mitte des 17. Jahrhunderts

Neuntes Buch

Spätere Epochen

KARDINAL CONSALVI UND SEINE STAATSVERWALTUNG UNTER DEM PONTIFIKAT PIUS' VII.

ANALEKTEN

Register

ZU DIESER AUSGABE

insel taschenbuch 960
Erste Auflage 1986
Leopold von Ranke, Die römischen Päpste
Der Text folgt der Ausgabe: Leopold von Ranke,
Die römischen Päpste in den letzten vier
Jahrhunderten. Vollständige Ausgabe in zwei Bänden
(Zwei Bände in einem Band).
K. F. Koehler Verlag, Stuttgart 1953
Das Vorwort von Walther Peter Fuchs wurde für die
insel taschenbuch-Ausgabe geschrieben.
Umschlagabbildung: Grabmal Papst Urbans VIII.
Bronzestatue von Gianlorenzo Bernini, um 1647.

Romane, Erzählungen, Prosa

Hans Christian Andersen. Glückspeter
Mit Scherenschnitten von Alfred Thon. it 643

Bettina von Arnim. Bettina von Arnims Armenbuch
Herausgegeben von Werner Vordtriede. it 541
– Dies Buch gehört dem König
Herausgegeben von Ilse Staff. it 666
– Die Günderode
Mit einem Essay von Christa Wolf. it 702

Apuleius. Der goldene Esel
Mit Illustrationen von Max Klinger zu »Amor und Psyche«. Aus dem Lateinischen von August Rode. Mit einem Nachwort von Wilhelm Haupt. it 146

Jane Austen. Emma
Aus dem Englischen von Charlotte Gräfin von Klinckowstroem. it 511

Honoré de Balzac. Die Frau von dreißig Jahren
Deutsch von W. Blochwitz. it 460
– Das Mädchen mit den Goldaugen
Aus dem Französischen von Ernst Hardt. Vorwort Hugo von Hofmannsthal. Illustrationen Marcus Behmer. it 60

Joseph Bédier. Tristan und Isolde
Roman. Deutsch von Rudolf G. Binding. Mit Holzschnitten von 1484. it 387

Harriet Beecher-Stowe. Onkel Toms Hütte
In der Bearbeitung einer alten Übersetzung herausgegeben und mit einem Nachwort versehen von Wieland Herzfelde. Mit 27 Holzschnitten von George Cruikshank aus der englischen Ausgabe von 1852. it 272

Ambrose Bierce. Aus dem Wörterbuch des Teufels
Auswahl, Übersetzung und Nachwort von Dieter E. Zimmer. it 440
– Mein Lieblingsmord
Erzählungen. Aus dem Amerikanischen von G. Günther. it 39

Die Blümlein des heiligen Franziskus von Assisi
Aus dem Italienischen nach der Ausgabe der Tipografia Metastasio, Assisi 1901, von Rudolf G. Binding. Mit Initialen von Carl Weidemeyer. it 48

Romane, Erzählungen, Prosa

Blumenschatten hinter dem Vorhang. Von Ting Yao Kang. Aus dem Chinesischen übertragen und mit einem Nachwort versehen von Franz Kuhn. Mit 18 Holzschnitten. it 744

Giovanni di Boccaccio. Das Dekameron
Hundert Novellen. Ungekürzte Ausgabe. Aus dem Italienischen von Albert Wesselski und mit einer Einleitung versehen von André Jolles. Mit venezianischen Holzschnitten. Zwei Bände. it 7/8

Hermann Bote. Ein kurzweiliges Buch von Till Eulenspiegel aus dem Lande Braunschweig. Wie er sein Leben vollbracht hat. Sechsundneunzig seiner Geschichten.
Herausgegeben, in die Sprache unserer Zeit übertragen und mit Anmerkungen versehen von Siegfried H. Sichtermann. Mit zeitgenössischen Illustrationen. it 336

Clemens Brentano. Gedichte, Erzählungen, Briefe
Herausgegeben von Hans Magnus Enzensberger. it 557

Emily Brontë. Die Sturmhöhe
Aus dem Englischen von Grete Rambach. it 141

Giordano Bruno. Das Aschermittwochsmahl
Übersetzt von Ferdinand Fellmann. Mit einer Einleitung von Hans Blumenberg. it 548

Gottfried August Bürger. Wunderbare Reisen zu Wasser und zu Lande. Feldzüge und lustige Abenteuer des Freiherrn von Münchhausen
Mit Holzschnitten von Gustave Doré. it 207

Hans Carossa. Eine Kindheit. it 295
– Verwandlungen einer Jugend. it 296

Lewis Carroll. Geschichten mit Knoten
Herausgegeben und übersetzt von W. E. Richartz. Mit Illustrationen von Arthur B. Frost. it 302
– *Alice im Wunderland*
Mit 42 Illustrationen von John Tenniel. Übersetzt und mit einem Nachwort versehen von Christian Enzensberger. it 42
– Alice hinter den Spiegeln
Mit Illustrationen von John Tenniel. Übersetzt von Christian Enzensberger. it 97

Romane, Erzählungen, Prosa

Lewis Carroll. Briefe an kleine Mädchen
Aus dem Englischen übersetzt und herausgegeben von Klaus Reichert. Mit Fotografien des Autors. it 172

Miguel de Cervantes Saavedra. Der scharfsinnige Ritter Don Quixote von der Mancha
Mit einem Essay von Iwan Turgenjew und einem Nachwort von André Jolles. Mit Illustrationen von Gustave Doré. 3 Bände. it 109

Adelbert von Chamisso. Peter Schlemihls wundersame Geschichte
Nachwort von Thomas Mann. Illustriert von Emil Preetorius. it 27

Matthias Claudius. Der Wandsbecker Bote
Mit einem Vorwort von Peter Suhrkamp und einem Nachwort von Hermann Hesse. it 130

James Fenimore Cooper. Die Lederstrumpferzählungen
In der Bearbeitung der Übersetzung von E. Kolb durch Rudolf Drescher. Mit Illustrationen von O. C. Darley. Vollständige Ausgabe. 5 Bände in Kassette.
Der Wildtöter · Der letzte Mohikaner · Der Pfadfinder · Die Ansiedler · Die Prärie. – it 760

Alphonse Daudet. Montagsgeschichten
Aus dem Französischen von Eva Meyer. it 649
– Briefe aus meiner Mühle
Aus dem Französischen von Alice Seiffert. Mit Illustrationen. it 446
– Tartarin von Tarascon. Die wunderbaren Abenteuer des Tartarin von Tarascon. Mit Zeichnungen von Emil Preetorius. it 84

Daniel Defoe. Moll Flanders. Herausgegeben und mit einem Essay versehen von Norbert Kohl. it 707
– Robinson Crusoe. Mit Illustrationen von Ludwig Richter. it 41

Deutsche Künstlernovellen des 19. Jahrhunderts
Herausgegeben von Jochen Schmidt. it 656

Charles Dickens. David Copperfield. Mit Illustrationen von Phiz. it 468
– Große Erwartungen. Aus dem Englischen von Margit Meyer. Mit Illustrationen von F. W. Pailthorpe. it 667
– Der Raritätenladen. Aus dem Englischen von Leo Feld. Mit Illustrationen von Cruikshank u.a. it 716

Romane, Erzählungen, Prosa

Charles Dickens. Oliver Twist
Aus dem Englischen von Reinhard Kilbel. Mit einem Nachwort von Rudolf Marx und 24 Illustrationen von George Cruikshank. Vollständige Ausgabe. it 242
– Weihnachtserzählungen
Mit Illustrationen von Cruikshank u. a. it 358

Denis Diderot. Die Nonne
Mit einem Nachwort von Robert Mauzi. Der Text dieser Ausgabe beruht auf der ersten deutschen Übersetzung von 1797. it 31
– Erzählungen und Gespräche
Aus dem Französischen von Katharina Scheinfuß. it 554

Die drei Reiche. Roman. Aus dem Chinesischen von Franz Kuhn. Mit 24 Holzschnitten. it 585

Fjodor M. Dostojewski. Der Idiot. Aus dem Russischen von Hermann Röhl. Mit einem Nachwort von Hermann Hesse. it 740
– Schuld und Sühne. Roman in sechs Teilen. Aus dem Russischen von Hermann Röhl. Illustrationen von Theodor Eberle. it 673
– Der Spieler. Aus den Erinnerungen eines jungen Mannes. Aus dem Russischen von Hermann Röhl. it 515

Annette von Droste-Hülshoff. Bei uns zulande auf dem Lande. Prosaskizzen. Herausgegeben von Otto A. Böhmer. it 697
– Die Judenbuche. Ein Sittengemälde aus dem gebirgichten Westfalen. Mit Illustrationen von Max Unold. it 399

Alexandre Dumas. Der Graf von Monte Christo. Bearbeitung einer alten Übersetzung von Meinhard Hasenbein. Mit Illustrationen von Pavel Brom und Dagmar Bromova. Zwei Bände. it 266
– Die Kameliendame. Aus dem Französischen von Walter Hoyer. Mit Illustrationen von Paul Garvani. it 546

Joseph Freiherr von Eichendorff. Aus dem Leben eines Taugenichts
Mit Illustrationen von Adolf Schrödter und einem Nachwort von Ansgar Hillach. it 202
– Novellen und Gedichte. Herausgegeben von Hermann Hesse. it 360

insel taschenbuch 960
Leopold von Ranke
Die römischen Päpste

LEOPOLD VON RANKE

DIE RÖMISCHEN PÄPSTE

IN DEN LETZTEN VIER JAHRHUNDERTEN

Erster Band

Vollständige Ausgabe
in zwei Bänden
Mit einem Vorwort von
Walther Peter Fuchs

INSEL VERLAG

insel taschenbuch 960
Erste Auflage 1986
Insel Verlag Frankfurt am Main
Mit freundlicher Genehmigung
des K. F. Koehler Verlages, Stuttgart

Vertrieb durch den Suhrkamp Taschenbuch Verlag
Umschlag nach Entwürfen von Willy Fleckhaus
Druck: Nomos Verlagsgesellschaft, Baden-Baden
Printed in Germany

1 2 3 4 5 6 – 91 90 89 88 87 86

LEOPOLD VON RANKE
DIE RÖMISCHEN PÄPSTE

VORWORT

Die „römischen Päpste" bedeuten in Leopold Rankes Lebenswerk einen Wendepunkt. Entstanden auf der Höhe seiner Jahre – vorbereitet 1827–31, veröffentlicht 1832–36, erneut durchgesehen und ergänzt zu der hier wiedergegebenen Fassung 1874 –, faßt dies Werk mit hinreichender Klarheit Rankes bis dahin gewonnene Grundeinsichten und Grunderfahrungen als Geschichtsdenker zusammen und öffnet den Blick auf die späteren umfassenden Darstellungen mit ihren erweiterten, vertieften, teilweise auch korrigierten Erkenntnissen: die deutsche Geschichte im Zeitalter der Reformation, die französische, die preußische und die englische Geschichte. Wer es unternimmt, über die behandelten Stoffe hinaus mit Rankes Gedankenwelt, seinen Absichten und ihren Konkretisierungen sich vertraut zu machen, tut gut daran, mit den „Päpsten" zu beginnen.

Es ist schwerlich zu leugnen, daß Rankes Werk in Gefahr ist, aus dem Blickfeld der historisch Gebildeten und Interessierten zu verschwinden. Für sie waren seine Bücher und Abhandlungen von Haus aus mindestens ebenso bestimmt wie für die Gelehrten. Sehen wir ab von aller heutigen Geschichtsmüdigkeit, den Folgen schwer belastender Erlebnisse während der nationalsozialistischen Herrschaft, des Zusammenbruchs des nationalen Staates und seiner Teilung, Folgen der Nöte des Wiederaufbaus, der Versäumnisse der Mitlebenden, des rasanten Fortschritts der technischen Zivilisation und vieles andere mehr. Unter gleichen Voraussetzungen sind in den letzten Jahrzehnten weltweit in nicht geringer Zahl für die Zunft der Historiker bestimmte Untersuchungen über Rankes Person und Werk vorgelegt worden, in der Absicht, an dem herausragenden Haupt der deutschen Geschichtswissenschaft im 19. Jahrhundert und seiner lange anhaltenden Wirkung herbe Kritik zu üben. Es geschah aus dem Bewußtsein, daß namentlich die deutsche historische Wissenschaft an einem beträchtlichen Mangel an Theorie leide. Ohne neue Grundlegung sei eine neue Historie außerstande, in einer völlig veränderten Zeit die ihr gestellten Aufgaben in Angriff zu nehmen und zu lösen. Für die neu erdachten oder erst postulierten Methoden in der Erforschung und Darstellung der Vergangenheit, so wurde argumentiert, paßten Rankes Voraussetzungen nicht mehr. Es ist nicht zu leugnen, daß in dieser Diskussion manches Beherzigenswerte zutage getreten ist. Hat doch der Meister selbst wiederholt und mit Nachdruck daran erinnert, daß die Geschichte von Zeit zu Zeit umgeschrieben werden müsse, und entsprechend gehandelt, wenn er in seinen späten Jahren einen beträchtlichen Teil seiner früheren Arbeiten korrigierend, streichend und mit neuen Zusätzen bereichernd durchging und sie für die Aufnahme in seine „sämtlichen Werke" in eine gültigere Fassung umgoß. Ebensowenig ist aber zu verkennen, daß bei der Suche nach einem neuen Konsens unter den Historikern von heute in der betonten Distanzierung von Ranke dessen Geschichtsschreibung als Ganzes zu kurz gekommen ist. Die Folge davon ist, daß sie in breiten Schichten Respekt und Ansehen verloren hat. In Rankes literarischem Werk, dazu in Briefen, nachgelassenen Notizen und Aufzeichnungen, fehlt es nicht an geschichtstheoretischen Reflexionen. Sie verstehen sich aber nicht als freistehende philosophische Spekulationen und sind darum auch von ihm nie in ein geschlossenes System gefaßt worden. Rankes oft in Sentenzenform geäußerten theoretischen Einsichten sind entweder persönliche Lebenserfahrungen, daher unwiederholbar, oder die Quintessenz aus einem bestimmten geschilderten oder durchdachten historischen Zusammenhang. Solche Sätze aus dem jeweiligen Umfeld zu lösen und in ein überschaubares Schema einzuordnen bleibt daher unbefriedigend. Unsachlicher aber ist es, daraus allein das Wesen Rankescher Geschichtsschreibung abzuleiten. Sie kann nur von ihren eigenen Maßstäben her verstanden, also nicht in Formeln definiert, sondern immer nur als Ganzes beschrieben werden. Rankes Lebenswerk sollte wie jede bedeutende geschichtliche Erscheinung nicht in unterschiedlichen abgeleiteten Interpretationen als antiquiertes Fossil von den Nachlebenden bloß registriert werden, sondern zunächst einmal mit Achtung vor seiner Leistung und Wirkung zur Kenntnis genommen werden; denn nicht zur

Kopie oder Nachfolge, sondern zur Entfaltung und Vergewisserung der eigenen Kräfte, die notwendigerweise andere sein müssen, fordert es heraus. Dazu könnte Rankes 100. Todestag den Anlaß bieten.–

Von dem aus Schulpforta scheidenden Ranke ist ein Gedicht „An Gott" überliefert. In einem an Klopstock erinnernden Stil heißt es da:

„Wie im Strahl auffassenden Glas
Der forschende Mann
Immer der Strahlent-
Senderin Sonne
Goldenes Bild gewahrt:
Also erscheint
Dem Forschenden mir
Dein Bild, Gott!
Steig ich herab
In mich,
Steig ich hervor
Aus mir,
Dich seh ich,
Im Kleinsten dich,
Dich im Größten."

Damit ist das Grundmotiv von Rankes Forscherarbeit genannt: er wollte dem Wirken Gottes in der Welt nachspüren. Noch ist von der Geschichte als dem besonderen Arbeitsfeld nicht die Rede. Erst der Leipziger Student trat ganz aus eigenem Antrieb einer geschichtlichen Aufgabe gegenüber. 1817 unternahm er, unbefriedigt von den im Jubiläumsjahr der Reformation ihm zugänglichen Arbeiten, den Versuch, das Leben Luthers zu beschreiben. Der Ansatz ist Fragment geblieben. In bunter Mischung strömten die geistigen Bewegungen der Zeit auf den jungen Philologen und Theologen ein: Herders Humanitätsideale, Kants Kritik der reinen Vernunft, Fichtes pantheistischer Idealismus in seinen späten Schriften, Klassisches und Romantisches von Novalis, Schlegel, Humboldt, Jacoby u. a. Nirgends empfand sich Ranke zu Hause. Im Grunde blieb er dem theistischen Luthertum seiner Herkunft verhaftet, ohne nach seinem eigenen Geständnis sich je auf die Geheimnisse der Dogmatik, weder der der Orthodoxen noch der Schleiermachers, noch der der Pietisten einzulassen. Seine Religiosität war und blieb ein eigenständiges Gewächs, unableitbar aus den geistigen Strömungen, denen er sich zeitweise anschloß, um dann wieder, ohne erkennbares Gemeinschaftsbedürfnis und ohne Nachfolge zu erwarten, zu seinen Ursprüngen zurückzukehren, genährt allein durch seine in der historischen Arbeit gewonnenen Einsichten. In den Notizen zu Luther finden sich Sätze, die bereits spezifische Intentionen des künftigen Historikers erkennen lassen. „Es kann der Zweck des Geschichtsschreibers nicht sein, alle Begebenheiten aus den Gemütern der handelnden Personen zu erklären. Es muß etwas geben, das über ihnen ist und sie beherrscht, wie man es nenne, Schicksal, Vorsehung, Gott, so wie die Begebenheit über ihnen steht, welche sie nicht hervorbringen, sondern zu der sie unbewußt oder bewußt beitragen." Das Gewebe aus einzelnen und ihren Handlungen erklärt sich Ranke „aus der Bildung des Geistes der Zeit in einem Jeden". Dem wollte er nachgehen, besonders „in großen bewegten, bewegenden Zeitaltern". „Die Gewalt neuer Ideen, welche die Gemüter aus dem alten Kreise des Lebens in eine unbekannte Region zieht, . . . teilt allen einen Schwung mit, welcher die Gewohnheit ersetzt, ja das Leben aus seinen Fugen zu reißen scheint." Die Geschichte als empirische Wissenschaft, so meint er, zersplittere sich zu oft und verfehle damit ihren Auftrag, „die Menschen zu bilden. Nur wer jenes Empirische mit der Idee vermählt, kann den Geist wirklich anziehen." Hier sind bereits alle jene Themen, die den Historiker Ranke beschäftigen sollten: die Einzelpersönlichkeit und die Vielen in ihrem wechselseitigen Verhältnis, der Geist der Zeit, die Ideen, der Wille Gottes, der über allem steht. All das waren keine theoretisch ersonnenen Postulate, sie ergaben sich vielmehr beim geduldigen Studium aller erreichbaren Schriften Luthers und für die politischen Verhältnisse aus den unförmigen Wälzern gedruckter zeitgenössischer Dokumente. Was Ranke bewogen hat, alle diese Vorarbeiten liegen zu lassen, ist unbekannt. –

Was Gott in aller Geschichte tut und vorhat, bleibt nach Ranke menschlicher Gewißheit verborgen. Es kann höchstens geahnt werden. Was aber Menschen vermögen, ist, die in der Geschichte, in Völkern, Staaten, Persönlichkeiten, geistigen Bewegungen und Begebenheiten wirkenden Ideen zu erkennen, nicht durch Instinkt, Phantasie oder willkürliche Unterstellung, sondern durch harte geistige Arbeit an dem, was von dem Vergangenen noch übriggeblieben ist. Geschichtsmächtige Ideen sind keine abstrak-

ten Sätze mit dem Anspruch auf dogmatische Gültigkeit, kein vorausbestimmbares Telos. Da in der Zeit einmal Geschehenes unwiederbringlich vergangen und in der ursprünglichen Gestalt unreproduzierbar ist, kommt für das historische Erkennen den noch vorhandenen Überresten des Vergangenen, den Quellen, eine besondere Würde zu. Ranke ließ allerdings für die Geschichtsdeutung nur die schriftlich überlieferten gelten. Sie sind keine beliebigen, zufälligen Überbleibsel aus mehr oder weniger lang vergangener Zeit, sondern auch als Fragmente Teile der göttlichen Schöpfungsordnung, besonders in ihrer Fülle und in ihrem Zusammenwirken mit- oder gegeneinander, etwas „Real-Geistiges", in dem sich göttliches Wirken manifestiert. Nur rein und unverfälscht sind sie imstande, den in ihnen beschlossenen Kern freizugeben. Quellenkritik zu treiben ist daher eine ethische Forderung an den Historiker, nicht bloß eine Notwendigkeit immanenter wissenschaftlicher Sauberkeit und Richtigkeit.
Die Felder der Geschichte, auf denen Ranke dem Wirken Gottes durch die aus der gleichen Wurzel stammenden Ideen nachzuspüren unternahm – seine Form der Weltgeschichte –, hat er sich nicht eklektisch ausgewählt. Von den Zeugnissen der Vergangenheit jedweder zeitlichen Provenienz ging für ihn eine magische Faszination aus. Für ihn gab es keine Epoche, in der Gott unbezeugt geblieben wäre. Erst während seiner Tätigkeit als Oberlehrer in Frankfurt/Oder entschied er, seine literarischen Bemühungen in der Neuzeit anzusetzen. Sie bot die dankbareren Aufgaben. So griff er zum Nächstliegenden, den gedruckten Schätzen der Westermannschen Bibliothek vor seiner Tür, ergänzt durch Werke aus der nicht allzu weit entfernten Berliner staatlichen Büchersammlung, und schuf daraus sein Erstlingswerk, die „Geschichten der romanischen und germanischen Völker von 1494 bis 1535". Der Gedanke von der Einheit der Romanen und Germanen seit dem frühen Mittelalter bis an die Schwelle der Neuzeit in Übereinstimmung und Gegensatz ihrer Hervorbringungen und Leistungen ist Rankes selbständige Entdeckung. In der Vorrede findet sich der berühmt gewordene Satz: „Man hat der Historie das Amt, die Vergangenheit zu richten, die Mitwelt zum Nutzen zukünftiger Jahre zu belehren, beigemessen: so hoher Ämter unterwindet sich gegenwärtiger Versuch nicht: er will bloß zeigen, wie es eigentlich gewesen." Zu diesem „eigentlich gewesen", dem Thukydides nachgesprochen, gehörte für Ranke zugleich, auf die

„Hand Gottes" über den Begebenheiten hinzuweisen. Ranke war seiner Sache so sicher, daß er wohl einige Dutzend Male vom „Finger Gottes", „Gott wollte" oder „wollte nicht" in den Ereignissen sprach, eine Keckheit, die er beim erneuten Überdenken für seine „sämtlichen Werke", vorsichtiger und bescheidener geworden, kurzerhand gestrichen hat. Die Aufsehen erregende Beigabe „zur Kritik neuerer Geschichtsschreiber" zeigte aufs eindringlichste, wie ernst es der Verfasser mit seinen Quellen nahm, kompilierten erzählenden Schriften, auf die er zwar angewiesen war, denen er gleichwohl Irrtümer, Widersprüche und Fälschungen nachwies. Beide Arbeiten, kaum waren sie erschienen, trugen ihm die Berufung auf die außerordentliche Professur für Geschichte an der Universität Berlin ein. –
Der junge Professor stieß in der königlichen Bibliothek sehr bald auf eine neue Gattung von historischen Quellen, die der Wirklichkeit, von der sie berichteten, um einiges näher standen als die bisher benutzten Autoren: die 48 Bände der bisher kaum beachteten „Informationi politiche". Die zusammenhanglose Sammlung von Papieren aus den letzten Jahrhunderten in lateinischer, italienischer und spanischer Sprache lockte die Aufmerksamkeit des Entdeckers, ohne sich mit der Fortsetzung der unvollendeten „Geschichten" aufzuhalten, auf ein neues Ziel, die „Fürsten und Völker Süd-Europas im 16. und 17. Jahrhundert", deren erster Band 1827 erschien.
Noch vor dem Abschluß dieser Arbeit erfuhr Ranke von handschriftlichen Dokumenten aus dem gleichen Zeitraum in den Bibliotheken und Archiven von Wien und Venedig, Florenz und Rom. Sie versprachen wichtige Ergänzungen für die eben erst geschilderten osmanischen und spanischen Verhältnisse, für ihre Fortsetzung aber, die sich mit Venedig und dem Kirchenstaat befassen sollte, Aufschlüsse, auf die um der wissenschaftlichen Redlichkeit willen nicht verzichtet werden konnte. Die preußische Regierung war großzügig genug, Ranke zur Auswertung dieser Bestände einen immer wieder verlängerten bezahlten Urlaub zu gewähren. In der Vorrede seiner „römischen Päpste" schildert er selbst den überwältigenden Reichtum an bisher so gut wie unbekannten Manuskripten. Besonders seine Briefe bezeugen, wie die Stoffmassen trotz aller Mühsal bei der Bewältigung ihn immer wieder zu neuem Entzücken hinrissen. Für den modernen Historiker, der bei derartiger Sammelarbeit neben vielfältigen techni-

schen Hilfsmitteln über Helfer verfügt, die ihm vor- und zuarbeiten, ist es schier unglaublich, was der allein auf sich gestellte Ranke, glücklich und mit sich im reinen, an Abschriften, Exzerpten und Notizen zusammentrug. Dabei versäumte er nicht, in seinem Umkreis Land und Leute, Kunst und Literatur, Altertümer und Denkmäler kennenzulernen. Da gab es keine Stadt, die er zu kurzem Aufenthalt besuchte, in der er nicht nach alten Schriften und Büchern Ausschau gehalten hätte. Kein Wunder daher, daß seine Sammlungen ihn weit über die zunächst ins Auge gefaßten Ziele hinaustrugen. Der Geschichtsschreiber der neueren Jahrhunderte zehrte davon sein Leben lang in allen seinen Werken, soweit sie das 16., 17. und 18. Jahrhundert betrafen. Das galt auch später noch, als er eine weitere Gattung von Quellen, die Akten, zu schätzen lernte. Sie haben sich aus den Geschäften der am Geschehen unmittelbar Beteiligten der Nachwelt erhalten und stehen der geschichtlichen Wirklichkeit noch einen Schritt näher als nachträgliche Berichte und Erzählungen. –

Wie schnell ihn ansprechende Überreste der Vergangenheit gefangen nehmen und zur literarischen Verarbeitung reizen konnten, bewies Ranke in seinem Wiener Jahr. Aus Volksliedern und mündlichen Augenzeugenberichten von Tischgenossen, also nach eigenem Geständnis problematischen Quellen, erarbeitete und veröffentlichte er, ohne die venezianischen Relationen zu vernachlässigen, sogar die Gefahr nicht achtend, das Wohlwollen seiner Gönner Metternich und Gentz zu verlieren, in wenigen Wochen die Geschichte der „serbischen Revolution". Goethe schätzte das Büchlein, und Niebuhr rühmte von ihm, es sei „das vortrefflichste . . ., was wir in unserer Literatur besitzen". –

Solange sich noch täglich Ausblicke in neue Weltgegenden, auch in die Geschichte Frankreichs und Englands auftaten, für die er noch in Berlin leichtfertig Verpflichtungen übernommen hatte, kam Ranke nur schwer mit sich ins reine, in welcher Form er seine Ergebnisse in seine beiden unvollständig gebliebenen Bücher einfügen sollte. Zu Beginn seiner Reise nach dem Süden meinte er noch, „ein Columbus der venezianischen Geschichte zu werden". Je tiefer er in Rom in die Schicksale des Kirchenstaates, in Tradition und Wandlungen des Papsttums eindrang, um so mehr verschoben sich die Proportionen. „Wie notwendig eine unparteiische Historie des Pontifikats ist", schrieb er an Gentz, „fühlt man erst hier an Ort und Stelle: selbst viele von dem höheren Klerus kommen darin überein: sie wünschen nur, daß man über der Schattenseite die Lichtseite nicht versäume hervorzuheben: und das ist ohne Zweifel etwas, worin sie Recht haben. Mit dem Gedanken eines solchen Unternehmens, natürlich in den Grenzen der neueren Jahrhunderte, bin ich jetzt ganz angefüllt." Als ihm, nun schon auf der Heimreise, in Florenz das Archiv der Medici zugänglich gemacht wurde, als er bei einem zweiten Aufenthalt in Venedig endlich die äußerst ergiebigen Schlußrelationen einsehen konnte und, um nichts Bedeutendes unerledigt zurückzulassen, wie schon in Rom gleichzeitig zwei Kopisten beschäftigte, wurde er wieder unschlüssig, bei welchem Themenkreis, Venedig oder Rom, er darstellend beginnen sollte. Nach zwei Jahren und vier Monaten betrat Ranke wieder deutschen Boden, glücklich über Einsichten und Sammlungen, die er nach Hause brachte, entschlossen, „sobald als möglich an Rom zu gehen, das ich in dem zweiten Bande von Fürsten und Völkern behandeln will". Damit war die Entscheidung gefallen. Die Geschichte der Lagunenstadt, die ihn ursprünglich inspiriert hatte, wurde in einer Reihe von bedeutenden Abhandlungen abgetan; als Ganzes hat er sie nie behandelt. –

Schon hatte sich Ranke in seiner Gelehrtenstube eingesponnen. „Die Gesellschaft vermeide ich ganz", schrieb er dem Bruder Heinrich. „Wochenlang sehe ich niemand und schreibe an niemand. In tiefer, einsamer, ungestörter Ruhe möchte ich mein Tagewerk vollbringen. Kein Recht möchte ich in Anspruch nehmen als zu sein, wie ich bin, und zu denken, wie ich denke; auch beides zusammen in Worte zu fassen und in der Anschauung meines Stoffes – nein, ich sage nicht geltend zu machen, nur auszusprechen." Da traf ihn unvermittelt die Aufforderung des preußischen Außenministers Graf v. Bernstorff, im Auftrag der Regierung die Redaktion eines neu zu schaffenden politischen Organs, der „Historisch-politischen Zeitschrift", zu übernehmen. Die Wellen der Julirevolution in Frankreich schlugen auch über die preußischen Ufer. Die Berliner Regierung hatte das Bedürfnis, ihre konservativen Vorstellungen besser und nachdrücklicher als bisher in der Öffentlichkeit zu vertreten. Erstaunlicherweise sagte Ranke zu, obwohl er sich eingestand, daß er seine literarischen Pläne zurückstellen und seine Zeit neben den laufenden Lehrverpflichtungen Problemen widmen mußte, die außerhalb seiner bisherigen Interessen lagen. Dem Bruder Heinrich gegenüber recht-

fertigte er sich: „Just bis dahin bin ich in meinen bisherigen Studien gekommen, wo die neuen anfangen werden. Eine bessere Gelegenheit, die Geschäfte, die Lage, die Interessen der gegenwärtigen Welt kennenzulernen, werde ich so leicht nicht finden. ... Mein Grundgedanke ist, von den Theorien weder die eine noch die andere, selbst nicht diejenige, die zwischen ihnen beiden liegt, zu der meinigen zu machen; sondern die Fakten, wie sie sind, just wie sonst die Historie, zu erkennen, zu durchdringen und darzustellen. Die wahre Lehre liegt in der Erkenntnis der Tatsachen."
Die Erwartungen wurden bitter enttäuscht. Vor allem fehlte es an Mitarbeitern. Mehr als die Hälfte der Beiträge lieferte Ranke selbst, darunter so gewichtige wie „die großen Mächte" und „das politische Gespräch", klassische Formulierungen seiner Gedankenwelt. Die einzelnen Hefte erschienen in immer größeren Abständen. Ein Verlagswechsel brachte keine Besserung. 1836 wurde die Zeitschrift eingestellt. –
Wiederum setzt das Zusammenwirken von Energie, Disziplin und Talent bei Ranke in Erstaunen. In der gleichen Zeit, in der er die Zeitschrift redigierte, für sie gehaltvolle Aufsätze schrieb, Korrespondenzen führte, Zeitungen, Bücher und Broschüren exzerpierte, an der Universität Vorlesungen zunächst über neuere Geschichte seit dem 16. Jahrhundert, dann über das Mittelalter und für die Kronprinzen von Hannover und Bayern getrennte Privatvorträge hielt, schrieb er als zweiten Band der „Fürsten und Völker" die Geschichte der römischen Päpste vornehmlich im 16. und in der ersten Hälfte des 17. Jahrhunderts. Was in dem bereits angefangenen Buch ein Kapitel hatte abgeben sollen, war dank der reichen Quellenfunde zu einem eigenständigen Werk herangewachsen. Die ursprünglich vorgesehenen, aber nicht ausgeführten Kapitel wurden beiseite geschoben. Die drei Teile der „Päpste" erschienen 1832 und 1836. Es tat ihrer breiten Anerkennung keinen Abbruch, als sie 1840 auf den Index gesetzt wurden. Erst zur sechsten Auflage entschloß sich Ranke zu einer gründlichen Änderung. Die Verbindung mit den „Fürsten und Völkern" wurde aufgegeben. Im IX. Buch wurde die Erzählung bis zum Vatikanischen Konzil fortgeführt und in einem Anhang das grundlegend umgearbeitete Kapitel über Kardinal Consalvi hinzugefügt, das Ranke als allerersten Teil des künftigen Buches aus Papieren Niebuhrs für die Historisch-politische Zeitschrift ausgearbeitet hatte. Von diesen späteren Zusätzen, nach Diktion und

Stil geraffter und glatter als die früheren Partien, darf hier abgesehen werden.

Rankes „Päpste“ sind ein Werk aus einem Guß. Es gilt als seine gelungenste historiographische Leistung. Hier hat er vollends seinen Stil gefunden: leicht zu lesen, obwohl reich an Perioden, stets überschaubar, ohne allen barocken Überschwang, auf genaue Aussagen bedacht; man merkt ihm noch die Schulung an den klassischen Mustern der Antike an. Den Stoff nach dem Beispiel der „Fürsten und Völker“ auf Zustände und Strukturen in Verwaltung, Finanzen, hierarchischer Gliederung in Kirche und Staat zu konzentrieren verbot sich schon deshalb, weil dazu die Relationen nicht ausreichten; Informationen aus erster Hand, dem vatikanischen Archiv, wären dafür erforderlich gewesen; es ist Ranke verschlossen geblieben. Was allerdings seine Quellen über Zuständliches hergaben, hat er sich nicht gescheut aufzunehmen. Statt einer systematisch angelegten Gliederung zu folgen, öffnet sich die Darstellung weit dem bunten Gewimmel von wechselnden Personen auf allen sozialen Ebenen, geistlichen und weltlichen Strömungen und vornehmlich dem allgemeinen Geschehen in ganz Europa. Mit besonderer Liebe sind die Miniaturportraits der bedeutendsten Päpste ausgemalt. Da fehlen nicht einmal fein gepinselte ausdrucksstarke Details. Nicht die Persönlichkeiten bilden indessen die Schwerpunkte. Ranke ging es vielmehr darum, zu zeigen, wie auch die machtvollsten Nachfolger des heiligen Petrus trotz starken Willens auf allen Seiten eingeengt waren durch die Tradition ihres Amtes, durch Nepoten und persönliche Feinde, die Kongregationen der Kardinäle, benachbarte italienische Fürstentümer und Stadtstaaten, durch befreundete und gegnerische Orden und Bewegungen sowohl am päpstlichen Hof wie bei den europäischen Mächten, durch die erwachenden Nationen, Fehlschläge aller Art und durch eigenes Versagen vor der harten Realität. Eben solche Zwänge nötigten sie, ihre geistliche und politische Macht mit allen Mitteln zu behaupten oder zu erweitern; sie setzten dem Spielraum individueller Vorsätze im Guten wie im Bösen enge Grenzen und verleiteten sie unter Umständen zu schrecklichen Handlungen. Mit seinem Urteil hat Ranke in extremen Fällen nicht zurückgehalten, er hat sich aber nicht aufgedrängt. Nur zu gern war er bereit, selbst noch in Verbrechen und Frevel die Macht der Ideen zu erkennen, die in der Geschichte des Papsttums ebenso walten wie in der der Völker. Gerade darin unterscheiden sich die „Päpste" von früheren Arbeiten Rankes, daß Gottes Allmacht und Weisheit zur Erklärung und Begründung nicht mehr direkt in Anspruch genommen werden, sondern eingegangen sind in die Ideen, die in blanken Tatbeständen im Dienst der göttlichen Ordnung für- und widereinander streiten und über die schnell zu urteilen nach Ranke dem mehr im Anschauen verharrenden Geschichtsschreiber nicht zukommt.

Daß der norddeutsche Protestant bei der Schilderung des namentlich im Süden beheimateten Papsttums mit seiner jahrhundertelangen Verstrickung in Anerkennung und Liebe, Haß und Verachtung in weltbewegendem Maßstab einen schweren Stand haben werde, hat sich Ranke nie verhehlt. Als ihm während seines Wiener Jahres der Berliner Klatsch anhängte, er wolle katholisch werden, schrieb er entrüstet an Varnhagen: „Wie sollte ich an meinem Teil dazu helfen, den Gegensatz zwischen Protestantisch und Katholisch, den ich schlechterdings für den heutigen Tag, das ist für die Entwicklung unsers Anteils an dem allgemeinen Leben der Welt, von keiner Bedeutung finde, sondern eine vergangene Sache – wie sollte ich daran denken, dem, soviel an mir, ein imaginäres Gewicht beilegen zu helfen?" Entsprechend heißt es in der frühen Fassung der „Päpste": „Die Zeiten, wo wir etwas fürchten konnten, sind vorüber; wir fühlen uns allezeit gesichert." Die das ganze Werk beherrschende irenische Haltung war nach dem Vatikanischen Konzil und angesichts des in Preußen herrschenden Kulturkampfes nicht mehr angemessen. Ohne am Text zu ändern, gestand Ranke wenigstens in einer Anmerkung: „Der Streit, der damals ruhte, (ist) wieder in volle Flammen ausgebrochen." Der Geschichtsschreiber der „Päpste" fand sich unversehens in einer neuen Epoche ihrer Geschichte und genötigt, sie bis zu diesem Punkte fortzuführen, ohne auch nur ein einziges Mal der Leidenschaft die Zügel schießen zu lassen.

Ranke selbst hat damit bereits ein Stück jener Kritik ausgesprochen, die schon seine ersten Leser übten und die sich heute deutlicher aufdrängt. Man wird fragen dürfen, ob er die konfessionellen Gegensätze in der Welt nicht zu sublim behandelte, wenn er in ihren Kämpfen um triumphierenden Sieg oder vernichtende Niederlage im Angesicht der Greuel, die er nicht verschwieg, aber darin keine ernstliche Störung der Weltordnung erkennen wollte. Die „windstillen" Jahrzehnte des Vormärz kannten noch nicht die elementare Gewalt des Bösen, das urplötzlich aus Tiefen der

Geschichte hervorbricht und, wie wir Deutschen es erfahren haben, in allen Zonen der Erde „Virtuosen des Verbrechens" hervorzubringen vermag. In diesem Punkt ist Rankes Darstellung selbst ein Stück Geschichte geworden, das zur Wachsamkeit aufruft. Die unaufhörlich weiterarbeitende Forschung hat in zahllosen Werken über die von Ranke angesprochenen Sachverhalte Tatsachen und Wertungen zutage gefördert, von denen er nichts ahnte. Seinem Werk kommt trotzdem nicht allein ästhetischer und relativer Wert zu. Bei Ranke kann man auch heute noch lernen, wie man einer Potenz der Weltgeschichte, man mag sie subjektiv anerkennen oder nicht, mit Achtung begegnet.

Walther Peter Fuchs

VORREDE

Jedermann kennt die Macht von Rom in alten und mittleren Zeiten; auch in den neueren hat es eine große Epoche verjüngter Weltherrschaft erlebt. Nach dem Abfall, den es in der ersten Hälfte des 16. Jahrhunderts erfuhr, hat es sich noch einmal zum Mittelpunkt des Glaubens und Denkens der südeuropäischen, romanischen Nationen zu erheben gewußt und kühne, nicht selten glückliche Versuche gemacht, sich die übrigen wieder zu unterwerfen.

Diesen Zeitraum einer erneuerten kirchlich-weltlichen Macht, ihre Verjüngung und innere Ausbildung, ihren Fortschritt und Verfall habe ich die Absicht wenigstens im Umriß darzustellen.

Ein Unternehmen, das, so mangelhaft es auch ausfallen mag, doch nicht einmal versucht werden könnte, hätte ich nicht Gelegenheit gefunden, mich einiger bisher unbekannten Hilfsmittel zu bedienen. Ich habe wohl vor allem die Pflicht, diese Hilfsmittel und ihre Provenienz im allgemeinen zu bezeichnen.

Anderweit gab ich bereits an, was unsere Berliner Handschriften enthalten.

Aber um wieviel reicher ist schon Wien an Schätzen dieser Art als Berlin!

Neben seinem deutschen Grundbestandteil hat Wien noch ein europäisches Element: die mannigfaltigsten Sitten und Sprachen begegnen sich von den obersten bis in die untersten Stände, und namentlich tritt Italien in lebendiger Repräsentation auf. Auch die Sammlungen haben einen umfassenden Charakter. Er schreibt sich von der Politik und Weltstellung des Staates, der alten Verbindung desselben mit Spanien, Belgien, der Lombardei, dem genauen nachbarlichen und kirchlichen Verhältnisse zu Rom unmittelbar her. Von jeher liebte man dort, herbeizubringen, zu haben, zu besitzen. Schon die ursprünglichen und einheimischen Sammlungen der k. k. Hofbibliothek sind deshalb von großem Wert. Später sind einige fremde dazu erworben worden. Aus Modena hat man eine Anzahl Bände, unseren Informationi ähnlich, von dem Hause Rangone, aus Venedig die unschätzbaren Handschriften des Dogen Marco Foscarini angekauft, darunter die Vorarbeiten des Eigentümers zur Fortsetzung seines literarischen Werkes, italienische Chroniken, von denen sich nirgends eine weitere Spur findet; aus dem Nachlaß des Prinzen Eugen ist eine reiche Sammlung historisch-politischer Manuskripte, die dieser auch als Staatsmann ausgezeichnete Fürst mit allgemeinem Überblick angelegt hatte, herübergekommen. Mit Vergnügen und Hoffnung sieht man die Kataloge durch: bei der Unzulänglichkeit der meisten gedruckten Werke über die neuere Geschichte so viele noch nicht gehobene Kenntnis, eine Zukunft von Studien! Und doch bietet Wien, wenige Schritte weiter, noch bedeutendere Subsidien dar. Das kaiserliche Archiv enthält, wie man von selbst erachtet, die wichtigsten und zuverlässigsten Denkmale für deutsche, allgemeine, und besonders auch italienische Geschichte. Zwar ist von dem venezianischen Archive bei weitem der größte Teil nach mancherlei Wanderungen wieder nach Venedig zurückgekommen; aber eine nicht unbedeutende Masse venezianischer Papiere findet man noch immer in Wien: Depeschen im Original oder in der Abschrift; Auszüge daraus, zum Gebrauche des Staates verfaßt, genannt Rubrikarien; Relationen, nicht selten in dem einzigen Exemplar, welches existieren mag, und von hohem Wert; amtliche Register der Staatsbehörden; Chroniken und Tagebücher. Die Nachrichten, die man in dem vorliegenden Bande über Gregor XIII. und Sixtus V. finden wird, sind größtenteils aus dem Wiener Archive geschöpft. Ich kann die unbedingte Liberalität, mit der man mir den Zutritt zu demselben verstattet hat, nicht genug rühmen.

Überhaupt sollte ich wohl an dieser Stelle die mannigfaltige Förderung, die mir bei meinem Vorhaben sowohl zu Hause als in der Fremde zuteil geworden, im einzelnen aufführen. Ich trage jedoch, ich weiß nicht ob mit Recht, Bedenken. Allzuviele Namen müßte ich nennen und darunter sehr bedeutende; meine Dankbarkeit würde fast ruhmredig herauskommen und einer Arbeit, die alle Ursache hat, bescheiden aufzutreten, einen Anstrich von Prunk geben, den sie nicht vertragen möchte.

Nach Wien war mein Augenmerk noch vorzüglich auf Venedig und auf Rom gerichtet.

In Venedig hatten einst die großen Häuser fast sämtlich die Gewohnheit, sich neben einer Bibliothek auch ein Kabinett von Handschriften anzulegen. Die Natur der Sache bringt es mit sich, daß sich diese vornehmlich auf die Angelegenheiten der Republik bezogen: sie repräsentierten den Anteil, welchen die Familie an den öffentlichen Geschäften genommen; als Denkmale des Hauses, zur Unterweisung seiner jüngeren Mitglieder, wurden sie aufbewahrt. Von solchen Privatsammlungen bestehen noch immer einige; eine und die andere war mir zugänglich. Ungleich mehrere dagegen sind in dem Ruin des Jahres 1797 und seitdem zugrunde gegangen. Wenn davon doch noch mehr erhalten worden ist, als man vermuten sollte, so hat man dies vorzüglich den Bibliothekaren von S. Marco zu danken, die in dem allgemeinen Schiffbruche soviel zu retten suchten, als nur immer die Kräfte des Institutes erlaubten. In der Tat bewahrt diese Bibliothek einen ansehnlichen Schatz von Handschriften, welche für die innere Geschichte der Stadt und des Staates unentbehrlich und selbst für die europäischen Verhältnisse von Bedeutung sind. Nur muß man nicht zu viel erwarten. Es ist ein ziemlich neuer Besitz, aus Privatsammlungen zufällig erwachsen, ohne Vollständigkeit oder durchgreifenden Plan. Nicht zu vergleichen ist er mit den Reichtümern des Staatsarchives, zumal wie dies heutzutage eingerichtet ist. Bei Gelegenheit einer Untersuchung über die Verschwörung im Jahre 1618 habe ich das venezianische Archiv bereits geschildert und will mich nicht wiederholen. Für meinen römischen Zweck mußte mir vor allem an den Relationen der Gesandten, die von Rom zurückgekommen, gelegen sein. Sehr erwünscht war es mir doch, auch hierfür noch andere Sammlungen benutzen zu können; Lücken sind nirgends zu vermeiden; und dies Archiv hat bei so vielen Wanderungen gar mancherlei Verluste erleiden müssen. An den verschiedenen Stellen brachte ich achtundvierzig Relationen über Rom zusammen: die älteste vom Jahre 1500, neunzehn für das 16., einundzwanzig für das 17. Jahrhundert – eine beinahe vollständige, nur noch hier und da unterbrochene Reihe –, für das 18. zwar nur acht, aber auch diese sehr belehrend und willkommen. Bei weitem von den meisten sah und benutzte ich das Original. Sie enthalten eine große Menge wissenswürdiger, aus unmittelbarer Anschauung hervorgegangener, mit dem Leben der

Zeitgenossen verschwundener Notizen, die mir zu einer fortlaufenden Darstellung zuerst die Aussicht und den Mut gaben.
Sie zu bewähren, zu erweitern, ließen sich, wie sich versteht, nur in Rom die Mittel finden.
War es aber zu erwarten, daß man hier einem Fremden, einem Andersgläubigen in den öffentlichen Sammlungen freie Hand lassen würde, um die Geheimnisse des Papsttums zu entdecken? Es wäre vielleicht so ungeschickt nicht, wie es aussieht; denn keine Forschung kann etwas Schlimmeres an den Tag bringen, als die unbegründete Vermutung annimmt und als die Welt nun einmal für wahr hält. Jedoch ich kann mich nicht rühmen, daß es geschehen sei. Von den Schätzen des Vatikans habe ich Kenntnis nehmen und eine Anzahl Bände für meinen Zweck benutzen können; doch ward mir die Freiheit, die ich mir gewünscht hätte, keineswegs gewährt. Glücklicherweise aber eröffneten sich mir andere Sammlungen, aus denen sich eine, wenn nicht vollständige, doch ausreichende und authentische Belehrung schöpfen ließ. In den Zeiten der blühenden Aristokratie – das ist hauptsächlich in dem 17. Jahrhundert – behielten in ganz Europa die vornehmen Geschlechter, welche die Geschäfte verwalteten, auch einen Teil der öffentlichen Papiere in den Händen. Nirgends mag das wohl so weit gegangen sein wie in Rom. Die herrschenden Nepoten, die allemal die Fülle der Gewalt besaßen, hinterließen den fürstlichen Häusern, die sie gründeten, in der Regel auch einen guten Teil der Staatsschriften, die sich während ihrer Verwaltung bei ihnen angesammelt, als einen immerwährenden Besitz. Es gehörte das mit zur Ausstattung einer Familie. In dem Palaste, den sie sich erbaute, blieben immer ein paar Säle, gewöhnlich in den obersten Räumen, für Bücher und Handschriften vorbehalten, die dann würdig, wie es bei den Vorgängern geschehen, ausgefüllt sein wollten. Die Privatsammlungen sind hier in gewisser Hinsicht zugleich die öffentlichen, und das Archiv des Staates zerstreute sich, ohne daß jemand Anstoß daran genommen hätte, in die Häuser der verschiedenen Familien, welche die Geschäfte verwaltet hatten, ungefähr ebenso, wie der Überschuß des Staatsvermögens den papalen Geschlechtern zugute kam, wie sich die vatikanische Galerie, obwohl ausgezeichnet durch die Wahl der Meisterstücke, die sie enthält, doch in Umfang und historischer Bedeutung mit einigen privaten, wie der Galerie Borghese oder Doria, nicht messen kann. So kommt es, daß die Manuskripte, welche in den Palästen

Barberini, Chigi, Altieri, Albani, Corsini aufbewahrt werden, für die Geschichte der römischen Päpste, ihres Staates und ihrer Kirche von unschätzbarem Werte sind. Das Staatsarchiv, das man noch nicht sehr lange eingerichtet hat, ist besonders durch die Sammlung der Regesten für das Mittelalter wichtig; ein Teil der Geschichte dieses Zeitraums wird hier noch des Entdeckers harren; doch soweit meine Kenntnis reicht, muß ich glauben, daß es für die neueren Jahrhunderte nicht viel sagen will. Es verschwindet, wenn ich nicht mit Absicht getäuscht worden bin, vor dem Glanz und Reichtum der Privatsammlungen. Von diesen umfaßt eine jede, wie sich versteht, vor allem die Epoche, in welcher der Papst des Hauses regierte; aber da die Nepoten auch noch nachher eine bedeutende Stelle einnahmen, da jedermann eine einmal angefangene Sammlung zu erweitern und zu ergänzen beflissen ist und sich in Rom, wo sich ein literarischer Verkehr mit Handschriften gebildet hatte, hierzu Gelegenheit genug fand, so ist keine, die nicht auch andere, nähere und fernere Zeiten mit erfreulichen Erläuterungen berührte. Von allen die reichste – infolge einiger auch in diesem Stück einträglichen Erbschaften – ist die Barberiniana; die Corfiniana hat man gleich von Anfang mit der meisten Umsicht und Auswahl angelegt. Ich hatte das Glück, diese Sammlungen alle und noch einige andere von minderem Belang, zuweilen mit unbeschränkter Freiheit, benutzen zu können. Eine unverhoffte Ausbeute von zuverlässigen und zum Ziele treffenden Materialien boten sie mir dar: Korrespondenzen der Nunziaturen mit den Instruktionen, die mitgegeben, den Relationen, die zurückgebracht wurden; ausführliche Lebensbeschreibungen mehrerer Päpste, um so unbefangener, da sie nicht für das Publikum bestimmt waren; Lebensbeschreibungen ausgezeichneter Kardinäle; offizielle und private Tagebücher; Erörterungen einzelner Begebenheiten und Verhältnisse; Gutachten, Ratschläge; Berichte über die Verwaltung der Provinzen, ihren Handel und ihr Gewerbe; statistische Tabellen, Berechnungen von Ausgabe und Einnahme –: bei weitem zum größten Teile noch durchaus unbekannt, gewöhnlich von Männern verfaßt, welche eine lebendige Kenntnis ihres Gegenstandes besaßen, und von einer Glaubwürdigkeit, die zwar Prüfung und sichtende Kritik keineswegs ausschließt, aber wie sie Mitteilungen wohlunterrichteter Zeitgenossen allemal in Anspruch nehmen. Von diesen Schriften betrifft die älteste, die ich zu benutzen fand, die Verschwörung des

Porcari wider Nikolaus V.; für das 15. Jahrhundert kamen mir nur noch ein paar andere vor; mit dem Eintritt in das 16. werden sie mit jedem Schritt umfassender, zahlreicher; den ganzen Verlauf des 17., in welchem man von Rom so wenig Zuverlässiges weiß, begleiten sie mit Belehrungen, die eben deshalb doppelt erwünscht sind; seit dem Anfang des 18. dagegen nehmen sie an Zahl und innerem Werte ab. Hatten doch damals auch Staat und Hof von ihrer Wirksamkeit und Bedeutung bereits nicht wenig verloren. Ich werde diese römischen Schriften wie die venezianischen zum Schluß ausführlich durchgehen und alles nachtragen, was mir darin noch denkwürdig vorkommen möchte, ohne daß ich es im Laufe der Erzählung hätte berühren können.

Denn für diese ergibt sich, schon wegen der ungemeinen Masse des Stoffes, die sich nun in so vielen ungedruckten und den gedruckten Schriften vor Augen legt, eine unerläßliche Beschränkung.

Ein Italiener oder Römer, ein Katholik würde die Sache ganz anders angreifen. Durch den Ausdruck persönlicher Verehrung, oder vielleicht, wie jetzt die Sachen stehen, persönlichen Hasses, würde er seiner Arbeit eine eigentümliche, ich zweifle nicht, glänzendere Farbe geben; auch würde er in vielen Stücken ausführlicher, kirchlicher, lokaler sein. Ein Protestant, ein Norddeutscher kann hierin nicht mit ihm wetteifern. Er verhält sich um vieles indifferenter gegen die päpstliche Gewalt; auf eine Wärme der Darstellung, wie sie aus Vorliebe oder Widerwillen hervorgeht, wie sie vielleicht einen gewissen Eindruck in Europa machen könnte, muß er von vornherein verzichten. Für jenes kirchliche oder kanonische Detail geht uns am Ende auch die wahre Teilnahme ab. Dagegen ergeben sich uns auf unserer Seite andere und, wenn ich nicht irre, reiner historische Gesichtspunkte. Denn was ist es heutzutage noch, das uns die Geschichte der päpstlichen Gewalt wichtig machen kann? Nicht mehr ihr besonderes Verhältnis zu uns, das ja keinen wesentlichen Einfluß weiter ausübt, noch auch Besorgnis irgendeiner Art; die Zeiten, wo wir etwas fürchten konnten, sind vorüber; wir fühlen uns allzugut gesichert[1]. Es

[1] So schrieb ich im Jahre 1834, einer Zeit, in welcher zwischen Rom und Deutschland Friede war oder doch zu sein schien. Die Vorrede, die ich hier reproduziere, wohl auch das Buch selbst, enthält den Ausdruck der Stimmung jener Epoche. Aber wie sehr hat sich seitdem alles verändert! Indem ich 40 Jahre nach dem ersten Erscheinen eine 6. Auflage

kann nichts sein als ihre weltgeschichtliche Entwicklung und Wirksamkeit. Nicht so unwandelbar, wie man annimmt, war doch die päpstliche Gewalt. Sehen wir von den Grundsätzen ab, welche ihr Dasein bedingen, die sie nicht fallen lassen kann, ohne sich selbst dem Untergange preiszugeben, so ist sie übrigens von den Schicksalen, welche die europäische Menschheit betroffen haben, immer nicht weniger bis in ihr inneres Wesen berührt worden als jede andere. Wie die Weltgeschicke gewechselt, eine oder die andere Nation vorgeherrscht, sich das allgemeine Leben bewegt hat, sind auch in der päpstlichen Gewalt, ihren Maximen, Bestrebungen, Ansprüchen, wesentliche Metamorphosen eingetreten und hat vor allem ihr Einfluß die größten Veränderungen erfahren. Sieht man das Verzeichnis so vieler gleichlautender Namen durch, alle die Jahrhunderte herab, von jenem Pius I. in dem zweiten bis auf unsere Zeitgenossen in dem neunzehnten, Pius VII. und VIII., so macht das wohl den Eindruck einer ununterbrochenen Stetigkeit; doch muß man sich davon nicht blenden lassen: in Wahrheit unterscheiden sich die Päpste der verschiedenen Zeitalter nicht viel anders als die Dynastien eines Reiches. Für uns, die wir außerhalb stehen, ist gerade die Beobachtung dieser Umwandlungen von dem vornehmsten Interesse. Es erscheint in ihnen ein Teil der allgemeinen Geschichte, der gesamten Weltentwicklung: nicht allein in den Perioden einer unbezweifelten Herrschaft, sondern vielleicht noch mehr alsdann, wenn Wirkung und Gegenwirkung aufeinander stoßen, wie in den Zeiten, die das gegenwärtige Buch vornehmlich umfassen soll, in dem 16. und 17. Jahrhundert, wo wir das Papsttum gefährdet, erschüttert, sich dennoch behaupten und befestigen, ja aufs neue ausbreiten,

veranstalte, ist der Streit, der damals ruhte, wieder in volle Flammen ausgebrochen. Es versteht sich von selbst, daß in dem Buche deshalb kein Wort geändert werden durfte; aber ich kann mir doch auch nicht verhehlen, daß eine neue Epoche des Papsttums eingetreten ist. Ich habe den Fortgang derselben nur im allgemeinen andeuten können, immer unter Wahrung des objektiven Standpunktes, den ich von Anfang an einzunehmen gesucht hatte, und es selbst ratsam gefunden, dem gegenwärtigen Pontifikate in demselben Sinne meine Aufmerksamkeit zuzuwenden. Demgemäß habe ich den ursprünglichen Titel, durch welchen das Buch an eine andere Publikation angeknüpft und auf das 16. und 17. Jahrhundert beschränkt wurde, nicht mehr wiederholen können, sondern einen umfassenderen gewählt. (Anmerkung der 6. Auflage.)

eine Zeitlang vordringen, endlich aber wieder einhalten und einem abermaligen Verfalle zuneigen sehen: Zeiten, in denen sich der Geist der abendländischen Nationen vorzugsweise mit kirchlichen Fragen beschäftigte und jene Gewalt, die von den einen verlassen und angegriffen, von den anderen festgehalten und mit frischem Eifer verteidigt wurde, notwendig eine hohe allgemeine Bedeutung behauptete. Sie von diesem Gesichtspunkte aus zu fassen, fordert uns unsere natürliche Stellung auf und will ich nun versuchen.

Ich beginne billig damit, den Zustand der päpstlichen Gewalt in dem Anfange des 16. Jahrhunderts und den Gang der Dinge, der zu demselben geführt hatte, ins Gedächtnis zurückzurufen.

LEOPOLD VON RANKE
DIE RÖMISCHEN PÄPSTE

I

ERSTES BUCH

EINLEITUNG

—

Erstes Kapitel

EPOCHEN DES PAPSTTUMS

Das Christentum in dem Römischen Reich

Überblicken wir den Umkreis der alten Welt in den früheren Jahrhunderten, so finden wir ihn mit einer großen Anzahl unabhängiger Völkerschaften erfüllt. Um das Mittelmeer her, soweit von den Küsten die Kunde in das innere Land reicht, wohnen sie: mannigfaltig gesondert, ursprünglich alle eng begrenzt, in lauter freien und eigentümlich eingerichteten Staaten. Die Unabhängigkeit, die sie genießen, ist nicht allein politisch: allenthalben hat sich eine örtliche Religion ausgebildet; die Ideen von Gott und göttlichen Dingen haben sich gleichsam lokalisiert; nationale Gottheiten von den verschiedensten Attributen nehmen die Welt ein; das Gesetz, das ihre Gläubigen beobachten, ist mit dem Staatsgesetz unauflöslich vereinigt. Wir dürfen sagen: diese innige Vereinigung von Staat und Religion, diese zwiefache Freiheit, die nur etwa durch leichte Verpflichtungen der Stammesverwandtschaft beschränkt wurde, hatte den größten Anteil an der Bildung des Altertums. Man war in enge Grenzen eingeschlossen; aber innerhalb derselben konnte sich die ganze Fülle eines jugendlichen, sich selber überlassenen Daseins in freien Trieben entwickeln.

Wie wurde dies alles so ganz anders, als die Macht von Rom emporkam! Alle die Autonomien, welche die Welt erfüllen, sehen wir eine nach der anderen sich beugen und verschwinden: wie ward die Erde plötzlich so öde an freien Völkern!

Zu anderen Zeiten sind die Staaten erschüttert worden, weil man aufgehört hatte, an die Religion zu glauben; damals mußte die Unterjochung der Staaten den Verfall ihrer Religionen nach sich ziehen. Mit Notwendigkeit, im Gefolge der politischen Gewalt, strömten sie nach Rom zusammen: welche Bedeutung aber konnte ihnen noch beiwohnen, sobald sie von dem Boden losgerissen wurden, auf dem sie einheimisch waren? Die Verehrung der Isis hatte vielleicht einen Sinn in Ägypten, sie vergötterte die Naturkräfte, wie sie in diesem Lande erscheinen: in Rom ward ein Götzendienst ohne allen Sinn daraus. Indem dann die verschiedenen Mythologien einander berührten, konnten sie nicht anders, als sich wechselseitig bestreiten und auflösen. Es war kein Philosophem zu erdenken, das ihren Widerspruch zu beseitigen vermocht hätte.

Wäre dies aber auch möglich gewesen, so hätte es dem Bedürfnis der Welt schon nicht mehr genügt.

Bei aller Teilnahme, die wir dem Untergange so vieler freien Staaten widmen, können wir doch nicht leugnen, daß aus ihrem Ruin unmittelbar ein neues Leben hervorging. Indem die Freiheit unterlag, fielen zugleich die Schranken der engen Nationalitäten. Die Nationen waren überwältigt, zusammen erobert worden, aber eben dadurch vereinigt, verschmolzen. Wie man das Gebiet des Reiches den Erdkreis nannte, so fühlten sich die Einwohner desselben als ein einziges, ein zusammengehörendes Geschlecht. Das menschliche Geschlecht fing an, seiner Gemeinschaftlichkeit innezuwerden.

In diesem Moment der Weltentwicklung ward Jesus Christus geboren.

Wie so unscheinbar und verborgen war sein Leben, seine Beschäftigung, Kranke zu heilen, ein paar Fischern, die ihn nicht immer verstanden, andeutend und in Gleichnissen von Gott zu reden; er hatte nicht, da er sein Haupt hinlegte; – aber auch auf dem Standpunkte dieser unserer weltlichen Betrachtung dürfen wir es sagen: unschuldiger und gewaltiger, erhabener, heiliger hat es auf Erden nichts gegeben als seinen Wandel, sein Leben und Sterben; in jedem Hauch seiner Sprache wehet der lautere Gottesodem; es sind Worte, wie Petrus sich ausdrückt, des ewigen Lebens; das Menschengeschlecht hat keine Erinnerung, welche dieser nur von fern zu vergleichen wäre.

Wenn die nationalen Verehrungen je ein Element wirklicher Religion in sich eingeschlossen haben, so war dies damals vollständig verdunkelt; sie hatten, wie gesagt, keinen Sinn mehr: in dem Menschensohn, Gottessohn, erschien ihnen gegenüber das ewige und allgemeine Verhältnis Gottes zu der Welt, des Menschen zu Gott.

In einer Nation ward Christus geboren, die sich durch ein einseitiges strenges Ritualgesetz von allen anderen am entschiedensten absonderte, die sich aber das unermeßliche Verdienst erworben, den Monotheismus, den sie von Anbeginn bekannte, unwandelbar festzuhalten, sich ihn nie entreißen zu lassen. Allerdings dachte sie ihn eben auch als einen nationalen Dienst; nunmehr aber bekam er eine ganz andere Bedeutung. Christus löste das Gesetz auf, indem er es erfüllte; der Menschensohn erwies sich nach seinem Ausspruch als Herr auch des Sabbaths; er entfesselte den ewigen Inhalt der von einem engen Verstand unbegriffenen Formen. Aus dem Volke, das bisher durch unübersteigliche Schranken der Gesinnung und der Sitte von allen anderen getrennt war, erhob sich dann mit der Kraft der Wahrheit ein Glaube, der sie alle einlud und aufnahm. Es ward der allgemeine Gott verkündigt, durch den, wie Paulus den Athenern predigte, von Einem Blut aller Menschen Geschlechter über dem Erdboden wohnen. Für diese erhabene Lehre war, wie wir sahen, eben der Zeitpunkt eingetreten: es gab ein Menschengeschlecht, sie zu fassen. Wie ein Sonnenblick, sagt Eusebius[1], leuchtete sie über die Erde dahin. In kurzer Zeit sehen wir sie von dem Euphrat bis an den Atlantischen Ozean, längs des Rheines und der Donau, über die gesamten Grenzen des Reiches ausgebreitet.

So harmlos und unschuldig sie aber auch war, so mußte sie doch der Natur der Sache nach starken Widerstand in den bestehenden Diensten finden, die sich an die Gewohnheiten und Bedürfnisse des Lebens, an alle alten Erinnerungen anschlossen und jetzt eine Wendung genommen hatten, durch die sie der Verfassung des Reiches doch auch wieder entsprachen.

Der politische Geist der antiken Religionen versuchte sich noch einmal in einer neuen Bildung. Die Summe aller jener Autonomien, welche einst die Welt erfüllt, ihr Gesamtinhalt war einem Einzigen zuteil geworden: es gab nur noch eine einzige Gewalt, die von sich selber abhängig zu sein schien; die Religion erkannte dies an, indem sie dem Imperator göttliche Verehrung widmete. Man richtete ihm Tempel auf, opferte ihm auf Altären, schwur bei seinem Namen und feierte ihm Feste; seine Bildnisse gewährten ein Asyl. Die Verehrung, die dem Genius des Imperators erwiesen wurde, war vielleicht die einzige allgemeine, die es in dem Reiche gab[2]. Alle Götzendienste bequemten sich ihr: sie war eine Stütze derselben.

[1] Hist. eccl. II, 3.

[2] Eckhel, Doctrina numorum veterum P. II, vol. VIII, p. 456; er führt

Dieser Dienst des Cäsars und die Lehre Christi hatten im Verhältnis zu den lokalen Religionen eine gewisse Ähnlichkeit; aber zugleich standen sie auch in einem Gegensatz, der sich nicht schärfer denken läßt.

Der Imperator faßte die Religion in dem weltlichsten Bezuge – an die Erde und ihre Güter gebunden: ihm seien dieselben übergeben, sagt Celsus; was man habe, komme von ihm. Das Christentum faßte sie in der Fülle des Geistes und der überirdischen Wahrheit.

Der Imperator vereinigte Staat und Religion; das Christentum trennte vor allem das, was Gottes, von dem, was des Kaisers ist.

Indem man dem Imperator opferte, bekannte man sich zur tiefsten Knechtschaft. Eben darin, worin bei der früheren Verfassung die volle Unabhängigkeit bestand, in der Vereinigung der Religion und des Staates, lag bei der damaligen die Besiegelung der Unterjochung. Es war ein Akt der Befreiung, daß das Christentum den Gläubigen verbot, dem Kaiser zu opfern.

Der Dienst des Imperators war endlich auf die Grenzen des Reiches, des vermeinten Erdkreises, beschränkt; das Christentum war bestimmt, den wirklichen zu umfassen, das gesamte Menschengeschlecht. Das ursprüngliche älteste religiöse Bewußtsein, wenn es wahr ist, daß ein solches allem Götzendienst vorangegangen, oder wenigstens ein unbedingt reines, durch keine notwendige Beziehung auf den Staat getrübtes suchte der neue Glaube in den Nationen zu erwecken und setzte es dieser weltherrschenden Gewalt entgegen, die, nicht zufrieden mit dem Irdischen, auch das Göttliche unterwerfen wollte. Dadurch bekam der Mensch ein geistiges Element, in dem er wieder selbständig, frei und persönlich unüberwindlich wurde; es kam Frische und neue Lebensfähigkeit in den Boden der Welt; sie wurde zu neuen Hervorbringungen befruchtet.

Es war der Gegensatz des Irdischen und des Geistigen, der Knechtschaft und der Freiheit, allmählichen Absterbens und lebendiger Verjüngung.

Hier ist nicht der Ort, den langen Kampf dieser Prinzipien zu beschreiben. Alle Lebenselemente des Römischen Reiches wurden in die Bewegung gezogen und allmählich von dem christlichen Wesen ergriffen, durchdrungen, in diese große Richtung des Gei-

eine Stelle des Tertullian an (Apol. c. 28), aus der sich zu ergeben scheint, daß die Verehrung des Cäsars zuweilen auch die lebhafteste war.

stes fortgerissen. Von sich selber, sagt Chrysostomus, ist der Irrtum des Götzendienstes[1] erloschen. Schon ihm erscheint das Heidentum wie eine eroberte Stadt, deren Mauern zerstört, deren Hallen, Theater und öffentliche Gebäude verbrannt, deren Verteidiger umgekommen seien: nur unter den Trümmern sehe man noch ein paar Alte, ein paar Kinder stehen.

Bald waren auch diese nicht mehr, und es trat Verwandlung ohnegleichen ein.

Aus den Katakomben stieg die Verehrung der Märtyrer hervor; an den Stellen, wo die olympischen Götter angebetet worden, aus den nämlichen Säulen, die deren Tempel getragen, erhoben sich Heiligtümer zum Gedächtnis derjenigen, die diesen Dienst verschmäht und darüber den Tod erlitten hatten. Der Kultus, den man in Einöden und Gefängnissen begonnen, nahm die Welt ein. Man wundert sich zuweilen, daß gerade ein weltliches Gebäude der Heiden, die Basilika, in eine Stätte christlicher Verehrung umgewandelt worden. Es hat dies doch etwas sehr Bezeichnendes. Die Apsis der Basilika enthielt ein Augusteum[2], die Bilder eben jener Cäsaren, denen man göttliche Ehre erwies. An die Stelle derselben trat, wie wir es in so vielen Basiliken noch heute sehen, das Bild Christi und der Apostel; an die Stelle der Weltherrscher, die selber als Götter betrachtet wurden, trat der Menschensohn, Gottessohn. Die lokalen Gottheiten wichen, verschwanden. An allen Landstraßen, auf der steilen Höhe des Gebirges, in den Pässen durch die Talschluchten, auf den Dächern der Häuser, in der Mosaik der Fußböden sah man das Kreuz. Es war ein entschiedener vollständiger Sieg. Wie man auf den Münzen Konstantins das Labarum mit dem Monogramm Christi über dem besiegten Drachen erblickt, so erhoben sich über dem gefallenen Heidentum Verehrung und Name Christi.

Auch von dieser Seite betrachtet, wie unendlich ist die Bedeutung des Römischen Reiches! In den Jahrhunderten seiner Erhebung hat es die Unabhängigkeiten gebrochen, die Völker unterworfen; es hat jenes Gefühl der Selbständigkeit, das in der Sonderung lag, vernichtet: dagegen hat es dann in seinen späteren Zeiten die wahre Religion aus seinem Schoße hervorgehen sehen

[1] λόγος εἰς τὸν μακάριον Βαβύλαν καὶ κατὰ Ἰουλιανοῦ καὶ πρός Ἕλληνας. Chrysostomi Opp. ed. Paris. II, 540.

[2] Ich nehme diese Notiz aus E. Q. Visconti: zum Museo Pio-Clementino VII, p. 100 (Ausg. von 1807).

– den reinsten Ausdruck eines gemeinsamen Bewußtseins, welches weit über seine Grenzen reicht, des Bewußtseins der Gemeinschaft in dem Einen wahren Gott. Dürfen wir sagen, daß das Reich durch diese Entwickelung seine eigene Notwendigkeit aufhob? Das Menschengeschlecht war nunmehr seiner selbst innegeworden: es hatte seine Einheit in der Religion gefunden.

Dieser Religion gab nun auch überdies das Römische Reich ihre äußere Gestalt.

Die heidnischen Priestertümer waren wie bürgerliche Ämter vergeben worden, in dem Judentum war ein Stamm mit der geistlichen Verwaltung beauftragt; es unterscheidet das Christentum, daß sich in demselben ein besonderer Stand, aus Mitgliedern zusammengesetzt, die ihn frei erwählten, durch Handauflegung geheiligt, von allem irdischen Tun und Treiben entfernt, „den geistlichen und göttlichen Geschäften" zu widmen hatte. Anfangs bewegte sich die Kirche in republikanischen Formen; aber sie verschwanden, je mehr der neue Glaube zur Herrschaft gelangte. Der Klerus setzte sich nach und nach den Laien vollständig gegenüber.

Es geschah dies, dünkt mich, nicht ohne eine gewisse innere Notwendigkeit. In dem Emporkommen des Christentums lag eine Befreiung der Religion von den politischen Elementen. Es hängt damit zusammen, daß sich dem Staate gegenüber ein abgesonderter geistlicher Stand mit einer eigentümlichen Verfassung ausbildete. In dieser Trennung der Kirche von dem Staate besteht vielleicht die größte, am durchgreifendsten wirksame Eigentümlichkeit der christlichen Zeiten überhaupt. Die geistliche und die weltliche Gewalt können einander nahe berühren; in der engsten Gemeinschaft stehen, völlig zusammenfallen können sie höchstens ausnahmsweise und auf kurze Zeit. In ihrem Verhältnis, ihrer Stellung zueinander beruht seitdem eines der wichtigsten Momente aller Geschichte.

Zugleich mußte aber dieser Stand seine Verfassung nach dem Muster des Reiches gestalten. Der Stufenfolge der bürgerlichen Verwaltung entsprechend, erhob sich die Hierarchie der Bischöfe, Metropolitane, Patriarchen. Es dauerte nicht lange, so nahmen die römischen Bischöfe den obersten Rang ein. Zwar ist es ein eitles Vorgeben, daß denselben in den ersten Jahrhunderten und überhaupt jemals ein allgemeiner, von Osten nach Westen anerkannter Primat zugestanden habe; aber allerdings erlangten sie sehr bald ein Ansehen, durch das sie über alle andern kirchlichen Gewalten hervorragten. Es kam vieles zusammen, um ihnen ein solches zu verschaffen. Wenn sich schon allenthalben aus der größeren Bedeutung einer Provinzialhauptstadt ein besonderes Übergewicht für den Bischof derselben ergab, wieviel mehr mußte dies bei der alten Hauptstadt des gesamten Reiches, von der es seinen Namen führte, der Fall sein[1]! Rom war einer der vornehmsten apostolischen Sitze; hier hatten die meisten Märtyrer geblutet; während der Verfolgungen hatten sich die Bischöfe von Rom vorzüglich wacker gehalten, und oft waren sie einander nicht sowohl im Amte, als im Märtyrertume und im Tode nachgefolgt. Nun fanden aber überdies die Kaiser geraten, das Emporkommen einer großen patriarchalen Autorität zu begünstigen. In einem Gesetz, das für die Herrschaft des Christentums entscheidend geworden ist, gebietet Theodosius der Große, daß alle Nationen, die von seiner Gnade regiert werden, dem Glauben anhangen sollen, der von dem heiligen Petrus den Römern verkündet worden[2]. Valentinian III. untersagte den Bischöfen sowohl in Gallien als in anderen Provinzen, von den bisherigen Gewohnheiten abzuweichen, ohne die Billigung des ehrwürdigen Mannes, des Papstes der Heiligen Stadt. Unter dem Schutze der Kaiser selbst erhob sich demnach die Macht des römischen Bischofs. Eben in diesem politischen Verhältnis aber lag zugleich eine Beschränkung derselben. Wäre ein einziger Kaiser gewesen, so würde der allgemeine Primat sich haben festsetzen können: die Teilung des Reiches trat demselben entgegen. Unmöglich konnten die morgenländischen Kaiser, die sich ihre kirchlichen Rechte so eifersüchtig vorbehielten, die Ausdehnung der Gewalt des abendländischen Patriarchen in ihrem Gebiete begünstigen. Die Verfassung der Kirche entsprach auch hierin der Verfassung des Reiches.

[1] Casauboni Exercitationes ad annales ecclesiasticos Baronii, p. 260.
[2] Codex Theodos. XVI, 1, 2: Cunctos populos, quos clementiae nostrae regit temperamentum, in tali volumus religione versari, quam divinum Petrum Apostolum tradidisse Romanis religio usque nunc ab ipso insinuata declarat. Das Edikt Valentinians III. erwähnt auch Planck: Geschichte der christlich-kirchlichen Gesellschaftsverfassung I, 642.

Das Papsttum in Vereinigung mit dem Fränkischen Reiche

Kaum war diese große Veränderung vollbracht, die christliche Religion gepflanzt, die Kirche gegründet, so traten neue Weltgeschicke ein: das Römische Reich, das so lange gesiegt und erobert hatte, sah sich nun auch seinerseits von den Nachbarn angegriffen, überzogen, besiegt.

In dem Umsturz aller Dinge wurde selbst das Christentum noch einmal erschüttert. In den großen Gefahren erinnerten sich die Römer noch einmal der etrurischen Geheimnisse, die Athenienser glaubten von Achill und Minerva gerettet worden zu sein, die Karthager beteten zu dem Genius Cölestis, – doch waren dies nur vorübergehende Regungen; während das Reich in den westlichen Provinzen zerstört wurde, erhielt sich daselbst der gesamte Bau der Kirche.

Nur kam auch sie, wie unvermeidlich war, in mannigfaltige Bedrängnis und in eine durchaus veränderte Lage. Eine heidnische Nation nahm Britannien ein; arianische Könige eroberten den größten Teil des übrigen Westens; in Italien, vor den Toren von Rom, gründeten sich die Lombarden, lange Zeit Arianer und immer gefährliche feindselige Nachbarn, eine mächtige Herrschaft.

Indem nun die römischen Bischöfe, von allen Seiten eingeengt, sich bemühten – und zwar schon mit aller der Klugheit und Hartnäckigkeit, die ihnen seitdem eigen geblieben –, wenigstens in ihrem alten patriarchalen Sprengel wieder Meister zu werden, traf sie ein neues, noch größeres Mißgeschick. Die Araber, nicht allein Eroberer wie die Germanen, sondern von einem positiven stolzen, dem Christentum von Grund aus entgegengesetzten Glauben bis zum Fanatismus durchdrungen, ergossen sich über den Okzident wie über den Orient: in wiederholten Anfällen nahmen sie Afrika, in einem einzigen Spanien ein; Musa rühmte sich, durch die Pforten der Pyrenäen über die Alpen nach Italien vordringen zu wollen, um Muhamets Namen am Vatikan ausrufen zu lassen.

Die Lage, in welche hierdurch die abendländisch-römische Christenheit geriet, war um so gefährlicher, da in diesem Augenblicke die Bewegungen des Bilderstreites in die gehässigsten Feindseligkeiten ausschlugen. Der Kaiser zu Konstantinopel hatte eine andere Partei ergriffen als der Papst zu Rom; er trachtete demselben sogar mehr als einmal nach dem Leben. Die Lombarden sahen bald, wie vorteilhaft ihnen diese Entzweiung war. Ihr König

Aistulph nahm Provinzen ein, die den Kaiser bis dahin noch immer anerkannten: er rückte wider Rom heran und forderte unter heftigen Bedrohungen auch diese Stadt auf, ihm Tribut zu zahlen, sich ihm zu ergeben[1].

In der römischen Welt war keine Hilfe zu finden, nicht einmal gegen die Lombarden, noch viel weniger aber wider die Araber, die indes das Mittelmeer zu beherrschen anfingen und der Christenheit mit einem Krieg auf Leben und Tod drohten.

Glücklicherweise jedoch war diese nicht mehr auf die römische Welt beschränkt.

Schon lange war das Christentum, seiner ursprünglichen Bestimmung gemäß, über die Grenzen derselben vorgedrungen; es hatte im Westen vor allem die germanischen Völker ergriffen; ja, eine christliche Macht hatte sich bereits in deren Mitte erhoben, nach welcher der Papst nur die Hände auszustrecken brauchte, um bereitwillige Bundesgenossen gegen alle Feinde und die nachdrücklichste Unterstützung zu erlangen.

Von allen germanischen Nationen war allein die fränkische, gleich bei ihrer ersten Erhebung in den Provinzen des Römischen Reiches, katholisch geworden. Dies ihr Bekenntnis hatte ihr zu großer Förderung gereicht. In den katholischen Untertanen ihrer arianischen Feinde, der Burgunder und Westgoten, fanden die Franken natürliche Verbündete. Wir lesen so viel von den Wundern, die dem Chlodwig begegnet sein sollen, wie ihm St. Martin durch eine Hündin die Furt über die Vienne gezeigt, wie ihm St. Hilarius in einer Feuersäule vorangegangen: wir werden schwerlich irren, wenn wir vermuten, daß in diesen Sagen die Hilfe versinnbildet worden, welche die Eingeborenen einem Glaubensgenossen leisteten, dem sie, wie Gregor von Tours sagt, „mit begieriger Neigung" den Sieg wünschten.

Diese katholische Gesinnung aber, durch so großartige Erfolge gleich anfangs bestätigt, war zuletzt durch eine sehr eigentümliche Einwirkung von einer anderen Seite her erneuert und mächtig verstärkt worden.

Papst Gregor der Große sah einst Angelsachsen auf dem Sklavenmarkte zu Rom, die seine Aufmerksamkeit erregten und ihn be-

[1] Anastasius Bibliothecarius: Vitae Pontificum. Vita Stephani III ed. Paris. p. 83: Fremens ut leo pestiferas minas Romanis dirigere non desinebat, asserens omnes uno gladio iugulari, nisi suae sese subderent ditioni.

stimmten, der Nation, der sie angehörten, das Evangelium verkündigen zu lassen. Nie mag sich ein Papst zu einer folgenreicheren Unternehmung entschlossen haben. Mit der Lehre ward in dem germanischen Britannien zugleich eine Verehrung für Rom und den Heiligen Stuhl einheimisch, wie sie bisher noch nie und nirgend stattgefunden hatte. Die Angelsachsen fingen an, nach Rom zu pilgern; sie sandten ihre Jugend dahin, um aus ihr Geistliche zu erziehen; zur Erleichterung der Pilger führte König Offa den Peterspfennig ein; die Vornehmeren wanderten nach Rom, um daselbst zu sterben und dann von den Heiligen im Himmel vertraulicher aufgenommen zu werden. Es war, als trüge diese Nation den alten deutschen Aberglauben, daß die Götter einigen Orten näher seien als anderen, auf Rom und die christlichen Heiligen über.

Dazu kam aber, was noch viel wichtiger war, daß die Angelsachsen diese ihre Sinnesweise nun auch auf das feste Land und die fränkischen Gebiete fortpflanzten. Der Apostel der Deutschen war ein Angelsachse. Bonifazius, erfüllt wie er war von der Verehrung seiner Nation für St. Peter und dessen Nachfolger, leistete von allem Anfang das Versprechen, sich treulich an die Einrichtungen des Römischen Stuhles zu halten. Auf das strengste kam er dieser Zusage nach. Der deutschen Kirche, die er stiftete, legte er einen ungewöhnlichen Gehorsam auf. Die Bischöfe mußten ausdrücklich geloben, gegen die römische Kirche, den hl. Peter und dessen Stellvertreter bis ans Ende ihres Lebens in Unterwürfigkeit zu verharren. Und nicht allein die Deutschen wies er hierzu an. Die Bischöfe von Gallien hatten bisher eine gewisse Unabhängigkeit von Rom behauptet. Bonifazius, welcher die Synoden derselben einigemal zu leiten bekam, fand dabei Gelegenheit, auch diesen westlichen Teil der fränkischen Kirche nach denselben Ideen einzurichten: die gallischen Erzbischöfe nahmen seitdem ihr Pallium von Rom. Über das gesamte fränkische Reich breitete sich dergestalt eine der angelsächsischen verwandte Unterwürfigkeit aus.

Und dieses Reich nun war jetzt der Mittelpunkt der gesamten germanisch-westlichen Welt. Es hatte ihm nicht geschadet, daß das alte Königshaus, das merovingische Geschlecht, sich selbst durch entsetzenvolle Mordtaten zugrunde richtete; an der Stelle desselben erhob sich ein anderes zur höchsten Gewalt: alles Männer voll Energie, von gewaltigem Willen und erhabener Kraft.

Indem die übrigen Reiche zusammenstürzten und die Welt ein Eigentum des moslimischen Schwertes zu werden drohte, war es dies Geschlecht, das Haus der Pippine von Heristall, nachmals das karolingische genannt, welches den ersten und den entscheidenden Widerstand leistete.

Eben dieses Geschlecht begünstigte zugleich die sich vollziehende religiöse Entwickelung; wir finden es sehr früh in gutem Vernehmen mit Rom; Bonifazius arbeitete in dem besonderen Schutze Carl Martells und Pippins des Kleinen[1].

Man denke sich nun die Weltstellung der päpstlichen Gewalt: auf der einen Seite das oströmische Kaisertum, verfallend, schwach, unfähig, das Christentum in seinem alten Bestand gegen den Islam zu behaupten, unvermögend, auch nur seine eigenen Landschaften in Italien gegen die Lombarden zu verteidigen, und dabei mit dem Anspruch einer oberherrlichen Einwirkung selbst in geistlichen Sachen; – auf der andern die germanischen Nationen, lebenskräftig, gewaltig, siegreich über den Islam; der Autorität, deren sie noch bedurften, mit der ganzen Frische jugendlicher Begeisterung ergeben; erfüllt von einer unbedingten freiwilligen Devotion.

Schon Gregor II. fühlte, was er gewonnen hatte. „Alle Abendländer", schreibt er voll Selbstgefühl an jenen ikonoklastischen Kaiser, Leo den Isaurier, „haben ihre Augen auf unsere Demut gerichtet, sie sehen uns für einen Gott auf Erden an." Aber immer mehr bemerkten seine Nachfolger die Notwendigkeit, sich von einer Gewalt abzusondern, die ihnen nur Pflichten auferlegte und keinen Schutz gewährte: die Sukzession des römischen Namens und Reiches konnte sie nicht binden; dagegen wendeten sie ihr Augenmerk auf die, von denen sie allein Hilfe erwarten konnten: mit den großen Oberhäuptern des Westens, mit den fränkischen Fürsten, schlossen sie eine Verbindung, die von Jahr zu Jahr enger wurde, beiden Teilen zu großem Vorteil gereichte und zuletzt eine umfassende weltgeschichtliche Bedeutung entfaltete.

Als der jüngere Pippin, nicht zufrieden mit dem Wesen der königlichen Gewalt, auch den Namen derselben besitzen wollte, be-

[1] Bonifacii Epistolae; ep. 12. ad Danielem episc. Sine patrocinio principis Francorum nec populum regere, nec presbyteros vel diaconos, monachos vel ancillas dei defendere possum, nec ipsos paganorum ritus et sacrilegia idolorum in Germania sine illius mandato et timore prohibere valeo.

durfte er – er fühlte es wohl – einer höheren Sanktion: der Papst gewährte sie ihm. Dafür übernahm dann der neue König, den Papst, „die heilige Kirche und Republik Gottes" gegen die Lombarden zu verteidigen. Zu verteidigen genügte seinem Eifer noch nicht. Gar bald zwang er die Lombarden, auch das dem oströmischen Reiche in Italien entrissene Gebiet, den Exarchat, herauszugeben. Wohl hätte die Gerechtigkeit verlangt, daß es dem Kaiser, dem es gehörte, zurückgestellt würde, und man machte Pippin den Antrag. Er erwiderte, „nicht zugunsten eines Menschen sei er in den Kampf gegangen, sondern allein aus Verehrung für St. Peter, um die Vergebung seiner Sünden zu erwerben"[1]. Auf den Altar St. Peters ließ er die Schlüssel der gewonnenen Städte niederlegen. Es ist dies die Grundlage der ganzen weltlichen Herrschaft der Päpste.

In so lebhafter gegenseitiger Förderung bildete sich diese Verbindung weiter aus. Der seit so langer Zeit beschwerlichen und drükkenden Nachbarschaft lombardischer Fürsten entledigte endlich Karl der Große den Papst. Er selber zeigte die tiefste Ergebenheit: er kam nach Rom; die Stufen von St. Peter küssend, stieg er den Vorhof hinan, wo ihn der Papst erwartete; er bestätigte ihm die Schenkungen Pippins. Dagegen war auch der Papst sein unerschütterlicher Freund; die Verhältnisse des geistlichen Oberhauptes zu den italienischen Bischöfen trugen dazu bei, daß Karl der Lombarden Herr wurde, ihr Reich an sich brachte.

Und sogleich sollte dieser Gang der Dinge zu einem noch größeren Erfolge führen.

In seiner eigenen Stadt, in der sich die entgegengesetzten Faktionen mit heftiger Wut bekämpften, konnte der Papst nicht mehr ohne auswärtigen Schutz bestehen. Noch einmal machte sich Karl nach Rom auf, ihm denselben zu gewähren. Der alte Fürst war nun erfüllt mit Ruhm und Siegen. In langen Kämpfen hatte er nach und nach alle seine Nachbarn überwunden und die romanisch-germanisch-christlichen Nationen beinahe sämtlich vereinigt; er hatte sie zum Siege wider ihre gemeinsamen Feinde geführt; man bemerkte, daß er alle Sitze der abendländischen Imperatoren in Italien, Gallien und Germanien und ihre Gewalt innehabe[2]. Zwar

[1] Anastasius: affirmans etiam sub juramento, quod per nullius hominis favorem sese certamini saepius dedisset, nisi pro amore Petri et venia delictorum.

[2] So verstehe ich die Annales Laureshamenses ad annum 801: Visum

waren diese Länder seitdem eine vollkommen andere Welt geworden; aber sollten sie diese Würde ausschließen? So hatte Pippin das königliche Diadem bekommen: weil dem, der die Gewalt habe, nicht minder die Ehre gebühre. Auch diesmal entschloß sich der Papst. Von Dankbarkeit durchdrungen und, wie er wohl wußte, eines fortwährenden Schutzes bedürftig, krönte er Karl an jenem Weihnachtsfeste des Jahres 800 mit der kaiserlichen Krone des abendländischen Reiches.

Hierdurch wurden die Weltgeschicke, die seit den ersten Einfällen der Germanen in das Römische Reich sich zu entwickeln begannen, vollendet.

An die Stelle der weströmischen Imperatoren tritt ein fränkischer Fürst und übt alle seine Rechte aus. In den Landschaften, die Sankt Peter übergeben sind, finden wir Karl den Großen unzweifelhafte Akte einer höchsten Autorität vollziehen. Nicht minder setzt sein Enkel Lothar seine Richter daselbst ein und vernichtet Konfiskationen, die der Papst vorgenommen. Der Papst dagegen, Oberhaupt der Hierarchie in dem römischen Okzident, ist ein Mitglied des Fränkischen Reiches geworden. Von dem Orient sondert er sich ab und hört allmählich auf, weitere Anerkennung daselbst zu finden. Seines patriarchalen Sprengels im Osten hatten ihn die griechischen Kaiser schon längst beraubt[1]. Dafür leisteten ihm die abendländischen Kirchen – die lombardische, auf welche die Institute der fränkischen übertragen worden, nicht ausgeschlossen – einen Gehorsam, wie er ihn früher niemals gefunden hatte. Wie er zu Rom die Schulen der Friesen, Sachsen, Franken aufgenommen, durch welche diese Stadt selbst germani-

est et ipsi apostolico Leoni, – – ut ipsum Carolum regem Francorum imperatorem nominare debuissent, qui ipsam Romam tenebat, ubi semper Caesares sedere soliti erant, et reliquas sedes, quas ipse per Italiam seu Galliam nec non et Germaniam tenebat (er wollte wohl sagen: ipsi tenebant); quia deus omnipotens has omnes sedes in potestatem ejus concessit, ideo justum eis esse videbatur, ut ipse cum dei adjutorio – – ipsum nomen haberet.

[1] Nikolaus I. beklagt sich über den Verlust der patriarchalen Macht des Römischen Stuhles „per Epirum veterem Epirumque novam atque Illyricum, Macedoniam, Thessaliam, Achaiam, Daciam ripensem Daciamque mediterraneam, Moesiam, Dardaniam, Praevalim" und die Verluste des Patrimoniums in Kalabrien und Sizilien. Pagi (Critica in Annales Baronii III, p. 216) stellt dies Schreiben mit einem anderen von Adrian I. an Karl den Großen zusammen, aus dem man sieht, daß diese Verluste bei der ikonoklastischen Streitigkeit erlitten worden.

siert zu werden anfing, so ist er in die Verbindung germanischer und romanischer Elemente eingetreten, welche seitdem den Charakter des Abendlandes ausgemacht hat. In dem bedrängtesten Moment hat seine Gewalt in einem frischen Boden Wurzel geschlagen: als sie zu dem Untergange bestimmt schien, hat sie sich auf lange Zeiträume festgestellt. Die Hierarchie, in dem römischen Reiche geschaffen, hat sich in die germanische Nation ergossen; hier findet sie ein unendliches Feld für eine immer weiter schreitende Tätigkeit, in deren Fortgange sie selbst den Keim ihres Wesens erst vollkommen entfaltet.

Verhältnis zu den deutschen Kaisern. Selbständige Ausbildung der Hierarchie

Wir lassen neue Jahrhunderte vorübergegangen sein, um uns den Punkt der Entwicklung, auf den sie geführt haben, desto deutlicher zu vergegenwärtigen.

Das Fränkische Reich ist zerfallen: auf das gewaltigste hat sich das deutsche erhoben.

Niemals hat der deutsche Name in Europa mehr gegolten als im 10. und 11. Jahrhundert, unter den sächsischen und den ersten salischen Kaisern. Von den östlichen Grenzen, wo der König von Polen sich persönliche Unterwerfung und eine Teilung seines Landes hat gefallen lassen, wo der Herzog von Böhmen zur Haft verurteilt worden, sehen wir Konrad II. nach dem Westen aufbrechen, um Burgund, den Ansprüchen französischer Magnaten gegenüber, zu behaupten. In den Ebenen der Champagne überwindet er sie; über den Bernhard kommen ihm seine italienischen Vasallen zu Hilfe; er läßt sich krönen zu Genf und hält seine Landtage zu Solothurn. Unmittelbar hierauf begegnen wir ihm in Unteritalien. „An der Grenze seines Reiches“, sagt sein Geschichtschreiber Wippo, „in Capua und Benevent, hat er durch sein Wort die Zwistigkeiten geschlichtet.“ Nicht minder gewaltig herrschte Heinrich III. Bald finden wir ihn an der Schelde und Lys, siegreich über die Grafen von Flandern; bald in Ungarn, das er wenigstens auf eine Zeitlang zur Lehnspflicht nötigte, jenseits der Raab, und nur die Elemente setzen ihm Schranken. Der König von Dänemark sucht ihn zu Merseburg auf; einen der mächtigsten Fürsten von Frankreich, den Grafen von Tours, nimmt er als Vasallen an; die spanischen Geschichten erzählen, daß er von

Ferdinand I. in Kastilien, so siegreich und mächtig dieser auch war, als Oberlehnsherr aller christlichen Könige anerkannt zu werden gefordert habe.
Fragen wir nun, worauf diese so weit ausgebreitete, einen europäischen Supremat in Anspruch nehmende Macht in ihrem Innern sich gründete, so finden wir, daß sie ein sehr bedeutendes kirchliches Element in sich schloß. Auch die Deutschen eroberten, indem sie bekehrten. Mit der Kirche rückten ihre Marken vorwärts, über die Elbe nach der Oder hin, die Donau hinunter; Mönche und Priester gingen dem deutschen Einfluß in Böhmen und Ungarn vorauf. Allenthalben ward deshalb den geistlichen Gewalten eine große Macht verliehen. In Deutschland erhielten Bischöfe und Reichsäbte nicht allein in ihren Besitztümern, sondern auch außerhalb derselben gräfliche, ja zuweilen herzogliche Rechte, und man bezeichnet die geistlichen Güter nicht mehr als in den Grafschaften, sondern die Grafschaften als in den Bistümern gelegen. Im oberen Italien kamen fast alle Städte unter die Vizegrafen ihrer Bischöfe. Man würde irren, wenn man glauben wollte, es sei hiermit den geistlichen Gewalten schon eine eigentliche Unabhängigkeit eingeräumt worden. Da die Besetzung der geistlichen Stellen den Königen zukam – die Stifter pflegten Ring und Stab ihrer verstorbenen Vorsteher an das Hoflager zurückzuschicken, wo sie dann aufs neue verliehen wurden –, so war es in der Regel sogar ein Vorteil für den Fürsten, den Mann seiner Wahl, auf dessen Ergebenheit er rechnen durfte, mit weltlichen Befugnissen auszurüsten. Dem widerspenstigen Adel zum Trotz setzte Heinrich III. einen ihm ergebenen Plebejer auf den ambrosianischen Stuhl zu Mailand; den Gehorsam, den er später in Oberitalien fand, hat er großenteils dieser Maßregel zu danken gehabt. Es erläutert sich wechselweise, daß Heinrich II. von allen diesen Kaisern sich am freigebigsten gegen die Kirche bewies und dabei das Recht, die Bischöfe zu ernennen, am schärfsten in Anspruch nahm[1]. Auch war dafür gesorgt, daß die Begabung der Staatsgewalt nichts entzog. Die geistlichen Güter waren weder von den bürgerlichen Lasten noch selbst von der Lehenspflicht eximiert: häufig sehen wir die Bischöfe an der Spitze ihrer Mannen ins Feld rücken. Welch ein Vorteil war es dagegen, Bischöfe ernennen zu können, die, wie der Erzbischof von Bremen, eine

[1] Beispiele dieser Strenge bei Planck: Geschichte der christl. kirchl. Gesellschaftsverfassung III, 407.

höchste geistliche Gewalt in den skandinavischen Reichen und über viele wendische Stämme ausübten!

War nun in den Instituten des deutschen Reiches das geistliche Element so überaus bedeutend, so sieht man von selbst, wieviel auf das Verhältnis ankam, in welchem die Kaiser zu dem Oberhaupte aller Geistlichkeit, zu dem Papste in Rom standen.

Das Papsttum war, wie mit den römischen Imperatoren, wie mit den Nachfolgern Karls des Großen, so auch mit den deutschen Kaisern in der engsten Verbindung. Seine politische Unterordnung war unbezweifelt. Wohl hatten die Päpste, ehe das Kaisertum entschieden an die Deutschen fiel, als es in schwachen und schwankenden Händen war, Akte einer höheren Autorität über dasselbe ausgeübt. Sowie aber die kräftigen deutschen Fürsten diese Würde erobert hatten, waren sie, wenn auch nicht ohne Widerspruch, doch in der Tat so gut wie die Karolinger, Oberherren des Papsttums. Mit gewaltiger Hand beschirmte Otto der Große den Papst, den er eingesetzt hatte[1]; seine Söhne folgten seinem Beispiele; daß sich einmal die römischen Faktionen wieder erhoben und diese Würde nach ihren Familieninteressen annahmen, wieder abgaben, kauften und veräußerten, machte die Notwendigkeit einer höheren Dazwischenkunft nur um so einleuchtender. Man weiß, wie gewaltig Heinrich III. dieselbe ausübte. Seine Synode zu Sutri setzte die eingedrungenen Päpste ab; nachdem er erst den Patriziusring an seinen Finger gesteckt und die kaiserliche Krone empfangen hatte, bezeichnete er nach seinem Gutdünken denjenigen, der den Päpstlichen Stuhl besteigen sollte. Es folgten einander vier deutsche Päpste, alle von ihm ernannt; bei der Erledigung der höchsten geistlichen Würde erschienen die Abgeordneten von Rom nicht anders als die Gesandten anderer Bistümer an dem kaiserlichen Hoflager, um sich den Nachfolger bestimmen zu lassen.

Bei dieser Lage der Dinge war es dem Kaiser selbst erwünscht, wenn das Papsttum in bedeutendem Ansehen stand. Heinrich III. beförderte die Reformationen, welche die von ihm gesetzten Päpste unternahmen; der Zuwachs ihrer Gewalt erregte ihm keine

[1] Bei Goldast Constitut. Imperiales I, p. 221 findet sich ein Instrument (mit den Scholien Dietrichs von Niem), durch welches das Recht Karls des Großen, sich selbst einen Nachfolger und in Zukunft römische Päpste zu ernennen, auf Otto und die deutschen Kaiser übertragen wird. Es ist jedoch ohne Zweifel erdichtet.

Eifersucht. Daß Leo IX. dem Willen des Königs von Frankreich zum Trotz eine Synode zu Reims hielt, französische Bischöfe einsetzte und absetzte und die feierliche Erklärung empfing, der Papst sei der einzige Primas der allgemeinen Kirche, konnte dem Kaiser ganz recht sein, solange er nur selber über das Papsttum verfügte. Es gehörte dies zu dem obersten Ansehen, das er in Europa in Anspruch nahm. In ein ähnliches Verhältnis wie durch den Erzbischof von Bremen zu dem Norden kam er durch den Papst zu den übrigen Mächten der Christenheit.

Es lag aber hierin auch eine große Gefahr.

Ganz ein anderes Institut war der geistliche Stand in den germanischen und germanisierten Reichen geworden, als er in dem römischen gewesen. Es war ihm ein großer Teil der politischen Gewalt übertragen: er hatte fürstliche Macht. Wir sehen, noch hing er von dem Kaiser, von der obersten weltlichen Autorität ab: wie aber, wenn diese einmal wieder in schwache Hände geriet, – wenn dann das Oberhaupt der Geistlichkeit, dreifach mächtig, durch seine Würde, der man eine allgemeine Verehrung widmete, den Gehorsam seiner Untergebenen und seinen Einfluß auf andere Staaten, den günstigen Augenblick ergriff und sich der königlichen Gewalt entgegensetzte?

In der Sache selbst lag mehr als eine Veranlassung hierzu. Das geistliche Wesen hatte doch in sich ein eigenes, einem so großen weltlichen Einfluß widerstrebendes Prinzip, welches es hervorkehren mußte, sobald es stark genug dazu geworden war. Auch lag, scheint mir, ein Widerspruch darin, daß der Papst eine höchste geistliche Gewalt nach allen Seiten hin ausüben und dabei dem Kaiser untertänig sein sollte. Etwas anderes wäre es gewesen, hätte es Heinrich III. wirklich dahin gebracht, sich zum Haupte der gesamten Christenheit zu erheben. Da ihm dies nicht gelang, so konnte sich der Papst bei einiger Verwickelung der politischen Verhältnisse durch seine untergeordnete Stellung zu dem Kaiser allerdings gehindert sehen, völlig frei der allgemeine Vater der Gläubigen zu sein, wie sein Amt es mit sich brachte.

Unter diesen Umständen stieg Gregor VII. auf den Päpstlichen Stuhl. Gregor hat einen kühnen, einseitigen, hochfliegenden Geist: folgerecht, man könnte sagen, wie ein scholastisches System das ist; unerschütterlich in der logischen Konsequenz und dabei ebenso gewandt, wahren und gegründeten Widerspruch mit gutem Schein zu eludieren. Er sah, wohin der Zug der Dinge führte; in all dem kleinlichen Treiben der Tageshändel nahm er die großen welthistorischen Möglichkeiten wahr; er beschloß, die päpstliche Gewalt von der kaiserlichen zu emanzipieren. Als er dies Ziel ins Auge gefaßt, griff er ohne alle Rücksicht, ohne einen Moment zu zögern, zu dem entscheidenden Mittel. Der Beschluß, den er von einer seiner Kirchenversammlungen fassen ließ, daß in Zukunft niemals wieder eine geistliche Stelle durch einen Weltlichen verliehen werden dürfe, mußte die Verfassung des Reiches in ihrem Wesen umstoßen. Diese beruhte, wie berührt worden, auf der Verbindung geistlicher und weltlicher Institute: das Band zwischen beiden war die Investitur: es kam einer Revolution gleich, daß dieses alte Recht dem Kaiser entrissen werden sollte.

Es ist offenbar: Gregor hätte dies nicht in Gedanken zu fassen, geschweige durchzusetzen vermocht, wären ihm nicht die Zerrüttung des Deutschen Reiches während der Minderjährigkeit Heinrichs IV. und die Empörung der deutschen Stämme und Fürsten gegen diesen König zustatten gekommen. An den großen Vasallen fand er natürliche Verbündete. Auch sie fühlten sich von dem Übergewicht der kaiserlichen Gewalt gedrückt; auch sie wollten sich befreien. In gewisser Beziehung war ja auch der Papst ein Magnat des Reiches. Es stimmt sehr gut zusammen, daß der Papst Deutschland für ein Wahlreich erklärte – die fürstliche Macht mußte dadurch unendlich wachsen – und daß die Fürsten so wenig dawider hatten, wenn der Papst sich von der kaiserlichen Gewalt freimachte. Selbst bei dem Investiturstreit ging ihr Vorteil Hand in Hand: der Papst war noch weit entfernt, die Bischöfe geradezu selbst ernennen zu wollen; er überließ die Wahl den Kapiteln, auf welche der höhere deutsche Adel den größten Einfluß ausübte. Mit einem Wort: der Papst hatte die aristokratischen Interessen auf seiner Seite.

Aber auch selbst mit diesen Verbündeten – wie lange und blutige Kämpfe hat es den Päpsten doch gekostet, ihr Unternehmen durchzusetzen! Von Dänemark bis Apulien, sagt der Lobgesang auf den heiligen Anno, von Karlingen bis nach Ungarn hat das Reich die Waffen gegen seine Eingeweide gekehrt. Der Widerstreit des geistlichen und des weltlichen Prinzipes, die früher Hand in Hand gegangen, spaltete die Christenheit in verderblicher Entzweiung. Oftmals mußten die Päpste selbst von ihrer Hauptstadt weichen und Gegenpäpste auf den Apostolischen Stuhl steigen sehen.

Endlich aber war es ihnen doch gelungen. Nach langen Jahrhunderten der Unterordnung, nach anderen Jahrhunderten eines oft zweifelhaften Kampfes war die Unabhängigkeit des Römischen Stuhles und seines Prinzipes endlich erlangt. In der Tat hatten die Päpste alsdann die großartigste Stellung. Die Geistlichkeit war völlig in ihren Händen. Es ist der Bemerkung wert, daß die entschlossensten Päpste dieses Zeitraumes, wie Gregor VII. selbst, Benediktiner waren. Indem sie den Zölibat einführten, verwandelten sie die ganze Weltgeistlichkeit in eine Art von Mönchsorden. Das allgemeine Bistum, das sie in Anspruch nahmen, hat eine gewisse Ähnlichkeit mit der Gewalt eines Cluniazenser-Abtes, welcher der einzige Abt in seinem Orden war: so wollten diese Päpste die einzigen Bischöfe der gesamten Kirche sein. Sie trugen kein Bedenken, in die Verwaltung aller Diözesen einzugreifen[1]: haben sie doch ihre Legaten selbst mit altrömischen Prokonsuln verglichen. Während sich nun dieser eng zusammenschließende und über alle Länder verbreitete, durch seine Besitzungen mächtige und jedes Lebensverhältnis beherrschende Orden in dem Gehorsam eines einzigen Oberhauptes ausbildete, verfielen ihm gegenüber die Staatsgewalten. Schon im Anfange des 12. Jahrhunderts durfte der Papst Gelasius sagen: „es werde noch dahin kommen, daß die goldene Bildsäule des Königreiches ganz zermalmt und jedes große Reich in Vierfürstentümer aufgelöst werde; erst dann werde die Kirche frei und ungedrückt bestehen, unter dem Schutze des großen gekrönten Priesters“[2]. Es fehlte wenig, daß es wörtlich dahin gekommen wäre. Denn in der Tat, wer war in dem 13. Jahrhundert mächtiger in England, Heinrich III. oder jene Vierundzwanzig, welchen eine Zeitlang die Regierung aufgetragen war? in Kastilien der König oder die Altoshomes? Die Macht eines Kaisers schien fast entbehrlich zu sein, nachdem Friedrich den Fürsten des Reiches die wesentlichen Attribute der Landeshoheit gewährt hatte. Italien wie Deutschland waren mit unabhängigen Gewalten erfüllt. Eine zusammenfassende, vereinigende Macht wohnte fast ausschließlich dem Papste bei. So geschah es, daß die Unabhängigkeit des geistlichen Prinzipes sich gar bald in eine neue

[1] Einer der Hauptpunkte, über den ich doch eine Stelle aus einem Briefe Heinrichs IV. an Gregor anführen will (Mansi Concil. n. collectio XX, 471): Rectores sanctae ecclesiae, videl. archiepiscopos, episcopos, presbyteros, sicut servos pedibus tuis calcasti. Wir sehen, der Papst hatte hierbei die öffentliche Meinung auf seiner Seite: in quorum conculcatione tibi favorem ab ore vulgi comparasti.

[2] Schröckh führt diese Stelle an: Kirchengeschichte T. 27, S. 115

Art von Oberherrlichkeit umsetzte. Der geistlich-weltliche Charakter, den das Leben überhaupt angenommen, der Gang der Ereignisse mußten ihm eine solche an und für sich zuwege bringen. Wenn Länder, solange verloren wie Spanien, endlich dem Mohammedanismus, – Provinzen, die noch nie erworben gewesen, wie Preußen, dem Heidentume abgewonnen und mit christlichen Völkern besetzt wurden; wenn selbst die Hauptstädte des griechischen Glaubens sich dem lateinischen Ritus unterwarfen und noch immer Hunderttausende auszogen, um die Fahne des Kreuzes über dem Heiligen Grabe zu behaupten: mußte nicht der Oberpriester, der in allen diesen Unternehmungen seine Hand hatte und den Gehorsam der Unterworfenen empfing, ein unermeßliches Ansehen genießen? Unter seiner Leitung, in seinem Namen breiten sich die abendländischen Nationen, als wären sie ein Volk, in ungeheuren Kolonien aus und suchen die Welt einzunehmen. Man kann sich nicht wundern, wenn er dann auch in dem Innern eine allgewaltige Autorität ausübt, wenn ein König von England sein Reich von ihm zu Lehen nimmt, ein König von Aragon das seine dem Apostel Petrus aufträgt, wenn Neapel wirklich durch den Papst an ein fremdes Haus gebracht wird. Wunderbare Physiognomie jener Zeiten, die noch niemand in ihrer ganzen Fülle und Wahrheit vergegenwärtigt hat! Es ist die außerordentlichste Kombination von innerem Zwist und glänzendem Fortgang nach außen, von Autonomie und Gehorsam, von geistlichem und weltlichem Wesen. Wie hat doch die Frömmigkeit selbst einen so widersprechenden Charakter! Zuweilen zieht sie sich in das rauhe Gebirge, in das einsame Waldtal zurück, um alle ihre Tage in harmloser Andacht der Anschauung Gottes zu widmen: in Erwartung des Todes verzichtet sie schon auf jeden Genuß, den das Leben darbietet; oder sie bemüht sich, wenn sie unter den Menschen weilt, jugendlich warm, das Geheimnis, das sie ahnt, die Idee, in der sie lebt, in heiteren großartigen und tiefsinnigen Formen auszusprechen; — aber gleich daneben finden wir eine andere, welche die Inquisition erdacht hat und die entsetzliche Gerechtigkeit des Schwertes gegen die Andersgläubigen ausübt: „Keines Geschlechtes", sagt der Anführer des Zuges wider die Albigenser, „keines Alters, keines Ranges haben wir verschont, sondern Jedermann mit der Schärfe des Schwertes geschlagen." Zuweilen erscheinen beide in dem nämlichen Moment. Bei dem Anblick von Jerusalem stiegen die Kreuzfahrer von den Pferden und entblößten ihre

Füße, um als wahre Pilger an den heiligen Mauern anzulangen; in dem heißesten Kampfe meinten sie die Hilfe der Heiligen und Engel sichtbar zu erfahren. Kaum aber hatten sie die Mauern überstiegen, so stürzten sie fort zu Raub und Blut: auf der Stelle des Salomonischen Tempels erwürgten sie viele tausend Sarazenen; die Juden verbrannten sie in ihrer Synagoge; die heiligen Schwellen, an denen sie anzubeten gekommen waren, befleckten sie erst mit Blut. Ein Widerspruch, der jenen religiösen Staat durchaus erfüllt und sein Wesen bildet.

Gegensätze des 14. und 15. Jahrhunderts

An gewissen Stellen fühlt man sich besonders versucht, wenn wir es aussprechen dürfen, den Plänen der göttlichen Weltregierung, den Momenten der Erziehung des Menschengeschlechtes nachzuforschen.

So mangelhaft auch die Entwicklung sein mochte, die wir bezeichneten, so war sie doch notwendig, um das Christentum in dem Abendlande völlig einheimisch zu machen. Es gehörte etwas dazu, um die trotzigen nordischen Gemüter, die gesamten von althergebrachtem Aberglauben beherrschten Völkerschaften mit den Ideen des Christentums zu durchdringen. Das geistliche Element mußte eine Zeitlang vorherrschen, um das germanische Wesen ganz zu ergreifen. Hierdurch vollzog sich zugleich die Vereinigung germanischer und romanischer Elemente, auf welcher der Charakter des späteren Europa beruht. Es gibt eine Gemeinschaftlichkeit der modernen Welt, welche immer als eine Hauptgrundlage der gesamten Ausbildung derselben in Staat und Kirche, Sitte, Leben und Literatur betrachtet worden ist. Um sie hervorzubringen, mußten die westlichen Nationen einmal gleichsam einen einzigen weltlich-geistlichen Staat ausmachen.

Aber in dem großen Fortgange der Dinge war auch dies nur ein Moment. Nachdem die Umwandlung vollbracht worden, traten neue Notwendigkeiten ein.

Schon darin kündigte sich eine andere Epoche an, daß die Landessprachen fast allenthalben zur nämlichen Zeit emporkamen. Langsam, aber unaufgehalten drangen sie in die mannigfaltigen Zweige geistiger Tätigkeit ein; Schritt für Schritt wich ihnen das Idiom der Kirche. Die Allgemeinheit trat zurück; auf ihrer Grundlage ging eine neue Sonderung in einem höheren Sinne hervor. Das kirchliche Element hatte die Nationalitäten bisher überwältigt: – verändert, umgestaltet, aber wieder geschieden, traten diese in eine neue Bahn ein.

Es ist nicht anders, als daß alles menschliche Tun und Treiben dem leisen und der Bemerkung oft entzogenen, aber gewaltigen und unaufhaltsamen Gange der Dinge unterworfen ist. Die päpstliche Macht war von den früheren weltgeschichtlichen Momenten gefördert worden: die neuen traten ihr entgegen. Da die Nationen des Impulses der kirchlichen Macht nicht mehr in dem Maße wie früher bedurften, so leisteten sie demselben gar bald Widerstand. Sie fühlten sich in ihrer Selbständigkeit.

Es ist der Mühe wert, sich die wichtigeren Ereignisse ins Gedächtnis zu rufen, in denen diese Tatsache sich ausspricht.

Es waren, wie man weiß, die Franzosen, die den Anmaßungen des Papstes den ersten entschiedenen Widerstand leisteten. In nationaler Einmütigkeit setzten sie sich den Bannbullen Bonifaz' VIII. entgegen; in mehreren hundert Adhäsionsurkunden sprachen alle Gewalten des Volkes ihre Beistimmung zu den Schritten König Philipps des Schönen aus.

Es folgten die Deutschen. Als die Päpste das Kaisertum noch einmal mit der alten Leidenschaft angriffen, obwohl dasselbe die frühere Bedeutung bei weitem nicht mehr hatte, als sie hierbei fremdartigen Einwirkungen Raum gaben, – kamen die Kurfürsten am Ufer des Rheins bei ihren steinernen Sitzen auf jenem Acker von Rense zusammen, um eine gemeinschaftliche Maßregel zur Behauptung „der Ehren und Würden des Reiches" zu überlegen. Ihre Absicht war, die Unabhängigkeit des Reiches gegen die Eingriffe der Päpste durch einen feierlichen Beschluß festzusetzen. Bald hierauf erfolgte dieser in aller Form, von allen Gewalten, Kaiser, Fürsten und Kurfürsten zugleich: gemeinschaftlich stellte man sich den Grundsätzen des päpstlichen Staatsrechtes entgegen[1].

Nicht lange blieb England zurück. Nirgends hatten die Päpste größeren Einfluß gehabt, mit den Pfründen willkürlicher geschaltet; als Edward III. endlich den Tribut nicht mehr zahlen wollte, zu dem sich frühere Könige verpflichtet hatten, vereinigte sich sein Parlament mit ihm und versprach, ihn hierbei zu unterstützen.

[1] Licet juris utriusque. Bei Olenschläger, Staatsgeschichte des röm. Kaisertums in der ersten Hälfte des 14. Jahrhunderts, Nr. 63.

Der König traf Maßregeln, um den übrigen Eingriffen der päpstlichen Macht zuvorzukommen.

Wir sehen, eine Nation nach der anderen fühlt sich in ihrer Selbständigkeit und Einheit; von keiner höheren Autorität will die öffentliche Gewalt mehr wissen; in den mittleren Kreisen finden die Päpste keine Verbündeten mehr: ihre Einwirkungen werden von Fürsten und Ständen entschlossen zurückgewiesen.

Indem ereignete sich, daß das Papsttum selbst in eine Schwäche und Verwirrung geriet, welche den weltlichen Gewalten, die sich bis jetzt nur zu sichern gesucht, sogar eine Rückwirkung auf dasselbe möglich machte.

Das Schisma trat ein. Man bemerke, welche Folgen es hatte. Lange Zeit stand es bei den Fürsten, nach ihrer politischen Konvenienz dem einen oder dem anderen Papste anzuhangen – in sich selbst fand die geistliche Macht kein Mittel, die Spaltung zu heben, nur die weltliche Gewalt vermochte dies –; als man sich zu diesem Zwecke in Costnitz versammelte, stimmte man nicht mehr, wie bisher, nach Köpfen, sondern nach den vier Nationen: jeder Nation blieb es überlassen, in vorbereitenden Versammlungen über das Votum zu beratschlagen, das sie zu geben hatte; – in Gemeinschaft setzten sie einen Papst ab; der neugewählte mußte sich zu Konkordaten mit den einzelnen verstehen, die wenigstens durch das Beispiel, das sie gaben, viel bedeuteten. Während des Baseler Konziliums und der neuen Spaltung hielten sich einige Reiche sogar neutral: nur die unmittelbare Bemühung der Fürsten vermochte diese zweite Kirchentrennung beizulegen[1]. Es konnte nichts geben, was das Übergewicht der weltlichen Gewalt und die Selbständigkeit der einzelnen Reiche kräftiger befördert hätte.

Und nun war zwar der Papst neuerdings in großem Ansehen, er hatte die allgemeine Obedienz: der Kaiser führte ihm noch immer den Zelter; es gab Bischöfe nicht allein in Ungarn, sondern auch in Deutschland, die sich von des Apostolischen Stuhles Gnaden schrieben[2]; in dem Norden ward der Peterspfennig fortwährend eingesammelt; unzählige Pilger aus allen Ländern suchten bei dem Jubiläum von 1450 die Schwellen der Apostel auf: mit Bienenschwärmen, Zugvögelscharen vergleicht sie ein Augenzeuge, wie

[1] Erklärung des Papstes Felix bei Georgius, Vita Nicolai V p. 65.

[2] Costnitz, Schwerin, Fünfkirchen. Schröckh, Kirchengeschichte Bd. 33, S. 60.

sie so kamen; – doch hatten trotz alledem die alten Verhältnisse bei weitem nicht mehr statt.
Wollte man sich davon überzeugen, so brauchte man sich nur den früheren Eifer, nach dem Heiligen Grabe zu ziehen, ins Gedächtnis zu rufen und die Kälte dagegenzuhalten, mit der in dem 15. Jahrhundert jede Aufforderung zu einem gemeinschaftlichen Widerstand gegen die Türken aufgenommen wurde. Wieviel dringender war es, die eigenen Landschaften gegen eine Gefahr, die sich unaufhaltsam unzweifelhaft heranwälzte, in Schutz zu nehmen, als das Heilige Grab in christlichen Händen zu wissen! Ihre beste Beredsamkeit wandten Aeneas Sylvius auf dem Reichstage, der Minorit Capistrano auf den Märkten der Städte bei dem Volke an, und die Geschichtsschreiber erzählen von dem Eindruck, den die Gemüter davon empfingen; aber wir finden nicht, daß jemand darum zu den Waffen gegriffen hätte. Welche Mühe gaben sich nicht die Päpste! Der eine rüstete eine Flotte aus; der andere, Pius II., eben jener Aeneas Sylvius, erhob sich, so schwach und krank er auch war, selber zu dem Hafen, wo, wenn kein anderer, doch die Zunächstgefährdeten sich vereinigen sollten: er wollte dabei sein, um, wie er sagte, was er allein vermöge, während des Kampfes seine Hände zu Gott zu erheben wie Moses; – aber weder Ermahnung noch Bitte noch Beispiel vermochten etwas über seine Zeitgenossen. Mit jenem jugendlichen Gefühl eines ritterlichen Christentums war es vorüber: kein Papst vermochte es wieder aufzuwecken.
Andere Interessen bewegten die damalige Welt. Es war die Periode, in welcher die europäischen Reiche nach langen inneren Kämpfen sich endlich konsolidierten. Den zentralen Gewalten gelang es, die Faktionen zu überwinden, welche bisher die Throne gefährdet, alle ihre Untertanen in erneuertem Gehorsam um sich zu versammeln. Sehr bald betrachtete man dann auch das Papsttum, das alle beherrschen wollte, sich in alles mischte, aus dem Standpunkte der Staatsgewalt. Das Fürstentum fing an, bei weitem größere Ansprüche zu machen als bisher.
Man denkt sich oft das Papsttum bis zur Reformation hin fast unumschränkt; in der Tat aber hatten während des 15., im Anfange des 16. Jahrhunderts die Staaten bereits einen nicht geringen Anteil an den geistlichen Rechten und Befugnissen an sich gebracht.
In Frankreich wurden die Eingriffe des Römischen Stuhles durch

die Pragmatische Sanktion, die man über ein halbes Jahrhundert als ein Palladium des Reiches ansah, größtenteils beseitigt. Zwar ließ sich Ludwig XI. durch eine falsche Religiosität – der er um so mehr ergeben war, je mehr es ihm an der wahren fehlte – zur Nachgiebigkeit in diesem Stücke fortreißen; allein seine Nachfolger kamen um so eifriger auf dies ihr Grundgesetz zurück. Wenn dann Franz I. sein Konkordat mit Leo X. schloß, so hat man wohl behauptet, der römische Hof sei hierdurch neuerdings zu dem alten Übergewicht gelangt. Auch ist es wahr, daß der Papst die Annaten wieder bekam. Allein er mußte dafür viele andere Gefälle missen, und, was die Hauptsache, er überließ dem König das Recht, zu den Bistümern und allen höheren Pfründen zu ernennen. Es ist unleugbar: die gallikanische Kirche verlor ihre Rechte, aber bei weitem weniger an den Papst als an den König. Das Axiom, für das Gregor VII. die Welt bewegte, gab Leo X. ohne viele Schwierigkeit auf.

So weit konnte es nun in Deutschland nicht kommen. Die Baseler Beschlüsse, die in Frankreich zur Pragmatischen Sanktion ausgebildet worden[1], wurden in Deutschland, wo man sie anfangs auch angenommen, durch die Wiener Konkordate ungemein ermäßigt. Aber diese Ermäßigung selbst war doch nicht ohne Opfer des Römischen Stuhles erworben worden. In Deutschland war es nicht genug, sich mit dem Reichsoberhaupte zu verständigen: man mußte die einzelnen Stände gewinnen. Die Erzbischöfe von Mainz und Trier erhielten das Recht, auch in den päpstlichen Monaten die erledigten Pfründen zu vergeben; der Kurfürst von Brandenburg erwarb die Befugnis, die drei Bistümer in seinem Lande zu besetzen; auch minder bedeutende Stände, Straßburg, Salzburg, Metz, erhielten Vergünstigungen[2]. Doch war damit die allgemeine Opposition nicht gedämpft. Im Jahre 1487 widersetzte sich das gesamte Reich einem Zehnten, den der Papst auflegen wollte, und

[1] Man erkennt das Verhältnis aus folgenden Worten des Aeneas Sylvius: „Propter decreta Basiliensis concilii inter sedem apostolicam et nationem vestram dissidium coepit, cum vos illa prorsus tenenda diceretis, apostolica vero sedes omnia rejiceret. Itaque fuit denique compositio facta – per quam aliqua ex decretis concilii praedicti recepta videntur, aliqua rejecta." Aen. Sylvii Epistola ad Martinum Maierum contra murmur gravaminis Germanicae nationis 1457. In Müllers Reichstagstheatrum unter Friedrich III, Vorst. III, S. 604.

[2] Schröckh, Kirchengesch. Bd. 32, S. 173. Eichhorn, Staats- und Rechtsgeschichte Bd. III, § 472 n. c.

hintertrieb ihn[1]. Im Jahre 1500 gestand das Reichsregiment dem päpstlichen Legaten nur den dritten Teil des Ertrages der Ablaßpredigten zu; zwei Dritteile wollte es selber an sich nehmen und zu dem Türkenkriege verwenden.

In England kam man, ohne neues Konkordat, ohne Pragmatische Sanktion, über jene Zugeständnisse von Costnitz weit hinaus. Das Recht, einen Kandidaten zu den bischöflichen Sitzen zu benennen, besaß Heinrich VII. ohne Widerspruch. Er war nicht zufrieden, die Beförderung der Geistlichen in seiner Hand zu haben, er nahm auch die Hälfte der Annaten an sich. Als hierauf Wolsey in den ersten Jahren Heinrichs VIII. zu seinen übrigen Ämtern auch die Würde eines Legaten empfing, waren die geistliche und weltliche Macht gewissermaßen vereinigt; noch ehe dort an Protestantismus gedacht wurde, schritt man zu einer sehr gewaltsamen Einziehung einer großen Anzahl von Klöstern.

Indessen blieben die südlichen Länder und Reiche nicht zurück. Auch der König von Spanien hatte die Ernennung zu den bischöflichen Sitzen. Die Krone, mit der die Großmeistertümer der geistlichen Orden verbunden waren, welche die Inquisition eingerichtet hatte und beherrschte, genoß eine Menge geistlicher Attribute und Gerechtsame. Den päpstlichen Beamten widersetzte sich Ferdinand der Katholische nicht selten.

Nicht minder als die spanischen waren auch die portugiesischen geistlichen Ritterorden St. Jakob, Avis, der Christorden, dem die Güter der Templer zugefallen, Patronate der Krone[2]. König Emanuel erlangte von Leo X. nicht allein den dritten Teil der Cruziata, sondern auch den Zehnten von den geistlichen Gütern, ausdrücklich mit dem Rechte, ihn nach Gutdünken und Verdienst zu verteilen.

Genug, allenthalben, durch die ganze Christenheit, im Süden wie im Norden, suchte man die Rechte des Papstes einzuschränken. Es waren besonders ein Mitgenuß der geistlichen Einkünfte und die Vergabung der geistlichen Stellen und Pfründen, was die Staatsgewalt in Anspruch nahm. Die Päpste leisteten keinen ernst-

[1] Müller, Reichstagstheatrum, Vorst. VI, S. 130.

[2] Instruttione piena delle cose di Portogallo al Coadjutor di Bergamo, nuntio destinato in Portogallo. MS der Informationi politiche in der K. Bibl. zu Berlin, Tom. XII. Leo X. gewährte dies Patronat der Orden: contentandosi il re di pagare grandissima compositione di detto patronato.

lichen Widerstand. Sie suchten zu behaupten, soviel sie konnten: in dem übrigen gaben sie nach. Von Ferdinand, König in Neapel, sagt Lorenzo Medici bei Gelegenheit einer Irrung desselben mit dem Römischen Stuhle, er werde keine Schwierigkeiten machen zu versprechen: bei der Ausführung seiner Verpflichtungen werde man ihm später doch nachsehen, wie es von allen Päpsten gegen alle Könige geschehe[1]. Denn auch nach Italien war dieser Geist der Opposition gedrungen. Von Lorenzo Medici selbst werden wir unterrichtet, daß er hierin dem Beispiel der größeren Fürsten folgte und von den päpstlichen Befehlen so viel und nicht mehr gelten ließ, als er selber Lust hatte[2].

Es wäre ein Irrtum, in diesen Bestrebungen nur Akte der Willkür zu sehen. Die kirchliche Richtung hatte aufgehört, das Leben der europäischen Nationen so durchaus zu beherrschen, wie es früher geschah: die Entwicklung der Nationalitäten, die Ausbildung der Staaten trat mächtig hervor. Es war notwendig, daß hiernach auch das Verhältnis zwischen geistlicher und weltlicher Gewalt eine durchgreifende Umgestaltung erfuhr; war doch in den Päpsten selbst eine große Veränderung zu bemerken!

Zweites Kapitel

DIE KIRCHE UND DER KIRCHENSTAAT IM ANFANGE DES SECHZEHNTEN JAHRHUNDERTS

Erweiterung des Kirchenstaates

Was man auch von den Päpsten früherer Zeit urteilen mag, so hatten sie immer große Interessen vor Augen: die Pflege einer unterdrückten Religion, den Kampf mit dem Heidentum, die Ausbreitung des Christentums über die nordischen Nationen, die Gründung einer unabhängigen hierarchischen Gewalt. Zu der

[1] Lorenzo an Johann de Lanfredinis. Fabroni, Vita Laurentii Medicis II, p. 362.

[2] Antonius Gallus (de rebus Genuensibus: Muratori, scriptt. R. It. XXIII, p. 281) sagt von Lorenzo: regum majorumque principum contumacem licentiam adversus romanam ecclesiam sequebatur, de juribus pontificis nisi quod ei videretur nihil permittens.

Würde des menschlichen Daseins gehört es, daß man etwas Großes wolle, vollführe; diese ihre Tendenzen erhielten die Päpste in einem höheren Schwunge. Jetzt aber waren mit den Zeiten die Richtungen vorübergegangen: das Schisma war beigelegt: man mußte sich bescheiden, daß man es zu einem allgemeinen Unternehmen gegen die Türken doch nicht bringen werde. Es geschah, daß das geistliche Oberhaupt vor allem und entschiedener als jemals bisher die Zwecke seines weltlichen Fürstentums verfolgte und ihnen seine ganze Tätigkeit zuwendete.

Schon geraume Zeit lag dies in den Bestrebungen des Jahrhunderts. „Ehedem", sagte bereits ein Redner des Baseler Konziliums, „war ich der Meinung, es würde wohlgetan sein, die weltliche Gewalt ganz von der geistlichen zu trennen. Jetzt aber habe ich gelernt, daß die Tugend ohne Macht lächerlich ist, daß der römische Papst ohne das Erbgut der Kirche nur einen Knecht der Könige und Fürsten vorstellt." Dieser Redner, welcher doch in der Versammlung so viel Einfluß hatte, um die Wahl des Papstes Felix zu entscheiden, erklärt es für nicht so übel, daß ein Papst Söhne habe, die ihm gegen die Tyrannen beistehen können[1].

Von einer anderen Seite faßte man diese Sache etwas später in Italien. Man fand es in der Ordnung, daß ein Papst seine Familie befördere und emporbringe; man würde es demjenigen verdacht haben, der es nicht getan hätte. „Andere", schreibt Lorenzo Medici an Innozenz VIII., „haben nicht solange gewartet, Päpste sein zu wollen, und sich wenig um die Ehrbarkeit und Zurückhaltung gekümmert, die Eure Heiligkeit so geraume Zeit behauptet hat. Jetzt ist Eure Heiligkeit nicht allein vor Gott und Menschen entschuldigt, sondern man könnte dies ehrsame Betragen vielleicht gar tadeln und einem anderen Grunde zuschreiben. Eifer und Pflicht nötigen mein Gewissen, Eure Heiligkeit zu erinnern, daß kein Mensch unsterblich ist, daß ein Papst so viel bedeutet, als er bedeuten will: seine Würde kann er nicht erblich machen; nur die Ehre und die Wohltaten, die er den Seinen erweist, kann er sein Eigentum nennen"[2]. Solche Ratschläge gab der, welcher als der weiseste Mann von Italien betrachtet ward. Er war dabei wohl auch selbst beteiligt: er hatte seine Tochter mit dem Sohne

[1] Ein Auszug aus dieser Rede bei Schröckh B. 32, S. 90.

[2] Schreiben Lorenzos – ohne Datum, doch wahrscheinlich vom Jahre 1489, weil darin vom fünften Jahre Innozenz' VIII. die Rede ist – bei Fabroni, Vita Laurentii II, 390.

des Papstes verheiratet; aber niemals hätte er sich so freimütig und rücksichtslos ausdrücken können, wäre diese Ansicht nicht in der höheren Welt die unzweifelhaft gültige und verbreitete gewesen.

Es hat einen inneren Zusammenhang, daß zur nämlichen Zeit die europäischen Staaten dem Papste einen Teil seiner Befugnisse entwanden und dieser selbst sich in lauter weltlichen Unternehmungen zu bewegen anfing. Er fühlte sich zunächst als italienischer Fürst.

Noch nicht so lange war es her, daß die Florentiner ihre Nachbarn überwunden und das Haus Medici seine Gewalt über beide gegründet hatte; die Macht der Sforza in Mailand, des Hauses Aragon in Neapel, der Venezianer in der Lombardei waren alle bei Menschengedenken erworben und befestigt: sollte nicht auch ein Papst der Hoffnung Raum geben, in den Gebieten, welche als das Erbgut der Kirche betrachtet wurden, aber unter einer Anzahl unabhängiger Stadtoberhäupter standen, eine größere eigene Herrschaft zu gründen?

Zuerst mit selbstbewußter Absicht und nachwirkendem Erfolg schlug Papst Sixtus IV. diese Richtung ein; auf das gewaltigste und mit ungemeinem Glück verfolgte sie Alexander VI.; Julius II. gab ihr eine unerwartete, die bleibende Wendung.

Sixtus IV. (1471–1484) faßte den Plan, in den schönen und reichen Ebenen der Romagna für seinen Neffen Girolamo Riario ein Fürstentum zu gründen. Schon stritten die übrigen italienischen Mächte um das Übergewicht in diesen Landschaften oder ihren Besitz, und wenn hier von Recht die Rede war, so hatte der Papst offenbar ein besseres Recht als die übrigen. Nur war er ihnen an Staatskräften und Kriegsmitteln bei weitem nicht gewachsen. Er trug kein Bedenken, seine geistliche Gewalt, ihrer Natur und Bestimmung nach erhaben über alles Irdische, seinen weltlichen Absichten dienstbar zu machen und in die Verwicklungen des Augenblicks, in welche ihn diese verflochten, herabzuziehen. Da ihm vorzüglich die Medici im Wege waren, ließ er sich in die florentinischen Irrungen ein und lud, wie man weiß, den Verdacht auf sich, als habe er um die Verschwörung der Pazzi gewußt, um den Mordanfall, den diese vor dem Altare einer Kathedrale ausführten, als habe er um so etwas mitgewußt, er, der Vater der Gläubigen. – Als die Venezianer aufhörten, die Unternehmungen des Neffen zu begünstigen, wie sie eine Zeitlang getan hatten, war es dem Papste nicht genug, sie in einem Kriege zu verlassen, zu dem er sie selber angetrieben hatte; er ging so weit, sie zu exkommunizieren, als sie denselben fortsetzten[1]. – Nicht minder gewaltsam verfuhr er in Rom. Die Gegner des Riario, die Colonna, verfolgte er mit wildem Ingrimme; er entriß ihnen Marino; den Protonotar Colonna ließ er überdies in seinem eigenen Hause bestürmen, gefangennehmen und hinrichten. Dessen Mutter kam nach S. Celso in Banchi, wo die Leiche lag; bei den Haaren erhob sie den abgehauenen Kopf und rief: „Das ist das Haupt meines Sohnes: das ist die Treue des Papstes. Er versprach, wenn wir ihm Marino überließen, würde er meinen Sohn freigeben; nun hat er Marino: in unseren Händen ist auch mein Sohn, aber tot! Siehe da, so hält der Papst sein Wort[2]."

Soviel gehörte dazu, damit Sixtus IV. den Sieg über seine Feinde innerhalb und außerhalb des Staates davontrüge. In der Tat gelang es ihm, seinen Neffen zum Herrn von Imola und Forli zu machen; doch ist wohl keine Frage, daß, wenn sein weltliches Ansehen hierbei gewann, das geistliche unendlich viel mehr verlor. Es ward ein Versuch gemacht, ein Konzilium wider ihn zu versammeln.

Indessen sollte Sixtus gar bald bei weitem überboten werden. Bald nach ihm (1492) nahm Alexander VI. den päpstlichen Stuhl ein.

Alexander hatte all seine Lebtage nur die Welt zu genießen, vergnügt zu leben, seine Gelüste, seinen Ehrgeiz zu erfüllen getrachtet. Es schien ihm der Gipfel der Glückseligkeit, daß er endlich die oberste geistliche Würde besaß. In diesem Gefühl schien er täglich jünger zu werden, so alt er auch war. Kein unbequemer Gedanke dauerte ihm über Nacht. Nur darauf sann er, was ihm Nutzen verschaffen, wie er seine Söhne zu Würden und Staaten bringen könne: nie hat ihn etwas anderes ernstlich beschäftigt[3].

Seinen politischen Verbindungen die einen so großen Einfluß auf die Weltbegebenheiten gehabt haben, lag diese einzige Rücksicht ausschließend zugrunde; wie ein Papst seine Kinder verheiraten,

[1] Über den ferrarischen Krieg sind 1829 die Commentarii di Marino Sanuto zu Venedig gedruckt worden; p. 56 berührt er den Abfall des Papstes. Er verweist auf die Reden des venezianischen Gesandten: Tutti vedranno, aver noi cominciato questa guerra di volontà del papa: egli però si mosse a rompere la lega.

[2] Alegretto Alegretti: diarj Sanesi p. 817.

[3] Relatione di Polo Capello 1500. MS.

ausstatten, einrichten wollte, ward ein wichtiges Moment für alle politischen Verhältnisse von Europa.

Cesar Borgia, Alexanders Sohn, trat in die Fußtapfen des Riario. Er begann an dem nämlichen Punkte: eben das war seine erste Unternehmung, daß er die Witwe Riarios aus Imola und Forli verjagte. Mit herzhafter Rücksichtslosigkeit schritt er weiter; was jener nur versucht, nur begonnen hatte, setzte er ins Werk. Man betrachte, welchen Weg er hierbei einschlug: mit ein paar Worten läßt es sich sagen. Der Kirchenstaat war bisher von den beiden Parteien der Guelfen und der Gibellinen, der Orsinen und der Colonna, in Entzweiung gehalten worden. Wie die anderen päpstlichen Gewalten, wie noch Sixtus IV. verbanden sich auch Alexander und sein Sohn anfangs mit der einen von beiden, mit der orsinisch-guelfischen. In diesem Bunde gelang es ihnen bald, aller ihrer Feinde Herr zu werden. Sie verjagten die Sforza von Pesaro, die Malatesta von Rimini, die Manfreddi von Faenza; sie nahmen diese mächtigen, wohlbefestigten Städte ein: schon gründeten sie hier eine bedeutende Herrschaft. Kaum aber waren sie so weit, kaum hatten sie ihre Feinde beseitigt, so wandten sie sich wider ihre Freunde. Dadurch unterschied sich die borgianische Gewalt von den früheren, welche immer selber wieder von der Partei, der sie sich angeschlossen, waren gefesselt worden. Cesar griff ohne Bedenken oder Zaudern auch seine Verbündeten an. Den Herzog von Urbino, der ihm bisher Vorschub geleistet, hatte er, ehe dieser das mindeste ahnte, wie mit einem Netz umgeben: kaum entrann ihm derselbe, in seinem eigenen Lande ein verfolgter Flüchtling[1]. Vitelli, Baglioni, die Häupter der Orsinen, wollten ihm hierauf wenigstens zeigen, daß sie ihm Widerstand leisten könnten. Er sagte: es ist gut, die zu betrügen, welche die Meister aller Verrätereien sind; mit überlegter, von fern her berechneter Grausamkeit lockte er sie in seine Falle: ohne Erbarmen entledigte er sich ihrer. Nachdem er dergestalt beide Parteien gedämpft hatte, trat er an ihre Stelle: ihre Anhänger, die Edelleute von niederem Range, zog er nun an sich und nahm sie in seinen Sold: die Landschaften, die er erobert, hielt er mit Schrecken und Strenge in Ordnung.

[1] In der großen handschriftlichen Chronik des Sanuto finden sich im ganzen 4. Bande noch viele merkwürdige Notizen über Cesar Borgia; auch einige Briefe von ihm: an Venedig vom 31. Dezember 1502; an den Papst vom 29. Januar 1503; in dem letzteren unterzeichnet er sich: V[rae] S[tis] humillimus servus et devotissima factura.

Und so sah Alexander seinen lebhaftesten Wunsch erfüllt, die Barone des Landes vernichtet, sein Haus auf dem Wege, eine große erbliche Herrschaft in Italien zu gründen. Allein schon hatte er selbst zu fühlen bekommen, was die aufgeregten Leidenschaften vermögen. Mit keinem Verwandten noch Günstling wollte Cesar diese Gewalt teilen. Seinen Bruder, der ihm im Wege stand, hatte er ermorden und in die Tiber werfen lassen; auf der Treppe des Palastes ließ er seinen Schwager anfallen[1]. Den Verwundeten pflegten die Frau und die Schwester desselben: die Schwester kochte ihm seine Speisen, um ihn vor Gift sicherzustellen: der Papst ließ sein Haus bewachen, um den Schwiegersohn vor dem Sohne zu schützen. Vorkehrungen, deren Cesar spottete. Er sagte: „Was zu Mittag nicht geschehen, wird sich auf den Abend tun lassen": als der Prinz schon wieder in der Besserung war, drang er in dessen Zimmer ein, trieb die Frau und die Schwester hinaus, rief seinen Henker und ließ den Unglücklichen erwürgen. Denn auf die Person seines Vaters, in dessen Dasein und Stellung er nichts als das Mittel erblickte, selber mächtig und groß zu werden, war er nicht gewillt im übrigen die mindeste Rücksicht zu nehmen. Er tötete den Liebling Alexanders, Peroto, indem sich dieser an den Papst anschmiegte, unter dem pontifikalen Mantel: das Blut sprang dem Papst ins Gesicht.

Einen Moment hatte Cesar Rom und den Kirchenstaat in seiner Gewalt. Der schönste Mann: so stark, daß er im Stiergefecht den Kopf des Stiers auf einen Schlag herunterhieb: freigebig nicht ohne Züge von Großartigkeit: wollüstig: mit Blut besudelt. Wie zitterte Rom vor seinem Namen! Cesar brauchte Geld und hatte Feinde: alle Nächte fand man Erschlagene. Jedermann hielt sich still; es war niemand, der nicht gefürchtet hätte, auch an ihn komme die Reihe. Wen die Gewalt nicht erreichen konnte, der wurde vergiftet[2].

[1] Diario de Sebastiano de Branca de Telini, MS bibl. Barb. n. 1103, zählt die Greueltaten Cesars folgender Gestalt auf: Il primo, il fratello che si chiamava lo duca di Gandia, lo fece buttar in fiume: fece ammazzare lo cognato, che era figlio del duca di Calabria, era lo piu bello jovane che mai si vedesse in Roma: ancora fece ammazzare Vitellozzo della città di castello et era lo piu valenthuomo che fusse in quel tempo. Den Herrn von Faenza nennt er lo piu bello figlio del mondo.

[2] Der Mannigfaltigkeit der hierüber vorhandenen Notizen habe ich noch einiges aus Polo Capello hinzugefügt. – Bei bedeutenden Todesfällen dachte man sogleich an Vergiftungen durch den Papst. – Schreiben bei

Es gab nur eine Stelle auf Erden, wo so etwas möglich war. Nur da war es das, wo man zugleich die Fülle der weltlichen Gewalt hatte und das oberste geistliche Gericht beherrschte. Diese Stelle nahm Cesar ein. Auch die Ausartung hat ihre Vollendung. So viele päpstliche Nepoten haben ähnliche Dinge versucht: so weit aber hat es nie ein anderer getrieben. Cesar ist ein Virtuos des Verbrechens.

War es nicht von allem Anfang an eine der wesentlichsten Tendenzen des Christentums, eine solche Gewalt unmöglich zu machen? Jetzt mußte es selbst, die Stellung des Oberhauptes der Kirche mußte dazu dienen, sie hervorzubringen.

Da brauchte in der Tat nicht erst Luther zu kommen, um in diesem Treiben den geraden Gegensatz alles Christentums darzulegen. Gleich damals klagte man, der Papst bahne dem Antichrist den Weg, er sorge für die Erfüllung des satanischen, nicht des himmlischen Reiches[1].

Den Verlauf der Geschichte Alexanders wollen wir hier nicht ins einzelne begleiten. Er beabsichtigte einst, wie es nur allzugut bezeugt ist, einen der reichsten Kardinäle mit Gift aus dem Wege zu schaffen; aber dieser wußte durch Geschenke, Versprechungen und Bitten den päpstlichen Küchenmeister zu erweichen: der Konfekt, den man für den Kardinal zubereitet, ward dem Papste vorgesetzt: er selber starb an dem Gifte, mit dem er einen anderen umbringen wollte[2]. Nach seinem Tode entwickelte sich aus seinen

Sanuto von dem Tode des Kardinals von Verona: Si judica, sia stato attosicato per tuorli le facultà, perchè avanti el spirasse el papa mandò guardie attorno la caxa.

[1] Ein fliegendes Blatt, MS aus der Chronik Sanutos. Im Anhang.

[2] Successo de la morte di Papa Alessandro. MS. Ebenda; vgl. Analekten Nr. 4. Ich weiß wohl, daß die Tatsache der Vergiftung vor kurzem in Zweifel gezogen worden ist, weil die Diarien davon schweigen und einige öffentliche oder private Berichte aus diesen Tagen nichts davon wissen. Aber selbst diese erzählen doch von jenem Abendessen bei dem Kardinal Hadrian, wo die Krankheit, die wenige Tage darauf tödlich wurde, ihren Anfang genommen habe. Kardinal Hadrian hat dem Geschichtschreiber Giovio ausdrücklich von Vergiftungsversuchen gesprochen, von denen auch er damals bedroht gewesen sei. (Vgl. romanische und germanische Geschichte S. 213.) Ein kritisch haltbarer Grund, die Vergiftung zu leugnen, der einmütigen Behauptung der Zeitgenossen gegenüber, liegt meines Erachtens nicht vor. Unter den Berichten darüber ist der oben zitierte durch Ton und Inhalt der glaubwürdigste.

Unternehmungen ein ganz anderer Erfolg, als den er im Auge gehabt.

Die päpstlichen Geschlechter hofften jedesmal, sich Herrschaften für immer zu erwerben; aber mit dem Leben des Papstes ging in der Regel auch die Macht der Nepoten zu Ende, und sie verschwanden, wie sie emporgekommen. Wenn die Venezianer den Unternehmungen Cesar Borgias ruhig zusahen, so hatte das zwar auch noch andere Gründe; einer der vornehmsten aber lag in der Bemerkung dieses Ganges der Dinge. Sie urteilten, „es sei doch alles nur ein Strohfeuer: nach Alexanders Tode werde sich der alte Zustand von selbst wiederherstellen"[1].

Diesmal aber täuschten sie sich in ihrer Erwartung. Es folgte ein Papst, der sich zwar darin gefiel, im Gegensatz mit den Borgia zu erscheinen, aber darum doch ihre Unternehmungen fortsetzte: er tat es nur in einem anderen Sinne. Papst Julius II. (1503–1513) hatte den unschätzbaren Vorteil, Gelegenheit zu finden, den Ansprüchen seines Geschlechts auf friedlichem Wege genugzutun: er verschaffte demselben die Erbschaft von Urbino. Hierauf konnte er sich, ungestört von seinen Angehörigen, der Leidenschaft überlassen, zu welcher Zeitumstände und Gefühl seiner Würde jetzt seine angeborne Neigung entflammten, der Leidenschaft, Krieg zu führen, zu erobern, – aber zugunsten der Kirche, des päpstlichen Stuhles selber. Andere Päpste hatten ihren Nepoten, ihren Söhnen Fürstentümer zu verschaffen gesucht: Julius II. ließ es seinen ganzen Ehrgeiz sein, den Staat der Kirche zu erweitern. Er muß als der Gründer desselben betrachtet werden.

Er traf das gesamte Gebiet in der äußersten Verwirrung an. Es waren alle zurückgekommen, die vor Cesar noch hatten entfliehen können: Orsini und Colonnen, Vitelli und Baglioni, Varani, Malatesta und Montefeltri; in allen Teilen des Landes waren die Parteien erwacht: bis in den Borgo von Rom befehdeten sie sich. Man hat Julius mit dem virgilischen Neptun verglichen, der mit beruhigendem Antlitz aus den Wogen emporsteigt und ihr Toben besänftigt[2]. Er war gewandt genug, um sich selbst Cesar Borgias zu entledigen und die Schlösser desselben an sich zu bringen: er nahm

[1] Priuli, Cronaca di Venezia. MS. „Del resto poco stimavano, conoscendo che questo acquisto, che all' hora faceva il duca Valentinois, sarebbe foco di paglia, che poco dura."

[2] Tomaso Inghirami bei Fea, Notizie intorno Rafaele Sanzio da Urbino p. 57.

sein Herzogtum ein. Die minder mächtigen Barone wußte er im Zaum zu halten, wie ihm dieser denn den Weg dazu gebahnt: er hütete sich wohl, ihnen etwa in Kardinälen Oberhäupter zu geben, deren Ehrgeiz die alte Widerspenstigkeit hätte erwecken können[1]: die mächtigeren, die ihm den Gehorsam versagten, griff er ohne weiteres an. Auch reichte seine Ankunft hin, um den Baglione, der sich Perugias wieder bemächtigt hatte, in die Schranken einer gesetzlichen Unterordnung zurückzuweisen; ohne Widerstand leisten zu können, mußte Johann Bentivoglio in hohem Alter von dem prächtigen Palast, den er sich zu Bologna gegründet, von jener Inschrift weichen, auf der er sich allzu früh glücklich gepriesen hatte; zwei so mächtige Städte erkannten die unmittelbare Herrschaft des päpstlichen Stuhles.

Jedoch war Julius damals noch lange nicht am Ziel. Den größten Teil der Küste des Kirchenstaates hatten die Venezianer inne: sie waren nicht gewillt, ihn gutwillig fahren zu lassen, und den Streitkräften des Papstes waren sie doch bei weitem überlegen. Er konnte sich nicht verbergen, daß er eine unabsehliche europäische Bewegung erweckte, wenn er sie angriff. Sollte er es darauf wagen?

So alt Julius auch bereits war, sosehr ihn all der Wechsel von Glück und Unglück, den er in seinem langen Leben erfahren, die Anstrengung von Krieg und Flucht angegriffen haben mochten – Unmäßigkeit und Ausschweifungen kamen dazu –, so wußte er doch nicht, was Furcht und Bedenklichkeit war: in so hohen Jahren hatte er die große Eigenschaft eines Mannes, einen unbezwinglichen Mut. Aus den Fürsten seiner Zeit machte er sich nicht viel, er glaubte sie alle zu übersehen; gerade in dem Tumult eines allgemeinen Kampfes hoffte er zu gewinnen; er sorgte nur dafür, daß er immer bei Gelde war, um den günstigen Augenblick mit voller Kraft ergreifen zu können: er wollte, wie ein Venezianer treffend sagt, der Herr und Meister des Spieles der Welt sein[2]; mit Un-

[1] Machiavelli, Principe c. XI bemerkt dies nicht allein. Auch bei Jovius, Vita Pompeji Columnae p. 140 klagen die römischen Barone unter Julius II.: principes urbis familias solito purpurei galeri honore pertinaci pontificum livore privari.

[2] Sommario de la relation di Domenigo Trivixan. MS. „Il papa vol esser il dominus et maistro del jocho del mundo.“ Auch existiert eine zweite Relation von Polo Capello von 1510, aus der hier ein paar Notizen aufgenommen sind. Francesco Vettori, Sommario dell' istoria d'Italia, MS, sagt von ihm: Julio più fortunato che prudente, e più animoso che forte, ma ambitioso e desideroso di grandezza oltra a modo.

geduld erwartete er die Erfüllung seiner Wünsche, aber er hielt sie in sich verschlossen. Betrachte ich, was ihm seine Haltung gab, so finde ich: es war vor allem, daß er seine Tendenz nennen, daß er sich zu ihr bekennen, sich ihrer rühmen durfte. Den Kirchenstaat herstellen zu wollen, hielt die damalige Welt für ein rühmliches Unternehmen: sie fand es selbst religiös; alle Schritte des Papstes hatten diesen einzigen Zweck: von dieser Idee waren alle seine Gedanken belebt, sie waren, ich möchte sagen, gestählt darin. Da er nun zu den kühnsten Kombinationen griff, da er alles an alles setzte – er ging selber zu Felde, und in Mirandula, das er erobert, ist er über den gefrorenen Graben durch die Bresche eingezogen, – da das entschiedene Unglück ihn nicht bewog nachzugeben, sondern nur neue Hilfsquellen in ihm zu erwecken schien, so gelang es ihm auch: er entriß nicht allein seine Ortschaften den Venezianern; in dem heißen Kampfe, der sich hierauf entzündete, brachte er zuletzt Parma, Piacenza, selbst Reggio an sich: er gründete eine Macht, wie nie ein Papst sie besessen. Von Piacenza bis Terracina gehorchte ihm das schönste Land. Er hatte immer als ein Befreier erscheinen wollen; seine neuen Untertanen behandelte er gut und weise: er erwarb ihre Zuneigung und Ergebenheit. Nicht ohne Furcht sah die übrige Welt so viel kriegerisch gesinnte Bevölkerungen in dem Gehorsam eines Papstes. „Sonst", sagt Machiavell, „war kein Baron klein genug, um die päpstliche Macht nicht zu verachten: jetzt hat ein König von Frankreich Respekt vor ihr."

Verweltlichung der Kirche

Es ist an sich nicht anders denkbar, als daß das ganze Institut der Kirche an dieser Richtung, die das Oberhaupt desselben genommen, teilhaben, sie mit hervorbringen und von ihr wieder mit fortgerissen werden mußte.

Nicht allein die oberste Stelle, auch alle anderen wurden als weltliches Besitztum betrachtet. Kardinäle ernannte der Papst aus persönlicher Gunst, oder um einem Fürsten gefällig zu sein, oder geradezu, was nicht selten war, für Geld. Konnte man vernünftigerweise erwarten, daß sie ihren geistlichen Pflichten genügen würden? Sixtus IV. gab eines der wichtigsten Ämter, die Penitenziaria, das einen großen Teil der dispensierenden Gewalt auszuüben hat, einem seiner Nepoten. Er erweiterte dabei die Befugnisse desselben: in einer besonderen Bulle schärfte er sie ein: alle, welche an der Rechtmäßigkeit solcher Einrichtungen zweifeln würden, schalt er Leute von hartem Nacken und Kinder der Bosheit[1]. Es erfolgte, daß der Nepot sein Amt nur als eine Pfründe betrachtete, deren Ertrag er so hoch zu steigern habe als möglich. In diesen Zeiten wurden bereits, wie wir sahen, die Bistümer an den meisten Orten nicht ohne einen großen Anteil der weltlichen Gewalt vergeben: nach den Rücksichten der Familie, der Gunst des Hofes, als Sinekuren wurden sie verteilt. Die römische Kurie suchte nur bei den Vakanzen und der Besetzung den möglichsten Vorteil zu ziehen. Alexander nahm doppelte Annaten: er machte sich zwei, drei Zehnten aus: es fehlte nicht viel an einem völligen Verkaufe. Die Taxen der päpstlichen Kanzlei stiegen von Tag zu Tag; der Regens derselben sollte den Klagen abhelfen, aber gewöhnlich übertrug er eben denen die Revision, welche die Taxen festgesetzt hatten[2]. Für jede Gunstbezeigung, welche das Amt der Dataria ausgehen ließ, mußte man ihr eine vorher bestimmte Summe zahlen. Der Streit zwischen Fürstentum und Kurie bezog sich in der Regel auf nichts anderes als auf diese Leistungen. Die Kurie wollte sie soweit als möglich ausdehnen: in jedem Lande wollte man sie soviel als möglich beschränken.

Mit Notwendigkeit wirkte dies Prinzip in den dergestalt Angestellten bis in die unteren Grade nach. Man verzichtete wohl auf sein Bistum, behielt sich aber die Einkünfte wenigstens zum größten Teile vor, zuweilen überdies die Kollation der von demselben abhängenden Pfarren. Selbst die Gesetze, daß niemals der Sohn eines Geistlichen das Amt seines Vaters erhalten, daß niemand seine Stelle durch ein Testament vererben solle, wurden umgangen: da ein jeder es dahin bringen konnte, wofern er sich nur das Geld nicht dauern ließ, zum Koadjutor zu bekommen, wen er wollte, so trat eine gewisse Art von Erblichkeit in der Tat ein.

[1] Bulle vom 9. Mai 1484. Quoniam nonnulli iniquitatis filii, elationis et pertinaciae suae spiritu assumpto, potestatem majoris poenitentiarii nostri – in dubium revocare – praesumunt, – decet nos adversus tales adhibere remedia etc. Bullarium Romanum ed. Cocquelines III, p. 187.

[2] Reformationes cancellariae apostolicae S^mi^ D^ni^ N^ri^ Pauli III 1540, MS der Bibl. Barberini zu Rom Nro. 2275, zählt alle seit Sixtus und Alexander eingeschlichenen Mißbräuche auf. Die Gravamina der deutschen Nation betreffen besonders diese „neuen Funde" und Ämter der römischen Kanzlei. § 14. § 38.

Es folgte von selbst, daß hierbei die Erfüllung geistlicher Pflichten meistens unterblieb. Ich halte mich in dieser kurzen Darstellung an die Bemerkungen, die von wohlgesinnten Prälaten des römischen Hofes selber gemacht worden sind. „Welch ein Anblick", rufen sie aus, „für einen Christen, der die christliche Welt durchwandert: diese Verödung der Kirche: alle Hirten sind von ihren Herden gewichen, sie sind alle Söldnern anvertraut[1]!"

Aller Orten waren Untaugliche, Unberufene, ohne Prüfung, ohne Wahl zu der Verwaltung der kirchlichen Pflichten gelangt. Da die Besitzer der Pfründen nur bedacht waren, die wohlfeilsten Verweser zu finden, so fanden sie hauptsächlich die Bettelmönche bequem. Unter dem in dieser Bedeutung unerhörten Titel von Suffraganen hatten diese die Bistümer, als Vikare hatten sie die Pfarreien inne.

Schon an sich besaßen die Bettelorden außerordentliche Privilegien. Sixtus IV., selber ein Franziskaner, hatte sie ihnen noch vermehrt. Das Recht, Beichte zu hören, das Abendmahl auszuteilen, die letzte Ölung zu geben, auf dem Grund und Boden, ja in der Kutte des Ordens zu begraben – Rechte, die Ansehen und Vorteil brachten –, hatte er ihnen in aller ihrer Fülle gewährt und die Ungehorsamen, die Pfarrer, diejenigen, welche die Orden namentlich in Hinsicht der Verlassenschaften beunruhigen würden, mit dem Verluste ihrer Ämter bedroht[2].

Da sie nun zugleich auch die Bistümer, die Pfarren selbst zu verwalten bekamen, so sieht man, welch einen unermeßlichen Einfluß sie ausübten. Alle höheren Stellen und bedeutenden Würden, der Genuß der Einkünfte waren in den Händen der großen Geschlechter und ihrer Anhänger, der Begünstigten der Höfe und der Kurie; die wirkliche Amtsführung war in den Händen der

[1] Consilium delectorum cardinalium et aliorum praelatorum de emendanda ecclesia S^mo D. Paulo III ipso jubente conscriptum anno 1538, gleich damals öfters gedruckt, und deshalb wichtig, weil es das Übel, insofern es in der Verwaltung lag, gründlich und unzweifelhaft anzeigt. In Rom hat man es, auch nachdem es längst gedruckt war, noch immer den Sammlungen kurialistischer Handschriften einverleibt.

[2] Amplissimae gratiae et privilegia fratrum minorum conventualium ordinis S. Francisci, quae propterea mare magnum nuncupantur, 31. August 1474. Bullarium Rom. III, 3, 139. Für die Dominikaner war eine ähnliche Bulle gegeben. Auf dem Laterankonzilium von 1512 beschäftigte man sich viel mit diesem mare magnum; doch sind Privilegien – wenigstens waren sie es damals – leichter gegeben als genommen.

Bettelmönche. Die Päpste beschützten sie dabei. Waren sie es doch, die unter anderem den Ablaß vertrieben, dem man in diesen Zeiten – erst Alexander VI. erklärte offiziell, daß er aus dem Fegefeuer erlöse – eine so ungemeine Ausdehnung gab. Aber auch sie waren in völlige Weltlichkeit versunken. Welch ein Treiben in den Orden um die höheren Stellen! Wie war man zur Zeit der Wahlen so eifrig, sich der Ungünstigen, der Gegner zu entledigen! Jene suchte man als Prediger, als Pfarrverweser auszusenden; gegen diese scheute man selbst Dolch und Schwert nicht: oft griff man sie mit Gift an[1]! Indessen wurden die geistlichen Gnaden verkauft. Um schlechten Lohn gedungen, waren die Bettelmönche auf den zufälligen Gewinn begierig.

„Wehe", ruft einer jener Prälaten aus, „wer gibt meinem Auge den Quell der Tränen! Auch die Verschlossenen sind abgefallen, der Weinberg des Herrn ist verwüstet. Gingen sie allein zugrunde, so wäre es ein Übel, aber man könnte es erdulden; allein da sie die ganze Christenheit, wie die Adern den Körper, durchziehen, so bringt ihr Verfall den Ruin der Welt notwendig mit sich."

Geistige Richtung

Könnten wir die Bücher der Geschichte, wie sie sich ereignet hat, aufschlagen, stünde uns das Vorübergehende Rede wie die Natur, wie oft würden wir, wie in dieser, in dem Verfalle, den wir betrauern, den neuen Keim wahrnehmen, aus dem Tode das Leben hervorgehen sehen!

So sehr wir diese Verweltlichung der geistlichen Dinge, diesen Verfall des religiösen Institutes beklagen, so hätte doch ohne denselben der menschliche Geist eine seiner eigentümlichsten, folgenreichsten Richtungen schwerlich ergreifen können.

Leugnen dürfen wir wohl nicht, daß, so sinnreich, mannigfaltig und tief die Hervorbringungen des Mittelalters auch sind, ihnen doch eine phantastische und der Realität der Dinge nicht entsprechende Weltansicht zugrunde liegt. Hätte die Kirche in voller, bewußter Kraft bestanden, so würde sie dieselbe streng fest-

[1] In einer großen Information Caraffas an Clemens, welche bei Bromato, Vita di Paolo IV nur verstümmelt vorkommt, heißt es in der Handschrift von den Klöstern: Si viene ad homicidi non solo col veneno, ma apertamente col coltello e con la spada, per non dire con schiopetti.

gehalten haben. Allein wie sie nun war, so ließ sie dem Geiste die Freiheit einer neuen, nach einer ganz anderen Seite hin gerichteten Entwicklung.

Man darf sagen, es war ein eng begrenzter Horizont, der während jener Jahrhunderte die Geister mit Notwendigkeit in seinem Umkreise beschlossen hielt; die erneuerte Kenntnis des Altertums bewirkte, daß er durchbrochen, daß eine höhere, umfassendere, größere Aussicht eröffnet ward.

Nicht als hätten die mittleren Jahrhunderte die Alten nicht gekannt. Die Begierde, mit der die Araber, von denen soviel wissenschaftliches Bestreben hernach in das Abendland überging, die Werke der Alten zusammenbrachten und sich aneigneten, wird dem Eifer, mit dem die Italiener des 15. Jahrhunderts das nämliche taten, nicht viel nachstehen, und Kalif Mamun läßt sich in dieser Hinsicht wohl mit Cosimo Medici vergleichen. Bemerken wir aber den Unterschied: so unbedeutend er scheinen möchte, so ist er, deucht mich, entscheidend. Die Araber übersetzten: sie vernichteten oft die Originale geradezu; da sie nun die Übertragungen mit ihren eigentümlichen Ideen durchdrangen, so geschah es, daß sie den Aristoteles, man möchte sagen, theosophierten, daß sie die Astronomie zu Sterndeuterei, diese auf die Medizin anwendeten, daß eben sie zur Bildung jener phantastischen Weltansicht vorzüglich beitrugen. Die Italiener dagegen lasen und lernten. Von den Römern gingen sie zu den Griechen fort: in unzähligen Exemplaren verbreitete die Buchdruckerkunst die Originale über die Welt. Der echte Aristoteles verdrängte den arabischen: aus den unveränderten Schriften der Alten lernte man die Wissenschaften, Geographie geradezu aus dem Ptolemäus, Botanik aus dem Dioskorides, die Wissenschaft der Medizin aus Galen und Hippokrates. Wie ward man da der Einbildungen, die bisher die Welt bevölkert, der Vorurteile, welche den Geist befingen, so rasch erledigt!

Wir würden indes zuviel sagen, wenn wir in dieser Zeit nun sofort von der Entwicklung eines selbsttätigen wissenschaftlichen Geistes, von der Entdeckung neuer Wahrheiten und der Hervorbringung großer Gedanken reden wollten: man suchte nur die Alten zu verstehen, man ging nicht über sie hinaus; wirksam waren diese weniger, weil sie eine produktive wissenschaftliche Tätigkeit veranlaßt hätten, als durch die Nachahmung, die sie hervorriefen.

In dieser *Nachahmung* liegt eins der wichtigsten Momente für die Entwicklung jener Zeit.

Man wetteiferte mit den Alten in ihrer Sprache. Ein besonderer Gönner dieses Bestrebens war Papst Leo X. Den wohlgeschriebenen Eingang der Geschichte des Jovius las er selber seiner Gesellschaft vor: er meinte, seit Livius sei so etwas nicht geschrieben worden. Wenn er sogar lateinische Improvisatoren begünstigte, so kann man erachten, wie sehr ihn das Talent des Vida hinriß, welcher Dinge wie das Schachspiel in den vollen Tönen glücklich fallender lateinischer Hexameter zu schildern wußte. Einen Mathematiker, von dem man rühmte, daß er seine Wissenschaft in elegantem Latein vortrage, berief er aus Portugal zu sich: so wünschte er Jurisprudenz und Theologie gelehrt, die Kirchengeschichte geschrieben zu sehen.
Indes konnte man hierbei nicht stehenbleiben. Soweit man diese unmittelbare Nachahmung der Alten in ihrer Sprache auch trieb, so konnte man damit doch nicht das gesamte Gebiet des Geistes umfassen. Sie hat in sich selber etwas Unzureichendes, und allzu vielen teilte sie sich mit, als daß dies nicht hätte in die Augen springen sollen. Es entwickelte sich der neue Gedanke, die Alten in der Muttersprache nachzuahmen; man fühlte sich ihnen gegenüber wie die Römer den Griechen: nicht im einzelnen mehr, in der gesamten Literatur wollte man mit ihnen wetteifern: mit jugendlicher Kühnheit warf man sich in dies neue Feld.
Glücklicherweise gelangte eben damals die Sprache zu einer allgemein gültigen Ausbildung. Das Verdienst des Bembo wird weniger in seinem wohlstilisierten Latein oder in den Proben italienischer Poesie liegen, die wir von ihm haben, als in dem wohlangelegten und glücklich durchgeführten Bemühen, der Muttersprache Korrektheit und Würde zu geben, sie nach festen Regeln zu konstruieren. Das ist, was Ariost an ihm rühmt; er traf gerade den rechten Zeitpunkt: seine Versuche dienten nur seinen Lehren zum Beispiel.
Betrachten wir nun den Kreis der Arbeiten, zu denen man dies in flüssiger Geschmeidigkeit und Wohllaut unvergleichliche und nunmehr mit so vieler Einsicht vorbereitete Material nach dem Muster der Alten anwandte, so drängt sich uns folgende Bemerkung auf. Nicht da war man glücklich, wo man sich sehr eng an sie anschloß. Tragödien, wie die Rosmunda Rucellais, die, wie die Herausgeber sagen, nach dem Modell der Antike gearbeitet waren, Lehrgedichte, wie dessen Bienen, in denen gleich von vornherein auf Virgil verwiesen und dieser danach tausendfältig benutzt wird, mach-

ten kein Glück und hatten keine wahre Wirkung. Freier bewegen sich schon die Komödien: der Natur der Sache nach müssen sie die Farbe und den Eindruck der Gegenwart annehmen; allein fast immer legte man eine Fabel des Altertums, ein Plautinisches Stück zugrunde[1], und selbst so geistreiche Männer wie Bibbiena und Machiavell haben ihren komischen Arbeiten die volle Anerkennung der späteren Zeiten nicht sichern können. In Werken anderer Gattung finden wir zuweilen einen gewissen Widerstreit der inneren Bestandteile. Wie sonderbar nimmt sich in der Arkadia des Sannazar die weitschweifige lateinartige Periodologie der Prosa neben der Einfalt, Innigkeit und Musik der Verse aus! Wenn es nun hier, soweit man es auch brachte, nicht völlig gelang, so kann man sich nicht verwundern. Immer ward ein großes Beispiel gegeben, ein Versuch gemacht, der unendlich fruchtbar geworden ist; allein in den klassischen Formen bewegte sich das moderne Element nicht mit voller Freiheit. Der Geist wurde von einer außer ihm vorhandenen, nicht zum Kanon seiner Natur gewordenen Regel beherrscht.

Wie könnte man auch überhaupt mit Nachahmung ausreichen? Es gibt eine Wirkung der Muster, der großen Werke; aber sie ist eine Wirkung des Geistes auf den Geist. Heutzutage kommen wir alle überein, daß die schöne Form erziehen, bilden, erwecken soll: unterjochen darf sie nicht.

Die merkwürdigste Hervorbringung mußte es geben, wenn ein der Bestrebungen der damaligen Zeit teilhafter Genius sich in einem Werke versuchte, wo Stoff und Form vom Altertum abwich und nur die innerliche Wirkung desselben hervortreten konnte.

Das romantische Epos ist deshalb so eigentümlich, weil dies mit ihm der Fall war. Man hatte eine christliche Fabel geistlich heroischen Inhalts zum Stoff: die vornehmsten Gestalten mit wenig

[1] Marco Minio berichtet unter so vielem anderen Merkwürdigen auch über eine der ersten Aufführungen einer Komödie in Rom an seine Signorie. Er schreibt 13. März 1519: Finita dita festa (es ist vom Karneval die Rede) se andò ad una comedia, che fece el reverend^mo^ Cibo, dove è stato bellissima cosa lo apparato tanto superbo che non si potria dire. La comedia fu questa, che fu fenta una Ferrara e in dita sala fu fata Ferrara preciso come la è. Dicono che Monsignor Rev^mo^ Cibo venendo per Ferrara e volendo una comedia li fu data questa comedia. E sta tratta parte de li Suppositi di Plauto e dal Eunucho di Terenzio molto bellissima. Er meint ohne Zweifel die Suppositi des Ariost; – doch man sieht: *er bemerkt nicht den Namen des Autors, nicht den Titel des Stücks, sondern nur, woher es gezogen sei.*

großen und starken allgemeinen Zügen waren gegeben: bedeutende Situationen, wiewohl wenig entwickelt, fand man vor; auch die poetische Form war vorhanden: unmittelbar aus der Unterhaltung des Volkes war sie hervorgegangen. Dazu kam nun die Tendenz des Jahrhunderts, sich an die Antike anzuschließen. Gestaltend, bildend, vermenschlichend tritt sie ein. Welch ein anderer ist der Rinald Bojardos, edel, bescheiden, voll freudiger Tatenlust, als der entsetzliche Haymonssohn der alten Sage! Wie ward das Gewaltige, Fabelhafte, Gigantische, das die alte Darstellung hatte, zu dem Begreiflichen, Anmutigen, Reizenden umgebildet! Auch die ungeschmückten alten Erzählungen haben in ihrer Einfachheit etwas Anziehendes, Angenehmes: welch ein anderer Genuß aber ist es, sich von dem Wohllaut ariostischer Stanzen umspielen zu lassen und in der Gesellschaft eines gebildeten heiteren Geistes von Anschauung zu Anschauung fortzueilen! Das Unschöne und Gestaltlose hat sich zu Umriß und Form und Musik durchgebildet[1].

Wenige Zeiten sind für die reine Schönheit der Form empfänglich: nur die begünstigtsten, glücklichsten Perioden bringen sie hervor. Das Ende des 15., der Anfang des 16. Jahrhunderts war eine solche. Wie könnte ich die Fülle von Kunstbestreben und Kunstübung, die darin lebte, auch nur im Umriß andeuten? Man kann kühnlich sagen, daß alles das Schönste, was in neueren Zeiten Architektur, Bildhauerkunst und Malerei hervorgebracht haben, in diese kurze Epoche fällt. Es war die Tendenz derselben, nicht im Raisonnement, sondern in der Praxis und Ausübung. Man lebte und webte darin. Ich möchte sagen: die Festung, die der Fürst dem Feinde gegenüber errichtet, die Note, die der Philologe an den Rand seines Autors schreibt, haben etwas Gemeinschaftliches. Einen strengen und schönen Grundzug haben alle Hervorbringungen dieser Zeit.

Dabei aber wird sich nicht verkennen lassen, daß, indem Kunst und Poesie die kirchlichen Elemente ergriffen, sie den Inhalt derselben nicht unangetastet ließen. Das romantische Epos, das eine kirchliche Sage vergegenwärtigt, setzt sich mit derselben in der Regel in Opposition. Ariost fand es nötig, seiner Fabel den Hintergrund zu nehmen, der ihre ursprüngliche Bedeutung enthält.

[1] Ich habe dies in einer Abhandlung „Zur Geschichte der italienischen Poesie" (Abhandlungen der K. Akademie der Wissenschaften zu Berlin aus dem Jahre 1835) auszuführen gesucht.

Früher hatte an allen Werken der Maler und Bildner die Religion soviel Anteil als die Kunst. Seit die Kunst von dem Hauche der Antike berührt worden, löste sie sich ab von den Banden der Glaubensvorstellungen. Wir können wahrnehmen, wie dies selbst in Raphael von Jahr zu Jahr entschiedener der Fall ist. Man mag dies tadeln, wenn man will: aber es scheint fast, das profane Element gehörte mit dazu, um die Blüte der Entwicklung hervorzubringen.

Und war es nicht sehr bedeutend, daß ein Papst selbst unternahm, die alte Basilika St. Peter, Metropole der Christenheit, in der jede Stätte geheiligt, in der die Denkmale der Verehrung so vieler Jahrhunderte vereinigt waren, niederzureißen und an ihrer Stelle einen Tempel nach den Maßen des Altertums zu errichten? Es war ein rein künstlerisches Bestreben. Beide Faktionen, welche damals die so leicht in Eifersucht und Hader zu setzende Künstlerwelt teilten, vereinigten sich, Julius II. dazu zu bestimmen. Michelangelo wünschte eine würdige Stelle für das Grabmal des Papstes zu haben, das er nach einem umfassenden Entwurf in aller der Großartigkeit auszuführen gedachte, wie er den Moses wirklich vollendet hat. Noch dringender ward Bramante. Er wollte den kühnen Gedanken ins Werk setzen, ein Nachbild des Pantheons in seiner ganzen Größe auf kolossalen Säulen in die Luft zu erheben. Viele Kardinäle widersprachen: es scheint, als hätte sich auch eine allgemeinere Mißbilligung gezeigt: es knüpft sich soviel persönliche Neigung an jede alte Kirche, unendlich viel mehr an dies oberste Heiligtum der Christenheit[1]. Allein Julius II. war nicht gewohnt, auf Widerspruch zu achten: ohne weitere Rücksicht ließ er die Hälfte der alten Kirche niederreißen; er legte selber den Grundstein zu der neuen.

So erhoben sich in dem Mittelpunkte des christlichen Kultus die Formen wieder, in denen sich der Geist der antiken Dienste so eigen ausgesprochen hatte. Bei S. Pietro in Montorio baute Bra-

[1] Aus dem ungedruckten Werke des Panvinius, de rebus antiquis memorabilibus et de praestantia basilicae S. Petri Apostolorum Principis etc. teilt Fea, Notizie intorno Rafaele p. 41 folgende Stelle mit: Qua in re (in der Absicht des Neubaues) adversos pene habuit cunctorum ordinum homines et praesertim cardinales, non quod novam non cuperent basilicam magnificentissimam exstrui, sed quia antiquam toto terrarum orbe venerabilem, tot sanctorum sepulcris augustissimam, tot celeberrimis in ea gestis insignem funditus deleri ingemiscant.

mante über dem Blute des Märtyrers eine Kapelle in der heiteren und leichten Form eines Peripteros.

Liegt nun hierin ein Widerspruch, so stellte er sich zugleich in diesem gesamten Leben und Wesen dar.

Man ging nach dem Vatikan, weniger um bei den Schwellen der Apostel anzubeten, als um in des Papstes Hause die großen Werke der antiken Kunst, den belvederischen Apollo, den Laokoon zu bewundern.

Wohl ward der Papst auch damals so gut wie sonst aufgefordert, einen Krieg gegen die Ungläubigen zu veranstalten; ich finde das z. B. in einer Vorrede des Navagero[1]; allein des christlichen Interesses, der Eroberung des Heiligen Grabes, gedenkt er hierbei nicht; seine Hoffnung ist, der Papst werde die verlorengegangenen Schriften der Griechen und selbst vielleicht der Römer wieder auffinden.

Mitten in dieser Fülle von Bestrebung und Hervorbringung, von Geist und Kunst, in dem Genuß der weltlichen Entwicklung der höchsten geistlichen Würde lebte nun Leo X. Man hat ihm die Ehre streitig machen wollen, daß er diesem Zeitalter den Namen gibt: und sein Verdienst mag es so sehr nicht sein. Allein er war nun der Glückliche. In den Elementen, die diese Welt bildeten, war er aufgewachsen: er besaß Freiheit und Empfänglichkeit des Geistes genug, ihre schöne Blüte zu befördern, zu genießen. Hatte er schon seine Freude an den lateinischen Arbeiten der unmittelbaren Nachahmer, so konnte er selbständigen Werken seiner Zeitgenossen seine Teilnahme nicht entziehen. In seiner Gegenwart hat man die erste Tragödie und, so vielen Anstoß bei dem plautinisch-bedenklichen Inhalt das gab, auch die ersten Komödien in italienischer Sprache aufgeführt. Es ist fast keine, die er nicht zuerst gesehen hätte. Ariost gehörte zu den Bekannten seiner Jugend; Machiavell hat eins und das andere ausdrücklich für ihn geschrieben; ihm erfüllte Raphael Zimmer, Galerie und Kapelle mit den Idealen menschlicher Schönheit und rein ausgesprochener Existenz. Leidenschaftlich liebte er die Musik, die sich in kunstreicherer Übung eben damals in Italien ausbreitete: täglich hörte man den Palast von Musik erschallen: murmelnd sang der Papst ihre Melodien nach. Es mag sein, daß dies eine Art geistiger Schwelgerei ist: es ist dann wenigstens die einzige, die einem Men-

[1] Naugerii Praefatio in Ciceronis orationes T. I.

schen ansteht. Übrigens war Leo X. voller Güte und persönlicher Teilnahme: nie oder nur in den glimpflichsten Ausdrücken schlug er etwas ab, obgleich es freilich unmöglich war, alles zu gewähren. „Er ist ein guter Mensch", sagt einer dieser aufmerksamen Gesandten, „sehr freigebig, von gutartiger Natur; wenn seine Verwandten ihn nicht dazu brächten, würde er alle Irrungen vermeiden[1]." „Er ist gelehrt", sagt ein anderer, „ein Freund der Gelehrten, zwar religiös, doch will er leben[2]." Wohl nicht immer behauptete er das päpstliche Dekorum. Zuweilen verließ er Rom, zum Schmerze des Zeremonienmeisters, nicht allein ohne Chorhemd, sondern, wie dieser in seinem Tagebuche bemerkt hat, „was das ärgste ist, mit Stiefeln an seinen Füßen". Er brachte den Herbst mit ländlichen Vergnügungen zu, der Beize bei Viterbo, der Hirschjagd bei Corneto; der See von Bolsena gewährte das Vergnügen des Fischfangs; dann blieb er einige Zeit auf Malliana, seinem Lieblingsaufenthalte. Leichte rasche Talente, die jede Stunde zu erheitern vermögen, Improvisatoren, begleiteten ihn auch hier. Gegen den Winter kam man zur Stadt zurück. Sie war in großer Aufnahme. Die Zahl der Einwohner wuchs binnen wenigen Jahren um ein Dritteil. Das Handwerk fand hier seinen Vorteil, die Kunst ihre Ehre, jedermann Sicherheit. Nie war der Hof belebter, anmutiger, geistreicher gewesen: kein Aufwand für geistliche und weltliche Feste, Spiel und Theater, Geschenke und Gunstbezeigungen war zu groß: nichts ward gespart. Mit Freuden vernahm man, daß Juliano Medici mit seiner jungen Gemahlin seinen Wohnsitz in Rom zu nehmen gedenke. „Gelobt sei Gott", schreibt ihm Kardinal Bibbiena, „denn hier fehlt uns nichts als ein Hof von Damen."

Die Lüste Alexanders VI. muß man ewig verabscheuen: den Hofhalt Leos könnte man an sich nicht tadeln; doch wird man freilich nicht in Abrede stellen, daß er der Bestimmung eines Oberhauptes der Kirche nicht entsprach.

Leicht verdeckt das Leben die Gegensätze; aber sowie man sich zusammennahm und sie überlegte, mußten sie hervortreten.

Von eigentlich christlicher Gesinnung und Überzeugung konnte

[1] Zorzi: Per il papa, non voria ni guerra ni fatiche, ma questi soi lo intriga.

[2] Marco Minio, Relazione: E docto e amador di docti, ben religioso, ma vol viver. Er nennt ihn bona persona.

unter diesen Umständen nicht die Rede sein. Es erhob sich vielmehr ein gerader Widerspruch gegen dieselbe.
Die Schulen der Philosophen kamen in Streit, ob die vernünftige Seele zwar immateriell und unsterblich, aber eine einzige in allen Menschen, oder ob sie geradezu sterblich sei. Das letzte zu behaupten, entschied sich der namhafteste der damaligen Philosophen, Pietro Pomponazzo. Er verglich sich mit dem Prometheus, dessen Herz der Geier fresse, weil er dem Jupiter sein Feuer stehlen wolle. Aber mit aller dieser schmerzvollen Anstrengung, mit allem diesem Scharfsinn gelangte er zu keinem anderen Resultat, „als daß, wenn der Gesetzgeber festgestellt, daß die Seele unsterblich, er dies getan habe, ohne sich um die Wahrheit zu bekümmern“[1].
Man darf nicht glauben, diese Gesinnung sei nur wenigen eigen gewesen oder verheimlicht worden. Erasmus ist erstaunt, welche Gotteslästerungen er anzuhören bekam: man suchte ihm, einem Fremden, aus Plinius zu beweisen, zwischen den Seelen der Menschen und der Tiere gebe es keinen Unterschied[2].
Während das gemeine Volk in einen fast heidnischen Aberglauben verfiel, der in einem schlecht begründeten Werkdienste sein Heil sah, wandten sich die höheren Stände zu einer antireligiösen Richtung ab.
Wie erstaunte der junge Luther, als er nach Italien kam! In dem Moment, als das Meßopfer vollzogen wurde, stießen die Priester blasphemische Worte aus, mit denen sie es leugneten.
In Rom gehörte es zum guten Ton der Gesellschaft, den Grundsätzen des Christentums zu widersprechen. „Man galt“, sagt P.

[1] Pomponazzo hatte hierüber sehr ernstliche Anfechtungen, wie unter anderem aus einem Auszug päpstlicher Briefe von Contelori hervorgeht. Petrus de Mantua, heißt es darin, asseruit quod anima rationalis secundum propria philosophiae et mentem Aristotelis sit seu videatur mortalis, contra determinationem concilii Lateranensis: papa mandat, ut dictus Petrus revocet: alias contra ipsum procedatur. 13. Juni 1518.
[2] Burigny, Leben des Erasmus I, 139. Ich will hier noch folgende Stelle des Paul Canensius in der Vita Pauli II anführen: Pari quoque diligentia e medio romanae curiae nefandam nonnullorum juvenum sectam scelestamque opinionem sustulit, qui depravatis moribus asserebant nostram fidem orthodoxam potius quibusdam sanctorum astutiis quam veris rerum testimoniis subsistere. – Einen sehr ausgebildeten Materialismus atmet der Triumph Karls des Großen, ein Gedicht von Ludovici, wie man aus den Zitaten Darus in dem 40. Buche der Histoire de Venise sieht.

Ant. Bandino[1], „nicht mehr für einen gebildeten Mann, wenn man nicht irrige Meinungen vom Christentum hegte." Am Hofe sprach man von den Satzungen der katholischen Kirche, von den Stellen der Heiligen Schrift nur noch scherzhaft; die Geheimnisse des Glaubens wurden verachtet.

Man sieht, wie sich alles bedingt, eines das andere hervorruft: die kirchlichen Ansprüche der Fürsten die weltlichen des Papstes, der Verfall der kirchlichen Institute die Entwicklung einer neuen geistigen Richtung, bis zuletzt in der öffentlichen Meinung der Grund des Glaubens selber angetastet ist.

Opposition in Deutschland

Überaus merkwürdig finde ich nun das Verhältnis, in welches Deutschland namentlich zu dieser geistigen Entwicklung trat. Es nahm an ihr teil, aber auf eine durchaus abweichende Weise.

Wenn es in Italien Poeten wie Boccaz und Petrarca waren, die zu ihrer Zeit dieses Studium beförderten und den nationalen Antrieb dazu gaben, so ging es in Deutschland von einer geistlichen Brüderschaft, den Hieronymiten des gemeinsamen Lebens aus, einer Brüderschaft, welche Arbeitsamkeit und Zurückgezogenheit verband. Es war eines ihrer Mitglieder, der tiefsinnige unschuldige Mystiker Thomas von Kempen, in dessen Schule alle die würdigen Männer gebildet wurden, die, von dem in Italien aufgegangenen Licht der alten Literatur zuerst dahin gezogen, dann zurückkehrten, um es auch in Deutschland auszubreiten[2].

Wie nun der Anfang, so unterschied sich auch der Fortgang.

In Italien studierte man die Werke der Alten, um die Wissenschaften aus ihnen zu erlernen: in Deutschland hielt man Schule. Dort versuchte man die Lösung der höchsten Probleme des menschlichen Geistes wenn nicht auf selbständige Weise, doch an der Hand der Alten: hier sind die besten Bücher der Unterweisung der Jugend gewidmet.

[1] In Caracciolos Vita MS von Paul IV. In quel tempo non pareva fosse galantuomo e buon cortegiano colui che de' dogmi della chiesa non aveva qualche opinion erronea ed heretica.

[2] Meiners hat das Verdienst, diese Genealogie aus des Revius Daventria illustrata zuerst eruiert zu haben: Lebensbeschreibungen berühmter Männer aus den Zeiten der Wiederherstellung der Wissenschaften II, 308.

In Italien war man von der Schönheit der Form ergriffen und fing an, die Alten nachzuahmen: man brachte es, wie wir berührten, zu einer nationalen Literatur. In Deutschland nahmen diese Studien eine geistliche Richtung. Man kennt den Ruhm des Reuchlin und des Erasmus. Fragt man nach, worin das vornehmste Verdienst des ersten besteht, so ist es, daß er die erste hebräische Grammatik schrieb, ein Denkmal, von dem er hofft, so gut wie die italienischen Poeten, „daß es dauernder sein werde als Erz". Hat er hiemit das Studium des Alten Testaments zuerst möglich gemacht, so wendete Erasmus seinen Fleiß dem neuen zu: er ließ es zuerst griechisch drucken; seine Paraphrase, seine Anmerkungen dazu haben eine Wirkung gehabt, welche selbst seine Absicht bei weitem übertraf.

Indem nun in Italien die Richtung, die man ergriff, sich von der Kirche trennte, sich ihr entgegensetzte, so geschah etwas Ähnliches auch in Deutschland. Dort trat die Freigeisterei, welche niemals ganz unterdrückt werden kann, in die literarischen Elemente ein und bildete sich hier und da zu einem entschiedenen Unglauben aus. Auch eine tiefere Theologie, aus unbekannten Quellen entsprungen, hatte von der Kirche zwar beseitigt, aber niemals unterdrückt werden können. Diese trat zu den literarischen Bemühungen in Deutschland. In dieser Hinsicht finde ich merkwürdig, daß sich schon im Jahre 1513 die böhmischen Brüder dem Erasmus näherten, der doch sonst eine ganz andere Richtung hatte[1].

Und so führte die Entwicklung des Jahrhunderts jenseits und diesseits der Alpen zu einer Opposition wider die Kirche. Jenseits hing sie mit Wissenschaft und Literatur zusammen; diesseits entsprang sie aus geistlichen Studien und tieferer Theologie. Dort war sie negativ und ungläubig; hier war sie positiv und gläubig. Dort hob sie den Grund der Kirche vollends auf; hier stellte sie denselben wieder her. Dort war sie spöttisch, satirisch, und unterwarf sich der Gewalt; hier war sie voll Ernst und Ingrimm und erhob sich zu dem kühnsten Angriff, der je auf die römische Kirche geschehen.

Man hat es zufällig gefunden, daß dieser zuerst dem Mißbrauche galt, den man mit dem Ablaß trieb. Allein wie die Veräußerung des Innerlichsten, die der Ablaß in sich schloß, den schadhaften

[1] Füßlin, Kirchen- und Ketzergeschichte II, 82.

Punkt des ganzen Wesens, der in der Verweltlichung der geistlichen Elemente überhaupt bestand, gerade auf das schneidendste darstellte, so lief sie dem Begriffe, der sich in den tieferen deutschen Theologen gebildet, am schärfsten entgegen. Ein Mensch wie Luther, von innerlich erlebter Religion, erfüllt mit den Begriffen von Sünde und Rechtfertigung, wie sie in dem Buche deutscher Theologie bereits vor ihm ausgesprochen waren, darin bestärkt durch die Schrift, die er mit durstendem Herzen in sich aufgenommen, konnte an nichts in der Welt einen so großen Anstoß nehmen wie an dem Ablaß. Von einer für Geld zu habenden Sündenvergebung mußte der auf das tiefste beleidigt werden, der eben von diesem Punkt aus das ewige Verhältnis zwischen Gott und Mensch inne geworden war und die Schrift selbst verstehen gelernt hatte. Er setzte sich allerdings dem einzelnen Mißbrauche entgegen; aber schon der schlechtbegründete und einseitige Widerspruch, den er fand, führte ihn Schritt für Schritt weiter: nicht lange verbarg sich ihm der Zusammenhang, in welchem jenes Unwesen mit dem gesamten Verfalle der Kirche stand: er war eine Natur, die vor keinem Äußersten zurückbebt. Das Oberhaupt selbst griff er mit unerschrockener Kühnheit an. Aus der Mitte der ergebensten Anhänger und Verfechter des Papsttums, den Bettelmönchen, erhob sich ihm der kühnste, gewaltigste Gegner, den es jemals gefunden. Da Luther einer so weit von ihrem Prinzip abgekommenen Macht eben dies mit großer Schärfe und Klarheit entgegenhielt, da er aussprach, wovon schon alle überzeugt waren, da seine Opposition, die noch nicht ihre gesamten positiven Momente entwickelt hatte, auch den Ungläubigen recht war und doch, weil sie dieselben in sich enthielt, dem Ernste der Gläubigen genugtat, so hatten seine Schriften eine unermeßliche Wirkung: in einem Augenblicke erfüllten sie Deutschland und die Welt.

Drittes Kapitel

POLITISCHE VERWICKLUNGEN. ZUSAMMENHANG DER REFORMATION MIT DENSELBEN

Mit den weltlichen Bestrebungen des Papsttums hatte sich dergestalt eine doppelte Bewegung erhoben: die eine auf dem eigentlich kirchlichen Gebiete, wo sich ein Abfall zu regen begann, der eine unermeßliche Zukunft in sich schloß; die andere von politischer Natur: die durch die Päpste in Kampf gesetzten Elemente waren noch in einer Gärung, welche neue Entwicklungen der allgemeinen Angelegenheiten erwarten ließ. Diese beiden Bewegungen, ihre Einwirkung auf einander, die Gegensätze, die sie hervorriefen, haben dann die Geschichte des Papsttums Jahrhunderte lang beherrscht.

Wollte sich doch nie ein Fürst, ein Staat einbilden, daß ihm etwas zugute kommen könne, was er sich nicht selbst verdankt, was er nicht mit eigenen Kräften erworben hat!

Indem die italienischen Mächte mit Hilfe fremder Nationen eine die andere zu überwinden suchten, hatten sie die Unabhängigkeit, die sie während des 15. Jahrhunderts besessen, selber zerstört und ihr Land den übrigen als einen allgemeinen Kampfpreis dargestellt. Den Päpsten muß ein großer Anteil hieran zugeschrieben werden. Sie hatten nunmehr allerdings eine Macht erworben, wie der Römische Stuhl sie nie besessen; allein nicht durch sich selber hatten sie das erreicht: sie verdankten es Franzosen, Spaniern, Deutschen, Schweizern. Ohne seinen Bund mit Ludwig XII. würde Cesar Borgia schwerlich viel ausgerichtet haben. So großartig die Absichten Julius' II., so heldenmütig seine Anstrengungen auch waren, so hätte er ohne die Hilfe der Spanier und der Schweizer unterliegen müssen. Wie konnte es anders sein, als daß die, welche den Sieg erfochten, auch des Übergewichts zu genießen suchten, das ihnen dadurch zufiel?

Schon Julius II. sah dies kommen: er faßte die Absicht, die übrigen in einem gewissen Gleichgewicht zu erhalten und sich nur der Mindestmächtigen, der Schweizer, zu bedienen, die er zu leiten hoffen durfte; aber ganz anders, als er dachte, begaben sich die Dinge.

Zwei große Mächte bildeten sich, welche, wenn nicht um die Weltherrschaft, doch um das oberste Ansehen in Europa kämpften und denen nun kein Papst mehr gewachsen war –: auf italienischer Erde fochten sie ihren Wettstreit aus.

Zuerst erhoben sich die Franzosen. Nicht lange nach der Thronbesteigung Leos X. erschienen sie mächtiger, als sie bisher noch jemals die Alpen überstiegen, um Mailand wiederzuerobern: an ihrer Spitze in ritterlichem Jugendmute Franz I. Es kam alles darauf an, ob ihnen die Schweizer widerstehen würden. Die Schlacht von Marignano ist darum so wichtig, weil die Schweizer völlig geschlagen wurden, weil sie seit dieser Niederlage nie wieder einen selbständigen Einfluß in Italien ausgeübt haben.

Den ersten Tag war die Schlacht unentschieden gewesen, und schon hatte man auf die Nachricht von einem Siege der Schweizer in Rom Freudenfeuer abgebrannt. Die früheste Meldung von dem Erfolg des zweiten Tages und dem wahren Ausgang bekam der Botschafter der Venezianer, die mit dem Könige verbündet waren und selber zur Entscheidung nicht wenig beigetragen. In aller Frühe begab er sich nach dem Vatikan, sie dem Papste mitzuteilen. Noch nicht völlig angekleidet, kam dieser zur Audienz heraus. „Eure Heiligkeit", sagte der Botschafter, „gab mir gestern eine schlimme und zugleich falsche Nachricht; heute bringe ich Derselben dafür eine gute und wahre: die Schweizer sind geschlagen." Er las ihm die Briefe vor, die hierüber an ihn gelangt waren, von Männern, die der Papst kannte, die keinen Zweifel übrigließen[1]. Der Papst verbarg seinen tiefen Schrecken nicht. „Was wird dann aus uns, was wird selbst aus euch werden?" „Wir hoffen für beide alles Gute." „Herr Botschafter", erwiderte der Papst, „wir müssen uns in die Arme des Königs werfen und Misericordia rufen[2]."

In der Tat bekamen die Franzosen durch diesen Sieg das entschiedene Übergewicht in Italien. Hätten sie ihn ernstlich verfolgt, so würden ihnen weder Toskana noch der Kirchenstaat, die so leicht in Rebellion zu setzen waren, viel Widerstand geleistet haben, und es sollte den Spaniern schwer geworden sein, sich in Neapel zu behaupten. „Der König", sagt Franz Vettori geradehin, „konnte Herr von Italien werden." Wie viel kam in diesem Augenblicke auf Leo an!

Lorenzo Medici sagte von seinen drei Söhnen, Julian, Peter und Johann: der erste sei gut, der andere ein Tor, der dritte, Johann, der sei klug. Dieser dritte ist Papst Leo X.; er zeigte sich auch jetzt der schwierigen Lage gewachsen, in die er geriet.

Wider den Rat seiner Kardinäle begab er sich nach Bologna, um

[1] Summario de la relatione di Zorzi. E cussi desmissiato venne fuori non compito di vestir. L'orator disse: pater sante, eri v^{ra} sant^{à} mi dette una cattiva nuova e falsa, io la daro ozi una bona e vera, zoe Sguizari è rotti. Die Briefe waren von Pasqualigo, Dandolo und anderen.
[2] Domine orator, vederemo quel fara il re christ^{mo} e ci metteremo in le so man dimandando misericordia. Lui, orator, disse: pater sante, vostra santità non avra mal alcuno.

sich mit dem Könige zu besprechen[1]. Hier schlossen sie das Konkordat, in welchem sie die Rechte der Gallikanischen Kirche unter sich teilten. Auch mußte Leo Parma und Piacenza aufgeben; aber übrigens gelang es ihm, den Sturm zu beschwören, den König zum Rückzuge zu bewegen und unangetastet im Besitze seiner Länder zu bleiben.

Welch ein Glück dies für ihn war, sieht man aus den Folgen, welche die bloße Annäherung der Franzosen unmittelbar nach sich zog. Es ist aller Anerkennung wert, daß Leo, nachdem seine Verbündeten geschlagen worden und ein Landesteil hatte abgetreten werden müssen, zwei kaum erworbene, der Unabhängigkeit gewohnte, mit tausend Elementen der Empörung erfüllte Provinzen zu behaupten vermochte.

Man hat ihm immer seinen Angriff auf Urbino zum Vorwurf gemacht, auf ein Fürstenhaus, bei dem sein eigenes Geschlecht in der Verbannung Zuflucht und Aufnahme gefunden hatte. Die Ursache war: der Herzog von Urbino hatte Sold von dem Papste genommen und war ihm darauf im Augenblick der Entscheidung abtrünnig geworden. Leo sagte, „wenn er ihn nicht dafür bestrafe, so werde kein Baron im Kirchenstaate so ohnmächtig sein, um sich ihm nicht zu widersetzen. Er habe den Pontifikat in Ansehen gefunden und wolle ihn dabei behaupten“[2]. Da aber der Herzog wenigstens insgeheim Rückhalt an den Franzosen hatte, da er in dem ganzen Staate und selbst in dem Kardinalkollegium Verbündete fand, so war der Kampf noch immer gefährlich. Nicht so leicht war der kriegskundige Fürst zu verjagen: zuweilen sah man den Papst bei den schlechten Nachrichten erzittern und außer sich geraten: es soll darüber ein Komplott entstanden sein, ihn bei der Behandlung eines Leibschadens, an dem er litt, zu vergiften[3]. Es gelang dem Papste, sich dieser Feinde zu erwehren; al-

[1] Zorzi. Questo Papa è savio e praticho di stato e si pensò con li suoi consultori di venir abocharsi a Bologna con vergogna di la sede (ap.): molti cardinali, tra i qual il cardinal Hadriano, lo disconsejava: pur vi volse andar.

[2] Franc. Vettori (Sommario della storia d'Italia), mit den Medici sehr vertraut, gibt diese Erklärung. Der Verteidiger Franz Marias, Giov. Batt. Leoni (Vita di Francesco Maria), erzählt Dinge – S. 166f. –, die sehr nahe daran hinstreifen.

[3] Fea hat in den Notizie intorno Rafaele p. 35 die Sentenz gegen die drei Kardinäle aus den Konsistorialakten mitgeteilt, die ausdrücklich auf ihr Einverständnis mit Franz Maria hinweist.

lein man sieht, wie schwer es ihm ward. Daß seine Partei von den Franzosen geschlagen war, wirkte ihm bis in seine Hauptstadt, bis in seinen Palast nach.

Indes aber hatte sich die zweite große Macht konsolidiert. Wie sonderbar es schien, daß ein und derselbe Fürst in Wien, Brüssel, Valladolid, Saragossa und Neapel und überdies noch in einem anderen Kontinent herrschen sollte, so war es doch durch eine leichte, kaum bemerkte Verflechtung von Familieninteressen dahin gekommen. Diese Erhebung des Hauses Österreich, die so verschiedene Nationen verknüpfte, war eine der größten und folgenreichsten Veränderungen, welche Europa überhaupt betroffen haben. In dem Moment, daß die Nationen sich von ihrem bisherigen Mittelpunkt absonderten, wurden sie durch ihre politischen Angelegenheiten in eine neue Verbindung, ein neues System verflochten. Die Macht von Österreich setzte sich dem Übergewicht von Frankreich auf der Stelle entgegen. Durch die kaiserliche Würde bekam Karl V. gesetzliche Ansprüche auf ein oberherrliches Ansehen wenigstens in der Lombardei. Über diese italienischen Angelegenheiten eröffnete sich ohne viel Zögern der Krieg.

Wie gesagt, die Päpste hatten durch die Erweiterung ihres Staates zu voller Unabhängigkeit zu gelangen gehofft. Jetzt sahen sie sich von zwei bei weitem überlegenen Gewalten in die Mitte genommen. Ein Papst war nicht so unbedeutend, bei dem Kampfe derselben neutral bleiben zu dürfen; auch war er nicht mächtig genug, ein entscheidendes Gewicht in die Waagschale zu werfen: er mußte sein Heil in geschickter Benutzung der Lage der Dinge suchen. Leo soll geäußert haben, wenn man mit der einen Partei abgeschlossen, so müsse man darum nicht ablassen, mit der anderen zu unterhandeln[1]. Eine so zweizüngige Politik entsprang ihm aus der Stellung, in der er sich befand.

Im Ernste konnte jedoch selbst Leo schwerlich zweifelhaft sein, zu welcher Partei er sich zu schlagen habe. Hätte ihm auch nicht unendlich viel daran liegen müssen, Parma und Piacenza wiederzuerlangen, hätte ihn auch nicht das Versprechen Karls V., einen Italiener in Mailand einzusetzen, das so ganz zu seinen Gunsten war, zu bestimmen vermocht, so gab es noch einen anderen, wie

[1] Suriano, Relatione di 1533. Dicesi del papa Leone, che quando 'l aveva fatto lega con alcuno prima, soleva dir, che però non si dovea restar de trattar cum lo altro principe opposto.

mich dünkt, entscheidenden Grund. Er lag in dem Verhältnis der Religion.

In der ganzen Periode, die wir betrachten, war den Fürsten in ihren Verwicklungen mit dem Römischen Stuhle nichts so erwünscht gewesen, als demselben eine geistliche Opposition hervorzurufen. Wider Alexander VI. hatte Karl VIII. von Frankreich keinen zuverlässigeren Beistand als den Dominikaner Hieronymus Savonarola in Florenz. Als Ludwig XII. jede Hoffnung zur Versöhnung mit Julius II. aufgegeben, berief er ein Konzilium nach Pisa: so wenig Sukzeß dasselbe hatte, so schien es doch zu Rom eine höchst gefährliche Sache. Wann aber stand dem Papst ein kühnerer, glücklicherer Feind auf als Luther? Seine Erscheinung allein, seine Existenz, gab ihm eine wichtige politische Bedeutung. Von dieser Seite faßte Maximilian die Sache: er hätte nicht gelitten, daß dem Mönch Gewalt geschähe; er ließ ihn dem Kurfürsten von Sachsen noch besonders empfehlen: „man möchte seiner einmal bedürfen." Und seitdem war die Wirkung Luthers von Tag zu Tag gewachsen. Der Papst hatte ihn weder zu überzeugen, noch zu schrecken, noch in seine Hände zu bekommen vermocht. Man glaube nicht, daß Leo die Gefahr mißkannte! Wie oft hatte er die Talente, von denen er zu Rom umgeben war, auf diesen Kampfplatz zu ziehen versucht! Noch gab es aber auch ein anderes Mittel. So wie er, wenn er sich wider den Kaiser erklärte, zu fürchten hatte, eine so gefährliche Opposition beschützt und gefördert zu sehen, so konnte er hoffen, wenn er sich mit ihm verbinde, mit seiner Hilfe auch die religiöse Neuerung zu unterdrücken. Auf dem Reichstag zu Worms im Jahre 1521 ward über die politischen und religiösen Verhältnisse unterhandelt. Leo schloß mit Karl V. einen Bund zur Wiedereroberung Mailands. Von dem nämlichen Tage, von welchem dies Bündnis ist, hat man auch die Achtserklärung datiert, welche über Luther erging. Es mögen zu dieser immerhin auch noch andere Beweggründe mitgewirkt haben; doch wird sich niemand überreden wollen, daß sie nicht mit dem politischen Traktat im nächsten Zusammenhange gestanden habe.

Und nicht lange ließ sich der doppelseitige Erfolg dieses Bundes erwarten.

Luther ward auf der Wartburg gefangen und verborgen gehalten[1]. Die Italiener wollten nicht sogleich glauben, daß Karl ihn

[1] Man hielt Luther für tot; man erzählte, wie er von den Päpstlichen ermordet worden sei. Pallavicini (Istoria del concilio di Trento I, c. 28)

aus Gewissenhaftigkeit, um das sichere Geleit nicht zu brechen, habe ziehen lassen: „Da er bemerkte", sagen sie, „daß sich der Papst vor der Lehre Luthers fürchtete, so wollte er ihn mit derselben im Zaum halten"[1]. Wie dem auch sei, so verschwand Luther allerdings auf einen Augenblick von der Bühne der Welt; er war gewissermaßen außer dem Gesetz, und der Papst hatte auf jeden Fall eine entscheidende Maßregel wider ihn zuwege gebracht.

Indem waren auch die kaiserlich-päpstlichen Waffen in Italien glücklich. Einer der nächsten Verwandten des Papstes, Sohn des Bruders seines Vaters, Kardinal Julius Medici, war selbst im Felde und zog mit in das eroberte Mailand ein. Man behauptete in Rom, der Papst denke ihm dies Herzogtum zu. Ich finde dafür doch keinen rechten Beweis, und schwerlich möchte sich der Kaiser so leicht dazu verstanden haben. Allein auch ohne dies war der Vorteil nicht zu berechnen. Parma und Piacenza waren wieder erobert, die Franzosen entfernt: auf den neuen Fürsten in Mailand mußte der Papst unausbleiblich einen großen Einfluß erlangen.

Es war einer der wichtigsten Momente. Eine neue politische Entwicklung war begonnen, eine große kirchliche Bewegung eingetreten. Es war ein Augenblick, in welchem der Papst sich schmeicheln konnte, jene zu leiten, dieser Einhalt getan zu haben. Er war noch jung genug, um zu hoffen, ihn ganz zu benutzen.

Sonderbares, trügerisches Geschick des Menschen! Leo war auf seiner Villa Malliana, als ihm die Nachricht von dem Einzuge der Seinen in Mailand gebracht ward. Er gab sich dem Gefühl hin, in das ein glücklich zu Ende geführtes Unternehmen zu versetzen pflegt. Mit Vergnügen sah er den Festlichkeiten zu, welche seine Leute deshalb anstellten; bis tief in die Nacht ging er zwischen dem Fenster und dem brennenden Kamin – es war im November – hin und her[2]. Etwas erschöpft, aber überaus vergnügt kam

entnimmt aus den Briefen des Aleander, daß die Nuntien darüber in Lebensgefahr geraten seien.

[1] Vettori: Carlo si excusò di non poter procedere piu oltre rispetto al salvocondotto; ma la verità fu che, conoscendo che il papa temeva molto di questa doctrina di Luthero, lo volle tenere con questo freno.

[2] Copia di una lettera di Roma alli Sgri Bolognesi a dì 3 Dcbr. 1521 scritta per Bartholomeo Argilelli. Bei Sanuto im 32. Bande. Die Nachricht traf den Papst 24. November beim Benedicite. Er nahm dies noch besonders für eine gute Vorbedeutung. Er sagte: Questa è una buona nuova, che havete portato. Die Schweizer fingen sogleich an, Freude zu schießen. Der Papst ließ sie bitten, still zu sein, aber vergeblich.

er nach Rom. Da hatte man noch nicht das Siegesfest vollendet, als ihn der Anfall einer tödlichen Krankheit ereilte. „Betet für mich“, sagte er zu seinen Dienern, „ich mache euch noch alle glücklich.“ Er liebte das Leben, sehen wir; doch war seine Stunde gekommen. Er hatte nicht Zeit, das Sakrament und die letzte Ölung zu empfangen. So plötzlich, in so frühen Jahren, mitten in großen Hoffnungen, starb er, „wie der Mohn hinwelkt“[1].

Das römische Volk konnte ihm nicht vergeben, daß er ohne die Sakramente verschieden war, daß er so viel Geld ausgegeben hatte und doch Schulden genug zurückließ. Es begleitete seine Leiche mit Schmähungen. „Wie ein Fuchs“, sagten sie, „hast du dich eingeschlichen, wie ein Löwe hast du regiert, wie ein Hund bist du dahingefahren“[2]. Die Nachwelt dagegen hat ein Jahrhundert und eine große Entwicklung der Menschheit mit seinem Namen bezeichnet.

Glücklich haben wir ihn genannt. Nachdem er den ersten Unfall, der nicht sowohl ihn als andere Mitglieder seines Hauses traf, überstanden, trug ihn sein Geschick von Genuß zu Genuß, von Erfolg zu Erfolg. Gerade die Widerwärtigkeiten mußten dienen, ihn emporzubringen. In einer Art von geistiger Trunkenheit und immerwährender Erfüllung seiner Wünsche verfloß ihm sein Leben. Es gehörte dazu, daß er so gutmütig und freigebig, so bildungsfähig und voll Anerkennung war. Eben diese Eigenschaften sind die schönsten Gaben der Natur, Glücksgüter, die man sich selten erwirbt, und die doch allen Genuß des Lebens bedingen. Die Geschäfte störten ihn darin wenig. Da er sich nicht um das Detail bekümmerte, da er sie nur im großen ansah, so wurden sie ihm nicht drückend und beschäftigten ihm nur die edelsten Fähigkeiten des Geistes. Gerade darin, daß er ihnen nicht jeden Tag und alle Stunden widmete, mochte es für ihn liegen, daß er sie mit großer freier Übersicht behandelte, daß er in allen Verwirrungen des Augenblicks die leitenden, den Weg vorzeichnenden Gedanken im Auge behielt. Die vornehmste Richtung gab er doch im-

[1] Man redete sogleich von Gift. Lettera di Hieronymo Bon al suo barba a dì 5 Dec. bei Sanuto. „Non si sa certo se 'l pontefice sia morto di veneno. Fo aperto. Maistro Ferando judica sia stato venenato: alcuno de li altri no: è di questa opinione Mastro Severino, che lo vide aprire, dice che non è venenato.“

[2] Capitoli di una lettera scritta a Roma 21 Dec. 1521. „Concludo che non è morto mai papa cum peggior fama dapoi è la chiesa di Dio.“

mer selber an. In seinem letzten Moment trafen alle Bestrebungen seiner Politik in freudigem Gelingen zusammen. Wir können es sogar für ein Glück halten, daß er dann starb. Es folgten andere Zeiten, und es ist schwer zu glauben, daß er der Ungunst derselben einen glücklichen Widerstand entgegengesetzt haben würde. Seine Nachfolger haben ihre ganze Schwere empfunden.

Das Konklave zog sich sehr in die Länge. „Herren", sagte einst der Kardinal Medici, den die Rückkehr der Feinde seines Hauses nach Urbino und Perugia in Schrecken setzte, so daß er selbst für Florenz fürchtete, „Herren", sagte er, „ich sehe, daß von uns, die wir hier versammelt sind, keiner Papst werden kann. Ich habe euch drei oder vier vorgeschlagen; doch habt ihr sie zurückgewiesen: diejenigen, die ihr in Vorschlag bringt, kann ich dagegen auch nicht annehmen. Wir müssen uns nach einem umsehen, der nicht zugegen ist." Beistimmend fragte man ihn, wen er im Sinne habe. „Nehmt", rief er aus, „den Kardinal von Tortosa, einen ehrenwerten bejahrten Mann, den man allgemein für heilig achtet"[1]. Es war Adrian von Utrecht[2], früher Professor in Löwen, der Lehrer Karls V., durch dessen persönliche Zuneigung er zu dem Amt eines Governators von Spanien, zu der Würde eines Kardinals befördert worden war. Kardinal Cajetan, der sonst nicht zu der mediceischen Partei gehörte, erhob sich, den Vorgeschlagenen zu loben. Wer hätte glauben sollen, daß die Kardinäle, von jeher gewohnt, ihren persönlichen Vorteil bei einer Papstwahl in Anschlag zu bringen, auf einen Entfernten, einen Niederländer, fallen würden, den die wenigsten kannten, von dem sich keiner einen Vorteil ausbedingen konnte? Sie ließen sich von dem unerwarteten Anstoß, den sie empfingen, dazu fortreißen. Als es ge-

[1] Lettera di Roma a dì 19 Zener. bei Sanuto. Medici, dubitando de li casi suoi, se la cosa fosse troppo ita in longo, deliberò mettere conclusione, et havendo in animo questo card[le] Dertusense per esser imperialissimo disse: etc.

[2] So nennt er sich in einem Briefe von 1514, den man in Caspar Burmann, Adrianus VI sive analecta historica de Adriano VI, p. 443 findet. In einheimischen Urkunden heißt er Meyster Aryän Florißе van Utrecht Neuere haben ihn zuweilen Boyens genannt, weil der Vater sich Floris Boyens schrieb; doch heißt das eben auch nur Bodewins Sohn und ist *kein Familienname*. S. Burmann in den Anmerkungen zu Moringi, Vita Adriani p. 2.

schehen war, wußten sie selbst nicht recht, wie sie dazu gekommen. Sie waren tot vor Schrecken, sagt einer unserer Berichterstatter. Man behauptet, sie hätten sich noch einen Augenblick überredet, er würde es nicht annehmen. Pasquin spottete ihrer: er stellte den Gewählten als Präzeptor dar, die Kardinäle als die Schulknaben, die dieser züchtige.

Einen würdigeren Mann hatte aber die Wahl lange nicht getroffen. Adrian war von durchaus unbescholtenem Ruf: rechtschaffen, fromm, tätig; sehr ernsthaft, man sah ihn nie anders als leise mit den Lippen lächeln; aber voll wohlwollender, reiner Absichten: ein wahrer Geistlicher[1]. Welch ein Gegensatz, als er nun dort einzog, wo Leo so prächtig und verschwenderisch Hof gehalten! Es existiert ein Brief von ihm, in welchem er sagt: er möchte lieber in seiner Propstei zu Löwen Gott dienen, als Papst sein[2]. In dem Vatikan setzte er in der Tat sein Professorenleben fort. Es bezeichnet ihn, und man erlaube uns, es anzuführen, daß er sich sogar seine alte Aufwärterin mitgebracht hatte, die ihm nach wie vor seine häuslichen Bedürfnisse besorgte. Auch in seiner sonstigen Lebensweise änderte er nichts. Mit dem frühesten Morgen stand er auf, las seine Messe und ging dann in der gewohnten Ordnung an seine Geschäfte, seine Studien, die er nur mit dem einfachsten Mittagsmahl unterbrach. Man kann nicht sagen, daß ihm die Bildung seines Jahrhunderts fremd gewesen sei; er liebte die niederländische Kunst und schätzte an der Gelehrsamkeit einen Anflug von Eleganz. Erasmus bekennt, vor allen von ihm gegen die Angriffe der zelotischen Scholastiker verteidigt worden zu sein[3]. Nur die

[1] Literae ex Victorial directivae ad Cardinalem de Flisco, in dem 33. Bande des Sanuto, schildern ihn folgendermaßen: Vir est sui tenax: in concedendo parcissimus: in recipiendo nullus aut rarissimus. In sacrificio cotidianus et matutinus est. Quem amet, aut si quem amet, nulli exploratum. Ira non agitur, jocis non ducitur. Neque ob pontificatum visus est exultasse: quin constat graviter illum ad ejus famam nuntii ingemuisse. In der Sammlung von Burmann steht ein Itinerarium Adriani von Ortiz, der den Papst begleitete und genau kannte. Er versichert S. 323, nie etwas Tadelnswertes an ihm bemerkt zu haben: ein Spiegel aller Tugenden sei er gewesen.

[2] An Florenz Oem Wyngaerden: Vittoria 15. Februar 1522, bei Burmann S. 398.

[3] Erasmus sagt in einem seiner Briefe von ihm: licet scholasticis disciplinis faveret, satis tamen aequus in bonas literas. Burmann S. 15 Jovius erzählt mit Behagen, wie viel ihm der Ruf eines scriptor annalium valde elegans bei Adrian geholfen, besonders da er kein Poet gewesen.

beinahe heidnische Richtung, der man sich damals zu Rom hingegeben, mißbilligte er, und von der Sekte der Poeten wollte er nichts wissen.

Niemand konnte ernstlicher wünschen als Adrian VI. – er behielt seinen Namen bei –, die Übelstände zu heilen, die er in der Christenheit antraf.

Der Fortgang der türkischen Waffen, der Fall von Belgrad und Rhodus gaben ihm noch einen besonderen Antrieb, um auf die Herstellung des Friedens zwischen den christlichen Mächten zu denken. Wiewohl er der Lehrer des Kaisers gewesen, nahm er doch sofort eine neutrale Stellung an. Der kaiserliche Gesandte, der ihn bei dem neu ausbrechenden Kriege zu einer entscheidenden Erklärung zugunsten seines Zöglings zu bewegen gehofft, mußte Rom unverrichteter Dinge verlassen[1]. Als man dem Papst die Nachricht von der Eroberung von Rhodus vorlas, sah er zur Erde: er sagte kein Wort: er seufzte tief[2]. Die Gefahr von Ungarn war einleuchtend. Er fürchtete selbst für Italien und für Rom. Sein ganzes Bemühen war, wenn nicht sogleich einen Frieden, doch zunächst einen Stillstand auf drei Jahre zustande zu bringen, um indessen einen allgemeinen Feldzug gegen die Türken vorzubereiten.

Nicht minder war er entschlossen, den Forderungen der Deutschen entgegenzukommen. Über die Mißbräuche, die in der Kirche eingerissen waren, kann man sich nicht entschiedener ausdrükken, als er selbst es tat. „Wir wissen", sagt er in der Instruktion für den Nuntius Chieregato, den er an den Reichstag sendete, „daß eine geraume Zeit daher viel Verabscheuungswürdiges bei dem Heiligen Stuhle stattgefunden hat: Mißbräuche in geistlichen Dingen, Überschreitung der Befugnisse: alles ist zum Bösen verkehrt worden. Von dem Haupte ist das Verderben in die Glieder, von dem Papste über die Prälaten ausgebreitet worden: wir sind alle abgewichen; es ist keiner, der Gutes getan, auch nicht einer." Er dagegen versprach nun alles, was einem guten Papste zukomme: die Tugendhaften und Gelehrten zu befördern, die Mißbräuche, wenn nicht auf einmal, doch nach und nach abzustellen;

[1] Gradenigo, Relatione, nennt den Vizekönig von Neapel. Girolamo Negro, von dem sich in den Lettere di principi T. I. einige ganz interessante Briefe über diese Zeit finden, sagt S. 109 von Johann Manuel: Se parti mezo disperato.

[2] Negro, aus der Erzählung des venezianischen Sekretärs, S. 110.

eine Reformation an Haupt und Gliedern, wie man sie so oft verlangt hatte, ließ er hoffen[1].

Allein nicht so leicht ist die Welt ins gleiche zu setzen. Der gute Wille eines einzigen, wie hoch er auch stehe, reicht dazu lange nicht hin. Zu tiefe Wurzeln pflegt der Mißbrauch zu schlagen: mit dem Leben selbst ist er verwachsen.

Es fehlte viel, daß der Fall von Rhodus die Franzosen bewogen hätte, Frieden einzugehen; sie sahen vielmehr, daß dieser Verlust dem Kaiser eine neue Beschäftigung geben werde, und faßten ihrerseits desto größere Absichten wider ihn. Nicht ohne Mitwissen desjenigen Kardinals, dem Adrian noch am meisten vertraute, knüpften sie Verbindungen in Sizilien an und machten einen Anschlag auf diese Insel. Der Papst fand sich bewogen, zuletzt noch einen Bund mit dem Kaiser einzugehen, der wesentlich wider Frankreich gerichtet war.

Auch den Deutschen war mit dem, was man sonst eine Reformation an Haupt und Gliedern genannt, nicht mehr zu helfen. Und selbst eine solche, wie schwer, fast unausführbar war sie!

Wollte der Papst bisherige Gefälle der Kurie aufheben, in denen er einen Schein von Simonie bemerkte, so vermochte er das nicht, ohne die wohlerworbenen Rechte derjenigen zu kränken, deren Ämter auf jene Gefälle gegründet waren, Ämter, die sie in der Regel gekauft hatten.

Beabsichtigte er, eine Veränderung in den Ehedispensen zu treffen und etwa einige bisherige Verbote aufzuheben, so stellte man ihm vor, daß die Kirchendisziplin damit nur verletzt und geschwächt werde.

Um dem Unwesen des Ablasses zu steuern, hätte er gern die alten Büßungen wiederhergestellt; allein die Penitenziaria machte ihn aufmerksam, daß er alsdann Gefahr laufe, indem er Deutschland zu behaupten suche, Italien zu verlieren[2].

Genug, bei jedem Schritte sah er sich von tausend Schwierigkeiten umgeben.

Dazu kam, daß er sich zu Rom in einem fremden Element befand, das er schon darum nicht beherrschen konnte, weil er es nicht

[1] Instructio pro te Francisco Cheregato etc. etc. unter anderen bei Rainaldus Tom. XI, p. 363.

[2] In dem ersten Buche der Historia del concilio Tridentino von P. Sarpi, Ausg. v. 1629, S. 23 findet man eine gute Auseinandersetzung dieser Lage der Dinge, entnommen aus einem Diario des Chieregato.

kannte, seine inneren Lebenstriebe nicht verstand. Man hatte ihn mit Freuden empfangen; man erzählte sich, er habe bei 5000 erledigte Benefizien zu vergeben, und jedermann machte sich Hoffnung. Niemals aber zeigte sich ein Papst hierin zurückhaltender. Adrian wollte wissen, wen er versorge, wem er die Stellen anvertraue: mit skrupulöser Gewissenhaftigkeit ging er hierin zu Werke[1]; er täuschte unzählige Erwartungen. Der erste Beschluß seines Pontifikates war gewesen, die Anwartschaften abzustellen, die man bisher auf geistliche Würden erteilt hatte; selbst die, welche schon verliehen worden, hatte er zurückgenommen. Es konnte nicht fehlen: als er diesen Beschluß in Rom publizierte, mußte er sich damit bittere Feindschaften in Menge zuziehen. Man hatte bisher an dem Hofe eine gewisse Freiheit des Redens, des Schreibens genossen; er wollte sie nicht ferner gestatten[2]. Daß er bei der Erschöpfung der päpstlichen Kassen und dem wachsenden Bedürfnis einige neue Auflagen machte, fand man unerträglich von ihm, der so wenig aufwende. Alles ward mißvergnügt. Er empfand es wohl: es wirkte auf ihn zurück. Den Italienern traute er noch weniger als bisher: die beiden Niederländer, denen er Einfluß gestattete, Enkefort und Hezius, jener sein Datar, dieser sein Sekretär, waren der Geschäfte und des Hofes nicht kundig; er selbst konnte sie unmöglich übersehen, auch wollte er noch immer studieren, nicht allein lesen, sondern sogar schreiben; zugänglich war er nicht sehr: die Sachen wurden aufgeschoben, in die Länge gezogen, ungeschickt behandelt.

So kam es denn, daß in den wichtigsten allgemeinen Angelegenheiten nichts ausgerichtet wurde. Der Krieg ging in Oberitalien wieder an. In Deutschland trat Luther aufs neue hervor. In Rom, das überdies von der Pest heimgesucht worden war, bemächtigte sich ein allgemeines Mißvergnügen der Gemüter.

Adrian hat einmal gesagt: wieviel trägt es aus, in welche Zeiten auch der beste Mann fällt! Das ganze Gefühl seiner Stellung ist in diesem schmerzlichen Ausruf enthalten. Mit Recht hat man denselben auf seinem Denkmal in der deutschen Kirche zu Rom eingegraben.

[1] Ortiz, Itinerarium c. 28. c. 39, vorzüglich glaubwürdig: wie er sagt, „cum provisiones et alia hujusmodi testis oculatus inspexerim".

[2] Lettere di Negro. Capitolo del Berni:

E quando un segue il libero costume
Di sfogarsi scrivendo e di cantare,
Lo minaccia di far buttare in fiume.

Wenigstens ist es nicht allein der Persönlichkeit Adrians zuzuschreiben, wenn seine Zeiten unfruchtbar an Erfolgen blieben. Das Papsttum war von großen weltbeherrschenden Notwendigkeiten umgeben, die auch einem in den Geschäften desselben gewandteren, der Personen und der Mittel kundigeren Manne unendlich viel zu schaffen machen konnten.

Unter allen Kardinälen gab es keinen, der für die Verwaltung des Papsttums geeigneter, dieser Last mehr gewachsen zu sein geschienen hätte, als Julius Medici. Unter Leo hatte er schon den größten Teil der Geschäfte, das ganze Detail in Händen gehabt. Selbst unter Adrian hatte er einen gewissen Einfluß behauptet[1]. Diesmal ließ er sich die höchste Würde nicht wieder entgehen. Er nannte sich Clemens VII.

Mit vieler Sorgfalt vermied der neue Papst die Übelstände, die unter seinen beiden Vorgängern hervorgetreten waren: die Unzuverlässigkeiten, Vergeudungen und anstößigen Gewohnheiten Leos, sowie den Widerstreit, in den sich Adrian mit den Richtungen seines Hofes eingelassen hatte: es ging alles vernünftig her; wenigstens an ihm selber nahm man nichts als Unbescholtenheit und Mäßigung wahr[2]; die pontifikalen Zeremonien wurden sorgfältig vollzogen, die Audienzen unermüdlich von früh bis Abend abgewartet, Wissenschaften und Künste in der Richtung, die sie nun einmal eingeschlagen hatten, befördert. Clemens VII. war sehr wohl unterrichtet. Mit ebensoviel Sachkunde wie über philosophische und theologische Fragen wußte er sich über Gegenstände der Mechanik und Wasserbaukunst zu unterhalten. In allen Dingen zeigte er ungewöhnlichen Scharfsinn: er penetrierte die schwierigsten Angelegenheiten und sah ihnen bis auf den Grund: man konnte niemanden mit größerer Gewandtheit diskurrieren hören. Unter Leo hatte er sich in klugem Rat und umsichtiger Ausführung unübertrefflich erwiesen.

Allein erst im Sturme bewährt sich der Steuermann. Er übernahm das Papsttum, wenn wir es auch nur als italienisches Fürstentum betrachten, in einer überaus bedenklichen Lage.

[1] Relatione di Marco Foscari 1526 sagt von ihm in bezug auf jene Zeiten: Stava con grandissima reputatione e governava il papato et havia piu zente a la sua audientia che il papa.

[2] Vettori sagt, seit 100 Jahren sei kein so guter Mensch Papst gewesen: non superbo, non simoniaco, non avaro, non libidinoso, sobrio nel victo, parco nel vestire, religioso, devoto.

Die Spanier hatten zur Erweiterung und Behauptung des Kirchenstaates das meiste beigetragen; sie hatten die Medici in Florenz hergestellt. In diesem Bunde mit den Päpsten, mit dem Hause Medici waren sie dann selber in Italien emporgekommen. Alexander VI. hatte ihnen das untere Italien eröffnet; Julius hatte sie nach dem mittleren geführt; durch den mit Leo gemeinschaftlich unternommenen Angriff auf Mailand waren sie Herren in dem oberen geworden. Clemens selbst hatte sie hierbei mannigfach unterstützt. Es existiert eine Instruktion von ihm für einen seiner Gesandten an dem spanischen Hofe, in der er die Dienste aufzählt, die er Karl V. und seinem Hause geleistet habe. Er vor allem habe bewirkt, daß Franz I. bei seiner ersten Ankunft nicht nach Neapel vorgedrungen; durch ihn sei es geschehen, daß Leo der Wahl Karls V. zum Kaiser nichts in den Weg gelegt und die alte Konstitution, vermöge deren kein König von Neapel zugleich Kaiser sein dürfe, aufgehoben habe; trotz aller Versprechungen der Franzosen habe er doch die Verbindung Leos mit Karl zur Wiedereroberung von Mailand befördert und zu diesem Unternehmen weder das Vermögen seines Vaterlandes und seiner Freunde, noch seine eigene Person gespart; er habe Adrian VI. das Papsttum verschafft, und damals habe es fast kein Unterschied zu sein geschienen, ob man Adrian oder den Kaiser selbst zum Papst mache[1]. Ich will nicht untersuchen, wieviel von der Politik Leos X. dem Ratgeber und wieviel dem Fürsten angehört: gewiß ist es, daß Kardinal Medici immer auf seiten des Kaisers war. Auch nachdem er Papst geworden, kam er den kaiserlichen Truppen mit Geld, Lebensmitteln und der Gewährung geistlicher Gefälle zu Hilfe: noch einmal verdankten sie ihren Sieg zum Teil seiner Unterstützung.

So eng war Clemens mit den Spaniern verbündet; wie es aber nicht selten geschieht, in den Erfolgen ihres Bundes traten ungemeine Übelstände hervor.

Die Päpste hatten den Fortgang der spanischen Macht veranlaßt, doch niemals eigentlich beabsichtigt. Sie hatten Mailand den Franzosen entreißen, an die Spanier hatten sie es nicht bringen wollen. Vielmehr war eben deshalb mehr als ein Krieg geführt worden, um Mailand und Neapel nicht an den nämlichen Besitzer

[1] Instruttione al Card. reverendmo di Farnese, che fu poi Paulo III, quando andò legato all' Imperatore Carlo V doppo il sacco di Roma. Im Anhang.

fallen zu lassen[1]; daß nun die Spanier, schon so lange Meister von Unteritalien, sich in der Lombardei täglich fester setzten, daß sie die Belehnung des Sforza verzögerten, empfand man zu Rom mit Ungeduld und Widerwillen.

Clemens war auch persönlich mißvergnügt; aus jener Instruktion sehen wir, daß er schon als Kardinal oft nicht nach seinem Verdienste berücksichtigt worden zu sein glaubte; noch immer gab man wenig auf ihn, und ausdrücklich wider seinen Rat unternahm man den Angriff auf Marseille im Jahre 1524. Seine Minister –, sie sagen es selbst – erwarteten immer größere Mißachtung des Apostolischen Stuhles: sie nahmen in den Spaniern nichts als Herrschsucht und Insolenz wahr[2].

Wie sehr schien Clemens durch den bisherigen Gang der Dinge und seine persönliche Stellung mit den Banden der Notwendigkeit und des Willens an die Spanier gebunden zu sein! Nunmehr stellten sich ihm tausend Gründe dar, die Macht zu verwünschen, die er gründen helfen, sich eben denen zu widersetzen, die er bisher begünstigt und befördert hatte.

Von allen politischen Unternehmungen ist es vielleicht die schwerste, eine Linie zu verlassen, auf der man sich bisher bewegt, Erfolge rückgängig zu machen, die man selber hervorgerufen.

Und wieviel kam diesmal darauf an! Die Italiener fühlten ganz, daß es eine Entscheidung auf Jahrhunderte galt. Es hatte sich in der Nation ein großes Gemeingefühl hervorgetan. Ich halte dafür, daß die literarisch-künstlerische Ausbildung, soweit hervorragend über alles, was andere Nationen leisteten, dazu das meiste beitrug. Auch zeigte sich die Hoffart und Habgier der Spanier, der Anführer so gut wie der Gemeinen, wahrhaftig unerträglich. Es war eine Mischung von Verachtung und Ingrimm, mit der man diese fremdgeborenen halbbarbarischen Herrscher im Lande sah. Noch lagen die Dinge so, daß man sich ihrer vielleicht entledigen konnte. Aber man mußte sich nicht verbergen: wenn man es nicht mit allen nationalen Kräften unternahm, wenn man unterlag, so war man auf immer verloren.

Ich wünschte wohl, die Entwicklung dieser Periode in ihrer Fülle, den ganzen Kampf der aufgeregten Kräfte ausführlich darstellen

[1] Es heißt in jener Instruktion ausdrücklich: der Papst habe sich auch zu dem, was ihm mißfällig, bereit gezeigt: purche lo stato di Milano restasse al duca, al quale effetto si erano fatte tutte le guerre d'Italia.
[2] M. Giberto datario a Don Michele di Silva. Lettere di principi I, 197 b.

zu können. Hier dürfen wir nur einige Hauptmomente desselben begleiten.

Man begann damit, und es schien überaus wohl ausgesonnen, daß man im Jahre 1525 den besten General des Kaisers, der allerdings sehr mißvergnügt war, an sich zu ziehen suchte. Was brauchte man weiter, wenn man, wie man hoffte, dem Kaiser mit dem General die Armee entzog, durch die er Italien beherrschte? Man ließ es an Versprechungen nicht fehlen: selbst eine Krone sagte man zu. Allein wie falsch war doch die Rechnung! Wie scheiterte die ihrer Feinheit sich bewußte Klugheit an dem spröden Stoffe, auf den sie stieß, so gänzlich! Dieser General, Pescara, war zwar in Italien geboren, aber aus spanischem Geblüt: er sprach nur spanisch; er wollte nichts sein als ein Spanier; an der italienischen Kultur hatte er keinen Teil; seine Bildung verdankte er den spanischen Romanen, die nichts als Loyalität und Treue atmen. Einer national-italienischen Unternehmung war er von Natur entgegen[1]. Kaum hatte man ihm den Antrag gemacht, so zeigte er ihn seinen Kameraden, er zeigte ihn dem Kaiser an: er benutzte ihn nur, um die Italiener auszuforschen und ihre Pläne zu hintertreiben.

Eben hierdurch aber – denn wie hätte nicht das gegenseitige Vertrauen nunmehr vollends verschwinden sollen? – ward ein entscheidender Kampf mit dem Kaiser unvermeidlich.

Im Sommer 1526 sehen wir endlich die Italiener mit eigenen Kräften ans Werk gehen. Die Mailänder sind bereits im Aufstand wider die Kaiserlichen. Ein venezianisches und ein päpstliches Heer rücken heran, um ihnen beizustehen. Man hat das Versprechen schweizerischer Hilfe; man ist im Bunde mit Frankreich und England. „Diesmal“, sagt der vertrauteste Minister Clemens' VII., Giberto, „gilt es nicht eine kleinliche Rache, einen Ehrenpunkt, eine einzelne Stadt: – dieser Krieg entscheidet die Befreiung oder die ewige Sklaverei von Italien.“ Er zweifelt nicht an dem glücklichen Ausgange. „Die Nachkommen werden neidisch sein, daß

[1] Vettori hält ihm die schlechteste Lobrede von der Welt. Era superbo oltre modo, invidioso, ingrato, avaro, venenoso e crudele, senza religione, senza humanità, nato proprio per distruggere l'Italia. Auch Morone sagte einmal zu Guicciardini, es gebe keinen treuloseren, boshafteren Menschen, als Pescara sei (Hist. d'Italia XVI, 476), und machte ihm doch den Antrag. Ich führe diese Urteile nicht an, als ob sie wahr wären: sie zeigen nur, daß Pescara gegen die Italiener nur Feindseligkeit und Haß hatte blicken lassen.

sie nicht in unsere Zeiten gefallen, um ein so großes Glück erlebt, daran teilgenommen zu haben." Er hofft, man werde der Fremden nicht bedürfen. „Unser allein wird der Ruhm, die Frucht um so süßer sein"[1].

In diesen Gedanken und Hoffnungen unternahm Clemens seinen Krieg wider die Spanier[2]. Es war sein kühnster und großartigster, unglücklichster, verderblichster Gedanke.

Auf das engste sind die Sachen des Staates und der Kirche verflochten. Der Papst schien die deutschen Bewegungen ganz außer acht gelassen zu haben. In diesen zeigte sich die erste Rückwirkung.

In dem Moment, daß die Truppen Clemens' VII. in Oberitalien vorrückten, Juli 1526, hatte sich der Reichstag zu Speier versammelt, um über die kirchlichen Irrungen einen definitiven Beschluß zu fassen. Daß die kaiserliche Partei, daß Ferdinand von Österreich, der des Kaisers Stelle vertrat, in einem Augenblick, in welchem sie jenseits der Alpen von dem Papst auf das ernstlichste angegriffen waren – Ferdinand selbst hegte eine Absicht auf Mailand –, diesseits derselben die päpstliche Gewalt aufrechtzuerhalten sich sehr angelegen sein lassen sollten, läuft völlig wider die Natur der Dinge. Was man auch früher beabsichtigt, angekündigt haben mochte[3]: durch den offenen Krieg, in den man mit dem Papst geraten war, fielen alle Rücksichten weg, die man für ihn haben konnte. Niemals äußerten sich die Städte freier; niemals drangen die Fürsten ernstlicher auf eine Erledigung ihrer Beschwerden: man hat den Antrag gemacht, die Bücher, in denen die neueren Satzungen enthalten, lieber geradezu zu verbrennen und nur die Heilige Schrift zur Regel zu nehmen; obwohl sich ein gewisser Widerstand regte, so wurde doch niemals ein selbständigerer Beschluß gefaßt. Ferdinand unterzeichnete einen Reichsabschied, kraft dessen es den Ständen freigestellt ward, sich in Sachen der Religion so zu verhalten, wie es ein jeder gegen Gott und den Kaiser zu verantworten gedenke, d. i. nach ihrem Ermessen zu verfahren. Ein Beschluß, in welchem des Papstes auch

[1] G. M. Giberto al vescovo di Veruli. Lettere di principi I, p. 192 a.

[2] Foscari sagt: Quello fa a presente di voler far lega con Francia, fa per ben suo e d'Italia, non perchè ama Francesi.

[3] Die Instruktionen des Kaisers, die den Protestanten einige Furcht einflößten, sind vom März 1526, einer Zeit, in welcher sich der Papst noch nicht mit Frankreich verbündet hatte.

nicht einmal gedacht wird, der als der Anfang der eigentlichen Reformation, der Einrichtung einer neuen Kirche in Deutschland betrachtet werden kann. In Sachsen, Hessen und den benachbarten Ländern schritt man ohne längeres Zögern zu dieser Einrichtung. Die legale Existenz der protestantischen Partei im Reiche gründet sich vor allem auf den Beschluß von Speier im Jahre 1526.

Wir dürfen sagen, daß die Stimmung von Deutschland auch für Italien entscheidend wurde. Es fehlte viel, daß die Italiener sämtlich für ihre große Unternehmung begeistert, daß nur diejenigen, die an derselben teilnahmen, untereinander einig gewesen wären. Der Papst, so geistreich, so italienisch gesinnt er auch sein mochte, war doch kein Mann, wie ihn das Schicksal fordert, um von ihm gefesselt zu werden. Sein Scharfsinn schien ihm zuweilen zu schaden. Mehr als gut ist, schien er zu wissen, daß er der Schwächere war; alle Möglichkeiten, die Gefahren von allen Seiten stellten sich ihm vor und verwirrten ihn. Es gibt eine praktische Erfindungsgabe, die in den Geschäften das Einfache wahrnimmt, das Tunliche oder Ratsame mit Sicherheit ergreift. Er besaß sie nicht[1]. In den wichtigsten Momenten sah man ihn zaudern, schwanken, auf Geldersparnis denken. Da ihm nun auch seine Verbündeten nicht Wort hielten, so war es zu den Erfolgen, die man gehofft, bei weitem nicht gekommen, und noch immer hielten sich die Kaiserlichen in der Lombardei, – als im November 1526 Georg Frundsberg mit einem stattlichen Heere von Landsknechten die Alpen überstieg, um diesen Kampf zu Ende zu bringen. Sie waren sämtlich lutherisch gesinnt, er und seine Leute. Sie kamen, den Kaiser am Papst zu rächen. Dessen Bundesbrüchigkeit hatte man ihnen als die Ursache alles Unheils, des fortdauernden Krieges der Christenheit und des Glückes der Osmanen, die eben damals Ungarn überwanden, dargestellt. „Komm' ich nach Rom", sagte Frundsberg, „so will ich den Papst henken."

Mit Besorgnis sieht man das Ungewitter aufsteigen, den Horizont einnehmen und heranziehen. Dieses Rom, so voll (es mag sein) von Lastern, aber nicht minder von edlem Bestreben, Geist und Bildung, produktiv, geschmückt mit unübertrefflichen Kunst-

[1] Soriano, Relatione di 1533 findet in ihm „core frigidissimo: el quale fa la Beat[me] S. esser dotata di non vulgar timidità, non dirò pusillanimità. Il che pero parmi avere trovato comunemente in la natura fiorentina. Questa timidità causa che S. S[à] è molto irresoluta".

werken, wie sie die Welt nicht wieder hervorgebracht, einem Reichtum durch das Gepräge des Geistes geadelt und von lebendiger Fortwirkung, ist von dem Verderben bedroht. Wie sich die Massen der Kaiserlichen gesammelt, zerstieben vor ihnen die italienischen Scharen: die einzige Armee, die es noch gibt, folgt ihnen von fern. Der Kaiser, der sein Heer schon lange nicht hat bezahlen können, vermag ihm, wenn er auch will, keine andere Richtung zu geben. Es zieht einher unter den kaiserlichen Fahnen; doch folgt es seinem eigenen stürmischen Antriebe. Der Papst hofft noch, unterhandelt, fügt sich, schließt ab; aber das einzige Mittel, das ihn retten kann – das Heer mit dem Gelde zu befriedigen, das es fordern zu dürfen glaubt –, will er oder kann er nicht ergreifen. Wird man sich dann wenigstens mit den Waffen, die man hat, dem Feinde ernstlich entgegensetzen? Viertausend Mann hätten hingereicht, die Pässe von Toskana zu schließen; jedoch macht man nicht einmal den Versuch dazu. Rom zählte vielleicht 30000 waffenfähige Männer; viele von ihnen hatten den Krieg gesehen; sie gingen mit Schwertern an den Seiten, schlugen sich untereinander und vermaßen sich hoher Dinge. Aber um dem Feinde, der die gewisse Zerstörung brachte, zu widerstehen, brachte man aus der Stadt nie über 500 Mann zusammen. Der erste Angriff überwand den Papst und seine Macht. Am 6. Mai 1527, zwei Stunden vor Sonnenuntergang, drangen die Kaiserlichen in Rom ein. Der alte Frundsberg war nicht mehr bei ihnen: als er einst bei einem Auflauf den gewohnten Gehorsam nicht fand, war er vom Schlag gerührt worden und krank zurückgeblieben; Bourbon, der das Heer soweit geführt, war beim ersten Anlegen der Sturmleitern umgekommen: von keinem Anführer in Zaum und Mäßigung gehalten, ergoß sich der blutdürstige, durch lange Entbehrungen verhärtete, von seinem Handwerk verwilderte Soldat über die Stadt. Nie fiel eine reichere Beute einer gewaltsameren Truppe in die Hände; nie gab es eine längere, anhaltendere, verderblichere Plünderung[1]. Der Glanz von Rom erfüllt den An-

[1] Vettori: La uccisione non fu molta, perche rari si uccidono quelli che non si vogliono difendere; ma la preda fu inestimabile in danari contanti, di gioie, d'oro e d'argento lavorato, di vestiti, d'arazzi, paramenti di casa, mercantie d'ogni sorte e di taglie. Nicht der Papst sei an dem Unglück schuld; es habe an den Einwohnern gelegen: superbi, avari, homicidi, invidiosi, libidinosi e simulatori nennt er sie: solch eine Bevölkerung könne sich nicht halten.

fang des 16. Jahrhunderts, er bezeichnet eine bewunderungswürdige Periode menschlicher Geistesentwicklung; mit diesem Tage ging sie zu Ende.

Und so sah sich der Papst, der Italien befreien wollen, in der Engelsburg belagert und gleichsam gefangen. Wir können sagen: durch diesen großen Schlag war das Übergewicht der Spanier in Italien unwiderruflich begründet.

Ein neuer Angriff der Franzosen, vielversprechend im Anfang, mißlang doch zuletzt vollständig: sie bequemten sich, auf alle ihre italienischen Ansprüche Verzicht zu leisten.

Nicht minder wichtig ward ein anderes Ereignis. Noch ehe Rom erobert worden, als man nur sah, daß Bourbon den Weg dahin genommen, hatten zu Florenz die Feinde der Medici die Verwirrungen des Augenblicks benutzt und das Haus des Papstes aufs neue verjagt. Fast noch schmerzlicher empfand Clemens den Abfall seiner Vaterstadt als die Einnahme von Rom. Mit Verwunderung bemerkte man, daß er nach so schweren Beleidigungen doch wieder mit den Kaiserlichen anknüpfte. Es kam daher, weil er in der Hilfe der Spanier das einzige Mittel sah, seine Verwandten, seine Partei nach Florenz zurückzuführen. Es schien ihm besser, die Übermacht des Kaisers, als die Widersetzlichkeit seiner Rebellen zu dulden. Je schlechter es den Franzosen ging, desto mehr näherte er sich den Spaniern. Als jene endlich völlig geschlagen waren, schloß er mit diesen seine Abkunft zu Barcelona; so ganz änderte er seine Politik, daß er sich der nämlichen Armee, die Rom vor seinen Augen erobert und ihn so lange belagert gehalten, daß er sich dieser, die nur verjüngt und erneuert worden, nunmehr selber bediente, um sich seine Vaterstadt wieder zu unterwerfen.

Seitdem war Karl mächtiger in Italien als seit vielen Jahrhunderten ein anderer Kaiser. Die Krone, die er zu Bologna empfing, hatte einmal wieder ihre volle Bedeutung. Mailand gehorchte ihm allmählich nicht weniger als Neapel; auf Toskana hatte er eben deshalb, weil er die Medici in Florenz hergestellt, sein Leben lang unmittelbaren Einfluß; die übrigen schlossen sich an oder fügten sich: zugleich mit den Kräften von Spanien und von Deutschland, von dem südlichen Meer und den Alpen her, mit siegreichen Waffen und den Rechten des Kaisertums hielt er Italien in Unterwerfung.

Dahin führte der Gang der italienischen Kriege. Seitdem haben die auswärtigen Nationen nicht aufgehört, in Italien zu regieren. Betrachten wir noch, wie die religiösen Irrungen sich entwickelten, die mit den politischen so genau zusammenhängen.

Wenn der Papst sich darein ergab, rings um sich her die Spanier mächtig zu sehen, so hoffte er wenigstens durch diesen gewaltigen Kaiser, den man ihm katholisch und devot schilderte, seine Autorität in Deutschland hergestellt zu sehen. Gleich ein Artikel des Friedens von Barcelona enthielt dies. Der Kaiser versprach, aus allen seinen Kräften die Reduktion der Protestanten zu befördern. Auch schien er dazu entschlossen. Den protestantischen Gesandten, die ihn in Italien aufsuchten, gab er eine sehr ungnädige Antwort. An seine Reise nach Deutschland, im Jahre 1530, knüpften einige Mitglieder der Kurie, besonders der Legat, den man ihm mitgegeben, Kardinal Campeggi, kühne und für unser Vaterland höchst gefährliche Entwürfe.

Es existiert eine Eingabe von ihm an den Kaiser, zur Zeit des Reichstages von Augsburg, in der er sie ausspricht. Mit Widerwillen und ungern, aber der Wahrheit zur Steuer, muß ich von derselben ein Wort sagen.

Kardinal Campeggi begnügte sich nicht, die religiösen Verwirrungen zu beklagen; er bemerkte besonders die politischen Folgen, wie in den Reichsstädten der Adel durch die Reformation herabgekommen, wie weder ein geistlicher noch selbst ein weltlicher Fürst rechten Gehorsam mehr finde; sogar auf die Majestät des Kaisers nehme man keine Rücksicht mehr. Er gibt dann an, wie man dem Übel begegnen könne.

Nicht sehr tief liegt das Geheimnis seiner Mittel. Es bedarf nichts, meint er, als daß ein Bund zwischen dem Kaiser und den wohlgesinnten Fürsten geschlossen werde; hierauf versucht man, die abgeneigten umzustimmen, mit Versprechungen oder mit Drohungen: was tut man aber, wenn sie hartnäckig bleiben? Man hat das Recht, „dieses giftige Gewächs mit Feuer und Schwert zu vertilgen"[1]. Die Hauptsache ist, daß man ihre Güter einzieht, weltliche und geistliche, in Deutschland so gut wie in Ungarn und Böhmen. Denn gegen Ketzer ist dies Rechtens. Ist man ihrer nur erst

[1] Se alcuni ve ne fossero, che dio nol voglia, li quali obstinatamente perseverassero in questa diabolica via, quella (S. M.) potrà mettere la mano al ferro et al foco et radicitus extirpare questa mala venenosa pianta.

Herr geworden, so setzt man heilige Inquisitoren ein, die ihren Überresten nachspüren, die wider sie verfahren, wie man in Spanien wider die Marranen verfährt. Überdies wird man die Universität Wittenberg in Bann tun und die, welche daselbst studiert, kaiserlicher und päpstlicher Gnaden für unwürdig erklären; die Bücher der Ketzer wird man verbrennen, die ausgetretenen Mönche in ihre Klöster zurückschicken, an keinem Hofe einen Irrgläubigen dulden. Zuerst aber ist eine mutige Exekution notwendig. „Auch wenn Eure Majestät", sagt der Legat, „sich nur an die Oberhäupter hält, kann sie denselben eine große Summe Geldes entreißen, die ohnehin wider die Türken unentbehrlich ist."
So lautete dieser Entwurf[1]: das sind seine Grundsätze. Wie atmet jedes Wort Unterdrückung, Blut und Beraubung! Man kann sich nicht wundern, wenn man in Deutschland von einem Kaiser, der unter solchem Geleite eintraf, das Äußerste erwartete und die Protestanten über den Grad der Notwehr, der ihnen rechtlich verstattet sei, zurate gingen.
Glücklicherweise standen die Sachen anders, als daß der Versuch einer solchen Unternehmung zu fürchten gewesen wäre.
So mächtig war der Kaiser bei weitem nicht, um dies ausführen zu können. Erasmus hat es gleich damals überzeugend auseinandergesetzt.
Allein wäre er es auch gewesen, so hätte er schwerlich den Willen dazu gehabt.
Er war von Natur eher gutmütig, bedächtig, voll Nachdenken und langsam, als das Gegenteil. Je näher er diese Irrungen in das Auge faßte, desto mehr berührten sie eine Ader seines eigenen Geistes. Gleich seine Ankündigung des Reichstages lautete dahin, daß er die verschiedenen Meinungen hören, erwägen und zu einer einigen christlichen Wahrheit zu bringen suchen wolle: von jenen gewaltsamen Absichten war er weit entfernt.
Auch wer sonst an der Reinheit menschlicher Gesinnung zu zweifeln gewohnt ist, kann dies nicht in Abrede stellen: es wäre Karls Vorteil nicht gewesen, sich der Gewalt zu bedienen.
Sollte er, der Kaiser, sich zum Exekutor päpstlicher Dekrete machen? Sollte er dem Papst, und nicht allein dem damaligen, son-

[1] Einen solchen Entwurf wagte man eine Instruktion zu nennen: Instructio data Caesari a reverend^mo Campeggio in dieta Augustana 1530. Ich fand das Aktenstück in einer römischen Bibliothek in gleichzeitigen Schriftzügen, über alle Zweifel erhaben.

dern jedem künftigen, die Feinde unterwerfen, die demselben am meisten zu schaffen machen mußten? Hierzu war er der Freundschaft der päpstlichen Gewalt doch bei weitem nicht sicher genug.

Vielmehr lag in den Verhältnissen ein Vorteil für ihn, ungesucht, natürlich, den er nur zu ergreifen brauchte, um zu einer noch unbedingteren Superiorität zu gelangen, als er sie bereits besaß.

Ob mit Recht oder Unrecht, will ich nicht untersuchen: genug, es war allgemein angenommen, daß nur eine Kirchenversammlung im Stande sein werde, so große Irrungen beizulegen. Auch deshalb hatten sich die Konzilien in Kredit erhalten, weil die Päpste einen natürlichen Widerwillen dagegen zeigten: alle Oppositionen erhoben von jeher diesen Ruf. Im Jahre 1530 ging Karl ernstlich auf diesen Gedanken ein. Er versprach ein Konzilium in einer bestimmten kurzen Frist.

Hatten die Fürsten schon lange in ihren Verwicklungen mit dem Päpstlichen Stuhle nichts so sehr gewünscht als einen geistlichen Rückhalt, so bekam Karl in einem Konzilium, unter diesen Umständen versammelt, den gewaltigsten Verbündeten. Auf seine Veranlassung wäre es zusammengetreten, unter seinem Einfluß gehalten worden; er hätte die Beschlüsse desselben zu exequieren bekommen. Nach zwei Seiten hin würden diese gegangen sein: ebensogut den Papst wie dessen Gegner würden sie betroffen haben: der alte Gedanke einer Reformation an Haupt und Gliedern wäre zur Ausführung gekommen; – welch ein Übergewicht mußte dies der weltlichen Macht, vor allem dem Kaiser selber verschaffen!

Es war vernünftig, es war, wenn man will, unvermeidlich; aber es war zugleich sein großes Interesse.

Dem Papste dagegen und seinem Hofe konnte nichts Bedenklicheres begegnen. Ich finde, daß bei der ersten ernstlichen Erwähnung eines Konziliums der Preis der sämtlichen käuflichen Ämter des Hofes um ein Bedeutendes fiel[1]. Man sieht, welche Gefahr darin für den ganzen Zustand zu liegen schien, in dem man sich befand.

Aber überdies hatte Clemens VII. auch persönliche Rücksichten.

[1] Lettera anonima all' arcivescovo Pimpinello (Lettere di principi III, 5): Gli ufficii solo con la fama del concilio sono inviliti tanto, che non se ne trovano danari. Ich sehe, auch Pallavicini zitiert diesen Brief III, 7, 1; ich weiß nicht, wie er dazu kommt, ihn dem Sanga zuzuschreiben.

Daß er nicht von gesetzmäßiger Geburt, daß er nicht auf ganz reinem Wege zu der höchsten Würde emporgestiegen war und sich von persönlichen Zwecken hatte bestimmen lassen, gegen sein Vaterland mit den Kräften der Kirche einen kostspieligen Krieg zu führen, alles Dinge, die einem Papste hoch angerechnet werden mußten, flößte ihm eine gerechte Furcht ein: schon der Erwähnung eines Konziliums, sagt Soriano, wich Clemens so weit als möglich aus.

Obwohl er den Vorschlag nicht geradezu verwarf – schon um der Ehre des Päpstlichen Stuhles willen durfte er es nicht –, so kann man doch nicht zweifeln, mit welchem Herzen er darauf einging.

Ja, er gibt nach; er fügt sich; aber auf das stärkste führt er zugleich die Gegengründe aus; alle Schwierigkeiten und Gefahren, die mit einem Konzilium verknüpft seien, stellt er auf das lebhafteste dar: den Erfolg findet er mehr als zweifelhaft[1]. Dann macht er Bedingungen einer Mitwirkung aller anderen Fürsten, einer vorläufigen Unterwerfung der Protestanten, die sich zwar im Systeme der päpstlichen Doktrin hören lassen, aber bei der Lage der Verhältnisse nimmermehr zu erfüllen sind. Wie wäre es von ihm zu erwarten gewesen, daß er in der vom Kaiser gesetzten Frist nicht allein scheinbar und mit Demonstrationen, sondern ernstlich und entschlossen ans Werk gegangen wäre? Oft hat ihm Karl vorgeworfen, diese seine Zögerung sei an allem weiteren Unheil schuld. Ohne Zweifel hoffte er, der Notwendigkeit, die über ihm schwebte, noch zu entgehen.

Aber gewaltig hielt sie ihn fest. Als Karl im Jahre 1533 wieder nach Italien kam, noch erfüllt von dem, was er in Deutschland gesehen und entworfen, drang er mündlich – er hielt mit dem Papst einen Kongreß zu Bologna – und mit erneuerter Lebhaftigkeit auf das Konzilium, das er sooft schriftlich gefordert hatte. Die verschiedenen Meinungen begegneten sich unmittelbar: der Papst blieb bei seinen Bedingungen stehen: der Kaiser stellte ihm die Unmöglichkeit ihrer Erfüllung vor. Sie konnten sich nicht vereinigen. In den Breven, die über diese Sache erlassen wurden, nimmt man sogar eine gewisse Verschiedenheit wahr. In den einen schloß sich der Papst mehr als in den anderen der Meinung des

[1] Z. B. all' imperatore, di man propria di papa Clemente (Lettere di principi II, 197): Al contrario nessun (rimedio) è piu pericoloso e per partorir maggiori mali (del concilio) quando non concorrono le debite circonstanze.

Kaisers an[1]. Aber wie dem auch sei, er mußte zu einer erneuerten Ankündigung schreiten. Wollte er sich nicht ganz verblenden, so durfte er nicht zweifeln, daß es bei der Rückkunft des Kaisers, der nach Spanien gegangen, nicht mehr bei bloßen Worten sein Bewenden haben, – daß jene Gefahr, die er fürchtete und die ein Konzilium unter diesen Umständen für den Römischen Stuhl in der Tat mit sich führte, über ihn hereinbrechen werde.

Es war eine Lage, in der der Inhaber einer Gewalt, welche sie auch sein mag, wohl entschuldigt werden kann, wenn er selbst einen verwegenen Entschluß ergreift, sich sicherzustellen. Schon war der Kaiser politisch so übermächtig. Wenngleich sich der Papst hierfür resigniert hatte, so mußte er doch oft fühlen, wohin er gekommen war. Daß Karl V. die alten Streitigkeiten der Kirche mit Ferrara zugunsten des letzteren entschied, beleidigte ihn tief: er nahm es so hin; aber unter seinen Freunden beklagte er sich. Wieviel drückender war es aber, wenn nun dieser Fürst, von dem man die unverweilte Unterwerfung der Protestanten gehofft hatte, statt dessen sich vielmehr, auf den Grund der ausgebrochenen Irrungen, auch zu einem kirchlichen Übergewicht erhob, wie man es seit Jahrhunderten nicht mehr kannte, wenn er auch das geistliche Ansehen des Römischen Stuhles in Gefahr setzte! Sollte Clemens erleben, ganz und gar in die Hände desselben zu geraten und seinem Gutbefinden überlassen zu sein?

Noch dort in Bologna faßte er seinen Entschluß. Schon öfter hatte Franz I. dem Papst Bündnis und Blutsverwandtschaft angetragen. Clemens hatte es immer abgelehnt. In der Bedrängnis, in der er sich jetzt sah, ging er darauf ein. Man versichert uns ausdrücklich, der eigentliche Grund, daß Clemens dem Könige von Frank-

[1] Über die Verhandlungen zu Bologna findet man in einem der besten Kapitel des Pallavicini, lib. III, c. XII, gute Nachricht – gezogen aus dem vatikanischen Archiv. Er berührt jene Verschiedenheit und erzählt, daß sie auf ausdrücklicher Verhandlung beruhe. In der Tat finden wir in dem Schreiben an die katholischen Stände bei Rainaldus XX, 659, Hortleder I, XV, die Bedingung einer allgemeinen Teilnahme wiederholt: der Papst verspricht, über den Erfolg seiner Bemühungen zu berichten; in den Punkten, die den Protestanten vorgelegt wurden, heißt es dagegen Artikel 5 ausdrücklich: quod si forsan aliqui principes velint tam pio negotio deesse, nihilominus summus D^{s} n^{r} procedet cum saniori parte consentiente. Es scheint doch, als ob diese Verschiedenheit es sei, welche Pallavicini im Sinne hat, obwohl er noch eine andere Abweichung meldet.

reich wieder Gehör schenkte, sei die Forderung des Konziliums gewesen[1].

Was dieser Papst rein politischer Zwecke halber vielleicht nie wieder versucht hätte, das Gleichgewicht der beiden großen Mächte herzustellen und ihnen eine gleiche Gunst zu widmen, dazu entschloß er sich in Betracht der kirchlichen Gefahren, denen er ausgesetzt war.

Kurz hierauf hielt Clemens auch eine Zusammenkunft mit Franz I. Sie fand in Marseille statt, und die engste Verbindung ward geschlossen. Ganz wie der Papst früher in den florentinischen Gefahren seine Freundschaft mit dem Kaiser dadurch befestigt hatte, daß er dessen natürliche Tochter mit einem von seinen Neffen verheiratete, so besiegelte er jetzt in den kirchlichen Bedrängnissen den Bund, den er mit Franz I. einging, durch eine Vermählung seiner jungen Nichte Catharina Medici mit dem zweiten Sohne des Königs. Damals hatte er die Franzosen und ihren indirekten Einfluß auf Florenz, jetzt hatte er den Kaiser und seine Intentionen bei einer Kirchenversammlung zu fürchten.

Auch bemühte er sich nun nicht weiter, seinen Zweck zu verhehlen. Wir besitzen einen Brief von ihm an Ferdinand I., in dem er erklärt, mit seiner Bemühung, eine Teilnahme aller christlichen Fürsten an dem Konzilium zuwege zu bringen, sei es ihm nicht gelungen: König Franz I., den er gesprochen, halte die gegenwärtige Zeit nicht für geeignet zu einer solchen Versammlung und sei nicht darauf eingegangen: er, der Papst, hoffe aber noch immer, ein andermal eine günstige Stimmung der christlichen Fürsten hervorgehen zu sehen[2]. Ich weiß nicht, wie man über die Absichten Clemens' VII. in Zweifel sein kann. Noch in seinem letzten Schreiben an die katholischen Fürsten von Deutschland hatte er die Bedingung einer allgemeinen Teilnahme wiederholt; daß er nun er-

[1] Soriano, Relatione 1535. Il papa andò a Bologna contra sua voglia e quasi sforzato, come di buon logo ho inteso, e fu assai di cio evidente segno che S. Sà consumò di giorni cento in tale viaggio il quale potea far in sei dì. Considerando dunque Clemente questi tali casi suoi e per dire cosi la servitù nella quale egli si trovava per la materia del concilio, la quale Cesare non lasciava di stimolare, cominciò a rendersi piu facile al christianissimo. E quivi si trattò l'andata di Marsilia et insieme la pratica del matrimonio, essendo gia la nipote nobile et habile. Früher hatte der Papst ihre Herkunft und ihr Alter zum Vorwand seiner Ausflüchte genommen.

[2] 20. März 1534. Pallavicini III, XVI, 3.

klärt, eine solche nicht bewerkstelligen zu können, enthält eine unzweideutige Weigerung, jener seiner Ankündigung Folge zu geben[1]. In seiner Verbindung mit Frankreich fand er, wie den Mut, so auch den Vorwand dazu. Ich kann mich nicht überreden, daß das Konzilium jemals unter ihm zustande gekommen wäre.

Jedoch war dies nicht die einzige Folge jener Verbindung. Auf der Stelle entwickelte sich noch eine andere, unerwartete, die besonders für uns Deutsche von der größten Wichtigkeit ist.

Sehr sonderbar war sogleich die Kombination, die bei der Verflechtung kirchlicher und weltlicher Interessen daraus hervorging. Franz I. war damals in dem besten Verständnis mit den Protestanten; indem er sich nun zugleich so eng mit dem Papst verbündete, vereinigte er gewissermaßen Protestanten und Papst in das nämliche System.

Und hier erkennen wir, was die politische Stärke der Stellung ausmachte, welche die Protestanten eingenommen hatten. Der Kaiser konnte nicht beabsichtigen, sie dem Papst so geradehin aufs neue zu unterwerfen; er bediente sich vielmehr ihrer Bewegung, um diesen damit in Schach zu halten. Allmählich zeigte sich, daß auch der Papst nicht wünschte, sie auf Gnade oder Ungnade dem Kaiser unterworfen zu sehen; nicht so ganz unbewußt war sogar die Verbindung Clemens' VII. mit ihnen: er hoffte, ihre Opposition wider den Kaiser zu benutzen, um diesem hinwiederum zu schaffen zu geben.

Es ist gleich damals bemerkt worden, der König von Frankreich habe den Papst glauben gemacht, die vornehmsten protestantischen Fürsten seien von ihm abhängig: er habe ihn hoffen lassen, sie dahin zu bringen, auf das Konzilium Verzicht zu leisten[2]. Allein, wenn wir nicht sehr irren, gingen diese Verbindungen noch weiter. Kurz nach der Zusammenkunft mit dem Papste hielt Franz I. eine andere mit Landgraf Philipp von Hessen. Sie vereinigten sich zur Herstellung des Herzogs von Württemberg, der

[1] Soriano. La Ser^{tà} V^{ra} dunque in materia del concilio può esser certissima che dal canto di Clemente fu fuggita con tutti li mezzi e con tutte le vie.

[2] Sarpi, Historia del concilio Tridentino lib. I, p. 68. Nicht alles, was Sarpi hat, aber einen wichtigen Teil desselben bestätigt Soriano. Dieser Gesandte sagt: avendo fatto credere a Clemente che da S. M. Ch^{ma} dipendessero quelli S^{ri} principalissimi e capi della fattione lutterana – si che almeno si fuggisse il concilio. – Nur dies habe ich mir getraut zu behaupten.

damals von dem Hause Österreich verdrängt worden war. Franz I. bequemte sich, Hilfsgelder zu zahlen. In kurzem Kriegszuge, mit überraschender Schnelligkeit setzte hierauf Landgraf Philipp das Unternehmen ins Werk. Es ist gewiß, daß er in die österreichischen Erblande hätte vordringen sollen[1]: allgemein vermutete man, der König wolle Mailand einmal auch von deutscher Seite her angreifen lassen[2]. Eine noch weitere Aussicht eröffnet uns Marino Giustinian, in jenen Zeiten Botschafter der Venezianer in Frankreich. Er versichert geradehin, diese deutsche Bewegung sei von Clemens und Franz zu Marseille beschlossen worden; er fügt hinzu, es habe allerdings nicht außer dem Plane gelegen, diese Truppen nach Italien kommen zu lassen: insgeheim würde der Papst dazu mitgewirkt haben[3]. Es würde etwas rasch sein, diese Behauptung, so sicher sie auch ausgesprochen wird, als beglaubigte Tatsache zu betrachten: noch andere Beweise wären erforderlich; – allein, wenn wir sie auch nicht annehmen, stellt sich doch eine sehr merkwürdige Erscheinung unbezweifelt dar. Wer hätte es vermuten sollen? In dem Augenblick, daß Papst und Protestan-

[1] In der Instruktion an seine Gesandten nach Frankreich, August 1532 (Rommel, Urkundenbuch 61), entschuldigt er sich, „daß wir nit furtzugen, den König in seinen Erblanden anzugreifen".

[2] Jovius, Historiae sui temporis, lib. XXXII, p. 129; Paruta, Storia Venez. p. 389.

[3] Relatione del clarissimo M. Marino Giustinian el K^{r} venuto d'ambasciator al christianissimo re di Francia del 1535 (Archivio Venez.): Francesco fece l'aboccamento di Marsilia con Clemente, nel qual vedendo loro che Cesare stava fermo – conchiusero il movimento delle armi in Germania sotto pretesto di voler metter il duca di Virtenberg in casa: nel quale se Iddio non avesse posto la mano con il mezzo di Cesare, il quale all' improviso e con gran prestezza senza saputa del X^{mo} con la restitution del ducato di Virtenberg fece la pace, tutte quelle genti venivano in Italia sotto il favor secreto di Clemente. Man wird, denke ich, wohl noch einmal genauere Nachrichten hierüber finden. Soriano enthält noch folgendes: Di tutti li desiderii (del re) s'accommodò Clemente con parole tali che lo facevano credere, S. S. esser disposta in tutto alle sue voglie, senza pero far provisione alcuna in scrittura. Daß von einer italienischen Unternehmung die Rede war, läßt sich nicht leugnen. Der Papst behauptete, sie abgelehnt zu haben – non avere bisogno di moto in Italia. Der König hatte ihm gesagt, er solle ruhig bleiben: con le mani accorte nelle maniche. Wahrscheinlich behaupteten die Franzosen, was die Italiener leugneten, so daß der Gesandte in Frankreich positiver ist als der Gesandte in Rom. Sagte aber der Papst, eine Bewegung in Italien könne er nicht brauchen, so sieht man, wie wenig das eine Bewegung in Deutschland ausschließt.

ten einander mit einem unversöhnlichen Hasse verfolgen, daß sie sich einen geistlichen Krieg machen, der die Welt mit Zwietracht erfüllt, sind sie auf der anderen Seite durch gleiche politische Interessen verbunden.

War aber früher, in der Verwicklung der italienischen Angelegenheiten, dem Papst nichts so verderblich gewesen wie die zweideutige allzufeine Politik, die er befolgte, so trugen ihm diese Maßregeln auf dem geistlichen Gebiete noch bitterere Früchte. König Ferdinand, bedroht in seinen erblichen Provinzen, eilte, den Frieden von Kadan zu schließen, in welchem er Württemberg fahren ließ und sogar in ein engeres Verständnis mit dem Landgrafen selber trat. Es waren die glücklichsten Tage Philipps von Hessen. Daß er einem verjagten deutschen Fürsten mit gewaltiger Hand zu seinem Recht verholfen, machte ihn zu einem der angesehensten Oberhäupter des Reiches. Er hatte aber damit auch noch einen anderen wichtigen Erfolg erkämpft. Dieser Friede enthielt zugleich eine tiefgreifende Bestimmung über die religiösen Streitigkeiten. Das Kammergericht ward angewiesen, über die eingezogenen geistlichen Güter keine Klagen weiter anzunehmen. Ich weiß nicht, ob irgendein anderes einzelnes Ereignis für das Übergewicht des protestantischen Namens in Deutschland so entscheidend eingewirkt hat wie diese hessische Unternehmung. In jener Weisung des Kammergerichts liegt eine juridische Sicherung der neuen Partei, die von ungemeiner Bedeutung ist. Auch ließ sich die Wirkung nicht lange erwarten. Den Frieden von Kadan, dünkt mich, können wir als die zweite große Epoche der Erhebung einer protestantischen Macht in Deutschland betrachten. Nachdem sie eine Zeitlang mindere Fortschritte gemacht, fing sie aufs neue an, sich auf das glänzendste auszubreiten. Württemberg welches man eingenommen, ward ohne weiteres reformiert. Die deutschen Provinzen von Dänemark, Pommern, die Mark Brandenburg, die zweite Linie von Sachsen, eine Linie von Braunschweig, die Pfalz folgten in kurzem nach. Binnen wenigen Jahren breitete sich die Reformation der Kirche über das gesamte niedere Deutschland aus und setzte sich in dem oberen auf immer fest.

Und um eine Unternehmung, die dahin führte, die den begonnenen Abfall so unermeßlich beförderte, hatte Papst Clemens gewußt, er hatte sie vielleicht gebilligt.

Das Papsttum war durchaus in einer falschen, unhaltbaren Position. Seine weltlichen Tendenzen hatten in ihm selbst einen Verfall hervorgerufen, aus dem ihm unzählige Widersacher und Abtrünnige entsprangen; aber die Fortsetzung derselben, die fernere Verflechtung geistlicher und weltlicher Interessen, richtete es vollends zugrunde.

Auch das Schisma von England hängt noch wesentlich hiervon ab. Es ist sehr bemerkenswert, daß Heinrich VIII., so feindselig er sich auch gegen Luther erklärt hatte, so eng er mit dem Römischen Stuhle auch verbunden war, doch bei der ersten Differenz in rein politischen Geschäften, schon im Anfang des Jahres 1525, dem Römischen Stuhle mit kirchlichen Neuerungen drohte[1]. Damals ward zwar alles beigelegt; der König machte mit dem Papst gemeinschaftliche Sache wider den Kaiser; als Clemens in dem Kastell eingeschlossen, von jedermann verlassen war, fand Heinrich VIII. Mittel, ihm eine Unterstützung zukommen zu lassen; Clemens war ihm deshalb persönlich vielleicht geneigter als irgendeinem anderen Fürsten[2]. Seitdem aber war nun die Ehescheidungssache des Königs in Gang gekommen. Es ist nicht zu leugnen, daß ihm der Papst noch im Jahre 1528 eine günstige Erledigung derselben, wenn nicht zusagte, doch möglich erscheinen ließ, „sobald nur erst die Deutschen und die Spanier aus Italien verjagt sein würden“[3]. Es erfolgte hiervon, wie wir wissen, das Gegenteil. Die Kaiserlichen setzten sich nun erst recht fest: wir sahen, in welch engen Bund Clemens mit ihnen trat: unter so veränderten Umständen konnte er eine Hoffnung nicht erfüllen, die er überdies nur flüchtig angedeutet hatte[4]. Kaum war der Friede von

[1] Wolsey hatte drohend geschrieben, „che ogni provincia doventarà Lutherana“, eine Äußerung, die man wohl als die erste Regung des Abfalls von Rom in der englischen Staatsgewalt betrachten muß. (S. Giberto a i nuntii d'Inghilterra: Lettere di principi I, p. 147.)

[2] Contarini, Relatione di 1530, versichert das ausdrücklich. Auch Soriano 1533 sagt: Anglia S. Santità ama et era conjunctissimo prima. Die Absicht des Königs, sich scheiden zu lassen, erklärt er ohne weiteres für eine „pazzia“.

[3] Aus den Depeschen des Doktor Knight von Orvieto, 1. und 9. Januar 1528: Herbert Life of Henry VIII, p. 218.

[4] Die ganze Lage erkennt man aus folgender Stelle eines Schreibens des päpstlichen Sekretärs Sanga an Campeggi, Viterbo 2. Sept. 1528, in dem Augenblick, daß die neapolitanische Unternehmung mißlungen war (ein Erfolg, dessen in dem Briefe gedacht wird) und Campeggi nach England gehen wollte. Come vostra Sign. Rev^{ma} sa, tenendosi N. Signore obligatissimo come fa a quel Seren^{mo} re, nessuna cosa è si

Barcelona geschlossen, so avosierte er den Prozeß nach Rom. Die Frau, von der sich Heinrich scheiden wollte, war die Tante des Kaisers; von einem früheren Papst war die Ehe ausdrücklich gutgeheißen worden; wie hätte, sobald die Sache einmal in den prozessualischen Gang vor den Gerichtshöfen der Kurie geleitet worden, zumal unter dem immerwährenden Einfluß der Kaiserlichen, die Entscheidung zweifelhaft sein können? Hierauf schlug nun Heinrich den schon ehemals ins Auge gefaßten Weg ohne weiteres ein. In der Hauptsache, dem Dogma, war und blieb er ohne Zweifel katholisch gesinnt; diese Angelegenheit aber, die in Rom so offenbar mit politischen Rücksichten in Verbindung gebracht wurde, rief nun in ihm eine immer lebhaftere Opposition gegen die weltliche Gewalt des Papsttums hervor. Jeden Schritt, der in Rom zu seinem Nachteile geschah, erwiderte er mit einer Maßregel gegen die Kurie: immer förmlicher sagte er sich von derselben los. Als jene endlich im Jahre 1534 ihre definitive Sentenz ergehen ließ, bedachte auch er sich nicht weiter und sprach die vollständige Trennung seines Reiches von dem Papste aus. So schwach waren bereits die Bande, welche den Römischen Stuhl und die verschiedenen Landeskirchen verknüpften, daß es nichts als den Entschluß eines Fürsten bedurfte, um sein Reich von demselben loszureißen.

Diese Ereignisse erfüllten das letzte Lebensjahr Clemens' VII. Sie waren ihm um so bitterer, da er nicht ohne alle Schuld daran war und seine Unfälle in einem qualvollen Zusammenhange mit seinen persönlichen Eigenschaften standen. Und von Tag zu Tag gefährlicher entwickelte sich der Gang der Dinge. Schon drohte Franz I., Italien aufs neue anzufallen: er behauptete, hierzu zwar nicht die schriftliche, aber doch die mündliche Genehmigung des Papstes erhalten zu haben. Der Kaiser wollte sich nicht länger mit Ausflüchten abweisen lassen und drang immer nachdrücklicher auf die Einberufung des Konziliums. Häusliche Mißhelligkeiten kamen hinzu: nachdem es so viele Mühe gekostet, Florenz zu unterwerfen, mußte der Papst erleben, daß die beiden Neffen, die er

grande della quale non desideri compiacerli, ma bisogna ancora che sua Beatitudine, vedendo l'imperatore vittorioso e sperando in questa vittoria non trovarlo alieno della pace, – non si precipiti a dare al l'imperatore causa di nuova rottura, la quale leveria in perpetuo ogni speranza di pace: oltre che al certo metteria S. S^{à} a fuoco et a totale eccidio tutto il suo stato. (Lettere di diversi autori, Venetia 1556 p. 39.)

hatte, sich über die Herrschaft in dieser Stadt entzweiten und in wilde Feindschaft gerieten: die Gedanken, die er sich hierüber machte, die Furcht vor den kommenden Dingen, – Schmerz und geheime Qual, sagt Soriano, führten ihn zum Tode[1].

Glücklich haben wir Leo genannt: vielleicht besser, auf jeden Fall fehlerfreier, tätiger und im einzelnen selbst scharfsinniger, aber in allem seinem Tun und Lassen unglückselig war Clemens. Wohl der unheilvollste aller Päpste, die je auf dem Römischen Stuhle gesessen. Der Überlegenheit feindlicher Kräfte, die ihn von allen Seiten bedrängte, trat er mit einer unsicheren, von den Wahrscheinlichkeiten des Augenblicks abhängigen Politik entgegen, die ihn vollends zugrunde richtete. Die Versuche, eine selbständige weltliche Macht zu bilden, denen sich seine namhaftesten Vorgänger hingegeben, mußte er zu einem ganz entgegengesetzten Erfolge umschlagen sehen: er mußte sich darein finden, daß die, denen er Italien entreißen wollen, ihre Herrschaft daselbst auf immer befestigten. Der große Abfall der Protestanten entwickelte sich unaufhaltsam vor seinen Augen: welche Mittel er auch wider denselben ergreifen mochte, sie trugen alle zu seiner Ausbreitung bei. In Reputation unendlich herabgekommen, ohne geistliche, ohne weltliche Autorität hinterließ er den Päpstlichen Stuhl. Jenes Norddeutschland, das für das Papsttum von jeher so bedeutend war – durch dessen erste Bekehrung vorzeiten die Macht der Päpste im Abendlande vorzüglich mit begründet worden, dessen Empörung gegen Kaiser Heinrich IV. ihnen zur Vollendung der Hierarchie so große Dienste geleistet hatte –, war wider sie selber aufgestanden. Unser Vaterland hat das unsterbliche Verdienst, das Christentum in reinerer Gestalt, als es seit den ersten Jahrhunderten bestanden, wiederhergestellt, die wahre Religion wieder entdeckt zu haben. Mit dieser Waffe war es unüberwindlich gerüstet. Seine Überzeugungen brachen sich bei allen Nachbarn Bahn: Skandinavien hatten sie bereits eingenommen; wider die Absicht des Königs, aber unter dem Schutze der Maßregeln, die

[1] Soriano. L'imperatore non cessava di sollecitar il concilio, – S. M. Christ^ma dimandò che da S. S^à li fussino osservate le promesse essendo le conditioni poste fra loro. Percio S. S^à si pose a grandissimo pensiero, e fu questo dolore et affanno che lo condusse alla morte. Il dolor fu accresciuto dalle pazzie del cardinal de Medici, il quale allora piu che mai intendeva a rinuntiare il capello per la concurrenza alle cose di Fiorenza.

er ergriffen, breiteten sie sich in England aus; in der Schweiz erkämpften sie sich, unter wenigen Modifikationen, eine unantastbare Existenz; in Frankreich drangen sie vor; in Italien, selbst in Spanien finden wir noch unter Clemens ihre Spuren. Immer näher wälzen sich diese Fluten heran. In diesen Meinungen lebt eine Kraft, die jedermann heranzieht und fortreißt. Der Widerstreit geistlicher und weltlicher Interessen, in den sich das Papsttum gesetzt hat, scheint recht dazu gemacht, ihnen die vollständige Herrschaft zu verschaffen.

ZWEITES BUCH

ANFÄNGE EINER REGENERATION DES KATHOLIZISMUS

—

Nicht erst heutzutage hat die öffentliche Meinung Einfluß in der Welt bekommen; in allen Jahrhunderten des neueren Europas hat sie ein wichtiges Lebenselement ausgemacht. Wer möchte sagen, woher sie entspringt, wie sie sich bildet? Wir dürfen sie als das eigentümlichste Produkt unserer Gemeinschaftlichkeit betrachten, als den nächsten Ausdruck der inneren Bewegungen und Umwandlungen des allgemeinen Lebens. Aus geheimen Quellen steigt sie auf und nährt sie sich; ohne vieler Gründe zu bedürfen, durch unwillkürliche Überzeugung bemächtigt sie sich der Geister. Aber nur in den äußersten Umrissen ist sie mit sich selber in Übereinstimmung: in unzähligen größeren und kleineren Kreisen wird sie auf eigentümliche Weise wieder hervorgebracht und auf das mannigfaltigste modifiziert. Da ihr dann immer neue Wahrnehmungen und Erfahrungen zuströmen, da es immer selbständige Geister gibt, welche, von ihr zwar berührt, aber nicht so geradezu in dem Strome mit fortgerissen, energisch auf sie zurückwirken, so ist sie in unaufhörlicher Metamorphose begriffen: flüchtig, vielgestaltig; mit der Wahrheit und dem Recht zuweilen mehr, zuweilen minder im Einklange: mehr eine Tendenz des Augenblicks, als eine fixierte Lehre. Häufig begleitet sie nur das Ereignis, das sie mit hervorbringt, – bildet und entwickelt sich daran; dann und wann aber, wenn ihr ein einseitiger Wille, den sie doch nicht übermeistern kann, entgegentritt, schwillt sie zu gewaltsamer Forderung an. Man muß zugestehen, daß sie von den Bedürfnissen, den Mängeln in der Regel ein richtiges Gefühl hat; davon aber, was auszurichten und ins Werk zu setzen wäre, kann sie ihrer Natur nach kein reines festes Bewußtsein hervorbringen. Daher kommt es, daß sie im Laufe der Zeit sogar oft in ihr Gegenteil umschlägt.

Sie hat das Papsttum gründen, sie hat es auch auflösen helfen. In den Zeiten, die wir betrachten, war sie einmal völlig profan: sie wurde durchaus geistlich. Bemerkten wir, wie sie sich in ganz Europa dem Protestantismus zuneigte, so werden wir auch sehen, wie sie in einem großen Teile desselben eine andere Farbe empfing.
Gehen wir davon aus, wie sich zunächst die Lehren der Protestanten auch in Italien Bahn machten.

Analogien des Protestantismus in Italien

Literarische Vereinigungen haben auch in Italien auf wissenschaftliche und künstlerische Entwicklung einen unberechenbaren Einfluß ausgeübt. Bald um einen Fürsten, bald um einen ausgezeichneten Gelehrten, bald um irgendeinen literarisch gesinnten, bequem-eingerichteten Privatmann her, zuweilen auch in freier gleicher Geselligkeit bilden sie sich; am meisten pflegen sie wert zu sein, wenn sie frisch und formlos aus dem unmittelbaren Bedürfnis hervorgehen: mit Vergnügen verfolgen wir ihre Spuren.
Zu der nämlichen Zeit, als die protestantische Bewegung in Deutschland hervortrat, erschienen in Italien literarische Reunionen, die eine religiöse Farbe annahmen.
Eben als es unter Leo X. der Ton der Gesellschaft geworden war, das Christentum zu bezweifeln, zu leugnen, erhob sich in geistreicheren Männern, in solchen, welche die Bildung ihrer Zeit besaßen, ohne sich an dieselbe verloren zu haben, eine Rückwirkung dagegen. Es ist so natürlich, daß sie sich zusammenfanden. Der menschliche Geist bedarf der Beistimmung; wenigstens liebt er sie immer: unentbehrlich aber ist sie ihm in religiösen Überzeugungen, deren Grund das tiefste Gemeingefühl ist.
Noch zu Leos Zeiten wird ein Oratorium der göttlichen Liebe erwähnt, das einige ausgezeichnete Männer in Rom zu gemeinschaftlicher Erbauung gestiftet hatten. In Trastevere, in der Kirche S. Silvestro und Dorotea, unfern von dem Orte, wo der Apostel Petrus, wie man glaubte, gewohnt und die ersten Zusammenkünfte der Christen geleitet habe, versammelten sie sich zu Gottesdienst, Predigt und geistlichen Übungen. Es waren ihrer fünfzig bis sechzig. Contarini, Sadolet, Giberto, Caraffa, die nachmals sämtlich Kardinäle geworden, Gaetano da Thiene, den man kanonisiert

hat, Lippomano, ein geistlicher Schriftsteller von viel Ruf und Wirksamkeit, und einige andere namhafte Männer waren darunter. Julian Bathi, Pfarrer jener Kirche, diente ihnen zum Mittelpunkt ihrer Vereinigung[1].

Es fehlte viel, daß die Richtung derselben, wie man leicht aus dem Orte der Versammlung schließen könnte, dem Protestantismus entgegengelaufen wäre: sie war ihm vielmehr in gewissem Sinne gleichartig – in der Absicht, dem allgemeinen Verfalle der Kirche durch Erneuerung der Lehre und des Glaubens entgegenzutreten, wovon auch Luther und Melanchthon ausgegangen waren. Sie bestand aus Männern, welche später sehr verschiedene Ansichten entwickelt haben; damals begegneten sie sich in der nämlichen allgemeinen Gesinnung.

Gar bald aber traten bestimmtere und verschiedenartige Tendenzen hervor.

Einem Teile der römischen Gesellschaft begegnen wir nach Verlauf einiger Jahre in Venedig wieder.

Rom war geplündert, Florenz erobert worden, Mailand war fortwährend der Tummelplatz der Kriegsheere gewesen: in diesem allgemeinen Ruin hatte sich Venedig unberührt von den Fremden, von den Kriegsheeren behauptet: es wurde als eine allgemeine Zufluchtsstätte betrachtet. Da fanden sich die zersprengten römischen Literatoren, die florentinischen Patrioten, denen ihr Vaterland auf immer geschlossen war, zusammen. Namentlich in den letzten zeigte sich, wie wir an dem Geschichtschreiber Nardi, dem Übersetzer der Bibel Bruccioli sehen, nicht ohne Nachwirkung der Lehren des Savonarola, eine sehr starke geistliche Richtung. Auch andere Flüchtlinge, wie Reginald Poole, welcher England verlassen hatte, um sich den Neuerungen Heinrichs VIII. zu ent-

[1] Ich schöpfe diese Notiz aus Caracciolo: Vita di Paolo IV MS. Quei pochi huomini da bene ed eruditi prelati che erano in Roma in quel tempo di Leone X, vedendo la città di Roma e tutto il resto d'Italia, dove per la vicinanza alla sede apostolica doveva piu fiorire l'osservanza de' riti, essere cosi maltrattato il culto divino, – si unirono in un' oratorio chiamato del divino amore circa sessanta di loro per fare quivi quasi in una torre ogni sforzo per guardare le divine leggi. In der Vita Cajetani Thienaei (AA. SS. Aug. II) c. I, 7–10 hat dies Caracciolo wiederholt und noch weiter ausgeführt; jedoch zählt er hier nur fünfzig Mitglieder. Die Historia clericorum regularium vulgo Theatinorum von *Joseph Silos* bestätigt es in vielen Stellen, die in dem Commentarius praevius zu der Vita Cajetani abgedruckt sind.

ziehen, teilten dieselbe. In ihren venezianischen Gastfreunden fanden sie ein bereitwilliges Entgegenkommen. Bei Peter Bembo in Padua, der ein offenes Haus hielt, fragte man allerdings am meisten nach gelehrten Sachen, nach ciceronianischem Latein. Tiefer verlor man sich bei dem gelehrten und verständigen Gregorio Cortese, Abt von San Giorgio Maggiore bei Venedig. In die Gebüsche und Lauben von S. Giorgio verlegt Bruccioli einige seiner Gespräche. Unfern Treviso hatte Luigi Priuli seine Villa, genannt Treville[1]. Er ist einer der rein ausgebildeten venezianischen Charaktere, wie wir ihnen noch heute dann und wann begegnen, voll ruhiger Empfänglichkeit für wahre und große Gefühle und uneigennütziger Freundschaft. Hier beschäftigte man sich hauptsächlich mit geistlichen Studien und Gesprächen. Da war der Benediktiner Marco von Padua, ein Mann von tieferer Frömmigkeit, der es wahrscheinlich ist, an dessen Brüsten Poole Nahrung gesogen zu haben behauptet. Als das Haupt von allen mochte Gaspar Contarini anzusehen sein, von welchem Poole sagt, es sei ihm nichts unbekannt, was der menschliche Geist durch eigene Forschung entdeckt oder was die göttliche Gnade ihm mitgeteilt habe, und dazu füge er den Schmuck der Tugend.

Fragen wir nun, in welcher Grundansicht diese Männer sich berührten, so ist das hauptsächlich dieselbe Lehre von der Rechtfertigung, welche in Luther der ganzen protestantischen Bewegung ihren Ursprung gegeben hatte. Contarini schrieb einen eigenen Traktat darüber, den Poole nicht genug zu rühmen weiß. „Du hast“, sagt er ihm, „diesen Edelstein hervorgezogen, den die Kirche in halber Verborgenheit bewahrte.“ Poole selber findet, daß die Schrift in ihrem tieferen Zusammenhange nichts als diese Lehre predige: er preist seinen Freund glücklich, daß er diese „heilige, fruchtbringende, unentbehrliche Wahrheit“ ans Licht zu bringen angefangen[2]. Zu dem Kreise von Freunden, der sich an sie anschloß, gehörte M. A. Flaminio. Er wohnte eine Zeitlang bei Poole; Contarini wollte ihn mit nach Deutschland nehmen. Man höre, wie entschieden er jene Lehre verkündigt. „Das Evangelium“, sagt er in einem seiner Briefe[3], „ist nichts anderes als die

[1] Epistolae Reginaldi Poli ed. Quirini Tom. II. Diatriba ad epistolas Schelhornii CLXXXIII.

[2] Epistolae Poli Tom. III, p. 57.

[3] An Theodorina Sauli, 12. Februar 1542. Lettere volgari (Raccolta del Manuzio). Vinegia 1553. II, 43.

glückliche Neuigkeit, daß der eingeborne Sohn Gottes, mit unserem Fleisch bekleidet, der Gerechtigkeit des ewigen Vaters für uns genuggetan hat. Wer dies glaubt, geht in das Reich Gottes ein: er genießt die allgemeine Vergebung: er wird von einer fleischlichen Kreatur eine geistliche, von einem Kinde des Zorns ein Kind der Gnade: er lebt in einem süßen Frieden des Gewissens." Man kann sich hierüber kaum lutherisch-rechtgläubiger ausdrücken.

Ganz wie eine literarische Meinung oder Tendenz breitete sich diese Überzeugung über einen großen Teil von Italien aus[1].

Bemerkenswürdig ist es doch, wie so plötzlich der Streit über eine Meinung, von der früher nur dann und wann in den Schulen die Rede war, ein Jahrhundert einnehmen und erfüllen, die Tätigkeit aller Geister desselben herausfordern kann. In dem 16. Jahrhundert brachte die Lehre von der Rechtfertigung die größten Bewegungen, Entzweiungen, ja Umwälzungen hervor. Man möchte sagen, es sei im Gegensatz gegen die Verweltlichungen des kirchlichen Institutes, welches die unmittelbare Beziehung des Menschen zu Gott fast ganz verloren hatte, geschehen, daß eine so transzendentale, das tiefste Geheimnis dieses Verhältnisses anbetreffende Frage die allgemeine Beschäftigung der Geister wurde.

Selbst in dem lebenslustigen Neapel ward sie, und zwar von einem Spanier, einem Sekretär des Vizekönigs, Johann Valdez, verbreitet. Die Schriften des Valdez sind leider ganz verschollen; darüber aber, was die Gegner an ihm tadelten, haben wir ein sehr bestimmtes Zeugnis. Um das Jahr 1540 kam ein kleines Buch „von der Wohltat Christi" in Umlauf, welches, wie sich ein Bericht der Inquisition ausdrückt, auf einschmeichelnde Weise von der Rechtfertigung handelte, Werke und Verdienste herabsetzte, dem Glauben allein alles zuschrieb und, weil eben dies der Punkt war, an dem damals viele Prälaten und Klosterbrüder anstießen, eine

[1] Unter anderen ist das Schreiben Sadolets an Contarini (Epistolae Sadoleti Lib. IX, p. 365) über seinen Commentar an die Römer sehr merkwürdig: „in quibus commentariis", sagt Sadolet, „mortis et crucis Christi mysterium totum aperire atque illustrare sum conatus." Doch hatte er Contarini nicht ganz befriedigt. Auch war er nicht ganz einer Meinung mit demselben. Er verspricht indes, in die neue Ausgabe eine deutliche Erklärung über Erbsünde und Gnade aufzunehmen: „de hoc ipso morbo naturae nostrae et de reparatione arbitrii nostri a spiritu sancto facta".

ungemeine Verbreitung fand. Man hat dem Autor dieses Buches öfter nachgefragt. Jener Bericht bezeichnet ihn mit Bestimmtheit. „Es war", sagt derselbe, „ein Mönch von San Severino, ein Schüler des Valdez; Flaminio hat es revidiert[1]." Auf einen Schüler und Freund des Valdez führt sich demnach dieses Buch zurück, das in der Tat einen unglaublichen Sukzeß hatte und die Lehre von der Rechtfertigung auf eine Zeitlang in Italien populär machte. Dabei war jedoch die Tendenz des Valdez nicht ausschließend theologisch, wie er denn ein bedeutendes weltliches Amt bekleidete; er hat keine Sekte gestiftet; aus einer liberalen Beschäftigung mit dem Christentume war dieses Buch hervorgegangen. Mit Wonne dachten seine Freunde an die schönen Tage, die sie mit ihm an der Chiaja und dem Posilippo genossen hatten, dort bei Neapel, „wo die Natur in ihrer Pracht sich gefällt und lächelt". Valdez war sanft, angenehm, nicht ohne Schwung des Geistes. „Ein Teil sei-

[1] Schelhorn, Gerdesius und andere, auch Tiraboschi, haben dies Buch dem Aonius Palearius zugeschrieben, der in einer Rede vor dem Senat von Siena 1542 sagt: Ex Christi morte quanta commoda sint allata humano generi cum hoc anno Tusce scripsissem etc. Das Kompendium der Inquisitoren, das ich in Caracciolo, Vita di Paolo IV MS, fand, drückt sich dagegen folgendermaßen aus: Quel libro del beneficio di Christo, fu il suo autore un monaco di Sanseverino in Napoli discepolo del Valdes, fu revisore di detto libro il Flaminio, fu stampato molte volte ma particolarmente a Modena de mandato Moroni, ingannò molti, perche trattava della giustificatione con dolce modo ma hereticamente. – Hier ist ein gutes Zeugnis mit einem anderen in Widerstreit. Da die Worte des Palearius das Buch doch nicht dergestalt bezeichnen, daß nicht auch eines von ähnlichem Inhalt und Titel gemeint sein könnte, da Palearius sagt, er sei noch das nämliche Jahr darüber in Anspruch genommen worden, das Kompendium der Inquisitoren dagegen sich unzweifelhaft ausdrückt und hinzufügt: quel libro fu da molti approbato, solo in Verona fu conosciuto e reprobato, dopo molti anni fu posto nell' indice, – so habe ich die Meinung jener Gelehrten doch für irrig halten, der Angabe der Inquisitoren folgen zu müssen geglaubt. Aber ich leugne nicht, daß auch diese sich irren konnten. Das Buch ist in seiner Ursprache, italienisch, vergeblich gesucht worden. Aber es war ins Französische und aus dem Französischen in den siebziger Jahren des 16. Jahrhunderts ins Englische übersetzt worden. Diese Übersetzung: The benefit of Christ's death, ist in der Ausgabe von 1638 wieder aufgefunden und von der Religious Tracts Society vor einigen Jahren wieder gedruckt worden. Die Streitfrage über die Autorschaft wird dadurch nicht entschieden. Enquire not of the author, heißt es in der Vorrede, he is unknown. Wie damals, so ist auch jetzt das Büchlein zu unmittelbarer Erbauung bestimmt worden.

ner Seele", sagen seine Freunde von ihm, „reichte hin, seinen schwachen mageren Körper zu beleben; mit dem größeren Teil, dem ungetrübten hellen Verstande, war er immer zur Betrachtung der Wahrheit erhoben."

Bei dem Adel und den Gelehrten von Neapel hatte Valdez außerordentlichen Einfluß: lebhaften Anteil an dieser religiös geistigen Bewegung nahmen auch die Frauen.

Unter anderen Vittoria Colonna. Nach dem Tode ihres Gemahls Pescara hatte sie sich ganz den Studien hingegeben. In ihren Gedichten wie in ihren Briefen ist eine selbstgefühlte Moral, eine ungeheuchelte Religion. Wie schön tröstet sie eine Freundin über den Tod ihres Bruders, „dessen friedfertiger Geist in den ewigen wahren Frieden eingegangen: sie müsse nicht klagen, da sie nun mit ihm reden könne, ohne daß seine Abwesenheit, wie sonst so häufig, sie hindere, von ihm verstanden zu werden"[1]. Poole und Contarini gehörten zu ihren vertrautesten Freunden. Ich sollte nicht glauben, daß sie sich geistlichen Übungen auf klösterliche Weise unterzogen habe. Mit vieler Naivität schreibt ihr wenigstens Aretin: „ihre Meinung sei gewiß nicht, daß es auf das Verstummen der Zunge, das Niederschlagen der Augen, die rauhe Kleidung ankomme, sondern auf die reine Seele".

Überhaupt war das Haus Colonna, namentlich Vespasiano, Herzog zu Palliano, und dessen Gemahlin Julia Gonzaga, dieselbe, die für die schönste Frau in Italien gegolten hat, dieser Bewegung gewogen. Ein Buch des Valdez war der Julia gewidmet.

Aber überdies hatte diese Lehre in den mittleren Ständen einen ungemeinen Fortgang. Der Bericht der Inquisition scheint fast zu übertreiben, wenn er 3000 Schullehrer zählen will, die derselben angehangen. Doch auch eine mindere Anzahl, wie tief mußte sie auf Jugend und Volk wirken!

Um nicht viel geringer mochte die Teilnahme sein, die diese Lehre in Modena fand. Der Bischof selbst, Morone, ein genauer Freund von Poole und Contarini, begünstigte sie: auf sein ausdrückliches Geheiß ward das Buch von der Wohltat Christi gedruckt und in vielen Exemplaren verbreitet; sein Kaplan, Don Girolamo da Modena, war der Vorsteher einer Akademie, in welcher die nämlichen Grundsätze herrschten[2].

[1] Lettere volgari I, 92. Lettere di diversi autori p. 604. Besonders die erste eine sehr nützliche Sammlung.

[2] In Schelhorns Amoenitatt. literar. tom. XII, p. 564 findet man die

Es ist von Zeit zu Zeit von den Protestanten in Italien die Rede gewesen, und wir haben schon mehrere Namen genannt, die in den Verzeichnissen derselben vorkommen. Und gewiß hatten in diesen Männern einige Meinungen Wurzel gefaßt, welche in Deutschland herrschend wurden: sie suchten die Lehre auf das Zeugnis der Schrift zu gründen; in dem Artikel von der Rechtfertigung streiften sie nahe an die lutherische Auffassung hin. Allein daß sie dieselbe auch in allen anderen Stücken geteilt hätten, kann man nicht sagen: allzu tief war das Gefühl der Einheit der Kirche, die Verehrung für den Papst ihren Gemütern eingeprägt, und gar manche katholische Gebräuche hingen zu genau mit der nationalen Sinnesweise zusammen, als daß man sich so leicht von ihnen entfernt hätte.

Flaminio verfaßte eine Psalmenerklärung, deren dogmatischer Inhalt von protestantischen Schriftstellern gebilligt worden ist; aber eben dieselbe versah er mit einer Zueignung, in welcher er den Papst „den Wächter und Fürsten aller Heiligkeit, den Statthalter Gottes auf Erden" nannte.

Giovan Battista Folengo schreibt die Rechtfertigung allein der Gnade zu: er redet sogar von dem Nutzen der Sünde, was nicht weit von der Schädlichkeit der guten Werke entfernt ist: lebhaft eifert er wider das Vertrauen auf Fasten, häufiges Gebet, Messe und Beichte, ja auf den Priesterstand selber, Tonsur und Mitra[1]; dennoch ist er in dem nämlichen Benediktinerkloster, in welchem er in seinem sechzehnten Jahre eingekleidet worden, ungefähr in dem sechzigsten ruhig gestorben[2].

Nicht viel anders stand es lange Zeit mit Bernardino Ochino. Glauben wir seinen eigenen Worten, so war es von Anfang ein tiefes Verlangen, wie er sich ausdrückt, „nach dem himmlischen Paradiese, das durch die göttliche Gnade erworben wird", was ihn dahin brachte, Franziskaner zu werden. Sein Eifer war so gründlich, daß er gar bald zu den strengeren Bußübungen der Kapuziner übertrat. In dem dritten und noch einmal in dem vierten

articuli contra Moronum, welche Vergerio im Jahre 1558 herausgab, wieder abgedruckt, in denen auch diese Beschuldigungen nicht fehlen. Die genaueren Notizen nahm ich aus dem Kompendium der Inquisitoren.

[1] Ad Psalm. 67, f. 246. Man findet einen Auszug aus diesen Erklärungen in des Gerdesius Italia reformata p. 257–261.

[2] Thuani Historiae ad a. 1559. I, 473.

Kapitel dieses Ordens ward er zum General desselben ernannt: ein Amt, das er mit außerordentlichem Beifall verwaltete. So streng aber auch sein Leben war – er ging immer zu Fuß: er schlief auf seinem Mantel: nie trank er Wein: auch anderen schärfte er vor allem das Gebot der Armut ein als das vornehmste Mittel, die evangelische Vollkommenheit zu erwerben –, so ward er doch nach und nach von dem Lehrsatz der Rechtfertigung durch die Gnade überzeugt und durchdrungen. Auf das eindringlichste trug er sie in dem Beichtstuhl und auf der Kanzel vor. „Ich eröffnete ihm mein Herz", sagt Bembo, „wie ich es vor Christo selber tun würde; mir kam es vor, als hätte ich nie einen heiligeren Mann gesehen." Zu seinen Predigten strömten die Städte zusammen: die Kirchen waren zu klein: die Gelehrten und das Volk, beide Geschlechter, alt und jung, alle wurden befriedigt. Seine rauhe Kleidung, sein bis auf die Brust herabhängender Bart, seine grauen Haare, sein bleiches mageres Gesicht und die Schwäche, die von seinem hartnäckigen Fasten herkam, gaben ihm den Ausdruck eines Heiligen[1].

Und so gab es noch eine Linie innerhalb des Katholizismus, welche von den Analogien der neuen Meinungen nicht überschritten wurde. Mit Priestertum und Mönchswesen setzte man sich in Italien nicht geradezu in Streit: den Primat des Papstes anzugreifen, war man weit entfernt. Wie hätte auch z. B. ein Poole nicht daran festhalten sollen, nachdem er aus England geflüchtet war, um nicht in seinem Könige das Haupt der englischen Kirche verehren zu müssen? Sie meinten, wie Ottonell Vida, ein Schüler Vergerios, diesem selber erklärt, „in der christlichen Kirche habe jeder sein Amt: der Bischof die Seelsorge der Einwohner seiner Diözese, die er vor der Welt und dem Bösen zu beschützen habe: der Metropolitan müsse darauf achten, daß von den Bischöfen Residenz gehalten werde: die Metropolitane seien dann wieder dem Papst unterworfen, dem die allgemeine Verwaltung der Kirche aufgetragen sei, die er mit Heiligem Geiste leiten solle. Seines Amtes müsse ein jeder warten"[2]. Die Absonderung von der Kirche hielten diese Männer für das äußerste Übel. Isidoro Clario, ein Mann, der mit Hilfe protestantischer Arbeiten die Vulgata verbessert und dazu eine Einleitung geschrieben hat, welche einer Expurgation

[1] Boverio, Annali di frati minori Capuccini I, 375. Gratiani: Vie de Commendone p. 143.

[2] Ottonello Vida, Dot. al Vescovo Vergerio; lettere volgari I, 80.

unterworfen worden ist, mahnte die Protestanten in einer eigenen Schrift von einem solchen Vorhaben ab. „Kein Verderben", sagt er, „könne so groß sein, um zu einem Abfall von dem geheiligten Verein zu berechtigen. Sei es nicht besser, dasjenige, was man habe, zu restaurieren, als sich unsicheren Versuchen, etwas anderes hervorzubringen, anzuvertrauen? Nur darauf solle man sinnen, wie das alte Institut zu verbessern und von seinen Fehlern zu befreien sei."

Unter diesen Modifikationen gab es eine große Anzahl von Anhängern der neuen Lehre in Italien. Antonio dei Pagliarici zu Siena, der selbst für den Urheber des Buches von der Wohltat Christi gehalten worden, Carnesecchi aus Florenz, welcher als ein Anhänger und Verbreiter desselben in Anspruch genommen ward, Giovan Battista Rotto zu Bologna, welcher an Morone, Poole und Vittoria Colonna Beschützer hatte und Mittel fand, die Ärmsten unter seinen Anhängern mit Geld zu unterstützen, Fra Antonio von Volterra, und fast in jeder Stadt von Italien irgendein bedeutender Mensch, schlossen sich ihr an[1]. Es war e i n e Meinung, entschieden religiös, kirchlich gemäßigt, welche das ganze Land von einem Ende bis zu dem andern in allen Kreisen in Bewegung setzte.

Versuche innerer Reformen und einer Aussöhnung mit den Protestanten

Man legte Poole die Äußerung in den Mund, der Mensch habe sich mit der inneren Einsicht zu begnügen, ohne sich viel darum zu kümmern, ob es in der Kirche Irrtümer und Mißbräuche gebe[2]. Aber gerade von einer Seite, der er selber angehörte, kam der erste Versuch einer Verbesserung.

[1] Der Auszug aus dem Kompendium der Inquisitoren ist hierüber unsere Quelle: „Bologna", heißt es da, „fu in molti pericoli, perche vi furoni heretici principali, fra quali fu un Gio Ba Rotto, il quale haveva amicizia et appoggio di persone potentissime, come di Morone, Polo, Marchesa di Pescara, e raccoglieva danari a tutto suo potere e gli compartiva tra gli heretici occulti e poveri che stavano in Bologna, abjurò poi nelle mani del padre Salmerone (des Jesuiten) per ordine del legato di Bologna" (Compend. fol. 9, c. 94). So werden alle Städte durchgegangen.

[2] Stelle aus Atanagi bei M'Crie, Reformation in Italien. Deutsche Übers. S. 172.

Es ist vielleicht die rühmlichste Tat Pauls III., mit der er gleich seine Thronbesteigung bezeichnete, daß er einige ausgezeichnete Männer, ohne andere Rücksicht als auf ihr Verdienst, in das Kollegium der Kardinäle berief. Mit jenem Venezianer Contarini begann er, und dieser soll die übrigen in Vorschlag gebracht haben. Es waren Männer von unbescholtenen Sitten, die im Rufe von Gelehrsamkeit und Frömmigkeit standen, denen die Bedürfnisse der verschiedenen Länder bekannt sein mußten: Caraffa, der sich lange in Spanien und den Niederlanden aufgehalten; Sadolet, Bischof zu Carpentras in Frankreich; Poole, flüchtig aus England; Giberto, der, nachdem er lange an der Leitung der allgemeinen Angelegenheiten teilgehabt, sein Bistum Verona musterhaft verwaltete; Federigo Fregoso, Erzbischof von Salerno: fast alle, wie wir sehen, Mitglieder jenes Oratoriums der göttlichen Liebe, mehrere in der nach dem Protestantismus neigenden religiösen Richtung[1].

Eben diese Kardinäle waren es nun, welche auf Befehl des Papstes einen Entwurf kirchlicher Reformen ausarbeiteten. Er wurde den Protestanten bekannt, und sie haben ihn nicht ohne Wegwerfung verspottet. Sie freilich waren indessen um vieles weiter geschritten. Aber für die katholische Kirche lag, es ist schwerlich zu leugnen, eine außerordentliche Bedeutung darin, daß man das Übel in Rom selbst angriff, daß man, einem Papst gegenüber, den Päpsten vorwarf, wie es in dem Eingange zu dieser Schrift heißt, „sich häufig Diener gewählt zu haben, nicht um von ihnen zu lernen, was ihre Pflicht erheische, sondern um sich das für erlaubt erklären zu lassen, wonach ihre Begierden getrachtet“, daß man einen solchen Mißbrauch der höchsten Gewalt für die vornehmste Quelle des Verderbens erklärte[2].

Und hierbei blieb man nicht stehen. Es sind einige kleine Schriften von Gaspar Contarini übrig, in denen er vor allem denjenigen Mißbräuchen, welche der Kurie Gewinn brachten, den lebhaftesten Krieg macht. Den Gebrauch der Kompositionen – daß man nämlich für die Verleihung selbst geistlicher Gnaden sich Geld

[1] Vita Reginaldi Poli in der Ausgabe der Briefe desselben von Quirini tom. I, p. 12. Florebelli de vita Jacobi Sadoleti commentarius vor den Epp. Sadoleti, Col. 1590 vol. 3.

[2] Es ist das schon angeführte Consilium delectorum Cardinalium et aliorum praelatorum de emendanda ecclesia, von Contarini, Caraffa, Sadolet, Poole, Fregoso, Giberto, Cortese und Aleander unterzeichnet.

zahlen ließ – erklärt er für Simonie, die man für eine Art von Ketzerei halten könne. Man fand es übel getan, daß er frühere Päpste tadle. „Wie", ruft er aus, „sollen wir uns so sehr um den Namen von drei, vier Päpsten kümmern und nicht lieber verbessern, was verunstaltet ist, und uns selber einen guten Namen erwerben? In der Tat, es wäre viel gefordert, alle Taten der Päpste zu verteidigen!" Den Mißbrauch der Dispensationen greift er auf das ernstlichste, nachdrücklichste an. Er findet es götzendienerisch, zu sagen, was wirklich behauptet wurde, der Papst habe für Festsetzung und Aufhebung des positiven Rechts keine andere Norm als seinen Willen. Es ist der Mühe wert, ihn hierüber zu hören. „Christi Gesetz", sagt er, „ist ein Gesetz der Freiheit und verbietet eine so grobe Knechtschaft, welche die Lutheraner ganz recht hätten mit der babylonischen Gefangenschaft zu vergleichen. Aber auch überdies – kann wohl das eine Regierung heißen, deren Regel der Wille eines Menschen ist, der von Natur zum Bösen neigt und von unzähligen Affekten bewegt wird? Nein! Alle Herrschaft ist eine Herrschaft der Vernunft. Sie hat den Zweck, diejenigen, die ihr unterworfen sind, durch die rechten Mittel zu ihrem Ziele, dem Glück zu führen. Auch die Autorität des Papstes ist eine Herrschaft der Vernunft: Gott hat sie dem heiligen Peter und dessen Nachfolgern verliehen, um die ihnen anvertraute Herde zur ewigen Seligkeit zu leiten. Ein Papst muß wissen, daß es freie Menschen sind, über die er sie ausübt. Nicht nach Belieben soll er befehlen oder verbieten oder dispensieren, sondern nach der Regel der Vernunft, der göttlichen Gebote und der Liebe: einer Regel, die alles auf Gott und das gemeine Beste bezieht. Denn nicht die Willkür gibt die positiven Gesetze. Sie werden gegeben, indem man das natürliche Recht und die göttlichen Gebote mit den Umständen zusammenhält; nur nach denselben Gesetzen und der unabweislichen Forderung der Dinge können sie geändert werden." – „Deine Heiligkeit", ruft er Paul III. zu, „trage Sorge, von dieser Regel nicht abzuweichen. Wende dich nicht zu der Ohnmacht des Willens, welche das Böse wählt, zu der Knechtschaft, die der Sünde dient. Dann wirst du mächtig, dann frei werden: dann wird in dir das Leben der christlichen Republik enthalten sein."[1]

[1] G. Contarini Cardinalis ad Paulum III P. M. de potestate ponteficis in compositionibus. Gedruckt bei Roccaberti, Bibliotheca Pontificia Maxima tom. XIII. In meinen Händen ist noch ein Tractatus de com-

Ein Versuch, wie wir sehen, ein rationelles Papsttum zu gründen, um so merkwürdiger, weil er von derselben Lehre über die Justifikation und den freien Willen ausgeht, die dem protestantischen Abfall zur Grundlage gedient hat. Wir vermuten dies nicht allein, weil Contarini diese Meinungen hegte; er sagt es ausdrücklich. Er führt aus, daß der Mensch zum Bösen neige: dies komme von der Ohnmacht des Willens her, welcher, sobald er sich zu dem Bösen wende, mehr im Leiden als im Tun begriffen sei: nur durch Christi Gnade werde er frei. Er erkennt demnach wohl die päpstliche Gewalt an; doch fordert er von ihr die Richtung auf Gott und das allgemeine Beste.

Contarini legte seine Schriften dem Papste vor. Im November 1538 fuhr er mit ihm an einem heiteren Tage nach Ostia. „Da auf dem Wege", schreibt er an Poole, „hat mich dieser unser guter Alter beiseite genommen und mit mir allein über die Reform der Kompositionen geredet. Er sagte, den kleinen Aufsatz, den ich darüber geschrieben, habe er bei sich, und in den Morgenstunden habe er ihn gelesen. Ich hatte bereits alle Hoffnung aufgegeben. Jetzt hat er aber so christlich mit mir geredet, daß ich neue Hoffnung gefaßt habe, Gott werde etwas Großes ausrichten und die Pforten der Hölle seinen Geist nicht überwältigen lassen."[1]

Es ist leicht zu erachten, daß eine durchgreifende Verbesserung der Mißbräuche, an die sich so viel persönliche Rechte und Ansprüche, so viele Gewohnheiten des Lebens knüpften, das Schwerste von allem war, was man unternehmen konnte. Indes schien Papst Paul nach und nach ernstlich darangehen zu wollen.

So ernannte er Kommissionen zur Ausführung der Reformen[2] – für Kammer, Ruota, Kanzlei und Penitenziaria; – auch Giberto berief er wieder zu sich. Es erschienen reformatorische Bullen; zu dem allgemeinen Konzilium, das Papst Clemens so sehr gefürchtet und geflohen hatte, das auch Paul III. in seinen Privatverhältnissen manchen Anlaß finden konnte zu vermeiden, machte man Anstalt.

Wie nun, wenn in der Tat die Verbesserungen stattfanden, der

positionibus datarii Rev^{mi} D. Gasparis Contareni, 1536, von dem ich nicht finden kann, daß er irgendwo gedruckt sei.

[1] Gaspar C. Contarenus Reginaldo C. Polo. Ex ostiis Tiberinis XI Nov. 1538. (Epp. Poli II, 142.)

[2] Acta *consistorialia* (6. Aug. 1540) bei Rainaldus, Annales ecclesiastici, tom. XXI, p. 146.

römische Hof sich reformierte, die Mißbräuche der Verfassung abgestellt wurden? Wenn dann das nämliche Dogma, von welchem Luther ausgegangen, das Prinzip einer Erneuerung in Leben und Lehre ward? wäre da nicht eine Aussöhnung möglich gewesen? Denn auch die Protestanten rissen sich nur langsam und widerstrebend von der Einheit der Kirche los.

Vielen schien es möglich: auf die Religionsgespräche setzten nicht wenige eine ernstliche Hoffnung.

Der Theorie nach hätte sie der Papst nicht billigen sollen, da man darin nicht ohne Einwirkung der weltlichen Gewalt Religionsstreitigkeiten zu entscheiden suchte, über die er selber das oberste Erkenntnis in Anspruch nahm. Auch verwahrte er sich wohl; jedoch ließ er sie vor sich gehen und sendete seine Abgeordneten dazu.

Er ging dabei mit vieler Behutsamkeit zu Werke: er wählte immer gemäßigte Männer: Leute, die später in vielen Fällen selbst in den Verdacht des Protestantismus geraten sind. Für ihr Leben und politisches Verhalten gab er ihnen überdies verständige Anweisungen.

Als er z. B. Morone, der noch jung war, im Jahre 1536 nach Deutschland schickte, versäumte er nicht, ihm anzuempfehlen, „er solle keine Schulden machen, in den angewiesenen Herbergen bezahlen, sich ohne Luxus sowie ohne Armseligkeit kleiden, zwar die Kirche besuchen, aber ja ohne den Schein der Heuchelei". Er sollte die römische Reform, von der so viel die Rede gewesen, in seiner Person darstellen: eine durch Heiterkeit gemäßigte Würde empfahl man ihm an[1]. Im Jahre 1540 hatte der Bischof von Wien zu einem äußersten Schritte geraten. Man sollte, meinte derselbe, den Neugläubigen die für ketzerisch erklärten Artikel Luthers und Melanchthons vorlegen und sie kurzweg fragen, ob sie von denselben abzustehen geneigt seien. Zu einer solchen Maßregel jedoch wies der Papst seinen Nuntius mit nichten an. „Sie würden eher sterben, fürchten wir", sagte er, „als einen solchen Widerruf leisten."[2] Er wünscht nur, eine Hoffnung der Aussöhnung zu sehen.

[1] Instructio pro causa fidei et concilii data episcopo Mutinae 24 Oct. 1536. MS.

[2] Instructiones pro Rev^{mo} D. ep. Mutinensi apostolico nuncio interfuturo conventui Germanorum Spirae 12 Maji 1540 celebrando. „Timendum est atque adeo certo sciendum, ista quae in his articulis pie et prudenter continentur non solum fretos salvo conductu esse eos recusaturos, verum etiam, ubi mors praesens immineret, illam potius praeelecturos."

Bei dem ersten Strahl derselben will er eine nicht beleidigende Formel senden, die von weisen und würdigen Männern bereits hierzu entworfen worden. „Wäre es doch schon dahin! Kaum dürfen wir es erwarten!“

Niemals aber war man näher beieinander, als bei dem Regensburger Gespräch im Jahre 1541. Die politischen Verhältnisse lagen ausnehmend vorteilhaft. Der Kaiser, welcher sich der Kraft des Reiches zu einem Türkenkrieg oder wider Frankreich zu bedienen hatte, wünschte nichts dringender als eine Aussöhnung. Er wählte die verständigsten, gemäßigtsten Männer unter den katholischen Theologen, Gropper und Julius Pflug, zu dem Gespräch aus. Auf der anderen Seite stand Landgraf Philipp wieder gut mit Österreich; er hoffte, die oberste Anführung in dem Kriege, zu dem man sich rüstete, zu erhalten; mit Bewunderung und Vergnügen sah ihn der Kaiser auf seinem prächtigen Hengst, kräftig wie der, in Regensburg einreiten. Der friedfertige Bucer, der beugsame Melanchthon erschienen von der protestantischen Seite.

Wie sehr auch der Papst einen glücklichen Erfolg wünsche, zeigte schon die Wahl des Legaten, den er sendete, eben jenes Gaspar Contarini, den wir in die neue Richtung, welche Italien genommen, so tief verflochten, den wir bei dem Entwurfe allgemeiner Reformen so tätig gesehen. Jetzt trat er in eine noch bedeutendere Stelle, in die Mitte zwischen zwei Meinungen und Parteien, welche die Welt spalteten: in einem vorteilhaften Moment: mit dem Auftrag und der Aussicht, sie zu versöhnen, – eine Stelle, die uns, wenn nicht die Pflicht auflegt, doch die Erlaubnis gibt, seine Persönlichkeit näher zu betrachten.

Messer Gaspar Contarini, der älteste Sohn aus einem adligen Hause in Venedig, das nach der Levante handelte, hatte sich besonders philosophischen Studien gewidmet. Es ist nicht unmerkwürdig, wie er dies tat. Er bestimmte den Tag drei Stunden für die eigentlichen Studien: nie wandte er weniger, nie auch mehr darauf; er begann allemal mit genauer Wiederholung; er brachte es in jeder Disziplin bis zu ihrem Ende: nie übersprang er eine[1].

Von den Subtilitäten der Ausleger des Aristoteles ließ er sich nicht zu ähnlichen Spitzfindigkeiten fortreißen: er fand, nichts sei scharfsinniger als die Unwahrheit.

[1] Joannis Casae Vita Gasparis Contarini: in Jo. Casae Monimentis latinis ed. Hal. 1708. p. 88.

Er zeigte das entschiedenste Talent, doch noch größere Festigkeit. Nach dem Schmuck der Rede trachtete er nicht: er drückte sich einfach aus, wie die Sache es forderte.

Wie die Natur in regelrechter Folge hervorbringt, Jahresring an Jahresring reihend, so entwickelte er sich.

Als er, in ziemlich jungen Jahren, in den Rat der Pregadi, den Senat seiner Vaterstadt, aufgenommen ward, wagte er eine Zeitlang nicht zu sprechen; er hätte es gewünscht, er hätte etwas zu sagen gehabt, doch konnte er sich das Herz nicht fassen; als er es endlich über sich gewann, sprach er, zwar weder sehr anmutig, noch witzig, noch heftig und lebhaft, aber so einfach und gründlich, daß er sich das größte Ansehen verschaffte.

In die bewegtesten Zeiten war er gefallen. Er erlebte, wie seine Vaterstadt ihr Gebiet verlor, und trug selbst dazu bei, daß sie es wieder erwarb. Bei der ersten Ankunft Karls V. in Deutschland ward er als Gesandter an ihn geschickt; hier nahm er den Anfang der Kirchentrennung wahr. Er langte mit demselben in Spanien an, als das Schiff Vittoria von der ersten Weltumsegelung zurückkam[1]: das Rätsel, daß es einen Tag später eintraf, als es nach seinem Tagebuche hätte geschehen sollen, wußte er, soviel ich finde, zuerst zu lösen. Den Papst, zu dem er nach der Eroberung von Rom abgeordnet wurde, half er mit dem Kaiser versöhnen. Von seiner treffenden, eindringenden Ansicht der Welt und seiner wohlverstandenen Vaterlandsliebe ist das Büchelchen über die venezianische Verfassung – ein sehr unterrichtendes und wohlgefaßtes Werkchen – und sind die Relationen über seine Gesandtschaften, welche sich hier und da handschriftlich finden, helle Zeugnisse[2].

Eines Sonntags, im Jahre 1535, als gerade der Große Rat versammelt war und Contarini, der indes in die wichtigsten Ämter gekommen, bei den Wahlurnen saß, traf die Nachricht ein, Papst Paul, den er nicht kannte, zu dem er keinerlei Verhältnis hatte, habe ihn zum Kardinal ernannt. Alles eilte herbei, um ihn, den Überraschten, der es nicht glauben wollte, zu beglückwünschen.

[1] Beccatello: Vita del C. Contarini (Epp. Poli III) p. CIII. Es gibt auch eine besondere Ausgabe, die aber nur aus dem Bande der Briefe herausgenommen ist und dieselben Seitenzahlen hat.

[2] Die erste ist von 1525, die andere von 1530. Vornehmlich ist die erste für die frühere Zeit Karls V. sehr wichtig. Ich habe von derselben weder in Wien noch Venedig eine Spur gefunden. In Rom entdeckte ich ein Exemplar: ein anderes habe ich nie zu sehen bekommen.

Aluise Mocenigo, der ihm bisher in den Staatsgeschäften die Widerpart gehalten, rief aus, die Republik verliere ihren besten Bürger[1].

Für ihn jedoch hatte dies ehrenvolle Glück auch eine minder erfreuliche Seite. Sollte er die freie Vaterstadt verlassen, die ihm ihre höchsten Würden und auf jeden Fall einen Wirkungskreis in völliger Gleichheit mit den Häuptern des Staates darbot, um in den Dienst eines oft leidenschaftlichen, durch keine bindenden Gesetze eingeschränkten Papstes zu treten? Sollte er sich aus seiner altväterischen Republik entfernen, deren Sitten den seinen entsprachen, um sich in dem Luxus und Glanz des römischen Hofes mit den übrigen zu messen? Hauptsächlich hat ihn, wie man versichert, die Betrachtung, daß in so schwierigen Zeiten das Beispiel der Verachtung einer so hohen Würde eine schädliche Wirkung haben werde, dazu bestimmt, sie anzunehmen[2].

Den ganzen Eifer nun, den er bisher seiner Vaterstadt gewidmet, wandte er seitdem auf die allgemeinen Angelegenheiten der Kirche. Oft hatte er die Kardinäle gegen sich, die es seltsam fanden, daß ein kaum Angekommener, ein Venezianer, den römischen Hof reformieren wolle: zuweilen auch den Papst. Er widersetzte sich einst der Ernennung eines Kardinals. „Wir wissen", sagte der Papst, „wie man in diesen Gewässern schifft: die Kardinäle lieben es nicht, daß ihnen ein anderer an Ehre gleich werde." Betroffen sagte Contarini: „Ich glaube nicht, daß der Kardinalshut meine größte Ehre ist."

Auch hier behauptete er sich in seiner Strenge, Einfachheit, Tätigkeit, in der Würde und Milde seiner Gesinnung.

Die Natur läßt das einfach gegliederte Gewächs nicht ohne den Schmuck der Blüte, in dem sein Dasein atmet und sich mitteilt. In dem Menschen ist es die Gesinnung, welche von allen höheren Kräften seines Lebens zusammen hervorgebracht wird und ihm dann seine moralische Haltung, seiner Erscheinung ihren Ausdruck verleiht. In Contarini waren es Milde, innere Wahrheit, keusche Sittlichkeit, besonders die tiefere religiöse Überzeugung, die den Menschen beglückt, indem sie ihn erleuchtet.

Voll von diesen Gesinnungen, gemäßigt, mit den Protestanten in dem wichtigsten Lehrstück fast von der gleichen Ansicht, erschien Contarini in Deutschland; mit einer Regeneration der

[1] Daniel Barbaro an Domenico Veniero: Lettere volgari I, 73.
[2] Casa p. 102.

Lehre von eben diesem Punkte aus und der Abstellung der Mißbräuche hoffte er die Spaltung beilegen zu können.

Ob sie aber nicht bereits zu weit gediehen war, ob die abweichenden Meinungen nicht bereits zu mächtig Wurzel gefaßt hatten? Ich möchte darüber doch nicht sofort entscheiden.

Ein anderer Venezianer, Marin Giustiniano, der unser Vaterland kurz vor diesem Reichstage verließ und die Lage der Dinge sorgfältig beobachtet zu haben scheint, schildert es wenigstens als sehr möglich[1]. Nur seien, findet er, einige bedeutende Zugeständnisse unerläßlich. Er macht folgende namhaft. „Der Papst dürfe nicht mehr als Christi Stellvertreter im Weltlichen wie im Geistlichen angesehen werden wollen, – den ungelehrten und lasterhaften Bischöfen und Priestern müsse man Substituten setzen, untadelhaft in ihrem Leben und fähig, das Volk zu unterrichten, – weder Verkauf der Messe noch Anhäufung der Pfründen, noch den Mißbrauch der Kompositionen dürfe man länger dulden – die Übertretung der Fastengesetze höchstens mit leichten Strafen belegen; – werde dann die Kommunion unter beiden Gestalten und die Priesterehe gestattet, so werde man in Deutschland sofort aller Zwietracht absagen, dem Papst in geistlichen Dingen Obedienz leisten, die Messe geschehen lassen, die Ohrenbeichte zugeben und sogar die Notwendigkeit der guten Werke als einer Frucht des Glaubens, insofern sie nämlich aus dem Glauben folgen, anerkennen. Wie die Zwietracht aus den Mißbräuchen entsprungen, so werde sie durch eine Abstellung derselben zu heben sein.“

Hierbei erinnern wir uns, daß Landgraf Philipp von Hessen schon das Jahr vorher erklärt hatte, die weltliche Macht der Bischöfe könne geduldet werden, wofern man ein Mittel finde, auch die geistliche gebührend zu handhaben: in Hinsicht der Messe könne man sich wohl vergleichen, wenn nur beiderlei Gestalt nachgelassen bleibe[2]. Den päpstlichen Primat, ohne Zweifel unter gewissen Bedingungen, anzuerkennen, erklärte sich Joachim von Branden-

[1] Relazione del clar^{mo} M. Marino Giustinian Kav^{r} (ritornato) dalla legazione di Germania sotto Ferdinando re di Romani. Bibl. Corsini zu Rom n. 481.

[2] Schreiben des Landgrafen in Rommels Urkundenbuche S. 85. Vgl. das Schreiben des Bischofs von Lunden bei Seckendorf S. 299. Contarini al C^{l} Farnese 1541, 28. April. (Epp. Poli III, p. CCLV). Der Landgraf und der Kurfürst forderten beide Priesterehe und beiderlei Gestalt; in Hinsicht des Primates zeigte sich jener, in Hinsicht der Lehre de missa quod sit sacrificium zeigte sich dieser schwieriger.

burg bereitwillig. Indessen näherte man sich auch von der anderen Seite. Der kaiserliche Botschafter wiederholte, man müsse von beiden Seiten nachlassen, soweit es nur immer mit Gottes Ehre möglich sei. Auch die Nichtprotestierenden hätten es gern gesehen, wenn die geistliche Gewalt den Bischöfen, die zu eigentlichen Fürsten geworden waren, in ganz Deutschland abgenommen und an Superintendenten übertragen, wenn in Hinsicht der Verwendung der Kirchengüter eine allgemein gültige Veränderung beliebt worden wäre. Man fing bereits an, von neutralen Dingen zu reden, die man tun oder lassen könne: selbst in geistlichen Kurfürstentümern wurden Gebete für den günstigen Gang des Aussöhnungswerkes veranstaltet.

Wir wollen über den Grad der Möglichkeit und Wahrscheinlichkeit dieses Gelingens nicht streiten: sehr schwer blieb es allemal; aber wenn sich auch nur eine geringe Aussicht zeigte, so war es doch einen Versuch wert: soviel sehen wir, daß sich noch einmal eine große Neigung zu einem solchen entwickelt hatte, daß sich ungemeine Hoffnungen daran knüpften.

Nur fragte sich, ob auch der Papst, ohne den nichts geschehen konnte, von der Strenge seiner Forderungen nachzulassen geneigt sei. Sehr merkwürdig ist in dieser Hinsicht besonders eine Stelle der Instruktion, mit der er Contarini entließ[1].

Die unumschränkte Vollmacht, auf welche von kaiserlicher Seite gedrungen worden, hatte er demselben nicht gegeben. Er vermutet, es könnten in Deutschland Forderungen vorkommen, die kein Legat, die nicht einmal er, der Papst selbst, ohne Beirat der anderen Nationen zugestehen dürfe. Doch weist er darum nicht alle Unterhandlung von sich. Wir müssen erst sehen, sagt er, ob die Protestanten in den Prinzipien mit uns übereinkommen, z. B. über den Primat des Heiligen Stuhles, die Sakramente und einiges andere. Fragt man nun, was dies andere sei, so drückt sich der Papst darüber nicht ganz deutlich aus. Er bezeichnet es als das, was sowohl durch die Heilige Schrift als durch den immerwährenden Gebrauch der Kirche gebilligt worden: dem Legaten sei es bekannt. Auf dieser Grundlage, fügt er hinzu, könne man sich dann über alle Streitpunkte zu verständigen suchen[2].

[1] Instructio data Rev^mo^ C^l^ Contareno in Germaniam legato d. 28 mensis Januarii 1541. In vielen Bibliotheken handschriftlich; gedruckt in Quirini: *Epp. Poli III*, CCLXXXVI.

[2] Videndum imprimis est, an Protestantes et ii, qui ab ecclesiae gremio

Es ist wohl keine Frage, daß diese unbestimmte Art des Ausdrucks mit Absicht gewählt worden war: Paul III. mochte versuchen wollen, wie weit Contarini es bringe, und sich für die Ratifikation nicht im voraus die Hände zu binden Lust haben. Zunächst ließ er dem Legaten einen gewissen Spielraum. Ohne Zweifel würde es diesem neue Anstrengungen gekostet haben, dasjenige der hartnäckigen Kurie annehmlich zu machen, was man in Regensburg unmöglich zu ihrer vollen Zufriedenheit erreicht hätte; aber hierauf, auf eine Versöhnung und Vereinigung der versammelten Theologen kam doch fürs erste alles an. Allzu schwankend war noch die vermittelnde Tendenz; sie konnte noch nicht bei Namen genannt werden: erst wenn sie einen festen Punkt gewann, konnte sie hoffen, sich weiter geltend zu machen.

An dem 5. April 1541 begann man die Verhandlungen; einen von dem Kaiser mitgeteilten, von Contarini nach einigen leichten Abänderungen gebilligten Entwurf legte man dabei zugrunde. Gleich hier hielt es der Legat für ratsam, von seiner Instruktion einen Schritt abzuweichen. Der Papst hatte vor allem anderen die Anerkennung seines Primates gefordert. Contarini sah wohl, daß an dieser Frage, welche die Leidenschaften so leicht in Bewegung setzen konnte, der Versuch in seinem Beginn scheitern könne. Er ließ geschehen, daß von den zur Besprechung vorgelegten Artikeln der den päpstlichen Primat betreffende vielmehr der letzte wurde. Er hielt für besser, mit solchen anzufangen, in denen er und seine Freunde sich den Protestanten näherten, ohnehin Punkten von der höchsten Wichtigkeit, welche die Grundlage des Glaubens betrafen. An den Verhandlungen hierüber hatte er den größten Anteil. Sein Sekretär versichert, daß von den katholischen Theologen nichts beschlossen, selbst keine einzelne Änderung vorgenommen worden sei, ohne daß man ihn vorher befragt hätte[1]. Morone Bischof von Modena, Tomaso da Modena, Maestro di sacro pa-

defecerunt, in principiis nobiscum conveniant, cujusmodi est hujus sanctae sedis primatus tanquam a deo et salvatore nostro institutus, sacrosanctae ecclesiae sacramenta et alia quaedam, quae tum sacrarum litterarum autoritate tum universalis ecclesiae perpetua observatione hactenus observata et comprobata fuere et tibi nota esse bene scimus, quibus statim initio admissis omnis super aliis controversiis concordia tentaretur. Man muß hierbei nur immer die höchst orthodoxe, ihrer Natur nach inflexible Stellung eines Papstes im Auge haben, um zu bemerken, wie viel in einer solchen Wendung liegt.

[1] Beccatelli, Vita del Cardinal Contarini p. CXVII.

lazzo, beides Männer, die in dem Artikel der Justifikation der nämlichen Meinung waren, standen ihm zur Seite[1]. Die Hauptschwierigkeit setzte ein deutscher Theologe, jener alte Widersacher Luthers, Doktor Eck, entgegen. Allein indem man denselben nötigte, Punkt für Punkt zu besprechen, brachte man auch ihn zuletzt zu genügenden Erklärungen. In der Tat vereinigte man sich – wer hätte es zu hoffen gewagt? – in kurzem über die vier wichtigen Artikel von der menschlichen Natur, der Erbsünde, der Erlösung und selbst der Justifikation. Contarini gestand den Hauptpunkt der lutherischen Lehre zu, daß die Rechtfertigung des Menschen ohne Verdienst durch den Glauben allein erfolge; er fügte nur hinzu, daß dieser Glaube lebendig und tätig sein müsse. Melanchthon bekannte, daß eben dies die protestantische Lehre selber sei[2]. Kühnlich behauptete Bucer, in den verglichenen Artikeln sei alles einbegriffen, „was dazu gehöre, um vor Gott und in der Gemeinde gottselig, gerecht und heilig zu leben"[3]. Ebenso zufrieden war man auf der anderen Seite. Der Bischof von Aquila nennt dies Colloquium heilig; er zweifelt nicht, daß es die Versöhnung der Christenheit herbeiführen werde. Mit Freuden hörten die gleichgesinnten Freunde Contarinis, wieweit er gekommen sei. „Wie ich diese Übereinstimmung der Meinung bemerkt", schreibt ihm Poole, „habe ich ein Wohlgefühl empfunden, wie es mir keine Harmonie der Töne hätte verschaffen können, nicht allein, weil ich Frieden und Eintracht kommen sehe, sondern auch, weil diese Artikel die Grundlage des gesamten christlichen Glaubens sind. Zwar scheinen sie von mancherlei zu handeln, von Glauben, Werken und Rechtfertigung; auf diese jedoch, die Rechtfertigung, gründet sich alles übrige, und ich wünsche dir Glück, ich danke Gott, daß die Theologen beider Parteien sich darüber vereinigt haben. Wir hoffen, er, der so barmherzig angefangen hat, wird es auch vollenden."[4]

[1] Pallavicini IV, XIV, p. 433, aus den Briefen Contarinis.

[2] Melanchthon an Camerar. 10. Mai (Epp. p. 360): „adsentiuntur justificari homines fide et quidem in eam sententiam ut nos docemus." Vgl. Planck, Geschichte des protestantischen Lehrbegriffs III, II, 93.

[3] Alle Handlungen und Schriften, zu Vergleichung der Religion durch die Kaiserl. Majestät usw. verhandelt ao. 1541 durch Martinum Bucerum, bei Hortleder Buch I, Kap. 37, S. 280.

[4] Polus Contareno. Capranicae 17 Maji 1541. (Epp. Poli T. III, p. 25.) Merkwürdig sind auch die Briefe jenes Bischofs von Aquila bei Rainaldus 1541 Nr. 11. 12. Man meinte, wenn man nur noch über den Punkt

Ein Moment, wenn ich nicht irre, für Deutschland, ja für die Welt von wesentlicher Bedeutung. Für jenes: die Punkte, die wir berührt haben, schließen die Absicht ein, die gesamte geistliche Verfassung der Nation zu ändern und ihr dem Papste gegenüber eine freiere, seiner weltlichen Eingriffe überhobene, selbständige Stellung zu geben. Die Einheit der Kirche und mithin der Nation wäre behauptet worden. Unendlich viel weiter aber würde der Erfolg nachgewirkt haben: wenn die gemäßigte Partei, von welcher diese Versuche ausgingen und geleitet wurden, in Rom und Italien die Oberhand zu behaupten verstand, welch eine ganz andere Gestalt hätte auch die katholische Welt annehmen müssen!

Allein ein so ungemeines Resultat ließ sich nicht ohne lebhaften Kampf erreichen.

Was zu Regensburg beschlossen worden, mußte auf der einen Seite durch die Billigung des Papstes, auf der anderen durch die Beistimmung Luthers, an den man sogar eine eigene Gesandtschaft abordnete, bestätigt werden.

Aber schon hier zeigten sich viele Schwierigkeiten. Luther, der sich im ersten Augenblicke nicht ganz verwerfend erklärte, geriet doch bald auf den Verdacht, daß alles auf Täuschung abgesehen, eine Posse seiner Feinde sei. Er konnte sich nicht überzeugen, daß auch auf der anderen Seite die Lehre von der Justifikation Wurzel gefaßt habe. In den verglichenen Artikeln sah er am Ende nichts als ein Stückwerk, zusammengesetzt aus beiden Meinungen; – er, der sich immer im Kampfe zwischen Himmel und Hölle erblickte, glaubte auch hier das Treiben des Satans zu erkennen. Seinem Herrn, dem Kurfürsten, riet er auf das dringendste ab, den Reichstag persönlich zu besuchen: „gerade er sei der, den der Teufel suche“[1]. Auf das Erscheinen und die Beistimmung des Kurfürsten wäre in der Tat unendlich viel angekommen.

Indessen waren diese Artikel auch nach Rom gelangt. Sie erregten ein ungemeines Aufsehen. An der Erklärung über die Rechtfertigung nahmen besonders die Kardinäle Caraffa und Marcello

vom Abendmahl wegkomme, so werde sich alles andere beseitigen lassen. Id unum est, quod omnibus spem maximam facit, assertio Caesaris se nullo pacto nisi rebus bene compositis discessurum, atque etiam quod omnia scitu consiliisque rev[mi] legati in colloquio a nostris theologis tractantur et disputantur.

[1] Corpus Ref. IV, p. 397. Luther an Johann Friedrich in de Wettes Sammlung V, 353. 377.

großen Anstoß, und nur mit Mühe konnte ihnen Priuli den Sinn derselben deutlich machen[1]. So entschieden jedoch drückte sich der Papst nicht sogleich aus wie Luther. Kardinal Farnese ließ an den Legaten schreiben: Seine Heiligkeit billige weder noch mißbillige sie diesen Schluß; aber alle anderen, die ihn gesehen, seien der Meinung, vorausgesetzt, daß der Sinn desselben mit dem katholischen Glauben übereinstimme, könnten die Worte noch deutlicher sein.

So stark auch diese theologische Opposition sein mochte, so war sie doch weder die einzige, noch vielleicht die wirksamste. Noch eine andere kam von der politischen Seite her.

Eine Versöhnung, wie man sie vorhatte, würde Deutschland eine ungewohnte Einheit und dem Kaiser, der sich deren hätte bedienen können, eine außerordentliche Macht verliehen haben[2]. Als das Oberhaupt der gemäßigten Partei hätte er besonders alsdann, wenn es zu einem Konzilium gekommen wäre, ein oberstes Ansehen in ganz Europa erlangen müssen. Hierwider erhoben sich, wie natürlich, alle gewohnten Feindseligkeiten.

Franz I. glaubte sich unmittelbar bedroht und versäumte nichts, um die Vereinigung zu hintertreiben. Lebhaft beklagte er sich über die Zugeständnisse, die der Legat zu Regensburg mache[3]. „Sein Betragen nehme den Guten den Mut und erhöhe ihn den

[1] Ich kann es Quirini nicht vergeben, daß er den Brief Priulis über diese Verhältnisse, den er in Händen hatte, nicht vollständig mitgeteilt hat.

[2] Es gab immer eine kaiserliche Partei, welche diese Tendenz verfocht. Darin liegt unter anderem das ganze Geheimnis der Unterhandlungen des Erzbischofs von Lunden. Er hatte dem Kaiser vorgestellt: che se S. M. volesse tolerare che i Lutherani stessero nelli lori errori, disponeva a modo e voler suo di tutta la Germania. Instruzione di Paolo III a Montepulciano 1539. Auch jetzt wünschte der Kaiser eine Toleranz.

[3] Er sprach darüber mit dem päpstlichen Gesandten an seinem Hofe: Il C^{l} di Mantova al C^{l} Contarini (bei Quirini III, CCLXXVIII) Loces 17 Maggio 1541. S. M^{à} Ch^{ma} diveniva ogni dì piu ardente nelle cose della chiesa, le quali era risoluto di voler difendere e sostenere con tutte le forze sue e con la vita sua e de' figliuoli, giurandomi che da questo si moveva principalmente a far questo officio. Dagegen hatte Granvella andere Notizen: „m'affermò," sagt Contarini in einem Briefe an Farnese, ibid. CCLV, „con giuramento havere in mano lettere del re christ^{mo}, il quale scrive a questi principi protestanti che non si accordino in alcun modo e che lui aveva voluto veder l'opinioni loro, le quali *non gli* spiacevano." Zu beiden Seiten hätte hiernach Franz I. die Versöhnung gehindert.

INSEL

Neue Bücher 1. Halbjahr 1986

Romane und Erzählungen
Biographie · Briefe
Theorie der Literatur
Philosophie
Religions- und Kulturgeschichte
Hessen-Bibliothek
Insel-Buch der Ehe
Insel-Bibliothek · Insel-Bücherei
Insel-Bilderbücher
Insel Taschenbücher

Das Insel-Buch der Ehe

Ausgewählt von Christoph Groffy und Ulrike Groffy
Etwa 320 Seiten. Leinen.
ca. DM 25,–

Warum entscheidet sich die Mehrzahl der Menschen für die Ehe, und warum werden gleichwohl, wie es scheint, wenige Menschen in der Ehe so glücklich, wie sie es sich erträumt haben? Steht der oft beschworenen Angst vor der Ehe nicht jenes antike Ideal des in Treue alt gewordenen Ehepaars – Philemon und Baucis – gegenüber? *Das Insel-Buch der Ehe* will dieser alltäglich zu erfahrenden Merkwürdigkeit von den frühesten literarischen Beispielen bis in die Gegenwart hinein nachspüren.

William Congreve
Der Lauf der Welt

Eine lieblose Komödie
Deutsch von Wolfgang Hildesheimer
Mit einer Nachbemerkung von Wolfgang Hildesheimer und einem Nachwort von Holger M. Klein
Etwa 160 Seiten. Leinen.
ca. DM 32,–

»In England ist das Stück inzwischen ein Dauererfolg, im deutschen Sprachraum wird es kaum je gespielt. Der Grund für diese Vernachlässigung ist gegenstandslos geworden: Wolfgang Hildesheimer ist eine geistreiche Übersetzung gelungen.
Wir befinden uns in den feinen Kreisen Londons der nachrevolutionären Restaurationszeit und im Frühkapitalismus. Man bespottet die Ehe, Eifersucht ist verpönt; doch man ist maßlos eifersüchtig und hat keinen drängenderen Wunsch, als sich zu verehelichen. Die Verbindung des Unvereinbaren schafft zwanglos das finanzielle Kalkül. Aus diesem Stoff ist diese beste von Congreves Komödien: der Wahn von der Ehrbarkeit der Frauen und der Ehre der Männer hier, gewollte sexuelle Freiheit dort, verbunden mit finanziellen Interessen. Congreve, etwas derber als Molière, frivoler sowieso, benutzt die Regeln der konventionellen Restaurationskomödie, um das gesellschaftliche Ideal des Lebemanns zu denunzieren und gleichzeitig zu überwinden.
Luzerner Neueste Nachrichten

André Kaminski
Nächstes Jahr in Jerusalem

Roman
Etwa 400 Seiten. Gebunden.
ca. DM 38,–

»Nächstes Jahr in Jerusalem«, rufen sich die Juden beim Abschied – und an Neujahr – zu: Wir wollen uns

reich und Schweden; seine Tätigkeit als Professor an der Universität Bonn (ab 1819), in der er u.a. das Studium der altindischen Philologie begründete – und, nicht zuletzt, seine Übersetzung von Shakespeares Dramen, die Schlegels bleibenden Ruhm begründete.

Erwin Reisner
Der Dämon und sein Bild

Mit einer Vorbemerkung zur Neuausgabe von Peter Orban
Etwa 320 Seiten. Gebunden.
ca. DM 38,–

Erwin Reisners *Der Dämon und sein Bild* – 1947 erstmals erschienen – wird nun wieder aufgelegt. Schon bei seinem erstmaligen Erscheinen ein aus dem Rahmen fallendes, thematisch wagemutiges und aneckendes Buch, liest es sich heute so, als sei es ganz und gar für unsere Gegenwart bestimmt.

Reisner geht es darum, das Böse als *ein* den Menschen bestimmendes Prinzip aufzuspüren und – über die Bewußtwerdung des Bösen – die Überwindung des Dämonischen anzuzeigen. Vor allem geht es um die *Benennung des Bösen*, um die schrankenlose Wahrnehmung dessen, was de facto und realiter existiert.

In seiner ungewöhnlich materialreichen Studie wagt Reisner einen Gang durch die Täler des Unbewußten, erzwingt eine Konfrontation mit den Erscheinungsformen des Dämonischen. Sein Buch stellt so eine eigenwillige Lehre über die *Bilder der Seele* dar.

Rahel Varnhagen
Briefe und Aufzeichnungen

Herausgegeben und mit einem Nachwort versehen von Dieter Bähtz
Mit Abbildungen
Etwa 440 Seiten. Leinen.
ca. DM 48,–

Rahel Varnhagen war als Briefschreiberin eine der wenigen großen Schriftstellerinnen, ja, ihre eigentliche schöpferische Originalität entfaltete sich in der Fülle ihrer Korrespondenzen. Keine andere hat mit gleicher Vielseitigkeit und Ursprünglichkeit, verbunden mit höchster Geistesfreiheit sich schreibend, und als Schreibende immer redend, mitgeteilt. Rahel hat einmal von sich gesagt, sie lasse das Leben auf sich regnen, und hat damit trefflich auf die Spontaneität und Beweglichkeit ihrer Mitteilungsgabe hingewiesen, auf die überquellende Einbildungskraft ihres Wahrnehmungsgeistes. Ihre Briefe sind zuallererst einzigartige Gespräche und Selbstgespräche, ›wie sie lebendig im Menschen vorgehn‹. Es sind Frauenbriefe, Zeugnisse einer Epoche, in der die harten Ansprüche der Realität das romantische Lebensgefühl verletzten.

Sonderausgabe

Gerhard Kaiser
Gottfried Keller
Das gedichtete Leben

728 Seiten. Leinen. ca. DM 28,–

»... sein Buch, das man mit Zustimmung und Widerspruch, stets jedoch mit Faszination liest, dürfte wie wenige zu einer erneuten Keller-Lektüre anregen.«
Thomas Terry, Die Welt

Rainer Maria Rilke Schweizer Vortragsreise 1919

Herausgegeben von Rätus Luck
Etwa 210 Seiten. Leinen.
ca. DM 32,–

Für Rilke war er selbst der erklärte Interpret seiner Werke, auch wo sie – wenn schon – vor größerem Publikum zu Gehör kommen sollten. Das in diesem Band gesammelte Material betrifft die Tournee Rilkes durch sechs Städte der deutschen Schweiz im Herbst 1919, die erste derartige Unternehmung des Dichters seit 1910 und zugleich die letzte. Der Erfolg dieser Reise war sicher nicht »Inbegriff aller Mißverständnisse«, wie Rilke einmal den Ruhm definiert hat – schon deshalb nicht, weil ihm die Schweizer Abende dauerhafte Freundschaften eintrugen und eines bewirkt haben: Rilke ist in der Schweiz geblieben.

Rilke und Russland

Briefe, Erinnerungen, Gedichte
Herausgegeben von
Konstantin Asadowski
Aus dem Russischen von
Ulrike Hirschberg
Mit zahlreichen Abbildungen
Etwa 600 Seiten. Leinen.
ca. DM 48,–

Rilke liebte Rußland »wirklich wie eine Heimat«. Noch in seinen letzten Lebensjahren vertrat er die Überzeugung: »...es hat mich zu dem gemacht, was ich bin, von dort ging ich innerlich aus, alle Heimat meines Instinkts, all mein innerer Ursprung ist dort...« Die 170 Briefe dieser Sammlung, Erinnerungen russischer Zeitgenossen an Rilke sowie eine Auswahl seiner Gedichte, in denen das Rußlandthema Gestalt gewinnt, bestätigen dieses Bekenntnis eindrucksvoll.
Die Materialsammlung – die bisher umfassendste zum Thema *Rilke und Rußland* – gibt zahllose neue Aufschlüsse über Rilkes intensives Studium der russischen Literatur, Kunst und Geschichte, über seine Übersetzungen und über seine mannigfachen Bemühungen, russische Kunst in Deutschland bekannt zu machen.

Rainer Maria Rilke Briefe zur Politik

Herausgegeben
von Joachim W. Storck
Etwa 600 Seiten. Leinen.
2 Bände. ca. DM 72,–

Erstmals wird hier versucht, durch eine Auswahl von vielfach unveröffentlichten oder nur an entlegener Stelle gedruckten Briefen aus allen Lebensepochen Rilkes das »politische Bewußtsein« bei einem Dichter zu dokumentieren, dem man ein solches bislang glaubte absprechen zu können. Besonderes Interesse dürften dabei Rilkes kritische Äußerungen zur Problematik einer »deutschen Nation« in der Folge jener »Reichsgründung« finden, deren fatale Auswirkungen für Europa und die Welt der Dichter mit erschreckender Hellsichtigkeit vorausgesehen hat.
Die hier vorgelegte Briefauswahl wirft also nicht nur ein neues Licht auf das Leben und Denken Rilkes; sie führt darüber hinaus einen weiteren Kronzeugen für das von vielen Dichtern und Schriftstellern erfahrene »Leiden an Deutschland« in die heutige Diskussion ein, dessen zur Selbstbesinnung auffordernde Kritik auch den Nachgeborenen als Mahnung dienen kann.

Insel-Bücherei

Hannelore Schlaffer
Die Scherenschnitte der Luise Duttenhofer

Mit einer Einleitung von Hannelore Schlaffer
Insel-Bücherei Nr. 1026.
ca. DM 14,–

Neuauflage
Balthasar Gracian
Hand-Orakel und Kunst der Weltklugheit

Übertragen von Arthur Schopenhauer
Herausgegeben und mit einem Nachwort versehen von Otto Freiherrn von Taube
Insel-Bücherei Nr. 423.
ca. DM 14,–

Neuauflage
Marie von Ebner-Eschenbach
Aphorismen

Mit einem Nachwort von Karl Krolow
Insel-Bücherei Nr. 543.
ca. DM 14,–

Insel-Bibliothek

Johann Wolfgang Goethe
West-östlicher Divan

Herausgegeben und erläutert von Hans-J. Weitz
Mit Essays zum ›Divan‹ von Hugo von Hofmannsthal, Oskar Loerke und Karl Krolow
Etwa 400 Seiten.
Leinen. ca. DM 36,–
Leder. ca. DM 78,–

Petronius
Satiricon oder Das Gastmahl der Trimalcion

In der Übertragung von Wilhelm Heinse
Mit Illustrationen von Marcus Behmer
Etwa 300 Seiten.
Leinen. ca. DM 32,–
Leder. ca. DM 72,–

Charles Baudelaire
Die Blumen des Bösen

Übertragen von Carlo Schmid
Etwa 260 Seiten.
Leinen. ca. DM 32,–
Leder. ca. DM 72,–

Insel Taschenbücher

Die Schwestern Brontë
it 814. DM 16,–

Dieter Kühn
Bettines letzte Liebschaften
it 894. DM 9,–

Alt-Berliner Humor
it 897. DM 10,–

Leo N. Tolstoj
Familienglück
it 902. DM 7,–

Das Frauentrachtenbuch
it 717. DM 14,–

Bulwer-Lytton
Die letzten Tage von Pompeji
it 801. DM 18,–

Tankred Dorst
Der nackte Mann
it 857. DM 10,–

Hector Berlioz
Groteske Musikantengeschichten
it 859. DM 10,–

Obelisken
it 765. ca. DM 20,–

des und alltägliches, ein ungewöhnliches Leben am Rande bewohnter Landschaften.
»Die mitreißende Erkundung einer persönlichen Vergangenheit und Gegenwart... *Das Haus des Himmels* ist ein Buch tiefer Liebe und Zuwendung, ein Buch voll Lebensfreude und Trauer... Doigs Gefühl für Landschaft und sein wunderbares Gespür für das Leben in der Ursprünglichkeit machen *Das Haus des Himmels* zu einem wahrhaften Kunstwerk...«
The Washington Star

RAY HUANG
1587 – EIN JAHR WIE JEDES ANDERE

Der Niedergang der Ming
Aus dem Amerikanischen von Gudrun Wacker
Etwa 450 Seiten.
Mit ca. 20 Illustrationen.
Gebunden. ca. DM 48,–

Der Niedergang der Ming ist das eigentliche Thema des Buches *1587 – Ein Jahr wie jedes andere* von Ray Huang, das zwar in der Form eines Romans geschrieben ist, sich jedoch streng an historische Fakten hält. Ray Huangs Buch ist ein wertvoller Beitrag zum Verständnis des alten wie des modernen China. Es vermittelt einen tiefen Einblick in das Leben der Verbotenen Stadt, in den Verwaltungsmechanismus des Riesenreiches, in Denk- und Verhaltensmuster des historischen wie auch des modernen China. Es ist für Sinologen nicht weniger interessant als für Historiker, Politiker oder Chinareisende. Zudem ist es unterhaltsam, ja spannend geschrieben. Nicht umsonst hat das Buch in England und in den USA eine geradezu enthusiastische Aufnahme gefunden.

STANISŁAW LEM
FRIEDEN AUF ERDEN

Roman
Aus dem Polnischen von Hubert Schumann
Etwa 300 Seiten. Gebunden.
ca. DM 34,–

Nachdem im 21. Jahrhundert die Großmächte zu der Einsicht gelangten, daß Abrüstung in gegenseitigem Einvernehmen nicht möglich sei, waren sie übereingekommen,

ihre gesamten Waffenarsenale auf den Mond auszulagern. Dort war jedem Land ein durch neutrale Zonen von den anderen getrennter Sektor zugeteilt worden. Die Techniken und Technologien waren jedoch soweit fortgeschritten, daß sich die Waffensysteme verselbständigten und nicht mehr von menschlicher Mitwirkung abhängig waren. Keiner weiß nun, ob sich die Waffenarsenale auf dem Mond im Zuge ihrer Evolution und Selbstvervollkommnung möglicherweise verbünden und einen Vernichtungsschlag gegen die Erde führen. Die »Lunar Agency« hält die Zeit für gekommen, nach dem Rechten sehen zu lassen; hier setzt die Mission Ijon Tichys ein...

Der Frieden auf Erden wird dank der Existenz des Mondes gewahrt, die Zukunftsaussichten aber lesen sich sarkastisch – in Lems großartigem neuen Roman.

STANISŁAW LEM
STANISŁAW BEREŚ
LEM ÜBER LEM

Gespräche
Etwa 450 Seiten. Gebunden.
ca. DM 40,–

Das Gespräch, das Stanisław Bereś mit Stanisław Lem führt, bringt Leben und Werk des großen polnischen Schriftstellers zur Sprache. Lem berichtet von frühen Arbeiten und Büchern, die erfolglos blieben, von seinem Kampf darum, verstanden und anerkannt zu werden. Er legt die Grundkonzeptionen seines Werks dar, seine »Anliegen«, die naturwissenschaftlichen und philosophischen Fundamente seines Denkens. Wie ein roter Faden zieht sich durch dieses Marathon-Interview sarkastisch, subjektivistisch Lems Kritik an Personen, Institutionen, Systemen: an der Weltliteratur und ihren Autoren, den Philosophen, der Kirche, den politischen Blökken, dem Wahnsinn der Rüstung, der Umweltvernichtung, der Dekadenz einer permissiven Gesellschaft.

Das Schicksal der Menschheit ist nicht voraussagbar. Was alles wird auf uns zukommen? Wir wissen es nicht. Aber die Möglichkeiten dieser Entwicklung zu durchdenken, in ihren Variationen zu durchspielen – das ist der Kern dessen, was Lem denkt und schreibt. Und Lem weiß: Es gibt nur *eine* Chance für die Zukunft: den Sieg der *Vernunft.*

100. Geburtstag

FELIX TIMMERMANS
JUBILÄUMSAUSGABE

Band 1: Pallieter
Aus dem Flämischen von
Anna Valeton-Hoos

Band 2: Pieter Bruegel
Aus dem Flämischen
von Peter Mertens

Band 3: Das Jesuskind in Flandern
Das Triptychon von den
Heiligen Drei Königen
Aus dem Flämischen
von Anton Kippenberg

Band 4: Der Heilige der kleinen
Dinge und andere Erzählungen
Aus dem Flämischen von Friedrich
Markus Huebner, Karl Jacobs,
Peter Mertens, Anna Valeton-Hoos

Alle Bände mit Zeichnungen
des Dichters

Etwa 1200 Seiten
4 Pappbände mit Dekorüberzug
in Schmuckkassette. ca. DM 48,–

Zum hundertsten Geburtstag Felix Timmermans versammelt der Insel Verlag in dieser vierbändigen Jubiläumsausgabe die schönsten Romane und Erzählungen. Felix Timmermans (1886–1947) ist der bedeutendste Vertreter der flämischen Dichtung in der ersten Hälfte dieses Jahrhunderts. Ein gott- und weltgläubiger Idylliker, mit ganzem Herzen Poet wie Maler.

phen mit Rudolf Augstein, in dem jener seine Haltung im Jahre 1933 gerechtgertigt hat. Daß dieses »Spiegelgespräch« durch die Initiative von Kästner zustande gekommen ist, geht jetzt aus den Briefen deutlich hervor.

HEINRICH HOFFMANN HUMORISTISCHE STUDIEN UND SATIREN

Herausgegeben von G.H. Herzog und Helmut Siefert
Etwa 300 Seiten. Leinen.
ca. DM 48,–

Im Rahmen der Heinrich Hoffmann-Ausgabe des Insel Verlages erscheint im Frühjahr 1986 ein Band mit *Humoristischen Studien und Satiren.*

Nachauflage

VIERUNDZWANZIG NŌ-SPIELE

Ausgewählt und aus dem Japanischen übertragen von Peter Weber-Schäfer
223 Seiten. Leinen. ca. DM 28,–

Nachauflage

DIE GEHEIME ÜBERLIEFERUNG DES NŌ

Aufgezeichnet von Meister Seami
Aus dem Japanischen übertragen und erläutert von Oscar Benl
173 Seiten. Leinen. ca. DM 28,–

»Die Insel-Edition ist für den deutschsprachigen Theaterfreund ein Schlüssel zur Kunst des faszinierenden Nō-Theaters«. *Thomas Terry, Neue Zürcher Zeitung*

Hessen-Bibliothek

AUSLÄNDISCHE ARBEITERFAMILIEN IN HESSEN

Berichte über das Zusammenleben von Deutschen und Ausländern
Mit Abbildungen
Herausgegeben von Hans-Wilfried Kuhlen
Mit Beiträgen von Anita Kuhlen-Sauer/Hans-Wilfried Kuhlen, Arthur Mehmet, Christa Seidel, Detlef Lüderwald
Etwa 270 Seiten. Gebunden.
ca. DM 32,–

TRÜMMER, TRÄNEN, ZUVERSICHT

Alltag in Hessen 1945–1949
Herausgegeben von Werner Wolf unter Mitarbeit von Harald Edel
Mit Abbildungen
Etwa 250 Seiten. Gebunden.
ca. DM 30,–

Insel-Bilderbücher

HELMUT NACHTIGALL ALICIA SANCHA WILLI DER BÜCHERHAMSTER

Eine Geschichte von Helmut Nachtigall mit Bildern von Alicia Sancha
Im Vierfarbendruck
24 Seiten. Pappband. ca. DM 18,80

THOMAS SCHWEIZER ICH BIN DAS NILPFERD. UND WER BIST DU?

Geschichte und Bilder von Thomas Schweizer
Im Vierfarbendruck
32 Seiten. Pappband. ca. DM 18,80

G. W. Leibniz
Werke

Zweisprachige Ausgabe
in fünf Bänden
Band I: Kleine Schriften
zur Metaphysik
(Opuscules métaphysiques)
Herausgegeben und übersetzt
von Hans Heinz Holz
Etwa 510 Seiten. Leinen.
ca. DM 68,–
Band II, 1: Die Theodizee.
Von der Güte Gottes, der Freiheit
des Menschen und dem
Ursprung des Übels
(Essais de Theodicée. Sur la bonté
de Dieu, la liberté de l'homme
et l'origine du mal)
Herausgegeben und übersetzt
von Herbert Herring
660 Seiten. Leinen.
Band II, 2: Die Theodizee.
Von der Güte Gottes, der Freiheit
des Menschen und dem Ursprung
des Übels. Dritter Teil.
Ausgewählte Anhänge
der Theodizee
Herausgegeben und übersetzt
von Herbert Herring
412 Seiten. Leinen.
2 Bände zus. ca. DM 136,–
Band III, 1: Neue Abhandlungen
über den menschlichen Verstand
(Nouveaux essais sur
l'entendement humain)
Herausgegeben und übersetzt
von Wolf von Engelhardt
und Hans Heinz Holz
556 Seiten. Leinen.
Band III, 2: Neue Abhandlungen
über den menschlichen Verstand
Herausgegeben und übersetzt
von Wolf von Engelhardt
und Hans Heinz Holz
712 Seiten. Leinen.
2 Bände zus. ca. DM 136,–

Mircea Eliade
Die Religionen und das Heilige

Elemente der Religionsgeschichte
Aus dem Französischen übertragen
von M. Rassem und I. Köck
Etwa 560 Seiten. Leinen.
ca. DM 68,–

Die Religionen und das Heilige ist, wie Eliade einmal betonte, ein ›Lehrbuch‹, das den Leser in die labyrinthische Vielfalt religiöser Fakten einführen soll, um ihn mit den Grundstrukturen und der Verschiedenartigkeit der kulturellen Verhältnisse, aus denen die religiösen Fakten hervorgehen, vertraut zu machen.

Martin Heidegger/ Erhart Kästner
Briefwechsel 1953–1974

Herausgegeben von
Heinrich W. Petzet
Etwa 150 Seiten. Leinen.
ca. DM 38,–

Die nahe Beziehung, die zwischen Martin Heidegger und Erhart Kästner bestanden hat, ist der Öffentlichkeit bisher nur durch einige wenige Briefe Heideggers bekannt geworden. Der Briefwechsel beider, der jetzt veröffentlicht wird, stellt eine ungewöhnliche Überraschung dar.
Zwei Schwerpunkte zeigen sich: Zum einen die gemeinsame große Hinneigung zu Griechenland und allem Griechischen; Kästners starke persönliche Anteilnahme an allem, was Heidegger anging, spiegelt sich in den Briefen auf eine besondere Art, die sich zu dem zweiten Schwerpunkt verdichtet. Es handelt sich um die Entstehung des bekannten Gesprächs des Philoso-

Pierre Bertaux
Gar schöne Spiele spiel' ich mit dir!

Zu Goethes Spieltrieb
Mit einer Einleitung von Pierre Bertaux
Etwa 170 Seiten. Leinen. ca. DM 36,–

»Goethes Spielen, seine Spiele, Goethe als Spielender sowohl im Leben als in seinen Schriften, das ist ein weites, heute noch unerforschtes Feld«, schreibt Pierre Bertaux in seiner Einleitung und weist auf das tiefe Mißverständnis hin, das zur Behauptung führte, Goethe habe »gar keinen Sinn für Humor« besessen.

Goethes Leben und Werk unter dem Aspekt des Spiels gesehen, versammelt dies alles: Torheiten, Tollheiten, Streiche, Eulenspiegeleien, Puppenspiele, Kostümierungen, Bälle, Festlichkeiten (selbst die Begleiterscheinungen des Krieges), Theaterspiel, Tanz, Jahrmarkt, Scherz, Humor, Übermut, Possenspiel, Schelmerei. Und selbstverständlich die Liebe; nur mit einer Frau, mit Christiane, habe er nicht gespielt. Vom Zuschauer zum Schauspiel, vom Schauspiel zum Dramatiker. Vom Spieltrieb zur Neugier, von der Neugier zum Wissensdrang.

Jeder Mensch treibt seine Liebhabereien sehr ernsthaft, meist ernsthafter als seine Geschäfte. Und in diesem Sinn befaßt sich der Autor mit Goethes Spiel – in einem vitalen, Einsichten bescherenden, lehrreichen Buch, dem Leser zum Genuß und zur Freude.

Bernard von Brentano
August Wilhelm Schlegel

Geschichte eines romantischen Geistes
Mit einem Nachwort von Hans Mayer
Etwa 350 Seiten. Leinen. ca. DM 36,–

Bernard von Brentanos Buch über August Wilhelm Schlegel, das der Insel Verlag in einer Neuausgabe wieder vorlegt, erschien erstmalig 1943.

Bernard von Brentano zeichnet das Lebensbild A.W. Schlegels in seinen wesentlichen und bleibenden Konturen nach: – Schlegels Mitarbeit an Schillers »Horen«; das Verhältnis zu seinem jüngeren Bruder Friedrich und die Begründung der romantischen Kunstauffassung; Schlegels Reisen mit Madame de Staël in Deutschland, Italien, Frank-

wiedersehen, meinen sie damit, und bitte im Gelobten Land. Oder doch wenigstens in einem, in dem sich in Frieden leben läßt.
»Nächstes Jahr in Jerusalem« erzählt die Geschichte zweier jüdischer Familien in wirrer Zeit, im von Krieg und Revolution erschütterten Europa vor, im und nach dem Ersten Weltkrieg – und ist doch alles andere als eine, wie man vermuten könnte, traurige Geschichte. Im Gegenteil. André Kaminskis erster Roman ist fröhlich, witzig, turbulent, aufregend, fesselnd – eine kunterbunte comédie humaine, ein Welttheater im kleinen, ein intelligentes, listiges, augenzwinkernd geschriebenes Buch, das Kapitel für Kapitel eine tiefe Weisheit beherzigt: Ohne Humor sind wir verloren, mit Humor überleben wir.

Hermann Lenz
Der Wanderer

Roman
Etwa 300 Seiten. Leinen.
ca. DM 34,–

Der Wanderer: das ist der wenig erfolgreiche, aber unbeirrbare Schriftsteller Eugen Rapp. Die Freiheit zu schreiben, die er sich nach Frontjahren und Kriegsgefangenschaft, in einer Zeit, da alle Welt mit dem Überleben beschäftigt war, zuerkannte, macht er noch immer geltend. Und mehr noch: die Freiheit, unzeitgemäß zu schreiben. Seine Lebensform sind das Schreiben und Wandern.
Drei Wanderungen schildert Hermann Lenz. Es sind drei Strophen einer wunderbaren Melodie. Eines Hohenliedes des Waldes, das hoffentlich nicht bald schon zum Nachruf werden wird.

Victor Segalen
Die Unvordenklichen

Roman
Aus dem Französischen übertragen von Erika Tophoven
Etwa 350 Seiten. Gebunden.
ca. DM 42,–

Victor Segalen (1878–1919) war Arzt, Dolmetscher, Archäologe, Sinologe und – Schriftsteller, ein ganz und gar ungewöhnlicher Poet, dessen Bedeutung – wohl nicht nur in Frankreich – inzwischen neu erkannt und wiederentdeckt wird.
In dem Roman *Die Unvordenklichen* erzählt Segalen von der Christianisierung Tahitis in den Jahren zwischen 1819 und 1839. Das Faszinierende und Ungewöhnliche dieses ethnographischen Romans ist die Perspektive, in der die Bemühungen gesehen werden, den Maori, den Ureinwohnern der Insel, den ›rechten‹ Glauben beizubringen, auf den diese gar nicht gewartet haben: es ist die Perspektive der Ureinwohner selbst, die befremdet, belustigt und schließlich verängstigt, eingeschüchtert den missionarischen Daueranstrengungen der bleichen Fremden gegenüberstehen.

Ivan Doig
Das Haus des Himmels

Roman
Aus dem Amerikanischen übertragen von Sybille Meiser
Etwa 350 Seiten. Gebunden.
ca. DM 42,–

Ivan Doig, amerikanischer Autor, geboren und aufgewachsen in den Bergen von Montana, beschreibt in seinem Roman *Das Haus des Himmels* seine Kindheit und Jugend im amerikanischen Westen; – ein wil-

Bösen; er werde es aus Nachgiebigkeit gegen den Kaiser noch so weit kommen lassen, daß der Sache nicht weiter zu helfen sei. Man hätte doch auch andere Fürsten zurate ziehen sollen". Er nahm die Miene an, als sehe er Papst und Kirche in Gefahr; er versprach, sie mit seinem Leben, mit allen Kräften seines Reiches zu verteidigen.

Und schon hatten in Rom nicht allein die angedeuteten geistlichen Bedenklichkeiten Wurzel gefaßt. Überdies bemerkte man, daß der Kaiser bei der Eröffnung des Reichstages, wo er eines allgemeinen Konziliums Meldung getan, nicht zugleich gesagt hatte, der Papst allein habe es zu berufen. Man glaubte, Andeutungen zu finden, daß er selbst dies Recht in Anspruch nehme. In den alten Artikeln, mit Clemens VII. zu Barcelona abgeschlossen, wollte man eine dahin zielende Stelle bemerken. Und sagten nicht die Protestanten fortwährend, ein Konzilium zu berufen stehe dem Kaiser zu? Wie leicht konnte er ihnen da nachgeben, wo sein Vorteil mit ihrer Lehre so augenscheinlich zusammenfiel![1] Es hätte dies die größte Gefahr einer Spaltung eingeschlossen.

Indessen regte man sich auch in Deutschland. Schon Giustinian versichert, die Macht, welche der Landgraf dadurch erworben, daß er sich an die Spitze der protestantischen Partei gestellt, erwecke in anderen den Gedanken, sich eine ähnliche an der Spitze der katholischen zu verschaffen. Ein Teilnehmer dieses Reichstages zeigt uns an, daß die Herzöge von Bayern jeder Übereinkunft abhold seien. Auch der Kurfürst von Mainz war entschieden dagegen. Er warnt den Papst in einem eigenen Schreiben vor einem Nationalkonzilium, ja vor jedem Konzilium, das in Deutschland gehalten werde: „allzuviel würde man darin zugestehen müssen[2]". Es finden sich noch andere Schreiben, in denen deutsche Katholiken unmittelbar bei dem Papst sich über den Fortgang, den der Protestantismus auf dem Reichstag nehme, die Nachgiebigkeit Groppers und Pflugs, die Entfernung der katholischen Fürsten von dem Gespräche beklagen[3].

[1] Ardinghello al nome del Cl Farnese al Cl Contarini, 29 Maggio 1541.

[2] Literae Cardinalis Moguntini bei Rainaldus 1541 n. 27.

[3] Anonym, ebenfalls bei Rainaldus Nr. 25. Von welcher Seite sie kamen, läßt sich daraus entnehmen, weil es darin von Eck heißt: unus duntaxat peritus theologus adhibitus est. Sie sind voll Insinuationen gegen den Kaiser: „nihil," heißt es darin, „ordinabitur pro robore ecclesiae, quia timetur, illi (Caesari) displicere."

Genug, in Rom, Frankreich und Deutschland erhob sich unter den Feinden Karls V., unter den, sei es in Wahrheit oder zum Schein, eifrigsten Katholiken eine scharfe Opposition wider das vermittelnde Vorhaben desselben. In Rom bemerkte man eine ungewohnte Vertraulichkeit des Papstes mit dem französischen Botschafter: es hieß, er wolle seine Enkelin Vittoria Farnese mit einem Guise vermählen.

Es konnte nicht anders kommen: diese Bewegungen mußten eine lebhafte Rückwirkung auf die Theologen äußern. Eck hielt sich ohnehin zu Bayern. „Die Feinde des Kaisers", sagt der Sekretär Contarinis, „innerhalb Deutschlands und außerhalb, die seine Größe fürchteten, wofern er ganz Deutschland vereinige, fingen an, Unkraut unter jene Theologen zu säen. Der Neid des Fleisches unterbrach dies Colloquium."[1] Bei den Schwierigkeiten des Gegenstandes an sich ist es kein Wunder, wenn man sich seitdem über keinen Artikel weiter vergleichen konnte[2].

Man übertreibt die Gerechtigkeit, wenn man die Schuld hiervon den Protestanten allein oder auch nur hauptsächlich zuschreibt.

In kurzem ließ der Papst dem Legaten als seine feste Willensmeinung ankündigen, er solle weder öffentlich noch als Privatmann einen Beschluß billigen, in welchem die katholische Meinung anders als in solchen Worten, die keiner Zweideutigkeit Raum geben, enthalten sei. Die Formeln, in denen Contarini die verschiedenen Meinungen über den Primat des Papstes und die Gewalt der Konzilien zu vereinigen gedacht hatte, verwarf man zu Rom unbedingt[3]. Der Legat mußte sich zu Erklärungen bequemen, die mit seinen früheren Äußerungen selbst in Widerspruch zu stehen schienen.

Damit doch etwas geschehen wäre, wünschte der Kaiser wenigstens, daß man sich bis auf weiteres in den verglichenen Artikeln

[1] Beccatelli, Vita p. CXIX. Hora il diavolo, che sempre alle buone opere s'attraversa, fece sì che sparsa questa fama della concordia che tra catholici e protestanti si preparava, gli invidi dell' imperatore in Germania e fuori, che la sua grandezza temevano quando tutti gli Alemani fossero stati uniti, cominciarono a seminare zizania tra quelli theologi collocutori.

[2] Das Gespräch zerschlug sich, als man auf den Artikel vom Abendmahl gekommen war. Contarini hielt an dem Begriff der Transsubstantiation fest: die Protestanten entschlossen sich in einer hierzu besonders berufenen Versammlung, denselben nicht anzunehmen.

[3] Ardinghello a Contarini, 29 di Maggio. Bei Quirini t. III, p. CCXXIV.

an die gefundenen Formeln halten, in den übrigen die Abweichungen zu beiden Seiten tolerieren möge. Allein dazu war weder Luther zu bewegen noch der Papst. Man meldete dem Kardinal, das ganze Kollegium habe einstimmig beschlossen, auf eine Toleranz in so wesentlichen Artikeln unter keiner Bedingung einzugehen. Nach so großen Hoffnungen, so glücklichem Anfang kehrte Contarini unverrichteter Dinge zurück. Er hätte gewünscht, den Kaiser nach den Niederlanden zu begleiten; doch ward es ihm versagt. In Italien mußte er die Afterreden vernehmen, die über sein Betragen, über die angeblichen Konzessionen, welche er den Protestanten gemacht habe, von Rom aus in dem ganzen Lande waren verbreitet worden. Er war hochgesinnt genug, das Mißlingen so umfassender Absichten noch schmerzlicher zu empfinden.
Welch eine großartige Stellung war es, welche die gemäßigte katholische Meinung in ihm eingenommen hatte! Da es ihr aber nicht gelang, ihre Weltintention durchzusetzen, so war es die Frage, ob sie sich auch nur behaupten würde. Jede große Tendenz trägt in sich selber die unabweisliche Aufgabe, sich geltend zu machen und durchzusetzen. Kann sie die Herrschaft nicht erlangen, so schließt dies ihren nahen Ruin ein.

Neue Orden

Schon hatte sich indes eine andere Richtung entwickelt, der geschilderten ursprünglich nahe verwandt, aber immer abweichender und, obwohl auch auf eine Reform angelegt, mit dem Protestantismus durchaus im Gegensatz.
Wenn Luther das bisherige Priestertum in seinem Prinzip und Begriff verwarf, so erhob sich dagegen in Italien eine Bewegung, um eben dieses Prinzip herzustellen und durch strengere Festhaltung aufs neue in der Kirche in Ansehung zu bringen. Auf beiden Seiten nahm man das Verderben der geistlichen Institute wahr. Aber während man in Deutschland nur mit der Auflösung des Mönchtums befriedigt wurde, suchte man es in Italien zu verjüngen; während dort der Klerus sich von so vielen Fesseln befreite, die er bisher getragen, dachte man hier darauf, ihm eine strengere Verfassung zu geben. Einen durchaus neuen Weg schlugen wir diesseits der Alpen ein; jenseits dagegen wiederholte man Versuche, wie sie seit Jahrhunderten von Zeit zu Zeit stattgefunden.

Denn von jeher hatten sich die kirchlichen Institute zur Verweltlichung geneigt und dann nicht selten von neuem an ihren Ursprung erinnert und zusammengenommen werden müssen. Wie fanden es schon die Karolinger so notwendig, den Klerus, nach der Regel des Chrodegang, zu gemeinschaftlichem Leben, zu freier Unterordnung anzuhalten! Den Klöstern selbst genügte nicht lange die einfache Regel Benedicts von Nursia: während des 10. und 11. Jahrhunderts sehen wir allenthalben enggeschlossene Kongregationen, mit besonderen Regeln, nach dem Vorgang von Cluny, notwendig werden. Auf der Stelle hatte dies seine Rückwirkung auf die Weltgeistlichkeit; durch die Einführung des Zölibats ward sie, wie berührt, beinahe selber einer Ordensregel unterworfen. Nichtsdestominder und trotz des großen geistlichen Impulses, welchen die Kreuzzüge den Nationen gaben, so daß sogar die Ritter und Herren ihr Kriegshandwerk den Formen mönchischer Gesetze unterwarfen, waren alle diese Institute in tiefen Verfall geraten, als sich die Bettelmönche erhoben. In ihrem Anfang haben sie ohne Zweifel zur Herstellung ursprünglicher Einfachheit und Strenge beigetragen; allein wir sahen, wie auch sie allmählich verwildert und verweltlicht waren, wie gerade in ihnen ein Hauptmoment des Verderbens der Kirche wahrgenommen wurde.

Schon seit dem Jahre 1520, und seitdem immer lebhafter, je weitere Fortschritte der Protestantismus in Deutschland machte, regte sich in den Ländern, die von demselben noch nicht ergriffen worden, das Gefühl der Notwendigkeit einer neuen Verbesserung der hierarchischen Institute. In den Orden selbst, bald in dem einen, bald in dem anderen, trat es hervor.

Trotz der großen Abgeschiedenheit des Ordens von Camaldoli fand ihn Paolo Giustiniani in das allgemeine Verderben verflochten. Im Jahre 1522 stiftete er eine neue Kongregation desselben, die von dem Berge, auf welchem sie hernach ihren vornehmsten Sitz hatte, den Namen Monte Corona empfing[1]. Zur Erreichung geistlicher Vollkommenheit hielt Giustiniani drei Dinge für wesentlich: Einsamkeit, Gelübde und die Trennung der Mönche in verschiedene Zellen. Dieser kleinen Zellen und Bethäuser, wie man

[1] Die Stiftung ist billig von der Abfassung der Regel an zu datieren, nachdem Masacio 1522 der neuen Kongregation überlassen worden. Monte Corona stiftete erst Basciano, der Nachfolger Giustinianis. Helyot, Histoire des ordres monastiques V, p. 271.

sie noch hier und da findet, auf den höchsten Bergen, in reizender Wildnis, welche die Seele zugleich zu erhabenem Schwung und tiefer Ruhe einzuladen scheinen, gedenkt er in einem seiner Briefe mit besonderer Genugtuung[1]. In alle Welt hat sich die Reform dieser Eremiten verbreitet.

Unter den Franziskanern, in denen das Verderben vielleicht am tiefsten eingerissen war, versuchte man nach so vielen Reformen noch eine neue. Die Kapuziner beabsichtigten, die Einrichtungen des ersten Stifters herzustellen, den Gottesdienst bei Mitternacht, das Gebet in den bestimmten Stunden, Disziplin und Stillschweigen, die ganze strenge Lebensordnung der ursprünglichen Institution. Man muß über die Wichtigkeit lächeln, die sie geringfügigen Dingen beilegten; darüber ist aber nicht zu verkennen, daß sie sich auch wieder, z. B. während der Pest von 1528, sehr wacker benahmen.

Indessen war mit einer Reform der Orden allein nicht viel getan, da die Weltgeistlichkeit so ganz ihrem Berufe entfremdet war. Sollte eine Verbesserung wirklich etwas bedeuten, so mußte sie diese betreffen.

Wir stoßen hier nochmals auf Mitglieder jenes römischen Oratoriums. Zwei von ihnen, Männer, wie es schien, übrigens von ganz entgegengesetztem Charakter, unternahmen, eine solche vorzubereiten. Der eine: Gaetano da Thiene, friedfertig, stillhin, sanftmütig, von wenig Worten, den Entzückungen eines geistlichen Enthusiasmus hingegeben: von dem man gesagt, er wünsche die Welt zu reformieren, aber ohne daß man wisse, er sei auf der Welt[2]. Der andere: Johann Peter Caraffa, von dem noch ausführlich zu reden sein wird: heftig, aufbrausend, stürmisch, ein Zelot. Auch Caraffa aber erkannte, wie er sagte, daß sein Herz nur um so bedrängter geworden, je mehr es seinem Begehren nachgegangen sei: daß es nur Ruhe finden könne, wenn es sich selbst auf Gott verlasse, nur in dem Umgang mit himmlischen Dingen. So trafen sie in dem Bedürfnis der Zurückgezogenheit, die dem einen Natur,

[1] Lettera del b. Giustiniano al vescovo Teatino bei Bromato, Storia di Paolo IV, lib. III, § 19.

[2] Caracciolus, Vita S. Cajetani Thienaei c. IX, 101. „In conversatione humilis, mansuetus, modestus, pauci sermonis, – meminique me illum saepe vidisse inter precandum lacrymantem." Sehr wohl bezeichnet ihn das Zeugnis einer frommen Gesellschaft in Vicenza, das man eben dort findet. c. I, n. 12.

dem anderen Wunsch und Lebensideal, und in der Neigung zu geistlicher Tätigkeit zusammen. Überzeugt von der Notwendigkeit einer Reform, vereinigten sie sich zu einem Institut – man hat es den Orden der Theatiner genannt –, das zugleich Kontemplation und Verbesserung des Klerus zu seinem Endzweck hatte[1]. Gaetano gehörte zu den Protonotari partecipanti: er gab diese Pfründe auf; Caraffa besaß das Bistum Chieti, das Erzbistum Brindisi: er verzichtete auf beide[2]. Mit zwei eng verbündeten Freunden, die ebenfalls Mitglieder jenes Oratoriums gewesen waren, legten sie am 14. September 1524 feierlich die drei Gelübde ab[3]: das Gelübde der Armut mit dem besonderen Zusatz, daß sie nicht allein nichts besitzen, sondern auch das Betteln vermeiden würden: in ihrem Hause wollten sie die Almosen erwarten. Nach kurzem Aufenthalt in der Stadt bezogen sie ein kleines Haus auf dem Monte Pincio, bei der Vigna Capisucchi, aus der später die Villa Medici geworden, wo damals, obwohl innerhalb der Mauern von Rom, eine tiefe Einsamkeit war: hier lebten sie in der Armut, die sie sich vorgeschrieben, in geistlichen Übungen, in dem genau vorgezeichneten und alle Monate wiederholten Studium der Evangelien; dann gingen sie nach der Stadt hinab, um zu predigen. Sie nannten sich nicht Mönche, sondern regulare Kleriker: sie waren Priester mit Mönchsgelübden. Ihre Absicht war, eine Art von Priesterseminar einzurichten. Das Breve ihrer Stiftung erlaubte ihnen ausdrücklich, Weltgeistliche aufzunehmen. Eine bestimmte Form und Farbe der Tracht legten sie sich ursprünglich nicht auf: der Gebrauch der Landesgeistlichkeit sollte dieselbe bestimmen. Auch den Gottesdienst wollten sie allenthalben nach landüblichen Gebräuchen halten. Und so machten sie sich von vielem frei, was die Mönche fesselte; sie erklärten ausdrücklich, weder in Leben noch Gottesdienst solle irgendein Gebrauch das Gewissen ver-

[1] Caracciolus c. 2. § 10 bezeichnet ihre Absicht: „clericis, quos ingenti populorum exitio improbitas inscitiaque corrupissent, clericos alios debere suffici, quorum opera damnum, quod illi per pravum exemplum intulissent, sanaretur."

[2] Aus einem Schreiben des päpstlichen Datarius 22. September 1524 (Lettere di principi I, 135) sehen wir authentisch, daß der Papst sich lange Zeit weigerte, die Verzichtleistung anzunehmen (non volendo privare quelle chiese di cosi buon pastore). Nur den wiederholten dringenden Bitten Caraffas gab er endlich nach.

[3] Die Akte hierüber findet man in dem commentarius praevius, AA. SS. Aug. II, 249.

pflichten[1]; dagegen wollten sie sich den klerikalischen Pflichten widmen, der Predigt, der Verwaltung der Sakramente, der Besorgung der Kranken.

Da sah man wieder, was in Italien ganz außer Gebrauch gekommen, Priester auf den Kanzeln erscheinen: mit dem Barett, dem Kreuz und der klerikalischen Cotta: zunächst in jenem Oratorium, oft auch in Form der Mission in den Straßen. Caraffa selbst predigte; er entwickelte jene überströmende Beredsamkeit, die ihm bis zu seinem Tode eigen geblieben. Er und seine Gefährten, meistens Männer, die zu dem Adel gehörten und sich der Genüsse der Welt hätten erfreuen können, fingen an, die Kranken in Privathäusern und Spitälern aufzusuchen, den Sterbenden beizustehen.

Eine Wiederaufnahme der klerikalischen Pflichten, die von großer Wichtigkeit ist. Zwar wurde dieser Orden nicht eigentlich ein Seminar von Priestern; dazu war er niemals zahlreich genug; allein er bildete sich zu einem Seminar von Bischöfen aus. Er ward mit der Zeit der eigentlich adlige Priesterorden; und wie von allem Anfang sorgfältig bemerkt wird, daß die neuen Mitglieder von edler Herkunft gewesen, so haben später hier und da Adelsproben dazu gehört, um in denselben aufgenommen zu werden. Man begreift leicht, daß der ursprüngliche Plan, von Almosen leben zu wollen, ohne darum zu bitten, nur unter solchen Bedingungen auszuführen stand.

Die Hauptsache indessen war, daß der gute Gedanke, die klerikalischen Pflichten und Weihen mit Mönchsgelübden zu vereinigen, sich auch an anderen Stellen Beifall und Nachahmung erwarb.

Seit 1521 war Oberitalien mit fortwährendem Krieg und in dessen Gefolge mit Verwüstung, Hungersnot und Krankheiten angefüllt. Wie viele Kinder waren auch da zu Waisen geworden und drohten an Leib und Seele zugrundezugehen! Glücklicherweise wohnt unter den Menschen neben dem Unglück das Erbarmen. Ein venezianischer Senator, Girolamo Miani, sammelte die Kinder, welche die Flucht nach Venedig geführt, und nahm sie in sein Haus auf: er fuhr nach den Inseln um die Stadt her, um sie zu

[1] Regel der Theatiner bei Bromato, Vita di Paolo IV, lib. III, § 25. Nessuna consuetudine, nessun modo di vivere o rito che sia, tanto di quelle cose che spettano al culto divino e in qualunque modo fannosi in chiesa, quanto di quelle che pel viver commune in casa e fuori da noi si sogliono praticare, non permettiamo in veruna maniera che acquistino vigore di precetto.

suchen: ohne viel auf die keifende Schwägerin zu hören, verkaufte er das Silberzeug und die schönsten Teppiche des Hauses, um den Kindern Wohnung und Kleidung, Lebensmittel und Lehrmeister zu verschaffen. Allmählich widmete er diesem Berufe ausschließend seine Tätigkeit. Vorzüglich in Bergamo hatte er großen Erfolg. Das Hospital, das er daselbst gründete, fand so gute Unterstützung, daß er Mut bekam, auch in anderen Städten etwas Ähnliches zu versuchen. Nach und nach wurden in Verona, Brescia, Ferrara, Como, Mailand, Pavia, Genua ähnliche Spitäler gegründet. Endlich trat er mit einigen gleichgesinnten Freunden in eine Kongregation, nach dem Muster der Theatiner, von regularen Klerikern zusammen, die den Namen di Somasca führte. Hauptsächlich die Erziehung war ihre Bestimmung. Ihre Spitäler bekamen eine gemeinschaftliche Verfassung[1].

Wenn irgendeine andere Stadt, so hatte Mailand in so häufiger Belagerung und Eroberung bald von der einen, bald von der anderen Seite jene Übel des Krieges erfahren. Sie durch Mildtätigkeit zu lindern – die damit verbundene Verwilderung durch Unterricht, Predigt und Beispiel zu heben, war der Zweck der drei Stifter des Barnabitenordens, Zaccaria, Ferrari und Morigia. Aus einer Mailänder Chronik ergibt sich, mit welcher Verwunderung man anfangs diese neuen Priester durch die Straßen gehen sah, in unscheinbarem Gewand, mit ihrem runden Barett, einer wie der andere, mit gesenktem Kopf, alle noch jung. Bei S. Ambrosio hatten sie ihre Wohnung, wo sie gemeinschaftlich lebten. Besonders die Gräfin Lodovica Torella, welche ihr väterliches Erbe Guastalla verkaufte und das Geld davon zu guten Werken anwendete, unterstützte sie[2]. Auch die Barnabiten hatten die Form von regularen Klerikern.

Was aber auch alle diese Kongregationen in ihrem Kreise ausrichten mochten, so war doch entweder die Beschränkung des Zwekkes, wie bei den zuletzt genannten, oder die in der Natur der

[1] Approbatio societatis tam ecclesiasticarum quam secularium personarum, nuper institutae ad erigendum hospitalia pro subventione pauperum orphanorum et mulierum convertitarum (welchen letzten Zweck man an einigen Orten mit dem ersten verbunden). Bulle Pauls III. 5. Juni 1540, Bullarium Cocquelines IV, 173. Aus der Bulle Pius V., Injunctum nobis, 6. Dezember 1568, sieht man doch, daß die Mitglieder dieser Kongregation erst damals die Gelübde ablegten.

[2] *Chronik des Burigozzo* bei Custode: Fortsetzung von Verri, Storia di Milano IV, p. 88.

Sache liegende Beschränkung der Mittel, wie bei den Theatinern, einer allgemeinen durchgreifenden Wirksamkeit hinderlich. Merkwürdig sind sie, weil sie in freier Entstehung eine große Tendenz bezeichnen, die zur Wiederherstellung des Katholizismus unendlich viel beitrug; aber um dem kühnen Fortgang des Protestantismus Widerstand zu leisten, waren andere Kräfte erforderlich. Auf einem ähnlichen Wege, aber auf eine sehr unerwartete, höchst eigentümliche Weise entwickelten sich diese.

Ignatius Loyola

Von allen Ritterschaften der Welt hatte allein die spanische noch etwas von ihrem geistlichen Element behauptet. Die Kriege mit den Mauren, die, auf der Halbinsel kaum geendigt, in Afrika noch immer fortgesetzt wurden, die Nachbarschaft der zurückgebliebenen und unterjochten Morisken selbst, mit denen man stets in glaubensfeindlicher Berührung blieb, die abenteuerlichen Züge gegen andere Ungläubige jenseits des Weltmeeres erhielten diesen Geist. In Büchern wie der Amadis, voll einer naiv-schwärmerischen loyalen Tapferkeit, ward er idealisiert.

Don Iñigo Lopez de Recalde[1], der jüngste Sohn aus dem Hause Loyola, auf dem Schlosse dieses Namens zwischen Azpeitia und Azcoitia in Guipuscoa geboren, aus einem Geschlechte, welches zu den besten des Landes gehörte – de parientes mayores –, dessen Haupt allemal durch ein besonderes Schreiben zur Huldigung eingeladen werden mußte, aufgewachsen an dem Hofe Ferdinands des Katholischen und in dem Gefolge des Herzogs von Najara, war erfüllt von diesem Geiste. Er strebte nach dem Lobe der Ritterschaft: schöne Waffen und Pferde, der Ruhm der Tapferkeit, die Abenteuer des Zweikampfes und der Liebe hatten für ihn soviel Reiz wie für einen anderen; aber auch die geistliche Richtung trat in ihm lebhaft hervor: den ersten der Apostel hat er in diesen Jahren in einer Ritterromanze besungen[2].

Wahrscheinlich jedoch würden wir seinen Namen unter den üb-

[1] So heißt er in gerichtlichen Akten; daß man nicht weiß, wie er zu dem Namen Recalde gekommen, kann nichts gegen die Echtheit desselben beweisen. Acta Sanctorum 31 Julii. Commentarius praevius p. 410.

[2] Maffei: Vita Ignatii.

rigen tapferer spanischer Hauptleute lesen, denen Karl V. so viele Gelegenheit gab, sich hervorzutun, hätte er nicht das Unglück gehabt, bei der Verteidigung von Pampelona gegen die Franzosen im Jahre 1521 von einer doppelten Wunde an beiden Beinen verletzt und, obwohl er so standhaft war, daß er sich zu Hause, wohin man ihn gebracht, den Schaden zweimal aufbrechen ließ – in dem heftigsten Schmerz kniff er nur die Faust zusammen –, auf das schlechteste geheilt zu werden.

Er kannte und liebte die Ritterromane, vor allen den Amadis. Indem er jetzt seine Heilung abwartete, bekam er auch das Leben Christi und einiger Heiligen zu lesen.

Phantastisch von Natur, aus einer Bahn weggeschleudert, die ihm das glänzendste Glück zu verheißen schien, jetzt zugleich zur Untätigkeit gezwungen und durch seine Leiden aufgeregt, geriet er in den seltsamsten Zustand von der Welt. Auch die Taten des S. Franziskus und S. Dominikus, die hier in allem Glanze geistlichen Ruhmes vor ihm erschienen, deuchten ihm nachahmungswürdig, und wie er sie so las, fühlte er Mut und Tüchtigkeit, sie nachzuahmen, mit ihnen in Entsagung und Strenge zu wetteifern[1]. Nicht selten wichen diese Ideen freilich noch vor sehr weltlichen Gedanken. Er malte sich nicht minder aus, wie er die Dame, deren Dienste er sich in seinem Herzen gewidmet – sie sei keine Gräfin gewesen, sagt er selbst, keine Herzogin, sondern noch mehr als dies –, in der Stadt, wo sie wohne, aufsuchen, mit welchen Worten zierlich und scherzhaft er sie anreden, wie er ihr seine Hingebung bezeigen, welche ritterlichen Übungen er ihr zu Ehren ausführen wolle. Bald von jenen, bald von diesen Phantasien ließ er sich hinreißen: sie wechselten in ihm ab.

Je länger es aber dauerte, je schlechteren Erfolg seine Heilung hatte, um so mehr bekamen die geistlichen die Oberhand. Sollten wir ihm wohl unrecht tun, wenn wir dies auch mit daher ableiten, daß er allmählich einsah, er könne doch nicht vollkommen hergestellt und niemals wieder recht zu Kriegsdienst und Ritterehre tauglich werden?

[1] Die Acta antiquissima, a Lodovico Consalvo ex ore Sancti excepta, AA. SS. l. l. p. 634, unterrichten hierüber sehr authentisch. Er dachte einmal: Quid, si ego hoc agerem quod fecit b. Franciscus, quid, si hoc quod b. Dominicus? – Dann: de muchas cosas vanas que se le ofrecian una tenia: eben jene Ehre, die er seiner Dame zu erweisen dachte. Non *era condesa ni duquesa*, mas era su estado mas alto que ninguno destas. Ein sonderbar naives Bekenntnis.

Auch war es nicht ein so schroffer Übergang zu etwas durchaus Verschiedenem, wie man vielleicht glauben könnte. In seinen geistlichen Übungen, deren Ursprung immer mit auf die ersten Anschauungen seiner Erweckung zurückgeführt worden, stellt er sich zwei Heerlager vor, eins bei Jerusalem, das andere bei Babylon: Christi und des Satans: dort alle Guten, hier alle Bösen: gerüstet, miteinander den Kampf zu bestehen. Christus sei ein König, der seinen Entschluß verkündige, alle Länder der Ungläubigen zu unterwerfen. Wer ihm die Heeresfolge leisten wolle, müsse sich jedoch ebenso nähren und kleiden wie er, dieselben Mühseligkeiten und Nachtwachen ertragen wie er: nach diesem Maße werde er des Sieges und der Belohnungen teilhaftig werden. Vor ihm, der Jungfrau und dem ganzen himmlischen Hofe werde dann ein jeder erklären, daß er dem Herrn so treu wie möglich nachfolgen, alles Ungemach mit ihm teilen und ihm in wahrer geistiger und leiblicher Armut dienen wolle[1].

So phantastische Vorstellungen mochten es sein, die in ihm den Übergang von weltlicher zu geistlicher Ritterschaft vermittelten. Denn eine solche, aber deren Ideal durchaus die Taten und Entbehrungen der Heiligen ausmachten, war es, was er beabsichtigte. Er riß sich los von seinem väterlichen Hause und seinen Verwandten und stieg den Berg von Monserrat hinan: nicht in Zerknirschung über seine Sünden, noch von eigentlich religiösem Bedürfnis angetrieben, sondern, wie er selber gesagt hat, nur in dem Verlangen, so große Taten zu vollbringen wie diejenigen, durch welche die Heiligen so berühmt geworden, ebenso schwere Bußübungen zu übernehmen, oder noch schwerere, und in Jerusalem Gott zu dienen. Vor einem Marienbilde hing er Waffen und Wehr auf: eine andere Nachtwache als die ritterliche, aber mit ausdrücklicher Erinnerung an den Amadis[2], wo die Übungen derselben so genau geschildert werden, kniend oder stehend im Gebete, immer seinen Pilgerstab in der Hand, hielt er vor demselben; die ritterliche Kleidung, in der er gekommen, gab er weg:

[1] Exercitia spiritualia: secunda hebdom. Contemplatio regni Jesu Christi ex similitudine regis terreni subditos suos evocantis ad bellum, u. a. St.

[2] Acta antiquissima: Cum mentem rebus iis refertam haberet quae ab Amadeo de Gaula conscriptae et ab ejus generis scriptoribus – was ein seltsamer Mißverstand des Konzipienten ist, denn Amadis ist wahrhaftig kein Schriftsteller –, nonnullae illi similes occurrebant.

er versah sich mit dem rauhen Gewand der Eremiten, deren einsame Wohnung zwischen diese nackten Felsen eingehauen ist; nachdem er eine Generalbeichte abgelegt, begab er sich nicht gleich, wie seine jerusalemitanische Absicht forderte, nach Barcelona – er hätte auf der großen Straße erkannt zu werden gefürchtet –, sondern zuerst nach Manresa, um nach neuen Bußübungen von da an den Hafen zu gelangen.

Hier aber erwarteten ihn andere Prüfungen: die Richtung, die er mehr wie ein Spiel eingeschlagen, war gleichsam Herr über ihn geworden und machte ihren ganzen Ernst in ihm geltend. In der Zelle eines Dominikanerklosters ergab er sich den härtesten Bußübungen: zu Mitternacht erhob er sich zum Gebet; sieben Stunden täglich brachte er auf den Knieen zu; regelmäßig geißelte er sich dreimal den Tag. Nicht allein aber fiel ihm das doch schwer genug, und er zweifelte oft, ob er es sein Leben lang aushalten werde: was noch viel mehr zu bedeuten hatte, er bemerkte auch, daß es ihn nicht beruhige. Er hatte sich auf Monserrat drei Tage damit beschäftigt, eine Beichte über sein ganzes vergangenes Leben abzulegen; aber er glaubte damit nicht genug getan zu haben. Er wiederholte sie in Manresa: er trug vergessene Sünden nach: auch die geringsten Kleinigkeiten suchte er auf; allein je mehr er grübelte, um so peinlicher waren die Zweifel, die ihn befielen. Er meinte, von Gott nicht angenommen, noch vor ihm gerechtfertigt zu sein. In dem Leben der Väter las er, Gott sei wohl einmal durch Enthaltung von aller Speise erweicht und gnädig zu sein bewogen worden. Auch er enthielt sich einst von einem Sonntag zum anderen aller Lebensmittel. Sein Beichtvater verbot es ihm, und er, der von nichts in der Welt einen so hohen Begriff hatte wie von dem Gehorsam, ließ hierauf davon ab. Wohl war ihm dann und wann, als werde seine Melancholie von ihm genommen, wie ein schweres Kleid von den Schultern fällt; aber bald kehrten die alten Qualen zurück. Es schien ihm, als habe sich sein ganzes Leben Sünde aus Sünde fortgehend erzeugt. Zuweilen war er in Versuchung, sich aus der Fensteröffnung zu stürzen[1].

[1] Maffei, Ribadeneira, Orlandino und alle anderen erzählen diese Anfechtungen. Am meisten authentisch bleiben immer die Akten, die von Ignaz selbst herrühren; den Zustand, in dem er war, bezeichnet z. B. folgende Stelle: Cum his cogitationibus agitaretur, tentabatur, saepe graviter magno cum impetu, ut magno ex foramine quod in cellula erat sese dejiceret. Nec aberat foramen ab eo loco, ubi preces fundebat.

Unwillkürlich erinnert man sich hierbei des peinlichen Zustandes, in welchen Luther zwei Jahrzehnte früher durch sehr ähnliche Zweifel geraten war. Die Forderung der Religion, eine völlige Versöhnung mit Gott bis zum Bewußtsein derselben, war bei der unergründlichen Tiefe einer mit sich selber hadernden Seele auf dem gewöhnlichen Wege, den die Kirche einschlug, niemals zu erfüllen. Auf sehr verschiedene Weise gingen sie aber aus diesem Labyrinth hervor. Luther gelangte zu der Lehre von der Versöhnung durch Christum ohne alle Werke: von diesem Punkte aus verstand er erst die Schrift, auf die er sich gewaltig stützte. Von Loyola finden wir nicht, daß er in der Schrift geforscht, daß das Dogma auf ihn Eindruck gemacht habe. Da er nur in inneren Regungen lebte, in Gedanken, die in ihm selbst entsprangen, so glaubte er, die Eingebung bald des guten, bald des bösen Geistes zu erfahren. Endlich ward er sich ihres Unterschiedes bewußt. Er fand denselben darin, daß sich die Seele von jenen erfreut und getröstet, von diesen ermüdet und geängstigt fühle[1]. Eines Tages war es ihm, als erwache er aus dem Traume. Er glaubte mit Händen zu greifen, daß alle seine Peinen Anfechtungen des Satans seien. Er entschloß sich von Stund an, über sein ganzes vergangenes Leben abzuschließen, diese Wunden nicht weiter aufzureißen, sie niemals wieder zu berühren. Es ist dies nicht sowohl eine Beruhigung als ein Entschluß, mehr eine Annahme, die man ergreift, weil man will, als eine Überzeugung, der man sich unterwerfen muß. Sie bedarf der Schrift nicht, sie beruht auf dem Gefühle eines unmittelbaren Zusammenhanges mit dem Reiche der Geister. Luther hätte sie niemals genuggetan: Luther wollte keine Eingebung, keine Gesichte, er hielt sie alle ohne Unterschied für verwerflich; er wollte nur das einfache, geschriebene, unzweifelhafte Gotteswort. Loyola dagegen lebte ganz in Phantasien und inneren Anschauungen. Am meisten vom Christentum schien ihm eine Alte zu verstehen, welche ihm in seinen Qualen gesagt, Chri-

Sed cum videret esse peccatum se ipsum occidere, rursus clamabat: domine, non faciam quod te offendat.

[1] Eine von seinen eigensten und ursprünglichsten Wahrnehmungen, deren Anfang er selbst auf seine Phantasien während der Krankheit zurückgeführt hat. In Manresa ward sie ihm zur Gewißheit. In den geistlichen Übungen ist sie sehr ausgebildet. Man findet da ausführliche Regeln „ad motus animae quos diversi excitant spiritus discernendos, ut boni solum admittantur et pellantur mali“.

stus müsse ihm noch erscheinen. Es hatte ihm anfangs nicht einleuchten wollen; jetzt aber meinte er bald Christum, bald die Jungfrau mit Augen zu erblicken. Auf der Treppe von S. Domenico zu Manresa blieb er stehen und weinte laut, weil er das Geheimnis der Dreieinigkeit in diesem Moment anzuschauen glaubte[1]: er redete den ganzen Tag von nichts anderem; er war unerschöpflich in Gleichnissen. Plötzlich überleuchtete ihn in mystischen Symbolen das Geheimnis der Schöpfung. In der Hostie sah er den, welcher Gott und Mensch. Er ging einst an dem Ufer des Llobregat nach einer entfernten Kirche. Indem er sich niedersetzte und seine Augen auf den tiefen Strom heftete, den er vor sich hatte, fühlte er sich plötzlich von anschauendem Verständnis der Geheimnisse des Glaubens entzückt: er meinte als ein anderer Mensch aufzustehen. Für ihn bedurfte es dann keines Zeugnisses, keiner Schrift weiter. Auch wenn es solche nicht gegeben hätte, würde er doch unbedenklich für den Glauben, den er bisher geglaubt, den er sah, in den Tod gegangen sein[2].

Haben wir die Grundlagen dieser so eigentümlichen Entwicklung gefaßt, dieses Rittertum der Abstinenz, diese Entschlossenheit der Schwärmerei und phantastischen Aszetik, so ist es nicht nötig, Iñigo Loyola auf jedem Schritte seines Lebens weiter zu begleiten. Er ging wirklich nach Jerusalem, in der Hoffnung, wie zur Stärkung der Gläubigen, so zur Bekehrung der Ungläubigen beizutragen. Allein wie wollte er zumal das letzte ausführen, unwissend wie er war, ohne Gefährten, ohne Vollmacht? An der entschiedenen Zurückweisung jerusalemischer Oberen, die dazu eine ausdrückliche päpstliche Berechtigung besaßen, scheiterte sein Vorsatz, an den heiligen Orten zu bleiben. Auch als er nach Spanien zurückgekommen, hatte er Anfechtungen genug zu bestehen. Indem er zu lehren und die geistlichen Übungen, die ihm indes entstanden, mitzuteilen anfing, kam er sogar in den Verdacht der Ketzerei. Es wäre das seltsamste Spiel des Zufalls, wenn Loyola, dessen Gesellschaft Jahrhunderte später in Illuminaten ausging, selbst mit einer Sekte dieses Namens in Zusammenhang

[1] En figura de tres teclas.

[2] Acta antiquissima: His visis haud mediocriter tum confirmatus est – (das Original: y le dieron tanta confirmacione siempre de la fe), ut saepe etiam id cogitarit, quod etsi nulla scriptura mysteria illa fidei doceret, tamen ipse ob ea ipsa, quae viderat, statueret sibi pro his esse moriendum.

gestanden hätte[1]. Und leugnen kann man nicht, daß die damaligen Illuminaten in Spanien, Alumbrados, zu denen er zu gehören in Verdacht war, Meinungen hegten, die einige Ähnlichkeit mit seinen Phantasien haben. Abgestoßen von der Werkheiligkeit des bisherigen Christentums, ergaben auch sie sich inneren Entzükkungen und glaubten wie er das Geheimnis – sie erwähnten noch besonders das der Dreieinigkeit – in unmittelbarer Erleuchtung anzuschauen. Wie Loyola und später seine Anhänger, machten sie die Generalbeichte zur Bedingung der Absolution und drangen vor allem auf das innere Gebet. In der Tat möchte ich nicht behaupten, daß Loyola ganz ohne Berührung mit diesen Meinungen geblieben wäre. Allein daß er der Sekte angehört hätte, ist auch nicht zu sagen. Er unterschied sich von ihr hauptsächlich dadurch, daß, während sie durch die Forderungen des Geistes über alle gemeinen Pflichten erhaben zu sein glaubte, er dagegen – ein alter Soldat wie er war – den Gehorsam für die oberste aller Tugenden erklärte. Seine ganze Begeisterung und innere Überzeugung unterwarf er allemal der Kirche und ihren Gewalten.

Indessen hatten diese Anfechtungen und Hindernisse einen für sein Leben entscheidenden Erfolg. In dem Zustande, in dem er damals war, ohne Gelehrsamkeit und gründlichere Theologie, ohne politischen Rückhalt, hätte sein Dasein spurlos vorübergehen müssen. Glück genug, wenn ihm innerhalb Spaniens ein paar Bekehrungen gelungen wären. Allein indem man ihm in Alcala und in Salamanca auferlegte, erst vier Jahre Theologie zu studieren, ehe er namentlich über gewisse schwerere Dogmen wieder zu lehren versuche, nötigte man ihn, einen Weg einzuschlagen, auf dem sich allmählich für seinen Trieb religiöser Tätigkeit ein ungeahntes Feld eröffnete.

Er begab sich nach der damals berühmtesten hohen Schule der Welt, nach Paris.

Die Studien hatten für ihn eine eigentümliche Schwierigkeit. Er mußte die Klasse der Grammatik, die er schon in Spanien angefangen, die der Philosophie machen, ehe er zur Theologie zugelassen wurde[2]. Aber bei den Worten, die er flektieren, bei den logi-

[1] Auch Lainez und Borgia haben diesen Vorwurf erfahren. Llorente, Hist. de l'inquisition III, 83. Melchior Cano nannte sie geradezu Jlluminaten, die Gnostiker des Jahrhunderts.

[2] Nach der ältesten Chronik der Jesuiten, Chronicon breve, AA. SS. l. l. p. 525 war Ignatius von 1528 bis 1535 in Paris. Ibi vero non sine

schen Begriffen, die er analysieren sollte, ergriffen ihn die Entzückungen des tieferen religiösen Sinnes, den er damit zu verbinden gewohnt war. Es hat etwas Großartiges, daß er dies für Eingebungen des bösen Geistes erklärte, der ihn von dem rechten Weg abführen wolle, und sich der rigorosesten Zucht unterwarf. Während ihm nun aus den Studien eine neue, die reale Welt aufging, so ließ er doch darum von seiner geistlichen Richtung und selbst ihrer Mitteilung keinen Augenblick ab. Eben hier war es, wo er die ersten nachhaltigen, wirksamen, ja für die Welt bedeutenden Bekehrungen machte.

Von den beiden Stubenburschen Loyolas in dem Kollegium St. Barbara war der eine, Peter Faber aus Savoyen – ein Mensch, bei den Herden seines Vaters aufgewachsen, der sich einst des Nachts unter freiem Himmel Gott und den Studien gewidmet hatte –, nicht schwer zu gewinnen. Er repetierte mit Ignatius, denn diesen Namen führte Iñigo in der Fremde, den philosophischen Kursus; dieser teilte ihm dabei seine aszetischen Grundsätze mit. Ignatius lehrte den jüngeren Freund seine Fehler bekämpfen, klüglich nicht alle auf einmal, sondern einen nach dem anderen, wie er denn auch immer einer Tugend vorzugsweise nachzutrachten habe; er hielt ihn zu Beichte und häufigem Genuß des Abendmahls an. Sie traten in die engste Gemeinschaft; Ignaz teilte die Almosen, die ihm aus Spanien und Flandern ziemlich reichlich zuflossen, mit Faber. Schwerer machte es ihm der andere, Franz Xaver aus Pampelona in Navarra, der begierig war, der Reihe seiner durch Kriegstaten berühmten Vorfahren, die von 500 Jahren her auf seinem Stammbaum verzeichnet waren, den Namen eines Gelehrten hinzuzufügen; er war schön, reich, voll Geist und hatte schon am königlichen Hofe Fuß gefaßt. Ignaz versäumte nicht, ihm die Ehre zu erweisen, die er in Anspruch nahm, und zu sorgen, daß sie ihm von anderen erwiesen wurde. Für seine erste Vorlesung verschaffte er ihm eine gewisse Frequenz. Wie er ihn sich erst persönlich befreundet, so verfehlte sein Beispiel, seine Strenge ihre natürliche Wirkung nicht. Er brachte diesen wie jenen dahin, die geistlichen Übungen unter seiner Leitung zu machen. Er schonte ihrer nicht: drei Tage und drei Nächte ließ er sie fasten; in dem härtesten Winter – die Wagen fuhren über die ge-

magnis molestiis et persecutionibus primo grammaticae de integro, tum philosophiae ac demum theologico studio sedulam operam navavit.

frorene Seine – hielt er Faber dazu an. Er machte sich beide ganz zu eigen und teilte ihnen seine Gesinnung mit[1].

Wie bedeutend wurde die Zelle von St. Barbara, die diese drei Menschen vereinigte, in der sie voll phantastischer Religiosität Pläne entwarfen, Unternehmungen vorbereiteten, von denen sie selber nicht wußten, wohin sie führen sollten!

Betrachten wir die Momente, auf denen die fernere Entwicklung dieser Verbindung beruhte. Nachdem sich noch einige Spanier, Salmeron, Lainez, Bobadilla, denen sich allen Ignatius durch guten Rat oder Unterstützung unentbehrlich gemacht, ihnen zugesellt, begaben sie sich eines Tages nach der Kirche von Montmartre. Faber, bereits Priester, las die Messe. Sie gelobten Keuschheit; sie schwuren, nach vollendeten Studien in völliger Armut ihr Leben in Jerusalem der Pflege der Christen oder der Bekehrung der Sarazenen zu widmen: sei es aber unmöglich, dahin zu gelangen oder dort zu bleiben, in diesem Falle dem Papst ihre Bemühungen anzubieten, für jeden Ort, wohin er ihnen zu gehen befehle, ohne Lohn noch Bedingung. So schwur ein jeder und empfing die Hostie. Darauf schwur auch Faber und nahm sie selbst. An dem Brunnen St. Denys genossen sie hierauf eine Mahlzeit.

Ein Bund zwischen jungen Männern: schwärmerisch, nicht eben verfänglich: noch in den Ideen, die Ignatius ursprünglich gefaßt hatte, nur insofern davon abweichend, als sie ausdrücklich die Möglichkeit berechneten, dieselben nicht ausführen zu können.

Anfang 1537 finden wir sie in der Tat mit noch drei anderen Genossen sämtlich in Venedig, um ihre Wallfahrt anzutreten. Schon manche Veränderung haben wir in Loyola wahrgenommen: von einem weltlichen Rittertum sahen wir ihn zu einem geistlichen übergehen, in die ernsthaftesten Anfechtungen fallen und mit phantastischer Aszetik sich daraus hervorarbeiten: Theolog und Gründer einer schwärmerischen Gesellschaft war er geworden. Jetzt endlich nahmen seine Absichten die bleibende Wendung. Einmal hinderte ihn der Krieg, der eben damals zwischen Venedig und den Türken ausbrach, an der Abreise und ließ den Gedanken der Wallfahrt noch mehr zurücktreten; sodann aber fand er in Venedig ein Institut, das ihm, man möchte sagen, die Augen erst recht öffnete. Eine Zeitlang schloß sich Loyola auf das engste an

[1] Orlandinus, der auch ein Leben Fabers geschrieben hat, welches ich nicht sah, ist auch in seinem großen Werke Historiae societatis Jesu pars I, p. 17 hierüber ausführlicher als Ribadeneira.

Caraffa an; in dem Konvent der Theatiner, der sich in Venedig gebildet, nahm er Wohnung. Er diente in den Spitälern, über welche Caraffa die Aufsicht führte, in denen dieser seine Novizen sich üben ließ. Zwar fand sich Ignatius durch das theatinische Institut nicht völlig befriedigt; er sprach mit Caraffa über einige in demselben vorzunehmende Veränderungen, und sie sollen darüber mit einander zerfallen sein[1]. Aber schon dies zeigt, wie tiefen Eindruck es auf ihn machte. Einen Orden von Priestern sah er hier sich den eigentlich klerikalischen Pflichten mit Eifer und Strenge widmen. Mußte er, wie immer deutlicher wurde, diesseits des Meeres bleiben und seine Tätigkeit in den Bezirken der abendländischen Christenheit versuchen, so erkannte er wohl, daß auch er nicht füglich einen anderen Weg einschlagen konnte.

In der Tat nahm er in Venedig mit allen seinen Gefährten die priesterlichen Weihen. In Vicenza begann er nach vierzigtägigem Gebet mit dreien von ihnen zu predigen. An dem nämlichen Tage zur nämlichen Stunde erschienen sie in verschiedenen Straßen, stiegen auf Steine, schwangen die Hüte, riefen laut und fingen an, zur Buße zu ermahnen. Seltsame Prediger, zerlumpt, abgehärmt; sie sprachen ein unverständliches Gemisch von Spanisch und Italienisch. In diesen Gegenden blieben sie, bis das Jahr, das sie zu warten beschlossen hatten, verstrichen war. Dann brachen sie auf nach Rom.

Als sie sich trennten — denn auf verschiedenen Wegen wollten sie die Reise machen –, entwarfen sie die ersten Regeln, um auch in der Entfernung eine gewisse Gleichförmigkeit des Lebens zu beobachten. Was aber sollten sie antworten, wenn man sie nach ihrer Beschäftigung fragen würde? Sie gefielen sich in dem Gedanken, als Soldaten dem Satan den Krieg zu machen: den alten militärischen Phantasien des Ignatius zufolge beschlossen sie, sich die Kompanie Jesu zu nennen, ganz wie eine Kompanie Soldaten, die von ihrem Hauptmann den Namen trägt[2].

[1] Sachinus: cujus sit autoritatis quod in b. Cajetani Thienaei vita de beato Ignatio traditur, vordem Orlandinus, erörtert dies Verhältnis ausführlich.

[2] Ribadeneira, Vita brevior c. 12 bemerkt, daß Ignaz dies gewählt, „ne de suo nomine diceretur". Nigroni erklärt societas: quasi dicas cohortem aut centuriam, quae ad pugnam cum hostibus spiritualibus conserendam conscripta sit. – Postquam nos vitamque nostram Christo Domino nostro et ejus vero ac legitimo vicario in terris obtuleramus, – heißt es in der Deliberatio primorum patrum. AA. SS. l. l. p. 463.

In Rom hatten sie anfangs keinen ganz leichten Stand – Ignatius meinte, er sehe alle Fenster geschlossen –, und von dem alten Verdacht der Ketzerei mußten sie hier noch einmal freigesprochen werden. Allein indes hatten ihre Lebensweise, ihr Eifer in Predigt und Unterricht, ihre Krankenpflege auch zahlreiche Anhänger herbeigezogen, und so viele zeigten sich bereit, zu ihnen zu treten, daß sie auf eine förmliche Einrichtung ihrer Gesellschaft denken konnten.

Zwei Gelübde hatten sie bereits getan; jetzt legten sie das dritte, das des Gehorsams, ab. Wie aber Ignatius immer den Gehorsam für eine der vornehmsten Tugenden erklärt, so suchten sie gerade in diesem alle anderen Orden zu übertreffen. Es war schon viel, daß sie sich ihren General allemal auf Lebenszeit zu wählen beschlossen; allein dies genügte ihnen noch nicht. Sie fügten die besondere Verpflichtung hinzu, „alles zu tun, was ihnen der jedesmalige Papst befehlen, in jedes Land zu gehen, zu Türken, Heiden und Ketzern, in das er sie senden werde, ohne Widerrede, ohne Bedingung und Lohn, unverzüglich".

Welch ein Gegensatz gegen die bisherigen Tendenzen dieser Zeit! Indem der Papst auf allen Seiten Widerstand und Abfall erfuhr und nichts zu erwarten hatte als fortgehenden Abfall, vereinigte sich hier eine Gesellschaft, freiwillig, voll Eifer, enthusiastisch, um sich ausschließlich seinem Dienste zu widmen. Er konnte kein Bedenken tragen, sie anfangs – im Jahre 1540 – unter einigen Beschränkungen, und alsdann – 1543 – unbedingt zu bestätigen.

Indes tat auch die Gesellschaft den letzten Schritt. Sechs von den ältesten Bundesgenossen traten zusammen, um den Vorsteher zu wählen, der, wie der erste Entwurf, den sie dem Papst einreichten, besagte, „Grade und Ämter nach seinem Gutdünken verteilen, die Konstitution mit Beirat der Mitglieder entwerfen, in allen anderen Dingen aber allein zu befehlen haben solle; in ihm solle Christus als gegenwärtig verehrt werden". Einstimmig wählten sie Ignaz, der, wie Salmeron auf seinem Wahlzettel sagte, „sie alle in Christo erzeugt und mit seiner Milch genährt habe"[1].

Und nun erst hatte die Gesellschaft ihre Form. Es war auch eine Gesellschaft von Chierici regolari: sie beruhte auch auf einer Vereinigung von klerikalischen und klösterlichen Pflichten; allein sie unterschied sich vielfach von den übrigen dieser Art.

[1] Suffragium Salmeronis.

Hatten schon die Theatiner mehrere minder bedeutende Verpflichtungen fallen lassen, so gingen die Jesuiten darin noch weiter[1]. Es war ihnen nicht genug, alle klösterliche Tracht zu vermeiden; sie sagten sich auch von den gemeinschaftlichen Andachtsübungen, welche in den Klöstern den größten Teil der Zeit wegnahmen, von der Obliegenheit, im Chor zu singen, los.

Dieser wenig notwendigen Beschäftigungen überhoben, widmeten sie ihre ganze Zeit und alle ihre Kräfte den wesentlichen Pflichten: nicht einer besonderen, wie die Barnabiten, obwohl sie die Krankenpflege, weil sie einen guten Namen machte, sich angelegen sein ließen; nicht unter beschränkenden Bedingungen, wie die Theatiner, sondern mit aller Anstrengung den wichtigsten. Erstens der Predigt: schon als sie sich in Vicenza trennten, hatten sie sich das Wort gegeben, hauptsächlich für das gemeine Volk zu predigen, mehr darauf zu denken, Eindruck zu machen, als durch gewählte Rede zu glänzen; so fuhren sie nunmehr fort. Zweitens der Beichte: denn damit hängt die Leitung und Beherrschung der Gewissen unmittelbar zusammen; in den geistlichen Übungen, durch welche sie selber mit Ignaz vereinigt worden, besaßen sie ein großes Hilfsmittel. Endlich dem Unterrichte der Jugend: hierzu hatten sie sich gleich in ihren Gelübden durch eine besondere Klausel verpflichten wollen, und ob dies wohl da nicht durchgegangen war, so schärften sie es doch in ihrer Regel auf das lebhafteste ein. Vor allem wünschten sie die aufwachsende Generation zu gewinnen. Genug, alles Beiwerk ließen sie fallen und widmeten sich den wesentlichen, wirksamen, Einfluß versprechenden Arbeiten.

Aus den phantastischen Bestrebungen des Ignatius hatte sich demnach eine vorzugsweise praktische Richtung entwickelt, aus seinen aszetischen Bekehrungen ein Institut, mit weltkluger Zweckmäßigkeit berechnet.

Alle seine Erwartungen sah er weit übertroffen. Er hatte nun die unbeschränkte Leitung einer Gesellschaft in Händen, auf welche ein großer Teil seiner Intuitionen überging, — welche ihre geistlichen Überzeugungen mit Studium auf dem Wege bildete, auf

[1] Sie finden hierin ihren Unterschied von den Theatinern selbst. Didacus Payva Andradius, Orthodoxarum Explicatt. lib. I, fol. 14: Illi (Theatini) sacrarum aeternarumque rerum meditationi psalmodiaeque potissimum vacant; isti vero (Jesuitae) cum divinorum mysteriorum assidua contemplatione, docendae plebis, evangelii amplificandi, sacramenta administrandi atque reliqua omnia apostolica munera conjungunt.

dem er sie durch Zufall und Genius erworben hatte, – welche zwar seinen jerusalemischen Plan nicht ausführte, bei dem sich nichts erreichen ließ, aber übrigens zu den entferntesten, erfolgreichsten Missionen schritt und hauptsächlich jene Seelsorge, die er immer empfohlen, in einer Ausdehnung übernahm, wie er sie niemals ahnen können, – die ihm endlich einen zugleich soldatischen und geistlichen Gehorsam leistete.

Ehe wir die Wirksamkeit, zu der die Gesellschaft gar bald gelangte, näher betrachten, müssen wir noch eine der wichtigsten Bedingungen derselben erörtern.

Erste Sitzungen des Tridentinischen Konziliums

Wir sahen, welche Interessen sich an die Forderung des Konziliums von der kaiserlichen, an die Verweigerung desselben von der päpstlichen Seite knüpften. Nur in einer Beziehung hatte eine neue Kirchenversammlung doch auch für den Papst etwas Wünschenswertes. Um die Lehren der katholischen Kirche mit ungebrochenem vollem Eifer einprägen und ausarbeiten zu können, war es notwendig, daß die Zweifel, welche sich über die eine oder die andere in dem Schoße der Kirche selbst erhoben hatten, beseitigt würden. Mit unbedingter Autorität vermochte dies allein ein Konzilium zu tun. Es kam nur darauf an, daß es zur günstigen Zeit zusammenberufen und unter dem Einfluß des Papstes gehalten würde.

Jener große Moment, in dem sich die beiden kirchlichen Parteien einander in einer mittleren gemäßigten Meinung mehr als je genähert hatten, ward auch hierfür entscheidend. Der Papst, wie gesagt, glaubte wahrzunehmen, daß der Kaiser selbst den Anspruch hege, das Konzilium zu berufen. In diesem Augenblick von allen Seiten der Anhänglichkeit katholischer Fürsten versichert, verlor er keine Zeit, ihm darin zuvorzukommen. Es war noch mitten in jenen Bewegungen, daß er sich definitiv entschloß, zu der ökumenischen Kirchenversammlung zu schreiten und allen Zögerungen ein Ende zu machen[1]; ohne Verzug ließ er es Contarini und

[1] Ardinghello al Cl Contarini 15 Giugno 1541, bei Quirini III, CCXLVI: Considerato che nè la concordia a Christiani è successa e la tolerantia (die in Regensburg in Antrag gebracht, aber von dem Konsistorium der Kardinäle verworfen worden war) è illectissima e damnosa e la guerra

durch diesen dem Kaiser anzeigen: die Verhandlungen wurden ernstlich aufgenommen; endlich ergingen die Berufungsschreiben; im nächsten Jahre finden wir seine Legaten bereits in Trient[1]. Indessen traten auch diesmal neue Hindernisse ein: allzu gering war die Zahl der erscheinenden Bischöfe, allzu kriegerisch die Zeit, und die Umstände nicht vollkommen günstig: es währte bis in den Dezember 1545, ehe es zu der wirklichen Eröffnung des Konziliums kam. Endlich hatte der alte Zauderer den erwünschten Moment gefunden.

Denn welcher hätte es mehr sein können als der, in welchem der Kaiser, von dem Fortgang des Protestantismus in seinem kaiserlichen Ansehen – wie er es ansah – und in dem eingeführten Regiment seiner Erblande bedroht, sich entschlossen hatte, demselben mit den Waffen in der Hand entgegenzutreten? Da er die Hilfe des Papstes brauchte, konnte er die Ansprüche wenigstens nicht sofort geltend machen, die er sonst auf ein Konzilium gründen zu wollen schien. Der Krieg mußte ferner ihn vollauf beschäftigen; bei der Macht der Protestanten ließ sich nicht absehen, in welche Verwicklungen er dabei geraten würde; um so weniger konnte er dann auf die Reform dringen, mit welcher er bisher dem päpstlichen Stuhle gedroht. Auch übrigens wußte ihm der Papst zunächst den Weg dazu abzuschneiden. Der Kaiser forderte, das Konzilium solle mit der Reform beginnen; den päpstlichen Legaten erschien es als ein Sieg, daß der Beschluß gefaßt wurde, es solle zugleich über Reform und Dogmen gehandelt werden[2]; in der Tat nahm man dann zuerst nur die Dogmen vor.

Indem der Papst zu entfernen wußte, was ihm hätte schädlich werden können, ergriff er dasjenige, woran ihm selber gelegen war. Die Feststellung der bezweifelten Lehrsätze hatte für ihn, wie angedeutet, die größte Wichtigkeit. Man mußte nun sehen, ob von jenen zu dem protestantischen System hinneigenden Ansichten

difficile e pericolosa, – pare a. S. S. che si ricorra al rimedio del concilio. – – Adunque – S. Beatitudine ha determinato di levar via la prorogatione della suspensione del concilio e di dichiararlo o congregarlo quanto piu presto si potrà.

[1] Am 22. November 1542 trafen sie ein.

[2] Eine Auskunft, welche Thom. Campeggi vorschlug. Pallavicini VI, VII, 5. Übrigens war eine Reformationsbulle von allem Anfang entworfen; doch ist sie nicht publiziert worden. Bulla reformationis Pauli papae III concepta non vulgata, primum edidit H. N. Clausen. Havn. 1829.

sich eine oder die andere innerhalb des katholischen Lehrbegriffs zu halten vermögen würde.

Zuerst – denn sehr systematisch ging man zu Werke – handelte das Konzilium von der Offenbarung, den Quellen, aus denen die Kenntnis derselben zu schöpfen sei. Gleich hier erhoben sich einige Stimmen in der Richtung des Protestantismus. Der Bischof Nachianti von Chiozza wollte von nichts als von der Schrift hören: in dem Evangelium stehe alles geschrieben, was zu unserer Seligkeit notwendig. Allein er hatte eine ungeheure Majorität wider sich. Man faßte den Beschluß, die ungeschriebenen Traditionen, die, aus dem Munde Christi empfangen, unter dem Schutze des Heiligen Geistes bis auf die neueste Zeit fortgepflanzt worden, seien mit gleicher Verehrung anzunehmen wie die Heilige Schrift. In Hinsicht dieser wies man nicht einmal auf die Grundtexte zurück. Man erkannte in der Vulgata die authentische Übersetzung derselben an und versprach nur, daß sie inskünftige auf das sorgfältigste gedruckt werden solle[1].

Nachdem dergestalt der Grund gelegt worden – nicht mit Unrecht ward gesagt, es sei die Hälfte des Weges –, kam man an jenes entscheidende Lehrstück von der Rechtfertigung und die damit zusammenhängenden Doktrinen. An diese Streitfrage knüpfte sich das vornehmste Interesse.

Denn nicht wenige gab es in der Tat noch auf dem Konzilium, deren Ansichten hierüber mit den protestantischen Meinungen zusammenfielen. Der Erzbischof von Siena, der Bischof della Cava, Giulio Contarini, Bischof zu Belluno, und mit ihnen fünf Theologen schrieben die Rechtfertigung einzig und allein dem Verdienste Christi und dem Glauben zu. Liebe und Hoffnung erklärten sie für die Begleiterinnen, Werke für die Beweise des Glaubens: nichts weiter seien sie: der Grund der Rechtfertigung aber sei allein der Glaube.

Wie war es zu denken, daß in einem Moment, in welchem Papst und Kaiser die Protestanten mit Gewalt der Waffen angriffen, sich die Grundansicht, von der sich deren ganzes Wesen herleitete, auf einem Konzilium unter den Auspizien des Papstes und des Kaisers geltend machen sollte? Vergebens ermahnte Poole, nicht

[1] Conc. Tridentini Sessio IV: „in publicis lectionibus, disputationibus, praedicationibus et expositionibus pro authentica habeatur." Verbessert soll sie gedruckt werden „posthac", nicht ganz, wie Pallavicini hat, quanto si potesse piu tosto: VI, 15, 2.

etwa eine Meinung nur deshalb zu verwerfen, weil sie von Luther behauptet worden. Allzuviel persönliche Erbitterungen knüpften sich daran. Der Bischof della Cava und ein griechischer Mönch gerieten tätlich aneinander. Über einen so unzweifelhaften Ausdruck einer protestantischen Meinung konnte es auf dem Konzilium gar nicht einmal zu bedeutenden Diskussionen kommen: diese galten, und schon dies ist wichtig genug, nur der vermittelnden Meinung, wie sie Gaspar Contarini, der indes bereits gestorben war, und seine Freunde aufgestellt.

Der Augustinergeneral Seripando trug sie vor, jedoch nicht ohne die ausdrückliche Verwahrung, daß es nicht die Meinungen Luthers seien, die er verfechte, vielmehr die Lehren der berühmtesten Gegner desselben, z. B. eines Pflug und Gropper. Er nahm eine doppelte Gerechtigkeit an[1]: die eine uns inwohnend, inhärierend, durch welche wir aus Sündern Kinder Gottes werden, auch sie Gnade und unverdient, tätig in Werken, sichtbar in Tugenden, aber allein nicht fähig, uns zur Glorie Gottes einzuführen; die andere die Gerechtigkeit und das Verdienst Christi, uns beigemessen, imputiert, welche alle Mängel ersetze, vollständig, seligmachend. Ebenso hatte Contarini gelehrt. Wenn die Frage sei, sagt dieser, auf welche von jenen Gerechtigkeiten wir bauen sollen, die inwohnende oder die in Christo beigemessene, so sei die Antwort eines Frommen, daß wir uns nur auf die letzte zu verlassen haben. Unsere Gerechtigkeit sei eben erst angefangen, unvollkommen, voller Mängel: Christi Gerechtigkeit dagegen wahrhaft, vollkommen, in den Augen Gottes durchaus und allein wohlgefällig; um ihretwillen allein könne man glauben, vor Gott gerechtfertigt zu werden[2].

[1] Parere dato a 13 di Luglio 1544. Exzerpiert von Pallavicini VIII, XI, 4.

[2] Contareni, Tractatus de justificatione. Nur muß man nicht an die venez. Ausg. von 1589, wie es auch mir zuerst ging, geraten: da sucht man diese Stelle vergebens. Noch 1571 hatte die Sorbonne den Traktat, wie er war, gebilligt: in der Pariser Ausgabe von diesem Jahre findet er sich unverstümmelt; 1589 dagegen ließ ihn der Generalinquisitor von Venedig, Fra Marco Medici, nicht mehr passieren: er begnügte sich nicht, die Stellen wegzulassen; sie wurden dem rezipierten Dogma gemäß umgeschmolzen. Man erstaunt, wenn man bei Quirini Epp. Poli III, CCXIII, auf die Kollation stößt. Man muß sich dieser unverantwortlichen Gewaltsamkeiten erinnern, um sich einen so bitteren Haß, wie ihn Paul Sarpi hegte, zu erklären

Jedoch auch in solch einer Modifikation – sie ließ, wie wir sehen, das Wesen der protestantischen Lehre bestehen und konnte von Anhängern derselben gebilligt werden – fand diese Meinung lebhaften Widerspruch.

Caraffa, der sich ihr schon damals entgegengesetzt hatte, als sie in Regensburg verhandelt ward, saß auch jetzt unter den Kardinälen, welchen die Beaufsichtigung des Tridentinischen Konziliums anvertraut war. Er kam mit einer eigenen Abhandlung über die Rechtfertigung hervor, in der er allen Meinungen dieser Art lebhaft widersprach[1]. Ihm zur Seite erhoben sich bereits die Jesuiten. Salmeron und Lainez hatten sich das wohlausgesonnene Vorrecht verschafft, daß jener zuerst, dieser zuletzt seine Meinung vorzutragen hatte. Sie waren gelehrt, kräftig, in der Blüte ihrer Jahre, voller Eifer. Von Ignatius angewiesen, nie einer Meinung beizupflichten, die sich im mindesten einer Neuerung nähere[2], widersetzten sie sich aus allen Kräften der Lehre Seripandos. Lainez erschien mehr mit einem Werke als mit einer Widerrede auf dem Kampfplatz. Er hatte den größten Teil der Theologen auf seiner Seite.

Jene Unterscheidung der Gerechtigkeiten ließen diese Gegner allenfalls gelten. Allein sie behaupteten, die imputative Gerechtigkeit gehe in der inhärierenden auf, oder das Verdienst Christi werde dem Menschen durch den Glauben unmittelbar zugewendet und mitgeteilt; man habe allerdings auf die Gerechtigkeit Christi zu bauen, aber nicht weil sie die unsere ergänze, sondern weil sie dieselbe hervorbringe. Eben hierauf kam alles an. Bei den Ansichten Contarinis und Seripandos konnte das Verdienst der Werke nicht bestehen. Diese Ansicht rettete dasselbe. Es war die alte Lehre der Scholastiker, daß die Seele, mit der Gnade bekleidet, sich das ewige Leben verdiene[3]. Der Erzbischof von Bitonto, einer der gelehrtesten und beredtesten dieser Väter, unterschied eine vorläufige Rechtfertigung, abhängig von dem Verdienste Christi, durch welche der Gottlose von dem Stande der Verwerfung befreit werde, und eine nachfolgende, die Erwerbung der eigentlichen Gerechtigkeit, abhängig von der uns eingegossenen und inwohnenden Gnade. In diesem Sinne sagte der Bischof von Fano[4], der Glaube

[1] Bromato: Vita di Paolo IV. Tom. II, p. 131.
[2] Orlandinus VI, p. 127.
[3] Chemnitius: Examen concilii Tridentini I, 355.
[4] Sessio VI, c. VII, X.

sei nur das Tor zur Rechtfertigung; aber man dürfe nicht stehen bleiben; man müsse den ganzen Weg vollbringen.

So nahe diese Meinungen einander zu berühren scheinen, so sind sie einander doch durchaus entgegengesetzt. Auch die lutherische fordert die innere Wiedergeburt, bezeichnet den Weg des Heiles und behauptet, daß gute Werke folgen müssen: die göttliche Begnadigung aber leitet sie allein von dem Verdienste Christi her. Das Tridentinische Konzilium dagegen nimmt zwar auch das Verdienst Christi an; aber die Rechtfertigung schreibt es demselben nur insofern zu, als es die innere Wiedergeburt und mithin gute Werke, auf die zuletzt alles ankommt, hervorbringt. Der Gottlose, sagt es, wird gerechtfertigt, indem durch das Verdienst des heiligsten Leidens, vermöge des Heiligen Geistes, die Liebe Gottes seinem Herzen eingepflanzt wird und demselben innewohnt; dergestalt ein Freund Gottes geworden, geht der Mensch fort von Tugend zu Tugend und wird erneuert von Tag zu Tag. Indem er die Gebote Gottes und der Kirche beobachtet, wächst er mit Hilfe des Glaubens durch gute Werke in der durch Christi Gnade erlangten Gerechtigkeit und wird mehr und mehr gerechtfertigt.

Und so ward die Meinung der Protestanten von dem Katholizismus völlig ausgeschlossen: jede Vermittlung ward von der Hand gewiesen. Eben damals geschah dies, als der Kaiser in Deutschland den Sieg bereits erfochten hatte, die Lutheraner sich schon von allen Seiten ergaben und jener sich aufmachte, die Widerspenstigen, die es noch gab, nicht minder zu unterwerfen. Schon hatten die Verfechter der mittleren Meinung, Kardinal Poole, der Erzbischof von Siena, das Konzilium, natürlich unter anderen Vorwänden, verlassen[1]: statt anderen in ihrem Glauben Maß und Ziel zu geben, mußten sie besorgt sein, den eigenen angegriffen und verdammt zu sehen.

Es war aber hiermit die wichtigste Schwierigkeit überwunden. Da die Rechtfertigung innerhalb des Menschen vor sich geht, und zwar in fortdauernder Entwicklung, so kann sie der Sakramente

[1] Wenigstens wäre es seltsam, wenn sie beide durch den Zufall einer außerordentlichen Krankheit, wie es hieß, abgehalten worden wären, nach Trient zurückzukommen. Polo ai Cli Monte e Cervini, 15 Sett. 1546. Epp. t. IV, 189. Es tat dies dem Poole viel Schaden. Mendoza al *Emperador Carlos, 13 Jul.* 1547: Lo Cardinal de Inglaterra le haze danno lo que se a dicho de la justificacion.

nicht entbehren, durch welche sie entweder anfängt oder, wenn sie angefangen hat, fortgesetzt oder, wenn sie verloren ist, wieder erworben wird[1]. Es hat keine Schwierigkeit, sie alle sieben, wie sie bisher angenommen worden, beizubehalten und auf den Urheber des Glaubens zurückzuführen, da die Institute der Kirche Christi nicht allein durch die Schrift, sondern auch durch die Tradition mitgeteilt sind[2]. Nun umfassen aber diese Sakramente, wie man weiß, das ganze Leben und alle Stufen, in denen es sich entwickelt; sie gründen die Hierarchie, insofern sie Tag und Stunde beherrscht; indem sie die Gnade nicht allein bedeuten, sondern mitteilen, vollenden sie den mystischen Bezug, in welchem der Mensch zu Gott gedacht wird.

Eben darum nahm man die Tradition an, weil der Heilige Geist der Kirche immerfort innewohne, die Vulgata, weil die Römische Kirche durch besondere göttliche Gnade von aller Verirrung frei erhalten worden; diesem Innewohnen des göttlichen Elements entspricht es dann, daß auch das rechtfertigende Prinzip in dem Menschen selbst Platz nimmt, daß die in dem sichtbaren Sakrament gleichsam gebundene Gnade ihm Schritt für Schritt mitgeteilt wird und sein Leben und Sterben umfaßt. Die erscheinende Kirche ist zugleich die wahre, die man die unsichtbare genannt hat. Religiöse Existenz kann sie außer ihrem Kreise nicht anerkennen.

Inquisition

Diese Lehren auszubreiten, die ihnen entgegenstehenden zu unterdrücken, hatte man mittlerweile auch schon Maßregeln ergriffen.

Wir müssen hier noch einmal auf die Zeiten des Regensburger Gespräches zurückkommen. Als man sah, daß man mit den deutschen Protestanten zu keinem Schluß kam, daß indes auch in Italien Streitigkeiten über das Sakrament, Zweifel an dem Fegefeuer und andere für den römischen Ritus bedenkliche Lehrmeinungen überhandnahmen, so fragte der Papst eines Tages den Kardinal Caraffa, welches Mittel er hiergegen anzuraten wisse.

[1] Sessio VII, Prooemium.

[2] Die Diskussionen hierüber teilt Sarpi mit: Historia del concilio Tridentino p. 241. (Ausg. v. 1629.) Pallavicini ist darüber sehr unzureichend.

Der Kardinal erklärte, daß eine durchgreifende Inquisition das einzige sei. Johann Alvarez de Toledo, Kardinal von Burgos, stimmte ihm hierin bei.

Die alte dominikanische Inquisition war vorlängst verfallen. Da es den Mönchsorden überlassen blieb, die Inquisitoren zu wählen, so geschah, daß diese nicht selten die Meinungen teilten, welche man bekämpfen wollte. In Spanien war man bereits dadurch von der früheren Form abgewichen, daß man ein oberstes Tribunal der Inquisition für dieses Land eingerichtet hatte. Caraffa und Burgos, beide alte Dominikaner, von finsterer Gerechtigkeit, Zeloten für den reinen Katholizismus, streng in ihrem Leben, unbeugsam in ihren Meinungen, rieten dem Papst, nach dem Muster von Spanien ein allgemeines höchstes Tribunal der Inquisition, von dem alle anderen abhängen müßten, zu Rom zu errichten. Wie S. Peter, sagte Caraffa, den ersten Häresiarchen an keinem anderen Orte als in Rom besiegte, so müsse der Nachfolger Petri alle Ketzereien der Welt in Rom überwältigen[1]. Die Jesuiten rechnen es sich zum Ruhme, daß ihr Stifter Loyola diesen Vorschlag durch eine besondere Vorstellung unterstützt habe. Am 21. Juli 1542 erging die Bulle.

Sie ernennt sechs Kardinäle, unter denen Caraffa und Toledo zuerst genannt werden, zu Kommissaren des Apostolischen Stuhles, allgemeinen und allgemeinsten Inquisitoren in Glaubenssachen diesseits und jenseits der Berge. Sie erteilt ihnen das Recht, an allen Orten, wo es ihnen gut scheine, Geistliche mit einer ähnlichen Gewalt zu deligieren, die Appellationen wider deren Verfahren allein zu entscheiden, selbst ohne die Teilnahme des ordentlichen geistlichen Gerichtshofes zu prozedieren. Jedermann, niemand ausgenommen, ohne Rücksicht auf irgendeinen Stand, irgendeine Würde, soll ihrem Richterstuhle unterworfen sein; die Verdächtigen sollen sie ins Gefängnis werfen, die Schuldigen selbst am Leben strafen und ihre Güter verkaufen. Nur eine Beschränkung wird ihnen auferlegt. Zu strafen soll ihnen zustehen; die Schuldigen, welche sich bekehren, zu begnadigen, behält der Papst sich vor. So sollen sie alles tun, anordnen, ausführen, um die Irrtümer, die in der christlichen Gemeine ausgebrochen sind, zu unterdrükken und mit der Wurzel auszurotten[2].

[1] Bromato, Vita di Paolo IV lib. VII, § 3.

[2] Licet ab initio. Deputatio nonnullorum S. R. E. Cardinalium generalium inquisitorum haereticae pravitatis 21 Julii 1542. Cocquelines IV, I, 211.

Caraffa verlor keinen Augenblick, diese Bulle in Ausführung zu bringen. Er war nicht etwa reich; doch hätte es ihm diesmal ein Verlust geschienen, eine Zahlung aus der apostolischen Kammer abzuwarten: er nahm sofort ein Haus in Miete; aus eigenen Mitteln richtete er die Zimmer der Beamten und die Gefängnisse ein; er versah sie mit Riegeln und starken Schlössern, mit Blöcken, Ketten und Banden und jener ganzen furchtbaren Gerätschaft. Dann ernannte er Generalkommissare für die verschiedenen Länder. Der erste, soviel ich sehe, für Rom war sein eigener Theolog, Teofilo di Tropea, über dessen Strenge sich Kardinäle, wie Poole, bald zu beklagen hatten.

„Folgende Regeln", sagt die handschriftliche Lebensbeschreibung Caraffas, „hatte sich der Kardinal hierbei als die richtigsten vorgezeichnet[1]:

„erstens in Sachen des Glaubens dürfe man nicht einen Augenblick warten, sondern gleich auf den mindesten Verdacht müsse man mit äußerster Strenge zu Werke gehen;

„zweitens sei keinerlei Rücksicht zu nehmen auf irgendeinen Fürsten oder Prälaten, wie hoch er auch stehe;

„drittens vielmehr müsse man gegen die am strengsten sein, die sich mit dem Schutz eines Machthabers zu verteidigen suchen sollten; nur wer das Geständnis abgelegt, sei mit Milde und väterlichem Erbarmen zu behandeln;

„viertens Ketzern und besonders Calvinisten gegenüber müsse man sich mit keinerlei Toleranz herabwürdigen."

Es ist alles, wie wir sehen, Strenge, unnachsichtige, rücksichtslose Strenge, bis das Bekenntnis erfolgt ist, furchtbar besonders in einem Momente, wo die Meinungen noch nicht ganz entwickelt waren, wo viele die tieferen Lehren des Christentums mit den Einrichtungen der bestehenden Kirche zu vereinigen suchten. Die Schwächeren gaben nach und unterwarfen sich: die Stärkergearteten dagegen ergriffen nun erst eigentlich die entgegengesetzten Meinungen und suchten sich der Gewalt zu entziehen.

Einer der ersten von ihnen war Bernardin Ochino. Schon eine Zeitlang wollte man bemerkt haben, daß er seine klösterlichen Pflichten minder sorgsam erfülle; im Jahre 1542 ward man auch

[1] Caracciolo: Vita di Paolo IV MS. c. 8. „Haveva egli queste infra scritte regole tenute da lui come assiomi verissimi: la prima, che in materia di fede non bisogna aspettar punto, ma subito che vi è qualche sospetto o indicio di peste heretica far ogni sforzo e violenza per estirparlata" etc.

an seinen Predigten irre. Auf das schneidendste behauptete er die Lehre, daß der Glaube allein rechtfertige; nach einer Stelle Augustins rief er aus: „Der dich ohne dich geschaffen, wird er dich nicht ohne dich selig machen?“ Seine Erklärungen über das Fegefeuer schienen nicht sehr orthodox. Schon der Nuntius zu Venedig verbot ihm auf ein paar Tage die Kanzel; hierauf ward er nach Rom zitiert; er war bereits bis Bologna, bis Florenz gekommen, als er, wahrscheinlich aus Furcht vor der eben errichteten Inquisition, zu fliehen beschloß. Nicht übel läßt ihn der Geschichtschreiber seines Ordens[1], wie er auf den St. Bernhard gekommen, noch einmal stillstehen und sich aller der Ehre, die ihm in seinem schönen Vaterlande erwiesen worden, der Unzähligen erinnern, die ihn voller Erwartung empfingen, mit Spannung hörten und mit bewundernder Genugtuung nach Hause begleiteten: gewiß verliert ein Redner noch mehr als ein anderer an seinem Vaterlande; aber er verließ es, obwohl in so hohem Alter. Er gab das Siegel seines Ordens, das er bisher mit sich getragen, seinem Begleiter und ging nach Genf. Noch immer waren indes seine Überzeugungen nicht fest; er ist in sehr außerordentliche Verirrungen gefallen.

Um die nämliche Zeit verließ Peter Martyr Vermigli Italien. „Ich riß mich“, sagte er, „aus so vielen Verstellungen heraus und rettete mein Leben vor der bevorstehenden Gefahr.“ Viele von den Schülern, die er bis dahin in Lucca gezogen, folgten ihm später nach[2].

Näher ließ sich Caelio Secundo Curione die Gefahr kommen. Er wartete, bis der Bargello erschien, ihn zu suchen. Curione war groß und stark. Mit dem Messer, das er eben führte, ging er mitten durch die Sbirren hindurch, schwang sich auf sein Pferd und ritt davon. Er ging nach der Schweiz.

Schon einmal hatte es Bewegungen in Modena gegeben; jetzt erwachten sie wieder. Einer klagte den anderen an. Filippo Valentin entwich nach Trient. Auch Castelvetri fand es geraten, sich wenigstens eine Zeitlang in Deutschland sicherzustellen.

Denn in Italien brach allenthalben die Verfolgung und der

[1] Boverio: Annali I, 438.

[2] Ein Schreiben Peter Martyrs an seine zurückgelassene Gemeine, worin er noch seine Reue ausdrückt, daß er die Wahrheit zuweilen in Dunkel gehüllt, in Schlosser: Leben Bezas und Peter Martyrs S. 400. Viele einzelne Notizen haben Gerdesius und M'Crie in den oben angeführten Büchern gesammelt.

Schrecken aus. Der Haß der Faktionen kam den Inquisitoren zu Hilfe. Wie oft griff man, nachdem man lange vergebens eine andere Gelegenheit gesucht, sich an seinen Gegnern zu rächen, zu der Beschuldigung der Ketzerei! Nun hatten die altgläubigen Mönche wider jene ganze Schar geistreicher Leute, die durch ihr literarisches Bemühen auf eine religiöse Tendenz geführt worden, – zwei Parteien, die einander gleich bitteren Haß widmeten, – die Waffen in den Händen und verdammten ihre Gegner zu ewigem Stillschweigen. „Kaum ist es möglich", ruft Antonio dei Pagliarici aus, „ein Christ zu sein und auf seinem Bette zu sterben[1]." Die Akademie von Modena war nicht die einzige, welche sich auflöste. Auch die neapolitanische, von den Seggi errichtet, ursprünglich nur für die Studien bestimmt, von denen sie allerdings, dem Geiste der Zeit gemäß, zu theologischen Disputationen fortging, wurde vom Vizekönig geschlossen[2]. Die gesamte Literatur ward der strengsten Aufsicht unterworfen. Im Jahre 1543 verordnete Caraffa, daß in Zukunft kein Buch, von welchem Inhalt auch immer, gleichviel ob alt oder neu, gedruckt werden dürfe ohne die Erlaubnis der Inquisitoren; die Buchhändler mußten eben diesen Verzeichnisse aller ihrer Artikel einreichen: ohne deren Erlaubnis sollten sie nichts mehr verkaufen; die Zollbeamten der Dogana erhielten den Befehl, keine Sendung handschriftlicher oder gedruckter Bücher an ihre Bestimmung abzuliefern, ohne sie vorher der Inquisition vorgelegt zu haben[3]. Allmählich kam man auf den Index der verbotenen Bücher. In Löwen und Paris hatte man die ersten Beispiele gegeben. In Italien ließ Giovanni della Casa, in dem engsten Vertrauen des Hauses Caraffa, den ersten Katalog, ungefähr von 70 Nummern, zu Venedig drucken. Ausführlichere erschienen 1552 zu Florenz, 1554 zu Mailand, der erste in der späterhin gebräuchlichen Form zu Rom 1559. Er enthielt Schriften der Kardinäle, die Gedichte jenes Casa selbst. Nicht allein Druckern und Buchhändlern wurden diese Gesetze gegeben, selbst den Privatleuten ward es zur Gewissenspflicht gemacht, die

[1] Aonii Palearii Opera ed. Wetsten. 1695, p. 91. Il Cl di Ravenna al Cl Contarini (Epp. Poli III, 208) führt diesen Grund schon an: „Sendo quella città (Ravenna) partialissima nè vi rimanendo huomo alcuno non contaminato di questa macchia delle fattioni, si van volontieri dove l'occasion s'offerisce carricando l'un l'altro da inimici."
[2] Giannone: Storia di Napoli XXXII, c. V.
[3] Bromato VII, 9.

Existenz der verbotenen Bücher anzuzeigen, zu ihrer Vernichtung beizutragen. Mit unglaublicher Strenge setzte man diese Maßregel durch. In so vielen tausend Exemplaren das Buch über die Wohltat Christi verbreitet sein mochte, es ist völlig verschwunden und nicht mehr aufzufinden. In Rom hat man Scheiterhaufen von weggenommenen Exemplaren verbrannt.

Bei allen diesen Einrichtungen, Unternehmungen, bediente sich die Geistlichkeit der Hilfe des weltlichen Arms[1]. Es kam den Päpsten zustatten, daß sie ein eigenes Land von so bedeutendem Umfang besaßen: hier konnten sie das Beispiel geben und das Muster aufstellen. In Mailand und Neapel durfte sich die Regierung um so weniger widersetzen, da sie beabsichtigt hatte, die spanische Inquisition daselbst einzuführen; in Neapel blieb nur die Konfiskation der Güter verboten. In Toskana war die Inquisition durch den Legaten, den sich Herzog Cosimo zu verschaffen wußte, weltlichem Einfluß zugänglich; die Brüderschaften, die sie stiftete, gaben jedoch großen Anstoß; in Siena und Pisa nahm sie sich wider die Universitäten mehr heraus, als ihr gebührte. Im Venezianischen blieb der Inquisitor zwar nicht ohne weltliche Aufsicht – in der Hauptstadt saßen seit dem April 1547 drei venezianische Nobili in seinem Tribunal; in den Provinzen hatte der Rettore jeder Stadt, der dann zuweilen Doktoren zu Rate zog und in schwierigen Fällen, besonders sobald die Anklage bedeutendere Personen betraf, erst bei dem Rate der Zehn anfragte, Anteil an der Untersuchung; – allein dies hinderte nicht, daß man nicht im wesentlichen die Verordnungen von Rom in Ausführung gebracht hätte.

Und so wurden die Regungen abweichender Religionsmeinungen in Italien mit Gewalt erstickt und vernichtet. Fast der ganze Orden der Franziskaner wurde zu Retraktationen genötigt. Der größte Teil der Anhänger des Valdez bequemte sich, zu widerrufen. In Venedig ließ man den Fremden, den Deutschen, die sich des Handels oder der Studien halber eingefunden hatten, eine ge-

[1] Auch andere Laien schlossen sich ihren Bestrebungen an. „Fu rimediato“, sagt das Kompendium der Inquisitoren, „opportunamente dal S. officio in Roma con porre in ogni città valenti e zelanti inquisitori, servendosi anche talhora de secolari zelanti e dotti per ajuto della fede, come verbi gratia del Godescalco in Como, del conte Albano in Bergamo, del Mutio in Milano. Questa risolutione di servirsi de' secolari fu presa perche non soli moltissimi vescovi, vicarii, frati e preti, ma anco molti dell' istessa inquisitione erano heretici.“

wisse Freiheit; die Einheimischen dagegen wurden genötigt, ihre Meinungen abzuschwören, ihre Zusammenkünfte wurden zerstört. Viele flüchteten: in allen Städten in Deutschland und der Schweiz begegnen wir diesen Flüchtlingen. Diejenigen, die weder nachgeben wollten noch zu entfliehen wußten, verfielen der Strafe. In Venedig wurden sie mit zwei Barken aus den Lagunen hinaus in das Meer geschickt. Man legte ein Brett zwischen die Barken und setzte die Verurteilten darauf; in gleichem Augenblick fuhren die Ruderer auseinander: das Brett stürzte in die Flut; noch einmal riefen die Unglücklichen den Namen Christi aus und sanken unter. In Rom hielt man vor Santa Maria alla Minerva die Autodafes in aller Form. Mancher floh von Ort zu Ort mit Weib und Kind. Wir begleiten sie eine Weile; dann verschwinden sie: wahrscheinlich sind sie den unbarmherzigen Jägern in die Netze geraten. Andere hielten sich still. Die Herzogin von Ferrara, welche, wenn es kein salisches Gesetz gegeben hätte, Erbin von Frankreich gewesen wäre, ward durch Geburt und hohen Rang nicht beschützt. Ihr Gemahl war selbst ihr Gegner. „Sie sieht niemanden", sagt Marot, „gegen den sie sich beklagen könnte: die Berge sind zwischen ihr und ihren Freunden; sie mischt ihren Wein mit Tränen."

Ausbildung des jesuitischen Institutes

In dieser Entwicklung der Dinge, als die Gegner mit Gewalt beiseite gebracht, die Dogmen aufs neue in dem Geiste des Jahrhunderts festgesetzt waren, die kirchliche Macht mit unabwendbaren Waffen die Beobachtung derselben beaufsichtigte, erhob sich nun, im engsten Verein mit dieser, der Orden der Jesuiten.

Nicht allein in Rom, in ganz Italien gewann er einen ungemeinen Erfolg. Er hatte sich ursprünglich für das gemeine Volk bestimmt: zunächst bei den vornehmen Klassen fand er Eingang.

In Parma begünstigten ihn die Farnesen[1]; Fürstinnen unterwar-

[1] Orlandinus drückt sich seltsam aus. „Et civitas", sagt er II, p. 78, „et privati, quibus fuisse dicitur aliqua cum Romano pontefice necessitudo, supplices ad eum literas pro Fabro retinendo dederunt." Gleich als wüßte man nicht, daß Paul III. einen Sohn gehabt. Übrigens ward hernach bei Gelegenheit einer Opposition gegen die jesuitisch gesinnte Priesterschaft die Inquisition in Parma eingeführt.

fen sich den geistlichen Übungen. In Venedig erklärte Lainez das Evangelium St. Johannis ausdrücklich für die Nobili, und mit Hilfe eines Lippomano gelang es ihm bereits 1542, den Grund zu dem Jesuitenkollegium zu legen. In Montepulciano brachte Franz Strada einige von den vornehmsten Männern der Stadt so weit, daß sie mit ihm durch die Straßen gingen und bettelten: Strada klopfte an die Türe: sie nahmen die Gaben in Empfang. In Faenza gelang es ihnen, obwohl Ochino viel daselbst gewirkt hatte, großen Einfluß zu erwerben, hundertjährige Feindschaften zu versöhnen und Gesellschaften zur Unterstützung der Armen zu gründen. Ich führe nur einige Beispiele an: allenthalben erschienen sie, verschafften sich Anhänger, bildeten Schulen, setzten sich fest.

Wie aber Ignatius ganz ein Spanier und von nationalen Ideen ausgegangen war, wie auch leicht seine geistreichsten Schüler ihm daher gekommen, so hatte seine Gesellschaft, in die dieser Geist übergegangen, auf der Pyrenäischen Halbinsel fast noch größeren Fortgang als in Italien selbst. In Barcelona machte sie eine sehr bedeutende Erwerbung an dem Vizekönig Franz Borgia, Herzog von Gandia; in Valencia konnte eine Kirche die Zuhörer des Araoz nicht fassen, und man errichtete ihm eine Kanzel unter freiem Himmel; in Alcala sammelten sich um Franz Villanova, obwohl er krank, von geringer Herkunft und ohne alle Kenntnisse war, gar bald bedeutende Anhänger; von hier und Salamanca, wo man 1548 mit einem sehr engen schlechten Hause begann, haben sich die Jesuiten hernach vornehmlich über Spanien ausgebreitet[1]. Indes waren sie in Portugal nicht minder willkommen. Der König ließ von den beiden ersten, die ihm auf sein Ersuchen geschickt wurden, nur den einen nach Ostindien ziehen – es ist Xaver, der dort den Namen eines Apostels und eines Heiligen erwarb –, den anderen, Simon Roderich, behielt er bei sich. An beiden Höfen verschafften sich die Jesuiten außerordentlichen Beifall. Den portugiesischen reformierten sie durchaus; an dem spanischen wurden sie gleich damals die Beichtväter der vornehmsten Großen, des Präsidenten des Rates von Kastilien, des Kardinals von Toledo.

Schon im Jahre 1540 hatte Ignatius einige junge Leute nach Paris geschickt, um daselbst zu studieren. Von da breitete sich seine

[1] Ribadeneira: Vita Ignatii c. XV, n. 214; c. XXXVIII, n. 285.

Gesellschaft nach den Niederlanden aus. In Löwen hatte Faber den entschiedensten Erfolg: achtzehn junge Männer, bereits Bakkalaureen oder Magister, erboten sich, Haus, Universität und Vaterland zu verlassen, um sich mit ihm nach Portugal zu begeben. Schon sah man sie in Deutschland, und unter den ersten trat Peter Canisius, der ihnen so große Dienste geleistet hat, an seinem dreiundzwanzigsten Geburtstag in ihren Orden.

Dieser rasche Sukzeß mußte der Natur der Sache nach auf die Entwicklung der Verfassung den wirksamsten Einfluß haben. Sie bildete sich folgendergestalt aus.

In den Kreis seiner ersten Gefährten, der Professen, nahm Ignatius nur wenige auf. Er fand, Männer, die zugleich vollkommen ausgebildet und gut und fromm seien, gebe es wenige. Gleich in dem ersten Entwurfe, den er dem Papste einreichte, spricht er die Absicht aus, an einer oder der anderen Universität Kollegien zu gründen, um jüngere Leute heranzubilden. In unerwarteter Anzahl, wie gesagt, schlossen sich ihm solche an. Sie bildeten den Professen gegenüber die Klasse der Scholastiker[1].

Allein gar bald zeigte sich eine Inkonvenienz. Da die Professen sich durch ihr unterscheidendes viertes Gelübde zu fortwährenden Reisen im Dienste des Papstes verpflichtet hatten, war es ein Widerspruch, so viel Kollegien, wie nötig wurden, Anstalten, die nur bei einer ununterbrochenen Anwesenheit gedeihen konnten, auf sie anzuweisen. Bald fand es Ignatius nötig, zwischen jenen beiden eine dritte Klasse einzurichten: geistliche Koadjutoren, ebenfalls Priester, mit wissenschaftlicher Vorbildung, die sich ausdrücklich zum Unterricht der Jugend verpflichteten. Eines der wichtigsten Institute und, soviel ich sehe, den Jesuiten eigen, auf welchem der Flor ihrer Gesellschaft beruhte. Diese erst konnten an jedem Orte sich ansiedeln, einheimisch werden, Einfluß gewinnen und den Unterricht beherrschen. Wie die Scholastiker, legten auch sie nur drei Gelübde ab, und bemerken wir wohl, auch diese einfach, nicht feierlich. Das will sagen: sie selbst wären in Exkommunikation gefallen, hätten sie sich von der Gesellschaft

[1] Pauli III facultas coadjutores admittendi d. 5 Junii 1546: ita ut ad vota servanda pro eo tempore quo tu, fili praeposite, et qui pro tempore fuerint ejusdem societatis praepositi, eis in ministerio spirituali vel temporali utendum judicaveritis, et non ultra astringantur. Corpus institutorum I, p. 15.

wieder trennen wollen. Aber der Gesellschaft stand das Recht zu, obwohl nur in genau bestimmten Fällen, sie zu entlassen.

Und nun war nur noch eins erforderlich. Die Studien und Beschäftigungen, zu denen diese Klassen bestimmt waren, würde es gestört haben, wenn sie sich zugleich der Sorge für ihre äußere Existenz hätten widmen müssen. Die Professen in ihren Häusern lebten von Almosen; den Koadjutoren und Scholastikern ward dies erspart: die Kollegien durften gemeinschaftliche Einkünfte haben. Zu deren Verwaltung, insofern sie nicht den Professen, die ihrer indes selber nicht genießen konnten, zukam, und der Besorgung aller Äußerlichkeiten nahm Ignaz auch noch weltliche Koadjutoren an, welche zwar nicht minder die einfachen drei Gelübde ablegen, aber sich mit der Überzeugung, daß sie Gott dienen, indem sie eine Gesellschaft unterstützten, welche für das Heil der Seelen wacht, zu begnügen und nach nichts Höherem zu trachten haben.

Diese Einrichtungen, an sich wohlberechnet, gründeten auch zugleich eine Hierarchie, die in ihren verschiedenen Abstufungen die Geister noch besonders fesselte[1].

Fassen wir die Gesetze, welche dieser Gesellschaft nach und nach gegeben wurden, ins Auge, so war eine der obersten Rücksichten, die ihnen zugrunde lag, die vollkommenste Absonderung von den gewohnten Verhältnissen. Die Liebe zu den Blutsverwandten wird als eine fleischliche Neigung verdammt[2]. Wer seine Güter aufgibt, um in die Gesellschaft zu treten, hat sie nicht seinen Verwandten zu überlassen, sondern den Armen auszuteilen[3]. Wer einmal eingetreten, empfängt weder noch schreibt er Briefe, ohne daß sie von einem Oberen gelesen würden. Die Gesellschaft will den ganzen Menschen, alle seine Neigungen will sie fesseln.

Selbst seine Geheimnisse will sie mit ihm teilen. Mit einer Generalbeichte tritt er ein. Er hat seine Fehler, ja seine Tugenden anzuzeigen. Ein Beichtvater wird ihm von den Obern bestellt: der

[1] Die Grundlage bildeten die Novizen, Gäste, Indifferente, aus denen die verschiedenen Klassen emporstiegen.

[2] Summarium constitutionum § 8 in dem Corpus institutorum societatis Jesu. Antverpiae 1709, Tom. I. Bei Orlandinus III, 66 wird Faber deshalb gepriesen, weil er einst, nach einigen Jahren der Abwesenheit, bei seiner Vaterstadt in Savoyen anlangte und über sich gewann, vorüberzureisen.

[3] Examen generale c. IV, § 2.

Obere behält sich die Absolution für diejenigen Fälle vor, von denen es nützlich ist, daß er sie erfahre[1]. Schon darum dringt er hierauf, um den Unteren völlig zu kennen und ihn nach Belieben zu brauchen.

Denn an die Stelle jedes anderen Verhältnisses, jedes Antriebes, den die Welt zur Tätigkeit anbieten könnte, tritt in dieser Gesellschaft der Gehorsam: Gehorsam an sich, ohne alle Rücksicht, worauf er sich erstreckt[2]. Es soll niemand nach einem anderen Grade verlangen, als dem, welchen er hat: der weltliche Koadjutor soll nicht lesen und schreiben lernen ohne Erlaubnis, wenn er es nicht bereits kann. Mit völliger Verleugnung alles eigenen Urteils, in blinder Unterwürfigkeit soll man sich von seinen Oberen regieren lassen, wie ein lebloses Ding, wie der Stab, der demjenigen, der ihn in seinen Händen hat, auf jede beliebige Weise dient. In ihnen erscheint die göttliche Vorsicht[3].

[1] Vorschriften, einzeln enthalten in dem Summarium constitutionum § 32, § 41, dem Examen generale § 35, § 36, und Constitutionum Pauli III c. 1, n. 11. „Illi casus reservabuntur", heißt es in der letzten Stelle, „quos ab eo (superiore) cognosci necessarium videbitur aut valde conveniens."

[2] Das Schreiben von Ignatius „fratribus societatis Jesu, qui sunt in Lusitania", 8 Kal. Ap. 1553, § 3.

[3] Constitutiones VI, 1: Et sibi quisque persuadeat, quod qui sub obedientia vivunt, se ferri ac regi a divina providentia per superiores suos sinere debent, perinde ac cadaver essent. Hier gibt es nun noch die andere Konstitution VI, 5, nach welcher es scheint, als ob auch eine Sünde geboten werden könne. „Visum est nobis in domino -- nullas constitutiones, declarationes vel ordinem ullum vivendi posse obligationem ad peccatum mortale vel veniale inducere, nisi superior ea in nomine Jesu Christi vel in virtute obedientiae jubeat." Man traut seinen Augen kaum, wenn man dies liest. Denn das Natürlichste, dem einfachen Sinn sich zunächst darbietende ist, ea auf peccatum mortale vel veniale zu beziehen, so daß der Superior allerdings eine Sünde zulassen könnte. Doch ist die Meinung in der Tat nicht dahin gegangen. Die Konstitution schließt sich an die Deklaration der Dominikanerregel an, in welcher die Prioren ermächtigt wurden, „praecepta facere quae transgressores obligabunt non solum ad poenam, sed etiam ad mortalem *culpam*". Es ist da von Befehlen die Rede, deren Übertretung eine innere Verschuldung involviert. So soll auch der Jesuitengeneral Verpflichtungen mit der Bestimmung auflegen können, daß der, welcher sie bricht, sich dadurch der einen oder der anderen Art von Sünde schuldig macht. Eine sehr außerordentliche Befugnis bleibt das immer. Bei den Dominikanern war sie mehr eine Verschärfung der Ordensregel; bei den Jesuiten wurde sie ein Bestandteil des unbedingten Gehorsams, den der General zu fordern berechtigt wird.

Welch eine Gewalt, die nun der General empfing, der auf lebenslang, ohne irgend Rechenschaft geben zu müssen, diesen Gehorsam zu leiten bekam! Nach dem Entwurf von 1543 sollten alle Mitglieder des Ordens, die sich mit dem General an einem und demselben Orte befinden würden, selbst in geringen Dingen zu Rate gezogen werden. Der Entwurf von 1550, welchen Julius III. bestätigte, entbindet ihn hiervon, insofern er es nicht selbst für gut hält[1]. Nur zur Veränderung der Konstitution und zur Auflösung einmal eingerichteter Häuser und Kollegien bleibt eine Beratung notwendig. Sonst ist ihm alle Gewalt übertragen, die zur Regierung der Gesellschaft nützlich sein möchte. Er hat Assistenten nach den verschiedenen Provinzen, die aber keine anderen Geschäfte verhandeln als die, welche er ihnen auftragen wird. Nach Gutdünken ernennt er die Vorsteher der Provinzen, Kollegien und Häuser, nimmt auf und entläßt, dispensiert und straft: er hat eine Art von päpstlicher Gewalt im kleinen[2].

Es trat hierbei nur die Gefahr ein, daß der General, im Besitze einer so großen Macht, selber von den Prinzipien der Gesellschaft abtrünnig würde. Insofern unterwarf man ihn einer gewissen Beschränkung. Es will zwar vielleicht nicht soviel sagen, wie es dem Ignatius geschienen haben mag, daß die Gesellschaft oder ihre Deputierten über gewisse Äußerlichkeiten, Mahlzeit, Kleidung, Schlafengehen und das gesamte tägliche Leben, zu bestimmen hatten[3]; indes ist es immer etwas, daß der Inhaber der obersten Gewalt einer Freiheit beraubt ist, die der geringste Mensch genießt. Die Assistenten, die nicht von ihm ernannt waren, beaufsichtigten ihn überdies fortwährend. Es gab einen bestellten Ermahner, Admonitor: bei großen Fehltritten konnten die Assistenten die Generalkongregation berufen, die dann befugt war, selbst die Absetzung des Generals auszusprechen.

Es führt uns dies einen Schritt weiter.

Lassen wir uns nicht von den hyperbolischen Ausdrücken blenden, in denen die Jesuiten diese Gewalt dargestellt haben, und betrachten wir vielmehr, was bei der Ausdehnung, zu der die Gesellschaft gar bald gedieh, ausführbar sein konnte, so stellt sich

[1] Adjutus, quatenus ipse opportunum judicabit, fratrum suorum consilio, per se ipsum ordinandi et jubendi, quae ad dei gloriam pertinere videbuntur, jus totum habeat – sagt Julii III confirmatio instituti.
[2] Constitutiones IX, III.
[3] Schedula Ignatii, AA. SS. Commentatio praevia n. 872.

folgendes Verhältnis dar. Dem General blieb die höchste Leitung des Ganzen, vornehmlich die Beaufsichtigung der Oberen, deren Gewissen er kennen soll, denen er die Ämter erteilt. Diese hatten dagegen in ihrem Kreise eine ähnliche Gewalt und machten sie häufig schärfer geltend als der General[1]. Obere und General hielten einander gewissermaßen das Gleichgewicht. Auch über die Persönlichkeit aller Untergebenen, aller Mitglieder der Gesellschaft mußte der General unterrichtet werden; – wenn er gleich hier, wie es sich von selbst versteht, nur in dringenden Fällen eingreifen konnte, so behielt er doch die oberste Aufsicht. Ein Ausschuß der Professen dagegen beaufsichtigte hinwiederum ihn.

Es hat noch andere Institute gegeben, welche, in der Welt eine eigene Welt bildend, ihre Mitglieder von allen übrigen Beziehungen losrissen, sich zu eigen machten, ein neues Lebensprinzip in ihnen erzeugten. Eben hierauf war auch das jesuitische Institut berechnet. Eigentümlich ist ihm aber, daß es dabei auf der einen Seite eine individuelle Entwicklung nicht allein begünstigt, sondern fordert, und auf der anderen dieselbe völlig gefangennimmt und sich zu eigen macht. Daher werden alle Verhältnisse Persönlichkeit, Unterordnung, wechselseitige Beaufsichtigung. Dennoch bilden sie eine streng geschlossene, vollkommene Einheit; es ist in ihnen Nerv und Tatkraft; eben darum hat man die monarchische Gewalt so stark gemacht: man unterwirft sich ihr ganz, es wäre denn, ihr Inhaber fiele selbst von dem Prinzipe ab.

Mit der Idee dieser Gesellschaft hängt es sehr wohl zusammen, daß keines ihrer Mitglieder eine geistliche Würde bekleiden sollte. Es würde Pflichten zu erfüllen gehabt haben, in Verhältnisse geraten sein, die alle Aufsicht unmöglich gemacht hätten. Wenigstens im Anfange hielt man hierüber auf das strengste. Jay wollte und durfte das Bistum Triest nicht annehmen; – als Ferdinand I., der es ihm angetragen, auf ein Schreiben des Ignatius von seinem Wunsche abstand, ließ dieser feierliche Messen halten und ein Tedeum anstimmen[2].

Ein anderes Moment ist, daß, sowie die Gesellschaft sich im ganzen beschwerlicher Gottesverehrungen überhob, auch die einzel-

[1] Mariana: Discurso de las enfermedades de la compania de Jesus c. XI.
[2] Exzerpt aus dem liber memorialis des Ludovicus Consalvus: quod desistente rege S. Ignatius indixerit missas et Te deum laudamus in gratiarum actionem. Commentarius praevius in AA. SS. Julii VII, n. 412.

nen angewiesen wurden, die religiösen Übungen nicht zu übertreiben. Mit Fasten, Nachtwachen und Kasteiungen soll man weder seinen Körper schwächen, noch dem Dienste des Nächsten zu viel Zeit entziehen. Auch in der Arbeit wird empfohlen, Maß zu halten. Man soll das mutige Roß nicht allein spornen, sondern auch zähmen: man soll sich nicht mit soviel Waffen beschweren, daß man dieselben nicht anwenden könne: man soll sich nicht dergestalt mit Arbeit überhäufen, daß die Freiheit des Geistes darunter leide[1].

Es leuchtet ein, wie sehr die Gesellschaft alle ihre Mitglieder gleichsam als ihr Eigentum besitzen, aber dabei zu der kräftigsten Entwicklung gedeihen lassen will, die innerhalb des Prinzips möglich ist.

In der Tat war dies auch zu den schwierigen Geschäften, denen sie sich unterzog, unerläßlich. Es waren, wie wir sahen, Predigt, Unterricht und Beichte. Vornehmlich den beiden letzteren widmeten sich die Jesuiten auf eigentümliche Art.

Der Unterricht war bisher in den Händen jener Literatoren gewesen, die, nachdem sie lange die Studien auf eine durchaus profane Weise getrieben, danach auf eine dem römischen Hofe von Anfang nicht ganz genehme, endlich von ihm verworfene geistliche Richtung eingegangen waren. Die Jesuiten machten es sich zu ihrem Geschäft, sie zu verdrängen und an ihre Stelle zu treten. Sie waren erstens systematischer; sie teilten die Schulen in Klassen: von den ersten Anfangsgründen führte ihre Unterweisung in einem und demselben Geiste bis zur obersten Stufe: sie beaufsichtigten ferner die Sitten und bildeten wohlgezogene Leute; sie waren von der Staatsgewalt begünstigt; endlich, sie gaben ihren Unterricht umsonst. Hatte die Stadt oder der Fürst ein Kollegium gegründet, so brauchte kein Privatmann weiter etwas zu zahlen. Es war ihnen ausdrücklich verboten, Lohn oder Almosen zu fordern oder anzunehmen: wie Predigt und Messe, so war auch der Unterricht umsonst; in der Kirche selbst war kein Gotteskasten. Wie die Menschen nun einmal sind, so mußte ihnen dies, zumal da sie nun wirklich mit ebensoviel Erfolg wie Eifer unterrichteten, unendlich förderlich sein. Nicht allein den Armen werde damit geholfen, sondern auch den Reichen eine Erleichterung gewährt,

[1] Constitutiones V, 3, I. Epistola Ignatii ad fratres, qui sunt in Hispania. Corpus institutorum II, 540.

sagt Orlandini[1]. Er bemerkt, welch ungeheuren Sukzeß man gehabt. „Wir sehen", sagt er, „viele im Purpur der Kardinäle glänzen, die wir noch vor kurzem auf unseren Schulbänken vor uns hatten; andere sind in Städten und Staaten zur Regierung gelangt; Bischöfe und ihre Räte haben wir erzogen; selbst andere geistliche Genossenschaften sind aus unseren Schulen erfüllt worden." Die hervorragenden Talente wußten sie, wie leicht zu erachten, ihrem Orden zuzueignen. Sie bildeten sich zu einem Lehrerstand aus, der – indem er sich über alle katholischen Länder verbreitete, dem Unterricht die geistliche Farbe, die er seitdem behalten, erst verlieh, in Disziplin, Methode und Lehre eine strenge Einheit behauptete – sich einen unberechenbaren Einfluß verschafft hat.

Wie sehr verstärkten sie denselben aber, indem sie sich zugleich der Beichte und der Leitung der Gewissen zu bemächtigen verstanden! Kein Jahrhundert war dafür empfänglicher, dessen gleichsam bedürftiger. Den Jesuiten schärft ihr Gesetzbuch ein, „in der Art und Weise, die Absolution zu erteilen, eine und dieselbe Methode zu befolgen, sich in den Gewissensfällen zu üben, sich eine kurze Art zu fragen anzugewöhnen und gegen eine jede Art von Sünde die Beispiele der Heiligen, ihre Worte und andere Hilfe bereitzuhalten"[2]. Regeln, wie am Tage liegt, auf das Bedürfnis des Menschen ganz wohl berechnet. Indessen beruhte der ungemeine Erfolg, zu dem sie es brachten, der eine wahre Ausbreitung ihrer Sinnesweise einschloß, noch auf einem anderen Moment.

Sehr merkwürdig ist das kleine Buch der geistlichen Übungen, welches Ignaz, ich will zwar nicht sagen zuerst entworfen, aber auf das eigentümlichste ausgearbeitet[3], mit dem er seine ersten und dann auch seine späteren Schüler, seine Anhänger überhaupt gesammelt und sich zu eigen gemacht hat. Fort und fort war es wirksam, um so mehr vielleicht gerade darum, weil es nur ge-

[1] Orlandinus, lib. VI, 70. Es wäre eine Vergleichung anzustellen mit den Klosterschulen der Protestanten, in denen auch die geistliche Richtung völlig vorherrschend wurde. S. Sturm bei Ruhkopf, Geschichte des Schulwesens S. 378. Es käme auf den Unterschied an.

[2] Regula sacerdotum § 8. 10. 11.

[3] Denn nach allem, was für und wider geschrieben worden, leuchtet wohl ein, das Ignatius ein ähnliches Buch von Garcia de Cisneros vor Augen hatte. Das Eigentümlichste aber scheint von ihm zu stammen. Commentarius praevius n. 54.

legentlich, in dem Augenblicke innerer Unruhen, eines inneren Bedürfnisses anempfohlen wurde.

Es ist nicht ein Lehrbuch, es ist eine Anweisung zu eigenen Betrachtungen. „Die Sehnsucht der Seele", sagt Ignatius, „wird nicht durch eine Menge von Kenntnissen, nur durch die eigene innere Anschauung wird sie erfüllt"[1].

Diese zu leiten, nimmt er sich vor. Der Seelsorger deutet die Gesichtspunkte an; der Übende hat sie zu verfolgen. Vor dem Schlafengehen und sogleich bei dem ersten Erwachen hat er seine Gedanken dahin zu richten; alle anderen weist er mit Anstrengung von sich; Fenster und Türen werden geschlossen; auf den Knieen und zur Erde gestreckt, vollzieht er die Betrachtung.

Er beginnt damit, seiner Sünden innezuwerden. Er betrachtet, wie um einer einzigen willen die Engel in die Hölle gestürzt worden, für ihn aber, obwohl er viel größere begangen, die Heiligen vorgebeten, Himmel und Gestirne, Tiere und Gewächse der Erde ihm gedient haben; um nun von der Schuld befreit zu werden und nicht in die ewige Verdammnis zu fallen, ruft er den gekreuzigten Christus an: er empfindet seine Antworten; es ist zwischen ihnen ein Gespräch wie eines Freundes mit dem Freund, eines Knechtes mit dem Herrn.

Hauptsächlich sucht er sich dann an der Betrachtung der heiligen Geschichte aufzuerbauen. „Ich sehe", heißt es, „wie die drei Personen der Gottheit die ganze Erde überschauen, erfüllt von Menschen, welche in die Hölle fahren müssen; sie beschließen, daß die zweite Person zu ihrer Erlösung die menschliche Natur annehmen soll; ich überblicke den ganzen Umkreis der Erde und gewahre in einem Winkel die Hütte der Jungfrau Maria, von der das Heil ausgeht." Von Moment zu Moment schreitet er in der heiligen Geschichte weiter fort: er vergegenwärtigt sich die Handlungen in allen ihren Einzelheiten nach den Kategorien der Sinne; der religiösen Phantasie, frei von den Banden des Wortes, wird der größte Spielraum gelassen; man vermeint die Kleidungsstücke, die Fußstapfen der heiligen Personen zu berühren, zu küssen. In dieser Exaltation der Einbildungskraft, in dem Gefühl, wie groß die Glückseligkeit einer Seele sei, die mit göttlichen Gnaden und Tugenden erfüllt worden, kehrt man zur Betrachtung der eigenen Zustände zurück. Hat man seinen Stand noch zu wählen, so wählt

[1] *Non enim abundantia scientiae, sed sensus et gustus rerum interior desiderium animae replere solet.*

man ihn jetzt, nach den Bedürfnissen seines Herzens, indem man das eine Ziel vor Augen hat, zu Gottes Lobe selig zu werden, indem man glaubt, vor Gott und allen Heiligen zu stehen. Hat man nicht mehr zu wählen, so überlegt man seine Lebensweise: die Art seines Umgangs, seinen Haushalt, den notwendigen Aufwand, was man den Armen zu geben habe, – alles in demselben Sinne, wie man im Augenblick des Todes sich beraten zu haben wünschen wird, ohne etwas anderes vor Augen zu haben, außer was zu Gottes Ehre und der eigenen Seligkeit gereicht.

Dreißig Tage werden diesen Übungen gewidmet. Betrachtung der heiligen Geschichte und der persönlichsten Zustände, Gebete und Entschlüsse wechseln miteinander ab. Immer ist die Seele gespannt und selber tätig. Zuletzt, indem man sich die Fürsorge Gottes vorstellt, „der in seinen Geschöpfen wirksam für die Menschen arbeitet", glaubt man nochmals im Angesicht des Herrn und seiner Heiligen zu stehen; man fleht ihn an, sich seiner Liebe und Verehrung widmen zu dürfen; die Freiheit bringt man ihm dar; Gedächtnis, Einsicht, Willen widmet man ihm: so schließt man mit ihm den Bund der Liebe. „Die Liebe besteht in der Gemeinschaft aller Fähigkeiten und Güter." Ihrer Hingebung zum Lohne teilt Gott der Seele seine Gnaden mit.

Es genügt hier, eine flüchtige Idee von diesem Buche gegeben zu haben. In dem Gange, den es nimmt, den einzelnen Sätzen und ihrem Zusammenhange liegt etwas Dringendes, was den Gedanken zwar eine innere Tätigkeit gestattet, aber sie in einem engen Kreise beschließt und sie fesselt. Für seinen Zweck, eine durch die Phantasie beherrschte Meditation, ist es auf das beste eingerichtet. Es verfehlt ihn um so weniger, da es auf eigenen Erfahrungen beruht. Die lebendigen Momente seiner Erweckung und seiner geistlichen Fortschritte vom ersten Anfang bis zum Jahre 1548, wo es von dem Papst gebilligt wurde, hatte Ignaz demselben nach und nach einverleibt. Man sagt wohl, der Jesuitismus habe sich die Erfahrungen der Protestanten zunutze gemacht, und in einem und dem anderen Stücke mag das wahr sein. Im ganzen aber stehen sie in dem stärksten Gegensatz. Wenigstens setzte Ignatius hier der diskursiven, beweisenden, gründlichen, ihrer Natur nach polemischen Methode der Protestanten eine ganz andere entgegen: kurz, intuitiv und zur Anschauung anleitend, auf die Phantasie berechnet, zu augenblicklicher Entschließung begeisternd.

Und so war jenes phantastische Element, das ihn von Anfang belebte, doch auch zu einer außerordentlichen Wirksamkeit und Bedeutung gediehen. Wie er aber zugleich ein Soldat war, so hatte er, eben mit Hilfe der religiösen Phantasie, ein stehendes geistliches Heer zusammengebracht, Mann bei Mann erlesen und zu seinem Zweck individuell ausgebildet, das er im Dienste des Papstes befehligte. Über alle Länder der Erde sah er es sich ausbreiten.

Als Ignatius starb, zählte seine Gesellschaft, die römische ungerechnet, dreizehn Provinzen[1]. Schon der bloße Anblick zeigt, wo der Nerv derselben war. Die größere Hälfte dieser Provinzen, sieben, gehörten allein der Pyrenäischen Halbinsel und ihren Kolonien an. In Kastilien waren zehn, in Aragon fünf, in Andalusien nicht minder fünf Kollegien; in Portugal war man am weitesten, man hatte zugleich Häuser für Professen und Novizen. Der portugiesischen Kolonien hatte man sich beinahe bemächtigt. In Brasilien waren 28, in Ostindien von Goa bis Japan gegen 100 Mitglieder des Ordens beschäftigt. Von hier aus hatte man einen Versuch in Äthiopien gemacht und einen Provinzial dahin gesendet; man glaubte eines glücklichen Fortgangs sicher zu sein. Alle diese Provinzen spanischer und portugiesischer Zunge und Richtung wurden von einem Generalkommissar, Franz Borgia, zusammengefaßt. In der Nation, wo der erste Gedanke der Gesellschaft entsprungen, war auch ihr Einfluß am umfassendsten gewesen. Nicht viel geringer aber war er in Italien. Es gab drei Provinzen italienischer Zunge: die römische, die unmittelbar unter dem General stand, mit Häusern für Professen und Novizen, dem Collegium Romanum und dem Germanicum; das auf den Rat des Kardinals Morone ausdrücklich für die Deutschen eingerichtet wurde, jedoch noch keinen rechten Fortgang gewann; auch Neapel gehörte zu dieser Provinz; – die sizilianische mit vier bereits vollendeten und zwei angefangenen Kollegien; der Vizekönig della Vega hatte die ersten Jesuiten dahin gebracht, Messina und Palermo hatten gewetteifert, Kollegien zu gründen; von diesen gingen dann die übrigen aus; – und die eigentlich italienische, die das obere Italien begriff, mit 10 Kollegien. Nicht so glücklich war es in anderen Ländern gegangen: allenthalben setzte sich der Protestantismus oder eine schon ausgebildete Hinneigung zu demselben entgegen. In Frankreich hatte man doch nur ein einziges Kollegium eigentlich im Stande. Man unterschied zwei deutsche Provinzen; allein

[1] *Im Jahre 1556.* Sacchinus, Historia societatis Jesu p. II sive Lainius; von Anfang.

sie waren nur in ihren ersten Anfängen vorhanden. Die obere gründete sich auf Wien, Prag, Ingolstadt, doch stand es allenthalben noch sehr bedenklich; die untere sollte die Niederlande begreifen, doch hatte Philipp II. den Jesuiten noch keine gesetzliche Existenz daselbst gestattet[1].
Aber schon dieser erste rasche Fortgang leistete der Gesellschaft Bürgschaft für die Macht, zu der sie bestimmt war. Daß sie sich in den eigentlich katholischen Ländern, den beiden Halbinseln, zu so gewaltigem Einfluß erhoben, war von der größten Bedeutung.

Schluß

Wir sehen, jenen protestantischen Bewegungen gegenüber, welche jeden Moment weiter um sich griffen, hatte sich dergestalt auch in der Mitte des Katholizismus, in Rom um den Papst her, eine neue Richtung ausgebildet.
Nicht anders als jene ging sie von der Verweltlichung der bisherigen Kirche oder vielmehr von dem Bedürfnis aus, das dadurch in den Gemütern entstanden war.
Anfangs näherten sich beide einander. Es gab einen Moment, wo man sich in Deutschland noch nicht entschlossen hatte, die Hierarchie so völlig fallen zu lassen, wo man auch in Italien geneigt gewesen wäre, rationelle Modifikationen in derselben anzunehmen. Dieser Moment ging vorüber.
Während die Protestanten, gestützt auf die Schrift, immer kühner zu den primitiven Formen des christlichen Glaubens und Lebens zurückgingen, entschied man sich auf der anderen Seite, das im Laufe der Jahrhunderte zustande gekommene kirchliche Institut festzuhalten und nur zu erneuern, mit Geist und Ernst und Strenge zu durchdringen. Dort entwickelte sich der Calvinismus bei weitem antikatholischer als das Luthertum; hier stieß man in bewußter Feindseligkeit alles von sich, was an den Protestantismus überhaupt erinnerte, und trat ihm in scharfem Gegensatz gegenüber.
So entspringen ein paar Quellen in vertraulicher Nachbarschaft auf der Höhe des Gebirges; sowie sie sich nach verschiedenen Senkungen desselben ergossen haben, gehen sie in entgegengesetzten Strömen auf ewig auseinander.

[1] Ribadeneira: Vita Ignatii p. 293.

DRITTES BUCH

DIE PÄPSTE UM DIE MITTE DES 16. JAHRHUNDERTS

Vor allem ist das 16. Jahrhundert durch den Geist religiöser Hervorbringung ausgezeichnet. Bis auf den heutigen Tag leben wir in den Gegensätzen der Überzeugung, welche sich damals zuerst Bahn machten.

Wollten wir den welthistorischen Augenblick, in welchem sich die Sonderung vollzog, noch genauer bezeichnen, so würde er nicht mit dem ersten Auftreten der Reformatoren zusammenfallen, – denn nicht sogleich stellten sich die Meinungen fest, und noch lange ließ sich eine Vergleichung der streitigen Lehren hoffen; – erst um das Jahr 1552 waren alle Versuche hierzu vollständig gescheitert, und die drei großen Formen des abendländischen Christentums setzten sich auf immer auseinander. Das Luthertum ward strenger, herber, abgeschlossener; der Calvinismus sonderte sich in den wichtigsten Artikeln von ihm ab, während Calvin früher selbst für einen Lutheraner gegolten; beiden entgegengesetzt nahm der Katholizismus seine moderne Gestalt an. Einander gegenüber bildeten sich die drei theologischen Systeme nach den einmal ergriffenen Prinzipien aus, mit dem Anspruch jedes, die anderen zu verdrängen, sich die Welt zu unterwerfen.

Es könnte scheinen, als werde es die katholische Richtung, die doch vornehmlich nur die Erneuerung des bisherigen Instituts beabsichtigte, leichter gehabt haben, auf ihrer Seite durchzudringen, vorwärtszukommen, als die übrigen. Doch war ihr Vorteil nicht groß. Von vielen anderen Lebenstrieben weltlicher Gesinnung, profaner Wissenschaftlichkeit, abweichender theologischer Überzeugung war auch sie umgeben und beschränkt, sie war mehr ein Gärungsstoff, von dem es sich noch fragte, ob er die Elemente, in deren Mitte er sich erzeugt, wahrhaft ergreifen, überwältigen oder von ihnen erdrückt werden würde.

In den Päpsten selbst, ihrer Persönlichkeit und Politik, stieß sie auf den nächsten Widerstand.

Wir bemerkten, wie eine durchaus ungeistliche Sinnesweise in den Oberhäuptern der Kirche Wurzel gefaßt, die Opposition hervorgerufen, dem Protestantismus so unendlichen Vorschub getan hatte.

Es kam darauf an, inwiefern die strengen kirchlichen Tendenzen diese Gesinnung übermeistern, umwandeln würden oder nicht.

Ich finde, daß der Gegensatz dieser beiden Prinzipien, des eingewohnten Tuns und Lassens, der bisherigen Politik, mit der Notwendigkeit, eine durchgreifende innere Reform herbeizuführen, das vornehmste Interesse in der Geschichte der nächsten Päpste bildet.

Paul III.

Heutzutage gibt man oft nur allzuviel auf die Beabsichtigung und den Einfluß hochgestellter Personen, der Fürsten, der Regierungen: ihr Andenken muß nicht selten büßen, was die Gesamtheit verschuldete; zuweilen schreibt man ihnen aber auch das zu, was, wesentlich von freien Stücken, aus der Gesamtheit hervorging.

Die katholische Bewegung, die wir in dem vorigen Buche betrachteten, trat unter Paul III. ein; aber in diesem Papste ihren Ursprung erblicken, sie ihm zuschreiben zu wollen, wäre ein Irrtum. Er sah sehr wohl, was sie dem Römischen Stuhle bedeutete: er ließ sie nicht allein geschehen, er beförderte sie in vieler Hinsicht; aber unbedenklich dürfen wir sagen, daß er ihr nicht einmal selbst in seiner persönlichen Gesinnung angehörte.

Alexander Farnese – so hieß Paul III. früher – war ein Weltkind, so gut wie irgendein Papst vor ihm. Noch im 15. Jahrhundert – er war im Jahre 1468 geboren – gelangte er zu seiner vollen Ausbildung. Unter Pomponius Lätus zu Rom, in den Gärten Lorenzo Medicis zu Florenz studierte er; die elegante Gelehrsamkeit und den Kunstsinn jener Epoche nahm er in sich auf; auch die Sitten derselben blieben ihm dann nicht fremd. Seine Mutter fand es einmal nötig, ihn in dem Kastell S. Angelo gefangenhalten zu lassen; er wußte in einem unbewachten Augenblicke, den ihm die Prozession des Fronleichnamstages gewährte, an einem Seile aus der Burg hinabzugelangen und zu entkommen. Einen natürlichen Sohn und eine natürliche Tochter erkannte er an. Trotz alledem ward er bei ziemlich jungen Jahren – denn in jenen Zeiten nahm man an solchen Dingen nicht viel Anstoß – zum Kardinal befördert. Noch als Kardinal legte er den Grund zu dem schönsten aller römischen Paläste, dem Farnesianischen; bei Bolsena, wo seine Stammgüter lagen, richtete er sich eine Villa ein, die Papst Leo einladend genug fand, um sie ein paarmal zu besuchen. Mit diesem prächtigen und glänzenden Leben verband er aber auch noch andere Bestrebungen. Er faßte von allem Anfang an die höchste Würde ins Auge. Es bezeichnet ihn, daß er sie durch eine vollkommene Neutralität zu erreichen suchte. Die französische und die kaiserliche Faktion teilten Italien, Rom und das Kardinalkollegium. Er betrug sich mit einer so überlegten Behutsamkeit, einer so glücklichen Klugheit, daß niemand hätte sagen können, zu welcher von beiden er sich mehr hinneige. Schon nach Leos, noch einmal nach Adrians Tode war er nahe daran, gewählt zu werden: er war ungehalten auf das Andenken Clemens' VII., der ihm zwölf Jahre des Papsttums, die ihm gehört hätten, entrissen habe; endlich, im Oktober 1534, im vierzigsten Jahre seines Kardinalates, dem siebenundsechzigsten seines Lebens, erreichte er sein Ziel und wurde gewählt[1].

Noch auf eine ganz andere Weise berührten ihn nun die großen Gegensätze der Welt – der Widerstreit jener beiden Parteien, zwischen denen er jetzt selbst eine so bedeutende Stelle einnahm; die Notwendigkeit, die Protestanten zu bekämpfen, und die geheime Verbindung, in die er um ihrer politischen Haltung willen mit ihnen geriet; die natürliche Neigung, die ihm aus der Lage seines italienischen Fürstentums hervorging, das Übergewicht der Spanier zu schwächen, und die Gefahr, die mit jedem Versuch hierzu verbunden war; das dringende Bedürfnis einer Reform und die unerwünschte Beschränkung, mit der sie die päpstliche Macht zu bedrohen schien.

Es ist sehr merkwürdig, wie sich in der Mitte zwischen so vielen einander zuwiderlaufenden Forderungen sein Wesen entwickelte. Paul III. hatte eine bequeme, prächtige, geräumige Art zu sein. Selten ist ein Papst in Rom so beliebt gewesen, wie er es war. Es

[1] Onuphrius Panvinius, Vita Pauli III.

hat etwas Großartiges, daß er jene ausgezeichneten Kardinäle ohne ihr Wissen ernannte: wie vorteilhaft unterscheidet sich dies Verfahren von den kleinlichen persönlichen Rücksichten, die fast in der Regel genommen wurden! Aber er berief sie nicht allein, er ließ ihnen auch eine ungewohnte Freiheit: er ertrug in dem Konsistorium den Widerspruch und ermunterte zu rücksichtsloser Diskussion[1].

Ließ er aber anderen ihre Freiheit, gönnte er einem jeden den Vorteil, der ihm durch seine Stellung zufiel, so wollte auch er von seinen Prärogativen nicht ein einziges fallen lassen. Der Kaiser machte ihm einmal Vorstellungen, daß er zwei seiner Enkel in allzu frühen Jahren zum Kardinalat befördert habe; er entgegnete: er werde verfahren wie seine Vorgänger; gebe es doch Beispiele, daß Knaben in der Wiege Kardinäle geworden. Für dies sein Geschlecht zeigte er eine selbst an dieser Stelle ungewohnte Vorliebe[2]. Er war entschlossen, es ebensogut wie andere Päpste zu fürstlichen Würden zu befördern.

Nicht als ob er nun, wie ein Alexander VI., alles übrige dieser Rücksicht untergeordnet hätte; das könnte man nicht sagen; er beabsichtigte auf das ernstlichste, den Frieden zwischen Frankreich und Spanien herzustellen, die Protestanten zu unterdrücken, die

[1] Im Jahre 1538 hat Marc Anton Contarini über den Hof des Papstes im venezianischen Senat referiert. Leider habe ich diese Arbeit weder im venezianischen Archiv noch sonstwo gefunden. In einem MS. über den damaligen Türkenkrieg unter dem Titel Tre libri delli commentari della guerra 1537, 38, 39, in meinem Besitz, finde ich einen kurzen Auszug daraus, aus dem ich obige Notizen entnommen. Disse del stato della corte, che molti anni inanzi li prelati non erano stati in quella riforma di vita ch'eran allora, e che li cardinali havevano libertà maggiore di dire l'opinion loro in consistoro ch'avesser avuto gia mai da gran tempo, e che di ciò il pontefice non solamente non si doleva, ma se n'era studiatissimo, onde per questa ragione si poteva sperare di giorno in giorno maggior riforma. Considerò che tra cardinali vi erano tali nomini celeberrimi che per opinione commune il mondo non n'avria altretanti.

[2] Soriano 1535. *E Romano di sangue et è d'animo molto gagliardo: ——— stima assai l'ingiurie che gli si fanno, et è inclinatissimo a far grandi i suoi.* Varchi (Istorie fiorentine p. 636) erzählt von Pauls erstem Sekretär, Messer Ambrogio, „der alles vermochte, was er wollte, und alles wollte, was er vermochte": unter vielen anderen Geschenken bekam er einst sechzig silberne Waschbecken mit ihren Gießkannen: „Wie kommt es", sagte man, „daß er bei so vielen Waschbecken doch nicht reine Hand hält?"

Türken zu bekämpfen, die Kirche zu reformieren: aber dabei lag es ihm sehr am Herzen, zugleich sein Haus zu erhöhen.

Indem er nun alle diese Absichten, die einander widerstreben, in sich aufnimmt, indem er zugleich öffentliche und private Zwecke verfolgt, ist er zu einer höchst bedächtigen, aufmerksamen, zögernden, abwartenden Politik genötigt: an dem günstigen Augenblick, der glücklichen Kombination der Umstände ist ihm alles gelegen; er muß sie langsam herbeizuführen und dann auf das rascheste zu ergreifen, zu behaupten suchen.

Die Gesandten fanden es schwer, mit ihm zu unterhandeln. Sie erstaunten, daß er keinen Mangel an Mut spüren ließ und doch selten zum Schluß, zur Entscheidung zu bringen war. Den anderen suchte er zu fesseln, ein bindendes Wort, eine unwiderrufliche Sicherheit zu erlangen: er selbst wollte sich niemals verpflichten. Man bemerkte es auch in kleineren Sachen: er war ungeneigt, im voraus etwas abzuschlagen oder zu versprechen; bis auf den letzten Augenblick wollte er freie Hand haben – wieviel mehr in schwierigeren Angelegenheiten! Zuweilen hatte er selbst eine Auskunft, eine Vermittlung angegeben; wollte man sie ergreifen, so zog er sich nichtsdestominder zurück: er wünschte immer Meister seiner Unterhandlungen zu bleiben[1].

Er war, wie gesagt, noch von klassischer Schule: er wollte sich lateinisch wie italienisch nicht anders als ausgesucht und elegant ausdrücken; immer mit der doppelten Rücksicht auf den Inhalt und auf die Form wählte und erwog er seine Worte; leise, mit dem langsamsten Bedacht ließ er sich vernehmen.

[1] In den Lettres et Mémoires d'Estat par Guill. Ribier, Paris 1666, findet man eine Menge Proben seiner Unterhandlungen und ihres Charakters von 1537 bis 1540, von 1547 bis 1549, in den Depeschen französischer Gesandten. Direkt schildert sie Matteo Dandolo, Relatione di Roma 1551 d. 20 Junii in senatu, MS. in meinem Besitz. Il negotiare con P. Paolo fu giudicato ad ogn'un difficile, perchè era tardissimo nel parlare, perchè non voleva mai proferire parola che non fusse elegante et exquisita, cosi nella volgare come nella latina e greca, che di tutte tre ne faceva professione (griechisch, denke ich, wird er wohl nicht oft unterhandelt haben), e mi aveva scoperto di quel poco che io ne intendeva. E perchè era vecchissimo, parlava bassissimo et era longhissimo, nè volea negar cosa che se gli addimandasse: ma nè anche (volea) che l'uomo che negotiava seco potesse esser securo di havere havuto da S. Sà il sì piu che il no, perchè lei voleva starsi sempre in l'avantaggio di poter negare e concedere: per il che sempre si risolveva tardissimamente, quando volea negare.

Oft wußte man nicht recht, wie man mit ihm stand. Man glaubte zuweilen, von dem, was er sagte, eher auf das Gegenteil schließen zu dürfen; doch wäre das nicht immer richtig gewesen: die ihn näher kannten, hatten bemerkt, daß er dann am meisten etwas auszuführen hoffte, wenn er gar nicht davon redete, weder die Sache berührte, noch die Personen, welche sie anging[1]. Denn soviel sah man wohl, daß er eine einmal gefaßte Absicht nie wieder fallen ließ. Er hoffte alles durchzusetzen, was er sich einmal vorgenommen, wenn nicht sogleich, doch ein andermal, unter veränderten Umständen, auf einem anderen Wege.

Einer solchen Sinnesweise von soweit aussehender Berechnung, allseitiger Rücksicht und geheimnisvoller Erwägung widerspricht es nicht, wenn neben den irdischen auch die himmlischen Gewalten in Betracht gezogen wurden. Der Einfluß der Gestirne auf die Erfolge der menschlichen Tätigkeit ward in dieser Epoche wenig bezweifelt. Paul III. unternahm keine wichtige Sitzung des Konsistoriums, keine Reise, ohne die Tage zu wählen, ohne die Konstellation beobachtet zu haben[2]. Ein Bund mit Frankreich fand darum Anstand, weil zwischen den Nativitäten des Königs und des Papstes keine Konformität sei. Dieser Papst fühlte sich, wie es scheint, zwischen tausend widerwärtigen Einwirkungen, nicht allein den irdischen der Welt, sondern auch den überirdischen einer Konfiguration der Gestirne; sein Sinn ist, die Macht der einen wie der anderen nach Gebühr zu berücksichtigen, ihrer Ungunst auszuweichen, ihre Gunst zu benutzen, zwischen allen den Klippen, die ihm von allen Seiten drohen, geschickt nach seinem Ziele zu steuern.

Betrachten wir, wie er dies versuchte, ob es ihm damit glückte, ob er sich zuletzt über die entgegenstrebenden Kräfte der Weltbewegung wirklich erhob, oder ob auch er von ihnen ergriffen worden ist.

In der Tat gelang es ihm gleich in seinen ersten Jahren, einen Bund mit Karl V. und den Venezianern gegen die Türken zustande zu bringen. Lebhaft drängte er die Venezianer dazu; man

[1] Bemerkungen des Cl. Carpi und Margarethens: „che son los", sagt Mendoza, „que mas platica tienen de su condicion."

[2] Mendoza: Es venido la cosa a que ay muy pocos cardenales, que concierten negocios, aunque sea para comprar una carga leña, sino es o por medio de algun astrologo o hechizero. Über den Papst selbst finden wir die unzweifelhaftesten Partikularitäten.

erhob sich auch diesmal zu der Hoffnung, die christlichen Grenzen bis nach Konstantinopel erweitert zu sehen.

Nur war der indes zwischen Karl V. und Franz I. erneuerte Krieg ein gefährliches Hindernis jedes Unternehmens. Der Papst ließ sich keine Mühe dauern, um diese Feindseligkeit beizulegen. Die Zusammenkunft der beiden Fürsten zu Nizza, der auch er beiwohnte, war völlig sein Werk. Der venezianische Gesandte, der zugegen war, findet nicht Worte genug, um den Eifer und die Geduld zu rühmen, die der Papst dort bewiesen habe. Nicht ohne außerordentliche Mühewaltung und nur erst in dem letzten Augenblick, als er schon wegzureisen drohte, gelang es ihm, den Stillstand zu vermitteln[1]. Er brachte es zu einer Annäherung zwischen den beiden Fürsten, die sich dann gar bald zu einer Art von Vertraulichkeit zu entwickeln schien.

Indem der Papst dergestalt die allgemeinen Geschäfte förderte, versäumte er doch auch seine eigenen Angelegenheiten nicht. Man bemerkte, daß er die einen immer mit den anderen verflocht und dann beide zugleich weiterbrachte. Der Türkische Krieg gab ihm Gelegenheit, Camerino einzuziehen. Es sollte eben mit Urbino verbunden werden; die letzte Varana, Erbin von Camerino, war mit Guidobaldo II. vermählt, der im Jahre 1538 die Regierung von Urbino antrat[2]. Aber der Papst erklärte, Camerino könne durch Frauen nicht vererbt werden. Die Venezianer hätten billig den Herzog unterstützen sollen, dessen Vorfahren immer in ihrem Schutze gewesen und in ihren Heeren gedient: auch jetzt verwandten sie sich dringend und lebhaft für ihn; aber mehr zu tun, trugen sie um des Krieges willen Bedenken. Sie fürchteten, der Papst rufe den Kaiser oder Frankreich zu Hilfe; umsichtig bedachten sie: gewinne er den Kaiser, so könne dieser dann um so weniger gegen die Türken leisten: gewinne er Frankreich, so werde die Ruhe von Italien gefährdet und ihre Lage noch mißlicher und einsamer[3]; und so überließen sie den Herzog seinem Schicksale: er war gezwungen, Camerino abzutreten; der Papst belehnte seinen

[1] Relatione del Cl^{mo} M. Niccolo Tiepolo del convento di Nizza, Informatt. politiche VI (Bibl. zu Berlin). Es findet sich davon auch ein alter Druck, wiederholt bei Du Mont unter etwas abweichendem Titel IV, II.

[2] Adriani Istorie 58 H.

[3] Die Deliberationen sind im oben angeführten Kommentar über den Türkischen Krieg, der dadurch ein besonderes Interesse bekommt, mitgeteilt.

Enkel Ottavio damit. Denn schon erhob sich sein Haus zu Glanz und Macht. Wie nützlich wurde ihm die Zusammenkunft von Nizza! Eben damals, als sie im Werke war, erlangte sein Sohn Pier Luigi Novara und dessen Gebiet von dem Kaiser, und dieser entschloß sich unwiderruflich, seine natürliche Tochter Margarete – nach dem Tode des Alessandro Medici – mit Ottavio Farnese zu vermählen. Wir können es dem Papste glauben, wenn er versichert, daß er darum nicht unbedingt zu der kaiserlichen Partei übergetreten sei. Er wünschte vielmehr, mit Franz I. in ein nicht minder nahes Verhältnis zu treten. Auch ging der König darauf ein und versprach ihm zu Nizza einen Prinzen von Geblüt, den Herzog von Vendôme, für seine Enkelin Vittoria[1]. In dieser Verbindung mit den beiden größten Häusern der Welt fühlte sich Paul III. glücklich; er war sehr empfänglich für die Ehre, die darin lag: er sprach davon in dem Konsistorium. Auch die friedenstiftende, vermittelnde Stellung, die er zwischen den beiden Mächten einnahm, schmeichelte seinem geistlichen Ehrgeiz.

Nicht ganz so günstig aber entwickelten sich diese Angelegenheiten weiter. Es fehlte viel, daß man den Osmanen etwas abgewonnen hätte: Venedig mußte sich zu einem ungünstigen Frieden verstehen. Jenes persönliche Versprechen nahm Franz I. später zurück, und obwohl der Papst niemals die Hoffnung fallen ließ, eine Familienverbindung mit den Valois wirklich durchzusetzen, so zog sich doch die Unterhandlung in die Länge. Das Verständnis, das der Papst zwischen Kaiser und König eingeleitet, schien zwar eine Zeitlang immer enger werden zu wollen; der Papst war selbst einmal beinahe eifersüchtig darauf: er beklagte sich schon, er habe es gestiftet, und jetzt vernachlässige man ihn dafür[2]; jedoch nur allzubald löste es sich wieder auf, und der Krieg begann aufs neue. Zu neuen Absichten erhob sich alsdann der Papst.

[1] Grignan, Ambassadeur du roi de France à Rome, au Connetable. Ribier I, 251. Monseigneur, sadite Sainteté a un merveilleux desir du mariage de Vendosme; car il s'en est entièrement declaré a moy, disant que pour estre sa niece unique et tant aimée de luy, il ne desiroit apres le bien de la Chrestienté autre chose plus que voir sadite niece mariée en France, dont ledit seigneur (le roi) luy avoit tenu propos à Nice et apres Vous, Monseigneur, luy en aviez parlé.

[2] Grignan 7 Mars 1539. Ribier I, 406. Le cardinal de Boulogne au roi 20 Avril 1539. Ibid. p. 445. Der Papst sagte ihm, „qu'il estoit fort estonné, veu la peine et travail qu'il avoit pris pour vous appointer, Vous et l'Empereur, que vous le laissiez ainsi arriere".

Früher hatte er immer unter seinen Freunden laut ausgesprochen und selbst dem Kaiser zu verstehen gegeben, Mailand gehöre den Franzosen und sei ihnen von Rechts wegen zurückzustellen[1]. Allmählich ließ er diese Meinung fallen. Von Kardinal Carpi, der unter allen Kardinälen mit ihm am vertrautesten war, finden wir vielmehr einen Vorschlag an Karl V., der ganz woanders hinzielt[2].

„Der Kaiser", heißt es darin, „müsse nicht Graf, Herzog, Fürst, er müsse nur Kaiser sein wollen: nicht viele Provinzen, sondern große Lehnsleute müsse er haben. Sein Glück habe aufgehört, seit er Mailand in Besitz genommen. Man könne ihm nicht raten, es an Franz I. zurückzugeben, dessen Länderdurst er damit nur reizen würde; aber auch behalten dürfe er es nicht[3]. Deshalb allein habe er Feinde, weil man von ihm argwöhne, er suche sich fremder Länder zu bemächtigen. Vernichte er diesen Argwohn, gebe er Mailand an einen besonderen Herzog, so werde Franz I. keine Anhänger mehr finden; er dagegen, der Kaiser, werde Deutschland und Italien für sich haben, seine Fahnen zu den entferntesten Nationen tragen und seinen Namen" – dies ist der Ausdruck – „der Unsterblichkeit zugesellen."

Hatte nun aber der Kaiser Mailand weder den Franzosen zu überlassen, noch auch selbst zu behalten, wer war es, dem er dies Herzogtum übergeben sollte? Es schien dem Papste kein unebener Ausweg, wenn es seinem Enkel, dem Schwiegersohn des Kaisers, übertragen würde. Schon bei früheren Missionen hatte er darauf hingedeutet. Bei einer neuen Zusammenkunft, die er mit dem Kaiser 1543 zu Busseto hielt, ist es förmlich in Antrag gekommen. Sehr weitaussehend waren die Gedanken des Papstes, wenn es wahr ist, daß er auch an eine Vermählung seiner Enkelin mit dem Erben von Piemont und Savoyen gedacht hat, so daß seine Enkel zu beiden Seiten des Po und zu beiden Seiten der Alpen geherrscht

[1] Auch M. A. Contarini bestätigte dies in seiner Relation.

[2] Discurso del R^mo C^le di Carpi del 1543 (vielleicht jedoch schon ein Jahr früher) a Carlo V Cesare del modo del dominare. Bibl. Corsini n. 443.

[3] Se la M. V. dello stato stato di Milano le usasse cortesia, non tanto si spegnerebbe quanto si accenderebbe la sete sua: sì che è meglio di armarsi di quel ducato contra di lui. – V. M. ha da esser certa, che, non per affettione che altri abbia a questo re, ma per interesse particolare, e la Germania e l'Italia, sinche da tal sospetto non saranno liberate, sono per sostentare ad ogni lor potere la potentia di Francia.

haben würden[1]. Über Mailand wurde in Busseto alles Ernstes unterhandelt, und der Papst hegte die lebhaftesten Hoffnungen. Der Governator von Mailand, Marchese de Vasto, den er dafür gewonnen, etwas leichtgläubig und prächtig, wie er war, erschien schon eines Tages mit wohlvorbereiteten Worten, um Margareten als seine künftige Herrin nach Mailand zu führen. Ich finde, die Unterhandlung sei an einigen allzustarken Forderungen des Kaisers gescheitert[2]. Doch es ist schwer zu glauben, daß der Kaiser ein so bedeutendes, wohlgelegenes Fürstentum jemals, um welchen Preis auch immer, fremdem Einfluß zu überlassen geneigt gewesen ist. Denn ohnehin war die Stellung, welche sich die Farnesen gegeben, für ihn voll Gefahr. Von den italienischen Provinzen, die Karl beherrschte oder auf die er Einfluß hatte, war keine, wo die bestehende Regierung nicht durch Gewalt hätte gegründet oder wenigstens befestigt werden müssen. Allenthalben, in Mailand wie in Neapel, in Florenz, Genua, Siena, gab es Mißvergnügte, deren Partei unterlegen; Rom und Venedig waren voll von Ausgewanderten. Die Farnesen ließen sich durch ihr nahes Verhältnis zu dem Kaiser nicht abhalten, sich mit diesen, zwar unterdrückten, aber durch Bedeutung ihrer Oberhäupter, Reichtum und Anhang noch immer mächtigen Parteien zu verbinden. An der Spitze der Sieger stand der Kaiser; die Geschlagenen suchten bei dem Papst eine Zuflucht. Unzählige geheime Fäden verknüpften sie unter-

[1] Dandolo: Relatione di Francia 1545: „Si è dubitato, che S. S[tà] fosse per tener con Cesare in queste trattationi massime a beneficio de il duca di Savoglia, col quale gli voleva dar la nepote.“ In Frankreich hörte man darüber lebhafte Äußerungen (gagliarde parole).

[2] Pallavicini hat diese Unterhandlungen geradezu geleugnet. Auch nach dem, was Muratori (Annali d'Italia X. II, 51) darüber anführt, ließe sich vielleicht noch zweifeln. Er stützt sich auf Historiker, die doch allenfalls nach Hörensagen geschrieben haben könnten. Entscheidend aber ist ein Schreiben von Girolamo Guicciardini an Cosimo Medici Cremona 26 Giugno 1543 im Archivio Mediceo zu Florenz. Granvella selbst hatte davon gesprochen. „S. M[à] mostrava non esser aliena, quando per la parte del papa fussino adempiute le larghe offerte che eran *state proferte dal duca di* Castro sin a Genova.“ Ich weiß nicht, welche Anerbietungen das gewesen sein mögen; doch waren sie zu stark für den Papst. Nach Gosselini, dem Sekretär Ferrante Gonzagas, fürchtete der Kaiser bei seiner Abreise, „che in volgendo egli le spalle (i Farnesi) non pensassero ad occuparlo.“ (Vita di Don Ferrando p. IV.) – Sehr ausführlich und ergötzlich ist hierüber auch eine neapolitanische noch ungedruckte Lebensbeschreibung von Vasto, die sich in der Bibliothek Chigi zu Rom findet.

einander: mit Frankreich blieben sie immer in sichtbarem oder unsichtbarem Zusammenhang: immer neue Pläne und Unternehmungen gaben sie an die Hand. Bald betrafen dieselben Siena, bald Genua, bald Lucca. Wie oft suchte der Papst auch in Florenz Fuß zu fassen, Eingang zu gewinnen! An dem jungen Herzog Cosimo fand er aber ganz den Mann, der ihm Widerstand leisten konnte. Mit herbem Selbstgefühl drückt sich Cosimo darüber aus. „Der Papst", sagt er, „dem so viele Unternehmungen glücklich gelungen sind, hat keinen lebhafteren Wunsch übrig, als auch in Florenz etwas zu vermögen, als diese Stadt dem Kaiser zu entfremden; aber mit diesem Wunsche soll er in die Grube fahren."[1]
In gewisser Hinsicht stehen Kaiser und Papst einander noch immer als die Häupter zweier Faktionen gegenüber. Hat der Kaiser seine Tochter in das Haus des Papstes vermählt, so hat er es nur getan, um ihn damit im Zaum zu halten, um, wie er selbst sagt, den bestehenden Zustand in Italien zu behaupten. Der Papst dagegen wünscht seine Verbindung mit dem Kaiser zu benutzen, um der kaiserlichen Macht etwas abzugewinnen. Sein Haus möchte er zugleich im Schutze des Kaisers und durch die Beihilfe der Gegner desselben erhöhen. In der Tat gibt es noch eine gibellinische und eine guelfische Partei. Jene hält sich noch immer zu dem Kaiser, diese noch immer zu dem Papst.
Im Jahre 1545 finden wir trotz alledem die beiden Häupter wieder in freundschaftlichem Vernehmen. Daß Margarete guter Hoffnung war, die Aussicht, bald einen Abkömmling des Kaisers in ihrem Geschlechte zu haben, machte den Farnesen neues Herz zu Karl V. Kardinal Alessandro Farnese begab sich zu ihm nach Worms. Es ist eine der wichtigsten Sendungen Pauls III. Dem Kardinal gelang es, den Unmut des Kaisers noch einmal zu begütigen. Über einige Beschuldigungen suchte er sich und seine Brüder zu rechtfertigen; wegen des übrigen bat er um Verzeihung; er versprach, daß sie in Zukunft alle gehorsame Diener und Söhne Sr. Majestät sein würden. Der Kaiser entgegnete, dann wolle auch er sie wie seine eigenen Kinder behandeln. Hierauf gingen sie zu wichtigeren Verabredungen über. Sie besprachen sich über den Krieg gegen die Protestanten und das Konzilium. Sie vereinigten sich, daß das Konzilium unverzüglich angehen solle. Entschließe

[1] Schreiben Cosimos, gefunden in dem Mediceischen Archiv, noch vom Jahre 1537. *Al papa non è restato altra voglia in questo mondo se non disporre di questo stato e levarlo dalla divotione dell' imperatore etc.*

sich der Kaiser, wider die Protestanten die Waffen zu gebrauchen, so machte sich der Papst anheischig, ihn aus allen seinen Kräften, mit allen seinen Schätzen dazu zu unterstützen, ja, „wäre es nötig, seine Krone dazu zu verkaufen“[1].

In der Tat ward noch in dem nämlichen Jahre das Konzilium eröffnet: erst hier übersehen wir vollständig, wie es noch endlich dazu kam; im Jahre 1546 ging auch der Krieg an. Papst und Kaiser vereinigten sich, den Schmalkaldischen Bund zu vernichten, der es dem Kaiser nicht viel weniger schwer machte, das Reich zu regieren, als dem Papste die Kirche. Der Papst zahlte Geld und schickte Truppen.

Die Absicht des Kaisers war, die Gewalt der Waffen und die friedliche Unterhandlung zu verbinden. Während er den Ungehorsam der Protestanten durch den Krieg zähme, sollte das Konzilium die geistlichen Streitigkeiten schlichten und vor allem zu Reformen schreiten, durch welche es jenen einigermaßen möglich würde, sich zu unterwerfen.

Über alles Erwarten glücklich ging der Krieg. Anfangs hätte man Karl für verloren halten sollen, aber in der gefährlichsten Lage hielt er standhaft aus: im Spätjahre 1546 sah er ganz Oberdeutschland in seinen Händen; wetteifernd ergaben sich Städte und Fürsten; der Augenblick schien gekommen, wo die protestantische Partei in Deutschland unterworfen, der ganze Norden wieder katholisch gemacht werden könne.

In diesem Momente, was tat der Papst?

Er rief seine Truppen von dem kaiserlichen Heere ab; das Konzilium, das eben nun seinen Zweck erfüllen und seine pazifikatorische Tätigkeit beginnen sollte, versetzte er von Trient – wohin es auf den Antrag der Deutschen berufen worden –, angeblich weil daselbst eine ansteckende Krankheit ausgebrochen sei, nach seiner zweiten Hauptstadt Bologna.

Es ist nicht zweifelhaft, was ihn dazu bewog. Noch einmal traten

[1] Wir sind über die Sendung authentisch durch Granvella selbst unterrichtet. Dispaccio di Monsignor di Cortona al Duca di Fiorenza. Vormatia 29 Maggio 1545. (Granvella) mi concluse in somma ch'el cardinale era venuto per giustificarsi d'alcune calumnie, e supplica S. M. che quando non potesse interamente discolpare l'attioni passate di N[ro] Signore sue e di sua casa, ella si degnasse rimetterle e non ne tener conto. – Expose di piu, in caso che S. M. si risolvesse di sbattere per via d'arme, perche per giustitia non vi vedeva quasi modo alcuno, li Luterani, S. Beatitudine concorrerà con ogni somma di denari.

die politischen Tendenzen des Papsttums mit den kirchlichen in Gegensatz und Widerstreit. Daß ganz Deutschland besiegt und dem Kaiser in Wahrheit unterwürfig würde, hatte er nie gewünscht. Ganz etwas anderes hatten seine feinen Berechnungen ihn erwarten lassen. Wohl mag er geglaubt haben, dem Kaiser werde einiges zum Vorteil der katholischen Kirche gelingen; dabei aber, er gesteht es selbst[1], zweifelte er nicht, ihn auf unzählige Schwierigkeiten stoßen, in Verwicklungen geraten zu sehen, die ihm, dem Papste, seinerseits eine vollere Freiheit, seine Zwecke zu verfolgen, gewähren würden. Das Glück spottete seiner Anschläge. Jetzt mußte er fürchten, und Frankreich machte ihn aufmerksam darauf, daß diese Übermacht auf Italien zurückwirken und ihm sowohl in geistlichen als in weltlichen Geschäften nur allzubald fühlbar werden würde. Aber überdies wuchsen seine Besorgnisse wegen des Konziliums. Es hatte ihn schon lange gedrückt[2], er hatte bereits daran gedacht es aufzulösen; jetzt aber taten die kaiserlich gesinnten Prälaten, durch die Siege mutig und mutiger geworden, einige besonders kühnen Schritte. Die spanischen Bischöfe brachten unter dem Namen Zensuren einige Artikel in Vorschlag, die sämtlich eine Verringerung des päpstlichen Ansehens bezweckten: die Reformation, von der Rom immer soviel gefürchtet, schien sich nicht mehr verzögern zu lassen.

Es lautet seltsam, aber nichts ist wahrer: in dem Augenblick, daß ganz Norddeutschland vor der Wiedereinführung der päpstlichen Gewalt zitterte, fühlte sich der Papst als ein Verbündeter der Protestanten. Er bezeigte seine Freude über die Fortschritte des Kurfürsten Johann Friedrich wider Herzog Moritz; er wünschte nichts sehnlicher, als daß sich derselbe auch gegen den Kaiser halten möge; Franz I., der schon alle Welt zu einem Bündnis wider Karl zu vereinigen suchte, ließ er ausdrücklich ermahnen, „die zu unterstützen, die noch nicht geschlagen seien"[3]. Er fand es aufs neue

[1] Charles Cl de Guise au roy 31 Oct. 1547 (Ribier II, S. 75) nach einer Audienz bei dem Papste: Paul führt die Gründe an, die ihn zur Teilnahme an dem deutschen Kriege vermocht: „aussi à dire franchement qu'il estoit bien mieux de l'empescher (l'empereur) en un lieu, dont il pensoit qu'aisement il ne viendroit à bout".

[2] du Mortier au roy 26 Avril 1547. „Je vous asseure, Sire, que pendant il estoit à Trente, c'estoit une charge qui le pressoit fort."

[3] Le même au même. Ribier I, 637. – „S. S. a entendu que le duc de Saxe se trouve fort, dont elle a tel contentement, comme celuy qui estime le commun ennemy estre par ces moyens retenu d'executer ses

wahrscheinlich, daß der Kaiser auf die größten Hindernisse stoßen, noch lange zu tun haben werde: „Er glaubt das", sagt der französische Abgeordnete, „weil er es wünscht."

Allein er täuschte sich wie zuvor. Das Glück des Kaisers machte alle seine Berechnungen zuschanden. Karl siegte bei Mühlberg; die beiden Oberhäupter der protestantischen Partei führte er gefangen mit sich fort. Schärfer als jemals konnte er nun sein Augenmerk auf Italien richten.

Denn auf das tiefste, wie sich denken läßt, hatte ihn das Betragen des Papstes entrüstet. Er durchschaute ihn sehr wohl. „Die Absicht Seiner Heiligkeit ist von Anfang gewesen", schreibt er an seinen Gesandten, „uns in diese Unternehmung zu verwickeln und dann darin zu verlassen."[1] Daß die päpstlichen Truppen zurückgezogen worden, hatte nicht soviel zu bedeuten. Schlecht besoldet und eben deshalb nicht recht in Gehorsam noch Mannszucht, hatten sie niemals viel geleistet. Daß aber das Konzilium verlegt worden, war von dem größten Einfluß. Wunderbar, wie auch diesmal die Entzweiung des Papsttums und des Kaisertums, hervorgerufen von der politischen Stellung des ersten, den Protestanten zu Hilfe kam! Man hätte jetzt wohl die Mittel gehabt, sie zur Unterwerfung unter das Konzilium zu nötigen. Da sich dies aber selbst gespalten hatte – denn die kaiserlichen Bischöfe blieben in Trient –, da sich keine allgemein gültigen Beschlüsse mehr fassen ließen, konnte man auch niemanden zur Adhäsion zwingen. Der Kaiser mußte erleben, daß der wesentlichste Teil seiner Pläne an dem Abfall seines Verbündeten scheiterte. Er drang nicht allein fortwährend auf die Zurückverlegung der Kirchenversammlung nach Trient, er ließ sich vernehmen: „er werde nach Rom kommen, um das Konzilium dort selber zu halten".

Paul III. nahm sich zusammen: „Der Kaiser ist mächtig", sagte

entreprises, et connoist-on bien qu'il seroit utile sousmain d'entretenir ceux qui luy resistent, disant que vous ne sçauriez faire dépense plus utile."

[1] Copia de la carta que S. M. scriviò al Don Diego de Mendoça a XI de Hebrero 1547 aõs. „Quanto mas yva el dicho (prospera suceso) adelante, mas nos confirmavamos en creher que fuese verdad lo que antes se havia savido de la intencion y inclinacion de S. S., y lo que se dezia (es) que su fin havia sido por embaraçar nos en lo que estavamos y dexarnos en ello con sus fines, desiñcs y platicas, pero que, aunque pesasse a S. S. y a otros, esperavamos con la ayuda de N. S., aunque sin la de S. S., guiar esta impresa a buen camino."

er, „doch auch wir vermögen etwas und haben einige Freunde.“ Die lange besprochene Verbindung mit Frankreich kam jetzt zustande: Orazio Farnese verlobte sich mit der natürlichen Tochter Heinrichs II.; man ließ kein Mittel unversucht, um zunächst die Venezianer zu einem allgemeinen Bündnis zu gewinnen. Alle Ausgewanderten regten sich. Gerade zur rechten Zeit brachen Unruhen in Neapel aus: ein neapolitanischer Abgeordneter erschien, den Papst um Schutz für seine dortigen Lehnsleute zu ersuchen, und es gab Kardinäle, die ihm rieten, hierauf einzugehen.
Noch einmal faßten die italienischen Faktionen einander ins Angesicht. Sie standen einander um so schroffer gegenüber, da die beiden Oberhäupter nunmehr offen entzweit waren: auf der einen Seite die Governatoren in Mailand und Neapel, die Medici in Florenz, die Doria in Genua; als ihr Mittelpunkt kann Don Diego Mendoza, kaiserlicher Botschafter zu Rom, angesehen werden; noch hatten sie allenthalben einen großen gibellinischen Anhang: – auf der anderen der Papst und die Farnesen, die Ausgewanderten und Mißvergnügten, eine neugebildete Orsinische Partei, die Anhänger der Franzosen. Für jene war der in Trient zurückgebliebene, für diese der nach Bologna gegangene Teil des Konziliums.
Der Haß, den diese Parteien gegeneinander hegten, trat plötzlich in einer gewaltsamen Tat hervor.
Jene seine engere Vertraulichkeit mit dem Kaiser hatte der Papst benutzt, um Parma und Piacenza als ein bei dem Päpstlichen Stuhl zu Lehen gehendes Herzogtum seinem Sohne Pier Luigi zu übergeben. Nicht mehr mit jener Rücksichtslosigkeit wie ein Alexander, ein Leo konnte er zu dieser Maßregel schreiten. Er stellte dafür Camerino und Nepi an die Kirche zurück: durch eine Berechnung der Kosten, welche die Bewachung jener Grenzplätze verursache, des Zinses, den sein Sohn davon zahlen werde, des Ertrages der zurückgegebenen Ortschaften suchte er zu beweisen, daß die Kammer keinen Schaden leide. Aber nur indem er mit den einzelnen Kardinälen sprach, vermochte er sie, und auch dann nicht einmal alle, zu überreden. Einige widersprachen laut; andere versäumten geflissentlich das Konsistorium, in welchem die Sache vorkam; den Caraffa sah man an diesem Tage zu einem feierlichen Besuche der sieben Kirchen schreiten[1]. Auch der Kaiser war nicht dafür: wenigstens hätte er gewünscht, daß das Herzogtum seinem Eidam Ottavio, dem doch auch Camerino gehörte, übergeben

[1] Bromato: Vita di Paolo IV II, 222.

würde[1]. Er ließ es geschehen, weil er der Freundschaft des Papstes eben bedurfte; doch hat er es niemals gebilligt: allzu gut kannte er Pier Luigi. Die Fäden der geheimen Verbindungen der italienischen Opposition hielt eben der Sohn des Papstes alle in seiner Hand. Man zweifelte nicht, daß er um das Unternehmen des Fiesco in Genua gewußt, daß er dem gewaltigen Oberhaupte der florentinischen Ausgewanderten, Pietro Strozzi, nach einem mißlungenen Anschlag auf Mailand in dem bedrängtesten Augenblick über den Po geholfen und allein seine Rettung bewirkt habe; man vermutete, daß er selbst fortwährend Absichten auf Mailand hege[2]. Eines Tages war der Papst, der noch immer unter glücklichen Gestirnen zu stehen und alle die Stürme, die ihn bedrohten, beschwören zu können meinte, in der Audienz vorzüglich heiter: er zählte die Glückseligkeiten seines Lebens auf und verglich sich in dieser Hinsicht mit Kaiser Tiberius: an diesem Tage ward ihm der Sohn, der Inhaber seiner Erwerbungen, der Träger seines Glükkes, zu Piacenza von Verschworenen überfallen und ermordet[3]. Die Gibellinen von Piacenza, von den Gewaltsamkeiten des Herzogs, der zu den streng verwaltenden Fürsten dieser Zeit gehörte und besonders den Adel in Gehorsam zu halten suchte, beleidigt und gereizt, hatten die Tat vollbracht; wie aber damals jedermann überzeugt war, der Governator zu Mailand, Ferrante Gonzaga, habe seine Hand im Spiel gehabt[4], so können auch wir daran nicht zweifeln. Der Biograph Gonzagas, in jenen Zeiten sein vertrauter Geheimschreiber, der ihn zu entschuldigen sucht, versichert, die Absicht sei nur auf die Gefangennehmung, nicht auf die Ermordung des Farnese gegangen[5]. Ich finde in einigen Handschriften

[1] Die Unterhandlungen darüber gehen aus dem Schreiben Mendozas vom 29. November 1547 hervor. Der Papst sagt, er habe Pier Luigi belehnt, weil dies die Kardinäle vorgezogen: und „haviendo de vivir tampoco como mostrava su indisposicion".

[2] Gosselini, Vita di Ferr. Gonzaga p. 20. Segni: Storie Fiorentine p. 292.

[3] Mendoça al Emperador 18 Sept. 1547. – „Gastò la mayor parte del tempo (an jenem Tag) en contar sus felicidades y compararse a Tiberio imperador."

[4] „Compertum habemus Ferdinandum esse autorem", sagte der Papst im Konsistorium. Extrait du consistoire tenu par N. S. Pere in einer Depesche von Morvillier, Venise 7 Sept. 1547. Ribier II, 61.

[5] Gosselini p. 45. „Nè l'imperatore nè D. Fernando, come di natura magnanimi, consentirono mai alla morte del duca Pier Luigi Farnese, anzi fecero ogni opera di salvarlo comandando in specialità a congiurati che vivo il tenessero."

selbst noch nähere Andeutung – doch möchte ich ihnen nicht ohne weiteres Glauben beimessen –, daß der Kaiser von diesem Unternehmen im voraus in Kenntnis gesetzt gewesen sei. Auf jeden Fall eilten die kaiserlichen Truppen herbei, um Piacenza in Besitz zu nehmen: sie machten die Rechte des Reiches auf diese Stadt geltend. Es war auf gewisse Weise die Vergeltung für die Abtrünnigkeiten des Papstes in dem Schmalkaldischen Kriege.

Ohnegleichen ist das Verhältnis, das sich nun bildete.

Man wollte wissen, Kardinal Alessandro Farnese habe gesagt, er könne sich nicht helfen als mit dem Tode einiger kaiserlichen Minister; mit Gewalt könne er sich derselben nicht entledigen, er müsse seine Zuflucht zur Kunst nehmen. Indem sich diese hierauf vor Gift sicherzustellen suchten, ergriff man zu Mailand ein paar Bravi, Corsen, die man zu dem – ich will nicht entscheiden, ob wahren oder falschen – Geständnis brachte, sie seien von den päpstlichen Angehörigen gedungen, um Ferrante Gonzaga zu ermorden. Wenigstens war Gonzaga aufs neue voll von Ingrimm. „Er müsse", sagte er, „sein Leben sichern, so gut er könne; es bleibe ihm nichts übrig, als von diesen seinen Feinden zwei oder drei durch eigene oder fremde Hand auf die Seite zu schaffen"[1]. Mendoza meint, dann werde man in Rom alle Spanier töten: man werde das Volk insgeheim dazu aufreizen und die geschehene Tat nachher mit der unaufhaltsamen Wut desselben entschuldigen.

An eine Versöhnung war nicht zu denken. Man hätte sich dazu der Tochter des Kaisers zu bedienen gewünscht. Allein sie hatte sich in dem Hause der Farnesen nie gefallen: sie verachtete den um vieles jüngeren Gemahl: dem Gesandten enthüllte sie ohne Schonung dessen schlechte Eigenschaften; sie sagte, sie wolle eher ihrem Kinde den Kopf abschneiden, als ihren Vater um etwas bitten, das ihm mißfallen könne.

Die Korrespondenz Mendozas mit dem Kaiser liegt vor mir. Nicht leicht mag es etwas geben, was dem Inhalt dieser Briefe an tiefgegründetem, von beiden Seiten zurückgehaltenem, beiden Teilen offenbarem Hasse gleichkäme. Es ist ein Gefühl von Überlegenheit darin, das sich mit Bitterkeiten erfüllt hat: von Verachtung, die doch auf ihrer Hut ist: von Mißtrauen, wie man es gegen einen eingewohnten Übeltäter hegt.

[1] Mendoça al Emp. „Don Hernando procurara de asegurar su vida como mejor pudiere, hechando a parte dos o tres di estos o por su mano o por mano de otros."

Suchte der Papst in dieser Lage der Dinge einen Rückhalt, eine Hilfe, so konnte sie ihm allein Frankreich gewähren.

In der Tat finden wir ihn zuweilen in Gegenwart des französischen Botschafters, der Kardinäle Guise und Farnese stundenlang das Verhältnis des Römischen Stuhles zu Frankreich erörtern. „In alten Büchern“, sagt er, „habe er gelesen, es während seines Kardinalates von anderen gehört, und in Erfahrung gebracht, seit er selbst Papst geworden, daß der Heilige Stuhl sich immer dann in Macht und Aufnahme befinde, wenn er mit Frankreich Bund habe, dagegen Verluste leide, sobald das nicht der Fall sei; er könne es Leo X., seinem Vorgänger Clemens, er könne es sich selbst nicht vergeben, daß sie jemals den Kaiser begünstigt: jetzt aber sei er entschlossen, sich auf immer mit Frankreich zu vereinigen. Er hoffe noch lange genug zu leben, um den Päpstlichen Stuhl in Devotion gegen den französischen König zu hinterlassen: zum größten Fürsten der Welt wolle er denselben machen: sein eigenes Haus solle sich mit ihm unauflöslich verbinden“[1].

Seine Absicht war, einen Bund mit Frankreich, der Schweiz und Venedig zu schließen, zunächst ein Verteidigungsbündnis, von dem er aber selber sagt, es sei die Türe zu einem offensiven[2]. Die Franzosen berechneten: ihre Freunde vereinigt würden ihnen ein ebenso großes Gebiet in Italien verschaffen, als das sei, welches der Kaiser besitze: die ganze Orsinische Partei wolle dem König aufs neue Gut und Blut weihen. Die Farnesen meinten im Gebiete von Mailand wenigstens auf Cremona und Pavia zählen zu können: die neapolitanischen Ausgewanderten versprachen, 15000 Mann ins Feld zu stellen, Aversa und Neapel sofort zu überliefern. Auf alle diese Dinge ging der Papst sehr lebhaft ein. Einen Anschlag auf Genua läßt er zuerst den französischen Gesandten wissen. Er hätte nichts dawider, wenn man, um sich Neapels zu bemächtigen, einen Bund mit dem Großherrn oder mit Algier schlösse. Eben war Eduard VI. auf den Thron von England gestiegen und eine unzweifelhaft protestantische Regierung daselbst

[1] Guise au roy, 31 Oct. 1547. Ribier II, 75.

[2] Guise au roy, 11 Nov. 1547. Ribier II, 81. „Sire, il semble au pape, à ce qu'il m'a dit, qu'il doit commencer à vous faire declaration de son amitié par vous presenter luy et toute sa maison: et pour ce qu'ils n'auroient puissance de vous faire service ny vous aider à offenser, si vous premierement vous ne les aidez à defendre, il luy a semblé devoir commencer par la ligue defensive, laquelle il dit estre la vraye porte de l'offensive.“ Die ganze folgende Korrespondenz gehört hierher.

an dem Ruder: der Papst rät nichtsdestominder Heinrich II., mit England Frieden zu machen, „um andere Absichten", sagt er, „zum Besten der Christenheit in Ausführung bringen zu können"[1].

So heftig war der Papst mit dem Kaiser verfeindet: so eng stand er mit den Franzosen: so großen Aussichten gab er sich hin; und dennoch – niemals vollzog er seinen Bund, niemals tat er den letzten Schritt!

Die Venezianer sind ganz erstaunt darüber. „Der Papst", sagen sie, „ist in seiner Würde angegriffen, in seinem Blute beleidigt, der vornehmsten Besitzung seines Hauses beraubt; zu jedem Bündnis sollte er greifen, auf jede Bedingung; dennoch, nach so vielen Beleidigungen, sieht man ihn zaudern und schwanken."

In der Regel treiben Beleidigungen zu einem äußersten Entschluß. Doch gibt es auch Naturen, in denen das nicht der Fall ist, die auch dann noch überlegen, wenn sie sich am tiefsten verletzt fühlen, nicht weil das Gefühl der Rache minder stark in ihnen wäre, sondern weil das Bewußtsein der fremden Überlegenheit sie gewaltiger übermeistert: die Klugheit, welche eine Voraussicht der Zukunft ist, überwiegt in ihnen: die großen Widerwärtigkeiten empören sie nicht, sondern machen sie mutlos, schwankend und schwach.

Der Kaiser war zu mächtig, um noch etwas Ernstliches von den Farnesen fürchten zu müssen. Er schritt auf seinem Wege, ohne auf sie Rücksicht zu nehmen, weiter. Feierlich protestierte er gegen die Sitzungen des Konziliums in Bologna: alle Akte, die man daselbst vornehmen werde, erklärte er im voraus für null und nichtig. Im Jahre 1548 publizierte er das Interim in Deutschland. So unerträglich es der Papst fand, daß der Kaiser eine Norm des Glaubens vorschreiben wolle, so lebhaft er sich beklagte, daß man die Kirchengüter ihren gegenwärtigen Besitzern lasse – Kardinal Farnese sagte überdies, er wolle sieben bis acht Ketzereien darin aufzeigen[2] –, so ließ sich der Kaiser nicht irremachen. Auch in der

[1] François de Rohan au roy, 24 Février 1548. Ribier II, 117. „S. S. m'a commandé de vous faire entendre et conseiller de sa part, de regarder les moyens que vous pouvez tenir pour vous mettre en paix pour quelque temps avec les Anglais, afin que n'estant en tant d'endroits empeché vous puissiez plus facilement executer vos desseins et entreprises pour le bien public de la Chrestienté."

[2] „Hazer intender a V. M. como en el interim ay 7 o 8 heregias." Mendoça, 10. Juni 1548. In den Lettere del commentatore Annibal Caro

Sache von Piacenza wich er kein Haar breit. Der Papst forderte zunächst Wiederherstellung des Besitzes; der Kaiser behauptete, ein Recht von seiten des Reiches zu haben. Der Papst bezog sich auf den Bund von 1521, in welchem jene Städte dem Römischen Stuhle garantiert worden; der Kaiser machte auf das Wort Investitur aufmerksam, wodurch sich das Reich oberherrliche Rechte vorbehalten habe. Der Papst erwiderte, das Wort sei hier in einem anderen als dem feudalen Sinne genommen; der Kaiser stritt darüber nicht weiter; er erklärte jedoch, sein Gewissen verbiete ihm, Piacenza zurückzugeben[1].

Gern hätte nun der Papst zu den Waffen gegriffen, sich an Frankreich geschlossen, seine Freunde, seine Partei in Bewegung gesetzt – in Neapel, Genua, Siena, Piacenza, selbst in Orbitello bemerkte man die Umtriebe seiner Anhänger –, gern hätte auch er sich durch irgendeinen unerwarteten Schlag gerächt; aber auf der anderen Seite war ihm die Übermacht des Kaisers durchaus furchtbar, vor allem dessen Einfluß auf die geistlichen Angelegenheiten; er besorgte, ein Konzilium werde berufen, das sich ganz gegen ihn erkläre, das selbst zu seiner Absetzung schreite. Mendoza behauptet, die Tat der Korsen gegen Ferrante Gonzaga habe ihm noch besonders Furcht eingeflößt.

Wie dem auch sei, soviel ist gewiß, daß er an sich hielt und seinen Ingrimm verbarg. Die Farnesen sahen selbst nicht ungern, daß der Kaiser Siena einnahm: sie hofften, er werde es ihnen für ihre Verluste einräumen. Die seltsamsten Vorschläge wurden hieran geknüpft. „Verstehe sich der Kaiser hierzu", sagte man Mendoza, „so müsse der Papst das Konzil nach Trient zurückbringen und hier nicht allein sonst nach den Wünschen des Kaisers verfahren – z. B. dessen Recht auf Burgund feierlich anerkennen lassen –, sondern Karl V. zu seinem Nachfolger auf dem Päpstlichen Stuhle erklären". „Denn", sagten sie, „Deutschland hat ein kaltes Klima, Italien ein warmes: für die Gicht, an der der Kaiser leidet, sind die

scritte al nome del Cl Farnese, die sonst mit großer Zurückhaltung verfaßt sind, findet sich I, 65 doch ein Schreiben an den Cl. Sfondrato in bezug auf das Interim, worin es heißt, „der Kaiser habe einen Skandal in der Christenheit gegeben: er hätte wohl etwas Besseres vornehmen können".

[1] Lettere del cardinal Farnese scritte al vescovo di Fano, nuntio all' imperatore Carlo (Informationi politiche XIX) und einige Instruktionen des Papstes und Farneses, ib. XII, enthüllen diese Unterhandlungen, von denen ich nur die wichtigsten Momente berühren konnte.

warmen Länder gesünder."[1] Ich will nicht behaupten, daß es ihnen damit Ernst gewesen: der alte Papst lebte des Glaubens, der Kaiser werde noch vor ihm sterben; aber man sieht, auf wie bedenkliche, von der gewöhnlichen Ordnung der Dinge weit abweichende Pfade ihre Politik sich gewagt hatte.

Den Franzosen entgingen ihre Bewegungen, ihre Unterhandlungen mit dem Kaiser nicht. Von dem Connetable Montmorency haben wir einen Brief voller Entrüstung, in dem er unverhohlen von „Heucheleien, Lügen, ja von wahrhaft schlechten Streichen" redet, die man zu Rom gegen den König von Frankreich ausübe[2].

Endlich, um doch etwas zu tun und wenigstens einen festen Punkt in diesen Streitigkeiten zu gewinnen, beschloß der Papst, da das Recht an Piacenza nicht allein seinem Hause, sondern der Kirche bestritten wurde, dies Herzogtum unmittelbar an die Kirche zurückzugeben. Es war das erstemal, daß er etwas gegen das Interesse seiner Enkel tat; doch zweifelte er darum nicht, daß sie sich gern fügen würden: er glaubte, eine unbedingte Autorität über sie zu haben: immer hatte er ihren unverbrüchlichen Gehorsam gepriesen und sich darin glücklich gefühlt. Aber der Unterschied war, daß er bisher jedesmal ihren augenscheinlichen Vorteil verfochten, jetzt dagegen etwas ausführen wollte, was demselben zuwiderlief[3]. Sie versuchten anfangs, ihm auf indirekte Weise beizukommen. Sie ließen ihm vorstellen, der Tag, auf den er das Konsistorium angesetzt, sei ein unglücklicher: es war Rochustag; der Tausch mit Camerino, das er ihnen dafür wiedergeben wollte, werde für die Kirche eher ein Verlust sein. Die Gründe, deren er sich ehedem selbst bedient, setzten sie ihm jetzt entgegen; aber sie konnten die Sache damit nur aufhalten, nicht verhindern: den Befehlshaber von Parma, Camillo Orsino, wies Paul III. endlich an, diese Stadt im Namen der Kirche besetzt zu halten und sie an

[1] Der Kardinal Gambara machte Mendoza, bei einer geheimen Zusammenkunft in einer Kirche, diesen Antrag. Er sagte wenigstens, „que havia scripto al papa algo desto y no lo havia tomado mal".

[2] Le connestable au roy 1 Sept. 1548 (Ribier II, 155): „Le pape avec ses ministres vous ont jusques-icy usé de toutes dissimulations, lesquelles ils ont depuis quelque temps voulu couvrir de pur mensonge, pour en former une vraye meschanceté, puisqu'il faut que je l'appelle ainsi."

[3] Auch Dandolo versichert seinen bestimmten Entschluß: S. S. era al tutto volta a restituir Parma alla chiesa.

niemanden auszuliefern, wer es auch sei. Nach dieser Erklärung, die keinen Zweifel übrigließ, hielten auch die Farnesen nicht mehr an sich. Um keinen Preis wollten sie sich eines Herzogtums berauben lassen, das sie den unabhängigen Fürsten von Italien gleichstellte. Ottavio machte einen Versuch, Parma dem Papste zum Trotz mit List oder mit Gewalt in seine Hände zu bekommen, und nur die Geschicklichkeit und Entschlossenheit des neuen Befehlshabers verhinderte ihn daran. Was mußte aber Paul III. empfinden, als er es erfuhr! Dem alten Manne war es aufbehalten, daß seine Enkel, denen er eine so große Vorliebe gewidmet, zu deren Gunsten er den Tadel der Welt auf sich geladen hatte, jetzt am Ende seiner Tage sich gegen ihn empörten! Selbst der gescheiterte Versuch brachte Ottavio nicht von seinem Vorhaben ab. Er schrieb dem Papste geradezu: wenn er Parma nicht in Güte wiederbekomme, so werde er mit Ferrante Gonzaga Frieden machen und es mit kaiserlichen Waffen einzunehmen suchen. Und in der Tat waren seine Unterhandlungen mit diesem Todfeinde seines Hauses schon sehr weit gediehen: ein Kurier war mit den bestimmten Vorschlägen an den Kaiser abgegangen[1]. Der Papst klagte laut, er werde von den Seinigen verraten: ihre Handlungen seien so beschaffen, daß sein Tod daraus erfolgen müsse. Am tiefsten verwundete ihn, daß sich das Gerücht erhob, er habe insgeheim selbst Kenntnis von den Unternehmungen Ottavios und einen seinen Äußerungen widersprechenden Anteil daran. Er sagte dem Kardinal Este, niemals in seinem ganzen Leben habe ihn etwas dergestalt gekränkt, selbst nicht der Tod Pier Luigis, nicht die Besetzung von Piacenza; aber er werde der Welt keinen Zweifel übriglassen, welche Gesinnung er hege[2]. Noch war sein Trost, daß wenigstens Alessandro Farnese, der Kardinal, an dem Widerstand, den er erfahre, unschuldig und ihm ergeben sei. Allmählich aber ward er inne, daß auch dieser, dem er ganz vertraute, der die Summe der Geschäfte in Händen hatte, darum nur allzu wohl wußte und damit einverstanden war. Diese Entdeckung brach sein Herz. Am Tage aller Seelen (2. November 1549) teilte er sie dem venezianischen Botschafter in bitterem Herzeleid mit. Den Tag

[1] Gosselini, Vita di Ferr. Gonzaga p. 65.

[2] Hippolyt Cardinal de Ferrare au roy, 22 Oct. 1549. Ribier II, 248. „S. S. m'a asseuré n'avoir en sa vie eu chose, dont elle ait tant receu d'ennuy, pour l'opinion qu'elle craint qu'on veuille prendre que cecy ait esté de son consentement."

darauf ging er, um sich womöglich ein wenig zu zerstreuen, nach seiner Vigna auf dem Monte Cavallo. Allein er fand keine Ruhe. Er ließ Kardinal Alessandro rufen: ein Wort gab das andere; der Papst geriet in die heftigste Aufwallung: er hat dem Nepoten das Barett aus den Händen gerissen und es auf die Erde geschleudert[1]. Schon vermutete der Hof eine Veränderung: man glaubte allgemein, der Papst werde den Kardinal von der Staatsverwaltung entfernen. Dazu kam es jedoch nicht. Diese heftige Gemütsbewegung in dem hohen Alter von 83 Jahren warf den Papst selbst zu Boden. Er ward gleich darauf krank: nach wenigen Tagen, am 10. November 1549, starb er. In Rom ging jedermann, seine Füße zu küssen. Er war ebenso geliebt, wie seine Enkel gehaßt; man bemitleidete ihn, daß er durch die den Tod erlitten, denen er das meiste Gute erwiesen hatte.

Ein Mann, voll von Talent und Geist, durchdringender Klugheit, an höchster Stelle! Aber wie unbedeutend erscheint auch ein mächtiger Sterblicher der Weltgeschichte gegenüber! In all seinem Dichten und Trachten ist er von der Spanne Zeit, die er übersieht, von ihren momentanen Bestrebungen, die sich ihm als die ewigen aufdrängen, umfangen und beherrscht; dann fesseln ihn noch besonders die persönlichen Verhältnisse an seine Stelle, geben ihm vollauf zu tun, erfüllen seine Tage zuweilen, es mag sein, mit Genugtuung, öfter mit Mißbehagen und Schmerz, reiben ihn auf. Indessen er umkommt, vollziehen sich die ewigen Weltgeschicke.

Julius III. Marcellus II.

Während des Konklaves standen einmal fünf oder sechs Kardinäle um den Altar der Kapelle: sie sprachen über die Schwierigkeit, die es habe, einen Papst zu finden. „Nehmt mich", sagte einer von

[1] Dandolo: Il Rev^{mo} Farnese si risolve de non voler che casa sua restasse priva di Roma e se ne messe alla forte. – – S. S. accortasi di questa contraoperatione del Rev^{mo} Farnese me la communicò il dì de' morti in gran parte con grandissima amaritudine, et il dì dietro la mattina per tempo se ne andò alla sua vigna di monte Cavallo per cercar transtullo, dove si incolerò per tal causa con esso Rev^{mo} Farnese. – – Gli fu trovato tutto l'interiore nettissimo, d'haver a viver ancor qualche anno, se non che nel core tre goccie di sangue agghiacciato (was nun wohl ein Irrtum ist), giudicasi dal moto della colera.

ihnen, der Kardinal Monte; „den anderen Tage mache ich euch meinen Lieblingshausgenossen zum Kollegen-Kardinal.“ „Ich frage, ob wir ihn nehmen sollen“, sagte ein anderer, Sfondrato, als sie auseinandergegangen waren[1]. Da Monte für aufbrausend und jähzornig galt, hatte er auch sonst wenig Hoffnung; auf seinen Namen wurden die geringsten Wetten gewagt. Dessenungeachtet kam es so, daß er gewählt wurde (7. Februar 1550). Zum Andenken an Julius II., dessen Kämmerer er gewesen, nannte er sich Julius III.

An dem kaiserlichen Hofe erheiterten sich alle Gesichter, als man diese Wahl erfuhr. Herzog Cosimo hatte das meiste zu derselben beigetragen. Zu der hohen Stufe von Glück und Macht, auf welcher sich der Kaiser damals befand, gehörte es mit, daß endlich auch ein ergebener Papst, auf den er zählen konnte, den Römischen Stuhl bestieg. Es schien sogleich, als würden die öffentlichen Geschäfte einen anderen Gang nehmen.

Dem Kaiser lag noch immer sehr viel daran, daß das Konzilium wieder in Trient zustande käme; noch immer hoffte er die Protestanten zu nötigen, es zu besuchen, sich ihm zu unterwerfen. Gern ging der neue Papst auf diesen Antrag ein. Wenn er ja auf die Schwierigkeiten aufmerksam machte, die in der Sache lagen, so besorgte er nur, man möchte das für Ausflüchte nehmen; er ward nicht müde zu versichern, dem sei nicht so: er habe sein Lebtage ohne Verstellung gehandelt und wolle dabei bleiben; in der Tat setzte er die Reassumtion des Konziliums auf das Frühjahr 1551 an; er erklärte, er mache dabei weder Pacta noch Bedingungen[2]. Nur war mit der Geneigtheit des Papstes lange nicht mehr alles gewonnen.

Ottavio Farnese hatte auf einen Beschluß der Kardinäle im Konklave, den Julius ausführte, Parma wiederbekommen. Es war dies nicht gegen den Willen des Kaisers geschehen; eine Zeitlang ward noch zwischen beiden unterhandelt, und man hegte einige Hoffnung auf die Herstellung eines guten Verhältnisses. Da sich aber der Kaiser nicht entschließen konnte, ihm auch Piacenza wieder einzuräumen, sondern selbst die Ortschaften, die Gonzaga in dem Gebiet von Parma eingenommen, in seiner Hand behielt, so be-

[1] Dandolo, Relatione 1551: Questo Rev^{mo} di Monte se ben subito in consideratione di ogn'uno, ma all' incontro ogn'uno parlava tanto della sua colera e subitezza, che ne passo mai che di pochissima scommessa.
[2] Lettere del Nunzio Pighino 12 e 15 Aug. 1550. Informatt. polit. XIX.

hauptete sich auch Ottavio fortwährend in einer kriegerischen Stellung[1]. Nach so vielen wechselseitigen Beleidigungen war es nicht anders möglich, als daß er noch immer Haß und Besorgnis nährte. Man suche, klagt er, ihm Parma zu entwinden und ihn selbst auf die Seite zu schaffen; aber es solle seinen Feinden weder mit dem einen noch mit dem anderen gelingen[2].

Es ist wahr, der Tod Pauls III. hatte seinen Enkeln eine große Stütze entrissen; aber er hatte sie auch befreit. Jetzt brauchten sie keine Rücksicht weiter auf die allgemeinen, auf die kirchlichen Verhältnisse zu nehmen; ausschließend nach ihrem eigenen Interesse konnten sie ihre Maßregeln ergreifen. Ottavio durfte sich ohne allen Vorbehalt an König Heinrich II. von Frankreich wenden.

Er tat das in einem Augenblick, wo er auf den besten Erfolg rechnen durfte.

Wie Italien, so war auch Deutschland mit Mißvergnügten erfüllt. Was der Kaiser bereits ausgeführt, was man noch von ihm erwartete, seine religiöse und seine politische Haltung, alles hatte ihm unzählige Feinde erweckt. Heinrich II. konnte es wagen, die antiösterreichischen Pläne seines Vaters wieder aufzunehmen. Er ließ seinen Krieg gegen England fallen und schloß einen Bund mit den Farnesen. Zunächst nahm der König die Besatzung von Parma in seinen Sold. Bald erschienen auch in Mirandula französische Truppen. In dem Herzen von Italien sah man die Fahnen von Frankreich fliegen.

In dieser neuen Verwicklung hielt sich Julius III. standhaft zu dem Kaiser. Er fand es unerträglich, „daß sich ein elender Wurm, Ottavio Farnese, gegen einen Kaiser und einen Papst zugleich empöre". „Unser Wille ist", erklärt er seinem Nuntius, „das nämliche Schiff mit Seiner Majestät zu besteigen und uns dem nämlichen Glück anzuvertrauen. Ihm, welcher die Einsicht und die Macht hat, überlassen wir, den Beschluß zu fassen."[3] Der Kaiser

[1] Gosselini, Vita di Ferrante Gonzaga und die im 3. Buche enthaltene Rechtfertigung Gonzagas gegen die Beschuldigung, daß er den Krieg veranlaßt habe, setzen diese Wendung der Dinge authentisch auseinander.

[2] Lettere delli Signori Farnesiani per lo negotio di Parma. Informatt. polit. XIX. Obiges aus einem Schreiben Ottavios an Kardinal Alessandro Farnese, Parma 24. März 1551.

[3] Julius Papa III manu propria: Instruttione per voi Monsignor d'Imola con l'imperatore, l'ultimo di Marzo. (Informatt. polit. XII.) Auch gibt

erklärte sich für die ungesäumte Entfernung der Franzosen und ihrer Anhänger auf dem Wege der Gewalt. Gar bald sehen wir denn die vereinigten päpstlichen und kaiserlichen Truppen ins Feld rücken. Ein bedeutendes Schloß im Parmesanischen fiel in ihre Hand, und sie verwüsteten das ganze Gefilde; Mirandula schlossen sie vollkommen ein.

Jedoch nicht durch diese kleinen Feindseligkeiten war die Bewegung zu dämpfen, die hier zwar entsprungen war, aber seitdem Europa ergriffen hatte. An allen Grenzen, wo sich die Gebiete des Kaisers und des Königs von Frankreich berührten, zu Lande und zur See war der Krieg ausgebrochen. Noch ganz ein anderes Gewicht als die Italiener legten die deutschen Protestanten in die Waagschale, wie auch sie sich endlich mit den Franzosen verbanden. Es erfolgte der entschlossenste Angriff, den Karl jemals erfahren. Die Franzosen erschienen am Rhein, Kurfürst Moritz in Tirol. Der alte Sieger, indem er auf dem Gebirgslande zwischen Italien und Deutschland Platz genommen, um beide in Pflicht zu halten, sah sich plötzlich gefährdet, besiegt, beinahe gefangen. Unmittelbar wirkte dies auf die italienischen Angelegenheiten zurück. „Nie hätten wir geglaubt", sagte der Papst, „daß uns Gott so heimsuchen würde."[1] Er mußte sich im April 1552 zu einem Stillstand mit seinen Feinden bequemen.

Es gibt zuweilen Unglücksfälle, die dem Menschen nicht so durchaus unangenehm sind. Sie machen einer Tätigkeit ein Ende, die schon seinen Neigungen zu widersprechen anfing. Sie geben dem Entschluß, von derselben abzulassen, einen legalen Grund, eine einleuchtende Entschuldigung.

Fast scheint es, als sei der Unfall, der den Papst betraf, ein solcher gewesen. Mit Mißbehagen hatte er seinen Staat sich mit Truppen anfüllen, seine Kassen sich leeren sehen, und er glaubte zuweilen Ursache zu haben, sich über die kaiserlichen Minister zu beklagen[2]. Wahrhaft bedenklich war ihm auch das Konzilium geworden. Seitdem die deutschen Abgeordneten, denen man eine Re-

er den Grund dieser engen Vereinigung an: „non per affetto alcuno humano, ma perchè vedemo la causa nostra esse con S. Mà Cesarea in tutti li affari e massimamente in quello della religione."

[1] Al Cl Crescentio 13 April 1552.

[2] Lettera del papa a Mendoza 26 Dec. 1551. (Informatt. pol. XIX.) „Ohne Stolz sei es gesagt: Rat bedürfen wir nicht; wir können selbst damit dienen; Hülfe bedürften wir wohl."

formation zugesagt hatte, erschienen waren, nahm es einen kühneren Gang: schon im Januar 1552 beklagte sich der Papst, man wolle ihn seiner Autorität berauben; die Absicht der spanischen Bischöfe sei, auf der einen Seite die Kapitel knechtisch zu unterwerfen, auf der anderen dem Heiligen Stuhle die Kollation aller Benefizien zu entziehen; jedoch er werde nicht ertragen, daß man unter dem Titel von Mißbräuchen ihm das entreiße, was nicht Mißbrauch, sondern ein Attribut seiner wesentlichen Gewalt sei[1]. Es konnte ihm nicht so ganz unangenehm sein, daß der Angriff der Protestanten das Konzilium auseinandersprengte; er eilte, die Suspension desselben zu dekretieren; von unzähligen Prätensionen und Mißhelligkeiten ward er dadurch befreit.

Seitdem hat sich Julius III. nicht weiter ernstlich auf politische Tätigkeiten eingelassen. Die Einwohner von Siena beschwerten sich wohl, er habe, obwohl durch seine Mutter ihr halber Landsmann, den Herzog Cosimo in der Absicht, sie zu unterwerfen, unterstützt; eine spätere gerichtliche Untersuchung hat die Falschheit dieser Behauptung dargetan. Eher hatte Cosimo Grund, sich zu beklagen. Die florentinischen Ausgewanderten, die erbittertsten Feinde dieses seines Verbündeten, hinderte der Papst nicht, sich im Gebiete der Kirche zu sammeln und zu rüsten.

Vor der Porta del Popolo besucht der Fremde noch immer die Villa di Papa Giulio[2]. In Vergegenwärtigung jener Zeit steigt man die geräumigen Treppen zu der Galerie hinauf, von der man Rom in seiner ganzen Breite von dem Monte Mario her und die Krümmung des Tibers übersieht. In dem Bau dieses Palastes, in der Anlegung dieses Gartens lebte und webte Julius III. Er hat selbst den ersten Entwurf gemacht; aber niemals wurde man fertig: alle Tage hatte er neue Einfälle und Wünsche, die dann die Baumeister zur Ausführung zu bringen eilten. Hier lebte der Papst seinen Tag und vergaß die übrige Welt. Seine Verwandten hat er ziemlich be-

[1] Al Cl Crescentio 16 Genn. 1552. Er ruft aus: „non sarà vero, non comportaremo mai, prima lassaremo ruinare il mondo."

[2] Vasari. Boissard beschreibt ihren damaligen Umfang – „occupat fere omnes colles, qui ab urbe ad pontem Milvium protenduntur", – ihre Pracht, und teilt einige Inschriften mit, z. B. Honeste voluptarier cunctis fas honestis esto, und besonders: Dehinc proximo in templo Deo ac divo Andreae gratias agunto (ich verstehe die Besuchenden) vitamque et salutem Julio III Pontifici Maximo Balduino ejus fratri et eorum familiae universae plurimam et aeternam precantor. – Julius starb am 23. März 1555.

fördert: Herzog Cosimo gab ihnen Monte Sansovino, von wo sie stammten, der Kaiser Novara: er selbst teilte ihnen die Würden des Kirchenstaates und Camerino zu. Jenem, seinem Liebling, hatte er Wort gehalten und ihn zum Kardinal gemacht. Es war ein junger Mensch, den er in Parma liebgewonnen. Er hatte ihn einst von einem Affen umfaßt und in dieser Gefahr mutig und guter Dinge gesehen; seitdem hatte er ihn erzogen und ihm eine Zuneigung gewidmet, die leider auch sein ganzes Verdienst blieb. Julius wünschte ihn und seine übrigen Angehörigen wohlversorgt zu sehen; aber sich um ihretwillen in gefährliche Verwicklungen einzulassen, hatte er keine Neigung. Wie gesagt, das harmlose vergnügliche Leben auf seiner Villa genügte ihm. Er gab Gastmähler, die er mit seinen sprichwörtlichen Redensarten würzte, welche freilich wohl zuweilen erröten machten. An den großen Geschäften der Kirche und des Staates nahm er nur soviel Anteil, als nun schlechterdings unvermeidlich war.

Allerdings aber konnten diese dabei nicht sehr gedeihen. Immer gefährlicher entwickelten sich die Entzweiungen zwischen den beiden großen katholischen Mächten: die deutschen Protestanten hatten sich aus ihrer Unterwerfung von dem Jahre 1547 gewaltig erhoben und standen fester als jemals; an die oft beabsichtigte katholische Reformation war nicht zu denken; die Zukunft der Römischen Kirche, man konnte es sich nicht verbergen, war überaus dunkel und zweifelhaft.
Hatte sich aber, wie wir sahen, eine strengere Richtung im Schoße derselben entwickelt, die das Wesen, wie es so viele Päpste trieben, von Herzen verdammte, mußte nicht diese endlich auch bei der Wahl eines neuen Papstes sich regen? Auf die Persönlichkeit desselben kam soviel an; eben darum war diese höchste Würde von der Wahl abhängig, damit ein Mann in dem Sinne der überwiegenden kirchlichen Richtung an die Spitze der Geschäfte trete.
Nach dem Tode Julius' III. war es das erstemal, daß die strengere Partei auf die Papstwahl Einfluß bekam. Julius hatte sich in seinem wenig würdevollen Betragen oft durch die Anwesenheit des Kardinals Marcello Cervini beschränkt gefühlt. Eben diesen traf die Wahl – 11. April 1555. Es ist Marcellus II.
Sein ganzes Leben hindurch hatte er sich wacker und tadellos betragen; die Reformation der Kirche, von der die anderen schwatz-

ten, hatte er in seiner Person dargestellt; man faßte die größten Hoffnungen. „Ich hatte gebetet", sagt ein Zeitgenosse, „es möchte ein Papst kommen, der die schönen Worte: Kirche, Konzilium, Reform von der Verachtung zu befreien wüßte, in die sie gefallen; durch diese Wahl hielt ich meine Hoffnung für erfüllt; mein Wunsch schien mir Tatsache geworden zu sein."[1] „Die Meinung", sagt ein anderer, „die man von der Güte und unvergleichlichen Weisheit dieses Papstes hatte, erhob die Welt zu der Hoffnung: wenn jemals, so werde es der Kirche jetzt möglich werden, die ketzerischen Meinungen auszulöschen, die Mißbräuche und das verdorbene Leben abzustellen, gesund zu werden und sich wieder zu vereinigen."[2] Ganz in diesem Sinne begann Marcellus. Er duldete nicht, daß seine Verwandten nach Rom kämen; in dem Hofhalt führte er eine Menge Ersparnisse ein; er soll ein Memorial über die in dem Institute der Kirche vorzunehmenden Verbesserungen verfaßt haben: zunächst den Gottesdienst suchte er zu seiner echten Feierlichkeit wieder zurückzuführen; alle seine Gedanken gingen auf Konzilium und Reform[3]. In politischer Hinsicht nahm er eine neutrale Stellung an, mit welcher der Kaiser sich begnügte. „Jedoch", sagen jene Zeitgenossen, „die Welt war seiner nicht wert"; sie wenden die Worte Virgils von einem anderen Marcellus, „Ihn wollte das Schicksal der Erde nur zeigen", auf diesen an. Schon am 22. Tage seines Pontifikates starb er. Wir können nicht von einer Wirkung reden, die eine so kurze Verwaltung hervorgebracht; aber schon dieser Anfang, diese Wahl zeigen die Richtung, welche überhandzunehmen begann. Auch in dem nächsten Konklave blieb sie die herrschende. Der strengste aller Kardinäle, Johann Peter Caraffa, ging aus demselben als Papst hervor, 23. Mai 1555.

Paul IV.

Wir haben ihn schon oft erwähnt: es ist der nämliche, der die Theatiner stiftete, die Inquisition wiederherstellte, die Befestigung des alten Dogmas zu Trient so wesentlich beförderte. Wenn

[1] Seripando al vescovo di Fiesole. Lettere di principi III, 162.
[2] Lettere di principi III, 141. Der Herausgeber selbst hat hier das Wort genommen.
[3] Petri Polidori de vita Marcelli II commentarius 1744 p. 119.

es eine Partei gab, welche die Restauration des Katholizismus in seiner ganzen Strenge beabsichtigte, so bestieg in ihm nicht ein Mitglied, sondern ein Gründer, ein Oberhaupt derselben den Päpstlichen Stuhl. Paul IV. zählte schon neunundsiebzig Jahre: aber seine tiefliegenden Augen hatten noch alles Feuer der Jugend; er war sehr groß und mager; rasch ging er einher; er schien lauter Nerv zu sein. Wie er sich schon in seinem täglichen Leben an keine Regel band, oft bei Tage schlief, bei Nacht studierte – wehe dem Diener, der in sein Zimmer getreten wäre, ehe er die Glocke gezogen hatte! –, so folgte er auch übrigens immer den Impulsen des Augenblicks[1]. Sie wurden ihm aber von einer in einem langen Leben ausgebildeten, zur Natur gewordenen Gesinnung beherrscht. Keine andere Pflicht, keine andere Beschäftigung als die Wiederherstellung des alten Glaubens in seine frühere Herrschaft schien er zu kennen. Von Zeit zu Zeit bilden sich solche Naturen wieder aus, und wir begegnen ihnen auch heutzutage zuweilen. Leben und Welt haben sie von einem einzigen Punkt aus begriffen; ihre individuelle, persönliche Richtung ist so gewaltig, daß ihre Ansicht völlig davon beherrscht wird; sie sind die unermüdlichen Redner und haben immer eine gewisse Frische; unaufhörlich strömen sie die Gesinnung aus, welche sich in ihnen mit einer Art von Notwendigkeit entwickelt. Wie höchst bedeutend werden sie dann, wenn sie an eine Stelle gelangen, wo ihre Tätigkeit lediglich von ihrer Meinung abhängig ist und die Macht sich zu dem Willen gesellt! Was ließ sich alles von Paul IV. erwarten, der nie eine Rücksicht gekannt, der seine Meinung immer mit der äußersten Heftigkeit durchgesetzt hatte, als er nun auf die höchste Stufe erhoben war![2] Er wunderte sich selbst, daß er dahin gelangt war, da er doch nie einem Kardinal das mindeste eingeräumt und nie etwas anderes als die äußerste Strenge an sich hatte spüren

[1] Relatione di M. Bernardo Navagero (che fu poi cardinale) alla Ser^ma^ Rep^ca^ di Venetia tornando di Roma Ambasciatore appresso del Pontefice Paolo IV 1558. In vielen italienischen Bibliotheken, auch in den Informationi politiche zu Berlin. „La complessione di questo pontefice è colerica adusta; ha una incredibil gravità e grandezza in tutte le sue azioni et veramente pare nato al signoreggiare."

[2] Man kann erachten, daß sein Wesen nicht jedermanns Beifall hatte. Aretins Capitolo al re di Francia bezeichnet ihn:

Caraffa ipocrita infingardo
Che tien per coscienza spirituale
Quando si mette del pepe in sul cardo.

lassen. Nicht von den Kardinälen, sondern von Gott selbst glaubte er erwählt und zur Durchsetzung seiner Absichten berufen zu sein[1].

„Wir versprechen und schwören", sagt er dann in der Bulle, mit der er sein Amt antrat, „in Wahrheit dafür zu sorgen, daß die Reform der allgemeinen Kirche und des Römischen Hofes ins Werk gesetzt werde." Den Tag seiner Krönung bezeichnete er mit Befehlen in bezug auf Klöster und Orden. Er schickte unverweilt zwei Mönche von Monte Cassino nach Spanien, um die verfallene Klosterdisziplin daselbst herzustellen. Er richtete eine Kongregation zu der allgemeinen Reform ein, in drei Klassen: eine jede sollte aus 8 Kardinälen, 15 Prälaten und 50 Gelehrten bestehen. Die Artikel, welche zur Beratung kommen sollten – sie betrafen die Besetzung der Stellen –, wurden den Universitäten mitgeteilt. Mit großem Ernste, wie man sieht, ging er ans Werk[2]. Es schien, als hätte die kirchliche Tendenz, die sich schon geraume Zeit in den unteren Regionen geltend gemacht hatte, nun auch von dem Papsttum Besitz genommen, als würde sie gleich die Amtsführung Pauls IV. allein leiten.

Da fragte sich nur, welche Stellung er in den allgemeinen Weltbewegungen einnehmen würde.

Nicht so leicht sind die großen Richtungen, die eine Gewalt genommen hat, zu ändern: sie haben sich mit ihrem Wesen allmählich verschmolzen.

Mußte es der Natur der Sache nach immer ein Wunsch der Päpste bleiben, sich der spanischen Übermacht zu entledigen, so war jetzt ein Moment, in dem dies noch einmal möglich zu werden schien. Jener Krieg, den wir aus den farnesischen Bewegungen hervorgehen sehen, war der unglücklichste, den Karl V. geführt: in den Niederlanden war er bedrängt; Deutschland war von ihm abgefallen, Italien nicht mehr getreu; auch auf die Estes und Gonzagas konnte er nicht mehr trauen; er selbst war lebensmüde und krank. Ich weiß nicht, ob ein anderer Papst, insofern er nicht ge-

[1] Relatione del Cl^{mo} M. Aluise Mocenigo K. ritornato dalla corte di Roma 1560. (Arch. Venez.) „Fu eletto pontefice contra il parer e credere di ogn'uno e forse anco di se stesso, come S. S. propria mi disse poco inanzi morisse, che non avea mai compiaciuto ad alcuno, e che se un cardinale gli avea domandato qualche gratia gli avea sempre risposto alla riversa nè mai compiaciutolo, onde disse: io non so come mi *habbiano eletto* papa e concludo che Iddio faccia li pontefici."

[2] Bromato: Vita di Paolo IV lib. IX. § 2, § 17 (II, 224, 239).

rade der kaiserlichen Partei angehörte, den Lockungen widerstanden haben würde, die hierin lagen.

Für Paul IV. waren sie besonders stark. Er hatte Italien noch in der Freiheit des 15. Jahrhunderts gesehen (er war 1476 geboren): seine Seele hing an dieser Erinnerung. Einem wohlgestimmten Instrumente von vier Saiten verglich er das damalige Italien. Neapel Mailand, Kirche und Venedig nannte er die vier Saiten; er verwünschte das Andenken Alfonsos und Ludwigs des Mohren, „armselige und verlorene Seelen", wie er sagte, „deren Entzweiung diese Harmonie zerstörte".[1] Daß nun seitdem die Spanier Herren geworden, hatte er noch immer nicht ertragen lernen. Das Haus Caraffa, aus dem er stammte, gehörte zu der französischen Partei: unzählige Male hatte es wider Kastilianer und Catalanen die Waffen geführt; noch 1528 hatte es sich zu den Franzosen geschlagen; während der Unruhen von 1547 war es Johann Peter Caraffa, der Paul III. den Rat gab, sich Neapels zu bemächtigen.

Zu diesem Parteihaß aber kam noch ein anderer. Caraffa hatte immer behauptet, Karl V. begünstige aus Eifersucht gegen den Papst die Protestanten: den Fortgang dieser Partei schrieb er dem Kaiser selber zu[2]. Wohl kannte ihn dieser. Er stieß ihn einst aus dem für die Verwaltung von Neapel gebildeten Rate; er ließ ihn nie zu ruhigem Besitz seiner neapolitanischen Kirchenämter gelangen; überdies hat er ihn zuweilen wegen seiner Deklamationen in dem Konsistorium ernstlich bedeutet. Um so heftiger, wie man denken kann, steigerte sich der Widerwille des Caraffa. Er haßte den Kaiser als Neapolitaner und Italiener, als Katholik und als Papst. Neben seinem reformatorischen Eifer hegte er keine andere Leidenschaft als diesen Haß.

Kaum hatte er Besitz von dem Pontifikat ergriffen – nicht ohne ein gewisses Selbstgefühl, wenn er den Römern Taxen erließ, Getreide zuführte und sich dafür eine Bildsäule errichten sah, wenn er im Gepränge eines prächtigen, von neapolitanischen Edelleuten verwalteten Hofdienstes die Obedienz der von allen Seiten herbeieilenden Gesandtschaften empfing –, so war er auch schon

[1] „Infelici quelle anime di Alfonso d'Aragona e Ludovico Duca di Milano, che furono li primi che guastarono cosi nobil instrumento d'Italia." Bei Navagero.

[2] Memoriale dato a Annibale Rucellai Sett. 1555. Informatt. pol. tom. XXIV. „Chiamava liberamente la Mà S. Cesarea fautore di heretici e scismatici."

in tausend Streitigkeiten mit dem Kaiser geraten. Da sollte dieser sich bei den Kardinälen seiner Partei über eine solche Wahl beklagt haben; seine Anhänger hielten verdächtige Zusammenkünfte: einige derselben nahmen in dem Hafen von Civitavecchia ein paar Schiffe weg, die ihnen früher von den Franzosen entrissen worden[1]. Bald war der Papst in Feuer und Flammen. Die kaiserlichen Lehensleute und Kardinäle nahm er gefangen, oder sie entflohen, und er zog ihre Besitzungen ein. Aber das war ihm nicht genug. Auf jene Verbindung mit Frankreich, die Paul III. zu vollziehen sich niemals hatte entschließen können, ging er ohne viel Bedenken ein. Der Kaiser wolle ihn nur, sagte er, durch eine Art von geistigem Fieber zugrunde richten: er werde sich zu offenem Spiel entschließen; mit der Hilfe des Königs von Frankreich wolle er dies arme Italien von der Tyrannei der Spanier noch befreien; er hoffe zwei französische Prinzen in Mailand und Neapel regieren zu sehen. Stundenlang saß er nach Tische bei dem schwarzen, dikken vulkanischen Wein von Neapel, den er trank[2] – man nannte die Sorte Mangiaguerra –, und ergoß sich in stürmischer Beredsamkeit gegen diese Schismatiker und Ketzer, Vermaledeiete Gottes, Same von Juden und Marranen, Hefe der Welt, und wie er sonst noch die Spanier nannte[3]. Aber er getröste sich des Spruches: „du wirst über Schlangen wandeln, Löwen und Drachen wirst du zertreten“; jetzt sei die Zeit gekommen, wo Kaiser Karl

[1] Instruttioni e lettere di Monsignor della Casa a nome del Cl Caraffa, dove si contiene il principio della rottura della guerra fra papa Paolo IV e l'imperatore Carlo V 1555. Auch in den Informatt. pol. 24.

[2] Navagero: L'ordine sua è sempre di mangiare due volte il giorno: vuel esser servito molto delicatamente, e nel principio del ponteficato 25 piatti non bastavano: beve molto più di quello che mangia: il vino è potente e gagliardo, negro e tanto spesso che si potria quasi tagliare, dimandasi mangiaguerra, che si conduce del regno di Napoli: dopo pasto sempre beve malvagia, che i suoi chiamano lavarsi i denti. Stava a mangiare in publico come gli altri pontefici sino all' ultima indispositione, che fu riputata mortale, quando perdette l'appetito: consumava qualche volta tre hore di tempo dal sedere al levarsi da mensa entrando in varii ragionamenti secondo l'occasione et usando molte volte in quel impeto a dir molte cose secrete e d'importanza.

[3] Navagero: Mai parlava di S. Mà e della natione Spagnola, che non gli chiamasse eretici, scismatici e maledetti da dio, seme di Giudei e di Mori, feccia del mondo, deplorando la miseria d'Italia, che fosse astretta a servire gente cosi abjetta e cosi vile. Die Depeschen der französischen Gesandten sind voll von diesen Ausfällen, z. B. von Lansac und von Avançon bei Ribier II, 610–618.

und dessen Sohn für ihre Sünden die Züchtigung empfangen sollten; er, der Papst, werde es tun: er werde Italien von ihnen befreien. Wolle man ihn nicht hören, ihm nicht beistehen, so werde man doch in Zukunft einmal sagen müssen, daß ein alter Italiener, so nahe dem Tode, der eher hätte ruhen und sich zum Sterben bereiten sollen, noch so erhabene Pläne gefaßt habe. Es ist nicht nötig, in das einzelne der Unterhandlungen einzugehen, die er, voll von diesen Gedanken, pflog. Als die Franzosen trotz eines schon mit ihm getroffenen Verständnisses doch einen Stillstand mit Spanien geschlossen[1], sendete er seinen Neffen, Carl Caraffa, nach Frankreich, dem es denn auch gelang, die verschiedenen Parteien, die dort um die Gewalt kämpften, die Montmorency und die Guisen, die Gemahlin des Königs und dessen Buhle, in sein Interesse zu ziehen und einen neuen Ausbruch der Feindseligkeiten zu veranlassen[2]. In Italien gewann er an dem Herzog von Ferrara einen rüstigen Verbündeten. Sie sahen es auf eine völlige Umwälzung von Italien ab. Florentinische und neapolitanische Ausgewanderte erfüllten die Kurie: die Zeit ihrer Wiederherstellung schien gekommen. Der päpstliche Fiskal machte eine förmliche Rechtsklage wider Kaiser Karl und König Philipp anhängig, in der er auf eine Exkommunikation dieser Fürsten und eine Entbindung ihrer Untertanen vom Eide der Treue antrug. In Florenz hat man immer behauptet, die Beweise in Händen zu haben, daß auch das mediceische Haus dem Untergange bestimmt gewesen sei[3]. Es bereitete sich alles zum Kriege: die ganze bisherige Entwicklung dieses Jahrhunderts ward noch einmal in Frage gestellt.

Welch eine ganz andere Wendung nahm aber hiermit dies Papsttum, als man erwartet hatte! Die reformatorischen Bestrebungen

[1] Sehr bezeichnend ist die Darstellung des anfänglichen Unglaubens der Caraffas bei Navagero. „Domandando io al pontefice et al Cl Caraffa, se havevano avviso alcuno delle tregue (von Vaucelles), si guardorno l'un l'altro ridendo, quasi vollessero dire, si come mi disse anche apertamente il Pontefice, che questa speranza di tregue era assai debole in lui, e nondimeno venne l'avviso il giorno seguente, il quale si come consolò tutta Roma cosi diede tanto travaglio e tanta molestia al papa et al cardinale, che non lo poterono dissimulare. Diceva il papa, che queste tregue sarebbero la ruina del mondo."

[2] Rabutin, Mémoires: Collect. univers. tom. 38, 358. Vornehmlich Villars, Mémoires. Ibid. tom. 35, 277.

[3] Gussoni, Relatione di Toscana.

mußten vor den kriegerischen zurückweichen, und ganz entgegengesetzte Erfolge führten diese mit sich.

Man sah den, der als Kardinal das Nepotenwesen auf das eifrigste, selbst mit Gefahr, verdammt hatte, sich nunmehr eben diesem Mißbrauch ergeben. Seinen Neffen Karl Caraffa, der sich immer in einem wilden und anstößigen Soldatenleben gefallen[1] – Paul IV. sagte selbst, sein Arm sei bis an den Ellbogen in Blut getaucht –, erhob er zum Kardinal. Karl hatte Mittel gefunden, den schwachen Alten zu begütigen: er hatte sich zuweilen betend und in anscheinender Zerknirschung vor dem Kruzifix finden lassen[2]. Die Hauptsache aber war, daß sie sich beide in dem nämlichen Hasse begegneten. Karl Caraffa, der dem Kaiser in Deutschland Kriegsdienste getan, beklagte sich, daß ihm dieser dafür lauter Ungnade erweise. Daß man ihm einen Gefangenen entrissen, von dem er ein starkes Lösegeld erwartete, ihn ein Priorat der Malteser nicht hatte antreten lassen, zu dem er schon ernannt war, erfüllte ihn mit Haß und Rachbegier. Diese Leidenschaft war dem Papste statt aller Tugenden. Er fand kein Ende, ihn zu loben: er versicherte, nie habe der Römische Stuhl einen fähigeren Diener gehabt: er übertrug ihm die Summe nicht allein der weltlichen, sondern sogar der geistlichen Geschäfte und sah es gern, wenn man ihn als den Urheber der Gunstbezeigungen, die man empfing, betrachtete.

Seine beiden anderen Nepoten würdigte der Papst lange keines gnädigen Blickes. Erst als auch sie sich zu der antispanischen Gesinnung des Oheims bekannten, schenkte er ihnen sein Wohlwollen[3]. Niemals hätte man erwartet, was er tat. Er erklärte, den Colonnesen, steten Rebellen gegen Gott und Kirche, habe man ihre Schlösser öfter entrissen, aber ohne sie je zu behaupten; jetzt wolle er sie Lehnsleuten auftragen, welche sie zu verteidigen wissen würden. Er teilte sie seinen Neffen zu: den älteren ernannte er zum Herzog von Palliano, den jüngeren zum Marchese von Montebello. Die Kardinäle schwiegen still, als er ihnen diesen seinen Willen eröffnete, und sahen zur Erde. Die Caraffas erhoben sich zu den weitaussehendsten Entwürfen. Die Töchter sollten in die Familie,

[1] Babon, bei Ribier II, 745. Villars p. 255.
[2] Bromato.
[3] Extractus processus Cardinalis Caraffae. Similiter dux Palliani deponit, quod, donec se declaravit contra imperiales, papa eum nunquam vidit grato vultu et bono oculo.

wenn nicht des Königs von Frankreich, doch des Herzogs von Ferrara verheiratet werden. Die Söhne hofften wenigstens Siena an sich zu bringen. Es scherzte einer über das mit Edelsteinen besetzte Barett eines Kindes aus diesem Hause: „man dürfe jetzt wohl von Kronen reden", versetzte die Mutter der Nepoten[1].
In der Tat kam alles auf den Erfolg des Krieges an, der nunmehr ausbrach, freilich aber gleich von Anfang keine günstige Wendung nahm.
Nach jenem Akte des Fiskals war der Herzog von Alba aus dem neapolitanischen in das römische Gebiet vorgerückt. Die päpstlichen Vasallen begleiteten ihn: ihre Verständnisse erwachten. Nettuno verjagte die kirchliche Besatzung und rief die Colonnesen zurück; Alba besetzte Frosinone, Anagni, Tivoli in dem Gebirge, Ostia an der See; er schloß Rom von beiden Seiten ein.
Der Papst verließ sich anfangs auf seine Römer. Er hatte in Person Musterung über sie gehalten. Von Campofiore kamen sie die Engelsburg, die sie mit ihrem Geschütz begrüßte, vorüber nach dem Petersplatz, wo er mit seinem Neffen an einem Fenster stand. Es waren 340 Reihen mit Hakenbüchsen, 250 mit Piken bewaffnet, jede 9 Mann hoch, stattlich anzusehen, unter lauter adligen Anführern: wenn Caporionen und Fahnenträger bis vor ihn gekommen, gab er ihnen seinen Segen[2]. Das nahm sich alles wohl gut aus; aber zur Verteidigung der Stadt waren diese Leute nicht geeignet. Nachdem die Spanier so nahe herbeigerückt, war ein falsches Gerücht, ein kleiner Reitertrupp hinreichend, alles in solche Verwirrung zu setzen, daß sich niemand mehr bei den Fahnen einfand. Der Papst mußte sich nach anderer Hilfe umsehen. Pietro Strozzi führte ihm endlich die Truppen zu, die vor Siena gedient: er eroberte Tivoli und Ostia in der Tat wieder und entfernte die nächste Gefahr.
Welch ein Krieg aber war dies!
Es ist zuweilen, als träten die Ideen, welche die Dinge bewegen, die geheimen Grundlagen des Lebens einander sichtbar gegenüber.
Alba hätte im Anfang Rom ohne viel Schwierigkeit erobern können; allein sein Oheim, Kardinal Giacomo, erinnerte ihn an das

[1] Bromato IX, 16. II, 286. Wörtlich: non esser quel tempo da parlar di berette, ma di corone.
[2] Diario di Cola Calleine Romano del rione di Trastevere dall' anno 1521 sino all' anno 1562. Ms.

schlechte Ende, das alle genommen, die an der bourbonischen Eroberung Teil gehabt. Als ein guter Katholik führte Alba den Krieg mit äußerster Zurückhaltung: er bekämpfte den Papst, aber ohne aufzuhören, ihn zu verehren: nur das Schwert will er ihm aus den Händen winden; nach dem Ruhme, zu den Eroberern von Rom gezählt zu werden, gelüstet ihn nicht. Seine Truppen klagen, es sei ein Rauch, ein Nebel, gegen den man sie ins Feld führe: er belästige sie und sei nicht zu fassen, noch in seinem Ursprung zu dämpfen.

Und wer waren dagegen die, welche den Papst gegen so gute Katholiken verteidigten? Die Tauglichsten darunter waren die Deutschen, alles Protestanten. Sie verspotteten die Heiligenbilder an den Landstraßen, in den Kirchen, verlachten die Messe, übertraten die Fasten und begingen hundert Dinge, von denen der Papst sonst ein jedes mit dem Tode bestraft haben würde[1]. Ich finde selbst, daß Karl Caraffa mit dem großen protestantischen Parteigänger Markgraf Albrecht von Brandenburg einmal ein Verständnis angeknüpft hatte.

Stärker konnten die Gegensätze nicht hervortreten: in den einen die strenge katholische Richtung, von der wenigstens der Heerführer durchdrungen ist – wieweit lagen ihm die bourbonischen Zeiten rückwärts! – in den anderen die weltlichen Tendenzen des Papsttums, die auch Paul IV., so sehr er sie an sich verdammen mag, dennoch ergriffen haben. So geschieht, daß seine Gläubigen ihn angreifen, die von ihm Abgefallenen ihn verteidigen; aber jene bewähren auch bei dem Angriff ihre Unterwürfigkeit, diese, indem sie ihn beschützen, beweisen seinem Wesen Feindschaft und Wegwerfung.

Zu eigentlichem Kampfe kam es aber erst dann, als endlich die französische Hilfsmacht – 10000 Mann zu Fuß, eine minder zahlreiche, aber sehr stattliche Reiterei – an der anderen Seite der Alpen erschien. Die Franzosen hätten ihre Kräfte lieber gleich gegen Mailand versucht, das sie minder verteidigt glaubten; aber sie mußten dem Impuls folgen, den ihnen die Caraffas gegen Neapel gaben. Diese zweifelten nicht, in ihrem Vaterlande unzählige An-

[1] Navagero: Fu riputata la piu esercitata gente la Tedesca (3500 fanti; andere Ms. geben jedoch andere Zahlen an), e piu atta alla guerra, ma era in tutto Luterana. La Guascona – era tanto insolente, tanto contro l'onor delle donne et in torre la robba, gli offesi maledicevano publicamente chi era causa di questi disordini.

hänger zu finden: sie rechneten auf die Macht der Ausgewanderten, auf die Erhebung ihrer Partei, wo nicht in dem ganzen Königreiche, doch zunächst in den Abruzzen, dort um Aquila und Montorio, wo ihre väterlichen und mütterlichen Ahnherren immer einen großen Einfluß behauptet hatten.

Auf irgendeine Weise müssen sich die Triebe der Dinge Luft machen.

Zu häufig hatte sich die Opposition der päpstlichen Gewalt gegen das Übergewicht der Spanier geregt, als daß sie nicht noch einmal hätte offen hervorbrechen sollen.

Der Papst und seine Nepoten waren zu dem Äußersten entschlossen. Caraffa hat nicht allein die Protestanten um Hilfe ersucht, er hat Suleiman II. den Antrag gemacht, er möge von seinen ungarischen Feldzügen abstehen, um sich mit aller Macht auf beide Sizilien zu werfen[1]. Die Hilfe der Ungläubigen rief er auf gegen den katholischen König.

Im April 1557 überschritten die päpstlichen Truppen die neapolitanische Grenze. Den Gründonnerstag bezeichneten sie mit der Eroberung und greuelvollen Plünderung von Compli, das voll von eigenen und dahin geflüchteten Reichtümern war. Hierauf ging auch Guise über den Tronto und belagerte Civitella.

Er fand jedoch das Königreich in guter Bereitschaft. Alba wußte wohl, daß keine Bewegung wider ihn entstehen werde, solange er der Mächtigste im Lande sei. In einem Parlament der Barone hatte er ein bedeutendes Donativ erlangt; die Königin Bona von Polen, von dem alten aragonischen Geschlechte, die vor kurzem mit vielen Reichtümern in ihrem Herzogtum Bari angekommen, von ganzem Herzen eine Feindin der Franzosen, unterstützte ihn mit einer halben Million Skudi; die geistlichen Einkünfte, die nach Rom hätten gehen sollen, zog er ein; selbst das Gold und Silber der Kirchen, die Glocken von Benevent nahm er in Anspruch[2]. Alle

[1] Seine Geständnisse bei Bromato: Vita di Paolo IV, tom. II, p. 369. Übrigens hat Bromato auch über den Krieg gute Nachrichten. Er nahm sie, was er auch nicht verschweigt, oft Wort für Wort aus einem weitläufigen Ms. von Nores, das diesen Krieg zum Gegenstande hat und in italienischen Bibliotheken häufig vorkommt.

[2] Giannone, Istoria di Napoli lib. XXXIII, c. 1. Nicht allein Gosselini, auch Mambrino Roseo, delle historie del mondo lib. VII, der diesen Krieg ausführlich und nach guten Nachrichten erzählt, und andere schreiben dem Ferrante Gonzaga einen großen Anteil an den geschickten Maßregeln zu, die Alba ergriff.

neapolitanischen und so viel römische Grenzplätze, als er noch behauptete, hatte er dann auf das beste zu befestigen, ein stattliches Heer auf die alte Weise aus Deutschen, Spaniern und Italienern zusammenzubringen vermocht: auch neapolitanische Zenturien unter der Anführung des Adels hatte er gebildet. Civitella ward von dem Grafen Santafiore tapfer verteidigt; er hatte die Einwohner zu tätiger Teilnahme begeistert: selbst einen Sturm schlugen sie ab.

Während dergestalt das Königreich zusammenhielt und nichts als Ergebenheit gegen Philipp II. blicken ließ, brachen dagegen unter den Angreifenden, zwischen Franzosen und Italienern, Guise und Montebello, lebhafte Zwistigkeiten aus. Guise beklagte sich, daß der Papst den mit ihnen geschlossenen Vertrag nicht halte und es an der versprochenen Hilfe ermangeln lasse. Als der Herzog von Alba mit seinem Heere in den Abruzzen erschien – in der Mitte des Mai –, hielt es Guise für das beste, die Belagerung aufzuheben und über den Tronto zurückzugehen. Der Krieg zog sich wieder auf das römische Gebiet.

Ein Krieg, in dem man vorrückte, zurückwich, Städte besetzte und wieder verließ, in dem es aber nur einmal zu einem ernstlichen Gefecht kam.

Marc Antonio Colonna bedrohte Palliano, das ihm der Papst entrissen hatte; Guilio Orsino machte sich auf, es mit Lebensmitteln und Truppen zu erfrischen. Es waren eben 3000 Schweizer unter einem Obersten von Unterwalden in Rom angelangt. Mit Freuden hatte sie der Papst empfangen, ihre Hauptleute mit goldenen Ketten und dem Rittertitel geschmückt; er hatte sie für die Legion von Engeln erklärt, die ihm Gott zusende. Eben diese und einige italienische Scharen zu Fuß und zu Pferd führte Giulio Orsino an. Marc Antonio Colonna stellte sich ihm in den Weg. Es kam noch einmal zu einer Schlacht im Geiste der italienischen Kriege von 1494–1531: päpstliche und kaiserliche Truppen, ein Colonna und ein Orsino: den Schweizern stellten sich, wie sonst so oft, die deutschen Landsknechte unter ihren letzten namhaften Obersten, Kaspar von Feltz und Hans Walther, entgegen. Noch einmal schlugen die alten Gegner für eine Sache, die beide wenig anging: nichtsdestoweniger waren sie außerordentlich tapfer[1]. Endlich warf sich Hans Walther – groß und stark wie ein Riese,

[1] Die einzelnen Umstände dieses kleinen Treffens schöpfe ich aus Cabrera, Don Felipe Segundo lib. III, p. 139.

sagen die Spanier – in die Mitte eines schweizerischen Fähnleins; mit dem Pistol in der einen und dem bloßen Schlachtschwert in der anderen Hand drang er gerade auf den Fahnenträger ein: zugleich durch einen Schuß in die Seite und einen gewaltigen Hieb über den Kopf erlegte er denselben: die ganze Schar stürzte nun auf ihn her; aber schon waren auch seine Landsknechte hinter ihm, um ihn zu beschützen. Die Schweizer wurden völlig gebrochen und geschlagen. Ihre Fahnen, auf denen in großen Buchstaben zu lesen war: „Verteidiger des Glaubens und des Heiligen Stuhles", sanken in Staub; ihr Oberst brachte von seinen elf Hauptleuten nur zwei nach Rom zurück.

Indessen man hier diesen kleinen Krieg führte, lagen an den niederländischen Grenzen die großen Heere einander gegenüber. Es erfolgte die Schlacht von Sankt-Quintin. Die Spanier trugen den vollkommensten Sieg davon. In Frankreich wunderte man sich nur, daß sie nicht geradezu auf Paris losgingen, welches sie hätten erobern können[1].

„Ich hoffe", schrieb hierauf Heinrich II. an Guise, „der Papst wird in meiner Not ebensoviel für mich tun, wie ich in der seinen für ihn getan."[2] So wenig durfte Paul IV. nun länger auf französische Hilfe zählen, daß die Franzosen vielmehr Beistand von ihm erwarteten. Guise erklärte, „keine Ketten seien vermögend, ihn länger in Italien zurückzuhalten"[3]: er eilte mit seiner Mannschaft zu seinem bedrängten Fürsten zurück.

Hierauf rückten, wie es nicht mehr zu hindern stand, Spanier und Colonnesen aufs neue gegen Rom vor. Noch einmal sahen sich die Römer mit Eroberung und Plünderung bedroht. Ihre Lage war um so verzweifelter, da sie sich vor ihren Verteidigern nicht viel weniger fürchteten als vor ihren Feinden. Viele Nächte lang hielten sie alle Fenster hell, alle Straßen erleuchtet, und man sagt, daß ein Trupp spanischer Völker, der einen Streifzug bis nahe an die Tore machte, hierdurch zurückgeschreckt worden sei; hauptsächlich aber suchten sie hiermit gegen die Gewaltsamkeiten der päpstlichen Soldaten vorbereitet zu sein. Alles murrte: man wünschte dem Papste tausendmal den Tod; man forderte, daß das spanische Heer durch eine förmliche Übereinkunft eingelassen werden solle.

[1] Monluc, Mémoires p. 116.
[2] Le roy à Mons. de Guise bei Ribier II, p. 750.
[3] Lettera del duca di Palliano al Cl Caraffa. Informatt. polit. XXII.

Soweit ließ es Paul IV. kommen. Erst als seine Unternehmung durchaus gescheitert, seine Verbündeten geschlagen, sein Staat zum großen Teil von den Feinden besetzt und seine Hauptstadt zum zweiten Male bedroht war, bequemte er sich zum Frieden. Die Spanier schlossen ihn in dem Sinne, wie sie den Krieg geführt. Alle Schlösser und Städte der Kirche gaben sie zurück; selbst für Palliano, das die Caraffas verloren, ward denselben eine Entschädigung versprochen[1]. Alba kam nach Rom; in tiefer Ehrfurcht küßte er seinem Überwundenen, dem geschworenen Feinde seiner Nation und seines Königs, den Fuß. Er hat gesagt, nie habe er eines Menschen Angesicht wie das des Papstes gefürchtet.

So vorteilhaft aber auch für die päpstliche Gewalt dieser Friede erscheint, so war er doch wider ihre bisherigen Bestrebungen entscheidend. Mit den Versuchen, sich des spanischen Übergewichts zu entledigen, hatte es ein Ende: in dem alten Sinne ist es nie wieder zu einem solchen gekommen. In Mailand und Neapel hatte sich die Herrschaft der Spanier unerschütterlich gezeigt. Ihre Verbündeten waren stärker als je. Herzog Cosimo, den man aus Florenz verjagen wollen, hatte Siena dazu erworben und besaß nunmehr eine bedeutende selbständige Macht: durch die Rückgabe von Piacenza waren die Farnesen für Philipp II. gewonnen: Marc Antonio Colonna hatte sich einen großen Namen gemacht und die alte Stellung seines Geschlechts erneuert. Es blieb dem Papste nichts übrig, als sich in diese Lage der Dinge zu finden. Auch Paul IV. mußte daran: man kann denken, wie schwer es ihm wurde. Philipp II. ward einmal sein Freund genannt: „Ja, mein Freund“, fuhr er auf, „der mich belagert hielt, der meine Seele suchte!“ Anderen gegenüber verglich er ihn wohl einmal mit dem Verlorenen Sohne des Evangeliums; aber im Kreise seiner Vertrauten rühmte er nur solche Päpste, welche französische Könige zu Kaisern zu machen beabsichtigt hatten[2]. Sein Sinn war der alte; aber die Umstände engten ihn ein: er konnte nichts mehr

[1] Über Palliano ward eine geheime Konvention zwischen Alba und Kardinal Caraffa geschlossen: geheim nicht allein für das Publikum, sondern für den Papst selbst. (Bromato II, 385.)

[2] L'evesque d'Angoulesme au roy 11 Juin 1558. Ribier II, 745. Der Papst habe gesagt: „que vous Sire n'estiez pas pour degenerer de vos predecesseurs, qui avoient toujours esté conservateurs et defenseurs de ce saint siege, comme au contraire que le roy Philippe tenoit de race de le vouloir ruiner et confondre entierement“.

hoffen, geschweige unternehmen: selbst beklagen durfte er sich nur insgeheim.

Sich den Folgen der vollzogenen Begebenheit widersetzen zu wollen ist jedoch allemal vergeblich. Auch auf Paul IV. übte sie nach einiger Zeit eine Rückwirkung aus, welche, wie für seine Verwaltung, so für die Umwandlung dieses päpstlichen Wesens überhaupt von der größten Wichtigkeit ist.

Sein Nepotismus beruhte nicht auf der Selbstsucht und Familienneigung früherer Päpste: er begünstigte seine Nepoten, weil sie seine Richtung gegen Spanien unterstützten; er betrachtete sie als seine natürlichen Gehilfen in diesem Kampfe. Daß es nun mit demselben zu Ende gegangen, machte ihm auch die Nepoten unnütz. Glückliche Erfolge gehören zu jeder ausgezeichneten, am meisten zu einer nicht ganz gesetzmäßigen Stellung. Kardinal Caraffa übernahm noch, vornehmlich im Interesse seines Hauses, um jene Entschädigung für Palliano festzusetzen, eine Gesandtschaft an König Philipp. Seit er auch von dieser zurückgekommen war, ohne eben viel ausgerichtet zu haben, sah man den Papst kälter und kälter gegen ihn werden. Bald war es dem Kardinal nicht mehr möglich, die Umgebung seines Oheims zu beherrschen und, wie er bisher getan, nur den ergebensten Freunden den Zutritt zu gestatten. Auch ungünstige Stimmen kamen dem Papste zu Ohren und mochten die widrigen Eindrücke früherer Zeiten wieder erwecken. Der Kardinal erkrankte einmal; der Papst besuchte ihn unerwartet; er fand ein paar Leute von dem schlechtesten Rufe bei ihm. „Die Alten sind mißtrauisch", sagte er, „ich bin da Dinge gewahr geworden, die mir ein weites Feld eröffneten." Wir sehen, es bedurfte nur einen Anlaß, um einen Sturm in ihm zu erregen. Ein übrigens unbedeutendes Ereignis bot einen solchen dar. In der Neujahrsnacht 1559 war ein Tumult auf der Straße vorgefallen, bei dem auch ein junger Kardinal, jener Liebling Julius' III., Kardinal Monte, den Degen gezogen hatte. Der Papst erfuhr es gleich am Morgen: er empfand es tief, als sein Neffe ihm kein Wort davon sagte; er wartete ein paar Tage: endlich sprach er seinen Verdruß aus. Der Hof, ohnehin ungeduldig, eine Veränderung zu erleben, ergriff dieses Zeichen der Ungunst mit Begierde. Der florentinische Gesandte, der tausend Kränkungen von den Caraffas erfahren hatte, drang jetzt zu dem Papst hindurch und brachte die bittersten Beschwerden vor. Die Marchesa della Valle, eine Verwandte, der man auch nie freien Zutritt gestatten wollen, fand

Mittel, einen Zettel in das Brevier des Papstes legen zu lassen, auf dem einige Missetaten der Nepoten verzeichnet waren: „Wünsche Seine Heiligkeit noch nähere Aufklärung, so möge sie ihren Namen unterschreiben"; Paul unterschrieb, und die Aufklärungen werden nicht gemangelt haben. Dergestalt, bereits mit Unwillen und Mißvergnügen erfüllt, ging der Papst am 9. Januar in die Versammlung der Inquisition. Er kam auf jenen nächtlichen Tumult zu sprechen, schalt heftig auf den Kardinal Monte, drohte, ihn zu bestrafen, und donnerte immer: Reform, Reform! Die sonst so schweigsamen Kardinäle hatten jetzt Mut bekommen. „Heiliger Vater", unterbrach ihn Kardinal Pacheco, „die Reform müssen wir bei uns selber anfangen." Der Papst verstummte. Das Wort traf sein Herz: die in ihm gärenden, sich bildenden Überzeugungen brachte es ihm zum Bewußtsein. Er ließ die Sache des Monte unbeendigt: in verzehrendem Ingrimm ging er auf sein Wohnzimmer: nur seiner Nepoten gedachte er noch. Nachdem er gleich im voraus befohlen, auf des Kardinals Caraffa Anordnung nichts mehr auszufertigen, ließ er demselben seine Papiere abfordern: Kardinal Vitellozzo Vitelli, der in dem Rufe stand, die Geheimnisse Caraffas zu kennen, mußte schwören, alles entdecken zu wollen, was er davon wisse; Camillo Orsino ward zu dem nämlichen Zweck von seinem Landgut hereinbeschieden; die strenge Partei, die lange dem Treiben der Nepoten mit Unmut zugesehen, erhob sich jetzt; der alte Theatiner, Don Hieremia, den man für heilig hielt, war stundenlang in den päpstlichen Gemächern: der Papst erfuhr Dinge, die er nie geahnt hatte, die ihm Entsetzen und Grauen erregten. Er geriet in die größte Bewegung; er mochte weder essen noch schlafen; zehn Tage lang war er in Fieber und Krankheit: merkwürdig auf immer, ein Papst, der sich mit innerer Gewaltsamkeit von der Neigung zu seinen Anverwandten losriß: endlich war er entschlossen. Am 27. Januar berief er ein Konsistorium; mit leidenschaftlicher Bewegung stellte er das schlechte Leben seiner Neffen vor; er rief Gott und Welt und Menschen zu Zeugen an, daß er nie darum gewußt, daß er immer betrogen worden. Er sprach ihnen ihre Ämter ab und verwies sie samt ihren Familien nach verschiedenen entfernten Ortschaften. Die Mutter der Nepoten, 70 Jahre alt, von Krankheiten gebeugt, persönlich ohne Schuld, warf sich ihm zu Füßen, als er in den Palast ging: mit scharfen Worten schritt er vorüber. Eben kam die junge Marchesa Montebello aus Neapel; sie fand ihren Palast verschlossen:

in keinem Wirtshause wollte man sie aufnehmen; in der regnerischen Nacht fuhr sie von einem zu dem anderen, bis ihr endlich ein entfernt wohnender Gastwirt, dem man keine Befehle zukommen lassen, noch einmal Herberge gab. Vergebens erbot sich Kardinal Caraffa, sich ins Gefängnis zu stellen und Rechenschaft abzulegen. Die Schweizergarde bekam Befehl, nicht allein ihn, sondern alle, die irgend in seinem Dienst gewesen, zurückzuweisen. Nur eine einzige Ausnahme machte der Papst. Den Sohn Montorios, den er liebte, den er schon in seinem achtzehnten Jahre zum Kardinal ernannt, behielt er bei sich und betete mit ihm seine Horen. Aber niemals durfte der junge Mensch der Verwiesenen erwähnen, wieviel weniger eine Fürbitte für sie wagen; er durfte selbst mit seinem Vater keine Gemeinschaft haben; das Unglück, das sein Haus erlitten, ergriff ihn darum nur um so tiefer: was ihm nicht in Worten auszudrücken erlaubt wurde, stellte sich in seinem Gesicht, in seiner Gestalt dar[1].

Und sollte man nicht glauben, daß diese Ereignisse auch auf die Stimmung des Papstes zurückwirken würden?

Es war, als wäre ihm nichts geschehen. Gleich damals, als er in dem Konsistorium mit gewaltiger Beredsamkeit die Sentenz gesprochen, als die meisten Kardinäle von Erstaunen und Schrecken gefesselt worden, schien er seinerseits nichts zu empfinden; er ging ohne weiteres zu anderen Geschäften über. Die fremden Gesandten waren verwundert, wenn sie seine Haltung beobachteten. „In so plötzlichen durchgreifenden Veränderungen", sagt man von ihm, „in der Mitte von lauter neuen Ministern und Dienern hält er sich standhaft, hartnäckig, unangefochten: Mitleid fühlt er nicht; er scheint keine Erinnerung an die Seinen übrigbehalten zu haben." Einer ganz anderen Leidenschaft überließ er sich nunmehr.

Gewiß, auf immer bedeutend ist diese Umwandlung. Der Haß gegen die Spanier, die Idee, der Befreier Italiens werden zu können, hatten auch Paul IV. zu weltlichen Bestrebungen fortgerissen, Begabung der Nepoten mit kirchlichen Landschaften, Erhe-

[1] Bei Pallavicini, vornehmlich aber bei Bromato findet man hierüber genügende Mitteilungen. In unseren Berliner Informationi befindet sich noch, Bd. VIII, ein Diario d'alcune attioni piu notabili nel pontificato di Paolo IV l'anno 1558 sino alla sua morte (vom 10. September 1558 an), das keinem von beiden bekannt war, aus eigener Anschauung geflossen ist und mir noch neue Notizen gewährt hat.

bung eines Soldaten zur Verwaltung selbst der geistlichen Geschäfte, Feindseligkeiten, Blutvergießen. Die Ereignisse zwangen ihn, diese Idee aufzugeben, jenen Haß zu unterdrücken; damit öffneten sich ihm allmählich auch die Augen für das tadelnswerte Verhalten seiner Angehörigen: mit heftiger Gerechtigkeit, in innerem Kampf entledigte er sich ihrer; von Stund an kehrte er dann zu seinen alten reformatorischen Absichten zurück: er fing an zu regieren, wie man gleich anfangs von ihm vermutet hatte, mit gleicher Leidenschaft wie bisher Feindseligkeiten und Krieg trieb er nun die Reform des Staates und hauptsächlich der Kirche. Die weltlichen Geschäfte wurden von oben bis unten anderen Händen anvertraut. Die bisherigen Podestas und Governatoren verloren ihre Stellen: wie dies geschah, war doch zuweilen auch sehr eigentümlich. In Perugia erschien der neuernannte Governator bei Nacht: ohne den Tag abzuwarten, ließ er die Anzianen zusammenrufen: in ihrer Mitte zog er seine Beglaubigung hervor und befahl ihnen, den bisherigen Governator, der mit zugegen war, unverzüglich gefangenzunehmen. Seit undenklichen Zeiten war nun Paul IV. der erste Papst, der ohne Nepoten regierte. An ihre Stelle traten Kardinal Carpi und Camillo Orsino, die schon unter Paul III. soviel vermocht. Mit den Personen ward dann auch Sinn und Weise der Regierung verändert. Nicht unbedeutende Summen wurden erspart und an den Steuern erlassen; es wurde ein Kasten aufgestellt, in den jedermann seine Beschwerden werfen konnte, zu dem der Papst allein den Schlüssel hatte; täglichen Bericht erstattete der Governator; mit größerer Sorgfalt und Rücksicht und ohne die alten Mißbräuche ging man zu Werke.

Hatte der Papst auch unter den bisherigen Bewegungen die Reform der Kirche niemals aus den Augen verloren, so widmete er sich ihr doch nun mit vollerem Eifer und freierem Herzen. In den Kirchen führte er eine strengere Disziplin ein: er verbot alles Betteln, selbst das Almosensammeln der Geistlichen für die Messe; er entfernte die anstößigen Bilder: man hat eine Medaille auf ihn geschlagen mit dem geißelnden Christus, der den Tempel säubert. Die ausgetretenen Mönche verjagte er aus Stadt und Staat. Den Hof nötigte er, die Fasten ordentlich zu halten und Ostern mit dem Abendmahl zu feiern. Mußten doch die Kardinäle zuweilen predigen! Er selbst predigte. Viele Mißbräuche, welche Gewinn brachten, suchte er abzustellen. Von Ehedispensen und ihrem Ertrage wollte er nichts mehr wissen. Eine Menge Stellen, welche bisher immer verkauft worden, auch die Chiericati di Camera[1], wollte er inskünftig nur nach dem Verdienste der Person verteilen. Wieviel mehr sah er auf Würdigkeit und kirchliche Gesinnung bei der Verleihung kirchlicher Ämter! Jene Rezesse, wie sie noch immer gebräuchlich waren, so daß einer die Pflichten verwaltete und ein anderer den besten Ertrag der Güter genoß, duldete er nicht länger. Auch hegte er die Absicht, den Bischöfen viele von den ihnen entzogenen Rechten zurückzugeben; die Gierigkeit, mit der man alles nach Rom gezogen, fand er sehr tadelnswürdig[2].

Nicht allein abschaffend, negativ verhielt er sich; er suchte auch den Gottesdienst mit größerem Pomp zu umgeben: das Bekleiden der Sixtinischen Kapelle, die feierliche Darstellung des Grabmals schreiben sich von ihm her[3]. Es gibt ein Ideal des modern-katholischen Gottesdienstes, voll Würde, Devotion und Pracht, das auch ihm vorschwebte.

Keinen Tag, wie er sich rühmte, ließ er vorübergehen, ohne einen auf die Wiederherstellung der Kirche zu ihrer ursprünglichen Reinheit bezüglichen Erlaß bekanntzumachen. In vielen seiner Dekrete erkennt man die Grundzüge zu den Anordnungen, denen bald nachher das Tridentinische Konzilium seine Sanktion gab[4].

Wie man erwarten kann, zeigte er auch in dieser Richtung die ganze Unbeugsamkeit, die ihm von Natur eigen war.

Vor allen anderen Instituten begünstigte er die Inquisition, die er ja selbst hergestellt hatte. Oft ließ er die Tage vorübergehen, die für Segnatura und Konsistorium bestimmt waren, niemals aber den Donnerstag, an welchem sich die Kongregation der Inquisi-

[1] Caracciolo, Vita di Paolo IV, MS, erwähnt sie besonders. Der Papst sagte: „che simili officii d'amministratione e di giustitia conveniva che si dassero a persone che li facessero, e non venderli a chi avesse occasion di volerne cavare il suo danaro".

[2] Bromato II, 483.

[3] Mocenigo, Relatione di 1560. „Nelli officii divini poi e nelle ceremonie procedeva questo pontefice con tanta gravità e devotione che veramente pareva degnissimo vicario di Gesu Christo. Nelle cose poi della religione si prendeva tanto pensiero et usava tanta diligentia che maggior non sie poteva desiderare."

[4] Mocenigo: „Papa Paolo IV andava continuamente facendo qualche nova determinatione e riforma, e sempre diceva preparare altre, accio che restasse manco occasione e menor necessità di far concilio."

tion vor ihm versammelte. Auf das schärfste wollte er diese gehandhabt wissen. Er unterwarf ihr noch neue Verbrechen; er gab ihr das grausame Recht, auch zur Ermittelung der Mitschuldigen die Tortur anzuwenden. Bei ihm galt kein Ansehen der Person: die vornehmsten Barone zog er vor dies Gericht. Kardinäle, wie Morone und Foscherari, die früherhin selbst waren gebraucht worden, um den Inhalt bedeutender Bücher, z. B. der geistlichen Übungen des Ignatius, zu prüfen, ließ er jetzt, weil ihm Zweifel an ihrer eigenen Rechtgläubigkeit aufgestiegen, ins Gefängnis werfen. Das Fest San Domenico richtete er zu Ehren dieses großen Inquisitors ein.

Und so bekam die geistlich-strenge, restauratorische Richtung des Papsttums das Übergewicht.

Paul IV. schien fast vergessen zu haben, daß er je eine andere gehegt; das Andenken an die verflossenen Zeiten war in ihm erloschen. Er lebte und webte in seinen Reformen, in seiner Inquisition, gab Gesetze, nahm gefangen, exkommunizierte und hielt Autodafés. Endlich, wie ihn eine Krankheit – keine andere, als die auch einem Jüngeren den Tod hätte bringen können – niederwirft, beruft er die Kardinäle noch einmal, empfiehlt seine Seele ihrem Gebet, ihrer Sorgfalt den Heiligen Stuhl und die Inquisition; noch einmal will er sich zusammennehmen und aufrichten. Da versagen ihm die Kräfte: er sinkt hin und stirbt (18. August 1559).

Darin wenigstens sind diese entschiedenen, leidenschaftlichen Menschen glücklicher als das schwächere Geschlecht: ihre Sinnesweise verblendet sie; aber sie stählt sie auch und macht sie in sich selber unüberwindlich.

Nicht so geschwind jedoch, wie der Papst selbst, vergaß das Volk, was es unter ihm gelitten. Es konnte ihm den Krieg nicht vergeben, den er über Rom gebracht; daß er die Nepoten entfernt, die man allerdings haßte, war noch nicht genug für die Menge. Bei seinem Tode versammelten sich die einen auf dem Kapitol und beschlossen, weil er sich um die Stadt und den Erdkreis übel verdient gemacht, seine Denkmale zu vernichten. Andere plünderten das Gebäude der Inquisition, legten Feuer an und mißhandelten die Diener des Gerichts. Auch das Dominikanerkloster bei der Minerva wollte man mit Gewalt abbrennen. Die Colonna, Orsini, *Cesarini, Massimi*, alle von Paul IV. tödlich beleidigt, nahmen teil an diesen Tumulten. Die Bildsäule, die man dem Papst errichtet, ward von ihrem Postament gerissen, zerschlagen, und der Kopf derselben mit der dreifachen Krone durch die Straßen geschleift[1]. Wie glücklich aber wäre das Papsttum zu preisen gewesen, hätte es keine andere Reaktion gegen die Unternehmungen Pauls IV. erfahren!

Bemerkung über den Fortgang des Protestantismus während dieser Regierung

Wir sahen, wie jene frühere Entzweiung des Papsttums mit der kaiserlichen, der spanischen Macht, vielleicht mehr als jedes andere äußere Ereignis zur Gründung des Protestantismus in Deutschland beitrug. Dennoch hatte man eine zweite nicht vermieden, die nun noch umfassendere Wirkungen in größeren Kreisen entwickelte.

Als ihren ersten Moment können wir jene Abberufung der päpstlichen Truppen von dem kaiserlichen Heere, die Translation des Konziliums betrachten. Gleich da erschien auch ihre Bedeutung. Der Unterdrückung der Protestanten hat nichts ein so wesentliches Hindernis in den Weg gelegt als das Tun und Lassen Pauls III. in jenem Zeitpunkt.

Ihre welthistorischen Erfolge hatten aber die Maßregeln dieses Papstes erst nach seinem Tode. Die Verbindung mit Frankreich, in die er seine Nepoten brachte, veranlaßte einen allgemeinen Krieg – einen Krieg, in welchem nicht allein die deutschen Protestanten einen ewig denkwürdigen Sieg erkämpften, durch den sie vor Konzilium, Kaiser und Papst auf immer gesichert wurden, sondern in welchem auch, schon unmittelbar durch die deutschen Soldaten, die zu beiden Seiten fochten, und von dem Kriegsgetümmel, das keine strenge Aufsicht gestattete, begünstigt, die neuen

[1] Mocenigo: „Viddi il popolo correr in furia verso la casa di Ripetta deputata per le cose dell' inquisitione, metter a sacco tutta la robba ch'era dentro, sì di vittualie come d'altra robba, che la maggior parte era del Rev^{mo} C^{l} Alessandrino sommo inquisitore, trattar male con bastonate e ferite tutti i ministri dell' inquisitione, levar le scritture gettandole a refuso per la strada e finalemente poner foco in quella casa. I frati di S. Domenico erano in tant' odio a quel popolo che in ogni modo volevan abbrucciar il monastero della Minerva." Er gibt dann an, daß der Adel dabei am meisten schuld gewesen. Übrigens hatten in Perugia ähnliche Tumulte stattgefunden.

Meinungen in Frankreich und den Niederlanden gewaltig vordrangen.

Paul IV. bestieg den Römischen Stuhl. Er hätte diesen Gang der Dinge ins Auge fassen und vor allem den Frieden herstellen sollen; aber mit blinder Leidenschaft stürzte er sich in die Bewegung. Und so mußte ihm, dem heftigsten Zeloten, begegnen, daß er selber die Ausbreitung des Protestantismus, den er haßte, verabscheute und verfolgte, mehr als vielleicht irgendeiner seiner Vorgänger beförderte.

Erinnern wir uns nur seiner Einwirkung auf England.

Der erste Sieg der neuen Meinungen in diesem Lande war lange nicht vollkommen: es bedurfte nur eines Rücktrittes der Staatsgewalt, nichts weiter brauchte es noch als eine katholische Königin, um das Parlament zu einer neuen Unterwerfung der Kirche unter den Papst zu bestimmen. Aber freilich mußte dieser nun mit Mäßigung verfahren: den aus den Neuerungen hervorgegangenen Zuständen durfte er nicht geradezu den Krieg machen. Wohl sah das Julius III. ein. Gleich der erste päpstliche Abgeordnete bemerkte[1], wie wirksam das Interesse der eingezogenen geistlichen Güter war: Julius faßte den großartigen Entschluß, nicht auf ihre Rückgabe zu dringen. In der Tat durfte der Legat England nicht früher betreten, als bis er hierüber genügende Versicherungen geben konnte. Sie bildeten die Grundlage seiner ganzen Wirksamkeit[2]. Nun aber hatte er auch den größten Sukzeß. Es war Reginald Poole, den wir kennen, unter allen damals lebenden Menschen wohl derjenige, der sich am meisten eignete, für die Herstellung des Katholizismus in England zu arbeiten: über allen Verdacht unlauterer Absichten erhaben, verständig, gemäßigt, als ein Eingeborener von hohem Rang bei Königin, Adel und Volk gleich angesehen. Über alles Erwarten ging das Unternehmen vonstatten. Pauls IV. Thronbesteigung war mit der Ankunft englischer Gesandten bezeichnet, die ihn der Obedienz dieses Landes versicherten.

Paul IV. hatte sie nicht zu erwerben, nur zu behaupten. Betrachten wir, welche Maßregeln er in dieser Lage ergriff.

[1] Lettere di Mr Henrico Nov. 1553, in einem MS, betitelt Lettere e negotiati di Polo, welches noch manches Moment für diese Geschichte enthält. Über die Verhandlung: Pallavicini XIII, 9, 411.

[2] Er trug kein Bedenken, die bisherigen Besitzer anzuerkennen. Litterae dispensatoriae C^lis^ Poli. Concilia M. Britanniae IV, 112.

Er erklärte die Zurückgabe der geistlichen Güter für eine unerläßliche Pflicht, deren Hintansetzung die Strafe der ewigen Verdammnis nach sich ziehe; er vermaß sich auch, den Peterspfennig wieder einsammeln zu lassen[1]. – Aber überdies, konnte etwas ungeeigneter sein für die Vollendung der Reduktion, als daß er den Fürsten, der doch zugleich König von England war, Philipp II., so leidenschaftlich befehdete? An der Schlacht von Sankt-Quintin, die auch für Italien so wichtig wurde, nahmen englische Kriegsvölker teil. – Endlich, den Kardinal Poole, den er nun einmal nicht leiden konnte, verfolgte er, beraubte ihn der Legatenwürde, die nie ein anderer zu größerem Vorteile des Heiligen Stuhles verwaltet hatte, und setzte einen ungeschickten, von den Jahren gebeugten, aber in seinen Meinungen heftigeren Mönch an die Stelle desselben[2]. Wäre es die Aufgabe Pauls IV. gewesen, das Werk der Wiederherstellung zu hintertreiben, so hätte er sich nicht anders betragen können.

Kein Wunder, wenn nun nach dem unerwartet frühen Tode sowohl der Königin als des Legaten die entgegengesetzten Tendenzen sich aufs neue gewaltig erhoben. Die Verfolgungen, welche von Poole verdammt, aber von den starrsinnigen Gegnern desselben gebilligt worden waren, trugen unendlich dazu bei.

Jedoch auch dann ward die Frage dem Papste noch einmal vorgelegt. Sie forderte um so bedächtigere Erwägung, da sie ohne Zweifel Schottland mitbegriff. Auch hier waren die religiösen Parteien in heftigem Kampf miteinander: wie die Sache sich in England festsetzte, danach mußte sich auch die Zukunft Schottlands bestimmen.

Wie wichtig war es nun, daß Elisabeth in ihren Anfängen sich keineswegs völlig protestantisch zeigte[3], daß sie dem Papst ihre Thronbesteigung notifizieren ließ! Über eine Vermählung Philipps II. mit ihr ward wenigstens unterhandelt, und sie war der damaligen Welt sehr wahrscheinlich. Man sollte glauben, nichts habe einem Papst erwünschter sein können.

Aber Paul IV. kannte keine Mäßigung. Dem Gesandten der Elisa-

[1] Er lebte und webte damals in diesen Ideen. Er publizierte seine Bulle Rescissio alienationum (Bullarium IV, 4, 319), in der er alle Veräußerungen der alten Kirchengüter überhaupt aufhob.

[2] Auch Goodwin, Annales Angliae etc. p. 456.

[3] Noch Nares, Memoirs of Burghley II, p. 43, findet ihre religiösen Grundsätze „at first liable to some doubts“.

beth gab er eine zurückschreckende, schnöde Antwort. „Sie müsse“, sagte er, „vor allem ihre Ansprüche seinem Urteil überlassen.“

Man glaube nicht, daß ihn die Konsequenz des Apostolischen Stuhles allein hierzu bewogen. Es gab noch einige andere Motive. Die Franzosen wünschten aus Staatseifersucht jene Vermählung zu hintertreiben. Sie wußten sich der Frommen, der Theatiner, zu bedienen, um dem alten Papste vorstellen zu lassen, Elisabeth sei doch im Herzen protestantisch, und jene Vermählung werde nie etwas Gutes stiften[1]. Das größte Interesse hierbei hatten die Guisen. Wenn Elisabeth von dem Päpstlichen Stuhle verworfen ward, so bekam die Tochter ihrer Schwester, Maria Stuart, Dauphine von Frankreich, Königin von Schottland, die nächsten Ansprüche auf England: die Guisen durften hoffen, in deren Namen über alle drei Reiche zu gebieten. In der Tat nahm diese Fürstin die englischen Wappen an: sie unterzeichnete ihre Edikte bereits nach den Jahren ihrer Regierung in England und Irland; man machte Kriegsanstalten in den schottischen Häfen[2].

Hätte Elisabeth nicht von selbst dahin geneigt, so wäre sie durch die Umstände genötigt gewesen, sich in den Protestantismus zu werfen. Sie tat es auf das entschlossenste. Es gelang ihr, ein Parlament mit einer protestantischen Majorität zustande zu bringen[3], durch welches in wenigen Monaten alle Veränderungen getroffen wurden, die den Charakter der englischen Kirche wesentlich ausmachen.

Von dieser Wendung der Dinge ward dann auch Schottland mit Notwendigkeit betroffen. Den Fortschritten der katholisch-französischen Partei setzte sich hier eine nationale, protestantische entgegen. Elisabeth zauderte nicht, sich mit der letzten zu verbinden. Hat doch der spanische Botschafter selbst sie darin bestärkt[4]! Der Bund von Berwick, den sie mit der schottischen Opposition schloß, gab dieser das Übergewicht. Noch ehe Maria

[1] Eigentümliche Nachricht des Thuanus.

[2] In Forbes, Transactions, findet sich S. 402 eine Responsio ad petitiones D. Glasion et episc. Aquilani, von Cecil, welcher alle diese Motive aufs lebhafteste hervorhebt.

[3] Neal, History of the Puritans I, 126: The court took such measures about elections as seldom fail of success.

[4] Camden, Rerum Anglicarum annales p. 37.

Stuart ihr Königreich betrat, mußte sie nicht allein auf den Titel von England verzichten, sondern auch die Beschlüsse eines im protestantischen Sinne versammelten Parlaments bestätigen, Beschlüsse, von denen einer die Messe bei Todesstrafe abschaffte. Und so war es zum guten Teil eine Reaktion gegen die von dem Papste begünstigten französischen Ansprüche, was den Sieg des Protestantismus in Großbritannien auf immer feststellte.

Nicht etwa, als ob die inneren Antriebe der Protestantischgesinnten von diesen politischen Bewegungen abgehangen hätten: sie hatten eine bei weitem tiefere Begründung; aber in der Regel trafen die den Ausbruch, Fortgang und die Entscheidung des Kampfes herbeiführenden Momente mit den politischen Verwicklungen genau zusammen.

Selbst auf Deutschland hatte eine Maßregel Pauls IV. noch einmal vielen Einfluß. Daß er sich in alter Abneigung gegen das Haus Österreich der Übertragung der kaiserlichen Krone widersetzte, nötigte Ferdinand I., auf die Erhaltung seiner Freundschaft mit protestantischen Verbündeten noch mehr Rücksicht zu nehmen als bisher. Seitdem war es eine Vereinigung der gemäßigten Fürsten von beiden Seiten, welche Deutschland leitete, unter deren Einflusse sich zunächst der Übergang niederdeutscher Stifter an protestantische Verwaltungen vollzog.

Es schien, als sollte das Papsttum keinen Nachteil erfahren, ohne durch seine politischen Bestrebungen auf eine oder die andere Weise selbst dazu beigetragen zu haben.

Überblicken wir aber in diesem Moment einmal von der Höhe von Rom aus die Welt, wie ungeheuer waren die Verluste, welche das katholische Bekenntnis erlitten hatte! Skandinavien und Britannien abgefallen: Deutschland fast durchaus protestantisch: Polen und Ungarn in starker Gärung: Genf für den Westen und die romanische Welt ein so bedeutender Mittelpunkt wie Wittenberg für den Osten und die germanischen Völker: schon erhob sich, wie in den Niederlanden so in Frankreich eine Partei unter den Fahnen des Protestantismus.

Nur eine Hoffnung hatte der katholische Glaube noch. In Spanien und Italien waren die Regungen abweichender Lehren gedämpft und unterdrückt worden: eine restaurierende, streng kirchliche Meinung hatte sich erhoben. So nachteilig auch die Staatsverwaltung Pauls IV. übrigens war, so hatte sie doch zuletzt dieser Richtung auch am Hofe und im Palast das Übergewicht verschafft. Die

Frage war, ob sie sich hier ferner erhalten, ob sie dann die katholische Welt noch einmal zu durchdringen und zu vereinigen vermögen würde.

Pius IV.

Man erzählt, einst bei einem Gastmahl von Kardinälen habe Alessandro Farnese einem Knaben, der zur Lyra zu improvisieren verstand, einen Kranz gegeben, um ihn demjenigen von ihnen zu überreichen, der einmal Papst werden würde. Der Knabe, Silvio Antoniano, später ein namhafter Mann und selber Kardinal, sei augenblicklich zu Johann Angelo Medici herangetreten, und das Lob desselben anstimmend, habe er ihm den Kranz gewidmet. Dieser Medici ward Pauls Nachfolger, Pius IV.[1].

Er war von geringer Herkunft. Erst sein Vater Bernardin war nach Mailand gezogen und hatte sich durch Staatspachtungen ein kleines Vermögen erworben[2]. Die Söhne mußten sich jedoch noch ziemlich ärmlich behelfen: der eine, Giangiacomo, der sich dem Soldatenstand widmete, nahm anfangs Dienste bei einem Edelmann; der andere, eben unser Johann Angelo, studierte, aber unter sehr beschränkten Verhältnissen. Ihr Glück hatte folgenden Ursprung. Giangiacomo, verwegen und unternehmend von Natur, ließ sich von den damaligen Gewalthabern in Mailand brauchen, einen ihrer Gegner, einen Visconti, Monsignorin genannt, auf die Seite zu schaffen. Kaum war aber der Mord vollbracht, so wollten die, welche ihn veranstaltet, sich auch des Werkzeuges entledigen und schickten den jungen Mann nach dem Schlosse Mus, am Comer See, mit einem Schreiben an den Kastellan, worin sie diesem auftrugen, den Überbringer zu töten. Giangiacomo schöpfte Verdacht, öffnete den Brief, sah, was man ihm vorbereitet hatte, und war sofort entschlossen. Er wählte sich einige zuverlässige Begleiter; durch den Brief verschaffte er sich Eingang; es gelang ihm,

[1] Nicius Erythräus erzählt diese Anekdote in dem Artikel über Antoniano: Pinacotheca p. 37. Auch Mazzuchelli wiederholt sie. – Die Wahl 26. Dezember 1559.

[2] Hieronymo Soranzo: Relatione di Roma. „Bernardino padre della B. S. fu stimato persona di somma bontà e di gran industria, ancora che fusse nato in povero e basso stato: non di meno venuto habitar a Milano si diede a pigliar datii in affitto."

sich des Schlosses zu bemächtigen. Seitdem betrug er sich hier als ein unabhängiger Fürst: Mailänder, Schweizer und Venezianer hielt er von diesem festen Punkt aus in unaufhörlicher Bewegung; endlich nahm er das weiße Kreuz und trat in kaiserliche Dienste. Er ward zum Marchese von Marignano erhoben; er diente als Chef der Artillerie im Kriege gegen die Lutheraner und führte das kaiserliche Heer vor Siena an[1]. Ebenso klug wie verwegen, glücklich in allen seinen Unternehmungen, ohne Erbarmen: wie manchen Bauer, der Lebensmittel nach Siena schaffen wollte, hat er selbst mit seinem eisernen Stab erschlagen; es war weit und breit kein Baum, an dem er nicht einen hatte aufhängen lassen; man zählte 5000, die er umbringen ließ. Er eroberte Siena und gründete ein angesehenes Haus.

Mit ihm war nun auch sein Bruder Johann Angelo emporgekommen. Er wurde Doktor und erwarb sich Ruf als Jurist; dann kaufte er sich zu Rom ein Amt; er genoß bereits das Vertrauen Pauls III., als der Marchese eine Orsina heiratete, die Schwester der Gemahlin Peter Ludwig Farneses[2]. Hierauf wurde er Kardinal. Seitdem finden wir ihn mit der Verwaltung päpstlicher Städte, der Leitung politischer Unterhandlungen, mehr als einmal mit dem Kommissariat päpstlicher Heere beauftragt. Er zeigte sich gewandt, klug und gutmütig. Nur Paul IV. konnte ihn nicht leiden und fuhr einst in dem Konsistorium heftig auf ihn los. Medici hielt es für das beste, Rom zu verlassen. Bald in den Bädern zu Pisa, bald in Mailand, wo er viel baute, hatte er sich durch literarische Beschäftigungen und eine glänzende Wohltätigkeit, die ihm den Namen eines Vaters der Armen verschaffte, sein Exil zu erleichtern gewußt. Vielleicht, daß gerade der Gegensatz, in dem er sich zu Paul IV. befunden, jetzt das meiste zu seiner Wahl beitrug.

Auffallender als sonst war dieser Gegensatz.

Paul IV. ein vornehmer Neapolitaner von der antiösterreichischen Faktion, zelotisch, Mönch und Inquisitor: Pius IV. ein mailändi-

[1] Ripamonte, Historiae urbis Mediolani. Natalis Comes Hist.

[2] Soranzo: „Nate 1499, si dottorò 1525, vivendo in studio cosi strettamente che in Pasqua suo medico, che stava con lui a dozena, l'accommodò un gran tempo del suo servitore e di qualche altra cosa necessaria. Del 1527 comprò un protonotariato. Servendo il C[l] Farnese (Ripamonte gedenkt seines guten Verhältnisses zu Paul III. selbst) colla piu assidua diligenza, s'andò mettendo inanzi: ebbe diversi impieghi, dove acquistò nome di persona integra e giusta e di natura officiosa." Die Heirat des Marchese erfolgte „con promessa di far lui cardinale"

scher Emporkömmling, durch seinen Bruder und einige deutsche Verwandten eng an das Haus Österreich geknüpft, Jurist, lebenslustig und weltlich gesinnt. Paul IV. hatte sich unzugänglich gehalten; in seiner geringsten Handlung wollte er Würde und Majestät zeigen: Pius war lauter Güte und Herablassung. Täglich sah man ihn zu Pferde oder zu Fuß auf der Straße, fast ohne Begleitung; er redete leutselig mit jedermann. Wir lernen ihn aus den venezianischen Depeschen kennen[1]. Die Gesandten treffen ihn, indem er in einem kühlen Saale schreibt und arbeitet: er steht auf und geht mit ihnen auf und ab; oder indem er sich nach dem Belvedere begeben will: er setzt sich, ohne den Stock aus der Hand zu legen, hört ihr Vorbringen ohne weiteres an und macht dann in ihrer Begleitung seinen Weg. Geht er nun mit ihnen vertraulich um, so wünscht auch er mit Gewandtheit und Rücksicht behandelt zu sein. Die geschickteste Auskunft, die ihm zuweilen die Venezianer vorschlagen, macht ihm Vergnügen: lächelnd lobt er sie; so gut österreichisch er gesinnt ist, so verdrießen ihn doch die unbeugsamen und gebieterischen Manieren des spanischen Botschafters Vargas. Ungern läßt er sich mit Einzelheiten überhäufen: sie ermüden ihn leicht; aber wenn man bei dem Allgemeinen, dem Wichtigen stehenbleibt, findet man ihn immer wohlgelaunt und leicht zu behandeln. Er ergießt sich dann in tausend traulichen Versicherungen, wie er die Bösen von Herzen hasse, von Natur die Gerechtigkeit liebe, niemanden in seiner Freiheit verletzen, jedermann Güte und Freundlichkeit beweisen wolle; besonders aber denke er für die Kirche aus allen seinen Kräften zu wirken: er hoffe zu Gott, er werde etwas Gutes vollbringen. Man wird sich ihn lebhaft vergegenwärtigen können: einen wohlbeleibten alten Mann, der indes noch rührig genug ist, vor Sonnenaufgang auf seinem Landhause anzukommen, mit heiterem Gesicht und munterem Auge; Gespräch, Tafel und Scherz vergnügen ihn; von einer Krankheit wiederhergestellt, die man für gefährlich gehalten hat, setzt er sich sogleich zu Pferde, reitet nach der Behausung, die er als Kardinal bewohnte, schreitet rüstig Treppe auf, Treppe ab: „Nein, nein!" ruft er, „wir wollen noch nicht sterben."

War nun aber auch ein solcher Papst, so lebenslustig und weltlich gesinnt, dazu geeignet, die Kirche in der schwierigen Lage, in der sie sich befand, zu verwalten? Mußte man nicht fürchten, er werde

[1] Ragguagli dell' ambasciatore Veneto da Roma 1561. Von Marc Anton Amulio (Mula). Informatt. polit. XXXVII.

von der kaum in den letzten Zeiten seines Vorgängers eingeschlagenen Richtung wieder abweichen? Seine Natur, ich will es nicht leugnen, mag dahin geneigt haben; doch geschah es nicht.
Er für seine Person hatte kein Wohlgefallen an der Inquisition: er tadelte die mönchische Härte des Verfahrens; selten oder nie besuchte er die Kongregation; aber sie anzutasten, wagte er auch nicht: er erklärte, er verstehe nichts davon, er sei nicht einmal Theologe: er ließ ihr die ganze Gewalt, die sie unter Paul IV. bekommen[1].
An den Nepoten dieses Papstes statuierte er ein furchtbares Exempel. Die Exzesse, die der Herzog von Palliano auch nach seinem Falle beging – er brachte aus Eifersucht seine eigene Frau um –, machten den Feinden der Caraffen, die nach Rache dürsteten, leichtes Spiel. Es ward ein peinlicher Prozeß gegen sie eingeleitet; der abscheulichsten Verbrechen, Räubereien, Mordtaten, Verfälschungen und überdies einer sehr eigenmächtigen Staatsverwaltung, fortwährenden Betrugs jenes armen alten Paul IV. wurden sie angeklagt. Wir haben ihre Verantwortung: sie ist gar nicht ohne Schein von Rechtfertigung abgefaßt[2]. Aber ihre Ankläger behielten das Übergewicht. Nachdem der Papst sich eines Tages von früh bis gegen Abend in dem Konsistorium die Akten hatte vorlesen lassen, sprach er das Todesurteil über sie, den Kardinal, den Herzog von Palliano und zwei ihrer nächsten Verwandten, den Grafen Aliffe und Leonardo di Cardine. Montebello und einige andere waren entflohen. Der Kardinal hatte vielleicht Verweisung, niemals hatte er die Todesstrafe erwartet. Als sie ihm angekündigt wurde – eines Morgens, er lag noch zu Bett –, als ihm jeder Zweifel benommen war, verhüllte er sich einige Augenblicke in die Decke; dann, indem er sich erhob, schlug er die Hände zusammen und rief jenes schmerzliche Wort aus, das man in Italien

[1] Soranzo: „Se bene si conobbe, non esser di sua satisfatione il modo che tengono gl' inquisitori di procedere per l'ordinario con tanto rigore contra gl' inquisiti, e che si lascia intendere che piu li piaceria che usassero termini da cortese gentiluomo che da frate severo, non di meno non ardisce o non vuole mai opponersi ai giudicii loro."

[2] Bei Bromato findet sich hauptsächlich aus Nores ausführliche Notiz von diesen Vorfällen. In den Informatt. finden wir noch die Briefe des Mula (z. B. 19. Juli 1560), den Extractus processus cardinalis Caraffae und El sucesso de la muerte de los Caraffas con la declaracion y el modo que murieron. La morte del Cl Caraffa (Bibl. zu Ven. VI, n. 39) ist das MS., das Bromato noch außer dem Nores vor sich hatte.

in verzweifelten Fällen hört: „Wohlan, Geduld!“ Man gestattete ihm seinen gewohnten Beichtvater nicht; dem, welchen man schickte, hatte er, wie sich leicht begreift, viel zu sagen, und es dauerte etwas lange. „Monsignore, macht ein Ende“, rief der Polizeibeamte, „wir haben noch andere Geschäfte!“

So kamen diese Nepoten um. Es sind die letzten, die nach unabhängigen Fürstentümern getrachtet und um politischer Zwecke willen große Weltbewegungen hervorgerufen haben. – Seit Sixtus IV. begegnen wir ihnen: Hieronimo Riario, Cesar Borgia, Lorenzo Medici, Pierluigi Farnese; die Caraffas sind die letzten. Es haben sich später andere Nepotenfamilien gebildet, doch in einem ganz anderen Sinne. In dem bisherigen hat es keine weiter gegeben.

Wie hätte auch namentlich Pius IV. nach einer so gewaltsamen Exekution daran denken können, den Seinigen eine Gewalt zu verstatten, wie die gewesen, die er an den Caraffen so unerbittlich heimgesucht hatte! Ohnehin, als ein von Natur lebhaft regsamer Mann, wollte er selber regieren: die wichtigen Geschäfte entschied er nur nach eigenem Ermessen; an ihm tadelte man eher, daß er sich zu wenig nach fremdem Beistand umsehe. Dazu kam, daß von seinen Neffen derjenige, welchen zu befördern er hätte in Versuchung kommen können, Friedrich Borromeo, in frühen Jahren hinstarb. Der andere, Karl Borromeo, war kein Mann für weltliche Erhebung: er hätte sie niemals angenommen. Karl Borromeo sah seine Stellung zu dem Papst, das Verhältnis, in das er hierdurch zu den wichtigsten Geschäften kam, nicht mehr als ein Recht an, sich etwas zu erlauben, sondern als eine Pflicht, der er sich mit aller Sorgfalt zu widmen habe. Mit ebensoviel Bescheidenheit als Ausdauer tat er dies: er gab seine Audienzen unermüdlich; sorgfältig widmete er sich der Verwaltung des Staates; er ist dadurch für dieselbe wichtig, daß er sich ein Kollegium von acht Doktoren bildete, aus dem später die Consulta geworden ist: dann assistierte er dem Papst. Es ist derselbe, den man später heiliggesprochen. Gleich damals zeigte er sich edel und unbescholten. „Man weiß nicht anders“, sagt Hieronimo Soranzo von ihm, „als daß er rein von jedem Flecken ist; er lebt so religiös und gibt ein so gutes Beispiel, daß er den Besten nichts zu wünschen übrigläßt. Zu großem Lobe gereicht es ihm, daß er in der Blüte der Jahre, Nepote eines Papstes und im vollkommenen Besitz von dessen Gunst, an einem Hofe, wo er sich jede Art von Vergnügen verschaffen könnte, ein so exemplarisches Leben führt." Seine Erholung war, abends einige Gelehrte bei sich zu sehen. Die Unterhaltung fing mit profaner Literatur an; aber von Epiktet und den Stoikern, die Borromeo, der noch jung war, nicht verschmähte, ging man doch sehr bald auch in diesen Stunden der Muße zu kirchlichen Fragen über[1]. Tadelte man etwas an ihm, so war es nicht Mangel an gutem Willen, an Fleiß, sondern nur etwa an Talent, oder seine Diener klagten, daß sie die reichlichen Gunstbezeigungen entbehren müßten, wie sie von früheren Nepoten ausgegangen.

Und so ersetzten die Eigenschaften des Neffen, was die Stenggesinnten an dem Oheim hätten vermissen können. Auf jeden Fall blieb man ganz auf dem eingeschlagenen Wege: geistliche und weltliche Geschäfte wurden mit Eifer und nach den Rücksichten der Kirche vollzogen, die Reformen fortgesetzt. Der Papst ermahnte öffentlich die Bischöfe zur Residenz, und einige sah man unverzüglich ihm den Fuß küssen und sich beurlauben. In den einmal zur Herrschaft gekommenen allgemeinen Ideen liegt eine nötigende Gewalt. Die ernsten Tendenzen kirchlicher Gesinnung hatten in Rom das Übergewicht bekommen und ließen selbst in dem Papste keine Abweichung weiter zu.

War nun aber die weltlichere Richtung dieses Papstes der Restauration eines streng geistlichen Wesens nicht nachteilig, so dürfen wir hinzufügen, daß sie auf einer anderen Seite zur Beilegung der in der katholischen Welt aufgeregten Entzweiungen sogar unendlich viel beitragen mußte.

Paul IV. hatte gemeint, es sei mit die Bestimmung eines Papstes, Kaiser und Könige zu unterwerfen; deshalb hatte er sich in so viele Kriege und Feindseligkeiten gestürzt. Pius sah den Fehler um so besser ein, weil ein Vorgänger ihn begangen, mit dem er sich ohnedies im Widerspruch fühlte. „Damit haben wir England verloren", rief er aus, „das wir noch hätten erhalten können, wenn man Kardinal Poole besser unterstützt hätte; dadurch ist auch Schottland verlorengegangen; während des Krieges sind die deutschen Lehren in Frankreich eingedrungen." Er dagegen wünscht vor allem den Frieden. Selbst einen Krieg mit den Protestanten mag er nicht: den Gesandten von Savoyen, der ihn um Unter-

[1] Es sind die Noctes Vaticanae, deren Glussianus erwähnt: Vita Caroli Borromei I. IV, 22.

stützung zu einem Angriff auf Genf ersucht, unterbricht er oft: „was es denn für Zeiten seien, um ihm solche Vorschriften zu machen? er bedürfe nichts so sehr wie den Frieden“[1]. Er möchte gern mit jedermann gutstehen. Leicht gewährt er seine kirchlichen Gnaden, und wenn er etwas abzuschlagen hat, tut er es geschickt, bescheiden. Er ist überzeugt und spricht es aus, daß sich die Macht des Papstes ohne die Autorität der Fürsten nicht länger halten könne.

Die letzten Zeiten Pauls IV. waren damit bezeichnet, daß die ganze katholische Welt aufs neue das Konzilium forderte. Es ist gewiß, daß sich Pius IV. nur mit großer Schwierigkeit dieser Forderung würde haben entziehen können. Den Krieg konnte er nicht mehr vorschützen, wie seine Vorfahren: endlich war Friede in ganz Europa. Es war sogar für ihn selbst dringend, da die Franzosen ein Nationalkonzilium zu versammeln drohten, was leicht ein Schisma nach sich ziehen konnte. Die Wahrheit zu sagen, finde ich aber, daß er überdies auch allen guten Willen dazu hatte. Man höre, wie er sich ausdrückt: „Wir wollen das Konzilium“, sagt er, „wir wollen es gewiß, wir wollen es allgemein. Wollten wir es nicht, so könnten wir die Welt jahrelang mit den Schwierigkeiten hinhalten; aber vielmehr suchen wir solche wegzuräumen. Es soll reformieren, was zu reformieren ist, auch an unserer Person, in unseren eigenen Sachen. Haben wir etwas anderes im Sinn, als Gott zu dienen, so mag Gott uns züchtigen.“ Oft scheint es ihm, als werde er von den Fürsten zu einem so großen Vorhaben nicht sattsam unterstützt. Eines Morgens trifft ihn der venezianische Gesandte im Bett, vom Podagra gelähmt: er findet ihn voll von seinen Gedanken. „Wir haben gute Absicht“, ruft er aus, „aber wir sind allein.“ „Es kam mich ein Mitleid an“, spricht der Gesandte, „ihn in dem Bett zu sehen und sagen zu hören: wir sind allein für eine so große Last.“ Indessen setzte er die Sache doch ins Werk. Am 18. Januar 1562 waren so viele Bischöfe und Abgeordnete in Trient beisammen, daß man das zweimal unterbrochene Konzilium zum dritten Male beginnen konnte. Der Papst hatte daran den größten Anteil. „Gewiß“, sagt Girolamo Soranzo,

[1] Mula, 4. Febr. 1561. – Pius bat ihn, zu berichten „che havemo animo di stare in pace, e che non sapemo niente di questi pensieri del duca di Savoia, e ci maravigliamo che vada cercando queste cose: non è tempo da fare l'impresa di Ginevra nè da far generali. Scrivete che siamo constanti in questa opinione di star in pace“.

der sonst seine Partei nicht nimmt, „Seine Heiligkeit hat hierbei alle den Eifer bewiesen, der sich von einem so großen Oberhirten erwarten ließ: sie hat nichts unterlassen, was zu einem so heiligen und notwendigen Werke beitragen konnte."

Die späteren Sitzungen des Konziliums von Trient

Wie so ganz verändert war die Lage der Welt seit der ersten Berufung dieses Konziliums! Jetzt hatte der Papst nicht mehr zu fürchten, daß es ein mächtiger Kaiser benutzen werde, um sich zum Herrn des Papsttums zu machen. Ferdinand I. hatte keinerlei Gewalt in Italien. Auch war eine ernstliche Irrung über wesentliche Punkte des Dogmas nicht mehr zu besorgen[1]. Wie es sich in den ersten Sitzungen festgestellt hatte, war es, obwohl noch nicht völlig entwickelt, bereits über einen großen Teil der katholischen Welt herrschend geworden. An eine eigentliche Wiedervereinigung der Protestanten war nicht mehr ernstlich zu denken. In Deutschland hatten sie eine gewaltige, nicht mehr umzustürzende Stellung eingenommen; im Norden war ihre kirchliche Tendenz mit der Staatsgewalt selbst verschmolzen: das nämliche setzte sich soeben in England ins Werk. Indem der Papst erklärte, das neue Konzilium sei nur eine Fortsetzung des früheren, und die Stimmen, die sich hierwider erhoben, endlich zum Schweigen brachte, gab er alle Hoffnung dazu selber auf. Wie sollten die freien Protestanten sich an ein Konzilium anschließen, durch dessen frühere Beschlüsse die wichtigsten Artikel ihres Glaubens bereits verdammt worden?[2] Hierdurch ward von vornherein die Wirksamkeit des Konziliums auf den so unendlich verengten Um-

[1] So sah Ferdinand I. die Sache an. Litterae ad legatos 12 Aug. 1562 bei Le Plat, Monum ad. hist. conc. Tridentini V, p. 452. „Quid enim attinet – disquirere de his dogmatibus, de quibus apud omnes non solum principes, verum etiam privatos homines catholicos nulla nunc penitus existit disceptatio?"

[2] Der Hauptgrund der Rekusationsschrift der Protestanten: Causae, cur electores principes aliique Augustanae confessioni adjuncti status recusent adire concilium. Le Plat IV, p. 57. Sie bemerken gleich in der ersten Ankündigung die bedenklichen Worte: omni suspensione sublata. Sie erinnern an die Verdammung, die ihre Grundsätze früherhin erfahren haben, und führen weitläufig aus, „quae mala sub ea confirmatione lateant".

kreis der katholischen Nationen beschränkt. Seine Absicht konnte hauptsächlich nur dahin gehen, die zwischen diesen und der höchsten kirchlichen Gewalt hervorgetretenen Entzweiungen beizulegen, das Dogma in einigen noch nicht bestimmten Punkten weiterzubilden, vor allem die angefangene innere Reform zu vollenden und allgemein gültige disziplinarische Vorschriften zu geben. Allein auch dies zeigte sich überaus schwer: unter den versammelten Vätern traten gar bald die lebhaftesten Streitigkeiten ein.

Die Spanier brachten die Frage in Anregung, ob die Residenz der Bischöfe in ihren Diözesen göttlichen Rechtes sei oder auf menschlicher Anordnung beruhe. Es könnte dies ein müßiger Streit zu sein scheinen, da man von allen Seiten die Residenz für notwendig hielt. Allein die Spanier behaupteten im allgemeinen, die bischöfliche Gewalt sei kein Ausfluß der päpstlichen, wofür man sie in Rom erklären wollte, sondern ihr Ursprung beruhe unmittelbar auf einer göttlichen Veranstaltung. Hiermit trafen sie den Nerv des gesamten Kirchenwesens. Die Unabhängigkeit der unteren Kirchengewalten, die von den Päpsten so sorgfältig niedergehalten worden, hätte durch die Entwicklung dieses Grundsatzes wiederhergestellt werden müssen.

Während man hierüber bereits in lebhaften Streitigkeiten war, kamen die kaiserlichen Gesandten an. Übrigens merkwürdig sind die Artikel, welche sie eingaben. „Es möge“, lautet einer, „auch der Papst sich nach Christi Beispiel erniedrigen und sich eine Reform in Hinsicht seiner Person, seines Standes und seiner Kurie gefallen lassen. Das Konzilium müsse sowohl die Ernennung der Kardinäle als das Konklave reformieren.“ Ferdinand pflegte zu sagen: „Da die Kardinäle nicht gut sind, wie wollen sie einen guten Papst wählen?“ Für die Reform, die er beabsichtigte, wünschte er den Entwurf des Konziliums zu Costnitz, der dort nicht zur Ausführung gekommen, zugrunde gelegt zu sehen. Die Beschlüsse sollten durch Deputationen aus den verschiedenen Nationen vorbereitet werden. Aber überdies forderte er die Erlaubnis des Kelches und der Priesterehe, für einige seiner Untertanen Nachlaß der Fasten, die Errichtung von Schulen für die Armen, die Reinigung der Breviere, Legenden und Postillen, verständlichere Katechismen, deutsche Kirchengesänge, eine Reform der Klöster, auch darum, „damit ihre großen Reichtümer nicht so ruchlos angewendet werden möchten“[1]. Höchst wichtige, auf eine durchgreifende

[1] Pallavicini übergeht diese Postulate XVII, 1, 6 beinahe ganz. Sie sind

Umgestaltung des Kirchenwesens zielende Anträge! In wiederholten Briefen drang der Kaiser auf ihre Erörterung.

Endlich erschien auch der Kardinal von Lothringen mit den französischen Prälaten. Er schloß sich im ganzen den deutschen Vorschlägen an. Hauptsächlich forderte er die Gewährung des Laienkelches, die Administration der Sakramente in der Muttersprache, Unterricht und Predigt bei der Messe, die Erlaubnis, in voller Kirche die Psalmen in französischer Sprache zu singen, – alles Dinge, von denen man sich dort den größten Erfolg versprach. „Wir haben die Gewißheit", sagt der König, „daß die Gewährung des Laienkelches viele beunruhigte Gewissen stillen, ganze Provinzen, die sich von der katholischen Kirche abgesondert, mit derselben vereinigen und eines der besten Mittel sein werde, die Un-

ihm unbequem. Auch sind sie in der Tat in ihrer authentischen Gestalt niemals bekannt geworden. In drei Auszügen liegen sie vor uns. In einem Auszuge haben sie Paolo Sarpi lib. VI, p. 325 und ganz ebenso, jedoch lateinisch, Rainaldi und Goldast; in einem zweiten, etwas ausführlicheren, Bartholomäus de Martyribus; der dritte, vollständigste, findet sich bei Schelhorn. Sie stimmen nicht sehr gut zusammen. Ich habe mich an Schelhorn gehalten. – In den früheren Ausgaben hatte ich bemerkt, daß eine Mitteilung darüber aus Wien sehr erwünscht sein würde. Eine solche ist nun eben in der großen Urkundensammlung Sickels zur Geschichte des Konzils von Trient und einem dieselbe ergänzenden Aufsatz im 45. Bd. des Archivs f. österreich. Gesch. erfolgt. In den darin mitgeteilten Aktenstücken aus dem Kabinett Kaiser Ferdinands I. lernt man die gemäßigte, zum Ziel treffende, damals noch mit den gemeindeutschen Bestrebungen übereinstimmende Gesinnung dieses Fürsten authentisch kennen. Die erste Instruktion an seine Gesandten in Trient vom 1. Jan. 1562, wohlgeschrieben wie sie ist, verdient noch heute Beachtung. Es ist eine Arbeit des Vizekanzlers Seld, der dem Kaiser zur Seite stand und die Feder mit großer Geschicklichkeit führte. Doch enthält sie noch nicht das, was wir suchen. Dies ist das sogenannte Reformationslibell Ferdinands, ein aus vielen Consultationen hervorgegangener Entwurf, der doch nur eben das enthält, was wir bei Schelhorn bereits lasen. Man hat es nicht nötig erachtet, das Ganze zu wiederholen, sondern sich nur mit Angabe der nicht bedeutenden Abweichungen von der Handschrift begnügt. Über die Entstehung hat sich Sickel in dem Aufsatz des Archivs mit skrupulösem Fleiße verbreitet. Man ersieht daraus, daß, wie die erste Instruktion, so auch das Reformationslibell als ein Manifest der mittleren, auf eine Annäherung an die Protestanten dringenden, aber noch katholischen Partei in Deutschland zu betrachten ist. Auch die Entwürfe von Julius Pflug sind dabei benutzt worden. Ihr Inhalt ist für die spätere Zeit, wenn wir nicht irren, selbst für die heutige noch, von Bedeutung.

ruhen in unserem Reiche beizulegen."[1] Allein überdies suchten die Franzosen die Baseler Beschlüsse wieder hervor: sie behaupteten offen, das Konzilium sei über dem Papst.

Nun waren zwar die Spanier mit den Forderungen der Deutschen und der Franzosen nicht einverstanden – Laienkelch und Priesterehe verdammten sie auf das lebhafteste, und wenigstens auf dem Konzilium konnte es zu keinem Zugeständnis in dieser Hinsicht gebracht werden, nur die Heimstellung der Erlaubnis an den Papst wurde durchgesetzt –; aber es gab Punkte, in denen sich die drei Nationen zusammen den Ansprüchen der Kurie entgegenstellten. Sie fanden es unerträglich, daß die Legaten allein das Recht haben sollten, Vorschläge zu machen. Daß diese Legaten aber außerdem über jeden Beschluß, der zu fassen war, erst das Gutachten des Papstes einholten, schien ihnen eine Beschimpfung der Würde eines Konziliums. Auf diese Weise, meinte der Kaiser, gebe es zwei Konzilien: das eine in Trient, das andere, wahrere, zu Rom.

Hätte man bei diesem Zustande der Meinungen nach Nationen gestimmt, zu wie sonderbaren, auffallenden Beschlüssen müßte es gekommen sein!

Da dies nicht geschah, blieben die drei Nationen, auch zusammengenommen, immer in der Minorität. Bei weitem zahlreicher waren die Italiener, die denn nach ihrer Gewohnheit die Meinung der Kurie, von der sie größtenteils abhingen, ohne viel Bedenken verfochten. Es entstand eine große gegenseitige Erbitterung. Die Franzosen brachten den Scherz auf, der Heilige Geist komme im Felleisen nach Trient. Die Italiener redeten von spanischem Aussatz, von französischen Krankheiten, mit denen die Rechtgläubigen nacheinander heimgesucht würden. Wie der Bischof von Cadiz sich vernehmen ließ, es habe berühmte Bischöfe, es habe Kirchenväter gegeben, die kein Papst gesetzt, schrien die Italiener laut auf; sie forderten seine Entfernung, sie sprachen von Anathema und Ketzerei. Die Spanier gaben ihnen die Ketzerei zurück[2]. Zuweilen sammelten sich verschiedene Haufen unter dem

[1] Memoire baillé à Mr. le Cl de Lorraine, quand il est parti pour aller au conceil. Le Plat IV, 562.

[2] Pallavicini XV, V, 5. Paleotto Acta: „Alii praelati ingeminabant clamantes: Exeat exeat; et alii: Anathema sit; ad quos Granatensis conversus respondit: *Anathema* vos estis." Mendham, Memoirs of the concil of Trent p. 251.

Geschrei: „Spanien, Italien", auf den Straßen, und an der Stätte des Friedens sah man Blut fließen.

War es da zu verwundern, wenn man es einmal zehn Monate lang zu keiner Session brachte, wenn der erste Legat dem Papste widerriet, nach Bologna zu kommen: „denn was werde man sagen, wofern auch dann das Konzilium nicht zu einem regelmäßigen Schluß gelange, sondern aufgelöst werden müsse?"[1] Jedoch auch eine Auflösung, eine Suspension, ja nur eine Translation, an die man öfters wohl dachte, wäre höchst gefährlich gewesen. In Rom erwartete man nichts als Unheil. Man fand, daß ein Konzilium für den geschwächten Leib der Kirche eine allzu starke Medizin sei, daß es diese und Italien vollends ruinieren werde. „Wenige Tage vor meiner Abreise, im Anfang des Jahres 1563", erzählt Girolamo Soranzo, „sagte mir Kardinal Carpi, Dekan des Kollegiums und ein wahrhaft einsichtsvoller Mann, daß er in seiner letzten Krankheit Gott gebeten habe, ihm die Gnade des Todes angedeihen, ihn nicht den Untergang und die Beerdigung von Rom erleben zu lassen. Auch alle anderen angesehenen Kardinäle beklagen unaufhörlich ihr Mißgeschick: sie sehen deutlich ein, daß es keine Rettung für sie gibt, wofern nicht die heilige Hand Gottes sich ihrer besonders annimmt."[2] Alle Übel, von denen sich jemals andere Päpste durch ein Konzilium bedroht geglaubt, fürchtete Pius IV. über sich hereinbrechen zu sehen.

Es ist eine erhabene Idee, daß es in schwierigen Zeiten und lebhaften Irrungen der Kirche vor allem eine Versammlung ihrer Oberhirten sei, die denselben abhelfen könne. „Ohne Anmaßung und Neid, in heiliger Niedrigkeit, im katholischen Frieden", sagt Augustinus, „beratschlage eine solche: nach weiter entwickelter Erfahrung eröffne sie, was verschlossen, und bringe an den Tag, was verborgen war." Allein schon in den frühesten Zeiten war man

[1] Lettera del C^le^ di Mantua, legato al concilio di Trento, scritta al papa Pio IV li 15 Genn. 1563. Quando si havesse da dissolversi questo concilio – per causa d'altri e non nostra, – mi piaceria piu che V^ra^ Beatitudine fusse restata a Roma.

[2] „Li Cardinali di maggior autorità deploravano con tutti a tutte l'ore la loro miseria, la quale stimano tanto maggiore che vedono e conoscono assai chiaro, non esservi rimedio alcuno se non quello che piacesse dare al Sr Dio con la sua santissima mano!" – „Certo non si può se non temere", setzt Soranzo selbst hinzu, „Ser^mo^ Principe, che la povera Italia afflitta per altre cause habbi ancor a sentire afflittione per questo particolarmente: lo vedono e lo conoscono tutti i savj."

weit entfernt, dies Ideal zu erreichen. Es hätte eine Reinheit der Gesinnung, eine Unabhängigkeit von fremdartigen Einwirkungen dazu gehört, die dem Menschen nicht verliehen zu sein scheint. Wieviel minder aber war es jetzt zu erreichen, da die Kirche in so unzählige, widereinander laufende Verhältnisse mit dem Staat verflochten war! Wenn die Konzilien dessenungeachtet immer in großem Ansehen blieben und so oft, so dringend gefordert wurden, so kam das am meisten von der Notwendigkeit her, der Gewalt der Päpste einen Zügel anzulegen. Jetzt aber schien sich zu bewähren, was diese immer gesagt, daß eine Kirchenversammlung in Zeiten großer Verwirrung viel eher geeignet sei, diese zu vermehren als sie zu heben. Alle Italiener nahmen an den Befürchtungen der Kurie Anteil. „Entweder", sagten sie, „wird das Konzilium fortgesetzt, oder es wird aufgelöst werden. In jenem Falle, zumal wenn der Papst indes mit Tode abgehen sollte, werden die Ultramontanen das Konklave nach ihrer Absicht, zum Nachteil von Italien einrichten; sie werden den Papst dahin beschränken wollen, daß er nicht viel mehr bleibt als einfacher Bischof von Rom; unter dem Titel einer Reform werden sie die Ämter und die ganze Kurie ruinieren. Sollte es dagegen aufgelöst werden, ohne guten Erfolg, so würden auch die Gläubigen ein großes Ärgernis daran nehmen und die Zweifelhaften in außerordentliche Gefahr geraten, ganz verlorenzugehen."

Betrachtete man die Lage der Dinge, so mußte es unmöglich scheinen, in dem Konzilium selbst eine Änderung der herrschenden Stimmung hervorzurufen. Den Legaten, die der Papst leitete, den Italienern, die von ihm abhingen, standen die Prälaten der anderen Nationen gegenüber, die sich ihrerseits wieder an die Gesandten ihrer Fürsten hielten. Da war an keine Aussöhnung, an keine vermittelnde Abkunft zu denken. Noch im Februar 1563[1] schienen die Sachen verzweifelt zu stehen: alles war in Hader; jede Partei hielt hartnäckig ihre Meinung fest.

Sowie man aber einmal die Lage der Dinge, rein wie sie war, ins

[1] In einem Schreiben des Bischofs von Fünfkirchen wird noch die Suspension des Konziliums empfohlen. „Praestat etenim omnium iudicio concilium hoc cum aliqua spe futurae concordiae et reformationis suspendi, quam sine omni fructu atque etiam cum totius bonae spei iactura orbisque magna perturbatione claudi ac infeliciter vel certe infructuose finiri. (Sickel 427.)

Auge faßte, so zeigte sich auch eine Möglichkeit, aus diesem Labyrinth zu entkommen.

In Trient trafen und bekämpften sich nur die Meinungen: ihren Ursprung hatten sie zu Rom und bei den verschiedenen Fürsten. Wollte man die Mißhelligkeiten heben, so mußte man sie an ihren Quellen aufsuchen. Wenn Pius IV. schon sonst gesagt, das Papsttum könne sich ohne eine Vereinigung mit den Fürsten nicht mehr halten, so war jetzt der Moment, diese Maxime in Ausführung zu bringen. Er hatte einmal den Gedanken, sich die Forderungen der Höfe einreichen zu lassen und sie ohne das Konzilium zu erledigen. Aber es wäre eine halbe Maßregel gewesen. Die Aufgabe war, im Einverständnis mit den größeren Mächten das Konzilium zu Ende zu bringen: ein anderes Mittel gab es nicht.

Pius IV. entschloß sich, es zu versuchen. Sein geschicktester, staatskundigster Kardinal, Morone, stand ihm darin zur Seite.

Zunächst kam es auf Kaiser Ferdinand an, an welchen sich die Franzosen, wie gesagt, anschlossen, auf den auch Philipp II., als auf seinen Oheim, nicht wenig Rücksicht nahm.

Morone, vor kurzem zum Präsidenten des Konziliums ernannt, aber sofort überzeugt, daß sich in Trient nichts ausrichten lasse, begab sich im April 1563, ohne die Begleitung eines einzigen anderen Prälaten, zu ihm hinüber nach Innsbruck. Er fand ihn unmutig, mißvergnügt, gekränkt: überzeugt, daß man zu Rom keine ernstlichen Verbesserungen wolle: entschlossen, dem Konzilium zuerst seine Freiheit zu verschaffen[1].

Es ward eine außerordentliche, in unseren Zeiten würde man sagen diplomatische Geschicklichkeit des Legaten erfordert, um nur zuerst den aufgebrachten Fürsten zu begütigen[2].

Ferdinand war verstimmt, weil man seine Reformationsartikel hintangesetzt und niemals zu wirklichem Vortrag gebracht habe: der Legat wußte ihn zu überzeugen, daß man es aus nicht ganz

[1] Hierher gehört auch: Relation in scr. fatta dal Comendone ai Sri legati del concilio sopra le cose ritratte dall' imperatore 19 Febr. 1563. „Pare che pensino trovar modo e forma di haver piu parte et autorità nel presente concilio per stabilire in esso tutte le loro petitioni giuntamente con li Francesi."

[2] Das wichtigste Stück, das mir über die Trienter Verhandlungen vorgekommen, ist die Relation von Morone über seine Legation: nur kurz aber bündig. Weder Sarpi noch auch Pallavicini haben Notiz von derselben. Relatione sommaria del Cl Morone sopra la legatione sua. Bibl. Altieri in Rom. VII, F. 3.

verwerflichen Gründen bedenklich gefunden, sie in aller Form zu beraten, aber nichtsdestominder den wichtigsten Teil ihres Inhalts vorgenommen und sogar bereits beschlossen hatte. Der Kaiser beklagte sich ferner, daß man das Konzilium von Rom aus leite und die Legaten durch Instruktionen regiere; Morone bemerkte dagegen, was nicht zu leugnen war, daß auch die fürstlichen Gesandten von Hause instruiert und stets mit neuen Anweisungen versehen würden.

In der Tat kam Morone – der ohnehin schon lange das Vertrauen des Hauses Österreich genoß – über diese empfindlichsten Stellen glücklich hinweg: er beschwichtigte die ungünstigen persönlichen Eindrücke, die der Kaiser empfangen, und machte sich nun daran, über diejenigen Streitpunkte, welche die großen Zerwürfnisse in Trient veranlaßt hatten, eine wechselseitige Übereinkunft zu versuchen. In den wesentlichen Dingen nachzugeben, die Autorität des Papstes schwächen zu lassen, war nicht seine Meinung: „Es kam darauf an", sagt er selbst, „solche Bestimmungen zu verabreden, daß der Kaiser glauben konnte, Genugtuung empfangen zu haben, ohne daß man doch der Autorität des Papstes oder der Legaten zu nahe getreten wäre."[1]

Der erste von diesen Punkten war die ausschließende Initiative der Legaten, von der man immer behauptet, sie laufe den Freiheiten eines Konziliums entgegen. Morone bemerkte, daß es nicht im Interesse der Fürsten sei, allen Prälaten die Initiative zu gewähren. Es konnte ihm nicht sehr schwer werden, den Kaiser davon zu überzeugen. Es war leicht zu sehen, daß die Bischöfe im Besitze dieses Rechtes gar bald auch Vorschläge in einem den bisherigen Ansprüchen und Rechten des Staates entgegenlaufenden Sinne machen würden. Augenscheinlich war, welche Verwirrung aus einem solchen Zugeständnis entstehen mußte. Dennoch wollte man auch den Wünschen der Fürsten einigermaßen entgegenkommen, und es ist merkwürdig, welche Auskunft man traf. Morone versprach, alles in Vorschlag zu bringen, was die Gesandten ihm zu diesem Zwecke vorlegen würden: – täte er es nicht, alsdann solle ihnen selber das Recht zustehen, den Antrag zu machen. Eine Vermittlung, die den Geist bezeichnet, der allmählich in dem

[1] Fu necessario trovare temperamento tale che paresse all' imperatore di essere in alcuno modo satisfatto et insieme non si pregiudicasse all' autorità del papa nè de' legati, ma restasse il concilio nel suo possesso.

Konzilium zu herrschen anfing. Die Legaten geben einen Fall zu, in welchem sie sich der ausschließenden Initiative entäußern wollen, aber nicht sowohl zugunsten der Väter des Konziliums als zugunsten der Gesandten[1]. Es erfolgt daraus, daß nur die Fürsten in einen Teil der Rechte treten, die der Papst sich übrigens vorbehält.

Ein zweiter Punkt war die Forderung, die Deputationen, welche die Beschlüsse vorbereiten, nach den verschiedenen Nationen zusammentreten zu lassen. Morone bemerkte, daß es schon immer geschehen, daß aber, weil es der Kaiser wünsche, nun noch genauer darüber gehalten werden solle.

Man kam auf den dritten Streitpunkt, die Reform. Ferdinand gab endlich zu, daß der Ausdruck einer Reformation des Hauptes, auch die alte sorbonnische Frage, ob das Konzilium über dem Papste stehe oder nicht, vermieden werden solle; aber dafür versprach Morone eine wahrhaft durchgreifende Reform in allen anderen Stücken. Der Entwurf, den man hierzu machte, betraf selbst das Konklave.

Wie man erst die Hauptsache erledigt, so vereinigte man sich leicht über die Nebendinge. Der Kaiser ließ von vielen seiner Forderungen ab und gab seinen Gesandten den Auftrag, vor allem mit den päpstlichen Legaten ein gutes Vernehmen aufrechtzuerhalten. Nach wohlausgerichteten Dingen kehrte Morone über die Alpen zurück. „Als man in Trient“, sagt er selbst, „den guten Entschluß des Kaisers vernahm und die Vereinigung seiner Gesandten mit den päpstlichen inne ward, fing das Konzilium an, seine Gestalt zu verändern und sich um vieles leichter behandeln zu lassen.“

[1] Summarium eorum, quae dicuntur acta inter Caesaream Majestatem et illustrissimum cardinalem Moronum, in den Akten des Torellus – auch bei Salig, Geschichte des Tridentinischen Konziliums III, A. 292 – drückt dies folgendergestalt aus: Maj. S. sibi reservavit vel per medium dictorum legatorum, vel, si ipsi in hoc gravarentur, per se ipsum vel per ministros suos proponi curare. Ich bekenne, daß ich daraus nicht leicht auf eine Verhandlung geschlossen haben würde, wie sie Morone mitteilt, obwohl sie darin liegt. In der Duplica S. C. M^tis^ bei Sickel 499 lauten die Worte: ut et R^mi^ D. legati nomine M^tis^ S. aliorumque catholicorum regum et principum ea, quae hisce ad conservandam catholicam religionem in regnis et dominiis suis necessaria videntur et de quibus ipsi R^mi^ D. legati voce vel scripto informabantur, proponant.

Hierzu trugen noch einige andere Umstände bei.

Die Spanier und Franzosen hatten sich über das Recht des Vortritts der Repräsentanten ihrer Könige entzweit und hielten seitdem viel weniger zusammen.

Auch waren mit beiden besondere Unterhandlungen angeknüpft worden.

Für Philipp II. lag in der Natur der Sache die dringende Notwendigkeit eines Einverständnisses. Seine Macht in Spanien war zum großen Teil auf geistliche Interessen gegründet, und er mußte vor allem dafür sorgen, diese in seiner Hand zu behalten. Wohl wußte das der römische Hof, und der Nuntius von Madrid sagte oft, eine ruhige Beendigung des Konziliums sei für den König so wünschenswert wie für den Papst. Schon hatten sich zu Trient die spanischen Prälaten wider die Belastungen der geistlichen Güter geregt, die dort einen bedeutenden Teil der Staatseinkünfte bildeten; der König hatte es mit Besorgnis vernommen: er bat den Papst, so anstößige Reden zu verbieten[1]. Wie hätte er noch daran denken können, seinen Prälaten die Initiative des Vorschlags zu verschaffen? Vielmehr suchte auch er sie in Schranken zu halten. Pius beschwerte sich über die heftige Opposition, die ihm von den Spaniern fortwährend bewiesen werde; der König versprach, Mittel zu ergreifen, um ihren Ungehorsam abzustellen. Genug, der Papst und der König wurden inne, daß ihre Interessen die nämlichen seien. Es müssen noch andere Verhandlungen stattgefunden haben. Der Papst warf sich ganz in die Arme des Königs; der König versprach feierlich, dem Papst in jeder Bedrängnis mit aller Kraft seines Reiches zu Hilfe zu kommen.

Auf der anderen Seite näherten sich indes die Franzosen. Die Guisen, die einen so großen Einfluß zu Hause auf die Regierung und hier auf das Konzilium ausübten, gaben ihrer Politik hier wie dort eine immer entschiedenere katholische Richtung. Nur der Nachgiebigkeit des Kardinals Guise verdankte man, daß es nach zehnmonatlicher Zögerung, achtmaligem Aufschub endlich wieder zu einer Session kommen konnte. Aber es war überdies von der engsten Vereinigung die Rede. Guise brachte eine Zusammenkunft der mächtigsten katholischen Fürsten, des Papstes, des Kaisers, der Könige von Frankreich und Spanien, in Vorschlag[2].

[1] Paolo Tiepolo, Dispaccio di Spagna 4 Dez. 1562.

[2] Instruttione data a Mons. Carlo Visconti mandato da papa Pio IV

Zu näherer Besprechung ging er selbst nach Rom, und der Papst kann nicht Worte genug finden, um „den christlichen Eifer desselben für den Dienst Gottes und die öffentliche Ruhe, nicht allein in Sachen des Konziliums, sondern auch in anderen, welche die allgemeine Wohlfahrt anbetreffen"[1], zu rühmen. Die vorgeschlagene Zusammenkunft wäre dem Papste sehr erwünscht gewesen. Er schickte Gesandte deshalb an Kaiser und König.

Nicht in Trient demnach, sondern an den Höfen und durch politische Unterhandlung wurden die wesentlichen Entzweiungen beigelegt und die großen Hindernisse einer glücklichen Beendigung des Konziliums weggeräumt. Morone, der hierzu das meiste beigetragen, wußte indes auch die Prälaten persönlich zu gewinnen: er widmete ihnen alle die Anerkennung, das Lob, die Begünstigung, wonach sie verlangten.[2] Er zeigte einmal recht, was ein geistreicher, geschickter Mann, der die Lage der Dinge begreift und sich ein Ziel setzt, das derselben gemäß ist, auch unter den schwierigsten Umständen leisten kann. Wenn irgendeinem Menschen überhaupt, so hat die katholische Kirche den glücklichen Ausgang des Konziliums ihm zu verdanken.

Der Weg war geebnet. „Man konnte nunmehr", sagt er selbst, „auf die Schwierigkeiten eingehen, die in der Sache lagen."

Noch schwebte die alte Streitfrage über die Notwendigkeit der Residenz und das göttliche Recht der Bischöfe. Lange zeigten sich die Spanier in ihren Lehrsätzen hierüber unerschütterlich: noch im Juli 1563 erklärten sie dieselben für ebenso unfehlbar als die zehn Gebote: der Erzbischof von Granada wünschte alle Bücher verboten zu sehen, in denen das Gegenteil behauptet werde[3]; bei der Redaktion des Dekretes ließen sie sich hierauf dennoch gefal-

al re catt. per le cose del concilio di Trento (ultimo Ottobre 1563). Bibl. Barb. 3007.

[1] il beneficio universale. Lett. di Pio IV 20 Ott. 1563.

[2] „I prelati", sagt Morone selbst, „accarezzati e stimati e lodati e gratiati si fecero piu trattabili." Martin Perez de Ayala, der sich bis zuletzt opponierte, ist ganz entrüstet über den allgemeinen Abfall: „Todo lo havia ya vencido el cardenal de Moron con sus artes ansi al c[l] de Porena como al arzobispo de Granada como otros sieto o ocho que al principio estubieron bien en las cosas del bien comun." Er nennt Morone „hombre doblado" und meint, auch ihm habe derselbe schmeicheln wollen. (Aus seiner Autobiographie in der Vida de Villanueva II p. 420.)

[3] Scrittura nelle lettere e memorie del nuncio Visconti II, 174.

len, daß ihre Meinung nicht ausgesprochen wurde. Sie begnügten sich damit, daß man eine Fassung annahm, bei der es ihnen allenfalls auch noch ferner möglich blieb, ihre Ansicht zu verfechten. Gerade diese Doppeldeutigkeit fand Lainez an dem Dekrete lobenswürdig[1].

Auf ähnliche Weise ging es mit der anderen Streitigkeit, über die Initiative, das „proponentibus legatis". Der Papst erklärte, ein jeder solle fordern und sagen dürfen, was ihm nach den alten Konzilien zu fordern und zu sagen zustehe; doch hütete er sich wohl, das Wort „vorschlagen" hierbei zu brauchen[2]. Es ward eine Auskunft getroffen, mit der sich die Spanier begnügten, ohne daß darum der Papst das mindeste aufgegeben hätte.

Nachdem der Rückhalt der politischen Tendenzen weggefallen, suchte man die Fragen, die zu Bitterkeiten und Entrüstung Anlaß gegeben, nicht sowohl zu entscheiden, als durch eine geschickte Vermittlung zu beseitigen.

Bei dieser Stimmung kam man dann über die minder bedenklichen Punkte um so leichter hinweg. Niemals schritt das Konzilium rascher vorwärts. Die wichtigen Dogmen von der Priesterweihe, dem Sakrament der Ehe, dem Ablaß, dem Fegefeuer, der Verehrung der Heiligen und bei weitem die bedeutendsten reformatorischen Anordnungen, welche es überhaupt abgefaßt hat, fallen in die drei letzten Sessionen des Jahres 1563. Sowohl für die einen als für die anderen waren die Kongregationen aus verschiedenen Nationen zusammengesetzt. Der Entwurf der Reform ward in fünf besonderen Versammlungen – einer französischen, die bei dem Kardinal Guise, einer spanischen, die bei dem Erzbischof von Granada zusammenkam, und drei italienischen – in Beratung gezogen[3].

[1] „Ejus verba in utramque partem pie satis posse exponi." Paleotto bei Mendham, Memoirs of the council of Trent p. 262. Vorgeschlagen war der Satz: episcopos esse a Christo institutos; beliebt ward: esse hierarchiam divina ordinatione institutam, quae constat ex episcopis, presbyteris et ministris. Es war vergeblich, daß einige ordinatione peculiari, andere institutione vorschlugen. Der Bischof Mendoza von Salamanca schreibt dem geschickten (cuerdo) Verfahren des Kardinals Morone den günstigen Erfolg zu. Bei Villanueva II, p. 427.

[2] Pallavicini 23, 6, 5.

[3] Die besten Notizen hierüber finden sich, wo man sie nicht suchen sollte, in Baini, Vita di Palestrina I, 199, aus authentischen Briefschaften. Auch das *Diarium* des Servantio, das bei Mendham benutzt ist (p. 304), berührt die Sache.

Über die meisten Fragen verständigte man sich leicht; eigentliche Schwierigkeiten boten nur noch zwei dar, die Fragen über die Exemtion der Kapitel und die Pluralität der Benefizien, in denen wieder die Interessen eine große Rolle spielten.

Die erste berührte vor allem Spanien. Von den außerordentlichen Freiheiten, welche die Kapitel sonst hier besessen, hatten sie schon einiges verloren. Während sie dies wiederzuerlangen wünschten, faßte der König die Absicht, sie noch viel weiter einzuschränken: da er die Bischöfe setzte, so lag ihm selbst an einer Ausdehnung der bischöflichen Gewalt. Der Papst dagegen war für die Kapitel. Ihre unbedingte Unterwerfung unter die Bischöfe würde seinen Einfluß auf die spanische Kirche nicht wenig geschmälert haben. Noch einmal stießen hier diese beiden großen Einwirkungen zusammen. Es fragte sich in der Tat, welche von beiden die Majorität für sich gewinnen würde. Außerordentlich stark war doch auch der König bei dem Konzilium: einen Abgeordneten, den die Kapitel dahin gesendet, um ihre Vorrechte wahrzunehmen, hatte sein Gesandter zu entfernen gewußt: er hatte so viele geistliche Gnaden auszuteilen, daß jedermann Bedenken trug, es mit ihm zu verderben. Bei der mündlichen Abstimmung ergab sich ein ungünstiges Resultat für die Kapitel. Man bemerke, welchen Ausweg die päpstlichen Legaten trafen. Sie beschlossen, die Stimmen diesmal schriftlich geben zu lassen; nur die mündlichen Erklärungen, in der Gegenwart so vieler Anhänger des Königs abgelegt, wurden von der Rücksicht auf Spanien beherrscht, nicht die schriftlichen, die den Legaten zu Händen kamen. Wirklich erlangten sie auf diese Weise eine bedeutende Majorität für die päpstliche Ansicht und für die Kapitel. Darauf gestützt, traten sie dann unter Vermittlung Guises, in neue Unterhandlungen mit den spanischen Prälaten, die sich endlich auch mit einer um vieles geringeren Erweiterung ihrer Befugnisse begnügten, als sie beabsichtigt hatten[1].

[1] Aus Paolo Sarpi VIII, 816 wird man über diese Sache doch noch nicht klar. Sehr erwünscht ist die authentische Erläuterung Morones: „L'articolo delle cause e dell' essenzioni de canonici fu vinto secondo la domanda degli oltramontani: poi facendosi contra l'uso che li padri tutti dessero voti in iscritto, furono mutate molte sententie e fu vinto il contrario. Si venne al fin alla concordia che si vede nei decreti, e fu mezzano Lorena, che gia era tornato da Roma, tutto additto al servitio di S. Beatitudine et alla fine del concilio."

Noch wichtiger für die Kurie war der zweite Artikel von der Pluralität der Benefizien. Von jeher war von einer Reform des Institutes der Kardinäle die Rede gewesen, und es gab viele, die in dem Verfall desselben den Ursprung alles Unheils zu erkennen glaubten: gerade sie ließen sich oft eine Menge Pfründen übertragen; es war die Absicht, sie hierin durch die strengsten Gesetze zu beschränken. Man begreift leicht, wie empfindlich der Kurie jede Neuerung in dieser Hinsicht gefallen sein würde: schon eine ernstliche Beratung darüber fürchtete und floh sie. Sehr eigentümlich ist auch hier der Ausweg, welchen Morone einschlug. Er warf die Reform der Kardinäle mit den Artikeln über die Bischöfe zusammen. „Wenige", sagt er selbst, „sahen die Wichtigkeit der Sache ein, und auf diese Weise wurden alle Klippen vermieden."

Setzte dergestalt der Papst die Erhaltung des römischen Hofes in seiner bisherigen Gestalt glücklich durch, so zeigte er sich auch bereit, die Reformation der Fürsten, wie man sie im Sinne gehabt, fallen zu lassen: er gab hierin den Vorstellungen des Kaisers nach[1].

Im Grunde war alles wie ein Friedenskongreß. Während die Fragen von untergeordnetem Interesse von den Theologen zu allgemeinen Beschlüssen vorbereitet wurden, unterhandelten die Höfe über die bedeutenderen. Unablässig flogen die Eilboten hin und her. Eine Konzession vergütete man mit der anderen.

Vor allem lag dem Papste nun daran, einen baldigen Schluß herbeizuführen. Eine Zeitlang weigerten sich noch die Spanier, hierauf einzugehen: die Reform tat ihnen noch nicht Genüge; der spanische Botschafter machte sogar einmal Miene zu protestieren: da sich aber der Papst geneigt erklärte, dringendenfalls eine neue Synode zu berufen[2], da man vor allem Bedenken trug, eine Sedisvakanz bei eröffnetem Konzilium abzuwarten, endlich, da jedermann müde war und nach Hause zu kommen wünschte, so gaben zuletzt auch sie nach.

Der Geist der Opposition war wesentlich überwunden. Eben in seiner letzten Epoche zeigte das Konzilium die größte Unterwürfigkeit. Es bequemte sich, den Papst um eine Bestätigung seiner

[1] Daß eine strenge Reform der Kurie, der Kardinäle, des Konklaves nicht zu Stande kam, hängt genau mit der Unterlassung der Reformation der Fürsten zusammen. Auszüge aus dem Briefwechsel der Legaten bei Pallavicini 23, 7, 4.

[2] Pallavicini 24, 8, 5.

Beschlüsse zu ersuchen; es erklärte ausdrücklich, alle Reformationsdekrete, wie auch immer ihre Worte lauten möchten, seien in der Voraussetzung abgefaßt, daß das Ansehen des Päpstlichen Stuhles dabei unverletzt bleibe[1]. Wie weit war man da zu Trient entfernt, die Ansprüche von Costnitz und Basel auf eine Superiorität über die päpstliche Gewalt zu erneuern! In den Akklamationen, mit denen die Sitzungen geschlossen wurden – von Kardinal Guise verfaßt –, wurde das allgemeine Bistum des Papstes noch besonders anerkannt.

Glücklich war es demnach gelungen. Das Konzilium, so heftig gefordert, solange vermieden, gespalten, zweimal aufgelöst, von so vielen Stürmen der Welt erschüttert, bei der dritten Versammlung aufs neue voll von Gefahr, war in allgemeiner Eintracht der katholischen Welt beendigt. Man begreift es, wenn die Prälaten, als sie am 4. Dezember 1563 zum letztenmal beisammen waren, von Rührung und Freude ergriffen wurden. Auch die bisherigen Gegner wünschten einander Glück; in vielen Augen dieser alten Männer sah man Tränen.

Hatte nun aber soviel Beugsamkeit und politische Gewandtheit, wie wir bemerkten, dazu gehört, um zu diesem Resultate zu gelangen, so könnte man fragen, ob nicht hierdurch das Konzilium auch wieder an seiner Wirksamkeit notwendig verloren habe.

Wenn nicht unter allen Konzilien überhaupt, auf jeden Fall unter denen der neueren Jahrhunderte bleibt das Tridentinische immer das wichtigste.

In zwei großen Momenten drängt sich seine Bedeutung zusammen.

In dem ersten, den wir früher berührten, während des Schmalkaldischen Krieges, sonderte sich das Dogma nach mancherlei Schwankungen auf immer von den protestantischen Meinungen ab. Aus der Lehre von der Rechtfertigung, wie man sie damals aufstellte, erhob sich alsdann das ganze System der katholischen Dogmatik, wie es noch heutzutage behauptet wird.

In dem zweiten, den wir zuletzt betrachteten, nach den Konferenzen Morones mit dem Kaiser, im Sommer und Herbst des Jahres 1563, ward die Hierarchie theoretisch durch die Dekrete von der Priesterweihe, praktisch durch die Reformationsbeschlüsse aufs neue begründet.

[1] Sessio XXV, c. 21.

Höchst wichtig sind und bleiben diese Reformen.

Die Gläubigen wurden wieder unnachsichtiger Kirchenzucht und im dringenden Falle dem Schwerte der Exkommunikation unterworfen. Man gründete Seminare und nahm Bedacht, die jungen Geistlichen darin in strenger Zucht und Gottesfurcht aufzuerziehen. Die Pfarren wurden aufs neue reguliert, Verwaltung des Sakraments und der Predigt in feste Ordnung gebracht, die Mitwirkung der Klostergeistlichen an bestimmte Gesetze gebunden. Den Bischöfen wurden die Pflichten ihres Amtes, hauptsächlich die Beaufsichtigung des Klerus, nach den verschiedenen Graden ihrer Weihen eingeschärft. Von großem Erfolg war es, daß die Bischöfe durch ein besonderes Glaubensbekenntnis, welches sie unterschrieben und beschworen, sich feierlich zur Beobachtung der tridentinischen Dekrete und zur Unterwürfigkeit gegen den Papst verpflichteten.

Nur war die Absicht, die anfangs allerdings auch bei dieser Kirchenversammlung stattgehabt, die Macht des Papstes zu beschränken, damit nicht erreicht worden. Vielmehr ging dieselbe sogar erweitert und geschärft aus dem Kampfe hervor. Da sie das ausschließende Recht behielt, die tridentinischen Beschlüsse zu interpretieren, so stand es immer bei ihr, die Normen des Glaubens und Lebens vorzuschreiben. Alle Fäden der hergestellten Disziplin liefen in Rom zusammen.

Die katholische Kirche erkannte ihre Beschränkung an: auf die Griechen und den Orient nahm sie keinerlei Rücksichten mehr; den Protestantismus stieß sie mit unzähligen Anathemen von sich. In dem früheren Katholizismus war ein Element des Protestantismus einbegriffen; jetzt war es auf ewig ausgestoßen. Aber indem man sich beschränkte, konzentrierte man seine Kraft und nahm sich in sich selber zusammen.

Nur durch Einverständnis und Übereinkunft mit den vornehmsten katholischen Fürsten, wie wir sahen, kam es soweit. In dieser Vereinigung mit dem Fürstentume liegt eine der wichtigsten Bedingungen für die ganze spätere Entwicklung. Sie hat eine Analogie mit der Tendenz des Protestantismus, fürstliche und bischöfliche Rechte zu vereinigen. Erst nach und nach bildete sie sich bei den Katholiken aus. Allerdings begreift man, daß hierin auch zugleich eine Möglichkeit neuer Entzweiung liegt; zunächst aber war hiervon nichts zu fürchten. In einer Provinz nach der anderen rezipierte man bereits die Beschlüsse der Versammlung. Eben dadurch ist Pius IV. welthistorisch wichtig, daß er dies bewirkte: er war der erste Papst, der die Tendenz der Hierarchie, sich der fürstlichen Gewalt entgegenzusetzen, mit Bewußtsein aufgab.

Mit dem Erfolg glaubte er nun allerdings das Werk seines Lebens vollendet zu haben. Es ist merkwürdig, daß mit der Beendigung des Konziliums die Spannung seiner Seele nachließ. Man glaubte zu bemerken, daß er den Gottesdienst vernachlässige, daß er doch allzugern gut esse und trinke, daß er sich in glänzendem Hofhalt, prächtigen Festen, kostbaren Bauten allzusehr gefalle. Die Eiferer nahmen einen Unterschied zwischen ihm und seinem Vorgänger wahr, den sie laut beklagten[1].

Doch war hiervon keine besondere Rückwirkung mehr zu erwarten. Es hatte sich eine Tendenz in dem Katholizismus entwickelt, die nicht mehr zurückzudrängen noch einzuhalten war.

Ist einmal der Geist erweckt, so wird es unmöglich sein, ihm seine Bahnen vorzuzeichnen. Jede, auch eine geringfügige Abweichung derjenigen, die ihn repräsentieren sollen, von seiner Regel wird die auffallendsten Symptome hervorrufen.

Der Geist, der sich in der streng-katholischen Richtung entwikkelte, ward auf der Stelle diesem Papste selber gefährlich.

Es lebte ein gewisser Benedetto Accolti in Rom, katholisch bis zur Schwärmerei, der immer viel von einem Geheimnis redete, das ihm von Gott anvertraut worden: er werde es eröffnen und, zum Beweise, daß er die Wahrheit spreche, vor dem versammelten Volke auf der Piazza Navona durch einen brennenden Scheiterhaufen unverletzt hindurchgehen.

Sein Geheimnis war, daß er vorauszuwissen meinte, in kurzem werde eine Vereinigung zwischen der griechischen und der römischen Kirche stattfinden; diese vereinte katholische Kirche werde

[1] Paolo Tiepolo: „Doppo che questo (il concilio) hebbe fine, liberato da una grande sollecitudine fattosi fermo e gagliardo nell' autorità sua, incominciò piu liberamente ad operare conforme alla sua inclinatione e pensieri: onde facilmente si conobbe in lui animo piu tosto da principe che attendesse solamente al fatto suo, che di pontefice che avesse rispetto al beneficio e salute degli altri." Bei Panvinius wird das nämliche bemerkt.

sich die Türken und alle Abgefallenen wieder unterwerfen; der Papst werde ein heiliger Mensch sein, zur allgemeinen Monarchie gelangen und die einzige vollkommene Gerechtigkeit auf Erden einführen. Von diesem Gedanken war er bis zum Fanatismus erfüllt.

Nun fand er aber, daß Pius IV., dessen weltliches Tun und Treiben von seinem Ideal unendlich weit entfernt war, sich zu einem so großen Unternehmen nicht eigne. Benedetto Accolti meinte von Gott bestimmt zu sein, die Christenheit von diesem untauglichen Oberhaupte zu befreien.

Er faßte den Plan, den Papst selbst zu töten. Er fand einen Gefährten, dem er die Belohnungen Gottes und des zukünftigen heiligen Monarchen zusicherte. Eines Tages machten sie sich auf. Schon sahen sie den Papst in der Mitte einer Prozession herankommen: leicht zu erreichen, friedlich, ohne Verdacht noch Verteidigung.

Accolti, statt auf ihn loszugehen, fing an zu zittern und wechselte die Farbe. Die Umgebung eines Papstes hat etwas, das auf einen so fanatisch katholischen Menschen schlechterdings Eindruck machen muß. Der Papst ging vorüber.

Andere hatten indessen Accolti bemerkt. Der Gefährte, den er gewonnen, des Namens Antonio Canossa, war von keiner beharrlicheren Entschlossenheit: bald ließ er sich überreden, die Sache ein andermal ausführen zu wollen, bald fühlte er sich versucht, sie selber anzuzeigen. Sie schwiegen nicht ganz. Endlich wurden sie festgenommen und zum Tode verdammt[1].

Man sieht, welche Geister in dem bewegten Leben sich regten. Soviel auch Pius IV. für die Rekonstruktion der Kirche getan, so gab es viele, denen das bei weitem nicht genug war und die noch ganz andere Entwürfe hegten.

Pius V.

Es hatten aber die Anhänger der strengen Gesinnung sofort einen unerwarteten und großen Sukzeß. Ein Papst ward gewählt, den sie durchaus zu den ihren zählen konnten: Pius V.

[1] Ich entnehme diese Notizen, die ich sonst nirgends fand, aus einem MS. der Bibliothek Corsini zu Rom Nr. 674, unter dem Titel: Antonio Canossa. Questo è il sommario della mia depositione per la qual causa

Ich will nicht die mehr oder minder zweifelhaften Berichte wiederholen, welche das Buch über die Konklaven und einige Geschichtschreiber jener Zeit über diese Wahl mitteilen. Wir haben ein Schreiben von Karl Borromeo, das uns hinreichende Aufklärung gibt. „Ich beschloß", sagt er darin – und es ist gewiß, daß er den größten Einfluß auf die Wahl gehabt hat –, „auf nichts so sehr zu sehen, wie auf die Religion und den Glauben. Da mir die Frömmigkeit, Unbescholtenheit und heilige Gesinnung des Kardinals von Alessandria – nachher Pius V. – bekannt waren, so glaubte ich, daß die christliche Republik von ihm am besten verwaltet werden könne, und widmete ihm meine ganze Bemühung."[1] Von einem Mann einer so vollkommen geistlichen Gesinnung, wie Karl Borromeo war, läßt sich ohnehin keine andere Rücksicht erwarten. Philipp II., von seinem Gesandten für den nämlichen Kardinal gewonnen, hat dem Borromeo ausdrücklich für seinen Anteil an dieser Wahl gedankt[2]. Gerade eines solchen Mannes glaubte man zu bedürfen. Die Anhänger Pauls IV., die sich bisher doch immer stillgehalten, priesen sich glücklich. Wir haben Briefe von ihnen übrig. „Nach Rom, nach Rom", schrieb einer dem anderen, „kommt zuversichtlich, ohne Verzug, aber mit aller Bescheidenheit; Gott hat uns Paul IV. wieder auferweckt."

Michele Ghislieri – nunmehr Pius V. – von geringer Herkunft, zu Bosco unfern Alessandria im Jahre 1504 geboren, ging bereits in seinem vierzehnten Jahre in ein Dominikanerkloster. Er ergab sich da mit Leib und Seele der mönchischen Armut und Frömmigkeit, die sein Orden von ihm forderte. Von seinen Almosen behielt er nicht soviel für sich, um sich einen Mantel machen zu lassen; gegen die Hitze des Sommers, fand er, sei das beste Mittel, wenig

io moro, quale si degnerà V. S. mandare alli miei sri padre et madre. – Pius IV starb am 9. Dezember 1565.

[1] Clis Borromeus Henrico Cli Infanti Portugalliae. Romae d. 26. Febr. 1566. Glussiani, Vita C. Borromei p. 62. Vgl. Ripamonto, Historia urbis Mediolani lib. XII, p. 814.

[2] Ich finde dies in einem Dispaccio di Soranzo ambre in Spagna. Non essendo conosciute le qualità di S. Sà da questo Sermo re, mentre era in cardinalato, il detto commendator (Luigi Requesens Comm. maggior) sempre lo laudò molto, predicando questo soggetto esser degno del pontificato, con il che S. M. sie mosse a dargli ordine che con ogni suo potere li desse favore. Hiermit fällt das Geschichtchen, das Oltrocchi in den Anmerkungen zu dem Giussano S. 219 erzählt, von selbst weg. Die Wahl 8. Januar 1566.

zu genießen. Obwohl Beichtvater eines Governators von Mailand, reiste er doch immer zu Fuß und seinen Sack auf dem Rücken. Lehrte er, so tat er es mit Präzision und Wohlwollen; hatte er ein Kloster als Prior zu verwalten, so war er streng und sparsam: mehr als eines hat er von Schulden freigemacht. Seine Entwicklung fiel in die Jahre, in denen auch in Italien die bisherige Lehre mit den protestantischen Regungen kämpfte. Er nahm für die Strenge der alten Lehre Partei: von 30 Streitsätzen, die er 1543 in Parma verfocht, bezogen sich die meisten auf die Autorität des römischen Papstes und waren den neuen Meinungen entgegengesetzt. Gar bald übertrug man ihm das Amt eines Inquisitors. Gerade in Orten von besonderer Gefahr, in Como und Bergamo[1], wo der Verkehr mit Schweizern und Deutschen nicht vermieden werden konnte, im Valtellin, das unter Graubünden stand, hatte er es zu verwalten. Er bewies darin die Hartnäckigkeit und den Mut eines Eiferers. Zuweilen ist er bei seinem Eintritt in Como mit Steinwürfen empfangen worden; oft hat er, um nur sein Leben zu retten, des Nachts sich in Bauerhütten verbergen, wie ein Flüchtling zu entkommen suchen müssen; doch ließ er sich keine Gefahr irremachen: der Graf della Trinita drohte, ihn in einen Brunnen werfen zu lassen; er entgegnete: es wird geschehen, was Gott will. So war auch er in den Kampf der geistigen und politischen Kräfte verflochten, der damals Italien bewegte. Da die Richtung, der er sich zugewandt, den Sieg davontrug, so kam er mit ihr empor. Er wurde Kommissarius der Inquisition in Rom; gar bald sagte Paul IV., Fra Michele sei ein großer Diener Gottes und hoher Ehren wert; er ernannte ihn zum Bischof von Nepi – denn er wolle ihm eine Kette an den Fuß legen, damit er nicht künftig einmal sich in die Ruhe eines Klosters zurückziehe[2] – und 1557 zum Kardinal .Ghislieri hielt sich auch in dieser neuen Würde streng, arm

[1] Paolo Tiepolo, Relazione di Roma in tempo di Pio IV et V. In Bergamo li fu levato per forza dalle prigioni del monastero di S. Domenico, dove allora si solevano mettere i rei, un principale heretico, nominato Giorgio Mondaga (noch ein Name für das Verzeichnis der italienischen Protestanten) con gran pericolo suo e de' frati. Nella medesima città poi travagliò assai per formare il processo contra il vescovo allora di Bergamo.

[2] Catena, Vita di Pio V, aus dem wir hier die meisten Notizen entnommen, hat auch diese. Pius V erzählte es den venezianischen Botschaftern selbst, wie diese – Mich. Suriano, Paul Tiepolo 2. Oktober 1568 – berichten.

und anspruchslos: er sagte seinen Hausgenossen, sie müßten glauben, daß sie in einem Kloster wohnten. Er lebte nur seinen Andachtsübungen und der Inquisition.

In einem Manne von dieser Gesinnung glaubten nun Borromeo, Philipp II., die gesamte strengere Partei das Heil der Kirche zu sehen. Die römischen Bürger waren vielleicht nicht so zufrieden. Pius V. erfuhr es; er sagte: „Desto mehr sollen sie mich beklagen, wenn ich tot bin."

Er lebte auch als Papst in der ganzen Strenge seines Mönchtums: er hielt die Fasten in ihrem vollen Umfange, unnachläßlich; er erlaubte sich kein Kleid von feinerem Zeug[1]; oft las er, alle Tage hörte er Messe: doch sorgte er dafür, daß die geistlichen Übungen ihn nicht an den öffentlichen Geschäften hinderten; er hielt keine Sieste, mit dem frühesten war er auf. Wollte man zweifeln, ob sein geistlicher Ernst in ihm einen tieferen Grund gehabt, so möchte dafür ein Beweis sein, daß er fand, das Papsttum sei ihm zur Frömmigkeit nicht förderlich: zum Heile der Seele, die Glorie des Paradieses zu erlangen, trage es nicht bei; er meinte, diese Last würde ihm ohne das Gebet unerträglich sein. Das Glück einer inbrünstigen Andacht, das einzige, dessen er fähig war, einer Andacht, die ihn oft bis zu Tränen rührte und von der er mit der Überzeugung aufstand, er sei erhört, blieb ihm bis an sein Ende gewährt. Das Volk war hingerissen, wenn es ihn in den Prozessionen sah, barfuß und ohne Kopfbedeckung, mit dem reinen Ausdruck einer ungeheuchelten Frömmigkeit im Gesicht, mit langem schneeweißem Bart; sie meinten, einen so frommen Papst habe es noch niemals gegeben; sie erzählten sich, sein bloßer Anblick habe Protestanten bekehrt. Auch war Pius gütig und leutselig; mit seinen älteren Dienern ging er auf das vertraulichste um. Wie schön begegnete er jenem Grafen della Trinita, der einst sein Leben bedroht hatte, der nun einmal als Gesandter zu ihm geschickt wurde! „Sehet da", sagte er ihm, als er ihn erkannte, „so hilft Gott den Unschuldigen"; sonst ließ er es ihn nicht empfinden. Mildtätig war er von jeher: er hatte eine Liste von den Dürftigen in Rom, die er regelmäßig nach ihrem Stand unterstützen ließ.

Demütig, hingegeben, kindlich sind Naturen dieser Art; – sowie

[1] Catena. Tiepolo: Nè mai ha lasciato la camisia di rassa, che come frate incominciò di portare. Fa le orationi divotissimamente et alcune volte colle lacrime.

sie aber gereizt und beleidigt werden, erheben sie sich zu heftigem Eifer, unerbittlichem Zorn. Ihre Gesinnung sehen sie als eine Pflicht, eine höchste Pflicht an, deren Nichterfüllung sie entrüstet und empört.

Pius V. war sich bewußt, daß er immer die gerade Straße gewandelt. Daß ihn diese bis zum Papsttum geführt hatte, erfüllte ihn mit einem Selbstvertrauen, welches ihn vollends über jede Rücksicht erhob.

In seinen Meinungen war er äußerst hartnäckig. Man fand, daß ihn auch die besten Gründe nicht von denselben zurückbringen konnten. Leicht fuhr er bei dem Widerspruch auf: er ward rot im Gesicht und bediente sich der heftigsten Ausdrücke[1]. Da er nun von den Geschäften der Welt und des Staates wenig verstand und sich vielmehr von den Nebenumständen auf eine oder die andere Weise affizieren ließ, so war es überaus schwer, mit ihm fertig zu werden.

In persönlichen Verhältnissen ließ er sich zwar nicht gleich von dem ersten Eindruck bestimmen; hielt er aber jemanden einmal für gut oder böse, so konnte ihn darin nichts weiter irremachen[2]. Allemal jedoch glaubte er eher, daß man sich verschlechtere, als daß man sich bessere: die meisten Menschen waren ihm verdächtig.

Man bemerkte, daß er die Kriminalsentenzen niemals milderte: er hätte vielmehr in der Regel gewünscht, sie wären noch schärfer ausgefallen.

Es war ihm nicht genug, daß die Inquisition die neuen Verbrechen bestrafte: den alten von zehn und zwanzig Jahren ließ er nachforschen.

Gab es einen Ort, wo weniger Strafen verhängt wurden, so hielt er ihn darum nicht für rein: er schrieb es der Nachlässigkeit der Behörden zu.

Man höre, mit welcher Schärfe er auf die Handhabung der Kir-

[1] Informatione di Pio V (Bibl. Ambrosiana zu Mailand F. D. 181). La Sà S. naturalmente è gioviale e piacevole, se ben per accidente pare di altra dispositione, e di qui viene che volontieri onestamente ragiona con Mr Cirillo suo maestro di casa, il quale con le sue piacevolezze essendo huomo destro et accorto diletta S. Beatitudine e sempre profitta a se stesso et altri.

[2] Informatione di Pio V: E piu difficultoso di lasciar in cattiva impressione che la buona, e massimamente di quelle persone che non ha in pratica.

chenzucht drang. „Wir verbieten", heißt es in einer seiner Bullen, „jedem Arzt, der zu einem bettlägerigen Kranken gerufen wird, denselben länger als drei Tage zu besuchen, wofern er nicht alsdann eine Bescheinigung erhält, daß der Kranke seine Sünden aufs neue gebeichtet habe."[1] Eine andere setzt Strafen für Entweihung des Sonntags und Gotteslästerungen fest. Bei den Vornehmen sind es Geldstrafen. „Ein gemeiner Mann aber, welcher nicht bezahlen kann, soll bei dem erstenmale einen Tag über vor den Kirchentüren stehen, die Hände auf den Rücken gebunden: beim zweiten soll er durch die Stadt gegeißelt werden: beim dritten Male wird man ihm die Zunge durchbohren und ihn auf die Galeeren schicken."

So ist der Stil seiner Verordnungen überhaupt: wie oft hat man ihm sagen müssen, er habe es nicht mit Engeln, sondern mit Menschen zu tun![2]

Die jetzt so dringende Rücksicht auf die weltlichen Gewalten hielt ihn hierin nicht auf: die Bulle In Coena Domini, über welche sich die Fürsten von jeher beklagt, ließ er nicht allein aufs neue verkündigen, er schärfte sie noch durch neue Zusätze: ganz im allgemeinen schien er darin den Regierungen das Recht abzusprechen, neue Abgaben aufzulegen.

Es versteht sich, daß auf so gewaltige Eingriffe auch Rückwirkungen erfolgten. Nicht allein, daß die Forderungen niemals befriedigt werden können, die ein Mensch von dieser Strenge an die Welt machen zu dürfen glaubt, es zeigte sich auch ein absichtlicher Widerstand: unzählige Mißhelligkeiten entstanden. So devot Philipp II. auch war, so hat er doch den Papst einmal erinnern lassen, er möge nicht erproben, was ein aufs äußerste gebrachter Fürst zu tun vermöge.

Auf das tiefste empfand das der Papst seinerseits wieder. Oft fühlte er sich unglücklich in seiner Würde. Er sagte, er sei müde, zu leben: da er ohne Rücksicht verfahre, habe er sich Feinde gemacht; seit er Papst sei, erlebe er lauter Unannehmlichkeiten und Verfolgungen.

[1] Supra gregem dominicum. Bull. IV, II, p. 281.

[2] In den Informationi politiche XII findet sich z. E. eine Epistola a N. S. Pio V, nella quale si esorta S. S. tolerare gli Ebrei e le corteggiane, von einem gewissen Bertano, die darauf hinausläuft. Die Caporionen baten den Papst wenigstens um die letzte Toleranz. Der Papst antwortete, er wolle lieber Rom verlassen, als durch die Finger sehen.

Allein wie dem auch sei, und obwohl es Pius V. so wenig wie ein anderer Mensch zu voller Befriedigung und Genugtuung brachte, so ist doch gewiß, daß seine Haltung und Sinnesweise einen unermeßlichen Einfluß auf seine Zeitgenossen und die ganze Entwicklung seiner Kirche ausgeübt haben. Nachdem soviel geschehen, um eine geistlichere Tendenz hervorzurufen, zu befördern, nachdem so viele Beschlüsse gefaßt worden, um dieselbe zu allgemeiner Herrschaft zu erheben, gehörte ein Papst wie dieser dazu, damit sie allenthalben nicht allein verkündigt, sondern auch ins Leben geführt würde: sein Eifer sowie sein Beispiel waren dazu unendlich wirksam.

Man sah die so oft besprochene Reformation des Hofes, wenn auch nicht in den Formen, welche man vorgeschlagen, aber in der Tat eintreten. Die Ausgaben der päpstlichen Haushaltung wurden ungemein beschränkt: Pius V. bedurfte wenig für sich, und oft hat er gesagt, „wer regieren wolle, müsse mit sich selber anfangen". Seine Diener, welche ihm, wie er glaubte, ohne Hoffnung auf Belohnung, bloß aus Liebe, sein ganzes Leben treugeblieben, versorgte er wohl nicht ohne Freigebigkeit; doch seine Angehörigen hielt er mehr in Schranken als irgendein Papst vor ihm. Den Neffen, Bonelli, den er nur darum zum Kardinal gemacht, weil man ihm sagte, es gehöre dies zu einem vertraulicheren Verhältnis mit den Fürsten, stattete er mäßig aus: als derselbe einst seinen Vater nach Rom kommen ließ, nötigte er diesen, in derselben Nacht, in derselben Stunde die Stadt wieder zu verlassen: seine übrigen Verwandten wollte er nie über den Mittelstand hinaus erheben, und wehe dem, der sich auf irgendeinem Vergehen, selbst nur auf einer Lüge betreten ließ: er hätte ihm nie verziehen, er jagte ihn ohne Gnade von sich. Wie weit war man da von einer Begünstigung der Nepoten entfernt, wie sie seit Jahrhunderten einen so bedeutenden Teil der päpstlichen Geschichte ausgemacht hatte! Durch eine seiner ernstlichsten Bullen verbot Pius für die Zukunft jede Belehnung mit irgendeiner Besitzung der römischen Kirche, unter welchem Titel und Vorwand es auch sei; er erklärte diejenigen im voraus in Bann, die dazu auch nur raten würden; von allen Kardinälen ließ er diese seine Satzung unterschreiben[1]. In der Abstellung der Mißbräuche fuhr er eifrig fort: von ihm sah

[1] Prohibitio alienandi et infeudandi civitates et loca S. R. E. Admonet nos: 1567 29 Mart.

man wenig Dispensationen, noch weniger Kompositionen; den Ablaß, den die Vorfahren gegeben, hat er oft beschränkt. Seinem Generalauditor trug er auf, wider alle Erzbischöfe und Bischöfe, die in ihren Diözesen nicht residieren würden, ohne weiteres zu prozedieren und ihm Vortrag zu machen, damit er zur Entsetzung der Ungehorsamen schreite[1]. Allen Pfarrern gebietet er, bei schwerer Strafe, bei ihren Pfarrkirchen auszuhalten und den Dienst Gottes zu versehen: er widerruft die Dispensationen, die sie darüber erhalten haben möchten[2]. Die Ordnung der Klöster suchte er nicht minder eifrig herzustellen. Er bestätigte ihnen auf der einen Seite ihre Exemtionen von Auflagen und anderen Lasten, z. B. von Einquartierung: er wollte sie in ihrer Ruhe nicht stören lassen; aber er verbot den Mönchen zugleich, ohne die Erlaubnis und die Prüfung des Bischofs Beichte zu hören: jeder neue Bischof solle die Prüfung wiederholen können[3]. Er verordnete die strengste Klausur, auch der Nonnen. Nicht immer hat man das gelobt. Man beklagte sich, daß er zu strengeren Regeln nötige, als zu denen man sich selber verpflichtet habe: einige gerieten in eine Art von Verzweiflung, andere entflohen[4].

Alle diese Dinge setzte er nun zuerst in Rom und dem Kirchenstaate durch. Die weltlichen Behörden verpflichtete er so gut wie die geistlichen zur Handhabung seiner geistlichen Anordnungen[5]. Er selbst sorgte indes für eine starke und parteilose Handhabung der Gerechtigkeit[6]. Er ermahnte nicht allein die Magistratspersonen noch besonders dazu; jeden letzten Mittwoch des Monats hielt er eine öffentliche Sitzung mit den Kardinälen, wo ein jeder seine Beschwerden über die Gerichte vortragen konnte. Auch sonst war er unermüdlich, Audienz zu geben. Von früh an saß er auf seinem

[1] Cum alias: 1566 10 Junii. Bull. IV, II, 303.
[2] Cupientes: 1568 8 Julii. Ib. IV, III, 24.
[3] Romani: 1571 6 Aug. Ib. IV, III, 177.
[4] Tiepolo: Spese volte nel dar rimedio a qualche disordine incorre in un' altro maggiore, procedendo massimamente per via degli estremi.
[5] Bull. IV, III, 284.
[6] Informatione delle qualità di Pio V e delle cose che da quelle dependono (Bibl. zu Berlin): Nel conferire le gratie non si cura delle circonstanze, secondo che alle volte sarebbe necessario per qualsivoglia rispetto considerabile, nè a requisition d'alcuno la giustitia si ha punto alterata, ancora che sia senza dar scandalo e con esempio d'altri pontefici potesse fare. Soriano findet, er erweise keine Gnade ohne Ermahnung: il che mi parse proprio il stilo de' confessori, che fanno una gran riprensione al penitente, quando sono per assolverlo.

Stuhle; jedermann ward vorgelassen. In der Tat hatte dieser Eifer eine totale Reform des römischen Wesens zur Folge. „Zu Rom", sagt Paul Tiepolo, „geht es jetzt auf eine andere als die bisher übliche Weise her. Die Menschen sind um vieles besser geworden, oder wenigstens haben sie diesen Anschein."

Mehr oder minder geschah etwas Ähnliches in ganz Italien. Allenthalben wird mit der Verkündigung der Dekrete des Konziliums auch die Kirchenzucht geschärft: dem Papst wird ein Gehorsam geleistet, wie ihn lange keiner von seinen Vorgängern genossen hatte.

Herzog Cosimo von Florenz trug kein Bedenken, ihm die Angeschuldigten der Inquisition auszuliefern. Carnesecchi, noch einer von jenen Literaten, die an den ersten Regungen des Protestantismus in Italien teilgenommen, war bisher immer glücklich durchgekommen; jetzt vermochten ihn weder sein persönliches Ansehen noch die Reputation seiner Familie noch die Verbindung, in der er mit dem regierenden Hause selber stand, länger zu schützen: in Banden ward er der römischen Inquisition überliefert und mußte den Tod im Feuer erleiden[1]. Cosimo war dem Papst vollkommen ergeben. Er unterstützte ihn in allen seinen Unternehmungen und gestand ihm seine geistlichen Forderungen ohne weiteres zu. Der Papst fühlte sich bewogen, ihn dagegen zum Groß herzog von Toskana zu ernennen und zu krönen. Das Recht des Heiligen Stuhles zu einer solchen Maßregel war höchst zweifelhaft: die Sitten des Fürsten gaben gerechten Anstoß; aber die Ergebenheit, die er dem Heiligen Stuhle bewies, die strengen kirchlichen Einrichtungen, die er in seinem Lande einführte, erschienen dem Papst als ein Verdienst über alle Verdienste.

Die alten Gegner der Medici, die Farnesen, wetteiferten mit ihnen in dieser Richtung: auch Ottavio Farnese machte sich eine Ehre daraus, die Befehle des Papstes auf den ersten Wink in Ausführung zu bringen.

Nicht ganz so gut stand Pius mit den Venezianern. Sie waren weder so feindselig gegen die Türken, noch so nachsichtig gegen die Klöster, oder der Inquisition so zugetan, wie er es gewünscht hätte. Doch hütete er sich wohl, sich mit ihnen zu entzweien. Er fand, „die Republik sei auf den Glauben gegründet, sie habe sich immer katholisch gehalten, von der Überschwemmung der Barbaren sei sie allein frei geblieben: die Ehre von Italien beruhe auf

[1] 1567. Cantini, Vita di Cosimo p. 458.

ihr"; er erklärte, er liebe sie. Auch gaben ihm die Venezianer mehr nach als irgendeinem anderen Papste. Was sie sonst nie getan hätten, – den armen Guido Zanetti von Fano, der seiner religiösen Meinungen wegen in Untersuchung geraten und nach Padua geflüchtet war, lieferten sie ihm aus. In ihrem städtischen Klerus, der sich schon seit geraumer Zeit um die kirchlichen Verordnungen wenig gekümmert, machten sie ziemlich gute Ordnung. Aber überdies war ihnen auf dem festen Lande die Kirche von Verona durch J. Matteo Giberti auf das trefflichste eingerichtet worden. An seinem Beispiel hat man zu zeigen versucht, wie ein wahrer Bischof leben müsse[1]: seine Einrichtungen haben in der ganzen katholischen Welt zum Muster gedient; das Tridentinische Konzilium hat eine und die andere aufgenommen. Karl Borromeo ließ sich sein Bildnis malen, um sich fortwährend an seinen Vorgang zu erinnern.

Einen noch größeren Einfluß aber hatte Karl Borromeo selbst. Bei den mancherlei Würden und Ämtern, die er besaß – er war unter anderem Großpenitenziere –, als das Oberhaupt der Kardinäle, die sein Oheim gewählt, hätte er in Rom eine glänzende Stellung einnehmen können; aber er gab alles auf, er schlug alles aus, um sich in seinem Erzbistum Mailand den kirchlichen Pflichten zu widmen. Er tat dies mit ungemeiner Anstrengung, ja mit Leidenschaft. In allen Richtungen bereiste er fortwährend seine Diözese: es gab in derselben keinen Ort, den er nicht zwei, dreimal besucht hätte; in das höchste Gebirge, in die entlegensten Täler verfügte er sich. In der Regel war ihm schon ein Visitator vorausgegangen, und er hatte dessen Bericht bei sich: er untersuchte nun alles mit eigenen Augen; er verhängte die Strafen, setzte die Verbesserungen fest[2]. Zu ähnlichem Verfahren leitete er seine Geistlichkeit an: sechs Provinzialkonzilien sind unter seinem Vorsitz gehalten worden. Aber überdies war er in eigenen kirchlichen Funktionen unermüdlich. Er predigte und las Messe; ganze Tage lang teilte er das Abendmahl aus, ordinierte Priester, kleidete Klosterfrauen ein, weihte Altäre. Einen Altar zu weihen,

[1] Petri Francisci Zini, boni pastoris exemplum ac specimen singulare ex Jo. Matthaeo Giberto episcopo expressum atque propositum. Geschrieben 1556 und ursprünglich für England bestimmt. Opera Giberti p. 252.

[2] Glussianus de vita et rebus gestis S. Caroli Borromaei Mediol. p. 112 ist über den „ritus visitationis" und alle diese Dinge sehr ausführlich.

forderte eine Zeremonie von acht Stunden: man rechnet dreihundert, die er nach und nach geweiht hat. Viele seiner Einrichtungen sind freilich wohl sehr äußerlich: sie gehen besonders auf Herstellung der Gebäude, Übereinstimmung des Ritus, Aufstellung und Verehrung der Hostie. Die Hauptsache ist die strenge Disziplin, in der er die Geistlichkeit zusammennimmt, in der dieser hinwiederum die Gemeinden unterworfen werden. Sehr wohl kannte er die Mittel, seinen Anordnungen Eingang zu verschaffen. In den schweizerischen Gebieten besuchte er die Stätten der ältesten Verehrung, teilte Geschenke in dem Volke aus, zog die Vornehmen zur Tafel. Dagegen wußte er auch den Widerspenstigen wirksam zu begegnen. Das Landvolk in Valcamonica wartete auf ihn, um von ihm gesegnet zu werden. Da es aber seit einiger Zeit die Zehnten nicht zahlte, fuhr er vorüber, ohne die Hand zu bewegen, ohne jemanden anzusehen. Die Leute waren entsetzt und bequemten sich, die alte Pflicht zu leisten[1]. Zuweilen fand er jedoch hartnäckigeren und erbitterten Widerstand. Daß er den Orden der Humiliaten reformieren wollte, machte die Mitglieder, die nur hineingetreten waren, um die Reichtümer desselben in ungebundenem Leben zu genießen[2], in einem Grade mißvergnügt, daß sie ihrem Erzbischof nach dem Leben standen. Während er in seiner Kapelle betete, ward auf ihn geschossen. Niemals aber war ihm etwas nützlicher als dies Attentat. Das Volk hielt seine Rettung für ein Wunder und fing von diesem Augenblick erst recht an, ihn zu verehren. Da sein Eifer ebenso rein und von irdischen Zwecken ungetrübt war wie beharrlich, da er auch in der Stunde der Gefahr, zur Zeit der Pest, eine unermüdliche Fürsorge für das Heil des Lebens und der Seelen seiner Pflegebefohlenen bewies, da er nichts als Hingebung und Frömmigkeit an sich wahrnehmen ließ, so wuchs sein Einfluß von Tag zu Tag, und Mailand nahm eine ganz andere Gestalt an. „Wie soll ich dich preisen, schönste Stadt", ruft Gabriel Paleotto gegen das Ende der Verwaltung

[1] Ripamonte, Historia urbis Mediolani bei Graevius II, I, p. 864. Übrigens hat Ripamonte den ganzen zweiten Teil seiner Geschichte, lib. XI bis XVII, dem Carl Borromeo geweiht.

[2] Sie hatten zusammen 94 Häuser, von denen jedes hundert Menschen hätte ernähren können; doch waren die Mitglieder so wenig zahlreich, daß nur ihrer zwei auf ein Haus kamen. Der Orden ward aufgehoben, und seine Reichtümer kamen alsdann den Stiftungen Borromeos, auch den Jesuiten zugute.

Borromeos aus; „ich bewundere deine Heiligkeit und Religion; ein zweites Jerusalem sehe ich in dir." So begeisterte Ausrufungen können bei aller Weltlichkeit des mailändischen Adels doch unmöglich ohne Grund gewesen sein. Der Herzog von Savoyen wünschte dem Erzbischof feierlich Glück zu dem Erfolge seiner Bemühungen. Auch für die Zukunft suchte dieser nun seine Anordnungen festzustellen. Eine Kongregation sollte die Gleichförmigkeit des Ritus behaupten; ein besonderer Orden der Gewidmeten, genannt Oblati, von regularen Klerikern, verpflichtete sich zu dem Dienste des Erzbischofs und seiner Kirche; die Barnabiten empfingen neue Regeln, und seitdem haben sie sich zuerst hier, dann allenthalben, wo sie eingeführt wurden, die Bischöfe in ihrer Seelsorge zu unterstützen angelegen sein lassen[1]. Einrichtungen, welche die römischen im kleinen wiederholen. Auch ein Collegium Helveticum zur Herstellung des Katholizismus in der Schweiz ward zu Mailand errichtet, wie zu Rom ein Germanicum für Deutschland. Das Ansehen des römischen Papstes konnte dadurch nur um so fester werden. Borromeo, der ein päpstliches Breve nie anders als mit unbedecktem Haupt in Empfang nahm, pflanzte die nämliche Ergebenheit seiner Kirche ein.

Indes war Pius V. auch in Neapel zu ungewohntem Einfluß gelangt. Gleich am ersten Tage seines Pontifikates hatte er Tomaso Orsino da Foligno zu sich gerufen und ihm eine reformierende Visitation der römischen Kirchen aufgetragen. Nachdem sie vollendet war, ernannte er denselben zum Bischof von Strongoli und schickte ihn in gleicher Absicht nach Neapel. Unter vielem Zulauf dieses devoten Volkes vollzog Orsino seine Visitation in der Hauptstadt und in einem großen Teile des Königreiches.

Zwar hatte der Papst in Neapel wie in Mailand nicht selten Streitigkeiten mit den königlichen Behörden. Der König beschwerte sich über die Bulle In Coena Domini: der Papst wollte von dem Exequatur regium nichts wissen; jenem taten die geistlichen Behörden zu viel, diesem die königlichen zu wenig: zwischen den Vizekönigen und den Erzbischöfen gab es unaufhörlich Reibungen. Am Hofe von Madrid war man, wie gesagt, oft von Herzen mißvergnügt, und der Beicntvater des Königs beklagte sich laut. Indessen kam es doch zu keinem Ausbruch eines Mißverständnisses. Beide Fürsten maßen immer den Behörden, den Räten des

[1] Ripamonte 587. Er nennt die ersten Stifter Beccaria, Ferraria und Morigia. Giussano hat S. 442 die gewöhnlichen Namen.

anderen die vornehmste Schuld bei. Sie selber blieben persönlich in vertraulichem Verhältnis. Als Philipp II. einmal krank war, erhob Pius V. seine Hände und bat Gott, denselben von seiner Krankheit zu befreien: der alte Mann betete, Gott möge ihm einige Jahre abnehmen und sie dem Könige zulegen, an dessen Leben mehr gelegen sei als an dem seinigen.

Auch wurde Spanien sonst völlig in dem Sinne der kirchlichen Restauration regiert. Der König war einen Augenblick zweifelhaft gewesen, ob er die tridentinischen Beschlüsse ohne weiteres anerkennen solle oder nicht, und wenigstens hätte er die päpstliche Macht in dem Rechte, Zugeständnisse im Widerspruch mit denselben zu machen, gern beschränken mögen; – allein der geistliche Charakter seiner Monarchie stand jedem Versuche dieser Art entgegen: er sah, daß er auch den Anschein einer ernstlicheren Differenz mit dem Römischen Stuhle vermeiden müsse, wofern er des Gehorsams gewiß bleiben wolle, den man ihm selber leistete. Die Dekrete des Konziliums wurden allenthalben abgekündigt und ihre Anordnungen eingeführt. Die strengdogmatische Richtung nahm auch hier überhand. Carranza, Erzbischof von Toledo, der erste Geistliche des Landes, früher Mitglied des Konziliums von Trient, der neben Poole das meiste zur Wiederherstellung des Katholizismus in England unter Königin Maria beigetragen, durch so viele Titel erhaben, konnte dennoch der Inquisition nicht entgehen. „Ich habe", sagte er, „nie etwas anderes beabsichtigt, als die Ketzerei zu bekämpfen; Gott hat mir in dieser Hinsicht beigestanden. Ich selber habe mehrere Irrgläubige bekehrt; die Körper einiger Häupter der Ketzer habe ich ausgraben und verbrennen lassen; Katholiken und Protestanten haben mich den ersten Verteidiger des Glaubens genannt." Allein dies so unzweifelhaft katholische Bezeigen half ihm alles nicht gegen die Inquisition. Man fand in seinen Werken 16 Artikel, in denen er sich den Meinungen der Protestanten, hauptsächlich in Hinsicht der Justifikation, zu nähern schien. Nachdem er in Spanien lange gefangengehalten und mit dem Prozeß gequält worden war, brachte man ihn nach Rom; – es schien eine große Gunst, ihn seinen persönlichen Feinden zu entreißen; doch konnte er auch hier zuletzt dem Verdammungsurteile nicht entfliehen[1].

[1] Llorente hat diesem Ereignis drei lange Kapitel seiner Geschichte der Inquisition gewidmet. Histoire de l'inquisition III, 183–315.

Geschah dies aber an einem so hochgestellten Manne, in einem so zweifelhaften Falle, so läßt sich erachten, wie wenig die Inquisition geneigt sein konnte, unleugbare Abweichungen an untergeordneten Personen zu dulden, wie sie hier und da auch in Spanien vorkamen. Die ganze Strenge, mit der man bisher die Reste jüdischer und mohammedanischer Meinungen verfolgt hatte, kehrte man nun wider die protestantischen – es folgte Autodafé auf Autodafé –, bis endlich jeder Keim derselben erstickt war. Seit dem Jahre 1570 finden wir fast nur noch Ausländer um des Protestantismus willen vor die Inquisition gezogen[1].

In Spanien begünstigte die Regierung die Jesuiten nicht. Man fand, es seien meistens Juden-Christen, nicht von dem rein spanischen Geblüt: man traute ihnen den Gedanken zu, sich für alle die Mißhandlungen, die sie erduldet, wohl auch einmal rächen zu wollen. In Portugal dagegen gelangten die Mitglieder dieses Ordens nur allzubald zu unumschränkter Gewalt: sie regierten das Reich im Namen des Königs Sebastian. Da sie auch in Rom, auch unter Pius V. den größten Kredit hatten, so brauchten sie ihre Autorität in jenem Lande nach den Gesichtspunkten der Kurie. Und so beherrschte Pius V. die beiden Halbinseln vollkommener als lange einer seiner Vorfahren: allenthalben traten die Tridentiner Anordnungen ins Leben; alle Bischöfe schwuren auf die Professio fidei, welche einen Inbegriff der dogmatischen Satzungen des Konziliums enthält. Papst Pius V. machte den römischen Katechismus bekannt, in welchem dieselben hier und da noch weiter ausgebildet erscheinen: er abolierte alle Breviarien, die nicht vom Römischen Stuhle ausdrücklich gegeben oder über zweihundert Jahre lang eingeführt seien, und machte ein neues bekannt, nach den ältesten der Hauptkirchen von Rom entworfen, von dem er wünschte, daß es allenthalben eingeführt werde[2]; er verfehlte nicht, auch ein neues Missale „nach der Norm und dem Ritus der heiligen Väter"[3] zu allgemeinem Gebrauch zu publizieren; die geistlichen Seminare füllten sich; die Klöster wur-

[1] M'Crie, History of the Progress and Suppression of the Reformation in Spain p. 336.

[2] Remotis iis, quae aliena et incerta essent. – Quoniam nobis: 9 Julii 1568.

[3] Collatis omnibus cum vetustissimis nostrae Vaticanae bibliothecae aliisque undique conquisitis emendatis atque incorruptis codicibus.

den wirklich reformiert; die Inquisition wachte mit erbarmungsloser Strenge über die Einheit und Unantastbarkeit des Glaubens. Eben hierdurch ward nun aber zwischen allen diesen Ländern und Staaten eine enge Vereinigung gebildet. Es trug dazu unendlich bei, daß Frankreich, in innere Kriege geraten, seine alte Feindseligkeit gegen Spanien entweder aufgab oder doch nicht mehr so lebendig geltend machte. Die französischen Unruhen hatten auch noch eine andere Rückwirkung. Aus den Ereignissen einer Zeit tauchen immer einige allgemeine politische Überzeugungen auf, welche dann die Welt praktisch beherrschen. Die katholischen Fürsten glaubten innezuwerden, daß es einen Staat ins Verderben stürze, wenn er Veränderungen in der Religion gestatte. Hatte Pius IV. gesagt, die Kirche könne nicht fertig werden ohne die Fürsten, so waren jetzt die Fürsten überzeugt, auch für sie sei eine Vereinigung mit der Kirche unumgänglich notwendig. Fortwährend predigte es ihnen Pius V. In der Tat erlebte er, diese südlich-christliche Welt sogar zu einer gemeinschaftlichen Unternehmung um sich vereinigt zu sehen.

Noch immer war die osmanische Macht in gewaltigem Fortschritt: sie beherrschte das Mittelmeer; ihre Unternehmungen, erst auf Malta, dann auf Cypern, zeigten, wie ernstlich sie eine Eroberung der bisher nicht bezwungenen Inseln beabsichtigte; von Ungarn und Griechenland aus bedrohte sie Italien. Es gelang Pius V., den katholischen Fürsten diese Gefahr endlich einmal recht einleuchtend zu machen; bei dem Angriff auf Cypern entsprang in ihm der Gedanke eines Bundes derselben: den Venezianern auf der einen, den Spaniern auf der anderen Seite schlug er einen solchen vor. „Als ich die Erlaubnis erhalten, darüber zu unterhandeln, und sie ihm mitteilte", sagt der venezianische Gesandte, „erhob er seine Hände gegen den Himmel und dankte Gott; er versprach, diesem Geschäfte seinen ganzen Geist und alle seine Gedanken zu widmen."[1] Es kostete ihm unendliche Mühe, die Schwierigkeiten wegzuräumen, die einer Vereinigung der beiden Seemächte entgegenstanden; die übrigen Kräfte Italiens gesellte er ihnen zu; er selbst, obwohl er anfangs weder Geld

[1] Soriano: Havuta la risolutione — andai subito alla audienza, benche era di notte et l'hora incommoda et S. Sà travagliata per li accidenti seguiti quel giorno per la coronatione del duca di Fiorenza ed il protesto dell' *ambasciatore* Cesareo (dagegen), e communicata la commissione che haveva, S. S^{à} si allegrò tutta.

noch Schiffe noch Waffen hatte, fand doch Mittel, auch päpstliche Galeeren zu der Flotte stoßen zu lassen; an der Wahl des Anführers Don Johann von Österreich hatte er Anteil: dessen Ehrgeiz und Devotion wußte er zugleich zu entflammen. Und so kam es zu dem glücklichsten Schlachttage – bei Lepanto –, den die Christen je gehalten. So sehr lebte der Papst in diesem Unternehmen, daß er an dem Tage der Schlacht in einer Art von Entzücken den Sieg zu sehen meinte. Daß dieser erfochten ward, erfüllte ihn mit hohem Selbstvertrauen und den kühnsten Entwürfen. In ein paar Jahren hoffte er die Osmanen ganz erniedrigt zu haben.

Nicht allein aber zu so unbedenklich ruhmwürdigen Unternehmungen benutzte er seine Vermittlung. Seine Religiosität war von einer so ausschließenden und gebieterischen Art, daß er den andersgläubigen Christen den bittersten Haß widmete. Daß die Religion der Unschuld und der Demut, daß wahre Frömmigkeit verfolge, welch ein Widerspruch! Pius V., hergekommen bei der Inquisition, in ihren Ideen alt geworden, fand darin keinen. Suchte er die Reste abweichender Regungen, die es in den katholischen Ländern gab, mit unermüdlichem Eifer zu vertilgen, so verfolgte er die eigentlichen, frei gewordenen oder noch im Kampf begriffenen Protestanten mit noch wilderem Ingrimm. Den französischen Katholiken kam er nicht allein selbst mit einer kleinen Kriegsmacht zu Hilfe; dem Anführer derselben, dem Grafen Santafiore, gab er die unerhörte Weisung, „keinen Hugenotten gefangenzunehmen, jeden, der ihm in die Hände falle, sofort zu töten."[1] Bei den niederländischen Unruhen schwankte Philipp II. anfangs, wie er die Provinzen zu behandeln habe; der Papst riet ihm zu bewaffneter Dazwischenkunft. Sein Grund war: wenn man ohne den Nachdruck der Waffen unterhandle, so empfange man Gesetze; habe man dagegen die Waffen in den Händen, so schreibe man deren vor. Er billigte die blutigen Maßregeln des Alba: er schickte ihm dafür den geweihten Hut und Degen. Es kann nicht bewiesen werden, daß er um die Vorbereitungen zu der Bartholomäusnacht gewußt habe; aber er hat Dinge begangen, die keinen Zweifel übriglassen, daß er sie so gut wie sein Nachfolger gebilligt haben würde.

[1] Catena, Vita di Pio V p. 85. Pio si dolse del conte che non havesse il commandamento di lui osservato d'ammazzar subito qualunque heretico gli fosse venuto alle mani.

Welch eine Mischung von Einfachheit, Edelmut, persönlicher Strenge, hingegebener Religiosität und herber Ausschließung, bitterem Haß, blutiger Verfolgung.

In dieser Gesinnung lebte und starb Pius V.[1]. Als er seinen Tod kommen sah, besuchte er noch einmal die sieben Kirchen, „um", wie er sagte, „von diesen heiligen Orten Abschied zu nehmen": dreimal küßte er die letzten Stufen der Scala santa. Er hatte einst versprochen, zu einer Unternehmung gegen England nicht allein die Güter der Kirche, Kelche und Kreuze nicht ausgenommen, aufzuwenden, sondern auch in Person zu erscheinen, um sie zu leiten. Auf dem Wege stellten sich ihm einige aus England verjagte Katholiken dar; er sagte: er wünsche sein Blut für sie zu vergießen. Hauptsächlich sprach er von der Liga, zu deren glücklicher Fortsetzung er alles vorbereitet hinterlasse: das letzte Geld, das er ausgab, war dafür bestimmt[2]. Die Geister seiner Unternehmungen umgaben ihn bis auf seinen letzten Augenblick. An ihrem glücklichen Fortgange zweifelte er nicht. Er meinte, Gott werde nötigenfalls aus den Steinen den Mann erwecken, dessen man bedürfe.

Ward nun gleich sein Verlust mehr empfunden, als er selbst geglaubt hatte, so war doch eine Einheit gebildet, es war eine Macht vorhanden, deren innere Triebe die eingeschlagene Richtung behaupten mußten.

[1] Er starb den 1. Mai 1572.

[2] Informatione dell' infermità di Pio V. Havendo in sua stanza in una cassettina 13m. sc. per donare e fare elemosine di sua mano, due giorni avanti sua morte fece chiamare il depositario della camera e levarli, dicendo che sarieno boni per la lega.

VIERTES BUCH

STAAT UND HOF

DIE ZEITEN GREGORS XIII. UND SIXTUS' V.

Mit verjüngter, neu zusammengenommener Kraft trat nunmehr der Katholizismus der protestantischen Welt entgegen.

Wollte man sie im ganzen miteinander vergleichen, so war der Katholizismus schon dadurch in ungemeinem Vorteil, daß er einen Mittelpunkt hatte, ein Oberhaupt, das seine Bewegung nach allen Seiten hin leitete.

Nicht allein vermochte der Papst die Kräfte der übrigen katholischen Mächte zu gemeinschaftlichen Anstrengungen zu vereinigen; er hatte auch einen eigenen Staat, der stark genug war, um etwas Wesentliches dazu beizutragen.

In einer neuen Bedeutung erscheint uns nunmehr der Kirchenstaat.

Er war gegründet worden, indem die Päpste ihre Geschlechter zu fürstlicher Gewalt zu erheben oder sich selbst ein überwiegendes Ansehen unter den Mächten der Welt, vornehmlich den italienischen Staaten, zu verschaffen suchten. Weder das eine noch das andere hatten sie in dem Maße erreicht, wie sie es gewünscht hätten: jetzt war es auf immer unmöglich geworden, diese Bestrebungen zu erneuern. Ein eigenes Gesetz verbot die Veräußerung kirchlicher Besitztümer: allzu mächtig waren die Spanier in Italien, als daß man noch mit ihnen hätte wetteifern dürfen. Dagegen ward der Staat nunmehr zu einer Stütze für die geistliche Gewalt. Mit den finanziellen Mitteln, die er darbot, wurde er für die allgemeine Entwicklung wichtig. Ehe wir weitergehen, ist es notwendig, seine Verwaltung, wie sie sich in dem Laufe des 16. Jahrhunderts allmählich ausbildete, näher ins Auge zu fassen.

Verwaltung des Kirchenstaates

Ein wohlgelegenes, reiches, herrliches Gebiet war den Päpsten zuteil geworden.

Die Relationen des 16. Jahrhunderts können nicht Worte genug finden, um die Fruchtbarkeit desselben zu rühmen. Wie schöne Ebenen biete es um Bologna, durch die ganze Romagna dar! Die Apenninen hinan verknüpfe es Anmut und Fruchtbarkeit. „Wir reisten", sagen die venezianischen Gesandten von 1522, „von Macerata nach Tolentino durch das schönste Gefilde: Hügel und Ebenen voller Getreide: 30 Miglien weit wuchs nichts anderes; keinen Fußbreit Landes hätte man unbebaut finden können; es schien uns unmöglich, soviel Getreide einzusammeln, geschweige zu verbrauchen." Die Romagna brachte jährlich 40000 Stara Getreide mehr hervor, als sie selbst bedurfte; es war große Nachfrage danach; nachdem die gebirgigen Landstriche von Urbino, Toskana und Bologna versorgt worden, führte man zuweilen noch 35000 Stara seewärts aus. Während Venedig von der Romagna und der Mark aus[1], wurden an dem anderen Meere, aus dem Gebiete von Viterbo und dem Patrimonium, in der Regel Genua, zuweilen sogar Neapel mit ihrem Bedürfnis versehen. In einer seiner Bullen vom Jahre 1566 preist Pius V. die göttliche Gnade, durch die es geschehen sei, daß Rom, welches in früheren Zeiten nicht ohne fremdes Getreide bestehen können, jetzt nicht allein daran Überfluß habe, sondern auch Nachbarn und Auswärtigen, zu Land und See, dessen oftmals aus seiner Campagna zuzuführen vermöge[2]. Im Jahre 1589 berechnet man die Getreideausfuhr des Kirchenstaates auf einen Wert von jährlich 500000 Sc.[3]. Einzelne

[1] Badoer, Relatione 1591: die Freundschaft der Romagna gründe sich auf die Einsicht, „quanto importa la vicinità di questa città per ben vendere per l'ordinario le loro biade, vini, frutti, guadi et altre cose, riportandone all' incontro boni danari."

[2] Jurisdictio consulum artis agriculturae urbis – 9. Sept. 1566. – Bullar. Cocquel. IV, II, 314.

[3] Giovanni Gritti, Relatione 1589. „La Romagna e la Marca sola si mette che alcune volte abbia mandato fuori 60m. rubbia di grano e piu di 30m. di menudi. Il paese di Roma e lo stato di là dell' Alpi quasi ogni anno somministra il viver al paese di Genova ed altri luoghi circonvicini: onde dell' uscita di grani e di biade dello stato ecclesiastico si tien per cosa certa che ogni anno entri in esso valsente di 500m. sc.

Landschaften waren noch durch besondere Produkte berühmt: Perugia durch Hanf, Faenza durch Lein, Viterbo durch beides[1], Cesena durch einen Wein, den man verschiffte, Rimini durch Öl, Bologna durch Waid, S. Lorenzo durch sein Manna; das Weingewächs von Montefiascone hatte Ruf in der ganzen Welt. In der Campagna fand man damals eine Gattung Pferde, die den neapolitanischen nicht viel nachgab; nach Nettuno und Terracina hin hatte man die schönste Jagd, zumal von Ebern. Es fehlte nicht an fischreichen Seen; man besaß Salzwerke, Alaunwerke, Marmorbrüche: man schien alles in Fülle zu haben, was man sich nur zum Leben wünschen konnte.

Von dem Verkehr der Welt war man denn auch mitnichten ausgeschlossen. Ancona hatte einen sehr blühenden Handel. „Es ist ein schöner Ort", sagen jene Gesandten von 1522, „voll von Kaufleuten, hauptsächlich Griechen und Türken: – es ward uns versichert, daß einige von ihnen im vorigen Jahre ein Geschäft von 500000 Duc. gemacht haben." Im Jahre 1549 finden wir daselbst 200 griechische Familien angesiedelt, die ihre eigene Kirche haben, alles Handelsleute. Der Hafen ist voll von levantischen Karavellen. Armenier, Türken, Florentiner, Lucchesen, Venezianer, Juden vom Orient und Okzident sind zugegen. Die Waren, die man hier eintauschte, bestanden in Seide, Wolle, Leder, Blei von Flandern, Tuchen. Der Luxus nahm zu; die Mieten der Häuser waren im Steigen; man nahm Ärzte und Schullehrer zahlreicher und zu höherer Besoldung an als bisher[2].

Noch viel mehr aber als Regsamkeit und Handelstätigkeit rühmt man uns die Tapferkeit der Einwohner des Kirchenstaates: zuweilen wird sie uns sogar nach ihrer mannigfaltigen Abstufung vorgestellt. Man findet die Peruginer wacker im Dienst: die Romagnolen tapfer, aber unvorsichtig: die Spoletiner voll von Kriegslisten: die Bolognesen mutig und nur schwer in Mannszucht zu halten: die Marchianen zur Plünderung geneigt: die Faentiner vor allem geeignet, einen Angriff auszuhalten und den Feind auf seinem Rückzuge zu verfolgen: in der Ausführung schwieriger Manöver schienen die Forlivesen, im Gebrauch der Lanze die Ein-

almeno: nè all' incontro ha bisogno di cose di fuori se non di poco momento et in poca stima, che sono specierie e cose da vestirsi di nobili e persone principali.

[1] Voyage de Montaigne II, 488.

[2] Saracini, Notizie istoriche della città d'Ancona. Roma 1675. p. 362.

wohner von Fermo den Vorzug zu verdienen[1]. „Das ganze Volk", sagt einer unserer Venezianer, „ist zum Kriege geschickt und wild von Natur. Sobald diese Menschen nur einmal ihre Heimat verlassen haben, sind sie zu jeder Kriegstat, zu Belagerungen wie zu offener Schlacht zu brauchen: leicht ertragen sie die Mühseligkeiten des Feldzuges."[2] Noch immer bekam Venedig seine besten Truppen aus der Mark und aus der Romagna; darum war die Freundschaft eines Herzogs von Urbino für die Republik so wichtig; immer finden wir Hauptleute aus diesen Gegenden in ihren Diensten. Man sagte aber, es gebe hier Kapitäne für alle Fürsten der Welt; man erinnerte daran, daß von hier die Kompanie des heiligen Georg ausgegangen sei, mit der Alberich von Barbiano die ausländischen Söldnerhaufen ausgerottet und den Ruhm der italienischen Waffen erneuert hatte: es sei noch der Stamm und Same der Menschen, welche einst zur Gründung des Römischen Reiches so viel beigetragen.[3] In neueren Zeiten hat sich ein so stark ausgesprochenes Lob weniger bewährt; doch soll der letzte Kriegsfürst, der sich dieser Mannschaft außerhalb ihrer Heimat bedient hat, ihnen vor den übrigen italienischen und einem guten Teil seiner französischen Truppen unbedenklich den Vorzug zugestanden haben.

Alle diese reichen Landschaften und tapferen Bevölkerungen waren jetzt der friedlichen, geistlichen Gewalt des Papstes unterworfen. Die Natur des Staates, der sich unter ihr entwickelte, haben wir uns nun in ihren Grundzügen zu vergegenwärtigen.

Er beruhte, wie der italienische Staat überhaupt, auf einer mehr oder minder durchgreifenden Beschränkung der munizipalen Unabhängigkeit, welche sich im Laufe der Jahrhunderte ziemlich allenthalben ausgebildet hatte.

Noch während des 15. Jahrhunderts empfingen die Prioren von Viterbo auf ihren steinernen Sitzen vor der Tür des Stadthauses

[1] Landi, Quaestiones Forcianae, Neapoli 1536: ein Buch voll guter und besonderer Notizen über den damaligen Zustand von Italien.

[2] Soriano 1570: „Quanto a soldati, è commune opinione che nello stato della chiesa siano i migliori di tutto il resto d'Italia, anzi d'Europa."

[3] Lorenzo Priuli, Relatione 1586: „Lo stato pieno di viveri per darne anco a popoli vicini, pieno di huomini bellicosi" – er nennt die Genga, Carpagna, Malatesta. – „Pareno tutti questi popoli nati et allevati nella militia. E *molto* presto si metteria insieme molto buona gente toccando il tamburo."

den Eid des Podesta, welcher ihnen von dem Papst oder seinem Stellvertreter zugesendet wurde[1].

Als sich im Jahre 1463 die Stadt Fano dem Päpstlichen Stuhle unmittelbar unterwarf, machte sie zuvor ihre Bedingungen: nicht allein Unmittelbarkeit auf alle Zukunft, sondern auch das Recht, ihren Podesta selbst zu wählen ohne weitere Bestätigung, auf 20 Jahre Befreiung von allen neuen Lasten, den Vorteil von dem Salzverkauf und mehrere andere Berechtigungen bedang sie sich aus[2].

Selbst ein so gewaltsamer Herrscher wie Cesar Borgia konnte es nicht umgehen, den Städten, aus welchen er seine Herrschaft zusammengesetzt, Privilegien zu gewähren. Der Stadt Sinigaglia trat er sogar Einkünfte ab, die bisher dem Fürsten gehört hatten[3].

Wieviel mehr mußte Julius II. dies tun, dessen Ehrgeiz es war, als ein Befreier von der Tyrannei zu erscheinen! Die Peruginer erinnerte er selbst daran, daß er die blühenden Jahre seiner Jugend in ihren Mauern zugebracht habe. Als er den Baglione aus Perugia verdrängte, begnügte er sich, die Ausgewanderten zurückzuführen, dem friedlichen Magistrat der Priori seine Macht zurückzugeben, die Professoren der Universität mit besseren Besoldungen zu erfreuen; die alten Freiheiten tastete er nicht an. Noch lange nachher leistete diese Stadt nichts weiter als eine Rekognition von ein paar tausend Dukaten: noch unter Clemens VII. finde ich eine Berechnung, wieviel Truppen sie ins Feld stellen könne, gleich als wäre es eine völlig freie Kommune[4].

Ebensowenig ward Bologna unterjocht. Es hat allezeit mit den Formen auch viele wesentliche Attribute munizipaler Unabhängigkeit behauptet. Frei verwaltete es seine Einkünfte; es hielt seine eigenen Truppen; der Legat des Papstes nahm eine Besoldung von der Stadt.

In dem venezianischen Kriege eroberte Julius II. die Städte der Romagna. Er hat keine einzige an sich gebracht, ohne beschränkende Bedingungen einzugehen oder ohne bestimmte neue Vorrechte zu gewähren; auf die Kapitulationen, die sie damals schlossen, sind sie später immer zurückgekommen. Das staatsrechtliche

[1] Feliciano Bussi, Istoria di Viterbo p. 59.

[2] Amiani, Memorie istoriche della città di Fano. T. II, p. 4.

[3] Siena, Storia di Sinigaglia. App. n. VI.

[4] Suriano, Relatione di Fiorenza 1533.

Verhältnis, in das sie traten, bezeichneten sie mit dem Titel der kirchlichen Freiheit[1].

Fassen wir den Staat, der auf diese Weise zusammenkam, im ganzen, so hat er eine große Ähnlichkeit mit dem venezianischen. In dem einen wie in dem anderen war die Staatsgewalt bisher in den Händen der Kommunen gewesen, die in der Regel andere kleinere Gemeinheiten unterworfen hatten und beherrschten. Im Venezianischen begaben sich diese regierenden Munizipalitäten, ohne darum ihre Unabhängigkeit in allen Stücken einzubüßen, auf sehr genau bestimmte Bedingungen unter die Herrschaft der Nobili von Venedig. Im Kirchenstaat gerieten sie unter das Gemeinwesen der Kurie; denn ein Gemeinwesen, wie dort der Adel, bildete hier der Hof. Zwar war die Würde der Prälatur während der ersten Hälfte dieses Jahrhunderts noch selbst nicht für die bedeutendsten Stellen unentbehrliches Erfordernis: es finden sich weltliche Vizelegaten in Perugia; in der Romagna scheint es fast die Regel zu sein, daß ein weltlicher Präsident die Verwaltung leitet; Laien erwarben zuweilen die größte Macht und ein unbedingtes Ansehen, wie unter Clemens VII. Jacopo Salviati; aber einmal gehörten auch diese zu der Kurie, sie waren Angehörige eines Papstes und hierdurch Mitglieder jener Korporation; sodann liebten die Städte weltliche Governatoren nicht, sie forderten selbst Prälaten: es schien ihnen ehrenvoller, hohen Geistlichen zu gehorchen. Mit einem deutschen Fürstentum und dessen ausgebildetem ständischen Wesen verglichen, sieht ein italienisches auf den ersten Blick fast rechtlos aus. Aber in der Tat gab es auch hier eine bemerkenswerte Gliederung mannigfaltiger Gerechtsamen: der Nobili einer Stadt der Staatsgewalt gegenüber, der Cittadini in bezug auf die Nobili, der unterworfenen Kommunen gegen die vornehmste, der Bauern gegen die Stadt. Auffallend ist, daß es in Italien fast nirgend zu Provinzialberechtigungen kam. Auch in dem Kirchenstaat wurden wohl Provinzialzusammenkünfte gehalten: man bezeichnet sie mit dem vielbedeutenden Namen von Parlamenten; allein auf irgendeine Weise muß es den Sitten des Landes und dem italienischen Charakter widersprochen haben, ein solches Institut auszubilden: zu einer nachhaltigen Wirksamkeit sind sie niemals gelangt.

[1] Rainaldus gedenkt dessen, aber sehr kurz. Über Ravenna: Hieronymi Rubei Historiarum Ravennatum lib. VIII, p. 660.

Hätte sich aber auch nur die munizipale Verfassung vollkommen entwickelt, wie sie dazu die Möglichkeit hatte und auf dem Wege zu sein schien, so würde sie, bei der Beschränkung der Staatsgewalt auf der einen, den positiven Rechten und der großen Macht der Kommunen auf der anderen Seite und der Menge einzelner Privilegien, das Prinzip der Stabilität – ein durch besondere Berechtigungen und gegenseitige Beschränkung fixiertes Staatswesen – auf das stärkste dargestellt haben.

In dem Venezianischen ist man sehr weit darin gekommen: um vieles weniger in dem Kirchenstaat.

Es liegt das schon in dem ursprünglichen Unterschied der Regierungsformen. In Venedig war es eine erbliche, sich selbst regierende Korporation, welche die Regierungsrechte als ihr Eigentum ansah. Die römische Kurie war dagegen höchst beweglich: nach jedem neuen Konklave stießen neue Elemente dazu; die Landsleute der verschiedenen Päpste bekamen allemal einen großen Anteil an den Geschäften. Dort ging jede Wahl zu einer Stelle in der Verwaltung von der Korporation selber aus; hier hing sie von der Gunst des Oberhauptes ab. Dort wurden die Regierenden durch strenge Gesetze, scharfe Aufsicht und Syndikation im Zaum gehalten; hier wurde die Persönlichkeit weniger durch Furcht vor der Strafe als durch Hoffnung auf Beförderung, die indes doch sehr von Gunst und Wohlwollen abhing, eingeschränkt und behauptete einen weiteren Spielraum.

Auch hatte sich die päpstliche Regierung von allem Anfang eine freiere Stellung ausbedungen.

In dieser Hinsicht gibt es ein merkwürdiges Resultat, wenn man irgendwo römische Zugeständnisse mit venezianischen vergleicht. Unter anderem ist das bei Faenza leicht, welches sich erst wenige Jahre, ehe es an den Papst fiel, den Venezianern ergeben hatte und mit beiden Kapitulationen abschloß[1]. Beide Male hatte es z. B. gefordert, daß nie eine neue Auflage eingeführt werden dürfe ohne die Billigung der Mehrheit des großen Rates von Faenza; die Venezianer hatten das ohne Bedenken zugegeben; der Papst fügte die Klausel hinzu: „wofern es nicht ihm aus bedeutenden und vernünftigen Gründen anders gefalle". Ich will diese Kapitel nicht durchgehen; allenthalben zeigt sich ein ähnliches Verhält-

[1] Historie di Faenza, Fatica di Giulio Cesare Tonduzzi, Faenza 1675, enthalten die mit den Venezianern 1501 abgeschlossenen Kapitel S. 569, die von Julius II. 1510 zugestandenen S. 587.

nis; es ist genug, wenn ich noch einer Abweichung gedenke. Die Venezianer hatten ohne weiteres zugestanden, daß alle Kriminalurteile von dem Podesta und dessen Kurie gefällt werden sollten; der Papst gestattete das im allgemeinen nicht minder; nur eine Ausnahme setzte er fest: „In Fällen der beleidigten Majestät oder ähnlicher Verbrechen, die ein öffentliches Ärgernis veranlassen könnten, soll die Autorität des Governators eintreten.“ Man sieht, daß sich die päpstliche Regierung gleich von vornherein eine viel stärkere Einwirkung der souveränen Gewalt vorbehielt[1].

Es ist nicht zu leugnen, daß man es ihr von der anderen Seite her sehr erleichterte.

In den unterworfenen Städten hielten sich zwar in jener Zeit die mittleren Stände, die Bürger, auch wenn sie Einkünfte besaßen, um davon zu leben, die Kaufleute und Handwerker, ruhig und gehorsam; in ewiger Bewegung aber sah man die Patrizier, die Nobili, die es doch waren, welche die munizipale Gewalt in ihren Händen hatten. Sie trieben keine Gewerbe; sie bekümmerten sich wenig um den Ackerbau; weder höhere Bildung noch Gewandtheit in der Führung der Waffen lag ihnen sehr am Herzen: nur ihre Entzweiungen und Feindseligkeiten beschäftigten sie. Noch immer bestanden die alten Parteiungen der guelfischen und gibellinischen Geschlechter; durch die letzten Kriege, die eine Eroberung bald von der einen, bald von der anderen Seite herbeigeführt, waren sie genährt worden; man kannte alle Familien, die zu der einen oder zu der anderen gehörten. In Faenza, Ravenna, Forli waren die Gibellinen, in Rimini die Guelfen am stärksten; doch hielten sich in jeder dieser Städte auch die entgegengesetzten Faktionen: in Cesena und Imola waren sie einander gleich. Auch bei äußerlicher Ruhe ging doch ein geheimer Krieg fort: ein jeder ließ es sich vor allem angelegen sein, seine Gegner von der anderen Partei niederzuhalten, in Schatten zu stellen[2]. Die Oberhäup-

[1] Welche Mittel sie brauchte, deutet Paul III. an, wenn er sagt (1547): „ceux qui viennent nouvellement au papat viennent pauvres, obligés de promesses, et la depense qu'ils font pour s'asseurer dans les terres de l'eglise monte plus que le profit des premieres années.“ Le cardinal de Guise au roy de France bei Ribier II, 77.

[2] Relatione della Romagna (Bibl. Alt.): „Li nobili hanno seguito di molte persone, delle quali alcune volte si vagliono ne' consegli per conseguire *qualche* carica o per se o per altri, per potere vincere o per impedire all' altri qualche richiesta: ne' giudicii per provare et alcune

ter hatten Anhänger in der geringsten Klasse an der Hand: starke entschlossene Leute, herumschweifende Bravi, welche diejenigen selber aufsuchen, von denen sie wissen, daß sie vor ihren Feinden Furcht hegen oder daß sie wohl eine Beleidigung zu rächen hätten: einen Mord für Geld auszuführen, sind sie immer bereit. Diese durchgehenden Feindseligkeiten bewirkten nun, daß, indem keine Partei der anderen die Gewalt gönnte, noch ihr traute, die Städte selbst ihre Privilegien weniger streng behaupteten. Wenn der Präsident, der Legat in die Provinz kam, so fragte man nicht ob er die munizipalen Rechte zu beobachten gesonnen sei; man suchte nur zu erforschen, mit welcher Partei er es halte. Man kann nicht ausdrücken, wie sehr sich die Begünstigten freuten, die anderen sich betrübten. Der Legat mußte sich sehr in acht nehmen. Die angesehensten Männer schlossen sich leicht an ihn an, suchten ihm gefällig zu sein, gaben einen großen Eifer für das Interesse des Staates zu erkennen und billigten alle Maßregeln, welche zur Beförderung desselben ergriffen wurden; aber alles dies taten sie oft nur, um bei ihm Fuß zu fassen, sich einzuschmeicheln und alsdann die Partei, welche sie haßten, desto empfindlicher benachteiligen, verfolgen zu können[1].

In etwas anderer Lage waren die Barone auf dem Lande. In der Regel waren sie arm, aber freigebig und ehrgeizig, so daß sie selbst offenes Haus hielten und ohne Ausnahme einen Aufwand machten, der ihre Kräfte überstieg. In den Städten hatten sie noch immer Anhänger, deren sie sich manchmal zu Ungesetzlichkeiten bedienten. Ihre vornehmste Sorge aber ließen sie es sein, mit ihren Bauern, die immer bei weitem den meisten Grund und Boden besaßen, obwohl eben auch keine Reichtümer, ein gutes Verhältnis zu behaupten. In den südlichen Ländern hält man wohl auf das Ansehen der Geburt, die Prärogative des Blutes; aber der Unterschied der Stände ist doch lange nicht so stark wie in den nördlichen: er schließt die engste persönliche Vertraulichkeit nicht aus. Auch diese Barone lebten mit ihren Bauern mehr in dem Verhältnis einer brüderlichen Unterordnung: man konnte nicht sagen, ob die Untertanen zu Gehorsam und Dienst, oder die

volte per testificare nelle inimicitie per fare vendette, ingiurie: alcuni ancora a Ravenna, Imola e Faenza usavano di contrabandare grano."

[1] Relatione di Mons^{re} Rev^{mo} Giov. P. Ghisilieri al P. Gregorio XIII, tornando egli dal presidentato di Romagna. Aus Tonduzzi (historie di Faenza p. 673) sehen wir, daß Ghisilieri 1578 in die Provinz kam.

Barone zu Hilfeleistungen williger waren: es lag noch etwas Patriarchales in ihrer Verbindung[1]. Dies kam unter anderem daher, weil der Baron vor allem den Rekurs seiner Hintersassen an die Staatsgewalt zu vermeiden suchte. Von der Lehnsherrlichkeit des Päpstlichen Stuhles wollte er nicht viel wissen. Daß der Legat die zweite und zuweilen sogar die erste Instanz in Anspruch nahm, hielten diese Lehnsleute nicht sowohl für ein Recht als für die Folge einer unglücklichen politischen Konjunktur, welche bald vorübergehen werde.

Noch gab es auch hier und da, besonders in der Romagna, ganz freie Bauernschaften[2]. Es waren große Geschlechter, die sich von einem Stamm herleiteten: Herren in ihren Dörfern: alle bewaffnet, besonders geübt im Gebrauche der Hakenbüchse: in der Regel halb verwildert. Man kann sie mit den freien griechischen oder slawischen Gemeinden vergleichen, die unter den Venezianern ihre Unabhängigkeit behaupteten oder die verlorene unter den Türken wiedererkämpften, wie wir ihnen in Kandia, Morea und Dalmatien begegnen. In dem Kirchenstaat hielten auch sie sich zu den verschiedenen Faktionen. Die Cavina, Scardocci, Solaroli waren Gibellinen; die Manbelli, Cerroni und Serra Guelfen. Die Serra hatten in ihrem Gebiet eine Anhöhe, die zu einer Art Asyl für diejenigen diente, die etwas verbrochen hatten. Die stärksten von allen waren die Cerroni, die auch noch in das florentinische Gebiet hinüber wohnten. Sie hatten sich in zwei Äste geteilt, Rinaldi und Ravagli, die trotz ihrer Verwandtschaft in ewiger Fehde lagen. Sie standen in einer Art von erblicher Verbindung, nicht allein mit den vornehmen Geschlechtern der Städte, sondern auch mit Rechtsgelehrten, welche die eine oder die andere Faktion in ihren Streithändeln unterstützten. In der ganzen Romagna gab es keine so mächtige Familie, daß sie nicht von diesen Bauern leicht hätte verletzt werden können. Immer hatten die Venezianer einen oder den andern Obersten unter ihnen, um ihrer Hilfe in Kriegsfällen gewiß zu sein.

[1] Relatione della Romagna: „Essendosi aggiustati gli uni all' humore degli altri".

[2] Die Bauern hatten oft die Herrschaft der Städte soeben abgeschüttelt. Ghisilieri: Scossi da quel giogo e recati quasi corpo diverso da quelle città (z. B. Forli, Cesena) si governano con certe loro leggi separate sotto il governo d'un protettore eletto da loro medesimi, li quali hanno amplissima autorità di far le resolutioni necessarie per li casi occorenti alli contadini."

Wären, wie gesagt, alle diese Einwohner einmütig gewesen, so hätte es den römischen Prälaten schwer fallen sollen, die Staatsgewalt geltend zu machen. Ihre Entzweiung aber gab der Regierung Kraft. In der Relation eines Präsidenten der Romagna an Papst Gregor XIII. finde ich die Worte: „Es regiert sich schwer, wenn das Volk allzugut zusammenhält; ist es dagegen entzweit, so läßt es sich leicht beherrschen."[1] Aber überdies bildete sich in diesen Ländern noch eine Partei zugunsten der Regierung. Es waren die friedlichen Leute, welche die Ruhe wünschten, jener Mittelstand, der von den Faktionen nicht ergriffen war. In Fano trat er in eine Verbindung zusammen, die man die heilige Union nannte[2], dazu genötigt, wie es in der Stiftungsurkunde heißt, „weil sich die ganze Stadt mit Raub und Mord erfüllt habe und nicht allein diejenigen unsicher seien, die sich in die Feindseligkeiten verwickelt, sondern auch die, welche lieber im Schweiße ihres Angesichts ihr Brot äßen"; sie vereinigen sich durch einen Eidschwur in der Kirche als Brüder auf Leben und Tod, die Ruhe in der Stadt aufrechtzuerhalten und die Störer derselben zu vernichten. Die Regierung begünstigte sie und gab ihnen das Recht, Waffen zu tragen. In der ganzen Romagna finden wir sie unter dem Namen der Pacifici: sie bilden allmählich eine Art von plebejischem Magistrat. Auch unter den Bauern hatte die Regierung ihre Anhänger. Die Manbelli hielten sich zu dem Hofe des Legaten. Sie schafften Banditen herbei und bewachten die Grenzen: es gab ihnen dies wieder unter ihren Nachbarn ein nicht geringes Ansehen[3]. Nachbarliche Eifersucht, der Gegensatz der Landgemeinden gegen die Städte und manche anderen inneren Übelstände kamen der Regierung überdies zu Hilfe.

Und so finden wir statt jener Gesetzlichkeit, Ruhe und Stabilität, zu welcher der Idee nach diese Verfassung hätte entwickelt wer-

[1] Ghisilieri: „Siccome il popolo disunito facilmente si domina, cosi difficilmente si regge quando è troppo unito."

[2] Sie ist wie die Hermandad. Amiani, Memorie di Fano II, 146, hat ihre Formel, die sich auf den Spruch gründet: Beati pacifici, quia filii dei vocabuntur. Daher mag ihr Name in anderen Städten stammen.

[3] Nach der Relatione della Romagna nannten sie sich auch von ihrem Wohnsitz huomini da Schieto: – „huomini", sagt dieselbe, „che si fanno molto riguardare, sono Guelfi: la corte di Romagna si è valuta dell' opera loro molto utilmente, massime in havere in mano banditi et in ovviare alle fraudi che si fanno in estrarre bestiami dalle montagne."

den können, eine lebhafte Bewegung der Faktionen, Einwirkung der Regierung, solange diese entzweit sind: Gegendruck der Munizipalitäten, sowie sie sich einmal vereinigen: Gewalt für das Gesetz, Gewalt wider das Gesetz. Ein jeder sieht, wie weit er es bringen kann.

Gleich unter Leo X. machten die Florentiner, welche die Regierung größtenteils in Händen hatten, die Rechte der Kurie auf eine sehr drückende Weise geltend. Man sah die Gesandtschaften der Städte eine nach der anderen nach Rom gelangen und um eine Abhilfe ihrer Beschwerden nachsuchen. Ravenna erklärte, es werde sich eher den Türken ergeben, als die Fortsetzung eines solchen Regiments dulden[1]. Noch oft kamen während der Sedisvakanzen die alten Herren zurück; nur mit Mühe wurden sie dann von den Päpsten wieder verjagt. Auf der anderen Seite fürchteten auch die Städte, wieder alieniert zu werden. Bald ist es ein Kardinal, bald ein Angehöriger des Papstes, bald ein benachbarter Fürst, der für eine Summe, die er der Kammer zahlt, die Regierungsrechte in einer oder der anderen Stadt an sich zu bringen sucht. Die Städte halten auch darum Agenten und Gesandte zu Rom, um jeden Plan dieser Art, sowie er gefaßt ist, kennenzulernen, sowie er zur Ausführung gelangen soll, zu hintertreiben. In der Regel gelingt es ihnen. Aber zuweilen kommen sie auch in den Fall, gegen päpstliche Autoritäten, selbst gegen päpstliche Truppen Gewalt zu brauchen. Beinahe in jeder Geschichte dieser Ortschaften findet sich ein oder das andere Beispiel einer groben Widersetzlichkeit. In Faenza kam es einmal, in dem Sommer des Jahres 1521, zwischen den Schweizern des Papstes Leo und den Bürgern zu einem förmlichen Kampfe, zu einer Art von Schlacht auf der Straße. Den Schweizern gelang es noch, sich auf der Piazza zu vereinigen; aber alle Ausgänge der Straßen, die in dieselbe münden, waren von den Bürgern verrammelt, und die Schweizer mußten zufrieden sein, daß man einen eröffnete und sie ohne Beschädigung abziehen ließ. In Faenza hat man diesen Tag seitdem lange Jahre hindurch mit religiösen Festlichkeiten begangen[2]. Jesi, nicht gerade eine bedeutende Stadt, hatte doch den

[1] Marino Zorzi, Relatione di 1517. „Le terre di Romagna è in gran combustione e desordine: li vien fatta poca justitia: e lui orator ha visto tal x man di oratori al cardinal di Medici, che negotia le facende lamentandosi di mali portamenti fanno quelli rettori loro."

[2] Tonduzzi, Historie di Faenza p. 609.

Mut, den Vizegovernator, der gewisse Ehrenbezeigungen verlangte, die man ihm nicht erweisen mochte, am 25. November 1528 in seinem Palast anzugreifen. Bürger und Bauern waren vereinigt, 100 Albaneser, die in der Nähe standen, in Sold genommen. Der Vizegovernator ergriff mit allen seinen Beamten die Flucht. „Mein Vaterland", sagt der übrigens sehr katholisch-fromme Chronist dieser Stadt, „das sich dergestalt zu seiner ursprünglichen Freiheit hergestellt sah, beschloß, diesen Tag jährlich auf öffentliche Kosten feierlich zu begehen."[1]

Hieraus konnte, wie sich versteht, nichts anderes folgen als neue Übermannung, Strafe und größere Beschränkung. Gegen Städte, welche noch bedeutende Überreste der alten Freiheit besaßen, ergriff die Regierung solche Gelegenheiten, um ihnen dieselben zu entreißen, um sie vollends zu unterwerfen.

Wie dies geschah, davon bieten besonders Ankona und Perugia merkwürdige Beispiele dar.

Auch Ankona bezahlte dem Papste nur eine jährliche Rekognition. Sie erschien um so unzureichender, je mehr die Stadt in Aufnahme kam. Am Hofe berechnete man die Einkünfte von Ankona auf 50000 Skudi und fand es unerträglich, daß der dortige Adel dies Geld unter sich teilte. Da nun die Stadt sich zugleich neuen Auflagen entzog und ein Kastell, auf das sie Anspruch hatte, mit Gewalt einnahm, so kam es zu offenen Mißhelligkeiten. Man bemerke, wie damals noch Regierungen zuweilen ihr Recht geltend machten. Die päpstlichen Beamten ließen das Vieh aus der ankonitanischen Feldmark wegtreiben, um zu dem Betrage ihrer Auflage zu gelangen; man nannte das Repressalien.

Indessen war Clemens VII. hiermit nicht zufrieden. Er erwartete nur einen günstigen Augenblick, um sich zum wirklichen Herrn von Ankona zu machen. Nicht ohne Hinterlist suchte er ihn herbeizuführen.

Indem er eine Festung in Ankona anzulegen befahl, gab er vor, er tue das allein deshalb, weil die türkische Macht, nach ihren Erfolgen in Ägypten und Rhodus in so großer Aufnahme auf dem ganzen Mittelmeer, sich in kurzem ohne Zweifel auch auf Italien werfe. Welch eine Gefahr sei es dann, wenn Ankona, wo ohnedies stets eine Anzahl türkischer Fahrzeuge liege, durch keinerlei Werke geschützt werde. Er schickte Antonio Sangallo, die Fe-

[1] Baldassini, Memorie istoriche dell' antichissima città di Jesi. Jesi 1744. p. 256.

stung anzulegen. Die Arbeiten gingen auf das rascheste vorwärts; bald nahm eine kleine Mannschaft daselbst Platz. Eben dies war der Moment, den der Papst erwartete. Als man soweit war, im September 1532, erschien eines Tages der Governator der Mark, Monsignor Bernardino della Barba, zwar ein Priester, aber von kriegerischer Gesinnung, mit einem stattlichen Heere, das ihm die Eifersucht der Nachbarn zusammengebracht, in dem Gebiete von Ankona, nahm ein Tor ein, rückte sofort auf den Marktplatz und ließ seine Truppen vor dem Palast aufmarschieren. Unbesorgt wohnten hier, mit den Zeichen der höchsten Würde, die vor kurzem durch das Los bestimmten Anzianen. Monsignor della Barba trat mit militärischem Gefolge ein und erklärte ihnen ohne viel Rückhalt, „der Papst wolle die Regierung von Ankona unumschränkt in seine Hände haben“. In der Tat konnte man ihm keinen Widerstand entgegensetzen. Die jüngeren Nobili ließen in aller Eile einige Mannschaften, die ihnen ergeben waren, von dem Lande hereinkommen; aber was wollte man anfangen, da die päpstlichen Truppen schon durch die neuen Befestigungen für alle Fälle überlegen waren? Der Gefahr einer Plünderung und Zerstörung der Stadt wollten die älteren sich nicht aussetzen. Sie ergaben sich in das Unvermeidliche.

Die Anzianen verließen den Palast; in kurzem erschien der neue päpstliche Legat, Benedetto delli Accolti, welcher der Apostolischen Kammer für die Regierungsrechte in Ankona 20000 Skudi des Jahres zugesagt hatte.

Der ganze Zustand ward verändert. Alle Waffen mußten abgeliefert werden; 64 angesehene Nobili wurden exiliert. Man machte neue Inbossolationen: den Unadeligen, den Einwohnern der Landschaft wurde ein Anteil an den Ämtern gewährt; das Recht ward nicht mehr nach den alten Statuten gesprochen.

Wehe dem, der sich wider diese Anordnungen regte! Einige Oberhäupter machten sich einer Verschwörung verdächtig: sie wurden sofort eingezogen, verurteilt und enthauptet. Den anderen Tag breitete man einen Teppich auf dem Markte aus; darauf legte man die Leichen; neben jeder brannte eine Fackel: so ließ man sie den ganzen Tag.

Zwar hat nachher Paul III. einige Erleichterungen zugestanden; allein die Unterwerfung ward damit nicht zurückgenommen: die alten Freiheiten herzustellen, war er weit entfernt[1].

[1] Saracini, Notizie istoriche della città d'Ancona. II, XI, p. 335.

Bediente er sich doch vielmehr eben jenes Bernardino dell Barba, die Freiheiten einer anderen seiner Städte aufzuheben.

Der Papst hatte den Salzpreis um die Hälfte erhöht. Die Stadt Perugia glaubte sich durch ihre Privilegien berechtigt, sich dieser Auflage zu widersetzen. Der Papst sprach das Interdikt aus: die Bürger, in den Kirchen vereinigt, wählten sich einen Magistrat von „fünfundzwanzig Verteidigern"; vor einem Kruzifix auf dem Markte legten sie die Schlüssel ihrer Tore nieder. Beide Teile rüsteten.

Daß eine so bedeutende Stadt sich gegen die Herrschaft des Papstes erhob, erregte eine allgemeine Bewegung. Es würde bemerkenswerte Folgen gehabt haben, wenn es sonst einen Krieg in Italien gegeben hätte. Da aber alles ruhig war, konnte ihr kein Staat die Hilfe gewähren, auf die sie gerechnet hatte.

Denn obwohl Perugia nicht ohne Macht war, so besaß es doch auch lange nicht die Kraft, einem Heere zu widerstehen, wie es Peter Ludwig Farnese zusammenbrachte, von 10000 Italienern, 3000 Spaniern. Auch zeigte sich die Regierung der Fünfundzwanzig eher gewaltsam und heftig als besonnen und schützend. Nicht einmal Geld zum Sold für die Truppen, die ihnen ein Baglione zuführte, hielten sie bereit. Ihr einziger Verbündeter, Ascanio Colonna, der sich der nämlichen Auflage widersetzte, begnügte sich, Vieh von dem kirchlichen Gebiete wegzutreiben; zu ernstlicher Hilfe entschloß er sich nicht.

Und so mußte sich die Stadt, nach kurzer Freiheit, am 3. Juni 1540 wieder ergeben. In langen Trauerkleidern, mit Stricken um den Hals erschienen ihre Abgeordneten in dem Portikus von St. Peter zu den Füßen des Papstes, ihn um Begnadigung anzurufen.

Wohl gewährte er ihnen solche; aber ihre Freiheiten hatte er indes schon zerstört. Alle ihre Privilegien hatte er aufgehoben.

Jener Bernardino della Barba kam nach Perugia, um es einzurichten wie Ankona. Die Waffen wurden ausgeliefert, die Ketten, mit denen man bisher die Straßen verschloß, weggenommen, die Häuser der Fünfundzwanzig, die beizeiten entwichen waren, dem Erdboden gleichgemacht; an der Stelle, wo die Baglionen gewohnt, ward eine Festung aufgerichtet. Die Bürger selbst mußten dazu steuern. Man hatte ihnen einen Magistrat gegeben, dessen Name schon den Zweck anzeigt, zu dem er bestimmt war. Konservatoren des kirchlichen Gehorsams nannte man ihn. Ein späterer

Papst gab ihm den Titel Prioren zurück, doch keines von den alten Gerechtsamen[1].

Auch Ascanio Colonna war indes von dem nämlichen Heere überzogen und aus seinen festen Plätzen vertrieben worden.

Durch so viele glückliche Schläge ward die päpstliche Gewalt in dem Kirchenstaat unendlich vergrößert: weder die Städte noch die Barone wagten, sich ihr länger zu widersetzen; von den freien Kommunen hatte sie eine nach der anderen unterworfen; alle Hilfsquellen des Landes konnte sie zu ihren Zwecken anstrengen. Wir betrachten nun, wie sie das tat.

Finanzen

Vor allem kommt es dann darauf an, daß wir uns das System der päpstlichen Finanzen vergegenwärtigen: – ein System, welches nicht allein für diesen Staat, sondern durch das Beispiel, das es aufstellte, für ganz Europa von Bedeutung ist.

Wenn man bemerkt hat, daß die Wechselgeschäfte des Mittelalters ihre Ausbildung hauptsächlich der Natur der päpstlichen Einkünfte verdankten, die in aller Welt fällig, von allen Seiten an die Kurie zu übermachen waren, so ist es nicht minder bemerkenswert, daß das Staatsschuldenwesen, welches uns in diesem Augenblick alle umschließt und das ganze Getriebe des Verkehrs bedingt und fesselt, in dem Kirchenstaate zuerst systematisch entwickelt wurde.

Mit wie vielem Recht man auch über die Erpressungen Klage geführt haben mag, welche sich Rom während des 15. Jahrhunderts erlaubte, so ist doch augenscheinlich, daß von dem Ertrage derselben nur wenig in die Hände des Papstes kam. Pius II. genoß die allgemeine Obedienz von Europa; dennoch hat er einmal aus Mangel an Geld sich und seine Umgebung auf eine Mahlzeit des Tages einschränken müssen. Die 200000 Dukaten, die er zu dem Türkenkriege brauchte, den er vorhatte, mußte er erborgen. Selbst jene kleinlichen Mittel, deren sich mancher Papst bediente, um von einem Fürsten, einem Bischof, einem Großmeister, der eine

[1] Mariotti, Memorie istoriche civili ed ecclesiastiche della città di Perugia e suo contado, Perugia 1806, erzählt diese Ereignisse I, p. 113—160 urkundlich und ausführlich. Auch später gedenkt er ihrer z. B. tom. III, p. 634.

Sache am Hofe hatte, ein Geschenk, etwa von einem goldenen Becher mit einer Summe Dukaten darin, oder von Pelzwerk, zu erlangen[1], beweisen nur, wie die Wirtschaft, die man führte, doch eigentlich armselig war.

Das Geld gelangte, wenn nicht in so außerordentlichen Summen, wie man angenommen, doch in sehr beträchtlichen, allerdings an den Hof; aber hier zerfloß es in tausend Hände. Es wurde von den Ämtern absorbiert, die man schon seit geraumer Zeit zu verkaufen pflegte. Sie waren meist auf Sporteln gegründet: der Industrie der Beamten war ein großer Spielraum gelassen. Der Papst hatte nichts davon als den Kaufpreis, sobald sie vakant wurden.

Wollte der Papst zu irgendeiner kostspieligen Unternehmung schreiten, so bedurfte er dazu außerordentlicher Mittel. Jubiläen und Indulgenzen waren ihm eben darum höchst erwünscht: die Gutmütigkeit der Gläubigen gewährte ihm dadurch ein reines Einkommen. Noch ein anderes Mittel ergab sich dann leicht. Um über eine bedeutendere Summe verfügen zu können, brauchte er nur neue Ämter zu kreieren und dieselben zu verkaufen. Eine sonderbare Art von Anleihe, von der die Kirche die Zinsen in erhöhten Gefällen reichlich abtrug. Schon lange war sie in Gebrauch. Einem glaubwürdigen Register aus dem Hause Chigi zufolge gab es in dem Jahre 1471 gegen 650 käufliche Ämter, deren Einkommen man ungefähr auf 100000 Skudi berechnete[2]. Es sind fast alles Prokuratoren, Registratoren, Abbreviatoren, Korrektoren, Notare, Schreiber, selbst Läufer und Türsteher, deren wachsende Anzahl die Unkosten einer Bulle, eines Breves immer höher brachte. Eben darauf waren sie angewiesen; ihre Geschäfte wollten wenig oder nichts sagen.

Man erachtet leicht, daß die folgenden Päpste, die sich so tief in die europäischen Händel verstrickten, ein so bequemes Mittel, ihre Kassen zu füllen, begierig ergriffen haben werden. Sixtus IV.

[1] Voigt, Stimmen aus Rom über den päpstlichen Hof im fünfzehnten Jahrhundert, in dem Historischen Taschenbuch von Fr. von Raumer 1833, hat eine Menge Notizen hierüber. Wer das Buch: Schlesien vor und seit dem Jahre 1740, zur Hand hat, findet darin II, 483 eine nicht üble Satire auf dies Unwesen des Geschenkgebens aus dem fünfzehnten Jahrhundert: Passio domini papae secundum marcam auri et argenti.
[2] Gli ufficii piu antichi. MS. Bibliotheca Chigi N. II, 50. Es sind 651 Ämter und 98340 Sc. fin alla creatione di Sisto IV. So wenig ist es wahr, was Onuphrius Panvinius sagt, daß Sixtus IV. sie zuerst verkauft habe: S. 348.

bediente sich hierbei des Rates seines Protonotars Sinolfo. Er errichtete auf einmal ganze Kollegien, in denen er die Stellen um ein paar hundert Dukaten verkaufte. Sonderbare Titel, die hier erscheinen, z. B. ein Kollegium von 100 Janitscharen, die für 100000 Dukaten ernannt und auf den Ertrag der Bullen und Annaten angewiesen wurden[1]. Notariate, Protonotariate, Stellen von Prokuratoren bei der Kammer, alles verkaufte Sixtus IV.: er trieb es so weit, daß man ihn für den Gründer dieses Systems gehalten hat. Wenigstens kam es erst seit ihm recht in Aufnahme. Innozenz VIII., der in seinen Verlegenheiten bis zur Verpfändung der päpstlichen Tiara schritt, stiftete ein neues Kollegium von 26 Sekretären für 60000 Skudi und andere Ämter die Fülle. Alexander VI. ernannte 80 Schreiber von Breven, deren jeder 750 Skudi zu bezahlen hatte: Julius II. fügte 100 Schreiber des Archivs um den nämlichen Preis hinzu.

Indessen waren die Quellen, aus denen alle diese Hunderte von Beamten ihre Einkünfte zogen, doch auch nicht unerschöpflich. Wir sahen, wie fast alle christlichen Staaten zugleich Versuche machten, die Einwirkungen des päpstlichen Hofes zu beschränken. Gerade damals geschahen sie, als sich die Päpste durch ihre großen Unternehmungen zu ungewohntem Aufwand veranlaßt sahen.

Da war es ein Glück für sie, daß sie den Staat und hiermit, so mild sie ihn im Anfang auch behandelten, doch viele neuen Einkünfte erwarben. Man wird sich nicht wundern, daß sie diese ganz auf die nämliche Weise wie die kirchlichen verwalteten.

Wenn Julius II. die erwähnten Schreiber auf die Annaten anwies, so fügte er ihnen doch noch eine Anweisung auf Dogma und Staatskasse hinzu. Er errichtete ein Kollegium von 141 Präsidenten der Annona, welches ganz aus Staatskassen dotiert wurde. Den Überschuß der Einkünfte seines Landes wandte er demnach dazu an, Anleihen darauf zu gründen. Das schien den anderen Mächten das Ausgezeichnete an diesem Papste, daß er Geld aufbringen könne, soviel er wolle. Zum guten Teil beruhte seine Politik darauf.

Noch viel größere Bedürfnisse aber als Julius hatte Leo X., der

[1] Es waren auch Stradioten und Mamelucken, die aber später abgeschafft wurden, dabei. „Adstipulatores, sine quibus nullae possent confici tabulae." Onuphrius Panvinius. Nach dem Register ufficii antichi würde diese Kreation nur 40000 Dukaten eingetragen haben.

nicht minder in Kriege verwickelt, um vieles verschwenderischer und von seinen Verwandten abhängiger war. „Daß der Papst jemals tausend Dukaten beisammenhalten sollte", sagt Franz Vettori von ihm, „war ebenso gut unmöglich, als daß ein Stein von selbst in die Höhe fliege." Man hat über ihn geklagt, er habe drei Papsttümer durchgebracht, das seines Vorgängers, von dem er einen bedeutenden Schatz erbte, sein eigenes und das seines Nachfolgers, dem er ein Übermaß von Schulden hinterließ. Er begnügte sich nicht, die vorhandenen Ämter zu verkaufen; seine große Kardinalernennung brachte ihm eine namhafte Summe; auf dem einmal eingeschlagenen Wege, neue Ämter zu kreieren, lediglich um sie zu verkaufen, schritt er auf das kühnste fort. Er allein hat deren über 1200 errichtet[1]. Das Wesen aller dieser Portionarii, Scudieri, Cavalieri di S. Pietro, und wie sie sonst heißen, ist, daß sie eine Summe zahlen, von der sie dann lebenslang unter jenem Titel Zinsen beziehen. Ihr Amt hat keine andere Bedeutung, als daß es den Genuß der Zinsen noch durch kleine Prärogativen vermehrt. Wesentlich ist dies nichts als eine Anleihe auf Leibrenten. Leo zog aus jenen Ämtern mehr als 900000 Skudi. Die Zinsen, die doch ganz bedeutend waren, da sie jährlich den achten Teil des Kapitals betrugen[2], wurden zwar zu einem gewissen Teil auf einen kleinen Aufschlag kirchlicher Gefälle angewiesen: hauptsächlich aber flossen sie aus den Tresorerien der vor kurzem eroberten Provinzen, das ist, dem Überschuß der Munizipalverwaltungen, welcher der Staatskasse zugute kam, dem Ertrag der Alaunwerke, des Salzverkaufs und der Dogana zu Rom: Leo brachte die Anzahl der Ämter auf 2150; ihren jährlichen Ertrag berechnete man auf 320000 Skudi, welche zugleich die Kirche und den Staat belasteten.

Wie tadelnswert nun auch diese Verschwendung an sich war, so mochte Leo darin doch auch dadurch bestärkt werden, daß sie für den Augenblick eher vorteilhafte als schädliche Wirkungen hervorbrachte. Wenn sich die Stadt Rom zu dieser Zeit so ausneh-

[1] Sommario di la relation di M. Minio 1520: „Non ha contanti, perche è liberal, non sa tenir danari: poi li Fiorentini, (che) si fanno e sono soi parenti, non li lassa mai aver un soldo: e diti Fiorentini è in gran odio in corte, perche in ogni cosa è Fiorentini."

[2] Die 612 Portionarii di ripa – aggiunti al collegio dei presidenti – zahlten 286200 und erhielten jährlich 38816 Dukaten; die 400 Cavalieri di S. Pietro zahlten 400000 und empfingen dafür des Jahres 50610 Dukaten.

mend hob, so hatte man das zum Teil auch dieser Geldwirtschaft zu danken. Es gab keinen Platz in der Welt, wo man sein Kapital so gut hätte anlegen können. Durch die Menge neuer Kreationen, die Vakanzen und Wiederverleihungen entstand eine Bewegung an der Kurie, welche für einen jeden die Möglichkeit eines leichten Fortkommens darbot.

Auch bewirkte man damit, daß man den Staat übrigens nicht mit neuen Auflagen zu beschweren brauchte. Ohne Zweifel zahlte der Kirchenstaat damals von allen Ländern, Rom von allen Städten in Italien die wenigsten Abgaben. Schon früher hatte man den Römern vorgehalten, daß jede andere Stadt ihrem Herrn schwere Anleihen und harte Gabellen erlege, während ihr Herr, der Papst, sie vielmehr reich mache. Ein Sekretär Clemens' VII., der das Konklave, in welchem dieser Papst gewählt ward, bald nachher beschrieb, bezeigt seine Verwunderung darüber, daß das römische Volk dem Heiligen Stuhle nicht ergebener sei, da es doch von Auflagen so wenig leide. „Von Terracina bis Piacenza", ruft er aus, „besitzt die Kirche einen großen und schönen Teil von Italien; weit und breit erstreckt sich ihre Herrschaft; jedoch so viele blühende Länder und reiche Städte, die unter einer anderen Regierung mit ihren Abgaben große Kriegsheere würden erhalten müssen, zahlen dem römischen Papste kaum so viel, daß die Kosten der Verwaltung davon bestritten werden können."[1]

Der Natur der Sache nach konnte dies aber nur solange dauern, als es noch Überschüsse aus den Staatskassen gab. Schon Leo vermochte nicht alle seine Anleihen zu fundieren. Aluise Gaddi hatte ihm 32000, Bernardo Bini 200000 Dukaten vorgestreckt; Salviati, Ridolfi, alle seine Diener und Angehörigen hatten das Mögliche getan, um ihm Geld zu verschaffen; bei seiner Freigebigkeit und seinen jungen Jahren hofften sie auf Erstattung und

[1] Vianesius Albergatus, Commentarii rerum sui temporis (eben nichts als jene Beschreibung des Konklaves): „Opulentissimi populi et ditissimae urbes, quae, si alterius ditionis essent, suis vectigalibus vel magnos exercitus alere possent, Romano pontifici vix tantum tributum pendunt, quantum in praetorum magistratuumque expensam sufficere queat." In der Relation von Zorzi 1517 wird nach einer Angabe des Franz Armellin das Einkommen von Perugia, Spoleto, Mark und Romagna zusammen auf 120000 Dukaten berechnet. Davon kam die Hälfte in die päpstliche Kammer. „Di quel somma la mità è per terra, per pagar i legati et altri officii, e altra mità ha il papa." Leider sind in der Abschrift der Relation bei Sanuto nicht wenige Fehler.

glänzende Dankbarkeit. Durch seinen plötzlichen Tod wurden sie sämtlich ruiniert.

Überhaupt ließ er eine Erschöpfung zurück, die sein Nachfolger zu fühlen bekam.

Der allgemeine Haß, den der arme Adrian auf sich lud, rührte auch daher, weil er in der großen Geldnot, in der er sich befand, zu dem Mittel griff, eine direkte Auflage auszuschreiben. Sie sollte einen halben Dukaten auf die Feuerstelle betragen[1]. Sie machte einen um so schlimmeren Eindruck, da man solche Forderungen so wenig gewohnt war.

Aber auch Clemens VII. konnte wenigstens neue indirekte Auflagen nicht umgehen. Man murrte über den Kardinal Armellin, den man für den Erfinder derselben hielt; besonders über die Erhöhung des Torzolles für die Lebensmittel war man mißvergnügt; allein man mußte sich hierin finden[2]. Die Dinge waren in einem Zustande, daß noch zu ganz anderen Hilfsmitteln gegriffen werden mußte.

Bisher hatte man die Anleihen unter der Form von käuflichen Ämtern gemacht; der reinen Anleihe näherte sich zuerst Clemens VII., in jenem entscheidenden Moment, als er sich wider Karl V. rüstete, in dem Jahre 1526.

Bei den Ämtern ging das Kapital mit dem Tode verloren, insofern die Familie es nicht von der päpstlichen Kammer wiedererwarb. Jetzt nahm Clemens ein Kapital von 200000 Dukaten auf, das zwar nicht so hohe Zinsen trug, wie die Ämter einbrachten, aber doch immer sehr bedeutende, 10 Prozent, und dabei an die Erben überging. Es ist dies ein Monte non vacabile, der Monte della Fede. Die Zinsen wurden auf die Dogana angewiesen. Auch dadurch gewährte der Monte eine größere Sicherheit, daß den Gläubigern sogleich ein Anteil an der Verwaltung der Dogana zugestanden wurde. Hierin liegt aber wieder, daß man sich von der alten Form nicht durchaus entfernte. Die Montisten bildeten ein Kollegium. Ein paar Unternehmer hatten die Summe an die Kammer aus-

[1] Hieronymo Negro a Marc Antonio Micheli. 7 April 1523. Lettere di principi I, 114.

[2] Foscari, Relatione 1526. „E qualche murmuration in Roma etiam per causa del cardinal Armellin, qual truova nuove invention per truovar danari in Roma, e fa metter nove angarie, e fino chi porta tordi a Roma et altre cose di manzar paga tanto: la qual angaria importa da duc. 2500."

gezahlt und sie dann einzeln an die Mitglieder dieses Kollegiums untergebracht.

Darf man wohl sagen, daß die Staatsgläubiger, insofern sie ein Recht an das allgemeine Einkommen, an das Produkt der Arbeit aller haben, dadurch zu einem mittelbaren Anteil an der Staatsgewalt gelangen? Wenigstens schien man es damals in Rom so zu verstehen, und nicht ohne die Form eines solchen Anteils wollten die Besitzer ihr Geld herleihen.

Es war dies aber, wie sich zeigen wird, der Anfang zu den weitaussehendsten Finanzoperationen.

Paul III. setzte sie nur mäßig fort. Er begnügte sich, die Zinsen des clementinischen Monte zu verringern; da es ihm gelang, deren neue anweisen zu können, so brachte er das Kapital fast um die Hälfte höher. Einen neuen Monte aber errichtete er nicht. Die Kreation von 600 neuen Ämtern mag ihn für diese Mäßigung entschädigt haben. Die Maßregel, durch die er sich in der Finanzgeschichte des Kirchenstaates merkwürdig gemacht hat, bestand in etwas anderem.

Wir sahen, welche Bewegung die Erhöhung des Salzpreises, zu der er schritt, hervorrief. Auch von dieser stand er ab. An ihrer Stelle aber und mit dem ausdrücklichen Versprechen, sie fallen zu lassen, führte er die direkte Auflage des Sussidio ein. Es ist dieselbe Auflage, die damals in so vielen südeuropäischen Ländern eingefordert ward, die wir in Spanien als Servicio, in Neapel als Donativ, in Mailand als Mensuale, unter anderen Titeln anderswo wiederfinden. Im Kirchenstaate ward sie ursprünglich auf drei Jahre eingeführt und auf 300000 Skudi festgesetzt. Gleich zu Rom bestimmte man den Beitrag einer jeden Provinz; die Provinzialparlamente versammelten sich, um sie nach den verschiedenen Städten zu verteilen. Die Städte legten sie dann weiter auf Stadt und Landschaft um. Jedermann ward dazu herbeigezogen. Die Bulle verordnet ausdrücklich, daß alle weltlichen Untertanen der römischen Kirche, auch wenn sie eximiert, wenn sie privilegiert seien, Marchesen, Barone, Lehnsleute und Beamte nicht ausgeschlossen, ihre Raten an dieser Kontribution abtragen sollen[1].

[1] Bullar. In dem Jahre 1537 erklärt er dem französischen Gesandten „la debilité du revenu de l'eglise (wobei der Staat), dont elle n'avoit point maintenant 40m. escus de rente par an de quoi elle puisse faire estat." Bei Ribier I, 69.

Nicht ohne lebhafte Reklamation aber zahlte man sie, zumal als man bemerkte, daß sie von drei zu drei Jahren immer aufs neue prorogiert wurde, wie sie denn nie wieder abgeschafft worden ist. Vollständig ist sie auch niemals eingekommen[1]. Bologna, das auf 30000 Skudi angesetzt worden, war klug genug, sich mit einer Summe, die es auf der Stelle zahlte, für immer loszukaufen. Parma und Piacenza wurden alieniert und zahlten nicht mehr; wie es in den anderen Städten ging, davon gibt uns Fano ein Beispiel. Unter dem Vorwande, zu hoch angesetzt zu sein, verweigerte diese Stadt eine Zeitlang die Zahlung. Hierauf fand sich Paul III. einmal bewogen, ihr die abgelaufenen Termine zu erlassen, doch unter der Bedingung, daß sie die nämliche Summe zur Herstellung ihrer Mauern verwende. Auch später ward ihr immer ein Drittel ihrer Rata zu diesem Behufe erlassen. Nichtsdestominder haben sich noch die späten Nachkommen über ihre allzu hohe Schätzung beklagt. Unaufhörlich beschwerten sich auch die Landgemeinden über den ihnen von der Stadt auferlegten Anteil; sie machten Versuche, sich dem Gehorsam des Rates zu entziehen, und während dieser seine Unmittelbarkeit verfocht, hätten sie sich mit Vergnügen dem Herzog von Urbino unterworfen. – Es würde uns zu weit führen, diese kleinen Interessen weiter zu erörtern. Genug, wenn wir erkennen, wie es kam, daß von dem Sussidio nicht viel über die Hälfte einlief[2]. Im Jahre 1560 wird der ganze Ertrag auf 165000 Skudi geschätzt.

Wiewohl dem nun so ist, so hatte doch dieser Papst die Einkünfte des Kirchenstaates ausnehmend erhöht. Unter Julius II. werden sie auf 350000, unter Leo auf 420000, unter Clemens VII. im Jahre 1526 auf 500000 Skudi berechnet. Unmittelbar nach dem Tode Pauls III. werden sie in einem authentischen Verzeichnis, das sich der venezianische Gesandte Dandolo aus der Kammer verschaffte, auf 706473 Skudi angegeben.

Dennoch fanden sich die Nachfolger nicht viel gebessert. In einer seiner Instruktionen klagt Julius III., sein Vorfahr habe die sämt-

[1] Bulle: Decens esse censemus. 5 Sept. 1543. Bullar. Cocq. IV, I, 225.

[2] Bulle Pauls IV: Cupientes indemnitati. 15 April 1559. Bullar. Cocq. IV, I, 358. „Exactio, causantibus diversis exceptionibus, libertatibus et immunitatibus a solutione ipsius subsidii diversis communitatibus et universitatibus et particularibus personis nec non civitatibus, terris, oppidis et locis nostri status ecclesiastici concessis, et factis diversarum portionum ejusdem subsidii donationibus seu remissionibus, vix ad dimidium summae trecentorum millium scutorum hujusmodi ascendit."

lichen Einkünfte alieniert – ohne Zweifel mit Ausschluß des Sussidio, welches nicht veräußert werden konnte, da es wenigstens nominell immer nur auf drei Jahre ausgeschrieben ward – und überdies 500000 Skudi schwebende Schuld hinterlassen[1].

Indem sich Julius III. dessenungeachtet in seinen Krieg mit Franzosen und Farnesen einließ, mußte er sich die größten Verlegenheiten zuziehen. Obwohl ihm die Kaiserlichen eine für jene Zeit nicht unbedeutende Geldhilfe gewährten, so sind doch alle seine Briefe voll von Klagen. „Er habe in Ankona 100000 Skudi zu bekommen gedacht: nicht 100000 Bajocchi habe er erlangt; statt 120000 Skudi von Bologna habe er nur 50000 empfangen; unmittelbar nach den Zusagen genuesischer und lucchesischer Wechsler seien Widerrufungen derselben eingelaufen; wer einen Carlin besitze, halte ihn zurück und wolle ihn nicht aufs Spiel setzen."[2]

Wollte der Papst sein Heer beisammenhalten, so mußte er zu nachdrücklicheren Maßregeln greifen; er entschloß sich, einen neuen Monte zu errichten. Er tat das auf eine Weise, die hernach fast immer befolgt worden ist.

Er machte eine neue Auflage: er legte zwei Karlin auf den Rubbio Mehl; nach allen Abzügen kamen ihm davon 30000 Skudi ein. Diese Summe wies er zu den Zinsen für ein Kapital an, das er sofort aufnahm. So gründete er den Monte della Farina. Wir bemerken, wie nahe sich dies an die früheren Finanzoperationen anschließt: eben wie man früher kirchliche Ämter schuf und auf die zu vermehrenden Gefälle der Kurie anwies, lediglich um jene Ämter verkaufen zu können und die Summe in die Hände zu bekommen, die man gerade brauchte, so erhöhte man jetzt die Einkünfte des Staates durch eine neue Auflage, deren man sich aber nur als Zins für ein großes Kapital bediente, das man sonst nicht zu bekommen wußte. Alle folgenden Päpste fuhren so fort. Bald waren diese Monti wie der clementinische non vacabili, bald waren sie aber vacabili, d. i., mit dem Tode des Gläubigers hörte die Verpflichtung der Zinszahlung auf; dann waren die Zinsen noch höher, und bei dem kollegialischen Verhältnis der Montisten schloß man sich noch näher an die Ämter an. Paul IV. errichtete den Monte novennale de' Frati auf eine Abgabe, zu der er die regularen Mönchsorden nötigte. Pius IV. legte einen Quadrin auf das

[1] Instruttione per voi Monsignore d'Imola: ultimo di Marzo 1551. Informationi *politiche tom.* XII.
[2] Il papa a Giovamb. di Monte 2 April 1552.

Pfund Fleisch und benutzte den Ertrag, um sofort den Monte Pio non vacabile darauf zu gründen, der ihm dann 170000 Skudi einbrachte. Pius V. legte einen neuen Quadrin auf das Pfund Fleisch und errichtete davon den Monte Lega.

Fassen wir diese Entwicklung ins Auge, so tritt die allgemeine Bedeutung des Kirchenstaates zunächst hervor. Welches sind doch die Bedürfnisse, durch welche die Päpste genötigt werden, zu dieser sonderbaren Art von Anleihe, die eine so unmittelbare Belästigung ihres Landes einschließt, vorzuschreiten? Es sind in der Regel die Bedürfnisse des Katholizismus überhaupt. Sowie es mit den rein politischen Tendenzen vorüber ist, gibt es keine anderen als die kirchlichen, die man durchzuführen beabsichtigen könnte. Die Unterstützung der katholischen Mächte in ihrem Kampfe wider die Protestanten, in ihren Unternehmungen gegen die Türken ist nunmehr fast immer der nächste Anlaß, der zu neuen Finanzoperationen führt. Der Monte Pius V. heißt darum Monte Lega, weil das Kapital, das er einbrachte, auf den Türkenkrieg verwendet ward, den dieser Papst im Bunde mit Spanien und Venedig unternahm. Immer mehr bildete sich dies aus. Jede europäische Bewegung berührte den Kirchenstaat in dieser Gestalt. Fast jedesmal mußte derselbe durch irgendeine neue Last zur Verfechtung der kirchlichen Interessen beitragen. Eben darum war es für die kirchliche Stellung der Päpste so wichtig, daß sie den Staat besaßen.

Denn nicht allein mit Monti begnügten sie sich; auch die alten Mittel ließen sie nicht fallen. Fortwährend errichteten sie neue Ämter oder Cavalierate mit besonderen Privilegien, sei es, daß die Remunerationen ebenmäßig durch neue Auflagen gedeckt wurden oder daß der damals sehr bemerklich sinkende Geldwert namhaftere Summen in die Kammer lieferte[1].

Hierdurch geschah es nun, daß die Einkünfte der Päpste, nach einem kurzen Sinken unter Paul IV., das durch die Kriege desselben veranlaßt wurde, immerfort stiegen. Noch unter Paul kamen sie doch wieder auf 700000 Skudi; unter Pius berechnete man sie auf 898482 Skudi. Paul Tiepolo ist erstaunt, sie im Jahre 1576 nach einer Abwesenheit von neun Jahren um 200000 Skudi vermehrt und bis auf 1100000 Skudi angewachsen zu finden. Nur

[1] So standen um 1580 viele luoghi di monte statt 100 auf 130; die Zinsen der vacabili wurden von 14 auf 9 herabgesetzt, was im ganzen eine gewaltige Ersparnis ausmachte.

war das Sonderbare, was aber nicht anders sein konnte, daß die Päpste damit im Grunde nicht mehr einnahmen. Mit den Auflagen stiegen die Veräußerungen. Man berechnet, daß Julius III. 54000, Paul IV. 45960, Pius IV. aber, der alle Mittel geltend machte, sogar 182550 Skudi von dem Einkommen veräußert habe. Pius IV. brachte denn auch die Zahl der verkäuflichen Ämter bis auf viertehalbtausend, wie sich versteht mit Ausschluß der Monti, die zu den Ämtern nicht gerechnet wurden[1]. Unter diesem Papst stieg die Summe der Alienationen auf fünftehalbhunderttausend; noch immer nahm sie zu: im Jahre 1576 war sie auf 530000 Skudi angewachsen. So sehr das Einkommen vermehrt war, so betrug dies doch beinahe die ganze Hälfte desselben[2].

Einen merkwürdigen Anblick bieten die Verzeichnisse der päpstlichen Einkünfte um diese Zeit dar. Nachdem bei jedem Posten die Summe genannt worden, welche der Pächter einzuliefern sich verpflichtet hat – die Verträge mit den Pächtern wurden gewöhnlich auf neun Jahre geschlossen –, gibt man uns an, wieviel davon veräußert war. Die Dogana von Rom z. B. warf 1576 und die folgenden Jahre die ansehnliche Summe von 133000 Skudi ab; davon waren aber 111170 assigniert; noch andere Abzüge traten ein, und die Kammer bekam nicht mehr als 13000 Skudi. Einige Gabellen auf Getreide, Fleisch und Wein gingen rein auf: die Monti waren darauf angewiesen. Von mehreren Provinzialkassen, genannt Tesorerien – welche sogleich auch die Bedürfnisse der Provinzen zu bestreiten hatten –, z. B. aus der Mark und aus Camerino, kam kein Bajocco in die päpstliche Kammer. Und doch war oft das Sussidio zu denselben geschlagen. Ja, auf die Alaungräbereien von Tolfa, auf welche man früher vorzüglich zählte, waren so starke Assignationen gemacht, daß der Ertrag um ein paar tausend Skudi geringer ausfiel[3].

Für seine Person und seine Hofhaltung war der Papst vorzüglich auf die Dataria verwiesen. Die Dataria hatte zweierlei Einkünfte.

[1] Lista degli ufficii della corte Romana 1560. Bibl. Chigi N. II, 50. Viele anderen einzelnen Verzeichnisse von verschiedenen Jahren.

[2] Tiepolo rechnet, daß außerdem 100000 Skudi für Besoldungen, 270000 für Kastelle und Nunziaturen aufgehen, so daß der Papst noch immer 200000 freihabe. Er rechnet nach, daß die Päpste unter dem Vorwand der Bedürfnisse zu dem türkischen Kriege 1800000 Skudi eingenommen und doch dazu nur 340000 aufgewendet hatten.

[3] Z. B. *Entrata della* reverenda camera apostolica sotto il pontificato di N. S. Gregorio XIII fatta nell' anno 1576. MS. Gothana n. 219.

Die einen waren mehr kirchlicher Natur: es waren die Kompositionen, bestimmte Geldzahlungen, für welche der Datar Regresse, Reservationen und andere kanonische Unregelmäßigkeiten bei dem Übergang von einer Pfründe zu der anderen gestattete. Paul IV. hatte sie durch die Strenge, mit der er verfuhr, sehr verringert[1]; doch nahmen sie allmählich wieder zu. Die anderen waren mehr von weltlicher Beschaffenheit: sie liefen bei der Vakanz und neuen Übertragung der Kavalierate, verkäuflichen Ämter und Stellen in den Monti vacabili ein; sie nahmen in dem Grade zu, in welchem diese an Zahl stiegen. Nicht höher aber beliefen sich um das Jahr 1570 beide zusammen, als um das tägliche Bedürfnis des Haushaltes gerade zu decken.
Durch diese Entwicklung der Dinge war nun aber der Kirchenstaat in eine ganz andere Lage geraten. Hatte er sich früher gerühmt, von den italienischen Staaten der mindestbelastete zu sein, so trug er jetzt so schwer, ja schwerer als die anderen[2], und laut beklagten sich die Einwohner. Von der alten munizipalen Unabhängigkeit war nur wenig übrig. Immer regelmäßiger ward die Verwaltung. Die Regierungsrechte waren früher häufig begünstigten Kardinälen und Prälaten überlassen, die einen nicht unbedeutenden Vorteil davon machten. Die Landsleute der Päpste, wie unter den Medici die Florentiner, so unter Paul IV. Neapolitaner, unter Pius IV. Mailänder, hatten sich dann der besten Stellen erfreut. Pius V. stellte dies ab. Jene Begünstigten hatten doch die Verwaltung niemals selber geführt, sie hatten sie immer einem Doctor juris überlassen[3]; Pius V. setzte diesen Doktor selbst und zog den Vorteil, der jenen zugeflossen, für die Kammer ein. Es ward alles ordentlicher, stiller. Man hatte früher eine

[1] Nach Mocenigo 1560 ertrug die Dataria früher monatlich zwischen 10000 und 14000 Dukaten. Unter Paul IV. kam sie auf 3000 bis 4000 Dukaten herab.

[2] Paolo Tiepolo, Relatione di Roma in tempo di Pio IV e Pio V, sagt schon: „L'impositione allo stato ecclesiastico è gravezza quasi insopportabile per essere per diversi altri conti molto aggravato; – d'alienare piu entrate della chiesa non vi è piu ordine, perche quasi tutte l'entrate certe si trovano gia alienate e sopra l'incerto non si trovaria chi desse danari."

[3] Tiepolo, ibid. „Qualche governo o legatione rispondeva sino a tre, quatro o forse sette mila e piu scudi l'anno. E quasi tutti allegramente ricevendo il denaro si scaricavano del peso del governo col mettere un dottore in luogo loro."

Landmiliz eingerichtet, und 16000 Mann waren in die Rollen eingetragen; Pius IV. hatte sich ein Korps leichter Reiterei gehalten. Pius V. schaffte eines wie das andere ab: er kassierte die Reiterei; die Landmiliz ließ er verfallen. Seine ganze bewaffnete Macht belief sich noch nicht auf 500 Mann; die Masse derselben bildeten 350 Mann, meistens Schweizer, zu Rom. Hätte man nicht die Küste gegen die Einfälle der Türken zu schützen gehabt, so würde man sich der Waffen ganz entwöhnt haben. Diese kriegerische Bevölkerung schien vollkommen friedlich werden zu wollen. Die Päpste wünschten das Land zu verwalten wie eine große Domäne, deren Rente alsdann zum Teil wohl ihrem Hause zustatten käme, hauptsächlich aber für die Bedürfnisse der Kirche verwendet würde.

Wir werden sehen, daß sie hierbei doch noch einmal auf große Schwierigkeiten stießen.

Die Zeiten Gregors XIII. und Sixtus' V.

Gregor XIII.

Gregor XIII. – Hugo Boncompagno aus Bologna –, als Jurist und in weltlichen Diensten emporgekommen, war von Natur heiter und lebenslustig; er hatte einen Sohn, der ihm zwar, ehe er die geistliche Würde empfangen, aber doch außer der Ehe geboren worden. Wenngleich er seitdem einen regelmäßigen Wandel geführt hatte, so war er doch zu keiner Zeit skrupulös, und über eine gewisse Art von Strenge zeigte er eher seine Mißbilligung; mehr an das Beispiel Pius' IV., dessen Minister er auch sogleich wieder in die Geschäfte zog, als an seinen unmittelbaren Vorgänger schien er sich halten zu wollen[1]. Aber an diesem Papste sieht man, was eine zur Herrschaft gelangte Gesinnung vermag. Hundert Jahre früher würde er höchstens wie ein Innozenz VIII. regiert haben; jetzt dagegen konnte auch ein Mann wie er sich den strengen kirchlichen Tendenzen nicht mehr entziehen.

An dem Hofe gab es eine Partei, die es sich vor allem zur Aufgabe gemacht hatte, dieselben zu behaupten und zu verfechten. Es waren Jesuiten, Theatiner und ihre Freunde. Man nennt uns die Monsignoren Frumento und Corniglia, den furchtlosen Prediger

[1] Man erwartete, er werde anders regieren als seine Vorgänger: „mitiori quadam hominumque captui accommodatiori ratione." Commentarii de rebus Gregorii XIII. (MS. Bibl. Alb.)

Franz Toledo, den Datarius Contarell. Sie bemächtigten sich des Papstes um so eher, da sie zusammenhielten. Sie stellten ihm vor, daß das Ansehen, welches Pius V. genossen, hauptsächlich von der persönlichen Haltung desselben hergekommen; in allen Briefen, die sie ihm vorlasen, war nur von dem Andenken an das heilige Leben des Verstorbenen, von dem Ruhme seiner Reformen und seiner Tugenden die Rede. Jede entgegengesetzte Äußerung hielten sie entfernt. Dem Ehrgeiz Gregors XIII. gaben sie durchaus eine geistliche Farbe[1].

Wie nahe lag es ihm, den Sohn zu befördern, zu fürstlichen Würden zu erheben! Allein gleich aus der ersten Begünstigung, die er demselben gewährte – er ernannte ihn zum Kastellan von S. Angelo und zum Gonfaloniere der Kirche –, machten ihm die Freunde eine Gewissenssache. Während des Jubiläums von 1575 hätten sie Giacomo nicht in Rom geduldet; erst als dies vorüber war, ließen sie sich seine Rückkehr gefallen und auch dann nur darum, weil das Mißvergnügen des jungen emporstrebenden Mannes seiner Gesundheit nachteilig wurde. Dann verheiratete ihn Gregor; er gestattete, daß ihn die Republik Venedig zu ihrem Nobile[2], der König von Spanien zum General seiner Hommes d'armes ernannte. Allein noch immer hielt er ihn sorgfältig in Schranken. Als er es sich einmal beikommen ließ, einen seiner Universitätsfreunde aus dem Gewahrsam zu befreien, verwies ihn der Papst aufs neue und wollte ihn aller seiner Ämter berauben. Ein Fußfall der jungen Gemahlin verhinderte dies noch. Aber mit größeren Hoffnungen war es auf lange Zeit vorbei[3]. Erst in den letzten Jah-

[1] Relatione della corte di Roma a tempo di Gregorio XIII (Bibl. Corsini 714) 20. Febr. 1754 ist hierüber sehr unterrichtend. Von der Gesinnung des Papstes sagt der Autor: „non è stato scrupuloso nè dissoluto mai e le son dispiaciute le cose mal fatte."

[2] Sie hatte dabei die Schwierigkeit, seine Herkunft zu bezeichnen. Man hat es als einen Beweis venezianischer Geschicklichkeit gerühmt, daß man ihn „Signor Giacomo Boncompagno, eng verbunden mit Sr. Heiligkeit", nannte. Es ist das eigentlich eine Auskunft des Kardinals Como. Als von der Sache die Rede war, fragte der Gesandte den Minister, ob man Giacomo den Sohn Sr. Heiligkeit nennen solle. „S. Sgria Illma prontamente, dopo avere scusato con molte parole il fatto di S. Sà, che prima che havesse alcuno ordine ecclesiastico generasse questo figlivolo, disse: che si potrebbe nominarlo per il Sr Jacomo Boncompagno Bolognese strettamente congiunto con Sua Santità." Dispaccio Paolo Tiepolo 3 Marzo 1574.

[3] Antonio Tiepolo, Dispacci Agosto, Sett. 1576. – Im Jahre 1583

ren des Papstes hatte Giacomo Einfluß auf seinen Vater, und auch dann weder in den wichtigen Staatsgeschäften noch unbedingt[1]. Wenn man ihn um seine Verwendung bat, zuckte er die Achseln.

War nun dies mit dem Sohne der Fall, wieviel weniger durften andere Verwandte auf unregelmäßige Begünstigungen oder einen Anteil an der Gewalt hoffen! Zwei seiner Neffen nahm Gregor in den Kardinalat auf; auch Pius V. hatte etwas Ähnliches getan; aber dem dritten, der sich nicht minder einstellte, verweigerte er die Audienz; er nötigte ihn, sich binnen zwei Tagen wieder zu entfernen. Der Bruder des Papstes hatte sich auch aufgemacht, um den Anblick des Glückes zu genießen, das seinem Hause widerfahren. Er war schon bis Orvieto gekommen; aber hier traf ihn ein Abgesandter des Hofes, der ihm umzukehren befahl. Dem Alten traten die Tränen in die Augen, und er konnte sich nicht enthalten, noch eine Strecke Weges nach Rom hin zu machen; dann aber, auf einen zweiten Befehl, begab er sich in der Tat zurück nach Bologna[2].

Genug, den Nepotismus befördert, seine Familie ungesetzlich begünstigt zu haben, kann man diesem Papste nicht vorwerfen. Als ihm ein neu ernannter Kardinal sagte, er werde dem Hause und den Nepoten Seiner Heiligkeit dankbar sein, schlug er mit den Händen auf den Armsessel und rief aus: „Gott müßt ihr dankbar sein und dem Heiligen Stuhle."

So sehr war er bereits von den religiösen Tendenzen durchdrungen. Er suchte Pius V. in frommem Bezeigen nicht allein zu erreichen, sondern zu übertreffen[3]. Die ersten Jahre seines Pontifikates las

(29. März) heißt es in einer dieser Depeschen: „il Signor Giacomo non si lascia intromettere in cose di stato."

[1] Nur von diesen letzten Zeiten gilt die Meinung über ihn, die sich sehr festgesetzt hat, die ich z. B. auch in den Memoiren von Richelieu finde: „prince doux et benin fut meilleur homme que bon pape." Man wird sehen, in wie beschränktem Maße das wahr ist.

[2] Der gute Mensch beklagte sich, daß ihm das Papsttum des Bruders mehr schade als nütze, weil es ihn zu größerem Aufwand nötige, als der Zuschuß Gregors betrage.

[3] Seconda relazione dell' ambasciatore di Roma Cl^{mo} M. Paolo Tiepolo Cav^{re} 3 Maggio 1576. „Nella religione ha tolto non solo d'imitar, ma ancora d'avanzar Pio V: dice per l'ordinario almeno tre volte messa alla settimana. Ha avuto particolar cura delle chiese, facendole non solo con fabriche et altri modi ornar, ma ancora colla assistentia e frequentia di preti accrescer nel culto divino."

er alle Wochen dreimal selbst die Messe, und sonntags hat er es niemals unterlassen. Sein Lebenswandel war nicht allein tadellos, sondern erbaulich.

Gewisse Pflichten seines Amtes hat nie ein Papst treulicher verwaltet als Gregor. Er hielt sich Listen von Männern aus allen Ländern, die zu bischöflichen Würden tauglich seien; bei jedem Vorschlag zeigte er sich wohlunterrichtet. Mit großer Sorgfalt suchte er die Besetzung dieser wichtigen Ämter zu leiten.

Vor allem bemühte er sich, einen streng kirchlichen Unterricht zu befördern. Den Fortgang der jesuitischen Kollegien unterstützte er mit außerordentlicher Freigebigkeit. Dem Profeßhause zu Rom machte er ansehnliche Geschenke; er kaufte Häuser, schloß Straßen und widmete Einkünfte, um dem ganzen Kollegium die Gestalt zu geben, in der wir es noch heute sehen. Es war auf 20 Hörsäle und 360 Zellen für die Studierenden berechnet: man nannte es das Seminar aller Nationen: gleich bei der ersten Gründung ließ man, um zu bezeichnen, wie die Absicht die ganze Welt umfasse, 25 Reden in verschiedenen Sprachen halten, und zwar eine jede gleich mit lateinischer Verdolmetschung[1]. Das Collegium Germanicum, schon früher gestiftet, war aus Mangel an Einkommen in Gefahr, einzugehen. Der Papst gab ihm nicht allein den Palast S. Apollinare und die Einkünfte von S. Stefano auf dem Monte Celio, er wies ihm auch 10000 Skudi auf die Apostolische Kammer an; man darf Gregor als den eigentlichen Begründer dieses Institutes ansehen, aus welchem seitdem Jahr für Jahr eine Anzahl Verfechter des Katholizismus nach Deutschland entlassen worden sind. Auch ein englisches Kollegium stiftete er zu Rom und fand Mittel, es auszustatten. Er unterstützte die Kollegien zu Wien und zu Grätz aus seiner Schatulle, und es war vielleicht keine Jesuitenschule in der Welt, die sich nicht auf die eine oder die andere Weise seiner Freigebigkeit hätte zu rühmen gehabt. Auf Anraten des Bischofs von Sitia richtete er auch ein griechisches Kollegium ein. Junge Leute von dreizehn bis sechzehn Jahren sollten darin aufgenommen werden, nicht allein aus Ländern, die noch unter christlicher Botmäßigkeit standen, wie Korfu und Kandia, sondern auch von Konstantinopel, Morea und Saloniki. Sie bekamen griechische Lehrmeister; mit Kaftanen und dem venezianischen Barett wurden sie bekleidet; ganz griechisch wollte

[1] Dispaccio Donato 13 Genn. 1582.

man sie halten: es sollte ihnen immer in Gedanken bleiben, daß sie nach ihrem Vaterlande zurückzukehren hätten. Ihr Ritus sollte ihnen so gut gelassen werden wie ihre Sprache; nach den Lehrsätzen des Konziliums, in welchen die griechische und lateinische Kirche vereinigt worden, wollte man sie im Glauben unterrichten[1].

Zu dieser die gesamte katholische Welt umfassenden Sorgfalt gehört es auch, daß Gregor den Kalender reformierte. Das Tridentinische Konzilium hatte es gewünscht; die Verrückung der hohen Feste von ihrem durch Konzilienschlüsse festgesetzten Verhältnis zu den Jahreszeiten machte es unerläßlich. Alle katholischen Nationen nahmen an dieser Reform teil. Ein übrigens wenig bekannter Kalabrese, Luigi Lilio, hat sich dadurch einen unsterblichen Nachruhm erworben, daß er die leichteste Methode anzeigte, dem Übelstande abzuhelfen. Allen Universitäten, unter anderen auch den spanischen, Salamanca und Alcala, wurde sein Entwurf mitgeteilt; von allen Seiten liefen Gutachten ein. Eine Kommission in Rom, deren tätigstes und gelehrtestes Mitglied unser Landsmann Clavius war[2], unterwarf sie dann einer neuen Untersuchung und faßte den definitiven Beschluß. Auf das ganze Getriebe hatte der gelehrte Kardinal Sirleto den größten Einfluß. Man ging dabei mit einer gewissen Heimlichkeit zu Werke: der neue Kalender wurde niemandem, selbst den Gesandten nicht gezeigt, ehe er von den verschiedenen Höfen gebilligt worden[3]. Dann machte ihn Gregor feierlich bekannt. Er rühmt die Reform als einen Beweis der unermeßlichen Gnade Gottes gegen seine Kirche[4].

Nicht alle Bemühungen dieses Papstes aber waren von so friedlicher Natur. Es machte ihn unglücklich, daß erst die Venezianer Frieden, dann auch sogar der König Philipp II. einen Stillstand mit den Türken geschlossen. Wäre es auf ihn angekommen, so wäre die Liga, die den Sieg von Lepanto erfocht, niemals wieder getrennt worden. Einen unermeßlichen Kreis der Tätigkeit eröffneten ihm die Unruhen in den Niederlanden, in Frankreich, die Rei-

[1] Dispaccio Antonio Tiepolo 19 Marzo 1577: – „accio che fatto maggiori possano affettionatamente e con la verità imparata dar a vedere ai suoi Greci la vera via."

[2] Erythraeus: „in quibus Christophorus Clavius principem locum obtinebat".

[3] Dispacci Donato 20 Dec. 1581, 2 Giugno 1582. Er preist den Kardinal als einen „huomo veramente di grande litteratura".

[4] Bulle vom 13. Februar 1582 § 12. Bullar. Cocq. IV, 4, 10.

bungen der Parteien in Deutschland. Unermüdlich war er in Entwürfen wider die Protestanten. Die Empörungen, welche Königin Elisabeth in Irland zu bekämpfen hatte, wurden fast immer von Rom aus unterhalten. Der Papst hatte kein Hehl, daß er es zu einer allgemeinen Unternehmung gegen England zu bringen wünsche. Jahr für Jahr unterhandeln seine Nunzien hierüber mit Philipp II., mit den Guisen. Es wäre nicht ohne Interesse, alle diese Unterhandlungen und Versuche, die oft denjenigen nicht bekannt wurden, deren Ruin sie bezweckten, und zuletzt zu der großen Unternehmung der Armada geführt haben, einmal zusammenzustellen. Mit dem lebhaftesten Eifer betrieb sie Gregor. Die Ligue von Frankreich, die Heinrich III. und IV. so gefährlich wurde, hat ihren Ursprung in dem Verhältnis dieses Papstes zu den Guisen.

Ist es nun wahr, daß Gregor XIII. dem Staate mit seinen Verwandten nicht sehr zur Last fiel, so ergibt sich doch aus so umfassenden, ihrer Natur nach kostspieligen Unternehmungen, daß er die Hilfsquellen desselben darum nicht minder in Anspruch nahm. Hat er sich doch selbst jene Expedition Stukleys, die hernach in Afrika scheiterte, so geringfügig sie war, eine bedeutende Summe kosten lassen. Noch Karl IX. schickte er einst 400000 Dukaten aus einer unmittelbaren Beisteuer der Städte des Kirchenstaates. Öfter unterstützte er den Kaiser, den Großmeister der Malteser mit Geldsummen. Aber auch seine friedlicheren Bestrebungen forderten einen namhaften Aufwand. Man berechnete, daß die Unterstützung junger Leute zu ihren Studien ihm zwei Millionen gekostet habe[1]. Wie hoch mußten ihm allein die 22 Kollegien der Jesuiten zu stehen kommen, die ihm ihren Ursprung verdankten!

Bei der Geldwirtschaft des Staates, die trotz der steigenden Einnahme doch niemals einen freien Überschuß darstellte, mußte er sich hierdurch oft genug in Verlegenheit gesetzt finden.

Die Venezianer machten kurz nach seiner Thronbesteigung einen Versuch, ihn zu einer Anleihe zu bewegen. Mit steigender Aufmerksamkeit hörte Gregor dem ausführlichen Vortrage des Ge-

[1] Berechnung des Baronius. Possevinus in Ciacconius Vitae Pontificum IV, 37. Lorenzo Priuli rechnet, daß er jährlich 200000 Skudi auf opere pie gewendet. Am ausführlichsten und glaubwürdigsten hierüber sind die Auszüge, welche Cocquelines aus den Relationen des Kardinals von Como und Musottis am Schlusse der Annalen des Maffei mitteilt.

sandten zu; als er endlich sah, wo er hinaus wollte, rief er aus: „Wo bin ich, Herr Botschafter? Die Kongregation versammelt sich alle Tage, um Geld herbeizuschaffen, und findet nie ein taugliches Mittel.“[1]

Die Staatsverwaltung Gregors XIII. ward nun von vorzüglicher Wichtigkeit. Man war bereits dahin gekommen, die Alienationen sowie die Erhebung neuer Auflagen zu verdammen: man sah das Bedenkliche, ja Verderbliche eines solchen Systems vollkommen ein. Gregor gab der Kongregation auf, ihm Geld zu schaffen, aber weder durch geistliche Konzessionen, noch durch neue Auflagen, noch durch den Verkauf kirchlicher Einkünfte.

Welches Mittel aber war außerdem noch zu erdenken? Es ist sehr merkwürdig, welche Vorkehrungen man traf und welche Wirkungen diese hernach hervorbrachten.

Gregor, der immer einem unbedingten Rechtsbegriffe folgte, meinte zu finden, daß das kirchliche Fürstentum noch viele Gerechtsamen besitze, die er nur geltend zu machen brauche, um neue Hilfsquellen zu gewinnen[2]. Er war nicht gemeint, Privilegien zu schonen, die ihm im Wege standen. Ohne alle Rücksicht hob er unter anderem das Recht auf, das die Venezianer besaßen, aus der Mark und Ravenna Getreide mit gewissen Begünstigungen auszuführen. Er sagte, es sei billig, daß der Ausländer soviel Auflagen zahle wie der Eingeborene[3]. Da sie sich nicht sogleich fügten, so ließ er ihre Magazine zu Ravenna mit Gewalt eröffnen, deren Inhalt versteigern, die Eigentümer verhaften. Jedoch dies wollte noch wenig sagen; es bezeichnet nur den Weg, auf dem er zu gehen gedachte. Bei weitem wichtiger war, daß er in dem Adel seines Landes eine Menge Mißbräuche wahrzunehmen glaubte, die man zum Vorteil der Staatskasse abstellen könne. Sein Kammerkommissar, Rudolf Bonfiglivolo, brachte eine weitgreifende Ausdehnung und Erneuerung von lehnsherrlichen Rechten, an die man kaum noch gedacht hatte, in Antrag. Er gab an, ein großer Teil der Schlösser und Güter der Barone des Kirchenstaates sei dem Papste heimgefallen, die einen durch den Abgang der eigentlich belehnten Linie, die anderen, weil der Zins, zu dem sie ver-

[1] Dispaccio 14 Marzo 1573. Es ist eine Congregatione deputata sopra la provisione di danari.

[2] Maffei, Annali di Gregorio XIII. I, p. 104. Er rechnet, daß der Kirchenstaat nur 160000 Skudi reine Einnahme gewährt habe.

[3] Dispaccio Antonio Tiepolo 12 April 1577.

pflichtet, nicht abgetragen worden[1]. Nichts konnte dem Papste, der schon einige ähnliche Güter durch Heimfall oder um Geld erworben, gelegener kommen. Er schritt sogleich ans Werk. In den Gebirgen der Romagna entriß er Castelnovo den Isei von Cesena, Corcana den Sassatelli von Imola. Lonzano auf schönem Hügel, Savignano in der Ebene wurden den Rangonen von Modena konfisziert. Alberto Pio trat Bertinoro freiwillig ab, um den Prozeß zu vermeiden, mit dem ihn die Kammer bedrohte; allein sie begnügte sich nicht damit: sie entriß ihm auch noch Verucchio und andere Ortschaften. Er präsentierte hierauf seinen Zins alle Peterstage; doch ward derselbe niemals wieder angenommen. Dies geschah allein in der Romagna. Ebenso verfuhr man aber auch in den übrigen Provinzen. Nicht allein Güter, von denen die Lehnspflicht nicht geleistet worden, nahm man in Anspruch: es gab andere, die ursprünglich den Baronen nur verpfändet worden; längst aber war dieser Ursprung in Vergessenheit geraten; als ein freies Eigentum war das Gut von Hand in Hand gegangen und um vieles verbessert worden: jetzt gefiel es dem Papst und seinem Kammerkommissar, sie wieder einzulösen. So bemächtigten sie sich des Schlosses Sitiano, indem sie die Pfandsumme von 14000 Skudi niederlegten, eine Summe, die den damaligen Wert bei weitem nicht erreichte[2].

Der Papst tat sich auf diese Unternehmungen viel zugute. Er glaubte einen Anspruch mehr auf die Gnade des Himmels zu erwerben, sobald es ihm gelang, die Einkünfte der Kirche nur um 10 Skudi zu vermehren, vorausgesetzt ohne neue Auflagen. Er berechnete mit Genugtuung, daß man den Ertrag des Kirchenstaates in kurzem auf gerichtlichem Wege um 100000 Skudi ver-

[1] Dispaccio A. Tiepolo 12 Genn. 1579. „Il commissario della camera attende con molta diligentia a ritrovare e rivedere scritture per ricuperare quanto dalli pontefici passati si è stato obligato o dato in pegno ad alcuno, e vedendo che S. Sà gli assentisse volontieri, non la sparagna o porta rispetto ad alcuno."

[2] Elenchus omnium locorum, bonorum et possessionum, quae olim a Romanis pontificibus in feudum concessa et a Gregorio PP. XIII sive extinctione investiturae, sive alia transactione recuperata et acquisita fuere, ab eoque camerae apostolicae incorporata, a Tydeo de Marchis, ejusdem camerae notario et archivi illius custode, jussu Gregorii XIII confectus, adjectis a nobis vero rescissis singularum recuperationum ac acquisitionum instrumentis. Bei Theiner, Codex diplomaticus dominii temporalis S. Sedis. T. III, p. 547.

mehrt habe: wieviel mehr werde man hierdurch zu Unternehmungen gegen Ketzer und Ungläubige fähig! An dem Hofe stimmte man ihm großenteils bei. „Dieser Papst heißt der Wachsame" (es ist dies die Bedeutung von Gregorius), sagte der Kardinal von Como: „er will wachen und das Seine wiedererwerben."[1]

In dem Lande dagegen, unter der Aristokratie, machten diese Maßregeln einen anderen Eindruck.

Viele großen Familien fanden sich plötzlich aus einem Besitz vertrieben, den sie für höchst rechtmäßig gehalten. Andere sahen sich bedroht. Täglich durchsuchte man in Rom alte Papiere und fand alle Tage einen neuen Anspruch heraus. Bald glaubte sich niemand mehr sicher, und viele entschlossen sich, ihre Güter eher mit den Waffen zu verteidigen, als sie dem Kammerkommissar auszuantworten. Einer dieser Feudatare sagte dem Papst ins Gesicht: verlieren sei verlieren; wenn man sich wehre, empfinde man dabei wenigstens eine Art von Vergnügen.

Bei dem Einfluß des Adels auf seine Bauern und auf die Nobili in den benachbarten Städten brachte dies eine Gärung in dem ganzen Lande hervor.

Es kam hinzu, daß der Papst durch andere schlecht berechnete Maßregeln einigen Städten sehr fühlbaren Verlust zugefügt hatte. Unter anderem hatte er die Zölle von Ankona erhöht, in der Meinung, die Erhöhung falle auf die Kaufleute und nicht auf das Land. Hiermit brachte er dieser Stadt einen Schlag bei, den sie niemals hat verwinden können: der Handel zog sich plötzlich weg; es half nur wenig, daß die Auflage zurückgenommen und namentlich den Ragusanern ihre alten Freiheiten erneuert wurden.

Höchst unerwartet und eigentümlich ist der Erfolg, den dies hervorbrachte.

Der Gehorsam in jedem, am meisten aber in einem so friedlichen Lande beruht auf einer freiwilligen Unterordnung. Hier waren die Elemente der Bewegung nicht beseitigt, nicht unterdrückt; durch die darüber ausgebreitete Herrschaft der Regierung waren sie nur verdeckt. Sowie die Unterordnung an einer Stelle nachließ, traten diese Elemente sämtlich hervor und erschienen in

[1] Dispaccio 21 Ott. 1581. „Sono molti anni che la chiesa non ha havuto pontefice di questo nome Gregorio, che secundo la sua etimologia greca vuol dire vigilante: questo che è Gregorio è vigilante, vuol vigilare e ricuperare il suo, e li par di far un gran servitio, quando ricupera alcuna cosa, benche minima."

freiem Kampfe. Das Land schien sich plötzlich zu erinnern, wie kriegerisch, waffenfertig, in Parteiungen unabhängig es jahrhundertelang gewesen: es fing an, dies Regiment von Priestern und Doktoren zu verachten; es fiel in einen Zustand zurück, der seine Natur war.

Nicht als hätte man sich der Regierung geradehin entgegengesetzt, sich gegen sie empört: es war genug, daß allenthalben die alten Parteien erstanden.

Die ganze Romagna war aufs neue von ihnen geteilt. In Ravenna waren Rasponi und Leonardi, in Rimini Ricciardelli und Tignoli, in Cesena Venturelli und Bottini, in Forli Numai und Sirugli, in Imola Vicini und Sassatelli widereinander: die erstgenannten waren immer Gibellinen, die anderen Guelfen: auch nachdem die Interessen sich so ganz verändert, erwachten doch die Namen wieder. Oft hatten die Parteien verschiedene Quartiere, verschiedene Kirchen inne, – sie unterschieden sich durch kleine Abzeichen: der Guelfe trug die Feder am Hut immer auf der rechten, der Gibelline auf der linken Seite[1]; – bis in das kleinste Dorf ging die Spaltung; keiner hätte seinem Bruder das Leben geschenkt, wenn dieser sich zur entgegengesetzten Faktion bekannt hätte. Es haben einige sich ihrer Weiber durch Mord entledigt, um eine Frau aus einem Geschlecht nehmen zu können, das zu ihrer Partei gehörte. Die Pacifici nützten nichts mehr, auch deshalb, weil man aus Gunst minder taugliche Leute in diese Genossenschaft hatte eintreten lassen. Die Faktionen sprachen selbst Recht unter sich. Oft erklärten sie die für unschuldig, die von den päpstlichen Gerichtshöfen waren verurteilt worden. Sie erbrachen die Gefängnisse, um ihre Freunde zu befreien; ihre Feinde dagegen suchten sie auch hier auf, und den anderen Tag sah man zuweilen die abgeschnittenen Köpfe derselben an dem Brunnen aufgesteckt[2].

Da nun die öffentliche Macht so schwach war, bildeten sich in der Mark, der Campagna, in allen Provinzen die Haufen von ausgetretenen Banditen zu kleinen Armeen.

An ihrer Spitze zogen Alfonso Piccolomini, Roberto Malatesta

[1] Die Relatione della Romagna findet die Unterschiede „nel tagliar del pane, nel cingersi, in portare il pennacchio, fiocco o fiore al capello a all' orecchio."

[2] In dem MS. Sixtus V Pontifex M. (Bibl. Altieri zu Rom) findet sich die ausführliche Schilderung dieses Zustandes. Ein Auszug davon im Anhang.

und andere junge Männer aus den vornehmsten Geschlechtern einher. Piccolomini nahm das Stadthaus von Monte-abboddo ein; alle seine Gegner ließ er aufsuchen und vor den Augen ihrer Mütter und Weiber hinrichten: von dem Namen Gabuzio allein mußten ihrer neun sterben; indessen hielt sein Gefolge Tänze auf dem Marktplatz. Als Herr des Landes durchzog er das Gefilde. Er hatte einmal das Wechselfieber; doch hielt ihn das nicht auf: an den schlimmen Tagen ließ er sich in einer Sänfte vor seinen Truppen hertragen. Den Einwohnern von Corneto kündigte er an, sie möchten sich beeilen, mit ihrer Ernte fertig zu werden: er werde kommen und die Saaten seines Feindes Latino Orsino verbrennen. Er für seine Person hielt noch auf eine gewisse Ehre: er nahm einem Kurier seine Briefe ab; das Geld, das derselbe bei sich führte, berührte er nicht. Desto gieriger, räuberischer bewiesen sich seine Gefährten. Von allen Seiten kamen die Abgeordneten der Städte nach Rom und baten um Hilfe[1]. Der Papst vermehrte seine Streitkräfte; er gab dem Kardinal Sforza eine umfassendere Vollmacht, als jemand seit dem Kardinal Albornoz besessen: nicht allein ohne Rücksicht auf ein Privilegium, sondern selbst ohne an Rechtsordnungen gebunden zu sein, ja ohne allen Prozeß, manu regia sollte er verfahren dürfen[2]. Giacomo Boncompagno ging ins Feld; auch gelang es wohl, die Haufen zu zerstreuen, das Land von denselben zu reinigen; sowie sie sich aber entfernt hatten, erhob sich das alte Unwesen hinter ihnen wie zuvor.

Zu der Unheilbarkeit desselben trug noch ein besonderer Umstand vieles bei.

Dieser Papst, der oft für allzu gutmütig gilt, hatte doch, wie seine fürstlichen, so auch seine kirchlichen Gerechtsamen mit großer Strenge wahrgenommen[3]. Weder den Kaiser noch den König von

[1] Dispacci Donato del 1582 durchaus.

[2] Breve für Sforza, in den Dispacci mitgeteilt. „Omnimodam facultatem, potestatem, auctoritatem et arbitrium contra quoscunque bannitos, facinorosos, receptatores, universitates et civitates, terras et castra et alios cujuscunque dignitatis vel praeeminentiae, Barones, Duces et quavis auctoritate fungentes, et extrajudicialiter et juris ordine non servato, etiam sine processu et scripturis, et manu regia illosque omnes et singulos puniendi tam in rebus et bonis quam in personis."

[3] Schon 1576 bemerkte dies P. Tiepolo. „Quanto piu cerca d'acquistarsi nome di giusto, tanto piu lo perde di gratioso, perche concede *molto meno gratie* estraordinarie di quel che ha fatto altro pontefice di molti anni in qua: – la qual cosa, aggiunta al mancamento ch'è in lui di certi offici grati et accetti per la difficultà massimamente naturale

Spanien schonte er; auf seine Nachbarn nahm er keine Rücksicht. Nicht allein mit Venedig lag er in tausend Zwistigkeiten, über die Sache von Aquileja, über die Visitation ihrer Kirchen und andere Punkte – die Gesandten können nicht genug beschreiben, wie er bei jeder Berührung dieser Angelegenheiten auffährt, welch eine innere Bitterkeit er zeigt –, ebenso ging es in Toskana und Neapel; Ferrara fand keine Gunst; Parma hatte vor kurzem in seinen Streithändeln bedeutende Summen verloren. Alle diese Nachbarn sahen den Papst mit Vergnügen in so unangenehmen Verwicklungen: ohne weiteres nahmen sie die Banditen in ihrem Lande auf, die dann, sobald es die Gelegenheit gab, wieder nach dem Kirchenstaat zurückkehrten. Der Papst bat sie nur vergebens, dies nicht ferner zu tun. Sie fanden es besonders, daß man sich zu Rom aus niemandem etwas mache und hernach von jedermann Rücksichten verlange[1].

Und so vermochte denn Gregor seiner Ausgetretenen niemals Herr zu werden. Es ward keine Auflage bezahlt; das Sussidio blieb aus. In dem Lande griff ein allgemeines Mißvergnügen um sich. Selbst Kardinäle warfen die Frage auf, ob es nicht besser sei, sich an einen anderen Staat anzuschließen.

An die Fortsetzung der Maßregeln des Kammerkommissars war unter diesen Umständen nicht zu denken. Im Dezember 1851 berichtet der venezianische Gesandte ausdrücklich, der Papst habe alle Prozeduren in Konfiskationssachen eingestellt.

Er mußte gestatten, daß Piccolomini nach Rom kam und ihm eine Bittschrift überreichte[2]. Es überlief ihn ein Grauen, als er sie las, diese lange Reihe von Mordtaten, die er vergeben sollte, und er legte sie auf den Tisch. Allein man sagte ihm, von drei Dingen sei eins notwendig: entweder müsse sein Sohn Giacomo den Tod von der Hand des Piccolomini erwarten, oder er müsse diesen selber umbringen, oder aber man müsse dem Piccolomini Vergebung angedeihen lassen. Die Beichtväter zu St. Johann Lateran erklärten,

che ha nel parlar e per le pochissime parole che in ciascuna occasione usa, fa ch'egli in gran parte manca di quella gratia appresso le persone."

[1] Dispaccio Donato 10. Sett. 1581. „E una cosa grande che con non dar mai satisfatione nissuna si pretende d'avere da altri in quello che tocca alla libertà dello stato suo correntemente ogni sorte d'ossequio."

[2] Donato 9 April 1583. „Il sparagnar la spesa e l'assicurar il Signor Giacomo, che lo desiderava, et il fuggir l'occasione di disgustarsi ogni di piu per questo con Fiorenza si come ogni di avveniva, ha fatto venir S. Sà in questa risolutione."

obwohl sie das Beichtgeheimnis nicht brechen dürften, so sei ihnen doch erlaubt, soviel zu sagen: wenn nicht etwas geschehe, so stehe ein großes Unglück bevor. Es kam hinzu, daß Piccolomini von dem Großherzog von Toskana offen begünstigt ward, wie er denn im Palast Medici wohnte. Endlich entschloß sich der Papst, aber mit tief gekränktem Herzen, und unterzeichnete das Breve der Absolution.

Die Ruhe stellte er aber damit immer noch nicht her. Seine eigene Hauptstadt war voll von Banditen. Es kam soweit, daß der Stadtmagistrat der Konservatoren einschreiten und der Polizei des Papstes Gehorsam verschaffen mußte. Ein gewisser Marianazzo schlug die angebotene Verzeihung aus: „es sei ihm vorteilhafter", sagte er, „als Bandit zu leben; da habe er größere Sicherheit"[1]. Der alte Papst, lebenssatt und schwach, sah zum Himmel und rief: du wirst aufstehen, Herr, und dich Zions erbarmen.

Sixtus V.

Es sollte zuweilen scheinen, als gäbe es in den Verwirrungen selbst eine geheime Kraft, die den Menschen bildet und emporbringt, der ihnen zu steuern fähig ist.

Während in der ganzen Welt erbliche Fürstentümer oder Aristokratien die Herrschaft von Geschlecht zu Geschlecht überlieferten, behielt das geistliche Fürstentum das Ausgezeichnete, daß es von der untersten Stufe der menschlichen Gesellschaft zu dem höchsten Range in derselben führen konnte. Eben aus dem niedrigsten Stande erhob sich jetzt ein Papst, der die Kraft und ganz die Natur dazu hatte, alle dem Unwesen ein Ende zu machen.

Bei den ersten glücklichen Fortschritten der Osmanen in den illyrischen und dalmatischen Provinzen flohen viele Einwohner derselben nach Italien. Man sah sie ankommen, in Gruppen geschart an dem Ufer sitzen und die Hände gegen den Himmel ausstrecken. Unter solchen Flüchtlingen ist wahrscheinlich auch der Ahnherr Sixtus' V., Zanetto Peretti, herübergekommen: er war von slawischer Nation. Wie es aber Flüchtlingen geht, weder er noch auch seine Nachkommen, die sich in Montalto niedergelassen, hatten sich in ihrem neuen Vaterlande eines besonderen

[1] „*Che il viver fuoriscito li torni piu a conto e di maggior sicurtà.*" – Gregor regierte vom 13. Mai 1572 bis 10. April 1585.

Glückes zu rühmen: Piergentili Peretti, der Vater Sixtus' V., mußte sogar schuldenhalber diese Stadt verlassen; erst durch seine Verheiratung wurde er instandgesetzt, einen Garten in Grotte a Mare bei Fermo zu pachten. Es war das eine merkwürdige Lokalität: zwischen den Gartengewächsen entdeckte man die Ruinen eines Tempels der etruskischen Juno, der Cupra; es fehlte nicht an den schönsten Südfrüchten, wie denn Fermo sich eines milderen Klimas erfreut als die übrige Mark. Hier ward dem Peretti am 13. Dezember 1521 ein Sohn geboren. Kurz vorher war ihm im Traume vorgekommen, als werde er, indem er seine mancherlei Widerwärtigkeiten beklage, durch eine heilige Stimme mit der Versicherung getröstet, er werde einen Sohn bekommen, der sein Haus glücklich machen solle. Mit aller Lebhaftigkeit eines träumerischen, durch das Bedürfnis erhöhten, schon ohnehin den Regionen des Geheimnisvollen zugewandten Selbstgefühls ergriff er diese Hoffnung: er nannte den Knaben Felix[1].

In welchem Zustande die Familie war, sieht man wohl, wenn z. B. das Kind in einen Teich fällt und die Tante, die an dem Teiche wäscht, es herauszieht; der Knabe muß das Obst bewachen, ja die Schweine hüten; die Buchstaben lernt er aus den Fibeln kennen, welche andere Kinder, die über Feld nach der Schule gegangen und von da zurückkommen, bei ihm liegen lassen; der Vater hat nicht die fünf Bajocchi übrig, die der nächste Schulmeister monatlich fordert. Glücklicherweise hat die Familie ein Mitglied in dem geistlichen Stande, einen Franziskaner, Fra Salvatore, der sich endlich erweichen läßt, das Schulgeld zu zahlen. Da ging auch der junge Felix mit den übrigen zum Unterricht; er bekam ein Stück Brot mit; zu Mittag pflegte er dies an dem Brun-

[1] Tempesti, Storia della vita e geste di Sisto V 1754, hat über den Ursprung seines Helden das Archiv von Montalto untersucht. Tempestis Nachweisungen werden durch Hübner, Sixte V, I, 204 bestätigt und erweitert. Authentisch ist die Vita Sixti V, ipsius manu emendata, MS. der Bibl. Altieri zu Rom. Sixtus ward geboren, „cum pater Ludovici Vecchii Firmani hortum excoleret, mater Dianae nurui ejus perhonestae matronae domesticis ministeriis operam daret". Diese Diana erlebte im hohen Alter den Pontifikat des Sixtus. „Anus senio confecta Romam deferri voluit, cupida venerari eum in summo rerum humanarum fastigio positum, quem olitoris sui filium paupere victu domi suae natum aluerat." Übrigens „pavisse puerum pecus et Picentes memorant et ipse adeo non diffitetur, ut etiam prae se ferat." Auf der Ambrosiana R. 124 findet sich F. Radice dell' origine di Sisto V, eine Information, datiert Rom 4. Mai 1585, die indes nur wenig sagen will.

nen sitzend zu verzehren, der ihm das Wasser dazu gab. Trotz so kümmerlicher Umstände waren doch die Hoffnungen des Vaters auch bald auf den Sohn übergegangen; als dieser sehr früh, im zwölften Jahr – denn noch verbot kein Tridentinisches Konzilium so frühe Gelübde – in den Franziskanerorden trat, behielt er den Namen Felix bei. Fra Salvatore hielt ihn streng; er brauchte die Autorität eines Oheims, der zugleich Vaterstelle vertritt; doch schickte er ihn auch auf Schulen. Oft studierte Felix, ohne zu Abend gegessen zu haben, bei dem Schein einer Laterne im Kreuzgang oder, wenn diese ausging, bei der Lampe, die vor der Hostie in der Kirche brannte; es findet sich nicht gerade etwas bemerkt, was eine ursprüngliche religiöse Anschauung oder eine tiefere wissenschaftliche Richtung in ihm andeutete; wir erfahren nur, daß er rasche Fortschritte gemacht habe, sowohl auf der Schule zu Fermo als auf den Schulen und Universitäten zu Ferrara und Bologna: mit vielem Lob erwarb er die akademischen Würden. Besonders entwickelte er ein dialektisches Talent. Die Mönchsfertigkeit, verworrene theologische Fragen zu behandeln, machte er sich in hohem Grade zu eigen. Bei dem Generalkonvent der Franziskaner im Jahre 1549, der zugleich mit literarischen Wettkämpfen begangen wurde, bestritt er einen Telesianer, Antonio Persico aus Kalabrien, der sich damals zu Perugia viel Ruf erworben, mit Gewandtheit und Geistesgegenwart[1]. Dies verschaffte ihm zuerst ein gewisses Ansehen; der Protektor des Ordens, Kardinal Pio von Carpi, nahm sich seitdem seiner eifrig an. Sein eigentliches Glück aber schreibt sich von einem anderen Vorfall her.

Im Jahre 1552 hielt er die Fastenpredigten in der Kirche S. Apostoli zu Rom mit dem größten Beifall. Man fand seinen Vortrag lebhaft, wortreich, fließend, ohne Floskeln, sehr wohl geordnet; er sprach deutlich und angenehm. Als er nun einst dort, bei vollem Auditorium, in der Mitte der Predigt innehielt, wie es in Italien Sitte ist, und, nachdem er ausgeruht, die eingelaufenen Eingaben ablas, welche Bitten und Fürbitten zu enthalten pflegten,

[1] Sixtus V pontifex maximus: MS. der Bibliothek Altieri. „Eximia Persicus apud omnes late fama Perusiae philosophiam ex Telesii placitis cum publice doceret, novitate doctrinae tum primum nascentis nativum ingenii lumen mirifice illustrabat. – Montaltus ex universa theologia excerptas positiones cardinali Carpensi inscriptas tanta cum ingenii laude defendit, ut omnibus admirationi fuerit."

stieß er auf eine, die versiegelt auf der Kanzel gefunden worden und ganz etwas anderes enthielt. Alle Hauptsätze der bisherigen Predigten Perettis, vornehmlich in bezug auf die Lehre von der Prädestination, waren darin verzeichnet; neben einem jeden stand mit großen Buchstaben: du lügst. Nicht ganz konnte Peretti sein Erstaunen verbergen; er eilte zum Schluß; sowie er nach Hause gekommen, schickte er den Zettel an die Inquisition[1]. Gar bald sah er den Großinquisitor, Michele Ghislieri, in seinem Gemach anlangen. Die strengste Prüfung begann. Oft hat Peretti erzählt, wie sehr ihn der Anblick dieses Mannes, mit seinen strengen Brauen, den tiefliegenden Augen, den scharfmarkierten Gesichtszügen, in Furcht gesetzt habe. Doch faßte er sich, antwortete gut und gab keine Blöße. Als Ghislieri sah, daß der Frate nicht allein unschuldig, sondern in der katholischen Lehre so bewandert und fest war, wurde er gleichsam ein anderer Mensch: er umarmte ihn mit Tränen; er ward sein zweiter Beschützer.

Auf das entschiedenste hielt sich seitdem Fra Felice Peretti zu der strengen Partei, die soeben in der Kirche emporkam. Mit Ignatio, Felino, Filippo Neri, welche alle drei den Namen von Heiligen erworben, war er in vertrautem Verhältnis. Daß er in seinem Orden, den er zu reformieren suchte, Widerstand fand und von den Ordensbrüdern einmal aus Venedig vertrieben wurde, vermehrte nur sein Ansehen bei den Vertretern der zur Macht gelangenden Gesinnung. Er ward bei Paul IV. eingeführt und oft in schwierigen Fällen zu Rate gezogen: er arbeitete als Theologe in der Kongregation für das Tridentinische Konzilium, als Konsultor bei der Inquisition; an der Verurteilung des Erzbischofs Carranza hatte er großen Anteil; er hat sich die Mühe nicht verdrießen lassen, in den Schriften der Protestanten die Stellen aufzusuchen, welche Carranza in die seinen aufgenommen: das Vertrauen Pius' V. erwarb er völlig. Dieser Papst ernannte ihn zum Generalvikar der Franziskaner – ausdrücklich in der Absicht, um ihn zur Reformation des Ordens zu autorisieren, – und in der Tat fuhr

[1] Erzählung der nämlichen Handschrift. „Jam priorem orationis partem exegerat, cum oblatum libellum resignat ac tacitus, ut populo summam exponat, legere incipit. Quotquot ad eam diem catholicae fidei dogmata Montaltus pro concione affirmarat ordine collecta continebat singulisque id tantum addebat literis grandioribus: Mentiris. Complicatum diligenter libellum, sed ita ut consternationis manifestus multis esset, ad pectus dimittit, orationemque brevi praecisione paucis absolvit."

Peretti gewaltig durch: er setzte die Generalkommissare ab, die bisher die höchste Gewalt in demselben besessen; er stellte die alte Verfassung her, nach welcher diese den Provinzialen zustand, und führte die strengste Visitation aus. Pius sah seine Erwartungen nicht allein erfüllt, sondern noch übertroffen; die Zuneigung, die er für Peretti hatte, hielt er für eine Art von göttlicher Eingebung: ohne auf die Afterreden zu hören, die denselben verfolgten, ernannte er ihn zum Bischof von S. Agatha, im Jahre 1570 zum Kardinal.

Auch das Bistum Fermo ward ihm erteilt. In dem Purpur der Kirche kam Felice Peretti in sein Vaterland zurück, wo er einst Obst bewacht und Vieh gehütet; doch waren die Vorhersagungen seines Vaters und seine eigenen Hoffnungen noch nicht völlig erfüllt.

Es ist zwar unzähligemal wiederholt worden, welche Ränke Kardinal Montalto – so nannte man ihn jetzt – angewendet habe, um zur Tiara zu gelangen: wie demütig er sich angestellt, wie er gebeugt, hustend und am Stocke einhergeschlichen; – der Kenner wird von vornherein erachten, daß daran nicht viel Wahres ist: nicht auf diese Weise werden die höchsten Würden erworben.

Montalto lebte still, sparsam und fleißig für sich hin. Sein Vergnügen war, in seiner Vigna bei Santa Maria Maggiore, die man noch besucht, Bäume, Weinstöcke zu pflanzen und seiner Vaterstadt einiges Gute zu erweisen. In ernsteren Stunden beschäftigten ihn die Werke des Ambrosius, die er 1580 herausgab. So vielen Fleiß er auch darauf wandte, so war seine Behandlung doch etwas willkürlich. Übrigens erschien sein Charakter gar nicht so harmlos, wie man gesagt hat: bereits eine Relation von 1574 bezeichnet Montalto als gelehrt und klug, aber auch als arglistig und boshaft[1]. Doch zeigte er eine ungemeine Selbstbeherrschung. Als sein

[1] Ein Discorso sopra i soggetti papabili unter Gregor XIII. sagt von Montalto: „La natura sua, tenuta, terribile, imperiosa et arrogante, non li può punto conciliare la gratia.“ Man sieht, er war im Kardinalat, wie er wurde als Papst. Gregor XIII. sagte oft zu den Seinen: „caverent magnum illum cinerarium“. Farnese sah ihn zwischen den beiden Dominikanern Trani und Justinian, die sich auch Hoffnung machten. Der Autor von Sixtus V. P. M. läßt ihn sagen: „Nae, Picenum hoc jumentum magnifice olim exiliet, si duos illos, quos hinc atque illinc male fert, carbonis saccos excusserit.“ Er fügt hinzu, daß gerade um dieser Aussicht willen die Accorambuona sich mit dem Neffen des Sixtus verheiratet habe. Übrigens hatte der Großherzog Franz von

Neffe, der Gemahl der Vittoria Accorambuona, ermordet worden, war er der erste, der den Papst bat, die Untersuchung fallen zu lassen.

Diese Haltung, die jedermann bewunderte, hat vielleicht am meisten dazu beigetragen, ihm den Weg zum Papsttum zu öffnen. Denn da der Mord einem der nächsten Verwandten des Hauses Medici, Paolo Giordano Orsini, schuld gegeben wurde, so hielt man dafür, daß nun Montalto mit diesem Hause unversöhnlich zerfallen sei. Man wollte nicht glauben, daß das Haus Medici daran denken könne, einen Mann zum Papsttum zu erheben, der dadurch in den Stand kommen würde, die ihm widerfahrene Beleidigung zu rächen. Dennoch war eben dies der Fall. Schon lange stand der Großherzog von Toskana mit Montalto in freundschaftlichen Beziehungen; von dessen Bruder, Kardinal Ferdinand Medici, erfahren wir durch ihn selbst, daß er von Anfang an sein Augenmerk in erster Linie eben auf Montalto gerichtet hatte[1]. An sich hätte Kardinal Farnese, Neffe Pauls III., der älteste in dem Kollegium, beliebt beim Volke, mit dem Könige von Spanien verwandt, die größte Aussicht gehabt. Aber gerade ihn wollten die

Toscana einen großen Anteil an dieser Wahl. In einer Depesche des florentinischen Gesandten Alberti vom 11. Mai 1585 (Roma Filza n. 36) heißt es: „V^ra^ Altezza sia sola quella che come conviene goda il frutto dell' opera che ella ha fatta" (er spricht von dieser Wahl), „per avere questo Pontefice amico e non altro se ne faccia bello." In einem anderen florentinischen Dispaccio heißt es: „Il papa replica, che il gran duca aveva molte ragioni di desiderargli bene, perche egli era come quel agricoltore che pianta un frutto che ha poi caro insieme di vederlo crescere et andare avanti lungo tempo, aggiungendoli che egli era stato quello che dopo il Signor Iddio aveva condotta quest' opera, che a lui solo ne aveva ad aver obligo, e che lo conosceva, se ben di queste cose non poteva parlar con ogn'uno." Wir sehen, daß hier noch eine ganz andere Geschichte hinter der Szene vorfiel, von der wir wenig oder nichts wissen. – So schrieb ich im Jahre 1837. Seitdem hat Baron Hübner dieser Angelegenheit umfassende Studien gewidmet und in seinem Sixte-Quint (1870) eine ausführliche Erzählung des Konklave publiziert, die aus einer großen Anzahl archivalischer Aktenstücke der verschiedensten Länder entnommen ist (I, 181). Man ersieht daraus, daß der Bruder des Großherzogs von Toscana, Kardinal Ferdinand de Medici, die Wahl geleitet und herbeigeführt hat. Besonders wichtig ist ein Bericht, den dieser daselbst noch am Tage der Wahl (24. April 1585) an seinen Bruder erstattet hat (II, 459). Aus diesem vor allem schöpfe ich bei der Einschaltung, durch welche sich die vorliegende Ausgabe von den früheren unterscheidet.

[1] Io haveva sempre havuto la mira mia a Montalto principalmente.

Medici, die mit den Farnesen fast in offener Feindschaft lebten, um keinen Preis zu dem Papsttum gelangen lassen. Sie hatten hierbei den Kardinal Este, der dem Hause von Frankreich ebenso nahestand, wie Farnese dem spanischen, auf ihrer Seite. Ein eigentlicher Gegensatz zwischen Spanien und Frankreich hat jedoch bei dieser Wahl nicht stattgefunden. Philipp II. war nicht für Farnese, und nur gering war der Einfluß des französischen Gesandten in Rom. Die vornehmste politische Einwirkung auf die Wahl entsprang aus dem Verhältnis der großen italienischen Familien untereinander. Medici und Este waren beide gegen Farnese. Um nun aber nicht von vornherein Montalto unmöglich zu machen, mußte Ferdinand Medici seine Hinneigung zu demselben nicht allein verbergen, sondern verleugnen; denn so angesehen war Farnese, daß er anfangs die Exklusion Montaltos wahrscheinlich hätte durchsetzen können. Für diesen Plan wurde nun nichts förderlicher, als jener Streit zwischen Montalto und dem Hause Medici, den man für unausgetragen und unversöhnlich hielt. Farnese verwarf Montalto nicht im voraus, weil er nicht daran glaubte, daß die Medici ihn unterstützen könnten. Ungestört durch Farnese, konnte Kardinal Ferdinand sein Ansehen und das praktische Talent, das ihm allezeit eigen gewesen ist, insgeheim für Montalto anwenden. Die Kardinäle waren, wie immer, nach den verschiedenen Päpsten, von denen sie erhoben worden, deren Kreaturen sie waren, in Faktionen gespalten. Kardinal Altemps nun, einer der Nepoten Pius' IV., Sohn der Schwester desselben, Chiara, um den sich die Kardinäle des Pontifikates gruppierten, wurde zuerst von Ferdinand Medici gewonnen. Altemps fürchtete, daß in dem Widerstreit der Parteien der ihm verhaßteste seiner Kollegen, Ceneda, zur Tiara aufsteigen könne. Um diesen auszuschließen, ging er nach einigen Bedenken auf den Vorschlag des Medici ein, nur mit der Bedingung, daß auch er die Ehre von der Wahl haben und der Gunst des künftigen Papstes versichert werden müsse. Dann wandte man sich an den Nepoten Papst Pius' V., dem dessen Kreaturen folgten, den Kardinal Alessandrino. Zu den von diesem Papst Erhobenen gehörte aber auch Montalto. Mit Vergnügen ging Alessandrino auf die Wahl desselben ein. Hierauf war nur noch übrig, auch die zahlreichen Kreaturen des letzten Papstes, die Gregorianer, für Montalto zu gewinnen. Der Führer derselben, Kardinal San-Sisto, nahm Anstand, sich für ihn zu erklären. Aber er war seiner Faktion nicht vollkommen Meister. Eine gute Anzahl der Gregorianer, namentlich die Nepoten des letzten Papstes, wurden von Medici gewonnen. Dann bedeutete man San-Sisto, die Wahl werde durchgehen, er möge wollen oder nicht, so daß auch er sich anschloß. Selbst Farnese wagte nicht, zu widerstehen. Montalto hatte sich auf den Rat Medicis stillgehalten: er war von allem unterrichtet; doch ward die Wahl ohne sein Zutun durchgesetzt. Als man sich am 24. April in der Kapelle vereinigte, wurde er nicht durch ein Skrutinium, sondern, wie man sich ausdrückte, durch Adoration zum Oberhaupte der Kirche gewählt. Er wußte, wieviel er hierbei dem Kardinal Medici verdankte, und hat ihm wohl gesagt, er solle dafür sein bevorzugter Sohn sein. Kardinal Ferdinand bat den neuen Papst, vor allem keine Anhänger Farneses in den wichtigen Beamtungen zu verwenden, was dieser bewilligte[1]; bei den nächsten Einrichtungen hatte Medici allenthalben seine Hand. Auch für Kardinal Altemps ward gesorgt[2]. Für die Sicherheit Paolo Giordanos waren schon besondere Festsetzungen getroffen worden; man nahm sogleich noch auf andere Bedacht. Der neue Papst erklärte, seine Angehörigen seien zugleich die Angehörigen des Hauses Medici. Bei der Durchführung der Wahl hat man nicht allein auf die bedeutenden Eigenschaften Montaltos, den großen Ruf, den er sich erworben hatte, Rücksicht genommen; es ist beachtet worden, wie es in der unverfälschten Erzählung des Vorgangs ausdrücklich heißt, daß er nach den Umständen – er zählte 64 Jahre – noch in ziemlich frischem Alter und von starker und guter Complexion war. Jedermann gestand, daß man unter den damaligen Umständen vor allem eines kräftigen Mannes bedurfte. Und so sah sich Fra Felice an seinem Ziele. Es mußte auch ein menschenwürdiges Gefühl sein, einen so erhabenen und legalen Ehrgeiz erfüllt zu sehen. Ihm stellte sich alles vor die Seele, worin er jemals eine höhere Bestimmung zu erkennen gemeint hatte. Er wählte zu seinem Sinnspruch: „Von Mutterleibe an bist du, o Gott, mein Beschützer."

Auch in allen seinen Unternehmungen glaubte er fortan von Gott begünstigt zu werden. Sowie er den Thron bestiegen, erklärte er seinen Beschluß, die Banditen und Missetäter auszurotten. Sollte

[1] Mi rispose non esser conveniente servirsi di chi non volesse bene a casa nostra.

[2] Was bei Tempesti I, 78 aus der vita Santorios erwähnt wird, stimmt mit dem, was der Kardinal Medici erzählt, schlecht überein.

er dazu an sich nicht Kräfte genug haben, so wisse er, daß ihm Gott Legionen von Engeln zu Hilfe schicken werde[1].
Mit Entschlossenheit und Überlegung ging er sogleich an dies schwere Werk.

Ausrottung der Banditen

Das Andenken Gregors war ihm zuwider: die Maßregeln desselben mochte er nicht fortsetzen. Er entließ den größten Teil der Truppen, die er vorfand; die Sbirren verminderte er um die Hälfte. Dagegen entschloß er sich zu einer unnachsichtigen Bestrafung der ergriffenen Schuldigen.
Es war längst verboten, kurze Waffen, besonders eine gewisse Art von Büchsen zu tragen. Vier junge Menschen aus Cora, nahe Verwandte untereinander, ließen sich dennoch mit solchen Gewehren ergreifen. Den anderen Tag war die Krönung, und ein so freudiges Ereignis nahm man zum Anlaß, für sie zu bitten. Sixtus entgegnete: „solange er lebe, müsse jeder Verbrecher sterben"[2]. Noch an demselben Tage sah man sie alle vier an einem Galgen bei der Engelsbrücke aufgehängt.
Ein junger Transtiberiner war zum Tode verurteilt, weil er sich den Sbirren widersetzt hatte, die ihm einen Esel wegführen wollten. Alles war voll Mitleiden, wie der Knabe weinend wegen so geringer Verschuldung auf den Richtplatz geführt wurde; man stellte dem Papst seine Jugend vor. „Ich will ihm ein paar Jahre von den meinen zulegen", soll er gesagt haben: er ließ das Urteil vollstrecken.
Diese ersten Taten Sixtus' V. setzten jedermann in Furcht: sie gaben den Verordnungen, die er nunmehr erließ, einen gewaltigen Nachdruck.
Barone und Gemeinden wurden angewiesen, ihre Schlösser und

[1] Dispaccio Priuli 11 Maggio 1585. Rede des Papstes in dem Konsistorium. „Disse di due cose che lo travagliavano, la materia della giustitia e della abondantia, alle quali voleva attender con ogni cura, sperando in dio che quando li mancassero li ajuti proprii e forastieri, li manderà tante legioni di angeli per punir li malfattori e ribaldi, et esortò li cardinali di non usar le loro franchigie nel dar ricapito a tristi, detestando il poco pensier del suo predecessor."
[2] „Se vivo facinorosis moriendum esse."

Städte von den Banditen rein zu halten: den Schaden, den die Banditen anrichten würden, sollten der Herr oder die Gemeinde, in deren Gebiet er vorfalle, selber zu ersetzen haben[1].

Man hatte die Gewohnheit, auf den Kopf eines Banditen einen Preis zu setzen. Sixtus verordnete, daß diese Preise nicht mehr von der Kammer, sondern vielmehr von den Verwandten des Banditen oder, wenn diese zu arm, von der Gemeinde, aus der er stamme, gezahlt werden sollten.

Es leuchtet ein, daß er das Interesse der Herren, der Gemeinden, der Verwandten für seine Zwecke in Anspruch zu nehmen suchte. Das Interesse der Banditen selbst bemühte er sich zu erwecken. Er versprach einem jeden, der einen Genossen tot oder lebendig einliefern würde, nicht nur die eigene Begnadigung, sondern auch die Begnadigung einiger seiner Freunde, die er nennen könne, und überdies ein Geldgeschenk.

Nachdem diese Anordnungen getroffen worden und man ihre strenge Handhabung an ein paar Beispielen erlebt hatte, bekam die Verfolgung der Banditen in kurzem eine andere Gestalt.

Es war ein Glück, daß es bald im Anfange mit ein paar Oberhäuptern gelang.

Es ließ den Papst nicht schlafen, daß der Prete Guercino, der sich König der Campagna nannte, der einmal den Untertanen des Bischofs von Viterbo verboten hatte, ihrem Herrn zu gehorchen, noch immer sein Handwerk fortsetzte und soeben neue Plünderungen vorgenommen hatte. „Er betete", sagt Galesinus, „Gott möge den Kirchenstaat von diesem Räuber befreien"; – den anderen Morgen lief die Nachricht ein, Guercino sei gefangen. Der Kopf ward mit einer vergoldeten Krone an der Engelsburg ausgestellt; der Überbringer empfing seinen Preis, 2000 Skudi; das Volk lobte die gute Rechtspflege Seiner Heiligkeit.

Dennoch wagte ein anderer, della Fara, einst des Nachts die Wächter an der Porta Salara herauszuklopfen; er nannte sich und bat sie, dem Papst und dem Governatore seinen Gruß zu bringen. Hierauf gebot Sixtus den Verwandten desselben, ihn herbeizuschaffen; bei eigener Leibesstrafe gebot er es ihnen. Es verging kein Monat, so brachte man den Kopf des Fara ein.

Zuweilen war es fast noch etwas anderes als Gerechtigkeit, was man gegen die Banditen übte.

[1] Bull. T. IV, p. IV, p. 137. Bando bei Tempesti I, IX, 14.

Bei Urbino hatten sich ihrer dreißig auf einer Anhöhe verschanzt; der Herzog ließ Maultiere, mit Lebensmitteln beladen, in ihre Nähe treiben; sie verfehlten nicht, den Zug zu plündern. Aber die Lebensmittel waren vergiftet: die Räuber starben sämtlich. Bei der Nachricht hiervon, sagt ein Geschichtschreiber Sixtus' V., empfand der Papst eine große Zufriedenheit[1].

In Rom führte man Vater und Sohn zum Tode, obwohl sie ihre Unschuld fortwährend beteuerten. Die Hausmutter stellte sich in den Weg; sie bat nur um einen geringen Verzug: sie könne die Unschuld der Ihrigen augenblicklich beweisen. Der Senator schlug es ihr ab. „Weil ihr denn nach Blut dürstet", rief sie, „so will ich euch sättigen", und stürzte sich aus dem Fenster des Kapitols. Indessen kamen jene beiden auf den Richtplatz. Jeder wollte den Tod zuerst erleiden: der Vater wollte nicht den Sohn, der Sohn nicht den Vater sterben sehen; das Volk schrie auf vor Mitleid; der wilde Henker schalt auf ihren unnützen Verzug.

Da galt kein Ansehen der Person. Der Graf Johann Pepoli, aus einem der ersten Häuser von Bologna, der aber an dem Banditenwesen viel Anteil genommen, ward in dem Gefängnis stranguliert; seine Güter, sein bares Geld zog der Fiskus ein. Kein Tag war ohne Hinrichtung: aller Orten, in Wald und Feld traf man auf Pfähle, auf denen Banditenköpfe steckten. Nur diejenigen von seinen Legaten und Governatoren lobte der Papst, die ihm hierin genug taten und ihm viele Köpfe einsendeten. Es ist zugleich etwas Orientalisch-barbarisches in dieser Justiz.

Gab es noch Räuber, die von ihr nicht erreicht wurden, so fielen sie wohl durch ihre eigenen Genossen. Die Versprechungen des Papstes hatten die Banditen uneins gemacht: keiner traute dem anderen; sie mordeten sich untereinander[2].

Dergestalt verging kein Jahr, so waren die Bewegungen des Kirchenstaates, wenn nicht in ihren Quellen erstickt, doch in ihrem Ausbruch bezwungen. Im Jahre 1586 hatte man die Nachricht, daß auch die letzten Anführer, Montebrandano und Arara, getötet worden.

Glücklich fühlte sich der Papst, wenn ihm nun die eintreffenden

[1] Memorie del pontefîcato di Sisto V: „Ragguagliato Sisto ne prese gran contento."

[2] Disp. Priuli bereits am 29. Juni 1585. „Li fuorusciti s'ammazzano l'un l'altro per la provision del novo breve."

Gesandten bemerkten, sie seien in seinem Staate allenthalben durch ein sicheres, friedliches Land gereist[1].

Momente der Verwaltung

Sowie aber der Mißbrauch, den der Papst bekämpfte, noch einen anderen Ursprung hatte als allein den Mangel an Aufsicht, so hing auch der Erfolg, den er dabei hatte, noch mit anderen Schritten, die er tat, zusammen.

Man sieht zuweilen Sixtus V. als den alleinigen Gründer der Ordnung des Kirchenstaates an; man schreibt ihm Einrichtungen zu, die lange vor ihm bestanden; als einen unvergleichlichen Meister der Finanzen, einen höchst vorurteilsfreien Staatsmann, einen Hersteller der Altertümer rühmt man ihn. Er hatte eine Natur, die sich dem Gedächtnis der Menschen einprägte und fabelhaften, großartig lautenden Erzählungen Glauben verschaffte.

Ist nun dem auch nicht völlig so, wie man sagt, so bleibt seine Verwaltung doch immer sehr merkwürdig.

In einem besonderen Verhältnis stand sie gegen die gregorianische. Gregor war in seinen allgemeinen Maßregeln streng, durchgreifend, einseitig; einzelne Fälle des Ungehorsams sah er nach. Eben dadurch, daß er auf der einen Seite die Interessen gegen sich aufregte und doch auf der anderen eine Straflosigkeit ohne gleichen einreißen ließ, veranlaßte er die unheilvolle Entwicklung, die er erlebte. Sixtus dagegen war im einzelnen unerbittlich: über seine Gesetze hielt er mit einer Strenge, die an Grausamkeit grenzte: in allgemeinen Maßregeln dagegen finden wir ihn mild, nachgiebig und versöhnend. Unter Gregor hatte der Gehorsam nichts genützt und die Widersetzlichkeit nichts geschadet. Unter Sixtus hatte man alles zu fürchten, sobald man ihm Widerstand zeigte; dagegen durfte man Beweise seiner Gnade erwarten, wenn man in gutem Vernehmen mit ihm stand. Nichts förderte seine Absichten besser.

[1] Vita Sixti V, ipsius manu emendata. „Ea quies et tranquillitas, ut in urbe vasta, in hoc conventu nationum, in tanta peregrinorum advenarumque colluvie, ubi tot nobilium superbae eminent opes, nemo tam tenuis, tam abjectae fortunae sit, qui se nunc sentiat cujusquam injuriae obnoxium." – Nach Gualterius, Vita Sixti V, wandte dieser den Spruch an: „Fugit impius nemine persequente".

Gleich von Anfang ließ er alle die Mißhelligkeiten fallen, in welche der Vorgänger seiner kirchlichen Ansprüche halber mit den Nachbarn geraten war. Er erklärte, ein Papst müsse die Privilegien, welche den Fürsten gewährt worden, erhalten und vermehren. Den Mailändern z. B. gab er die Stelle in der Rota zurück, die ihnen Gregor XIII. entreißen wollte. Als die Venezianer endlich ein Breve zum Vorschein brachten, das für ihre Ansprüche in der Sache von Aquileja entscheidend lautete, zeigte er sich höchlich zufrieden. Jene anstößige Klausel in der Bulle In Coena Domini war er entschlossen zu tilgen. Die Kongregation über die kirchliche Gerichtsbarkeit, von der die meisten Streitigkeiten ausgegangen, hob er geradezu auf[1]. Gewiß, es liegt etwas Großartiges darin, daß jemand aus freier Bewegung bestrittene Rechte fallen läßt. Ihm brachte dieses Verfahren sofort die glücklichsten Erfolge zu Wege. Der König von Spanien meldete dem Papst in einem eigenhändigen Schreiben, er habe seinen Ministern in Mailand und Neapel befohlen, päpstlichen Anordnungen nicht minder zu gehorchen als seinen eigenen. Sixtus war bis zu Tränen gerührt, daß der größte Monarch der Welt ihn, wie er sich ausdrückte, einen armen Mönch, dergestalt ehre. Toskana zeigt sich ergeben, Venedig befriedigt. Jetzt nahmen diese Nachbarn eine andere Politik an. Von allen Seiten schickte man dem Papste Banditen zu, die sich in die benachbarten Grenzen geflüchtet hatten. Venedig verpönte ihnen die Rückkehr in den Kirchenstaat und verbot seinen Schiffen, bei Berührung der Küsten desselben Ausgetretene aufzunehmen. Der Papst war entzückt darüber. Er sagte, er werde es der Republik ein andermal gedenken; er werde, so drückt er sich aus, sich die Haut für sie abziehen lassen, sein Blut für sie vergießen. Eben darum ward er der Banditen Herr, weil sie nirgends mehr Aufnahme und Hilfe fanden.

So hielt er sich denn auch in seinem Lande von jenen strengen Anordnungen, die Gregor zum Vorteil der Kammer vorgeschrieben, weit entfernt. Nachdem er die schuldigen Feudatare gestraft,

[1] Lorenzo Priuli, Relatione 1586. „E pontefice che non cosi leggiermente abbraccia le querele con principi, anzi per fuggirle ha levata la congregatione della giurisdittione ecclesiastica"; an einer anderen Stelle sagt er, hauptsächlich mit Rücksicht auf Spanien: „e stima di potere per questa via concluder con maggior facilità le cose e di sopportare con manco indegnità quelle che saranno trattate secretamente da lui solo."

suchte er die übrigen Barone eher an sich zu ziehen und zu gewinnen. Die beiden großen Familien Colonna und Orsini verband er durch Heiraten zugleich mit seinem Hause und untereinander. Gregor hatte den Colonnesen Schlösser weggenommen: Sixtus regulierte selbst ihren Haushalt und machte ihnen Vorschüsse[1]. Er gab dem Contestabile M. A. Colonna die eine, dem Duca Virginio Orsini die andere von seinen Enkel-Nichten. Er gewährte ihnen eine gleiche Mitgift und sehr ähnliche Begünstigungen; ihre Präzedenzstreitigkeiten glich er dadurch aus, daß er immer dem Ältesten von beiden Häusern den Vortritt zusprach. Prächtig nahm sich dann Donna Camilla aus, die Schwester des Papstes, zwischen ihren Kindern, so edlen Schwiegersöhnen und verheirateten Enkelinnen.

Sixtus hatte überhaupt seine Freude daran, Privilegien auszuteilen.

Vornehmlich der Mark zeigte er sich als ein wohlwollender Landsmann. Den Anconitanern gab er einige ihrer alten Gerechtsamen wieder; in Macerata errichtete er für die ganze Provinz einen höchsten Gerichtshof; das Kollegium der Advokaten dieser Provinz zeichnete er durch neue Zugeständnisse aus; Fermo erhob er zum Erzbistum, Tolentino zum Bistum; den Flecken Montalto, in dem seine Vorfahren zuerst Wohnung genommen, erhob er durch eine eigene Bulle zur Stadt und zum Bistum: „denn es hat", sagt er, „unserer Herkunft ihren glücklichen Ursprung gegeben." Schon als Kardinal hatte er eine gelehrte Schule daselbst gestiftet; jetzt als Papst gründete er an der Universität Bologna das Kollegium Montalto für fünfzig Schüler aus der Mark, von denen Montalto allein acht und auch das kleine Grotte a Mare zwei zu präsentieren hatte[2].

Auch Loreto beschloß er zur Stadt zu erheben. Fontana stellte ihm die Schwierigkeiten davon vor. „Mache dir keine Gedanken, Fontana", sagte er; „schwerer ward es mir, mich zu entschließen, als mir die Ausführung fallen wird." Ein Teil des Landes wurde

[1] Dispacci degli ambasciatori estraordinarii 19 Ott., 25 Nov. 1585.

[2] Auch die benachbarten Orte rechnete er zu Montalto. Vita Sixti V, ipsius manu emendata: „Porculam Patrignorum et Mintenorum, quia Montalto haud ferme longius absunt quam ad teli jactum et crebris affinitatibus inter se et commerciis rerum omnium et agrorum quadam communitate conjunguntur, haud secus quam patriae partem Sixtus fovit semper atque dilexit, omniaque iis in commune est elargitus, quo paulatim velut in unam coalescerent civitatem."

den Recanatesen abgekauft; Täler wurden ausgefüllt, Hügel geebnet; hierauf bezeichnete man die Straßen; die Kommunitäten der Mark wurden ermuntert, jede ein Haus daselbst zu bauen; Kardinal Gallo setzte neue Stadtbeamten in der heiligen Kapelle ein. Zugleich seinem Patriotismus und seiner Devotion gegen die Heilige Jungfrau tat der Papst hierdurch Genüge.

Auch allen anderen Städten in den anderen Provinzen widmete er seine Fürsorge. Er traf Einrichtungen, um dem Anwachsen ihrer Schulden zu steuern und beschränkte ihre Alienationen und Verbürgungen; ihr gesamtes Geldwesen ließ er genau untersuchen. Von seinen Anordnungen schreibt es sich her, daß die Gemeinden nach und nach wieder in Aufnahme kamen[1].

Allenthalben förderte er den Ackerbau. Er unternahm, die Chiana von Orvieto, die Pontinischen Sümpfe auszutrocknen. Die letzten besuchte er selbst: der Fiume Sisto, vor Pius VI. das Beste, was für dieselben geschehen, verdankt ihm seinen Ursprung.

Und so hätte er denn auch gern die Gewerbe emporgebracht. Ein gewisser Peter von Valencia, ein römischer Bürger, hatte sich erboten, Seidenfabriken in Gang zu bringen. Es bezeichnet diesen Papst, mit welch einer durchfahrenden Verordnung er ihm zuHilfe zu kommen suchte. Er befahl, in seinem ganzen Staat, in allen Gärten und Vignen, auf allen Wiesen und Waldstrecken, in allen Tälern und Hügeln, wo kein Getreide wachse, Maulbeerbäume zu pflanzen; für jeden Rubbio Landes setzte er fünf fest; im Unterlassungsfalle bedrohte er die Gemeinde mit einer bedeutenden Geldstrafe[2]. Auch die Wollarbeiten suchte er zu befördern, „damit die Armen", sagte er, „etwas zu verdienen bekommen"; dem ersten Unternehmer gab er eine Unterstützung aus der Kammer:

[1] Gualterius: „Ad ipsarum (universitatem) statum cognoscendum, corrigendum, constituendum quinque camerae apostolicae clericos misit." Auch in den Memorie bemerkt man den Nutzen dieser Einrichtungen: „Con le quali provisioni si diede principio a rihaversi le communità dello stato ecclesiastico: le quali poi de tutto ritornorono in piedi: con quanto l'istesso provedimento perfezionò Clemente VIII."

[2] Cum sicut accepimus: 28 Maji 1586. Bull. Cocq. IV, 4, 218. Gualterius: „Bombicinam sericam lanificiam vitreamque artes in urbem vel induxit vel amplificavit. Ut vero serica ars frequentior esset, mororum arborum seminaria et plantaria per universam ecclesiasticam ditionem fieri praecepit, ob eamque rem Maino cuidam Hebreo ex bombicibus bis in anno fructum et sericam amplificaturum sedulo pollicenti ac recipienti maxima privilegia impertivit."

er sollte dafür eine bestimmte Anzahl Stücke Tuch einzuliefern haben.

Man würde den Vorgängern Sixtus' V. Unrecht tun, wenn man Gedanken dieser Art einzig ihm zuschreiben wollte. Auch Pius V. und Gregor XIII. begünstigten Landbau und Gewerbe. Nicht sowohl dadurch unterschied sich Sixtus, daß er einen ganz neuen Weg einschlug, als vielmehr dadurch, daß er auf dem schon eingeschlagenen rascher und nachdrücklicher verfuhr. Eben daher rührt es, daß er den Menschen im Gedächtnis blieb.

Wenn man sagt, daß er die Kongregationen der Kardinäle gestiftet, so ist das nicht so eigentlich zu verstehen. Die sieben wichtigsten, für Inquisition, Index, die Sachen des Konziliums, der Bischöfe, der Mönche, für Segnatura und Consulta, fand er bereits vor. Auch der Staat war bei denselben nicht ganz außer acht gelassen; die beiden letztgenannten umfaßten Justiz und Verwaltung. Sixtus beschloß nun, den bestehenden noch acht neue Kongregationen hinzuzufügen, von denen sich jedoch nur noch zwei mit den Angelegenheiten der Kirche[1] – die eine mit der Gründung neuer Bistümer, die andere mit der Handhabung und Erneuerung kirchlicher Gebräuche – beschäftigen sollten; die übrigen sechs wurden für einzelne Zweige der Verwaltung bestimmt: für Annona, Straßenbau, Abschaffung drückender Auflagen, Bau von Kriegsfahrzeugen, die Druckerei im Vatikan, die Universität zu Rom[2]. Man sieht, wie wenig systematisch der Papst hierbei zu Werke ging, wie sehr er vorübergehende Interessen mit allgemeinen gleichstellte; nichtsdestominder hat er es damit gut getroffen, und seine Einrichtung hat sich mit leichten Abänderungen jahrhundertelang erhalten.

Von den Kardinälen selbst stellte er übrigens einen hohen Begriff auf. Es sollen alles ausgezeichnete Männer sein: ihre Sitten musterhaft, ihre Worte Orakel, ihre Aussprüche eine Norm des Lebens und Denkens für andere: das Salz der Erde, der Leuchter auf dem

[1] „Congregation de sacri riti e cerimonie ecclesiastiche, delle provisioni consistoriali: a questa volle appartenesse la cognitione delle cause dell' erettione di nove cattedrali."

[2] „Sopra alla grascia et annona – sopra alla fabrica armamento e mantenimento delle galere – sopra gli aggravi del popolo – sopra le strade acque ponti e confini – sopra alla stamperia Vaticana" (er gab dem ersten Inhaber der kirchlichen Druckerei Wohnung im Vatikan und 20000 Sk. auf 10 Jahre) – „sopra l'università dello studio Romano."

Kandelaber[1]. Man muß darum nicht glauben, daß er bei den Ernennungen jedesmal sehr gewissenhaft verfahren sei. Für Gallo, den er zu dieser Würde erhob, wußte er nichts anzuführen, als daß derselbe sein Diener sei, dem er aus vielen Gründen wohlwolle, der ihn einmal auf einer Reise sehr gut aufgenommen habe[2]. Auch hier aber gab er eine Regel, die man später, wenn nicht immer befolgt, doch meistenteils in Gedanken gehabt hat. Er setzte die Zahl der Kardinäle auf siebzig fest: „gleichwie Moses", sagte er, „siebzig Greise aus allem Volk gewählt, um sich mit ihnen zu beraten".

Nicht selten hat man auch diesem Papste die Zerstörung des Nepotismus zugeschrieben. Näher betrachtet, verhält es sich aber auch damit anders. Schon unter Pius IV., Pius V. und Gregor XIII., wie wir sahen, waren die Begünstigungen der Nepoten sehr unbedeutend geworden. Gebührt einem von ihnen in dieser Hinsicht ein besonderes Lob, so ist es Pius V., der die Alienationen kirchlicher Länder ausdrücklich verpönte. Wie gesagt, diese frühere Art des Nepotismus war schon vor Sixtus V. abgekommen. Unter den Päpsten des folgenden Jahrhunderts bildete sich aber eine andere Form desselben aus. Es gab immer zwei bevorzugte Nepoten, von denen der eine, zum Kardinal erhoben, die oberste Verwaltung kirchlicher und politischer Geschäfte in die Hand bekam, der andere, von weltlichem Stande, reich verheiratet, mit liegenden Gründen und Luoghi di Monte ausgestattet, ein Majorat stiftete und sich ein fürstliches Haus gründete. Fragen wir nun, wann diese Form eingetreten, so finden wir, daß sie sich allmählich ausgebildet, zuerst aber unter Sixtus V. angebahnt hat. Kardinal Montalto, den der Papst zärtlich liebte, so daß er sogar seine natürliche Heftigkeit gegen ihn mäßigte, bekam Eintritt in die Konsulta und an den auswärtigen Geschäften wenigstens Anteil; dessen Bruder Michele ward Marchese und gründete ein wohlausgestattetes Haus.

Wollte man aber glauben, Sixtus habe hiermit ein Nepotenregi-

[1] Bulla: Postquam verus ille. 3 Dec. 1586. Bullar. M. IV, IV, 279.

[2] Da Sixtus keinen anderen Widerspruch litt, erfuhr er den der Predigt. Der Jesuit Franz Toledo sagte in einer solchen: man sündige, wenn man jemandem um privater Dienste willen eine öffentliche Stelle gebe. „Non perche", fuhr er fort, „uno sia buon coppiere o scalco, gli si commette senza nota d'imprudenza o un vescovato o un cardinalato." Eben Küchenmeister war Gallo gewesen. Memorie del ponteficato di Sisto V.

ment eingeführt, so würde man sich doch völlig irren. Der Marchese hatte keinerlei Einfluß, der Kardinal wenigstens keinen wesentlichen[1]. Es würde dies der Sinnesweise dieses Papstes widersprochen haben. Seine Begünstigungen haben etwas Naives und Vertrauliches: sie verschaffen ihm eine Grundlage von öffentlichem und privatem Wohlwollen; aber niemals gibt er das Heft aus den Händen: immer regiert er selbst. So sehr er die Kongregationen zu begünstigen schien, so sehr er selbst freimütige Äußerungen herausforderte, so ward er doch allemal ungeduldig und heftig, sobald sich jemand dieser Erlaubnis bediente[2]. Seinen Willen setzte er immer eigensinnig durch. „Bei ihm", sagt Giov. Gritti „hat beinahe niemand eine beratende, geschweige eine entscheidende Stimme."[3] Bei allen jenen persönlichen und provinziellen Gunstbezeigungen hatte seine Verwaltung doch schlechthin einen durchgreifenden, strengen, eigenmächtigen Charakter: nirgends wohl mehr als in ihrem finanziellen Teile.

Finanzen

Das Haus Chigi zu Rom verwahrt ein kleines eigenhändiges Gedenkbuch Papst Sixtus' V., das er sich als Mönch gehalten hat[4]. Mit großem Interesse schlägt man es auf. Was ihm in seinem Leben Wichtiges begegnet ist, wo er jedesmal in den Fasten gepredigt, welche Kommissionen er empfangen und ausgeführt hat, auch die Bücher, die er besaß, welche einzeln und welche zusammengebunden, endlich seinen ganzen kleinen mönchischen Haushalt hat er darin sorgfältig aufgezeichnet. Da liest man z. B., wie sein Schwager Baptista 12 Schafe für ihn kaufte; wie er, der Frate, erst 12, dann noch einmal 2 Floren 20 Bolognin darauf bezahlte, so daß sie sein Eigentum waren; der Schwager hatte sie

[1] Bentivoglio, Memorie, p. 90. „Non aveva quasi alcuna partecipatione nel governo."

[2] Gualterius: „Tametsi congregationibus aliisque negotia mandaret, illa tamen ipse cognoscere atque conficere consuevit. Diligentia incredibilis sciendi cognoscendique omnia, quae a rectoribus urbis, provinciarum, populorum omnium, a ceteris magistratibus sedis apostolicae agebantur."

[3] Gritti, Relatione. „Non ci è chi abbi con lui voto decisivo, quasi ne anche consultivo."

[4] Memorie autografe di papa Sisto V.

bei sich, wie es in Montalto herkömmlich, um die halbe Nutzung. In dieser Weise geht es fort. Man sieht, wie er seine kleinen Ersparnisse zu Rate hielt, wie sorgfältig er Rechnung darüber führte, wie dann die Summen allmählich bis zu ein paar hundert Floren anwuchsen: mit Vergnügen und Teilnahme verfolgt man dies; es ist die nämliche haushälterische Gesinnung, welche dieser Franziskaner kurz darauf auf die Verwaltung des päpstlichen Staates übertrug. Seine Sparsamkeit ist eine Eigenschaft, deren er sich in jeder Bulle, wo es die Gelegenheit irgend zuläßt, und in vielen Inschriften rühmt. In der Tat hat weder vor noch nach ihm ein Papst mit ähnlichem Erfolge verwaltet.

Bei seiner Thronbesteigung fand er eine völlige Erschöpfung vor; bitter beschwert er sich über Papst Gregor, der zugleich von den Pontifikaten seines Vorgängers und seines Nachfolgers einen guten Teil aufgebraucht habe[1]. Er bekam eine so schlechte Vorstellung von demselben, daß er einmal Messen für ihn angeordnet hat, weil er ihn im Traume jenseitige Strafen hatte leiden sehen; das Einkommen war bereits im voraus bis zum nächsten Oktober verpfändet.

Desto angelegener ließ er es sich sein, die Kassen zu füllen. Es gelang ihm über alles Erwarten. Als ein Jahr seines Pontifikates um war, im April 1586, hatte er bereits eine Million Skudi in Gold gesammelt, im November 1587 eine zweite, im April 1588 eine dritte. Es macht dies über fünftehalb Millionen Skudi in Silber. Sowie er eine Million beisammen hatte, legte er sie in der Engelsburg nieder, indem er sie, wie er sich ausdrückte, der heiligen Jungfrau Maria, Mutter Gottes, und den heiligen Aposteln Peter und Paul widmete. „Er überschaue", sagt er in seiner Bulle, „nicht allein die Fluten, auf denen das Schifflein Petri jetzt zuweilen schwanke, sondern auch die von fernher drohenden Stürme: unerbittlich sei der Haß der Ketzer; der gewaltige Türke, Assur, die Rute des Zornes Gottes, drohe den Gläubigen; von dem Gott, auf den er sich hierbei verlasse, werde er zugleich unterwiesen, daß der Hausvater auch bei Nacht zu wachen habe. Er

[1] Vita e successi del cardinal di Santaseverina. MS. Bibl. Alb. „Mentre gli parlavo dell collegio de neofiti e di quel degli Armeni, che havevano bisogno di soccorso, mi rispose con qualche alteratione, che in castello non vi erano danari e che non vi era entrata, che il papa passato havea mangiato il ponteficato di Pio V e suo, dolendosi acremente dello stato nel quale haveva trovato la sede apostolica."

folge dem Beispiel der Väter des Alten Testaments, von denen auch immer eine gute Summe Geldes im Tempel des Herrn aufbewahrt worden." Er setzte, wie man weiß, die Fälle fest, in denen es allein erlaubt sein solle, sich dieses Schatzes zu bedienen. Es sind folgende: wenn man einen Krieg zur Eroberung des Heiligen Landes oder einen allgemeinen Feldzug wider die Türken unternehme – wenn Hungersnot oder Pestilenz eintrete – in offenbarer Gefahr, eine Provinz des katholischen Christentums zu verlieren – bei einem feindlichen Einfall in den Kirchenstaat – oder wenn eine Stadt, die dem Römischen Stuhle gehöre, wiedererworben werden könne. Beim Zorn des allmächtigen Gottes und der heiligen Apostel Peter und Paul verpflichtete er seine Nachfolger, sich an diese Fälle zu binden[1].

Wir lassen einen Augenblick den Wert dieser Bestimmungen auf sich beruhen; zunächst fragen wir, welche Mittel Sixtus anwandte, um einen für jene Zeiten so erstaunenswerten Schatz zusammenzubringen.

Eine Aufsammlung des reinen Einkommens war es nicht: Sixtus selbst hat oft gesagt, der Päpstliche Stuhl habe dessen nicht über 200000 Skudi[2].

Auch ist es seinen Ersparnissen nicht geradehin zuzuschreiben. Er hat deren gemacht: er bestritt seine Tafel mit 6 Paoli den Tag; er schaffte viele unnütze Stellen am Hofe ab; er verminderte die Truppen. Aber wir haben nicht allein das Zeugnis des Venezianers Delfino, daß dies alles die Ausgaben der Kammer um nicht mehr als um 150000 Skudi verringerte; Sixtus selbst hat einmal die Erleichterungen, die ihm die Kammer verdankte, nur auf 146000 Skudi berechnet[3].

Und so stieg ihm mit allen Ersparnissen nach seinen eigenen Erklärungen das reine Einkommen doch nur auf viereinhalbhunderttausend Skudi. Kaum zu den Bauten, die er ausführte, geschweige denn zu einem so kolossalen Thesaurieren reichte ihm dies hin.

[1] Ad clavum: 21 Apr. 1586. Cocq. IV, IV, 206.

[2] Dispaccio Gritti 7 Giugno 1586. Der Papst tadelte Heinrich III., daß er bei 14 Millionen Einkünften nichts erspare, „con addur l'esempio di se medesimo nel governo del pontificato, che dice non haver di netto piu di 200000 sc. all' anno, battuti li interessi de' pontefici passati e le spese che convien fare."

[3] Dispaccio Badoer 2 Giugno 1589.

Wir betrachteten oben die sonderbare Geldwirtschaft, die sich in diesem Staate eingerichtet hatte: dieses Steigen der Auflagen und Lasten, ohne daß sich das reine Einkommen vermehrte, diese Mannigfaltigkeit der Anleihen durch Ämterverkauf und Monti, die wachsende Belastung des Staates um der Bedürfnisse der Kirche willen. Es leuchtet ein, welche Übelstände damit verknüpft waren, und wenn man die Lobeserhebungen vernimmt, die Sixtus V. so reichlich gespendet worden, so sollte man dafür halten, er habe das Übel abzustellen gewußt. Wie erstaunt man, wenn man findet, daß er gerade den nämlichen Weg auf das rücksichtsloseste verfolgte und diese Geldwirtschaft auf eine Weise fixierte, daß ihr niemals wieder Einhalt zu tun war!

Eine seiner vornehmsten Finanzquellen war der Verkauf der Ämter. Erstens erhöhte er von vielen, die bereits verkauft worden waren, die Preise. Ein Beispiel sei das Amt eines Schatzmeisters der Kammer. Es war bisher für 15000 Skudi veräußert worden; er verkaufte es zuerst an einen Justinian für 50000 Skudi; als er diesen zum Kardinal gemacht, verkaufte er es an einen Pepoli für 72000 Skudi; als er auch diesem den Purpur gegeben, zweigte er von den Einkünften des Amtes die volle Hälfte, 5000 Skudi ab, die er einem Monte zuwies; um so vieles geschmälert, verkaufte er es noch immer für 50000 Skudi Gold. – Zweitens fing er an, Ämter zu verkaufen, die man früher immer umsonst gegeben hatte: Notariate, Fiskalate, die Stellen des Generalkommissars, des Sollizitators der Kammer, des Armenadvokaten, oft zu bedeutenden Preisen: das Generalkommissariat um 20000, die Notariate um 30000 Skudi. – Endlich aber errichtete er auch eine Menge neuer Ämter, oft sehr bedeutende darunter, ein Schatzmeisteramt der Dataria, die Präfektur der Gefängnisse, 24 Referendariate, 200 Kavalierate, Notariate in den Hauptorten des Staates; er verkaufte sie sämtlich.

Allerdings brachte er auf diese Weise sehr bedeutende Summen zusammen; der Verkauf der Ämter hat ihm 608510 Skudi Gold, 401805 Skudi Silber, mithin zusammen gegen anderthalb Millionen Silber eingetragen[1]; allein wenn die käuflichen Stellen schon früher ein Ungemach dieses Staates waren – es lag darin, wie berührt, eine Mitteilung der Regierungsrechte, auf den Grund einer Anleihe, die man ebendeshalb gegen die Zahlungspflichtigen

[1] Berechnung eines ausführlichen MS. über die römischen Finanzen unter Clemens VIII. (Bibl. Barbarina zu Rom.)

mit aller Strenge geltend machte, ohne die Verrichtungen des Amtes abzuwarten –, um wie vieles wurde dies Übel hierdurch vermehrt! Ebendaher kam es, daß man das Amt, wie gesagt, als einen Besitz betrachtete, welcher Rechte gebe, nicht als eine Pflicht, welche Bemühungen auferlege.

Überdies aber vermehrte Sixtus nun auch die Monti außerordentlich. Er errichtete drei Monti non vacabili und acht Monti vacabili, mehr als irgendeiner seiner Vorgänger.

Wir sahen, daß die Monti immer auf neue Auflagen angewiesen werden mußten. Auch Sixtus V. fand kein anderes Mittel, obwohl er sich anfangs davor scheute. Als er im Konsistorium der Kardinäle zum erstenmal von einer Anlegung des Schatzes sprach, entgegnete ihm Kardinal Farnese, auch sein Großvater Paul III. habe dies beabsichtigt, doch habe er eingesehen, es werde nicht ohne Vermehrung der Auflagen möglich sein: deshalb sei er davon abgestanden. Heftig fuhr ihn Sixtus an. Die Andeutung, daß ein früherer Papst weiser gewesen, brachte ihn in Harnisch. „Das machte", erwiderte er, „unter Papst Paul III. gab es einige große Verschleuderer, die es, Gott sei Dank, bei unseren Zeiten nicht gibt." Farnese errötete und schwieg[1]. Allein es kam, wie er gesagt hatte. Im Jahre 1587 nahm Sixtus V. keine Rücksichten mehr. Den mühevollsten Erwerb, z. B. derjenigen, welche die Tiberschiffe mit Büffeln und Pferden stromaufwärts ziehen ließen, die unentbehrlichsten Lebensbedürfnisse, z. B. Brennholz und die Foglietta Wein im kleinen Verkehr, beschwerte er mit neuen Auflagen und gründete unverzüglich Monti darauf. Er verschlechterte die Münzen, und da sich hierauf sogleich ein kleines Wechslergeschäft an allen Straßenecken bildete, benutzte er auch dies, um die Befugnis dazu zu verkaufen[2]. So sehr er die Mark begünstigte, so belastete er doch den Handel von Ancona mit neuen zwei Prozent auf die Einfuhr. Die kaum auflebende Industrie mußte ihm

[1] Memorie del ponteficato di Sisto V. „Mutatosi per tanto nel volto mentre Farnese parlava, irato piu tosto che grave gli rispose: Non è maraviglia, Monsignore, che a tempo di vostro avo non si potesse mettere in opera il disegno di far tesoro per la chiesa con l'entrate e proventi ordinarii, perche vi erano di molti e grandi scialaquatori (ein Wort, das er sehr liebte), i quali non sono dio gratia a tempi nostri: notando amaramente la moltitudine di figli e figlie e nepoti d'ogni sorte di questo pontefice. Arrossì alquanto a quel dire Farnese e tacque."

[2] Man bekam für einen alten Giulio außer 10 Bajocchi, die er geschlagen, noch ein Aufgeld von 4 bis 6 Quadrin.

wenigstens indirekt Vorteil bringen[1]. Er hatte einen portugiesischen Juden, der aus Furcht vor der Inquisition aus Portugal entwichen war, des Namens Lopez, an der Hand, der das Vertrauen des Datars, der Signora Camilla und endlich auch des Papstes selber gewann, und der ihm diese und ähnliche Operationen angab. Nach jener Abfertigung Farneses wagte kein Kardinal mehr, zu widersprechen. Als von dem erwähnten Impost auf den Wein die Rede war, sagte Albano von Bergamo: „Ich billige alles, was Eurer Heiligkeit gefällt; doch würde ich es noch mehr billigen wenn ihr diese Auflage mißfiele."

Und so brachte sich Sixtus so viel neue Einkünfte zuwege, daß er in den Monti eine Anleihe von drittehalb Millionen Skudi Gold, genau 2424725, aufnehmen und mit Zinsen ausstatten konnte.

Gestehen wir aber ein, daß diese Staatswirtschaft etwas Unbegreifliches hat.

Durch die neuen Auflagen und so viele Ämter werden dem Lande neue und ohne Zweifel sehr drückende Lasten aufgebürdet: die Ämter sind auf Sporteln angewiesen, was den Gang der Justiz und der Administration nicht anders als hemmen kann; die Auflagen fallen auf den Handel im großen und auf den kleinen Verkehr und müssen der Regsamkeit schaden. Und wozu dient zuletzt der Ertrag?

Rechnen wir zusammen, was Monti und Ämter im ganzen eingebracht haben, so beträgt das ungefähr eben die Summe, die in das Kastell eingeschlossen ward; fünftehalb Millionen Skudi, wenig mehr. Alle Unternehmungen, die diesen Papst berühmt gemacht, hätte er mit dem Ertrag seiner Ersparnisse ausführen können.

Daß man Überschüsse sammelt und aufspart, läßt sich begreifen; daß man Anleihen macht, um einem Bedürfnis der Gegenwart abzuhelfen, ist Regel; daß man aber Anleihen macht und Lasten aufbürdet, um einen Schatz für künftige Bedürfnisse in ein festes Schloß einzuschließen, ist höchst außerordentlich.

[1] Ein rechtes Beispiel seiner Verwaltung. Le stesse memorie: „Ordinò non si vendesse seta o sciolta o tessuta in drappi nè lana o panni se non approbati da officiali creati a tal effetto, nè si estraessero senza licenza degli stessi: inventione utile contro alle fraudi, ma molto piu in prò della camera, perche pagandosi i segni e le licenze se n'imborsava gran danaro dal pontefice." Das konnte denn auch der Industrie nicht sehr vorteilhaft sein.

Dennoch ist es dies, was die Welt an Papst Sixtus V. immer am meisten bewundert hat.

Es ist wahr, die Maßregeln Gregors XIII. hatten etwas Gehässiges, Gewaltsames und eine sehr schlechte Rückwirkung. Dessen ungeachtet sollte ich glauben, wenn er es dahin gebracht hätte, daß die päpstliche Kasse sowohl neuer Auflagen als der Anleihe in Zukunft hätte entbehren können, so würde dies eine sehr wohltätige Wirkung hervorgerufen, der Kirchenstaat vielleicht eine glücklichere Entwicklung genommen haben.

Allein es fehlte Gregor, zumal in den späteren Jahren, an der Kraft, seine Gedanken durchzusetzen.

Gerade durch diese vollführende Kraft zeichnete sich Sixtus aus. Sein Thesaurieren durch Anleihen, Ämterverkauf und neue Auflagen häufte Last auf Last; wir werden die Folgen davon beobachten; aber daß es gelang, blendete die Welt, und für den Augenblick gab es wirklich dem Papsttum eine neue Bedeutung.

In der Mitte von Staaten, denen es meistenteils an Geld fehlte, bekamen die Päpste durch den Besitz eines Schatzes eine größere Zuversicht auf sich selbst, ein ungewohntes Ansehen bei den übrigen.

In der Tat gehörte diese Staatsverwaltung recht eigentlich mit zu dem katholischen Systeme jener Zeit.

Indem sie alle finanziellen Kräfte des Staates in die Hände des kirchlichen Oberhauptes legte, machte sie denselben erst vollkommen zu einem Organe geistlicher Gewalt.

Denn wozu anders konnte dies Geld angewendet werden als zur Verteidigung und Ausbreitung des katholischen Glaubens?

Sixtus V. lebte und webte in Entwürfen, die dahin zielten. Zuweilen betrafen sie den Orient und die Türken, öfter den Okzident und die Protestanten. Zwischen den beiden Systemen, dem katholischen und dem protestantischen, brach ein Krieg aus, an dem die Päpste den lebhaftesten Anteil nahmen.

Wir betrachten ihn in dem folgenden Buche. Zunächst bleiben wir noch einen Augenblick bei Rom stehen, welches von neuem eine *allgemeine* Wirkung auf die Welt auszuüben wußte.

Bauunternehmungen Sixtus' V.

Es war das dritte Mal, daß sich Rom auch äußerlich als die Hauptstadt einer Welt darstellte.

Man kennt die Pracht und Größe des antiken Roms; aus Trümmern und Erzählungen hat man es sich mannigfaltig zu vergegenwärtigen gesucht. Auch das Mittelalter verdiente wohl einmal einen ähnlichen Fleiß. Herrlich war auch dies mittlere Rom mit der Majestät seiner Basiliken, dem Dienste seiner Grotten und Katakomben, den Patriarchien des Papstes, in denen die Denkmäler des frühesten Christentums aufbewahrt wurden, dem noch immer prächtigen Kaiserpalast, der den deutschen Königen gehörte, den befestigten Burgen, welche sich in der Mitte so vieler Gewalten unabhängige Geschlechter trotzig eingerichtet hatten.

Während der Abwesenheit der Päpste in Avignon war dies mittlere Rom so gut verfallen, wie das antike längst in Trümmern lag.

Als Eugenius IV. im Jahre 1443 nach Rom zurückkehrte, war es eine Stadt der Kuhhirten geworden; die Einwohner unterschieden sich nicht von den Bauern und Hirten der Landschaft. Man hatte längst die Hügel verlassen; in der Ebene, an den Beugungen des Tiber wohnte man; auf den engen Straßen gab es kein Pflaster; durch Balkone und Bogen, welche Haus an Haus stützten, waren sie noch mehr verdunkelt; man sah das Vieh wie auf dem Dorfe herumlaufen. Von S. Sylvester bis an die Porta del Popolo war alles Garten und Sumpf; man jagte da wilde Enten. An das Altertum war beinahe auch die Erinnerung verschwunden. Das Kapitol war der Berg der Ziegen, das Forum Romanum das Feld der Kühe geworden; an einige Monumente, die noch übrig waren, knüpfte man die seltsamsten Sagen. Die Peterskirche war in Gefahr zusammenzustürzen.

Als endlich Nikolaus die Obedienz der gesamten Christenheit wiedergewonnen, faßte er, reich geworden durch die Beiträge der zum Jubiläum strömenden Pilgrime, den Gedanken, Rom dergestalt mit Gebäuden zu schmücken, daß jedermann mit der Anschauung erfüllt werden sollte, dies sei die Hauptstadt der Welt.

Es war aber dies nicht das Werk eines einzigen Mannes. Die folgenden Päpste haben Jahrhunderte lang daran mitgearbeitet.

Ich will ihre Bemühungen, die man in ihren Lebensbeschreibungen aufgezeichnet findet, hier nicht im einzelnen wiederholen. Am bedeutendsten waren sowohl durch ihren Erfolg als selbst durch ihren Gegensatz die Epochen Julius II. und unseres Sixtus.

Unter Julius II. wurde die untere Stadt an den Ufern des Tiber, wohin sie sich gezogen, völlig erneuert. Nachdem Sixtus IV. die beiden Teile jenseits und diesseits des Flusses durch jene solide einfache Brücke von Travertino, die noch heute seinen Namen führt, besser verbunden hatte, baute man zu beiden Seiten mit dem größten Eifer. Jenseits begnügte sich Julius nicht mit dem Unternehmen der Peterskirche, die unter ihm mächtig emporstieg; er erneuerte auch den vatikanischen Palast. In der Vertiefung zwischen dem alten Bau und dem Landhause Innozenz' VIII., dem Belvedere, legte er die Loggien an, eins der wohlerfundensten Werke, die es geben mag. Unfern von da wetteiferten seine Vettern, die Riari, und sein Schatzmeister Agostino Chigi, wer von beiden ein schöneres Haus aufrichten würde. Ohne Zweifel behielt Chigi den Preis; das seine ist die Farnesina, bewunderungswürdig schon in der Anlage, von Raphaels Hand aber unvergleichlich ausgeschmückt. Diesseits verdanken wir Julius II. die Vollendung der Canzellaria mit ihrem Cortile, das in reinen, glücklich geworfenen Verhältnissen ausgeführt ist, dem schönsten Gehöfte der Welt. Seine Kardinäle und Barone strebten ihm nach: Farnese, dessen Palast sich durch seinen großartigen Eingang den Ruf des vollkommensten unter den römischen Palästen erworben hat; Franz de Rio, der von dem seinen rühmte, er werde stehen, bis die Schildkröte die Erde durchwandle. Mit allen Schätzen der Literatur und Kunst war das Haus der Medici erfüllt; auch die Orsinen schmückten ihren Palast auf Kampofiore innen und außen mit Statuen und Bildwerken aus[1]. Den Denkmalen dieser schönen Zeit, in der man es versuchte, dem Altertum gleichzukommen – um Campofiore und den Farnesischen Platz her –, widmet der Fremde nicht immer die Aufmerksamkeit, die sie verdienen. Es war Wetteifer, Genius, Blüte: ein allgemeiner Wohlstand. Da das Volk zunahm, so baute man sich auf dem Campo Marzo, um das Mausoleum des Augustus her, an. Unter Leo entwickelte sich dies noch mehr; aber schon Julius hatte Gelegenheit, jenseits die Lungara, gegenüber diesseits die Strada Julia zu ziehen. Man sieht noch die Inschrift, in der ihn die Konservatoren rühmen, daß er neue Straßen abgemessen und eröffnet habe, „der Majestät der neuerworbenen Herrschaft gemäß".

Durch die Pest, durch die Eroberung sank die Volksmenge wieder; die Bewegungen unter Paul IV. fügten der Stadt aufs neue großen Schaden zu; erst nachher nahm sie sich wieder auf: mit dem er-

[1] Opusculum de mirabilibus novae et veteris urbis Romae, editum a Francisco Albertino 1515, besonders in dem zweiten Teile, de nova urbe.

neuten Gehorsam der katholischen Welt stieg auch die Anzahl der Einwohner.

Schon Pius IV. dachte darauf, die verlassenen Hügel wieder anzubauen. Auf dem Kapitolin gründete er den Palast der Konservatoren; auf dem Viminal erhob ihm Michel Angelo aus den Trümmern der Diokletianischen Thermen die Kirche S. Maria degli Angeli; die Porta Pia auf dem Quirinal trägt noch heute sein Abzeichen[1]. Auch Gregor XIII. baute hier.

Es waren dies aber der Natur der Sache nach vergebliche Bemühungen, solange die Hügel des Wassers entbehrten.

Eben hier tritt Sixtus V. hervor. Es hat ihm vor allen übrigen Päpsten in der Stadt ein ruhmvolles Andenken gestiftet, daß er dies Bedürfnis ins Auge faßte und das mangelnde Wasser in kolossalen Aquädukten herbeizuführen beschloß. Er tat es, wie er sagt, „damit diese Hügel, noch zu den christlichen Zeiten durch Basiliken verherrlicht, ausgezeichnet durch gesunde Luft, anmutige Lage, angenehme Aussicht wieder bewohnt werden mögen". „Darum", fügt er hinzu, „haben wir uns durch keine Schwierigkeiten, keine Unkosten abschrecken lassen." In der Tat sagte er den Architekten von allem Anfang, er wolle ein Werk, das sich mit der alten Pracht des kaiserlichen Roms messen könne. Zweiundzwanzig Meilen weit, von dem Agro Colonna her, führte er allen Hindernissen zum Trotz die Aqua Martia zum Teil unter der Erde, zum Teil auf hohen Bogen nach Rom. Mit großer Genugtuung sah endlich der Papst den Strahl dieses Wassers sich in seine Vigna ergießen; er führte es weiter nach S. Susanna auf den Quirinal; er nannte es nach seinem Eigennamen Aqua Felice; mit nicht geringem Selbstgefühl ließ er bei der Fontäne Moses abbilden, wie bei dem Schlage seines Stabes das Wasser aus dem Felsen strömt[2]. Für jene Gegend und die ganze Stadt war dies ein großer Vorteil. Die Aqua Felice gibt in 24 Stunden 20537 Kubikmeter Wasser und speist 27 Fontänen.

Wirklich fing man hierauf an, die Höhen wieder anzubauen. Durch

[1] Luigi Contarini, Antichità di Roma p. 76, preist vor allem die Bemühungen Pius' IV.: „S'egli viveva ancora 4 anni, Roma sarebbe d'edificii un altra Roma."

[2] Von Tasso haben wir Stanze all' acqua felice di Roma (Rime II, 311), wie das Wasser anfangs auf dunklem Pfade wandle und dann fröhlich nach dem Sonnenlicht heraufkomme, um Rom zu sehen, wie es Augustus sah.

besondere Privilegien lud Sixtus dazu ein. Er ebnete den Boden bei Trinita de' Monti und legte den Grund zu der Treppe am Spanischen Platz, welche die nächste Kommunikation von der unteren Stadt nach dieser Anhöhe bildet[1]. Hier legte er Via Felice und Borgo Felice an: er eröffnete die Straßen, die noch heute nach S. Maria Maggiore führen, von allen Seiten: er hatte die Absicht, alle Basiliken durch breite und große Wege mit dieser zu verbinden. Die Poeten rühmen, Rom verdoppele sich gleichsam und suche seine alten Wohnungen wieder auf.

Jedoch war es diese Anbauung der Höhen nicht allein, wodurch sich Sixtus V. von den früheren Päpsten unterschied. Er faßte zugleich Absichten, die den älteren geradezu entgegenliefen.

Mit einer Art von Religion betrachtete man unter Leo X. die Trümmer des alten Roms; man nahm mit Entzücken den göttlichen Funken des antiken Geistes an ihnen wahr; wie ließ sich jener Papst die Erhaltung derselben empfohlen sein, „dessen, was von der alten Mutter des Ruhmes und der Größe von Italien noch allein übrig geblieben"[2]!

[1] Gualterius: „Ut viam a frequentioribus urbis locis per Pincium collem ad Exquilias commode strueret, Pincium ipsum collem ante sanctissimae Trinitatis templum humiliorem fecit et carpentis rhedisque pervium reddidit scalasque ad templum illud ab utroque portae latere commodas perpulcrasque ad modum exstruxit, e quibus jucundissimus in totam urbem prospectus est."

[2] Stellen aus dem bekannten Schreiben Castigliones an Leo X: Lettere di Castiglione. Padova 1796 p. 149. Von einem Entwurfe zu einem planmäßigen Aufgraben der alten Stadt kann ich in diesem Briefe doch nichts finden. Offenbar scheint mir, daß es eine Vorrede zu einer Beschreibung von Rom mit einem Plane ist: auf diese Beschreibung und diesen Plan wird fortwährend hingewiesen; höchst wahrscheinlich bleibt es, daß eine Arbeit von Raphael selbst mit dieser Vorrede eingeleitet werden sollte. Es ergibt sich das besonders aus den zusammentreffenden Ausdrücken in dem bekannten Epigramm auf Raphaels Tod und in diesem Briefe, z. B. „vedendo quasi il cadavero di quella nobil patria cosi miseramente lacerato" – „urbis lacerum ferro igni annisque cadaver ad vitam revocas." – Es bezeichnet das wohl eine Wiederherstellung, aber nur in der Idee, in der Beschreibung. Diese Meinung hebt die bisher geäußerten Ansichten im wesentlichen nicht auf, sondern bestimmt sie nur näher. Wir können annehmen, daß die Arbeit, mit der sich Raphael in der letzten Zeit seines Lebens beschäftigte, schon ziemlich weit vorgerückt war, da bereits eine Dedikation dazu in seinem Namen verfaßt wurde. Welch einen Namen mehr gäbe das unter den Astygraphen! Die Papiere und der Plan mögen in die Hände des Fulvius gekommen sein, der an den Untersuchungen wahrscheinlich großen Anteil hatte.

Von diesem Geiste war Sixtus V. himmelweit entfernt. Für die Schönheit der Überreste des Altertums hatte dieser Franziskaner keinen Sinn. Das Septizonium des Severus, ein höchst merkwürdiges Werk, das sich durch alle Stürme so vieler Jahrhunderte bis auf ihn erhalten, fand keine Gnade vor seinen Augen. Er zerstörte es von Grund aus und brachte einige Säulen davon nach St. Peter[1]. Er war ebenso heftig im Zerstören als eifrig im Bauen. Jedermann fürchtete, er werde auch darin kein Maß finden. Man höre, was der Kardinal von Santa Severina erzählt: es würde unglaublich scheinen, wenn er es nicht selbst erlebt hätte. „Da man sah", sagt er, „daß sich der Papst ganz und gar zur Zerstörung der römischen Altertümer hinneigte, so kam eines Tages eine Anzahl römischer Edelleute zu mir und bat mich, das Meine zu tun, um S. Heiligkeit von einem so ausschweifenden Gedanken abzubringen." An den Kardinal wandten sie sich, der damals ohne Zweifel selbst als der größte Zelot anzusehen war. Kardinal Colonna schloß sich an ihn an. Der Papst antwortete ihnen, er wolle die häßlichen Antiquitäten wegschaffen, die übrigen aber, die dies bedürften, restaurieren. Man denke, was ihm häßlich vorkommen mochte! Er hatte die Absicht, das Grab der Cäcilia Metella, schon damals den einzigen bedeutenden Rest der republikanischen Zeiten, ein bewunderungswürdiges, erhabenes Denkmal, geradehin zu zerstören. Wie viel mag unter ihm zugrunde gegangen sein! Konnte er sich doch kaum entschließen, den Laokoon und den belvederischen Apoll im Vatikan zu dulden. Die antiken Bildsäulen, mit denen die römischen Bürger das Kapitol geschmückt hatten, litt er nicht daselbst. Er erklärte, er werde das Kapitol zerstören, wenn man sie nicht entferne. Es war ein Jupiter tonans, zwischen Minerva und Apoll. Die beiden anderen mußten in der Tat entfernt werden; nur die Minerva ward geduldet. Aber Sixtus wollte, daß sie Rom, und zwar das christliche, bedeuten solle. Er nahm ihr den Speer, den sie trug, und gab ihr ein ungeheueres Kreuz in die Hände[2].

In diesem Sinne restaurierte er die Säulen des Trajan und des

[1] Gualterius: „Praecipue Severi Septizonii, quod incredibili Romanorum dolore demoliendum curavit, columnis marmoribusque usus est, passimque per urbem caveae videbantur, unde lapides omnis generis effodiebantur."

[2] Stelle aus der Vita Sixti V, ipsius manu emendata, abgedruckt in Bunsens Beschreibung von Rom I, S. 702.

Antonin; aus jener ließ er die Urne wegnehmen, welche, wie man sagte, die Asche des Kaisers enthielt; er widmete sie dem Apostel Petrus, die andere dem Apostel Paulus, deren Bildsäulen seitdem in dieser luftigen Höhe über den Häusern der Menschen einander gegenüberstehen. Er meinte, damit dem christlichen Glauben einen Triumph über das Heidentum zu verschaffen[1].

Die Aufstellung des Obelisken vor St. Peter lag ihm darum so sehr am Herzen, weil er „die Monumente des Unglaubens an dem nämlichen Orte dem Kreuze unterworfen zu sehen wünschte, wo einst die Christen den Kreuzestod hatten erleiden müssen"[2].

In der Tat ein großartiges Unternehmen, das er aber ganz auf seine Weise ausführte: mit einer sonderbaren Mischung von Gewaltsamkeit, Größe, Pomp und zelotischem Wesen.

Dem Baumeister, Domenico Fontana, der sich unter seinen Augen vom Maurerlehrburschen hinaufgearbeitet hatte, drohte er sogar Strafen an, wenn es ihm mißlinge und er den Obelisken beschädige.

Es war alles schwer: ihn dort, wo er stand – bei der Sakristei der alten Peterskirche – von seiner Basis zu erheben, ihn niederzusenken, auf eine neue Stelle zu führen und hier wieder aufzurichten.

Man schritt dazu mit dem Gefühle, daß man ein Werk unternehme, welches alle Jahrhunderte hindurch berühmt sein werde. Die Arbeiter, ihrer 900 an der Zahl, begannen damit, daß sie die Messe hörten, beichteten und die Kommunion empfingen. Dann traten sie in den Raum, der für die Arbeit durch einen Zaun abgesondert worden. Der Meister nahm einen höheren Sitz ein. Der Obelisk war mit Strohmatten und Bohlen bekleidet, die von festen eisernen Ringen umfaßt waren; 35 Winden sollten die ungeheure Maschine in Bewegung setzen, die ihn mit gewaltigen hänfenen Tauen emporzuheben bestimmt war; an jeder arbeiteten zwei Pferde und zehn Menschen. Endlich gab eine Trompete das Zeichen. Gleich der erste Ruck griff vortrefflich: der Obelisk erhob sich von der Basis, auf der er seit 1500 Jahren ruhte; bei dem zwölften war er

[1] So sieht das unter anderen J. P. Maffei, Historiarum ab excessu Gregorii XIII lib. I, p. 5 an.

[2] Vita Sixti V, i. m. e.: „ut ubi grassatum olim suppliciis in Christianos et passim fixae cruces, in quas innoxia natio sublata teterrimis cruciatibus necaretur, ibi supposita cruci et in crucis versa honorem cultumque ipsa impietatis monumenta cernerentur."

$2^3/_4$ Palm erhoben und festgehalten; der Baumeister sah die ungeheure Masse, mit ihrer Bekleidung über eine Million römischer Pfund schwer, in seiner Gewalt. Man hat sorgfältig angemerkt, daß es am 30. April 1586 war, nachmittags gegen drei Uhr, um die zwanzigste Stunde. Vom Kastell S. Angelo gab man Freudensignale; alle Glocken der Stadt wurden geläutet; die Arbeiter trugen ihren Meister mit unaufhörlichem Lebehoch triumphierend um die Umzäunung.

Sieben Tage darnach senkte man den Obelisk mit nicht minderer Geschicklichkeit; hierauf führte man ihn auf Walzen an seine neue Stelle. Erst nach Ablauf der heißen Monate wagte man, zu seiner Wiederaufrichtung zu schreiten.

Der Papst wählte zu diesem Unternehmen den 10. September, einen Mittwoch, welchen Tag er immer glücklich gefunden, den nächsten vor dem Feste der Erhöhung des Kreuzes, dem der Obelisk gewidmet werden sollte. Auch diesmal begannen die Arbeiter ihr Tagewerk damit, daß sie sich Gott empfahlen: sie fielen auf die Knie, als sie in die Umzäunung traten. Fontana hatte seine Einrichtungen nicht ohne Rücksicht auf die letzte Erhebung eines Obelisken, die von Ammianus Marcellinus beschrieben worden, getroffen; doch hatte er die Kraft von 140 Pferden voraus. Auch hielt man es für ein besonderes Glück, daß der Himmel an diesem Tage bedeckt war. Alles ging erwünscht vonstatten. In drei großen Absätzen wurde der Obelisk bewegt: eine Stunde vor Sonnenuntergang senkte er sich auf sein Piedestal, auf den Rücken der vier bronzenen Löwen, die ihn zu tragen scheinen. Der Jubel des Volkes war unbeschreiblich; der Papst fühlte die vollkommenste Genugtuung; so viele von seinen Vorgängern hatten es gewollt, in so vielen Schriften hatte man es gewünscht; er hatte es nunmehr ausgeführt. In seinem Diarium ließ er anmerken, daß ihm das größte und schwierigste Werk gelungen sei, welches der menschliche Geist erdenken könne; er ließ Medaillen darauf prägen; er empfing Gedichte in allen Sprachen darüber; den auswärtigen Mächten gab er davon Kunde[1].

[1] Die Dispacci des Gritti vom 3, 10 Maggio, 12 Luglio, 11 Ottobre handeln von dieser Aufrichtung. Nicht übel schildert die Vita Sixti V, ipsius manu emendata, den Eindruck: „Tenuitque universae civitatis oculos novae et post 1500 amplius annos relatae rei spectaculo, cum aut sedibus suis avulsam tolleret molem, uno tempore et duodenis vectibus impulsam et quinis tricenis ergatis, quas equi bini, homines deni age-

Sonderbar lautet die Inschrift, in der er sich rühmt, er habe dies Denkmal den Kaisern Augustus und Tiberius entrissen und dem heiligsten Kreuz gewidmet. Er ließ ein Kreuz darauf errichten, in das ein Stück Holz von dem angeblich wahren Kreuze Christi eingeschlossen war. Es drückt dies seine ganze Gesinnung aus. Die Monumente des Heidentums sollten selber zur Verherrlichung des Kreuzes dienen.

Mit ganzer Seele widmete er sich diesen seinen Bauten. Ein Hirtenknabe, in Garten und Feld aufgewachsen, liebte er die Städte; von einer Villegiatura wollte er nichts wissen; er sagte, seine „Erholung sei, viele Dächer zu sehen". Ich verstehe, seine Bauunternehmungen machten ihm das größte Vergnügen.

Viele tausend Hände waren unaufhörlich beschäftigt; keine Schwierigkeit schreckte ihn ab.

Noch immer fehlte die Kuppel am St. Peter, und die Baumeister forderten zehn Jahre zu ihrer Vollendung. Sixtus wollte sein Geld dazu hergeben, doch an dem Werke auch selber noch seine Augen weiden. Er stellte 600 Arbeiter an; auch die Nacht ließ er nicht feiern; im zweiundzwanzigsten Monat wurde man fertig. Nur erlebte er nicht, daß das bleierne Dach gelegt wurde.

Aber auch in Werken dieser Art setzte er seiner Gewaltsamkeit keine Grenzen. Die Überbleibsel des päpstlichen Patriarchiums bei dem Lateran, die doch keineswegs geringfügig und ausnehmend merkwürdig waren, Altertümer der Würde, die er selbst bekleidete, ließ er ohne Erbarmen niederreißen, um an der Stelle derselben seinen Lateranpalast zu errichten, den man nicht einmal brauchte und der sich nur als eins der ersten Beispiele der einförmigen Regelmäßigkeit moderner Architektur eine sehr zweideutige Aufmerksamkeit erworben hat.

Wie so ganz hatte sich das Verhältnis geändert, in welchem man zu dem Altertume stand! Man wetteiferte früher und auch jetzt mit demselben; aber früher suchte man es in der Schönheit und Anmut der Form zu erreichen: jetzt bemühte man sich, in massen-

bant, in sublime elatam, aut cum suspensam inde sensim deponeret extenderetque humi junctis trabibus atque ex his ingenti composita traha, quae jacentem exciperet, aut cum suppositis cylindris (sunt hae ligneae columnae teretes et volubiles) quaternis ergatis protracta paulatim per editum et ad altitudinem basis, cui imponenda erat, excitatum aggerem atque undique egregie munitum incederet, denique cum iterum erecta librataque suis reposita sedibus est."

haften Unternehmungen ihm gleichzukommen oder es zu überbieten. In dem geringsten Denkmal verehrte man früher eine Spur des antiken Geistes: jetzt hätte man diese Spuren lieber vertilgt. Man folgte einer Idee, die man allein gelten ließ, neben der man keine andere anerkannte. Es ist die nämliche, die sich in der Kirche die Herrschaft erworben, die den Staat zu einem Organ der Kirche gemacht hat. Diese Idee des modernen Katholizismus durchdringt alle Adern des Lebens in seinen verschiedensten Richtungen.

Veränderung der geistigen Richtung überhaupt

Denn man darf nicht etwa glauben, nur der Papst sei von diesem Geiste beherrscht worden; in jedem Zweige tut sich am Ende des Jahrhunderts eine Richtung hervor, derjenigen entgegengesetzt, welche den Anfang desselben bezeichnet.

Ein Hauptmoment ist, daß das Studium der Alten, von dem damals alles ausgegangen, nunmehr unendlich zurückgetreten war. Auch jetzt erschien wieder ein Aldus Manutius zu Rom und wurde Professor der Beredsamkeit; aber weder für sein Griechisch, noch selbst für sein Latein fanden sich Liebhaber. Zur Stunde seiner Vorlesungen sah man ihn mit einem und dem anderen seiner Zuhörer vor dem Portal der Universität auf- und abgehen; es waren die einzigen, welche ihm Teilnahme bewiesen. Wie hatte das Studium des Griechischen im Anfange des Jahrhunderts so unglaublichen Fortgang! Am Ende desselben gab es in Italien keinen namhaften Hellenisten mehr.

Nun möchte ich dies nicht durchaus als Verfall bezeichnen: in gewisser Beziehung hängt es mit dem notwendigen Fortschritt der wissenschaftlichen Entwicklung zusammen.

Wenn nämlich früher die Wissenschaft unmittelbar aus den Alten geschöpft wurde, so war dies jetzt nicht mehr möglich. Auf der einen Seite hatte der Stoff ungeheuer zugenommen. Welch eine ganz andere Masse naturhistorischer Kenntnisse brachte z. B. Ulisse Aldrovandi durch die unablässige Bemühung eines langen Lebens auf vielen Reisen zusammen, als irgendein Alter besitzen können; in seinem Museum hatte er es auf eigentliche Vollständigkeit abgesehen; was ihm an Naturalien abging, ersetzte er durch Bilder; jedes Stück bekam seine ausführliche Beschreibung.

Wie hatte sich die Erdkunde so über jeden Begriff der antiken Welt erweitert! Auf der anderen Seite begann auch eine tiefer eingehende Forschung. Die Mathematiker suchten anfangs nur die Lücken auszufüllen, welche die Alten gelassen. Commandin z. B. glaubte zu finden, daß Archimedes etwas über den Schwerpunkt entweder gelesen oder sogar verfaßt haben müsse, was alsdann verloren gegangen; er ließ sich dies einen Anlaß sein, den Gegenstand selbst zu untersuchen. Aber eben hierdurch ward man um vieles weiter geführt; noch an der Hand der Alten riß man sich von ihnen los; man machte Entdeckungen, die jenseit des von ihnen beschriebenen Kreises lagen und einer weiteren Forschung neue Bahnen eröffneten.

Vornehmlich widmete man sich mit selbständigem Eifer der Erkenntnis der Natur. Man schwankte noch einen Augenblick zwischen der Anerkennung des Geheimnisses in den Dingen und der mutig ergründenden Untersuchung der Erscheinungen. Doch war die letzte, die wissenschaftlichere Richtung schon überwiegend. Schon ward ein Versuch gemacht, das Pflanzenreich rationell abzuteilen; in Padua lebte ein Professor, den man den Kolumbus des menschlichen Leibes nannte. Auf allen Seiten strebte man weiter: die Werke des Altertums schlossen die Wissenschaft nicht mehr ein.

Es folgte, wenn ich nicht irre, von selbst, daß das Studium der Antike, dem man sich in Hinsicht des Objekts nicht mehr mit voller Hingebung überlassen durfte, auch in Hinsicht der Form nicht mehr die Wirkung hervorbringen konnte, die es früher gehabt.

In den gelehrten Werken fing man an, es auf die Anhäufung des Stoffes abzusehen. Im Anfang des Jahrhunderts hatte Cortesius das Wesentliche der scholastischen Philosophie, so unfügsam es sich auch zeigen mochte, in einem wohlgeschriebenen klassischen Werke, das voll von Geist und Witz ist, mitgeteilt; jetzt stellte ein Natal Conte einen antiken Stoff, der die geistreichste, großartigste Behandlung zugelassen hätte, den mythologischen, in einem ungenießbaren Quartanten zusammen. Dieser Autor hat auch eine Geschichte geschrieben; die Sentenzen, mit denen er sein Buch ausstattet, leitet er fast immer unmittelbar aus den Alten her und zitiert die Stellen; doch ist er dabei von allem Sinn für eigentliche Darstellung entfernt geblieben. Es schien den Zeitgenossen schon hinreichend, das Material der Tatsachen in Massen aufzuhäufen. Man darf sagen, ein Werk wie die Annalen des Baronius, so ganz formlos – lateinisch, aber ohne alle Spur von Eleganz selbst nur im einzelnen Ausdruck –, wäre im Anfange des Jahrhunderts nicht einmal denkbar gewesen.

Indem man dergestalt, wie in den wissenschaftlichen Bestrebungen, so noch viel mehr in der Form und Darstellung, die Bahn des Altertums verließ, traten in dem Leben der Nation Veränderungen ein, die auf alles literarische und künstlerische Bemühen unberechenbaren Einfluß ausgeübt haben.

Einmal ging das republikanische, sich selbst überlassene Italien, auf dessen eigentümlichen Zuständen die früheren Entwicklungen, auch des Geistes selbst, beruht hatten, nunmehr zugrunde. Die ganze Freiheit und Naivität des geistigen Zusammenseins verschwand. Man bemerke, daß sich die Titulaturen einführten. Schon um das Jahr 1520 sahen einige mit Verdruß, daß jedermann Herr genannt sein wollte; man schrieb es dem Einfluß der Spanier zu. Um das Jahr 1550 verdrängen bereits schwerfällige Ehrenbezeigungen die einfache Anrede in Brief und Gespräch. Gegen das Ende des Jahrhunderts nahmen die Titel Marchese und Duca überhand: jedermann wollte sie haben; alles wollte Exzellenz sein. Man hat gut sagen, daß dies nicht viel bedeute; hat es doch noch jetzt seine Wirkung, nachdem dies Wesen längst veraltet ist: um wieviel mehr damals, als man es aufbrachte! Aber auch in jeder anderen Hinsicht wurden die Zustände strenger, fester, abgeschlossener: mit der heiteren Unbefangenheit der früheren Verhältnisse, der Unmittelbarkeit der gegenseitigen Berührungen war es vorüber.

Liege es, woran es wolle, sei es sogar eine in der Natur der Seele begründete Veränderung, so viel ist offenbar, daß in allen Hervorbringungen, schon gegen die Mitte des Jahrhunderts hin, ein anderer Geist weht, daß auch die Gesellschaft, wie sie lebt und wesentlich ist, andere Bedürfnisse hat.

Von allen Erscheinungen, die diesen Wechsel bezeichnen, vielleicht die auffallendste ist die Umarbeitung, welche Berni mit dem Orlando innamorato des Bojardo vorgenommen hat. Es ist das nämliche Werk und doch ein ganz anderes. Aller Reiz, alle Frische des ursprünglichen Gedichts ist verwischt. Wenn man ein wenig tiefer eingeht, so wird man finden, daß der Autor allenthalben statt des Individuellen ein Allgemeingültiges, statt des rücksichtslosen Ausdruckes einer schönen und lebendigen Natur eine Art von gesellschaftlichem Dekorum untergeschoben hat, wie sie die damalige und die spätere italienische Welt forderte[1]. Er traf es damit vollkommen. Mit einem unglaublichen Beifall wurde sein Werk aufgenommen; die Überarbeitung hat das ursprüngliche Gedicht durchaus verdrängt. Und wie rasch hatte sich diese Umwandlung vollzogen! Seit der ersten Ausgabe waren noch nicht fünfzig Jahre verflossen.

Man kann diesen veränderten Grundton, diese Ader eines anderen Geistes in den meisten Hervorbringungen jener Zeit verfolgen. Es ist nicht gerade Mangel an Talent, was die großen Gedichte von Alamanni und Bernardo Tasso so ungenießbar, so langweilig macht, wenigstens bei dem letzten nicht. Aber gleich ihre Konzeption ist kalt. Nach den Forderungen eines zwar keineswegs sehr tugendhaften, aber ernst gewordenen, gehaltenen Publikums wählten sie sich tadellose Helden: Bernardo den Amadis, von dem der jüngere Tasso sagt: „Dante würde das verwerfende Urteil, das er über die Ritterromane ausspricht, zurückgenommen haben, wenn er den Amadis von Gallien oder von Gräzia gekannt hätte; so voll von Adel und Standhaftigkeit sei diese Gestalt"; – Alamanni bearbeitete Giron le courtoys, den Spiegel aller Rittertugend. Sein ausgesprochener Zweck ist dabei, der Jugend an diesem Beispiel zu zeigen, wie man Hunger und Nachtwachen, Kälte und Sonnenschein zu ertragen, die Waffen zu führen, gegen jedermann Gerechtigkeit und Frömmigkeit zu beweisen und den Feinden zu vergeben habe. Da sie nun bei diesem moralisch-didaktischen Absehen eben auch auf die Weise des Berni verfahren und ihrer Fabel den poetischen Grund, den sie hat, recht mit Absicht entreißen, so ist erfolgt, daß ihre Arbeiten überaus weitschweifig und trocken ausgefallen sind.

Es schien, wenn man so sagen darf, als hätte die Nation die Summe poetischer Vorstellungen, die ihr aus ihrer Vergangenheit, aus den Ideen des Mittelalters hervorgegangen, verbraucht, verarbeitet und nicht einmal ein Verständnis derselben übrig. Sie suchte etwas Neues. Aber weder wollten die schöpferischen Genien erscheinen, noch bot das Leben frische Stoffe dar. Bis gegen die Mitte des Jahrhunderts ist die Prosa – lehrhaft ihrer Natur nach – noch geistreich, warm, beugsam und anmutig. Allmählich erstarrt und erkaltet sie aber auch.

[1] Ich suche dies in der oben erwähnten akademischen Abhandlung näher auszuführen.

Wie in der Poesie, war es in der Kunst. Sie verlor die Begeisterung, die ihr ehemals ihre geistlichen, gar bald auch die, welche ihr ihre profanen Gegenstände eingeflößt. Hauptsächlich nur in den Venezianern blieb etwas davon übrig. Wie so völlig fallen die Schüler Raphaels, einen einzigen ausgenommen, von Raphael ab! Indem sie ihn nachahmen, verlieren sie sich in das gemachte Schöne, theatralische Stellungen, affektierte Grazie, und ihren Werken sieht man es an, in wie kalter, unschöner Stimmung sie entworfen sind. Die Schüler Michel Angelos machten es nicht besser. Die Kunst wußte nichts mehr von ihrem Objekt: sie hatte die Ideen aufgegeben, welche sie sonst sich angestrengt hatte in Gestalt zu bringen; nur die Äußerlichkeiten der Methode waren ihr übrig.

In dieser Lage der Dinge, als man sich von dem Altertum bereits entfernt hatte, seine Formen nicht mehr nachahmte, seiner Wissenschaft entwachsen war – als zugleich die altnationale Poesie und religiöse Vorstellungsweise von Literatur und Kunst verschmäht wurden –, trat die neue Erhebung der Kirche ein; sie bemächtigte sich der Geister mit ihrem Willen oder wider denselben; sie brachte auch in allem literarischen und künstlerischen Wesen eine durchgreifende Veränderung hervor.

Es hatte aber die Kirche, wenn ich nicht irre, eine ganz andere Einwirkung auf die Wissenschaft als auf die Kunst.

Philosophie und Wissenschaft überhaupt erlebten noch einmal eine sehr bedeutende Epoche. Nachdem man den echten Aristoteles wiederhergestellt, begann man, wie es in anderen Zweigen von anderen Alten geschah, sich in der Philosophie auch von ihm loszureißen; zu einer freien Erörterung der höchsten Probleme ging man fort. Der Natur der Sache nach konnte die Kirche dies nicht begünstigen. Sie selber setzte bereits die obersten Prinzipien auf eine Weise fest, die keinen Zweifel zuließ. Hatten sich aber die Anhänger des Aristoteles häufig zu antikirchlichen, naturalistischen Meinungen bekannt, so war auch von seinen Bestreitern etwas Ähnliches zu befürchten. Sie wollten, wie sich einer von ihnen ausdrückte, die Dogmen bisheriger Lehrer mit der originalen Handschrift Gottes, der Welt und der Natur der Dinge vergleichen. Ein Unternehmen, dessen Erfolg unabsehlich war, bei dem es, sei es Entdeckungen, sei es Irrtümer von sehr verfänglichem Inhalt geben mußte, das deshalb die Kirche nicht aufkommen ließ. Obwohl sich Telesius nicht eigentlich über die Physik erhob, blieb er doch sein lebelang auf seine kleine Vaterstadt eingeschränkt;

Campanella hat als ein Flüchtling leben, die Tortur hat er ausstehen müssen; der Tiefsinnigste von allen, Giordano Bruno, ein wahrer Philosoph, ward nach vielen Verfolgungen und langen Irrfahrten endlich, wie es in der Urkunde heißt, „nicht allein als ein Ketzer, sondern als ein Häresiarch, der einige Sachen geschrieben, welche die Religion anbetreffen und die sich nicht geziemen"[1], von der Inquisition in Anspruch genommen, eingezogen, nach Rom geschafft und zum Tode im Feuer verurteilt. Wer hätte da noch zu freier Geistesregung den Mut fühlen sollen? Von den Neuerern, die dies Jahrhundert hervorgebracht hat, fand nur einer, Francesco Patrizi, Gnade in Rom. Auch er griff den Aristoteles an, jedoch nur deshalb, weil die Lehrsätze dieses Alten der Kirche und dem Christentum zuwider seien. Im Gegensatz mit den Aristotelischen Meinungen suchte er eine echte philosophische Tradition nachzuweisen, von dem angeblichen Hermes Trismegistus an, bei dem er eine deutlichere Erklärung der Dreieinigkeit zu finden glaubte als selbst in den Mosaischen Schriften, durch die folgenden Jahrhunderte; diese suchte er aufzufrischen, zu erneuern und an die Stelle der Aristotelischen zu setzen. In allen

[1] In einem venezianischen MS. im Wiener Archiv unter der Rubrik: Roma, Espositioni 1592, 28 Sett., findet sich das Original eines Protokolls über die Auslieferung Giordano Brunos. Vor dem Kollegium erscheinen der Vicar des Patriarchen, der Vater Inquisitor und der Assistent der Inquisition, Thomas Morosini. Der Vikar trägt vor: „li giorni passati esser stato ritenuto e tuttavia ritrovarsi nelle prigioni di questa città deputate al servicio del santo ufficio Giordano Bruno da Nola, imputato non solo di heretico, ma anco di heresiarca, havendo composto diversi libri nei quali laudando assai la regina d'Inghilterra et altri principi heretici scriveva alcune cose concernenti il particular della religione che non convenivano se bene egli parlava filosoficamente: e che costui era apostata, essendo stato primo Frate domenicano, che era vissuto molt'anni in Ginevra et Inghilterra, e che in Napoli et altri luoghi era stato inquisito della medesima imputatione: e che essendosi saputa a Roma la prigionia di costui, lo ill[mo] Santa Severina supremo inquisitore haveva scritto e dato ordine che fusse inviato a Roma – – con prima sicura occasione." Eine solche Gelegenheit sei jetzt vorhanden. Sie bekommen nicht sogleich Antwort. Nach Tisch erscheint der Vater Inquisitor wieder und wird sehr dringend: denn die Barke wolle abfahren. Allein die Savj antworteten: „che essendo la cosa di momento e consideratione e le occupationi di questo stato molte e gravi non si haveva per allhora potuto fare risolutione." Und so fuhr die Barke diesmal ohne den Gefangenen ab. Ich habe nicht finden können, ob späterhin die wirkliche Auslieferung durch neue Verhandlungen motiviert ward.

Dedikationen seiner Werke stellte er diese seine Absicht, den Nutzen, die Notwendigkeit ihrer Ausführung vor. Es ist ein sonderbarer Geist, nicht ohne Kritik, doch bloß für das, was er verwirft, nicht für das, was er annimmt. Er ward nach Rom berufen und behauptete sich hier durch die der Kirche zusagende Eigentümlichkeit und Richtung seiner Arbeiten, nicht eben durch die Wirkung derselben, die nur gering war, in großem Ansehen.

Mit den philosophischen Untersuchungen waren damals physische und naturhistorische fast ununterscheidbar verschmolzen. Das ganze System bisheriger Vorstellungen war in Frage gestellt worden. In der Tat ist in den Italienern dieser Epoche eine große Tendenz: Suchen, Vordringen, erhabene Ahnung. Wer will sagen, wohin sie gelangt sein würden? Allein die Kirche zeichnete ihnen eine Linie vor, die sie nicht überschreiten durften. Wehe dem, der sich über dieselbe hinauswagte!

Wirkte dergestalt, es kann daran kein Zweifel sein, die Restauration des Katholizismus auf die Wissenschaft deprimierend, so fand in der Kunst und Poesie vielmehr das Gegenteil hiervon statt. Sie ermangelten eines Inhaltes, des lebendigen Gegenstandes; die Kirche gab ihnen denselben wieder.

Wie sehr die Erneuerung der Religion sich der Gemüter bemächtigte, sieht man an dem Beispiele Torquato Tassos. Sein Vater hatte sich einen moralisch-tadellosen Helden ausgesucht; er ging einen Schritt weiter als dieser. Wie noch ein anderer Dichter dieses Zeitalters die Kreuzzüge zu seinem Gegenstande gewählt, „darum, weil es besser sei, ein wahres Argument christlich zu behandeln, als in einem erlogenen einen wenig christlichen Ruhm zu suchen“, so tat auch Torquato Tasso: er nahm sich einen Helden nicht der Fabel, sondern der Geschichte, einen christlichen Helden. Gottfried ist mehr als Aeneas; er ist wie ein Heiliger, satt der Welt und ihres vergänglichen Ruhmes. Es würde indes ein sehr trockenes Werk gegeben haben, wenn sich der Dichter mit der Darstellung einer solchen Persönlichkeit hätte begnügen wollen. Tasso ergriff zugleich die sentimental-schwärmerische Seite der Religion, was denn sehr wohl zu dem Feenwesen stimmt, dessen bunte Fäden er in sein Gewebe einschlug. Das Gedicht ist hier und da etwas lang ausgefallen; nicht allenthalben ist der Ausdruck recht durchgearbeitet; doch ist es ein Gedicht – voll Phantasie und Gefühl, nationaler Gesinnung, Wahrheit des Gemüts, wodurch Tasso die Gunst und die Bewunderung seiner Landsleute bis auf den heutigen Tag in hohem Grade behauptet hat. Welch ein Gegensatz aber gegen Ariost! Die Dichtkunst war früher von der Kirche abgefallen; der verjüngten Religion unterwirft sie sich wieder. Unfern von Ferrara, wo Tasso sein Poem verfaßt, in Bologna, erhob sich gleich nachher die Schule der Caracci, deren Emporkommen eine allgemeine Umwandlung in der Malerei bezeichnet. Fragen wir, worauf diese beruhte, so nennt man uns die anatomischen Studien der bolognesischen Akademie, ihre eklektische Nachahmung, die Gelehrsamkeit ihrer Kunstmanier. Und gewiß ist der Eifer, mit welchem sie auf ihre Weise den Erscheinungen der Natur beizukommen trachteten, ein großes Verdienst. Nicht minder wichtig aber scheint mir zu sein, welche Aufgaben sie wählten, wie sie dieselben geistig angriffen.

Lodovico Caracci beschäftigt sich viel mit dem Christusideal. Nicht immer, aber zuweilen, wie in der Berufung des Matthäus, gelingt es ihm, den milden und ernsten Mann voll Wahrheit und Wärme, Huld und Majestät darzustellen, der hernach so oft nachgebildet worden. Für seine Sinnesweise ist es bezeichnend, wie er verfährt, wenn er selber nachahmt. Die Transfiguration Raphaels hat er einmal offenbar vor Augen; aber indem er ihre Motive benutzt, fügt er noch ein eigenes hinzu: er läßt seinen Christus lehrend die Hand gegen Moses erheben.

Agostino Caraccis Meisterstück ist der heilige Hieronymus, ein Alter, nahe dem Tode, der sich nicht mehr bewegen kann und mit dem letzten Lebensodem nur noch inbrünstig nach der Hostie verlangt, die ihm gereicht wird.

Von Annibale Caracci muß man wohl sagen, daß er in seinen berühmtesten Werken das Christusideal Lodovicos auf einer anderen Stufe wiederholt. Im Leiden erscheint es in dem Ecce Homo bei den Borghese, mit starkem Schatten, von feiner, durchsichtiger Haut, in Tränen. Bewundernswürdig, jugendlich groß stellt es sich selbst in der Erstarrung des Todes dar in der Pieta, einem Werke, in welchem auch übrigens das trostlose Ereignis mit neuem Gefühl ergriffen und ausgesprochen ist.

Obwohl sich diese Meister auch profanen Gegenständen widmeten, so ergriffen sie doch, wie wir sehen, die heiligen mit besonderem Eifer; hier ist es dann nicht ein so ganz äußerliches Verdienst, was ihnen ihre Stelle gibt; die Hauptsache wird sein, daß sie von ihrem Gegenstande wieder lebendig erfüllt sind, daß ihnen die religiösen Vorstellungen, die sie vergegenwärtigen, wieder etwas bedeuten.

Eben diese Tendenz unterscheidet auch ihre Schüler. Auf die Erfindung Agostinos, jene Idee des Hieronymus, wandte Domenichino einen so glücklichen Fleiß, daß er in Mannigfaltigkeit der Gruppierung und Vollendung des Ausdrucks den Meister vielleicht noch übertraf. Aber auch, was er selber erfand, ist in diesem Sinne. Seinen Kopf des Heiligen Nilus finde ich herrlich, gemischt aus Schmerz und Nachdenken, seine Prophetinnen voll Jugend, Unschuld und Tiefsinn. Hauptsächlich liebte er, die Wonne des Himmels mit der Qual der Erde in Gegensatz zu stellen, wie so sehr in der Madonna del Rosario die himmlische gnadenreiche Mutter mit dem bedürftigen Menschen.

Zuweilen ergreift auch Guido Reni diesen Gegensatz, wäre es auch nur, daß er die in ewiger Schönheit prangende Jungfrau abgehärmten mönchischen Heiligen gegenüberstellt. Guido hat Schwung und eigene Konzeption. Wie herrlich ist seine Judith, aufgegangen im Gefühle der gelungenen Tat und des Dankes, welchen sie himmlischer Hülfe schuldig ist! Wer kennt nicht seine Madonnen, entzückt und etwas verschwimmend in ihrem Entzücken? Auch für seine Heiligen schuf er sich ein sentimental-schwärmerisches Ideal.

Hiermit haben wir jedoch noch nicht die ganze Eigentümlichkeit dieser Richtung bezeichnet; sie hat noch eine andere, nicht so anziehende Seite. Die Erfindungen dieser Maler bekommen auch zuweilen etwas Seltsam-Fremdartiges. Die schöne Gruppe der Heiligen Familie z. B. wird wohl einmal dahin ausgebildet, daß der St. Johannes dem Jesuskind förmlich den Fuß küßt; oder die Apostel erscheinen, um der Jungfrau, was man sagt, zu kondolieren, darauf vorbereitet, sich die Tränen abzuwischen. Wie oft wird ferner das Gräßliche ohne die mindeste Schonung vorgestellt! Der S. Agnete des Domenichino sehen wir das Blut unter dem Schwert hervordringen. Guido faßt den bethlehemitischen Kindermord in seiner ganzen Abscheulichkeit: die Weiber, welche sämtlich den Mund zum Geschrei öffnen, die greulichen Schergen, welche die Unschuld morden.

Man ist wieder religiös geworden, wie man es früher war; aber es waltet ein großer Unterschied ob. Früher war die Darstellung sinnlich naiv; jetzt hat sie oftmals etwas Barockes und Gewaltsames.

Dem Talent des Guercino wird niemand seine Bewunderung versagen. Aber was ist das für ein Johannes, den die Gallerie Sciarra von ihm aufbewahrt: mit breiten nervigen Armen, kolossalen nackten Knien, dunkel und allerdings begeistert; doch könnte man nicht sagen, ob seine Begeisterung himmlischer oder irdischer Art ist. Den Pietro Martyre stellt Guercino vor, geradezu wie ihm noch das Schwert im Kopfe steckt. Neben jenem aquitanischen Herzog, der von St. Bernard mit der Kutte bekleidet wird, läßt er noch einen Mönch auftreten, der einen Knappen bekehrt, und man sieht sich einer beabsichtigten Devotion unerbittlich übergeben.

Wir wollen hier nicht untersuchen, inwiefern durch diese Behandlung – zuweilen unsinnlich ideal, zuweilen hart und unnatürlich – die Grenzen der Kunst hinwiederum überschritten wurden; genug, wenn wir bemerken, daß die Kirche sich der wiederhergestellten Malerei völlig bemächtigte. Sie belebte dieselbe durch einen poetischen Anhauch und die Grundlage positiver Religion; aber sie gab ihr zugleich einen geistlichen, priesterlichen, modern-dogmatischen Charakter.

Leichter mußte ihr dies noch in der Baukunst werden, die unmittelbar in ihren Diensten stand. Ich weiß nicht, ob jemand den Fortgang untersucht hat, der in den modernen Bauwerken von der Nachahmung der Antike bis zu dem Kanon führte, den Barozzi für die Erbauung der Kirchen erfand, und der sich seitdem zu Rom und in der ganzen katholischen Kirche erhalten hat. Die Leichtigkeit und freie Genialität, mit der das Jahrhundert begann, hat sich auch hier zu Ernst und Pomp und devoter Pracht umgestaltet.

Nur von einer Kunst blieb es lange zweifelhaft, ob sie sich den Zwecken der Kirche werde unterwerfen lassen.

Die Musik hatte sich um die Mitte des 16. Jahrhunderts in die verschlungenste Künstlichkeit verloren. Verlängerungen, Proportionen, Nachahmungen, Rätsel, Fugen machten den Ruhm eines Tonsetzers. Auf den Sinn der Worte kam es nicht mehr an; man findet eine ganze Anzahl Messen aus jener Zeit, die nach dem Thema bekannter weltlicher Melodien abgefaßt sind: die menschliche Stimme ward nur als Instrument behandelt[1].

Kein Wunder, wenn das Tridentinische Konzilium an der Aufführung so beschaffener Musikstücke in der Kirche Anstoß nahm.

[1] Guiseppe Baini, Memorie storico-critiche della vita e delle opere di Giovanni Pier Luigi di Palestrina, Roma 1828, teilt die Notizen mit, deren ich mich bedient habe.

Infolge der Verhandlungen desselben setzte Pius IV. eine Kommission nieder, um geradezu über die Frage zu beratschlagen, ob die Musik in der Kirche zu dulden sei oder nicht. Die Entscheidung war doch sehr zweifelhaft. Die Kirche forderte Verständlichkeit der Worte, Übereinstimmung des musikalischen Ausdrucks mit denselben; die Musiker behaupteten, bei den Gesetzen ihrer Kunst sei das nicht zu erreichen. Carl Borromeo war in der Kommission, und bei der strengen Gesinnung dieses Kirchenhauptes konnte leicht ein scharfer Spruch erfolgen.

Glücklicherweise erschien wieder einmal der rechte Mann zur rechten Zeit.

Unter den damaligen Tonsetzern von Rom war Pier Luigi Palestrina.

Der strenge Paul IV. hatte ihn aus der päpstlichen Kapelle gestoßen, weil er verheiratet war; zurückgezogen und vergessen in einer armseligen Hütte zwischen den Weingärten des Monte Celio hatte er seitdem gelebt. Er war ein Geist, den mißliche Verhältnisse nicht zu beugen vermochten. Eben in dieser Einsamkeit widmete er sich seiner Kunst mit einer Hingebung, welche der schöpferischen Kraft, die in ihm war, freie und originale Hervorbringungen gestattete. Hier schrieb er die Improperien, die noch alle Jahre in der Sixtinischen Kapelle die Feier des stillen Freitags verherrlichen. Den tiefen Sinn eines Schrifttextes, seine symbolische Bedeutung, seine Anwendung auf Gemüt und Religion hat vielleicht nie ein Musiker geistiger aufgefaßt.

Wenn irgendein Mensch geeignet war zu versuchen, ob diese Methode auch auf das umfassende Werk einer Messe angewendet werden könne, so war es dieser Meister: die Kommission trug es ihm auf.

Palestrina fühlte ganz, daß es ein Versuch war, auf dem sozusagen Leben und Tod der großen Musik der Messen beruhte; mit selbstbewußter Anstrengung ging er daran; auf seiner Handschrift hat man die Worte gefunden: „Herr, erleuchte meine Augen!"

Nicht sogleich gelang es ihm: die beiden ersten Arbeiten mißrieten; endlich aber, in glücklichen Momenten, brachte er die Messe zustande, die unter dem Namen der Messe des Papstes Marcellus bekannt ist, mit der er jede Erwartung übertraf. Sie ist voll einfacher Melodie und kann sich doch in Mannigfaltigkeit mit früheren Messen vergleichen: Chöre trennen sich und vereinigen sich wieder; unübertrefflich ist der Sinn des Textes ausgedrückt: das Kyrie ist Unterwerfung, das Agnus Demut, das Credo Majestät. Papst Pius IV., vor dem sie aufgeführt wurde, war hingerissen. Er verglich sie mit den himmlischen Melodien, wie sie der Apostel Johannes in der Entzückung gehört haben möge.

Durch dies eine große Beispiel war nun die Frage auf immer entschieden: eine Bahn war geöffnet, auf der die schönsten, auch für die Andersgläubigen rührendsten Werke hervorgebracht worden sind. Wer kann sie hören ohne Begeisterung? Es ist, als ob die Natur Ton und Stimme bekäme, als ob die Elemente sprächen und die Laute des allgemeinen Lebens sich in freier Harmonie der Anbetung widmeten, bald wogend wie das Meer, bald in jauchzendem Jubel aufsteigend gen Himmel. In dem Allgefühl der Dinge wird die Seele zu religiösem Entzücken emporgehoben.

Gerade diese Kunst, die sich von der Kirche vielleicht am weitesten entfernt hatte, schloß sich nun am engsten an sie an. Nichts konnte für den Katholizismus wichtiger sein. Hatte er doch selbst in das Dogma, wenn wir nicht irren, innere Anschauung und etwas Schwärmerisches aufgenommen. In den wirksamsten Büchern der Buße und Erbauung bildete es einen Grundton. Geistliche Sentimentalität und Hingerissenheit waren der vorzüglichste Gegenstand der Poesie und Malerei. Unmittelbarer, dringender, unwiderstehlicher als jede Unterweisung und jede andere Kunst, in dem Reiche eines idealen Ausdrucks auch zugleich reiner, angemessener, stellte dies die Musik dar und umfing damit die Gemüter.

Die Kurie

Waren auf diese Weise alle Elemente des Lebens und des Geistes von der kirchlichen Richtung ergriffen und umgewandelt, so war auch der Hof zu Rom, an dem sie alle miteinander zusammentrafen, sehr verändert.

Schon unter Paul IV. nahm man es wahr; das Beispiel Pius' V. hatte eine ungemeine Wirkung; unter Gregor XIII. stellte es sich jedermann vor Augen. „Zum Besten der Kirche", sagte Paolo Tiepolo 1576, „trägt es unendlich viel bei, daß mehrere Päpste hintereinander von tadellosem Lebenswandel gewesen sind; auch alle anderen sind dadurch besser geworden, oder sie haben wenigstens den Anschein davon angenommen. Kardinäle und Prälaten besuchen die Messe fleißig; ihr Hausstand sucht alles zu vermeiden, was anstößig sein könnte; die ganze Stadt hat von der alten Rücksichtslosigkeit abgelassen: in Sitten und Lebensweise ist sie um vieles christlicher als früher. Man kann behaupten, daß Rom in Sachen der Religion von der Vollkommenheit, welche die menschliche Natur überhaupt erreichen kann, nicht gar entfernt ist.

Nicht als ob nun dieser Hof aus Frömmlern und Kopfhängern zusammengesetzt gewesen wäre; er bestand ohne Zweifel aus ausgezeichneten Leuten – die sich aber jene streng-kirchliche Sinnesweise in hohem Grade angeeignet hatten.

Vergegenwärtigen wir ihn uns, wie er zu den Zeiten Sixtus' V. war, so saßen unter den Kardinälen nicht wenige, die einen großen Anteil an den Weltgeschäften genommen: Gallio von Como, der unter zwei Pontifikaten die Regierung als erster Minister geleitet, mit dem Talent, durch Fügsamkeit zu herrschen; jetzt machte er sich nur noch durch die Anwendung seiner großen Einkünfte zu kirchlichen Stiftungen bemerklich; – Rusticucci, mächtig schon unter Pius V., auch unter Sixtus nicht ohne großen Einfluß, ein Mann voll Scharfsinn und Herzensgüte, arbeitsam, aber um so bedächtiger und unbescholtener in seinen Sitten, da er auf den Pontifikat hoffte; – Salviati, der sich durch eine wohlgeführte Verwaltung von Bologna berühmt gemacht, untadelhaft und einfach, noch mehr streng als bloß ernst; – Santorio, Kardinal von Santa Severina, der Mann der Inquisition, in allen geistlichen Geschäften schon lange von leitendem Einfluß, hartnäckig in seinen Meinungen, streng gegen seine Diener, selbst gegen seine Verwandten voll Härte, wie viel mehr gegen andere, unzugänglich für jedermann; – im Gegensatz mit ihm Madruzz, der immer das Wort der Politik des Hauses Österreich, sowohl der spanischen als der deutschen Linie, hatte, den man den Cato des Kollegiums nannte, doch nur in Gelehrsamkeit und unbescholtener Tugend, nicht in zensorischer Anmaßung, denn er war die Bescheidenheit selbst. Noch lebte Sirleto, von allen Kardinälen seiner Zeit ohne Zweifel zugleich der wissenschaftlichste und sprachkundigste, eine lebendige Bibliothek, wie Muret sagte, der aber, wenn er von seinen Büchern aufstand, auch wohl die Knaben heraufrief, die ihre Bündel Holz *im Winter zu Markte* gebracht, sie in den Geheimnissen des Glaubens unterrichtete und ihnen dann ihre Bündel abkaufte: durchaus gutmütig und barmherzig[1]. Einen großen Einfluß hatte das Beispiel Carlo Borromeos, dessen Andenken sich nach und nach zu dem Rufe eines Heiligen verklärte. Federico Borromeo war von Natur reizbar und heftig; aber dem Muster seines Oheims gemäß führte er ein geistliches Leben und ließ sich durch die Mortifikationen, die er nicht selten erfuhr, nicht aus der Fassung bringen. Besonders aber erinnerte Agostino Valier an ihn: ein Mann von ebenso edler und reiner Natur als ungewöhnlicher Gelehrsamkeit, der nur seinem Gewissen folgte und nunmehr in hohem Alter das Bild eines Bischofs aus den ersten Jahrhunderten darzustellen schien.

Nach dem Beispiel der Kardinäle bildete sich die übrige Prälatur, die ihnen in Kongregationen zur Seite stand und einmal ihren Platz einzunehmen bestimmt war.

Unter den Mitgliedern des höchsten Gerichtshofes, den Auditori di Rota, taten sich damals besonders zwei hervor, zwar von entgegengesetztem Charakter: Mantica, der nur zwischen Büchern und Akten lebte, durch seine juridischen Werke dem Forum und der Schule diente und sich kurz, ohne viele Umstände, auszudrücken pflegte, und Arigone, der seine Zeit nicht so sehr den Büchern als der Welt, dem Hofe und den Geschäften widmete, Urteil und Geschmeidigkeit zeigte: aber beide gleich bemüht, sich den Ruf der Unbescholtenheit und Religiosität zu erhalten. Unter den Bischöfen, die sich am Hofe aufhielten, bemerkte man vor allen die, welche sich in Nunziaturen versucht hatten: Torres, der einen großen Anteil an dem Abschluß der Liga Pius' V. wider die Türken gehabt; Malaspina, der die Interessen der katholischen Kirche in Deutschland und im Norden wahrgenommen; Bolognetti, dem die schwierige Visitation venezianischer Kirchen übertragen ward: alle durch Gewandtheit und Eifer für ihre Religion emporgekommen.

Einen bedeutenden Rang nahmen die Gelehrten ein: Bellarmin, Professor, Grammatiker, der größte Kontroversist der katholischen Kirche, dem man ein apostolisches Leben nachrühmt; ein anderer Jesuit, Maffei, der die Geschichten der portugiesischen Eroberungen in Indien, besonders aus dem Gesichtspunkt der

[1] Ciaconius, Vitae-Paparum III, p. 978. Man findet da auch die Grabschrift Sirletos, worin er als „eruditorum pauperumque patronus" bezeichnet wird. In Cardella, Memorie storiche de' cardinali finden sich nur die Notizen bei Ciaconius italienisch zusammengestellt.

Ausbreitung des Christentums im Süden und Osten, und das Leben des Loyola, Phrase für Phrase, mit bedachtsamer Langsamkeit und abgewägter Eleganz ausführte[1]; zuweilen Fremde, wie unser Clavius, der tiefe Wissenschaft mit unschuldigem Leben verband und jedermanns Verehrung genoß; oder Muret, ein Franzose, der beste Latinist jener Zeit: nachdem er lange die Pandekten auf eine originelle und klassische Weise erläutert hatte – er war ebenso witzig als beredt –, ward er noch in seinem Alter Priester, widmete sich theologischen Studien und las alle Tage Messe: der spanische Kanonist Azpilcueta, dessen Responsa am Hofe und in der ganzen katholischen Welt wie Orakel betrachtet wurden; Papst Gregor XIII. hatte man oft stundenlang vor seinem Hause halten und sich mit ihm unterreden sehen; dabei verrichtete er doch auch in den Spitälern die niedrigsten Dienste.

Unter diesen merkwürdigen Persönlichkeiten erwarb sich Filippo Neri, Stifter der Kongregation des Oratoriums, ein großer Beichtvater und Seelsorger, einen tiefen und ausgebreiteten Einfluß: er war gutmütig, scherzhaft, streng in der Hauptsache, in den Nebendingen nachsichtig; er befahl nie, er gab nur Ratschläge, er bat gleichsam; er dozierte nicht, er unterhielt sich; er besaß den Scharfsinn, welcher dazu gehört, die besondere Richtung jedes Gemütes zu unterscheiden. Sein Oratorium erwuchs ihm aus Besuchen, die man ihm machte, durch die Anhänglichkeit einiger jüngerer Leute, die sich als seine Schüler betrachteten und mit ihm zu leben wünschten. Der berühmteste unter ihnen ist der Annalist der Kirche, Cäsar Baronius. Filippo Neri erkannte sein Talent und hielt ihn an, ohne daß er anfangs große Neigung dazu gehabt hätte, die Kirchengeschichte in dem Oratorium vorzutragen[2]. Dreißig Jahre lang hat Baronius diese Arbeit fortgesetzt; auch als er Kardinal geworden, stand er noch immer vor Tage auf, um daran fortzuarbeiten. Er speiste mit seinen Hausgenossen regelmäßig an einem Tische; er ließ nur Demut und Gottergebenheit an sich wahrnehmen. Wie in dem Oratorium, so war er in dieser Würde auf das engste mit Tarugi verbunden, der sich als Prediger und Beichtvater viel Ansehen verschafft hatte und eine ebenso unschuldige Gottesfurcht zeigte; ihre Freundschaft hielt ihnen bis zum Tode aus; glücklich sind sie darin zu preisen; neben-

[1] Vita J. P. Maffeji Serassio auctore. In der Ausgabe der Werke Maffeis, Berg. 1747.

[2] Gallonius, Vita Philippi Nerii, Mog. 1602, p. 163.

einander sind sie beerdigt worden. Ein dritter Schüler Filippos war Silvio Antoniano, der zwar eine freiere literarische Tendenz hatte, sich mit poetischen Arbeiten beschäftigte und, als ihm später ein Papst die Abfassung seiner Breven auftrug, dies mit ungewohnter literarischer Geschicklichkeit tat, aber übrigens von den sanftesten Sitten war, demütig und leutselig, lauter Güte und Religion.
Alles, was an diesem Hof emporkam, Politik, Staatsverwaltung, Poesie, Kunst, Gelehrsamkeit, trug die nämliche Farbe.
Welch ein Abstand von der Kurie im Anfange des Jahrhunderts, wo die Kardinäle den Päpsten den Krieg machten, die Päpste sich mit Waffen gürteten, Hof und Leben alles von sich wiesen, was an ihre christliche Bestimmung erinnerte! Wie still und klösterlich hielten jetzt die Kardinäle aus! Daß Kardinal Tosco, der einmal die nächste Aussicht dazu hatte, dennoch nicht Papst wurde, kam vor allem daher, weil er sich ein paar lombardische Sprichwörter angewöhnt, die den Leuten anstößig vorkamen. So ausschließend in seiner Richtung, so leicht zu verletzen war der öffentliche Geist.
Verschweigen wir aber nicht, daß er, wie in Literatur und Kunst, so auch im Leben noch eine andere, für unser Gefühl unerfreuliche Seite entwickelte. Wunder begannen wieder, die sich lange nicht gezeigt. Bei S. Silvestro fing ein Marienbild an zu sprechen, was denn einen so allgemeinen Eindruck auf das Volk machte, daß die wüste Gegend um die Kirche gar bald angebaut ward. In dem Rione de' monti erschien ein wundertätiges Marienbild in einem Heuschober, und die Umwohner hielten dies für eine so augenscheinliche Gunst des Himmels, daß sie sich mit den Waffen widersetzten, als man es wegführen wollte; ähnliche Erscheinungen finden wir in Narni, Todi, San Severino, und von dem Kirchenstaat breiten sie sich weiter in der ganzen katholischen Welt aus. Auch die Päpste schreiten aufs Neue zu Heiligsprechungen, welche sie eine geraume Zeit unterlassen hatten. Nicht viele Beichtväter waren so einsichtsvoll wie Filippo Neri: eine dumpfe Werkheiligkeit ward begünstigt; die Vorstellung von göttlichen Dingen vermischte sich mit phantastischem Aberglauben.
Dürfte man nun wenigstens die Überzeugung hegen, daß damit auch in der Menge eine volle Hingebung unter die Vorschriften der Religion eingetreten sei!
Schon die Natur des Hofes aber brachte es mit sich, daß sich

neben den geistlichen auch die lebendigsten weltlichen Bestrebungen regten.

Die Kurie war nicht allein ein kirchliches Institut; sie hatte einen Staat, sie hatte indirekt einen großen Teil der Welt zu beherrschen. In dem Grade, daß jemand an dieser Gewalt Anteil nahm, erwarb er Ansehen, Glücksgüter, Wirksamkeit und alles, wonach die Menschen zu begehren pflegen. Die menschliche Natur konnte sich nicht so verändert haben, daß man nach den Kampfpreisen der Gesellschaft und des Staates nur auf geistlichem Wege getrachtet hätte. Man griff es hier an wie im ganzen an anderen Höfen, nur wieder auf eine diesem Boden entsprechende, sehr eigentümliche Weise.

Von allen Städten der Welt hatte Rom damals wahrscheinlich die beweglichste Bevölkerung. Unter Leo X. war sie bereits auf mehr als 80000 Seelen gestiegen, unter Paul IV., vor dessen Strenge alles flüchtete, auf 45000 gesunken; gleich nach ihm erhob sie sich wieder in ein paar Jahren auf 70000, unter Sixtus V. bis über 100000. Das Merkwürdige war, daß die Angesessenen zu einer so großen Zahl in keinem Verhältnis standen. Es war mehr ein langes Beisammenwohnen als ein Eingebürgertsein; man konnte es mit einer Messe, mit einem Reichstage vergleichen: ohne Bleiben und Festigkeit, ohne zusammenhaltende Blutsverwandtschaften. Wie viele wandten sich hierher, weil sie in ihrem Vaterlande kein Fortkommen finden konnten! Gekränkter Stolz trieb die einen, schrankenloser Ehrgeiz die anderen an. Viele fanden, daß man hier am freiesten sei. Ein jeder suchte auf seine Weise emporzusteigen.

Noch war nicht alles so sehr in einen Körper zusammengewachsen: die Landsmannschaften waren noch so zahlreich und so gesondert, daß man die Verschiedenheit der nationalen und provinzialen Charaktere sehr wohl bemerkte. Neben dem aufmerksamen gelehrigen Lombarden unterschied man den Genueser, der alles mit seinem Geld durchsetzen zu können glaubte, den Venezianer, der fremde Geheimnisse zu entdecken beflissen war. Man sah den sparsamen, vielredenden Florentiner, den Romanesken, der mit instinktartiger Klugheit nie seinen Vorteil aus den Augen verlor, den anspruchsvollen und zeremoniösen Neapolitaner. Die Nordländer zeigten sich einfach und suchten zu genießen; selbst unser Clavius *mußte sich* über sein doppeltes, allemal sehr gut besetztes Frühstück verspotten lassen; die Franzosen hielten sich abgesondert und gaben ihre vaterländischen Sitten am schwersten auf; in seine Sottana und seinen Mantel gehüllt, trat der Spanier einher, voll von Prätensionen und ehrgeizigen Absichten, und verachtete alle anderen.

Es war nichts, was nicht ein jeder begehrt hätte. Mit Vergnügen erinnerte man sich, daß Johann XXIII., als man ihn fragte, weshalb er nach Rom gehe, geantwortet hatte, er wolle Papst werden, und daß er es geworden war. So eben waren Pius V. und Sixtus V. aus dem geringsten Stande zu der obersten Würde emporgekommen. Ein jeder hielt sich zu allem fähig und hoffte auf alles.

Man hat damals oft bemerkt, und es ist vollkommen wahr, daß Prälatur und Kurie etwas Republikanisches hatten; es lag eben darin, daß alle Anspruch machen konnten an alles, daß man fortwährend von geringem Anfang zu den höchsten Würden stieg; allein die sonderbarste Verfassung hatte doch diese Republik: der allgemeinen Berechtigung stand die absolute Gewalt eines einzelnen gegenüber, von dessen Willkür jede Begabung, jede Beförderung abhing. Und wer war alsdann dieser? Es war der, welcher durch eine schlechthin unberechenbare Kombination aus den Kämpfen der Wahl als Sieger hervorging. Wenig bedeutend bisher, bekam er plötzlich die Fülle der Macht in seine Hand. Seine Persönlichkeit zu verleugnen, konnte er sich um so weniger veranlaßt fühlen, da er der Überzeugung lebte, durch eine Einwirkung des Heiligen Geistes zu der höchsten Würde erkoren worden zu sein. In der Regel begann er gleich mit einer durchgreifenden Veränderung. Alle Legaten, alle Governatoren in den Provinzen wechselten. In der Hauptstadt gab es einige Stellen, die ohnehin immer den jedesmaligen Nepoten zufielen. War nun auch, wie in den Zeiten, die wir zunächst betrachten, der Nepotismus in Schranken gehalten, so begünstigte doch jeder Papst seine alten Vertrauten und Angehörigen; es ist so natürlich, daß er es sich nicht nehmen ließ, mit ihnen weiter zu leben – der Sekretär, der dem Kardinal Montalto lange gedient, war auch dem Papst Sixtus der bequemste –, die Anhänger der Meinung, der sie angehörten, brachten sie notwendig mit sich empor. In allen Aussichten, Erwartungen, in dem Wege zur Gewalt und in kirchlichen wie weltlichen Würden bewirkte daher jeder Eintritt eines neuen Papstes eine Art von Umwälzung. „Es ist", sagt Commendone, „als würde in einer Stadt die fürstliche Burg verlegt und als würden die

Straßen sämtlich nach ihr hin gerichtet; wie viele Häuser müßten niedergerissen, wie oft müßte mitten durch einen Palast der Weg genommen werden: neue Gassen und Durchgänge fingen an, sich zu beleben.“ Nicht übel bezeichnet diese Vergleichung die Gewaltsamkeit der Umwandlung und die Stabilität der jedesmaligen Einrichtungen.

Mit Notwendigkeit bildete sich hierdurch ein Zustand eigentümlichster Art.

Da dies so oft geschah, die Päpste so viel älter auf den Thron kamen als andere Fürsten, in jedem Moment eine neue Veränderung eintreten und die Gewalt in andere Hände übergehen konnte, so lebte man wie in einem unaufhörlichen Glücksspiel, unberechenbar wie dieses, aber unablässig in Hoffnung erhaltend.

Emporzukommen, befördert zu werden, wie ein jeder es wünschte, hing besonders von persönlichen Begünstigungen ab: bei der außerordentlichen Beweglichkeit alles persönlichen Einflusses mußte der berechnende Ehrgeiz eine dementsprechende Gestalt annehmen und sehr besondere Wege einschlagen.

In unseren handschriftlichen Sammlungen findet sich eine ganze Anzahl von Anweisungen, wie man sich an diesem Hofe zu halten habe[1]. Es scheint mir der Beobachtung nicht unwert, wie man es treibt, wie ein jeder sein Glück zu machen sucht. Unerschöpflich in Bildsamkeit ist die menschliche Natur: je bedingter die Verhältnisse, um so unerwarteter sind die Formen, in welche sie sich wirft. Nicht alle können den nämlichen Weg einschlagen. Wer nichts besitzt, muß sich zu Diensten bequemen. Noch bestehen die freien literarischen Hausgenossenschaften bei Fürsten und Kardinälen. Ist man genötigt, sich in ein solches Verhältnis zu fügen, so strebt man, sich vor allem der Gunst seines Herrn zu versichern. Man sucht sich ein Verdienst um ihn zu erwerben, in seine Geheimnisse einzudringen, ihm unentbehrlich zu werden. Man erduldet alles: auch erlittenes Unrecht verschmerzt man lieber. Wie leicht, daß

[1] Z. B. Instruttione al signor cardinal di Medici, del modo come si deve governare nella corte di Roma. – Avvertimenti all' ill^mo^ cardinal Montalto sopra il modo col quale si possa e debba ben governare come cardinale e nepote del papa. Inform. XII. – Avvertimenti politici et utilissimi per la corte di Roma: 78 höchst bedenkliche Sätze. Inform. XXV. – Das wichtigste: Discorso over ritratto della corte di Roma di Mr Illmo Commendone. Codd. Rang. zu Wien XVIII.

bei dem Wechsel des Papsttums auch ihm sein Gestirn aufgeht, das dann seinen Glanz über den Diener ausbreitet! Das Glück steigt und fällt: die Person bleibt die nämliche.
Andere können schon von vornherein nach einem kleinen Amte trachten, das ihnen bei Eifer und Tätigkeit eine gewisse Aussicht eröffnet. Freilich ist es allemal mißlich – dort, wie zu jeder anderen Zeit, in jedem anderen Staat –, erst auf den Nutzen und dann auf die Ehre sehen zu müssen.
Wie viel besser sind die Wohlhabenden daran! Aus den Monti, an denen sie teilnehmen, läuft ihnen von Monat zu Monat ein sicheres Einkommen ein; sie kaufen sich eine Stelle, durch welche sie unmittelbar in die Prälatur treten und nicht allein ein selbständiges Dasein erwerben, sondern auch ihr Talent auf eine glänzende Weise entfalten können. Wer da hat, dem wird gegeben. An diesem Hofe nützt es doppelt, etwas zu besitzen, weil der Besitz an die Kammer zurückfällt, so daß der Papst selbst bei der Beförderung ein Interesse hat.
In dieser Stellung braucht man sich nicht mehr so unbedingt an einen Großen anzuschließen; eine so erklärte Parteilichkeit könnte dem Fortkommen vielmehr sogar schaden, wenn ihr das Glück nicht entspräche. Man hat vor allem darauf zu sehen, daß man niemanden beleidige. Bis in die feinsten, leisesten Berührungen wird diese Rücksicht durchgefühlt und beobachtet. Man hütet sich z. B., jemandem mehr Ehre zu erweisen, als ihm gerade zukommt: Gleichheit des Betragens gegen verschiedene wäre Ungleichheit und könnte einen üblen Eindruck machen. Auch von den Abwesenden spricht man nicht anders als gut, nicht allein, weil die Worte, einmal ausgesprochen, nicht mehr in unserer Gewalt sind: sie fliegen, niemand weiß wohin: sondern auch, weil die wenigsten einen scharfen Untersucher lieben. Von seinen Kenntnissen macht man einen gemäßigten Gebrauch und hütet sich, jemandem damit beschwerlich zu fallen. Man vermeidet, eine schlimme Neuigkeit zu bringen: ein Teil des ungünstigen Eindrucks fällt auf den Überbringer zurück. Hierbei hat man nur andererseits die Schwierigkeit, nicht so viel zu schweigen, daß die Absicht bemerkt wird.
Von diesen Pflichten befreit es nicht, daß man höher steigt, selbst nicht, daß man Kardinal geworden ist: man hat sie dann in seinem Kreise nur um so sorgfältiger zu beobachten. Wie dürfte man verraten, daß man einen aus dem Kollegium für minder würdig hielte,

zu dem Papsttum zu gelangen! Es war keiner so gering, daß ihn die Wahl nicht hätte treffen können.
Vor allem kommt es dem Kardinal auf die Gunst des jedesmaligen Papstes an. Glück und Ansehen, die allgemeine Beflissenheit und Dienstwilligkeit hängen davon ab. Jedoch nur mit großer Vorsicht wird er sie suchen. Über die persönlichen Interessen eines Papstes beobachtet man ein tiefes Stillschweigen; doch spart man indes keine Mühe, um sie zu ergründen und sich insgeheim darnach zu richten. Nur seine Nepoten, ihre Treue und ihr Talent darf man ihm je zuweilen loben: dies hört er in der Regel gern. Um die Geheimnisse des päpstlichen Hauses zu erfahren, bedient man sich der Mönche, die unter dem Vorwande der Religion weiter vordringen, als sich jemand einbildet.
Bei der Wirksamkeit und dem raschen Wechsel der persönlichen Verhältnisse sind besonders die Gesandten zu außerordentlicher Aufmerksamkeit verpflichtet. Wie ein guter Pilot merkt der Botschafter auf, woher der Wind bläst; er spart kein Geld, um Kundschafter zu halten; all sein Aufwand wird ihm durch eine einzige gute Nachricht eingebracht, die ihm den gelegenen Moment anzeigt, dessen er für seine Unterhandlung bedarf. Hat er dem Papst eine Bitte vorzutragen, so ist sein Bemühen, die anderweiten Interessen desselben unvermerkt mit einzuflechten. Vor allem sucht er sich des Nepoten zu bemächtigen und ihn zu überzeugen, daß er von keinem anderen so sehr wie von seinem Hofe Reichtümer und fortdauernde Größe zu erwarten habe. Auch der Gewogenheit der Kardinäle sucht er sich zu versichern. Er wird keinem das Papsttum versprechen; doch wird er ihnen allen mit Hoffnung schmeicheln. Keinem wird er ganz ergeben sein, doch auch dem Feindseliggesinnten zuweilen eine Begünstigung zuwenden. Er ist wie ein Jäger, der dem Sperber das Fleisch zeigt, aber ihm davon nur wenig, nur nach und nach gibt.
So leben und verkehren sie untereinander: Kardinäle, Botschafter, Prälaten, Fürsten, öffentliche und geheime Machthaber: voll Zeremonie, für welche Rom der klassische Boden wurde, Ergebenheit, Unterordnung, aber Egoisten durch und durch, nur immer begierig, etwas zu erreichen, durchzusetzen, dem anderen abzugewinnen.
Sonderbar, wie der Wettstreit um das, was alle wünschen, Macht, Ehre, Reichtum, Genuß, der sonst Feindseligkeit und Fehde veranlaßt, sich hier als Dienstbeflissenheit gebärdet, wie man der

fremden Leidenschaft schmeichelt, deren man sich gewissermaßen selbst bewußt ist, um zum Ziele der eigenen zu gelangen; die Enthaltsamkeit ist voll von Begier, die Leidenschaft schreitet behutsam einher.
Wir sahen die Würde, den Ernst, die Religion, welche an dem Hofe herrschten; wir sehen nunmehr auch seine weltliche Seite: Ehrgeiz, Habsucht, Verstellung und Arglist.
Wollte man dem römischen Hof eine Lobrede halten, so würde man von diesen Elementen, die ihn bilden, nur das erste, wollte man ihm den Krieg machen, so würde man nur das zweite anerkennen. Sowie man sich zu einer reinen und unbefangenen Beobachtung erhebt, wird man beide gleich wahr, ja bei der Natur der Menschen, der Lage der Dinge gleich notwendig finden.
Die welthistorische Entwicklung, die wir betrachteten, hat die Forderung von Würde, Unbescholtenheit und Religion lebendiger als jemals geltend gemacht; sie fällt mit dem Prinzip des Hofes zusammen; dessen Stellung zur Welt beruht darauf. Es folgt mit Notwendigkeit, daß vor allen diejenigen emporkommen, deren Wesen dieser Forderung am meisten entspricht; die öffentliche Gesinnung würde sich nicht allein verleugnen, sondern zerstören, wenn sie dies nicht bewirkte. Aber daß es nun geschieht, daß mit den geistlichen Eigenschaften so unmittelbar die Güter des Glückes verbunden sind, ist ein ungeheurer Reiz des Geistes dieser Welt.
Wir können nicht zweifeln an der Originalität der Gesinnung, wie sie unsere aufmerksamen und gescheiten Berichterstatter uns nicht selten schildern. Aber wie viele werden sich lediglich anbequemen, um durch den Schein das Glück zu fesseln! In wie vielen anderen werden sich die weltlichen Tendenzen in dem Dunkel halb entwickelter Motive mit den geistlichen durchdringen!
Es verhält sich mit der Kurie wie mit der Literatur und Kunst. Es war alles von der Kirche abgefallen und Richtungen, die an das Heidnische streiften, hingegeben. Durch jene welthistorische Entwicklung ist das Prinzip der Kirche wieder erwacht: wie mit neuem Anhauch hat es die Kräfte des Lebens berührt und dem gesamten Dasein eine andere Farbe verliehen. Welch ein Unterschied zwischen Ariost und Tasso, Giulio Romano und Guercino, Pomponazzo und Patrizi! Eine große Epoche liegt zwischen ihnen. Dennoch haben sie auch etwas Gemeinschaftliches, und die Späteren beruhen mit auf den Früheren. Auch die Kurie hat die alten

Formen behauptet und von dem alten Wesen vieles übrigbehalten. Doch hinderte das nicht, daß nicht ein anderer Geist sie beherrschte. Was dieser nicht völlig umgestalten, in sich selbst verwandeln können, dem hat er wenigstens seinen Impuls gegeben.

Indem ich die Mischung der verschiedenen Elemente betrachte, erinnere ich mich eines Schauspiels der Natur, das sie vielleicht in einer Art von Abbild und Gleichnis zu vergegenwärtigen vermag.

Bei Terni sieht man die Nera zwischen Wald und Wiesen in ruhigem, gleichem Flusse durch das entferntere Tal daherkommen. Von der anderen Seite stürzt der Velin, zwischen Felsen gedrängt, mit ungeheurer Flucht und endlich in prächtigem Falle, schäumend und in tausend Farben spielend, von den Anhöhen herab; unmittelbar erreicht er die Nera und teilt ihr augenblicklich seine Bewegung mit. Tosend und schäumend, in reißender Geschwindigkeit fluten die vermischten Gewässer weiter.

So hat der neu erwachte Geist der katholischen Kirche allen Organen der Literatur und Kunst, ja dem Leben überhaupt einen neuen Antrieb gegeben. Die Kurie ist zugleich devot und unruhig, geistlich und kriegslustig: auf der einen Seite voll Würde, Pomp, Zeremonie, auf der anderen in berechnender Klugheit, nie ermüdender Herrschsucht ohnegleichen. Ihre Frömmigkeit und ihre ehrgeizigen Entwürfe, beide beruhend auf der Idee einer ausschließenden Rechtgläubigkeit, fallen zusammen. So macht sie noch einmal einen Versuch, die Welt zu überwinden.

FÜNFTES BUCH

GEGENREFORMATIONEN · ERSTER ZEITRAUM

1563—1589

—

In der Geschichte einer Nation, einer Macht, ist es immer eine der schwersten Aufgaben, den Zusammenhang ihrer besonderen Verhältnisse mit den allgemeinen wahrzunehmen.

Wohl entwickelt sich das besondere Leben nach eingepflanzten Gesetzen aus seinem eigentümlichen geistigen Grunde: sich selber gleich, bewegt es sich durch die Zeitalter fort. Unaufhörlich aber steht es doch auch unter allgemeinen Einflüssen, die auf den Gang seiner Entwicklung mächtig einwirken.

Wir können sagen: der Charakter des heutigen Europa beruht auf diesem Gegensatz. Die Staaten, die Völker sind auf ewig voneinander getrennt; aber sie sind zugleich in einer unauflöslichen Gemeinsamkeit begriffen. Es gibt keine Landesgeschichte, in der nicht die Universalhistorie eine große Rolle spielte. So notwendig in sich selbst, so allumfassend ist die Aufeinanderfolge der Zeitalter, daß auch der mächtigste Staat oft nur als ein Glied der Gesamtheit erscheint, von ihren Schicksalen umfangen und beherrscht. Wer es einmal versucht hat, die Geschichte eines Volkes als ein Ganzes in ihrem inneren Zusammenhange zu denken, ihren Verlauf anzuschauen, wird die Schwierigkeit empfunden haben, die hieraus entspringt. In den einzelnen Momenten eines sich fortbildenden Lebens nehmen wir doch die verschiedenen Strömungen der Weltgeschicke wahr.

Zuweilen aber geschieht es nun auch in dem Wechsel der Zeitalter, daß eine oder die andere Macht die Weltbewegung anregt, ein Prinzip derselben vorzugsweise in sich darstellt. An der Gesamthandlung des Jahrhunderts nimmt sie dann einen so tätigen Anteil, sie setzt sich in eine so lebendige Beziehung zu allen Kräften der Welt, daß ihre Geschichte sich in gewissem Sinne zur Universalgeschichte erweitert.

In einen solchen Moment trat das Papsttum nach dem Tridentinischen Konzilium ein.

In seinem Innern erschüttert, in dem Grunde seines Daseins gefährdet, hatte es sich zu behaupten und wieder zu verjüngen gewußt. In den beiden südlichen Halbinseln hatte es bereits alle feindseligen Bestrebungen von sich ausgestoßen und die Elemente des Lebens aufs neue an sich gezogen, durchdrungen. Jetzt faßte es den Gedanken, die Abgefallenen in allen Teilen der Welt wieder zu unterwerfen. Rom ward noch einmal eine erobernde Macht: es machte Entwürfe, es fing Unternehmungen an, wie sie von diesen sieben Hügeln in der alten Zeit, in den mittleren Jahrhunderten ausgegangen waren.

Wir würden die Geschichte des restaurierten Papsttums noch wenig kennen, wenn wir uns bloß in seinem Mittelpunkt aufhalten wollten. Erst in seiner Einwirkung auf die Welt zeigt sich seine wesentliche Bedeutung. Beginnen wir damit, die Macht und Stellung seiner Gegner ins Auge zu fassen.

Lage des Protestantismus um das Jahr 1563

Bis zu den Zeiten der letzten Sitzungen des Tridentinischen Konziliums waren die protestantischen Meinungen diesseits der Alpen und Pyrenäen unaufhaltsam vorgedrungen; weit und breit, über germanische, slawische und romanische Nationen erstreckte sich ihre Herrschaft.

In den skandinavischen Reichen hatten sie sich um so unerschütterlicher festgesetzt, da hier ihre Einführung mit der Gründung neuer Dynastien, der Umbildung der gesamten Staatseinrichtungen zusammenfiel. Vom ersten Anfang an wurden sie dort mit Freude begrüßt, gleich als läge in ihnen eine ursprüngliche Verwandtschaft mit der nationalen Sinnesweise; der Begründer des Luthertums in Dänemark, Bugenhagen, kann nicht genug sagen, mit welchem Eifer man daselbst die Predigt höre, „auch des Werkeltags“, wie er sich ausdrückt, „auch vor Tag, Feiertags den ganzen Tag über“[1]; bis an die äußersten Grenzen waren sie nun-

[1] Relation D. Pomerani 1539. Sabb. p. visit. in Müllers Entdecktem Staatskabinett 4. Eröff. S. 365.

mehr verbreitet. Von den Faröern weiß man beinahe nicht, wie sie protestantisch geworden: so leicht ging die Veränderung vor sich[1]. Im Jahre 1552 erlagen die letzten Repräsentanten des Katholizismus in Island; im Jahre 1554 ward ein lutherisches Bistum in Wiborg gestiftet; den schwedischen Vögten zur Seite wanderten evangelische Prediger nach dem entfernten Lappland. Mit ernsten Worten schärfte Gustav Wasa 1560 seinen Erben in seinem Testamente ein, bei der evangelischen Lehre mit ihrer Nachkommenschaft auszuharren und keine falschen Lehrer zu dulden. Er machte dies gleichsam zu einer Bedingung ihrer Thronberechtigung[2].

Auch an den diesseitigen Küsten der Ostsee hatte das Luthertum wenigstens bei den Einwohnern deutscher Zunge eine vollkommene Herrschaft erlangt. Preußen hatte das erste Beispiel einer großen Säkularisation gegeben; als ihm Livland im Jahre 1561 endlich nachfolgte, war die erste Bedingung seiner Unterwerfung unter Polen, daß es bei der Augsburgischen Konfession bleiben dürfe. Schon durch ihr Verhältnis zu diesen Ländern, deren Verbindung mit dem Reiche auf dem protestantischen Prinzip beruhte, wurden dann die jagellonischen Könige verhindert, sich demselben zu widersetzen. Die großen Städte in Polnisch-Preußen wurden in den Jahren 1557 und 1558 durch ausdrückliche Freibriefe in der Religionsübung nach lutherischem Ritus bestätigt; und noch deutlicher lauteten die Privilegien, welche sich bald darauf die kleinen Städte verschafften; den Angriffen der mächtigen Bischöfe waren sie eher ausgesetzt[3]. Da hatten denn auch im eigentlichen Polen die protestantischen Meinungen einen großen Teil des Adels für sich gewonnen: sie befriedigten das Gefühl der Unabhängigkeit, das durch die Natur der Staatsverfassung in demselben genährt wurde. Man hörte wohl sagen: „ein polnischer Edelmann sei dem Könige nicht unterworfen; sollte er es dem Papste sein“? Es kam so weit, daß Protestanten in die bischöflichen Stellen drangen, daß sie noch unter Siegmund August die Majorität in dem Senate bildeten. Dieser Fürst war ohne Zweifel katholisch: er hörte alle Tage die Messe, alle Sonntage die katholische Predigt;

[1] Münter, Kirchengeschichte von Dänemark III, 529.

[2] Testamentum religiosum Gustavi I bei Baaz, Inventarium ecclesiae Sueogoth. p. 282.

[3] Lengnich, Nachricht von der Religionsänderung in Preußen, vor dem 4. Teil der Geschichte der Preußischen Lande § 20.

er stimmte selbst mit den Sängern seines Chores das Benediktus an; er hielt die Zeiten der Beichte und des Abendmahls, das er unter Einer Gestalt empfing; allein, was man an seinem Hof, in seinem Lande glaube, schien ihn wenig zu kümmern: sich die letzten Jahre seines Lebens durch den Kampf gegen eine so mächtig vordringende Überzeugung zu verbittern, war er nicht gesonnen[1].
Wenigstens förderte es in den benachbarten ungarischen Gebieten die Regierung nicht, daß sie einen solchen Widerstand versuchte. Niemals vermochte Ferdinand I. den ungarischen Reichstag zu Beschlüssen zu bringen, die dem Protestantismus ungünstig gewesen wären. Im Jahre 1554 ward ein Lutheraner zum Palatin des Reiches gewählt; selbst dem helvetischen Bekenntnis im Erlauer Tale mußten bald darauf Vergünstigungen zugestanden werden. Siebenbürgen trennte sich ganz: durch einen förmlichen Landtagsbeschluß wurden dort im Jahre 1556 die geistlichen Güter eingezogen; die Fürstin nahm sogar den größten Teil der Zehnten an sich.

Und hier kommen wir auf unser Vaterland, wo die neue Kirchenform sich aus dem originalen Geiste der Nation zuerst entwickelt, sich in langen und gefährlichen Kriegen behauptet, ein gesetzliches Dasein erkämpft hatte und nun im Begriffe war, die verschiedenen Landschaften vollends einzunehmen. Schon war es damit sehr weit gediehen. Nicht allein beherrschte der Protestantismus das nördliche Deutschland, wo er entsprungen war, und jene Gebiete des oberen, wo er sich immer gehalten hat; noch viel weiter hatte er um sich gegriffen.

In Franken setzten sich ihm die Bistümer vergebens entgegen. In Würzburg und Bamberg waren der bei weitem größte Teil des Adels und der bischöflichen Beamten, die Magistrate und Bürgerschaften der Städte wenigstens in der Mehrzahl und die Masse des Landvolkes übergetreten; im Bambergischen kann man fast für jede einzelne Landpfarre lutherische Prediger nachweisen[2]. In diesem Sinne ward die Verwaltung geleitet, die ja hauptsächlich

[1] Relatione di Polonia del vescovo di Camerino, ungefähr 1555, MS. der Bibliothek Chigi: A molti di questi (die am Hofe leben) comporta che vivano come li piace, perche si vede che S. Maestà è tanto benigna che non vorria mai far cosa che dispiacesse ad alcuno, ed io vorrei che nelle cose della religione fosse un poco piu severa.
[2] Jäck hat das in dem 2. und 3. Teil seiner Geschichte von Bamberg zu seinem besonderen Geschäfte gemacht.

in den Händen der Stände lag, welche ihr eigenes Gemeinwesen hatten, Anlage oder Umgeld selbst ausschrieben; in diesem Sinne waren die Gerichte besetzt, und man wollte bemerken, daß der größte Teil der Urteile dem katholischen Interesse entgegenlaufe[1]. Die Bischöfe galten nicht viel: wer in ihnen ja noch „mit alter deutscher und fränkischer Treue" den Fürsten verehrte, konnte doch nicht vertragen, wenn sie in ihrem Kirchenornate, mit ihren Infuln einhertraten.

Diese Bewegung hatte sich in Bayern nicht viel minder lebhaft fortgesetzt. Die große Mehrheit des Adels hatte die protestantischen Lehren ergriffen; ein guter Teil der Städte neigte sich entschieden dahin; der Herzog mußte auf seinen Landtagen, z. B. im Jahre 1556, Zugeständnisse machen, wie sie anderwärts zur vollkommenen Einführung des Augsburgischen Bekenntnisses hingereicht hatten und die auch hier dieselbe Folge haben zu müssen schienen. Der Herzog selbst war diesem Bekenntnisse nicht so ganz entgegen, daß er nicht auch zuweilen einer protestantischen Predigt beigewohnt hätte[2].

Noch viel weiter aber war es in Österreich gekommen. Der Adel studierte in Wittenberg; alle Landeskollegien waren mit Protestanten erfüllt; man wollte rechnen, daß vielleicht nur noch der dreißigste Teil der Einwohner katholisch geblieben sei; schrittweise bildete sich eine landständische Verfassung aus, welche auf dem Prinzip des Protestantismus beruhte.

Von Bayern und Österreich eingeschlossen, hatten auch die Erzbischöfe von Salzburg ihr Land nicht bei der alten Kirchenlehre behaupten können. Zwar ließen sie noch keine protestantischen Prediger zu; aber die Gesinnung der Einwohner sprach sich nichtsdestominder entschieden aus. In der Hauptstadt ward die Messe nicht mehr besucht, weder Fasten noch Feiertag gehalten; wem die Prediger in den österreichischen Ortschaften zu entfernt waren, der erbaute sich zu Hause an Spangenbergs Postille. In dem Gebirge war man damit noch nicht zufrieden. In der Rauris und der Gastein, in St. Veit, Tamsweg, Radstadt forderten die Landleute laut den Kelch im Abendmahl; da er nicht gewährt wurde, so vermieden sie die Sakramente ganz; sie schickten ihre Kinder nicht mehr zur Schule; in der Kirche geschah es wohl, daß ein

[1] Gropp, Dissertatio de statu religionis in Franconia Lutheranismo infecta. Scriptores Wirceb. I, p. 42.
[2] Sitzinger bei Strobel, Beiträge zur Literatur I, 313.

Bauer sich erhob und dem Prediger zurief: „Du lügst“; – die Bauern predigten selbst untereinander[1]. Man darf sich nicht verwundern, wenn bei der Versagung alles Gottesdienstes, welcher der neugegründeten Überzeugung entsprochen hätte, sich in der Einsamkeit der Alpen Meinungen von phantastischer und abenteuerlicher Natur ausbildeten.

Wie sehr erscheint es, hiermit verglichen, als ein Vorteil, daß in den Gebieten der geistlichen Kurfürsten am Rhein der Adel Selbständigkeit genug besaß, um seinen Hintersassen eine Freiheit zu verschaffen, die der geistliche Herr nicht wohl gewähren konnte! Der rheinische Adel hatte den Protestantismus früh angenommen; in seinen Herrschaften gestattete er dem Fürsten keinerlei Eingriffe, selbst nicht von religiöser Art. Schon gab es auch in den Städten allenthalben eine protestantische Partei. Häufig, in wiederholten Petitionen, regte sie sich in Köln; in Trier war sie bereits so mächtig, daß sie sich einen Prediger aus Genf kommen ließ und ihn dem Kurfürsten zum Trotz behauptete; in Aachen strebte sie geradezu nach der Oberherrschaft; auch die Mainzer trugen kein Bedenken, ihre Kinder in die protestantischen Schulen, z. B. nach Nürnberg, zu schicken. Commendone, welcher im Jahre 1561 in Deutschland war, kann nicht Worte genug finden, um die Abhängigkeit der Prälaten von den lutherischen Fürsten, ihre Nachgiebigkeit gegen den Protestantismus zu schildern[2]. In ihren geheimen Räten meint er Protestanten von der heftigsten Partei zu bemerken[3]. Er ist erstaunt, daß die Zeit dem Katholizismus so gar nichts geholfen.

Auch in Westfalen stand es wie anderwärts. Am Tage St. Peters war das ganze Landvolk mit der Ernte beschäftigt; die gebotenen Fasttage wurden überhaupt nicht mehr gehalten. In Paderborn hielt der Stadtrat mit einer Art von Eifersucht über seinem protestantischen Bekenntnis; in Münster galt mehr als ein Bischof für lutherisch gesinnt, und die meisten Priester waren förmlich verheiratet. Der Herzog Wilhelm von Kleve hielt sich zwar im ganzen katholisch; aber in seiner Hauskapelle nahm doch auch er

[1] Auszug aus einem Bericht des Domherrn Wilhelm v. Trautmannsdorf vom Jahre 1555 in Zauners Chronik von Salzburg VI, 327.

[2] Gratiani, Vie de Commendon p. 116.

[3] „De' piu arrabbiati heretici. – Mi è parso che il tempo non habbia apportato alcun giovamento.“ Commendone, Relatione dello stato della religione in Germania. MS. Vallicell.

das Abendmahl unter beiden Gestalten; der größte Teil seiner Räte war unverhohlen protestantisch; der evangelischen Übung ward kein wesentliches Hindernis entgegengesetzt[1].

Genug, in ganz Deutschland, von Westen nach Osten, von Norden nach Süden, hatte der Protestantismus ein unzweifelhaftes Übergewicht. Der Adel war ihm von allem Anfang zugetan; der Beamtenstand, schon damals zahlreich und angesehen, war in der neuen Lehre erzogen; das gemeine Volk wollte von gewissen Artikeln, z. B. von dem Fegefeuer, gewissen Zeremonien, z. B. den Wallfahrten nichts mehr hören; kein Kloster war mehr instand zu halten; niemand wagte sich mehr mit Heiligen-Reliquien hervor. Ein venezianischer Gesandter rechnet im Jahre 1558, daß in Deutschland nur noch der zehnte Teil der Einwohner dem alten Glauben treu geblieben.

Kein Wunder, wenn die Verluste des Katholizismus an Besitz und Macht noch immer fortgingen. In den meisten Stiften waren die Domherren entweder der verbesserten Lehre zugetan oder lau und gleichgültig; was hätte sie abhalten können, wenn es sonst vorteilhaft schien, bei vorkommender Gelegenheit Protestanten zu Bischöfen zu postulieren? Zwar verordnete der Religionsfriede, daß ein geistlicher Fürst Amt und Einkommen verlieren sollte, wenn er den alten Glauben verlasse; aber man meinte, daß dadurch ein evangelisch gewordenes Kapitel keineswegs gehindert werde, sich auch einen evangelischen Bischof zu wählen: genug, wenn man die Stifter nur nicht erblich mache. So geschah es, daß ein brandenburgischer Prinz das Erzstift Magdeburg, ein lauenburgischer Bremen, ein braunschweigischer Halberstadt empfing. Auch die Bistümer Lübeck, Verden, Minden, die Abtei Quedlinburg gerieten in protestantische Hände[2].

Und nicht minder setzten sich die Einziehungen geistlicher Güter fort. Welche Verluste erlitt z. B. binnen wenigen Jahren das Bis-

[1] Tempesti, Vita di Sisto V aus dem Anonimo di Campidoglio I, XXIII. „Da molt' anni si comunicava con ambe le specie, quantunque il suo capellano glien' havesse parlato inducendolo a comunicarsi cosi nella sua capella segreta per non dar mal esempio a' sudditi." In einem Schreiben bei Niesert, Münstersche Urkundensammlung I, XXI, heißt es gleichbezeichnend für den Bischof von Münster und den Hof von Kleve: Wilhelmus episcopus (W. v. Kettler) religionem semilutheranam hausit in aula Juliacensi.

[2] Vgl. meine Abhandlung: Über die Zeiten Ferdinands I. und Maximilians II.: Hist.-pol. Zeitschrift I, 269 u. f. S. W. VII, S. 40.

tum Augsburg! Im Jahre 1557 wurden ihm alle Klöster im Württembergischen entrissen; 1558 folgten die Klöster und Pfarren der Grafschaft Öttingen nach; erst nach dem Religionsfrieden erhoben sich die Protestanten in Dinkelsbühl und Donauwörth zur Parität, in Nördlingen und Memmingen zur Oberherrschaft; dann gingen die Klöster in diesen Städten, unter anderen die reiche Präzeptorie zum h. Antonius in Memmingen, die Pfarren unwiederbringlich verloren[1].

Dazu kam nun, daß dem Katholizismus selbst für die Zukunft wenig Aussicht übrigblieb.

Auch in den Lehranstalten, namentlich auf den Universitäten, hatte die protestantische Meinung obgesiegt. Jene alten Verfechter des Katholizismus, die Luther Widerpart gehalten oder sich in den Religionsgesprächen hervorgetan, waren verstorben oder standen in hohem Alter. Junge Männer, fähig, sie zu ersetzen, waren nicht emporgekommen. In Wien war es zwanzig Jahre her, daß kein Zögling der Universität die Priesterweihe genommen hatte. In Ingolstadt selbst, das so vorzugsweise katholisch war, fanden sich für wichtige Stellen, die bisher immer mit Geistlichen besetzt worden, keine geeigneten Bewerber mehr in dieser Fakultät[2]. In Köln eröffnete die Stadt eine Bursa; als die Einrichtungen getroffen worden, zeigte sich, daß der neue Regens ein Protestant war[3]. Ausdrücklich in der Absicht, den protestantischen Meinungen Widerstand zu leisten, errichtete der Kardinal Otto Truchseß eine neue Universität in seiner Stadt Dillingen; einige Jahre blühte sie durch ein paar ausgezeichnete spanische Theologen; sobald sich diese wieder entfernten, fand sich in Deutschland kein katholischer Gelehrter, um sie zu ersetzen. Es drangen auch hier die Protestanten ein. Um diese Zeit waren die Lehrer in Deutschland fast ohne Ausnahme Protestanten; die gesamte Jugend saß zu ihren Füßen und saugte mit dem Beginn der Studien den Haß wider den Papst ein.

So stand es in dem Norden und Osten von Europa; der Katholi-

[1] Placidus Braun: Geschichte der Bischöfe von Augsburg Band III, 533, 535 u. f., hier aus guten Quellen.

[2] Agricola, Historia provinciae societatis Jesu Germaniae superioris I, p. 29.

[3] Orlandinus, Historia societatis Jesu, tom. I, lib. XVI, n. 25. „Hujus novae bursae regens, quem primum praefecerant, Jacobus Lichius, Lutheranus tandem apparuit.“

zismus war an vielen Orten ganz beseitigt, allenthalben besiegt und beraubt. Indem er sich noch bemühte, sich zu verteidigen, waren ihm tiefer im Westen und Süden sogar noch gefährlichere Feinde hervorgetreten.

Denn ohne Zweifel in noch entschiedenerem Gegensatz gegen die römischen Lehren als das Luthertum stand die kalvinistische Auffassungsweise; eben in der Epoche, von der wir handeln, bemächtigte sie sich der Geister mit unwiderstehlicher Gewalt.

An den Grenzen von Italien, Deutschland und Frankreich war sie entsprungen, und nach allen Seiten hin hatte sie sich ergossen. Im Osten, in Deutschland, Ungarn und Polen, bildete sie ein zwar noch untergeordnetes, jedoch schon in sich bedeutendes Element der protestantischen Entwicklung; im westlichen Europa erhob sie sich bereits zu selbständiger Macht.

Wie die skandinavischen Reiche lutherisch, so waren die britannischen kalvinistisch geworden; sogar in entgegengesetzten Formen hatte sich die neue Kirche hier ausgebildet. In Schottland, wo sie sich im Kampfe mit der Regierung erhoben, war sie arm, populär, demokratisch; um so mehr erfüllte sie die Gemüter mit unbezwinglichem Feuer. In England war sie im Bunde mit der damaligen Regierung emporgekommen; hier war sie reich, monarchisch, prächtig; auch gab sie sich schon zufrieden, wenn man sich ihrem Ritus nur nicht widersetzte. Natürlich war die erste dem Muster der Genfer Kirche unendlich viel näher, unendlich viel mehr in dem Geiste Kalvins.

Mit aller ihrer natürlichen Lebhaftigkeit hatte die französische Nation die Lehren dieses ihres Landsmannes ergriffen. Allen Verfolgungen zum Trotz richteten sich die französischen Kirchen nach dem Muster von Genf protestantisch ein; bereits im Jahre 1559 hielten sie eine Synode. Der venezianische Gesandte Micheli findet im Jahre 1561 keine Provinz vom Protestantismus frei, drei Viertel des Reiches von demselben erfüllt – Bretagne und Normandie, Gascogne und Languedoc, Poitou, Touraine, Provence, Dauphiné. „An vielen Orten“, sagt er, „in diesen Provinzen werden Versammlungen, Predigten gehalten, Lebenseinrichtungen getroffen, ganz nach dem Vorbilde von Genf, ohne alle Rücksicht auf die königlichen Verbote. Jedermann hat diese Meinungen angenommen: was am merkwürdigsten ist, selbst der geistliche Stand, nicht allein Priester, Mönche und Nonnen – es möchte wohl wenig Klöster geben, welche sich unberührt gehalten –, sondern die Bischöfe selbst und viele von den vornehmsten Prälaten." „Ew. Herrlichkeit", sagt er seinem Dogen, „sei überzeugt, daß, das gemeine Volk ausgenommen, welches die Kirchen noch immer eifrig besucht, alle anderen abgefallen sind, besonders die Adligen, die jüngeren Männer unter vierzig Jahren fast ohne Ausnahme! Denn wiewohl viele von ihnen noch zur Messe gehen, so geschieht es doch nur zum Schein und aus Furcht; wenn sie sich unbeobachtet wissen, fliehen sie Messe und Kirche." Als Micheli nach Genf kam, vernahm er, daß unmittelbar nach dem Tode Franz' II. fünfzig Prediger von da nach verschiedenen Städten in Frankreich ausgegangen waren; er erstaunt, in welchem Ansehen Kalvin steht, wieviel Geld ihm zufließt zugunsten der Tausende, die sich nach Genf zurückgezogen[1]. Er findet es unerläßlich, daß den französischen Protestanten Religionsfreiheit, wenigstens ein Interim, wie er sich ausdrückt, zugestanden werde, wenn man nicht ein allgemeines Blutbad veranlassen wolle. Kurz darauf erfolgte in der Tat auf das Verlangen eines ständischen Ausschusses, von den einsichtsvollsten Mitgliedern der Regierung gefördert, von den Parlamenten selbst nach langer und schwieriger Beratung genehmigt, das Edikt vom Januar 1562, welches dem Protestantismus, wiewohl noch unter empfindlichen Beschränkungen, eine gesetzlich anerkannte Existenz in Frankreich gewährte und seine Bekenner in den Frieden des Reiches aufnahm.

Alle diese Veränderungen auf allen Seiten, in Deutschland, Frankreich und England, mußten nun notwendig auch auf die Niederlande wirken. Zuerst waren daselbst die deutschen Einflüsse vorherrschend gewesen. Unter den Motiven, welche Karl V. zu dem Schmalkaldischen Kriege bewogen, war es eines der vornehmsten, daß die Sympathie, welche die deutschen Protestanten in den Niederlanden erweckten, ihm die Regierung dieser Provinz, die ein so wichtiges Glied seiner Monarchie bildete, täglich mehr er-

[1] Micheli, Relatione delle cose di Francia l'anno 1561. „Da poi che fu conosciuto che col mettere in prigione e col castigare e con l'abbruciare non solo non si emendavano, ma si disordinavano piu, fu deliberato che non si procedesse piu contra alcuno, eccetto che contra quelli che andavano predicando, seducendo e facendo publicamente le congregationi e le assemblee, e gli altri si lassassero vivere: onde ne furono liberati e cavati di prigione di Parigi e di tutte le altre terre del regno un grandissimo numero, che rimasero poi nel regno praticando liberamente e parlando con ogn'uno e gloriandosi che aveano guadagnato la lite contra i Papisti: cosi chiamavano e chiamano li loro adversarii."

schwerte. Indem er die deutschen Fürsten bezwang, verhütete er zugleich eine Empörung seiner Niederländer[1]. Jedoch alle seine Gesetze, obwohl er sie mit außerordentlicher Strenge handhabte, alle die Hinrichtungen, die besonders in den ersten Jahren seines Nachfolgers in kaum glaublicher Zahl verhängt wurden, – man hat damals berechnet, daß bis 1562 an 36000 Protestanten, Männer und Frauen, umgebracht worden seien[2] –, vermochten nicht den Fortgang der religiösen Meinungen aufzuhalten. Nur das erfolgte, daß sich diese allmählich mehr der französischkalvinistischen als der deutschlutherischen Richtung anschlossen. Der Verfolgung zum Trotz trat im Jahre 1561 bereits auch hier eine förmliche Konfession hervor; man richtete Kirchen nach dem Muster von Genf ein; indem sich die Protestanten mit den örtlichen Gerechtsamen und deren Verfechtern verbanden, bekamen sie eine politische Grundlage, von der sie nicht allein Errettung, sondern für die Zukunft sogar Bedeutung im Staate erwarten durften.

Unter diesen Umständen erwachte auch in den älteren Oppositionen gegen Rom eine neue Kraft. Im Jahre 1562 wurden die mährischen Brüder von Maximilian II. förmlich anerkannt, und sie benutzten dies Glück, um gleich in demselben Jahre in ihren Synoden eine große Anzahl neuer Geistlicher – man zählt ihrer 188 – zu erwählen[3]. Im Jahre 1561 sah sich der Herzog von Savoyen genötigt, auch den armen Waldensergemeinden im Gebirge neue Freiheiten zu bewilligen[4]. Bis in die entferntesten, vergessensten Winkel von Europa erstreckte die protestantische Idee ihre belebende Kraft. Welch ein unermeßliches Gebiet, das sie sich binnen vierzig Jahren erobert hatte: von Island bis an die Pyrenäen, von Finnland bis an die Höhe der italienischen Alpen! Auch über diese Gebirge reichten einst, wie wir wissen, ihre Analogien:

[1] Eine, wie mir scheint, sehr wohl begründete Ansicht des damaligen florentinischen Residenten am kaiserlichen Hofe.

[2] In einer Relation über Spanien von 1562, wahrscheinlich von Paolo Tiepolo, im venez. Archiv, heißt es: Una grandissima parte di quei paesi bassi è guasta e corrotta da queste nuove opinioni – e per tutte le provisioni che si abbiano fatte e per la morte data a molte migliara di homeni (che da sette anni o pocco piu in qua, per quel che mi è stato affermato da persone principali di que' paesi, sono stati morti di giustitia piu di 36m. fra homeni e donne) non solamente (non) si è rimendiato, ma etc.

[3] Regenvolscii ecclesiae Slavonicae I, p. 63.

[4] Leger, Histoire des églises Vaudoises II, p. 38, teilt den Vertrag mit.

sie umfaßte das ganze Gebiet der lateinischen Kirche. Bei weitem die Mehrzahl der höheren Klassen, der an dem öffentlichen Leben teilnehmenden Geister, hatte sie ergriffen; ganze Nationen hingen ihr enthusiastisch an; sie hatte die Staaten umgebildet[1]. Es ist dies um so bewunderungswürdiger, da sie keineswegs allein Gegensatz war, etwa nur eine Negation des Papsttums, eine Lossagung von demselben, sondern in hohem Grade positiv, eine Erneuerung der christlichen Gedanken und Grundsätze, welche das Leben bis in das tiefste Geheimnis der Seele beherrschen.

Streitkräfte des Papsttums

Eine lange Zeit daher hatten sich Papsttum und Katholizismus gegen diese Fortschritte zwar abwehrend, aber doch leidend verhalten und sie sich im ganzen gefallen lassen müssen.

Jetzt aber nahmen die Dinge eine andere Gestalt an.

Wir haben die innere Entwicklung betrachtet, durch welche der Katholizismus sich wiederherzustellen begann. Im ganzen können wir sagen, daß er von neuem eine lebendige Kraft in sich erzeugt, das Dogma im Geiste des Jahrhunderts regeneriert, eine Reform ins Leben gerufen hatte, welche den Forderungen der Zeitgenossen im allgemeinen entsprach. Die religiösen Tendenzen, welche in dem südlichen Europa vorhanden waren, ließ er nicht auch zu Feindseligkeiten erwachsen: er nahm sie in sich auf und beherrschte sie; so verjüngte er seine Kräfte. Der protestantische Geist hatte bisher allein den Schauplatz der Welt mit Erfolgen erfüllt, die Gemüter an sich gerissen; jetzt trat ein anderer, ihm von

[1] So faßte man den Verlust auch in Rom selbst. Tiepolo, Relatione di Pio IV e V. „Parlando solamente di quelli (popoli) d'Europa che non solo obedivano lui (al papa) ma ancora seguivani in tutto i riti e le consuetudini della chiesa romana celebrando ancora li officii nella lingua latina, si sa che l'Inghilterra, la Scotia, la Dania, la Norvegia, la Suetia e finalmente tutti i paesi settentrionali si sono alienati da lei: la Germania è quasi tutta perduta, la Bohemia e la Polonia si trovano in gran parte infette, li paesi bassi della Fiandra sono cosi corrotti che per rimedio che vi si sforzi dar loro il duca d'Alva difficilmente ritorneranno alla prima sanità, e finalmente la Francia per rispetto di questi mal humori è tutta ripiena di confusioni: in modo che non pare che sia restato altro di sano e di sicuro al pontefice che la Spagna e l'Italia con *alcune poche* isole e con quel paese che è dalla Ser^ta^ V^ra^ in Dalmatia et in Grecia posseduto."

einem höheren Standpunkte aus vielleicht gleichartig zu achtender, aber zunächst doch durchaus entgegengesetzter Geist mit ihm in die Schranken, der sich nun auch seinerseits die Gemüter zu eigen machen, sie zur Tätigkeit zu entflammen verstand.

Zuerst bemächtigte sich das restaurierte katholische System der beiden südlichen Halbinseln. Es vermochte dies nicht ohne außerordentliche Strenge; der spanischen Inquisition trat die erneuerte römische zur Seite; alle Regungen des Protestantismus wurden gewaltsam erdrückt. Zugleich aber waren die Richtungen des inneren Lebens, welche der erneuerte Katholizismus vorzugsweise ansprach und fesselte, in jenen Ländern besonders mächtig. Auch die Fürsten schlossen sich dem Interesse der Kirche an. Besonders war es wichtig, daß sich der mächtigste von allen, Philipp II., so entschieden an das Papsttum hielt. Mit dem Stolze eines Spaniers, von welchem tadelloser Katholizismus als das Zeichen eines reineren Blutes, eines edleren Herkommens betrachtet ward, verwarf er alle entgegengesetzten Meinungen. Jedoch war es nicht etwa bloß eine persönliche Bewegung, was ihn zu seinem politischen Verhalten vermochte. Die königliche Würde trug in Spanien von jeher und besonders seit den Einrichtungen Isabellas eine geistliche Farbe: in allen Provinzen war die königliche Gewalt durch einen Zusatz geistlicher Macht verstärkt; ohne die Inquisition hätten sie nicht mehr regiert werden können; auch in seinen amerikanischen Besitzungen erschien der König vor allem in dem Lichte eines Ausbreiters des christlichen und katholischen Glaubens: es war der Gedanke, der alle seine Länder in Gehorsam gegen ihn vereinigte. Er hätte ihn nicht aufgeben dürfen ohne wesentliche Gefahr. Die Ausbreitung der Hugenotten in dem südlichen Frankreich erregte in Spanien die größte Besorgnis: die Inquisition glaubte sich zu verdoppelter Wachsamkeit verpflichtet. „Ich versichere Ew. Herrlichkeit", schreibt der venezianische Gesandte am 25. August 1562 an seinen Fürsten, „für dieses Land wäre keine große religiöse Bewegung zu wünschen; es sind ihrer viele, die sich nach einer Veränderung der Religion sehnen."[1] Der päpstliche Nuntius meinte, der Fortgang des Konziliums, das damals versammelt war, sei eine Sache, an welcher

[1] Dispaccio Soranzo, Perpignan 28 Maggio. „Essendo in questa provincia (Spagna) molti Ugonotti quasi non osano mostrarsi per la severissima dimostratione che qui fanno contra. Dubitano che non si mettano insieme essendone molti per tutta la Spagna."

der königlichen Gewalt nicht minder gelegen sei als der päpstlichen. „Denn", sagt er, „der Gehorsam, den der König findet, seine ganze Regierung hängen von der Inquisition ab. Würde diese ihr Ansehen verlieren, so würden sogleich Empörungen erfolgen."

Schon dadurch nun bekam das südliche System einen unmittelbaren Einfluß auf das gesamte Europa, daß dieser Fürst die Niederlande beherrschte; aber außerdem war doch in den übrigen Reichen noch lange nicht alles verloren. Noch hielten sich der Kaiser, die Könige von Frankreich und von Polen, die Herzöge von Bayern zu der katholischen Kirche; noch gab es allenthalben geistliche Fürsten, deren erkalteter Eifer aufs neue belebt werden konnte; noch war auch der Protestantismus an vielen Orten nicht in die Masse der Bevölkerung eingedrungen. Die Mehrzahl des Landvolkes in Frankreich wohl auch in Ungarn[1] und Polen, hielt sich noch katholisch; Paris, welches schon damals einen großen Einfluß auf die anderen französischen Städte ausübte, war von der Neuerung nicht fortgerissen worden. In England war ein guter Teil des Adels und der Gemeinen, in Irland die gesamte alt-irische Nation katholisch geblieben. In die Tiroler, die Schweizer Alpen hatte der Protestantismus keinen Zugang gefunden. Auch in dem bayerischen Landvolk mochte er noch nicht viel Fortschritte gemacht haben. Wenigstens vergleicht Canisius die Tiroler und Bayern mit den beiden israelitischen Stämmen, „die dem Herrn allein treu geblieben". Es verdiente wohl eine genauere Erörterung, auf welchen inneren Momenten diese Beharrlichkeit, dieses unerschütterliche Festhalten des Hergebrachten bei so verschiedenartigen Bevölkerungen beruhte. In den Niederlanden wiederholte es sich in den wallonischen Provinzen.

Und jetzt nahm das Papsttum wieder eine Stellung ein, in der es sich aller dieser Hinneigungen aufs neue bemächtigen, sie unauflöslich an sich knüpfen konnte. Obwohl es auch an sich Umwandlungen erfahren, so kam ihm doch der unschätzbare Vorteil zugute, die Äußerlichkeiten der Vergangenheit, die Gewohnheit des Gehorsams für sich zu haben. Es war den Päpsten gelungen, in dem Konzilium, das sie glücklich beendigt, ihre Autorität, deren

[1] Wenn es hier nicht mehr Unwissenheit war, wie wenigstens Lazarus Schwendi angibt. „En Ungarie tout est confusion et misère: ils sont de la plus part Hugenots, mais avec une extrême ignorance du peuple." Schwendi au prince d'Orange. Archives de la maison d'Orange-Nassau I, p. 288.

Verminderung beabsichtigt war, sogar zu vermehren und sich einen verstärkten Einfluß auf die Landeskirchen zu verschaffen. Überdies ließen sie von jener weltlichen Politik ab, durch die sie bisher Italien und Europa in Verwirrung gesetzt; vertrauensvoll und ohne Rückhalt schlossen sie sich an Spanien an und erwiderten diesem die Hingebung, die es der Römischen Kirche widmete. Das italienische Fürstentum, der erweiterte Staat diente vor allem zur Beförderung kirchlicher Unternehmungen; der gesamten katholischen Kirche kam eine Zeitlang der Überschuß seiner Verwaltung zugute.

Dergestalt stark in sich selbst, gewaltig durch mächtige Anhänger und eine mit ihnen verbündete Idee, gingen die Päpste von der Verteidigung, mit der sie sich bisher begnügen müssen, zum Angriff über, einem Angriff, dessen Gang und Erfolge zu beobachten der vornehmste Gegenstand dieser Arbeit ist.

Es eröffnet sich uns aber damit ein unermeßlicher Schauplatz. An vielen Orten zugleich tritt die Unternehmung hervor; nach den verschiedensten Seiten der Welt haben wir unsere Aufmerksamkeit zu richten.

Die geistliche Tätigkeit ist auf das genaueste mit politischen Antrieben verbunden; es treten weltumfassende Kombinationen ein, unter deren Einflusse die Eroberung gelingt oder mißlingt; wir werden die großen Wendungen der Weltereignisse um so viel mehr im Auge behalten, da sie oft mit den Erfolgen des geistlichen Kampfes unmittelbar zusammenfallen.

Doch werden wir nicht bei dem Allgemeinen stehenbleiben dürfen. Noch viel weniger als weltliche können geistliche Eroberungen vollzogen werden ohne entgegenkommende einheimische Sympathien. In die Tiefe der Interessen der verschiedenen Länder müssen wir hinabsteigen, um die inneren Bewegungen wahrzunehmen, durch welche die römischen Absichten befördert wurden.

Eine Fülle und Verschiedenheit von Ereignissen und Lebensäußerungen, von der wir fast zu fürchten haben, daß sie sich kaum unter einen Blick werde zusammenfassen lassen. Es ist eine Entwicklung, die auf verwandten Grundlagen beruht und zuweilen zu großen Momenten zusammengreift, aber eine unendliche Mannigfaltigkeit der Erscheinungen darbietet.

Beginnen wir mit unserem Vaterlande, wo ja das Papsttum zuerst seine großen Verluste erlitten und wo auch jetzt der Kampf der beiden Prinzipien vorzüglich ausgefochten wurde.

Vor allem leistete hier die zugleich weltkluge und religionseifrige, mit dem Sinne des modernen Katholizismus durchdrungene Gesellschaft der Jesuiten der Römischen Kirche gute Dienste. Vergegenwärtigen wir zunächst deren Wirksamkeit.

Die ersten Jesuitenschulen in Deutschland

Auf dem Reichstage zu Augsburg im Jahre 1550 hatte Ferdinand I. seinen Beichtvater, den Bischof Urban von Laibach, bei sich. Es war dies einer von den wenigen Prälaten, die sich in ihrem Glauben nicht hatten erschüttern lassen. Oft bestieg er zu Hause die Kanzel, um das Volk in der Landessprache zu ermahnen, bei dem Glauben seiner Väter auszuharren, um von dem Einigen Schafstall und dem Einigen Hirten zu predigen[1]. Damals nun befand sich auch der Jesuit Lejay in Augsburg und erregte durch einige Bekehrungen Aufsehen. Bischof Urban lernte ihn kennen und hörte zuerst durch ihn von den Kollegien, welche die Jesuiten an mehreren Universitäten gestiftet. Da in Deutschland die katholische Theologie in so großem Verfalle war, gab er seinem Herrn den Rat, in Wien ein ähnliches Kollegium einzurichten. Lebhaft ging Ferdinand darauf ein; in dem Schreiben, das er hierüber an Ignatius Loyola richtete[2], spricht er die Überzeugung aus, das einzige Mittel, die fallende Kirchenlehre in Deutschland aufrechtzuerhalten, bestehe darin, daß man dem jüngeren Geschlechte gelehrte und fromme Katholiken zu Lehrern gebe. Leicht waren die Verabredungen getroffen. Im Jahre 1551 langten 13 Jesuiten an, unter ihnen Lejay selbst, denen Ferdinand zuvörderst Behausung, Kapelle und Pension anwies, bis er sie kurz darauf mit der Universität vereinigte und ihnen sogar die Visitation derselben übertrug.

Bald darnach kamen sie in Köln empor. Schon befanden sie sich seit ein paar Jahren hier, aber ohne Glück zu machen; man hatte sie sogar genötigt, getrennt zu leben. Erst im Jahre 1556 verschaffte ihnen jene unter einen protestantischen Regens geratene Bursa Gelegenheit, eine festere Stellung zu erwerben. Denn da es eine Partei in der Stadt gab, welcher alles daran gelegen war, die

[1] Valvassor, Ehre des Herzogtums Krain. Teil II, Buch VII, S. 433.
[2] Abgedruckt bei Socher, Historia provinciae Austriae societatis Jesu I, 21.

Universität katholisch zu erhalten, so fanden endlich die Gönner der Jesuiten mit ihrem Rate, die Anstalt diesem Orden zu überliefern, Gehör. Es waren der Prior der Karthäuser, der Provinzial der Karmeliter und besonders Doktor Johann Gropper, der wohl zuweilen ein Gastmahl veranstaltete, zu dem er die einflußreichsten Bürger einlud, um bei einem Glase Wein, auf gute alte deutsche Weise, das, was ihm am meisten am Herzen lag, auf die Bahn zu bringen. Zum Glück für die Jesuiten fand sich unter den Mitgliedern des Ordens ein geborner Kölner, Johann Rhetius, aus patrizischer Familie, dem die Bursa namentlich anvertraut werden konnte. Aber nicht ohne strenge Beschränkungen geschah dies: es ward den Jesuiten ausdrücklich verboten, in der Bursa ein klösterliches Leben einzuführen, wie es in ihren Kollegien üblich war[1].

Eben damals faßten sie auch in Ingolstadt festen Fuß. Die früheren Versuche waren an dem Widerstande vornehmlich der jüngeren Mitglieder der Universität gescheitert, die sich in dem Privatunterricht, den sie erteilten, durch keine privilegierte Schule beschränken lassen wollten. In dem Jahre 1556 aber, als sich der Herzog, wie gesagt, zu starken Konzessionen zugunsten der Protestanten hatte verstehen müssen, schien es den katholisch gesinnten Räten desselben dringend notwendig, für die Aufrechterhaltung des alten Glaubens etwas Nachhaltiges zu tun. Es waren besonders der Kanzler Wiguleus Hund, ein Mann, der mit ebensoviel Eifer in der Erhaltung wie in der Erforschung der alten kirchlichen Zustände zu Werke ging, und der Geheimschreiber des Herzogs, Heinrich Schwigger. Durch sie wurden die Jesuiten zurückberufen. Den 7. Juli 1556, am Tage St. Willibald, zogen ihrer achtzehn in Ingolstadt ein; sie hatten diesen Tag gewählt, weil St. Willibald als der erste Bischof jener Diözese angesehen wird. Sie fanden noch immer gar viele Schwierigkeiten in Stadt und Universität; dieselben zu überwinden gelang ihnen allmählich durch die nämliche Gunst, der sie ihre Berufung verdankten.

Von diesen drei Metropolen nun breiteten sich die Jesuiten nach allen Seiten hin aus: von Wien zunächst über die österreichischen Länder. Ferdinand I. brachte sie bereits im Jahre 1556 nach Prag und gründete ihnen daselbst ein Pädagogium, vorzüglich für die adelige Jugend. Er schickte selbst seine Pagen dahin, und wenig-

[1] Sacchinus, Hist. societatis Jesu, pars II, lib. I, n. 103.

stens bei dem katholisch gesinnten Teil des böhmischen Adels, den Rosenberg und Lobkowitz, fand der Orden Wohlwollen und Unterstützung. – Einer der bedeutendsten Männer in Ungarn war damals Nikolaus Olahus, Erzbischof von Gran. Sein Name bezeichnet, daß er ein Wlache von Herkunft ist. Sein Vater Stoia hatte ihn in dem Schrecken über die Ermordung eines Woiwoden aus seinem Hause der Kirche gewidmet, und auf das glücklichste war er bei dieser Bestimmung gediehen. Schon unter den letzten einheimischen Königen bekleidete er die wichtige Stelle eines Geheimschreibers; seitdem war er im Dienste der österreichischen Partei noch höher gestiegen. Bei dem allgemeinen Verfalle des Katholizismus in Ungarn sah er die einzige Hoffnung, ihn zu behaupten, in dem gemeinen Volke, das noch nicht völlig abgefallen war. Nur fehlte es auch hier an katholisch gesinnten Lehrern. Um diese zu bilden, stiftete er im Jahre 1561 ein Kollegium der Jesuiten in Tyrnau; er gab ihnen eine Pension aus seinen Einkünften; Kaiser Ferdinand schenkte eine Abtei dazu. Als die Jesuiten ankamen, war eben eine Versammlung des Klerus der Diözese veranstaltet; ihre erste Tätigkeit bestand in dem Versuche, diese ungarischen Priester und Pfarrer von den heterodoxen Lehren zurückzubringen, zu denen sie sich hinneigten. – Und schon rief man sie auch nach Mähren. Wilhelm Prussinowski, Bischof von Olmütz, der den Orden während seiner Studien in Italien kennengelernt, lud sie zu sich ein; ein Spanier, Hurtado Perez, war der erste Rektor in Olmütz; sie lernten die Landessprache, fanden sich in die übliche Lebensweise und hatten Erfolg; bald finden wir sie nicht minder in Brünn[1].

Von Köln verbreitete sich die Gesellschaft über das gesamte Rheinland. Auch in Trier hatte, wie berührt, der Protestantismus Anhänger gefunden und Gärungen verursacht. Der Erzbischof Johann von Stein beschloß, gegen die Widerspenstigen nur geringe Strafen zu verhängen und den Bewegungen hauptsächlich ein doktrinelles Gegengewicht zu geben; er beschied die beiden Oberhäupter der Kölner Jesuitenschule zu sich nach Koblenz und

[1] Ein späterer Bischof, Stanislaus Pawlowski, beklagt in einem Briefe an den Jesuitengeneral (7. Juni 1587), daß Perez eine andere Bestimmung erhalten hatte. Er bezeichnet Mähren als eine provincia haereticorum molitionibus maxime exposita. Die Eigenschaft, die er von denen, die hier etwas ausrichten wollen, vor allem fordert, ist „comitas et discreta in agendo prudentia".

stellte ihnen vor, daß er einige Mitglieder ihres Ordens zu haben wünsche, um, wie er sich ausdrückte, „die Herde, die ihm anvertraut worden, mehr durch Ermahnung und freundliche Unterweisung als durch Waffen und Drohungen in Pflicht zu halten". Er wandte sich auch nach Rom, und gar bald war man einverstanden. Von Rom wurden sechs Jesuiten hinübergeschickt; die übrigen kamen von Köln. Am 3. Februar 1561 eröffneten sie ihr Kollegium mit großer Feierlichkeit; für die nächsten Fasten übernahmen sie die Predigten[1].

Da glaubten auch die beiden geheimen Räte des Kurfürsten Daniel von Mainz, Peter Echter und Simon Bagen, zu erkennen, daß in der Aufnahme der Jesuiten das einzige Mittel liege, der verfallenen Mainzer Universität wieder aufzuhelfen. Dem Widerspruch, den ihnen Domherren und Landsassen entgegensetzten, zum Trotz, stifteten sie dem Orden ein Kollegium in Mainz und eine Vorbereitungsschule in Aschaffenburg.

Immer höher gelangte die Gesellschaft den Rhein hinauf. Vorzüglich wünschenswert schien ihr ein Sitz in Speier, einmal, weil dort in den Assessoren des Kammergerichts so viele ausgezeichnete Männer vereinigt waren, auf die es außerordentlich wichtig gewesen wäre, Einfluß zu bekommen, sodann auch, um sich der Heidelberger Universität, welche für die protestantischen Lehrer damals zugleich den größten Ruf genoß[2], in der Nähe entgegenzusetzen. Allmählich drangen sie ein.

Unverzüglich versuchten sie ihr Glück auch längs des Maines. Obwohl Frankfurt ganz protestantisch war, hofften sie doch, während der Messen daselbst etwas auszurichten. Es konnte dies aber nicht ohne Gefahr geschehen: um sich nicht finden zu lassen, mußten sie alle Nächte die Herbergen wechseln. Desto sicherer und willkommener waren sie in Würzburg[3]. Es ist doch, als hätte die Ermahnung, welche Kaiser Ferdinand bei dem Reichstage von 1559 an die Bischöfe richtete, endlich einmal auch ihre Kräfte zur Erhaltung der katholischen Kirche anzustrengen, auf diesen glän-

[1] Browerus, Annales Trevirenses. Tom. II, lib. XXI, 106—125.

[2] Z. B. sagt Neuser in seinem berufenen Briefe an den türkischen Kaiser: er sei Lehrer und Prediger zu Heidelberg, „an welchem Orte jetztmals die Gelehrtesten des ganzen deutschen Landes sich unterhalten". Arnold, Ketzerhist. II, 1133.

[3] Gropp, Wirzburgische Chronik der letzteren Zeiten, T. I, S. 237.

zenden Fortgang des Ordens in den Stiften viel Einfluß gehabt. Von Würzburg aus durchzogen sie Franken.

Mittlerweile war ihnen auf einer anderen Seite Tirol eröffnet worden. Auf den Wunsch der Töchter des Kaisers siedelten sie sich zu Innsbruck und dann zu Hall in deren Nähe an. In Bayern drangen sie immer weiter vor. In München, wohin sie 1559 gelangten, fanden sie es selbst bequemer als in Ingolstadt: sie erklärten es für das deutsche Rom. Und schon erhob sich unfern von Ingolstadt eine neue große Kolonie. Um seine Universität Dillingen auf ihren ursprünglichen Zweck zurückzuführen, entschloß sich der Kardinal Truchseß, alle Lehrer, die noch daselbst dozierten, zu verabschieden und die Stiftung völlig den Jesuiten anzuvertrauen. Zwischen deutschen und italienischen Kommissaren des Kardinals und des Ordens ward hierüber zu Bozen eine förmliche Abkunft geschlossen. Im Jahre 1563 langten die Jesuiten in Dillingen an und nahmen die Lehrstühle in Besitz. Mit großem Wohlgefallen erzählen sie, wie der Kardinal, der bald darauf von einer Reise zurückkommend einen feierlichen Einzug in Dillingen hielt, sich unter allen denen, die sich zu seinem Empfange aufgestellt hatten, vorzugsweise an die Jesuiten wandte, ihnen die Hand zum Kusse reichte, sie als seine Brüder begrüßte, ihre Zellen selbst untersuchte und mit ihnen speiste. Er beförderte sie nach besten Kräften; bald richtete er ihnen eine Mission in Augsburg ein[1].

Ein ungemeiner Fortgang der Gesellschaft in so kurzer Zeit. Im Jahre 1551 hatten sie noch keine feste Stätte in Deutschland; im Jahre 1566 umfaßten sie Bayern und Tirol, Franken und Schwaben, einen großen Teil der Rheinlande, Österreich; in Ungarn, Böhmen und Mähren waren sie vorgedrungen. Schon nahm man ihre Wirkung wahr; im Jahre 1561 versicherte der päpstliche Nuntius, daß sie „viele Seelen gewinnen und dem Heiligen Stuhl einen großen Dienst leisten". Es war der erste nachhaltige antiprotestantische Eindruck, welchen Deutschland empfing.

Vor allem arbeiteten sie auf den Universitäten. Sie hatten den Ehrgeiz, mit dem Rufe der protestantischen zu wetteifern. Die ganze gelehrte Bildung jener Zeit beruhte auf dem Studium der alten Sprachen. Sie trieben dieselben mit frischem Eifer, und in kurzem glaubte man wenigstens hier und da die jesuitischen Leh-

[1] Sacchinus, Hist. soc. Jesu, pars II, lib. VIII, n. 108.

rer den Restauratoren dieser Studien an die Seite stellen zu dürfen. Auch andere Wissenschaften kultivierten sie: Franz Koster trug zu Köln die Astronomie ebenso angenehm wie belehrend vor. Die Hauptsache aber, wie sich versteht, blieben die theologischen Disziplinen. Die Jesuiten lasen mit dem größten Fleiße, auch während der Ferien; sie führten die Disputierübungen wieder ein, ohne welche, wie sie sagten, aller Unterricht tot sei; die Disputationen, welche sie öffentlich anstellten, waren anständig, gesittet, inhaltsreich, die glänzendsten, welche man jemals erlebt hatte. Bald überredete man sich in Ingolstadt, dahin gekommen zu sein, daß sich die Universität, wenigstens im Fache der Theologie, mit jeder anderen deutschen messen könne. Ingolstadt bekam, aber in entgegengesetztem Sinne, eine Wirksamkeit, wie sie Wittenberg und Genf gehabt.

Nicht minderen Fleiß widmeten die Jesuiten der Leitung der lateinischen Schulen. Es war einer der vornehmsten Gesichtspunkte des Lainez, daß man die unteren Grammatikalklassen gut besetzen müsse: auf den ersten Eindruck, den der Mensch empfange, komme doch für sein gesamtes Leben das meiste an. Er suchte, mit richtiger Einsicht, Leute, welche, wenn sie dies beschränktere Lehramt einmal ergriffen hatten, sich demselben ihr ganzes Leben zu widmen gedachten: denn erst mit der Zeit lerne sich ein so schwieriges Geschäft und finde sich die natürliche Autorität ein. Es gelang den Jesuiten hiermit zur Verwunderung. Man fand, daß die Jugend bei ihnen in einem Halbjahre mehr lerne als bei anderen binnen zwei Jahren; selbst Protestanten riefen ihre Kinder von entfernten Gymnasien zurück und übergaben sie den Jesuiten.

Es folgten Armenschulen, Kinderlehre, Katechisation. Canisius verfaßte seinen Katechismus, der durch wohlzusammenhängende Fragen und bündige Antworten das Bedürfnis der Lernenden befriedigte.

Ganz in jenem devot-phantastischen Sinne nun, der das Institut der Jesuiten von Anfang an so eigen charakterisierte, ward dieser Unterricht erteilt. Der erste Rektor in Wien war ein Spanier, Johann Victoria, ein Mann, welcher einst in Rom seinen Eintritt in die Gesellschaft damit bezeichnete, daß er während der Lustbarkeiten des Karnevals in Sack gekleidet durch den Korso ging, indem er sich immer geißelte, so lange, bis ihm das Blut von allen Seiten herunterströmte. Bald unterschieden sich auch in Wien die

Kinder, welche die Schulen der Jesuiten besuchten, dadurch, daß sie an den Fasttagen die verbotenen Speisen standhaft verschmähten, von denen ihre Eltern ohne Skrupel genossen. In Köln ward es wieder eine Ehre, den Rosenkranz zu tragen. In Trier begann man Reliquien zu verehren, mit denen sich seit vielen Jahren kein Mensch mehr hervorgewagt hatte. Schon im Jahre 1560 pilgerte die ingolstädtische Jugend aus der jesuitischen Schule paarweise nach Eichstädt, um bei der Firmelung „mit dem Tau" gestärkt zu werden, „der aus dem Grabe der heiligen Walpurgis träufele". Eine Gesinnung, die, in den Schulen gegründet, durch Predigt und Beichte über die gesamte Bevölkerung ausgebreitet wurde.
Es ist dies ein Fall, wie er vielleicht in der Weltgeschichte niemals wieder auf eine ähnliche Weise vorgekommen ist.
Wenn eine neue geistige Bewegung die Menschen ergriffen hat, ist es immer durch großartige Persönlichkeiten, durch die hinreißende Gewalt neuer Ideen geschehen. Hier ward die Wirkung vollbracht ohne große geistige Produktion. Die Jesuiten mochten gelehrt und auf ihre Art fromm sein; aber niemand wird sagen, daß ihre Wissenschaft auf einem freien Schwunge des Geistes beruhe, daß ihre Frömmigkeit von der Tiefe und Ingenuität eines einfachen Gemütes ausgegangen sei. Sie sind gelehrt genug, um Ruf zu haben, Zutrauen zu erwecken, Schüler zu bilden und festzuhalten; weiter streben sie nicht. Ihre Frömmigkeit hält sie nicht allein von sittlichem Tadel frei; sie ist positiv auffallend und um so unzweifelhafter; dies ist ihnen genug. In freien, unbeschränkten, unbetretenen Bahnen bewegt sich weder ihre Pietät noch ihre Lehre. Doch hat sie etwas, was sie vorzugsweise unterscheidet: strenge Methode. Es ist alles berechnet; denn es hat alles seinen Zweck. Eine solche Vereinigung von hinreichender Wissenschaft und unermüdlichem Eifer, von Studien und Überredung, Pomp und Kasteiung, von Ausbreitung über die Welt und Einheit der leitenden Gesichtspunkte ist auch weder früher noch später vorhanden gewesen. Sie waren fleißig und phantastisch, weltklug und voll Enthusiasmus; anständige Leute, denen man sich gern näherte; ohne persönliches Interesse: einer beförderte den anderen. Kein Wunder, wenn es ihnen gelang.
Wir Deutschen müssen daran noch eine besondere Betrachtung knüpfen. Wie gesagt, unter uns war die päpstliche Theologie so gut wie untergegangen. Die Jesuiten erschienen, um sie herzustellen. Wer waren die Jesuiten, als sie bei uns anlangten? Es waren

Spanier, Italiener, Niederländer; lange Zeit kannte man den Namen ihres Ordens nicht: man nannte sie spanische Priester. Sie nahmen die Katheder ein und fanden Schüler, die sich ihren Doktrinen anschlossen. Von den Deutschen haben sie nichts empfangen; ihre Lehre und Verfassung waren vollendet, ehe sie bei uns erschienen. Wir dürfen den Fortgang ihres Instituts bei uns im allgemeinen als eine neue Einwirkung des romanischen Europas auf das germanische betrachten. Auf deutschem Boden, in unserer Heimat besiegten sie uns und entrissen uns einen Teil unseres Vaterlandes. Ohne Zweifel kam dies auch daher, daß die deutschen Theologen sich weder unter sich selbst verständigt hatten, noch großgesinnt genug waren, um die minder wesentlichen Widersprüche aneinander zu dulden. Die Extreme der Meinungen waren ergriffen worden; man befehdete sich mit rücksichtsloser Wildheit, so daß man die noch nicht vollkommen Überzeugten irre machte und damit diesen Fremdlingen den Weg bahnte, welche mit einer klug angelegten bis in das Einzelste ausgebildeten, keinen Zweifel übrig lassenden Doktrin nun auch ihrerseits die Gemüter bezwangen

Anfang der Gegenreformationen in Deutschland

Bei alledem liegt doch auch am Tage, daß es den Jesuiten nicht so leicht hätte gelingen können ohne die Hilfe des weltlichen Armes, ohne die Gunst der Fürsten des Reiches.

Denn wie mit den theologischen, so war es mit den politischen Fragen gegangen: zu einer Maßregel, durch welche die ihrem Wesen nach hierarchische Reichsverfassung mit den neuen Verhältnissen der Religion in Einklang gekommen wäre, hatte man es nicht gebracht. Die Summe des Religionsfriedens, wie man ihn gleich anfangs verstand und nachher auslegte, war eine neue Erweiterung der Landeshoheit. Die Landschaften bekamen auch in Hinsicht der Religion einen hohen Grad von Autonomie. Auf die Überzeugung des Fürsten, auf das Einverständnis desselben mit seinen Landständen kam es seitdem allein an, welche kirchliche Stellung ein Land einnehmen sollte.

Es war dies eine Bestimmung, welche zum Vorteil des Protestantismus erfunden zu sein schien, die aber eigentlich nur dem Katholizismus förderlich geworden ist. Jener war schon gegründet, als sie zustande kam; dieser stellte sich erst her, indem er sich darauf stützte.

Zuerst geschah dies in Bayern; und es ist wegen der unermeßlichen Wirkung, die daher entsprungen ist, einer besonderen Bemerkung wert, wie es geschah.

Auf den bayrischen Landtagen finden wir seit geraumer Zeit Fürsten und Stände in Streitigkeiten. Der Herzog ist in steter Geldverlegenheit, von Schulden gedrückt, zu neuen Ausgaben veranlaßt und immer genötigt, die Beihilfe seiner Landstände in Anspruch zu nehmen. Diese fordern dagegen Zugeständnisse hauptsächlich religiöser Art. Es schien sich in Bayern ein ähnliches Verhältnis bilden zu müssen, wie es in Österreich lange Zeit herrschte, einer gesetzlichen, auf Religion und Privilegien zugleich gegründeten Opposition der Stände gegen den Landesherrn, wenn dieser anders nicht am Ende selbst zum Protestantismus übertrat.

Ohne Zweifel war es diese Lage der Dinge, durch welche, wie berührt, die Berufung der Jesuiten hauptsächlich veranlaßt wurde. Wohl mag es sein, daß ihre Lehren bei Herzog Albrecht V. persönlich Eindruck machten; er hat später einmal erklärt: was er von dem Gesetze Gottes verstehe, habe er von Hoffäus und Canisius, beides Jesuiten, erlernt. Es kam aber auch noch eine andere Einwirkung hinzu. Pius IV. machte den Herzog nicht allein aufmerksam, daß ihm jedes religiöse Zugeständnis den Gehorsam seiner Untertanen schmälern werde[1], was bei der Lage des deutschen Fürstentums nicht wohl zu leugnen stand; er gab seiner Ermahnung auch durch Gnadenbezeigungen Nachdruck: er überließ ihm einen Zehnten von den Gütern seiner Geistlichkeit. Indem er ihn hierdurch von den Bewilligungen der Stände unabhängiger machte, zeigte er ihm zugleich, welchen Vorteil er von der Verbindung mit der Römischen Kirche zu erwarten habe.

Es kam dann hauptsächlich darauf an, ob der Herzog die schon begründete religiöse Opposition seiner Landstände wieder zu beseitigen vermögen würde.

Auf einem Landtage zu Ingolstadt im Jahre 1563 ging er an dies

[1] Legationes paparum ad duces Bavariae. MS. der Bibliothek zu München. Prima legatio 1563. „Quodsi Sua Celsitudo Illma absque sedis apostolicae autoritate usum calicis concedat, ipsi principi etiam plurimum decederet de ejus apud subditos autoritate.“ Auf dem Landtage klagte man, der Fürst sei durch die Dezimation verblendet.

Werk. Die Prälaten waren schon an sich geneigt; zunächst bearbeitete er die Städte. Sei es nun, daß die Lehren des wiederauflebenden Katholizismus, die Tätigkeit der allenthalben eindringenden Jesuiten auch auf die Städte, besonders die leitenden Mitglieder ihrer Versammlung Einfluß gewonnen hatten oder daß andere Rücksichten eintraten: genug, die Städte ließen von den Forderungen neuer religiöser Zugeständnisse, die sie bisher immer eifrig betrieben, diesmal ab und schritten zu ihren Bewilligungen, ohne auf neue Freiheiten zu dringen. Hierauf war nur noch der Adel übrig. Mißmutig, ja erbittert verließ er den Landtag; man zeichnete dem Herzog die drohenden Reden auf, welche ein und der andere Edelmann hatte fallen lassen[1]; endlich entschloß sich der vornehmste von allen, der Graf von Ortenburg, der für seine Grafschaft eine ihm streitig gemachte Reichsunmittelbarkeit in Anspruch nahm, in diesem Gebiet ohne weiteres das evangelische Bekenntnis einzuführen. Aber eben damit bekam der Herzog die besten Waffen in die Hände. Besonders als er auf einem der Schlösser, die er einnahm, eine Korrespondenz zwischen den bayerischen Herren fand, die starke Anzüglichkeiten enthielt, in der man ihn als einen verstockten Pharao, seinen Rat als einen Blutrat über die armen Christen bezeichnete und in der noch andere Ausdrücke vorkamen, die man auf eine Verschwörung deuten zu können glaubte, erhielt er einen Anlaß, alle Mitglieder des Adels, die ihm entgegen waren, zur Verantwortung zu ziehen[2]. Die Strafe, die er über dieselben verhängte, kann man nicht streng nennen; aber sie führte ihn zum Zwecke: er schloß die Beteiligten von den bayerischen Landtagen aus. Da sie hier noch die einzige Opposition ausmachten, welche übrig geblieben, so ward er dadurch völlig Meister über seine Stände, bei denen seitdem niemals wieder von der Religion die Rede gewesen ist.

Wie wichtig dies war, zeigte sich auf der Stelle. Seit geraumer Zeit hatte Herzog Albrecht bei Papst und Konzilium mit viel Eifer auf die Erlaubnis des Laienkelches gedrungen; das ganze Geschick seines Landes schien er daran zu knüpfen; endlich im April 1564 erhielt er sie: wer sollte es glauben? jetzt machte er sie nicht einmal bekannt. Die Umstände waren verändert; eine von dem stren-

[1] Geheime Erfahrung und Bericht der ungebührlichen aufrührerischen Reden halber, bei Freiberg, Geschichte der baierischen Landstände II, 352.

[2] Huschberg, Geschichte des Hauses Ortenburg, S. 390.

gen Katholizismus abweichende Vergünstigung schien ihm jetzt eher schädlich als nützlich; einige niederbayerische Gemeinden, welche das frühere Verlangen stürmisch wiederholten, verwies er mit Gewalt zur Ruhe[1].

In kurzem gab es keinen entschiedener katholischen Fürsten in Deutschland, als Herzog Albrecht war. Auf das ernstlichste ging er daran, auch sein Land wieder völlig katholisch zu machen.

Die Professoren zu Ingolstadt mußten das Glaubensbekenntnis unterschreiben, welches im Gefolge des Tridentinischen Konziliums bekannt gemacht worden war. Alle herzoglichen Beamten mußten sich durch einen Eid zu einer unzweifelhaft katholischen Konfession verpflichten. Weigerte sich einer, so ward er entlassen. Auch an den gemeinen Leuten duldete Herzog Albrecht den Protestantismus nicht. Zuerst in Niederbayern, wohin er einige Jesuiten zur Bekehrung der Einwohner gesendet hatte, mußten nicht allein die Prediger, sondern alle und jede, die sich zu dem evangelischen Bekenntnis hielten, ihre Habe verkaufen und das Land räumen[2]. So ward darauf allenthalben verfahren. Es wäre keinem Magistrat zu raten gewesen, Protestanten zu dulden; er hätte sich selbst dadurch die härteste Strafe zugezogen.

Es kamen aber mit dieser Erneuerung des Katholizismus alle modernen Formen desselben aus Italien nach Deutschland herüber. Man machte einen Index verbotener Bücher: aus den Bibliotheken wurden sie ausgemerzt, haufenweise verbrannt; dagegen begünstigte man die streng katholischen; der Herzog ließ es an Aufmunterungen der Autoren in diesem Sinne nicht fehlen; die Heiligengeschichte des Surius ließ er auf seine Kosten ins Deutsche übersetzen und in Druck geben. Die größte Devotion ward den Reliquien gewidmet: der heilige Benno, von dem man in einem anderen deutschen Lande, in Meißen, nichts mehr wissen wollte, ward feierlich zum Schutzpatron von Bayern erklärt; – Baukunst und Musik kamen zuerst in München in dem Geschmack der restaurierten Kirche auf; – vor allem wurden die jesuitischen Institute befördert, durch welche die Erziehung des heranwachsenden Geschlechts in diesem Sinne vollbracht wurde.

[1] Adlzreitter, Annales Boicae gentis II, XI, n. 22. Albertus eam indulgentiam juris publici in Boica esse noluit.

[2] Agricola, P. I, Dec. III, 116—120.

Auch konnten die Jesuiten nicht Worte genug finden, den Herzog dafür zu rühmen, einen zweiten Josias, wie sie sagten, einen neuen Theodosius.

Nur eine Frage bleibt hierbei übrig.

Je wichtiger die Erweiterung der Landeshoheit ist, die den protestantischen Fürsten durch die Einwirkung auf die Religion, welche sie an sich brachten, zuwuchs, um so auffallender wäre es, wenn die katholischen Landesherren durch die erneuerte Autorität der kirchlichen Gewalten sich beschränkt hätten.

Allein auch dafür war gesorgt. Die Päpste sahen wohl, daß es ihnen zunächst nur durch die Fürsten gelingen könne, ihre verfallende Gewalt zu erhalten oder die gefallene zu erneuern; sie machten sich hierüber keine Illusion; sie ließen es ihre ganze Politik sein, sich mit den Fürsten zu verbinden.

In der Instruktion, welche Gregor gleich dem ersten Nuntius, den er nach Bayern sandte, erteilt hat, wird dies ohne allen Umschweif gesagt: „der sehnlichste Wunsch Sr. Heiligkeit sei es, die verfallene kirchliche Zucht wiederherzustellen; aber zugleich sehe er ein, daß er sich zur Erreichung eines so wichtigen Zweckes mit den Fürsten vereinigen müsse; durch ihre Frömmigkeit sei die Religion erhalten worden; einzig mit ihrer Hilfe lasse sich Kirchenzucht und Sitte wiederherstellen".[1] Und so überträgt der Papst dem Herzog die Befugnis, die säumigen Bischöfe anzutreiben, die Beschlüsse einer Synode – sie war in Salzburg gehalten worden – in Ausführung zu bringen, den Bischof zu Regensburg und sein Kapitel zur Errichtung eines Seminars anzuhalten; genug, eine Art von geistlicher Oberaufsicht überträgt er ihm; er geht mit ihm zu Rate, ob es nicht gut sei, Seminare von Klostergeistlichen zu errichten, wie es Seminare von Weltpriestern gebe. Sehr gern läßt sich der Herzog darauf ein. Nur fordert er, daß nun auch die Bischöfe nicht den fürstlichen Rechten, weder den her-

[1] Legatio Gregorii XIII 1573. Sua Sanctitas in eam curam incumbit, qua ecclesiastica disciplina jam ferme in Germania collapsa aliquo modo instauretur, quod cum antecessores sui aut neglexerint aut leviter attigerint, non tam bene quam par erat de republica christiana meritos esse animadvertit: – adiungendos sibi ad tale tantumque opus catholicos principes sapientissime statuit. Ausdrücklich verspricht der Gesandte, Bartholom. Graf v. Porzia: „Suam Sanctitatem nihil unquam praetermissuram esse, quod est e re sua (ducis Bavariae) aut filiorum."

gebrachten noch auch den neu erteilten, zu nahe treten, daß der Klerus von seinen Oberen in Zucht und Ordnung gehalten werden möge. Es finden sich Edikte, in denen der Fürst die Klöster als Kammergut betrachtet und einer weltlichen Verwaltung unterwirft.

Wenn das protestantische Fürstentum im Laufe der Reformation kirchliche Attribute an sich gebracht hatte, so gelang nunmehr das nämliche auch dem katholischen. Was dort im Gegensatz gegen das Papsttum, geschah hier in Vereinigung mit demselben. Setzten die protestantischen Fürsten ihre nachgeborenen Söhne als postulierte Administratoren in die benachbarten evangelischen Stifte, so gelangten in den katholisch gebliebenen die Söhne der katholischen Fürsten unmittelbar zur bischöflichen Würde. Von allem Anfang hatte Gregor dem Herzog Albrecht versprochen, nichts zu versäumen, was zu seinem oder seiner Söhne Besten sein dürfte; in kurzem sehen wir zwei dieser Söhne im Besitze der stattlichsten Pfründen; der eine von ihnen steigt allmählich zu den höchsten Würden des Reiches[1].

Allein auch überdies bekam Bayern durch die Stellung, die es annahm, an und für sich eine hohe Bedeutung. Es verfocht ein großes Prinzip, das eben zu neuer Macht emporkam. Die minder mächtigen deutschen Fürsten dieser Gesinnung sahen in Bayern eine Zeitlang ihr Oberhaupt.

Denn soweit nur die Macht des Herzogs reichte, beeiferte er sich, die katholische Lehre herzustellen. Kaum war ihm die Grafschaft Haag angefallen, so ließ er die Protestanten, welche der letzte Graf daselbst geduldet, verjagen und Ritus und Glauben des Katholizismus wieder einführen. In der Schlacht bei Moncontour war Markgraf Philibert von Baden-Baden geblieben. Der Sohn desselben, Philipp, erst zehn Jahre alt, ward in München unter der Vormundschaft Albrechts, wie sich versteht, im katholischen Glauben erzogen. Doch wartete der Herzog nicht ab, was der junge Markgraf tun werde, wenn er selbst zur Regierung gekom-

[1] Selbst Pius V. mäßigte seine strengen Grundsätze dem Herzog von Bayern gegenüber. Tiepolo: Relatione di Pio IV e V. „D'altri principi secolari di Germania non si sa chi altro veramente sia cattolico che il duca di Baviera: però in gratificatione sua il pontefice ha concesso che il figliuolo, che di gran lunga non ha ancora l'età determinata dal concilio, habbia il vescovato Frisingense: cosa che non è da lui stata concessa ad altri."

men; auf der Stelle schickte er seinen Landhofmeister Grafen Schwarzenberg und den Jesuiten Georg Schorich, die schon bei den Bekehrungen in Niederbayern miteinander gearbeitet hatten, in das badische Gebiet, um es durch dieselben Mittel katholisch zu machen. Zwar brachten die protestantischen Einwohner kaiserliche Befehle hiergegen aus; aber man achtete nicht darauf: die Bevollmächtigten fuhren fort, wie sich der Geschichtschreiber der Jesuiten mit Wohlgefallen ausdrückt, „der einfältigen Menge Ohr und Gemüt für die himmlische Lehre frei zu machen". Das ist: sie entfernten die protestantischen Prediger, nötigten die Mönche, welche nicht ganz orthodox geblieben waren, die abweichenden Lehren abzuschwören, besetzten hohe und niedere Schulen mit katholischen Lehrmeistern und verwiesen diejenigen, welche sich nicht fügen wollten. Binnen zwei Jahren, 1570, 1571, war das ganze Land wieder katholisch gemacht[1].

Während dies in den weltlichen Gebieten geschah, erhob sich mit einer noch unvermeidlicheren Notwendigkeit eine ähnliche Bewegung auch in den geistlichen.

Einmal waren die geistlichen deutschen Fürsten doch eben vor allem Bischöfe, und die Päpste versäumten keinen Augenblick, die verstärkte Gewalt über das Bistum, die ihnen aus den tridentinischen Anordnungen entsprang, auch in Deutschland geltend zu machen.

Zuerst ward Canisius mit den Exemplaren der Schlüsse des Konziliums an die verschiedenen geistlichen Höfe gesandt. Er überbrachte sie nach Mainz, Trier, Köln, Osnabrück und Würzburg[2]. Die offizielle Ehrerbietung, mit welcher er empfangen wurde, belebte er mit gewandter Tätigkeit. Dann kam die Sache auf dem Augsburger Reichstage von 1566 zur Sprache.

Papst Pius V. hatte gefürchtet, der Protestantismus werde hier neue Forderungen machen, neue Zugeständnisse erhalten; schon hatte er seinen Nuntius angewiesen, im dringenden Falle mit einer Protestation hervorzutreten, welche Kaiser und Fürsten mit einer

[1] Sacchinus, Hist. soc. Jesu, pars III, lib. VI, n. 88; lib. VII, n. 67. Agricola I, IV, 17. 18. Der Papst pries den Herzog dafür gebührend: „Mira perfunditur laetitia", heißt es in jener Gesandtschaft, „cum audit, ill. Ser^{tis} V^{rae} opera et industria marchionem Badensem in religione catholica educari, ad quod accedit cura ingens, quam adhibuit in comitatu de Hag, ut catholica fides, a qua turpiter defecerant, restituatur."
[2] Maderus, De vita P. Canisii lib. II, c. II. Sacchinus, III, II, 22.

Beraubung aller ihrer Rechte bedrohen sollte; ja, er glaubte bereits, der Augenblick dazu sei gekommen[1]. Der Nuntius, der die Sache in der Nähe sah, hielt dies nicht für geraten. Er sah, daß man nichts mehr zu fürchten brauchte. Die Protestanten waren entzweit; die Katholiken hielten zusammen. Oft versammelten sie sich bei dem Nuntius, um über gemeinschaftliche Maßregeln zu beratschlagen; Canisius, unbescholten, höchst rechtgläubig und klug, hatte einen großen Einfluß auf die Personen; es war an keine Konzession zu denken; vielmehr ist dieser Reichstag der erste, in welchem die katholischen Fürsten einen erfolgreichen Widerstand entwickelten. Die Ermahnungen des Papstes fanden Gehör: in einer abgesonderten Versammlung der geistlichen Fürsten wurden die tridentinischen Schlüsse vorläufig angenommen.

Von diesem Augenblick beginnt ein neues Leben in der katholischen Kirche in Deutschland. Nach und nach wurden diese Beschlüsse in Provinzialsynoden publiziert; Seminare wurden bei den bischöflichen Sitzen eingerichtet; der erste, der dieser Anordnung Folge leistete, war, soviel ich finde, der Bischof von Eichstädt, der das Kollegium Wilibaldinum gründete[2]; die Professio fidei wurde von Hohen und Niederen unterzeichnet. Höchst wichtig ist, daß dies auch auf den Universitäten geschehen mußte. Es war eine Anordnung, welche von Lainez vorgeschlagen, von dem Papst gebilligt worden und die nun in Deutschland hauptsächlich durch den Eifer des Canisius ins Werk gesetzt ward. Nicht allein sollten keine Anstellungen, es sollten selbst keine Grade, auch nicht in der medizinischen Fakultät, ohne die Unterschrift der Professio erteilt werden. Die erste Universität, wo man dies einführte, war, soviel ich finde, Dillingen; allmählich folgten die anderen. Es begannen die strengsten Kirchenvisitationen. Die Bischöfe, die bisher sehr nachsichtig gewesen, zeigten Eifer und Devotion.

Ohne Zweifel einer der eifrigsten unter ihnen war Jakob von Eltz, vom Jahre 1567 bis zum Jahre 1581 Kurfürst von Trier. Er war noch in der alten Löwener Disziplin erzogen; von jeher widmete er dem Katholizismus auch literarische Bemühungen; er selbst hat ein Martyrologium zusammengetragen und Gebete für die Horen verfaßt; an der Einführung der Jesuiten in Trier nahm er schon

[1] Catena, Vita di Pio V, p. 40 hat einen Auszug aus der Instruktion. Gratiani, Vita Commendoni, lib. III, c. II.
[2] Falkenstein, Nordgauische Altertümer, I, 222.

unter seinem Vorgänger den größten Anteil. Eben diesen übertrug er nun, als er selbst zur Regierung gekommen war, die Visitation seines Sprengels. Selbst die Schulmeister mußten die Professio fidei unterschreiben. Unter den Geistlichen ward nach dem methodischen Geist der Jesuiten eine strenge Zucht und Unterordnung eingeführt; jeden Monat mußte der Pfarrer an den Dekan, am Schluß des Vierteljahres der Dekan an den Erzbischof berichten; die Widerstrebenden wurden ohne weiteres entfernt. Ein Teil der Tridentiner Anordnungen ward für die Diözesen gedruckt und zu jedermanns Nachachtung bekanntgemacht; um alle Verschiedenheiten des Ritus zu heben, ward eine neue Agende publiziert. Das geistliche Gericht empfing besonders durch Bartholomäus Bodeghem von Delft eine neue strenge Einrichtung. Das vornehmste Vergnügen des Erzbischofs schien es auszumachen, wenn sich jemand finden ließ, der von dem Protestantismus wieder abtrünnig wurde. Einen solchen verfehlte er niemals selber einzusegnen[1].

Zu dieser Pflicht des Amtes aber, dem Verhältnis gegen Rom, kamen nun auch Beweggründe anderer Art. Die geistlichen Fürsten hatten die Antriebe der weltlichen, ihre Landschaften zu ihrer Religion zurückzubringen, ebensogut wie diese, ja vielleicht in noch höherem Grade, da eine zum Protestantismus neigende Bevölkerung ihnen um ihres priesterlichen Charakters willen eine um so stärkere Opposition machen mußte.

Zuerst begegnet uns dieses wichtige Moment der deutschen Geschichte eben in Trier. Auch die Erzbischöfe von Trier waren, wie andere geistliche Herren, mit ihrer Hauptstadt von jeher in Streitigkeiten. In dem 16. Jahrhundert gesellte sich ein protestantisches Element hinzu; besonders dem geistlichen Gerichte setzte man hartnäckigen Widerstand entgegen. Jacob von Eltz fand sich endlich veranlaßt, die Stadt förmlich zu belagern. Er blieb Meister mit den Waffen; dann brachte er ein Urteil des Kaisers aus, das ihm günstig war. Hierauf nötigte er die Bürger zu weltlichem und geistlichem Gehorsam.

Und noch etwas anderes tat er, was eine allgemeine Wirkung nach sich zog. Im Jahre 1572 schloß er die Protestanten unwiderruflich von seinem Hofe aus. Namentlich für den Landadel, der für sein

[1] Browerus, Annales Trevirenses II, XXII, 25, überhaupt hier unser vornehmster Gewährsmann.

Fortkommen auf den Hof angewiesen war, hatte dies große Bedeutung. Alle Aussichten für die Zukunft wurden ihm abgeschnitten; und gar mancher mag hierdurch zum Rücktritt zu der alten Religion veranlaßt worden sein.

Auch der Nachbar von Trier, Daniel Brendel, Kurfürst von Mainz, war sehr gut katholisch. Wider den allgemeinen Rat seiner Umgebung stellte er die Fronleichnamsprozession wieder her und fungierte selbst dabei; nie hätte er seine Vesper versäumt; — von den Sachen, welche einliefen, ließ er sich immer zuerst die geistlichen vortragen; unter seinen geheimen Räten zeigte er sich denen am gewogensten, die am eifrigsten katholisch waren; – die Jesuiten preisen die Gunst, die sie von ihm erfahren; auch nach dem Kollegium Germanicum zu Rom schickte er einige Zöglinge[1]. Aber so weit zu gehen wie Jacob von Eltz, fühlte er sich nicht bewogen. Nicht ohne eine gewisse Ironie ist sein Religionseifer. Als er die Jesuiten einführte, machten ihm viele von seinen Landsassen Vorstellungen dagegen: „Wie“, sagte er, „ihr duldet mich, der ich meine Pflicht doch nicht gehörig tue, und wollt Leute nicht dulden, welche ihre Pflicht so gut erfüllen?“[2] Man hat uns nicht überliefert, was er den Jesuiten geantwortet haben mag, wenn sie nun auf die völlige Ausrottung des Protestantismus in dem Lande drangen. Wenigstens litt er Lutheraner und Kalvinisten fortwährend in der Stadt und am Hofe; in einigen Ortschaften duldete er selbst den evangelischen Ritus[3], wahrscheinlich jedoch nur deshalb, weil er sich nicht stark genug fühlte, ihn zu erdrücken. In einem entfernteren Teile seines Gebietes, wo ihn keine so mächtigen und kriegslustigen Nachbarn bedrohten wie die Pfalzgrafen am Rhein, tat auch er entscheidende Schritte. Die Herstellung des Katholizismus auf dem Eichsfeld ist sein Werk. Durch die Gunst des Adels hatte sich auch hier der Protestantismus festgesetzt; selbst in Heiligenstadt, unter den Augen des Stiftes, welches das Patronat aller Kirchen besaß, war er gleichwohl eingedrungen: es gab einen lutherischen Prediger daselbst; die Kommunion ward unter beiden Gestalten ausgeteilt; einstmals haben

[1] Serarius, Moguntiacarum rerum libri V, in dem Abschnitt über Daniel, besonders cap. VIII. XI. XXII. XXXIII.

[2] Valerandus Sartorius bei Serarius S. 921.

[3] Klagen Robert Turners, der einen Bonifacius suchte und nur einen „principem politicum“ fand. Bei Serarius S. 947.

nur noch zwölf angesehene Bürger zu Ostern das Abendmahl nach katholischem Gebrauch genommen[1]. Eben in dieser Zeit – im Jahre 1574 – erschien der Erzbischof persönlich auf dem Eichsfeld, von zwei Jesuiten begleitet, um eine Kirchenvisitation zu halten. Zu äußersten Gewalttaten schritt er nicht; doch wandte er Mittel an, welche wirksam waren. In Heiligenstadt entfernte er den protestantischen Prediger und stiftete dafür ein Kollegium von Jesuiten. Er verwies niemanden aus dem Rat; aber durch einen kleinen Zusatz zu dem Ratseide, kraft dessen sich jeder Ratsherr verpflichtete, Sr. Kurfürstlichen Gnaden in geistlichen und weltlichen Sachen zu gehorsamen, verhinderte er den Eintritt von Protestanten für die Zukunft. Die Hauptsache war dann, daß er einen entschieden katholischen Oberamtmann aufstellte, Leopold von Stralendorf, der sich nicht scheute, den milderen Maßregeln des Herrn aus eigener Macht strenge nachfolgen zu lassen, und in einer folgerechten Verwaltung von 26 Jahren die katholische Lehre in Stadt und Land wieder zu der herrschenden machte. Ohne auf den Widerspruch des Adels Rücksicht zu nehmen, verjagte er die protestantischen Prediger auch auf dem Lande und setzte die Zöglinge der neuen Jesuitenschule an ihre Stelle.

Schon hatte in jenen Gegenden ein anderer geistlicher Fürst das Beispiel hierzu gegeben.

In dem Stifte Fulda war die evangelische Religionsübung bereits von sechs Äbten geduldet worden, und auch der junge Abt Balthasar von Dernbach, genannt Gravel, versprach bei seiner Wahl im Jahre 1570, es dabei zu lassen. Allein, sei es, daß die Gunst, die ihm der päpstliche Hof zuteil werden ließ, seinen Ehrgeiz entflammte oder daß er in der Herstellung des Katholizismus die Mittel sah, seine allerdings unbedeutende Macht zu vermehren, oder daß wirklich eine tiefere Sinnesänderung in ihm stattfand: allmählich zeigte er sich dem Protestantismus nicht allein abgeneigt, sondern feindselig. Zuerst berief er die Jesuiten. Er kannte keinen, er hatte nie ein Kollegium gesehen; nur der allgemeine Ruf, die Schilderung, die ihm ein paar Schüler des Kollegiums von Trier machten, und vielleicht die Empfehlungen Daniel Brendels bestimmten ihn. Mit Vergnügen kamen die Ordensmänner; Mainz und Trier stifteten hier eine gemeinschaftliche Kolonie: der Abt baute ihnen Haus und Schule und wies ihnen eine Pension an; er

[1] Joh. Wolf, Geschichte und Beschreibung von Heiligenstadt S. 59

selbst, denn noch war er sehr unwissend, nahm bei ihnen Unterricht[1].

Zunächst mit seinem Kapitel, das in Dingen dieser Art ein Wort mitzusprechen hatte und diese Berufung keineswegs billigte, geriet der Abt hierdurch in ein schlechtes Verhältnis; bald aber griff er auch die Stadt an. Er bekam dazu die erwünschteste Gelegenheit.

Der Pfarrer von Fulda, der bisher die evangelische Lehre gepredigt, trat zu dem Katholizismus zurück und fing wieder an, die Taufe lateinisch zu vollziehen, das Abendmahl nur unter einer Gestalt zu reichen. Die Bürgerschaft, des evangelischen Ritus längst gewohnt, wollte sich dies nicht so gutwillig gefallen lassen und forderte die Entfernung dieses Pfarrers. Sie fand, wie man denken kann, kein Gehör. Nicht allein ward in der Hauptkirche der katholische Ritus streng ausgeübt; auch aus den Nebenkirchen wurden die evangelischen Prediger nach und nach verwiesen und Jesuiten eingesetzt. Schon vertauschte der Abt seine protestantischen Räte und Beamten mit katholischen.

Es war vergebens, daß der Adel hiergegen Vorstellungen machte; gleichsam verwundert entgegnete Abt Balthasar: er hoffe, man werde ihm nicht Maß geben wollen, wie er die ihm von Gott befohlene Landschaft zu regieren habe. Einige mächtige Reichsfürsten ordneten eine Gesandtschaft an ihn ab, um ihn zur Einstellung seiner Neuerungen, zur Entfernung der Jesuiten zu bewegen; aber er blieb unerschütterlich. Vielmehr bedrohte er bereits auch die Ritterschaft. Sie nahm eine Art von Reichsunmittelbarkeit in Anspruch, welche sehr beschränkt worden wäre, wenn der geistliche Oberherr religiösen Gehorsam hätte erzwingen dürfen.

Und so erhob sich der Katholizismus, der bereits besiegt scheinen konnte, mit verjüngter Kraft in Deutschland. Die mannigfaltigsten Motive trugen dazu bei: der Religion und der Lehre, die wieder um sich griff, der durch die Beschlüsse von Trient erneuerten kirchlichen Unterordnung: vornehmlich auch Beweggründe der inneren Politik; es lag am Tage, wie viel mächtiger ein Fürst

[1] Reiffenberg, Historia societatis Jesu ad Rhenum inferiorem I, VI, II, der an dieser Stelle die Notizen des Sacchinus (III, VII, 68) aus einem für ihn gefertigten Traktat des Jesuiten Feurer vermehrt. Von protestantischer Seite: Beschwerden der Stadt Fulda und desselben Stiftes Ritterschaft, bei Lehmann, De pace religionis II, IX, 257.

wurde, wenn die Untertanen seinem Glauben folgten. Zwar hatte die kirchliche Restauration erst einzelne Punkte eingenommen; aber sie boten eine unermeßliche Aussicht dar. Namentlich mußte es von der größten Wichtigkeit werden, daß sich dem Verfahren der geistlichen Fürsten kein nachdrücklicher Widerspruch entgegensetzte. Bei dem Religionsfrieden hatte man die protestantischen Gemeinden in den geistlichen Gebieten durch eine besondere kaiserliche Deklaration zu sichern gesucht; die geistlichen Fürsten leugneten jetzt, von dieser Deklaration zu wissen; auf keinen Fall kümmerten sie sich darum. Die kaiserliche Macht war nicht stark, nicht entschlossen genug, um eine durchgreifende Entscheidung hiergegen zu fassen, geschweige denn geltend zu machen. In den Reichsversammlungen selbst war nicht Energie und Einheit genug, um darüber zu halten; – die größten Veränderungen geschahen ohne alles Geräusch, ohne daß man sie recht bemerkte, ohne daß man sie auch nur in den Geschichtsbüchern aufzeichnete, gleich als könnte es nicht anders sein.

Gewalttätigkeiten in den Niederlanden und in Frankreich

Während nun die katholischen Bestrebungen in Deutschland so mächtig vordrangen, erhoben sie sich auch in den Niederlanden und in Frankreich, wiewohl auf eine sehr abweichende Art.

Der Grundunterschied ist, daß es in diesen Ländern starke zentrale Gewalten gab, welche an jeder Bewegung selbsttätigen Anteil nahmen, die religiösen Unternehmungen leiteten und von dem Widerstand unmittelbar berührt wurden.

Die Verhältnisse haben deshalb eine größere Einheit, die Unternehmungen mehr Zusammenhang und Nachdruck.

Man weiß, wie mancherlei Maßregeln Philipp II. im Anfange seiner Regierung in den Niederlanden zur Einführung eines vollkommenen Gehorsams ergriff; von einer nach der anderen mußte er abstehen; nur an denen hielt er mit unerbittlicher Strenge fest, die zur Behauptung des Katholizismus, der geistlichen Einheit dienen sollten.

Durch die Errichtung neuer Erzbistümer und Bistümer veränderte er die geistliche Verfassung des Landes vollkommen; keinen

Widerspruch ließ er sich darin stören, keine Berufung auf Rechte, die er allerdings dadurch verletzte.

Diese Bistümer bekamen aber eine doppelte Bedeutung, seitdem das Tridentinische Konzilium die Kirchendisziplin so ausnehmend geschärft hatte. Nach kurzem Bedenken nahm Philipp II. die Dekrete des Konziliums an und ließ sie auch in den Niederlanden verkündigen. Das Leben, das bisher Mittel gefunden, sich ohne großen Zwang zu bewegen, sollte unter scharfe Aufsicht genommen und auf das strengste einer Form unterworfen werden, der es eben sich zu entziehen im Begriff stand.

Dazu kamen nun die Strafbefehle, deren in den Niederlanden schon unter der vorigen Regierung so viele gegeben worden, der Eifer der Inquisitoren, den das neue römische Tribunal von Tag zu Tage mehr anspornte.

Die Niederländer unterließen nichts, um den König zu einer Milderung der Strenge zu bewegen, und zuweilen schien es wohl, als sei er dazu geneigt; Graf Egmont glaubte bei seiner Anwesenheit in Spanien Zusicherungen davon empfangen zu haben. Jedoch es war schon an sich schwer zu erwarten. Wir berührten, wie sehr die Herrschaft Philipps II. allenthalben auf einem geistlichen Moment beruhte: hätte er den Niederländern Konzessionen gemacht, so würde man deren auch in Spanien gefordert haben, wo er sie niemals gewähren konnte. Es lag auch über ihm – verkennen wir es nicht – eine zwingende Notwendigkeit. Aber außerdem waren dies die Zeiten, in welchen die Erhebung und die ersten Handlungen Pius V. in der ganzen katholischen Christenheit einen neuen Eifer hervorbrachten; auch Philipp II. fühlte eine ungewohnte Hingebung für diesen Papst und lieh seinen Ermahnungen ein offenes Ohr; eben schlug man den Anfall der Türken von Malta ab, und die Devoten, die Feinde der Niederländer, mögen, wie der Prinz von Oranien vermutet, den Eindruck des Sieges benutzt haben, um den König zu einem heftigen Entschluß zu bringen[1]. Genug, gegen Ende 1565 erfolgte ein Edikt, das alle vorhergegangenen an Strenge übertraf.

Die Strafbefehle, die Schlüsse des Konziliums und der seitdem gehaltenen Provinzialsynoden sollten unverbrüchlich gehandhabt, allein von den Inquisitoren das Erkenntnis über geistliche Vergehen ausgeübt werden. Alle Behörden wurden angewiesen, dazu

[1] Der Prinz hat Granvella in Verdacht. S. sein Schreiben in den Archives de la maison d'Orange-Nassau I, 289.

Beistand zu leisten. In jeder Provinz sollte ein Kommissar über die Ausführung dieser Anordnung wachen und darüber von drei zu drei Monaten Bericht erstatten[1].

Es liegt am Tage, daß hierdurch eine geistliche Regierung eingeführt werden mußte, wenn nicht ganz wie in Spanien, doch gewiß wie in Italien.

Hierüber erfolgte nun anfangs, daß sich das Volk bewaffnete, der Bildersturm ausbrach, das ganze Land in Feuer und Flamme geriet; es kam ein Augenblick, wo die Staatsgewalt sogar zur Nachgiebigkeit genötigt wurde; – aber, wie es zu geschehen pflegt, die Gewaltsamkeiten zerstörten ihren eigenen Zweck; die gemäßigten und ruhigen Einwohner wurden dadurch erschreckt und der Regierung Hilfe zu leisten bewogen; die Oberstatthalterin behielt den Sieg: nachdem sie die rebellischen Ortschaften eingenommen, durfte sie bereits wagen, den Beamten, ja den Lehnsleuten des Königs überhaupt, einen Eid vorzulegen, durch den sie sich zur Erhaltung des katholischen Glaubens, zur Bekämpfung der Ketzer förmlich verpflichteten[2].

Dem Könige aber schien dies noch nicht genug. Es war der unglückliche Moment, in welchen die Katastrophe seines Sohnes Don Carlos fällt; nie war er strenger, unbeugsamer. Der Papst ermahnte ihn noch einmal, kein Zugeständnis zum Nachteil des Katholizismus zu machen; der König versicherte S. Heiligkeit, „er werde nicht dulden, daß die Wurzel einer bösartigen Pflanze in den Niederlanden verbleibe: er wolle die Provinzen entweder verlieren oder die katholische Religion darin aufrecht erhalten"[3]. Um seine Absichten zu vollbringen, schickte er noch, nachdem die Unruhen beigelegt waren, seinen besten Feldherrn, den Herzog von Alba, und ein treffliches Heer in die Niederlande hinüber.

Fassen wir wenigstens den Grundgedanken auf, aus welchem das Verfahren Albas hervorging.

Alba war überzeugt, daß man in gewaltsamen, revolutionären Bewegungen eines Landes alles ausrichte, wenn man sich der

[1] Strada nach einer Formel vom 18. Dezember 1565, lib. IV, p. 91.

[2] Brandt, Histoire de la réformation des Pays-bas I, 156.

[3] Cavalli, Dispaccio di Spagna 7 Ag. 1567: Rispose il re, che quanto alle cose della religione S. Stà stasse di buon animo, che ovvero si han da perder tutti quei stati o che si conserverà in essi la vera cattolica religione, nè comporterà che vi rimanghi, per quanto potrà far lui, alcuna radice di mala pianta.

Häupter entledige. Daß Karl V. nach so vielen und großen Siegen aus dem Deutschen Reiche so gut wie verstoßen worden war, leitete er von der Nachsicht dieses Fürsten her, der die Feinde, welche in seine Hand gefallen, verschont habe. Es ist oft von der Verbindung die Rede gewesen, welche im Jahre 1565 bei der Zusammenkunft von Bayonne zwischen Franzosen und Spaniern geschlossen worden, von den Verabredungen, die man getroffen habe; von allem, was man darüber gesagt hat, ist nur so viel gewiß, daß der Herzog von Alba die Königin von Frankreich aufforderte, sich der Oberhäupter der Hugenotten, auf welche Weise auch immer, zu entledigen. Was er damals geraten, trug er kein Bedenken jetzt selbst auszuführen. Philipp II. hatte ihm einige mit der königlichen Unterschrift versehene Blanketts mitgegeben. Der erste Gebrauch, den er davon machte, war, daß er Egmont und Horn gefangensetzen ließ, von denen er annahm, daß sie an den vorigen Bewegungen Schuld gehabt. „Heilige katholische Majestät", fängt der Brief an, den er an den König hierüber schrieb und der doch zu beweisen scheint, daß er dazu keinen ausdrücklichen Befehl hatte, „nachdem ich in Brüssel angelangt bin, habe ich gehörigen Orts die nötigen Erkundigungen eingezogen und mich darauf des Grafen von Egmont versichert, auch den Grafen von Horn und einige andere verhaften lassen."[1] Will man wissen, weshalb er das Jahr darauf die Gefangenen zur Hinrichtung verurteilte? Es war nicht etwa eine aus dem Prozeß entsprungene Überzeugung ihrer Schuld; – es fiel ihnen mehr zur Last, daß sie die Bewegungen nicht verhindert, als daß sie dieselben veranlaßt hatten; auch war es kein Befehl des Königs, der es vielmehr dem Herzog überließ, die Exekution zu vollziehen oder auch nicht, je nachdem er es für dienlicher halte; – der Grund war folgender: Eine kleine Schar Protestanten war in das Land eingedrungen; zwar hatte sie nichts von Bedeutung ausgerichtet, aber bei Hei-

[1] Dispaccio di Cavalli, 16 Sett. Die bisherige Regentin ließ sich über die Gefangennehmung bei dem Könige beklagen. Der König antwortete: er habe sie nicht befohlen. Um dies zu beweisen, zeigte er den Brief von Alba vor, von dem uns die beweisende Stelle hierbei mitgeteilt wird. Sie lautet: Sacra cattolica Maestà, da poi ch' io gionsi in Brusselles, pigliai le information da chi dovea delle cose di qua, onde poi mi son assicurato del conte di Agmon e fatto ritener il conte d'Orno con alquanti altri. Sarà ben che V. M. per bon rispetto ordini ancor lei che sia fatto l'istesso di Montigni (der in Spanien war) e suo adjutante di camera. – Hierauf erfolgte die Gefangennehmung Montignys.

ligerlee hatte sie doch einen Vorteil erfochten, und ein königlicher Feldhauptmann von vielem Ruf, der Herzog von Arenberg, war dabei geblieben. In seinem Schreiben an den König sagt nun Alba: er habe bemerkt, daß das Volk durch diesen Unfall in Gärung geraten und trotzig geworden sei; er habe es für notwendig gehalten, den Leuten zu zeigen, daß er sie nicht fürchte, in keinerlei Weise; auch habe er ihnen die Lust benehmen wollen, durch neue Unruhen die Befreiung der Gefangenen zu bewerkstelligen; so sei er zu dem Entschlusse gekommen, die Exekution sofort an ihnen vollziehen zu lassen. So mußten die edlen Männer sterben, deren ganzes Verbrechen in der Verteidigung der althergebrachten Freiheiten ihres Landes bestand, an denen keine todeswürdige Schuld zu entdecken war; mehr der momentanen Rücksicht einer trotzigen Politik als dem Rechtsprinzip zum Opfer fielen sie. Eben damals erinnerte sich Alba an Karl V., dessen Fehler er nicht auch begehen wollte[1].

Wir sehen, Alba war grausam aus Grundsatz. Wer hätte vor dem furchtbaren Tribunal, das er unter dem Namen des Rates der Unruhen einrichtete, Gnade gefunden? Mit Verhaftungen und Exekutionen regierte er die Provinzen; die Häuser der Verurteilten riß er nieder, ihre Güter zog er ein. Mit den kirchlichen verfolgte er zugleich die politischen Zwecke: die alte Gewalt der Stände bedeutete nichts mehr; spanische Truppen erfüllten das Land, und in der wichtigsten Handelsstadt ward ihnen eine Zitadelle errichtet; mit hartnäckigem Eigensinn bestand Alba auf die Eintreibung der verhaßtesten Abgaben, und in Spanien wunderte man sich nur – denn auch von dort zog er bedeutende Summen –, was er mit alle dem Gelde mache; aber wahr ist es: das Land war gehor-

[1] Cavalli teilt beim 3. Juli 1568 auch dies Schreiben im Auszuge mit. Es ist womöglich noch merkwürdiger als das obige. Capitò qui l'avviso della giustitia fatta in Fiandra contra di quelli poveri signori prigioni, intorno alla quale scrive il D. d'Alva, che havendo facoltà di S. M. di far tal esecutione o soprastare secondo che havesse riputato piu espediente del suo servitio, che però vedendo li popoli un poco alterati et insuperbiti per la morte d'Arenberg e rotta di quelli Spagnoli, havea giudicato tempo opportuno e necessario per tal effetto per dimostrar di non temer di loro in conto alcuno, e poner con questo terrore a molti levandoli la speranza di tumultuar per la loro liberatione, e fuggir di cascar nell' errore nel quale incorse l'imperatore Carlo, il qual per tener vivo Saxonia e Langravio diede occasione di nova congiura, per la quale S. M. fu cacciata con poca dignità della Germania e quasi dell' impero.

sam; kein Mißvergnügter rührte sich; jede Spur des Protestantismus verschwand; die Verjagten in der Nachbarschaft hielten sich still.

„Monsignore", sagte während dieser Ereignisse ein Geheimer Rat Philipps II. zu dem päpstlichen Nuntius, „seid ihr nun mit dem Verfahren des Königs zufrieden?" Der Nuntius erwiderte lächelnd: „Ganz zufrieden."

Alba selbst glaubte ein Meisterstück ausgeführt zu haben. Nicht ohne Verachtung blickte er auf die französische Regierung, welche in ihrem Lande niemals Herr zu werden vermochte.

In Frankreich war nämlich auf jene dem Protestantismus gewährten gesetzlichen Zugeständnisse eine starke Reaktion gegen denselben erfolgt.

Sie ging von den Magnaten aus, welche weder eine so große Abweichung von dem bisherigen System des Glaubens und Lebens dulden, noch der Regierung, wie sie damals war, freie Hand lassen wollten. Es gelang ihnen, diese selbst durch Überredung oder Gewalt in ihre Hände zu bringen und eine Veränderung in den leitenden Intentionen durchzusetzen, die mit blutigen Konflikten verbunden war.

Wohl hatten auch die Protestanten mächtige und entschlossene Oberhäupter an ihrer Spitze, die der Gewalt mit Gewalt antworteten.

Schon an sich konnte jedoch der Ausbruch des Bürgerkrieges, die enge Verbindung der religiösen Interessen mit den Faktionen des Staates und des Hofes dem Fortgang des Bekenntnisses nicht nützlich werden. Solange die Anhänger der Reform sich friedlich hielten, schien sich alles zu ihnen hinzuneigen. Als sie aber, um sich zu behaupten, von ihren Führern fortgerissen zu den Waffen griffen und Gewaltsamkeiten begingen, wie sie nun einmal vom Kriege unzertrennlich sind, als, wenn wir so sagen dürfen, die Christaudins Hugenotten wurden, verloren sie die Gunst der öffentlichen Meinung. „Was ist das für eine Religion?" fragte man: „wo hat Christus befohlen, den Nächsten zu berauben, sein Blut zu vergießen?" Die Bevölkerung von Paris ward von Anfang an durch die stolze und drohende Haltung, welche der Prinz von Condé annahm, der als das Oberhaupt der Hugenotten erschien, bewogen, sich an die katholischen Regenten anzuschließen. Die waffenfähige Mannschaft der Stadt ward militärisch organisiert; die Kapitäne, denen die Anführung anvertraut ward, mußten vor allen Dingen katholisch sein. Die Mitglieder der Universität, des Parlamentes, die so zahlreiche Klasse der Advokaten eingeschlossen, mußten eine Glaubensformel von rein katholischem Inhalte unterzeichnen. Alle Anstalten des städtischen Lebens trugen eine antiprotestantische Farbe.

Unter dem Einflusse dieses Umschlags der Dinge haben sich die Jesuiten in Frankreich festgesetzt. Sie fingen hier ziemlich klein an; sie mußten sich mit Kollegien in Billon, Tournon, die ihnen ein paar geistliche Herren, ihre Verehrer, eröffneten, begnügen, Orten, vom Mittelpunkt des Landes entfernt, wo sich niemals etwas Bedeutendes ausrichten ließ. In den großen Städten, vor allen in Paris, fanden sie anfangs den hartnäckigsten Widerstand: bei der Sorbonne, dem Parlament, dem Erzbischof, die sämtlich durch die Privilegien und den Geist des Ordens beeinträchtigt zu werden fürchteten. Da sie aber die Gunst der eifrigen Katholiken und besonders des Hofes erwarben, der dann nicht müde ward, sie zu empfehlen „wegen ihres musterhaften Lebens, ihrer reinen Lehre, so daß viele Abgewichenen durch sie zum Glauben zurückgeführt worden und Orient und Okzident durch ihre Bemühung das Angesicht des Herrn erkenne“[1], da jene Veränderung der öffentlichen Stimmung hinzukam, so drangen sie endlich durch und gelangten in dem Jahre 1564 zu dem Rechte zu unterrichten. Da hatte sich ihnen auch schon Lyon eröffnet. War es mehr Glück oder mehr Verdienst: sie vermochten sogleich mit einigen glänzenden Talenten aufzutreten. Den hugenottischen Predigern setzten sie Edmund Augier entgegen, der in Frankreich geboren, aber in Rom unter Ignatius erzogen war, von dem die Protestanten selbst gesagt haben sollen: hätte er nicht den katholischen Ornat an seinem Leibe, so würde es nie einen größeren Redner gegeben haben; – er brachte durch Rede und Schrift einen ungemeinen Eindruck hervor. Namentlich in Lyon wurden die Hugenotten vollkommen besiegt, ihre Prediger verjagt, ihre Kirchen zerstört,

[1] In einer Handschrift der Berliner Bibliothek, MSS. Gall. n. 75, findet sich unter anderen auch folgendes Stück: Deliberations et consultations au parlement de Paris touchant l'establissement des Jesuites en France, in welchem besonders die Botschaften des Hofes an das Parlament zugunsten der Jesuiten enthalten sind. „Infracta et ferocia pectora“, heißt es darin, „gladio fidei acuto penetrarunt.“

ihre Bücher verbrannt; den Jesuiten dagegen ward 1567 ein prächtiges Kollegium errichtet. Auch einen ausgezeichneten Professor hatten sie, Maldonat, dessen Bibelerklärung die Jugend in Scharen herbeizog und fesselte. Von diesen Hauptstädten nun durchzogen sie das Reich nach allen Richtungen: in Toulouse, in Bordeaux siedelten sie sich an; allenthalben, wo sie erschienen, wuchs die Zahl der katholischen Kommunikanten. Einen ungemeinen Beifall erwarb sich der Katechismus des Augier: binnen acht Jahren sind allein in Paris 38000 Exemplare verkauft worden[1].

Überhaupt begann der katholische Geist der Franzosen, eben in seinem Gegensatz zu den Hugenotten, sich wieder in aller seiner Energie zu regen. Als diese, aus Furcht, daß ihnen ein ähnliches Schicksal wie den Niederländern bevorstehe, aufs neue zu den Waffen gegriffen und sich ein günstiges Pazifikationsedikt errungen hatten, weigerte sich ein großer Teil der französischen Städte, es auszuführen; in den Provinzen wurden Vereinigungen zur Aufrechterhaltung der katholischen Religion zwischen den verschiedenen Ständen geschlossen, welche selbst für die Regierung bedrohend lauteten, wenn sie nicht desselben Sinnes wäre. Aber schon war auch Katharina Medici, entrüstet über die neue Waffenerhebung der Hugenotten, sehr geneigt, sie ihre Macht fühlen zu lassen. Das Beispiel Albas zeigte, wie viel sich mit einem standhaften Willen erreichen lasse; der Papst, der den Hof unaufhörlich ermahnte, die Frechheit der Rebellen nicht noch mehr wachsen zu lassen, ihr keinen Augenblick länger zuzusehen, fügte seinen Ermahnungen endlich auch die Erlaubnis zu einer Veräußerung von Kirchengütern hinzu, aus welcher anderthalb Millionen Livres in die Kassen flossen[2]. Und so legte Katharina Medici dem französischen Adel, ungefähr wie ein Jahr früher die Statthalterin dem niederländischen, einen Eid vor, kraft dessen er jeder Verbindung entsagen sollte, die ohne Vorwissen des Königs geschlossen sei[3]; sie forderte die Entfernung aller Magistrate in den Städten, die sich neuer Meinungen verdächtig gemacht; sie erklärte

[1] Man findet diese Notizen bei Orlandinus und seinen Fortsetzern: pars I, lib. VI, n. 30. II, IV, 84. III, III, 169 u. f. – Juvencius V, 24, 769 teilt eine Lebensbeschreibung von Augier mit.

[2] Catena: Vita di Pio V, p. 79.

[3] Der Eid bei Serranus: Commentarii de statu religionis in regno Galliae III, 153

im September 1568 Philipp II., sie werde keine Religion dulden als die katholische, und schritt zum Kriege.

Er ward von der gesamten katholischen Seite mit außerordentlichem Eifer unternommen. Der König von Spanien schickte den Franzosen auf Bitten des Papstes und aus eigenem Antriebe neue geübte und wohlangeführte Truppen zu Hilfe, und diese entschlossen sich, dieselbe anzunehmen. Pius V. ließ Kollekten im Kirchenstaate, Beisteuern von den italienischen Fürsten einsammeln; ja, er selbst, der Heilige Vater, schickte auch seinerseits eine kleine Armee über die Alpen, eben die, der er jene grausame Weisung gab, jeden Hugenotten zu töten, der in ihre Hände gerate, keinen Pardon zu erteilen.

Auch die Hugenotten nahmen sich zusammen, auch sie waren voll religiösen Eifers; in den päpstlichen Soldaten sahen sie das Heer des Antichrist, das gegen sie heranrücke; auch sie gaben keinen Pardon; an auswärtiger Hilfe fehlte es ihnen ebensowenig: – jedoch bei Moncontour wurden sie völlig geschlagen.

Mit welcher Freude stellte Pius V. dann die eroberten Standarten, die man ihm zugesandt, in St. Peter und St. Johann Lateran auf! Er faßte die kühnsten Hoffnungen. Eben unter diesen Umständen war es, daß er die Exkommunikation der Königin Elisabeth aussprach. Er schmeichelte sich zuweilen mit dem Gedanken, eine Unternehmung gegen England noch einmal persönlich anzuführen. So weit kam es nun freilich nicht.

Wie es so oft geschehen, trat auch jetzt am französischen Hofe ein Umschwung der Stimmung ein, der, auf leichtem persönlichem Verhältnis beruhend, eine große Veränderung in den wichtigsten Angelegenheiten herbeiführte.

Der junge König Karl IX. mißgönnte seinem Bruder, Herzog von Anjou, der bei Moncontour angeführt hatte, die Ehre, die Hugenotten zu besiegen, das Königreich zu beruhigen. Seine Umgebung bestärkte ihn darin; auch sie war auf die Umgebung Anjous eifersüchtig. Mit der Ehre, fürchteten sie, würde die Macht Hand in Hand gehen. Nicht allein wurden nun die erfochtenen Vorteile auf das langsamste verfolgt; in kurzem trat der streng katholischen Partei, die sich um Anjou sammelte, an dem Hofe eine andere, gemäßigte entgegen, welche eine gerade entgegengesetzte Politik einschlug. Sie schloß Frieden mit den Hugenotten und zog die Häupter derselben an den Hof. Im Jahre 1569 hatten die Franzosen im Bunde mit Spanien und dem Papste die Königin von

England zu stürzen gesucht; im Sommer 1572 erblicken wir sie im Bunde mit derselben Königin, um den Spaniern die Niederlande zu entreißen.

Indessen war doch dies eine zu rasche, zu wenig vorbereitete Veränderung, als daß sie sich hätte halten können. Die gewaltsamste Explosion erfolgte, unter der zuletzt alles wieder in den früheren Gang einbog.

Es ist wohl nicht anders, als daß die Königin Katharina Medici, während sie auf die Politik, die Pläne der herrschenden Partei, die wenigstens zum Teil, insofern sie ihren jüngsten Sohn Alençon auf den Thron von England befördern zu müssen schienen, auch in ihrem Interesse lagen, nicht ohne Lebhaftigkeit und Wärme einging, dennoch alles zur Ausführung eines entgegengesetzten Schlages vorbereitete. Sie trug, soviel sie konnte, dazu bei, daß die Hugenotten nach Paris kamen; so zahlreich sie auch waren, so wurden sie doch hier von einer bei weitem überlegenen, militärisch organisierten, fanatisch erregbaren Population umgeben und festgehalten. Schon im voraus ließ sie dem Papste ziemlich deutlich anzeigen, was sie hiermit beabsichtige. Hätte sie aber auch noch gezweifelt, so würden die Umstände sie haben bestimmen müssen, welche in diesem Momente eintraten. Den König selbst gewannen die Hugenotten; das Ansehen der Mutter schienen sie zu überwinden, zu verdrängen; in dieser persönlichen Gefahr zögerte sie nicht länger. Mit der unwiderstehlichen und magischen Gewalt, die sie über ihre Kinder ausübte, erweckte sie in dem Könige den ganzen Fanatismus, der in ihm schlief; es kostete ihr ein Wort, um das Volk in die Waffen zu bringen; sie sprach es aus; von den vornehmsten Hugenotten ward jeder seinem persönlichen Feinde zugewiesen. Katharina hat gesagt, sie habe nur sechs Menschen umzubringen gewünscht; nur deren Tod nehme sie auf ihr Gewissen; – es sind bei 50000 umgebracht worden[1].

Und so überboten die Franzosen noch die niederländischen Unternehmungen der Spanier. Was diese mit berechnender Überlegung unter den gesetzlichen Formen nach und nach vollführten, setzten jene in der Hitze der Leidenschaft ohne alle Form mit Hilfe fanatisierter Massen ins Werk. Der Erfolg schien derselbe zu sein. Es war kein Oberhaupt übrig, zu dessen Namen die zerstreuten Huge-

[1] Ich beziehe mich hierbei der Kürze wegen auf meine Abhandlung über die *Bartholomäusnacht* in der historisch-politischen Zeitschrift II, 581 und S. W. XII, 97.

notten sich hätten sammeln können; viele flohen; unzählige ergaben sich; von Ort zu Ort ging man wieder in die Messe; die Predigten verstummten. Mit Vergnügen sah sich Philipp II. nachgeahmt und übertroffen: er bot Karl IX., der nun erst ein Recht auf den Titel eines allerchristlichsten Königs erworben habe, zur Vollendung dieser Unternehmung die Kraft seines Armes an. Papst Gregor XIII. beging den großen Erfolg durch eine feierliche Prozession nach San Luigi. Die Venezianer, die hierbei kein besonderes Interesse zu haben schienen, drücken in amtlichen Schreiben an ihre Gesandten ihr Wohlgefallen „an dieser Gnade Gottes“ aus.

Könnten aber wohl Attentate von so blutiger Natur jemals gelingen? Widerstreiten sie nicht dem tieferen Geheimnis der menschlichen Dinge, den unbegriffenen, in dem Innern wirksamen, unverletzlichen Prinzipien der ewigen Weltordnung? Die Menschen können sich verblenden; das Gesetz der geistigen Weltordnung, auf dem ihr Dasein beruht, können sie nicht erschüttern. Mit der Notwendigkeit beherrscht es sie, die den Gang der Gestirne regelt.

Widerstand der Protestanten in den Niederlanden, Frankreich und Deutschland

Macchiavell gibt seinem Fürsten der Rat, die Grausamkeiten, die er für nötig halte, rasch hintereinander zu vollziehen, hierauf aber allmählich die Gnade eintreten zu lassen.

Es schien beinahe, als wollten die Spanier in den Niederlanden diese Lehre wörtlich befolgen. Es schien, als fänden sie am Ende selbst, daß Güter genug eingezogen, Köpfe genug abgeschlagen worden, daß die Zeit der Gnade gekommen sei. Im Jahre 1572 ist der venezianische Gesandte in Madrid überzeugt, daß Oranien Verzeihung erhalten würde, wenn er darum bitten sollte. Der König empfängt die niederländischen Deputierten, welche gekommen sind, ihn um die Zurücknahme der Auflage des zehnten Pfennigs zu ersuchen, mit vieler Güte und dankt ihnen sogar für ihre Bemühungen; er hatte beschlossen, Alba zurückzurufen und einen milderen Statthalter hinüberzusenden.

Jedoch schon war es zu spät. Noch infolge jener französisch-englischen Verbindung, welche der Bluthochzeit vorausging, brach die Empörung aus. Alba hatte geglaubt, am Ende zu sein;

der Kampf fing jedoch nun erst eigentlich an. Alba schlug wohl den Feind, so oft er ihn im offenen Felde traf; aber an den Städten von Holland und Seeland, wo die religiöse Bewegung am tiefsten gegriffen und der Protestantismus sich sogleich zu lebendigen Organisationen gestaltet hatte, fand er einen Widerstand, den er nicht zu überwinden vermochte.

Als in Harlem alle Lebensmittel ausgegangen, bis auf das Gras, das zwischen den Steinen wächst, beschlossen die Einwohner noch, sich mit Weib und Kind durchzuschlagen; zwar nötigte sie die Zwietracht ihrer Besatzung, zuletzt Gnade anzunehmen, aber sie hatten doch gezeigt, daß man den Spaniern widerstehen könne. In Alkmar schloß man sich erst in dem Augenblicke an den Prinzen von Oranien, als der Feind schon vor den Toren angekommen; so heldenmütig wie der Entschluß, war die Verteidigung: es wäre keiner vom Platze gewichen, er wäre denn schwer verwundet gewesen: vor diesen Wällen zuerst scheiterten die Angriffe der Spanier. Das Land schöpfte Atem: ein neuer Mut erfüllte die Gemüter. Die Leidener erklärten, ehe sie sich ergäben, würden sie lieber ihren linken Arm aufessen, um sich indeß mit dem rechten noch zu verteidigen. Sie faßten den kühnen Anschlag, die Wogen der Nordsee wider die Belagerer zu Hilfe zu rufen, ihre Dämme zu durchstechen. Schon hatte ihr Elend den höchsten Grad erreicht, als ein im rechten Augenblick eintreffender Nordwest das Meer ein paar Fuß hoch in das Land trieb und den Feind verjagte.

Da hatten auch die französischen Protestanten sich wieder ermannt. Sobald sie wahrnahmen, daß ihre Regierung, jenem wilden Anlaufe zum Trotz, schwanke, zaudere, widersprechende Maßregeln ergreife, setzten sie sich zur Wehr, und aufs neue kam es zum Kriege. Wie Leiden und Alkmar, so verteidigten sich Sancerre und Rochelle. Die Frauen stritten mit den Männern um die Wette. Es war die Heldenzeit des westeuropäischen Protestantismus.

Jenen Greueltaten, wie sie von den mächtigsten Fürsten begangen oder gutgeheißen worden, setzte sich an einzelnen namenlosen Punkten ein Widerstand entgegen, den keine Gewalt zu bezwingen vermochte, dessen geheimnisvoller Ursprung die Tiefe religiöser Überzeugung selber war.

Und nun kann es hier nicht unsere Absicht sein, Gang und Wechselfälle des Krieges in Frankreich und den Niederlanden zu beobachten; es würde uns zu weit von dem Mittelpunkte unseres

Gegenstandes entfernen; auch ist es in vielen anderen Büchern beschrieben: – genug, die Protestanten hielten sich.

In Frankreich mußte sich die Regierung bereits 1573 und darauf in den folgenden Jahren mehrere Male zu Verträgen entschließen, welche den Hugenotten die alten Zugeständnisse erneuerten.

In den Niederlanden war im Jahre 1576 die Macht der Regierung völlig in sich zerfallen. Da die spanischen Truppen, denen man ihren Sold nicht gezahlt, in offener Empörung waren, hatten sich alle Provinzen wider sie vereinigt, die getreu verbliebenen mit den abgefallenen, die noch zum größeren Teil katholischen mit den völlig protestantischen. Die Generalstaaten nahmen die Verwaltung selbst in ihre Hand, ernannten Generalkapitäne, Statthalter, Magistrate, besetzten die festen Plätze mit ihren, nicht mit des Königs Truppen[1]. Der Bund zu Gent ward geschlossen, in welchem die Provinzen einander versprachen, die Spanier zu vertreiben und entfernt zu halten. Der König schickte seinen Bruder, der für einen Landsmann, einen Niederländer gelten konnte, hinüber, um sie zu regieren, wie sie Karl V. regiert hatte. Aber Don Johann ward nicht einmal anerkannt, ehe er nicht die vornehmsten Forderungen, die man ihm machte, zu erfüllen versprach: die Genter Pazifikation mußte er annehmen, die spanischen Truppen entlassen; und kaum regte er sich, von dem gespannten Zustand gedrängt, so erhob sich alles wider ihn: er ward für einen Feind des Landes erklärt, und die Oberhäupter der Provinzen beriefen einen anderen Prinzen des Hauses an seine Stelle.

Das Prinzip der lokalen Gewalt bekam die Oberhand über das fürstliche; das einheimische trug den Sieg davon über das spanische.

Notwendigerweise waren hiermit noch andere Folgen verknüpft. Einmal erlangten die nördlichen Provinzen, welche den Krieg geführt und dadurch diese Lage der Dinge möglich gemacht hatten, ein natürliches Übergewicht in den Sachen des Krieges und der Verwaltung; aber eben hierdurch geschah es dann, daß sich die reformierte Religion über die gesamten Niederlande ausbreitete. In Mecheln, Brügge, Ypern drang sie ein; in Antwerpen teilte man bereits die Kirchen nach den Bekenntnissen, und die Katholischen mußten sich zuweilen mit den Chören der Kirchen begnügen, die sie soeben ganz besessen; in Gent verschmolz die prote-

[1] Besonders wird diese Wendung der Dinge bei Tassis deutlich: III, 12—19.

stantische Tendenz mit einer bürgerlichen Bewegung und behielt die Oberhand vollkommen. In der Pazifikation war der alte Zustand der katholischen Kirche im ganzen gewährleistet worden; jetzt erließen die Generalstaaten ein Religionsedikt, welches beiden Bekenntnissen gleiche Freiheit gestattete. – Allenthalben, auch in den Provinzen, die am meisten katholisch waren, traten seitdem protestantische Regungen hervor; man konnte erwarten, daß der Protestantismus den Sieg überall davontragen würde.

Welch eine Stellung nahm nun der Prinz von Oranien ein: vor kurzem noch exiliert und der Begnadigung bedürftig; jetzt im Besitz einer wohlgegründeten Gewalt in den nördlichen Provinzen, Ruwart in Brabant, allmächtig in der Versammlung der Stände; von einer großen kirchlich-politischen Partei, die im Vordringen begriffen war, als ihr Haupt und Führer anerkannt; mit allen Protestanten in Europa in engem Bunde, zunächst mit seinen Nachbarn, den deutschen.

Denn auch in Deutschland trat den Angriffen der Katholiken von protestantischer Seite ein Widerstand entgegen, der noch immer große Aussichten hatte. Wir finden ihn in den allgemeinen Verhandlungen, bei den Versammlungen der Kurfürsten, auf den Reichstagen, wiewohl er es hier, der Natur der deutschen Geschäfte gemäß, zu keinem rechten Erfolge bringt; hauptsächlich wirft er sich, wie auch der Angriff, in die Territorien, die besonderen Landschaften.

Da kam es nun, wie wir sahen, am meisten auf die geistlichen Gebiete an. Es gab beinahe keines, wo nicht der Fürst einen Versuch gemacht hätte, das katholische Prinzip wieder zur Herrschaft zu erheben. Der Protestantismus, der sich auch noch fühlte, antwortete mit dem nicht minder weitaussehenden Beginnen, das geistliche Fürstentum selbst an sich zu bringen.

Im Jahre 1577 bestieg Gebhard Truchseß den erzbischöflichen Stuhl zu Köln. Es geschah hauptsächlich durch den persönlichen Einfluß des Grafen Nuenar auf das Kapitel, und sehr wohl wußte dieser große Protestant, wer es war, den er empfahl. In der Tat bedurfte es nicht erst, wie man gesagt hat, der Bekanntschaft Gebhards mit Agnes von Mansfeld, um ihm eine antikatholische Richtung zu geben. Gleich bei seinem feierlichen Einzug in Köln, als ihm die Klerisei in Prozession entgegenkam, stieg er nicht vom

Pferde, um, wie es das Herkommen wollte, das Kreuz zu küssen; in der Kirche erschien er im Soldatenrock; es gefiel ihm nicht, das Hochamt zu halten. Von allem Anfang hielt er sich an den Prinzen von Oranien; seine vornehmsten Räte waren Kalvinisten[1]; und da er nun kein Bedenken trug, Verpfändungen vorzunehmen, um Truppen zu werben, sich des Adels zu versichern suchte, auch unter den Kölner Zünften eine Partei begünstigte, die sich den katholischen Gebräuchen zu widersetzen anfing, so ließ sich alles zu der Absicht an, mit der er später wirklich hervortrat, das geistliche Kurfürstentum in ein weltliches zu verwandeln.

Gebhard Truchseß war zurzeit wenigstens noch äußerlich katholisch. Die benachbarten Stifte in Westfalen und Niedersachsen dagegen gerieten, wie wir schon bemerkten, unmittelbar in protestantische Hände. Von besonderer Bedeutung war das Aufkommen Herzog Heinrichs von Sachsen-Lauenburg. Noch in sehr jungen Jahren war er, obwohl ein guter Lutheraner, zu dem Erzbistum Bremen, hierauf zu dem Bistum Osnabrück, 1577 auch zu dem Bistum Paderborn postuliert worden[2]. Schon hatte er selbst in Münster eine große Partei, alle jüngeren Mitglieder des Kapitels, für sich, und nur durch einen unmittelbaren Eingriff Gregors XIII., der eine schon geschehene Abdankung für ungültig erklärte, und durch den ernstlichen Widerstand der Strengkatholischen ward seine Erhebung noch verhindert. Aber auch einen anderen Bischof hätte man dort nicht durchsetzen können.

Man sieht leicht, welch einen Aufschwung bei dieser Gesinnung der geistlichen Oberhäupter die protestantischen Meinungen in Rheinland-Westfalen nehmen mußten, wo sie ohnehin sehr verbreitet waren. Es bedurfte nur einer glücklichen Kombination, eines zum Ziel treffenden Schlages, um ihnen hier das entschiedene Übergewicht zu verschaffen.

Ja, auf ganz Deutschland hätte dies eine große Rückwirkung ausüben müssen. In dem oberen gab es für die Bistümer noch die nämlichen Möglichkeiten wie in dem niederen; noch war auch innerhalb der Territorien, wo die Restauration angefangen hatte, der Widerstand lange nicht erstickt.

Wie sehr erfuhr ihn jener Abt Balthasar von Fulda! Als die Fürsprache der benachbarten Fürsten, die Beschwerden beim Reichs-

[1] Maffei, Annali di Gregorio XIII. Tom. I, p. 331.
[2] Hamelmann, Oldenburgisches Chronikon S. 436.

tage nichts halfen, als der Abt ohne irgendeine Rücksicht mit seiner Restauration des Glaubens vorwärtsschritt und von Ort zu Ort ging, um sie allenthalben durchzusetzen, ward er eines Tages, im Sommer 1576, als er sich eben in dieser Absicht in Hamelburg befand, von seinem Adel mit bewaffneter Hand überfallen, in seinem Hause eingeschlossen und, da alles gegen ihn aufgebracht war, die Nachbarn es gern sahen, der Bischof von Würzburg selbst dazu die Hand bot, auf die Regierung seines Landes Verzicht zu leisten gezwungen[1].

Auch in Bayern drang doch Herzog Albrecht nicht sogleich überall durch. Er klagt dem Papste, sein Adel verzichte lieber ganz auf das Sakrament, als daß er es unter einer Gestalt nehmen sollte.

Und noch viel wichtiger war, daß in den österreichischen Ländern der Protestantismus immer mehr zu gesetzlicher Macht und Anerkennung gedieh. Unter der wohlbedachten Leitung Maximilians II. gelangte er nicht allein, wie wir berührten, in dem eigentlichen Österreich ob und unter der Enns zu einer festen Stellung, er ward auch in allen anderen Landschaften ausgebreitet. Kaum hatte dieser Kaiser z. B. die Grafschaft Glatz von ihren Pfandherren, den Herzögen von Bayern, wieder eingelöst (im Jahre 1567), so sah man auch hier Adel, Beamte, Städte, endlich die Mehrzahl des Volkes zu dem evangelischen Bekenntnis treten; der Landeshauptmann Hans von Pubschütz richtete sich auf eigene Hand ein protestantisches Konsistorium ein, mit dem er oft noch weiter ging, als der Kaiser gewünscht hätte. Allmählich erwarben auch hier die Stände einen hohen Grad von Autonomie, wie es denn überhaupt wohl die blühendste Epoche der Grafschaft war: der Bergbau in Aufnahme, die Städte reich und angesehen, der Adel gebildet; allenthalben wurden wüste Stellen ausgerodet und mit Dörfern besetzt[2]. Die Kirche zu Albendorf, zu der sich noch heute wallfahrende Scharen versammeln, um ein altes Muttergottesbild

[1] Schannat, Historia Fuldensis, pars III, p. 268. Vorzüglich merkwürdig ist das Schreiben des Abtes an Papst Gregor vom 1. August 1576, das dort aus dem vatikanischen Archiv mitgeteilt ist. „Clamantes“, sagt er von den Drohungen seiner Feinde, „nisi consentiam, ut administratio ditionis meae episcopo tradatur, non aliter se me ac canem rabidum interfecturos, tum Saxoniae et Hassiae principes in meum gregem immissuros.“

[2] Joseph Köglers Chronik von Glatz. Band I, Heft 2, S. 72. Der Verfasser war katholischer Pfarrer; seine Arbeit ist sehr gründlich und brauchbar.

zu küssen, war damals 60 Jahre lang von protestantischen Pfarrern verwaltet[1]; in der Hauptstadt zählte man einige Jahrzehnte später nur noch neun katholische und dagegen 300 evangelische Bürger. Man darf sich nicht wundern, wenn Papst Pius V. deshalb einen unaussprechlichen Widerwillen gegen den Kaiser faßte; als einst von dem Kriege desselben gegen die Türken die Rede war, sagte er geradezu, er wisse nicht, welchem Teile er den Sieg am wenigsten wünschen solle[2]. Unaufhaltsam drang aber unter diesen Umständen der Protestantismus auch in die innerösterreichischen Landschaften vor, in denen der Kaiser nicht unmittelbar zu befehlen hatte. Im Jahre 1568 zählte man in Krain bereits 24 evangelische Pfarren; 1571 war in der Hauptstadt von Steiermark nur noch ein Katholik im Rate. Nicht, daß das Bekenntnis an dem Landesherrn, dem Erzherzog Karl, hier eine Stütze gefunden hätte; dieser Fürst führte vielmehr die Jesuiten ein und begünstigte sie nach Kräften; aber die Stände waren evangelisch gesinnt[3]. Auf den Landtagen, wo die Geschäfte der Verwaltung und der Verteidigung des Landes mit den Religionssachen zusammenfielen, hatten sie die Oberhand; jede ihrer Bewilligungen ließen sie sich durch religiöse Konzessionen vergüten. Im Jahre 1578 mußte der Erzherzog auf dem Landtage zu Bruck an der Mur die freie Ausübung der Augsburgischen Konfession nicht allein in den Gebieten des Adels und der Landherren, wo er sie ohnehin nicht zu verhindern vermochte, sondern auch in den vier vornehmsten Städten, Grätz, Judenburg, Klagenfurt, Laibach, zugestehen[4]. Hierauf organisierte sich der Protestantismus in diesen Landschaften ebenso wie in den kaiserlichen. Es ward ein protestantisches Kirchenministerium eingerichtet, eine Kirchen- und Schulordnung nach dem Muster der württembergischen beliebt; hier

[1] von 1563 bis 1623. Dokumentierte Beschreibung von Albendorf (früher gedrucktes Bruchstück jener Chronik), S. 36.

[2] Tiepolo, Relatione di Pio IV e V. Er fügt noch hinzu: In proposito della morte del principe di Spagna apertamente disse il papa haverla sentita con grandissimo dispiacere, perche non vorria che li stati del re cattolico capitassero in mano de' Tedeschi.

[3] Socher, Historia societatis Jesu provinciae Austriae I, IV, 166. 184. V, 33.

[4] Supplikation an die Röm. Kais. Maj. und Interzession der dreien Fürstentümer und Land, bei Lehmann, De pace religionis p. 461, ein Aktenstück, durch welches die Darstellung Khevenhillers (Ann. Ferdinandei I, 6) rektifiziert wird.

und da, z. B. in St. Veit, schloß man die Katholischen von den Ratswahlen aus[1]; in den Ämtern der Landschaft ließ man sie nicht mehr zu: Umstände, unter deren Begünstigung die protestantischen Meinungen in jenen Gegenden, so nahe bei Italien, erst recht überhandnahmen. Dem Impuls, den die Jesuiten gaben, hielt man hier standhaft die Widerpart.

In allen österreichischen Provinzen deutscher, slawischer und ungarischer Zunge, mit alleiniger Ausnahme von Tirol, konnte man den Protestantismus im Jahre 1578 noch immer als vorwaltend betrachten.

Wir sehen wohl: über ganz Deutschland hin setzte er sich dem Fortschritt des Katholizismus mit glücklichem Widerstand und eigenem Fortschritt entgegen.

Gegensätze in dem übrigen Europa

Merkwürdige Epoche, in welcher sich die beiden großen religiösen Tendenzen noch einmal mit gleicher Aussicht, es zur Herrschaft zu bringen, gegeneinander bewegen.

Schon hat sich die Lage der Dinge gegen die frühere wesentlich verändert. Früher suchte man sich miteinander zu vertragen; eine Versöhnung war in Deutschland versucht, in Frankreich angebahnt worden; in den Niederlanden ward sie gefordert; sie schien eine Zeitlang ausführbar: es gab hier und da praktische Duldung. Jetzt aber traten die Gegensätze schärfer und feindseliger einander gegenüber. In ganz Europa riefen sie einander sozusagen gegenseitig hervor; es ist sehr der Mühe wert, die Lage der Dinge zu überblicken, wie sie sich in den Jahren 1578, 1579 gebildet hatte.

Fangen wir im Osten bei Polen an.

Auch in Polen waren die Jesuiten eingedrungen: die Bischöfe suchten sich durch sie zu verstärken. Kardinal Hosius, Bischof von Ermland, stiftete ihnen 1569 ein Kollegium in Braunsberg, aus dem dann viele andere weit und breit hervorgegangen sind; in Pultusk, in Posen siedelten sie sich mit Hilfe der Bischöfe an; vorzüglich angelegen ließ es sich der Bischof Valerian von Wilna sein, den litauischen Lutheranern, die eine Universität in ihrem Sinne

[1] Hermann in der Kärntnerischen Zeitschrift V, S. 189.

gründen wollten, mit der Errichtung eines jesuitischen Institutes an seinem bischöflichen Sitze zuvorzukommen; er war schon alt und gebrechlich und wollte seine letzten Tage mit diesem Verdienste bezeichnen; im Jahre 1570 kamen die ersten Mitglieder der Gesellschaft bei ihm an[1].

Auch hier folgte aus diesen Bestrebungen zunächst nur, daß die Protestanten Maßregeln nahmen, um ihre Macht zu behaupten. Auf dem Konvokationsreichstage von 1573 brachten sie eine Satzung durch, kraft deren niemand wegen seiner Religion beleidigt oder verletzt werden sollte[2]; – die Bischöfe mußten sich fügen; mit dem Beispiel der niederländischen Unruhen bewies man ihnen, welche Gefahr in einer Weigerung liegen würde; die folgenden Könige mußten sie beschwören. Im Jahre 1579 ward die Zahlung des Zehnten an die Geistlichkeit geradehin suspendiert, und der Nuntius wollte wissen, daß hierdurch allein 1200 Pfarren zugrunde gegangen seien; eben damals ward aus Laien und Klerus ein höchster Gerichtshof zusammengesetzt, der auch alle geistlichen Streitfragen entschied; man war in Rom erstaunt, daß sich die polnische Geistlichkeit dies gefallen lasse.

Nicht minder als in Polen traten die Gegensätze in Schweden hervor, und zwar hier auf die eigentümlichste Weise: unmittelbar die Person des Fürsten berührten sie; um diese stritten sie.

In allen Söhnen Gustav Wasas – „der Brut König Gustavs", wie die Schweden sagten –, ist eine ganz gewöhnliche Mischung von Tiefsinn und Eigenwillen, Religion und Gewaltsamkeit wahrzunehmen.

Der gelehrteste von ihnen war der mittlere, Johann. Da er mit einer katholischen Prinzessin, Katharina von Polen, verheiratet war, die sein Gefängnis mit ihm teilte, in dessen beschränkter Einsamkeit er dann oft die Tröstungen eines katholischen Priesters vernahm, so kamen ihm die kirchlichen Streitigkeiten besonders nahe. Er studierte die Kirchenväter, um sich eine Vorstellung von dem ursprünglichen Zustande der Kirche zu bilden; er liebte die Bücher, die von der Möglichkeit einer Religionsvereinigung handelten; mit den dahin einschlagenden Fragen ging er innerlich um. Als er König geworden, trat er der Römischen Kirche in der Tat einige Schritte näher. Er publizierte eine Liturgie, die der

[1] Sacchinus, Historia societatis Jesu, pars II, lib. VIII, 114. Pars III, lib. I, 112; lib. VI, 103—108. Possevinus: „ex collegio (Brunsbergensi) collegia reliqua Sarmatiae, Livoniae, Transsylvaniae prodierunt."
[2] Fredro, Henricus I rex Polonorum p. 114.

tridentinischen nachgebildet war, – in der die schwedischen Theologen mit Erstaunen nicht allein Gebräuche, sondern auch einige unterscheidende Doktrinen der Römischen Kirche wahrnahmen[1]. Da ihm die Fürsprache des Papstes sowohl bei den katholischen Mächten überhaupt in seinem russischen Kriege, als besonders bei Spanien in Sachen der mütterlichen Erbschaft seiner Gemahlin sehr nützlich werden konnte, so trug er kein Bedenken, einen Großen seines Reiches als Gesandten nach Rom zu schicken. Insgeheim gestattete er sogar ein paar jesuitischen Missionaren, aus den Niederlanden nach Stockholm zu kommen, und vertraute ihnen eine wichtige Unterrichtsanstalt an.

Ein Bezeigen, auf das man in Rom, wie natürlich, glänzende Hoffnungen gründete; – Antonio Possevin, eines der geschicktesten Mitglieder der Gesellschaft Jesu, ward ausersehen, einen ernstlichen Bekehrungsversuch auf König Johann zu machen.

Im Jahre 1578 erschien Possevin in Schweden. Nicht in allen Stücken war der König nachzugeben geneigt. Er forderte die Erlaubnis der Priesterehe, des Laienkelches, der Messe in der Landessprache , Verzichtleistung der Kirche auf die eingezogenen Güter und ähnliche Dinge. Possevin hatte keine Vollmacht, hierauf einzugehen; er versprach nur, diese Forderungen dem Päpstlichen Stuhle mitzuteilen, und eilte zu den dogmatischen Streitfragen. Hierin war er nun um vieles glücklicher. Nach ein paar Unterredungen und einiger Bedenkzeit erklärte sich der König entschlossen, die Professio fidei nach der Formel des tridentinischen Bekenntnisses abzulegen. In der Tat legte er sie ab; er beichtete; noch einmal fragte ihn Possevin, ob er sich in Hinsicht der Kommunion unter einer Gestalt dem päpstlichen Urteil unterwerfe; Johann erklärte, daß er dies tue; hierauf erteilte ihm Possevin feierlich die Absolution. Es scheint fast, als sei diese Absolution der vornehmste Gegenstand des Bedürfnisses, der Wünsche des Königs gewesen. Er hatte seinen Bruder umbringen lassen, zwar auf vorausgegangenes Gutheißen seiner Stände, aber doch umbringen lassen, und dies auf die gewaltsamste Weise! Die empfangene Absolution schien seine Seele zu beruhigen. Possevin rief Gott an, daß er das Herz dieses Fürsten nun vollends bekehren möge. Der König erhob sich und warf sich seinem Beichtvater in die Arme: „Wie

[1] In dem Judicium praedicatorum Holmensium de publicato liturgia bei Baaz, Inventarium ecclesiarum Suegoth. p. 393, werden sie alle aufgeführt.

dich", rief er aus, „so umfasse ich den römischen Glauben auf ewig." Er empfing das Abendmahl nach katholischem Ritus.
Nach so wohlvollbrachtem Werk eilte Possevin zurück; er teilte seine Nachricht dem Papste, unter dem Siegel der Verschwiegenheit auch den mächtigsten katholischen Fürsten mit; und es war nur übrig, daß nun auch die Forderungen des Königs, von denen er die Herstellung des Katholizismus in seinem Reiche überhaupt abhängig machte, in Erwägung gezogen würden. Possevin war ein sehr gewandter Mensch, beredt, von viel Talent zur Unterhaltung; aber er überredete sich allzuleicht, er sei am Ziele. Nach seiner Darstellung hielt es Papst Gregor nicht für notwendig, etwas nachzugeben; er forderte vielmehr den König zu einem freien und unbedingten Übertritt auf. Dahin lautende Schreiben und Indulgenz für alle, welche übertreten würden, gab er dem Jesuiten zu seiner zweiten Reise mit.
Indessen war aber auch die Gegenpartei tätig gewesen; warnende Briefe protestantischer Fürsten waren eingegangen – denn auf der Stelle hatte sich die Nachricht in ganz Europa verbreitet; – Chyträus hatte dem König sein Buch über die Augsburgische Konfession gewidmet und damit auf den gelehrten Herrn doch einen gewissen Eindruck gemacht. Die Protestanten ließen ihn nicht mehr aus den Augen.
Jetzt langte Possevin an, nicht mehr, wie früher, in bürgerlicher Tracht, sondern in dem gewöhnlichen Kleide seines Ordens, mit einem Haufen katholischer Bücher. Schon diese Erscheinung machte keinen günstigen Eindruck. Er trug selbst einen Augenblick Bedenken, mit der päpstlichen Antwort hervorzukommen; aber endlich konnte er es nicht länger aufschieben: in einer zweistündigen Audienz eröffnete er sie dem Könige. Wer will das Geheimnis einer in sich selbst schwankenden, unsteten Seele erforschen? Das Selbstgefühl des Fürsten mochte sich durch so völlig abschlägige Antworten verletzt fühlen; auch war er überzeugt, daß sich in Schweden ohne die vorgeschlagenen Zugeständnisse nichts erreichen lasse; um der Religion willen seine Krone niederzulegen, hatte er keine Neigung. Genug, jene Audienz war entscheidend. Von Stund' an bezeigte der König dem Abgesandten des Papstes Ungunst und Mißfallen. Er forderte seine jesuitischen Schulmänner auf, das Abendmahl unter beiderlei Gestalt zu nehmen, die Messe in schwedischer Sprache zu halten: als sie ihm nicht gehorchten, wie sie freilich auch nicht konnten, versagte er

ihnen die bisherige Verpflegung. Wenn sie kurz darauf Stockholm verließen, so geschah das ohne Zweifel nicht allein, wie sie vorgeben möchten, um der Pest willen. Die protestantischen Großen, der jüngere Bruder des Königs, Karl von Südermannland, der sich zum Kalvinismus neigte, die Gesandten von Lübeck versäumten nichts, um diese wachsende Abneigung anzufachen. Nur in der Königin und, nachdem diese gestorben, in dem Thronfolger behielten die Katholiken einen Anhalt, eine Hoffnung. Für die nächste Zeit blieb die Staatsgewalt in Schweden wesentlich protestantisch[1].

In England ward sie dies unter Königin Elisabeth von Tag zu Tag mehr. Es gab aber hier Angriffspunkte anderer Art: das Reich war erfüllt mit Katholiken. Nicht allein hielt die irische Bevölkerung an dem alten Glauben und Ritus fest; in England war vielleicht die Hälfte der Nation, wo nicht gar eine noch größere Anzahl, wie man behauptet hat, demselben zugetan. Sonderbar ist es immer, daß sich die englischen Katholiken, wenigstens in den ersten fünfzehn Jahren Elisabeths, den protestantischen Gesetzen dieser Königin unterwarfen. Sie leisteten den Eid, den man von ihnen forderte, obwohl er der päpstlichen Autorität schnurstracks entgegenlief; sie besuchten die protestantischen Kirchen und glaubten schon genug zu tun, wenn sie sich beim Kommen und Gehen zusammenhielten und die Gesellschaft der Protestanten vermieden[2].

[1] Ich halte mich bei dieser ganzen Darstellung an die früher, soviel ich finden kann, nicht benutzten Berichte der Jesuiten, wie sie in Sacchinus' Hist. societatis Jesu, pars IV, lib. VI, n. 64—76 und lib. VII, n. 83—111 in ausführlichem Auszuge zu finden sind. Theiner, Schweden und seine Stellung zum Heiligen Stuhl – ein mit rohen Schmähungen erfülltes Buch, das sonst eher Mitleiden als Aufmerksamkeit erweckt –, enthält doch im Anhang eben die Originale der von Sacchinus exzerpierten Berichte, wenigstens zum Teil und fragmentarisch, sowie einige andere willkommenen Aktenstücke. In einem Schreiben an den Kardinal von Como tadelt Possevin besonders an dem Könige die Prätension, „di haver imaginato un mezzo di conciliare la chiesa et ridurla in meglior ordine, che non era; e pero la chiama inferma, dicendo ch'egli segue la trionfante e la pacifica", was freilich den Ansprüchen von Rom geradezu entgegenläuft.

[2] Relatione del presente stato d'Inghilterra, cavata da una lettera scritta di Londra etc., Roma 1590 (gedruckte Flugschrift), stimmt hierüber mit einer Stelle von Ribadeneira, De schismate, welche schon Hallam, The Constitutional History of England I, p. 162, anführt, genau überein und ist ohne Zweifel die Quelle davon. Si permettevano giura-

Indessen hielt man sich in Rom ihrer inneren Anhänglichkeit versichert. Man war überzeugt, daß es nur eines Anlasses, eines geringen Vorteils bedürfe, um alle Katholiken im Lande zum Widerstande zu entflammen. Schon Pius V. hatte gewünscht, sein Blut in einer Unternehmung gegen England zu verspritzen. Gregor XIII., der den Gedanken an eine solche niemals fahren ließ, dachte sich des Kriegsmutes und der großartigen Stellung des Don Johann von Österreich dazu zu bedienen; ausdrücklich deshalb schickte er seinen Nuntius Sega, der in den Niederlanden bei Don Johann gestanden, nach Spanien, um König Philipp dafür zu gewinnen.

Jedoch bald an der Abneigung des Königs gegen die ehrgeizigen Absichten seines Bruders und neue politische Verwicklungen, bald an anderen Hindernissen scheiterten diese umfassenden Entwürfe. Man mußte sich mit weniger glänzenden Versuchen begnügen.

Zunächst auf Irland richtete Papst Gregor sein Augenmerk. Man stellte ihm vor, daß es keine strenger und unerschütterlicher katholische Nation gebe als die irische; aber von der englischen Regierung werde sie auf das gewaltsamste mißhandelt, beraubt, in Entzweiung und geflissentlich in Barbarei gehalten, in ihren religiösen Überzeugungen bedrängt, und so sei sie jeden Augenblick zum Kriege fertig; man brauche ihr nur mit einer geringen Mannschaft zu Hilfe zu kommen; mit 5000 Mann könne man Irland erobern; es sei keine Festung daselbst, die sich länger als vier Tage halten könne[1]. Ohne viel Schwierigkeit war Papst Gregor überredet. Es hielt sich damals ein geflüchteter Engländer, Thomas Stukley, ein Abenteurer von Natur, der aber die Kunst, sich Ein-

menti impii contra l'autorità della sede apostolica e questo con poco o nissun scrupulo di conscienza. Allora tutti andavano comunemente alle sinagoghe degli eretici et alle prediche loro menandovi li figli et famiglie: – – si teneva allora per segno distintivo sufficiente venire alle chiese prima degli eretici e non partirsi in compagnia loro.

[1] Discorso sopra il regno d'Irlanda e della gente che bisogneria per conquistarlo, fatto a Gregorio XIII. Bibliothek zu Wien, Fuggerische Handschriften. Die Regierung der Königin wird für eine Tyrannei erklärt: lasciando il governo a ministri Inglesi, i quali per arricchire se stessi usavano tutta l'arte della tirannide in quel regno, come trasportando le comodità del paese in Inghilterra, tassando il popolo contra le leggi e privilegi antichi, e mantenendo guerra e fattioni tra i paesani, – non volendo gli Inglesi che gli habitanti imparassero la differenza fra il viver libero e la servitù.

gang zu verschaffen, Vertrauen zu erwerben, in hohem Grade besaß, zu Rom auf; der Papst ernannte ihn zu seinem Kämmerer, zum Marquis von Leinster, und ließ es sich 40000 Skudi kosten, um ihn mit Schiff und Mannschaft auszurüsten; an der französischen Küste sollte er sich mit einer kleinen Truppe vereinigen, die ein geflüchteter Irländer, Geraldin, eben auch mit päpstlicher Unterstützung daselbst zusammenbrachte. König Philipp, der keine Neigung hatte, einen Krieg anzufangen, aber es doch nicht ungern sah, wenn Elisabeth zu Hause zu tun bekam, gab einiges Geld dazu[1]. Unerwarteterweise aber ließ sich Stukley überreden, mit der Mannschaft, die gegen Irland bestimmt war, an der Expedition des Königs Sebastian nach Afrika teilzunehmen, – wobei er denn selbst umkam. Geraldin mußte sein Glück allein versuchen; er landete im Juni 1579 und machte wirklich einige Fortschritte. Er bemächtigte sich des Forts, das den Hafen von Smervic beherrschte; schon erhob der Graf von Desmond die Waffen gegen die Königin: eine allgemeine Bewegung ergriff die Insel. Bald aber erfolgte ein Unglück nach dem anderen; das vornehmste war, daß Geraldin selbst in einem Scharmützel getötet wurde. Hierauf konnte sich auch der Graf von Desmond nicht halten. Die päpstliche Unterstützung war doch nicht stark genug; die Gelder, auf die man rechnete, blieben aus. Und so behaupteten die Engländer den Sieg; mit furchtbarer Grausamkeit straften sie die Empörung: Männer und Weiber wurden in Scheunen zusammengetrieben und darin verbrannt, Kinder erwürgt, ganz Monmouth wüste gelegt; auf dem verödeten Gebiete drang die englische Kolonie weiter vor.

Sollte der Katholizismus in diesem Königreiche wieder etwas ausrichten, so mußte der Versuch doch in England selbst gemacht werden, was dann freilich nur unter anderen Weltverhältnissen geschehen konnte. Um aber alsdann die katholische Bevölkerung nicht völlig umgewandelt, um sie noch katholisch zu finden, war es nötig, ihr auf geistlichem Wege zu Hilfe zu kommen.

Zuerst faßte Wilhelm Allen den Gedanken, die jungen Engländer katholischer Konfession, die sich der Studien halber auf dem

[1] Nach dem Nuntius Sega in seiner Relatione compendiosa (MS. der Berl. Bibliothek) 20000 Sc.; „altre mercedi fece fare al barone d'Acres, al signor Carlo Buono et altri nobili Inglesi che si trovavano in Madrid, ch' egli spinse andare a questa impresa insieme col vescovo Lionese d'Irlanda."

festen Lande aufhielten, zu vereinigen; besonders mit der Unterstützung Papst Gregors brachte er ein Kollegium für sie in Douay zustande. Dem Papste schien dies jedoch noch nicht hinreichend. Unter seinen Augen wünschte er diesen Flüchtlingen eine stillere, mindergefährdete Station zu verschaffen, als Douay dort in den unruhvollen Niederlanden war; er stiftete ein englisches Kollegium zu Rom, beschenkte es mit einer reichen Abtei und übergab es 1579 den Jesuiten[1].

In dieses Kollegium nun ward niemand aufgenommen, der sich nicht verpflichtete, nach Vollendung seiner Studien nach England zurückzukehren und den Glauben der Römischen Kirche daselbst zu predigen. Dazu allein wurden die Zöglinge vorbereitet. In dem religiösen Enthusiasmus, zu dem die geistlichen Übungen des Ignatius entflammten, stellte man ihnen die Bekehrer, welche Papst Gregor der Große einst zu den Angelsachsen gesendet, als ihre Muster vor.

Schon wagten sich einige Ältere voran. Im Jahre 1580 gingen zwei englische Jesuiten, Person und Campian, nach ihrem Vaterlande hinüber. Immer verfolgt, immer unter verändertem Namen und in anderer Verkleidung langten sie in der Hauptstadt an und durchzogen dann, jener die nördlichen, dieser die südlichen Provinzen. Vornehmlich hielten sie sich an die Häuser der katholischen Lords. Ihre Ankunft war im voraus angekündigt; doch brauchte man die Vorsicht, sie an der Pforte als Fremde begrüßen zu lassen. Schon war indes in den innersten Gemächern eine Hauskapelle eingerichtet; dahin führte man sie; die Mitglieder der Familie waren hier versammelt und empfingen ihren Segen. Gewöhnlich blieb der Missionar nur eine Nacht. Am Abend fand Vorbereitung und Beichte statt; am anderen Morgen ward Messe gelesen, das Mahl des Herrn ausgeteilt; dann folgte die Predigt. Es kamen alle, die sich noch zu dem katholischen Bekenntnis hielten, ihrer oft eine große Anzahl. Mit dem Reize des Geheimnisses, der Neuheit ward die Religion wieder verkündigt, welche seit 900 Jahren auf der Insel geherrscht hatte. Es wurden insgeheim Synoden gehalten; erst in einem Dorfe bei London, dann in einem einsamen Hause in einem nahen Gehölze ward eine Druckerei eingerichtet: plötzlich sah man wieder katholische Schriften erscheinen, mit

[1] Die Relation der Jesuiten bei Sacchinus, pars IV, lib. VI, 6; lib. VII, 10—30, können wir hier mit den Erzählungen von Camden, Rerum Britannic. tom. I, p. 315, vergleichen.

all der Geschicklichkeit geschrieben, welche die stete Übung in der Kontroverse zu geben vermag, oft nicht ohne Eleganz, die dann um so größeren Eindruck machten, je unerforschlicher ihr Ursprung war. Der nächste Erfolg hiervon war nun, daß die Katholiken aufhörten, den protestantischen Gottesdienst zu besuchen und die geistlichen Gesetze der Königin zu beobachten, daß dann auch auf der anderen Seite der Widerspruch der Lehre lebhafter aufgefaßt, die Verfolgung stärker, nachdrücklicher wurde[1].

Das war überhaupt das System des römischen Hofes und der Jesuiten. Als Possevin unverrichteter Dinge aus Schweden weichen mußte, machte er den Vorschlag und setzte ihn auch durch, daß in Braunsberg neben dem Kollegium noch ein Seminar für junge Leute aus diesem Norden, hauptsächlich Schweden, deren er selbst sogleich eine gute Anzahl herbeiführte, gestiftet wurde, um dereinst auf ihre Landsleute zurückzuwirken. So ward in Wilna ein Seminar für junge Livländer und Russen, in Klausenburg eines für Ungarn gegründet. Der römische Hof sicherte bestimmte Unterstützungen zu, zunächst wenigstens auf fünfzehn Jahre, und Gregor XIII. hat wohl gesagt, kein Geld sei besser angewendet als dieses[2]. Englische Seminare finden wir bald auch in Frankreich und Spanien. Das Kollegium Romanum war die Metropole aller dieser Institute.

Der nächste Erfolg war, daß, wo das Prinzip der katholischen Restauration nicht Kraft genug besaß, um sich zur Herrschaft zu erheben, es wenigstens die Gegensätze schärfer und unversöhnlicher hervortrieb.

Man konnte dies auch in der Schweiz bemerken, obwohl hier schon längst jeder Kanton religiöse Autonomie besaß und die Zwistigkeiten, die über die Verhältnisse des Bundes, die Auslegung der religiösen Bestimmungen des Landfriedens von Zeit zu Zeit ausbrachen[3], ziemlich beseitigt waren.

[1] Außer Sacchinus, Campiani Vita et martyrium. Ingolstadii 1584.

[2] Possevinus Brunsbergensis seminarii historia bei Theiner, Schweden usw. II, p. 322. Er rühmt, wie viel schon die jungen Leute ausgerichtet, die aus zufälligen Umständen etwa nach Hause zurückgekehrt seien: Magnum ubique catholicae fidei ignem incenderunt et in parentibus atque affinibus quaquaversum quae ferme sepultae catholicae religionis semina jacebant excitaverunt.

[3] Ohne Zweifel die wichtigste betraf das Schicksal der in Locarno gebildeten evangelischen Partei, über welches F. Meyer 1836 urkundlichen Bericht erstattet hat. Die protestantischen Kantone fügten sich 1555 in

Aber jetzt drangen die Jesuiten auch hier ein. Auf Veranlassung eines Obersten der Schweizergarde in Rom kamen sie 1574 nach Luzern und fanden hier besonders bei der Familie Pfyffer Teilnahme und Unterstützung[1]. Ludwig Pfyffer hat allein vielleicht 30000 Gulden zur Gründung des Jesuitenkollegiums beigesteuert; Philipp II. und die Guisen sollen etwas beigetragen haben; Gregor XIII. fehlte auch hier nicht: er gab die Mittel zur Anschaffung einer Bibliothek her. Die Luzerner waren höchlich zufrieden. In einem ausdrücklichen Schreiben bitten sie den General des Ordens, ihnen die Väter der Gesellschaft, die bereits angelangt waren, nicht wieder zu entreißen: „es liege ihnen alles daran, ihre Jugend in guten Wissenschaften und besonders in Frömmigkeit und christlichem Leben wohlangeführt zu sehen"; sie versprechen ihm dafür, keine Mühe und Arbeit, weder Gut noch Blut zu sparen, um der Gesellschaft in allem, was sie wünschen könne, zu dienen[2]. Und sogleich hatten sie Gelegenheit, ihren erneuten katholischen Eifer in einer nicht unwichtigen Sache zu beweisen.

Die Stadt Genf war in den besonderen Schutz von Bern getreten und suchte nun auch Solothurn und Freiburg, die zwar nicht kirchlich, aber doch politisch zu Bern zu halten gewohnt waren, in diese Verbindung zu ziehen. In der Tat gelang es bei Solothurn. Eine katholische Stadt nahm den Herd des westlichen Protestantismus in ihren Schirm. Gregor XIII. erschrak und wandte alles an, um wenigstens Freiburg zurückzuhalten. Hierin kamen ihm nun die Luzerner zu Hilfe. Eine Gesandtschaft derselben vereinte ihre Bemühungen mit dem päpstlichen Nuntius. Freiburg verzichtete nicht allein auf jenes Bündnis, es rief selbst die Jesuiten; mit Hilfe des Papstes ward auch hier ein Kollegium zustande gebracht.

Indessen begannen die Einwirkungen Carl Borromeos. Er hatte vornehmlich in den Waldkantonen Verbindungen; Melchior Lussi, Landammann von Unterwalden, galt als sein besonderer Freund; zuerst schickte Borromeo Kapuziner hinüber, die besonders in

die den Katholiken günstige Auslegung des streitigen Artikels und ließen zu, daß die evangelischen Einwohner gezwungen wurden, ihr Vaterland zu verlassen. Vollkommen verschwinden sie dort erst um das Jahr 1580.

[1] Agricola 177.

[2] Literae Lucernensium ad Everardum Mercurianum bei Sacchinus, Historia societatis Jesu IV, V, 145.

dem Gebirge durch ihre strenge und einfache Lebensart Eindruck machten; dann folgten die Zöglinge des helvetischen Kollegiums, das er ja allein zu diesem Zwecke gegründet hatte.
Bald spürte man in allen öffentlichen Verhältnissen diesen Einfluß. Im Herbst 1579 schlossen die katholischen Kantone einen Bund mit dem Bischof zu Basel, in welchem sie nicht allein versprachen, ihn bei seiner Religion zu schützen, sondern auch von seinen Untertanen die, welche protestantisch geworden, bei Gelegenheit wieder „zum wahren katholischen Glauben" zu bringen: Bestimmungen, welche den evangelischen Teil, der Natur der Sache nach, in Bewegung setzten. Die Spaltung trat stärker hervor als seit langer Zeit. Es langte ein päpstlicher Nuntius an; in den katholischen Kantonen erwies man ihm die möglichste Ehrerbietung; in den protestantischen ward er verhöhnt und beschimpft.

Entscheidung in den Niederlanden

So stand es nun damals. Der restaurierte Katholizismus, in den Formen, die er in Italien und Spanien angenommen, hatte einen gewaltigen Angriff auf das übrige Europa gemacht. In Deutschland waren ihm nicht unbedeutende Eroberungen gelungen; auch in so vielen anderen Ländern war er vorgerückt; doch hatte er allenthalben einen mächtigen Widerstand gefunden. In Frankreich waren die Protestanten durch umfassende Zugeständnisse und eine starke politisch-militärische Stellung gesichert; in den Niederlanden hatten sie das Übergewicht; in England, Schottland, dem Norden herrschten sie; in Polen hatten sie durchgreifende Gesetze zu ihren Gunsten erkämpft und einen großen Einfluß in den allgemeinen Reichsangelegenheiten; in den sämtlichen österreichischen Gebieten standen sie der Regierung mit alten provinzialen Standesrechten ausgerüstet gegenüber; in Niederdeutschland schien sich für die Stifte eine entscheidende Umänderung anzubahnen.
In dieser Lage der Dinge war es nun von unermeßlicher Bedeutung, welcher Ausschlag dort erfolgen würde, wo man die Waffen immer aufs neue in die Hände nahm, in den Niederlanden.
Unmöglich aber konnte König Philipp II. gemeint sein, die schon einmal mißlungenen Maßregeln zu wiederholen; er wäre dazu auch gar nicht mehr imstande gewesen; sein Glück war, daß er

ganz von selbst Freunde fand, daß der Protestantismus in seinem neuen Fortgang doch auch auf einen unerwarteten und unbesiegbaren Widerstand stieß. Es ist wohl der Mühe wert, bei diesem wichtigen Ereignis einen Augenblick länger zu verweilen.

Einmal war es in den Provinzen keineswegs jedermann angenehm, den Prinzen von Oranien so mächtig werden zu sehen, am wenigsten dem wallonischen Adel.

Unter der Regierung des Königs war dieser Adel besonders in den französischen Kriegen immer zuerst zu Pferde gestiegen; die namhafteren Anführer, denen das Volk zu folgen gewohnt war, hatten dadurch eine gewisse Selbständigkeit und Macht erworben. Unter dem Regiment der Stände sah er sich zurückgesetzt; der Sold erfolgte nicht regelmäßig; die Armee der Stände bestand hauptsächlich aus Holländern, Engländern, Deutschen, die als unzweifelhafte Protestanten das meiste Vertrauen genossen.

Als die Wallonen der Pazifikation von Gent beitraten, hatten sie sich geschmeichelt, auf die allgemeinen Angelegenheiten des Landes einen leitenden Einfluß zu erlangen. Aber vielmehr das Gegenteil erfolgte. Die Macht gelangte fast ausschließlich an den Prinzen von Oranien und dessen Freunde aus Holland und Seeland.

Mit dem persönlichen Widerwillen, der sich hierdurch entwickelte, trafen aber besonders religiöse Momente zusammen.

Worauf es auch immer beruhen mag, so ist gewiß, daß die protestantische Bewegung in den wallonischen Provinzen nur wenig Anklang gefunden hatte.

Ruhig waren die neuen Bischöfe eingeführt worden, fast alles Männer von großer Wirksamkeit: in Arras Franz von Richardot, der sich auf dem Konzilium von Trient mit den restaurierenden Prinzipien erfüllt hatte, von dem man dabei nicht genug rühmen kann, wie sehr er in seinen Predigten Festigkeit und Nachdruck mit Feinheit und Bildung, in seinem Leben Eifer und Weltkenntnis vereinigt habe[1]; in Namur Antoine Havet, ein Dominikaner, vielleicht minder weltklug, aber auch früher ein Mitglied des Konziliums und ebenso unermüdlich, die Satzungen desselben

[1] Gazet, Histoire ecclesiastique des Pays-Bas p. 143, findet ihn subtile et solide en doctrine, nerveux en raisons, riche en sentences, copieux en discours, poly en son langage et grave en actions; mais surtout l'excellente pieté et vertu, qui reluisoit en sa vie, rendoit son oraison persuasive.

einzuführen[1]; in St. Omer Gerhard von Hamericourt, einer der reichsten Prälaten aller Provinzen – zugleich Abt in St-Bertin –, der sich nun dem Ehrgeiz hingab, junge Leute studieren zu lassen, Schulen zu stiften, und in den Niederlanden zuerst dem Orden der Jesuiten ein Kollegium auf feste Einkünfte gegründet hat. Unter diesen und anderen Kirchenhäuptern hielten sich Artois, Hennegau, Namur, während alle anderen Provinzen in Feuer und Flammen standen, von der wilden Wut des Bildersturmes frei[2], so daß alsdann auch die Reaktionen des Alba hier nicht so gewaltsam eintraten[3]. Die Schlüsse des Tridentinischen Konziliums wurden ohne langen Verzug in Provinzial-Konzilien und Diözesan-Synoden erörtert und eingeführt; von St. Omer und noch mehr von Douay breitete sich der Einfluß der Jesuiten gewaltig aus. In Douay hatte Philipp II. eine Universität gestiftet, um seinen Untertanen französischer Zunge die Gelegenheit zu verschaffen, im Lande zu studieren. Es gehörte dies mit zu der geschlossenen geistlichen Verfassung, die er überhaupt einzuführen beabsichtigte. Unfern von Douay liegt die Benediktinerabtei Anchin. In den Tagen, als in dem größten Teil der übrigen Niederlande der Bildersturm wütete, vollzog der Abt von Anchin, Johann Lentailleur, mit seinen Mönchen die geistlichen Übungen des Ignatius. Von dem Eindruck derselben noch ganz erfüllt, beschloß er, aus den Einkünften der Abtei ein Kollegium der Jesuiten auf der neuen Universität zu stiften, das im Jahre 1568 eröffnet wurde, sogleich eine gewisse Unabhängigkeit von den Behörden der Universität empfing und sich bald außerordentlich aufnahm. Acht Jahre nachher wird die Blüte der Universität, und zwar selbst in Hinsicht des Studiums der Literatur, vor allem den Jesuiten zugeschrieben: nicht allein sei ihr Kollegium erfüllt mit einer frommen und fleißigen Jugend; auch die übrigen Kollegien seien durch den Wetteifer mit jenem emporgekommen; schon sei aus demselben die hohe Schule selbst mit trefflichen Theologen, das gesamte Artois und Hennegau mit Seelsorgern versehen worden[4]. Allmäh-

[1] Hevansius: De erectione novorum episcopatuum in Belgio p. 50.

[2] Hopper, Recueil et mémorial des troubles des Pays-Bas 93. 98.

[3] Nach Viglii commentarius rerum actarum super impositione decimi denarii bei Papendrecht, Analecta I, I, 292, ward ihnen der zehnte Pfennig mit der Versicherung aufgelegt, daß er nicht streng eingetrieben werden solle.

[4] Testimonium Thomae Stapletoni (Rektors der Universität) vom Jahre

lich ward dies Kollegium ein Mittelpunkt des modernen Katholizismus für alle umliegenden Gegenden. Im Jahre 1578 galten wenigstens die wallonischen Provinzen bei den Zeitgenossen, wie einer von ihnen sich ausdrückt, für höchst katholisch[1].

Wie aber die politischen Ansprüche, so waren soeben auch diese religiösen Zustände von dem Übergewicht des Protestantismus bedroht.

In Gent hatte der Protestantismus eine Gestalt angenommen, die wir heutzutage als revolutionär bezeichnen würden. Man hatte hier die alten Freiheiten noch nicht vergessen, welche Karl V. 1539 gebrochen; die Mißhandlungen des Alba hatten hier besonders böses Blut gemacht; der Pöbel war von gewaltsamer Natur bilderstürmerisch gesinnt und wider die Priester in heftiger Aufwallung. Aller dieser Regungen bedienten sich ein paar kühne Wortführer, Imbize und Ryhove. Imbize dachte eine Republik zu gründen und träumte, daß Gent ein neues Rom werden könne. Ihr Unternehmen begannen sie damit, daß sie ihren Gouverneur Arschot, eben als er mit einigen Bischöfen und katholischen Oberhäuptern der benachbarten Städte eine Zusammenkunft hielt, mit denselben gefangen nahmen; dann stellten sie die alte Verfassung wieder her, wohlverstanden mit einigen Veränderungen, die ihnen den Besitz der Gewalt sicherten; hierauf griffen sie die geistlichen Güter an, lösten das Bistum auf, zogen die Abteien ein; aus den Hospitälern und Klostergebäuden machten sie Kasernen; diese ihre Einrichtungen suchten sie endlich mit Gewalt der Waffen bei ihren Nachbarn auszubreiten[2].

Nun gehörten von jenen gefangengenommenen Oberhäuptern einige den wallonischen Provinzen an; schon streiften die Genter Truppen in das wallonische Gebiet: was es in demselben von protestantischer Gesinnung geben mochte, fing an, sich zu regen. Durch

1576 bei Sacchinus IV, IV, 124: „Plurimos ex hoc patrum collegio – es heißt collegium Aquicintense – Artesia et Hannonia pastores, multos schola nostra theologos optime institutos et comparatos accepit." Es folgen noch viel größere Lobsprüche, welche wir um so mehr weglassen können, da Stapleton doch auch selbst ein Jesuit war.

[1] Michiel, Relatione di Francia: Il conte (der Gouverneur von Hennegau) è cattolichissimo, come è tutto quel contado insieme con quel d'Artoes, che li è propinquo.

[2] van der Vynkts Geschichte der Niederlande. Bd. II, Buch V, Abschnitt 2. Leicht dürfte dieser Abschnitt der wichtigste in dem ganzen Buche sein.

das Beispiel von Gent wurden die populären Leidenschaften mit den religiösen in ein unmittelbares Verhältnis gebracht: in Arras brach eine Bewegung gegen den Rat aus; in Douay selbst wurden durch eine Volksbewegung wider den Willen des Rates die Jesuiten vertrieben, zwar nur auf vierzehn Tage; aber schon dies war ein großer Erfolg; in St. Omer erhielten sie sich nur durch den besonderen Schutz des Rates.

Die städtischen Magistrate, der Adel des Landes, die Geistlichkeit, alle waren auf einmal gefährdet und bedrängt; sie fanden sich mit einer Entwicklung bedroht, wie sie in Gent stattgefunden, von offenbar zerstörender Natur. Kein Wunder, wenn sie in dieser Gefahr sich auf alle Weise zu schützen suchten, zuerst ihre Truppen ins Feld schickten, welche dann das gentische Gebiet grausam verwüsteten, und sich darauf nach einer anderen sichernderen Staatsverbindung umsahen, als ihnen ihr Verhältnis zu den allgemeinen niederländischen Ständen gewährte.

Schon Don Johann von Österreich machte sich diese ihre Stimmung zunutze.

Wenn man das Tun und Lassen Don Johanns in den Niederlanden im allgemeinen betrachtet, so scheint es wohl, als habe es keine Wirkung hervorgebracht, als sei sein ganzes Dasein ebenso spurlos verschwunden, wie es ihm keine persönliche Befriedigung gewährte. Überlegt man näher, wie er stand, was er tat und was aus seinen Unternehmungen erfolgte, so ist, wenn irgendeinem anderen, vor allen ihm die Gründung der spanischen Niederlande zuzuschreiben. Er versuchte eine Zeitlang sich nach der Genter Pazifikation zu halten; aber in der unabhängigen Stellung, welche die Stände genommen, in dem Verhältnis des Prinzen von Oranien, der bei weitem mächtiger war als er, der Generalstatthalter, in dem wechselseitigen Argwohn beider Teile lag die Notwendigkeit eines offenen Bruches. Don Johann entschloß sich, den Krieg anzufangen. Ohne Zweifel tat er dies wider den Willen des Königs; allein es war unvermeidlich. Dadurch allein konnte es ihm gelingen, und es gelang ihm auch, ein Gebiet zu erwerben, welches die spanische Herrschaft wieder anerkannte. Luxemburg behauptete er noch; er besetzte Namur; infolge der Schlacht von Gemblours ward er Meister von Löwen und Limburg. Wollte der König wieder Herr der Niederlande werden, so war das nicht durch eine Abkunft mit den Generalstaaten zu erreichen, die sich unmöglich zeigte, sondern nur durch eine allmähliche Unterwerfung der einzelnen Landschaften entweder im Wege des Vertrages oder mit Gewalt der Waffen. Diesen Weg schlug Don Johann ein und eröffnete sich auf demselben bereits die größte Aussicht. Er erweckte die alten Zuneigungen der wallonischen Provinzen zu dem burgundischen Geschlecht. Vornehmlich brachte er zwei mächtige Männer, Pardieu de la Motte, Gouverneur von Grävelingen, und Matthieu Moulart, Bischof von Arras, auf seine Seite[1].

Eben diese waren es, die nun nach dem frühen Tode Don Johanns die Unterhandlungen, auf die es ankam, mit großem Eifer und glücklicher Geschicklichkeit leiteten.

De la Motte bediente sich des erwachenden Hasses gegen die Protestanten. Er bewirkte, daß man die ständischen Besatzungen, eben deshalb, weil sie protestantisch sein könnten, aus vielen festen Plätzen entfernte, daß der Adel von Artois bereits im November die Entfernung aller Reformierten aus diesem Lande beschloß und ins Werk setzte. Hierauf suchte Matthieu Moulart eine völlige Versöhnung mit dem Könige herbeizuführen. Er begann damit, daß er durch eine förmliche Prozession in der Stadt die Hilfe Gottes anrief. Und in der Tat hatte er es schwer: er mußte zuweilen Männer vereinigen, deren Ansprüche geradezu gegeneinander liefen. Er zeigte sich unverdrossen, fein und geschmeidig; glücklich gelang es ihm.

Alexander Farnese, der Nachfolger Don Johanns, hatte das große Talent, zu überzeugen, zu gewinnen und ein nachhaltiges Vertrauen einzuflößen. Zu seiner Seite standen Franz Richardot, Neffe jenes Bischofs – „ein Mann", sagt Cabrera, „von guter Einsicht in mancherlei Materien, geübt in allen, der jedes Geschäft, von welcher Art auch immer, einzuleiten verstand", – und Sarrazin, Abt von St. Vaast, nach der Schilderung desselben Cabrera „ein großer Politiker unter dem Anschein der Ruhe, sehr ehrgeizig unter dem Schein der Demut, der sich bei jedermann in Ansehen zu behaupten wußte"[2].

[1] Daß sie noch unter Don Johann gewonnen waren, ergibt sich aus folgenden beiden Stellen. 1. Strada II, 1, p. 19: Pardiaeus Mottae dominus non rediturum modo se ad regis obedientiam, sed etiam quamplures secum tracturum, iam pridem significarat Joanni Austriaco. 2. Tassis: Episcopum Atrebatensem, qui vivente adhuc Austriaco se regi conciliarat.

[2] Cabrera, Felipe segundo p. 1021.

Sollten wir nun den Gang der Unterhandlungen schildern, bis sie allmählich zum Ziel gediehen?

Es ist genug, zu bemerken, daß von seiten der Provinzen das Interesse der Selbsterhaltung und der Religion zu dem Könige hinwies, von seiten des Königs nichts unversucht blieb, was priesterlicher Einfluß und geschickte Unterhandlung im Verein mit der wiederkehrenden Gnade des Fürsten zu leisten vermögen. Im April 1579 trat Emanuel von Montigny, den die wallonische Armee als ihren Anführer anerkannte, in den Sold des Königs. Hierauf ergab sich auch der Graf von Lalaing; niemals hätte Hennegau ohne ihn gewonnen werden können. Endlich – 17. Mai 1579 – in dem Lager zu Mastricht ward der Vertrag abgeschlossen. Aber zu welchen Bedingungen mußte sich der König verstehen! Es war eine Restauration seiner Macht, die aber nur unter den strengsten Beschränkungen statthatte. Er versprach nicht allein, alle Fremden aus seinem Heere zu entlassen und sich nur niederländischer Truppen zu bedienen; er bestätigte auch alle Angestellten in den Ämtern, die sie während der Unruhen bekommen; die Einwohner verpflichteten sich sogar, keine Besatzungen aufzunehmen, von denen den Ständen des Landes nicht vorher Nachricht gegeben worden; zwei Dritteile des Staatsrates sollten aus Leuten bestehen, welche in die Unruhen mit verflochten gewesen. In diesem Sinne sind auch die übrigen Artikel[1]. Die Provinzen bekamen eine Selbständigkeit, wie sie nie gehabt.

Es liegt hierin eine Wendung der Dinge von allgemeiner Bedeutung. In dem ganzen westlichen Europa hatte man bisher den Katholizismus nur durch die Anwendung offener Gewalt zu erhalten und wiedereinzuführen gesucht; die fürstliche Macht hatte unter diesem Vorwande die provinzialen Rechte noch vollends zu unterdrücken gestrebt. Jetzt sah sie sich genötigt, einen anderen Weg einzuschlagen. Wollte sie den Katholizismus wiederherstellen und sich selbst behaupten, so konnte sie dies nur im Verein mit Ständen und Privilegien ausrichten.

Wie sehr aber auch die königliche Macht beschränkt ward, so hatte sie doch unendlich viel gewonnen: die Landschaften gehorchten ihr wieder, auf welche die Größe des burgundischen Hauses gegründet war. Alexander Farnese führte den Krieg mit den

[1] *In* seiner ganzen Ausführlichkeit teilt Tassis diesen Vertrag mit: lib. V, 394—405.

wallonischen Truppen. Obwohl es langsam ging, so machte er doch immer Fortschritte. Er nahm 1580 Courtray, 1581 Tournay, 1582 Oudenarde.
Entschieden aber war damit die Sache noch nicht. Gerade die Vereinigung der katholischen Provinzen mit dem Könige mochte es sein, was die nördlichen, völlig protestantischen antrieb, nicht allein sofort in einen näheren Bund zu treten, sondern sich endlich von dem Könige gänzlich loszusagen.
Wir fassen hier eine Aussicht über die gesamte niederländische Geschichte. Es war in allen Provinzen ein alter Widerstreit der provinzialen Rechte und der fürstlichen Macht. Zur Zeit des Alba hatte die fürstliche Macht ein Übergewicht erlangt, wie sie es früher niemals besessen; aber auf die Länge konnte sie es nicht behaupten. Die Genter Pazifikation bezeichnet, wie so ganz die Stände die Oberhand über die Regierung erkämpften. Die nördlichen Provinzen hatten hierin vor den südlichen keinen Vorteil; wären beide in der Religion einig gewesen, so würden sie eine allgemeine niederländische Republik eingerichtet haben. Allein, wie wir sahen, die religiöse Differenz veranlaßte die Entzweiung. Es erfolgte zuerst, daß die katholischen unter den Schutz des Königs zurückkehrten, mit dem sie sich vor allem eben zur Behauptung der katholischen Religion verbanden; hierauf erfolgte weiter, daß die protestantischen, nachdem sie sich solange im Kampfe behauptet, sich endlich auch des Namens der Unterwürfigkeit entschlugen und vom Könige völlig lossagten. Nennt man nun die einen die unterworfenen Provinzen, bezeichnet man die anderen mit dem Namen einer Republik, so darf man doch nicht glauben, daß der Unterschied zwischen beiden im Innern anfangs sehr groß gewesen sei. Auch die unterworfenen Provinzen behaupteten alle ihre ständischen Vorrechte mit dem größten Eifer. Ihnen gegenüber konnten auch die republikanischen doch ein der königlichen Gewalt analoges Institut, das des Statthalters, nicht entbehren. Der vornehmste Unterschied lag in der Religion.
Erst hierdurch trat der Kampf in seine reinen Gegensätze auseinander, und die Ereignisse reiften ihrer Vollendung entgegen.
Eben damals hatte Philipp II. Portugal erobert; indem er sich durch das Glück einer so großen Erwerbung zu neuen Unternehmungen angefeuert fühlte, ließen sich auch die wallonischen Stände endlich geneigt finden, die Rückkehr der spanischen Truppen zu gestatten.

Lalaing und dessen Gemahlin, die immer eine große Widersacherin der Spanier gewesen war, der man die Ausschließung derselben besonders zuschrieb, wurden gewonnen; der ganze wallonische Adel folgte ihrem Beispiel. Man überzeugte sich, daß die Rückkehr Albascher Richtersprüche und Gewalttaten nicht mehr zu besorgen sei. Das spanisch-italienische Heer, schon einmal entfernt, wieder zurückgekehrt und noch einmal weggewiesen, langte aufs neue an. Mit den niederländischen Mannschaften allein hätte der Krieg sich ohne Ende ausdehnen müssen; jene krieggewohnten, wohldisziplinierten, überlegenen Truppen führten die Entscheidung herbei.

Wie in Deutschland die Kolonien der Jesuiten, aus Spaniern, Italienern und einigen Niederländern bestehend, den Katholizismus durch das Dogma und den Unterricht wiederherstellten, so erschien ein spanisch-italienisches Heer in den Niederlanden, um, mit den wallonischen Elementen vereinigt, der katholischen Meinung das Übergewicht der Waffen zu verschaffen.

Es ist an dieser Stelle unvermeidlich, des Krieges zu gedenken. Er war zugleich der Fortschritt der Religion.

Im Juli 1583 ward Dünkirchen, Hafen und Stadt, binnen sechs Tagen, hierauf Niewport und die ganze Küste bis gegen Ostende, Dixmuyden, Furnes erobert.

Gleich hier entwickelte der Krieg seinen Charakter. In allen politischen Dingen zeigten sich die Spanier glimpflich, unerbittlich aber in den kirchlichen. Es war nicht daran zu denken, daß den Protestanten eine Kirche, nur ein privater Gottesdienst gestattet worden wäre: die Prediger, die man ergriff, wurden gehenkt. Man führte mit vollem Bewußtsein einen Religionskrieg. In gewissem Sinne war das für die Lage, in der man sich befand, sogar das klügste. Von den Protestanten hätte sich doch nie eine vollkommene Unterwerfung erlangen lassen; dagegen brachte man durch ein so entschiedenes Verfahren die Elemente des Katholizismus, welche in dem Lande noch vorhanden waren, auf seine Seite. Ganz von selbst regten sie sich. Der Bailliu Servaes von Seeland überlieferte das Land Waes; Hulst und Axel ergaben sich; bald war Alexander Farnese mächtig genug, um an einen Angriff auf die großen Städte denken zu können – er hatte das Land und die Küste inne; – eine nach der anderen, zuerst Ypern im April, dann Brügge, endlich auch Gent, wo jener Imbize selbst jetzt für die Versöhnung Partei gemacht hatte, mußten sich überliefern. Es wurden den Gemeinden als solchen ganz erträgliche Bedingungen zugestanden: großenteils wurden ihnen ihre Privilegien gelassen: nur die Protestanten wurden ohne Erbarmen verwiesen; die vornehmste Bedingung war immer, daß die katholischen Geistlichen zurückkehren, die Kirchen wieder an den katholischen Ritus heimfallen sollten.

Mit alledem schien jedoch nichts Bleibendes erreicht, keine Sicherheit gewonnen, solange der Prinz von Oranien noch lebte, der dem Widerstand Haltung und Nachdruck gab und auch in den Überwundenen die Hoffnung nicht untergehen ließ.

Die Spanier hatten einen Preis von 25000 Skudi auf seinen Kopf gesetzt; in der wilden Aufregung, in der die Gemüter waren, konnte es nicht an solchen fehlen, die ihn sich zu verdienen dachten. Gewinnsucht und Fanatismus zugleich trieben sie an. Ich weiß nicht, ob es eine größere Blasphemie gibt als die, welche die Papiere des Biskayers Jaureguy enthalten, den man bei einem Attentat auf das Leben des Prinzen ergriff. Als eine Art Amulett führte er Gebete bei sich, in denen die gnädige Gottheit, die dem Menschen in Christo erschienen, zur Begünstigung des Mordes angerufen, in denen ihr nach vollbrachter Tat gleichsam ein Teil des Gewinnes zugesagt wird, der Mutter Gottes von Bayonne ein Kleid, eine Lampe, eine Krone, der Mutter Gottes von Aranzosu eine Krone, dem Herrn Christus selbst ein reicher Vorhang[1]. – Glücklicherweise ergriff man diesen Fanatiker; aber indes war schon ein anderer unterwegs. In dem Augenblick, da die Achtserklärung in Mastricht ausgerufen ward, hatte sich ein Burgunder, der sich dort aufhielt, Balthasar Gerard, von dem Gedanken ergriffen gefühlt, sie zu vollstrecken[2]. Die Hoffnungen, die er

[1] Contemporary copy of a vow and of certain prayers found in the form of an amulet upon Jaureguy: in den Sammlungen des Lord Egerton. „A vos, Senor Jesus Christo, redemptor y salvador del mundo, criador del cielo y de la tierra, os offrezco, siendo os servido librarme con vida despues de haver effectuado mi deseo, un belo muy rico." So geht es weiter.

[2] Relatione del successo della morte di Guilielmo di Nassau principe di Orange e delli tormenti patiti del generosissimo giovane Baldassare Gerardi Borgognone (Informationi polit. XII) enthält einige von den gewöhnlichen Angaben abweichende Notizen. „Gerardi, la cui madre è di Bisansone, d'anni 28 incirca, giovane non meno dotto che eloquente. Siebenthalb Jahre habe er sich mit der Absicht getragen. Offerendosi dunque l'opportunità di portar le lettere del duca d'Alansone al Nassau,

sich machte, von irdischem Glück und Ansehen, das ihn erwarte, wenn es ihm gelinge, von dem Ruhm eines Märtyrers, den er davontragen werde, falls er dabei umkomme, Gedanken, in denen ihn ein Jesuit von Trier bestärkte, hatten ihm seitdem keine Ruhe bei Tag und Nacht gelassen, bis er aufbrach, die Tat zu vollbringen. Er stellte sich dem Prinzen als ein Flüchtling dar; da fand er Eingang und den günstigen Augenblick: im Juli 1584 tötete er Oranien mit einem Schuß. Er ward ergriffen; aber keine Marter, die man ihm antat, entwand ihm einen Seufzer; er sagte immer: hätte er es nicht getan, so würde er es noch tun. Indem er in Delft unter den Verwünschungen des Volkes seinen Geist aufgab, hielten die Domherren in Herzogenbusch ein feierliches Tedeum für seine Tat.

Alle Leidenschaften sind in wilder Gärung: der Antrieb, den sie den Katholischen geben, ist der stärkere; er vollführt seine Sache und trägt den Sieg davon.

Hätte der Prinz gelebt, so würde er, glaubt man, Mittel gefunden haben, Antwerpen, das bereits belagert wurde, zu entsetzen, wie er es zugesagt hatte. Jetzt gab es niemanden, der an seine Stelle hätte treten können.

Die Unternehmung gegen Antwerpen war aber so umfassend, daß auch die anderen wichtigen brabantischen Städte dadurch unmittelbar angegriffen waren: der Prinz von Parma schnitt allen zugleich die Zufuhr von Lebensmitteln ab. Zuerst ergab sich Brüssel. Als diese des Überflusses gewohnte Stadt sich vom Mangel bedroht sah, brachen Parteiungen aus, welche zur Überlieferung führten. Dann fiel Mecheln; endlich, als der letzte Versuch, die Dämme zu durchstechen und über das Land her sich Zufuhr zu verschaffen, mißlungen war, mußte auch Antwerpen sich ergeben. Es wurden auch diesen brabantischen Städten, sowie den flandrischen, übrigens die glimpflichsten Bedingungen gewährt: Brüssel ward von der Kontribution freigesprochen; Antwerpen erhielt die Zusage, daß man keine spanische Besatzung in die Stadt legen, die Zitadelle nicht erneuern wolle. Eine Verpflichtung war statt aller anderen, daß Kirchen und Kapellen wiederhergestellt, die verjagten Priester und Ordensleute zurückgerufen werden sollten.

essendo gia lui gentilhuomo di casa, alli 7 Luglio un'hora e mezzo dopo pranzo, uscendo il principe della tavola, scargandoli un archibugetto *con tre palle gli* colse sotto la zinna manca e gli fece una ferita di due diti, colla quale l'ammazzò."

Der König war hierin ganz unerschütterlich. Bei jeder Übereinkunft, sagte er, müsse dies die erste und die letzte Bedingung sein. Die einzige Gnade, zu der er sich verstand, war, daß den Eingesessenen jedes Ortes zwei Jahre gestattet wurden, um sich entweder zu bekehren oder ihre Habe zu verkaufen und das spanische Gebiet zu räumen.

Wie so ganz hatten sich nun die Zeiten geändert! Einst hatte Philipp II. selbst Bedenken getragen, den Jesuiten in den Niederlanden feste Sitze zu gewähren, und oft waren sie seitdem gefährdet, angegriffen, verbannt worden. Im Gefolge der Kriegsereignisse kehrten sie nun, und zwar unter der entschiedenen Begünstigung der Staatsgewalt zurück. Die Farnesen waren ohnehin besondere Gönner dieser Gesellschaft: Alexander hatte einen Jesuiten zu seinem Beichtvater; er sah in dem Orden das vorzüglichste Mittel, das halbprotestantische Land, das er erobert, wieder völlig zum Katholizismus zurückzubringen, den Hauptzweck des Krieges erfüllen zu helfen[1]. Der erste Ort, in welchem sie wieder auftraten, war eben der erste, welcher erobert worden, Courtray. Der Pfarrer der Stadt, Johann David, hatte die Jesuiten in seinem Exil zu Douay kennengelernt; jetzt kehrte er wieder, aber nur um sofort in den Orden zu treten und in seiner Abschiedspredigt die Einwohner zu ermahnen, der geistlichen Hilfe dieser Gesellschaft sich nicht länger berauben zu wollen; leicht ließen sie sich überreden. Jetzt kam der alte Johann Montagna, der die Gesellschaft zuerst in Tournay eingeführt und mehr als einmal hatte fliehen müssen, dahin zurück, um dieselbe auf immer zu begründen. Sowie Brügge und Ypern übergegangen, langten die Jesuiten daselbst an; gern bewilligte ihnen der König einige Klöster, die während der Unruhen verödet waren. In Gent ward das Haus des großen Demagogen, des Imbize, von welchem das Verderben des Katholizismus ausgegangen, für die Gesellschaft eingerichtet. Bei

[1] Sacchinus: Alexandro et privati ejus consilii viris ea stabat sententia, ut quaeque recipiebatur ex haereticis civitas, continuo fere in eam inmitti societatem debere; valere id tum ad pietatem privatam civium tum ad pacem tranquillitatemque intelligebant. (Pars V, lib. IV, n. 58.) Nach der Imago primi seculi war dies auch der Wille des Königs, qui recens datis de hoc argumento literis ducem cum cura monuerat, ut societatis praesidio munire satageret praecipuas quasque Belgii civitates: Behauptungen, welche durch die Tatsachen hinreichend bewährt werden.

ihrer Überlieferung wollten sich die Antwerpener ausbedingen, daß sie nur diejenigen Orden wieder aufzunehmen hätten, welche zur Zeit Karls V. daselbst gewesen; aber es ward ihnen nicht nachgegeben; sie mußten die Jesuiten wieder einziehen lassen und denselben die Gebäude zurückstellen, die sie früher innegehabt; mit Vergnügen erzählt es der Geschichtsschreiber des Ordens; er bemerkt es als eine besondere Gunst des Himmels, daß man das schuldenfrei wiederbekommen, was man verschuldet hinterlassen habe; es war indes in zweite und dritte Hände übergegangen und wurde ohne weiteres zurückgestellt. Da konnte auch Brüssel dem allgemeinen Schicksal nicht entgehen: der Rat der Stadt erklärte sich bereit; der Prinz von Parma bewilligte eine Unterstützung aus königlichen Kassen; gar bald waren die Jesuiten auch hier auf das beste eingerichtet. Schon hatte ihnen der Prinz feierlich das Recht erteilt, liegende Gründe unter geistlicher Jurisdiktion zu besitzen und sich auch in diesen Provinzen der Privilegien des Apostolischen Stuhles frei zu bedienen.

Und nicht allein die Jesuiten genossen seines Schutzes. Im Jahre 1585 langten einige Kapuziner bei ihm an; durch ein besonderes Schreiben an den Papst wußte er auszuwirken, daß sie bei ihm bleiben durften; dann kaufte er ihnen ein Haus in Antwerpen. Sie machten sogar bei ihren Ordensverwandten einen großen Eindruck; durch ausdrücklichen Befehl mußten andere Franziskaner abgehalten werden, die Reform der Kapuziner anzunehmen.

Alle diese Veranstaltungen hatten aber nach und nach die größte Wirkung. Sie machten Belgien, das schon halb protestantisch gewesen, zu einem der am meisten katholischen Länder der Welt. Auch ist wohl unleugbar, daß sie wenigstens in den ersten Zeiten zur Wiederbefestigung der königlichen Gewalt das ihrige beitrugen.

Fest und fester setzte sich durch diese Erfolge die Meinung, daß in einem Staate nur eine Religion geduldet werden dürfe. Es ist einer der Hauptgrundsätze der Politik des Justus Lipsius. In Sachen der Religion, sagt Lipsius, sei keine Gnade noch Nachsicht zulässig; die wahre Gnade sei, ungnädig zu sein; um viele zu retten, müsse man sich nicht scheuen, einen und den anderen zu entfernen.

Ein Grundsatz, der nirgends größeren Eingang fand als in *Deutschland.*

Fortgang der Gegenreformationen in Deutschland

Waren doch die Niederlande noch immer ein Kreis des deutschen Reiches! Der Natur der Dinge nach mußten die dortigen Ereignisse einen großen Einfluß auf die deutschen Angelegenheiten ausüben. Unmittelbar in ihrem Gefolge ward die Kölner Sache entschieden.

Noch waren die Spanier nicht wiedergekehrt, geschweige die großen Vorteile des Katholizismus erfochten, als sich der Kurfürst Truchseß von Köln im November 1582 entschloß, sich zu der reformierten Lehre zu bekennen und eine Frau zu nehmen, ohne doch darüber sein Stift aufgeben zu wollen. Der größere Teil des Adels war für ihn: die Grafen von Nuenar, Solms, Wittgenstein, Wied, Nassau, das ganze Herzogtum Westfalen, alle Evangelischen; mit dem Buch in der einen und dem Schwert in der anderen Hand zog der Kurfürst in Bonn ein; um die Stadt Köln, das Kapitel und das Erzstift, die sich ihm widersetzten, zu bezwingen, erschien Kasimir von der Pfalz mit nicht unbedeutender Mannschaft im Felde.

In allen Händeln jener Zeit finden wir diesen Kasimir von der Pfalz; immer ist er bereit, zu Pferde zu sitzen, das Schwert zu ziehen; immer hat er kriegslustige Scharen, protestantisch gesinnte, bei der Hand. Selten aber bringt er es zu einem rechten Erfolge. Er führt den Krieg weder mit der Hingebung, die eine religiöse Sache erfordert – jedesmal hatte er seinen besonderen Vorteil im Auge –, noch mit dem Nachdruck oder der Wissenschaft, die man ihm entgegensetzt. Auch diesmal verwüstete er wohl das platte Land seiner Gegner; in der Hauptsache dagegen richtete er soviel wie nichts aus[1]: Eroberungen machte er nicht; eine weitere Hilfe des protestantischen Deutschlands wußte er sich nicht zu verschaffen.

Dagegen nahmen die katholischen Mächte alle ihre Kraft zusammen. Papst Gregor überließ die Sache nicht den Verzögerungen eines Prozesses an der Kurie; ein einfaches Konsistorium der Kardinäle hielt er bei der Dringlichkeit der Umstände für hinreichend, einen so wichtigen Fall zu entscheiden, einen deutschen Kurfür-

[1] Isselt, Historia belli Coloniensis p. 1092. „Tota hac aestate nihil hoc exercitu dignum egit."

sten seiner erzbischöflichen Würde zu berauben[1]. Schon war sein Nuntius Malaspina nach Köln geeilt; hier gelang es demselben, besonders im Bunde mit den gelehrten Mitgliedern des Stiftes, nicht allein alle Minderentschiedenen von dem Kapitel auszuschließen, sondern auch einen Fürsten aus dem noch allein vollkommen katholischen Hause, den Herzog Ernst von Bayern, Bischof von Freisingen, auf den erzbischöflichen Stuhl zu erheben[2]. Hierauf erschien, von dem Herzog von Bayern und nicht ohne Subsidien des Papstes zusammengebracht, ein deutsch-katholisches Heer im Felde. Der Kaiser versäumte nicht, den Pfalzgrafen Kasimir mit Acht und Aberacht zu bedrohen und Abmahnungsschreiben an seine Truppen zu erlassen, die doch in der Tat zuletzt die Auflösung des pfälzischen Heeres bewirkten. Als es soweit war, erschienen auch die Spanier. Noch im Sommer 1583 hatten sie Zütphen erobert; jetzt rückten vierthalbtausend belgische Veteranen in das Erzstift ein. So vielen Feinden erlag Gebhard Truchseß: seine Truppen wollten wider ein kaiserliches Mandat nicht dienen; seine Hauptfeste ergab sich dem bayerisch-spanischen Heere; er selbst mußte flüchten und bei dem Prinzen von Oranien, dem er als ein Verfechter des Protestantismus zur Seite zu stehen gehofft hatte, einen Gnadenaufenthalt suchen.

Wie sich versteht, hatte dies nun auf die vollkommene Befestigung des Katholizismus in dem Lande den größten Einfluß. Gleich im ersten Augenblick der Unruhen hatte die Geistlichkeit des Stiftes die Zwistigkeiten, die in ihr selbst obwalten mochten, fahren lassen; der Nuntius entfernte alle verdächtigen Mitglieder; mitten im Getümmel der Waffen richtete man eine Jesuitenkirche ein; nach erfochtenem Siege brauchte man dann nur so fortzufahren. Auch Truchseß hatte in Westfalen die katholischen Geistlichen verjagt; sie kehrten nun, wie die übrigen Flüchtlinge, alle zurück und wurden in hohen Ehren gehalten[3]. Die evangelischen Domherren blieben von dem Stifte ausgeschlossen und erhielten sogar, was unerhört war, ihr Einkommen nicht wieder. Zwar mußten die päpstlichen Nuntien auch mit den katholischen glimpflich ver-

[1] Maffei, Annali di Gregorio XIII. II, XII, 8.

[2] Schreiben Malaspinas an Herzog Wilhelm von Bayern bei Adlzreitter II, XII, 295. Quod cupiebamus, sagt er darin, impetravimus.

[3] „Churfürst Ernst", sagt Khevenhiller, „hat sowohl die katholische *Religion als* das *weltlich* Regiment aufs neu, alt Herkommen gemäß, bestellt."

fahren; wohl wußte das Papst Sixtus; er befahl unter anderem seinem Nuntius, die Reformen, die er für nötig halte, gar nicht zu beginnen, sobald er nicht wisse, daß alle geneigt seien, sie anzunehmen; aber eben auf diese vorsichtige Weise kam man unvermerkt zum Ziele: die Domherren begannen, so vornehm auch ihre Herkunft war, endlich wieder ihre kirchlichen Pflichten im Dom zu erfüllen. An dem Kölner Rate, der eine protestantisch gesinnte Gegenpartei in der Stadt hatte, fand die katholische Meinung eine mächtige Unterstützung.

Schon an sich mußte dieser große Umschwung auch auf alle anderen geistlichen Gebiete wirken; in der Nachbarschaft von Köln trug dazu noch ein besonderer Zufall bei. Jener Heinrich Sachsen-Lauenburg – welcher das Beispiel Gebhards nachgeahmt haben würde, wenn es gelungen wäre –, Bischof von Paderborn und Osnabrück, Erzbischof von Bremen, ritt eines Sonntags im April 1585 von dem Hause Vöhrde nach der Kirche; auf dem Rückwege stürzte er mit dem Pferde; obwohl er jung und kräftig war, auch keine bedeutende Verletzung erlitten hatte, starb er doch an den Folgen des Falles noch in demselben Monat. Die Wahlen, die hierauf erfolgten, schlugen nun sehr zum Vorteil des Katholizismus aus. Der neue Bischof in Osnabrück unterschrieb wenigstens die Professio fidei[1]; ein entschiedener katholischer Eiferer aber war der neue Bischof von Paderborn, Theodor von Fürstenberg. Schon früher als Domherr hatte er seinem Vorfahren Widerstand geleistet und bereits im Jahre 1580 das Statut bewirkt, daß künftig nur Katholiken in das Kapitel aufgenommen werden sollten[2]; schon hatte er auch ein paar Jesuiten kommen lassen und ihnen die Predigt im Dom sowie den Unterricht in den oberen Klassen des Gymnasiums anvertraut, das letztere unter der Bedingung, daß sie sich keiner Ordenskleidung bedienen sollten. Wieviel leich-

[1] Nach Strunck, Annales Paderbornenses p. 514, war Bernhard von Waldeck früher dem Protestantismus geneigt gewesen, hatte sich während der Kölner Unruhen neutral gezeigt und legte nun das katholische Bekenntnis ab. Chyträus (Saxonia 812) widerspricht dem nicht.

[2] Bessen, Geschichte von Paderborn II, 123. Bei Reiffenberg, Historia provinciae ad Rhenum inferiorem lib. VIII, c. I, p. 185, findet sich ein Schreiben Papst Gregors XIII. „dilectis filiis canonicis et capitulo ecclesiae Paderbornensis", 6. Febr. 1584, worin er diese Widersetzlichkeit lobt: „So sei es recht: je mehr man angegriffen werde, desto stärkeren Widerstand müsse man leisten ; auch er, der Papst, trage die Väter der Gesellschaft Jesu in seinem Herzen"

ter aber ward es ihm nun, diese Richtung durchzusetzen, nachdem er selber Bischof geworden war! Jetzt brauchten die Jesuiten nicht mehr ihre Anwesenheit zu verheimlichen; das Gymnasium ward ihnen unverhohlen übergeben; zu der Predigt kam die Katechese. Sie fanden hier vollauf zu tun. Der Stadtrat war durchaus protestantisch; unter den Bürgern fand man kaum noch Katholiken. Auf dem Lande war es nicht anders. Die Jesuiten verglichen Paderborn mit einem dürren Acker, der ungemeine Mühe mache und doch keine Früchte tragen wolle. Endlich – wir werden es noch berühren – in dem Anfang des 17. Jahrhunderts sind sie dennoch durchgedrungen.

Auch für Münster war jener Todesfall ein wichtiges Ereignis. Da die jüngeren Domherren für Heinrich, die älteren wider ihn waren, so hatte bisher keine Wahl zustande kommen können. Jetzt ward Herzog Ernst von Bayern, Kurfürst von Köln, Bischof von Lüttich, auch zum Bischof von Münster postuliert. Der entschiedenste Katholik des Stiftes, der Domdechant Raesfeld, setzte das noch durch; er bestimmte noch aus seinem Vermögen ein Legat von 12000 Reichstalern für ein Kollegium der Jesuiten, das zu Münster eingerichtet werden sollte; dann starb er. Im Jahre 1587 langten die ersten Jesuiten an. Sie fanden Widerstand bei den Domherren, den Predigern, den Bürgern; aber der Rat und der Fürst unterstützten sie; ihre Schulen entwickelten ihr außerordentliches Verdienst: im dritten Jahre schon sollen sie tausend Schüler gezählt haben; eben damals, im Jahre 1590, bekamen sie durch eine freigebige Bewilligung geistlicher Güter von seiten des Fürsten vollends eine unabhängige Stellung[1].

Kurfürst Ernst besaß auch das Bistum Hildesheim. Obwohl hier seine Macht um vieles beschränkter war, so trug er doch auch hier zur Aufnahme der Jesuiten bei. Der erste Jesuit, der nach Hildesheim kam, war Johann Hammer, ein geborener Hildesheimer, im lutherischen Glauben erzogen – noch lebte sein Vater –, aber mit dem Eifer eines Neubekehrten erfüllt. Er predigte mit vorzüglicher Deutlichkeit; es gelangen ihm einige glänzende Bekehrungen; allmählich faßte er festen Fuß: im Jahre 1590 bekamen die Jesuiten auch in Hildesheim Wohnung und Pension.

Wir bemerken, wie wichtig der Katholizismus des Hauses Bayern

[1] Sacchinus, pars V, lib. VIII, n. 83—91. Reiffenberg, Historia provinciae ad Rhenum inferiorem I, IX, VI.

nun auch für Niederdeutschland wurde. Ein bayerischer Prinz erscheint in so vielen Sprengeln zugleich als die eigentliche Stütze desselben.

Daraus folgt aber nicht, daß dieser Fürst nun selbst sehr eifrig, sehr devot gewesen wäre. Er hatte natürliche Kinder, und man war einmal der Meinung, er werde es zuletzt auch wie Gebhard Truchseß machen. Es ist ganz merkwürdig, mit welcher Behutsamkeit ihn Papst Sixtus behandelt. Sorgfältig hütet er sich, ihn merken zu lassen, daß er von seinen Unordnungen wisse, so gut er sie auch kennen mag. Es wären dann Ermahnungen, Demonstrationen nötig geworden, die den eigensinnigen Fürsten gar leicht zu einem unerwünschten Entschluß hätten treiben können[1]. Denn die deutschen Geschäfte ließen sich noch lange nicht behandeln, wie die niederländischen behandelt wurden. Sie forderten die zarteste persönliche Rücksicht.

Obwohl Herzog Wilhelm von Cleve sich äußerlich zum katholischen Bekenntnis hielt, war doch seine Politik im ganzen protestantisch: protestantischen Flüchtlingen gewährte er mit Vergnügen Aufnahme und Schutz; seinen Sohn Johann Wilhelm, der ein eifriger Katholik war, hielt er von allem Anteil an den Geschäften entfernt. Leicht hätte man in Rom versucht sein können, Mißfallen und Entrüstung hierüber blicken zu lassen und die Opposition dieses Prinzen zu begünstigen. Allein Sixtus V. war viel zu klug dazu. Nur als der Prinz so lebhaft darauf drang, daß es ohne Beleidigung nicht mehr hätte vermieden werden können, wagte der Nuntius, eine Zusammenkunft in Düsseldorf mit ihm zu halten; auch dann ermahnte er denselben vor allem zur Geduld. Der Papst wollte nicht, daß er das goldene Vließ bekomme: es könne Verdacht erwecken; auch wandte er sich nicht direkt an den Vater zugunsten des Sohnes: jedes Verhältnis des letzteren zu Rom wäre mißfällig gewesen; nur durch eine Verwendung des Kaisers, die er auswirkte, suchte er dem Prinzen eine seiner Geburt angemessene Stellung zu verschaffen; den Nuntius wies er an, über gewisse Dinge zu tun, als bemerke er sie nicht. Eben diese schonungsvolle Bedachtsamkeit einer doch immer noch anerkannten Autorität blieb auch hier nicht ohne ihre Wirkung. Der Nuntius bekam nach und nach doch Einfluß; als die Protestanten auf dem Landtage auf einige Begünstigungen antrugen, war er es, der

[1] Tempesti, Vita di Sisto V. Tom. I, p. 354

durch seine Vorstellungen hauptsächlich veranlaßte, daß sie abschläglich beschieden wurden[1].

Und so ward in einem großen Teile von Niederdeutschland der Katholizismus, wenn nicht augenblicklich wiederhergestellt, aber doch in großer Gefahr behauptet, festgehalten und verstärkt: er erlangte ein Übergewicht, das sich im Laufe der Zeit zu vollkommener Herrschaft ausbilden konnte.

In dem oberen Deutschland trat unmittelbar eine verwandte Entwicklung ein.

Wir berührten den Zustand der fränkischen Bistümer. Ein entschlossener Bischof hätte wohl daran denken können, denselben zur Erwerbung einer erblichen Macht zu benutzen.

Es ist vielleicht wirklich an dem, daß Julius Echter von Mespelbronn, der im Jahre 1573, noch sehr jung und unternehmend von Natur, Bischof von Würzburg ward, einen Augenblick geschwankt hat, welche Politik er ergreifen sollte.

Er nahm an der Vertreibung des Abtes von Fulda tätigen Anteil, und es kann unmöglich eine sehr ausgesprochene katholische Gesinnung gewesen sein, was Kapitel und Stände von Fulda mit ihm in Verhältnis brachte. Eben die Herstellung des Katholizismus war ja die Hauptbeschwerde, die sie gegen ihren Abt erhoben. Auch geriet der Bischof hierdurch in Mißverhältnisse mit Rom: Gregor XIII. legte ihm auf, Fulda zurückzugeben. Er tat das gerade damals, als Truchseß seinen Abfall aussprach. In der Tat machte Bischof Julius hierauf Anstalt, sich an Sachsen zu wenden und das Haupt der Lutheraner gegen den Papst zu Hilfe zu rufen; er stand mit Truchseß in näherer Verbindung, und wenigstens dieser faßte die Hoffnung, der Bischof von Würzburg werde seinem Beispiele nachfolgen; mit Vergnügen meldet dies der Abgeordnete jenes lauenburgischen Erzbischofs von Bremen seinem Herrn[2].

[1] Tempesti, Vita di Sisto V. Tom. I, p. 359.

[2] Schreiben Hermanns von der Decken (denn Becken wird wohl eine falsche Lesart sein) vom 6. Dez. 1582 in Schmidt-Phiseldecks Historischen Miscellaneen I, 25: „Auf des Legaten Anbringen und Werbunge hat Wirzburgensis ein klein Bedenken gebetten, und hat zur Stunde seine Pferde und Gesinde lassen fertig werden, wollen aufsitzen und nach dem Herrn Churf. zu Sachßen reitten und Ihre Churf. G. über solliche des Papsts unerhorte Importunitet – klagen – auch um radt, hulff und Trost anhalten – – – Der Herr Churfürst (v. Köln) hatt große Hoffnung zu hochgedachten Herrn Bischoffen, daß J. F. Gn. verhoffentlich dem Papste werde abfallen."

Unter diesen Umständen läßt sich schwerlich sagen, was Bischof Julius getan haben würde, wenn sich Truchseß in Köln behauptet hätte. Nachdem das aber so vollständig fehlgeschlagen, konnte er nicht allein nicht daran denken, ihm nachzuahmen; er faßte vielmehr einen ganz entgegengesetzten Entschluß.

Wäre vielleicht die Summe seiner Wünsche nur gewesen, Herr in seinem Lande zu werden? Oder war er in seinem Herzen wirklich von streng katholischer Überzeugung? Er war doch ein Zögling der Jesuiten, in dem Collegium romanum erzogen. Genug, im Jahre 1584 nahm er eine Kirchenvisitation in katholischem Sinne vor, die in Deutschland ihresgleichen noch nicht gehabt hatte; mit der ganzen Stärke eines entschlossenen Willens, persönlich setzte er sie ins Werk.

Von einigen Jesuiten begleitet, durchzog er sein Land. Er ging zuerst nach Gmünden, von da nach Arnstein, Werneck, Haßfurt, so fort von Bezirk zu Bezirk. In jeder Stadt berief er Bürgermeister und Rat vor sich und eröffnete ihnen seinen Entschluß, die protestantischen Irrtümer auszurotten. Die Prediger wurden entfernt und mit Zöglingen der Jesuiten ersetzt. Weigerte sich ein Beamter, den katholischen Gottesdienst zu besuchen, so wurde er ohne Gnade entlassen; schon warteten andere, katholisch gesinnte auf die erledigten Stellen. Aber auch jeder Privatmann ward zu dem katholischen Gottesdienst angehalten; es blieb ihm nur die Wahl zwischen der Messe und der Auswanderung: wem die Religion des Fürsten ein Greuel sei, der solle auch an seinem Lande keinen Teil haben[1]. Vergebens verwandten sich die Nachbarn hiergegen. Bischof Julius pflegte zu sagen: nicht das, was er tue, errege ihm Bedenklichkeiten, sondern, daß er es so spät tue. Auf das eifrigste standen ihm die Jesuiten bei. Besonders bemerkte man den Pater Gerhard Weller, der allein und ohne Gepäck zu Fuß von Ort zu Ort zog und predigte. In dem einen Jahre 1586 wurden 14 Städte und Märkte, über 200 Dörfer, bei 62000 Seelen zum Katholizismus zurückgebracht. Nur die Hauptstadt des Stiftes war noch übrig; im März 1587 nahm der Bischof auch diese

[1] Lebensbeschreibung des Bischofs Julius in Gropps Chronik von Würzburg S. 335: „es ward ihnen angesagt, sich von den Ämtern und Befehlen zu drossen und ihr Hauswesen außer dem Stift zu suchen.“ Ich benutze diese Lebensbeschreibung hier auch sonst, mit ihr besonders Christophori Mariani Augustani Encaenia et Tricennalia Juliana in Gropps Scriptt. Wirceb. tom. I.

vor. Er ließ den Stadtrat vor sich kommen; dann setzte er für jedes Viertel und jede Pfarre eine Kommission nieder, welche die Bürger einzeln verhörte. Eben hier fand sich, daß die Hälfte derselben protestantische Meinungen hegte. Manche waren nur schwach in ihrem Glauben: bald fügten sie sich, und die feierliche Kommunion, welche der Bischof zu Ostern im Dome daselbst veranstaltete, bei der er selbst das Amt hielt, war schon sehr zahlreich; andere hielten sich länger; noch andere zogen es vor, das Ihre zu verkaufen und auszuwandern. Unter diesen waren vier Ratsherren.

Ein Beispiel, durch das sich vor allem der nächste geistliche Nachbar von Würzburg, der Bischof von Bamberg, zur Nachahmung aufgefordert fühlte. Man kennt Gösweinstein über dem Muggendorfer Tale, wohin noch heute auf einsam steilen Pfaden durch prächtige Wälder und Schluchten aus allen Tälern umher wallfahrtendes Volk zieht. Es ist ein altes Heiligtum der Dreifaltigkeit daselbst; damals war es unbesucht, verödet. Als der Bischof von Bamberg, Ernst von Mengersdorf, im Jahre 1587 einmal dahin kam, fiel ihm dies schwer aufs Herz. Von dem Beispiel seines Nachbarn entflammt, erklärte auch er, er wolle seine Untertanen wieder „zur wahren katholischen Religion weisen; keine Gefahr werde ihn abhalten, diese seine Pflicht zu tun". Wir werden sehen, wie ernstlich sein Nachfolger daranging.

Während man sich aber im Bambergischen noch vorbereitete, fuhr Bischof Julius fort, das Würzburgische ganz umzugestalten. Alle alten Einrichtungen wurden erneuert. Die Mutter-Gottes-Andachten, die Wallfahrten, die Brüderschaften zu Mariä Himmelfahrt, zu Mariä Geburt und wie sie alle heißen, lebten wieder auf, und neue wurden gegründet. Prozessionen durchzogen die Straßen; der Glockenschlag mahnte das gesamte Land zur gesetzten Stunde zum Ave Maria[1]. Aufs neue sammelte man Reliquien und legte sie mit großem Pomp an den Stätten der Verehrung nieder. Die Klöster wurden wieder besetzt, aller Orten Kirchen gebaut; man zählt 300, die Bischof Julius gegründet hat; an ihren hohen spitzen Türmen kann sie der Reisende erkennen. Mit Erstaunen nahm man nach wenigen Jahren die Verwandlung

[1] Julii Episcopi statuta ruralia: Gropp, Scriptt. tom. I, Sein Sinn ist, daß die geistliche Bewegung, die von dem höchsten Haupte der Kirche Christi ausgeht, von oben nach unten sich allen Gliedern des Körpers mitteile S. p. 444 de capitulis ruralibus.

wahr. „Was eben erst", ruft ein Lobredner des Bischofs aus, „für abergläubisch, ja für schimpflich gegolten, das hält man nun für heilig; worin man noch eben ein Evangelium sah, das erklärt man nun für Betrug."

So große Erfolge hatte man selbst in Rom nicht erwartet. Das Unternehmen des Bischofs Julius war schon eine Zeitlang im Gange, ehe Papst Sixtus etwas davon erfuhr. Nach den Herbstferien 1586 erschien der Jesuitengeneral Aquaviva vor ihm, um ihm die Kunde von den neuen Eroberungen seines Ordens mitzuteilen. Sixtus war entzückt. Er eilte, dem Bischof seine Anerkennung zu bezeigen. Er teilte ihm das Recht zu, auch die in den vorbehaltenen Monaten erledigten Pfründen zu besetzen: denn er selbst werde ja am besten wissen, wen er zu belohnen habe.

Um so größer war aber die Freude des Papstes, da die Meldung Aquavivas mit ähnlichen Nachrichten aus den österreichischen Provinzen, besonders aus Steiermark, zusammentraf.

In demselben Jahre noch, in welchem die evangelischen Stände in Steiermark durch die Bruckerischen Landtagsbeschlüsse eine so große Unabhängigkeit erlangten, daß sie sich darin wohl mit den Ständen von Österreich vergleichen konnten, welche auch ihren Religionsrat, ihre Superintendenten und Synoden und eine fast republikanische Verfassung besaßen, trat auch schon die Veränderung ein.

Gleich, als Rudolf II. die Erbhuldigung einnahm, bemerkte man, wie so durchaus er von seinem Vater verschieden sei: die Akte der Devotion übte er in ihrer ganzen Strenge aus; mit Verwunderung sah man ihn den Prozessionen beiwohnen, selbst im harten Winter, ohne Kopfbedeckung, mit seiner Fackel in der Hand.

Diese Stimmung des Herrn, die Gunst, die er den Jesuiten angedeihen ließ, erregten schon Besorgnis und nach dem Charakter der Zeit heftige Gegenbewegungen. In dem Landhause zu Wien – denn eine eigentliche Kirche war den Protestanten in der Hauptstadt nicht verstattet – predigte der Flazianer Josua Opitz mit all der Heftigkeit, welche seiner Sekte eigentümlich war. Indem er regelmäßig wider Jesuiten, Pfaffen und „alle Greuel des Papsttums donnerte", erregte er nicht sowohl Überzeugung als Ingrimm in seinen Zuhörern, so daß sie, wie ein Zeitgenosse sagt[1], wenn sie aus seiner Kirche kamen, „die Papisten mit den Händen hätten zerreißen mögen". Der Erfolg war, daß der Kaiser die Absicht faßte, die Versammlungen des Landhauses abzustellen. Indem man dies bemerkte, das Für und Wider leidenschaftlich besprach und die Ritterschaft, der das Landhaus zugehörte, sich schon mit Drohungen vernehmen ließ, kam der Tag des Fronleichnams im Jahre 1578 heran. Der Kaiser war entschlossen, dies Fest auf das feierlichste zu begehen. Nachdem er die Messe in St. Stephan gehört, begann die Prozession, die erste, die man seit langer Zeit wieder sah: Priester, Ordensbrüder, Zünfte, in ihrer Mitte der Kaiser und die Prinzen; so ward das Hochwürdige durch die Straßen begleitet. Plötzlich aber zeigte sich, welch eine ungemeine Aufregung in der Stadt herrschte. Als man auf den Bauernmarkt kam, mußten einige Buden weggeräumt werden, um der Prozession Platz zu machen. Nichts weiter bedurfte es, um eine allgemeine Verwirrung hervorzubringen. Man hörte den Ruf: „Wir sind verraten; zu den Waffen!" Chorknaben und Priester verließen das Hochwürdige; Hellebardierer und Hartschierer zerstreuten sich; der Kaiser sah sich in der Mitte einer tobenden Menge; er fürchtete einen Angriff auf seine Person und legte die Hand an den Degen; die Prinzen traten mit gezogenem Schwert um ihn her[2]. – Man kann erachten, daß dieser Vorfall den größten Eindruck auf den ernsthaften Fürsten hervorbringen mußte, der spanische Würde und Majestät liebte. Der päpstliche Nuntius nahm davon Gelegenheit, ihm die Gefahr vorzustellen, in der er bei diesem Zustand der Dinge schwebe: Gott selbst zeige ihm darin, wie notwendig es für ihn sei, Versprechungen zu erfüllen, die er ohnehin dem Papste getan. Der spanische Gesandte stimmte dem bei. Oftmals hatte der Jesuitenprovinzial Magius den Kaiser zu einer entscheidenden Maßregel aufgefordert; jetzt fand er Gehör. Am 21. Juni 1578 erließ der Kaiser einen Befehl an Opitz, samt seinen Gehilfen an Kirche und Schule noch an dem nämlichen Tage, „bei scheinender Sonne", die Stadt und binnen vierzehn Tagen die gesamten Erblande des Kaisers zu räumen. Der Kaiser fürchtete fast einen Aufruhr; für den Notfall hielt er eine Anzahl zuverlässiger Leute in

[1] D. Georg Eder, der freilich ein Gegner war. Auszug seiner Warnungsschrift bei Raupach: Evang. Östreich II, 286.

[2] Maffei, Annali di Gregorio XIII, tom. I, p. 281, 335, ohne Zweifel aus den Berichten des Nuntius.

den Waffen. Allein wie hätte man sich wider den Fürsten erheben sollen, der den Buchstaben des Rechtes für sich hatte? Man begnügte sich, den Verwiesenen mit schmerzlichem Beileid das Geleit zu geben[1].

Von diesem Tage an begann in Österreich eine katholische Reaktion, welche von Jahr zu Jahr mehr Kraft und Wirksamkeit bekam.

Es ward der Plan gefaßt, den Protestantismus zunächst aus den kaiserlichen Städten zu verdrängen. Die Städte unter der Enns, die sich zwanzig Jahre früher von dem Herren- und Ritterstande hatten absondern lassen, konnten in der Tat keinen Widerstand entgegensetzen. Die evangelischen Geistlichen wurden an vielen Orten verwiesen; katholische traten an ihre Stelle; über die Privatleute ward eine strenge Untersuchung verhängt. Wir haben eine Formel, nach der man die Verdächtigen prüfte. „Glaubst du", lautet ein Artikel, „daß alles wahr ist, was die römische Kirche in Lehre und Leben festsetzt?" „Glaubst du", fügt ein anderer hinzu, „daß der Papst das Haupt der Einigen Apostolischen Kirche ist?" Keinen Zweifel wollte man übriglassen[2]. Die Protestanten wurden von den Stadtämtern entfernt; es ward kein Bürger weiter aufgenommen, den man nicht katholisch erfand. Auf der Universität mußte nun auch in Wien jeder Doktorandus zuerst die Professio fidei unterschreiben. Eine neue Schulordnung schrieb katholische Formulare, Fasten, Kirchenbesuch, den ausschließlichen Gebrauch des Katechismus des Canisius vor. In Wien nahm man die protestantischen Bücher aus den Buchläden weg; in großen Haufen führte man sie in den bischöflichen Hof. An den Wassermauten untersuchte man die ankommenden Kisten und konfiszierte Bücher oder Gemälde, welche nicht gut katholisch waren[3].

Mit alledem drang man noch nicht durch. In kurzem wurden zwar in Unterösterreich dreizehn Städte und Märkte reformiert; auch die Kammergüter, die verpfändeten Besitztümer hatte man

[1] Sacchinus, pars IV, lib. VI, n. 78: „Pudet referre, quam exeuntes sacrilegos omnique exsecratione dignissimos prosecuta sit numerosa multitudo quotque benevolentiae documentis, ut vel inde mali gravitas aestimari possit."

[2] Päpstliche, östreichische und baierische Konfessionsartikel bei Raupach, Evang. Östreich II, 307.

[3] Khevenhiller, Annales Ferdinandei I, 90. Hansitz, Germania sacra I, 632.

in seiner Hand; allein noch behauptete der Adel eine gewaltige Opposition; die Städte ob der Enns waren enger mit ihm verbunden und ließen sich durch keine Anfechtung irren[1]. Nichtsdestominder hatten doch, wie man leicht erkennt, viele von jenen Maßregeln eine allgemeine Gültigkeit, der sich niemand entziehen konnte; auf Steiermark äußerten sie eine unmittelbare Rückwirkung.

In dem Momente, als schon an so vielen Orten die katholische Reaktion im Gange war, hatte sich der Erzherzog Karl zu Konzessionen verstehen müssen. Seine Stammesvettern konnten es ihm nicht verzeihen. Sein Schwager Herzog Albrecht von Bayern stellte ihm vor, daß ihn der Religionsfriede berechtige, seine Untertanen zu der Religion zu nötigen, die er selber bekenne. Er riet dem Erzherzog dreierlei: einmal, alle seine Ämter, vornehmlich Hof und geheimen Rat, nur mit Katholischen zu besetzen; sodann, auf den Landtagen die verschiedenen Stände voneinander abzusondern, um mit den einzelnen desto besser fertig werden zu können; endlich, mit dem Papst in gutes Vernehmen zu treten und sich einen Nuntius von demselben auszubitten. Schon von selbst bot Gregor XIII. die Hand hierzu. Da er sehr wohl wußte, daß es hauptsächlich das Geldbedürfnis war, was den Erzherzog zu seinen Zugeständnissen bewogen hatte, so ergriff er das beste Mittel, ihn von seinen Landsassen unabhängiger zu machen: er schickte ihm selber Geld, noch im Jahre 1580 die für jene Zeit ganz bedeutende Summe von 40000 Skudi; in Venedig legte er ein noch ansehnlicheres Kapital nieder, dessen sich der Erzherzog in dem Falle bedienen könne, daß infolge seiner katholischen Bestrebungen Unruhen in dem Lande ausbrechen sollten.

Durch Beispiel, Anmahnung und wesentliche Hilfe ermutigt, nahm Erzherzog Karl seit dem Jahre 1580 eine ganz andere Stellung ein.

In diesem Jahre gab er seinen früheren Zugeständnissen eine Erklärung, welche als ein Widerruf derselben betrachtet werden konnte. Die Stände taten ihm einen Fußfall, und einen Augenblick mochte eine so flehentliche Bitte eine Wirkung auf ihn ausüben[2]; aber im ganzen blieb es doch bei den angekündigten Maß-

[1] Raupach, Kleine Nachlese: Evangelisches Östreich IV, S. 17.

[2] „Seinem angeborenen mildreichen landsfürstlichen deutschen Gemüt nach", sagt die Supplikation der drei Lande.

regeln: schon begann auch hier die Vertreibung der evangelischen Prediger.

Entscheidend war das Jahr 1584. Auf dem Landtage dieses Jahres erschien der päpstliche Nuntius Malaspina. Schon war es ihm gelungen, die Prälaten, welche sich sonst immer zu den weltlichen Ständen gehalten, von denselben zu trennen; zwischen ihnen, den herzoglichen Beamten und allen Katholischen im Lande stiftete der Nuntius eine enge Vereinigung, die in ihm ihren Mittelpunkt fand. Bisher hatte es geschienen, als sei das ganze Land protestantisch; der Nuntius verstand es, auch um den Fürsten her eine starke Partei zu bilden. Hierdurch ward der Erzherzog ganz unerschütterlich. Er blieb fest dabei, daß er den Protestantismus in seinen Städten ausrotten wolle; der Religionsfriede gebe ihm, sagte er, noch weit größere Rechte, auch über den Adel, und durch ferneren Widerstand werde man ihn noch dahin bringen, sie geltend zu machen; dann wolle er doch sehen, wer sich als Rebell beweisen wolle. So entschieden antiprotestantisch nun diese Erklärungen lauteten, lagen die Verhältnisse doch so, daß er damit ebensoweit kam wie früherhin mit seinen Zugeständnissen. Die Stände konnten die aus anderen Rücksichten dringenden Bewilligungen doch nicht versagen[1].

Seitdem begannen die Gegenreformationen auch in dem gesamten erzherzoglichen Gebiete. Die Pfarren, die Stadträte wurden mit Katholiken besetzt; kein Bürger durfte eine andere als die katholische Kirche besuchen oder seine Kinder in eine andere als die katholische Schule schicken.

Es ging nicht immer ganz ruhig ab. Die katholischen Pfarrer, die fürstlichen Kommissare wurden zuweilen verunglimpft und weggejagt. Der Erzherzog selbst geriet einmal auf der Jagd in Gefahr; es hatte sich in der Gegend das Gerücht verbreitet, ein benachbarter Prädikant sei gefangen; das Volk lief mit den Waffen zusammen, und der arme geplagte Prediger mußte selbst ins Mittel treten, um den ungnädigen Herrn vor den Bauern zu beschützen[2]. Trotz alledem aber hatte die Sache ihren Fortgang. Die strengsten Mittel wurden angewendet; der päpstliche Geschichtschrei-

[1] Valvassor, Ehre des Herzogtums Krain, hat über alle diese Dinge gute und ausführliche Nachrichten. Besonders wichtig ist aber hier Maffei in den Annali di Gregorio XIII, lib. IX, c. XX; lib. XIII, c. I. Er hatte ohne Zweifel die Information des Nuntius vor Augen.

[2] Khevenhiller, Annales Ferdinandei II, p. 523.

ber faßt sie in wenig Worten zusammen: Konfiskation, sagt er, Exil, schwere Züchtigung jedes Widerspenstigen. Die geistlichen Fürsten, die in jenen Gegenden etwas besaßen, kamen den weltlichen Behörden zu Hilfe. Der Erzbischof von Köln, Bischof von Freisingen, änderte den Rat seiner Stadt Lack und belegte die protestantischen Bürger mit Gefängnis oder mit Geldstrafe; der Bischof von Brixen wollte in seiner Herrschaft Veldes geradezu eine neue Ackerverteilung vornehmen. Diese Tendenzen erstreckten sich über alle österreichischen Gebiete. Obwohl Tirol katholisch geblieben war, versäumte doch der Erzherzog Ferdinand in Innsbruck nicht, seine Geistlichkeit in strenge Unterordnung zu nehmen und darauf zu sehen, daß jedermann das Abendmahl empfing; für die gemeinen Leute wurden Sonntagsschulen eingerichtet; Kardinal Andreas, der Sohn Ferdinands, ließ Katechismen drucken und verteilte sie der Schuljugend und den ununterrichteten Leuten[1]. In Gegenden aber, wo der Protestantismus einigermaßen eingedrungen war, blieben sie nicht bei so milden Maßregeln stehen. In der Markgrafschaft Burgau, obwohl sie erst vor kurzem erworben, in der Landvogtei Schwaben, obwohl die Jurisdiktion daselbst streitig war, verfuhren sie ganz wie Erzherzog Karl in Steiermark.

Über alle diese Dinge konnte Papst Sixtus des Lobes kein Ende finden. Er rühmte die österreichischen Prinzen als die festesten Säulen des Christentums. Besonders an Erzherzog Karl erließ er die verbindlichsten Breven[2]. Die Erwerbung einer Grafschaft, welche damals heimfiel, betrachtete man am Hofe zu Grätz als eine göttliche Belohnung für so viele guten, dem Christentum geleisteten Dienste.

Wenn die katholische Richtung in den Niederlanden sich vornehmlich dadurch wieder festsetzte, daß sie sich den Privilegien anbequemte, so geschah das nicht auch in Deutschland. Es blieb hier dabei, daß die Landesherrschaften ihre Hoheit und Macht um soviel erweiterten, als es ihnen gelang, die kirchliche Restauration zu begünstigen. Wie eng aber diese Vereinigung kirchlicher und politischer Macht war, wieweit man darin ging, davon bietet wohl

[1] Puteo bei Tempesti, Vita di Sisto V. Tom. I, 375.
[2] Auszug aus den Breven bei Tempesti I, 203.

der Erzbischof von Salzburg, Wolf Dietrich von Raittenau, das merkwürdigste Beispiel dar.

Die alten Erzbischöfe, welche die Bewegungen der Reformationszeit mit erlebt hatten, begnügten sich, dann und wann ein Edikt wider die Neuerungen zu erlassen, eine Strafe zu verhängen, einen Versuch zur Bekehrung zu machen, aber nur, wie Erzbischof Jakob sagt, „durch linde, väterliche und getreue Wege"[1].

Ganz anders aber war der junge Erzbischof Wolf Dietrich von Raittenau gesinnt, der im Jahre 1587 den Stuhl von Salzburg bestieg. Er war in dem Collegium Germanicum zu Rom erzogen worden und hatte die Ideen der kirchlichen Restauration noch in voller Frische inne; er hatte hier noch den glänzenden Anfang der Regierung Sixtus' V. gesehen und sich mit Bewunderung für ihn erfüllt; einen besonderen Antrieb bildete es für ihn überdies, daß sein Oheim Kardinal war, Kardinal Altemps, in dessen Hause er eine Zeitlang gelebt hatte. Im Jahre 1588, nach der Zurückkunft von einer Reise, die ihn noch einmal nach Rom geführt, schritt er nun dazu, die unter diesen Eindrücken gefaßten Entwürfe ins Werk zu setzen. Er forderte alle Bürger seiner Hauptstadt auf, ihr katholisches Bekenntnis abzulegen. Es blieben viele damit im Rückstand; er gestattete ihnen einige Wochen Bedenkzeit; alsdann, am 3. September 1588, befahl er ihnen, binnen einem Monat Stadt und Stift zu räumen. Nur dieser Monat und endlich auf dringende Bitten noch ein zweiter ward ihnen verstattet, ihre Güter zu verkaufen. Sie mußten dem Erzbischof von denselben einen Anschlag überreichen und durften sie auch dann nur an solche Personen überlassen, die ihm genehm waren[2]. Nur wenige bequemten sich, von ihrem Glauben abzufallen; sie mußten dann öffentliche Kirchenbuße tun, mit brennenden Kerzen in der Hand; bei weitem die meisten, eben die wohlhabendsten Bürger der Stadt, wanderten aus. Ihr Verlust kümmerte den Fürsten nicht. In anderen Maßregeln glaubte er das Mittel gefunden zu haben, den Glanz des Erzstiftes zu erhalten. Schon hatte er die Abgaben gewaltig erhöht, Mauten und Zölle gesteigert, das Halleiner, das

[1] Auch ein schärferes Mandat ward allerdings unter dem Namen Jacobs publiziert, aber erst, als er die Verwaltung einem Koadjutor hatte überlassen müssen.

[2] Reformationsmandat bei Göckingk, Vollkommene Emigrationsgeschichte von denen aus dem Erzbistum Salzburg vertriebenen Lutheranern I, S. 88.

Schellenberger Salz mit neuem Aufschlag belegt, die Türkenhilfe zu einer ordentlichen Landessteuer ausgedehnt, Weinumgeld, Vermögens- und Erbsteuer eingeführt. Auf keine hergebrachte Freiheit nahm er Rücksicht. Der Domdechant entleibte sich selbst, – wie man glaubte, in einem Anfall von Trübsinn über die Verluste der Rechte des Kapitels. Die Anordnungen des Erzbischofs über die Salzausfertigung und das gesamte Bergwesen hatten den Zweck, die Selbständigkeit der Gewerke herabzubringen und alles seiner Kammer einzuverleiben. In Deutschland gibt es kein ähnliches Beispiel einer ausgebildeten Fiskalität in diesem Jahrhundert. Der junge Erzbischof hatte die Ideen eines italienischen Fürstentums mit über die Alpen gebracht. Geld zu haben, schien ihm die erste Aufgabe aller Staatswirtschaft. Er hatte sich Sixtus V. zum Muster genommen: einen gehorsamen, ganz katholischen, tributären Staat wollte auch er in seinen Händen haben. Die Entfernung der Bürger von Salzburg, die er als Rebellen ansah, machte ihm sogar Vergnügen. Er ließ die leer gewordenen Häuser niederreißen und Paläste nach römischem Stil an ihrer Stelle aufrichten[1].

Denn vor allem liebte er den Glanz. Keinem Fremden hätte er die Ritterzehrung versagt; mit einem Gefolge von 400 Mann sah man ihn einst den Reichstag besuchen. Im Jahre 1588 war er erst 29 Jahre alt; er war voll Lebensmut und Ehrgeiz: schon faßte er die höchsten kirchlichen Würden ins Auge.

Wie nun in geistlichen und weltlichen Fürstentümern, so ging es, wenn es irgend möglich war, auch in den Städten.

Wie bitter beklagen sich die lutherischen Bürger von Gmünden, daß man sie aus der Matrikel der Bürgerstube gestrichen habe! In Biberach behauptete sich noch der Rat, den der Kommissar Kaiser Karls V. bei Gelegenheit des Interims eingesetzt hatte; die ganze Stadt war protestantisch, der Rat allein katholisch, und jeden Protestanten hielt er sorgsam ausgeschlossen[2]. Welche Bedrückungen erfuhren die Evangelischen in Köln und Aachen!

[1] Zauners Salzburger Chronik, siebenter Teil, ist hierfür unsere wichtigste Quelle. Dieser Teil ist selbst nach einer gleichzeitigen Lebensbeschreibung des Erzbischofs gearbeitet.

[2] Lehmann, de pace religionis II, p. 268. 480.

Der Rat von Köln erklärte, er habe dem Kaiser und dem Kurfürsten versprochen, keine andere Religion zu dulden als die katholische; das Anhören einer protestantischen Predigt bestrafte er zuweilen mit Turm und Geldbuße[1]. Auch in Augsburg bekamen die Katholiken die Oberhand; bei der Einführung des neuen Kalenders entstanden Streitigkeiten; im Jahre 1586 wurde erst der evangelische Superintendent, dann elf Geistliche auf einmal, endlich eine Anzahl der hartnäckigsten Bürger aus der Stadt getrieben. Um verwandter Gründe willen erfolgte etwas Ähnliches 1587 in Regensburg. Schon machten auch die Städte auf das Reformationsrecht Ansprüche; ja selbst einzelne Grafen und Herren, einzelne Reichsritter, die etwa soeben von einem Jesuiten bekehrt worden, glaubten sich desselben bedienen zu dürfen und unternahmen in ihrem kleinen Gebiete die Wiederherstellung des Katholizismus.

Es war eine unermeßliche Reaktion. Wie der Protestantismus vorgedrungen, so ward er jetzt zurückgeworfen. Predigt und Lehre wirkten auch hierbei, aber noch bei weitem mehr Anordnung, Befehl und die offene Gewalt.

Wie einst die italienischen Protestanten sich über die Alpen nach der Schweiz und nach Deutschland geflüchtet hatten, so wandten sich jetzt deutsche Flüchtlinge, und in noch viel größeren Scharen, vom westlichen und südlichen Deutschland verdrängt, nach dem nördlichen und östlichen. So wichen auch die belgischen nach Holland. Es war ein großer katholischer Sieg, der sich von Land zu Land wälzte.

Den Fortgang desselben zu begünstigen und auszudehnen, bemühten sich nun vor allem die Nuntien, welche damals in Deutschland regelmäßig zu residieren anfingen.

Wir haben eine Denkschrift des Nuntius Minuccio Minucci vom Jahre 1588 übrig, aus welcher sich die Gesichtspunkte ergeben, die man faßte, nach denen man verfuhr[2].

Eine vorzügliche Rücksicht widmete man dem Unterricht. Man hätte nur gewünscht, daß die katholischen Universitäten besser ausgestattet worden wären, um ausgezeichnete Lehrer herbeizuziehen; das einzige Ingolstadt war mit genügenden Mitteln versehen. Wie die Sachen standen, kam noch alles auf die jesuitischen

[1] Lehmann 436. 270.

[2] Discorso del molto illustre e rev^{mo} Monsignor Minuccio Minucci sopra il modo di restituire la cattolica religione in Allemagna 1588. MS. Barb.

Seminare an. Minuccio Minucci meinte, man müsse hier nicht sowohl darauf sehen, große Gelehrte, tiefe Theologen zu bilden, als gute und tüchtige Prediger. Ein Mann von mittelmäßigen Kenntnissen, der sich bescheide, nicht zu dem Gipfel der Gelehrsamkeit zu gelangen, und nicht darauf denke, sich berühmt zu machen, sei vielleicht der allerbrauchbarste und nützlichste. Er empfahl diese Rücksicht auch für die den deutschen Katholiken bestimmten Anstalten in Italien. In dem Collegium Germanicum ward ursprünglich ein Unterschied in der Behandlung der bürgerlichen und der adeligen Jugend gemacht. Minuccio Minucci findet es tadelnswürdig, daß man hiervon abgewichen: nicht allein sträube sich nun der Adel, dahin zu gehen; auch in den Bürgerlichen erwache ein Ehrgeiz, dem hernach nicht genügt werden könne, ein Streben nach hohen Stellen, das der guten Verwaltung der unteren nachteilig werde. Übrigens suchte man damals eine dritte, mittlere Klasse heranzuziehen, die Söhne der höheren Beamten, die doch nach dem Laufe der Welt einmal wieder den größten Anteil an der Verwaltung ihrer vaterländischen Landschaften bekommen mußten. In Perugia und Bologna hatte bereits Gregor XIII. Einrichtungen für sie getroffen. Man sieht wohl: die Standesunterscheidungen, die noch jetzt die deutsche Welt beherrschen, waren schon damals ausgesprochen.

Das meiste kam immer auf den Adel an. Ihm vor allem schrieb der Nuntius die Erhaltung des Katholizismus in Deutschland zu: denn da der deutsche Adel ein ausschließendes Recht auf die Stifte habe, so verteidige er die Kirche wie sein Erbgut; jetzt setze er sich eben deshalb der Freistellung der Religion in den Stiften entgegen[1]; er fürchte die große Zahl der protestantischen Prinzen, welche alsdann alle Pfründen an sich ziehen würden. Eben darum müsse man auch diesen Adel schützen und schonen. Man dürfe ihn nicht mit dem Gesetz der Singularität der Benefizien plagen; ohnehin habe die Abwechslung der Residenzen ihren Nutzen: da vereinige sich der Adel aus verschiedenen Pro-

[1] Vornehmlich in Oberdeutschland. L'esempio della suppressione dell' altre (der niederdeutschen) ha avvertiti i nobili a metter cura maggiore nella difesa di queste, concorrendo in ciò tanto gli eretici quanto li cattolici, accorti già, che nell' occupatione delli principi si leva a loro et a' posteri la speranza dell' utile che cavano dai canonicati e dagli altri *beneficii* e che possono pretendere del vescovato mentre a' canonici resti libera l'elettione.

vinzen zum Schutze der Kirche. Auch müsse man nicht etwa die Stellen an Bürgerliche zu bringen suchen; einige Gelehrte seien in einem Kapitel sehr nützlich, wie man in Köln bemerkt habe; wollte man aber hierin weiter gehen, so würde es den Ruin der deutschen Kirche verursachen.

Da entstand nun die Frage, inwiefern es möglich sei, die völlig zum Protestantismus übergetretenen Gebiete wieder herbeizubringen.

Der Nuntius ist weit entfernt, zur offenen Gewalt zu raten. Bei weitem zu mächtig scheinen ihm die protestantischen Fürsten. Aber er gibt einige Mittel an die Hand, die allmählich doch auch zum Ziele führen möchten.

Vor allem findet er es notwendig, das gute Vernehmen zwischen den katholischen Fürsten, besonders zwischen Bayern und Österreich, aufrechtzuerhalten: noch bestehe der Bund von Landsberg; man müsse ihn erneuern, erweitern; auch König Philipp von Spanien könne man aufnehmen.

Und sei es nicht möglich, einige protestantische Fürsten selbst wiederzugewinnen? – Lange hatte man in Kurfürst August von Sachsen eine Hinneigung zum Katholizismus wahrzunehmen geglaubt: besonders durch bayerische Vermittlung war wohl dann und wann ein Versuch auf ihn gemacht worden; allein nur mit großer Vorsicht hatte es geschehen können; und da die Gemahlin des Kurfürsten, Anna von Dänemark, sich streng an die Überzeugungen des Luthertums hielt, so war es immer vergeblich gewesen. Im Jahre 1585 starb Anna. Es war nicht allein ein Tag der Erlösung für die bedrängten Calvinisten; auch die Katholiken suchten sich dem Fürsten wieder zu nähern. Es scheint doch, als habe man in Bayern, wo man sich früher immer sträubte, sich jetzt bewogen gefühlt, einen Schritt zu tun; schon hielt sich Papst Sixtus bereit, dem Kurfürsten die Absolution nach Deutschland zuzusenden[1]. Indessen starb Kurfürst August, ehe etwas ausge-

[1] Schon 1574 ermunterte Gregor XIII. den Herzog Albert V., „ut, dum elector Saxoniae Calvinistarum sectam ex imperii sui finibus exturbare conabatur, vellet sermones cum principe illo aliquando habitos de religione catholica in Saxonia introducenda renovare". Er meinte, vielleicht werde es gut sein, einen Agenten dahin zu schicken. Hierwider ist der Herzog geradezu: dann würde die Sache an den geheimen Rat des Kurfürsten gelangen, „ad consiliarios et familiares: a quibus quid exspectandum aliud quam quod totam rem pervertant?" Er fährt fort: „Arte hic opus esse judicatur, qua tanquam aliud agens errantem pie circum-

richtet worden. Aber schon faßte man andere Fürsten ins Auge: Ludwig, Pfalzgrafen von Neuburg, an dem man Entfernung von allen dem Katholizismus feindseligen Interessen, auch eine besondere Schonung katholischer Priester, die zufällig sein Gebiet berührten, bemerken wollte; Wilhelm den IV. von Hessen, welcher gelehrt, friedfertig sei und zuweilen die Widmung katholischer Schriften annehme. Auch Männer des höheren norddeutschen Adels ließ man nicht aus der Acht; auf Heinrich Ranzau setzte man Hoffnung.

War nun aber der Erfolg dieser Versuche entfernt nicht zu berechnen, so gab es doch auch andere Entwürfe, bei deren Ausführung es mehr auf den eigenen Entschluß und Willen ankam. Noch immer war die Mehrzahl der Assessoren des Kammergerichts, wie wenigstens der Nuntius versichert, protestantisch gesinnt. Es waren noch Männer der früheren Epoche, wo in den meisten, auch den katholischen Ländern, geheime oder offene Protestanten in den fürstlichen Räten saßen. Der Nuntius findet diesen Zustand geeignet, die Katholiken zur Verzweiflung zu bringen, und dringt auf eine Abhilfe. Es scheint ihm leicht, die Assessoren der katholischen Länder zur Ablegung des Glaubensbekenntnisses und alle neu einzusetzenden zu dem Eide zu nötigen, daß sie ihre Religion nicht verändern oder ihre Stelle aufgeben wollen: von Rechts wegen gehöre den Katholischen das Übergewicht in diesem Gerichte.

Noch gibt er sogar die Hoffnung nicht auf, ohne Gewalt, wenn

veniat. – Uxor, quo ex sexu impotentiori concitatior est, eo importuniora suffundet consilia, si resciscat hanc apud maritum rem agi." Legationes paparum ad duces Bavariae, MS. der Münchner Bibliothek. – Minucci erzählt, daß die ersten Eröffnungen noch zu Pius' V. Zeiten gemacht worden. Die ganze Stelle ist merkwürdig. Con duca Augusto di Sassonia già morto tratto sin a tempi della s. m. di papa Pio V il duca Alberto di Baviera, che vive in cielo, e ridusse la pratica tanto inanzi che si prometteva sicura riuscita: ma piacque a Dio benedetto di chiamarlo, nè d'opera di tanta importanza fu chi parlasse o pensasse, se non ch'a tempi di Gregorio di gl. mem. il padre Possevino s'ingegnò di fabricare sopra quei fundamenti: et in fine nel presente felicissimo pontificato di Sisto, sendo morta la moglie d' esso duca Augusto, fu chi ricordò l'occasione esser opportuna per trattare di nuovo la conversione di quel principe; ma la providentia divina non li diede tempo di poter aspettare la benedittione che S. Beat^{ne} pur per mezzo del signor duca *Guilielmo* di Baviera s'apparecchiava di mandarli sin a casa sua. Man sieht, wie früh diese Linie bearbeitet wurde.

man nur seine Befugnisse mit Nachdruck ausübe, wieder in den Besitz der verlorengegangenen Bistümer zu gelangen. Noch war nicht alle Verbindung derselben mit Rom aufgegeben; noch wies man das alte Recht der Kurie, die in den reservierten Monaten erledigten Pfründen zu besetzen, nicht geradehin zurück; selbst die protestantischen Bischöfe glaubten doch im Grunde noch der päpstlichen Bestätigung zu bedürfen, und jener Heinrich von Sachsen-Lauenburg hielt immer einen Agenten zu Rom, um dieselbe sich zu verschaffen. Wenn der Päpstliche Stuhl sich dies bis jetzt noch nicht hatte zunutze machen können, so kam das daher, weil die Kaiser dem Mangel der päpstlichen Bestätigung durch Indulte abhalfen und die Besetzungen, die man für jene Pfründen von Rom aus vornahm, entweder zu spät eintrafen oder sonst einen Fehler in der Form hatten, so daß das Kapitel doch gesetzlich immer freie Hand behielt. Minucci dringt nun darauf, daß der Kaiser niemals mehr einen Indult gewähre, was bei der damaligen Stimmung des Hofes sich wohl erreichen ließ. Die Besetzung der Pfründen hatte schon der Herzog Wilhelm von Bayern vorgeschlagen, dem Nuntius oder einem zuverlässigen deutschen Bischof anzuvertrauen. Minucci meint, man müsse zu Rom eine eigene Dataria für Deutschland gründen; da müsse man ein Verzeichnis von qualifizierten adligen Katholiken haben, das sich ja durch den Nuntius oder die Väter Jesuiten leicht instand halten lasse, und nach dessen Maßgabe unverzüglich die Ernennungen vollziehen. Kein Kapitel werde es wagen, die gesetzmäßig ernannten römischen Kandidaten zurückzuweisen. Und welches Ansehen, welchen Einfluß müsse dies der Kurie verschaffen!

Wir sehen wohl, wie lebhaft man noch auf eine völlige Wiederherstellung der alten Gewalt dachte. Den Adel zu gewinnen, den höheren Bürgerstand im römischen Interesse zu erziehen, die Jugend in diesem Sinne zu unterweisen, den alten Einfluß auf die Stifte wiederherzustellen, obwohl sie protestantisch geworden, bei dem Kammergerichte das Übergewicht wiederzuerlangen, mächtige Reichsfürsten zu bekehren, die vorherrschende katholische Macht in die deutschen Bundesverhältnisse zu verflechten: soviel Entwürfe faßte man auf einmal.

Auch dürfen wir nicht glauben, daß diese Ratschläge vernachlässigt worden seien. Als man sie in Rom vorlegte, war man in Deutschland schon beschäftigt, sie auszuführen.

Die Tätigkeit und gute Ordnung des Kammergerichts beruhte

vorzüglich auf den jährlichen Visitationen, die immer von sieben Ständen des Reiches nach ihrer Reihenfolge am Reichstage vorgenommen wurden. Öfter war bei diesen Visitationen die Mehrzahl katholisch gewesen; im Jahre 1588 war sie einmal protestantisch; der protestantische Erzbischof von Magdeburg sollte unter anderen daran teilnehmen. Katholischerseits entschloß man sich, dies nicht zu gestatten. Als Kurmainz im Begriff war, die Stände zu berufen, befahl ihm der Kaiser aus eigener Macht, die Visitation für dieses Jahr aufzuschieben. Es war aber mit einem Jahre nicht getan. Die Reihenfolge blieb immer die nämliche; noch lange hatte man einen protestantischen Erzbischof von Magdeburg zu fürchten; so geschah, daß man diese Verzögerungen von Jahr zu Jahr wiederholte; ja, es erfolgte, daß niemals wieder eine regelmäßige Visitation gehalten worden ist, was denn dem großartigen Institut dieses höchsten Reichsgerichtes einen unersetzlichen Schaden zugefügt hat[1]. Bald vernehmen wir die Klage, daß man dort die ungelehrten Katholiken den gelehrten Protestanten vorziehe. Auch hörte der Kaiser auf, Indulte zu geben. Im Jahre 1588 riet Minucci, auf die Bekehrung protestantischer Fürsten zu denken; im Jahre 1590 sehen wir bereits den ersten übertreten. Es war Jakob von Baden; er eröffnet eine lange Reihe.

Die Ligue

Indem diese große Bewegung Deutschland und die Niederlande erfüllte, ergriff sie auch Frankreich mit unwiderstehlicher Gewalt. Die niederländischen Angelegenheiten hingen von jeher mit den französischen auf das engste zusammen; wie oft waren die französischen Protestanten den niederländischen, die niederländischen Katholiken den französischen zu Hilfe gekommen! Der Ruin des Protestantismus in den belgischen Provinzen war ein unmittelbarer Verlust für die Hugenotten in Frankreich.

[1] Minucci hatte über das Kammergericht noch besonders geschrieben. Es läßt sich wohl mit Grunde vermuten, daß seine Vorstellungen jene Inhibition hervorbrachten. Die Majorität der Protestanten war ihm, wie gesagt, ein Greuel: „non vole dir altro l'aver gli eretici l'autorità maggiore e li piu voti in quel senato, che un ridurre i cattolici d'Alemagna a disperatione.“

Nun hatte aber auch außerdem die restauratorische Tendenz des Katholizismus, wie in anderen Ländern so in Frankreich immer mehr Fuß gefaßt.

Wir bemerkten bereits den Anfang der Jesuiten; immer weiter hatten sie sich ausgebreitet. Vor allem nahm sich ihrer, wie man denken kann, das Haus Lothringen an. Der Kardinal Guise stiftete ihnen 1574 eine Akademie zu Pont à Mousson, die von den Prinzen des Hauses besucht ward. Der Herzog errichtete ein Kollegium zu Eu in der Normandie, welches man zugleich für die verbannten Engländer bestimmte.

Aber auch viele anderen Gönner fanden sie. Bald war es ein Kardinal, ein Bischof, ein Abt, bald ein Fürst, ein hochgestellter Beamter, der die Kosten einer neuen Stiftung übernahm. In kurzem siedelten sie sich in Rouen, Verdun, Dijon, Bourges, Nevers an. In den mannigfaltigsten Richtungen durchziehen ihre Missionen das Reich.

Sie fanden aber in Frankreich Gehilfen, deren sie wenigstens in Deutschland noch hatten entbehren müssen.

Schon vom Tridentiner Konzilium brachte der Kardinal von Lothringen einige Kapuziner mit; er gab ihnen in seinem Palast zu Meudon Wohnung; aber nach seinem Tode entfernten sie sich wieder. Noch war der Orden durch seine Statuten auf Italien beschränkt. Im Jahre 1573 sendete das Generalkapitel ein paar Mitglieder über die Berge, um zuerst nur den Boden zu untersuchen. Als diese gut aufgenommen wurden, so daß sie bei ihrer Rückkehr „die reichlichste Ernte" versprachen, trug der Papst kein Bedenken, jene Beschränkung aufzuheben. Im Jahre 1574 begab sich die erste Kolonie der Kapuziner unter Fra Pazifico di S. Gervaso, der sich seine Gefährten aber selbst gewählt, über die Berge.

Es waren alles Italiener. Der Natur der Sache nach mußten sie sich zunächst an ihre Landsleute halten.

Mit Freuden empfing sie die Königin Katharina und gründete ihnen sogleich ein Kloster in Paris. Schon im Jahre 1575 finden wir sie auch in Lyon. Auf die Empfehlung der Königin bekamen sie hier die Unterstützung einiger italienischer Wechsler.

Von hier breiteten sie sich nun weiter aus, von Paris nach Caen, Rouen, von Lyon nach Marseille, wo ihnen Königin Katharina eine Baustelle ankaufte; neue Kolonien siedelten sich 1583 in Toulouse, 1585 in Verdun an. Gar bald gelangen ihnen die glänzendsten Bekehrungen, wie 1587 von Henry Joyeuse, einem der ersten Männer des damaligen Frankreichs[1].

In einem Sinne wenigstens hatte aber diese religiöse Bewegung in Frankreich selbst eine noch größere Wirkung als in Deutschland. Sie brachte schon freie Nachahmungen in eigentümlichen Formen hervor. Jean de la Barrière, der die Zisterzienser-Abtei Feuillans unfern Toulouse nach den besonderen Mißbräuchen, die in Frankreich eingerissen waren, schon im 19. Lebensjahre als Kommende bekommen hatte, ließ sich im Jahre 1577 als regelmäßigen Abt einsegnen und nahm Novizen auf, mit denen er die Strenge des ursprünglichen Institutes von Citeaux nicht allein zu erneuern, sondern zu übertreffen suchte. Einsamkeit, Stillschweigen, Enthaltsamkeit wurden so weit wie möglich getrieben. Diese Mönche verließen ihr Kloster niemals anders, als um in einem benachbarten Orte zu predigen; innerhalb desselben trugen sie weder Schuhe noch eine Kopfbedeckung; sie versagten sich nicht nur Fleisch und Wein, sondern auch Fische und Eier; sie lebten von Brot und Wasser, höchstens ein wenig Gemüse[2]. Diese Strenge verfehlte nicht, Aufsehen zu erregen und Nachfolge zu erwecken; gar bald ward Dom Jean de la Barrière an den Hof von Vincennes berufen. Er zog mit 62 Gefährten, ohne von den Übungen des Klosters etwas nachzulassen, durch einen großen Teil von Frankreich; bald darauf ward sein Institut von dem Papste bestätigt und breitete sich über das Land aus.

Es war aber auch, als sei über die gesamte Weltgeistlichkeit, obwohl die Stellen auf eine unverantwortliche Weise vergeben wurden, ein neuer Eifer gekommen. Die Weltpriester nahmen sich der Seelsorge wieder eifrig an. Die Bischöfe forderten im Jahre 1570 nicht allein die Annahme des Tridentinischen Konziliums, sondern sogar die Abschaffung des Konkordates, dem sie doch selbst ihr Dasein verdankten; von Zeit zu Zeit erneuten und schärften sie diese Anträge[3].

Wer will die Momente genau angeben, durch welche das geistige Leben in diese Richtung getrieben wurde? Soviel ist gewiß, daß

[1] Boverio, Annali dei frati Capuccini I, 546. II, 45f.

[2] Felibien, Histoire de Paris. Tom. II, p. 1158.

[3] Remontrance de l'assemblée génerale du clergé de France convoquée en la ville de Melun, faite au roi Henry III le 3 juillet 1579. Recueil des actes du clergé, tom. XIV. Auch hat Thuanus einen Auszug.

man bereits um das Jahr 1580 die größte Veränderung wahrnahm. Ein Venezianer versichert, die Zahl der Protestanten habe um 70 Prozent abgenommen. Das gemeine Volk war wieder ganz katholisch. Frische Anregung, Neuheit und Kraft des Impulses waren wieder auf seiten des Katholizismus[1].

In dieser Entwicklung bekam er aber eine neue Stellung gegen die königliche Gewalt.

Schon an sich lebte der Hof in lauter Widersprüchen. Es ließ sich nicht zweifeln, daß Heinrich III. gut katholisch war; man kam bei ihm nicht fort, wenn man nicht die Messe besuchte; er wollte keine protestantischen Magistrate mehr in den Städten; aber trotz alledem blieb er doch nach wie vor dabei, die geistlichen Stellen nach der Konvenienz der Hofgunst zu besetzen ohne alle Rücksicht auf Würdigkeit und Talent, die geistlichen Güter an sich zu ziehen und zu vergeuden. Er liebte religiöse Übungen, Prozessionen, ersparte sich keine Kasteiung; aber dies hinderte ihn nicht, das anstößigste Leben selbst zu führen und anderen zu gestatten. Eine recht verworfene Liederlichkeit war am Hofe an der Tagesordnung. Die Ausschweifungen des Karnevals erregten die Entrüstung der Prediger; zuweilen wollte man die Hofleute wegen der Art ihres Todes und ihrer letzten Äußerungen nicht beerdigen: es waren eben die Lieblinge des Königs.

Daher geschah, daß die streng katholische Richtung, obwohl auf mancherlei Weise vom Hofe begünstigt, doch mit ihm in innere Opposition geriet.

Aber überdies ließ auch der König von der alten Politik, welche sich hauptsächlich in Feindseligkeiten gegen Spanien bewegte, nicht ab. Zu einer anderen Zeit hätte dies nichts zu bedeuten gehabt. Damals aber war das religiöse Element auch in Frankreich stärker als das Gefühl der nationalen Interessen. Wie die Hugenotten mit den niederländischen Protestanten, so fühlten sich die Katholischen in einem natürlichen Bunde mit Philipp II. und Farnese. Die Jesuiten, welche diesen in den Niederlanden so

[1] Lorenzo Priuli, Relatione di Franza 5 Giugno 1582. Dovemo maravigliarci umanamente parlando, che le cose non siano in peggiore stato di quello che si trovano: poichè per gratia di Dio, con tutto il poco pensiero che li è stato messo e che se li mette, è sminuito il numero degli Ugonotti 70% et è grande il zelo et fervor che mostrano cattolici nelle cose della religione.

große Dienste leisteten, konnten nicht ohne Unruhe sehen, daß eben die Feinde, die sie dort bekämpften, Gunst und Hilfe in Frankreich fanden.

Dazu kam nun aber, daß der Herzog von Alençon im Jahre 1584 starb und hierdurch, da der König weder Erben hatte noch zu bekommen hoffen durfte, die nächste Anwartschaft auf die Krone an Heinrich, König von Navarra, gelangte.

Vielleicht vermag die Besorgnis vor der Zukunft über die Menschen noch mehr als Zustände, die schon eingetreten sind. Diese Aussicht setzte die katholischen Franzosen insgesamt in große Bewegung[1], – vor allen anderen natürlich die alten Gegner und Bekämpfer Navarras, die Guisen, welche schon den Einfluß, den er als Thronfolger gewinnen mußte, wieviel mehr seine spätere Macht fürchteten. Kein Wunder, wenn sie einen Rückhalt an König Philipp suchten.

Auch diesem Fürsten aber konnte bei seiner ganzen politischen Stellung nichts willkommener sein; er trug kein Bedenken, mit den Untertanen eines fremden Reiches ein förmliches Bündnis einzugehen.

Es fragte sich nur, ob man ebenfalls in Rom, wo man so oft von einer Verbindung der Fürsten mit der Kirche geredet, jetzt die Erhebung mächtiger Vasallen gegen ihren König billigen würde.

Es läßt sich doch nicht leugnen, daß dies geschehen ist. Unter den Guisen gab es noch einige, über den Schritt, den man zu tun vorhatte, beunruhigte Gewissen. Der Jesuit Matthieu begab sich nach Rom, um eine Erklärung des Papstes auszubringen, durch welche ihre Skrupel beschwichtigt werden könnten. Gregor XIII. erklärte auf die Vorstellungen Matthieus: er billige vollkommen die Absicht der französischen Prinzen, die Waffen gegen die Ketzer zu ergreifen, er nehme jeden Skrupel hinweg, den sie darüber hegen könnten; gewiß werde der König selbst ihr Vorhaben billigen; sollte das aber auch nicht der Fall sein, so würden sie doch ihren Plan zu verfolgen haben, um zu dem vornehmsten

[1] In Rom ward gleich damals eine Schrift über die Wünschenswürdigkeit der Thronfolge eines Guisen verfaßt: della inclinatione de' cattolici verso la casa di Ghisa e del servitio che riceverà la christianità et il re cattolico della successione di uno di quei principi. Sie ward nach Spanien geschickt; man schrieb sie dem Kardinal Este zu. Dispaccio Veneto 1584 1mo Dcbr.

Zwecke, der Vertilgung der Ketzer, zu gelangen[1]. Schon war der Prozeß gegen Heinrich von Navarra eingeleitet. Als er vollendet war, hatte Sixtus V. den Päpstlichen Stuhl bestiegen; Sixtus sprach die Exkommunikation über Navarra und Condé aus. Die Intentionen der Ligue unterstützte er hierdurch mehr, als er es durch irgendeine andere Bewilligung vermocht hätte[2].

Schon hatten damals die Guisen zu den Waffen gegriffen. Sie versuchten, sich so vieler Provinzen und Plätze, als nur immer möglich, unmittelbar zu versichern.

Bei der ersten Bewegung nahmen sie so wichtige Städte wie Verdun und Toul, Lyon, Bourges, Orleans, Mézières ohne Schwertstreich ein. Der König, um ihnen nicht sofort zu unterliegen, ergriff das schon einmal erprobte Mittel, ihre Sache für die seine zu erklären. Aber um von ihnen angenommen zu werden, mußte er ihnen in einem förmlichen Vertrage ihre Erwerbungen bestätigen und erweitern: Bourgogne, Champagne, einen großen Teil der Picardie und eine Menge Plätze in anderen Teilen des Reiches überließ er ihnen[3].

Hierauf unternahmen der König und die Guisen gemeinschaftlich den Krieg gegen die Protestanten. Aber welch ein Unterschied! Von dem Könige glaubte man, er würde es sogar gern sehen, wenn die Feinde Vorteile davontrügen, um, durch die Überlegenheit ihrer Waffen scheinbar gezwungen, einen Frieden abzuschließen, der seiner zweideutigen Gesinnung entspreche. Er erwarb sich in dem Kriege ein nicht geringes Verdienst; aber niemand erkannte es an. Guise dagegen schwur, wenn ihm Gott Sieg verleihe, so wolle er nicht wieder vom Pferde steigen, bis er die katholische Religion in Frankreich auf immer befestigt habe. Mit seinen eigenen, nicht mit den königlichen Truppen überraschte er die Deutschen, welche den Hugenotten zu Hilfe kamen, auf welche diese alle ihre Hoffnungen bauten, bei Auneau, und vernichtete sie gänzlich.

[1] Claude Matthieu au duc de Nevers 11 févr. 1585, vielleicht die wichtigste Mitteilung in dem ganzen vierten Bande von Capefigue, Réforme etc. p. 173.

[2] Maffei, Historiarum ab excessu Gregorii XIII lib. I, p. 10: Infinitis foederatorum precibus et regis Philippi supplicatione hortatuque haud aegre se adduci est passus, ut Hugonotas eorumque duces coelestibus armis insectaretur.

[3] Betrachtung des Kardinals Ossat über die Wirkungen der Ligue in Frankreich, in dem Leben des Kardinals Ossat I, 44.

Der Papst verglich ihn mit Judas Maccabäus. Er war eine großartige Natur, die das Volk zu freiwilliger Verehrung mit sich fortriß; er wurde der Abgott aller Katholiken.

Der König dagegen, der nicht ohne Grund seinen Ehrgeiz fürchtete, geriet in eine durchaus falsche Stellung; er wußte selbst nicht, was er tun, nicht einmal, was er wünschen sollte. Der päpstliche Gesandte Morosini findet, er bestehe gleichsam aus zwei Personen: er wünsche die Niederlage der Hugenotten und fürchte sie ebensosehr; er fürchte die Niederlage der Katholiken und wünsche sie doch auch; durch diesen inneren Zwiespalt sei es dahin gekommen, daß er seinen Neigungen nicht mehr folge, seinen eigenen Gedanken nicht mehr glaube[1].

Eine Stimmung, welche notwendig alles Vertrauen raubt und geradeswegs ins Verderben führt.

Die Katholiken hielten dafür, daß eben der, der an ihrer Spitze stehe, insgeheim wider sie sei; jede flüchtige Berührung mit den Leuten des Navarra, jede geringfügige Begünstigung irgendeines Protestanten rechneten sie ihm an; sie hielten dafür, daß der allerchristlichste König selbst die Wiederherstellung des Katholizismus hindere; die Vorliebe, welche er seinen Günstlingen, vor allen Epernon bewies, auf den er im Gegensatz mit den Guisen sich zu stützen gedachte, vermehrte nur die Entzweiung und den Haß gegen ihn.

Unter diesen Umständen bildete sich dem Bunde der Fürsten zur Seite auch eine Union der Bürger im katholischen Sinne. In allen Städten ward das Volk durch Prediger bearbeitet, welche eine wilde Opposition gegen die Regierung mit einem heftigen religiösen Eifer vereinigten; in Paris ging man weiter. Es waren drei Prediger und ein angesehener Bürger, welche zuerst den Gedanken faßten, eine populäre Vereinigung zur Verteidigung des Katholizismus zu stiften[2]. Sie schwuren einander zuvörderst,

[1] Dispaccio Morosini bei Tempesti, Vita di Sisto V p. 346. „Il re, tutto che sia monarca sì grande, è altrettanto povero; e quanto è povero, è altrettanto prodigo; dimostra insigne pietà, e nel stesso tempo aborrisce la sagra lega; è in campo contra gli heretici, e pure è geloso de' progressi cattolici."

[2] Der Anonimo Capitolino über das Leben Sixtus' V. hat hierüber eigentümliche Notizen. Den Stifter nennt er Carlo Ottomani, „cittadino onorato"; es ist Charles Hotman, der sich zuerst den Predigern mitteilt. Gleich in ihrer ersten Zusammenkunft trägt Ottomani auf eine Ver-

selbst ihren letzten Blutstropfen dafür aufzuopfern; jeder nannte ein paar sichere Freunde; ihre erste Zusammenkunft mit diesen hielten sie in einer geistlichen Zelle in der Sorbonne. Bald sahen sie die Möglichkeit, die ganze Stadt zu umfassen. Zur Leitung der Angelegenheit ward ein engerer Ausschuß aufgestellt, welcher das Recht erhielt, im Notfalle selbst Geld einzufordern; in jedem der sechzehn Quartiere der Stadt ward eine Person mit der Aufsicht über dasselbe beauftragt. Auf das rascheste und geheimste schritt die Anwerbung fort. Über die in Vorschlag Gebrachten ward in dem Ausschusse erst beratschlagt. Denen, die man aufzunehmen nicht für gut hielt, ward nichts weiter mitgeteilt. Für die verschiedenen Kollegien hatte der Bund seine Leute: einen für die Rechenkammer, einen für die Prokuratoren des Hofes, einen für die Clercs, einen für die Greffiers: so weiter. Bald war die Stadt, die ohnehin eine katholisch-militärische Organisation empfangen, von diesem geheimeren und wirksameren Bunde umfaßt. In Orleans, Lyon, Toulouse, Bordeaux, Rouen setzte sich die Verbindung fort, und es erschienen Abgeordnete der Einverstandenen in Paris. Sie verbanden sich alle, keinen Hugenotten in Frankreich zu dulden und die Mißbräuche der Regierung abzuschaffen.

Es ist der Bund genannt der Sechzehn. Sowie er sich einigermaßen erstarkt sah, gab er den Guisen Nachricht. Im tiefsten Geheimnisse kam Mayenne, der Bruder des Herzogs, nach Paris. Die Fürsten und die Bürger schlossen ihre Union[1].

Heinrich III. fühlte den Boden unter seinen Füßen beben. Von Tag zu Tag wurden ihm die Bewegungen seiner Gegner hinterbracht. Schon war man in der Sorbonne so kühn, die Frage aufzuwerfen, ob es recht sei, einem Fürsten, der seine Pflicht nicht tue, den Gehorsam zu entziehen; in einem Rate von dreißig bis vierzig Doktoren bejahte man sie. Der König war höchst ent-

einigung mit den Prinzen an; in der zweiten, 25. Januar 1587, beschließt man, 16 Männer zu ernennen, einen für jedes Quartier, a cui si riferisse da persone fidate quanto vi si facesse e dicesse appartenente a fatti publici; in einer dritten, am Lichtmeßtag, wird ein Rat, aus 10 Personen bestehend, ernannt, mit dem Recht, Abgaben aufzulegen, und es wird sogleich eine Gesandtschaft an Guise abgeordnet. Zu alledem, was wir bei Cayet aus Manaut und Maheutre, bei Poulain, Thou und Davila finden, gibt dies doch noch einige Momente.

[1] Nel palazzo di Rens, dietro alla chiesa di S. Agostino, – – giurarono tutti una scambievol lega non solo defensiva ma assoluta. Anonimo Capitol.

rüstet; er drohte, wie Papst Sixtus zu verfahren und die widerspenstigen Prediger an die Galeere schmieden zu lassen. Allein er hatte nicht die Tatkraft des Papstes; er tat nichts weiter, als daß er die Schweizer, die in seinem Dienst waren, in die Nähe der Hauptstadt vorrücken ließ.

Erschrocken über die Drohung, die hierin lag, schickten die Bürger an Guise und baten ihn, zu kommen und sie zu beschützen. Der König ließ ihn wissen, daß er es nicht gern sehen werde. Guise kam dennoch.

Es war alles reif zu einer großen Explosion.

Als der König die Schweizer einrücken ließ, brach sie aus. In einem Moment war die Stadt barrikadiert. Die Schweizer wurden zurückgedrängt, das Louvre bedroht; der König mußte sich zur Flucht entschließen[1].

Schon hatte Guise einen so großen Teil von Frankreich inne; jetzt ward er auch Herr von Paris. Bastille, Arsenal, Hôtel de Ville, alle umliegenden Orte fielen in seine Hand. Der König war ganz überwältigt. In kurzem mußte er sich bequemen, zu einem Verbot der protestantischen Religion zu schreiten und den Guisen noch mehr Plätze einzuräumen, als sie schon hatten. Der Herzog von Guise konnte als Herr der Hälfte von Frankreich angesehen werden; über die andere gab ihm die Würde eines Generalleutenants des Königreiches, die ihm Heinrich III. verlieh, eine gesetzliche Autorität. Die Stände wurden zusammenberufen; es war kein Zweifel, daß die katholische Meinung das Übergewicht in dieser Versammlung haben würde. Die entscheidendsten Schritte zum Verderben der Hugenotten, zugunsten der katholisch-guisischen Partei waren von ihr zu erwarten.

Savoyen und die Schweiz

Es versteht sich, daß das Übergewicht des Katholizismus in diesem mächtigen Reiche auch auf die benachbarten Gebiete eine verwandte Wirkung ausüben mußte.

Namentlich schlossen sich die katholischen Kantone der Schweiz immer enger an das geistliche Prinzip, das spanische Bündnis an.

[1] Maffei wirft Guisen vor, daß er dies geduldet: „Inanis popularis aurea et *infaustae* potentiae ostentatione contentus, Henricum incolumem abire permittit." (l. l. 38.)

Es ist auffallend, welch ungemeine Wirkungen die Errichtung einer stehenden Nuntiatur, wie in Deutschland, so auch in der Schweiz nach sich zog.

Unmittelbar nachdem sie stattgefunden, im Jahre 1586, vereinigten sich die katholischen Kantone zu dem sogenannten goldenen oder borromäischen Bunde, in welchem sie sich und auf ewig ihre Nachkommen verbinden[1], „bei dem wahren ungezweifelten alten apostolischen römischen katholischen Glauben zu leben und zu sterben". Darauf empfingen sie die Hostie aus der Hand des Nuntius.

Wäre die Partei, welche sich 1587 zu Mülhausen der Gewalt bemächtigte, wirklich, wie sie dazu Miene machte, und zur rechten Zeit zum katholischen Glauben übergetreten, so würde sie von den Katholiken ohne Zweifel unterstützt worden sein; in dem Hause des Nuntius zu Luzern wurden bereits Konferenzen darüber gehalten. Aber die Mülhäuser bedachten sich zu lange; auf das rascheste führten dagegen die Protestanten ihren Zug aus, durch welchen sie die alte, hauptsächlich ihnen zugewandte Regierung wiederherstellten[2].

In diesem Augenblick aber taten die drei Waldstädte mit Zug, Luzern und Freiburg einen neuen bedeutenden Schritt. Nach langer Unterhandlung schlossen sie am 12. Mai 1587 einen Bund mit Spanien, in welchem sie dem Könige immerwährende Freundschaft zusagten, ihm Werbungen in ihrem Gebiete, den Durchzug durch ihre Gebirge verstatteten und Philipp II. ihnen entsprechende Zugeständnisse machte. Hauptsächlich gelobten sie einander, im Falle sie um der heiligen apostolischen Religion willen in einen Krieg verwickelt würden, wechselseitigen Beistand aus allen ihren Kräften[3]. Die sechs Orte nahmen bei diesem Abkommen niemanden aus, selbst nicht ihre Eidgenossen; vielmehr war der Bund ohne Zweifel eben diesen entgegengesetzt: es gab sonst niemanden, mit dem sie um der Religion willen hätten besorgen müssen, in Krieg zu geraten.

[1] „Ihre ewigen Nachkommen", wie es in der Bundesurkunde heißt, bei Lauffer: Beschreibung helvetischer Geschichte Bd. X, S. 331.

[2] Das religiöse Moment der Mülhäuser Sache tritt besonders in der auf die Relationen des Nuntius gegründeten Erzählung des Anonimo Capitol hervor, auf den wir bei der Kritik des Tempesti zurückkommen wollen.

[3] Traité d'alliance fait entre Philippe II etc. Du Mont, Corps diplomatique V, I, p. 459.

Wieviel stärker war doch auch hier das religiöse Moment als das nationale! Die Gemeinschaft im Glauben vereinigte jetzt die alten Schwytzer und das Haus Österreich! Die Eidgenossenschaft ward für den Augenblick hintangesetzt.

Ein Glück war es noch, daß es keinen Anlaß zu augenblicklicher Fehde gab. Der Einfluß jener Verbindungen ward zunächst nur von Genf empfunden.

Der Herzog von Savoyen, Karl Emanuel, ein Fürst sein Leben lang von unruhigem Ehrgeiz, hatte schon oft die Neigung gezeigt, sich bei günstiger Gelegenheit der Stadt Genf wieder zu bemächtigen, als deren rechtmäßigen Herrn er sich betrachtete; aber immer waren seine Absichten von vornherein an dem Widerstande der Schweizer und der Franzosen, an dem Schutze, den diese Mächte den Genfern angedeihen ließen, gescheitert.

Jetzt aber hatten sich die Verhältnisse geändert. Im Sommer 1588, unter dem Einflusse Guises, versprach Heinrich III., eine Unternehmung gegen Genf nicht mehr stören zu wollen. Wenigstens die katholischen Kantone der Schweiz hatten jetzt nichts mehr dagegen. Soviel ich finde, forderten sie nur, daß Genf, wenn es erobert sei, nicht als Festung bestehen solle.

Hierauf rüstete sich der Herzog zum Angriff. Die Genfer verloren den Mut nicht: zuweilen drangen sie sogar in das herzogliche Gebiet vor. Allein diesmal leistete ihnen Bern nur eine sehr zweideutige Hilfe. Bis in die Mitte dieser mit allen protestantischen Interessen so eng verflochtenen Stadt hatte die katholische Partei ihre Verbindungen erstreckt; es gab eine Faktion in derselben, welche es so ungern nicht gesehen hätte, wenn Genf in die Hände des Herzogs gefallen wäre[1]. Daher kam es, daß der Herzog gar bald im Vorteil war. Die zunächst an die Schweiz grenzenden Grafschaften besaß er bisher nur unter sehr beschränkenden Bedingungen, die ihm durch frühere Friedensschlüsse mit Bern auferlegt worden; er ergriff die Gelegenheit, sich fürs erste hier vollkommener zum Herrn zu machen. Er verjagte die Protestanten, die er bisher hatte dulden müssen; die ganze Landschaft machte er ausschließend katholisch. Bisher war ihm verboten gewesen,

[1] Der fünfte Artikel des entworfenen Vertrages läßt daran keinen Zweifel, wenn auch über eine juridisch nachweisbare Schuld Wattenwyls noch ein gewisses Dunkel obwaltet. Einige Auszüge aus gleichzeitigen Flugschriften und den Ratsakten von Bern finden sich bei Gelzer: Die drei letzten Jahrhunderte der Schweizergeschichte Bd. I, S. 128, 137.

auf diesem Teile seines Gebietes Festungen anzulegen; jetzt gründete er deren an allen Stellen, wo sie ihm nicht allein zur Verteidigung, sondern auch zur Bedrängung von Genf dienen mußten. Ehe aber diese Verhältnisse sich weiter entwickelten, waren andere Unternehmungen in Gang gekommen, welche noch ungleich wichtigere Erfolge, eine vollständige Umwandlung der europäischen Verhältnisse erwarten ließen.

Angriff auf England

Die Niederlande waren zum größeren Teile bezwungen, und es ward bereits über eine freiwillige Unterwerfung der übrigen verhandelt; in Deutschland hatte sich die katholische Bewegung so vieler Territorien bemeistert, und es war ein Anschlag gefaßt, sich der noch fehlenden zu bemächtigen; durch Siege, Besetzungen der festen Plätze, Anhänglichkeit des Volkes und gesetzliche Autorität ging der Vorfechter des französischen Katholizismus auf einem Wege daher, der ihn zur höchsten Gewalt führen zu müssen schien; auch die alte Metropole der protestantischen Doktrin, die Stadt Genf, ward durch ihre bisherigen Bündnisse nicht mehr geschützt! – In diesem Augenblick wurde der Plan gefaßt, dem Baume die Axt an die Wurzel zu legen und England anzugreifen.
Der Mittelpunkt der gesamten protestantischen Macht und Politik war ohne Zweifel in England. An Königin Elisabeth hatten die noch unbezwungenen niederländischen Provinzen sowie die Hugenotten in Frankreich ihren vornehmsten Rückhalt.
Aber auch schon in England war, wie wir sahen, der innerliche Kampf eröffnet. Von einer absichtlich zu diesem Zwecke genährten religiösen Begeisterung und der Liebe zur Heimat zugleich angetrieben, kamen immer neue Zöglinge der Seminare, immer mehr Jesuiten herüber. Königin Elisabeth begegnete ihnen mit scharfen Gesetzen. Im Jahre 1582 ließ sie es geradezu für Hochverrat erklären, einen ihrer Untertanen von der in dem Reiche eingeführten Religion zu der römischen verleiten zu wollen[1]. Im Jahre 1585 gebot sie allen Jesuiten und Priestern der Seminare, England binnen 40 Tagen zu verlassen, bei Strafe, als Landesverräter behandelt zu werden, ungefähr ebenso, wie die protestanti-

[1] Camden, Rerum Anglicarum annales regnante Elizabetha I, p. 349.

schen Prediger aus so vielen Gebieten katholischer Fürsten weichen mußten[1]. In diesem Sinne ließ sie damals die hohe Kommission in Wirksamkeit treten: einen Gerichtshof, ausdrücklich dazu bestimmt, den Übertretungen der Akten des Supremats und der Uniformität nachzuforschen, nicht allein in den gewöhnlichen gesetzlichen Formen, sondern durch welche Mittel und Wege es immer ratsam scheinen möge, auch durch Abnötigung eines körperlichen Eides: eine Art von protestantischer Inquisition[2]. Bei alledem wollte Elisabeth noch immer das Ansehen vermeiden, als ob sie die Freiheit des Gewissens verletze. Sie erklärte, nicht die Herstellung der Religion liege jenen Jesuiten am Herzen; ihre Absicht sei nur, das Land zum Abfall von der Regierung zu verleiten und auswärtigen Feinden den Weg zu bahnen. Die Missionare protestierten „vor Gott und den Heiligen", wie sie sagen, „vor Himmel und Erde", ihr Zweck sei lediglich religiöser Art und berühre die königliche Majestät nicht[3]. Allein welcher Verstand wäre fähig gewesen, diese Momente zu unterscheiden! Nicht mit einer einfachen Beteuerung ließen sich die Inquisitoren der Königin abweisen. Sie forderten eine Erklärung, ob der Fluch, welchen Pius V. über die Königin ausgesprochen, rechtmäßig sei und einen Engländer verpflichte; die Gefangenen sollten sagen, wenn der Papst sie von dem Eide der Treue entbinde und England angreife, was sie dann tun, auf welcher Seite sie sich halten würden. Die armen geängstigten Leute wußten nicht, wie sie sich herauswinden sollten. Sie antworteten wohl, sie würden dem Kaiser geben, was des Kaisers, und Gott, was Gottes sei; aber diese Ausflucht selbst nahmen ihre Richter für ein Geständnis. Und so füllten sich die Gefängnisse; Hinrichtung erfolgte auf Hinrichtung; auch der Katholizismus bekam seine Märtyrer: man hat ihre Anzahl unter der Regierung der Elisabeth auf ungefähr 200 schätzen wollen. Natürlich ward damit der Eifer der Missionare doch nicht unterdrückt; mit der Strenge der Gesetze wuchs die Anzahl der Wider-

[1] Ibid. p. 396.

[2] „as well by the oaths of 12 good and lawful men as also by witnesses and all other means and ways you can devise". – Es hätte wenigstens heißen müssen: „lawful means and ways". Neal, History of the Puritans, tom. I, p. 414.

[3] Campiani vita et martyrium p. 159: „Coram Deo profiteor et angelis eius, coram coelo terraque, coram mundo et hoc cui adsto tribunali, – me nec criminis laesae majestatis nec perduellionis nec ullius in patriam coniurationis esse reum" etc.

spenstigen, der Rekusanten, wie man sie nannte, wuchs auch ihre Erbitterung; an den Hof selbst gelangten Flugschriften, in denen die Tat der Judith an Holofernes als ein nachahmungswürdiges Beispiel von Gottesfurcht und Heldenmut aufgestellt wurde; noch immer wandten sich die Blicke der meisten nach der gefangenen Königin von Schottland, die ja den päpstlichen Aussprüchen zufolge die rechtmäßige Fürstin von England war; sie hofften noch immer einen allgemeinen Umschwung der Dinge von einem Angriff der katholischen Mächte. In Italien und Spanien wurden die herbsten Darstellungen der Grausamkeiten verbreitet, denen die Rechtgläubigen in England ausgesetzt seien, Darstellungen, die jedes katholische Herz empören mußten[1].

Vor allen nahm Papst Sixtus daran Anteil. Es ist ganz wahr, daß er für eine so großartige und tapfere Persönlichkeit, wie sie Elisabeth zeigte, eine gewisse Hochachtung empfand, und er hat wirklich einmal den Antrag an sie gebracht, sie möge in den Schoß der katholischen Kirche zurückkehren. Sonderbarer Antrag! Als ob sie hätte wählen können, als ob nicht ihr bisheriges Leben, die Bedeutung ihres Daseins, ihre Weltstellung, wenn ja ihre Überzeugung nicht vollkommen gewesen wäre, sie an die protestantischen Interessen gefesselt hätten! Elisabeth erwiderte kein Wort; aber sie lachte. Als der Papst dies hörte, sagte er, er müsse darauf denken, ihr das Königreich mit Gewalt zu entreißen.

Vorher hatte er es nur angedeutet. Im Frühjahr 1586 ging er schon unverhohlen heraus. Er rühmte sich, den König von Spanien zu einer Unternehmung gegen England ganz anders unterstützen zu wollen, als Karl V. von früheren Päpsten unterstützt worden sei[2]. Im Januar 1587 klagte er laut über die Saumseligkeit der Spanier. Er zählte die Vorteile auf, die ihnen ein englischer Sieg für die Wiedereroberung des Restes der Niederlande darbiete[3].

[1] Theatrum crudelitatum haereticorum nostri temporis. Es fängt an mit: Peculiaris descriptio crudelitatum et immanitatum schismaticorum Angliae regnante Henrico VIII, und schließt mit: Inquisitionis Anglicanae et facinorum crudelium Machiavellanorum in Anglia et Hibernia a Calvinistis protestantibus sub Elizabetha etiamnum regnante peractorum descriptiones. Man sieht alle die unerhörten Martern abgebildet: ein entsetzlicher Anblick.

[2] Dispaccio Gritti 31 Maggio 1586: „accresciuto quatro volte tanto. Il papa vorria che si fingesse d'andar contra Draco e si piegasse poi in Inghilterra."

[3] Dispaccio Gritti 10 Genn. 1587.

Schon wurde er bitter darüber. Als Philipp II. eine Pragmatica erließ, durch welche die Titulaturen überhaupt und mithin auch die beschränkt wurden, welche die römische Kurie in Anspruch nahm, geriet der Papst in Feuer und Flamme. „Wie?" rief er aus, „gegen uns will Don Philipp ungestüm tun und läßt sich von einem Weibe mißhandeln?"[1].

In der Tat, geschont wurde der König nicht. Elisabeth nahm sich der Niederländer öffentlich an; alle amerikanischen und europäischen Küsten machte Drake unsicher. Was Papst Sixtus aussprach, war im Grunde die Meinung aller Katholiken. Sie wurden irre an dem mächtigen Könige, der sich so viel gefallen lasse. Die Cortes von Kastilien lagen ihm an, sich zu rächen.

Sogar persönlich war Philipp beleidigt. In Komödien und Maskenzügen ward er verspottet, und einmal hinterbrachte man ihm das doch. Der bejahrte Herr, nur der Verehrung gewohnt, sprang von seinem Stuhl auf; niemals hatte man ihn so entrüstet gesehen.

In dieser Stimmung waren Papst und König, als die Nachricht einlief, Elisabeth habe die gefangene Königin von Schottland hinrichten lassen. Es ist hier nicht der Ort, zu untersuchen, welche rechtliche Befugnis sie dazu gehabt haben möge; hauptsächlich war es doch ein Akt politischer Justiz. Der erste Gedanke entsprang, soviel ich finde, bereits zur Zeit der Bartholomäusnacht. In einem seiner Briefe an Lord Burghley drückt der damalige Bischof von London die Besorgnis aus, daß ein so verräterisches Beginnen sich auch über England ausdehnen möge; er findet, der Grund dieser Gefahr liege hauptsächlich in der schottischen Königin: „die Sicherheit des Reiches", ruft er aus, „erfordert, ihr das Haupt abzuschlagen"[2]. Um wieviel mächtiger war aber jetzt die katholische Partei in Europa geworden; wieviel mehr war sie selbst in England in Gärung und Bewegung! Mit den Guisen, ihren Vettern, den Mißvergnügten im Lande, mit dem Könige von Spanien und dem Papste stand Maria Stuart unaufhörlich in geheimer Verbindung. Das katholische Prinzip, inwiefern es seiner Natur nach der bestehenden Regierung entgegengesetzt war, re-

[1] Dolendosi che 'l re si lascia strapazzar da una donna e vuol poi bravar con lei (Sua Santità).

[2] Edwin Sandys to Lord Burghley, Fulham V^th of Sept. 1572: The saftie of our Quene and Realme, yf God wil, furtwith to cutte of the Scotish Quenes heade: *ipsa est nostri fundi calamitas.* – – Ellis, Letters: second series, tom. III, p. 25.

präsentierte sich in ihr; bei dem ersten Sukzeß der katholischen Partei würde sie unfehlbar zur Königin ausgerufen worden sein. Diese ihre Stellung, aus der Lage der Dinge entspringend, der sie sich denn allerdings nicht entzog, büßte sie mit dem Leben.

Aber diese Hinrichtung brachte nun auch die spanischen und päpstlichen Entwürfe zur Reife. Soviel wollte man sich doch nicht gefallen lassen. Sixtus erfüllte das Konsistorium mit seinen Ausrufungen über die englische Isebel, welche sich an dem geweihten Haupt einer Fürstin vergreife, die niemandem untertan sei als Jesu Christo und, wie sie selbst bekannt habe, dem Stellvertreter desselben. Um zu zeigen, wie so ganz er die Tätigkeit der katholischen Opposition in England billige, ernannte er den ersten Begründer der Seminare, Wilhelm Allen, zum Kardinal der Kirche: eine Ernennung, in der man wenigstens in Rom sogleich eine Kriegserklärung gegen England erblickte. Auch ward nunmehr ein förmlicher Bund zwischen Philipp II. und dem Papst abgeschlossen[1]. Der Papst versprach dem König eine Beihilfe von einer Million Skudi zu seiner Unternehmung; aber, wie er immer auf seiner Hut war, besonders wenn es Geldsachen anbetraf, so verpflichtete er sich erst alsdann zu zahlen, wenn der König einen englischen Hafen in Besitz genommen habe. „E. Maj. zögere nicht länger“, schrieb er an denselben; „jede Zögerung würde die gute Absicht in eine schlimme Wirkung verwandeln.“ Der König strengte alle Kräfte seines Reiches an und setzte die Armada instand, die man die unüberwindliche genannt hat.

Und so erhoben sich die italienisch-spanischen Kräfte, von denen schon so gewaltige Wirkungen in aller Welt ausgegangen, zu einem Angriff auch auf England. Schon ließ der König aus dem Archiv von Simancas die Ansprüche zusammenstellen, die er nach dem Abgang der Stuarts selbst auf jene Krone habe; glänzende Aussichten, besonders einer allgemeinen Seeherrschaft, knüpfte er an diese Unternehmung.

Es schien alles zusammenzugreifen, die Übermacht des Katholizismus in Deutschland, der erneute Angriff auf die Hugenotten in Frankreich, der Versuch gegen Genf, die Unternehmung gegen England. In demselben Augenblicke bestieg, was wir später näher betrachten wollen, ein entschieden katholischer Fürst, Sigis-

[1] Die ursprünglichen Absichten des Papstes: Dispaccio Gritti 27 Giugno 1587. „Il papa fa gran offerta al re per l'impresa d'Inghilterra, ma vuole la denomination del re e che 'l regno sia feudo della chiesa.“

mund III., den polnischen Thron, mit dem Rechte dereinstiger Thronfolge auch in Schweden.

In Momenten, wo irgendein Prinzip, welches es auch sei, nach der unbedingten Herrschaft in Europa trachtet, wird sich ihm aber allemal ein starker Widerstand entgegensetzen, der aus den tiefsten Quellen des Lebens hervorgeht.

Philipp II. fand in England jugendlich starke, im Gefühl ihrer zukünftigen Bestimmung aufstrebende Kräfte sich gegenüber. Die kühnen Korsaren, die alle Meere unsicher gemacht, sammelten sich um die Küsten ihres Vaterlandes. Die Protestanten sämtlich, selbst die Puritaner – obwohl sie so starke Bedrückungen hatten ausstehen müssen wie die Katholiken –, vereinigten sich um die Königin, die jetzt ihren männlichen Mut, ihr fürstliches Talent, zu gewinnen, zu leiten, festzuhalten, bewundernswürdig bewährte; die insulare Lage des Landes, die Elemente standen mit der Verteidigung im Bunde: die unüberwindliche Armada war vernichtet, ehe sie nur noch angegriffen hatte; die Unternehmung scheiterte vollkommen.

Es versteht sich jedoch, daß der Plan, die große Intention selbst, damit nicht sofort aufgegeben wurde.

Die Katholiken wurden von den Schriftstellern ihrer Partei erinnert, auch Julius Cäsar, auch Heinrich VII., der Großvater der Elisabeth, seien bei ihren ersten Angriffen auf England unglücklich gewesen, aber zuletzt doch Herren im Lande geworden. Oft verzögere Gott den Sieg seiner Getreuen. Die Kinder Israel seien im Kriege gegen den Stamm Benjamin, den sie auf Gottes ausdrückliches Geheiß unternommen, zweimal mit großem Verluste geschlagen worden; erst der dritte Angriff habe ihnen den Sieg gebracht: „Da habe die reißende Flamme die Städte und Dörfer Benjamin verheert, die Schärfe des Schwertes Menschen und Vieh getroffen.“ „Daran“, riefen sie aus, „mögen die Engländer gedenken und über den Verzug der Strafe nicht übermütig werden[1]!“

Auch Philipp II. hatte den Mut keineswegs verloren. Seine Absicht war, kleinere und leichter bewegliche Fahrzeuge auszu-

[1] Andreae Philopatri (Personi) ad Elizabethae reginae Angliae edictum responsio § 146. 147. „Nulla“, fügt er hinzu, „ipsorum fortitudine repulsa vis est, sed iis potius casibus, qui saepissime in res bellicas solent incidere, aëris nimirum inclementia, maris incogniti inexperientia nonnullorumque fortassis hominum vel negligentia vel inscitia, Dei denique voluntate, quia forte misericors dominus arborem infructuosam dimittere adhuc voluit ad tertium annum evangelicum.“

rüsten und mit diesen dann nicht erst im Kanal eine Vereinigung mit der niederländischen Macht, sondern sogleich die Landung an der englischen Küste zu versuchen. Im Arsenal zu Lissabon ward auf das lebhafteste gearbeitet. Der König war entschlossen, alles daranzusetzen: und müßte er, sagte er einst bei Tische, die silbernen Leuchter, die vor ihm standen, verkaufen[1].

Indem er aber darauf dachte, eröffneten sich ihm noch andere Aussichten, ein neuer Schauplatz für die Tätigkeit der italienisch-spanischen römisch-katholischen Streitkräfte.

Ermordung Heinrichs III.

Bald nach dem Unglück der Flotte trat in Frankreich eine Reaktion ein, unerwartet, wie so oft, gewaltsam, blutig.

In dem Augenblicke, daß Guise, der die Stände von Blois nach seinem Willen lenkte, mit dem Amte eines Connetable die Leitung der gesamten Reichsgeschäfte in die Hände bekommen zu müssen schien, ließ ihn Heinrich III. umbringen. Dieser König, der sich von den Männern katholisch-spanischer Gesinnung umfangen und in seiner Selbständigkeit gefährdet sah, riß sich auf einmal von ihnen los und warf sich in den Widerstand.

Aber mit Guise war nicht seine Partei, war nicht die Ligue vernichtet. Nun erst nahm sie eine unumwunden feindselige Stellung an und schloß sich enger noch als zuvor an Spanien.

Papst Sixtus war ganz auf ihrer Seite.

Schon die Ermordung des Herzogs, den er liebte und bewunderte, in dem er eine Stütze der Kirche sah, erfüllte ihn mit Schmerz und Unwillen[2]; unerträglich aber kam es ihm vor, daß dabei auch der Kardinal Guise ermordet worden, „ein Priesterkardinal", rief er

[1] Dispacci Gradenigo, 29 Sett. 1588: Sì come il re ha sentito molto questo accidente di mala fortuna, cosi mostra di esser piu che mai risoluto di seguitar la impresa con tutte le sue forze. – 11 Ott.: S. Mtà sta ardentissima nel pensar e trattar le provisioni per l'anno futuro. – 1 Nov.: „Si venderanno", habe der König ausgerufen, „esti candellieri, quando non vi sia altro modo di far danari."

[2] Der Papst beklagte sich noch besonders, daß der König ein Breve von ihm ausgebracht, „che li concesse poter esser assolto da qualsivoglia peccato anco riservato alla sede apostolica, col quale si voglia hora coprire il grave peccato che ha fatto". (Dispaccio Veneto.)

in dem Konsistorium aus, „ein edles Glied des Heiligen Stuhles, ohne Prozeß noch Urteil, durch die weltliche Gewalt, gleich als wäre der Papst gar nicht auf der Welt, gleich als gäbe es keinen Gott mehr!“ Er macht seinem Legaten Morosini Vorwürfe, daß er den König nicht sogleich exkommuniziert habe: er hätte es tun müssen, und wenn es ihm hundertmal das Leben gekostet hätte[1].

Der König ließ sich den Zorn des Papstes wenig anfechten. Er war nicht zu bewegen, den Kardinal von Bourbon oder den Erzbischof von Lyon, die er auch gefangen hielt, herauszugeben. Von Rom aus forderte man immer, er solle Heinrich von Navarra für unfähig erklären, den Thron zu besteigen; statt dessen verband er sich mit demselben.

Hierauf entschloß sich auch der Papst zu dem äußersten Schritte. Den König selbst zitierte er nach Rom, um sich wegen der Ermordung des Kardinals zu rechtfertigen. Wenn er die Gefangenen nicht in einer bestimmten Zeit ausliefere, solle er mit dem Banne belegt sein.

So müsse er verfahren, erklärte er; täte er anders, so würde er von Gott zur Rechenschaft gefordert werden als der unnützeste aller Päpste; da er nun damit seine Pflicht erfülle, so habe er die ganze Welt nicht zu fürchten; er zweifle nicht, Heinrich III. werde umkommen wie König Saul[2].

Von den Eifrig-Katholischen, den Anhängern der Ligue, ward der König ohnehin als ein Verruchter, ein Verworfener verabscheut; das Bezeigen des Papstes bestärkte sie in ihrer wilden Opposition. Eher, als man hätte glauben sollen, traf die Vorhersagung desselben ein. Am 23. Juni war das Monitorium in Frankreich publiziert worden; am 1. August ward der König von Clement ermordet.

Der Papst war selbst erstaunt. „In der Mitte seines Heeres“, ruft er aus, „im Begriff, Paris zu erobern, in seinem eigenen Kabinett ist er von einem armen Mönch mit einem einzigen Stoße umgebracht worden.“ Er schreibt dies einer unmittelbaren

[1] Tempesti hat II, 137 sowohl die Rede des Papstes in ihrer ganzen Ausdehnung als das Schreiben an Morosini. „Essendo ammazzato il cardinale“, heißt es darin, „in faccia di V. S[ria] Illma, legato a latere, come non ha publicato l'interdetto, ancorche gliene fossero andate cento vite?“

[2] Dispaccio Veneto 20 Maggio 1589: Il papa accusa la sua negligentia di non haver fatto, dipoi mesi 5 che gli è stato ammazzato un cardinale e tenutone un' *altro prigione* con un arcivescovo, alcuna rimostratione o provisione. Dubita dell' ira di Dio etc.

Einwirkung Gottes zu, der dadurch bezeuge, daß er Frankreich nicht verlassen wolle[1].

Wie kann doch ein Wahn die Gemüter so allgemein fesseln! Es war dies eine bei unzähligen Katholiken verbreitete Überzeugung. „Nur der Hand des Allmächtigen selbst", schreibt Mendoza an Philipp, „hat man dies glückliche Ereignis zu verdanken[2]." Fern in Ingolstadt lebte der junge Maximilian von Bayern, mit seinen Studien beschäftigt; in einem der ersten Briefe, die von ihm übrig sind, drückt er seiner Mutter die Freude aus, mit der ihn die Nachricht erfüllt habe, „daß der König von Frankreich umgebracht worden"[3].

Jedoch hatte dies Ereignis auch eine andere Seite. Heinrich von Navarra, den der Papst exkommuniziert, die Guisen so heftig verfolgt hatten, trat nun in seine legitimen Rechte ein. Ein Protestant nahm den Titel eines Königs von Frankreich an.

Die Ligue, Philipp II., der Papst waren entschlossen, ihn unter keiner Bedingung zum Genusse seiner Rechte gelangen zu lassen. An die Stelle Morosinis, der bei weitem zu lau zu sein schien, schickte Sixtus V. einen neuen Legaten, Gaetano, der sich der kirchlich-politischen Idee der spanischen Partei, vor allem dem Gesandten des Königs Philipp vollkommen anschloß, nach Frankreich und gab ihm, was er noch nie getan, eine Summe Geldes mit, die er zum Besten der Ligue verwenden könne. Vor allem sollte er dafür sorgen, daß kein anderer als ein Katholik König von Frankreich werde. Allerdings würde die Krone einem Prinzen von Geblüt gehören; aber das sei nicht das einzige, worauf es ankomme; auch in anderen Fällen sei man von der strengen Ordnung der Erbfolge abgewichen; niemals aber habe man einen Ketzer genommen: die Hauptsache bleibe, daß der König ein guter Katholik sei[4].

[1] Dispaccio Veneto 1 Sett.: Il papa nel consistorio discorre, che'l successo della morte del re di Francia si ha da conoscer dal voler espresso del signor Dio, e che perciò si doveva confidar che continuarebbe al haver quel regno nella sua protettione.

[2] Bei Capefigue V, 290.

[3] Bei Wolf, Maximilian I. T. I, S. 107.

[4] Dispaccio Veneto 30 Sett. Der Papst erklärt: che non importava che 'l fosse eletto piu del sangue che di altra famiglia, essendo ciò altre volte occorso, ma mai eretico dopo la nostra religione: che Savoia, Lorena e forse anche Umena pretendeva la corona: che S. S^tà non vuol favorir l'uno piu che l'altro. Ein Auszug aus der Instruktion bei Tempesti II, 233. Unter anderem liegt von ihm ein Schreiben an König Philipp II. vor, worin er von der Aufhebung der Belagerung von Paris

Bei dieser Gesinnung fand es der Papst sogar lobenswürdig, daß der Herzog von Savoyen sich die Verwirrung von Frankreich zunutze machte, um Saluzzo, das damals den Franzosen gehörte, in Besitz zu nehmen. Es sei besser, sagte Sixtus, daß der Herzog es nehme, als daß es den Hugenotten in die Hände falle[1].

Und nun kam alles darauf an, der Ligue im Kampfe gegen Heinrich IV. den Sieg erringen zu helfen.

Hiezu ward ein neuer Vertrag zwischen Spanien und dem Papst entworfen. Der eifrigste Inquisitor, Kardinal Sanseverina, ward unter dem Siegel des Beichtgeheimnisses damit beauftragt, den Entwurf aufzusetzen. Der Papst versprach wirklich, eine Armee von 15000 Mann zu Fuß und 800 Pferden nach Frankreich zu schicken; er erklärte sich überdies bereit, Subsidien zu zahlen, sobald der König mit einem mächtigen Heere in Frankreich eingedrungen sein werde. Die päpstliche Heeresmacht sollte von dem Herzog von Urbino, einem Untertanen Sr. Heiligkeit und Anhänger Sr. Majestät, befehligt werden[2]. Dergestalt rüsteten sich jene italienisch-spanischen Kräfte, im Bunde mit ihren Anhängern in Frankreich, sich dieser Krone auf immer zu versichern.

Eine größere Aussicht konnte es weder für Spanien noch für den Papst geben. Spanien wäre der alten Nebenbuhlerschaft, von der es sich so lange beschränkt gesehen, auf immer entledigt worden. Die Folge hat gezeigt, wie sehr dies Philipp II. am Herzen lag. Auch für die päpstliche Macht aber wäre es ein unermeßlicher Fortschritt gewesen, auf die Einsetzung eines Königs in Frankreich einen tätigen Einfluß auszuüben. Gleich Gaetano hatte den Auftrag, die Einführung der Inquisition, die Abschaffung der gallikanischen Freiheiten zu fordern. Aber noch mehr hätte es bedeutet, daß ein legitimer Fürst aus Rücksichten der Religion vom Throne ausgeschlossen worden wäre. Die kirchlichen Antriebe, die ohnehin die Welt in allen Richtungen durchdrangen, würden dadurch eine vollkommene Oberherrschaft erlangt haben.

nach dem Tode Heinrichs III. sagt: sie sei zuzuschreiben Gott und der Jungfrau, dem Könige von Spanien und dessen Gesandten Mendoza: „da dio benedetto et dall' intercessione della beatissima vergine di Loreto, alla quale questa villa fece un publico voto". 21 Ag .1590.

[1] Man machte ihm Vorwürfe darüber: il papa si giustifica con molte ragioni della impresa che'l sopradetto duca ha fatto del marchesato di Saluzzo con sua participatione. (Dispaccio Veneto.)

[2] *Authentische Nachricht* in der Autobiographie des Kardinals, welche schon Tempesti II, 236 aufgenommen hat.

SECHSTES BUCH

INNERE GEGENSÄTZE DER LEHRE UND DER MACHT

1589—1607

Wie hatte die geistige Entwicklung der Welt doch so durchaus einen anderen Gang angenommen, als den man zu Anfang des Jahrhunderts hätte erwarten sollen!

Damals lösten sich die kirchlichen Bande auf; die Nationen suchten sich von dem gemeinschaftlichen geistlichen Oberhaupte abzusondern; an dem römischen Hofe selbst spottete man der Prinzipien, auf denen die Hierarchie beruhte; in Literatur und Kunst walteten profane Bestrebungen vor: man trug die Grundsätze einer heidnischen Moral unverhohlen zur Schau.

Jetzt wie ganz anders! Im Namen der Religion wurden Kriege angefangen, Eroberungen gemacht, Staaten umgewälzt! Es hat nie eine Zeit gegeben, in welcher die Theologen mächtiger gewesen wären als am Ende des 16. Jahrhunderts. Sie saßen in den fürstlichen Räten und verhandelten die politischen Materien vor allem Volk auf den Kanzeln; sie beherrschten Schule, Gelehrsamkeit und im ganzen die Literatur; der Beichtstuhl gab ihnen Gelegenheit, die geheime Zwiesprache der Seele mit sich selbst zu belauschen und in allen Zweifeln des Privatlebens den Ausschlag zu geben. Man darf vielleicht behaupten, daß ihr Einfluß gerade dadurch so umfassend und durchgreifend wurde, weil sie miteinander in einem so heftigen Widerspruch lagen, weil sie ihren Gegensatz in sich selber trugen.

War dies nun auf beiden Seiten der Fall, so lag es doch auf der katholischen am meisten zutage. Hier waren die Ideen und Institute, welche das Gemüt unmittelbar in Zucht und Leitung nehmen, am zweckmäßigsten ausgebildet: man konnte gar nicht mehr ohne Beichtvater leben. Hier machten ferner die Geistlichen, entweder als Genossen eines Ordens oder doch als Mitglieder der Hierarchie überhaupt, eine in strenger Unterordnung zusammengehaltene Korporation aus, die in einem Sinne zu Werke ging. Das Haupt dieses hierarchischen Körpers, der Papst zu Rom, bekam wieder einen nicht viel geringeren Einfluß, als er im 11. und 12. Jahrhundert besessen hatte; durch die Unternehmungen, die er aus dem religiösen Gesichtspunkte unaufhörlich in Anregung brachte, hielt er die Welt in Atem.

Unter diesen Umständen erwachten die kühnsten Ansprüche Hildebrandischer Zeit; Grundsätze, die bisher in den Rüsthäusern des kanonischen Rechtes mehr als Antiquitäten aufbewahrt worden, gelangten aufs neue zu voller Wirksamkeit und Geltung.

Unser europäisches Gemeinwesen hat sich noch niemals dem Gebote der reinen Gewalt unterworfen; noch ist es in jedem Momente mit Ideen erfüllt gewesen: es kann kein wichtiges Unternehmen gelingen, keine Macht zu allgemeiner Bedeutung emporsteigen, ohne daß zugleich in den Geistern das Ideal einer hervorzubringenden Weltordnung erschiene. Auf diesem Punkte entspringen die Theorien. Den geistigen Sinn und Inhalt der Tatsache reproduzieren sie und stellen ihn als eine Forderung der Vernunft oder der Religion, als ein Ergebnis des Gedankens in dem Lichte einer allgemein gültigen Wahrheit dar. So nehmen sie die Vollendung des Ereignisses gleichsam im voraus in Besitz; zugleich kommen sie demselben mächtig zu Hilfe.

Betrachten wir, wie das hier geschah.

Kirchlich-politische Theorie

Nicht selten hat man dem katholischen Prinzip eine besondere Bedeutung für die monarchische oder die aristokratische Staatsform, eine innere Hinneigung zu denselben zuschreiben wollen. Ein Jahrhundert wie das sechzehnte, worin dies Prinzip in voller Tatkraft und Selbstbestimmung auftrat, kann uns hierüber am meisten belehren. In der Tat finden wir, daß es sich damals in Italien und Spanien an die bestehende Ordnung der Dinge anschloß, in Deutschland dazu diente, der fürstlichen Macht ein neues Übergewicht über die Landstände zu verschaffen, in den Niederlanden die Eroberung beförderte, daß es auch in Oberdeutschland, in den wallonischen Provinzen mit besonderer Vorliebe von dem Adel festgehalten ward. Fragen wir aber weiter nach, so sind dies doch nicht die einzigen Sympathien, die es erweckte. Wie in Köln von den Patriziern, so ward es unfern davon in Trier von der Gemeinde ergriffen; in den großen französischen Städten verbündet es sich allenthalben mit den Ansprüchen, den Bestrebungen des gemeinen Volkes. Es kommt ihm nur darauf an, wo es seine Stütze, seinen vornehmsten Rückhalt findet. Sind ihm die bestehenden Gewalten entgegengesetzt, so ist es weit entfernt, sie zu schonen, ja nur anzuerkennen. Die irische Nation bestärkt es in ihrer angeborenen Widerspenstigkeit gegen die englische Regierung; in England selbst untergräbt es, soviel es vermag, den Gehorsam, den die Königin fordert, und bricht oft in tätigem Widerstand hervor; in Frankreich bestätigt es endlich seine Anhänger in der Empörung wider ihren legitimen Fürsten. An und für sich hat das religiöse Prinzip überhaupt keine Vorliebe für die eine oder die andere Regierungsform. Während der kurzen Zeit seiner Erneuerung hat der Katholizismus schon die verschiedensten Hinneigungen offenbart: zuerst zu der monarchischen Gewalt in Italien und Spanien, zur Befestigung der Territorialherrschaft in Deutschland, sodann in den Niederlanden zur Erhaltung der Gerechtsamen aristokratischer Stände, am Ende des Jahrhunderts gesellt er sich entschieden den demokratischen Tendenzen zu. Es ist dies um so wichtiger, da er jetzt in der höchsten Fülle seiner Tätigkeit steht und die Bewegungen, an denen er teilnimmt, die wichtigsten Weltangelegenheiten ausmachen. Gelingt es den Päpsten in diesem Augenblicke, so werden sie auf immer einen überwiegenden Einfluß auf den Staat erobert haben. Sie treten mit Ansprüchen, ihre Anhänger und Vorfechter mit Meinungen und Grundsätzen hervor, welche Reiche und Staaten zugleich mit inneren Umwälzungen und mit dem Verluste ihrer Unabhängigkeit bedrohen.

Es waren hauptsächlich die Jesuiten, die auf dem Kampfplatz erschienen, um Lehren dieser Art vorzutragen und zu verfechten.

Zunächst nahmen sie eine unbeschränkte Oberhoheit der Kirche über den Staat in Anspruch.

Mit einer gewissen Notwendigkeit kamen sie darauf in England, wo die Königin durch die Landesgesetze für das Haupt der Kirche erklärt worden war. Eben diesem Grundsatze begegneten die Häupter der katholischen Opposition mit den schroffsten Anmaßungen von der anderen Seite. Wilhelm Allen erklärt es nicht allein für das Recht, sondern für die Pflicht einer Nation, besonders wenn der Befehl des Papstes hinzukomme, einem Fürsten, der von der katholischen Kirche abgefallen, den Gehorsam zu versagen[1]. Person findet, es sei die Grundbedingung aller Macht eines Fürsten, daß er den römisch-katholischen Glauben pflegen und beschützen solle: dahin laute sein Taufgelübde, sein Krönungseid; es würde Blindheit sein, ihn auch alsdann noch für thronfähig zu halten, wenn er diese Bedingung nicht erfülle; vielmehr seien die Untertanen verbunden, ihn in einem solchen Falle zu verjagen[2]. Natürlich! Diese Autoren setzen Zweck und Pflicht des Lebens überhaupt in die Übung der Religion; die römisch-katholische halten sie für die allein wahre; sie schließen, daß es keine rechtmäßige Gewalt geben könne, welche dieser Religion widerstrebe: das Dasein einer Regierung, den Gehorsam, den sie findet, machen sie von der Anwendung ihrer Macht zugunsten der katholischen Kirche abhängig.

Es war dies aber der Sinn der aufkommenden Doktrin überhaupt. Was in England in der Hitze des Streites vorgetragen worden, wiederholte Bellarmin von der Einsamkeit seiner Studierstube her in ausführlichen Werken, in einem zusammenhängenden, wohlüberdachten Systeme. Er legte die Behauptung zugrunde, daß der Papst der gesamten Kirche als ihr Hüter und Oberhaupt unmittelbar von Gott selbst vorgesetzt sei[3]. Deshalb komme demselben einmal die Fülle der geistlichen Macht zu: ihm sei verliehen, daß er nicht irren könne; er richte alle und dürfe von niemandem gerichtet werden; sodann entspringe ihm daher auch ein großer Anteil

[1] In der Schrift: Ad persecutores Anglos pro Christianis responsio (1582) bemerke ich folgende Stelle: Si reges deo et dei populo fidem datam fregerint, vicissim populo non solum permittitur, sed etiam ab eo requiritur, ut jubente Christi vicario, supremo nimirum populorum omnium pastore, ipse quoque fidem datam tali principi non servet.

[2] Andreae Philopatri (Personi) ad Elizabethae reginae edictum responsio n° 162: Non tantum licet, sed summa etiam juris divini necessitate ac praecepto, imo conscientiae vinculo arctissimo et extremo animarum suarum periculo ac discrimine Christianis omnibus hoc ipsum incumbit, si praestare rem possunt. – n° 163: Incumbit vero tum maxime – – cum res iam ab ecclesia ac supremo ejus moderatore, pontifice nimirum Romano, iudicata est: ad illum enim ex officio pertinet religionis ac divini cultus incolumitati prospicere et leprosos a mundis, ne inficiantur, secernere.

[3] Bellarminus de conciliorum autoritate c. 17: Summus pontifex simpliciter et absolute est supra ecclesiam universam et supra concilium generale, ita ut nullum in terris supra se iudicium agnoscat.

an der weltlichen Autorität. So weit geht Bellarmin nicht, dem Papst eine weltliche Gewalt direkt, durch göttliches Recht zuzuschreiben, obwohl Sixtus V. diese Meinung hegte und es sogar übelnahm, wenn man sie fahren ließ; aber desto unzweifelhafter mißt er ihm eine solche indirekt bei[1]. Die weltliche Gewalt vergleicht er mit dem Leibe, die geistliche mit der Seele des Menschen: er schreibt der Kirche die nämliche Herrschaft über den Staat zu, welche die Seele über den Leib ausübe. Die geistliche Gewalt habe das Recht und die Pflicht, der weltlichen Zügel anzulegen, sobald sie den Zwecken der Religion schädlich werde. Man könne nicht sagen, daß dem Papst ein regelmäßiger Einfluß auf die Gesetzgebung des Staates zukomme[2]; wäre aber ein Gesetz zum Heile der Seelen notwendig und weigerte sich der Fürst, es zu erlassen, und wäre ein Gesetz dem Heile der Seelen nachteilig und wollte der Fürst hartnäckig dabei verharren, so sei der Papst allerdings berechtigt, das eine anzuordnen, das andere abzuschaffen. Und auch schon mit diesem Prinzip kommt er doch sehr weit. Gebiete nicht die Seele dem Leibe selbst den Tod, wenn es nötig sei? In der Regel könne der Papst einen Fürsten freilich nicht absetzen; sollte es aber zum Heile der Seelen notwendig werden, so besitze er das Recht, die Regierung zu verändern, sie von einem auf den anderen zu übertragen[3].

Bei diesen Behauptungen lag nur die Einwendung sehr nahe, daß doch auch die königliche Gewalt auf göttlichem Rechte beruhe. Oder welcher Ursprung, welche Bedeutung wohnten ihr sonst bei?

[1] Bellarminus de Romano pontifice V, VI: Asserimus, pontificem ut pontificem, etsi non habeat ullam meram temporalem potestatem, tamen habere in ordine ad bonum spirituale summam potestatem disponendi de temporalibus rebus omnium Christianorum.

[2] Bellarminus de Romano pontifice V, VI: Quantum ad personas, non potest papa ut papa ordinarie temporales principes deponere, etiam iusta de causa, eo modo quo deponit episcopos, id est tanquam ordinarius iudex; tamen potest mutare regna et uni auferre atque alteri conferre, tanquam summus princeps spiritualis, si id necessarium sit ad animarum salutem, etc.

[3] Diese Lehren fassen doch im Grunde nur die im 13. Jahrhundert vorgetragenen Sätze aufs neue zusammen. Schon Thomas von Aquino hat den Vergleich, der hier eine so große Rolle spielt: „Potestas secularis subditur spirituali sicut corpus animae." Bellarmin führt in dem Tractatus de potestate summi pontificis in rebus temporalibus adversus G. Barclaium über 70 Schriftsteller aus den verschiedenen Nationen auf, von welchen die Macht des Papstes ungefähr ebenso verstanden werde wie von ihm.

Die Jesuiten trugen kein Bedenken, die fürstliche Macht vom Volke herzuleiten. Mit ihren Lehren von der päpstlichen Allgewalt verschmolzen sie die Theorie von der Volkssouveränität zu einem System. Schon bei Allen und Person lag sie mehr oder minder ausgesprochen zugrunde; Bellarmin sucht sie ausführlich zu begründen. Er findet, Gott habe die weltliche Gewalt an niemanden besonders verliehen; daraus folge, daß er sie der Menge verliehen habe; die Gewalt ruhe demnach in dem Volke: das Volk übertrage sie bald einem einzigen, bald mehreren; es behalte sogar immer das Recht, diese Formen zu ändern, die Macht zurückzunehmen und aufs neue zu übertragen. Man glaube nicht, daß dies nur seine individuelle Ansicht gewesen sei: es ist in der Tat die herrschende Lehre der Jesuitenschulen dieser Zeit. In einem Handbuche für die Beichtväter, das sich durch die ganze katholische Welt verbreitete und von dem Magister sacri palatii revidiert war, wird die fürstliche Gewalt nicht allein als dem Papst unterworfen betrachtet, insoweit es das Heil der Seelen erfordere[1]; es heißt darin mit dürren Worten: ein König könne wegen Tyrannei oder Vernachlässigung seiner Pflichten von dem Volke abgesetzt und dann von der Mehrzahl der Nation ein anderer an seine Stelle gewählt werden[2]. Franziscus Suarez, Professor primarius der Theologie zu Coimbra, macht es sich in seiner Verteidigung der katholischen Kirche gegen die anglikanische zum besonderen Geschäft, die Lehre des Bellarmin zu erläutern und zu bestätigen[3]. Mit augenscheinlicher Vorliebe aber bildet Mariana die Idee der Volkssouveränität aus. Alle Fragen, die hierbei vorkommen können, wirft er auf und entscheidet sie unbedenklich zugunsten des Volkes, zum Nachteil der königlichen Gewalt. Er bezweifelt nicht, daß ein

[1] Aphorismi confessariorum ex doctorum sententiis collecti, autore Emanuele Sa, nuper accurate expurgati a rev^mo P. M. sacri palatii, ed. Antv. p. 480. Doch fügt der Autor, gleich als habe er damit zu wenig gesagt, noch hinzu: Quidam tamen iuris periti putarunt summum pontificem suprema civili potestate pollere.

[2] Ibid. p. 508 (ed. Colon. p. 313): Rex potest per rempublicam privari ob tyrannidem et si non faciat officium suum et cum est aliqua causa iusta, et eligi potest alius a maiore parte populi: quidam solam tyrannidem causam putant.

[3] R. P. Franc. Suarez Granatensis usw., Defensio fidei catholicae et apostolicae adversus Anglicanae sectae errores lib. III: de summi pontificis supra temporales reges excellentia et potestate. Man sieht, daß der Lehrsatz Bellarmins von dem Rechte des Volkes, die übertragene Gewalt zurückzunehmen, besonderen Widerspruch erregt hatte.

Fürst abgesetzt, ja getötet werden dürfe, namentlich dann, wenn er die Religion verletze. Dem Jakob Clement, welcher erst die Theologen zu Rate zog und dann ging und seinen König umbrachte, widmet er einen Lobspruch voll pathetischer Emphase[1]. Er geht hierbei wenigstens ganz folgerichtig zu Werke. Eben diese Lehren hatten ohne Zweifel den Fanatismus des Mörders entflammt.

Denn nirgends wurden sie wohl mit so wilder Heftigkeit verkündigt als in Frankreich. Man kann nichts Antiroyalistischeres lesen als die Diatriben, die Jean Boucher von der Kanzel erschallen ließ. In den Ständen findet dieser Prediger die öffentliche Macht und Majestät, die Gewalt zu binden und zu lösen, die unveräußerliche Souveränität, das Richteramt über Szepter und Reiche: denn in ihnen sei ja auch der Ursprung derselben; von dem Volke komme der Fürst, nicht durch Notwendigkeit und Zwang, sondern durch freie Wahl. Das Verhältnis des Staates und der Kirche faßt er wie Bellarmin auf; er wiederholt das Gleichnis von Leib und Seele. Nur eine Bedingung, sagt er, schränke den freien Willen des Volkes ein: nur das eine sei ihm verboten, einen ketzerischen König anzunehmen; es würde damit den Fluch Gottes über sich herbeiziehen[2].

Seltsame Vereinigung geistlicher Ansprüche und demokratischer Ideen, absoluter Freiheit und vollständiger Unterwürfigkeit, widersprechend in sich selbst und antinational, die aber die Gemüter wie durch unerklärlichen Zauber fesselte.

Die Sorbonne hatte bisher noch immer die königlichen und nationalen Vorrechte gegen die priesterlichen ultramontanen Ansprüche in Schutz genommen. Als jetzt, nach der Ermordung der Guisen, jene Lehren auf allen Kanzeln gepredigt wurden, als man auf den

[1] Mariana, de rege et regis institutione. Unter anderem: Jac. Clemens –– cognito a theologis, quos erat sciscitatus, tyrannum iure interimi posse, – – caeso rege ingens sibi nomen fecit. Vgl. auch S. W. XXIV, 225 ff.

[2] Jean Boucher, Sermons, Paris 1594, an vielen Stellen. S. 194 heißt es: L'église seigneurie les royaumes et estats de la chrestienté, non pour y usurper puissance directe comme sur son propre temporel, mais bien indirectement pour empescher que rien ne se passe au temporel qui soit au prejudice du royaume de Jesus Christ, comme par cy-devant il a esté declaré par la similitude de la puissance de l'esprit sur le corps. Ferner: La difference du prestre et du roi nous eclaircit cette matiere, le prestre estant de dieu seul, ce qui ne se peut dire du roi. Car si tous les rois estoient morts, les peuples s'en pourroient bien faire d'autres; mais s'il n'y avoit plus aucun prestre, il faudroit que Jesus Christ vinst en personne pour en faire de nouveaux (p. 162).

Straßen ausrief, auf Altären, in Prozessionen symbolisch darstellte, daß sich König Heinrich III. seiner Krone verlustig gemacht habe, wandten sich „die guten Bürger und Einwohner der Stadt", wie sie sich nennen, „in den Skrupeln ihres Gewissens" an die theologische Fakultät der Universität zu Paris, um über die Rechtmäßigkeit ihres Widerstandes gegen ihren Herrn eine sichere Entscheidung zu empfangen. Hierauf versammelte sich die Sorbonne am 7. Januar 1589. „Nachdem", lautet ihr Urteil, „die reifliche und freie Beratung aller Magistri gehört, nachdem viele und mancherlei Gründe vernommen worden – aus der Heiligen Schrift, dem kanonischen Recht und den päpstlichen Verordnungen größtenteils wörtlich gezogen –, ist von dem Dekan der Fakultät, ohne allen Widerspruch, dahin geschlossen worden: zuerst, daß das Volk dieses Reiches von dem Eide der Treue und des Gehorsams, den es dem König Heinrich geleistet hat, entbunden sei; ferner, daß dieses Volk ohne Beschwerde in seinem Gewissen sich vereinigen, bewaffnen, Geld zusammenbringen könne zur Behauptung der römisch-katholischen apostolischen Religion gegen die verabscheuungswürdigen Unternehmungen des genannten Königs[1]." Siebzig Mitglieder der Fakultät waren hierbei zugegen; vornehmlich die jüngeren setzten den Beschluß mit wilder Begeisterung durch[2].

Die allgemeine Zustimmung, welche diese Theorien fanden, kam ohne Zweifel hauptsächlich daher, weil sie wirklich in diesem Augenblick der Ausdruck der Tatsachen, der Begebenheiten waren. In den französischen Unruhen waren ja eben volkstümlicher und geistlicher Widerstand von verschiedenen Seiten her in Bund getreten; die Pariser Bürgerschaft ward von einem Legaten des Papstes in der Empörung wider ihren rechtmäßigen Fürsten bestätigt und festgehalten; Bellarmin war selbst eine Zeitlang in der Begleitung des Legaten; die Doktrinen, die er in gelehrter Einsamkeit ausgebildet und mit so viel Folgerichtigkeit, mit so großem Beifall vorgetragen, drückten sich in dem Ereignis aus, das er erlebte und mit hervorrief.

[1] Responsum facultatis theologicae Parisiensis, abgedruckt in den Additions au journal de Henry III, tom. 1, p. 317.

[2] Thuanus (lib. 94, p. 258) gibt die Zahl der Anwesenden nur auf sechzig an und will ihre Einstimmigkeit nicht Wort haben, obwohl jenes Dokument wörtlich sagt: audita omnium et singulorum magistrorum, qui ad septuaginta convenerant, deliberatione –– conclusum est nemine refragrante ––.

Auch hängt es wohl hiermit zusammen, daß die Spanier diese Lehren guthießen, daß ein auf den Besitz der Macht so eifersüchtiger Fürst wie Philipp II. sie duldete. Das spanische Königtum beruhte ja ohnehin auf einem Zusatz geistlicher Attribute. In so vielen Stücken des Lope de Vega sieht man, daß es die Nation so verstand, daß sie in ihrem Fürsten die religiöse Majestät liebte und dargestellt zu sehen wünschte. Aber überdies war der König mit den Bestrebungen der katholischen Restauration, nicht allein mit den Priestern, sondern mit dem empörten Volke selbst verbündet. Das Volk von Paris widmete ihm ein bei weitem größeres Vertrauen als den französischen Fürsten, den Oberhäuptern der Ligue. Gleichsam ein neuer Bundesgenosse trat dem König in der Lehre der Jesuiten auf. Es war nicht abzusehen, daß er etwas von ihnen zu fürchten haben sollte; vielmehr gaben sie seiner Politik eine rechtlich-religiöse Rechtfertigung, die ihm selbst für sein Ansehen in Spanien von vielem Vorteil war, seinen auswärtigen Unternehmungen aber unmittelbar den Weg bahnte. Mehr an diesen augenblicklichen Nutzen als an die allgemeine Bedeutung der jesuitischen Doktrin hielt sich der König[1]. Und hat es nicht in der Regel mit den politischen Lehrmeinungen eine ähnliche Bewandtnis? Erwachsen sie mehr aus den Tatsachen, oder bringen sie dieselben mehr hervor? Liebt man sie mehr um ihrer selbst willen oder mehr wegen des Nutzens, den man sich von ihnen verspricht?

Jedoch nimmt ihnen dies nichts an ihrer Kraft. Indem die jesuitischen Doktrinen die Bestrebungen des restaurierenden Papsttums, oder vielmehr des weltgeschichtlichen Momentes, in welchem es sich befand, ausdrückten, gaben sie denselben durch systematische Begründung in dem Sinne der vorwaltenden theologischen Überzeugung eine neue Kraft; sie beförderten eine Richtung in den Gemütern, von welcher der Sieg eben abhing.

[1] Pedro Ribadeneira wiederholte sie in seinem Buche gegen Macchiavell, das schon 1595 fertig war und dem Prinzen von Spanien überreicht ward, zwar gemäßigt, aber er wiederholte sie. Tratado de la religion y virtudes que deve tener el principe Christiano para governar y conservar sus estados, contra lo que Nicolo Machiavello y los politicos d'este tiempo enseñan. Anveres 1597. Die Fürsten, meint er, seien Diener der Kirche, aber nicht Richter derselben, bewaffnet, um die Ketzer, Feinde und Rebellen der Kirche zu züchtigen, aber nicht, um ihr Gesetze zu geben oder den Willen Gottes zu erklären. Er bleibt bei dem Gleichnis von Seele und Leib. Das Reich der Erde, wie S. Gregorio sage, müsse dem Reiche des Himmels dienen.

Opposition der Lehre

Niemals jedoch ist in unserem Europa weder eine Macht noch auch eine Lehre, am wenigsten eine politische, zu vollkommener Alleinherrschaft gediehen. Auch läßt sich keine denken, die nicht, mit dem Ideale und den höchsten Forderungen verglichen, einseitig und beschränkend werden müßte.

Noch allezeit hat sich auch den zur ausschließenden Herrschaft anstrebenden Meinungen ein Widerspruch entgegengesetzt, der, aus dem unerschöpflichen Grunde des allgemeinen Lebens entsprungen, frische Kräfte hervortrieb.

Nahmen wir wahr, daß keine Macht emporkommen wird, die nicht zugleich auf der Grundlage der Idee beruhe, so können wir hinzufügen, daß sie auch in der Idee ihre Beschränkung findet; die großen lebenerzeugenden Kämpfe vollziehen sich immer zugleich in den Regionen der Überzeugung, des Gedankens.

So trat nun auch der Idee der weltbeherrschenden priesterlichen Religion die Unabhängigkeit der Nationalität, die eigene Bedeutung des weltlichen Elementes mächtig entgegen.

Das germanische Fürstentum, ausgebreitet über die romanischen Nationen und tief in ihnen gewurzelt, hat niemals zerstört werden können, weder durch priesterliche Ansprüche, noch durch die Fiktion der Volkssouveränität, die sich zuletzt immer unhaltbar erwiesen hat.

Der abenteuerlichen Verbindung, in welche beide damals miteinander getreten, setzte man die Lehre von dem göttlichen Rechte des Fürstentums entgegen.

Zunächst ward sie von den Protestanten, die früher wohl auch geschwankt haben mochten, mit dem vollen Eifer eines Feindes ergriffen, der seinen Gegner ein sehr gefährliches Spiel wagen, sich auf Pfaden bewegen sieht, welche ins Verderben führen müssen.

Gott allein, behaupteten die Protestanten, setze dem Menschengeschlecht seine Fürsten: er habe sich vorbehalten, zu erhöhen und zu erniedrigen, die Gewalt auszuteilen und zu ermäßigen. Wohl steige er nicht mehr vom Himmel herab, um diejenigen mit dem Finger zu bezeichnen, welchen die Herrschaft gebühre; aber durch seine ewige Vorsehung seien in jedem Reiche Gesetze, bestimmte Ordnungen eingeführt, nach denen ein Herrscher angenommen werde. Komme ein Fürst kraft dieser Ordnungen zur

Gewalt, so sei das ebensogut als sage Gottes Stimme: das soll euer König sein. Wohl habe Gott einstmals seinem Volke Mosen, die Richter, die ersten Könige persönlich gewiesen; aber nachdem einmal eine feste Ordnung eingeführt worden, seien die anderen, die nach jenen zum Throne gelangt, ebensogut die Gesalbten Gottes gewesen[1].

Von diesen Grundsätzen aus drangen nun die Protestanten auf die Notwendigkeit, sich auch ungerechten und tadelnswürdigen Fürsten zu unterwerfen. Vollkommen sei ohnehin niemand. Halte man es einmal für erlaubt, von der Ordnung Gottes abzuweichen, so würde man auch von geringeren Fehlern Anlaß nehmen, sich eines Fürsten zu entledigen. Nicht einmal die Ketzerei befreie so im ganzen von dem Gehorsam. Einem gottlosen Vater dürfe der Sohn zwar nicht in dem gehorchen, was wider Gottes Gebot sei; aber übrigens bleibe er ihm doch zur Ehrfurcht und Unterordnung verpflichtet.

Es würde schon etwas bedeutet haben, wenn allein die Protestanten diese Meinungen ausgebildet und festgehalten hätten. Aber noch viel wichtiger war es, daß sie damit bei einem Teile der französischen Katholiken Eingang fanden, oder vielmehr, daß diese ihnen durch eine frei entwickelte Überzeugung beistimmten.

Der päpstlichen Exkommunikation zum Trotz blieb noch immer ein nicht unbedeutender Kern guter Katholiken Heinrich III. gegetreu und ging alsdann zu Heinrich IV. über. Die jesuitischen Lehren schlugen bei dieser Partei nicht an. Es fehlte ihr nicht an Gründen, um ihre Stellung zu verteidigen, auch ohne darum vom Katholizismus abzufallen.

Sie bemühte sich zunächst, die Gewalt des Klerus, sein Verhältnis zur weltlichen Macht nun einmal auch von der anderen Seite her zu bestimmen. Sie fand, das geistliche Reich sei nicht von dieser Welt; die Gewalt des Klerus beziehe sich nur auf geistliche Dinge: die Exkommunikation könne ihrer Natur nach nur die kirchliche Gemeinschaft anbetreffen, von weltlichen Rechten vermöge sie nichts zu rauben. Aber ein König von Frankreich dürfe ja nicht einmal von der Kirchengemeinschaft ausgeschlossen werden; es gehöre dies mit zu den Vorrechten des Wappens der Lilie; wieviel weniger sei der Versuch erlaubt, ihm sein Erbrecht zu entreißen!

[1] Explicatio controversiarum, quae a nonnullis moventur ex Henrici Borbonii regis in regnum Franciae constitutione, – – opus – – a Tossano Bercheto Lingonensi e Gallico in Latinum sermonem conversum. Sedani 1590. Cap. II

Und wo stehe es nun vollends geschrieben, daß man gegen seinen König rebellieren, die Wege der Gewalt gegen ihn brauchen dürfe? Gott habe ihn eingesetzt, wie er sich denn von Gottes Gnaden nenne; in dem einzigen Falle dürfe man ihm den Gehorsam versagen, wenn er etwas fordere, was gegen Gottes Gebot laufe[1]. – Aus diesem göttlichen Rechte leiteten sie dann ab, daß es ihnen nicht allein erlaubt, sondern daß es Pflicht für sie sei, auch einen protestantischen König anzuerkennen. Wie Gott den König gebe, so müsse der Untertan ihn annehmen: ihm zu gehorchen sei Gottes Gebot; einen Grund, um einen Fürsten seiner Rechte zu berauben, könne es überhaupt gar nicht geben[2]. Sie behaupteten sogar, daß ihr Verfahren für die katholischen Interessen das zuträglichste sei. Heinrich IV. sei verständig, gnädig, aufrichtig; nichts als Gutes lasse sich von ihm erwarten; wollte man sich von ihm lossagen, so würden sich allenthalben kleine Machthaber erheben, in der allgemeinen Spaltung würde die protestantische Partei erst vollends das Übergewicht bekommen[3].

Dergestalt trat innerhalb der Grenzen des Katholizismus selbst eine Opposition gegen die durch die Restauration entwickelten Bestrebungen des Papsttums hervor, und es war gleich anfangs zweifelhaft, ob man zu Rom vermögen werde, diese Gegner zu unterdrücken. Die Lehre der Opposition mochte minder ausgebildet sein, minder geübte Verfechter haben, aber sie war besser in den Überzeugungen der europäischen Welt gegründet; ihre ganze Stellung war in sich selbst gerecht und untadelhaft; vor allem kam ihr zustatten, daß die päpstlichen Doktrinen mit der spanischen Macht im Bunde standen.

Die Monarchie Philipps II. schien der allgemeinen Freiheit von Tag zu Tag gefährlicher zu werden; über ganz Europa hin erweckte sie jenen eifersüchtigen Widerwillen, der weniger aus vollbrachten Gewalttaten entspringt als aus der Furcht davor, der Gefahr der Freiheit, – der die Gemüter ergreift, ohne daß man sich der Gründe dazu vollkommen bewußt wäre.

Zwischen Rom und Spanien bestand jetzt eine so enge Verbindung, daß die Widersacher der geistlichen Ansprüche sich zugleich

[1] Ich folge hier dem Auszug aus einer anonymen Schrift, die 1588 zu Paris erschienen, bei Cayet: Collection universelle des mémoires, tom. 56, p. 44.
[2] Etienne Pasquier: Recherches de France 341. 344.
[3] Erklärung *bei Thuanus* lib. 97, p. 316: sectarios dissoluto imperio et singulis regni partibus a reliquo corpore divisis potentiores fore.

dem Fortgange der spanischen Macht entgegenstellten. Sie erfüllten damit eine europäische Notwendigkeit, und schon deshalb konnte es ihnen nicht an Beistimmung und Unterstützung fehlen. Eine geheime Sympathie vereinigt die Völker. Jener nationalen Partei französischer Katholiken traten unaufgefordert, an unerwarteter Stelle, entschlossene Verbündete hervor, und zwar in Italien selbst, vor den Augen des Papstes: zuerst in Venedig.

In Venedig hatte wenige Jahre früher – 1582 – eine geräuschlose, in der Geschichte der Republik fast ganz übersehene, aber nichtsdestoweniger sehr einflußreiche Veränderung stattgefunden. Bisher waren die wichtigen Geschäfte in den Händen weniger alten Patrizier aus einem kleinen Kreise von Geschlechtern gewesen. Damals erkämpfte sich eine mißvergnügte Mehrheit in dem Senate, besonders aus den jüngeren Mitgliedern bestehend, den Anteil an der Verwaltung, der ihnen den Worten der Verfassung nach allerdings zukam.

Nun hatte zwar auch die bisherige Regierung niemals versäumt, ihre Selbständigkeit sorgfältig zu behaupten; aber sie hatte sich doch, soviel es immer tunlich gewesen, den Maßregeln der Spanier und der Kirche angeschlossen; die neue nahm diese Rücksichten nicht mehr; schon um des Gegensatzes willen hegte sie die Neigung, diesen Mächten Widerpart zu halten.

Den Venezianern lag dies ohnehin sehr nahe.

Auf der einen Seite bemerkten sie mit Mißvergnügen, daß die Lehre von der päpstlichen Allmacht, von dem blinden Gehorsam auch bei ihnen gepredigt wurde; auf der anderen befürchteten sie den völligen Untergang des europäischen Gleichgewichtes, wenn es den Spaniern gelingen sollte, sich einen vorherrschenden Einfluß in Frankreich zu verschaffen. Auf der Feindseligkeit der beiden Länder hatte die Freiheit von Europa bisher zu beruhen geschienen.

Und so folgte man der Entwicklung der französischen Angelegenheiten mit doppelt lebendigem Anteil. Mit Begierde griff man nach den Schriften, welche die königlichen Rechte verteidigten. Besonders war eine Gesellschaft von Staatsmännern und Gelehrten einflußreich, die sich bei Andrea Morosini versammelte, an der Leonardo Donato, Niccolo Contarini, nachher beide Dogen, Domenico Molino, später ein leitendes Oberhaupt der Republik, Fra Paolo Sarpi und einige andere ausgezeichnete Männer teilnahmen: alle noch in den Jahren, in denen man geeignet ist, neue Gedanken nicht allein zu ergreifen, sondern auch festzuhalten und durchzusetzen, sämtlich erklärte Widersacher der kirchlichen Anmaßungen und der Übermacht der Spanier[1]. Um eine politische Richtung, auch wenn sie in den Dingen gegründet ist, auszubilden und ihr Nachdruck zu geben, wird es immer sehr wichtig sein, wenn sich talentvolle Männer finden, die sie in ihrer Person darstellen und, einverstanden untereinander, sie jeder in seinem Kreise ausbreiten; doppelt wichtig ist es in einer Republik.

Unter diesen Umständen blieb man nicht allein bei Gesinnungen und Hinneigungen stehen. Von allem Anfang hatten die Venezianer das Vertrauen auf Heinrich IV., daß er fähig sein werde, Frankreich wieder zu erheben, das verlorene Gleichgewicht herzustellen. Obwohl dem Papste, der Heinrich IV. exkommuniziert hatte, mannigfaltig verpflichtet, obwohl von den Spaniern, die ihn zu verderben wünschten, zu Land und See umfaßt und an sich von keiner weltbedeutenden Macht, hatten sie doch unter allen Katholiken zuerst das Herz, diesen König anzuerkennen. Auf die Notifikation ihres Botschafters Mocenigo ermächtigten sie denselben, Heinrich IV. zu beglückwünschen[2]. Ihr Beispiel verfehlte nicht, andere anzuregen. Wiewohl Großherzog Ferdinand von Toskana zu einer öffentlichen Anerkennung nicht den Mut hatte, setzte er sich doch persönlich in ein freundschaftliches Verhältnis zu dem neuen Könige[3]. Der protestantische Fürst sah sich plötzlich von katholischen Verbündeten umgeben, ja von ihnen gegen das oberste Haupt ihrer Kirche in Schutz genommen.

In den Zeiten einer wichtigen Entscheidung wird die öffentliche Meinung von Europa allemal eine unzweifelhafte Hinneigung offenbaren. Glücklich der, auf dessen Seite sie sich schlägt; seine Unternehmungen gehen ihm noch einmal so leicht vonstatten. Jetzt begünstigte sie die Sache Heinrichs IV. Die Ideen, die sich an seinen Namen anschlossen, waren kaum ausgesprochen, aber

[1] In des Anonimo (Fra Fulgentio) Vita di fra Paolo Sarpi p. 104, Griselinis Denkwürdigkeiten Fra Paolos S. 40. 78, und in einigen Stellen bei Foscarini finden wir Nachrichten von diesem ridotto Mauroceno. Außer den Genannten gehörten noch Peter und Jacob Contarini, Jacob Morosini, Leonardo Mocenigo, der jedoch nicht so regelmäßig kam wie die anderen, Antonio Quirini, Jacob Marcello, Marino Zane, Alessandro Malipiero, der, so alt er auch war, doch den Fra Paolo regelmäßig nach Hause begleitete, zu jener Gesellschaft.

[2] Andreae Mauroceni Historiarum Venetarum lib. XIII, p. 548.

[3] Galluzzi, Istoria del granducato di Toscana lib. V (tom. V, p. 78).

schon so mächtig, daß sie einen Versuch machen konnten, das Papsttum selbst an sich zu ziehen.

Letzte Zeiten Sixtus' V.

Wir kommen hier noch einmal auf Sixtus V. Nachdem wir seine innere Verwaltung, seinen Anteil an der kirchlichen Restauration beobachtet, müssen wir noch ein Wort von seiner Politik überhaupt sagen.

Da ist es nun besonders auffallend, wie der unerbittlichen Justiz, die er ausübte, dem harten Finanzsystem, das er einführte, seinem genauen Haushalt eine außerordentliche Neigung zu phantastischen politischen Plänen zur Seite stand.

Was sind ihm nicht alles für Ideen durch den Kopf gegangen! Lange Zeit hat er sich geschmeichelt, dem Türkischen Reiche ein Ende machen zu können. Er knüpfte Verständnisse im Orient an: mit Persien, einigen arabischen Häuptlingen, den Drusen; er rüstete Galeeren aus: andere sollten ihm Spanien und Toskana liefern; so dachte er von der See her dem Könige Stephan Bathory von Polen zu Hilfe zu kommen, der den Hauptangriff von der Landseite auszuführen bestimmt war. Der Papst hoffte alle Kräfte des Nordostens und des Südwestens zu dieser Unternehmung zu vereinigen; er überredete sich, Rußland werde sich dem Könige von Polen nicht allein anschließen, sondern unterwerfen.

Ein andermal erging er sich in dem Gedanken, entweder allein, oder doch nur mit Toskana vereinigt Ägypten zu erobern. Die weitaussehendsten Absichten faßte er hierbei in Sinn: die Verbindung des Roten Meeres mit dem Mittelländischen[1], die Herstellung des alten Welthandels, die Eroberung des Heiligen Grabes. Gesetzt aber, das zeige sich nicht sogleich ausführbar –, könnte man dann nicht wenigstens einen Streifzug nach Syrien unternehmen, um das Grab des Heilandes von geschickten Meistern aus dem Felsen herausheben und wohlumkleidet nach Italien schaffen zu lassen? Schon gab er der Hoffnung Raum, dies größte Heilig-

[1] Dispaccio Gritti 23 Agosto 1587. (Il papa) entrò a parlar della fossa che li re dell' Egitto havevano fatta per passar del mare rosso nel mar mediterraneo. Zuweilen hat er die Absicht, Ägypten allein anzugreifen. Scoprì la causa del desiderar danari per impiegarli in una armata che vorria far solo per l'impresa dell' Egitto e pagar quelle galee che ajutassero a far quella impresa.

tum der Welt einmal in Montalto aufstellen zu können: dann werde sein Vaterland, die Mark, wo ja auch das heilige Haus zu Loreto stehe, die Geburtstätte und die Grabstätte des Heilandes in sich schließen.

Entwürfe, oder vielmehr – denn dies Wort lautet fast zu bestimmt – Einbildungen, Luftschlösser der außerordentlichsten Art. Wie sehr scheinen sie jener angestrengten realen, auf das Ziel dringenden Tätigkeit des Papstes zu widersprechen!

Und doch – dürfte man nicht behaupten, daß auch diese oft auf überschwenglichen, unausführbaren Gedanken beruhte? Die Erhebung Roms zu einer regelmäßig, nach Verlauf bestimmter Jahre, aus allen Ländern, selbst aus Amerika zu besuchenden Metropole der Christenheit –, die Verwandlung antiker Monumente in Denkmale der Überwältigung des Heidentums durch die christliche Religion –, die Anhäufung geliehener verzinsbarer Gelder zu einem Schatze, auf dem die weltliche Macht des Kirchenstaates beruhen soll: alles Pläne, die das Maß des Erreichbaren übersteigen, deren Ursprung in dem Feuer religiöser Phantasie liegt und die doch die Lebenstätigkeit des Papstes größtenteils bestimmten.

Von Jugend auf ist das menschliche Tun und Lassen von Hoffnungen und Wünschen, die Gegenwart, möchten wir sagen, von Zukunft umgeben; und die Seele ermüdet nicht, sich der Erwartung eines persönlichen Glückes zu überlassen. Je weiter man aber kommt, um so mehr knüpfen sich Verlangen wie Aussicht an die allgemeinen Interessen, an ein großes Ziel der Wissenschaft, des Staates, des Lebens überhaupt. In unserem Franziskaner war dieser Reiz und Antrieb persönlicher Hoffnungen immer um so stärker gewesen, da er sich auf einer Laufbahn befand, die ihm die erhabenste Aussicht eröffnete; von Stufe zu Stufe hatten sie ihn begleitet und seine Seele in Tagen der Bedrängnis genährt; jedes vorbedeutende Wort hatte er lebhaft aufgefaßt, in seinem Herzen festgehalten und für den Fall des Gelingens hohe Pläne einer mönchischen Begeisterung daran geknüpft; endlich hatte sich ihm alles erfüllt: von geringem, hoffnungslosem Anfang war er zur obersten Würde der Christenheit gestiegen, einer Würde, von deren Bedeutung er einen überschwenglichen Begriff hegte: er glaubte, durch eine unmittelbare Vorsehung erwählt zu sein, um die Ideen zu verwirklichen, die ihm vorgeschwebt.

Auch in dem Besitze der höchsten Gewalt verließ ihn dann die Gewohnheit nicht, in den Verwicklungen der Welthändel die Möglichkeit glänzender Unternehmungen wahrzunehmen, sich mit Entwürfen dazu zu tragen. Es ist in ihnen immer ein sehr persönliches Element: Gewalt und Nachruhm sind ihm reizend; über das, was ihm nahesteht, seine Familie, seinen Geburtsort, seine Provinz, will er seinen Glanz ausbreiten; aber diese Antriebe werden doch allezeit von einem allgemeinen Interesse der katholischen Christenheit getragen: für großartige Ideen zeigt er sich immer offen. Nur ist der Unterschied, daß er einiges selbst auszuführen vermag, anderes zum größten Teile anderen zu überlassen hat. Jenes greift er mit der unermüdlichen Tätigkeit an, welche Überzeugung, Begeisterung und Ehrgeiz hervorbringen; in diesem dagegen, sei es, weil er von Natur mißtrauisch ist oder weil der vornehmste Teil der Ausführung und damit auch des Ruhmes, des Vorteils anderen zu überlassen wäre, finden wir ihn lange nicht so eifrig. Fragen wir, was er zur Ausführung z. B. jener orientalischen Ideen wirklich getan, so ist es doch nur, daß er Verbindungen angeknüpft, Briefe gewechselt, Ermahnungen erlassen, Anstalten vorbereitet hat; daß er ernstliche Maßregeln ergriffen hätte, die zum Ziele führen konnten, bemerken wir nicht. Er faßt den Plan mit lebendiger schwärmerischer Phantasie; aber da er nicht gleich selbst Hand anlegen kann, da die Vollführung in der Ferne liegt, ist sein Wille nicht recht wirksam; den Entwurf, der ihn eben sehr beschäftigte, läßt er doch wieder fallen; ein anderer tritt an die Stelle desselben.

In dem Augenblicke, in dem wir uns befinden, erfüllten den Papst die großartigen Aussichten, die sich an die Unternehmung gegen Heinrich IV. knüpften, Aussichten eines vollkommenen Sieges des strengen Katholizismus, einer erneuerten Weltmacht des Papsttums; er lebte und webte darin. Auch zweifelte er nicht, daß alle katholischen Staaten einverstanden seien, daß sie mit gemeinschaftlichen Kräften den Protestanten bekämpfen würden, welcher den Anspruch machte, König von Frankreich zu werden.

In dieser Richtung, diesem Eifer war er, als er vernehmen mußte, eine katholische Macht, mit der er besonders gut zu stehen meinte, Venedig, habe eben diesen Protestanten beglückwünscht. Er war davon tief betroffen. Einen Augenblick suchte er noch die Republik von weiteren Schritten zurückzuhalten; er bat sie zu warten: die Zeit bringe wundersame Früchte; er habe selbst von den guten alten Senatoren gelernt, sie zur Reife kommen zu lassen[1]. Nichts-

[1] 9 Sett. 1589: „che per amor di dio non si vada tanto avanti con questo Navarra che si stia a veder" etc.

destominder erkannte man in Venedig den bisherigen französischen Gesandten de Maisse, nachdem er seine neue Beglaubigung empfangen, als Bevollmächtigten Heinrichs IV. an. Der Papst schritt hierauf von Ermahnungen zu Drohungen fort. Er rief aus, er werde wissen, was er zu tun habe; er ließ die alten Monitorien, die zu Julius II. Zeit gegen die Venezianer ergangen, hervorsuchen und die Formel eines neuen gegen sie entwerfen.

Jedoch nicht ohne Schmerz und innerliches Widerstreben tat er dies. Hören wir einen Augenblick an, wie er sich gegen den Gesandten vernehmen ließ, den ihm die Venezianer hierüber zuschickten.

„Mit denen zu zerfallen, die man nicht liebt", sagte der Papst, „ist kein so großes Unglück; aber mit denen, die man liebt, das tut wehe. Ja, es wird uns leid tun" – er legte die Hand auf die Brust –, „mit Venedig zu brechen."

„Aber Venedig hat uns beleidigt. Navarra" — so nennt er Heinrich IV. — „ist ein Ketzer, von dem Heiligen Stuhle excommuniciert; dennoch hat ihn Venedig, allen unseren Erinnerungen zum Trotz, anerkannt."

„Ist die Signoria etwa der größte Fürst der Erde, dem es zusteht, anderen ein Beispiel zu geben? Es gibt noch einen König von Spanien, es gibt noch einen Kaiser."

„Fürchtet sich die Republik etwa vor dem Navarra? Wir wollen sie verteidigen, wenn es nötig ist, aus allen unseren Kräften; wir haben den Nerv dazu."

„Oder denkt die Republik, uns etwas anzuhaben? Gott selbst würde uns beistehen."

„Die Republik sollte unsere Freundschaft höher achten als die Freundschaft Navarras. Wir können sie besser unterstützen."

„Ich bitte Euch, tut einen Schritt zurück! Vieles hat der katholische König zurückgenommen, weil wir es wünschten, nicht aus Furcht vor uns, denn unsere Macht ist gegen die seine wie eine Fliege gegen den Elefanten, sondern aus Liebe, weil es der Papst sagte, der Stellvertreter Christi, der ihm und allen anderen den Glauben gibt. So tue auch die Signoria; sie treffe einen Ausweg! Es wird ihr nicht schwer werden: sie hat bejahrte weise Männer genug, von denen jeder eine Welt zu regieren vermöchte[1]."

[1] Dispaccio Donato 25 Nov. 1589. Der Papst sprach so lange, daß die Gesandten sagen: wenn sie alles schreiben wollten, so würde man anderthalb Stunden im Senate brauchen, um es vorzulesen. Unter

Man spricht aber nicht, ohne eine Antwort zu vernehmen. Der außerordentliche Gesandte der Venezianer war Leonardo Donato, ein Mitglied jener Gesellschaft des Andrea Morosini, ganz in der Gesinnung der kirchlich-politischen Opposition, ein Mann von der größten, wir würden sagen, diplomatischen Geschicklichkeit, der schon manche schwierige Unterhandlung zu Ende geführt hatte.

Nicht alle Motive der Venezianer konnte Donato in Rom auseinandersetzen; er kehrte diejenigen hervor, die bei dem Papst Eingang finden konnten, die derselbe eigentlich mit Venedig gemein hatte.

Denn war es nicht offenbar, daß das spanische Übergewicht in dem südlichen Europa sich von Jahr zu Jahr immer gewaltiger erhob? Der Papst fühlte es so gut wie jeder andere italienische Fürst; ohne die Genehmhaltung der Spanier konnte er schon jetzt in Italien keinen Schritt tun; was sollte geschehen, wenn sie erst Herren in Frankreich geworden? Diese Betrachtung hauptsächlich, die Ansicht von dem gestörten europäischen Gleichgewichte und die Notwendigkeit seiner Wiederherstellung hob Donato hervor. Er suchte zu zeigen, daß die Republik den Papst nicht zu beleidigen, daß sie vielmehr ein großes Interesse des Römischen Stuhles selbst zu begünstigen, zu beschützen gedacht habe.

Der Papst hörte ihn an; doch schien er unerschütterlich, nicht zu überzeugen. Donato verzweifelte etwas auszurichten und bat um seine Abschiedsaudienz. Am 16. Dezember 1589 erhielt er sie, und der Papst machte Miene, ihm seinen Segen zu versagen.[1] Aber nicht so ganz befangen war doch Papst Sixtus V., daß nicht Gegengründe von wesentlichem Inhalt auf ihn Eindruck gemacht hätten. Er war eigensinnig, hochfahrend, rechthaberisch, hartnäckig, aber dabei auch innerlich umzustimmen, für eine fremde Ansicht zu gewinnen, im Grunde gutmütig. Indem er noch stritt, seinen Satz hartnäckig verfocht, fühlte er sich im Herzen erschüt-

anderem trotzt er noch fortwährend auf die Wirkung der Exkommunikation: Tre sono stati scommunicati, il re passato, il principe di Conde, il re Navarra. Due sono malamente morti; il terzo ci travaglia e Dio per nostro esercitio lo mantiene; ma finirà anche esso e terminarà male: dubitiamo punto di lui. – 2 Dec.: Il papa publica un solennissimo giubileo per invitar ogn'uno a dover pregar S. Divina Mà per la quiete et augumento della fede cattolica. An diesem Jubiläum will er niemanden sehen, „per viver a se stesso et a sue divotioni".

[1] Dispaccio Donato 16 Dec.: „dopo si lungo negotio restando quasi privi d'ogni speranza".

tert, überzeugt. Mitten in jener Audienz ward er auf einmal mild und nachgiebig[1]. „Wer einen Gefährten hat", rief er aus, „hat einen Herrn; ich will mit der Kongregation reden, ich will ihr sagen, daß ich mit Euch gezürnt habe, aber von Euch besiegt worden bin." Noch ein paar Tage warteten sie; dann erklärte der Papst, er könne nicht billigen, was die Republik getan; doch wolle er auch die Maßregeln, die er gegen sie beabsichtigt, nicht vornehmen. Er gab Donato seinen Segen und küßte ihn.

Eine kaum bemerkbare Umwandlung persönlicher Gesinnung, die aber die größte Bedeutung entwickelte. Der Papst selbst ließ von der Strenge nach, mit der er den protestantischen König verfolgte: die katholische Partei, die sich in Widerspruch mit seiner bisherigen Politik zu demselben hielt, wollte er nicht geradezu verdammen. Ein erster Schritt bedeutet darum so viel, weil er eine ganze Richtung in sich schließt. Auf seiten der Opposition fühlte man dies augenblicklich. Ursprünglich hatte man sich nur entschuldigen wollen; auf der Stelle machte man den Versuch, den Papst selbst zu gewinnen, zu erobern.

Im Auftrage der Prinzen von Geblüt, der katholischen Pairs, die sich an Heinrich IV. angeschlossen, erschien Mr. de Luxemburg in Italien. Den warnenden Vorstellungen der Spanier zum Trotz ließ ihn Sixtus V. im Januar 1590 nach Rom kommen und gab ihm Audienz. Der Abgeordnete stellte besonders die persönlichen Eigenschaften Heinrichs IV., seine Tapferkeit, Großmut, Herzensgüte in ein glänzendes Licht. Der Papst war davon ganz hingerissen. „Wahrhaftig!" rief er aus, „es reut mich, daß ich ihn exkommuniziert habe." Luxemburg sagte, dieser sein König und Herr werde sich nun auch der Absolution würdig machen und zu den Füßen Sr. Heiligkeit in den Schoß der katholischen Kirche zurückkehren. „Alsdann", erwiderte der Papst, „will ich ihn umarmen und trösten."

Denn schon war seine Phantasie lebendig ergriffen; auf der Stelle knüpften sich ihm die kühnsten Hoffnungen an diese Annäherungen. Er gab dem Gedanken Raum, daß mehr politische Abneigung gegen Spanien, als eine religiöse, dem Römischen Stuhle entgegengesetzte Überzeugung die Protestanten abhalte, zur katholischen Kirche zurückzukehren; er glaubte, sie nicht von sich weisen zu

[1] *Ibid. Finalmente* inspirata dal signor Dio – – disse di contentarsene (ihnen seinen Segen zu geben) e di essersi lasciato vincer da noi.

dürfen[1]. Schon war ein englischer Abgeordneter in Rom; man kündigte einen sächsischen an. Er war sehr bereit, sie zu hören: „Wollte Gott", sagte er, „sie kämen alle zu unseren Füßen!"
Welch eine Veränderung in ihm vorgegangen war, bewies unter anderem die Behandlung, die er seinem französischen Legaten, dem Kardinal Morosini widerfahren ließ. Früher hatte man dessen Nachgiebigkeit gegen Heinrich III. als ein Verbrechen betrachtet, und mit der päpstlichen Ungnade beladen kam er nach Italien zurück; jetzt ward er von Montalto in das Konsistorium eingeführt, und der Papst empfing ihn mit der Erklärung, es freue ihn, daß ein Kardinal seiner Wahl wie er den allgemeinen Beifall erwerbe[2]. Donna Camilla zog ihn zur Tafel.
Wie sehr mußte die streng katholische Welt über diese Umwandlung erstaunen! Der Papst neigte sich zu einem Protestanten, den er selbst exkommuniziert hatte, der nach den alten Satzungen der Kirche als ein zum zweitenmal Abgefallener der Absolution gar nicht fähig war.
Es liegt in der Natur der Dinge, daß dies eine Rückwirkung hervorrief. Die streng katholische Gesinnung hing nicht so durchaus von dem Papst ab, daß sie sich ihm nicht auch hätte widersetzen können; die spanische Macht gab ihr einen Rückhalt, an den sie sich gewaltig anschloß.
In Frankreich klagten die Liguisten den Papst des Geizes an: er wolle nur den Beutel nicht ziehen; das im Kastell aufgehäufte Geld wolle er für seine Nepoten und Verwandten aufsparen. In Spanien predigte ein Jesuit über den beklagenswerten Zustand, in dem die Kirche sei: nicht allein die Republik Venedig begünstige die Ketzer, sondern – „still, still", sagte er, indem er den

[1] Dispaccio Donato 13 Genn. 1590. Il papa biasima l'opinione de' cardinali e d'altri prelati che lo stimulano a dover licentiar esso signor de Lucenburg, e li accusa che vogliano farsi suo pedante (sein Informator, würden wir sagen), in quello che ha studiato tutto il tempo della vita sua. Soggiunse che haveria caro che la regina d'Inghilterra, il duca di Sassonia e tutti gli altri andassero a suoi piedi con bona dispositione: che dispiacerà a S. Sà che andassero ad altri principi (zu verstehen: katholischen) et havessero communicatione con loro, ma si consolava quando vadino a suoi piedi a dimandar perdono. In mancherlei Formen wiederholt er diese Meinungen in jeder Audienz.
[2] Dispaccio 3 Marzo. Dice di consolarsi assai ch'egli soa creatura fusse di tutti tanto celebrato. Il clmo Morosini acquista molto honore e riputatione per la soa relatione delle cose di Francia.

Finger an den Mund legte –, sondern sogar der Papst selbst. In Italien tönte das wider. Sixtus V. war bereits so empfindlich, daß er eine Ermahnung zu allgemeinem Gebet, die der Kapuzinergeneral hatte ergehen lassen, „um in Sachen der Kirche die Gnade Gottes anzurufen", für eine persönliche Beleidigung nahm und den General suspendierte.

Jedoch bei bloßen Andeutungen, Privatklagen blieb es nicht. Am 22. März 1590 erschien der spanische Botschafter in den päpstlichen Gemächern, um im Namen seines Herrn gegen das Betragen des Papstes förmlich zu protestieren[1]. Es gab eine Meinung, sehen wir, die noch rechtgläubiger, katholischer war als der Papst selbst; der spanische Botschafter erschien, um ihr im Angesicht des Papstes Ausdruck und Worte zu verleihen. Seltsamer Auftritt! Der Botschafter ließ sich auf ein Knie nieder und bat S. Heiligkeit, ihm zu erlauben, daß er die Befehle seines Herrn ausführe. Der Papst ersuchte ihn, sich zu erheben: es sei eine Ketzerei, sich gegen den Stellvertreter Christi auf diese Weise zu betragen, wie er es beabsichtige. Der Botschafter ließ sich nicht irremachen. „Seine Heiligkeit", begann er, „möge die Anhänger Navarras ohne Unterschied für exkommuniziert erklären; S. Heiligkeit möge aussprechen, daß Navarra auf jeden Fall, auf alle Zeit unfähig sei, zur französischen Krone zu gelangen; wo nicht, so werde sich der katholische König von der Obedienz Sr. Heiligkeit lossagen; der König könne nicht dulden, daß die Sache Christi zugrunde gerichtet werde"[2]. Kaum ließ ihn der Papst so weit reden; er rief aus, das sei nicht das Amt des Königs. Der Gesandte stand auf, warf sich aufs neue nieder, wollte fortfahren. Der Papst nannte ihn einen Stein des Anstoßes und ging hinweg. Aber Olivarez gab sich da-

[1] Schon am 10. März hatte der Botschafter dem Papste folgende Fragen vorgelegt: Li ha ricercato la risposta sopra le tre cose, cioè di licentiar Lucenburg, iscommunicar li cardinali et altri prelati che seguono il Navarra, e prometter di non habilitar mai esso Navarra alle successione della corona, – und eine Protestation angekündigt. Der Papst hatte darauf mit der Exkommunikation gedroht: Minaccia di iscommunicar quei e castigarli nella vita che ardiranno di tentar quanto egli li havea detto, cacciandolo inanzi e serrandogli in faccia la porta.

[2] Che S. Sà dichiari iscommunicati tutti quei che seguitano in Francia il Navarra e tutti gli altri che quovis modo li dessero ajuto, e che dichiari esso Navarra incapace perpetuamente alla corona di Francia: altramente che il re suo si leverà della obedienza della chiesa, e procurerà che non sia fatta ingiuria alla causa di Christo e che la pietà e la religione sua sia conosciuta.

mit nicht zufrieden; er erklärte, er wolle und müsse seine Protestation zu Ende bringen, und sollte ihm der Papst den Kopf abschlagen lassen: er wisse wohl, der König werde ihn rächen und seine Treue an seinen Kindern belohnen. Sixtus V. dagegen war in Feuer und Flamme. „Keinem Fürsten der Welt stehe es zu, einen Papst belehren zu wollen, der doch von Gott zum Meister der anderen gesetzt sei; ganz ruchlos aber betrage sich der Botschafter: seine Instruktion ermächtige ihn nur dann zu einer Protestation, wenn sich der Papst in Sachen der Ligue lau bezeigen sollte; woher wisse er, daß das der Fall sei? wolle der Botschafter die Schritte Sr. Heiligkeit richten?"

Der echte Katholizismus schien nur ein Ziel, eine ungeteilte Gesinnung zu haben; im Laufe des Sieges schien er begriffen zu sein, nahe dem Ausschlage des Gelingens; unerwartet haben sich innerhalb desselben zwei Seiten, zwei Meinungen ausgebildet, politisch und kirchlich einander entgegengesetzt, die eine Angriff, die andere Widerstand. Sie beginnen ihren Kampf damit, daß sich jede aus allen Kräften anstrengt, das Oberhaupt der Kirche für sich zu gewinnen. Die eine hat den Papst besessen: mit Bitterkeit, mit Drohungen, fast mit Gewalt sucht sie ihn festzuhalten. Der anderen hat er sich durch eine innere Bewegung im entscheidenden Augenblicke zugeneigt; sie sucht ihn ganz an sich zu reißen; durch Versprechungen sucht sie ihn zu verführen; die glänzendsten Aussichten stellt sie ihm vor. Für die Entscheidung ihres Kampfes ist es von der höchsten Bedeutung, welche Seite er ergreifen wird.

Die Haltung dieses Papstes, der wegen seiner Tatkraft und Entschlossenheit so berühmt ist, erfüllt uns mit Erstaunen.

Wenn Briefe Philipps II. ankommen, worin dieser König erklärt, daß er die gerechte Sache verteidigen, die Ligue mit der Kraft seiner Staaten, mit seinem Blute unterstützen wolle, so ist auch der Papst voll Eifers: er werde, sagt er, den Schimpf nicht auf sich laden, daß er sich einem Ketzer wie Navarra nicht entgegengesetzt habe[1].

Nichtsdestominder neigt er sich auch wieder auf die andere Seite.

[1] Er erklärt im Konsistorium selbst: di haver scritto al re con sua propria mano, che procurerà sempre con tutte le sue forze spirituali e temporali che mai riesca re di Francia alcuno che non sia di compita sodisfattione alla Sua Cattolica Maestà. Schon im Januar 1590 sagen die Gesandten: Il papa nelle trattationi parla con uno ad un modo con suoi disegni et ad un altro con altri (disegni).

Wenn man ihm die Schwierigkeiten vorstellt, in die ihn die französische Sache verwickele, so ruft er aus: „wäre Navarra gegenwärtig, so würde er ihn auf den Knien bitten, katholisch zu werden“.

Sonderbarer stand wohl nie ein Fürst zu seinen Bevollmächtigten, als der Papst Sixtus zu dem Legaten Gaetano, den er noch in der Zeit seiner engen Verbindung mit den Spaniern nach Frankreich geschickt hatte. Jetzt war der Papst zwar noch nicht auf die Seite der Franzosen getreten, aber doch zu einer unentschlossenen, neutralen Gesinnung gebracht. Ohne die mindeste Rücksicht hierauf folgte der Legat seinen alten Instruktionen. Als Heinrich IV. nach seinem Siege von Ivry Paris belagerte, war es der Legat des Papstes, der ihm hier den meisten Widerstand entgegensetzte. In seine Hände schwuren Obersten und Magistrate, mit Navarra niemals zu kapitulieren; durch sein geistliches Ansehen und ein ebenso gewandtes wie standhaftes Betragen wußte er sie bei ihren Versprechungen festzuhalten[1].

In der Tat entwickelte doch am Ende die gewohnte strenge Gesinnung die meiste Kraft.

Olivarez nötigte den Papst, Luxemburg zu entlassen, wenn auch nur unter dem Schein einer Wallfahrt nach Loreto. Der Papst hatte Monsignor Serafino, der im Rufe französischer Gesinnungen stand, zu einer Sendung nach Frankreich bestimmt; Olivarez beklagte sich laut, er drohte, nicht wieder zur Audienz kommen zu wollen; der Papst entgegnete, er möge in Gottes Namen abreisen; zuletzt behielt Olivarez dennoch den Sieg: die Sendung Serafinos wurde aufgeschoben. In einer orthodoxen, ohne Wanken festgehaltenen Meinung liegt eine unglaubliche Gewalt, zumal wenn sie von einem tüchtigen Manne verfochten wird. Olivarez hatte die Kongregation, welche die französischen Sachen bearbeitete und die auch noch in früheren Zeiten zusammengesetzt worden, auf seiner Seite. Im Juli 1590 ward auf den Grund einer früheren Zusage über eine Vereinigung der päpstlichen Streitkräfte mit den spanischen gegen Heinrich IV., der damals Paris belagerte, unterhandelt. Es war die Zeit, in welcher Alexander Farnese sich anschickte, seine in den Niederlanden erprobten Kriegsheere über die französische Grenze zu führen. Die Truppenzahl wurde bestimmt, welche der Papst unter dem Herzog von Urbino zu ihm

[1] Discours véritable et notable du siége de la ville de Paris en l'an 1590, bei Villeroy Mémoires d'estat, tom. II, p. 417.

stoßen lassen wollte[1]. Sixtus V. gab den Freunden, die ihm rieten, neutral zu bleiben, die Antwort, er müsse etwas in dieser Sache tun. Der Traktat wurde nach eifrigen Unterhandlungen vereinbart; dann aber nahm Sixtus V. doch Anstand, ihn auszuführen. Er verlangte Sicherheitsplätze für seine Armee und ein ausgesprochenes Verständnis in der Sache mit den Katholiken[2]. Noch war er jedoch entfernt davon, unterdessen die andere Partei aufzugeben. Zu derselben Zeit hatte er den Agenten eines Oberhauptes der Hugenotten, des Lesdiguières, bei sich; ein Geschäftsträger des Landgrafen, ein englischer Abgeordneter waren zugegen, und schon suchte sich der kaiserliche Botschafter gegen die Einflüsterungen, die er von dem sächsischen Gesandten fürchtete, der aufs neue erwartet wurde, sicherzustellen; die Umtriebe des Kanzlers Crell drangen bis nach Rom[3].

So blieb der gewaltige Kirchenfürst, welcher der Meinung lebte, daß ihm eine direkte Gewalt über alle Erde verliehen sei, welcher einen Schatz gesammelt, der ihm wohl die Kraft verliehen hätte, einen großen Ausschlag zu geben, in dem Moment der Entscheidung unentschlossen, schwankend.

Dürfte man ihm wohl ein Verbrechen daraus machen? Ich fürchte, wir würden ihm Unrecht tun. Er durchschaute die Lage der Dinge; er sah die Gefahren auf beiden Seiten; entgegengesetzten Anregungen gab er Raum: ein Moment, das ihm eine endliche Entscheidung abgenötigt hätte, war nicht vorhanden. Bis in seine Seele bekämpften sich die Elemente, welche die Welt teilten; hier ward keines des anderen Meister.

[1] Der König sollte 20000 Mann zu Fuß und 3000 zu Pferde, der Papst 15000 zu Fuß und 2000 zu Pferde ausrüsten. Li ambasciatori sollicitano con li cardinali la conclusione e sottoscrittione del capitolato (Disp. 14 Luglio). In der Kongregation legte der Papst die Frage vor: an electio regis Franciae vacante principe ex corpore sanguinis spectet ad pontificem? – Esortato a star neutrale, laudando il consiglio risponde non poter restar a far qualche cosa (Disp. 28 Luglio). Indessen heißt es im Disp. 21 Luglio: Laodigeres haveva mandato un suo huomo a trattar con S. Sà, il quale ha trattato lungamente seco.

[2] Depesche des Herzogs von Sessa, 7. Aug. 1590, an Philipp II., bei Hübner, Sixte-Quint III, 499.

[3] Anders ist es nicht zu verstehen, daß der kaiserliche Botschafter den Papst vor sächsischen Einflüsterungen warnt. L'ambasciatore dell' imperatore prega il pontefice di non voler ascoltare quel huomo che vien detto esser mandato dal duca di Sassonia, in quello che fusse di pregiuditio del suo patron e della casa d'Austria: e così li vien promesso.

Allerdings aber setzte er sich damit auch seinerseits in die Unmöglichkeit, die Welt zu bezwingen, einen großartigen Einfluß auf sie auszuüben. Vielmehr wirkten die Lebenskräfte, die in Bewegung waren, auf ihn zurück; es geschah dies in der eigentümlichsten Gestalt.

Sixtus hatte die Banditen hauptsächlich dadurch bezwungen, daß er mit seinen Nachbarn in gutes Vernehmen trat. Jetzt, da dies sich auflöste, da man in Toskana und Venedig andere Meinungen hegte als in Neapel und Mailand und der Papst sich weder für die einen noch für die anderen entschied, bald dem einen, bald dem anderen seiner Nachbarn verdächtig wurde, jetzt regten sich auch die Banditen aufs neue.

Im April 1590 erschienen sie wieder: in der Maremma Sacripante, in der Romagna Piccolomini, in der Campagna von Rom Battistella. Sie waren reichlich mit Gelde versehen; man wollte bemerken, daß sie viele spanische Dublonen ausgaben; vorzüglich in der guelfischen Partei fanden sie Anhang. Schon zogen sie wieder in geordneten Scharen mit fliegenden Fahnen und Trommeln einher; die päpstlichen Truppen hatten keine Lust, sich mit ihnen zu schlagen[1]. Unmittelbar wirkte dies auf alle Verhältnisse zurück. Die Bolognesen widersetzten sich dem Vorhaben des Papstes, die Senatoren der Stadt zu vermehren, mit einer lange nicht mehr gehörten Kühnheit und Freimütigkeit.

In dieser Lage, in so vielem nahen und drückenden Mißbehagen, ohne in der wichtigsten Sache eine Entscheidung, einen Entschluß auch nur versucht zu haben, starb Papst Sixtus V. (27. August 1590). Es entlud sich gerade ein Ungewitter über den Quirinal, als er verschied. Die alberne Menge überredete sich, Fra Felice habe einen Pakt mit dem Bösen gehabt, durch dessen Hilfe er von Stufe zu Stufe gestiegen; nach abgelaufener Zeit sei nun seine Seele in dem Unwetter hinweggeführt worden. So versinnbildeten sie ihr Mißvergnügen über so viele neu eingeführten Auflagen und den Zweifel an seiner vollkommenen Rechtgläubigkeit, der in den letzten Zeiten so oft rege geworden. In wildem Ungestüm rissen sie die Bildsäule nieder, die sie ihm einst errichtet hatten; ja auf dem Kapitol ward ein Beschluß gefaßt, daß man niemals wieder einem Papste bei seinem Leben eine Bildsäule setzen wolle.

[1] Disp. 21 Luglio. I fuorusciti corrono fino su le porte di Roma. Die *Depeschen vom* 17. März, 7. April, 28. April, 12. Mai, 2. Juni enthalten Details hierüber.

Urban VII., Gregor XIV., Innozenz IX. und ihre Konklaven 1590, 1591

Doppelt wichtig wurde nun die neue Wahl. Es kam doch hauptsächlich auf die persönliche Gesinnung eines Papstes an, für welche von jenen beiden Richtungen, deren Widerstreit begonnen hatte, er sich erklären würde, und ohne Zweifel konnte seine Entschließung zu weltgeschichtlichen Wirkungen führen. Das Gewühl und der Wahlkampf des Konklaves erhalten deshalb eine besondere Bedeutung, und wir müssen hier ein Wort von denselben einflechten.

In der ersten Hälfte des 16. Jahrhunderts beherrschte das Übergewicht der kaiserlichen oder der französischen Faktion in der Regel die Wählenden: die Kardinäle hatten, wie ein Papst sagt, keine Freiheit der Stimmen mehr. Seit der Mitte desselben ward diese Einwirkung fremder Mächte um vieles unbedeutender: die Kurie blieb bei weitem mehr sich selbst überlassen. Da hatte sich denn, in der Bewegung der inneren Umtriebe, sagen wir, ein Prinzip oder eine Gewohnheit sehr besonderer Art ausgebildet.

Jeder Papst pflegte eine Anzahl Kardinäle zu ernennen, die dann in dem nächsten Konklave sich um den Nepoten des Verstorbenen sammelten, eine neue Macht bildeten und in der Regel einen aus ihrer Mitte auf den Thron zu erheben versuchten. Merkwürdig war es, daß es ihnen hiermit nie gelang, daß die Opposition allemal siegte und in der Regel einen Gegner des letzten Papstes beförderte.

Ich will nicht versuchen, dies ausführlich zu erörtern. Wir haben nicht ganz unglaubwürdige Mitteilungen über diese Wahlen; allein es würde doch unmöglich sein, die hierbei wirksamen persönlichen Verhältnisse zu rechter Anschauung zu erheben; es würden immer Schatten bleiben.

Genug, wenn wir das Prinzip bemerken. Ohne Ausnahme trugen in jenem Zeitraume nicht die Anhänger, sondern die Gegner des letzten Papstes, namentlich die Kreaturen des vorletzten, den Sieg davon. Paul IV. ward von den Kreaturen Pauls III., Pius IV. durch die Feinde der Caraffas und Pauls IV. erhoben. Der Neffe Pius' IV., Borromeo, hatte die persönliche Aufopferung, freiwillig einem Manne der Gegenpartei, den er aber für den frömmsten hielt, Pius V., seine Stimme zu geben; aber er tat das nur unter lebhaftem Widerspruch der Geschöpfe seines Oheims, welche, wie es in dem Berichte heißt, kaum glaubten zu sehen, was sie sahen, zu tun, was sie taten. Auch versäumten sie nicht, sich ihre Nachgiebigkeit im nächsten Falle zunutze zu machen. Jenes Herkommen suchten sie zur Anerkennung zu bringen, als Regel aufzustellen, und in der Tat setzten sie den Nachfolger Pius' V. aus den Kreaturen Pius' IV. So ging es auch bei der Wahl Sixtus' V.; aus den Gegnern seines Vorgängers Gregor erhob er sich.

Kein Wunder ist es hiernach, wenn wir immer entgegengesetzte Charaktere auf dem Päpstlichen Stuhle finden. Die verschiedenen Faktionen treiben einander aus der Stelle.

Vermöge dieses Herkommens hatten nun auch diesmal die Gegner Sixtus' V., besonders der letzten Wendung seiner Politik, eine große Aussicht für sich. Überaus mächtig hatte Sixtus V. seinen Neffen gemacht: mit einer Schar ergebener Kardinäle, so zahlreich wie nur je eine andere gewesen, trat derselbe in dem Konklave auf. Trotz alledem mußte er weichen. Die Kreaturen Gregors erhoben einen Gegner des vorigen Papstes, der von diesem sogar besonders beleidigt worden, von unzweifelhaft spanischer Gesinnung, Johann Baptist Castagna, Urban VII.[1].

Mit dieser Wahl aber waren sie unglücklich. Urban VII. starb, ehe er noch gekrönt worden, ehe er noch einen einzigen Prälaten ernannt hatte, am zwölften Tage seines Pontifikates, und sogleich eröffnete sich der Wahlkampf aufs neue.

Er unterschied sich dadurch, daß die Spanier wieder auf das ernstlichste teilnahmen. Sie sahen wohl, wieviel für die französischen Angelegenheiten darauf ankam. Der König entschloß sich zu einem Schritte, der ihm in Rom als eine gefährliche Neuerung angerechnet wurde und den selbst seine Anhänger nur mit den dringenden Umständen, in denen er sich befinde, zu entschuldigen wußten[2]: er nannte sieben Kardinäle, die ihm tauglich zu sein

[1] Conclave di papa Urbano VII. MS. La pratica (di questa elettione) fu guidata dal cardinal Sforza (capo delle creature di papa Gregorio XIII) e da' cardinali Genovesi. In einer Depesche des französischen Gesandten Maisse in Venedig in Fr. v. Raumers histor. Briefen I, 360 findet sich, der Sforza habe den Colonna, der bereits auf dem Päpstlichen Stuhle Platz genommen, von demselben wieder heruntergezogen; doch ist das wohl nicht wörtlich zu verstehen.

[2] Il grande interesse del re cattolico e la spesa nella quale si trova senza ajuto nissuno per servitio della christianità fa che gli si debbia condonare.

schienen; keinen anderen wollte er annehmen. An der Spitze der Ernannten stand der Name Madruzzi, und unverzüglich machten die spanischen Kardinäle einen Versuch, mit diesem ihrem Oberhaupte durchzudringen.

Allein sie fanden hartnäckigen Widerstand. Madruzzi wollte man nicht, weil er ein Deutscher sei, weil man das Papsttum nicht wieder in die Hände der Barbaren kommen lassen dürfe[1]; auch von den übrigen wollte Montalto keinen annehmen. Montalto hätte zwar vergeblich versucht, einen seiner Anhänger zu erheben; aber wenigstens auszuschließen vermochte er. Das Konklave verzog sich ungebührlich lange; die Banditen waren Herren im Lande; täglich hörte man von geplünderten Gütern, verbrannten Dörfern; in Rom selbst war eine Bewegung zu fürchten.

Es gab nur ein Mittel, zum Ziele zu kommen: wenn man von den Vorgeschlagenen denjenigen hervorhob, der dem Nepoten Sixtus' V. am wenigsten unangenehm war. In den florentinischen Nachrichten[2] findet sich, daß der Großherzog von Toskana, in den römischen, daß Kardinal Sforza, das Haupt der gregorianischen Kardinäle, hierzu besonders beigetragen habe. In seine Zelle zurückgezogen, vielleicht auch darum, weil man ihm gesagt hatte, durch Stillschweigen werde er am besten befördert, und vom Fieber geplagt, lebte Kardinal Sfondrato, einer von den Sieben. Über diesen vereinigten sich die Parteien, und gleich im voraus ward eine Familienverbindung zwischen den Häusern Sfondrato und Montalto verabredet. Hierauf besuchte Montalto den Kardinal in seiner Zelle; er fand ihn betend vor dem Kruzifix, nicht ganz ohne Fieber; er sagte ihm, daß er den anderen Morgen gewählt werden solle. An diesem Morgen – 5. Dezember 1590 – führte er ihn mit Sforza in die Kapelle, wo die Stimmen gegeben wurden. Sfondrato ward gewählt; er nannte sich Gregor XIV.[3]

Ein Mann, der alle Wochen zweimal fastete, alle Tage seine Messe las, das Pensum seiner Horen immer auf den Knien betete und dann eine Stunde seinem Lieblingsautor, dem heiligen Bernhard, widmete, aus dem er sich die Sentenzen, die ihm besonders einleuchteten, sorgfältig aufzeichnete: eine jungfräuliche unschul-

[1] Cl. Morosini sagte: Italia anderebbe in preda a' barbari, che farebbe una vergogna. Concl. della sede vacante di Urbano VII.

[2] Galluzzi, Storia del granducato di Toscana V, 99.

[3] T. Tasso hat diese Thronbesteigung in einer prächtigen Kanzone gefeiert: Da gran lode immortal.

dige Seele. Man bemerkte aber in halbem Scherz: wie er zu früh – im siebenten Monat – auf die Welt gekommen und nur mit Mühe aufgebracht worden war, so habe er überhaupt zu wenig irdische Elemente in sich. Von der Praxis und den Umtrieben der Kurie hatte er nie etwas begriffen. Die Sache, welche die Spanier verfochten, hielt er ohne weiteres für die Sache der Kirche. Er war ein geborener Untertan Philipps II. und ein Mann nach seinem Herzen. Ohne alles Schwanken noch Verziehen erklärte er sich zugunsten der Ligue[1].

„Ihr", schrieb er an die Pariser, „die Ihr einen so löblichen Anfang gemacht habt, harret nun auch aus und haltet nicht inne, bis Ihr an das Ziel Eures Laufes gekommen seid. Von Gott inspiriert, haben wir beschlossen, Euch zu Hilfe zu kommen. Zuerst weisen wir Euch eine Unterstützung in Geld an, und zwar über unsere Kräfte. Sodann ordnen wir unseren Nuntius – Landriano – nach Frankreich ab, um alle Abgewichenen in Eure Vereinigung zurückzubringen. Endlich schicken wir, obwohl nicht ohne große Belästigung der Kirche, unseren lieben Sohn und Neffen, Hercules Sfondrato, Herzog von Montemarciano, mit Reiterei und Fußvölkern Euch zu, um die Waffen zu Eurer Verteidigung anzuwenden. Solltet Ihr aber noch mehreres bedürfen, so werden wir Euch auch damit versehen[2]."

In diesem Briefe liegt die ganze Politik Gregors XIV. Sie war doch von großer Wirkung. Die Erklärung selbst, die Wiederholung der Exkommunikation Heinrichs IV., die damit verbunden war, und dann die Aufforderung an alle Kleriker, an den Adel, die Beamten der Justiz und den dritten Stand, sich bei schwerer Strafe von Heinrich von Bourbon zu trennen, womit Landriano in Frankreich auftrat, brachten einen tiefen Eindruck hervor[3]. Es gab so viele Katholischgesinnte auf der Seite Heinrichs IV., die zuletzt doch durch diese entschiedenen Schritte des Oberhauptes ihrer Kirche

[1] Cicarella, de vita Gregorii XIV, bei allen späteren Ausgaben des Platina befindlich.

[2] Gregoire pape XIV à mes fils bien-aymez les gens du conseil des seize quartiers de la ville de Paris, bei Cayet, Chronologie novennaire 1608. Mémoires, coll. univ., tom. LVII, p. 62.

[3] Eben Cayet bemerkt dies. Le party du roi estoit sans aucune division. Ce qui fut entretenu jusques au temps de la publication des bulles monitoriales du pape Gregoire XIV, que d'aucuns voulurent engendrer un tiers party et le former des catholiques qui estoient dans le party royal.

irregemacht wurden. Obwohl nicht mit allen Ansprüchen des Papsttums einverstanden, schraken sie doch davor zurück, mit demselben zu zerfallen. Sie erklärten, nicht allein das Königtum habe eine Sukzession, sondern auch die Kirche: man dürfe die Religion ebensowenig ändern als die Dynastie. Von dieser Zeit an bildete und befestigte sich unter den Anhängern des Königs die sogenannte dritte Partei, welche denselben unaufhörlich zur Wiederannahme des Katholizismus aufforderte, nur unter dieser Bedingung und Aussicht ihm treu blieb und um so mehr zu bedeuten hatte, da die mächtigsten Männer in seiner unmittelbaren Umgebung sich zu ihr hielten.

Noch größere Erfolge aber ließen die anderen Maßregeln erwarten, die der Papst in jenem Briefe ankündigte und die er nicht zögerte, in Erfüllung zu bringen. Die Pariser unterstützte er monatlich mit 15000 Skudi; den Oberst Lusi schickte er in die Schweiz, um Truppen anzuwerben; nachdem er seinem Neffen Ercole in S. Maria Maggiore die Standarte der Kirche als ihrem General feierlich überliefert hatte, entließ er ihn nach Mailand, wo seine Mannschaften sich sammeln sollten. Der Kommissar, der ihn begleitete, Erzbischof Matteucci, war reichlich mit Geld versehen.

Unter diesen Auspizien trug Philipp II. nicht länger Bedenken, sich der französischen Sache mit Ernst anzunehmen. Seine Truppen rückten in der Bretagne vor; sie nahmen Platz in Toulouse und Montpellier. Auf einige Provinzen glaubte er besondere Ansprüche zu haben; in anderen war er in der engsten Verbindung mit den leitenden Oberhäuptern: Kapuziner hatten sie eingeleitet oder erhielten sie doch im Gange. An vielen Orten sah man ihn als den „einzigen Beschützer der Rechtgläubigen gegen die Hugenotten“ an und lud ihn auf das dringendste ein, selbst nach Paris. Indessen griffen die Piemontesen in der Provence an; das päpstliche Heer vereinte sich in Verdun mit den Liguisten. Es war eine allgemeine Bewegung spanisch-italienischer Kräfte, um Frankreich mit Gewalt in die streng katholische Richtung fortzuziehen, die in jenen Ländern das Übergewicht hatte. Die Schätze, die Papst Sixtus mit so viel Anstrengung gesammelt und so sorgfältig gespart hatte, kamen nun doch den Spaniern zugute. Nachdem Gregor XIV. die Summen aus dem Castell genommen, deren Verwendung an keine Bedingungen gebunden war, griff er auch die anderen, auf das strengste vinkulierten an. Er urteilte, nie könne ein dringenderes Bedürfnis der Kirche eintreten.

Bei der Entschiedenheit, mit der man zu Werke ging, der Klugheit des Königs, dem Reichtum des Papstes und dem Einflusse, den ihr vereinigtes Ansehen auf Frankreich hatte, läßt sich in der Tat nicht berechnen, wieweit es dieser doppelseitige, weltlich-geistliche Ehrgeiz gebracht haben würde, – wäre nicht Gregor XIV. mitten in der Unternehmung gestorben. Nur zehn Monate und zehn Tage hatte er den Römischen Stuhl besessen und so große Veränderungen hervorgebracht; was würde geschehen sein, wenn er diese Gewalt einige Jahre innegehabt hätte! Es war der größte Verlust, den die liguistisch-spanische Partei erleiden konnte.

Noch einmal zwar drangen die Spanier in dem Konklave durch. Sie hatten wieder sieben Kandidaten benannt[1], und einer von diesen, Johann Anton Fachinetto – Innozenz IX. – wurde gewählt. Auch er war, soviel man urteilen kann, spanisch gesinnt; wenigstens schickte er der Ligue Geld, und wir haben das Schreiben übrig, in dem er Alexander Farnese antreibt, seine Rüstungen zu beschleunigen, in Frankreich einzudringen und Rouen zu entsetzen, was dieser Feldherr dann so glücklich und geschickt ausführte[2]. Aber das Unglück war: auch Innozenz IX. war schon sehr alt und schwach; fast niemals verließ er das Bett; da gab er selbst Audienzen; von dem Sterbebett eines Greises, der sich nicht mehr rühren konnte, ergingen Kriegsermunterungen, welche Frankreich, ja Europa in Bewegung setzten. Kaum hatte Innozenz den Päpstlichen Stuhl zwei Monate innegehabt, so starb auch er.

Und so erneuerten sich die Wahlkämpfe des Konklaves zum viertenmal. Sie wurden um so wichtiger, da sich in dem unaufhörlichen Wechsel die Meinung festgesetzt hatte, daß es vor allem eines kräftigen, lebensfähigen Mannes bedürfe. Jetzt mußte es zu einer definitiven Entscheidung auf längere Zeit kommen. Das Konklave wurde ein bedeutendes Moment für die allgemeine Geschichte.

[1] In der Histoire des conclaves I, 251 heißt es: Les Espagnols vouloient rétablir leur réputation. Doch ist das nur falsch übersetzt. In dem MS., welches die Grundlage dieses Buches ist: Conclave di Innocenzio IX (Informationi polit.), heißt es: per non perder la racquistata autorità, was der Lage der Sachen wirklich entspricht.

[2] Nach Davila, Historia delle guerre civili di Francia XII, p. 763 sollte es scheinen, als sei Innozenz nicht so ganz für die Ligue gewesen; allein das angeführte Schreiben (bei Cayet p. 356) hebt alle Zweifel.

Wahl und Natur Clemens' VIII.

Den Spaniern war es in dem glücklichen Fortgange ihrer Interessen zu Rom während des letzten Jahres zuletzt auch gelungen, Montalto zu gewinnen. Das Haus dieses Nepoten hatte sich in dem Neapolitanischen angekauft. Indem Montalto zusagte, sich dem Willen des Königs nicht mehr zu widersetzen, versprach ihm dagegen der König, nicht alle Kreaturen Sixtus' V. geradehin auszuschließen. So waren sie verbündet, und die Spanier zögerten nicht länger, den Mann auf die Wahl zu bringen, von dem sie sich die tätigste Mitwirkung zu dem französischen Kriege versprechen konnten.

Von allen Kardinälen konnte Santorio, mit dem Titel Sanseverina, als der eifrigste angesehen werden. Schon in seiner Jugend hatte er zu Neapel manchen Kampf mit den dortigen Protestanten durchgemacht; in seiner Autobiographie, welche handschriftlich übrig ist, bezeichnet er die Bluthochzeit als „den berühmten Tag des hl. Bartholomäus, hoch erfreulich den Katholischen"[1]; immer hatte er sich zu den heftigsten Meinungen bekannt; er war das leitende Mitglied der Kongregation für die französischen Angelegenheiten, seit lange die Seele der Inquisition, noch gesund und in ziemlich frischem Alter.

Diesen Mann wünschten die Spanier mit der höchsten geistlichen Würde zu bekleiden; einen ergebeneren hätten sie nicht finden können. Noch Olivarez hatte alles vorbereitet[2]; es schien kein Zweifel übrigzubleiben; von 52 Stimmen hatte man 36 bejahende, eben genug, um die Wahl zu entscheiden, wozu immer zwei Dritteile der Stimmen erforderlich sind. Und so schritt man gleich den ersten Morgen, nachdem das Konklave geschlossen worden, zu dem Wahlaktus. Montalto und Madrucci, die Häupter der vereinten Faktionen, holten Sanseverina aus seiner Zelle ab, die, wie es bei der Zelle der Erwählten Gebrauch ist, von den Dienern sogleich spoliiert wurde; 36 Kardinäle begaben sich mit ihm nach der Capella Paolina; schon

[1] Er spricht von einem „giusto sdegno del re Carlo IX di gloriosa memoria in quel celebre giorno di S. Bartolommeo lietissimo a' cattolici".

[2] Conclave di Clemente VIII. MS. Il conte di Olivarez, fidele et inseparabile amico di S. Severina, aveva prima di partire di Roma per il governo di Sicilia tutto preordinato.

bat man ihn um Gnade für seine Gegner; er erklärte, er wolle allen vergeben und sich zum ersten Zeichen seiner Gesinnung Clemens nennen; Völker und Reiche wurden ihm empfohlen.

Indessen hatte man bei diesem Vorschlag einen Umstand aus der Acht gelassen. Sanseverina galt für so streng, daß jedermann ihn fürchtete.

Dadurch war es schon geschehen, daß viele nicht hatten gewonnen werden können, jüngere Kardinäle, alte persönliche Gegner; sie versammelten sich in der Capella Sistina; es waren ihrer zwar, als sie sich beisammensahen, nur sechzehn – es fehlte ihnen an einer Stimme, um die Exklusion zu geben, und schon machten mehrere Miene, sich dem Geschick zu unterwerfen und Sanseverina anzuerkennen –, jedoch hatte der erfahrene Altemps so vielen Einfluß auf sie, daß sie noch standhielten. Sie trauten ihm zu, daß er die Sachen besser übersehe als sie selbst.

Und in der Tat wirkte die nämliche Abneigung auch auf diejenigen, die Sanseverina ihr Wort gegeben; gar manche unter ihnen verwarfen ihn im Herzen. Dem Wunsche des Königs und Montaltos hatten sie sich bequemt; doch erwarteten sie nur eine Gelegenheit, um abtrünnig zu werden. Bei dem Eintritt in die Wahlkapelle zeigte sich eine Unruhe, eine Bewegung, die bei einem entschiedenen Falle ganz ungewöhnlich war. Man machte einen Anfang, die Stimmen zu zählen; man schien damit nicht zustande kommen zu wollen; die eigenen Landsleute Sanseverinas legten ihm Hindernisse in den Weg[1]. Es fehlte nur jemand, der dem Gedanken, den so viele hegten, Bahn bräche. Endlich faßte sich Ascanio Colonna das Herz, dies zu tun. Er gehörte zu den römischen Baronen, welche vor allem die inquisitorische Härte Sanseverinas fürchteten. Er rief aus: „Ich sehe, Gott will Sanseverina nicht; auch Ascanio Colonna will ihn nicht.“ Er verließ die Paolina und begab sich zu den Gegnern in der Sistina.

Hiermit hatten diese gewonnen. Es ward ein geheimes Skrutinium beliebt. Es gab einige, die es nie gewagt hätten, öffentlich und laut ihre bereits zugesagte Stimme zurückzuziehen, die das aber wohl insgeheim taten, sobald sie nur wußten, daß ihre Namen verschwiegen bleiben würden. Als die Zettel eröffnet wurden, fanden sich nur 30 Stimmen für den Vorgeschlagenen.

[1] Wir haben hierüber außer den Berichten in gedruckten und handschriftlichen Konklaven auch die Erzählung Sanseverinas selbst, die ich in den Anhang aufnehmen will.

Seiner Sache gewiß, war Sanseverina gekommen; die Fülle der geistlichen Gewalt, die er so hoch anschlug, die er so oft verfochten, glaubte er schon im Besitz zu haben; zwischen der Erfüllung seiner höchsten Wünsche und der Zukunft eines immerwährenden Gefühls von Zurücksetzung, zwischen Herr sein und gehorchen müssen, hatte er sieben Stunden zugebracht wie zwischen Leben und Tod; endlich war es entschieden; seiner Hoffnung beraubt, ging er in die spoliierte Zelle zurück. „Die nächste Nacht", sagt er in jener Lebensbeschreibung, „war mir schmerzvoller als je ein unglücklicher Augenblick, den ich erlebt habe. Die schwere Betrübnis meiner Seele und die innerliche Angst preßten mir, unglaublich zu sagen, blutigen Schweiß aus."

Er kannte die Natur eines Konklaves genugsam, um sich weiter keine Hoffnung zu machen. Seine Freunde haben ihn später noch einmal auf die Wahl gebracht; aber es war nur ein hoffnungsloser Versuch.

Auch die Spanier selbst hatten hiermit verloren. Der König hatte fünf Namen genannt; keiner von allen konnte durchgesetzt werden. Man mußte endlich zu dem sechsten schreiten, der von den Spaniern als überzählig bezeichnet worden war.

Mehr seinem Verbündeten Montalto zu Gefallen als aus eigener Bewegung hatte nämlich der König auch noch Kardinal Aldobrandini genannt, eine Kreatur Sixtus' V., den er vor dem Jahre selbst ausgeschlossen hatte. Auf diesen kam man jetzt als den einzig möglichen zurück. Er war, wie man denken kann, Montalto erwünscht; die Spanier konnten, weil er doch mit genannt worden, nichts gegen ihn sagen; auch den übrigen war er nicht unwillkommen, im allgemeinen beliebt; so ward er denn ohne vielen Widerstand gewählt, 20. Januar 1592. Er nannte sich Clemens VIII.

Es ist immer sonderbar, wie es hierbei den Spaniern ging. Sie hatten Montalto auf ihre Seite gebracht, um einen von den Ihrigen durchzusetzen; eben diese Verbindung bewirkte jedoch, daß sie selbst dazu helfen mußten, einen Freund Montaltos, eine Kreatur Sixtus' V., auf den Thron zu bringen.

Wir bemerken, daß hiermit in dem Gange der Papstwahlen eine Veränderung eintrat, die wir nicht als unbedeutend betrachten dürfen. Seit langer Zeit waren immer Männer von entgegengesetzten Faktionen einander nachgefolgt. Auch jetzt war wohl dasselbe geschehen: dreimal hatten die Geschöpfe Sixtus' V. zurückstehen müssen; aber die Gewählten hatten doch nur eine sehr vorübergehende Macht genossen und keine neue starke Faktion bilden können; Todesfälle, Leichenzüge, neue Konklaven waren aufeinander gefolgt. Der erste, der den Stuhl wieder mit voller Lebenskraft bestieg, war Clemens VIII. Es folgte eine Regierung der nämlichen Partei, welche zuletzt länger geherrscht hatte.

Die allgemeine Aufmerksamkeit war nun darauf gerichtet, wer der neue Gewalthaber sei, was sich von ihm erwarten lasse.

Clemens VIII. war im Exil geboren. Sein Vater Salvestro Aldobrandino, von angesehenem florentinischem Geschlecht, aber ein lebhafter und tätiger Gegner der Medici, war bei dem endlichen Siege dieses Hauses im Jahre 1531 vertrieben worden und hatte sein Fortkommen im Auslande suchen müssen[1]. Er war Doktor der Rechte und hatte früher einmal zu Pisa Vorlesungen gehalten; nach seiner Verjagung finden wir ihn bald in Venedig, wo er an der Verbesserung des venezianischen Statutes Anteil hat oder eine Ausgabe der Institutionen besorgt, bald in Ferrara oder Urbino im Rate und Gericht der Herzoge, am längsten in Diensten bald des einen, bald des anderen Kardinals und an deren Stelle mit der Rechtspflege und der Verwaltung in irgendeiner kirchlichen Stadt beauftragt. Am meisten vielleicht zeichnet es ihn aus, daß er bei diesem unsteten Leben fünf vortreffliche Söhne zu erziehen wußte. Der geistreichste von ihnen mag der älteste, Johann, gewesen sein, den man den Wagenlenker des Hauses nannte; er brach die Bahn, und auf dem Wege juridischer Würden stieg er im Jahre 1570 zum Kardinalat; wäre er länger am Leben geblieben, so würde er, glaubt man, Hoffnung zur Tiara gehabt haben. Bernardo erwarb sich im Waffenhandwerk Ansehen; Tommaso war ein guter Philolog: die Übersetzung, die er von Diogenes Laertius verfaßt hat, ist öfter abgedruckt worden; Pietro galt für einen ausgezeichneten praktischen Juristen. Der jüngste, Ippolito, im Jahre 1536 zu Fano geboren[2], machte dem Vater anfangs einige

[1] Varchi, Storia Fiorentina III, 42. 61. Mazzuchelli, Scrittori d'Italia I, I, p. 392, hat wie gewöhnlich einen sehr fleißigen und belehrenden Artikel bei diesem Namen; vollständig aber ist er nicht. Unter anderem fehlt sogleich seine venezianische Tätigkeit, mit deren Erwähnung Joh. Delfino seine Relation beginnt, so daß sich an der Sache nicht zweifeln läßt: Silvestro Aldobrandini ne' tempi della ribellione di Firenze cacciato da quella città se ne venne qui, riformò li nostri statuti e rivedde le leggi et ordini della republica.

[2] In dem libro di battesmo della parochia cattedrale di Fano heißt es: a dì *4 Marzo 1536 fu battezato* un putto di Mr Salvestro, che fu luogotenente qui: hebbe nome Ippolyto.

Sorgen; er fürchtete, ihm die Erziehung, deren sein Talent würdig war, nicht geben zu können. Aber zuerst nahm sich Kardinal Alessandro Farnese des Knaben an und bewilligte ihm eine jährliche Unterstützung aus den Einkünften seines Bistums Spoleto; dann beförderte ihn das aufkommende Glück seiner Brüder von selbst. Er gelangte bald in die Prälatur, hierauf in die Stelle seines ältesten Bruders in dem Gerichtshofe der Rota; Sixtus V. ernannte ihn zum Kardinal und übertrug ihm eine Sendung nach Polen. Durch diese kam er zuerst mit dem Hause Österreich in eine gewisse Verbindung. Das gesamte Haus sah es als einen Dienst an, daß der Kardinal, der sich dabei seiner Autorität mit Rücksicht und zum Ziele führender Klugheit bediente, den Erzherzog Maximilian aus der Gefangenschaft befreite, in der ihn die Polen hielten. Als sich Philipp II. entschloß, eine Kreatur Sixtus' V. als überzähligen Kandidaten zu nennen, so war dies der Grund, um dessentwillen er den Aldobrandino anderen vorzog. So gelangte der Sohn eines heimatlosen Flüchtlings, von dem man einen Augenblick gefürchtet hatte, er werde sein Leben lang Schreiberdienste verrichten müssen, zur höchsten Würde der katholischen Christenheit. Nicht ohne Genugtuung wird man in der Kirche della Minerva zu Rom das Denkmal betrachten, das Salvestro Aldobrandino dort der Mutter einer so herrlichen Schar von Söhnen errichtet hat: „Seiner teueren Frau Lesa aus dem Hause Deti, mit der er siebenunddreißig Jahre einträchtig gelebt".

Die ganze Tätigkeit nun, die einem aus mancherlei Not emporstrebenden Geschlechte eigen ist, brachte der neue Papst in sein Amt. Früh waren die Sitzungen, nachmittags die Audienzen[1]; alle Informationen wurden angenommen und durchgesehen, alle Ausfertigungen erst gelesen und besprochen, Rechtsgründe aufgesucht, frühere Fälle verglichen; nicht selten zeigte sich der Papst unterrichteter als die vortragenden Referendare; er arbeitete ebenso angestrengt wie früher, als er noch Auditor di Rota war; den Einzelheiten der inneren Staatsverwaltung, persönlichen Verhältnissen widmete er nicht minderen Anteil als der europäischen Politik oder den großen Interessen der geistlichen Macht. Man fragte, woran er wohl Gefallen finde; die Antwort war: an allem oder an nichts[2].

[1] Bentivoglio, Memorie I, p. 54, hat die ganze Ordnung einer Woche.
[2] Relatione al card[l] d'Este 1599. MS. Fosc.: er führe Kriege wie Julius II., er baue wie Sixtus V., er reformiere wie Pius V., er würze dabei seine

Dabei hätte er sich in seinen geistlichen Pflichten nicht die mindeste Nachlässigkeit zuschulden kommen lassen. Alle Abende empfing Baronius seine Beichte; alle Morgen zelebrierte er die Messe selber; mittags speisten, wenigstens in den ersten Jahren, immer zwölf Arme in einem Zimmer mit ihm, und an Freuden der Tafel war nicht zu denken; freitags und sonnabends ward überdies gefastet. Hatte er dann die ganze Woche gearbeitet, so war des Sonntags seine Erholung, sich einige fromme Mönche oder die Väter der Vallicella kommen zu lassen, um mit ihnen über tiefere geistliche Fragen zu sprechen. Der Ruf von Tugend, Frömmigkeit, exemplarischem Leben, den er schon immer genossen, vermehrte sich ihm bei dieser Art zu sein außerordentlich. Er wußte es und wollte es. Eben dieser Ruf erhöhte sein oberhirtliches Ansehen.

Denn in allen Stücken verfuhr dieser Papst mit selbstbewußter Bedachtsamkeit. Er arbeitete gern; er war eine von jenen Naturen, denen aus der Arbeit neue Kraft entspringt; aber er tat es doch nicht so leidenschaftlich, daß er nicht seinen Fleiß mit regelmäßiger Bewegung unterbrochen hätte[1]. So konnte er wohl auch auffahren, heftig, bitter werden; jedoch, wenn er sah, daß der andere zwar vor der Majestät des Papsttums schwieg, aber vielleicht in seinen Mienen Entgegnung und Mißbehagen ausdrückte, ging er in sich und suchte es wiedergutzumachen. Man sollte an ihm nichts wahrnehmen, als was sich ziemte, was mit der Idee eines guten, frommen und weisen Mannes übereinkam[2].

Frühere Päpste hatten wohl aller Gesetze überhoben zu sein ge-

Gespräche mit Witz. Dann kommt folgende Schilderung. Di complession flemmatico e sanguigno, ma con qualche mistura di colera, di corporatura carnoso e grasso, di costumi gravi e modesti, di maniera dolce et affabile, nel moto tardo, nelle attioni circonspetto, nell' esecutioni cuntatore: quando non risolve, premedita. – E tenace del secreto, cupo nei pensieri, industrioso nel tirarli al fine.

[1] Venier: Relatione di Roma 1601. La gotta molto meno che per l'inanzi li da molestia al presente, per la sua bona regola di viver, nel quale da certo tempo in qua procede con grandissima riserva e con notabile astinenza nel bere: che le giova anco moltissimo a non dar fomento alla rassezza, alla quale è molto inclinata la sua complessione, usando anco per questo di frequentare l'esercitio di caminar longamente sempre che senza sconcio de' negozi conosce di poterlo fare, ai quali nondimeno per la sua gran capacità supplisce.

[2] *Delfino:* Si va conoscendo certo che in tutte le cose si move S. Sà con gran zelo dell' onor di Dio e con gran desiderio del ben publico.

glaubt, die Verwaltung der höchsten Würde in Genuß zu verwandeln gesucht; der Geist der damaligen Zeit ließ das nicht mehr zu. Die Persönlichkeit mußte sich fügen, zurücktreten; das Amt war alles. Ohne ein der Idee desselben entsprechendes Betragen hätte man es weder erlangt noch verwalten können.

Es liegt am Tage, daß hiermit die Kraft des Institutes selber unendlich wuchs. Solange allein sind menschliche Institutionen überhaupt stark, als ihr Geist in den Lebenden wohnt, in den Inhabern der Gewalt, die sie schaffen, sich zugleich darstellt.

Absolution Heinrichs IV.

Und nun fragte es sich vor allem, wie dieser Papst, so voll von Talent, Tätigkeit und Kraft und übrigens ohne Tadel, die wichtigste Frage, die es in Europa gab, die französische, verstehen, behandeln würde.

Sollte er sich wie seine unmittelbaren Vorgänger unbedingt an Spanien anschließen? Er hatte dazu weder Verpflichtung in seinen bisherigen Verhältnissen noch auch Neigung. Es entging ihm nicht, daß die spanische Übermacht auch das Papsttum drücken und es besonders seiner politischen Unabhängigkeit berauben werde. Oder sollte er die Partei Heinrichs IV. ergreifen? Es ist wahr, dieser König machte Miene, katholisch zu werden. Aber ein solches Versprechen war leichter gegeben als ausgeführt; noch immer war er Protestant: Clemens VIII. hätte gefürchtet, betrogen zu werden. Wir sahen, wie Sixtus V. unentschieden zwischen diesen Möglichkeiten schwankte und wie große Mißverhältnisse sich daran knüpften. Noch war die zelotische Partei so stark wie jemals in Rom. Der neue Papst durfte sich ihrer Abneigung, ihrem Widerstande nicht aussetzen.

So umgaben ihn Schwierigkeiten auf allen Seiten. In ihrer Mitte hütete er sich wohl, sich in Worten bloßzugeben, die schlummernden Feindseligkeiten zu erwecken. Nur an seinen Taten, seinem Verfahren können wir nach und nach seine Gesinnung abnehmen.

Als er zur Gewalt kam, hatte der Päpstliche Stuhl einen Legaten in Frankreich, der für spanisch gesinnt galt, ein Heer, welches angewiesen war, Heinrich IV. zu bekämpfen; der Ligue wurden Subsidien gezahlt. Der neue Papst konnte daran nichts ändern.

Hätte er seine Subsidien einstellen, sein Heer zurückziehen, seinen Legaten abberufen wollen, so würde er den Ruf seiner Rechtgläubigkeit gefährdet, er würde sich herberen Bitterkeiten ausgesetzt haben, als Papst Sixtus erfahren hatte. Allein er war auch weit entfernt, diese Anstrengungen zu vermehren, ihnen einen neuen Schwung zu geben. Eher hat er nach und nach, bei günstiger Gelegenheit, einiges daran ermäßigt, eingeschränkt.

Gar bald aber sah er sich zu einem Schritte von unzweideutigerem Sinne aufgefordert.

Noch im Jahre 1592 schickte Heinrich IV. den Kardinal Gondi nach Italien mit dem Auftrage, sich auch nach Rom zu verfügen. Täglich mehr neigte sich der König zu dem Katholizismus; aber sein Sinn war, wie es scheint, sich mehr durch eine Art von Vertrag unter der Vermittlung von Toskana und Venedig mit der katholischen Kirche wieder zu vereinigen als durch Unterwerfung. – Und war nicht auch dies für den Papst sehr annehmlich? War nicht der Rücktritt des Königs allemal ein großer Gewinn, auf welche Art er auch geschehen mochte? Clemens hielt es dessenungeachtet für notwendig, nicht darauf einzugehen, Gondi nicht anzunehmen. Zu große Unannehmlichkeiten, überdies ohne allen Nutzen, hatte die Anwesenheit Luxemburgs für Sixtus V. zur Folge gehabt. Er schickte einen Mönch, Fra Franceschi, nach Florenz, wo der Kardinal bereits eingetroffen war, um demselben anzukündigen, daß er in Rom nicht angenommen werden könne. Es war dem Papste ganz recht, daß der Kardinal, daß selbst der Großherzog sich beklagte: er wünschte mit seiner Weigerung Aufsehen, Geräusch zu erregen. Dies ist jedoch nur die eine Seite der Sache. Den König verdrießlich zu machen, eine Annäherung zur Versöhnung ganz von sich zu weisen, konnte auch nicht die Meinung des Papstes sein. In den venezianischen Nachrichten findet sich, Fra Franceschi habe seiner offiziellen Ankündigung doch zugleich hinzugefügt: er glaube wohl, privatim und insgeheim werde der Kardinal angenommen werden[1]. Es scheint fast, als sei Gondi wirklich in Rom gewesen; der Papst soll ihm gesagt haben, er müsse mehr als einmal an seine Türe klopfen lassen. Wenigstens

[1] Dispaccio Donato 23 Ott. 1592 aus einer Relation, die dem florentinischen Gesandten Niccolini gemacht worden. Fra Franceschis Erklärung war: „che crede che il papa l'admetteria, ma che vuole levare li cattolici fuori di dubio et ogni ombra che admettendolo riceve ambasceria di Navara"

ist gewiß, daß ein Agent Gondis sich nach Rom begab und, nachdem er mehrere Konferenzen gehabt, dem venezianischen Gesandten erklärte, er habe, Gott sei Dank, alle Ursache, Hoffnung zu schöpfen, zufrieden zu sein[1]; mehr aber dürfe er nicht sagen. Mit einem Worte: der öffentlichen Ablehnung stand eine geheime Annäherung zur Seite. Clemens VIII. wollte weder die Spanier beleidigen, noch auch Heinrich IV. abstoßen. Auf beide Zwecke war sein Betragen berechnet.

Indem hatte sich schon eine neue, noch bei weitem wichtigere Frage herausgestellt.

Im Januar 1593 versammelten sich die Stände von Frankreich, insofern sie zur liguistischen Partei gehörten, um zur Wahl eines neuen Königs zu schreiten. Da der Grund zur Ausschließung Heinrichs IV. allein in der Religion lag, so hatte der päpstliche Legat eine ungewöhnliche Autorität. Es war noch Sega, Bischof von Piacenza, welchen Gregor XIV. erwählt hatte, ein Mann von der spanisch-kirchlichen Tendenz jener Regierung. Clemens hielt es für nötig, ihm eine besondere Instruktion zugehen zu lassen. In derselben ermahnt er ihn, darauf zu sehen, daß weder Gewalt noch Bestechung Einfluß auf die Stimmen bekomme; er beschwört ihn, in einer so wichtigen Sache sich vor aller Übereilung zu hüten[2]. Eine Anmahnung, die für einen Gesandten, welcher sich verpflichtet geglaubt hätte, die Winke seines Fürsten zu befolgen, nicht ohne Bedeutung gewesen sein würde, die sich aber doch viel zu sehr im allgemeinen hielt, als daß sie diesen geistlichen Herrn, der seine Beförderung mehr von Spanien als von dem Papst erwartete, von einer Partei hätte abziehen sollen, der er von jeher zugehört, die er für die rechtgläubige hielt. Der Kardinal Sega änderte darum sein Verfahren nicht im mindesten. Noch am 13. Juni 1593 erließ er eine Erklärung, in der er die Stände aufforderte, einen König zu wählen, der nicht allein ein wahrhafter Katholik, sondern auch entschlossen und geeignet sei, die Anstrengungen der Ketzer zu vernichten. Das sei die Sache, die Seine Heiligkeit in der Welt am meisten wünsche[3].

[1] Ibid. „dopo aver lassato sfogar il primo moto della alteration di S. Beat".
[2] Einen Auszug aus dieser Instruktion hat Davila XIII, p. 810.
[3] „qu'il ait le courage et les autres vertus requises pour pouvoir heureusement réprimer et anéantir du tout les efforts et mauvais desseins des hérétiques. C'est la chose du monde que plus S. S. presse et désire." (Bei Cayet 58, 350.)

Nach wie vor erscheint Papst Clemens in seiner allgemeinen Haltung und seinen offiziellen Kundgebungen als das Haupt der kirchlich-spanischen, streng orthodoxen Partei. Er handelt zwar nicht mit jener Leidenschaft und Hingebung, welche anderen Päpsten eigen gewesen war; sind diese Eigenschaften überhaupt in ihm, so sind sie doch nur im Verborgenen wirksam; es ist ihm genug, ruhig und ohne Tadel, wie es die Ordnung des Geschäfts erfordert, auf der Seite auszuharren, welche einmal ergriffen ist und mit der Idee seines Amtes die meiste Analogie hat. Nur das läßt sich bemerken, daß er auch die andere Partei nicht ganz von sich stößt, sie nicht zu entschiedener Feindseligkeit bringen möchte. Mit geheimer Näherung, indirekten Äußerungen hält er sie in der Aussicht einstiger Versöhnung: er tut den Spaniern genug; doch dürfen die Gegner sich überreden, daß seine Handlungen nicht ganz frei, daß sie eben hauptsächlich aus Rücksicht auf die Spanier so und nicht anders seien. In Sixtus waren es entgegengesetzte Gemütsbewegungen, was ihn zuletzt an entschlossenem Eingreifen verhinderte; in Clemens ist es Rücksicht nach beiden Seiten, Klugheit, welterfahrene, Feindseligkeiten vermeidende Zirkumspektion. Aber allerdings erfolgt, daß auch er keinen entscheidenden Einfluß ausübt.

Um so mehr sich selbst überlassen, entwickelten sich die französischen Angelegenheiten nach ihren eigenen inneren Trieben.

Das Wichtigste war, daß sich die Häupter der Ligue entzweiten. Die Sechzehn schlossen sich eng an Spanien; Mayenne verfolgte Zwecke eines persönlichen Ehrgeizes. Die Sechzehn wurden um so eifriger: sie schritten zu den grausamsten Attentaten gegen ihre vermeinten oder wahrhaften Abtrünnigen, z. B. der Ermordung des Präsidenten Brisson; Mayenne hielt für gut, sie dafür zu züchtigen und ihre wildesten Anführer hinrichten zu lassen. Von diesem Zwiespalt begünstigt, erhob sich, schon seit dem Anfange des Jahres 1592, eine zwar katholische, aber den bisherigen Bestrebungen der Ligue, vor allem den Sechzehn und den Spaniern entgegengesetzte, politisch und kirchlich gemäßigte Gesinnung auch in Paris. Es ward eine Verbindung geschlossen, nicht viel anders als die Ligue selbst, welche sich zum Ziele setzte, vor allem die Ämter der Stadt in die Hände gemäßigter, einverstandener Männer zu bringen, und dies im Laufe jenes Jahres ziemlich durchführte[1].

[1] *Cayet lib. IV (tom. 58, p. 5)* teilt die Propositionen mit, die in der ersten Versammlung gemacht wurden.

Und da nun die Spanier mit ihrem Vorschlage, die Infantin Isabella, Enkelin Heinrichs II., als die Erbin der Krone anzuerkennen, auch das Nationalgefühl der Franzosen verletzten, so fanden die spanisch-liguistischen Tendenzen allmählich wieder nachhaltigen Widerstand. Während die wilden Prediger noch jedermann für exkommuniziert erklärten, der nur von Frieden mit dem Ketzer, auch wenn er zur Messe gehe, reden würde, erneuerte das Parlament die Erinnerung an die Grundgesetze des Landes, durch welche fremde Prinzen von dem Throne ausgeschlossen seien; es ließ sich nicht verkennen, daß diese ganze Partei, die man die politische nannte, nur die Bekehrung Heinrichs IV. erwartete, um sich ihm zu unterwerfen.

Welcher Unterschied war dann noch zwischen ihnen und den katholischen Royalisten in dem Lager Heinrichs IV.? Der einzige, daß jene vor ihrer Unterwerfung einen Schritt getan sehen wollten, den diese abwarten zu können geglaubt hatten. Denn darin waren auch die katholischen Royalisten einmütig, daß der König zu ihrer Kirche zurückkehren müsse, obwohl sie sein Recht, seine Legitimität nicht davon abhängig machten. Vielleicht auch aus Widerwillen gegen die Protestanten in der Umgebung des Königs drangen sie immer ernstlicher darauf; die Prinzen von Geblüt, die angesehensten Staatsmänner, der größte Teil des Hofes vereinigten sich zu jenem Tiers-parti, dessen unterscheidender Charakter in dieser Forderung lag[1].

Sobald die Sachen diese Gestalt angenommen hatten, sah jedermann, und die Protestanten selbst leugneten es nicht, daß Heinrich, wenn er König sein wolle, katholisch sein müsse. Es ist nicht nötig, die Ansprüche derjenigen zu untersuchen, die den letzten Anstoß dazu gegeben zu haben behaupten. Das meiste tat die große Kombination, die Notwendigkeit der Dinge[2]. Indem Heinrich jetzt den Akt vollzog, durch welchen er zum Katholizismus übertrat, gesellte er sich jener national-französischen katholischen Gesinnung zu, welche sich im Tiers-parti und der politischen Partei darstellte und welche jetzt die Aussicht hatte, die Herrschaft in Frankreich zu behaupten.

Es war dies aber im Grund doch nur eben jene katholische Oppo-

[1] So wird er bei Sully geschildert V, 249.

[2] Daß Heinrich im April 1593 dazu entschlossen war, beweist sein Schreiben an den Großherzog von Toskana vom 26. d. M. Galluzzi, Istoria del granducato, tom. V, p. 160

sition, die sich den kirchlich-spanischen Unternehmungen gegenüber um die Fahne der Legitimität und der nationalen Unabhängigkeit gesammelt hatte. Wie gewaltig war sie nun in Macht und Ansehen gewachsen! In der Meinung des Landes hatte sie ohne Zweifel das Übergewicht: über ganz Frankreich hin bekannte man sich, wenn nicht offen, doch insgeheim zu ihr; durch den Übertritt des Fürsten bekam sie jetzt eine feste innere Haltung, eines Fürsten, der überdies so kriegerisch, mutig und siegreich war. So gewachsen, erschien sie aufs neue vor dem Papst und bat ihn um seine Anerkennung, seinen Segen. Welch ein Ruhm, welch eine Wirksamkeit, wenn er sich nun wenigstens unumwunden für sie erklärte! Noch kam so viel darauf an. Die Prälaten selbst, welche den König in den Schoß der Kirche aufgenommen, hatten dies doch nur mit Vorbehalt einer päpstlichen Absolution getan[1]. Auf diese provozierten die mächtigsten Mitglieder der Ligue, mit denen der König Unterhandlungen eröffnete[2]. Obwohl Versprechungen nicht immer gehalten werden, so läßt sich doch nicht zweifeln, daß die Absolution, in diesem Momente vom Papst erteilt, in den Gang der Angelegenheiten mächtig eingegriffen haben würde. Heinrich IV. sandte einen Großen des Reiches, den Herzog von Nevers, ihn darum zu ersuchen. Es ward ein Stillstand geschlossen, um die Antwort abzuwarten.

Der Papst war mißtrauisch und bedenklich. Wie die Hoffnungen religiösen Ehrgeizes Sixtus V. entflammt, so hielt die Besorgnis, betrogen zu werden, Unannehmlichkeiten zu erleben, Clemens VIII. zurück. Er meinte noch immer, Heinrich IV. werde zuletzt vielleicht wieder zum Protestantismus zurückkehren, wie er es schon einmal getan; er erklärte, er würde nicht glauben, daß der König gut bekehrt sei, wenn nicht ein Engel vom Himmel komme und es ihm ins Ohr sage. Er sah um sich her und fand den größten Teil der Kurie noch immer den Franzosen abgeneigt; von Zeit zu Zeit erschien noch eine Flugschrift, in der man die Behauptung wiederholte, Heinrich IV. könne als ein Haereticus relapsus selbst nicht einmal von dem Papste losgesprochen werden; den Spaniern, die an der Spitze dieser Meinung standen, fühlte

[1] Messieurs du clergé luy avoient donné l'absolution à la charge qu'il envoyeroit vers sa Sté la requérir d'approuver ce qu'ils avoient fait. Cayet 58, *390*.

[2] Villeroy, Mémoires. Coll. univ. 62, 186.

Clemens noch immer keinen Mut entgegenzutreten[1]. Und war nicht die Partei, die ihn um seine Gnade ersuchte, doch in der Tat im Gegensatz gegen die Ansprüche der Römischen Kirche begriffen? „die Ungetreuen der Krone und der Kirche", wie er sich ausdrückte, „Bastarde, Kinder der Magd und nicht der Hausfrau, während die Liguisten sich als echte Söhne ausgewiesen?"[2] Gewiß, es hätte auch diesseits noch immer ein Entschluß dazu gehört, ihre Bitte zu gewähren; Clemens konnte sich noch nicht dazu ermannen[3]. Nevers trat in Rom mit dem doppelten Selbstgefühl eines hohen Ranges und der Bedeutung seiner Mission auf; er zweifelte nicht, daß er mit Freuden werde angenommen werden; in diesem Sinne drückte er sich aus; in demselben Tone war auch das Schreiben des Königs abgefaßt, das er mitbrachte. Der Papst fand, es laute, als sei der König nicht allein lange katholisch, sondern als komme er wie ein zweiter Karl der Große von einem Siege über die Feinde der Kirche zurück. Nevers erstaunte ganz, wie kalt er empfangen ward, wie wenig er mit seinen Anträgen Gehör fand. Da alles vergeblich war, fragte er endlich den Papst, was der König tun solle, um die Gnade Seiner Heiligkeit zu verdienen. Der Papst entgegnete: es gebe in Frankreich Theologen genug, um es ihm anzugeben. „Wird aber Eure Heiligkeit damit zufrieden sein, was die Theologen sagen?" Der Papst weigerte sich, darauf zu antworten. Nicht einmal als Botschafter Heinrichs wollte er ihn betrachten, sondern nur als Louis Gonzaga, Herzog von Nevers; alles, was zwischen ihnen gesprochen worden, wollte er nicht als eine amtliche Unterhandlung, sondern nur als ein privates Zwiegespräch angesehen wissen; er war nicht dazu zu bringen, eine schriftliche Resolution von sich zu geben. „Es bleibt mir nichts übrig", sagte Nevers dem Kardinal Toledo, der ihm diese Willensmeinung des Papstes hinterbrachte, „als das Unglück zu

[1] Les intimidations qui furent faites au pape Clemens VIII par le duc de Sessa: doch nicht sehr authentisch und vorlängst in den Mémoires de m^r le duc de Nevers II, p. 716 gedruckt, in Capefigue, Histoire de la réforme, tom. VII, jedoch als etwas Neues mitgeteilt.

[2] Disp. 20 Aug. 1593. Nachricht von der Bekehrung Heinrichs. Il papa non s'era per tali avisi molte alterato e tuttavia restava con l'animo molto involto nelli suoi soliti dubbj e perplessità. Dem venezianischen Gesandten sagt er, Heinrich sei und bleibe ein Haereticus relapsus; man könne auf seine Änderung sich nicht verlassen.

[3] Relatio dictorum a Clemente papa VIII die 28 Dec. 1593 in consistorio. Mém. de Nevers II, p. 638.

beklagen, das die Wut der Soldaten bei wieder ausbrechendem Kriege über Frankreich bringen wird." Der Kardinal sagte kein Wort; er lächelte. Nevers verließ Rom und machte seinem Unmut in bitteren Relationen Luft[1].

Der Mensch hat in der Regel nur Gefühl für seine persönliche Stellung. Die römische Kurie weiß nur, was ihr selber frommt: eine wahre Teilnahme an dem Schicksale von Frankreich finden wir nicht bei ihr.

Zwar kennen wir diesen Papst genug, um zu glauben, daß er die Anhänger Heinrichs nicht ganz von sich gestoßen haben wird, jetzt noch viel weniger als früher, da sie um so vieles mächtiger waren. Einem geheimen Agenten gab er vielmehr die Versicherung, der König möge sich nur erst vollkommen katholisch zeigen, dann werde es an einer Absolution nicht fehlen. Es bezeichnet ihn, daß er, der öffentlich so entschieden ablehnte, an der Rückkehr des Königs zum katholischen Glauben Anteil zu nehmen, den Großherzog von Toskana insgeheim wissen ließ, bei alledem könne er nichts dagegen haben, was der Klerus in Frankreich tun wolle. Auch jetzt mußte der Großherzog den Oberhäuptern der katholischen Royalisten begütigende Erklärungen des Papstes mitteilen[2]. Aber mit alledem sorgte er eigentlich nur für seine eigene Zukunft; in Frankreich gingen deshalb doch die Dinge, wie sie konnten.

Der Stillstand war abgelaufen; das Schwert ward wieder gezogen: es kam nochmals auf das Kriegsglück an.

Jetzt aber entschied sich die Überlegenheit Heinrichs IV. auf der Stelle. Den Befehlshabern fehlte die Sicherheit der Überzeugung, die ihnen früher eine so starke Haltung gegeben hatte: die Lehren der Politiker, der Übertritt des Königs, der gute Fortgang seines Glückes hatten sie alle in ihrem Herzen erschüttert. Einer nach dem anderen ging über, ohne auf den Mangel der päpstlichen Absolution zu achten. Der Befehlshaber in Meaux, dem die Spanier die Besoldung seiner Truppen nicht mehr zahlten, namens Vitri, machte den Anfang; in Orleans, Bourges, Rouen folgte man nach.

[1] Zwei Schriften, aber fast durchaus des nämlichen Inhalts: Discours de ce que fit mr de Nevers à son voyage de Rome en l'année 1593 und Discours de la légation de mr le duc de Nevers, beide im zweiten Bande der angeführten Memoiren von Nevers, die erste ziemlich wörtlich bei Cayet. Auszüge bei Thuanus, Davila und neuerdings, gleich als aus *unbekannten Akten* gezogen, bei Capefigue.

[2] Davila lib. XIV, p. 939.

Noch kam das meiste darauf an, was in Paris geschehen würde. Hier hatte die politische, national-französische Gesinnung nach manchen Schwankungen völlig das Übergewicht bekommen, die besten Familien an sich gezogen und die wichtigsten Stellen aus ihrer Mitte besetzt. Die bewaffnete Bürgerschaft ward bereits in ihrem Sinne befehligt: so ward Hôtel de Ville regiert: Prévôt des Marchands und Echevins gehörten bis auf einen einzigen dieser Meinung an. Unter diesen Umständen konnte die Rückkehr des Königs keine Schwierigkeit mehr haben. Am 22. März 1594 fand sie statt. Heinrich IV. erstaunte, sich von dem Volke, das ihm so lange Widerstand entgegengesetzt, mit so vollem freudigem Lebehoch begrüßt zu sehen; er glaubte abnehmen zu dürfen, daß es bisher unter tyrannischer Herrschaft gestanden; aber so ganz ist dies doch nicht wahr: die Gesinnung der Ligue hatte wirklich die Gemüter beherrscht; jetzt aber war eine andere an ihre Stelle getreten. Die Rückkehr des Königs war hauptsächlich ein Sieg der politischen Meinung. Die Liguisten erfuhren nun eine Verfolgung, wie sie selber so oft verhängt hatten. Mit den spanischen Truppen verließen so einflußreiche Anstifter und Oberhäupter wie der gewaltige Boucher die Stadt; mehr als hundert andere, die man für die gefährlichsten hielt, wurden förmlich verwiesen. Alle Gewalten, das gesamte Volk leistete den Eid der Treue; auch die Sorbonne, deren halsstarrigste Mitglieder, der Rektor der Universität selbst, unter den Verwiesenen waren, unterwarf sich der zur Herrschaft gelangten Lehre. Wie so ganz anders lauteten nun ihre Beschlüsse als im Jahre 1589! Jetzt erkannte auch die Sorbonne an, daß alle Gewalt von Gott stamme, daß jeder, der sich dem König widersetze, Gott widerstehe und in Verdammung falle, nach Römer 13. Sie verwarf die Meinung, daß man einem Könige den Gehorsam versagen könne, weil er von dem Papste noch nicht anerkannt sei, als eine Ausstreuung bösgesinnter und übelberatener Leute. Jetzt schwuren die Mitglieder der Universität sämtlich, Rektor, Dekane, Theologen, Dekretisten, Mediziner, Artisten, Mönche und Konventuale, Schüler und Beamte, Heinrich IV. Treue und Gehorsam und verpflichteten sich, ihr Blut für ihn zu verspritzen. Ja, was mehr ist, auf den Grund dieser ihrer neuen Rechtgläubigkeit begann die Universität sofort einen Feldzug gegen die Jesuiten. Sie machte denselben ihre aufrührerischen Grundsätze, die sie freilich früher selbst geteilt hatte, und ihre spanische Gesinnung zum Vorwurfe. Eine Zeitlang verteidigten sich die Jesuiten nicht ohne Erfolg. Da aber noch in demselben Jahre ein Mensch, der ihre Schulen besucht, Jean Chastel[1], einen Mordversuch auf den König unternahm und in seinem Verhöre bekannte, von den Jesuiten oftmals gehört zu haben, daß man einen König töten dürfe, der mit der Kirche nicht versöhnt sei, so konnten sie dem allgemeinen Sukzeß der Partei, die sie immer bekämpft hatten, nicht länger widerstehen: kaum ward das Volk abgehalten, ihr Kollegium zu stürmen; endlich wurden alle Mitglieder des Ordens als Verführer der Jugend, Störer der öffentlichen Ruhe, Feinde des Königs und des Staates verurteilt, das Reich binnen 14 Tagen zu räumen[2]. So nahm die Meinung, welche sich als Opposition in geringen Anfängen festgesetzt hatte, Paris und allmählich das Reich ein und trieb ihre Gegner von dem Kampfplatze. Allenthalben vollzogen sich ähnliche Bewegungen; täglich erfolgten neue Unterwerfungen. Der König war zu Chartres gekrönt und gesalbt worden; auf allen Kanzeln ward für ihn gebetet; die Mönchsorden erkannten ihn an; er übte die kirchlichen Berechtigungen der Krone, die so bedeutend sind, ohne Widerspruch aus. Er zeigte sich hierbei gut katholisch: wo der Ritus dieser Kirche in den letzten Unruhen abgekommen war, suchte er ihn herzustellen; wo sich derselbe in ausschließender Übung behauptet hatte, bestätigte er ihm dieses Recht in feierlichen Privilegien. Alles das tat er, ohne noch mit dem Papste versöhnt zu sein.

Für diesen ward es aber nun selbst zu einer dringenden Notwendigkeit, auf die Aussöhnung zu denken[3]. Hätte er sich länger geweigert, so würde ein Schisma, eine faktisch getrennte französische Kirche haben entstehen können.

Zwar setzten sich die Spanier noch immer dagegen. Sie behaup-

[1] Juvencius, partis V lib. XII, n. 13, gibt folgende Schilderung des Verbrechers: Indoles iuveni tristis ac tetrica, mores improbi, mens anxia recordatione criminum atque unius potissimum, quod matrem aliquando verberasset. – Conscientia criminum ultrix mentem efferatam diro vexare pergebat metu: quem ut leniret, immane parricidium impos mentis an potius erebi furiis incitatus designat, quo tanquam de religione ac regno bene meritus peccatorum veniam facilius, ut demens reputabat, consequeretur.

[2] Annuae literae societatis Jesu 1596, p. 350. „Tanta superat adhuc praeteriti naufragii fluctuatio, ut nondum tabulas omnes atque armamenta disiecta collegerimus."

[3] *Erst 5. Nov. 1594* findet der venezianische Gesandte den Papst in französischen Angelegenheiten „meglio inclinato che nel passato"

teten, Heinrich sei schlechterdings nicht wahrhaft bekehrt: ein Schisma sei erst recht zu fürchten, wenn er die Absolution empfangen habe[1]; schon gaben sie die Gelegenheiten an, bei denen es ausbrechen müsse. Für den Papst gehörte noch immer Entschluß dazu, sich im Widerspruch mit denen, deren Macht ihn umgab, die eine große Partei in der Kurie hatten, von einer Meinung zu trennen, die für orthodox gegolten, für welche seine Vorfahren ihre geistlichen und weltlichen Waffen so oft in Bewegung gesetzt, die er doch auch selbst mehrere Jahre gebilligt hatte; allein er sah ein, daß jeder Aufschub verderblich werden müsse, daß er von der anderen Seite nichts mehr erwarten dürfe; er fühlte, daß die in Frankreich emporgekommene Gewalt, wenn sie auch in geistlichen Dingen einen gewissen Gegensatz gegen die strengen Doktrinen bilde, doch in den weltlichen eine offenbare Sympathie mit den römischen Interessen habe; vielleicht ließ sich jener noch beseitigen und diese sich um so besser benutzen: genug, jetzt zeigte sich Clemens bereitwillig, sowie das erste Wort an ihn gerichtet wurde. Wir haben die Berichte des französischen Bevollmächtigten d'Ossat über seine Unterhandlungen: sie sind angenehm, unterrichtend, lesenswürdig; aber ich finde nicht, daß er große Schwierigkeiten zu überwinden gehabt hätte; es wäre unnütz, seine Schritte im einzelnen zu begleiten: die allgemeine Lage der Dinge hatte den Papst schon bestimmt[2]. Es kam nur darauf an, daß der König dagegen auch dem Papst einige Forderungen bewilligte. Die Ungünstigen hätten diese gern so hoch als möglich gesteigert: denn der größten Sicherheiten bedürfe die Kirche in diesem Falle; der Papst blieb bei erträglicheren stehen. Er forderte besonders die Herstellung des Katholizismus in Béarn, die Einführung des Konziliums von Trient, soweit es mit den Gesetzen des Landes vereinbar sei, genaue Beobachtung des Konkordates, die Erziehung des präsumtiven Thronerben, des Prinzen Condé, im katholischen Glauben. Auch für den König blieb es noch allemal sehr wünschenswert, sich mit dem Römischen Stuhle zu versöhnen. Seine Macht beruhte auf seinem Übertritt zum Katholizismus: erst durch die Absolution des Papstes erhielt dieser Akt vollständige Beglaubigung; wiewohl bei weitem die meisten sich

[1] Ossat à mr de Villeroy, Rome 6 Dec. 1594. Lettres d'Ossat I, 53.

[2] Die wichtigsten, hauptsächlich doktrinellen Fragen, welche zur Sprache kamen, habe ich in meiner Französischen Geschichte II, 19 (S. W. IX, 15) erörtert.

gefügt, so gab es doch immer noch einige, die den Mangel derselben als den Grund ihres fortgesetzten Widerstandes geltend machten[1]. Heinrich IV. ging ohne viel Schwierigkeit auf jene Bedingungen ein, zumal da der Papst sich eine Klausel gefallen ließ, nach welcher die Ausführung der ihm gegebenen Zusagen nicht so weit getrieben werden sollte, um den Frieden des Reiches dadurch zu stören: ihm selbst lag am Herzen, sich gut katholisch zu zeigen. Wie viel mächtiger er jetzt auch war als bei der Mission des Herzogs von Nevers, so lautete doch das Schreiben, in welchem er nunmehr den Papst um seine Absolution ersuchte, um vieles demütiger und unterwürfiger als damals. „Der König", heißt es darin[2], „kehrt zu den Füßen Eurer Heiligkeit zurück und fleht sie in aller Demut bei den Eingeweiden unsers Herrn Jesu Christi an, ihm ihren heiligen Segen und ihre höchste Absolution verleihen zu wollen." Der Papst fühlte sich vollkommen befriedigt[3]. Es war nur noch übrig, daß auch das Kollegium der Kardinäle sich einverstanden erklärte. Der Papst wollte es doch nicht auf ein regelmäßiges Konsistorium ankommen lassen: leicht hätte die Konsequenz bisheriger Beschlüsse ein unbequemes Resultat herbeiführen können; er lud die Kardinäle ein, ihm in besonderen Audienzen ihre Meinung einzeln zu eröffnen, eine Auskunft, die in ähnlichen Fällen schon öfter beliebt worden war. Als er alle vernommen, erklärte er, zwei Drittel der Stimmen seien für die Absolution.

[1] du Perron au roi 6 Nov. 1595: „De toucher icy, combien l'authorité et la faveur de ce siége estant entre vos mains vous peut servir d'un utile instrument non seulement pour remettre et conserver vos sujets en paix et en obéissance, mais aussi pour vous préparer toutes sortes de grandeurs hors de vostre royaume, et à tout le moins pour tenir vos ennemis en quelque crainte et devoir par l'appréhension de la mesme authorité dont ils se sont aydez pour troubler vos estats et vos peuples, ce seroit un discours superflu." Les ambassades du cardinal du Perron I, 27.

[2] Requête du roi in den Anmerkungen des Amelot bei Ossat I, 160.

[3] Der römische Hof fand den Entschluß noch immer rasch und gewagt. Delfino, Relatione: „I piu gravi negotii il papa ha saputo espedire e molto bene e ancora con gran celerità: perche con tanti contrarj quanti ogn' uno sa benedisse il re di Francia, lo accettò nel grembo della chiesa mandò li un legato nel tempo che tutti lo ributtavano sotto pretesto che non fosse sua dignità mandarlo avanti che 'l re mandasse il suo ambasciatore a Roma, et in quello l'autorità della Sria Vra giovò assai, che cosi mi disse S. Sâ, per diversi offici che a quel tempo io aveva fatto a nome di lei."

Und so schritt man am 17. Dezember 1595 zur Vollziehung der Zeremonie. Vor der Peterskirche war der Thron des Papstes errichtet; Kardinäle und Kurie umgaben ehrerbietig ihr Oberhaupt. Das Gesuch des Königs, die Bedingungen, zu denen er sich verstanden hatte, wurden verlesen. Hierauf warfen sich die Stellvertreter des allerchristlichsten Königs zu den Füßen des Papstes nieder; mit einem leichten Rutenschlag erteilte er ihnen seine Absolution. Wie so vollkommen in dem Glanze seiner altherkömmlichen Autorität erschien hier noch einmal der Päpstliche Stuhl![1] Auch ward in der Tat ein großer Erfolg hiermit bezeichnet. Die herrschende Gewalt in Frankreich, nunmehr in sich stark und wohlbegründet, war wieder katholisch; sie hatte ein Interesse dabei, mit dem Papste gut zu stehen. Es bildete sich hier ein neuer Mittelpunkt für die katholische Welt, von dem eine große Wirkung ausgehen mußte.

Näher betrachtet, sprangen dann zwei verschiedene Seiten dieses Erfolges hervor.

Nicht durch unmittelbare Einwirkung des Papstes, nicht durch einen Sieg der strengen Partei war Frankreich wiedergewonnen; es war vielmehr durch eine Vereinigung der gemäßigten, mittleren Meinungen, durch die Überlegenheit einer Gesinnung, die sich als Opposition konstituiert hatte, geschehen. Daher kam es, daß die französische Kirche eine ganz andere Stellung einnahm als die italienische, als die niederländische, die neu eingerichtete deutsche. Sie unterwarf sich dem Papst; aber sie tat es mit einer Freiheit und inneren Selbständigkeit, die sich auf ihren Ursprung gründete, deren Gefühl sich niemals wieder verlor. Insofern konnte der Päpstliche Stuhl Frankreich bei weitem nicht als eine reine Eroberung betrachten.

Um so vorteilhafter aber war ihm die andere, die politische Seite. Das verlorene Gleichgewicht war hergestellt; – zwei große, aufeinander eifersüchtige, in unaufhörlichem Wettstreit begriffene Mächte hielten einander wechselseitig in Schranken; beide waren katholisch und konnten doch zuletzt in einem Sinne geleitet werden; zwischen beiden aber nahm der Papst eine weit unabhängigere Stellung ein, als es ihm und seinen Vorgängern lange Zeit

[1] Ossat, sonst über alles höchst ausführlich, geht I, 168 über die Zeremonie leichten Fußes hinweg. Tout s'y est passé, sagt er, convenablement à la dignité de la couronne très-chrétienne. Nicht alle teilten diese Meinung.

möglich gewesen. Von den Banden, mit denen ihn bisher das spanische Übergewicht umfaßt hatte, ward er um vieles freier.
Zuerst tritt in dem Fortgange der Begebenheiten diese politische Richtung hervor. Bei dem Heimfalle von Ferrara an den Päpstlichen Stuhl zeigte sich der französische Einfluß zum erstenmal wieder in italienischen Geschäften. Ein Ereignis, das auch sonst für die Machtentwicklung des Kirchenstaates von großem Belange ist, das hier, wie ja auch in der Aufmerksamkeit der Mitlebenden, die Angelegenheiten der Religion unterbrechen mag. Beginnen wir mit einem Rückblick auf das Land unter seinem letzten Fürsten.

Ferrara unter Alfonso II.

Man nimmt häufig an, Ferrara sei unter dem letzten Este in besonders blühendem Zustande gewesen; doch ist dies wohl eine Täuschung wie so viele anderen, die von der Abneigung gegen die weltliche Herrschaft von Rom herrührt.
Montaigne besuchte Ferrara unter Alfonso II. Er bewundert die breiten Straßen der Stadt, die schönen Paläste; aber schon findet er sie öde und menschenleer, wie die heutigen Reisenden[1]. Der Wohlstand der Landschaft beruhte auf der Erhaltung der Dämme, der Regulierung der Gewässer; aber weder die Dämme noch die Flüsse und Kanäle wurden recht in Ordnung gehalten; nicht selten traten Überschwemmungen ein; Volana und Primaro versandeten, so daß die Schiffahrt daselbst ganz aufhörte[2].
Ein noch größerer Irrtum aber wäre es, die Untertanen dieses Hauses für frei und glücklich zu halten. Alfonso II. machte die Rechte seiner Kammer auf das strengste geltend. Bei jedem Kontrakt, selbst wenn er nur ein Darlehen betraf, fiel der Zehnte an den Herzog; er nahm den Zehnten von allem, was in die Stadt einging. Er hatte das Salzmonopol; er belastete das Öl mit einer neuen Auflage; auf den Rat seines Zollverwalters Christofano da

[1] Montaigne, Voyage I, 226—231.
[2] Eine Relation über den Kirchenstaat aus dem Anfange des siebzehnten Jahrhunderts behauptet, der Herzog habe die Bauern, welche die Pflicht hatten, am Po zu arbeiten, bei seinem Landgut Mesola verwendet, so daß dort alles in Verfall geraten sei und nicht habe wiederhergestellt werden können. (Informationi polit., tom. IX.)

Fiume nahm er endlich auch den Handel mit Mehl und Brot an sich; nur von den herzoglichen Beamten durfte man dies erste aller Lebensbedürfnisse an sich bringen; kein Nachbar hätte gewagt, dem anderen eine Schüssel Mehl zu borgen[1]. Selbst den Edelleuten war die Jagd nur auf wenige Tage und nie mit mehr als etwa drei Hunden gestattet. Eines Tages sah man auf dem Marktplatze sechs Gehängte; tote Fasanen waren an ihre Füße gebunden, zum Zeichen, sagte man, daß sie bei einem Diebstahl in der herzoglichen Fasanerie erschossen worden.

Wenn man demnach von der Blüte und Regsamkeit Ferraras redet, so kann man nicht Land und Stadt, man kann nur den Hof meinen.

In jenen Stürmen der ersten Jahrzehnte des 16. Jahrhunderts, in denen so viele blühende Geschlechter, so viele mächtige Herrschaften untergegangen, ganz Italien von Grund aus umgewandelt worden, hatte sich das Haus Este durch geschickte Politik und herzhafte Verteidigung unter allen Gefahren zu behaupten gewußt. Es vereinigte aber hiermit noch andere Eigenschaften. Wer hat nicht von jenem Stamme gelesen, der, wie Bojardo sich ausdrückt, dazu bestimmt war, Tapferkeit, Tugend, Courtoisie, heiteres Leben in der Welt zu erhalten[2], von seinem Wohnsitz, den er, wie Ariosto sagt, nicht allein mit königlichen Gebäuden, sondern auch mit schönen Studien und trefflichen Sitten ausgestattet[3]? Haben sich die Este ein Verdienst erworben, indem sie Wissenschaften und Poesie begünstigten, so sind sie reichlich dafür

[1] Frizzi, Memorie per la storia di Ferrara, tom. IV, p. 364. Hauptsächlich Manolesso, Relatione di Ferrara: Il duca non è cosi amato come li suoi precessori, e questo per l'austerità et esattioni che fa Christofano da Fiume cognominato il Frisato (sfregiato) suo gabelliere. – Il Frisato s'offerse di vendere miglior mercato le robbe a beneficio del popolo di quello che facevano gli altri e di darne molto utile a S. Ecc[za]: piacque il partito al duca: – ma se bene il Frisato paga all duca quello che gli ha data intentione, non sodisfa però al popolo, vendendo la robba cattiva quanto alla qualità e molto cara quanto al prezzo.

[2] Bojardo, Orlando innamorato II, 22:

Da questa (stirpe) fia servato ogni valore,
ogni bontade et ogni cortesia,
amore, leggiadria, stato giocundo
tra quella gente fiorita nel mundo.

[3] Ariosto, Orlando furioso XXXV, 6.

Non pur di mura e d'ampli tetti regi,
ma di bei studi e di costumi egregi.

belohnt worden. Das Andenken des Glanzes und der Macht, welche rasch vorübergehen, hat sich in den Werken großer Autoren fortgepflanzt, welche immer leben.

Wie es nun unter den früheren Herzogen gewesen, so suchte es Alfonso II. zu erhalten. Die nämlichen Gesichtspunkte verfolgte auch er.

Zwar hatte er nicht so schwere Stürme zu bestehen wie seine Vorfahren; indes, da er mit Florenz in unaufhörlichem Mißvernehmen stand und auch des Papstes, seines Lehensherrn, nicht immer ganz sicher war, hielt auch er sich fortwährend gerüstet; Ferrara galt nach Padua für die vornehmste Festung von Italien; 27000 Mann waren in die Milizen eingeschrieben[1]; Alfonso suchte den militärischen Geist zu erhalten. Um alsdann der Begünstigung, welche Toskana an dem päpstlichen Hofe fand, eine Freundschaft von nicht minderem Belang entgegensetzen zu können, schloß er sich an den deutschen Kaiser an. Nicht selten ging er mit glänzendem Gefolge über die Alpen; er vermählte sich mit einer österreichischen Prinzessin; er sprach, wie man versichert, deutsch; im Jahre 1566 zog er mit einer Schar, die sich auf viertausend Mann belaufen konnte, dem Kaiser wider die Türken nach Ungarn zu Hilfe.

Ebenso bildete sich auch unter ihm das literarische Element in Hof und Staat weiter aus. Ich wüßte nicht, wo jemals in der Welt die Verbindung enger gewesen wäre. Zwei Professoren der Universität, Pigna und Montecatino, wurden nacheinander die ersten Minister des Landes; sie gaben darum ihre literarischen Bestrebungen nicht auf; wenigstens Pigna hielt, als er die Geschäfte leitete, noch immer seine Vorlesungen und ließ von Zeit zu Zeit ein Buch erscheinen[2]. Battista Guarini, der Dichter des Pastor fido, ward als Gesandter nach Polen abgeordnet. Selbst Franz Patrizi,

[1] Relatione sopra la Romagna di Ferrara: Erano descritti nelli rolli della militia dal commissario della battaglia a ciò deputato tutti i sudditi atti a portar armi. Erano costretti a starne provisti per haver da servire nell' occasioni a piedi o a cavallo secondo le forze delle loro facoltà e godevano essi alcune esentioni.

[2] Manolesso: ,,Segretario intimo è il Sr Giovamb. Pigna, per mano del quale passano tutti negotii. Legge publicamente la filosofia morale, e scrive l'istoria della casa d'Este; è oratore, filosofo e poeta molto eccelente; possiede benissimo la lingua Greca, e servendo il suo principe ne' negotii e trattando e iscrivendo quanto occorre, non tralascia però i studi, et in tutte le professioni è tale che pare che ad una sola attenda."

obwohl er sich mit abstrusen Gegenständen beschäftigte, rühmt doch die Teilnahme, die er bei Hofe gefunden. Es war hier alles eins. Mit den Wettkämpfen der Wissenschaft wechselten Disputationen ab, welche Streitfragen der Liebe betrafen, wie z. B. Tasso, der eine Zeitlang auch an der Universität angestellt war, einmal eine solche veranstaltete. Bald gab die Universität, bald der Hof ein Schauspiel; das Theater hatte noch einen literarischen Reiz, da es noch immer neue Formen suchte und eben damals die Pastorale ausbildete, die Oper begründete. Zuweilen treffen dann fremde Gesandte, Kardinäle, Fürsten ein, wenigstens die benachbarten von Mantua, Guastalla, Urbino, wohl auch ein Erzherzog. Dann erscheint der Hof in seinem vollen Glanze; man gibt Turniere, bei denen der Adel des Landes die Kosten nicht spart; zuweilen turnieren hundert Ritter auf dem Schloßhofe. Es sind dies zugleich Darstellungen aus der Fabel, nach irgendeinem poetischen Werke, wie schon ihre Namen anzeigen: der Tempel der Liebe[1], die selige Insel; verzauberte Kastelle werden verteidigt und erobert.

Die eigenste Verbindung von Poesie, Gelehrsamkeit, Politik und Ritterschaft. Die Pracht wird durch ihren Sinn geadelt, die Geringfügigkeit der Mittel durch den Geist ergänzt.

In den Reimen und dem epischen Gedichte des Tasso tritt uns dieser Hof lebendig entgegen: der Fürst, „dem man Hochherzigkeit und Kraft ansieht, von dem man nicht weiß, ob er ein besserer Ritter oder Anführer ist“, seine Gemahlin, vor allem seine Schwestern: die ältere, Lucrezia, die nur eine kurze Zeit bei ihrem Gemahl in Urbino, übrigens aber immer in Ferrara lebte und hier auch Einfluß auf die Geschäfte hatte, hauptsächlich aber literarischen und musikalischen Bestrebungen Schwung und Antrieb gab – sie ist es, die Tasso an dem Hofe befördert hat –; die jüngere, Leonora, in beschränkteren Verhältnissen, still, kränklich, zurückgezogen, aber wie ihre Schwester von starken Zügen des Gemüts[2]. Während eines Erdbebens weigerten sie sich beide, das Schloß zu verlassen; besonders Leonora gefiel sich in einer

[1] Auszüge aus damals erschienenen Beschreibungen, z. B. dem tempio d'amore, bei Muratori, Serassi und Frizzi.

[2] Im Jahre 1566 hat sie in Abwesenheit des Herzogs die Regentschaft geführt, nach Manolesso „con infinita sodisfattione de' sudditi“. – Non ha preso, fährt er fort, nè vuol prendere marito, per esser di debolissima complessione; è però di gran spirito.

stoischen Gleichmütigkeit; als sie endlich nachgaben, war es die höchste Zeit: unmittelbar hinter ihnen stürzte die Decke ein. Man hielt Leonora fast für eine Heilige; ihren Gebeten schrieb man die Rettung von einer Überschwemmung zu[1]. Tasso widmete ihnen eine ihrer Gemütsart entsprechende Verehrung: der jüngeren gemäßigt, selten, immer als ginge er mit Absicht nicht weiter heraus; der älteren ohne alle Zurückhaltung; er vergleicht sie mit der vollen duftenden Rose, der das minder frische Alter ihren Reiz nicht entrissen usw. Neben ihnen erscheinen auch andere Damen: Barbara Sanseverina und ihre Tochter Leonora Sanvitale; Tasso hat die ruhige Zuversicht der Mutter, den heiteren Reiz jugendlicher Schönheit in der Tochter unübertrefflich geschildert; kein Bildnis könnte sie besser vergegenwärtigen. Es folgen die Lustschlösser, die man besucht, die Jagden und die Spiele, die man anstellt, das ganze Tun und Treiben, in dem man sich ergeht; wer kann sich des Eindrucks erwehren, den diese in vollem reichem Wohllaut daherströmende Beschreibung hervorbringt?

Jedoch diesem Eindruck darf man sich nicht ganz überlassen. Dieselbe Gewalt, die das Land in so vollkommenem Gehorsam hielt, machte sich auch an dem Hofe fühlbar.

Jene Szenen der Poesie und des Spieles wurden zuweilen durch ganz andere unterbrochen. Die Vornehmen wurden so wenig geschont wie die Gemeinen.

Es war ein Gonzaga ermordet worden. Jedermann gab dem jungen Ercole Contrario den Mord Schuld, und wenigstens hatten die Mörder auf einem Gute desselben Aufnahme gefunden. Der Herzog forderte ihre Auslieferung; der junge Contrario, um nicht durch sie angeklagt zu werden, ließ sie gleich selber umbringen, und nur die Leichname überlieferte er dem Herzog. Hierauf ward er eines Tages selbst an den Hof beschieden; am 2. August 1575 hatte er seine Audienz. Die Contrarj waren das reichste und älteste Geschlecht von Ferrara; Ercole war der letzte Sprößling; nicht lange, nachdem er in den Palast getreten, ward er tot aus demselben herausgetragen. Der Herzog sagte, der junge Mensch sei im Gespräch mit ihm plötzlich vom Schlage gerührt worden. Allein niemand glaubte ihm das; an der Leiche nahm man Spuren von Gewalttätigkeiten wahr; auch bekannten die Freunde des

[1] Serassi, Vita di Torquato Tasso p. 150.

Herzogs, der Herr habe ihn töten lassen; sie entschuldigten ihn nur damit, daß er den berühmten Namen nicht mit einer schimpflicheren Todesart habe schänden wollen[1].

Eine Justiz, die jedermann in Schrecken hielt. Das schlimmste ist, daß die Güter des Hauses nunmehr an den Herzog fallen mußten.

Aber überhaupt wäre es keinem zu raten gewesen, sich dem Herrn im mindesten entgegenzusetzen[2]. Dieser Hof war ein sehr schlüpfriger Boden. So fein Montecatino auch war, so konnte er sich doch nicht bis zuletzt halten. Panigarola, damals der berühmteste Prediger in Italien, war nicht ohne Mühe nach Ferrara gezogen worden; plötzlich ward er mit Ungestüm verwiesen; man fragte sich, was sein Verbrechen sei; man fand nichts, als daß er wegen einer Beförderung nach einer anderen Seite hin unterhandelt habe. Da konnte auch der unbeständige, reizbare, melancholische Tasso sich auf die Länge nicht behaupten. Der Herzog schien ihn zu lieben, hörte ihn gern, nahm ihn oft mit sich aufs Land und verschmähte es sogar nicht, die Schilderungen des Kriegswesens, die in der Gerusalemme vorkommen, zu berichtigen. Aber seit Tasso einmal Miene gemacht, in die Dienste der Medici überzutreten, wurden sie nie wieder rechte Freunde; der arme Dichter entfernte sich; durch einen unwiderstehlichen Hang gezogen, kehrte er wieder zurück; dann waren einige Schmähworte, die er in einem Anfall seiner Melancholie ausstieß, hinreichend, um den Herzog zu bestimmen, daß er den Unglücklichen sieben lange Jahre hindurch gefangenhielt[3].

Es ist das noch einmal ganz das italienische Fürstentum, wie es im 15. Jahrhundert ausgebildet worden: auf wohlberechneten politischen Verhältnissen beruhend, in dem Inneren unbeschränkt und gewaltsam, mit Glanz umgeben, mit der Literatur verbündet, eifersüchtig auch auf den Schein der Gewalt. Sonderbare Gestalt menschlicher Dinge! Die Kräfte des Landes bringen den Hof her-

[1] Frizzi, Memorie IV, 382.

[2] Wenn Tasso nicht in gutem Humor ist, drückt er sich anders aus als oben: Perchè io conosceva, sagt er in einem Schreiben an den Herzog von Urbino, il duca per natural inclinatione dispostissimo alla malignità e pieno d'una certa ambitiosa alterezza, la quale egli trae della nobiltà del sangue e della conoscenza ch' egli ha del suo valore, del quale in molte cose non si da punto ad intendere il falso. – (Lettere, n. 284. Opere, tom. IX, 188.)

[3] Serassi, Vita del Tasso p. 282

vor; der Mittelpunkt des Hofes ist der Fürst; das letzte Produkt des ganzen Lebens ist zuletzt das Selbstgefühl des Fürsten. Aus seiner Stellung zur Welt, dem Gehorsam, den er findet, der Verehrung, die man ihm widmet, entspringt ihm das Gefühl seines Wertes, seiner Bedeutung.

Alfonso II. nun mußte begegnen, daß er von drei Gemahlinnen keine Nachkommen bekam. Es spricht seine ganze Politik aus, wie er sich unter diesen Umständen betrug.

Sein Absehen war doppelt: einmal, die Untertanen nicht glauben zu lassen, daß sie von seinem Hause abkommen könnten; sodann, die Ernennung eines Nachfolgers in seiner Hand zu behalten und sich nicht etwa selbst einen Nebenbuhler aufzustellen.

Im September 1589 ging er nach Loreto, wo sich damals die Schwester Sixtus' V., Donna Camilla, befand; er sparte weder Geschenke noch Versprechungen, um sie zu gewinnen. Sie sollte ihm, hoffte er, auswirken, daß er denjenigen von seinen nächsten Verwandten zum Nachfolger ernennen dürfe, den er für den geeignetsten halte. Kaum aber waren die Unterhandlungen eigentlich eröffnet, so starb Sixtus V.

Durch ähnliche Mittel, Geschenke an die Schwägerin des Papstes, Dienstbeflissenheit gegen den Neffen, wußte sich Alfonso im Jahre 1591 Eingang bei Gregor XIV. zu verschaffen. Als er sah, daß er Hoffnung schöpfen dürfe, ging er selbst nach Rom, um die Unterhandlung zu führen. Die erste Frage war, ob die Bulle Pius' V., welche die Wiederverleihung heimgefallener päpstlicher Lehen verbot, sich auch auf Ferrara beziehe. Alfonso leugnete dies, weil es noch niemals heimgefallen gewesen. Jedoch allzu deutlich waren die Worte; die Kongregation entschied, die Bulle begreife allerdings auch Ferrara. Dann fragte sich nur, ob nicht ein Papst die Macht habe, in einem besonderen Falle eine besondere Bestimmung zu geben. Die Kongregation wagte nicht, dies zu verneinen; jedoch setzte sie die Bedingung, daß die Notwendigkeit dringend, der Nutzen augenscheinlich sei[1]. Hierdurch war ein großer Schritt geschehen. Es ist nicht unwahrscheinlich, daß,

[1] Dispaccio Donato: „quando ci fusse evidentissima utilità et urgente necessità – il che fu fatto per aprire la strada all' intentione del Sr Duca". Der Kardinal Sanseverina behauptet, daß er es vorzüglich gewesen, der die Absicht rückgängig gemacht habe, obwohl mit großer Schwierigkeit und unter vielem Widerspruch; auch habe der Papst jenen Zusatz endlich bereut.

wenn man geeilt und sogleich eine neue Investitur auf einen bestimmten Namen ausgefertigt hätte, die Sache zu dem erwünschten Ziele gebracht worden wäre. Jedoch Alfonso wollte seinen Erben nicht nennen. Auch war er hierüber mit den Sfondrati nicht ganz einerlei Meinung: sie hätten Marchese Filippo von Este vorgezogen; ihm war sein näherer Vetter Cesare lieber. Hierüber verging die Zeit, und auch Gregor starb, ehe etwas festgesetzt worden[1].
Indessen hatte man auch die Unterhandlungen mit dem kaiserlichen Hofe eröffnet. Ferrara zwar war ein päpstliches, Modena und Reggio aber waren kaiserliche Lehen. Hier nun kam dem Herzog seine bisherige Politik zustatten; mit dem leitenden Minister des Kaisers, Wolf Rumpf, stand er im besten Vernehmen. In der Tat gewährte ihm Rudolf II. die Erneuerung der Belehnung und gestand ihm selbst eine Frist zu, innerhalb deren es ihm freistehen solle, wen er selbst wünsche, als seinen Nachfolger zu ernennen.
Desto hartnäckiger aber zeigte sich der nunmehrige Papst Clemens VIII. Es schien katholischer, kirchlicher, ein Lehen einzuziehen, als es wieder zu vergeben; so hatte der Heilige Papst Pius V. verordnet. Noch im Jahre 1592 schlug Clemens im geheimen Konsistorium die Bestätigung jener Bulle, wie sie ursprünglich lautete, ohne den Zusatz Gregors XIV. vor; so ließ er sie durchgehen[2].
Und nun war auch die vom Kaiser gesetzte Frist verstrichen. Der Herzog mußte sich entschließen, seinen Nachfolger zu bezeichnen. Alfonso I. hatte sich noch in späteren Jahren mit Laura Eustochia vermählt, nachdem er bereits einen Sohn von ihr hatte; von diesem Sohne stammte Don Cesare d'Este; nach langem Zögern ernannte ihn endlich der Herzog. Aber auch jetzt brauchte er noch die geheimnisvollste Vorsicht. Ohne jemandes Mitwissen, in einem eigenhändigen Schreiben an den Kaiser vollzog er die Ernennung; zugleich aber bat er denselben auf das dringendste, sie niemanden wissen zu lassen, selbst den ferrarischen Gesandten

[1] Cronica di Ferrara, MS. der Bibl. Albani, berichtet auch, es sei kein Zweifel, daß Gregor XIV. etwas für Ferrara getan haben würde. Aus der Kongregation sei er entrüstet weggegangen, und darüber sei er krank geworden. Alfonso geht nach einer Villa des Kardinals Farnese „aspettando o vita o morte di questo papa. Venne la morte. Il duca ritornò".
[2] Dispaccio Donato, 27 Dec. 1592.

nicht, der an dem kaiserlichen Hofe war, und seine Genehmigung nur dadurch auszusprechen, daß er das Schreiben selbst, mit dem kaiserlichen Namenszuge versehen, zurücksende[1].

Das höchste Ansehen in dem kleinen Lande wollte er bis an seinen letzten Atemzug ungeteilt besitzen; er wollte nicht erleben, daß sein Hof sich der aufgehenden Sonne zuwende. Cesar selbst erfuhr nichts von der ihm zuteil gewordenen Gnade; er ward sogar noch etwas strenger gehalten, der Glanz seiner Erscheinung noch etwas eingeschränkt (nie sollte er mehr als drei Edelleute in seinem Gefolge haben), und erst als es mit dem Leben ganz vorüber war, als die Ärzte die letzte Hoffnung aufgegeben, ließ der Herzog ihn rufen, um ihm sein Glück zu verkündigen. In Gegenwart der vornehmsten Einwohner ward das Testament eröffnet; diese wurden von dem Minister ermahnt, dem Hause Este getreu zu sein; Cesarn sagte der Herzog, er hinterlasse ihm den schönsten Staat der Welt, befestigt durch Waffen, Völker, Verbündete innerhalb und außerhalb Italiens, von denen er sich alle Hilfe versprechen könne. Hierauf, an dem nämlichen Tage noch, starb Alfonso II.: 27. Oktober 1597.

Eroberung von Ferrara

Ohne Widerspruch nahm Cesar die kaiserlichen Lehen in Besitz; auch die päpstlichen huldigten ihm; in Ferrara ward er von dem Magistrat mit dem herzoglichen Mantel bekleidet, von dem Volke mit jauchzendem Zuruf als der neue Fürst begrüßt.

Hatte ihm aber sein Vorfahr von eigener Macht und fremder Unterstützung gesprochen, so kam er sogleich in den Fall, auch diese zu erproben.

Unerschütterlich blieb Clemens bei seinem Entschlusse, Ferrara einzuziehen. So viele Päpste hatten es früher versucht; er glaubte

[1] Relatione di quello che è successo in Ferrara dopo la morte del duca Alfonso. MS. Barber. „Il duca fra l'anno concessogli di tempo alla dichiaratione scrisse di suo pugno una lettera all' imperatore e nominò Don Cesare, pregando caldamente S. M. Ces[a] che in confirmatione del nominato sottoscrivesse la sua, quale sigillata senza publicare il fatto la rimandasse indietro per il conte Ercole Rondinellii, non conferendogli altramente il negotio. Il tutto faceva S. A. acciò Don Cesare non *s'insuperbisse* nè della nobiltà fusse riverito e corteggiato come lor principe.“

einen ewigen Nachruhm zu erwerben, wenn er es vollbringe. Auf die Nachricht vom Tode Alfonsos erklärte er, es tue ihm leid, daß der Herzog keinen Sohn hinterlasse; aber die Kirche müsse das Ihre wiederhaben. Die Gesandten Cesars wollte er nicht hören; seine Besitzergreifung nannte er Usurpation; er bedrohte ihn mit der Strafe des Bannes, wofern er sie innerhalb vierzehn Tagen nicht aufgegeben habe; und um seinen Worten Nachdruck zu geben, begann er augenblicklich, sich zu rüsten. Es ward eine neue Anleihe gemacht und ein neuer Monte gegründet, um das Geld im Kastell nicht angreifen zu müssen[1]; in kurzem begab sich der Neffe des Papstes, Kardinal Pietro Aldobrandino, von erfahrenen Kriegshauptleuten umgeben, nach Ankona, um ein Heer zusammenzubringen; nach allen Seiten sandte er Werber aus; die Provinzen wurden zu starken Lieferungen genötigt.

Auch Cesar zeigte sich anfangs mutvoll[2]. Er erklärte, er wolle sein gutes Recht bis auf den letzten Blutstropfen verteidigen, es werde ihm an seiner Religion und Seligkeit nichts schaden; und so befestigte er seine Plätze aufs neue; die Landmilizen traten in die Waffen; eine Truppenschar rückte an die Grenze des Kirchenstaates vor, und wir finden eine Aufforderung an ihn, in der Romagna zu erscheinen, wo man mit der päpstlichen Herrschaft unzufrieden sei und sich nur einen Anlaß wünsche, sie zu stürzen. Überdies hatte er das Glück, daß auch die benachbarten italienischen Staaten für ihn Partei nahmen. Sein Schwager, der Großherzog von Toskana, erklärte, er werde ihn nicht verlassen. Die Republik Venedig hinderte den Papst, in Dalmatien zu werben, und versagte ihm den Kriegsbedarf und die Waffen, die er aus Brescia ziehen wollte. Die Vergrößerung des Kirchenstaates war allen von Herzen verhaßt.

Wäre Italien in einem Zustande gewesen wie hundert Jahre früher, ziemlich unabhängig von fremden Einwirkungen und auf sich selber angewiesen, so würde Clemens VIII. wahrscheinlich nicht

[1] Obwohl viele behaupten, es sei doch geschehen. Delfino sagt dagegen: Con gran strettezza de' danari, senza metter mano a quelli del castello, per conservar la riputatione della chiesa, in poco piu di un mese ha posto insieme un esercito di 22 m. fanti e 3 m. cavalli.

[2] Niccolò Contarini delle historie Venetiane, MS., tom. I, lib. I: Cesare nel principio si mostrò molto coraggioso in voler difender le sue ragioni, o perchè non prevedeva il contrasto, o pur perchè gl'inesperti come nei vicini pericoli s'atterriscono, così nelli lontani si manifestano intrepidi. Übrigens enthält die Erzählung Contarinis sehr viele guten, exakten und eindringenden Notizen über dies Ereignis.

mehr ausgerichtet haben als damals Sixtus IV.; aber diese Zeiten waren vorüber; jetzt kam alles auf die allgemeinen europäischen Verhältnisse und die damaligen großen Mächte Frankreich und Spanien an.

Die Neigungen der Spanier waren nun nicht sehr zweifelhaft. Cesar d'Este hatte ein so großes Vertrauen auf Philipp II., daß er ihn dem Papste zum Schiedsrichter vorschlug; ganz unumwunden erklärte sich der königliche Governator in Mailand für Cesar; er bot demselben spanische Garnisonen für seine festen Plätze an. Nur war doch auch nicht zu verkennen, daß der König, der sein Lebenlang alle Bewegungen in Italien verhindert hatte, Bedenken trug, in dem hohen Alter, in dem er war, noch einen Krieg zu veranlassen, und sich mit außerordentlicher Vorsicht vernehmen ließ. Eine ähnliche beobachtete sein Gesandter in Rom[1].

Um so mehr kam unter diesen Umständen auf die Entscheidung Heinrichs IV. an; die Herstellung eines katholischen und mächtigen Frankreichs entwickelte sogleich eine hohe Bedeutung für Italien. Mit den italienischen Fürsten im Einverständnis, hatte sich Heinrich IV. wieder erhoben; sie zweifelten nicht, daß er nun auch dankbar sein und in ihrer Differenz mit dem Heiligen Stuhle sich auf ihre Seite schlagen werde. War doch die Krone Frankreich ohnehin dem Hause Este sehr verpflichtet. Während der bürgerlichen Kriege hatten die Este dem königlichen Hause über eine Million Skudi vorgestreckt, die noch nicht zurückbezahlt worden und die jetzt hingereicht haben würden, um ein Heer zu werben, dem kein Papst hätte Widerstand leisten können.

Dies waren jedoch nicht die Betrachtungen, welche Heinrich IV. anstellte. Trotz seines Übertritts zum Katholizismus mußte er noch immer gar manches tun, was dem römischen Hofe nicht anders als mißfallen konnte; in der Sache von Ferrara erblickte er nur eine Gelegenheit, diese Dinge vergessen zu machen, die Lilien, wie seine Staatsmänner sich ausdrückten, am römischen Hofe wieder emporzubringen. Ohne alles Zögern noch Schwanken ließ er dem Heiligen Vater die Hilfe von Frankreich anbieten: nicht allein sei er bereit, sobald es der Papst wünsche, ein Kriegsheer

[1] Delfino meldet, wie viel man von ihm in Rom fürchtete: Vi è un pensiero radicato a buon fundamento, che la benedizione data al re di Franza sia stata offesa tale al cattolico et a Spagnuoli, che non siano per scordarsela mai, e pare a S. Sà esserne molto ben chiarita in questa occasione di Ferrara

über die Berge zu senden, sondern auch im Notfalle mit seiner ganzen Macht und persönlich ihm zu Hilfe zu kommen.

Diese Erklärung war es, was die Sache entschied. Der römische Hof, der schon alle die Verlegenheiten fühlte, in die ihn die Abneigung seiner Nachbarn und der offene Widerstand von Ferrara setzen konnten, schöpfte Atem. „Ich kann nicht ausdrücken", schreibt Ossat an den König, „wie viel Wohlwollen, Lob, Segen Eurer Majestät für Ihr Erbieten zuteil geworden ist." Er verspricht seinem Herrn, wenn er es ausführe, die Stellung eines Pippin und Carolus Magnus zu der Kirche. Seinerseits machte nun der Papst unverzüglich Anstalt zu der förmlichen Exkommunikation seines Gegners.

Um so tiefer betroffen, erschrocken waren die Fürsten; sie redeten von schwarzer Undankbarkeit; jetzt verloren sie den Mut, Ferrara zu unterstützen, was sie sonst, offen oder geheim, ohne Zweifel aus allen Kräften getan haben würden.

Unmittelbar wirkte das dann auf Ferrara zurück. Die strenge Regierung Alfonsos hatte notwendigerweise viele Unzufriedenen gemacht. Cesar war neu in der Herrschaft, ohne rechte Talente und ganz ohne Übung; mit den Mitgliedern des geheimen Rates machte er erst in den Sitzungen, die er als Fürst hielt, nähere Bekanntschaft; da er nun seine älteren Freunde, die ihn kannten, auf die auch er sich persönlich verließ, nach den verschiedenen Höfen versendete, so behielt er niemanden um sich, zu dem er wahres Vertrauen gehabt, mit dem er sich gehörig verstanden hätte. An falschen Schritten konnte es nicht fehlen. Von oben her griff eine Unsicherheit um sich, wie sie dem Verderben vorherzugehen pflegt. Schon bedachten die Vornehmeren, die einen Anteil an der Macht besaßen, was sich bei einer Veränderung für sie gewinnen lasse[1]; sie suchten insgeheim ihren Vertrag mit dem Papste

[1] Niccolo Contarini: Cesare si ridusse in camera co' suoi soli consiglieri, de' quali molti, per la ritiratezza nella quale era vissuto così volendo chi comandava, non conosceva se no di faccia, et egli non sufficiente di prender risolutione da se vacillava nei concetti, perche quelli che consigliavano erano pieni di passioni particolari e per le speranze di Roma, in cui miravano, infetti di grandi contaminationi. Auch Ossat, Lettres I, 495 führt als die Ursache seines Unglückes an: le peu de fidélité de ses conseillers mesmes, qui partie pour son peu de résolution, partie pour avoir des rentes et autres biens en l'estat de l'église et espérer et craindre plus du st. siége que de lui, regardoient autant ou plus vers le pape que vers lui.

abzuschließen; Antonio Montecatino begab sich nach Rom. Ohne Zweifel aber das Auffallendste, Unglücklichste war, daß sich in dem Hause Este selbst ein Zwiespalt offenbarte. Lucrezia hatte den Vater Cesars gehaßt; sie haßte nicht minder auch ihn und wollte nicht seine Untertanin sein; sie selbst, die Schwester des vorigen Herzogs, trug kein Bedenken, mit dem Papst und dem Kardinal Aldobrandino in Verbindung zu treten.

Indessen hatte der Papst den Akt der Exkommunikation vollzogen. Am 22. Dezember 1597 begab er sich in dem Pomp der Prozession nach St. Peter und bestieg mit seinem näheren Gefolge die Loggia dieser Kirche. Ein Kardinal verlas die Bulle. Don Cesare d'Este ward darin für einen Feind der römischen Kirche erklärt, schuldig der beleidigten Majestät, verfallen in die größeren Zensuren, in die Sentenz der Verfluchung; seine Untertanen wurden des Eides der Treue entbunden; seine Beamten wurden ermahnt, seine Dienste zu verlassen. Nachdem die Bulle verlesen worden, warf der Papst mit zornvollem Angesicht eine große brennende Kerze auf den Platz hinab. Trompeten und Trommeln wirbelten; Kanonen wurden abgefeuert; das Volk überschrie ihren Lärm.

Die Umstände waren so beschaffen, daß diese Exkommunikation ihre volle Wirkung hervorbringen mußte. Ein Ferrarese selbst brachte ein Exemplar der Bulle, in seine Kleider genäht, in die Stadt und überlieferte es dem Bischof[1]. Den nächsten Morgen, am 31. Dezember 1597, sollte ein Domherr begraben werden; die Kirche war schwarz ausgeschlagen; das Volk versammelte sich, um die Leichenpredigt zu hören. Der Bischof bestieg die Kanzel und fing an, vom Tode zu reden. „Noch viel schlimmer aber", lenkte er plötzlich ein, „als der Tod des Leibes ist das Verderben der Seele, das uns jetzt alle bedroht." Er hielt inne und ließ die Bulle verlesen, in der alle, die sich von Don Cesar nicht absondern würden, bedroht wurden, „als verdorrte Zweige von dem Baume des geistlichen Lebens abgehauen zu werden". Hierauf ward die Bulle an der Türe angeschlagen; die Kirche erfüllte sich mit

[1] Ein gewisser Coralta. Ributtato al primo ingresso da' soldati, se escusò che lui ivi dimorava nè era ancora partito per Bologna (woher er doch eben kam: er war eine Strecke vor dem Tore vom Pferde gestiegen), e ragionando si pose fra loro a sedere, finalmente assicurato si licentiò della *guardia, entrò nella* città, presentò al vescovo la scommunica con la lettera del arcivescovo di Bologna. (Relatione di quello che etc.)

Geschrei und Seufzen; die Erschütterung setzte sich in die Stadt fort.

Don Cesar war nicht der Mann, einer solchen Bewegung Einhalt zu tun. Man hatte ihm geraten, Schweizer, Deutsche zu werben; allein er hatte sich nicht entschließen können. Katholische wollte er nicht, weil sie Anhänger des Papstes, aber noch weniger protestantische, weil sie Ketzer seien: „gleich als komme es ihm zu", sagt Niccolo Contarini, „das Amt eines Inquisitors zu verwalten." Jetzt fragte er seinen Beichtvater, was er zu tun habe; es war ein Jesuit, Benedetto Palma; der riet ihm, sich zu unterwerfen.

So weit war Don Cesar gebracht, daß er, um diese Unterwerfung unter günstigen Bedingungen zu bewerkstelligen, sich eben an die wenden mußte, die er als seine heftigste Feindin kannte: der geheimen und in gewissem Sinne verräterischen Verbindungen, in welche Lucrezia mit Rom getreten, war er genötigt sich zu einem erträglichen Abkommen zu bedienen[1]. Im Auftrage des Herzogs begab sich Lucrezia nicht ohne die gewohnte Pracht in das feindliche Lager.

Die Anhänger Cesars haben immer behauptet, sie hätte wohl bessere Bedingungen erlangen können; aber durch das Versprechen lebenslänglichen Besitzes von Bertinoro mit dem Titel eines Herzogtums gewonnen und von dem jungen geistreichen Kardinal persönlich eingenommen, habe sie alles zugegeben, was man verlangte. Am 12. Januar 1598 ward der Vertrag entworfen, kraft dessen Cesar auf Ferrara, Comacchio, seinen Teil der Romagna Verzicht leisten und dafür Absolution von dem Kirchenbanne erhalten sollte. Wenigstens einiges zu retten, hatte er sich geschmeichelt; sehr hart kam ihm ein so vollständiger Verlust vor; noch einmal berief er die vornehmsten Magistratspersonen der Stadt, den Giudice de' Savj, einige Doktoren und Edelleute, um ihren Rat zu vernehmen. Sie gaben ihm keinen Trost; schon dachte ein jeder sich nur selbst mit der neuen Gewalt, die man erwartete, auf

[1] Contarini: Come chi abandona ogni speranza, piu facilmente si rimette nell' arbitrio dell' inimico che nella confidenza dell' amico, andò (Cesare) a ritrovare la duchessa d'Urbino, et a lei, la qual ben sapeva haver pur troppo intelligenza col Cl Aldobrandino, rimise ogni sua fortuna. Accettò ella allegramente l'impresa ridotta dove al principio haveva desiderato. – Con molta comitiva, quasi trionfante, accompagnata dal marchese Bentivoglio, capo delle militie del duca, faceva il suo viaggio. Er findet Lucrezia „di pensieri torbidi: benche simulasse altrimente, era non di meno di lungo tempo acerrima nemica di Don Cesare".

guten Fuß zu setzen; schon wetteiferte man, allenthalben die Wappen der Este abzureißen, ihre Beamten zu verjagen; dem Fürsten blieb nichts übrig, als zu unterschreiben und das Erbe seiner Väter zu verlassen.

So verloren die Este Ferrara. Archiv, Museum, Bibliothek, ein Teil des Geschützes, das Alfonso I. mit eigener Hand gegossen, ward nach Modena gebracht; alles andere ging verloren. Auf fünfzig Wagen hatte die Witwe Alfonsos II. ihre Habe weggeführt; die Schwester desselben, in Frankreich verheiratet, nahm die Forderungen des Hauses an diese Krone für sich in Anspruch; das Unerwartete aber erlebte man von Lucrezia. Sie selbst hatte nicht Zeit, von ihrem Herzogtum Besitz zu ergreifen; gerade einen Monat, nachdem sie jenen Vertrag abgeschlossen, am 12. Februar, starb sie; als man ihr Testament eröffnete, fand sich, daß sie eben den, der ihr Haus aus seinem alten Besitze vertrieben, den Kardinal Aldobrandino, zum Universalerben eingesetzt hatte. Auch ihre Ansprüche hatte sie ihm vermacht, die nun gegen Cesar selbst ausgefochten werden mußten. War es doch, als hätte sie ihrem alten Feind einen Gegner hinterlassen wollen, der ihm das Leben verbittern könnte. Es ist etwas Dämonisches in dieser Frau, die ihr eignes Haus mit Vergnügen und Genugtuung seinem Verderben zuführt.

Und so trat nun die kirchliche Herrschaft an die Stelle der herzoglichen. Am 8. Mai traf der Papst selbst in Ferrara ein. Er wollte sogleich den Anblick der neuen Erwerbung genießen und sie mit angemessenen Einrichtungen an die Kirche knüpfen.

Er begann mit Milde und Gnade. Eine Anzahl ferraresischer Oberhäupter wurde mit kirchlichen Würden ausgestattet[1]: Kardinalshüte, Bistümer, Auditorate fielen ihnen zu; unter den übrigen ward der junge Bentivoglio, der Geschichtschreiber, geheimer Kämmerer des Papstes. Die Gewalt der Herzoge hatte auf der Aneignung der munizipalen Berechtigungen beruht; der Papst entschloß sich, den Bürgern ihre alten Rechte zurückzugeben. Er bildete ein Conseglio aus den drei Klassen: des höheren Adels mit 27, der geringeren Nobilität und der angesehenen Bürger mit 55,

[1] Contarini: Al Bevilacqua, che era di molto potere, fu dato il patriarcato latino di Constantinopoli. Il Saciato fu creato auditor di rota. Ad altri si dispensarono abbatie.

der Zünfte mit 18 Stellen. Ihre Rechte waren sorgfältig geschieden: die erste Klasse hatte die bedeutendsten; doch hing dafür die Besetzung der Stellen am meisten von dem Papste ab. Diesem Conseglio überließ nun der Papst die Sorge für die Lebensmittel, die Regulation der Flüsse, die Ernennung der Richter und Podestas, selbst die Besetzung der Stellen an der Universität, alles Rechte, die der Herzog sich früher eifersüchtig vorbehalten; und wie man denken kann, begann hierdurch ein ganz neues Leben. Auch für die geringere Klasse ward gesorgt: von den strengen fiskalischen Ordnungen ward vieles nachgelassen[1].

Jedoch nicht alles konnte in diesem Sinne sein. Auch die kirchliche Herrschaft war nicht lauter Milde. Gar bald fiel die Rechtspflege der päpstlichen Beamten dem Adel beschwerlich; der erste Giudice de' Savj, jener Montecatino, fand es ungebührlich, wie man die Rechte seiner Würde einschränke, und dankte ab. Allgemeines Mißvergnügen erregte es, daß Papst Clemens für nötig hielt, sich seiner Eroberung durch ein Kastell zu versichern. Die Vorstellungen, welche die Einwohner gegen dies Vorhaben einreichten, so flehentlich sie auch abgefaßt sein mochten, waren vergebens; gerade einer der bewohntesten Teile der Stadt ward zum Kastell ausersehen[2]. Ganze Straßen wurden niedergerissen: Kirchen, Oratorien, Hospitien, die Lusthäuser des Herzogs und des Hofes, das schöne Belvedere, von so vielen Dichtern gepriesen.

Vielleicht hatte man geglaubt, mit diesen Zerstörungen noch vollends die Erinnerung an das herzogliche Haus zu vernichten; jedoch hierüber erwachte sie wieder; die schon übertäubte Neigung zu dem angestammten Fürstengeschlechte kehrte zurück. Alles, was zu dem Hofe gehört hatte, wandte sich nach Modena. Ferrara, schon früher nicht sehr lebhaft, verödete noch mehr.

Doch konnten nicht alle, die es wünschten, dem Hofe folgen. Von einem alten Diener des herzoglichen Hauses ist eine handschriftliche Chronik übrig, in der er von dem Hofe Alfonsos, seinen Vergnügungen, seinen Konzerten und Predigten mit Behagen Bericht erstattet. „Jetzt aber", sagt er zum Schluß, „ist es mit alle-

[1] Frizzi, Memorie V, p. 25.

[2] Dispaccio Delfino, 7. Giugno 1598. Si pensa dal papa di far una citadella della parte verso Bologna, per la poca sodisfattione, che ha la nobiltà per non esser rispettata dalli ministri della giustitia e che non li siano per esser restituite le entrate vecchie della communità – dolendosi di esser ingannati.

dem vorbei. Jetzt gibt es keinen Herzog mehr in Ferrara und keine Prinzessinnen, kein Konzert und keine Konzertgeberinnen; so vergeht die Pracht der Welt. Für andere wird die Welt durch die Veränderungen angenehm, nicht für mich, der ich allein zurückgeblieben bin, alt, gebrechlich und arm. Jedoch gelobt sei Gott[1]!"

Jesuitische Bewegungen

Es liegt am Tage, daß Clemens VIII. sich durch einen so großen Erfolg, den er im Einverständnis mit der französischen Politik erreicht hatte, eng und enger an diese geknüpft fühlen mußte. Jetzt kam es ihm zugute, daß er sich in Sachen der Ligue so gemäßigt gehalten, der Entwicklung der Ereignisse in Frankreich doch kein Hindernis in den Weg gelegt und sich wenigstens noch in dem letzten Moment zur Erteilung der Absolution entschlossen hatte. An dem Kriege, der an den niederländisch-französischen Grenzen fortging, nahm man zu Rom einen Anteil, als wäre es ein eigener: man war entschieden für Frankreich. Die Eroberung von Calais und von Amiens, die den Spaniern gelang, brachte an dem römischen Hofe ein Mißvergnügen hervor, „das man nicht schildern könnte", sagt Ossat, „eine äußerste Melancholie, Beschämung und Zorn"[2]. Der Papst und seine Nepoten fürchteten, bemerkt Delfino, die Spanier möchten den Unwillen, den sie über die Absolution empfunden, an ihnen auslassen. Glücklicherweise stellte Heinrich IV. seine erschütterte Reputation durch die Wiedereroberung von Amiens bald wieder her.

[1] Cronica di Ferrara: „Sic transit gloria mundi. E per tale variare natura è bella, ma non per me, che io son restato, senza patrone, vecchio, privo di tutti i denti, e povero. Laudetur deus."

[2] Ossat à Villeroy 14 mai 1596, 20 avril 1597. (I, 251, 458.) Delfino: Li pericoli di Marsiglia fecero stare il papa in gran timore e li nepoti; la perdita di Cales e poi quella di Amiens apportò loro gran mestitia e massime che si dubitò allora per le voci che andavano attorno di peggio, temendo quelli che ogni poco che cadeva piu la riputatione de' Francesi, i Spagnoli non avessero mostrato apertamente lo sdegno che hanno avuto della resolutione (absolutione?) loro e la sua mala volontà: per questa causa principalmente hanno avuto carissimo il bene della Franza.

Nicht als ob man zu Rom diejenigen zu lieben angefangen hätte, die man früher bekämpfte: den Oberhäuptern der Geistlichkeit, die sich zuerst an Heinrich IV. angeschlossen und jene Opposition begründet hatten, vergaß man es doch nie; viel lieber beförderte man die Anhänger der Ligue, wenn sie nur zuletzt freiwillig zurückgetreten, d. i. wenn sie ungefähr im Falle der Kurie selber waren. Aber in kurzem tat sich – wie denn die Meinungen der Menschen, wenn auch einander nahestehend, doch sogleich verschiedene Hinneigungen offenbaren – unter den Anhängern des Königs selbst eine mit Absicht strenger katholische Partei hervor, die vor allen Dingen das gute Vernehmen mit dem Hofe zu Rom zu erhalten trachtete; an diese vornehmlich hielt sich der Papst; er hoffte alle Differenzen, die es zwischen den französischen und römischen Interessen noch geben mochte, auszugleichen; hauptsächlich war sein Wunsch und sein Bemühen, die Jesuiten, die aus Frankreich, wie wir sahen, verjagt worden, dahin zurückzuführen und so, der Entwicklung der Dinge, die in Frankreich stattgehabt, zum Trotz, den römischen Doktrinen daselbst freiere Bahn zu verschaffen.

Es kam ihm hierbei eine Bewegung in dem Orden der Jesuiten zustatten, die, obwohl sie aus dem Innern desselben hervorging, doch mit der Veränderung der allgemeinen Tendenz des römischen Hofes eine große Analogie hatte.

So sonderbar verwickeln sich oft die Dinge der Welt, daß in dem Augenblicke, in welchem die Pariser Universität den Jesuiten nichts so sehr zum Verbrechen machte als ihre Verbindung mit Spanien, in welchem man in Frankreich sagte und glaubte, ein Jesuit bete täglich für König Philipp[1], er sei durch ein fünftes Gelübde zur Ergebenheit gegen Spanien verpflichtet, daß eben damals das Institut der Gesellschaft in Spanien von mißvergnügten Mitgliedern, der Inquisition, einem anderen Orden, endlich sogar von der königlichen Gewalt selbst die heftigsten Anfechtungen erfuhr.

Eine Wendung der Dinge, welche mehr als einen Grund hatte, zunächst aber folgendergestalt entsprungen war.

Im Anfange waren die älteren und bereits ausgebildeten Männer, welche in die Gesellschaft traten, größtenteils Spanier; aus anderen Nationen fanden sich meistens nur jüngere Leute hinzu, die

[1] „pro nostro rege Philippo".

ihre Bildung noch zu machen hatten. Natürlich folgte hieraus, daß die Regierung der Gesellschaft in den ersten Jahrzehnten vorzugsweise in spanische Hände fiel. Die erste Generalkongregation bestand aus 25 Mitgliedern: 18 von diesen waren Spanier[1]. Die ersten drei Generale gehörten derselben Nation an; nach dem Tode des dritten, Borgia – im Jahre 1573 –, hatte abermals ein Spanier, Polanco, die größte Aussicht.

Es zeigte sich aber, daß man in Spanien selbst die Erhebung desselben nicht gern gesehen haben würde. Es gab in dieser Gesellschaft viele Neubekehrten, Judenchristen; auch Polanco gehörte zu dieser Klasse; man wünschte dort nicht, daß die höchste Gewalt in einer so mächtigen und so monarchisch eingerichteten Gesellschaft in solche Hände geriete[2]. Papst Gregor XIII., der hiervon einen Wink bekommen, hielt auch aus anderen Gründen eine Abwechslung für nützlich. Als sich ihm eine Deputation der zur Wahl versammelten Kongregation vorstellen ließ, fragte er sie, wieviel Stimmen jede Nation habe; es fand sich, daß die spanische deren mehr hatte als alle anderen zusammen. Er fragte ferner, aus welcher Nation die Generale des Ordens bisher genommen worden. Man sagte ihm, man habe ihrer drei gehabt, alle drei Spanier. „Es ist billig", entgegnete Gregor, „daß Ihr auch einmal einen aus einer anderen Nation wählt." Er schlug ihnen sogar selber einen Kandidaten vor.

Nun sträubten sich wohl die Jesuiten einen Augenblick hierwider, weil es ihre Privilegien verletze; aber zuletzt ernannten sie doch eben den, welchen der Papst vorgeschlagen. Es war Eberhard Mercurianus.

Schon hiermit trat eine bedeutende Veränderung ein. Mercurian, ein schwacher und unselbständiger Mann, überließ die Geschäfte anfangs zwar wieder einem Spanier, aber darauf einem Franzosen, seinem bestallten Admonitor; – es bildeten sich Faktionen; eine verdrängte die andere aus den wichtigen Ämtern; die herrschende fand schon zuweilen einen gewissen Widerstand in den unteren Kreisen.

[1] Sacchinus V, 7, 99. In der zweiten Generalkongregation war das Verhältnis schon ermäßigt, obwohl noch wenig. Auf 39 Mitglieder kamen 24 Spanier.

[2] Sacchinus, Historia societatis Jesu pars IV sive Everardus lib. I: Horum origo motuum duplex fuit, studia nationum et neophytorum in Hispania odium.

Noch viel wichtiger aber wurde es, daß bei der nächsten Vakanz im Jahre 1581 Claudius Aquaviva, ein Neapolitaner aus einem Hause, welches sich früher zu der französischen Partei gehalten, ein kräftiger Mann, der erst 38 Jahre zählte, diese Würde erhielt. Einmal nämlich glaubten die Spanier einzusehen, daß ihre Nation, von der die Gesellschaft begründet und auf ihre Bahn geleitet worden, von dem Generalat auf ewig ausgeschlossen sei; sie wurden darüber mißvergnügt, widerspenstig[1] und faßten den Gedanken, sich auf irgendeine Weise, etwa durch die Aufstellung eines eigenen Generalkommissars für die spanischen Provinzen, von Rom unabhängiger zu machen. Aquaviva dagegen war nicht gemeint, von der Autorität, welche ihm der Buchstabe der Verfassung zuerkannte, das mindeste fallen zu lassen. Um die Mißvergnügten im Zaum zu halten, setzte er ihnen Obere, auf deren persönliche Ergebenheit er rechnen durfte: jüngere Männer, die ihm an Alter und Gesinnung näherstanden[2]; wohl auch Mitglieder von minderem Verdienst, Koadjutoren, die nicht alle Berechtigungen genossen, die dann, die einen wie die anderen, ihre Stütze in dem General sahen; endlich Landsleute, Neapolitaner[3].

Die alten, gelehrten, erfahrenen Patres sahen sich nicht allein von der höchsten allgemeinen Würde, sondern auch von den Ämtern in den Provinzen entfernt. Aquaviva gab vor, ihre Fehler seien daran schuld: der eine sei cholerisch, der andere melancholisch; „natürlich“, sagt Mariana, „ausgezeichnete Leute pflegen wohl auch mit einem Mangel behaftet zu sein; doch war der eigentliche Grund, daß er sie fürchtete und zur Ausführung seiner Befehle gefügigere Werkzeuge haben wollte.“ In der Regel bedarf der Mensch der Genugtuung, selbsttätigen Anteil an den öffentlichen Dingen zu nehmen, und am wenigsten wird man sich ruhig aus seinem Besitze treiben lassen. Es entstanden Reibungen in allen Kollegien. Mit stummer Animosität wurden die neuen Oberen aufgenom-

[1] Mariana, Discurso de las enfermedades de la compañia c. XII: La nacion española esta persuadida queda para sempre excluida del generalato. Esta persuasion, sea vedadera sea falsa, no puede dexar de causar disgustos y disunion, tanto mas que esta nacion fundò la compañia, la honrò, la enseño y aun sustentò largo tiempo con su substancia.

[2] Mariana, c. XII: Ponen en los gobiernos homes mozos – porque son mas entremetidos saben lamer a sus tiempos.

[3] Außer Mariana sind hierüber auch noch die Eingaben an Clemens VIII. wichtig, abgedruckt in der Tuba magnum clangens sonum ad Clemen-

men; sie konnten nichts Wesentliches durchsetzen; sie waren froh, wenn sie ohne Bewegung, ohne Unruhen wegkamen. Doch hatten sie Macht genug, sich auch wieder zu rächen. Auch sie besetzten nun die untergeordneten Ämter bloß mit ihren persönlichen Anhängern; denn an Anhängern konnte es ihnen bei der monarchischen Verfassung des Ordens und dem Ehrgeiz der Mitglieder auf die Länge nicht fehlen; sie schickten ihre hartnäckigsten Gegner fort, und zwar gerade dann am liebsten, wenn eine wichtige Beratung im Werke war: sie versetzten sie in andere Provinzen. So löste sich alles in Druck und Gegendruck von Persönlichkeiten auf. Jedes Mitglied hatte nicht allein das Recht, sondern sogar die Pflicht, die Fehler anzuzeigen, die es an anderen bemerke: eine Einrichtung, die bei der Unschuld einer kleinen Genossenschaft nicht ohne moralischen Zweck sein mochte; jetzt aber entwickelte sie sich zur widerwärtigsten Angeberei; sie ward ein Mittel des geheimen Ehrgeizes, des unter der Maske der Freundschaft verborgenen Hasses: „wollte man das Archiv zu Rom nachsehen", ruft Mariana aus, „so würde sich vielleicht kein einziger rechtschaffener Mann wenigstens unter uns Entfernten finden". Es riß ein allgemeines Mißtrauen ein: keiner hätte sich seinem Bruder vollkommen eröffnet.

Dazu kam noch, daß Aquaviva nicht bewogen werden konnte, Rom zu verlassen und die Provinzen zu besuchen, wie doch noch Lainez und Borgia getan. Man entschuldigte dies damit, daß es auch seinen Vorteil habe, die Dinge schriftlich in Erfahrung zu bringen, in ununterbrochenem Fortgang, ohne die Störung der Zufälligkeiten einer Reise. Allein zunächst folgte doch auf jeden Fall hieraus, daß die Provinzialen, in deren Händen die ganze Korrespondenz lag, eine noch größere Selbständigkeit erhielten. Es war vergebens, über sie zu klagen: sie konnten dies leicht vorhersehen und die Wirkung um so eher im voraus vernichten, da Aquaviva sie ohnehin begünstigte; sie behielten ihre Stellen so gut wie auf Lebenszeit.

Unter diesen Umständen fühlten die alten Jesuiten in Spanien,

tem, XI, p. 583: Videmus cum magno detrimento religionis nostrae et scandalo mundi, quod generalis, nulla habita ratione nec antiquitatis nec laborum nec meritorum, facit quos vult superiores et ut plurimum juvenes et novicios, qui sine ullis meritis et sine ulla experientia cum maxima arrogantia praesunt senioribus: – et denique generalis, quia homo est, habet etiam suos affectus particulares, – et quia est Neapolitanus, melioris conditionis sunt Neapolitani.

daß sich eine Lage der Dinge, die sie als Tyrannei empfanden, innerhalb der Grenzen der Gesellschaft allein niemals würde abändern lassen; sie beschlossen, sich nach fremder Hilfe umzusehen. Zuerst wandten sie sich an die nationale geistliche Gewalt ihres Landes, an die Inquisition. Dem Richterspruche der Inquisition war, wie man weiß, gar manches Vergehen vorbehalten. Ein mißvergnügter Jesuit klagte – wie er erklärte, durch Gewissensskrupel bewogen – seinen Orden an, daß er Verbrechen dieser Art, wenn sie von seinen Mitgliedern begangen worden, verberge und selbst abmache. Plötzlich ließ die Inquisition den Provinzial, der bei einem Falle dieser Art beteiligt war, und einige seiner tätigsten Genossen einziehen[1]. Da nach diesem ersten Anfang auch andere Anklagen hervortraten, so ließ sich die Inquisition die Statuten des Ordens aushändigen und schritt zu neuen Verhaftungen. Es entstand eine um so lebhaftere Aufregung in den gläubigen Spaniern, da man nicht wußte weshalb, da sich die Meinung ausbreitete, die Jesuiten seien um einer Ketzerei willen eingezogen worden.

Die Inquisition hätte jedoch nur eine Strafe verhängen, keine Änderung vorschreiben können. Als es so weit war, wandten sich die Mißvergnügten auch an den König. Mit weitläufigen Klageschriften über die Mängel in ihrer Verfassung bestürmten sie ihn. Philipp II. hatte diese Verfassung niemals gefallen; er pflegte zu sagen, alle anderen Orden durchschaue er, nur den jesuitischen könne er nicht verstehen; besonders schien ihm einzuleuchten, was man ihm von dem Mißbrauch der absoluten Gewalt und dem Unwesen der geheimen Anklagen vortrug; in der Mitte des großen europäischen Kampfes, in dem er sich befand, widmete er doch auch dieser Sache seine Aufmerksamkeit: zunächst beauftragte er den Bischof Manrique von Cartagena, besonders mit Hinsicht auf jene Punkte den Orden einer Visitation zu unterwerfen.

Ein Angriff, der, wie man sieht, dem Charakter des Institutes, dem Oberhaupte selbst galt, um so bedeutender, da er aus eben dem Lande kam, wo die Gesellschaft entsprungen war und zuerst Fuß gefaßt hatte.

[1] Sacchinus, pars V, lib. VI, n. 85: Quidam e confessariis seu vero seu falso delatus ad provincialem tum Castellae, Antonium Macenium, erat de tentata puellae per sacras confessiones pudicitia, quod crimen in Hispania sacrorum quaesitorum judicio reservabatur.

Aquaviva erschrak nicht davor. Er war ein Mann, der hinter einer großen äußeren Milde und sanften Sitten eine innerliche Unerschütterlichkeit verbarg, eine Natur, wie auch Clemens VIII., und wie sie überhaupt in dieser Zeit emporkamen, vor allen Dingen besonnen, gemäßigt, klug, verschwiegen. Er hätte sich nie ein absprechendes Urteil erlaubt; er litt nicht, daß ein solches auch nur in seiner Gegenwart verlautete, am wenigsten über eine ganze Nation; seine Sekretäre waren ausdrücklich angewiesen, jedes verletzende, jedes bittere Wort zu vermeiden. Er liebte die Frömmigkeit, auch ihren äußeren Anschein: in seiner Haltung am Altar drückte er einen hingegebenen Genuß an den Worten des Hochamtes aus; jedoch hielt er alles fern, was an Schwärmerei erinnerte. Er ließ eine Erklärung des Hohenliedes nicht zum Druck gelangen, weil er es anstößig fand, daß der Ausdruck auf den Grenzen sinnlicher und geistiger Liebe schwankte. Auch wenn er tadelte, wußte er zu gewinnen; er zeigte die Überlegenheit der Ruhe; mit sinnreichen Gründen wies er die Irrenden zurecht; mit Begeisterung hing die Jugend an ihm. „Man muß ihn lieben", schreibt Maximilian von Bayern seinem Vater von Rom, „wenn man ihn nur ansieht." Diese Eigenschaften nun, seine unermüdliche Tätigkeit, seine vornehme Herkunft selbst, die stets wachsende Bedeutung seines Ordens machten ihm eine große Stellung in Rom. Gelang es seinen Gegnern, die nationalen Gewalten in Spanien zu gewinnen, so hatte er den römischen Hof für sich, den er von Jugend auf kannte – er war schon Kammerherr, als er in den Orden trat –, den er mit der Meisterschaft eines angeborenen und geübten Talentes zu behandeln wußte[1].

Besonders ward es ihm bei der Natur Sixtus' V. leicht, die Antipathien dieses Papstes gegen die Bestrebungen der Spanier zu erwecken. Papst Sixtus hatte, wie wir wissen, die Idee, Rom noch mehr zur Metropole der Christenheit zu erheben, als es das schon war; Aquaviva stellte ihm vor, man suche in Spanien nichts anderes, als sich von Rom unabhängig zu machen. Papst Sixtus haßte nichts so sehr als unechte Geburt; Aquaviva hinterbrachte ihm, jener zum Visitator ausersehene Bischof Manrique sei ein Bastard: Grund genug für den Papst, die schon erteilte Bewilligung der Visitation zurückzunehmen. Auch den Prozeß des Pro-

[1] Sacchinus und besonders Juvencius: Hist. soc. Jesu, partis quintae tomus posterior XI, 21 und XXV, 33—41.

vinzials zog er nach Rom. Unter Gregor XIV. gelang es dem General, eine förmliche Bestätigung der Institute des Ordens auszubringen.

Aber auch die Gegner waren hartnäckig und verschlagen. Sie sahen wohl, daß man den General an dem römischen Hofe selbst angreifen müsse. Einen Augenblick der Abwesenheit desselben – er hatte den Auftrag, eine Zwistigkeit zwischen Mantua und Parma beizulegen – benutzten sie, um Clemens VIII. zu gewinnen. Auf den Antrag der spanischen Jesuiten und Philipps II. ordnete Clemens im Sommer 1592, ohne Wissen Aquavivas, eine Generalkongregation an.

Erstaunt und betroffen eilte Aquaviva zurück. Den Generalen der Jesuiten waren allgemeine Kongregationen so unbequem wie eine Kirchenversammlung dem Papst. Suchte sie schon jeder andere zu vermeiden, wieviel mehr Aquaviva, gegen den ein so lebhafter Haß sich regte! Doch bemerkte er bald, daß die Anordnung unwiderruflich war[1]; er faßte sich und sagte: „Wir sind gehorsame Söhne; der Wille des Heiligen Vaters geschehe." Dann eilte er, seine Maßregeln zu nehmen.

Schon auf die Wahlen verschaffte er sich einen großen Einfluß. Es glückte ihm, selbst in Spanien mehrere von seinen gefährlichsten Widersachern, z. B. Mariana, zurückgewiesen zu sehen.

Als nun die Versammlung beisammen war, wartete er nicht so lange, bis man ihn angriff. Gleich in der ersten Sitzung erklärte er: da er das Unglück habe, einigen seiner Mitbrüder zu mißfallen, so bitte er vor allen anderen Geschäften um eine Untersuchung seines Betragens. Es ward eine Kommission ernannt, es wurden Beschwerden namhaft gemacht; allein wie hätte ihm die Über-

[1] In einer Consulta del padre Cl Aquaviva coi suoi padri assistenti, MS. der Bibl. Corsini n. 1055, welche die Momente der inneren Entzweiung im ganzen recht gut und übereinstimmend mit Mariana darstellt, läßt man Aquaviva über ein Gespräch, das er mit dem Papst hatte, folgendes berichten: S. Sà disse che io non aveva sufficiente notizia de' soggetti della religione, che io veniva ingannato da falsi delatori, che io mi dimostrava troppo credulo. – Zu den Ursachen, weshalb eine Kongregation notwendig sei, rechnet man auch diese: Perchè molti soggetti di valore, che per non esser conosciuti piu che tanto da' generali non hanno mai parte alcuno nel governo, venendo a Roma in occasione delle congregationi sarebbero meglio conosciuti e per conseguenza verrebbero piu facilmente in parte del medesimo governo, senza che questo fosse quasi sempre ristretto a pochi.

schreitung eines positiven Gesetzes nachgewiesen werden sollen? er war viel zu klug, um sich eine solche zuschulden kommen zu lassen: er ward glänzend gerechtfertigt.

Dergestalt persönlich gesichert, ging er mit der Versammlung an die Erörterung der das Institut betreffenden Vorschläge.

König Philipp hatte einiges gefordert, anderes der Erwägung empfohlen. Gefordert hatte er zweierlei: Verzichtleistung auf gewisse päpstliche Privilegien, z. B. verbotene Bücher zu lesen, vom Verbrechen der Ketzerei zu absolvieren, und ein Gesetz, kraft dessen sich jeder Noviz, der in den Orden trete, der Majorate, die er etwa besitze, selbst aller seiner Pfründen begeben solle. Es waren Dinge, in denen die Gesellschaft mit Inquisition und Staatsverwaltung zusammenstieß. Nach einigem Bedenken wurden diese Forderungen hauptsächlich durch Aquavivas eigenen Einfluß bewilligt.

Noch um vieles wichtiger aber waren die Punkte, die der König der Erwägung empfohlen. Vor allem: ob nicht die Gewalt der Oberen auf eine bestimmte Zeit einzuschränken, ob nicht eine Wiederholung der Generalkongregationen in festgesetzten Terminen anzuordnen sei. Das Wesen des Institutes, die Rechte der absoluten Herrschaft kamen hierdurch in Frage. Da war Aquaviva nicht so geneigt. Nach lebhaften Debatten wies die Kongregation diese Anträge des Königs zurück. Allein auch der Papst war von der Notwendigkeit derselben überzeugt. Was dem König abgeschlagen worden, befahl nunmehr der Papst: aus apostolischer Machtvollkommenheit setzte er fest, daß die Oberen, die Rektoren, alle drei Jahre wechseln, die Generalkongregationen alle sechs Jahre einmal zusammentreten sollten[1].

Nun ist es zwar an dem, daß die Ausführung dieser Anordnungen doch nicht so viel wirkte, als man gehofft hatte. Die Kongregationen konnten gewonnen werden; die Rektoren wurden freilich gewechselt, aber in einem engen Kreise, und bald kehrten die nämlichen wieder. Aber allemal war es ein bedeutender Schlag für die Gesellschaft, daß es durch innere Empörung und Einwirkung von außen zu einer Abänderung ihrer Gesetze gekommen war.

Und schon erhob sich in den nämlichen Gegenden noch ein anderer Sturm.

[1] Juvencius hat in seinem ersten Buch, das er das elfte nennt (societas *domesticis motibus agitata*), hierüber ausführliche Nachrichten, welche hier zugrunde liegen.

Die Jesuiten hatten sich anfangs an den Lehrbegriff der Thomisten gehalten, wie er in den Schulen jener Zeit überhaupt herrschte. Ignazio hatte seine Schüler ausdrücklich auf die Lehre des Doktor Angelicus angewiesen.

Gar bald aber glaubten sie zu finden, daß sie mit diesen Lehren den Protestanten gegenüber nicht ganz zum Ziele gelangen könnten. Sie wollten in den Doktrinen selbständig sein wie im Leben. Es war ihnen unbequem, den Dominikanern nachzutreten, zu denen St. Thomas gehört hatte und die als die natürlichen Erklärer seiner Meinungen angesehen wurden. Nachdem sie schon früher manches Zeichen dieser Gesinnung gegeben, so daß schon zuweilen bei der Inquisition von der freieren Denkart der Väter Jesuiten die Rede war[1], trat Aquaviva 1584 in seiner Studienordnung offen mit derselben hervor. Er meint, St. Thomas sei zwar der beifallswürdigste Autor, doch würde es ein unerträgliches Joch sein, in allen Dingen seinen Fußtapfen folgen, gar keine freien Meinungen hegen zu sollen. Von neueren Theologen sei manche alte Lehre besser begründet, manche neue vorgetragen worden, die zur Bekämpfung der Ketzer trefflich diene; in alledem möge man diesen Doktoren folgen.

Schon dies veranlaßte in Spanien, wo die theologischen Katheder noch größtenteils von Dominikanern eingenommen waren, eine gewaltige Aufregung. Man erklärte die Studienordnung für das verwegenste, anmaßendste, gefährlichste Buch in seiner Art; man ging König und Papst darüber an[2].

Wieviel größer aber mußte die Bewegung werden, als nun wirklich das thomistische System in einem der wichtigsten Lehrstücke von den Jesuiten verlassen ward!

In der gesamten Theologie, der katholischen wie der protestantischen, waren die Streitfragen über Gnade und Verdienst, freien Willen und Prädestination noch immer die wichtigsten, wirksamsten; sie beschäftigten noch immer Gemüt, Gelehrsamkeit und Spekulation der Geistlichen wie der Laien. Auf der protestanti-

[1] Lainez selbst war der spanischen Inquisition verdächtig. Llorente III, 83.

[2] Pegna in Serry, Historia congregationum de auxiliis divinae gratiae p. 8: y dado a censurar, fue dicho por aquellos censores (Mariana und Serry reden sogar von der Inquisition) que aquel libro era el mas peligroso, temerario y arrogante que jamas havia salido in semejante materia, y que si metia en pratica lo que contenia, causaria infinitos daños y alborotos en la republica christiana.

schen Seite fanden nun damals die strengen Lehren Kalvins von dem partikularen Ratschluß Gottes, nach welchem „einigen die ewige Seligkeit, anderen die Verdammnis vorherbestimmt worden“, den meisten Beifall; die Lutheraner mit ihren milderen Begriffen hierüber waren im Nachteil und erlitten bald hier, bald dort Verluste. Eine entgegengesetzte Entwicklung fand auf der katholischen Seite statt. Wo irgendeine Hinneigung zu den Begriffen auch der mildesten Protestanten, auch nur eine schärfere Auffassung der augustinischen Vorstellungsweise zum Vorschein kam, z. B. bei Bajus in Löwen, ward sie bekämpft und unterdrückt. Besonders die Jesuiten zeigten sich hierin eifrig. Das in dem Tridentinischen Konzilium aufgestellte Lehrsystem, das ja selbst nicht ohne den Einfluß ihrer Mitbrüder Lainez und Salmeron zustande gekommen, verteidigten sie gegen jede Abweichung nach der verworfenen und verlassenen Seite hin. Und selbst dies System tat ihrem polemischen Eifer nicht immer Genüge. Im Jahre 1588 trat Luis Molina zu Evora mit einem Buche hervor, in welchem er jene Streitfragen neuerdings vornahm und die noch immer übriggebliebenen Schwierigkeiten auf eine neue Weise zu beseitigen versuchte[1]. Seine vornehmste Absicht bei diesem Unternehmen war, dem freien Willen des Menschen noch einen größeren Spielraum zu vindizieren, als der thomistische oder der tridentinische Lehrbegriff annahm. In Trient hatte man das Werk der Heiligung vorzüglich auf die inhärierende Gerechtigkeit Christi begründet, welche, uns eingegossen, die Liebe hervorrufe, zu allen Tugenden und guten Werken leite und endlich die Rechtfertigung hervorbringe. Einen bedeutenden Schritt weiter geht Molina. Er behauptet, der freie Wille könne ohne Hilfe der Gnade moralisch gute Werke hervorbringen; er könne Versuchungen widerstehen; er könne sich selbst zu einem und dem anderen Akt der Hoffnung, des Glaubens, der Liebe und der Reue erheben[2]. Wenn der Mensch so weit sei, so gewähre ihm alsdann Gott um

[1] Liberi arbitrii cum gratiae donis concordia. In den Streitigkeiten hat man immer für nötig gehalten, die Ausgaben von Lissabon 1588, von Antwerpen 1595 und von Venedig sorgfältig zu unterscheiden, weil sie alle voneinander abweichen.

[2] Es wird hierbei immer der concursus generalis dei vorausgesetzt; allein es wird damit eigentlich nur der natürliche Zustand des freien Willens bezeichnet, der allerdings nicht ohne Gott so ist, wie er ist: Deus semper praesto est per concursum generalem libero arbitrio, ut naturaliter velit aut nolit prout placuerit. Das ist ungefähr so, wie bei Bellar-

des Verdienstes Christi willen die Gnade[1], durch die er die übernatürlichen Wirkungen der Heiligung erfahre; allein ganz wie vorher sei auch bei dem Empfangen dieser Gnade, bei ihrem Wachsen der freie Wille unaufhörlich tätig. Auf diesen komme doch alles an: es stehe bei uns, die Hilfe Gottes wirksam oder unwirksam zu machen. Auf der Vereinigung des Willens und der Gnade beruhe die Rechtfertigung; sie seien verbunden wie ein paar Männer, die an einem Schiffe ziehen. Es versteht sich nun, daß Molina hierbei den Begriff von Prädestination, wie er bei Augustinus oder Thomas von Aquino vorkommt, nicht annehmen kann. Er findet ihn zu hart, zu grausam. Er will von keiner anderen Vorherbestimmung wissen als einer solchen, welche eigentlich Voraussicht sei. Nun wisse aber Gott aus höchster Einsicht in die Natur eines jeden Willens voraus, was derselbe in dem gegebenen Falle tun werde, obwohl er auch das Gegenteil hätte tun können. Allein nicht darum erfolge etwas, weil es Gott vorherwisse, sondern Gott sehe es darum vorher, weil es erfolgen werde.

Eine Lehre, die nun allerdings der kalvinistischen ganz an dem entgegengesetzten Ende gegenübertritt, zugleich die erste, die es unternimmt, das Geheimnis, sozusagen, zu rationalisieren. Sie ist verständlich, scharfsinnig und flach; eben darum kann sie einer gewissen Wirkung nicht verfehlen; man darf sie wohl mit der Doktrin von der Volkssouveränität vergleichen, welche die Jesuiten zu der nämlichen Zeit ausbildeten[2].

min natürliches und göttliches Recht identifiziert werden, weil Gott der Urheber der Natur ist.

[1] Auch diese Gnade faßt er sehr natürlich auf. Disput. 54: Dum homo expendit res credendas – per notitias concionatoris aut aliunde comparatas, influit deus in easdem notitias influxu quodam particulari, quo cognitionem illam adiuvat.

[2] Diese rationalistische Richtung tritt auch sonst hervor, z. B. in den Behauptungen der Jesuiten Leß und Hamel 1585 zu Löwen: Propositiones in Lessio et Hamelio a theologis Lovaniensibus notatae: ut quid sit scriptura sacra, non est necessarium singula eius verba inspirata esse a spiritu sancto. Von den Worten gehen sie sogleich zu den Wahrheiten fort: non est necessarium, ut singulae veritates et sententiae sint immediate a spiritu sancto ipsi scriptori inspiratae. Die wesentlichen Behauptungen Molinas finden sich bereits, wenigstens zum Teil, in diesen Sätzen; auch wird darin auf ihre völlige Abweichung von den protestantischen aufmerksam gemacht: haec sententia – quam longissime a sententia Lutheri et Calvini et reliquorum haereticorum huius temporis recedit, a quorum sententia et argumentis difficile est alteram sententiam (die augustinische und thomistische) vindicare.

Notwendig aber mußten sie damit in ihrer eigenen Kirche Widerstand erwecken, schon darum, weil sie sich von dem Doktor Angelicus entfernten, dessen Summa noch immer das vornehmste Handbuch der katholischen Theologen bildete. Einige Mitglieder des Ordens selbst, Henriquez, Mariana, sprachen öffentlich ihren Tadel aus. Bei weitem lebhafter aber nahmen die Dominikaner ihren Patriarchen in Schutz. Sie schrieben und predigten gegen Molina; in ihren Vorlesungen griffen sie ihn an. Endlich veranstaltete man am 4. März 1594 in Valladolid eine Disputation zwischen beiden Teilen. Die Dominikaner, die sich im Besitze der Rechtgläubigkeit glaubten, wurden heftig. „Sind denn", rief ein Jesuit aus, „die Schlüssel der Weisheit etwa bei Euch?" Die Dominikaner schrien auf; sie nahmen dies für einen Angriff auf St. Thomas selbst.

Seitdem trennten sich die beiden Orden völlig. Die Dominikaner wollten nichts mehr mit den Jesuiten zu tun haben. Die Jesuiten nahmen, wo nicht alle, doch bei weitem zum größten Teil, für Molina Partei. Aquaviva selbst, seine Assistenten waren für denselben.

Aber schon griff auch hier die Inquisition ein. Der Großinquisitor – es war eben jener Hieronymus Manrique, der zum Visitator des Ordens bestimmt gewesen – machte Miene, Molina zu verdammen; er ließ ihm bemerken, sein Buch dürfte wohl nicht mit einer einfachen Verwerfung wegkommen, sondern zum Feuer verurteilt werden. Gegenklagen Molinas wider die Dominikaner weigerte er sich anzunehmen.

Eine Streitigkeit, welche die ganze katholische Welt sowohl wegen der Lehren als um ihrer Verfechter willen in Bewegung setzte und die jenen Angriff auf das jesuitische Institut, der sich in Spanien erhoben, um vieles verstärkte.

Eben hierdurch trat nun aber die sonderbare Erscheinung ein, daß, während man die Jesuiten wegen ihrer Hinneigungen zu Spanien aus Frankreich verjagte, von Spanien her selbst der gefährlichste Angriff gegen sie unternommen ward. In beiden Ländern waren Momente der Politik und der Doktrin hierbei tätig. Das Politische war am Ende in beiden das nämliche, ein nationaler Gegensatz gegen die Vorrechte und Freiheiten dieses Ordens; in Frankreich war es gewaltsamer, heftiger, in Spanien aber eigentümlicher, besser begründet; in Hinsicht der Doktrin waren es die neuen Lehren, welche den Jesuiten Haß und Verfolgung zuzogen.

Ihre Lehre von der Volkssouveränität und dem Königsmorde ward ihnen in Frankreich, ihre Meinungen von dem freien Willen wurden ihnen in Spanien verderblich.

Ein Augenblick in der Geschichte dieser Gesellschaft, der für die Wendung, die sie nahm, von großer Bedeutung ist.

Gegen die Angriffe der nationalen Gewalten, des Parlaments und der Inquisition, suchte Aquaviva Hilfe in dem Mittelpunkte der Kirche, bei dem Papst.

Er benutzte den günstigen Augenblick, als jener Großinquisitor gestorben und seine Stelle noch nicht wieder besetzt war, um den Papst zu bestimmen, die Entscheidung der Glaubensstreitigkeit nach Rom zu evozieren. Es war schon viel gewonnen, wenn die Entscheidung nur zunächst verschoben ward. Wie leicht fanden sich dann in Rom anderweite Einflüsse, welche sich in einem bedenklichen Augenblicke geltend machen ließen! Am 9. Oktober 1596 wurden die Akten des Prozesses nach Rom gesendet. Von beiden Seiten fanden sich die gelehrten Theologen ein, um ihren Streit unter den Augen des Papstes durchzufechten[1].

In der französischen Angelegenheit nahm sich Clemens der Jesuiten ohnehin an. Er fand es unverantwortlich, um eines einzigen willen, welcher Strafe verdient haben möge, einen ganzen Orden zu verbannen, und zwar den, der das meiste zur Herstellung des Katholizismus vollbringe, der eine so starke Stütze der Kirche sei. Litt nicht auch der Orden in der Tat für seine Hingebung an den Päpstlichen Stuhl, für die Lebhaftigkeit, mit der er die Ansprüche desselben auf eine höchste Gewalt auf Erden verfocht? Dem Papste mußte alles daran liegen, den Gegensatz vollends zu verlöschen, in welchem sich Frankreich noch gegen ihn hielt. Je genauer die Verbindung ward, in die er mit Heinrich IV. trat, je einhelliger die beiderseitige Politik, desto wirksamer wurden seine Vorstellungen; von Moment zu Moment gab Heinrich nachgiebigere Erklärungen[2].

[1] Pegna, Rotae Romanae decanus, istarum rerum testis locupletissimus wie ihn Serry nennt: Cerniendo (Molina) lo que verisimilmente podia suceder de que su libro fuese prohibido y quemado, porque assi se lo avia asomado el inquisitor general, luego lo avisò a Roma, donde por obra y negociacion de su general su santidad avocò a se esta causa, ordinando a la inquisicion general que no la concluyesse ni diesse sententia.

[2] Die Jesuiten möchten leugnen, daß ihre Sache mit der Politik in Verbindung gekommen; jedoch ergibt sich aus Bentivoglio, Memorie II, 6,

Hierin unterstützte nun das wohlerwogene Betragen des Ordens den Papst ungemein.

Die Jesuiten hüteten sich wohl, dem König von Frankreich Entrüstung oder Widerwillen zu zeigen; auch waren sie nicht geneigt, sich ferner für die verlorene Sache der Ligue in Gefahr zu stürzen; sowie sie die Wendung wahrnahmen, welche die päpstliche Politik genommen, schlugen auch sie eine ähnliche ein. Pater Commolet, der noch nach der Bekehrung Heinrichs IV. auf den Kanzeln ausgerufen, „man bedürfe eines Ehud wider ihn", und bei dem Siege des Königs hatte fliehen müssen, war umgestimmt, als er nach Rom kam, und erklärte sich für die Lossprechung des Königs. Unter allen Kardinälen trug wohl kein anderer, durch Nachgiebigkeit, versöhnende Schritte und persönlichen Einfluß auf den Papst, soviel zu dieser Absolution bei wie der Jesuit Toledo[1]. Sie taten dies, während das Parlament noch immer neue Beschlüsse gegen sie faßte, Beschlüsse, über die sich Aquaviva beklagte, ohne sich doch dadurch zu Eifer und Heftigkeit fortreißen zu lassen. Nicht alle Jesuiten hatten vertrieben werden können; die zurückgebliebenen erklärten sich jetzt für den König und ermahnten das Volk, ihm ergeben zu sein, ihn zu lieben. Schon drangen einige nach den verlassenen Orten vor; Aquaviva billigte dies nicht und wies sie an, die Erlaubnis des Königs abzuwarten. Man trug Sorge, daß Heinrich sowohl das eine als das andere erfuhr; er war höchlich erfreut darüber; er dankte dem General in besonderen Schreiben. Auch versäumten die Jesuiten nicht, ihn nach Kräften in dieser Neigung zu befestigen. Pater Rocheome, den man den französischen Cicero nannte, verfaßte eine populäre Apologie des Ordens, die dem Könige besonders einleuchtete[2].

Zu diesem doppelten Antriebe, von der Seite des Papstes und des Ordens, kamen nun politische Betrachtungen Heinrichs IV. selbst. Er sah, wie er in einer Depesche sagt, daß er durch die Verfolgung eines Ordens, der so viele Mitglieder von Geist und Gelehrsamkeit zähle, so viel Macht und Anhang habe, sich in der eifrig katholi-

p. 395, wie sehr Kardinal Aldobrandino bei den Unterhandlungen von Lyon auf ihr Interesse Rücksicht nahm, und gleich damals gab der König eine günstige Erklärung. (Le roi au cardinal Ossat, 20 janv. 1601).

[1] du Perron à Villeroy, Ambassades I, 23: Seulement vous diray-je que M[r] le C[l] Tolet a fait des miracles et s'est monstré bon François.

[2] *Gretser* hat sie für Nichtfranzosen lateinisch übersetzt: Gretseri opera, tom. XI, p. 280.

schen Klasse, die noch immer so zahlreich sei, unversöhnliche Feinde erhalten, Verschwörungen veranlassen werde. Er sah, daß er sie von da, wo sie sich noch hielten, nicht werde verjagen können; er hätte den Ausbruch einer öffentlichen Bewegung zu fürchten gehabt[1]. Überdies hatte Heinrich durch das Edikt von Nantes den Hugenotten so starke Zugeständnisse gemacht, daß er auch dem Katholizismus eine neue Garantie schuldig war. Schon murrte man in Rom; zuweilen gab der Papst doch noch zu erkennen, daß er fürchte, betrogen zu sein[2]. Endlich aber stand der König hoch genug, um die allgemeine Lage der Dinge besser zu übersehen als sein Parlament und die Verbindung der Jesuiten mit Spanien nicht zu fürchten. Pater Lorenz Maggio eilte im Namen des Generals nach Frankreich, um dem Könige mit teueren Eidschwüren die Treue der Gesellschaft zuzusichern: „ergebe es sich anders, so solle man ihn und seine Mitbrüder für die schwärzesten Verräter halten“[3]. Dem Könige schien es ratsamer, ihre Freundschaft als ihre Feindseligkeiten zu erproben. Er sah ein, daß er sich ihrer zu seinem eigenen Vorteil gegen Spanien werde bedienen können[4]. Durch so viele Motive äußerer Politik und innerer Notwendigkeit bewogen, erklärte sich der König schon im Jahre 1600 bei den Unterhandlungen von Lyon bereit, den Orden wieder aufzunehmen. Er selbst wählte sich den Jesuiten Cotton zu seinem Beichtvater. Nachdem manche andere Gunstbezeigung vorhergegangen, erfolgte im September 1603 das Edikt, durch welches die Jesuiten in Frankreich wiederhergestellt wurden. Es wurden ihnen einige Bedingungen gemacht, von denen die wichtigste ist, daß so die Vorsteher wie die Mitglieder der Gesellschaft in Frankreich in Zukunft nur Franzosen sein dürften[5]. Heinrich zweifelte nicht, daß

[1] Dispaccio del re de' 15 Agosto 1603 al re Jacopo d'Inghilterra, exzerpiert in Siri, Memorie recondite I, p. 247.
[2] Ossat à Villeroy I, 503.
[3] Sully, liv. XVII, p. 307.
[4] Riconobbe chiaramente d'esserne per ritrarre servigio e contentamento in varie occorrenze a prò proprio e de' suoi amici contra gli Spagnoli stessi. (Dispaccio bei Siri.)
[5] Edictum regium bei Juvencius, p. V, lib. XII, n. 59. Bei Juvencius findet man alles, was zugunsten der Jesuiten, in des Ludovicus Lucius Historia Jesuitica, Basileae 1627 lib. II, c. II, was damals gegen die Jesuiten gesagt wurde. Die entscheidenden Momente hat weder der eine noch der andere; bei dem Verteidiger sind sie aber doch noch mehr angedeutet als bei dem Ankläger.

er alles auf eine Weise angeordnet habe, die ihn zu vollkommenem Zutrauen berechtige.

Unbedenklich wandte er ihnen seine Gunst zu. In ihren eigenen Angelegenheiten, zunächst in ihrer dominikanischen Streitigkeit, kam er ihnen zu Hilfe.

Clemens VIII. zeigte in dieser Sache ein lebhaftes theologisches Interesse. In seiner Gegenwart sind 65 Versammlungen, 37 Disputationen über alle Punkte, welche hierbei in Frage kommen konnten, gehalten worden; er selbst hat mehreres darüber geschrieben, und soweit wir urteilen können, neigte er sich zu dem herkömmlichen Lehrbegriff, zu einer für die Dominikaner günstigen Entscheidung. Selbst Bellarmin sagte: er leugne nicht, daß der Papst sich gegen die Jesuiten zu erklären geneigt sei; aber er wisse, daß dies doch nicht geschehen werde. Zu gefährlich wäre es gewesen, in einer Zeit, wo die Jesuiten die vornehmsten Apostel des Glaubens in aller Welt waren, mit ihnen über einen Artikel des Glaubens zu brechen, und wirklich machten sie schon einmal Miene, ein Konzilium zu fordern; der Papst soll ausgerufen haben: „Sie wagen alles, alles[1].“ Zu entschieden nahmen auch die Franzosen Partei. Heinrich IV. war für sie, sei es, daß ihm ihre Vorstellungsweise einleuchtete, was allerdings möglich wäre, oder daß er vorzugsweise dem Orden, der dem Protestantismus den Krieg machte, auch darum beifiel, um seine Orthodoxie außer Zweifel zu setzen. Kardinal du Perron nahm an den Kongregationen teil und hielt die jesuitische Partei mit geschicktem Eifer aufrecht. Er sagte dem Papst, die Lehren der Dominikaner könne auch ein Protestant unterschreiben, und es mag wohl sein, daß er damit Eindruck auf denselben gemacht hat.

Der Wettstreit zwischen Spanien und Frankreich, welcher die

[1] Serry 271. Auch Contarini behauptet, sie hätten gedroht: Portata la disputatione a Roma ventilata tra theologi, il papa e la maggior parte de' consultori inclinavano nell' opinione de Domenicani. Ma li Gesuiti, vedendosi in periculo di cader da quel credito per il quale pretendono d'haver il primo luoco di dottrina nella chiesa cattolica, erano resoluti di mover ogni machina per non ricever il colpo. Die Lehre, mit der sie bei Contarini drohen, ist, daß allerdings der Papst infallibel sei; aber es sei kein Glaubensartikel, einen oder den andern für den wahren Papst zu halten. La potenza di questi e l'autorità di chi li proteggeva era tanta che ogni cosa era dissimulata, e si mostrava di non sentirlo e sopra diffinire della controversia si andava temporeggiando, per non tirarsi adosso carica maggiore.

Welt bewegte, mischte sich auch in diese Streitigkeiten ein. Die Dominikaner fanden ebensoviel Schutz bei den Spaniern wie die Jesuiten bei den Franzosen[1].

Daher kam es auch, daß Clemens VIII. in der Tat zu keiner Entscheidung schritt. Es hätte ihn in neue Verlegenheiten verwickelt, von so mächtigen Orden, so gewaltigen Fürsten den einen oder den anderen zu verletzen.

Politische Stellung Clemens' VIII.

Überhaupt war dies nun eine der vornehmsten Rücksichten des Päpstlichen Stuhles, von den beiden Mächten, auf denen das Gleichgewicht der katholischen Welt beruhte, weder die eine noch die andere von sich zu entfremden, ihre Streitigkeiten untereinander beizulegen und wenigstens nie zu einem Kriege ausbrechen zu lassen, seinen Einfluß auf beide zu behaupten.

Das Papsttum erscheint uns hier in seinem löblichsten Berufe, vermittelnd, friedenstiftend.

Den Frieden von Vervins – 2. Mai 1598 – verdankte die Welt hauptsächlich Clemens VIII. Er ergriff den günstigen Augenblick, als der König von Frankreich wegen seiner zerrütteten Finanzen, der König von Spanien wegen seiner zunehmenden Altersschwäche auf ein Abkommen zu denken genötigt waren. Er traf die Einleitungen; von ihm gingen die ersten Eröffnungen aus; der Franziskanergeneral, Fra Bonaventura Calatagirona, den er zu diesem Geschäft glücklich ausersehen und nach Frankreich gesendet hatte, legte die ersten und größten Schwierigkeiten bei. Die Spanier hatten eine Menge Plätze in Frankreich inne; sie waren

[1] Hauptstelle bei du Perron, Ambassades et négociations liv. III, tom. II, p. 839, Lettre du 23 janv. 1606: Les Espagnols font profession ouvertement de protéger les Jacobins (Dominikaner), en haine, comme je croy, de l'affection que le père general des Jesuites et presque tous ceux de son ordre, excepté ceux qui dépendent des pères Mendozze et Personius comme particulièrement les Jesuites Anglois, ont monstré de porter à vostre Majesté: et semble que d'une dispute de religion ils en veuillent faire une querelle d'estat. Man sieht daraus, daß die Jesuiten bis auf eine kleine Fraktion jetzt für französisch gesinnt galten. Bei Serry p. 440 findet sich, daß die Dominikaner damals von dem französischen Hofe ausgeschlossen worden: Praedicatores tum temporis in Gallia minus accepti et a publicis curiae muneribus nuper amoti.

bereit, dieselben zurückzugeben, jedoch Calais nahmen sie aus; die Franzosen bestanden auf die Rückgabe auch von Calais: Fra Calatagirona war es, der die Spanier bestimmte, dies zuzusagen. Dann erst wurden die Unterhandlungen zu Vervins förmlich eröffnet. Ein Legat und ein Nuntius präsidierten denselben; der Franziskanergeneral fuhr fort, auf das geschickteste zu vermitteln; auch sein Sekretär Soto erwarb sich ein nicht geringes Verdienst dabei. Die Hauptsache war, daß der König von Frankreich sich entschloß, sich von seinen Verbündeten, England und Holland, zu trennen. Es ward dies zugleich als ein Vorteil für den Katholizismus betrachtet, indem erst hierdurch der Abfall Heinrichs IV. von dem protestantischen Systeme vollendet zu werden schien. Nach langen Zögerungen verstand sich Heinrich dazu. Und hierauf gaben die Spanier alle ihre Eroberungen wirklich zurück; der Besitzstand ward hergestellt, wie er im Jahre 1559 gewesen war. Der Legat erklärte, Seine Heiligkeit werde darüber ein größeres Vergnügen empfinden als selbst über die Einnahme von Ferrara; weit mehr als diese weltliche Erwerbung habe ein Friede zu bedeuten, der die gesamte Christenheit umfasse und in Ruhe setze[1].

Bei diesem Frieden war nur ein Punkt, die Streitigkeit zwischen Savoyen und Frankreich, unerledigt geblieben. Der Herzog von Savoyen hatte, wie wir berührten, Saluzzo an sich gerissen und wollte sich nicht bequemen, es wieder herauszugeben; nach vieler vergeblicher Unterhandlung griff ihn endlich Heinrich IV. mit offenen Waffen an. Dem Papste, welchem ohnehin in Vervins die Vermittlung in dieser Sache ausdrücklich übertragen worden war, lag alles daran, den Frieden wiederherzustellen: bei jeder Gelegenheit, in jeder Audienz drang er darauf; so oft ihn der König seiner Ergebenheit versichern ließ, forderte er diesen Frieden als einen Beweis derselben, als einen Gefallen, den man ihm tun müsse. Die eigentliche Schwierigkeit lag darin, daß die Herausgabe von Saluzzo die allgemeinen italienischen Interessen zu verletzen schien. Man sah es nicht gern, daß die Franzosen eine Landschaft in Italien besitzen sollten. Zuerst, soviel ich finde, hat

[1] Hinter der Ausgabe der Mémoires von Angoulême bei Didot 1756 findet sich I, 131—363 unter dem Titel: Autres Mémoires, ein ausführlicher Bericht über die Unterhandlung von Vervins, der sich durch Genauigkeit und Unparteilichkeit auszeichnet, aus dem denn auch die mitgeteilten Notizen stammen, die letzte p. 337.

jener Minorit Calatagirona die Auskunft vorgeschlagen, dem Herzog Saluzzo zu lassen und Frankreich durch Bresse und einige benachbarte savoyische Landschaften zu entschädigen[1]. Diesen Vorschlag zu einem wirklichen Abkommen zu erheben, war das Verdienst, das sich Kardinal Aldobrandino im Jahre 1600 in Lyon erwarb. Auch die Franzosen dankten es ihm: Lyon bekam dadurch eine breitere Umgrenzung, wie es sich dieselbe schon lange gewünscht hatte[2].

Unter so glücklichen Umständen dachte Papst Clemens zuweilen daran, der unter ihm vereinigten katholischen Welt eine gemeinschaftliche Richtung wider den alten Erbfeind zu geben. In Ungarn war der Türkenkrieg wieder ausgebrochen; schon damals glaubte man wahrzunehmen, daß das Osmanische Reich von Tag zu Tag schwächer werde: bei der persönlichen Untauglichkeit der Sultane, dem Einfluß des Serails, den unaufhörlichen Empörungen besonders in Asien, schien es möglich, etwas Rechtes gegen die Osmanen auszurichten. Der Papst ließ es wenigstens an sich nicht fehlen. Schon im Jahre 1599 belief sich die Summe, die er für diesen Krieg aufgewendet hatte, auf anderthalb Millionen Skudi. Bald darauf finden wir ein päpstliches Heer von 12 000 Mann an der Donau. Aber um wieviel wichtigere Erfolge ließen sich erwarten, wenn man einmal die Kräfte des Abendlandes in einiger Ausdehnung zu einem orientalischen Unternehmen vereinigte, wenn sich besonders Heinrich IV. entschloß, seine Macht der österreichischen zuzugesellen! Der Papst unterließ nicht, ihn dazu zu ermuntern. Und in der Tat schrieb Heinrich gleich nach dem Frieden von Vervins den Venezianern, er hoffe, in kurzem in Venedig zu Schiffe zu steigen, wie die früheren Franzosen, zu einem Unternehmen auf Konstantinopel. Er wiederholte sein Versprechen bei dem Abschluß des Friedens mit Savoyen[3]. Aber allerdings hätte der Ausführung ein innigeres Verständnis vorausgehen müssen, als sich nach so starken Erschütterungen so bald erreichen ließ.

Vielmehr kam der Gegensatz und Wetteifer, der zwischen den beiden vornehmsten Mächten bestehen blieb, dem Päpstlichen Stuhle

[1] Ossat an Villeroy, 25. März 1599.

[2] Bentivoglio teilt in dem vornehmsten Abschnitt des zweiten Buches seiner Memorie (c. 2—c. 6) diese Unterhandlungen ausführlich mit.

[3] Lettre du roy im Anhang zu dem zweiten Bande der Briefe von Ossat S. 11.

in seinen eigenen Angelegenheiten noch mehr als einmal zustatten. Papst Clemens hatte selbst noch einmal Anlaß, sich desselben sogar in Sachen des Kirchenstaates zu bedienen.

Bei so vielen glänzenden Unternehmungen, so vielem Fortgang nach außen übte Clemens auch an seinem Hofe, in seinem Staate eine strenge und sehr monarchische Gewalt aus.

Die neue Einrichtung, die Sixtus V. dem Kardinalkollegium gegeben, schien demselben erst einen recht regelmäßigen Einfluß in die Geschäfte verschaffen zu müssen. Jedoch die Formen enthalten nicht das Wesen, und es erfolgte das gerade Gegenteil. Der prozessualische Geschäftsgang, die Unbeweglichkeit, zu der eine deliberierende Versammlung hauptsächlich wegen der widerstreitenden Meinungen, die in ihr hervorzutreten pflegen, verdammt ist, machten es Clemens VIII. unmöglich, den Kongregationen die wichtigen Sachen anzuvertrauen. Anfangs befragte er sie noch; doch wich er schon damals oft von ihren Entscheidungen ab; dann teilte er ihnen die Sachen erst kurz vor ihrem Abschluß mit: die Konsistorien dienten mehr zur Publikation als zur Beratung; endlich beschäftigte er sie bloß mit untergeordneten Angelegenheiten oder den Formalitäten[1].

Ohne Zweifel lag in der neuen Wendung, welche Clemens der Politik des römischen Hofes gab, hierzu eine gewisse Nötigung. Allein es war auch eine persönliche Neigung zur Alleinherrschaft dabei. Das Land ward in demselben Sinne verwaltet: neue Auflagen wurden ausgeschrieben, ohne daß man jemanden gefragt hätte, die Einkünfte der Kommunen unter besondere Aufsicht genommen, die Barone der strengsten Rechtspflege unterworfen; man achtete nicht mehr auf Herkommen und Bevorrechtung.

Solange nun der Papst persönlich alle Geschäfte leitete, ging das wohl. Die Kardinäle wenigstens, obwohl nicht alle ihre Gedanken ihnen auf der Oberfläche lagen, gefielen sich in Bewunderung und Unterwürfigkeit.

[1] Delfino: Ora li consistorj non servono per altro che per communicare in essi la collation delle chiese e per publicar le resolutioni d'ogni qualità fatte dal papa, e le congregationi, da quella dell' inquisitione in poi, che si è pur conservata in qualche decoro e si riduce ogni settimana, tutte le altre, anche quelle che sono de' regolari e de' vescovi, sono in sola apparenza; perchè se bene risolvono ad un modo, il papa eseguisce ad un altro e nelle cose piu importanti, come nel dar ajuto a principi, di spedir legati, dichiarar capi.

Allmählich aber, mit den höheren Jahren, kam der Besitz, die Ausübung dieser monarchischen Gewalt an den päpstlichen Nepoten, Pietro Aldobrandino. Er war ein Sohn jenes Pietro Aldobrandino, der sich unter den Brüdern durch juristische Praxis ausgezeichnet hatte. Beim ersten Anblick versprach er wenig. Er war unansehnlich, pockennarbig, litt an Asthma, hustete immer, und in der Jugend hatte er es selbst in den Studien nicht weit gebracht. Sowie ihn aber sein Oheim in die Geschäfte nahm, zeigte er eine Gewandtheit und Gefügigkeit, wie sie kein Mensch erwartete. Nicht allein wußte er sich sehr gut in die Natur des Papstes zu finden, sie sozusagen zu ergänzen, seine Strenge zu mildern, die Schwachheiten, die sich auch in ihm allmählich zeigten, weniger auffallend und unschädlich zu machen[1]; er erwarb auch das Zutrauen und die Genugtuung der fremden Gesandten, so daß sie sämtlich die Geschäfte in seinen Händen zu sehen wünschten. Ursprünglich hatte er dieselben mit seinem Vetter Cinthio teilen sollen, der auch nicht ohne Geist war, besonders für die Literatur; allein gar bald hatte er diesen Genossen verdrängt. Im Jahre 1603 finden wir Kardinal Pietro allmächtig an dem Hofe. „Die gesamten Unterhandlungen", sagt eine Relation von diesem Jahre, „alle Gunst und Gnade hängen von ihm ab: Prälatur, Adel, Hofleute, Gesandte erfüllen sein Haus. Man kann sagen: durch sein Ohr wird alles vernommen, von seinem Gutachten hängt alles ab, aus seinem Munde kommt die Eröffnung, in seinen Händen liegt die Ausführung[2]."

Eine solche Gewalt, so unumschränkt, durchgreifend und dabei doch keineswegs gesetzmäßig, erweckte, trotz der Freunde, die sie finden mochte, in den übrigen einen geheimen, tiefen und allgemeinen Widerspruch. Bei einem geringfügigen Anlaß trat das unerwartet hervor.

Ein Mensch, den man um seiner Schulden willen festgenommen, wußte im rechten Augenblick seine Fesseln zu zerreißen und in

[1] Relatione al Cl Este: Dove il papa inasprisce, Aldobrandino mitiga; dove rompe, consolida; dove commanda giustitia, intercede per gratia

[2] „Orbis in urbe". Doch finden sich auch hier geheime Mächte: Ha diversi servitori, sagt dieselbe Relation, ma quel che assorbe i favori di tutti, è il cavr Clemente Sennesio, maestro di camera, salito a quel grado di privatissima fortuna, e che per ampliar maggiormente la sua autorità ha fatto salire il fratello al segretariato della consulta; così possedendo tra lor due la somma, l'uno della gratia del cardinale, l'altro della provisione d'officj e delle maggiori espeditioni.

den Palast Farnese zu entspringen, bei dem man ihn eben vorüberführte.

Schon lange hatten die Päpste von dem Rechte der vornehmen Geschlechter, Verbrechern in ihrem Hause eine Freistätte zu gewähren, nichts mehr wissen wollen. Der Kardinal Farnese, obwohl durch die Vermählung einer Aldobrandina in das Haus Farnese mit dem Papste verwandt, machte es wieder geltend. Er ließ die Sbirren, die ihren Gefangenen in dem Palaste suchen wollten, mit Gewalt hinaustreiben; dem Governatore, der sich darauf einstellte, entgegnete er, sein Haus habe nicht die Sitte, Angeklagte auszuliefern; dem Kardinal Aldobrandino, welcher Aufsehen zu vermeiden wünschte und in eigener Person erschien, um die Sache in Güte beizulegen, gab er wegwerfende Antworten: er ließ ihn merken, nach dem Tode des Papstes, der bald zu erwarten sei, werde ein Farnese mehr zu bedeuten haben als ein Aldobrandino.

Was ihm zu einem so trotzigen Betragen den Mut gab, war vor allem seine Verbindung mit den Spaniern. Aus der Verzichtleistung Heinrichs IV. auf Saluzzo, die man in Rom ein wenig armselig fand, hatte man geschlossen, daß sich dieser Fürst mit den italienischen Geschäften nicht befassen wolle; das Ansehen der Spanier war hierauf wieder gestiegen; da die Aldobrandini eine so starke Hinneigung zu Frankreich an den Tag legten, so schlossen die Gegner derselben sich an Spanien an. Der spanische Botschafter, Viglienna, gab dem Verfahren Farneses seine volle Billigung[1].

Der Rückhalt einer auswärtigen Macht, der Schutz eines großen Geschlechtes, – bedurfte es mehr, um die Unzufriedenheit des römischen Adels zum Ausbruch zu bringen? Cavalieri und Nobili strömten in den Palast Farnese. Einige Kardinäle schlugen sich offen zu ihnen; andere begünstigten sie insgeheim[2]. Alles rief, man müsse Papst und Kirche von der Gefangenschaft des Kardinals Aldobrandino befreien. Da der Papst Truppen nach Rom berief, so riet der spanische Botschafter den Vereinigten, denen er sogar

[1] Contarini, Historia Veneta, tom. III, lib. XIII, MS., unter allen Autoren jener Zeit hierüber am ausführlichsten und glaubwürdigsten: Viglienna mandò ordine a tutti i baroni e cavalieri Romani obligati alla corona che per servitio del re fossero immediate nella casa del cardinal Farnese.

[2] Contarini: Diede grand' assenso al fatto la venuta de' cardinali Sfondrato e Santiquatro, che niente mirarono trattandosi di Spagna al debito de' cardinali verso il papa; ed a questi, che apertamente si dichiaravano, diversi altri in occulto adherivano, tra' quali il Cl Conti. – Ma

Belohnungen versprach, einige bewaffnete Banden, die sich eben an der neapolitanischen Grenze zeigten, ebenfalls herbeizurufen. Es hätte wenig gefehlt, daß nicht eine offene Fehde, im Sinne vergangener Jahrhunderte, in Rom selbst ausgebrochen wäre.

So weit aber wollte es doch der Kardinal nicht kommen lassen. Es war ihm genug, seine Unabhängigkeit, seine Macht, die Möglichkeit eines Widerstandes gezeigt zu haben. Er beschloß, sich nach Castro zurückzuziehen, das ihm eigentümlich zugehörte. Im großen Stile führte er es aus. Er versicherte sich eines Tores und ließ es besetzen; alsdann, im Geleite von 10 Wagen und 300 Pferden, verließ er die Stadt. Und hierdurch hatte er in der Tat alles gewonnen: alle diese Widersetzlichkeit ging ihm durch; es ward eine förmliche Unterhandlung eingeleitet; man nahm die Miene an, als liege die Sache am Governatore, und veranstaltete eine Versöhnung desselben mit dem Hause Farnese. Dann kehrte der Kardinal zurück, nicht minder glänzend, als wie er gegangen war. Alle Straßen, Fenster, Dächer waren mit Menschen erfüllt. Nie waren die Farnesen zur Zeit ihrer Herrschaft so glänzend empfangen oder gar mit so lautem Jubel begrüßt worden[1].

Wenn aber Kardinal Pietro Aldobrandino dies geschehen ließ, so war es nicht allein Schwäche, erzwungene Nachgiebigkeit; die Farnesen waren am Ende nahe Verwandte des päpstlichen Hauses; auch hätte es nichts geholfen, sich unversöhnlich anzustellen; vor allem mußte der Ursprung des Übels gehoben werden, der in den politischen Verhältnissen lag. Von den Spaniern war keine Änderung ihres Systemes, nicht einmal die Abberufung eines so unbequemen Gesandten zu erlangen; Aldobrandino konnte sich nur dadurch helfen, daß er Heinrich IV. zu lebhafter Teilnahme an den italienischen Angelegenheiten bewog.

Es war ihm erquickend, sagen seine Feinde, „wie an einem heißen Tage ein kühler ruhiger Wind", als im Dezember 1604 drei französische Kardinäle, alles ausgezeichnete Männer, auf einmal ankamen. Es ward wieder möglich, zu Rom eine französische Partei

il popolo, la plebe senza nome, sempre avida di cangiar stato, favoriva al cardinale, e per le piazze, per le strade a gran caterve applaudevano al partito di lui.

[1] Contarini: S'inviò in Roma entrando in guisa trionfante con clamori popolari che andavano al cielo, incontrato in forma di re dall' ambasciator di Cesare, die Spagna, dalli cardinali Sfondrato, Santiquatro, San Cesareo e Conti, dal general Georgio suo cognato, tutta la cavalleria e tutte le guardie del papa, confluendo li cavalieri e baroni.

zu bilden. Mit Freuden wurden sie empfangen. Die Schwester des Kardinals, Signora Olimpia, erklärte den Angekommenen tausendmal, ihr Haus werde sich unbedingt in französischen Schutz begeben. Baronius behauptete, durch seine Geschichte gelernt zu haben, daß der Römische Stuhl keiner anderen Nation so viel verdanke wie der französischen; als er ein Bild des Königs sah, brach er in ein Lebehoch aus. Er suchte sich zu unterrichten, ob nach dem Verluste von Saluzzo gar kein Alpenpaß mehr in den Händen der Franzosen geblieben sei. Dieser Baronius war aber nicht bloß ein Geschichtschreiber, er war der Beichtvater des Papstes und sah ihn alle Tage. Der Papst und Aldobrandino nahmen sich in acht und ließen sich nicht so weit heraus. Allein ebensoviel schien es zu bedeuten, wenn ihre nächsten Angehörigen sich so unverhohlen ausdrückten; nur die Gesinnung der Herren schienen sie zu wiederholen. Da sich nun Heinrich IV. entschloß, auch Pensionen zu zahlen, so hatte er bald eine Partei, die der spanischen ein Gegengewicht gab.

Allein noch viel weiter gingen die Absichten Aldobrandinos. Oft stellte er den venezianischen Gesandten und Kardinälen die Notwendigkeit vor, dem Übermute der Spanier Schranken zu setzen. Könne man ertragen, daß sie in dem Hause eines anderen, diesem zum Trotz, gebieten wollten[1]? Zwar sei es für jemanden, der in kurzem in den Privatstand zurückzutreten habe, gefährlich, sich den Unwillen dieser Macht zuzuziehen; doch könne er auch um seiner Ehre willen nicht zugeben, daß das Papsttum unter seinem Oheim an Reputation verliere. Genug, er schlug den Venezianern eine Verbindung der italienischen Staaten unter französischem Schutze gegen Spanien vor.

Schon war er auch mit den übrigen in Unterhandlung getreten. Er liebte Toskana nicht; mit Modena hatte er fortwährende Streitigkeiten; Parma war in die Händel des Kardinals Farnese verwickelt; aber er schien alles zu vergessen, um sich an Spanien zu rächen. Mit Leidenschaft widmete er sich dieser Absicht: er sprach von nichts anderem, er schien an nichts anderes zu denken. Um den Staaten, mit denen er sich vereinigen wollte, näher zu sein, begab er sich im Anfange des Jahres 1605 nach Ankona.

Er hatte noch nichts erreicht, als sein Oheim starb, 5. März 1605, und damit auch seine Gewalt ein Ende nahm.

[1] du Perron au roi 25 janv. 1605 (Ambass. I, 509).

Indessen war auch schon die Anregung des Gedankens, diese geflissentliche Erneuerung des französischen Einflusses in Rom und Italien von vieler Bedeutung. Sie bezeichnet eine Tendenz der gesamten Politik der Aldobrandini.

Wir gehen, denke ich, nicht zu weit, wenn wir uns dadurch an die ursprüngliche Stellung dieses Geschlechtes in Florenz erinnern lassen. Es hatte immer zur französischen Partei gehört: Messer Salvestro hatte den Aufruhr im Jahre 1527, in dem die Medici verjagt, die Franzosen berufen wurden, vorzüglich mit veranlaßt. Dafür hatte er denn auch, als seine Gegner, Spanier und Medici, den Platz behielten, büßen, sein Vaterland verlassen müssen. Sollte Papst Clemens dies vergessen, sollte er Spanier und Medici geliebt haben? Er war von Natur verschlossen, zurückhaltend; nur zuweilen eröffnete er sich gegen seine Vertrauten; dann ließ er wohl den Spruch hören: „Frage deine Vorfahren, und sie werden dir deine Straße zeigen.“ Es ist gewiß, daß er einmal beabsichtigte, den Staat von Florenz, wie er sich ausdrückte, zu reformieren[1]. Seine Hinneigung zu Frankreich liegt am Tage: er fand das Papsttum im engsten Bunde mit Spanien; er führte es bis nahe an eine Vereinigung mit Frankreich wider Spanien. Wenn die Herstellung einer nationalen Macht in Frankreich im Interesse der Kirche lag, so war sie doch zugleich eine Sache der Neigung, eine persönliche Genugtuung. Jedoch war dieser Papst besonnen, vorsichtig, behutsam: er griff nichts an, als was sich durchführen ließ. Statt Florenz zu reformieren, reformierte er, wie ein Venezianer sagt, seine eigenen Gedanken, als er sah, daß jenes nicht ohne allgemeine Gefahr angehen werde[2]. Die französischen Waffen nach Italien zu rufen, war nie seine Meinung. Es war ihm genug, das Gleichgewicht herzustellen, sich von der Übermacht der Spanier loszumachen, der kirchlichen Politik eine breitere Grundlage zu geben, auf friedlichem Wege, nach und nach, ohne Erschütterung noch Geräusch, aber desto sicherer.

[1] Delfino: La poca inclinatione, che per natura e per heredità ha il papa a Spagnoli.

[2] Bonier: Vedendo le preparazioni e risolutioni di V^{ra} S^{à} et anco del granduca e che la nostra republica s'era dichiarata col mandar un ambasciatore espresso per questo negotio a S. S^{à}, conoscendo ella che si sarebbe acceso un gran fuoco in Italia e con pericolo di gravissimo incendio della chiesa, in luogo di tentar la riforma dello stato di Firenze riformò i suoi pensieri.

Wahl und erste Handlungen Pauls V.

Gleich in dem nächsten Konklave trat nun auch der Einfluß der Franzosen hervor. Aldobrandino verband sich mit ihnen. Vereinigt waren sie unwiderstehlich; einen Kardinal, den der König von Spanien namentlich ausgeschlossen, einen Medici, nahen Verwandten der Königin von Frankreich, erhoben sie zur päpstlichen Würde. Voll Jubel sind die Briefe, in denen du Perron diesen unerwarteten Erfolg Heinrich IV. meldet; in Frankreich beging man ihn mit öffentlichen Festlichkeiten[1]. Nur war es ein kurzes Glück. Leo XI., wie dieser Papst sich nannte, überlebte seine Wahl nur 26 Tage. Man behauptet, der Gedanke seiner Würde, das Gefühl der Schwierigkeit seines Amtes habe seine altersschwachen Kräfte vollends erdrückt.

Das Gewühl der Wahlkämpfe erneuerte sich hierauf um so lebhafter, da Aldobrandino nicht mehr so eng mit den Franzosen verbündet war. Montalto trat ihm mächtig gegenüber. Es begann ein Wettstreit, wie bei den früheren Wahlen, zwischen den Kreaturen des letzten und eines früheren Papstes. Zuweilen führte jeder, umgeben von seinen Getreuen, den Mann seiner Wahl in die eine oder in die andere Kapelle; sie stellten sich einander gegenüber auf; bald mit dem einen, bald mit dem anderen ward ein Versuch gemacht; auch Baronius, obwohl er sich mit Händen und Füßen sträubte, ward einmal nach der Kapelle Paolina geführt; allein allemal zeigte sich die Opposition stärker: es konnte keiner von allen durchgesetzt werden. Bei den Papstwahlen kam es wie bei anderen Beförderungen allmählich mehr darauf an, wer die wenigsten Feinde, als wer die meisten Verdienste habe.

Endlich warf Aldobrandino seine Augen unter den Kreaturen seines Oheims auf einen Mann, der sich allgemeinen Beifall erworben und gefährliche Feindschaften zu vermeiden gewußt hatte, den

[1] Histoire de la vie de Messire Philippe de Mornay seigneur du Plessis p. 305. Ce pape de la maison des Medicis, dit Leon XI, qui avoit cousté au roi 300000 escus à faire, en la faveur duquel il faisoit grand fondement, et pour l'élection duquel, par un exemple nouveau, furent faits feux de joye et tiré le canon en France, qui vescut peu de jours et ne laissa au roy que le reproche par les Espagnols d'une largesse si mal employée et le doute de rencontrer une succession, comme il advint, plus favorable à l'Espagnol.

Kardinal Borghese. Für diesen gelang es ihm die Franzosen zu gewinnen, die bereits eine Annäherung zwischen Montalto und Aldobrandino bewirkt hatten; auch Montalto stimmte ein: Borghese ward gewählt, ehe nur die Spanier erfahren hatten, daß er vorgeschlagen war[1], 16. Mai 1605.

So blieb es denn auch diesmal dabei, daß der Nepot des letzten Papstes den Ausschlag für die Wahl des neuen gab. Die Borghesen waren auch übrigens von Hause aus in einer ähnlichen Stellung wie die Aldobrandini. Wie diese aus Florenz, waren sie aus Siena weggegangen, um nicht der mediceischen Herrschaft unterworfen zu sein. Um so mehr schien die neue Regierung eine folgerichtige Fortsetzung der vorigen werden zu müssen.

Indes entwickelte Paul V. auf der Stelle eine eigentümlich schroffe Natur.

Von dem Stande eines Advokaten war er durch alle Grade kirchlicher Würden emporgestiegen[2]: Vizelegat in Bologna, Auditor di Camera, Vikar des Papstes, Inquisitor war er gewesen; er hatte still hin in seinen Büchern, seinen Akten vergraben gelebt und sich in keinerlei politische Geschäfte gemischt; eben daher war er ohne besondere Feindschaften durchgekommen: keine Partei sah in ihm einen Gegner, weder Aldobrandino noch Montalto, weder die Franzosen noch die Spanier; und dies war denn die Eigenschaft, die ihm zur Tiara verhalf.

Er jedoch verstand dies Ereignis anders. Daß er ohne sein Zutun, ohne alle künstlichen Mittel zum Papsttum gelangt war, schien ihm eine unmittelbare Wirkung des Heiligen Geistes. Er fühlte sich dadurch über sich selbst erhoben; die Veränderung seiner Haltung und Bewegung, seiner Mienen und des Tons seiner Rede setzte selbst diesen Hof in Erstaunen, der doch an Umwandlungen aller Art gewöhnt war; er fühlte sich aber auch zugleich gebunden, verpflichtet. Mit derselben Unbeugsamkeit, mit der er in seinen bisherigen Ämtern den Buchstaben des Gesetzes gehandhabt,

[1] Doch mag es auch sein, daß Montalto und Aldobrandino sich zuerst über Borghese verstanden. Conclave di Paolo V p. 370 sagt von beiden: Dopo d'haver proposti molti, elessero Borghese, amico di Montalto e creatura confidente di Aldobrandino.

[2] Relatione di IV ambasciatori mandati a Roma 15 Genn. 1605 m.V. (d. i. 1606). Il padre Camillo non volendo più habitare Siena caduta dalla libertà, se ne andò a Roma. Di buono spirito, d'ingegno acuto, riuscì nella professione d'avvocato. – Il papa non vuol esser Sanese, ma Romano.

nahm er sich vor, auch die höchste Würde zu verwalten und ihre Ansprüche zu behaupten.

Andere Päpste pflegten ihre Thronbesteigung mit Gnaden zu bezeichnen; Paul V. begann mit einem Richterspruche, der noch heute Grauen erregt.

Ein armer Autor, Cremonese von Geburt, Piccinardi, hatte sich, ich weiß nicht aus welchem Verdruß, in seiner Einsamkeit damit beschäftigt, eine Lebensbeschreibung Clemens' VIII. aufzusetzen, in der er diesen Papst mit dem Kaiser Tiberius verglich, so wenig Ähnlichkeit auch diese Regenten miteinander haben mögen. Er hatte dies seltsame Werk nicht allein nicht drucken lassen, sondern ganz für sich behalten und so gut wie niemandem mitgeteilt; eine Frau, die er früher im Hause gehabt, gab ihn an. Paul V. äußerte sich hierüber anfangs mit viel Ruhe, und man schien um so weniger besorgen zu müssen, da sich mächtige Personen, selbst Botschafter für ihn verwandten. Wie sehr erstaunte man, als Piccinardi eines Tages auf der Engelsbrücke enthauptet wurde. Was auch zu seiner Entschuldigung gesagt werden mochte, so hatte er doch das Verbrechen der beleidigten Majestät begangen, für das die Gesetze diese Strafe bestimmen. Bei einem Papst wie Paul war keine Gnade; auch die Habseligkeiten des armen Menschen wurden eingezogen[1].

An dem Hofe erneuerte dieser Papst unverzüglich die Anordnungen des Tridentinums über die Residenz. Er erklärte es für eine Todsünde, von seinem Bistum entfernt zu sein und die Einkünfte desselben zu genießen. Er nahm die Kardinäle hiervon nicht aus; er ließ Stellen in der Verwaltung nicht als Entschuldigung gelten. In der Tat zogen sich viele zurück; andere baten nur um Aufschub[2]; noch andere, um Rom nicht verlassen zu müssen und doch auch nicht für pflichtvergessen zu gelten, gaben ihre Entlassung ein.

Allein das Bedenklichste war, daß er sich bei seinen kanonistischen Studien mit einem überschwenglichen Begriffe vom Papsttum durchdrungen hatte. Die Lehre, daß der Papst der einzige Stell-

[1] Jene Gesandten erzählen diesen Fall. „Si congettura", fügen sie hinzu, „fondatamente che abbi ad esser il pontefice severo e rigorosissimo et inexorabile in fatto di giustitia."

[2] du Perron à Villeroy 17 may 1606. Le pape ayant fait entendre ces jours passez que sa volonté estoit que tous les cardinaux qui avoient des eveschez y allassent ou bien les resignassent ou y missent des coadjuteurs, – j'ay pensé –

vertreter Jesu Christi, daß die Gewalt der Schlüssel seinem Gutdünken anvertraut, daß er von allen Völkern und Fürsten in Demut zu verehren sei, wollte er in ihrer vollen Bedeutung behaupten[1]. Er sagte, nicht von Menschen, sondern vom göttlichen Geiste sei er auf diesen Stuhl erhoben worden, mit der Pflicht, die Immunitäten der Kirche, die Gerechtsamen Gottes wahrzunehmen; in seinem Gewissen sei er gehalten, alle seine Kräfte anzustrengen, um die Kirche von Usurpation und Vergewaltigung zu befreien. Er wolle lieber sein Leben dafür wagen, als einst wegen einer Vernachlässigung seiner Pflicht zur Rechenschaft gezogen zu werden, wenn er vor Gottes Throne erscheinen müsse.
Mit juridischer Schärfe faßte er die Ansprüche der Kirche als ihre Rechte; als seine Gewissenspflicht sah er es an, sie in aller ihrer Strenge zu erneuern und durchzusetzen.

Venezianische Irrungen

Seit die päpstliche Gewalt sich im Gegensatze gegen den Protestantismus wiederhergestellt, die Ideen, auf denen die Hierarchie überhaupt beruht, erneuert hatte, machte sie auch alle ihre kanonischen Berechtigungen in bezug auf das Innere der katholischen Staaten aufs neue geltend.
Indem sie ihre Gegner besiegte, wuchs auch ihre Autorität über ihre Anhänger.
Nachdem die Bischöfe zu strengerem Gehorsam verpflichtet, die Mönchsorden enger an die Kurie geknüpft, alle Reformationen in dem Sinne vollzogen waren, zugleich die höchste Macht des Papstes zu befördern, schlugen allenthalben in den Hauptstädten von Europa regelmäßige Nuntiaturen ihren Sitz auf, die mit dem Ansehen der Gesandtschaft einer einflußreichen Macht jurisdiktionelle Rechte verbanden, welche ihnen auf die wichtigsten Verhältnisse des Lebens und des Staates eine wesentliche Einwirkung verschafften.
Selbst da, wo die Kirche sich im Einverständnis mit dem Staate hergestellt, wo sich beide vereinigt dem Emporkommen prote-

[1] Relatione di IV ambasciatori: Conoscendo il pontefice presente sua grandezza spirituale, e quanto se le debba da tutti li popoli christiani attribuir di ossequio e di obedienza, non eccettuando qualsivoglia grandissimo principe. –

stantischer Meinungen entgegengesetzt hatten, brachte doch dies Verhältnis gar bald Mißhelligkeiten hervor.

Gleich damals, wie noch heute, ließ es sich der römische Hof besonders angelegen sein, seine Ansprüche in Italien aufrechtzuerhalten. Unaufhörlich finden wir deshalb die italienischen Staaten in Mißverständnissen mit der kirchlichen Gewalt. Die alten Streitigkeiten zwischen Staat und Kirche waren weder im allgemeinen durch ein entscheidendes Prinzip, noch auch im besonderen durch Vertrag und Übereinkunft beseitigt worden. Die Päpste selbst waren sich nicht immer gleich. Auf das hartnäckigste bestanden Pius V., Gregor XIII. wenigstens in der ersten Hälfte seiner Regierung auf ihren Ansprüchen; Sixtus V. war in den einzelnen Fällen um vieles nachsichtiger. Die Staaten und ihre Abgeordneten suchen über die schwierigen Augenblicke ohne Nachteil wegzukommen, die günstigen zu ihrem Nutzen zu ergreifen; auch kann das ihnen nicht ganz mißlingen: die Neigungen der Päpste gehen vorüber und wechseln; die Interessen der Staaten bleiben. Auf jeden Fall werden hierdurch die Fragen, die man zu entscheiden hat, bei weitem weniger Gegenstand des Jus canonicum und der Rechtsfindung als der Politik, gegenseitiger Forderung und Nachgiebigkeit.

Papst Paul V. jedoch verstand seine Ansprüche einmal wieder völlig juridisch: er hielt die kanonischen Anordnungen der Dekretalen für Gesetze Gottes; er schrieb es nicht einer inneren Notwendigkeit der Sache, sondern persönlicher Nachlässigkeit zu, wenn seine Vorfahren etwas nachgegeben, übersehen hatten, und hielt sich für berufen, diesen Fehler wiedergutzumachen. Bald nach seiner Thronbesteigung finden wir ihn deshalb mit allen seinen italienischen Nachbarn in bitteren Streitigkeiten.

In Neapel hatte der Reggente Ponte, Präsident des königlichen Rates, einen kirchlichen Notar, von dem die Information über eine Ehesache dem bürgerlichen Gericht verweigert, und einen Buchhändler, von dem einer königlichen Verordnung zuwider das Buch des Baronius gegen die sizilianische Monarchie verbreitet worden war, zu den Galeeren verurteilt; ein Monitorium Clemens' VIII. hiergegen war ohne Folgen geblieben. Papst Paul V. zögerte keinen Augenblick, die Exkommunikation auszusprechen[1].

[1] Les ambassades du Cardinal du Perron II, 683. 736.

Der Herzog von Savoyen hatte einige Pfründen vergabt, deren Verleihung der römische Hof in Anspruch nahm, Genua Gesellschaften verboten, die bei den Jesuiten gehalten wurden, weil man da die Wahlen zu den Ämtern zu beherrschen versuche; Lucca hatte ganz im allgemeinen die Exekution der Dekrete päpstlicher Beamten ohne vorläufige Genehmigung der einheimischen Magistrate untersagt; in Venedig endlich waren ein paar Geistliche, die sich schwerer Verbrechen schuldig gemacht, vor die weltliche Gerichtsbarkeit gezogen worden. Gerade die Allgemeinheit dieses Widerstandes gegen die kirchliche Gewalt setzte den Papst in Amtseifer und Zorn. Allenthalben fuhr er mit strengen Befehlen und Drohungen dazwischen. Ja, in diesem Augenblick erweiterte er sogar noch die bisherigen Ansprüche kirchlicher Autorität. Er sagte unter anderem, was nie erhört worden: dem Staate komme es nicht zu, seinen Untertanen den Verkehr mit den Protestanten zu verbieten; das sei eine Sache der Kirche und gehöre ausschließend vor die kirchliche Jurisdiktion.

Die meisten italienischen Staaten sahen diese Schritte als Übertreibungen an, die sich bei mehr Erfahrung von selbst verlieren würden. Keiner wünschte der erste zu sein, der mit dem Papste bräche. Der Großherzog von Toskana äußerte, er habe Sachen vor der Hand, die den Papst außer sich bringen müßten, aber er suche sie hinzuhalten; Paul V. sei ein Mann, der die Welt nach einer Stadt des Kirchenstaates beurteile, wo es nach dem Buchstaben der Gesetze hergehe[1]; bald müsse sich das ändern; die Spanier würden sich fangen: sie würden entweder von freien Stücken losgelassen werden oder das Netz zerreißen; ein solches Beispiel müsse man erwarten. So dachten ungefähr auch die übrigen und gaben fürs erste nach. Genua widerrief seine Verordnung; der Herzog von Savoyen ließ die streitigen Pfründen auf einen Nepoten des Papstes übergehen; die Spanier selbst gestatteten, daß jener Reggente vor zahlreichen Zeugen die Absolution nachsuchte und empfing.

Nur die Venezianer, sonst so klug und gefügig, verschmähten es, diese Politik zu beobachten.

In der Tat war aber auch Venedig mehr als die anderen gereizt.

[1] Relation di IV ambasciatori: Il granduca ricordava che il ponteficei non era uso a governar come principe grande, perché aver avuto qualche governo di città della chiesa, dove si procede col rigor ecclesiastico e da prete, non basta per saper governare come capo supremo.

Es bietet ein rechtes Beispiel dar, wie verletzend die Eingriffe des römischen Hofes besonders für einen benachbarten Staat werden konnten.

Schon diese Nachbarschaft an sich erwies sich höchst unbequem, zumal nachdem die Kirche Ferrara erworben hatte. Die Grenzstreitigkeiten, welche die Republik mit den Herzogen gehabt, wurden vom römischen Hofe bei weitem lebhafter fortgesetzt; sie ward in der Regulation des Po, die sie eben mit großen Kosten ausführte, in dem althergebrachten Besitze ihrer Fischereien gestört; sie konnte nicht anders fertig werden, als indem sie jene Arbeiten durch bewaffnete Fahrzeuge beschützen und für einige ihrer Fischerbarken, die der Legat von Ferrara aufgebracht, auch ihrerseits päpstliche Untertanen aufgreifen ließ.

Indessen nahm Papst Paul V. auch ihre Hoheitsrechte über Ceneda, die sie seit Jahrhunderten ruhig ausübte, in Anspruch; er machte einen Versuch, die Appellationen von dem bischöflichen Gerichte, dem dort die Jurisdiktion zustand, nach Rom zu ziehen. Man geriet darüber sehr hart aneinander: der päpstliche Nuntius schritt zu Exkommunikationen; der venezianische Senat sorgte dafür, daß dieselben keine bürgerliche Wirkung nach sich zogen[1].

Und nicht minder bitter waren die Streitigkeiten über den Zehnten der Geistlichkeit. Die Venezianer behaupteten, daß sie ihn früherhin eingezogen, ohne den Papst darüber zu befragen; sie wollten es nicht anerkennen, daß die Bewilligung des Papstes erfordert werde, um diese Auflage zu erheben. Aber noch empfindlicher war es ihnen, daß der römische Hof von Tag zu Tag die Exemtionen von derselben erweiterte. Die Kardinäle, denen sehr reiche Pfründen zugehörten, die Malteser, die Mönchsklöster zur Hälfte, die Bettelorden, außerdem alle, welche im Dienste der Kirche auswärts beschäftigt waren oder unter irgendeinem Titel zur päpstlichen Hofhaltung gezählt wurden, endlich auch die, denen der Hof Pensionen auf venezianische Pfründen angewiesen, waren für eximiert erklärt. Es erfolgte, daß die Reichen nichts zu bezahlen brauchten und die ganze Last auf die Armen fiel, welche

[1] Niccolo Contarini: Mentre si disputava, pareva che da alcuno fusse fuggita la conversatione de' censurati – Beamte der Republik, welche sich den Appellationen nach Rom widersetzt hatten, – la qual cosa giudicando il senato apportarli offesa, primieramente fece publicare un bando contra chi li havesse a schivo, e dopo a questi tutti in vita li fu data annua provisione quale era corrispondente alla loro fortuna.

nicht zahlen konnten. Das Einkommen des venezianischen Klerus ward auf 11 Millionen Dukaten berechnet; der Zehnte warf effektiv nicht mehr als 12 000 Dukaten ab[1].

Dazu kamen nun noch unzählige, mehr die Privatleute als gerade den Staat selbst angehende Streitpunkte. Ich will nur einen anführen.

Man weiß, wie sehr im Anfange des 16. Jahrhunderts die venezianischen Druckereien blühten; die Republik war stolz auf diesen ehrenvollen Gewerbezweig; aber durch die Anordnungen der Kurie ging er nach und nach zugrunde. Man fand in Rom kein Ende, Bücher zu verbieten: erst die protestantischen, dann die Schriften wider die Sitten der Geistlichkeit, wider die kirchliche Immunität, alle, die vom Dogma im geringsten abwichen, die gesamten Werke eines Autors, der einmal Tadel erfahren. Der Verkehr konnte nur noch in untadelhaft katholischen Sachen stattfinden; kaufmännisch betrachtet, erholte er sich wirklich ein wenig an den kunstreichen und prächtigen Missalen und Breviarien, die bei der Erneuerung der kirchlichen Gesinnungen guten Absatz fanden. Jetzt aber ward auch dieser Erwerb geschmälert. Man legte zu Rom Hand an eine Verbesserung dieser Bücher, die in ihrer neuen Gestalt von Rom selbst ausgehen sollten[2]. Die Venezianer bemerkten mit jenem Ingrimme, den ein zum Privatvorteil benutzter Gebrauch der öffentlichen Gewalt immer hervorbringt, daß einige bei der Kongregation des Index, welche die Drucksachen beaufsichtigte, angestellte Beamte Anteil an dem Geldgewinn der römischen Druckereien hätten.

Unter diesen Umständen ward das Verhältnis zwischen Rom und Venedig durch und durch gehässig und gespannt.

Wie sehr aber mußte damit jene Gesinnung kirchlich-weltlicher Opposition, die schon 1589 Heinrich IV. zu Hilfe kam, befördert werden! Der Sieg Heinrichs, die ganze Entwicklung der euro-

[1] Aus einer Erklärung, die in Rom eingegeben ward. Mentre s'esagera sopra la severità del magistrato, non si ritrovava fin hora essersi conseguiti più di 12 m. ducati, per li quali non si doveva far tanti richiami, e le fortune della republica per gratia di dio non erano tali che ne dovesse far conto più che tanto. Es wurden hierauf einige Einrichtungen getroffen, die dem Übel steuern sollten. Aber Contarini sagt: In effetto montò poco, perciocchè il foro era già fatto e l'abuso troppo confermato che distornarlo era più che malagevole.

[2] Contarini: Al presente s'era devenuto in Roma in questo pensiero di ristampar messali et altro, levando di poterlo far ad altri.

päischen Angelegenheiten bestätigte sie, brachte sie empor. Die Irrungen mit dem Papste selbst trugen dazu bei, daß die Vertreter dieser Gesinnung allmählich zur Leitung der Geschäfte gelangten. Niemand schien geeigneter, die Interessen der Republik gegen die geistliche Gewalt wahrzunehmen. Im Januar 1606 ward Leonardo Donato, das Oberhaupt der Antirömischgesinnten, zum Dogen erhoben. Alle seine Freunde, durch deren Teilnahme es ihm in dem Kampfe innerer Parteiung geglückt, zog er zur Teilnahme an den Geschäften heran.

Indem ein Papst auftrat, welcher die streitigen Ansprüche seiner Gewalt mit rücksichtslosem Eifer überspannte, geriet die venezianische Regierung in die Hände von Männern, welche die Opposition gegen die römische Herrschaft zu ihrer persönlichen Gesinnung ausgebildet, durch sie emporgekommen und ihr Prinzip nun um so nachdrücklicher behaupteten, weil es ihnen zugleich diente, ihre Gegner innerhalb der Republik abzuwehren, zu unterdrücken.

Es lag in der Natur beider Gewalten, daß die Reibungen zwischen ihnen von Tag zu Tag feindseliger, weitaussehender wurden.

Der Papst drang nicht allein auf die Auslieferung jener geistlichen Verbrecher; er forderte auch die Abschaffung zweier vor kurzem von den Venezianern erneuerter Gesetze, durch welche die Veräußerung liegender Gründe an die Geistlichkeit verboten und die Errichtung neuer Kirchen von der Genehmigung der weltlichen Behörde abhängig gemacht ward. Er erklärte, Verordnungen nicht dulden zu wollen, welche in so entschiedenem Widerspruch mit den Schlüssen der Konzilien, den Konstitutionen seiner Vorgänger, allen kanonischen Rechtssatzungen seien. Die Venezianer wichen um kein Haarbreit. Sie sagten, es seien Grundgesetze ihres Staates, von ihren Altvordern gegeben, die sich um die Christenheit so wohl verdient gemacht, für die Republik unverletzlich.

Nicht lange aber blieb man bei den unmittelbaren Gegenständen des Streites stehen; sogleich gingen beide Teile zu weiteren Beschwerden fort. Kirchlicherseits fand man sich durch die Verfassung von Venedig überhaupt beeinträchtigt: diese Republik verbiete den Rekurs nach Rom, schließe diejenigen, welche durch geistliche Ämter in Verbindung mit der Kurie gekommen, unter dem Titel von Papalisten von der Beratung über geistliche Angelegenheiten aus und belaste sogar den Klerus mit Auflagen. Die Venezianer dagegen erklärten diese Beschränkungen für noch lange nicht hinreichend. Sie forderten, die kirchlichen Pfründen sollten nur an Eingeborene verliehen, nur diesen Anteil an der Inquisition verstattet werden; jede Bulle müsse der Genehmigung des Staates unterworfen, jede geistliche Versammlung durch einen Weltlichen beaufsichtigt, alle Geldsendung nach Rom verboten werden.

Allein auch hierbei hielt man nicht inne: von den unmittelbaren Fragen des Streites stieg man zu den allgemeinen Grundsätzen auf.

Die Jesuiten hatten schon längst aus ihrer Lehre von der Gewalt des Papstes die wichtigsten Folgerungen für das geistliche Recht abgeleitet und säumten nicht, sie zu wiederholen.

Der Geist, sagt Bellarmin, leite und zügele das Fleisch, nicht umgekehrt. Ebensowenig dürfe die weltliche Gewalt sich über die geistliche erheben, sie leiten, ihr befehlen, sie strafen wollen; es würde dies eine Rebellion, eine heidnische Tyrannei sein[1]. Die Priesterschaft habe ihren Fürsten, der ihr nicht allein in geistlichen, sondern auch in weltlichen Angelegenheiten befehle; unmöglich könne sie noch einen besonderen weltlichen Oberen anerkennen: niemand könne zweien Herren dienen. Der Priester habe über den Kaiser zu richten, der Kaiser nicht über den Priester; es würde absurd sein, wenn das Schaf den Hirten richten wollte[2]. Auch dürfe der Fürst keine Auflagen von geistlichen Gütern ziehen. Von den Laien möge er seine Abgaben nehmen; von den Priestern werde ihm die bei weitem größere Beihilfe des Gebetes und des Opfers geleistet. Von allen sachlichen und persönlichen Lasten sei der Geistliche eximiert: er gehöre zur Familie Christi. Beruhe diese Exemtion auch nicht auf einem ausdrücklichen Ge-

[1] Risposta del Cl Bellarmino ad una lettera senza nome dell' autore (Flugschrift von 1606). La ragione indrizza e regge e comanda alla carne e talvolta la castiga con digiunì e vigilie, ma la carne non indrizza nè regge nè comanda nè punisce la ragione: così la potestà spirituale è superiore alla secolare, e però la può e deve drizzare e reggere e comandarli e punirla quando si porta male; ma la potestà secolare non è superiore alle spirituale nè la può drizzare nè reggere nè gli può comandare nè punirla, se non di fatto per ribellione e tirannide, come hanno fatto talvolta li principi gentili o heretici.

[2] Bellarminus de clericis I, c. 30: Respondeo, principem quidem ovem ac spiritualem filium pontificis esse, sed sacerdotem nullo modo filium vel ovem principis dici posse, quoniam sacerdotes et omnes clerici suum habent principem spiritualem, a quo non in spiritualibus solum, sed etiam in temporalibus reguntur.

bot in der Heiligen Schrift, so gründe sie sich doch auf Folgerung aus derselben und Analogie. Den Geistlichen des Neuen Testaments komme eben das Recht zu, welches den Leviten des Alten zugestanden[1].

Eine Lehre, welche jener geistlichen Republik, der ein so großer Einfluß auf den Staat zufallen sollte, eine nicht minder vollkommene Unabhängigkeit von den Rückwirkungen desselben zusprach, die man in Rom mit unzähligen Beweisen aus Schrift, Konzilien, kaiserlichen und päpstlichen Konstitutionen zu befestigen suchte und im ganzen für unwiderlegbar hielt. Wer sollte es in Venedig wagen, sich einem Bellarmin, einem Baronius zu widersetzen?

Die Venezianer besaßen in ihrem Staatskonsultor, Paul Sarpi, einen Mann, den Natur und Umstände zu einer Gesinnung ausgebildet, in eine Stellung geführt hatten, daß er es wagen konnte, die Waffen gegen die geistliche Macht zu ergreifen.

Paul Sarpi war der Sohn eines Kaufmannes, der von St.-Veit nach Venedig gewandert, und einer Mutter aus einem venezianischen Geschlechte, das die Privilegien der Cittadinanza genoß, aus dem Hause Morelli. Der Vater war ein kleiner, schwarzer, ungestümer, händelsüchtiger Mann, der durch falsche Spekulationen unglücklich wurde. Die Mutter war eine von den schönen venezianischen Blondinen, wie man ihnen dort nicht selten begegnet, groß von Gestalt, bescheiden und vernünftig. Der Sohn glich ihr in den Zügen des Gesichtes[2].

Ein Bruder der Mutter nun, Ambrosio Morelli, stand damals an der Spitze einer Schule, die sich eines besonderen Rufes erfreute und vornehmlich zur Erziehung des jungen Adels diente. Es ergab sich von selbst, daß auch der Neffe des Lehrers an dem Unterrichte teilnahm. Niccolo Contarini, Andrea Morosini waren seine Mitschüler und wurden sehr vertraut mit ihm. Gleich an der Schwelle seines Lebens trat er in die wichtigsten Verbindungen.

Jedoch ließ er sich weder durch die Mutter, noch durch den Oheim, noch durch diese Verbindungen abhalten, seinem Hange

[1] Diese Sätze finden sich wörtlich entweder in obgedachter Risposta oder in dem Buche Bellarmins de clericis, besonders lib. I, c. 30.

[2] Sarpi, geb. 14. August 1552; sein Vater Franz, seine Mutter Elisabeth. *Fra Fulgentio,* Vita di Paolo Sarpi. Griselini, Memorie di Fra Paolo Sarpi, deutsch von Lebret, S. 13.

zur Einsamkeit zu folgen und bereits in seinem 14. oder 15. Jahre in ein Servitenkloster zu treten.

Er sprach wenig; er war immer ernsthaft. Niemals aß er Fleisch; bis zu seinem dreißigsten Jahre trank er keinen Wein; er haßte anstößige Gespräche; „da kommt die Jungfer", sagten seine Kameraden, wenn er erschien, „reden wir von etwas anderem". Alles, was Verlangen, Neigung oder Begierde in ihm sein mochte, galt den Studien, für die er eine große Gabe mitbrachte.

Er hatte das unschätzbare Talent einer raschen und sicheren Auffassung, wie er denn jedermann wiedererkannte, den er einmal gesehen, wie er, sobald er etwa in einen Garten trat, ihn sogleich überblickt und alles bemerkt hatte; er war geistig und leiblich mit einem guten, scharfen Auge ausgerüstet[1]. Mit besonderem Glücke widmete er sich deshalb den Naturwissenschaften. Seine Bewunderer schreiben ihm die Entdeckung der Valveln in den Blutgefäßen, die Wahrnehmung der Expansion und Kontraktion der Pupille[2], die erste Beobachtung der Neigung der Magnetnadel und gar mancher anderen magnetischen Erscheinungen zu, und es läßt sich nicht leugnen, daß er an den Arbeiten Aquapendentes und besonders Portas anregenden, mithervorbringenden Anteil nahm[3]. Den physikalischen Studien fügte er mathematischen Kalkül und Beobachtung der Phänomene des Geistes zu. In der Servitenbibliothek zu Venedig bewahrte man ein Exemplar der Werke des Vieta auf, in welchem die mancherlei Fehler dieses Autors von der Hand des Fra Paolo verbessert waren; man hatte daselbst einen kleinen Aufsatz von ihm über den Ursprung und Untergang der Meinungen in den Menschen, der, nach den Auszügen, die Foscarini daraus mitteilt, zu urteilen, eine Theorie des Erkenntnisvermögens enthielt, welche Sensation und Reflexion zu ihrer Grundlage nahm und mit der Lockeschen viel Ähnlichkeit

[1] Nach Fra Fulgentio (S. 38) sprach er selbst von seiner gran passibilità, perche non solo l'oggetto in lui facesse moto, ma anco ogni minima reliquia. Come un perito suonatore, fährt Fulgentio fort, ad un sol tocco fa giudizio dell' instromento, così con far parlar le persone, con prestezza ammirabile conosceva i fini, gl' interessi etc.

[2] S. auch Fischer, Geschichte der Physik I, 167.

[3] A quo, sagt Porta von ihm, aliqua didicisse non solum fateri non erubescimus, sed gloriamur, quum eo doctiorem, subtiliorem, quotquot adhuc videre contigerit, neminem cognoverimus ad encyclopaediam. Magiae natur. lib. VII, praef. Griselini I, § 20. 24.

hatte[1], wenn sie ihr auch nicht so ganz entsprochen haben sollte, wie man behauptet hat. – Fra Paolo schrieb nur soviel, als notwendig war; Neigung zur Produktion hatte er nicht von Natur; er las immer, eignete sich an, beobachtete; sein Geist war nüchtern und umfassend, methodisch und kühn; auf den Bahnen freier Forschung ging er einher.

Mit diesen Kräften nun kam er an die theologischen und kirchenrechtlichen Fragen.

Man hat gesagt, er sei insgeheim Protestant gewesen; doch schwerlich ging sein Protestantismus über die ersten einfachen Sätze der Augsburgischen Konfession hinaus, wenn er ja noch diese festhielt. Wenigstens hat Fra Paolo sein Leben lang alle Tage Messe gelesen. Das Bekenntnis wird man nicht nennen können, zu welchem er sich innerlich gehalten; es war eine Gesinnung, wie sie sich besonders in Männern, die sich den Naturwissenschaften gewidmet, in jenen Zeiten öfter zeigt, von keinem der bestehendenLehrsysteme festgehalten, abweichend, forschend, jedoch in sich selbst weder abgeschlossen noch vollkommen ausgebildet.

Soviel aber ist gewiß, daß Fra Paolo dem weltlichen Einflusse des Papsttums einen entschiedenen unversöhnlichen Haß widmete. Es ist vielleicht die einzige Leidenschaft, die er hegte. Man hat sie daher leiten wollen, weil ihm ein Bistum versagt worden, zu dem er vorgeschlagen war. Und wer möchte wohl den Einfluß einer empfindlichen Zurücksetzung, die einem natürlichen Ehrgeize seine Bahn verschließt, auch auf ein männliches Gemüt von vornherein ableugnen wollen? Jedoch lagen die Dinge hier um vieles tiefer. Es war eine politisch-religiöse Gesinnung, die mit allen anderen Überzeugungen zusammenhing, sich durch Studien und Erfahrung befestigt hatte, von den Freunden, den Altersgenossen, jenen Männern, die sich einst bei Morosini versammelt hatten und jetzt an das Ruder des Staates gelangt waren, geteilt wurde. Vor der

[1] Besonders auffallend wäre die Erklärung der Substanz. Paolo Sarpi bei Foscarini und Griselini leitet die Substanz aus der Vielheit der Ideen her, ohne daß man den Grund, auf welchem sie ruhen, erkennen kann, und in diesem Grunde, sagt er, bestehe eigentlich das, was wir Substanz nennen. Griselini I, S. 46 d. Üb. – Locke, Humane understanding B. II, ch. 23: Not imagining how the simple ideas can subsist by themselves, we accustom ourselves to suppose some substratum wherein they do subsist and from which they do result, which therefore we call substance.

Schärfe einer eindringenden Beobachtung verschwanden jene chimärischen Beweise, mit denen die Jesuiten ihre Behauptungen zu erhärten versuchten, Lehrsätze, deren eigentlicher Grund doch auch nur in einer aus vorübergegangenen Lebensmomenten entsprungenen Ergebenheit gegen den Römischen Stuhl zu suchen war.

Nicht ohne Mühe überzeugte Sarpi zuerst die einheimischen Juristen. Die einen hielten die Exemtion der Geistlichen wie Bellarmin für eine Anordnung des göttlichen Rechtes; die anderen behaupteten wenigstens, der Papst habe sie befehlen dürfen; sie beriefen sich auf die Konzilienschlüsse, in denen jene Exemtion ausgesprochen sei; was aber ein Konzilium gedurft, wieviel mehr stehe dies dem Papste zu! Leicht waren die ersten widerlegt; den anderen bewies Fra Paolo hauptsächlich, daß die Konzilien, auf die es ankomme, von den Fürsten berufen, als Reichsversammlungen anzusehen seien, von denen auch eine Menge politischer Gesetze ausgegangen[1]. Es ist dies ein Punkt, auf dem sich die Lehre, wie sie Fra Paolo und seine Freunde vortrugen, hauptsächlich mit begründet.

Sie gingen von dem Grundsatze aus, der in Frankreich durchgefochten worden, daß die fürstliche Gewalt unmittelbar von Gott stamme und niemandem unterworfen sei. Der Papst habe auch nicht einmal zu untersuchen, ob die Handlungen eines Staates sündlich seien oder nicht. Denn wohin sollte dies führen? Gebe es denn irgendeine, die nicht wenigstens ihres Endzweckes halber sündlich sein könne? Der Papst würde alles zu prüfen, in alles einzugreifen haben; das weltliche Fürstentum würde dadurch aufgelöst werden.

Dieser Gewalt seien nun Geistliche so gut wie Weltliche untertan. Alle Gewalt, sage der Apostel, komme von Gott. Von dem Gehorsam gegen die Obrigkeit sei niemand ausgenommen, so wenig wie von dem Gehorsam gegen Gott. Der Fürst gebe die Gesetze;

[1] Schreiben Sarpis an Leschasser 3. Februar 1619, in Lebrets Magazin I, 479. Eine für jene Zeiten um so wichtigere Bemerkung, da z. B. Mariana aus den spanischen Konzilienschlüssen die ausgedehntesten weltlichen Befugnisse der Geistlichkeit herleitete. Immer aber wird man zu bemerken haben, daß schon in jenen Zeiten die geistlichen und weltlichen Ansprüche entweder vermischt wurden oder im Streite lagen. Die alte gotische Monarchie in Spanien hatte wirklich ein sehr starkes geistliches Element. Denn die alten Gesetze beruhen doch überhaupt auf alten Zuständen.

er richte jedermann; er fordere die Abgaben ein; in alledem sei ihm der Klerus den nämlichen Gehorsam schuldig wie die Laien[1]. Allerdings stehe auch dem Papst Jurisdiktion zu, aber lediglich eine geistliche. Habe denn Christus eine weltliche Gerichtsbarkeit ausgeübt? Weder dem heiligen Peter noch dessen Nachfolger könne er übertragen haben, was von ihm selbst nicht in Anspruch genommen worden sei.

Nimmermehr schreibe sich demnach die Exemtion der Geistlichkeit von einem ursprünglichen göttlichen Rechte her[2]; sie beruhe allein auf den Bewilligungen des Fürsten. Der Fürst habe der Kirche Besitz und Gerichtsbarkeit verliehen; er sei ihr Protektor, ihr allgemeiner Patron; von ihm hange billig die Ernennung der Geistlichen, die Publikation der Bullen ab.

Der Fürst könne diese Gewalt, selbst wenn er wolle, nicht aufgeben: sie sei ein ihm anvertrautes Fideikommiß; er sei in seinem Gewissen verbunden, sie seinem Nachfolger unversehrt zu überliefern.

So tritt der Anspruch und die Theorie des Staates dem Anspruche und der Theorie der Kirche kühnlich gegenüber. Die Tendenzen kämpfender Gewalten sprechen sich in entgegengesetzten Systemen aus. Bei der innigen Verschmelzung geistlicher und weltlicher Interessen in den europäischen Staaten gibt es ein weites Gebiet menschlicher Handlungen, wo sich beide berühren, vermischen. Die Kirche hat schon lange dieses ganze Gebiet für sich in Anspruch genommen und tut es jetzt aufs neue. Der Staat hat

[1] Risposta d'un dottore in theologia ad una lettera scrittagli sopra il breve delle censure. „Sono dunque tutti gli ecclesiastici et i secolari de iure divino soggetti al principe secolare. Omnis anima potestatibus sublimioribus subdita sit. E la ragione si è, perchè siccome niuno è eccettuato dall' ubbidienza che deve a dio, così niuno è eccettuato dall' ubbidienza che deve al principe: perchè, come soggionge l'apostolo, omnis potestas a deo."

[2] Difesa di Giovanni Marsilio a favore della risposta delle otto propositioni, contro la quale ha scritto l'illmo e revmo Sr Cl Bellarmino, Venezia 1606, erklärt seinen Autor, der sich etwas dunkel ausgedrückt hatte – und wenigstens ist die Erklärung authentisch, da sie von derselben Seite herkommt –, folgendergestalt: Dice l'autore due cose, la prima si è, che le persone ecclesiastiche non siano esente dalla potestà secolare nè meno i beni di esse, intendendo in quelle cose alle quali la detta potestà si estende (d. i. nicht in den rein geistlichen); la seconda, che l'esentione ch' hanno li detti ecclesiastici non è de iure divino, ma de iure humano (p. 62).

seinerseits auch zuweilen einen ähnlichen Anspruch erhoben, vielleicht aber bisher noch niemals so kühn, so systematisch, wie es hier geschah. Rechtlich ließen sich diese Ansprüche niemals ausgleichen; politisch war es nur durch wechselseitige Nachgiebigkeit möglich; sobald man diese nicht mehr füreinander hatte, kam es zum Kampfe. Jeder Teil mußte versuchen, wieweit seine Kraft reichen würde. Stritten sie über das Recht auf den Gehorsam, so mußte nun an Tag kommen, wer sich diesen zu verschaffen vermöge.

Am 17. April 1606 sprach der Papst in der strengen Form früherer Jahrhunderte, mit ausdrücklicher Beziehung auf so allgewaltige Vorgänger, wie Innozenz III. einer gewesen war, über Doge, Senat und sämtliche Staatsgewalten von Venedig, ausdrücklich auch über die Konsultoren, die Exkommunikation aus. Zu etwaigem Widerruf gestattete er den Verurteilten nur die kürzesten Fristen: drei von acht, eine von drei Tagen. Nach deren Verlauf sollten alle Kirchen des venezianischen Gebietes, Klosterkirchen und Privatkapellen nicht ausgenommen, dem Verbote des Gottesdienstes, dem Interdikt unterliegen. Den Geistlichen des Landes ward zur Pflicht gemacht, dies Breve der Verdammung vor den versammelten Gemeinden abzukündigen und es an die Kirchtüren anschlagen zu lassen[1]. Allesamt, vom Patriarchen bis zum Pfarrer, wurden sie bei schweren Strafen göttlichen und menschlichen Gerichtes dazu angewiesen.

So geschah der Angriff. Nicht so gewaltig nahm sich die Verteidigung aus.

Es war in dem Kollegium von Venedig vorgeschlagen worden, eine feierliche Protestation einzulegen, wie in früheren Zeiten geschehen; doch ward dies nicht beliebt, aus dem Grunde, weil das Urteil des Papstes an sich null und nichtig sei und gar nicht einmal einen Schein von Gerechtigkeit habe. In einem kleinen Erlaß, auf einem Quartblatt, machte Leonardo Donato den Geistlichen den Beschluß der Republik bekannt, die fürstliche Autorität, „die in weltlichen Dingen keinen Oberen außer Gott erkenne", aufrechtzuerhalten: ihre getreue Geistlichkeit werde schon von selbst die Nullität der gegen sie ergangenen Zensuren erkennen und in

[1] Mentre in esse si troverà adunata maggior moltitudine di popolo per sentir li divini offici, – wie es in Ferrara mit so großem Erfolge geschehen war. Breve di censure et interdetto della S^{tà} di NS^{re} P. Paolo V contra li S^{ri} Venetiani 1606.

ihren Amtsverrichtungen, in Seelsorge und Gottesdienst, ununterbrochen fortfahren. Keine Befürchtung, keine Drohung ward ausgesprochen; es war nur eine Erklärung des Vertrauens, obwohl man denn mündlich etwas mehreres getan haben mag[1].

Und hierdurch ward nun aus der Frage des Anspruches, des Rechtes, unmittelbar eine Frage der Macht und des Besitzes. Von ihren beiden Oberherren, dem Papste und der Republik, zu entgegengesetzten Beweisen des Gehorsams aufgefordert, mußte die venezianische Geistlichkeit sich entscheiden, wem sie dieselben leisten wolle.

Sie schwankte nicht: sie gehorchte der Republik. Von dem päpstlichen Breve ward nicht ein einziges Exemplar angeschlagen[2]. Die Fristen, die der Papst gesetzt, verstrichen. Allenthalben ging der Gottesdienst auf die gewohnte Weise fort. Wie die Weltgeistlichen taten auch die Klöster.

Nur die neugegründeten Orden, welche das Prinzip der kirchlichen Restauration vorzugsweise in sich darstellten, Jesuiten, Theatiner und Kapuziner, machten hiervon eine Ausnahme. Die Jesuiten waren an und für sich nicht so ganz entschlossen; sie fragten erst bei ihrem Provinzial in Ferrara, bei dem General in Rom an, und dieser wandte sich selbst an den Papst. Die Antwort Pauls V. war, sie müßten entweder das Interdikt beobachten oder den Staub von ihren Füßen schütteln und Venedig verlassen. Gewiß, ein schwerer Entschluß, da man ihnen hier geradehin erklärte, sie würden niemals wieder zurückkommen dürfen; aber ihr Prinzip ließ ihnen keine Wahl: auf einigen Barken begaben sie sich in das päpstliche Gebiet[3]. Ihr Beispiel riß die beiden anderen Orden mit sich fort[4]. Einen Mittelweg, den die Theatiner vorschlugen, fanden die Venezianer nicht ratsam; sie wollten keine Spaltung innerhalb

[1] Dieser Erlaß vom 6. Mai 1606 ist bei Rampazetto, stampator ducale, gedruckt. Auf dem Titelblatt sieht man den Evangelisten S. Marcus mit dem Evangelienbuch und dem erhobenen Schwert. In dem Senat erörterte man, wie Priuli sagt, le nullità molte e notorie des päpstlichen Breve.

[2] P. Sarpi, Historia particolare, lib. II, p. 55, versichert, es seien Leute, welche die Bullen hätten anschlagen wollen, von den Einwohnern selbst festgenommen worden.

[3] Juvencius, Hist. soc. Jesu V, II, p. 93.

[4] Wenn V. Sandi (VI, 1110) noch „i reformati di S. Francesco" erwähnt, so beruht das, wie viele andere Autoren auch diesen Irrtum teilen, nur darauf, daß die Kapuziner eben reformierte Franziskaner sind und von A. Morosini bei dieser Gelegenheit so bezeichnet werden.

ihres Landes; sie forderten entweder Gehorsam oder Entfernung. Leicht waren die verlassenen Kirchen mit anderen Priestern besetzt; es ward dafür gesorgt, daß niemand einen Mangel spürte. Mit besonderem Pomp und ungewöhnlich zahlreicher Prozession wurde das nächste Fronleichnamsfest begangen[1].

Auf jeden Fall aber trat hiermit eine vollständige Spaltung ein. Der Papst war erstaunt: seinen überspannten Vorstellungen setzte sich die Realität der Dinge schroff gegenüber; – gab es ein Mittel, sie zu überwältigen?

Paul V. dachte wohl zuweilen an die Anwendung von Kriegsgewalt; auch in den Kongregationen behielt einmal die kriegerische Stimmung das Übergewicht; Kardinal Sauli rief aus, man werde die Venezianer züchtigen; man ordnete Legaten ab und rüstete ein Heer. Im Grunde aber durfte man es nicht wagen. Man hätte fürchten müssen, daß Venedig sich protestantische Hilfe gesucht und Italien, ja die katholische Welt überhaupt in die gefährlichste Bewegung gesetzt hätte.

Man mußte zuletzt doch wieder wie sonst eine Ausgleichung der kirchenrechtlichen Fragen durch Politik versuchen; nur daß dieselbe jetzt nicht zwischen den Beteiligten selbst stattfinden konnte, die sich zu lebhaft entzweit hatten, sondern der Vermittlung der beiden vorwaltenden Mächte, Spanien und Frankreich, anheimfiel. Deren eigene Interessen mußten dann aber auch hervortreten.

Es gab wohl in dem einen wie in dem anderen Reiche eine Partei, welche den Ausbruch von Feindseligkeiten gewünscht hätte. Unter den Spaniern waren es die eifrigen Katholiken, welche den Römischen Stuhl aufs neue an die Monarchie zu ketten hofften, die Governatoren der italienischen Landschaften, deren Macht durch den Krieg wachsen mußte; auch der Botschafter Viglienna in Rom hegte diesen Wunsch: er dachte dabei sein Haus zu kirchlichen Würden zu befördern. In Frankreich dagegen waren es gerade die eifrigen Protestanten. Sully und seine Anhänger hätten einen italienischen Krieg schon deshalb gern gesehen, weil dadurch den Niederländern, die eben von Spinola bedrängt wurden, eine Erleichterung zuteil geworden wäre. Auch brachten es diese Parteien auf beiden Seiten zu Demonstrationen. Der König von Spanien erließ ein Schreiben an den Papst, worin er demselben

[1] A. Maurocenus, Historia Ven., tom. III, p. 350.

wenigstens in allgemeinen Ausdrücken seine Hilfe zusagte. In Frankreich erhielt der venezianische Botschafter Anerbietungen auch von bedeutenden Männern: er hätte, meint er, in einem Monat ein Heer von 15000 Franzosen zusammenbringen können. Diese Richtungen behielten jedoch nicht die Oberhand. Die leitenden Minister, Lerma in Spanien, Villeroy in Frankreich, wünschten die Ruhe zu erhalten. Der erste setzte seinen Ruhm überhaupt in die Herstellung des Friedens; der zweite gehörte der strenger katholischen Seite an: nie hätte er zugegeben, daß der Papst von den Franzosen angegriffen worden wäre[1]. Die Fürsten stimmten mit ihren Ministern überein. Heinrich IV. bemerkte mit Recht: wenn er das Schwert für die Republik zöge, so würde er seine Reputation als guter Katholik aufs Spiel setzen. Philipp III. erließ eine neue Erklärung an den Papst: er wolle ihn unterstützen, aber einmal nicht ohne Sicherheit des Kostenersatzes, sodann zum Guten, aber nicht zum Bösen[2].

So zerschlugen sich die Möglichkeiten des Krieges. Die beiden Mächte wetteiferten nur, welche von ihnen am meisten zu dem Frieden beizutragen und dabei ihren Einfluß am sichersten zu befestigen vermöchte; dazu kamen aus Spanien Franz von Castro, Neffe Lermas, aus Frankreich der Kardinal Joyeuse nach Venedig.

Ich hätte weder die Neigung, noch wäre ich imstande, den gesamten Gang ihrer Unterhandlungen auseinanderzusetzen; auch ist es schon hinreichend, nur die wichtigsten Momente zu fassen.

[1] Relatione di Pietro Priuli ritornato di Francia 4 Sett. 1608 enthält eine ausführliche Darstellung der Teilnahme der Franzosen an diesen Händeln. Villeroy erklärt: esser questa opportunissima e propria occasione di guadagnare l'animo del papa. – Il re, assicurato dal suo ambasciatore presso la republica che V. Sà non metteria in mano d'altri questo negotio che della Mà S., ebbe mira di guadagnare et obligarsi con questa occasione l'animo del pontefice.

[2] Francesco Priuli, Relatione di Spagna 20 Aug. 1608. Venne il contestabile a trovarmi a casa, e mi disse constantemente che gli ordini dell' ammassar genti non erano per altro se non per non star in otio mentre tutte potenze del mondo si armavano, ma che però non s'erano proveduti di danaro: raccomandò la pace d'Italia, non potendo perder la republica nell' esser liberale di parole ossequenti, per haver in effetto quello che desiderava. – In quel tempo che il duca di Lerma delle forze da ammassarsi parlò iperbolicamente all' ambasciator d'Inghilterra, – scrissono al papa che S. Mà gli aveva ben promesso d' ajutarlo, ma che ciò s'intendeva al bene e non al male, – che il cominciar le guerre stava in mano degli uomini et il finire in quelle di dio.

Die erste Schwierigkeit lag darin, daß der Papst vor allem die Suspension der venezianischen Gesetze, die ihm so großen Anstoß erregt hatten, forderte und die Suspension seiner kirchlichen Zensuren davon abhängig machte.

Auch die Venezianer aber pflegten nicht ohne eine gewisse republikanische Selbstgefälligkeit ihre Gesetze für heilig und unverletzlich zu erklären. Als die Forderung im Januar 1607 zur Beratung kam, ward sie, obwohl das Kollegium schwankte, doch zuletzt im Senate geradezu verworfen[1]. Den Franzosen, die dem Papst ihr Wort gegeben, gelang es, sie im März noch einmal in Vorschlag zu bringen. Von den vier Opponenten im Kollegium trat dann wenigstens einer zurück; nachdem die Gründe für und wider in dem Senate zum zweitenmal durchgesprochen worden, kam es zwar auch diesmal nicht zu förmlicher und ausdrücklicher Suspension; aber man faßte einen Beschluß, in welchem man sagte, „die Republik werde sich mit gewohnter Frömmigkeit betragen". So dunkel diese Worte auch lauteten, so meinten doch der Gesandte und der Papst die Erfüllung ihres Wunsches darin zu erblicken. Auch der Papst suspendierte dann seine Zensuren.

Sogleich aber erhob sich eine andere sehr unerwartete Schwierigkeit. Die Venezianer weigerten sich, die Jesuiten, die nach ihrer Entfernung durch ein feierliches Dekret ausgeschlossen worden, wiederaufzunehmen.

Sollte aber der Papst seine Getreuen, die kein anderes Verbrechen begangen, als daß sie ihm unverbrüchlich anhingen, in so großen Nachteil setzen lassen?

Er wandte alles an, um die Venezianer umzustimmen. Auch hatten die Jesuiten die Franzosen für sich; durch eine besondere Ge-

[1] Ger. Priuli, Cronica Veneta 20 Zener 1606 (1607): Dopo lunga disputa di otto giorni e varie pendentie di giudicio deliberò il senato rispondere agli ambasciatori di Francia e di Spagna che il devenir a qualsivoglia forma di sospensione non si può accomodar la republica, essendo cosa di perpetuo pregiudicio; il che fu proposto da S. Bembo et Al. Zorzi savj del consilio et A. Mula et S. Venier savj della terra ferma. Andere sind für eine gemäßigtere Auskunft. Auch ist es nicht unwahrscheinlich, daß sie durchdringen. Jedoch es läuft die Nachricht ein, daß man von spanischen Waffen auch wegen der Irrungen in Neapel nichts zu befürchten habe. E fu perciò preso la total negativa di sospensione: mit 99 gegen 78, also einer Majorität von 21 Stimmen. – Am 9. März jedoch ist Bembo von jenem Antrage selbst zurückgetreten. Es wird am 14. März dem Widerspruche des Zorzi, Mula und Venier zum Trotz die mildere Auskunft beliebt.

sandtschaft hatten sie sich der Gunst des Königs auch für diesen Fall versichert: Joyeuse ließ sich ihre Sache sehr angelegen sein. Die Venezianer blieben unerschütterlich[1].

Da war nur auffallend, daß die Spanier sich eher wider den Orden erklärten als für ihn. In Spanien herrschte das dominikanische Interesse vor; Lerma liebte die Jesuiten nicht und hielt es überhaupt nicht für gut, daß ein Staat genötigt werden sollte, ungehorsame Untertanen wiederaufzunehmen: genug, Franz von Castro vermied es anfangs, von den Jesuiten zu reden; endlich setzte er sich den Verwendungen der Franzosen geradehin entgegen[2].

Eine Erscheinung, zwar in der Lage der Dinge wohlbegründet, aber doch so auffallend, daß der Papst selbst darüber stutzte und, indem er irgendein tieferliegendes Geheimnis vermutete, es aufgab, auf die Herstellung der Jesuiten zu dringen[3].

Wieviel aber mußte ihm dieser Entschluß kosten! Um ein paar unbedeutender Gesetze willen hatte er entschlossen geschienen, die Welt in Feuer und Flamme geraten zu lassen; jetzt gab er das immerwährende Exil seiner getreuesten Anhänger aus einer katholischen, einer italienischen Landschaft zu[4].

Dagegen bequemte sich nun auch die Republik, die beiden Geistlichen auszuliefern, die sie festgenommen hatte.

Nur machte sie auch hier den Anspruch, eine Rechtsverwahrung einzulegen, von welcher der Papst schlechterdings nichts wissen wollte. Sehr sonderbar ist doch die Auskunft, zu der man sich end-

[1] Pietro Priuli, Relatione di Francia, setzt hinzu: Solamente l'ufficio dell' ambasciatore ritenne la dispositione che aveva S. Mà, eccitata dall' efficaci instanze che furono fatte da un padre Barisoni Padoano mandato in Francia espressamente dalla sua congregatione con pensiero d'ottener di interessarsi, acciocchè fussero di nuovo ricevuti.

[2] Francesco Priuli, Relatione di Spagna: Sentendo (i Spagnuoli) che Franciosi insistevano nell' introduzione de' Gesuiti, scrissero a Roma et a Venezia che non trattassero di ciò, dando ragione alla republica di non voler capittolare con gente suddita che l'aveva sì gravemente offesa.

[3] Francesco Priuli: Venuto l'avviso dell' intiero accomodamento, desisterono dal procurare che si trattasse di loro con la Stà V., non solo per non aver voluto parlar di loro, ma per essersi attraversati alli gagliardi ufficj de' Francesi, che fece dubitare il papa di qualche recondito mistero, e non vi volse insistere con che essi non sapevano che dire.

[4] Ger. Priuli: Peso molto a S. Stà questa cosa de' Gesuiti, non per loro, ma per la sua propria riputatione.

lich entschloß[1]. Der Sekretär des venezianischen Senates führte die Gefangenen in den Palast des französischen Gesandten und übergab sie ihm „aus Rücksicht", sagte er, „für den allerchristlichsten König und mit dem Vorbehalt, daß das Recht der Republik, über ihre Geistlichen zu richten, damit nicht geschmälert sein solle".

„So empfange ich sie", antwortete der Gesandte und führte sie vor den Kardinal, der in einer Loggia auf und ab ging. „Dies sind die Gefangenen", sprach er, „die dem Papst auszuantworten sind"; des Vorbehaltes gedachte er dabei nicht. Der Kardinal ließ sie dann, auch ohne ein Wort hinzuzufügen, dem päpstlichen Kommissar ausliefern, der sie mit dem Zeichen des Kreuzes annahm.

Wieweit war man doch entfernt, sich einigermaßen einzuverstehen! Man wollte nur eben ein äußerliches Vernehmen herstellen. Dazu war nun noch die Aufhebung der Zensur, die Erteilung der Absolution erforderlich.

Aber selbst hiergegen hatten die Venezianer Einwendungen zu machen: sie blieben dabei, daß die Zensur in sich selbst null und nichtig gewesen und sie gar nichts angegangen, daß sie demnach auch keiner Lossprechung bedürftig seien. Joyeuse erklärte ihnen, er könne die Formen der Kirche nicht ändern. Endlich kam man überein, daß die Absolution nicht mit der gewöhnlichen Öffentlichkeit vollzogen werden solle; Joyeuse erschien in dem Kollegium: gleichsam privatim sprach er sie hier aus. Die Venezianer haben sich immer angestellt, als seien sie ganz ohne Absolution weggekommen[2]; auch war sie nicht in aller Form gegeben, gegeben aber allerdings.

Überhaupt sieht man wohl, nicht so durchaus zum Vorteil der Venezianer, wie gewöhnlich behauptet wird, waren die streitigen Punkte erledigt worden.

Die Gesetze, über die der Papst sich beklagte, waren suspendiert, die Geistlichen, deren Auslieferung er forderte, ihm überantwor-

[1] Joyeuse drückt das als Bedingung so aus: „che levandosi le censure siano consignati li due prigioni a chi li riceve in nome di S. Santità li quali, se bene S. Serenità (Venedig) dice di darli in gratificatione di S. M. Chr^ma, si dovessero consignare senza dir altro".

[2] Daru teilt am Schlusse seines 29. Buches das Schreiben von Joyeuse mit, ohne Zweifel das einzige Wichtige, was er in dieser Sache vorbringt; nur macht er auch dagegen einige, wie mir scheint, sehr unhaltbare Einwendungen.

tet, die Absolution selbst empfangen. Jedoch war alles nur unter außerordentlichen Einschränkungen geschehen. Die Venezianer verfuhren wie bei einer Ehrensache, mit ängstlicher Besorgnis für ihre Reputation: jede Nachgiebigkeit hatten sie verklausuliert, soviel als möglich versteckt. Der Papst dagegen war in dem Nachteil, daß er sich zu einer auffallenden und wenig ehrenvollen Konzession hatte entschließen müssen, die in der ganzen Welt Aufsehen erregte.

Seitdem kehrten nun die Verhältnisse zwischen Rom und Venedig wenigstens äußerlich wieder in das alte Geleise zurück. Dem ersten Gesandten der Venezianer rief Paul V. entgegen: das Alte sei beseitigt, alles werde neu! Er beklagte sich zuweilen, daß Venedig nicht vergessen wolle, was er doch vergessen habe; er zeigte sich so mild und nachgiebig wie irgendeiner seiner Vorfahren[1].

Allein damit wurden doch im Grunde nur neue Feindseligkeiten vermieden; die inneren Gegensätze blieben: ein eigentliches Vertrauen stellte sich so bald nicht wieder her.

Austrag der jesuitischen Sache

Auf eine ähnliche Weise, d. i. nicht vollkommener, wurde indessen auch die Streitigkeit zwischen Jesuiten und Dominikanern beseitigt.

Clemens starb, wie wir sahen, ehe er ein Urteil gesprochen. Paul V., der die Sache mit all dem Eifer angriff, durch den sich der Anfang seiner Verwaltung überhaupt auszeichnete – vom September 1605 bis Februar 1606 wurden allein siebzehn Versammlungen in seiner Gegenwart gehalten –, neigte sich nicht minder zu dem alten System, auf die Seite der Dominikaner, als sein Vorgänger. Im Oktober und November 1606 wurden bereits Versammlungen gehalten, um die Form festzusetzen, in der die jesuitischen Lehren zu verdammen seien; die Dominikaner glaubten den Sieg in Händen zu haben[2].

[1] Relatione di Mocenigo 1612. Der Papst erklärte: „che conveniva per servitio d'Italia che fosse sempre buona intelligenza fra quella sede e questa republica".

[2] Serry, Historia congregationum de auxiliis, hat p. 562 f. die hierauf bezüglichen Aktenstücke. Gratiae victrici, sagt er selbst, iam canebatur „Io triumphe".

Eben damals aber hatten sich auch die venezianischen Angelegenheiten auf die Weise, die wir betrachteten, entwickelt: die Jesuiten hatten dem Römischen Stuhle einen Beweis von Anhänglichkeit gegeben, durch welchen sie alle anderen Orden bei weitem übertrafen, und Venedig ließ sie dafür büßen.
Unter diesen Umständen wäre es wie eine Grausamkeit erschienen, wenn der Römische Stuhl diese seine getreuesten Diener mit einem Verdammungsdekret hätte heimsuchen wollen. Als alles zu demselben vorbereitet worden, hielt der Papst inne. Eine Weile ließ er die Sache ruhen; endlich, am 29. August 1607, trat er mit einer Erklärung hervor, durch welche Disputatoren und Konsultoren nach ihrer Heimat entlassen wurden: die Entscheidung werde zu seiner Zeit bekanntgemacht werden; indes sei es Seiner Heiligkeit ernstliche Willensmeinung, daß kein Teil den anderen verunglimpfe[1].
Dergestalt hatten die Jesuiten von dem Verluste, den sie in Venedig erlitten, doch auch wieder einen Vorteil. Es war ein großer Gewinn für sie, daß ihre angefochtenen Lehren, wiewohl nicht bestätigt, doch auch nicht verworfen wurden. Sie rühmten sich sogar des Sieges. Mit dem Vorurteil der Rechtgläubigkeit, das sie einmal für sich hatten, verfolgten sie nun die doktrinelle Richtung, die sie eingeschlagen, unaufhaltsam weiter.
Es fragte sich nur noch, ob es ihnen nun auch gelingen würde, ihre eigenen inneren Streitigkeiten vollständig beizulegen.
Noch immer gab es lebhafte Gärungen. Die Veränderungen in der Konstitution erwiesen sich unzureichend, und die spanische Opposition gab es nicht auf, zu ihrem Ziele zu gelangen, Aquaviva zu entfernen. Endlich erklärten sogar, was noch nie geschehen, die Prokuratoren sämtlicher Provinzen eine allgemeine Kongregation für notwendig; im Jahre 1607 kam sie zusammen, und es war aufs neue von durchgreifenden Umwandlungen die Rede.
Wir bemerkten schon öfter die enge Verbindung, in welche die Jesuiten mit Frankreich getreten, die Gunst, die ihnen Heinrich IV. angedeihen ließ. Auch an den inneren Streitigkeiten des Ordens nahm er Anteil; er war ganz für Aquaviva. In einem ausdrücklichen Schreiben sicherte er demselben nicht allein seine Gewogenheit zu; er gab auch der Kongregation den Wunsch zu

[1] Coronelli, Secr. der Kongregationen, bei Serry p. 589: Tra tanto ha ordinato (S. Sà) molto seriamente che nel trattare di queste materie nessuno ardisca di qualificare e censurare l'altra parte.

erkennen, daß in der Verfassung der Gesellschaft keine Änderung vorgenommen werde[1].

Eines so mächtigen Schutzes wußte sich nun Aquaviva vortrefflich zu bedienen.

Vornehmlich in den Provinzialkongregationen hatte der Widerstand, den er erfuhr, seinen Sitz. Er brachte jetzt ein Gesetz durch, kraft dessen erstens kein Vorschlag in einer Provinzialversammlung als angenommen betrachtet werden solle, wenn er nicht durch zwei Dritteile aller Stimmen gebilligt werde, und ferner auch ein auf diese Weise beliebter Vorschlag doch nur alsdann zur Beratung in der allgemeinen Versammlung gelangen könne, wenn in dieser die Majorität dazu ihre vorläufige Zustimmung gebe. Anordnungen, durch welche, wie man sieht, der Einfluß der Provinzialkongregationen außerordentlich geschmälert wurde.

Aber überdies ward nun auch ein förmliches Verdammungsurteil über die Gegner des Generals ausgesprochen und den Oberen in den Provinzen die ausdrückliche Weisung erteilt, gegen die sogenannten Ruhestörer zu verfahren. Hierauf kehrte der Friede allmählich zurück. Die spanischen Mitglieder bequemten sich und hörten auf, der neuen Richtung ihres Ordens zu widerstreben. Unter dem herrschenden Einfluß wuchs allmählich eine gefügigere Generation empor. Dagegen suchte der General, Heinrich IV. die Begünstigungen, die er von ihm erfahren, durch doppelte Ergebenheit zu erwidern.

Schluß

Noch einmal neigten sich dergestalt alle diese Streitigkeiten zur Beruhigung.

Überlegen wir aber ihre Entwicklung und ihr Ergebnis im ganzen, so war doch damit die größte Veränderung im Innern der katholischen Kirche eingetreten.

Wir gingen von dem Moment aus, in welchem die päpstliche Gewalt, in siegreichem Kampfe begriffen, zu immer größerer Machtfülle fortschritt. In engem Bunde mit der spanischen Politik faßte sie die Absicht, alle katholischen Mächte in einer Richtung fortzureißen, die Abtrünnigen in einer großen Aktion zu überwältigen. Wäre es ihr

[1] Literae christianissimi regis ad congregatos patres, IV Kal. Dec. 1607, bei Juvencius V, II, lib. IX, n. 108: „Vosque hortamur ad retinendam instituti vestri integritatem et splendorem."

gelungen, so würde sie die geistlichen Motive zu unbedingter Herrschaft erhoben, alle katholischen Staaten zu einer in Idee, Glauben, Leben und Politik zusammenschließenden Einheit verbunden und damit auch auf ihr Inneres einen vorwaltenden Einfluß erworben haben. In eben diesem Momente aber traten die stärksten inneren Gegensätze hervor.

In der französischen Angelegenheit erhob sich das Gefühl der Nationalität gegen die Ansprüche der Hierarchie. Von den geistlichen Beweggründen, von der Leitung des kirchlichen Oberhauptes wollten doch auch die Katholischgläubigen nicht in allen Stücken abhängen: es blieben Prinzipien übrig der weltlichen Politik, der nationalen Selbständigkeit, die sich mit unbesiegbarer Energie den Absichten des Papsttums entgegenstellten. Wir dürfen im allgemeinen sagen: diese Prinzipien behielten den Sieg; der Papst mußte sie anerkennen; die französische Kirche selbst stellte sich her, indem sie sich auf dieselben gründete.

Hieraus folgte nun aber, daß Frankreich sich auch sofort wieder in Feindseligkeiten gegen die spanische Monarchie warf, daß zwei große, von Natur einander widerstrebende und eigentlich immer zum Kampf geneigte Mächte einander in der Mitte der katholischen Welt gegenübertraten. So wenig war es möglich, die Einheit zu behaupten. Die Verhältnisse Italiens bewirkten sogar, daß dieser Gegensatz, das Gleichgewicht, das dadurch hervorgebracht ward, dem Römischen Stuhle Vorteil gewährte.

Indem brachen auch neue theologische Entzweiungen aus. So scharfsinnig und genau die Bestimmungen des Tridentinischen Konziliums sein mögen, so konnten sie das doch nicht verhindern; innerhalb der von ihnen gezogenen Grenzen gab es noch Raum zu neuen Glaubensstreitigkeiten. Die beiden mächtigsten Orden traten gegeneinander in die Schranken; jene beiden Mächte selbst nahmen gewissermaßen Partei; in Rom hatte man nicht den Mut, eine Entscheidung auszusprechen.

Und hierzu kamen nun die Irrungen über die Grenzen der geistlichen und der weltlichen Gerichtsbarkeit, Irrungen, die einen lokalen Ursprung hatten, mit einem nicht eben sehr mächtigen Nachbar, die aber mit einem Geist und Nachdruck geführt wurden, durch welche sie eine allgemeine Bedeutung erlangten[1]. Billig

[1] V. Stà, ruft Priuli bei seiner Rückkehr von Frankreich aus, ha dichiarito, si può dire, sin a quai termini sia permesso al pontefice estendere la sua temporale e spirituale autorità. (Relatione di Francia 1608.)

hält man in allen katholischen Staaten das Andenken Paolo Sarpis in hohen Ehren. Er hat die Grundlagen zu den kirchlichen Berechtigungen, deren sie sich sämtlich erfreuen, durchgekämpft. Der Papst vermochte nicht, ihn zu beseitigen.

Gegensätze der Ideen und der Lehre, der Verfassung und der Macht, die nun jener kirchlich-weltlichen Einheit, welche das Papsttum darzustellen suchte, gewaltig widerstrebten und sie zu zersetzen drohten.

Der Gang der Dinge zeigt jedoch, daß die zusammenhaltenden Ideen noch einmal die stärkeren waren. Den inneren Widerstreit konnte man nicht versöhnen; aber es gelang, einen eigentlichen Kampf zu vermeiden. Der Friede zwischen den großen Mächten ward hergestellt und erhalten; die italienischen Interessen erhoben sich noch nicht zu vollem Bewußtsein und einwirkender Tätigkeit; den streitenden Orden ward Stillschweigen auferlegt. Die Streitigkeiten zwischen Kirche und Staat trieb man nicht auf das Äußerste: Venedig nahm die angebotene Vermittlung an.

Die Politik des Papsttums war, soviel wie möglich eine Stellung über den Parteien zu nehmen, die Entzweiungen zu vermitteln. Noch besaß es Autorität genug, um dies zu vermögen.

Ohne Zweifel wirkte darauf zurück, wie es hinwiederum davon abhing, daß indessen die große Aktion nach außen, der Fortschritt, in dem man begriffen war, der Kampf gegen den Protestantismus, unaufhörlich fortging.

Auf diesen und seine Entwicklung müssen wir nun zurückkommen.

INHALT

BAND I

Erstes Buch

Einleitung

Zweites Buch

Anfänge einer Regeneration des Katholizismus

INHALT

Drittes Buch
Die Päpste um die Mitte des 16. Jahrhunderts

Viertes Buch
Staat und Hof. Die Zeiten Gregors XIII. und Sixtus' V.

Fünftes Buch
Gegenreformation. Erster Zeitraum 1563–1589

Sechstes Buch

Innere Gegensätze der Lehre und der Macht 1589–1607

BAND II

Siebentes Buch
Gegenreformationen. Zweiter Zeitraum.
1590–1630

Achtes Buch
Die Päpste um die Mitte des 17. Jahrhunderts

Neuntes Buch
Spätere Epochen

KARDINAL CONSALVI UND SEINE STAATSVERWALTUNG UNTER DEM PONTIFIKAT PIUS' VII.

ANALEKTEN

Register

ZU DIESER AUSGABE

insel taschenbuch 960
Erste Auflage 1986
Leopold von Ranke, Die römischen Päpste
Der Text folgt der Ausgabe: Leopold von Ranke,
Die römischen Päpste in den letzten vier
Jahrhunderten. Vollständige Ausgabe in zwei Bänden
(Zwei Bände in einem Band).
K. F. Koehler Verlag, Stuttgart 1953
Das Vorwort von Walther Peter Fuchs wurde für die
insel taschenbuch-Ausgabe geschrieben.
Umschlagabbildung: Grabmal Papst Urbans VIII.
Bronzestatue von Gianlorenzo Bernini, um 1647.

insel taschenbücher
Alphabetisches Verzeichnis